Revisaço®

Carreiras Fiscais

TRIBUNAL DE CONTAS

TCU, TCES E TCMS

Revisaço®

COORDENAÇÃO
ALAN MARTINS
DIMAS YAMADA SCARDOELLI

Carreiras Fiscais

TRIBUNAL DE CONTAS

TCU, TCES E TCMS

5ª edição | Revista atualizada ampliada

QUESTÕES COMENTADAS
Alternativa por alternativa
por **autores especialistas**

2025

EDITORA *Jus*PODIVM
www.editorajuspodivm.com.br

EDITORA *Jus*PODIVM
www.editorajuspodivm.com.br

Rua Canuto Saraiva, 131 – Mooca – CEP: 03113-010 – São Paulo – São Paulo
Tel: (11) 3582.5757
• Contato: https://www.editorajuspodivm.com.br/central-de-relacionamento

Diagramação: Ana Paula Lopes Corrêa *(aninha_lopescorrea@hotmail.com)*

Capa: Ana Caquetti

R454 Revisaço - Tribunal de Contas - TCU, TCEs e TCMs - mais de 1.100 Questões Comentadas / coordenado por Alan Martins e Dimas Yamada Scardoelli – 5.ed., rev., atual. e ampl. - São Paulo: Editora JusPodivm, 2025.
p. 1.392

Vários autores

ISBN: 978-85-442-6108-8

1. Concurso Público. 2. Tribunal de Contas. I. Martins, Alan. II. Scardoelli, Dimas Yamada. III. Título.

CDD 341.33312

BIBLIOTECÁRIA RESPONSÁVEL

Ana Carolina Ribeiro Mois – CRB7 – RJ 007348/0

5.ª ed., *2.ª tir.:* set./2025; *3.ª tir.:* nov./2025; *4.ª tir.:* fev./2026.

Sobre Coordenadores e Autores

ALAN MARTINS (COORD.) – *DIREITO TRIBUTÁRIO, ADMINISTRAÇÃO GERAL, ADMINISTRAÇÃO PÚBLICA E GESTÃO DE PESSOAS*

Auditor Fiscal da Receita Estadual/SP. Mestre em Direito pela UNESP. Especialista em Direito Tributário. Professor em cursos preparatórios (Direção Concursos, e Qualis Concursos). Professor da Escola de Governo do Estado de São Paulo - Egesp. Professor da Maestría Internacional Hacienda Pública Dirección y Admnistración Tributaria do Instituto de Estudios Fiscales do Ministerio de Hacienda y Administraciones Públicas del Gobierno de España. Docente em cursos de especialização e MBAs da USP, Fundace, CERS, Faculdade Baiana de Direito, UniFacef, EBJUR e de outras instituições. Autor de livros e coordenador de obras da área fiscal pela Editora Juspodivm.

Instagram: @prof.alanmartins

Canal do Telegram: Tributário 360º (https://t.me/tributarioelegis)

ALEXANDRE OGATA – *CONTABILIDADE GERAL*

Bacharel em Ciências Contábeis, Auditor-Fiscal da Receita Federal do Brasil desde 2006, Professor em cursos preparatórios para concursos públicos desde 2007. Autor de diversas obras sobre Contabilidade Geral e Avançada.

ARTHUR LEONE - *AUDITORIA GERAL*

Auditor-fiscal da Receita Federal do Brasil desde 2003, com atuação na área de fiscalização, tendo exercido as funções de chefe de fiscalização e chefe de equipe de fiscalização em unidades da RFB. Atualmente, exerce a função de delegado da Receita Federal do Brasil. Especialista em Gestão Organizacional Pública pela Universidade do Estado da Bahia; em Direito Tributário e Auditoria Fiscal pela Universidade Católica de Brasília e bacharel em Ciências Contábeis pela Universidade Federal da Bahia. É professor das disciplinas auditoria e legislação tributária federal para concursos.

DANILO VIEIRA VILELA – *CONTROLE EXTERNO; DIREITO ADMINISTRATIVO; DIREITO FINANCEIRO E ADMINISTRAÇÃO FINANCEIRA E ORÇAMENTÁRIA*

Professor na Universidade do Estado de Minas Gerais (UEMG). Doutor em Direito Político e Econômico pela Universidade Presbiteriana Mackenzie. Mestre em Direito Obrigacional Público e Privado pela Universidade Estadual Paulista (UNESP). Árbitro e Advogado. dvvilela@hotmail.com. Instagram: @dvvilela

DIMAS YAMADA SCARDOELLI (COORD.) – *DIREITO TRIBUTÁRIO*

Auditor Fiscal da Receita Estadual/SP. Doutorando, Mestre e Graduado em Direito pela UNESP. Bacharel em Ciências Contábeis pelo UniFacef. Autor de livros jurídicos (acadêmicos e preparatórios para concursos públicos). Professor em de cursos Pós-Graduação e MBAs.

DUDA NOGUEIRA – *LÍNGUA PORTUGUESA*

Professora e Mentora de Língua Portuguesa para concursos públicos.

Autora de vários livros das Coleções Tribunais e MPU, Revisaço, Revisão Final, Carreiras Policiais, Sinopses Carreiras Fiscais, Como se Preparar.

Professora na plataforma de Cursos JusAulas - Carreiras dos Tribunais, Carreiras Policiais e Carreiras Fiscais.

Coordenadora e Professora no Projeto Aprovação - JusAulas.

Professora no Curso RSC Online.

Instagram e Telegram - @DudaProfe

Contato: dudanogueiraprof.com.br

FELIPE VIANA DE PAULA – *ECONOMIA E REGULAÇÃO*

Auditor Fiscal da Receita - SP desde 2010. Formado em Economia pela UNICAMP. Mestre em Economia Aplicada pela USP/ESALQ. Bacharel em Direito pela PUC-Campinas. Palestrante e professor em cursos preparatórios. Autor colaborador de diversos livros para concursos. Aprovado e classificado nos concursos para Câmara/SP – Consultor Legislativo-Economia, MPU – Perito Economista e ANTAQ - Analista de Regulação - Economista. Contato: Linkedin www.linkedin.com/in/felipe-viana-de-paula.

GIOVANNI PACELLI

Doutor e mestre em Ciências Contábeis pela UnB (programa UnB - UFPB - UFRN). Integrante da Ordem do Mérito da CGU – grau comendador. Condecorado com a Menção de Louvor da Câmara Legislativa do DF por sua atuação na área contábil. Autor de 5 obras na Editora Juspodivm: (i) AFO, (ii) Contabilidade Geral, (iii) Contabilidade Pública, (iv) Compliance e Integridade no Setor Público e Privado; (v) Guia de Sobrevivência do Ordenador de Despesas. Professor do IBMEC desde 2023 na disciplina Contabilidade Tributária e IFRS do Master of Laws (LLM). Professor na LEC (Legal, Ethics e Compliance). Coordenador desde 2023 Master e Professor nas Pós-Graduações da Unyleya e 3R Capacita: (i) Controladoria e Contabilidade Aplicadas ao Setor Público; (ii) Compliance e Integridade no Setor Público; (iii) Detecção e Combate a Fraudes e Ineficiências no Setor Público; (iv) Licitações e Contratos sob a perspectiva da Lei n 14.133/2021. Instrutor da ENAP (Escola Nacional de Administração Pública) (2021-2025) na Certificação Avançada em Desenvolvimento de Gerentes em Orçamento e Finanças Públicas, e no Curso Gestão Executiva em Ordenação de Despesa (2024-2025). Atua como professor, palestrante e mentor em site solo voltado para concursos e no site do 3R Capacita em cursos profissionais nas temáticas Orçamento Público, Contabilidade Pública e Integridade. Agraciado em 2019 com três prêmios de Excelência pela Controladoria-Geral da União (avaliação pelos pares): prêmio nacional no valor Transparência; prêmio nacional no valor Imparcialidade; prêmio de agente destaque na unidade: regional Ceará. Fez parte da equipe agraciada em 2020 com dois prêmios pela Controladoria-Geral da União: (i) Trabalho Destaque da SCC (Secretaria de Combate à Corrupção): o Controle no Combate à Corrupção; e (ii) Trabalho Destaque da OGU (Ouvidoria-Geral da União): Tratamento e Qualificação de Denúncias da COVID. Em 2022, sua unidade regional gerou R$ 2,49 bilhões de benefícios financeiros: 1ª posição do ranking nacional. Em 2023, fez parte da equipe responsável pela elaboração e publicação do Modelo de Maturidade de Integridade Pública 1.0 da Secretaria de Integridade Pública/CGU que lhe rendeu em 2025 o prêmio de Trabalho Destaque da CGU - Eixo Educação e Cultura Ética e Integridade. Auditor Federal de Finanças e Controle desde 2009, atuou: como Chefe de Divisão e Coordenador-Geral no Controle de Qualidade dos Serviços de Auditoria (2011-2014) da Secretaria Federal de Controle da CGU, como editor-chefe na Revista da Controladoria-Geral da União da 10 a 14 edições (2015-2017), como Coordenador-Geral na área de Governança, Desenvolvimento Institucional e Planejamento Estratégico (2014-2018) da Secretaria-Executiva da CGU, como Ordenador de Despesas (2015-2018) do PROPREVINE (Empréstimo junto ao BID), como Conselheiro do Regime de Recuperação Fiscal do Estado do Rio de Janeiro (2017-2018), como Assessor Especial na Presidência da República (2018), como Superintendente da CGU-Regional Ceará (2018-2023), na Secretária de Integridade Pública (2023) e como Ouvidor da Funasa (2023-2024). Atualmente é o Secretário de Governança, Integridade de Transparência da UNILAB.

GUSTAVO HENRIQUE SCHNEIDER NUNES – *DIREITO PROCESSUAL CIVIL*

Doutorando em Direitos Coletivos e Cidadania pela Universidade de Ribeirão Preto - UNAERP. Mestre em Teoria do Estado e Teoria do Direito pelo Centro Universitário Eurípides de Marília - UNIVEM. Professor de Direito Processual Civil e de Direito Constitucional do Instituto Municipal de Ensino Superior de Bebedouro - IMESB (graduação). Professor convidado de diversos cursos de pós-graduação *lato sensu*. Advogado. Autor de livros e artigos jurídicos. E-mail: ghsnunes@aasp.org.br

JONATHAS CELINO PAIOLA – *DIREITO CIVIL*

Possui graduação em Direito pela Universidade Estadual Paulista Júlio de Mesquita Filho (2016) e graduação em Física Médica pela Universidade de São Paulo (2006). MBA pela FGV em Gestão Financeira, Controladoria e Auditoria. Pós-graduação em Direito Constitucional e em Direito Tributário pela Universidade Estácio de Sá e Pós-graduação em Direito com ênfase em Direito Público pela Faculdade UniBF. Atualmente, é Juiz Federal Substituto do Tribunal Regional Federal da 3ª Região. Foi Juiz de Direito do Estado de Goiás, Auditor Fiscal da Receita Estadual do Estado de São Paulo e Agente de Tributos Estadual do Mato Grosso. Autor de obras pela editora Juspodivm. Professor visitante do curso de pós-graduação da Unaerp.

JULIANO DE FREITAS SILVA - *DIREITO PENAL*

Bacharel em Direito pela Faculdade de Direito de Franca. Especialista em Direito Civil e Processual Civil pela Universidade de Franca. Escrevente Técnico Judiciário no Tribunal de Justiça do Estado de São Paulo.

MARCELO SBICCA - *MATEMÁTICA FINANCEIRA; RACIOCÍNIO LÓGICO-QUANTITATIVO*

Auditor Fiscal da Receita Estadual/SP. Graduado em Administração de Empresas com especialização em Marketing e em Auditoria em Organizações do Setor Público. Professor no Complexo de Ensino Renato Saraiva - CERS nas disciplinas Matemática, Estatística e Raciocínio Lógico. Autor de obras das Coleções Reta Final, Revisaço e Sinopses pela Editora Juspodivm.

MARCILHA DE QUEIROZ MURAD FREITAS SILVA - *DIREITO PENAL*

Bacharel em Direito pela Universidade Estadual Paulista – UNESP. Especialista em Direito Tributário pela Universidade de Franca. Técnica Judiciária na Justiça Federal de 1º Grau em São Paulo.

MARCOS BOSSO - *MATEMÁTICA FINANCEIRA; RACIOCÍNIO LÓGICO-QUANTITATIVO*

Auditor Fiscal da Receita Estadual/SP. Graduado em Engenharia Elétrica pela Escola Politécnica da USP. Coautor de obras publicadas pela Editora Juspodivm: Coleção Revisaço e Coleção Reta Final.

VANESSA DE CASTRO ROSA - *DIREITO CONSTITUCIONAL*

Doutora em Direito Político e Econômico (Mackenzie). Mestra em Direitos Humanos Fundamentais (Fieo). Especialista em Direito Ambiental (UGF). Especialista em Direito Processual Civil (Unisul). Especialista em Direito Penal e Processo Penal (UCDB). Especialista em Agroecologia no Cerrado (UEMG). Bacharela em Filosofia (Unisul). Bacharela em Direito (UNESP). Professora efetiva do Departamento de Ciências Jurídicas da Universidade do Estado de Minas Gerais (UEMG-Ituiutaba).

Apresentação da Coleção Revisaço

"REVISAÇO" é a consagrada coleção de questões comentadas da *Editora Juspodivm*.

Com cuidado, pensamos num formato que fosse além dos comentários das questões. Algo que realmente pudesse ajudar o aluno no estudo de concursos ou Exames de Ordem, principalmente na revisão final.

Para isso, estabelecemos a seguinte estrutura **didática**:

- **Questões divididas por matéria e assunto, comentadas assertiva por assertiva, item por item**, demonstrando tanto o que está certo como o que está errado na questão;
- Sempre que possível, há uma "nota do autor" em cada questão trazendo **comentários que vão além do assunto abordado no exercício**.

Ao final das disciplinas apresentamos:

- **Dicas de estudo**, funcionando como verdadeiro resumo da matéria;
- **Súmulas dos Tribunais Superiores**;

A ideia, portanto, é apresentar a prática do concurso ou Exame da Ordem (questões), a doutrina para estudo (dicas) e a jurisprudência (súmulas), formando a tríade necessária para uma revisão (verdadeiro REVISAÇO!) rumo ao sucesso na aprovação.

Vários livros compõem a coleção e, para todos, chamamos grandes nomes, professores experientes, profissionais de destaque e especialistas em cada área para que organizassem as obras e comentassem as questões.

Acreditamos que essa coleção será bastante útil aos candidatos de concursos públicos e Exame de Ordem.

EDITORA JUSPODIVM

www.editorajuspodivm.com.br

Sumário

MATEMÁTICA FINANCEIRA 153

Marcelo Sbicca e Marcos Bosso

RACIOCÍNIO LÓGICO-QUANTITATIVO 221

Marcelo Sbicca e Marcos Bosso

✦ SÚMULAS APLICÁVEIS ... 835

DIREITO CONSTITUCIONAL ... 845

Vanessa de Castro Rosa

✦ QUESTÕES ... 847

Língua Portuguesa

Duda Nogueira

TABELA DE INCIDÊNCIA DE QUESTÕES

Distribuição das questões organizada por ordem didática de assuntos		
Assunto	**Número de Questões**	**Peso**
1. ACENTUAÇÃO, ORTOGRAFIA E SEMÂNTICA	17	7,39%
2. PRONOME	6	2,61%
3. VERBO	6	2,61%
4. ANÁLISE SINTÁTICA	8	3,48%
5. PERÍODO COMPOSTO	11	4,78%
6. CONCORDÂNCIA	8	3,48%
7. REGÊNCIA	4	1,74%
8. CRASE	4	1,74%
9. PONTUAÇÃO	10	4,35%
10. COESÃO, COERÊNCIA E REESCRITA DE FRASES	75	32,61%
11. INTERPRETAÇÃO E COMPREENSÃO TEXTUAL	81	35,22%
12. REDAÇÃO OFICIAL	0	0,00%
Total	**230**	**100%**

Língua Portuguesa

Duda Nogueira

✦ QUESTÕES

1. ACENTUAÇÃO, ORTOGRAFIA E SEMÂNTICA

01. (FGV – TCE GO – Analista de Controle Externo - Jurídica - 2024) Nas opções a seguir, assinale aquela em que houve um emprego desaconselhável da expressão "cerca de".

a) Havia cerca de três dúzias de convidados para a festa;

b) Chegaram cerca de 100 mensagens no dia da festa.

c) Cerca de 18 comerciantes fecharam as lojas mais cedo.

d) Os cantores receberam cerca de uma centena de pedidos;

e) A fábrica produziu cerca de um milhão de estantes.

COMENTÁRIOS:

Alternativa "a" – O valor não é exato: aproximadamente três dúzias.

Alternativa "b" – O valor não é exato: aproximadamente 100 mensagens.

Alternativa "c" – Sentido: "por volta de", "valor aproximado". Deve ser utilizado quando o valor não é exato. No caso, é exato (18).

Atente-se ao comando: *emprego desaconselhável*. Isso significa que não está errado.

Alternativa "d" – O valor não é exato: aproximadamente uma centena.

Alternativa "e" – O valor não é exato: aproximadamente um milhão.

RESPOSTA: C

02. (FGV – TCE GO – Analista de Controle Externo - Jurídica - 2024) Entre todas as frases a seguir, assinale aquela que só pode ser entendida no sentido figurado.

a) Sou como o dólar: mesmo que esteja em baixa, tenho valor.

b) Eu sei de que lado meu pão tem manteiga.

c) Não acuse o mar por teu segundo naufrágio.

d) Quem vive contente com nada, possui todas as coisas.

e) Levo comigo tudo o que é meu.

COMENTÁRIOS:

✪ **Nota da autora:** A banca exige a análise de denotação (sentido real) e conotação (sentido figurado).

Alternativa "a" – No início compara "eu" com o "dólar": sentido denotativo. Em seguida menciona "valor": sentido denotativo.

Pode ser interpretada, também, com valor conotativo, isto é, há os dois sentidos, mas a banca quer apenas um.

Alternativa "b" – Sentidos denotativos: lado, pão, manteiga.

Também pode ser interpretada no sentido conotativo.

Alternativa "c" – Sentidos denotativos: mar e naufrágio.

Também pode ser interpretada no sentido conotativo.

Alternativa "d" – Sentido figurado: contente com <u>nada</u> = sem motivo; possui <u>todas as coisas</u> = sabe viver, é feliz.

Possui sentido de completude, de perfeição, isto é, não há dois sentidos como ocorre nas outras opções.

Alternativa "e" – Sentido denotativo: tudo que é meu.

Também pode ser interpretada no sentido conotativo.

RESPOSTA: D

03. (FGV – TCE GO – Analista de Controle Externo - Jurídica - 2024) Assinale a opção em que a preposição A – sozinha ou combinada - tem valor semântico diferente dos demais.

a) O Presidente, com sua mulher, acompanhou os convidados à sala de música.
b) O policial atirou-se ao chão, cobrindo a cabeça com as mãos.
c) O ministro deverá ir a São Paulo ainda hoje para a recepção dos novos diplomatas.
d) Os seguranças dirigiram-se aos carros dos ministros e os acompanharam no desfile.
e) O banqueiro é sócio do empresário em um hotel à Rua Santa Clara, em Copacabana.

COMENTÁRIOS:

✪ **Nota da autora:** A configuração semântica da preposição pode indicar valor estático (sem movimento), ou valor dinâmico (com movimento).

Alternativa "a" – acompanhou os convidados **à** sala: localização dinâmica, indica direção.

Alternativa "b" – atirou-se **a**o chão: localização dinâmica, indica direção.

Alternativa "c" – deverá ir **a** São Paulo: localização dinâmica, indica direção.

Alternativa "d" – dirigiram-se **a**os carros: localização dinâmica, indica direção.

Alternativa "e" – em um hotel **à** Rua Santa Clara: localização estática, sem movimento.

RESPOSTA: E

04. (FGV – TCE PA – Auditor de Controle Externo - Área Administrativa - 2024) Assinale a frase em que houve troca indevida entre A e HÁ.

a) Os atletas estão há poucos dias das Olimpíadas.
b) Não há muito o que fazer nessas circunstâncias.
c) Dentro da caixa há uma série de brinquedos.
d) O que há de novo na guerra Rússia X Ucrânia?
e) Sem problemas, pois há dois meses até o pagamento.

COMENTÁRIOS:

Alternativa "a" – Refere-se a tempo futuro: **a** poucos dias.

Usa-se "há" para indicar tempo passado, ou quando o verbo estiver no sentido de *existir* ou de *ocorrer.*

Alternativa "b" – Equivale a "existir": Não **existe** muito o que fazer.

Alternativa "c" – Equivale a "existir": **existe** uma série de brinquedos.

Alternativa "d" – Equivale a "existir": O que **existe** de novo?

Alternativa "e" – Equivale a "existir": **existem** dois meses até o pagamento.

RESPOSTA: A

05. (FGV – TCE PA – Auditor de Controle Externo - Área Administrativa - 2024) Entre as frases abaixo – do livro A Cidade e as Serras, de Eça de Queiroz -, aquela em que a forma debaixo está ***mal-empregada***, é:

a) "-Ainda estive para me abrigar em casa do Esgueira, que é um caseiro de cá. Aquela casa, ali debaixo, onde está a figueira...".
b) "Os séculos rolam; e sempre imutáveis farrapos lhe cobrem o corpo, e sempre debaixo deles, através do longo dia, os homens labutarão e as mulheres chorarão".
c) "No Inverno, logo que na amável cidade começavam a morrer de frio, debaixo das pontes, criancinhas sem abrigo – ela preparava com comovido cuidado os seus vestidos de patinagem".
d) "Findou pôr voltar ao montão de jornais amarrotados, ergueu melancolicamente um velho Diário de Notícias, e com ele debaixo do braço subiu ao seu quarto, para dormir, para esquecer".
e) "Assobiando o fado meigo tirei debaixo da cama a minha velha mala, e meti solicitamente entre calças e peúgas um Tratado de direito civil, para aprender enfim, nos vagares da aldeia, estendido sob a faia, as leis que regem os homens".

COMENTÁRIOS:

✪ **Nota da autora:** "debaixo" pode ser substituído por "sob".

Debaixo: advérbio de lugar, indica posição inferior = O mosquito estava debaixo do livro. Ele estava sob o livro.

De baixo: locução adverbial, indica um nível inferior, possui sentido de origem, de procedência = Li a página de baixo para cima

Alternativa "a" – Refere-se ao nível inferior = de baixo. A casa não está sob a figueira, não pode ser usado o advérbio.

Alternativa "b" – Equivale a "sempre **sob** eles".

Alternativa "c" – Equivale a "**sob** as pontes".

Alternativa "d" – Equivale a "**sob** o braço".

Alternativa "e" – Equivale a "tirei **sob** a cama".

RESPOSTA: A

FRAGMENTO DE TEXTO PARA RESPONDER À QUESTÃO.

(...)"Pode-se transformar a ferramenta em um *plugin* [ferramenta que apresenta recursos adicionais ao programa principal] compatível com algumas redes sociais. E, a partir do momento em que você usa a rede social, o *plugin* vai poder indicar não que a notícia é falsa, de maneira assertiva, mas que ela pode ser falsa, de acordo com alguns parâmetros, como erros de português. Também existe a possibilidade de fazer uma aplicação na própria Web, onde você cola o texto da notícia e essa aplicação vai te dizer se aquilo se assemelha ou não a uma notícia falsa", explica Rodrigues.

Internet: <www.cartacapital.com.br> (com adaptações).

06. (Cebraspe – TCE PR – Auditor de Controle Externo - Área Jurídica - 2024 - adaptada) No texto CG1A1, a palavra 'assertiva' (segundo período do parágrafo) está empregada com o mesmo sentido de

a) pungente.
b) suspeita.
c) equivocada.
d) ambígua.
e) categórica.

COMENTÁRIOS:

Alternativa "a" – Não é angustiante, dolorosa.

Alternativa "b" – Não é duvidosa, perigosa.

Alternativa "c" – Não é confusa, errônea.

Alternativa "d" – Não é duvidosa, dúbia nem incerta.

Alternativa "e" – Assertiva: *que possui afirmação categórica, afirmativa.*

RESPOSTA: E

07. (FGV – TCE PA – Auditor de Controle Externo - Área Administrativa - 2024) Assinale a frase em que ***não*** está presente qualquer processo de abreviação vocabular ou textual.

a) Expressei-me clara e calmamente.
b) Foram abordados os micro e macroproblemas do país.
c) Os EUA participaram da conferência sobre o clima.
d) Os países anglo-saxônicos são bem desenvolvidos.
e) Os animais e os humanos participam do mesmo mundo.

COMENTÁRIOS:

✪ **Nota da autora:** Abreviação é diferente de abreviatura.

Abreviação: redução de palavras sem prejudicar o seu entendimento.

Abreviatura: encurtamento de uma palavra, fazendo uso de uma ou mais sílabas. Normalmente termina com um ponto final abreviativo que indica sua redução.

A abreviação diferencia-se da abreviatura por possuir sentido mais amplo.

Exemplos:

Gram. = abreviatura de gramática / Adm. = abreviatura de administração / Alg. = abreviatura de álgebra.

Pneu = abreviação de pneumático / Auto = abreviação de automóvel / Foto = abreviação de fotografia.

Alternativa "a" – Há dois advérbios próximos e, para evitar eco (repetição de som), deve-se abreviar o primeiro: clara = claramente.

Alternativa "b" – Abreviação de microproblemas.

Alternativa "c" – Abreviatura de Estados Unidos da América.

Alternativa "d" – É considerado como abreviação porque se refere a vários países: Austrália, Canadá, Nova Zelândia, Reino Unido, Estados Unidos.

Alternativa "e" – Não existe abreviação.

RESPOSTA: E

08. (FGV- TCE ES - Auditor de Controle Externo - Direito/2023) Quatro das frases abaixo mostram um termo anafórico (termo que se refere a um outro termo anterior) sublinhado; a frase em que esse termo tem um antecedente definido SEM ambiguidade, é:

a) O amor é como fogo: para que dure é preciso alimentá-**lo**;
b) Tenha cuidado ao emprestar dinheiro a um amigo. Você pode perdê-**lo**;
c) Uma emoção deixa de ser paixão assim que formamos uma clara e distinta ideia acerca **dela**;
d) A verdadeira amizade é como a saúde, só se percebe seu valor ao perdê-**la**;
e) A infelicidade é não saber o que se quer e fazer um esforço enorme para consegui-**lo**.

COMENTÁRIOS:

Alternativa "a" – Alimentar o amor, ou alimentar o fogo.

Alternativa "b" – Pode perder o dinheiro, ou pode perder o amigo.

Alternativa "c" – Acerca da emoção, ou acerca da paixão.

Alternativa "d" – Ao perder a amizade, ou ao perder a saúde?

Alternativa "e" – O pronome oblíquo refere-se à ideia de fazer esforço sem saber o que se quer.

RESPOSTA: E

---

09. (FGV- TCE ES - Auditor de Controle Externo - Direito/2023) Todas as frases abaixo mostram verbos ligados à ação de "ver".

A frase em que o verbo sublinhado NÃO está adequadamente empregado, por não ter seu sentido adequado ao contexto, é:

a) O atirador **mirou** com cuidado o alvo pretendido;

b) O caçador **vislumbrou** o animal entre a folhagem;

c) No museu, pessoas **observam** desatentas os inúmeros quadros;

d) Ao entrarem na Capela Sistina, os turistas **contemplam** obrigatoriamente as pinturas do teto;

e) O daltonismo não permitia que ele **distinguisse** o verde do vermelho.

COMENTÁRIOS:

Alternativa "a" – Mirou: *observou, **olhou*** = o alvo.

Alternativa "b" – Vislumbrou: ***enxergou*** = o animal.

Alternativa "c" – Observam: *analisam, notam, **veem***. É impossível as pessoas observarem e estarem desatentas. Se observam, estão atentas.

Alternativa "d" – Contemplava: ***olhava**, via, analisava* = as pinturas.

Alternativa "e" – Distinguisse: *diferenciar* (o verde do vermelho), ***enxergar*** (o verde e o amarelo).

RESPOSTA: C

---

10. (Cebraspe – TCE RJ – Analista Controle Externo – Direito/2021 – adaptada) O emprego de acento agudo nas palavras "elétricos", "pálidas" e "móveis" justifica-se pela mesma regra de acentuação gráfica.

( ) certo ( ) errado

COMENTÁRIOS

✪ **Nota da autora:** Questão de acentuação gráfica.

Coloque as palavras na tabela e confira se as sílabas tônicas estão na mesma coluna. A última sílaba deverá estar sempre na última coluna.

Cuidado! Essa dica não vale para hiato, ditongo aberto e monossílabo.

	PROPAROXÍOTNA	PAROXÍTONA	OXÍTONA
e	LÉ	tri	cos
	PÁ	li	das
		MÓ	veis

"Elétricos" e "pálidas" são **proparoxítonas**; "móveis" é **paroxítona** terminada em ditongo decrescente. As regras são distintas.

Alternativa correta: Errado.

FRAGMENTO DE TEXTO PARA RESPONDER À QUESTÃO.

(...) O termo "cultura" entrou no vocabulário como o nome de uma atividade intencional. No limiar da Era Moderna, homens e mulheres, não mais aceitos como "um dado não problematizado", como elos preordenados na cadeia da criação divina ("divina" como algo inegociável e com o qual não devemos **nos imiscuir**), indispensáveis, ainda que sórdidos, torpes e deixando muito a desejar, passaram a ser vistos ao mesmo tempo como maleáveis e terrivelmente carentes de ajustes e melhoras. (...)

Zygmunt Bauman. Vida líquida. Carlos Alberto Medeiros (Trad.). Rio de Janeiro: Zahar, 2009 (com adaptações).

---

11. (Cebraspe – TCE RJ – Analista Controle Externo – Direito/2021 – adaptada) O verbo pronominal **imiscuir-se** está empregado com o mesmo sentido de **intrometer-se**.

( ) certo ( ) errado

COMENTÁRIOS

✪ **Nota da autora:** Em 2007, a banca CESPE já havia pedido o sinônimo desse verbo na prova de Diplomata.

Significa *intrometer-se ou tomar parte em algo que não lhe diz respeito; envolver-se em. Juntar-se a; misturar-se.*

Sinônimos: *juntar, intrometer, envolver, misturar, ingerir.*[1]

Alternativa correta: Certo.

1. Dicionário Online de Português. Disponível em <www.dicio.com.br>. Acesso em 20 fev. 2021. Com adaptações.

12. (FGV – TCE AM – Auditor Técnico Controle Externo – MP – 2021) A frase abaixo que se utiliza somente de linguagem lógica, NÃO ocorrendo exemplo de linguagem figurada, é:

a) "Sonho com o dia em que a justiça correrá como água e a retidão como um caudaloso rio" — Martin Luther King Junior;

b) "Peço perdão, em nome de todos os católicos, por todas as injustiças contra os não católicos no decorrer da história" — Papa João Paulo II;

c) "A beleza é bela quando pode ser vendida. A justiça é justa quando pode ser comprada" — Eduardo Galeano;

d) "A justiça é uma troca" — Friedrich Nietzsche;

e) "A justiça pode irritar porque é precária. A verdade não se impacienta porque é eterna" — Ruy Barbosa.

COMENTÁRIOS

✪ **Nota da autora:** Questão de semântica.

Conotação (linguagem figurada) é aquilo que uma palavra pode sugerir, além do seu sentido literal, através de associações com outras palavras, outros contextos, outros seres ou objetos.

Alternativa "a" – Conotação: **justiça correr como água** e **retidão como um caudaloso rio**.

Alternativa "b" – A frase do Papa está no sentido denotativo, não utilizou conotação.

Alternativa "c" – Conotação: **vender** a beleza e **comprar** a justiça. O verbo "vender" significa *transferir a propriedade de (**bem ou mercadoria**) em troca de pagamento convencionado.* Não é o caso.

Alternativa "d" – Conotação: a justiça **é uma troca**. "Trocar" significa *substituição de uma coisa ou pessoa por outra.*

Alternativa "e" – Conotação: a **justiça irritar** e a **verdade não se impacienta**.

Alternativa correta: letra "b".

Sempre se imaginou que o uso exagerado de smartphones e tablets, com o corpo curvado e a atenção sugada pela tela, pudesse fazer ________ para o corpo. Estudos recentes constatam: faz sim. Uma das pesquisas revela um malefício surpreendente: o __________ eletrônico acelera o surgimento de rugas no pescoço. Criou-se até um termo, tech neck (neck é pescoço, em inglês), para designar os ________________ que resultam da postura equivocada. Um trabalho coordenado pela Universidade Chung-Ang, da Coreia do Sul, mostrou que mulheres a partir dos 29 anos apresentaram vincos na região do pescoço – enquanto o natural seria depois do 40. O ponto em comum entre as pessoas investigadas: o ____________ uso dos eletrônicos.

(Taís Botelho. Erga a cabeça! Veja, 16.08.2017. Adaptado)

13. (Vunesp – Agente de Fiscalização – Administração – TCE – SP/2017) De acordo com a norma-padrão, as lacunas do texto devem ser preenchidas, respectivamente, com:

a) mal ... vicio ... prejuizos ... mal

b) mau ... vício ... prejuízos ... mau

c) mau ... vicio ... prejuizos ... mal

d) mal ... vício ... prejuízos ... mau

e) mau ... vício ... prejuizos ... mal

COMENTÁRIOS

✪ **Nota da autora:** Questão de ortografia e acentuação.

Mal pode ser advérbio ou substantivo. **Mau** sempre será adjetivo, ou seja, qualifica.

Alternativa "a" – Mal: advérbio; vicio: verbo (presente do indicativo); prejuízos: hiato – deve ser acentuado; mau: adjetivo – qualifica "uso".

Alternativa "b" – Mau: adjetivo; vício: substantivo – paroxítona terminada em ditongo; prejuízos: hiato – deve ser acentuado; mau: adjetivo – qualifica "uso".

Alternativa "c" – Mau: adjetivo; vicio: verbo (presente do indicativo); prejuízos: hiato – deve ser acentuado; mau: adjetivo – qualifica "uso".

Alternativa "d" – Mal: advérbio; vício: substantivo – paroxítona terminada em ditongo; prejuízos: hiato – deve ser acentuado; mau: adjetivo – qualifica "uso".

Alternativa "e" – Mau: adjetivo; vício: substantivo – paroxítona terminada em ditongo; prejuízos: hiato – deve ser acentuado; mau: adjetivo – qualifica "uso".

Alternativa correta: letra "d".

14. (Vunesp – Agente de Fiscalização – TCE – SP/2017) Segundo o estudante do Instituto de Relações Internacionais (IRI) da USP e membro do Núcleo de Estudos em Tecnologia e Sociedade (Nets), Victor Veloso, o Brasil precisa de uma regulamentação quanto à proteção de dados na internet, ______ de garantir a privacidade dos ______ Ele explica que as informações são coletadas em diversas plataformas, como Google e Facebook, com o consentimento dos usuários nos termos de uso. No entanto, o risco está na utilização dos dados para além de interesses econômicos, com ______ repasses aos governos. O estudante considera que a vigilância e a captação dos dados pode retirar a privacidade das pessoas e cercear sua liberdade. A ______ Direitos na Rede promove a campanha "Seus dados são você: Liberdade, proteção, regulação para tratar da garantia de privacidade dos dados na internet brasileira".

(http://jornal.usp.br. Adaptado)

De acordo com a norma-padrão, as lacunas do texto devem ser preenchidas, respectivamente, com:

a) afim ... cidadãos ... possiveis ... coalisão
b) afim ... cidadães ... possíveis ... coalisão
c) a fim ... cidadãos ... possíveis ... coalizão
d) a fim ... cidadões ... possíveis ... coalizão
e) a fim ... cidadões ... possiveis ... coalizão

COMENTÁRIOS

✪ **Nota da autora:** Questão de ortografia e acentuação.

Alternativa "a" – *afim* indica afinidade e não cabe no contexto; possíveis é um vocábulo paroxítono terminado em ditongo e deve ser acentuado; não existe a palavra *coalisão*, apenas *colisão* e significa *choque, embate, encontro.*

Alternativa "b" – *afim* indica afinidade e não cabe no contexto; o plural de cidadão é cidadãos; não existe a palavra *coalisão.*

Alternativa "c" – a fim: finalidade; cidadãos é o plural correto de *cidadão;* possíveis é um vocábulo paroxítono terminado em ditongo e deve ser acentuado; coalizão: a aliança, o acordo.

Alternativa "d" – o plural de cidadão é cidadãos.

Alternativa "e" – o plural de cidadão é cidadãos.

Alternativa correta: letra "c".

15. (Vunesp – Agente de Fiscalização – TCE – SP/2017) Nas passagens – ... irritava ainda mais o **malogro** da caça de passarinho ... – e – .com o tiziu já **longínquo** ... -, os termos destacados têm como antônimos, respectivamente:

a) infortúnio e distante.
b) êxito e apartado.
c) revés e perto.
d) sorte e imperceptível
e) sucesso e próximo.

COMENTÁRIOS

✪ **Nota da autora:** Questão de semântica.

Alternativa "a" – Sorte e perto.

Alternativa "b" – Malogro, fracasso e próximo.

Alternativa "c" – Progresso e longe.

Alternativa "d" – Azar e perceptível.

Alternativa "e" – *Malogro* significa *ato de malograr, de não obter sucesso ou êxito; revés, fracasso;* antônimo: sucesso. *Longínquo* é afastado, distante; antônimo: próximo.

Alternativa correta: letra "e".

16. (CESPE – Auditor TCU – 2015) As palavras "líquida", "público", "órgãos" e "episódicas" obedecem à mesma regra de acentuação gráfica.

COMENTÁRIOS

✪ **Nota da autora:** Questão de acentuação.

As regras são distintas: líquida e público = proparoxítonas; órgãos = paroxítona.

PRO	PAR	OXI
lí	qui	da
pú	bli	co
	ór	gãos

Alternativa correta: ERRADO

17. (CESPE/Unb – TCU – Auditor Federal de Controle Externo/2013) Os vocábulos "assistência", "potável" e "elétrica" são acentuados de acordo com a mesma regra de acentuação gráfica.

COMENTÁRIOS

✪ **Nota da autora:** Questão de acentuação.

A palavra "elétrica" é proparoxítona. "Assistência" e "notável" são paroxítonas.

	PROPAROXÍTONA	PAROXÍTONA	OXÍTONA
as	sis	**tên**	cia
	po	**tá**	vel
e	**lé**	tri	ca

Alternativa correta: ERRADO

2. PRONOME

TEXTO 3

"Um dos grandes problemas enfrentados pelos moradores das grandes cidades brasileiras é a deficiente infraestrutura de transportes. As pessoas demoram muito tempo para se deslocarem, sem condições mínimas de conforto, tendo muitas vezes que encarar longas distâncias em pé, em ônibus lotados.

Este problema tem origem em meados do século XX, quando o Brasil passou por um processo de industrialização que aconteceu de forma rápida e descontrolada. Houve migração muito grande de pessoas para as cidades, o que levou à supervalorização do preço dos terrenos e imóveis.

A solução, para as pessoas de renda mais baixa, foi estabelecer moradia em zonas mais afastadas, além de favelas e ocupações irregulares. As ofertas de empregos e serviços, no entanto, ficou concentrada nos bairros mais nobres, o que exige deslocamento de grandes distâncias pelos trabalhadores."

18. (FGV – Auditor de Controle Externo – TCE – PI/2021) O segundo parágrafo do texto 3 se inicia com o pronome *este*, em referência a um termo anterior, podendo ser substituído por *esse*.

A única frase a seguir em que os demonstrativos empregados mostram a utilização adequada é:

a) Ônibus e trens são transportes urbanos; esses mais demorados que aqueles;

b) Automóveis, trens e ônibus são transportes das grandes cidades; estes menos caros que esses;

c) Automóveis, trens e ônibus são transportes urbanos; estes menos rápidos; esses mais velozes e aqueles mais caros;

d) Automóveis e ônibus são transportes urbanos; estes mais populares e aqueles para minorias;

e) Automóveis, trens e ônibus são transportes urbanos; estes, esses e aqueles igualmente desconfortáveis.

COMENTÁRIOS

✪ **Nota da autora:** Para retomar elementos, usa-se "este" para o mais próximo e "aquele" para o mais distante. Para retomar três elementos, a banca FGV opta pelo uso de numerais ordinais.

Alternativa "a" – Os trens são mais demorados e está mais próximo do pronome: **estes**.

Alternativa "b" – Há três elementos. São menos caros: trens e ônibus. Correção: o segundo e o terceiro são menos caros que o primeiro (automóveis).

Alternativa "c" – Há três elementos. Ônibus são menos rápidos; trens mais velozes e automóveis mais caros. Correção: o terceiro menos rápido; o segundo mais veloz e o primeiro mais caro.

Alternativa "d" – Simples: ônibus (mencionado por último) são mais populares; automóveis (mencionado no início) são para minorias.

Alternativa "e" – Mais uma vez retoma três elementos. São desconfortáveis: trens e ônibus, que são transportes urbanos.

Existem duas opções de correção:

1. o segundo e o terceiro são igualmente desconfortáveis. Refere-se apenas a trens e ônibus.
2. todos são desconfortáveis, exceto o primeiro. Nesse caso, incluem-se os transportes urbanos.

Alternativa correta: letra "d".

19. (Vunesp – Agente de Fiscalização – Administração – TCE – SP/2017) ___________ que a geração solar foi a que mais cresceu entre as energias renováveis. Embora _________ muito nesse tipo de energia, não _______ que todos os países têm a mesma preocupação com a questão.

De acordo com a norma-padrão, as lacunas da frase devem ser preenchidas, respectivamente, com:

a) Vê-se ... se tenha investido ... se pode dizer

b) Vê-se ... tenha investido-se ... pode dizer-se

c) Se vê ... tenha-se investido ... pode-se dizer

d) Vê-se ... tenha investido-se ... se pode dizer

e) Se vê ... se tenha investido ... pode-se dizer

COMENTÁRIOS

✪ **Nota da autora:** Relembre a teoria para entender os comentários da questão.

Ênclise: pronome após o verbo; **próclise:** pronome antes do verbo; **mesóclise:** pronome no meio do verbo.

Alternativa "a" – A ênclise é obrigatória porque não se inicia frase com pronome oblíquo; a conjunção subordinativa adverbial concessiva atrai o pronome oblíquo – próclise obrigatória; o advérbio de negação atrai o pronome oblíquo – próclise obrigatória.

Alternativa "b" – A ênclise é obrigatória porque não se inicia frase com pronome oblíquo; a conjunção subordinativa adverbial concessiva atrai o pronome oblíquo; o advérbio de negação atrai o pronome oblíquo.

Alternativa "c" – Não se inicia frase com pronome oblíquo; a conjunção subordinativa adverbial concessiva atrai o pronome oblíquo; o advérbio de negação atrai o pronome oblíquo.

Alternativa "d" – A ênclise é obrigatória porque não se inicia frase com pronome oblíquo; a conjunção subordinativa adverbial concessiva atrai o pronome oblíquo; o advérbio de negação atrai o pronome oblíquo – próclise obrigatória.

Alternativa "e" – Não se inicia frase com pronome oblíquo; a conjunção subordinativa adverbial concessiva atrai o pronome oblíquo – próclise obrigatória; o advérbio de negação atrai o pronome oblíquo.

Alternativa correta: letra "a".

20. (Vunesp – Agente de Fiscalização – Administração – TCE – SP/2017) Assinale a alternativa em que, na expressão destacada, o termo "o" está empregado como pronome demonstrativo.

a) ... e que foi ganho com o suor **do** meu rosto.

b) ... para desrespeitar a vontade **do** falecido.

c) ... em que se tomou conhecimento **do** que a carta dizia.

d) ... uma carta [...] cuidadosamente colocada dentro **do** cofre.

e) Apanhou um resfriado, **do** resfriado passou à pneumonia.

COMENTÁRIOS

Alternativa "a" – Contração de preposição (de) + artigo definido masculino (o).

Alternativa "b" – Contração de preposição (de) + artigo definido masculino(o).

Alternativa "c" – Quando o "o" estiver acompanhado do pronome relativo "que", exercerá função morfológica de pronome demonstrativo, pois equivale a "aquilo" – tomou conhecimento **daquilo** que a carta dizia.

Alternativa "d" – Contração de preposição (de) + artigo definido masculino (o).

Alternativa "e" – Contração de preposição (de) + artigo definido masculino (o).

Alternativa correta: letra "c".

CHARGE PARA RESPONDER À QUESTÃO.

(Duke. http://www.otempo.com.br)

21. (Vunesp – Agente de Fiscalização – TCE – SP/2017) Em conformidade com a norma-padrão, a frase do marido também poderia ser expressa da seguinte forma:

a) Então, eu acertei ele com uma chinelada!

b) Então, por acaso eu não acertei-o com uma chinelada!

c) Então, eu o acertei com uma chinelada!

d) Lhe acertei mesmo uma chinelada, então!

e) Este relógio aí, eu acertei-no com uma chinelada, então!

COMENTÁRIOS

✪ **Nota da autora:** Questão de pronome demonstrativo, pronome pessoal, colocação pronominal e regência.

Alternativa "a" – O pronome reto (ele) não pode exercer função de objeto direto: eu o acertei.

Alternativa "b" – O advérbio de negação (não) atrai o pronome oblíquo: não o acertei.

Alternativa "c" – Construção correta. Embora não haja palavra atrativa, por questão de sonoridade, é viável optar pela próclise.

Alternativa "d" – Dois erros: 1. não se inicia frase com pronome oblíquo; 2. O verbo *acertar* é transitivo direto e não admite a forma (lhe).

DICA: O pronome "lhe" pode ser objeto indireto (o verbo pede preposição), complemento nominal (o nome exige preposição) e adjunto adnominal (com valor de posse). Exemplos a seguir.

Entregou-lhe a prova. = objeto indireto

Não lhe serei fiel. = complemento nominal (fiel a você)

Arrumou-lhe a estante. = adjunto adnominal (a sua estante)

Alternativa "e" – Pronome demonstrativo correto: **esse**. Note que existe o advérbio "aí", isto é, o relógio está perto do receptor. Se fosse empregado o advérbio "aqui", usar-se-ia "este". O emprego de "no" também está incorreto, pois o verbo não termina em "m", "ão" ou "õe". Como já visto, a forma correta é "eu o acertei".

Alternativa correta: letra "c".

22. (Vunesp – Agente de Fiscalização – TCE – SP/2017) Assinale a alternativa em que o pronome está empregado em conformidade com a norma-padrão.

a) A dispensa de servidores onde o desempenho é insuficiente não pode ser posta em prática.

b) A dispensa de servidores que o desempenho é insuficiente não pode ser posta em prática.

c) A dispensa de servidores cujo desempenho é insuficiente não pode ser posta em prática.

d) A dispensa de servidores o qual o desempenho é insuficiente não pode ser posta em prática.

e) A dispensa de servidores aonde o desempenho é insuficiente não pode ser posta em prática.

COMENTÁRIOS

Alternativa "a" – O pronome relativo *onde* só pode ser usado para retomar lugar (fixo) e a dispensa não se refere a lugar.

Alternativa "b" – Não cabe o pronome relativo "que" por haver ideia de posse. Os relativos *que, quem, onde* e *o qual* nunca indicarão posse.

Alternativa "c" – O pronome relativo *cujo* indica posse do termo anterior e concorda com o termo posterior. Lê-se: o desempenho da dispensa de servidores é insuficiente.

Alternativa "d" – Não cabe o pronome relativo "o qual" porque retomaria "a dispensa". Como indica posse, deveria ser utilizado o pronome *cujo*.

Alternativa "e" – Além de não retomar lugar, a preposição "a" (aonde) não é exigida.

Alternativa correta: letra "c".

---

23. (Vunesp – Agente de Fiscalização – TCE – SP/2017 – adaptada) Assinale a alternativa em que a frase – Tampouco se deve imaginar que basta uma lei para alterar o *statu quo*. – está reescrita de acordo com a norma-padrão de colocação pronominal e tem sentido compatível com o original.

a) Nem imagine-se que uma lei possa alterar tão pouco o *status quo*.
b) Não se deve imaginar, também, que basta uma lei para alterar o *status quo*.
c) Se deve imaginar o quanto uma lei pode alterar o *status quo*.
d) Deve-se imaginar que uma lei basta, muito menos, para alterar o *status quo*.
e) Não deve-se imaginar que pelo menos uma lei basta para alterar o *status quo*.

COMENTÁRIOS

✪ **Nota da autora:** Questão de colocação pronominal e conjunção. Para ganhar tempo, analise primeiro a colocação pronominal.

Alternativa "a" – O advérbio (de negação – *nem*) em atrai o pronome oblíquo: nem se imagine. Próclise obrigatória.

Alternativa "b" – O advérbio (de negação – *não*) atrai o pronome oblíquo: próclise obrigatória. Note que o sentido de adição foi mantido ao inserir o vocábulo *também*.

Alternativa "c" – Não pode iniciar frase com o pronome oblíquo: deve-se imaginar.

Alternativa "d" – Faltou o advérbio de negação "não" no início do período para que o torne correto gramaticalmente, pois, em seguida, foi utilizada expressão "muito menos": não se deve imaginar.

Alternativa "e" – O advérbio (de negação – *não*) atrai o pronome oblíquo: não se deve imaginar.

Alternativa correta: letra "b".

3. VERBO

---

24. (FGV – TCE PA – Auditor de Controle Externo - Área Administrativa - 2024) Verbos abundantes são aqueles que possuem mais de uma forma de valor equivalente, o que ocorre principalmente no particípio.

Assinale a opção que mostra uma forma ***inadequada*** de particípio.

a) aceitar / aceitado e aceite.
b) entregar / entregado e entregue.
c) chegar / chegado e chego.
d) pegar / pegado e pego.
e) expressar / expressado e expresso.

COMENTÁRIOS:

✪ **Nota da autora:** As formas regulares (terminadas em "-ado", "-ido" são usadas ao lado do verbo "ter" ou "haver". As formas irregulares, além de serem mais curtas, são usadas ao lado do verbo "ser" ou "estar".

Acompanhe os comentários para fixar.

Alternativa "a" – Tinha/havia aceitado – era/estava aceito.

Alternativa "b" – Tinha/havia entregado – era/estava entregue.

Alternativa "c" – A gramática normativa considera apenas a forma "chegado" como particípio do verbo "chegar". A forma "chego" é a conjugação da primeira pessoa do singular no presente do indicativo – eu chego.

Tinha/havia chegado.

Alternativa "d" – Tinha/havia pegado – era/estava pego.

Alternativa "e" – Tinha/havia expressado – era/estava expresso.

RESPOSTA: C

FRAGMENTO DE TEXTO PARA RESPONDER À QUESTÃO.

D. Amélia conformava-se com as impertinências do marido. Cada vez mais sentia ela que a doença do seu Lula morreria com ele. Não lutou mais, não sofreu mais. Era tudo como Deus quisesse. A vida que tinha que viver seria aquela, sem outro remédio que vivê-la. Tinha pena da filha, mas ao mesmo tempo para que lhe desejar casamento que fosse como o seu? Para que **ligar-se** a um homem que viesse **magoá-la, arrancar-lhe** a paz de espírito? (...)

José Lins do Rego. Fogo morto. 47.ª ed. Rio de Janeiro: José Olympio, 1957, p. 164.

---

25. (Cebraspe – TCE RJ – Analista Controle Externo – Direito/2021 – adaptada) Em "ligar-se", "magoá-la" e "arrancar-lhe", as formas verbais estão no modo infinitivo.

( ) certo ( ) errado

COMENTÁRIOS

Ligar: infinitivo; viesse **magoá**-la = viesse magoar alguém (verbo principal da locução – está no infinito e só perdeu a consoante "r" por ter ocorrido acréscimo do pronome oblíquo); viesse **arrancar**-lhe (verbo principal da locução – está no infinitivo).

Alternativa correta: CERTO.

FRAGMENTO DE TEXTO PARA RESPONDER À QUESTÃO.

(...) Os prefeitos e gestores dos municípios perceberam que, isoladamente, era mais complicado enfrentar as decisões judiciais. Por meio do consórcio intermunicipal, **criou-se** um padrão comum de atuação, que evitou sobreposições de pedidos e racionalizou gastos e investimentos.

Bruno De Pierro. Demandas crescentes. In: Revista Pesquisa FAPESP, 18 (252), fev. 2017, p. 18-22 (com adaptações).

26. (Cebraspe – TCE RJ – Analista Controle Externo – Direito/2021 – adaptada) Sem prejuízo da correção gramatical do texto, o termo "criou-se" poderia ser substituído pela locução **foi criado**.

( ) certo ( ) errado

COMENTÁRIOS

A oração foi transposta da voz passiva sintética (verbo transitivo direto + se) para a voz passiva analítica (verbo *ser* + particípio). Não há prejuízo da correção gramatical porque concorda com o sujeito nos dois casos: criou-se **um padrão comum** e **um padrão comum** foi criado.

Alternativa correta: CERTO.

27. (FGV – Auditor de Controle Externo – TCE – PI/2021 – adaptada) Todas as frases a seguir foram passadas para a voz passiva; a frase em que essa passagem foi feita de forma adequada é:

a) a empresa firma um contrato com a prefeitura / um contrato seja firmado com a prefeitura;

b) para administrar a maior parte do sistema de transporte coletivo municipal; / para a maior parte do sistema de transporte coletivo municipal ser administrada;

c) A saída mais comum é contratar empresas para desempenhar essa função. / A saída mais comum é que empresas sejam contratadas para desempenhar essa função;

d) dá liberdade aos municípios quanto a como ofertar esse serviço. / dá liberdade aos municípios a como esse serviço será ofertado;

e) A prefeitura se responsabiliza diretamente pela gestão do sistema e desembolsa 100% dos recursos para mantê-lo. / A prefeitura se responsabiliza diretamente pela gestão do sistema e 100% dos recursos para mantê-lo serão desembolsados por ela.

COMENTÁRIOS

✪ **Nota da autora:** Apenas os verbos transitivos diretos e transitivos diretos e indiretos admitem voz passiva. Motivo: é necessário que haja objeto direto.

Exceções: o verbo *obedecer* (foi obedecido) e o verbo *desobedecer* (foi desobedecido).

Alternativa "a" – O verbo deve ficar no mesmo tempo (presente do indicativo): um contrato com a prefeitura **é** firmado pela empresa.

Alternativa "b" – Para administrar a maior parte do sistema de transporte coletivo: para ser administrada. A forma nominal de infinitivo foi mantida.

Alternativa "c" – O verbo deve ficar na forma nominal (infinitivo): A saída mais comum é empresas **serem** contratadas.

Alternativa "d" – O verbo deve ficar na forma nominal (infinitivo): **ser** ofertado esse serviço.

Alternativa "e" – O verbo deve ficar no mesmo tempo (presente do indicativo): 100% dos recursos **são** desembolsados.

Alternativa correta: letra "b".

28. (Vunesp – Agente de Fiscalização – TCE – SP/2017) Assinale a alternativa em que os verbos estão corretamente flexionados, de acordo com a norma-padrão.

a) Miguel quebrava a sua cara, se estivesse aqui. Mas quando ele vim aqui, garanto que você não deixa o passarinho fugir.

b) Miguel quebra a sua cara, se estivesse aqui. Mas quando ele pôr os pés aqui, garanto que você não deixaria o passarinho fugir.

c) Miguel quebraria a sua cara, se estivesse aqui. Mas quando ele estiver aqui, garanto que você não deixará o passarinho fugir.

d) Miguel quebraria a sua cara, se estivesse aqui. Mas quando ele vir aqui, garanto que você não deixava o passarinho fugir.

e) Miguel quebrava a sua cara, se estivesse aqui. Mas quando ele estar aqui, garanto que você não deixará o passarinho fugir.

COMENTÁRIOS

Alternativa "a" – Tempos condicionais: **quebraria** (futuro do pretérito do indicativo) – estivesse (pretérito imperfeito do subjuntivo); quando ele **vier**

(vir – futuro do subjuntivo); **deixará** (futuro do presente do indicativo).

Alternativa "b" – quebraria; quando ele **puser** (futuro do subjuntivo); **deixará** (futuro do presente do indicativo).

Alternativa "c" – quebraria (futuro do pretérito do indicativo); estivesse (pretérito imperfeito do subjuntivo); estiver (futuro do subjuntivo); deixará (futuro do presente do indicativo).

Alternativa "d" – quando ele **vier** (vir – futuro do subjuntivo); **deixará** (futuro do presente do indicativo).

Alternativa "e" – quebraria; **estiver** aqui (futuro do subjuntivo).

Alternativa correta: letra "c".

TEXTO PARA RESPONDER À QUESTÃO.

No dia 4 de maio de 2015, a Lei Complementar Federal n.º 101/2000, conhecida como Lei de Responsabilidade Fiscal ou simplesmente LRF, completou quinze anos. Embora devamos comemorar a consolidação de uma nova cultura de responsabilidade fiscal por grande parte dos nossos gestores, o momento também é propício para reflexões sobre o futuro desse diploma.

Para a surpresa de muitas pessoas, acostumadas a ver em nosso país tantas leis que não saem do papel, a LRF, logo nos primeiros anos, **atinge** boa parte de seus objetivos, notadamente em relação à observância dos limites da despesa com pessoal, o que permitiu uma descompressão da receita líquida e propiciou maior capacidade de investimento público. O regulamento **marca** avanços também no controle de gastos em fins de gestão e em relação ao novo papel que as leis de diretrizes orçamentárias passaram a desempenhar.

Não obstante todos os avanços, o momento **exige** cautela e reflexões. Como toda debutante, a LRF **passa** por alguns importantes conflitos existenciais. É quase consenso, no meio acadêmico e entre os órgãos de controle, a necessidade de seu aperfeiçoamento em alguns pontos. Há que se ponderar, contudo, sobre o melhor momento para os necessários ajustes normativos. Realizar mudanças permanentes na lei por conta de circunstâncias excepcionais e episódicas não parece recomendar o bom senso.

Valdecir Pascoal. Os 15 anos da Lei de Responsabilidade Fiscal.

In: O Estado de S.Paulo, 5/maio/2015.

Internet: <http://politica.estadao.com.br> (com adaptações).

29. (CESPE – Auditor TCU – 2015) O presente foi empregado nas formas verbais "atinge", "marca", "exige" e "passa" para indicar uma ação habitual, iniciada no passado e que se estende ao momento em que o texto foi escrito.

COMENTÁRIOS

O presente do indicativo, no texto, foi usado como presente histórico. Entendendo melhor: presente histórico é um recurso empregado na narração para sugerir a atualidade dos fatos narrados e causar mais impacto, mesmo tendo eles acontecido no passado.

Mais: o tempo que indica "ação habitual, iniciada no passado e que se estende ao momento em que o texto foi escrito" é o pretérito perfeito composto do indicativo. É formado pelo presente do indicativo do verbo *ter* mais o particípio do verbo principal: tenho estudado.

Alternativa correta: ERRADO

4. ANÁLISE SINTÁTICA

FRAGMENTO DE TEXTO PARA RESPONDER ÀS QUESTÕES.

(...) O termo "cultura" foi concebido no interior de uma família de conceitos que incluía expressões como "cultivo", "lavoura", "criação" — todos significando aperfeiçoamento, seja na prevenção de um prejuízo, seja na interrupção e reversão da deterioração. O que o agricultor fazia com a semente por meio de atenção cuidadosa, desde a semeadura até a colheita, podia e devia ser feito com os incipientes seres humanos pela educação e pelo treinamento. **As pessoas** não nasciam, eram feitas. Precisavam tornar-se humanas — e, nesse processo de se tornar humanas (uma trajetória cheia de obstáculos e armadilhas que elas não seriam capazes de evitar nem poderiam negociar, caso fossem deixadas por sua própria conta), **teriam de ser guiadas por outros seres humanos**, educados e treinados na arte de educar e treinar seres humanos. (...)

Zygmunt Bauman. Vida líquida. Carlos Alberto Medeiros (Trad.). Rio de Janeiro: Zahar, 2009 (com adaptações).

30. (Cebraspe – TCE RJ – Analista Controle Externo – Direito/2021 – adaptada) O sujeito da oração "teriam de ser guiadas por outros seres humanos" está oculto e se refere ao termo "As pessoas".

( ) certo ( ) errado

COMENTÁRIOS

Basta voltar ao trecho e ir encaixando os sujeitos implícitos para se certificar: **As pessoas** não nasciam, [**as pessoas**] eram feitas. [**as pessoas**] Precisavam tornar-se humanas — e, nesse processo de se tornar humanas (uma trajetória cheia de obstáculos e armadilhas que elas não seriam capazes de evitar nem poderiam negociar, caso fossem deixadas por sua própria conta), [**as pessoas**] teriam de ser guiadas por outros seres humanos.

Alternativa correta: CERTO.

---

31. (Cebraspe - TCE RJ - Analista Controle Externo - Direito/2021 - adaptada) No trecho "podia e devia ser feito com os incipientes seres humanos pela educação e pelo treinamento", os termos "pela educação" e "pelo treinamento" exercem a função de agente da passiva, veiculando o agente da ação expressa pelo verbo **fazer**.

( ) certo ( ) errado

COMENTÁRIOS

✪ **Nota da autora:** O gabarito preliminar era "certo". Após análise da banca e dos recursos de alguns especialistas, foi alterado para "errado".

A oração encontra-se na voz passiva analítica: verbo *ser* + particípio, mas os termos mencionados não são agentes da ação, ou seja, é impossível serem agentes da passiva. Os termos indicam o meio, isto é, são adjuntos adverbiais de meio.

Alternativa correta: ERRADO.

FRAGMENTO DE TEXTO PARA RESPONDER À QUESTÃO.

(...) Aqui e ali, **a luz dos postes elétricos da rua** projetava pálidas manchas no teto e no alto dos móveis, mas embaixo, onde ele se achava, reinava a escuridão. (...)

Franz Kafka. A metamorfose. Luiz A. de Araújo (Trad.). Barueri: Princípios, 2018.

---

32. (Cebraspe - TCE RJ - Analista Controle Externo - Direito/2021 - adaptada) O termo "a luz dos postes elétricos da rua" exerce a função de sujeito da forma verbal "projetava", além de ser o referente do sujeito da forma verbal "reinava", que está elíptico.

( ) certo ( ) errado

COMENTÁRIOS

O que **projetava pálidas manchas no teto? A luz** dos postes elétricos = sujeito do verbo "projetar".

O que **reinava**? **A escuridão** = sujeito do verbo "reinar". Note que o verbo é intransitivo e a oração está na ordem indireta.

Alternativa correta: ERRADO.

---

33. (FGV - Auditor de Controle Externo - TCE - PI/2021 - adaptada)

"Essa prática facilitou muito o transporte **do café**, que era o principal produto **do mercado interno** e externo nacional. Antes, esse transporte era feito por tração animal, demorando muito tempo e enfrentando dificuldades maiores do que nas estradas **de ferro antigas**. A operação **da Estrada de Ferro Mauá** durou até o fim **do período imperial**, em meados de 1888, já tendo perdido a sua importância."

(Massa, 23/06/2021)

Todos os segmentos sublinhados são introduzidos pela preposição DE; o exemplo em que essa preposição é uma exigência de um termo anterior é:

a) do café;

b) do mercado interno;

c) de ferro antigas;

d) da Estrada de Ferro Mauá;

e) do período imperial.

COMENTÁRIOS

✪ **Nota da autora:** A banca exige análise sintática. A preposição pode fazer parte de um complemento verbal (objeto indireto), de um complemento nominal (preposição obrigatória e sentido passivo) ou de um adjunto adnominal (indicação de posse e sentido ativo, pode indicar caracterização ou posse). Neste caso, a preposição é facultativa.

Alternativa "a" - Facilitou o transporte de algo - do café. O substantivo "transporte" exige a preposição "de". Trata-se de um complemento nominal. Analisemos:

Essa prática	facilitou	muito	o transporte	do café.
sujeito	V.T.D.	adj. adv. intensidade	O.D.	complemento nominal

Observação: o complemento nominal possui sentido passivo, o adjunto adnominal possui sentido ativo. A ideia é de passividade: o café será transportado.

Alternativa "b" – A preposição não foi exigida pelo substantivo "produto". A expressão "do mercado interno" apenas define o sentido de *produto* e possui valor de posse, isto é, trata-se de um adjunto adnominal.

Observação: perceba que possui sentido ativo – o mercado interno teria o produto.

Alternativa "c" – A preposição não foi exigida pelo substantivo "estrada". A expressão qualifica, ou seja, é adjunto adnominal.

Alternativa "d" – A preposição não foi exigida pelo substantivo "operação". Ocorre uma caracterização: adjunto adnominal.

Alternativa "e" – A preposição não foi exigida pelo substantivo "fim", apenas define seu sentido, como ocorreu na alternativa "b".

Alternativa correta: letra "a".

34. (FCC – Auditor Público Externo – Ciências Jur. e Sociais – TCE – RS/2018) Ao Estado, a realidade mais ativa da estrutura social, coube o papel de intermediar o impacto estrangeiro, reduzindo-o à temperatura e à velocidade nativas.

Considerando a estrutura sintática da frase acima, é correto afirmar:

a) O sujeito da frase em que está presente o verbo "caber" é *o Estado*.

b) O segmento *de intermediar o impacto estrangeiro* exerce a função de objeto indireto.

c) O segmento *o impacto estrangeiro* e o pronome, em reduzindo-*o*, exercem a mesma função sintática, nas orações de que fazem parte.

d) Os segmentos *mais ativa* e *da estrutura social* exercem, ambos, a função sintática de adjuntos adnominais.

e) No segmento *à temperatura* e *à velocidade nativas*, o único adjunto adnominal presente é nativas.

COMENTÁRIOS

✪ **Nota da autora:** Preste muita atenção, pois a primeira oração está na ordem indireta. Coloque-a na ordem direta para fazer as análises: o papel de intermediar o impacto estrangeiro coube ao Estado.

Alternativa "a" – O sujeito do verbo *caber* é oracional (possui verbo): o papel de intermediar o impacto estrangeiro. A expressão "ao Estado" possui função de objeto indireto.

Alternativa "b" – Adjunto adnominal dentro do sujeito. Núcleo do sujeito: papel (substantivo).

Alternativa "c" – Ambos exercem a função de **objeto direto**. O verbo *intermediar* é transitivo direto e exige como complemento o objeto direto – o impacto estrangeiro – e o verbo *reduzir* é transitivo direto e indireto – "o": objeto direto. A expressão "à temperatura e à velocidade nativas" possui função de objeto indireto do verbo *reduzir* (reduz algo a algo).

Alternativa "d" – A expressão "a realidade mais ativa da estrutura social" exerce função de aposto explicativo de *Estado*.

Alternativa "e" – Há três adjuntos adnominais: 1. o artigo "a" presente na contração com a preposição "a" (em à temperatura); 2. o segundo artigo "a" presente na contração com a preposição "a" (em à velocidade); 3. nativas.

Alternativa correta: letra "c".

35. (CESPE – Auditor TCU – 2015 – adaptada) Os pronomes relativos "que" (acostumadas a ver em nosso país tantas leis que não saem do papel) e "que" (em relação ao novo papel que as leis de diretrizes orçamentárias passaram a desempenhar), embora retomem elementos distintos do texto, desempenham a mesma função sintática nos períodos em que ocorrem.

COMENTÁRIOS

O pronome relativo possui a função sintática do termo que ele retoma. Siga o passo a passo a seguir para entender melhor.

1. O pronome relativo retoma "tantas leis". Montando frase com os termos posteriores ao relativo até encontrar o termo mencionado, temos: **tantas leis** (sujeito) não saem do papel. = **sujeito**.
2. O relativo retoma "novo papel". Frase: as leis de diretrizes orçamentárias passaram a desempenhar (verbo transitivo direto) **novo papel** = **objeto direto**.

Alternativa correta: ERRADO

36. (CESPE – Auditor TCU – 2015 – adaptada) A oração "Realizar mudanças permanentes na lei por conta de circunstâncias excepcionais e episódicas" (Realizar mudanças permanentes na lei por conta de circunstâncias excepcionais e episódicas não parece **recomendar** o bom senso.) exerce a função de complemento da forma verbal "recomendar".

COMENTÁRIOS

✪ **Nota da autora:** Questão de análise sintática e período composto.

Imprescindível colocar o período inteiro na ordem direta: O bom senso não parece recomendar realizar mudanças permanentes na lei por conta de circunstâncias excepcionais e episódicas.

Análise completa:

1. **Oração principal** (sem conjunção, sem pronome relativo e sem verbo na forma nominal – gerúndio, particípio ou infinitivo) = O bom senso não parece recomendar;
2. Sabe-se que a **oração é subordinada substantiva** porque podemos encaixar o pronome catafórico "isto" no final da oração principal = O bom senso não parece recomendar **isto** (a ideia será citada);
3. Como a oração principal termina com verbo transitivo direto (recomenda algo), a oração é **subordinada substantiva objetiva direta**. Isso indica que **a questão está correta, pois a oração complementa o verbo transitivo direto**;
4. Para complementar, temos uma **oração reduzida** (sem conjunção) e forma nominal (realizar). Na forma desenvolvida (com conjunção), tem-se: que realizem mudanças.
5. Classificação completa: **oração subordinada substantiva objetiva direta reduzida de infinitivo** (realizar).

Alternativa correta: CERTO

---

37. (CESPE – Técnico TCU – 2015 – adaptada) Tanto em "desenvolveu-se" (Aquele momento inicial de um direito sagrado e ritualizado, expressão das divindades, desenvolveu-se na direção de práticas normativas consuetudinárias) quanto em "Constata-se" (Constata-se, destarte, que os textos legislados e escritos eram melhores depositários do direito e meios mais eficazes para conservá-lo), a partícula "se" desempenha a mesma função sintática.

COMENTÁRIOS

As funções são distintas. Em "desenvolver-se", o verbo é pronominal, isto é, denota ação própria do sujeito; em "constata-se", há pronome apassivador (voz passiva), pois o verbo é transitivo direto e admite transposição para a passiva analítica: que os textos legislados e escritos... é constatado.

Alternativa correta: ERRADO

5. PERÍODO COMPOSTO

---

38. (FGV – TCE GO – Analista de Controle Externo - Jurídica - 2024) Assinale a opção em que a modificação de uma oração reduzida para uma desenvolvida tenha sido feita de forma adequada.

a) Não é preciso muito para ser um produtor de coelhos. Você coloca um casal numa gaiola e é tudo. / para que se fosse.
b) É raro alguém querer ouvir aquilo que não quer ouvir. / que alguém queira ouvir aquilo.
c) Para fazer fortuna, não é necessário ter talento; basta não ter correção. / Para que se faça, a posse de talento, não ser correto.
d) Para engrandecer-se na vida, foi preciso saber aproveitar a fase em que a fortuna lhe era favorável. / para que se engrandeça.
e) Perde o teu dinheiro em favor de teu irmão e de teu amigo, não o escondas debaixo de uma pedra para ficar ali escondido. / para seu eterno esconderijo.

COMENTÁRIOS:

Alternativa "a" – Oração adverbial final reduzida de infinitivo: para ser = para que seja.

Alternativa "b" – A oração reduzida de infinitivo é adjetiva, deve ser inserido o pronome relativo para retomar o pronome "alguém" e o verbo deve ser conjugado: querer ouvir = que queira ouvir.

Alternativa "c" – Para fazer: para que se faça / ter talento: que tenha talento / não ter: que não tenha correção.

Alternativa "d" – Para engrandecer-se: para que se engrandecesse.

Observação: o verbo, na oração desenvolvida, não pode ficar no presente do indicativo. É necessário atentar-se ao contexto – os verbos posteriores estão no pretérito.

Alternativa "e" – Para ficar: para que fique escondido.

RESPOSTA: B

---

39. (FGV – TCE GO – Analista de Controle Externo - Jurídica - 2024) Todas as frases a seguir mostram termos ligados pela conjunção OU.

Assinale a opção em que essa conjunção mantém o valor de alternativa (e não de adição).:

a) João ou Pedro devem ser eleitos presidente da empresa.
b) A alegria ou a tristeza fazem parte da vida.
c) Inglês ou francês são idiomas falados pelos turistas.
d) Os clientes leem livros ou revistas enquanto esperam.
e) Vasco ou Flamengo são times de longa tradição.

COMENTÁRIOS:

✪ **Nota da autora:** Encaixe a conjunção aditiva "e" para evitar erro.

Alternativa "a" – Um ou outro será o presidente, não os dois: alternância.

Alternativa "b" – A alegria **e** a tristeza fazem parte da vida: adição.

Alternativa "c" – Inglês **e** Francês são falados pelos turistas: adição.

Alternativa "d" – Clientes leem livros **e** revistas: adição.

Alternativa "e" – Vasco **e** Flamengo são times de longa tradição: adição.

RESPOSTA: A

FRAGMENTO DE TEXTO PARA RESPONDER À QUESTÃO.

(...) A primeira metodologia consistiu em abastecer um algoritmo com notícias verdadeiras e depois treinar o algoritmo para reconhecer essas notícias. Aquelas que não se encaixavam no perfil aprendido eram classificadas como *fake news*. (...)

Internet: <www.cartacapital.com.br> (com adaptações).

40. (Cebraspe – TCE PR – Auditor de Controle Externo - Área Jurídica - 2024 - adaptada) No primeiro período, a oração "para reconhecer essas notícias" expressa circunstância de

a) conformidade.

b) causa.

c) explicação.

d) condição.

e) finalidade.

COMENTÁRIOS:

No texto: *abastecer um algoritmo com notícias verdadeiras e depois treinar o algoritmo para reconhecer essas notícias*.

Alternativa "a" – Não existe a ideia de regra, não cabe a conjunção "conforme".

Alternativa "b" – Não existe consequência (ou efeito) nem cabe a pergunta "por quê?".

Alternativa "c" – Não explica, não cabe a conjunção "porque" e a oração não é coordenada.

Alternativa "d" – Não cabe a conjunção "se" nem a conjunção "caso".

Alternativa "e"

- **Para que** treinar o algoritmo?
- **Para** reconhecer essas notícias. = finalidade.

RESPOSTA: E

41. (FGV- TCE ES - Auditor de Controle Externo - Direito/2023) A frase abaixo em que NÃO está presente qualquer oração de valor condicional, é:

a) Eu sou realmente fácil de lidar, uma vez que as pessoas aprendam a me venerar;

b) Um megalômano é um homem que pensa que se ele não tivesse nascido, o mundo precisaria saber por quê;

c) O mundo não gira em torno de você... Só quando você bebe demais;

d) Caso o diabo pense que pode fazer as pessoas piores, ele é um otimista;

e) Dê autoridade a um homem, desde que você queira conhecê-lo verdadeiramente.

COMENTÁRIOS:

Alternativa "a" – Condicional: uma vez que = **se** as pessoas aprenderem a me venerar.

Alternativa "b" – Condicional: **se** ele não tivesse nascido.

Alternativa "c" – Temporal: só **quando** você bebe mais.

Alternativa "d" – Condicional: **caso** o diabo pense.

Alternativa "e" – Condicional: desde que = **se** você quiser conhecê-lo.

RESPOSTA: C

FRAGMENTO DE TEXTO PARA RESPONDER À QUESTÃO.

D. Amélia conformava-se com as impertinências do marido. Cada vez mais sentia ela que a doença do seu Lula morreria com ele. **Não lutou mais, não sofreu mais**. Era tudo como Deus quisesse. (...)

José Lins do Rego. Fogo morto. 47.ª ed. Rio de Janeiro: José Olympio, 1957, p. 164.

42. (Cebraspe – TCE RJ – Analista Controle Externo – Direito/2021 – adaptada) As orações do período "Não lutou mais, não sofreu mais" estabelecem, entre si, relação lógica de oposição.

( ) certo ( ) errado

COMENTÁRIOS

Por que não sofreu mais? **Porque** não lutou mais.

A pergunta é a consequência, e a resposta é a causa. Existe relação lógica de causa e efeito, não de oposição. Perceba que não cabe a conjunção "mas".

Alternativa correta: ERRADO.

TEXTO 2

"Não sou nem otimista, nem pessimista. Os otimistas são ingênuos, e os pessimistas amargos. Sou um realista esperançoso. Sou um homem da esperança. Sei que é para um futuro muito longínquo.

Sonho com o dia em que o sol de Deus vai espalhar justiça pelo mundo todo."

Ariano Suassuna (1927 – 2014). Fonte: https://citacoes.in/citacoes-de-justica/

43. (FGV – TCE AM – Auditor Técnico Controle Externo – MP – 2021) No texto de Suassuna (texto 2) há uma série de relações lógicas entre as frases que devem ser inferidas pelo leitor, pois não aparecem verbalizadas em conectivos. A relação lógica entre os segmentos abaixo – separados por duas barras inclinadas – que está corretamente indicada é:

a) Não sou nem otimista // nem pessimista – oposição;

b) Não sou nem otimista, nem pessimista // Os otimistas são ingênuos, e os pessimistas amargos – explicação;

c) Os otimistas são ingênuos, e os pessimistas amargos // Sou um realista esperançoso – comparação;

d) Sou um realista esperançoso // Sou um homem da esperança – causa;

e) Sou um homem da esperança // Sei que é para um futuro muito longínquo – conclusão.

COMENTÁRIOS

Alternativa "a" – Adição: não sou otimista **e** não sou pessimista.

Alternativa "b" – Não sou otimista nem pessimista **porque** otimistas são ingênuos, e pessimistas são amargos: explicação.

Alternativa "c" – Oposição: cabe a inserção da conjunção "mas".

Alternativa "d" – Conclusão: cabe a inserção da conjunção "logo".

Alternativa "e" – Oposição: sou um homem da esperança, **mas** sei que é para um futuro longínquo.

Alternativa correta: letra "b".

TEXTO 1

"A Estrada de Ferro Mauá é a primeira ferrovia do Brasil e uma das principais estradas de ferro antigas. Implementada em 1852 e com início das operações, 2 anos depois, em 1854, a ferrovia teve papel essencial para o avanço econômico para o país, que viveria uma transição para se tornar uma república.

A estrada tinha a função de ligar o Porto de Mauá, em Magé (RJ), até o município de Fragoso. Na época, foi construída com uma capacidade de 14,5 km de extensão.

Essa ferrovia, que faz parte do quadro de estradas de ferro antigas, e é uma das mais importantes, justamente por dar início às operações desse setor, foi construída por Irineu Evangelista de Sousa, o Barão de Mauá.

O setor ferroviário já se apresentava como uma importante solução em outros países, principalmente na Europa e nos Estados Unidos. Justamente por isso é que o empresário Irineu decidiu implementar esse novo negócio, trazendo uma nova perspectiva para a produção nacional, visto que a partir disso se tornou possível levar os insumos produzidos com mais facilidade.

A Estrada de Ferro Mauá seguia um trajeto específico: abastecia os trens nas plantações de café no Vale do Paraíba, seguindo até a cidade de Magé. A partir daí, os produtos eram posicionados em embarcações para chegar até a cidade do Rio de Janeiro.

Essa prática facilitou muito o transporte do café, que era o principal produto do mercado interno e externo nacional. Antes, esse transporte era feito por tração animal, demorando muito tempo e enfrentando dificuldades maiores do que nas estradas de ferro antigas.

A operação da Estrada de Ferro Mauá durou até o fim do período imperial, em meados de 1888, já tendo perdido a sua importância."

(Massa, 23/06/2021)

44. (FGV – Auditor de Controle Externo – TCE – PI/2021) Por se tratar de um texto informativo, é natural que o texto 1 apresente uma série de relações lógicas com ideia de causa; o segmento abaixo que foge a essa relação é:

a) parágrafo 3 – "...justamente por dar início às operações desse setor";

b) parágrafo 4 – "Justamente por isso é que o empresário Irineu decidiu implementar esse novo negócio,...";

c) parágrafo 4 – "...visto que a partir disso se tornou possível levar os insumos produzidos com mais facilidade.";

d) parágrafo 4 – "...trazendo uma nova perspectiva para a produção nacional...";

e) parágrafo 7 – "...já tendo perdido a sua importância."

COMENTÁRIOS

✪ **Nota da autora:** Questão de compreensão textual e período composto. É fundamental saber que onde há causa, há consequência.

Alternativa "a" – Por que é uma das rodovias mais importantes? (consequência) / **Porque** deu início às operações desse setor. (causa)

Alternativa "b" – Por que trouxe uma nova perspectiva para a produção nacional? (consequência) / **Porque** o empresário Irineu decidiu implementar esse novo negócio.

Alternativa "c" – **Por que** esse novo negócio trouxe uma nova perspectiva para a produção nacional? (consequência) / **Porque** tornou possível levar os insumos produzidos com mais facilidade. (causa)

Alternativa "d" – A oração é subordinada adjetiva explicativa reduzida de gerúndio. Ao desenvolvê-la, fica claro que retoma "esse novo negócio". Lê-se: o empresário Irineu decidiu implementar esse novo negócio, **que** trouxe uma nova perspectiva para a produção nacional. Sendo adjetiva, é impossível indicar causa.

Alternativa "e" – **Por que** a operação da Estrada de Ferro Mauá durou até o fim do período imperial? (consequência) / **Porque** perdeu sua importância. (causa)

Alternativa correta: letra "d".

TEXTO 3

"Um dos grandes problemas enfrentados pelos moradores das grandes cidades brasileiras é a deficiente infraestrutura de transportes. As pessoas demoram muito tempo para se deslocarem, sem condições mínimas de conforto, tendo muitas vezes que encarar longas distâncias em pé, em ônibus lotados.

Este problema tem origem em meados do século XX, quando o Brasil passou por um processo de industrialização que aconteceu de forma rápida e descontrolada. Houve migração muito grande de pessoas para as cidades, o que levou à supervalorização do preço dos terrenos e imóveis.

A solução, para as pessoas de renda mais baixa, foi estabelecer moradia em zonas mais afastadas, além de favelas e ocupações irregulares. As ofertas de empregos e serviços, no entanto, ficou concentrada nos bairros mais nobres, o que exige deslocamento de grandes distâncias pelos trabalhadores."

45. (FGV – Auditor de Controle Externo – TCE – PI/2021) O primeiro parágrafo do texto 3 é composto por dois períodos; sobre a estruturação desses períodos, é correto afirmar que:

a) o segundo período é a ampliação detalhada do primeiro;
b) o primeiro período tem suas consequências explicitadas no segundo;
c) o segundo período indica as razões da opinião expressa no primeiro;
d) o primeiro período destaca o maior dos problemas das grandes cidades brasileiras;
e) o segundo período indica tão-somente os problemas do transporte em ônibus.

COMENTÁRIOS

✪ **Nota da autora:** Questão de compreensão textual e de período composto.

Alternativa "a" – O segundo período indica as **consequências do primeiro**.

Alternativa "b" – O primeiro período é **a causa das consequências** explicitadas no segundo.

Alternativa "c" – **Por que** as pessoas demoram muito para se deslocarem? (consequência) / **Porque** a infraestrutura de transportes é deficiente (causa, razão).

Alternativa "d" – O primeiro período destaca **um dos grandes problemas** enfrentados **pelos moradores** das grandes cidades brasileiras. Afirmar que é o maior problema é extrapolação.

Alternativa "e" – O segundo período indica **as consequências do primeiro** – o fato de a infraestrutura de transportes ser deficiente nas grandes cidades brasileiras.

Alternativa correta: letra "c".

46. (FGV – Auditor de Controle Externo – TCE – PI/2021 – adaptada)

"[Cabe ao município] organizar e prestar, diretamente **ou** sob regime de concessão ou permissão, os serviços públicos de interesse local, incluído o de transporte coletivo, que tem caráter essencial".

Nesse segmento, ocorre o emprego da conjunção OU (sublinhada) com o mesmo valor semântico que mostra no seguinte trecho, retirado de uma gramática da língua portuguesa:

a) "O Antunes, das duas uma: ou não compreendia bem ou não ouvia nada do que lhe dizia o seu companheiro";
b) "Ou lia, ou fingia ler para impressionar os demais passageiros";
c) "Tu por um lado ou eu por outro o acautelaremos das horas más";
d) "Tu ou os teus filhos vereis a revolução dos espíritos e costumes";
e) "Ou João ou Carlos será eleito presidente do clube".

COMENTÁRIOS

✪ **Nota da autora:** A conjunção "ou" pode possuir valor de exclusão ou de inclusão. No segmento, indica exclusão.

Alternativa "a" – Não exclui, a ideia é de que possa indicar uma ou outra, como diz na frase: das duas uma. Antunes podia não compreender e não ouvir – duas ações.

Alternativa "b" – Também não ocorre exclusão: lia e fingia – duas ações.

Alternativa "c" – Tu e eu = nós acautelaremos. O verbo está na primeira pessoa do plural e refere-se aos dois pronomes.

Alternativa "d" – Tu e teus filhos = vós vereis. O verbo está na segunda pessoa do plural e refere-se aos dois pronomes.

Alternativa "e" – Um ou outro: exclusão. Haverá apenas um presidente eleito.

Alternativa correta: letra "e".

47. (CESPE – Técnico TCU – 2015 – adaptada) Sem prejuízo do sentido do texto, o termo "destarte" (A invenção e a difusão da técnica da escritura, somadas à compilação de costumes tradicionais, proporcionaram os primeiros códigos da Antiguidade, como o de Hamurábi, o de Manu, o de Sólon e a Lei das XII Tábuas. Constata-se, **destarte**, que os textos legislados e escritos eram melhores depositários do direito e meios mais eficazes para conservá-lo que a memória de certo número de pessoas, por mais força que tivessem em função de seu constante exercício.) poderia ser substituído por **contudo** ou **todavia**.

COMENTÁRIOS

Destarte pode indicar conclusão (quando coordenada), ou consecutiva (quando subordinada). No trecho, é coordenada, ou seja, há independência sintática. *Contudo* e *todavia* são conjunções adversativas (indicam oposição) e isso significa que o sentido seria prejudicado se ocorre a substituição sugerida.

Alternativa correta: ERRADO

48. (CESPE – Técnico TCU – 2015 – adaptada) A ideia introduzida pela conjunção "porquanto" (Tendo presente essas asserções genéricas, podemos compreender melhor as ambiguidades e os limites do liberalismo brasileiro, **porquanto**, desde os primórdios, ele teve de conviver com uma estrutura político-administrativa patrimonialista e com uma dominação econômica escravista das elites agrárias) poderia ser expressa também por *conquanto*.

COMENTÁRIOS

Porquanto está exprimindo ideia de **concessão** (oposição) e equivale a *embora, apesar de que, mesmo que* e *ainda que*. **Conquanto** é uma conjunção **explicativa** (quando coordenada) ou **causal** (quando subordinada); equivale a *porque, visto que, já que* e *pois*. Assim sendo, não expressam a mesma ideia.

Alternativa correta: ERRADO

6. CONCORDÂNCIA

49. (Vunesp – Agente de Fiscalização – Administração – TCE – SP/2017) Assinale a alternativa em que a concordância está de acordo com a norma-padrão.

a) O potencial das usinas hidrelétricas e eólicas mostram o Brasil com uma das matrizes de geração mais limpas.

b) Notam-se que, no Brasil, no que respeita à energia solar fotovoltaica, algumas centrais de grande pujança começa a se instalar.

c) 40% da capacidade renovável em 2016 está com a China, e os maiores índices provêm da energia solar.

d) Como mostra os dados, a China e o Brasil, quanto aos investimentos em energia solar, possui distintos perfis de investimento.

e) Existirá demandas para o etanol e o biodiesel, embora o noticiário se concentre na voga dos veículos elétricos.

COMENTÁRIOS

Alternativa "a" – O potencial (sujeito) **mostra**.

Alternativa "b" – **Nota-se** (verbo transitivo direto + se = voz passiva sintética); que algumas centrais de grande pujança começa a se instalar (sujeito oracional – possui verbo). Sujeito oracional = verbo da oração principal no singular.

Alternativa "c" – Porcentagem + substantivo singular = duas concordâncias (com o numeral ou com o substantivo): **40%** da capacidade renovável em 2016 **estão** ou 40% da **capacidade** renovável em 2016 **está**. Sujeito plural = verbo plural – os maiores índices provêm (do verbo *provir*).

Alternativa "d" – Os dados (sujeito) **mostram.**

➘ DICA: Sempre coloque a oração na ordem direta para evitar erro.

Alternativa "e" – Demandas (sujeito) **existirão.**

Alternativa correta: letra "c".

50. (Vunesp – Agente de Fiscalização – Administração – TCE – SP/2017) Assinale a alternativa em que, se o termo em destaque for flexionado no plural, o verbo da oração também deverá ir para o plural.

a) ... e deu o **atestado** de óbito.

b) Apanhou um **resfriado**...

c) ... para não haver **dúvida**.

d) Alguns dias depois, deu-se o **evento**.

e) Tomou-se conhecimento de uma **carta**.

COMENTÁRIOS

✪ **Nota da autora:** Questão de concordância e análise sintática.

Alternativa "a" – Sujeito simples e implícito (ele) deu **os atestados (objeto direto).**

Alternativa "b" – Sujeito simples e implícito (ele) apanhou **alguns resfriados (objeto direto).**

➘ **DICA:** A maioria dos gramáticos admitem a pluralização do artigo definido como pronome indefinido – o aluno = alguns alunos; a aluna = algumas alunas.

Alternativa "c" – O verbo *haver* é impessoal (sentido de *existir*) e nunca admitirá plural; **dúvida** possui função de **objeto direto**.

Alternativa "d" – O verbo "dar" é transitivo direto seguido de "se" (pronome apassivador). Isso indica que a oração está na voz passiva sintética e que "o evento" possui função de sujeito. Transpondo para a voz passiva analítica (verbo *ser* + particípio), tem-se: o evento foi dado. Se o sujeito for pluralizado, o verbo deve também ser: deram-se os eventos. Na passiva analítica: os eventos foram dados.

➘ **DICA**: verbos transitivos diretos e verbos transitivos diretos e indiretos + se indicam voz passiva sintética.

Alternativa "e" – A expressão "de uma carta" possui função de adjunto adnominal e não altera a concordância com o verbo se o substantivo for pluralizado: Tomou-se conhecimento de **algumas cartas**.

Alternativa correta: letra "d".

51. (Vunesp – Agente de Fiscalização – TCE – SP/2017 – adaptada) Considere a seguinte oração: Vislumbra-se, agora, uma possibilidade de avanço.

Assinale a alternativa em que a concordância do sujeito com o verbo ocorre pelo mesmo motivo que na oração transcrita, em que a palavra "se" é um pronome apassivador.

a) Observa-se certo mal-estar entre os convidados da festa.

b) Certamente, trata-se de uma festa de caráter filantrópico.

c) Opuseram-se à ideia de construção de uma nova sede.

d) Em tempos passados, vivia-se com tranquilidade por aqui.

e) Vão-se os dedos sem os anéis dos tempos de glória.

COMENTÁRIOS

✪ **Nota da autora:** Verbo transitivo direto + se (pronome apassivador) = voz passiva sintética. Sujeito: uma possibilidade de avanço. O verbo deve concordar com o sujeito. Na passiva analítica (verbo *ser* + particípio), equivale a *uma possibilidade de avanço agora não é vislumbrada.*

Alternativa "a" – O verbo *observar* também é transitivo direto e está acompanhado do "se" = voz passiva sintética. Sujeito: certo mal-estar. Na passiva analítica, equivale a *certo mal-estar é observado.*

Alternativa "b" – O verbo *tratar* é transitivo indireto = sujeito indeterminado. O "se" é índice de indeterminação do sujeito.

Alternativa "c" – O verbo pronominal *opor-se* é transitivo indireto. Sujeito indeterminado (verbo no plural).

Alternativa "d" – O verbo *viver* é intransitivo (seguido de adjunto adverbial de modo e de adjunto adverbial de lugar) = sujeito indeterminado.

Alternativa "e" – O "se" é partícula expletiva, ou seja, pode ser retirada: vão os dedos = voz ativa.

Alternativa correta: letra "a".

52. (CESPE – Auditor TCU – 2015 – adaptada) Tanto a forma verbal "passaram" (Com os avanços das tecnologias informáticas, atividades como ir ao banco, assistir a filmes, fazer compras, acompanhar processos judiciais, estudar a distância e solicitar serviços passaram a ser realizadas até mesmo a partir de um simples smartphone) quanto o adjetivo "próprios" (há um mundo representado virtualmente — o denominado ciberespaço — com código e linguagem próprios, mas que se inter-relaciona — e muito — com o mundo real) estão flexionados no plural por concordar com termos compostos, ou seja, termos com mais de um núcleo.

COMENTÁRIOS

O verbo *passar* possui sujeito simples: **atividades**. O adjetivo "próprios" concorda com os substantivos "código e linguagem".

Alternativa correta: ERRADO

53. (CESPE – Técnico TCU – 2015 – adaptada) Sem prejuízo para a correção gramatical do texto, a forma verbal "encontram", em "encontram-se os direitos econômicos" (Ainda como parte integrante desse referencial, encontram-se os direitos econômicos, representados pelo direito de propriedade, o direito de herança, o direito de acumular riqueza e capital), poderia ser flexionada no singular: encontra-se os direitos econômicos.

COMENTÁRIOS

Em "encontram-se", o verbo é transitivo direto seguido do pronome apassivador "se" = voz passiva sintética. Sujeito: os direitos econômicos. Na voz passiva analítica: Os direitos econômicos são encontrados. Como o verbo deve concordar com o sujeito, o verbo deve ser empregado no plural, pois o sujeito é formado por um substantivo plural (direitos).

Alternativa correta: ERRADO

TRECHO PARA JULGAR O ITEM.

(...) Outros aspectos sociotécnicos importantes que caracterizam a nova governança pública se relacionam aos anseios de maior participação e controle social nas ações de governo, que, somados ao de liberdade, estabelecem o cerne do milenar conceito de cidadania (participação no governo) e os valores centrais da democracia social do século XXI.

Internet: <http://aquarius.mcti.gov.br>. (com adaptações).

54. (CESPE/Unb – TCU – Auditor Federal de Controle Externo/2013) A forma verbal "estabelecem" está flexionada no plural porque concorda com o termo antecedente "aspectos"

COMENTÁRIOS

Aspectos sociotécnicos caracterizam a nova governança. O que estabelecem o cerne do milenar conceito de cidadania? Os anseios de maior participação e controle social = sujeito do verbo *estabelecer*.

Alternativa correta: ERRADO

TRECHO PARA JULGAR O ITEM.

O crescimento populacional e econômico, aliado à evolução dos mercados e à complexidade das relações sociais, traduz-se em demandas por serviços públicos mais sofisticados, em maior quantidade e com mais qualidade. Para estar à altura das exigências da sociedade do século XXI, o desafio que se coloca ao país é a construção de um Estado "inteligente", que incorpore os avanços tecnológicos, a rapidez e as facilidades da era digital. (...)

Por dentro do Brasil. Modernização da gestão pública. Internet (com adaptações).

55. (CESPE/Unb – TCU – Auditor Federal de Controle Externo/2013) O emprego do adjetivo "aliado" no plural não prejudicaria a correção gramatical do texto, dada a possibilidade, no contexto, de concordância com os termos anteriores mais próximos — "populacional e econômico".

COMENTÁRIOS

O que está aliado à evolução dos mercados? O crescimento populacional e econômico. O adjetivo concorda com o substantivo masculino singular *crescimento* e não pode admitir plural.

Alternativa correta: ERRADO

TRECHO PARA JULGAR O ITEM.

(...)

A análise do IDEB apontou a necessidade de aperfeiçoamento da metodologia de obtenção desse índice. Segundo avalia o ministro relator do processo, "O IDEB é um importante instrumento para a aferição da qualidade da educação, por isso deve ser aprimorado de forma a permitir um diagnóstico mais fidedigno dos sistemas de ensino".

Outro instrumento de gestão educacional avaliado foi o sistema integrado de monitoramento do MEC, que, segundo a auditoria, também deve ser melhorado. Parte dos dados encontra-se desatualizada.

TCU avalia gestão da educação básica em municípios brasileiros. Notícia publicada em 12/9/2013. Internet: <www.tcu.gov.br/> (com adaptações).

56. (CESPE/Unb – TCU – Auditor Federal de Controle Externo/2013) Haveria prejuízo da correção gramatical do texto caso o primeiro período do primeiro parágrafo fosse assim reescrito: Na análise do IDEB, foi atestado a necessidade de aperfeiçoar a metodologia que obtém esse índice.

COMENTÁRIOS

Concordância errada: o predicativo do sujeito deve concordar com o sujeito. Há o verbo SER + artigo feminino singular. Na ordem direta, para facilitar: **A necessidade** de aperfeiçoar a metodologia que obtém esse índice foi **atestada**.

Alternativa correta: CERTO

7. REGÊNCIA

TEXTO 4

"Em oposição aos meus apaixonados sentimentos de justiça e deveres sociais, sempre experimentei a total ausência de me aproximar dos homens e das sociedades humanas. Apraz-me sentir-me só. Nunca me entreguei de corpo e alma a um círculo de amigos, ao Estado, nem à minha própria família. Pelo contrário, sempre senti nesses laços o indefinível sentimento de ser um estranho em seu desejo de solidão."

Albert Einstein

57. (FGV – TCE AM – Auditor Técnico Controle Externo – MP – 2021) O segmento (texto 4) abaixo em que a preposição "de" NÃO é exigida por nenhum termo anterior é:

a) "sentimentos de justiça";
b) "aproximar dos homens";
c) "me entreguei de corpo";
d) "sentimento de ser um estranho";
e) "desejo de solidão".

COMENTÁRIOS

✪ **Nota da autora:** Para a preposição ser exigida, o termo regido deve possuir função sintática de objeto indireto (se ligado ao verbo) ou de complemento nominal (se ligado ao nome).

Alternativa "a" – Complemento nominal – sentimentos DE algo.

Alternativa "b" – Objeto indireto – aproxima-se DE alguém.

Alternativa "c" – A expressão "de corpo e alma" possui função de adjunto adverbial de modo e não se trata de um termo regido.

Alternativa "d" – Complemento nominal – sentimentos DE alguém.

Alternativa "e" – Complemento nominal – desejo DE algo.

Alternativa correta: letra "c".

58. (CESPE – Analista de Controle Externo – Direito – TCE – MG/2018- adaptada) No trecho "A ciência nos alerta contra os perigos introduzidos por tecnologias que alteram o mundo, especialmente o meio ambiente **de que** nossas vidas dependem."[2], o termo "de que" poderia ser substituído, sem alteração da correção gramatical e dos sentidos, por

a) no qual.
b) pelo qual.
c) cujas.
d) dos quais.
e) do qual.

COMENTÁRIOS

✪ **Nota da autora:** A preposição "de" é exigida pelo verbo *depender*. A ordem direta (com os termos pospostos ao pronome relativo) é:

Nossas vidas	dependem	do meio ambiente.
sujeito	verbo transitivo indireto	objeto indireto

Alternativa "a" – A preposição "em" não é exigida pelo verbo *depender*.

Alternativa "b" – A preposição "por" não é exigida.

Alternativa "c" – Não há relação de posse com o termo anterior, portanto é inviável usar "cujas".

Alternativa "d" – O pronome relativo retoma "meio ambiente" – substantivo masculino singular.

Alternativa "e" – Eis a possível substituição, como mencionado na nota da autora.

Alternativa correta: letra "e".

TEXTO PARA RESPONDER À QUESTÃO.

A eletricidade produzida a partir da luz do sol, ou energia fotovoltaica, aparece como a grande estrela do relatório "Renováveis 2017 – Análise e Previsões para 2022", da Agência Internacional de Energia (AIE). E a maior responsável por isso, mais uma vez, é a China.

A geração solar foi a que mais cresceu entre as energias renováveis, alcançando quase a metade (45%) dos 165 gigawatts de capacidade adicionada em 2016, excluídas fontes de origem fóssil (carvão, petróleo e gás natural) e nuclear.

O Brasil instalou 7,8 GW de renováveis no ano passado – de um total de 9,5 GW no país –, repartidos entre usinas hidrelétricas (5,2 GW) e eólicas (2,6 GW). Mantém uma das matrizes de geração mais limpas, mas contribui com menos de 5% do crescimento verde mundial.

Já a China responde por 40% da capacidade renovável adicionada em 2016, e a maior parte disso provém da energia solar. O governo de Pequim incentiva essa fonte limpa na tentativa de minorar a poluição do ar gerada por termelétricas a carvão, grave problema de saúde pública e inquietação social.

Sob esse estímulo, o país asiático já representa 50% da demanda global por painéis fotovoltaicos e manufatura 60% desses equipamentos.

Salta aos olhos a irrelevância do Brasil no que respeita à energia solar fotovoltaica. Algumas grandes centrais começam a ser instaladas, mas o investimento nacional na mais dinâmica fonte alternativa é desprezível, em termos mundiais.

O país só se destaca, no relatório da AIE, na seara das fontes renováveis para o setor de transporte. Embora o noticiário se concentre na voga dos veículos elétricos, o estudo ressalta que os biocombustíveis – como etanol e biodiesel – permanecerão como opções mais viáveis.

Sim, o Brasil conta com a matriz elétrica mais limpa entre nações de grande porte e liderança inconteste em álcool combustível. O futuro, no entanto, é solar.

(Editorial. Império do sol. Folha de S.Paulo, 10.10.2017. Adaptado)

2. Carl Sagan. Ciência e esperança. In: O mundo assombrado pelos demônios: a ciência vista como uma vela no escuro. São Paulo: Companhia das Letras, 2006, p. 58-9 (com adaptações).

59. (Vunesp – Agente de Fiscalização – Administração – TCE – SP/2017) Considerando o texto em sua totalidade, assinale a alternativa que interpreta o último parágrafo adequadamente e está em conformidade com a norma-padrão de regência.

a) O Brasil chegou na liderança de álcool combustível e, por isso, anseia para o futuro o posto de maior gerador mundial de energia solar fotovoltaica.

b) Apesar de o Brasil ser líder em álcool combustível, não se tem certeza que poderá destacar-se no futuro, que é solar, na geração de energia solar fotovoltaica.

c) Todos concordam da liderança do Brasil na produção de álcool combustível, mas o país, no futuro, quer estar apto em produzir energia solar fotovoltaica.

d) O papel duvidoso do Brasil em produção de álcool combustível faz com que o país prefira investir, no futuro, em energia solar fotovoltaica do que em biocombustíveis.

e) O Brasil é líder inconteste em álcool combustível, mas, como o futuro é solar, o país tem de aspirar ao papel de grande gerador de energia solar fotovoltaica.

COMENTÁRIOS

Alternativa "a" – Chegou **à** liderança; anseia **pelo** futuro.

Alternativa "b" – Não se tem certeza **de** que poderá destacar-se.

Alternativa "c" – Todos concordam **com** a liderança; apto **a** ou apto **para** produzir.

Alternativa "d" – Prefira investir em energia solar fotovoltaica **a** que em biocombustíveis.

Alternativa "e" – O verbo *aspirar*, no sentido de almejar, é transitivo indireto e exige a preposição "a": aspirar ao papel de grande gerador.

Alternativa correta: letra "e".

TRECHO PARA JULGAR O ITEM.

(...) Contemporaneamente, para o alcance de resultados de desenvolvimento nacional, exige-se <u>dessa liderança</u> não apenas o enfrentamento de desafios de gestão, como a busca da eficiência na execução dos projetos e das atividades governamentais, no conhecido lema de "fazer mais com menos", mas também o desafio de "fazer melhor" (com mais qualidade), como se espera, por exemplo, nos serviços públicos de educação e saúde prestados à população.

Internet: <http://aquarius.mcti.gov.br>. (com adaptações).

60. (CESPE/Unb – TCU – Auditor Federal de Controle Externo/2013) O emprego da preposição em "dessa liderança" justifica-se pela regência do verbo **exigir**.

COMENTÁRIOS

Exige-se <u>**de**</u> alguém não apenas o enfrentamento. A estrutura vale ser comentada por se tratar de verbo transitivo direto e indireto seguido de SE (pronome apassivador).

A oração está na voz passiva sintética, transpondo para a analítica, teremos: não apenas o enfrentamento é exigido por alguém.

Alternativa correta: CERTO

8. CRASE

61. (FGV – TCE GO – Analista de Controle Externo - Jurídica - 2024) Entre as opções a seguir, assinale aquela que mostra o acento grave indicativo da crase num contexto em que seu uso é optativo.

a) Quanto mais felizes somos, menos atenção prestamos à nossa felicidade.

b) De todos os caminhos que conduzem à riqueza, os mais seguros são a perseverança e o trabalho.

c) Se achares três mil-réis, leva-os à polícia; se achares três contos leva-os a um banco.

d) Derrote o medo da morte e dê boas-vindas à morte do medo.

e) Tudo o que vem da terra volta à terra e o que vem das águas volta ao mar.

COMENTÁRIOS:

Alternativa "a" – A crase é facultativa antes de pronome possessivo feminino.

Alternativa "b" – Regência: conduzem "a" + artigo feminino "a" = crase obrigatória.

Alternativa "c" – Regência: leva algo "a" alguém + artigo feminino "a" = crase obrigatória.

Alternativa "d" – Regência: dê algo "a" algo + artigo feminino "a" = crase obrigatória.

Alternativa "e" – Regência: volta "a" + artigo feminino "a" = crase obrigatória.

Observação: "terra", no contexto, possui sentido de planeta, por isso o acento é obrigatório. Se estivesse no sentido de *terra firme* ou de *chão*, não haveria crase.

Exemplo: O navio estava chegando a terra.

RESPOSTA: A

FRAGMENTO DE TEXTO PARA RESPONDER À QUESTÃO.

(...) Em 1997, 25 municípios do entorno da cidade de Lages, **a 200 quilômetros de Florianópolis**, uniram-se para encontrar melhores formas de administrar os recursos para a saúde, frequentemente afetados pela judicialização. (...)

Bruno De Pierro. Demandas crescentes. In: Revista Pesquisa FAPESP, 18 (252), fev. 2017, p. 18-22 (com adaptações).

62. (Cebraspe – TCE RJ – Analista Controle Externo – Direito/2021 – adaptada) No trecho "a 200 quilômetros de Florianópolis", seria obrigatório o emprego do sinal indicativo de crase no vocábulo "a" caso fosse inserida a expressão **cerca de** imediatamente antes do numeral "200" — **à cerca de 200 quilômetros de Florianópolis**.

( ) certo ( ) errado

COMENTÁRIOS

Formação: preposição "a" + locução prepositiva "cerca de". Não há artigo, logo não pode haver o acento indicativo de crase.

Significado: perto de, aproximadamente.

Alternativa correta: ERRADO.

63. (CESPE – Técnico TCU – 2015 – adaptada) O emprego do sinal indicativo de crase no trecho "A invenção e a difusão da técnica da escritura, somadas **à** compilação de costumes tradicionais, proporcionaram os primeiros códigos da Antiguidade" é facultativo, razão por que sua supressão não acarretaria prejuízo para o sentido nem para a correção do período.

COMENTÁRIOS

Avaliando a regência: somadas **a** algo (preposição) + artigo definido feminino (a) = à. Substituindo por uma palavra masculina da mesma classe gramatical, resulta em "ao", isto é, a crase é obrigatória: somadas **ao** projeto (substantivo masculino).

Alternativa correta: ERRADO

TRECHO PARA JULGAR O ITEM.

O Tribunal de Contas da União (TCU) avaliou ações para a elaboração de diagnóstico e suporte à educação básica. A auditoria conferiu aspectos relativos ao Plano de Ações Articuladas, à assistência técnica prestada pelo Ministério da Educação (MEC) e ao levantamento de dados necessários à formação e ao cálculo do índice de desenvolvimento da educação básica (IDEB). (...)

TCU avalia gestão da educação básica em municípios brasileiros. Notícia publicada em 12/9/2013. Internet: <www.tcu.gov.br/>. (com adaptações).

64. (CESPE/Unb – TCU – Auditor Federal de Controle Externo/2013) O emprego do acento grave, indicativo de crase, em "à assistência técnica prestada", justifica-se pela regência do termo "Articuladas" e pela presença do artigo a, que define o substantivo "assistência".

COMENTÁRIOS

A auditoria conferiu algo **a alguém** = verbo transitivo direto e indireto, sendo "à assistência técnica" objeto indireto. Em outras palavras, o termo possui crase porque o verbo conferir exige a preposição *a* mais o artigo feminino singular *a* = crase.

➘ **DICA:** para saber se há crase ou não, substitua a palavra feminina por uma masculina que pertença à classe gramatical idêntica. Resultando em **ao**, haverá crase. Ficaria assim: A auditoria conferiu aspectos relativos ao Plano de Ações Articuladas, ao assistente.

Alternativa correta: ERRADO

9. PONTUAÇÃO

FRAGMENTO DE TEXTO PARA RESPONDER À QUESTÃO.

(...) O termo "cultura" entrou no vocabulário como o nome de uma atividade intencional. No limiar da Era Moderna, **homens e mulheres**, não mais aceitos como "um dado não problematizado", como elos preordenados na cadeia da criação divina ("divina" como algo inegociável e com o qual não devemos nos imiscuir), indispensáveis, ainda que sórdidos, torpes e deixando muito a desejar, passaram a ser vistos ao mesmo tempo como maleáveis e terrivelmente carentes de ajustes e melhoras. (...)

Zygmunt Bauman. Vida líquida. Carlos Alberto Medeiros (Trad.). Rio de Janeiro: Zahar, 2009 (com adaptações).

65. (Cebraspe – TCE RJ – Analista Controle Externo - Direito/2021 - adaptada) A supressão da vírgula empregada no trecho "homens e mulheres, não mais aceitos como 'um dado não problematizado'" preservaria o sentido original do texto.

( ) certo ( ) errado

COMENTÁRIOS

Temos uma oração subordinada adjetiva explicativa reduzida de particípio. Desenvolvendo-a, temos: homens e mulheres, que não eram mais aceitos como "um dado não problematizado"..., passaram a ser vistos.

Se é explicativa, generaliza – todos os homens e todas as mulheres passaram a ser vistos.

Retirar a vírgula causaria dois problemas:

1. O sentido seria alterado porque passaria a restringir – apenas alguns homens e apenas algumas mulheres passaram a ser vistos (note que no comando foi exigido o sentido);
2. Retirando só a primeira vírgula, ficaria gramaticalmente incorreto pelo fato de haver vírgula entre sujeito e predicado. Retirando as intercalações, lê-se: homens e mulheres passaram a ser vistos ao mesmo tempo como maleáveis e terrivelmente carentes de ajustes e melhoras.

Alternativa correta: Errado.

FRAGMENTO DE TEXTO PARA RESPONDER À QUESTÃO.

D. Amélia conformava-se com as impertinências do marido. Cada vez mais sentia ela que a doença do seu Lula morreria com ele. Não lutou mais, não sofreu mais. Era tudo como Deus quisesse. A vida que tinha que viver seria aquela, sem outro remédio que vivê-la. Tinha pena da filha, mas ao mesmo tempo para que lhe desejar casamento que fosse como o seu? Para que ligar-se a um homem que viesse magoá-la, arrancar-lhe a paz de espírito? **Via Neném no seu jardim, nos seus silêncios, na sua paz e não se queixava de não vê-la casada**. (...)

José Lins do Rego. Fogo morto. 47.ª ed. Rio de Janeiro: José Olympio, 1957, p. 164.

66. (Cebraspe - TCE RJ - Analista Controle Externo - Direito/2021 - adaptada) No trecho "Via Neném no seu jardim, nos seus silêncios, na sua paz e não se queixava de não vê-la casada", as vírgulas foram empregadas para marcar a intercalação do segmento "nos seus silêncios".

( ) certo ( ) errado

COMENTÁRIOS

As vírgulas isolam termos coordenados. Equivalem à conjunção aditiva "e".

Alternativa correta: Errado.

TEXTO 4 - O TRANSPORTE PÚBLICO

"O responsável primário pelo transporte público urbano é o poder público municipal. É isso que prevê o inciso V do artigo 30 da Constituição Federal: '[Cabe ao município] organizar e prestar, diretamente ou sob regime de concessão ou permissão, os serviços públicos de interesse local, incluído o de transporte coletivo, que tem caráter essencial'.

Entretanto, como você pode observar, esse dispositivo da Constituição dá liberdade aos municípios quanto a como ofertar esse serviço. Primeiro, o município pode escolher cuidar do transporte coletivo por conta própria. A prefeitura se responsabiliza diretamente pela gestão do sistema e desembolsa 100% dos recursos para mantê-lo. É claro que o modelo direto é pouco adotado, já que o orçamento municipal costuma ser apertado e há outras áreas que as prefeituras devem suprir (saúde e educação, por exemplo). Nesse caso, quais opções restam?

A saída mais comum é contratar empresas para desempenhar essa função. Para fazer isso, é preciso realizar uma licitação, procedimento padrão para que uma empresa desempenhe um serviço público. As empresas vencedoras da licitação atuam sob regime de concessão ou permissão. A diferença entre os dois é sutil e pouco relevante; o que importa saber é que a empresa firma um contrato com a prefeitura por certo período de tempo, para administrar a maior parte do sistema de transporte coletivo municipal." (Politize!, 30/05/2021)

67. (FGV - Auditor de Controle Externo - TCE - PI/2021) "[Cabe ao município] organizar e prestar, diretamente ou sob regime de concessão ou permissão, os serviços públicos de interesse local, incluído o de transporte coletivo, que tem caráter essencial".

Nesse segmento do texto 4 há um pequeno trecho colocado entre colchetes; esse emprego serve para:

a) apontar para um segmento que deveria ter sido escrito no texto constitucional;
b) demonstrar que o segmento foi deslocado de sua posição original no texto da Constituição;
c) mostrar que se trata de um segmento que se repete ao início de alguns parágrafos a seguir;
d) destacar intencionalmente um segmento considerado importante para o autor do texto;
e) indicar que se trata de um acréscimo ao texto original, por parte do autor do texto 4.

COMENTÁRIOS

✪ **Nota da autora:** Os colchetes, ou parênteses retos, são um sinal de pontuação de uso mais restrito do que os parênteses, ou seja, pontuam situações específicas.

São usados:

- em **construções previamente separadas por parênteses**.

  Exemplo: A gramática divide-se em fonologia (estudo dos fonemas [da qual fazem parte ortoépia, prosódia e ortografia]).
- quando uma **citação** está **incompleta**, havendo partes que não foram transcritas.

Exemplo: "Houve momentos de alegria e de tristeza, havendo também [...] experiências inesquecíveis [...]"

- quando há **acréscimo de informação numa citação**, bem como quando há acréscimo de Comentários em textos, alterando sua forma original.

  Exemplo: Como afirmou Descartes: "Penso, logo [eu] existo".

- com a **palavra latina *sic***, em transcrições, para identificar erros no texto original. Além de aparecer entre colchetes, a palavra sic também costuma aparecer em itálico, levemente inclinada para a direita.

  Exemplo: "Todos queriam saber se concerto [*sic*] da televisão era fácil."

- nas **transcrições fonéticas** que aparecem em alguns dicionários, que representam os sons da fala através do alfabeto fonético internacional.

  Exemplos: cada [kada]; vê [ve].

- nas referências à **etimologia das palavras** que aparecem em alguns dicionários.

  Exemplos: loja [do fr. loge]; alface [do ár. al-hassa(t)][3].

Alternativa "a" – Nada indica que deveria ter sido escrito.

Alternativa "b" – Os colchetes não indicam deslocamento.

Alternativa "c" – Além de não serem usados para tal finalidade, não há repetições.

Alternativa "d" – Não destaca o que é importante.

Alternativa "e" – Houve acréscimo de informação na citação.

Alternativa correta: letra "e".

68. (Vunesp – Agente de Fiscalização – Administração – TCE – SP/2017) Assinale a alternativa em que a vírgula está empregada de acordo com a norma-padrão.

a) A China mais uma vez foi a responsável, por colocar a energia fotovoltaica no papel de estrela, conforme mostra o relatório "Renováveis 2017 – Análise e Previsões para 2022".

b) A China, mais uma vez, foi a responsável por colocar a energia fotovoltaica no papel de estrela, conforme mostra o relatório "Renováveis 2017 – Análise e Previsões para 2022".

c) A China, foi a responsável, mais uma vez, por colocar a energia fotovoltaica no papel de estrela, conforme mostra o relatório "Renováveis 2017 – Análise e Previsões para 2022".

d) Mais uma vez a China foi, a responsável, por colocar a energia fotovoltaica no papel de estrela conforme mostra o relatório "Renováveis 2017 – Análise e Previsões para 2022".

e) Mais uma vez, a China, foi a responsável por colocar a energia fotovoltaica no papel de estrela conforme mostra o relatório "Renováveis 2017 – Análise e Previsões para 2022".

COMENTÁRIOS

Alternativa "a" – Não é possível separar com vírgula o complemento nominal: A China mais uma vez foi a **responsável por** colocar a energia fotovoltaica no papel.

Alternativa "b" – As vírgulas iniciais demarcam intercalação entre sujeito e verbo (ou predicado); a terceira vírgula separa a oração subordinada adverbial conformativa.

Alternativa "c" – Não pode haver vírgula entre sujeito e verbo se não há intercalação: A **China foi** a responsável.

Alternativa "d" – Não pode haver vírgula entre o verbo de ligação e o predicativo: a China **foi a responsável**, não há vírgula também antes do complemento nominal – como mencionado na alternativa "a".

Alternativa "e" – Não pode haver vírgula entre sujeito e verbo se não há intercalação: A **China foi** a responsável.

Alternativa correta: letra "b".

69. (Vunesp – Agente de Fiscalização – TCE – SP/2017) De acordo com a norma-padrão, assinale a alternativa correta quanto à pontuação e à regência.

a) Cabe lembrar que, a ausência de estímulos do gênero aos trabalhadores, foi uma das razões do fracasso do socialismo real ao longo dos anos.

b) Cabe lembrar de que uma das razões do fracasso do socialismo real foi ao longo dos anos a ausência de estímulos do gênero aos trabalhadores.

c) Cabe lembrar que, ao longo dos anos, uma das razões do fracasso do socialismo real foi a ausência de estímulos do gênero aos trabalhadores.

d) Cabe lembrar, que uma das razões do fracasso do socialismo real, ao longo dos anos, foi a ausência de estímulos do gênero aos trabalhadores.

e) Cabe lembrar de que ao longo dos anos, uma das razões do fracasso do socialismo real, foi a ausência de estímulos do gênero aos trabalhadores.

3. Norma Culta. Disponível em <www.normaculta.com.br/colchetes/>. Acesso 15 fev.2022. Com adaptações.

COMENTÁRIOS

✪ **Nota da autora:** Questão de pontuação e regência.

Alternativa "a" – Não pode usar vírgula após a conjunção integrante (que) se não houver intercalação; a segunda vírgula está incorreta também. Correção: Cabe lembrar **que a** ausência de estímulos do gênero aos **trabalhadores foi** uma das razões do fracasso do socialismo real ao longo dos anos.

Alternativa "b" – Regência incorreta. O verbo *lembrar* apenas exige preposição se for pronominal. Exemplo: Lembrei-me de você. Correção: Cabe lembrar **que** uma das razões do fracasso.

Alternativa "c" – O adjunto adverbial de tempo está intercalado por vírgulas entre a oração principal (Cabe lembrar) e a oração subordinada substantiva subjetiva (que uma das razões do fracasso do socialismo real foi a ausência de estímulos do gênero aos trabalhadores).

➘ **DICA**: o sujeito é oracional por possuir verbo.

Alternativa "d" – Não cabe vírgula entre a oração principal (Cabe lembrar) e a conjunção integrante, isto é, a oração subordinada substantiva: Cabe **lembrar que** uma das razões do fracasso do socialismo real.

Alternativa "e" – Regência: cabe lembrar **que**; pontuação – leia o que está em negrito para entender a intercalação do adjunto adverbial de tempo: **Cabe lembrar que**, ao longo dos anos, **uma das razões do fracasso do socialismo real foi a ausência de estímulos do gênero aos trabalhadores**.

Alternativa correta: letra "c".

TEXTO PARA RESPONDER À QUESTÃO.

Os tribunais de contas, de modo geral, são acionados pelo cidadão por meio de denúncias.

Quando o caso que der origem à denúncia envolver dinheiro federal, a denúncia deve ser feita ao TCU, que possui unidades em cada um dos estados do Brasil. As irregularidades que envolvam recursos públicos estaduais ou municipais devem ser levadas ao conhecimento do tribunal de contas do estado ou do município correspondente.

A denúncia deve ser apresentada, pessoalmente ou por via postal, no edifício sede, em Brasília, ou nas secretarias do TCU localizadas nos estados. Em caso de urgência, a denúncia poderá ser encaminhada ao TCU por telegrama, fac-símile (fax) ou outro meio eletrônico, sempre com confirmação de recebimento e posterior remessa da documentação original em dez dias, contados a partir da data da confirmação do recebimento.

A denúncia será dirigida ao ministro-presidente do TCU. Deverá conter relato detalhado dos fatos irregulares com o maior número possível de informações e de documentos (quando houver), de modo a proporcionar ao tribunal os elementos mínimos necessários à realização do trabalho de fiscalização.

---

70. (CESPE – Auditor TCU – 2015) O emprego das vírgulas no primeiro período do segundo parágrafo do texto justifica-se por regras distintas.

COMENTÁRIOS

A primeira vírgula é usada para indicar inversão da oração subordinada adverbial temporal (quando a denúncia deve ser feita ao TCU?); a segunda vírgula separa a oração subordinada adjetiva (possui pronome relativo: que = o qual) explicativa.

Alternativa correta: CERTO

---

71. (CESPE – Técnico TCU – 2015) Em "Escreve H. Summer Maine que algumas experiências societárias acabaram por favorecer a emergência de aristocracias", o emprego de vírgula logo após "H. Summer Maine" prejudicaria a correção gramatical do período.

COMENTÁRIOS

Fundamental colocar a oração na ordem direta (sujeito + verbo + complemento) para entender a estrutura: H. Summer Maine escreve que algumas experiências (...). Caso se insira vírgula, separaria a oração principal "Escreve H. Summer Maine" da oração subordinada substantiva objetiva indireta, já que o verbo *escrever* é transitivo direto e o "que" é conjunção integrante.

Alternativa correta: CERTO

TRECHO PARA JULGAR O ITEM.

(...) Governar de modo inovador exige, invariavelmente, repensar o modelo secular de governança pública em todas as suas dimensões: política, econômica, social e tecnológica. Com a evolução sociotécnica, fortemente alavancada pelo desenvolvimento das tecnologias da informação e comunicação, as mudanças na governança pública implicam mudanças na base tecnológica que sustenta a burocracia, nas estruturas do aparelho de Estado e em seus modelos de gestão.

Internet: <http://aquarius.mcti.gov.br>. (com adaptações).

---

72. (CESPE/Unb – TCU – Auditor Federal de Controle Externo/2013) Não haveria prejuízo do sentido original do texto caso o termo "invariavelmente" fosse deslocado, com as vírgulas que o isolam, para imediatamente depois de "repensar".

COMENTÁRIOS

Exige, variavelmente, repensar: o advérbio está ligado ao verbo *exigir*; deslocando, o sentido alteraria: Governar de modo inovador exige repensar, invariavelmente, o modelo secular de governança pública. O advérbio estaria ligado ao verbo *repensar*, ou seja, há prejuízo do sentido.

Alternativa correta: ERRADO

TRECHO PARA JULGAR O ITEM.

A experiência de governança pública tem mostrado que os sistemas democráticos de governo se fortalecem à medida que os governos eleitos assumem a liderança de processos de mudanças que buscam o atendimento das demandas de sociedades cada vez mais complexas e alcançam resultados positivos perceptíveis pela população. (...)

Internet: <http://aquarius.mcti.gov.br>. (com adaptações).

73. (CESPE/Unb – TCU – Auditor Federal de Controle Externo/2013) A inserção de vírgula logo após a palavra "mudanças" traria prejuízo à coerência do texto.

COMENTÁRIOS

✪ **Nota da autora**: Inserir ou retirar a vírgula anteposta ao pronome relativo alterará sempre o sentido, já que a oração adjetiva explicativa possui pontuação (vírgula, travessão ou parênteses) e a restritiva não possui pontuação.

No trecho, por estar sem pontuação, sabemos que está se referindo apenas às mudanças que buscam o atendimento das demandas de sociedades complexas; inserindo vírgula, a ideia é de que todas as mudanças busquem o atendimento das demandas. Passa de sentido restritivo (algumas) para explicativo (todas).

Alternativa correta: CERTO

TRECHO PARA JULGAR O ITEM.

O crescimento populacional e econômico, aliado à evolução dos mercados e à complexidade das relações sociais, traduz-se em demandas por serviços públicos mais sofisticados, em maior quantidade e com mais qualidade. Para estar à altura das exigências da sociedade do século XXI, o desafio que se coloca ao país é a construção de um Estado "inteligente", que incorpore os avanços tecnológicos, a rapidez e as facilidades da era digital.

Por dentro do Brasil. Modernização da gestão pública. Internet (com adaptações).

74. (CESPE/Unb – TCU – Auditor Federal de Controle Externo/2013) As aspas empregadas em "inteligente" marcam o tom irônico que o termo adquire no contexto em que se insere.

COMENTÁRIOS

Indica personificação: característica humana dada à coisa, no caso: um Estado.

Alternativa correta: ERRADO

10. COESÃO, COERÊNCIA E REESCRITA DE FRASES

75. (FGV – TCE GO – Analista de Controle Externo - Jurídica - 2024) Assinale a opção em que ocorre paralelismo sintático.

a) As palavras são a mágica da mente; comida, a do corpo, e a música é a mágica da alma.
b) As coisas não acontecem simplesmente, elas são feitas para acontecer.
c) Prefiro a mente aberta por um milagre do que a mente fechada por uma crença.
d) Os dez mandamentos são bem conhecidos, bem compreendidos, mas mal vividos.
e) Diga "sim" sempre que possível e "não" quando necessário.

COMENTÁRIOS:

Nota da autora: Para que haja paralelismo sintático, é necessário que exista simetria entre as estruturas sintáticas da oração.

Alternativa "a" – Não há paralelismo sintático porque na segunda oração foram omitidos o verbo e parte do predicativo.

Haveria se fosse escrito desta forma: as palavras **são** a mágica da mente / comida **é** a **mágica** do corpo / a música **é** a mágica da alma.

Estrutura: sujeito + verbo de ligação + predicativo do sujeito.

Alternativa "b" – As estruturas são distintas.

1. As coisas (sujeito) não (adjunto adverbial) acontecem (verbo intransitivo) simplesmente (adjunto adverbial) = voz ativa
2. Elas **são feitas** para acontecer: verbo "ser" + particípio = voz passiva.

Alternativa "c" – Ocorre paralelismo porque as duas informações estão ligadas ao verbo "preferir":

1. Prefiro a mente aberta por um milagre = objeto direto;
2. [prefiro] a mente fechada por uma crença = objeto direto.

Observação: a frase está gramaticalmente incorreta, mas não foi essa análise que a banca exigiu.

Para corrigi-la seria necessário rever a regência verbal (prefiro algo a algo):

Prefiro a mente aberta por um milagre <u>**à**</u> mente fechada por uma crença.

Alternativa "d" – Não há paralelismo sintático porque na segunda oração e na terceira ocorreu omissão do verbo.

Correção: Os dez mandamentos são bem conhecidos, **são** bem compreendidos, mas **são** mal vividos.

Observação: a última oração é adversativa.

Alternativa "e" – Além de ocorrer omissão do verbo, as estruturas não são iguais:

Diga "sim" sempre <u>que possível</u> e **diga** "não" quando <u>necessário</u>.

RESPOSTA: C

---

76. (FGV – TCE GO – Analista de Controle Externo - Jurídica - 2024) Assinale a opção em que a troca de posição realizada na frase é feita de forma a provocar modificação de sentido.

a) Alguns me acham antipático porque minha cara não espelha minha alma / Porque minha cara não espelha minha alma, alguns me acham antipático.

b) Os espíritos mais elevados são capazes das maiores faltas e das maiores virtudes / Os espíritos mais elevados são capazes das maiores virtudes e das maiores faltas.

c) Diga "sim" sempre que possível e "não" sempre que necessário / Diga "não" sempre que necessário e "sim" sempre que possível.

d) A sabedoria é a compreensão do eu e do mundo / A sabedoria é a compreensão do mundo e do eu.

e) São as nossas escolhas e não as nossas habilidades que verdadeiramente mostram quem somos / São as nossas habilidades e não as nossas escolhas que verdadeiramente mostram quem somos.

COMENTÁRIOS:

Alternativa "a" – As informações são idênticas, apenas ocorreu inversão:

1. Alguns me acham antipático (1) porque minha cara não espelha minha alma (2).

2. Porque minha cara não espelha minha alma (2), alguns me acham antipático (1).

Alternativa "b" – Inverteu a ordem dos componentes do complemento nominal, mas o sentido não foi alterado:

1. das maiores faltas e das maiores virtudes.

2. das maiores virtudes e das maiores faltas.

Alternativa "c" – Ordem invertida sem alteração de sentido:

1. Diga "sim" sempre que possível (1) e "não" sempre que necessário (2).

2. Diga "não" sempre que necessário (2) e "sim" sempre que possível (1).

Alternativa "d" – Ordem alterada sem prejudicar de sentido:

1. do eu e do mundo.

2. do mundo e do eu.

Alternativa "e" – Na primeira frase: São <u>**as nossas escolhas**</u> que verdadeiramente <u>mostram</u> quem somos.

Na segunda frase: São <u>**as nossas habilidades**</u> que verdadeiramente <u>mostram</u> quem somos.

Alterou o referente (o sujeito) e, consequentemente, alterou o sentido.

São as nossas escolhas e não as nossas habilidades

RESPOSTA: E

---

77. (FGV – TCE GO – Analista de Controle Externo - Jurídica - 2024) Assinale a opção em que houve erro na construção da frase, por troca indevida entre O/LHE.

a) Não há prazer em conseguir-se algo e não o dividir com os demais.

b) A minha vontade é firme, mas a minha disposição de obedecer-lhe é fraca.

c) Se quiser conhecer verdadeiramente um homem, dê-lhe autoridade.

d) Um tolo sempre acha um mais tolo para seguir-lhe.

e) Devemos superar os abismos e nunca aprofundá-los.

COMENTÁRIOS:

Alternativa "a" – O pronome oblíquo "o" retoma "algo" e o advérbio de negação atrai o oblíquo: não o dividir.

Alternativa "b" – O verbo "obedecer" é transitivo indireto e exige como complemento o pronome oblíquo "lhe". Retoma "a minha vontade".

Alternativa "c" – O verbo é transitivo direto e indireto (dar algo a alguém) e exige como complemento indireto o pronome "lhe". Retoma "homem".

Alternativa "d" – O verbo "seguir" é transitivo direto (seguir alguém) e exige como complemento o pronome oblíquo "o" que retoma "um tolo".

Como o verbo termina em "r", deve ser suprimida a consoante e acrescentar "l" no pronome.

Correção: Um tolo sempre acha um mais tolo para **segui-lo**.

Alternativa "e" – O verbo é transitivo direto e exige o pronome "o" como complemento. Retoma "abismos".

Observações: como o verbo termina em "r", deve ser suprimida a consoante e acrescentar "l" no pronome.

Quanto à colocação pronominal, está correta.

Regra: embora haja fator atrativo, o pronome pode ficar enclítico com o verbo no infinitivo.

RESPOSTA: D

78. (FGV – TCE GO – Analista de Controle Externo - Jurídica - 2024) Assinale a opção em que **não** está presente uma expressão ou termo indicativo de causa.

a) O paisagista pinta tranquilo porque a paisagem defronte não se pode aproximar do quadro para ver se está parecida.

b) A História é como um estilingue. Quanto mais fundo você puxa, mais longe você alcança.

c) Algumas pessoas são o centro das atenções numa festa por terem ótimo senso de humor.

d) Em função de algumas declarações falsas, a repórter foi obrigada a desmenti-las.

e) Em vista do aumento de impostos, houve grande reclamação dos empresários.

COMENTÁRIOS:

Alternativa "a" – Por que o paisagista pinta tranquilo?

Porque a paisagem defronte não se pode aproximar do quadro para ver se está parecida = causa.

Alternativa "b" – Quanto mais fundo você puxa, **mais** longe você alcança = proporcionalidade. As ações acontecem simultaneamente.

Lê-se: **à medida que** você puxa mais fundo, mais longe você alcança.

Alternativa "c" – Por que algumas pessoas são o centro das atenções numa festa?

Por terem ótimo senso de humor = porque têm = causa.

Alternativa "d" – Por que a repórter foi obrigada a desmenti-las?

Em função de algumas declarações falsas = porque havia algumas declarações falsas = causa

Alternativa "e" – Por que houve grande reclamação dos empresários?

Em vista do aumento de impostos = porque os impostos aumentaram = causa.

RESPOSTA: B

79. (FGV – TCE GO – Analista de Controle Externo - Jurídica - 2024) Todas as frases abaixo estão separadas em dois segmentos.

Assinale a opção em que a relação lógica entre esses segmentos está corretamente indicada.

a) As testemunhas custam muito caro / e não as tem quem quer. / explicação.

b) Quanto mais proeminentes são as leis e a ordem, / mais ladrões e assaltantes haverá. / comparação.

c) A ginástica é vulgar porque faz as pessoas cheirarem mal. / causa e consequência.

d) O jogo foi interrompido porque o chapéu de um dos espectadores voou para a quadra. / relação temporal.

e) A mente, como o lar, é mobiliada pelo proprietário, portanto se sua vida for fria e árida, a culpa será somente dele. / conclusão.

COMENTÁRIOS:

Alternativa "a" – Relação lógica: conclusão.

As testemunhas custam muito caro, **logo** não as tem quem quer.

Alternativa "b" – Relação lógica: proporcionalidade = equivale a "à medida que".

Alternativa "c" – Relação lógica: explicação.

Para haver relação de causa e consequência, é necessário que um evento seja a causa de outro evento (a consequência).

Exemplo: Já que estudou de forma correta, foi nomeado.

- **Por que** foi nomeado? = consequência (efeito)
- **Porque** estudou de forma correta. = causa

Alternativa "d" – Relação lógica: causa e consequência.

- **Por que** o jogo foi interrompido? = consequência (efeito)
- **Porque** o chapéu de um dos espectadores voou para a quadra. = causa

Alternativa "e" – A conjunção "portanto", no contexto, é sinônima de *logo, pois, desse modo, dessa forma*. Indica conclusão.

RESPOSTA: E

80. (FGV – TCE GO – Analista de Controle Externo - Jurídica - 2024) As frases a seguir mostram forma negativa.

Assinale a opção em que a modificação para a forma positiva mantém o sentido original.

a) Não gosto de malhar, pois é muito cansativo. / Odeio malhar, pois é muito cansativo.

b) Se você não consegue ganhar, faça o colega de sua frente quebrar o recorde. / Se você vai ser derrotado, faça o colega de sua frente quebrar o recorde.

c) A maioria dos homens morre de seus remédios, e não das suas doenças. / A maioria dos homens morre de seus remédios, mas sim de suas doenças.

d) Dizem que doce de leite dá dor de barriga, mas eu não tenho. / Dizem que doce de leite dá dor de barriga, mas eu dispenso.

e) Você não pode fazer uma cesta de três pontos debaixo da tabela. / Você pode desfazer uma cesta de três pontos debaixo da tabela.

COMENTÁRIOS:

✪ **Nota da autora:** Para evitar erro, primeiro analise se há forma negativa na primeira frase e forma positiva na segunda. Depois confira se o sentido foi alterado.

Alternativa "a" – Negativa: Não gosto de malhar. / **Negativa:** Odeio malhar.

Além de possuírem sentido negativo, o verbo "odiar" não faz parte das relações semânticas de "não gostar".

Alternativa "b" – Negativa: Se você não consegue ganhar. / **Positiva:** Se você vai ser derrotado.

O sentido foi mantido.

Alternativa "c" – Negativa: morre de seus remédios, e não das suas doenças. = não morrem de doenças.

Reescrita: morre de seus remédios, mas sim de suas doenças. = morrem de remédios **e** de doenças. O sentido foi alterado.

Alternativa "d" – Negativa: eu não tenho. / **Negativa:** eu dispenso.

Não há relação semântica entre "não ter" e "dispensar".

Alternativa "e" – Negativa: Você não pode fazer uma cesta. / **Negativa:** Você pode desfazer.

Os verbos "fazer" e "desfazer" são antônimos. O sentido foi alterado.

RESPOSTA: B

81. (FGV – TCE GO – Analista de Controle Externo - Jurídica - 2024) Segundo o gramático Celso Cunha, os adjetivos mostram os seguintes valores: uma qualidade, uma característica, um estado ou uma relação.

Assinale a opção em que o adjetivo sublinhado é classificado como adjetivo de estado.

a) Nunca se deite ***irritado***. Levante-se e lute.

b) Nada há tão ***difícil*** que, procurando-o, não possa ser encontrado.

c) Considerando-se eles sábios, tornaram-se ***imbecis***.

d) É instintivo da mente ***humana*** que aquilo que mais se proíbe ao homem, mais ele deseja.

e) Os homens ***sábios*** não perdem tempo com insetos.

COMENTÁRIOS:

✪ **Nota da autora:**

O **adjetivo de estado** indica que a circunstância, a condição, é temporária, ou seja, pode sofrer alteração: cansado, aborrecido, contente.

O **adjetivo de qualidade** atribui uma característica ao substantivo. É uma opinião: alegre, puro, triste, notável.

O **adjetivo de característica** indica uma qualidade, um estado, uma informação ou uma característica sobre um substantivo. É um fato, ou seja, é incontestável: o carro é **prata**.

O **adjetivo de relação** não pode estar anteposto ao substantivo e não admite variação: assistente **carcerário**.

Alternativa "a" – O adjetivo "irritado" refere-se a um estado temporário, transitório. É classificado como adjetivo de estado.

Alternativa "b" – Adjetivo de qualidade: opinião.

Alternativa "c" – Adjetivo de qualidade: opinião.

Alternativa "d" – Adjetivo de relação: não admite variação (muito humana, pouco humana).

Alternativa "e" – Adjetivo de qualidade: opinião.

RESPOSTA: A

82. (FGV – TCE PA – Auditor de Controle Externo - Área Administrativa - 2024) Um dos problemas da escrita é o emprego desnecessário de palavras.

Assinale a frase a seguir em que ***não*** ocorre esse problema.

a) Todas as interações humanas são oportunidades ou para aprender ou para ensinar.

b) O destino do mundo depende em primeiro lugar dos estadistas. Em segundo lugar, dos intérpretes.

c) Para o seu próprio bem, não fale demais.

d) Umas vezes penso; outras vezes, existo.
e) Uma hora de conversação vale mais que 50 cartas.

COMENTÁRIOS:

✪ **Nota da autora:** Questão de concisão, de resumo, de brevidade. É preciso retirar a redundância, a prolixidade.

Alternativa "a" – Não é necessário repetir a preposição. Deveria haver paralelismo:

Todas as interações humanas são oportunidades ou para _ aprender **ou** _ **ensinar**.

Alternativa "b" – Não há necessidade de repetir o substantivo "lugar".

Correção: O destino do mundo depende em primeiro lugar dos estadistas. **Em segundo,** dos intérpretes.

Alternativa "c" – Se é "próprio", é "seu".

Correção: Para **seu bem**, não fale demais.

Alternativa "d" – Não há necessidade de repetir o substantivo "vezes".

Correção: Umas vezes penso; **outras,** existo.

Alternativa "e" – Não ocorre repetição de ideia.

RESPOSTA: E

83. (FGV – TCE PA – Auditor de Controle Externo - Área Administrativa - 2024) As frases a seguir mostram um adjetivo sublinhado.

Assinale a frase em que esse adjetivo tem valor de estado.

a) Fazemos o que não podemos deixar de fazer, e classificamos isto com os mais **belos** nomes.
b) Pensar é o trabalho mais **duro** que há.
c) Todo homem **trabalhador** tem sempre uma oportunidade.
d) A direção recomendou que alunos **gripados** fossem separados dos demais a fim de evitar-se a contaminação.
e) A concorrência é um estilo de vida. Se você não tem um concorrente **forte**, você é obrigado a inventar um.

COMENTÁRIOS:

✪ **Nota da autora:** O adjetivo de estado é temporário, ou seja, pode transformar-se.

Alternativa "a" – Adjetivo de qualidade: característica subjetiva.

Alternativa "b" – Adjetivo de característica: é um fato, é incontestável.

Alternativa "c" – Adjetivo de característica: é um fato, é incontestável.

Alternativa "d" – Adjetivo de estado: eles não estarão gripados sempre, é algo mutável.

Alternativa "e" – Adjetivo de qualidade: característica subjetiva.

RESPOSTA: D

TEXTO CG1A1

Uma pesquisa feita na Universidade Federal Fluminense (UFF) gerou um método para detecção de notícias falsas, as chamadas *fake news*, nas redes sociais, com o uso de inteligência artificial (IA). A técnica é fruto de um estudo do engenheiro de telecomunicações Nicollas Rodrigues, em sua dissertação de mestrado pela universidade.

O estudante e seu orientador, Diogo Mattos, professor do Laboratório de Ensino e Pesquisa em Redes de Nova Geração da UFF, desenvolveram uma ferramenta de IA capaz de diferenciar fatos de notícias falsas, a partir da análise de palavras e estruturas textuais, com precisão de 94%.

Isso significa que, a cada 100 notícias analisadas, a ferramenta conseguiu acertar se era fato ou boato em 94 situações. No total, foram analisadas mais de 30 mil mensagens publicadas em uma rede social na Internet.

"Testamos três metodologias e duas tiveram sucesso maior. A gente indica, no final dos resultados, a possibilidade de utilizar ambas em conjunto, de forma complementar", explica Rodrigues.

A primeira metodologia consistiu em abastecer um algoritmo com notícias verdadeiras e depois treinar o algoritmo para reconhecer essas notícias. Aquelas que não se encaixavam no perfil aprendido eram classificadas como *fake news*.

A outra abordagem é semelhante à primeira no que se refere à análise textual, mas, no lugar do algoritmo, foi utilizada metodologia estatística que analisa a frequência com que determinadas palavras e combinações de palavras aparecem nas *fake news*.

Os resultados do trabalho podem-se transformar em ferramentas úteis para o usuário da Internet identificar notícias que apresentam indícios de *fake news* e, assim, ter cautela maior com aquela informação.

"Pode-se transformar a ferramenta em um *plugin* [ferramenta que apresenta recursos adicionais ao programa principal] compatível com algumas redes sociais. E, a partir do momento em que você usa a rede social, o *plugin* vai poder indicar não que a notícia é falsa, de maneira assertiva, mas que ela pode ser falsa, de acordo com alguns parâmetros, como erros de português. Também existe a possibilidade de fazer uma aplicação na própria Web, onde você cola o texto da notícia e essa aplicação vai te dizer se aquilo se assemelha ou não a uma notícia falsa", explica Rodrigues.

Internet: <www.cartacapital.com.br> (com adaptações).

84. (Cebraspe – TCE PR – Auditor de Controle Externo - Área Jurídica - 2024) Com relação ao emprego dos sinais de pontuação, a correção gramatical do texto CG1A1 seria prejudicada caso fosse eliminada a vírgula empregada logo após

a) 'parâmetros' (segundo período do último parágrafo).
b) "Rodrigues" (segundo período do primeiro parágrafo).
c) 'indica' (segundo período do quarto parágrafo).
d) "falsas" (segundo parágrafo).
e) "total" (segundo período do terceiro parágrafo).

COMENTÁRIOS:

Alternativa "a" – No texto: *ela pode ser falsa, de acordo com alguns parâmetros, como erros de português.*

As vírgulas intercalam o adjunto adverbial de conformidade. Se retirar a primeira vírgula, deixa de haver intercalação, mas a correção gramatical é mantida porque a segunda vírgula demarcaria a separação de exemplificação.

Alternativa "b" – No texto: *A técnica é fruto de um estudo do engenheiro de telecomunicações Nicollas Rodrigues, em sua dissertação de mestrado pela universidade.*

A vírgula separa o adjunto adverbial que não está deslocado, ou seja, ela é facultativa.

Alternativa "c" – No texto: *A gente indica, no final dos resultados, a possibilidade de utilizar ambas...*

As duas vírgulas demarcam intercalação do adjunto adverbial e nenhuma pode ser retirada.

Lê-se: A gente indica a possibilidade de utilizar ambas.

Não pode haver vírgula entre verbo e complemento.

Alternativa "d" – No texto: *desenvolveram uma ferramenta de IA capaz de diferenciar fatos de notícias falsas, a partir da análise de palavras e estruturas textuais, com precisão de 94%.*

As vírgulas intercalam o adjunto adverbial. Se retirar a primeira vírgula, deixa de haver intercalação, mas a correção gramatical é mantida porque a segunda vírgula demarcaria a separação de outro adjunto adverbial.

Perceba que a estrutura é idêntica à da alternativa "a".

Alternativa "e" – No texto: *No total, foram analisadas mais de 30 mil mensagens.*

A vírgula demarca deslocamento/inversão do adjunto adverbial formado por duas palavras: é facultativa.

RESPOSTA: C

85. (Cebraspe – TCE PR – Auditor de Controle Externo - Área Jurídica - 2024) A correção gramatical do texto CG1A1 e a coerência de suas ideias seriam preservadas caso o segmento "para detecção de notícias falsas" (primeiro período do primeiro parágrafo) fosse substituído por

a) para se detetar de notícias falsas.
b) para que se detete de notícias falsas.
c) para detetar notícias falsas.
d) para que fosse detectadas notícias falsas.
e) para que seja detectado notícias falsas.

COMENTÁRIOS:

✪ **Nota da autora:** É fundamental saber o significado dos vocábulos.

Detectar: *descobrir; revelar ou perceber a existência do que está escondido.*

Detetar: sinônimo de "detectar" = *descobrir; revelar ou perceber a existência do que está escondido.*

Alternativa "a" – O erro está na inserção da preposição "de". Se retirasse, a oração estaria na voz passiva sintética e a substituição estaria correta.

Alternativa "b" – O erro também está na inserção da preposição "de", como mencionado na alternativa anterior.

Alternativa "c" – *Detecção* possui o mesmo sentido do verbo *detetar* – verbo transitivo direto.

para detecção de notícias falsas = para detetar notícias falsas.

Alternativa "d" – Erro de concordância. Correção: para que fossem detectadas notícias falsas.

Alternativa "e" – Erro de concordância. Correção: para que sejam detectadas notícias falsas.

RESPOSTA: C

86. (Cebraspe – TCE PR – Auditor de Controle Externo - Área Jurídica - 2024) Cada uma das próximas opções apresenta um trecho do texto CG1A1 seguido de uma proposta de reescrita.

Assinale a opção em que a proposta de reescrita apresentada preserva o sentido e a correção gramatical do texto, considerando as regras de colocação pronominal.

a) "Aquelas que não se encaixavam" (segundo período do quinto parágrafo): **Aquelas que não encaixavam-se**
b) "no que se refere à análise textual" (sexto parágrafo): **no que remete-se à análise textual**
c) 'utilizar ambas em conjunto' (segundo período do quarto parágrafo): **utilizar elas em conjunto**
d) "treinar o algoritmo" (primeiro período do quinto parágrafo): **treiná-lo**
e) "para reconhecer essas notícias" (primeiro período do quinto parágrafo): **para reconhecerem--nas**

COMENTÁRIOS:

Alternativa "a" – A próclise é obrigatória porque há fator atrativo: advérbio de negação "não".

Alternativa "b" – "no que" = pronome demonstrativo + pronome relativo.

Lê-se: naquilo o qual se remete.

A próclise é obrigatória porque há fator atrativo: pronome relativo "que".

Alternativa "c" – É inadmissível usar pronome pessoal do caso reto como objeto direto: **utilizá-las.**

Alternativa "d" – O verbo é transitivo direto e exige como complemento (objeto direto) o pronome oblíquo "o" - que se refere a "algoritmo".

Como o verbo termina em "r", é necessário suprimi-lo e acrescentar o "l": **treiná-lo.**

Alternativa "e" – O verbo deve permanecer no singular: **para reconhecê-las.**

O verbo também termina em "r", como mencionado na alternativa anterior.

RESPOSTA: D

87. (Cebraspe – TCE PR – Auditor de Controle Externo - Área Jurídica - 2024) A correção gramatical e o sentido do segundo parágrafo do texto CG1A1 seriam mantidos se o verbo "diferenciar" fosse substituído por

a) discernir.
b) contrariar.
c) deferir.
d) cotejar.
e) discrepar.

COMENTÁRIOS:

No texto: *O estudante e seu orientador, Diogo Mattos, professor do Laboratório de Ensino e Pesquisa em Redes de Nova Geração da UFF, desenvolveram uma ferramenta de IA capaz de **diferenciar** fatos de notícias falsas.*

Alternativa "a" – São sinônimos de "diferenciar": *discernir, distinguir, diferenciar, discernir, separar, especificar.*

Alternativa "b" – Alteraria o sentido. Contrariar: *negar, contestar, responder.*

Alternativa "c" – Alteraria o sentido. Deferir: *concordar, conceder, atender.*

Alternativa "d" – Alteraria o sentido. Cotejar: *comparar, confrontar, aferir.*

Alternativa "e" – Alteraria o sentido. Discrepar: *discordar, divergir, diferir.*

RESPOSTA: A

88. (Cebraspe – TCE PR – Auditor de Controle Externo - Área Jurídica - 2024) Mantendo-se o sentido e a correção gramatical do sétimo parágrafo do texto CG1A1, o vocábulo "assim" poderia ser substituído por

a) porquanto.
b) dessa maneira.
c) por tanto.
d) sobretudo.
e) adicionalmente.

COMENTÁRIOS:

No texto: *Os resultados do trabalho podem-se transformar em ferramentas úteis para o usuário da Internet identificar notícias que apresentam indícios de fake news e, **assim**, ter cautela maior com aquela informação.*

Trata-se de uma conjunção coordenativa conclusiva.

Alternativa "a" – Não é explicação (coordenada) nem causa (subordinada).

Alternativa "b" – Indica conclusão da ideia anterior.

Alternativa "c" – A banca tentou confundir: "portanto" indica conclusão, mas "por tanto" indica quantidade ou valor indeterminado. Não é o caso.

Alternativa "d" – Sinônimo de *principalmente, especialmente, particularmente.*

Alternativa "e" – Sinônimo de *em acréscimo, a mais, além disso.*

RESPOSTA: B

89. (FGV- TCE ES - Auditor de Controle Externo - Direito/2023) Em todas as opções abaixo há uma frase que foi reescrita, com o deslocamento de termos, mantendo-se o sentido original.

A frase em que essa reescritura foi feita de forma adequada, é:

a) Se a chama que está dentro de ti se apagar, as almas que estão ao teu lado morrerão de frio / Se se apagar a chama que está dentro de ti, morrerão de frio as almas que estão ao teu lado;
b) Como a lâmpada, só podemos ser úteis quando *nossa luz vem de dentro* / Quando nossa luz vem de dentro, só podemos ser úteis, como a lâmpada;
c) É melhor dar do que emprestar, e custa aproximadamente o mesmo / Custa aproximadamente o mesmo dar ou emprestar;
d) Se procuras uma mão disposta a te ajudar, tu a encontrarás no final do teu braço / Se procuras no final do teu braço, tu encontrarás uma mão disposta a te ajudar;
e) Quem fica na ponta dos dedos não se conserva de pé durante muito tempo / Quem não se conserva de pé durante muito tempo fica na ponta dos dedos.

COMENTÁRIOS:

✪ **Nota da autora:** Para facilitar, divida as orações ou trechos.

Alternativa "a"

Se a chama que está dentro de ti se apagar = Se se apagar a chama que está dentro de ti;

as almas que estão ao teu lado morrerão de frio = morrerão de frio as almas que estão ao teu lado.

O sentido foi mantido.

Alternativa "b" – Na primeira frase, compara "lâmpada" com "nós"; na segunda, a comparação foi descartada e inserida uma restrição à lâmpada.

Alternativa "c" – Na reescrita, a ideia *do que é melhor* foi suprimida.

Alternativa "d" – Na primeira, a condição está relacionada a procurar ajuda; na segunda, a condição está relacionada ao lugar.

Alternativa "e" – A causa foi alterada para consequência. A ideia da primeira é: ficar na ponta dos dedos.

- Quem não se conserva de pé durante muito tempo? (consequência)

- Quem fica na ponta dos dedos. (causa)

RESPOSTA: A

---

90. (FGV- TCE ES - Auditor de Controle Externo - Direito/2023) Entre as frases abaixo, aquela que mostra uma estruturação coerente, sem qualquer contradição lógica, é:

a) Serviço de emergência disponível só com 24 horas de antecedência;
b) Eu mataria por um prêmio Nobel da paz;
c) Eu caminho devagar, mas nunca caminho para trás;
d) Pontualidade é a coincidência de duas pessoas chegarem com o mesmo atraso;
e) Eu não sei o que quero fazer de minha vida, mas eu o farei.

COMENTÁRIOS:

Alternativa "a" – Emergência é imprevisto. Seria impossível saber antecipadamente.

Alternativa "b" – Se é da paz, não pode assassinar. Paz: calmaria, concórdia, harmonia.

Alternativa "c" – Caminho devagar e para frente. Não há contradição lógica.

Alternativa "d" – Se chegaram com atraso, não houve pontualidade.

Alternativa "e" – Não há como fazer o que não se sabe.

RESPOSTA: C

---

91. (FGV- TCE ES - Auditor de Controle Externo - Direito/2023) Em todas as frases abaixo há uma antítese. Aquela frase em que as palavras em antítese estão, respectivamente, no sentido lógico e no sentido figurado, é:

a) Um homem cheio de si é sempre vazio;
b) Provar que eu estou certo seria admitir que eu poderia estar errado;
c) Encontrar defeito é fácil, mas fazer melhor pode ser difícil;
d) As pessoas não são contra você; são apenas a favor delas;
e) O marido saiu de casa para entrar numa nova relação.

COMENTÁRIOS:

✪ **Nota da autora:** Questão de Figuras de linguagem.

Alternativa "a" – Antítese: cheio e vazio; nos dois casos, o sentido é figurado.

Alternativa "b" – Antítese: certo e errado; nos dois casos, o sentido é literal.

Alternativa "c" – Antítese: fácil e difícil; nos dois casos, o sentido é literal.

Alternativa "d" – Antítese: contra e a favor; nos dois casos, o sentido é literal.

Alternativa "e" – Antítese: sair e entrar; sair de casa: sentido literal, entrar numa nova relação: sentido figurado.

RESPOSTA: E

92. (FGV – TCU – Auditor Federal de Controle Externo/2022) Abaixo está o início de um conto de Lygia Fagundes Telles, denominado *A Ceia*.

"O restaurante era **modesto** e **pouco frequentado**, com mesinhas ao ar livre, espalhadas debaixo das árvores. Em cada mesinha, um abajur **de garrafa** projetava sobre a toalha de xadrez **vermelho e branco** um **pálido** círculo de luz."

Todos sabemos que os termos de um texto podem indicar valores bem variados. Nesse segmento foram sublinhados alguns que funcionam como adjetivos; a afirmação correta sobre um deles é:

a) o adjetivo "modesto" indica uma qualificação do restaurante por parte do narrador e não é acompanhado de nenhum termo que o justifique;
b) o adjetivo "pouco frequentado" mostra uma qualificação do substantivo restaurante, indicando uma clientela de elite;
c) a locução adjetiva "de garrafa" indica o material de que é feito o abajur, destacando simultaneamente a qualidade sofisticada do restaurante descrito;
d) os adjetivos "vermelho e branco", que indicam características, podem trazer informações implícitas sobre a nacionalidade da comida no local;
e) o adjetivo "pálido", que indica uma relação, mostra uma intensidade da luz, com o valor implícito de decadência e pouca qualidade do restaurante.

COMENTÁRIOS:

✪ **Nota da autora:** O **adjetivo de relação** possui **valor semântico objetivo**, o adjetivo qualificador possui valor subjetivo.

Adjetivos de relação são derivados de um substantivo através da sufixação, não admitem flexão de grau superlativo e vêm após os substantivos.

Alternativa "a" – Existem justificativas: era *pouco frequentado, mesinhas ao ar livre espalhadas debaixo das árvores*.

Alternativa "b" – Menciona que não havia muitos fregueses e não cita a classe social dos poucos que frequentavam.

Alternativa "c" – O restaurante não era sofisticado, era modesto, simples.

Alternativa "d" – Podem referir-se à comida japonesa ou à árabe.

Alternativa "e" – O adjetivo *pálido* é qualificador, não é de relação: admite flexão de grau e indica subjetividade.

Resposta: D

93. (FGV – TCU – Auditor Federal de Controle Externo/2022) Abaixo está o início de um conto de Lygia Fagundes Telles, denominado *A Ceia*.

"O restaurante era **modesto** e **pouco frequentado**, com mesinhas ao ar livre, espalhadas debaixo das árvores. Em cada mesinha, um abajur **de garrafa** projetava sobre a toalha de xadrez **vermelho e branco** um **pálido** círculo de luz."

Todos sabemos que os termos de um texto podem indicar valores bem variados. Nesse segmento foram sublinhados alguns que funcionam como adjetivos; a afirmação correta sobre um deles é:

a) o adjetivo "modesto" indica uma qualificação do restaurante por parte do narrador e não é acompanhado de nenhum termo que o justifique;
b) o adjetivo "pouco frequentado" mostra uma qualificação do substantivo restaurante, indicando uma clientela de elite;
c) a locução adjetiva "de garrafa" indica o material de que é feito o abajur, destacando simultaneamente a qualidade sofisticada do restaurante descrito;
d) os adjetivos "vermelho e branco", que indicam características, podem trazer informações implícitas sobre a nacionalidade da comida no local;
e) o adjetivo "pálido", que indica uma relação, mostra uma intensidade da luz, com o valor implícito de decadência e pouca qualidade do restaurante.

COMENTÁRIOS

✪ **Nota da autora:** O **adjetivo de relação** possui **valor semântico objetivo**, o adjetivo qualificador possui valor subjetivo.

Adjetivos de relação são derivados de um substantivo através da sufixação, não admitem flexão de grau superlativo e vêm após os substantivos.

Alternativa "a" – Existem justificativas: era *pouco frequentado, mesinhas ao ar livre espalhadas debaixo das árvores*.

Alternativa "b" – Menciona que não havia muitos fregueses e não cita a classe social dos poucos que frequentavam.

Alternativa "c" – O restaurante não era sofisticado, era modesto, simples.

Alternativa "d" – Podem referir-se à comida japonesa ou à árabe.

Alternativa "e" – O adjetivo *pálido* é qualificador, não é de relação: admite flexão de grau e indica subjetividade.

Alternativa correta: letra "d".

FRAGMENTO DE TEXTO PARA RESPONDER À QUESTÃO.

A ideia de cultura foi cunhada e batizada no terceiro quartel do século XVIII como termo sintético para designar a administração do pensamento e do comportamento humanos. A palavra "cultura" não nasceu como um termo descritivo, uma forma reduzida para **as já alcançadas**, observadas e registradas regras de conduta de toda uma população. (...)

Zygmunt Bauman. Vida líquida. Carlos Alberto Medeiros (Trad.). Rio de Janeiro: Zahar, 2009 (com adaptações).

94. (Cebraspe – TCE RJ – Analista Controle Externo - Direito/2021 - adaptada) Infere-se do texto que, imediatamente após o artigo "as", no trecho "as já alcançadas", está omitido o termo **palavras**.

( ) certo ( ) errado

COMENTÁRIOS

✪ **Nota da autora:** Basta encontrar o sujeito, ou seja, é imprescindível colocar a oração na ordem direta. O que foram alcançadas? Regras de conduta = sujeito.

Na ordem direta: **Regras de condutas** de toda uma população já alcançadas, observadas e registradas.

Não há relação alguma com o termo "palavras".

Alternativa correta: ERRADO.

FRAGMENTO DE TEXTO PARA RESPONDER À QUESTÃO.

(...) O termo "cultura" entrou no vocabulário como o nome de uma atividade intencional. No limiar da Era Moderna, **homens e mulheres**, não mais aceitos como "um dado não problematizado", como elos preordenados na cadeia da criação divina ("divina" como algo inegociável e com o qual não devemos nos imiscuir), indispensáveis, ainda que sórdidos, torpes e deixando muito a desejar, passaram a ser vistos ao mesmo tempo como **maleáveis** e terrivelmente **carentes** de ajustes e melhoras. (...)

Zygmunt Bauman. Vida líquida. Carlos Alberto Medeiros (Trad.). Rio de Janeiro: Zahar, 2009 (com adaptações).

95. (Cebraspe – TCE RJ – Analista Controle Externo - Direito/2021 - adaptada) Os adjetivos "maleáveis" e "carentes" referem-se a "homens e mulheres".

( ) certo ( ) errado

COMENTÁRIOS

✪ **Nota da autora:** Como há várias intercalações, é aconselhável retirá-las para entender melhor o período. Lê-se: homens e mulheres passaram a ser vistos ao mesmo tempo como maleáveis e terrivelmente carentes de ajustes e melhoras.

Homens e mulheres [são] maleáveis e carentes.

Alternativa correta: CERTO.

TEXTO PARA RESPONDER ÀS QUESTÕES.

Só ao anoitecer Gregor acordou de um sono pesado, parecido com um desmaio. Por certo, não teria acordado muito mais tarde, mesmo que ninguém **o** perturbasse, pois **se** sentia suficientemente descansado e refeito; **no entanto**, tinha a impressão de que um passo furtivo e o ruído da porta do corredor sendo fechada com cuidado o haviam despertado. Aqui e ali, a luz dos postes elétricos da rua projetava pálidas manchas no teto e no alto dos móveis, mas embaixo, onde ele se achava, reinava a escuridão. Tateando desajeitadamente com as antenas que só agora ia aprendendo a valorizar, **arrastou-se até a porta para ver o que havia acontecido por ali**. Seu lado esquerdo parecia uma única longa cicatriz que lhe dava desagradáveis repuxões e o fazia coxear com suas duas fileiras de patas. De resto, uma patinha ficou gravemente ferida durante os incidentes da manhã — era quase um milagre que só uma tivesse se machucado — e se deixava arrastar sem vida. Só ao se aproximar da porta foi que Gregor percebeu o que o atraíra afinal: o cheiro da comida. É que lá havia uma tigela cheia de leite açucarado em que nadavam pedacinhos de pão. Ele quase chorou de alegria, pois estava muito mais faminto do que de manhã, e se apressou a mergulhar a cabeça quase até os olhos. Mas logo a retirou, desiludido; não só porque **comer** lhe era difícil por causa do flanco esquerdo — não conseguia **fazê-lo** sem a cooperação do corpo ofegante — como porque, ainda por cima, já não gostava de leite, até então sua bebida preferida, com certeza o motivo pelo qual a irmã o havia deixado ali para ele, e foi quase com repugnância que se afastou da tigela e voltou capengando para o centro do quarto.

Franz Kafka. A metamorfose. Luiz A. de Araújo (Trad.). Barueri: Princípios, 2018.

96. (Cebraspe – TCE RJ – Analista Controle Externo - Direito/2021 - adaptada) Sem prejuízo do sentido original do texto, a expressão "mesmo que" poderia ser substituída por **entretanto**.

( ) certo ( ) errado

COMENTÁRIOS

✪ **Nota da autora:** o sentido é alterado porque a ênfase é modificada. Perceba que a banca não se refere à correção gramatical, ou seja, a questão não é de período composto.

Mesmo que: locução conjuntiva **subordinativa concessiva** que indica oposição. **Suaviza** a ideia oposta. Argumento principal: não teria acordado muito mais tarde.

→ Mesmo que ninguém o perturbasse, não teria acordado mais tarde.

Entretanto: conjunção **coordenada adversativa** que indica oposição ou limitação. **Ressalta** e destaca a ideia; dá ênfase à ideia. Argumento principal: ninguém o perturbasse.

→ Entretanto ninguém o perturbasse, não teria acordado mais tarde. = **Errado!** É impossível inverter a ordem.

Dicas:

1. O argumento principal na adversativa é o que acompanha a conjunção;
2. O argumento principal na concessiva é o que não acompanha a conjunção;
3. Quando concessiva, a ordem das orações pode ser invertida;
4. Quando adversativa, a ordem não pode ser invertida.

Alternativa correta: ERRADO.

---

97. (Cebraspe – TCE RJ – Analista Controle Externo - Direito/2021 - adaptada) As formas pronominais "o" (*ninguém o perturbasse*) e "se" (*pois se sentia*) referem-se a "Gregor" (l.1).

( ) certo ( ) errado

COMENTÁRIOS

✪ **Nota da autora:** Volte ao trecho e confira a coesão substituindo os vocábulos.

Só ao anoitecer Gregor acordou de um sono pesado, [o sono era] parecido com um desmaio. Por certo, não [Gregor] teria acordado muito mais tarde, mesmo que ninguém **o** perturbasse [perturbasse Gregor], pois **se** sentia [Gregor se sentia] suficientemente descansado e refeito.

Alternativa correta: CERTO.

---

98. (Cebraspe – TCE RJ – Analista Controle Externo – Direito/2021 - adaptada) Em "fazê-lo" (*não conseguia fazê-lo*), a forma pronominal retoma a noção veiculada pelo verbo "comer" (*não só porque comer*).

( ) certo ( ) errado

COMENTÁRIOS

A ideia é: não conseguia fazer **isso**, ou seja, "o" é um pronome demonstrativo.

Substituindo: não só porque comer lhe era difícil por causa do flanco esquerdo — **não conseguia fazê-lo** = não conseguia **comer**.

Alternativa correta: CERTO.

---

99. (Cebraspe – TCE RJ – Analista Controle Externo – Direito/2021 - adaptada) No trecho "arrastou-se até a porta para ver o que havia acontecido por ali", a substituição da forma verbal "havia" por **teria** não prejudicaria a correção gramatical do texto, mas poderia alterar o seu sentido original.

( ) certo ( ) errado

COMENTÁRIOS

✪ **Nota da autora:** É bom relembrar a diferença entre tempo composto e locução verbal.

Tempos compostos (na voz ativa): verbos *ter* ou *haver* – flexionados – mais verbo no particípio = Tenho estudado demais.

Tempos compostos (na voz passiva): verbos *ter* ou *haver* + ser + particípio = O trabalho tinha sido feito.

Locução verbal: verbo auxiliar + infinitivo = Tentou fazer a prova; verbo auxiliar + gerúndio = Estava estudando para a prova.

No trecho, foi utilizado o tempo composto na voz ativa: havia acontecido = pretérito mais-que-perfeito composto do indicativo. Refere-se a uma ação que já ocorreu.

Substituir o verbo auxiliar "haver" por "ter" é aceitável gramaticalmente, mas o tempo deveria ser o mesmo para que o sentido não fosse alterado: **tinha** acontecido. Ao usar "teria acontecido", o tempo passa para o futuro do pretérito composto do indicativo e refere-se a uma ação duvidosa.

Alternativa correta: CERTO.

TEXTO PARA RESPONDER ÀS QUESTÕES.

D. Amélia conformava-se com as impertinências do marido. Cada vez mais sentia ela que a doença do seu Lula morreria com ele. Não lutou mais, não sofreu mais. Era tudo como Deus quisesse. A vida que tinha que viver seria aquela, sem outro remédio que vivê-la. Tinha pena da filha, mas ao mesmo tempo para que lhe desejar casamento que fosse como o seu? **Para que ligar-se a um homem que viesse magoá-la, arrancar-lhe a paz de espírito?** Via Neném no seu jardim, nos seus silêncios, na sua paz e não se queixava de não vê-la casada. Iam comendo com o pouco que faziam. É verdade que cada ano que se passava mais o Santa Fé minguava, menos fazia. O feitor que Lula botara para ver tudo não era homem de tino, era para ser mandado. E quem mandaria nele? As coisas caminhavam como água de rio, com a correnteza levando tudo. **Tinha às vezes vontade de chamar o feitor e dar ordens**, mas não queria irritar o marido, era homem que não podia se contrariar.

José Lins do Rego. Fogo morto. 47.ª ed. Rio de Janeiro: José Olympio, 1957, p. 164.

100. (Cebraspe – TCE RJ – Analista Controle Externo – Direito/2021 - adaptada) A correção gramatical do trecho "Para que ligar-se a um homem que viesse magoá-la, arrancar-lhe a paz de espírito?" seria mantida caso ele fosse reescrito da seguinte maneira: Ligar-se a um homem que viesse magoá-la, arrancar-lhe a paz de espírito para que?.

( ) certo ( ) errado

COMENTÁRIOS

Erro ortográfico: a palavra "que", quando usada em final e frase, deve possuir acento tônico – para **quê**?

Alternativa correta: ERRADO.

101. (Cebraspe – TCE RJ – Analista Controle Externo – Direito/2021 - adaptada) A correção gramatical do trecho "Tinha às vezes vontade de chamar o feitor e dar ordens" seria mantida caso ele fosse reescrito da seguinte forma: Tinha às vezes vontade de chamar o feitor e dá-lo ordens.

( ) certo ( ) errado

COMENTÁRIOS

Na reescrita, o verbo *dar* é bitransitivo: dar algo (ordens) a alguém (ao feitor). Como exige preposição, deve-se usar o pronome oblíquo "lhe": dar-lhe ordens.

➘ **Dica:** o pronome "lhe" pode exercer função sintática de objeto indireto, de complemento nominal ou de adjunto adnominal – ao indicar posse (sentido de "seu", "sua").

Alternativa correta: ERRADO.

TEXTO PARA RESPONDER ÀS QUESTÕES.

O fenômeno conhecido como judicialização da saúde é multifacetado. Por um lado, as ações judiciais comprometem uma parcela significativa do orçamento para atender demandas específicas de alguns pacientes; por outro, podem significar o único caminho para salvar ou prolongar a vida de pacientes, especialmente de pessoas com doenças raras ou crônicas, como diabetes e câncer, que dependem de medicamentos de alto custo. Há também o uso desse recurso extremo para medicamentos equivalentes aos disponíveis no sistema público de saúde e, até mesmo, para a compra de produtos como fraldas ou água de coco — sempre com receita médica.

A preocupação com o impacto da judicialização nos municípios é justificável. Há casos em que uma única ação pode comprometer todo o orçamento da saúde de uma cidade de pequeno porte. Algumas iniciativas buscam contornar esse obstáculo por meio de arranjos institucionais. **Um dos exemplos mais lembrados é o de Santa Catarina**. Em 1997, 25 municípios do entorno da cidade de Lages, a 200 quilômetros de Florianópolis, uniram-se para encontrar melhores formas de administrar os recursos para a saúde, frequentemente afetados pela judicialização. Os prefeitos e gestores dos municípios perceberam que, isoladamente, era mais complicado enfrentar as decisões judiciais. Por meio do consórcio intermunicipal, criou-se um padrão comum de atuação, que evitou sobreposições de pedidos e racionalizou gastos e investimentos.

Bruno De Pierro. Demandas crescentes. In: Revista Pesquisa FAPESP, 18 (252), fev. 2017, p. 18-22 (com adaptações).

102. (Cebraspe – TCE RJ – Analista Controle Externo – Direito/2021 - adaptada) Do período "Um dos exemplos mais lembrados é o de Santa Catarina" infere-se a referência à palavra **exemplo** no segmento "o de Santa Catarina".

( ) certo ( ) errado

COMENTÁRIOS

A palavra está implícita. Lê-se: "Um dos exemplos mais lembrados é o [exemplo] de Santa Catarina".

Alternativa correta: CERTO.

103. (Cebraspe – TCE RJ – Analista Controle Externo – Direito/2021 - adaptada) No trecho "A preocupação com o impacto da judicialização nos municípios é justificável", o adjetivo "justificável" tem o mesmo sentido da expressão **passível de justificativa**.

( ) certo ( ) errado

COMENTÁRIOS

Significa *passível de justificação; que se consegue justificar*[4]. Formação: justificar + vel (sufixo).

Alternativa correta: CERTO.

4. Dicionário Online de Português. Disponível em <www.dicio.com.br/justificavel/>. Acesso 13 julho 2021.

104.(FGV – TCE AM – Auditor Técnico Controle Externo – MP - 2021) A frase abaixo que NÃO respeita o paralelismo em sua estruturação é:

a) "Raspai o juiz, encontrareis o carrasco";
b) "É relativamente fácil suportar a injustiça. O mais difícil é suportar a justiça";
c) "Tais são os preceitos do direito: viver honestamente, não ofender ninguém, dar a cada um o que lhe pertence";
d) "Excesso de direito, excesso de injustiça";
e) "É melhor prevenir os crimes do que sua punição".

COMENTÁRIOS

Alternativa "a" – [Vós] raspai (v.t.d) o juiz (o.d) / [vós] encontrareis (v.t.d) o carrasco (o.d).

Alternativa "b" – Verbo (é) + adjetivo (fácil) + verbo (suportar) / verbo (é) + adjetivo (difícil) + verbo (suportar).

Alternativa "c" – Os preceitos foram mencionados utilizando verbos: viver, [não] ofender, dar.

Alternativa "d" – A estrutura substantivo + preposição (excesso de) repetiu-se.

Alternativa "e" – É melhor prevenir (verbo) do que **punir** (verbo). Outra opção seria esta: É melhor a **prevenção** (substantivo) dos crimes do que sua punição (substantivo).

Ao utilizar verbo e depois substantivo, ocorre quebra do paralelismo.

Alternativa correta: letra "e".

105.(FGV – TCE AM – Auditor Técnico Controle Externo – MP - 2021) "É belo ser-se justo. Mas a verdadeira justiça não permanece sentada diante da sua balança, a ver os pratos a oscilar. Ela julga e executa a sentença."

Romain Rolland

A mudança proposta na estruturação desse segmento textual que se mostra INADEQUADA é:

a) ser-se justo / que se seja justo;
b) a verdadeira justiça / a justiça verdadeira;
c) diante da / em frente da;
d) a oscilar / oscilando;
e) julga e executa / executa e julga.

COMENTÁRIOS

Alternativa "a" – Oração subordinada substantiva subjetiva reduzida de infinitivo / oração subordinada substantiva subjetiva – nesse caso, foi desenvolvida.

Alternativa "b" – Valores subjetivos: a verdadeira (adjetivo) justiça (substantivo) / a justiça (substantivo) verdadeira (adjetivo). Não ocorre erro gramatical nem alteração de sentido.

Alternativa "c" – **"**Diante de" é uma locução prepositiva e significa *situado à frente de; perante* / "em frente de" é uma locução adverbial e significa *anterior a; antes de; primeiro que*. A alteração é adequada.

Alternativa "d" – Oração subordinada adjetiva restritiva reduzida de infinitivo / oração subordinada adjetiva restritiva reduzida de gerúndio. Mudar a forma nominal da oração reduzida não acarreta inadequação.

Oração desenvolvida: ver os pratos que oscilam.

Alternativa "e" – A conjunção "e" adiciona duas ações, mas, além disso, refere-se a algo que aconteceu antes e algo que aconteceu depois, ou seja, a banca analisa a **progressão temporal**: julgou (primeiro), depois executou / executou (primeiro), depois julgou. A reescritura torna-se incoerente ao inverter a ordem das ações.

Alternativa correta: letra "e".

106.(FGV – Auditor de Controle Externo – TCE – PI/2021 – adaptada)

"A Estrada de Ferro Mauá é a primeira ferrovia do Brasil e uma das principais estradas de ferro antigas. Implementada em 1852 e com início das operações, 2 anos depois, em 1854, a ferrovia teve papel essencial para o avanço econômico para o país, que viveria uma transição para se tornar uma república."

(Massa, 23/06/2021)

Esse parágrafo apresenta um conjunto de problemas gramaticais e textuais em sua estrutura; a observação correta sobre um desses problemas é:

a) a expressão "em 1854" não deveria estar entre vírgulas;
b) a repetição da preposição *para* é indevida;
c) o emprego da forma verbal *viveria* é incorreta;
d) o vocábulo *república* deveria estar grafado com inicial maiúscula;
e) o segmento "2 anos depois" não deveria vir precedido de vírgula.

COMENTÁRIOS

Alternativa "a" – Deveria estar entre vírgulas porque intercala o adjunto adverbial de tempo posposto a outro adjunto adverbial de tempo (2 anos depois).

Alternativa "b" – Termo regente: *essencial.* É essencial para algo: para o avanço econômico **do** país.

Alternativa "c" – O futuro do pretérito denota uma condição, uma hipótese e foi empregado corretamente.

Alternativa "d" – Não se trata de nome próprio e está antecedido pelo artigo indefinido feminino. Não há motivo de ser grafado com inicial maiúscula.

Alternativa "e" – Trata-se de uma locução adverbial formada por três palavras, ou seja, é extensa e a vírgula é obrigatória pelo fato de o termo estar intercalado.

Alternativa correta: letra "b".

TEXTO 2

"O transporte aéreo é o mais recente dos sistemas de locomoção inventados. Ele requer muitos recursos, tanto no chão quanto no ar. Apesar de os aviões serem o meio de transporte mais rápido, também são o meio mais caro.

Com o avanço da tecnologia, a tendência é que o uso dessa plataforma se torne muito comum e barato, popularizando o envio de cargas pelo ar.

O Brasil tem investido na construção e modernização dos aeroportos em todo o país, mas de modo ainda insuficiente para a demanda existente. Ainda falta planejamento e organização para que o serviço chegue próximo ao ideal." (Softruck Blog - Adaptado)

107. (FGV – Auditor de Controle Externo – TCE – PI/2021) No primeiro parágrafo do texto 2 há um problema de formulação, localizado no seguinte segmento:

a) "O transporte aéreo é o mais recente dos sistemas de locomoção inventados.";
b) "Ele requer muitos recursos...";
c) "...tanto no chão quanto no ar.";
d) "Apesar de os aviões serem o meio de transporte mais rápido...";
e) "...também são o meio mais caro."

COMENTÁRIOS

Alternativa "a" – Frase formada por sujeito + verbo de ligação + predicativo do sujeito.

Alternativa "b" – Sujeito + verbo transitivo direto + objeto direto.

Alternativa "c" – A expressão "tanto... quanto" introduz uma informação nova e adicional. Pode ser retirada e pode inserida a conjunção "e": no chão e na terra.

Alternativa "d" – A ideia não é contraditória, mas sim aditiva: os aviões rápidos e mais caros. Leia os períodos anteriores: *O transporte aéreo é o mais recente dos sistemas de locomoção inventados. Ele requer muitos recursos, tanto no chão quanto no ar.* A locução conjuntiva "apesar de" deveria ser substituída por "além de".

Alternativa "e" – O advérbio "também" possui a função de adicionar uma informação.

Alternativa correta: letra "d".

108. (FGV – Auditor de Controle Externo – TCE – PI/2021 - adaptada) "O responsável primário pelo transporte público urbano é o poder público municipal. É isso que prevê o inciso V do artigo 30 da Constituição Federal:"

Temos, nesse caso, o emprego de dois números: inciso V e artigo 30; a frase independente abaixo em que a grafia do algarismo arábico é INADEQUADA é:

a) O caminhão trouxe 1.356 caixas;
b) O Grêmio ganhou de 2 X 1;
c) O ônibus viajou por 2.150 quilômetros;
d) 328 passageiros chegaram de avião;
e) O ônibus 747 passou atrasado.

COMENTÁRIOS

Alternativa "a" – Numeral em algarismo: **casa do milhar, milhão, bilhão, trilhão, com precisão matemática.**

Alternativa "b" – Refere-se ao placar: algarismo.

Alternativa "c" – Numeral em algarismo: **casa do milhar, milhão, bilhão, trilhão, com precisão matemática.**

Alternativa "d" – A frase pode ser iniciada por algarismo desde que esteja escrito por extenso: Trezentos e vinte oito passageiros chegaram de avião.

Segundo o "Manual de Redação e Estilo O Estado de São Paulo"[5]: *não inicie orações com algarismos, mas escreva o número por extenso: Dezoito pessoas feriram-se no acidente. Sempre que possível, porém, mude a redação para não ter de escrever o número por extenso. Exceção: títulos, que podem começar com algarismos.*

Alternativa "e" – Indica o número do ônibus: algarismo.

Alternativa correta: letra "d".

109. (FGV – Auditor de Controle Externo – TCE – PI/2021) O texto 4 está expresso em linguagem culta, com obediência às normas gramaticais; o segmento em que ocorre um exemplo de linguagem popular é:

a) "É claro que o modelo direto é pouco adotado, já que o orçamento municipal costuma ser aper-

5. Martins, Eduardo. Editora Moderna.

tado e há outras áreas que as prefeituras devem suprir (saúde e educação, por exemplo)";

b) "A saída mais comum é contratar empresas para desempenhar essa função";

c) "Para fazer isso, é preciso realizar uma licitação, procedimento padrão para que uma empresa desempenhe um serviço público";

d) "O responsável primário pelo transporte público urbano é o poder público municipal";

e) "É isso que prevê o inciso V do artigo 30 da Constituição Federal".

COMENTÁRIOS

Alternativa "a" – O adjetivo *apertado* foi usado no sentido de "difícil". Esse termo é utilizado na linguagem falada, isto é, na linguagem popular. Na linguagem culta, significa *estreito, sem extensão, sem largura; exíguo, curto*. Note que se refere a tamanho, não à dificuldade.

Observação: basta lembrar que é comum ouvir "estou apertado este mês". Isso significa que está com poucos recursos financeiros. Eis outro exemplo de linguagem popular.

Alternativa "b" – O substantivo "saída" foi usado no sentido figurado (*maneira de superar uma dificuldade; recurso, expediente*), não se refere, obrigatoriamente, à linguagem popular.

Alternativa "c" – Linguagem culta. Padrão: *norma determinada e aprovada consensualmente pela maioria, ou por uma autoridade.*

Alternativa "d" – Linguagem culta. Primário: *que está em primeiro.*

Alternativa "e" – Linguagem culta. Inciso: *subdivisão de um dispositivo legal, sob a forma de parágrafo que é complemento de outro e que vem geralmente marcada por algarismos romanos ou arábicos.*

Alternativa correta: letra "a".

110. (FGV – Auditor de Controle Externo – TCE – PI/2021 – adaptada) Nas frases a seguir, houve a nominalização de estruturas verbais; a transformação da frase que NÃO foi feita de forma adequada é:

a) É isso que prevê o inciso V do artigo 30 da Constituição Federal: / É essa a previsão do inciso V do artigo 30 da Constituição Federal;

b) [Cabe ao município] organizar e prestar, diretamente ou sob regime de concessão ou permissão, os serviços públicos... / [Cabe ao município] a organização ou prestação, diretamente ou sob regime de concessão ou permissão, dos serviços públicos...;

c) ...dá liberdade aos municípios quanto a como ofertar esse serviço. / dá liberdade aos municípios quanto ao modo da oferta desse serviço;

d) Primeiro, o município pode escolher cuidar do transporte coletivo por conta própria. / Primeiro, o município pode escolher o cuidado do transporte coletivo por conta própria;

e) A prefeitura se responsabiliza diretamente pela gestão do sistema e desembolsa 100% dos recursos para mantê-lo. / A prefeitura se responsabiliza diretamente pela gestão do sistema e desembolsa 100% dos recursos para o seu mantenimento.

COMENTÁRIOS

Alternativa "a" – Prevê (verbo) = previsão (substantivo).

Alternativa "b" – Organizar (verbo) = organização; prestar = prestação (substantivo).

Observação: embora não esteja mencionada a mudança de sentido no comando da questão, é bom lembrar que a conjunção "ou" pode ser alternativa ou aditiva, ou seja, pode substituir a conjunção "e".

Alternativa "c" – Como **ofertar** (verbo) = ao modo da **oferta** (substantivo).

Alternativa "d" – Cuidar (verbo) = cuidado (substantivo).

Alternativa "e" – Para **mantê**-lo (verbo) = para sua **manutenção** (substantivo). "Manutenção'" significa ***ação ou efeito de manter ou manter-se****; ação de sustentar e/ou conservar.*

Observação: a banca, provavelmente, não acatou o registro do VOLP – substantivo "mantenimento": ação de *manter*. Motivo: é considerada como forma arcaica.

De qualquer forma, há outras possibilidades de nominalização: a prefeitura se **responsabiliza** (verbo) pela gestão do sistema e **desembolsa** (verbo) 100% dos recursos = a **responsabilização** (substantivo) direta da prefeitura pela gestão do sistema e o **desembolso** (substantivo) de 100% dos recursos.

Alternativa correta: letra "e".

111. (FGV – Auditor de Controle Externo – TCE – PI/2021) Vamos observar agora o caso oposto, ou seja, a modificação de uma estrutura nominal para uma estrutura verbal; a frase que NÃO foi adequadamente modificada é:

a) O responsável primário pelo transporte público urbano é o poder público municipal. / O responsável primário por transportar o público nas cidades é o poder público municipal;

b) os serviços públicos de interesse local... / os serviços públicos que interessem localmente;

c) A prefeitura se responsabiliza diretamente pela gestão do sistema / A prefeitura se responsabiliza diretamente por gerir o sistema;

d) A diferença entre os dois é sutil e pouco relevante / Diferençar os dois é pouco sutil ou relevante;

e) As empresas vencedoras da licitação atuam sob regime de concessão ou permissão / As empresas que vencem a licitação atuam sob regime de concessão ou permissão.

COMENTÁRIOS

Alternativa "a" – O responsável **primário** (adjetivo) = que **prima** (verbo).

Observações: 1. a banca seguiu o processo da alternativa "e" para demonstrar o erro. Basta conferir; 2. O verbo "**primar**" significa ***ser o primeiro****; possuir a primazia (preferência) em relação a outra coisa ou pessoa;* 3. "**primário**" significa *que* ***está em primeiro***. Isso significa que pertencem ao mesmo campo semântico.

Alternativa "b" – Interesse (substantivo) = interessem (verbo).

Alternativa "c" – Gestão (substantivo) = gerir (verbo).

Alternativa "d" – Diferença (substantivo) = diferençar (verbo).

Observação: "Diferençar" significa *estabelecer diferença ou distinção entre; distinguir.* Seus sinônimos são: *diferenciar, distinguir, discriminar.*

Alternativa "e" – As empresas **vencedoras** (adjetivo) = que **vencem** (verbo).

Alternativa correta: letra "a".

TEXTO CG1A1-I

No meio científico, é insuficiente — aliás, é perigoso — produzir apenas um grupo de profissionais pequeno, altamente competente e bem remunerado. **Um esforço combinado que vise transmitir a todos os cidadãos a ciência — por meio de rádio, TV, cinema, jornais, livros, programas de computadores, parques temáticos, salas de aula — deve pautar-se em quatro razões principais**.

Mesmo que nem sempre possibilite ao cientista um bom emprego, a ciência pode ser o caminho propício para vencer a pobreza nas nações emergentes. Ela faz funcionar a economia e a civilização global.

A ciência nos alerta contra os perigos introduzidos por tecnologias que alteram o mundo, especialmente o meio ambiente de que nossas vidas dependem. Assim, a ciência providencia um sistema essencial de alerta antecipado.

A ciência nos esclarece sobre as questões mais profundas das origens, das naturezas e dos destinos — de nossa espécie, da vida, de nosso planeta, do Universo. A longo prazo, a maior dádiva da ciência talvez seja nos ensinar, de um modo ainda não superado por nenhum outro empenho humano, alguma coisa sobre nosso contexto cósmico, sobre o ponto do espaço e do tempo em que estamos, e sobre quem nós somos.

Os valores da ciência e os da democracia são concordantes, em muitos casos indistinguíveis. A ciência e a democracia começaram ao mesmo tempo e no mesmo lugar: na Grécia dos séculos VI e VII a.C. A ciência confere poder a qualquer um que se der ao trabalho de aprendê-la (embora muitos tenham sido sistematicamente impedidos de adquirir esse conhecimento). Ela se nutre do livre intercâmbio de ideias. Tanto a ciência quanto a democracia encorajam opiniões não convencionais e debate vigoroso. Ambas requerem raciocínio adequado, argumentos coerentes, padrões rigorosos de evidência e honestidade.

Descobrir a gota ocasional da verdade no meio de um grande oceano de confusão e mistificação requer vigilância, dedicação e coragem. Mas, se não praticarmos esses hábitos rigorosos de pensar, **não poderemos ter esperança de solucionar os problemas verdadeiramente sérios** que enfrentamos.

Carl Sagan. Ciência e esperança. In: O mundo assombrado pelos demônios: a ciência vista como uma vela no escuro. São Paulo: Companhia das Letras, 2006, p. 58-9 (com adaptações).

---

112. (CESPE – Analista de Controle Externo – Direito – TCE – MG/2018) Em cada uma das opções a seguir, é apresentada uma proposta de reescrita do seguinte trecho do texto CG1A1-I: "Um esforço combinado que vise transmitir a todos os cidadãos a ciência — por meio de rádio, TV, cinema, jornais, livros, programas de computadores, parques temáticos, salas de aula — deve pautar-se em quatro razões principais." (1º §). Assinale a opção que apresenta uma proposta de reescrita que mantém a correção gramatical e a coerência do trecho.

a) Para expandir a ciência em um esforço combinado, o rádio, TV, cinema, jornais, livros, programas de computadores, parques temáticos e salas de aula baseiam-se em quatro razões principais.

b) Para transmitir a ciência a todos os cidadãos, há quatro razões principais para um esforço combinado do rádio, TV, cinema, jornais, livros, programas de computadores, parques temáticos e salas de aula.

c) Deve orientar-se por quatro razões principais um esforço combinado que vise transmitir a ciência a todos os cidadãos por meio de rádio, TV, cinema, jornais, livros, programas de computadores, parques temáticos e salas de aula.

d) Existe quatro razões para um esforço combinado que vise transmitir a ciência à todos os cidadãos: por rádio, TV, cinema, jornais, livros, programas de computadores, parques temáticos, salas de aula.

e) Para transmitir a ciência, a todos os cidadãos — por rádio, TV, cinema, jornais, livros, programas de computadores, parques temáticos e salas de aula, há quatro razões principais para um esforço combinado.

COMENTÁRIOS

Alternativa "a" – Se foi usado o artigo definido masculino antes do substantivo "rádio", deveria ter sido também antes dos outros substantivos: o rádio, **a** TV, **o** cinema, **os** jornais, **os** livros, **os** programas de computadores, **os** parques temáticos e **as** salas de aula.

Alternativa "b" – O comentário da alternativa anterior cabe aqui, portanto seria mais interessante retirar o artigo que está contraído com a preposição para que o paralelismo fique correto: um esforço combinado **de** rádio, TV, cinema, jornais, livros, programas de computadores, parques temáticos e salas de aula.

Alternativa "c" – Coerência e correção mantidas.

Alternativa "d" – Concordância: **Existem** quatro razões; crase: **a** todos – não há crase antes de palavra masculina.

Alternativa "e" – Pontuação: Para transmitir a **ciência a** todos os cidadãos – não pode haver vírgula entre o objeto direto e o objeto indireto sem que haja intercalação.

Exemplo com intercalação: Para transmitir a ciência, em vários aspectos, a todos os cidadãos.

Alternativa correta: letra "c".

113. (CESPE – Analista de Controle Externo – Direito – TCE – MG/2018) A correção gramatical e os sentidos do texto CG1A1-I seriam mantidos caso o trecho "A ciência nos esclarece sobre as questões mais profundas das origens, das naturezas e dos destinos — de nossa espécie, da vida, de nosso planeta, do Universo." (4º §) fosse reescrito da seguinte forma:

a) As questões mais profundas das origens, das naturezas e dos destinos de nossa espécie, da vida, de nosso planeta e do Universo nos são esclarecidas pela ciência.

b) A ciência nos esclarece sobre as questões mais profundas das origens, das naturezas, dos destinos, de nossa espécie, da vida, de nosso planeta, do Universo.

c) A ciência nos esclarece sobre as questões mais profundas das origens, das naturezas e dos destinos, assim como de nossa espécie, da vida, de nosso planeta, do Universo.

d) A ciência nos esclarece sobre as questões mais profundas de nossa espécie, da vida, de nosso planeta, do Universo — das origens, das naturezas e dos destinos.

e) As origens, as naturezas e os destinos de nossa espécie, da vida, de nosso planeta e do Universo são as questões mais profundas esclarecidas pela ciência.

COMENTÁRIOS

Alternativa "a" – Ocorreu transposição da voz ativa para a voz passiva analítica – inserção do verbo *ser* + particípio. O sujeito passou a exercer função de agente da passiva e o objeto direto passou a exercer função de sujeito paciente.

Voz ativa

A ciência	nos	esclarece	as questões mais profundas das origens, das naturezas e dos destinos – de nossa espécie, da vida, de nosso planeta, do Universo.
sujeito	objeto indireto	verbo transitivo direto e indireto	objeto direto

Voz passiva

As questões mais profundas das origens, das naturezas, dos destinos de nossa espécie, da vida, de nosso planeta e do Universo.	são esclarecidas	pela ciência.
sujeito paciente	*ser* + particípio	agente da passiva

Perceba que o fato de retirar o travessão do sujeito paciente (antes, objeto direto) não alterou o sentido e não causou erro gramatical.

Alternativa "b" – Sentido alterado: destinos **de nossa espécie**, (destinos) da vida, (destinos) de nosso planeta, (destinos) do Universo.

Alternativa "c" – Sentido alterado: destinos **de nossa espécie**, da vida, de nosso planeta, do Universo.

Alternativa "d" – Sentido alterado: questões mais profundas **das origens** (...) **dos destinos** de nossa espécie.

Alternativa "e" – Sentido alterado: o período foi transposto para a voz passiva analítica e foram retiradas informações – como, por exemplo, o fato de a ciência esclarecer **a nós** sobres as questões mais profundas.

Alternativa correta: letra "a".

114. (CESPE – Analista de Controle Externo – Direito – TCE – MG/2018) No texto CG1A1-I, em "não poderemos ter esperança **de solucionar os problemas verdadeiramente sérios**" (último parágrafo), o trecho "de solucionar os problemas verdadeiramente sérios"

a) exprime uma circunstância de modo para "poderemos ter".

b) exprime uma circunstância de modo para "ter esperança".

c) completa o sentido do termo abstrato "esperança".

d) completa o sentido da expressão "poderemos ter".

e) exprime uma circunstância de finalidade para "ter esperança".

COMENTÁRIOS

Alternativa "a" – *Esperança* é objeto direto da locução verbal "poderemos ter". Não há indicação de modo.

Alternativa "b" – Não se trata de adjunto adverbial, mas sim de complemento nominal.

Alternativa "c" – A expressão "de solucionar os problemas verdadeiramente sérios" exerce função de complemento nominal, pois tem como termo regido o substantivo abstrato *esperança* – ter esperança **de** algo.

Alternativa "d" – *Esperança* é objeto direto da locução verbal "poderemos ter".

Alternativa "e" – Não se trata de adjunto adverbial, mas sim de complemento nominal.

Alternativa correta: letra "c".

115. (CESPE – Analista de Controle Externo – Direito – TCE – MG/2018 – adaptada) A correção gramatical seria mantida, ainda que seu sentido fosse alterado, caso se inserisse uma vírgula logo após

a) "combinado" (Um esforço **combinado** que vise transmitir a todos os cidadãos a ciência – por meio de rádio, TV, cinema, jornais, livros, programas de computadores, parques temáticos, salas de aula – deve pautar-se em quatro razões principais).

b) "ambiente" (o meio a**mbiente** de que nossas vidas dependem).

c) "superado" (a maior dádiva da ciência talvez seja nos ensinar, de um modo ainda não **superado** por nenhum outro empenho humano).

d) "democracia" (Tanto a ciência quanto a **democracia** encorajam opiniões não convencionais e debate vigoroso).

e) "Ambas" (**Ambas** requerem raciocínio adequado).

COMENTÁRIOS

Alternativa "a" – Inserir vírgula antes do pronome relativo altera o sentido restritivo para o sentido explicativo, mas no comando da questão está claro que o sentido pode ser alterado. Não está aqui o erro. Haveria incorreção gramatical por precisar inserir duas vírgulas para demarcar intercalação. Reescritura correta: **Um esforço combinado,** que vise transmitir a todos os cidadãos a ciência – por meio de rádio, TV, cinema, jornais, livros, programas de computadores, parques temáticos, salas de aula –**,** **deve pautar-se em quatro razões principais**. Leia apenas o que está em negrito para entender melhor.

Alternativa "b" – O sentido altera de restrição para explicação, mas a gramática permanece correta. Na ordem direta, lê-se: nossas vidas dependem **do** meio ambiente. A preposição "de" é exigida pelo verbo *depender.*

Alternativa "c" – Não se pode inserir vírgula entre o nome e o complemento nominal.

Alternativa "d" – Não pode haver vírgula entre sujeito e verbo, ou entre sujeito e predicado.

Alternativa "e" – Não pode haver vírgula entre sujeito e verbo, ou entre sujeito e predicado.

Alternativa correta: letra "b".

TEXTO PARA RESPONDER ÀS QUESTÕES.

Entre 1808, com a abertura dos portos, e 1850, no auge da centralização imperial, modificara-se a pacata, fechada e obsoleta sociedade. O país europeizava-se, para escândalo de muitos, iniciando um período de progresso rápido, progresso conscientemente provocado, sob moldes ingleses. O vestuário, a alimentação, a mobília mostram, no ingênuo deslumbramento, a subversão dos hábitos lusos, vagarosamente rompidos com os valores culturais que a presença europeia infiltrava, juntamente com as mercadorias importadas. O contato litorâneo das duas culturas, uma dominante já no período final da segregação colonial, articula-se no ajustamento das economias.

Ao Estado, a realidade mais ativa da estrutura social, coube o papel de intermediar o impacto estrangeiro, reduzindo-o à temperatura e à velocidade nativas. A engrenagem de acomodação e amortecimento poderia e deveria, se homogêneas as economias e coerentes as concepções sobre estas, ser a obra dos comerciantes estrangeiros, nas filiais brasileiras ligadas à metrópole. Poderiam esses quistos comerciais, ainda, submeter a política financeira aos seus interesses, segundo o velho padrão colonial, que viriam substituir sem mudar a substância do vínculo.

Na verdade, evitada a prematura bravata nacionalista, diga-se, desde logo, que a dependência da economia brasileira é inegável, mas não será, entretanto, uma dependência colonial, nem se afirmará no prolongamento da atividade metropolitana, passivamente aceita. Será uma dependência por via do Estado, sob a vigilância, desconfiada muitas vezes, entusiástica outras, de uma camada social, apta a participar das vantagens do intercâmbio, preocupada, não raro, em desviar-lhe o rumo submisso. A manipulação legal e financeira apressa ou retarda a integração, enquanto nas ruas o sentimento nativista, antiluso nas suas origens, ressente-se do invasor europeu, no qual identifica a arrogância colonialista.

O núcleo diretor da intermediação situa-se na estrutura financeira do país. Sua fraqueza, bem como seus episódicos impulsos, dão a tonalidade à necessária passagem da maré estrangeira por um filtro nacional. O Tesouro, ao tempo que reflete a realidade econômica, a ordena e a dirige, na ânsia, depois de 1850 acentuada, de erguer o país do marasmo, de adequá-lo ao mundo moderno e de impor-lhe maior ritmo de progresso. Ele expressa, no contexto do aparelhamento estatal, a face da dependência e, na preocupação de desenvolvimento, a fisionomia larvarmente autonomista.

(FAORO, Raymundo. Estado dependente, sob a orientação do Tesouro. Os donos do poder: formação do patronato político brasileiro. v. 2, 10. ed. São Paulo: Globo; Publifolha, 2000. Grandes nomes do pensamento brasileiro. p. 3 e 4)

---

116. (FCC – Auditor Público Externo – Ciências Jur. e Sociais – TCE – RS/2018) O texto, nos parágrafos indicados, comprova a correção do seguinte comentário:

a) No processo de coesão textual, a expressão *esses quistos comerciais* remete a *os comerciantes estrangeiros*. (parágrafo 2)

b) O emprego da palavra *quistos* revela a avaliação negativa que o autor faz de certas casas de comércio. (parágrafo 2)

c) A expressão *Na verdade* introduz informações que evidenciam que o que poderia e deveria ser, citado nos dois períodos imediatamente anteriores, configura hipóteses que acabaram não se efetivando, inclusive porque, uma delas, é posta sob condições não atendidas. (parágrafo 3)

d) Em *nas ruas o sentimento nativista* [...] *ressente-se do invasor europeu,* ***no qual*** *identifica a arrogância colonialista*, a introdução da palavra "comportamento" após a expressão destacada preserva o sentido e a correção da frase e, ainda, amplia sua clareza. (parágrafo 3)

e) Outra formulação para *apta a participar das vantagens do intercâmbio, preocupada, não raro, em desviar-lhe o rumo submisso* manterá a correção e não prejudicará o sentido original assim "disposta a participar das vantagens do intercâmbio, preocupada, muito frequentemente, em deslocar o seu rumo submisso". (parágrafo 3)

COMENTÁRIOS

Alternativa "a" – O pronome anafórico retoma toda a ideia do período anterior: *A engrenagem de acomodação e amortecimento poderia e deveria ser a obra dos comerciantes estrangeiros, nas filiais brasileiras ligadas à metrópole*. Esses são os quistos, ou seja, essas são as avaliações, as estimativas.

Alternativa "b" – O vocábulo, como visto na alternativa anterior, foi empregado no sentido de *parecer, avaliação, parecer.*

Alternativa "c" – Hipóteses: poderia e deveria *ser a obra dos comerciantes estrangeiros, nas filiais brasileiras ligadas à metrópole. (...) Poderiam submeter a política financeira aos seus interesses, segundo o velho padrão colonial, que viriam substituir sem mudar a substância do vínculo.* O impacto financeiro não foi efetivado por indicar condição não atendida.

Alternativa "d" – A ideia seria: o comportamento do invasor europeu (sentido de posse) identifica a arrogância. Deveria ser utilizado o pronome relativo "cujo" no lugar de *no qual.*

Alternativa "e" – As expressões "não raro" e "muito frequentemente" não pertencem ao mesmo campo semântico, isto é, não são equivalentes.

Alternativa correta: letra "c".

---

117. (FCC – Auditor Público Externo – Ciências Jur. e Sociais – TCE – RS/2018) Na verdade, evitada a prematura bravata nacionalista, diga-se, desde logo, que a dependência da economia brasileira é inegável, mas não será, entretanto, uma dependência colonial, nem se afirmará no prolongamento da atividade metropolitana, passivamente aceita.

Acerca do que se encontra acima, considerado em seu contexto, é acertado comentar:

a) O emprego das formas verbais *diga-se* e *é* sinaliza que os acontecimentos referidos são contemporâneos.

b) As formas *será* e *afirmará* remetem a fatos que efetivamente se deram no período sobre o qual o autor versa, mas o futuro indica que a ação foi posterior a outra no passado, a exemplo de *Ao Estado* [...] *coube o papel de intermediar o impacto estrangeiro.*

c) A conjunção *mas*, usada mais comumente para expressar um contraste, está empregada especificamente com valor aditivo, uma das suas possibilidades de sentido.

d) O segmento *evitada a prematura bravata nacionalista* denota que o espírito nacionalista materializou-se com consistência e legitimidade ainda no início do processo de europeização, que fragilizou os valores lusos.

e) O segmento *passivamente aceita* exprime uma possibilidade, ainda que com pouca probabilidade de efetuar-se.

COMENTÁRIOS

Alternativa "a" – O verbo *dizer* foi conjugado no presente do subjuntivo e não se refere à ação contemporânea. Apenas o verbo "ser" indica tal ação.

Alternativa "b" – Os verbos estão conjugados no futuro do presente do indicativo – tempo usado para se referir a ações que ocorrem posteriormente ao momento da fala.

Alternativa "c" – Possui, claramente, valor de oposição, é uma conjunção coordenada adversativa: *a dependência da economia brasileira é inegável* **versus** *não será uma dependência colonial.*

Alternativa "d" – Ao reler o primeiro e o segundo parágrafos, nota-se que a bravata nacionalista começou após o processo de europeização e não no início do processo.

Alternativa "e" – O segmento demonstra que já está sendo aceita e isso significa que não se trata de uma possibilidade.

Alternativa correta: letra "b".

---

118. (FCC – Auditor Público Externo – Ciências Jur. e Sociais – TCE – RS/2018) Abaixo, segmentos do texto aparecem reformulados. A alternativa que apresenta redação que mantém a correção, segundo a norma-padrão, e não prejudica o sentido original, observado em seu contexto, é:

a) iniciando um período de progresso rápido /por ter-se iniciado um período de progresso rápido. (parágrafo 1)

b) sem mudar a substância do vínculo /sem que fosse mudado a substância do vínculo. (parágrafo 2)

c) mas não será, entretanto, uma dependência colonial, nem se afirmará no prolongamento da atividade metropolitana / mas, não será, todavia, uma dependência colonial, como também não se afirmará no prolongamento da atividade metropolitana. (parágrafo 3)

d) apta a participar das vantagens do intercâmbio / propensa em participar das vantagens do intercâmbio. (parágrafo 3)

e) reduzindo-o à temperatura e à velocidade nativas / desde que o reduzisse à temperatura e à velocidade nativas. (parágrafo 2)

COMENTÁRIOS

Alternativa "a" – Sentido alterado para causa (por ter-se iniciado).

Alternativa "b" – Concordância: sem que a substância fosse **mudada**.

Alternativa "c" – Gramática correta e o sentido foi mantido: entretanto = todavia; nem = como.

Alternativa "d" – Regência: propensa **a** participar.

Alternativa "e" – Sentido alterado para condição (desde que).

Alternativa correta: letra "c".

---

119. (FCC – Auditor Público Externo – Ciências Jur. e Sociais – TCE – RS/2018) Palavras do texto inspiraram as frases abaixo, que devem, entretanto, ser consideradas independentemente dele. A que está formulada em acordo com a norma-padrão da língua é:

a) Cabemos com conforto ou não no espaço reservado aos estagiários, estaremos todos, sem exceção, assistindo a tudo com muita atenção e respeito.

b) Dizem os especialistas que antiinflamatórios não devem ser usados sem aconselhamento médico, afim de não agredir o sistema imunológico dos indivíduos.

c) Seriam mais bem aceitos em suas propostas de reorganização, se eles subvertessem certas normas somente se, e quando, propusessem outras de maior eficácia.

d) Chegada a decisão do juiz, caso a jovem se ressente da interpretação dada pelo magistrado ao dispositivo legal que sustenta seu pleito, haverá possibilidade de ela entrar com recurso.

e) O diretor que intermedeie o diálogo para avaliação da proposta de aumento salarial, mas, se chefes de setores da empresa e grevistas intervirem sem argumentos consistentes, um acordo será difícil.

COMENTÁRIOS

Alternativa "a" – Faltou intercalar o adjunto adverbial de modo: Cabemos, **com conforto ou não**, no espaço reservado aos estagiários.

Alternativa "b" – Ortografia: **a fim** = para (finalidade).

Alternativa "c" – Correto. As vírgulas demarcam intercalação, leia apenas o que está em negrito: **Seriam mais bem aceitos em suas propostas de reorganização, se eles subvertessem certas normas somente se**, e quando, **propusessem outras de maior eficácia.**

Alternativa "d" – Tempo verbal: caso a jovem se **ressinta** – presente do subjuntivo. Indica dúvida.

Alternativa "e" – Tempo verbal: se chefes e grevistas **intervierem**. O verbo *intervir* é conjugado como "vir"; tempo: futuro do subjuntivo.

Alternativa correta: letra "c".

---

120. (FCC – Auditor Público Externo – Ciências Jur. e Sociais – TCE – RS/2018) A frase construída de maneira clara e condizente com a norma-padrão da língua é:

a) Tudo indica não haver a mínima intenção de tornar os debates longos e por isso infrutíferos, mas, fazer de modo objetivo e, dependente da urgência temática, finalizar com brevidade.

b) Pedindo que dissesse o que lhe fizera ter vindo até mim, ele contou que fora assaltado e não tinha dinheiro para pegar o trem; atendi e sob pretexto de atraso nos despedimos.

c) Elementos do filme que terminam com um final trágico foram analisados pelo especialista, que criticou inclusive, a condução da história de certo modo que o espectador antecipa o desfecho.

d) O jovem contou ao tio, que o batizara, a acusação de que tinha sido vítima pelo colega de que se julgava amigo, bastante ansioso que o padrinho o encontrasse para perguntar a razão de tudo aquilo.

e) As lembranças habitam a casa onde a jovem escritora viveu a infância e a fazem querer encontrar a forma mais simples, e, ao mesmo tempo, a mais produtora de sentidos, para narrar suas memórias.

COMENTÁRIOS

Alternativa "a" – Pontuação – faltou intercalar: Tudo indica não haver a mínima intenção de tornar os debates longos e**, por isso,** infrutíferos. A vírgula posposta à conjunção "mas" deve ser retirada por não se tratar de intercalação.

Alternativa "b" – Regência: o que **o** fizera (verbo transitivo direto); pontuação = faltou intercalação entre as orações coordenadas: atendi e**, sob pretexto de atraso,** nos despedimos.

Alternativa "c" – Pontuação: é preciso retirar a vírgula anteposta ao pronome relativo "que", já que não se trata de qualquer especialista (a oração é restritiva): foram analisados pelo especialista **que** criticou; é preciso intercalar a palavra denotativa inserida entre o verbo e o complemento direto: criticou**, inclusive,** a condução da história.

Alternativa "d" – Regência: ansioso **para** que o padrinho.

Alternativa "e" – Período correto. Lê-se: as lembranças (sujeito) a fazem querer encontrar a forma mais simples.

Alternativa correta: letra "e".

---

121. (FCC – Auditor Público Externo – Ciências Jur. e Sociais – TCE – RS/2018) A frase construída de modo claro e condizente com a norma-padrão escrita é:

a) O coordenador dos alunos recém-ingressos evitou convidá-los para a viagem, não se sabe bem por quê; levantaram-se hipóteses, entre as quais, a de que ainda careciam de bom entrosamento com os veteranos.

b) A capacidade humana de ter consciência de seu passado é a fonte, inexaurível, de valores que impulsionam culturas as mais distintas, nas quais podem haver enraizados traços comuns.

c) É impossível que exista sob a alegação que for, quaisquer razões que justifiquem os preconceitos de que temos tido conhecimento nas mais diversas situações sociais da contemporaneidade.

d) A matéria publicada no jornal aborda o descaso governamental com que vem tratando muitos problemas específicos da saúde das mulheres, o que as torna vulneráveis a várias situações de risco.

e) Imagens que estamos habituados, estampando desrespeito a idosos, crianças e outros em situação de fragilidade, merece que sejam alvo de ponderada reflexão, à medida que isso pode gerar revisão de atitudes.

COMENTÁRIOS

Alternativa "a" – Período claro e gramaticalmente correto. É necessário esclarecer que o vocábulo "quê" deve ser acentuado quando for substantivo, interjeição, nas expressões *sem quê* e *para quê* e também em final de frase.

Alternativa "b" – Concordância: **pode** haver – o verbo é impessoal (sentido de *existir*) e não admite pluralização do auxiliar. Outra opção plausível seria "podem existir".

Alternativa "c" – Concordância: **existam** quaisquer razões (sujeito); pontuação: intercalar a expressão entre o verbo e o sujeito: existam**, sob a alegação que for,** quaisquer razões.

Alternativa "d" – Concordância: os problemas as **tornam**.

Alternativa "e" – Regência: estamos habituados com imagens: imagens **com que**; concordância: (imagens – sujeito) **merecem**.

Alternativa correta: letra "a".

---

122. (Vunesp – Agente de Fiscalização – TCE – SP/2017 – adaptada) No trecho – Será ingenuidade, **entretanto**, contar com uma aprovação fácil – os sindicatos da categoria **já** se mobilizam contra o texto. -, a conjunção e o advérbio destacados estabelecem no período, respectivamente, relações de sentido de

a) explicação e tempo.

b) oposição e afirmação.

c) conclusão e modo.

d) oposição e tempo.

e) conclusão e afirmação.

COMENTÁRIOS

Alternativa "a" – Indicam explicação: *que, porque, pois* e *porquanto*. Quanto ao tempo, está correta a informação.

Alternativa "b" – Indica oposição, mas não indica afirmação.

Alternativa "c" – Não indica conclusão, pois não possui sentido de *logo, pois, portanto, por conseguinte, por isso, assim*. Também não indica modo.

Alternativa "d" – É uma conjunção coordenada adversativa – equivale a *mas, porém, contudo, todavia, no entanto* – e possui ideia de oposição; quando os sindicatos se mobilizaram? Já = tempo. Equivale a *agora*.

Alternativa "e" – Não indica conclusão nem afirmação, como comentado na alternativa anterior.

Alternativa correta: letra "d".

---

123. (Vunesp – Agente de Fiscalização – TCE – SP/2017) Assinale a alternativa em que a preposição em destaque forma expressão com sentido de causa.

a) **Para** estes, a escolha racional era não chamar a atenção...

b) ... uma vez posto **em** prática, a experiência servirá de base...

c) ... carece de sistema eficaz **de** incentivos e sanções.

d) Já a dispensa de servidores **por** insuficiência de desempenho...

e) ... evitando que funcionários sucumbam às forças **da** inércia.

COMENTÁRIOS

Alternativa "a" – Não há ideia de causa, possui sentido de *para alguém*.

Alternativa "b" – Faz parte do adjunto adverbial de modo.

Alternativa "c" – Não cabe a pergunta "por quê?", logo não pode indicar causa.

Alternativa "d" – **Por que** houve dispensa dos servidores? **Porque** havia insuficiência de desempenho.

Alternativa "e" – Apenas restringe a força.

Alternativa correta: letra "d".

CHARGE PARA RESPONDER ÀS QUESTÕES.

(Jaguar. Em: http://atarde.uol.com.br. Adaptado)

---

124. (Vunesp – Agente de Fiscalização – TCE – SP/2017) Em conformidade com a norma-padrão, a lacuna da frase-título da charge deve ser preenchida com:

a) por que as pessoas sente-se inseguras

b) devido o sentimento de insegurança

c) porque existe pessoas muito inseguras

d) por que as pessoas continuam inseguras

e) devido à insegurança vivida pelas pessoas

COMENTÁRIOS

✪ **Nota da autora:** Questão de ortografia, concordância e regência. Usa-se a forma "porque" quando indicar explicação (coordenação) ou causa (subordinação).

Alternativa "a" – **porque** as pessoas **se sentem** inseguras.

Alternativa "b" – devido **ao** sentimento.

Alternativa "c" – porque **existem** pessoas.

Alternativa "d" – **porque** as pessoas.

Alternativa "e" – devido **a** algo (à insegurança).

Alternativa correta: letra "e".

125. (Vunesp – Agente de Fiscalização – TCE – SP/2017) É correto concluir, à vista dos elementos verbais e não verbais, que

a) o comportamento do garoto não incomoda a mulher, que acaba brincando com ele.
b) o garoto demonstra alegria exagerada, o que faz com que a mulher reaja com tristeza.
c) a mulher e o garoto ignoram o fechamento da escola, revelando o seu desprestígio.
d) a mulher reage à manifestação do garoto, expressando contrariedade e repreendendo-o.
e) o garoto se mostra animado com a notícia, mas a mulher evita expressar uma reação.

COMENTÁRIOS

✪ **Nota da autora:** Questão de interpretação de texto e de coerência textual.

Alternativa "a" – Além de incomodar, não há brincadeira alguma.

Alternativa "b" – A mulher não ficou triste, ela ficou brava.

Alternativa "c" – A mulher não ignora.

Alternativa "d" – Contrariedade: o emprego da interjeição "ai, ai, ai!!!"; repreensão: ela aponta o dedo para o menino.

Alternativa "e" – Ela expressou reação verbal e não verbal.

Alternativa correta: letra "d".

TEXTO PARA RESPONDER À QUESTÃO.

Briga de irmãos... Nós éramos cinco e brigávamos muito, recordou Augusto, olhos perdidos num ponto X, quase sorrindo. Isto não quer dizer que nos detestássemos. Pelo contrário. A gente gostava bastante uns dos outros e não podia viver na separação. Se um de nós ia para o colégio (era longe o colégio, a viagem se fazia a cavalo, dez léguas na estrada lamacenta, que o governo não consertava), os outros ficavam tristes uma semana. Depois esqueciam, mas a saudade do mano muitas vezes estragava o nosso banho no poço, irritava ainda mais o malogro da caça de passarinho: "Se Miguel estivesse aqui, garanto que você não deixava o tiziu fugir", gritava Édison. "Você assustou ele falando alto... Miguel te quebrava a cara". Miguel era o mais velho, e fora fazer o seu ginásio. Não se sabe bem por que a sua presença teria impedido a fuga do pássaro, nem ainda por que o tapa no rosto de Tito, com o tiziu já longínquo, teria remediado o acontecimento. Mas o fato é que a figura de Miguel, evocada naquele instante, embalava nosso desapontamento e de certo modo participava dele, ajudando-nos a voltar para casa de mãos vazias e a enfrentar o risinho malévolo dos Guimarães: "O que é que vocês pegaram hoje?" "Nada". Miguel era deste tamanho, impunha-se. Além disto, sabia palavras difíceis, inclusive xingamentos, que nos deixavam de boca aberta, ao explodirem na discussão, e que decorávamos para aplicar na primeira oportunidade, em nossas brigas particulares com os meninos da rua. Realmente, Miguel fazia muita falta, embora cada um de nós trouxesse na pele a marca de sua autoridade. E pensávamos com ânsia no seu regresso, um pouco para gozar de sua companhia, outro pouco para aprender nomes feios, e bastante para descontar os socos que ele nos dera, o miserável.

(Carlos Drummond de Andrade, A Salvação da Alma. Em: O sorvete e outras histórias.)

126. (Vunesp – Agente de Fiscalização – TCE – SP/2017) Assinale a alternativa em que a expressão destacada está empregada em sentido figurado.

a) **Briga de irmãos**... Nós éramos cinco e brigávamos muito...
b) ... inclusive xingamentos, que nos deixavam **de boca aberta**...
c) ... a viagem se fazia a cavalo, dez léguas na **estrada lamacenta**...
d) Miguel era **o mais velho**, e fora fazer o seu ginásio.
e) ... embora cada um de nós trouxesse **na pele** a marca de sua autoridade.

COMENTÁRIOS

Alternativa "a" – Sentido denotativo: *falta de entendimento* entre irmãos.

Alternativa "b" – Sentido figurado. No sentido popular, significa *pessoa que sente admiração por qualquer coisa; simplório*. No sentido pejorativo: Aquele que não resolve seus problemas com facilidade; quem é lerdo; aparvalhado. No texto: *impressionado*.

Alternativa "c" – Sentido denotativo: *lodosa, uliginosa*.

Alternativa "d" – Sentido denotativo: *tem idade mais avançada*.

Alternativa "e" – Sentido denotativo segundo o contexto: havia brigas e "pele" está no sentido de *camada superficial com função protetora*. No sentido figurado, teria sentido de *pessoa em questão*. Exemplo: Ninguém defendeu minha pele!

Alternativa correta: letra "b".

127. (Vunesp – Agente de Fiscalização – TCE – SP/2017) Assinale a alternativa em que estão destacados, respectivamente, um adjetivo e uma locução adjetiva.

a) Você assustou ele falando **alto**... /... teria impedido a fuga **do pássaro**.
b) Miguel era o mais **velho**. /... a viagem se fazia **a cavalo**.
c) E pensávamos com **ânsia** no seu regresso. /... o tapa no rosto **de Tito**.
d) ...para aprender nomes **feios**. /... o risinho malévolo **dos Guimarães**.
e) ...os socos que ele nos dera, o **miserável**. /... **de certo modo** participava dele.

COMENTÁRIOS

✪ **Nota da autora:** Questão de classes gramaticais – análise morfológica. O adjetivo qualifica e é expresso por um vocábulo; a locução adjetiva é formada por duas palavras (preposição + substantivo) com valor de adjetivo, ou seja, deve também qualificar.

Alternativa "a" – Advérbio de modo (falando como?); locução adjetiva – qualifica a fuga.

Alternativa "b" – Adjetivo (flexionado no grau superlativo relativo de superioridade); locução adverbial de meio.

Alternativa "c" – Substantivo (dentro da locução adverbial de modo); locução adjetiva – qualifica o rosto.

Alternativa "d" – A ideia é: os nomes (substantivo) são feios (adjetivo); locução adjetiva – qualifica o risinho.

Alternativa "e" – Substantivo; locução adverbial de modo.

Alternativa correta: letra "d".

128. (Vunesp – Agente de Fiscalização – TCE – SP/2017 – adaptada) Assinale a alternativa em que a frase está coerente quanto ao sentido e em conformidade com a norma-padrão.

a) Mesmo sendo pequeno, Miguel impunha-se com os irmãos contra os Guimarães, quando esses vinham com seu riso bizarro.
b) Como era grande, Miguel impunha-se sobre os irmãos e os Guimarães, assim que eles vinham com seu riso complacente.
c) Miguel era um garoto grande e impunha-se aos demais. A lembrança dele ajudava os irmãos a enfrentar o riso perverso dos Guimarães.
d) O tamanho de Miguel o impunha e ajudava quando os irmãos tinham de enfrentar os Guimarães com seu riso altruísta.
e) Por causa do tamanho, Miguel se impunha em todos e os irmãos dele enfrentavam os Guimarães quando eles tinham riso bizarro.

COMENTÁRIOS

Alternativa "a" – O pronome demonstrativo retoma o último elemento (os Guimarães) e deveria ser usada a forma **estes**. Para retomar elementos: este = para o mais próximo; aquele = para o mais distante. Regência: impunha-se **aos** irmãos.

Alternativa "b" – Regência: impunha-se **aos** irmãos.

Alternativa "c" – Impunha-se aos demais.

Alternativa "d" – Miguel se impunha (verbo pronominal). Ao retirar o pronome, o sujeito foi alterado: O tamanho impunha. Frase incoerente quanto ao sentido.

Alternativa "e" – Regência: impunha-se **a** todos.

Alternativa correta: letra "c".

TEXTO PARA RESPONDER ÀS QUESTÕES.

Andá com fé eu vou
Que a fé não costuma faiá
Certo ou errado até
A fé vai onde quer que eu vá
Ô-ô
A pé ou de avião
Mesmo a quem não tem fé
A fé costuma acompanhar
Ô-ô
Pelo sim, pelo não

(http://www.gilbertogil.com.br/sec_musica_2017.php)

129. (Vunesp – Agente de Fiscalização – Administração – TCE – SP/2017) Assinale a alternativa cuja frase, redigida com base nos versos "Mesmo a quem não tem fé / A fé costuma acompanhar", está em conformidade com a norma-padrão.

a) Podem haver pessoas sem fé, e mesmo assim a fé costuma acompanhar-lhes.
b) Mesmo as pessoas que não têm fé costuma ter esta acompanhando-lhes.
c) Há pessoas que não têm fé; mesmo assim, a fé costuma acompanhá-las.
d) Se tem pessoas sem fé, mesmo assim esta costuma acompanhar elas.
e) Se têm pessoas sem fé, esta, mesmo assim, tem acompanhado-as.

COMENTÁRIOS

Alternativa "a" – **Pode** haver: o verbo *haver* é impessoal (sentido de *existir*) e seu auxiliar (poder) não admite pluralização; **acompanhá-las**: o verbo é transitivo direto e admite o pronome "as" como complemento, pois refere-se a "pessoas". Como termina em "r", acrescenta-se a consoante "l" (las: l + as).

Alternativa "b" – Concordância: as pessoas (sujeito) **costumam**; pronome e regência: acompanhando-**as** (verbo transitivo direto + objeto direto).

Alternativa "c" – *Mesmo assim* possui ideia de concessão, de oposição, assim como os versos mencionados no comando da questão. São sinônimos de "mesmo assim": contudo, conquanto, apesar disso, entretanto, mas, nada obstante, não obstante, no entanto, porém, sem embargo, todavia.

➘ **DICA:** o verbo *haver* é impessoal (sentido de *existir*) e não admite pluralização.

Alternativa "d" – Concordância: se **têm** pessoas (sujeito); **acompanhá-las**.

Alternativa "e" – Colocação pronominal: não pode ocorrer ênclise após o verbo no particípio = **tem as acompanhado.**

Alternativa correta: letra "c".

130. (Vunesp – Agente de Fiscalização – Administração – TCE – SP/2017) Assinale a alternativa em que se apresentam, respectivamente, os sentidos dos termos destacados em "**Mesmo** a quem não tem fé" e "**Que** a fé não costuma faiá", acompanhados de seus equivalentes entre parênteses.

a) condição (Se) e consequência (Tanto que).

b) inclusão (Até) e explicação (Pois).

c) afirmação (Realmente) e conclusão (Portanto).

d) oposição (Mas) e restrição (Cuja).

e) conclusão (Assim) e oposição (Mas).

COMENTÁRIOS

Alternativa "a" – Não indica condição (caso, se).

Alternativa "b" – *Mesmo* é advérbio sinônimo de **ainda** e **até** (inclusão); *pois* equivale a **porque** e a **pois** (explicação) – anda com fé eu vou *porque* a fé não costuma faiá.

Alternativa "c" – Não é afirmação, também não indica conclusão (portanto, logo).

Alternativa "d" – Sem oposição e sem restrição, ou posse.

➘ DICA: Lembre-se de que o pronome relativo "cujo" indica posse do termo anterior – "O autor com cuja ideia concordo" equivale a "concordo com a ideia **do autor**" (posse).

Alternativa "e" – Não conclui e não se opõe à ideia.

Alternativa correta: letra "b".

TEXTO PARA RESPONDER À QUESTÃO.

A eletricidade produzida a partir da luz do sol, ou energia fotovoltaica, aparece como a grande **estrela** do relatório "Renováveis 2017 – Análise e Previsões para 2022", da Agência Internacional de Energia (AIE). E a maior responsável por isso, mais uma vez, é a China.

A geração solar foi a que mais cresceu entre as energias renováveis, alcançando quase a metade (45%) dos 165 gigawatts de capacidade adicionada em 2016, excluídas fontes de origem fóssil (carvão, petróleo e gás natural) e nuclear.

O Brasil instalou 7,8 GW de renováveis no ano passado – de um total de 9,5 GW no país -, repartidos entre usinas hidrelétricas (5,2 GW) e eólicas (2,6 GW). Mantém uma das matrizes de geração mais limpas, mas contribui com menos de 5% do crescimento verde mundial.

Já a China **responde por** 40% da capacidade renovável adicionada em 2016, e a maior parte disso provém da energia solar. O governo de Pequim incentiva essa fonte limpa na tentativa de **minorar** a poluição do ar gerada por termelétricas a carvão, grave problema de saúde pública e inquietação social.

Sob esse estímulo, o país asiático já representa 50% da demanda global por painéis fotovoltaicos e manufatura 60% desses equipamentos.

Salta aos olhos a irrelevância do Brasil no que respeita à energia solar fotovoltaica. Algumas grandes centrais começam a ser instaladas, mas o investimento nacional na mais dinâmica fonte alternativa é desprezível, em termos mundiais.

O país só se destaca, no relatório da AIE, na seara das fontes renováveis para o setor de transporte. Embora o noticiário se concentre na voga dos veículos elétricos, o estudo ressalta que os biocombustíveis – como etanol e biodiesel – permanecerão como opções mais viáveis.

Sim, o Brasil conta com a matriz elétrica mais limpa entre nações de grande porte e liderança inconteste em álcool combustível. O futuro, no entanto, é solar.

(Editorial. Império do sol. Folha de S.Paulo, 10.10.2017. Adaptado)

131. (Vunesp – Agente de Fiscalização – Administração – TCE – SP/2017) Nas passagens "aparece como a grande **estrela** do relatório" (1º parágrafo), "Já a China **responde por** 40% da capacidade renovável" (4º parágrafo) e "na tentativa de **minorar** a poluição do ar" (4º parágrafo), os termos em destaque significam, correta e respectivamente:

a) insígnia; é produtora de; relativizar.

b) atração; corresponde a; extinguir.

c) destaque; é responsável por; diminuir.

d) influência; retribui; incentivar.

e) figura; equivale a; amenizar.

COMENTÁRIOS

✪ **Nota da autora:** A questão não é de ortografia (sinônimos), mas sim de interpretação e coerência. Os sentidos dos vocábulos dependem do contexto em que foram inseridos.

Alternativa "a" – 1. **Insígnia** possui o mesmo sentido de "estrela" no contexto: *sinal distintivo que é **atributo** de poder, de dignidade, **de posto, de comando, de função**, de classe, de corporação, de confraria etc.; símbolo, emblema, divisa.* **Estrela**, no sentido figurado, significa *quem recebe destaque por determinada atividade;* 2. A china produz, é produtora de, responde por: as ideias são iguais; 3. **Minorar**: *diminuir, tornar menor.* **Relativizar:** *restringir.*

Alternativa "b" – Apenas "corresponde a" possui o mesmo significado.

Alternativa "c" – *Responder por* não possui o mesmo sentido de *ser responsável por.*

Alternativa "d" – Os significados foram alterados nas três opções.

Alternativa "e" – No contexto, *estrela* não possui ligação semântica alguma com *figura.* Além disso, *amenizar* não se relaciona com *minorar.*

Alternativa correta: letra "c".

132. (Vunesp – Agente de Fiscalização – Administração – TCE – SP/2017 – adaptada) Assinale a alternativa em que a preposição em destaque forma expressão cujo sentido é de modo.

a) Um trabalho coordenado **pela** Universidade Chung-Ang...

b) Sempre se imaginou que o uso exagerado de smartphones e tablets, **com** o corpo curvado e a atenção sugada pela tela...

c) ... os prejuízos que resultam **da** postura equivocada.

d) ... apresentaram vincos **na** região do pescoço...

e) O ponto em comum **entre** as pessoas investigadas...

COMENTÁRIOS

Alternativa "a" – Indica meio.

Alternativa "b" – Modo.

Alternativa "c" – Causa.

Alternativa "d" – Lugar.

Alternativa "e" – Lugar (onde há ponto em comum?).

Alternativa correta: letra "b".

TEXTO PARA RESPONDER ÀS QUESTÕES.

A vontade do falecido

Alguns dias depois, deu-se o evento. Seu Irineu pisou no prego e esvaziou. Apanhou um resfriado, do resfriado passou à pneumonia, da pneumonia passou ao estado de coma e do estado de coma não passou mais. Levou pau e foi reprovado. Um médico do SAMDU*, muito a **contragosto**, compareceu ao local e deu o atestado de óbito.

Tudo que era parente com razoáveis esperanças de herança foi velar o morto.

Tomou-se conhecimento de uma carta que estava cuidadosamente colocada dentro do cofre, sobre o dinheiro deixado por seu Irineu. E na carta o velho dizia: "Quero ser enterrado junto com a quantia existente nesse cofre, que é tudo o que eu possuo e que foi ganho com o suor do meu rosto, sem a ajuda de parente vagabundo nenhum". E, por baixo, a assinatura com firma reconhecida para não haver dúvida: Irineu de Carvalho Pinto Boaventura.

Para quê! Nunca se chorou tanto num velório, sem se ligar pro morto. **A parentada** chorava **às pampas, mas** não apareceu ninguém com peito para desrespeitar a vontade do falecido.

Foi quase na hora do corpo sair. Desde o momento em que se tomou conhecimento do que a carta dizia, que Alta- mirando imaginava um jeito de passar o morto para trás. Era muita sopa deixar aquele dinheiro ali pro velho gastar com minhoca. Pensou, pensou e, na hora que iam fechar o caixão, ele deu o grito de "pera aí". Tirou os sessenta milhões de dentro do caixão, fez um cheque da mesma importância, jogou lá dentro e disse "fecha".

- Se ele precisar, mais tarde desconta o cheque no Banco.

* SAMDU – Serviço de Assistência Médica Domiciliar e de Urgência, já extinto.

(Stanislaw Ponte Preta. Dois amigos e um chato, 1986. Adaptado)

133. (Vunesp – Agente de Fiscalização – Administração – TCE – SP/2017) Nas passagens "Um médico do SAMDU, muito **a contragosto**, compareceu ao local..." (1º parágrafo) e "A parentada chorava **às pampas**." (4º parágrafo), as expressões em destaque opõem-se, quanto ao sentido, respectivamente, a:

a) com desdém; ocasionalmente.

b) com satisfação; comedidamente.

c) com ojeriza; placidamente.

d) com esmero; intensamente.

e) com alegria; metodicamente.

COMENTÁRIOS

✪ **Nota da autora:** A banca pede o sentido oposto, muito cuidado para não confundir. Primeiro citaremos os sinônimos; em seguida, os antônimos.

Contragosto: *aversão, antipatia – simpatia, aceitação*; **às pampas**: *muito, demais, excessivamente – pouca quantidade, insuficiente, escasso.*

Alternativa "a" – Sinônimos: com desprezo – eventualmente; antônimos: importância, valorização – frequentemente, continuadamente.

Alternativa "b" – Sinônimos: com entusiasmo – amenamente, pacificamente; antônimos: a contragosto, sem satisfação – muito, excessivamente, às pampas.

Alternativa "c" – Sinônimos: com aversão – tranquilamente; antônimos: afinidade, simpatia – agitadamente.

Alternativa "d" – Sinônimos: com perfeição, com requinte – excessivamente; antônimos: com desleixo, com indiferença – escassamente, precariamente.

Alternativa "e" – Sinônimos: com júbilo, com entusiasmo – minuciosamente, ordenadamente; antônimos: com tristeza, com desânimo – desordenadamente, impulsivamente.

Alternativa correta: letra "b".

134. (Vunesp – Agente de Fiscalização – Administração – TCE – SP/2017) No enunciado do 4º parágrafo "Para quê! Nunca se chorou tanto num velório, sem se ligar pro morto. A **parentada** chorava às pampas, **mas** não apareceu ninguém com peito para desrespeitar a vontade do falecido.", as expressões destacadas reportam, correta e respectivamente, aos sentidos de

a) conjunto e adição.
b) restrição e comparação.
c) coletivo e oposição.
d) dispersão e consequência.
e) grupo seleto e conclusão.

COMENTÁRIOS

Alternativa "a" – Parentada: conjunto de parentes; as ideias não são adicionais e não cabe a conjunção "e". Indica oposição.

Alternativa "b" – Não é restrição, mas sim ampliação e aumento; não há comparação.

Alternativa "c" – Parentada: conjunto de parentes, ou seja, coletivo de parentes; mas: conjunção coordenada adversativa – indica oposição e equivale a *porém, contudo.*

Alternativa "d" – Não dissipa os parentes; não cabe a locução conjuntiva "de modo que".

Alternativa "e" – É um grupo, mas não seleto (antes fosse); não conclui, pois não equivale a "logo".

Alternativa correta: letra "c".

135. (Vunesp – Agente de Fiscalização – Administração – TCE – SP/2017) Assinale a alternativa em que os termos estão empregados em sentido próprio.

a) ... um jeito de passar o morto para trás.
b) Seu Irineu pisou no prego e esvaziou.
c) Era muita sopa deixar aquele dinheiro ali.
d) ... pro velho gastar com minhoca.
e) Tirou os sessenta milhões de dentro do caixão.

COMENTÁRIOS

Alternativa "a" – passar para trás = enganar – sentido conotativo (figurado).

Alternativa "b" – esvaziou = adoeceu – sentido conotativo.

Alternativa "c" – sopa = fácil, moleza, oferecer facilidade – sentido conotativo.

Alternativa "d" – com minhoca = com nada – sentido conotativo.

Alternativa "e" – Sessenta milhões = dinheiro – sentido denotativo.

Alternativa correta: letra "e".

LEIA A TIRA.

(Laerte. Piratas do Tietê. Folha de S.Paulo, 12.10.2017)

136. (Vunesp – Agente de Fiscalização – Administração – TCE – SP/2017) As frases do primeiro e do último quadrinho estão reescritas em conformidade com a norma-padrão em:

a) Nós vamos ficando cansadas porque a idade chega. / Nós vamos nos cansando de fazer planos.
b) Haja vista o avanço da idade, nós vamos ficando cansada. / Nós vamos se cansando de fazer planos.
c) Haja visto a idade, nós vamos ficando cansadas. / Nós vamos se cansando é de fazer planos.
d) Nós vamos ficando cansada, por que a idade chega. / De fazer planos que nos vamos cansando.
e) Nós vamos ficando cansadas, porquê a idade chega. / É de fazer planos que vamos se cansando.

COMENTÁRIOS

Alternativa "a" - 1. A conjunção *porque* indica causa. Inicie o período com a oração e insira a conjunção "como": como a idade chega, nós vamos ficando cansadas; 2. O verbo é pronominal e na primeira pessoa do plural exige o pronome "nos": nos cansando.

Alternativa "b" - 1. Concordância: nós vamos ficando **cansadas**; 2. Pronome: nós vamos **nos** cansando.

Alternativa "c" - 1. Concordância: **haja vista**; 2. Pronome: nós vamos **nos** cansando **de** fazer planos - o verbo "é" pode ser retirado.

Alternativa "d" - 1. Ortografia: **porque** = causa; 2. Regência: de fazer planos **de** que nos vamos cansando. Na ordem direta: vamos nos cansando dos planos. A preposição "de" é exigida pelo verbo *cansar* – transitivo indireto

Alternativa "e" - 1. Ortografia: **porque** = causa; 2. Regência: **de** fazer planos (– o verbo "é" pode ser retirado) **de** que nos vamos cansando.

Alternativa correta: letra "a".

137. (CESPE - Auditor TCU - 2015 - adaptada) A correção gramatical e o sentido original do texto seriam mantidos se o trecho "Para a surpresa de muitas pessoas, acostumadas a ver em nosso país tantas leis que não saem do papel, a LRF, logo nos primeiros anos, atinge boa parte de seus objetivos" fosse reescrito da seguinte forma: É atingido, logo nos primeiros anos, boa parte dos objetivos da Lei de Responsabilidade Fiscal, resultado esse que gera surpresa em muitas pessoas, acostumadas, em nosso país, a ver que tantas leis não saem do papel.

COMENTÁRIOS

Primeiro, encontre erros gramaticais para ganhar tempo. Caso não encontre, pense em sentido.

1. Concordância: boa parte de seus objetivos é **atingida**;
2. Pontuação. Não se deve separar o adjunto adnominal por vírgula (ou o adjetivo do substantivo): muitas **pessoas acostumadas**.

Alternativa correta: ERRADO

138. (CESPE - Auditor TCU - 2015 - adaptada) Em "solicitar serviços passaram a ser realizadas até mesmo a partir de um simples smartphone", a alteração na posição do adjetivo "simples" em relação a "smartphone" — escrevendo-se smartphone simples — não prejudica a correção gramatical nem altera o sentido do trecho.

COMENTÁRIOS

Um simples smartphone = qualquer um; um smartphone simples = não é complexo, é fácil, rudimentar. A correção gramatical não é prejudicada, mas o sentido é alterado.

Alternativa correta: ERRADO

139. (CESPE - Técnico TCU - 2015 - adaptada) Seriam mantidos o sentido e a correção do texto caso o termo "instrumentalizada" (O costume aparece como expressão da legalidade, de forma lenta e espontânea, instrumentalizada pela repetição de atos, usos e práticas) fosse empregado no masculino: instrumentalizado.

COMENTÁRIOS

No trecho original: a **legalidade** instrumentalizada; na reescritura, alteraria o sentido pelo fato de o referente ser alterado: o **costume** instrumentalizado.

Alternativa correta: ERRADO

TEXTO PARA RESPONDER ÀS QUESTÕES.

A dimensão "ético-filosófica" do liberalismo denota afirmação de valores e direitos básicos atribuíveis à natureza moral e racional do ser humano. Suas diretrizes se assentam nos princípios da liberdade pessoal, do individualismo, da tolerância, da dignidade e da crença na vida. Já o aspecto "econômico" refere-se, sobretudo, às condições que abrangem a propriedade privada, a economia de mercado, a ausência ou minimização do controle estatal, a livre empresa e a iniciativa privada. Ainda como parte integrante desse referencial, encontram-se os direitos econômicos, representados pelo direito de propriedade, o direito de herança, o direito de acumular riqueza e capital. Por último, a perspectiva "político-jurídica" do liberalismo está calcada em princípios básicos como: consentimento individual, representação política, divisão dos poderes e descentralização administrativa, entre outros.

Tendo presente essas asserções genéricas, podemos compreender melhor as ambiguidades e os limites do liberalismo brasileiro, porquanto, desde os primórdios, ele teve de conviver com uma estrutura político-administrativa patrimonialista e com uma dominação econômica escravista das elites agrárias. Emília Viotti da Costa defende que não se deve realçar em demasia a importância das ideias liberais europeias nas convulsões sociais ocorridas no Brasil (Inconfidência Mineira, Revolução Pernambucana etc.) desde fins do século XVIII, pois **tais movimentos** não chegaram a ter grande alcance ideológico. Para a autora, a nova doutrina era de conhecimento limitado entre determinados segmentos revolucionários. **O que importa ter em vista é essa distinção entre o liberalismo europeu, como ideologia revolucionária articulada por novos setores emergentes e forjados na luta contra os privilégios da nobreza, e o liberalismo brasileiro, uma versão mais restrita do liberalismo europeu**.

Antonio Wolkmer. História do direito no Brasil.

Rio de Janeiro: Editora Forense, 2003, p. 63-4 (com adaptações).

140. (CESPE – Técnico TCU – 2015) Sem prejuízo para a correção gramatical ou para o sentido do período, o trecho "como ideologia revolucionária (...) os privilégios da nobreza" (no último §) poderia ser substituído por: que era uma ideologia revolucionária articulada por novos setores emergentes e forjados na luta contra os privilégios da nobreza.

COMENTÁRIOS

Ter em vista a distinção de que forma? Como ideologia revolucionária (...). Ao substituir, a oração passa a ser adjetiva (que = pronome relativo) explicativa (com pontuação) e o sentido de explicação é mantido. Não há incorreção gramatical e não altera o sentido.

Alternativa correta: CERTO

141. (CESPE – Técnico TCU – 2015) Em "No segundo período do segundo parágrafo, a expressão "tais movimentos" refere-se aos seguintes termos, expressos anteriormente, nesse mesmo período: "ideias liberais", "convulsões sociais", "Inconfidência Mineira" e "Revolução Pernambucana".

COMENTÁRIOS

Quais movimentos? O pronome demonstrativo "tais" refere-se a "Inconfidência Mineira, Revolução Pernambucana etc.", que são as *convulsões sociais ocorridas no Brasil.*

Alternativa correta: ERRADO

142. (CESPE – Técnico TCU – 2015 – adaptada) No trecho, o vocábulo "calcada" (Ainda como parte integrante desse referencial, encontram-se os direitos econômicos, representados pelo direito de propriedade, o direito de herança, o direito de acumular riqueza e capital. Por último, a perspectiva "político-jurídica" do liberalismo está **calcada** em princípios básicos) está empregado com o sentido de *fundamentada, apoiada.*

COMENTÁRIOS

Todos os vocábulos pertencem ao mesmo campo semântico. São sinônimos de ***fundamentar***: provar, comprovar, justificar. Sinônimos de ***calcar***: embasar, encalcar, apoiar.

Alternativa correta: CERTO

143. (CESPE – Técnico TCU – 2015 – adaptada) O período "Já o aspecto "econômico" refere-se, sobretudo, às condições que abrangem a propriedade privada, a economia de mercado, a ausência ou minimização do controle estatal, a livre empresa e a iniciativa privada." poderia ser corretamente reescrito da seguinte forma: Agora cita-se o aspecto econômico relacionado, por princípio, a condições relativas à propriedade privada, a economia de mercado, a ausência ou minimização do controle estatal, a livre empresa e a iniciativa privada.

COMENTÁRIOS

1. Semântica: "Já" não está relacionado, no contexto, a tempo e não cabe a substituição por *agora;*
2. Colocação pronominal: Agora se cita. O advérbio atrai o pronome oblíquo.

   ➘ **DICA**: Se houvesse vírgula, não haveria próclise = Agora, cita-se;
3. Regência e crase: condições relativas à propriedade privada, **à** economia de mercado, **à** ausência ou minimização do controle estatal, **à** livre empresa e **à** iniciativa privada.

Alternativa correta: ERRADO

144. (CESPE – Técnico TCU – 2015 - adaptada) A forma verbal "denota" (A dimensão "ético-filosófica" do liberalismo **denota** afirmação de valores e direitos básicos atribuíveis à natureza moral e racional do ser humano) poderia ser corretamente substituída pelo seu sinônimo *manifesta.*

COMENTÁRIOS

Sinônimos de *denotar:* significar, indicar, mostrar; sinônimos de *manifestar:* expor, expressar, proferir, dizer. Sendo assim, **denotar** e **manifestar** pertencem ao mesmo campo semântico. CESPE exige o conhecimento de vários vocábulos ao mesmo tempo.

Alternativa correta: CERTO

TRECHO PARA JULGAR O ITEM.

A experiência de governança pública tem mostrado que os sistemas democráticos de governo se fortalecem à medida que os governos eleitos assumem a liderança de processos de mudanças que buscam o atendimento das demandas de sociedades cada vez mais complexas e alcançam resultados positivos perceptíveis pela população.

Contemporaneamente, para o alcance de resultados de desenvolvimento nacional, exige-se dessa liderança não apenas o enfrentamento de desafios de gestão, como a busca da eficiência na execução dos projetos e das atividades governamentais, no conhecido lema de "fazer mais com menos", mas também o desafio de "fazer melhor" (com mais qualidade), como se espera, por exemplo, nos serviços públicos de educação e saúde prestados à população. Esse novo desafio de governo tem como consequência um novo requisito de gestão, o que implica a necessidade de desenvolvimento de novos modelos de governança para se alcançarem os objetivos e metas de governo, em sintonia com a sociedade. (...)

Internet: <http://aquarius.mcti.gov.br>(com adaptações).

145. (CESPE/Unb – TCU – Auditor Federal de Controle Externo/2013) Sem prejuízo da coerência e da correção gramatical do texto, o último período do segundo parágrafo poderia ser assim resumido: Esse novo desafio governamental requer o desenvolvimento de novos modelos de gestão e de governança, com vistas ao alcance das metas de governo, em sintonia com a sociedade.

COMENTÁRIOS

Note que o sentido foi mantido e não há erro gramatical. Vejamos as substituições separadamente para facilitar seu raciocínio na hora da prova – sempre desmembre as informações:

1. novo desafio de governo = novo desafio governamental;
2. tem como consequência um novo requisito de gestão, o que implica a necessidade de desenvolvimento de novos modelos de governança = requer o desenvolvimento de novos modelos de gestão e de governança;
3. para se alcançarem os objetivos e metas de governo, em sintonia com a sociedade = com vistas ao alcance das metas de governo, em sintonia com a sociedade.

Alternativa correta: CERTO

TRECHO PARA JULGAR O ITEM.

O crescimento populacional e econômico, aliado à evolução dos mercados e à complexidade das relações sociais, traduz-se em demandas por serviços públicos mais sofisticados, em maior quantidade e com mais qualidade. **Para estar à altura das exigências da sociedade do século XXI, o desafio que se coloca ao país é a construção de um Estado "inteligente", que incorpore os avanços tecnológicos, a rapidez e as facilidades da era digital**.

Por dentro do Brasil. Modernização da gestão pública. Internet (com adaptações).

146. (CESPE/Unb – TCU – Auditor Federal de Controle Externo/2013) Conferiria maior clareza ao texto a seguinte reescrita do segundo período do trecho, dado o adequado estabelecimento das relações sintáticas entre os termos que integram trecho as orações do segmento: Para estar à altura das exigências da sociedade do século XXI, o Brasil deve aceitar o desafio de construção de um Estado "inteligente", que incorpore os avanços tecnológicos, a rapidez e as facilidades da era digital.

COMENTÁRIOS

✪ **Nota da autora**: Questão de estrutura sintática, ou seja, análise sintática e período composto. Perceba como a reescritura deixou a ideia mais clara:

- Para estar à altura das exigências da sociedade do século XXI = oração subordinada adverbial final (para algo);
- o Brasil deve aceitar o desafio de construção de um Estado "inteligente" = oração principal.

O Brasil	deve aceitar	o desafio...
sujeito	*V.T.D.*	*O.D.*

- que incorpore os avanços tecnológicos, a rapidez e as facilidades da era digital = oração subordinada adjetiva (por possuir pronome relativo: que = o qual) explicativa (por possuir pontuação).

incorpore	os avanços tecnológicos, a rapidez e as facilidades
V.T.D.	*O.D.*

Alternativa correta: CERTO

TRECHO PARA JULGAR OS ITENS.

(...)

Em um país de dimensões continentais e com mais de cinco mil municípios, como o Brasil, a boa gestão pública é condição necessária para o desenvolvimento com sustentabilidade e inclusão social. É por meio de uma gestão eficaz que o governo reúne instrumentos para melhor atender às demandas por políticas inclusivas e por serviços públicos em um ambiente de crescimento e de fortes demandas sociais, com maior conscientização e participação de uma sociedade plural.

Nesse cenário, fez-se necessário repensar o modelo de administração da máquina pública. A Lei de Responsabilidade Fiscal (LRF), em vigor desde maio de 2000, estabelece, entre outras exigências, o equilíbrio das contas governamentais, que possibilita ao Estado assumir o compromisso de investir na melhoria da sua capacidade de execução e, assim, prestar serviços adequados e implementar políticas públicas eficazes e eficientes, garantindo, ao mesmo tempo, transparência na execução de programas governamentais e acesso desimpedido às informações solicitadas pelo cidadão.

Por dentro do Brasil. Modernização da gestão pública. Internet (com adaptações).

147. (CESPE/Unb – TCU – Auditor Federal de Controle Externo/2013) O período que inicia o segundo parágrafo do trecho poderia ser corretamente reescrito, sem prejuízo das informações originais, da seguinte forma: Devido ao cenário, fez necessário repensar-se o modelo administrativo da máquina pública.

COMENTÁRIOS

Nem precisamos dividir as informações, pois a informação é curta e já aparece um erro no início do período: Nesse cenário = o pronome demonstrativo **nesse** retoma a ideia citada no parágrafo anterior, trata-se de anáfora; ao substituir por "devido ao cenário", passa a indicar causa. O sentido é alterado.

Alternativa correta: ERRADO

148. (CESPE/Unb – TCU – Auditor Federal de Controle Externo/2013) No segundo parágrafo, a expressão "Nesse cenário" retoma, por coesão, o contexto anteriormente descrito: o do Brasil no século XXI, caracterizado por um "ambiente de crescimento e de fortes demandas sociais, com maior conscientização e participação de uma sociedade plural".

COMENTÁRIOS

Exato, como foi comentado na questão anterior, há caso anafórico: retoma a ideia do parágrafo anterior.

Alternativa correta: CERTO

TRECHO PARA JULGAR O ITEM.

O Tribunal de Contas da União (TCU) avaliou ações para a elaboração de diagnóstico e suporte à educação básica. A auditoria **conferiu** aspectos relativos ao Plano de Ações Articuladas, à assistência técnica prestada pelo Ministério da Educação (MEC) e ao levantamento de dados necessários à formação e ao cálculo do índice de desenvolvimento da educação básica (IDEB). (...)

TCU avalia gestão da educação básica em municípios brasileiros. Notícia publicada em 12/9/2013. Internet: <www.tcu.gov.br/>. (com adaptações).

149. (CESPE/Unb – TCU – Auditor Federal de Controle Externo/2013) Em "A auditoria conferiu aspectos relativos ao Plano de Ações Articuladas (...) e ao cálculo do índice de desenvolvimento da educação básica (IDEB)", o verbo conferir está empregado com o sentido de outorgar.

COMENTÁRIOS

Não possui sentido de outorgar (conferir a alguém uma honra). Uma palavra pode possuir vários significados, vamos ao verbo *conferir:*

v.t.d. e v.bit. Verificar; comparar duas coisas para ver se elas estão corretas: conferiu os produtos; comparou as cópias com os originais.

P.ext. Outorgar; conferir a alguém uma honra, poder ou prêmio: o presidente conferiu poderes ao funcionário.

v.t.d. Certificar a correção ou a exatidão de: conferia as contas do mês.

v.t.d. e v.i. Estar em conformidade com: seu bilhete confere com o resultado da mega sena; o quadro confere.

v.bit. P.ext. Atribuir; fazer com que algo ou alguém possua determinado aspecto: a decoração conferiu sobriedade ao apartamento.

Alternativa correta: ERRADO

11. INTERPRETAÇÃO E COMPREENSÃO TEXTUAL

150. (FGV – TCE GO – Analista de Controle Externo - Jurídica - 2024) Observe o seguinte texto descritivo:

"Observando-se pela janela do lado de fora da casa, a cozinha parecia desorganizada e suja; do lado de dentro, no entanto, a sensação de aconchego estava presente. As xícaras fumegantes sobre a mesa aumentavam o desejo de todos os excursionistas".

O tipo de descrição realizada nesse texto é o de

a) Descrição cinematográfica, em que o objeto descrito é móvel e o observador imóvel.
b) Descrição cronográfica, em que há a preocupação de marcar uma época determinada.
c) Descrição pictórica, em que o objeto da descrição e o observador estão imóveis.
d) Descrição topográfica, em que o objeto está imóvel e o observador, em movimento.
e) Descrição dinâmica, em que o objeto da descrição e o observador estão em movimento.

COMENTÁRIOS:

Alternativa "a" – A descrição cinematográfica pode ser feita através de uma sinopse (síntese da ideia do filme) ou de uma resenha (análise do filme). É composta por tempo, espaço e som.

Dica: nesse caso, o objeto está móvel e o observador está imóvel.

Alternativa "b" – A descrição cronográfica mostra uma sequência temporal de acontecimentos.

Dica: no texto, as ações são concomitantes, os verbos estão no pretérito imperfeito do indicativo. Não existe a preocupação de marcar uma época determinada.

Alternativa "c" – A descrição pictórica possui relação com a pintura, ou seja, reelaboram-se gestos, imagens, sentimentos, imaginação.

Dica: o objeto e o observador estão imóveis.

Alternativa "d" – A descrição topográfica é o detalhamento de um local em que se incluem as características naturais e artificiais, as dimensões, as elevações, as coberturas vegetais etc.

No caso, descreve a casa, ou seja, o objeto é imóvel. O observador relata os detalhes da casa do lado de fora e do lado de dentro. Isso significa que ele está em movimento.

Alternativa "e" – A descrição dinâmica apresenta uma imagem com movimento e várias situações que acontecem ao mesmo tempo.

Dica: o objeto e o observador estão em movimento.

RESPOSTA: D

151. (FGV – TCE GO – Analista de Controle Externo - Jurídica - 2024) Assinale a frase que apresenta um modo de organização discursiva **diferente** do injuntivo.

a) Viva como se tivesse que morrer como mártir hoje.
b) Viva rápido, morra jovem e seja um cadáver bonito.
c) Quem não fica velho, morre moço.
d) Não desejar a mulher do próximo!
e) Renove sua vida, dizem os velhos mitos, e o universo será seu

COMENTÁRIOS:

✪ **Nota da autora:** O texto injuntivo possui o objetivo de instruir, aconselhar, ordenar, recomendar ou auxiliar. É comumente utilizado verbo na forma imperativa.

Alternativa "a" – Recomendação: viva = imperativo afirmativo.

Alternativa "b" – Recomendações: viva, morra = imperativos afirmativos.

Alternativa "c" – Trata-se de uma informação, não de um conselho ou recomendação.

Alternativa "d" – É uma instrução, é uma ordem.

Alternativa "e" – Recomendação: renove = imperativo afirmativo.

RESPOSTA: C

152. FGV – TCE PA – Auditor de Controle Externo - Área Administrativa - 2024) *Os documentos públicos e os jornais são infeccionados diariamente com expressões impróprias, às quais o povo se acostuma, à força, ao lê-las.* (Voltaire)

Assinale a afirmativa correta sobre o significado ou estruturação da frase apresentada.

a) As "expressões impróprias" aludidas na frase se referem a expressões grosseiras, pouco educadas.
b) A imprensa, segundo Voltaire, tem a finalidade de educar o público leitor.
c) A frase alude ao problema de alguns documentos públicos se utilizarem de linguagem inadequada, já que se trata de textos de grande número de leitores.
d) A semelhança entre os documentos públicos e os jornais é a preocupação com a educação dos leitores.
e) A preocupação com a modernidade pode provocar, segundo a frase, mudanças linguísticas.

COMENTÁRIOS:

Alternativa "a" – É impossível inferir que se trata de expressões grosseiras e pouco educadas. É possível inferir apenas que sejam expressões não formais, inadequadas.

Alternativa "b" – Não foi mencionado o propósito, ou seja, o objetivo da imprensa.

Alternativa "c" – Expressões impróprias, no contexto, refere-se à linguagem inadequada utilizada em documentos públicos e em jornais.

Alternativa "d" – É impossível afirmar que haja semelhança e que ocorra preocupação com a educação.

Alternativa "e" – A preocupação é com a informalidade da linguagem, não com a modernidade. Além disso, é impossível inferir que haverá mudanças linguísticas.

RESPOSTA: C

153. (FGV – TCE PA – Auditor de Controle Externo - Área Administrativa - 2024) Leia a frase abaixo com atenção:

A carta é telefonema antiquado, do tempo em que as pessoas sabiam escrever e ler.

Assinale a afirmativa correta acerca da frase apresentada.

a) A frase mostra a superioridade da língua escrita sobre a língua falada.
b) A frase traz uma crítica à educação moderna.
c) A carta é comparada a um telefonema por ambos os meios serem considerados antiquados.
d) O autor da frase indica um aspecto da modernidade superior aos tempos passados.
e) Saber escrever e ler não é visto na frase como traço se qualidade superior.

COMENTÁRIOS:

Alternativa "a" – Não demonstra hierarquia entre a língua escrita e a língua falada.

Alternativa "b" – É uma crítica porque está evidente que as pessoas, atualmente, não sabem escrever e ler.

Alternativa "c" – A carta á antiquada, o telefonema não.

Alternativa "d" – Indica um aspecto antiquado superior à modernidade. Quem escrevia carta sabia escrever e ler.

Alternativa "e" – É visto como traço de qualidade superior.

Observação: há erro de ortografia na questão.

Correção: Saber escrever e ler não é visto na frase como traço **de** qualidade superior.

RESPOSTA: B

154. (FGV – TCE PA – Auditor de Controle Externo - Área Administrativa - 2024) Observe o texto a seguir:

De fato, na língua falada, o homem vive a sua vida sobre a terra. Cada uma das medidas naturais de sua existência está inscrita em quatro palavras. As duas primeiras 'Bom dia'. Ao dizê-las, ingressamos em um dia a mais, nos preparamos para consumir uma mais dessas unidades de tempo, feitas do céu, do sol e da luz. E, quando, já usado, nos corre por entre as mãos esse pedaço da nossa existência, nos despedimos com outras duas palavras: 'Boa noite' ou 'Até amanhã'. Essas duas formas verbais nos contam o transcorrer de nossos passos sobre a terra.

Esse segmento textual deve estar inserido no modo expositivo de organização discursiva.

Uma marca que caracteriza esse modo de organização é a

a) apresentação de uma série de fatos cronologicamente sucessivos que dão conta de um período de tempo.
b) exposição de um tema de forma coerente, ordenada e clara, de modo que possa ser lido com fluidez e interpretado com facilidade.
c) indicação de um conjunto de traços de uma realidade qualquer de forma que a possamos identificar.
d) defesa de uma ideia diante de uma realidade que permite mais de um posicionamento ideológico.
e) demonstração de uma ideia apoiada em diferentes meios de comprovação ou apoio para convencimento do leitor.

COMENTÁRIOS:

Alternativa "a" – Fatos cronologicamente sucessivos pertencem a textos **narrativos**.

Alternativa "b" – Essas são as características do texto **expositivo**.

Alternativa "c" – Características de texto **descritivo**.

Alternativa "d" – Características de texto **dissertativo-expositivo** – informa algo, permite mais de um posicionamento.

Alternativa "e" – Características de texto **dissertativo-argumentativo** – tenta convencer o leitor sobre algo.

Dica: o texto dissertativo-expositivo não possui a finalidade de persuadir o leitor; o texto dissertativo-argumentativo sim.

Fixe: se argumenta, tenta convencer.

RESPOSTA: B

TEXTO CG1A1

Uma pesquisa feita na Universidade Federal Fluminense (UFF) gerou um método para detecção de notícias falsas, as chamadas *fake news*, nas redes sociais, com o uso de inteligência artificial (IA). A técnica é fruto de um estudo do engenheiro de telecomunicações Nicollas Rodrigues, em sua dissertação de mestrado pela universidade.

O estudante e seu orientador, Diogo Mattos, professor do Laboratório de Ensino e Pesquisa em Redes de Nova Geração da UFF, desenvolveram uma ferramenta de IA capaz de diferenciar fatos de notícias falsas, a partir da análise de palavras e estruturas textuais, com precisão de 94%.

Isso significa que, a cada 100 notícias analisadas, a ferramenta conseguiu acertar se era fato ou boato em 94 situações. No total, foram analisadas mais de 30 mil mensagens publicadas em uma rede social na Internet.

"Testamos três metodologias e duas tiveram sucesso maior. A gente indica, no final dos resultados, a possibilidade de utilizar ambas em conjunto, de forma complementar", explica Rodrigues.

A primeira metodologia consistiu em abastecer um algoritmo com notícias verdadeiras e depois treinar o algoritmo para reconhecer essas notícias. Aquelas que não se encaixavam no perfil aprendido eram classificadas como *fake news*.

A outra abordagem é semelhante à primeira no que se refere à análise textual, mas, no lugar do algoritmo, foi utilizada metodologia estatística que analisa a frequência com que determinadas palavras e combinações de palavras aparecem nas *fake news*.

Os resultados do trabalho podem-se transformar em ferramentas úteis para o usuário da Internet identificar notícias que apresentam indícios de *fake news* e, assim, ter cautela maior com aquela informação.

"Pode-se transformar a ferramenta em um *plugin* [ferramenta que apresenta recursos adicionais ao programa principal] compatível com algumas redes sociais. E, a partir do momento em que você usa a rede social, o *plugin* vai poder indicar não que a notícia é falsa, de maneira assertiva, mas que ela pode ser falsa, de acordo com alguns parâmetros, como erros de português. Também existe a possibilidade de fazer uma aplicação na própria Web, onde você cola o texto da notícia e essa aplicação vai te dizer se aquilo se assemelha ou não a uma notícia falsa", explica Rodrigues.

Internet: <www.cartacapital.com.br> (com adaptações).

---

155. (Cebraspe – TCE PR – Auditor de Controle Externo - Área Jurídica - 2024) De acordo com o texto CG1A1, o método desenvolvido na UFF

a) tem-se mostrado promissor no que diz respeito à avaliação da confiabilidade do conteúdo veiculado nas redes sociais.
b) detecta notícias falsas veiculadas nas redes sociais e envia uma notificação aos usuários.
c) foi testado por meio de diferentes metodologias, que levaram a diferentes resultados quanto à sua eficácia.
d) responde à demanda da sociedade atual de combate às *fake news* em circulação.
e) está restrito ao uso acadêmico ainda, mas seus criadores pretendem popularizá-lo.

COMENTÁRIOS:

Alternativa "a" – No terceiro parágrafo: *Isso significa que,* ***a cada 100 notícias analisadas, a ferramenta conseguiu acertar se era fato ou boato em 94 situações****. No total, foram analisadas mais de 30 mil mensagens publicadas em uma rede social na Internet.*

Alternativa "b" – Não envia notificação aos usuários.

Alternativa "c" – *Testamos três metodologias e duas tiveram sucesso maior.*

Isso significa que apenas duas tiveram o mesmo resultado, não as três.

Alternativa "d" – Comando: "de acordo com o texto". Em momento algum, menciona que responde às demandas. Apenas menciona que os resultados do trabalho podem-se transformar em ferramentas úteis para o usuário da Internet identificar notícias que apresentam indícios de *fake news*.

Alternativa "e" – No final do texto, fica claro que não está restrito ao uso acadêmico: *Também existe a possibilidade de* ***fazer uma aplicação na própria Web****, onde* ***você cola o texto da notícia e essa aplicação vai te dizer se aquilo se assemelha ou não a uma notícia falsa****.*

RESPOSTA: A

---

156. (Cebraspe – TCE PR – Auditor de Controle Externo - Área Jurídica - 2024) Segundo as ideias veiculadas no texto CG1A1, as *fake news*

a) cresceram exponencialmente na última década.
b) podem ser diferenciadas das notícias que veiculam fatos com base, por exemplo, na ocorrência de erros de português.
c) consistem em notícias cuja veracidade é incerta.
d) são veiculadas somente em ambiente virtual.
e) representam 94% das mensagens que circulam nas redes sociais.

COMENTÁRIOS:

Alternativa "a" – A ideia não foi mencionada no texto, é extrapolação.

Alternativa "b" – No texto: o *plugin* vai poder indicar não que a notícia é falsa, de maneira assertiva, mas que ela pode ser falsa, **de acordo com alguns parâmetros, como erros de português.**

Alternativa "c" – Não é verdadeira (veracidade), é falsa.

Alternativa "d" – Não são veiculadas somente em ambiente virtual.

Dica: atente-se, sempre, quando houver palavras que restrinjam ou que generalizem.

Alternativa "e" – A porcentagem refere-se à ferramenta de IA capaz de diferenciar fatos de notícias falsas, não às mensagens que circulam nas redes sociais.

RESPOSTA: B

---

157. (FGV- TCE ES - Auditor de Controle Externo - Direito/2023) Um provérbio sueco diz o seguinte:

"Se procuras uma mão disposta a te ajudar, tu a encontrarás no final do teu braço".

Sobre esse provérbio, é correto afirmar que:

a) a primeira frase representa uma causa para a realização da ação indicada na segunda frase;

b) a mensagem da frase mostra, implicitamente, que as pessoas devem contar com os demais para o cumprimento de tarefas pessoais;

c) a frase tem a finalidade de chamar a atenção do leitor para uma reflexão sobre o trabalho;

d) as duas frases mostram ações que se realizam simultaneamente;

e) o termo "mão" corresponde a "uma pessoa", exemplificando o emprego de um termo que representa a parte pelo todo.

COMENTÁRIOS:

✪ **Nota da autora:** Questão de interpretação, período composto e figura de linguagem.

Alternativa "a" – A primeira representa uma condição: se procuras = caso procures.

Alternativa "b" – Há dois erros: mostra que as pessoas não devem contar com os demais; o ato de ajudar não está com relacionado com o cumprimento de tarefas pessoais, pode não ser tarefa.

Alternativa "c" – A reflexão é sobre a ajuda.

Alternativa "d" – As ações não acontecem ao mesmo tempo, a indicação da primeira frase é condicional.

Alternativa "e" – Trata-se de metonímia: substitui um termo (uma pessoa) por outro (mão).

RESPOSTA: E

---

158. (FGV- TCE ES - Auditor de Controle Externo - Direito/2023) Observe o início de um conto de autoria desconhecida:

"Na esquina da av. Copacabana com a rua República do Peru decidiram parar a motocicleta, pois havia ali vários restaurantes e estavam com fome. Escolheram uma pizzaria, após analisarem o cardápio exposto à entrada. O local era modesto, com mesinhas de madeira espalhadas em torno de uma reprodução menor da Torre de Pisa. Sobre cada mesinha, uma garrafa, coberta de cera das velas que eram inseridas continuamente no gargalo, fazia o papel de abajur. Os jovens, trajando jeans e camisetas coloridas sentaram-se a uma mesa perto do muro e abriram imediatamente o cardápio".

Em relação aos componentes textuais desse fragmento, é correto afirmar que:

a) a despreocupação com a localização dos personagens permite a ancoragem do relato no terreno da ficção;

b) a imagem dos personagens é dada aos leitores de forma indireta, sugerindo traços psicológicos por meio de uma série de detalhes;

c) alguns detalhes do texto localizam os personagens numa classe de alto poder econômico;

d) a descrição de alguns detalhes do local mostra tratar-se de uma pizzaria de tipo popular;

e) a ação narrativa transcorre com lentidão exagerada a fim de que os leitores possam ambientar-se com o narrado.

COMENTÁRIOS:

Alternativa "a" – Existe localização exata: *Na esquina da av. Copacabana com a rua República do Peru*. Além disso, o relato não é uma invenção fabulosa, ou seja, não é ficção.

Alternativa "b" – A imagem dos personagens são diretas e não possuem relação alguma com traços psicológicos, mas físicos: *Os jovens, trajando jeans e camisetas coloridas.*

Alternativa "c" – Antes de escolherem o restaurante, analisaram o cardápio. Com essa ação, infere-se que queriam saber o preço, isto é, não pertenciam à classe de alto poder econômico.

Alternativa "d" – Trechos que evidenciam o tipo popular da pizzaria: *cardápio exposto à entrada; o local era modesto, com mesinhas de madeira espalhadas em torno de uma reprodução menor da Torre de Pisa; uma garrafa fazia o papel de abajur.*

Alternativa "e" – A ação narrativa não é lenta: *decidiram parar a motocicleta, estavam com fome, analisaram o cardápio, escolheram uma pizzaria, os jovens sentaram-se a uma mesa, abriram imediatamente o cardápio.*

Observação: ao utilizar o advérbio "imediatamente", deduz-se que as ações foram rápidas.

RESPOSTA: D

---

159. (FGV – TCU – Auditor Federal de Controle Externo/2022) Seria importante que alguns dos textos que produzimos fossem lidos com atenção pelos destinatários; para isso, a introdução desses textos pode apelar para estratégias diversas a fim de conseguir essa atenção.

Abaixo estão reproduzidas cinco introduções textuais; aquela que mostra sua estratégia de atração corretamente identificada é:

a) Começo por uma pequena narrativa: "Um homem sem coluna vertebral é como uma tenda de lona sem o mastro. O eixo de nosso corpo, denominado também coluna vertebral, cumpre exatamente as mesmas funções que o mastro de uma tenda. De forma idêntica, mantém-se ereto o corpo por obra de numerosas tensões. Se o mastro falha, a tenda vem abaixo";

b) Começo por uma afirmação surpreendente, de caráter opinativo: "Quando Paulinho mexe em sua coleção de selos, seus lábios incham de uma forma alarmante; Margarida sofre de asma quando visita o tio farmacêutico; Tomás, entusiasta do alpinismo, sofre de erupção cutânea cada vez que inicia uma escalada. Os casos citados são exemplos dessa misteriosa enfermidade chamada alergia";

c) Começo por um ou vários exemplos: "O novo dicionário vai ser lançado esta semana e traz informações preciosas, como a evolução semântica de cada uma das palavras nele inseridas, desde o seu nascimento até o estágio atual de significação, além de datação das ocorrências dessas palavras";

d) Começo por uma alusão histórica: "As passeatas de motivação política, particularmente as que pretendem protestar contra algo, trazem sempre em seu bojo pessoas interessadas em tumultuá-las além do razoável";

e) Começo por um questionamento: "Não sei bem o que fazer quando meu neto me pergunta o significado de uma palavra 'perigosa'; não sei se digo claramente o seu significado ou se invento algo mais palatável. Como sua curiosidade está aumentando, prevejo momentos de grandes dificuldades".

COMENTÁRIOS:

✪ **Nota da autora:** Veja, a seguir, a diferença entre narração e descrição.

Narração: existe um enredo, no qual são desenvolvidas as ações das personagens, marcadas pelo tempo e pelo espaço. Os elementos da narrativa são enredo, narrador, personagens tempo e espaço.

Descrição: apresenta a descrição de algo, seja de uma pessoa, um objeto, um local etc. Expõe apreciações, impressões e observações de algo indicando os aspectos, as características, os detalhes singulares e os pormenores.

Alternativa "a" – Trata-se de uma descrição, não de uma narração.

Alternativa "b" – Menciona fatos, ou seja, situações concretas e não possuem caráter opinativo.

Alternativa "c" – Chama a atenção do leitor porque cita o lançamento do dicionário e acrescenta "informações preciosas" da obra e "datação" das palavras.

Alternativa "d" – Não há referência histórica.

Alternativa "e" – Ao mencionar "não sei bem o que fazer" e "não sei se digo claramente o seu significado" fica evidente que existe dúvida e questionamento. **A banca refere-se, provavelmente, a não existência de questionamento direto**, ou seja, as frases não são interrogativas. Há questionamento de maneira indireta e a questão poderia ser anulada porque esta alternativa mostra, também, estratégia de atração corretamente identificada.

Resposta: C

---

160. (FGV – TCU – Auditor Federal de Controle Externo/2022) Observe o texto argumentativo a seguir.

"Certas espécies animais e vegetais desaparecem cada vez mais rapidamente, o que tornou grave a situação. Primeiramente, várias espécies foram extintas por causa da caça. Assim, no século XVII, uma espécie de mamíferos era extinta a cada cinco anos.

Posteriormente, no século XX, a população mundial aumentou de tal modo que, para encontrar novas terras, os homens invadiram os espaços selvagens. Foram derrubadas imensas florestas e, assim, numerosos animais desapareceram em função da destruição de seus hábitats. Também a poluição e a instalação de linhas elétricas mataram muitas espécies de peixes e aves.

Por fim, uma nova caça intensiva, destinada ao comércio, suprimiu certas espécies, como a dos rinocerontes, cujos chifres eram empregados na fabricação de afrodisíacos.

O homem sabe hoje que a vida sobre a terra é uma vasta cadeia em que cada ser vivo é um elo. Quando uma espécie desaparece, outros animais e outras plantas passam a ficar ameaçadas. Progressivamente, a vida humana se empobrece."

Esse texto foi didaticamente estruturado; a única afirmativa abaixo inadequada em relação à sua estruturação é:

a) a conclusão do texto é constituída a partir de um rápido resumo das ideias anteriormente expressas;

b) o último parágrafo do texto se liga estruturalmente ao primeiro, ampliando-o tematicamente;

c) a tese do texto foi devidamente comprovada pelos argumentos expressos em seus vários parágrafos;

d) os argumentos empregados na defesa da tese do texto foram dispostos em organização cronologicamente progressiva;

e) cada um dos parágrafos que serve de argumento é introduzido por um marcador discursivo, que, em seu conjunto, organizam o texto.

COMENTÁRIOS:

Alternativa "a" – O último parágrafo não resume o que foi mencionado.

1º: espécies animais e vegetais desaparecem;

2º: no século XVII, os mamíferos;

3º: no século XX, florestas foram derrubadas e animais desapareceram;

4º: extinção dos rinocerontes – destinados ao comércio;

5º (conclusão): a vida humana é empobrecida porque o elo é desfeito. Nesse parágrafo, o autor demonstra as trágicas consequências da vida do homem sobre a terra.

Alternativa "b" – As espécies animais e vegetais desaparecem, e a vida humana se empobrece.

Alternativa "c" – Na argumentação, o autor comprova o desaparecimento mencionando as datas em que ocorreu.

Alternativa "d" – O processo é evolutivo: século XVII, XX e hoje (XXI).

Alternativa "e" – Marcadores discursivos: *primeiramente, posteriormente, por fim.*

Resposta: A

Observe a charge a seguir.

161. (FGV – TCU – Auditor Federal de Controle Externo/2022) A interpretação de texto refere-se à decodificação dos significados dos componentes textuais, enquanto a compreensão diz respeito aos processos geradores de significação.

A pergunta abaixo que diz respeito à interpretação, e não à compreensão, é:

a) O que mostra na charge a intenção de viajar da família?

b) Como se pode notar que a família está em um lugar alto?

c) De que forma a pandemia está presente na charge?

d) O que demonstra o laço na mão do chefe da família?

e) Qual a expectativa da família representada na charge?

COMENTÁRIOS:

✪ **Nota da autora:** *Interpretar* é **in**ferir, ou seja, a ideia está além do texto, no caso, da charge. *Compreender* refere-se ao que está explícito na charge. A banca pede para deduzir, para concluir.

Alternativa "a" – Compreensão: as malas.

Alternativa "b" – Compreensão: está evidente que a família está na parte mais elevada de um morro.

Alternativa "c" – Compreensão: as máscaras.

Alternativa "d" – Compreensão: com o laço, é possível laçar, ou seja, prender-se a algo.

Alternativa "e" – Interpretação: a família tenta fugir do lugar em que está por causa da pandemia, isto é, procura uma saída. Nesse caso, é necessário inferir, deduzir.

Resposta: E

162. (FGV – TCU – Auditor Federal de Controle Externo/2022) Abaixo aparecem opiniões variadas, todas elas expressas de um modo impessoal. A citação a seguir que contém elementos de personalização é:

a) Os educadores são constantemente interrogados sobre o papel da televisão na educação das crianças; parece hoje estabelecido que esse papel é benéfico;

b) Está universalmente estabelecido que a eficiência das regras de segurança depende da boa vontade dos que as utilizam;

c) Parece a todos que a eficácia das vacinas está definitivamente comprovada, bastando ver-se a grande diminuição de internações hospitalares;

d) Quanto a Grande sertão: veredas, se só se observam os grandes pensamentos que essa obra contém, é certamente um livro impressionante;

e) Só se pode esperar que a equipe local de salvamento possa atuar de forma eficiente a fim de que muitas vidas sejam salvas.

COMENTÁRIOS:

✪ **Nota da autora:** Personalizar significa *individualizar, tornar pessoal, atribuir qualidade*. É preciso encontrar a opção em que esteja evidente uma opinião. Normalmente a personalização ocorre com o uso de adjetivos ou de advérbios.

Alternativa "a" – Impessoalidade: *constantemente* indica tempo, não é uma opinião – os educadores sempre são interrogados.

Alternativa "b" – Impessoalidade: *universalmente* indica que está estabelecido em toda parte.

Alternativa "c" – Impessoalidade: *definitivamente* indica que está comprada de maneira conclusiva, sem retorno.

Alternativa "d" – Ao utilizar o advérbio "certamente" e o adjetivo "impressionante", o autor demonstra seu ponto de vista.

Alternativa "e" – Impessoalidade: o adjetivo *eficiente* refere-se à forma como a equipe de salvamento pode atuar.

Resposta: D

---

163. (FGV – TCU – Auditor Federal de Controle Externo/2022) Deparamo-nos diariamente com uma série de textos que tentam convencer-nos a adquirir determinado produto: são os chamados textos publicitários.

Vejamos a seguir um exemplo desses textos.

É festa na fazenda!

Para tratar a Tristeza Parasitária e fazer a alegria tomar conta do rebanho.

A Tristeza Parasitária pode afetar o rebanho a qualquer momento e em qualquer fase da vida. Contudo, existe uma dupla capaz de reanimar e proteger o potencial produtivo dos animais.

Com você, Ganaseg™ 7% & Kinetomax®

Ganaseg™ 7%

Combate da Babesiose (Piroplasmose)

Curto período de carência para o leite (apenas 96 horas)

Ótimo índice de segurança

Kinetomax®

Rápida ação contra a Anaplasmose

Dose única

Curto período de carência (Leite: 5 dias/Carne: 8 dias para animais tratados via intramuscular e 4 dias para animais tratados via subcutânea)

Xô, tristeza!

Sobre os elementos estruturais desse texto e suas estratégias de produção, é correto afirmar que:

a) o texto segue a estrutura clássica dos textos publicitários: um título, um subtítulo, o conteúdo da informação e uma recomendação à aquisição do produto;
b) o final do texto dirige-se particularmente às emoções dos leitores, de modo que eles continuem a pensar na mensagem veiculada;
c) o texto veicula a mensagem, tendo em vista o seu público alvo, selecionando informações, não explicitando termos supostamente conhecidos e utilizando uma linguagem adequada;
d) o produto anunciado deve ter destacadas as suas características principais e as vantagens explícitas sobre os concorrentes;
e) o texto é construído segundo um roteiro: chamar a atenção para o tema, despertar o interesse dos leitores, transformar o interesse em desejo de aquisição e apelar para a ação.

COMENTÁRIOS:

Alternativa "a" – Não finaliza com recomendação. "Xô, tristeza" significa que existe cura para a doença – Tristeza Parasitária.

Alternativa "b" – O final do texto demonstra que a doença pode ser curada.

Alternativa "c" – Os fazendeiros sabem os significados de *Babesiose* e *Anaplasmose*.

Alternativa "d" – As características foram mencionadas, mas as vantagens sobre os concorrentes não.

Alternativa "e" – Não apela para a ação, apenas demonstra que existe cura para a doença.

Resposta: C

---

164. (FGV – TCU – Auditor Federal de Controle Externo/2022) "Acabo de ler o trecho a seguir num livro de História: 'Os cristãos tinham uma moral, mas os pagãos, não'. Ah! Senhor autor desta obra: onde o senhor aprendeu essa tolice? O que dizer da moral de Sócrates, de Cícero, de Marco Antônio e de tantos outros? Leitor: reflita e tire suas conclusões."

A afirmativa inadequada sobre esse depoimento a respeito da leitura de uma obra histórica é:

a) o argumentador do texto mostra sua presença desde a primeira linha por meio da desinência verbal da forma "acabo";
b) o adversário argumentativo que o argumentador deseja refutar está identificado pela expressão "Senhor autor desta obra";
c) a palavra "tolice" serve de qualificação da tese adversária;
d) o leitor, que é visto como árbitro do debate, é invocado na última frase do texto;
e) o argumentador julga a tese apresentada, mas não expõe argumentos que a contradigam.

COMENTÁRIOS:

Alternativa "a" – O verbo está conjugado na primeira pessoa do singular (eu).

Alternativa "b" – O autor se dirige ao autor da obra inserindo o vocativo.

Alternativa "c" – A tolice é este trecho: 'Os cristãos tinham uma moral, mas os pagãos, não'.

Alternativa "d" – O autor, mais uma vez, insere o vocativo: "Leitor".

Alternativa "e" – Expõe argumentos contraditórios: Sócrates, de Cícero, de Marco Antônio e de tantos outros eram pagãos e tinham moral.

Resposta: E

165. (FGV – TCU – Auditor Federal de Controle Externo/2022) Um relatório produzido em determinada seção do serviço público trazia, inadequadamente, uma série de frases em discurso direto. O chefe da seção solicitou, então, ao funcionário autor do relatório que modificasse tais frases para o discurso indireto, o que foi imediatamente feito; a frase em que essa modificação solicitada foi realizada de forma adequada é:

a) O funcionário respondeu ao chefe: "Não cometi essa falha ocorrida ontem" / O funcionário respondeu ao chefe que não cometera aquela falha ocorrida no dia anterior;

b) O chefe retrucou: "Iremos terminar a tarefa e voltar para casa" / O chefe retrucou que irão terminar a tarefa e voltar para suas casas;

c) O cidadão explicou ao segurança: "Não estou preocupado, é que estou pensando" / O cidadão explicou ao segurança que não estava preocupado, era que estava pensando;

d) A funcionária pensava: "Como podes deixar que te usem?" / A funcionária pensava como podia deixar que a usem;

e) O funcionário explicou: "O relatório só ficará pronto depois de amanhã" / O funcionário explicou que o relatório só ficaria pronto depois de amanhã.

COMENTÁRIOS:

✪ **Nota da autora:** É necessário lembrar as mudanças que devem ser feitas ao transpor o discurso direto para o indireto.

	Discurso direto	Discurso indireto
Pessoas e pronomes	Eu Nós Meu	→ Ele, ela → Eles, elas → Seu
Tempos do indicativo	Presente (sou) Pretérito imperfeito ou perfeito (fazia) Futuro do presente (farei)	→ Pretérito imperfeito (era) → Pretérito mais-que-perfeito (fizera) → Futuro do pretérito (faria)
Tempos do subjuntivo	Presente e futuro (faça - fizer)	→ Pretérito imperfeito (fizesse)
Tempos no imperativo	Imperativo (faça)	→ Pretérito imperfeito do subjuntivo (fizesse)
Pontuação	Frases interrogativas, exclamativas e imperativas	→ Frases declarativas
Noções temporais	Ontem Hoje Amanhã	→ No dia anterior → Naquele dia → No dia seguinte
Noções espaciais	Aqui Aí Este Isto	→ Ali → Lá → Aquele → Aquilo

Alternativa "a" – Verbo no pretérito imperfeito ou perfeito (cometi) passa para o mais-que-perfeito: cometera.

Alternativa "b" – A primeira pessoa (plural) do direto passa para a terceira (plural) no indireto e o tempo presente passa para o pretérito imperfeito: iriam.

Alternativa "c" – A expressão expletiva "é que" não sofre alteração na transposição por não fazer parte do discurso: O cidadão explicou ao segurança que não estava preocupado, estava pensando.

Alternativa "d" – Verbo no presente do indicativo passa para o imperfeito do indicativo: podia. O presente do subjuntivo passa para o pretérito imperfeito do subjuntivo: usassem.

Alternativa "e" – Quanto à noção temporal, o advérbio *"amanhã"* deve ser substituído por "dia seguinte".

Resposta: A

166. (FGV – TCU – Auditor Federal de Controle Externo/2022) Observe o texto argumentativo a seguir.

"Certas espécies animais e vegetais desaparecem cada vez mais rapidamente, o que tornou grave a situação. Primeiramente, várias espécies foram extintas por causa da caça. Assim, no século XVII, uma espécie de mamíferos era extinta a cada cinco anos.

Posteriormente, no século XX, a população mundial aumentou de tal modo que, para encontrar novas terras, os homens invadiram os espaços selvagens. Foram derrubadas imensas florestas e, assim, numerosos animais desapareceram em função da destruição de seus hábitats. Também a poluição e a instalação de linhas elétricas mataram muitas espécies de peixes e aves.

Por fim, uma nova caça intensiva, destinada ao comércio, suprimiu certas espécies, como a dos rinocerontes, cujos chifres eram empregados na fabricação de afrodisíacos.

O homem sabe hoje que a vida sobre a terra é uma vasta cadeia em que cada ser vivo é um elo. Quando uma espécie desaparece, outros animais e outras plantas passam a ficar ameaçadas. Progressivamente, a vida humana se empobrece."

Esse texto foi didaticamente estruturado; a única afirmativa abaixo inadequada em relação à sua estruturação é:

a) a conclusão do texto é constituída a partir de um rápido resumo das ideias anteriormente expressas;
b) o último parágrafo do texto se liga estruturalmente ao primeiro, ampliando-o tematicamente;
c) a tese do texto foi devidamente comprovada pelos argumentos expressos em seus vários parágrafos;
d) os argumentos empregados na defesa da tese do texto foram dispostos em organização cronologicamente progressiva;
e) cada um dos parágrafos que serve de argumento é introduzido por um marcador discursivo, que, em seu conjunto, organizam o texto.

COMENTÁRIOS

Alternativa "a" – O último parágrafo não resume o que foi mencionado.

1º: espécies animais e vegetais desaparecem;

2º: no século XVII, os mamíferos;

3º: no século XX, florestas foram derrubadas e animais desapareceram;

4º: extinção dos rinocerontes – destinados ao comércio;

5º (conclusão): a vida humana é empobrecida porque o elo é desfeito. Nesse parágrafo, o autor demonstra as trágicas consequências da vida do homem sobre a terra.

Alternativa "b" – As espécies animais e vegetais desaparecem, e a vida humana se empobrece.

Alternativa "c" – Na argumentação, o autor comprova o desaparecimento mencionando as datas em que ocorreu.

Alternativa "d" – O processo é evolutivo: século XVII, XX e hoje (XXI).

Alternativa "e" – Marcadores discursivos: *primeiramente, posteriormente, por fim.*

Alternativa correta: letra "a".

OBSERVE A CHARGE A SEGUIR.

Chargeonline.com.br - © Copyright do autor

167. (FGV – TCU – Auditor Federal de Controle Externo/2022) A interpretação de texto refere-se à decodificação dos significados dos componentes textuais, enquanto a compreensão diz respeito aos processos geradores de significação.

A pergunta abaixo que diz respeito à interpretação, e não à compreensão, é:

a) O que mostra na charge a intenção de viajar da família?
b) Como se pode notar que a família está em um lugar alto?
c) De que forma a pandemia está presente na charge?
d) O que demonstra o laço na mão do chefe da família?
e) Qual a expectativa da família representada na charge?

COMENTÁRIOS

✪ **Nota da autora:** ***In****terpretar* é **in**ferir, ou seja, a ideia está além do texto, no caso, da charge. *Compreender* refere-se ao que está explícito na charge. A banca pede para deduzir, para concluir.

Alternativa "a" – Compreensão: as malas.

Alternativa "b" – Compreensão: está evidente que a família está na parte mais elevada de um morro.

Alternativa "c" – Compreensão: as máscaras.

Alternativa "d" – Compreensão: com o laço, é possível laçar, ou seja, prender-se a algo.

Alternativa "e" – Interpretação: a família tenta fugir do lugar em que está por causa da pandemia, isto é, procura uma saída. Nesse caso, é necessário inferir, deduzir.

Alternativa correta: letra "e".

168. (FGV – TCU – Auditor Federal de Controle Externo/2022) Abaixo aparecem opiniões variadas, todas elas expressas de um modo impessoal. A citação a seguir que contém elementos de personalização é:

a) Os educadores são constantemente interrogados sobre o papel da televisão na educação das crianças; parece hoje estabelecido que esse papel é benéfico;
b) Está universalmente estabelecido que a eficiência das regras de segurança depende da boa vontade dos que as utilizam;
c) Parece a todos que a eficácia das vacinas está definitivamente comprovada, bastando ver-se a grande diminuição de internações hospitalares;
d) Quanto a Grande sertão: veredas, se só se observam os grandes pensamentos que essa obra contém, é certamente um livro impressionante;
e) Só se pode esperar que a equipe local de salvamento possa atuar de forma eficiente a fim de que muitas vidas sejam salvas.

COMENTÁRIOS

✪ **Nota da autora:** Personalizar significa *individualizar, tornar pessoal, atribuir qualidade*. É preciso encontrar a opção em que esteja evidente uma opinião. Normalmente a personalização ocorre com o uso de adjetivos ou de advérbios.

Alternativa "a" – Impessoalidade: *constantemente* indica tempo, não é uma opinião – os educadores sempre são interrogados.

Alternativa "b" – Impessoalidade: *universalmente* indica que está estabelecido em toda parte.

Alternativa "c" – Impessoalidade: *definitivamente* indica que está comprada de maneira conclusiva, sem retorno.

Alternativa "d" – Ao utilizar o advérbio "certamente" e o adjetivo "impressionante", o autor demonstra seu ponto de vista.

Alternativa "e" – Impessoalidade: o adjetivo *eficiente* refere-se à forma como a equipe de salvamento pode atuar.

Alternativa correta: letra "d".

169. (FGV – TCU – Auditor Federal de Controle Externo/2022) Deparamo-nos diariamente com uma série de textos que tentam convencer-nos a adquirir determinado produto: são os chamados textos publicitários.

Vejamos a seguir um exemplo desses textos.

É festa na fazenda!

Para tratar a Tristeza Parasitária e fazer a alegria tomar conta do rebanho.

A Tristeza Parasitária pode afetar o rebanho a qualquer momento e em qualquer fase da vida. Contudo, existe uma dupla capaz de reanimar e proteger o potencial produtivo dos animais.

Com você, Ganaseg™ 7% & Kinetomax®

Ganaseg™ 7%

Combate da Babesiose (Piroplasmose)

Curto período de carência para o leite (apenas 96 horas)

Ótimo índice de segurança

Kinetomax®

Rápida ação contra a Anaplasmose

Dose única

Curto período de carência (Leite: 5 dias/Carne: 8 dias para animais tratados via intramuscular e 4 dias para animais tratados via subcutânea)

Xô, tristeza!

Sobre os elementos estruturais desse texto e suas estratégias de produção, é correto afirmar que:

a) o texto segue a estrutura clássica dos textos publicitários: um título, um subtítulo, o conteúdo da informação e uma recomendação à aquisição do produto;
b) o final do texto dirige-se particularmente às emoções dos leitores, de modo que eles continuem a pensar na mensagem veiculada;
c) o texto veicula a mensagem, tendo em vista o seu público alvo, selecionando informações, não explicitando termos supostamente conhecidos e utilizando uma linguagem adequada;
d) o produto anunciado deve ter destacadas as suas características principais e as vantagens explícitas sobre os concorrentes;
e) o texto é construído segundo um roteiro: chamar a atenção para o tema, despertar o interesse dos leitores, transformar o interesse em desejo de aquisição e apelar para a ação.

COMENTÁRIOS

Alternativa "a" – Não finaliza com recomendação. "Xô, tristeza" significa que existe cura para a doença – Tristeza Parasitária.

Alternativa "b" – O final do texto demonstra que a doença pode ser curada.

Alternativa "c" – Os fazendeiros sabem os significados de *Babesiose* e *Anaplasmose*.

Alternativa "d" – As características foram mencionadas, mas as vantagens sobre os concorrentes não.

Alternativa "e" – Não apela para a ação, apenas demonstra que existe cura para a doença.

Alternativa correta: letra "c".

170.(FGV – TCU – Auditor Federal de Controle Externo/2022) "Acabo de ler o trecho a seguir num livro de História: 'Os cristãos tinham uma moral, mas os pagãos, não'. Ah! Senhor autor desta obra: onde o senhor aprendeu essa tolice? O que dizer da moral de Sócrates, de Cícero, de Marco Antônio e de tantos outros? Leitor: reflita e tire suas conclusões."

A afirmativa <u>inadequada</u> sobre esse depoimento a respeito da leitura de uma obra histórica é:

a) o argumentador do texto mostra sua presença desde a primeira linha por meio da desinência verbal da forma "acabo";
b) o adversário argumentativo que o argumentador deseja refutar está identificado pela expressão "Senhor autor desta obra";
c) a palavra "tolice" serve de qualificação da tese adversária;
d) o leitor, que é visto como árbitro do debate, é invocado na última frase do texto;
e) o argumentador julga a tese apresentada, mas não expõe argumentos que a contradigam.

COMENTÁRIOS

Alternativa "a" – O verbo está conjugado na primeira pessoa do singular (eu).

Alternativa "b" – O autor se dirige ao autor da obra inserindo o vocativo.

Alternativa "c" – A tolice é este trecho: 'Os cristãos tinham uma moral, mas os pagãos, não'.

Alternativa "d" – O autor, mais uma vez, insere o vocativo: "Leitor".

Alternativa "e" – Expõe argumentos contraditórios: Sócrates, de Cícero, de Marco Antônio e de tantos outros eram pagãos e tinham moral.

Alternativa correta: letra "e".

---

171. (FGV – TCU – Auditor Federal de Controle Externo/2022) Um relatório produzido em determinada seção do serviço público trazia, inadequadamente, uma série de frases em discurso direto. O chefe da seção solicitou, então, ao funcionário autor do relatório que modificasse tais frases para o discurso indireto, o que foi imediatamente feito; a frase em que essa modificação solicitada foi realizada de forma adequada é:

a) O funcionário respondeu ao chefe: "Não cometi essa falha ocorrida ontem" / O funcionário respondeu ao chefe que não cometera aquela falha ocorrida no dia anterior;
b) O chefe retrucou: "Iremos terminar a tarefa e voltar para casa" / O chefe retrucou que irão terminar a tarefa e voltar para suas casas;
c) O cidadão explicou ao segurança: "Não estou preocupado, é que estou pensando" / O cidadão explicou ao segurança que não estava preocupado, era que estava pensando;
d) A funcionária pensava: "Como podes deixar que te usem?" / A funcionária pensava como podia deixar que a usem;
e) O funcionário explicou: "O relatório só ficará pronto depois de amanhã" / O funcionário explicou que o relatório só ficaria pronto depois de amanhã.

COMENTÁRIOS

✪ **Nota da autora:** É necessário lembrar as mudanças que devem ser feitas ao transpor o discurso direto para o indireto.

	Discurso direto	Discurso indireto
Pessoas e pronomes	Eu Nós Meu	→ Ele, ela → Eles, elas → Seu
Tempos do indicativo	Presente (sou) Pretérito imperfeito ou perfeito (fazia) Futuro do presente (farei)	→ Pretérito imperfeito (era) → Pretérito mais-que-perfeito (fizera) → Futuro do pretérito (faria)
Tempos do subjuntivo	Presente e futuro (faça - fizer)	→ Pretérito imperfeito (fizesse)
Tempos no imperativo	Imperativo (faça)	→ Pretérito imperfeito do subjuntivo (fizesse)
Pontuação	Frases interrogativas, exclamativas e imperativas	→ Frases declarativas
Noções temporais	Ontem Hoje Amanhã	→ No dia anterior → Naquele dia → No dia seguinte

	Discurso direto	Discurso indireto
Noções espaciais	Aqui	→ Ali
	Aí	→ Lá
	Este	→ Aquele
	Isto	→ Aquilo

Alternativa "a" – Verbo no pretérito imperfeito ou perfeito (cometi) passa para o mais-que-perfeito: cometera.

Alternativa "b" – A primeira pessoa (plural) do direto passa para a terceira (plural) no indireto e o tempo presente passa para o pretérito imperfeito: iriam.

Alternativa "c" – A expressão expletiva "é que" não sofre alteração na transposição por não fazer parte do discurso: O cidadão explicou ao segurança que não estava preocupado, estava pensando.

Alternativa "d" – Verbo no presente do indicativo passa para o imperfeito do indicativo: podia. O presente do subjuntivo passa para o pretérito imperfeito do subjuntivo: usassem.

Alternativa "e" – Quanto à noção temporal, o advérbio *"amanhã"* deve ser substituído por "dia seguinte".

Alternativa correta: letra "a".

TEXTO PARA RESPONDER ÀS QUESTÕES.

A ideia de cultura foi cunhada e batizada no terceiro quartel do século XVIII como termo sintético para designar a administração do pensamento e do comportamento humanos. A palavra "cultura" não nasceu como um termo descritivo, uma forma reduzida para as já alcançadas, observadas e registradas regras de conduta de toda uma população. Só cerca de um século mais tarde, quando os gerentes da cultura olharam em retrospecto para aquilo que tinham passado a ver como criação sua e, seguindo o exemplo de Deus na criação do mundo, com carga positiva, é que "cultura" passou a significar a forma como um tipo regular e "normativamente regulado" de conduta humana diferia de outro, sob outro gerenciamento. A ideia de cultura nasceu com uma declaração de intenções.

O termo "cultura" entrou no vocabulário como o nome de uma atividade intencional. No limiar da Era Moderna, homens e mulheres, não mais aceitos como "um dado não problematizado", como elos preordenados na cadeia da criação divina ("divina" como algo inegociável e com o qual não devemos nos imiscuir), indispensáveis, ainda que sórdidos, torpes e deixando muito a desejar, passaram a ser vistos ao mesmo tempo como maleáveis e terrivelmente carentes de ajustes e melhoras.

O termo "cultura" foi concebido no interior de uma família de conceitos que incluía expressões como "cultivo", "lavoura", "criação" — todos significando aperfeiçoamento, seja na prevenção de um prejuízo, seja na interrupção e reversão da deterioração. O que o agricultor fazia com a semente por meio de atenção cuidadosa, desde a semeadura até a colheita, podia e devia ser feito com os incipientes seres humanos pela educação e pelo treinamento. As pessoas não nasciam, eram feitas. Precisavam tornar-se humanas — e, nesse processo de se tornar humanas (uma trajetória cheia de obstáculos e armadilhas que elas não seriam capazes de evitar nem poderiam negociar, caso fossem deixadas por sua própria conta), teriam de ser guiadas por outros seres humanos, educados e treinados na arte de educar e treinar seres humanos.

O termo "cultura" apareceu no vocabulário menos de cem anos depois de outro conceito moderno crucial, o de "gerenciar", que significa, segundo o **Oxford English Dictionary**: "forçar (pessoas, animais etc.) a se submeter ao controle de alguém", "exercer efeito sobre", "ter sucesso em realizar". E mais de cem anos antes de outro sintético, de "gerenciamento", o de "obter sucesso ou sair-se bem". Gerenciar, em suma, significava conseguir que as coisas fossem feitas de uma forma que as pessoas não fariam por conta própria e sem ajuda. Significava redirecionar eventos segundo motivos e desejo próprios. Em outras palavras, "gerenciar" (controlar o fluxo de eventos) veio a significar a manipulação de probabilidades: fazer a ocorrência de certas condutas (iniciais ou reativas) de "pessoas, animais etc." mais provável, ou, de preferência, totalmente improvável a ocorrência de outros movimentos. Em última instância, "gerenciar" significa limitar a liberdade do gerenciado.

Zygmunt Bauman. Vida líquida. Carlos Alberto Medeiros (Trad.). Rio de Janeiro: Zahar, 2009 (com adaptações).

172. (Cebraspe – TCE RJ – Analista Controle Externo - Direito/2021) De acordo com o texto, o conceito de gerenciar é mais antigo que o termo cultura, que só apareceu no vocabulário quase um século depois daquele.

( ) certo ( ) errado

COMENTÁRIOS

No 4.º parágrafo: *O termo "cultura" apareceu no vocabulário menos de cem anos depois de outro conceito moderno crucial, o de "gerenciar".*

Cultura: século XVIII; gerenciar: cem anos antes.

Alternativa correta: CERTO.

173. (Cebraspe – TCE RJ – Analista Controle Externo - Direito/2021) Segundo o texto, a primeira acepção de cultura era relacionada à noção de agricultura: o processo de tornar as pessoas humanas por meio da educação e do treinamento é comparável ao trabalho do agricultor.

( ) certo ( ) errado

COMENTÁRIOS

Idade Moderna: período da história ocidental compreendido **entre os anos de 1453**, com a tomada de Constantinopla pelo Império Otomano, e **1789**, início da Revolução Francesa.

Século XVIII: 1061 a 1700.

A primeira concepção de cultura ocorreu no início da Era Moderna, não no século XVIII.

No terceiro parágrafo, foi mencionada a primeira acepção: *O termo "cultura" foi concebido no interior de uma família de conceitos que incluía expressões como "cultivo", "lavoura", "criação"*. Essas palavras estão diretamente ligadas à agricultura.

Alternativa correta: CERTO.

---

174. (Cebraspe – TCE RJ – Analista Controle Externo - Direito/2021) O texto informa que o **Oxford English Dictionary** define o termo cultura como 'forçar (pessoas, animais etc.) a se submeter ao controle de alguém', 'exercer efeito sobre', 'ter sucesso em realizar'.

( ) certo ( ) errado

COMENTÁRIOS

Não é cultura, é **gerenciar**. Lê-se no último parágrafo: *O termo "cultura" apareceu no vocabulário menos de cem anos depois de outro conceito moderno crucial, o de **"gerenciar"**, que **significa**, segundo o Oxford English Dictionary: **"forçar (pessoas, animais etc.) a se submeter ao controle de alguém", "exercer efeito sobre", "ter sucesso em realizar"**.*

Alternativa correta: ERRADO.

---

175. (Cebraspe – TCE RJ – Analista Controle Externo - Direito/2021) A ideia principal do texto consiste em mostrar a evolução da noção de cultura até o surgimento de outra noção, que a aperfeiçoa: a de gerenciamento.

( ) certo ( ) errado

COMENTÁRIOS

Trecho que evidencia aperfeiçoamento: *O termo "cultura" foi concebido no interior de uma família de conceitos que incluía expressões como "cultivo", "lavoura", "criação"*.

O conceito "gerenciar" surgiu cem anos antes e significa *limitar a liberdade do gerenciado*.

O erro está ao afirmar que mostra a evolução da noção de cultura **até o surgimento de gerenciamento**.

Alternativa correta: ERRADO.

TEXTO PARA RESPONDER ÀS QUESTÕES.

D. Amélia conformava-se com as impertinências do marido. Cada vez mais sentia ela que a doença do seu Lula morreria com ele. Não lutou mais, não sofreu mais. Era tudo como Deus quisesse. A vida que tinha que viver seria aquela, sem outro remédio que vivê-la. Tinha pena da filha, mas ao mesmo tempo para que lhe desejar casamento que fosse como o seu? **Para que ligar-se a um homem que viesse magoá-la, arrancar-lhe a paz de espírito?** Via Neném no seu jardim, nos seus silêncios, na sua paz e não se queixava de não vê-la casada. Iam comendo com o pouco que faziam. É verdade que cada ano que se passava mais o Santa Fé minguava, menos fazia. O feitor que Lula botara para ver tudo não era homem de tino, era para ser mandado. E quem mandaria nele? **As coisas caminhavam como água de rio, com a correnteza levando tudo**. Tinha às vezes vontade de chamar o feitor e dar ordens, mas não queria irritar o marido, era homem que não podia se contrariar.

José Lins do Rego. Fogo morto. 47.ª ed. Rio de Janeiro: José Olympio, 1957, p. 164.

---

176. (Cebraspe – TCE RJ – Analista Controle Externo - Direito/2021) No trecho "Para que ligar-se a um homem que viesse magoá-la, arrancar-lhe a paz de espírito?", D. Amélia interpela o leitor do texto.

( ) certo ( ) errado

COMENTÁRIOS

Quem interpela o leitor é o narrador, não D. Amélia.

Alternativa correta: ERRADO.

---

177. (Cebraspe – TCE RJ – Analista Controle Externo - Direito/2021) As emoções de D. Amélia expressas no texto demonstram resignação dessa personagem.

( ) certo ( ) errado

COMENTÁRIOS

Trechos que evidenciam conformação e renúncia de D. Amélia: *D. Amélia conformava-se com as impertinências do marido. Não lutou mais, não sofreu mais. Era tudo como Deus quisesse. A vida que tinha que viver seria aquela, sem outro remédio que vivê-la.*

Alternativa correta: CERTO.

---

178. (Cebraspe – TCE RJ – Analista Controle Externo – Direito/2021 - adaptada) No trecho "As coisas caminhavam como água de rio, com a correnteza levando tudo", o narrador caracteriza o ritmo dos acontecimentos por meio de elementos da natureza que evocam a situação descrita.

( ) certo ( ) errado

COMENTÁRIOS

Não há como parar a água do rio, assim como é impossível cessar os problemas da família. A correnteza leva tudo: o tempo leva tudo. O narrador utiliza uma bela comparação.

Alternativa correta: CERTO.

TEXTO PARA RESPONDER ÀS QUESTÕES.

O fenômeno conhecido como judicialização da saúde é multifacetado. Por um lado, as ações judiciais comprometem uma parcela significativa do orçamento para atender demandas específicas de alguns pacientes; por outro, podem significar o único caminho para salvar ou prolongar a vida de pacientes, especialmente de pessoas com doenças raras ou crônicas, como diabetes e câncer, que dependem de medicamentos de alto custo. Há também o uso desse recurso extremo para medicamentos equivalentes aos disponíveis no sistema público de saúde e, até mesmo, para a compra de produtos como fraldas ou água de coco — sempre com receita médica.

A preocupação com o impacto da judicialização nos municípios é justificável. Há casos em que uma única ação pode comprometer todo o orçamento da saúde de uma cidade de pequeno porte. Algumas iniciativas buscam contornar esse obstáculo por meio de arranjos institucionais. Um dos exemplos mais lembrados é o de Santa Catarina. Em 1997, 25 municípios do entorno da cidade de Lages, a 200 quilômetros de Florianópolis, uniram-se para encontrar melhores formas de administrar os recursos para a saúde, frequentemente afetados pela judicialização. Os prefeitos e gestores dos municípios perceberam que, isoladamente, era mais complicado enfrentar as decisões judiciais. Por meio do consórcio intermunicipal, criou-se um padrão comum de atuação, que evitou sobreposições de pedidos e racionalizou gastos e investimentos.

Bruno De Pierro. Demandas crescentes. In: Revista Pesquisa FAPESP, 18 (252), fev. 2017, p. 18-22 (com adaptações).

179. (Cebraspe – TCE RJ – Analista Controle Externo - Direito/2021) O texto pode ser enquadrado no tipo dissertativo, haja vista a exposição de diferentes facetas de um fenômeno que se manifesta na atualidade, pela apresentação objetiva dos fatos que as caracterizam.

( ) certo ( ) errado

COMENTÁRIOS

O texto explica o que é judicialização da saúde e menciona quais são seus impactos. Logo em seguida, exemplifica com o que aconteceu em Santa Catarina.

Alternativa correta: CERTO.

180. (Cebraspe – TCE RJ – Analista Controle Externo - Direito/2021) De acordo com o texto, o fenômeno da judicialização da saúde manifesta-se no contexto de um dilema, em que se confrontam os direitos da coletividade, por um lado, e os direitos dos indivíduos, por outro.

( ) certo ( ) errado

COMENTÁRIOS

Essa ideia mencionada no primeiro parágrafo. **Direitos da coletividade**: *as ações judiciais comprometem uma parcela significativa do orçamento para atender demandas específicas de alguns pacientes*; **direitos dos indivíduos**: *podem significar o único caminho para salvar ou prolongar a vida de pacientes*.

Alternativa correta: CERTO.

181. (Cebraspe – TCE RJ – Analista Controle Externo - Direito/2021) O texto defende o direito da população com doenças raras ou crônicas ao acesso a medicamentos de alto custo no contexto da crise provocada pela falta de recursos orçamentários para atender as demandas da saúde pública nos municípios brasileiros.

( ) certo ( ) errado

COMENTÁRIOS

Não existe essa defesa. Como mencionado na primeira questão do texto, o autor explica o que é judicialização da saúde, menciona quais são seus impactos e cita exemplo em seguida. Em outras palavras, o objetivo é mostrar que existe problema na judicialização da saúde.

Alternativa correta: ERRADO.

TEXTO 1 – O TRIBUNAL DO JÚRI

"São pagos todos os que compõem o tribunal do júri. O presidente, o procurador da justiça, os advogados, os porteiros, possivelmente as testemunhas; a que título só os jurados, que deixam seus negócios, hão de trabalhar de graça?"

(Machado de Assis)

182. (FGV – TCE AM – Auditor Técnico Controle Externo – MP - 2021) Nessa frase (texto 1), Machado de Assis questiona o fato de os jurados trabalharem de graça no tribunal do júri; como argumento em defesa de sua ideia, Machado só NÃO se utiliza do seguinte:

a) mostra-os como uma exceção a uma regra;

b) realiza comparações entre componentes do tribunal;

c) apela para a necessidade de pagamento por serviço prestado;
d) indica a possibilidade de prejuízo causado pelo encargo;
e) comprova a injustiça por contrariar uma exigência legal.

COMENTÁRIOS

Alternativa "a" – É uma exceção, pois todos ganham, exceto os jurados.

Alternativa "b" – Compara os que são pagos e compõem o tribunal (O presidente, o procurador da justiça, os advogados, os porteiros, possivelmente as testemunhas) com os jurados (não pagos).

Alternativa "c" – Apela ao mencionar que deixam seus negócios e não são remunerados.

Alternativa "d" – "Trabalhar de graça" é um prejuízo.

Alternativa "e" – Pagar aos jurados não é uma exigência legal.

Alternativa correta: letra "e".

---

183. (FGV – TCE AM – Auditor Técnico Controle Externo – MP - 2021) Nesse pensamento de Machado de Assis (texto 1), há um segmento de claro valor irônico, que é:

a) "São pagos todos os que compõem o tribunal do júri";
b) "O presidente, o procurador da justiça, os advogados, os porteiros";
c) "...possivelmente as testemunhas";
d) "...só os jurados, que deixam seus negócios";
e) "...hão de trabalhar de graça?"

COMENTÁRIOS

Alternativa "a" – Trata-se de uma constatação.

Alternativa "b" – Todos eles são remunerados, não há ironia.

Alternativa "c" – Podem pagar às testemunhas para depor.

Alternativa "d" – Deixar de trabalhar não é ironia.

Alternativa "e" – Isso é triste, não irônico.

Alternativa correta: letra "c".

---

184. (FGV – TCE AM – Auditor Técnico Controle Externo – MP - 2021) Na argumentação de Machado de Assis (texto 1) foi utilizado um processo de raciocínio que:

a) parte do geral para o particular, caracterizando o que se denomina método dedutivo;
b) cita um depoimento de autoridade incontestável para, em seguida, propor obediência a esse depoimento;
c) demonstra historicamente uma verdade para mostrar o que questiona como um absurdo;
d) indica uma situação particular, generalizando-a, o que se denomina método indutivo;
e) cria uma situação absurda para opor-se a ela.

COMENTÁRIOS

Alternativa "a" – Geral: todos (o presidente, o procurador da justiça, os advogados, os porteiros, as testemunhas) são remunerados. Particular: apenas os jurados não são remunerados.

Método dedutivo: a premissa maior, ou seja, o geral é o axioma; a hipótese é o teorema – possivelmente as testemunhas sejam remuneradas; conclusão: os jurados deveriam ser remunerados também.

Alternativa "b" – Não cita um depoimento de autoridade muito menos há obediência. Machado critica.

Alternativa "c" – Pagar as testemunhas não é historicamente uma verdade, é uma hipótese.

Alternativa "d" – É o inverso, como mencionado na primeira alternativa.

Alternativa "e" – Não é absurdo o presidente, o procurador da justiça, os advogados, os porteiros receberem. Absurdo é os jurados não serem remunerados.

Alternativa correta: letra "a".

---

185. (FGV – TCE AM – Auditor Técnico Controle Externo – MP - 2021) "A majestosa igualdade das leis, que proíbe tanto o rico como o pobre de dormir sob as pontes, de mendigar nas ruas e de roubar pão".

(Anatole France)

Esse pensamento tem a finalidade de:

a) elogiar a igualdade de ricos e pobres perante a lei;
b) ironizar a pretensa igualdade de todos perante a lei;
c) destacar a importância da justiça para os pobres;
d) defender a aplicação igualitária da justiça;
e) criticar a justiça por só perseguir os pobres.

COMENTÁRIOS

Alternativa "a" – Além de não haver elogio, não há igualdade.

Alternativa "b" – Se existisse igualdade, o rico também deveria dormir sob as pontes, mendigar e roubar pão.

Alternativa "c" – Se houvesse justiça, não passariam por tais constrangimentos.

Alternativa "d" – Critica e ironiza a falta de igualdade das leis.

Alternativa "e" – Critica a justiça, mas não menciona perseguição aos pobres, mas sim o abandono.

Alternativa correta: letra "b".

186.(FGV – TCE AM – Auditor Técnico Controle Externo – MP - 2021) A frase abaixo que NÃO se refere a uma outra frase bastante conhecida (intertextualidade) é:

a) "A justiça tarda, mas não chega";

b) "Depois da impunidade vem a bonança";

c) "Assim tropeça a humanidade";

d) "Não existe o herói sem a plateia";

e) "Saio da História para cair na vida".

COMENTÁRIOS

Alternativa "a" – A justiça tarde, mas não **falha**.

Alternativa "b" – Depois da **tempestade** vem a bonança.

Alternativa "c" – Assim **caminha** a humanidade.

Alternativa "d" – Frase de André Malraux, escritor francês.

Alternativa "e" – É o contrário: Saio da **vida** para entrar na **história**.

Alternativa correta: letra "d".

187. (FGV – TCE AM – Auditor Técnico Controle Externo – MP - 2021) "De tanto ver triunfar as nulidades, de tanto ver prosperar a desonra, de tanto ver crescer a injustiça, de tanto ver agigantarem-se os poderes nas mãos dos maus, // o homem chega a desanimar da virtude, a rir-se da honra, a ter vergonha de ser honesto." — Ruy Barbosa, político, escritor e jurista brasileiro (1849 – 1923).

Fonte: https://citacoes.in/citacoes-de-justica/?page=2

Esse famoso texto de Ruy Barbosa pode ser segmentado em duas partes, como indicam as duas barras inclinadas. Sobre essa segmentação, é correto afirmar que:

a) enquanto o primeiro segmento mostra aspectos negativos, o segundo segmento mostra aspectos positivos opostos;

b) o primeiro segmento mostra a situação política causada pelas atitudes do homem citadas no segundo segmento;

c) o segundo segmento indica as consequências negativas das causas citadas no primeiro segmento;

d) o primeiro segmento apresenta várias explicações para os fatos citados no segundo segmento;

e) o segundo segmento enumera conclusões retiradas dos pensamentos expressos no primeiro segmento.

COMENTÁRIOS

Alternativa "a" – Nos dois segmentos, há aspectos negativos.

Alternativa "b" – O primeiro segmento mostra as atitudes políticas que são as causas de o homem desanimar da virtude, rir da honra e ter vergonha de ser honesto.

Alternativa "c" – Há uma evidente relação de causa e efeito:

Por que o homem chega a **desanimar da virtude**, a **rir-se da honra**, a **ter vergonha de ser honesto**? (1 = consequências negativas);

Porque vê triunfar as nulidades, vê prosperar a desonra, vê crescer a injustiça, vê agigantarem-se os poderes nas mãos dos maus. (2);

A pergunta é a consequência (1), a resposta é a causa (2).

Alternativa "d" – Como mencionado na alternativa anterior, o primeiro segmento apresenta a causas, e o segundo apresenta as consequências.

Alternativa "e" – O segundo segmento enumera as consequências das atitudes dos políticos mencionadas no primeiro segmento.

Alternativa correta: letra "c".

188.(FGV – TCE AM – Auditor Técnico Controle Externo – MP – 2021) "Desde que, adulto, comecei a escrever romances, tem-me animado até hoje a ideia de que o menos que o escritor pode fazer, numa época de atrocidades e injustiças como a nossa, é acender a sua lâmpada, fazer luz sobre a realidade de seu mundo, evitando que sobre ele caia a escuridão, propícia aos ladrões, aos assassinos e aos tiranos. Sim, segurar a lâmpada, a despeito da náusea e do horror. Se não tivermos uma lâmpada elétrica, acendamos o nosso toco de vela ou, em último caso, risquemos fósforos repetidamente, como um sinal de que não desertamos nosso posto." — Erico Verissimo, escritor brasileiro (1905 – 1975)

Fonte: https://citacoes.in/citacoes-de-justica/

Segundo esse pequeno texto, a função do escritor no mundo é:

a) revelar realidades aos menos cultos;

b) denunciar crimes contra os mais pobres;

c) esclarecer fatos circunstantes;

d) iluminar a consciência das autoridades;

e) escrever sobre temas desconhecidos.

COMENTÁRIOS

Alternativa "a" – Revelar realidade aos leitores. Denominá-los de menos cultos é extrapolar o teor do texto.

Alternativa "b" – O autor menciona que a escuridão é propícia aos ladrões, assassinos e tiranos. Não cita que os crimes são contra os mais pobres.

Alternativa "c" – Trechos que evidenciam a função do escritor: acender a sua lâmpada, fazer luz sobre a realidade de seu mundo; segurar a lâmpada, a despeito da náusea e do horror; risquemos fósforos repetidamente. Isso indica que esclarece fatos os quais estão à volta.

Alternativa "d" – Iluminar a consciência dos leitores, não das autoridades.

Alternativa "e" – Escrever sobre temas conhecidos.

Alternativa correta: letra "c".

TEXTO 2

"Não sou nem otimista, nem pessimista. Os otimistas são ingênuos, e os pessimistas amargos. Sou um realista esperançoso. Sou um homem da esperança. Sei que é para um futuro muito longínquo. Sonho com o dia em que o sol de Deus vai espalhar justiça pelo mundo todo."

Ariano Suassuna (1927 – 2014). Fonte: https://citacoes.in/citacoes-de-justica/

189. (FGV – TCE AM – Auditor Técnico Controle Externo – MP – 2021) Apesar de dizer-se não pessimista, a frase do texto 2 que demonstra pessimismo é:

a) "Sonho com o dia em que o sol de Deus vai espalhar justiça";

b) "Sei que é para um futuro muito longínquo";

c) "Sou um homem da esperança";

d) "Sou um realista esperançoso";

e) "Os otimistas são ingênuos".

COMENTÁRIOS

Alternativa "a" – A frase demonstra otimismo.

Alternativa "b" – Possui esperança, mas sabe que isso demorará a acontecer.

Alternativa "c" – Se possui esperança, é otimista.

Alternativa "d" – Mais uma vez cita a esperança, ou seja, é otimista.

Alternativa "e" – O fato de os otimistas serem inocentes não demonstra pessimismo, é apenas uma "qualidade".

Alternativa correta: letra "b".

190. (FGV – TCE AM – Auditor Técnico Controle Externo – MP – 2021) "Não nos damos conta, de fato, de que a literatura e os saberes humanísticos, a cultura e a educação constituem o líquido amniótico ideal no qual podem se desenvolver vigorosamente as ideias de democracia, liberdade, justiça, laicidade, igualdade, direito à crítica, tolerância, solidariedade e bem comum." - Nuccio Ordine

Ao compor a metáfora de a literatura, os saberes humanísticos, a cultura e a educação serem o líquido amniótico ideal de todas as ideias citadas logo em seguida, o autor compara esse processo com o(a):

a) maternidade;

b) revolução;

c) fábrica;

d) reflexão;

e) laboratório.

COMENTÁRIOS

✪ **Nota da autora:** é imprescindível saber o significado de "amniótico" - *que pertence ao âmnio, saco membranoso que, repleto de líquido, envolve e protege o embrião dos vertebrados superiores (mamíferos, aves e répteis)*[6].

Alternativa "a" – Percebe-se que a metáfora está diretamente ligada à maternidade por ter mencionado o líquido amniótico.

Alternativa "b" – Não quis demonstrar uma mudança completa.

Alternativa "c" – Não há relação alguma com mercadoria (fábrica).

Alternativa "d" – Não se trata de uma análise detalhada.

Alternativa "e" – Não é uma experiência ou teste científico.

Alternativa correta: letra "a".

191. (FGV – TCE AM – Auditor Técnico Controle Externo – MP – 2021) Observemos o raciocínio a seguir.

- Todo tribunal de júri contém jurados

- Este tribunal contém jurados

6. Dicionário Online de Português. Disponível em <www.dicio.com.br/amniotico-2/>. Acesso 18 jan.2022.

- Este tribunal é um tribunal de júri

Este silogismo mostra um problema, que é:

a) possuir mais de três termos;
b) mostrar uma premissa falsa;
c) conter uma ambiguidade;
d) ter uma errada distribuição de termos;
e) concluir sem ligação lógica com as premissas.

COMENTÁRIOS

✪ **Nota de Daniel Klug Nogueira[7]:**

Um silogismo tem três partes:

Premissa maior: "Todo homem é mortal."

Premissa menor: "João é homem."

Conclusão: "João é mortal."

Agora, os TERMOS do silogismo são os seguintes:

Termo maior: é o predicado da conclusão, que aparece também como predicado SÓ NA PREMISSA MAIOR (além da conclusão, claro): mortal.

Termo menor: é o sujeito da conclusão, que aparece também como sujeito SÓ NA PREMISSA MENOR (além da conclusão, claro): João.

Termo médio: aparece nas duas premissas e desaparece na conclusão: homem.

Alternativa "a" – São três termos: tribunal, jurados e júri.

Alternativa "b" – As premissas não são falsas, a ordem é que está incorreta.

Alternativa "c" – Não há mais de um sentido.

Alternativa "d" – O termo maior deveria ser "contém jurados", mas ele desaparece na conclusão. Logo, há uma confusão na distribuição dos termos[8].

Alternativa "e" – Existe ligação lógica, apenas não segue a ordem de maior, médio e menor.

Alternativa correta: letra "d".

192. (FGV – TCE AM – Auditor Técnico Controle Externo – MP – 2021) Observe o raciocínio a seguir.

- Os juízes acertam em suas decisões

- A população deve acatar as decisões judiciais

Nesse caso, a conclusão deve ser recusada porque:

a) a premissa não é verdadeira;
b) a conclusão não tem relação lógica com a premissa;
c) a conclusão provém de uma só premissa;
d) a premissa não contém os termos da conclusão;
e) a premissa é verdadeira, mas não é suficiente.

COMENTÁRIOS

Alternativa "a" – A premissa deveria generalizar e isso não ocorre porque não são todos os juízes que acertam em suas decisões. Se não acertam, não há como concluir que a população deva acatar suas decisões.

Alternativa "b" – A conclusão possui lógica, embora a premissa seja falsa.

Alternativa "c" – A conclusão provém de uma premissa falsa. Faltou acrescentar o adjetivo nesta alternativa.

Alternativa "d" – Contém: juízes (premissa) e decisões judiciais (conclusão).

Alternativa "e" – A premissa é falsa, como mencionado na alternativa "a".

Alternativa correta: letra "a".

TEXTO 3

"Nenhum ser humano é uma ilha... por isso não perguntem por quem os sinos dobram. Eles dobram por cada um, por cada uma, por toda a humanidade. Se grandes são as trevas que se abatem sobre nossos espíritos, maiores ainda são as nossas ânsias por luz. (...) As tragédias dão-nos a dimensão da inumanidade de que somos capazes. Mas também deixam vir à tona o verdadeiramente humano que habita em nós, para além das diferenças de raça, de ideologia e de religião. E esse humano em nós faz com que juntos choremos, juntos nos enxuguemos as lágrimas, juntos oremos, juntos busquemos a justiça, juntos construamos a paz e juntos renunciemos à vingança."

Leonardo Boff

193. (FGV – TCE AM – Auditor Técnico Controle Externo – MP – 2021) Nesse segmento (texto 3), o autor:

a) apresenta sua própria opinião;
b) apresenta uma opinião como geral;
c) apresenta uma opinião alheia e a comenta;
d) apresenta e comenta sua opinião;
e) confronta diversas opiniões.

COMENTÁRIOS

Alternativa "a" – Comenta a opinião de outra pessoa.

Alternativa "b" – Não generaliza.

Alternativa "c" – *John Donne* – poeta jacobita inglês – escreveu: "**Nenhum ser humano é uma ilha**, completo em si próprio; cada ser humano é

7. Professor de Matemática e Economista.
8. Daniel Klug Nogueira.

uma parte do continente, uma parte de um todo". O autor apresenta uma opinião de outra pessoa e em seguida a comenta.

Alternativa "d" – A opinião não é do autor.

Alternativa "e" – Apresenta uma opinião e depois comenta. Não há comparação através de semelhanças e diferenças.

Alternativa correta: letra "c".

194. (FGV – TCE AM – Auditor Técnico Controle Externo – MP – 2021) "Nenhum ser humano é uma ilha... por isso não perguntem por quem os sinos dobram. Eles dobram por cada um, por cada uma, por toda a humanidade."

A marca característica do discurso moderno nesse segmento do texto 3 é:

a) a presença da intertextualidade;

b) a metaforização com um acidente geográfico;

c) a indicação separada de "cada um" e "cada uma";

d) a utilização de vocábulos desusados como "dobrar";

e) o emprego de reticências no meio da frase.

COMENTÁRIOS

Alternativa "a" – Intertextualidade existe, mas não é marca característica do discurso moderno.

Alternativa "b" – A metáfora não possui relação alguma com **acidente** geográfico. Ele cita a frase de John Donne para se referir à solidão.

Alternativa "c" – Utilizar masculino e feminino é uma forma de evitar o machismo, segundo o discurso moderno. Daí surge a linguagem neutra – assunto muito discutido atualmente.

Alternativa "d" – Não há vocábulos arcaicos, ou que não são usados habitualmente.

Alternativa "e" – As reticências foram utilizadas para demonstrar que existe continuidade na frase e isso não é moderno. Trata-se de uma das regras do emprego das reticências – criada há décadas.

Alternativa correta: letra "c".

TEXTO 4

"Em oposição aos meus apaixonados sentimentos de justiça e deveres sociais, sempre experimentei a total ausência de me aproximar dos homens e das sociedades humanas. Apraz-me sentir-me só. Nunca me entreguei de corpo e alma a um círculo de amigos, ao Estado, nem à minha própria família. Pelo contrário, sempre senti nesses laços o indefinível sentimento de ser um estranho em seu desejo de solidão."

Albert Einstein

195. (FGV – TCE AM – Auditor Técnico Controle Externo – MP - 2021) Considerando o conteúdo global desse segmento (texto 4), podemos definir o pensamento de Einstein como:

a) contraditório;

b) egoísta;

c) sentimental;

d) materialista;

e) solidário.

COMENTÁRIOS

Alternativa "a" – Note que o texto se inicia com a expressão "em oposição". Contradições: apaixonados sentimentos de justiça **versus** não me aproximar dos homens e das sociedades humanas; apaixonados sentimentos de deveres sociais **versus** apraz-me sentir-me só.

Alternativa "b" – Se indicasse egoísmo, não possuiria apaixonados sentimentos de justiça e deveres sociais.

Alternativa "c" – Não é sentimental: *sempre experimentei a total ausência de me aproximar dos homens e das sociedades humanas.*

Alternativa "d" – Nem se refere a bens materiais, não pode ser materialista.

Alternativa "e" – Não é solidário, basta reler o trecho mencionado na alternativa "c".

Alternativa correta: letra "a".

196. (FGV – TCE AM – Auditor Técnico Controle Externo – MP – 2021) Um teólogo russo, V. S. Soloviev, declarou: "Sinto vergonha, logo existo".

A afirmação INADEQUADA sobre essa frase:

a) é parte de um silogismo em que falta a conclusão;

b) mostra intertextualidade com uma frase famosa;

c) emite uma opinião pessoal do seu autor;

d) exemplifica um texto de caráter argumentativo;

e) não traz as duas premissas de um silogismo.

COMENTÁRIOS

Alternativa "a" – A conclusão existe: *logo existo.*

Alternativa "b" – Intertextualidade com René Descartes: "Penso, logo existo".

Alternativa "c" – Está escrito na primeira pessoa do singular (eu).

Alternativa "d" – Argumento: *sinto vergonha.* Em seguida, conclui tal argumento.

Alternativa "e" – Existe uma premissa e a conclusão, não são duas premissas.

Alternativa correta: letra "a".

TEXTO 1

"A Estrada de Ferro Mauá é a primeira ferrovia do Brasil e uma das principais estradas de ferro antigas. Implementada em 1852 e com início das operações, 2 anos depois, em 1854, a ferrovia teve papel essencial para o avanço econômico para o país, que viveria uma transição para se tornar uma república.

A estrada tinha a função de ligar o Porto de Mauá, em Magé (RJ), até o município de Fragoso. Na época, foi construída com uma capacidade de 14,5 km de extensão.

Essa ferrovia, que faz parte do quadro de estradas de ferro antigas, e é uma das mais importantes, justamente por dar início às operações desse setor, foi construída por Irineu Evangelista de Sousa, o Barão de Mauá.

O setor ferroviário já se apresentava como uma importante solução em outros países, principalmente na Europa e nos Estados Unidos. Justamente por isso é que o empresário Irineu decidiu implementar esse novo negócio, trazendo uma nova perspectiva para a produção nacional, visto que a partir disso se tornou possível levar os insumos produzidos com mais facilidade.

A Estrada de Ferro Mauá seguia um trajeto específico: abastecia os trens nas plantações de café no Vale do Paraíba, seguindo até a cidade de Magé. A partir daí, os produtos eram posicionados em embarcações para chegar até a cidade do Rio de Janeiro.

Essa prática facilitou muito o transporte do café, que era o principal produto do mercado interno e externo nacional. Antes, esse transporte era feito por tração animal, demorando muito tempo e enfrentando dificuldades maiores do que nas estradas de ferro antigas.

A operação da Estrada de Ferro Mauá durou até o fim do período imperial, em meados de 1888, já tendo perdido a sua importância."

(Massa, 23/06/2021)

197. (FGV – Auditor de Controle Externo – TCE – PI/2021) O texto 1 está estruturado em 7 parágrafos; a opção abaixo que mostra corretamente a temática do parágrafo destacado é:

a) parágrafo 1 - resumo da história completa da Estrada de Ferro Mauá;
b) parágrafo 2 - indicação da função econômica da Estrada de Ferro Mauá;
c) parágrafo 3 - importância atual da Estrada de Ferro Mauá;
d) parágrafo 4 - razões da implementação da Estrada de Ferro Mauá no Brasil;
e) parágrafo 5 - roteiro, extensão e função da Estrada de Ferro Mauá.

COMENTÁRIOS

Alternativa "a" – Menciona quando foi criada e algumas características. Nos parágrafos posteriores, continua descrevendo. Não se trata de um resumo completo.

Alternativa "b" – Indicação da extensão.

Alternativa "c" – Importância da Estrada de Ferro em 1852, quando foi criada.

Alternativa "d" – O Barão de Mauá decidiu implementar a Estrada e Ferro **porque** *o setor ferroviário* ***já se apresentava como uma importante solução em outros países*** (...) ***trazendo uma nova perspectiva para a produção nacional*** (...) *a partir disso* ***se tornou possível levar os insumos produzidos com mais facilidade***.

Alternativa "e" – Indica apenas o roteiro, demonstra o trajeto específico. A extensão está no 2º §; a função, no 4º §.

Alternativa correta: letra "d".

198. (FGV – Auditor de Controle Externo – TCE – PI/2021) No parágrafo 4 do texto 1 há uma referência à Europa e aos Estados Unidos; essa referência tem a finalidade de:

a) informar sobre nossa dependência política;
b) implementar mudanças em nossa estrutura econômica;
c) mostrar os responsáveis pela construção da Estrada;
d) revelar a origem do financiamento da construção;
e) indicar um modelo a ser seguido.

COMENTÁRIOS

Alternativa "a" – Não há relação com a política, mas sim com a economia, e não menciona dependência alguma.

Alternativa "b" – Barão de Mauá, empresário brasileiro, decidiu implementar o setor ferroviário a fim de melhorar a produção nacional.

Alternativa "c" – A Europa e os Estados Unidos não foram os responsáveis pela construção da Estrada. Quem construiu foi o empresário Irineu, como mencionado na alternativa anterior.

Alternativa "d" – Em momento algum é mencionado que houve financiamento para construir a estrada, muito menos que a Europa ou os Estados ajudaram.

Alternativa "e" – Se na Europa e nos Estados Unidos, o setor ferroviário já se apresentava como uma importante solução, era necessário seguir o exemplo, isto é, seguir o modelo deles.

Alternativa correta: letra "e".

TEXTO 3

"Um dos grandes problemas enfrentados pelos moradores das grandes cidades brasileiras é a deficiente infraestrutura de transportes. As pessoas demoram muito tempo para se deslocarem, sem condições mínimas de conforto, tendo muitas vezes que encarar longas distâncias em pé, em ônibus lotados.

Este problema tem origem em meados do século XX, quando o Brasil passou por um processo de industrialização que aconteceu de forma rápida e descontrolada. Houve migração muito grande de pessoas para as cidades, o que levou à supervalorização do preço dos terrenos e imóveis.

A solução, para as pessoas de renda mais baixa, foi estabelecer moradia em zonas mais afastadas, além de favelas e ocupações irregulares. As ofertas de empregos e serviços, no entanto, ficou concentrada nos bairros mais nobres, o que exige deslocamento de grandes distâncias pelos trabalhadores."

199. (FGV – Auditor de Controle Externo – TCE – PI/2021) "Este problema tem origem em meados do século XX, quando o Brasil passou por um processo de industrialização que aconteceu de forma rápida e descontrolada. Houve migração muito grande de pessoas para as cidades, o que levou à supervalorização do preço dos terrenos e imóveis."

Na verdade, o problema detectado pelo autor do texto 3 foi:

a) o processo de industrialização;
b) a grande migração de pessoas para as cidades;
c) a supervalorização dos preços dos terrenos;
d) o aumento descontrolado dos preços dos imóveis;
e) o descontrole no processo de industrialização.

COMENTÁRIOS

Alternativa "a" – O processo de industrialização não foi um problema, mas sim a forma como ele aconteceu.

Alternativa "b" – A grande migração de pessoas para as cidades foi o que causou o problema do processo de industrialização – ocorreu de forma rápida e descontrolada.

Alternativa "c" – A supervalorização dos terrenos ocorreu porque muitas pessoas migraram para as cidades. Esse não foi o problema.

Alternativa "d" – O adjetivo "descontrolada", no texto, refere-se à forma como ocorreu o processo de industrialização, não à supervalorização dos imóveis.

Alternativa "e" – Em meados do século XX, *o Brasil passou por um* ***processo de industrialização*** *que aconteceu* ***de forma rápida e <u>descontrolada</u>***.

Alternativa correta: letra "e".

200. (FGV – Auditor de Controle Externo – TCE – PI/2021) Pela sua estruturação, o texto 3 deve ser classificado como:

a) dissertativo-informativo;
b) expositivo-didático;
c) descritivo-argumentativo;
d) narrativo-dissertativo;
e) narrativo-descritivo.

COMENTÁRIOS

Alternativa "a" – É dissertativo porque informa um assunto ao leitor – o processo de industrialização. É informativo porque relata informações de maneira objetiva e verossímil e não possui juízo de valor.

Alternativa "b" – Não possui juízo de valor, então não pode ser expositivo. Além disso, não é didático, ou seja, não possui objetivos pedagógicos.

Alternativa "c" – Não descreve, não expõe apreciações, impressões ou observações de algo nem indica os aspectos, as características, os detalhes singulares e os pormenores.

Alternativa "d" – Não possui enredo nem personagens.

Alternativa "e" – Não narra e não descreve – como mencionado na alternativa "c".

Alternativa correta: letra "a".

TEXTO 4 - O TRANSPORTE PÚBLICO

"O responsável primário pelo transporte público urbano é o poder público municipal. É isso que prevê o inciso V do artigo 30 da Constituição Federal:

'[Cabe ao município] organizar e prestar, diretamente ou sob regime de concessão ou permissão, os serviços públicos de interesse local, incluído o de transporte coletivo, que tem caráter essencial'.

Entretanto, como você pode observar, esse dispositivo da Constituição dá liberdade aos municípios quanto a como ofertar esse serviço. Primeiro, o município pode escolher cuidar do transporte coletivo por conta própria. A prefeitura se responsabiliza diretamente pela gestão do sistema e desembolsa 100% dos recursos para mantê-lo. É claro que o modelo direto é pouco adotado, já que o orçamento municipal costuma ser apertado e há outras áreas que as prefeituras devem suprir (saúde e educação, por exemplo). Nesse caso, quais opções restam?

A saída mais comum é contratar empresas para desempenhar essa função. Para fazer isso, é preciso realizar uma licitação, procedimento padrão para que uma empresa desempenhe um serviço público. As empresas vencedoras da licitação atuam sob regime de concessão ou permissão. A diferença entre os dois é sutil e pouco relevante; o que importa saber é que a empresa firma um contrato com a prefeitura por certo período de tempo, para administrar a maior parte do sistema de transporte coletivo municipal." (Politize!, 30/05/2021)

201. (FGV – Auditor de Controle Externo – TCE – PI/2021) No texto 4, ocorre a citação de um trecho da Constituição de nosso país; no caso das leis, a função da língua escrita é a:

a) de transferência, ou seja, marca a transferência do ato comunicativo para outro local ou momento;

b) de preservação, ou seja, visa ao armazenamento de informações importantes para os diversos momentos históricos;

c) de memorização, ou seja, preservação de uma informação para o momento da elocução e não para o futuro;

d) de produção do conhecimento, ou seja, a expressão escrita produz, simultaneamente à sua estruturação, conhecimento novo;

e) artística, ou seja, a produção de textos com finalidade estética.

COMENTÁRIOS

✪ **Nota da autora:** A banca exige as **funções da língua escrita**. Por se tratar de um assunto novo – a banca ainda não tinha exigido –, confira as definições e os exemplos a seguir.

Funções	Conceitos	Exemplos
função de transferência	motivada pela ausência do interlocutor no momento da enunciação, marca a transferência da realização do ato comunicativo para um outro local ou para um outro momento.	O poema Os Lusíadas, escrito em 1570, faz com que Camões, seu autor, permaneça "vivo" até os dias de hoje.
função de preservação	consiste no armazenamento de informações.	A biblioteca.
função sócio-político-cultural	enfatiza que há uma estreita relação entre língua escrita e nacionalidade; as culturas preocupam-se em manter sua identidade cultural e nacional por meio da preservação da própria língua.	No Brasil, apesar de se empregar o idioma de Portugal, o brasileiro afirma sua nacionalidade, muitas vezes, opondo-se à língua de além-mar, como no caso de nossos autores retratando a nossa pátria.
função de memorização	de certo modo semelhante à função de preservação, com a diferença de que o que se preserva é algo que se dirige ao momento presente.	As agendas diárias.
função artística	mostra que a língua escrita é o veículo das grandes obras da literatura universal.	O conto de fadas A Bela Adormecida.
função de produção de conhecimento	revela que a manutenção do prestígio da língua escrita se deve fundamentalmente a essa função.	Ao escrevermos, não estamos expressando um pensamento já formado, mas o estamos formando à medida que escrevemos.9

Alternativa "a" – Não há transferência do ato comunicativo para outro local ou momento.

Alternativa "b" – Como mencionado no comando da questão, trata-se de um trecho da Constituição de nosso país e possui o objetivo de armazenar informações importantes, ou seja, a língua possui função de preservação.

Alternativa "c" – Não é para o momento da elocução.

Alternativa "d" – Não se trata de expressar um pensamento já formado, trata-se de informações.

Alternativa "e" – A Constituição não possui finalidade estética.

Alternativa correta: letra "b".

202. (FGV – Auditor de Controle Externo – TCE – PI/2021) "Nesse caso, quais opções restam?"

Essa pergunta finaliza o penúltimo parágrafo do texto; podemos ver que, no texto 4, tal questão:

9. CARNEIRO, Agostinho Dias. Redação em construção: a escrita do texto. São Paulo: Moderna, 2001.

a) é integralmente respondida no parágrafo final do texto;
b) é simplesmente ignorada na continuidade do texto;
c) aparece como simples pergunta ao leitor, sem compromissos textuais;
d) é parcialmente respondida, pois só apresenta ao leitor uma opção;
e) é parcialmente respondida, apresentando ao leitor somente duas das opções possíveis.

COMENTÁRIOS

Alternativa "a" – Não responde de modo completo porque cita apenas uma saída – a mais comum.

Alternativa "b" – A resposta existe, não foi ignorada.

Alternativa "c" – Existe compromisso textual porque foi respondida.

Alternativa "d" – Pergunta "**quais opções restam**?" e responde que existe **uma saída realizada em conjunto**: *contratar empresas para desempenhar essa função*. A resposta não está completa pelo de fato de mencionar apenas a saída mais comum, não cita as outras saídas.

Alternativa "e" – É respondida parcialmente, mas apresenta somente uma opção.

Alternativa correta: letra "d".

203.(FGV – Auditor de Controle Externo – TCE – PI/2021) "As empresas vencedoras da licitação atuam sob regime de concessão ou permissão. A diferença entre os dois é sutil e pouco relevante; o que importa saber é que a empresa firma um contrato com a prefeitura por certo período de tempo, para administrar a maior parte do sistema de transporte coletivo municipal." O autor do texto 4 declara ser "sutil e pouco relevante" a diferença entre concessão e permissão; em função dessa declaração:

a) o texto só registra o essencial;
b) o autor abandona essa diferença;
c) as linhas seguintes mostram diferenças;
d) a continuidade do texto retifica essa declaração;
e) o texto só apresenta uma diferença.

COMENTÁRIOS

Alternativa "a" – É imprescindível saber, é importante, é essencial, ou seja, menciona apenas o que importa saber.

Alternativa "b" – Não abandona por dois motivos: ***a diferença entre os dois é sutil*** *e pouco relevante;* ***o que importa saber é*** *que a empresa firma um contrato com a prefeitura por certo período de tempo, para administrar a maior parte do sistema de transporte coletivo municipal.*

Alternativa "c" – As linhas seguintes mostram apenas o que importa saber, não as diferenças.

Alternativa "d" – A continuidade ratifica (confirma), não retifica (corrige).

Alternativa "e" – O texto apresenta o que é essencial, não apresenta uma diferença em função da declaração.

Alternativa correta: letra "a".

TEXTO CG1A1-I

No meio científico, é insuficiente — aliás, é perigoso — produzir apenas um grupo de profissionais pequeno, altamente competente e bem remunerado. Um esforço combinado que vise transmitir a todos os cidadãos a ciência — por meio de rádio, TV, cinema, jornais, livros, programas de computadores, parques temáticos, salas de aula — deve pautar-se em quatro razões principais.

Mesmo que nem sempre possibilite ao cientista um bom emprego, a ciência pode ser o caminho propício para vencer a pobreza nas nações emergentes. Ela faz funcionar a economia e a civilização global.

A ciência nos alerta contra os perigos introduzidos por tecnologias que alteram o mundo, especialmente o meio ambiente de que nossas vidas dependem. Assim, a ciência providencia um sistema essencial de alerta antecipado.

A ciência nos esclarece sobre as questões mais profundas das origens, das naturezas e dos destinos — de nossa espécie, da vida, de nosso planeta, do Universo. A longo prazo, a maior dádiva da ciência talvez seja nos ensinar, de um modo ainda não superado por nenhum outro empenho humano, alguma coisa sobre nosso contexto cósmico, sobre o ponto do espaço e do tempo em que estamos, e sobre quem nós somos.

Os valores da ciência e os da democracia são concordantes, em muitos casos indistinguíveis. A ciência e a democracia começaram ao mesmo tempo e no mesmo lugar: na Grécia dos séculos VI e VII a.C. A ciência confere poder a qualquer um que se der ao trabalho de aprendê-la (**embora muitos tenham sido sistematicamente impedidos de adquirir esse conhecimento**). Ela se nutre do livre intercâmbio de ideias. Tanto a ciência quanto a democracia encorajam opiniões não convencionais e debate vigoroso. Ambas requerem raciocínio adequado, argumentos coerentes, padrões rigorosos de evidência e honestidade.

Descobrir a gota ocasional da verdade no meio de um grande oceano de confusão e mistificação requer vigilância, dedicação e coragem. Mas, se não praticarmos esses hábitos rigorosos de pensar, não poderemos ter esperança de solucionar os problemas verdadeiramente sérios que enfrentamos.

Carl Sagan. Ciência e esperança. In: O mundo assombrado pelos demônios: a ciência vista como uma vela no escuro. São Paulo: Companhia das Letras, 2006, p. 58-9 (com adaptações).

204.(CESPE – Analista de Controle Externo – Direito – TCE – MG/2018) Da leitura do texto CG1A1-I infere-se que

a) a pobreza e o atraso das nações emergentes devem-se à falta de tecnologia.

b) a ciência se desenvolveu devido ao advento da democracia na Grécia antiga, nos séculos VI e VII a.C.

c) a ciência deve ser controlada por um pequeno e competente grupo de profissionais.

d) a tecnologia, por seu largo alcance, alerta-nos contra futuros perigos.

e) as descobertas e as formas de aprendizado da ciência devem ser amplamente divulgadas.

COMENTÁRIOS

Alternativa "a" – A causa não é a falta de tecnologia. No texto: ***a ciência*** *pode ser o caminho propício para vencer a pobreza nas nações emergentes.*

Alternativa "b" – A causa não foi a democracia. No 5º §: *A ciência e a democracia começaram ao mesmo tempo e no mesmo lugar: na Grécia dos séculos VI e VII a.C.*

Alternativa "c" – Isso é perigoso. No início do texto: *No meio científico, é insuficiente — aliás, é perigoso — produzir apenas um grupo de profissionais pequeno, altamente competente e bem remunerado.*

Alternativa "d" – Não é a tecnologia que nos alerta: ***A ciência nos alerta*** *contra os perigos introduzidos por tecnologias que alteram o mundo, especialmente o meio ambiente de que nossas vidas dependem.*

Alternativa "e" – Ideia mencionada no primeiro parágrafo: *Um esforço combinado que* ***vise transmitir a todos os cidadãos*** *a ciência — por meio de rádio, TV, cinema, jornais, livros, programas de computadores, parques temáticos, salas de aula.*

Alternativa correta: letra "e".

205.(CESPE – Analista de Controle Externo – Direito – TCE – MG/2018) De acordo com o texto CG1A1-I, para a transmissão da ciência a todos os cidadãos é necessário

a) relativizar o rigor científico diante das condições da população.

b) encorajar as opiniões não convencionais e o debate.

c) eliminar as possibilidades de mau emprego.

d) afastar a aprendizagem da ciência de questões políticas.

e) distinguir os tópicos científicos de questões da economia.

COMENTÁRIOS

Alternativa "a" – Não menciona que deva haver essa relação.

Alternativa "b" – No 5º §: *Tanto a ciência quanto a democracia* ***encorajam opiniões não convencionais e debate vigoroso****. Ambas requerem raciocínio adequado, argumentos coerentes, padrões rigorosos de evidência e honestidade.*

Alternativa "c" – A ciência nem sempre possibilita ao cientista um bom emprego.

Alternativa "d" – Não cita que é necessário afastá-las: A ciência e a democracia (política) *requerem raciocínio adequado, argumentos coerentes, padrões rigorosos de evidência e honestidade.*

Alternativa "e" – São interligados: *a ciência pode ser o caminho propício para vencer a pobreza nas nações emergentes. Ela faz funcionar a economia e a civilização global.*

Alternativa correta: letra "b".

206.(CESPE – Analista de Controle Externo – Direito – TCE – MG/2018) No último parágrafo do texto CG1A1-I, o autor afirma que "Descobrir a gota ocasional da verdade no meio de um grande oceano de confusão e mistificação requer vigilância, dedicação e coragem". A afirmação "requer coragem" está baseada no argumento de que a ciência

a) pode ser mal interpretada em nações emergentes, pobres e atrasadas.

b) é desenvolvida no livre intercâmbio de ideias, em debates que envolvam opiniões que se opõem.

c) pode ser perigosa se divulgar inverdades que prejudiquem a humanidade.

d) exige métodos que se contrapõem aos valores da democracia.

e) necessita de um grupo de profissionais altamente qualificados capaz de prevenir erros.

COMENTÁRIOS

Alternativa "a" – Não menciona que pode ser mal interpretada; esclarece apenas que *a ciência pode ser o caminho propício para vencer a pobreza nas nações emergentes.*

Alternativa "b" – **A ciência** ***se nutre do livre intercâmbio de ideias****. Tanto a ciência quanto a* *democracia* ***encorajam opiniões não convencionais e debate vigoroso****. Ambas requerem raciocínio adequado, argumentos coerentes, padrões rigorosos de evidência e honestidade.*

Alternativa "c" – Não cita inverdades, mas sim "confusão": *Descobrir a gota ocasional da verdade no meio de um grande oceano de confusão e mistificação requer vigilância, dedicação e coragem.*

Alternativa "d" – Não se contrapõem: ***Os valores*** *da ciência e os da democracia* ***são concordantes****, em muitos casos indistinguíveis.*

Alternativa "e" – Isso é perigoso e insuficiente: *No meio científico,* ***é insuficiente*** *— aliás, é perigoso —* ***produzir apenas um grupo de profissionais pequeno, altamente competente*** *e bem remunerado.*

Alternativa correta: letra "b".

---

207. (CESPE – Analista de Controle Externo – Direito – TCE – MG/2018) De acordo com as ideias do texto CG1A1-I, o conhecimento acerca do contexto cósmico e do ponto do espaço e do tempo em que o ser humano está pode ser alcançado pela divulgação em grande escala da

I ciência.

II tecnologia.

III democracia.

Assinale a opção correta.

a) Apenas o item I está certo.

b) Apenas o item II está certo.

c) Apenas os itens I e III estão certos.

d) Apenas os itens II e III estão certos.

e) Todos os itens estão certos.

COMENTÁRIOS

Alternativa "a" – Apenas o item I está correto: *A ciência nos esclarece sobre as questões mais profundas das origens, das naturezas e dos destinos — de nossa espécie, da vida, de nosso planeta, do Universo. A longo prazo, a maior dádiva da ciência talvez seja nos ensinar, de um modo ainda não superado por nenhum outro empenho humano,* ***alguma coisa sobre nosso contexto cósmico, sobre o ponto do espaço e do tempo*** *em que estamos, e sobre quem nós somos.*

Alternativa "b" – O item II está errado: *A ciência nos alerta contra os perigos introduzidos por tecnologias que alteram o mundo, especialmente o meio ambiente de que nossas vidas dependem.*

Alternativa "c" – O item III está errado, pois menciona apenas que os valores da ciência e os da democracia são concordantes. A ciência e a democracia começaram ao mesmo tempo e no mesmo lugar: na Grécia dos séculos VI e VII a.C.

Alternativa "d" – Itens II e III estão errados, como visto nas alternativas "b" e "c".

Alternativa "e" – Apenas o item I está correto.

Alternativa correta: letra "a".

TEXTO PARA RESPONDER ÀS QUESTÕES.

Entre 1808, com a abertura dos portos, e 1850, no auge da centralização imperial, modificara-se a pacata, fechada e obsoleta sociedade. O país europeizava-se, para escândalo de muitos, iniciando um período de progresso rápido, progresso conscientemente provocado, sob moldes ingleses. O vestuário, a alimentação, a mobília mostram, no ingênuo deslumbramento, a subversão dos hábitos lusos, vagarosamente rompidos com os valores culturais que a presença europeia infiltrava, juntamente com as mercadorias importadas. O contato litorâneo das duas culturas, uma dominante já no período final da segregação colonial, articula-se no ajustamento das economias.

Ao Estado, a realidade mais ativa da estrutura social, coube o papel de intermediar o impacto estrangeiro, reduzindo-o à temperatura e à velocidade nativas. A engrenagem de acomodação e amortecimento poderia e deveria, se homogêneas as economias e coerentes as concepções sobre estas, ser a obra dos comerciantes estrangeiros, nas filiais brasileiras ligadas à metrópole. Poderiam esses quistos comerciais, ainda, submeter a política financeira aos seus interesses, segundo o velho padrão colonial, que viriam substituir sem mudar a substância do vínculo.

Na verdade, evitada a prematura bravata nacionalista, diga-se, desde logo, que a dependência da economia brasileira é inegável, mas não será, entretanto, uma dependência colonial, nem se afirmará no prolongamento da atividade metropolitana, passivamente aceita. Será uma dependência por via do Estado, sob a vigilância, desconfiada muitas vezes, entusiástica outras, de uma camada social, apta a participar das vantagens do intercâmbio, preocupada, não raro, em desviar-lhe o rumo submisso. A manipulação legal e financeira apressa ou retarda a integração, enquanto nas ruas o sentimento nativista, antiluso nas suas origens, ressente-se do invasor europeu, no qual identifica a arrogância colonialista.

O núcleo diretor da intermediação situa-se na estrutura financeira do país. Sua fraqueza, bem como seus episódicos impulsos, dão a tonalidade à necessária passagem da maré estrangeira por um filtro nacional. O Tesouro, ao tempo que reflete a realidade econômica, a ordena e a dirige, na ânsia, depois de 1850 acentuada, de erguer o país do marasmo, de adequá-lo ao mundo moderno e de impor-lhe maior ritmo de progresso. Ele expressa, no contexto do aparelhamento estatal, a face da dependência e, na preocupação de desenvolvimento, a fisionomia larvarmente autonomista.

(FAORO, Raymundo. Estado dependente, sob a orientação do Tesouro. Os donos do poder: formação do patronato político brasileiro. v. 2, 10. ed. São Paulo: Globo; Publifolha, 2000. Grandes nomes do pensamento brasileiro. p. 3 e 4)

208.(FCC – Auditor Público Externo – Ciências Jur. e Sociais – TCE – RS/2018) O texto legitima a seguinte inferência:

a) A despeito de formas de governo monárquico, como as que têm como chefe um imperador ou imperatriz, serem centralizadoras, elas efetivamente impulsionam avanços significativos em vários setores da sociedade.

b) Processos de importação de conceitos e hábitos violam sentimentos, crenças e convenções morais, sociais ou religiosas já estabelecidas, do que decorre o estado de perplexidade daqueles que estão submetidos a esse percurso.

c) Quando nações se comunicam por meio de mercadorias que importam e exportam acabam por adaptar seus distintos interesses e expectativas, harmonização que torna impraticável a supremacia de uma delas, a não ser em breve período inicial do contato.

d) O padrão relativamente constante de disposições morais, afetivas, comportamentais e intelectivas de um indivíduo é suscetível de subversão pelo contato direto com pessoas de outra cultura, ou mesmo indireto, por meio daquilo em que estas se expressam.

e) A integração entre dois povos implica impactos, acomodações, manipulações legais e financeiras, condições que impõem ao Estado a gerência da incorporação, pois é ele a via que impede intromissões indevidas e desvios do projeto financeiro do país.

COMENTÁRIOS

✪ **Nota da autora:** A questão é de interpretação, pois no comando surge o verbo *inferir.* Entenda, a seguir, a diferença entre compreender e interpretar.

Interpretar: consiste em saber o que se infere (conclui) do que está escrito. Os comandos de Interpretação (está fora do texto) são: depreende-se/infere-se/conclui-se do texto; o texto permite deduzir; é possível subentender a partir do texto; qual a intenção do autor quando afirma; o texto possibilita o entendimento; com o apoio do texto, infere-se; o texto encaminha o leitor para; pretende o texto mostrar que o leitor...; o texto possibilita deduzir.

Compreender: consiste em analisar o que realmente está escrito, ou seja, coletar dados do texto. Os comandos de compreensão (está no texto) são: segundo o texto; o autor/narrador do texto diz; o texto informa; no texto; tendo em vista o texto; de acordo com o texto; o autor sugere; o autor afirma; na opinião do autor do texto.

Alternativa "a" – O texto não cita vários setores, apenas o setor econômico e o cultural: *articula-se no ajustamento das economias; rompidos com os valores culturais que a presença europeia infiltrava.* Além disso, peca ao citar "imperador" e "imperatriz".

Alternativa "b" – Não se pode inferir que viole sentimentos. Seria extrapolação textual (compreender o que o texto não mencionou).

Alternativa "c" – Não torna a supremacia impraticável.

Alternativa "d" – Através da ideia mencionada no primeiro parágrafo, infere-se tal ideia: *com a abertura dos portos, e 1850, no auge da centralização imperial, **modificara-se a pacata, fechada e obsoleta sociedade. O país europeizava-se**, para escândalo de muitos, iniciando um período de progresso rápido, progresso conscientemente provocado, **sob moldes ingleses. O vestuário, a alimentação, a mobília mostram, no ingênuo deslumbramento**, a subversão dos hábitos lusos, vagarosamente rompidos com os **valores culturais que a presença europeia infiltrava, juntamente com as mercadorias importadas**.*

Alternativa "e" – Não menciona *desvio de projetos.*

Alternativa correta: letra "d".

209.(FCC – Auditor Público Externo – Ciências Jur. e Sociais – TCE – RS/2018) O que se tem no parágrafo 4, considerado em seu contexto, abona o seguinte entendimento:

a) No processo de integração das economias, a presença do Estado brasileiro frente ao inglês foi bastante tímida: a carência de algum estímulo próprio para o desenvolvimento da atividade econômica do país fez que as diretrizes do Tesouro Nacional dessem livre passagem ao avanço da maré estrangeira.

b) O Tesouro, na sua intensa preocupação em dar mostras do avanço da economia do país e, ao mesmo tempo, incentivar a vigorosa e necessária presença estrangeira, acabou por imprimir ritmo de progresso maior do que a nação estava pronta a suportar.

c) Principalmente depois de 1850, o Tesouro brasileiro, de um lado, dirigiu com mãos de ferro as ações comerciais nativas, de outro, tentou incrementar medidas que as tornassem autônomas;

esse comportamento paradoxal encobria um frágil desejo de independência.

d) Considerada a forma de organização do Estado, o Tesouro era o mais dependente de resoluções dos demais domínios, o que explicou a sua ânsia de ações que lhe dessem visibilidade, como a de tentar modernizar o país em ritmo de progresso até então desconhecido, caminho da autonomia da nação.

e) O Tesouro, ao atuar no ordenamento da economia, a manteve dependente do Estado, em dependência distinta da que o país conhecera antes; mas, simultaneamente, o Tesouro, ao empenhar-se no estímulo ao desenvolvimento, manifestou traços de soberania, ainda que imaturos.

COMENTÁRIOS

Alternativa "a" – Não se trata de "livre passagem", mas sim de ***necessária passagem*** *da maré estrangeira* ***por um filtro nacional.***

Alternativa "b" – No texto, a palavra "maior" refere-se ao ritmo de progresso, mas não cita se a nação está pronta (ou não) para suportar.

Alternativa "c" – Não é "de um lado" e "de outro". Os fatos simultâneos, segundo o texto, são: o Tesouro reflete a realidade econômica, ordena-a e a dirige, na ânsia de erguer o país do marasmo. Expressa a face da dependência e a fisionomia autonomista.

Alternativa "d" – Não se pode inferir que o Tesouro era **o mais** dependente de resoluções. Afirma-se apenas que *Ele expressa, no contexto do aparelhamento estatal, a face da dependência.*

Alternativa "e" – *Ele* ***expressa****, no contexto do* ***aparelhamento estatal, a face da dependência e****, na preocupação de desenvolvimento,* ***a fisionomia larvarmente autonomista.***

Alternativa correta: letra "e".

CHARGE PARA RESPONDER À QUESTÃO.

(Duke. http://www.otempo.com.br)

210. (Vunesp – Agente de Fiscalização – TCE – SP/2017) No plano da linguagem verbal, o humor da charge advém do fato de o marido, no pedido da mulher, entender o verbo "acertar" com significado de

a) resolver.

b) consertar.

c) endireitar.

d) atingir.

e) ajustar.

COMENTÁRIOS

✪ **Nota da autora:** Os sentidos de "acertar" são: *fazer certo; realizar corretamente; descobrir, encontrar; pôr de acordo; ajustar; atingir, bater*[10].

A mulher pediu que ele ajustasse a hora.

Alternativa "a" – Resolver: *achar a solução, decidir uma questão, solucionar.*

Alternativa "b" – Consertar: *corrigir falhas ou defeitos; reparar.*

Alternativa "c" – Endireitar, no sentido figurado, significa *deixar correto ou fazer correção em.*

Alternativa "d" – Ele entendeu como o significado de *atingir, bater.* Note que esse significado está explícito no dicionário.

Alternativa "e" – Ajustar: *adaptar, inteirar, completar.*

Alternativa correta: letra "d".

TEXTO PARA RESPONDER ÀS QUESTÕES.

Avaliar os servidores

Instituições funcionam bem quando conseguem promover os incentivos corretos. Em se tratando do serviço público, isso significa recompensar o mérito e o esforço, evitando que funcionários sucumbam às forças da inércia.

Uma das razões do fracasso do socialismo real, recorde-se, foi a ausência de estímulos do gênero aos trabalhadores. Para estes, a escolha racional era não chamar a atenção dos superiores, negativa ou positivamente.

A gestão de pessoal no Estado brasileiro não chega a reproduzir um modelo soviético, mas carece de sistema eficaz de incentivos e sanções. Com efeito, políticas de bônus por produtividade nas carreiras públicas ainda são tímidas e raramente bem desenhadas.

10. https://www.dicio.com.br/acertar/

Já a dispensa de servidores por insuficiência de desempenho, embora prevista na Constituição, não pode ser posta em prática porque o Congresso nunca elaborou uma lei complementar que regulamentasse a avaliação dos profissionais, como a Carta exige.

Vislumbra-se, agora, uma possibilidade de avanço. Discute-se no Senado projeto que cria um sistema de avaliação periódica, a ser adotado por União, Estados e municípios, que poderá levar à exoneração de servidores que obtenham, por sucessivas vezes (o número exato ainda é objeto de negociação), notas inferiores a 30% da pontuação máxima.

Será ingenuidade, entretanto, contar com uma aprovação fácil – os sindicatos da categoria já se mobilizam contra o texto.

Tampouco se deve imaginar que basta uma lei para alterar o statu quo. Sistemas de avaliação de servidores já existentes em alguns órgãos muitas vezes não passam de um jogo de cena corporativista, que acaba por distribuir premiações quase generalizadas.

As dificuldades, contudo, não podem ser pretexto para o imobilismo. O projeto se apresenta como um passo inicial importante; uma vez posto em prática, a experiência servirá de base para eventuais aperfeiçoamentos.

(Editorial. Folha de S.Paulo, 29.09.2017. Adaptado)

211. (Vunesp – Agente de Fiscalização – TCE – SP/2017) No editorial, argumenta-se que

a) a avaliação dos funcionários públicos no Brasil contará com uma legislação específica, a partir de projeto que tramita no Senado, o qual prevê a dispensa de 30% dos servidores cujo desempenho profissional não atende às necessidades do Estado.

b) a gestão de pessoal é uma realidade no Estado brasileiro, correspondendo a um jogo de interesses em que se preservam servidores com desempenho sofrível atuando sem punição, razão pela qual o novo projeto de avaliação deveria ser deixado de lado.

c) a aprovação do projeto de lei que tramita no Senado deverá agilizar os processos de avaliação dos funcionários públicos no Brasil, atendendo a uma reivindicação de sindicatos da categoria, que estão mobilizados para essa nova realidade na gestão de pessoal.

d) a avaliação dos funcionários públicos no Brasil seria desejável, de modo a garantir mais eficiência no trabalho, reconhecendo o mérito dos trabalhadores mais dedicados; contudo, a legislação brasileira proíbe esse tipo de acompanhamento de gestão de pessoal.

e) a gestão de pessoal no Estado brasileiro precisa implementar um plano de avaliação de seus servidores que seja capaz de estimulá-los pelo mérito de seu trabalho, bem como aplicar a correta penalidade àqueles cujo desempenho é insatisfatório.

COMENTÁRIOS

Alternativa "a" – Os 30% referem-se à pontuação mínima da avaliação.

Alternativa "b" – O projeto não deveria ser deixado de lado: *O projeto se apresenta como um **passo inicial importante**.*

Alternativa "c" – Não foi reivindicação de sindicatos: ***os sindicatos** da categoria já **se mobilizam contra** o texto.*

Alternativa "d" – A legislação não proíbe o acompanhamento: *a dispensa de servidores por **insuficiência de desempenho** é prevista na Constituição.*

Alternativa "e" – Ideias expostas no 3º e no 4º parágrafo: *A gestão de pessoal no Estado brasileiro carece de sistema eficaz de incentivos e sanções. Com efeito, políticas de bônus por produtividade nas carreiras públicas ainda são tímidas e raramente bem desenhadas. Já a dispensa de servidores por insuficiência de desempenho, embora prevista na Constituição, não pode ser posta em prática porque o Congresso nunca elaborou uma lei complementar que regulamentasse a avaliação dos profissionais, como a Carta exige.*

Alternativa correta: letra "e".

212. (Vunesp – Agente de Fiscalização – TCE – SP/2017) Em relação ao projeto de lei a ser votado no Senado, o texto deixa claro que

a) sofre críticas dos sindicatos e, quando aprovado, irá de encontro aos preceitos da Carta.

b) enfrentará resistências e, ainda que aprovado, sua implementação poderá ser comprometida.

c) compromete os direitos dos trabalhadores e, apesar disso, estes mantêm-se impassíveis.

d) conta com o apoio dos servidores, mas, se aprovado, criará impasses com os sindicatos.

e) é alvo de muitas críticas e, por conta disso, o imobilismo social e político é inevitável.

COMENTÁRIOS

Alternativa "a" – Não indica oposição (ir de encontro). Teria que ser irá **ao encontro d**os preceitos.

Alternativa "b" – No penúltimo parágrafo: *Tampouco se deve imaginar que basta uma lei para alterar o statu quo. Sistemas de avaliação de servidores já existentes em alguns órgãos muitas vezes não passam de* *um jogo de cena corporativista, que acaba por distribuir premiações quase generalizadas.*

Alternativa "c" – Os trabalhadores não são impassíveis, pois os sindicatos os representam: *os sindicatos da categoria **já se mobilizam** contra o texto.*

Alternativa "d" – Não conta com o apoio dos servidores.

Alternativa "e" – Não ocorre imobilismo, pois está em discussão.

Alternativa correta: letra "b".

TEXTO PARA RESPONDER À QUESTÃO.

Andá com fé eu vou
Que a fé não costuma faiá
Certo ou errado até
A fé vai onde quer que eu vá
Ô-ô
A pé ou de avião
Mesmo a quem não tem fé
A fé costuma acompanhar
Ô-ô
Pelo sim, pelo não

(http://www.gilbertogil.com.br/sec_musica_2017.php)

Leia a tira.

(CJ. Politicopatas. Folha de S.Paulo, 15.10.2017)

213. (Vunesp – Agente de Fiscalização – Administração – TCE – SP/2017) A leitura comparativa entre a tira e a canção de Gilberto Gil permite concluir que os dois textos

a) mostram diferentes percepções quanto à fé: a canção diz que ela ajuda até quem não a tem, ao contrário da tira, que a questiona.

b) trazem percepções antagônicas da fé, ficando claro, na tira, que a crença destrói as situações de má sorte.

c) mostram a fé como forma infalível de superar situações adversas e difíceis da vida, até mesmo para quem não a tem.

d) apresentam o mesmo sentido em relação à fé: embora pareça que seja infalível, na verdade, ela não livra ninguém dos problemas.

e) convergem quanto à fé no sentido de que ela seguramente resolve os problemas da vida de quem crê ou não.

COMENTÁRIOS

Alternativa "a" – Na canção, a fé ajuda: *Mesmo a quem não tem fé / A fé costuma acompanhar;* na tira, ocorre questionamento: "suas 'oração' só dão urucubaca", ou seja, as orações não surtem efeito.

Alternativa "b" – Antagônicas são, mas na tira indica que a crença não destrói as situações de má sorte.

Alternativa "c" – A afirmação refere-se apenas à canção de Gilberto Gil.

Alternativa "d" – O sentido é distinto: na canção, a fé pode ajudar; na tira, faz efeito contrário (as orações dão azar).

Alternativa "e" – Além de a palavra "seguramente" extrapolar a ideia da canção, a ideia de que a fé resolva os problemas não é mencionada na tira.

Alternativa correta: letra "a".

TEXTO PARA RESPONDER ÀS QUESTÕES.

A eletricidade produzida a partir da luz do sol, ou energia fotovoltaica, aparece como a grande estrela do relatório "Renováveis 2017 – Análise e Previsões para 2022", da Agência Internacional de Energia (AIE). E a maior responsável por isso, mais uma vez, é a China.

A geração solar foi a que mais cresceu entre as energias renováveis, alcançando quase a metade (45%) dos 165 gigawatts de capacidade adicionada em 2016, excluídas fontes de origem fóssil (carvão, petróleo e gás natural) e nuclear.

O Brasil instalou 7,8 GW de renováveis no ano passado – de um total de 9,5 GW no país -, repartidos entre usinas hidrelétricas (5,2 GW) e eólicas (2,6 GW). Mantém uma das matrizes de geração mais limpas, mas contribui com menos de 5% do crescimento verde mundial.

Já a China responde por 40% da capacidade renovável adicionada em 2016, e a maior parte disso provém da energia solar. **O governo de Pequim incentiva essa fonte limpa na tentativa de mino-**

rar a poluição do ar gerada por termelétricas a carvão, grave problema de saúde pública e inquietação social.

Sob esse estímulo, o país asiático já representa 50% da demanda global por painéis fotovoltaicos e manufatura 60% desses equipamentos.

Salta aos olhos a irrelevância do Brasil no que respeita à energia solar fotovoltaica. Algumas grandes centrais começam a ser instaladas, mas o investimento nacional na mais dinâmica fonte alternativa é desprezível, em termos mundiais.

O país só se destaca, no relatório da AIE, na seara das fontes renováveis para o setor de transporte. Embora o noticiário se concentre na voga dos veículos elétricos, o estudo ressalta que os biocombustíveis – como etanol e biodiesel – permanecerão como opções mais viáveis.

Sim, o Brasil conta com a matriz elétrica mais limpa entre nações de grande porte e liderança inconteste em álcool combustível. O futuro, no entanto, é solar.

(Editorial. Império do sol. Folha de S.Paulo, 10.10.2017. Adaptado)

214. (Vunesp – Agente de Fiscalização – Administração – TCE – SP/2017) De acordo com o texto, o papel do Brasil no cenário mundial da energia solar fotovoltaica é

a) pouco importante, apesar de o país ter um investimento na área que o coloca em situação vantajosa quando comparado aos demais países.

b) inexpressivo, acompanhado pela questionável matriz energética do país, que insiste em investir em álcool combustível, que não corresponde às demandas do futuro.

c) justamente reconhecido, porque o país possui uma das matrizes de geração de energias mais limpas e se destacou, no relatório da AIE, na seara das fontes renováveis.

d) insignificante, com baixos investimentos nessa fonte energética do futuro, por ainda privilegiar outras matrizes de geração de energia limpa.

e) bastante destacado, uma vez que o país tem perseguido índices de investimento apenas superados por nações desenvolvidas que são referência na área.

COMENTÁRIOS

Alternativa "a" – O Brasil não está em situação vantajosa, pois investiu menos de 5%.

Alternativa "b" – A matriz não é questionável: *Mantém uma das matrizes de geração **mais limpas**.*

Alternativa "c" – O destaque do Brasil foi apenas no **setor de transportes**.

Alternativa "d" – Ideia expressa no terceiro parágrafo: *O Brasil instalou 7,8 GW de renováveis no ano passado – de um total de 9,5 GW no país -, repartidos entre usinas hidrelétricas (5,2 GW) e eólicas (2,6 GW). Mantém uma das matrizes de geração mais limpas, **mas contribui com menos de 5% do crescimento verde mundial.***

Alternativa "e" – O Brasil não se destaca porque não investe: *contribui com **menos de 5%.***

Alternativa correta: letra "d".

215. (Vunesp – Agente de Fiscalização – Administração – TCE – SP/2017) Observe as duas passagens do texto:

- O governo de Pequim incentiva essa fonte limpa na tentativa de minorar a poluição do ar gerada por termelétricas a carvão... (4º parágrafo)
- Sob esse estímulo, o país asiático já representa 50% da demanda global por painéis fotovoltaicos e manufatura 60% desses equipamentos. (5º parágrafo)

Analisando-se as informações, conclui-se que as do 5º parágrafo representam

a) consequência do que se apresenta no parágrafo anterior, que define as termelétricas a carvão como uma das causas da poluição do ar.

b) hipótese para superar a situação apresentada no parágrafo anterior, que afirma ser possível a poluição do ar a partir das termelétricas.

c) comparação entre os fatos mencionados no parágrafo anterior, que aponta a problemática da poluição do ar.

d) ressalva com dados que desqualificam o fato mencionado no parágrafo anterior, o qual sugere que as termelétricas poluem o ar.

e) oposição ao contido no parágrafo anterior, que afirma serem as termelétricas a carvão a causa exclusiva da poluição do ar.

COMENTÁRIOS

✪ **Nota da autora:** Basta se atentar aos vocábulos citados no início de cada alternativa: consequência, hipótese, comparação, ressalva e oposição.

Alternativa "a" – Indica consequência por dois motivos: 1. Cabe a locução conjunção "de modo que"; 2. O pronome anafórico "esse" retoma a ideia do parágrafo anterior. Quanto às causas da poluição, são as termelétricas, já que o governo incentiva essa fonte limpa para diminuir a poluição.

Alternativa "b" – Não é hipótese, pois há dados reais: *já representa 50% da demanda; manufatura 60% desses equipamentos.*

Alternativa "c" – Não existe comparação, mas sim consequência.

Alternativa "d" – Em hipótese alguma há retificação ou correção.

Alternativa "e" – Se não existe ressalva (mencionado na alternativa anterior), é impossível existir contraste. As duas alternativas são facilmente eliminadas.

Alternativa correta: letra "a".

216. (Vunesp – Agente de Fiscalização – Administração – TCE – SP/2017) Leia a charge.

(*Duke. Em: http://www.otempo.com.br*)

No plano da linguagem verbal, o efeito de humor da charge decorre

a) da aproximação de sentido presente nas falas das personagens, com os termos "chato", "plana" e "raso".
b) do contraste de sentido na fala das personagens, nas quais os adjetivos "chato" e "plana" se opõem.
c) da fala confusa da personagem, quando utiliza o adjetivo "plana" para referir-se à Terra.
d) da imprecisão do diálogo das personagens, razão pela qual não se entende o sentido de "raso".
e) da forma respeitosa como as personagens se tratam, o que se comprova com o adjetivo "raso".

COMENTÁRIOS

✪ **Nota da autora:** As palavras estão relacionadas à astronomia no sentido denotativo, mas podem ser interpretadas no sentido figurado, ou seja, metafórico.

Alternativa "a" – Ocorre aproximação de sentido. Entendamos, a seguir, os três quadrinhos separadamente.

1. O mundo é **chato:** no sentido denotativo, significa que *possui superfície lisa, plana, sem elevações*; no sentido conotativo: o mundo é *entediante, enfadonho, maçante, tedioso.*
2. A terra é **plana**: denotação: rasa, lisa, sem diferenças de níveis; conotação: *fácil, acessível, clara.*
3. Seu raciocínio é **raso**: denotação: *rente ao fundo*; conotação: *não tem cogulo* (excesso, demasia), ou seja, não tem fundamento.

Alternativa "b" – Além de não haver contraste na fala, os sentidos não se opõem.

Alternativa "c" – A fala não é confusa.

Alternativa "d" – Não há imprecisão no diálogo e o sentido de "raso" é entendido.

Alternativa "e" – As personagens se tratam com ironia e não há relação alguma com o adjetivo "raso".

Alternativa correta: letra "a".

TEXTO PARA RESPONDER À QUESTÃO.

A vontade do falecido

Alguns dias depois, deu-se o evento. Seu Irineu pisou no prego e esvaziou. Apanhou um resfriado, do resfriado passou à pneumonia, da pneumonia passou ao estado de coma e do estado de coma não passou mais. Levou pau e foi reprovado. Um médico do SAMDU*, muito a contragosto, compareceu ao local e deu o atestado de óbito.

Tudo que era parente com razoáveis esperanças de herança foi velar o morto.

Tomou-se conhecimento de uma carta que estava cuidadosamente colocada dentro do cofre, sobre o dinheiro deixado por seu Irineu. E na carta o velho dizia: "Quero ser enterrado junto com a quantia existente nesse cofre, que é tudo o que eu possuo e que foi ganho com o suor do meu rosto, sem a ajuda de parente vagabundo nenhum". E, por baixo, a assinatura com firma reconhecida para não haver dúvida: Irineu de Carvalho Pinto Boaventura.

Para quê! Nunca se chorou tanto num velório, sem se ligar pro morto. A parentada chorava às pampas, mas não apareceu ninguém com peito para desrespeitar a vontade do falecido.

Foi quase na hora do corpo sair. Desde o momento em que se tomou conhecimento do que a carta dizia, que Altamirando imaginava um jeito de passar o morto para trás. Era muita sopa deixar aquele dinheiro ali pro velho gastar com minhoca. Pensou, pensou e, na hora que iam fechar o caixão, ele deu o grito de "pera aí". Tirou os sessenta milhões de dentro do caixão, fez um cheque da mesma importância, jogou lá dentro e disse "fecha".

- Se ele precisar, mais tarde desconta o cheque no Banco.

* SAMDU – Serviço de Assistência Médica Domiciliar e de Urgência, já extinto.

(Stanislaw Ponte Preta. Dois amigos e um chato, 1986. Adaptado)

217. (Vunesp – Agente de Fiscalização – Administração – TCE – SP/2017) O texto relata a situação ocorrida no velório do velho Irineu, enfatizando que

a) havia, por parte dos parentes, mais interesse econômico do que afetivo, o que se confirma na passagem final, com a atitude de Altamirando.

b) ocorria uma forte compaixão da família pelo morto, o que muitos relacionaram ao fato de haver uma grande quantia em dinheiro no cofre.

c) cabia a Altamirando resgatar o dinheiro do morto para dividir com os familiares, considerando que o sentimento de perda deles era genuíno.

d) acontecia com o morto aquilo que ele desejava em vida, a saber, ser enterrado com algum dinheiro e poder ajudar os familiares necessitados.

e) era provável que algum parente do morto ousasse desobedecer ao seu desejo, porém foi Altamirando que o fez, magoado por ser chamado de vagabundo.

COMENTÁRIOS

Alternativa "a" – Passagens do texto em que fica evidente o interesse econômico: Tudo que era parente com razoáveis esperanças de herança foi velar o morto. (...) *Nunca se chorou tanto num velório, sem se ligar pro morto.* (...) *Era muita sopa deixar aquele dinheiro ali pro velho gastar com minhoca.* (...) *Tirou os sessenta milhões de dentro do caixão, fez um cheque da mesma importância.*

Alternativa "b" – Não havia compaixão.

Alternativa "c" – Além de não caber a Altamirando resgatar o dinheiro, não era para dividir com os familiares.

Alternativa "d" – Ele não queria ajudar os familiares: *"...foi ganho com o suor do meu rosto, sem a ajuda de parente vagabundo nenhum".*

Alternativa "e" – Não se pode afirmar que outro parente tivesse a mesma ousadia e nada indica que Altamirando tenha ficado magoado.

Alternativa correta: letra "a".

TEXTO PARA RESPONDER À QUESTÃO.

No dia 4 de maio de 2015, a Lei Complementar Federal n.º 101/2000, conhecida como Lei de Responsabilidade Fiscal ou simplesmente LRF, completou quinze anos. Embora devamos comemorar a consolidação de uma nova cultura de responsabilidade fiscal por grande parte dos nossos gestores, o momento também é propício para reflexões sobre o futuro desse diploma.

Para a surpresa de muitas pessoas, acostumadas a ver em nosso país tantas leis que não saem do papel, a LRF, logo nos primeiros anos, atinge boa parte de seus objetivos, notadamente em relação à observância dos limites da despesa com pessoal, o que permitiu uma descompressão da receita líquida e propiciou maior capacidade de investimento público. O regulamento marca avanços também no controle de gastos em fins de gestão e em relação ao novo papel que as leis de diretrizes orçamentárias passaram a desempenhar.

Não obstante todos os avanços, o momento exige cautela e reflexões. Como toda debutante, a LRF passa por alguns importantes conflitos existenciais. É quase consenso, no meio acadêmico e entre os órgãos de controle, a necessidade de seu aperfeiçoamento em alguns pontos. Há que se ponderar, contudo, sobre o melhor momento para os necessários ajustes normativos. Realizar mudanças permanentes na lei por conta de circunstâncias excepcionais e episódicas não parece recomendar o bom senso.

Valdecir Pascoal. Os 15 anos da Lei de Responsabilidade Fiscal.

In: O Estado de S.Paulo, 5/maio/2015.

Internet: <http://politica.estadao.com.br> (com adaptações).

218. (CESPE – Auditor TCU – 2015) O texto apresenta uma avaliação positiva das mudanças induzidas pela Lei de Responsabilidade Fiscal em seus quinze anos de vigência, ressaltando a necessidade de realização de ajustes normativos em alguns de seus pontos.

( ) certo ( ) errado

COMENTÁRIOS

Afirmações no primeiro parágrafo e no terceiro. 1º §: *No dia 4 de maio de 2015, a Lei Complementar Federal n.º 101/2000, conhecida como Lei de Responsabilidade Fiscal ou simplesmente LRF, completou quinze anos. Embora devamos comemorar a consolidação de uma nova cultura de responsabilidade fiscal por grande parte dos nossos gestores, o momento também é propício para reflexões sobre o futuro desse diploma*; 3º §: *Não obstante todos os avanços, o momento exige cautela e reflexões. Como toda debutante, a LRF passa por alguns importantes conflitos existenciais. É quase consenso, no meio acadêmico e entre os órgãos de controle, a necessidade de seu aperfeiçoamento em alguns pontos.*

Alternativa correta: CERTO

TEXTO PARA RESPONDER ÀS QUESTÕES.

Nas sociedades antigas, tanto as leis quanto os códigos eram considerados expressões da vontade divina, revelada mediante a imposição de legisladores que dispunham de privilégios dinásticos e de uma legitimidade garantida pela casa sacerdotal. As leis eram objeto de respeito e veneração, e, por serem asseguradas por sanções sobrenaturais, dificilmente o homem primitivo questionava sua validez e sua aplicabilidade. Escreve H. Summer Maine que algumas experiências societárias, ao permitirem o declínio do poder real e o enfraquecimento de monarcas hereditários, acabaram por favorecer a emergência de aristocracias, depositárias da produção legislativa, com capacidade de julgar e de resolver conflitos. Aquele momento inicial de um direito sagrado e ritualizado, expressão das divindades, desenvolveu-se na direção de práticas normativas consuetudinárias. À época do direito consuetudinário, largo período em que não se conheceu a invenção da escrita, uma casta, ou aristocracia, investida do poder judicial, era o único meio que poderia conservar, com algum rigor, os costumes da raça ou da tribo. O costume aparece como expressão da legalidade, de forma lenta e espontânea, instrumentalizada pela repetição de atos, usos e práticas.

A invenção e a difusão da técnica da escritura, somadas à compilação de costumes tradicionais, proporcionaram os primeiros códigos da Antiguidade, como o de Hamurábi, o de Manu, o de Sólon e a Lei das XII Tábuas. Constata-se, destarte, que os textos legislados e escritos eram melhores depositários do direito e meios mais eficazes para conservá-lo que a memória de certo número de pessoas, por mais força que tivessem em função de seu constante exercício.

Esse direito antigo, tanto no Oriente quanto no Ocidente, não diferenciava, na essência, prescrições civis, religiosas e morais. Somente em tempos mais avançados da civilização é que se começou a distinguir o direito da moral e a religião do direito. Certamente, de todos os povos antigos, foi com os romanos que o direito avançou para uma autonomia diante da religião e da moral.

Antônio C. Walker. O direito nas sociedades primitivas. In: Antônio C. Walker (Org.) Fundamentos de história do direito. Belo Horizonte: Del Rey, 2006, p. 19-20 (com adaptações).

Conforme as ideias apresentadas no texto,

---

219. (CESPE – Técnico TCU – 2015) a legislação escrita era mais confiável que a legislação instrumentalizada pela repetição de usos.

( ) certo ( ) errado

COMENTÁRIOS

No último parágrafo: *Constata-se, destarte, que os textos legislados e escritos eram melhores depositários do direito e meios mais eficazes para conservá-lo que a memória de certo número de pessoas, por mais força que tivessem em função de seu constante exercício.*

O vocábulo **depositário** é sinônimo de *confidente, detentor*, ou seja, **confiável**; *constante exercício* equivale a "repetição de usos".

Alternativa correta: CERTO

---

220. (CESPE – Técnico TCU – 2015) a evolução do direito desde as sociedades antigas passou por apenas dois períodos evolutivos.

( ) certo ( ) errado

COMENTÁRIOS

Não foram **apenas** dois períodos evolutivos. Sempre desconfie de palavras que restringem ou generalizam.

No texto, encontram-se quatro períodos: período em que *tanto as leis quanto os códigos eram considerados expressões da vontade divina*; período do *direito consuetudinário, largo interstício em que não se conheceu a invenção da escrita*; período da invenção e da difusão da *técnica da escritura, somadas à compilação de costumes tradicionais* e período atual – *somente em tempos mais avançados da civilização é que se começou a distinguir o direito da moral e a religião do direito.*

Alternativa correta: ERRADO

---

221. (CESPE – Técnico TCU – 2015) nas sociedades antigas, a origem do direito esteve diretamente relacionada ao declínio do poder real exercido por monarcas hereditários e à emergência de aristocracias.

( ) certo ( ) errado

COMENTÁRIOS

Afirma-se no texto que a origem do direito está relacionada a "expressões da vontade divina". Releia os trechos a seguir: *nas sociedades antigas, tanto as leis quanto os códigos eram considerados expressões da vontade divina, revelada mediante a imposição de legisladores que dispunham de privilégios dinásticos e de uma legitimidade garantida pela casa sacerdotal.* Mais: *algumas experiências societárias, ao permitirem o declínio do poder real e o enfraquecimento de monarcas hereditários, acabaram por favorecer a emergência de aristocracias, depositárias da produção legislativa, com capacidade de julgar e de resolver conflitos. Aquele momento inicial de um direito sagrado e ritualizado, expressão das divindades, desenvolveu-se na direção de práticas normativas consuetudinárias.*

Alternativa correta: ERRADO

222.(CESPE – Técnico TCU – 2015) nas sociedades antigas, houve período em que o direito era consuetudinário, ou seja, baseava-se nas práticas, nos hábitos e nos costumes da sociedade.

( ) certo ( ) errado

COMENTÁRIOS

Consuetudinário significa habitual, acostumado; direito não escrito, fundado no uso, costume ou prática. No final do primeiro parágrafo: *O costume aparece como expressão da legalidade, de forma lenta e espontânea, instrumentalizada pela repetição de atos, usos e práticas.*

Alternativa correta: CERTO

JULGUE OS PRÓXIMOS ITENS, RELATIVOS ÀS IDEIAS DO TEXTO.

A dimensão "ético-filosófica" do liberalismo denota afirmação de valores e direitos básicos atribuíveis à natureza moral e racional do ser humano. Suas diretrizes se assentam nos princípios da liberdade pessoal, do individualismo, da tolerância, da dignidade e da crença na vida. Já o aspecto "econômico" refere-se, sobretudo, às condições que abrangem a propriedade privada, a economia de mercado, a ausência ou minimização do controle estatal, a livre empresa e a iniciativa privada. Ainda como parte integrante desse referencial, encontram-se os direitos econômicos, representados pelo direito de propriedade, o direito de herança, o direito de acumular riqueza e capital. Por último, a perspectiva "político-jurídica" do liberalismo está calcada em princípios básicos como: consentimento individual, representação política, divisão dos poderes e descentralização administrativa, entre outros.

Tendo presente essas asserções genéricas, podemos compreender melhor as ambiguidades e os limites do liberalismo brasileiro, porquanto, desde os primórdios, ele teve de conviver com uma estrutura político-administrativa patrimonialista e com uma dominação econômica escravista das elites agrárias. Emília Viotti da Costa defende que não se deve realçar em demasia a importância das ideias liberais europeias nas convulsões sociais ocorridas no Brasil (Inconfidência Mineira, Revolução Pernambucana etc.) desde fins do século XVIII, pois tais movimentos não chegaram a ter grande alcance ideológico. Para a autora, a nova doutrina era de conhecimento limitado entre determinados segmentos revolucionários. O que importa ter em vista é essa distinção entre o liberalismo europeu, como ideologia revolucionária articulada por novos setores emergentes e forjados na luta contra os privilégios da nobreza, e o liberalismo brasileiro, uma versão mais restrita do liberalismo europeu.

Antonio Wolkmer. História do direito no Brasil. Rio de Janeiro: Editora Forense, 2003, p. 63-4 (com adaptações).

223.(CESPE – Técnico TCU – 2015) O autor menciona as ideias defendidas por Emília Viotti da Costa como um contraponto a suas próprias ideias, e acaba por refutar as ideias da referida autora.

( ) certo ( ) errado

COMENTÁRIOS

– *Refutar* significa "dizer o oposto; dizer o contrário de; negar" e as ideias se complementam, não havendo oposição.

Alternativa correta: ERRADO

224.(CESPE – Técnico TCU – 2015) Conclui-se do texto que o autor apresenta uma reflexão, de cunho comparativo, acerca das relações estabelecidas entre movimentos sociais ocorridos no Brasil e sua vinculação com determinada doutrina europeia.

( ) certo ( ) errado

COMENTÁRIOS

No final do texto, a comparação está explícita: *O que importa ter em vista é essa **distinção entre o liberalismo europeu**, como ideologia revolucionária articulada por novos setores emergentes e forjados na luta contra os privilégios da nobreza, **e o liberalismo brasileiro, uma versão mais restrita do liberalismo europeu**.*

Alternativa correta: CERTO

225.(CESPE – Técnico TCU – 2015) O autor defende que, seja na Europa, seja no Brasil, o liberalismo funcionou historicamente como uma ideologia predominantemente contrarrevolucionária.

( ) certo ( ) errado

COMENTÁRIOS

Como visto na questão anterior, ocorre comparação entre os movimentos sociais ocorridos no Brasil e sua vinculação com determinada doutrina europeia. Indo um pouco além, chega-se à conclusão de que o liberalismo não funcionou como ideologia **predominantemente** revolucionária, houve extrapolação no comando da questão. O trecho citado no comentário anterior comprova exatamente isso.

Alternativa correta: ERRADO

226.(CESPE – Técnico TCU – 2015) Segundo o autor do texto, não há coerência entre a perspectiva 'político-jurídica' e a dimensão econômica do liberalismo.

( ) certo ( ) errado

COMENTÁRIOS

O autor menciona que a perspectiva "político-jurídica" e a dimensão econômica são aspectos do liberalismo e isso significa que há coerência, isto é, há lógica, há nexo.

Alternativa correta: ERRADO

TEXTO PARA O ITEM.

A experiência de governança pública tem mostrado que os sistemas democráticos de governo se fortalecem à medida que os governos eleitos assumem a liderança de processos de mudanças que buscam o atendimento das demandas de sociedades cada vez mais complexas e alcançam resultados positivos perceptíveis pela população.

Contemporaneamente, para o alcance de resultados de desenvolvimento nacional, exige-se dessa liderança não apenas o enfrentamento de desafios de gestão, como a busca da eficiência na execução dos projetos e das atividades governamentais, no conhecido lema de "fazer mais com menos", mas também o desafio de "fazer melhor" (com mais qualidade), como se espera, por exemplo, nos serviços públicos de educação e saúde prestados à população. Esse novo desafio de governo tem como consequência um novo requisito de gestão, o que implica a necessidade de desenvolvimento de novos modelos de governança para se alcançarem os objetivos e metas de governo, em sintonia com a sociedade.

Outros aspectos sociotécnicos importantes que caracterizam a nova governança pública se relacionam aos anseios de maior participação e controle social nas ações de governo, que, somados ao de liberdade, estabelecem o cerne do milenar conceito de cidadania (participação no governo) e os valores centrais da democracia social do século XXI.

Governar de modo inovador exige, invariavelmente, repensar o modelo secular de governança pública em todas as suas dimensões: política, econômica, social e tecnológica. Com a evolução sociotécnica, fortemente alavancada pelo desenvolvimento das tecnologias da informação e comunicação, as mudanças na governança pública implicam mudanças na base tecnológica que sustenta a burocracia, nas estruturas do aparelho de Estado e em seus modelos de gestão.

Internet: <http://aquarius.mcti.gov.br>. (com adaptações).

227. (CESPE/Unb – TCU – Auditor Federal de Controle Externo/2013) Infere-se do texto uma crítica dirigida ao governo brasileiro contemporâneo, identificado como pouco eficiente no desenvolvimento dos projetos e das atividades governamentais, principalmente no que se refere às áreas de educação e saúde.

( ) certo ( ) errado

COMENTÁRIOS

Perceba a fonte (mcti.gov.br). A partir daí, fica fácil saber que é descabido criticar o governo.

Alternativa correta: ERRADO

TEXTO PARA JULGAR O ITEM.

O crescimento populacional e econômico, aliado à evolução dos mercados e à complexidade das relações sociais, traduz-se em demandas por serviços públicos mais sofisticados, em maior quantidade e com mais qualidade. Para estar à altura das exigências da sociedade do século XXI, o desafio que se coloca ao país é a construção de um Estado "inteligente", que incorpore os avanços tecnológicos, a rapidez e as facilidades da era digital.

Em um país de dimensões continentais e com mais de cinco mil municípios, como o Brasil, a boa gestão pública é condição necessária para o desenvolvimento com sustentabilidade e inclusão social. É por meio de uma gestão eficaz que o governo reúne instrumentos para melhor atender às demandas por políticas inclusivas e por serviços públicos em um ambiente de crescimento e de fortes demandas sociais, com maior conscientização e participação de uma sociedade plural.

Nesse cenário, fez-se necessário repensar o modelo de administração da máquina pública. A Lei de Responsabilidade Fiscal (LRF), em vigor desde maio de 2000, estabelece, entre outras exigências, o equilíbrio das contas governamentais, que possibilita ao Estado assumir o compromisso de investir na melhoria da sua capacidade de execução e, assim, prestar serviços adequados e implementar políticas públicas eficazes e eficientes, garantindo, ao mesmo tempo, transparência na execução de programas governamentais e acesso desimpedido às informações solicitadas pelo cidadão.

Por dentro do Brasil. Modernização da gestão pública. Internet (com adaptações).

228. (CESPE/Unb – TCU – Auditor Federal de Controle Externo/2013) De acordo com o texto, é necessário repensar o modelo de administração da máquina pública, principalmente no que se refere à entrada em vigor da LRF, para que o Estado brasileiro possa, de fato, dar cumprimento às políticas públicas de interesse social.

( ) certo ( ) errado

COMENTÁRIOS

Erro: **não** se refere à entrada em vigor da LRF. No último parágrafo, cita que a LRF *possibilita ao Estado assumir o compromisso de investir na melhoria da sua capacidade de execução e, assim, prestar serviços ade-*

quados e implementar políticas públicas eficazes e eficientes, garantindo, ao mesmo tempo, transparência na execução de programas governamentais e acesso desimpedido às informações solicitadas pelo cidadão.

Alternativa correta: ERRADO

TEXTO PARA JULGAR OS ITENS.

O Tribunal de Contas da União (TCU) avaliou ações para a elaboração de diagnóstico e suporte à educação básica. A auditoria conferiu aspectos relativos ao Plano de Ações Articuladas, à assistência técnica prestada pelo Ministério da Educação (MEC) e ao levantamento de dados necessários à formação e ao cálculo do índice de desenvolvimento da educação básica (IDEB).

A auditoria identificou baixo nível de implementação das ações para provimento de infraestrutura e de recursos pedagógicos, que vão desde a implantação de laboratório de informática e conexão à Internet ao fornecimento de água potável e energia elétrica.

A análise do IDEB apontou a necessidade de aperfeiçoamento da metodologia de obtenção desse índice. Segundo avalia o ministro relator do processo, "O IDEB é um importante instrumento para a aferição da qualidade da educação, por isso deve ser aprimorado de forma a permitir um diagnóstico mais fidedigno dos sistemas de ensino".

Outro instrumento de gestão educacional avaliado foi o sistema integrado de monitoramento do MEC, que, segundo a auditoria, também deve ser melhorado. Parte dos dados encontra-se desatualizada.

TCU avalia gestão da educação básica em municípios brasileiros. Notícia publicada em 12/9/2013. Internet: <www.tcu.gov.br/>. (com adaptações).

229.(CESPE/Unb – TCU – Auditor Federal de Controle Externo/2013) No último período do texto, destaca-se o motivo pelo qual, segundo a auditoria do TCU, o sistema integrado de monitoramento do MEC deve ser melhorado.

( ) certo ( ) errado

COMENTÁRIOS

"O sistema integrado de monitoramento do MEC, que, segundo a auditoria, também **deve ser melhorado**. Parte dos dados encontra-se desatualizada.".

Alternativa correta: CERTO

230.(CESPE/Unb – TCU – Auditor Federal de Controle Externo/2013) Nesse texto, de caráter essencialmente informativo, atesta-se a importância do IDEB para a aferição da qualidade da educação, a despeito da necessidade de melhoria da metodologia empregada no cálculo desse índice.

( ) certo ( ) errado

COMENTÁRIOS

No terceiro parágrafo: A análise do IDEB apontou a **necessidade de aperfeiçoamento da metodologia de obtenção desse índice**. Segundo avalia o ministro relator do processo, **"O IDEB é um importante instrumento para a aferição da qualidade da educação**, por isso deve ser aprimorado de forma a permitir um diagnóstico mais fidedigno dos sistemas de ensino".

Alternativa correta: CERTO

12. REDAÇÃO OFICIAL

Assunto exigido apenas em provas anteriores a 2016 pela banca CESPE/CEBRASPE.

Como houve atualização no Manual de Redação da Presidência da República em dezembro de 2018, é viável ler as alterações no capítulo de dicas.

Língua Portuguesa

Duda Nogueira

✦ DICAS

1. ACENTUAÇÃO

1.1. REGRAS DE ACENTUAÇÃO GRÁFICA

Em concursos, alguns verbos são pedidos como acento diferencial e palavras que são acentuadas pela mesma regra. Trabalharemos com *macetes* e regras.

Iniciemos com exemplo de uma simples tabela pra facilitar a classificação dos vocábulos.

1. Separe as sílabas. Lembre-se de que em cada sílaba, há **uma vogal**.
2. A última coluna deve estar sempre preenchida (como o exemplo da palavra **hífen**).
3. Não colocar na tabela: hiato, monossílabo e ditongos abertos (eu, oi, ei), por não seguirem as classificações mencionadas a seguir.

Proparoxítona	Paroxítona	Oxítona
crí	ti	co
	hí	fen
	ca	**fé**

Facilitou?

- **Crítica** é uma proparoxítona; **hífen** é paroxítona e **café** é oxítona.

1.2. PROPAROXÍTONAS

Sílaba tônica: antepenúltima.

As proparoxítonas são **todas** acentuadas graficamente: **trá**gico, pa**té**tico, **ár**vore

1.3. PAROXÍTONAS

Sílaba tônica: penúltima

Acentuam-se as PAROXÍTONAS terminadas em	EXEMPLO
l	**fá**cil
n	**pó**len
r	ca**dá**ver
ps	**bí**ceps
x	**tó**rax
us	**ví**rus
i, is	**jú**ri, **lá**pis
om, ons	**iân**dom, **í**ons
um, uns	**ál**bum, **ál**buns
ã(s), ão(s)	**ór**fã, **ór**fãs, **ór**fão, **ór**fãos
ditongo oral (seguido ou não de s)	**jó**quei, **tú**neis

1.3.1. OBSERVAÇÕES

As paroxítonas terminadas em n são acentuadas (hífen), mas as que terminam em ens, não.	hifens, jovens
Não são acentuados os prefixos terminados em i e r.	semi, super
Acentuam-se as paroxítonas terminadas em ditongos crescentes: ea(s), oa(s), eo(s), ua(s), ia(s), ue(s), ie(s), uo(s),io(s).	várzea, mágoa, óleo, régua, férias, tênue, cárie, ingênuo, início

1.4. OXÍTONAS

Sílaba tônica: última

Acentuam-se as OXÍTONAS terminadas em	EXEMPLO
a(s)	so**fá**, so**fás**
e(s)	jaca**ré**, vo**cês**
o(s)	pale**tó**, a**vós**
em, ens	nin**guém**, arma**zéns**

1.5. MONOSSÍLABOS

1.5.1. MONOSSÍLABOS TÔNICOS

Possuem **uma sílaba** e são pronunciados fortemente.

Acentuam-se os MONOSSÍLABOS terminados em	EXEMPLO
a(s)	lá, cá
e(s)	pé, mês
o(s)	só, pó, nós, pôs

1.5.2. MONOSSÍLABOS ÁTONOS

Não possuem autonomia fonética, sendo proferidos **fracamente,** como se fossem sílabas átonas do vocábulo a que se apoiam: o(s), a(s), um, uns, me, te, se, lhe nos, de, em, e, que, etc.

1.5.3. OBSERVAÇÕES

Os monossílabos átonos são palavras vazias de sentido, vindos representados por artigos, pronomes oblíquos, elementos de ligação (preposições, conjunções).	
Há monossílabos que são tônicos numa frase e átonos em outras.	Você trouxe sua mochila para quê? (tônico) Que tem dentro da sua mochila? (átono) Há sempre um mas para questionar. (tônico) Eu sei seu nome, mas não me recordo agora. (átono)
Muitos verbos, ao se combinarem com pronomes oblíquos, produzem formas oxítonas ou monossilábicas que devem ser acentuadas por acabarem assumindo alguma das terminações contidas nas regras.	beijar + a = beijá-la fez + o = fê-lo dar + as = dá-las fazer + o = fazê-lo

1.6. REGRAS ESPECIAIS

Estas regras não podem ser encaixadas na tabela de dica mencionada no início do capítulo.

1.6.1. DITONGOS ABERTOS

DITONGOS ABERTOS	EXEMPLO
Os ditongos **éi, éu** e **ói**, sempre que tiverem pronúncia aberta em palavras **oxítonas** (éi e não êi), são acentuados.	éi (s):an**éis**, fi**éis**, pap**éis** éu (s):trof**éu**, c**éu**s ói (s): her**ói**, constr**ói**, caub**ói**s
- Os ditongos abertos ocorridos em palavras paroxítonas NÃO são acentuados.	**assembleia, boia, colmeia, Coreia, estreia, heroico, ideia, jiboia, joia, paranoia, plateia, etc.**
- A palavra destróier é acentuada por ser uma paroxítona terminada em "r" (e não por possuir ditongo aberto **ói.**	

1.6.2. HIATOS

HIATOS	EXEMPLO
Acentuam-se o **i** e **u** tônicos quando formam hiato com a vogal anterior, estando eles sozinhos na sílaba ou acompanhados apenas de **"s"**, desde que não sejam seguidos por **-nh.**	sa **– í** – da e – go **– ís** –mo sa **– ú** – de
Não se acentuam, portanto, hiatos como os das palavras seguintes	ju -**iz**, ra – **iz**, ru – **im**, ca – **ir**
Motivo: **-i** ou **-u** não estão sozinhos nem acompanhados de **-s** na sílaba.	
Cabe esclarecer que existem hiatos acentuados não por serem hiatos, mas por outras razões	po-é-ti-co: proparoxítona bo-ê-mio: paroxítona terminada em ditongo crescente. ja-ó: oxítona terminada em "o".

1.6.3. VERBOS TER E VIR

VERBOS TER e VIR	EXEMPLO
Acentua-se com circunflexo a 3ª pessoa do plural do presente do indicativo dos verbos **ter** e **vir**, bem como nos seus compostos (*deter, conter, reter, advir, convir, intervir*, etc.).	Ele tem – Eles têm Ele vem – Eles vêm Ele retém – Eles retêm Ele intervém – Eles intervêm
- Nos verbos compostos de ter e vir, o acento ocorre obrigatoriamente, mesmo no singular. Distingue-se o plural do singular mudando o acento de agudo para circunflexo	ele *detém* -eles *detêm* ele *advém* -eles *advêm*

2. REFORMA ORTOGRÁFICA

2.1. ACENTO AGUDO

O acento agudo *desaparecerá* em três casos:

a) Nos ditongos (encontros de duas vogais proferidas em uma só sílaba) abertos **ei** e **oi** das palavras paroxítonas (aquelas cuja sílaba pronunciada com mais intensidade é a penúltima).

Exemplos: ideia, geleia, boia, jiboia, alcaloide, alcateia, apoio, assembleia, asteroide, celuloide, colmeia, Coreia, epopeia, estreia, heroico, joia, odisseia, onomatopeia, paranoia, plateia, proteico, etc.

Atenção: essa regra é válida somente para palavras paroxítonas. Assim, continuam sendo acentuadas as palavras oxítonas terminadas em éis, éu, éus, ói, óis. Exemplos: papéis, herói, heróis, troféu, troféus, chapéu, chapéus, anéis, dói, céu, ilhéu.

b) Nas palavras *paroxítonas* com **i** e **u** tônicos formando hiato (sequência de duas vogais que pertencem a sílabas diferentes), quando vierem *após um ditongo*. Veja: baiúca → **baiuca;** bocaiúva → **bocaiuva;** feiúra → **feiura;** cheiínho → **cheiinho;** saiínha → **saiinha;** Taoísmo → **Taoismo.**

Atenção: se a palavra for oxítona e o **i** ou o **u** estiverem em posição final (ou seguidos de s), o acento permanece.

Exemplos: tuiuiú, Piauí.

c) Nas formas verbais que possuem o **u** tônico precedido das letras **g** ou **q** e seguido de **e** ou **i**. Esses casos ocorrem apenas nas formas verbais de **arguir** e **redarguir**. Observe: argúis → **arguis;** argúem → **arguem;** redargúis → **redarguis;** redargúem → **redarguem.**

2.2. ACENTO DIFERENCIAL

O acento diferencial é utilizado para auxiliar na identificação de palavras homófonas (que possuem a mesma pronúncia). Com o acordo ortográfico, ele deixará de existir nos seguintes casos: pára/para, péla(s)/pela(s), pêlo(s)/pelo(s), pólo(s)/polo(s) e pêra/pera. Observe os exemplos:

Ela não **pára** de dançar. Ela não **para** de dançar.

A mãe **péla** o bebê para dar-lhe banho. A mãe **pela** o bebê para dar-lhe banho.

Este é o **pólo** norte. Este é o **polo** norte.

Os garotos gostam de jogar **pólo**. Os garotos gostam de jogar **polo**.

Meu gato tem **pêlos** brancos. Meu gato tem **pelos** brancos.

A menina trouxe **pêra** de lanche. A menina trouxe **pera** de lanche.

Atenção: existem duas palavras que continuarão recebendo acento diferencial:

pôr (verbo) → para não ser confundido com a preposição *por.*

pôde (verbo *poder* conjugado no passado) → para que não seja confundido com *pode* (forma conjugada no presente).

2.3. ACENTO CIRCUNFLEXO

O acento circunflexo deixará de ser utilizado nos seguintes casos:

a) Em palavras com terminação **ôo**. Veja: enjôo → **enjoo;** vôo → **voo;** magôo → **magoo,** abençoo (abençoar), coo (coar), coroo (coroar), doo (doar), moo (moer), perdoo (perdoar), povoo (povoar), voos (plural de voo), zoo (zoar).

b) Nas terminações **êem**, que ocorrem nas formas conjugadas da terceira pessoa do plural dos verbos**ler, dar, ver, crer** e seus derivados. Veja: creem, deem, veem, descreem, releem, reveem.

Atenção: os verbos ter e vir (e seus derivados) continuam sendo acentuados na terceira pessoa do plural.

Eles **têm** três filhos.

Eles **detêm** o poder.

Eles **vêm** para a festa de sábado.

Eles **intervêm** na economia.

2.4. TREMA

O trema, sinal gráfico utilizado sobre a letra **u** dos grupos **que**, **qui**, **gue**, **gui**, deixa de existir na língua portuguesa. Lembre-se, no entanto, que a pronúncia das palavras continua a mesma.

Exemplos: cinquenta, pinguim, aguentar, bilíngue, consequência, delinquente, frequente, linguiça, sequência, sequestro, tranquilo, etc.

Atenção: o acordo prevê que o trema seja mantido apenas em nomes próprios de origem estrangeira, bem como em seus derivados.

Exemplos: Bündchen, Müller, mülleriano.

2.5. ALFABETO

O alfabeto passará a ter 26 letras. Além das atuais, serão incorporadas oficialmente as letras **k**, **w** e **y**. Observe a posição das novas letras no alfabeto:

A B C D E F G H I J **K** L M N O P Q R S T U V **W** X **Y** Z

Essas letras poderão aparecer em siglas, símbolos, nomes próprios, palavras estrangeiras e seus derivados. Exemplos: **k**m, pla**y**ground, **w**att, **K**af**k**a, **k**af**k**iano, etc.

2.6. HÍFEN

O hífen deixará de ser empregado nos seguintes casos:

a) Quando o prefixo terminar em vogal *diferente* da vogal que iniciar o segundo elemento.

Exemplos: autoajuda, autoescola, agroindustrial, autoafirmação, autoaprendizagem, autoestrada, autoimagem, contraindicação, contraoferta, extraoficial, infraestrutura, intraocular, intrauterino, neoexpressionista, neoimperialista, semiaberto, semiárido, semiautomático, supraocular, ultraelevado, etc.

b) Quando o prefixo da palavra terminar em *vogal* e o segundo elemento começar com as consoantes **s** ou **r**. Nesse caso, a consoante será duplicada.

Exemplos: ultrarromântico, antirrugas, antessala, antirreligioso, antissemita, autorretrato, antissocial, arquirromântico, autorregulamentação, contrarregra, contrassenso, extrarregimento, extrasseco, infrassom, neorrealismo, ultrarresistente, ultrassonografia, semirreta, suprarrenal.

c) Não se utilizará mais o hífen nas palavras que, pelo uso, perderam a noção de composição. Veja: paraquedas, mandachuva, paraquedista.

2.6.1. USO DO HÍFEN

Com o novo acordo, o hífen passará a ser utilizado quando a palavra for formada por um prefixo terminado em *vogal* e a palavra seguinte iniciar pela *mesma vogal.* Observe o exemplo abaixo:

Exemplos: micro-ônibus, anti-ibérico, anti-inflamatório, anti-inflacionário, anti-imperialista, arqui-inimigo, contra-ataque, micro-ondas, semi-interno, etc.

Atenção: se o prefixo terminar com *consoante*, usa-se hífen se o segundo elemento começar com a*mesma consoante*.

Exemplos: hipe**r**-**r**equintado, inte**r**-**r**acial, supe**r**-**r**esistente, supe**r**-**r**omântico, etc.

Lembre-se: nos demais casos, **não** se usa o hífen.

Exemplos: hipermercado, intermunicipal, superinteressante, superproteção.

3. ORTOGRAFIA

Ortografia deriva das palavras gregas *ortho* que significa "correto" e *graphos* que significa "escrita". Assim sendo, trata-se da **escrita correta das palavras**.

Torna-se importante seu estudo por ser um tópico pedido em concursos. **Dicas** para facilitar o estudo, já que não é aconselhável ler todas as regras:

1) Ao se deparar com **palavras novas**, ou seja, desconhecidas, procure o significado no dicionário e anote para que fixe melhor.
2) **Faça muitos testes de concursos**, pois as palavras exigidas pelas bancas repetem.

3.1. EM CONCURSOS

3.1.1. EMPREGO DOS PORQUÊS

	Regras	Exemplos
Por que	equivale a **pelo qual**	Este é o caminho **por que** passo.
	vem acompanhado pela palavra **razão***(mesmo que subentendida)*	**Por que** você foi embora logo?
Porque	é uma explicação, equivale a **pois.**	Fui embora logo **porque** estava muito cansado.
Porquê	é um substantivo, ou seja, nomeia.	Não sei o **porquê** de sua demora.
	Admite PLURAL	O estudo da palavra **porquê**.
Por quê	Segue a regra da palavra **que**: quando utilizada no fim de uma frase, será sempre acentuada.	Ele faltou, mas não sei **por quê.**

Em concurso:

Faltou ontem e não sabemos **por quê.** Regra: final de frase.

Faltou ontem e não sabemos o **porquê**. Regra: admite plural = não sabemos **os porquês**.

3.1.2. MAL E MAU

	Regras	Exemplos
Mal	**substantivo** (nomeia)	O **mal** que a televisão me fez.
	advérbio (indica circunstância)	Dormi **mal** a semana toda.
Mau	é um **adjetivo** (qualifica)	Ele é um **mau** aluno.

Facilitando: em provas fáceis, pode pensar na antiga dica de antônimos.

Mal	**x**	**Bem**
Mau	**x**	**Bom**

3.1.3. VIAGEM E VIAJEM

	Regras	Exemplos
Viagem	**substantivo** (nomeia)	A **viagem** que farão.
Viajem	**verbo** (pode ser conjugado)	Que eles **viajem** bem.

3.1.4. CESSÃO, SESSÃO E SEÇÃO (OU SECÇÃO)

	Regras	Exemplos
Cessão	Ato de <u>c</u>eder	A **cessão** de terras não será feita pelo governo.
Sessão	reunião	A **sessão** de cinema começará às oito horas.
Seção ou secção	parte, divisão	Li a notícia na **seção** (ou **secção**) de esportes.

3.1.5. ONDE E AONDE

	Regras	Exemplos
Onde	Significa **no lugar** e equivale a em que, no(a) qual	O bairro **onde** fica a editora. = A editora fica **no** bairro.
Aonde	Significa **ao lugar**	A casa **aonde** iremos. = Iremos a casa.

3.1.6. SE NÃO E SENÃO

	Regras	Exemplos
Se não	Equivale a **caso não, quando não** ou no caso de o **se** ser conjunção integrante.	**Se não** fossem meus amigos, não seria quem sou. Perguntei aos alunos **se não** gostariam de estudar.
Senão	Equivale a **caso contrário, do contrário, de outro modo, a não ser, mas sim**	Estude bastante, **senão** não conseguirá aprender o suficiente.

3.1.7. TÃO POUCO E TAMPOUCO

	Regras	Exemplos
Tão pouco	muito pouco, curto, pouca coisa, algo pequeno, escasso	Estudei **tão pouco** que nem vou fazer a prova.
Tampouco	**também não** ou **nem**	Não estudou, **tampouco** trabalhou.

3.1.8. DE ENCONTRO A E AO ENCONTRO DE

	Regras	Exemplos
De encontro a	contra, em oposição a, para chocar-se com	A decisão foi **de encontro a** nossos ideais.
Ao encontro de	estar de acordo com, em direção a, favorável a, para junto de	Minha nota veio **ao encontro do** que desejava.

3.1.9. EM VEZ DE E AO INVÉS DE

	Regras	Exemplos
Em vez de	Em lugar de	**Em vez de** estudar, foi ao cinema.
Ao invés de	**Ao contrário de, lado oposto**. Utilizada para indicar ideias opostas, ideias contrárias.	**Ao invés de** rir, chorou muito.

3.1.10. ACERCA DE, A CERCA DE E HÁ CERCA DE

	Regras	Exemplos
Acerca de	**a respeito de** ou **sobre**	**Acerca do** fato, não darei minha opinião.
A cerca de	perto de, aproximadamente, próximo de	O mar fica **a cerca de** 50 metros da pousada.
Há cerca de	tempo decorrido	**Há cerca de** 10 anos, foi aprovado.

3.1.11. MAS E MAIS

	Regras	Exemplos
Mas	• **substantivo comum** = um defeito, um senão • **conjunção** = adversativa tem sentido de uma oposição ou limitação, podendo ser substituído por porém, todavia, contudo • **advérbio** = enfatiza uma afirmação	• Nem **mas** nem meio mas, faça já o que mandaram. • Não estudou, **mas** foi aprovado. • Ele é bom aluno, **mas** tão bom aluno que tem sempre nota máxima nas provas.
Mais	Pode ser **substantivo, conjunção, advérbio de intensidade, preposição, pronome indefinido** indicando noção de maior quantidade ou intensidade. Significa também **ainda os outros, os demais, os restantes**.	• Ela é a menina **mais** inteligente da turma. • Dois **mais** dois são quatro. • Isto é o **mais** que ele consegue fazer. • Não faço **mais** nada do que pensar. • Vou embora, os **mais** que se decidam.

3.1.12. A FIM E AFIM

	Regras	Exemplos
A fim	Locução de finalidade, equivale a **para**	Estudou **a fim de** ter salário fixo.
Afim	**Semelhante**, que tem afinidade	Nossos valores sempre foram **afins**.

3.1.13. SE QUER E SEQUER

	Regras	Exemplos
Se quer	Conjunção **se** + verbo **querer** = se desejar	**Se quer** ter sucesso, trabalhe.
Sequer	Ao menos = advérbio	Estava doente e **sequer** tinha remédio em casa.

3.2. SEMÂNTICA

Semântica é o estudo do significado. Incide sobre a relação entre significantes palavras, frases, sinais e símbolos, e o que eles representam.

A semântica opõe-se à sintaxe, caso em que a primeira se ocupa do que algo significa, enquanto a segunda refere-se as estruturas ou padrões formais do modo como esse algo é expresso (por exemplo, escritos ou falados). Dependendo da concepção de significado que se tenha, existem diferentes semânticas. A semântica formal, a semântica da enunciação ou argumentativa e a semântica cognitiva, fenômeno, mas com conceitos e enfoques diferentes.

3.2.1. SINONÍMIA

É a relação que se estabelece entre duas palavras ou mais que apresentam significados iguais ou semelhantes, ou seja, os sinônimos: cômico – engraçado; débil – fraco, frágil; distante – afastado, remoto.

3.2.2. ANTONÍMIA

É a relação que se estabelece entre duas palavras ou mais que apresentam significados diferentes, contrários, isto é, os antônimos: economizar – gastar; bem – mal; bom – ruim.

3.2.3. HOMONÍMIA

É a relação entre duas ou mais palavras que, apesar de possuírem significados diferentes, possuem a mesma estrutura fonológica, ou seja, os homônimos. As homônimas podem ser classificadas em:

3.2.4. HOMÓGRAFAS

Palavras iguais na escrita e diferentes na pronúncia: gosto (substantivo) – gosto (1ª pessoa singular presente indicativo do verbo gostar); conserto (substantivo) – conserto (1ª pessoa singular presente indicativo do verbo consertar).

3.2.5. HOMÓFONAS

Palavras iguais na pronúncia e diferentes na escrita: cela (substantivo) – sela (verbo); cessão (substantivo) – sessão (substantivo); cerrar (verbo) – serrar (verbo).

3.2.6. PERFEITAS – HOMÓFONAS E HOMÓGRAFAS

Palavras iguais na pronúncia e na escrita: cura (verbo) – cura (substantivo); verão (verbo) – verão (substantivo); cedo (verbo) – cedo (advérbio).

3.2.7. PARONÍMIA

É a relação que se estabelece entre duas ou mais palavras que possuem significados diferentes, mas são muito parecidas na pronúncia e na escrita, isto é, os parônimos: cavaleiro – cavalheiro, absolver – absorver, comprimento – cumprimento.

3.2.8. POLISSEMIA

É a propriedade que uma mesma palavra tem de apresentar vários significados: Ele ocupa um alto **posto** na empresa. Abasteci meu carro no **posto** da esquina. Os convites eram de **graça**. Os fiéis agradecem a **graça** recebida.

3.2.9. CONOTAÇÃO E DENOTAÇÃO

3.2.9.1. CONOTAÇÃO

É o uso da palavra com um significado diferente do original, criado pelo contexto: Você tem um coração de **pedra**.

3.2.9.2. DENOTAÇÃO

É o uso da palavra com o seu sentido original: **Pedra** é um corpo duro e sólido, da natureza das rochas. A construção de um muro de **pedras**.

3.2.10. AMBIGUIDADE

À duplicidade de sentido, seja de uma palavra ou de uma expressão, dá-se o nome de ambiguidade. Ocorre, geralmente, nos seguintes casos:

Casos	Exemplos	Ambiguidade	Eliminando a ambiguidade
Má colocação do Adjunto Adverbial	Crianças que recebem leite materno frequentemente são mais sadias.	As crianças são mais sadias porque recebem leite frequentemente ou são frequentemente mais sadias porque recebem leite?	Crianças que recebem frequentemente leite materno são mais sadias. Crianças que recebem leite materno são frequentemente mais sadias.
Uso Incorreto do Pronome Relativo	Gabriela pegou o estojo vazio da aliança de diamantes que estava sobre a cama.	O que estava sobre a cama: o estojo vazio ou a aliança de diamantes?	Gabriela pegou o estojo vazio da aliança de diamantes a qual estava sobre a cama. Gabriela pegou o estojo vazio da aliança de diamantes o qual estava sobre a cama. **Observação**: Neste exemplo, pelo fato de os substantivos estojo e aliança pertencerem a gêneros diferentes, resolveu-se o problema substituindo os substantivos por o qual/a qual. Se pertencessem ao mesmo gênero, haveria necessidade de uma reestruturação diferente.

Casos	Exemplos	Ambiguidade	Eliminando a ambiguidade
Má Colocação de Pronomes, Termos, Orações ou Frases	Aquela velha senhora encontrou o garotinho em seu quarto.	O garotinho estava no quarto dele ou da senhora?	Aquela velha senhora encontrou o garotinho no quarto dela. Aquela velha senhora encontrou o garotinho no quarto dele.
	Sentado na varanda, o menino avistou um mendigo.	Quem estava sentado na varanda: o menino ou o mendigo?	O menino avistou um mendigo que estava sentado na varanda. O menino que estava sentado na varanda avistou o mendigo.[2]

4. GRAUS DOS ADJETIVOS

4.1. COMPARATIVO: COMPARA ELEMENTOS

- **Igualdade:**....tão ______ quanto....
- **Superioridade:**...mais _____ (do) que...
- **Inferioridade:**.....menos ____(do) que...

Observação: a contração **do** é opcional.

4.2. SUPERLATIVO

4.2.1. ABSOLUTO: UM ELEMENTO

- **Sintético (uma palavra)** = Ele é inteligentíssimo
- **Analítico (há advérbio)** = Ele é muito inteligente

4.2.2. SUPERLATIVO RELATIVO: HÁ RELAÇÃO ENTRE UM ELEMENTO E OUTROS

- **Superioridade:** Ele é o mais inteligente da turma.
- **Inferioridade:** Ele é o menos estudioso da classe.

➔ *Para haver exagero, é necessário o artigo.*

5. PRONOME

5.1. PESSOAL

- **Retos:** usados como sujeito
- **Oblíquos:** usados como objeto direto ou objeto indireto.
- O.D: o(s), a(s) / O.I: lhe(s)
- Verbos terminados em: R, S, Z + o(s), a(s) = LO(s), LA(s)
- Verbos terminados em: – M, ÃO, ÕE + o(s), a(s) = NO(s), NA(s)

5.2. DEMONSTRATIVO

Para ideias:

- Esse(a), isso – para retomar ideia: **ANÁFORA**
- Este(a), isto – para citar ideia: **CATÁFORA**

5.3. RELATIVO

Retomam e substituem seu antecedente: QUE, QUEM *(para pessoa)*, ONDE *(para lugar)*, O(a) QUAL, OS (as) QUAIS.

CUJO: refere-se ao termo posterior e repele o artigo. Indica posse do termo anterior a ele. *Entende-se por essa regra que* não existem as formas cujo o, cuja a, o cujo.

Não conheço o lugar **onde** você mora. ➔ *Você mora* no *lugar.*

- Não conheço o lugar EM QUE você mora.

Não conheço o lugar NO QUAL você mora.

São fatos a **que** sou favorável. ➔ *Sou favorável* aos *fatos.*

- São fatos AOS QUAIS sou favorável.

Conheço a garota de **quem** você falou. ➔ *Você falou* da *garota.*

- Conheço a garota DA QUAL você falou.

Conheço a garota DE QUE você falou.

Este é o autor a **cuja** obra me referi. ➔ *Eu me referi* à *obra.*

Posse: a obra é do autor (posse do anterior)

Estas são as pessoas com **cujas** ideias concordo. ➔ *Eu concordo* com *as ideias.*

Posse: as ideias são das pessoas (posse do anterior)

6. VERBO

6.1. MODOS

- INDICATIVO: certeza
- SUBJUNTIVO: dúvida
- IMPERATIVO: ordem

6.2. TEMPOS

6.2.1. PRESENTE

- **do indicativo:** indica ação que acontece no momento da fala; hábito.
- **do subjuntivo:** indica hipótese, dúvida.

6.2.2. FUTURO

- **do presente do indicativo:** ação futura certa (amanhã)
- **do pretérito do indicativo:** tempo condicional
- **do subjuntivo:** ação futura duvidosa

6.2.3. PRETÉRITO

- **Perfeito do indicativo:** ação concluída (ontem)
- **Imperfeito do indicativo:** ação prolongada, contínua
- **Mais-que-perfeito do indicativo:** ação passada em relação a outra ação também passada.
- **Imperfeito do subjuntivo:** tempo condicional

6.3. VOZES VERBAIS

1) **VOZ ATIVA:** o sujeito pratica a ação.

Todos os alunos	ouviram	aquela música.
sujeito	*V.T.D.*	*objeto direto*

- Para passar uma oração da voz ativa para a passiva, o objeto direto é obrigatório.

2) **VOZ PASSIVA:** o sujeito sofre a ação

- **Passiva Analítica**: SER + PARTICÍPIO

Aquela música	foi ouvida	por todos os alunos.
sujeito paciente	*ser + partic.*	*agente da passiva*

Passiva Sintética: V.T.D(I) + SE = V.P. (sujeito)

Vende-se	livro.	➡ V.P. sintética
V.T.D. + se = VP	*sujeito*	
Livro é vendido. ➡ V.P. analítica		

3) **VOZ REFLEXIVA**: o sujeito pratica e sofre a ação.

- Ele se feriu ontem à noite.

7. ANÁLISE SINTÁTICA

7.1. FRASE, ORAÇÃO E PERÍODO

- **Frase**: possui sentido completo.
- **Oração**: possui verbo
- **Período**: possui orações.
- **Período simples**: uma oração (um verbo).
- **Período composto**: mais de uma oração (mais de um verbo)

7.2. SUJEITO

INDETERMINADO: não se sabe quem é o sujeito.

Ocorre quando o verbo está na 3ª pessoa do plural ou na terceira pessoa do singular + se *(índice de indeterminação do sujeito)*

V.T.I. {
- *Telefonaram* para você.
- *Acredita-se* em discos voadores.

CUIDADO: SE O VERBO FOR V.T.D. ou V.T.D.I., HAVERÁ SUJEITO E ADMITIRÁ PLURAL, já que teremos, neste caso, VOZ PASSIVA.

Calcula-se	*o rendimento.*
V.T.D. + SE = V.P.	*sujeito*
➡ *pronome apassivador*	
CALCULAM-SE	*OS RENDIMENTOS.*
V.T.D. + SE= V.P.	*Sujeito*
Os rendimentos são calculados.	

Oração SEM SUJEITO:

1) **Verbo HAVER (singular) no sentido de EXISTIR (plural) ou OCORRER(plural).**

– *HAVIA* muitos alunos na sala.
  ➡ *EXISTIAM* muitos alunos na sala.
– DEVE HAVER muitos alunos.
  ➡ DEVEM EXISTIR muitos alunos.
– HÁ DE HAVER **muitos alunos**. ➡ O.D.
  ➡ HÃO DE EXISTIR **muitos alunos.** ➡ sujeito

2) **Verbos SER, ESTAR e FAZER** indicando tempo ou fenômeno meteorológico

– Fazer indicando tempo passado: singular

3) **Verbos que indicam fenômeno da natureza.**

7.3. PREDICAÇÃO VERBAL

- INTRANSITIVO: o verbo não exige complemento, por isso o prefixo IN.
- TRANSITIVO DIRETO: o verbo exige complemento SEM preposição.
- TRANSITIVO INDIRETO: o verbo exige complemento COM preposição.
- TRANSITIVO DIRETO e INDIRETO: o verbo exige dois complementos.
- VERBO DE LIGAÇÃO: liga o sujeito ao predicativo (termo que qualifica), não indica ação. Indica estado.
- Para haver verbo de ligação, é preciso haver PREDICATIVO.

7.4. PREDICATIVO

Qualifica o sujeito ou o objeto.

- **do sujeito:**

A plateia	aplaudiu	o espetáculo	***emocionada.***
sujeito	*V.T.D*	*O.D.*	*predicativo do sujeito*

*aplaudiu **E ESTAVA** emocionada.*

- ***do objeto***:

Encontrei	***mortos***	os soldados.
V.T.D.	*ptvo do objeto*	*O.D.*

e eles ESTAVAM mortos.

7.5. PREDICADO

É a declaração feita do sujeito

- **PREDICADO VERBAL:** o núcleo é o verbo (menos o de ligação)
- **PREDICADO NOMINAL:** o núcleo é o predicativo (há V.L.)
- **PREDICADO VERBO-NOMINAL:** há dois núcleos = verbo (+ V.L. oculto) + predicativo

7.6. COMPLEMENTOS VERBAIS: OBJETO DIRETO (SEM PREPOSIÇÃO) E OBJETO INDIRETO (COM PREPOSIÇÃO)

Objeto direto (sem preposição) e objeto indireto (com preposição):

- **Objeto direto preposicionado:** vem após verbo transitivo direto.

Aparece uma preposição que <u>não foi pedida</u> e <u>pode ser retirada</u>.

- **Objeto direto pleonástico:** ocorre repetição do objeto direto.

7.7. AGENTE DA PASSIVA

- É o termo que age na voz passiva, ou seja, quem pratica a ação.

7.8. COMPLEMENTO NOMINAL

- **É o termo que completa o nome e possui preposição.**

7.9. ADJUNTO ADVERBIAL

- É indica circunstância do verbo.

7.10. APOSTO

- É o termo que explica ou especifica.
- **Especificativo:** sem pontuação
- **Explicativo:** com pontuação

7.11. VOCATIVO

É o termo que invoca, chama. *Possui pontuação.*

8. PERÍODO COMPOSTO

8.1. COORDENAÇÃO

São orações independentes sintaticamente.

- **Assindéticas:** não possuem conjunção;
- **Sindéticas:** possuem conjunção e classificam-se em: aditiva, adversativa, alternativa, conclusiva e explicativa.

8.2. SUBORDINAÇÃO

- São orações dependentes sintaticamente.

1) **Substantiva:** pode-se colocar ISTO ou DISTO antes da conjunção. Sendo assim, haverá oração principal (sem conjunção), conjunção integrante e oração subordinada substantiva. São elas: subjetiva, objetiva direta, objetiva indireta, predicativa, completiva nominal e apositiva.
2) **Adjetiva:** o pronome relativo liga a oração principal à subordinada. **Explicativa** possui pontuação e **restritiva** não possui pontuação.
3) **Adverbial:** indica circunstância da oração principal. Classificam-se em: causal (por quê?), consecutiva (de modo que), condicional (se, caso), concessiva (embora, apesar de), comparativa, conformativa (conforme), final (para quê?), proporcional (à proporção que) e temporal.

Lista de conjunções subordinadas adverbiais mais pedidas.

- **Causais**: **porque, que, como (= porque, no início da frase), pois que, visto que, uma vez que, porquanto, já que, desde que,** etc.
- **Concessivas**: **embora, ainda que, apesar de que, se bem que, mesmo que, por mais que, posto que, conquanto,** etc.
- **Condicionais**: **se, caso, contanto que, salvo se, a não ser que, desde que, a menos que, sem que,** etc.
- **Conformativas**: **conforme, como (= conforme), segundo, consoante,** etc.
- **Finais**: **para que, a fim de que, que, porque (= para que), que,** etc.
- **Proporcionais**: **à medida que, à proporção que, ao passo que** e as combinações **quanto mais...(mais), quanto menos...(menos), quanto menos...(mais), quanto menos...(menos),** etc.
- **Temporais**: **quando, enquanto, antes que, depois que, logo que, todas as vezes que, desde que, sempre que, assim que, agora que, mal (= assim que)**, etc.

- **Comparativas**: **como, assim como, tal como, como se, (tão)...como, tanto como, tanto quanto, do que, quanto, tal, qual, tal qual, que nem, que (combinado com menos ou mais)**, etc.
- **Consecutivas**: **de sorte que, de modo que, sem que (= que não), de forma que, de jeito que, que (tendo como antecedente na oração principal uma palavra como tal, tão, cada, tanto, tamanho)**, etc.

Fonte: http://www.soportugues.com.br/

9. CONCORDÂNCIA VERBAL

- O verbo deve concordar com o sujeito. No caso do verbo *ser*, o verbo pode concordar com o predicativo (se estiver no plural ou for pronome pessoal).

10. CONCORDÂNCIA NOMINAL

- **Os vocábulos que acompanham o substantivo devem concordar em número e gênero com ele.**

Algumas regras importantes:

- Escolheu PÉSSIMA hora e momento para falar.

ADJETIVO ANTES DE DOIS SUBSTANTIVOS CONCORDA COM O MAIS PRÓXIMO.

- Leitura é BOM. A leitura é BOA.

O ARTIGO MANDA NA CONCORDÂNCIA

- Havia BASTANTES razões para ele faltar.

BASTANTE AO LADO DE SUBSTANTIVO PLURAL = PLURAL

11. REGÊNCIA VERBAL

Lista dos verbos mais pedidos:

1) **Assistir**
- pertencer: V.T.I. (A) – O direito de informar assistia ao chefe.
- ver: V.T.I. (A) – Assistimos ao concerto.
- cuidar: V.T.D. – O médico assistiu o paciente.

2) **Visar**
- mirar: V.T.D. – O caçador visou o coelho.
- passar visto: V.T.D. – O gerente visou o cheque.
- almejar: V.T.I. (A) – Ele visa ao cargo.

3) **Querer**
- desejar: V.T.D. – Quero você.
- estimar: V.T.I. (A) – Quero aos meus amigos.

4) **Aspirar**
- inspirar: V.T.D. – Aspiramos seu perfume.
- almejar: V.T.I. (A) – Aspiramos à aprovação.

5) **Esquecer e lembrar: V.T.D.**
- Esqueci seu nome.
- Lembrei seu nome.

6) **Esquecer-se e lembrar-se: V.T.I. (de)**
- Esqueci – me do seu nome.
- Lembrei – me do seu nome

12. REGÊNCIA NOMINAL

Normalmente pedida como acento indicativo de crase.

13. CRASE

Trabalhar substituindo a palavra feminina por uma masculina da mesma classe gramatical. Resultando em **ao**, há crase:

1) Eu me referi à diretora. = AO *DIRETOR*
2) Era insensível à dor. = AO *PERIGO*
3) Chegou às sete horas. = AO *MEIO- DIA*
4) Fui à cidade. = AO *SÍTIO*

Cuidado:

5) Eu conheço a diretora. = *O DIRETOR*
6) Eu me refiro a ela. = *A ELE*

- **Não se usa crase**
- ANTES DE VERBO
- ANTES DE PALAVRA MASCULINA
- ENTRE PALAVRAS REPETIDAS
- SINGULAR + PLURAL (a festas)

Crase com pronomes demonstrativos aquele(s), aquela(s) e aquilo

Assisti àquele filme. = **AO** FILME

Aspiro àquela vaga. = **AO** CARGO

Prefiro isto àquilo. = **AO** LIVRO

13.1. CRASE DIANTE DE PRONOMES RELATIVOS

1) **A qual e as quais**
- A cidade à qual iremos possui praias às quais chegaremos.
- *O sítio AO qual iremos possui rios AOS quais chegaremos.*

2) **Quem e cuja**
- Nunca haverá crase antes de QUEM e CUJA.
- Esta é a mulher a quem obedeço.
- Este é o autor a cuja obra me refiro.

3) **Que**
- Esta é a faculdade a que aspiro. = *Este é o cargo A QUE aspiro*
- Esta é a cidade a que iremos. = *Este é o país* A QUE *iremos.*
- Sua caneta é igual à que comprei. = *Seu lápis é igual* AO QUE *comprei.*
- Este é o bairro a que iremos. = Retoma palavra masculina: sem crase!

14. PONTUAÇÃO

14.1. VÍRGULA

- **A vírgula no interior da oração:**

  ↳ *Ordem direta: sem vírgula*

1) **Termos intercalados**

↳	**Natal**, *capital do Rio Grande do Norte*, **é uma cidade encantadora.**

2) **Termos deslocados – INVERSÃO**

A. Naquele dia**,** os candidatos receberam a imprensa. = *adjunto adverbial deslocado*

3) **Palavras omitidas – zeugma ou elipse**

"O meu pai era paulista

Meu avô, pernambucano

O meu bisavô, mineiro

Meu tataravô, baiano" (Chico Buarque)

4) **Vocativo:** "*Meus amigos*, a ordem é a base do governo."

5) **Termos coordenados assindéticos**

↳ Aquela paisagem nos despertava confiança, tranquilidade, calma e paz.

6) **Termos coordenados ligados por** e, ou, nem

↳ Pedro ou Paulo casará com Maria. Não necessitavam de dinheiro nem de auxílio.
Não há vírgula em adição.

↳ E os pais, e os amigos, e os vizinhos magoaram-no.

↳ Não estudava português, nem matemática, nem direito, nem informática.

↳ *Polissíndeto: repetição da conjunção. Indica ênfase.*

- **A vírgula entre orações**

1) O homem, *que é um ser racional*, aprende cada vez mais.

   ↳ *Oração subordinada adjetiva explicativa*

2) O homem *que encontramos perto do lago* parecia aborrecido.

   ↳ *Oração subordinada adjetiva restritiva*

3) *Quando o cantor entrou no palco*, todos aplaudiram.

   ↳ *Oração subordinada anteposta à oração principal*

4) Espero que você me telefone.

   ↳ *Não se separa oração principal da subordinada substantiva*

5) *Cheguei, pedi silêncio, aguardei alguns minutos* e comecei a palestra.

   ↳ *Orações coordenadas*

6) *<u>Os ignorantes</u> falavam demais, e <u>os sábios</u> se mantinham em silêncio.*

   ↳ *orações coordenadas com sujeitos diferentes*

7) E volta, e recomeça, e se esforça, e consegue.

   ↳ *Polissíndeto: ênfase*

8) **Eu**, disse o orador, **não concordo**.

   ↳ *Oração intercalada. Duplas vírgulas podem ser substituídas por travessões ou parênteses.*

- **PONTO-E-VÍRGULA**

- Separa oração coordenada que venham quebradas no seu interior por vírgulas.
- Separa oração que tenha zeugma na segunda: *Ele estudou economia; nós, português.*
- Antítese = oposição.
- Oração coordenada extensa.
- Enumeração.

- **DOIS-PONTOS**

- Citam, enumeram e explicam.

15. COLOCAÇÃO PRONOMINAL

- **Ênclise** – Pronome DEPOIS do verbo.

É a colocação normal da língua culta.

Levantei- <u>me</u> cedo hoje.

Empresta- <u>me</u> a caneta.

Dica: NÃO SE INICIA FRASE COM OBLÍQUO NEM APÓS VÍRGULA

- **Mesóclise** – Pronome no MEIO do verbo.

Verbos no futuro do presente e do pretérito, desde que não haja condição de próclise.

O torneio relizar-<u>se</u>-á amanhã. → O torneio **não** <u>se</u> realizará amanhã.

Contar- <u>lhe</u>-ia o segredo. → **Amanhã** <u>lhe</u> contaria o segredo.

- **Próclise** – Pronome ANTES do verbo.

Há palavras que atraem o pronome:

- **palavras negativas** (não, nem, nada, ninguém) **não seguidas de vírgula.**

Nunca <u>nos</u> revelou seu segredo.

Não, disse-<u>me</u> ele, **não** <u>me</u> deve mais nada.

- **advérbio não seguido de vírgula.**

Depois <u>me</u> dirigi ao balcão.

Em seguida, despediu-<u>se</u> de todos.

- **pronomes** (verificar a fonética, som)

O rapaz **que** <u>me</u> procurou é casado.

Quem <u>te</u> acompanhou?

- **conjunção subordinativa**

Espero **que** <u>lhe</u> deem o cargo.

- **orações optativas**

Deus <u>te</u> abençoe.

- **preposição + gerúndio**

Em se tratando de relógios, prefiro os suíços.

- **infinitivo pessoal**

Por se encontrarem no local do crime, foram incluídos entre os suspeitos.

15.1. PRONOME ÁTONO NAS LOCUÇÕES VERBAIS

1) **Verbo principal ou auxiliar + infinitivo ou gerúndio:**

   Podemos contar- lhe o ocorrido.

   Podemos lhe contar o ocorrido.

2) **Auxiliar + particípio**

   Os médicos **haviam me sugerido** a cirurgia.

   Os médicos **me haviam sugerido** a cirurgia.

16. FIGURAS DE LINGUAGEM

São recursos que tornam as mensagens que emitimos mais expressivas. Subdividem-se em **figuras de som**, **figuras de palavras**, **figuras de pensamento** e **figuras de construção**.

16.1. CLASSIFICAÇÃO DAS FIGURAS DE LINGUAGEM

1) Fernanda acordou às sete horas, Renata às nove horas, Paula às dez e meia.
2) "Quando Deus fecha uma porta, abre uma janela."
3) Seus olhos eram luzes brilhantes.

Nos exemplos acima, temos três tipos distintos de figuras de linguagem:

Exemplo 1: há o uso de uma construção sintética ao deixar subentendido, na segunda e na terceira frase, um termo citado anteriormente – o verbo **acordar**. Repare que a segunda e a última frase do primeiro exemplo devem ser entendidas da seguinte forma: "Renata **acordou** às nove horas, Paula **acordou** às dez e meia. Dessa forma, temos uma **figura de construção** ou **de sintaxe**.

Exemplo 2: a ideia principal do ditado reside num jogo conceitual entre as palavras **fecha** e **abre**, que possuem significados opostos. Temos, assim, uma **figura de pensamento**.

Exemplo 3: a força expressiva da frase está na associação entre os elementos **olhos** e **luzes brilhantes**. Essa associação nos permite uma transferência de significados a ponto de usarmos **"olhos"** por **"luzes brilhantes"**. Temos, então, uma **figura de palavra**.

16.2. FIGURA DE PALAVRA

A figura de palavra consiste na substituição de uma palavra por outra, isto é, no emprego **figurado**, **simbólico**, seja por uma relação muito próxima (**contiguidade**), seja por uma associação, uma comparação, uma **similaridade**. Esses dois conceitos básicos – **contiguidade** e **similaridade** – permitem-nos reconhecer dois tipos de figuras de palavras: a **metáfora** e a **metonímia**.

16.2.1. METÁFORA

A metáfora consiste em utilizar uma palavra ou uma expressão em lugar de outra, sem que haja uma relação real, mas em virtude da circunstância de que o nosso espírito as associa e depreende entre elas certas semelhanças. É importante notar que a metáfora tem um caráter **subjetivo** e **momentâneo**; se a metáfora se cristalizar, deixará de ser metáfora e passará a ser catacrese (é o que ocorre, por exemplo, com "pé de alface", "perna da mesa", "braço da cadeira").

Obs.: toda metáfora é uma espécie de comparação implícita, em que o elemento comparativo não aparece.

Observe a gradação no processo metafórico abaixo:

Seus olhos são como luzes brilhantes.

O exemplo acima mostra uma **comparação** evidente, através do emprego da palavra **como**.

Observe agora:

Seus olhos são luzes brilhantes.

Nesse exemplo não há mais uma comparação (note a ausência da partícula comparativa), e sim um **símile**, ou seja, qualidade do que é semelhante.

As luzes brilhantes olhavam-me.

Há substituição da palavra **olhos** por **luzes brilhantes**. Essa é a verdadeira **metáfora**.

16.2.2. METONÍMIA

A metonímia consiste em empregar um termo no lugar de outro, havendo entre ambos estreita afinidade ou relação de sentido. Observe os exemplos abaixo:

1. Autor pela obra: Gosto de ler **Machado de Assis**. (= Gosto de ler a **obra literária de Machado de Assis**.)
2. Inventor pelo invento: **Édson** ilumina o mundo. (= As **lâmpadas** iluminam o mundo.)
3. Símbolo pelo objeto simbolizado: Não te afastes da **cruz**. (= Não te afastes da **religião**.)
4. Lugar pelo produto do lugar: Fumei um saboroso **havana**. (= Fumei um saboroso **charuto**.)
5. Efeito pela causa: Sócrates bebeu a **morte**. (= Sócrates tomou **veneno**.)
6. Causa pelo efeito: Moro no campo e como do **meu trabalho**. (= Moro no campo e como o **alimento que produzo**.)
7. Continente pelo conteúdo: Bebeu o **cálice** todo. (= Bebeu todo o **líquido** que estava no cálice.)
8. Instrumento pela pessoa que utiliza: Os **microfones** foram atrás dos jogadores. (= Os **repórteres**- foram atrás dos jogadores.)
9. Parte pelo todo: Várias **pernas** passavam apressadamente. (= Várias **pessoas** passavam apressadamente.)
10. Gênero pela espécie: Os **mortais** pensam e sofrem nesse mundo. (= Os **homens** pensam e sofrem nesse mundo.)

11. Singular pelo plural: A **mulher** foi chamada para ir às ruas na luta por seus direitos. (= As **mulheres** foram chamadas, não apenas uma mulher.)
12. Marca pelo produto: Minha filha adora **danone**. (= Minha filha adora o iogurte que é da marca danone.)
13. Espécie pelo indivíduo: O **homem** foi à Lua. (= Alguns **astronautas** foram à Lua.)
14. Símbolo pela coisa simbolizada: A **balança** penderá para teu lado. (= A **justiça** ficará do teu lado.)

16.2.3. CATACRESE

Trata-se de uma metáfora que, dado seu uso contínuo, cristalizou-se. A catacrese costuma ocorrer quando, por falta de um termo específico para designar um conceito, toma-se outro "emprestado". Assim, passamos a empregar algumas palavras fora de seu sentido original.

Asa da xícara, **batata** da perna, **maçã** do rosto, **pé** da mesa, **braço** da cadeira, **coroa** do abacaxi.

16.2.4. PERÍFRASE

Trata-se de uma expressão que designa um ser através de alguma de suas características ou atributos, ou de um fato que o celebrizou. Veja o exemplo:

A Cidade Maravilhosa (= Rio de Janeiro) continua atraindo visitantes do mundo todo.

Obs.: quando a perífrase indica uma pessoa, recebe o nome de *antonomásia*.

Exemplos:

O Divino Mestre (= Jesus Cristo) passou a vida praticando o bem.

O Poeta dos Escravos (= Castro Alves) morreu muito jovem.

O Poeta da Vila (= Noel Rosa) compôs lindas canções.

16.2.5. SINESTESIA

Consiste em mesclar, numa mesma expressão, as sensações percebidas por diferentes órgãos do sentido.

Um **grito áspero** revelava tudo o que sentia. (grito = auditivo; áspero = tátil) No **silêncio escuro** do seu quarto, aguardava os acontecimentos. (silêncio = auditivo; negro = visual)

16.3. FIGURAS DE PENSAMENTO

16.3.1. ANTÍTESE

Consiste na utilização de dois termos que **contrastam** entre si. Ocorre quando há uma aproximação de palavras ou expressões de sentidos opostos. O contraste que se estabelece serve, essencialmente, para dar uma ênfase aos conceitos envolvidos que não se conseguiria com a exposição isolada dos mesmos.

"O mito é o **nada** que é **tudo**." (Fernando Pessoa)

O corpo é **grande** e a alma é **pequena**.

"Quando um muro **separa**, uma ponte **une**."

16.3.2. PARADOXO

Consiste numa proposição aparentemente absurda, resultante da união de **ideias contraditórias**.

Na reunião, o funcionário afirmou que o operário quanto mais trabalha mais tem dificuldades econômicas.

16.3.3. EUFEMISMO

Consiste em empregar uma **expressão mais suave**, mais nobre ou menos agressiva, para comunicar alguma coisa áspera, desagradável ou chocante.

Depois de muito sofrimento, **entregou a alma ao Senhor**. (= morreu)

O prefeito ficou rico **por meios ilícitos**. (= roubou)

16.3.4. IRONIA

Consiste em **dizer o contrário** do que se pretende ou em satirizar, questionar certo tipo de pensamento com a intenção de ridicularizá-lo, ou ainda em ressaltar algum aspecto passível de crítica. A ironia deve ser muito bem construída para que cumpra a sua finalidade; mal construída, pode passar uma ideia exatamente oposta à desejada pelo emissor.

Como você foi bem na última prova, não tirou nem a nota mínima!

Parece um anjinho aquele menino, briga com todos que estão por perto.

16.3.5. HIPÉRBOLE

É a **expressão intencionalmente exagerada** com o intuito de realçar uma ideia.

Faria isso **milhões de vezes** se fosse preciso.

"**Rios** te correrão dos olhos, se chorares." (Olavo Bilac)

16.3.6. PROSOPOPEIA OU PERSONIFICAÇÃO

Consiste em atribuir ações ou qualidades de seres animados a seres inanimados, ou características humanas a seres não humanos. **Observe os exemplos:**

As pedras **andam** vagarosamente.

O livro é um mudo que **fala**, um surdo que **ouve**, um cego que **guia**.

16.3.7. APÓSTROFE

Consiste na **"invocação"** de alguém ou de alguma coisa personificada, de acordo com o objetivo do discurso que pode ser poético, sagrado ou profano. Caracteriza-se pelo chamamento do receptor da mensagem, seja ele imaginário ou não. A introdução da apóstrofe interrompe a linha de pensamento do discurso, destacando-se assim a entidade a que se dirige e a ideia que se pretende pôr em evidência com tal invocação. Realiza-se por meio do vocativo.

Moça, que fazes aí parada?

"Pai Nosso, que estais no céu..."

"Liberdade, Liberdade,

16.3.8. GRADAÇÃO

Consiste em **dispor as ideias** por meio de palavras, sinônimas ou não, **em ordem crescente ou decrescente**. Quando a progressão é ascendente, temos o **clímax**; quando é descendente, o **anticlímax**.

Havia o céu, havia a terra, muita gente e mais Joana com seus olhos claros e brincalhões...

O objetivo do narrador é mostrar a expressividade dos olhos de Joana. Para chegar a esse detalhe, ele se refere ao céu, à terra, às pessoas e, finalmente, a Joana e seus olhos. Nota-se que o pensamento foi expresso em ordem decrescente de intensidade.

"Vive só para mim, só para a minha vida, só para meu amor". (Olavo Bilac)

"O trigo... nasceu, cresceu, espigou, amadureceu, colheu-se." (Padre Antônio Vieira)

16.4. FIGURAS DE CONSTRUÇÃO OU SINTÁTICAS

As figuras de construção ocorrem quando desejamos atribuir **maior expressividade** ao significado. Assim, a lógica da frase é substituída pela maior expressividade que se dá ao sentido.

16.4.1. ELIPSE

Consiste na **omissão** de um ou mais termos numa oração que podem ser facilmente identificados, tanto por elementos gramaticais presentes na própria oração, quanto pelo contexto.

1) A cada um o que é seu. (Deve se dar a cada um o que é seu.)
2) Tenho duas filhas, um filho e amo todos da mesma maneira.

Nesse exemplo, as desinências verbais de tenho e amo permitem-nos a identificação do sujeito em elipse "eu".

3) Regina estava atrasada. Preferiu ir direto para o trabalho. (Ela, Regina, preferiu ir direto para o trabalho, pois estava atrasada.)
4) As rosas florescem em maio, as margaridas em agosto. (As margaridas florescem em agosto.)

16.4.2. ZEUGMA

Zeugma é uma forma de **elipse**. Ocorre quando é feita a omissão de um termo já mencionado anteriormente.

Ele **gosta** de geografia; eu, de português.

Na casa dela só **havia** móveis antigos; na minha, só móveis modernos.

16.4.3. SILEPSE

A silepse é a **concordância** que se faz com o termo que não está expresso no texto, mas sim com a ideia que ele representa. É uma concordância anormal, psicológica, espiritual, latente, porque se faz com um termo oculto, facilmente subentendido. Há três tipos de silepse: de **gênero, número** e **pessoa**.

16.4.3.1. SILEPSE DE GÊNERO

Os gêneros são **masculino** e **feminino**. Ocorre a silepse de gênero quando a concordância se faz com a **ideia** que o termo comporta.

1) A bonita Porto Velho sofreu mais uma vez com o calor intenso.

Nesse caso, o adjetivo **bonita** não está concordando com o termo **Porto Velho**, que gramaticalmente pertence ao gênero masculino, mas com a ideia contida no termo (a **cidade** de Porto Velho).

2) Vossa excelência está preocupado. Nesse exemplo, o adjetivo **preocupado** concorda com o sexo da pessoa, que nesse caso é masculino, e não com o termo Vossa excelência.

16.4.3.2. SILEPSE DE NÚMERO

Os números são **singular** e **plural**. A silepse de número ocorre quando o verbo da oração não concorda gramaticalmente com o sujeito da oração, mas com a ideia que nele está contida. **Exemplos:**

A **procissão** saiu. **Andaram** por todas as ruas da cidade de Salvador.

Como vai a **turma**? **Estão** bem?

O **povo** corria por todos os lados e **gritavam** muito alto.

Note que nos exemplos acima, os verbos **andaram**, **estão** e **gritavam** não concordam gramaticalmente com os sujeitos das orações (que se encontram no singular, **procissão**, **turma** e **povo**, respectivamente), mas com a **ideia** de pluralidade que neles está contida. Procissão, turma e povo dão a ideia de muita gente, por isso que os verbos estão no plural.

16.4.3.3. SILEPSE DE PESSOA

Três são as pessoas gramaticais: a primeira, a segunda e a terceira. A silepse de pessoa ocorre quando há um desvio de concordância. O verbo, mais uma vez, não **concorda** com o sujeito da oração, mas sim com a **pessoa que está inscrita no sujeito**.

O que não compreendo é como os **brasileiros persistamos** em aceitar essa situação. Os **agricultores temos** orgulho de nosso trabalho. "Dizem que os **cariocas somos** poucos dados aos jardins públicos." (Machado de Assis)

Observe que os verbos **persistamos**, **temos** e **somos** não concordam gramaticalmente com os seus sujeitos (**brasileiros**, **agricultores** e **cariocas** que estão na terceira pessoa), mas com a ideia que neles está contida (**nós**, os brasileiros, os agricultores e os cariocas).

16.4.4. POLISSÍNDETO / ASSÍNDETO

Para estudarmos essas duas figuras de construção, é necessário recordar um conceito estudado em sintaxe sobre período composto. No período composto por coordenação, podemos ter orações **sindéticas** ou **assindéticas**. A oração coordenada ligada por uma conjunção (conectivo) é **sindética**; a oração que não apresenta conectivo é **assindética**.

Recordado esse conceito, podemos definir as duas figuras de construção:

1) **Polissíndeto**

É uma figura caracterizada pela **repetição enfática** dos conectivos.

"Falta-lhe o solo aos pés: recua **e** corre, vacila **e** grita, luta **e** ensanguenta, **e** rola, **e** tomba, **e** se espedaça, **e** morre." (Olavo Bilac)

"Deus criou o sol **e** a lua **e** as estrelas. **E** fez o homem **e** deu-lhe inteligência **e** fê-lo chefe da natureza.

2) **Assíndeto**

É uma figura caracterizada pela ausência, pela **omissão das conjunções coordenativas**, resultando no uso de orações coordenadas assindéticas.

Tens casa, tens roupa, tens amor, tens família. "Vim, vi, venci." (Júlio César)

16.4.5. PLEONASMO

Consiste na **repetição** de um termo ou ideia, com as mesmas palavras ou não. A finalidade do pleonasmo é realçar a ideia, torná-la mais **expressiva**. **Veja este exemplo:**

O problema da violência, é necessário resolvê-**lo** logo.

Nesta oração, os termos **"o problema da violência"** e **"lo"** exercem a mesma função sintática: objeto direto. Assim, temos um pleonasmo do objeto direto, sendo o pronome **"lo"** classificado como objeto direto pleonástico.

Aos funcionários, não **lhes** interessam tais medidas. Aos funcionários, lhes = Objeto Indireto Nesse caso, há um pleonasmo do objeto indireto, e o pronome **"lhes"** exerce a função de objeto indireto pleonástico.

"**Vi, claramente visto,** o lumo vivo." (Luís de Camões)

"Ó mar **salgado**, quanto do teu **sal** são lágrimas de Portugal." (Fernando Pessoa)

"E **rir** meu **riso**." (Vinícius de Moraes)

16.4.6. ANÁFORA

É a **repetição** de uma ou mais palavras no início de várias frases, criando assim, um efeito de reforço e de coerência. Pela repetição, a palavra ou expressão em causa é posta em destaque, permitindo ao escritor valorizar determinado elemento textual. Os termos anafóricos podem muitas vezes ser substituídos por **pronomes relativos**. Encontrei um amigo ontem. **Ele** disse-me que te conhecia. O termo **ele** é um termo anafórico, já que se refere a **um amigo** anteriormente referido.

"Se você gritasse
Se você gemesse,
Se você tocasse
a valsa vienense
Se você dormisse,
Se você cansasse,
Se você morresse...
Mas você não morre,
Você é duro José!"
(Carlos Drummond de Andrade)

16.4.7. ANACOLUTO

Consiste na **mudança da construção sintática** no meio da frase, ficando alguns termos desligados do resto do período.

Esses alunos da escola, não se pode duvidar deles.

A expressão **"esses alunos da escola"** deveria exercer a função de sujeito. No entanto, há uma interrupção da frase e essa expressão fica à parte, não exercendo nenhuma função sintática. O anacoluto também é chamado de "frase quebrada", pois corresponde a uma interrupção na sequência lógica do pensamento.

O **Alexandre**, as coisas não lhe estão indo muito bem.

A **velha hipocrisia**, recordo-me dela com vergonha. (Camilo Castelo Branco)

Obs.: o anacoluto deve ser usado com finalidade expressiva em casos muito especiais. Em geral, deve-se evitá-lo.

16.4.8. HIPÉRBATO / INVERSÃO

É a **inversão** da estrutura frásica, isto é, a inversão da ordem direta dos termos da oração.

Ao ódio venceu o amor. (Na ordem direta seria: O amor venceu ao ódio.)

Dos meus problemas cuido eu! (Na ordem direta seria: Eu cuido dos meus problemas.)

16.5. FIGURAS DE SOM

16.5.1. ALITERAÇÃO

Consiste na **repetição de consoantes** como recurso para intensificação do ritmo ou como efeito sonoro significativo.

Três pratos de **t**rigo para **t**rês **t**igres **t**ristes.

O **r**ato **r**oeu a **r**oupa do **r**ei de **R**oma.

"**V**ozes **v**eladas, **v**eludosas **v**ozes,

Volúpias dos **v**iolões, **v**ozes **v**eladas

Vagam nos **v**elhos **v**órtices **v**elozes

Dos **v**entos, **v**ivas, **v**ãs, **v**ulcanizadas."

Cruz e Souza (Aliteração em "v")

16.5.2. Assonância

Consiste na **repetição ordenada de sons vocálicos idênticos**.

"Sou um mulat**o** nat**o** n**o** sentid**o** lat**o**

mulat**o** democrátic**o** d**o** litoral."

16.5.2. ONOMATOPEIA

Ocorre quando se tentam reproduzir na forma de palavras os **sons** da realidade.

Os sinos faziam **blem**, **blem**, **blem**, **blem**.

Miau, **miau**. (Som emitido pelo gato)

Tic-tac, **tic-tac** fazia o relógio da sala de jantar.

Cócórócócó, fez o galo às seis da manhã.

16.6. VÍCIOS DE LINGUAGEM

Ao contrário das figuras de linguagem, que representam realce e beleza às mensagens emitidas, os *vícios de linguagem* são palavras ou construções que vão de encontro às normas gramaticais. Os vícios de linguagem costumam ocorrer por descuido, ou ainda por desconhecimento das regras por parte do emissor.

16.6.1. PLEONASMO VICIOSO OU REDUNDÂNCIA

Diferentemente do pleonasmo tradicional, tem-se pleonasmo vicioso quando há repetição desnecessária de uma informação na frase.

Entrei *para dentro* de casa quando começou a anoitecer.

Hoje fizeram-me uma surpresa *inesperada*.

Encontraremos *outra* alternativa para esse problema.

Observação: o pleonasmo é considerado vício de linguagem quando usado desnecessariamente, no entanto, quando usado para reforçar a mensagem, constitui uma figura de linguagem.

16.6.2. BARBARISMO

É o desvio da norma que ocorre nos seguintes níveis:

1) Pronúncia

a) Silabada: erro na pronúncia do acento tônico.

Solicitei à cliente sua *rú*brica. (ru*bri*ca)

b) Cacoépia: erro na pronúncia dos fonemas.

Estou com *po*blemas a resolver. (*pro*blemas)

c) Cacografia: erro na grafia ou na flexão de uma palavra.

Eu *ad*vinhei quem ganharia o concurso. (*adi*vinhei)

O segurança *deteu* aquele homem. (*deteve*)

2) Morfologia

Se eu *ir* aí, vou me atrasar. (*for*)

Sou a aluna *mais maior* da turma. (*maior*)

3) Semântica

José *comprimentou* seu vizinho ao sair de casa. (cumprimentou)

4) Estrangeirismos

Considera-se barbarismo o emprego desnecessário de palavras estrangeiras, ou seja, quando já existe palavra ou expressão correspondente na língua.

O *show* é hoje! (espetáculo)

Vamos tomar um *drink*? (drinque)

16.6.3. SOLECISMO

É o desvio de sintaxe, podendo ocorrer nos seguintes níveis:

1) Concordância

Haviam muitos alunos naquela sala. (Havia)

2) Regência

Eu assisti *o* filme em casa. (ao)

3) Colocação

Dancei tanto na festa que não aguentei-*me* em pé. (não *me* aguentei em pé)

16.6.4. AMBIGUIDADE OU ANFIBOLOGIA

Ocorre quando, por falta de clareza, há duplicidade de sentido da frase.

Ana disse à amiga que *seu* namorado havia chegado. (O namorado é de Ana ou da amiga?)

O pai falou com o filho caído no chão. (Quem estava caído no chão? Pai ou filho?)

16.6.5. CACOFONIA

Ocorre quando a junção de duas ou mais palavras na frase provoca som desagradável ou palavra inconveniente.

Uma mão lava outra. (mamão)

Vi ela na esquina. (viela)

Dei um beijo na bo*ca dela*. (cadela)

16.6.6. ECO

Ocorre quando há palavras na frase com terminações iguais ou semelhantes, provocando dissonância.

A divulga*ção* da promo*ção* *não* causou como*ção* na popula*ção*.

16.6.7. HIATO

Ocorre quando há uma sequência de vogais, provocando dissonância.

*Eu a a*mo.

*Ou eu ou a ou*tra ganhará o concurso.

16.6.8. COLISÃO

Ocorre quando há repetição de consoantes iguais ou semelhantes, provocando dissonância.

*Sua sa*ia *su*jou.

17. COESÃO, COERÊNCIA E REESCRITA DE FRASES

17.1. COESÃO REFERENCIAL[1]

- Ocorre quando determinado elemento textual se remete a outro, substituindo-o. A **referência**, inicialmente, pode ser em relação a um dado **externo** ou **interno** ao texto.

Coesão por Referência exofórica	Refere-se a um elemento fora do texto.
Coesão por Referência endofórica	Faz referência a algo dentro do texto.

Exemplo de coesão por referência **exofórica**:

- "A gente era pequena **naquele** tempo. E **aquele** era um tempo em que ainda se apregoava nas ruas. Não em todas as ruas, mas **naquela** onde vivíamos. **Naquela** rua, que tinha por nome a data de um santo, o tempo passava mais lentamente do que no resto da cidade de Porto Alegre." *(trecho inicial de uma crônica, postada no site http://revistagloborural.globo.com, por Letícia Wierzchowski)*
- A coesão por referência **endofórica** ocorre por intermédio de: pronomes (pessoais, possessivos, demonstrativos, indefinidos, interrogativos e relativos), numerais (ambos, primeiro, segundo), advérbios pronominais (lá, aí, aqui, onde, aqui), elipse (omissão de um termo facilmente perceptível), sinonímia (substituição lexical) e metonímia (parte pelo todo).

17.2. COESÃO SEQUENCIAL

- É obtida por meio dos elementos de ligação que proporcionam as relações necessárias à integração harmoniosa de orações e parágrafos em torno de um mesmo assunto. Elementos de coesão mais utilizados:

Prioridade, relevância	principalmente, primordialmente, sobretudo, em primeiro lugar, antes de mais nada, primeiramente,acima de tudo.
Tempo (ordem, sucessão, anterioridade, posterioridade)	finalmente, agora, atualmente, hoje, frequentemente, constantemente, às vezes, eventualmente, por vezes, ocasionalmente, sempre, raramente, não raro, ao mesmo tempo, simultaneamente, a princípio, pouco antes, pouco depois, anteriormente, posteriormente, em seguida, afinal, por fim.
Semelhança, comparação	igualmente, da mesma forma, assim também, do mesmo modo, similarmente, analogamente, por analogia, de maneira idêntica.
Conformidade	conformidade com, de acordo com, segundo, conforme, sob o mesmo ponto de vista, tal qual, tanto quanto, como, assim como, bem como.
Condição, hipótese	se, caso, salvo se, contanto que, desde que, a menos que, a não ser que etc.
Adição, continuação	e, além disso, ademais, por sua vez, outro ponto, mais (grave) ainda, ainda mais, também, mas também, constata-se também, vale frisar ainda, vale lembrar também.
Dúvida	provavelmente, possivelmente, é provável.
Certeza, ênfase	de fato, por certo, certamente, indubitavelmente, inquestionavelmente, sem dúvida, obviamente.
Ilustração, exemplificação, esclarecimento	por exemplo, isto é, em outras palavras, ou por outra, a saber, haja vista.
Propósito, intenção, finalidade	com o fim de, a fim de, com o propósito de, para que, afim de que.
Resumo, recapitulação, conclusão	em suma, em síntese, enfim, em resumo, portanto, assim, dessa forma, dessa maneira, logo, afinal, está claro que.

1 Sou mais ENEM. Disponível em < http://soumaisenem.com.br/redacao/coesao-e-coerencia/coesao-referencial>. Acesso em 11 nov. 2016, com alterações.

Causa	em virtude de, por causa de, devido a, é resultado de.
Consequência	consequentemente, por consequência, como resultado, por isso, assim, como efeito, de sorte que, de modo que, de forma que, de maneira que.
Explicação	porque, porquanto, pois, já que, uma vez que, visto que.
Contraste, oposição	por outro lado, paradoxalmente, pelo contrário, caso contrário, em contraste com, mas, porém, contudo, todavia, entretanto, no entanto.
Restrição, ressalva	embora, apesar de, ainda que, mesmo que, posto que, conquanto, se bem que, por mais que, por menos que, não obstante.

17.3. PARÁFRASE[2]

- A Paráfrase é um texto que procura tornar mais claro e objetivo aquilo que se disse em outro texto. Portanto, é sempre a reescritura de um texto já existente, uma espécie de *tradução* dentro da própria língua.
- O autor da paráfrase deve demonstrar que entendeu claramente a ideia do texto. Além disso, são exigências de uma boa paráfrase:

1	Utilizar a mesma ordem de ideias que aparece no texto original.
2	Não omitir nenhuma informação essencial.
3	Não fazer qualquer comentário acerca do que se diz no texto original.
4	Utilizar construções que não sejam uma simples repetição daquelas que estão no original e, sempre que possível, um vocabulário também diferente.

17.4. PERÍFRASE[3]

- Trata-se de uma expressão que designa um ser através de alguma de suas características ou atributos, ou de um fato que o celebrizou.
- Exemplo: A Cidade Maravilhosa (= Rio de Janeiro) continua atraindo visitantes do mundo todo.
- Observação: quando a perífrase indica uma pessoa, recebe o nome de *antonomásia*.
- O Divino Mestre (= Jesus Cristo) passou a vida praticando o bem.
- O Poeta dos Escravos (= Castro Alves) morreu muito jovem.
- O Poeta da Vila (= Noel Rosa) compôs lindas canções.

17.5. TIPOS DE INCOERÊNCIA

Semântica	Os significados das palavras não se completam.	"A televisão **transmite** lazer." O verbo transmitir significa "fazer passar de um lugar a outro, comunicar". Nesse sentido, o lazer não é algo que venha de um ponto para outro, mas algo que é "proporcionado".
Sintática	Não são utilizados corretamente os meios sintáticos para expressar a coerência semântica, ou seja, empregam-se conectivos, pronomes (etc.) inadequadamente.	Pessoas ricas procuram o ensino particular. **Onde** os métodos, equipamentos e professores são melhores."
Incoerência Estilística	Ocorre quando se misturam registros linguísticos.	Observe a mudança "de tom" no discurso que se segue: "Venho diante de vossa Magnificência manifestar meu repúdio ao fato de uma instituição pública querer subtrair da população um espaço de lazer. Francamente, achei a **maior sujeira, sacanagem, nada a ver**."
Pragmática	O sentido de uma sequência de atos de fala é quebrado.	A: "Achei difícil compreender o tópico dois do capítulo três." B: "**O céu está maravilhoso com as nuvens escuras de chuva**."

18. INTERPRETAÇÃO DE TEXTO

Interpretar é concluir, deduzir a partir dos dados coletados.

O tempo, na prova, é muito curto, por isso é necessário trabalhar com dicas para não precisar reler o texto. Lembre-se de que interpretar é objetivo, ou seja, a opi-

---

2 Folha Net. Disponível em <http://www.colegiodante.com.br/escola/webquest/e_medio/mackenzie/parafrase.htm>. Acesso em 11 nov. 2016. Com alterações.

3 Só Português. Disponível em <http://www.soportugues.com.br/secoes/estil/estil4.php>. Acesso em 11 nov. 2016. Com alterações.

nião do leitor nada importa. A resposta correta é direcionada ao que o autor escreveu e não a que o leitor achou ou acha sobre o assunto.

Dicas rápidas para melhorar o desempenho:

- Leia cada parágrafo e grife as palavras-chave;
- Terminada a leitura, anote o tema (assunto) do texto;
- Vá às questões e não se esqueça de voltar ao texto;
- Trabalhe com as ideias principais que você sublinhou e nunca se esqueça do tema.
- Observe os comandos da questão (de acordo com o texto, conforme o texto, segundo o autor). Se forem esses os comandos, limite-se à realidade do mesmo.
- Muitas vezes, as alternativas extrapolam as verdades do texto; ou ainda diminuem essas mesmas verdades; ou fazem afirmações que nem de longe estão no texto. Fácil notar através de palavras que generalizam ou restringem: todos, ninguém, sempre, nunca, jamais etc.

18.1. TIPOLOGIA TEXTUAL

TIPOS	DEFINIÇÃO	EXEMPLOS
Narração	Modalidade em que se conta um fato, fictício ou não, que ocorreu num determinado tempo e lugar, envolvendo certos personagens. Refere-se a objetos do mundo real. Há uma relação de anterioridade e posterioridade. O tempo verbal predominante é o passado.	Conto, fábula, crônica, romance, novela, depoimento, piada, relato etc.
Descrição	Um texto em que se faz um retrato por escrito de um lugar, uma pessoa, um animal ou um objeto. A classe de palavras mais utilizada nessa produção é o adjetivo, pela sua função caracterizadora. Numa abordagem mais abstrata, pode-se até descrever sensações ou sentimentos. Não há relação de anterioridade e posterioridade. Significa "criar" com palavras a imagem do objeto descrito. É fazer uma descrição minuciosa do objeto ou da personagem a que o texto se Pega. É um tipo textual que se agrega facilmente aos outros tipos em diversos gêneros textuais.	Cardápio, folheto turístico, anúncio classificado etc.
Dissertação	Dissertar é o mesmo que desenvolver ou explicar um assunto, discorrer sobre ele. Dependendo do objetivo do autor, pode ter caráter expositivo ou argumentativo.	
	Dissertação-Exposição: Apresenta um saber já construído e legitimado, ou um saber teórico. Apresenta informações sobre assuntos, expõe, reflete, explica e avalia ideias de modo objetivo. O texto expositivo apenas expõe ideias sobre um determinado assunto. A intenção é informar, esclarecer.	Aula, resumo, textos científicos, enciclopédia, textos expositivos de revistas e jornais, etc.
	Dissertação-Argumentação: Um texto dissertativo-argumentativo faz a defesa de ideias ou um ponto de vista do autor. O texto, além de explicar, também persuade o interlocutor, objetivando convencê-lo de algo. Caracteriza-se pela progressão lógica de ideias. Geralmente utiliza linguagem denotativa.	Sermão, ensaio, monografia, dissertação, tese, ensaio, manifesto, crítica, editorial de jornais e revistas.
Outros Tipos Textuais	Dialogal / Conversacional	Entrevista, conversa telefônica, chat etc.
	Injunção/Instrucional	Ordens; pedidos; súplica; desejo; manuais e instruções para montagem ou uso de aparelhos e instrumentos; textos com regras de comportamento; textos de orientação; receitas, cartões com votos e desejos.
	Predição	Previsões astrológicas, previsões meteorológicas, previsões escatológicas/apocalípticas.

18.2. GÊNEROS TEXTUAIS

- Os Gêneros textuais são as estruturas com que se compõem os textos, sejam orais ou escritos. Essas estruturas são muito parecidas, com características comuns, procuram atingir intenções comunicativas semelhantes e ocorrem em situações específicas. São variadas formas de linguagem que circulam na sociedade, formais ou informais. Cada gênero textual tem seu estilo próprio, podendo ser identificado e diferenciado dos demais através de suas características.

Notícia	Possui características narrativas: o fato ocorrido que se deu em um determinado momento e em um determinado lugar, envolvendo determinadas personagens. Características do lugar, bem como dos personagens envolvidos são, muitas vezes, minuciosamente descritos.
Reportagem	Gênero textual jornalístico de caráter dissertativo-expositivo. A reportagem tem, por objetivo, informar e levar os fatos ao leitor de uma maneira clara, com linguagem direta.
Carta ao leitor	Gênero dissertativo-argumentativo e possui linguagem pessoal e leve.
Propaganda	Gênero textual dissertativo-expositivo. Há o intuito de propagar informações sobre algo, buscando sempre atingir e influenciar o leitor apresentando, na maioria das vezes, mensagens que despertam as emoções e a sensibilidade do mesmo.
Bula de remédio	Gênero textual descritivo, dissertativo-expositivo e injuntivo. Fornece as informações necessárias para o correto uso do medicamento.
Receita	Gênero textual descritivo e injuntivo. Objetivo: informar a fórmula para preparar tal comida, descrevendo os ingredientes e o preparo destes, com verbos no imperativo, dado o sentido de ordem, para que o leitor siga corretamente as instruções.
Editorial	Gênero textual dissertativo-argumentativo. Expressa o posicionamento da empresa sobre determinado assunto, sem a obrigação da presença da objetividade.
Tutorial	Gênero injuntivo. É um guia que tem por finalidade explicar ao leitor, passo a passo e de maneira simplificada, como fazer algo.
Entrevista	Gênero textual dialogal e dissertativo-expositivo. Representado pela conversação de duas ou mais pessoas, o entrevistador e o(s) entrevistado(s), para obter informações sobre ou do entrevistado ou de algum outro assunto.
História em quadrinhos	Gênero narrativo. Consiste em enredos contados em pequenos quadros através de diálogos diretos entre seus personagens, gerando uma espécie de conversação.
Charge	Gênero textual narrativo onde se faz uma espécie de ilustração cômica, através de caricaturas, com o objetivo de realizar uma sátira, crítica ou comentário sobre algum acontecimento atual, em sua grande maioria.

18.3. ARGUMENTAÇÃO[4]

A argumentação é um recurso que tem o propósito de convencer alguém, alterando sua opinião ou seu comportamento.

Os argumentos, na construção textual, são essenciais.

Há diferentes tipos de argumentos e a escolha certa consolida o texto.

18.3.1. ARGUMENTAÇÃO POR CITAÇÃO

Sempre que queremos defender uma ideia, procuramos pessoas 'consagradas', que pensam como nós acerca do tema em evidência. Apresentamos no corpo de nosso texto a menção de uma informação extraída de outra fonte.

A citação pode ser apresentada assim:

Assim parece ser porque, para Piaget, "toda moral consiste num sistema de regras e a essência de toda moralidade deve ser procurada no respeito que o indivíduo adquire por essas regras" (Piaget, 1994, p.11). A essência da moral é o respeito às regras. A capacidade intelectual de compreender que a regra expressa uma racionalidade em si mesma equilibrada.

O trecho citado deve estar de acordo com as ideias do texto, assim, tal estratégia poderá funcionar bem.

18.3.2. ARGUMENTAÇÃO POR COMPROVAÇÃO

A sustentação da argumentação se dará a partir das informações apresentadas (dados, estatísticas, percentuais) que a acompanham.

Esse recurso é explorado quando o objetivo é contestar um ponto de vista equivocado.

O ministro da Educação, Cristovam Buarque, lança hoje o Mapa da Exclusão Educacional. O estudo do Inep, feito a partir de dados do IBGE e do Censo Educacional do Ministério da Educação, mostra o número de crian-

4. Cabral, Marina. Brasil Escola. Disponível em <http://brasilescola.uol.com.br/redacao/a-argumentacao.htm>. Com alterações. Acesso em 14 agosto 2017.

ças de sete a catorze anos que estão fora das escolas em cada estado.

Segundo o mapa, no Brasil, 1,4 milhão de crianças, ou 5,5 % da população nessa faixa etária (sete a catorze anos), para a qual o ensino é obrigatório, não frequentam as salas de aula.

O pior índice é do Amazonas: 16,8% das crianças do estado, ou 92,8 mil, estão fora da escola. O melhor, o Distrito Federal, com apenas 2,3% (7 200) de crianças excluídas, seguido por Rio Grande do Sul, com 2,7% (39 mil) e São Paulo, com 3,2% (168,7 mil).

(Mônica Bergamo. Folha de S. Paulo, 3.12.2003)

Nesse tipo de citação o autor precisa de dados que demonstrem sua tese.

18.3.3. ARGUMENTAÇÃO POR RACIOCÍNIO LÓGICO

A criação de relações de causa e efeito é um recurso utilizado para demonstrar que uma conclusão (afirmada no texto) é necessária, e não fruto de uma interpretação pessoal que pode ser contestada. "O fumo é o mais grave problema de saúde pública no Brasil. Assim como não admitimos que os comerciantes de maconha, crack ou heroína façam propaganda para os nossos filhos na TV, todas as formas de publicidade do cigarro deveriam ser proibidas terminantemente. Para os desobedientes, cadeia."

VARELLA, Drauzio. In: Folha de S. Paulo, 20 de maio de 2000.

Para a construção de um bom texto argumentativo faz-se necessário o conhecimento sobre a questão proposta, fundamentação para que seja realizado com sucesso.

18.4. PRESSUPOSTOS E SUBENTENDIDOS[5]

Pressupostos e subentendidos são informações implícitas num texto, não expressas formalmente, apenas sugeridas por marcas linguísticas ou pelo contexto. Cabe ao leitor, numa leitura proficiente, ir além da informação que se encontra explícita, identificando e compreendendo as informações implícitas, ou seja, lendo nas entrelinhas.

Os pressupostos são de mais fácil identificação, estando sugeridos no texto. Os subentendidos são deduzidos pelo leitor, sendo da sua responsabilidade.

Entenda melhor:

- Heloísa está cansada de ser professora.

Pressuposto: Heloísa é professora.

Subentendido: Talvez porque o salário é baixo ou há muita indisciplina.

- Infelizmente, meu marido continua trabalhando fora do país

Pressuposto: O marido está trabalhando fora do país e a mulher não está satisfeita com essa situação.

Subentendido: Talvez por ter melhor salário fora do país ou por não encontrar trabalho no seu país.

18.4.1. PRESSUPOSTOS

Os pressupostos são informações implícitas adicionais, facilmente compreendidas devido a palavras ou expressões presentes na frase que permitem ao leitor compreender essa informação implícita. O enunciado depende dessa pressuposição para que faça sentido. Assim, o pressuposto é verdadeiro e irrefutável.

Exemplos de pressupostos:

- Decidi deixar de comer carne.

Pressuposto: A pessoa comia carne antes.

- Finalmente acabei minha monografia.

Pressuposto: Demorou algum tempo para terminar a monografia.

- Alunos que estudam de manhã costumam ter melhor rendimento.

Pressuposto: Há alunos que não estudam de manhã.

- Desde que ela mudou de casa, nunca mais a vi.

Pressuposto: Costumava vê-la antes dela mudar de casa.

Marcas linguísticas que facilitam a identificação de pressupostos:

- Verbos que indicam fim, continuidade, mudança e implicações: começar, continuar, parar, deixar, acabar, conseguir,...
- Advérbios: felizmente, finalmente, ainda, já, depois, antes,...
- Pronome introdutório de orações subordinadas adjetivas: que
- Locuções que indicam circunstâncias: depois que, antes que, desde que, visto que,...

18.4.2. SUBENTENDIDOS

Os subentendidos são insinuações, informações escondidas, dependentes da interpretação do leitor. Não possuem marca linguística, sendo deduzidos através do contexto comunicacional e do conhecimento que os destinatários têm do mundo. Podem ser ou não verdadeiros e podem ser facilmente negados, visto serem unicamente da responsabilidade de quem interpreta a frase.

Exemplos de subentendidos:

- Quando sair de casa, não se esqueça de levar um casaco.

Subentendido: Está frio lá fora.

- Já tenho a garganta seca de tanto falar.

5. Norma Culta. Disponível em <https://www.normaculta.com.br/pressuposto-e-subentendido/>. Acesso em 14 agosto 2017.

Subentendidos: Quero beber um copo de água ou quero parar de falar neste momento.

– Você vai a pé para casa agora?

Subentendidos: Eu posso lhe dar uma carona ou é perigoso andar a pé na rua a estas horas.

18.5. NÍVEIS DE LINGUAGEM[6]

A interação verbal entre os sujeitos é possível por meio das palavras e pode ser realizada por meio da fala e/ou da escrita. Dependendo da situação comunicativa, os usuários das línguas podem eleger qualquer um dos diferentes níveis de linguagem para interagir verbalmente com os outros. Isso significa que existem linguagens diferentes para ocasiões distintas, ou seja, em toda situação comunicativa, os falantes elegem o nível de linguagem mais adequado para que tanto o emissor quanto o receptor das mensagens possam compreender e ser compreendidos.

Nível 1: Norma culta/padrão

Cada língua possui sua estrutura e muitas delas possuem um conjunto de regras responsável pelo funcionamento dos elementos linguísticos. Esse conjunto de regras é conhecido como gramática normativa. Nela, os usuários da língua encontram a norma-padrão de funcionamento da língua chamada de "padrão ou culta", a qual deve, ou pelo menos deveria, ser de conhecimento e acessível a todos os falantes da mesma comunidade linguística.

Utilizar a norma culta da língua portuguesa não significa comunicar-se de maneira difícil e rebuscada. Embora à língua padrão seja atribuído certo prestigio cultural e status social, o uso da linguagem culta está menos relacionado à questão estética e muito mais associado à sua democratização, já que esse é o nível de linguagem ensinado nas escolas, nos manuais didáticos, cartilhas e dicionários das línguas etc.

Nível 2: Linguagem coloquial/informal/popular

A linguagem coloquial é aquela utilizada de maneira mais espontânea e corriqueira. Esse nível de linguagem não segue a rigor todas as regras da gramática normativa, pois está mais preocupado com a função da linguagem do que com a forma. Ao utilizar a linguagem coloquial, o falante está mais preocupado em transmitir o conteúdo da mensagem do que como esse conteúdo vai ser estruturado.

De maneira geral, os falantes utilizam a linguagem coloquial nas situações comunicativas mais informais, isto é, nos diálogos entre amigos, familiares etc.

Nível 3: Linguagem regional/regionalismo

A linguagem regional está relacionada com as variações ocorridas, principalmente na fala, nas mais variadas comunidades linguísticas. Essas variações são também chamadas de dialetos. O Brasil, por exemplo, apresenta uma imensa variedade de regionalismos na fala dos usuários nativos de cada uma de suas cinco regiões.

Nível 4: Gírias

A gíria é um estilo associado à linguagem coloquial/popular como meio de expressão cotidiana. Ela está relacionada ao cotidiano de certos grupos sociais e podem ser incorporadas ao léxico de uma língua conforme sua intensidade e frequência de uso pelos falantes, mas, de maneira geral, as palavras ou expressões provenientes das gírias são utilizadas durante um tempo por um certo grupo de usuários e depois são substituídas por outras por outros usuários de outras gerações. É o caso, por exemplo, de uma gíria bastante utilizada pelos falantes nas décadas de 80 e 90: "chuchu, beleza", mas que, atualmente, está quase obsoleta.

Nível 5: Linguagem vulgar

A linguagem vulgar é exatamente oposta à linguagem culta/padrão. As estruturas gramaticais não seguem regras ou normas de funcionamento. O mais interessante é que, mesmo de maneira bem rudimentar, os falantes conseguem compreender a mensagem e seus efeitos de sentido nas trocas de mensagens. Podemos considerar a linguagem vulgar como sendo um vício de linguagem. Veja alguns exemplos bastante recorrentes em nossa língua: "Nóis vai", "Pra mim ir", "Vamo ir".

18.6. DISCURSO DIRETO E INDIRETO[7]

Discurso direto é a transcrição exata da fala das personagens, sem participação do narrador.

Discurso indireto é a intervenção do narrador no discurso ao utilizar as suas próprias palavras para reproduzir as falas das personagens.

DICAS de transposição do discurso direto para o indireto

1. Mudança das pessoas do discurso:

Discurso direto	Discurso indireto
primeira pessoa	terceira pessoa
eu, me, mim, comigo	ele, ela, se, si, consigo, o, a, lhe
nós, nos, conosco	eles, elas, os, as, lhes
meu, meus, minha, minhas, nosso, nossos, nossa, nossas	seu, seus, sua e suas

6. Mundo Educação. Disponível em <http://mundoeducacao.bol.uol.com.br/redacao/niveis-linguagem.htm>. Acesso em 14 agosto 2017.

7. Norma Culta. Disponível em <https://www.normaculta.com.br/discurso-direto-e-indireto/>. Acesso em 14 agosto 2017.

2. Mudança de tempos verbais:

Discurso direto	Discurso indireto
Presente do indicativo	pretérito imperfeito do indicativo
Pretérito perfeito do indicativo	pretérito mais-que-perfeito do indicativo
Futuro do presente do indicativo	futuro do pretérito do indicativo
Presente do subjuntivo	pretérito imperfeito do subjuntivo
Futuro do subjuntivo	
Imperativo	

3. Mudança na pontuação das frases:

Discurso direto	Discurso indireto
Frases interrogativas, exclamativas e imperativas	frases declarativas (o emissor constata um fato – informa ou declara alguma coisa)

4. Mudança dos advérbios e adjuntos adverbiais:

Discurso direto	Discurso indireto
Ontem	no dia anterior
Hoje	naquele dia e naquele momento
Amanhã	no dia seguinte
Aqui, aí, cá	ali e lá
Este, esta e isto	aquele, aquela, aquilo

19. REDAÇÃO OFICIAL

MANUAL DE REDAÇÃO DA PRESIDÊNCIA DA REPÚBLICA – **3ª edição 2018**[8]

PARTE I – AS COMUNICAÇÕES OFICIAIS

CAPÍTULO I – ASPECTOS GERAIS DA REDAÇÃO OFICIAL

1. PANORAMA DA COMUNICAÇÃO OFICIAL

A finalidade da língua é comunicar, quer pela fala, quer pela escrita. Para que haja comunicação, são necessários:

a) alguém que comunique;

b) algo a ser comunicado;

c) alguém que receba essa comunicação.

No caso da redação oficial, **quem comunica é** sempre **o serviço público** (este/esta ou aquele/aquela Ministério, Secretaria, Departamento, Divisão, Serviço, Seção); **o que se comunica é** sempre **algum assunto relativo às atribuições do órgão que comunica**; e **o destinatário** dessa comunicação **é o público, uma instituição privada ou outro órgão ou entidade pública**, do Poder Executivo ou dos outros Poderes. Além disso, deve-se considerar a intenção do emissor e a finalidade do documento, para que o texto esteja adequado à situação comunicativa.

A necessidade de empregar determinado nível de linguagem nos atos e nos expedientes oficiais decorre, de um lado, do próprio caráter público desses atos e comunicações; de outro, de sua finalidade. Os atos oficiais, aqui entendidos como atos de caráter normativo, ou estabelecem regras para a conduta dos cidadãos, ou regulam o funcionamento dos órgãos e entidades públicos, o que só é alcançado se, em sua elaboração, for empregada a linguagem adequada. O mesmo se dá com os expedientes oficiais, cuja **finalidade precípua é a de informar com clareza e objetividade.**

2. O QUE É REDAÇÃO OFICIAL

Em uma frase, pode-se dizer que redação oficial é a maneira pela qual o Poder Público redige comunicações oficiais e atos normativos. Neste Manual, interessa-nos tratá-la do ponto de vista da administração pública federal.

A redação oficial não é necessariamente árida e contrária à evolução da língua. É que **sua finalidade básica – comunicar com objetividade e máxima clareza – impõe certos parâmetros ao uso que se faz da língua**, de maneira diversa daquele da literatura, do texto jornalístico, da correspondência particular etc.

Apresentadas essas características fundamentais da redação oficial, passemos à análise pormenorizada de cada um de seus atributos.

3. ATRIBUTOS DA REDAÇÃO OFICIAL

A redação oficial deve caracterizar-se por:

- **clareza e precisão;**
- **objetividade;**
- **concisão;**
- **coesão e coerência;**
- **impessoalidade;**
- **formalidade e padronização; e**
- **uso da norma padrão da língua portuguesa.**

Fundamentalmente, esses atributos decorrem da Constituição, que dispõe, no art. 37: "A administração pública direta, indireta, de qualquer dos Poderes da União, dos Estados, do Distrito Federal e dos Municípios obedecerá aos princípios de legalidade, impessoalidade, moralidade, publicidade e eficiência (...)". Sendo a publicidade, a impessoalidade e a eficiência princípios fundamentais de toda a administração pública, devem

8 Presidência da República 3a edição, revista, atualizada e ampliada pela Subchefia para Assuntos Jurídicos da Casa Civil da Presidência da República.

igualmente nortear a elaboração dos atos e das comunicações oficiais.

3.1. CLAREZA E PRECISÃO

CLAREZA

A clareza deve ser a qualidade básica de todo texto oficial. Pode-se definir como claro aquele texto que possibilita imediata compreensão pelo leitor. Não se concebe que um documento oficial ou um ato normativo de qualquer natureza seja redigido de forma obscura, que dificulte ou impossibilite sua compreensão. A transparência é requisito do próprio Estado de Direito: **é inaceitável que um texto oficial ou um ato normativo não seja entendido pelos cidadãos**. O princípio constitucional da publicidade não se esgota na mera publicação do texto, estendendo-se, ainda, à necessidade de que o texto seja claro.

Para a obtenção de clareza, sugere-se:

a) utilizar palavras e expressões simples, em seu sentido comum, salvo quando o texto versar sobre assunto técnico, hipótese em que se utilizará nomenclatura própria da área;
b) usar frases curtas, bem estruturadas; apresentar as orações na ordem direta e evitar intercalações excessivas. Em certas ocasiões, para evitar ambiguidade, sugere-se a adoção da ordem inversa da oração;
c) buscar a uniformidade do tempo verbal em todo o texto;
d) não utilizar regionalismos e neologismos;
e) pontuar adequadamente o texto;
f) explicitar o significado da sigla na primeira referência a ela; e
g) utilizar palavras e expressões em outro idioma apenas quando indispensáveis, em razão de serem designações ou expressões de uso já consagrado ou de não terem exata tradução. Nesse caso, grafe-as em itálico.

PRECISÃO

O atributo da precisão **complementa a clareza** e caracteriza-se por:

a) articulação da linguagem comum ou técnica para a perfeita compreensão da ideia veiculada no texto;
b) manifestação do pensamento ou da ideia com as mesmas palavras, evitando o emprego de sinonímia com propósito meramente estilístico; e
c) escolha de expressão ou palavra que não confira duplo sentido ao texto.

É indispensável, também, a releitura de todo o texto redigido. A ocorrência, em textos oficiais, de trechos obscuros provém principalmente da falta da releitura, o que tornaria possível sua correção. Na revisão de um expediente, deve-se avaliar se ele será de fácil compreensão por seu destinatário. O que nos parece óbvio pode ser desconhecido por terceiros. O domínio que adquirimos sobre certos assuntos, em decorrência de nossa experiência profissional, muitas vezes, faz com que os tomemos como de conhecimento geral, o que nem sempre é verdade. Explicite, desenvolva, esclareça, precise os termos técnicos, o significado das siglas e das abreviações e os conceitos específicos que não possam ser dispensados.

A revisão atenta exige tempo. A pressa com que são elaboradas certas comunicações quase sempre compromete sua clareza. "Não há assuntos urgentes, há assuntos atrasados", diz a máxima. Evite-se, pois, o atraso, com sua indesejável repercussão no texto redigido.

A clareza e a precisão não são atributos que se atinjam por si sós: elas dependem estritamente das demais características da redação oficial, apresentadas a seguir.

3.2. OBJETIVIDADE

Ser objetivo é ir diretamente ao assunto que se deseja abordar, sem voltas e sem redundâncias. Para conseguir isso, é fundamental que o redator saiba de antemão qual é a ideia principal e quais são as secundárias.

Procure perceber certa hierarquia de ideias que existe em todo texto de alguma complexidade: as fundamentais e as secundárias. Essas últimas podem esclarecer o sentido daquelas, detalhá-las, exemplificá-las; mas existem também ideias secundárias que não acrescentam informação alguma ao texto, nem têm maior relação com as fundamentais, podendo, por isso, ser dispensadas, o que também proporcionará mais objetividade ao texto.

A objetividade conduz o leitor ao contato mais direto com o assunto e com as informações, sem subterfúgios, sem excessos de palavras e de ideias. É errado supor que a objetividade suprime a delicadeza de expressão ou torna o texto rude e grosseiro.

3.3. CONCISÃO

A concisão é antes uma qualidade do que uma característica do texto oficial. **Conciso é o texto que consegue transmitir o máximo de informações com o mínimo de palavras.** Não se deve de forma alguma entendê-la como economia de pensamento, isto é, não se deve eliminar passagens substanciais do texto com o único objetivo de reduzi-lo em tamanho. Trata-se, exclusivamente, de excluir palavras inúteis, redundâncias e passagens que nada acrescentem ao que já foi dito.

Detalhes irrelevantes são dispensáveis: o texto deve evitar caracterizações e comentários supérfluos, adjetivos e advérbios inúteis, subordinação excessiva. A seguir, um exemplo[9] de período mal construído, prolixo:

9 O exemplo de período mal construído foi elaborado, para fins didáticos, a partir do exemplo de período bem construído, por sua vez, extraído da Exposição de Motivos Interministerial no 51/ MCTI/MRE/MPOG, de 21 de dezembro de 2011 (BRASIL, 2011a).

Exemplo:

Apurado, com impressionante agilidade e precisão, naquela tarde de 2009, o resultado da consulta à população acriana, verificou-se que a esmagadora e ampla maioria da população daquele distante estado manifestou-se pela efusiva e indubitável rejeição da alteração realizada pela Lei nº 11.662/2008. Não satisfeita, inconformada e indignada, com a nova hora legal vinculada ao terceiro fuso, a maioria da população do Acre demonstrou que a ela seria melhor regressar ao quarto fuso, estando cinco horas a menos que em Greenwich.

Nesse texto, há vários detalhamentos desnecessários, abusou-se no emprego de adjetivos (impressionante, esmagadora, ampla, inconformada, indignada), o que lhe confere carga afetiva injustificável, sobretudo em texto oficial, que deve primar pela impessoalidade. Eliminados os excessos, o período ganha concisão, harmonia e unidade:

Exemplo:

Apurado o resultado da consulta à população acreana, verificou-se que a maioria da população manifestou-se pela rejeição da alteração realizada pela Lei no 11.662/2008. Não satisfeita com a nova hora legal vinculada ao terceiro fuso, a maioria da população do Acre demonstrou que a ela seria melhor regressar ao quarto fuso, estando cinco horas menos que em Greenwich.

3.4. COESÃO E COERÊNCIA

É indispensável que o texto tenha coesão e coerência. **Tais atributos favorecem a conexão, a ligação, a harmonia entre os elementos de um texto.** Percebe-se que o texto tem coesão e coerência quando se lê um texto e se verifica que as palavras, as frases e os parágrafos estão entrelaçados, dando continuidade uns aos outros.

Alguns mecanismos que estabelecem a coesão e a coerência de um texto são: **referência, substituição, elipse e uso de conjunção**.

A referência diz respeito aos termos que se relacionam a outros necessários à sua interpretação. Esse mecanismo pode dar-se por retomada de um termo, relação com o que é precedente no texto, ou por antecipação de um termo cuja interpretação dependa do que se segue.

Exemplos:

O Deputado evitou a instalação da CPI da corrupção. Ele aguardou a decisão do Plenário.

O TCU apontou estas irregularidades: falta de assinatura e de identificação no documento.

A substituição é a colocação de um item lexical no lugar de outro(s) ou no lugar de uma oração.

Exemplos:

O Presidente assinou o acordo. O Chefe do Poder Executivo federal propôs reduzir as alíquotas. O ofício está pronto. O documento trata da exoneração do servidor.

Os governadores decidiram acatar a decisão. Em seguida, os prefeitos fizeram o mesmo.

A elipse consiste na omissão de um termo recuperável pelo contexto.

Exemplo:

O decreto regulamenta os casos gerais; a portaria, os particulares. **(Na segunda oração, houve a omissão do verbo "regulamenta").**

Outra estratégia para proporcionar coesão e coerência ao texto é utilizar conjunção para estabelecer ligação entre orações, períodos ou parágrafos.

Exemplo:

O Embaixador compareceu à reunião, pois identificou o interesse de seu Governo pelo assunto.

3.5. IMPESSOALIDADE

A impessoalidade decorre de princípio constitucional (Constituição, art. 37), e seu significado remete a dois aspectos: o primeiro é a obrigatoriedade de que a administração pública proceda de modo a não privilegiar ou prejudicar ninguém, de que o seu norte seja, sempre, o interesse público; o segundo, a abstração da pessoalidade dos atos administrativos, pois, apesar de a ação administrativa ser exercida por intermédio de seus servidores, é resultado tão-somente da vontade estatal.

A redação oficial é elaborada sempre em nome do serviço público e sempre em atendimento ao interesse geral dos cidadãos. Sendo assim, os assuntos objetos dos expedientes oficiais não devem ser tratados de outra forma que não a estritamente impessoal.

Percebe-se, assim, que o tratamento impessoal que deve ser dado aos assuntos que constam das comunicações oficiais decorre:

a) **da ausência de impressões individuais de quem comunica**: embora se trate, por exemplo, de um expediente assinado por Chefe de determinada Seção, a comunicação é sempre feita em nome do serviço público. Obtém-se, assim, uma desejável padronização, que permite que as comunicações elaboradas em diferentes setores da administração pública guardem entre si certa uniformidade;

b) **da impessoalidade de quem recebe a comunicação**: ela pode ser dirigida a um cidadão, sempre concebido como público, ou a uma instituição privada, a outro órgão ou a outra entidade pública. Em todos os casos, temos um destinatário concebido de forma homogênea e impessoal; e

c) **do caráter impessoal do próprio assunto tratado**: se o universo temático das comunicações oficiais se restringe a questões que dizem respeito ao interesse público, é natural não caber qualquer tom particular ou pessoal.

Não há lugar na redação oficial para impressões pessoais, como as que, por exemplo, constam de uma carta a um amigo, ou de um artigo assinado de jornal, ou mesmo de um texto literário. A redação oficial deve ser isenta da interferência da individualidade de quem a elabora. **A concisão, a clareza, a objetividade**

e a formalidade de que nos valemos para elaborar os expedientes oficiais **contribuem**, ainda, **para que seja alcançada a necessária impessoalidade**.

3.6. FORMALIDADE E PADRONIZAÇÃO

As comunicações administrativas devem ser sempre formais, isto é, obedecer a certas regras de forma (BRASIL, 2015a). Isso é válido tanto para as comunicações feitas em meio eletrônico (por exemplo, o e-mail, o documento gerado no SEI!, o documento em html etc.), quanto para os eventuais documentos impressos.

É imperativa, ainda, certa formalidade de tratamento. Não se trata somente do correto emprego deste ou daquele pronome de tratamento para uma autoridade de certo nível, mais do que isso: a formalidade diz respeito à civilidade no próprio enfoque dado ao assunto do qual cuida a comunicação.

A formalidade de tratamento vincula-se, também, à necessária uniformidade das comunicações. Ora, se a administração pública federal é una, é natural que as comunicações que expeça sigam o mesmo padrão. O estabelecimento desse padrão, uma das metas deste Manual, exige que se atente para todas as características da redação oficial e que se cuide, ainda, da apresentação dos textos.

A digitação sem erros, o uso de papéis uniformes para o texto definitivo, nas exceções em que se fizer necessária a impressão, e a correta diagramação do texto são indispensáveis para a padronização.

Em razão de seu caráter público e de sua finalidade, os atos normativos e os expedientes oficiais requerem o uso do padrão culto do idioma, que acata os preceitos da gramática formal e emprega um léxico compartilhado pelo conjunto dos usuários da língua. O uso do padrão culto é, portanto, imprescindível na redação oficial por estar acima das diferenças lexicais, morfológicas ou sintáticas, regionais; dos modismos vocabulares e das particularidades linguísticas.

Recomendações:

- a língua culta é contra a pobreza de expressão e não contra a sua simplicidade;
- o uso do padrão culto não significa empregar a língua de modo rebuscado ou utilizar figuras de linguagem próprias do estilo literário;
- a consulta ao dicionário e à gramática é imperativa na redação de um bom texto.

Pode-se concluir que não existe propriamente um padrão oficial de linguagem, o que há é o uso da norma padrão nos atos e nas comunicações oficiais. É claro que haverá preferência pelo uso de determinadas expressões, ou será obedecida certa tradição no emprego das formas sintáticas, mas isso não implica, necessariamente, que se consagre a utilização de uma forma de linguagem burocrática. O jargão burocrático, como todo jargão, deve ser evitado, pois terá sempre sua compreensão limitada.

CAPÍTULO II – AS COMUNICAÇÕES OFICIAIS

4. INTRODUÇÃO

A redação das comunicações oficiais deve, antes de tudo, seguir os preceitos explicitados no Capítulo I, "Aspectos gerais da redação oficial". Além disso, há características específicas de cada tipo de expediente, que serão tratadas em detalhe neste capítulo. Antes de passarmos à sua análise, vejamos outros aspectos comuns a quase todas as modalidades de comunicação oficial.

4.1. PRONOMES DE TRATAMENTO

Tradicionalmente, o emprego dos pronomes de tratamento adota a segunda pessoa do plural, de maneira indireta, para referenciar atributos da pessoa à qual se dirige. Na redação oficial, é necessário atenção para o uso dos pronomes de tratamento em três momentos distintos: no endereçamento, no vocativo e no corpo do texto. No vocativo, o autor dirige-se ao destinatário no início do documento. No corpo do texto, pode-se empregar os pronomes de tratamento em sua forma abreviada ou por extenso. O endereçamento é o texto utilizado no envelope que contém a correspondência oficial.

A seguir, alguns exemplos de utilização de pronomes de tratamento no texto oficial.

Autoridade	Endereçamento	Vocativo	Tratamento no corpo do texto	Abreviatura
Presidente da República	A Sua Excelência o Senhor	Excelentíssimo Senhor Presidente da República,	Vossa Excelência	Não se usa
Presidente do Congresso Nacional	A Sua Excelência o Senhor	Excelentíssimo Senhor Presidente do Congresso Nacional,	Vossa Excelência	Não se usa

Presidente do Supremo Tribunal Federal	A Sua Excelência o Senhor	Excelentíssimo Senhor Presidente do Supremo Tribunal Federal,	Vossa Excelência	Não se usa
Vice-Presidente da República	A Sua Excelência o Senhor	Senhor Vice-Presidente da República,	Vossa Excelência	V. Exa.
Ministro de Estado	A Sua Excelência o Senhor	Senhor Ministro,	Vossa Excelência	V. Exa.
Secretário-Executivo de Ministério e demais ocupantes de cargos de natureza especial	A Sua Excelência o Senhor	Senhor Secretário-Executivo,	Vossa Excelência	V. Exa.
Embaixador	A Sua Excelência o Senhor	Senhor Embaixador,	Vossa Excelência	V. Exa.
Oficial-General das Forças Armadas	A Sua Excelência o Senhor	Senhor + Posto,	Vossa Excelência	V. Exa.
Outros postos militares	Ao Senhor	Senhor + Posto,	Vossa Senhoria	V. Sa.
Senador da República	A Sua Excelência o Senhor	Senhor Senador,	Vossa Excelência	V. Exa.
Deputado Federal	A Sua Excelência o Senhor	Senhor Deputado,	Vossa Excelência	V. Exa.
Ministro do Tribunal de Contas da União	A Sua Excelência o Senhor	Senhor Ministro do Tribunal de Contas da União,	Vossa Excelência	V. Exa.
Ministro dos Tribunais Superiores	A Sua Excelência o Senhor	Senhor Ministro,	Vossa Excelência	V. Exa.

Os exemplos acima são meramente exemplificativos. A profusão de normas estabelecendo hipóteses de tratamento por meio do pronome "Vossa Excelência" para categorias específicas tornou inviável arrolar todas as hipóteses.

4.2. SIGNATÁRIO

4.2.1. CARGOS INTERINO E SUBSTITUTO

Na identificação do signatário, depois do nome do cargo, é possível utilizar os termos interino e substituto, conforme situações a seguir: interino é aquele nomeado para ocupar transitoriamente cargo público durante a vacância; substituto é aquele designado para exercer as atribuições de cargo público vago ou no caso de afastamento e impedimentos legais ou regulamentares do titular. Esses termos devem ser utilizados depois do nome do cargo, sem hífen, sem vírgula e em minúsculo.

> Exemplos:
> Diretor-Geral interino
> Secretário-Executivo substituto

4.2.2. SIGNATÁRIAS DO SEXO FEMININO

Na identificação do signatário, o cargo ocupado por pessoa do sexo feminino deve ser flexionado no gênero feminino.

> Exemplos:
> Ministra de Estado
> Secretária-Executiva interina
> Técnica Administrativa
> Coordenadora Administrativa

4.3. GRAFIA DE CARGOS COMPOSTOS

Escrevem-se com hífen:

a) cargos formados pelo adjetivo "geral": **diretor-geral, relator-geral, ouvidor-geral**;

b) postos e gradações da diplomacia: **primeiro-secretário, segundo-secretário**;

c) postos da hierarquia militar: **tenente-coronel, capitão-tenente**;

> Atenção: nomes compostos com elemento de ligação preposicionado ficam sem hífen: general de exército, general de brigada, tenente-brigadeiro do ar, capitão de mar e guerra;

d) cargos que denotam hierarquia dentro de uma empresa: **diretor-presidente, diretor-adjunto, editor-chefe, editor-assistente, sócio-gerente, diretor-executivo**;

e) cargos formados por numerais: **primeiro-ministro, primeira-dama**;

f) cargos formados com os prefixos "ex" ou "vice": **ex-diretor, vice-coordenador**.

O novo Acordo Ortográfico tornou opcional o uso de iniciais maiúsculas em palavras usadas reverencialmente, por exemplo para cargos e títulos (exemplo: o Presidente francês ou o presidente francês). Porém, em palavras com hífen, após se optar pelo uso da maiúscula ou da minúscula, deve-se manter a escolha para a grafia de todos os elementos hifenizados: pode-se escrever "Vice-Presidente" ou "vice-presidente", mas não "Vice-presidente".

4.4. VOCATIVO

O vocativo é uma invocação ao destinatário. Nas comunicações oficiais, o vocativo será sempre seguido de vírgula. Em comunicações dirigidas aos **Chefes de Poder, utiliza-se a expressão Excelentíssimo Senhor ou Excelentíssima Senhora e o cargo respectivo**, seguidos de vírgula.

> Exemplos:
> Excelentíssimo Senhor Presidente da República,
> Excelentíssimo Senhor Presidente do Congresso Nacional,
> Excelentíssimo Senhor Presidente do Supremo Tribunal Federal,

As **demais autoridades**, mesmo aquelas tratadas por Vossa Excelência, receberão o vocativo **Senhor ou Senhora** seguido do **cargo respectivo**.

> Exemplos:
> Senhora Senadora,
> Senhor Juiz,
> Senhora Ministra,

Na hipótese de comunicação com particular, pode-se utilizar o **vocativo Senhor ou Senhora** e a forma utilizada pela instituição para referir-se ao interlocutor: **beneficiário, usuário, contribuinte, eleitor** etc.

> Exemplos:
> Senhora Beneficiária,
> Senhor Contribuinte,

Ainda, quando o destinatário for um particular, no vocativo, pode-se utilizar Senhor ou Senhora seguido do nome do particular ou pode-se utilizar o vocativo "Prezado Senhor" ou "Prezada Senhora".

> Exemplos:
> Senhora [Nome],
> Prezado Senhor,

Em comunicações oficiais, **está abolido o uso de Digníssimo (DD) e de Ilustríssimo (Ilmo.).** Evite-se o uso de "doutor" indiscriminadamente. O tratamento por meio de Senhor confere a formalidade desejada.

5. O PADRÃO OFÍCIO

Até a segunda edição deste Manual, havia três tipos de expedientes que se diferenciavam antes pela finalidade do que pela forma: o ofício, o aviso e o memorando. **Com o objetivo de uniformizá-los, deve-se adotar nomenclatura e diagramação únicas, que sigam o que chamamos de padrão ofício.**

A distinção básica anterior entre os três era:

a) aviso: era expedido exclusivamente por Ministros de Estado, para autoridades de mesma hierarquia;

b) ofício: era expedido para e pelas demais autoridades; e

c) memorando: era expedido entre unidades administrativas de um mesmo órgão.

> **Atenção: Nesta nova edição ficou abolida aquela distinção e passou-se a utilizar o termo ofício nas três hipóteses.**

A seguir, será apresentada a estrutura do padrão ofício, de acordo com a ordem com que cada elemento aparece no documento oficial.

5.1. PARTES DO DOCUMENTO NO PADRÃO OFÍCIO

5.1.1. CABEÇALHO

O cabeçalho é utilizado apenas na primeira página do documento, centralizado na área determinada pela formatação (ver subitem "5.2 Formatação e apresentação"). No cabeçalho deverão constar os seguintes elementos:

a) **brasão de Armas da República**[10]: no topo da página. Não há necessidade de ser aplicado em cores. O uso de marca da instituição deve ser evitado na correspondência oficial para não se sobrepor ao Brasão de Armas da República.

b) nome do órgão principal;

c) nomes dos órgãos secundários, quando necessários, da maior para a menor hierarquia; e

d) **espaçamento**: entrelinhas simples (1,0).

Exemplo:

[Nome do órgão]
[Secretaria/Diretoria]
[Departamento/Setor/Entidade]

10 O desenho oficial atualizado do Brasão de Armas da República pode ser localizado no sítio eletrônico da Presidência da República, na seção Símbolos Nacionais. Disponível em: <http://www2.planalto.gov.br/acervo/simbolosnacionais/brasao/brasao-da-republica>. No caso de documento a ser impresso, exclusivamente quando o signatário for o Presidente da República, Ministro de Estado ou a autoridade máxima de autarquia, será utilizado timbre em relevo branco, nos termos do disposto no Decreto no 80.739, de 14 de novembro de 1977.

Os dados do órgão, tais como endereço, telefone, endereço de correspondência eletrônica, sítio eletrônico oficial da instituição, podem ser informados no rodapé do documento, centralizados.

5.1.2. IDENTIFICAÇÃO DO EXPEDIENTE

Os documentos oficiais devem ser identificados da seguinte maneira:

a) **nome do documento**: tipo de expediente por extenso, com todas as letras maiúsculas;

b) **indicação de numeração**: abreviatura da palavra "número", padronizada como Nº;

c) **informações do documento**: número, ano (com quatro dígitos) e siglas usuais do setor que expede o documento, da menor para a maior hierarquia, separados por barra (/); e d) **alinhamento**: à margem esquerda da página.

> Exemplo:
> OFÍCIO No 652/2018/SAA/SE/MT

5.1.3. LOCAL E DATA DO DOCUMENTO

Na grafia de datas em um documento, o conteúdo deve constar da seguinte forma:

a) **composição**: local e data do documento;

b) **informação de local**: nome da cidade onde foi expedido o documento, seguido de vírgula. Não se deve utilizar a sigla da unidade da federação depois do nome da cidade;

c) **dia do mês**: em numeração ordinal se for o primeiro dia do mês e em numeração cardinal para os demais dias do mês. Não se deve utilizar zero à esquerda do número que indica o dia do mês;

d) **nome do mês**: deve ser escrito com inicial minúscula;

e) **pontuação**: coloca-se ponto-final depois da data; e

f) **alinhamento**: o texto da data deve ser alinhado à margem direita da página.

> Exemplo: Brasília, 2 de fevereiro de 2018.

5.1.4. ENDEREÇAMENTO

O endereçamento é a parte do documento que informa quem receberá o expediente. Nele deverão constar os seguintes elementos:

a) **vocativo**: na forma de tratamento adequada para quem receberá o expediente (ver subitem "4.1 Pronomes de tratamento");

b) **nome**: nome do destinatário do expediente;

c) **cargo**: cargo do destinatário do expediente;

d) **endereço**: endereço postal de quem receberá o expediente, dividido em duas linhas: primeira linha: informação de localidade/logradouro do destinatário ou, no caso de ofício ao mesmo órgão, informação do setor; segunda linha: CEP e cidade/unidade da federação, separados por espaço simples. Na separação entre cidade e unidade da federação pode ser substituída a barra pelo ponto ou pelo travessão. No caso de ofício ao mesmo órgão, não é obrigatória a informação do CEP, podendo ficar apenas a informação da cidade/unidade da federação; e

e) **alinhamento**: à margem esquerda da página.

O pronome de tratamento no endereçamento das comunicações dirigidas às autoridades tratadas por Vossa Excelência terá a seguinte forma: "A Sua Excelência o Senhor" ou "A Sua Excelência a Senhora".

Quando o tratamento destinado ao receptor for Vossa Senhoria, o endereçamento a ser empregado é "Ao Senhor" ou "À Senhora". Ressalte-se que não se utiliza a expressão "A Sua Senhoria o Senhor" ou "A Sua Senhoria a Senhora".

Exemplos:

A Sua Excelência o Senhor
[Nome]
Ministro de Estado da Justiça
Esplanada dos Ministérios Bloco T
70064-900 Brasília/DF

À Senhora
[Nome]
Diretora de Gestão de Pessoas
SAUS Q. 3 Lote 5/6 Ed Sede I
70070-030 Brasília. DF

Ao Senhor
[Nome]
Chefe da Seção de Compras
Diretoria de Material, Seção
Brasília — DF

5.1.5. ASSUNTO

O assunto deve dar uma ideia geral do que trata o documento, de forma sucinta.

Ele deve ser grafado da seguinte maneira:

a) **título**: a palavra Assunto deve anteceder a frase que define o conteúdo do documento, seguida de dois-pontos;

b) **descrição do assunto**: a frase que descreve o conteúdo do documento deve ser escrita com inicial maiúscula, não se deve utilizar verbos e sugere-se utilizar de quatro a cinco palavras;

c) **destaque**: todo o texto referente ao assunto, inclusive o título, deve ser destacado em negrito;

d) **pontuação**: coloca-se ponto-final depois do assunto; e

e) **alinhamento**: à margem esquerda da página.

Exemplos:

Assunto: Encaminhamento do Relatório de Gestão julho/2018.

Assunto: Aquisição de computadores.

5.1.6. TEXTO DO DOCUMENTO

O texto do documento oficial deve seguir a seguinte padronização de estrutura:

I – nos casos em que não seja usado para encaminhamento de documentos, o expediente deve conter a seguinte estrutura:

a) **introdução**: em que é apresentado o objetivo da comunicação. Evite o uso das formas: Tenho a honra de, Tenho o prazer de, Cumpre-me informar que. Prefira empregar a forma direta: Informo, Solicito, Comunico;

b) **desenvolvimento**: em que o assunto é detalhado; se o texto contiver mais de uma ideia sobre o assunto, elas devem ser tratadas em parágrafos distintos, o que confere maior clareza à exposição; e

c) **conclusão**: em que é afirmada a posição sobre o assunto.

II – quando forem usados para encaminhamento de documentos, a estrutura é modificada:

a) **introdução**: deve iniciar com referência ao expediente que solicitou o encaminhamento. Se a remessa do documento não tiver sido solicitada, deve iniciar com a informação do motivo da comunicação, que é encaminhar, indicando a seguir os dados completos do documento encaminhado (tipo, data, origem ou signatário e assunto de que se trata) e a razão pela qual está sendo encaminhado; e

> Exemplos:
>
> Em resposta ao Ofício no 12, de 1o de fevereiro de 2018, encaminho cópia do Ofício no 34, de 3 de abril de 2018, da Coordenação-Geral de Gestão de Pessoas, que trata da requisição do servidor Fulano de Tal.
>
> Encaminho, para exame e pronunciamento, cópia do Ofício no 12, de 1o de fevereiro de 2018, do Presidente da Confederação Nacional da Indústria, a respeito de projeto de modernização de técnicas agrícolas na região Nordeste.

b) **desenvolvimento**: se o autor da comunicação desejar fazer algum comentário a respeito do documento que encaminha, poderá acrescentar parágrafos de desenvolvimento. Caso contrário, não há parágrafos de desenvolvimento em expediente usado para encaminhamento de documentos.

III – tanto na estrutura I quanto na estrutura II, o texto do documento deve ser formatado da seguinte maneira:

a) **alinhamento**: justificado;

b) **espaçamento entre linhas**: simples;

c) **parágrafos**:

i espaçamento entre parágrafos: de 6 pontos após cada parágrafo;

ii recuo de parágrafo: 2,5 cm de distância da margem esquerda;

iii numeração dos parágrafos: apenas quando o documento tiver três ou mais parágrafos, desde o primeiro parágrafo. Não se numeram o vocativo e o fecho;

d) **fonte: Calibri ou Carlito**;

i corpo do texto: tamanho 12 pontos;

ii citações recuadas: tamanho 11 pontos; e

iii notas de Rodapé: tamanho 10 pontos;

e) **símbolos**: para símbolos não existentes nas fontes indicadas, pode-se utilizar as fontes *Symbol* e *Wingdings*;

5.1.7. FECHOS PARA COMUNICAÇÕES

O fecho das comunicações oficiais objetiva, além da finalidade óbvia de arrematar o texto, saudar o destinatário. Os modelos para fecho anteriormente utilizados foram regulados pela Portaria no 1, de 1937, do Ministério da Justiça, que estabelecia quinze padrões. Com o objetivo de simplificá-los e uniformizá-los, este Manual estabelece o emprego de somente dois fechos diferentes para todas as modalidades de comunicação oficial:

a) Para autoridades de hierarquia superior a do remetente, inclusive o Presidente da República:

Respeitosamente,

b) Para autoridades de mesma hierarquia, de hierarquia inferior ou demais casos: Atenciosamente,

Ficam excluídas dessa fórmula as comunicações dirigidas a autoridades estrangeiras, que atendem a rito e tradição próprios.

O fecho da comunicação deve ser formatado da seguinte maneira:

a) **alinhamento**: alinhado à margem esquerda da página;

b) **recuo de parágrafo**: 2,5 cm de distância da margem esquerda;

c) **espaçamento entre linhas**: simples;

d) **espaçamento entre parágrafos**: de 6 pontos após cada parágrafo; e

e) **não deve ser numerado**.

5.1.8. IDENTIFICAÇÃO DO SIGNATÁRIO

Excluídas as comunicações assinadas pelo Presidente da República, todas as demais comunicações oficiais devem informar o signatário segundo o padrão:

a) **nome**: nome da autoridade que as expede, grafado em letras maiúsculas, sem negrito. Não se usa linha acima do nome do signatário;

b) **cargo**: cargo da autoridade que expede o documento, redigido apenas com as iniciais maiúsculas. As preposições que liguem as palavras do cargo devem ser grafadas em minúsculas; e

c) **alinhamento**: a identificação do signatário deve ser centralizada na página. Para evitar equívocos, recomenda-se não deixar a assinatura em página isolada do expediente. Transfira para essa página ao menos a última frase anterior ao fecho.

Exemplo:

(espaço para assinatura)

NOME

Ministro de Estado Chefe da Casa Civil da Presidência da República

(espaço para assinatura)

NOME

Coordenador-Geral de Gestão de Pessoas

5.1.9. NUMERAÇÃO DAS PÁGINAS

A numeração das páginas é obrigatória apenas a partir da segunda página da comunicação. Ela deve ser centralizada na página e obedecer à seguinte formatação:

a) **posição**: no rodapé do documento, ou acima da área de 2 cm da margem inferior; e

b) fonte: **Calibri ou Carlito**.

5.2. FORMATAÇÃO E APRESENTAÇÃO

Os documentos do padrão ofício devem obedecer à seguinte formatação:

a) **tamanho do papel**: A4 (29,7 cm x 21 cm);

b) **margem lateral esquerda**: no mínimo, 3 cm de largura;

c) **margem lateral direita**: 1,5 cm;

d) **margens superior e inferior**: 2 cm;

e) **área de cabeçalho**: na primeira página, 5 cm a partir da margem superior do papel;

f) **área de rodapé**: nos 2 cm da margem inferior do documento;

g) **impressão**: na correspondência oficial, a impressão pode ocorrer em ambas as faces do papel. Nesse caso, as margens esquerda e direita terão as distâncias invertidas nas páginas pares (margem espelho);

h) **cores**: os textos devem ser impressos na cor preta em papel branco, reservando-se, se necessário, a impressão colorida para gráficos e ilustrações;

i) **destaques**: para destaques deve-se utilizar, sem abuso, o negrito. Deve-se evitar destaques com uso de itálico, sublinhado, letras maiúsculas, sombreado, sombra, relevo, bordas ou qualquer outra forma de formatação que afete a sobriedade e a padronização do documento;

j) **palavras estrangeiras**: palavras estrangeiras devem ser grafadas em itálico;

k) **arquivamento**: dentro do possível, todos os documentos elaborados devem ter o arquivo de texto preservado para consulta posterior ou aproveitamento de trechos para casos análogos. Deve ser utilizado, preferencialmente, formato de arquivo que possa ser lido e editado pela maioria dos editores de texto utilizados no serviço público, tais como DOCX, ODT ou RTF.

l) **nome do arquivo**: para facilitar a localização, os nomes dos arquivos devem ser formados da seguinte maneira:

tipo do documento + número do documento + ano do documento (com 4 dígitos) + palavras-chaves do conteúdo

> Exemplo:
> Ofício 123_2018_relatório produtividade anual

6. TIPOS DE DOCUMENTOS

6.1. VARIAÇÕES DOS DOCUMENTOS OFICIAIS

Os documentos oficiais podem ser identificados de acordo com algumas possíveis variações:

a) **[NOME DO EXPEDIENTE] + CIRCULAR**: Quando um órgão envia o mesmo expediente para mais de um órgão receptor. A sigla na epígrafe será apenas do órgão remetente.

b) **[NOME DO EXPEDIENTE] + CONJUNTO**: Quando mais de um órgão envia, conjuntamente, o mesmo expediente para um único órgão receptor. As siglas dos órgãos remetentes constarão na epígrafe.

c) **[NOME DO EXPEDIENTE]** + CONJUNTO CIRCULAR: Quando mais de um órgão envia, conjuntamente, o mesmo expediente para mais de um órgão receptor. As siglas dos órgãos remetentes constarão na epígrafe.

> Exemplos:
> OFÍCIO CIRCULAR Nº 652/2018/MEC
> OFÍCIO CONJUNTO Nº 368/2018/SECEX/SAJ
> OFÍCIO CONJUNTO CIRCULAR Nº 795/2018/CC/MJ/MRE

Nos expedientes circulares, por haver mais de um receptor, o órgão remetente poderá inserir no rodapé as siglas ou nomes dos órgãos que receberão o expediente.

6.2. EXPOSIÇÃO DE MOTIVOS

6.2.1. DEFINIÇÃO E FINALIDADE

Exposição de motivos (EM) é o expediente dirigido ao Presidente da República ou ao Vice-Presidente para:

a) propor alguma medida;

b) submeter projeto de ato normativo à sua consideração; ou

c) informá-lo de determinado assunto.

A exposição de motivos é dirigida ao Presidente da República por um Ministro de Estado. Nos casos em que o assunto tratado envolva mais de um ministério, a exposição de motivos será assinada por todos os ministros envolvidos, sendo, por essa razão, chamada de interministerial.

Independentemente de ser uma EM com apenas um autor ou uma EM interministerial, a sequência numérica das exposições de motivos é única. A numeração começa e termina dentro de um mesmo ano civil.

6.3. MENSAGEM

6.3.1. DEFINIÇÃO E FINALIDADE

A Mensagem é o instrumento de comunicação oficial entre os Chefes dos Poderes Públicos, notadamente as mensagens enviadas pelo Chefe do Poder Executivo ao Poder Legislativo para informar sobre fato da administração pública; para expor o plano de governo por ocasião da abertura de sessão legislativa; para submeter ao Congresso Nacional matérias que dependem de deliberação de suas Casas; para apresentar veto; enfim, fazer comunicações do que seja de interesse dos Poderes Públicos e da Nação.

Minuta de mensagem pode ser encaminhada pelos ministérios à Presidência da República, a cujas assessorias caberá a redação final.

6.3.2. FORMA E ESTRUTURA

As mensagens contêm:

a) **brasão:** timbre em relevo branco

b) **identificação do expediente:** MENSAGEM No, alinhada à margem esquerda, no início do texto;

c) **vocativo**: alinhado à margem esquerda, de acordo com o pronome de tratamento e o cargo do destinatário, com o recuo de parágrafo dado ao texto;

d) **texto**: iniciado a 2 cm do vocativo; e

e) **local e data**: posicionados a 2 cm do final do texto, alinhados à margem direita.

f) A mensagem, como os demais atos assinados pelo Presidente da República, não traz identificação de seu signatário.

6.4. CORREIO ELETRÔNICO (*E-MAIL*)

6.4.1. DEFINIÇÃO E FINALIDADE

A utilização do *e-mail* para a comunicação tornou-se prática comum, não só em âmbito privado, mas também na administração pública. O termo *e-mail* pode ser empregado com três sentidos. Dependendo do contexto, pode significar gênero textual, endereço eletrônico ou sistema de transmissão de mensagem eletrônica.

Como gênero textual, o *e-mail* pode ser considerado um documento oficial, assim como o ofício. Portanto, deve-se evitar o uso de linguagem incompatível com uma comunicação oficial.

Como endereço eletrônico utilizado pelos servidores públicos, o *e-mail* deve ser oficial, utilizando-se a extensão ".gov.br", por exemplo.

Como sistema de transmissão de mensagens eletrônicas, por seu baixo custo e celeridade, transformou-se na principal forma de envio e recebimento de documentos na administração pública.

6.4.2. VALOR DOCUMENTAL

Nos termos da Medida Provisória nº 2.200-2, de 24 de agosto de 2001, para que o *e-mail* tenha valor documental, isto é, para que possa ser aceito como documento original, é necessário existir certificação digital que ateste a identidade do remetente, segundo os parâmetros de integridade, autenticidade e validade jurídica da Infraestrutura de Chaves Públicas Brasileira – ICP-Brasil.

O destinatário poderá reconhecer como válido o *e-mail* sem certificação digital ou com certificação digital fora ICP-Brasil; contudo, caso haja questionamento, será obrigatório a repetição do ato por meio documento físico assinado ou por meio eletrônico reconhecido pela ICP-Brasil.

Salvo lei específica, não é dado ao ente público impor a aceitação de documento eletrônico que não atenda os parâmetros da ICP-Brasil.

6.4.3. FORMA E ESTRUTURA

Um dos atrativos de comunicação por correio eletrônico é sua flexibilidade. Assim, não interessa definir padronização da mensagem comunicada. No entanto, devem-se observar algumas orientações quanto à sua estrutura.

- **Campo "Assunto"**

O assunto deve ser o mais claro e específico possível, relacionado ao conteúdo global da mensagem. Assim, quem irá receber a mensagem identificará rapidamente do que se trata; quem a envia poderá, posteriormente, localizar a mensagem na caixa do correio eletrônico.

Deve-se assegurar que o assunto reflita claramente o conteúdo completo da mensagem para que não pareça, ao receptor, que se trata de mensagem não solicitada/lixo eletrônico. Em vez de "Reunião", um assunto mais preciso seria "Agendamento de reunião sobre a Reforma da Previdência".

- **Local e data**

São desnecessários no corpo da mensagem, uma vez que o próprio sistema apresenta essa informação.

- **Saudação inicial/vocativo**

O texto dos correios eletrônicos deve ser iniciado por uma saudação. Quando endereçado para outras instituições, para receptores desconhecidos ou para particulares, deve-se utilizar o vocativo conforme os demais documentos oficiais, ou seja, "Senhor" ou "Senhora", seguido do cargo respectivo, ou "Prezado Senhor", "Prezada Senhora".

Exemplos:

Senhor Coordenador,

Prezada Senhora,

- **Fecho**

Atenciosamente é o fecho padrão em comunicações oficiais. Com o uso do *e-mail*, popularizou-se o uso de abreviações como "Att.", e de outros fechos, como "Abraços", "Saudações", que, apesar de amplamente usados, não são fechos oficiais e, portanto, não devem ser utilizados em *e-mails* profissionais.

O correio eletrônico, em algumas situações, aceita uma saudação inicial e um fecho menos formais. No entanto, a linguagem do texto dos correios eletrônicos deve ser formal, como a que se usaria em qualquer outro documento oficial.

- **Bloco de texto da assinatura**

Sugere-se que todas as instituições da administração pública adotem um padrão de texto de assinatura. A assinatura do *e-mail* deve conter o nome completo, o cargo, a unidade, o órgão e o telefone do remetente.

Exemplo:

Maria da Silva

Assessora

Subchefia para Assuntos Jurídicos da Casa Civil

(61)XXXX-XXXX

6.4.4. ANEXOS

A possibilidade de anexar documentos, planilhas e imagens de diversos formatos é uma das vantagens do *e-mail*. A mensagem que encaminha algum arquivo deve trazer informações mínimas sobre o conteúdo do anexo.

Antes de enviar um anexo, é preciso avaliar se ele é realmente indispensável e se seria possível colocá-lo no corpo do correio eletrônico.

Deve-se evitar o tamanho excessivo e o reencaminhamento de anexos nas mensagens de resposta.

Os arquivos anexados devem estar em formatos usuais e que apresentem poucos riscos de segurança. Quando se tratar de documento ainda em discussão, os arquivos devem, necessariamente, ser enviados, em formato que possa ser editado.

Atenção! Para ter acesso ao MANUAL DE REDAÇÃO DA PRESIDÊNCIA DA REPÚBLICA completo, basta acessar este link:

http://www4.planalto.gov.br/centrodeestudos/assuntos/manual-de-redacao-da-presidencia-da-republica/manual-de-redacao.pdf

✦ BIBLIOGRAFIA

NOGUEIRA, Duda. Língua Portuguesa para concursos. 8. ed.Salvador, Editora Juspodivm, 2021.

CÂMARA JR., Joaquim Mattoso. *História e estrutura da língua portuguesa.* 2. ed. Rio de Janeiro, Padrão, 1976.

CÂMARA JR., Joaquim Mattoso. *Estrutura da língua portuguesa.* 16. ed. Petrópolis, Vozes, 1985.

LIMA, Rocha. *Gramática normativa da língua portuguesa.* 23. ed. Rio de Janeiro, José Olympio, 1983.

INFANTE, Ulisses; NICOLA, José de. *Gramática contemporânea da língua portuguesa.* 15 ed. São Paulo, Scipione, 1999

CAMPEDELLI, Samira Youssef. *Gramática do texto, texto da gramática.* 1 ed. São Paulo, Saraiva, 1999.

INFANTE, Ulisses, *Curso de gramática aplicada aos textos.*6 ed.São Paulo, Scipione, 2001.

TERRA,Ernani; NICOLA,José de. *Gramática,literatura e produção de textos.*2 ed.São Paulo,Scipione,2003.

CAVALLETE, Floriana Toscano; TERRA, Ernani; NICOLA, José de. *Português para o ensino médio-língua, literatura e produção de textos.* 1 ed. São Paulo, Scipione, 2002.

INFANTE, Ulisses; CIPRO NETO, Pasquale. *Gramática da língua portuguesa.* 2 ed. São Paulo, Scipione, 2004.

INFANTE, Ulisses; CIPRO NETO, Pasquale. *Gramática da língua portuguesa.* 1 ed. São Paulo, Scipione, 1999.

SÓ PORTUGUÊS. Em <http://www.soportugues.com.br/secoes/estil/estil2.php>. Acesso em 03 fevereiro 2014.

MANUAL DE REDAÇÃO DA PRESIDÊNCIA DA REPÚBLICA. Em <http://www4.planalto.gov.br/centrodeestudos/assuntos/manual-de-redacao-da-presidencia-da-republica/manual-de-redacao.pdf>. Acesso em 05 jan. 2020.

Matemática Financeira

Marcelo Sbicca
e Marcos Bosso

TABELA DE INCIDÊNCIA DE QUESTÕES

Distribuição das questões organizada por ordem didática de assuntos		
Assunto	**Número de Questões**	**Peso**
1. PORCENTAGEM	5	7,58%
2. JUROS	11	16,67%
3. DESCONTO	7	10,61%
4. TAXAS	10	15,15%
5. FLUXO DE CAIXA E INVESTIMENTO	13	19,70%
6. SISTEMA DE FINANCIAMENTO	15	22,73%
7. SÉRIE UNIFORME DE PAGAMENTOS	5	7,58%
Total	**66**	**100%**

Matemática Financeira

Marcelo Sbicca
e Marcos Bosso

✦ QUESTÕES

1. PORCENTAGEM

01. (CEBRASPE – TCE/AC – Técnico de Controle Externo – 2024) Considere que, no decorrer de um ano, haja uma inflação *i*, tal que o poder de compra de uma nota de 100 reais (não aplicados, isto é, sujeitos à depreciação da inflação) caia, nesse período, para 100/(1+*i*). Considere, ainda, que, se os 100 reais forem aplicados, nesse período, em uma aplicação com rendimento nominal *r*, então seu poder de compra será de 100 × (1+*r*)/(1+*i*).

Com base nessas considerações, julgue o item seguinte.

Se *i* e *r* forem números inteiros, então o poder de compra também será um número inteiro.

COMENTÁRIOS

Encontramos duas expressões matemáticas no enunciado e, conforme informado, referem-se ao:

- Poder de compra em relação à inflação: 100/(1+*i*).
- Poder de compra em relação à inflação com aplicação: 100 × (1+*r*)/(1+*i*).

✪ Nota dos autores

Apesar de mencionar termos relativos à matemática financeira, o item a ser analisado é puramente matemático e, mesmo *i* e *r* sendo números inteiros, não deixam de ser percentuais, o que pressupõe serem números decimais.

Por exemplo:

Inflação de 10% **Rendimento de aplicação de 15%**	i = 10% = 0,1 r = 15% = 0,15

Assim, entendemos que existe a possibilidade do poder de compra ser um número não inteiro.

Seguindo com o exemplo e considerando o valor de R$ 1.000,00 vamos confirmar a conclusão anterior.

Poder de Compra (PC)	PC = 1000 × (1+*r*)/(1+*i*) PC = 1000 × (1+0,15)/(1+0,1) PC = 1000 × (1,15)/(1,1) PC = 1150 / 1,1 PC = 1.045,45

Resposta: Se *i* e *r* forem números inteiros, então o poder de compra <u>pode não ser</u> um número inteiro.

Gabarito oficial: Item Errado

02. (CEBRASPE – TCE/AC – Auditor de Controle Externo – 2024) No item a seguir é apresentada uma situação hipotética seguida de uma assertiva a ser julgada a respeito de taxas de juros, porcentagens, capitalização simples e composta e rendas uniformes.

Um músico comprou, dois anos atrás, um instrumento musical no valor de R$ 5.000,00; esse instrumento, hoje difícil de se encontrar para comprar, acabou valorizando-se, sendo seu valor 30% superior ao de dois anos atrás. Nessa situação, se esse músico vender o instrumento 12% mais barato que o valor atual, ele irá vendê-lo por um valor superior a R$ 5.800,00.

COMENTÁRIOS

O instrumento musical valorizou em dois anos 30%

Valor atualizado do instrumento musical (VA)	VA = 5.000 (1 + 30%) VA = 5.000 (1,3) VA = 6.500

✪ **Nota dos autores**

Para calcular o valor dos juros, aplicaremos o percentual sobre o valor principal (5000 . 0,3 = 1500). Para calcular o valor atualizado, acrescido de juros, multiplicar o valor principal pelo fator de acréscimo (1 + i) conforme acima.

Admitindo a hipótese de venda do instrumento 12% abaixo do valor atual, temos:

Valor de venda do instrumento musical (VV)	VV = 6.500 (1 – 12%) VV = 6.500 (0,88) VV = 5.720

Observe que para redução percentual aplicamos o fator de desconto (1 – i).

Resposta: Com a venda a 12% mais barato que o valor atual, o valor de venda do instrumento musical foi de R$ 5.720,00, ou seja, inferior a R$ 5.800,00

Gabarito oficial: Item Errado

03. (FGV – TCE/PA – Auditor de Controle Externo – 2024) Um comerciante elevou o preço de um produto em 15%. Passado um tempo, ele resolveu propagandear que o preço do produto estava sendo oferecido em promoção, com desconto. Na verdade, ele apenas retomou o preço original, de antes do aumento. Nesse caso, o percentual do desconto foi aproximadamente igual a

a) 12,0%.

b) 13,1%.

c) 14,1%.

d) 14,3%

e) 15,1%.

COMENTÁRIOS

Houve a majoração de preço de um produto em 15% e, após, uma redução para retornar ao valor original do produto.

✪ **Nota dos autores**

Desnecessário dizer que os percentuais, neste caso, são diferentes para aumento e redução, tanto que não há entre as alternativas o percentual de majoração. De qualquer forma, vale reforçar a importância de identificar sobre qual base incide o percentual.

Por exemplo, imagine a compra de um produto pelo custo X e venda por Y com lucro de Z%. Por esta situação hipotética, cabem duas opções distintas para o valor do lucro.

- A venda teve lucro de Z% sobre o custo do produto.
- A venda teve lucro de Z% sobre o preço de venda do produto.

Dado o alerta, voltamos para a questão.

A maneira mais prática é atribuir um valor qualquer para o produto. Digamos que seja R$ 1.000,00.

Majoração de 15% **(Fator de Acréscimo = 1,15)**	Produto = 1.000 . 1,15 Produto = 1.150

Para a redução, a base será o novo valor do produto.

Percentual de Redução (P)	P = 150 / 1.150 P = 0,1304

Pela regra de arredondamento, o percentual seria de aproximadamente 13%. De forma diversa, o examinador optou por arredondar para cima.

Resposta: O percentual do desconto foi aproximadamente igual a 13,1%.

Gabarito oficial: Letra B

---

04. (FGV – TCE/PA – Auxiliar Técnico de Controle Externo – 2024) Uma bicicleta é vendida a vista por R$4.000,00 ou a prazo, em dois pagamentos mensais e consecutivos, sendo o primeiro pago um mês após a compra. Caso o comprador opte por financiar, a taxa mensal de juros será de 30% e o valor a ser pago na segunda (e última) prestação é 20% maior do que o valor a ser pago na primeira. Nessas condições, a diferença positiva entre os valores das prestações

a) é menor que R$542,50.

b) está entre R$542,50 e R$543,75.

c) está entre R$543,75 e R$545,00.

d) está entre R$545,00 e R$547,25.

e) é maior que R$547,25.

COMENTÁRIOS

Aproveitaremos a questão para fazer um passo a passo e você verá que uma boa interpretação viabiliza a resolução da questão quase que automaticamente.

Uma bicicleta é vendida a vista por R$4.000,00 ou a prazo, em dois pagamentos mensais e consecutivos, sendo o primeiro pago um mês após a compra.	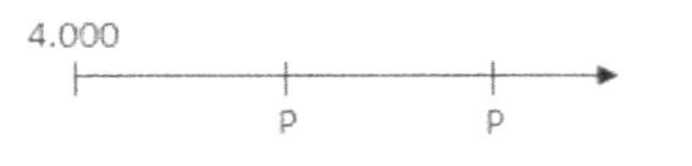

O esquema é simplificado sem perder nenhuma informação do trecho selecionado. Seguimos em frente.

... o valor a ser pago na segunda (e última) prestação é 20% maior do que o valor a ser pago na primeira.	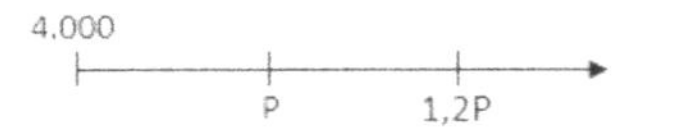

Foi dito que a segunda prestação é 20% maior que a primeira, o que exige a multiplicação por 1,2.

Perceba que precisamos do valor de P. Faremos isso levando todos os valores para a mesma data focal e, para isso, vale outra informação disponibilizada em trecho anterior no enunciado.

Caso o comprador opte por financiar, a taxa mensal de juros será de 30%.	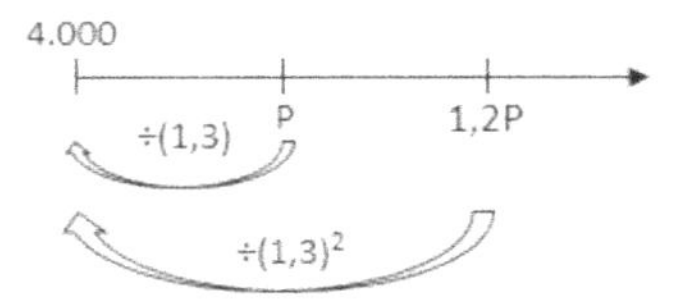

O esquema descreve a equação matemática a ser empregada.

Outro caminho, ainda mais interessante, seria levar os valores para a data 2 para evitar as operações de divisão. Valores levados para datas futuras são por meio da multiplicação.

Calculando:

Igualar o valor à vista com os das parcelas	4000 = P/(1,3) + 1,2P/(1,3)2 4000 = P [1*(1,3)/(1,3)*(1,3) + 1,2/(1,3)2] 4000 = P [(1,3 + 1,2) / (1,3)2] 4000 = P [(2,5) / (1,3)2] P = 4000 / [(2,5) / (1,3)2] P = (4000 . (1,3)2) / (2,5) P = 6760 / (2,5) P = 2704

Sugerimos que você refaça a igualdade, conforme dito anteriormente, levando os valores para o final do segundo mês para sentir a diferença entre trabalhar com a divisão e com a multiplicação.

Retomando, o valor da primeira parcela será de R$ 2.704,00 e o da segunda 20% maior que ela.

Segunda Parcela (P2)	P2 = 1,2P P2 = 1,2 . 2704 P2 = 3.244,80

Finalmente a diferença.

Diferença (D)	D = P2 – P D = 3.244,80 – 2.704,00 D = 540,80

Resposta: A diferença positiva entre os valores das prestações é igual a R$ 540,80

Gabarito oficial: Letra A

05. (VUNESP – TCM/SP – Auxiliar Técnico de Controle Externo – 2023) Certo capital foi aplicado em dois investimentos, sendo 55% em um investimento A, e o restante em um investimento B. A parte aplicada no investimento B teve uma rentabilidade de 20%, gerando um valor total de R$ 10.800,00. Sabendo-se que a parte aplicada no investimento A teve uma rentabilidade de 10%, a rentabilidade total das duas aplicações foi de

a) R$ 3.650,20.

b) R$ 3.489,30.

c) R$ 3.216,00.

d) R$ 2.900,00.

e) R$ 2.650,00.

COMENTÁRIOS

O problema trazido por meio desta questão de matemática financeira limita-se ao conhecimento de porcentagem para sua resolução.

Sabemos sobre o investimento que:

- Investimento A = 55% do total investido.
- Investimento B = 45% do total investido.

Especificamente sobre o investimento B:

- Rentabilidade = 20%
- Montante = R$ 10.800,00

Vamos usar a proporção para conhecer os valores investidos e os juros obtidos no investimento B.

Juros (J)→ 20% **Montante → 120%**	J → 20% 10.800 → 120%	J = (10.800 . 20) / 120 J = 1.800

Logo, a aplicação no investimento B foi de R$ 9.000,00 e os juros foram de R$ 1.800,00.

Novamente utilizando a proporção.

Investimento A → 55% Investimento B → 45%	A → 55% 9.000 → 45%	A = (9.000 . 55) / 45 J = 11.000

Que tal fazer algumas operações de cabeça?

A rentabilidade do investimento A foi de 10%, portanto, igual a R$ 1.100,00.

Resposta: A rentabilidade total é a soma dos juros de A e B, portanto, igual a R$ 2.900,00.

Gabarito oficial: Letra D

2. JUROS

06. (VUNESP – TCM/SP – Auditor de Controle Externo – 2023) Suponha que determinada instituição bancária concedeu um empréstimo a uma taxa de 3,5% ao mês para um cliente com o prazo definido de 1 mês e meio. Assumindo que ela deseja maximizar os juros a serem ganhos com essa operação, assinale a alternativa que representa qual seria o sistema de juros que ela deveria empregar.

a) Cobrar juros simples de 3,5% ao mês durante todo o período.

b) Cobrar um sistema misto: 3,5% ao mês por juros compostos durante o primeiro mês e 3,5% ao mês por juros simples no restante do período.

c) Cobrar juros compostos de 3,5% durante todo o período.

d) Cobrar um sistema misto: 3,5% ao mês por juros simples durante o primeiro mês e 3,5% ao mês por juros compostos no restante do período.

e) Cobrar um sistema misto: 3,5% ao mês durante metade do período e 3,5% ao mês por juros simples no restante do período.

COMENTÁRIOS

Sabemos que os juros compostos produzem resultado maior que os juros comuns, porém existem duas exceções.

- Primeiro período de capitalização: Juros simples e compostos produzem o mesmo resultado.
- Tempo menor que um período: Juros simples tem resultado maior que juros compostos.

As exceções apresentadas nos levam a acreditar que a maximização dos juros está na escolha do sistema simples para o segundo mês (15 dias).

Face às explicações, as alternativas "c" e "d" estão descartadas porque cobram juros compostos em relação as 15 dias do segundo mês.

Exemplificando, na hipótese de um empréstimo de R$ 10.000,00 por 15 dias à taxa de 3,5% ao mês, teremos:

Juros Simples	Juros Compostos
JS = 10.000 . (0,035 / 2) JS = 10.000 . 0,0175 JS = 175	JC = [10.000(1,035)^{0,5}] – 10.000 JC = 10.000 . 1,0173 – 10.000 JC = 173

E qual a diferença entre as alternativas "a" e "b", sendo que as duas consideram juros simples em relação aos 15 dias do segundo mês?

Simples, a alternativa "a" fala em juros simples para todo o período e a alternativa "b" fala em juros compostos no primeiro mês. Significa que a base para os 15 dias do segundo mês será maior quando a capitalização é composta no mês anterior.

Usando os mesmos dados do exemplo anterior.

Alternativa "a"	Alternativa "b"
Juros Simples 1º mês = 10.000 . 0,035 1º mês = 350	**Juros Compostos** 1º mês = [10.000(1,035)^{1}] – 10.000 1º mês = 350

Alternativa "a"	Alternativa "b"
Juros Simples 2º mês (15 dias) = 10.000 . (0,035 / 2) 2º mês (15 dias) = 175	**Juros Simples** 2º mês (15 dias) = 10.350 . (0,035 / 2) 2º mês (15 dias) = 181,12

A alternativa "e" parece um pouco confusa, segue a nossa interpretação:

Cobrar um sistema misto: 3,5% ao mês durante metade do período	Se falou de sistema misto e mencionou juros simples para a segunda parte, logo, este segue a capitalização composta. Ainda, para metade do mês (15 dias).
e 3,5% ao mês por juros simples no restante do período	Juros simples para os 30 dias restantes.

A capitalização inicial de 15 dias (metade do período de capitalização) pelo sistema de capitalização composta não maximiza os juros.

Resposta: A instituição bancária deve aplicar um sistema misto: 3,5% ao mês por juros compostos durante o primeiro mês e 3,5% ao mês por juros simples no restante do período para maximizar os juros.

Gabarito oficial: Letra B

2.1. JUROS SIMPLES

07. (CEBRASPE – TCE/AC – Técnico de Controle Externo – 2024) Considere que, no decorrer de um ano, haja uma inflação i, tal que o poder de compra de uma nota de 100 reais (não aplicados, isto é, sujeitos à depreciação da inflação) caia, nesse período, para $100/(1+i)$. Considere, ainda, que, se os 100 reais forem aplicados, nesse período, em uma aplicação com rendimento nominal r, então seu poder de compra será de $100 \times (1+r)/(1+i)$.

Com base nessas considerações, julgue o item seguinte.

Se a inflação anual alcançar 10%, então o poder de compra de 100 reais será superior a 90 reais.

COMENTÁRIOS

As considerações do examinador são suficientes para a resolução da questão, foi dito que:

- Poder de compra em relação à inflação: $100/(1+i)$.
- Poder de compra em relação à inflação com aplicação: $100 \times (1+r)/(1+i)$.

O item sob análise aponta inflação de 10% (ou 0,1) e sugere comparação do poder de compra. Observe que não há alusão à aplicação financeira.

Poder de Compra (PC)	PC = 100/(1+i) PC = 100 / (1 + 0,1) PC = 100 / 1,1 PC = 90,91

Resposta: O poder de compra de 100 reais, em um ano, é igual a 90,91, ou seja, superior a 90 reais.

Gabarito oficial: Item Correto

08. (CEBRASPE – TCE/PR – Auditor de Controle Externo – 2024) A fim de aumentar as suas vendas, o proprietário de uma loja está oferecendo aos seus clientes um plano de financiamento com uma taxa de juros simples de 2% ao mês. Para os produtos de valor superior a R$ 1.000, o cliente pode realizar o financiamento em até 12 parcelas mensais iguais. Nessa situação, o valor da parcela de um produto que custa R$ 2.550 financiado em 8 vezes é igual a

a) R$ 103,33.
b) R$ 145,00.
c) R$ 224,75.
d) R$ 263,50.
e) R$ 369,75.

COMENTÁRIOS

Atenção ao detalhe para não perder tempo. O texto fala em juros simples.

Ainda antes do cálculo propriamente dito, veja uma conta simples: Valor total dividido em prestações sem acréscimo de juros, considerando:

- Valor do produto = R$ 2.550,00
- Quantidade de prestações = 8

Prestações sem juros	P = 2.550,00 / 8 P = 318,75

Entendeu onde queremos chegar? Com os juros a prestação será maior que R$ 318,75 e só existe um alternativa que atenda aos requisitos propostos. (Poderíamos terminar a questão aqui!)

Veja a resolução adotada para chegar à alternativa correta.

Montante (Juros Simples)	M = C (1 + i . t)

Onde:

- M = Montante no final de todo o período.
- C = Valor do produto financiado.
- i = Taxa de juros.
- t = Quantidade de períodos.

Valor do produto com juros	M = C (1 + i . t) M = 2550 (1 + 0,02 . 8) M = 2550 (1,16) M = 2958

O valor de cada prestação.

Prestações uniformes	P = 2958 / 8 P = 369,75

✪ Nota dos autores

Não podemos deixar passar esta questão sem comentários adicionais. A resolução, da forma que se encontra, estaria correta para um único pagamento no final de 8 períodos, entretanto, para pagamentos fracionados, a resolução está errada.

Para a situação, há a necessidade de se trabalhar com cada uma das parcelas. É um dos poucos casos, senão o único, referente ao item juros simples cuja resolução é mais trabalhosa do que em relação aos juros compostos.

O ideal seria:

Prestações uniformes (Juros Simples)	P = C[(1/1,02) + (1/1,02 . 2) + (1/1,02 . 3) + ... + (1/1,02 . 8)

Enfim, para as provas CEBRASPE, com parcelas uniformes a juros simples, use a fórmula do montante "M = C(1 + i . t)".

Resposta: O valor da parcela de um produto que custa R$ 2.550 financiado em 8 vezes é igual a R$ 369,75.

Gabarito oficial: Letra E

---

09. (FGV – TCE/PA – Auditor de Controle Externo – 2024) Um capital de R$6.800,00 foi aplicado durante 3 meses e 15 dias, sob regime de juros simples, a uma taxa de juros bimestral de 3,0%. Considerando-se o mês comercial, o montante obtido ao fim desse período foi

a) R$6.835,70.

b) R$7.015,70.

c) R$7.057,00.

d) R$7.157,00.
e) R$7.225,70.

COMENTÁRIOS

Dados:

- Capital = R$ 6.800,00
- Tempo = 3 meses e 15 dias
- Taxa juros = 3% ao bimestre

Para juros simples, a base é multiplicar a taxa de juros pelo tempo. Lembrando que os dois devem estar na mesma unidade de tempo.

Ajustando tempo e taxa para a mesma unidade.

- Tempo (t) = 3 meses e 15 dias = 3,5 meses
- Taxa juros (i) = 3% ao bimestre = 1,5% ao mês

Seguimos com os cálculos:

Valor dos Juros (J)	J = Cit J = 6800 . 1,5% . 3,5 J = 6800 . 0,015 . 3,5 J = 357

O montante é a soma do capital aplicado mais os juros recebidos.

Montante (M)	M = C + J M = 6800 + 357 M = 7.157

Resposta: O montante obtido ao fim desse período foi de R$ 7.157,00.

Gabarito oficial: Letra D

2.2. JUROS COMPOSTOS

10. (CEBRASPE – TCE/AC – Auditor de Controle Externo – 2024) No item a seguir é apresentada uma situação hipotética seguida de uma assertiva a ser julgada a respeito de taxas de juros, porcentagens, capitalização simples e composta e rendas uniformes.

Um fundo de investimento oferece rendimentos à taxa de juros composta de 12% ao ano. Nessa situação, se um investimento de R$ 100.000,00 é feito nesse fundo, então em 10 anos o valor acumulado será superior a R$ 220.000,00. – CERTO.

COMENTÁRIOS

Em se tratando de juros compostos, o que você deve ter em mente é sua fórmula.

Juros Compostos	$M = C(1 + i)^t$

Onde:

- M = Montante (valor principal acrescido de juros).
- C = Capital (valor inicial tomado como empréstimo ou investido).
- i = Taxa de juros por período.
- t = Quantidade de períodos.

Na questão, a indicação do tempo igual a 10 anos a juros de 12% ao ano implica na operação $(1,12)^{10}$. Entenda que o tempo para esta potenciação é demasiado grande e que talvez não seja isso que o examinador pretende com a questão.

Enfim, veja o mesmo problema se aplicado juros simples.

Juros Simples 12 meses	J = Cit J = 100000 . 0,12 . 10 J = 120.000

Os juros somados ao valor investido, considerando juros simples, resulta em montante de R$ 220.000,00. Conclui-se que o valor será maior se utilizado os juros compostos. Assim, a resposta é considerada CERTA.

Resposta: Depois de 10 anos, o valor acumulado, considerando os rendimentos à taxa de juros composta será, como aponta o item, superior a R$ 220.000,00.

Gabarito oficial: Item Correto

---

11. (CEBRASPE – TCE/PR – Auditor de Controle Externo – 2024) Uma dívida de R$ 90.000 deve ser liquidada em quatro pagamentos semestrais consecutivos, respectivamente, de R$ 25.000, R$ 35.000, R$ 30.000, R$ 20.000. A primeira parcela será quitada no momento de assinatura do contrato.

Com base nessas informações, assinale a opção que corresponde à equação polinomial cuja raiz fornece a taxa interna de retorno i correspondente à situação apresentada.

a) $14(1 + i)^3 - 5(1 + i)^2 - 6(1 + i) = 7$

b) $18(1 + i)^3 - 7(1 + i)^2 - 6(1 + i) = 4$

c) $13(1 + i)^3 - 7(1 + i)^2 - 6(1 + i) = 4$

d) 18(1 + i)4 - 5(1 + i)3 - 7(1 + i)2 - 6(1 + i) = 4

e) 18(1 + i)4 - 4(1 + i)3 - 5(1 + i)2 - 6(1 + i) = 4

COMENTÁRIOS

Foi dito que:

- Dívida = 90.000
- 1ª parcela à vista = 25.000
- 2ª parcela 1º semestre = 35.000
- 3ª parcela 2º semestre = 30.000
- 4ª parcela 3º semestre = 20.000

✪ Nota dos autores

Não se preocupe com as formalidades empregadas pelo examinador *"equação polinomial cuja raiz fornece a taxa interna de retorno i"*, o que ele quer é a equação cuja incógnita é a variável i, que nada mais é senão a taxa de retorno se a equação matemática considerar a igualdade entre a dívida e os valores pagos, conforme abaixo:

Equação taxa de retorno i	$90000 = 25000 + 35000/(1 + i) + 30000/(1 + i)^2 + 20000/(1 + i)^3$ $65000 = 35000/(1 + i) + 30000/(1 + i)^2 + 20000/(1 + i)^3$

Olhando para as alternativas, parece que o caminho são as simplificações.

Simplificar: ÷1000	$65000 = 35000/(1 + i) + 30000/(1 + i)^2 + 20000/(1 + i)^3$ $65 = 35/(1 + i) + 30/(1 + i)^2 + 20/(1 + i)^3$
Simplificar: ÷5	$13 = 7/(1 + i) + 6/(1 + i)^2 + 4/(1 + i)^3$

As alternativas não apresentam divisões. Aqui está o pulo do gato da questão, há necessidade de alguma familiaridade com a matemática.

Multiplicar por $(1 + i)^3$	$13 = 7/(1 + i) + 6/(1 + i)^2 + 4/(1 + i)^3$ $13(1 + i)^3 = [7/(1 + i)] (1 + i)^3 + [6/(1 + i)^2] (1 + i)^3 + [4/(1 + i)^3] (1 + i)^3$ $13(1 + i)^3 - 7(1 + i)^2 - 6(1 + i) = 4$

Resposta: A equação polinomial cuja raiz fornece a taxa interna de retorno i correspondente à situação apresentada é "$13(1 + i)^3 - 7(1 + i)^2 - 6(1 + i) = 4$".

Gabarito oficial: Letra C

---

12. (CEBRASPE – TCE/PR – Auditor de Controle Externo – 2024) Na negociação do pagamento de uma dívida com um fornecedor, uma empresa recebeu duas propostas:

- realizar o pagamento em três parcelas semestrais de R$ 41.745 cada, com a primeira parcela sendo paga imediatamente;
- pagar uma única parcela de R$ 146.410 em 18 meses.

Nessa situação, para uma taxa de juros semestral do mercado de 10%, a

a) segunda opção de pagamento é mais benéfica para a empresa que a primeira, pois o valor presente da segunda proposta é superior ao da primeira.

b) primeira opção de pagamento é mais benéfica para a empresa que a segunda, pois o valor presente da primeira proposta é inferior ao da segunda.

c) primeira opção de pagamento é mais benéfica para a empresa que a segunda, uma vez que o valor pago na primeira opção é inferior ao da segunda.

d) segunda opção de pagamento é mais benéfica para a empresa que a primeira, pois o valor presente da segunda proposta é inferior ao da primeira.

e) primeira opção de pagamento é mais benéfica para a empresa que a segunda, pois o valor presente da primeira proposta é superior ao da segunda.

COMENTÁRIOS

Algumas alternativas não fazem sentido.

a) segunda opção de pagamento é mais benéfica para a empresa que a primeira, pois o valor presente da segunda proposta é superior ao da primeira.

e) primeira opção de pagamento é mais benéfica para a empresa que a segunda, pois o valor presente da primeira proposta é superior ao da segunda.

O valor presente deve ser menor para ser benéfico à empresa. As alternativas "a" e "e" apresentam situação prejudicial à empresa.

b) primeira opção de pagamento é mais benéfica para a empresa que a segunda, pois o valor presente da primeira proposta é inferior ao da segunda.

c) primeira opção de pagamento é mais benéfica para a empresa que a segunda, uma vez que o valor pago na primeira opção é inferior ao da segunda.

As alternativas "b" e "c" trazem a mesma informação e como não é possível duas respostas, ambas estão erradas.

Portanto, nossa resposta é a alternativa "d".

Mesmo conhecendo a resposta, vamos treinar resolvendo a questão passo a passo.

A segunda opção consta o pagamento único em 18 meses, ou 3 semestres. Para efeito de comparação, atualizaremos os valores da primeira opção levando para o ponto focal 18 meses (3 semestres).

- realizar o pagamento em três parcelas semestrais de R$ 41.745 cada, com a primeira parcela sendo paga imediatamente

Atualizar para data futura (F): Terceiro semestre	$F = 41.745(1 + i)^3 + 41.745\ (1 + i)^2 + 41.745\ (1 + i)$ $F = 41.745(1,1)^3 + 41.745\ (1,1)^2 + 41.745\ (1,1)$ F = 55.562,60 + 50.511,45 + 45919,50 F = 151.993,55

No 18º mês, os valores seriam:

Primeira opção	Opção 1 = 151.993,55
Segunda opção	Opção 2 = 146.410,00

Mesmo comparando valores na data futura, o resultado é o mesmo se comparado na data zero (valor presente) conforme aponta as alternativas. A opção de levar os valores para a data futura foi motivada pela facilidade de trabalhar com a multiplicação em detrimento da divisão, também porque uma das opções trouxe o valor único na data futura assumida.

Resposta: A segunda opção de pagamento é mais benéfica para a empresa que a primeira, pois o valor presente da segunda proposta é inferior ao da primeira.

Gabarito oficial: Letra D

---

13. (CEBRASPE – TCE/PR – Auditor de Controle Externo – 2024) Caso seja investida uma quantia de R$ 100.000 em uma aplicação que rende 10% de juros compostos ao ano, o investimento atingirá o valor de R$ 220.000 em exatos

a) $\frac{\log_{10}(1.1)}{\log_{10}(2.2)}$ anos.

b) $\frac{\log_{10}(2.2)}{\log_{10}(1.1)}$ anos.

c) 2 anos.

d) 2,2 anos.

e) log10(2,2) anos.

COMENTÁRIOS

Dados conhecidos:

- Investimento = R$ 100.000,00
- Taxa de juros = 10% ao ano
- Montante a ser atingido = R$ 220.000,00

Estamos acolhendo um caso acerca de juros compostos, logo, direto para a fórmula por nós bem conhecida.

Juros Compostos	$M = C(1 + i)^t$ $220.000 = 100.000(1 + 0,1)^t$ $(1 + 0,1)^t = 220.000 / 100.000$ $(1,1)^t = 2,2$

Esta é a parte conhecida e de domínio dos concursandos que conhecem o básico da matemática financeira, mas, porque misturar logaritmo em matemática financeira?

Porque o logaritmo está intimamente associado a exponenciação, logo, tem relação com juros compostos, mais especificamente, quando o termo desejado é a quantidade de períodos (tempo = t).

Entretanto, não há necessidade de se aprofundar no conhecimento acerca do tema, o imprescindível é conhecer as suas propriedades.

Multiplicação	$Log_b (X . Y) = Log_b (X) + Log_b (Y)$
Divisão	$Log_b (X / Y) = Log_b (X) - Log_b (Y)$
Exponenciação	$Log_b (X)^Y = Y . Log_b (X)$

Sem complicar, vamos multiplicar cada termo da equação pelo logaritmo de base 10 (conforme alternativas).

Multiplicar cada termo por Log_{10}	$(1,1)^t = 2,2$ $Log_{10} . (1,1)^t = Log_{10} . (2,2)$
O expoente "t" desce multiplicando	$t . Log_{10} . (1,1) = Log_{10} . (2,2)$
Isolar "t"	$t = Log_{10} . (2,2) / Log_{10} . (1,1)$

Resposta: O investimento atingirá o valor desejado em $Log_{10} . (2,2) / Log_{10} . (1,1)$ anos.

Gabarito oficial: Letra B

14. (CEBRASPE – TCDF – Analista Administrativo de Controle Externo – 2023) A respeito de rendas uniformes e variáveis, julgue o item seguinte.

Caso uma operação de empréstimo no valor de R$ 500.000 seja liquidada em duas parcelas anuais e consecutivas de, respectivamente, R$ 300.000 e R$ 360.000, então a taxa de juros anual desse empréstimo será de 20%.

COMENTÁRIOS

Sabemos que:

- Valor tomado emprestado = R$ 500.000,00
- Parcela no final do primeiro ano = R$ 300.000,00
- Parcela no final do segundo ano = R$ 360.000,00
- Taxa de juros (a confirmar) = 20% ao ano

Aplicar a taxa de juros sugerida deve igualar os valores das prestações com o valor inicial tomado emprestado, isso para valores todos na mesma data.

Trazer as prestações para a data zero por meio da divisão pelo fator $(1 + i)^t$.

Valor emprestado igual ao somatório das parcelas na data zero	$500.000 = 300.000/(1 + 0,2) + 360.000(1 + 0,2)^2$ $500.000 = 250.000 + 360.000\ (1,44)$ $500.000 = 250.000 + 250.000$ $500.000 = 500.000$

Resposta: A taxa de juros anual desse empréstimo é sim igual a 20%.

Gabarito oficial: Item Correto

15. (VUNESP – TCM/SP – Auditor de Controle Externo – 2023) Suponha que um capital de R$ 50.000,00 foi aplicado a um regime de taxa de juros compostos de 5% ao mês. Após n meses, o capital rendeu juros de aproximadamente R$ 25.000,00. Sabendo que $ln1,5 = 0,4055$ e que $ln1,05 = 0,0488$, assinale a alternativa que melhor representa o período em que o capital se manteve aplicado.

a) 8,22 meses.

b) 8,26 meses.

c) 8,31 meses.

d) 8,42 meses.

e) 8,47 meses.

COMENTÁRIOS

A aplicação está amparada por juros compostos e, para resolvê-la, é imprescindível conhecer a fórmula.

Juros Compostos	$M = C(1 + i)^t$

O enunciado informa que:

- J = 25.000,00 (Juros)
- C = 50.000,00 (Capital)
- M = 75.000,00 (Montante)
- i = 5% ao mês (Taxa de juros)
- t = n meses (Tempo)

Juros Compostos	$M = C(1 + i)^t$ $75.000 = 50.000(1 + 0,05)^n$ $75.000 = 50.000(1,05)^n$ $(1,05)^n = 1,5$

Seguimos com a informação complementar disponibilizada acerca de logaritmo, aplicamos nos dois lados da igualdade.

Lembre-se da propriedades do logaritmo, o expoente desce multiplicando.

	Log . $(1,05)^n$ = Log . 1,5
***ln*1,5 = 0,4055**	n . Log . 1,05 = Log . 1,5
***ln*1,05 = 0,0488**	n . 0,0488 = 0,4055
	n ⊠ 8,3094

Resposta: O período em que o capital se manteve aplicado foi de 8,31 meses.

Gabarito oficial: Letra C

16. (FGV – TCE/ES – Auditor de Controle Externo – 2023) Pedro está pensando em comprar um bem que custa R$ 1.700,00, caso o pagamento seja à vista. O vendedor oferece a opção de pagar em 2 parcelas mensais fixas de R$ 1.000,00 sem entrada, com a primeira parcela a ser paga um mês após a data da compra. A equação que a taxa mensal de juros

a) 1700 (1 + x) = 2000

b) 1000 (1 + x) + 1000 $(1 + x)^2$ = 1700

c) 2 1700/1+x = 2000

d) 1000/1+x + 1000/$(1+x)^2$ = 1700

e) 2000/$(1+x)^2$ = 1700/1+x

COMENTÁRIOS

As condições do financiamento representadas em equações matemáticas levam em consideração o ponto focal, em outras palavras, é a igualdade dos valores ajustados para a mesma data. No caso, faremos para a data zero e para os finais do mês 1 e do mês 2.

Sabe-se que:

- À vista = R$ 1.700,00
- Duas parcelas de R$ 1.000,00

Data focal zero	1.700 = 1.000 / (1 + i) + 1.000 / $(1 + i)^2$
Data focal 1	1.700 (1 + i) = 1.000 + 1.000 (1 + i)
Data focal 2	1.700 $(1 + i)^2$ = 1.000 (1 + i) + 1.000

A resposta revela que a equação levou os valores para a data zero.

Resposta: A equação que a taxa mensal de juros "1000/1+x + 1000/$(1+x)^2$ = 1700".

Gabarito oficial: Letra D

3. DESCONTO

17. (CEBRASPE – TCE/AC – Técnico de Controle Externo – 2024) Considere que, no decorrer de um ano, haja uma inflação *i*, tal que o poder de compra de uma nota de 100 reais (não aplicados, isto é, sujeitos à depreciação da inflação) caia, nesse período, para 100/(1+*i*). Considere, ainda, que, se os 100 reais forem aplicados, nesse período, em uma aplicação com rendimento nominal *r*, então seu poder de compra será de 100 × (1+*r*)/(1+*i*).

Com base nessas considerações, julgue o item seguinte.

A formulação 100/(1+i) pode ser empregada para se calcular, por um critério racional, o valor atual de uma dívida que vencerá daqui a um ano e será paga antecipadamente, desde que se reinterprete i como a taxa de desconto anual.

COMENTÁRIOS

O item está perfeito, para trazer um valor futuro (valor da dívida daqui a um ano) para a data presente, efetua-se a divisão do valor principal pelo fator de redução anual, ou seja, "dívida / (1 + taxa de desconto)".

100/(1+i)	100 = dívida daqui a um ano (1 + i) = Fator de redução i = Taxa de desconto anual.

Resposta: Está correto dizer que a formulação 100/(1+i) pode ser empregada para se calcular, por um critério racional, o valor atual de uma dívida que vencerá daqui a um ano.

Gabarito oficial: Item Correto

18. (CEBRASPE – TCDF – Analista Administrativo de Controle Externo – 2023) Considerando que $\sqrt{1,44} = 1,2$, julgue o item a seguir, relativos a capitalização, descontos e taxas de juros

Caso o preço de um produto tenha sofrido dois descontos sucessivos de 10% e, em seguida, um aumento de 20%, então, ao final, o preço desse produto terá tido um desconto inferior a 3%.

COMENTÁRIOS

Determinado produto sofre uma sequência de dois descontos e um acréscimo no seu valor. Para converter em uma única equação nos valemos dos fatores de desconto e aumento.

Fator de Desconto	Fator de Acréscimo
(1 – i)	(1 + i)

Leia-se: "i" igual taxa de desconto ou taxa de aumento.

Seguimos com a relação entre o preço inicial (I) e o preço final (F) do produto.

Caso o preço de um produto tenha sofrido dois descontos sucessivos de 10% e, em seguida, um aumento de 20%	F = I . (1 – 10%) . (1 – 10%) . (1 + 20%) F = I . 0,9 . 0,9 . 1,2 F = I . 0,972

O preço final representa 0,972 em relação ao inicial e, como a equação baseia-se em fatores, retornamos para percentual: 1 – 0,972 = 0,028 ou 2,8%.

Resposta: O preço do produto sofreu desconto de 2,8%, logo, inferior a 3%.

Gabarito oficial: Item Correto

19. (FGV – TCE/ES – Auditor de Controle Externo – 2023) Certo produto é vendido por um valor x, em reais, sem desconto. Com o desconto de 20%, o preço é de R$ 100,00. O valor de x é:

a) R$ 115,00;

b) R$ 120,00;

c) R$ 125,00;

d) R$ 130,00;

e) R$ 135,00.

COMENTÁRIOS

A questão é bem direta! Vamos à resolução:

Dados:

- Preço do produto = X (sem desconto)
- Desconto = 20%
- Valor da venda = R$ 100,00 (com desconto)

Por meio de regra de três.

Produto → 100% **Desconto → 20%** **Venda → 80%**	X → 100% R$ 100,00 → 80%	80X = 100 . 100 X = 10.000 / 80 X = 125

Resposta: O valor original no produto era de R$ 125,00.

Gabarito oficial: Letra C

3.1. DESCONTO RACIONAL SIMPLES

20. (CESPE/Unb – TCU – Auditor Federal de Controle Externo/2013) Na contração de determinada empresa por certo órgão público, ficou acordado que o administrador pagaria R$ 200.000,00 para a contração do serviço, mais quatro parcelas iguais no valor de R$ 132.000,00 cada a serem pagas, respectivamente, no final do primeiro, segundo, terceiro e quarto anos consecutivos à assinatura do contrato. Considere que a empresa tenha concluído satisfatoriamente o serviço dois anos após a contração e que tenha sido negociada a antecipação das duas últimas parcelas para serem pagas juntamente com a segunda parcela.

Com base nessa situação hipotética, julgue os itens a seguir.

Se for decidida a utilização de desconto racional simples a uma taxa de 10% ao ano para pagamento das duas últimas parcelas, o valor total do desconto será superior a R$ 35.000,00.

COMENTÁRIOS

Temos a mesma estrutura que vimos na questão anterior, porém, o item solicita o cálculo referente **à antecipação** das duas últimas parcelas, a uma taxa de desconto racional simples.

✪ **Nota do autor:** O desconto **por dentro**, também conhecido como desconto racional, **tem percentual aplicado sobre o valor atual (A) livre de juros**, valor correspondente à data zero. Por outro lado, o desconto **por fora**, também chamado de desconto comercial ou desconto bancário, redunda em maior valor de juros, pois o índice de desconto é **aplicado sobre o valor nominal (N) da operação, valor em data futura no qual estão embutidos os juros**.

Fórmulas		
Desconto por fora (comercial ou bancário)	*Desconto por dentro (racional)*	*Sendo:*
$D_{fora} = N.i.t$	$D_{dentro} = A.i.t$	D_{fora} = desconto comercial D_{dentro} = desconto racional N = valor nominal A = valor atual i = taxa t = tempo

Apesar das fórmulas serem simples, sugiro, ao invés de decorá-las, lançar mão da regra de três simples. O esquema abaixo serve para formar a regra de três e evitar qualquer confusão que a troca das fórmulas de um tipo de desconto pelo outro possa causar:

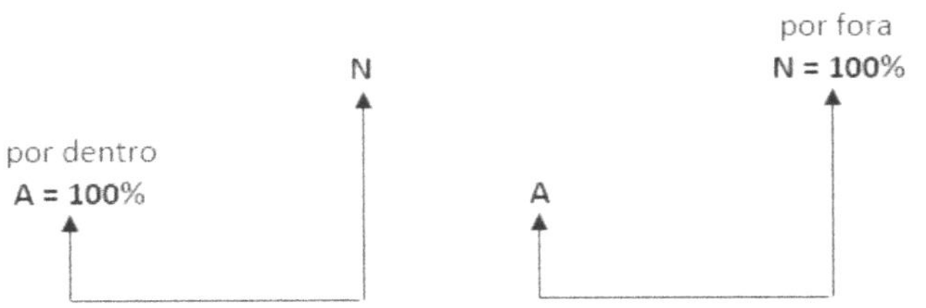

O cálculo dos juros por dentro tem como base o **valor atual (A)** que corresponde a 100%, neste caso o **valor nominal (N)** será maior que 100% – valor atual (A) **mais** juros. Para o desconto por fora, toma-se o **valor nominal (N)** (data futura) como referência que será igual a 100%, então o **valor atual (A)** será menor que 100% – valor nominal (N) **menos** juros.

Vejamos a aplicação do conceito na resolução da questão.

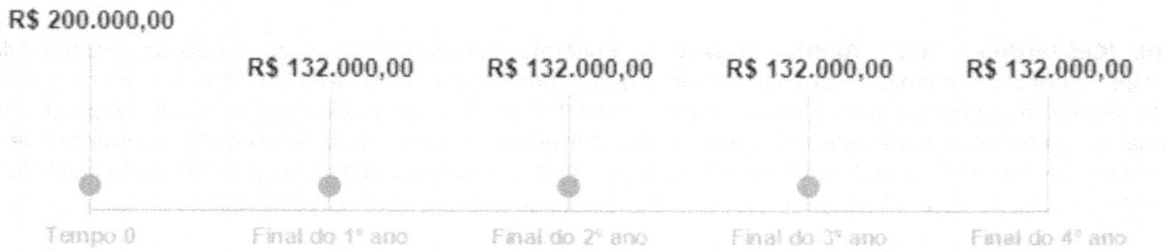

Concluído o serviço dois anos antes do prazo, anteciparemos as duas últimas parcelas considerando o pagamento no final do segundo ano com a aplicação do desconto racional simples, a uma taxa de 10% ao ano.

Como se trata de desconto racional, faremos a regra de três de forma que o valor atual corresponde a 100%.

<table>
<tr><th>Parcela final do 3º ano</th><th>Parcela final do 4º ano</th><th>Sendo:</th></tr>
<tr><td>$A \rightarrow 100\%$
$D \rightarrow 10\%$
$N \rightarrow 110\%$</td><td>$A \rightarrow 100\%$
$D \rightarrow 20\%$
$N \rightarrow 120\%$</td><td rowspan="4">A = Valor atual
D = Valor do desconto
N = Valor nominal</td></tr>
<tr><td>$D \rightarrow 10\%$
$N \rightarrow 110\%$</td><td>$D \rightarrow 20\%$
$N \rightarrow 120\%$</td></tr>
<tr><td>$D \rightarrow 10\%$
$132.000 \rightarrow 110\%$</td><td>$D \rightarrow 20\%$
$132.000 \rightarrow 120\%$</td></tr>
<tr><td>$D = \frac{132.000 \,.\, 10}{110}$
$D = \frac{1.320.000}{110}$
$D = 12.000{,}00$</td><td>$D = \frac{132.000 \,.\, 20}{120}$
$D = \frac{2.640.000}{120}$
$D = 22.000{,}00$</td></tr>
<tr><td colspan="3">Desconto total = 34.000,00</td></tr>
</table>

Resposta: Foi decidida a utilização do desconto racional simples para o cálculo do pagamento antecipado das duas últimas parcelas. Sendo assim, o valor do desconto é de R$ 34.000,00, ou seja, não é superior a R$ 35.000,00.

Gabarito oficial: Item Errado.

3.2. DESCONTO COMERCIAL SIMPLES

21. (CEBRASPE – TCDF – Analista Administrativo de Controle Externo – 2023) Considerando que $\sqrt{1{,}44} = 1{,}2$, julgue o item a seguir, relativos a capitalização, descontos e taxas de juros.

Se um título com valor de resgate de R$ 50.000 for resgatado, 3 meses antes de seu vencimento, pelo valor de R$ 44.750, então a taxa de desconto bancário desse título será superior a 3%. – CERTO.

COMENTÁRIOS

✪ Nota dos autores

O Desconto, em matemática financeira, pode ser classificados como racional ou comercial. Apesar do desuso dessas nomenclaturas nas provas recentes, é importante manter atenção e conhecê-las porque as bancas costumam, depois de um tempo de "descanso", voltar com cobrança de itens aparentemente esquecidos. Tanto que, sutilmente, o examinador declara: "taxa de desconto bancário".

Desconto bancário, desconto por fora e desconto comercial são denominações diferentes para a mesma coisa.

A definição mais simples é dizer que, no desconto racional a taxa de juros incide sobre o valor atual, e no desconto comercial a taxa de juros incide sobre o valor futuro.

Sabemos que:

- Valor futuro = R$ 50.000,00 (valor nominal do título se resgatado daqui a 3 meses).
- Valor presente = R$ 44.750,00 (valor do título antecipado para data zero).
- Tempo = 3 meses.

Desconto Bancário (DB)	DB = (50.000 – 44.750)/50.000 DB = 5.250 / 50.000 DB = 0,105

Segundo o enunciado, pararíamos por aqui, porque nada foi dito sobre a taxa de desconto ser mensal ou trimestral, então está aí o percentual de desconto no período, 10,5%. Entretanto, sendo um pouco mais cauteloso, vamos de juros simples e taxa mensal.

Desconto Bancário Mensal (DM)	DM = 10,5 / 3 DM = 3,5%

Resposta: A taxa de desconto bancário do título é igual a 10,5% no trimestre ou 3,5% ao mês, logo, superior a 3%.

Gabarito oficial: Item Correto

3.3. DESCONTO RACIONAL COMPOSTO

22. (CESPE/Unb – TCU – Auditor Federal de Controle Externo/2013) Na contração de determinada empresa por certo órgão público, ficou acordado que o administrador pagaria R$ 200.000,00 para a contração do serviço, mais quatro parcelas iguais no valor de R$ 132.000,00 cada a serem pagas, respectivamente, no final do primeiro, segundo, terceiro e quarto anos consecutivos à assinatura do contrato. Considere que a empresa tenha concluído satisfatoriamente o serviço dois anos após a contração e que tenha sido negociada a antecipação das duas últimas parcelas para serem pagas juntamente com a segunda parcela.

Com base nessa situação hipotética, julgue os itens a seguir.

Se para o pagamento for utilizado desconto racional composto, a uma taxa de 10% ao ano, na antecipação das parcelas, o desconto obtido com o valor da terceira parcela será o mesmo que seria obtido se fosse utilizado desconto racional simples.

COMENTÁRIOS

Passamos agora, com as mesmas informações das questões anteriores, a trabalhar com a forma de desconto composto.

✪ **Nota do autor:** Também teremos, em desconto composto, a separação em racional e comercial, cujas fórmulas são:

Desconto comercial	$A = N(1-i)^t$
Desconto racional	$N = A(1+i)^t$

As fórmulas não são difíceis, porém, temos que ter cuidado para não confundi-las, evitando trocar uma pela outra durante a resolução da prova. Então, vamos relembrar um mnemônico (adaptado) já bastante conhecido entre os concursandos (dica dos Professores Sérgio Carvalho e Weber Campos).

Quando o desconto for composto vamos lembrar-nos da frase: "Composto rima com oposto" e relacioná-lo com o esquema abaixo:

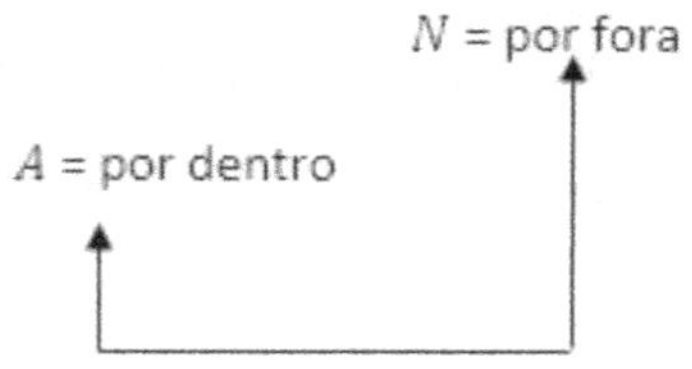

Desconto racional (por dentro)	*Mnemônico "composto rima com oposto"*	*Desconto comercial (por fora)*
$N =$	A fórmula começa com o oposto. Se é desconto por dentro, o oposto é *N* (por fora). Se é desconto por fora, o oposto é *A* (por dentro)	$A =$
$N = A(1 \quad i)^t$	Completamos com o outro termo multiplicado pelo fator. Se começou com *N*, do outro lado da igualdade completamos com *A*. Se começou com *A*, do outro lado da igualdade completamos com *N*	$A = N(1 \quad i)^t$
$N = A(1 + i)^t$	Falta o sinal dentro dos parênteses (fator). Pense: o fator está do mesmo lado que *A* na igualdade, sabemos que ***A* é um valor menor que *N***, concluímos pela adição para manter a igualdade. Se o fator está do mesmo lado que *N* na igualdade, sabemos que ***N* é maior que *A***, concluímos pela subtração para manter a igualdade.	$A = N(1 - i)^t$

Após assimilar a regra para lembrar as fórmulas, a partir de agora aplicaremos diretamente os dados, de acordo com as informações fornecidas:

Apesar de usarmos a mesma estrutura, agora o que nos é solicitado é a comparação entre o valor do desconto da terceira parcela com a utilização do desconto racional composto em relação ao desconto racional simples, ambos com taxa de 10% ao ano.

Pacela final do 3º ano	*Sendo:*
$N = A(1+i)^t$ $132.000 = A(1+0,1)^1$ $132.000 = A(1,1)^1$ $A = 132.000 / 1,1$ $A = 120.000,00$	A = Valor atual D = Valor do desconto N = Valor nominal i = Taxa de juros t = Quantidade de períodos
Valor atual (A) = **120.000,00** Valor do desconto (D) = **12.000,00**	

Veja que o valor atualizado para o pagamento da terceira parcela no final do 2º ano utilizando o desconto racional composto é exatamente igual ao que já calculamos para o desconto racional simples (questão 09).

Quando consideramos **um único período de atualização**, os sistemas se equivalem. O desconto racional simples é igual ao desconto racional composto e o desconto comercial simples é igual ao desconto comercial composto.

Fizemos os cálculos para demonstrar a utilização da fórmula, contudo, esta é uma questão possível de ser respondida sem uma conta sequer, apenas com o conhecimento de equivalência das operações para um único período.

Resposta: Se for utilizado desconto racional composto na antecipação das parcelas, o desconto obtido com o valor da terceira parcela é igual a R$ 12.000,00 e é o mesmo se for utilizado desconto racional simples.

Gabarito oficial: Item Correto.

3.4. DESCONTO COMERCIAL COMPOSTO

23. (CESPE/Unb – TCU – Auditor Federal de Controle Externo/2013) Na contração de determinada empresa por certo órgão público, ficou acordado que o administrador pagaria R$ 200.000,00 para a contração do serviço, mais quatro parcelas iguais no valor de R$ 132.000,00 cada a serem pagas, respectivamente, no final do primeiro, segundo, terceiro e quarto anos consecutivos à assinatura do contrato. Considere que a empresa tenha concluído satisfatoriamente o serviço dois anos após a contração e que tenha sido negociada a antecipação das duas últimas parcelas para serem pagas juntamente com a segunda parcela.

Com base nessa situação hipotética, julgue os itens a seguir.

Se na antecipação for utilizado desconto comercial composto, a uma taxa de 10% ao ano, para pagamento das duas últimas parcelas, o valor do desconto obtido com a quarta parcela será igual a R$ 25.080,00.

COMENTÁRIOS

Foi solicitado o valor do desconto para antecipação da quarta parcela considerando o desconto comercial composto à taxa de 10% ao ano. Aplicação direta da fórmula:

Resposta: O valor do desconto obtido com a antecipação do pagamento da quarta parcela é igual a R$ 25.080,00.

Gabarito oficial: Item Correto.

4. TAXAS

4.1. TAXA EFETIVA

24. (FGV – TCE/PA – Auxiliar Técnico de Controle Externo – 2024) No sistema de juros compostos, considere:

I. i a taxa efetiva mensal de juros correspondente à taxa nominal de 132% ao semestre, capitalizada bimestralmente;

II. j a taxa nominal ao ano, capitalizada trimestralmente, que corresponde à taxa efetiva mensal de juros igual a i.

O valor de j é

a) 284,0%.
b) 286,8%.
c) 288,6%.
d) 289,4%.
e) 291,2%.

COMENTÁRIOS

A taxa nominal é informativa porém não aplicável diretamente para cálculos. Ela simplesmente soma as taxas de capitalização de todo o período.

Vamos entender com a própria questão.

- i = taxa bimestral
- taxa nominal = 132% ao semestre.

Significa que a taxa "i" referente ao bimestre foi multiplicada por 3 para chegar a taxa nominal semestral de 132% desconsiderando a capitalização composta.

Taxa efetiva (i)	i = 132 / 3 i = 44

Identificada a taxa efetiva bimestral "i" igual a 44%.

Passamos à taxa "j".

j a taxa nominal ao ano, capitalizada trimestralmente,	A taxa efetiva do trimestre deve ser multiplicada por 4 para chegar à taxa nominal "j".
que corresponde à taxa efetiva mensal de juros igual a i.	A taxa trimestral será equivalente a taxa bimestral "i".

Partindo da taxa "i" igual a 44% ao bimestre para chegar à taxa equivalente em três meses, primeiro passo é convertê-la em mês.

Para facilitar, veja essa regra de conversão de taxas equivalentes.

Equivalência de Taxas	$1 + I = (1 + i)^n$

Onde:

- $1 + I$ = Taxa do período maior = Bimestre
- $(1 + i)^n$ = Taxa do período menor = Mensal

Taxa bimestral 22% para mensal.	$1 + I = (1 + i)^n$ $1 + 0,22 = (1 + i)^2$ $\sqrt{1,22} = 1 + i$ $1 + i = 1,2$ $i = 0,2$

Portanto, a taxa mensal é igual a 20%. Podemos calcular a equivalente trimestral (t).

Taxa trimestral (t) equivalente à taxa (i)	$t = (1 + i)^n$ $t = (1 + 0,2)^3$ $t = 1,728$

Não vamos perder o fio da meada, 72,8% é a taxa trimestral efetiva. Se multiplicada por 4 (4 trimestres) chegaremos à taxa anual nominal "j".

Taxa nominal (j)	j = 72,8% . 4 j = 291,2

Resposta: A taxa nominal ao ano, capitalizada trimestralmente, "j" é igual a 291,2%.

Gabarito oficial: Letra E

25. (CEBRASPE – TCDF – Analista Administrativo de Controle Externo – 2023) Acerca dos custos dos empréstimos e seus sistemas de amortização, julgue o item que se segue.

Suponha-se que um empresário tenha contraído um empréstimo de R$ 300.000, a ser pago em dois anos, com taxa de juros de 10% ao ano, e que, na data da obtenção do crédito, tenham sido incluídos no valor a ser emprestado uma taxa de abertura de crédito de R$ 9.000 e mais R$ 3.000 de impostos. Nesse caso, o custo efetivo total da operação de crédito terá sido inferior a 25%.

COMENTÁRIOS

Primeiro, o valor a ser pago no final do período contratado, considerando:

- Empréstimo (E) = R$ 300.000,00
- Tempo (t) = 2 anos
- Taxa de juros (i) = 10% ao ano

Montante a ser pago no final do segundo ano (M)	$M = E(1 + i)^t$ $M = 300.000(1 + 0,1)^2$ $M = 300.000 . 1,21$ $M = 363.000$

Entretanto, no momento da obtenção do crédito o solicitante desembolsou:

- Taxa de abertura de crédito = R$ 9.000
- Impostos = R$ 3.000

É o mesmo que dizer que o valor tomado emprestado foi de R$ 300.000,00 menos a taxa e os impostos, logo, o valor líquido recebido foi de R$ 288.000,00.

Ainda nessa linha de pensamento, para um pagamento de R$ 363.000,00 deduzido o valor líquido recebido de R$ 288.000,00 resta o valor equivalente ao custo efetivo. Podemos dizer, também, taxa efetiva do período.

Custo Efetiva (CE)	CE = 363.000 – 288.000 CE = 75.000
Taxa Efetiva (TE)	TE = CE / Líquido Financiado TE = 75000 / 288.000 TE = 0,26

Resposta: O custo efetivo total da operação de crédito foi de 26%, ou seja, superior a 25%.

Gabarito oficial: Item Errado

26. (CEBRASPE – TCDF – Analista Administrativo de Controle Externo – 2023) Considerando que $\sqrt{1,44} = 1,2$, julgue o item a seguir, relativos a capitalização, descontos e taxas de juros.

Uma taxa nominal de 16,2% ao ano, com capitalização mensal, produz uma taxa efetiva de $[(1,35^{12} - 1) \times 100]$% ao ano.

COMENTÁRIOS

- Taxa nominal: É o percentual informativo de uma operação financeira para o período total sem levar em conta a capitalização por período.
- Taxa efetiva: É o percentual empregado efetivamente como taxa de juros do período.

A taxa nominal, geralmente apresentada para um ano, é acompanhada da informação de período de capitalização. Sendo o período igual a mês, basta dividir a taxa nominal por 12 para chegar à taxa efetiva.

Na questão.

Uma taxa nominal de 16,2% ao ano, com capitalização mensal	Taxa Efetiva = 16,2 / 12 Taxa efetiva = 1,35

A partir da taxa efetiva mensal, partimos para sua equivalente ao ano.

Para taxas equivalentes não deixe de usar a regra do "izão e izinho"

Equivalência de Taxas	$(1 + I) = (1 + i)^t$

Onde:

- $1 + I$ = Taxa do período maior "Izão" = Ano
- $(1 + i)^t$ = Taxa do período menor "izinho" = Mensal

Equivalência de Taxas	$(1 + I) = (1 + i)^t$ $(1 + I) = (1 + 0{,}0135)^{12}$ $I = (1{,}0135)^{12} - 1$

O resultado para operação acima será em decimal, por isso consta a multiplicação por 100 na afirmativa. De qualquer jeito, a base da exponenciação está errada.

Resposta: A taxa nominal de 16,2% ao ano, com capitalização mensal, produz uma taxa efetiva de $[(1{,}0135^{12} - 1) \times 100]\%$ ao ano.

Gabarito oficial: Item Errado

---

27. (FGV – TCU – Auditor Federal de Controle Externo – 2022) Um empréstimo de uma unidade monetária é concedido nas seguintes condições:

I. juros compostos de 5% ao mês;
II. taxa de abertura de crédito de 5% sobre o valor financiado, sendo o pagamento no ato;
III. amortizações mensais constantes;
IV. prazo total de 2 meses.

A taxa positiva que representa o custo efetivo total mensal desse empréstimo é, aproximadamente, de:

Utilize a aproximação: $(2{,}2975)^{0{,}5}=1{,}52$

a) 9%;
b) 8%;
c) 7%;
d) 6%;
e) 5%.

COMENTÁRIOS

A questão menciona o empréstimo de uma unidade monetária, entretanto, usaremos 100 unidades monetárias para facilitar nossa vida.

Para esse valor e considerando os dados da questão, calculamos os valores das parcelas.

- Taxa (i) = 5% ao mês
- Amortizações mensais constantes – SAC
- Tempo (t) 2 meses

Tempo	Saldo	Amortização	Juros	Prestação
Zero	100,00			
Mês 1	100,00	50,00	100,00 . 0,05 = 5,00	55,00
Mês 2	50,00	50,00	50,00 . 0,05 = 2,50	52,50

Os valores das prestações estão definidos, entretanto, há uma taxa a ser paga na contratação do empréstimo.

- Taxa de abertura de crédito de 5% = 5,00

Significa que, efetivamente, o empréstimo foi de 95,00 unidades monetárias a ser liquidado em duas parcelas de 55,00 e 52,50 no final dos dois meses seguintes. Por esta nova configuração, é certo que os juros cobrados são maiores que os 5% anunciados.

Para calcular a taxa de juros efetiva é necessário atualizar os valores na mesma data. Vamos, por multiplicação, levar para o final do segundo mês.

Atualização de valores (final do mês 2)	$95\,(1 + i)^2 = 55\,(1 + i) + 52{,}5$ $95\,(1 + i)^2 - 55\,(1 + i) - 52{,}5 = 0$

Chegamos à uma equação de segundo grau, daí passamos a nos valer da fórmula de Bhaskara, onde:

- a = 95.
- b = -55.
- c = -52,5

Calcular o determinante	$\Delta = b^2 - 4ac$ $\Delta = 55^2 - 4 . 95 . (-52{,}5)$ $\Delta = 3025 + 19950$ $\Delta = 22975$

Seguimos com Bhaskara.

Bhaskara	$(1 + i) = (-b \pm \sqrt{\Delta}) / 2a$ $(1 + i) = (-(-55) \pm \sqrt{19950}) / 2 . 95$ $(1 + i) = (55) \pm 152) / 190$

Seguimos apenas com a raiz positiva.

Bhaskara	$(1 + i) = (55 + 152) / 190$ $(1 + i) = 207 / 190$ $1 + i = 1{,}089$ $i = 0{,}089$

Resposta: A taxa que representa o custo efetivo total mensal desse empréstimo é, aproximadamente, de 8,9% ou, conforme a alternativa, 9%.

Gabarito oficial: Letra A

4.2. TAXA REAL

28. (CEBRASPE – TCE/AC – Auditor de Controle Externo – 2024) No item a seguir é apresentada uma situação hipotética seguida de uma assertiva a ser julgada acerca de avaliação de projetos.

Um investimento em determinado fundo possuiu, no primeiro ano, taxa de juros nominal de 10% ao ano e possuiu, no segundo e no terceiro ano, uma taxa de juros de 20% ao ano. Nessa situação, se a inflação acumulada no período em que o dinheiro esteve investido foi de 20%, então a taxa de juros real desse investimento foi de 30%.

COMENTÁRIOS

A situação hipotética descreve taxas e inflação de três anos consecutivos e apresenta a taxa real.

✪ Nota dos autores

Foram citados dois tipos de taxas, as quais estão intimamente relacionadas.

- Taxa de juros nominal: É o índice dos juros do período antes do ajuste referente à inflação do período.
- Taxa de juros real: É o índice dos juros do período levando-se em conta os efeitos da inflação.

Para períodos consecutivos, aglutinamos os juros nominais por meio do produto dos fatores de cada período.

Sabemos que:

- Taxa nominal do primeiro período = 10%
- Taxa nominal do segundo período = 20%
- Taxa nominal do segundo período = 20%

Taxa de juros nominal (N)	N = 1,1 . 1,2 . 1,2 N = 1,584

Portanto, os juros nominais foram de 58,4%, os quais serão ajustados pela taxa de inflação do período.

Para a retirada da inflação da taxa nominal basta a divisão pela taxa na forma de fator (1 + Taxa de inflação)

Taxa de juros real (R)	R = 1,584 / (1 + 0,2) R = 1,32

Resposta: A taxa de juros real desse investimento foi de 32%.

Gabarito oficial: Item Errado

29. (CEBRASPE – TCE/AC – Auditor de Controle Externo – 2024) No item a seguir é apresentada uma situação hipotética seguida de uma assertiva a ser julgada a respeito de taxas de juros, porcentagens, capitalização simples e composta e rendas uniformes.

Um investimento no valor de R$ 120.000,00 foi realizado em um fundo que rende 14,4% ao ano. Nessa situação, se a inflação nesse mesmo período foi de 4%, o rendimento real desse investimento foi superior a R$ 12.200,00. – ERRADO.

COMENTÁRIOS

Sabemos que o rendimento real leva em consideração os efeitos da inflação. Partindo deste pressuposto, vamos à questão.

Sabe-se que:

- Valor investido = 120.000,00
- Rendimento = 14,4% ao ano
- Inflação no período = 4%

Para o cálculo da taxa real, utilizamos a divisão dos fatores da taxa nominal pela taxa de inflação.

Taxa real (R)	R = (1 + 14,4%) / (1 + 4%) R = 1,144 / 1,04 R = 1,1

Desconsiderando a inflação, ou melhor, retirando os seus efeitos, a taxa real do período foi de 10%, logo, o rendimento foi de R$ 12.000,00 (10% de 120.000,00).

Resposta: O rendimento real do investimento foi de R$ 12.000,00, portanto, **inferior** a R$ 12.200,00.

Gabarito oficial: Item Errado

30. (CEBRASPE – TCE/PR – Auditor de Controle Externo – 2024) Considere que um capital de R$ 150.000,00 tenha sido investido por um ano em uma aplicação que oferece uma taxa de juros nominal de 12,32% ao ano. Se, nesse mesmo ano, a inflação anual foi de 4%, então o ganho real do investimento foi de

a) R$ 6.000,00.

b) R$ 12.000,00.

c) R$ 12.480,00.

d) R$ 18.480,00.

e) R$ 25.219,20.

COMENTÁRIOS

Dados:

- Capital = R$ 150.000,00
- Juros nominal = 12,32% ao ano
- Inflação anual = 4%

Lembre-se de que a taxa de juros nominal não considera os efeitos inflacionários que reduzem o poder aquisitivo da moeda. Para conhecer o valor real do capital depois de um ano há necessidade de desconsiderar o reflexo corrosivo da inflação, aí sim, estamos falando de ganho real.

Taxa real (R)	R = Taxa Nominal / Inflação R = (1 + 12,32%) / (1 + 4%) R = 1,1232 / 1,04 R = 1,08

A taxa real é de 0,08 (8%).

Ganho real (G)	G = 150.000 . 0,08 G = 12.000

Resposta: O ganho real do investimento foi de R$ 12.000,00.

Gabarito oficial: Letra B

31. (FGV – TCE/PA – Auditor de Controle Externo – 2024) O Banco XXX oferece um empréstimo de R$5.000,00. Para obter o empréstimo, o cliente deve pagar ao banco R$6.000,00 em até um ano. Se a inflação no período for de 4%, a taxa real de juros no período será de, aproximadamente,

a) 15,0%.

b) 15,2%.

c) 15,4%.

d) 15,6%.

e) 15,8%.

COMENTÁRIOS

✪ Nota dos autores

Não vamos criar polêmica quanto ao termo "até uma ano", o que poderia insinuar períodos menores, mesmo porque, segue o enunciado dizendo "inflação no período for de 4%, a taxa real de juros no período será...".

Ou seja, entende-se que o empréstimo foi pago em determinado período cuja inflação foi de 4%. Percebe que a limitação tempo é "período" e não se foram alguns meses ou um ano.

Enfim, calcularemos a taxa real do período que compreende a tomada do empréstimo até o seu pagamento.

Primeiro a taxa nominal:

Taxa Nominal de Juros (N)	N = 1.000 / 5.000 N = 0,2

Para obtermos a taxa real, vamos dividir a taxa nominal pela taxa de inflação do período, lembrando que para esta divisão os percentuais devem estar em fator.

- Taxa nominal = 0,2. Fator = 1,2
- Inflação = 4% = 0,04. Fator = 1,04

Taxa Real de Juros (R)	R = N / Inflação R = 1,2 / 1,04 R = 1,154

Resposta: A taxa real de juros no período é de, aproximadamente, 0,154 ou 15,4%.

Gabarito oficial: Letra C

4.3. TAXAS EQUIVALENTES

32. (CEBRASPE – TCDF – Analista Administrativo de Controle Externo – 2023) Considerando que $\sqrt{1,44} = 1,2$, julgue o item a seguir, relativos a capitalização, descontos e taxas de juros.

Considere-se que duas taxas de juros ib e iq sejam equivalentes e que, se aplicadas ao mesmo capital durante o mesmo período, produzirão o mesmo montante. Nessa situação, a taxa de juros iq = 44% ao quadriênio será equivalente à taxa ib = 20% ao biênio, quando considerada a capitalização composta.

COMENTÁRIOS

Nota dos autores

A redundância trazida no enunciado acaba sendo uma segurança para o concursando. Repare, a afirmativa esclarece serem duas taxas de juros e que elas são equivalentes, até aí tudo bem. Na sequência diz "se aplicadas ao mesmo capital durante o mesmo período, produzirão o mesmo montante" o que, em verdade, seria desnecessário uma vez que se trata da definição de taxas equivalentes.

Pois bem, sendo taxas equivalentes e que, consequentemente, produzem o mesmo montante, haverá uma igualdade entre elas.

- iq = 44% ao quadriênio
- ib = 20% ao biênio

Lembre-se que a capitalização é composta, razão pela qual nos valemos da base da fórmula dos juros compostos $(1 + i)^t$.

Igualdade entre as taxas considerando que o quadriênio é igual a dois biênios.	$(1 + 44\%) = (1 + 20\%)^2$ $(1 + 0{,}44) = (1 + 0{,}2)^2$ $\sqrt{1{,}44} = 1{,}2$ $1{,}2 = 1{,}2$

Resposta: A taxa de juros iq = 44% ao quadriênio é equivalente à taxa ib = 20% ao biênio.

Gabarito oficial: Item Correto

33. (VUNESP – TCM/SP – Auditor de Controle Externo – 2023) Certo investimento R (capitalizado mensalmente) foi feito a uma taxa nominal de 48% ao ano. Logo, a taxa efetiva equivalente trimestral em regime de juros compostos dele foi de

a) 12,0000%.

b) 12,1051%.

c) 12,2232%.

d) 12,3169%.

e) 12,4864%.

COMENTÁRIOS

Estamos falando de três apresentações diferentes para a mesma taxa de juros.

- Taxa Nominal: Taxa informativa para período maiores com capitalização em períodos menores. Não é diretamente aplicada nos cálculos.
- Taxa Efetiva: É a taxa utilizada para cálculos financeiros.
- Taxa Equivalente: Taxa com período de capitalização diferente e que produz o mesmo montante no final de um mesmo período.

A partir da taxa nominal anual (TN), uma simples divisão por 12 resulta na taxa efetiva mensal (TE).

Certo investimento R (capitalizado mensalmente) foi feito a uma taxa nominal de 48% ao ano.	TE = TN / 12 TE = 48 / 12 TE = 4

Sabemos que:

- Taxa Nominal = 48% ao ano
- Taxa Efetiva = 4% ao mês

Partimos para o que nos foi solicitado na questão, taxa trimestral.

Taxas Equivalentes	$(1 + I) = (1 + i)^t$

Onde:

- I (izão) = X% ao trimestre (Taxa do período maior).
- i (izinho) = 4% ao mês (Taxa do período menor).
- t = 3 meses (quantidade de períodos)

Taxas Equivalentes	$(1 + I) = (1 + i)^t$ $(1 + I) = (1 + 0{,}04)^3$ $1 + I = 1{,}04^3$ $1 + I = 1{,}124864$ $I = 0{,}124864$

Resposta: A taxa efetiva equivalente trimestral em regime de juros compostos dele foi de 12,4864%.

Gabarito oficial: Letra E

5. FLUXO DE CAIXA E INVESTIMENTO

34. (FGV – TCE/PA – Auditor de Controle Externo – 2024) As seguintes afirmações sobre a estrutura a termo da taxa de juros estão corretas, à exceção de uma. Assinale-a.

a) Teoria das Expectativas Puras: sugere que as taxas de juros a termo sejam determinadas exclusivamente pelas expectativas dos investidores sobre as taxas de juros futuras.

b) Teoria da Preferência pela Liquidez: afirma que os investidores exigem um prêmio de risco por deterem títulos de longo prazo, o que faz com que a curva de rendimentos normalmente seja ascendente.

c) Teoria do Habitat Preferido: propõe que os investidores têm preferências específicas por certas maturidades de títulos e exigem prêmios para se desviar de suas preferências habituais.

d) Teoria da Segmentação do Mercado: argumenta que as taxas de juros para diferentes maturidades são determinadas independentemente em mercados distintos, sem influências cruzadas entre prazos.

e) Teoria da Estrutura Inversa: afirma que a curva de rendimentos será sempre decrescente em um mercado eficiente, refletindo um aumento constante nas expectativas de taxa de juros futura.

COMENTÁRIOS

a) Teoria das Expectativas Puras: sugere que as taxas de juros a termo sejam determinadas exclusivamente pelas expectativas dos investidores sobre as taxas de juros futuras.

O restrição imposta pelo termo "exclusivamente" soa estranho, mas sim, está correta a afirmativa. Segundo Irving Fischer, taxas de juros futuras são reflexo exclusivo da tendência de curto prazo. Se hoje os juros apresentam curva inclinada para cima, a expectativa futura é a mesma.

Guarde outro termo para a mesma tese: Teoria das expectativas não enviesadas.

b) Teoria da Preferência pela Liquidez: afirma que os investidores exigem um prêmio de risco por deterem títulos de longo prazo, o que faz com que a curva de rendimentos normalmente seja ascendente.

Mesmo desconhecendo a teoria, entende-se correto o contexto, para títulos de longo prazo o investidor espera prêmios compatíveis com o risco, ou seja, maior risco maior taxa de remuneração do título. Isto faz com que a curva de rendimentos, tempo versus taxa de juros, seja crescente.

E a contextualização refere-se à teoria da preferência pela liquidez, algo como, não havendo compensação de ganho para títulos de longo prazo, a preferência é por ativos ou títulos de maior liquidez.

c) Teoria do Habitat Preferido: propõe que os investidores têm preferências específicas por certas maturidades de títulos e exigem prêmios para se desviar de suas preferências habituais.

Correto, habitat preferido está relacionado à zona de conforto, por exemplo, porque vou migrar do investimento conhecido cuja maturidade traz confiança para outro? A mudança de investimento exigem prêmios mais atrativos.

d) Teoria da Segmentação do Mercado: argumenta que as taxas de juros para diferentes maturidades são determinadas independentemente em mercados distintos, sem influências cruzadas entre prazos.

A teoria da segmentação do mercado propõe a divisão do mercado baseado no tempo e cada parcela com sua taxa de juros específica.

A afirmativa está correta e tem relação com a obrigatoriedade imposta pela Comissão de Valores Mobiliários – CVM de que as instituições financeiras tenham, por meio de formulário, o "perfil de investidor" para disponibilização de investimentos.

e) Teoria da Estrutura Inversa: afirma que a curva de rendimentos será sempre decrescente em um mercado eficiente, refletindo um aumento constante nas expectativas de taxa de juros futura.

Não dá para concordar com a afirmativa de que a curva de rendimento será sempre decrescente. Ainda, dizer que a expectativa por taxas futuras aumente como reflexo da queda de rendimentos, não parece coerente. Juros futuros têm grande relação com o risco (Teoria da preferência pela liquidez), o rendimento é uma consequência.

Item errado.

Gabarito oficial: Letra E

---

35. (VUNESP – TCM/SP – Auditor de Controle Externo – 2023) O tempo que será necessário para recuperar o valor do projeto descrito é:

Fluxo de caixa	Investimento inicial	Ano 1	Ano 2	Ano 3	Ano 4	Ano 5
	-$250.000,00	$79.646	$62.651	$55.443	$55.999	$40.707

a) 3 anos, 11 meses e 6 dias.

b) 3 anos, 2 meses e 7 dias.

c) 4 anos, 1 mês e 6 dias.

d) 3 anos, 8 meses e 22 dias.

e) 4 anos, 2 meses e 7 dias.

COMENTÁRIOS

Nenhuma referência quanto a taxas para atualização de valores, resta-nos acreditar que os valores estão todos na mesma data focal.

Assim, precisamos caminhar ano a ano até recompor o valor do investimento inicial no projeto.

Anos	1	2	3	4	5
Retorno	79.646	62.651	55.443	55.999	40.707
Somatório	79.646	142.297	197740	253739	

No final do quarto ano, o retorno acumulado supera minimamente o valor investido. Pela proximidade de valores, valeria arriscar a alternativa "a" por ser muito próxima de 4 anos.

A proporção entre retorno obtido no quarto ano e o valor restante para atingir o investimento inicial (250.000 – 197.740 = 52.260) garantirá a reposta correta para a questão.

1 ano (ano 4) → 55.999	360 → 55.999	55.999X = 360 . 52.260
Dias? → 52.260	X dias → 52.260	X → 336 dias

336 dias correspondem a 11 meses (330 dias) e 6 dias. Detalhe é que usamos ano comercial de 360 dias (12 meses de 30 dias cada).

Resposta: O tempo que será necessário para recuperar o valor do projeto foi de 3 anos, 11 meses e 6 dias.

Gabarito oficial: Letra A

36. (FGV – TCE/ES – Auditor de Controle Externo – 2023) O investimento X remunera com juros mensais de 3%. O investimento Y é um ponto percentual melhor do que X, ou seja, remunera com juros mensais de 4%.

Considerando o período de 6 meses, o investimento Y tem um rendimento semestral superior ao investimento X, em pontos percentuais, de:

Dados: $(1{,}03)^6 \approx 1{,}194$ e $(1{,}04)^6 \approx 1{,}265$.

a) 5,7;

b) 5,8;

c) 6,5;

d) 6,8;

e) 7,1.

COMENTÁRIOS

Depois de um tempo de estudo e familiarizados com a matemática financeira, apenas olhando para os dados respondemos a questão.

- $(1{,}03)^6 \approx 1{,}194$: Entendemos que 3% em seis meses correspondem a 19,4%.
- $(1{,}04)^6 \approx 1{,}265$: Neste caso, 4% em seis meses correspondem a 26,5%.

A diferença (26,5 – 19,4) é igual a 7,1%.

Resposta: O investimento Y tem um rendimento semestral superior ao investimento X, em 7,1 pontos percentuais.

Gabarito oficial: Letra E

37. (FGV – TCU – Auditor Federal de Controle Externo – 2022) Um empréstimo será amortizado em um ano com pagamentos mensais à taxa de juros compostos de 48% ao ano capitalizados mensalmente. Descontadas as tarifas bancárias, que são efetivadas no momento da contratação do empréstimo, no valor de 5%, o tomador do empréstimo receberá líquidos R$ 10.450,00. Sabe-se que as parcelas mensais aumentam 2,7% ao mês e que o primeiro pagamento será realizado um mês após efetuada a operação.

O valor aproximado da menor parcela, em reais, é de:

Utilize a aproximação: $(1{,}027)^{12}=1{,}4$ e $(1{,}04)^{12}=1{,}6$

a) 879;

b) 1.144;

c) 1.886;

d) 1.976;

e) 2.089.

COMENTÁRIOS

A questão proposta pela Fundação Getúlio Vergas extrapola o conhecimento acerca da matemática financeira, inclusive, passaremos pela progressão geométrica. Mas, tudo a seu tempo, vamos ao passo a passo da resolução.

- "Um empréstimo será amortizado em um ano com pagamentos mensais à taxa de juros compostos de 48% ao ano capitalizados mensalmente".

  Portanto, estamos falando de uma taxa efetiva de 4% ao mês.

- "Descontadas as tarifas bancárias, que são efetivadas no momento da contratação do empréstimo, no valor de 5%, o tomador do empréstimo receberá líquidos R$ 10.450,00".

  Por meio da proporção, regra de três, chegaremos ao valor tomado emprestado.

Relação	Multiplicação Cruzada
Líquido 95% = 10.450,00 Total 100% = X	95X = 100 . 10.450 X = 11.000

Conhecemos o valor da operação de empréstimo, igual a R$ 11.000,00.

- "Sabe-se que as parcelas mensais aumentam 2,7% ao mês e que o primeiro pagamento será realizado um mês após efetuada a operação".

Ou seja, existem dois percentuais a serem considerados, o primeiro (visto lá no começo) de 4% referente a juros e este igual a 2,7% referente à diferença entre uma parcela e a parcela seguinte.

Destrinchando e considerando o fluxo de caixa, temos:

VPL (Total financiado)	-11.000,00
Prestação 1 (P1)	P1
Prestação 2 (P2)	P2 = P1 . 1,027
Prestação 3 (P3)	P3 = P2 . 1,027
Prestação 4 (P4)	P4 = P3 . 1,027
...	...
Prestação 12 (P12)	P12 = P11 . 1,027

Para facilitar, a apresentação da equação (que ficaria excessivamente extensa) acrescentaremos outra coluna, considerando todos os valores na data zero.

VPL (Total financiado)	11.000,00	11.000,00
Prestação 1 (P1)	P1	P1 / 1,04
Prestação 2 (P2)	P2 = P1 . 1,027	$(P1 / 1,04^2) . 1,027$
Prestação 3 (P3)	P3 = P2 . 1,027	$(P2 / 1,04^3) . 1,027$
Prestação 4 (P4)	P4 = P3 . 1,027	$(P3 / 1,04^4) . 1,027$
...	...	...
Prestação 12 (P12)	P12 = P11 . 1,027	$(P11 / 1,04^{12}) . 1,027$

A estrutura nos leva a pensar em uma progressão geométrica, porém, há a necessidade de ajuste para identificar a razão da progressão.

VPL	11.000,00	11.000,00
P1	P1 / 1,04	P1 / 1,04
P2	$(P1 / 1,04^2) . 1,027$	(P1 / 1,04) . (1,027 / 1,04)
P3	$(P2 / 1,04^3) . 1,027$	$(P2 / 1,04^2) . (1,027 / 1,04)$
P4	$(P3 / 1,04^4) . 1,027$	$(P3 / 1,04^3) . (1,027 / 1,04)$
...	...	...
P12	$(P11 / 1,04^{12}) . 1,027$	$(P11 / 1,04^{11}) . (1,027 / 1,04)$

A representação de cada parcela é a mesma, porém, ajustada para identificação da razão (igual a 1,027/1,04) e o somatório de todas elas é igual a R$ 11.000,00 uma vez que consideramos a atualização para a data focal zero.

Agora a fórmula da soma dos termos da PG.

Fórmula	$Sn = [A1 (q^n - 1)] / (q - 1)$

Onde:

- Sn (soma dos termos) = 11.000,00
- A1 (valor do primeiro termo) = Prestação 1 = P1 / 1,04
- q (razão da PG) = 1,027 / 1,04
- n (quantidade de termos) = 12

Prestação 1 (menor parcela)	$Sn = [A1\ (q^{n} - 1)] / (q - 1)$ $11.000 = [(P1/1,04) . ((1,027 / 1,04)^{12} - 1)] /$ $[(1,027 / 1,04) - 1]$ $11.000 = [(P1/1,04) . ((1,027^{12} / 1,04^{12}) - 1)] /$ $[0,9875 - 1]$ $11.000 = [(P1/1,04) . ((1,4 / 1,6) - 1)] / -0,0125$ $11.000 = [(P1/1,04) . (0,875 - 1)] / -0,0125$ $11.000 = [(P1/1,04) . (-0,125)] / -0,0125$ $11.000 = (P1/1,04) . 10$ $11.000 . 1,04 = 10\ P1$ $P1 = 11.440 / 10$ $P1 = 1.144$

✪ **Nota dos autores**

Trata-se de uma questão trabalhosa e rica em detalhes, principalmente em relação aos cálculos que envolvem operações com fração. Por isso, requer mais tempo e atenção redobrada na resolução, ou seja, é a típica questão para ser resolvida no final da prova se houver tempo disponível.

Resposta: O valor aproximado da menor parcela foi de R$ 1.144,00.

Gabarito oficial: Letra B

5.1. ANÁLISE DE INVESTIMENTO

38. (**CEBRASPE – TCE/PR – Auditor de Controle Externo – 2024)** Uma empresa está avaliando um investimento que prevê um desembolso de R$ 280.000, com a expectativa de retornos iguais de R$ 172.800 em cada um dos próximos três anos. A taxa de atratividade definida para essa operação é de 20% ao ano. Nesse caso, o índice de lucratividade do investimento será

a) inferior a 0,70.

b) superior a 0,70 e inferior a 1,20.

c) superior a 1,20 e inferior a 1,50.

d) superior a 1,50 e inferior a 1,80.

e) superior a 1,80.

COMENTÁRIOS

Entenda a estrutura do fluxo de caixa para definir o melhor caminho de resolução do problema.

Foi dito que:

- Investimento com desembolso = R$ 280.000,00
- Retorno anual = R$ 172.800,00
- Prazo = 3 anos
- Taxa de atratividade = 20% ao ano

Fluxo de Caixa	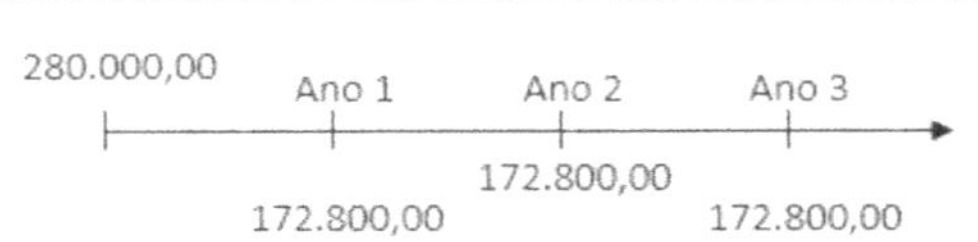

A comparação de entradas e saída de caixa exigem que os valores estejam na mesma data e, atentando para o fato de que valores são trazidos para data presente por meio de divisão e são levados para data futura por meio de multiplicação, parece mais fácil esta segunda opção.

Atualizar valores para a data "Ano 3".

Atualização do investimento inicial (I)	$I = 280.000 \cdot (1,2)^3$ $I = 280.000 \cdot (1,728)$ $I = 483.840$

Usamos a expressão básica de juros composta para atualização do valor do investimento depois de três anos. Agora o mesmo com os retornos anuais previstos.

Atualização do retorno Ano1 (A1)	$A1 = 172.800. (1,2)^2$ $A1 = 172.800 \cdot (1,44)$ $A1 = 248.832$
Atualização do retorno Ano2 (A2)	$A2 = 172.800. (1,2)$ $A2 = 207.360$

O retorno previsto para o terceiro ano não carece ser atualizado porque está na data focal. Somamos este retorno com os dois valores anteriores.

Retorno nos três anos (R)	$R = 248.832 + 207.360 + 172.800$ $R = 682.992$

Finalmente a lucratividade relativa.

Lucratividade do investimento (L)	L = Retorno / Investimento L = 682.992 / 483.840 L = 1/3

Resposta: O índice de lucratividade do investimento será 1,3 ou seja 30% sobre o valor inicialmente investido.

Gabarito oficial: letra C

---

39. (CEBRASPE – TCE/AC – Auditor de Controle Externo – 2024) No item a seguir é apresentada uma situação hipotética seguida de uma assertiva a ser julgada acerca de avaliação de projetos.

Uma empresa está avaliando um projeto de investimento cujo valor inicial que será investido é R$ 70.000,00. A expectativa é que o projeto gere fluxos de caixa anuais de R$ 26.620,00 nos próximos anos. Considerando que a empresa defina uma taxa de desconto de 10% ao ano, então, pelo método do *payback* descontado, pode-se concluir que o tempo de retorno do investimento é superior a três anos.

COMENTÁRIOS

✪ Nota dos autores

O método payback refere-se a análise de tempo de retorno do investimento em determinado projeto.

O item informa que:

- Investimento inicial = 70.000,00
- Retorno = 26.620,00 anual
- Taxa de desconto = 10% ao ano

Fluxo de Caixa	70.000,00 (data zero) 26.620,00 — 26.620,00 — 26.620,00 — 26.620,00

Acima, está representado o fluxo de caixa do qual aproveitaremos os 3 primeiros anos.

Cada uma das entradas de caixa (chamaremos de receita 1, receita 2 e receita 3) será convertida por meio da taxa de desconto para a data zero.

Receita 1	Valor Atual 1 = Receita 1 / (1 + i) Valor Atual 1 = 26.620 / 1,1 Valor Atual 1 = 24.200

Para as outras duas vale o desconto a juros compostos.

Receita 2	Valor Atual 2 = 26.620 / $(1,1)^2$ Valor Atual 2 = 26.620 / 1,21 Valor Atual 2 = 22.000
Receita 3	Valor Atual 3 = 26.620 / $(1,1)^3$ Valor Atual 3 = 26.620 / 1,331 Valor Atual 3 = 20.000

O valor atual do fluxo de caixa futuro, até o terceiro ano, é igual a R$ 66.200,00 (24.200 + 22+.000 + 20.000) ainda inferior ao investimento inicial de R$ 70.000,00.

Resposta: Conclui-se que o tempo de retorno do investimento é superior a três anos.

Gabarito oficial: Item Correto

40. (CEBRASPE – TCE/AC – Auditor de Controle Externo – 2024) No item a seguir é apresentada uma situação hipotética seguida de uma assertiva a ser julgada acerca de avaliação de projetos.

Ao avaliar a viabilidade econômica de um projeto, uma empresa observou que a taxa interna de retorno era superior à taxa mínima de atratividade definida por ela. Nessa situação, a empresa deve desistir do investimento, pois o investimento não é atrativo.

COMENTÁRIOS

✪ Nota dos autores

Taxa interna de retorno – TIR.

É a taxa relativa que demonstra o retorno de determinado projeto quando confrontados o valor investido e as demais despesas futuras com o retorno esperado.

Taxa mínima de atratividade – TMA.

É a taxa relativa de retorno mínimo desejada pelo investidor para que ele tome a decisão quanto a investir no projeto ou não.

Comparação entre TIR e TMA:

TIR > TMA	O projeto é viável e atrativo.
TIR = TMA	Indiferente optar ou não pelo projeto
TIR < TMA	O projeto deve ser desestimulado

Resposta: Se a taxa interna de retorno (TIR) é superior à taxa mínima de atratividade (TMA), a empresa deve, ao contrário do que informa a questão, seguir adiante com o projeto, pois o investimento é viável e atrativo.

Gabarito oficial: Item Errado

41. (CEBRASPE – TCE/PR – Auditor de Controle Externo – 2024) Uma empresa está avaliando um projeto que requer um investimento inicial de $ 1.000 e que gerará fluxo de caixa de $ 600 no primeiro ano e de $ 660 no segundo ano. Nessa situação hipotética, a taxa interna de retorno (TIR) do projeto é

a) maior ou igual a 30%.
b) menor que 5%.
c) maior ou igual a 5% e menor que 10%.
d) maior ou igual a 20% e menor que 30%.
e) maior ou igual a 10% e menor que 20%.

COMENTÁRIOS

Foi descrito o seguinte fluxo de caixa:

Ano 0	Ano 1	Ano 2
Investimento = 1.000	Retorno = 600	Retorno = 660

Vamos igualar os valores de entrada e saída de caixa considerando uma mesma data focal. Consideramos o "ano 2" para evitar a operação de divisão.

Data focal: Ano 2	$1000\ (1 + i)^2 = 600\ (1 + i) + 660$ $1000\ (1 + i)^2 = 600 + 600i + 660$
Produto Notável	$1000\ (1 + 2i + i^2) = 600 + 600i + 660$
Segue o desenvolvimento da equação	$1000 + 2000i + 1000i^2 = 600 + 600i + 660$ $1000i^2 + 1400i - 260 = 0$ $50i^2 + 70i - 13 = 0$

Temos uma equação de segundo grau cuja resolução podemos utilizar *Bhaskara*.

Resolver Δ	$\Delta = b^2 - 4ac$ $\Delta = 70^2 - (4 . 50 . (-13))$ $\Delta = 4900 + 2600$ $\Delta = 7500$
Raiz positiva	$i = (-b + \sqrt{\Delta}) / 2a$ $i = (-70 + 86) / 2(50)$ $i = 16/100$ $i = 0{,}16$

Resposta: A taxa interna de retorno (TIR) do projeto é de aproximadamente 0,16 ou 16%.

Gabarito oficial: Letra E

---

42. (CEBRASPE – TCE/PR – Auditor de Controle Externo – 2024) Uma empresa está considerando elaborar um projeto que requer um investimento inicial de R$ 1.000 e que gerará um fluxo de caixa de R$ 400 em cada um dos próximos três anos, com uma taxa de desconto anual de 10%.

Considerando a situação hipotética apresentada, assinale a opção que apresenta corretamente o valor presente líquido (VPL) do projeto e a decisão que a empresa deve tomar acerca do investimento.

a) $0 \leq VPL < 7$, o que significa que a empresa deve investir.

b) $VPL \geq 7$, o que significa que a empresa deve investir.

c) $VPL < -7$, o que significa que a empresa não deve investir.

d) $-7 \leq VPL < -3$, o que significa que a empresa não deve investir.

e) $-3 \leq VPL < 0$, o que significa que a empresa não deve investir.

COMENTÁRIOS

O projeto pretendido pela empresa considera:

- Investimento anual = R$ 1.000,00
- Retorno = R$ 400,00 (em cada um dos 3 anos seguintes)
- Taxa de desconto = 10% ao ano.

Trazer os valores para a data presente e igualar o valor de investimento com os de retorno.

Retorno 1 para data zero	$R1 = 400 / (1{,}1)$ $R1 = 363{,}64$
Retorno 2 para data zero	$R2 = 400 / (1{,}1)^2$ $R2 = 400 / 1{,}21$ $R2 = 330{,}58$
Retorno 3 para data zero	$R3 = 400 / (1{,}1)^3$ $R3 = 400 / 1{,}331$ $R3 = 300{,}52$

Segue o valor presente líquido.

VPL	VPL = Retorno - Investimento VPL = (363,64 + 330,58 + 300,52) – 1000 VPL = 994,74 – 1000 VPL = -5,26

Resposta: Considerando a situação apresentada, o valor presente líquido (VPL) do projeto será negativo em R$ 5,26 e a decisão da empresa é por não investir.

Gabarito oficial: Letra D

---

43. (FGV – TCE/PA – Auditor de Controle Externo – 2024) Um investidor está considerando dois títulos de renda fixa. As características dos títulos são as seguintes:

- Título A: Paga cupons anuais e tem um valor de face de R$ 1.000.
- Título B: Paga cupons anuais e tem um valor de face de R$ 1.000.

Os valores presentes (VP) dos fluxos de caixa para os títulos são:

Título A

- VP Ano 1: R$ 50
- VP Ano 2 (incluindo o valor de face): R$ 950

Título B

- VP Ano 1: R$ 60
- VP Ano 2 (incluindo o valor de face): R$ 940

A duração de Macaulay (em anos) dos Títulos A e B são, respectivamente,

a) 1,95 e 2,00.

b) 2,10 e 2,00.

c) 1,95 e 1,94.

d) 1,97 e 1,95.

e) 1,85 e 1,80.

COMENTÁRIOS

Nada mais comum do que a FGV cobrar um item diferente do senso comum: duração de Macaulay.

Uma definição simples extraída da internet diz *"A duração de Macaulay é o tempo médio ponderado do que se espera receber os rendimentos e o principal aplicado em um título de renda fixa"*. Traduzindo, significa o tempo esperado para retorno do valor investido acrescido de rendimentos, o que não necessariamente coincide com o vencimento do título.

Como calcular:

Duração de Macaulay	$D = \sum (FC/PV) . t$

Onde:

- D = Duração de Macaulay
- FC = Valor do fluxo de caixa (cupom)
- PV = Valor presente (valor de face do título)

Na prática, em relação ao Título A.

- FC1 = 50 (cupom)
- t1 = 1 (1 ano)
- FC2 = 950 (título + cupom)
- t2 = 2 (2 anos)
- PV = 1.000 (valor de face do título)

Duração de Macaulay: Título A	D = ∑ (FC/PV) . t D = [(50/1000) . 1] + [(950/1000) . 2] D = [0,05 . 1] + [0,95 . 2] D = 0,05 + 1,9 D = 1,95

Em relação ao Título B.

- FC1 = 60 (cupom)
- t1 = 1 (1 ano)
- FC2 = 940 (título + cupom)
- t2 = 2 (2 anos)
- PV = 1.000 (valor de face do título)

Duração de Macaulay: Título B	D = ∑ (FC/PV) . t D = [(60/1000) . 1] + [(940/1000) . 2] D = [0,06 . 1] + [0,94 . 2] D = 0,06 + 1,88 D = 1,94

O Título B tem melhor retorno que o Título A porque o tempo de espera para receber o principal acrescido de rendimentos é menor (mais rápido).

Resposta: A duração de Macaulay (em anos) dos Títulos A e B são, respectivamente, 1,95 e 1,94.

Gabarito oficial: Letra C

---

44. (FGV – TCE/PA – Auditor de Controle Externo – 2024) Um investidor está avaliando dois projetos de investimento, Projeto A e Projeto B, ambos com uma vida útil de 3 anos. Os fluxos de caixa esperados dos projetos são os seguintes:

Ano	Projeto A	Projeto B
0	-$10.000	-$10.000
1	$4.000	$2.000
2	$4.000	$5.000
3	$4.000	$8.000

O custo de capital (taxa de desconto) para ambos os projetos é de 10% ao ano. Calcule o Valor Presente Líquido (VPL) de cada projeto e determine qual projeto o investidor deve escolher com base nesse critério. Nesse caso, assinale a opção correta.

a) O investidor deve escolher o Projeto A, pois tem um VPL maior.
b) O investidor deve escolher o Projeto B, pois tem um VPL maior.
c) O investidor deve escolher ambos os projetos, pois têm o mesmo VPL.
d) O investidor não deve escolher nenhum dos projetos, pois ambos têm VPL negativo.
e) Não é possível calcular o VPL com os dados fornecidos.

COMENTÁRIOS

São dois projetos de investimentos a serem analisados considerando taxa de desconto de 10% ao ano.

Apesar da referência ser o valor presente líquido – VPL e a disponibilização de taxa de desconto, faremos a atualização levando todos os valores para o ano 3, em vez de trazê-los para o ano zero. Faremos isso para trabalhar com multiplicação e não com a divisão, mesmo porque, faremos a comparação entre os Projetos A e B e não necessariamente precisamos do valor presente em reais.

Lembrando que os valores levados para data futura consideramos multiplicá-los por "$(1 + i)^t$", base dos juros compostos.

Projeto A

- Investimento = R$ 10.000,00
- Retorno anos 1, 2 e 3 = R$ 4.000,00
- Taxa = 10% ao ano.

Valor líquido no ano 3 (VF)	$VF = [4000(1,1)^2 + 4000(1,1) + 4000] - 10000(1,1)^3$ $VF = [4000(1,21) + 4400 + 4000] - 10000(1,331)$ $VF = [4840 + 4400 + 4000] - 13310$ $VF = -70$

Este projeto, para o período de três anos, deveria ser rejeitado, uma vez que o valor líquido é negativo.

Projeto B

- Investimento = R$ 10.000,00
- Retorno ano 1 = R$ 2.000,00
- Retorno ano 2 = R$ 5.000,00
- Retorno ano 3 = R$ 8.000,00
- Taxa = 10% ao ano.

Valor líquido no ano 3 (VF)	$VF = [2000(1,1)^2 + 5000(1,1) + 8000] - 10000(1,1)^3$ $VF = [2000(1,21) + 5500 + 8000] - 10000(1,331)$ $VF = [2420 + 5500 + 8000] - 13310$ $VF = 2610$

Resposta: O investidor deve escolher o Projeto B, pois tem um VPL maior.

Gabarito oficial: Letra B

---

45. (FGV - TCU - Auditor Federal de Controle Externo - 2022) Uma sociedade empresária possui duas alternativas de investimento, mutuamente excludentes (não podem ocorrer simultaneamente), X e Y, ambas com a mesma duração e com valor presente líquido positivo. A taxa interna de retorno (TIR) para o projeto X é de 15%; para o projeto Y, de 13%; e para o projeto diferencial Y-X, de 11%. O projeto X é preferível ao Y somente para taxas mínimas de atratividade da empresa:

a) menores que 11%;

b) menores que 13%;

c) maiores que 11% e menores que 13%;

d) maiores que 11% e menores que 15%;

e) maiores que 13%.

COMENTÁRIOS

✪ Nota dos autores

Os indicadores citados são a taxa interna de retorno – TIR e taxa mínima de atratividade – TMA. Vamos falar um pouco sobre cada uma delas.

TIR: É o percentual de retorno de determinado projeto, em geral, quanto maior o índice, melhor é o resultado do investimento.

- Calculada no valor presente, portanto, é uma projeção daquilo que se espera como retorno.
- Utilizada para comparar, analisar e definir em qual projeto investir.
- Não é garantia de sucesso, face à projeção do fluxo de caixa que pode não acontecer conforme previsto.

TMA: É o percentual mínimo que o empreendedor espera obter para considerar o projeto viável.

- Carrega a característica de gestão uma vez que não basta ser rentável, mas define o mínimo aceitável de retorno.

Relação TIR x TMA	Se a **TIR** for maior que a **TMA**, o investimento é viável. Se a **TIR** for igual à **TMA**, o investimento é indiferente. Se a **TIR** for menor que a **TMA**, o investimento não é viável.

Feitas as observações preliminares, vejamos o que nos reserva a questão.

- Investimentos X e Y são excludentes.
- Projeto X, TIR de 15%.
- Projeto Y, TIR de 13%.
- Projeto diferencial Y – X, TIR 11%.

Estabelecer o limite superior da TMA é simples, porque não pode ser maior que a TIR, senão o projeto seria inviável, logo, considerando que o projeto X tem taxa de atratividade de 15%, qualquer percentual acima deste, para a TMA, inviabilizaria o projeto.

Somente por esta informação, são fortes os indícios de que a alternativa correta é a alternativa "d".

Outra informação importante "Projeto diferencial Y – X, TIR 11%", em outras palavras, foi dito que com o TMA até 11%, a preferência é pelo projeto Y e a partir deste percentual, a preferência passa para o projeto X.

Conclusão, o projeto X tem a preferência quanto:

- TMA maior que 11%.
- TMA menor que 15%.

Para visualizar a explicação, veja a representação gráfica da situação descrita.

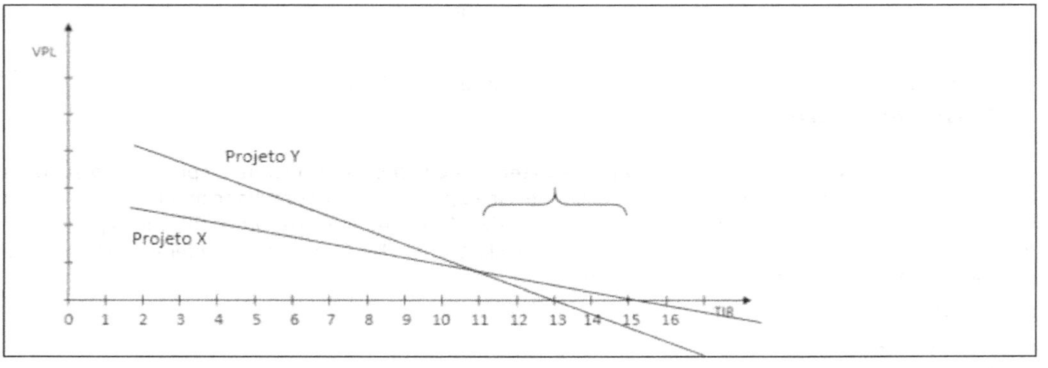

A linha que representa o projeto Y corta o eixo horizontal (VPL = zero) em TIR igual a 13% enquanto a linha do projeto X corta o eixo horizontal em TIR igual a 15%. As duas linhas se cruzam quando TIR é igual a 11% (projeto diferencial Y-X, de 11%).

Sem aprofundar no conhecimento acerca do tema, seguindo a linha do projeto X, até atingir a TIR de 11%, ou seja, percentual de TMA menor que 11%, o valor presente líquido - VPL de Y é maior, portanto, seria este o projeto de escolha.

Para taxa mínima de atratividade – TMA de 11%, ambos os projetos têm o mesmo VPL, portanto, é indiferente a escolha de um ou outro projeto.

A partir da TMA 11%, o VPL do projeto X passa a ser maior que o de Y, daí a preferência por X.

Finalmente, para TMA maior que 15%, o VPL do projeto X é negativo, portanto inviável.

Resumindo, o projeto X é mais efetivo para TMA maior que 11% e menos do que 15%.

Resposta: O projeto X é preferível ao Y somente para taxas mínimas de atratividade da empresa maiores que 11% e menores que 15%.

Alternativa correta: letra "d".

5.2. INVESTIMENTO COM APORTES

46. (CEBRASPE – TCE/AC – Auditor de Controle Externo – 2024) No item a seguir é apresentada uma situação hipotética seguida de uma assertiva a ser julgada a respeito de taxas de juros, porcentagens, capitalização simples e composta e rendas uniformes.

Um investidor fará quatro aportes anuais de R$ 10.000,00 em um investimento que rende 10% ao ano. Nessa situação, imediatamente após o quarto aporte, o valor que estará presente na sua conta investimento será R$ 46.410,00.

COMENTÁRIOS

O item aponta para um investimento a juros compostos, com aportes constantes, cuja fórmula é:

Aplicação com aportes constantes	$M = C\,((1+i)^t - 1)/i$

Onde:

- M = Montante
- C = Valor dos aportes
- t = Quantidade de períodos
- i = Taxa por período

São conhecidos:

- C = 10.000,00
- i = 10% ao ano
- t = 4 anos

Logo:

Aplicação com aportes constantes	$M = C\,((1+i)^t - 1)/i$ $M = 10.000\,((1+0{,}1)^4 - 1)/0{,}1$ $M = 10.000\,((1{,}1)^4 - 1)/0{,}1$ $M = 10.000\,(1{,}4641 - 1)/0{,}1$ $M = 10.000\,(0{,}4641)/0{,}1$ $M = 4641/0{,}1$ $M = 46410$

Resposta: Com aportes anuais de R$ 10.000,00, em um investimento que rende 10% ao ano, após quatro anos, a conta investimento apresenta saldo de R$ 46.410,00.

Gabarito oficial: Item Correto

6. SISTEMA DE FINANCIAMENTO

47. (FGV – TCU – Auditor Federal de Controle Externo – 2022) Um empréstimo será amortizado em um ano com pagamentos mensais à taxa de juros compostos de 48% ao ano, capitalizados mensalmente. Descontadas as tarifas bancárias, que são efetivadas no momento da contratação do empréstimo, no valor de 5%, o tomador do empréstimo receberá líquidos R$ 10.450,00. Sabe-se que as parcelas mensais aumentam 2,7% ao mês e que o primeiro pagamento será realizado um mês após efetuada a operação. O valor aproximado da menor parcela, em reais, é de:

Utilize a aproximação: $(1{,}027)^{12} = 1{,}4$ e $(1{,}04)^{12} = 1{,}6$

a) 879;

b) 1.144;

c) 1.886;

d) 1.976;

e) 2.089.

COMENTÁRIOS

Nota do autor: A questão exige do candidato conhecimento adicional, além da matemática financeira, mas, antes mesmo de entrar na resolução, é importante entender o problema apresentado.

O enunciado apresenta três percentuais cuja aplicabilidade é bem distinta. O primeiro deles, 48% ao ano com capitalização mensal, é a taxa nominal a ser transformada em taxa efetiva (48 / 12 = 4%) para o cálculo dos juros. O segundo refere-se a tarifas e é igual a 5% cobrada no ato do contrato. O último, 2,7%, é a diferença a maior de uma prestação sobre a anterior, ou seja, os valores das prestações são crescentes.

Se existe uma tarifa cobrada no momento da contratação, entendemos que, do valor recebido, equivalente a R$ 10.450,00, foi subtraída a tarifa. Logo, o valor emprestado foi de:

Valor Nominal **(Valor do Empréstimo)**	VN → 100% 10.450 → 95%	VN = 10.450 / 0,95 VN = 11.000

Olhando na linha do tempo, temos a seguinte situação.

11.000,00

0	P1	P2	P3	P4	P5	P6	P7	P8	P9	P10	P11	P12

Lembre-se que as prestações têm valores crescentes.

Prestações	P1 P2 = P1 . 1,027 P3 = P2 . 1,027 P4 = P3 . 1,027

De acordo com este último quadro, concluímos que as prestações aumentam de maneira exponencial formando uma progressão geométrica. Considerando, ainda, o valor total do empréstimo, podemos trabalhar com a fórmula da soma dos termos da PG.

Progressão Geométrica **Soma dos Termos**	$Sn = a1 \frac{(q^n - 1)}{q - 1}$

Uma vez que as parcelas são crescentes e precisamos do valor da menor delas, a resposta será o valor de a1 ou P1 (primeiro termo ou primeira parcela).

Para a aplicação desta fórmula o valor de Sn será a soma das 12 parcelas cujo total é igual a R$ 11.000,00. Vale destacar que estamos falando de valor presente, isento de juros, então é necessário tratar todos os termos da fórmula excluídos os juros.

Prestação 1 (no tempo zero)	P1	P1(0) = P1/1,04

Veja no detalhe como fica demonstrada a segunda prestação no tempo zero.

Prestação 2 (no tempo zero)	P2 = P1 . 1,027	P2(0) = (P1 . 1,027)/(1,04)^2 P2(0) = (P1 . 1,027)/(1,04 . 1,04) P2(0) = (P1/1,04) . (1,027/1,04) P2(0) = P1(0) . (1,027/1,04)

A razão é igual a "1,027/1,04", mas vejamos a terceira parcela para confirmar.

Prestação 3 (no tempo zero)	P3 = P2 . 1,027	P3(0) = (P2 . 1,027)/(1,04)^3 P3(0) = (P1 . 1,027 . 1,027)/ (1,04)^3 P3(0) = (P1 . 1,027 . 1,027)/ (1,04 . 1,04 . 1,04) P3(0) = (P1/1,04) . (1,027/1,04) . (1,027/1,04) P3(0) = P1(0) . (1,027/1,04) . (1,027/1,04) P3(0) = P2(0) . (1,027/1,04)

E assim por diante.

Retornamos à fórmula da soma dos termos da PG.

Progressão Geométrica **Soma dos Termos**	$Sn = a1\,\frac{(q^n - 1)}{q - 1}$ $11.000 = P1(0)\frac{((1,027/1,04)^{12} - 1)}{(1,027/1,04) - 1}$ $11.000 = \frac{P1}{1,04} \cdot \frac{((1,4/1,6) - 1)}{(1,027/1,04) - 1}$ $11.000 = \frac{P1}{1,04} \cdot \frac{(0,875 - 1)}{0,9875 - 1}$ $11.000 = \frac{P1}{1,04} \cdot \frac{-0,125}{-0,0125}$ $11.000 = \frac{P1}{1,04} \cdot 10$ P1 = 11000 . 1,04 / 10 P1 = 1144

Resposta: O valor aproximado da menor parcela (primeira parcela), em reais, é igual a R$ 1.144,00.

Alternativa correta: letra "b".

---

48. (FGV – TCU – Auditor Federal de Controle Externo – 2022) Um crédito é ofertado em 36 prestações mensais antecipadas de R$ 3.000,00 à taxa de juros compostos de 3% ao mês. Indiferentemente, como alternativa, o mesmo crédito pode ser quitado com:

i. entrada de R$ 10.000,00;

ii. 3 parcelas anuais antecipadas de R$ 5.000,00, com pagamento da primeira concomitantemente com a entrada, à taxa de juros compostos de 3% ao mês;

iii. o restante financiado em 36 prestações mensais, à taxa de juros compostos de 3% ao mês.

Se o tomador do empréstimo optar pela opção alternativa, o valor aproximado do montante a ser financiado mensalmente, em reais, é de:

Utilize a aproximação: $(1{,}03)^{-12} = 0{,}7$

a) 36.000;

b) 40.000;

c) 46.000;

d) 50.000;

e) 56.000.

COMENTÁRIOS

Na primeira situação, calculamos o crédito ofertado (valor presente) considerando os dados:

- t = 36 meses
- P = 3.000,00
- i = 3% ao mês

Crédito ofertado (presente valor)	$PV = P\frac{1-(1+i)^{-n}}{i}$ $PV = 3000\frac{1-(1,03)^{-36}}{0,03}$ $PV = \frac{1-(0,7)^{3}}{0,03}$ $PV = 3000\frac{1-0,343}{0,03}$ $PV = 3000 . 21,9$ $PV = 65700$

Atenção aos detalhes: calculamos o valor presente para uma série de pagamentos postecipados, entretanto, a questão deixa claro tratar-se de uma série antecipada de pagamentos. Para fazer o ajuste, jogamos o valor um período à frente.

Crédito ofertado (presente valor) Séria antecipada de pagamentos	PV(ant) = PV(pos) . (1 + i) PV(ant) = 65700 . 1,03 PV(ant) = 67671

O valor oferecido a crédito foi de R$ 67.671,00.

Na opção alternativa, consideramos:

- Data zero = 10.000,00 (Entrada)
- Data zero = 5.000,00 (parcela 1/3)
- Data 12 = 5.000,00 (parcela 2/3)
- Data 24 = 5.000,00 (parcela 3/3)

O restante será financiado em 36 parcelas a juros de 3% ao mês.

A segunda parcela, no valor de R$ 5.000,00, deve ser reavaliada na data zero.

Parcela 2/3	PV(parc2) = Parcela2 . $(1 + i)^{-n}$ PV(parc2) = 5000 . $(1,03)^{-12}$ PV(parc2) = 5000 . 0,7 PV(parc2) = 3500

O mesmo para a terceira parcela.

Parcela 3/3	PV(parc3) = 5000 . $(1,03)^{-24}$ PV(parc3) = 5000 . 0,49 PV(parc3) = 2450

Subtraindo os valores de entrada e as três parcelas (com valores atualizados), o restante a ser financiado é de:

Montante a financiar	M = 67671 – 10000 – 5000 – 3500 - 2450 M = 46721

Resposta: O valor aproximado do montante a ser financiado mensalmente, em reais, é de R$ 46.721,00, mais próximo da alternativa C.

Alternativa correta: letra "c".

6.1. SISTEMA DE AMORTIZAÇÃO CONSTANTE – SAC

49. (CEBRASPE – TCE/AC – Auditor de Controle Externo – 2024) Sabendo que um consumidor fará um empréstimo no valor de R$ 120.000,00 reais a ser pago em 24 prestações iguais e mensais e que essa operação tem taxa de juros de 2% ao mês, julgue o item a seguir.

Se o cliente optar pelo sistema de amortização constante, então o valor dos juros contidos na 12ª parcela do financiamento será R$ 1.300,00.

COMENTÁRIOS

O sistema de amortização constate – SAC traz três características principais:

- A valor amortizado é igual em todos os períodos.
- O valor dos juros é decrescente.
- O valor da prestação é decrescente.

Dados:

- Valor do empréstimo = 120.000,00.
- Tempo = 24 prestações mensais.
- Taxa de juros = 2% ao mês.

Para chegar aos juros embutidos na 12ª parcela, subtraímos o total amortizado até a parcela anterior e aplicamos a taxa sobre o saldo devedor.

Amortização mensal (A)	A = 120.000,00 / 24 A = 5.000,00
Amortizado até a 11ª prestação (X)	X = 5.000,00 . 11 X = 55.000,00
Saldo a amortizar (Y)	Y = 120.000,00 – 55.000,00 Y = 65.000,00

No momento de pagar a 12ª parcela, o saldo devedor a ser amortizado é de R$ 65.000,00. Sobre este valor incide a taxa de juros.

Juros da 12ª parcela (J)	J = 65.000,00 . 2% J = 65.000,00 . 0,02 J = 1.300,00

Resposta: O valor dos juros contidos na 12ª parcela do financiamento será R$ 1.300,00.

Gabarito oficial: Item Correto

---

50. (CEBRASPE – TCE/PR – Auditor de Controle Externo – 2024) Para um empréstimo de R$ 120.000, a ser pago com parcela mensal no período de 4 anos, se a operação for realizada pelo sistema de amortização constante com taxa de juros mensal de 1%, o valor da segunda prestação do empréstimo será de

a) R$ 1.200,00.
b) R$ 3.160,06.
c) R$ 3.417,53.
d) R$ 3.135,53.
e) R$ 3.675,00.

COMENTÁRIOS

Em 4 anos o valor tomado emprestado terá amortização mensal constante e igual a:

Amortização (A)	A = 120.000 / 48 A = 2.500

O valor da segunda parcela é a soma do valor mensal a amortizar somado aos juros sobre o saldo devedor.

Saldo devedor (D)	D = 120.000 – 2.500 D = 117.500

Juros sobre o saldo devedor (J)	J = 117.500 . 1% J = 117.500 . 0,01 J = 1.175

Portando, o valor da prestação será:

Prestação 2 (P)	P = A + J P = 2.500 + 1.175 P = 3.675

Resposta: O valor da segunda prestação do empréstimo será de R$ 3.675,00.

Gabarito oficial: Letra E

---

51. (CEBRASPE – TCDF – Auditor de Controle Externo – 2023) Um indivíduo financiou 50% de um imóvel, no valor de R$ 240.000,00, com quitação em 10 anos e prestações mensais. O cálculo do financiamento foi feito pelo sistema de amortização constante (SAC), em que a quinta prestação é de R$ 2.160,00. Acerca da situação hipotética apresentada, julgue o item subsequente.

A taxa de juros mensal da quinta parcela é menor que 0,5% ao mês.

COMENTÁRIOS

São conhecidas as seguintes informações:

- Valor do imóvel = R$ 240.000,00
- Valor financiado = R$ 120.000,00
- Prazo do financiamento = 10 anos
- Parcela número cinco = R$ 2.160,00

✪ **Nota dos autores**

Você pode ter interpretado que o valor de R$ 240.000,00 corresponde a 50% do preço a ser pago pelo imóvel, portanto, o valor financiado. Inicialmente também pensamos assim, mas o resultado não confere com o gabarito. No mínimo, o texto foi mal escrito.

Agora vamos a resolução propriamente dita.

A partir das informações, vejamos a composição da quinta parcela, partindo do valor amortizado mensalmente (constante).

Valor da Amortização (A)	A = 120.000 / 10 anos A = 120.000 / 120 meses A = 1.000

A amortização mensal é de R$ 1.000,00. Daí, inferimos que, da dívida inicial, foram abatidos R$ 4.000,00 referentes à amortização dos quatro primeiro meses.

No momento de pagamento da quinta parcela no valor de R$ 2.160,00, o saldo devedor é de R$ 116.000,00 e foram cobrados juros de R$ 1.160,00.

Os valores apontam para percentual diferente de 0,5% conforme a afirmativa, daria para responder que o item está errado. Para tirar a prova, vamos aos cálculos.

Taxa de Juros Mensal (J)	A = 1.160 / 116.000 A = 0,01

A taxa de juros do financiamento foi de 0,01 ou 1% ao mês.

Resposta: A taxa de juros mensal da quinta parcela foi de 1% ao mês, logo, maior que 0,5%.

Gabarito oficial: Item Errado

---

52. CEBRASPE – 2023 – TCDF – Auditor de Controle Externo

Um indivíduo financiou 50% de um imóvel, no valor de R$ 240.000,00, com quitação em 10 anos e prestações mensais. O cálculo do financiamento foi feito pelo sistema de amortização constante (SAC), em que a quinta prestação é de R$ 2.160,00.

Acerca da situação hipotética apresentada, julgue o item subsequente.

O juro cobrado na quinta parcela é inferior a R$ 1.000,00. – ERRADO.

COMENTÁRIOS

Aproveitando os comentários da questão anterior, sabemos que a afirmativa está errada.

Resposta: O juro cobrado na quinta parcela foi de R$ 1.160,00, portanto, superior a R$ 1.000,00.

Gabarito oficial: Item Errado

---

53. (CEBRASPE – TCDF – Analista Administrativo de Controle Externo – 2023) Acerca dos custos dos empréstimos e seus sistemas de amortização, julgue o item que se segue.

Se um financiamento de R$ 240.000 contratado com taxa de juros de 2% ao mês for liquidado pelo sistema de amortização constante (SAC) em 12 prestações, então o valor da quinta prestação será igual a R$ 22.800.

COMENTÁRIOS

O mecanismo do sistema SAC prevê amortizações iguais a cada mês e os juros são calculados sobre o saldo devedor.

Para os dados a seguir:

- Financiamento = R$ 240.000,00
- Taxa de juros = 2% ao mês
- Tempo = 12 prestações

O valor a ser amortizado mês a mês é resultado de uma simples divisão.

Amortização (A)	A = 240.000 / 12 A = 20.000

Para o saldo devedor no momento do pagamento da quinta parcela, subtrair as amortizações pagas (4 parcelas) do valor financiado.

Saldo Devedor (D)	D = 240.000 – (4 . 20.000) D = 240.000 – 80.000 D = 160.000

Os juros são calculados sobre este saldo devedor.

Juros (J)	J = 160.000 . 2% J = 160.000 . 0,02 J = 3.200

Então, o valor da quinta parcela;

Quinta Parcela (P)	P = A + J P = 20.000 . 3.200 P = 23.200

Resposta: O valor da quinta prestação é igual a R$ 23.200,00, portanto, diferente de R$ 22.800,00.

Gabarito oficial: Item Errado

---

54. (VUNESP – TCM/SP – Auditor de Controle Externo – 2023) João contratou um empréstimo imobiliário de R$ 540.000,00 junto a uma entidade financeira a uma taxa de juros efetiva de 3% ao ano durante 30 anos. Tendo em vista que os pagamentos são anuais e a entidade financeira adotou o Sistema de Amortização Constante (SAC), assinale a alternativa que reflete o montante de juros acumulado que João pagou do 1º ao 15º ano.

a) R$ 158.760,00.

b) R$ 168.480,00.
c) R$ 177.660,00.
d) R$ 186.300,00.
e) R$ 194.400,00.

COMENTÁRIOS

Sempre haverá espaço para formulação de questões destoantes do padrão como esta. Há a cobrança do montante de juros acumulados em empréstimo pelo sistema SAC e, não dispomos de fórmula pronta para este cálculo, então, vamos pensar.

Características do Sistema de Amortização Constante:

- Amortizações constantes.
- Parcelas decrescentes.
- Juros decrescentes.

Desses, o que nos interessa são os valores pagos a título de juros que, além de decrescentes são uniformes. Podemos afirmar isso porque a amortização é constante, logo, o saldo devedor sobre o qual incidem os juros reduz linearmente.

Pois bem, se existe decréscimo uniforme no valor dos juros, então podemos afirmar se tratar de um caso de progressão aritmética. Entretanto, não aprofundaremos no assunto progressão aritmética, basta saber o fundamento da soma de valores, que nada mais é do que a média do primeiro e do último valor da série considerada.

Esclarecimentos feitos, buscaremos o valor dos juros pagos na 1ª e na 15ª parcelas.

- Juros cobrados na primeira parcela (J1).

Saldo devedor = 540.000,00 **Taxa de juros = 3%**	J1 = 540.000 . 3% J1 = 540.000 . 0,03 J1 = 16.200

- Juros cobrados na décima quinta parcela (J15).

Para a 15ª parcela há a necessidade de abatermos o valor amortizado das prestações pagas anteriormente.

Amortização mensal (A)	A = 540.000 / 30 A = 18.000
Amortizado na primeira 14 parcelas pagas (P)	P = 18.000 . 14 P = 252.000
Saldo a amortizar (S)	S = 540.000 – 252.000 S = 288.000

Conhecendo o saldo devedor, aplicarmos a taxa de juros de 3%.

Juros na 15ª prestação	J15 = 288.000 . 3% J15 = 8.640

Conforme demonstrado no início dos comentários, usaremos a ideia da progressão aritmética (média entre a primeira e a décima quinta prestação e multiplicar por 15, para chegar ao somatório dos juros pagos nestas prestações.

Juros pagos nas primeiras 15 prestação (J)	J = [(16.200 + 8.640) / 2] . 15 J = [24.840 / 2] . 15 J = 12.420 . 15 J = 186.300

Resposta: O montante de juros acumulado que João pagou do 1º ao 15º ano foi de R$ 186.300,00.

Gabarito oficial: Letra D

55. (FGV – TCU – Auditor Federal de Controle Externo – 2022) Um empréstimo de uma unidade monetária é concedido nas seguintes condições:

i. juros compostos de 5% ao mês;

ii. taxa de abertura de crédito de 5% sobre o valor financiado, sendo o pagamento no ato;

iii. amortizações mensais constantes;

iv. prazo total de 2 meses.

A taxa positiva que representa o custo efetivo total mensal desse empréstimo é, aproximadamente, de:

Utilize a aproximação: $(2{,}2975)^{0{,}5} = 1{,}52$

a) 9%;

b) 8%;

c) 7%;

d) 6%;

e) 5%.

COMENTÁRIOS

Dados da questão:

- i = 5% ao mês
- Taxa = 5% (no ato do contrato)
- t = 2 meses
- Sistema de amortização constante - SAC

Uma vez que estão postos os dados sem os valores presentes ou futuros, sugiro lançar mão de um valor qualquer (no caso PV = R$ 100,00), para então, realizar a simulação segundo a tabela, para o sistema SAC.

Períodos	Saldo Inicial	Amortização	Juros	Prestação	Saldo Final
Tempo 0					100,00
Tempo 1	100,00	50,00	5,00	55,00	50,00
Tempo 2	50,00	50,00	2,50	52,50	0,00

Para calcular a taxa efetiva, consideramos as prestações acima, lembrando que houve o pagamento de taxa de abertura de crédito:

- PV = 95,00 (líquido da taxa de abertura de crédito)
- 30 dias = 55,00
- 60 dias = 52,50

Passemos à análise do fluxo de caixa.

Fluxo de caixa

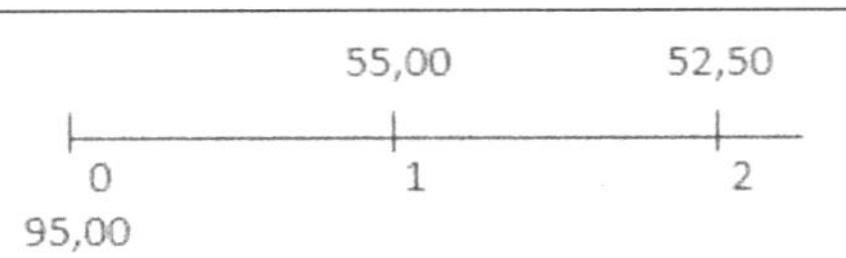

Então, igualar as entradas e saídas em um mesmo ponto focal (Tempo 2).

Igualdade dos fluxos na data 2	$95(1+i)^2 = 55(1+i) + 52{,}5$ $95(1+i)^2 - 55(1+i) - 52{,}5 = 0$

Veja o fator (1 + i) como sendo uma variável e perceba que estamos diante de uma equação de segundo grau para qual nos valemos da fórmula de Bhaskara.

Para facilitar a resolução, simplificar os termos por meio da divisão por 5.

Simplificar	$95(1+i)^2 - 55(1+i) - 52{,}5 = 0$ $19(1+i)^2 - 11(1+i) - 10{,}5 = 0$

Aplicando a fórmula.

Fórmula de Bhaskara	$x = \frac{-b \pm \sqrt{b^2 - 4ac}}{2a}$ $x = \frac{11 \pm \sqrt{(-11)^2 - 4.19.(-10,5)}}{2.19}$ $x = \frac{11 \pm \sqrt{121 + 798}}{38}$ $x = \frac{11 \pm \sqrt{919}}{38}$ $x = \frac{11 \pm 30,32}{38}$

Face à necessidade, basta a raiz positiva.

Fórmula de Bhaskara - raiz	$x = \frac{11 + 26}{38}$ $x = 1,087$

Lembrando que a variável x representa o fator (1 + i), temos:

taxa i	$(1 + i) = 1,087$ $i = 0,87$ $i \approx 9\%$

Resposta: A taxa positiva que representa o custo efetivo total mensal desse empréstimo é igual a 9% aproximadamente.

✪ **Nota do autor:** Não utilizamos o dado do enunciado "$(2,2975)^{0,5} = 1,52$" ou " = 1,52", o que seria útil no caso da simplificação da equação de segundo grau:

Equação de 2º grau	$95(1 + i)^2 - 55(1 + i) - 52,5 = 0$
(Dividir todos os termos por 100)	$0,95(1 + i)^2 - 0,55(1 + i) - 0,525 = 0$

Alternativa correta: letra "a".

6.2. SISTEMA DE AMORTIZAÇÃO AMERICANO – SAA

56. (CEBRASPE – TCDF – Analista Administrativo de Controle Externo – 2023) Acerca dos custos dos empréstimos e seus sistemas de amortização, julgue o item que se segue.

Considere-se que tenha sido financiado pelo sistema americano de amortização um bem no valor de R$ 335.000, a ser pago em três anos, com taxa de juros de 10% ao ano, e que, nesse financiamento, os juros tenham sido pagos periodicamente a cada ano. Com base nessa situação hipotética, é correto afirmar que a tabela subsequente fornece a planilha financeira correta desse financiamento.

período	saldo devedor	amortização	juros	prestação
0	R$ 335.000	—	—	—
1	R$ 335.000	—	R$ 33.500	R$ 33.500
2	R$ 335.000	—	R$ 36.850	R$ 36.850
3	—	R$ 335.000	R$ 40.535	R$ 375.535
total	—	R$ 335.000	R$ 110.885	R$ 447.385

COMENTÁRIOS

A explicação acerca do sistema americano de amortização – SAA está correta: Juros pagos a cada período e pagamento do principal fica para o final do período contratado. Entretanto, a tabela apresenta distorção nos valores dos juros.

Refazendo a tabela de maneira correta.

Período	Saldo Devedor	Amortização	Juros	Prestação
0	R$ 335.000			
1	R$ 335.000		R$ 33.500	R$ 33.500
2	R$ 335.000		R$ 33.500	R$ 33.500
3		R$ 335.000	R$ 33.500	R$ 368.500
Total		**R$ 335.000**	**R$ 100.500**	**R$ 435.500**

Uma vez que o saldo devedor permanece constante, não há que se falar em juros crescentes.

Resposta: Não está correta a tabela financeira do financiamento.

Gabarito oficial: Item Errado

57. (FGV – TCU – Auditor Federal de Controle Externo – 2022) Um montante de R$ 50.400,00 é financiado, em 5 anos, à taxa de juros compostos de 10% ao ano. Durante todo o período do financiamento, o devedor arca apenas com o pagamento dos juros anuais do capital emprestado, ou seja, o tomador do empréstimo paga somente o valor dos juros que incidem sobre o valor original da dívida. Ao final do período de 5 anos, a dívida é amortizada de uma só vez, com a quitação integral do débito. Em contrapartida, o credor exige que o devedor efetue depósitos anuais de parcelas iguais, constituindo, assim, um fundo de reserva cujo montante amortizará o principal ao final do período de 5 anos. Esse fundo rende à taxa de juros compostos de 5% ao ano, e os depósitos são efetuados concomitantemente aos pagamentos dos juros anuais do capital emprestado. Desse modo, tanto o pagamento dos juros quanto os depósitos do fundo de reserva são postecipados. Diante do exposto, é possível concluir que a taxa anual de juros efetivamente paga pelo devedor (i) está no intervalo:

Utilize os dados aproximados a seguir. $(1{,}05)^5 = 1{,}28$

Resultados de $(1 - (1 + i)^{-n}) / i$

n \ i	0,05	0,06	0,07	0,08	0,09	0,10	0,11	0,12	0,13	0,14
-5	4,33	4,21	4,10	3,99	3,89	3,79	3,70	3,60	3,52	3,43

a) 8% ≤ i < 9%;

b) 9% ≤ i < 10%;

c) 10% ≤ i < 11%;

d) 11% ≤ i < 12%;

e) 12% ≤ i < 13%.

COMENTÁRIOS

Alternativa correta: letra "e".

6.3. SISTEMA FRANCÊS – *PRICE*

58. (CEBRASPE – TCE/AC – Auditor de Controle Externo – 2024) Sabendo que um consumidor fará um empréstimo no valor de R$ 120.000,00 reais a ser pago em 24 prestações iguais e mensais e que essa operação tem taxa de juros de 2% ao mês, julgue o item a seguir.

No sistema de amortização francês o valor de cada uma das prestações será constante e calculado como

$$P = 120.000 \times [0{,}02 \times(1 + 48 \times 0{,}02) / (1 + 48 \times 0{,}02) - 1]$$

COMENTÁRIOS

No sistema de amortização francês, mais conhecido como sistema *Price*, os valores das prestações são iguais e calculados por meio da fórmula.

Prestação no sistema *Price*	$P = S\{[i\,(1 + i)^t] / [(1 + i)^t - 1]\}$

Onde:

- P = Valor da prestação.
- S = Valor do financiamento.
- i = Taxa de juros.
- t = Quantidade de prestações.

A fórmula comparada com a sugestão de cálculo na questão, dada a diferença estrutural, é um bom indicativo de que o item está errado.

Mas, vejamos as informações conhecidas.

- Valor do empréstimo = 120.000,00.
- Tempo = 24 prestações mensais.
- Taxa de juros = 2% ao mês.

Substituir na fórmula.

Prestação no sistema *Price*	$P = S\{[i\,(1 + i)^t] / [(1 + i)^t - 1]\}$ $P = 120.000\{[0{,}02\,(1{,}02)^{24}] / [(1{,}02)^{24} - 1]\}$

Comparação:

Prestação no sistema *Price*	$P = 120.000\{[0{,}02\,(1{,}02)^{24}] / [(1{,}02)^{24} - 1]\}$
Prestação sugerida na questão	$P = 120.000 \times [0{,}02 \times (1 + 48 \times 0{,}02) / (1 + 48 \times 0{,}02) - 1]$

Há uma diferença significativa e, mesmo que reste alguma insegurança em afirmar que o item está errado, este é o momento de encerrar a resolução desta questão.

Não fosse assim, você teria que desenvolver ambas as equações e comparar os resultados. Não temos tempo para isso.

Resposta: No sistema de amortização francês, o valor de cada uma das prestações é constante, porém, está errada a maneira de cálculo sugerido pelo examinador.

Gabarito oficial: Item Errado

---

59. (FGV – TCE/PA – Auditor de Controle Externo – 2024) Em relação ao sistema francês de amortização, avalie se as afirmativas a seguir são falsas (F) ou verdadeiras (V):

I. Todas as prestações (pagamentos) são de mesmo valor.

II. Um exemplo de uso comum são financiamentos de bem de consumo em geral.

III. O valor da prestação P é calculado pelo produto do valor financiado pelo coeficiente K dado pela fórmula em que i é a taxa ao período e n é o número de períodos.

$$K = \frac{i(1+i)^n}{(1+i)^n - 1}$$

Está correto o que se afirma em

a) I, apenas.

b) I e II, apenas.

c) I e III, apenas.

d) II e III, apenas.

e) I, II e III.

COMENTÁRIOS

Considerando o sistema francês de amortização, também conhecido como sistema *Price*, segue a análise de cada idem proposto pelo examinador.

I. Todas as prestações (pagamentos) são de mesmo valor.

- O valor das prestações é constante;

- O valor dos juros é decrescente;
- O valor amortizado a cada parcela é crescente.

Portanto, a afirmativa está correta.

II. Um exemplo de uso comum são financiamentos de bem de consumo em geral.

A aplicabilidade do sistema francês mais conhecida é a de financiamento de veículos. Também, para financiamento em geral, principalmente de bens de consumo como eletrodomésticos e eletroeletrônicos.

Perfeito, a afirmativa está correta.

III. O valor da prestação P é calculado pelo produto do valor financiado pelo coeficiente K dado pela fórmula em que i é a taxa ao período e n é o número de períodos.

$$K = \frac{i(1+i)^n}{(1+i)^n - 1}$$

Conforme a afirmativa:

Prestação (P) é igual ao valor financiado (VF) vezes K.	P = VF . K
Substituindo o coeficiente K.	$P = VF \cdot \frac{i(1+i)^n}{(1+i)^n - 1}$

Veja se não é a mesma fórmula que trabalhamos.

Prestação: Sistema *Price*	$P = S\{[i\,(1+i)^t] / [(1+i)^t - 1]\}$

A afirmativa está correta

Resposta: Está correto o que se afirma nos três itens.

Gabarito oficial: Letra E

---

60. (FGV – TCE/ES – Auditor de Controle Externo – 2023) Considere um empréstimo de R$ 10.000,00, com taxa de juros de 2% ao mês, a ser pago em 10 parcelas mensais iguais, de acordo com a tabela Price.

Sabendo-se que a primeira parcela é de R$ 1.113,27, a parte da amortização nessa parcela é:

a) R$ 800,00;

b) R$ 815,73;

c) R$ 886,73;

d) R$ 913,27;

e) R$ 1.000,00.

COMENTÁRIOS

Juros são calculados sobre o saldo devedor e a primeira parcela deste saldo coincide com o valor tomado como empréstimo.

Juros na primeira prestação (J)	J = 10.000 . 2% J = 10.000 . 0,02 J = 200

Conhecido o valor da parcela, a diferença em relação aos juros será o valor amortizado.

Amortização na primeira prestação (A)	A = 1.113,27 – 200 A = 10.000 . 0,02 J = 913,27

Resposta: A parte da amortização na primeira parcela foi de R$ 913,27.

Gabarito oficial: Letra D

6.4. SISTEMA DE AMORTIZAÇÃO MISTO – SAM

61. (CEBRASPE – TCE/AC – Auditor de Controle Externo – 2024) Sabendo que um consumidor fará um empréstimo no valor de R$ 120.000,00 reais a ser pago em 24 prestações iguais e mensais e que essa operação tem taxa de juros de 2% ao mês, julgue o item a seguir.

Se o banco tiver disponível a opção do sistema de amortização misto, então, nesse sistema, o valor da primeira parcela do financiamento estará entre o valor das parcelas no sistema de amortização constante e o valor no sistema de prestação constante.

COMENTÁRIOS

O sistema misto, mais difícil de encontrar sua aplicação pelas instituições financeiras no Brasil, é uma composição com regras dos sistemas *Price* e SAC. Na verdade, cada prestação calculada pelo sistema misto é a média entre as mesmas prestações dos outros dois sistemas.

Prestação (P) Sistema Misto (SAM)	P(SAM) = [P(*Price*) + P(SAC)] / 2

Ainda neste sistema misto:

- Valor dos juros é decrescente.
- Valor da amortização é crescente.
- Valor da prestação é decrescente.

Partindo para a questão. O examinador usa um termo pouco comum quando ele compara a prestação pelo sistema misto com as prestações dos sistemas de amortização constante e de prestação constante, exatamente este último sistema, sistema de prestação constante.

Apesar de ser um termo não comum para definir sistema *Price*, entendemos ser esta a referência porque é uma das características do sistema: as prestações são iguais ao longo de todo o financiamento.

Então, sim, o valor da primeira parcela do financiamento pelo sistema SAM está entre o valor das parcelas no sistema de amortização constante, SAC, e o valor no sistema de prestação constante, *Price*.

Resposta: A afirmativa da questão está correta.

Gabarito oficial: Item Correto

7. SÉRIE UNIFORME DE PAGAMENTOS

62. (CEBRASPE – TCE/PR – Auditor de Controle Externo – 2024) Ao planejar a sua futura aposentadoria, uma servidora decide investir em uma aplicação que rende 10% de juros compostos ao ano. No seu planejamento, ela deseja se aposentar em exatamente 10 anos e gostaria de acumular um capital que lhe permita retirar uma renda anual fixa de R$ 20.000 durante 12 anos, o que ela pretende começar a fazer no momento da aposentadoria. Para isso, ela começará a fazer depósitos anuais iguais, começando de imediato, seguindo pelos próximos anos e realizando seu último aporte um ano antes do momento da aposentadoria.

A partir dessas informações, assinale a opção que apresenta o valor que a servidora terá acumulado ao final dos 10 anos, a fim de atender às condições apresentadas.

Caso necessário, assuma $(1,1)^{-10} = 0,38$, $(1,1)^{-11} = 0,35$ e $(1,1)^{-12} = 0,32$.

a) R$ 76.800
b) R$ 84.000
c) R$ 91.200
d) R$ 136.000
e) R$ 150.000

COMENTÁRIOS

Não vamos perder tempo com informações desnecessárias. Os primeiros 10 anos pouco importam para resolver a questão. Sobre este período precisamos saber apenas o valor acumulado no final, este depende daquilo que a servidora pensa em receber nos 12 anos seguintes. Logo, nada há a fazer com os primeiros 10 anos.

São informação relevantes para resolver a questão:

- Saldo investido no momento da aposentadoria = ? (Capital: C)
- Retiradas anuais = R$ 20.000,00 (Prestações: P)
- Períodos = 12 anos (Tempo: t)
- Rendimento da aplicação = 10% ao ano (taxa de juros: i)

Outro detalhe antes de resolver. Foram apresentados valores para cálculos exponenciais negativos, o que nos leva para a fórmula:

Série uniforme de pagamentos	$C = P\{[1 - (1 + i)^{-t}] / i\}$ $C = 20000\{[1 - (1 + 0,1)^{-12}] / 0,1\}$ $C = 20000\{[1 - 0,32] / 0,1\}$ $C = 20000\{[0,68] / 0,1\}$ $C = 20000\{6,8\}$ $C = 136.000$

Resposta: O valor que a servidora terá acumulado ao final dos 10 anos, a fim de atender às condições apresentadas é de R$ 136.000,00.

Gabarito oficial: Letra D

63. (FGV – TCE/PA – Auxiliar Técnico de Controle Externo – 2024) Uma dívida será quitada por meio de 20 pagamentos mensais, iguais e consecutivos no valor de R$1.610,00 cada, sendo o primeiro deles pago um mês após a sua contratação. A taxa de juros estabelecida nesse contrato é de 0,7% ao mês. Considere 1,00720 = 1,15. Se esse empréstimo fosse contratado pela Tabela SAC (Sistema de Amortizações Constantes), o valor amortizado a cada pagamento seria de

a) R$1.400,00.

b) R$1.450,00.

c) R$1.500,00.

d) R$1.550,00.

e) R$1.600,00.

COMENTÁRIOS

Uma situação de pagamentos uniformes deve ser convertido para o sistema SAC no qual o valor amortizado mensalmente é constante.

A bem da verdade, uma série de pagamentos uniformes nada mais é senão a sistema *price* cuja fórmula é:

Série uniforme de pagamentos	$P = C\{[i\,(1 + i)^t] / [(1 + i)^t - 1]\}$

Sabemos que:

- Tempo (t) = 20 meses.
- Valor da parcela (P) = R$ 1.610,00.
- Taxa de juros (i) = 0,07%
- $1,007^{20} = 1,15$

Substituir os valores na fórmula.

Série uniforme de pagamentos	$P = C\{[i\,(1 + i)^t] / [(1 + i)^t - 1]\}$ $1610 = C\{[0,007\,(1,007)^{20}] / [(1,007)^{20} - 1]\}$ $1610 = C\{[0,007\,(1,15)] / [(1,15) - 1]\}$ $1610 = C\{[0,00805)] / [0,15]\}$ $1610 = C\{[0,00805)] / [0,15]\}$ $C = 1610 . (0,15 / 0,00805)$ $C = 241,5 / 0,00805$ $C = 30.000$

O valor total da dívida é de R$ 30.000,00, agora, analisada sobre a óptica do sistema de amortização constante, tem amortização mensal de:

Amortização mensal SAC (A)	A = C / t A = 30.000 / 20 A = 1.500

Resposta: O valor amortizado a cada pagamento é igual a R$ 1.500,00

Gabarito oficial: Letra C

---

64. (CEBRASPE – TCDF – Analista Administrativo de Controle Externo – 2023) A respeito de rendas uniformes e variáveis, julgue o item seguinte.

Se um investidor aplicar mensalmente R$ 1.000 em um investimento que rende 1% de juros ao mês, então, no período de um ano, o montante M acumulado, em reais, será igual a $M = 10.000 \times (1,01^{13} - 1)$.

COMENTÁRIOS

Os valores sugeridos na equação para o cálculo do montante M não guardam muita relação com os dados do enunciado. O investimento é de R$ 1.000,00 por 12 meses e na fórmula sugerida consta valor de 10.000 e expoente 13, que são indicativos no mínimo estranhos. Mas vejamos se a resolução confere com a afirmativa.

✪ Nota dos autores

Não confunda a situação descrita com uma simples aplicação de juros compostos de um único investimento inicial de R$ 1.000,00. Observe que as aplicações são repetidas mensalmente pelo período de um ano.

Então considere:

Série uniforme de investimentos	$M = C\,[(1 + i)^t - 1] / i$

Onde:

- M = Montante no final do período.
- C = Capital investido regularmente.
- i = Taxa de juros.
- t = Quantidade de períodos.

Substituindo:

Série uniforme de investimentos	$M = C\,\{[(1 + i)^t - 1] / i\}$ $M = 1000\,\{[(1 + 0,01)^{12} - 1] / 0,01\}$ $M = 1000\,\{[(1,01)^{12} - 1] / 0,01\}$ $M = 100.000\,[(1,01)^{12} - 1]$

A equação foi desenvolvida visando aproximar-se daquela sugerida. Ainda assim são diferentes.

Resposta: O montante M acumulado, em reais, é igual a $M = 100.000\,[(1,01)^{12} - 1]$.

Gabarito oficial: Item Errado

---

65. (VUNESP – TCM/SP – Auditor de Controle Externo – 2023) Suponha que um título postecipado pague uma prestação P a cada mês. Assuma que a taxa de juros efetiva do fluxo de caixa associado ao referido título seja igual a i ao mês e que o título pague as prestações durante n meses. Tendo em vista que v = 1/1+i e d = i/1+i assinale a alternativa que retrata o valor presente VP do título.

a) VP = P(1-vn)/i

b) VP = P(1-vn)/d

c) VP = P(1-vn)/v

d) VP = P(1-vn)/n

e) VP = P(1-vn)/Pi

COMENTÁRIOS

Logo no início está descrita a situação a ser enfrentada: *"Suponha que um título postecipado pague uma prestação P a cada mês"*, portanto, série de pagamentos uniformes para qual pensamos primordialmente é:

Série uniforme de pagamentos	$P = VP\{[i(1+i)^n] / [(1+i)^n - 1]\}$ Ou $VP = P\{[(1+i)^n - 1] / [i(1+i)^n]\}$

Onde:

- P = Valor da prestação.
- VP = Valor presente.
- i = Taxa de juros.
- n = Quantidade de prestações.

O enunciado traz as seguintes definições:

- v = 1/1+i
- d = i/1+i

Daqui para frente a resolução basicamente envolve o conhecimento de frações e não matemática financeira conforme classificação da banca.

Até para facilitar a visualização e entendimento, seguiremos o padrão normal das frações.

Desenvolver a equação	$VP = P\left\{\frac{(1+i)^n - 1}{i(1+i)^n}\right\}$ $VP = P\left\{\frac{(1+i)^n}{i(1+i)^n} - \frac{1}{i(1+i)^n}\right\}$ $VP = P\left\{\frac{1}{i} - \frac{1}{i(1+i)^n}\right\}$ $VP = P\left\{\frac{1 - \frac{1}{(1+i)^n}}{i}\right\}$ $VP = P\left\{\frac{1 - \left(\frac{1}{1+i}\right)^n}{i}\right\}$

Deixamos o passo a passo para você acompanhar o raciocínio. Agora dá para substituir o valor de "v".

Desenvolver a equação	$VP = P\left\{\frac{1 - \left(\frac{1}{1+i}\right)^n}{i}\right\}$ $VP = P\left\{\frac{1 - (v)^n}{i}\right\}$

E pronto, não há mais o que fazer.

Resposta: O valor presente VP do título é igual a "$VP = P(1-v^n)/i$".

Gabarito oficial: Letra A

66. (FGV – TCU – Auditor Federal de Controle Externo – 2022) Um crédito é ofertado em 36 prestações mensais antecipadas de R$ 3.000,00 à taxa de juros compostos de 3% ao mês.

Indiferentemente, como alternativa, o mesmo crédito pode ser quitado com:

I. entrada de R$ 10.000,00;

II. 3 parcelas anuais antecipadas de R$ 5.000,00, com pagamento da primeira concomitantemente com a entrada, à taxa de juros compostos de 3% ao mês;

III. o restante financiado em 36 prestações mensais, à taxa de juros compostos de 3% ao mês.

Se o tomador do empréstimo optar pela opção alternativa, o valor aproximado do montante a ser financiado mensalmente, em reais, é de:

Utilize a aproximação: $(1{,}03)^{-12} = 0{,}7$

a) 36.000;

b) 40.000;

c) 46.000;

d) 50.000;

e) 56.000.

COMENTÁRIOS

Há uma oferta de crédito com as seguintes características:

- Prestações mensais antecipadas = 36
- Valor da prestação = R$ 3.000,00
- Taxa de juros compostos = 3% ao mês.

Veja acima que as prestações são antecipadas, significa que o tomador do empréstimo está pagando a primeira parcela na data zero, ou seja, na mesma data na qual recebe o crédito.

Para quem conhece a fórmula da série de pagamentos uniformes.

Série uniforme de pagamentos	$VP = P\{[1 - (1 + i)^{-t}] / i\}$

Quando na modalidade "antecipado", acrescenta-se o produto pelo fator (1 + i).

Série uniforme de pagamentos antecipados	$VP = P\{[1 - (1 + i)^{-t}] / i\} . (1 + i)$

Ou podemos fazer o cálculo por meio da fórmula padrão, até para facilitar o desenvolvimento da equação, e multiplicar pelo fator no final.

Série uniforme de pagamentos	$VP = 3.000\ \{[1 - (1{,}03)^{-36}] / 0{,}03\}$ $VP = 3.000\ \{[1 - (1{,}03)^{-12} . (1{,}03)^{-12} . (1{,}03)^{-12}] / 0{,}03\}$ $VP = 3.000\ \{[1 - (0{,}7 . 0{,}7 . 0{,}7] / 0{,}03\}$ $VP = 3.000\ \{[1 - (0{,}343] / 0{,}03\}$ $VP = 3.000\ \{0{,}657 / 0{,}03\}$ $VP = 3.000 . 21{,}9$ $VP = 65.700$

Então, conforme explicado, vamos multiplicar pelo fator.

Série uniforme de pagamentos antecipados	$VP = 65.700 . (1 + i)$ $VP = 65.700 . 1{,}03$ $VP = 67.671$

Conhecido o valor tomado emprestado, partimos para a proposta alternativa.

- Entrada = R$ 10.000,00
- Parcelas anuais antecipadas = R$ 5.000,00
- Taxa de juros compostos de 3% ao mês
- o restante financiado em 36 prestações mensais, à taxa de juros compostos de 3% ao mês.

Os dois primeiros itens informam pagamento na data zero, o que corresponde à entrada de R$ 15.000,00. Restam duas prestações de R$ 5.000,00 a serem pagas em 12 e 24 meses.

✪ Nota dos autores

Primeiro, vamos converter o dado da questão de expoente negativo para positivo.

Expoente positivo	$(1,03)^{-12} = 0,7$ $1 / (1,03)^{12} = 0,7$

Agora, vamos trazer as duas prestações de R$ 5.000,00 para valor presente.

12 meses	$VP = 5.000 / (1 / (1,03)^{12})$ VP = 5.000 . 0,7 VP = 3.500
24 meses	VP = 5.000 . 0,7 . 0,7 VP = 2.450

A valor presente, temos:

Entrada	R$ 10.000,00
1ª prestação à vista	R$ 5.000,00
2ª prestação 1 ano na data zero	R$ 3.500,00
3ª prestação 2 ano na data zero	R$ 2.450,00

Finalmente, o que se pede na questão: o valor restante a ser financiado em 36 vezes considerando o total financiado de R$ 67.671,00.

Valor do empréstimo (VE)	VE = 67.671 – 10.000 – 5.000 – 3.500 – 2.450 VE = 46.721

Resposta: Na opção alternativa, o valor do montante a ser financiado mensalmente é de R$ 46.721,00. Na alternativa correta, é de aproximadamente R$ 46.000,00.

Gabarito oficial: Letra C

Matemática Financeira

Marcelo Sbicca
e Marcos Bosso

✦ DICAS

1. PORCENTAGEM

A porcentagem é pré-requisito para a matemática financeira. Sua representação é ampla, como por exemplo: identificação de taxas de juros ou descontos, demonstrar margem de lucro ou prejuízos em operações financeiras, apontar a atualização monetária do período (inflação ou deflação), ou seja, é difícil o problema, em matemática financeira, que não requeira a utilização da porcentagem.

A representação de maneira formal de números percentuais é acompanhada de seu símbolo característico (%). Outra maneira de representá-lo é por meio de fração centesimal, ou seja, uma razão cujo denominador é igual a 100.

Agora, para as questões de concurso, a representação mais atualizada para números percentuais é na forma decimal.

Representação da Porcentagem		
Formal	*Fração centesimal*	*Número decimal*
0,8%	$^{0,8}/_{100}$	0,008
2,5%	$^{2,5}/_{100}$	0,025
15%	$^{15}/_{100}$	0,15
100%	$^{100}/_{100}$	1
140%	$^{140}/_{100}$	1,4
200%	$^{200}/_{100}$	2

Outra ferramenta a ser considerada acerca de porcentagem é o fator de multiplicação.

O fator de multiplicação é um número decimal que permite o cálculo, de forma direta, do valor resultante de um acréscimo percentual ou desconto percentual.

Descrição	**Fator**
Fator de multiplicação para aumento percentual:	FM = 1 + Porcentagem
Fator de multiplicação para desconto percentual:	FM = 1 – Porcentagem

Atentar para o fato de que porcentagem é representada na forma decimal.

Veja alguns exemplos de fator de multiplicação.

Porcentagem	**Número decimal**	**Fator para acréscimo**	**Fator para desconto**
0,2%	0,002	1,002	0,998
5%	0,05	1,05	0,95
36%	0,36	1,36	0,64
89%	0,89	1,89	0,11

2. JUROS

2.1. JUROS SIMPLES

São duas e básicas as fórmulas para trabalhar com questões de juros simples:

Juros	*Montante*	*Sendo:*
$J = C . i . t$	$M = C + J$	J = juros C = capital i = taxa t = tempo M = montante

Há a possibilidade de desenvolver a fórmula do montante ao substituir os juros por sua representação.

Montante	M = C + J M = C + (C . i. t) M = C (1 + i . t)	M = C (1 + i . t)

Você pode optar por um caminho mais prático. Com a utilização de fator que, em se tratando de juros simples, é igual a 1 mais a taxa do período (1+tp), não havendo a necessidade de prender-se à utilização de fórmulas. A taxa do período (tp=i.t) nada mais é que a multiplicação da taxa pelo tempo. Veja a representação:

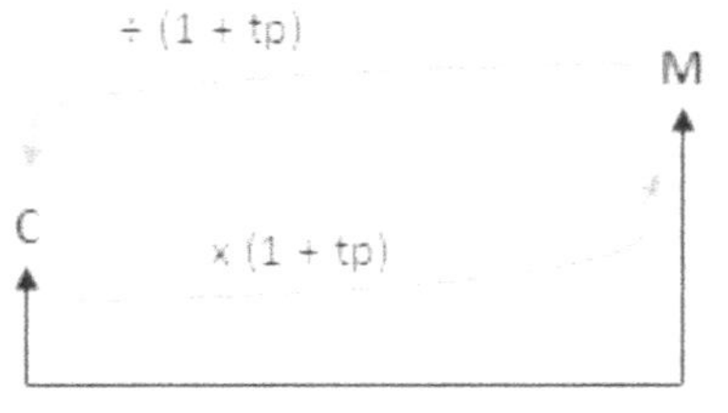

Então, para achar o montante a partir do capital, basta multiplicar este pelo fator. Se conhecemos o montante, para identificar o capital é só realizar a divisão.

Exemplo:

Conhecido o Montante	*Cálculo do Capital*
M = 1.116,00 i = 12% ao mês t = 2 meses C = ? tp = 12x2 = 24% ou 0,24	$C = M / (1 + tp)$ $C = M / (1 + 0{,}24)$ $C = 1.116{,}00 / 1{,}24$ $C = 900{,}00$

2.2. JUROS COMPOSTOS

A fórmula do montante é a base para a maioria das resoluções de questões sobre juros compostos:

Montante	*Sendo:*
$M = C\,(1 + i)^t$	M = montante C = capital i = taxa t = tempo

3. DESCONTO

3.1. DESCONTO RACIONAL SIMPLES

O desconto simples é calculado com a aplicação da taxa sobre o mesmo valor, seja ele o valor inicial (desconto racional) ou sobre o valor final (desconto comercial), não existindo cumulatividade ao longo do tempo.

O desconto por dentro, também conhecido como desconto racional, **tem percentual aplicado sobre o valor atual (A) livre de juros**, valor correspondente à data zero.

Desconto por dentro (racional)
$D_{dentro} = A.i.t$

3.2. DESCONTO COMERCIAL SIMPLES

O desconto por fora, também chamado de desconto comercial ou desconto bancário, redunda em maior valor de juros quando comparado com o racional, pois o índice de desconto é **aplicado sobre o valor nominal (N) da operação, valor em data futura no qual estão embutidos os juros**.

Desconto por fora (comercial ou bancário)
$D_{fora} = N.i.t$

As fórmulas (desconto racional e comercial) são simples, porém, para evitar confusão, podemos lançar mão da regra de três simples. O esquema abaixo serve para formar a regra de três e evitar qualquer confusão que a troca das fórmulas de um tipo de desconto pelo outro possa causar:

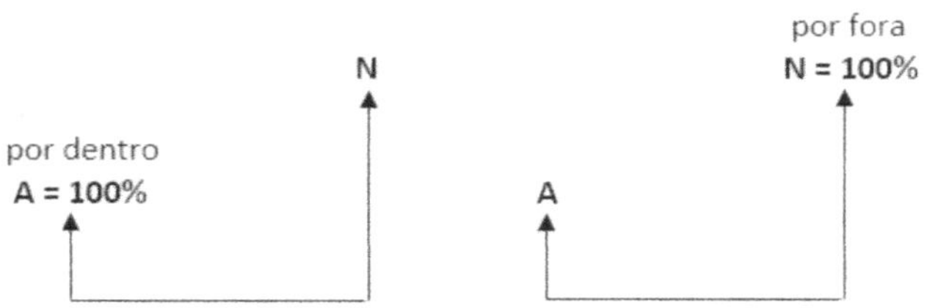

O cálculo dos juros por dentro tem como base o **valor atual (A)** que corresponde a 100%, neste caso o **valor nominal (N)** será maior que 100% – [valor atual (A) **mais** juros]. Para o desconto por fora, toma-se o **valor nominal (N)** (data futura) como referência que será igual a 100%, então o **valor atual (A)** será menor que 100% – [valor nominal (N) **menos** juros].

3.3. DESCONTO RACIONAL COMPOSTO

Também teremos, em desconto composto, a separação em racional e comercial. Para o caso de questões com desconto racional composto, utilizaremos a seguinte fórmula:

Desconto racional	$N = A(1+i)^t$

3.4. DESCONTO COMERCIAL COMPOSTO

Fórmula para a resolução de questões com desconto comercial composto:

Desconto comercial	$A = N(1-i)^t$

As fórmulas para desconto composto (racional e comercial) são parecidas, assim é fácil confundi-las. Para evitar confusões, use o mnemônico (adaptado) apresentado nos cursos e livros dos Professores Sérgio Carvalho e Weber Campos.

Quando o desconto for composto vamos lembrar a frase: "Composto rima com oposto" e relacioná-lo com o esquema abaixo:

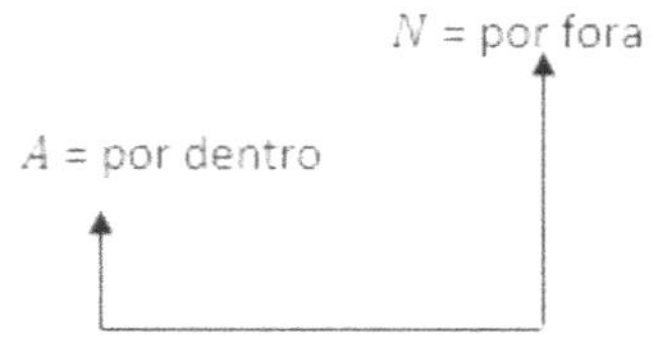

Desconto racional (por dentro)	*Mnemônico "composto rima com oposto"*	*Desconto comercial (por fora)*
$N =$	A fórmula começa com o oposto. Se for desconto por dentro, o oposto é *N* (por fora). Se for desconto por fora, o oposto é *A* (por dentro)	$A =$
$N = A(1 \quad i)^t$	Completamos com o outro termo multiplicado pelo fator. Se começou com *N*, do outro lado da igualdade completamos com *A*. Se começou com *A*, do outro lado da igualdade completamos com *N*	$A = N(1 \quad i)^t$
$N = A(1 + i)^t$	Falta o sinal dentro dos parênteses (fator). Pense: o fator está do mesmo lado que *A* na igualdade, sabemos que ***A* é um valor menor que *N***, concluímos pela adição para manter a igualdade. Se o fator está do mesmo lado que *N* na igualdade, sabemos que ***N* é maior que *A***, concluímos pela subtração para manter a igualdade.	$A = N(1 - i)^t$

4. TAXAS

4.1. TIPOS DE TAXAS

Taxa nominal:

É a taxa que serve como referência para a operação financeira e não deve ser aplicada nos cálculos. A taxa nominal, normalmente apresentada para o período de um ano, virá acompanhada da periodicidade de capitalização. Por exemplo: O problema menciona que a taxa nominal de financiamento é de 18% ao ano com capitalização mensal; significa que a taxa efetiva é igual a 1,5% ao mês.

Para converter a taxa nominal em efetiva, basta dividi-la pela quantidade de períodos. Como no exemplo temos taxa nominal anual, com capitalização mensal, divide-se 18 por 12 (doze meses no ano) o que resulta na taxa efetiva de 1,5% ao mês.

Taxa efetiva:

A taxa efetiva, como o próprio nome diz, é a taxa verdadeira, aquela que será utilizada para a resolução das operações financeiras.

Taxas equivalentes:

São as taxas apresentadas para diferentes períodos, mas quando aplicadas no mesmo período e sobre o mesmo capital, produz resultado igual.

A taxa efetiva de 1,5% ao mês é equivalente à taxa de 19,56% ao ano. Veja que a taxa nominal de 18% ao ano com capitalização mensal (exemplo anterior) corresponde à taxa efetiva de 1,5% ao mês, esta, por sua vez, é equivalente à taxa, também efetiva, de 19,56% ao ano.

Taxas proporcionais:

As taxas proporcionais têm a mesma conceituação que as taxas equivalentes, contudo, estas são usadas em se tratando de juros compostos, já as proporcionais são usadas quando são considerados os juros simples.

Taxa real:

A taxa real traz embutido o valor da variação monetária do período considerado. Ou seja, juntas estão a taxa efetiva da operação e a taxa da inflação do período.

Taxa aparente:

A taxa aparente é aquela livre dos efeitos inflacionários.

4.2. TAXAS EQUIVALENTES – CONVERSÃO

Para trabalhar com a mesma taxa para períodos diferentes, usaremos a seguinte ferramenta:

Conversão de taxas	*Considerar*
$1 + I = (1 + i)^t$	I = "izão" = taxa do período maior i = "izinho" = taxa do período menor

Exemplos:

Bimestre para semestre	*Ano para semestre*
Taxa 6% ao bimestre Taxa equivalente ao semestre? 1 semestre = 3 bimestres $t = 3$ $I = ?$	Taxa 44% ao ano Taxa equivalente ao semestre? 1 ano = 2 semestres $t = 3$ $I = ?$
$1 + I = (1 + i)^t$ $1 + I = (1 + 0{,}6)^3$ $1 + I = (1{,}6)^3$ $1 + I = 1{,}191$ $I = 1{,}191 - 1$ $I = 0{,}191$ $I = 19{,}1\%$	$1 + I = (1 + i)^t$ $1 + 0{,}44 = (1 + i)^2$ $1{,}44 = (1 + i)^2$ $\sqrt{1{,}44} = 1 + i$ $1{,}2 - 1 = i$ $i = 0{,}2$ $i = 20\%$

5. FLUXO DE CAIXA

Quando trabalhamos, na matemática financeira, com valor do capital e do montante, para os casos de aplicações financeiras; ou com valor nominal e valor atual, para as situações de descontos, na maioria das questões, existe apenas uma entrada e uma saída de numerário.

Para os problemas que apresentam múltiplas entradas ou saídas de recursos financeiros, como por exemplo, aluguel ou despesas que se repetem a cada mês, temos o fluxo de caixa. A representação gráfica é a forma mais simples para visualizarmos e entendermos quais são as entradas e saídas de capital.

Para um financiamento com pagamentos mensais e, a cada quatro meses, aportes maiores, teremos a seguinte representação gráfica:

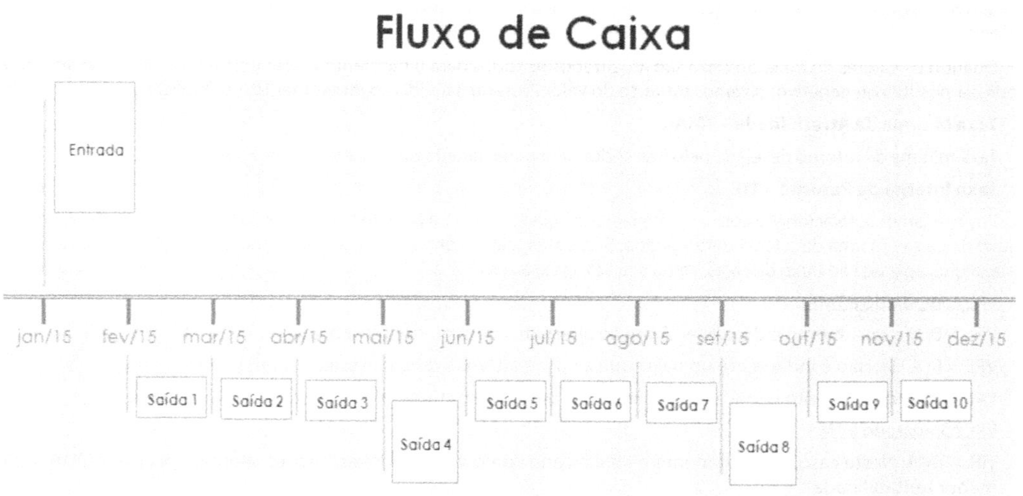

Em outra situação, por exemplo, uma indústria investe em novo equipamento cujo retorno é medido pela sua produtividade mensal e consequente faturamento anual e, no final, ainda tem determinado valor residual.

Como estes, a banca pode criar outras inúmeras situações de entrada e saída de capital.

A maneira de trabalhar com esta estrutura de questão é, basicamente, levar os valores para uma mesma data e igualar as entradas com as saídas, formando uma equação matemática.

Convém recordar que se a questão trata de juros simples, os valores obrigatoriamente serão levados para a data focal identificada no exercício ou, se não identificada, para a data zero. Já, para juros compostos, a movimentação não tem restrição.

Para atualizar o valor de uma parcela que vence em cinco meses para pagamento na data de hoje, faremos:

Fórmula	*Sendo:*
$PV = FV \ / \ (1 + i)^t$	PV = Valor presente FV = Valor futuro i = Taxa de juros t = Quantidade de períodos

A situação contrária, se a necessidade é levar os valores para uma data futura, então faremos:

Fórmula	*Sendo:*
$FV = PV \ (1 + i)^t$	PV = Valor presente FV = Valor futuro i = Taxa de juros t = Quantidade de períodos

Observe que para levar os valores para uma data futura a operação é a multiplicação, mais fácil que a operação de divisão, utilizada para antecipar valores futuros.

Concluímos, então, que nas questões de juros compostos, vamos montar uma equação cujos termos a serem igualados são as entradas e as saídas de capital. E, sempre que possível, procurar levar os valores para data futura.

5.1. ANÁLISE DE INVESTIMENTO

- Conceitos Importantes:

  Valor Presente Líquido – VPL

  Um investimento é uma forma de fluxo de caixa geralmente representado por um aporte inicial e, nos períodos seguintes, valores que tanto podem ser negativos como positivos (novos aportes ou rendimentos). Uma vez que os valores no fluxo de caixa figuram em períodos diferentes, sujeitos à variação monetária, não podem ser comparados. Daí a importância do VPL.

Quando os valores do fluxo de caixa são atualizados (trazidos para o momento presente) é feita a apuração do saldo (pode ser positivo ou negativo) dizemos tratar-se do Valor Presente Líquido do investimento (ou fluxo de caixa).

Taxa Mínima de Atratividade – TMA

Taxa mínima de retorno desejada pelo investidor para determinado projeto ou investimento.

Taxa Interna de Retorno – TIR

Intrinsecamente relacionada com o valor presente líquido – VPL. É a taxa de juros que zera (iguala as entradas e saídas) o fluxo de caixa em uma data focal determinada. Se a data focal é o período inicial (momento presente), diríamos que TIR é a taxa que, aplicada ao fluxo de caixa, torna seu VPL igual a zero.

VPL comparado à TMA:

- VPL > 0: O investimento é desejável. A opção alternativa tem menor rentabilidade já que é igual à TMA.
- VPL = 0: A decisão é indiferente uma vez que a opção alternativa tem mesma rentabilidade.
- VPL < 0: O investimento não é desejável uma vez que TMA (remunera a opção alternativa) é maior.

VPL comparado à TMA:

- TIR > TMA: Neste caso, o investimento é classificado como viável. O investimento alternativo, igual a TMA, tem menor rentabilidade.
- TIR < TMA: Neste caso, o investimento deve ser rejeitado visto que a alternativa é um investimento com melhor retorno.
- TIR = TMA: Neste caso vale a experiência do investidor. O investimento sob análise e o investimento alternativo igualam-se em rentabilidade.

Payback

Indicador financeiro cujo objetivo é determinar o tempo esperado para obter o retorno do investimento. Em outras palavras, quantifica o tempo (meses ou anos) necessário para que o saldo líquido do fluxo de caixa passe a ser positivo, ou seja, momento em que os rendimentos superam os investimentos.

6. SISTEMAS DE FINANCIAMENTO

6.1. SISTEMA FRANCÊS – *PRICE*

O sistema francês, também conhecido pela utilização da tabela denominada tabela *price*, tem como principais características: Prestações constantes, juros decrescentes e parcelas amortizadas crescentes.

Pode acontecer de alguma banca informar o fator de recuperação de capital (FRC), neste caso basta a sua aplicação direta.

Cálculo da prestação	*Nomenclatura*
$P = S \, . \, FRC$	P = Valor da prestação S = Valor financiado FRC = Fator de recuperação do capital

Mais comum é a banca não apresentar o FRC; como informação, a banca pode disponibilizar o valor para $(1+i)^t$. Como também, pode apresentar este mesmo fator com o expoente negativo $(1+i)^{-t}$. Nestes casos resolveremos as questões com as fórmulas:

Fórmulas		*Nomenclatura*
$P = S\left\{\frac{i\,(1+i)^t}{(1+i)^t - 1}\right\}$	$S = P\left\{\frac{1-(1+i)^{-t}}{i}\right\}$	P = Valor da prestação S = Valor financiado i = Taxa de juros t = Quantidade de períodos

6.2. SISTEMA DE AMORTIZAÇÃO CONSTANTE – SAC

As características básicas diferem do sistema de amortização francês. As prestações no sistema SAC são decrescentes, o valor da amortização é constante e os juros são decrescentes.

<table>
<tr><th colspan="2">Fórmulas</th><th>Nomenclatura</th></tr>
<tr><td>Valor da amortização</td><td>$A = S / n$</td><td rowspan="3">A = Valor da amortização
S = Valor financiado
n = Quantidade de períodos
Rk = Valor da prestação
k = Identificador da prestação
Jk = Juros em determinada prestação</td></tr>
<tr><td>Valor de uma prestação qualquer</td><td>$Rk = \frac{S\,[(n - k + 1)\,.\,i + 1]}{n}$</td></tr>
<tr><td>Valor dos juros em determinada prestação</td><td>$Jk = \frac{S\,.\,i\,(n - k + 1)}{n}$</td></tr>
</table>

Melhor do que decorar fórmulas, é entender qual o mecanismo de funcionamento do sistema de amortização constante (SAC), isso permitirá a resolução de qualquer questão de concurso.

Exemplo: Considere o valor financiado de R$ 36.000,00, para pagamento em 1 ano (12 parcelas) e aplicada taxa de juros de 2% ao mês.

Possíveis questões	*Resolução*	*Observações*
Qual o valor de amortização mensal?	$A = 36.000 / 12$ $A = 3.000$	Como a amortização é constante, basta dividir o total financiado pela quantidade de prestações.
Qual o valor da 4ª prestação?	$P4 = Amortização + Juros$ $P4 = 3.000 + Saldo\ devedor\ .\ 2\%$ $P4 = 3.000 + 27.000\ .\ 2\%$ $P4 = 3.000 + 540$ $P4 = 3.540$	O cálculo de qualquer prestação é o somatório da amortização com os juros incidentes sobre o saldo devedor. O saldo devedor é o valor do principal financiado menos os valores amortizados nas prestações pagas.
Qual o valor dos juros na 8ª prestação?	$J = Saldo\ devedor\ .\ 2\%$ $J = 15.000\ .\ 2\%$ $J = 300$	O saldo devedor pode ser identificado como no item anterior. Mas podemos calcular com sendo o produto do valor da amortização pela quantidade de prestações não pagas. Neste caso, 5 prestações (prestações 8º até 12ª), ou seja: 3.000 x 5 = 15.000.

6.3. SISTEMA DE AMORTIZAÇÃO AMERICANO – SAA

No sistema de amortização americano – SAA, quem contraiu o empréstimo arca com juros a cada período conforme acordado e o principal é liquidado integralmente no final do contrato.

Para um contrato de financiamento de R$ 100.000,00, por 6 meses, a juros mensais de 2,5%, os pagamentos serão:

Períodos	Valor Pago
1	R$ 2.500,00
2	R$ 2.500,00
3	R$ 2.500,00
4	R$ 2.500,00
5	R$ 2.500,00
6	R$ 102.500,00

No final dos 5 primeiros meses os pagamentos referem-se apenas a juros, no final do sexto mês, aí sim o principal acrescido de juros deste último período.

6.4. SISTEMA DE AMORTIZAÇÃO MISTO – SAM

Trata-se de uma composição com regras dos sistemas *Price* e SAC. Na verdade, cada prestação calculada pelo sistema misto é a média entre as mesmas prestações dos outros dois sistemas.

Prestação (P) Sistema Misto (SAM)	P(SAM) = [P(*Price*) + P(SAC)] / 2

Vale ressaltar que neste sistema misto:

- Valor dos juros é decrescente.
- Valor da amortização é crescente.
- Valor da prestação é decrescente.

7. SÉRIE UNIFORME DE PAGAMENTOS

A série de pagamentos uniformes nada mais é senão a sistema *price* cuja fórmula é:

Série uniforme de pagamentos	$P = VP\{[i\,(1 + i)^t] / [(1 + i)^t - 1]\}$ Ou $VP = P\{[(1 + i)^t - 1] / [i\,(1 + i)^t]\}$

Onde:

- P = Valor de cada prestação.
- VP = Valor Presente (valor tomado como empréstimo).
- i = Taca de juros.
- t = Quantidade de períodos.

O investimento com aportes periódicos é uma situação inversa da descrita acima. Aqui, são feitos investimentos consecutivos e de mesmo valor para, no final, chegar ao montante a ser resgatado.

Série uniforme de investimentos	$VF = P\,[(1 + i)^t - 1] / i$

Onde:

- VF = Valor futuro (montante).

Pode acontecer de a questão colocar entre os dados o valor de um determinado fator com expoente negativo, neste casos, adotar:

Série uniforme de pagamentos	$VP = P\{[1 - (1 + i)^{-t}] / i\}$

Raciocínio Lógico-Quantitativo

Marcelo Sbicca e
Marcos Bosso

TABELA COM ÍNDICE DE ASSUNTOS

Distribuição das questões está organizada por ordem didática de assuntos		
Assuntos	**Número de Questões**	**Peso**
1. LÓGICA PROPOSICIONAL	16	25,40%
2. ESTRUTURAS LÓGICAS	3	4,76%
3. CORRELACIONAMENTO LÓGICO	2	3,17%
4. PROPOSIÇÕES CATEGÓRICAS	3	4,76%
5. PROBLEMAS LÓGICOS	3	4,76%
6. RACIOCÍNIO ANALÍTICO	8	12,70%
7. RACIOCÍNIO MATEMÁTICO	6	9,52%
8. OPERAÇÕES E EQUAÇÕES MATEMÁTICAS	2	3,17%
9. RAZÃO, PROPORÇÃO, FRAÇÃO E PORCENTAGEM	4	6,35%
10. SEQUÊNCIAS NUMÉRICAS	4	6,35%
11. GEOMETRIA	2	3,17%
12. ANÁLISE COMBINATÓRIA	6	9,52%
13. PROBABILIDADE	4	6,35%
Total	**63**	**100%**

Raciocínio Lógico-Quantitativo

Marcelo Sbicca e
Marcos Bosso

✦ QUESTÕES

1. LÓGICA PROPOSICIONAL

01. (CEBRASPE – TCE/AC – Analista de Tecnologia da Informação – Área Gestão de Dados – 2024) Julgue o item seguinte, relacionado à lógica proposicional, considerando os símbolos lógicos comuns e as letras maiúsculas como representativas de proposições lógicas simples.

A proposição lógica P ∧ Q representa corretamente a sentença "Uma sociedade civil que não adota como valor a exigência de que todos os órgãos públicos façam uma prestação de contas detalhada nunca vencerá o demônio da corrupção, além disso, a sociedade deve também exigir que a lei seja aplicada em todo o seu rigor na punição dos agentes públicos promotores de corrupção."

COMENTÁRIOS

✪ Nota dos autores

Existe clara intensão do examinador levar o concursando a cometer erro na avaliação da proposição face à sua extensão. A sentença dá a impressão de ser mais longa do que a proposição composta conjuntiva, como apresentada na afirmativa: P ∧ Q.

Análise da sentença:

Uma sociedade civil que não adota como valor a exigência de que todos os órgãos públicos façam uma prestação de contas detalhada nunca vencerá o demônio da corrupção,	Trata-se de informação singular e completa cuja ação está centrada no verbo "vencerá", portanto, uma proposição simples. Inclusive, não há qualquer pontuação nesta oração.
... além disso, ...	É a ponte para introduzir uma nova informação e que pode perfeitamente ser substituída pelo conectivo "e".
... a sociedade deve também exigir que a lei seja aplicada em todo o seu rigor na punição dos agentes públicos promotores de corrupção.	Novamente uma informação singular e completa com um único verbo caracterizando a ação: "exigir", ou seja, uma proposição simples.

A sentença é formada por duas proposições simples ligadas pelo conectivo "e" o que caracteriza uma proposição composta conjuntiva representada por P ∧ Q.

Não está convencido? Vamos reescrever as proposições sinteticamente.

- Uma sociedade civil nunca vencerá a corrupção.

Não estamos falando de toda a sociedade civil, mas de parte dela, logo, existe todo um complemento que delimita a abrangência do sujeito: "que não adota como valor a exigência de que todos os órgãos públicos façam uma prestação de contas detalhada".

- A sociedade deve exigir que a lei seja aplicada.

O restante "em todo o seu rigor na punição dos agentes públicos promotores de corrupção" é o complemento para a aplicação da lei.

Resposta: A proposição lógica P ∧ Q representa corretamente a sentença apresentada.

Gabarito oficial: Item Certo

02. (CEBRASPE – TCE/AC – Auditor de Controle Externo – Área Administração – 2024) Julgue o item a seguir, relativo à lógica proposicional.

A sentença "A pergunta 'Qual é a real influência do mercado financeiro na composição do orçamento estadual?' necessita ser respondida pelos secretários da fazenda dos estados brasileiros." é uma proposição lógica.

COMENTÁRIOS

Não são proposições lógicas:

- Sentenças exclamativas;
- Sentenças interrogativas;
- Sentenças imperativas;
- Sentenças abertas que não declaram algo.

Se as sentenças interrogativas não são proposições lógicas e o fato da afirmativa apresentar uma pergunta, posso concluir que não se trata de uma proposição lógica?

✪ Nota dos autores

Há uma clara tentativa que ludibriar o candidato quando o examinador inclui uma pergunta na sentença. Na verdade trata-se de uma proposição, veja abaixo:

Sentença dada	Sentença reescrita
A pergunta 'Qual é a real influência do mercado financeiro na composição do orçamento estadual?' necessita ser respondida pelos secretários da fazenda dos estados brasileiros.	A pergunta necessita ser respondida pelos secretários da fazenda dos estados brasileiros.

A sentença à direita claramente é uma proposição, ela é declarativa de uma única ação e pode ser classificada como verdadeira ou falsa. Completando, é uma proposição lógica simples.

"A pergunta" é o sujeito da oração e na sentença original está incluída qual foi a pergunta, o que não significa ser uma sentença interrogativa.

Resposta: A sentença apresentada é uma proposição lógica.

Gabarito oficial: Item Certo

03. (CEBRASPE – TCE/AC – Analista Administrativo – Área Administração – 2024) Julgue o item seguinte, relacionado à lógica proposicional, considerando os símbolos lógicos comuns e as letras maiúsculas como representativas de proposições lógicas simples.

P	Q	R
V	V	V
V	V	F
V	F	V
V	F	F
F	V	V
F	V	F
F	F	V
F	F	F

Se P, Q e R representam proposições lógicas e as primeiras três colunas da tabela-verdade são as apresentadas a seguir, então a última coluna da tabela-verdade relacionada à expressão (P ∧ R) ∧ (Q ∧ R) apresenta valores V ou F, tomados de cima para baixo, na sequência V, F, V, V, F, F, F e F.

COMENTÁRIOS

Os parênteses são os primeiros a serem resolvidos e ambos trazem o conectivo conjunção "e", esta será verdade quando as duas proposições simples (representadas pelas letras maiúsculas) forem verdadeiras.

P	Q	R	(P ∧ R)	(Q ∧ R)
V	V	V	**V**	**V**
V	V	F	**F**	**F**

P	Q	R	(P ∧ R)	(Q ∧ R)
V	F	V	**V**	**F**
V	F	F	**F**	**F**
F	V	V	**F**	**V**
F	V	F	**F**	**F**
F	F	V	**F**	**F**
F	F	F	**F**	**F**

A última operação lógica é a disjunção "V" para qual a verdade depende de que pelo menos uma proposição simples seja verdadeira.

P	Q	R	(P ∧ R)	(Q ∧ R)	(P ∧ R) ∨ (Q ∧ R)
V	V	V	V	V	**V**
V	V	F	F	F	**F**
V	F	V	V	F	**V**
V	F	F	F	F	**F**
F	V	V	F	V	**V**
F	V	F	F	F	**F**
F	F	V	F	F	**F**
F	F	F	F	F	**F**

Em relação à afirmativa, apenas as quarta e quinta linhas estão com indicação de valor lógico errado.

Resposta: A última coluna da tabela-verdade relacionada à expressão (P ∧ R) ∨ (Q ∧ R) apresenta valores V ou F, na sequência, V, F, V, **F, V**, F, F e F.

Gabarito oficial: Item Errado

---

04. (CEBRASPE – TCE/AC – Auditor de Controle Externo – Área Administração – 2024) Julgue o item a seguir, relativo à lógica proposicional.

A sentença "A aplicação dos recursos públicos, de forma justa e para o benefício de toda a sociedade, é consequência da ação contínua dos órgãos de controle orçamentário e fiscal." pode ser corretamente representada pela expressão (P ∧ Q) → R.

COMENTÁRIOS

Analise da sentença iniciando pelo primeiro termo, "A aplicação dos recursos públicos, de forma justa e para o benefício de toda a sociedade".

Para deixar mais claro, a mesma proposição reescrita, "A aplicação dos recursos públicos de forma justa e a aplicação dos recursos públicos para o benefício de toda a sociedade".

Trata-se de proposição composta conjuntiva.

Proposição Simples	Conectivo "∧"	Proposição Simples
A aplicação dos recursos públicos de forma justa	e	A aplicação dos recursos públicos para o benefício de toda a sociedade

Para a introdução da segunda parte da sentença, encontramos a expressão "é consequência da" que é um sinônimo do conectivo lógico condicional "se, então" e informa que a primeira parte é resultado da segunda que, por sua vez, é a causa.

Pensando na disposição dos termos na condicional "se, então", respectivamente, causa e efeito, é contrário à disposição da sentença apresentada no enunciado.

Toda a sentença pode ser apresentada na ordem direta e preferencial da condicional conforme segue.

Primeiro Termo	Conectivo	Segundo Termo		
Proposição Simples	**Condicional "→"**	**Proposição Simples**	**Conjunção "∧"**	**Proposição Simples**
Se existe ação contínua dos órgãos de controle orçamentário e fiscal	Então	Há aplicação dos recursos públicos de forma justa	e	Há aplicação dos recursos públicos para o benefício de toda a sociedade

Simbolicamente, $R \rightarrow (P \wedge Q)$. Houve uma inversão de termos na representação sugerida na afirmativa, portanto está errada.

Resposta: A sentença disponibilizada na afirmativa pode ser corretamente representada pela expressão $R \rightarrow (P \wedge Q)$.

Gabarito oficial: Item Errado

---

05. (CEBRASPE – TCE/AC – Analista Administrativo – Área Administração – 2024) Julgue o item seguinte, relacionado à lógica proposicional, considerando os símbolos lógicos comuns e as letras maiúsculas como representativas de proposições lógicas simples.

A expressão $Q \wedge (\sim P)$ é equivalente à expressão $\sim(P \rightarrow Q)$.

COMENTÁRIOS

A afirmativa sugere a equivalência das duas expressões. Sim, é isso que faremos, mas veja o detalhe:

✪ Nota dos autores

A primeira expressão lógica é uma conjunção, representada pelo símbolo "∧". Você reparou que não há, tanto na teoria como nas questões de concursos, praticamente nada sobre equivalência da conjunção?

Isso porque não tem o que falar sobre equivalência da conjunção. Por outro lado, muito importante é conhecer as opções de equivalência (também negação) da condicional "se, então" representada pela seta "→". É isso mesmo que o examinador pretende, medir seu conhecimento sobre a condicional e suas equivalências.

Há ainda outro detalhe importantíssimo! O símbolo negativo "~", ele indica que a condicional é falsa, logo, nosso trabalho é buscar a negação da condicional e não a equivalência.

Não está errado dizer equivalentes, apenas estamos afirmando que nosso trabalho envolve a regra de negação e chegaremos na equivalente da negação da condicional.

Qual a regra da negação?

Então vamos a ela.

- Manter a primeiro proposição simples inalterada;
- Substituir o conectivo condicional "→" pela conjunção "∧";
- Negar a segunda proposição simples.

Negar a Condicional:	$(P \rightarrow Q)$
Manter o primeiro termo	P
Alterar "☒" por "☒"	$P \wedge$
Negar o segundo termo	$P \wedge (\sim Q)$

A expressão lógica $\sim(P \rightarrow Q)$, negação da condicional, tem como equivalente a expressão $P \wedge (\sim Q)$.

Resposta: A expressão $Q \wedge (\sim P)$ não é equivalente à expressão $\sim(P \rightarrow Q)$.

Gabarito oficial: Item Errado

---

06. (FGV – TCE/PA – Auditor de Controle Externo – Área Administrativa – 2024) A negação de Paulo gosta de futebol ou João gosta de basquetebol é

a) Paulo gosta de futebol e João não gosta de basquetebol.

b) Paulo não gosta de futebol ou João gosta de basquetebol.

c) Paulo pode gostar de futebol e João pode não gostar de basquetebol.

d) Paulo não gosta de futebol e João gosta de basquetebol.

e) Nem Paulo gosta de futebol nem João gosta de basquetebol.

COMENTÁRIOS

"Paulo gosta de futebol ou João gosta de basquetebol" a sentença é classificada como proposição composta disjuntiva, aquela com proposições simples ligadas pelo conectivo "ou".

✪ Nota dos autores

Quando houver solicitações de negação (também equivalência) de proposições lógicas, leve em consideração apenas as regras. É desnecessário pensar na interpretação porque, em alguns casos, pode mais atrapalhar do que ajudar.

Regra da negação da disjunção.

- Alterar o conectivo disjunção "ou" pela conjunção "e".
- Negar ambas as proposições simples.

Proposição Composta Disjuntiva	*Paulo gosta de futebol ou João gosta de basquetebol.*
Alterar a disjunção "ou" pela conjunção "e"	Paulo gosta de futebol **e** João gosta de basquetebol.
Negar ambas as proposições simples	Paulo **não** gosta de futebol **e** João **não** gosta de basquetebol.

Apesar de ligeira diferença em relação a alternativa correta, não dá para confundir a resposta obtida por nós e a proposta pelo examinador.

Resposta: A negação da proposição apresentada é "Nem Paulo gosta de futebol nem João gosta de basquetebol".

Gabarito oficial: Letra E

---

07. (FGV – TCE/PA – Auditor de Controle Externo – Área Administrativa - Gestão Governamental – 2024) A negação de Se meu time ganhar o campeonato então vou viajar é

a) Meu time não ganha e eu não viajo.
b) Se meu time perder então vou viajar.
c) Se meu time perder então não vou viajar.
d) Meu time não ganha e eu viajo.
e) Meu time ganha e eu não viajo.

COMENTÁRIOS

Queremos a negação da proposição composta condicional *"Se meu time ganhar o campeonato então vou viajar"* cujas regras são:

- Negação da condicional.

Proposição Composta Condicional	$A \rightarrow B$
Manter o primeiro termo inalterado	A
Alterar o conectivo condicional "se, então" pela conjunção "e"	$A \wedge$
Negar o segundo termo	$A \wedge \sim B$

Aplicar na proposição dada.

- Negação da condicional.

Proposição Composta Condicional	*Se meu time ganhar o campeonato então vou viajar*
Manter o primeiro termo inalterado	Meu time ganhou a competição
Alterar o conectivo condicional "se, então" pela conjunção "e"	Meu time ganhou a competição **e**
Negar o segundo termo	Meu time ganhou a competição **e não** viajei

Resposta: A negação da proposição, com os ajustes verbais, é "Meu time ganha e eu não viajo".

Gabarito oficial: Letra E

08. (VUNESP – TCM/SP – Auxiliar Técnico de Controle Externo – Suporte Administrativo – 2023) Considere a seguinte afirmação: Hélio é casado ou Luana é solteira.

Uma equivalência lógica para a proposição apresentada está contida na alternativa:

a) Se Hélio não é casado, então Luana é solteira.
b) Hélio e Luana são solteiros.
c) Se Hélio é solteiro, então Luana é casada.
d) Hélio e Luana são casados.
e) Se Hélio é casado, então Luana não é solteira.

COMENTÁRIOS

A afirmação para qual acharemos a equivalência é uma proposição composta disjuntiva conforme detalhamento a seguir:

Proposição Simples	Disjunção "V"	Proposição Simples
Hélio é casado	ou	Luana é solteira

✪ ½ Nota dos autores

Apesar de não encontrarmos, comumente, a equivalência da disjunção "ou" na teoria da lógica proposicional, existe a regra para equivalência da condicional "se, então", esta sim muito utilizada, cujo resultado é a disjunção.

Equivalência da condicional:

Dada a proposição composta condicional	A → B
Para equivalência, negar o primeiro termo	~A
Alterar o conectivo "se, então" pela disjunção "ou"	~A V
Manter inalterado o segundo termo	~A V B

Vale ressaltar que existem duas maneiras de fazer a equivalência da condicional, esta é uma delas.

Para a equivalência da disjunção "ou" utilizaremos a mesma regra no caminho inverso.

Dada a proposição composta disjuntiva	Hélio é casado **ou** Luana é solteira
Para equivalência, negar o primeiro termo	Hélio **não** é casado
Alterar o conectivo "ou" pela condicional "se, então"	**Se** Hélio **não** é casado, **então**
Manter inalterado o segundo termo	**Se** Hélio **não** é casado, **então** Luana é solteira

Resposta: Uma equivalência lógica para a proposição apresentada é "Se Hélio não é casado, então Luana é solteira".

Gabarito oficial: Letra A

09. (CEBRASPE – TCDF – Auditor de Controle Externo - TI – 2023) Julgue o item a seguir, relativos à lógica proposicional e à lógica de argumentação.

São logicamente equivalentes as sentenças I e II, a seguir.

I. "Se o governador do DF indicou o presidente do TCDF e a Câmara Legislativa indicou o corregedor, então o ouvidor é apreciador de música clássica."
II. "Ou o presidente do TCDF não foi indicado pelo governador ou o corregedor não foi indicado pela Câmara Legislativa ou o ouvidor é apreciador de música clássica."

COMENTÁRIOS

E aí, o que você acha, as sentenças I e II são equivalentes?

Para responder precisamos entender as sentenças. Sabemos que a primeira delas é uma condicional apenas olhando para seu início "se", mas, no detalhe:

Primeiro Termo	Condicional	Segundo Termo
O governador do DF indicou o presidente do TCDF e a Câmara Legislativa indicou o corregedor	(Se) então	O ouvidor é apreciador de música clássica

✪ Nota dos autores

Lembre-se que são duas equivalências possíveis para a condicional, uma delas resulta em outra condicional e a outra tem como resultado a disjunção, caracterizada pelo conectivo "ou". Esta última é a que vamos testar, porque a equivalência (sentença II) utiliza o conectivo "ou".

Regra de equivalência:

- Negar o primeiro termo;
- Substituir a condicional "se, então" pela disjunção "ou";
- Manter o segundo terno inalterado.

O primeiro item da regra de equivalência prevê a negação do primeiro termo e, com um olhar mais apurado, percebemos tratar-se de uma proposição composta conjuntiva.

Então, vamos tratar a negação do primeiro termo separadamente.

Proposição dada: Conjunção	Negação da Conjunção
O governador do DF indicou o presidente do TCDF e a Câmara Legislativa indicou o corregedor	O governador do DF **não** indicou o presidente do TCDF **ou** a Câmara Legislativa **não** indicou o corregedor

Acima, para negação da conjunção foram negados ambos os termos e alterado a conjunção "e" pela disjunção "ou".

Podemos, agora, retornar para a equivalência da sentença original.

Proposição Condicional	Se o governador do DF indicou o presidente do TCDF e a Câmara Legislativa indicou o corregedor, então o ouvidor é apreciador de música clássica
Negar o primeiro termo	O governador do DF **não** indicou o presidente do TCDF **ou** a Câmara Legislativa **não** indicou o corregedor
Substituir a condicional "se, então" pela disjunção "ou"	O governador do DF **não** indicou o presidente do TCDF **ou** a Câmara Legislativa **não** indicou o corregedor **ou**
Manter o segundo terno inalterado	O governador do DF **não** indicou o presidente do TCDF **ou** a Câmara Legislativa **não** indicou o corregedor **ou** o ouvidor é apreciador de música clássica

Comparando a nossa equivalência com a sentença II, percebemos alguma alteração de ordem "o governador não indicou..." e "... não foi indicado pelo governador", até aí tudo bem, não há perda ou mudança na informação.

O detalhe fica por conta do primeiro "ou" que inicia a sentença. Ele faz da sentença uma disjunção exclusiva, que é diferente da disjunção. Inclusive, o bom conhecedor de lógica proposicional teria errado a questão ao responder que as sentenças <u>não</u> são equivalentes.

Não é possível a equivalência de "se, então" para "ou, ou".

Importante.
Infelizmente a banca manteve o gabarito como "correto", então, resta-nos o precedente para, da mesma forma e com mesma interpretação, responder questões futuras do CEBRASPE.

Vamos enriquecer nosso conhecimento trabalhando com a tabela verdade para confirmar se existe ou não a equivalência e, consequentemente, justificar nossa discordância em relação ao gabarito oficial.

Sentença I	Se o governador do DF indicou o presidente do TCDF e a Câmara Legislativa indicou o corregedor, então o ouvidor é apreciador de música clássica.	$(A \wedge B) \rightarrow C$
Sentença II	Ou o presidente do TCDF não foi indicado pelo governador ou o corregedor não foi indicado pela Câmara Legislativa ou o ouvidor é apreciador de música clássica.	$\sim A \veebar \sim B \veebar C$

Sentença II (transformada em disjunção)	O presidente do TCDF não foi indicado pelo governador ou o corregedor não foi indicado pela Câmara Legislativa ou o ouvidor é apreciador de música clássica.	~A ∨ ~B ∨ C

No quadro precedente, à direta, as representações simbólicas para facilitar o desenvolvimento da tabela verdade.

Sentença I: (A ∧ B) → C

A	B	C	(A ∧ B)	(A ∧ B) → C
V	V	V	V	**V**
V	V	F	V	**F**
V	F	V	F	**V**
V	F	F	F	**V**
F	V	V	F	**V**
F	V	F	F	**V**
F	F	V	F	**V**
F	F	F	F	**V**

Sentença II: ~A ⊻ ~B ⊻ C

A	B	C	~A	~B	~A ⊻ ~B ⊻ C
V	V	V	F	F	**V**
V	V	F	F	F	**F**
V	F	V	F	V	**F**
V	F	F	F	V	**V**
F	V	V	V	F	**F**
F	V	F	V	F	**V**
F	F	V	V	V	**F**
F	F	F	V	V	**F**

Comparando os resultados (última coluna de ambas as tabelas anteriores) observamos divergência na ordem dos valores lógicos, logo, as sentenças não são equivalentes.

A seguir repetimos a sentença II transformada de disjunção exclusiva "⊻" para a disjunção simples "∨" (retirada o termo "ou" que inicia a sentença).

Sentença II (adaptada): ~A ∨ ~B ∨ C

A	B	C	~A	~B	~A ∨ ~B ∨ C
V	V	V	F	F	**V**
V	V	F	F	F	**F**
V	F	V	F	V	**V**
V	F	F	F	V	**V**
F	V	V	V	F	**V**
F	V	F	V	F	**V**
F	F	V	V	V	**V**
F	F	F	V	V	**V**

A sequência de valores lógicos desta tabela verdade, última coluna à direita, coincide com a sequência resultante da sentença I. Isso demonstra serem ambas equivalentes.

Enfim, a diferença básica entre disjunção e disjunção exclusiva é que aquela será verdadeira quando pelo menos um dos termos que a compõe for verdadeiro. Já na disjunção exclusiva será verdadeira apenas quando um, e somente um, termo for verdadeiro.

Resposta: Segundo interpretação da banca, da qual discordamos, são logicamente equivalentes as sentenças I e II.

Gabarito oficial: Item Correto

10. (CEBRASPE – TCDF – Auditor de Controle Externo - Auditoria – 2023)

operação lógica	símbolo
conjunção	∧
disjunção	∨
negação	~
condicional	⇒
bicondicional	⇔

Assumindo que as proposições lógicas simples são representadas por letras maiúsculas e que a tabela precedente relaciona os símbolos lógicos usuais às operações lógicas que eles representam, julgue o item a seguir.

A sentença "A missão dos tribunais de contas é garantir que os recursos públicos sejam aplicados em favor de suprir as necessidades mais prementes dos contribuintes, por isso a atuação dos auditores públicos na análise dos processos que envolvem gastos públicos é muito importante" pode ser corretamente expressa pela proposição lógica P ⇒ Q.

COMENTÁRIOS

Análise da sentença:

Primeiro Termo	Conectivo	Segundo Termo
A missão dos tribunais de contas é garantir que os recursos públicos sejam aplicados em favor de suprir as necessidades mais prementes dos contribuintes	Por isso	A atuação dos auditores públicos na análise dos processos que envolvem gastos públicos é muito importante

São duas proposições simples ligadas pelo conectivo "por isso" cujos sinônimos são: Por essa razão, à vista disso, diante disso, desse modo, portanto, por consequência, consequentemente e por aí vai.

Resumindo, o conectivo descreve uma situação de causa e efeito, logo, outro sinônimo perfeitamente possível é o conhecido "se, então".

Reescrevendo: "**Se** a missão dos tribunais de contas é garantir que os recursos públicos sejam aplicados em favor de suprir as necessidades mais prementes dos contribuintes, **então** a atuação dos auditores públicos na análise dos processos que envolvem gastos públicos é muito importante".

Resposta: A sentença apresentada no enunciado pode ser corretamente expressa pela proposição lógica P ⇒ Q.

Gabarito oficial: Item Correto

11. (CEBRASPE – TCDF – Auditor de Controle Externo - Auditoria – 2023)

operação lógica	símbolo
conjunção	∧
disjunção	∨
negação	~
condicional	⇒
bicondicional	⇔

Assumindo que as proposições lógicas simples são representadas por letras maiúsculas e que a tabela precedente relaciona os símbolos lógicos usuais às operações lógicas que eles representam, julgue o item a seguir.

A proposição lógica (A⇒(B⇒C)) ⇔ ((A∧B)⇒C) é uma tautologia.

COMENTÁRIOS

O que nos garante ser ou não uma tautologia é a tabela verdade. Para a fórmula lógica apresentada, (A⇒(B⇒C)) ⇔ ((A∧B)⇒C), temos:

1º Termo da bicondicional ⇔:

A	B	C	(B⇒C)	(A⇒(B⇒C))
V	V	V	V	V
V	V	F	F	F
V	F	V	V	V
V	F	F	V	V
F	V	V	V	V
F	V	F	F	V
F	F	V	V	V
F	F	F	V	V

2º Termo da bicondicional ⇔:

A	B	C	(A∧B)	((A∧B)⇒C)
V	V	V	V	V
V	V	F	V	F
V	F	V	F	V
V	F	F	F	V
F	V	V	F	V
F	V	F	F	V
F	F	V	F	V
F	F	F	F	V

Bicondicional ⇔:

(A⇒(B⇒C))	((A∧B)⇒C)	(A⇒(B⇒C)) ⇔ ((A∧B)⇒C)
V	V	V
F	F	V
V	V	V
V	V	V
V	V	V
V	V	V
V	V	V
V	V	V

A última coluna apresenta o resultado da fórmula lógica "(A⇒(B⇒C)) ⇔ ((A∧B)⇒C)" que será sempre verdadeira independente dos valores lógicos de cada proposição simples. A proposição composta é uma tautologia.

✪ Nota dos autores

Preste muita atenção naquilo que você lê na internet de fontes não especializadas. Para esta situação há promessa de resolução fácil por meio da regra: Atribuir valor lógico F para todas as proposições simples e se o resultado da proposição composta for verdadeiro, trata-se de tautologia.

Realmente, por esta regra a resolução é muito rápida.

A é falso **B é falso** **C é falso**	(A⇒(B⇒C)) ⇔ ((A∧B)⇒C) (F⇒(F⇒F)) ⇔ ((F∧F)⇒F) (F⇒(V)) ⇔ (F⇒F) V ⇔ V V

Essa é a regra da internet, ao atribuir falso para as proposições simples e obter a resposta final "V", então trata-se de uma tautologia.

Por hipótese, imagine que a banca faz o mesmo questionamento e apresentar a fórmula "(A∨(B⇒C)) ⇔ ((A∧B)⇒C)".

Aproveitamos a fórmula dada na questão e alteramos um conectivo de maneira a deixar de ser uma tautologia.

Aplicamos o teste da internet.

A é falso **B é falso** **C é falso**	(A∨(B⇒C)) ⇔ ((A∧B)⇒C) (F∨(F⇒F)) ⇔ ((F∧F)⇒F) (F∨(V)) ⇔ (F⇒F) V ⇔ V V

Pela regra, a indicação é ser uma tautologia, quando na verdade não é.

Por isso, muito cuidado com materiais de estudo!

Resposta: A proposição lógica (A⇒(B⇒C)) ⇔ ((A∧B)⇒C) é uma tautologia.

Gabarito oficial: Item Correto

---

12. (VUNESP – TCM/SP – Auxiliar Técnico de Controle Externo – Suporte Administrativo – 2023) Sabe-se que é falsa a seguinte afirmação: Se Nice realizou as pesquisas de preço, então Nico realizou a conferência de cálculos e Joe organizou as agendas.

Com base nas informações apresentadas, assinale a alternativa que contém uma afirmação necessariamente verdadeira.

a) Nico não realizou a conferência de cálculos, e Joe não organizou as agendas.

b) Joe não organizou as agendas, ou Nice não realizou as pesquisas de preço.

c) Nice não realizou as pesquisas de preço, e Nico não realizou a conferência de cálculos.

d) Joe organizou as agendas, e Nice realizou as pesquisas de preço.

e) Nice realizou as pesquisas de preço, ou Nico realizou a conferência de cálculos.

COMENTÁRIOS

Quando o enunciado anuncia a falsidade de uma afirmação, para obtermos a verdade a ela relacionada, basta negá-la. É isso que faremos, negação da proposição composta condicional.

Antes, as regras de negação para recordar.

Dado uma proposição <u>condicional</u>	A → B
Para sua negação: Manter inalterado o primeiro termo	A
Alterar a condicional "se, então" pela conjunção "e"	A ∧
Negar o segundo termo	A ∧ ~B

Novamente a negação, agora em relação à afirmação da questão.

Dado uma proposição <u>condicional</u>	Se Nice realizou as pesquisas de preço, então Nico realizou a conferência de cálculos e Joe organizou as agendas
Para sua negação: Manter inalterado o primeiro termo	Nice realizou as pesquisas de preço
Alterar a condicional "se, então" pela conjunção "e"	Nice realizou as pesquisas de preço **e**
Negar o segundo termo	...

O último passo, negar o segundo termo, carece de comentário e tratamento apartado.

Na verdade o segundo termo não é uma proposição simples, mas sim uma proposição composta conjuntiva, logo, sua negação não é simplesmente acrescentar a partícula "não" (alterar o valor lógico). Por essa razão, trataremos separadamente esta conjunção (conectivo "e").

Negação da conjunção:

Negar ambos os termos e alterar o conectivo "e" para a disjunção "ou"	Nico **não** realizou a conferência de cálculos **ou** Joe **não** organizou as agendas

Vamos retomar e finalizar o quadro anterior.

Dado uma proposição condicional	Se Nice realizou as pesquisas de preço, então Nico realizou a conferência de cálculos e Joe organizou as agendas
Para sua negação: Manter inalterado o primeiro termo	Nice realizou as pesquisas de preço
Alterar a condicional "se, então" pela conjunção "e"	Nice realizou as pesquisas de preço **e**
Negar o segundo termo	Nice realizou as pesquisas de preço **e** Nico **não** realizou a conferência de cálculos **ou** Joe **não** organizou as agendas

Conclusões:

- Nice realizou as pesquisas de preço.
- Nico não realizou a conferência de cálculos ou Joe não organizou as agendas

✪ Nota dos autores

O maior problema da questão foi associar o resultado da nossa resolução com a resposta apresentada pelo examinador (alternativa "e").

O ideal seria apresentar a informação completa ou tal qual as conclusões apuradas.

Informação completa	Nice realizou as pesquisas de preço e Nico não realizou a conferência de cálculos ou Joe não organizou as agendas
Conclusão 1	Nice realizou as pesquisas de preço
Conclusão 2	Nico não realizou a conferência de cálculos ou Joe não organizou as agendas

O examinador optou por apresentar a conclusão 1 e parcialmente a conclusão 2.

Conclusão 1	Nice realizou as pesquisas de preço,

A conclusão 1 é uma proposição simples e uma verdade absoluta. Até aí tudo bem, a alternativa "e" traz esta informação.

Mas atenção, o detalhe é que logo após esta informação vem uma vírgula e depois o conectivo "ou". Significa que ele encerrou a primeira parte da alternativa ao colocar a vírgula e a segunda parte, iniciada por "ou" demonstra opção (pode ou não ter ocorrido).

Veja nossa segunda conclusão.

- Nico não realizou a conferência de cálculos ou Joe não organizou as agendas

A disjunção "ou" indica possibilidades: A primeira proposição simples pode ser verdadeira ou a segunda proposição simples pode ser verdadeira ou ambas podem ser verdadeiras.

Foi pensando assim que o examinador apresentou parcialmente a nossa segunda conclusão com o "ou" inicial indicando ser uma possibilidade e não uma certeza.

Conclusão 2	Ou Nico não realizou a conferência de cálculos

Resposta: A afirmação necessariamente verdadeira é "Nice realizou as pesquisas de preço, ou Nico realizou a conferência de cálculos".

Gabarito oficial: Letra E

13. (VUNESP – TCM/SP – Auxiliar Técnico de Controle Externo – Suporte Administrativo – 2023) Considere a seguinte afirmação: Se Júnior é auxiliar técnico de controle externo, então ele prestou um concurso.

Assinale a alternativa que contém uma correta negação lógica para a afirmação apresentada.

a) Júnior é auxiliar técnico de controle externo e ele não prestou um concurso.
b) Se Júnior não é auxiliar técnico de controle externo, então ele não prestou um concurso.
c) Júnior não é auxiliar técnico de controle externo, mas ele prestou um concurso.
d) Se Júnior não prestou um concurso, então ele não é auxiliar técnico de controle externo.
e) Júnior não é auxiliar técnico de controle externo e não prestou um concurso.

COMENTÁRIOS

Esta é uma questão clássica da lógica proposicional, negação da condicional.

Lembra qual é a regra? Aí está.

- Manter o primeiro termo inalterado;
- Alterar o conectivo "se, então" para conjunção "e";
- Negar o segundo termo.

Dado uma proposição condicional	**Se** Júnior é auxiliar técnico de controle externo, **então** ele prestou um concurso
1. Manter inalterado o primeiro termo	Júnior é auxiliar técnico de controle externo
2. Alterar a condicional "se, então" pela conjunção "e"	Júnior é auxiliar técnico de controle externo **e**
3. Negar o segundo termo	Júnior é auxiliar técnico de controle externo **e** ele **não** prestou um concurso

Resposta: Júnior é auxiliar técnico de controle externo e ele não prestou um concurso.

Gabarito oficial: Letra A

14. (VUNESP – TCM/SP – Auditor de controle Externo - Administração – 2023) Uma negação lógica para a afirmação "Sou feliz se, e somente se, você é feliz" está contida na alternativa:

a) Não sou feliz se, e somente se, você não é feliz.
b) Se eu não sou feliz, então você não é feliz.
c) Se você não é feliz, então eu não sou feliz.
d) Sou feliz e você não é feliz.
e) Ou eu sou feliz, ou você é feliz.

COMENTÁRIOS

Esse é o tipo de questão que você não pode errar em hipótese alguma, de preferência sem perder tempo.

É olhar para as alternativas e identificar a "e" como correta. Mas, qual a razão da resposta certeira sem análise da questão?

Simples, o enunciado apresenta uma afirmativa com conectivo "se, e somente se", bicondicional, cuja negação traz será a disjunção exclusiva "ou, ou" que só aparece na alternativa "e".

Mesmo resolvendo passo a passo, ainda assim gastaríamos pouco tempo.

Negação da bicondicional:

- Alterar o conectivo "se, e somente se" pela disjunção exclusiva "ou, ou".

Proposição Composta Bicondicional	Negação da Bicondicional
Sou feliz se, **e somente se**, você é feliz.	**Ou** sou feliz se **ou** você é feliz.

Resposta: A negação da afirmação é "Ou eu sou feliz, ou você é feliz".

Gabarito oficial: Letra E

15. (VUNESP – TCM/SP – Auditor de controle Externo - Administração – 2023) Se a fiscalização é feita corretamente e as auditorias são consistentes, então os munícipes estão satisfeitos. Sabendo-se que os munícipes não estão satisfeitos, conclui-se corretamente que

a) a fiscalização foi feita corretamente ou as auditorias foram consistentes.
b) a fiscalização foi feita corretamente, mas as auditorias não foram consistentes.
c) a fiscalização não foi feita corretamente, mas as auditorias foram consistentes.
d) a fiscalização não foi feita corretamente e as auditorias não foram consistentes.
e) a fiscalização não foi feita corretamente ou as auditorias não foram consistentes.

COMENTÁRIOS

O enunciado está dividido em duas partes, na primeira temos apenas uma proposição composta.

Primeira Termo	Conectivo	Segundo Termo
A fiscalização é feita corretamente e as auditorias são consistentes	(Se) então	Os munícipes estão satisfeitos.

O conectivo "se, então" revela ser uma proposição composta condicional.

Na segunda parte do enunciado, uma afirmação.

- Sabendo-se que os munícipes não estão satisfeitos.

Primeira Termo	Conectivo	Segundo Termo
A fiscalização é feita corretamente e as auditorias são consistentes	(Se) então	Os munícipes estão satisfeitos.
		FALSO

Portanto, uma condicional com segundo termo falso.

Nosso objetivo é atribuir um valor lógico para o primeiro termo da condicional para que a proposição composta (sentença completa) mantenha-se verdadeira.

Uma vez que estamos falando da condicional cuja falsidade acontece em uma única situação, termos verdadeiro e falso nesta ordem, concluímos que obrigatoriamente o primeiro termo deve ser falso.

Primeira Termo	Conectivo	Segundo Termo
A fiscalização é feita corretamente e as auditorias são consistentes	(Se) então	Os munícipes estão satisfeitos.
FALSO		**FALSO**

Pronto, apesar dos termos serem falsos, a sentença é verdadeira.

Observe que o primeiro termo se trata também de uma proposição composta. E, por ser falso, faremos a negação para chegarmos à informação correta.

Proposição Simples	Conectivo	Proposição Simples
A fiscalização é feita corretamente	e	As auditorias são consistentes.

Negação da conjunção "e":

- Negar ambos os termos e alterar o conectivo "e" pela disjunção "ou".

Conjunção "e"	Negação da Conjunção
A fiscalização é feita corretamente e as auditorias são consistentes	A fiscalização **não** é feita corretamente **ou** as auditorias **não** são consistentes

Resposta: A fiscalização não foi feita corretamente ou as auditorias não foram consistentes.

Gabarito oficial: Letra E

16. (VUNESP – TCM/SP – Auditor de controle Externo - Administração – 2023) Considere a seguinte afirmação: Se Carlos é médico, então Selma é auditora de controle externo e André é auxiliar técnico de controle externo.

Assinale a alternativa que contém uma equivalência lógica para a afirmação apresentada.

a) Se Selma não é auditora de controle externo e André não é auxiliar técnico de controle externo, então Carlos não é médico.
b) Se André não é auxiliar técnico de controle externo ou Selma não é auditora de controle externo, então Carlos não é médico.
c) Carlos é médico e Selma é auditora de controle externo, e André é auxiliar técnico de controle externo.
d) Carlos é médico, mas André não é auxiliar técnico de controle externo ou Selma não é auditora de controle externo.
e) Carlos é médico, mas Selma não é auditora de controle externo e André não é auxiliar técnico de controle externo.

COMENTÁRIOS

A questão solicita a equivalência da condicional e, por serem duas equivalências distintas, faremos as duas.

Para a proposição "Se Carlos é médico, então Selma é auditora de controle externo e André é auxiliar técnico de controle externo", seguem as equivalências.

Equivalência 1.

- Inverter os termos da posição.
- Negar ambos os termos.
- Manter o mesmo conectivo "se, então".

Inverter as posições	Se Selma é auditora de controle externo e André é auxiliar técnico de controle externo, então Carlos é médico.
Negar os termos	Se Selma **não** é auditora de controle externo **ou** André **não** é auxiliar técnico de controle externo, então Carlos **não** é médico.
Manter o conectivo "se, então"	**Se** Selma **não** é auditora de controle externo **ou** André **não** é auxiliar técnico de controle externo, **então** Carlos **não** é médico.

✪ **Nota dos autores**

Atenção àquele que era o segundo termo e que passou a ser o primeiro, trata-se de proposição composta conjuntiva (conectivo "e") cuja negação exige a troca pela disjunção "ou".

Equivalência 2.

- Negar o primeiro termo.
- Alterar o conectivo "se, então" para a disjunção "ou".
- Manter o segundo termo inalterado.

Negar o primeiro termo	Carlos **não** é médico
Alterar de "se, então" para disjunção "ou"	Carlos **não** é médico **ou**
Manter o segundo termo inalterado	Carlos **não** é médico **ou** Selma é auditora de controle externo e André é auxiliar técnico de controle externo

Resposta: A equivalência da afirmação apresentada que consta na alternativa correta é "Se André não é auxiliar técnico de controle externo ou Selma não é auditora de controle externo, então Carlos não é médico"

Na primeira parte da condicional (resposta da questão) houve uma inversão de ordem da disjunção, o que não altera em nada a interpretação da informação.

Gabarito oficial: Letra B

2. ESTRUTURAS LÓGICAS

17. (CEBRASPE – TCDF – Auditor de Controle Externo - TI – 2023) Julgue o item a seguir, relativos à lógica proposicional e à lógica de argumentação.

O texto a seguir apresenta um argumento válido.

"Se o auditor gosta de poesia francesa do século XIX, então o procurador geral aprecia os quadros de Vincent van Gogh. Se o auditor não gosta de poesia francesa do século XIX, então o corregedor admira os escritores de romances policiais. O corregedor não admira os escritores de romances policiais. Logo, o procurador geral aprecia os quadros de Vincent van Gogh."

COMENTÁRIOS

✪ Nota dos autores

É sempre bom recordar a diferença entre argumento válido e proposição verdadeira.

Tanto a proposição simples, assim como a proposição composta, podem ser classificadas como verdadeiras ou falsas, esse é o valor lógico da proposição.

A partir do momento que juntamos proposições que se relacionam, passamos a falar de uma estrutura lógica da qual podemos inferir conclusões, por exemplo, o silogismo que é uma estrutura lógica composta por duas premissas seguidas de uma conclusão.

Esta estrutura lógica ou argumentação pode ser classificada como válida ou não válida, isso vai depender da relação entre premissas e conclusões. Se a conclusão estiver alicerçada exclusivamente nas premissas, ou seja, apenas as informações trazidas pelas premissas é que deram sustentação à conclusão, neste caso, dizemos que a argumentação é válida.

Então, vamos aplicar este conhecimento.

Premissa 1	Se o auditor gosta de poesia francesa do século XIX, então o procurador geral aprecia os quadros de Vincent van Gogh.
Premissa 2	Se o auditor não gosta de poesia francesa do século XIX, então o corregedor admira os escritores de romances policiais.
Premissa 3	O corregedor não admira os escritores de romances policiais.
Conclusão	Logo, o procurador geral aprecia os quadros de Vincent van Gogh.

Análise das premissas:

O auditor gosta de poesia francesa do século XIX	Então	O procurador geral aprecia os quadros de Vincent van Gogh.
O auditor não gosta de poesia francesa do século XIX	Então	O corregedor admira os escritores de romances policiais.
O corregedor não admira os escritores de romances policiais.		

Vamos partir do pressuposto de que as três premissas são verdadeiras para estabelecer a conclusão e checar se bate com a conclusão proposta na questão.

Vejam que a premissa 3 é uma proposição simples, logo, nosso ponto de partida.

O auditor gosta de poesia francesa do século XIX	Então	O procurador geral aprecia os quadros de Vincent van Gogh.
O auditor não gosta de poesia francesa do século XIX	Então	~~O corregedor admira os escritores de romances policiais.~~
O corregedor não admira os escritores de romances policiais.		

A proposição simples verdadeira foi grifada e a negativa dela, portanto uma proposição falsa, foi riscada.

Olhando para a segunda premissa, a condicional para ser verdadeira não pode ter os termos, na sequência, verdadeiro e falso. Uma vez conhecido o valor lógico do segundo termo (falso), concluímos que o primeiro obrigatoriamente deve ser igualmente falso.

O auditor gosta de poesia francesa do século XIX	Então	O procurador geral aprecia os quadros de Vincent van Gogh.
~~O auditor não gosta de poesia francesa do século XIX~~	Então	~~O corregedor admira os escritores de romances policiais.~~
O corregedor não admira os escritores de romances policiais.		

Agora conhecemos o valor lógico do primeiro termo da condicional (premissa 1), verdadeiro, portanto, o segundo termo só pode ser verdadeiro para que a premissa (proposição composta) se mantenha verdadeira.

O auditor gosta de poesia francesa do século XIX	Então	O procurador geral aprecia os quadros de Vincent van Gogh.
~~O auditor não gosta de poesia francesa do século XIX~~	Então	~~O corregedor admira os escritores de romances policiais.~~
O corregedor não admira os escritores de romances policiais.		

Conclusões:

- O auditor gosta de poesia francesa do século XIX.
- O procurador geral aprecia os quadros de Vincent van Gogh.

A conclusão a que chegamos confere com a conclusão apresentada na afirmativa do enunciado da questão *"logo, o procurador geral aprecia os quadros de Vincent van Gogh"*, ou seja, a conclusão é decorrência das premissas apresentadas.

Resposta: Por ser decorrência das premissas, é certo dizer que o texto apresenta um argumento válido.

Gabarito oficial: Item Correto

---

18. (VUNESP – TCM/SP – Auxiliar Técnico de Controle Externo – Suporte Administrativo – 2023) Se Débora não é formada em Arquitetura, ou Marcelo não é formado em Matemática, então Sérgio é engenheiro. Se Marta é advogada, então Débora não é formada em Arquitetura. Sabendo-se que Sérgio não é engenheiro, é correto afirmar que

a) Marta não é advogada, e Débora é formada em arquitetura.
b) Marta é advogada, e Débora é formada em arquitetura.
c) Marcelo não é formado em Matemática, e Débora é formada em arquitetura.
d) Débora não é formada em arquitetura, e Marcelo não é formado em Matemática.
e) Marta é advogada, e Marcelo não é formado em Matemática.

COMENTÁRIOS

O enunciado apresenta uma sequência de proposições das quais extrairemos uma ou algumas conclusões. Nestes casos, as chamadas estruturas lógicas, mesmo que pareça ser uma perda de tempo, recomendamos que você reescreva as proposições de maneira organizada. Você vai perceber que isso facilita muito seu trabalho.

Se Débora não é formada em Arquitetura, ou Marcelo não é formado em Matemática	Então	Sérgio é engenheiro
Se Marta é advogada	Então	Débora não é formada em Arquitetura
Sérgio não é engenheiro		

Na terceira linha consta uma afirmativa correta conforme dito no enunciado, portanto, é uma proposição simples verdadeira.

✪ Nota dos autores

Marcaremos as proposições verdadeiras e falsas, respectivamente, como grifadas e riscadas.

Se Débora não é formada em Arquitetura, ou Marcelo não é formado em Matemática	Então	~~Sérgio é engenheiro~~
Se Marta é advogada	Então	Débora não é formada em Arquitetura
Sérgio não é engenheiro		

Seguiremos buscando os valores lógicos de cada proposição simples de maneira que formem proposições compostas verdadeiras.

Na primeira linha temos uma condicional, sabendo que o segundo termo é falso, então, obrigatoriamente o primeiro termo deve ser falso também para que a proposição composta mantenha-se verdadeira. Caso contrário, teríamos a única situação em que a condicional seria falsa, primeiro termo verdadeiro e segundo termo falso.

Se ~~Débora não é formada em Arquitetura~~, ou ~~Marcelo não é formado em Matemática~~	Então	~~Sérgio é engenheiro~~
Se Marta é advogada	Então	~~Débora não é formada em Arquitetura~~
Sérgio não é engenheiro		

Observe que o primeiro termo da condicional, primeira linha, é uma proposição composta disjuntiva cuja negação (proposição falsa) exige a negação de ambas as proposições simples.

Partimos para a segunda linha e, conforme explicado, a condicional com segundo termo falso obriga a falsidade do primeiro termo.

Se ~~Débora não é formada em Arquitetura~~, ou ~~Marcelo não é formado em Matemática~~	Então	~~Sérgio é engenheiro~~
~~Se Marta é advogada~~	Então	~~Débora não é formada em Arquitetura~~
Sérgio não é engenheiro		

Conclusões:

- Débora é formada em Arquitetura.
- Marcelo é formado em Matemática.
- Sergio não é engenheiro.
- Marta não é advogada.

Resposta: Marta não é advogada, e Débora é formada em arquitetura.

Gabarito oficial: Letra A

19. (VUNESP – TCM/SP – Auditor de controle Externo - Administração – 2023) Considere falsa a afirmação I e verdadeira a afirmação II:

I. Camila é auditora de controle externo em Ciências Atuariais e Jorge é auditor de controle externo em Ciências Jurídicas.

II. Se Camila é auditora de controle externo em Ciências Atuariais, então Jorge é auditor de controle externo em Ciências Jurídicas.

Nessas condições, é necessariamente

a) verdade que Jorge é auditor de controle externo em Ciências Jurídicas.

b) falsidade que Jorge é auditor de controle externo em Ciências Jurídicas.

c) verdade que Camila é auditora de controle externo em Ciências Atuariais.

d) falsidade que Camila é auditora de controle externo em Ciências Atuariais.

e) verdade que Camila e Jorge não são auditores de controle externo.

COMENTÁRIOS

A afirmação I traz informação falsa cuja verdade será a sua negação.

Negação da proposição composta conjuntiva.

- Negar ambos os termos.
- Alterar a conjunção "e" pela disjunção "ou".

Proposição Composta Conjuntiva	Negação da Conjunção
Camila é auditora de controle externo em Ciências Atuariais e Jorge é auditor de controle externo em Ciências Jurídicas.	Camila **não** é auditora de controle externo em Ciências Atuariais **ou** Jorge **não** é auditor de controle externo em Ciências Jurídicas.

Pronto, as duas afirmações são verdadeiras.

I. Camila **não** é auditora de controle externo em Ciências Atuariais **ou** Jorge **não** é auditor de controle externo em Ciências Jurídicas.

II. Se Camila é auditora de controle externo em Ciências Atuariais, então Jorge é auditor de controle externo em Ciências Jurídicas.

Tomando por base a verdade das proposições compostas (afirmações I e II), passaremos à análise das proposições simples, vamos identificar quais são as verdadeiras e quais são as falsas.

Como não há qualquer proposição simples com valor lógico definido para dar início a resolução, vamos admitir que Camila é auditora.

Hipótese 1: Camila é auditora

Proposição Simples	Conectivo	Proposição Simples
~~Camila não é auditora de controle externo em Ciências Atuariais~~	ou	Jorge não é auditor de controle externo em Ciências Jurídicas
Camila é auditora de controle externo em Ciências Atuariais	(Se) então	Jorge é auditor de controle externo em Ciências Jurídicas.

Como de costume, convencionamos que as proposições grifadas são verdadeiras e as riscadas são falsas.

Bem, sobre as proposições, a primeira delas, uma disjunção, para ser verdadeira há necessidade de que pelo menos uma proposição simples seja verdadeira, no caso a segunda.

Proposição Simples	Conectivo	Proposição Simples
~~Camila não é auditora de controle externo em Ciências Atuariais~~	ou	Jorge não é auditor de controle externo em Ciências Jurídicas
Camila é auditora de controle externo em Ciências Atuariais	(Se) então	~~Jorge é auditor de controle externo em Ciências Jurídicas.~~

Consequentemente, a segunda proposição, condicional, ficou com a primeira proposição simples verdadeira e a segunda falsa. Essa é a única situação em que a afirmação (proposição composta condicional) é falsa.

Pelo fato de haver inconsistência, descartamos a hipótese I.

Hipótese 2: Camila NÃO é auditora

Proposição Simples	Conectivo	Proposição Simples
Camila não é auditora de controle externo em Ciências Atuariais	ou	Jorge não é auditor de controle externo em Ciências Jurídicas
~~Camila é auditora de controle externo em Ciências Atuariais~~	(Se) então	Jorge é auditor de controle externo em Ciências Jurídicas.

Por esta segunda hipótese, qualquer que seja a situação de Jorge, tanto faz ele ser auditor ou não ser auditor, as duas sentenças serão sempre verdadeiras. Portanto, nada podemos afirmar sobre Jorge.

A única conclusão necessariamente correta é:

- Camila **não** é auditora de controle externo em Ciências Atuariais.

Resposta: É falso que Camila é auditora de controle externo em Ciências Atuariais

Gabarito oficial: Letra D

3. CORRELACIONAMENTO LÓGICO

20. (VUNESP – TCM/SP – Auxiliar Técnico de Controle Externo – Suporte Administrativo – 2023) Meire, Ana e Rita, não têm a mesma idade, moram em cidades distintas, sendo Santo André, São Bernardo e São Caetano, e cada uma tem um passatempo predileto, sendo correr, ler ou nadar, não necessariamente nessas ordens. Sabe-se que: Rita mora em Santo André e gosta de correr; Meire tem mais idade que Ana e que Rita; quem mora em São Bernardo é mais nova que Rita e gosta de nadar. Com essas informações, assinale a alternativa que contém uma associação correta.

a) Rita é a mais nova.

b) Ana mora em São Caetano.

c) Ana gosta de ler.

d) Quem mora em São Caetano gosta de ler.

e) Quem gosta de correr é a amiga mais nova.

COMENTÁRIOS

As informações iniciais, "Meire, Ana e Rita, não têm a mesma idade, moram em cidades distintas, sendo Santo André, São Bernardo e São Caetano", indicam que haverá uma relação entre as diferentes grandezas, mulheres e cidades, o que denominados correlacionamento lógico cuja resolução está alicerçada nos cruzamentos de linhas e colunas da planilha tipo Excel.

	Meire	**Ana**	**Rita**
Santo André			
São Bernardo			
São Caetano			

Outras informações:

- Elas não têm a mesma idade;
- Passatempo predileto: Correr, ler ou nadar, não necessariamente nessas ordens.

Perceba a existência de uma terceira vertente de informação a ser utilizada na planilha acima a medida que novos detalhes forem surgindo.

Partimos para segunda metade do enunciado para iniciar o correlacionamento.

- Rita mora em Santo André e gosta de correr.

	Meire	**Ana**	**Rita (Correr)**
Santo André	Não	Não	**Sim**
São Bernardo			Não
São Caetano			Não

A relação correta fica marcada com sim e terminamos de preencher a linha e a coluna com não.

Ainda, aproveitamos uma das colunas para acrescentar a informação relativa ao passatempo de Rita.

- Meire tem mais idade que Ana e que Rita.

Sabemos que Meire é a mais velha. Guardamos esta informação para momento oportuno.

- Quem mora em São Bernardo é mais nova que Rita e gosta de nadar

Se é mais nova que Rita, consequentemente mais nova que Meire (informação anterior), é certo que estamos falando da Ana, portanto, ela mora em São Bernardo, gosta de nadar e é a mais nova de todas.

	Meire	**Ana (Nadar)**	**Rita (Correr)**
Santo André	Não	Não	**Sim**
São Bernardo	Não	**Sim**	Não
São Caetano		Não	Não

Por exclusão, Meire mora em São Caetano e gosta de ler.

	Meire (Ler)	**Ana (Nadar)**	**Rita (Correr)**
Santo André	Não	Não	**Sim**
São Bernardo	Não	**Sim**	Não
São Caetano	**Sim**	Não	Não

Não está na planilha, mas também ficou claro que Meire é a mais velha, mais nova que ela são Rita e Ana, que é a mais nova entre as três.

Resposta: Quem mora em São Caetano gosta de ler.

Gabarito oficial: Letra D

21. (VUNESP – TCM/SP – Auditor de controle Externo - Administração – 2023) Alberto, Carlos, Douglas e Edgar têm 35, 38, 40 e 41 anos, não necessariamente nessa ordem. Cada um deles trabalha com um tipo de veículo, sendo eles caminhão, carro, motocicleta e ônibus, em municípios distintos, sendo Campinas, Limeira, Marília e Santos, não necessariamente nas ordens apresentadas. Sabe-se que o de maior idade trabalha com carro e seu local de trabalho não é Limeira e, tampouco, Marília; Alberto tem menos idade que Douglas, trabalha em Campinas, não com ônibus, e o mais novo deles trabalha em Limeira, com motocicleta; Edgar não trabalha com ônibus e é mais velho que Alberto e que Douglas. A alternativa que apresenta uma associação correta dessas pessoas é:

a) Alberto trabalha com caminhão.

b) Douglas tem 38 anos.

c) Edgar trabalha em Marília.

d) Douglas trabalha em Campinas.

e) Alberto tem 40 anos.

COMENTÁRIOS

Pessoas, idades, veículos. Fortes indícios de ser uma questão de correlacionamento lógico, então, vamos montar uma planilha (linhas x colunas).

	Alberto	**Carlos**	**Douglas**	**Edgar**
Caminhão				
Carro				
Motocicleta				
Ônibus				

Não para por aí:

- Idades: 35, 38, 40 e 41 anos.
- Municípios: Campinas, Limeira, Marília e Santos.

Daí pra frente, utilizaremos as dicas para o preenchimento da planilha.

- Sabe-se que a pessoa de maior idade trabalha com carro e seu local de trabalho não é Limeira e, tampouco, Marília.

Inferimos que aquele que trabalha com carro tem 41 anos e que não trabalha em Limeira nem Marília.

	Alberto	**Carlos**	**Douglas**	**Edgar**
Caminhão				
Carro (41) ~~**Limeira e Marília**~~				
Motocicleta				
Ônibus				

- Alberto tem menos idade que Douglas, trabalha em Campinas, não com ônibus, e o mais novo deles trabalha em Limeira, com motocicleta.

Informações claras, Alberto trabalha em Campinas e aquele que trabalha em Limeira utiliza motocicleta.

Outras informações não tão claras trataremos à frente.

	Alberto **Campinas**	**Carlos**	**Douglas**	**Edgar**
Caminhão				
Carro (41) ~~**Limeira e Marília**~~				

	Alberto Campinas	Carlos	Douglas	Edgar
Motocicleta Limeira				
Ônibus	Não			

- Edgar não trabalha com ônibus e é mais velho que Alberto e que Douglas.

	Alberto Campinas	Carlos	Douglas	Edgar
Caminhão				
Carro (41) Limeira e Marília				
Motocicleta Limeira				
Ônibus	Não			Não

Agora vamos pensar com a planilha e buscar outras informações, como por exemplo, idades.

- Edgar é o mais velho.
- Alberto tem menos idade que Douglas.

Logo, Edgar tem 41 anos, Douglas 40, Alberto 38 e Carlos 35.

	Alberto (38) Campinas	Carlos (35)	Douglas (40)	Edgar (41)
Caminhão				Não
Carro (41) Limeira e Marília	Não	Não	Não	**Sim**
Motocicleta Limeira				Não
Ônibus	Não			Não

Lá no começo foi dito que o mais novo trabalha em Limeira com motocicleta.

	Alberto (38) Campinas	Carlos (35)	Douglas (40)	Edgar (41)
Caminhão		Não		Não
Carro (41) Limeira e Marília	Não	Não	Não	**Sim**
Motocicleta Limeira	Não	**Sim**	Não	Não
Ônibus	Não	Não		Não

Olhando para a planilha, Douglas trabalha de ônibus e Alberto de Caminhão

	Alberto (38) Campinas	Carlos (35)	Douglas (40)	Edgar (41)
Caminhão	**Sim**	Não	Não	Não
Carro (41) Limeira e Marília	Não	Não	Não	**Sim**
Motocicleta Limeira	Não	**Sim**	Não	Não

	Alberto (38) Campinas	Carlos (35)	Douglas (40)	Edgar (41)
Ônibus	Não	Não	**Sim**	Não

Por fim, os municípios com a ajuda da informação de que Edgar trabalha de carro, porém não em Limeira e nem em Marília.

	Alberto (38) **Campinas**	**Carlos (35)** **Limeira**	**Douglas (40)** **Marília**	**Edgar (41)** **Santos**
Caminhão **Campinas**	**Sim**	Não	Não	Não
Carro (41) **~~Limeira e Marília~~**	Não	Não	Não	**Sim**
Motocicleta **Limeira**	Não	**Sim**	Não	Não
Ônibus	Não	Não	**Sim**	Não

Resposta: Alberto trabalha com caminhão.

Gabarito oficial: Letra A

4. PROPOSIÇÕES CATEGÓRICAS

22. (FGV – TCE/PA – Auxiliar Técnico de Controle Externo – 2024) Em uma empresa, as camisas dos uniformes dos funcionários têm apenas uma cor: cinza ou azul. Sabe-se que: Qualquer funcionário de camisa azul não fala inglês.

Nesse caso, é correto concluir que

a) todo funcionário de camisa cinza fala inglês.

b) todo funcionário que fala inglês tem camisa cinza.

c) todo funcionário que não fala inglês tem camisa azul.

d) alguns funcionários que falam inglês têm camisa azul.

e) se um funcionário fala espanhol então tem camisa azul.

COMENTÁRIOS

A sentença dada é classificada como proposição categórica e você vai confirmar ao substituir o termo "qualquer" por "todo".

Proposição Categórica	TODO funcionário de camisa azul não fala inglês

Sem perder ou alterar a informação original, a substituição do quantificador "todos" assegura tratar-se de proposição categórica.

Ainda, e até para facilitar a resolução, pode ser representada por meio de conjuntos.

Todo funcionário de camisa azul não fala inglês	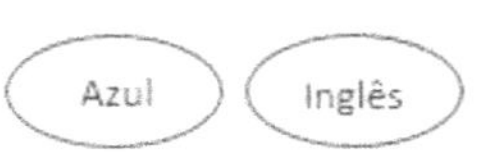

Todos os funcionários de camisa azul estão representados pelo conjunto "Azul" e não falam inglês, portanto, sem intersecção com o conjunto "Inglês".

A alternativa correta será aquela que cabe nesta representação sem que haja qualquer inconsistência.

a) todo funcionário de camisa cinza fala inglês.

Não existe qualquer informação sobre a relação do funcionário de camisa cinza e falar inglês, portanto, não há sustentação para garantir a veracidade da afirmação.

Alternativa errada.

b) todo funcionário que fala inglês tem camisa cinza.

O mesmo motivo para rejeitar a alternativa anterior poderia ser utilizado aqui, mas estaria errado. Olha a sacada do examinador, ele restringiu o universo dos funcionários que falam inglês, logo, é certo que neste grupo não há aqueles de camisa azul. Conclusão, por ser funcionário e não vestir azul, obrigatoriamente esse funcionário tem camisa cinza.

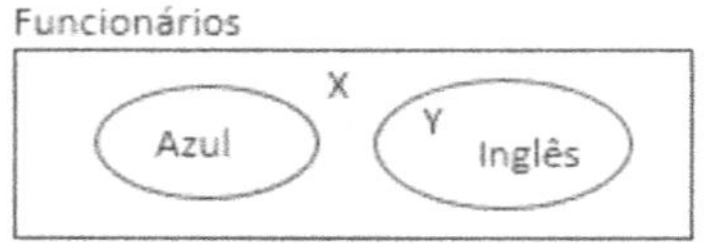

Acima, no retângulo estão os funcionários da empresa, todos que estão fora do conjunto "Azul" vestem cinza, logo, X e Y vestem cinza. A alternativa cria a hipótese do funcionário Y, aquele que fala inglês certamente veste cinza.

Alternativa correta.

c) todo funcionário que não fala inglês tem camisa azul.

No exemplo anterior, o funcionário hipotético X não fala inglês e mesmo assim veste cinza.

Alternativa errada.

d) alguns funcionários que falam inglês têm camisa azul.

Esta alternativa e totalmente contrária à proposição categórica (afirmativa do enunciado).

Alternativa errada.

e) se um funcionário fala espanhol então tem camisa azul.

Espanhol sequer foi mencionada no enunciado, assim, a alternativa está fora de questão.

Gabarito oficial: Letra B

---

23. (Vunesp – Agente de Fiscalização – TCE – SP/2017) Considere verdadeiras as afirmações:

Todo contador é matemático.

Não há músico que não seja matemático.

Carlos é músico.

A partir dessas afirmações, é correto concluir que

a) Não é possível Carlos ser matemático.
b) Se Carlos é músico, então ele é contador.
c) Carlos não é contador.
d) Se Carlos é músico, então ele é matemático.
e) Qualquer contador é músico.

COMENTÁRIOS

Além das proposições estudadas até agora, há outro tipo de proposição, chamada categórica, caracterizada pela presença dos quantificadores "todo", "algum" ou "nenhum", os quais são cobrados em provas de concursos, basicamente, em dois formatos: Primeiro caso, menos comum, o examinador solicita que seja feita a equivalência ou a negação da proposição. No segundo caso, que será resolvido agora, são apresentadas proposições que devem ser relacionadas umas às outras.

✪ **Nota do autor:** As proposições categóricas são orações declarativas com sujeito e predicado, sendo que o sujeito vem acompanhado de um dos quantificadores: "todo", "algum" ou "nenhum".

A base para a resolução é o diagrama de *Venn* (ou conjuntos), conforme as representações apresentadas a seguir:

Todo A é B.	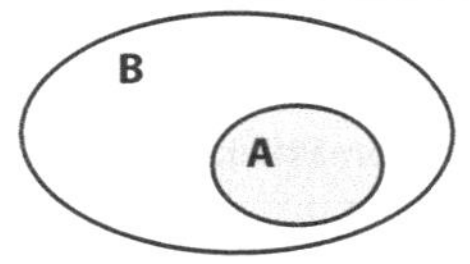
Algum A é B	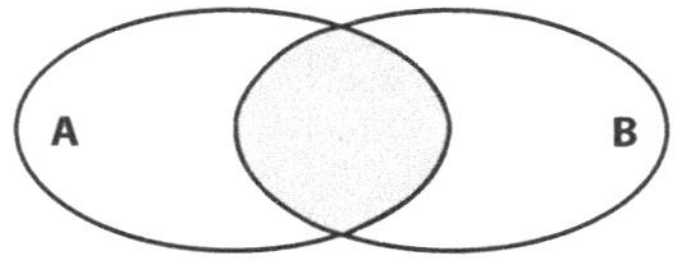
Nenhum A é B	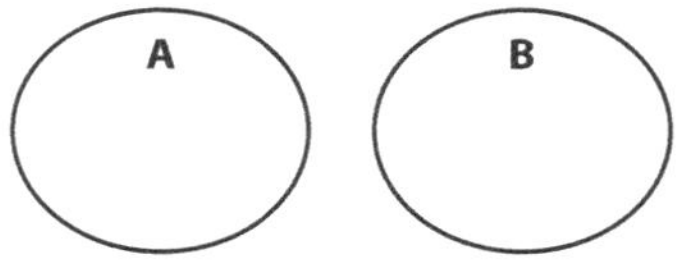

Ou seja, resolveremos a questão nos valendo de conjuntos e da relação de inclusão entre eles. Vejamos na questão.

Primeira proposição:

"Todo contador é matemático".	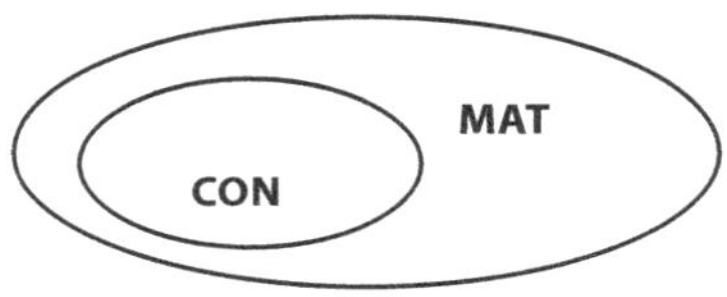

O conjunto dos "contadores" está contido no conjunto dos "matemáticos". Significa que todo elemento pertencente ao conjunto "CON" pertente, obrigatoriamente, ao conjunto "MAT".

Segunda proposição:

A impressão é de que não existe nenhum dos quantificadores que definem a existência da proposição categórica. Entretanto, a mesma frase pode ser reescrita conforme segue.

"Não há músico que não seja matemático".	"Todo músico é matemático".

O que acabamos de fazer foi a identificar a equivalente da proposição categórica. O quadro a seguir sintetiza este tema.

Equivalência	
Todo A é B	Nenhum A não é B
Todo A não é B	Nenhum A é B

Falta a representação por meio do diagrama de *Venn*.

"Todo músico é matemático".	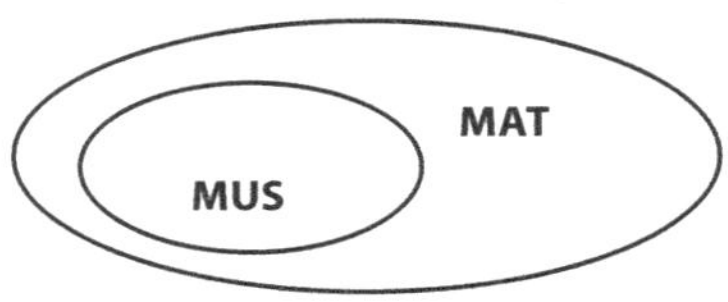

Terceira proposição:

Ela informa que existe um elemento (Carlos) que pertence ao conjunto "músicos".

Se voltarmos à segunda proposição, e imaginarmos que Carlos é um elemento posicionado internamente ao conjunto "MUS", visualmente é possível concluir que o mesmo elemento pertence ao conjunto "MAT", ou seja, Carlos, com certeza, é matemático.

A alternativa D responde a questão.

Para confirmar que a alternativa está correta, vamos verificar cada uma das alternativas.

a) Não é possível Carlos ser matemático.

Considerando a segunda e a terceira proposição, conforme já explicado, temos a certeza de que Carlos é matemático.	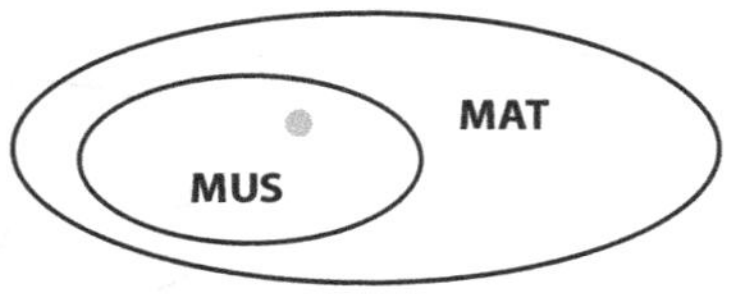

Alternativa errada.

b) Se Carlos é músico, então ele é contador.

Há informação que relaciona contadores a matemáticos, bem como, músicos a matemáticos. No entanto, nada foi dito quanto à relação entre contadores e músicos. Veja que existe a possibilidade de Carlos ser, ao mesmo tempo, músico e contador, mas também existe a possibilidade dele não ser.

Hipótese em que Carlos é músico, e também é contador.	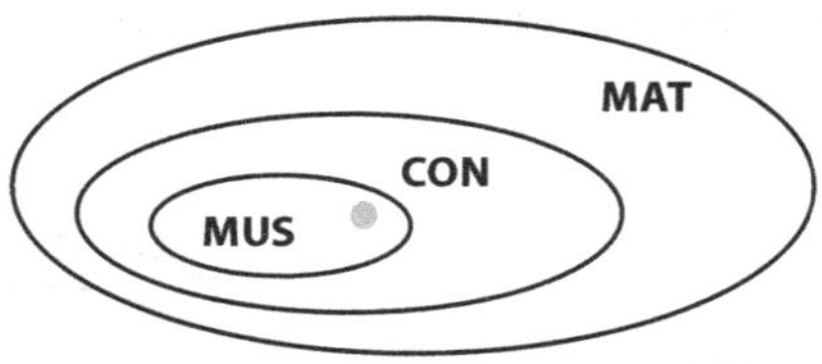
Hipótese em que Carlos é músico, porém não é contador.	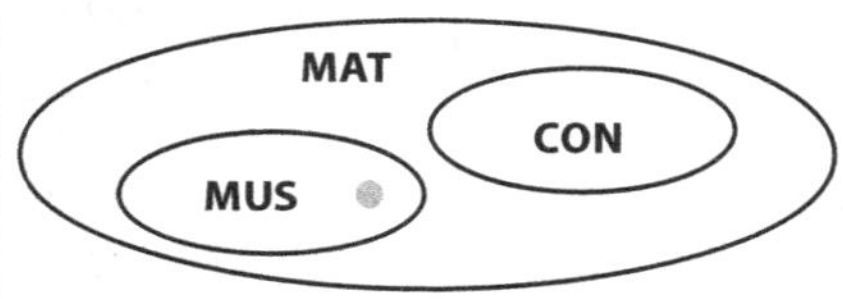

As duas hipóteses criadas acima são uma junção das três proposições categóricas dispostas no enunciado. Apesar de serem diferentes, estão exatamente de acordo as informações conhecidas.

A partir do momento em que não é possível afirmar com certeza que Carlos é contador e matemático, conforme condiciona a alternativa, não há o que fazer senão descartá-la.

Alternativa errada.

c) Carlos não é contador.

A mesma explicação que invalida a alternativa B (hipótese de Carlos ser músico e não ser contador) também justifica não ser esta a alternativa correta.

Alternativa errada.

d) Se Carlos é músico, então ele é matemático.

Bastam as segunda e terceira proposições categóricas para afirmar que esta é a alternativa correta.

Considerando que Carlos é músico e que todo músico é matemático, conclui-se que Carlos, obrigatoriamente, é matemático.

Alternativa correta.

e) Qualquer contador é músico.

Foram apresentadas duas hipóteses formadas a partir das proposições categóricas conhecidas. Além delas, há como criar outras. Vejamos mais uma.

Neste novo cenário, também criado a partir das informações iniciais, é possível identificar elemento contador que não é músico.

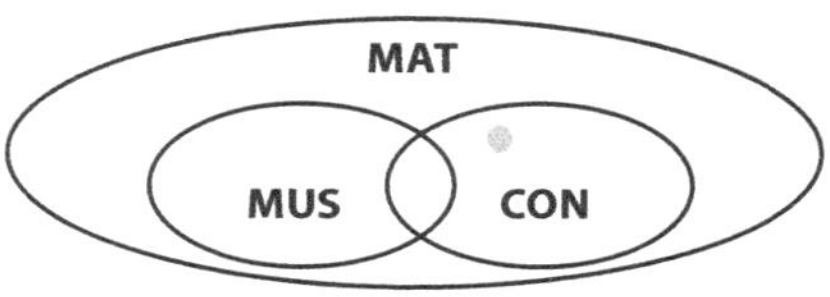

Alternativa errada.

Alternativa correta: letra "d" (responde as demais alternativas).

24. (Vunesp – Agente de Fiscalização – Administração – TCE – SP/2017) Considere verdadeiras as afirmações:

- Todos os administradores são especialistas em informática.
- Alguns especialistas em informática são atores.
- Samuel é administrador.

A partir dessas afirmações, é correto concluir que

a) Samuel não é especialista em informática.

b) Samuel não é ator ou é especialista em informática.

c) Samuel é ator, mas não é especialista em informática.

d) Samuel é administrador e ator.

e) Os atores que são especialistas em informática são administradores.

COMENTÁRIOS

As duas primeiras afirmações apresentam os quantificadores "todos" e "alguns" que indicam a presença de proposições categóricas, cuja resolução, com maior celeridade e chance de acerto, faz-se por meio da representação por conjuntos.

A primeira delas traz o quantificador "todos", classificado como universal, uma vez que abrange a totalidade dos elementos do conjunto, e de qualidade afirmativa, ou seja, o predicado qualifica o sujeito. Porém, mais importante do que a teoria, é a representação do quantificador.

- Todos os administradores são especialistas em informática.

Importante dizer que qualquer elemento que pertença ao conjunto "administradores" também pertence ao conjunto "especialistas em informática".

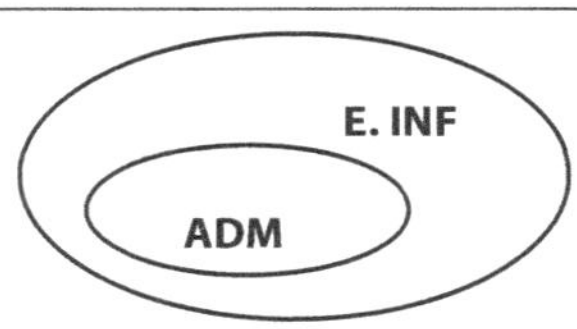

- Alguns especialistas em informática são atores.

Existe elemento (ou elementos), porém não todos, que pertence a ambos os conjuntos "E. INF" e "ATORES". São os elementos que se encontram na intersecção dos conjuntos.

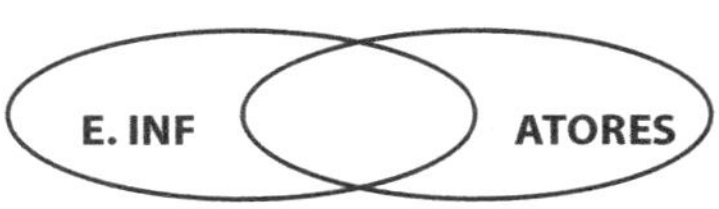

- Samuel é administrador.

Samuel seria um elemento pertencente ao conjunto "ADM" que foi trabalhado na primeira proposição e, dependendo somente daquela representação, podemos afirmar que Samuel também é especialista em informática.

Entretanto, a análise não se limita a uma proposição, ela deve ser feita conjuntamente em relação a todas as afirmações.

Explorando as duas proposições categóricas anteriores, temos:

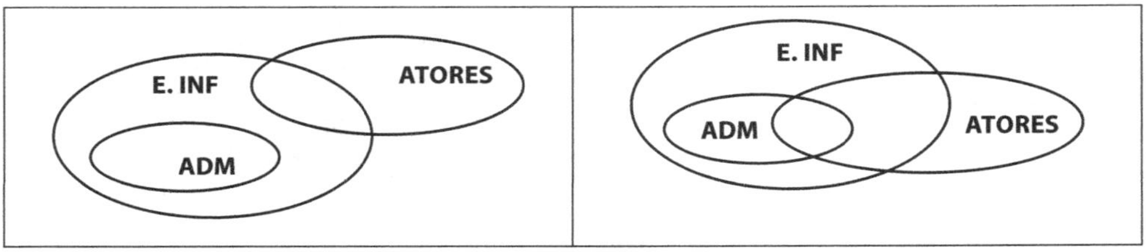

Foi-nos dito que alguns especialistas em informática são atores, porém, nada sabemos quanto à relação entre atores e administradores, por isso a dúvida se existe ou não intersecção entre eles.

O que temos a fazer é trabalhar com a posição na qual estaria Samuel. Mas isso, faremos especificamente para cada alternativa.

a) Samuel não é especialista em informática.

Impossível. Em qualquer hipótese, por ser administrador, Samuel é também especialista em informática.

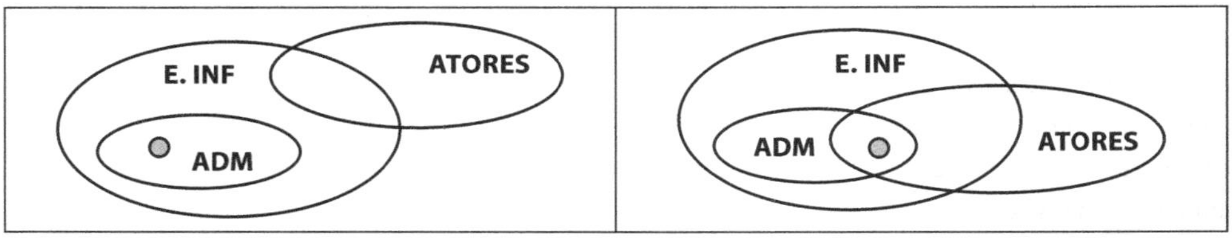

Alternativa errada.

b) Samuel não é ator ou é especialista em informática.

Não há comprovação de que Samuel é ou não ator. Observe na representação (alternativa A) que ora é ator (diagrama da direita) e ora não é ator (diagrama da esquerda).

O examinador iniciou a alternativa com esta afirmação propositadamente, para induzir o candidato a erro. Certo é que a alternativa, como um todo, pode ser classificada como uma proposição composta disjuntiva.

Lembre-se, a disjunção, conectivo **<u>ou</u>**, para que esteja correta basta que apenas uma de suas proposições simples tenha valor lógico verdadeiro.

A segunda parte da proposição composta é uma verdade, Samuel é especialista em informática. Portanto, esta proposição simples, por estar correta, faz com que a alternativa seja igualmente verdadeira.

Alternativa correta.

c) Samuel é ator, mas não é especialista em informática.

"Samuel é ator", não há informação que comprove.

"Samuel não é especialista em informática", concluímos que ele é especialista em informática.

A alternativa traz uma informação não comprovada e outra sabidamente falsa.

Alternativa errada.

d) Samuel é administrador e ator.

Não há como negar, o próprio examinador deixou claro na terceira afirmação que Samuel é administrador, entretanto, não formamos convicção de que ele é ator.

Alternativa errada.

e) Os atores que são especialistas em informática são administradores.

Nessa alternativa, ao invés de Samuel, a afirmação cai sobre os atores. Eles são especialistas em informática.

Voltamos ao diagrama:

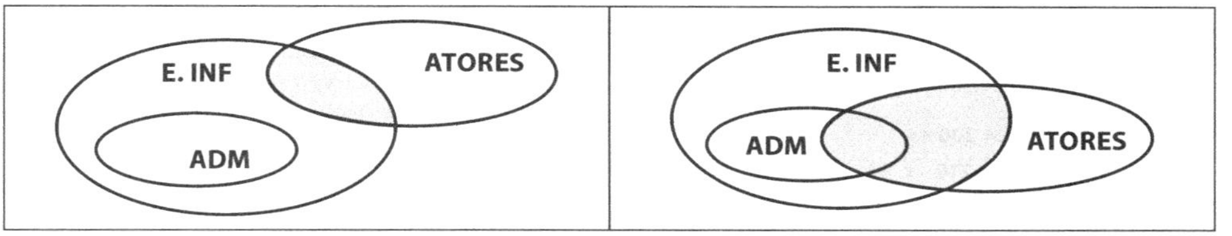

A parte marcada corresponde àqueles que são atores e especialistas em informática. Esta parte da afirmação é possível.

Errado é afirmar que atores especialistas em informática são administradores.

Alternativa errada.

Alternativa correta: letra "b" (responde as demais alternativas).

5. PROBLEMAS LÓGICOS

25. (CEBRASPE – TCDF – Analista Administrativo de Controle Externo – 2023) Em determinada data, 450 processos concluídos foram enviados para o arquivo geral. Verificou-se que 300 desses processos eram ou exclusivamente relacionados à área de saúde ou exclusivamente relacionados à área de infraestrutura, 210 não eram relacionados à área de infraestrutura e 160 eram relacionados à área de saúde.

Em relação à situação hipotética precedente e às operações com conjuntos, julgue o item a seguir.

O número de processos que não estão relacionados nem à área de saúde e nem à área de infraestrutura é inferior a 90.

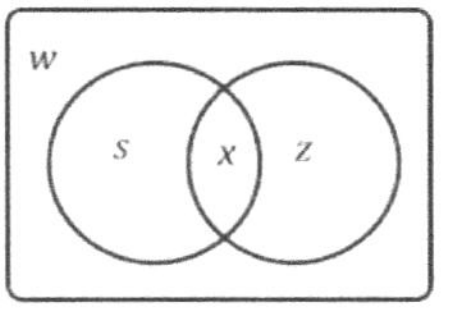

COMENTÁRIOS

Problema de lógica para o qual há a necessidade da utilização de equações matemáticas. Na sequência em que aparecem no enunciado, vamos tratar as informações.

- Processos arquivados = 450.

Estes processos estão distribuídos por todo o diagrama sugerido no enunciado. Conclusão: $w + s + x + z = 450$,

- Ou exclusivamente saúde ou exclusivamente infraestrutura = 300.

Seguindo o diagrama do enunciado, a parte destinada exclusivamente à saúde é "s" e exclusivamente à infraestrutura é a parte "z". Conclusão: $s + z = 300$.

- Não relacionados à infraestrutura = 210.

Destinado à infraestrutura é o somatório $x + z$ e o complementar, $w + z$, é a parte não relacionada à infraestrutura. Conclusão: $w + s = 210$.

- Relacionados à área de saúde = 160.

No diagrama, relacionado à saúde é o somatório $s + x = 160$.

Feita a interpretação do problema e as devidas conversões em equações matemáticas, seguimos na busca da quantidade de processos arquivados que não se referem nem à saúde nem à infraestrutura, ou seja, valor de w.

Para facilitar, seguem as equações.

- $w + s + x + z = 450$
- $s + z = 300$
- $w + s = 210$
- $s + x = 160$

Partimos para as substituições, levando em conta a repetição da incógnita s em todas as equações.

z = 300 – s **w = 210 – s** **x = 160 – s**	w + s + x + z = 450 (210 – s) + s + (160 – s) + (300 – s) = 450 (210 – s) + s + (160 – s) + (300 – s) = 450 670 – 2s = 450 2s = 220 s = 110

Com o valor de s, vamos calcular o valor de w.

s = 110	w = 210 – s w = 210 – 110 w = 100

Resposta: O número de processos não relacionados à saúde e nem à infraestrutura é igual a 100, logo, superior a 90.

Gabarito oficial: Item Errado

---

26. (CEBRASPE – TCDF – Analista Administrativo de Controle Externo – 2023) Em determinada data, 450 processos concluídos foram enviados para o arquivo geral. Verificou-se que 300 desses processos eram ou exclusivamente relacionados à área de saúde ou exclusivamente relacionados à área de infraestrutura, 210 não eram relacionados à área de infraestrutura e 160 eram relacionados à área de saúde.

Em relação à situação hipotética precedente e às operações com conjuntos, julgue o item a seguir.

O número de processos relacionados à área de infraestrutura é superior a 200.

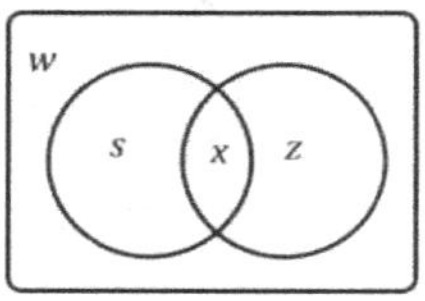

COMENTÁRIOS

Aproveitando a resolução da questão anterior, sabemos que:

- w + s + x + z = 450
- s + z = 300
- w + s = 210
- s + x = 160

Também conhecemos os valores de s, igual a 110, e o valor de w, igual a 100.

Passamos ao que nos foi solicitado nesta questão.

Processos relacionados à infraestrutura (I)	I = x + z

Para isso, precisamos dos valores de x e z.

Calcular o valor de x	s + x = 160 x = 160 – 110 x = 50
Calcular o valor de z	s + z = 300 z = 300 – 110 z = 190

Finalmente.

Processos relacionados à infraestrutura (I)	I = x + z I = 50 + 190 I = 240

Resposta: O número de processos relacionados à área de infraestrutura é igual a 240, logo, superior a 200.

Gabarito oficial: Item Correto

---

27. (FGV – TCE/BA – Auditor Estadual de Controle Externo – 2023) O entrevistador da PNAD (Pesquisa Nacional por Amostra de Domicílios) está fazendo a entrevista com o sr. João:

- Entrevistador: Quantos filhos maiores de 18 anos o senhor tem?
  - Sr. João: Três.
- Entrevistador: Todos trabalham?
  - Sr. João: Não.

A partir do diálogo acima é correto concluir que:

a) nenhum dos filhos de João trabalha;

b) os três filhos de João estudam;

c) pelo menos um filho de João estuda;

d) pelo menos um filho de João não trabalha;

e) apenas um filho de João não trabalha.

COMENTÁRIOS

Análise das alternativas.

a) nenhum dos filhos de João trabalha;

João disse que não são todos que trabalham, não significa que os três filhos não trabalham.

Alternativa errada.

b) os três filhos de João estudam;

Não existe nenhuma referência sobre os filhos de João estudarem ou não.

Alternativa errada.

c) pelo menos um filho de João estuda;

Conforme justificativa na alternativa anterior, nada podemos afirmar sobre os filhos de João estudarem ou não.

Alternativa errada.

d) pelo menos um filho de João não trabalha;

Quando João diz que não são todos os filhos que trabalham sem qualquer complemento para a informação, as hipóteses são: 1 filho não trabalha ou 2 filhos não trabalham ou ainda os 3 filhos não trabalham. Para qualquer hipótese cabe a conclusão de que pelo menos um não trabalha.

Alternativa correta.

e) apenas um filho de João não trabalha.

Conforme dito na alternativa "d", esta é uma hipótese possível, porém, não conclusiva.

Alternativa errada.

Gabarito oficial: Letra D

6. RACIOCÍNIO ANALÍTICO

O raciocínio analítico, conforme sugere o próprio nome, fundamenta-se na análise da situação apresentada explícita ou implicitamente, porém, sem criar novos fatos.

A novidade começou com a Fundação Carlos Chagas na prova para Agente Fiscal de Rendas do Estado de São Paulo no ano de 2013. Naquela ocasião, o edital denominou "raciocínio crítico". A Cespe adotou a novidade e cobrou, de forma mais elaborada, em 2015, para Auditor do Tribunal de Contas da União, porém, sob a nomenclatura "raciocínio analítico".

A partir da disciplina, a banca examinadora pretende testar a habilidade de o candidato avaliar a estrutura argumentativa e inferir o que está subentendido ou, ainda, confirmar uma hipótese sugerida pelo examinador. Objetiva avaliar também a capacidade de o concursando limita-se às premissas propostas no texto sem a inserção de conhecimentos prévios ou opiniões particulares acerca do tema.

As ferramentas a serem utilizadas são principalmente a interpretação e os conhecimentos sobre os conceitos básicos em relação à lógica proposicional e associação lógica.

---

28. (FCC – Auditor Público Externo – Ciências Jur. e Sociais – TCE – RS/2018) Considere o seguinte fato: Há verbos que, em decorrência de seu sentido lógico, permitem presumir uma ideia que não vem expressa de modo explícito nas frases em que se encontram. Essa ideia é parte integrante do sentido da frase.

Analise, então, as frases que seguem.

I. Ao final, competia ao mais jovem a difícil decisão.

II. A cada ação humanitária, eleva-se a esperança dos imigrantes.

III. Depois de muitas aventuras, bem e malsucedidas, retornou à advocacia.

IV. Com os novos dados, os investidores apressaram as negociações.

É correto afirmar que, pelo motivo exposto, há informação implícita em:

a) I, II, III e IV.

b) I, II e IV, apenas.

c) II, apenas.

d) IV, apenas.

e) I e III, apenas.

COMENTÁRIOS

O Raciocínio Analítico está fundamentado na argumentação, parte integrante do Raciocínio Lógico, e que em muito se confunde com interpretação de texto.

Não há necessidade de aprofundamento no estudo teórico do tema, mesmo porque adentraremos no campo da filosofia, o que está fora do escopo do candidato, cujo objetivo é acertar a questão e conquistar a aprovação no concurso público.

Assim, devemos prestar atenção ao enunciado, entender o que é solicitado e, sem receio de errar, fazer o que se pede.

"Considere o seguinte fato: Há **verbos** que, em decorrência de seu sentido lógico, permitem presumir uma **ideia que não vem expressa** de modo explícito nas frases em que se encontram. Essa ideia é parte integrante do sentido da frase".

As poucas palavras em negrito revelam o que o examinador está solicitando: Verificar se o verbo revela implicitamente uma ideia diferente daquela expressa na oração.

I. Ao final, competia ao mais jovem a difícil decisão.

O tempo do verbo "competir" deixa claro que na época passada a difícil decisão estava sob sua competência. Infere-se que no tempo presente não mais compete a ele tal competência.

II. A cada ação humanitária, eleva-se a esperança dos imigrantes.

O verbo define a relação de proporcionalidade entre "ação humanitária" e "esperança dos imigrantes", ou seja, esta está elevando-se em função daquela. Então, mesmo não expresso na oração, concluímos que a esperança estaria baixa.

III. Depois de muitas aventuras, bem e malsucedidas, retornou à advocacia.

O verbo retornar, sentido de regressar, traz consigo duas informações, uma explicita: retomada da profissão de advogado, outra implícita, em um momento anterior largou a advocacia.

IV. Com os novos dados, os investidores apressaram as negociações.

Vejamos o verbo "Apressaram". Do modo como foi empregado infere-se que as negociações foram apressadas porque estavam caminhando em ritmo lento, portanto, a informação não expressa revela que antes de conhecer os novos dados, as negociações caminhavam lentamente.

Resposta: Todas as quatro afirmativas, além da informação expressa trazem outra implícita.

Alternativa correta: letra "a" (responde as demais alternativas).

29. (FCC – Auditor Público Externo – Ciências Jur. e Sociais – TCE – RS/2018) Análises consistentes do material recolhido, realizadas por mais de um órgão legalmente credenciados, comprovam que há severa contaminação do solo na área periciada. A lei exige que todos os solos contaminados sejam interditados assim que forem caracterizados como tal. Desta forma e presentes os requisitos legais, é de rigor que seja decretada a imediata interdição da referida área.

Considerado o processo argumentativo instaurado nas linhas acima, é correto afirmar que, nelas:

a) os argumentos articulam-se na seguinte sequência, respectivamente: uma premissa maior, uma premissa menor e uma conclusão.

b) não há sustentabilidade para a afirmação presentes os requisitos legais, o que torna falacioso o raciocínio desenvolvido.

c) o raciocínio desenvolvido contempla ideia de valor universal e ideia de veracidade, a darem substância à conclusão que delas decorre.

d) a conclusão necessária à finalização do raciocínio não vem, como exige a norma, introduzida por meio da conjunção "Logo", o que prejudica o encadeamento lógico das ideias.

e) há comprometimento da sua finalidade, que é o convencimento do leitor ou ouvinte, pois não expressam com a devida concisão as proposições do método indutivo desenvolvido.

COMENTÁRIOS

O processo argumentativo, assim definido pelo examinador, é composto por três proposições delimitadas por pontos finais que estão correlacionadas face à similaridade da informação. A esta construção denominamos silogismo.

Silogismo
Estrutura composta por três proposições, sendo duas premissas (premissa maior e premissa menor) e conclusão. Vale ressaltar que a conclusão se fundamenta estritamente nas duas premissas que a antecedem.

a) os argumentos articulam-se na seguinte sequência, respectivamente: uma premissa maior, uma premissa menor e uma conclusão.

O silogismo articula-se, em sua estrutura padrão, exatamente como declarado na afirmativa, entretanto, o enunciado inverteu a ordem das premissas.

Premissa menor	Análises consistentes do material recolhido, realizadas por mais de um órgão legalmente credenciados, comprovam que há severa contaminação do solo na área periciada.	Indica parte do universo (solo periciado).
Premissa maior	A lei exige que todos os solos contaminados sejam interditados assim que forem caracterizados como tal.	Declara o universo (todos os solos contaminados).
Conclusão	Desta forma e presentes os requisitos legais, é de rigor que seja decretada a imediata interdição da referida área.	Junção das premissas.

Alternativa errada.

b) não há sustentabilidade para a afirmação presentes os requisitos legais, o que torna falacioso o raciocínio desenvolvido.

A falácia é uma construção ardilosa com o propósito de enganar, não é o que se observa no silogismo proposto.

Um exemplo de raciocínio falacioso seria:

Premissa menor	Há severa contaminação do solo em alguma área periciada.
Premissa maior	A lei exige que todos os solos contaminados sejam interditados.
Conclusão	Toda área periciada deve ser interditada.

Houve a constatação de que alguma área periciada (e não toda) estava contaminada, portanto, não há necessidade de interdição total da área.

Alternativa errada

c) **o raciocínio desenvolvido contempla ideia de valor universal e ideia de veracidade, a darem substância à conclusão que delas decorre.**

O raciocínio contempla a ideia de valor universal na segunda premissa, premissa maior, "todos os solos contaminados", contempla a ideia de veracidade na premissa menor "há severa contaminação do solo na área periciada" e a conclusão decorre exclusivamente dessas proposições.

A alternativa está correta.

d) **a conclusão necessária à finalização do raciocínio não vem, como exige a norma, introduzida por meio da conjunção "Logo", o que prejudica o encadeamento lógico das ideias.**

Totalmente dispensável o termo "logo". Poderia ser substituído por sinônimos, como foi o caso, ou mesmo implícito, é uma questão de semântica.

Alternativa errada.

e) **há comprometimento da sua finalidade, que é o convencimento do leitor ou ouvinte, pois não expressam com a devida concisão as proposições do método indutivo desenvolvido.**

Em suma, a afirmação diz que a falta de concisão acaba por comprometer aquilo que se pretende, ou seja, convencer o leitor ou ouvinte. Não faz sentido ser mais ou menos conciso, em ser mais ou menos prolixo, em ser mais ou menos redundante, para o convencimento do interlocutor.

Ainda, o silogismo é um raciocínio dedutivo e não indutivo.

O método indutivo parte do conhecimento singular e extrapola para o universo em questão. Para melhor compreensão, pense nas pesquisas por amostragem onde o resultado de uma parcela fundamenta a caracterização do todo.

Alternativa errada.

Alternativa correta: letra "c" (responde as demais alternativas).

---

30. (FCC – Auditor Público Externo – Ciências Jur. e Sociais – TCE – RS/2018) Tem-se, a seguir: I. trecho de reclamação de um consumidor dirigida à direção de uma casa comercial;

II. resposta da empresa.

I. Os fatos acima relatados exigem que o produto que adquiri seja trocado com urgência. Pergunto, ainda: Por que o chefe do setor de eletrodomésticos me comunicou, há uma semana, em minha terceira ida à loja, que o gerente não tinha esquecido da reclamação que encaminhei anteriormente? Segundo outros clientes, a resposta à minha pergunta nunca será conhecida.

II. Sabemos que é importante manter o diálogo com nossos clientes. E agradecemos quando eles vêm ao nosso encontro. Recebemos sua reclamação e lamentamos não poder atendê-lo. Entretanto, ratificamos o compromisso assumido de estar sempre atentos às insatisfações daqueles que nos procuram.

Observada a arquitetura verbal de I e II, o único comentário ILEGÍTIMO é:

a) O emprego de *Segundo outros clientes* protege o consumidor-reclamante da responsabilidade pela afirmação feita na frase iniciada pelo segmento.

b) Em *Sabemos que é importante manter o diálogo com nossos clientes*, o significado do verbo inicial dá suporte ao entendimento de que, para quem se expressa na frase, o segmento destacado indica não um simples evento, mas um fato, afirmado como verdade.

c) Em *lamentamos não poder atendê-lo*, tem-se um recurso retórico para anunciar ao consumidor que seu pleito não será atendido, tentativa de atenuar o efeito da recusa.

d) A formulação da pergunta do cliente admite duas interpretações - ele busca entender a) por qual motivo o chefe da seção lhe teria dito algo sobre o gerente; b) o que o gerente teria feito que justificasse dizer que não havia esquecido a reclamação feita -, mas o contexto elimina uma delas.

e) Na progressão do texto, a frase final de II constitui em um argumento para refutar a possível insatisfação do cliente provocada pelo que se diz em *lamentamos não poder atendê-lo*.

COMENTÁRIOS

a) **O emprego de *Segundo outros clientes* protege o consumidor-reclamante da responsabilidade pela afirmação feita na frase iniciada pelo segmento.**

Dadas as limitações que permitiriam a completa contextualização, a afirmação mostra-se legítima uma vez que, após questionar a comunicação proferida pelo chefe de setor, o consumidor-reclamante responsabiliza outros clientes a darem origem ao que foi perguntado.

A estrutura argumentativa transfere a responsabilidade do interlocutor para outro.

O comentário é legítimo e não é a alternativa procurada.

b) **Em *Sabemos que é importante manter o diálogo com nossos clientes*, o significado do verbo inicial dá suporte ao entendimento de que, para quem se expressa na frase, o segmento destacado indica não um simples evento, mas um fato, afirmado como verdade.**

O verbo saber tem significado de possuir conhecimento. É diferente de expressar opinião, uma crença, uma ideia, dar um palpite ou conjecturar sobre algo.

Iniciar a frase com "sabemos" minimiza o sentido de eventualidade e da veracidade àquilo que se segue na frase, inclusive, considerando-o como fato real, conforme descrito na afirmativa.

O comentário é legítimo e a alternativa não é a resposta da questão.

c) **Em *lamentamos não poder atendê-lo*, tem-se um recurso retórico para anunciar ao consumidor que seu pleito não será atendido, tentativa de atenuar o efeito da recusa.**

Entendemos que retórica, mais do que expressar-se de forma elegante, é manter a clareza e persuasão em relação à mensagem transmitida.

Veja a diferença na comunicação:

- Não podemos atendê-lo.
- Lamentamos não poder atendê-lo

A mensagem é a mesma, porém, atenuada no segundo caso. Esta é exatamente a afirmação formulada na alternativa.

O comentário é legítimo e a alternativa não é a resposta da questão.

d) **A formulação da pergunta do cliente admite duas interpretações - ele busca entender a) por qual motivo o chefe da seção lhe teria dito algo sobre o gerente; b) o que o gerente teria feito que justificasse dizer que não havia esquecido a reclamação feita -, mas o contexto elimina uma delas.**

A pergunta do cliente admite duas interpretações? Quais seriam?

- Por qual motivo o chefe da seção lhe teria dito algo sobre o gerente.

  Sim. O cliente perguntou por qual razão o chefe do setor teria dito que o gerente não havia esquecido a sua reclamação.

- O que o gerente teria feito que justificasse dizer que não havia esquecido a reclamação feita.

  Sim. Ele queria saber por que o gerente não havia esquecido a reclamação uma vez que, segundo outros clientes, não haveria um retorno por parte dele.

A contextualização, na mesma linha de interpretação da pergunta do cliente, confirma a existência de duas interpretações, contrário ao que se afirma.

O comentário é ilegítimo, portanto, a alternativa está correta.

e) **Na progressão do texto, a frase final de II constitui em um argumento para refutar a possível insatisfação do cliente provocada pelo que se diz em *lamentamos não poder atendê-lo*.**

Vejamos o que diz a parte final da resposta da empresa:

"Sabemos que é importante manter o diálogo com nossos clientes. E agradecemos quando eles vêm ao nosso encontro. Recebemos sua reclamação e lamentamos não poder atendê-lo. Entretanto, ratificamos o compromisso assumido de estar sempre atentos às insatisfações daqueles que nos procuram".

Está correta a afirmação sobre o desfecho da resposta da empresa. Houve, no momento precedente, a recusa de um pedido do cliente, então, com o objetivo de amenizar uma reação negativa, que certamente aconteceria, a empresa manifesta-se preocupada com as reclamações, talvez implicitamente, procurando não mais errar.

O comentário é legítimo e a alternativa não é a resposta da questão.

Alternativa correta: letra "d" (responde as demais alternativas).

31. (CESPE – Auditor TCU – 2015) Julgue o item a seguir com base nas características do raciocínio analítico e na estrutura da argumentação.

A superstição segundo a qual passar debaixo de escada traz azar ilustra uma relação equivocada entre uma causa e um efeito.

COMENTÁRIOS

✪ **Nota do autor:** O objetivo é validar a hipótese sugerida pelo examinador na qual existe uma relação equivocada de causa e efeito. Esta afirmação de que existe uma relação equivocada pode ser traduzida para "não existe relação de causa e efeito".

Segundo o texto, passar debaixo da escada seria a causa cujo efeito seria trazer azar. Entretanto, não há conexão percebida entre os eventos, ou seja, não há relação entre eles.

Vamos tomar um exemplo alheio à questão e verificar o nexo causal. O aluno tirou nota zero na prova porque estava colando. Aqui é evidente que a prática de colar durante a prova é causa para tirar nota zero.

Retomando a questão, o examinador fortalece a ideia de falta de causalidade ao afirmar que se trata de superstição, ou seja, crença não fundamentada. Superstição significa presságio que se tira de acidentes e circunstâncias meramente fortuitas (dicionário eletrônico Priberam).

Fica, então, confirmada a hipótese do examinador de que a relação é equivocada.

O mesmo assunto pode ser analisado por meio da lógica proposicional, segunda a qual, a relação entre causa e efeito é representada pela proposição composta condicional "se <causa>, então <efeito>". A proposição subentendida é "Se passar debaixo de escada, então terá azar". Tal proposição composta não é verdadeira, uma vez que não existe relação entre causa e efeito. A pessoa pode passar debaixo da escada e, ainda assim, não ter azar. A construção é falaciosa.

Resposta: A relação de causa e efeito entre passar debaixo da escada e ter azar faz parte do imaginário popular. É uma relação equivocada.

Gabarito oficial: Item Correto (responde as demais alternativas).

32. (CESPE – Auditor TCU – 2015) Julgue o item a seguir com base nas características do raciocínio analítico e na estrutura da argumentação.

A pergunta complexa: "Você deixou de roubar dinheiro de seus pais?" se baseia na pressuposição de que o interlocutor a quem essa pergunta se dirige não rouba mais dinheiro de seus pais.

COMENTÁRIOS

✪ **Nota do autor:** A pergunta complexa agrega dois conteúdos e tem a intenção de fazer com que o interlocutor, ao responder, não exprima a realidade total dos fatos. É um artifício falacioso bastante empregado por políticos e advogados.

Ao questionar se a pessoa deixou de roubar dinheiro de seus pais, a simples resposta afirmativa ou negativa pode não refletir a realidade. Imagine uma situação hipotética em que a pessoa continue praticando o ato de roubar de seus pais, mas não dinheiro em espécie e sim objetos pessoais. Qual seria a resposta a ser dada neste caso? A resposta afirmativa inclui roubar "dinheiro" e a resposta negativa pressupõe que não pratica mais roubo. Ambas as respostas são meias verdade.

Feitos os Comentários acerca de perguntas complexas, observe que a questão, na verdade, afirma que existe um fato anterior que sugeriu o interrogatório. O pressuposto apontado pelo examinador é que o interlocutor, a quem essa pergunta se dirige, não rouba mais dinheiro de seus pais.

O pressuposto está errado, mesmo porque a interrogação insinua dúvida quanto ao fato de continua ou não roubando, razão pela qual ele está sendo interrogado.

O fato que se entende conhecido e que motivou a pergunta é que no passado o interlocutor roubava dinheiro de seus pais. O examinador ao usar a expressão "deixou de roubar" sugere que o fato acontecia no passado e que existe dúvida quanto a sua permanência no momento presente.

Resposta: O lastro para a pergunta não está no pressuposto de que o interlocutor não rouba mais dinheiro de seus pais, mas sim que a ação "roubar" ocorria no passado.

Gabarito oficial: Item Errado.

33. (CESPE – Auditor TCU – 2015) Julgue o item a seguir com base nas características do raciocínio analítico e na estrutura da argumentação.

A seguinte situação é um exemplo de apelo popular: "Dentro do metrô, um rapaz começa a pedir ajuda aos demais passageiros para pagar sua passagem de volta para casa. Sua justificativa para essa atitude é o fato de ter sido assaltado e não ter um centavo".

COMENTÁRIOS

✪ **Nota do autor:** O que o rapaz está fazendo dentro do metrô é exatamente o que se entende por apelo, ou seja, perante aos demais passageiros ele faz um chamamento, uma súplica.

Em raciocínio lógico, acrescentaríamos que a argumentação é falaciosa, uma vez que a informação não está alicerçada em premissas. Nada garante que o rapaz tenha sido assaltado.

Entretanto, o erro do examinador está em qualificar a palavra "apelo" como popular. O apelo é particular. O rapaz tenta sensibilizar a população que está dentro do metrô. A situação descrita, em lógica, é denominada apelo à piedade.

Resposta: A situação não descreve a opinião da população como instrumento de convencimento, portanto, não é um exemplo de apelo popular.

Gabarito oficial: Item Errado.

34. (CESPE – Auditor TCU – 2015) Julgue o item a seguir com base nas características do raciocínio analítico e na estrutura da argumentação.

Adotando-se o processo de inferência do tipo indutivo, usado em ciências experimentais, parte-se do particular para o geral, ou seja, a partir da observação de casos particulares, chega-se a uma conclusão que os transcende.

COMENTÁRIOS

✪ **Nota do autor:** O processo de inferência subdivide-se em dedutivo e indutivo.

Na inferência dedutiva, as premissas são suficièntes para garantir a veracidade da conclusão. A argumentação é válida na medida em que a informação é absorvida do todo (premissas) para inferir a respeito do elemento particular (conclusão).

Na inferência indutiva, citada no enunciado, há informação suficiente para garantir a verdade das premissas, o que torna provável a verdade da conclusão. Neste caso, a observação e conhecimento das partes deixa implícito o conhecimento do todo.

A diferença principal entre os tipos de inferência é que a conclusão está totalmente respaldada no método dedutivo enquanto no método indutivo são as premissas que estão totalmente respaldadas as quais servem de fundamento para conclusão.

O método indutivo é bastante aplicado em ciências experimentais, conforme se lê no texto, com o apoio da estatística. Por exemplo, a partir da análise por amostragem chega-se à conclusão sobre o todo, a isso chamamos inferência indutiva.

Resposta: O processo indutivo é usado nas ciências experimentais. Fundamenta-se na análise do particular transcendendo para o geral.

Gabarito oficial: Item Correto.

35. (CESPE – Auditor TCU – 2015) Julgue o item a seguir com base nas características do raciocínio analítico e na estrutura da argumentação.

Não estão explicitamente declaradas duas premissas do argumento que embasa a seguinte afirmação: "A empresa Z não respeita seus funcionários porque não lhes paga em dia".

COMENTÁRIOS

✪ **Nota do autor:** Vejamos quais são as premissas (explicita e implícita) necessárias para fundamentar a conclusão, ou seja, a estrutura lógica da argumentação.

- Premissa 1 (explícita): A empresa Z não paga em dia seus funcionários.
- Premissa 2 (implícita): Empresas que não pagam seus funcionários em dia, desrespeitam-nos.

· Conclusão: A empresa Z não respeita seus funcionários.

Portanto, são duas premissas que justificam a conclusão, uma explicita e outra implícita.

Resposta: A afirmação estaria correta se assim fosse: Não está explicitamente declarada uma premissa do argumento que embasa a afirmação.

Gabarito oficial: Item errado

7. RACIOCÍNIO MATEMÁTICO

36. (FGV – TCE/PA – Auxiliar Técnico de Controle Externo – 2024) Sabe-se que:

I. 3 gatos valem 51;

II. 2 cães e meio valem 35;

III. 1 gato + 1 cão + 1 passarinho valem 40.

O valor de 4 passarinhos é:

a) 48.

b) 44.

c) 40.

d) 36.

e) 32.

COMENTÁRIOS

Resolução simples e direta.

3 gatos valem 51	Gato (G) = 51/3 = 17
2 cães e meio valem 35	Cão (C) = 35/2,5 = 14
1 gato + 1 cão + 1 passarinho valem 40	G + C + P = 40 17 + 14 + P = 40 P = 9

Resposta: O valor de 4 passarinhos (4 . 9) é igual a 36.

Gabarito oficial: Letra D

37. (CEBRASPE – TCE/AC – Analista de Tecnologia da Informação – Área Gestão de Dados – 2024) A seguir, a figura I apresenta o conjunto U e três subconjuntos identificados por A, B e C, e as figuras II e III destacam subconjuntos específicos do conjunto U.

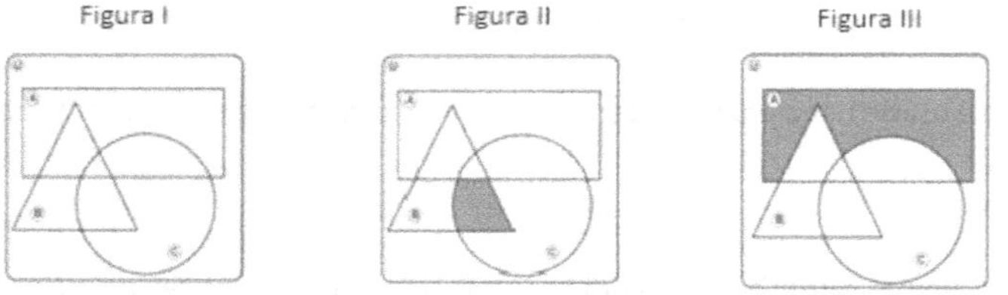

Com base nessas informações, julgue o item seguinte, relacionados à descrição dos subconjuntos destacados nas figuras II e III.

O subconjunto destacado na figura II pode ser expresso como [(C ∩ B) – A].

COMENTÁRIOS

A resolução da expressão acerca de conjuntos segue as regras matemáticas de prioridade, primeiro os parênteses, após os colchetes.

Parênteses (C ∩ B)	Figura I 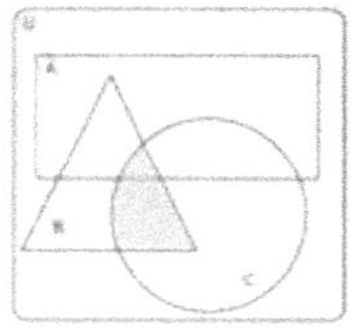

Acima, na intersecção, foi selecionada a área comum entre os conjuntos B e C.

Parênteses [(C ∩ B) – A]	Figura I 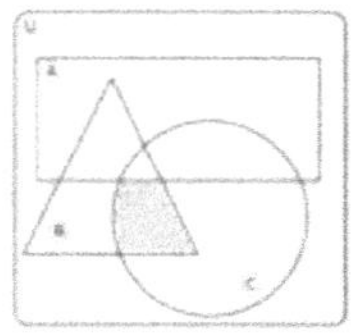

Da área selecionada, resultado da operação entre parênteses, foi excluída, por subtração, a área pertencente ao conjunto A.

Resposta: O subconjunto destacado na figura II pode ser expresso como [(C ∩ B) – A].

Gabarito oficial: Item Certo

---

38. (CEBRASPE – TCE/PR – Auditor de Controle Externo – Área Administrativa – 2024) Ao analisar uma amostra de 130 contratos, um auditor concluiu que em 12 deles havia algum vício grave, passível de ensejar o vencimento antecipado do contrato; em 26 havia algum vício médio, cuja correção permitiria a execução do contrato até o fim; e em 43 havia algum vício leve, que não precisaria de correção para a execução do contrato.

Nessa situação, o maior número possível de contratos em que não havia nenhum dos vícios mencionados é igual a

a) 49.

b) 81.

c) 87.

d) 104.

e) 118.

COMENTÁRIOS

Observe o trecho retirado da parte final do enunciado *"...o maior número possível de contratos..."*, significa que precisamos maximizar a quantidade sem qualquer vício.

Agora a ordem normal, voltando ao início de enunciado.

O total de contratos analisados é igual a 130, desses:

- 12 têm algum vício grave;
- 26 têm algum vício médio;
- 43 têm algum vício leve.

Em nenhum momento foi especificado que o contrato que tem vício grave não pode ter, ao mesmo tempo, vicio médio, ou ainda, o contrato ter as três graduações de vício.

Para maximizar o número de contratos livres de qualquer vício, assumimos que aqueles 43 com vício leve abarcam também as outras duas graduações de vício.

Neste caso, subtraindo do total de contratos, igual a 130, os 43 com vício leve (nestes incluem-se os contratos de vício médio e grave), restam 87 contratos livres de vício.

Resposta: O maior número possível de contratos sem nenhum dos vícios mencionados é igual a 87.

Gabarito oficial: Letra C

39. (FGV – TCE/PA – Auditor de Controle Externo – Área Administrativa - Gestão Governamental – 2024) O campeonato interestelar de *wongwong* será disputado por 24.225 jogadores. Cada partida de *wongwong* é disputada por dois jogadores e, como resultado, ao final há um vencedor e um perdedor. O campeonato será todo eliminatório, ou seja, em cada partida o perdedor é eliminado e o vencedor prossegue na disputa.

Assim, o número de partidas desse campeonato será igual a

a) 24.224.

b) 100.640.

c) 120.460.

d) 412.224.

e) 1.024.316.

COMENTÁRIOS

Um provável candidato que respondeu rapidamente esta questão foi aquele que joga de tênis. Normalmente os campeonatos de tênis têm este formato: Todos os jogos são eliminatórios.

E, sempre para esta formatação, a quantidade de jogos será o número de participantes menos uma unidade.

Número de Jogos (J)	J = 24.225 – 1 J = 24.224

E se a banca apresentar número par de participantes? Mesma coisa, basta subtrair uma unidade.

Veja alguns exemplos:

2 Jogadores	**3 Jogadores**	**4 Jogadores**	**5 Jogadores**	**6 Jogadores**
1 Partida	**2 Partidas**	**3 Partidas**	**4 Partidas**	**5 Partidas**
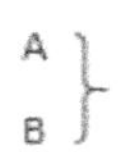	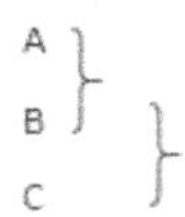	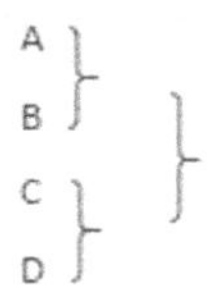	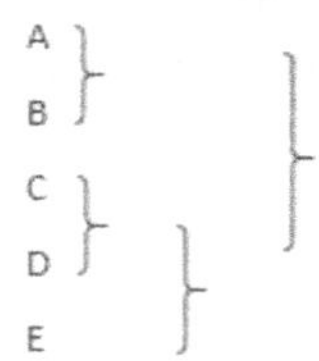	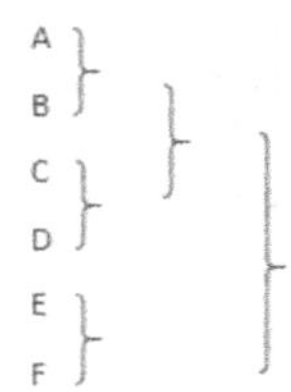

Resposta: O número de partidas desse campeonato será igual a 24.224.

Gabarito oficial: Letra A

40. (FGV – TCE/SP – Auxiliar Técnico de Fiscalização - TI – 2023) Em um dado comum, a soma dos números de duas faces opostas é sempre 7. A figura abaixo mostra dois dados sobre um plano colados por uma face.

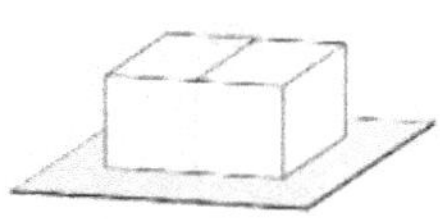

As faces coladas possuem mesmo número e a soma das seis faces laterais visíveis é 18. O número das faces coladas é:

a) 1;

b) 2;

c) 3;

d) 4;

e) 5.

COMENTÁRIOS

Questões pra pensar e colocar em prática nossa habilidade de raciocínio é uma especialidade da FGV. Nesta, fazendo algumas tentativas, erros e acertos, provavelmente você chegará ao resultado correto, mas quanto tempo vai gastar para isso?

Normalmente as informações dadas são nosso ponto de partida, são elas:

- A soma das faces opostas de um dado é sempre 7.
- As faces coladas possuem mesmo número.
- A soma das seis faces laterais visíveis é 18.

A primeira informação é comum de todos os dados, a segunda repete aquilo que está no desenho, já a terceira tem ares de maior relevância. Por essa razão, vamos estudar estas faces laterais visíveis.

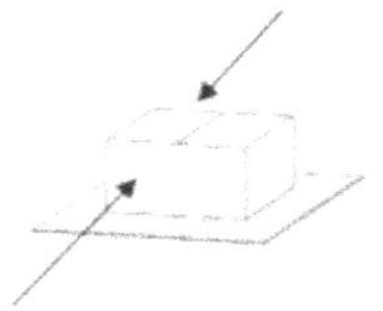	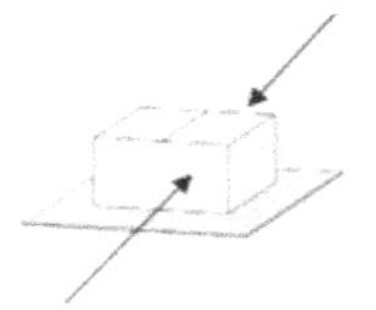

Das seis faces laterais visíveis identificamos dois pares de faces opostas e, como afirmado no enunciado, a soma é igual a 7.

Dois pares de faces e seus opostos	7 + 7 = 14

Também foi dito que as faces coladas tem o mesmo valor, logo, suas opostas tem mesmo valor. Estas opostas à face colada são as últimas duas que completam o conjunto das seis faces laterais visíveis cuja soma é igual a 18.

Opostas às faces coladas	18 – 14 = 4
Cada uma delas vale 2	

Dessa maneira e considerando a soma 7 de faces opostas, as faces coladas levam o número 5.

Resposta: O número das faces coladas é igual a 5.

Gabarito oficial: Letra E

41. (FCC – Auditor Público Externo – Ciências Jur. e Sociais – TCE – RS/2018) Giovanni e sua esposa moram em uma cidade que possui 25 pizzarias. Em todos os sábados do ano passado, eles jantaram em uma pizzaria, sempre na cidade em que residem. A partir dessas informações, é correto concluir que, necessariamente, no ano passado, Giovanni e sua esposa

a) estiveram mais de duas vezes em pelo menos uma pizzaria da cidade.
b) estiveram pelo menos duas vezes em cada pizzaria da cidade.
c) nunca repetiram a pizzaria em seus jantares de sábado.
d) jantaram pelo menos 25 vezes na mesma pizzaria.
e) não jantaram todos os sábados na mesma pizzaria.

COMENTÁRIOS

Apesar da classificação da questão como Raciocínio Matemático, a lógica é que mais vai pesar. Neste caso em específico o raciocínio prevalece enquanto a matemática será coadjuvante.

Pelo exposto, há alguma convicção e incerteza também:

- Certezas:

- A cidade possui 25 pizzarias.
- O casal janta em uma pizzaria todos os sábados do ano.
- Sempre na cidade em que residem.

- Dúvidas:
  - Em qual das 25 pizzarias eles jantam aos sábados?
  - Jantam sempre na mesma pizzaria?
  - Restringem os jantares em algumas poucas pizzarias selecionadas
  - A cada final de semana alteram a pizzaria?

As informações são restritas e, apenas com elas, passamos a analisar qual das alternativas, necessariamente, está correta.

a) estiveram mais de duas vezes em pelo menos uma pizzaria da cidade.

Se Giovanni e sua esposa repetirem o jantar na mesma pizzaria em dois sábados do ano, a alternativa está correta. Porém, como saber, uma vez que o problema não informa, se houve repetição de pizzaria?

Primeiro, quantos sábados há no ano? Para isso uma conta rápida com valores aproximados: Pressupondo que o mês tem quatro semanas e meia, logo, a quantidade de sábados será o produto de 4,5 por 12, igual a 54 (valor aproximado). Caso não saiba, o ano tem 52 semanas e 1 dia.

Presumindo que sejam 54 sábados e que existam apenas 25 pizzarias, obrigatoriamente o casal terá que repetir o jantar em alguma pizzaria.

Caso jantem sempre em uma única pizzaria, haverá repetição de pelo menos uma pizzaria e a alternativa é verdadeira. Caso jante sempre em 5 pizzarias de sua preferência, depois de 5 finais de semana, irá repetir uma daquelas em que já esteve, o que torna a alternativa verdadeira. Ainda, caso jante em todas as pizzarias, cada sábado em uma diferente, a partir do 26º sábado obrigatoriamente repetirá uma das pizzarias em que esteve, portanto, confirma a situação descrita na alternativa.

A alternativa está correta.

b) estiveram pelo menos duas vezes em cada pizzaria da cidade.

Uma situação hipotética seria o casal jantar sempre na mesma pizzaria, o que invalida a afirmativa proposta.

Alternativa errada.

c) nunca repetiram a pizzaria em seus jantares de sábado.

Conforme demonstrado na alternativa A, a existência de maior quantidade de sábados do que pizzarias faz com que, obrigatoriamente, o casal jante em pelo menos uma pizzaria mais de uma vez.

Alternativa errada.

d) jantaram pelo menos 25 vezes na mesma pizzaria.

A situação é possível, porém não é uma certeza. A mudança de pizzaria a cada sábado, que é perfeitamente viável, invalida a afirmativa proposta.

Alternativa errada.

e) não jantaram todos os sábados na mesma pizzaria.

Por duas vezes, nas explicações das alternativas precedentes, foi proposta uma situação contrária ao que se afirma.

Como não há restrição no enunciado da questão em relação à escolha da pizzaria, poderia o casal ter jantado todos os sábados do ano na mesma pizzaria.

Alternativa errada.

Alternativa correta: letra "a" (responde as demais alternativas).

8. OPERAÇÕES E EQUAÇÕES MATEMÁTICAS

42. (VUNESP – TCM/SP – Auxiliar Técnico de Controle Externo – Suporte Administrativo – 2023) Uma pessoa fará um investimento de R$ 5.000,00, em maquinário, para produzir determinado produto. Na tabela apresentada a seguir, y, em reais, representa a projeção do custo total de produção das primeiras x unidades desse produto.

x (*em unidades produzidas*)	*y* (*em reais: R$*)
0	5.000,00
5	5.020,00
10	5.040,00
15	5.060,00
20	5.080,00

Sabendo-se que esse investimento será efetuado para atender à produção inicial de 2 573 unidades desse produto, o custo total dessa produção inicial será de

a) R$ 10.292,00.
b) R$ 15.292,00.
c) R$ 35.323,00.
d) R$ 55.354,20.
e) R$ 65.354,20.

COMENTÁRIOS

Observemos a tabela e vamos desconsiderar o valor do investimento inicial de R$ 5.000,00 para trabalhar apenas o custo por unidade.

- 5 unidades = 20,00
- 10 unidades = 40,00
- 15 unidades = 60,00

Dividindo o valor pela quantidade de produto, apuramos o custo variável por unidade, igual a R$ 4,00, ainda, percebemos que a proporcionalidade se mantém, independente da quantidade produzida.

Vamos extrapolar o valor para a produção de 2573 unidades.

Custo Total (T)	T = Custo Variável + Custo Fixo T = (2573 . 4) + 5000 T = 10292 + 5000 T = 15.292,00

Resposta: Para atender à produção inicial de 2.573 unidades do produto, o custo total dessa produção inicial será de R$ 15.292,00.

Gabarito oficial: Letra B

43. (FGV – TCE/TO – Assistente de Controle Externo – 2022) Considere o sistema:

$$\begin{cases} x + y + 5z = 0 \\ x + 5y + z = 14 \\ 5x + y + z = 28 \end{cases}$$

O valor de x é:

a) 3/2;
b) 5/2;
c) 7/2;
d) 9/2;
e) 11/2;

COMENTÁRIOS

A melhor maneira para a resolução de sistema com três equações e três incógnitas é utilizando a regra de Cramer, ou seja, por meio dos determinantes. Entretanto, como cobranças desse tipo em provas para os Tribunais de Contas não são tão comuns, optamos por resolver pelo método da soma das equações.

Percebe que existe uma simetria entre as três equações? Cada uma delas tem duas incógnitas não acompanhadas de coeficiente e uma terceira com o mesmo coeficiente 5. Por essa razão, somamos as três para ver o que vai dar.

Parcelas da soma (equações)	$x + y + 5z = 0$ $x + 5y + z = 14$ $5x + y + z = 28$
Resultado da soma	$7x + 7y + 7z = 42$
Simplificar (÷7)	$x + y + z = 6$

Com um pouco de perspicácia, verificamos que para encontrar o valor de x, o isolamos na terceira equação "y + z". Assim, resta somente a incógnita x.

Isolar "y + z"	$5x + y + z = 28$ $y + z = 28 - 5x$

Vamos substituir naquela nova equação (resultado da soma).

Substituir "y + z"	$x + y + z = 6$ $x + 28 - 5x = 6$ $-4x = -22$ $x = 22/4$ $x = 11/2$

Resposta: O valor de x é 11/2.

Gabarito oficial: Letra E

9. RAZÃO, PROPORÇÃO, FRAÇÃO E PORCENTAGEM

44. (VUNESP – TCM/SP – Auxiliar Técnico de Controle Externo – Suporte Administrativo – 2023) Uma pesquisa, realizada em um município, identificou que, para cada grupo com 3 pessoas não vacinadas contra determinada doença, havia outro grupo com 8 pessoas vacinadas contra a mesma doença. Sabendo-se que a diferença entre os números de pessoas vacinadas e não vacinadas contra a doença em questão, naquele município, é de 455000 pessoas, é correto afirmar que o número total de pessoas, no município, é igual a

f) 800000.

g) 950000.

h) 1001000.

i) 1250000.

j) 1400000.

COMENTÁRIOS

Sabemos que de um grupo de 11 pessoas do município:

- 3 não são vacinadas
- 8 são vacinadas

Foi dito, completando os dados acima, que a diferença entre os números de pessoas vacinadas e não vacinadas é de 455000 pessoas.

Vamos trabalhar com a proporcionalidade em relação à diferença entre vacinados e não vacinados.

	Amostra	População
Vacinados	3	
Não vacinados	8	
Diferença	5	455000
Total	11	

O quadro demonstra todas as informações conhecidas, das quais usaremos a linha da diferença por estar completa e servir de referência e também a linha do total, porque é esta informação que buscamos.

	Amostra	População
Diferença	5	455000
Total	11	X

Aplicar a regra de três.

Multiplicação cruzada	5X = 455000 . 11 X = 91000 . 11 X = 1.001.000

Resposta: O número total de pessoas, no município, é igual a 1.001.000.

Gabarito oficial: Letra C

45. (VUNESP – TCM/SP – Auxiliar Técnico de Controle Externo – Suporte Administrativo – 2023) Certo vírus foi disseminado pela internet e, inicialmente, foram identificados cinco mil computadores infectados. A estimativa dos profissionais capacitados para resolver o problema é a de que o número y(x) de computadores infectados cresça até um valor máximo m e, a partir daí, ele comesse a cair, onde y(x) representa o número de computadores infectados após x dias do início da disseminação, com y(0) representando o número de computadores infectados inicialmente. Supondo-se que a razão entre a diferença y(x) – m e o quadrado da diferença x – 4 permaneça constante, e sabendo-se que 2 dias após o início da disseminação o número de computadores infectados era 9800, o valor máximo de computadores infectados, ou seja, o número m, é igual a

a) 9 900.

b) 10 800.

c) 11 400.

d) 12 200.

e) 14 600.

COMENTÁRIOS

Utilizar termos rebuscados, um pouco mais formais, dá à questão aparência de maior dificuldade do que realmente é.

Interpretação do enunciado:

- "A estimativa dos profissionais capacitados para resolver o problema é a de que o número y(x) de computadores infectados..."

Ou seja, a quantidade de computadores infectados é representada por y, este, por sua vez, tem variação em função da quantidade de dias (representado por x) após o início da infecção.

O enunciado aponta quantidades de computadores infectados.

Inicialmente, foram identificados cinco mil computadores infectados	Dia zero: x = 0	y(0) = 5.000
Sabendo-se que 2 dias após o início da disseminação o número de computadores infectados era 9800.	Segundo dia: x = 2	y(2) = 9.800

Ainda, segundo o enunciado, existe uma razão que é constante ao longo do período de infecção.

Supondo-se que a razão entre a diferença y(x) – m e o quadrado da diferença x – 4 permaneça constante.	$\frac{y(x) - m}{(x-4)^2}$

Onde:

- y é a quantidade de computadores infectados.
- x é a quantidade de dias a partir no início da infecção.
- m é a quantidade máxima de computadores infectados.

Sendo constante a razão acima, é válida a igualdade para a data de início da infecção em relação ao segundo dia.

y(0) = 5.000 y(2) = 9.800	$\frac{y(0) - m}{} = \frac{y(2) - m}{}$ $\frac{5.000 - m}{*} = \frac{9.800 - m}{*}$ $\frac{5.000 - m}{} = \frac{9.800 - m}{}$ $\frac{5.000 - m}{4} = \frac{9.800 - m}{1}$ $5.000 - m = 39.200 - 4m$ $3m = 34.200$ $m = 11.400$

✪ Nota dos autores

A leitura atenta de trechos do enunciado facilita a interpretação e, muitas vezes, direciona o candidato para a forma de resolução do problema.

Resposta: O valor máximo de computadores infectados, ou seja, o número m, é igual a 11.400.

Gabarito oficial: Letra C

---

46. (VUNESP – TCM/SP – Auxiliar Técnico de Controle Externo – Suporte Administrativo – 2023) Três máquinas iguais, trabalhando no mesmo ritmo e simultaneamente, produzem 1500 unidades de determinado produto em exatamente uma hora e meia de trabalho. Para produzir 3000 unidades desse mesmo produto, nas mesmas condições de trabalho, é esperado que apenas duas dessas máquinas realizem o serviço em, no mínimo,

a) 2 horas e 00 minutos.

b) 2 horas e 10 minutos.

c) 3 horas e 40 minutos.

d) 4 horas e 30 minutos.

e) 4 horas e 50 minutos.

COMENTÁRIOS

Sabemos que:

- Três máquinas iguais, trabalhando no mesmo ritmo e simultaneamente, produzem 1500 unidades de determinado produto em exatamente uma hora e meia de trabalho.

Máquinas	Unidades Produzidas	Tempo
3	1500	1h e 30min

- Para produzir 3000 unidades desse mesmo produto, nas mesmas condições de trabalho, é esperado que apenas duas dessas máquinas realizem o serviço.

Máquinas	Unidades Produzidas	Tempo
3	1500	1h e 30min
2	3000	X horas

Bom, face ao contexto, fica entendido tratar-se de proporcionalidade cuja resolução passa pela regra de três composta.

Antes da resolução propriamente dita e para facilitar nossa jornada, converteremos o tempo em minutos e simplificação dos valores em mesma coluna.

Máquinas	Unidades Produzidas	Tempo
3	~~1500~~ 1	90 minutos
2	~~3000~~ 2	X minutos

Seguir com a regra de três composta.

- **Relação entre as grandezas.**

Máquinas e Tempo: A redução do número de máquinas implica aumento no tempo para obter a mesma produção, logo, relação inversa (flechas em sentido contrário).

Máquinas	Unidades Produzidas	Tempo
↓		↑

Unidades e Tempo: Para a produção de um número de unidades menor, com o mesmo número de máquinas, o tempo necessário também será menor, logo, relação direta (flechas no mesmo sentido).

Máquinas	Unidades Produzidas	Tempo
↓	↑	↑

- **Inverter a posição da grandeza inversa.**

Como se estivéssemos colocando todas as setas apontando na mesma direção. Alterar a posições das quantidades de máquinas.

Máquinas	Unidades Produzidas	Tempo
2	1	90 minutos
3	2	X minutos

- **Isola a incógnita e multiplicar as demais grandezas.**

Produto	Coluna com Incógnita
2 . 1	90
3 . 2	X

- **Resolver como uma regra de três simples.**

Multiplicar em cruz	2X = 6 . 90 X = 3 . 90 X = 270

Resposta: Duas das três máquinas realizem o serviço em 270 minutos ou 4 horas e 30 minutos.

Gabarito oficial: Letra D

47. (VUNESP – TCM/SP – Auxiliar Técnico de Controle Externo – Suporte Administrativo – 2023) De um grupo de auditores de controle externo, cada um deles de uma única área, sabe-se que 20% são da área da Economia, 10% dos que não são da área da Economia são da área da Engenharia, e os demais, que corresponde a 180 agentes, são de outras áreas. Logo, o número de auditores de controle externo da área da Economia é

a) 60.

b) 55.

c) 50.

d) 45.

e) 40.

COMENTÁRIOS

Questão fácil de ser respondida, mas também pode causar confusão se você não estiver atento aos detalhes. Esquematize o que se lê.

- De um grupo de auditores de controle externo, cada um deles de uma única área, sabe-se que 20% são da área da Economia.

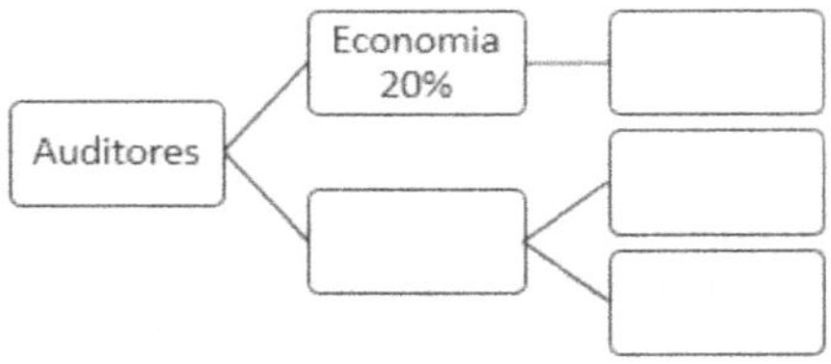

- 10% dos que não são da área da Economia são da área da Engenharia.

- E os demais, que correspondem a 180 agentes, são de outras áreas.

A importância da esquematização está em visualizar os percentuais e sobre quais bases eles incidem. Daí, para chegar ao número total de auditores montamos uma equação matemática considerando a quantidade conhecida, 180 agentes.

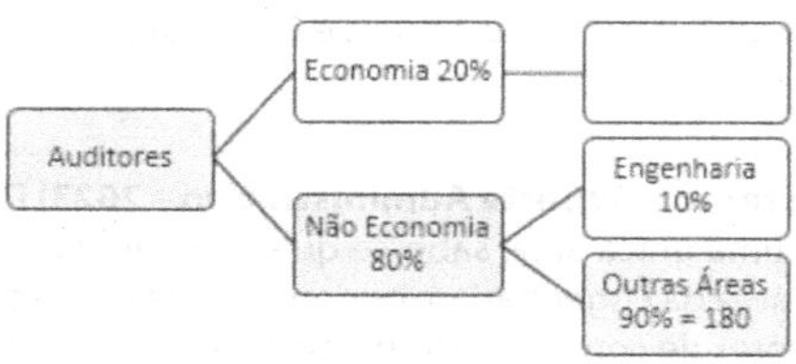

A . 80% . 90% = 180

A . 0,8 . 0,9 = 180

0,72A = 180

A = 180/0,72

A = 250

Do total de 250 auditores, 20% são da área de Economia.

Economia (E)	E = 250 . 20% E = 50

Resposta: O número de auditores de controle externo da área da Economia é igual a 50.

Gabarito oficial: Letra C

10. SEQUÊNCIAS NUMÉRICAS

48. (FGV – TCE/SP – Auxiliar Técnico de Fiscalização - TI – 2023) Considere todos os números inteiros positivos de dois algarismos que não possuem nenhum algarismo 8 e nenhum algarismo 9.

A soma de todos esses números é:

a) 2284;

b) 2358;

c) 2436;

d) 2560;

e) 2612.

COMENTÁRIOS

Uma ferramenta para a resolução do problema é a Equação de Gauss, mas isso fica para a segunda resolução mais à frente. Priorizaremos o raciocínio matemático para que você aprenda a pensar diante de situações inéditas propostas pelo examinador.

Pensando em raciocinar diante da situação proposta, primeiro vamos entender quais são os números que entram na relação.

- Inteiros e positivos.
- Com dois algarismos.
- Não possuem os algarismos 8 nem 9.

10	20	30	40	50	60	70
11	21	31				
12	22					
13	23					
14						
15						
16						
17						

O quadro acima não é para ser preenchido totalmente, seu preenchimento vai até ser atingido o objetivo, entender o problema.

Como existe um padrão, separamos em blocos e procedemos à soma em partes.

Por exemplo, soma das unidades: São 7 colunas cujas unidades vão de 1 a 7.

Soma das unidades (U)	U = 7 . (1 + 2 + 3 + 4 + 5 + 6 + 7) U = 7 . 28 U = 196

Excluídas as unidades, restam 8 linhas com a dezena 10, 8 linhas com a dezena 20, 8 linhas com a dezena 30 e assim por diante até a dezena 70, ou seja, 8 linhas para todas as dezenas.

Soma das dezenas (D)	D = 8 . (10 + 20 + 30 + 40 + 50 + 60 + 70) U = 8 . 280 U = 2240

A soma das unidades, igual a 196, com as dezenas, igual a 2240, cujo resultado é 2436 que corresponde ao somatório da sequência de números segundo as regras impostas.

Feito o raciocínio matemático e respondida a questão, agora algumas informações e a resolução por meio da Equação de Gauss.

- Equação de Gauss: É uma ferramenta indicada para o somatório de todos os números de uma sequência.

Equação de Gauss (G)	Sn = [n . (x1 + xn)] / 2

Onde:

- Sn = Somatório do termos
- n = Número de termos
- x1 = Primeiro termo
- xn = Último termo

Ainda, para utilizar a equação há a necessidade de um mínimo de interpretação de como é formada a sequência. O primeiro e o último termo, sem maiores dificuldades, 10 e 77 respectivamente, mas para a quantidade de termos "n", a tabela lá no início vai ajudar: 8 linhas por 7 colunas, logo, a sequência e composta por 56 números.

Considerando:

- n = 56
- x1 = 10
- xn = 77

Equação de Gauss (G)	Sn = [n . (x1 + xn)] / 2 Sn = [56 . (10 + 77)] / 2 Sn = [56 . (87)] / 2 Sn = 28 . (87) Sn = 2436

Resposta: A soma de todos os números da sequência proposta é igual a 2436.

Gabarito oficial: Letra C

---

49. (VUNESP – TCM/SP – Auxiliar Técnico de Controle Externo – Suporte Administrativo – 2023) A senha bancária da conta corrente de uma grande empresa é formada por cinco algarismos, e ficou estabelecido que ela fosse modificada semanalmente. Para tanto, os responsáveis pela movimentação financeira da empresa fixaram um algoritmo, que corresponde à soma dos dois últimos elementos de uma sequência numérica, com nove elementos, que seria modificada a cada semana: quando essa soma tivesse menos de cinco algarismos, ela seria completada com zero(s), no final, até atingir os cinco algarismos; se tivesse mais de cinco algarismos, seria(m) excluído(s) o(s) último(s) algarismo(s).

Em determinada semana, a sequência numérica fixada tinha os seguintes sete primeiros elementos: 1, 2, 7, 14, 31, 62 e 127

Naquela semana, a senha bancária foi

a) 25450.

b) 45210.

c) 98300.

d) 76500.

e) 51100.

COMENTÁRIOS

A senha bancária a ser formulada segue a regra descrita no enunciado:

- Formada por cinco algarismos.
- Algoritmo corresponde a uma sequência numérica de 9 elementos.
- Regras da senha:
    - Soma dos dois últimos elementos de uma sequência numérica.
    - Quando essa soma tiver menos de cinco algarismos, completar com zero(s).
    - Se tivesse mais de cinco algarismos, excluir o(s) último(s) algarismo(s).
- Sequência numérica fixada: 1, 2, 7, 14, 31, 62 e 127

Conhecemos os sete primeiros elementos da sequência a ser complementada com outros dois elementos para completar nove deles.

Vejamos qual será o algoritmo que estabelece o padrão de formação da sequência.

✪ Nota dos autores

Boas sugestões para entender a formação de uma sequência são: Verificar as diferenças entre os elementos, analisar os elementos alternadamente, considerar a posição que ocupam, comparar elementos equidistantes.

Apesar dos números não facilitarem, percebemos que eles crescem de maneira aparentemente exponencial. Partimos pela exponenciação.

1º	2º	3º	4º	5º	6º	7º
$2^1 = 2$	$2^2 = 4$	$2^3 = 8$	$2^4 = 16$	$2^5 = 32$	$2^6 = 64$	$2^7 = 128$

Não encontramos exatamente a sequência apesar de estarmos muito próximo.

1º	2º	3º	4º	5º	6º	7º
$2^1 = 2$	$2^2 = 4$	$2^3 = 8$	$2^4 = 16$	$2^5 = 32$	$2^6 = 64$	$2^7 = 128$
2 **− 1** = 1	4 **− 2** = 2	8 **− 1** = 7	16 **− 2** = 14	32 **− 1** = 31	64 **− 2** = 62	128 **− 1** = 127

Do resultado da exponenciação, subtraímos alternadamente uma e duas unidades (-1 e -2).

6º	7º	8º	9º
$2^6 = 64$	$2^7 = 128$	$2^8 = 256$	$2^9 = 512$
64 **− 2** = 62	128 **− 1** = 127	256 **− 2** = 254	512 **− 1** = 511

Identificada a regra e a sequência, vamos formular a senha.

Sequência numérica	1, 2, 7, 14, 31, 62, 127, 254, 511
Soma dos dois últimos elementos (S)	S = 254 + 511 = 765
Menos de cinco algarismos, completar com zero(s)	Senha = 76500

Resposta: Nesta semana, a senha bancária foi 76500.

Gabarito oficial: Letra D

50. (VUNESP – TCM/SP – Auditor de controle Externo - Administração – 2023) Observe a sequência de figuras:

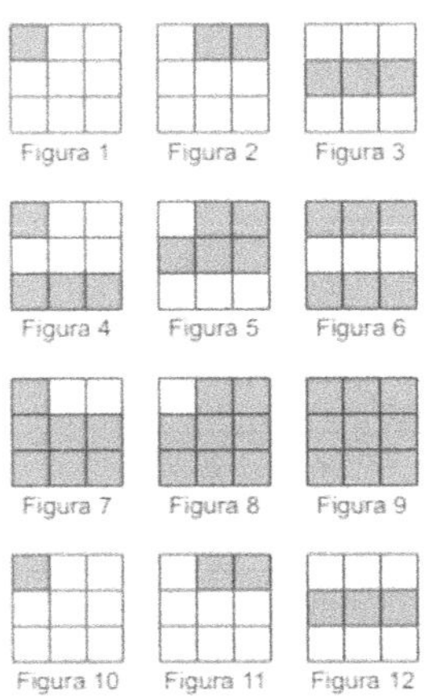

Nessa sequência de figuras, a figura 10 é igual à figura 1, a figura 11 é igual à figura 2, a figura 12 é igual à figura 3, e assim por diante. Dessa forma, na figura 325, o número de quadradinhos com o interior na cor branca será igual a

a) 8.
b) 6.
c) 4.
d) 2.
e) 0.

COMENTÁRIOS

A sequência forma grupos de 9 figuras que repetem-se consecutivamente, logo, qualquer número de figura dividido por 9 terá como resto da operação a indicação de qual será sua figura.

- Divisão de 325 por 9:
  - Quociente = 36
  - Resto = 1

Portanto, foram completados 36 grupo de 9 figuras e restou apenas 1, por isso, a coincidência com a figura 1.	

Resposta: O número de quadradinhos com o interior na cor branca será igual a 8.

Gabarito oficial: Letra A

51. (FCC – Auditor Público Externo – Ciências Jur. e Sociais – TCE – RS/2018) Os números pares e positivos foram distribuídos em sequência em tabelas quadradas com 3 linhas e 3 colunas. A figura mostra as duas primeiras tabelas obtidas com essa distribuição.

2	4	6
8	10	12
14	16	18

20	22	24
26	28	30
32	34	36

Considerando que o mesmo padrão de distribuição foi mantido indefinidamente, o número 2.372 foi escrito, em uma dessas tabelas, na mesma posição do número

a) 6
b) 8
c) 12
d) 14
e) 16

COMENTÁRIOS

Conjuntamente, as duas tabelas são compostas por 18 posições.

Elementos das tabelas	2	4	6	20	22	24
	8	10	12	26	28	30
	14	16	18	32	34	36

<table>
<tr><td rowspan="3">Posições das tabelas</td><td>1</td><td>2</td><td>3</td><td>10</td><td>11</td><td>12</td></tr>
<tr><td>4</td><td>5</td><td>6</td><td>13</td><td>14</td><td>15</td></tr>
<tr><td>7</td><td>8</td><td>9</td><td>16</td><td>17</td><td>18</td></tr>
</table>

A cada 18 elementos, o ciclo com todas as posições das duas tabelas completa-se. Portanto, a divisão de um número par pela quantidade de posições terá como quociente (resultado) a quantidade de ciclos completados. E o resto da operação de divisão vai determinar a posição deste número.

Ainda assim restaram dúvidas? Comprove com números menores. Por exemplo, 38 e 40 que são os próximos dois da sequência que ocupariam as mesmas posições em que estão os números 2 e 4.

- A divisão de 38 por 18 apresenta resto igual a 2. Logo, ocupará a mesma posição que o número 2.
- A divisão de 40 por 18 apresenta resto igual a 4. Logo, ocupará a mesma posição que o número 4.

Poderíamos indagar, para os mesmos exemplos, como a divisão é por 18 (quantidade de posições) os restos 2 e 4 não deveriam indicar as posições de mesma ordem, 2 e 4?

Este pensamento é válido, entretanto, devemos lembrar que estamos falando da metade dos números naturais (somente os pares), ou seja, neste caso o resto da divisão deve ser dividido por dois.

Diante da explicação, o que temos a fazer é dividir o número indicado no enunciado, 2372, por 18 e verificar qual será o resto.

Divisão	**2372 | 18** **57 131** **32** **14**

Resposta: O resto da operação de divisão indica que o número 2372 ocupará a mesma posição ocupada pelo número 14.

Alternativa correta: letra "d" (responde as demais alternativas).

11. GEOMETRIA

52. (FGV – TCE/TO – Assistente de Controle Externo – 2022) Três circunferências de centros A, B e C são tangentes externas entre si, duas a duas. Os lados do triângulo ABC medem 18 cm, 21 cm e 23 cm, respectivamente. O raio da maior circunferência mede:

a) 10 cm;

b) 11 cm;

c) 12 cm;

d) 13 cm;

e) 14 cm.

COMENTÁRIOS

Difícil?

Faça o passo a passo e você verá que a resolução flui naturalmente.

- Três circunferências de centros A, B e C são tangentes externas entre si, duas a duas.

São três circunferências vizinhas umas das outras.	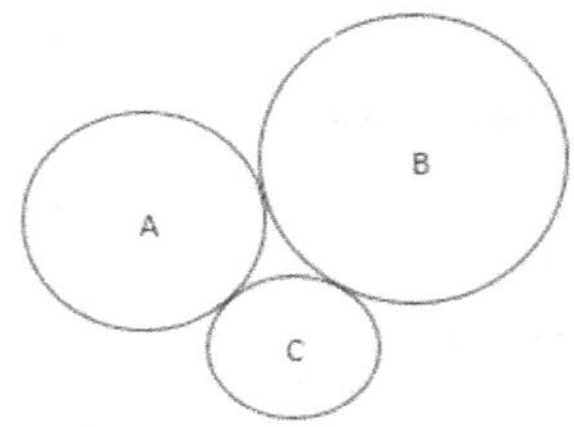

- Os lados do triângulo ABC medem 18 cm, 21 cm e 23 cm, respectivamente.

São três circunferências vizinhas umas das outras.	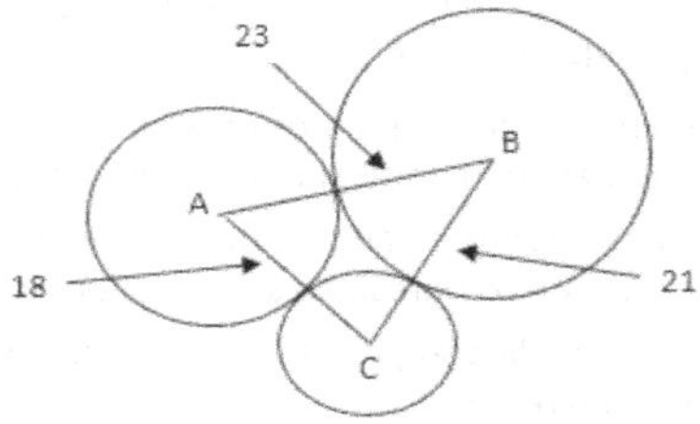

Partimos para as equações matemáticas considerando os somatórios de raios.

- Raio A e raio B: RA + RB = 23
- Raio A e raio C: RA + RC = 18
- Raio B e raio C: RB + RC = 21

Para a resolução de sistemas de equação, as ferramentas mais conhecidas e utilizadas são os métodos da soma e o das substituições. Vamos seguir com o das substituições.

Precisamos da medida do raio da maior circunferência "RB", para isso, guardamos a primeira equação: "RA + RB = 23".

Vejamos nas outras equações o valor de RA.

Segunda equação, isolar RA.	RA + RC = 18 RA = 18 – RC

Voltamos para a primeira equação e substituímos RA.

Substituir o valor de RA.	RA + RB = 23 18 – RC + RB = 23

Buscaremos o valor de RC na terceira equação.

Terceira equação, isolar RC.	RB + RC = 21 RC = 21 – RB

Novamente, a primeira equação.

Substituir o valor de RC.	18 – RC + RB = 23 18 – (21 – RB) + RB = 23 -3 + RB + RB = 23 2RB = 26 RB = 13

Resposta: O raio da maior circunferência "RB" mede 13 centímetros

Gabarito oficial: Letra D

53. (FCC – Auditor Público Externo – Ciências Jur. e Sociais – TCE – RS/2018) As prateleiras das gôndolas de um supermercado têm a base retangular, com 180 cm de comprimento por 60 cm de largura. Uma dessas prateleiras será usada para acomodar um produto comercializado em embalagens cúbicas com as três dimensões medindo 15 cm, de forma que a face inferior de cada embalagem esteja inteiramente apoiada na prateleira ou em outra embalagem. Sabendo que a prateleira imediatamente acima da que será utilizada impede que sejam feitas pilhas de embalagens com mais de 50 cm, o número máximo de unidades do produto que poderão ser acomodadas é igual a

a) 120

b) 144

c) 160

d) 150

e) 135

COMENTÁRIOS

Os indicativos, "base retangular", "comprimento", "largura", "cúbicas", dentre outros, remete ao estudo da Geometria. Entretanto, a contextualização do problema parece nos direcionar para uma resolução que mescla desenho e lógica, ou, poderíamos dizer, Lógica Geométrica.

Partindo para o problema, sempre lendo atentamente o enunciado e separando-o por partes, temos:

As prateleiras das gôndolas de um supermercado têm a base retangular, com 180 cm de comprimento por 60 cm de largura.	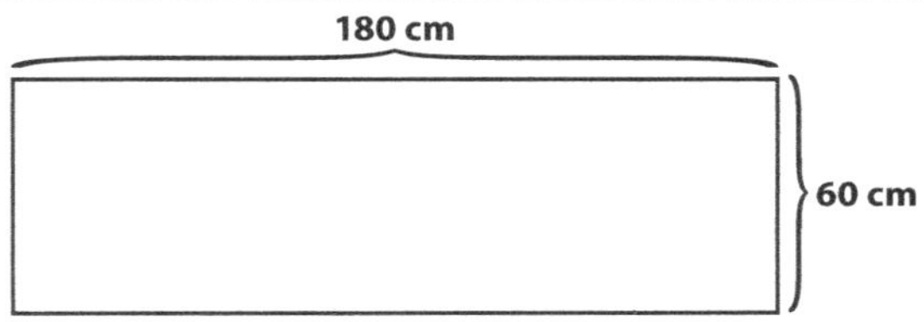

Perfeição é a última coisa que o concursando deve pensar neste momento, a reprodução simples do que se lê é suficiente.

Uma dessas prateleiras será usada para acomodar um produto comercializado em embalagens cúbicas com as três dimensões medindo 15 cm, de forma que a face inferior de cada embalagem esteja inteiramente apoiada na prateleira ou em outra embalagem.	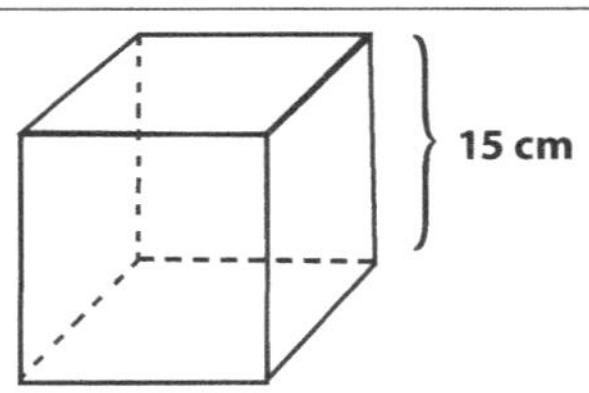

Também não há necessidade de desenhar a figura geométrica, basta saber que suas medidas, largura, altura e comprimento, têm 15 cm cada.

Aproveitando todo o espaço da prateleira, acomoda-se: Largura: 60/15 = 4 Comprimento: 180/15 = 12	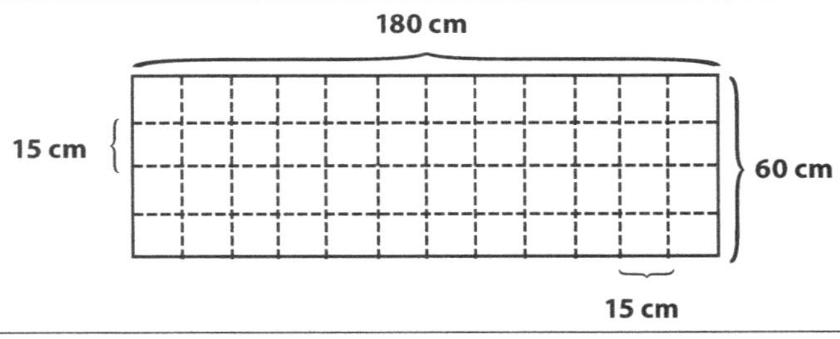

Cada um dos quadrados é uma das embalagens que ocupam toda a área da prateleira. No total são 48 embalagens (4 . 12 = 48).

Ainda assim, outras embalagens podem ser empilhadas até o limite de 50 cm. É a informação final dada pelo examinador.

Considerando a altura de 15 cm, a prateleira comporta 3 camadas de 48 embalagens cada, perfazendo um total de 144 embalagens (48 . 3 = 144).

Resposta: O número máximo do produto que poderão ser acomodadas é igual a 144 unidades.

Alternativa correta: letra "b" (responde as demais alternativas).

12. ANÁLISE COMBINATÓRIA

54. (FGV – TCE/PA – Auditor de Controle Externo – Área Administrativa – 2024) Com os algarismos 0, 1, 2, 3, 4 e 5 é possível formar a seguinte quantidade de números de 3 algarismos:

a) 120.

b) 144.

c) 156.

d) 180.

e) 216.

COMENTÁRIOS

✪ **Nota dos autores**

A base da análise combinatória está no princípio fundamental da contagem no qual é identificado o número de possibilidades para cada posição. Tem larga abrangência e é muito útil nas provas de concursos públicos.

Dando nomes aos dados disponibilizados:

- Situações = 6 (0, 1, 2, 3, 4, 5, 6).
- Posições independentes = 3 (números de 3 algarismos).

Desconsiderar o zero na primeira posição porque não forma um número de 3 algarismos e não esquecer que as repetições são permitidas, por exemplo, 333, 551, 224.

Situações possíveis para cada posição	1º algarismo = 5 2º algarismo = 6 3º algarismo = 6
Quantidade de números de 3 algarismos (Q)	Q = 5 x 6 x 6 Q = 180

Resposta: É possível formar 180 números de 3 algarismos.

Gabarito oficial: Letra D

55. (FGV – TCE/PA – Auxiliar Técnico de Controle Externo – 2024) Considere as letras da sigla TCEPA.

O número de maneiras de escrever essas 5 letras em sequência de modo que não fiquem duas vogais juntas é igual a

a) 144.

b) 72.

c) 54.

d) 36.

e) 24.

COMENTÁRIOS

Inverter as posições das letras da sigla TCEPA de todas as maneira possíveis é o chamado anagrama. A quantidade de formações possíveis de um anagrama é definido por meio da permutação.

Anagrama de TCEPA (A)	A = 5! = 5 x 4 x 3 x 2 x 1 A = 120

Dentre as 120 formações, estão aquelas em que as vogais estão juntas, precisamos retirá-las. Para isso, assumimos que as duas vogais correspondem a uma única letra.

Juntar as vogais	T C P EA
Anagrama 4 letras (a): Vogais juntas	a = 4! = 4 x 3 x 2 x 1 a = 24

Que bom que não há alternativa com resposta 96 (120 – 24) porque, na correria da prova, certamente teria que optasse por esta resposta.

O que fizemos foi apenas identificar a quantidade de formações em que as vogais estão juntas e nesta ordem "EA". Restam as formações na ordem contrária "AE" que, por razões óbvias, tem mesma quantidade, igual a 24.

Anagrama de TCEPA sem que as vogais esteja em posições adjacentes.	Total = 120 – 24 – 24 Total = 72.

Resposta: O número de maneiras de escrever as 5 letras em sequência de modo que não fiquem duas vogais juntas é igual a 72.

Gabarito oficial: Letra B

---

56. (CEBRASPE – TCDF – Auditor de Controle Externo - Auditoria – 2023) Um auditor do TCDF recebeu 20 processos para serem analisados, entre os quais 8 estão relacionados à área de saúde, 7 estão relacionados à área de infraestrutura e 5 estão relacionados à área de educação. Esse auditor decidiu que cada processo será analisado separadamente em exatamente uma semana e distribuiu, de maneira aleatória, todos os 20 processos em um cronograma de 20 semanas.

A partir dessa situação hipotética, julgue o item seguinte.

O número de maneiras de se organizar esse cronograma de tal forma que o processo designado para a primeira semana seja relacionado à área de saúde é inferior a 8 × 7! × 5!.

COMENTÁRIOS

O auditor recebeu 20 processos, entre eles:

- 8 = Saúde.
- 7 = Infraestrutura
- 5 = Educação.

A única restrição é que na primeira semana seja analisado um processo da área de saúde. Para as outras 19 semanas não importa a área, cada processo é um processo único.

Para a primeira semana, utilizamos o princípio da contagem (possibilidades para a posição). Para as demais semanas, permutação (19 processos em 19 semanas).

Primeira Semana	8	São 8 diferentes processos
Outas 19 Semanas	19!	Maneiras distintas de ordenar 19 processos.

Portanto, o número de ordenação para os 20 processos é igual a 8 x 19!.

Comparar com a afirmativa da questão.

Ordenação Possível	**Afirmativa da questão**
8 x 19! **8** x 19 x 18 x 17 x ... x 8 x **7!**	8 × 7! × 5!

Não há necessidade de prosseguir. Elimine a parte repetida "8 x 7!", o que sobra é "19 x 18 x 17 x ... x 8" claramente maior do que a afirmativa "5!".

Resposta: O número de maneiras de se organizar o cronograma mantendo um processo de saúde na primeira semana é igual a "8 x 19!" e <u>superior</u> a "8 × 7! × 5!".

Gabarito oficial: Item Errado

57. (CEBRASPE – TCDF – Auditor de Controle Externo - Auditoria – 2023) Um auditor do TCDF recebeu 20 processos para serem analisados, entre os quais 8 estão relacionados à área de saúde, 7 estão relacionados à área de infraestrutura e 5 estão relacionados à área de educação. Esse auditor decidiu que cada processo será analisado separadamente em exatamente uma semana e distribuiu, de maneira aleatória, todos os 20 processos em um cronograma de 20 semanas.

A partir dessa situação hipotética, julgue o item seguinte.

O número de maneiras de se organizar esse cronograma de tal forma que processos da área de educação estejam designados para a quinta e a décima semanas e que dois processos da área de infraestrutura estejam designados para as últimas duas semanas é superior a $2^2 \times 2^2 \times 17!$.

COMENTÁRIOS

O auditor recebeu 20 processos, entre eles:

- 8 = Saúde.
- 7 = Infraestrutura
- 5 = Educação.

Na análise combinatória, a definição da quantidade de possíveis maneiras de ordenação deve ser precedida da análise das restrições, são elas:

- 5ª e 10ª semanas = Educação.
- 19ª e 20ª semanas = Infraestrutura.

5ª Semana	10ª Semana	19ª Semana	20ª Semana	Resultado das Restrições
5 processos de educação, ou seja, 5 possibilidades.	4 processos de educação, ou seja, 4 possibilidades.	7 processos de infraestrutura, ou seja, 7 possibilidades.	6 processos de infraestrutura, ou seja, 6 possibilidades.	Produto das possibilidades.
5	4	7	6	5 x 4 x 7 x 6

Ficam as demais 16 semanas para as quais serão distribuídos os outros 16 processos a ser calculado por meio de permutação (fatorial).

A representação para a distribuição dos 20 processos é "5 x 4 x 7 x 6 x 16!".

Comparação do resultado com aquele apresentado na questão.

Ordenação Possível	Afirmativa da questão
5 x 4 x 7 x 6 x 16! 840 x 16!	$2^2 \times 2^2 \times 17!$ 4 x 4 x 17 x 16! 272 x 16!

Resposta: O número de maneiras de se organizar o cronograma obedecendo as restrições é igual a "840 x 16!", portanto, superior a "$2^2 \times 2^2 \times 17!$".

Gabarito oficial: Item Correto

58. (FGV – TCE/SP – Agente de Fiscalização - TI – 2023) Duas estradas ligam as cidades A e B. As estradas se entrecruzam entre A e B em 5 pontos diferentes, onde se pode passar de uma a outra.

O número de modos que se pode ir de A a B, avançando sempre e mudando de estrada 3 vezes, é igual a:

a) 10;

b) 15;

c) 20;

d) 25;

e) 30.

COMENTÁRIOS

Mesmo sendo um texto enxuto, há necessidade de uma boa compreensão para definir como será a resolução.

- Duas estradas ligam as cidades A e B.
- As estradas se entrecruzam entre A e B em 5 pontos diferentes, onde se pode passar de uma a outra.
- Avançando sempre e mudando de estrada 3 vezes.

Para sair da cidade A até a cidade B são duas estradas, as chamaremos de primeira (P) e segunda (S).

Utilizando a estrada P, passamos por 5 pontos de cruzamento até chegar ao destino, desses 5 pontos serão escolhidos (mudança de rota) 3 deles, ou seja, são várias formas de escolha dos 3 pontos.

A quantidade possível de escolher 3 cruzamentos de um total de 5 faz-se por meio da combinação.

Combinação de 5 tomado de 3.	C(5,3) = (5 x 4) / (2 x 1) C(5,3) = 20 / 2 C(5,3) = 10

Por meio da primeira estrada (P), são 10 maneira diferentes para chegar à cidade B. Lembrando que as regras são as mesma se for utilizada a segunda estrada (S), então serão outras 10 formas diferentes até chegar ao destino.

Resposta: O número de modos que se pode ir de A a B é igual a 20.

Gabarito oficial: Letra C

---

59. (FGV – TCE/SP – Auxiliar Técnico de Fiscalização - TI – 2023) Considere o conjunto A = {2, 3, 4, 6, 7, 8}.

O número de subconjuntos de A com 3 elementos, sendo pelo menos um elemento ímpar, é:

a) 16;

b) 15;

c) 14;

d) 12;

e) 8.

COMENTÁRIOS

✪ **Nota dos autores**

Atenção, serão formados subconjuntos com 3 elementos e não números com 3 algarismos. A diferença é que em conjuntos a ordem não faz diferença e isso indica a possibilidade de utilização da combinação. Se fossem números de 3 algarismos, situação em que a ordem dos números altera o resultado, a ferramenta correta seria arranjo.

Outro detalhe é quanto às restrições, no caso, todos os números formados devem ter ao menos um elemento ímpar. Teremos um grupo com 1 elemento ímpar e outro grupo com 2 elementos ímpares.

- A = {2, 3, 4, 6, 7, 8}
- Í = {3, 7}
- P = {2, 4, 6, 8}

Hipótese 1

Subconjuntos com 1 elemento ímpar.

1 elemento ímpar	2 elementos pares	Possibilidades H1
C(2,1) = 2	C(4,2) = (4 x 3) / (2 x 1) C(4,2) = 6	H1 = 2 x 6 H1 = 12

Hipótese 2

Subconjuntos com 2 elementos ímpares.

2 elementos ímpares	1 elementos par	Possibilidades H1
C(2,2) = 1	C(4,1) = 4	H2 = 1 x 4 H2 = 4

O total de possibilidades é a soma obtida nas hipóteses "12 + 4 = 16".

Resposta: O número de subconjuntos de A com 3 elementos, sendo pelo menos um elemento ímpar, é igual a 16.

Gabarito oficial: Letra A

13. PROBABILIDADE

60. (FGV – TCE/PA – Auditor de Controle Externo – Área Administrativa - Gestão Governamental – 2024) Numa sala estão 16 pessoas, 10 das quais são homens e 6 são mulheres. Duas pessoas diferentes desse grupo são sorteadas. A probabilidade de que sejam sorteadas duas mulheres é igual a

a) 12,5%.

b) 16,0%.

c) 22,5%.

d) 37,5%.

e) 50,0%.

COMENTÁRIOS

Estão presentes na sala:

- Homens = 10
- Mulheres = 6
- Total de pessoas = 16

Base da probabilidade, quantidade de situações favoráveis (probabilidade pretendida) dividido pela quantidade total.

1º Sorteio: Probabilidade de ser mulher (P1)	P1 = 6/16 P1 = 3/8
2º Sorteio: Probabilidade de ser mulher (P2)	P2 = 5/15 P2 = 1/3

Vejam que após o primeiro sorteio restam 15 pessoas na sala das quais 5 são mulheres.

Vamos juntar as probabilidades dos dois sorteios.

Probabilidade de no primeiro e no segundo sorteio serem mulheres (P)	P = P1 . P2 P = 3/8 . 1/3 P = 1/8 P = 0,125

✪ Nota dos autores

Perceberam que foi utilizado o produtos das probabilidades 1 e 2. Para identificar facilmente quando multiplicar e quando usar a adição, pense na regra do "e" e do "ou", respectivamente, multiplicação e adição.

Na questão, é necessário que aconteça a primeira probabilidade (sorteio de uma mulher) **E** que aconteça a segunda probabilidade (sorteio de outra mulher), ou seja, os dois resultados são necessários.

Imagine que a questão falasse no sorteio de uma mulher, tanto faz, no primeiro **OU** no segundo sorteio. Percebe a diferença? Neste caso cabe a operação de adição das duas probabilidades.

Resposta: A probabilidade de que sejam sorteadas duas mulheres é igual a 0,125 ou 12,5%.

Gabarito oficial: Letra A

61. (FGV – TCE/PA – Auxiliar Técnico de Controle Externo – 2024) Duas urnas contêm 10 bolas cada uma. Na primeira urna há 6 bolas amarelas e 4 brancas. Na segunda, há 8 bolas azuis e 2 amarelas. Retiram-se, em sequência e aleatoriamente, 2 bolas de cada urna.

A probabilidade de que ao menos uma das bolas retiradas seja amarela é igual a

a) 619/675.

b) 586/675.

c) 527/675.

d) 89/675.

e) 56/675.

COMENTÁRIOS

São duas urnas com bolas coloridas.

- Urna 1
  - Total = 10
  - Amarelas = 6
  - Brancas = 4
- Urna 2
  - Total = 10
  - Azuis = 8
  - Amarelas = 2

Serão retiradas duas bolas de cada urna e, das quatro bolas sorteadas, precisamos de pelo menos uma bola amarela.

Começaremos por "pelo menos uma". Significa 1, 2, 3 ou 4 bolas amarelas, qualquer desses resultados nos interessas.

Pensando assim, para a probabilidade desejada seria necessário o cálculo individual para cada situação e, no final, a soma de todas.

Pensando pelo sistema reverso, aquilo que não nos interessa, que é o sorteio de quatro bolas que não sejam amarelas. Para esta situação, realizaremos apenas um cálculo de probabilidade e a complementar (diferença para 100%) será nossa resposta.

- Probabilidade de NÃO ser bola amarela.

	1º Sorteio	2º Sorteio	Probabilidade
Urna 1	4/10	3/9	P1 = 4/10 . 3/9 P1 = 12/90 P1 = 2/15
Urna 2	8/10	7/9	P2 = 8/10 . 7/9 P2 = 56/90 P2 = 28/45

Probabilidade das duas urnas de não serem sorteadas bolas amarelas.

Probabilidade de não serem bolas amarelas (P)	P = P1 . P2 P = 2/15 . 28/45 P = 56/675

Se esta é a probabilidade de não retirar nenhuma bola amarela, a probabilidade complementar (PC) representa as chances da retirada de pelo menos uma bola amarela.

Probabilidade de pelo menos uma bola amarela (PC)	PC = 100% - 56/675 PC = 1 – 56/675 PC = 619/675

Resposta: A probabilidade de que ao menos uma das bolas retiradas seja amarela é igual a 619/675.

Gabarito oficial: Letra A

---

62. (FGV – TCE/PA – Auditor de Controle Externo – Área Informática – Administrador de Banco de Dados – 2024) A urna I contém 6 bolas brancas e 10 bolas azuis; a urna II contém 8 bolas brancas e 11 bolas azuis. Sorteamos ao caso uma bola da urna I e a colocamos na urna II sem observar sua cor. Em seguida, sorteamos duas bolas da urna II, sem reposição.

A probabilidade de que as duas bolas sorteadas da urna II sejam brancas é aproximadamente igual a

a) 0,180.
b) 0,305.
c) 0,366.
d) 0,466.
e) 0,482.

COMENTÁRIOS

✪ Nota dos autores

Caro concursando, não existe qualquer demérito em ler uma questão e, no primeiro momento, não saber qual o caminho a trilhar, sequer por onde começar. Diante de situações como esta, trate o enunciado por partes, uma de cada vez, inclusive, se necessário, use esquematizações.

- A urna I contém 6 bolas brancas e 10 bolas azuis; a urna II contém 8 bolas brancas e 11 bolas azuis.

Urna I	Urna II
Brancas = 6 Azuis = 10	Brancas = 8 Azuis = 11

A primeira parte do enunciado apenas nos apresenta os dados.

- Sorteamos ao caso uma bola da urna I e a colocamos na urna II sem observar sua cor. Em seguida, sorteamos duas bolas da urna II, sem reposição.

  Agora sim a parte pensante. Uma bola sairá da urna I e vai para a urna II aleatoriamente.

  Probabilidades do primeiro sorteio:

Sair bola branca (B)	B = 6/16 = 3/8
Sair bola azul (A)	A = 10/16 = 5/8

Percebe que a resolução flui naturalmente!

Partimos para a urna II com duas possibilidades de quantidades de bolas.

<u>POSSIBILIDADE 1</u>

- Acréscimo de uma bola branca à Urna II (probabilidade = 3/8). Então:
  - Brancas = 9
  - Azuis = 11
  - Total = 20

Retiramos duas bolas sem reposição. Probabilidade de que ambas sejam brancas:

Probabilidade da Urna I	3/8
Primeira bola	9/20
Segunda bola	8/19

Para esta sequência é necessário calcular todas as probabilidades acima que resultam em uma única por meio da multiplicação (regra do "e" multiplicação e do "ou" adição).

PROBABILIDADE 1 (P1)	P1 = 3/8 . 9/20 . 8/19 P1 = 3/1 . 9/20 . 1/19 P1 = 27/380

POSSIBILIDADE 2

- Acréscimo de uma bola azul à Urna II (probabilidade = 5/8). Então:
  - Brancas = 8
  - Azuis = 12
  - Total = 20

Retiramos duas bolas sem reposição. Probabilidade de que ambas sejam brancas:

Probabilidade da Urna I	5/8
Primeira bola	8/20
Segunda bola	7/19

Produto das probabilidades de cada fase.

PROBABILIDADE 2 (P2)	P2 = 5/8 . 8/20 . 7/19 P2 = 5/1 . 1/20 . 7/19 P2 = 35/380

Pode acontecer tanto a situação descrita na PROBABILIDADE 1 como a situação descrita na PROBABILIDADE 2, uma **ou** outra. Pela regra, ou é sinônimo de adição.

Probabilidade (P) de saírem 2 bolas brancas	P = 27/380 + 35/380 P = 62/380 P = 0,163

Tudo indica que a questão foi mal elaborada porque a banca apresentou, a princípio, gabarito "b", após alterou para gabarito "a". Entretanto, existe uma diferença importante entre 16% e 18%. Enfim, para não cancelar a questão, optou-se pela alternativa mais próxima do resultado correto.

Resposta: A probabilidade de que as duas bolas sorteadas da urna II sejam brancas é aproximadamente igual a 16,3%.

Gabarito oficial: Letra A

---

63. (FGV – TCE/TO – Assistente de Controle Externo – 2022) Em um saco há 9 bolinhas iguais, numeradas de 1 a 9. Duas bolinhas são retiradas do saco ao acaso. A probabilidade de que as bolinhas retiradas tenham números consecutivos é, aproximadamente, igual a:

a) 22%;

b) 28%;

c) 33%;

d) 39%;

e) 45%.

COMENTÁRIOS

Quantos pares conseguimos com 9 bolinhas? Essa é a quantidade total de possibilidades cujo cálculo é por meio da combinação de 9 tomado de duas a duas.

Total de Possibilidades: C(9,2)	Total = (9 x 8) / (2 x 1) Total = 36

Desse total, a quantidade de interesse são as bolinhas com números consecutivos. Como não são muitas, partimos para o serviço braçal de contagem: (1, 2); (2, 3); (3, 4); (4, 5); (5, 6); (6, 7); (7, 8); (8, 9), portanto, oito possibilidades.

Probabilidade.

Probabilidade (P) de duas bolas com numeração consecutiva	P = 8 / 36 P = 2 / 9 P = 0,22

Resposta: A probabilidade de que as bolinhas retiradas tenham números consecutivos é, aproximadamente, igual a 22%

Gabarito oficial: Letra A

Raciocínio Lógico-Quantitativo

Marcelo Sbicca e
Marcos Bosso

✦ DICAS

1. LÓGICA PROPOSICIONAL

1.1. LINHAS DA TABELA-VERDADE

Para saber quantas linhas terá a tabela-verdade, a partir da quantidade de proposições simples, faremos:

Fórmula	*Sendo:*
$L = 2^n$	L = número de linhas n = quantidade de proposições simples

1.2. CONECTIVOS LÓGICOS

Nome	*Conectivo*	*Símbolo*	*Dica*	
Conjunção	e	$\wedge$	Somente será verdade se:	$V \wedge V$
Disjunção	ou	$\vee$	Somente será falso se:	$F \vee F$
Disjunção exclusiva	ou... ou	$\underline{\vee}$	Somente será verdade se:	$V \underline{\vee} F$ $F \underline{\vee} V$
Condicional	se... então	$\rightarrow$	Somente será falso se:	$V \rightarrow F$
Bicondicional	se, e somente se	$\leftrightarrow$	Somente será verdade se:	$V \leftrightarrow V$ $F \leftrightarrow F$

1.3. TABELAS-VERDADE

Conjunção			*Dica*
a	b	$a \wedge b$	
V	V	V	A conjunção somente será verdadeira se ambas as proposições simples que a compõem também forem verdadeiras
V	F	F	
F	V	F	
F	F	F	

Disjunção			*Dica*
a	*b*	$a \vee b$	
V	V	V	A disjunção somente será falsa se ambas as proposições simples que a compõem também forem falsas
V	F	V	
F	V	V	
F	F	F	

Disjunção exclusiva			*Dica*
a	*b*	$a \underline{\vee} b$	
V	V	F	A disjunção exclusiva será verdadeira quando as proposições simples que a compõem tiverem valores lógicos distintos (um verdadeiro e outro falso)
V	F	V	
F	V	V	
F	F	F	

Condicional			*Dica*
a	*b*	$a \rightarrow b$	
V	V	V	A condicional será falsa quando o primeiro termo (proposição simples) for verdadeiro e o segundo for falso
V	F	F	
F	V	V	
F	F	V	

Bicondicional			*Dica*
a	*b*	$a \leftrightarrow b$	
V	V	V	A bicondicional será verdadeira quando ambos os termos (proposições simples) tiverem o mesmo valor lógico
V	F	F	
F	V	F	
F	F	V	

1.4. EQUIVALÊNCIA PROPOSICIONAL

Proposição	*Equivalência*
$r \wedge s$	$s \wedge r$
$r \vee s$	$s \vee r$
$r \leftrightarrow s$	$s \leftrightarrow r$
$r \leftrightarrow s$	$(r \rightarrow s) \wedge (s \rightarrow r)$
$(r \vee s) \rightarrow t$	$(r \rightarrow t) \wedge (s \rightarrow t)$
$(r \wedge s) \rightarrow t$	$(r \rightarrow t) \vee (s \rightarrow t)$

Para as provas de concurso, é imprescindível saber as equivalências possíveis para as proposições compostas pelo conectivo condicional. São duas as formas de apresentação de equivalência para este conectivo.

PRIMEIRA REGRA DA EQUIVALÊNCIA CONDICIONAL:

Condicional	*Regra*	*Equivalente*
$r \rightarrow s$	Negar o primeiro termo	$\sim r$
	Manter o segundo termo	$\sim r \quad s$
	Mudar o conectivo para disjunção	$\sim r \vee s$

SEGUNDA REGRA DA EQUIVALÊNCIA CONDICIONAL:

Condicional	*Regra*	*Equivalente*
$r \rightarrow s$	Inverter a posição dos termos	$s \quad r$
	Negar ambos os termos	$\sim s \quad \sim r$
	Manter o conectivo condicional	$\sim s \rightarrow \sim r$

1.5. NEGAÇÃO PROPOSICIONAL

Proposição	*Negação*	*Equivalente da negação*
$r \wedge s$	$\sim(r \wedge s)$	$\sim r \vee \sim s$
$r \vee s$	$\sim(r \vee s)$	$\sim r \wedge \sim s$
$r \rightarrow s$	$\sim(r \rightarrow s)$	$r \wedge \sim s$

A SITUAÇÃO MAIS COBRADA EM QUESTÕES COM NEGAÇÃO, É A NEGAÇÃO DA PROPOSIÇÃO CONDICIONAL (ÚLTIMA NO QUADRO ANTERIOR). PASSO A PASSO TEREMOS:

Condicional	*Regra*	*Negação*
$r \rightarrow s$	Manter o primeiro termo	r
	Negar o segundo termos	$r \quad \sim s$
	Mudar o conectivo para conjunção	$r \wedge \sim s$

2. PROPOSIÇÕES CATEGÓRICAS

Diagramas lógicos:

Os diagramas lógicos são representações gráficas a serem utilizados na resolução das questões de raciocínio lógico que envolvem proposições associadas aos termos: todo, algum ou nenhum. São denominadas proposições categóricas.

Proposição categórica é composta por sujeito e predicado, sendo que associado ao sujeito há um quantificador (todo, algum ou nenhum), como por exemplo:

"Algumas provas são difíceis".	Quantificador: Algumas Sujeito: Provas Predicado: São difíceis

Classificação das proposições:

Quanto à quantidade	Universal	Todo, nenhum.
	Particular	Algum, este.
	Singular	Sujeito unitário.
	Indeterminada	Não há referências quanto ao sujeito.
Quanto à qualidade	Afirmativa	Não existe partícula negativa.
	Negativa	Não, nem, nenhum.

Os quantificadores explorados nas provas são: todo, algum e nenhum.

Todo: "Todo A é B".

O conjunto A está contido no conjunto B (A é um subconjunto de B).

Graficamente:

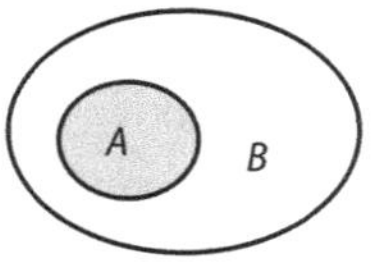

Algum: "Algum A é B".

Para o quantificador "algum", consideram-se como sinônimas as expressões "pelo menos um" ou simplesmente "existem". Independente da forma como se apresentam na questão: "algum", "alguns", "existe", "existem" ou "pelo menos um", a interpretação é a mesma.

Graficamente:

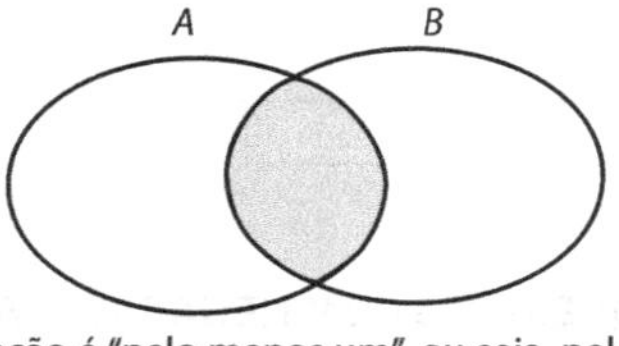

O termo que melhor explica essa situação é "pelo menos um", ou seja, pelo menos um elemento do conjunto A pertence ao conjunto B.

Esse mesmo diagrama também representa a proposição "algum A não é B":

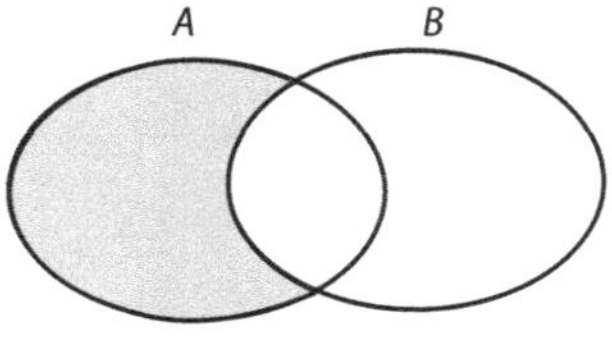

Nenhum: "Nenhum A é B"

Não há intersecção entre os conjuntos, pois os elementos do conjunto A são totalmente distintos dos elementos do conjunto B.

Graficamente:

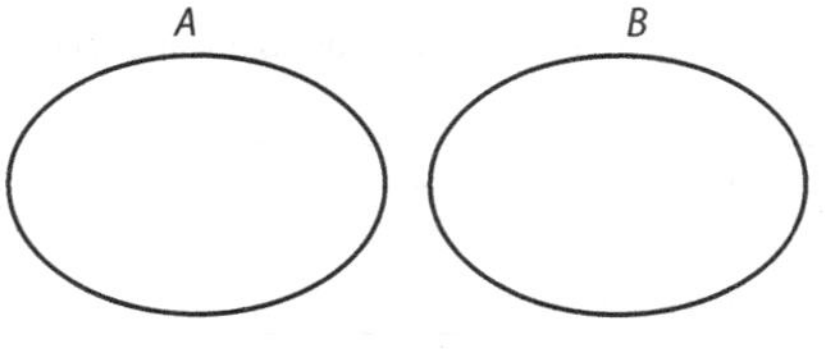

2.1. EQUIVALÊNCIA DAS PROPOSIÇÕES CATEGÓRICAS

Equivalência	
Todo A é B	Nenhum A não é B
Todo A não é B	Nenhum A é B

Exemplos de equivalência	
Todo engenheiro é matemático.	Nenhum engenheiro não é matemático.
Todo engenheiro não é físico.	Nenhum engenheiro é físico.

2.2. NEGAÇÃO DAS PROPOSIÇÕES CATEGÓRICAS

Negação	
Algum	Nenhum
Nenhum	Algum
Todos	Algum... não

Exemplos de negação	
Algum engenheiro é matemático.	Nenhum engenheiro é matemático.
Nenhum engenheiro é físico.	Algum engenheiro é físico.
Todo engenheiro é arquiteto.	Algum engenheiro não é arquiteto.

3. LÓGICA ANALÍTICA

Falácia:

É um raciocínio mal construído, inconsistente, também denominado sofismo. Uma argumentação falsa com aparência de verdadeira é utilizada como justificativa para uma conclusão errada.

A falácia formal, trabalhada na lógica proposicional (ou raciocínio formal), é mais fácil de ser identificada porque as premissas e conclusões são todas explícitas. No raciocínio formal, a falácia traduz-se no uso da inferência dedutiva inválida como se válida fosse.

O raciocínio informal ou analítico pondera as informações subentendidas tornando mais difícil a identificação das falácias, neste caso, falácia informal.

Nexo de causalidade:

A causalidade é a conexão entre um evento prévio e os efeitos dele resultantes.

Observada na lógica proposicional por meio da proposição composta condicional, comumente reconhecida por "se... então", na qual a condição é formulada por uma hipótese cujo efeito é a consequência. Apresentação da condicional: "Se <hipótese>, então <consequência>".

Pergunta complexa:

A pergunta complexa faz com que o interrogado seja levado a responder, seja pela aceitação como pela rejeição, de tal modo que a resposta se estenda à outra premissa independente. Ou seja, a pergunta complexa agrega duas premissas independentes com a finalidade de iludir o interlocutor o qual fica com a percepção de estar sendo questionado acerca de um único fato.

Por exemplo, o delegado pergunta ao suspeito: "Para quem foram repassados os objetos que furtou no arrastão?". Caso o suspeito faça alguma declaração sobre a localização dos objetos furtados, automaticamente estará assumindo que participou do arrastão.

Apelo popular:

Tipo de falácia que se observa quando o emissor se vale de uma determinada opinião generalizada e aceita pelo público. Visa criar uma situação favorável para aprovação de um pedido.

O artifício é muito empregado por políticos ou pelas campanhas publicitárias. Por exemplo, quando se diz que o produto importado é ótimo porque é amplamente utilizado no mercado americano.

Acontece que o apelo popular não se vale das proposições, se assim fosse, as premissas poderiam ser valoradas como verdadeiras ou falsas e a argumentação como válida ou inválida. O apelo popular se vale de situações que, no máximo, podem ser classificadas como aceitáveis. Desta maneira, a formalidade é ignorada em favor da prática popular reconhecida.

Apelo à piedade:

O pedido não se justifica pela formalidade, mas pela invocação à piedade ou compaixão dos interlocutores em relação à situação de penúria.

Também conhecido como apelo à emoção por se utilizar da misericórdia com intuito de validar a conclusão.

Enquanto principal argumento, o apelo à piedade não deixa de ser uma falácia. Seria válido se fosse complementar às premissas que demonstrassem as verdadeiras razões que justificariam o pedido (apelo).

Recurso à força:

Também denominado por apelo à ameaça, observa-se quando o argumento está lastreado na força com o objetivo de legitimar a conclusão. É uma forma de convencimento pela intimidação.

A argumentação é irrelevante uma vez que coação é o fator principal para a imposição da vontade de uma das partes. Comumente observada na relação pais e filhos ou patrão e empregados.

Inferência dedutiva:

A argumentação é completa e válida de tal forma que a conclusão está totalmente evidenciada nas premissas. O conhecimento parte do geral para o individual, portanto, há certeza daquilo que se afirma na conclusão.

A inferência dedutiva está relacionada à lógica proposicional ou lógica formal.

Convêm destacar que na lógica formal, a inferência não proporciona novo conhecimento, mas sim, existe uma particularização do conhecimento acerca do conjunto mais abrangente.

Exemplo: Brasileiros não desistem nunca. Carlos é brasileiro. Portanto, conclui-se que Carlos não desiste nunca.

Inferência indutiva:

A argumentação parte do individual para o geral, portanto, não há certeza na veracidade da conclusão, mas sim uma razoável possibilidade de ela ser verdadeira. O melhor exemplo que reflete a inferência indutiva está na proposição acerca da amostragem e dela chega-se à conclusão em relação ao todo.

Podemos dizer que na indução a conclusão tem maior espectro que as premissas. Estas, por sua vez, fundamentam a conclusão porém não de forma cabal, ao contrário da dedução. Ainda, a inferência indutiva está baseada na observação de determinadas situações, seja um acontecimento do cotidiano, da natureza, dos homens, do universo, dentre outros.

Por fim, a inferência indutiva faz parte do estudo da lógica analítica ou lógica informal.

4. RAZÃO E PROPORÇÃO

Razão:

A razão é o quociente entre dois números que tem por finalidade a comparação relativa entre eles.

Ao fazer a divisão de uma grandeza por outra, na mesma unidade de medida, o resultado indica o quanto a primeira grandeza representa em relação à segunda. Por exemplo: uma adega tem 120 garrafas de vinho tinto e 80 de vinho branco. Podemos considerar as seguintes razões em relação às quantidades de vinho:

$$\frac{\text{Tinto}}{\text{Branco}} = \frac{120}{80} = 1{,}5$$

Significa que existe 1,5 garrafa de vinho tinto para cada de vinho branco. Ainda, a quantidade de garrafas de vinho tinto representa 150% das de vinho branco.

$$\frac{\text{Branco}}{\text{Tinto}} = \frac{80}{120} = 0{,}667$$

Significa que existe 0,667 garrafa de vinho branco para cada vinho tinto. Ainda, a quantidade de garrafas de vinho branco representa 66,7% das de vinho tinto.

Proporção:

A igualdade entre duas frações é a chamada proporção.

$\frac{a}{b} = \frac{c}{d}$	A razão "a para b" é equivalente à razão "c para d", ou seja, as razões (frações) são proporcionais.

5. REGRA DE TRÊS

5.1. REGRA DE TRÊS SIMPLES

A regra de três é uma importante ferramenta para resolver as questões que abordam grandezas proporcionais.

Usando um termo mais técnico, denominamos a regra de três por "quarta proporcional", onde são conhecidos três valores de uma sequência de quatro e, mantida a proporção, descobrimos o quarto valor.

$$\frac{a}{b} = \frac{c}{X}$$

Para resolver e achar o valor de X, multiplica-se em cruz.

$$\frac{a}{b} = \frac{c}{X}$$

$$aX = bc$$

$$X = \frac{bc}{a}$$

Relação diretamente proporcional:

A proporção é direta quando são comparadas duas grandezas e a variação de uma provoca variação proporcional da outra no mesmo sentido.

Por exemplo, para fazer uma receita de bolo usamos vários ingredientes, entre eles ovos e farinha de trigo. Se o desejo é fazer uma receita maior, aumentamos a quantidade de ovos e a quantidade de farinha. Por outro lado, para um bolo menor, ambos os ingredientes devem ser reduzidos, mantendo-se a mesma proporção.

Esta análise é importante para a resolução da regra de três porque, apesar de não ter implicação alguma quando a relação é direta, a relação inversa exige que seja feita uma verificação antes de efetivamente resolvê-la.

Relação Inversamente proporcional:

Diferente da proporção direta, na relação inversa a variação entre as grandezas comparadas ocorre em sentidos contrários.

Por exemplo, uma pessoa dedica meia hora por dia para fazer a leitura de determinado livro, assim, a leitura estará concluída em 12 dias. Se essa mesma pessoa passar a dedicar três horas por dia de leitura, vai acabar de ler o livro em um prazo menor. Assim, aumentando-se o tempo diário de leitura e o prazo para o término do livro será reduzido (aumentando uma grandeza, a outra será reduzida).

Ao resolver problemas de regra de três em que a relação seja inversamente proporcional, é necessária a alteração da posição dos valores de uma das grandezas. Aproveitando o exemplo citado temos:

Horas por dia	Tempo para a conclusão (em dias)
1/2 ou 0,5	12
3	X

Como a relação é inversamente proporcional, faz-se a inversão das posições dos valores de uma das grandezas.

Horas por dia	Tempo para a conclusão (em dias)
3	12
0,5	X

Após a alteração (Horas por dia), a resolução é feita normalmente com a multiplicação cruzada.

$$3X = 0{,}5 \,.\, 12$$

$$X = 6 / 3$$

$$X = 2$$

Conclui-se que passando o tempo de leitura diária de meia hora para três horas, o livro será lido em dois dias.

5.2. REGRA DE TRÊS COMPOSTA

A regra de três é composta quando envolve três ou mais grandezas, sejam elas direta ou inversamente proporcionais.

Para sua resolução seguiremos os passos:

1 – Ordenar as grandezas em linhas e colunas;

2 – Analisar se as grandezas são direta ou inversamente proporcionais em relação à grandeza com o termo desconhecido;

3 – Isolar a grandeza onde se encontra a incógnita;

4 – Fazer o produto das demais grandezas;

5 – Resolver como regra de três simples.

Como exemplo, segue questão cobrada pela ESAF na prova de 2014 para o concurso de Assistente Técnico Administrativo do Ministério da Fazenda:

Em 18 horas, 2 servidores analisam 15 processos. Trabalhando no mesmo ritmo, o número de servidores necessários para analisar 10 processos em 6 horas é igual a:

Começamos com o ordenamento das informações:

Horas	*Servidores*	*Processos*
18	2	15
6	x	10

Análise das grandezas em direta ou inversamente proporcionais: Comparando a quantidade de horas e a quantidade de servidores, observamos que, se aumentarmos o número de servidores, conseguiremos fazer o mesmo trabalho em uma quantidade menor de horas, então são grandezas inversamente proporcionais. Comparando quantidade de processos e de servidores, verificamos que com o aumento de servidores, o número de processos analisados também será maior, portanto, são grandezas diretamente proporcionais. Assim, teremos:

Horas		*Servidores*		*Processos*	
18	↓	2	↑	15	↑
6		x		10	

Invertemos as posições da grandeza inversa:

Horas	*Servidores*	*Processos*
6	2	15
18	x	10

Isolamos a coluna com a incógnita e multiplicam-se as demais:

2	6 . 15
x	18 . 10

Resolvemos como uma regra de três simples:

$$(6 \,.\, 15)x = 2.(18 \,.\, 10)$$
$$90x = 360$$
$$x = 4$$

Serão necessários 4 servidores para analisar os processos.

6. ANÁLISE COMBINATÓRIA

São três tipos principais de agrupamentos cobrados em provas de concursos: permutação, arranjo e combinação.

6.1. PERMUTAÇÃO

A permutação revela a quantidade de sequências distintas em que os elementos de determinado conjunto podem ser ordenados. É representado pelo fatorial ($P_x = x!$). Por exemplo: quantas são as formas distintas para que cinco pessoas se acomodem em um carro de cinco lugares?

Permutação	*Cálculo*
$P_x = x!$	$P_5 = 5!$ $P_5 = 5 \,.\, 4 \,.\, 3 \,.\, 2 \,.\, 1$ $P_5 = 120$

6.2. ARRANJO E COMBINAÇÃO

Arranjo e combinação serão adotados quando os agrupamentos possuírem quantidades diferentes de elementos, em relação ao grupo inicial. Exemplo: agrupamentos possíveis no jogo da mega sena. O conjunto inicial tem 60 elementos e os agrupamentos serão feitos de seis em seis.

Para distinguir entre arranjo ou combinação, inverta a posição dos elementos que formam o subconjunto e verifique se o resultado é um conjunto diferente. Caso o resultado seja um novo conjunto, então resolvemos por arranjo. Se não formar um novo conjunto, resolveremos por combinação.

Exemplo: considere uma classe com 10 alunos. A partir desse grupo, vamos formar uma comissão com três alunos para representar a classe ou formar uma chapa com três alunos para disputar as eleições do diretório acadêmico, sendo um o presidente, o outro, secretário e o último, tesoureiro.

Comissão com três alunos: Ângela, Bernardo e Cilmara. Alterando a ordem dos integrantes da comissão, a comissão permanece a mesma. Trata-se de combinação. $C_{(10,3)} = 120$.

Chapa com três alunos: Ângela (presidente), Bernardo (secretário) e Cilmara (tesoureira). Alterando a ordem, é formado um novo grupo: Bernardo (presidente), Cilmara (secretária) e Ângela (tesoureira). Trata-se de arranjo. $A_{(10,3)} = 720$.

	Fórmula	*Sendo:*
Arranjo	$A(n,p) = \frac{n!}{(n-p)!}$	A = arranjo C = combinação n = total de elementos p = elementos do subgrupo
Combinação	$C(n,p) = \frac{n!}{p!(n-p)!}$	

Atalho para resolução por arranjo ou combinação:

	Atalho	*Exemplo*
Arranjo	Multiplica-se n por seus subsequentes subtraídos de uma unidade, tantas vezes quanto for o valor de p	$A(5,3) = 5 \times 4 \times 3$ $A(5,4) = 5 \times 4 \times 3 \times 2$ $A(6,2) = 6 \times 5$
Combinação	1. Compara-se "$n-p$" com "p", aquele que for menor será a quantidade de fatores a serem multiplicados tanto no numerador quanto no denominador. 2. No numerador multiplica-se n pelos subsequentes subtraídos de uma unidade. 3. No denominador multiplica-se 1 por seus subsequentes acrescidos de uma unidade.	$C(5,3) = \frac{5 \times 4}{1 \times 2}$ $C(9,4) = \frac{9 \times 8 \times 7 \times 6}{1 \times 2 \times 3 \times 4} = 126$ $C(6,2) = \frac{6 \times 5}{1 \times 2}$

6.3. OUTRAS SITUAÇÕES

Outras situações possíveis em análise combinatória:

Agrupamento	Fórmula	Sendo:
Permutação circular	$P_{circular}(n) = P(n-1) = (n-1)!$	n = número de elementos p = elementos escolhidos a e b = quantidade de repetições para cada elemento que se repete
Permutação com repetição	$P_n^{a,b,\dots} = \frac{n!}{a!\ .\ b!\ \dots}$	
Arranjo com repetição	$A_{repetição}(n,p) = n^p$	
Combinação com repetição	$C_r(n,p) = C\ (n+p-1,p)$	

Exemplos:

Permutação circular: possibilidades para dispor 5 pessoas sentadas em volta de uma mesa circular com 5 lugares:

$$P_{circular}(5) = P(5-1) = 4! = 4 \times 3 \times 2 \times 1 = 24$$

Permutação com repetição: permutação considerando as letras da palavra CONCURSO:

$$P_8^{2,2} = \frac{8!}{2!\ .\ 2!} = \frac{40320}{4} = 10.080$$

Arranjo com repetição: quantidade de números possíveis de três algarismos formados a partir do conjunto $n = \{1, 2, 3, 4, 5\}$ com repetição:

$$A_{repetição}(5,3) = 5^3 = 5 \times 5 \times 5 = 125$$

Combinação com repetição: quantidade de conjuntos formados com três letras a partir das vogais do alfabeto:

$$C_r(5,3) = C\ (5+3-1,3) = C\ (7,3)$$

$$C\ (7,3) = \frac{7 \times 6 \times 5}{3 \times 2 \times 1} = \frac{210}{6} = 35$$

7. PROBABILIDADE

A probabilidade de um evento é representada por um número real entre 0 e 1. Um evento impossível tem probabilidade 0, e um evento certo de acontecer tem probabilidade 1 ou 100%.

Quando lançamos um dado sabemos que será possível qualquer resultado entre 1 e 6, assim, podemos dizer que a probabilidade de obtermos um resultado entre 1 e 6 é de 100% ou probabilidade 1, pois este é um evento certo. Um evento impossível é obtermos, como resultado, a face do dado voltada para cima com valor 7.

7.1. CONCEITOS

Experimento aleatório: são experimentos que, sob a mesma condição, podem apresentar diferentes resultados a cada ocorrência. Exemplo: lançamento de um dado.

Espaço amostral: é o conjunto de todos os possíveis resultados de um experimento. Exemplo: para o lançamento de um dado, o espaço amostral será: $S = \{1, 2, 3, 4, 5, 6\}$.

Evento: é um subconjunto do espaço amostral, ou seja, cada ocorrência. Exemplo: o resultado após o lançamento do dado.

Eventos independentes: dois eventos são independentes se a ocorrência ou não-ocorrência de um não afeta a probabilidade do outro ocorrer. Exemplo: lançados dois dados, um vermelho e outro branco, o resultado de um independe do resultado do outro.

Situações excludentes: eventos mutuamente exclusivos ou, simplesmente, situações excludentes são aquelas cuja ocorrência de uma elimina a possibilidade de ocorrência da outra. A soma das probabilidades de ocorrência das situações excludentes, quanto forem complementares, será igual a 1 ou 100%.

Probabilidade

Sendo um experimento aleatório, as possibilidades são igualmente prováveis. A probabilidade de ocorrer um evento é dada por:

Fórmula	$P_x = \frac{eventos\ favoráveis}{eventos\ totais}$

7.2. PROPRIEDADES

Probabilidade da união de dois eventos

Quando uma questão se referir a dois eventos, conectados entre si pela partícula "ou". Por exemplo, a questão apresenta uma série de dados e ao final pergunta: Qual a probabilidade de ocorrência do evento *A* ou do evento *B*? Resolvemos esse tipo de questão com a fórmula:

Fórmula	$P_{(A\ ou\ B)} = P_{(A \cup B)} = P_{(A)} + P_{(B)} - P_{(A\ e\ B)}$

Probabilidade da ocorrência simultânea de dois eventos

Observe parte da fórmula anterior: *P(A e B)*. Trata-se da probabilidade de ocorrência simultânea dos eventos *A* e *B*. Caso os eventos *A* e *B* sejam eventos independentes, então a probabilidade de ocorrência de *A* e *B*, ao mesmo tempo, será encontrada pelo produto das probabilidades individuais:

Fórmula	$P_{(A\ e\ B)} = P_{(A \cap B)} = P_{(A)} \cdot P_{(B)}$

Obs.: caso os eventos sejam dependentes, a probabilidade do evento *A* e do evento *B* será igual à probabilidade de *A*:

Fórmula	$P_{(A\ e\ B)} = P_{(A \cap B)} = P_{(A)}$

7.3. PROBABILIDADE CONDICIONAL

Em um determinado experimento há informação prévia sobre a ocorrência de um evento, ou seja, uma informação que é fato dado. Neste caso, a informação prévia altera as probabilidades dos eventos subsequentes. Trata-se de probabilidade condicionada e sua fórmula é:

Fórmula	$P_{(A\ dado\ B)} = P_{(A \mid B)} = \frac{P_{(A\ e\ B)}}{P_{(B)}}$

Exemplo: Uma urna contém 10 bolas brancas, 5 bolas amarelas e 10 bolas pretas. Retira-se uma bola ao acaso da urna e verifica-se que não é preta, qual a probabilidade de ser amarela?

Probabilidade de retirar uma bola amarela

$$P_{(A)} = 5/25 = 1/5$$

Probabilidade de retirar uma bola preta

$$P_{(P)} = 10/25 = 2/5$$

Obs.: calculamos a probabilidade de retirar uma bola preta, mas a questão admite não ser uma bola preta, ou seja, é o complementar da probabilidade que calculamos. Se $P_{(P)} = 10/25$, então a probabilidade de não ser preta é: $P_{(\sim P)} = 1 - 2/5 = 3/5$

A probabilidade de ter retirado uma bola amarela sabendo que não é preta (eventos dependentes).

$$P_{(A\,dado\,\sim P)} = P_{(A|\sim P)} = \frac{P_{(A\,e\,\sim P)}}{P_{(\sim P)}}$$

$$P_{(A|\sim P)} = \frac{1/5}{3/5} = \frac{1}{5} \cdot \frac{5}{3}$$

$$P_{(A|\sim P)} = \frac{5}{15} = \frac{1}{3}$$

$$P_{(A|\sim P)} = 0{,}33 = 33\%$$

Na retirada de uma bola, a probabilidade de ser amarela, sabendo que não é preta, é igual a 33%.

7.4. PROBABILIDADE BINOMIAL

A questão que consiste em probabilidade binomial apresenta as seguintes características:

- Haverá um evento que se repetirá um determinado número de vezes;
- Para esse evento específico, só existirão dois resultados possíveis;
- Os dois resultados possíveis do evento são mutuamente excludentes, ou seja, ocorrendo um deles, o outro estará descartado;
- A questão perguntará pela probabilidade de ocorrer um desses resultados certo número de vezes.

Exemplo: Lançamento de uma moeda oito vezes. Qual a probabilidade de se obter exatamente cinco vezes o resultado cara?

Cálculo	*Sendo:*
$P_{(k\,eventos)} = C_{(n,k)} \cdot p^k \cdot q^{n-k}$ $P_{(5\,caras)} = C_{(8,5)} \cdot 0{,}5^5 \cdot 0{,}5^3$ $P_{(5\,caras)} = 56 \cdot 0{,}03125 \cdot 0{,}125$ $P_{(5\,caras)} = 0{,}21875$ $P_{(5\,caras)} = 21{,}875\%$	n = 8 (quantidade de eventos) k = 5 (sucesso) p = 0,5 (probabilidade de sucesso) q = 0,5 (probabilidade de fracasso)

A probabilidade de se obter cinco vezes o resultado cara em oito lançamentos de uma moeda é de 21,87%.

Administração Geral e Pública

Alan Martins

TABELA DE INCIDÊNCIA DE QUESTÕES

Distribuição das questões organizada por ordem didática de assuntos		
Assunto	**Número de Questões**	**Peso**
1.1. GESTÃO ESTRATÉGICA	14	18,42%
1.2. GESTÃO DE RISCOS	5	6,58%
1.3. GESTÃO POR RESULTADOS	4	5,26%
1.4. GESTÃO DE PROCESSOS	4	5,26%
1.5. GESTÃO DE QUALIDADE	3	3,95%
1.6. ESTRUTURA ORGANIZACIONAL	1	1,32%
1.7. PROCESSO DECISÓRIO	2	2,63%
2. GESTÃO DE PESSOAS	10	13,16%
3. MODELOS DE ADMINISTRAÇÃO PÚBLICA E REFORMAS ADMINISTRATIVAS	5	6,58%
4. POLÍTICAS PÚBLICAS	13	17,11%
5. GOVERNANÇA E ACCOUNTABILITY	9	11,84%
6. GOVERNO ELETRÔNICO (E-GOV)	2	2,63%
7. LEI GERAL DE PROTEÇÃO DE DADOS (LGPD)	2	2,63%
8. LEI DE ACESSO À INFORMAÇÃO	2	2,63%
Total	**76**	**100%**

Administração Geral e Pública

Alan Martins

✦ QUESTÕES

1. ADMINISTRAÇÃO GERAL

1.1. GESTÃO ESTRATÉGICA

01. CEBRASPE – 2024 – TCE/AC – Técnico de Controle Externo

Acerca do planejamento estratégico, da análise competitiva e das estratégias genéricas, julgue o item subsequente.

A análise SWOT é realizada para mapear a situação organizacional frente ao ambiente geral e ao ambiente de tarefa, particularmente em relação aos concorrentes e a eventuais mudanças.

COMENTÁRIOS

✪ **Nota do autor:** A análise SWOT (Forças, Fraquezas, Oportunidades e Ameaças) é uma ferramenta de planejamento estratégico que ajuda as organizações a avaliarem sua situação atual em relação ao ambiente interno e externo.

Certo: De fato, a análise SWOT é particularmente útil para entender a posição da empresa em relação aos concorrentes e para identificar como mudanças no mercado ou no ambiente podem impactar a organização. Isso permite que a empresa se prepare melhor para aproveitar oportunidades e mitigar ameaças.

02. CEBRASPE – 2024 – TCE/AC – Técnico de Controle Externo

Acerca do planejamento estratégico, da análise competitiva e das estratégias genéricas, julgue o item subsequente.

A liderança no custo total baseia-se na criação de uma posição de baixo custo e exige que a organização crie produtos ou serviços únicos e valiosos.

COMENTÁRIOS

✪ **Nota do autor:** para resolver esta questão, é preciso saber fazer a distinção entre os seguintes conceitos de estratégia competitiva: 1) **Liderança em custo**: refere-se à estratégia de uma empresa em se tornar a produtora de menor custo em seu setor (posicionamento de baixo custo). Nesse caso, eficiência e redução de custos são as principais prioridades; 2) **Diferenciação**: estratégia que envolve a criação de produtos ou serviços únicos e valiosos para se destacarem no mercado.

Errado: A liderança no custo total baseia-se sim na criação de uma posição de baixo custo. Todavia, quando o examinador afirma que também exigiria a criação de produtos ou serviços únicos e valiosos, equivoca-se misturando conceitos distintos, no caso, o conceito de liderança em custo com o conceito de diferenciação.

03. CEBRASPE – 2024 – TCE/AC – Técnico de Controle Externo

A respeito das funções da administração e dos processos de planejamento, julgue o próximo item.

O planejamento realizado no nível institucional recebe o nome de planejamento operacional, no qual os dirigentes se dedicam à tarefa primária de organizar as relações com o mercado.

COMENTÁRIOS

Nota do autor: o principal para responder essa questão é saber distinguir os níveis de planejamento estratégico, tático e operacional.

- **Estratégico:** refere-se ao planejamento de longo prazo da organização, que define metas amplas e diretrizes que orientarão a empresa em direção a sua missão e visão.
- **Tático:** seu foco é a implementação das diretrizes estabelecidas no planejamento estratégico, mediante detalhamento de como as metas estratégicas serão alcançadas, por meio de pla-

nos específicos para diferentes áreas ou departamentos.

- **Operacional:** refere-se à execução diária das atividades de organização e visa à garantia de que as tarefas cotidianas sejam realizadas de maneira eficiente e eficaz.

Errado: O planejamento realizado no nível institucional é denominado **planejamento estratégico**, não planejamento operacional. O planejamento estratégico envolve a definição de objetivos de longo prazo e a formulação de estratégias para alcançá-los, focando em questões amplas e na direção geral da organização.

04. CEBRASPE - 2024 - TCE/AC - Técnico de Controle Externo

A respeito das funções da administração e dos processos de planejamento, julgue o próximo item.

No processo administrativo, é a autoridade que possibilita à direção exercer influência e limitar as escolhas dos outros.

COMENTÁRIOS

✪ **Nota do autor:** para responder essa questão é necessário saber a diferença entre poder e autoridade: **Poder** refere-se à capacidade de influenciar ou determinar ações e decisões. **Autoridade**: é o reconhecimento formal e a legitimação desse poder.

Errado: para influenciar ou determinar ações e decisões não é necessário ter autoridade, sendo imprescindível sim, possuir poder. Portanto, diverso do afirmado, é o poder, não a autoridade, que possibilita à direção exercer influência e limitar as escolhas dos outros. A autoridade seria apenas o reconhecimento formal e a legitimação desse poder.

05. CEBRASPE - 2024 - TCE/PR - Auditor de Controle Externo

Uma empresa de energia elétrica desejava melhorar seu modelo de concessões. Nesse sentido, selecionou como ponto de referência uma rede conhecida por oferecer um excelente atendimento ao cliente. Em seguida, passou a coletar dados sobre suas práticas de atendimento, como informações sobre treinamento de funcionários, tempos de espera, qualidade dos processos etc. Após esse levantamento, realizou a comparação das informações obtidas nessa rede com os dados internos da própria empresa e percebeu algumas lacunas, tais como fragilidades do planejamento, da elaboração e da avaliação dos projetos, além de modelos de contratação e desenhos licitatórios deficientes. A empresa verificou que precisa promover melhorias na modelagem para melhor representar a realidade operacional das concessionárias de energia e, assim, erradicar a necessidade de ajustes que diminuam a confiabilidade e a transparência do processo.

Nessa situação hipotética, a empresa de energia empregou o processo denominado

A avaliação dos ambientes interno e externo de uma organização pode ser realizada por meio da ferramenta denominada

a) formulação de estratégia.

b) balanced scorecard.

c) análise SWOT.

d) análise de alocação de recursos.

e) análise situacional.

COMENTÁRIOS

✪ **Nota do autor:** para se resolver a presente questão, é necessário conhecer a ferramenta de gestão que serve para avaliação dos ambientes interno e externo de uma organização.

Alternativa "c": é a alternativa correta. A matriz SWOT (*strengths, weaknesses, opportunities e threats* / forças, fraquezas, oportunidades e ameaças) é uma ferramenta de gestão que analisa os fatores internos e externos de uma empresa, com o objetivo de ajudar na tomada de decisões estratégicas.

Demais alternativas: estão incorretas, porque não se referem a ferramentas para a avaliação dos ambientes interno e externo de uma organização.

Alternativa correta: letra "c"

06. CEBRASPE - 2024 - TCE/PR - Auditor de Controle Externo

Considerando que os gestores de uma instituição encontrem-se em fase de elaboração de planos de ação e devam partir da premissa de que tais planos devem conter a definição de tarefas de maneira eficaz, com possibilidade de seu acompanhamento de maneira simples e ágil, assinale a opção que indica a ferramenta adequada para o cumprimento desse requisito.

a) ciclo PDCA

b) 5W2H

c) administração por objetivos (APO)

d) matriz GUT

e) matriz SWOT

COMENTÁRIOS

✪ **Nota do autor:** nessa questão, o examinador indaga a respeito de uma ferramenta que seja adequada para a elaboração de planos de ação, com definição eficaz de tarefas, possibilidade de acompanhamento simples e ágil.

Alternativa a: incorreta, uma vez que o ciclo PDCA (*plan, do, check, act* / planejar, executar, verificar e agir) vai além de ser uma ferramenta de planejamento e acompanhamento, tratando-se de uma metodologia de gestão gerenciamento que visa melhorar processos e resolver problemas em uma empresa.

Alternativa b: correta. A ferramenta 5W2H (What, Why, Who, Where, When, How, How Much / O quê, por que, quem, onde, quando, como e quanto) é uma metodologia de gerenciamento de processos que consiste em um checklist de perguntas-chave para validar um plano de ação, servindo perfeitamente à elaboração de planos de ação, com definição eficaz de tarefas e possibilidade de acompanhamento simples e ágil.

Alternativa c: incorreta, porque APO não é uma ferramenta, mas, sim, uma metodologia de gestão que envolve a colaboração entre gestores e colaboradores.

Alternativa d: incorreta. A matriz GUT (Gravidade x Urgência x Tendência) é uma ferramenta de gestão corporativa que ajuda a priorizar problemas e situações de negócios, não se tratando de uma ferramenta de planejamento e acompanhamento.

Alternativa e: incorreta, uma vez que, diferente da 5W2H, a matriz SWOT (*strengths, weaknesses, opportunities e threats* / forças, fraquezas, oportunidades e ameaças), na verdade, é uma ferramenta de gestão que analisa os fatores internos e externos de uma empresa, com o objetivo de ajudar na tomada de decisões estratégicas.

Alternativa correta: letra "b"

07. CEBRASPE – 2024 – TCE/PR – Auditor de Controle Externo

A análise de ambiente e a definição clara dos objetivos organizacionais são princípios básicos do planejamento

a) estratégico.

b) de tecnologia.

c) tático.

d) operacional.

e) de marketing.

COMENTÁRIOS

✪ **Nota do autor:** o principal para responder essa questão é saber distinguir os níveis de planejamento estratégico, tático e operacional.

- **Estratégico:** refere-se ao planejamento de longo prazo da organização, que define metas amplas e diretrizes que orientarão a empresa em direção a sua missão e visão.
- **Tático:** seu foco é a implementação das diretrizes estabelecidas no planejamento estratégico, mediante detalhamento de como as metas estratégicas serão alcançadas, por meio de planos específicos para diferentes áreas ou departamentos.
- **Operacional:** refere-se à execução diária das atividades de organização e visa à garantia de que as tarefas cotidianas sejam realizadas de maneira eficiente e eficaz.

Alternativa "a": é a correta, pois se estamos falando de análise de ambiente e a definição clara dos objetivos organizacionais, estamos nos referindo ao planejamento de longo prazo, que define metas amplas e diretrizes, ou seja, claramente, a referência que se faz é ao planejamento estratégico.

Demais alternativas: estão incorretas, na medida em que não se referem à análise de ambiente e a definição clara dos objetivos organizacionais, que dizem respeito ao planejamento estratégico.

Alternativa correta: letra "a"

08. CEBRASPE – 2024 – TCE/PR – Auditor de Controle Externo

Uma empresa de energia elétrica desejava melhorar seu modelo de concessões. Nesse sentido, selecionou como ponto de referência uma rede conhecida por oferecer um excelente atendimento ao cliente. Em seguida, passou a coletar dados sobre suas práticas de atendimento, como informações sobre treinamento de funcionários, tempos de espera, qualidade dos processos etc. Após esse levantamento, realizou a comparação das informações obtidas nessa rede com os dados internos da própria empresa e percebeu algumas lacunas, tais como fragilidades do planejamento, da elaboração e da avaliação dos projetos, além de modelos de contratação e desenhos licitatórios deficientes. A empresa verificou que precisa promover melhorias na modelagem para melhor representar a realidade operacional das concessionárias de energia e, assim, erradicar a necessidade de ajustes que diminuam a confiabilidade e a transparência do processo.

Nessa situação hipotética, a empresa de energia empregou o processo denominado

a) benchmarking.

b) balanced scorecard.

c) just in time.

d) reengenharia.

e) análise preditiva.

COMENTÁRIOS

✪ **Nota do autor:** nessa questão, a banca descreve um caso concreto e cobra do candidato indicar corretamente o processo empregado por uma hipotética empresa de energia.

Alternativa "a": correta. O *benchmarking* compreende a comparação de produtos, serviços ou processos com os melhores concorrentes ou empresas de referência. Reflete, com exatidão o processo da empresa de energia que selecionou como ponto de referência uma rede conhecida por oferecer um excelente atendimento ao cliente, comparando as informações desse concorrente com informações relativas à própria empresa.

Alternativa "b": incorreta. O *balanced scorecard*, sistema de gestão estratégica que traduz a missão e a visão da empresa em objetivos claros e mensuráveis, não corresponde ao processo descrito no enunciado da questão.

Alternativa "c": incorreta. O *just in time*, sistema de produção que visa eliminar desperdícios e produzir apenas o necessário no momento exato, não corresponde ao processo descrito no enunciado da questão.

Alternativa "d": incorreta. A reengenharia, reestruturação drástica dos processos de negócios para alcançar elevados ganhos em desempenho, não corresponde ao processo descrito no enunciado da questão.

Alternativa "e": incorreta. A análise preditiva, metodologia que consiste na utilização de dados históricos para prever tendências futuras, não corresponde ao processo descrito no enunciado da questão.

Alternativa correta: alternativa "a".

09. CEBRASPE - 2024 - TCE/PR - Auditor de Controle Externo

Análise situacional; formulação de estratégias; implementação; e avaliação e controle são

a) etapas do planejamento estratégico.
b) níveis de planejamento.
c) etapas da análise SWOT.
d) etapas do planejamento operacional.
e) métodos e ferramentas de planejamento.

COMENTÁRIOS

✪ **Nota do autor:** a resposta correta demanda conhecimentos sobre planejamento estratégico.

Alternativa "a": é a correta. De fato, análise situacional; formulação de estratégias; implementação; e avaliação e controle são etapas do planejamento estratégico.

Alternativa "b": incorreta. Na verdade, os níveis de planejamento são estratégico, tático e operacional, o que não corresponde às etapas descritas no enunciado da questão.

Alternativa "c": incorreta. Não guarda relação com as etapas descritas no enunciado da questão. SWOT (*strengths, weaknesses, opportunities e threats* / forças, fraquezas, oportunidades e ameaças) é uma ferramenta de gestão que analisa os fatores internos e externos de uma empresa, com o objetivo de ajudar na tomada de decisões estratégicas.

Alternativa "d": incorreta. As etapas descritas se referem mesmo ao planejamento estratético, não ao operacional.

Alternativa "e": incorreta. Os elementos descritos no enunciado da questão não se referem a métodos e ferramentas de planejamento, mas, sim, às etapas de um planejamento estratégico.

Alternativa correta: letra "a"

10. CEBRASPE - 2024 - TCE/PR - Auditor de Controle Externo

A declaração que é essencial para a orientação estratégica de uma organização e se refere ao seu campo de atuação, ou seja, ao conjunto de produtos ou serviços que ela oferece ao mercado e aos clientes que atende, é a declaração de

a) portfólio.
b) visão.
c) meta.
d) negócio.
e) propósito.

COMENTÁRIOS

✪ **Nota do autor:** questão em que a resposta correta refere-se à declaração essencial para a orientação estratégica de uma organização em relação ao seu campo de atuação (produtos e serviços que oferece no mercado e clientes que atende).

Alternativa "a": incorreta. O portfólio se refere ao conjunto de produtos ou serviços que uma empresa oferece, mas não é exatamente uma declaração que define a orientação estratégica da organização.

Alternativa "b": incorreta. A visão é uma declaração sobre o futuro desejado da organização, refletindo onde a empresa pretende chegar a longo prazo. Embora seja importante para a orientação estratégica, não se refere diretamente ao campo de atuação ou ao conjunto de produtos e serviços.

Alternativa "c": incorreta. As metas são objetivos específicos que uma organização pretende alcançar em um determinado prazo. Elas são importantes para o planejamento e execução, mas não definem o campo de atuação da organização em si.

Alternativa "d": é a correta. A declaração de negócio é mais abrangente, pois define o propósito da empresa, seu campo de atuação, os clientes que ela serve e como ela cria valor. Essa declaração é essencial para orientar todas as decisões estratégicas da organização, desde o desenvolvimento de novos produtos até a escolha de mercados. Portanto, é fundamental para orientar todas as atividades da organização.

Alternativa "e": incorreta. O propósito é a razão de ser da organização, sua motivação de existir. Embora esteja relacionado à missão e aos valores da entidade, não se refere especificamente ao campo de atuação ou aos produtos e serviços oferecidos.

Alternativa correta: letra "d"

11. CEBRASPE - 2024 - TCE/PR - Auditor de Controle Externo

No processo de elaboração do planejamento estratégico, quando a organização torna público o seu propósito fundamental, ela declara

a) os seus objetivos.
b) os seus valores.
c) a sua visão.
d) o seu negócio.
e) a sua missão.

COMENTÁRIOS

✪ **Nota do autor:** aqui a exigência é a declaração do propósito fundamental de uma organização.

Alternativa "e": é a alternativa correta, porque, de fato, a missão de uma organização compreende o seu propósito fundamental.

Demais alternativas: estão incorretas, pois relacionam aspectos que não se referem ao propósito fundamental de uma organização (missão), mas a outros elementos do processo de elaboração de um planejamento estratégico:

- **objetivos:** metas específicas a serem alcançadas.
- **valores:** princípios que guiam as ações da organização.
- **visão:** A imagem futura que a organização deseja construir.
- **negócio:** A área de atuação da empresa.

Alternativa correta: letra "e"

12. CEBRASPE - 2024 - TCE/PR - Auditor de Controle Externo

Assinale a opção em que é apresentado o tipo de planejamento que envolve a definição de metas específicas, a alocação de recursos e a criação de cronogramas detalhados para a execução das atividades diárias, além da definição de meios e políticas da organização.

a) planejamento de processos
b) planejamento tático
c) planejamento de projetos
d) planejamento operacional
e) planejamento de marketing

COMENTÁRIOS

✪ **Nota do autor:** o principal para responder essa questão é saber distinguir os níveis de planejamento estratégico, tático e operacional.

- **Estratégico:** refere-se ao planejamento de longo prazo da organização, que define metas amplas e diretrizes que orientarão a empresa em direção a sua missão e visão.
- **Tático:** seu foco é a implementação das diretrizes estabelecidas no planejamento estratégico, mediante detalhamento de como as metas estratégicas serão alcançadas, por meio de planos específicos para diferentes áreas ou departamentos.
- **Operacional:** refere-se à execução diária das atividades de organização e visa à garantia de que as tarefas cotidianas sejam realizadas de maneira eficiente e eficaz.

Alternativa "d": é a correta, pois se estamos falando do planejamento voltado para execução das atividades diárias da organização, estamos nos referindo ao planejamento operacional, pois visa à garantia de que as tarefas cotidianas sejam realizadas de maneira eficiente e eficaz.

Demais alternativas: estão incorretas, na medida em que não se referem ao planejamento voltado para execução diária das atividades cotidianas da organização.

Alternativa correta: letra "d"

13. VUNESP - 2023 - TCM/SP - Auditor de Controle Externo

Em um documento do Tribunal de Contas da União (TCU) sobre o uso da Análise SWOT aplicada na Auditoria, lê-se:

"(...) Nos trabalhos de auditoria, a elaboração da matriz SWOT auxilia a equipe a caracterizar, de forma sistemática, situações relacionadas às forças ou fraquezas, bem como às oportunidades e às ameaças, concernentes ao objeto da auditoria. Permite, dessa forma, identificar estratégias adequadas e equilibradas para priorizar a atuação no trabalho de auditoria. (...) Nesta análise, as informações sobre _____ e _____ podem estar referenciadas a beneficiários, fornecedores, concorrentes (programas semelhantes de iniciativa de outras esferas de governo). No macro ambiente podem referir-se a situações econômicas, demográficas, políticas, culturais, tecnológicas, legais, ecológicas e sociais".

(Portaria TCU-SEGECEX nº 31, de 9 de dezembro de 2010)

Considerando a matriz SWOT, assinale a alternativa que apresenta os termos que preenchem, correta e respectivamente, as lacunas.

a) forças ... fraquezas
b) ameaças ... oportunidades
c) forças ... oportunidades
d) fraquezas ... ameaças
e) forças ... ameaças

COMENTÁRIOS

✪ **Nota do autor:** A análise SWOT (Forças, Fraquezas, Oportunidades e Ameaças) é uma ferramenta de planejamento estratégico que ajuda as organizações a avaliarem sua situação atual em relação ao ambiente interno e externo. As **forças** e **fraquezas** estão relacionadas ao que a organização faz internamente (pontos internos). E as **ameaças** e **oportunidades** se referem ao ambiente externo que pode impactar a organização (pontos externos).

Alternativa "a": incorreta. Referiu-se, respectivamente, a forças e fraquezas, quando deveria ter mencionado, também, respectivamente, ameaças e oportunidades.

Alternativa "b": é a correta. No trecho do documento do TCU, as lacunas se referem a informações sobre o ambiente externo, que podem ser referenciadas a beneficiários, fornecedores e concorrentes, bem como a situações macroambientais (econômicas, demográficas, políticas, etc.). As informações sobre o ambiente externo são relevantes para identificar tanto **ameaças** (situações que podem prejudicar o objeto da auditoria) quanto **oportunidades** (situações que podem ser aproveitadas para melhorar o desempenho ou alcançar os objetivos).

Alternativa "c": incorreta. Referiu-se, respectivamente, a forças e oportunidades, quando deveria ter mencionado, também, respectivamente, ameaças e oportunidades.

Alternativa "d": incorreta. Referiu-se, respectivamente, a fraquezas e ameaças, quando deveria ter mencionado, também, respectivamente, ameaças e oportunidades.

Alternativa "e": incorreta. Referiu-se, respectivamente, a forças e ameaças, quando deveria ter mencionado, também, respectivamente, ameaças e oportunidades.

Alternativa correta: letra "b"

14. VUNESP – 2023 – TCM/SP – Auditor de Controle Externo

Um Auditor de Controle Externo do TCM-SP, para realizar o esboço de uma atividade de auditoria operacional do Programa Descomplica SP sob sua responsabilidade, resolveu utilizar a ferramenta gerencial 5W2H. Como o objetivo do seu trabalho é conduzir uma avaliação de satisfação dessa ação governamental, ele alocou no plano de ação a realização de dois grupos focais, respectivamente, com usuários das unidades de Campo Limpo e São Mateus, utilizando-se de uma sala de reuniões da Câmara Municipal, no dia 24 de junho de 2023. Considerando os 5 (cinco) Ws do quadro de análise do 5W2H, uma vez que o profissional definiu o que será feito (what), onde será feito (where), e quando será feito (when), falta ele indicar:

a) como será feita e quanto custará fazer essa atividade.
b) por que será feita e por quem será feita essa atividade.
c) quanto custará fazer e por quem será feita essa atividade.
d) por que será feita e como será feira essa atividade.
e) por quem será feira e como será feita essa atividade.

COMENTÁRIOS

Nota do autor: a ferramenta 5W2H (What, Why, Who, Where, When, How, How Much / O quê, por que, quem, onde, quando, como e quanto) é uma metodologia de gerenciamento de projetos e empresas que consiste em um *checklist* de perguntas-chave para validar um plano de ação, servindo perfeitamente à elaboração de planos de ação, com definição eficaz de tarefas e possibilidade de acompanhamento simples e ágil.

Alternativa "b": correta. Se o profission.) Se o profissional definiu o que será feito (what), onde será feito (where), e quando será feito (when), falta ele indicar por que será feito (why) e por quem será feito (who).

Demais alternativas: incorretas, uma vez que nenhuma delas menciona, conjuntamente, os Ws que estão faltando (why e Who).

Alternativa correta: letra "b"

1.2. GESTÃO DE RISCOS

15. FGV – 2024 – TCE/PA – Auditor de Controle Externo

Com relação aos processos atinentes à Gestão de Riscos, analise as afirmativas a seguir.

I. O processo de gestão de riscos deve ser parte integrante da tomada de decisão, incorporado na estrutura, operações e processos da organização, e aplicado nos níveis estratégicos, táticos e operacionais.

II. A gestão de riscos é melhorada continuamente por meio do aprendizado e experiências.

III. O propósito da gestão de riscos é a criação e proteção de valor. Ela melhora o desempenho, encoraja a inovação e apoia o alcance de objetivos.

Está correto o que se afirma em

a) I, apenas.

b) II e III, apenas.

c) I e III, apenas.

d) I e II, apenas.

e) I, II e III.

COMENTÁRIOS

✪ **Nota dos autores:** a questão trata dos conceitos fundamentais relacionados à Gestão de Riscos, devendo-se julgar cada item para se chegar à alternativa correta.

Item I: Correto. A gestão de riscos deve ser uma parte fundamental da cultura organizacional e deve ser aplicada em todos os níveis da organização: estratégico, tático e operacional. A integração da gestão de riscos ao processo de tomada de decisão é essencial para que a organização consiga identificar, avaliar e responder adequadamente aos riscos que possa enfrentar, de forma alinhada aos seus objetivos e atividades.

Item II: Correto. De fato, à medida que a organização adquire novas experiências e aprende com os riscos enfrentados, ela pode aprimorar seus processos de gestão de riscos, tornando-os mais eficazes. O aprendizado contínuo é um princípio importante em sistemas de gestão de riscos, pois permite que a organização se ajuste às mudanças internas e externas.

Item III: Correto. Tudo muito pertinente. A gestão de riscos não é apenas sobre evitar ou mitigar riscos negativos, mas também sobre maximizar o valor da organização ao identificar e aproveitar oportunidades, ao mesmo tempo que protege a organização contra eventos adversos, identifica-se oportunidades, encontra-se a inspiração para práticas inovadoras. A gestão de riscos eficaz contribui para o desempenho organizacional, ajuda a proteger os ativos da organização e promove uma cultura de inovação, o que é fundamental para atingir os objetivos da empresa.

Alternativa correta: letra "e".

16. FGV – 2024 – TCE/PA – Auditor de Controle Externo

Considerando o processo de gerenciamento de risco de acordo com a Norma ABNT NBR ISO 31000:2018, leia o seguinte fragmento:

Seu propósito é compreender a natureza do risco e suas características, incluindo o nível de risco.

Além disso, envolve a consideração detalhada de incertezas, fontes de risco, consequências, probabilidade, eventos, cenários, controles e sua eficácia.

A definição acima se refere ao conceito de

a) Análise de riscos

b) Identificação de riscos

c) Tratamento de riscos

d) Monitoramento e registro de riscos

e) Avaliação de riscos

COMENTÁRIOS

Nota do autor: a análise de riscos compreende, em síntese, a avaliação detalhada da probabilidade e impactos de cada risco.

Alternativa "a": correta. Como fica claro pelo conceito apresentado na nota do autor, a consideração detalhada de incertezas, fontes de risco, consequências, probabilidade, eventos, cenários, controles e sua eficácia condiz perfeitamente com a **análise de risco**.

Alternativa "b": incorreta. A identificação de riscos precede a análise, compreendendo a etapa de constatação dos riscos a serem analisados.

Alternativa "c": incorreta. O tratamento do risco é uma fase posterior à análise, compreendendo a escolha das ações e estratégias que serão utilizadas para se lidar com o risco. Antes, do tratamento e, também depois da análise, esses riscos devem ser avaliados.

Alternativa "d": incorreta. Depois do tratamento do risco, ele tem que ser monitorado (monitoramento), o que consiste no acompanhamento contínuo dos riscos identificados e a verificação da eficácia das estratégias de sua prevenção, mitigação, transferência ou absorção quando aceitos. Durante esse processo, a documentação dos riscos e verificações, isto é, o registro de riscos.

Alternativa "e": incorreta. A avaliação é a fase imediatamente subsequente à análise dos riscos, compreendendo o processo decisório sobre como lidar com o risco (evitar, reduzir, transferir, aceitar, etc?). Avaliado o risco com a tomada de decisão, o próximo passo será o tratamento do risco, consistente na escolha das ações e estratégias para o que se decidiu para lidar com o risco (exemplo: o que será feito para reduzir o risco, se a decisão foi pela redução do risco.

Alternativa correta: letra "a"

17. CEBRASPE - 2024 - TCE/PR - Auditor de Controle Externo

A decisão organizacional de não iniciar ou de descontinuar uma atividade que enseje a possibilidade de risco ou, ainda, de desfazer-se do objeto sujeito ao risco está associada:

a) à protelação do risco.
b) à aceitação do risco.
c) à redução do risco.
d) ao compartilhamento do risco.
e) à evitação do risco.

COMENTÁRIOS

Alternativas "a", "b" e "c": incorretas, pois a decisão de não iniciar ou descontinuar uma atividade de risco ou de desfazer um objeto sujeito a risco não se associa ao objetivo de protelar, aceitar ou compartilhar o risco, mas sim de evitar o risco.

Alternativa "d": incorretas. Não iniciar a atividade ou desfazer-se do objeto sujeito ao risco tem o potencial de evitar o risco por completo, não apenas de reduzi-lo.

Alternativa "e": está correta, pois, de fato, decisão organizacional de não iniciar ou de descontinuar uma atividade que enseje a possibilidade de risco, ou de desafazer-se do objeto sujeito ao risco está associada a, mais do que reduzir, evitar o risco.

Alternativa correta: letra "e"

18. VUNESP - 2023 - TCM/SP - Auditor de Controle Externo

A gestão de risco, embora não totalmente nova nas organizações públicas brasileiras, vem se intensificando nos últimos anos e é parte dos esforços do TCU e de alguns tribunais de contas subnacionais. Considerada uma evolução do diagrama de causa e efeito, a técnica_________________________ consiste em identificar e analisar os possíveis caminhos de um evento de risco, dado que um problema pode estar relacionado a diversas causas e consequências. Primeiramente, identifica-se o problema e, em seguida, suas possíveis causas e consequências. E, finalmente, identificam-se as formas de prevenção, a ocorrência do risco e as formas de mitigar as consequências, caso o risco se materialize.

Assinale a alternativa que preenche corretamente a lacuna no texto.

a) gravata borboleta (ou bow-tie)
b) SWIFT (técnica "e se" estruturada)
c) de análise preliminar de perigos
d) MCDA (Análise de Decisão por Multicritério)
e) de análise de causa-raiz

COMENTÁRIOS

✪ **Nota do autor:** questão que cobra conhecimentos sobre técnicas de gestão de riscos.

Alternativa "a": correta. De fato, a técnica gravata borboleta (ou bow-tie) consiste em identificar e analisar os possíveis caminhos de um evento de risco, dado que um problema pode estar relacionado a diversas causas e consequências.

Alternativa "b": incorreta. Na verdade, a técnica SWIFT (técnica "e se" estruturada) é um método qualitativo de análise de riscos que utiliza perguntas do tipo "e se" para identificar cenários de risco, focando em potenciais eventos e suas consequências.

Alternativa "c": incorreta. Na verdade, a técnica da análise preliminar de perigos (APP) consiste em um processo inicial para identificar perigos e avaliar riscos em um sistema ou atividade, servindo como base para decisões de segurança.

Alternativa "d": incorreta. Na verdade, a técnica MCDA é uma abordagem que avalia e prioriza opções de decisão com base em múltiplos critérios, considerando tanto fatores quantitativos quanto qualitativos.

Alternativa "e": incorreta. Na verdade, a técnica de análise de causa-raiz investiga as causas subjacentes de um problema ou evento indesejado, visando entender por que ocorreu e prevenir recorrências.

Alternativa correta: letra "a"

19. FGV - 2023 - TCE/ES - Auditor de Controle Externo

O desenvolvimento da gestão de riscos abrange conduzir um processo multidisciplinar e coletivo que envolve diferentes decisões a cada etapa do processo. Por exemplo, na gestão de uma unidade hospitalar, uma das etapas iniciais é mapear os principais fatores internos e externos que podem afetar o alcance dos objetivos e os resultados de uma organização pública, como, por exemplo, a identificação de potenciais questões epidemiológicas, ou mudanças em legislações pertinentes aos serviços prestados.

Essa etapa do processo é denominada:

a) avaliação dos riscos;
b) melhoria contínua;
c) estabelecimento do contexto;
d) consulta às partes interessadas;
e) tratamento dos riscos.

COMENTÁRIOS

✪ **Nota do autor: a gestão de riscos é um processo sistemático que visa identificar, avaliar e mitigar riscos que podem afetar uma organização. As etapas principais incluem: 1) Estabelecimento do Contexto:** nesta etapa, define-se o ambiente em que a gestão de riscos ocorrerá. Isso inclui a identificação dos objetivos, os critérios de risco, as partes interessadas e os fatores externos e internos que podem influenciar a organização. **2) Identificação dos Riscos:** aqui, são identificados os riscos que podem impactar os objetivos da organização. Isso pode ser feito por meio de brainstorming, análises de documentos, entrevistas e outras técnicas. **3) Análise dos Riscos:** nesta fase, os riscos identificados são analisados para determinar sua probabilidade de ocorrência e o impacto potencial. Isso ajuda a priorizar quais riscos devem ser tratados com mais urgência. **4) Avaliação dos Riscos: após a análise, os riscos são avaliados em relação aos critérios estabelecidos no contexto. Isso ajuda a decidir quais riscos são aceitáveis e quais requerem ações adicionais. 5) Tratamento dos Riscos:** com base na avaliação, são desenvolvidas estratégias para mitigar os riscos. As opções incluem evitar, transferir, mitigar ou aceitar os riscos. **6) Monitoramento e Revisão:** envolve o acompanhamento dos riscos e a eficácia das medidas implementadas. Também é importante revisar e atualizar o processo de gestão de riscos regularmente, considerando mudanças no contexto ou novos riscos que possam surgir. **7) Comunicação e Consulta:** durante todo o processo, é essencial manter uma comunicação clara com as partes interessadas e envolvê-las nas decisões sobre a gestão de riscos.

Alternativa "a": incorreta. Avaliar os riscos é posterior a identificar os fatores, focando em probabilidade e impacto.

Alternativa "b": incorreta. Melhoria contínua é um processo contínuo, mais relacionada com o tratamento dos riscos, não a etapa inicial descrita.

Alternativa "c": correta. O estabelecimento do contexto é a etapa inicial do processo de gestão de riscos, que consiste em definir o escopo do processo, identificar as partes interessadas, os objetivos da organização e os fatores internos e externos que podem afetar o alcance desses objetivos. O trecho apresentado descreve exatamente essa etapa, na qual a gestão de uma unidade hospitalar mapeia os principais fatores internos e externos que podem afetar seus objetivos e resultados.

Alternativa "d": incorreta. A consulta é importante, mas geralmente vem bem depois de estabelecer o contexto, fazendo parte da fase de comunicação e consulta, que é mais contínua, não inicial.

Alternativa "e": incorreta. O tratamento vem após a avaliação e seleção de estratégias, não é a etapa inicial.

Alternativa correta: letra "c"

1.3. GESTÃO POR RESULTADOS

20. CEBRASPE – 2024 – TCE/PR – Auditor de Controle Externo

Uma organização necessita estabelecer indicadores de desempenho com a finalidade de avaliar os impactos dos resultados alcançados junto à clientela atendida pelos serviços prestados e pelos produtos comercializados, mensurando o grau de satisfação e atendimento das necessidades dos clientes.

Nessa situação, a organização necessita estabelecer indicadores

a) de economicidade.

b) de eficiência.

c) de eficácia.

d) estratégicos.

e) de efetividade.

COMENTÁRIOS

✪ **Nota do autor:** os conceitos de **eficiência**, **eficácia**, **efetividade** e **economicidade** são frequentemente utilizados para como indicadores de desempenho, isto é, para avaliar a qualidade e o desempenho de processos e operações, principalmente em organizações públicas e privadas. A presente questão trata do indicador que tem por finalidade avaliar os impactos dos resultados alcançados junto à clientela atendida pelos serviços prestados e pelos produtos comercializados, mensurando o grau de satisfação e atendimento das necessidades dos clientes. Em termos mais simples, refere-se ao indicador de desempenho voltado para os impactos dos resultados obtidos pela organização junto ao seu público-alvo.

Alternativa "a": incorreta, pois a economicidade não se refere aos impactos junto ao público-alvo, mas diz respeito ao custo-benefício, isto é, o mínimo possível de dispêndio de recursos para a obtenção dos resultados.

Alternativa "b": incorreta, pois a eficiência não se refere aos impactos junto ao público-alvo, mas, sim, ao custo-benefício relativo à obtenção dos resultados pelo menor custo possível.

Alternativa "c": incorreta, porque a eficácia é a capacidade de alcançar os resultados desejados, não dizendo respeito aos impactos desses resultados junto ao público-alvo, mensuração própria dos indicadores de efetividade.

Alternativa "d": incorreta, uma vez que os indicadores estratégicos também não se referem aos impactos junto ao público-alvo, dizendo respeito, na verdade, a ferramentas de tomada de decisão que medem as ações de uma organização e avaliam os resultados das medidas implementadas, com vistas à identificação de pontos estratégicos fortes e fracos.

Alternativa "e": correta. A **efetividade** envolve a capacidade de se produzir os efeitos planejados, causando os impactos desejados no público-alvo, o que condiz perfeitamente com o que o indicador descrito no enunciado da questão.

Alternativa correta: letra "e"

---

21. CEBRASPE – 2024 – TCE/PR – Auditor de Controle Externo

A obra de reforma do 4.º andar do edifício anexo do TCE-PR, prevista no Plano de Gestão do biênio 2023-2024, foi concluída sem a redução do custo orçado e conforme a qualidade prevista.

É correto afirmar que, na situação hipotética em apreço, foi atingido o indicador associado precipuamente ao princípio da

a) resolutividade.
b) eficácia.
c) eficiência.
d) economicidade.
e) efetividade.

COMENTÁRIOS

✪ **Nota dos autores:** para responder a essa questão, precisamos entender o significado de cada um dos princípios mencionados nas alternativas e como eles se relacionam com a situação apresentada.

- **Resolutividade:** refere-se à capacidade de resolver um problema.
- **Eficácia:** significa atingir o resultado desejado, ou seja, alcançar o objetivo proposto.
- **Eficiência:** refere-se à otimização dos recursos utilizados para alcançar um determinado resultado.
- **Economicidade:** implica em obter o máximo resultado com o mínimo de recursos, buscando sempre a melhor relação custo-benefício.
- **Efetividade:** relaciona-se com a capacidade de produzir o efeito desejado, ou seja, de alcançar os resultados esperados de forma duradoura e sustentável.

Alternativa "a": incorreta. Não há nenhuma informação na questão que indique que a obra está relacionada com a solução de algum problema. Logo, o fato de ter sido concluída não se refere à capacidade de resolver um problema (resolutividade).

Alternativa "b": está correta. Se o objetivo era a conclusão da obra, o resultado desejado foi atingido, o que atende, perfeitamente, ao princípio da eficácia.

Alternativas "c" e "d": estão erradas. Eficiência e economicidade estão ligadas a otimização de recursos e à obtenção de resultados segundo o melhor custo-benefício (obtenção do resultado com o menor custo possível), o que não se dá no caso concreto apresentado em que a obra foi concluída sem redução de custo.

Alternativa "e": incorreta, porque o enunciado da questão fala em conclusão da obra com a qualidade prevista, mas não diz se o resultado da obra foi alcançado de forma duradoura e sustentável.

Alternativa correta: letra "b"

---

22. CEBRASPE – 2024 – TCE/PR – Auditor de Controle Externo

A prefeitura de determinada cidade precisa direcionar seus esforços de forma estratégica a fim de alcançar melhores resultados e atender às necessidades da população de maneira eficiente.

Na situação hipotética apresentada, para implementar a gestão por resultados na produção de serviços públicos, a prefeitura deve

a) estabelecer indicadores-chave de desempenho com a finalidade exclusiva de monitorar o atingimento dos resultados propostos em seus objetivos.
b) restringir o acesso a informações relacionadas à identificação de áreas críticas do serviço público.
c) estabelecer metas claras e mensuráveis, monitorar e avaliar constantemente o desempenho, promover a melhoria contínua e engajar os servidores públicos.
d) separar a gestão de resultados de outras práticas de gestão pública, como o planejamento estratégico e orçamentário.
e) analisar e aumentar seu orçamento, priorizando investimentos estratégicos e elevação dos gastos para o aumento na quantidade ou qualidade do serviço oferecido.

COMENTÁRIOS

✪ **Nota do autor:** questão relacionada ao tema "administração por resultados".

Alternativa "a": incorreta. Os indicadores-chave de desempenho (KPIs) são fundamentais para monitorar o atingimento dos resultados, mas não se limitam a isso, razão pela qual está equivocado o termo "exclusivamente". Os KPIs também servem para outras finalidades, tais como identificar áreas de melhoria, subsidiar a tomada de decisões estratégicas e comunicar os resultados para diversas partes interessadas.

Alternativa "b": incorreta. Restringir o acesso a informações é o oposto da gestão por resultados, além de violar os princípios da transparência e da responsabilidade na gestão pública. A transparência e a responsabilidade são pilares desse modelo de gestão.

Alternativa "c": alternativa correta. De fato, as ações relacionadas na alternativa, são totalmente compatíveis com a metodologia da gestão por resultados.

Alternativa "d": incorreta. A gestão por resultados não deve ser isolada das demais práticas de gestão. Pelo contrário, ela deve estar integrada ao planejamento estratégico, ao orçamento e a outros processos organizacionais.

Alternativa "e": incorreta. Aumentar o orçamento pode ser uma estratégia para melhorar os serviços públicos, mas não é a única e nem a mais importante. A gestão por resultados busca a eficiência e se pauta pela economicidade, mediante otimização os recursos disponíveis, visando obtenção do máximo de resultados com o mínimo de gastos.

Alternativa correta: letra "c".

23. CONSULPAM – 2023 – TCM/PA – Auditor de Controle Externo

A Gestão para Resultados é um marco conceitual cuja função é facilitar às organizações públicas a direção efetiva e integrada de seu processo de criação de valor público, a fim de otimizá-lo, assegurando a máxima eficácia, eficiência e efetividade de desempenho, além da consecução dos objetivos de governo e a melhoria contínua de suas instituições. A respeito desse tema, assinale a alternativa INCORRETA.

a) Esse modelo se refere a uma estratégia na qual se definam os resultados esperados por um organismo público no que se refere à mudança social e à produção de bens e serviços.

b) Esse modelo implica sistemas de informação que permitam monitorar a ação pública, informar à sociedade e identificar o serviço realizado, avaliando-o.

c) Os sistemas de informação desenvolvidos favorecem a tomada de decisões dos que participam destes processos.

d) A integração organizacional não é um desafio necessário para implementação da Gestão para Resultados.

1.4. GESTÃO DE PROCESSOS

24. CEBRASPE – 2024 – TCE/PR – Auditor de Controle Externo

O ciclo de vida do BPM (business process management) inclui

a) designação de patrocínio executivo, responsabilidade, prestação de contas e autoridade por processos para liberar processos no alcance de metas.

b) valores, crenças, liderança e cultura.

c) planejamento e estratégia, seguido por análise, desenho e modelagem, implementação, monitoramento e controle, levando, assim, ao refinamento.

d) identificação e definição de controles operacionais e financeiros informatizados.

e) organização, definição de processo, responsabilidade, patrocínio, medição, consciência e alinhamento.

COMENTÁRIOS

✪ **Nota do autor:** questão sobre BPM (*business process management*), que constitui uma metodologia desenvolvida com o objetivo de tornar os processos de uma organização mais eficientes e eficazes. O BPM envolve o mapeamento, a análise, a melhoria e a automação dos processos de negócios, com o objetivo de otimizar o desempenho organizacional.

Alternativa "c": correta. Conforme apresentação sobre análise e melhoria de processos disponível no repositório institucional da ENAP, de fato, o ciclo de vida do BMP inclui tornar os processos de uma organização mais eficientes e eficazes. O BPM envolve o mapeamento, a análise, a melhoria e a automação dos processos de negócios, com o objetivo de otimizar o desempenho organizacional.

Demais alternativas: incorretas, na medida em que não se referem ao ciclo de vida do BPM.

25. VUNESP – 2023 – TCM/SP – Auditor de Controle Externo

No Ciclo PDCA sobre controle de processo, e de plano, a fase que estabelece as metas sobre os itens de controle e também a maneira para atingir as metas, bem como o estabelecimento de padrões é:

a) Do.

b) Action.

c) Check.

d) Feedback.

e) Plan.

COMENTÁRIOS

✪ **Nota do autor:** para resolver a questão, é necessário conhecer as etapas do ciclo PCDA, quais sejam: *Plan* (planejar), *Do* (fazer, executar), *Check* (checar, verificar, mensurar) e *Act* (agir).

Alternativa "e": correta. De fato, a fase que estabelece as metas sobre os itens de controle e também a maneira para atingir as metas, bem como o estabelecimento de padrões é uma fase de planejamento (Plan).

Demais alternativas: estão erradas, porque não se referem a fase de planejamento (Plan), descrita no enunciado da questão.

26. VUNESP – 2023 – TCM/SP – Auditor de Controle Externo

O indicador de produtividade relacionado à forma de produção de bens e serviços, envolvendo procedimentos de aquisições ou requisições, bem como em dias de prazo para contratação dos mesmos, e, além disso para a própria realização de atividades, é considerado do tipo indicador de

a) processo.
b) resultado.
c) insumo.
d) produto.
e) objetivo.

COMENTÁRIOS

✪ **Nota do autor:** os indicadores de produtividade do tipo "processo" avaliam a eficiência e a eficácia dos métodos utilizados na produção de bens e serviços. Eles se concentram nas etapas e procedimentos envolvidos, como aquisições, prazos de contratação e realização de atividades.

Alternativa "a": correta. De fato, entre os indicadores de produtividade, os indicadores de processo, de modo coerente com a nota do autor, referem-se à forma de produção de bens e serviços, envolvendo procedimentos de aquisições ou requisições, bem como em dias de prazo para contratação dos mesmos, e além disso para a própria realização de atividades.

Alternativa "b": incorreta. Não condiz com o indicador descrito no enunciado da questão, porque o indicador de resultado mede o impacto final de um processo, como a quantidade de produtos vendidos ou a satisfação do cliente, não se preocupando diretamente com como esses resultados foram alcançados. O foco, portanto, está em como os resultados serão atingidos.

Alternativa "c": incorreta. Não condiz com o indicador descrito no enunciado da questão, porque o indicador de insumo refere-se aos recursos utilizados, como matéria-prima ou horas de trabalho, sem considerar a eficiência do processo em si.

Alternativa "d": incorreta. Não condiz com o indicador descrito no enunciado da questão, porque o indicador de produto diz respeito às características dos bens ou serviços finais, não ao processo de produção.

Alternativa "e": incorreta. Não condiz com o indicador descrito no enunciado da questão, porque o indicador de objetivo mede o progresso em relação a metas estabelecidas, focando mais em resultados do que em como esses resultados são obtidos.

Alternativa correta: letra "a"

27. CEBRASPE – 2024 – TCE/PR – Auditor de Controle Externo

Considerando que os gestores de uma instituição encontrem-se em fase de elaboração de planos de ação e devam partir da premissa de que tais planos devem conter a definição de tarefas de maneira eficaz, com possibilidade de seu acompanhamento de maneira simples e ágil, assinale a opção que indica a ferramenta adequada para o cumprimento desse requisito.

a) ciclo PDCA
b) 5W2H
c) administração por objetivos (APO)
d) matriz GUT
e) matriz SWOT

COMENTÁRIOS

✪ **Nota do autor:** nessa questão, o examinador indaga a respeito de uma ferramenta que seja adequada para a elaboração de planos de ação, com definição eficaz de tarefas, possibilidade de acompanhamento simples e ágil.

Alternativa a: incorreta, uma vez que o ciclo PDCA (*plan, do, check, act* / planejar, executar, verificar e agir) vai além de ser uma ferramenta de planejamento e acompanhamento, tratando-se de uma metodologia de gestão gerenciamento que visa melhorar processos e resolver problemas em uma empresa.

Alternativa b: correta. A ferramenta 5W2H (What, Why, Who, Where, When, How, How Much / O quê, por que, quem, onde, quando, como e quanto) é uma metodologia de gerenciamento de processos que consiste em um checklist de perguntas-chave para validar um plano de ação, servindo perfeitamente à elaboração de planos de ação, com definição eficaz de tarefas e possibilidade de acompanhamento simples e ágil.

Alternativa c: incorreta, porque APO não é uma ferramenta, mas, sim, uma metodologia de gestão que envolve a colaboração entre gestores e colaboradores.

Alternativa d: incorreta. A matriz GUT (Gravidade x Urgência x Tendência) é uma ferramenta de gestão corporativa que ajuda a priorizar problemas e situações de negócios, não se tratando de uma ferramenta de planejamento e acompanhamento.

Alternativa e: incorreta, uma vez que, diferente da 5W2H, a matriz SWOT (*strengths, weaknesses, opportunities e threats* / forças, fraquezas, oportunidades e ameaças), na verdade, é uma ferramenta de gestão que analisa os fatores internos e externos de uma empresa, com o objetivo de ajudar na tomada de decisões estratégicas.

Alternativa correta: letra "b"

1.5. GESTÃO DE QUALIDADE

28. CEBRASPE – 2024 – TCE/PR – Auditor de Controle Externo

Uma empresa do setor de higiene pessoal vem enfrentando atrasos recorrentes na produção de determinado produto, o que tem impactado suas vendas e, consequentemente, seus lucros. As equipes de produção foram reunidas para determinarem os principais motivos do atraso. Para isso, é necessário escolher uma ferramenta que permita esclarecer todas as principais causas do problema de maneira organizada e fracionada, identificando as possíveis soluções e facilitando a visualização de cada etapa.

Nessa situação hipotética, a ferramenta mais indicada é

a) o diagrama de Pareto.

b) a folha de checagem.

c) o diagrama causa-efeito.

d) o método dos 5 porquês.

e) o histograma.

COMENTÁRIOS

✪ **Nota do autor:** nessa questão, a banca descreve um caso concreto e cobra do candidato indicar a ferramenta indicada para esclarecer todas as principais causas do problema de maneira organizada e fracionada, identificando as possíveis soluções e facilitando a visualização de cada etapa .

Alternativa "a": incorreta. O diagrama de Pareto, útil para identificar os problemas mais importantes, ou seja, aqueles que contribuem mais para o problema geral, não corresponde à ferramenta indicada para a solução do caso concreto apresentado, porque ela não auxilia na identificação das causas raiz de um problema específico, no caso os atrasos na produção de determinado produto.

Alternativa "b": incorreta. A folha de checagem, serve para coletar dados sobre a ocorrência de determinados eventos ou características, não corresponde à ferramenta indicada para a solução do caso concreto apresentado, porque ela pode ser útil para identificar os tipos de problemas que ocorrem, mas não para analisar as causas.

Alternativa "c": correta. O diagrama causa e efeito, também conhecido como diagrama de Ishikawa ou espinha de peixe, é a ferramenta ideal para visualizar as causas de um problema de forma organizada e hierárquica. No caso concreto apresentado, permite identificar as causas principais e as causas secundárias do atraso na produção do produto, facilitando a análise e a busca por soluções.

Alternativa "d": incorreta. O método dos 5 porquês, técnica de resolução de problemas que consiste em fazer a pergunta "por quê" repetidamente até chegar à causa de um problema, não corresponde à ferramenta indicada para a solução do caso concreto apresentado, porque ela não oferece uma visualização gráfica das relações entre as causas, como o diagrama causa-efeito.

Alternativa "e": incorreta. O histograma, gráfico que representa a frequência de ocorrência de diferentes valores de uma variável, não corresponde à ferramenta indicada para a solução do caso concreto apresentado, porque ele pode ser útil para analisar a distribuição de dados, mas não para identificar as causas de um problema.

Alternativa correta: alternativa "c".

29. CEBRASPE – 2024 – TCE/PR – Auditor de Controle Externo

Assinale a opção em que é apresentada a etapa do ciclo PDCA que prevê a implementação de ações corretivas e ajustes necessários para melhorar o desempenho e garantir o alcance dos objetivos estratégicos da organização.

a) retroalimentar

b) agir

c) planejar

d) fazer

e) verificar

COMENTÁRIOS

✪ **Nota do autor:** para resolver a questão, é necessário conhecer as etapas do ciclo PCDA, quais sejam: *Plan* (planejar), *Do* (fazer, executar), *Check* (checar, verificar, mensurar) e *Act* (agir).

Alternativa "b": correta. Agir compreende a implementação de ações corretivas e ajustes necessários para melhorar o desempenho e garantir o alcance dos objetivos estratégicos da organização estabelecido no planejamento (planejar). Essa etapa, também conhecida como "agir" ou "ajustar", é aquela em que ações corretivas são tomadas com base na análise realizada na fase de verificação (verificar). Se os resultados não atingirem os objetivos, ajustes e melhorias são implementados para garantir que os objetivos estratégicos sejam alcançados. Não confundir essa etapa com a de "fazer". Enquanto em "agir" as ações são corretivas e com foco em ajustar, na etapa de "fazer", o foco está em colocar o planejamento em prática. Portanto, "fazer" está mais ligada a execução, enquanto "agir" relaciona-se mais a correção/ajuste.

Demais alternativas: estão incorretas, porque não fazem menção correta à etapa em que a implementação de ações corretivas e ajustes necessários para melhorar o desempenho e garantir o alcance dos objetivos estratégicos da organização.

30. VUNESP – 2023 – TCM/SP – Auditor de Controle Externo

Em um órgão público do estado do Rio de Janeiro, foram analisados os processos organizacionais e coletadas informações dos servidores públicos e dos usuários dos serviços, visando diagnosticar os problemas e propor melhorias. Para o exame dos dados, um dos analistas administrativos da organização produziu o gráfico a seguir

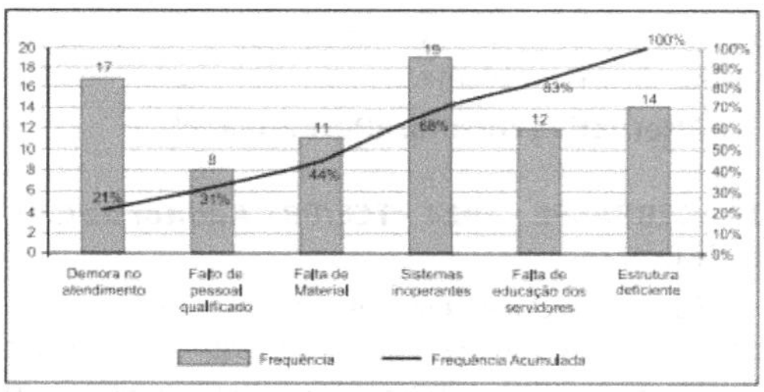

(CAVALCANTE, R. C. Melhoria Contínua dos Processos Organizacionais: um estudo de caso no setor público. In: Anais do XIII Simpósio de Excelência em Gestão e Tecnologia (SEGeT), 2016)

A ferramenta gerencial ilustrada nesse gráfico, muito utilizada na gestão da qualidade, é o

a) diagrama de Ishikawa.

b) gráfico de dispersão.

c) diagrama de Deming.

d) histograma.

e) diagrama de Pareto.

COMENTÁRIOS

✪ **Nota do autor:** nesta questão o examinador cobra do candidato conhecimento sobre ferramenta consistente em gráfico que visa ao diagnóstico de problemas e proposta de melhorias no campo da gestão de qualidade.

Alternativa "a": incorreta. O Diagrama de Ishikawa, também conhecido como "espinha de peixe", é utilizado para identificar as causas-raiz de um problema, organizando-as em categorias. O gráfico apresentado não se encaixa nessa descrição.

Alternativa "b": incorreta. Gráficos de dispersão são utilizados para visualizar a relação entre duas variáveis, buscando identificar padrões de correlação. O gráfico em questão não representa essa relação.

Alternativa "c": incorreta. O Ciclo de Deming, ou PDCA (Plan-Do-Check-Act), é uma metodologia de gestão da qualidade para melhoria contínua, não um tipo de gráfico.

Alternativa "d": incorreta. Histogramas são utilizados para mostrar a distribuição de frequências de um conjunto de dados. O gráfico apresentado, apesar de ter barras, não representa uma distribuição de frequências típica de um histograma.

Alternativa "e": correta. O Diagrama de Pareto é uma ferramenta gráfica que permite identificar e priorizar as causas de um problema, mostrando as mais frequentes ou de maior impacto. O gráfico apresentado mostra as causas de um problema (baixo rendimento, falta de pessoal, etc.) e a frequência com que ocorrem, além da linha de frequência acumulada, características típicas de um Diagrama de Pareto. O gráfico permite visualizar rapidamente quais são as causas mais relevantes, ajudando a priorizar ações corretivas.

Alternativa correta: letra "e"

1.6. ESTRUTURA ORGANIZACIONAL

31. VUNESP – 2023 – TCM/SP – Auditor de Controle Externo

Com objetivo de estreitar os laços com os jurisdicionados e com a sociedade, a Ouvidoria de um Tribunal de Contas Estadual (TCE) passou a prestar atendimento por meio do aplicativo Whatsapp, ferramenta multiplataforma de mensagens instantâneas e chamadas de voz para smartphones e tablets. A Ouvidoria desse TCE é um órgão de apoio estratégico que surgiu como sendo um novo instrumento de comunicação entre os cidadãos de todo o território estadual com a Corte de Contas. Supondo que nessa Ouvidoria os processos de trabalho sejam rotinizados e programáveis e a comunicação desse órgão com os cidadãos seja padronizada segundo normas/regras formais, o modelo de gestão, em termos de estrutura organizacional, propício para esse órgão é o:

a) modelo orgânico.
b) modelo de departamentalização geográfica.
c) modelo just in time.
d) modelo de organização virtual e sem fronteiras.
e) modelo mecanicista.

COMENTÁRIOS

✪ **Nota do autor:** o modelo mecanicista é caracterizado por uma estrutura organizacional formal, rígida e hierárquica, onde os processos de trabalho são rotinizados e programáveis. Nesse tipo de modelo, a comunicação tende a ser padronizada e segue normas e regras estabelecidas, o que se alinha com a descrição da Ouvidoria do TCE.

Alternativa "a": incorreta. Esse modelo é mais flexível, adaptável e voltado para ambientes dinâmicos, não se encaixando na ideia de processos rotinizados e comunicação formal.

Alternativa "b: incorreta. Foca na divisão territorial, na departamentalização geográfica, o que não é o principal critério para a Ouvidoria descrita.

Alternativa "c": incorreta. Relaciona-se a processos de produção e gerenciamento de estoques, não aplicável ao contexto de comunicação e atendimento ao cidadão.

Alternativa "d": incorreta. Esse modelo é caracterizado pela flexibilidade e pela utilização de tecnologias de informação para integrar equipes geograficamente dispersas.Indica uma estrutura descentralizada e flexível, não compatível com a formalidade e padronização requeridas na Ouvidoria.

Alternativa "e": correta. O modelo mecanicista é o mais adequado para garantir eficiência, controle e a uniformidade na comunicação da Ouvidoria com os cidadãos.

Alternativa correta: letra "e"

1.7. PROCESSO DECISÓRIO

32. CEBRASPE – 2024 – TCE/AC – Técnico de Controle Externo

Em relação ao processo decisório nas organizações, julgue o seguinte item.

A decisão segue a seguinte sequência de etapas: obtenção de dados e fatos a respeito do problema; estabelecimento de relações com o contexto mais amplo; determinação de causas, de definições e do diagnóstico.

COMENTÁRIOS

✪ **Nota do autor:** nos diferentes manuais de Administração, há diversas abordagens acerca das etapas do processo decisório. Em uma média das abordagens mais usualmente encontradas, uma sequência bem lógica para compreensão para provas e concursos pode ser a seguinte: 1) Identificação do Problema; 2) Coleta de Informações; 3) Geração de Alternativas; 4) Avaliação das Alternativas; 5) Tomada de Decisão; 6) Implementação; 7) Avaliação e Feedback. Observe que, nessa abordagem, estamos considerando a fase pós-decisória como parte do processo.

Certo: A banca considerou o item certo, pois afirmação do examinador faz um recorte correto das primeiras etapas do processo decisório segundo uma das obras de Chiavenato (CHIAVENATO, Idalberto. Administração: teoria, processo e prática, 2007 – 4.ed. – Rio de janeiro: Elsevier, 2007).

33. CEBRASPE – 2024 – TCE/AC – Técnico de Controle Externo

Em relação ao processo decisório nas organizações, julgue o seguinte item.

Na decisão, a eficiência é a obtenção dos melhores resultados, expressando a realização completa dos objetivos visados.

COMENTÁRIOS

✪ **Nota do autor:** para se responder à presente questão, é necessário compreender a diferença entre eficiência e eficácia no âmbito da Ciência da Administração:

<u>Eficiência:</u> refere-se à capacidade de realizar tarefas da melhor maneira possível, ou seja, com o menor uso de recursos (tempo, dinheiro, materiais) para alcançar um resultado. Uma operação é considerada eficiente quando gera resultados com o mínimo de desperdício (custo-benefício);

<u>Eficácia:</u> diz respeito à capacidade de alcançar os resultados desejados ou objetivos estabelecidos. Uma ação é eficaz quando consegue atingir o que se propôs, independentemente dos recursos utilizados.

Errado: a obtenção dos melhores resultados, expressando a realização completa dos objetivos visados, está mais relacionado com alcançar os resultados desejados ou objetivos estabelecidos. Portanto, diz respeito à eficácia (obtenção de resultados), não a eficiência (atuação segundo melhor custo-benefício).

2. GESTÃO DE PESSOAS

34. CEBRASPE – 2024 – TCE/AC – Técnico de Controle Externo

Julgue o próximo item, que trata da competência interpessoal e do gerenciamento de conflitos nas organizações.

A competência interpessoal depende da autopercepção, da autoconscientização e de um treinamento perceptivo, que se realiza de maneira espontânea e natural.

COMENTÁRIOS

✪ **Nota dos autor:** para responder essa questão, deve-se saber distinguir **competência intrapessoal** (capacidade de entender e gerenciar as próprias emoções, pensamentos e comportamentos, além de ter autoconhecimento e autocontrole) de **competência interpessoal** (habilidade de interagir efetivamente com os outros, estabelecendo relações saudáveis, comunicando-se de forma clara e compreendendo as emoções e necessidades alheias).

Errado: na verdade, a afirmação do examinador refere-se à **competência intrapessoal**, não interpessoal. Autopercepção e autoconscientização estão relacionadas à capacidade de gerenciar as próprias emoções, pensamentos e comportamentos, ligadas ao autoconhecimento, que se referem ao conceito de competência intrapessoal.

35. CEBRASPE – 2024 – TCE/AC – Técnico de Controle Externo

Julgue o próximo item, que trata da competência interpessoal e do gerenciamento de conflitos nas organizações.

A liderança e a participação eficaz em grupo ficam comprometidas se não há competência interpessoal do líder e dos membros do grupo.

COMENTÁRIOS

✪ **Nota do autor:** a **competência interpessoal** consiste na habilidade de interagir efetivamente com os outros, estabelecendo relações saudáveis, comunicando-se de forma clara e compreendendo as emoções e necessidades alheias.

Certo: considerando-se que a competência interpessoal compreende a habilidade de interagir efetivamente e estabelecer relações saudáveis com os outros, logicamente, a ausência dessa competência prejudicará a líderes e membros de um grupo, comprometendo liderança e participação.

36. CEBRASPE – 2024 – TCE/AC – Técnico de Controle Externo

Julgue o próximo item, que trata da competência interpessoal e do gerenciamento de conflitos nas organizações.

Entre as estratégias orientadas para soluções de conflitos, as abordagens transigentes envolvem negociações em que ambas as partes fazem concessões.

COMENTÁRIOS

✪ **Nota do autor:** as abordagens **transigentes** na gestão de conflitos são aquelas em que as partes envolvidas buscam um **meio-termo** ou um **compromisso**, abrindo mão de parte de suas demandas e expectativas para encontrar uma solução consensual. Essa abordagem é caracterizada por uma tentativa de evitar o confronto total, conciliando interesses divergentes de forma que ambas as partes saiam com algo, embora não necessariamente com tudo o que desejavam.

Certo: como fica claro pelo conceito apresentado, de fato, as abordagens transigentes envolvem negociações em que ambas as partes buscam concessões.

37. CEBRASPE – 2024 – TCE/AC – Técnico de Controle Externo

No que se refere ao comportamento organizacional, julgue o item a seguir.

A motivação representa as forças internas de uma pessoa que afetam o seu comportamento voluntário; a direção, por sua vez, é a quantidade de esforço empregado para a realização de um objetivo.

COMENTÁRIOS

✪ **Nota do autor:** a motivação compreende forças internas e **forças externas** que afetam o comportamento voluntário de uma pessoa, envolvendo 3 fatores: **direção** (escolha do objetivo), persistência (contínuo engajamento pelo objetivo) e **intensidade** (quantidade de esforço adotada).

Errado: A afirmação possui dois equívocos. Primeiro porque restringe a motivação a forças internas, quando, na verdade, o comportamento voluntário da pessoa também é incentivada por fatores externos, tais como remuneração, benefícios, feedback e reconhecimento. Além disso, a quantidade de esforço empregado diz respeito à intensidade, não à direção.

38. CEBRASPE – 2024 – TCE/AC – Técnico de Controle Externo

No que se refere ao comportamento organizacional, julgue o item a seguir.

As organizações de alto desempenho vinculam o desempenho e o desenvolvimento das habilidades a várias formas de recompensas financeiras, em detrimento das não financeiras.

COMENTÁRIOS

✪ **Nota do autor:** as organizações de alto desempenho reconhecem que o desenvolvimento de habilidades e o desempenho dos colaboradores não podem ser impulsionados apenas por recompensas financeiras. Embora as recompensas financeiras, como bônus e salários, sejam importantes, as recompensas não financeiras, como reconhecimento, desenvolvimento profissional, ambiente de trabalho positivo e oportunidades de crescimento, desempenham um papel crucial na motivação e na satisfação dos colaboradores.

Errado: Fatores como reconhecimento, autonomia e um bom clima organizacional podem ter um impacto significativo na produtividade e no engajamento dos funcionários. Organizações de alto desempenho tendem a adotar uma abordagem que busca um equilíbrio entre as recompensas financeiras e as não financeiras, criando um ambiente onde os colaboradores se sentem valorizados e motivados a contribuir para os objetivos da empresa. Portanto, está errado dizer que tais organizações vinculariam o desempenho apenas a recompensas financeiras, em detrimento das não financeiras.

39. CEBRASPE – 2024 – TCE/PR – Auditor de Controle Externo

Programas de desenvolvimento sob medida, projetados para atender às necessidades específicas de indivíduos e grupos de trabalho, têm o potencial de aumentar consideravelmente a eficácia e a produtividade. Esses programas se estabelecem como estratégias de gestão de

a) tempo.

b) processos.

c) tarefas.

d) atividades.

e) equipes.

COMENTÁRIOS

✪ **Nota do autor:** nessa questão, é descrita uma estratégia de gestão, sendo cobrado do candidato identificar qual o âmbito de gestão a que se aplica (tempo, processos, tarefas, atividades ou equipes?)

Alternativa "e": é a correta. Programas de desenvolvimento sob medida são especificamente focados em melhorar o desempenho e a colaboração dentro de equipes de trabalho. Ao atender às necessidades específicas de indivíduos e grupos, esses programas ajudam a fortalecer a dinâmica de equipe, promover habilidades de comunicação e aumentar a coesão entre os membros.

Demais alternativas: estão incorretas. Embora as outras opções (tempo, processos, tarefas e atividades) possam estar relacionadas ao contexto de trabalho, elas não abordam diretamente a essência do desenvolvimento focado em equipe, que é central para aumentar a eficácia e a produtividade em ambientes colaborativos.

Alternativa correta: letra "e"

40. CEBRASPE – 2024 – TCE/PR – Auditor de Controle Externo

A conjuntura em que os líderes devem adaptar seu estilo de liderança com base na maturidade e competência da equipe está em conformidade com a teoria de liderança

a) contingencial.

b) transformacional.

c) transacional.

d) situacional.

e) comportamental.

COMENTÁRIOS

✪ **Nota do autor:** a questão apresenta um cenário em que os líderes precisam adaptar seu estilo de liderança de acordo com a maturidade e competência da equipe, cabendo ao candidato identificar com qual teoria de liderança o cenário guarda conformidade.

Alternativa "a": incorreta. A teoria contingencial sugere que não existe um único melhor estilo de liderança. A eficácia do líder depende de várias condições e fatores situacionais. Embora isso envolva adaptar-se ao contexto, não foca diretamente na maturidade e competência da equipe como critério central.

Alternativa "b": incorreta. A liderança transformacional busca inspirar e motivar os seguidores para alcançar metas além do esperado. Embora seja uma abordagem eficaz em muitas situações, ela não enfatiza a adaptação do estilo de liderança com base na maturidade da equipe.

Alternativa "c": incorreta. A liderança transacional se baseia em trocas e negociações, recompensando o bom desempenho e corrigindo o desempenho inadequado. Essa abordagem também não se adapta às diferentes necessidades de equipes com diferentes níveis de maturidade.

Alternativa "d": alternativa correta. A teoria da liderança situacional, como mencionado anteriormente, defende que o estilo de liderança mais eficaz varia de acordo com a situação. A maturidade e competência da equipe são fatores-chave nessa teoria, e o líder deve ajustar seu estilo para atender às necessidades específicas de cada equipe.

Alternativa "e": incorreta. A teoria comportamental foca nos comportamentos do líder e como esses afetam a equipe. Embora inclua elementos de interação, não é especificamente sobre adaptar o estilo de liderança com base na maturidade da equipe.

Alternativa correta: letra "d".

41. CEBRASPE – 2024 – TCE/PR – Auditor de Controle Externo

O processo estruturado e contínuo que envolve planejamento, monitoramento, avaliação, desenvolvimento e recompensa para as pessoas é denominado

a) gestão de tarefas.
b) gestão de desempenho.
c) gestão de recompensas.
d) gestão da qualidade.
e) gestão de remuneração.

COMENTÁRIOS

✪ **Nota do autor:** nessa questão, o examinador cobra o nome do processo estruturado e contínuo que envolve planejamento, monitoramento, avaliação, desenvolvimento e recompensa para as pessoas.

Alternativa "b": está correta. De fato, o processo descrito no enunciado da questão é conhecido como **gestão de desempenho**. Ele envolve a definição de metas, acompanhamento do progresso, avaliação dos resultados, desenvolvimento das habilidades dos colaboradores e, muitas vezes, a recompensa pelo desempenho alcançado. É uma prática fundamental para alinhar os objetivos individuais com os da organização e promover o crescimento profissional.

Demais alternativas: incorretas, pois não denominam corretamente o processo estruturado e contínuo que envolve planejamento, monitoramento, avaliação, desenvolvimento e recompensa para as pessoas.

Alternativa correta: letra "b"

42. CEBRASPE – 2024 – TCE/PR – Auditor de Controle Externo

Identificação de necessidades de capacitação; promoção de um ambiente de aprendizado; mentoria e coaching; motivação e engajamento; e alinhamento com objetivos organizacionais são papéis da função administrativa de

a) controle.
b) liderança.
c) planejamento.
d) organização.
e) direção.

COMENTÁRIOS

✪ **Nota do autor:** nessa questão, a banca cobra que o candidato saiba identificar a função administrativa que desempenha o papel de identificação de necessidades de capacitação; promoção de um ambiente de aprendizado; mentoria e coaching; motivação e engajamento; e alinhamento com objetivos organizacionais.

Alternativa "a": incorreta. O controle está relacionado à verificação e correção das atividades para garantir que os objetivos sejam alcançados. As ações descritas na questão envolvem mais do que apenas verificar, mas sim influenciar e guiar as pessoas.

Alternativa "b": está correta. A liderança envolve a capacidade de influenciar e motivar pessoas para alcançar objetivos comuns. As ações de identificar necessidades de capacitação, promover um ambiente de aprendizado, oferecer mentoria e coaching, e alinhar as pessoas com os objetivos organizacionais são características típicas de um líder.

Alternativa "c": incorreta. O planejamento envolve definir objetivos e os meios para alcançá-los. Embora o alinhamento com os objetivos organizacionais esteja relacionado ao planejamento, as demais ações descritas na questão vão além do simples planejamento, envolvendo a interação com as pessoas.

Alternativa "d": incorreta. A organização diz respeito à estruturação dos recursos para alcançar os objetivos. As ações descritas na questão não se limitam à estruturação, mas se estendem à interação e desenvolvimento das pessoas.

Alternativa "e": incorreta. A direção envolve a tomada de decisões e a coordenação das atividades. Embora a direção seja importante, as ações descritas na questão se concentram mais no desenvolvimento das pessoas e na criação de um ambiente favorável ao aprendizado.

Alternativa correta: letra "b"

43. VUNESP – 2023 – TCM/SP – Auditor de Controle Externo

Um Auditor de Controle Externo do TCM, pós-graduado em Gestão Estratégica de Pessoas no Setor Público (GEPSP), foi convidado pela Unidade de Recursos Humanos desse órgão de controle para colaborar com o design de um concurso público. Em uma das reuniões de trabalho, ele propôs que, após o certame, todos os candidatos que tomarem posse no cargo passem por um processo de capacitação interno que estimule o autoconhecimento individual e reflexões para o desenvolvimento profissional no que se refere às habilidades de trabalho em equipe, relacionamento interpessoal e capacidade de negociação. Segundo o especialista em GEPSP, são fundamentais em quaisquer organizações públicas, mas, dificilmente, conseguem ser aferidos(as) nas provas de concursos públicos.

Assinale a alternativa que preenche corretamente a lacuna no texto.

a) esses saberes teóricos
b) esses conhecimentos técnicos e qualificações políticas
c) essas competências acadêmicas e técnicas
d) essas competências comportamentais
e) esses comportamentos intraempreendedores

COMENTÁRIOS

✪ **Nota do autor:** para se resolver à presente questão, é necessário saber a diferença entre *hard skills* e *soft skills*: As **hard skills** são habilidades técnicas e específicas que podem ser medidas e avaliadas. Já as **soft skills**, referem-se a habilidades interpessoais e comportamentais, como comunicação, trabalho em equipe, empatia, liderança e adaptabilidade.

Alternativa "d": correta. Se um processo de capacitação interno está voltado ao autoconhecimento individual e reflexões para o desenvolvimento profissional no que se refere às habilidades de trabalho em equipe, relacionamento interpessoal e capacidade de negociação, trata-se um processo voltado a competências comportamentais (*soft skills*).

Demais alternativas: estão incorretas, porque não fazem referência a *soft skills*, mas a saberes teóricos (letra "a"), competências e conhecimentos técnicos e acadêmicos (letras "b" e "c") ou comportamentos proativos voltados para a inovação (comportamentos intraempreendedores).

3. MODELOS DE ADMINISTRAÇÃO PÚBLICA E REFORMAS ADMINISTRATIVAS

44. VUNESP – 2023 – TCM/SP – Auditor de Controle Externo

As transformações da administração pública, vistas sob a ótica das reformas administrativas, evidenciam historicamente alterações dos paradigmas orientadores da gestão pública, acompanhados de mudanças no contexto institucional do Estado. A partir dessa constatação, e tendo em conta os modelos de gestão pública no Brasil, é correto afirmar que

a) o modelo racional-legal extirpou o patrimonialismo na administração pública nacional em 1937, promovendo o formalismo nas estruturas e processos da gestão pública sob a égide do DASP.
b) o paradigma pós-burocrático é característico do Estado Empresa no Brasil e institucionalizou-se na Administração Direta da União com a reforma administrativa de 1967.
c) as disfunções do modelo racional-legal no Brasil são suplantadas com o Plano Diretor de Reforma do Aparelho do Estado de 1995 e com o design de um Estado regulador.
d) a gradual institucionalização do paradigma pós-burocrático coexiste com o formalismo do modelo racional-legal e com gramáticas políticas patrimonialistas no setor público brasileiro desde meados da década de 1990.
e) a descontinuidade do Estado patrimonial e do modelo racional-legal na União ocorre, respectivamente, com as reformas administrativas de 1937 e 1995.

COMENTÁRIOS

✪ **Nota do autor:** resumidamente, a evolução da Administração Pública no Brasil se deu ao longo das seguintes 3 fases:

1ª) Administração Patrimonialista: baseado na dominação do Estado pela classe dominante, com características como nepotismo e corrupção.

2ª) Administração Burocrática: baseado na teoria de Max Weber, buscando combater a corrupção e o nepotismo através da criação de um sistema racional-legal com regras e procedimentos claros.

3ª) Administração Gerencial: surgiu como resposta às limitações do modelo burocrático, focando em resultados, satisfação do cliente e utilização de técnicas de gestão do setor privado.

Não obstante essa evolução, feições patrimonialistas e burocráticas coexistem com o modelo gerencial até os dias atuais.

Alternativa "a": incorreta. Isto porque, embora o modelo racional-legal tenha promovido um maior formalismo na administração pública, o patrimonialismo não foi completamente extirpado em 1937. Muitas práticas patrimonialistas persistiram ao longo dos anos.

Alternativa "b": incorreta. Embora tenha fortalecido a Administração Indireta, a Reforma de 1967 não institucionalizou o paradigma pós-burocrático da administração gerencial. As tentativas de desburocratização ocorreram nas décadas seguintes.

Alternativa "c": incorreta. Embora o Plano Diretor de Reforma do Aparelho do Estado tenha introduzido mudanças significativas, a ideia de que as disfunções do modelo racional-legal da administração burocráticas foram completamente suplantadas é uma simplificação. Muitas dessas disfunções ainda existem, e a transição para um modelo mais eficaz é um processo que vem ocorrendo gradativamente.

Alternativa "d": correta. Explica de forma mais precisa a evolução da administração pública brasileira. Especialmente a partir da década de 1990, é verdade que o Brasil tem vivenciado um processo de transição para um modelo de gestão mais gerencial.

Contudo, essa mudança coexiste com a persistência de elementos do modelo racional-legal, como o formalismo e a burocracia, e com a influência de práticas patrimonialistas em alguns setores da administração pública.

Alternativa "e": incorreta. A reforma de 1937 não eliminou completamente o patrimonialismo, assim como reforma de 1995, embora tenha sido muito importante, não descontinuou totalmente o modelo racional-legal.

Alternativa correta: letra "d"

45. FGV – 2022 – TCE/TO – Auditor de Controle Externo

Dentre as origens conceituais da administração pública, o modelo racional-legal inspirou e ainda inspira a atuação pública em diversos países ao redor do mundo. Dentre elas, destaca-se o foco no cargo e na norma, e não na pessoa em sua subjetividade. Assim, carreiras são estruturadas em bases objetivas. Essa origem conceitual fundamenta-se no princípio de:

a) controle de meios;
b) formalismo;
c) impessoalidade;
d) hierarquização;
e) publicidade.

COMENTÁRIOS

✪ **Nota do autor:** a resposta correta dessa questão deve identificar o princípio em que se fundamenta o modelo racional-legal da administração pública, no que tange ao foco no cargo e na norma, não na pessoa em sua subjetividade.

Alternativa "c": correta. O modelo racional-legal de administração pública, inspirado por Max Weber, é caracterizado pela ênfase na objetividade e na impessoalidade. Isso significa que as decisões e ações da administração pública devem ser baseadas em critérios objetivos e racionais, como leis, normas e regulamentos, e não em preferências pessoais ou subjetivas dos servidores públicos.

A impessoalidade é um princípio fundamental desse modelo, pois garante que todos os cidadãos sejam tratados de forma igualitária e que as decisões sejam tomadas com base no interesse público, e não em interesses particulares.

Demais alternativas: incorreta. Nenhuma faz menção ao princípio correto à luz do enunciado da questão, que é o princípio da impessoalidade, conforme explicado nos comentários à alternativa "c".

46. FGV – 2022 – TCU – Auditor Federal de Controle Externo

A gestão burocrática baseada no marco teórico de Weber caracteriza-se pelo exercício hierárquico da autoridade, com ênfase na aplicação impessoal de regras racionais e formais. Dentre os diversos problemas advindos desse modelo estão a rigidez do comportamento institucional, a adesão literal às regras e o cumprimento acrítico de ordens ignorando a razoabilidade e os possíveis efeitos adversos. Em resposta a esse modelo surge o paradigma pós-burocrático da New Public Management (NPM).

A NPM busca soluções para os problemas da burocracia weberiana, dentre essas soluções estão a quebra da opacidade burocrática por meio da:

a) centralização decisória de gestão e a substituição progressiva do foco em procedimentos pelo accountability de resultados;
b) descentralização da gestão e o reforço progressivo do foco em procedimentos apoiado no accountability de resultados;
c) delegação de responsabilidades e o aumento da autonomia de alocação de recursos, substituindo o controle ex post pelo controle ex ante;
d) reforço de relações contratuais e a substituição do controle ex ante pelo controle ex post focado no accountability de resultados;
e) descentralização da gestão e a substituição progressiva do foco em procedimentos pelo accountability de resultados.

COMENTÁRIOS

✪ **Nota do autor:** a questão aborda a transição do modelo burocrático de gestão para o paradigma da Nova Gestão Pública (NPM), destacando os problemas do modelo burocrático e as soluções propostas pela NPM. O objetivo é identificar qual alternativa apresenta uma solução para a "quebra da opacidade burocrática" através da NPM.

Alternativa "a": incorreta. A NPM, ao contrário da burocracia weberiana, promove a descentralização e a autonomia na gestão. Portanto, a centralização contraria o princípio básico da NPM.

Alternativa "b": incorreta. Embora a descentralização esteja correta, o foco em procedimentos é mais característico da burocracia tradicional, não da NPM. A NPM enfatiza a gestão por resultados.

Alternativa "c": incorreta. A NPM promove a delegação e a autonomia, mas a ideia de controle ex ante não é uma característica central da NPM. A NPM geralmente enfatiza a avaliação de resultados após a implementação (ex post), prevalecendo a accountability de resultados.

Alternativa "d": incorreta. Embora a NPM promova relações contratuais, a troca de controle ex ante por ex post não é bem representada aqui. A

NPM geralmente enfatiza a avaliação de resultados após a implementação (ex post), prevalecendo a accountability de resultados.

Alternativa "e": correta. Esta alternativa é a correta porque reflete fielmente os princípios da NPM. A descentralização da gestão permite maior flexibilidade e inovação, enquanto a ênfase no accountability de resultados busca garantir que as organizações públicas sejam responsáveis e eficazes, focando nos resultados alcançados e não apenas na conformidade com os procedimentos. A NPM visa, assim, aumentar a eficiência e a transparência na administração pública.

Alternativa correta: letra "e"

---

47. FGV – 2022 – TCU – Auditor Federal de Controle Externo

Apesar de efetivamente presente na gestão pública desde o final do século XIX, a cooperação consorciada avança amplamente na Constituição da República de 1988 como mecanismo de flexibilização da participação estatal e fortalecimento das autoridades locais na implementação de políticas públicas. Sem enquadramento jurídico, durante anos a existência dos consórcios no Brasil se deu de maneira informal por meio de afinidades político-partidárias, redes político-ideológicas e pressão de movimentos sociais. Em 2005, os consórcios passam a ser mecanismos formais de gestão.

No contexto brasileiro atual, os consórcios são uma resposta direta:

a) ao aumento de responsabilidades sem aumento de financiamento advindos da descentralização e beneficiam majoritariamente municípios de pequeno porte;
b) ao aumento de responsabilidades e à disponibilidade de verbas que afetam principalmente municípios de pequeno porte cuja estrutura de gestão não esteja adequada às exigências da descentralização;
c) à descentralização e beneficiam igualmente municípios de pequeno e grande porte, facilitando a distribuição de verbas e a construção de uma estrutura de gestão compartilhada;
d) à diminuição de responsabilidades e financiamento resultantes da descentralização e beneficiam principalmente municípios de pequeno porte;
e) à diminuição de responsabilidades e financiamento resultantes da descentralização e beneficiam principalmente municípios de grande porte.

COMENTÁRIOS

✪ Nota do autor: os consórcios públicos no Brasil são associações entre entes federativos (como estados, municípios e a União) com o objetivo de realizar ações de interesse comum, promovendo a cooperação e a gestão compartilhada de recursos. Eles são regulamentados pela Lei nº 11.107/2005 e podem ser usados para diversas finalidades, como a execução de obras, a prestação de serviços e a implementação de políticas públicas. Na questão, o examinador cobra do candidato uma compreensão acerca do contexto nacional a que os consórcios constituem uma resposta.

Alternativa "a": incorreta. A descentralização não necessariamente implica em aumento de responsabilidades sem o devido financiamento.

Alternativa "b": correta. A criação de consórcios intermunicipais surge como uma forma de os municípios, especialmente os de pequeno porte, superarem as dificuldades impostas pela descentralização. Ao unirem forças, eles podem compartilhar recursos, expertise e infraestrutura, otimizando a gestão de políticas públicas e a utilização de recursos.

Alternativa "c": incorreta. Apesar de a descentralização ser um fator importante, a questão não beneficia igualmente municípios de todos os portes.

Alternativa "d": incorreta. A descentralização geralmente envolve um aumento, e não diminuição, de responsabilidades e, potencialmente, de financiamento.

Alternativa "e": incorreta. Ainda que a descentralização possa trazer desafios, como a necessidade de uma estrutura de gestão mais robusta, os municípios de pequeno porte são os mais impactados pela falta de capacidade técnica e financeira para lidar com as novas demandas. Ademais, descentralização geralmente envolve um aumento, e não diminuição, de responsabilidades e, potencialmente, de financiamento.

Alternativa correta: letra "b"

---

48. FGV – 2022 – TCU – Auditor Federal de Controle Externo

A Nova Governança Pública (NGP) é um modelo de gestão marcado pela participação e emerge como uma opção aos tradicionais modelos de mercado e de justiça social na prestação do serviço público. Essa nova forma de gestão busca promover a expansão de redes de serviços cujos beneficiários participem da formulação das políticas públicas a eles direcionadas.

Sobre a NGP e a participação de redes locais na formulação de serviços, é correto afirmar que:

a) é significativamente menos eficiente do que modelos anteriores, dada a morosidade na negociação, formulação e distribuição de serviços;

b) é igualmente eficiente a modelos anteriores apesar da morosidade na negociação, formulação e distribuição de serviços;
c) a participação social garante maior adesão e efetividade na implementação do serviço, reduzindo custos para a comunidade e para o Estado;
d) a participação social não garante maior compreensão de fenômenos sociais, sendo incerta a efetividade das políticas públicas assim desenvolvidas;
e) a participação social não garante maior adesão e efetividade na implementação do serviço, mesmo que reduza custos para a comunidade e para o Estado.

COMENTÁRIOS

✪ **Nota do autor:** a Nova Governança Pública (NGP) valoriza a participação social como um elemento fundamental para a formulação e implementação de políticas públicas mais eficazes e legítimas. Ao envolver os beneficiários dos serviços públicos no processo de tomada de decisão, a NGP busca construir soluções mais adequadas às necessidades e expectativas da comunidade.

Alternativas "a" e "b": incorretas. Embora possa haver morosidade, a participação social tende a gerar um engajamento mais forte da comunidade, aumentando a eficiência na implementação.

Alternativa "c": correta. A participação social permite que os beneficiários se envolvam ativamente na formulação e implementação de serviços, o que resulta em maior adesão e efetividade. Quando as comunidades têm voz na criação das políticas, elas se sentem mais representadas e propensas a utilizar os serviços, aumentando sua eficácia. Além disso, a colaboração pode identificar necessidades reais e evitar desperdícios, reduzindo custos para a comunidade e para o Estado.

Alternativa "d": incorreta. Ao contrário do afirmado, a participação social pode levar a uma melhor compreensão dos fenômenos sociais, pois envolve aqueles que vivenciam as questões, resultando em políticas mais efetivas.

Alternativa "e": incorreta. A participação social geralmente promove maior adesão, embora a redução de custos possa ser uma consequência adicional, não garantida.

Alternativa correta: letra "c"

4. POLÍTICAS PÚBLICAS

49. CEBRASPE - 2024 - TCE/AC - Analista TI

Com base no disposto no Decreto n.º 10.160/2019, que estabelece a Política Nacional de Governo Aberto, julgue o seguinte item.

Os planos de ação nacionais sobre governo aberto deverão contemplar, prioritariamente, a inclusão de iniciativas, de ações, de projetos, de programas e de políticas públicas inovadoras e terão duração de até cinco anos.

COMENTÁRIOS

✪ **Nota do autor:** para responder esta questão, é necessário conhecer o artigo 3º, parágrafo único do Decreto nº 10.160/2019.

Errado: De fato, os planos de ação nacionais sobre governo aberto contemplarão, prioritariamente, a inclusão de iniciativas, de ações, de projetos, de programas e de políticas públicas inovadoras. Porém, terão duração de **até dois anos**, não cinco anos, como equivocadamente afirmado.

50. CEBRASPE - 2024 - TCE/AC - Analista TI

Julgue o próximo item, relativo à Política de Dados Abertos, estabelecida pelo Decreto n.º 8.777/2016.

A gestão da Política de Dados Abertos do Poder Executivo federal será coordenada pela Advocacia-Geral da União, por meio da Infraestrutura Nacional de Dados Abertos (INDA).

COMENTÁRIOS

✪ **Nota do autor:** para responder esta questão, é necessário conhecer o artigo 5º, do Decreto nº 8.777/2016.

Errado: A gestão da Política de Dados Abertos do Poder Executivo federal será coordenada **Controladoria-Geral da União**, não pela Advocacia-Geral da União.

51. CEBRASPE - 2024 - TCE/AC - Analista TI

Julgue o próximo item, relativo à Política de Dados Abertos, estabelecida pelo Decreto n.º 8.777/2016.

A Infraestrutura Nacional de Dados Abertos (INDA) poderá estabelecer normas complementares relacionadas à elaboração do plano de dados abertos bem como à proteção de informações pessoais na publicação de bases de dados abertos.

COMENTÁRIOS

✪ **Nota do autor:** para responder esta questão, é necessário conhecer o artigo 5º, § 3º, do Decreto nº 8.777/2016.

Certo: De fato, o INDA poderá estabelecer normas complementares relacionadas à elaboração do plano de dados abertos bem como à proteção de informações pessoais na publicação de bases de dados abertos.

52. CEBRASPE – 2024 – TCE/PR – Auditor de Controle Externo

Uma instituição pública está atuando na elaboração de uma política pública e, no momento, está promovendo a viabilização das estruturas de governança, dos controles internos, da gestão de risco e da alocação de recursos financeiros.

Assinale a opção que corresponde à fase do ciclo da política pública em elaboração retratada na situação apresentada.

a) avaliação
b) construção de agenda
c) implementação
d) formulação
e) processo decisório

COMENTÁRIOS

✪ **Nota do autor:** são etapas de formulação das políticas públicas: 1) Identificação do problema; 2) Construção de agenda; 3) Formulação; 4) Processo decisório; 5) Implementação; 6) Avaliação; 7) Ajuste e reformulação.

Alternativa c: correta. A implementação é a fase em que a política pública escolhida começa a ser colocada em prática. Ela envolve a elaboração de planos de ação, a alocação de recursos, a definição de responsáveis e a coordenação entre diferentes órgãos e entidades governamentais. Portanto, quando a instituição pública está promovendo a viabilização das estruturas de governança, dos controles internos, da gestão de risco e da alocação de recursos financeiros, ela está na fase de implementação.

Demais alternativas: Não correspondem à fase em que a instituição pública está promovendo a viabilização das estruturas de governança, dos controles internos, da gestão de risco e da alocação de recursos financeiros, ela está na fase de implementação

Alternativa correta: letra "c".

53. CEBRASPE – 2024 – TCE/PR – Auditor de Controle Externo

No que concerne a fatores que influenciam a incidência de corrupção e fatores que promovem a qualidade das políticas públicas, assinale a opção correta.

a) A falta de mecanismos apropriados para apurar irregularidades e tomar as medidas necessárias à sanção dos responsáveis não impede as organizações de recuperarem os prejuízos financeiros causados por fraude e corrupção.
b) O estabelecimento de política e plano de combate à fraude e à corrupção é uma prática que pertence aos controles preventivos organizacionais.
c) A prevenção evita a ocorrência de corrupção e, habitualmente, é mais dispendiosa que as medidas corretivas.
d) Embora poupe a reputação e a credibilidade da organização, a inércia no tratamento de denúncias gera um ambiente propício a irregularidades e à propagação de atos de fraude e corrupção.
e) O risco de fraude e corrupção deve ser considerado já na etapa de avaliação ex post de políticas públicas, denominada análise de impacto.

COMENTÁRIOS

✪ **Nota do autor:** questão sobre fatores que influenciam a incidência de corrupção e fatores que promovem a qualidade das políticas públicas.

Alternativa "a": incorreta. Totalmente ao contrário do afirmado, a falta de mecanismos apropriados para apurar irregularidades e tomar as medidas necessárias à sanção dos responsáveis impede que as organizações possam recuperar os prejuízos financeiros causados por fraude e corrupção. Isso porque, a ausência de apuração e de sanções aos responsáveis, além de deixar impunes essas práticas ilícitas, constitui omissão que inviabiliza a adoção das medidas necessárias à recuperação dos prejuízos financeiros.

Alternativa "b": correta. De fato, o estabelecimento de política e plano de combate à fraude e à corrupção é uma prática que pertence aos controles preventivos organizacionais. O combate a fraudes e à corrupção são fundamentais para a prevenção de prejuízos financeiros e à reputação das organizações causados pela concretização de práticas fraudulentas ou corruptas.

Alternativa "c": incorreta. Embora, de fato, a prevenção evite a ocorrência de corrupção, muito pelo contrário do que se afirma, habitualmente, a prevenir é muito menos dispendioso do que remediar com medidas corretivas. Por exemplo, ao longo do tempo, um investimento em programa de compliance revela-se um custo muito menor do que as despesas sucessivas investigações internas e externas, pagamentos de multas e os prejuízos com danos à imagem e à reputação de uma empresa.

Alternativa "d": incorreta. Embora seja verdade que a inércia no tratamento de denúncias gera um ambiente propício a irregularidades e à propagação de atos de fraude e corrupção, não é verdade que ela poupa a reputação e credibilidade de uma organização, na medida em que a leniência no tratamento de fraudes e corrupção sempre repercute negativamente na imagem das organizações.

Alternativa "e": incorreta. O risco de fraude e corrupção deve ser considerado já nas etapas iniciais do processo de elaboração e implementação de políticas públicas, e não apenas na etapa de avaliação *ex post*. Para se chegar a essa conclusão, segue-se o mesmo raciocínio dos comentários à alternativa "c", no sentido de que prevenir é muito menos dispendioso do que remediar. Até porque evitar as fraudes e a corrupção é sempre menos dispendioso e evita que a imagem da organização seja arranhada, o que já não ocorre quando se atua na contensão de dano na fase de avaliação *ex post*, quando as práticas irregulares já foram perpetradas e eventuais prejuízos financeiros e para a reputação da organização concretizados.

Alternativa correta: letra "b"

---

54. CEBRASPE - 2024 - TCE/PR - Auditor de Controle Externo

Considere que uma equipe técnica de determinado tribunal de contas utilize a denominada árvore de objetivo para averiguar o diagnóstico de um problema relativo a certa política pública. Nesse sentido, assinale a opção que apresenta as ações e a sequência lógica que a equipe deverá seguir para a correta aplicação da referida árvore de objetivo.

a) identificação do objetivo da política pública; listagem dos resultados diretos e indiretos esperados; análise da ação a ser implementada; avaliação da relação entre a ação a ser implementada e a causa do problema; verificação de alternativas de ações a serem implementadas
b) identificação do problema; apontamento das causas possíveis do problema; análise das possíveis subcausas do problema; listagem dos principais efeitos diretos e indiretos do problema
c) identificação do objetivo da política pública; análise da ação a ser implementada; listagem dos resultados diretos e indiretos esperados; avaliação da relação entre a ação a ser implementada e a causa do problema; verificação de alternativas de ações a serem implementadas
d) identificação do problema; listagem dos principais efeitos diretos e indiretos do problema; apontamento das causas possíveis do problema; análise das possíveis subcausas do problema
e) listagem dos resultados diretos e indiretos esperados; identificação do objetivo da política pública; análise da ação a ser implementada; avaliação da relação entre a ação a ser implementada e a causa do problema; verificação de alternativas de ações a serem implementadas

COMENTÁRIOS

✪ **Nota do autor:** uma árvore de objetivos é uma ferramenta visual usada para planejar e organizar metas e objetivos de forma hierárquica. Ela ajuda a estruturar as relações entre objetivos principais e objetivos secundários, permitindo que você veja como diferentes metas se conectam e contribuem para um objetivo maior. Na prática, você começa com um objetivo principal no topo da árvore e, em seguida, desce para os objetivos que o sustentam. Cada ramo da árvore pode representar um objetivo secundário ou uma ação necessária para alcançar o objetivo superior. Essa abordagem facilita a identificação de prioridades e a organização das etapas necessárias para o sucesso. A árvore de objetivos é frequentemente utilizada em planejamento estratégico, gerenciamento de projetos e desenvolvimento pessoal, pois oferece uma visão clara e sistemática do que se deseja alcançar.

Alternativa "c": correta. a sequência correta para construção da árvore geralmente envolve os seguintes passos:

1. **Identificação do objetivo da política pública**: definição clara sobre qual é o objetivo principal da política pública.
2. **Análise da ação a ser implementada**: análise as ações que serão necessárias para alcançar o objetivo definido no primeiro passo.
3. **Avaliação da relação entre a ação a ser implementada e a causa do problema**: exame de como a ação proposta se relaciona com a causa do problema que a política pública busca resolver (se realmente atacada a raiz do problema).
4. **Listagem dos resultados diretos e indiretos esperados**: após definição da ação e sua relação com o problema, deve-se fazer uma lista dos resultados, diretos e indiretos, que se espera alcançar.
5. **Verificação de alternativas de ações a serem implementadas**: avaliação das alternativas para as ações planejadas, bem como de se existem outras abordagens que poderiam ser mais eficazes ou viáveis.

Essa sequência ajuda a estruturar o planejamento de maneira lógica, assegurando que cada etapa seja fundamentada e que haja uma conexão clara entre o problema, a ação e os resultados esperados.

Demais alternativas: estão incorretas, porque subvertem a ordem correta dos passos para a construção da árvore de objetivo de forma lógica e que possa contribuir para a estruturação de um planejamento adequado.

Alternativa correta: letra "c"

55. CEBRASPE – 2024 – TCE/PR – Auditor de Controle Externo

A avaliação de impacto das políticas públicas encontra maior ou menor dificuldade de acordo com as circunstâncias em que tais políticas forem implementadas. Dificulta-se a avaliação de impacto de uma política pública quando

a) se observa relação direta entre o resultado de interesse e o agente de transmissão.
b) os dados relativos à política estão individualizados.
c) os dados que dão suporte à avaliação são coletados antes e depois da implementação da política pública.
d) os testes pilotos incluem coleta de dados em áreas que não se beneficiarão da política.
e) há alocação subjetiva dos participantes da política pública.

COMENTÁRIOS

✪ **Nota do autor:** o Guia Prático de análise ex post de avaliação de políticas públicas do Ministério do Planejamento, Desenvolvimento e Gestão (disponível em https://www.gov.br/casacivil/pt-br/assuntos/governanca/comite-interministerial-de-governanca/arquivos/avaliacao-de-politicas-publicas-guia-pratico-de-analise-ex-post.pdf) veicula uma tabela com as circunstâncias que afetam positiva e negativamente a viabilidade de uma avaliação de impacto.

Alternativa "e": correta. De acordo com o citado Guia Prático, trata-se da única alternativa que faz menção a um fator que impacta negativamente a viabilidade de uma avaliação de impacto. E, de fato, quando a seleção dos participantes não é feita de forma aleatória ou objetiva, pode haver diferenças significativas entre os grupos que receberam a intervenção e os que não a receberam. Em outras palavras, a subjetividade na alocação pode interferir na capacidade de determinar a efetividade real da política pública, tornando a avaliação de impacto mais complexa e imprecisa.

Demais alternativas: incorretas, pois todas são consideradas pelo Guia Prático citado, circunstâncias que afetam positivamente quanto à viabilidade de uma avaliação de impacto. Resumidamente:

- **uma** relação direta facilita bem mais que uma relação indireta resultado de interesse x agente de transmissão.
- dados individualizados, geralmente, são benéficos em detrimento de dados generalizados.
- **a** coleta de dados antes e depois constitui um método comum de avaliação, até porque propicia parâmetros de comparação entre o cenário inicial e o impactado.
- testes pilotos também são instrumento eficazes para se avaliar os impactos antes de uma implementação em maior escala.

Alternativa correta: letra "e"

56. CEBRASPE – 2024 – TCE/PR – Auditor de Controle Externo

Maria pertence ao conselho de gestores de políticas públicas da área de educação de seu município. No momento, o conselho se concentra nas atividades de estímulo à participação popular na gestão pública e às contribuições para a formulação e a disseminação de estratégias de informação para a sociedade sobre as aludidas políticas públicas governamentais.

De acordo com a descrição apresentada na situação hipotética precedente, o conselho do qual Maria participa desempenha atualmente a função

a) mobilizadora.
b) fiscalizadora.
c) observadora.
d) deliberativa.
e) consultiva.

COMENTÁRIOS

✪ **Nota dos autores:** segundo material sobre controle social da ENAP – Escola Nacional de Administração Pública (disponível em https://repositorio.enap.gov.br/bitstream/1/2717/1/MODULO%203_CONTROLE_SOCIAL.pdf), os conselhos podem desempenhar as seguintes funções: mobilizadora, fiscalizadora, deliberativa e consultiva. Basicamente, a função **mobilizadora** estimula a participação popular na gestão pública e na divulgação de políticas. A função **fiscalizadora** envolve o acompanhamento e controle das ações dos governantes, sendo um foco importante do curso para conselheiros. Já a função **deliberativa** permite que os conselhos decidam sobre estratégias e avaliem a execução das políticas. Por fim, a função **consultiva** refere-se à emissão de opiniões e sugestões sobre temas relacionados.

Alternativa "a": correta. Considerando-se que o conselho a que Maria pertence concentra suas atividades no estímulo à participação popular na gestão pública, de fato, função desempenhada pelo conselho é mobilizadora (estimula a participação popular na gestão pública e na divulgação de políticas), conforme fica claro no conceito de função mobilizadora apresentado na "nota do autor".

Demais alternativas: estão erradas, uma vez que se referem a outras funções que podem ser desempenhadas pelos conselhos de políticas públicas, diversas da função mobilizadora.

Alternativa correta: letra "a"

57. VUNESP – 2023 – TCM/SP – Auditor de Controle Externo

Quanto às formas de avaliação/monitoramento das políticas públicas, aquela que acontece ao longo do processo de implementação, para que os ajustes possam ser feitos durante esse processo, é a avaliação

a) ex post.
b) ad hoc.
c) ex ante.
d) in itinere.
e) ad referendum.

COMENTÁRIOS

✪ **Nota do autor:** para responder a questão é necessário saber que as formas de avaliação e monitoramento das políticas públicas podem ser definidas de acordo com a seguinte sequência lógica:

1ª) Ex Ante: Avaliação realizada antes da implementação de uma política pública. Seu objetivo é prever os impactos e a viabilidade da proposta, analisando aspectos como a relevância, a eficiência e a efetividade esperadas.

2ª) In Itinere: Avaliação realizada durante a implementação da política pública. Visa monitorar o progresso, identificar problemas e oportunidades de ajuste, garantindo que os objetivos sejam alcançados de forma eficiente e adaptando ações conforme necessário.

3ª) Ex Post: Avaliação feita após a conclusão da política pública. Tem como foco analisar os resultados e impactos da política, verificando se os objetivos foram atingidos, qual o efeito sobre a população e se os recursos foram utilizados de forma adequada.

Alternativa "d": correta. De fato, a fase que acontece ao longo do processo de implementação, para que os ajustes possam ser feitos durante esse processo, é a avaliação *in itinere*, que visa a monitorar o progresso, identificar problemas e oportunidades de ajuste, garantindo que os objetivos sejam alcançados de forma eficiente e adaptando ações conforme necessário.

Demais alternativas: estão erradas, porque não dizem respeito à fase em que acontece ao longo do processo de implementação das políticas públicas. A *ex ante* e a *ex post* até que fazem parte de processo, mas não ocorrem durante, mas, sim, respectivamente, antes e depois.

Alternativa correta: letra "d"

58. VUNESP – 2023 – TCM/SP – Auditor de Controle Externo

Do ponto de vista do governo envolvido na implementação de uma política pública, a formação da agenda refere-se a

a) conjunto de problemas ou temas que vão merecer uma intervenção pública.
b) avaliação das ações que foram tomadas no passado e que não foram resolvidas.
c) redimensionamento dos indicadores de gestão das políticas públicas em curso.
d) avaliação dos pontos fortes e fracos das políticas existentes e forma de maximizar os fortes e minimizar os fracos.
e) controle de qualidade das ações voltadas à gestão das políticas públicas em implementação.

COMENTÁRIOS

Nota do autor: os ciclos de uma política pública são os seguintes:

1. **Construção/formação da agenda**: os problemas e questões que requerem atenção são identificados e priorizados.
2. **Formulação de políticas públicas**: são desenvolvidas propostas de soluções para os problemas identificados.
3. **Tomada de decisão**: os formuladores de políticas escolhem a proposta que será implementada.
4. **Implementação**: consiste na execução das políticas escolhidas**.**
5. **Avaliação**: analisa os resultados e impactos da política pública implementada.

Alternativa "a": correta, pois, de fato, conjunto de problemas ou temas que vão merecer uma intervenção pública é que se refere à construção da agenda, isto é, à identificação e priorização dos problemas e questões que requerem atenção do poder público.

Demais alternativas: incorretas, na medida em que não se referem à identificação e priorização dos problemas que serão enfrentados pelas políticas públicas.

Alternativa correta: letra "a".

59. VUNESP – 2023 – TCM/SP – Auditor de Controle Externo

Uma das formas de manifestação das políticas públicas é a política social, principalmente quando se vincula ao estado do bem-estar social. Essa política social se materializa por meio de alguns modelos, como, por exemplo, residual, meritocrático e institucional. O modelo residual se caracterizaria por encarar as políticas públicas como atuando

a) por merecimento, pelo princípio da solidariedade, e por ações notadamente corporativas.
b) em um nível mais elevado, pelo princípio da justiça, por ações redistributivas.
c) de forma meramente secundária, pelo princípio da caridade, e por ações voltadas para a assistência social e doações.
d) pelo modelo da seguridade social, pelo princípio da justiça, por ações voltadas para a distribuição e não redistribuição.
e) pelo modelo do seguro social, pelo princípio da solidariedade e por ações para a cobertura de grupos ocupacionais por meio de uma relação contratual.

COMENTÁRIOS

✪ **Nota do autor:** os modelos de políticas sociais mencionados na questão podem ser definidos nos seguintes termos:

Os modelos de políticas sociais podem ser definidos da seguinte maneira:

Modelo Residual: considera as políticas sociais como uma intervenção excepcional, destinada a ajudar indivíduos ou grupos que não conseguem acessar os recursos básicos por conta própria. São vistas como uma "rede de segurança" que deve ser acionada apenas em casos de necessidade extrema. A ênfase está na assistência social, e há uma visão de que a responsabilidade principal pela bem-estar recai sobre o indivíduo ou a família.

Modelo Meritocrático: as políticas sociais são fundamentadas na ideia de que os benefícios devem ser distribuídos com base no mérito e no esforço individual. Acredita-se que aqueles que se esforçam mais ou que têm habilidades superiores merecem recompensas maiores. Assim, as políticas sociais podem incluir incentivos para educação e capacitação, mas podem deixar de lado aqueles que não conseguem "meritocraticamente" alcançar o sucesso, gerando críticas sobre a falta de atenção às desigualdades estruturais.

Modelo Institucional: vê as políticas sociais como um direito de todos os cidadãos, independentemente de sua situação socioeconômica. As políticas são implementadas de forma sistemática e abrangente, visando garantir acesso a serviços como saúde, educação e assistência social para toda a população. A ideia é promover o bem-estar coletivo e reduzir desigualdades, reconhecendo que as estruturas sociais e econômicas influenciam as oportunidades individuais.

Alternativa "c": de fato, o modelo residual, por considera as políticas sociais como uma intervenção excepcional, destinada a ajudar indivíduos ou grupos que não conseguem acessar os recursos básicos por conta própria, encara as políticas públicas de forma meramente secundária, pelo princípio da caridade, e por ações voltadas para a assistência social e doações. Alternativa correta.

Demais alternativas: estão incorretas, pois são forma de encarar as políticas sociais que não condizem com o modelo residual.

Alternativa correta: letra "c"

---

60. FGV – 2023 – TCE/ES – Auditor de Controle Externo

No desenvolvimento de uma política pública podem existir diferentes formas de coprodução com o cidadão. Essa diferenciação ocorre em função do tipo de participação e envolvimento do cidadão ao longo do processo. Por exemplo, há políticas em que a comunidade toma as iniciativas e se articula, permanentemente, como microcosmo que age em prol do bem comum, independentemente de o cidadão ser ou não solicitado ou convocado pelo poder público.

Essa modalidade de coprodução envolve a participação do tipo:

a) por consulta;
b) passiva;
c) funcional;
d) interativa;
e) automobilização.

COMENTÁRIOS

✪ **Nota do autor:** a coprodução é uma importante ferramenta para a construção de políticas públicas mais democráticas e eficazes. Ao envolver o cidadão no processo, a coprodução permite que as políticas públicas sejam mais adequadas às necessidades da população e que haja maior engajamento na sua implementação.

Alternativa "a": incorreta. Essa forma de participação envolve a coleta de opiniões dos cidadãos sobre propostas ou políticas, mas não implica um envolvimento ativo na execução ou na tomada de decisões. A consulta é geralmente reativa, ou seja, o cidadão responde a solicitações do poder público, sem uma iniciativa própria.

Alternativa "b": incorreta. A participação passiva ocorre quando os cidadãos não têm um papel ativo na elaboração ou implementação de políticas, sendo meros receptores de informações. Nesse caso, a participação é mínima e não envolve iniciativas do cidadão, o que não se encaixa na descrição dada no enunciado da questão.

Alternativa "c": incorreta. A participação funcional se refere a um papel mais definido, onde cidadãos podem atuar em áreas específicas, mas ainda dentro de limites estabelecidos pelo poder público. Essa alternativa sugere um nível de envolvimento, mas não reflete a autonomia e a iniciativa descritas na questão.

Alternativa "d": incorreta. A participação interativa implica em um diálogo entre o poder público e os cidadãos, promovendo uma colaboração, mas ainda pode envolver um controle significativo por parte do governo. Portanto, não captura a essência de uma coprodução onde os cidadãos tomam a iniciativa por conta própria.

Alternativa "e": correta. A automobilização, conforme descrita na questão, refere-se à capacidade da comunidade de se auto-organizar e agir de forma proativa em busca do bem comum, independentemente da convocação do poder público. Essa modalidade de coprodução enfatiza a autonomia e a iniciativa cidadã, o que se alinha diretamente com a ideia de um microcosmo que se articula para a ação social. Por isso, essa é a alternativa correta.

Alternativa correta: letra "e"

61. CONSULPAM – 2023 – TCM/PA – Auditor de Controle Externo

O Programa é o instrumento de organização da ação governamental de forma agregada, com vistas ao enfrentamento de um problema e à concretização dos objetivos pretendidos. É mensurado por indicadores e resulta do reconhecimento de carências, demandas sociais e econômicas e de oportunidades.

A partir disso, faça a CORRETA associação dos itens a seguir:

(A) Programa Finalístico. (B) Programa de serviços ao Estado. (C) Programa de Gestão de Políticas Públicas. (D) Programa de Apoio Administrativo.

(__) Destinado ao planejamento e à formulação de políticas setoriais, à coordenação, avaliação e controle dos demais programas sob a responsabilidade de gestão de políticas em cada Órgão. (__) Contempla os bens e serviços que devem ser ofertados diretamente à sociedade, e cuja demanda é essencial para a manutenção da ordem social. (__) Compreende o conjunto dos bens e serviços ofertados diretamente ao próprio Estado, por instituições criadas para esse fim específico. (__) Contempla as despesas de natureza tipicamente administrativas, as quais, embora contribuam para a consecução dos objetivos dos outros programas, neles não foram passíveis de apropriação.

Assinale, então, a alternativa CORRETA.

a) C-A-B-D.
b) C-B-A-D.
c) B-C-A-D.
d) B-A-D-C.

COMENTÁRIOS

✪ **Nota do autor:** questão de associação entre espécies de programas governamentais e seus respectivos objetos.

(__) Destinado ao planejamento e à formulação de políticas setoriais, à coordenação, avaliação e controle dos demais programas sob a responsabilidade de gestão de políticas em cada Órgão. Essa descrição se encaixa no conceito de Programa de Gestão de Políticas Públicas (item C), isto é, aquele que tem um caráter mais estratégico, sendo responsável por planejar, coordenar e avaliar as políticas públicas de um determinado setor.

(__) Contempla os bens e serviços que devem ser ofertados diretamente à sociedade, e cuja demanda é essencial para a manutenção da ordem social. Essa descrição se encaixa no conceito de Programa Finalístico (item A), isto é, aquele diretamente ligado à entrega de serviços à população, buscando atender necessidades básicas e promover o bem-estar social.

(__) Compreende o conjunto de bens e serviços ofertados diretamente ao próprio Estado, por instituições criadas para esse fim específico. Essa descrição se encaixa no conceito de Programa de serviços ao Estado (item B), isto é, aquele que tem um caráter mais estratégico, sendo responsável por planejar, coordenar e avaliar as políticas públicas de um determinado setor.

(__) Contempla as despesas de natureza tipicamente administrativas, as quais, embora contribuam para a consecução dos objetivos dos outros programas, neles não foram passíveis de apropriação. Essa descrição se encaixa no conceito de Programa de Apoio Administrativo (item D), isto é, o que oferece suporte administrativo aos demais programas, fornecendo recursos e serviços auxiliares.

Logo, a sequência correta é: **A-C-A-B-D.**

Alternativa correta: letra "a".

5. GOVERNANÇA E ACCOUNTABILITY

62. CEBRASPE – 2024 – TCE/PR – Auditor de Controle Externo

Acerca de transparência na administração pública, controle social e accountability, julgue os seguintes itens.

I A instituição de mecanismos que possibilitem a responsabilização de gestores, por exemplo, modelos de supervisão, controle e auditoria, é iniciativa que promove o enfrentamento à corrupção.

II Para que o controle social seja efetivo, é imprescindível que a participação do cidadão ocorra por intermédio de grupos organizados.

III Considerando a accountability, o agente público deve prestar contas da sua atuação, evidenciando o ideal tratamento da coisa pública, e assumir integralmente as consequências dos seus atos e de suas eventuais omissões.

Assinale a opção correta.

a) Apenas o item I está certo.

b) Apenas o item II está certo.

c) Apenas os itens I e III estão certos.

d) Apenas os itens II e III estão certos.

e) Todos os itens estão certos.

COMENTÁRIOS

✪ **Nota do autor:** para a obtenção da resposta correta, deve-se julgar os itens I, II e III.

Item I: Correto. A transparência na administração pública, por meio de mecanismos de controle como auditorias, supervisão e outras formas de fiscalização, é essencial para prevenir e combater a corrupção. A ideia de responsabilizar os gestores pela sua atuação é um dos pilares da boa governança e da transparência, porque quando há fiscalização e controle, fica mais difícil para os gestores agirem de maneira ilícita sem serem detectados.

Item II: Errado. O controle social não depende exclusivamente da participação através de grupos organizados. Embora a organização de grupos sociais, como ONGs, associações ou movimentos populares, possa potencializar o controle social, a participação do cidadão pode ocorrer de diversas formas, incluindo individualmente. A ideia de controle social envolve a vigilância e a participação ativa de qualquer cidadão na fiscalização das ações do governo, seja de forma individual ou coletiva. Alguns meios de participação individual, por exemplo, seriam denúncias, reclamações, exercício do direito de petição, frequência em audiências públicas, acesso a documentos via Lei de Acesso à Informação etc. Portanto, não é "imprescindível" a participação por meio de grupos organizados.

Item III: "Accountability" se refere à obrigação dos agentes públicos de prestar contas de sua atuação, justificar suas ações e decisões, e assumir a responsabilidade pelas consequências de suas ações e omissões. Isso é essencial para garantir que os agentes públicos tratem a coisa pública com responsabilidade, em consonância com os princípios da transparência e da boa governança.

Alternativa correta: letra "c"

63. CEBRASPE – 2024 – TCE/PR – Auditor de Controle Externo

O auditor de controle externo de determinado tribunal de contas averiguou que alguns dos jurisdicionados não vinham cumprindo com sua capacidade de minimizar as incertezas dos cidadãos quanto aos ambientes econômico, social e político.

Considerando que uma organização pública deve se manter o mais fiel possível aos seus objetivos e diretrizes previamente definidos, passar segurança à sociedade em relação à sua atuação e, por fim, manter ações consistentes com a sua missão institucional, as características descritas na situação hipotética precedente evidenciam o desrespeito do princípio de governança pública denominado

a) equidade e participação.

b) integridade.

c) capacidade de resposta.

d) confiabilidade.

e) transparência.

COMENTÁRIOS

✪ **Nota do autor:** os princípios de governança pública são orientações para as práticas e comportamentos das instituições governamentais. Alguns dos principais princípios são:

- **Transparência**: disponibilização de informações sobre as ações governamentais de forma clara e acessível.
- **Participação**: envolvimento da sociedade civil e outros *stakeholders* na tomada de decisões.
- **Eficiência**: alocação de recursos públicos de forma eficaz para maximizar resultados.
- **Responsabilidade**: prestação de contas das ações e decisões governamentais.
- **Equidade**: tratamento justo e imparcial de todos os cidadãos.
- **Legalidade**: conformidade com as leis e normas estabelecidas.
- **Capacidade de resposta**: capacidade da Administração de responder às necessidades das partes envolvidas de forma clara, eficiente e eficaz.
- **Integridade**: adesão a padrões éticos e morais, garantindo que as ações governamentais sejam conduzidas de maneira honesta e justa, promovendo a confiança da sociedade nas instituições.
- **Confiabilidade**: capacidade das instituições de cumprirem suas promessas e compromissos, assegurando que as informações e ações sejam consistentes e fundamentadas, o que fortalece

a credibilidade e a legitimidade da governança pública.

Alternativa "d": correta. Se o auditor de controle externo constatou que determinados jurisdicionados não vinham cumprindo com sua capacidade de minimizar as incertezas dos cidadãos quanto aos ambientes econômico, social e político, fica claro que esses jurisdicionados não inspiram credibilidade, pois não conseguem assegurar que suas informações e ações são consistentes e fundamentadas. Se não há credibilidade, pode-se afirmar que o princípio de governança público desrespeitado foi o princípio da confiabilidade.

Demais alternativas: incorretas, pois não se referem a princípios que tenham sido desrespeitados no caso concreto apresentado no enunciado da questão.

Alternativa correta: letra "d".

---

64. CEBRASPE - 2024 - TCE/PR - Auditor de Controle Externo

A respeito da aplicação de diretrizes e boas práticas de governança pelos órgãos sob a jurisdição do tribunal de contas, julgue os itens seguintes.

I É legítimo que os gestores das organizações públicas considerem os interesses, os direitos e as expectativas das partes interessadas nos processos de tomada de decisão.

II É de se esperar que os jurisdicionados estabeleçam processos decisórios transparentes, baseados em evidências, orientados a riscos e motivados pela equidade e pelo compromisso de atender ao interesse público.

III O mecanismo de liderança dos auditados deve se circunscrever à definição do modelo de governança e à promoção da integridade organizacional.

IV As práticas para garantia da accountability e promoção da transparência devem estar abarcadas no mecanismo de controle organizacional.

Assinale a opção correta.

a) Apenas os itens I, II e III estão certos.
b) Apenas os itens I, II e IV estão certos.
c) Apenas os itens I, III e IV estão certos.
d) Apenas os itens II, III e IV estão certos.
e) Todos os itens estão certos.

COMENTÁRIOS

✪ **Nota do autor:** a resposta dessa questão, depende de noção sobre boas práticas de governança, para desenvolvimento de um bom raciocínio no julgamento item por item. Senão vejamos:

item I: correto. É fundamental que os gestores públicos considerem os interesses de todos os stakeholders (partes interessadas) nas decisões. Isso inclui cidadãos, servidores, fornecedores, entre outros. A participação e o diálogo com esses grupos garantem uma boa gestão.

Item II: correto. É de se esperar que os jurisdicionados estabeleçam processos decisórios transparentes, baseados em evidências, orientados a riscos e motivados pela equidade e pelo compromisso de atender ao interesse público.

Correto. A transparência, a evidência e o compromisso com o interesse público são fundamentais para a boa governança. Ao adotar essas práticas e diretrizes, os órgãos públicos demonstram responsabilidade e aumentam a confiança da sociedade.

Item III: incorreto. Embora a liderança deva estar envolvida na governança e na promoção da integridade, o mecanismo de liderança não deve se restringir apenas a esses aspectos. A liderança deve também incluir a criação de um ambiente que favoreça a participação e a colaboração, o que não é explicitamente mencionado. Equivocou-se o examinador ao utilizar o termo "circunscrever", isto é, restringir.

Item IV: Correto. A accountability (prestação de contas) e a transparência são elementos essenciais da governança. Elas garantem que os gestores públicos sejam responsáveis por suas ações e que a sociedade tenha acesso às informações sobre a gestão pública. Portanto, devem sim ser abarcadas ao mecanismo de controle organizacional.

Portanto, estão corretos apenas os itens I, II e IV.

Alternativa correta: letra "b"

---

65. CEBRASPE - 2024 - TCE/PR - Auditor de Controle Externo

Configura uma boa prática das organizações públicas para assegurar a accountability

a) o aumento da motivação para a denúncia de atos ilegais ou ilegítimos.
b) a molificação na identificação de ilegalidades ou ineficiências na utilização dos recursos públicos.
c) o alinhamento das decisões organizacionais aos interesses neocorporativistas.
d) o direcionamento das atividades de auditoria interna para as prioridades de questões acessórias da organização.
e) a garantia de que a liderança atenda aos critérios e perfis vinculados às necessidades e aos objetivos dos fornecedores de bens e serviços.

COMENTÁRIOS

✪ **Nota do autor:** a palavra "accountability" em inglês refere-se à responsabilidade e à obrigação de prestar contas por ações, decisões e resultados. É um conceito importante em contextos como negócios, governo e gestão, onde indivíduos ou organizações são responsabilizados pelo que fazem e precisam justificar suas escolhas e resultados a outros. Em português, pode ser traduzido como "responsabilidade" ou "prestação de contas". A alternativa correta revela uma boa prática para a assegurar a accountability nas organizações públicas.

Alternativa "a": correta. Uma maior motivação para denúncia de atos ilegais ou ilegítimos é uma prática que melhora a qualidade da denúncia e, por conseguinte, favorece que se atribua responsabilidade a que de direito, contribuindo para a accountability no setor público.

Alternativa "b": incorreta. Molificar significa amolecer. É claro que amolecer a identificação de ilegalidades ou ineficiências não constitui uma prática que assegura a accountability nas organizações públicas.

Alternativas "c" e "d": incorretas. Sequer são boas práticas de gestão pública e podem até prejudicar a accountability.

Alternativa "e": incorreta. A prática recomendada, além de insuficiente, porque a liderança também deve ter foco nas pessoas da própria organização (funcionários, acionistas etc) e nos clientes. Além disso, por ser uma afirmação relacionada a liderança, não diz respeito a accountability.

Alternativa correta: letra "a".

66. CEBRASPE – 2024 – TCE/PR – Auditor de Controle Externo

Um dos desafios enfrentados pela administração pública para garantir a efetividade das ações do governo eletrônico é

a) a otimização do compartilhamento e a definição de estratégias de redutibilidade para a infraestrutura governamental de tecnologias de informação e comunicação.

b) a disponibilização de serviços públicos digitais consolidados em múltiplas plataformas.

c) a estruturação da criação de um ecossistema para o desenvolvimento da economia de dados com vistas à descontinuação da disponibilização de dados abertos governamentais.

d) a propiciação de sinergia entre instâncias deliberativas e redes de conhecimento de tecnologias de informação e comunicação governamentais.

e) a promoção de um ambiente jurídico-regulatório que estimule investimentos e inovação, a fim de conferir segurança aos dados tratados e adequada proteção, sobretudo aos dados empresariais e públicos.

COMENTÁRIOS

✪ **Nota do autor:** para resolver essa questão, deve-se estar a par desafios enfrentados pela administração pública para garantir a efetividade das ações do governo eletrônico, segundo publicação sobre Estratégia de Governança Digital – EGD, intitulada "Transformação digital: cidadania e governo", do Ministério do Planejamento, Desenvolvimento e Gestão (disponível em https://www.gov.br/governodigital/pt-br/estrategia-de-governanca-digital/revisaodaestrategiadegovernancadigital20162019.pdf).

Alternativa "a": errada. Totalmente ao contrário do afirmado, faz parte desse desafio a definição de estratégias de escalabilidade para a infraestrutura governamental, não para redutibilidade.

Alternativa "b": incorreta. Diametralmente o oposto do afirmado, um desafio enfrentado pela administração pública para garantir a efetividade das ações do governo eletrônico é a disponibilização de serviços públicos digitais consolidados em plataforma única, não em múltiplas plataformas.

Alternativa "c": está incorreta. Descontinuar significa desativar, o que contraria o real desafio enfrentado, que é o de estruturar a criação de ecossistema para desenvolvimento da economia de dados, e estimular a disponibilização de dados abertos governamentais, não descontinuar.

Alternativa "d": está correta, pois, de fato, propiciar de sinergia entre instâncias deliberativas e redes de conhecimento de tecnologias de informação e comunicação governamentais constitui um dos desafios enfrentados pela administração pública para garantir a efetividade das ações do governo eletrônico.

Alternativa "e": incorreta. Na verdade, esse desafio envolve o tratamento, sobretudo, de dados pessoais, não de dados empresariais e públicos.

Alternativa correta: letra "d "

67. VUNESP – 2023 – TCM/SP – Auditor de Controle Externo

O desenvolvimento da gestão pública contemporânea no Brasil envolve, entre diversos princípios/orientações, o aumento da sua accountability, ou seja, mecanismos que garantam a responsabilização e a prestação de contas por parte do poder público para os seus representados. Tendo em vista a perspectiva de O´Donnell (1998), de que há dois tipos distintos de accountability – vertical e horizontal – no setor público, assinale a alternativa correta.

a) O mecanismo do voto, pela via de eleições livres e justas, caracteriza o meio pelo qual os cidadãos podem premiar ou punir o mandatário na accountability vertical.

b) Os processos de participação social com instâncias deliberativas são exemplos típicos de accountability horizontal.

c) Os Tribunais de Contas, na medida em que atuam como órgão fiscalizador independente, promovem a accountability vertical.

d) Os pressupostos da accountability horizontal vão de encontro com a teoria de separação de poderes de Montesquieu.

e) A autonomia expandida do Poder Judiciário no Brasil amplia os seus mecanismos de checks and balances, e, portanto, de accountability vertical.

COMENTÁRIOS

✪ **Nota do autor:** a diferença entre accountability vertical e accountability horizontal no âmbito da Administração Pública está relacionada à forma como os responsáveis são cobrados e como a transparência é promovida. Vejamos:

Accountability Vertical: refere-se à responsabilidade e à prestação de contas que ocorre entre diferentes níveis da hierarquia, especialmente entre os governantes e os governados. Nesse modelo, os cidadãos têm a oportunidade de responsabilizar os líderes eleitos por suas ações, geralmente por meio de eleições, participação cidadã e mecanismos de controle social. A ideia é que os cidadãos possam influenciar as decisões e exigir transparência de quem está no poder.

Accountability Horizontal: envolve a prestação de contas entre entidades e órgãos do governo, sem necessariamente passar pela relação direta com os cidadãos. Isso inclui mecanismos de controle interno e externo, como auditorias, tribunais de contas e agências reguladoras, que monitoram e avaliam as ações de outros órgãos e instituições públicas. Esse tipo de accountability busca garantir que as diferentes partes do governo funcionem de maneira eficiente e responsável entre si.

Alternativa "a": está correta, porque descreve claramente a essência da accountability vertical, que é a relação entre os governantes e os governados, onde os cidadãos exercem seu poder por meio do voto, podendo escolher ou destituir seus representantes.

Alternativa "b": incorreta. A participação social \ se relaciona mais com a accountability vertical, pois envolve a interação dos cidadãos com os governantes e a capacidade de influenciar decisões. A accountability horizontal refere-se a mecanismos de controle interno entre órgãos do governo.

Alternativa "c": incorreta. Os Tribunais de Contas atuam no contexto da accountability horizontal, pois sua função é fiscalizar e auditar as ações de outros órgãos públicos, garantindo que esses órgãos cumpram suas responsabilidades.

Alternativa "d": incorreta. Ir de encontro significa ir contra. Porém, a accountability horizontal, diverso do afirmado, está alinhada com a teoria da separação de poderes, pois envolve o controle mútuo entre diferentes ramos do governo para evitar abusos de poder.

Alternativa "e": incorreta. A autonomia do Judiciário está mais relacionada à accountability horizontal, já que o Judiciário atua como um controle sobre os outros poderes, garantindo que suas ações sejam legais e justas.

Alternativa correta: letra "a"

68. FGV – 2023 – TCE/ES – Auditor de Controle Externo

Em uma política de incentivo fiscal, de um determinado Estado brasileiro, foi observada a existência de lacunas, redundâncias e incoerências na definição das responsabilidades de vários órgãos e setores dos três poderes tanto na implementação quanto no monitoramento e avaliação dos resultados da política. Esse cenário revelou problemas na atuação de diversas "agências estatais" que deveriam ter o poder legal e a capacidade para supervisionar rotinas administrativas e aplicar sanções caso se verificassem irregularidades nas ações de outros órgãos e setores estatais.

Em termos de transparência e responsabilização entre diferentes órgãos de Estado, esse cenário descreve um problema na garantia de:

a) accountability horizontal;

b) accountability vertical;

c) gestão de custos;

d) governo eletrônico;

e) construção de agenda.

COMENTÁRIOS

✪ **Nota do autor:** a diferença entre accountability vertical e accountability horizontal no âmbito da Administração Pública está relacionada à forma como os responsáveis são cobrados e como a transparência é promovida. Vejamos:

Accountability Vertical: refere-se à responsabilidade e à prestação de contas que ocorre entre diferentes níveis da hierarquia, especialmente entre os governantes e os governados. Nesse modelo, os cidadãos têm a oportunidade de responsabilizar os líderes eleitos por suas ações, geralmente por meio de eleições, participação cidadã e mecanismos de controle social. A ideia é que os cidadãos possam influenciar as decisões e exigir transparência de quem está no poder.

Accountability Horizontal: envolve a prestação de contas entre entidades e órgãos do governo, sem necessariamente passar pela relação direta com os cidadãos. Isso inclui mecanismos de controle interno e externo, como auditorias, tribunais de contas e agências reguladoras, que monitoram e avaliam as ações de outros órgãos e instituições públicas. Esse tipo de accountability busca garantir que as diferentes partes do governo funcionem de maneira eficiente e responsável entre si.

Alternativa "a": correta. A *accountability* horizontal se refere à responsabilização entre órgãos do mesmo nível de poder. No caso descrito, a falta de clareza nas responsabilidades e a dificuldade de supervisão entre os órgãos evidenciam uma falha nesse tipo de *accountability*.

Alternativa "b": incorreta. A *accountability* vertical se refere à responsabilização dos órgãos perante a sociedade, através de mecanismos como eleições e participação popular. O cenário descrito não se encaixa nessa definição, pois o problema central está na relação entre os órgãos estatais.

Alternativa "c": incorreta. A gestão de custos é importante para a eficiência da política, mas a questão central é a falta de clareza nas responsabilidades e a dificuldade de supervisão, o que se relaciona diretamente com a *accountability*.

Alternativa "d": incorreta. O governo eletrônico pode auxiliar na transparência e eficiência, mas não é o foco da questão. O problema central é a falta de clareza nas responsabilidades e a dificuldade de supervisão entre os órgãos, o que se relaciona com a *accountability*.

Alternativa "e": incorreta. A construção de agenda se refere ao processo de definição das prioridades da política. Embora importante, não é o foco da questão, que trata da falta de clareza nas responsabilidades e da dificuldade de supervisão entre os órgãos, o que se relaciona com a accountability.

Alternativa correta: letra "a"

69. VUNESP – 2023 – TCM/SP – Auditor de Controle Externo

João Alfredo é funcionário da área de contabilidade pública da Prefeitura Municipal de Santo Antônio dos Perdões. Sua principal função é a verificar se os ganhos obtidos pelos programas sociais superam os gastos realizados com eles, e se são superiores ou inferiores aos de alternativas disponíveis.

Suas análises são de

a) risco-benefício.
b) custo-utilidade.
c) custo-benefício.
d) custo-eficácia.
e) custo-efetividade.

COMENTÁRIOS

✪ **Nota do autor:** questão em que o examinador cobra dos candidatos a natureza da análise de um funcionário da área de contabilidade pública da Prefeitura Municipal de Santo Antônio dos Perdões, cuja principal função é a verificar se os ganhos obtidos pelos programas sociais superam os gastos realizados com eles, e se são superiores ou inferiores aos de alternativas disponíveis.

Alternatica "c": está correta. A análise de custo-benefício avalia se os ganhos (ou benefícios) de um projeto superam os custos envolvidos. Nesse tipo de análise, os resultados são frequentemente expressos em termos monetários, permitindo uma comparação direta entre o que se ganha e o que se gasta. No caso de João Alfredo, ele está verificando se os ganhos obtidos pelos programas sociais superam os gastos realizados com eles. Isso implica que ele está fazendo uma comparação entre os benefícios (ganhos dos programas sociais) e os custos (gastos com esses programas), isto é, uma análise de custo-benefício.

Demais alternativas: estão incorretas, porque não refletem a análise descrita no enunciado da questão, que é de custo-benefício.

Alternativa correta: letra "c"

70. VUNESP – 2023 – TCM/SP – Auditor de Controle Externo

O desenvolvimento da gestão pública contemporânea no Brasil envolve, entre diversos princípios/orientações, o aumento da sua accountability, ou seja, mecanismos que garantam a responsabilização e a prestação de contas por parte do poder público para os seus representados. Tendo em vista a perspectiva de O´Donnell (1998), de que há dois tipos distintos de accountability – vertical e horizontal – no setor público, assinale a alternativa correta.

a) O mecanismo do voto, pela via de eleições livres e justas, caracteriza o meio pelo qual os cidadãos podem premiar ou punir o mandatário na accountability vertical.
b) Os processos de participação social com instâncias deliberativas são exemplos típicos de accountability horizontal.
c) Os Tribunais de Contas, na medida em que atuam como órgão fiscalizador independente, promovem a accountability vertical.
d) Os pressupostos da accountability horizontal vão de encontro com a teoria de separação de poderes de Montesquieu.

e) A autonomia expandida do Poder Judiciário no Brasil amplia os seus mecanismos de checks and balances, e, portanto, de accountability vertical.

COMENTÁRIOS

✪ **Nota do autor:** *a diferença entre accountability* vertical e accountability horizontal no âmbito da Administração Pública está relacionada à forma como os responsáveis são cobrados e como a transparência é promovida. Vejamos:

Accountability Vertical: refere-se à responsabilidade e à prestação de contas que ocorre entre diferentes níveis da hierarquia, especialmente entre os governantes e os governados. Nesse modelo, os cidadãos têm a oportunidade de responsabilizar os líderes eleitos por suas ações, geralmente por meio de eleições, participação cidadã e mecanismos de controle social. A ideia é que os cidadãos possam influenciar as decisões e exigir transparência de quem está no poder.

Accountability Horizontal: envolve a prestação de contas entre entidades e órgãos do governo, sem necessariamente passar pela relação direta com os cidadãos. Isso inclui mecanismos de controle interno e externo, como auditorias, tribunais de contas e agências reguladoras, que monitoram e avaliam as ações de outros órgãos e instituições públicas. Esse tipo de accountability busca garantir que as diferentes partes do governo funcionem de maneira eficiente e responsável entre si.

Alternativa "a": está correta, porque descreve claramente a essência da accountability vertical, que é a relação entre os governantes e os governados, onde os cidadãos exercem seu poder por meio do voto, podendo escolher ou destituir seus representantes.

Alternativa "b": incorreta. A participação social \ se relaciona mais com a accountability vertical, pois envolve a interação dos cidadãos com os governantes e a capacidade de influenciar decisões. A accountability horizontal refere-se a mecanismos de controle interno entre órgãos do governo.

Alternativa "c": incorreta. Os Tribunais de Contas atuam no contexto da accountability horizontal, pois sua função é fiscalizar e auditar as ações de outros órgãos públicos, garantindo que esses órgãos cumpram suas responsabilidades.

Alternativa "d": incorreta. Ir de encontro significa ir contra. Porém, a accountability horizontal, diverso do afirmado, está alinhada com a teoria da separação de poderes, pois envolve o controle mútuo entre diferentes ramos do governo para evitar abusos de poder.

Alternativa "e": incorreta. A autonomia do Judiciário está mais relacionada à accountability horizontal, já que o Judiciário atua como um controle sobre os outros poderes, garantindo que suas ações sejam legais e justas.

Alternativa correta: letra "a"

6. GOVERNO ELETRÔNICO (E-GOV)

71. CEBRASPE – 2024 – TCE/PR – Auditor de Controle Externo

Um dos desafios enfrentados pela administração pública para garantir a efetividade das ações do governo eletrônico é

a) a otimização do compartilhamento e a definição de estratégias de redutibilidade para a infraestrutura governamental de tecnologias de informação e comunicação.

b) a disponibilização de serviços públicos digitais consolidados em múltiplas plataformas.

c) a estruturação da criação de um ecossistema para o desenvolvimento da economia de dados com vistas à descontinuação da disponibilização de dados abertos governamentais.

d) a propiciação de sinergia entre instâncias deliberativas e redes de conhecimento de tecnologias de informação e comunicação governamentais.

e) a promoção de um ambiente jurídico-regulatório que estimule investimentos e inovação, a fim de conferir segurança aos dados tratados e adequada proteção, sobretudo aos dados empresariais e públicos.

COMENTÁRIOS

✪ **Nota do autor:** para resolver essa questão, deve-se estar a par desafios enfrentados pela administração pública para garantir a efetividade das ações do governo eletrônico, segundo publicação sobre Estratégia de Governança Digital – EGD, intitulada "Transformação digital: cidadania e governo", do Ministério do Planejamento, Desenvolvimento e Gestão (disponível em https://www.gov.br/governodigital/pt-br/estrategia-de-governanca-digital/revisaodaestrategiadegovernancadigital20162019.pdf).

Alternativa "a": errada. Totalmente ao contrário do afirmado, faz parte desse desafio a definição de estratégias de escalabilidade para a infraestrutura governamental, não para redutibilidade.

Alternativa "b": incorreta. Diametralmente o oposto do afirmado, um desafio enfrentado pela administração pública para garantir a efetividade das ações do governo eletrônico é a disponibilização de serviços públicos digitais consolidados em plataforma única, não em múltiplas plataformas.

Alternativa "c": está incorreta. Descontinuar significa desativar, o que contraria o real desafio enfrentado, que é o de estruturar a criação de ecossistema para desenvolvimento da economia de dados, e estimular a disponibilização de dados abertos governamentais, não descontinuar.

Alternativa "d": está correta, pois, de fato, propiciar de sinergia entre instâncias deliberativas e redes de conhecimento de tecnologias de informação e comunicação governamentais constitui um dos desafios enfrentados pela administração pública para garantir a efetividade das ações do governo eletrônico.

Alternativa "e": incorreta. Na verdade, esse desafio envolve o tratamento, sobretudo, de dados pessoais, não de dados empresariais e públicos.

Alternativa correta: letra "d"

72. CONSULPAM – 2023 – TCM/PA – Auditor de Controle Externo

Refere-se ao uso da denominada Tecnologia da Informação e Comunicação (TIC) e Tecnologia da Informação, para informar e divulgar serviços ou produtos do Governo à população. Para isto, utiliza as ferramentas eletrônicas com o intuito de aproximar os cidadãos dos órgãos governamentais. Dentre os recursos utilizados pode-se citar os sites, aplicativos para celulares e redes sociais ou telefones de serviços. O objetivo é prover informações e serviços as pessoas.

O texto acima faz referência ao conceito de:

a) Accountability.
b) E-gov.
c) Welfare state.
d) Benchmarking.

COMENTÁRIOS

✪ **Nota do autor:** a questão apresenta um texto que descreve a utilização de tecnologias da informação e comunicação (TICs) para aproximar o governo da população, fornecendo informações e serviços de forma eletrônica.

Alternativa "a": incorreta. *Accountability* refere-se à responsabilização, ou seja, à capacidade de prestar contas e ser responsabilizado por ações. Embora a utilização de TICs possa aumentar a transparência e facilitar a prestação de contas, não é o conceito central do texto.

Alternativa "b": é a correta. *E-gov* ou governo eletrônico se refere à utilização de tecnologias da informação e comunicação para oferecer serviços públicos de forma eletrônica, aproximando o governo dos cidadãos. É exatamente o que o texto descreve.

Alternativa "c": incorreta. *Welfare state* significa estado de bem-estar social, um modelo de Estado que garante direitos sociais básicos à população. Embora a utilização de TICs possa auxiliar na gestão de programas sociais, não define o conceito central do texto.

Alternativa "d": incorreta. *Benchmarking* refere-se à prática de comparar os processos e resultados de uma organização com os de outras, buscando melhores práticas. Não há relação direta com o uso de TICs para aproximar o governo da população.

7. LEI GERAL DE PROTEÇÃO DE DADOS (LGPD)

73. CEBRASPE – 2022 – TCE/SC – Auditor Fiscal de Controle Externo

Julgue o próximo item, relativo à Lei n.º 13.709/2018 (Lei Geral de Proteção de Dados atualizada).

Competem ao controlador, e não a encarregado, as decisões referentes ao tratamento de dados pessoais.

COMENTÁRIOS

✪ **Nota do autor:** o artigo 5º da Lei n.º 13.709/2018 (Lei Geral de Proteção de Dados), dispõe sobre as competências de controlador e encarregado, quais sejam: "VI - controlador: pessoa natural ou jurídica, de direito público ou privado, a quem competem as decisões referentes ao tratamento de dados pessoais;

VIII - encarregado: pessoa indicada pelo controlador e operador para atuar como canal de comunicação entre o controlador, os titulares dos dados e a Autoridade Nacional de Proteção de Dados (ANPD)".

Certo: de fato, com fundamento no artigo 5º da Lei n.º 13.709/2018 (Lei Geral de Proteção de Dados), as decisões referentes ao tratamento de dados pessoais competem ao controlador, não ao encarregado. Este, por sua vez, como fica claro pela nota do autor, possui outras atribuições que não tomar decisões relativas ao tratamento de dados.

74. CEBRASPE – 2022 – TCE/SC – Auditor Fiscal de Controle Externo

Julgue o próximo item, relativo à Lei n.º 13.709/2018 (Lei Geral de Proteção de Dados atualizada).

Em caso de cumprimento de obrigação regulatória pelo controlador, permite-se o tratamento de dados pessoais.

COMENTÁRIOS

✪ **Nota do autor:** de acordo com o artigo 7º, da Lei n.º 13.709/2018 (Lei Geral de Proteção de Dados), o tratamento de dados pessoais somente poderá ser realizado em determinadas hipóteses, entre elas "para o cumprimento de obrigação legal ou regulatória pelo controlador" (inciso II).

Certo: De fato, nos termos do artigo 7º, inciso II da Lei n.º 13.709/2018 (Lei Geral de Proteção de Dados), em caso de cumprimento de obrigação regulatória pelo controlador, permite-se o tratamento de dados pessoais.

8. LEI DE ACESSO À INFORMAÇÃO

75. CEBRASPE – 2022 – TCE/SC – Auditor Fiscal de Controle Externo

No que diz respeito a big data e à Lei n. º 12. 527/2011 e suas alterações (Lei de Acesso à Informação), julgue o item seguinte.

Considera-se integridade, para efeito da Lei de Acesso à Informação, a qualidade da informação não modificada, inclusive quanto à origem, trânsito e destino.

COMENTÁRIOS

✪ **Nota do autor:** questão sobre conceito relacionados à Lei n. º 12. 527/2011 e suas alterações (Lei de Acesso à Informação).

Certo: de fato, nos termos do artigo 4º, inciso VIII, considera-se **integridade** a qualidade da informação não modificada, inclusive quanto à origem, trânsito e destino.

76. CEBRASPE – 2022 – TCE/SC – Auditor Fiscal de Controle Externo

No que diz respeito a big data e à Lei n. º 12. 527/2011 e suas alterações (Lei de Acesso à Informação), julgue o item seguinte.

A Lei de Acesso à Informação não se aplica às entidades privadas sem fins lucrativos, independentemente de elas receberem ou não recursos públicos. – ERRADO.

COMENTÁRIOS

✪ **Nota do autor:** de acordo com o artigo 2º da Lei n. º 12. 527/2011 (Lei de Acesso à Informação), suas disposições aplicam-se, "no que couber, às entidades privadas sem fins lucrativos que recebam, para realização de ações de interesse público, recursos públicos diretamente do orçamento ou mediante subvenções sociais, contrato de gestão, termo de parceria, convênios, acordo, ajustes ou outros instrumentos congêneres".

Errado: considerando-se o disposto no artigo 2º da Lei n. º 12. 527/2011 e suas alterações (Lei de Acesso à Informação), ao contrário do afirmado, a Lei de Acesso à Informação se aplica às entidades privadas sem fins lucrativos que recebam recursos públicos.

Administração Geral e Pública

Alan Martins

✦ DICAS

1. ADMINISTRAÇÃO GERAL

1.1. PLANEJAMENTO ESTRATÉGICO

- **Conceito:** o planejamento estratégico é um processo sistemático que visa definir a direção de uma organização, estabelecendo seus objetivos a longo prazo e as estratégias necessárias para alcançá-los. este planejamento considera o ambiente interno e externo da organização, buscando identificar oportunidades e ameaças, além de potencializar suas forças e minimizar suas fraquezas.
- **Importância:**
  - ⇒ **clareza de direção:** ajuda a organização a ter um rumo claro.
  - ⇒ **alocação de recursos:** permite um uso mais eficiente dos recursos disponíveis.
  - ⇒ **avaliação de desempenho:** facilita o acompanhamento e a avaliação dos resultados.
- **Objetivos do Planejamento Estratégico**
  - ⇒ **Definir Direções**: estabelecer uma visão clara do futuro da organização.
  - ⇒ **Alinhar Recursos**: garantir que os recursos (humanos, financeiros, tecnológicos) sejam utilizados de maneira eficiente.
  - ⇒ **Antecipar Mudanças**: preparar a organização para responder a mudanças no ambiente externo.
  - ⇒ **Monitorar Desempenho**: avaliar o progresso em relação às metas estabelecidas.
- **Etapas do Planejamento Estratégico:**

1. **Análise Situacional**: estudo do ambiente interno e externo da organização.
2. **Definição de Missão e Visão**: Estabelecer a razão de existir da organização e aonde se deseja chegar.
3. **Estabelecimento de Objetivos**: Definição de metas específicas, mensuráveis, alcançáveis, relevantes e temporais (SMART).
4. **Formulação de Estratégias**: Desenvolvimento de estratégias para alcançar os objetivos.
5. **Implementação do Plano**: Colocação das estratégias em prática.
6. **Avaliação e Controle**: Monitoramento e avaliação dos resultados, ajustando o plano conforme necessário.

- **Níveis de gestão estratégica:** são três níveis de planejamento no âmbito da gestão estratégica:
  - ⇒ **Estratégico**: Focado em objetivos de longo prazo e na missão da organização.
  - ⇒ **Tático**: Relacionado à implementação das estratégias definidas, com um horizonte de médio prazo.
  - ⇒ **Operacional**: Refere-se ao dia a dia da organização, com foco em atividades e operações específicas, geralmente de curto prazo.

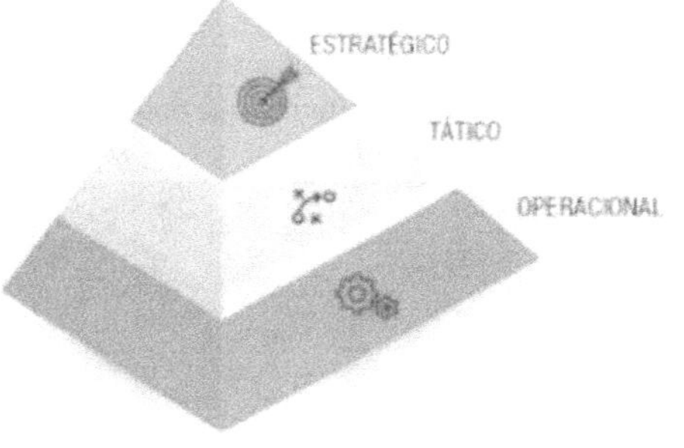

Fonte: Blog da Qualidade

- **Componentes/Elementos do Planejamento Estratégico**
  - ⇒ **Missão:** é a razão de ser da organização, ou seja, o propósito que a motiva a existir. Responde à pergunta: "Por que estamos aqui?"
  - ⇒ **Visão:** descreve onde a organização pretende estar no futuro. Refere-se às aspirações a longo prazo e inspira todos os envolvidos a trabalharem em prol desse objetivo.
  - ⇒ **Valores:** são os princípios e crenças que guiam o comportamento e as decisões da organização. Eles definem a cultura organizacional e a maneira como a empresa se relaciona com seus colaboradores, clientes e a sociedade.
  - ⇒ **Negócios:** refere-se ao que a organização faz, qual é seu segmento de mercado e quais produtos ou serviços oferece. É importante entender em que negócio se está para direcionar corretamente as estratégias.
  - ⇒ **Objetivos:** são metas específicas que a organização deseja alcançar em um determinado período. Eles devem ser SMART: Específicos, Mensuráveis, Atingíveis, Relevantes e Temporais.
- **Ferramentas de gestão estratégica:** são métodos e técnicas utilizadas para formular, implementar e avaliar estratégias em organizações.
- **Principais ferramentas:**
  - ⇒ Matriz SWOT
  - ⇒ Matriz BCG
  - ⇒ Análise Pestel
  - ⇒ Modelo de Porter (cinco forças)

⇒ Balanced Scorecard (BSC)

⇒ Matriz GE/Mckinsey

⇒ Análise de cenários

⇒ Mapa estratégico

⇒ Análise de stakeholders

⇒ 5W2H

- **Matriz SWOT *(strengths, weaknesses, opportunities, threats)*:** é uma ferramenta que ajuda a identificar:

  ⇒ **forças:** aspectos positivos internos que a organização possui (fator positivo);

  ⇒ **fraquezas:** limitações ou áreas a serem melhoradas (fator negativo);

  ⇒ **oportunidades:** fatores externos que podem ser aproveitados (fator positivo);

  ⇒ **ameaças:** fatores externos que podem representar riscos (fator negativo);

- **Matriz BCG (ou matriz de crescimento-partição):** ajuda a analisar o portfólio de produtos de uma organização, classificando-os em quatro categorias, segundo a relação entre crescimento e participação no mercado (*market share*):

  ⇒ **estrelas:** alto crescimento e alta participação de mercado.

  ⇒ **interrogações:** alto crescimento, mas baixa participação de mercado.

  ⇒ **vacas leiteiras:** baixo crescimento, mas alta participação de mercado.

  ⇒ **abacaxis:** baixo crescimento e baixa participação de mercado.

MATRIZ BCG

Fonte: CNSS

- **Análise PESTEL *(Política, Econômica, Social, Tecnológica, Ecológica e Legal)*:** examina os fatores externos que podem influenciar a organização. Essa análise é crucial para entender o contexto em que a organização opera.

- **Modelo de Porter (5 Forças):** analisa a competitividade de um setor por meio de cinco forças:

  ⇒ ameaça de novos entrantes;

Fonte: Wikipedia

Nesse contexto, há 3 estratégicas para alcançar a vantagem competitiva:

  ⇒ **liderança em custo:** reduzir custos para oferecer preços mais baixos.

  ⇒ **diferenciação:** oferecer produtos ou serviços únicos que se destacam.

  ⇒ **foco:** concentrar-se em um nicho de mercado específico.

- **Balanced scorecard:** é uma ferramenta que traduz a estratégia em um conjunto de indicadores de desempenho, organizados em quatro perspectivas:

  ⇒ **financeira:** avalia o desempenho financeiro da organização.

  ⇒ **clientes:** mede a satisfação e a lealdade dos clientes.

  ⇒ **processos internos:** analisa a eficiência dos processos operacionais.

  ⇒ **aprendizado e crescimento:** avalia a capacidade da organização de inovar e melhorar.

- **Matriz GE/McKinsey**: avalia unidades de negócio, com base em dois critérios que ajudam na priorização de investimentos:

  ⇒ atratividade do mercado;

  ⇒ força competitiva.

- **Análise de Cenários**: explora diferentes futuros possíveis para ajudar a organização a se preparar para incertezas e a desenvolver estratégias flexíveis.

- **Mapa Estratégico:** representação visual que conecta objetivos estratégicos em várias perspectivas (financeira, clientes, processos internos e aprendizado) para mostrar como eles se relacionam.

- **Análise de Stakeholders:** identifica e avalia os interesses e influências de diferentes partes interessadas (*stakeholders*) em relação a uma organização, ajudando a desenvolver estratégias de engajamento eficazes. Por exemplo, em uma sociedade anônima, importantes *stakeholders* podem ser: acionistas, funcionários, clientes, fornecedores, gestores, comunidade, governo, investidores e mídia.

- **Benchmarking:** compreende a comparação de produtos, serviços ou processos com os melhores concorrentes ou empresas de referência.

1.2. GESTÃO DE RISCOS

- **Conceito:** é um processo que envolve a identificação, avaliação e controle de riscos que podem impactar negativamente um projeto, negócio ou a própria administração pública. É uma área fundamental para a tomada de decisões, garantindo que os gestores possam antecipar problemas e implementar ações preventivas.
- **Outros conceitos fundamentais:**
  - ⇒ **Risco:** possibilidade de um evento ocorrer e afetar os objetivos de um projeto ou organização. Pode ser positivo (oportunidade) ou negativo (ameaça).
  - ⇒ **Probabilidade:** chance de um evento ocorrer.
  - ⇒ **Impacto:** consequências de um evento, caso ocorra.
  - ⇒ **Apetite ao risco:** nível de risco que uma organização está disposta a aceitar.
  - ⇒ **Tolerância ao risco:** variação aceitável em relação aos objetivos, sem comprometer o sucesso.
- **Processo de gestão de riscos:** o processo de gestão de riscos geralmente segue as seguintes etapas:

1) Estabelecimento do Contexto: nesta etapa, define-se o ambiente em que a gestão de riscos ocorrerá. Isso inclui a identificação dos objetivos, os critérios de risco, as partes interessadas e os fatores externos e internos que podem influenciar a organização.

2) Identificação dos Riscos: aqui, são identificados os riscos que podem impactar os objetivos da organização. Isso pode ser feito por meio de brainstorming, análises de documentos, entrevistas e outras técnicas.

3) Análise dos Riscos: nesta fase, os riscos identificados são analisados para determinar sua probabilidade de ocorrência e o impacto potencial. Isso ajuda a priorizar quais riscos devem ser tratados com mais urgência.

4) Avaliação dos Riscos: após a análise, os riscos são avaliados em relação aos critérios estabelecidos no contexto. Isso ajuda a decidir quais riscos são aceitáveis e quais requerem ações adicionais.

5) Tratamento dos Riscos: com base na avaliação, são desenvolvidas estratégias para mitigar os riscos. As opções incluem evitar, transferir, mitigar ou aceitar os riscos.

6) Monitoramento e Revisão: envolve o acompanhamento dos riscos e a eficácia das medidas implementadas. Também é importante revisar e atualizar o processo de gestão de riscos regularmente, considerando mudanças no contexto ou novos riscos que possam surgir.

7) Comunicação e Consulta: durante todo o processo, é essencial manter uma comunicação clara com as partes interessadas e envolvê-las nas decisões sobre a gestão de riscos.

- **Técnicas de gestão de riscos:**

⇒ **Gravata borboleta (*bow-tie*):** é uma ferramenta visual que permite identificar as falhas que constituam causas de um evento crítico (nó central), com vistas à prevenção, e suas consequências, visando ações corretivas.

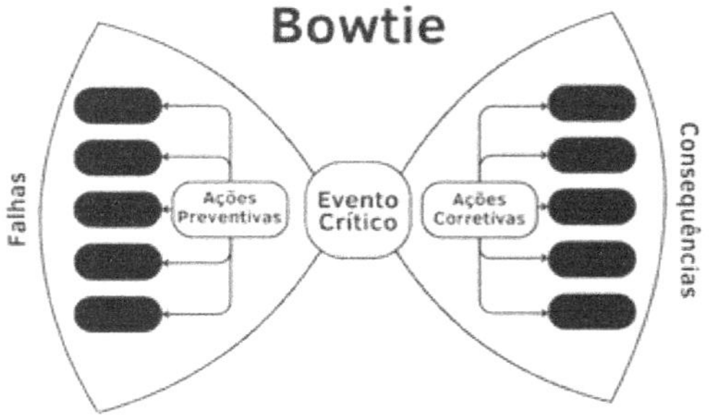

Fonte: Docnix

⇒ **SWIFT (técnica "e se"):** é um método qualitativo de análise de riscos que utiliza perguntas do tipo "e se" para identificar cenários de risco, focando em potenciais eventos e suas consequências. Serve para explorar possíveis cenários e suas consequências, estimulando a criatividade e o pensamento crítico.

⇒ **Análise preliminar de perigos (APP):** consiste em um processo inicial para identificar perigos e avaliar riscos em um sistema ou atividade, ser-

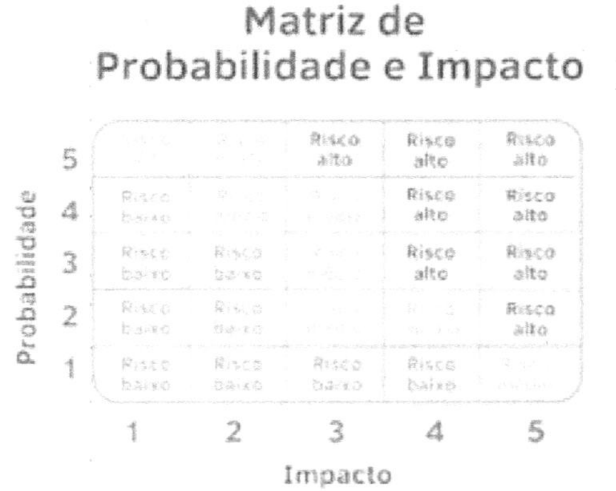

Fonte: Docnix

⇒ **Análise de causa e efeito (diagrama de Ishikawa ou espinha de peixe):** é uma técnica utilizada para identificar as causas raízes de um problema ou evento indesejado. Ela envolve a identificação das diferentes categorias de causas (materiais, máquinas, mão de obra, métodos, meio ambiente e medição) e a análise de suas relações, podendo ser utilizada para identificação causas raízes de um risco.

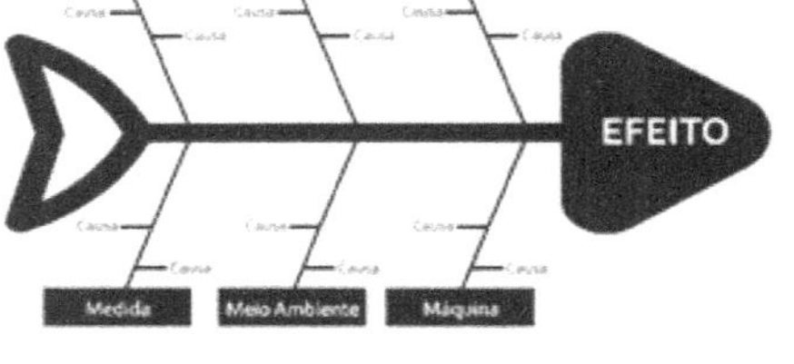

Fonte: na prática

⇒ **Técnica Delphi:** é um método que envolve a coleta de opiniões de especialistas através de questionários anônimos e rodadas de feedback. Ela permite obter um consenso sobre um determinado assunto, mesmo quando há divergências de opinião. Serve para obter opiniões de especialista com o objetivo de identificar e avaliar riscos.

- **Iso 31000:** norma internacional que fornece diretrizes para a gestão de riscos.

1.3. GESTÃO POR RESULTADOS

- **Conceito:** é uma metodologia que visa aprimorar o desempenho das organizações, focando em metas e resultados concretos. Essa abordagem se destaca por sua capacidade de alinhar os esforços da equipe com os objetivos estratégicos da instituição, promovendo eficiência e eficácia nos processos.
- **Resultados:** são os impactos ou produtos finais de uma atividade ou projeto. Na gestão por resultados, é essencial que esses resultados sejam claramente definidos e mensuráveis.
- **Metas e Indicadores:** estabelecer metas específicas e indicadores de desempenho é crucial. As metas devem ser desafiadoras, porém alcançáveis, e os indicadores devem permitir a avaliação contínua do progresso.
- **Os quatro E's da gestão por resultados:**
- **Eficácia:** significa atingir o **resultado** desejado, ou seja, alcançar o objetivo proposto.
- **Eficiência:** refere-se à otimização dos recursos utilizados para alcançar um determinado resultado (relação com **custo**)
- **Economicidade:** implica em obter o máximo resultado com o mínimo de recursos, buscando sempre a melhor relação custo-benefício.
- **Efetividade:** relaciona-se com a capacidade de produzir o efeito desejado, ou seja, de alcançar o impacto e os resultados esperados de forma duradoura e sustentável (longo prazo).

Os 4 E's da Gestão por Resultados			
resultado	custo	custo-benefício	impacto

1.4. GESTÃO DE PROCESSOS

- **Processo:** é um conjunto de atividades inter-relacionadas que transformam entradas (*inputs*) em saídas (*outputs*) com o objetivo de agregar valor. Os processos podem ser encontrados em diversas áreas, desde a produção industrial até a prestação de serviços.
- **Classificação dos processos:** os processos podem ser classificados em três categorias principais:

⇒ **Processos de negócio/principais/primários/chaves/essenciais/finalísticos:** são aqueles diretamente relacionados à missão da organização e à entrega de valor ao cliente. Exemplos: produção, vendas, atendimento ao cliente.

⇒ **Processos secundários/administrativos/de suporte/auxiliares/meio:** são aqueles que dão suporte aos processos principais, garantindo o bom funcionamento da organização. Exemplos: gestão de recursos humanos, contabilidade, tecnologia da informação.

⇒ **Processos gerenciais:** são aqueles que envolvem o planejamento, controle e monitoramento dos demais processos. Exemplos: planejamento estratégico, gestão de projetos, gestão da qualidade.

- **Níveis de Detalhamento dos processos:** os processos podem ser detalhados em diferentes níveis, de acordo com a necessidade de análise e controle:

⇒ **Macroprocesso:** representa um conjunto de processos relacionados que abrangem uma área funcional ou um objetivo estratégico da organização.

⇒ **Processo:** representa um conjunto de atividades inter-relacionadas que transformam entradas em saídas específicas.

⇒ **Subprocesso:** representa uma parte de um processo que pode ser gerenciada de forma independente.

⇒ **Atividade:** representa uma ação específica realizada dentro de um subprocesso.

⇒ **Tarefa:** representa a menor unidade de trabalho dentro de uma atividade.

- **Processo crítico ou processo-chave:** processo que desempenha um papel fundamental na consecução dos objetivos e metas de uma organização.
- **Business Process Management (BPM):** o BPM é uma abordagem de gestão que visa otimizar os processos de negócio de uma organização, buscando a melhoria contínua e o alinhamento com os objetivos estratégicos. O BPM envolve a modelagem, análise, execução, monitoramento e otimização dos processos.
- **Ciclo PDCA:** o ciclo PDCA (*Plan, Do, Check, Act*) ou ciclo de Deming é uma metodologia de gerenciamento que tem como objetivo a melhoria de processos de forma constante. O ciclo se baseia em quatro etapas:

⇒ **Planejar (*Plan*):** definir o problema, analisar as causas e planejar as ações de melhoria.

⇒ **Fazer (*Do*):** implementar as ações planejadas.

⇒ **Checar (*Check*):** monitorar os resultados e verificar se as ações foram eficazes.

⇒ **Agir (*Act*):** padronizar as ações que geraram resultados positivos e corrigir as ações que não foram eficazes.

- **5W2H (*What? Why? Who? Where? When? How? How Much?*):** metodologia de 7 perguntas (O quê? Por que? Quem? Onde? Quando? Como? Quanto?), consiste em um checklist de perguntas-chave para validar um plano de ação, servindo perfeitamente à elaboração de planos de ação, com definição eficaz de tarefas e possibilidade de acompanhamento simples e ágil.
- **Ciclo de Vida de Gerenciamento de Processos:** o ciclo de vida de gerenciamento de processos é composto por cinco fases:

⇒ **Fase 1 - Alinhamento à Estratégia e Metas/Objetivos (Alinhar Estratégia Metas):** definir os objetivos estratégicos e alinhar os processos com esses objetivos.

⇒ **Fase 2 - Mudanças na Arquitetura (Mudanças Arquiteturas/Arquitetar Mudanças):** mapear e analisar os processos existentes, identificando oportunidades de melhoria.

⇒ **Fase 3 - Desenvolvimento de Iniciativas (Desenvolver Iniciativas):** desenvolver e implementar projetos de melhoria de processos.

⇒ **Fase 4 - Implantação de Mudanças (Implementação de Mudanças/Implementar Mudanças):** implementar as mudanças nos processos.

⇒ **Fase 5 - Medição do Sucesso (Medir Sucesso):** monitorar os resultados das mudanças e verificar se os objetivos foram alcançados.

- **Práticas fundamentais da gestão de processos:** a gestão de processos compreende 6 práticas fundamentais de execução:

⇒ **Arquitetura de Processos:** analisa o encadeamento de processos e como isso contribui para o alcance dos objetivos estratégicos, identificando-se os macroprocessos e seus processos componentes.

⇒ **Mapeamento de Processos:** identificação da sequência lógica das atividades e elementos operacionais de um processo, permitindo a análise do processo.

⇒ **Padronização de Processos:** utilizada para desenvolver um padrão de trabalho a ser seguido por todos os colaboradores, buscando garantir que o trabalho seja executado da melhor forma, uniformizando os resultados.

⇒ **Modelagem de Processos:** representação dos processos de negócio de uma organização, com o objetivo de transformar, documentar ou automatizar os processos.

⇒ **Transformação de Processos:** promove mudanças a fim de melhorar o desempenho do negócio, com o objetivo de agregar mais valor ao cliente e à organização, podendo compreender:

o **Melhorias:** pequenos ajustes graduais para melhorar o desempenho nas operações;

o **Redesenho:** é proposta uma visão integral das atividades, buscando-se pensar ponta a ponta sobre o que o processo está realizando atualmente. Apesar de o redesenho resultar em mudanças significativas, elas continuam baseadas em conceitos fundamentais do processo existente.

o **Reengenharia:** transformação radical de processos, em que o processo é refeito a partir do zero.

- **Controle de Processos:** tem como objetivo analisar e gerenciar os processos da organização, acompanhando a performance por meio de indicadores operacionais. Caso os indicadores não estejam dentro das metas estipuladas, novas transformações nos processos devem ser iniciadas, buscando adequá-los aos objetivos desejados.

1.5. GESTÃO DE QUALIDADE

- **Conceitos Fundamentais**

⇒ **Qualidade:** conjunto de características de um produto ou serviço que satisfazem as necessidades e expectativas dos clientes.

⇒ **Gestão da Qualidade:** conjunto de atividades coordenadas para dirigir e controlar uma organização no que diz respeito à qualidade.

⇒ **Melhoria Contínua:** processo contínuo de aprimoramento de produtos, serviços e processos, buscando a excelência.

- **Normas da Qualidade:**

⇒ **ISO 9001:** norma internacional que estabelece os requisitos para um sistema de gestão da qualidade.

⇒ **ISO 14001:** norma internacional que estabelece os requisitos para um sistema de gestão ambiental.

⇒ **ISO 27001:** norma internacional que estabelece os requisitos para um sistema de gestão de segurança da informação.

- **Ferramentas de Gestão de Qualidade:**

⇒ **Fluxograma**

⇒ **Folha de verificação**

⇒ **Diagrama de Pareto**

⇒ **Histograma**

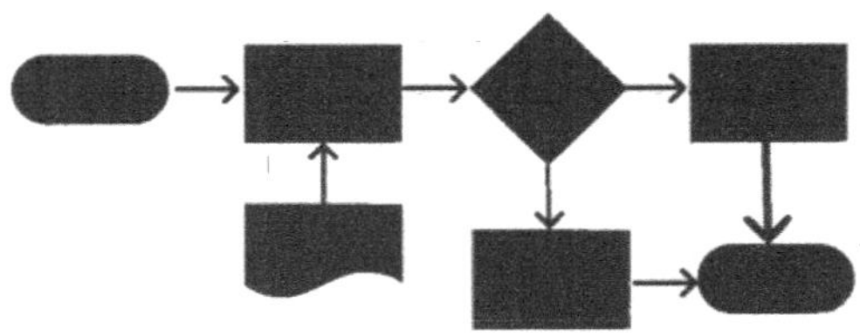

Exemplo de fluxograma (Fonte: Blog Qualy Team)

- **Folha de verificação:** formulário estruturado para coleta de dados sobre a frequência de ocorrências de um determinado evento, facilita a identificação de padrões e a quantificação de problemas, auxiliando na tomada de decisões baseadas em dados.

Reclamações de clientes	Dia Seg.	Ter.	Qua.	Qui.	Sex.	Total
Atraso	[illegible]	[illegible]	[illegible]	[illegible]	[illegible]	35
Embalagem	[illegible]	[illegible]		[illegible]	[illegible]	10
Atendimento	[illegible]		[illegible]	[illegible]	[illegible]	17
Sujeira	[illegible]		[illegible]	[illegible]		12
Riscos	[illegible]		[illegible]			6
Quebra	[illegible]			[illegible]	[illegible]	15
Total	27	7	11	29	21	95

Exemplo de Folha de Verificação

(Fonte: Ferramentas de Qualidade)

- **Diagrama de Pareto:** gráfico de barras que ordena as causas de um problema por sua frequência, permitindo identificar as mais relevantes, é baseado no princípio de Pareto (80/20) e auxilia na priorização de ações para resolver os problemas mais impactantes.

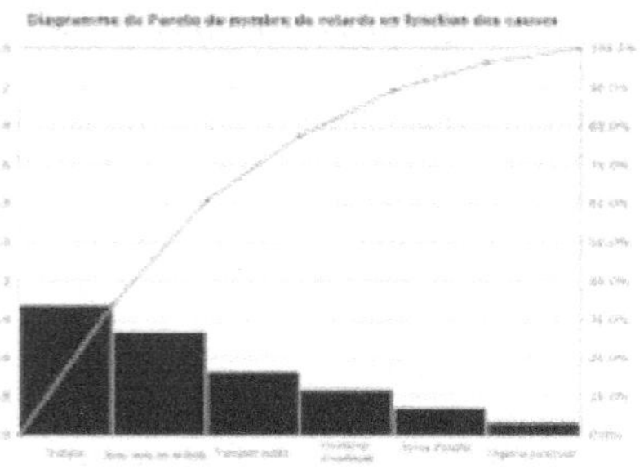

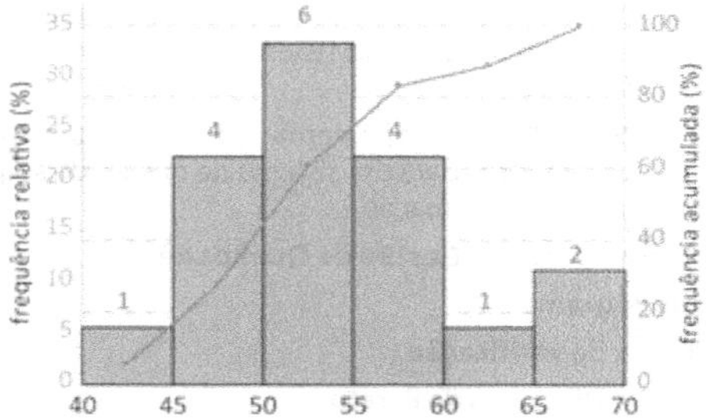

Fonte: Wikipedia

- **Diagrama de dispersão:** gráfico que representa a relação entre duas variáveis, mostrando se há correlação entre elas, permitindo identificar possíveis causas e efeitos, auxiliando na análise de relações de causa e efeito em processos e constituindo uma ferramenta útil para investigar a influência de variáveis em um determinado resultado e para identificar oportunidades de melhoria.

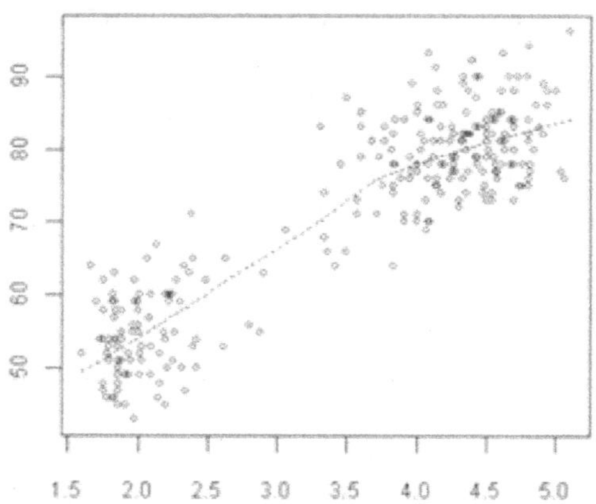

Fonte: Wikipedia

- **PDCA (Plan-Do-Check-Act):** técnica também utilizada na gestão estratégica, já foi abordada no item 1.1.
- **Diagrama de Ishikawa (Espinha de peixe):** técnica também utilizada na gestão estratégica, já foi abordada no item 1.1.

1.6. ESTRUTURA ORGANIZACIONAL

- **Conceito:** forma como uma organização é configurada, incluindo a distribuição de responsabilidades, a hierarquia de autoridade e a coordenação das atividades.
- **Tipos e modelos:**
  - ⇒ **Funcional**: a organização é dividida em departamentos que executam funções específicas, como recursos humanos, finanças e produção. Cada departamento é supervisionado por um gerente, que se reporta a um diretor geral. Esse modelo é eficaz para otimizar tarefas e especializar funções.
  - ⇒ **Linear**: caracterizada por uma hierarquia rígida, apresenta uma cadeia de comando clara, onde cada funcionário reporta-se a um superior. Esse modelo é simples e, portanto, ideal para organizações menores, mas pode ser inflexível em situações que exigem colaboração entre departamentos.
  - ⇒ **Matricial**: os funcionários são organizados em equipes para projetos específicos, mas também mantêm suas funções dentro de departamentos. Isso promove flexibilidade e colaboração, mas pode levar a conflitos de autoridade.
  - ⇒ **Em Rede**: cada vez mais comum em organizações que utilizam tecnologia da informação, essa estrutura permite que uma organização colabore com outras entidades ou *freelancers* para alcançar seus objetivos. A comunicação é facilitada por redes digitais, mas a dependência de parceiros externos pode ser um desafio.
  - ⇒ **Horizontal**: focada na redução de níveis hierárquicos, essa estrutura promove um ambiente mais colaborativo e ágil. Os funcionários têm maior autonomia e a tomada de decisão é descentralizada. No entanto, pode haver dificuldades em definir responsabilidades claras.
  - ⇒ **Mecanicista:** é caracterizado por uma estrutura organizacional formal, rígida e hierárquica, onde os processos de trabalho são rotinizados e programáveis. Nesse tipo de modelo, a comunicação tende a ser padronizada e segue normas e regras estabelecidas.
  - ⇒ **Orgânico:** tipo de estrutura que favorece a flexibilidade, a adaptação e a colaboração dentro da organização. Diferentemente do modelo mecanicista, que é mais rígido e hierárquico, o modelo orgânico é caracterizado por menos hierarquia, comunicação aberta, equipes autônomas, maior flexibilidade e foco em projetos.
  - ⇒ **Departamentalização geográfica:** modelo em que a empresa é dividida em departamentos ou unidades com base em regiões geográficas. Essa abordagem é especialmente útil para organizações que operam em múltiplos locais ou mercados, permitindo que cada unidade se concentre nas necessidades específicas de sua área

1.7. PROCESSO DECISÓRIO

- **Conceito:** processo decisório refere-se ao conjunto de etapas que envolvem a identificação de problemas, a análise de alternativas e a escolha da melhor opção para a solução de uma questão.

- **Impessoalidade do processo decisório:** o processo decisório deve excluir emoções e sentimentos irracionais, como amor, ódio, afinidades e antipatias, evitando a pessoalidade, conduzindo-se, portanto, de forma impessoal.
- **Etapas do processo decisório:**

1. **Identificação do Problema:** o primeiro passo é reconhecer a existência de uma situação que requer uma decisão. Para isso, é fundamental uma análise crítica do contexto.
2. **Coleta de Informações:** a busca por dados e informações relevantes é crucial. Isso inclui estudos de viabilidade, análise de custos e benefícios, e consulta a especialistas.
3. **Análise de Alternativas:** nessa fase, diversas opções são avaliadas com base em critérios como viabilidade, impacto e custo. É importante considerar as consequências a curto e longo prazo.
4. **Tomada de Decisão:** com as informações em mãos e as alternativas analisadas, o decisor escolhe a opção mais adequada. Essa etapa pode envolver tanto a decisão individual quanto a coletiva, dependendo do contexto.
5. **Implementação:** após a decisão, é necessário colocar em prática a alternativa escolhida. Essa fase envolve planejamento e mobilização de recursos.
6. **Avaliação:** por fim, a decisão deve ser avaliada. Isso implica analisar os resultados e verificar se os objetivos foram alcançados, permitindo ajustes e aprendizados para futuras decisões.

- **Etapas do processo decisório segundo Chiavenato:** 1) Identificação do Problema; 2) Coleta de Informações; 3) Geração de Alternativas; 4) Avaliação das Alternativas; 5) Tomada de Decisão; 6) Implementação; 7) Avaliação e Feedback (CHIAVENATO, Idalberto. Administração: teoria, processo e prática, 2007 – 4.ed. – Rio de janeiro: Elsevier, 2007). Abordagem muito próxima da anteriormente apresentada, está presente em algumas questões da banca CEBRASPE.

2. GESTÃO DE PESSOAS

- **Gestão de Pessoas x Gestão de Recursos Humanos:** nos últimos anos, tem-se observado uma mudança significativa na terminologia utilizada no contexto organizacional. A expressão "gestão de recursos humanos" (RH) vem sendo substituída por "gestão de pessoas". Essa nova abordagem reflete uma visão mais humanizada e estratégica do papel dos colaboradores dentro das organizações. Enquanto a gestão de RH tradicional focava em processos administrativos e na relação contratual, a gestão de pessoas enfatiza a valorização do indivíduo, suas competências e seu potencial para contribuir com os objetivos organizacionais.
- **Objetivos da gestão de pessoas:** segundo Idalberto Chiavenato, a Gestão de Pessoas desempenha um papel fundamental na eficácia organizacional, alinhando os objetivos dos colaboradores com os da empresa. Para alcançar essa sinergia, a gestão de pessoas deve se concentrar em sete objetivos principais:

⇒ **Ajudar a organização a alcançar seus objetivos:** garantir que os colaboradores estejam alinhados com a missão e os objetivos da empresa, contribuindo para o sucesso geral da organização.

⇒ **Proporcionar competitividade à organização:** ao atrair, desenvolver e reter talentos, a gestão de pessoas fortalece o capital humano da empresa, proporcionando uma vantagem competitiva no mercado.

⇒ **Proporcionar à organização empregados bem treinados e bem motivados:** investir no desenvolvimento e na motivação dos colaboradores é essencial para aumentar a produtividade e o desempenho da equipe.

⇒ **Aumentar a autoavaliação e a satisfação dos empregados no trabalho:** promover um ambiente de trabalho positivo e oferecer oportunidades de crescimento profissional contribui para a satisfação e o engajamento dos colaboradores.

⇒ **Desenvolver e manter qualidade de vida no trabalho:** priorizar o bem-estar dos colaboradores, oferecendo um ambiente de trabalho saudável e equilibrado, é fundamental para a qualidade de vida no trabalho.

⇒ **Administrar as mudanças:** a gestão de pessoas deve ser capaz de lidar com as mudanças organizacionais, adaptando as políticas e práticas para garantir a continuidade e o sucesso da empresa.

⇒ **Manter políticas éticas e comportamento socialmente responsável:** a gestão de pessoas deve promover uma cultura ética e responsável, garantindo que a empresa opere de forma justa e sustentável.

- **Equilíbrio organizacional:** o equilíbrio organizacional é uma condição essencial para o funcionamento eficaz de uma empresa ou qualquer outra organização. Para alcançar esse equilíbrio, é fundamental que as recompensas sejam tanto materiais quanto imateriais. As **recompensas materiais**, como salários competitivos, bônus e benefícios, são importantes para atender às necessidades financeiras dos colaboradores e garantir sua satisfação imediata. Já as **recompensas imateriais**, que incluem reconhecimento, oportunidades de crescimento e um ambiente de trabalho positivo, são cruciais para a motivação a longo prazo. A combinação dessas recompensas ajuda a manter os colaboradores satisfeitos e engajados, contribuindo para a estabilidade e eficácia organizacional. Ao valorizar tanto as necessidades tangíveis quanto as intangíveis, as organizações podem criar um ambiente de trabalho harmonioso que promove a retenção de talentos e o alcance dos objetivos estratégicos. Além disso, também pode propiciar o equilíbrio organizacional o equilíbrio entre as recompensas oferecidas e a contribuição dos colaboradores, com vistas à obtenção nos melhores resultados para a organização.
- **Comportamento organizacional:** é o estudo de como as pessoas interagem dentro de grupos e como essa interação afeta a organização como um todo. Esse estudo inclui, entre outros aspectos, *motivação, liderança* e *análise de desempenho*.

a) **Motivação:**

- **Análise de motivação:** é o estudo dos fatores que impulsionam o comportamento humano, tanto em nível individual quanto em grupos. Ela busca compreender o que leva as pessoas a agirem de determinada maneira, quais são seus desejos, necessidades e objetivos.
- **Principais teorias sobre motivação:**
  ⇒ Maslow;
  ⇒ Herzberg; e
  ⇒ McClelland.
- **Maslow (Hierarquia das Motivações):** proposta pelo psicólogo Abraham Maslow em 1943, é uma teoria que busca explicar a motivação humana. Ela organiza as necessidades em uma pirâmide de 5 níveis, com as necessidades mais básicas na base e as mais complexas no topo. Os cinco níveis da pirâmide são:

1. **Necessidades fisiológicas:** são as necessidades mais básicas para a sobrevivência, como alimentação, água, sono, abrigo e sexo.
2. **Necessidades de segurança:** refere-se à busca por segurança física e emocional, estabilidade, proteção contra perigos e doenças.
3. **Necessidades sociais:** envolvem a necessidade de p[illegible] itação s[illegible]
4. [illegible] **heci-** [illegible] reco- [illegible]
5. [illegible] enta o [illegible] envol- [illegible] ealizar

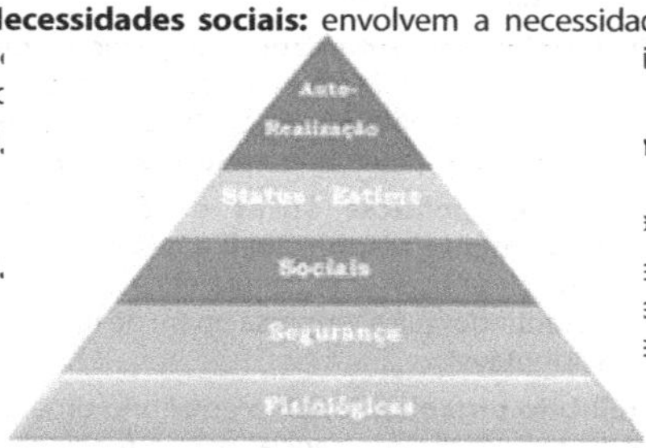

Fonte: Governo Federal

- **Herzberg (Teoria dos Dois Fatores):** proposta por Frederick Herzberg, divide os elementos que influenciam a motivação no ambiente de trabalho em duas categorias principais:
  ⇒ **Fatores Higiênicos:** são externos ao trabalhador e relacionados ao ambiente organizacional, sendo, portanto, fora do controle do funcionário. Esses fatores incluem aspectos como salário, benefícios oferecidos pela empresa, clima no ambiente de trabalho e relacionamento entre colegas. Embora esses elementos sejam fundamentais para a manutenção de um ambiente de trabalho saudável, eles atuam principalmente na prevenção da insatisfação. Ou seja, a presença de fatores higiênicos adequados pode evitar que o trabalhador se sinta desmotivado, mas não necessariamente aumenta sua satisfação. São, portanto, fatores mais propensos a conduzir à insatisfação no trabalho.
  ⇒ **Fatores motivacionais:** são internos ao trabalhador e estão ligados aos sentimentos e à realização pessoal. Exemplos desses fatores incluem a auto-realização ao cumprir as tarefas designadas, o reconhecimento do trabalho realizado e o desenvolvimento de habilidades. Ao contrário dos fatores higiênicos, os fatores motivacionais são responsáveis por aumentar de fato a satisfação do funcionário, promovendo um engajamento mais profundo e uma conexão significativa com o trabalho. São fatores que conduzem à satisfação no trabalho.

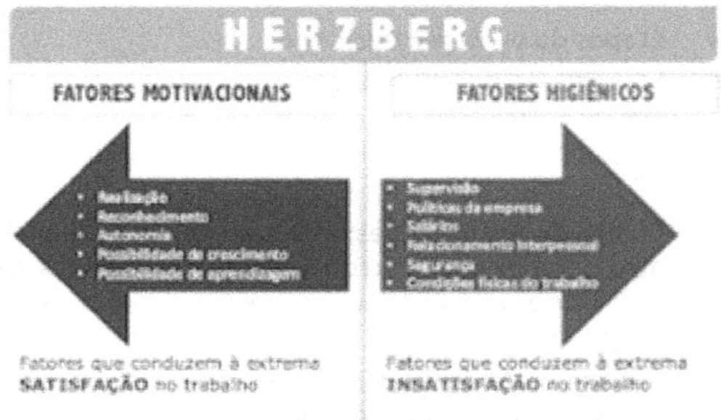

Fonte: Will to Win

Atenção! A motivação compreende forças internas e **forças externas** que afetam o comportamento voluntário de uma pessoa, envolvendo 3 fatores:

- o **direção** (escolha do objetivo),
- o **persistência** (contínuo engajamento pelo objetivo)
- o **intensidade** (quantidade de esforço adotada).

- **McClealland (Teoria da Motivação pelo Êxito e Medo):** apresenta uma visão abrangente sobre os fatores que impulsionam o comportamento humano. Segundo essa teoria, cada indivíduo é motivado por uma combinação única de três necessidades fundamentais:
  ⇒ **Necessidade de realização**: refere-se à busca incessante por reconhecimento, tanto a nível pessoal quanto no contexto do grupo ao qual a pessoa pertence. Indivíduos motivados por essa necessidade têm um forte desejo de vencer e se destacar, buscando constantemente atingir metas e superar desafios.
  ⇒ **Necessidade de afiliação**: está ligada ao desejo de construir relacionamentos e à busca por harmonia nas interações sociais. Pessoas com alta necessidade de afiliação valorizam a amizade e a ausência de conflitos, o que pode, em algumas situações, dificultar a avaliação objetiva de subordinados ou colegas.
  ⇒ **Necessidade de poder**: abrange o desejo de influenciar, controlar ou liderar outras pessoas. Indivíduos motivados por essa necessidade estão frequentemente em busca de poder, dinheiro e posições de liderança, utilizando sua influência para moldar ambientes e decisões.

b) **Liderança**

- **Conceito de liderança:** habilidade de influenciar pessoas e conduzi-las à produção de resultados desejados.
- **Importância da liderança:** é fundamental para que as equipes alcancem resultados positivos para a instituição.
- **Diferença entre "líder" e "chefe":**

Chefe	Líder
se concentra em dar ordens e controlar	busca inspirar e engajar sua equipe

- **Teorias sobre a liderança:**
  - ⇒ **Contingencial:** não existe um único melhor estilo de liderança. A eficácia do líder depende de várias condições e fatores situacionais. Embora isso envolva adaptar-se ao contexto, não foca diretamente na maturidade e competência da equipe como critério central.
  - ⇒ **Transformacional:** busca inspirar e motivar os seguidores para alcançar metas além do esperado. Embora seja uma abordagem eficaz em muitas situações, ela não enfatiza a adaptação do estilo de liderança com base na maturidade da equipe.
  - ⇒ **Transacional:** se baseia em trocas e negociações, recompensando o bom desempenho e corrigindo o desempenho inadequado. Essa abordagem também não se adapta às diferentes necessidades de equipes com diferentes níveis de maturidade.
  - ⇒ **Situacional:** o estilo de liderança mais eficaz varia de acordo com a situação. A maturidade e competência da equipe são fatores-chave nessa teoria, e o líder deve ajustar seu estilo para atender às necessidades específicas de cada equipe.
  - ⇒ **Comportamental:** foca nos comportamentos do líder e como esses afetam a equipe. Embora inclua elementos de interação, não é especificamente sobre adaptar o estilo de liderança com base na maturidade da equipe.
- **Tipos de liderança:**
  - ⇒ **Autocrática:** Focado nas tarefas. Decisões são tomadas de forma unilateral pelo "chefe".
  - ⇒ **Democrática:** também chamada de participativa ou consultiva, é focado nas pessoas. Há participação dos liderados na tomada de decisões, embora a palavra final seja do líder. O líder busca orientar o grupo e resolver os conflitos no processo decisório.
  - ⇒ **Liberal:** grande liberdade dos liderados na execução de suas tarefas. Pouca supervisão do líder.
  - ⇒ **Paternalista:** semelhante a relações pai-filho. Preponderância dos relacionamentos sobre os resultados.
  - ⇒ **Contingencial:** sugere que não existe um único melhor estilo de liderança. A eficácia do líder depende de várias condições e fatores situacionais. Embora isso envolva adaptar-se ao contexto, não foca diretamente na maturidade e competência da equipe como critério central.
- **Teoria X-Y sobre liderança (MaGregor):** a Teoria X e a Teoria Y, desenvolvidas pelo psicólogo Douglas McGregor na década de 1960, são conceitos fundamentais em estudos de gestão e liderança. Essas teorias abordam diferentes suposições que os gestores podem ter sobre os colaboradores e como essas suposições influenciam o estilo de liderança e a motivação dos funcionários:
  - ⇒ **Teoria X:** parte de uma visão pessimista dos colaboradores. Esse estilo de liderança tende a ser autoritário e pode levar a um ambiente de trabalho tenso, onde a criatividade e a iniciativa são desencorajadas. McGregor argumenta que os gestores que adotam essa perspectiva acreditam que:

  - o **A maioria das pessoas não gosta de trabalhar**: os funcionários preferem evitar responsabilidades e buscam passar o tempo em atividades não relacionadas ao trabalho.
  - o **Os colaboradores precisam ser controlados**: é necessário supervisioná-los de perto, impor regras e punições para garantir que realizem suas tarefas.
  - o **Falta de ambição**: os trabalhadores são vistos como motivados principalmente por recompensas extrínsecas, como salário e benefícios, e têm pouco interesse em desenvolvimento pessoal ou profissional.

  - ⇒ **Teoria Y:** apresenta uma visão mais otimista dos colaboradores. Essa abordagem promove um ambiente de trabalho mais colaborativo e inovador, onde a confiança e o respeito mútuo são fundamentais. Os gestores que adotam essa abordagem acreditam que:

  - o **O trabalho é natural**: para muitas pessoas, trabalhar é tão natural quanto brincar, e elas buscam satisfação e realização nas atividades que desempenham.
  - o **Autonomia e responsabilidade**: os colaboradores são capazes de se autodirigir e assumir responsabilidades. Quando estão motivados, tendem a ser mais produtivos.
  - o **Busca por desenvolvimento**: os funcionários têm o desejo de crescer, aprender e contribuir para o sucesso da organização. Eles se sentem mais motivados quando têm oportunidades de se desenvolver.

b) Gestão de Despenho

- **Conceito de Gestão de Desempenho:** consiste em planejar, acompanhar e avaliar o trabalho realizado pelos colaboradores, objetivando o alcance das metas organizacionais e o desenvolvimento individual dos trabalhadores. Envolve não só a avaliação do colaborador pela entidade, mas todo o ciclo para que a avaliação possa ser justa e eficiente.
- **Etapas do ciclo de Gestão de Desempenho:**

1) **Planejamento:** definição das metas a serem alcançadas, criação de indicadores de desempenho e sua clara apresentação aos trabalhadores. Os indicadores de desempenho devem ser variados e podem ser:
   - ⇒ **Quantitativos:** indicam um número que deve ser alcançado;
   - ⇒ **Qualitativos:** indicam um padrão de qualidade (não numérico) que deve ser alcançado.
2) **Acompanhamento:** orientação do trabalho, com o fornecimento de *feedbacks* ao avaliado. É realizado por meio de avaliações intermediárias.
3) **Avaliação:** formaliza o diagnóstico do desempenho individual e da equipe. É o momento do ciclo de desempenho destinado a identificar, analisar e avaliar a discrepância entre desempenho esperados e obtidos e verificar os respectivos impactos no desempenho organizacional. Na avaliação, o indicador de

desempenho esperado é comparado com o que foi atingido, subsidiando a Administração na tomada de decisões, que deve ser sempre voltada para o aperfeiçoamento, não para a punição do avaliado.

- **Quem pode realizar a avaliação?**
  - ⇒ o próprio indivíduo (auto-avaliação).
  - ⇒ o chefe.
  - ⇒ o indivíduo e o chefe.
  - ⇒ a equipe de trabalho.
  - ⇒ avaliação em 360° (opinião de diversas pessoas que interagem com o avaliado)
  - ⇒ comissão de avaliação do desempenho.
  - ⇒ o órgão de Recursos Humanos.
- **Competências:** conjunto de conhecimentos, habilidade e atitudes necessárias ao desempenho das atribuições profissionais. Podem ser classificadas em:
  - ⇒ **Competência intrapessoal:** capacidade de entender e gerenciar as próprias emoções, pensamentos e comportamentos, além de ter autoconhecimento e autocontrole;
  - ⇒ **Competência interpessoal:** habilidade de interagir efetivamente com os outros, estabelecendo relações saudáveis, comunicando-se de forma clara e compreendendo as emoções e necessidades alheias.
- **Empoderamento ou *Empowerment:*** é uma abordagem de projeto de trabalho que objetiva a delegação de poder de decisão, autonomia e participação dos funcionários na Administração das empresas, em troca do atingimento de resultados. O *empowerment* valoriza muito a complementariedade de conhecimento e de capacidades, acreditando que o resultado obtido com o trabalho em conjunto é superior à soma dos resultados individuais.

3. ADMINISTRAÇÃO PÚBLICA

3.1. MODELOS TEÓRICOS DE ADMINISTRAÇÃO PÚBLICA

- **Modelos:** os modelos históricos que moldaram a Administração Pública, cada um refletindo um contexto socioeconômico e político específico, com suas próprias características, vantagens e limitações, são os seguintes:
  - ⇒ **Patrimonialista**
  - ⇒ **Burocrático**
  - ⇒ **Gerencial.**

3.1.1. MODELO PATRIMONIALISTA

- **Visão geral:** é o mais antigo e caracteriza-se pela indistinção entre o patrimônio público e o privado. O governante trata os bens e direitos da coletividade como se fossem seus próprios, utilizando-os para seu benefício pessoal e de seus aliados. Suas principais características, vantagens, limitações e repercussões em geral podem ser resumidas no quadro a seguir:

Característica	Descrição	Consequências
Indistinção público/privado	bens do Estado são vistos como propriedade do governante	uso dos recursos públicos para fins particulares
Relações Pessoais	lealdade e parentesco definem acesso a cargos e recursos	nepotismo, favorecimento e dificuldade em profissionalizar a administração
Ausência de Controles	mecanismos de controle são fracos ou inexistentes	corrupção generalizada e impunidade
Clientelismo (em democracias)	troca de favores por apoio político	distorção da representatividade e perpetuação de práticas viciosas.

- **Confusão entre o público e o privado:** não há uma clara separação entre os bens do Estado e os bens do governante.
- **Relações pessoais como base da administração:** a lealdade e o parentesco são critérios primordiais para a ocupação de cargos e a distribuição de recursos.
  - **Favorecimento e nepotismo**: a concessão de privilégios e a nomeação de familiares para cargos públicos são práticas comuns.
  - **Corrupção:** a ausência de mecanismos de controle e apropriação indevida de recursos públicos são facilitadas.
  - **Clientelismo:** troca de favores por votos.

Atenção! Embora teoricamente superado nas administrações públicas modernas, resquícios do patrimonialismo podem ser observados em práticas como o loteamento de cargos e a persistência de atos de corrupção.

3.1.2. MODELO BUROCRÁTICO

- **Visão geral:** surge como uma reação ao patrimonialismo, impulsionado pelo desenvolvimento do capitalismo moderno e pela consolidação da democracia. Sua principal característica é a tentativa de estabelecer uma clara distinção entre o patrimônio público e o privado, buscando racionalizar a administração e garantir a impessoalidade nas relações. Associado ao sociólogo Max Weber, o modelo burocrático se fundamenta em princípios como a normatização de procedimentos, a hierarquia funcional, a impessoalidade, a racionalidade e a meritocracia.
- **Pilares do Modelo Burocrático:**

⇒ **Normatização dos procedimentos:** definição prévia de regras e processos para garantir a continuidade administrativa e combater desvios.

⇒ **Centralização das decisões:** estrutura hierárquica rígida para reduzir conflitos e facilitar o controle.

⇒ **Racionalidade e impessoalidade:** priorização de relações impessoais, com servidores atuando de forma igualitária, sem preferências ou influências pessoais.

⇒ **Controle das atividades:** fiscalização rigorosa dos procedimentos para identificar e corrigir irregularidades, com foco no controle prévio.

⇒ **Meritocracia:** recompensa dos servidores com base em seu desempenho e qualificações.

- **Vantagens e possíveis distorções do modelo:** podem ser resumidas no quadro a seguir:

Pilar	Descrição	Vantagens	Possíveis Distorções
Normatização	procedimentos administrativos definidos por regras	previsibilidade das decisões, uniformidade dos procedimentos, continuidade administrativa	exagerado apego aos regulamentos, excesso de formalidades e papéis.
Centralização hierárquica	estrutura de poder bem definida	redução de conflitos, facilidade de controle	resistência a mudanças, despersonalização do relacionamento.
Racionalidade e Impessoalidade	atuação baseada em normas e critérios objetivos	igualdade no atendimento, combate ao favorecimento.	obstáculo à criatividade e inovação, rigidez excessiva.
Controle	fiscalização dos procedimentos	identificação e combate a desvios	foco excessivo no processo em detrimento dos resultados
Meritocracia	recompensa baseada no desempenho	valorização do mérito pessoal, incentivo à qualificação	dificuldade em implementar critérios objetivos de avaliação, possibilidade de injustiças

Atenção! Apesar de representar um avanço significativo em relação ao patrimonialismo, o modelo burocrático pode apresentar disfunções como a lentidão, o excesso de formalismo e a resistência à inovação. Contudo, sua ênfase na segurança e na previsibilidade ainda o torna relevante em áreas estatais essenciais, como a fiscalização e a segurança pública.

3.1.3. MODELO GERENCIAL

- **Visão geral:** surge no século XX como resposta às limitações do modelo burocrático diante da crescente complexidade das demandas sociais e econômicas do Estado. Busca incorporar práticas e ferramentas de gestão do setor privado, visando aumentar a eficiência, a eficácia e a qualidade dos serviços públicos. A administração pública gerencial enfatiza a descentralização, a autonomia gerencial, a orientação para resultados, o controle a posteriori e o uso de indicadores de desempenho.
- **Características Básicas do Modelo Gerencial:**

⇒ **Foco na eficiência e efetividade:** busca otimizar o uso de recursos e alcançar os objetivos de forma eficaz.

⇒ **Administração profissional e autônoma:** gestores com autonomia para tomar decisões e responsabilizados por seus resultados.

⇒ **Descentralização administrativa:** delegação de poder de decisão para as instâncias inferiores.

⇒ **Disciplina e parcimônia:** uso racional e controlado dos recursos públicos.

⇒ **Indicadores de desempenho transparentes:** utilização de métricas para avaliar o desempenho e a qualidade dos serviços.

⇒ **Controle de resultados:** avaliação do desempenho com base nos resultados alcançados.

⇒ **Uso de práticas de gestão do setor privado:** adaptação de ferramentas e técnicas de gestão empresarial para o setor público.

- **Vantagens e desafios de implementação do modelo:** podem ser resumidas no quadro a seguir:

Característica	Descrição	Vantagens	Desafios na Implementação
Eficiência e Efetividade	Busca otimizar recursos e alcançar resultados.	Melhor utilização dos recursos públicos, maior impacto das políticas públicas.	Dificuldade em definir e mensurar resultados complexos e multifacetados no setor público.
Autonomia Gerencial	Gestores com liberdade para tomar decisões.	Maior agilidade e flexibilidade na gestão, adaptação às necessidades locais.	Risco de perda de controle centralizado, necessidade de gestores qualificados e comprometidos com o interesse público.
Descentralização	Delegação de poder para as unidades inferiores.	Maior capacidade de resposta às demandas locais, inovação e criatividade.	Necessidade de coordenação e alinhamento estratégico entre as diferentes unidades.

Característica	Descrição	Vantagens	Desafios na Implementação
Controle por Resultados	Avaliação do desempenho com base nos resultados alcançados.	Maior responsabilização dos gestores, foco nos objetivos e metas.	Dificuldade em definir indicadores de desempenho adequados e evitar a priorização de metas quantificáveis em detrimento da qualidade.
Práticas do Setor Privado	Adaptação de ferramentas e técnicas de gestão empresarial.	Potencial para modernizar a gestão pública e aumentar a eficiência.	Necessidade de adaptar as práticas ao contexto específico do setor público, que possui objetivos e restrições diferentes do setor privado.

Atenção! A aplicação do modelo gerencial no setor público deve considerar as diferenças fundamentais entre a administração pública e a privada. Enquanto o setor privado busca o lucro e a eficiência econômica, o setor público tem como objetivo atender às necessidades da coletividade, muitas vezes com metas complexas e conflitantes.

- **Coexistência de diferentes sistemas:** a coexistência de diferentes sistemas dentro da administração pública é comum. Atividades típicas da Administração Pública podem se beneficiar de abordagens mais burocráticas, enquanto áreas de *management* (estratégia, finanças, qualidade, pessoal e tecnologia) podem ser geridas de forma eficaz com a aplicação de princípios gerencialistas. Infelizmente, resquícios do patrimonialismo ainda podem ser observados em práticas como o loteamento de cargos e a persistência de atos de corrupção.

3.2. EVOLUÇÃO DA ADMINISTRAÇÃO PÚBLICA NO BRASIL

Período/ Modelo	Características Principais	Contexto Histórico	Objetivos/ Vantagens	Problemas/ Disfunções
Burocrático (1930–1967)	- impessoalidade - concursos públicos - normatização - centralização decisória	Governo Vargas, Estado Novo, pós-crise de 1929	- profissionalizar o serviço público - evitar abusos do modelo patrimonialista	rigidez, formalismo excessivo, lentidão e foco no processo
Transição ao Gerencial (1967–1988)	- descentralização - planejamento e eficiência - criação de estratégias	Regime Militar, desenvolvimento econômico, Decreto-Lei 200/67	- tornar a gestão mais eficiente e flexível - desburocratizar	falta de controle, crescimento desordenado do Estado, corrupção
Retorno ao Burocrático (1988–1998)	- controles rígidos - redução da intervenção estatal - ênfase em controle e legalidade	Redemocratização, Constituição de 1988	- ética e transparência - frear abusos do período militar	engessamento da máquina pública, ineficiência
Gerencial Atual (1998–hoje)	- ênfase em resultados e metas - contratos de gestão - parcerias público-privadas (PPPs) - foco no cidadão e uso de tecnologias	Reforma administrativa (EC 19/98), Plano Diretor da Reforma do Estado	- modernizar, reduzir custos e melhorar serviços públicos	desigualdade na prestação dos serviços, dependência de tecnologias, risco de desresponsabilização
Patrimonialista (até 1930)	- confusão entre público e privado - nepotismo e clientelismo - cargos por favoritismo político	Colônia, Império e epública Velha	-vatender elites dominantes controle político e manutenção de poder	corrupção, ineficiência, falta de controle e transparência

Resumindo, temos a seguinte "linha do tempo" sobre a evolução histórica da Administração Pública no Brasil:

Modelo Patrimonialista	Modelo Burocrático	Modelo Gerencial	Modelo Gerencial	Modelo Burocrático	Modelo Gerencial
ATÉ DÉCADA 1930	**DASP (1936)**	**Dec. Lei 200 (1967)**	**PND (1979)**	**CF (1988)**	**PDRAE/PEC 19 (1995/1998)**

3.3. POLÍTICAS PÚBLICAS

3.3.1. ETAPAS DE FORMULAÇÃO DE POLÍTICAS PÚBLICAS

- As políticas públicas são ações e programas desenvolvidos pelo Estado para atender às demandas da sociedade. A formulação e implementação dessas políticas seguem um processo estruturado, dividido em etapas interdependentes. A seguir, são apresentadas as principais fases do ciclo de políticas públicas, amplamente cobradas em concursos públicos:

1. **Identificação do problema:** reconhecimento de uma situação que exige intervenção do poder público, envolvendo a análise de demandas sociais, levantamento de dados e diagnóstico das causas do problema, o que é essencial para garantir a efetividade das ações futuras.
2. **Construção da agenda:** refere-se ao processo de seleção dos temas que serão priorizados pelos formuladores de políticas (o que será ou não objeto de ação governamental), o que envolve disputas políticas, influência de grupos de interesse, mídia e opinião pública.
3. **Formulação:** elaboração de alternativas para solução dos problemas selecionados na agenda, com a participação de técnicos, especialistas, políticos e representantes da sociedade civil, são analisadas propostas quanto à viabilidade técnica, econômica e política, gerando possíveis cursos de ação.
4. **Processo decisório:** após a formulação, é necessário escolher a alternativa que será implementada, o que compreende o processo decisório dos órgãos competentes, como o Executivo ou o Legislativo, dependendo da natureza da política e de fatores como interesses políticos, ideológicos e institucionais, que influenciam diretamente essa decisão.
5. **Implementação:** a política pública é colocada em prática, mediante a mobilização de recursos, coordenação entre diferentes órgãos e a atuação de agentes públicos, o que constitui uma etapa crítica, passível de erros que podem comprometer os objetivos planejados.
6. **Avaliação:** análise dos resultados obtidos com a política implementada, mediante exame de critérios como eficácia, eficiência e efetividade, em uma avaliação que pode ser interna (realizada pelo próprio governo) ou externa (feita por órgãos independentes), podendo fornecer subsídios para melhorias.
7. **Ajuste e reformulação:** com base nos resultados da avaliação, pode haver necessidade de ajustes ou até reformulação completa da política, o que reforça o caráter cíclico do processo, permitindo que a política evolua, se adapte a novas realidades e melhore continuamente sua atuação.

Para melhor compreensão, segue um quadro-resumo do ciclo de formulação das políticas públicas:

Etapa	Descrição	Foco	Atores Envolvidos
1. Identificação do Problema	Reconhecimento de uma situação que demanda intervenção do Estado.	Análise de demandas sociais, dados e causas do problema.	Estado, sociedade civil, especialistas.
2. Construção da Agenda	Seleção dos temas prioritários para ação governamental.	Definição do que será objeto de ação governamental.	Formuladores de políticas, grupos de interesse, mídia, opinião pública.
3. Formulação	Elaboração de alternativas de solução para os problemas selecionados.	Análise de viabilidade técnica, econômica e política das propostas.	Técnicos, especialistas, políticos, sociedade civil.
4. Processo Decisório	Escolha da alternativa a ser implementada.	Decisão sobre o curso de ação a ser seguido.	Órgãos competentes (Executivo, Legislativo).
5. Implementação	Colocação da política pública em prática.	Mobilização de recursos, coordenação entre órgãos, atuação de agentes públicos.	Agentes públicos, órgãos governamentais.

Etapa	Descrição	Foco	Atores Envolvidos
6. Avaliação	Análise dos resultados da política implementada.	Exame de critérios como eficácia, eficiência e efetividade.	Governo (avaliação interna) ou órgãos independentes (avaliação externa).
7. Ajuste e Reformulação	Modificação da política com base nos resultados da avaliação.	Adaptação da política a novas realidades e melhoria contínua.	Governo, formuladores de políticas.

3.4. GOVERNANÇA, GOVERNABILIDADE E ACCOUNTABILITY

- A compreensão e a promoção da governança, da governabilidade e da accountability são essenciais para a construção de um Estado mais eficiente, transparente e responsável, que atenda de forma adequada às necessidades e aos anseios da sociedade. A interação entre esses três conceitos é fundamental para a qualidade da democracia e para o desenvolvimento socioeconômico de um país. Contudo, ainda que exista tanta interação entre eles, é fundamental saber distinguir os três conceitos e o papel que cada um desempenha nessa relação.

3.4.1. GOVERNANÇA

- Refere-se à capacidade de gestão do Estado em implementar políticas públicas de forma eficaz e eficiente. É a habilidade do governo em alcançar seus objetivos e atender às necessidades da população. Em outras palavras, a governança está relacionada à efetividade da ação governamental e à qualidade da gestão dos recursos públicos. Podemos entender a governança como a característica de um "bom governo" para a população. Ela se manifesta na capacidade do Estado de formular e executar políticas que tragam resultados positivos para a sociedade, como melhorias na saúde, educação, segurança, infraestrutura, entre outros. A governança está intrinsecamente ligada à efetivação das normas e leis existentes.

3.4.2. GOVERNABILIDADE

- Está relacionada à facilidade para o exercício do Governo. Ela se refere aos aspectos políticos da atividade de governar, abrangendo a legitimidade e a representatividade dos governantes, o apoio político no parlamento e na sociedade, a estabilidade política e social, e o respeito às leis e instituições. A governabilidade tem a ver com a estrutura estatal e o ambiente político em que o governo atua. Um governo com alta governabilidade possui o apoio necessário para implementar suas políticas e tomar decisões, mesmo que estas sejam controversas. Esse apoio pode vir de diferentes fontes, como a maioria no parlamento, a confiança da população, o apoio de setores influentes da sociedade civil, entre outros. É importante ressaltar que nem sempre um governo com alta governabilidade terá boa governança. Um exemplo clássico são os chamados "governos populistas". Estes governos frequentemente possuem grande apoio popular e, portanto, alta governabilidade, mas podem apresentar baixa governança devido à má gestão dos recursos públicos, à falta de planejamento de longo prazo ou a práticas que não visam o bem-estar geral da população a longo prazo.

3.4.3. ACCOUNTABILITY

- O conceito de Accountability está intrinsecamente ligado à prestação de contas pelos governantes, enquanto gestores de recursos públicos e representantes da população. Implica que aqueles que detêm poder e autoridade têm a obrigação de explicar suas ações, decisões e o uso dos recursos que lhes foram confiados, além de serem passíveis de responsabilização por seus atos.
- A accountability se desenvolve basicamente em três pilares:
  - ⇒ **Informação:** disponibilização de dados e informações relevantes sobre as ações e finanças públicas de forma transparente e acessível à sociedade.
  - ⇒ **Justificação:** apresentação das razões e fundamentos por trás das decisões e ações governamentais.
  - ⇒ **Responsabilização:** existência de mecanismos e processos para punir ou recompensar os governantes e agentes públicos por suas ações e omissões.
- A accountability pode ser dividida em duas dimensões principais:
  - ⇒ **Accountability horizontal:** refere-se à prestação de contas e à fiscalização que ocorre entre os diferentes Poderes do Estado (Executivo, Legislativo e Judiciário) e seus órgãos e processos de controle (como Tribunais de Contas, Controladorias, Comissões Parlamentares de Inquérito – CPIs etc.). É um sistema de freios e contrapesos dentro da estrutura estatal, visando garantir que nenhum poder se torne absoluto e que haja controle sobre o uso dos recursos públicos.
  - ⇒ **Accountability vertical:** diz respeito à prestação de contas e à fiscalização que a sociedade civil, incluindo a imprensa, as organizações não governamentais (ONGs), os cidadãos e outros atores sociais, exercem sobre os governantes. Através de mecanismos como eleições, participação em conselhos, manifestações, acompanhamento da mídia e atuação de organizações da sociedade civil, a população monitora e cobra os seus representantes.

3.5. GOVERNO ELETRÔNICO (E-GOV)

- O desenvolvimento de programas de Governo Eletrônico (e-GOV) tem como princípio a utilização das modernas tecnologias de informação e comunicação (TICs) para democratizar o acesso à informação, ampliar discussões e dinamizar a prestação de serviços públicos com foco na eficiência e efetividade.

- **Pilares do Governo Eletrônico:**
  - ⇒ assimilação das inovações tecnológicas na prestação de serviços públicos;
  - ⇒ transparência nas ações de governo;
  - ⇒ interação com o cidadão.
- **fases de implantação do governo eletrônico:** segundo a ONU, os estágios de implantação do governo eletrônico compreendem os seguintes estágios:
  - ⇒ **Estágio I – Surgimento ou presença emergente:** lançamento de websites oficiais de órgãos públicos contendo informações básicas e estática, links e pouca interação.
  - ⇒ **Estágio II – Aprimoramento ou presença expandido:** governos apresentam mais informações sobre políticas públicas e governança, mediante a apresentação de links com arquivos acessíveis aos cidadãos, como atas, leis, boletins e regulações.
  - ⇒ **Estágio III – Interação ou presença interativa**: governos disponibilizam serviços online como o download de formulários e impressão de boletos, passando os portais a incluírem serviços de conveniência para os cidadãos.
  - ⇒ **Estágio IV – Transação ou presença transacional:** governos começam a se transformar por meio da introdução de mecanismos de interação entre cidadãos e governo, com todas as transações de serviços passando a ser realizadas online.
  - ⇒ **Estágio V – conexão ou presença em rede:** governos tornam-se entidades conectadas que respondem às demandas dos cidadãos por meio de um escritório de desenvolvimento integrado. Além disso, a participação online e o engajamento dos cidadãos são estimulados pelos governos no processo de tomada de decisões.

3.6. LEI GERAL DE PROTEÇÃO DE DADOS PESSOAIS (LGPD)

- **Objeto:** a LGPD (Lei nº 13.709/2018) é a Lei Geral de Proteção de Dados Pessoais, que tem por objetivo principal proteger os direitos fundamentais de liberdade e privacidade das pessoas naturais (físicas).
- **Finalidades da LGPD:**
  - ⇒ garantir o direito à privacidade e à proteção dos dados pessoais.
  - ⇒ estabelecer regras claras sobre o tratamento de dados.
  - ⇒ promover segurança jurídica e padronização no uso de dados.
- **Âmbito de Aplicação:** aplica-se a qualquer operação de tratamento de dados pessoais realizada:
  - ⇒ no território nacional.
  - ⇒ com dados de pessoas localizadas no Brasil.
  - ⇒ com oferta de bens ou serviços para pessoas no Brasil.
- **Conceitos Fundamentais da LGPD:**

Termo	Definição
Dado pessoal	informação relacionada à pessoa natural identificada ou identificável.
Dado sensível	dados sobre origem racial, convicção religiosa, opinião política, etc.
Titular dos dados	pessoa natural a quem se referem os dados pessoais.
controlador	pessoa física ou jurídica que toma decisões sobre o tratamento de dados.
Operador	pessoa que realiza o tratamento de dados em nome do controlador.
Encarregado (DPO)	responsável por garantir a comunicação entre controlador, titular e ANPD.
Tratamento de dados	toda operação com dados: coleta, uso, acesso, armazenamento, etc.

- **Princípios da LGPD (art. 6º):**
  - ⇒ **Finalidade:** tratamento com propósitos legítimos, específicos e explícitos.
  - ⇒ **Adequação:** compatibilidade do tratamento com a finalidade informada.
  - ⇒ **Necessidade:** uso limitado ao mínimo necessário para atingir a finalidade.
  - ⇒ **Livre acesso:** garantia de consulta facilitada aos dados.
  - ⇒ **Qualidade dos dados:** exatidão, clareza e atualidade.
  - ⇒ **Transparência:** informação clara, precisa e acessível sobre o tratamento.
  - ⇒ **Segurança:** medidas para proteger os dados de acessos não autorizados.
  - ⇒ **Prevenção:** adoção de medidas para evitar danos.
  - ⇒ **Não discriminação:** proibição de tratamento para fins discriminatórios.
  - ⇒ **Responsabilização e prestação de contas:** comprovação da adoção de medidas eficazes.
- **Bases Legais para o Tratamento (art. 7º):** o tratamento de dados pessoais só é permitido nas seguintes hipóteses:
  - ⇒ consentimento do titular;
  - ⇒ cumprimento de obrigação legal ou regulatória;
  - ⇒ execução de políticas públicas;
  - ⇒ realização de estudos por órgão de pesquisa;
  - ⇒ execução de contrato;
  - ⇒ exercício regular de direitos em processo judicial, administrativo ou arbitral;
  - ⇒ proteção da vida ou da incolumidade física do titular ou de terceiro;
  - ⇒ tutela da saúde (por profissionais ou entidades da área);
  - ⇒ interesse legítimo do controlador;
  - ⇒ proteção do crédito.
- **Agentes de Tratamento**
  - ⇒ **Controlador:** toma decisões sobre os dados.
  - ⇒ **Operador:** executa o tratamento por ordem do controlador.

⇒ **Encarregado (DPO):** indicado pelo controlador para atuar na comunicação com a ANPD e titulares.

- **Direitos do Titular dos Dados (art. 18):** o titular pode, a qualquer momento:
  - ⇒ confirmar a existência de tratamento.
  - ⇒ acessar seus dados.
  - ⇒ corrigir dados incompletos ou desatualizados.
  - ⇒ anonimizar, bloquear ou eliminar dados desnecessários.
  - ⇒ realizar a portabilidade dos dados.
  - ⇒ eliminar dados tratados com consentimento.
  - ⇒ obter informação sobre compartilhamento de dados.
  - ⇒ revogar o consentimento.
- **Autoridade Nacional (ANPD):** a Autoridade Nacional de Proteção de Dados (ANPD) é o órgão responsável por fiscalizar e regulamentar a aplicação da LGPD no Brasil. Sua principais funções são:
  - ⇒ zelar pela proteção dos dados pessoais.
  - ⇒ fiscalizar e aplicar sanções.
  - ⇒ orientar sobre boas práticas.
  - ⇒ editar normas complementares.
- **Sanções Administrativas (Art. 52):** aplicadas pela ANPD, a partir de agosto de 2021, podem incluir:
  - ⇒ advertência.
  - ⇒ multa simples (até 2% do faturamento da empresa, limitada a R$ 50 milhões).
  - ⇒ multa diária.
  - ⇒ publicização da infração.
  - ⇒ bloqueio ou eliminação dos dados pessoais.
  - ⇒ suspensão parcial ou total das atividades de tratamento.

3.7. LEI DE ACESSO À INFORMAÇÃO (LAI)

- **Objeto:** a LGPD (Lei nº 13.709/2018) é a Lei Geral de Proteção de Dados Pessoais, que tem por objetivo principal proteger os direitos fundamentais de liberdade e privacidade das pessoas naturais (físicas).
- **Princípios Fundamentais:** a LAI (Lei 12.527/2011) é a Lei de Acesso à Informação e tem como base, além dos princípios da administração pública (legalidade, impessoalidade, moralidade, publicidade e eficiência), os seguintes princípios específicos:
  - ⇒ Transparência da administração pública;
  - ⇒ Acesso à informação como regra;
  - ⇒ Sigilo como exceção;
  - ⇒ Gestão da informação eficiente;
  - ⇒ Fomento à cultura de acesso;
  - ⇒ Controle social da administração pública.
- **Abrangência da Lei:** aplica-se aos três Poderes (Executivo, Legislativo e Judiciário), ao Ministério Público, aos Tribunais de Contas e à Defensoria Pública da:
  - ⇒ União
  - ⇒ Estados
  - ⇒ Distrito Federal
  - ⇒ Municípios

Atenção! Inclui também:

  - ⇒ Autarquias, fundações públicas, empresas públicas e sociedades de economia mista;
  - ⇒ Entidades privadas sem fins lucrativos que recebam recursos públicos (direta ou indiretamente).
- **Legitimidade para solicitar informações:** qualquer pessoa — física ou jurídica, sem necessidade de justificar o pedido.
- **Tipos de Informação:** a LAI considera como informação pública todos os dados produzidos ou custodiados pelo poder público, independentemente do formato. Exemplos:
  - ⇒ **Documentos**
  - ⇒ **Registros oficiais**
  - ⇒ **Estatísticas**
  - ⇒ **Relatórios**
  - ⇒ **Processos administrativos**
- **Prazos:**

Etapa	Prazo
Resposta ao pedido de acesso	20 dias
Prorrogação, se justificada	+10 dias

- **Informação sigilosa:** a classificação de informações pode ser feita com base nos seguintes graus de sigilo:

Grau de sigilo	Prazo de sigilo
Ultrassecreto	25 anos (renovável uma vez)
Secreto	15 anos
Reservado	5 anos

- **Informações pessoais:** podem ter sigilo de até 100 anos, conforme a proteção da intimidade, vida privada e honra.
- **Recusa de acesso a informação:** o órgão competente deve justificar por escrito a recusa, indicando:
  - ⇒ motivo da negativa;
  - ⇒ fundamento legal;
  - ⇒ possibilidade de recurso administrativo.
- **Responsabilidades:** o servidor ou agente público que negar acesso indevidamente, ocultar informações, ou fornecer dados falsos, poderá responder:
  - ⇒ administrativamente
  - ⇒ civilmente
  - ⇒ penalmente
- **Transparência ativa e passiva**
  - ⇒ **Transparência ativa:** divulgação espontânea de informações pelos órgãos, em seus sites.
  - ⇒ **Transparência passiva:** quando o cidadão solicita uma informação específica ao órgão público.

Auditoria Governamental

Arthur Leone

TABELA DE INCIDÊNCIA DE QUESTÕES

Distribuição das questões organizada por ordem didática de assuntos		
Assunto	**Número de Questões**	**Peso**
1.PRINCÍPIOS FUNDADORES E BASILARES	12	10,71%
2. ASPECTOS GERAIS DE AUDITORIA	3	2,68%
3. ASPECTOS GERAIS SOBRE TRIBUNAIS DE CONTAS	9	8,04%
4. CLASSIFICAÇOES DE AUDITORIA E SEUS INSTRUMENTOS:	7	6,25%
5. ASPECTOS ÉTICOS E CONDUÇÃO DA AUDITORIA	10	8,93%
6. PLANEJAMENTO DA AUDITORIA	2	1,79%
7. CONTROLE INTERNO	4	3,57%
8. MATERIALIDADE E RISCOS DE AUDITORIA	11	9,82%
9. AUDITORIA OPERACIONAL	9	8,04%
10. AUDITORIA DE CONFORMIDADE	5	4,46%
11. PAPÉIS DE TRABALHO	5	4,46%
12. AMOSTRAGEM	3	2,68%
13. PROCEDIMENTOS DE AUDITORIA	6	5,36%
14. EVIDÊNCIAS	5	4,46%
15. OPINIÃO E RELATÓRIO DO AUDITOR	3	2,68%
16. FRAUDE E ERRO	2	1,79%
17. AUDITORIA INTERNA	2	1,79%
18. OUTRAS NORMAS DE AUDITORIA E GOVERNANÇA	7	6,25%
19. SISTEMA DE CONTROLE INTERNO DO EXECUTIVO	7	6,25%
Total	**112**	**100%**

Auditoria Governamental

Arthur Leone

✦ QUESTÕES

1.PRINCÍPIOS FUNDADORES E BASILARES

01. FGV – 2024 – TCE/GO – Analista de Controle Externo

A Declaração de Lima é considerada a Carta Magna da auditoria governamental, uma vez que lançou as bases do controle público. Sobre a Declaração de Lima, analise os itens a seguir:

I. O principal objetivo da Declaração de Lima é defender a necessidade de uma fiscalização independente do setor público.

II. Dada a importância histórica e institucional global deste documento, a Declaração de Lima foi oficialmente integrada à estrutura da NBASP.

III. A Declaração de Lima se fundamenta no Estado de Direito e na Democracia, premissas para uma fiscalização do setor público dependente.

Está correto o que se afirma em

a) I, apenas.
b) I e II, apenas.
c) I e III, apenas.
d) II e III, apenas.
e) I, II e III.

COMENTÁRIOS:

Vejamos algumas anotações sobre a Declaração de Lima: É considerada a norma "1". Ela traz os princípios fundamentais dos Tribunais de Contas e seu objetivo é chamar por uma fiscalização independente do setor público. Uma EFS (Entidade Fiscalizadora Superior) que não se amolda a este chamamento não está apta para a normatização. O IRB (Instituto Rui Barbosa) a incorporou de ofício em 2021 como NBASP (Normas Internacionais de Auditoria do Setor Público), resultado da tradução para o português da norma INTOSAI P1. A Declaração de Lima se sustenta no Estado democrático de direito para uma fiscalização do setor público independente.

Item I- Correto.

Declaração de Lima

O principal objetivo da Declaração de Lima é reforçar a necessidade de uma auditoria governamental independente. Uma Entidade Fiscalizadora Superior que não consegue cumprir essa demanda não está apta a cumprir padrão esperado. Não é de se surpreender, portanto, que a questão da independência das EFS continue a ser um tema repetidamente discutido na comunidade da INTOSAI. No entanto, as demandas da Declaração de Lima não podem ser satisfeitas simplesmente pelo fato de uma EFS lograr sua independência; essa independência também deve estar ancorada na legislação. Para esse fim, no entanto, é necessário que as instituições responsáveis por garantir a segurança jurídica funcionem adequadamente, e instituições dessa natureza só podem ser encontradas em uma democracia baseada no estado de direito. O principal objetivo da Declaração de Lima é defender a necessidade de uma fiscalização independente do setor público, ressaltando a importância da autonomia das EFS.

Item II- Correto. Devido à sua relevância histórica e institucional, a Declaração de Lima foi integrada à estrutura das NBASP, servindo como base conceitual. Conforme se verifica na introdução da norma, as experiências realizadas com a Declaração de Lima desde então superaram até as mais altas expectativas e confirmaram que elas influenciam o desenvolvimento da auditoria governamental no contexto individual de cada país e das EFS agrupadas na INTOSAI, a despeito de sua região, de seu grau de desenvolvimento, de como estão integradas ao sistema de governo ou de como estão organizadas.

Item III- Incorreto. O estado de direito e a democracia são premissas essenciais para uma auditoria governamental efetivamente independente, além de serem os pilares nos quais a Declaração de Lima se fundamenta. Essas premissas garantem uma **fis-**

calização independente, e não dependente do setor público.

Alternativa correta: letra "b"

---

02. FGV - 2024 - TCE/PA - Auxiliar Técnico de Controle Externo

Nos termos da ISSAI 10, as Entidades Fiscalizadoras Superiores (EFS) reconhecem oito princípios fundamentais, que derivam da Declaração de Lima e decisões tomadas no XVII Congresso da INTOSAI (realizado em Seul, Coréia do Sul), como requisitos essenciais para a realização de auditoria adequada do setor público.

Sobre os princípios enumerados na ISSAI 10, analise as afirmativas a seguir.

I. A legislação aplicável especifica as condições para as nomeações, renomeações, recrutamento, remoção e aposentadoria do dirigente da EFS e membros de instituições colegiadas, que são imunes a qualquer processo por qualquer ato passado ou presente resultante do exercício normal das suas funções, conforme o caso.

II. As EFS devem ter poderes adequados para obter acesso tempestivo, irrestrito, direto e livre a todos os documentos e informações necessários para o bom desempenho de suas responsabilidades legais.

III. As EFS têm o direito de apresentar recurso direto ao Legislativo se os recursos financeiros alocados forem insuficientes para cumprir o seu mandato.

Está correto o que se afirma em

a) I, apenas.

b) I e II, apenas.

c) I e III, apenas.

d) II e III, apenas.

e) I, II e III.

COMENTÁRIOS:

Lembre-se que ISSAI equivale à NBASP. Assim, a citar ISSAI 10, é uma referência a sua versão brasileira NBASP 10. A partir da leitura da declaração do México (NBASP 10) ou da Declaração de Lima (NBASP 1), é possível responder à questão.

A ISSAI 10 (ou NBASP 10) apresenta 11 princípios, representando um aperfeiçoamento em relação à Declaração de Lima. Esses princípios estão detalhados na norma, conforme os trechos a seguir:

01- Previsão legal da independência dos Tribunais de Contas, de seus membros e de seu quadro funcional:

"Os Tribunais de Contas devem fazer cumprir os dispositivos legais que garantam a sua efetiva independência, de seus membros e de seus servidores, incluindo a estabilidade no cargo e a imunidade legal no exercício normal de suas funções."

02- Mandato suficientemente amplo e discricionariedade no exercício das funções dos Tribunais de Contas:

"Os Tribunais de Contas, no exercício de suas funções e responsabilidades, devem fazer uso de suas competências e discricionariedade para contribuir para o aprimoramento da gestão dos recursos públicos em benefício da sociedade."

03- Acesso irrestrito a informações:

"Os Tribunais de Contas, no exercício de suas competências constitucionais, legais e regimentais, não devem sofrer limitações quanto ao acesso a pessoas, propriedades e informações necessárias à execução dos seus trabalhos."

04 - Independência dos Tribunais de Contas para o desempenho de suas competências:

"Os Tribunais de Contas não podem sofrer ingerência por parte da Administração Pública sobre o desempenho das suas funções."

05 - Prevenção ao conflito de interesses:

"Os Tribunais de Contas devem prevenir situações que possam afetar ou parecer afetar o desempenho de suas funções com independência."

06 - Adoção de medidas pertinentes no caso de quaisquer questões que possam afetar ou que afetaram sua independência:

"Os Tribunais de Contas devem adotar medidas cabíveis quando cerceados nas suas prerrogativas constitucionais para o exercício pleno da auditoria do setor público."

07 - Direito e obrigação de informar sobre seu trabalho:

"Os Tribunais de Contas devem fazer uso dos seus direitos e obrigações para relatar seu trabalho de forma independente."

08 - Liberdade de decidir o conteúdo e o momento oportuno de publicação e divulgação de seus relatórios de auditoria:

"Os Tribunais de Contas têm a liberdade de decidir o conteúdo de seus relatórios de auditoria."

09 - Utilização de mecanismos eficazes de monitoramento das deliberações:

"Os Tribunais de Contas devem implantar um sistema de monitoramento com o objetivo de aferir o grau de atendimento de suas determinações e recomendações."

10 - Cooperação interinstitucional sem prejuízo da independência e da autonomia:

"Os Tribunais de Contas podem, sem prejuízo de sua independência e autonomia, estabelecer cooperação e colaboração com outros órgãos e entidades que tenham a competência ou o interesse em promover a accountability pública."

11 - Autonomia financeira e gerencial/administrativa e disponibilidade de recursos humanos, materiais e monetários adequados:

"Os Tribunais de Contas devem possuir autonomia para estabelecer seus próprios serviços, métodos, organização, orçamento, estrutura e funcionamento."

Item I – correto.

ISSAI 1, II, Seção 5

(...)

2. A independência dos membros deve ser garantida pela Constituição. Particularmente, os procedimentos para a destituição de um membro de seu cargo devem estar previstos na Constituição e não devem prejudicar a independência dos membros. O método de designação e destituição de membros depende da estrutura constitucional de cada país.

3. Em suas carreiras profissionais, os auditores de (EFS) não devem ser influenciados pelas organizações auditadas e não devem ser dependentes dessas organizações.

Item II – correto.

ISSAI 1, IV, Seção 10

1. As EFS deverão ter acesso a todos os arquivos e documentos relacionados à gestão financeira e terão poderes para solicitar, oralmente ou por escrito, quaisquer informações que considerem necessárias.

Item III – correto.

ISSAI 1, II, Seção 7

1. As EFS deverão dispor dos recursos financeiros necessários para desempenhar suas tarefas.

2. Se necessário, as EFS poderão solicitar diretamente os recursos financeiros necessários junto ao órgão responsável por decisões relativas ao orçamento público.

Alternativa correta: letra "e"

03. FGV - 2024 - TCE/PA - Auditor de Controle Externo

Nos termos da Declaração de Lima, as Entidades Fiscalizadoras Superiores (EFS) só podem desempenhar suas tarefas objetiva e efetivamente quando são independentes da auditada. Ademais, a norma preceitua que em suas carreiras profissionais, os auditores de Entidades Fiscalizadoras Superiores não devem ser influenciados pelas organizações auditadas e não devem ser dependentes dessas organizações.

Ao discorrer sobre a independência das EFS, Ismar Viana destaca que

... a independência técnico-funcional do agente de controle não se limita ao plano formal, mediante a definição, em lei, das atribuições do cargo, e da arregimentação de servidores públicos pela via do concurso específico... (2019, p.15).

Para o autor, a independência das EFS se relaciona à ausência de interferências no exercício da função de controle, o que se concretiza, no plano material, pela

a) garantia legal de estabilidade no serviço público.
b) previsão constitucional de seleção de membros e auditores com base no nível de complexidade do cargo.
c) garantia de meios para elaboração de pareceres técnicos que reflitam com fidedignidade os achados de auditoria.
d) exigência de notórios conhecimentos jurídicos e contábeis, dentre outros, para seleção dos membros dos Tribunais de Contas.
e) definição, em Lei, das atribuições dos membros e auditores dos Tribunais de Contas.

COMENTÁRIOS:

O contido nas alternativas "a", "b", "d" e "e" são elementos que contribuem, ainda em que em menor grau, com a independência, com a competência e zelo profissional, com a integridade, objetividade e com a qualidade das auditorias. Contudo, o elemento primordial, no plano material, se dá no contexto de independência da EFS, dos membros e servidores, da independência financeira.

A Declaração de Lima indica em uma das suas seções:

1. As EFS só podem desempenhar suas tarefas objetiva e efetivamente quando são independentes da entidade auditada e protegidas contra influências externas.
2. Embora as instituições do Estado não possam ser completamente independentes, pelo fato de fazerem parte do Estado como um todo, as EFS devem possuir independência funcional e organizacional necessárias para desempenhar suas tarefas.
3. A criação das EFS e o estabelecimento do grau de independência necessário deve estar previsto na Constituição; detalhes podem ser estabelecidos na legislação. Particularmente, é importante que um supremo tribunal garanta uma proteção jurídica adequada contra qualquer interferência na independência e no mandato para que a EFS realize auditorias.

Alternativa "a" – Incorreta. A estabilidade no serviço público é relevante para carreiras fiscalizatórias como a dos auditores de controle governamental, mas não se aplica diretamente à materialidade da função de controle no plano técnico.

Alternativas "b" e "d" – Incorretas. A previsão constitucional sobre a seleção de membros e auditores é importante para trazer quadros técnicos de qualidade, mas não aborda diretamente a questão da independência material.

Alternativa "c" – Correta. A Declaração de Lima enfatiza a necessidade de garantir que os auditores e as EFS possam desempenhar suas funções de maneira independente, tanto no aspecto formal (definições legais e organizacionais) quanto no material (recursos e condições de trabalho), o que nos remete a questões como autonomia técnica, administrativa e financeira. Deve se garantir que o auditor possa emitir sua opinião baseando-se apenas nas evidencias e achados, isto é, de maneira objetiva e com imparcialidade. A garantia de meios necessários para que os pareceres técnicos sejam elaborados com fidedignidade aos achados e objetividade reflete a essência do que se espera para a independência técnico-funcional dos auditores. Seria inimaginável, por exemplo, que a corte de contas ou um dos seus auditores pudesse sofrer represálias do Poder Executivo caso julgue as suas contas irregulares, por exemplo. Vislumbra-se assim, a título de exemplo, a relevância de se assegurar a independência.

Alternativa "e" – Incorreta. É importante a previsão em lei, assim como a Lei Orgânica dos Tribunas de Contas. Contudo, a definição em lei das atribuições e outros elementos referem-se ao plano formal, não ao material.

Alternativa correta: letra "c"

04. FGV – 2024 – TCE/GO – Analista de Controle Externo

A NBASP 10 traz os princípios que devem ser observados pelo Tribunal de Contas para preservar a sua independência institucional, o que tem impactos na imparcialidade e na credibilidade das conclusões de seus trabalhos e relatórios.

Assinale a opção que indica o princípio que afirma que os Tribunais de Contas devem operar sem sofrer ingerência por parte da Administração Pública sobre o desempenho das suas funções.

a) Independência dos Tribunais de Contas para o desempenho de suas competências.
b) Acesso irrestrito a informações.
c) Prevenção ao conflito de interesses.
d) Previsão legal da independência dos Tribunais de Contas.
e) Cooperação interinstitucional sem prejuízo da independência e da autonomia.

COMENTÁRIOS:

A NBASP 10 apresenta os seguintes princípios:

1. Previsão legal da independência dos Tribunais de Contas, de seus membros e de seu quadro funcional
2. Mandato suficientemente amplo e discricionariedade no exercício das funções dos Tribunais de Contas
3. Acesso irrestrito a informações
4. Independência dos Tribunais de Contas para o desempenho de suas competências
5. Prevenção ao conflito de interesses
6. Adoção de medidas pertinentes no caso de quaisquer questões que possam afetar ou que afetaram sua independência
7. Direito e obrigação de informar sobre seu trabalho
8. Liberdade de decidir o conteúdo e o momento oportuno de publicação e divulgação de seus relatórios de auditoria
9. Utilização de mecanismos eficazes de monitoramento das deliberações
10. Cooperação interinstitucional sem prejuízo da independência e da autonomia
11. Autonomia financeira e gerencial/administrativa e disponibilidade de recursos humanos, materiais e monetários adequados

Todas as assertivas trazem princípios previstos na NBASP 10. Devemos escolher aquele que prescreve a não ingerência.

Para responder, precisamos identificar a prescrição da norma para o Princípio 4:

NBASP 10, Princípio 4

18. Os Tribunais de Contas não podem sofrer ingerência por parte da Administração Pública sobre o desempenho das suas funções.

19. Os Tribunais de Contas devem exercer suas atividades de auditoria de forma autônoma e independente dos entes auditados, livre de interferência política, financeira, administrativa ou de quaisquer outras.

20. Os Tribunais de Contas têm a responsabilidade de assegurar que se mantenha a independência em todas as fases da auditoria.

Alternativa "a" – Correta. Corresponde ao princípio 4. Nele, temos as orientações sobre não ingerência.

Alternativa "b" – Incorreta. Corresponde ao princípio 3. É um princípio verdadeiro, mas não responde ao enunciado.

Alternativa "c" - Incorreta. Corresponde ao princípio 5. É um princípio verdadeiro, mas não responde ao enunciado.

Alternativa "d" - Incorreta. Corresponde ao princípio 1. É um princípio verdadeiro, mas não responde ao enunciado.

Alternativa "e" - Incorreta. Corresponde ao princípio 10. É um princípio verdadeiro, mas não responde ao enunciado.

Alternativa correta: letra "a"

---

05. FGV – 2024 – TCE/GO – Analista de Controle Externo

A NBASP 10 tem como objetivo definir, no nível institucional, os princípios relacionados ao pré-requisito da independência e as diretrizes que devem reger a atuação independente dos Tribunais de Contas.

Sobre a NBASP 10 - Independência dos Tribunais de Contas, analise os itens a seguir:

I. O auxílio prestado pelos Tribunais de Contas ao Poder Legislativo, conforme art. 71 da Constituição Federal, representa subordinação hierárquica.

II. Os Tribunais de Contas somente podem exercer suas funções com objetividade quando são independentes das entidades fiscalizadas e estão protegidos contra influências externas.

III. Embora se reconheça que as instituições do Estado não podem ser totalmente independentes, os Tribunais de Contas devem exercer sua independência funcional e organizacional no cumprimento de suas competências constitucionais.

Está correto o que se afirma em

a) I, apenas.
b) I e II, apenas.
c) I e III, apenas.
d) II e III, apenas.
e) I, II e III.

COMENTÁRIOS:

Item I- Incorreto. No auxílio não há subordinação hierárquica. Os Tribunais de Contas possuem autonomia funcional e organizacional.

NBASP 10

6. O auxílio prestado pelos Tribunais de Contas ao Poder Legislativo, conforme art. 71 da Constituição Federal, não representa subordinação hierárquica. Os Tribunais de Contas exercem competências próprias, atribuídas diretamente pela Constituição, independentes das funções dos órgãos legislativos, e de suas decisões não cabem recursos ao Poder Legislativo.

Item II- Correto. Os Tribunais de Contas precisam ser independentes das entidades fiscalizadas e protegidos contra influências externas para garantir que possam exercer suas funções com objetividade e livres de qualquer influência.

NBASP 10

5. Os Tribunais de Contas somente podem desempenhar suas atribuições com objetividade quando são independentes das entidades fiscalizadas e são protegidos contra influências externas. Em uma democracia é indispensável que os Tribunais de Contas tenham independência garantida por lei e, (...)

Item III - Correto.

NBASP 10

5. (...) embora se reconheça que as instituições do Estado não possam ser totalmente independentes, os Tribunais de Contas devem exercer sua independência funcional e organizacional no cumprimento de suas competências constitucionais.

Alternativa correta: letra "d"

---

06. FGV – 2023 – TCE/BA – Auditor de Controle Externo

Maria, presidente do Tribunal de Contas do Estado Alfa, logo após a assunção do cargo, estabeleceu diretrizes para o cumprimento das demandas oriundas da Assembleia Legislativa, para fins de realização de auditorias específicas, o que fez com estrita observância dos balizamentos estabelecidos pela NBASP (Declaração do México), indicativo de que:

a) não devem ser aceitas interferências na forma de comunicar os resultados;
b) não devem ser atendidas demandas, quaisquer que sejam, que, ao ver do Tribunal de Contas, não sejam consentâneas com o interesse público;
c) deve ser buscada a atuação conjunta com o órgão solicitante, com processo decisório partilhado, de modo a assegurar a consecução dos objetivos almejados;
d) devem ser devidamente recebidas e consideradas as sugestões em relação às ferramentas a serem utilizadas, cabendo ao Tribunal de Contas a decisão final;
e) devem ser recepcionadas as indicações realizadas para a formação da equipe externa, o que não pode afetar o comando da auditoria pelo Tribunal de Contas.

COMENTÁRIOS:

A Declaração do México corresponde à ISSAI 10 ou NBASP 10. Ela trata basicamente da independência dos Tribunais de Contas, estabelecendo os princípios dessa independência, o que envolve a previsão legal de independência do tribunal e seus membros, acesso irrestrito às informações, liberdade para decidir o conteúdo e momento de publicação de seus relatórios de auditoria, cooperação institucional sem prejuízo da independência e autonomia. A NBASP 10 elenca 11 princípios.

Alternativa "a" - Correta. Corresponde ao *Princípio 4 da NBASP 10.* Os tribunais de Contas...

Princípio 4- Independência dos Tribunais de Contas para o desempenho de suas competências

18. (...) não podem sofrer ingerência por parte da Administração Pública sobre o desempenho das suas funções.

19. (...) devem exercer suas atividades de auditoria de forma autônoma e independente dos entes auditados, livre de interferência política, financeira, administrativa ou de quaisquer outras.

20. (...) têm a responsabilidade de assegurar que se mantenha a independência em todas as fases da auditoria.

21. (...) não podem ser obrigados a modificar ou se abster de realizar determinadas auditorias, nem tampouco retirar ou alterar constatações, conclusões, determinações e recomendações.

22. Ao atender às solicitações para realizar trabalhos específicos, (...) devem manter independência para conduzir todas as suas atividades, não permitindo interferências na escolha da equipe, das técnicas das ferramentas a serem aplicadas na execução dos exames, na contratação de consultores e especialistas, na extensão dos procedimentos e na forma de comunicar os resultados.

Alternativa "b" - Incorreta. Não há uma negativa genérica a qualquer solicitação. Contudo, a EFS tem autonomia e discricionaridade para avaliar a demanda, estabelecer prioridades e temas de auditoria. Isso é o que se abstrai do *Princípio 2,* estabelecendo que os Tribunais de Contas...

Princípio 2- Mandato suficientemente amplo e discricionariedade no exercício das funções dos Tribunais de Contas:

13. (...), devem fazer uso de suas competências e discricionariedade para contribuir para o aprimoramento da gestão dos recursos públicos em benefício da sociedade

(...)

15. (...) devem exercer liberdade para estabelecer prioridades, programar seu trabalho e adotar metodologias apropriadas às auditorias a serem realizadas.

16. (...)devem ser independentes para: a) selecionar temas de auditoria; b) planejar, executar, produzir relatórios e monitorar deliberações; c) decidir sobre sua organização e gestão; d) promover a execução de sanções administrativas decorrentes de suas decisões; e) atuar com outras entidades de fiscalização, governos ou outras partes interessadas objetivando a melhoria no uso de recursos públicos

Alternativa "c" - Incorreta. O *Princípio 10* estabelece que os Tribunais de Contas devem cooperar com outras instituições, desenvolvendo ações conjuntas, parcerias ou compartilhamento de informações, mas sempre sem prejuízo da autonomia e independência dos Tribunais de Contas. Os Tribunais de Contas...

Princípio 10- Cooperação interinstitucional sem prejuízo da independência e da autonomia

35. (...) podem, sem prejuízo de sua independência e autonomia, estabelecer cooperação e colaboração com outros órgãos e entidades que tenham a competência ou o interesse em promover a accountability pública.

36. A independência funcional (...) não impede que eles compartilhem, com os demais órgãos e entidades da Administração Pública, informações e boas práticas.

37. (...) ao realizarem parcerias ou atuarem em rede de controle, não devem comprometer a sua autonomia nem se submeter à interferência de terceiros.

38. (...) podem articular esforços mediante o estabelecimento de compromissos e de ações conjuntas com outros órgãos de fiscalização e controle, (...), norteando-se pela confiança bem como pelo respeito à independência de cada uma.

Alternativa "d" - Incorreta. Utilizaremos os mesmos fundamentos da alternativa "a" para responder essa assertiva, em que pese seja possível trazer outros princípios para corroborar. Baseando-se no já exposto, concluímos facilmente que as EFS podem ouvir sugestões, mas a NBASP não exige que tais sugestões sejam formalmente consideradas, pois isso implicaria em ingerência. As EFS devem manter sempre sua autonomia técnica. Verifique o item 22 do *Princípio 4* transcrito nos comentários da alternativa "a". O princípio destaca a importância da escolha da equipe, das técnicas a serem aplicadas, das ferramentas e tudo mais que diga respeito à atividade.

Alternativa "e" - Incorreta. Isso configuraria uma ingerência, pois envolveria um terceiro influenciando o trabalho de auditoria, o que compromete a independência do auditor. O item 22 do *Princípio 4,* já mencionado, explica de forma clara e direta que o auditor não deve sofrer interferências para "a escolha da equipe, das técnicas e ferramentas aplicadas na execução dos exames, na contratação de consultores e especialistas, na extensão dos procedimentos e na forma de comunicar os resultados'."

Alternativa correta: letra "a"

07. FGV - 2023 - TCE/BA - Auditor de Controle Externo

Joana, estudiosa das denominadas "Entidades de Fiscalização Superior", entende que os princípios da Declaração de Moscou, de 2019 (XXIII Incosai), devem direcionar a atuação dos nossos Tribunais de Contas em suas relações com as demais estruturas estatais de poder.

Com base na premissa anterior, ao analisar o instituto da recomendação, Joana concluiu, corretamente, que:

a) deve ser ampliada a previsão de recomendações, baseadas em auditorias, a questões importantes e estratégicas do Poder Legislativo, do governo e da administração pública;
b) os Tribunais de Contas devem manter postos avançados, no âmbito de todas as estruturas estatais de poder, de modo a estreitar relações institucionais e a facilitar o fluxo de informações;
c) a relação mantida pelos Tribunais de Contas deve ser puramente protocolar, somente avançando em assuntos afetos a outras estruturas, fora dos feitos que aprecie, quando expressamente solicitado;
d) os resultados das auditorias devem ser mantidos sob sigilo, mas os Tribunais de Contas devem elaborar "sínteses informativas", que devem ser comunicadas aos jurisdicionados e direcionar os seus julgamentos;
e) os Tribunais de Contas devem disponibilizar os resultados das auditorias, mas não devem interferir, ainda que no plano puramente provocativo, nos juízos de valor realizados pelas demais estruturas, de modo a preservar sua imparcialidade.

COMENTÁRIOS:

A Declaração de Moscou posiciona as Entidades de Fiscalização Superior como agentes centrais na promoção de **boa governança, transparência e confiança pública**, enfatizando a necessidade de inovação e visão estratégica. Ela reforça o papel das EFS não apenas como órgãos de controle, mas como aconselhadores para o desenvolvimento sustentável e a melhoria da gestão pública.

Podemos destacar algumas inovações na declaração:

-Incentiva que as EFS ajudem a construir soluções e melhorias por meio de recomendações estratégicas e auditorias relevantes.

-Ênfase na Tecnologia e Inovação para melhorar a eficiência das auditorias.

-Incentivo para contribuir e fiscalizar o cumprimento dos Objetivos de Desenvolvimento Sustentável (ODS), ampliando sua relevância global, bem como atuar em temas como igualdade de gênero e inclusão (princípio "não deixe ninguém para trás").

Alternativa "a" – Correta. A Declaração de Moscou incentiva as EFS a irem além da simples fiscalização, propondo recomendações que agreguem valor e impacto positivo às políticas públicas.

Declaração de Moscou

As EFS podem reforçar o valor da auditoria (fiscalização) pública ao ampliar a previsão de recomendações baseadas em auditoria a questões importantes e estratégicas do parlamento, do governo e da administração pública.

Alternativa "b" – Incorreta. A declaração indica que as EFS podem ampliar seu impacto positivo ao estabelecer uma interação produtiva com o ente auditado e reforçar a cooperação e comunicação com a comunidade acadêmica e o público em geral. Contudo, não há nada que preveja "postos avançados" em outros órgãos. Isso, inclusive poderia comprometer à independência. A declaração reforça as recomendações da EFS, indicando seu papel aconselhador, sem comprometer a independência, e que poderiam ser entregues para promover a boa governança.

Alternativa "c" – Incorreta. A declaração incentiva a resposta a novas tendências como grande desenvolvimento tecnológico, sustentabilidade e grandes temas nacionais, buscando interagir com as partes interessadas. Isso nos remete a uma postura proativa e estratégica, não meramente protocolar, como se verifica no princípio abaixo:

Declaração de Moscou

As EFS devem interagir efetivamente com as partes interessadas, promovendo um diálogo construtivo e garantindo que seus relatórios e recomendações tenham impacto prático.

Alternativa "d" – Incorreta. As EFS podem promover a abertura dos sistemas informatizados que embasam a tomada de decisões utilizados pelo governo, sob os princípios de códigos-fonte abertos e dados abertos e devem facilitar uma discussão sobre a publicação dos resultados em formato de dados abertos, quando apropriado, são exemplos apresentados na Declaração de Moscou. Recomenda a ampla comunicação de resultados como forma de gerar impacto e fortalecer a confiança pública. As EFS têm o papel de fornecer informações, mas não de interferir diretamente nos julgamentos das demais instituições, nem se deixar influenciar.

Declaração de Moscou

As EFS devem assegurar que seus relatórios sejam claros, relevantes e facilmente compreensíveis pelas partes interessadas, a fim de promover transparência e confiança pública.

(...)

A transparência nas operações e a comunicação pública são componentes essenciais para aumentar a confiança na governança.

Alternativa "e" – Incorreta. Os Tribunais de Contas devem ser proativos, emitindo recomendações e "provocando" debates sobre temas de governança, transparência e administração pública. Essa "provocação" não deve ser confundida com uma interferência, pois faz parte do papel das EFS em contribuir para o aprimoramento do setor público. Não devemos confundir a neutralidade ou imparcialidade esperada das EFS com ausência de posicionamento técnico diante de questões relevantes. Sintetiza o exposto, o seguinte princípio:

Declaração de Moscou

As Entidades de Fiscalização Superior (EFS) devem reforçar seu impacto como organizações independentes e imparciais que atendem às necessidades das partes interessadas, contribuindo para o aperfeiçoamento da gestão pública e para a confiança na governança.

(...)

As EFS não devem apenas identificar deficiências, mas também fornecer recomendações úteis e oportunas para aprimorar a governança pública.

Alternativa correta: letra "a"

---

08. CONSULPAM – 2023 – TCM/PA – Auxiliar Técnico de Controle Externo

Segundo a Declaração de Lima sobre Diretrizes para Preceitos de Auditoria, é correto afirmar que

a) a auditoria é um fim em si e também um elemento indispensável de um sistema regulatório cujo objetivo é revelar desvios das normas.

b) os serviços de auditoria interna são necessariamente subordinados à entidade superior de auditoria externa.

c) as Entidades Fiscalizadoras Superiores só podem desempenhar suas tarefas objetiva e efetivamente quando são dependentes da entidade auditada e abertas às influências externas.

d) o controle prévio realizado por uma Entidade Fiscalizadora Superior tem a desvantagem de gerar um volume excessivo de trabalho e confundir as responsabilidades previstas no direito público.

e) a legislação de cada país deve assegurar que cada Entidade Fiscalizadora Superior aja em estrita conformidade com as determinações do Legislativo, sem capacidade própria de iniciativa.

COMENTÁRIOS:

Alternativa "a". Incorreta. A auditoria não é um fim em si, e sim um elemento indispensável de um sistema regulatório cujo objetivo é revelar desvios das normas e violações dos princípios da legalidade, eficiência, efetividade e economicidade na gestão financeira com a tempestividade necessária para que medidas corretivas possam ter tomadas em casos individuais, para fazer com que os responsáveis por esses desvios assumam essa responsabilidade, para obter o devido ressarcimento ou para tomar medidas para prevenir (ou dificultar) a ocorrência dessas violações.

Alternativa "b". Incorreta. Ambas possuem papéis distintos e complementares.

Alternativa "c". Incorreta. As EFS devem ser independentes das entidades auditadas e livres de influências externas para garantir sua imparcialidade.

Alternativa "d". Correta.

Declaração de Lima, Seção 2. Controle prévio e auditoria

1. O controle prévio é um tipo de revisão de atividades administrativas ou financeiras que é realizada antes da ocorrência do fato; a auditoria é uma avaliação realizada após a ocorrência do fato.

2. O controle prévio eficaz é indispensável para garantir a gestão adequada de recursos públicos confiados ao Estado. Ele pode ser realizado por uma EFS ou por outras instituições de auditoria.

3. O controle prévio realizado por uma EFS tem a vantagem de poder impedir prejuízos antes de sua ocorrência, mas tem a desvantagem de gerar um volume excessivo de trabalho e confundir as responsabilidades previstas no direito público. A auditoria realizada por uma EFS enfatiza a responsabilidade dos responsáveis pela gestão ela pode determinar o ressarcimento por prejuízos provocados e prevenir novas ocorrências de violações.

4. A situação jurídica e as condições e requisitos de cada país determinam se uma EFS deve ou não realizar controle prévio. A auditoria é uma tarefa indispensável para todas as EFS, a despeito do fato de realizarem controle prévio ou não.

Alternativa correta: letra "d

09. VUNESP – 2023 – TCM/SP – Auditor de Controle Externo

Conforme diretriz estabelecida na Declaração de Lima (Intosai), os relatórios da Entidade Fiscalizadora Superior

a) deverão em regra ter a sua publicidade restrita, dando-se conhecimento exclusivamente às organizações auditadas e aos demais órgãos de controle.

b) deverão ser redigidos em uma linguagem técnica e precisa ainda que possa dificultar a compreensão do público em geral.

c) apresentarão os fatos e sua avaliação de uma maneira objetiva, clara e restrita aos elementos essenciais.

d) deverão desconsiderar os pontos de vista das organizações auditadas sobre os achados, considerando a necessidade de isenção e imparcialidade do relato.

e) não se confundem com os relatórios de fiscalização que podem e devem regularmente ser elaborados pelos Tribunais de Contas no Brasil.

COMENTÁRIOS:

Alternativa "a". Incorreta.

Seção 16. Relatórios para o Parlamento e o público em geral

1. A EFS terá poderes para elaborar, independentemente, um relatório sobre seus achados para ser apresentado anualmente ao Parlamento ou a qualquer outro órgão público responsável; esse relatório será publicado. Essa prática garantirá uma ampla distribuição e discussão e criará melhores oportunidades para a aplicação das verificações da EFS.

Alternativa "b". Incorreta.

Seção 17. Método para a elaboração e apresentação de relatórios

1. Os relatórios apresentarão os fatos e sua avaliação de uma maneira objetiva, clara e restrita aos elementos essenciais. Os relatórios deverão ser redigidos em uma linguagem precisa e de fácil compreensão.

Alternativa "c". Correta. Vide transcrição da seção 17 da Declaração de Lima, acima.

Alternativa "d". Incorreta.

Seção 17. Método para a elaboração e apresentação de relatórios

1. (...)

2. A Entidade Fiscalizadora Superior deverá levar em consideração os pontos de vista das organizações auditadas sobre seus achados.

Alternativa "e". Incorreta. O capítulo VI da Declaração de Lima (seções 16 e 17) é dedicado a apresentar as características gerais de relatório das EFS, sem prejuízo de algum aperfeiçoamento que a EFS produza de maneira específica, mas fundamentados nas premissas da Declaração de Lima, que é tida como a Carta Magna da auditoria do setor público. Logo, os Tribunais atuam fundamentados na Declaração de Lima, portanto, os relatórios confundem-se.

Alternativa correta: letra "c"

10. FGV – 2023 – TCE/ES – Auditor de Controle Externo

Joana, João e Maria travaram intenso debate a respeito da funcionalidade e dos limites da independência dos Tribunais de Contas, conforme apregoados pela NBASP 10. De acordo com Joana, esses Tribunais devem exercer suas competências constitucionais com independência e promover a execução de sanções administrativas decorrentes de suas decisões. João, por sua vez, ressaltava que esses Tribunais não podem ter o exercício de suas competências restringido por nenhuma espécie de sigilo, independentemente da natureza das operações examinadas. Por fim, Maria afirmou que esses Tribunais devem ter sempre liberdade para decidir sobre o momento oportuno de divulgação e publicação de seus relatórios de auditoria, havendo uma contradição axiológica na previsão de exigências específicas pela lei.

À luz dos balizamentos estabelecidos pela NBASP 10, é correto afirmar que:

a) Joana, João e Maria estão certos;

b) Joana está errada, e João e Maria estão certos;

c) Joana e João estão certos, e Maria está errada;

d) Joana está certa, e João e Maria estão errados;

e) Joana e João estão errados, e Maria está certa.

Vamos organizar os argumentos de cada pessoa e verificar os fundamentos com base na NBASP 10 e concluir se são verdadeiros ou falsos (V/F):

Joana	Tribunais devem exercer suas competências constitucionais com independência e promover a execução de sanções administrativas	Conforme Princípio 2	V
João	Tribunais não podem ter o exercício de suas competências restringido por nenhuma espécie de sigilo, independentemente da natureza das operações examinadas.	Conforme Princípio 3	V

Maria	Tribunais devem ter sempre liberdade para decidir sobre o momento oportuno de divulgação e publicação de seus relatórios de auditoria, havendo uma *contradição axiológica* na previsão de exigências específicas pela lei.	Contraria o Princípio 8	F

Alternativa "a" – Incorreta. Maria não está certa.

Princípio 8- Liberdade de decidir o conteúdo e o momento oportuno de publicação e divulgação de seus relatórios de auditoria

32. Os Tribunais de Contas têm a liberdade de decidir sobre o momento oportuno de divulgação e publicação de seus relatórios de auditoria, salvo quando houver exigências específicas prescritas em lei

Alternativa "b" – Incorreta. Maria não está certa (princípio 8). Joana está certa (princípio 2).

Princípio 2- Mandato suficientemente amplo e discricionariedade no exercício das funções dos Tribunais de Contas

15. Os Tribunais de Contas, de acordo com sua competência constitucional e legal, devem exercer liberdade para estabelecer prioridades, programar seu trabalho e adotar metodologias apropriadas às auditorias a serem realizadas.

16. Os Tribunais de Contas, respeitando suas competências legais, devem ser independentes para:

a) selecionar temas de auditoria;

b) planejar, executar, produzir relatórios e monitorar deliberações;

c) decidir sobre sua organização e gestão;

d) promover a execução de sanções administrativas decorrentes de suas decisões;

e) atuar com outras entidades de fiscalização, governos ou outras partes interessadas objetivando a melhoria no uso de recursos públicos

Alternativa "c" – Correta. Conforme princípios já expostos.

Alternativa "d" – Incorreta. João está certo (princípio 3).

Princípio 3- Acesso irrestrito a informações

17. Os Tribunais de Contas, no exercício de suas competências constitucionais, legais e regimentais, não devem sofrer limitações quanto ao acesso a pessoas, propriedades e informações necessárias à execução dos seus trabalhos, nem ser restringidos por nenhum tipo de sigilo, à obtenção e ao manuseio de informações, documentos ou locais, independentemente da natureza das transações e das operações examinadas, inclusive em sistemas eletrônicos de tecnologia da informação e comunicação.

Alternativa "e" – Incorreta. É o inverso, conforme tabela inicial.

Alternativa correta: letra "c"

11. FGV – 2022 – TCU – Auditor Federal de Controle Externo

A Declaração do México sobre a independência das Entidades Fiscalizadoras Superiores (EFS) aprovada pela Organização Internacional de Entidades Fiscalizadoras Superiores (Intosai) consagra oito princípios fundamentais, reconhecidos como requisitos essenciais para a realização de auditoria adequada do setor público.

O cotejo do mencionado rol de princípios com o arcabouço constitucional de 1988 aplicável aos Tribunais de Contas no Brasil revela:

a) o atendimento parcial ao princípio que preconiza a existência de uma estrutura jurídica adequada e efetiva e de dispositivos de aplicação dessa estrutura na prática, porquanto apenas o Tribunal de Contas da União encontra-se previsto na Constituição da República de 1988, estando os Tribunais subnacionais totalmente sujeitos ao experimentalismo federativo;

b) o atendimento parcial ao princípio que preconiza a total discricionariedade no exercício das funções da EFS, especificamente em matéria de execução de suas decisões, porquanto não se reconhece aos Tribunais de Contas no Brasil competência para promover a execução de suas decisões condenatórias de aplicação de multa ou imputação de débito;

c) o atendimento pleno ao princípio que preconiza mandato suficientemente amplo e total discricionariedade no exercício das funções da EFS, porquanto o Tribunal de Contas da União detém expressa competência para a declaração de inconstitucionalidade de leis e atos normativos do poder público no exercício de suas atribuições;

d) o não atendimento ao princípio que preconiza o acesso irrestrito a informações, porquanto a Constituição da República de 1988 não reconhece aos Tribunais de Contas os poderes próprios de investigação das autoridades judiciais, sendo a legislação infraconstitucional silente quanto aos mecanismos inibidores à obstrução de auditorias;

e) o não atendimento ao princípio que preconiza a liberdade de decidir o conteúdo e a tempestividade dos relatórios de auditoria e de publicá-los e divulgá-los, uma vez que a Lei Orgânica do

TCU os subordina à autorização e à requisição do Congresso Nacional.

COMENTÁRIOS:

A Declaração do México, incorporada como NBASP 10, cita os seguintes princípios:

Princípio 1- Previsão legal da independência dos Tribunais de Contas, de seus membros e de seu quadro funcional.

Princípio 2- Mandato suficientemente amplo e discricionariedade no exercício das funções dos Tribunais de Contas.

Princípio 3- Acesso irrestrito a informações.

Princípio 4- Independência dos Tribunais de Contas para o desempenho de suas competências.

Princípio 5- Prevenção ao conflito de interesses.

Princípio 6- Adoção de medidas pertinentes no caso de quaisquer questões que possam afetar ou que afetaram sua independência.

Princípio 7- Direito e obrigação de informar sobre seu trabalho.

Princípio 8- Liberdade de decidir o conteúdo e o momento oportuno de publicação e divulgação de seus relatórios de auditoria.

Princípio 9- Utilização de mecanismos eficazes de monitoramento das deliberações.

Princípio 10- Cooperação interinstitucional sem prejuízo da independência e da autonomia.

Princípio 11- Autonomia financeira e gerencial/ administrativa e disponibilidade de recursos humanos, materiais e monetários adequados.

COMENTÁRIOS:

Alternativa "a" – Incorreta. Pelo princípio da simetria previsto na CF/88 temos, "Art. 75. As normas estabelecidas nesta seção aplicam-se, no que couber, à organização, composição e fiscalização dos Tribunais de Contas dos Estados e do Distrito Federal, bem como dos Tribunais e Conselhos de Contas dos Municípios." Assim replicam-se nos TCEs e TCMs e TCDF, por meio das suas respectivas Constituições, as considerações sobre o TCU previstas na CF/88.

Alternativa "b" – Correta. Os Tribunais de Contas, de acordo com sua competência constitucional e legal, devem exercer liberdade para estabelecer prioridades, programar seu trabalho e adotar metodologias apropriadas às auditorias a serem realizadas. Porém, não podem executar suas próprias decisões. O STF, em julgamento de recurso submetido ao rito de repercussão geral, estabeleceu que a execução de multa aplicada pelo Tribunal de Contas pode ser proposta **apenas pelo ente público beneficiário da condenação**, bem como expressamente afastou a legitimidade ativa do Ministério Público para a referida execução (ARE 823.347 RG/MA, Rel. Min. Gilmar Mendes, 2014).

Alternativa "c" – Incorreta. Não há previsão constitucional expressa que autorize o tribunal de Contas a declarar inconstitucionalidade, mas devemos citar a existência da súmula 347 (que data da década de 1960 e autoriza a declaração de inconstitucionalidade pelo TC) e decisão mais recente sobre o tema, que pode sugerir fixação do entendimento de que o Tribunal de Contas não tem competência para apreciar constitucionalidade.

Súmula 347

O Tribunal de Contas, no exercício de suas atribuições, pode apreciar a constitucionalidade das leis e dos atos do poder público.

Entretanto, em decisões mais recentes, tem sido indicado a incompatibilidade da súmula 347 com a nova ordem constitucional. Observe-se o voto esclarecedor do min. rel. Alexandre de Moraes nos casos a seguir, proferidos em 2021:

A declaração incidental de inconstitucionalidade somente é permitida de maneira excepcional aos juízes e tribunais para o pleno exercício de suas funções jurisdicionais (...). Trata-se, portanto, de excepcionalidade concedida somente aos órgãos exercentes de função jurisdicional, aceita pelos mecanismos de freios e contrapesos existentes na separação de poderes e não extensível a qualquer outro órgão administrativo. (...). É inconcebível a hipótese de o Tribunal de Contas da União, órgão sem qualquer função jurisdicional, permanecer a exercer controle de constitucionalidade nos julgamentos de seus processos, sob o pretenso argumento de que lhe seja permitido em virtude do conteúdo da Súmula 347 do STF, editada em 1963, cuja subsistência, obviamente, ficou comprometida pela promulgação da CF/88 [MS35.824]

(...) O Tribunal de Contas da União, órgão sem função jurisdicional, não pode declarar a inconstitucionalidade de lei federal com efeitos erga omnes e vinculantes no âmbito de toda a Administração Pública Federal. (...) Impossibilidade de o controle difuso exercido administrativamente pelo Tribunal de Contas trazer consigo a transcendência dos efeitos, de maneira a afastar incidentalmente a aplicação de uma lei federal, não só para o caso concreto, mas para toda a Administração Pública Federal, extrapolando os efeitos concretos e interpartes e tornando-os erga omnes e vinculantes. (...) É inconcebível a hipótese de o Tribunal de Contas da União, órgão sem qualquer função jurisdicional, permanecer a exercer controle de constitucionalidade – principalmente, como no presente caso, em que simplesmente afasta a incidência de dispositivos legislativos para TODOS os processos da Corte de Contas – nos julgamentos de seus processos, sob o pretenso argumento de que lhe seja permitido em virtude do conteúdo da Súmula 347 do STF, editada em 1963, cuja subsistência, obviamente, ficou comprometida pela promulgação da CF/88 [MS 35.410]

Alternativa "d" – Incorreta. A Lei Orgânica do TCU (lei 8443/92) prevê a aplicação de multa quando há obstrução ao livre exercício das inspeções e auditorias e nos seguintes casos:

Lei 8443/92

Art. 58. O Tribunal poderá aplicar multa de Cr$ (...), ou valor equivalente em outra moeda que venha a ser adotada como moeda nacional, aos responsáveis por:

I - contas julgadas irregulares de que não resulte débito, nos termos do parágrafo único do art. 19 desta Lei;

II - ato praticado com grave infração à norma legal ou regulamentar de natureza contábil, financeira, orçamentária, operacional e patrimonial;

III - ato de gestão ilegítimo ou antieconômico de que resulte injustificado dano ao Erário;

IV - não atendimento, no prazo fixado, sem causa justificada, a diligência do Relator ou a decisão do Tribunal;

V - obstrução ao livre exercício das inspeções e auditorias determinadas;

VI - sonegação de processo, documento ou informação, em inspeções ou auditorias realizadas pelo Tribunal;

VII - reincidência no descumprimento de determinação do Tribunal.

Alternativa "e" – Incorreta. Inexiste previsão assemelhada ao descrito na assertiva, sendo o Tribunal o responsável por essa decisão.

Alternativa correta: letra "b"

12. FGV – 2022 – TCU – Auditor Federal de Controle Externo

A Declaração de Lima, aprovada pela Organização Internacional de Entidades Fiscalizadoras Superiores (Intosai), estabelece diretrizes para preceitos de auditoria e afirma que as Entidades Fiscalizadoras Superiores (EFS) só podem desempenhar suas tarefas objetiva e eficazmente quando são independentes da entidade auditada e protegidas contra influências externas. No sistema constitucional brasileiro de 1988, a independência das EFSs é assegurada por meio do(a):

a) reconhecimento de autonomia reforçada que lhes garante poder normativo técnico, ainda que tais entidades integrem a estrutura do Poder Legislativo;

b) reconhecimento dos atributos institucionais relativos à autoadministração e ao autogoverno, ainda que tais entidades estejam destituídas de autonomia orçamentária;

c) reconhecimento de que suas competências derivam diretamente da Constituição da República de 1988 e são exercidas de maneira autônoma, ainda que haja subordinação meramente administrativa ao Poder Legislativo;

d) extensão dos mesmos mecanismos de proteção que resguardam a independência do Poder Judiciário, reconhecendo-lhes capacidade de autogoverno e autonomia administrativa, financeira e orçamentária;

e) extensão dos mesmos mecanismos de proteção que resguardam a independência do Poder Legislativo, reconhecendo-lhes capacidade de autoadministração e de autogoverno.

COMENTÁRIOS:

A Declaração de Lima foi incorporada como parte das Normas Brasileiras de Auditoria do setor público e é considerada a carta magna da auditoria do setor público desenvolvido pelas Entidades Fiscalizadoras Superiores (EFS), como os tribunais de contas. Ela estabelece que:

1. As EFS só podem desempenhar suas tarefas objetiva e efetivamente quando são independentes da entidade auditada e protegidas contra influências externas.

2. Embora as instituições do Estado não possam ser completamente independentes, pelo fato de fazerem parte do Estado como um todo, as EFS devem possuir independência funcional e organizacional necessárias para desempenhar suas tarefas.

3. A EFS e o estabelecimento do grau de independência necessário devem estar previstos na Constituição; detalhes podem ser estabelecidos na legislação. Particularmente, é importante que um supremo tribunal garanta uma proteção jurídica adequada contra qualquer interferência na independência e no mandato para que a Entidade Fiscalizadora Superior realize auditorias

Alternativa "a" – Incorreta. Os tribunais de contas não integram o Poder legislativo, ainda que auxiliem as Casas Legislativas (como o Congresso Nacional, Assembleias Legislativas ou Câmaras Municipais) no julgamento de contas. São órgãos autônomos e independentes, criados para exercer a fiscalização contábil, financeira, orçamentária, operacional e patrimonial da administração pública, conforme previsto art. 71/CF.

Os tribunais de contas ostentam posição eminente na estrutura constitucional brasileira, não se achando subordinados, por qualquer vínculo de ordem hierárquica, ao Poder Legislativo, de que não são órgãos delegatários nem organismos de mero assessoramento técnico. A competência institucional dos tribunais de contas não deriva, por isso mesmo, de delegação dos órgãos do Poder Legislativo, mas traduz emanação que resulta, primariamente, da própria Constituição da República.[ADI 4.190 , rel. min. Celso de Mello, 11-6-2010.]

Alternativa "b" – Incorreta. Os Tribunais de Contas possuem competências próprias, autonomia funcional, administrativa e orçamentária e gozam de autogoverno:

(...) As Cortes de Contas do país, conforme reconhecido pela Constituição de 1988 e por esta Suprema Corte, gozam das prerrogativas da **autonomia e do autogoverno**, o que inclui, essencialmente, a iniciativa privativa para instaurar processo legislativo que pretenda alterar sua organização e funcionamento, como resulta da interpretação lógico-sistemática dos artigos 73, 75 e 96, II, d, da Constituição Federal. (...) [ADI 4.643, rel. min. Luiz Fux, *DJE* de 3-6-2019.]

Alternativa "c" – Incorreta. Mesmo fundamento utilizado na alternativa "a". Os Tribunais de Contas não integram o poder legislativo. Podemos agregar a previsão da NBASP 10:

NBASP 10

6. O auxílio prestado pelos Tribunais de Contas ao Poder Legislativo, conforme art. 71 da Constituição Federal, não representa subordinação hierárquica. Os Tribunais de Contas exercem competências próprias, atribuídas diretamente pela Constituição, independentes das funções dos órgãos legislativos, e de suas decisões não cabem recursos ao Poder Legislativo

Alternativa "d" – Correta. Previsão do art. 73/CF que indica que o TCU exerce, no que couber, as atribuições previstas no art. 96, destinado ao Judiciário. Previsão replicada nas Constituições estaduais em relação aos TCE's e Judiciário estadual. No mesmo sentido, esclarecedor é a decisão a seguir:

As cortes de contas seguem o exemplo dos tribunais judiciários no que concerne às garantias de independência, sendo também detentoras de autonomia funcional, administrativa e financeira, das quais decorre, essencialmente, a iniciativa reservada para instaurar processo legislativo que pretenda alterar sua organização e funcionamento, conforme interpretação sistemática dos arts. 73, 75 e 96, II, *d*, da CF. [ADI 4.418, rel. min. Dias Toffoli, *DJE* de 3-3-2017.]

Alternativa "e" – Incorreta. O texto constitucional aproxima os Tribunais de Contas a órgãos do judiciário, não do Legislativo.

Alternativa correta: letra "d"

2. ASPECTOS GERAIS DE AUDITORIA

13. FGV – 2024 – TCE/PA – Auditor de Controle Externo

A Cia X foi contratada pela Cia Y para a realização de um trabalho de consultoria para a aquisição de um negócio. O trabalho inclui requerimento para obter asseguração acerca de informação financeira histórica.

Nesse caso, a NBC TA Estrutura Conceitual para Trabalhos de Asseguração

a) não é aplicável ao trabalho.
b) é aplicável a todo o trabalho.
c) é aplicável apenas na parte do trabalho relacionada à asseguração.
d) tem aplicação facultativa a todo trabalho, ficando a definição à critério da Cia X.
e) tem aplicação facultativa a todo trabalho, ficando a definição à critério da Cia Y.

COMENTÁRIOS:

Quando falamos em "asseguração sobre informação financeira histórica", estamos nos referindo ao que popularmente chamamos de auditoria contábil ou auditoria externa. Esse é o termo técnico correto utilizado para designar esse tipo de trabalho, que é regulamentado pelas Normas Brasileiras de Contabilidade Técnicas de Auditoria (NBC TA).

A NBC TA Estrutura Conceitual, também conhecida como NBC TA "00", é a norma que organiza e orienta sobre os diferentes tipos de trabalhos de asseguração.

Dentro desse contexto, a auditoria contábil, ou asseguração sobre informação financeira histórica, é sim um trabalho de asseguração. Mas atenção: não é o único tipo de asseguração existente!

São considerados trabalhos de asseguração os exemplos a seguir:

(a) trabalhos para prestar declarações em processos judiciais sobre contabilidade, auditoria, tributação ou outros assuntos; e
(b) trabalhos que incluem opiniões, pontos de vista ou declarações profissionais dos quais o usuário pode extrair alguma segurança, se todos os seguintes itens forem aplicáveis:
    (i) essas opiniões, pontos de vistas ou declarações são meramente fortuitos para o trabalho como um todo;
    (ii) qualquer relatório por escrito deve ser emitido com uso expressamente restrito aos usuários previstos especificados no relatório;

(iii) mediante acordo formal com os usuários previstos especificados, não se pretendendo que seja trabalho de asseguração; e

(iv) o trabalho não seja relatado como trabalho de asseguração no relatório do auditor independente.

Nem todo trabalho realizado por um auditor é considerado um trabalho de asseguração. Isso é importante de entender!

Os auditores desempenham outras atividades, como consultorias fiscal, organizacional, contábil e outras. Esses tipos de trabalho têm objetivos diferentes e não são classificados como trabalhos de asseguração. Por isso, eles não estão abrangidos pela estrutura conceitual (NBC TA 00).

Fique atento: não é porque o trabalho é realizado por um auditor que ele automaticamente será considerado uma "auditoria". A auditoria, no sentido técnico, segue regras e normas específicas, enquanto outras atividades desempenhadas pelo auditor podem ter abordagens e finalidades completamente distintas.

Então, sempre que uma questão de prova questionar sobre um trabalho feito por um auditor, é bom perguntar: "Esse é um trabalho de asseguração?" Isso ajuda a identificar se estamos lidando com uma auditoria ou com outro tipo de serviço prestado pelo profissional. O enunciado da questão apresenta dois pontos importantes: (1) que se trata de uma consultoria e (2) que haverá opinião sobre informação financeira histórica (asseguração).

Veja uma diferença fundamental entre os trabalhos de asseguração e um trabalho de consultoria:

Asseguração	Consultoria
Relação entre três partes	**Relação entre duas partes**
1- a parte que reporta a informação	*1-Cliente*
2- os usuários da informação	*2-Consultor*
3- o auditor independente	
Aplicam-se as NBCTAs	Não se aplicam as NBCTAs

Alternativa "a" – Incorreta. Como temos uma parte do trabalho que consiste em emitir uma opinião sobre os registros contábeis, o auditor possivelmente executará esses exames com base nas NBCTAs e correlatas.

Alternativa "b" – Incorreta. Parte do trabalho é descrito como consultoria, logo, são inaplicáveis as normas de asseguração (NBCTAs).

Alternativa "c" – Correta. A opinião terá como base as NBCTAs, enquanto a consultoria não.

Alternativas "d" e "e" – Incorretas. As NBCTAs dirigem-se aos auditores, não às empresas. Elas criam obrigações aos auditores, não às empresas. O auditor deve seguir as normas aplicáveis aos trabalhos de asseguração que não seja auditoria, além da NBCTA Estrutura Conceitual.

Alternativa correta: letra "c"

---

14. FGV – 2024 – TCE/GO – Analista de Controle Externo

Os princípios de auditoria constantes nas Normas Internacionais das Entidades Fiscalizadoras Superiores (ISSAI) são fundamentais para a condução de uma auditoria.

Assinale a opção que indica o princípio que enfatiza a necessidade de comunicação eficaz por parte dos auditores ao longo de todo o processo de auditoria.

a) Ética e independência.

b) Controle de qualidade.

c) Comunicação.

d) Gestão de equipes de auditoria e habilidades.

e) Julgamento, devido zelo e ceticismo profissionais.

A NBASP 100 (ou ISSAI 100) cuida dos princípios fundamentais de auditoria do setor público e os apresenta classificando-os em (1) gerais e (2) relacionados ao processo de auditoria:

Princípios gerais

Ética e independência

Julgamento, devido zelo e ceticismo profissionais

Controle de qualidade

Gestão de equipes de auditoria e habilidades

Risco de auditoria

Materialidade

Documentação

Comunicação

Princípios relacionados ao processo de auditoria

Planejando uma auditoria

Executando uma auditoria

Relatando e monitorando

Alternativas "a", "b", "d" e "e" – Incorretas. Todos são princípios, mas nenhum trata de comunicação.

Alternativa "c" – Correta. É óbvio que o princípio que "enfatiza a necessidade de comunicação "é o "princípio da comunicação".

NBASP 100, 43

Os auditores devem estabelecer uma comunicação eficaz durante todo o processo de auditoria.

É essencial que a entidade auditada seja mantida informada de todas as questões relacionadas com a auditoria. Esta é a chave para o desenvolvimento de uma relação de trabalho construtiva. A comunicação deve incluir a obtenção de informação relevante para a auditoria e a disponibilização oportuna de observações e achados de auditoria à administração e aos responsáveis pela governança durante o trabalho. O auditor também pode ter a responsabilidade de comunicar fatos relacionados à auditoria a outras partes interessadas, tais como órgãos legislativos e de controle.

Alternativa correta: letra "c"

15. FGV - 2024 - TCE/PA - Auditor de Controle Externo

De acordo com a NBC TA Estrutura Conceitual-Estrutura Conceitual para Trabalhos de Asseguração, todos os trabalhos de asseguração possuem pelo menos três partes: o auditor independente, a parte responsável e os usuários previstos.

Em relação a elas, avalie se as afirmativas a seguir são verdadeiras (V) ou falsas (F).

( ) O auditor independente é aquele que conduz o trabalho, aplicando habilidades e técnicas de asseguração para obter segurança razoável ou limitada, conforme adequado, sobre se a informação do objeto está livre de distorções relevantes. Pode ser pessoa física ou jurídica.

( ) Parte responsável é aquela que contrata o auditor independente para a realização do trabalho de asseguração. No trabalho de atestação, não pode ser avaliador.

( ) Os usuários previstos são os indivíduos, organizações ou grupos que o auditor independente espera que utilizem o relatório de asseguração. A parte responsável pode ser um dos usuários previstos, mas não o único.

As afirmativas são, respectivamente,

a) V – V – V.
b) V – F – V.
c) V – V – F.
d) F – V – V.
e) F – F – V.

COMENTÁRIOS:

Item I - Verdadeiro.

NBCTA EC

29. O "auditor independente" (pessoa física ou jurídica) é aquele que conduz o trabalho (geralmente o sócio responsável pelo trabalho ou outros membros da equipe, ou, conforme adequado, a firma), aplicando habilidades e técnicas de asseguração para obter segurança razoável ou limitada, conforme adequado, sobre se a informação do objeto está livre de distorções relevantes. (*) No trabalho direto, o auditor tanto mensura quanto avalia o objeto de acordo com os critérios e aplica as habilidades e técnicas de asseguração para obter segurança razoável ou limitada, conforme adequado, sobre se o resultado dessa mensuração ou avaliação está livre de distorções relevantes.

(*) *"Sócio encarregado do trabalho" e "firma" devem ser lidos, referindo-se aos seus equivalentes no setor público, quando relevante.*

Item II – Falso. A parte responsável é aquela que declara as afirmações, o objeto. Por exemplo: a entidade quando elabora suas demonstrações contábeis (DC) é a parte responsável pelo objeto (DC) divulgadas.

NBCTA EC

34. Parte responsável é a parte responsável pelo objeto. No trabalho de atestação, a parte responsável geralmente também é o mensurador ou avaliador. A parte responsável pode ser, ou não, a parte que contrata o auditor independente para realizar o trabalho de asseguração (parte contratante).

Item III – Verdadeiro.

NBCTA EC

35. Os usuários previstos são os indivíduos, organizações ou grupos que o auditor independente espera que utilizem o relatório de asseguração. A parte responsável pode ser um dos usuários previstos, mas não o único.

36. (...)Em alguns casos, pode haver usuários previstos além daqueles para quem o relatório de asseguração é destinado.

Alternativa correta letra "b

3. ASPECTOS GERAIS SOBRE TRIBUNAIS DE CONTAS

16. FGV - 2024 - TCE/PA - Auditor de Controle Externo

Ao tratar das Funções dos Tribunais de Contas, Luiz Henrique Lima (2013, p. 111), citando Jorge Miranda, destaca que o termo "Função", possui duas acepções: a) fim de tarefa ou incumbência; ou b) atividade com características próprias.

Considerando a classificação das funções dos Tribunais de Contas discutidas pelo autor, analise as ações de controle apresentadas na coluna da direita, relacionando-as à função correspondente.

Assinale a relação correta entre a ação de controle e a respectiva função dos Tribunais de Contas.

Função	Ação de Controle
1. Opinativa	( ) Elaboração de parecer sobre irregularidade de despesas, por solicitação de Comissão Mista de Planos, Orçamento e Fiscalização.
2. Corretiva	( ) Afastamento provisório do cargo por obstrução a auditorias ou inspeções.
3. Sancionadora	( ) Emissão de parecer prévio sobre as contas do Chefe do poder Executivo.
4. Consultiva	( ) Sustação de ato irregular.

a) 4 – 3 – 1 – 2.

b) 3 – 4 – 2 – 1.

c) 1 – 3 – 1 – 4.

d) 1 – 2 – 4 – 3.

e) 4 – 2 – 1 – 3.

COMENTÁRIOS:

Analisemos cada uma das ações de controle citadas:

Ação de Controle
( ) Elaboração de parecer sobre irregularidade de despesas, por solicitação de Comissão Mista de Planos, Orçamento e Fiscalização. **Função consultiva** – compreendem exames de questionamentos em tese levados pelas autoridades legitimadas para tal e atendimento de informações solicitadas pelo Poder Legislativo e a outras instituições.
( ) Afastamento provisório do cargo por obstrução a auditorias ou inspeções. **Função sancionadora** – Trata-se de aplicação de sanções aos responsáveis por irregularidades.
( ) Emissão de parecer prévio sobre as contas do Chefe do poder Executivo. **Função opinativa** – compreende a elaboração de parecer prévio (contas do chefe do Executivo), exame de questionamentos do Poder Legislativos e de outras autoridades legitimadas. Importante salientar que neste caso de contas do governo, o Tribunal emite o parecer prévio (função opinativa), o julgador efetivo das contas é o Poder Legislativo (este exerce a função julgadora).
( ) Sustação de ato irregular. **Função corretiva** - Fazer determinações e ajustamentos de gestão para a adequação e cumprimento de disposição legal.

Alternativa correta: letra "a"

17. FGV – 2024 – TCE/GO – Analista de Controle Externo

A NBASP 50 - Princípios de Atividades Jurisdicionais dos Tribunais de Contas desenvolve doze princípios adequados ao contexto específico das atividades jurisdicionais dos Tribunais de Contas.

Nesse contexto, analise os itens a seguir:

I. O Tribunal de Contas deve garantir que as pessoas responsáveis perante ele sejam submetidas a um julgamento justo, garantido por procedimentos legais.

II. Qualquer julgamento do Tribunal de Contas deve ser aberto a objeções e reconsideração e estar sujeito a revisão ou anulação em conformidade com a legislação nacional.

III. Uma pessoa pode ser condenada pela mesma irregularidade a várias sanções da mesma natureza impostas pelo Tribunal de Contas.

Está correto o que se afirma em

a) I, apenas.

b) I e II, apenas.

c) I e III, apenas.

d) II e III, apenas.

e) I, II e III.

COMENTÁRIOS:

Vejamos os 12 princípios:

1- A lei deve definir o regime de responsabilidade e de sanções aplicáveis às pessoas responsáveis perante o Tribunal de Contas;

2- Os membros do Tribunal de Contas, envolvidos nas atividades jurisdicionais, devem possuir prerrogativas legalmente definidas, que garantam explicitamente a sua independência em relação às autoridades públicas;

3- O Tribunal de Contas deve ter prerrogativas que garantam seu acesso à informação;

4- Um fato irregular pode ser processado ou sancionado somente até a expiração de um prazo razoável a partir do momento em que foi cometido ou descoberto;

5- Qualquer julgamento do Tribunal de Contas deve ser aberto a objeções e reconsideração e estar sujeito a revisão ou anulação em conformidade com a legislação nacional;

6- O Tribunal de Contas deve garantir que as pessoas responsáveis perante ele sejam submetidas a um julgamento justo, garantido por procedimentos legais;

7- A imparcialidade do processo de julgamento deve ser garantida por regulamentos que regem as atividades jurisdicionais dos Tribunais de Contas e os procedimentos consequentes;

8- O Tribunal de Contas deve garantir que o exercício das atividades jurisdicionais leve a um julgamento cuja decisão seja notificada e implementada. A sanção da responsabilidade pessoal da parte deve ser efetiva;

9- Uma pessoa não pode ser condenada pela mesma irregularidade a várias sanções da mesma natureza impostas pelo Tribunal de Contas;

10-O Tribunal de Contas deve garantir a qualidade dos procedimentos jurisdicionais por meio de um controle de qualidade eficiente e sistemático;

11- O Tribunal de Contas deve concluir o procedimento jurisdicional dentro de um prazo razoável;

12- O Tribunal de Contas deve garantir que suas decisões sejam públicas, respeitando o sigilo e as restrições vinculadas à confidencialidade que são legalmente obrigatórios, bem como a proteção de dados pessoais.

Item I – Correto. É um dos princípios o julgamento justo (6). Isso envolve o direito ao contraditório, ser informado das acusações, defender-se pessoalmente ou por advogado etc.

Item II – Correto. É um dos princípios o direito a recursos e reconsiderações (5). A decisão que sanciona uma pessoa ou uma autoridade pública responsável perante o Tribunal de Contas deve ser sujeita a uma possível revisão, por iniciativa de uma parte, uma autoridade pública ou um terceiro interessado mediante recurso/reconsideração.

Item III – Incorreto. Contraria o princípio que veda o acúmulo de sanções pela mesma irregularidade (9). Quando o Tribunal de Contas condena uma pessoa a compensar uma perda, essa pessoa não pode ser condenada várias vezes a pagar o mesmo montante. Por outro lado, quando o Tribunal de Contas sanciona um comportamento irregular com multa, outra sanção pode ser imposta pelos mesmos fatos, desde que autorizada em lei. Pode ser esse o caso quando as sanções não têm os mesmos objetivos. A legislação deve, portanto, determinar se o acúmulo de sanções diferentes para a mesma irregularidade é autorizado ou proibido (princípio de non ou ne bis in idem).

Alternativa correta: letra "b"

18. FGV – 2024 – TCE/GO – Analista de Controle Externo

A NBASP 20 objetiva promover os princípios de transparência e de accountability nos Tribunais de Contas, que devem atuar de forma exemplar, mediante a aplicação destes princípios em todos os seus atos.

Sobre a NBASP 20 - Transparência e Accountability, analise os itens a seguir:

I. Os Tribunais de Contas devem atuar sob normas a partir das quais seja possível responsabilizar seus membros e servidores.

II. É recomendável que os Tribunais de Contas divulguem ao público as informações básicas sobre suas competências, suas responsabilidades, sua missão, sua estratégia e suas atividades em uma das línguas oficiais da Intosai, além da língua portuguesa.

III. Os Tribunais de Contas devem ter regras ou códigos de ética, políticas e práticas que estejam alinhados com as Normas Brasileiras de Auditoria do Setor Público, especialmente a NBASP 130.

Está correto o que se afirma em

a) I, apenas.

b) I e II, apenas.

c) I e III, apenas.

d) II e III, apenas.

e) I, II e III.

COMENTÁRIOS:

Nove princípios orientam a NBASP 20:

1- Exercício das funções dos Tribunais de Contas no âmbito de um marco legal que preveja a transparência e a accountability;

2- Publicidade de competências, responsabilidades, missão e planejamento;

3- Adoção de normas, processos e métodos de auditoria objetivos e transparente;

4- Garantia de altos padrões de integridade e de ética por parte dos membros, servidores e demais colaboradores;

5- Garantia de que os princípios de transparência e de accountability não sejam comprometidos quando parte de suas atividades forem executadas por terceiros;

6- Gerenciamento das operações dos Tribunais de Contas com economicidade, eficiência e eficácia, e em conformidade com as leis e regulamentos, e divulgação dos resultados atingidos;

7- Publicidade dos resultados das auditorias e das conclusões sobre as atividades gerais do governo;

8- Comunicação oportuna e ampla dos resultados das atividades de auditoria por intermédio da mídia, de sites e de outros meios;

9- Cumprimento das Normas Brasileiras de Auditoria do Setor Público e busca de aprendizagem contínua, usando orientações ou conhecimentos de colaboradores externos.

Item I – Correto. Em linha com o *Princípio 1.* As normas devem incluir: a) as competências para as auditorias, a jurisdição e responsabilidades dos Tribunais de Contas; b) as condições sobre a nomeação e o afastamento de membros e servidores dos Tribunais de Contas; c) os requisitos de gestão operacional e financeira dos Tribunais de Contas; d) a publicação oportuna dos relatórios de auditoria; e) a supervisão das atividades dos Tribunais de Contas; f) o equilíbrio entre o acesso do público à informação e a preservação do sigilo.

Item II – Correto. Em linha com o *Princípio 2*. Os Tribunais de Contas devem tornar públicas suas competências, missões, organização, estratégia e suas relações com as várias partes interessadas, incluindo os órgãos legislativos e autoridades executivas. Devem tornar públicas as condições de nomeação, eleição, reeleição, aposentadoria e destituição dos seus membros e servidores. É recomendável a divulgação das principais informações em língua oficial da INTOSAI, além do Português.

Item III – Correto. Em linha com o *Princípio 4*. Os Tribunais de Contas devem prevenir conflitos internos de interesses, corrupção e outras situações danosas ao patrimônio público, assegurando a transparência e a legalidade de seus próprios atos; devem promover ativamente o comportamento ético em toda a organização; devem divulgar as exigências éticas e as obrigações de seus membros, servidores e outros colaboradores. O item 20 da NBASP 20 prevê:

NBASP 20, Princípio 4

20. Os Tribunais de Contas devem ter regras ou códigos de ética, políticas e práticas que estejam alinhados com as Normas Brasileiras de Auditoria do Setor Público, especialmente a NBASP 130.

Alternativa correta: letra "E"

---

19. FGV – 2024 – TCE/GO – Analista de Controle Externo

As Normas Internacionais das Entidades Fiscalizadoras Superiores (ISSAI), desenvolvidas pela Organização Internacional das Entidades Fiscalizadoras Superiores (INTOSAI), visam promover a realização de auditorias independentes e eficazes pelas Entidades Fiscalizadoras Superiores (EFS).

Sobre auditoria governamental segundo a INTOSAI, analise os itens a seguir:

I. As EFS podem optar por compilar um único documento normativo, uma série de tais documentos ou uma combinação de documentos normativos e outros documentos oficiais;

II. As EFS devem declarar quais normas elas aplicam na execução de suas auditorias, e essa declaração deve ser acessível para os usuários dos seus relatórios;

III. As EFS podem decidir adotar as Diretrizes Gerais de Auditoria como suas normas oficiais.

Está correto o que se afirma em

a) I, apenas.

b) I e II, apenas.

C -I e III, apenas.

d) II e III, apenas.

e) I, II e III.

COMENTÁRIOS:

Encontraremos tais considerações na NBASP 100, a norma que trata dos princípios fundamentais de auditoria do setor público. Ela apresenta as linhas fundamentais como: definição de auditoria, objetivos, elementos de uma auditoria do setor público etc. É uma norma que orienta as EFS possibilitando que adotem ou desenvolvam suas próprias normas com base nos princípios lá dispostos.

Os princípios podem ser utilizados para estabelecer normas aplicáveis de três modos:

- como base sobre a qual as EFS podem desenvolver normas próprias;

- como base para a adoção de normas nacionais consistentes com esses princípios;

- como base para a adoção das ISSAI.

É importante acrescentar que as normas que tratam dos princípios de auditoria financeira, operacional e de conformidade também podem ser utilizadas para que a EFS estabeleça outras normas oficiais. Isso ocorre porque são normas internacionais, assim acabam tendo um certo grau de generalidade, sem focar em regras, mas em princípios. Desta forma, encaixam-se no ordenamento das diversas EFS dos mais variados países adotantes. Tais normas, que recebem a nomenclatura de ISSAI 100, ISSAI 200 e ISSAI 300 (convertidas para NBASPS 100, 200 e 300) e outras compostas por "00" acabam tendo valor principiológico, pois encabeçam os grupos e orientam a sequência de normas do mesmo grupo.

Itens I e II – Corretos. Texto presente na NBASP 100.

NBASP 100

8. (...) As EFS podem optar por compilar um único documento normativo, uma série de tais documentos ou uma combinação de documentos normativos e outros documentos oficiais.

As EFS devem declarar quais normas elas aplicam na execução de suas auditorias, e essa declaração deve ser acessível para os usuários dos seus relatórios. Quando as normas forem baseadas em várias fontes em conjunto, isso também deve ser declarado. As EFS são encorajadas a tornar essas declarações parte de seus relatórios de auditoria, entretanto, formas mais gerais de comunicação podem ser usadas

Item III – Correto. As EFS podem criar normas alinhadas às normas internacionais ou pode simplesmente adotá-las.

NBASP 100

10. As EFS podem escolher adotar as ISSAI como suas normas oficiais. Em tais casos, o auditor precisa cumprir todas as ISSAI relevantes para a auditoria. A referência às ISSAI aplicadas pode ser feita declarando-se: "Conduzimos nossa(s) auditoria(s) em conformidade com as Normas Internacionais das Entidades Fiscalizadoras Superiores (ISSAI).

Alternativa correta: letra "e"

20. CEBRASPE – 2023 – TCDF – Auditor de Controle Externo

No que se refere a evidências e à comunicação dos resultados no âmbito da auditoria, julgue o item a seguir.

O fortalecimento da imagem institucional dos tribunais de contas perante a imprensa e a sociedade é um dos objetivos da comunicação dos resultados das fiscalizações realizadas pelo controle externo.

COMENTÁRIOS:

Ainda que a questão pudesse versar de maneira específica sobre um Tribunal (TCDF), o que nos levaria encontrar a resposta em normativos específicos deste Tribunal, a *comunicação* é um pilar universal e orientado pelas normas brasileiras e internacionais de auditoria do setor público. Assim, basta que recorramos às NBASPs para responder à questão, já que *fortalecer a democracia, informar aos cidadãos, reforçar a transparência e accountability* são pontos focais das EFS. Possivelmente, todo Tribunal tem uma resolução instituindo a política de comunicação social, pois a NBASP 20, que trata de transparência e accountability, assim prevê ao elencar os princípios, especialmente no item 34:

NBASP 20, Princípio 6

(...)

32. Os Tribunais de Contas devem acompanhar a sua visibilidade pública, os resultados e o impacto de suas ações mediante retroalimentação externa.

33. Os Tribunais de Contas devem possuir ouvidorias (...) favorecendo o controle social e a transparência (...).

34. Os Tribunais de Contas devem possuir área de comunicação social, com política de comunicação aprovada, que assegure o alcance do objetivo de cumprir os princípios da publicidade e da transparência, além de demonstrar a utilidade e a efetividade do controle externo e **fortalecer a imagem institucional**.

Alternativa correta: CERTO.

21. FGV – 2023 – TCE/BA – Auditor de Controle Externo

O Tribunal de Contas do Estado Beta, cujas atribuições alcançavam não só o Estado como os Municípios, imputou débito, em razão do dano causado ao erário, e aplicou multa a João, servidor público municipal, em razão das irregularidades praticadas enquanto ordenador de despesas no Município X.

Nesse caso, a execução dos créditos, decorrentes da imputação de débito e da multa aplicada a João, de modo a assegurar a plena eficácia da decisão do Tribunal de Contas, deve ser promovida pelo:

a) Estado Beta em relação a ambos os créditos;
b) Município X em relação a ambos os créditos;
c) Ministério Público de Contas em relação a ambos os créditos;
d) Município X em relação à imputação de débito e pelo Estado Beta quanto à multa;
e) Município X em relação à imputação de débito e pelo Tribunal de Contas quanto à multa.

COMENTÁRIOS:

A questão deseja saber quem é o legitimado para executar débito e multa imputado por um Tribunal de Contas estadual em desfavor de agente municipal.

Nos termos do entendimento consolidado pelo STF, quando se trata de decisão dos Tribunais de Contas que imputa débito e multa a agentes públicos municipais, a execução desse crédito compete à entidade diretamente lesada, ou seja, ao Município.

1. O Município prejudicado é o legitimado para a execução de crédito decorrente de multa aplicada por Tribunal de Contas estadual a agente público municipal, em razão de danos causados ao erário municipal. 2. Compete ao Estado-membro a execução de crédito decorrente de multas simples, aplicadas por Tribunais de Contas estaduais a agentes públicos municipais, em razão da inobservância das normas de Direito Financeiro ou, ainda, do descumprimento dos deveres de colaboração impostos, pela legislação, aos agentes públicos fiscalizados. (STF. RE1003433, 2021).

Observe que o entendimento vigente é de que o dever de reposição ao erário (imputação de débito) bem como a multa daí decorrente direta e proporcionalmente ao dano, o município é o legitimado para execução, já que é este o ente lesado. Considerando que o acessório (a multa proporcional) acompanha o principal (imputação de débito), caberá ao Município a execução dos dois créditos. Já em relação às multas simples, aplicadas por inobservância das normas financeiras, contábeis, dever de colaborar etc., são executadas pelo Estado.

Alternativa correta: letra "b"

22. FGV – 2023 – TCE/BA – Auditor de Controle Externo

O Tribunal de Contas do Estado Alfa se notabilizou pelo elevado nível de eficiência em sua atuação funcional e pela regular observância dos direitos dos jurisdicionados.

Após sua auditoria atuar no âmbito da Administração Pública direta da esfera do governo na qual desenvolvia sua atuação funcional, o Tribunal, em observância à NBASP 12, decidiu, corretamente, que a referida auditoria deve:

a) levar em consideração, para a elaboração do relatório preliminar que será publicizado, as considerações do auditado;
b) permitir o acompanhamento do auditado, mas sem lhe cientificar dos achados em momento anterior à publicização do relatório final;
c) assegurar o sigilo dos elementos colhidos e dos achados identificados, inclusive em relação ao auditado, até a publicização do relatório preliminar;
d) assumir caráter público, sem qualquer exceção, de modo que o auditado e qualquer interessado possam acompanhar o seu desenvolvimento, apenas assegurando-se o sigilo dos achados;
e) ter o relatório preliminar franqueado ao auditado antes que seja tornado público, podendo inclusive tomar conhecimento dos achados, desde que isso não prejudique o objetivo da fiscalização.

COMENTÁRIOS:

O princípio 3 da NBASP 12 destaca a "Habilitação dos responsáveis pela governança do setor público para que possam cumprir suas responsabilidades e responder aos achados e recomendações da auditoria e adotar as ações corretivas apropriada". Isso significa, em poucas linhas, que o relatório de auditoria não deve ser uma "surpresa". É inadequado que o auditado tome conhecimento dos achados apenas por meio do relatório. A comunicação deve ser constante com as entidades auditadas e os achados preliminares devem ser discutidos no curso da auditoria.

Alternativa "a" – Incorreta. A NBASP 12, estabelece que o auditado deve ter a oportunidade de apresentar comentários e esclarecer aspectos relacionados aos achados preliminares **antes do relatório final** e devem ser discutidos com a entidade o relatório preliminar, antes da sua publicização. A assertiva descreve um momento anterior a elaboração do próprio relatório preliminar, o que nos parece a primeira inadequação. Neste momento anterior ao relatório preliminar, a auditoria ainda está em execução, o auditor irá interagir com a entidade para buscar achados, mas não podemos assegurar que ele "deverá" levar em conta as contribuições do auditado, pois a opinião a constar no relatório é do auditor e resulta do seu julgamento profissional, livre de influências. Definitivamente, não é a melhor assertiva.

NBASP 12

29. Os Tribunais de Contas devem permitir ao auditado examinar o relatório preliminar de auditoria antes que ele seja tornado público, oportunizando ao gestor tomar conhecimento dos achados, conclusões e propostas em seu contexto completo e por escrito, exceto nos casos nos quais, de forma fundamentada, o exame prejudique o objetivo da fiscalização.

Alternativa "b" – Incorreta. Verifique a transcrição do item 29 da NBASP 12 acima. Deve ser oportunizado ao auditado a ciência dos achados.

Alternativa "c" – Incorreta. Os auditores devem assegurar que o relatório de auditoria seja transparente e possibilite que os auditados e as partes interessadas relevantes compreendam os achados, conclusões e recomendações. O sigilo sobre os achados, em relação ao auditado, como se verifica no item 29 já transcrito, é necessário quando prejudique a auditoria ou fiscalização

Alternativa "d" – Incorreta. A auditoria deve buscar a transparência, mas isso não significa que todo o processo de auditoria seja público.

Alternativa "e" – Correta. Conforme item 29 da NBASP 12 acima.

Alternativa correta: letra "e"

23. FGV – 2023 – TCE/ES – Auditor de Controle Externo

O presidente do Tribunal de Contas do Estado Beta almejava instituir uma sistemática de avaliação do cumprimento, ou não, no âmbito do Tribunal, das normas brasileiras de auditoria do setor público. Por tal razão, consultou sua assessoria a respeito da possibilidade de se utilizar uma entidade externa independente para a realização de avaliação dessa natureza. A assessoria respondeu, corretamente, com base na NBASP 20, que a referida utilização:

a) é possível, com o objetivo de avaliar suas operações, sendo admitida a utilização da revisão por pares;
b) não é possível, por se tratar de atividade típica de Estado, insuscetível de avaliação pelo *extraneus*;
c) é possível, e avaliações externas dessa natureza não podem ser publicizadas, considerando a natureza das informações obtidas;
d) é possível, mas apenas com a utilização de especialistas externos para a avaliação de suas ope-

rações, não propriamente em questões técnicas afetas à juridicidade;

e) não é possível, embora não haja óbice a que, em escopos delineados por profissional do Tribunal de Contas, responsável pelas auditorias, haja atividade de assessoria.

COMENTÁRIOS:

Alternativa "a". Correta.

NBASP 20, Princípio 9

44. Os Tribunais de Contas podem recorrer a uma entidade externa independente a fim de avaliar suas operações e seu atendimento às normas. Para isso, podem utilizar a revisão por pares.

Alternativa "b". Incorreta. A revisão pelos pares, bem como a utilização de especialista em assuntos complexos de uma auditoria são permitidos. Destaque-se que, ao utilizar um especialista em uma auditoria, a responsabilidade do Tribunal não é modificada. A responsabilidade não se transfere, mesmo que o especialista erre, a responsabilidade da opinião será do Tribunal.

NBASP 20

45. Os Tribunais de Contas podem recorrer a especialistas externos para fornecer consultoria independente em questões técnicas relacionadas à auditoria, caso não disponha em seus quadros de profissionais especializados ou suficientes, sempre observados os limites da objetividade, da neutralidade, do sigilo e da independência nas auditorias. Nesses casos, os Tribunais de Contas assumem a responsabilidade pelo trabalho entregue pelo especialista e pelas conclusões que dele decorram.

Alternativa "c". Incorreta.

NBASP 20

46. Os Tribunais de Contas devem tornar públicos os resultados de revisões por pares e avaliações externas independentes.

Alternativa "d". Incorreta. É possível recorrer a especialistas tanto para avaliar as operações de uma entidade (revisão pelos pares) quanto para apoiar na execução de uma auditoria. Por exemplo, imagine uma auditoria que exige conhecimentos aprofundados na área de gás e petróleo. O auditor do Tribunal de Contas pode ser um contador, economista, administrador ou engenheiro, sem domínio específico sobre petróleo. Nesse caso, pode ser necessário contratar um especialista em petróleo para apoiar o processo de auditoria. No entanto, é importante destacar que a responsabilidade pela auditoria permanece integralmente com o auditor. O especialista atua como um apoio técnico, fornecendo informações ou análises específicas, mas não assume a responsabilidade pelo trabalho de auditoria. Se houver falhas na auditoria, o auditor não pode transferir a culpa para o especialista. Caso o auditor considere que o trabalho do especialista não atingiu o nível de qualidade esperado, ele tem a prerrogativa de desconsiderar o material fornecido e realizar os ajustes necessários para assegurar a integridade da auditoria.

Alternativa "e". Incorreta. Já está fartamente demostrado a possibilidade de participação de agentes externos.

NBASP 20 48.

O trabalho dos consultores e especialistas deve ser limitado ao escopo delineado por profissional do Tribunal de Contas, responsável pelas auditorias, e suas conclusões devem ser reproduzidas no relatório de auditoria, acompanhadas da opinião e dos comentários dos profissionais de auditoria

Alternativa correta: letra "a"

24. CEBRASPE – 2022 – TCE/RJ – Técnico de Controle Externo

Relativamente ao Tribunal de Contas da União e aos tribunais de contas dos estados, julgue o item subsequente.

O Tribunal de Contas da União tem competência privativa para dispensar a prestação de contas de uma pessoa legalmente obrigada a fazê-la, observadas as prescrições constitucionais.

COMENTÁRIOS:

O TCU tem competência privativa para dispensar a prestação de contas de uma pessoa legalmente obrigada a fazê-la, desde que sejam observadas as prescrições constitucionais.

Lei 8443

Art. 6° Estão sujeitas à tomada de contas e, ressalvado o disposto no... (*), só por decisão do Tribunal de Contas da União podem ser liberadas dessa responsabilidade as pessoas indicadas nos incisos I a VI do art. 5° desta Lei.

Nota (*): a ressalva indicada na lei 8443 acima trata do Princípio da Inafastabilidade da Jurisdição, que está consagrado no artigo 5º, inciso XXXV, da CF/88, que dispõe: **"A lei não excluirá da apreciação do Poder Judiciário lesão ou ameaça a direito."**

Resposta correta: CERTO.

4. CLASSIFICAÇOES DE AUDITORIA E SEUS INSTRUMENTOS

25. FGV – 2024 – TCE/PA – Auditor de Controle Externo

Na atualidade, há modalidades de auditoria inerentes ao controle do primeiro setor (...) capazes de ensejar melhores resultados, tanto para o órgão fiscalizador, como para o fiscalizado, em face da avaliação do grau de eficiência, eficácia e economicidade de determinado programa de governo.

(GUERRA, Evandro Martins. Controle Externo da Administração Pública. Ed, Fórum, 2019, p. 303)

A modalidade de auditoria a que se refere o texto é

a) o levantamento.
b) o operacional.
c) a regularidade.
d) a financeira.
e) a contábil.

COMENTÁRIOS:

Utilizando como referência o regimento do TCU, lá verificaremos que são cinco os instrumentos por meio do qual este órgão realiza a sua função fiscalizadora: Monitoramento, Inspeção, Levantamento, Acompanhamento e Auditoria. Temos tipos (classificações) de auditoria nas alternativas "b", "c", "d" e "e". Entre essas, precisamos escolher aquela que tem como objetivo avaliar o desempenho ou os "3Es" (eficiência, economicidade e efetividade). A efetividade, tradução do *effectiveness* das normas internacionais, corresponde a dois conceitos distintos em língua portuguesa: *efetividade* (conceito relacionado aos efeitos de uma ação) e *eficácia* (conceito relacionado ao grau de alcance das metas programadas). Portanto, podemos adotar como referência os "4 Es", introduzindo a "eficácia" no rol.

Alternativa "a" - Incorreta. No levantamento conhece-se a organização e o funcionamento dos órgãos e entidades da administração direta, indireta e fundacional (...), incluindo fundos e demais instituições que lhe sejam jurisdicionadas, assim como dos sistemas, programas, projetos e atividades governamentais no que se refere aos aspectos contábeis, financeiros, orçamentários, operacionais e patrimoniais; identifica-se objetos e instrumentos de fiscalização; e avalia-se a viabilidade da realização de fiscalizações.

Alternativa "b" – Correta. A auditoria operacional é a auditoria que avalia desempenho/resultado; se os empreendimentos, os sistemas, as operações, os programas, as atividades ou os organismos funcionam em conformidade com os princípios da economicidade, da eficiência e da efetividade e se existe espaço para melhorias.

Alternativa "c" – Incorreta. A auditoria de regularidade (ou de conformidade) é aquela que verifica a legalidade e legitimidade, isto é a conformidade com leis e regulamentos.

Alternativa "d" – Incorreta. Auditoria financeira foca em determinar se a informação financeira de uma entidade é apresentada em conformidade com a estrutura de relatório financeiro e o marco regulatório aplicável. Isso é alcançado obtendo-se evidência de auditoria suficiente e apropriada para permitir o auditor expressar uma opinião quanto a estarem as informações financeiras livres de distorções relevantes devido a fraude ou erro.

Alternativa "e" – Incorreta. Auditoria contábil e financeira possuem definição semelhante. Porém, o termo "auditoria financeira" geralmente aparece nas normas de auditoria do setor público, enquanto o termo "auditoria contábil" está mais associado às normas e doutrina afeta à auditoria empresarial. Geralmente, a duplicidade de nomenclaturas é resultado das traduções do inglês para o português, das normas internacionais de auditoria e contabilidade.

Alternativa correta: letra "b"

---

26. CEBRASPE – 2024 – TCE/PR – Auditor de Controle Externo

Durante uma auditoria realizada pelo tribunal de contas em um programa de alimentação escolar, o auditor decidiu assumir um risco de auditoria de 5%. Em uma auditoria anterior realizada em um programa de saúde na mesma cidade, o risco de auditoria assumido havia sido de 1%. Questionado sobre essa disparidade, o auditor justificou que, em determinadas situações, pode ser aceitável assumir um risco maior devido à natureza e ao contexto específico do projeto.

Considerando as normas de auditoria relativas ao risco, ao assumir um risco de auditoria de 5%, o auditor trabalha com um índice de 95% para o nível de asseguração

a) razoável.
b) médio.
c) baixo.
d) elevado.
e) moderado.

COMENTÁRIOS:

O enunciado apresenta diversos valores e informações desnecessários com o intuito de confundir o candidato. Para responder corretamente à questão, é essencial, antes de tudo, identificar o tipo de trabalho descrito. Nesse caso, trata-se de uma auditoria (auditoria é um trabalho de asseguração razoável).

É importante destacar que existem outros tipos de trabalhos, como o de revisão, que são considerados trabalhos de asseguração limitada. No entanto, este não é o caso aqui.

No contexto de auditoria, não existe asseguração classificada como "alta", "baixa" ou "média". Os níveis de asseguração são definidos pelo tipo de trabalho e se dividem em apenas duas categorias: asseguração razoável, que representa o nível mais elevado de segurança possível (auditoria), e asseguração limitada, que oferece um nível mais restrito de segurança (revisão). Qualquer classificação diferente dessas deve ser desconsiderada, pois não reflete o disposto em normas de auditoria.

Alternativa "a" – Correta. A asseguração razoável representa o nível máximo de segurança que pode ser alcançado em um trabalho de auditoria. Por definição, auditoria é um trabalho de asseguração razoável. É importante destacar que o nível de confiança específico mencionado, seja 95%, 96% ou até 99%, não altera a natureza do trabalho. Independentemente do valor atribuído ao nível de confiança, o trabalho continuará sendo uma auditoria e, portanto, um trabalho de asseguração razoável. Essa característica é inerente ao tipo de trabalho, e não depende de variações numéricas no nível de confiança. Geralmente adota-se um nível de confiança de 90% a 95% nas asseguraçães razoáveis.

Alternativa "b" – Incorreta. Não existe asseguração média. Apenas razoável e limitada.

Alternativa "c" – Incorreta. Não existe asseguração baixa. Apenas razoável e limitada.

Alternativa "d" – Incorreta. Não existe asseguração elevada. Apenas razoável e limitada.

Alternativa "e" – Incorreta. Não existe asseguração moderada. Apenas razoável e limitada.

Alternativa correta: letra "a"

27. CONSULPAM – 2023 – TCM/PA – Auditor de Controle Externo

A respeito dos conceitos e orientações disponíveis na ISSAI 100, assinale a alternativa CORRETA.

a) As auditorias financeiras são trabalhos de relatório; as auditorias operacionais são trabalhos de certificação e as auditorias de conformidade são trabalhos de relatório direto.

b) As auditorias financeiras são trabalhos de certificação; as auditorias operacionais são trabalhos de relatório e as auditorias de conformidade são sempre trabalhos de relatório direto.

c) As auditorias financeiras são trabalhos de certificação; as auditorias operacionais são trabalhos de relatório e as auditorias de conformidade são sempre trabalhos de certificação.

d) As auditorias financeiras são trabalhos de certificação; as auditorias operacionais são trabalhos de relatório e as auditorias de conformidade podem ser trabalhos de certificação, de relatório direto ou ambos ao mesmo tempo.

COMENTÁRIOS:

Os trabalhos de auditoria no setor público podem ser classificados em dois tipos diferentes: trabalhos de certificação e trabalhos de relatório direto.

- Nos trabalhos de certificação, a parte responsável mensura o objeto de acordo com os critérios e apresenta a informação do objeto, sobre a qual o auditor então obtém evidência de auditoria suficiente e apropriada para proporcionar uma base razoável para expressar uma conclusão.

- Nos trabalhos de relatório direto, é o auditor quem mensura ou avalia o objeto de acordo com os critérios. O auditor seleciona o objeto e os critérios, levando em consideração risco e materialidade. O resultado da mensuração do objeto, de acordo com os critérios, é apresentado no relatório de auditoria na forma de achados, conclusões, recomendações ou de uma opinião. A auditoria do objeto pode também proporcionar novas informações, análises ou novas perspectivas.

Tipo de Auditoria	Tipo de Trabalho	Objeto ou Informação sobre o Objeto
Auditoria financeira	Sempre trabalhos de **certificação**.	Demonstrações financeiras preparadas pela parte responsável, avaliadas de acordo com critérios contábeis.
Auditoria operacional	Normalmente trabalhos de **relatório direto**.	Eficiência, efetividade e economia (3E's) das operações, programas, serviços ou políticas públicas.
Auditoria de conformidade	Pode ser trabalho de **certificação, relatório direto** ou **ambos ao mesmo tempo**.	Transações, eventos, sistemas, operações ou informações avaliadas em relação a leis, regulamentos, políticas ou regras.

Alternativas "a" - Incorreta. Todos os elementos incorretos.

Alternativa "b" - Incorreta. Erro na auditoria de conformidade.

Alternativa "c" - Incorreta. Erro na auditoria de conformidade.

Alternativa "d" - Correta. Conforme quadro esquematizado acima.

Alternativa correta: letra "d"

28. CONSULPAM - 2023 - TCM/PA - Conselheiro

Essa auditoria pode cobrir uma ampla variedade de objetos e pode ser realizada para fornecer asseguração razoável ou limitada, utilizando diversos tipos de critérios, procedimentos de obtenção de evidências e formatos de relatório. Podem ser trabalhos de certificação ou de relatório direto, ou ambos ao mesmo tempo. O relatório de auditoria pode ser apresentado em forma longa ou curta, e as conclusões podem ser expressas de várias formas: como uma declaração escrita, simples e clara, de opinião sobre a conformidade, ou como uma resposta mais elaborada a questões específicas de auditoria.

O texto acima faz referência ao conceito de:

a) Auditoria de conformidade.

b) Auditoria operacional.

c) Auditoria regulatória.

d) Auditoria interna operacional.

COMENTÁRIOS:

A questão apresenta vários termos importantes para provas:

Asseguração razoável x Asseguração limitada

No trabalho de **asseguração razoável,** o auditor reduz o risco do trabalho para um nível aceitavelmente baixo nas circunstâncias do trabalho como base para a sua conclusão. A conclusão do auditor independente é expressa de forma que transmita **a sua opinião** sobre o resultado da mensuração ou avaliação de determinado objeto de acordo com os critérios aplicáveis. Em outros termos, a asseguração razoável é a melhor asseguração possível, já que é impossível alcançar a asseguração absoluta (100% de segurança). A opinião do auditor é expressa de maneira convincente e desta maneira: *"Em nossa opinião, as demonstrações contábeis (ou outro objeto) estão em conformidade com os critérios XYZ."*

No trabalho de **asseguração limitada**, o auditor independente reduz o risco do trabalho para um nível que é aceitável nas circunstâncias do trabalho, mas que ainda é maior do que para um trabalho de asseguração razoável. Dessa forma, sua conclusão deve transmitir se, com base nos procedimentos realizados e evidências obtidas, **algum assunto chegou ao seu conhecimento** de forma a levá-lo a acreditar que a informação do objeto está relevantemente distorcida. Veja que aqui a conclusão do auditor é menos persuasiva: *"Não tomamos conhecimento de fatos quem nos levem a acreditar que as demonstrações contábeis (ou outro objeto) estão inadequadas."*

A forma e o conteúdo de um relatório dependerão da natureza da auditoria, dos usuários previstos, das normas aplicáveis e dos requisitos legais:

Relatórios de forma longa geralmente descrevem em detalhes o escopo, os achados e as conclusões da auditoria, incluindo os efeitos potenciais e as recomendações construtivas para possibilitar a adoção de medidas corretivas.

Relatórios de forma curta são mais condensados e geralmente elaborados em formato mais padronizado.

Nos trabalhos de certificação a parte responsável mensura o objeto de acordo com os critérios e apresenta a informação do objeto, sobre a qual o auditor então obtém evidência de auditoria suficiente e apropriada para proporcionar uma base razoável para expressar uma conclusão.

Nos trabalhos de relatório direto, é o auditor quem mensura ou avalia o objeto de acordo com os critérios. O auditor seleciona o objeto e os critérios, levando em consideração risco e materialidade. O resultado da mensuração do objeto, de acordo com os critérios, é apresentado no relatório de auditoria na forma de achados, conclusões, recomendações ou de uma opinião. A auditoria do objeto pode também proporcionar novas informações, análises ou novas perspectivas.

Agora vejamos os tipos de trabalho aplicáveis em cada uma das auditorias:

Auditoria financeira → Sempre trabalhos de certificação.

Auditoria Operacional→ Normalmente trabalhos de relatório direto.

Auditoria de Conformidade→ Pode ser trabalho de certificação, relatório direto ou ambos ao mesmo tempo.

Alternativa "a". Correta. Literalidade do texto normativo.

NBASP 400, 3, Características da auditoria de conformidade

15. A auditoria de conformidade pode cobrir uma ampla variedade de objetos e pode ser realizada para fornecer asseguração razoável ou limitada, utilizando diversos tipos de critérios, procedimentos de obtenção de evidências e formatos de relatório. As auditorias de conformidade podem ser trabalhos de certificação ou de relatório direto, ou ambos ao mesmo tempo. O relatório de auditoria pode ser apresentado em forma longa ou curta e as conclusões podem ser expressas de várias formas: como uma declaração escrita, simples e clara, de opinião sobre a conformidade, ou como uma resposta mais elaborada a questões específicas de auditoria.

Alternativa "b". Incorreta. A auditoria operacional geralmente utiliza relatório direto. Normalmente, não se espera que auditores operacionais apresentem uma opinião geral, comparável à opinião padronizada dos trabalhos de certificação, sobre se a organização ou programa auditado alcançou economicidade, eficácia, eficiência e efetividade (ISSAI 300/21).

Alternativa "c". Incorreta. É provável que o examinador tenha a intenção de confundir o candidato com o termo "auditoria de regularidade", uma vez que este é frequentemente utilizado como sinônimo de "auditoria de conformidade".

Alternativa "d". Incorreta. Trata-se da auditoria operacional descrita na alternativa "b". A única diferença aqui é o fato de a auditoria ser interna, isto é, é um auditor da própria entidade fazendo a avaliação, e não um auditor independente (externo), como o auditor do Tribunal de Contas.

Alternativa correta "a"

29. FGV – 2022 – TCE/TO – Auditor de Controle Externo

Uma equipe de auditoria foi contratada para fazer um trabalho em que o objeto de auditoria foi mensurado, de acordo com os critérios aplicáveis, pela parte responsável (uma entidade pública) e as informações foram fornecidas à equipe. Tais informações constituem a única fonte de evidência a que a equipe de auditoria terá acesso para proporcionar uma base razoável para expressar uma conclusão. Nesse cenário, ao aceitar o trabalho, a equipe de auditoria deverá conduzi-lo conforme os Princípios Fundamentais de Auditoria do Setor Público (NBASP 100/ ISSAI 100), especificamente as normas relativas a trabalhos de:

a) acompanhamento e inspeção;

b) asseguração razoável;

c) monitoramento;

d) relatório direto;

e) certificação.

COMENTÁRIOS:

Os trabalhos de auditoria no setor público podem ser classificados em dois tipos diferentes: trabalhos de certificação e trabalhos de relatório direto. Esse é o núcleo da questão.

Alternativa "a". Incorreta. Há cinco instrumentos por meio dos quais os Tribunais de Contas realizam a fiscalização: Monitoramento, Inspeção, Levantamento, Acompanhamento e Auditoria. Trata-se de tema estranho à questão.

Alternativa "b" - Incorreta. Asseguração razoável é o nível de asseguração que uma auditoria permite, pois não existe asseguração absoluta (100% de segurança). Trata-se de tema estranho à questão.

Alternativa "c" – Incorreta. É um dos instrumentos de fiscalização já descrito no comentário da alternativa "a".

Alternativa "d" – Incorreta. Nos trabalhos de relatório direto, é o auditor quem mensura ou avalia o objeto de acordo com os critérios. O auditor seleciona o objeto e os critérios, levando em consideração risco e materialidade. O resultado da mensuração do objeto, de acordo com os critérios, é apresentado no relatório de auditoria na forma de achados, conclusões, recomendações ou de uma opinião. A auditoria do objeto pode também proporcionar novas informações, análises ou novas perspectivas.

Alternativa "e" - Correta. Nos trabalhos de certificação a parte responsável mensura o objeto de acordo com os critérios e apresenta a informação do objeto, sobre a qual o auditor então obtém evidência de auditoria suficiente e apropriada para proporcionar uma base razoável para expressar uma conclusão.

Alternativa correta: letra "e"

30. FGV – 2022 – TCE/TO – Auditor de Controle Externo

A diretoria de governança e integridade de um órgão público solicitou à auditoria interna que fornecesse um parecer quanto à adoção de alguns controles para mitigar um risco de integridade avaliado como de alto impacto. Em uma reunião com a diretoria e o auditor chefe do órgão, foram acordados a natureza e o escopo do trabalho. No sistema informatizado de registros, o auditor chefe deve informar que o trabalho solicitado se trata de um serviço de:

a) avaliação;

b) assurance;

c) consultoria;

d) confirmação interna;

e) asseguração limitada.

COMENTÁRIOS:

Alternativas "a" e "b". Incorretas. Os serviços de avaliação (assurance) compreendem a avaliação objetiva da evidência pelo auditor interno, a fim de fornecer uma opinião ou conclusões independentes a respeito de uma entidade, operação, função, processo, sistema ou outro ponto importante. A natureza e o escopo do trabalho de avaliação (assurance) são determinados pelo auditor interno. Geralmente há três partes envolvidas nos serviços de avaliação (assurance): (1) a pessoa ou o grupo diretamente envolvido com a entidade, operação, função, processo, sistema ou outro ponto importante - o proprietário do processo, (2) a pessoa ou grupo que efetua a avaliação – o auditor interno, e (3) a pessoa ou grupo que utiliza a avaliação – o usuário (*Institute of Internal Auditors*).

Alternativa "c". Correta. Os serviços de consultoria são, por natureza, de assessoria e geralmente são realizados a partir da solicitação específica de um cliente do trabalho. A natureza e o escopo dos trabalhos de consultoria estão sujeitos a um acordo com o cliente do trabalho. Geralmente os serviços de consultoria envolvem duas partes: (1) a pessoa ou grupo que oferece a assessoria – o auditor interno, e (2) a pessoa ou grupo que busca e recebe a assessoria – o cliente do trabalho. Ao realizar serviços de consultoria, o auditor interno deveria manter a objetividade e não assumir responsabilidades que são da administração (IIA).

Alternativa "d". Incorreta. "Confirmação interna" não é um tipo de trabalho ou procedimento. Possivelmente, o examinador quis confundir com o procedimento de auditoria designado como "confirmação externa".

Alternativa "e". Incorreta. Serviços de asseguração limitada oferecem um nível menor de confiança em relação aos serviços de asseguração razoável, mas ainda assim são independentes e objetivamente realizados pela auditoria interna. Porém, o enunciado da questão descreve uma consultoria, logo, não envolve asseguração (nem limitada nem razoável).

Alternativa correta: letra "c"

31. FGV – 2022 – TCU – Auditor Federal de Controle Externo

Nos trabalhos de auditoria, é necessária a definição de critérios, que consistem em referências para avaliar o objeto auditado. Tais referências são previamente determinadas pelo auditor. No contexto das entidades públicas, conforme a ISSAI 100, a definição desses critérios:

a) adota leis e regulamentos como fontes primárias;
b) deve considerar a relevância para a parte responsável;
c) deve ser baseada nos objetivos e no tipo de auditoria;
d) deve ser estável quando se tratar de um mesmo objeto;
e) é invariável quando se trata de auditoria de conformidade.

COMENTÁRIOS:

Lembre-se que as ISSAIs (normas internacionais) foram incorporadas como NBASPs (normas brasileiras correspondem às ISSAIs traduzidas para o português). Assim, sempre que uma questão citar, por exemplo, a ISSAI 100, seria o mesmo que citar a NBASP 100.

NBASP 100

27.Os critérios são as referências usadas para avaliar o objeto. Cada auditoria deve ter critérios adequados às circunstâncias daquela auditoria. Na determinação da adequação dos critérios, o auditor deve considerar a sua relevância e compreensibilidade para os usuários previstos, assim como a sua completude, confiabilidade e objetividade (neutralidade, aceitabilidade geral e comparabilidade com os critérios utilizados em auditorias similares). Os critérios utilizados podem depender de uma série de fatores, incluindo os objetivos e o tipo de auditoria. Critérios podem ser específicos ou mais gerais, e podem ser extraídos de várias fontes, incluindo leis, regulamentos, padrões, princípios sólidos e boas práticas. Os critérios devem estar disponíveis para os usuários previstos para lhes permitir entender como o objeto foi avaliado ou mensurado.

Alternativa "a". Incorreta. Leis e regulamentos são critérios, mas estão associados mais fortemente à auditoria de conformidade, que avalia a legalidade e legitimidade do objeto de auditoria em relação às leis, regras, regulamentos etc. Em auditorias operacionais, por exemplo, os critérios podem incluir melhores práticas ou padrões de eficiência, enquanto nas auditorias financeiras, os critérios principais são as normas contábeis estabelecidas.

Alternativa "b". Incorreta. Na determinação da adequação dos critérios, o auditor deve considerar a sua relevância e compreensibilidade para os usuários previstos.

Alternativa "c". Correta. Os critérios utilizados podem depender de uma série de fatores, incluindo os objetivos e o tipo de auditoria. Em uma auditoria financeira, os critérios geralmente são as normas contábeis aplicáveis; em uma auditoria de conformidade, os critérios são leis e regulamentos; em uma auditoria operacional, os critérios podem incluir padrões de desempenho, por exemplo.

Alternativa "d". Incorreta. Podem variar conforme tipo de auditoria ou usuário, por exemplo.

Alternativa "e". Incorreta. Apesar de os critérios em auditorias de conformidade serem leis (algo fixo), eles podem variar de acordo com os objetivos da auditoria, trazendo juízos de valor quanto à legitimidade.

Alternativa correta: letra "c"

5. ASPECTOS ÉTICOS E CONDUÇÃO DA AUDITORIA

32. CEBRASPE – 2024 – TCE/AC – Auditor de Controle Externo

Entre as informações prestadas por uma equipe de auditoria em seu relatório, consta a seguinte: "O programa de combate à desnutrição infantil não alcançou o objetivo esperado, uma vez que apenas 20% das ações previstas foram implementadas e a quantidade de casos de internação por desnutrição cresceu acima da média de outros estados".

A partir dessa situação hipotética, julgue o próximo item, com base nas Normas Brasileiras de Auditoria do Setor Público (NBASP)

Na etapa de planejamento da referida auditoria, caso os critérios da auditoria não tivessem sido aceitos pela entidade auditada, os auditores deveriam ter adotado outros critérios sugeridos pelos auditados para avaliar o objeto investigado.

COMENTÁRIOS:

Uma característica necessária da auditoria, seja ela realizada no âmbito privado ou governamental, é a independência do auditor. O auditor deve ter independência, de fato e de aparência, para conduzir a auditoria sem interferências que possam comprometer uma avaliação objetiva. Os auditores devem permanecer independentes durante todo o processo, do planejamento do trabalho à sua conclusão, de modo que seus relatórios sejam imparciais e assim sejam vistos pelos usuários desses relatórios.

A independência abrange:

Independência de fato - permite que o auditor realize atividades sem ser afetado por influências que comprometam o julgamento profissional, agir com integridade e exercer objetividade e ceticismo profissionais;

Independência na aparência - é a ausência de circunstâncias que levariam uma parte interessada sensata e esclarecida, tendo conhecimento de informações relevantes, a duvidar razoavelmente da integridade, da objetividade, ou do ceticismo profissional do auditor, ou a concluir que estes requisitos foram comprometidos.

Caso a entidade auditada pudesse estabelecer o planejamento conforme é descrito na assertiva, o trabalho perderia objetividade, pois o próprio auditado estaria estabelecendo a estratégia e o plano de auditora, indicando quais são as áreas de risco, a extensão dos trabalhos, a oportunidade e tipos dos testes etc. Logo, o auditado estaria pautando o auditor e impondo seus interesses, introduzindo, inclusive, fatores de risco de fraude. Sempre que houver uma ameaça à independência ou a outro princípio ético, o auditor deve aplicar uma salvaguarda com o objetivo de reduzir a ameaça a um nível aceitavelmente baixo ou eliminá-la.

Os critérios de auditoria são estabelecidos exclusivamente pelo auditor. Contudo, eles devem ser discutidos com a entidade auditada (e possivelmente com outras partes interessadas) durante a fase de planejamento ou, no mais tardar, na fase da execução. Isso não significa que o auditado estabelecerá os critérios, mas tão somente garantir que haja uma compreensão comum e compartilhada de quais critérios serão usados como referências na avaliação da entidade auditada.

Resposta correta: ERRADO.

33. CEBRASPE - 2024 - TCE/AC - Analista Administrativo

Enquanto conduzia uma auditoria em um órgão público estadual do Acre, um auditor de controle externo do TCEAC encontrou várias irregularidades em contratos de licitação. Agora, ele está na fase de documentação dos achados de auditoria e preparação do relatório final.

A partir dessa situação hipotética, julgue o item subsequente.

Se o auditor encontrar resistência do órgão auditado para fornecer documentos necessários, ele poderá concluir a auditoria com base nas informações disponíveis, sem mencionar em seu relatório as dificuldades encontradas.

COMENTÁRIOS:

Conforme a NBASB 10, Princípio 3- Acesso irrestrito a informações, temos:

NBASP 10

17. Os Tribunais de Contas, no exercício de suas competências constitucionais, legais e regimentais, não devem sofrer limitações quanto ao acesso a pessoas, propriedades e informações necessárias à execução dos seus trabalhos, nem ser restringidos por nenhum tipo de sigilo, à obtenção e ao manuseio de informações, documentos ou locais, independentemente da natureza das transações e das operações examinadas, inclusive em sistemas eletrônicos de tecnologia da informação e comunicação.

Um Tribunal de Contas possui poderes legais e coercitivos para exigir documentos necessários à auditoria. Caso a evidência não possa ser obtida por algum motivo, como restrição de acesso a documentos, o auditor deve solicitar à entidade que retire essa limitação. Se a restrição persistir de forma insuperável, o auditor não pode simplesmente emitir sua opinião com base em informações insuficientes, pois isso configuraria um julgamento especulativo sobre o objeto avaliado. Nessas circunstâncias, o auditor pode ser levado a se abster de emitir uma opinião ou a incluir ressalvas em seu relatório. A emissão de uma opinião só é possível quando o auditor consegue reunir evidências apropriadas e suficientes, o que não ocorre no cenário descrito.

A limitação imposta deve ser descrita no relatório. Observe-se a NBASB 100, item 31:

NBASB 100

31. Os usuários previstos desejam ter segurança sobre a confiabilidade e relevância da informação que eles utilizam como base para a tomada de decisões. Portanto, as auditorias devem fornecer informação baseada em evidência suficiente e apropriada, e os auditores devem executar procedimentos para reduzir ou administrar o risco de chegar a conclusões inapropriadas. O nível de asseguração que pode ser fornecido aos usuários previstos deve ser comunicado de forma transparente. Contudo, devido às limitações que lhes são inerentes, as auditorias nunca poderão oferecer uma asseguração absoluta.

A NBASP 300, que trata da auditoria operacional, afirma que o relatório **deve incluir informações sobre** o objetivo, as questões de auditoria e as respostas a essas questões, o objeto, os critérios, a metodologia, as fontes dos dados, **quaisquer limitações referentes aos dados utilizados e os achados de auditoria**. Deve responder claramente as questões de auditoria ou explicar por que não foi possível respondê-las. Uma hipótese para não conseguir responder é a limitação do escopo como a sugerida pela assertiva.

Resposta correta: ERRADO.

34. CEBRASPE - 2024 - TCE/AC - Analista Administrativo

Considerando as Normas Brasileiras de Auditoria do Setor Público (NBASP) — Níveis 1, 2 e 3 —, julgue o item que se segue.

A independência e a objetividade dos auditores podem ser comprometidas se eles forem designados para auditar entidades nas quais tenham desempenhado funções gerenciais anteriormente.

COMENTÁRIOS:

É importante lembrar que as normas de internacionais de auditoria, mais utilizada no setor privado e denominadas como "NBCTA" foram incorporadas pelas "NBASP", assim ao estudar uma NBCTA, automaticamente você estudará uma NBASP. Por exemplo: a NBCTA 200 é idêntica à NBASP 2200; a NBC TA 500 é igual à NBASP 2500. Note que apenas é adicionado o numeral "2" na nomenclatura da norma para caracterizar a NBASP. Porém, o conteúdo é idêntico. Assim, para responder algumas questões não precisamos ficar presos a uma ou outra norma, em alguns casos encontraremos a resposta em mais de uma norma, especialmente quando se trata de princípios da auditoria ou da técnica.

Por exemplo: a NBASP 3000 indica que a independência abrange a independência de fato e a independência na aparência. A Independência de fato permite que o auditor realize suas atividades sem ser afetado por influências que comprometam o seu julgamento profissional; agir com integridade e exercer objetividade e ceticismo profissional. A independência na aparência se refere à ausência de circunstâncias que levariam uma parte interessada sensata e esclarecida, tendo conhecimento de informações relevantes, a duvidar razoavelmente da integridade, da objetividade ou do ceticismo profissional do auditor, ou a concluir que estes requisitos foram comprometidos. Na assertiva, há a possibilidade de o então auditor analisar atos e fatos que ocorreram enquanto ele era dirigente da entidade. Isso afeta a independência, pois haveria o que se chama de *autorrevisão*: o auditor estaria auditando o seu próprio trabalho ou gestão.

Observe: suponha que Fulano era contador da entidade governamental Alfa no ano X1. Em X2, Fulano é aprovado no concurso do TCU e é designado para auditar a entidade Alfa relativamente a atos praticados em X1. Nesse caso, ele seria o auditor dos seus próprios atos contábeis e de gestão. Não haverá objetividade nas avaliações que fizer.

As ameaças à independência são:

-**Ameaça de interesse próprio**: quando o auditor tem um interesse financeiro direto ou indireto significativo na entidade auditada.

-**Ameaça de autorrevisão**: quando o auditor revisa seu próprio trabalho, como serviços prestados anteriormente.

-**Ameaça de familiaridade**: quando o auditor desenvolve um relacionamento próximo com a administração ou com os responsáveis pela governança da entidade auditada.

-**Ameaça de intimidação**: quando o auditor é dissuadido de agir objetivamente devido a pressões ou ameaças.

-**Ameaça de defesa de interesses**: quando o auditor age como defensor da entidade auditada.

Resposta correta: CERTO.

35. CEBRASPE - 2024 - TCE/AC - Analista Administrativo

Considerando as Normas Brasileiras de Auditoria do Setor Público (NBASP) — Níveis 1, 2 e 3 —, julgue o item que se segue.

Os auditores do setor público não se submetem aos mesmos padrões de ética aplicáveis aos auditores do setor privado, devido às diferenças nas suas funções.

COMENTÁRIOS:

Os auditores do setor público se submetem aos mesmos padrões de ética aplicáveis aos auditores do setor privado, mas com adaptações específicas às suas funções e responsabilidades no setor público.

Nas atividades de auditoria pública, é esperado que o comportamento ético se baseie pelos menos nos cinco princípios enunciados a seguir:

- **Integridade:** agir com integridade, boa-fé e em prol do interesse público;

- **Independência e objetividade:** fazer julgamentos de forma imparcial e isenta;

- **Competência:** manter conhecimentos e habilidades adequados à função;

- **Comportamento profissional:** agir de acordo com as normas profissionais aplicáveis e as mais altas expectativas das partes interessadas;

- **Confidencialidade:** proteger adequadamente as informações.

Em alguns referenciais teóricos e normativos é possível verificar alusões a outros princípios como da *transparência* e do *interesse público*, que são desdobramentos pertinentes ao setor público.

Os auditores do setor privado encontrarão os mesmos princípios éticos nas NBCTAs e NBCPAs aplicáveis, especialmente a NBC PG 100, NBC PA 290 e NBC TA 200. Os princípios éticos são, conforme a NBC TA 200: **integridade, objetividade, competência e zelo profissional, confidencialidade e comportamento (ou conduta) profissional**.

Resposta correta: ERRADO

---

36. CEBRASPE – 2024 – TCE/AC – Analista Administrativo

Julgue o item, subsecutivo, referente à comunicação dos resultados de auditoria, ao monitoramento das recomendações de auditoria e aos relatórios de auditoria.

A efetividade do monitoramento das recomendações de auditoria pode ser avaliada por meio de auditorias subsequentes ou revisões específicas.

COMENTÁRIOS:

Os órgãos de auditoria governamental têm um papel no monitoramento das ações tomadas pelo auditado em resposta às questões levantadas em um relatório de auditoria. O foco do monitoramento está em verificar se a entidade auditada deu tratamento adequado às questões levantadas, incluindo quaisquer implicações mais amplas. Ações insuficientes ou insatisfatórias por parte da entidade auditada podem exigir um relatório adicional por parte do órgão de auditoria governamental.

Imaginemos um exemplo em uma auditoria operacional: a auditoria detectou que a entidade precisa melhorar os processos XYZ e relatou esses pontos no relatório como recomendação. O monitoramento consiste simplesmente em verificar se a entidade está conseguindo evoluir e aplicar essas recomendações e tratar as situações problema, com objetivo de melhorar os processos XYZ.

NBASP 3000

41. O auditor precisa decidir quais (se não todas) recomendações devem ser monitoradas e como o monitoramento será realizado (se por meio de uma nova auditoria ou de um procedimento simplificado).

Em sendo assim, o monitoramento pode decorrer de auditorias subsequentes ou outros processos, até mesmo uma reunião poderia ser considerada como uma ação de monitoramento.

Resposta correta: CERTO.

---

37. CEBRASPE – 2024 – TCE/PR – Auditor de Controle Externo

O tribunal de contas de determinado estado constatou, em pesquisa, drástica redução da confiança da população em sua atuação. Em resposta, o tribunal de contas decidiu revisar suas políticas internas para garantir a observância dos princípios fundamentais de ética profissional previstos nas normas NBASP 130 e 140 e ISSAI 130 e 140, priorizando, sobretudo, o restabelecimento da confiança e da integridade nos processos administrativos.

Nessa situação hipotética, conforme as normas e os regulamentos aplicáveis, um princípio fundamental de ética profissional a ser considerado diz respeito

a) à maximização dos resultados.
b) ao comportamento profissional.
c) à transparência da divulgação financeira.
d) à inovação e criatividade nas soluções.
e) à flexibilidade nos procedimentos operacionais.

COMENTÁRIOS:

Alternativa "a" – Incorreta. Não é um princípio ético profissional, mas as NBASPs indicam a importância da economicidade, eficiência e eficácia das operações dos Tribunais de Contas. A NBASP 20, 6, indica que os Tribunais devem gerenciar suas operações de forma econômica, eficiente e eficaz, em conformidade com as leis e regulamentos, divulgando os resultados atingidos.

Alternativa "b" – Correta. Os princípios éticos são integridade, independência e objetividade, competência, comportamento profissional, confidencialidade conforme NBASP 130.

Alternativa "c" - Incorreta. Não é princípio ético. As NBASPs se dirigem aos Auditores e às EFS. O dever de uma entidade ser transparente, prestar contas, divulgar e apresentar suas demonstrações contábeis deriva de outros princípios e obrigações legais pertinentes à Administração Pública, não sendo um princípio ético do auditor ou da auditoria propriamente dito. Cabe dizer, porém, que o Tribunal de Contas, como parte da Administração pública também tem dever de prestar contas. A NBASP 20 – Princípios de Transparência e Accountability – promove os princípios de transparência nos Tribunais de Contas, que devem atuar de forma exemplar, aplicando esses princípios em todos os seus atos. O Princípio 7 destaca a publicidade dos resultados das auditorias e das conclusões sobre as atividades gerais do governo. Assim, embora a transparência esteja presente nos normativos que orientam os Tribunais, não responde à questão nos termos propostos.

Alternativa "d" – Incorreta. As NBASPs não abordam especificamente a inovação e criatividade nas soluções como um princípio ético. No entanto, a NBASP 12 menciona que os Tribunais de Contas devem fortalecer a accountability, a transparência e a integridade das entidades do setor público, o que pode envolver a adoção de práticas inovadoras para alcançar esses objetivos.

Alternativa "e" – Incorreta. Embora não tratem diretamente da flexibilidade nos procedimentos operacionais como um princípio ético, a NBASP 100 destaca que os Tribunais de Contas devem adotar uma abordagem baseada em princípios que permita a adaptação às circunstâncias específicas de cada auditoria.

Alternativa correta: letra "b"

---

38. CONSULPAM – 2023 – TCM/PA – Conselheiro

A respeito do julgamento e ceticismo profissional no trabalho do auditor, julgue os itens a seguir assinalando V para verdadeiro e F para falso:

(__) São usados durante todo o processo de auditoria de conformidade para avaliar os elementos da auditoria. (__) O auditor deve ser capaz de avaliar uma variedade de tipos de evidência de auditoria de acordo com sua origem e relevância. (__) Uma atitude de ceticismo profissional significa que o auditor fará uma avaliação crítica, com uma mente questionadora. (__) Ceticismo faz referência à aplicação de treinamento, conhecimento e experiência aplicáveis, dentro do contexto fornecido pelas normas de auditoria.

a) F-V-V-V.

b) V-V-V-F.

c) V-F-V-F.

d) V-V-F-V.

COMENTÁRIOS:

Item I – Verdadeiro. Todas as decisões do auditor são tomadas a partir do julgamento profissional, do planejamento à execução da auditoria e relatório. Decisões sobre usar amostragem estatística ou não estatística, definir materialidade, dirimir dúvidas, fazer mais ou menos testes etc. são exemplos de aplicação do julgamento profissional. O ceticismo, que compreende uma postura alerta, mente questionadora, "desconfiando sempre" para não ignorar evidências, fatos etc. deve ser aplicado durante toda a auditoria, do planejamento a execução e relatório.

Item II – Verdadeiro. O ceticismo profissional refere-se à maneira pela qual o auditor independente avalia criticamente a validade da evidência obtida e mantém-se alerta com postura mentalmente questionadora para não ignorar circunstâncias e não generalizar conclusões.

Item III – Falso. Essa definição se refere ao julgamento profissional. As escolhas do auditor são feitas mediante julgamento profissional, o que pressupõe experiência e treinamento compatíveis.

Alternativa correta: letra "b"

---

39. CONSULPAM – 2023 – TCM/PA – Conselheiro

No que diz respeito à independência e à ética do auditor, de acordo com a ISSAI 3100, assinale a alternativa CORRETA:

a) Independência significa os princípios morais de um indivíduo que incluem independência, integridade, objetividade, competência profissional e devido zelo, confidencialidade e comportamento profissional.

b) O auditor deve estar ciente de quaisquer questões ou situações que possam ameaçar a independência da Entidade Fiscalizadora Superior e/ou dos membros da equipe de auditoria.

c) As ameaças ao cumprimento dos requisitos aplicáveis à independência devem ser levadas em conta apenas depois da auditoria.

d) Independência na aparência permite que o auditor realize atividades sem ser afetado por influências que comprometam o julgamento profissional; agir com integridade e exercer objetividade e ceticismo profissionais.

COMENTÁRIOS:

Alternativa "a". Incorreta.

ISSAI 3100

10. **Ética** significa os princípios morais de um indivíduo que incluem independência, integridade, objetividade, competência profissional e devido zelo, confidencialidade e comportamento profissional. Para ser independente e ser visto como tal, o auditor deve estar livre de situações que possam prejudicar sua objetividade. A independência abrange:

a) Independência de fato (...)

b) Independência na aparência (...)

Alternativa "b". Correta.

ISSAI 3100

12. O auditor deve estar ciente de quaisquer questões ou situações que possam ameaçar a independência da EFS e/ou dos membros da equipe de auditoria.

Alternativa "c". Incorreta. Devem ser levadas em conta antes e durante a auditoria. Depois da auditoria, não será útil (tarde demais!).

Alternativa "d". Incorreta.

Independência de fato - permite que o auditor realize atividades sem ser afetado por influências que comprometam o julgamento profissional; agir com integridade e exercer objetividade e ceticismo profissionais.

Independência na aparência - é a ausência de circunstâncias que levariam uma parte interessada sensata e esclarecida, tendo conhecimento de informações relevantes, a duvidar razoavelmente da integridade, da objetividade, ou do ceticismo profissional do auditor, ou a concluir que estes requisitos foram comprometidos.

Alternativa correta: letra b"

40. CONSULPAM – 2023 – TCM/PA – Conselheiro

Ao apreciar a competência e as habilidades esperadas da equipe como um todo, o auditor pode considerar se a equipe tem certas habilidades. Assinale a alternativa que NÃO inclui uma dessas habilidades necessárias.

a) A compreensão das políticas e procedimentos de controle de qualidade das Entidades Fiscalizadoras Superiores.

b) Especialização técnica, incluindo habilidades de TI necessárias e conhecimentos de áreas especializadas de contabilidade ou auditoria.

c) Capacidade de cumprir os termos do mandato para realizar auditoria no ambiente pertinente, excluindo entendimento dos regimes de relatórios aplicáveis.

d) Conhecimento, obtido através de treinamento adequado e experiência prática em trabalhos de auditoria de natureza e complexidade similares.

COMENTÁRIOS:

Espera-se que o auditor tenha conhecimento compatível com o trabalho. Não apenas dos aspectos relacionados ao controle externo, mas sobre a entidade que pretende auditar. Um auditor "iniciante" seria melhor empregado como assistente em uma auditoria do que como principal responsável em uma auditoria complexa. Essa é uma lógica afeta a qualquer atividade, não apenas à auditoria. A equipe técnica deve ter conhecimentos e habilidades compatíveis com a exigência do trabalho.

Alternativas "a", "b" e "d" - Incorretas. Assertivas descrevem conhecimentos e habilidades requeridas de um auditor. Encontraremos de maneira abundante essa conclusão lógica nas NBASPs 100, 200, 300, 400 e outras.

Vejamos um destaque:

NBASP 400

Gestão de equipes de auditoria e habilidades

45. Os auditores devem ter acesso às habilidades necessárias. Os membros da equipe de auditoria devem possuir, coletivamente, o conhecimento, as habilidades e a competência necessárias para concluir a auditoria com êxito. Isso inclui compreensão e experiência prática do tipo de auditoria que está sendo realizada, familiaridade com as normas e a legislação aplicáveis, um entendimento das operações da entidade auditada e habilidade e experiência para exercer o julgamento profissional. Comum a todas as auditorias é a necessidade de recrutar pessoas com qualificações adequadas, oferecer desenvolvimento e treinamento, elaborar manuais e outras orientações e instruções escritas, relacionados à condução de auditorias, e atribuir recursos suficientes. Auditorias podem exigir técnicas especializadas, métodos ou habilidades de disciplinas não disponíveis dentro da EFS. Especialistas externos podem ser utilizados de diferentes maneiras como, por exemplo, para produzir conhecimento ou conduzir trabalhos específicos. Auditores devem avaliar se os especialistas possuem a competência, a capacidade e a objetividade necessárias e determinar se seu trabalho é adequado para os propósitos da auditoria.

Alternativa correta: letra "c"

41. COPEVE-UFAL – 2022 – TCE/AL – Agente de Controle Externo

A garantia da qualidade em um processo de auditoria passa por muitos elementos. Um deles é o processo de supervisão, na qual se implantam as regras que buscam as melhores práticas. O TCU, por exemplo, possui um manual exclusivo de orientações para supervisão em auditoria.

Dadas as afirmativas a respeito da supervisão em auditoria,

I. É papel do Supervisor a revisão do trabalho da equipe na delimitação do objetivo e do escopo da auditoria. II. É considerado uma boa prática em auditoria a elaboração da Matriz de Planejamento em duas etapas. III. Ao Supervisor cabe a revisão e validação da Matriz de Planejamento. IV. O Supervisor observa, sem interferência, as discussões da equipe sobre os achados relevantes que comporão a matriz de achados.

verifica-se que está(ão) correta(s)

a) IV, apenas.
b) I e II, apenas.
c) III e IV, apenas.
d) I, II e III, apenas.
e) I, II, III e IV.

COMENTÁRIOS:

Conforme o manual de auditoria operacional do TCU, "Cabe ao supervisor orientar e revisar tecnicamente a auditoria. A orientação é atividade proativa e abrange discutir com a equipe o mérito da concepção do trabalho, do projeto de auditoria, das conclusões, das propostas de encaminhamento, bem como encaminhar a viabilização dos recursos necessários à execução da auditoria. A revisão dos documentos produzidos refere-se ao relatório, às matrizes de planejamento e achados, ao projeto de auditoria e demais papéis de trabalho, considerando a complexidade da auditoria".

Item I - Correto. Cabe ao supervisor revisar e validar o trabalho realizado pela equipe, incluindo a definição do objetivo e do escopo, para garantir alinhamento com os critérios de qualidade.

Item II- Correto. O controle de qualidade nas auditorias operacionais é realizado com o auxílio de determinadas técnicas e procedimentos rotineiros que facilitam a sua aplicação. As principais ferramentas de controle de qualidade são: a) checklists de qualidade; b) cronograma; c) matriz de planejamento; d) matriz de achados; e) painéis de referência; f) comentários dos gestores (conforme manual de auditoria operacional do TCU).

Item III - Correto. Cabe ao supervisor orientar e revisar tecnicamente a auditoria. A revisão dos documentos produzidos refere-se ao relatório, às matrizes de planejamento e achados, ao projeto de auditoria e demais papéis de trabalho, considerando a complexidade da auditoria.

Item IV – Incorreta. A postura deve ser proativa.

Alternativa correta: letra "d"

6. PLANEJAMENTO DA AUDITORIA

42. CEBRASPE – 2024 – TCE/AC – Analista Administrativo

Acerca de testes de auditoria e do escopo e da materialidade no plano de auditoria, julgue o item a seguir.

O escopo da auditoria pode ser ajustado durante o processo de auditoria caso novos riscos ou informações relevantes sejam identificados.

COMENTÁRIOS:

O escopo de uma auditoria é definido na fase de planejamento. No planejamento define-se a (1) estratégia de auditoria onde constarão o escopo, os objetivos, a abordagem etc. e (2) o plano de auditoria, que é a definição operacional desta, constando cronograma, natureza dos testes, extensão etc. Na estratégia de auditoria temos aspectos *macro*, enquanto no plano ou programa de auditoria temos o *micro* detalhamento como os testes de auditoria (nível operacional). A estratégia de auditoria descreve o que fazer, e o plano de auditoria, como fazê-lo.

O planejamento de auditoria **deve ser responsivo a mudanças significativas** nas circunstâncias e condições. É um processo iterativo* que ocorre ao longo de toda a auditoria. (NBASP 100).

O planejamento, seja na auditoria ou outras atividades, deve ser flexível. O auditor deve atualizar e alterar a estratégia e o plano de auditoria sempre que necessário no curso da auditoria.

*Nota: as normas afirmam que o planejamento é "**iterativo**". É comum confundir o termo com a palavra "interativo", o que pode não ser adequado. *Iterativo* significa algo que se repete, algo relativo à iteração, feito de novo, repetido, reiterado. Essa é a essência do planejamento: ser revisto sempre que necessário.

Resposta correta: CERTO.

43. CEBRASPE – 2024 – TCE/AC – Analista Administrativo

Em relação a auditoria governamental, controle interno, planejamento de auditoria e gestão de riscos no setor público, julgue o item seguinte.

O planejamento de auditoria baseado em risco deve considerar a relevância e a materialidade dos riscos, bem como os riscos inerentes aos processos auditados.

COMENTÁRIOS:

A auditoria baseada em riscos tem a origem da sua utilização intrinsicamente relacionada com a auditoria financeira. Trata-se de abordagem sistemática e estruturada de auditoria que direciona os esforços da auditoria para áreas de alto risco que podem comprometer os objetivos institucionais das entidades, reduzindo a quantidade de testes necessários e ampliando as chances de identificar distorções que sejam materialmente relevantes. Essa metodologia direciona o foco e maiores esforços para áreas mais críticas, onde há maior probabilidade de consequências significativas.

Vejamos como a NBASP 100 orienta aos auditores a fazer a avaliação de riscos:

NBASP 100

45. Os auditores devem obter um entendimento da natureza da entidade ou do programa a ser auditado. (...)

46. Os auditores devem realizar uma avaliação de risco ou análise de problema, e revisá-la, se necessário, em resposta aos achados de auditoria. (...)

47. Os auditores devem identificar e avaliar os riscos de fraude relevantes para os objetivos da auditoria. (...)

Resposta correta: CERTO.

7. CONTROLE INTERNO

44. CEBRASPE – 2024 – TCE/AC – Analista Administrativo

Em relação a auditoria governamental, controle interno, planejamento de auditoria e gestão de riscos no setor público, julgue o item seguinte.

O controle interno inclui políticas e procedimentos implementados pela administração para assegurar a confiabilidade dos relatórios financeiros e a conformidade com leis e regulamentos.

COMENTÁRIOS:

Temos vários referenciais que definem controle interno: normas do CFC, o MCASP, COSO etc. Suas definições são convergentes, sendo necessário apenas uma ou outra adaptação para aplicá-lo no setor governamental ou privado.

O Controle interno é um processo conduzido pela estrutura de governança, pela administração e por outros profissionais da entidade, e desenvolvido para proporcionar segurança razoável para atingir os objetivos relacionados a **(1) operações, (2) divulgação e (3) conformidade**. Vejamos algumas definições:

"O controle interno é um processo, implantado pelo conselho de administração, pelos executivos e outras pessoas em uma entidade, destinado a dar segurança razoável a respeito do alcance de objetivos nas seguintes categorias: (1) confiabilidade de divulgação financeira, (2) cumprimento de leis e regulamentos aplicáveis e (3) eficácia e eficiência das operações" (COSO).

"Controle interno é o processo planejado, implementado e mantido pelos responsáveis da governança, administração e outros funcionários para fornecer segurança razoável quanto à realização dos objetivos de uma entidade no que se refere à (1) confiabilidade dos relatórios financeiros, (2) efetividade e eficiência das operações e (3) conformidade com leis e regulamentos aplicáveis" (NBCTA 315).

"O controle interno é o conjunto de recursos, métodos, processos e procedimentos adotados pela administração pública para (1) proteger o patrimônio público, (2) assegurar a exatidão e a confiabilidade dos registros contábeis e informações financeiras, bem como garantir a (3) conformidade com leis e regulamentos aplicáveis" (MCASP).

Resposta correta: CERTO.

45. FGV – 2024 – TCE/GO – Analista de Controle Externo

O Framework de Controle Interno Integrado do Committee of Sponsoring Organizations of the Treadway Commission (COSO), originalmente emitido em 1992 e atualizado em 2013, consolidou a ideia de gestão de riscos corporativos e apresentou um conjunto de princípios e boas práticas de gestão e controle interno.

Assinale a opção que indica uma característica da versão atualizada em 2013.

a) Complementação de resposta a riscos.

b) Verificação de conformidade com a Lei Sarbanes-Oxley.

c) Destaque para os riscos na melhoria da performance.

d) Aplicação da gestão de riscos no setor público.

e) Destaque para os riscos no estabelecimento da estratégia.

COMENTÁRIOS:

O referencial do COSO publicado em 1992 é conhecido como COSO I (COSO IC). Conforme o TCU, seu objetivo é orientar as organizações quanto a princípios e melhores práticas de controle interno, em especial para assegurar a produção de relatórios financeiros confiáveis e prevenir fraudes. Nesse modelo, controle interno é definido como um "processo projetado e implementado pelos gestores para mitigar riscos e alcançar objetivos". Por sua vez, risco é definido como "a possibilidade de ocorrência de um evento que possa afetar o alcance dos objetivos" (COSO, 1992). Ou seja, para o COSO I, o controle interno é um processo que tem por objetivo mitigar riscos, com vistas ao alcance dos objetivos.

Há cinco componentes num sistema de controle interno e dezessete princípios associados a estes, conforme este *framework*:

Ambiente de controle	1. Demonstrar comprometimento com integridade e valores éticos. 2. Fiscalizar a atribuição de responsabilidade. 3. Estabelecer a estrutura de responsabilidade e autoridade. 4. Demonstrar comprometimento com a competência. 5. Reforçar a *accountability*.
Identificação de riscos	6. Especificar os objetivos. 7. Identificar e analisar os riscos. 8. Identificar risco de fraude. 9. Identificar mudanças significativas.
Atividades de controle	10. Selecionar e desenvolver atividades de controle. 11. Selecionar e desenvolver controles baseados em tecnologia. 12. Implantar por meio de políticas e procedimentos.
Informação e comunicação	13. Usar informação relevante. 14. Comunicar-se internamente. 15. Comunicar-se externamente.
Monitoramento	16. Conduzir avaliações contínuas e/ou periódicas. 17. Avaliar e comunicar deficiências.

Conforme TCU, "Em 2013, uma versão atualizada do COSO-IC foi publicada, na qual destacam-se as seguintes modificações: facilitada **a verificação de conformidade com a Lei Sarbanes-Oxley**, generalização do objetivo relatórios financeiros para relatórios da gestão em geral e explícita articulação de 17 princípios associados aos componentes do sistema de Controle Interno."

Alternativa "a" – Incorreta. O COSO I trata do gerenciamento de riscos, mas o foco da atualização foi integrar a gestão de riscos ao processo estratégico e ao desempenho, e não especificamente complementar a resposta aos riscos.

Alternativa "b" – Correta. Conforme TCU, "Em 2013, uma versão atualizada do COSO-IC foi publicada, na qual destacam-se as seguintes modificações: facilitada **a verificação de conformidade com a Lei Sarbanes-Oxley (SOX)**, generalização do objetivo relatórios financeiros para relatórios da gestão em geral e explícita articulação de 17 princípios associados aos componentes do sistema de Controle Interno." (https://portal.tcu.gov.br/planejamento-governanca-e-gestao/gestao-de-riscos/politica-de-gestao-de-riscos/modelos-de-referencia.htm).

Cabe destacar que, apesar do COSO ser utilizado para atender aos requisitos da Lei SOX nos Estados Unidos, ele não foi projetado exclusivamente para isso, pois oferece um modelo universal, inclusive para entidades não jurisdicionadas nos Estados Unidos. Assim, seu modelo atende diferentes regiões e contextos. Além disso, os documentos do COSO estão sempre alinhados a Lei SOX, já que o próprio surgimento do COSO se deu na esteira de grandes fraudes em corporações americanas em contexto contemporâneo da Lei SOX. Desta forma, há uma certa polêmica em escolher essa alternativa como a opção correta, contudo este foi o gabarito oficial. O gabarito oficial fundamenta-se na publicação no Portal do TCU acima citado.

Alternativa "c" – Incorreta. A melhoria da performance está relacionada ao gerenciamento de riscos, mas a versão atualizada deu mais ênfase à integração dos riscos no estabelecimento e execução das estratégias organizacionais, alinhando-os aos objetivos organizacionais. Assim, podemos dizer que está parcialmente correta. Não é a nossa melhor assertiva.

Alternativa "d" – Incorreta. Aplica-se a qualquer entidade, pública ou privada. A atualização não se concentrou no setor público, mas em modelo amplo.

Alternativa "e" – Incorreta. Apesar do gabarito oficial ter considerado tal alternativa incorreta, devemos considerar que isso não é uma unanimidade. A versão atualizada do COSO I destaca como os riscos devem ser considerados no momento do planejamento estratégico. Esse foi um "avanço" em relação à versão de 1992, que era mais operacional e menos focada na estratégia. Em vários trechos do COSO I temos essa constatação, observe:

"A organização especifica os objetivos com clareza suficiente para permitir a identificação e a avaliação de riscos relacionados aos objetivos."

"O Framework enfatiza a importância de considerar o risco no contexto dos processos de definição de estratégias e objetivos da entidade."

Portanto, em uma análise da publicação no Portal do TCU citada nas considerações iniciais do comentário, tenderíamos a escolher a letra "b". Numa análise crua do framework do COSO, a tendência seria escolher a letra "e". O gabarito oficial foi "b"

O Framework enfatiza a importância de considerar o risco no contexto dos processos de definição de estratégias e objetivos da entidade.

Alternativa correta: letra "b"

46. CEBRASPE – 2024 – TCE/AC – Auditor de Controle Externo

À luz dos princípios de auditoria financeira aplicáveis ao setor público, julgue o item subsequente.

Entre os cinco componentes do sistema de controle interno de uma entidade, incluem-se o processo de avaliação de riscos da entidade e as atividades de controle.

COMENTÁRIOS:

Os cinco componentes do sistema de controle interno, conforme definido pelo COSO e adotado em normas como a NBCTA 315 e NBASP 2315 são:

Ambiente de Controle:

É o "clima no topo" da organização. É o "exemplo que vem de cima". Refere-se ao tom geral da organização, a filosofia, incluindo os valores éticos, a competência dos empregados, a estrutura organizacional e a supervisão pela governança. Ele estabelece a base para a eficácia do sistema de controle interno.

Avaliação de Riscos:

Envolve o processo da entidade para identificar, avaliar e gerenciar os riscos que possam comprometer o alcance de seus objetivos. Isso inclui a identificação de riscos de fraude, mudanças no ambiente regulatório ou no mercado, e quaisquer ameaças à continuidade das operações.

Atividades de Controle:

São as ações e políticas estabelecidas para reduzir os riscos identificados a níveis aceitáveis. Exemplos: sistema de autorização, revisões de desempenho, processamento de informações, controles físicos, segregação de funções.

Informação e Comunicação:

Compõe-se dos procedimentos para capturar, processar e registrar uma operação, inclui rotinas para identificação de erros e inconsistências. Deve assegurar que as transações que comporão as demonstrações contábeis e outros relatórios sejam adequadamente acumuladas e registradas.

Monitoramento:

Envolve a supervisão contínua e avaliações periódicas da eficácia do controle interno, com o objetivo de identificar e corrigir deficiências.

Resposta correta: CERTO

---

47. COPEVE-UFAL – 2022 – TCE/AL – Agente de Controle Externo

Controle interno é o processo que busca garantir o cumprimento dos objetivos organizacionais, diante dos riscos de que eles possam não ser concretizados. Por meio dos processos de auditagem, o controle interno busca, entre outras atividades, verificar se o desempenho organizacional está de acordo com os padrões e os objetivos organizacionais, ou seja, por um lado, o planejamento organizacional define os objetivos e, por outro, o controle acompanha a sua condução, a fim de buscar garantias para que os objetivos sejam alcançados. Para tanto, a legislação brasileira determina que sejam realizados três tipos de controle. São eles:

a) planejamento, execução e organização.
b) objetivo, subjetivo e consubstanciado.
c) sistemático, empírico e esporádico.
d) prévio, concomitante e subsequente.
e) inicial, intermediário e avançado.

COMENTÁRIOS:

A doutrina sobre controles internos (controle administrativo) identifica os momentos em que o controle atua como sendo *antes*, *durante* ou *depois* do fato ou ato controlado. Encontremos essas premissas nos mais variados normativos sobre o tema, no âmbito público e privado, com uma outra designação. Na literatura técnica, esses momentos são frequentemente categorizados em controles preventivos (que atuam **antes** do evento), detectivos (que operam **durante** a ocorrência do evento) e corretivos (que intervêm **depois** do evento para corrigir ou mitigar os efeitos do evento). No mesmo sentido, são aceitas as designações "controle prévio", "controle concomitante" e "subsequente". Note que o núcleo é "antes, durante e depois", apesar de alguma variação de vocabulário.

Alternativas "a", "b", "c", e "e" Incorretas. Não há referências aos termos citados. Mera combinação de palavras sem sentido técnico específico.

Alternativa "d". Correta. Os controles ocorrem "antes, durante e depois" conforme esclarecemos nas considerações iniciais dos comentários. Já podemos admitir como correta a assertiva. Cabe um alerta: não confunda os controles internos propriamente ditos (instrumentos e ferramentas administrativas) com o Sistema de Controle Interno de uma entidade do setor público, como o que é realizado pela CGU/SFC, no nível federal, por exemplo. Em posição oposta a esse Sistema de Controle Interno (da própria entidade ou poder), temos o Controle Externo realizado pelos Tribunais de Contas. Não é sobre esses "Controles" que estamos tratando nessa questão. Os controles internos que estamos discorrendo aqui são aqueles controles administrativos, são as ferramentas propriamente ditas e utilizadas, como um controle de frequência, um alarme, um controle de assinatura de documentos, sistemas de autorização de pagamentos, controles de acesso a locais, limites de alçada, senhas etc. Assim, não confunda os controles internos estabelecidos pelas entidades com Sistema de Controle Interno do Poder Executivo, esta é parte da estrutura organizacional e exercida por unidades como as controladorias, CGU etc.

Assim, quanto aos controles da administração pública e seus momentos encontraremos referências, a título exemplificativo, na Lei 4320/64 a seguir:

Lei 4.320/64.

Do Controle Interno

Art. 76. O Poder Executivo exercerá os três tipos de controle a que se refere o artigo 75, sem prejuízo das atribuições do Tribunal de Contas ou órgão equivalente.

Art. 77. A verificação da legalidade dos atos de execução orçamentária será **prévia, concomitante e subsequente**.

Alternativa correta: letra: "d".

8. MATERIALIDADE E RISCOS DE AUDITORIA

48. CEBRASPE - 2024 - TCE/AC - Analista Administrativo

Acerca de testes de auditoria e do escopo e da materialidade no plano de auditoria, julgue o item a seguir.

Relevância e materialidade são conceitos sinônimos no contexto da auditoria, não havendo distinção entre eles.

COMENTÁRIOS:

Relevância e materialidade são ponderações constantes em uma auditoria. Optamos por incluí-lo neste capítulo sobre risco de auditoria, pois são fortemente associados a estes. Risco e materialidade devem ser conduzidos pelo auditor de forma inversa. Em situações de risco alto, deve-se adotar uma materialidade menor.

Materialidade é a magnitude de uma omissão ou declaração incorreta de informações contábeis/ outras que, em vista das circunstâncias, torna provável que o julgamento de pessoa razoável com base nessas informações teria sido alterado ou influenciado pela omissão ou declaração incorreta. A materialidade geralmente leva em consideração os valores monetários envolvidos, mas poderá ser um atributo qualitativo, já que é aplicada tanto nas auditorias financeiras como nas de desempenho e regularidade.

Vejamos dois exemplos:

Exemplo monetário: uma licitação fraudulenta de R$ 10.000, talvez não seja material dentro da auditoria de uma estatal como a Petrobrás. Por outro lado, numa auditoria em um microempreendedor individual, este valor seria considerado material.

Exemplo qualitativo: A informação de que uma companhia de mineração vem trazendo severos danos ao meio ambiente pode não ser algo refletido monetariamente (ainda), mas uma possível intervenção das autoridades ambientais a ponto de encerrar suas atividades é informação material, pois fará cessar suas receitas e aplicará pesadas sanções financeiras.

Relevância se aproxima da noção de "importância". Algo que faz a diferença, que poderia levar um usuário das demonstrações contábeis de uma entidade ou usuário de outras informações desta entidade, por exemplo, a mudar sua opinião sobre investir ou emprestar recursos a tal entidade, por exemplo. Uma informação pode ser relevante devido à sua **natureza** ou ao seu **contexto**, mesmo que o valor envolvido seja pequeno. Por exemplo: uma secretaria de pequeno orçamento é presença constante na mídia por desvios de recursos. Ainda que o orçamento desta secretaria seja irrisório, o tema passa a ser relevante para a sociedade. Apesar dos valores monetários serem imateriais, o contexto diz muito sobre a qualidade da gestão e confiança nas informações desta entidade e suscita amplo debate público. Portanto, mesmo não sendo *material*, é *relevante*. Numa auditoria do setor público, questões que suscitam a opinião e debates públicos, denúncias, presença na mídia etc. poderiam ser considerados como relevantes.

De maneira rápida e direta, poderíamos descrever assim:

M**aterialidade -** é um critério técnico e não um cálculo mecânico simples, que geralmente envolve valores monetários absolutos e relativos e uma linha de corte em que, abaixo desta linha, seria imaterial.

Relevância - é mais ampla e subjetiva, baseada no impacto potencial que a informação pode ter na tomada de decisão e nem sempre haverá uma referência monetária que a determina.

Resposta correta: ERRADO.

49. CEBRASPE - 2024 - TCE/AC - Analista Administrativo

Em relação a auditoria governamental, controle interno, planejamento de auditoria e gestão de riscos no setor público, julgue o item seguinte.

O risco inerente é aquele que permanece mesmo após a implementação de controles internos para mitigação dos riscos identificados.

COMENTÁRIOS:

O risco de auditoria é calculado como o produto desses três componentes:

Risco de Auditoria (RA) = Risco Inerente (RI) × Risco de Controle (RC) × Risco de Detecção (RD).

Definindo cada um deles:

Risco de auditoria - A NBC TA 200 descreve o risco de auditoria como o risco de que o auditor expresse uma opinião inadequada quando as demonstrações contábeis contiverem distorção relevante. É uma função dos riscos de distorção relevante e de detecção. Podemos simplificar a definição, já que o RA equivale dizer que é a chance de o auditor errar na auditoria: o auditor afirmaria que está "certo", quando na realidade está "errado".

Risco inerente - É a suscetibilidade de uma afirmação a respeito de uma transação, saldo contábil ou divulgação a uma distorção que possa ser relevante, individualmente ou com outras distorções, antes da consideração de quaisquer controles relacionados. Por exemplo: uma operação complexa tem maior possibilidade de ser registrada com incorreções do que uma operação rotineira.

Risco de Controle - é uma função da eficácia dos controles estabelecidos pela administração da entidade. É a possibilidade de a entidade não detectar ou não prevenir falhas, erros, fraudes, em razão de estes não serem captados pelos controles estabelecidos. Por exemplo: o controle estabelecido é ignorado por um funcionário.

Risco de detecção - É o risco de o auditor não detectar distorções relevantes existentes. A NBC TA 200 descreve o risco de detecção como o de que os procedimentos executados pelo auditor para reduzir o risco de auditoria a um nível aceitavelmente baixo não detectem uma distorção existente que possa ser relevante, individualmente ou com outras distorções. Por exemplo: o auditor teste a conta "veículos" da entidade e não detecta que uma Ferrari de R$ 5 milhões registrada na contabilidade sofreu um sinistro e está em condições de perda total, o que exigiria baixar este ativo na contabilidade ou avaliá-lo como "sucata", não como um Ativo de R$ 5 milhões.

Resposta correta: ERRADO.

50. CEBRASPE – 2024 – TCE/PR – Auditor de Controle Externo

Em seu relatório ao fim de um trabalho de auditoria, um auditor afirmou que não foram encontradas distorções materiais nas demonstrações financeiras da entidade auditada. Receoso de que sua opinião profissional quanto ao estado do objeto de sua auditoria, descrito em seu relatório, fosse diferente da situação real do objeto, o auditor avaliou em 10% a probabilidade de que, devido a possíveis limitações no processo produtivo das informações contábeis, as demonstrações financeiras da entidade auditada difiram materialmente da realidade. Por outro lado, dada a qualidade dos métodos empregados na auditoria, ele avaliou em 80% a probabilidade de conseguir encontrar, caso existam, distorções materiais nas demonstrações financeiras da entidade auditada.

Com base nessas informações e considerando que não existam outros fatores que influenciem a situação descrita, assinale a opção em que é apresentada a probabilidade de que a opinião do auditor consignada em relatório não reflita a real situação do objeto de auditoria.

a) 2%
b) 8%
c) 10%
d) 70%
e) 72%

COMENTÁRIOS:

Vejamos os elementos:

Vamos encontrar o Risco de Distorção Relevante (RDR) de 10% em "o auditor avaliou em 10% a probabilidade de que, devido a possíveis limitações no processo produtivo das informações contábeis, as demonstrações financeiras da entidade auditada difiram materialmente da realidade."

Vamos encontrar o risco de detecção (RD) em 20% (1- 0,8) em "dada a qualidade dos métodos empregados na auditoria, ele avaliou em 80% a probabilidade de conseguir encontrar, caso existam, distorções materiais nas demonstrações financeiras da entidade auditada."

Aplicando a fórmula do risco de auditoria (RA):

RA = RDR x RD

RA = 0,1 x 0,2 = 2%. Logo, o Risco de auditoria é 2%

Alternativa correta: letra "a"

51. CONSULPAM – 2023 – TCM/PA – Auditor de Controle Externo

Assinale a alternativa que contém situação que é classificada como risco de auditoria.

a) Observação de evidências de auditoria que levem o auditor a emitir um parecer diverso.
b) Os manuais internos da organização não possuírem definição clara das responsabilidades.
c) Auditor não conseguir emitir opinião por falta de documentos entregues pela entidade.
d) Quando o auditor emite uma opinião inadequada sobre demonstrações que estão incorretas.

COMENTÁRIOS:

Alternativa "a" - Incorreta. Trata-se da constatação de distorções ou irregularidades. Não há relação com o conceito de risco de auditoria.

Alternativa "b" - Incorreta. Trata se de uma constatação que os controles internos da entidade não são bons. Isso poderá colaborar para elevar o *risco de controle*.

Alternativa "c" - Incorreta. A falta de evidências poderá levar à abstenção de opinião. Contudo, não há relação com o conceito de risco de auditoria.

Alternativa "d" - Correta. De uma maneira bem simplória, risco de auditoria é a possibilidade de o auditor afirmar que algo está certo quando, na verdade, está errado. A NBC TA 200 descreve o risco de auditoria como o risco de que o auditor expresse uma opinião inadequada quando as demonstrações contábeis contiverem distorção relevante. Ou seja: o auditor afirma que não há distorções nas demonstrações contábeis, mas na verdade há.

Alternativa correta: letra "d"

52. CONSULPAM – 2023 – TCM/PA – Conselheiro

Esse conceito é determinado no planejamento da auditoria e não necessariamente estabelece um valor abaixo do qual as distorções não corrigidas, individualmente ou em conjunto, serão sempre avaliadas como não relevantes.

O texto acima faz referência ao conceito de:

a) Risco de auditoria.
b) Julgamento profissional.
c) Materialidade.
d) Achados de auditoria.

COMENTÁRIOS:

Encontraremos essas definições tanto nos referenciais normativos de auditoria do setor público quanto nos do setor privado.

Alternativa "a" - Incorreta. A NBC TA 200 descreve o risco de auditoria como o risco de que o auditor expresse uma opinião inadequada quando as demonstrações contábeis contiverem distorção relevante. É uma função dos riscos de distorção relevante e de detecção. Podemos simplificar a definição, já que o RA equivale dizer que é a chance de o auditor errar na auditoria. O auditor afirmaria que está "certo", quando na realidade está "errado".

Alternativa "b" - Incorreta. As decisões tomadas no curso da auditoria são definidas a partir do julgamento profissional do auditor. O julgamento pressupõe atividade e fatos do conhecimento do auditor. Deve ser, portanto, um processo racional. Não se trata simplesmente de escolher a opção "x" ou "y" sem qualquer base técnica. Julgamento profissional se baseia em fatos e conhecimento, caso contrário seria mera escolha ou o conhecido "chute".

Alternativa "c" - Correta. O julgamento feito à luz das circunstâncias envolvidas, afetado pela magnitude e natureza das distorções, ou pela combinação de ambos, sobre quais assuntos são relevantes para os usuários das demonstrações contábeis está relacionado ao conceito de materialidade. Note que não se trata de mero valor monetário (magnitude), mas também aspectos relacionados à natureza.

Alternativa "d" - Incorreta. Achado de auditoria é o resultado da comparação entre a situação encontrada pelo auditor e os critérios estabelecidos para a auditoria. Ele consiste em evidências coletadas durante o trabalho de auditoria que demonstram o grau de conformidade ou divergência do objeto auditado em relação aos padrões, normas, regulamentos ou objetivos definidos.

Alternativa correta: letra "c"

53. CONSULPAM – 2023 – TCM/PA – Conselheiro

O auditor deve reduzir o risco de auditoria a um nível aceitavelmente baixo nas circunstâncias da auditoria, de modo a obter segurança razoável como base para expressar uma opinião de forma positiva. A respeito do tema, julgue os itens a seguir:

(__) O risco de auditoria em uma auditoria de demonstrações financeiras é o risco de que o auditor expresse uma conclusão inadequada, quando as informações sobre o objeto não contiverem distorções relevantes. (__) O auditor deverá reduzir o risco a um nível aceitavelmente baixo nas circunstâncias da auditoria, de modo a obter segurança razoável como base para expressar uma opinião de forma positiva (__) Para ser significativo, o nível de segurança obtido pelo auditor deve aumentar a confiança dos usuários acerca das informações sobre o objeto a um grau que seja claramente mais do que o trivial. (__) A avaliação de riscos é uma questão de julgamento profissional e não é passível de medição precisa.

Assinale a alternativa CORRETA.

a) F-V-V-V.
b) F-F-V-V.
c) F-V-V-F.
d) V-V-F-F.

COMENTÁRIOS:

Item I – Falso. Para ficar correto, deveria ser "quando as informações sobre o objeto ~~não~~ contiverem distorções relevantes." Assim, completaríamos a definição do risco de auditoria.

Item II - Verdadeiro.

NBC TA 200

5. Asseguração razoável é um nível elevado de segurança. Esse nível é conseguido quando o auditor obtém evidência de auditoria apropriada e suficiente para reduzir a um nível aceitavelmente baixo o risco de auditoria (...). Contudo, asseguração razoável não é um nível absoluto de segurança porque há limitações inerentes em uma auditoria, as quais resultam do fato de que a maioria das evidências de auditoria em que o auditor baseia suas conclusões e sua opinião, é persuasiva e não conclusiva.

NBASP 200

26) Em geral, as auditorias com asseguração razoável são planejadas para resultar numa conclusão que seja expressa de forma positiva, tal como "em nossa opinião, as demonstrações contábeis

apresentam adequadamente, em todos os aspectos relevantes (ou apresentam uma visão verdadeira e justa da) a posição patrimonial e financeira de...., o desempenho financeiro de suas operações e os seus fluxos de caixa" ou, no caso de uma estrutura de conformidade, "em nossa opinião, as demonstrações contábeis são elaboradas, em todos os aspectos relevantes, de acordo com ..."

Item III - Verdadeiro. Essa confiança vem principalmente da opinião do auditor, que declara o resultado da auditoria em relatório.

NBASP 100, Formas de fornecer asseguração

32. Dependendo da auditoria e das necessidades dos usuários previstos, a asseguração pode ser comunicada de duas maneiras:

- Por meio de opiniões e conclusões que transmitam explicitamente o nível de asseguração. Isso se aplica a todos os trabalhos de certificação e a certos trabalhos de relatório direto.

- De outras formas. Em alguns trabalhos de relatório direto, o auditor não dá uma declaração explícita de asseguração sobre o objeto. Em tais casos, o auditor fornece aos usuários o grau de confiança necessário descrevendo explicitamente como achados, critérios e conclusões foram desenvolvidos, de uma maneira equilibrada e razoável, e porque as combinações de achados e critérios resultaram em uma determinada conclusão geral ou recomendação.

Item IV – Verdadeiro. O risco é, por sua natureza, algo incerto. Logo, é impossível mensurá-lo com precisão. Em uma situação em que o risco deriva de fraude, por exemplo, nós temos tentativas de burla, conluio etc., de modo que os controles existentes, ainda que muito bons, podem ser ineficazes.

Alternativa correta: letra "a"

---

54. COPEVE-UFAL – 2022 – TCE/AL – Agente de Controle Externo

No processo de avaliação de riscos, normalmente se usa uma matriz de probabilidade e impacto com escalas qualitativas variando de um a cinco pontos (Probabilidade: 1 = raro, 2 = pouco provável, 3 = provável, 4 = muito provável e 5 = praticamente certo; Impacto: 1 = muito baixo, 2 = baixo, 3 = médio, 4 = alto e 5 = muito alto).

Considere a situação hipotética para definir o nível de risco: A meta de uma Secretaria de Estado é cadastrar nos seus programas sociais 100% das famílias. Diante disso, foram identificados os seguintes eventos de risco que podem afetar o atingimento da meta: falta de alguma documentação para conclusão do cadastro (Impacto = 2 e Probabilidade = 4) e não comparecimento do responsável da família ao local e dia marcado (Impacto = 4 e Probabilidade = 2). Observando as informações apresentadas e a gestão de riscos recomendada pelo TCU, assinale a alternativa correta.

a) Os níveis de risco dos dois eventos são 2 e 4, respectivamente, sendo o evento do não comparecimento da família ao local e dia marcado o mais importante.
b) Os níveis de risco dos dois eventos são 8 e 8, respectivamente, sendo o evento do não comparecimento da família ao local e dia marcado o mais importante.
c) Os níveis de risco dos dois eventos são 6 e 6, respectivamente, sendo o evento do não comparecimento da família ao local e dia marcado o mais importante.
d) Os níveis de risco dos dois eventos são 6 e 6, respectivamente, sendo o evento da falta de alguma documentação para a conclusão cadastral o mais importante.
e) Os níveis de risco dos dois eventos são 8 e 8, respectivamente, sendo o evento da falta de alguma documentação para a conclusão cadastral o mais importante.

COMENTÁRIOS:

Conforme o manual de gestão de riscos do TCU, a análise dos riscos deve:

1- Avaliar o impacto do risco sobre o objetivo/resultado – o impacto mede o potencial comprometimento do objetivo/resultado (p.ex.: um risco com potencial para comprometer um objetivo na sua totalidade ou na sua quase totalidade é considerado um risco de alto impacto);

2-Avaliar a probabilidade de ocorrência do risco (p.ex.: um evento cuja ocorrência seja quase certa de acontecer é um evento de alta probabilidade);

3- **Definir o nível do risco** com base na matriz *probabilidade x impacto*.

O impacto é a dimensão mais importante: um evento de impacto muito alto e de probabilidade de ocorrência muito baixa deve preocupar o gestor muito mais do que o oposto, um evento de probabilidade muito alta e impacto muito baixos – se o impacto é mínimo, para que se preocupar?

Vamos calcular os riscos pedidos na questão. São dados:

Evento 1 - Falta de alguma documentação para conclusão do cadastro (Impacto = 2 e Probabilidade = 4)

Evento 2- Não comparecimento do responsável da família ao local e dia marcado (Impacto = 4 e Probabilidade = 2).

Resolvendo a matriz *impacto x probabilidade*

Evento 1: Risco = 2 x 4 = 8

Evento 2: Risco = 4 x 2 = 8

Alternativas "a", "c" e "d". Incorretas. Os riscos são de níveis 8 e 8 nos dois eventos. Descartamos sumariamente as alternativas que apresentam outros resultados.

Alternativa "b". Correta. Apesar do "empate" com ambos os riscos mensurados em 8, um deles tem um impacto maior. O impacto é a dimensão mais importante. Assim, como critério de "desempate" escolheremos o de impacto maior, no caso, o "não comparecimento dos responsáveis da família ao local e dia marcado".

Alternativa "e". Incorreta. Os riscos são 8 e 8, mas as demais afirmações são incorretas.

Alternativa correta: letra "b"

---

55. FGV - 2022 - TCE/TO - Auditor de Controle Externo

Uma orientação presente nas normas e princípios gerais de auditoria é que, ao planejar e executar o seu trabalho, o auditor deve reduzir o risco de auditoria a um nível aceitavelmente baixo nas circunstâncias da auditoria, de modo a obter segurança razoável como base para expressar uma opinião de forma positiva. Como a segurança pode ser razoável, mas não absoluta, há que se considerar o risco de distorção relevante que decorre dos riscos:

a) inerente e de controle;

b) residual e de detecção;

c) de avaliação e inerente;

d) de fraude e de detecção;

e) de planejamento e de controle.

COMENTÁRIOS:

Alternativa "a". Correta.

RA = (RI × RC) × RD, sendo que (RI × RC) = RDR.

Legenda: RA = risco de auditoria; RI = risco inerente; RC = risco de controle; RD = risco de detecção e RDR = risco de distorção relevante.

Conclui-se que o Risco de Distorção Relevante (RDR) decorre da relação entre o Risco de Controle (RC) e o Risco Inerente (RI) existentes na entidade (RDR = RC x RI).

Alternativa "b". Incorreta. RDR = RC x RI. A definição de risco residual é uma referência ao risco que persiste após aplicar os controles. Assim, *Risco residual = Risco inerente – eficácia dos controles.* Risco de detecção não compõe o RDR.

Alternativa "c". Incorreta. O Risco de Detecção (RD) não compõe o RDR, mas compõe o RA.

Alternativa "d". Incorreta. O termo *risco de fraude* não é um risco "oficial" da auditoria. São apenas palavras que fazem sentido para indicar uma possibilidade de ocorrência de fraude e não compõe a equação do risco de auditoria. Um dos riscos que a auditoria se ocupa é o *RDR*, e este ocorre independentemente de ter origem em fraude ou em erro, o que já invalida a assertiva. Quanto ao *Risco de detecção* (RD), embora seja um risco "oficial" da equação, não influencia no RDR. Lembre-se que o RDR decorre de RI x RC.

Alternativa "e". Incorreta. Não são riscos da auditoria.

Alternativa correta: letra "a".

---

56. CEBRASPE - 2022 - TCE/SC - Auditor Fiscal de Controle Externo

No que diz respeito ao plano de auditoria baseado no risco, julgue o seguinte item.

A materialidade consiste na ligação lógica ou influência sobre a finalidade do procedimento de auditoria e, quando apropriado, sobre a afirmação em consideração, não sendo afetada pela direção do teste.

COMENTÁRIOS:

Essa ligação e a pertinência à finalidade corresponde à relevância (ser importante para). Vejamos:

NBC TA 500

A31 A relevância trata da ligação lógica ou influência sobre a finalidade do procedimento de auditoria e, quando apropriado, a afirmação em consideração. A relevância das informações a serem utilizadas como evidência de auditoria pode ser afetada pela direção do teste. Por exemplo, se a finalidade de um procedimento de auditoria é testar para verificar se há superavaliação na existência ou valorização das contas a pagar, testar as contas a pagar registradas pode ser um procedimento de auditoria relevante. Por outro lado, para testar se há subavaliação na existência ou valorização das contas a pagar, testar as contas a pagar registradas não seria relevante, mas testar informações como desembolsos subsequentes, faturas não pagas, faturas de fornecedores e exceções apontadas nos relatórios de recebimento de mercadorias podem ser relevantes.

Resposta correta: ERRADO.

---

57. FGV - 2022 - TCU - Auditor Federal de Controle Externo

Uma equipe de auditoria foi estabelecida para realizar um trabalho de asseguração sobre as demonstrações contábeis de uma instituição pública referentes a 31/12/2021.

Em relação às características e aos procedimentos para a determinação da materialidade, é correto afirmar que:

a) a determinação da materialidade pela equipe de auditoria deve seguir parâmetros objetivos estabelecidos de acordo com os requisitos do relatório financeiro aplicável;

b) caso a equipe identifique que, no contexto da auditoria, existem fatores de risco significativos e a estrutura de controle correspondente é ineficaz, deve diminuir o nível da materialidade;

c) a materialidade de execução é definida para que seja diminuída a probabilidade de que as distorções detectadas e não corrigidas, em conjunto, excedam a materialidade para as demonstrações financeiras como um todo;

d) a determinação do Limite para Acumulação de Distorções (LAD) pela equipe de auditoria indica o valor a partir do qual as distorções identificadas não serão acumuladas, porque, individualmente ou em conjunto, não são relevantes para as demonstrações financeiras;

e) a equipe de auditoria deve definir, no plano de auditoria, a materialidade de planejamento para as demonstrações financeiras como um todo, a fim de reduzir a um nível adequadamente baixo a probabilidade de que distorções não corrigidas ou não detectadas, em conjunto, excedam esse valor.

COMENTÁRIOS:

Alternativa "a" – Incorreta. A materialidade não é um cálculo mecânico simples. É um julgamento feito à luz das circunstâncias, levando em conta tanto aspectos quantitativos quanto qualitativos. Não há uma fórmula rígida ou parâmetro puramente objetivo para essa determinação.

Exemplo: o nível de materialidade em uma auditoria na Petrobras não será o mesmo de que o utilizado numa microempresa.

Alternativa "b" – Correta. Materialidade e risco são indissociáveis, já que este é definido em função daquele. Em situações de elevado risco, é adequado trabalhar com nível de materialidade menor para capturar mais distorções.

Alternativa "c" – Incorreta. Faltou incluir na definição as distorções "não encontradas", já que não são apenas as "encontradas". Seria assim: o valor ou valores fixados pelo auditor, inferiores ao considerado relevante para as demonstrações contábeis como um todo, para adequadamente reduzir a um nível baixo a probabilidade de que as distorções não corrigidas e não detectadas em conjunto, excedam a materialidade para as demonstrações contábeis como um todo (NBCTA 320).

Alternativa "d" – Incorreta. Não é "a partir", já que o LAD é o limite. Apenas valores inferiores ao LAD que poderiam deixar de ser acumulados em condições específicas. O tema está na NBCTA 450 e nos diversos manuais de auditoria financeira de Tribunais de Contas. O auditor deve acumular distorções identificadas durante a auditoria que não sejam claramente triviais. Significa dizer que o auditor pode estabelecer um valor abaixo do qual as distorções não serão acumuladas, de modo que, individualmente ou em conjunto com todas as outras distorções, não sejam relevantes para as demonstrações financeiras (GAO).

Assuntos que são claramente triviais são de magnitude totalmente diferente (menor) que a materialidade determinada, e são assuntos claramente sem consequências.

Alternativa "e" – Incorreta. A materialidade é definida no planejamento, mas não no plano de auditoria. É definida na Estratégia Global da Auditoria, que precede ao plano de auditoria (NBCTA 320). Lembre-se que o planejamento é feito em dois níveis: a estratégia global e o plano de auditoria. O plano de auditoria já é a execução propriamente dita, relaciona os procedimentos que serão executados, quando, extensão etc. enquanto a estratégia contempla o nível macro (recursos, tempo etc.)

Alternativa correta: letra "b"

58. FGV – 2022 – TCU – Auditor Federal de Controle Externo

No desenvolvimento de um trabalho de asseguração sobre as demonstrações contábeis de uma instituição pública, a equipe realizou o processo de identificação e avaliação dos riscos de distorção relevante do contexto auditado.

Em relação ao processo de avaliação e resposta aos riscos de distorção relevante, é correto afirmar que:

a) o risco de auditoria é estabelecido em função do risco inerente, do risco de controle e do risco de detecção;

b) o risco de auditoria, por guardar relação com os riscos do objeto que está sendo auditado, não está sob o controle da equipe de auditoria;

c) caso a equipe de auditoria, na avaliação de um risco, conclua que o controle interno é muito forte, o risco de controle poderá ser estabelecido como 100%;

d) caso a equipe julgue que no contexto avaliado os controles são fortes, os procedimentos de auditoria a serem realizados devem focar na aplicação de testes de controle, em detrimento dos testes substantivos;

e) caso a avaliação da equipe de auditoria sobre um risco específico indique baixa magnitude do risco, deve ser aumentada a extensão dos testes substantivos a serem aplicados, de forma a garantir a asseguração pretendida.

COMENTÁRIOS:

Alternativa "a" – Correta. RA = RI x RI x RD.

Alternativa "b" – Incorreta. O RI e o RC não estão sob controle do auditor, contudo, o RD está. Assim, ao adequar o RD que deseja suportar, impacta-se o RA. Dedução simples da própria equação do RA descrita na afirmativa "a".

Alternativa "c" – Incorreta. Se o controle é ótimo, o RC será muito baixo (exemplo: 1%). Se o RC é 100%, significa que o controle é péssimo e permite que todas as transações sejam incorporadas nos registros com alguma distorção.

Alternativa "d" – Incorreta. Quando os controles são fortes, o auditor poderá adquirir confiança no controle interno mediante testes de controle, cujos resultados fornecerão evidências que poderão apoiar a sua opinião, uma vez que os controles são bem desenhados e efetivos. Assim, depende-se menos dos testes substantivos. Porém, testes substantivos são sempre aplicados em uma auditoria, mesmo quando os controles são considerados fortes. Controles fortes podem reduzir a extensão, mas não eliminam a necessidade desses testes.

Alternativa "e" – Incorreta. Se há baixo risco ou baixa materialidade, a tendência é testar menos esse item e concentrar esforções em outros pontos de maior importância.

Alternativa correta: letra "a"

9. AUDITORIA OPERACIONAL

59. CEBRASPE – 2024 – TCE/AC – Auditor de Controle Externo

Entre as informações prestadas por uma equipe de auditoria em seu relatório, consta a seguinte: "O programa de combate à desnutrição infantil não alcançou o objetivo esperado, uma vez que apenas 20% das ações previstas foram implementadas e a quantidade de casos de internação por desnutrição cresceu acima da média de outros estados".

A partir dessa situação hipotética, julgue o próximo item, com base nas Normas Brasileiras de Auditoria do Setor Público (NBASP).

A informação destacada na situação evidencia a avaliação do princípio da efetividade, que diz respeito ao alcance dos objetivos estabelecidos e dos resultados pretendidos.

COMENTÁRIOS:

A auditoria descrita se amolda no tipo *Auditoria operacional*. A auditoria operacional, como realizada pelas EFS, é o exame independente, objetivo e confiável que analisa se empreendimentos, sistemas, operações, programas, atividades ou organizações do governo estão funcionando de acordo com os princípios de **economicidade, eficiência e efetividade** e se há espaço para aperfeiçoamento.

Economicidade significa minimizar os custos dos recursos. Os recursos usados devem estar disponíveis tempestivamente, em quantidade suficiente, na qualidade apropriada e com o melhor preço.

Eficiência significa obter o máximo dos recursos disponíveis. Diz respeito à relação entre recursos empregados e produtos entregues em termos de quantidade, qualidade e tempestividade.

Efetividade diz respeito a atingir os objetivos estabelecidos e alcançar os resultados pretendidos.

Na assertiva, o objeto avaliado é o resultado das ações de combate à desnutrição, portanto, é uma auditoria que visa avaliar o alcance do resultado. Por exemplo: o desejável seria alcançar 90% de efetividade nesta ação, contudo, a auditoria apurou um desempenho de 20%, o que indica baixa efetividade.

Resposta correta: CERTO.

60. CEBRASPE – 2024 – TCE/PR – Auditor de Controle Externo

Durante uma auditoria operacional conduzida pelo tribunal de contas de um estado, foi identificado um projeto público de reforma e ampliação de uma pequena escola em uma comunidade de baixa renda. O valor total do projeto é muito baixo, no contexto do orçamento da capital do estado, e ele tem uma importância significativa para a comunidade local, pois a escola está superlotada e muitas crianças da região, sem conseguir matrícula nessa escola, precisam percorrer longas distâncias para estudar em outros bairros.

De acordo com o disposto pela NBASP para auditoria operacional, a materialidade, na situação hipotética apresentada, deve

a) considerar, principalmente, o valor dos ativos envolvidos, em vez dos passivos.

b) focar apenas na conformidade com leis e regulamentos, independentemente da relevância social ou política inerente à escola.

c) ser exclusivamente baseada em valores financeiros ou numéricos dos itens contábeis.

d) focar até mesmo em questões sem valor financeiro direto, como o contexto social da escola.

e) ser determinada apenas pelo impacto financeiro imediato e direto das atividades auditadas, ignorando-se o contexto social do projeto.

COMENTÁRIOS:

A questão sugere que o objeto da auditoria seria imaterial, sob a justificativa de que o valor da obra pública seria irrelevante no contexto geral, incapaz de gerar distorções significativas nos informes financeiros da entidade. Esse raciocínio, entretanto, está equivocado. É fundamental compreender que o conceito de materialidade em auditoria, especialmente no setor público, vai além dos aspectos financeiros.

Em auditorias operacionais, a materialidade também pode ser avaliada sob perspectivas qualitativas, como o impacto social, político ou ambiental de uma ação ou projeto. Por exemplo, a reforma de uma escola em uma comunidade de baixa renda, ainda que envolva valores financeiros modestos, pode ter um impacto social profundo e, por isso, ser considerada material.

O primeiro passo para responder adequadamente à questão é reconhecer que a auditoria descrita no enunciado é uma auditoria operacional, cujo objetivo principal é avaliar os resultados, considerando a relevância e o impacto que o projeto ou política pode ter na sociedade, independentemente de seu custo financeiro.

Alternativa "a" – Incorreta. Foco em ativos e passivos é da auditoria financeira.

Alternativa "b" – Incorreta. Esse foco é da auditoria de conformidade.

Alternativa "c" – Incorreta. Enfoque muito limitado para avaliar desempenho.

Alternativa "d" – Correta. Em auditorias operacionais, a materialidade não se limita a valores financeiros. Ela também considera fatores qualitativos, como a relevância social, política e o impacto do projeto na comunidade. No caso apresentado, a importância da reforma e ampliação da escola para a comunidade local é um fator material, mesmo que o valor financeiro do projeto seja baixo no contexto do orçamento geral.

NBASP 100, 41

A materialidade é muitas vezes considerada em termos de valor, mas também tem aspectos quantitativos, bem como qualitativos. As características inerentes a um item ou grupo de itens podem tornar uma questão material por sua própria natureza. Uma questão pode, também, ser material por causa do contexto em que ela ocorre.

Alternativa "e" – Incorreta. O impacto social ou resultado de uma política é justamente o ponto mais importante numa auditoria operacional.

Alternativa correta: letra "d"

61. CEBRASPE – 2024 – TCE/AC – Auditor de Controle Externo

Entre as informações prestadas por uma equipe de auditoria em seu relatório, consta a seguinte: "O programa de combate à desnutrição infantil não alcançou o objetivo esperado, uma vez que apenas 20% das ações previstas foram implementadas e a quantidade de casos de internação por desnutrição cresceu acima da média de outros estados".

A partir dessa situação hipotética, julgue o próximo item, com base nas Normas Brasileiras de Auditoria do Setor Público (NBASP).

O caso em questão exemplifica uma auditoria operacional, cujo objetivo é avaliar o cumprimento de leis e normas.

COMENTÁRIOS:

De fato, trata-se de uma auditoria operacional. A auditoria operacional analisa o desempenho com base nos "3Es": **eficiência, economicidade e efetividade**. É uma avaliação se os objetivos estão sendo alcançados. O exame constatou que apenas 20% do resultado foi alcançado, deixando claro o escopo deste exame: é um exame do desempenho com base nos "3Es". Entretanto, a auditoria que examina a conformidade com leis e regulamentos é denominada **Auditoria de conformidade**. Logo, a assertiva identifica corretamente a auditoria operacional como aplicável ao caso, mas descreve incorretamente seu objetivo. O objetivo descrito pertence à *Auditoria de conformidade*.

Resposta correta: ERRADO.

62. CEBRASPE – 2023 – TCDF – Auditor de Controle Externo

No que se refere a evidências e à comunicação dos resultados no âmbito da auditoria, julgue o item a seguir.

Nas auditorias operacionais, a acurácia — a ser obtida a partir da análise das questões por diferentes perspectivas — deve imperar na conclusão do trabalho do auditor, uma vez que o julgamento profissional será pautado em evidências de natureza frequentemente mais persuasiva que conclusiva.

COMENTÁRIOS:

Em auditoria, a conclusão é alcançada quando se obtêm evidências adequadas (qualidade) e suficientes (quantidade). Esses parâmetros não são determinados de forma mecânica, pois dependem de julgamento profissional. Por isso, afirma-se que a evidência em auditoria é cumulativa e persuasiva. O grau de persuasão ou convencimento varia conforme a quantidade e a qualidade das evidências obtidas; algumas situações exigem mais quantidade ou melhores evidências, enquanto outras exigem menos quantidade ou evidências menos robustas. Para avaliar se já temos evidências adequadas e suficientes, devemos ponderar se um outro auditor experiente sem nenhum contato prévio com a auditoria, possa posteriormente determinar qual trabalho foi feito a fim de chegar aos achados, às conclusões e às recomendações da auditoria.

NBASP 300.

34. (...) O objetivo do relatório nas auditorias operacionais é, frequentemente, persuadir usuários razoáveis, fornecendo-lhes novas perspectivas em vez de uma declaração formal de asseguração. Do mesmo modo que os objetivos de auditoria determinam a natureza da evidência necessária, eles também determinam a natureza da documentação.

NBASP 300.

38. (...)Todos os achados e conclusões de auditoria devem estar respaldados por evidência suficiente e apropriada. Esta deve ser colocada no contexto e todos os argumentos relevantes, prós e contras e diferentes perspectivas, devem ser levados em conta antes de se chegar às conclusões. A natureza da evidência de auditoria necessária para chegar a conclusões na auditoria operacional é determinada pelo objeto, pelo objetivo e pelas questões de auditoria.

Resposta correta: CERTO.

---

63. CONSULPAM – 2023 – TCM/PA – Auditor de Controle Externo

A respeito dos conceitos e orientações disponíveis na ISSAI 300, assinale a alternativa INCORRETA.

a) Os usuários previstos são as pessoas para quem o auditor elabora o relatório de auditoria operacional. O poder legislativo, as agências governamentais e o público podem todos ser usuários previstos. Uma parte responsável pode também ser usuário previsto, mas, raramente, será o único.

b) Na auditoria operacional, o auditor é, às vezes, envolvido no desenvolvimento ou na seleção dos critérios que são relevantes para a auditoria.

c) Os auditores operacionais devem descrever especificamente a forma como seus achados levaram a um conjunto de conclusões e – quando aplicável – a uma única conclusão geral.

d) A auditoria operacional pode seguir uma abordagem orientada a sistemas, que avalia se os objetivos de resultados ou de produtos foram atingidos como planejados ou se os programas e serviços estão funcionando como pretendido.

COMENTÁRIOS:

Atenção ao fato de que o descrito nas letras "a", "b" e "c" são afirmações verdadeiras, por este motivo, são consideradas incorretas para resposta da questão.

Alternativa "a" - Incorreta. O texto da assertiva é verdadeiro:

NBASP 300, 4

18. Os usuários previstos são as pessoas para quem o auditor elabora o relatório de auditoria operacional. O poder legislativo, as agências governamentais e o público podem todos ser usuários previstos. Uma parte responsável pode também ser usuário previsto, mas, raramente, será o único.

Alternativa "b" - Incorreta. O texto da assertiva é verdadeiro:

NBASP 300, 4

20. Na auditoria operacional, o auditor é, às vezes, envolvido no desenvolvimento ou na seleção dos critérios que são relevantes para a auditoria. O parágrafo 27 descreve quais requisitos específicos decorrem disso para o auditor.

Alternativa "c" - Incorreta. O texto da assertiva é verdadeiro:

NBASP 300, 4

23. Os auditores operacionais devem descrever especificamente a forma como seus achados levaram a um conjunto de conclusões e – quando aplicável – a uma única conclusão geral. Isto significa explicar quais critérios foram desenvolvidos e utilizados e porque, e declarar que todos os pontos de vista relevantes foram levados em consideração para que um relatório equilibrado possa ser apresentado. Os princípios sobre elaboração de relatórios fornecem maiores orientações para esse processo.

Alternativa "d" - Correta. O texto da assertiva é falso. É possível seguir abordagem orientada a sistemas, contudo, seu escopo está definido de maneira incorreta. Observe:

Abordagem da Auditoria Operacional	Descrição	Exemplo
Orientada a Sistemas	Examina o funcionamento adequado dos sistemas de gestão.	Sistemas de gestão financeira.
Orientada a Resultados	Avalia se os objetivos de impactos ou produtos foram atingidos conforme planejado.	Verificação de metas de programas.
Orientada a Problemas	Examina, verifica e analisa as causas de problemas específicos ou desvios em relação a critérios.	Análise de desvios em projetos.

---

64. CONSULPAM – 2023 – TCM/PA – Conselheiro

De acordo com a ISSAI 300, que trata das principais fases da auditoria operacional, assinale a alternativa CORRETA.

a) Na fase do Relatório, faz-se a coleta e análise de dados e informações.
b) Na fase de planejamento, faz-se a apresentação dos resultados da auditoria.
c) As fases não podem ser iterativas.
d) Na fase de monitoramento, cabe determinar se as ações adotadas em resposta aos achados e recomendações resolveram os problemas e/ou deficiências subjacentes.

COMENTÁRIOS:

A auditoria operacional compreende as seguintes fases principais (NBASP 400):

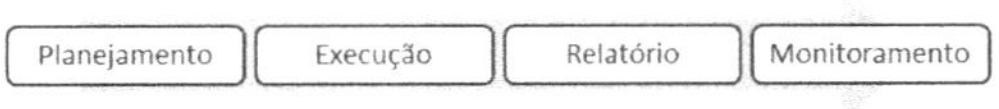

-**Planejamento:** seleção de temas, pré-estudo e desenho da auditoria;

-**Execução:** coleta e análise de dados e informações;

-**Relatório:** apresentação dos resultados da auditoria, respostas às questões de auditoria, achados, conclusões e recomendações aos usuários;

Monitoramento: isto é, determinar se as ações adotadas em resposta aos achados e recomendações resolveram os problemas e/ou deficiências subjacentes.

Essas fases podem ser iterativas. Por exemplo, novas perspectivas surgidas na fase de execução podem acarretar mudanças no plano de auditoria e elementos importantes do relatório (por exemplo, a formulação de conclusões) podem ser esboçados ou até mesmo concluídos durante essa fase do processo.

Alternativa "a". Incorreta. No relatório apresenta-se o resultado.

Alternativa "b". Incorreta. No planejamento seleciona-se o tema da auditoria.

Alternativa "c". Incorreta. São iterativas.

Alternativa "d". Correta. O monitoramento ou follow-up é verificar em momento posterior à auditoria se as melhorias, recomendações estão sendo implementadas.

Alternativa correta: letra "d".

---

65. CONSULPAM – 2023 – TCM/PA – Conselheiro

A respeito da documentação em auditoria operacional, assinale a alternativa CORRETA.

a) A informação documentada deve ser suficientemente completa e detalhada para permitir que um usuário, sem nenhum contato prévio com a auditoria, possa posteriormente determinar qual trabalho foi feito a fim de chegar aos achados, às conclusões e às recomendações da auditoria.
b) Auditores operacionais devem manter um registro documental adequado da preparação, dos procedimentos e dos achados de cada auditoria. O propósito e contexto da documentação são um tanto generalistas em auditoria operacional.
c) O objetivo do relatório nas auditorias operacionais é, frequentemente, persuadir usuários razoáveis, fornecendo-lhes novas perspectivas em vez de uma declaração formal de asseguração.
d) Como a metodologia e os critérios de auditoria podem ter sido desenvolvidos especificamente para um único trabalho, o auditor fica dispensado de justificar seu raciocínio de forma transparente.

COMENTÁRIOS:

Alternativa "a". Incorreta. Para ficar correto, devemos substituir "usuário" por "auditor".

Alternativa "b". Incorreta. Para ficar correto, devemos substituir "generalistas" por "específicas".

Alternativa "c". Correta.

NBASP 300

34. (...) O objetivo do relatório nas auditorias operacionais é, frequentemente, persuadir usuários razoáveis, fornecendo-lhes novas perspectivas em vez de uma declaração formal de asseguração. Do mesmo modo que os objetivos de auditoria determinam a natureza da evidência necessária, eles também determinam a natureza da documentação.

Alternativa "d". Incorreta.

NBASP 300

34. (...) Frequentemente, o auditor terá adquirido conhecimento especializado sobre o tema da auditoria que não é facilmente reproduzido na EFS. Como a metodologia e os critérios de auditoria podem ter sido desenvolvidos especificamente para um único trabalho, o auditor tem uma responsabilidade especial de justificar seu raciocínio de forma transparente.

Alternativa correta: letra "c".

---

66. FGV – 2023 – TCE/ES – Conselheiro substituto

Todo trabalho de auditoria deve ser adequadamente planejado tendo, dentre outros objetivos, o de coletar evidência de auditoria suficiente e apropriada.

No contexto de uma auditoria operacional, a NBASP 300 aborda os estágios desse planejamento de coleta de dados, os quais incluem as seguintes definições, EXCETO:

a) a metodologia de trabalho (análises completas ou amostrais);

b) o tipo de trabalho (relatório direto ou certificação);
c) o desenho geral da auditoria (perguntas de natureza explanatória, descritiva ou avaliativa);
d) o nível de observação (olhar um processo ou arquivos individuais);
e) técnicas específicas de coleta de dados (entrevista ou grupo focal).

COMENTÁRIOS:

Vamos ficar atentos ao fato de que os itens que são indicados como "incorretos", são na realidade de conteúdo verdadeiros. Por esse motivo, não respondem à questão, que pede a exceção.

Alternativas "a", "c", "d", "e" – Incorretas. Seu conteúdo é verdadeiro, logo, incorretas para a questão. Todas as assertivas são respondidas com a citação da NBASP, item 37 a seguir:

NBASP 300

37.Ao planejar a auditoria, o auditor deve elaborar os procedimentos a serem utilizados para coletar evidência de auditoria suficiente e apropriada. Isso pode ser abordado em vários estágios: decidindo sobre o **desenho geral da auditoria** (que perguntas fazer, por exemplo, explanatória/descritiva/avaliativa); **determinando o nível de observação** (por exemplo, olhar um processo ou arquivos individuais); **metodologia** (e.g. análises completas ou amostrais); **técnicas específicas de coleta de dados** (por exemplo, entrevista ou grupo focal). Métodos de coleta de dados e técnicas de amostragem devem ser escolhidos com cuidado. A fase de planejamento deve também envolver trabalho de pesquisa com o objetivo de construir conhecimento, testar vários desenhos de auditoria e verificar se os dados necessários estão disponíveis. Isso torna mais fácil a escolha do método mais apropriado de auditoria.

Alternativa "b" – Correta. Em auditora operacional, geralmente se tem o relatório direto, e não o de certificação.

Alternativa correta: letra "b"

67. CEBRASPE – 2022 – TCE/SC – Auditor Fiscal de Controle Externo

No que tange à auditoria governamental, julgue o item a seguir.

A auditoria operacional consiste no exame da eficiência, eficácia, efetividade e economicidade de organizações, bem como de programas e atividades governamentais, com a finalidade de promover a melhoria da gestão pública, não sendo atividade dessa função analisar se há espaço para aperfeiçoamento.

COMENTÁRIOS:

A auditoria operacional deve buscar o aperfeiçoamento do objeto com sugestões, recomendações de melhoria etc. Portanto, **analisar se há espaço para aperfeiçoamento é parte da auditoria operacional**. Esse tipo de auditoria vai além da mera identificação de problemas, visa também oferecer recomendações para aprimorar a gestão.

NBASP 3000

17. A auditoria operacional realizada pelas EFS é o exame independente, objetivo e confiável que analisa se empreendimentos, sistemas, operações, programas, atividades ou organizações do governo estão funcionando de acordo com os princípios de economicidade, eficiência e efetividade e se há espaço para aperfeiçoamento.

Resposta correta: ERRADO.

10. AUDITORIA DE CONFORMIDADE

68. FGV – 2024 – TCE/GO – Analista de Controle Externo

A NBASP 400 - Princípios de Auditoria de Conformidade estabelece diretrizes fundamentais para a realização de auditorias destinadas a verificar se as operações estão em conformidade com leis, regulamentos e normas aplicáveis.

Nesse contexto, analise os itens a seguir:

I. A auditoria de conformidade é a avaliação independente para determinar se um dado objeto está em conformidade com normas aplicáveis identificadas como critérios.
II. As auditorias de conformidade são realizadas para avaliar se atividades, transações orçamentárias e informações cumprem, em todos os aspectos relevantes, as normas que regem a entidade auditada.
III. A auditoria de conformidade é frequentemente parte integrante do mandato de uma Entidade Fiscalizadora Superior para a auditoria de entidades do setor público.

Está correto o que se afirma em

a) I, apenas.
b) I e II, apenas.
c) I e III, apenas.
d) II e III, apenas.
e) I, II e III.

COMENTÁRIOS:

Auditoria de conformidade tem como objetivo verificar a conformidade do objeto com normas e regulamentos. A auditoria de conformidade pode ser relacionada com a legalidade ou legitimidade.

Itens I - Correto. Literalidade da NBASP.

NBASP 400, 3

12. A auditoria de conformidade é a avaliação independente para determinar se um dado objeto está em conformidade com normas aplicáveis identificadas como critérios.

Item II – Incorreto. O examinador modificou discretamente a literalidade da norma ao "inserir transações orçamentárias", quando o correto seria "transações financeiras".

NBASP 400, 3

(...) As auditorias de conformidade são realizadas para avaliar se atividades, **transações financeiras** e informações cumprem, em todos os aspectos relevantes, as normas que regem a entidade auditada.

Item II – Correto. Não poderia ser diferente, já que uma EFS tem como missão avaliar a legalidade e a aderência aos critérios específicos dos atos e gestão da Administração Pública.

NBASP 400, 3

16. A auditoria de conformidade é frequentemente parte integrante do mandato de uma EFS para a auditoria de entidades do setor público. Isso ocorre porque a legislação e outras normas são o principal meio pelo qual o poder legislativo exerce o controle das receitas e despesas, da gestão e dos direitos dos cidadãos ao devido processo nas suas relações com o setor público. Às entidades do setor público é confiada a boa gestão dos recursos públicos. É responsabilidade dos órgãos públicos e de seus servidores nomeados ser transparente quanto a suas ações e responsável perante os cidadãos pelos recursos que lhes são confiados, e exercer a boa governança desses recursos.

Alternativa correta: letra "c"

69. CEBRASPE – 2024 – TCE/AC – Analista Administrativo

Em relação a auditoria governamental, controle interno, planejamento de auditoria e gestão de riscos no setor público, julgue o item seguinte.

A auditoria de regularidade tem como objetivo principal a avaliação da eficiência e da eficácia das operações de um órgão público.

COMENTÁRIOS:

Conforme a NBASP 100, há três tipos de auditoria principais no setor público:

Tipo	Enfoque
Auditoria financeira	Demonstrações contábeis
Auditoria operacional	Desempenho (eficiência, eficácia, efetividade)
Auditoria de conformidade	Conformidade em relação às leis e regulamentos (legalidade e legitimidade)

Vejamos uma definição mais completa:

Auditoria financeira foca em determinar se a informação financeira de uma entidade é apresentada em conformidade com a estrutura de relatório financeiro e o marco regulatório aplicável. Isso é alcançado obtendo-se evidência de auditoria suficiente e apropriada para permitir o auditor expressar uma opinião quanto a estarem as informações financeiras livres de distorções relevantes devido a fraude ou erro.

Auditoria operacional foca em determinar se intervenções, programas e instituições estão operando em conformidade com os princípios dos "3 Es" (economicidade, eficiência e efetividade), bem como se há espaço para aperfeiçoamento. O desempenho é examinado segundo critérios adequados, e as causas de desvios desses critérios ou outros problemas são analisados. O objetivo é responder a questões-chave de auditoria e apresentar recomendações para aperfeiçoamento.

Auditoria de conformidade (ou de regularidade) foca em determinar se um particular objeto está em conformidade com normas identificadas como critérios. A auditoria de conformidade é realizada para avaliar se atividades, transações financeiras e informações cumprem, em todos os aspectos relevantes, as normas que regem a entidade auditada. Essas normas podem incluir regras, leis, regulamentos, resoluções orçamentárias, políticas, códigos estabelecidos, acordos ou os princípios gerais que regem a gestão financeira responsável do setor público e a conduta dos agentes públicos. Em síntese, avaliam legalidade e legitimidade.

A assertiva descreve a auditoria operacional (eficiência e eficácia são avaliadas).

Resposta correta: ERRADO.

70. CEBRASPE – 2024 – TCE/PR – Auditor de Controle Externo

Segundo a NBASP 100, quando o objeto da auditoria é definido em razão do seu escopo, relacionado com atividades, transações financeiras ou informações, e o auditor deve focar na informação sobre o objeto, seguindo uma estrutura de relatório estabelecida e padronizada, realiza-se um trabalho de auditoria

a) contábil.

b) operacional.

c) especial.

d) financeira.

e) de conformidade

COMENTÁRIOS:

O enunciado nos indica que o objeto da auditoria em apreço é verificar se os informes estão de acordo com uma estrutura de relatório específica. Não é uma auditoria de propósito geral, mas uma auditoria de propósito específico para verificar a conformidade.

Alternativa "a" – Incorreta. O objeto da auditoria contábil (ou financeira) são as demonstrações contábeis.

Alternativa "b" – Incorreta. A avaliação de risco não é uma "auditoria", mas os auditores avaliam riscos em diversos momentos, como por exemplo: os auditores devem realizar uma avaliação de risco ou análise de problema, e revisá-la, se necessário, em resposta aos achados de auditoria; ou, as decisões do auditor sobre a natureza, época e extensão dos procedimentos de auditoria irão impactar na evidência de auditoria a ser obtida. A escolha dos procedimentos dependerá da avaliação de risco ou análise de problema (NBASP 100, 46 e 49).

Alternativa "c" – Incorreta. As auditorias podem exigir técnicas especializadas, métodos ou habilidades de disciplinas que não estão disponíveis dentro da EFS. Em tais casos, especialistas podem ser usados para fornecer conhecimento, para realizar tarefas específicas ou para outros propósitos. Apesar de uma auditoria requerer técnicas especiais ou especializadas, ou possibilidade de prever a participação de especialista, a NBASP 100 não prevê o tipo "auditoria especial".

Alternativa "d" – Incorreta. A auditoria financeira equivale à auditoria contábil descrita na alternativa "a".

Alternativa "e" - Correta. O que a auditoria descrita busca é verificar se as informações e demonstrações estão conforme um modelo de relatório específico.

NBASP 100, 30

Auditoria de conformidade: o objeto de uma auditoria de conformidade é definido pelo escopo da auditoria. Podem ser atividades, transações financeiras ou informações. Em trabalhos de certificação sobre conformidade, o auditor foca na informação sobre o objeto, que pode ser uma declaração de conformidade com uma estrutura de relatório estabelecida e padronizada.

Alternativa correta: letra "e"

71. CEBRASPE - 2023 - TCDF - Auditor de Controle Externo

Em relação aos tipos e à execução da auditoria, julgue o próximo item.

O objetivo de uma auditoria de conformidade é avaliar se atividades, transações financeiras e informações cumprem as normas que regem a entidade auditada.

COMENTÁRIOS:

A auditoria de conformidade avalia se o objeto está conforme às leis e regulamentos. O objeto pode ser um pagamento, uma contratação, uma licitação etc. É preciso ficar atento à menção de "transação financeira" na assertiva para não ser levado ao erro de identificar a auditoria como auditoria financeira. Verificar a legalidade de uma transação financeira estrito senso está inserida no objeto da auditoria de conformidade. A auditoria financeira tem lugar quando o objeto é a avaliação das demonstrações contábeis (demonstrações financeiras) para aumentar a confiança dos usuários dessas demonstrações sobre a ausência de distorções relevantes.

Resposta correta: CERTO

72. CONSULPAM - 2023 - TCM/PA - Auditor de Controle Externo

Essas auditorias podem examinar a conformidade de uma entidade com autoridades financeiras e práticas de contabilidade (por exemplo, controles legislativos, tais como dos gastos da entidade). Em segundo lugar, podem examinar a conformidade com leis e tratados ambientais. Os auditores podem estar interessados em examinar a conformidade com leis e tratados porque a falta de conformidade pode afetar os relatórios financeiros da entidade. Além disso, os auditores podem estar interessados em examinar tal conformidade porque, aparte de qualquer efeito sobre os relatórios financeiros, incorrerá inevitavelmente em despesa e poderia, portanto, ser de relevância com relação ao uso mais amplo de recursos públicos.

A auditoria acima descrita é chamada de:

a) Auditoria independente.

b) Auditoria operacional.

c) Auditoria de regularidade.

d) Auditoria financeira.

COMENTÁRIOS:

Já definimos os tipos de auditoria em questões anteriores. Em síntese:

Tipo	Enfoque
Auditoria financeira	Demonstrações contábeis
Auditoria operacional	Desempenho (eficiência, eficácia, efetividade)
Auditoria de conformidade	Conformidade em relação às leis e regulamentos (legalidade e legitimidade)

Vamos explorar um pouco mais a definição de auditoria de conformidade:

A auditoria de conformidade é realizada para avaliar se atividades, transações financeiras e informações cumprem, em todos os aspectos relevantes, as normas que regem a entidade auditada. Essas normas podem incluir regras, leis, regulamentos, resoluções orçamentárias, políticas, códigos estabelecidos, acordos ou os princípios gerais que regem a gestão financeira responsável do setor público e a conduta dos agentes públicos

Alternativa "a" - Incorreta. "Independente" significa que o auditor é um elemento externo à entidade, ele não é funcionário e goza de independência de amplo espectro. Geralmente o vocábulo "auditoria independente" é utilizado na auditoria externa das demonstrações contábeis onde temos que o título do relatório do auditor é "relatório de auditoria independente". É também uma referência à auditoria externa (em oposição ao vocábulo "auditoria interna")

Alternativa "b" - Incorreta. Auditoria operacional é uma auditoria de desempenho. É nela que se verificam os "3 Es": *eficiência, economicidade e efetividade*.

Alternativa "c" - Correta. Auditoria de conformidade é também chamada de auditoria de regularidade. Nela se verificam a legalidade e a legitimidade dos atos praticados. Verifica-se se está conforme leis e regulamentos.

Alternativa "d" - Incorreta. Auditoria financeira é o mesmo que a auditoria contábil. Foca nas demonstrações contábeis.

Alternativa correta: letra "c"

11. PAPÉIS DE TRABALHO

73. CEBRASPE – 2024 – TCE/AC – Auditor de Controle Externo

Enquanto conduzia uma auditoria em um órgão público estadual do Acre, um auditor de controle externo do TCEAC encontrou várias irregularidades em contratos de licitação. Agora, ele está na fase de documentação dos achados de auditoria e preparação do relatório final.

A partir dessa situação hipotética, julgue o item subsequente.

O auditor deve documentar detalhadamente todas as evidências coletadas, mesmo aquelas que não sustentem diretamente suas conclusões, para garantir a transparência do processo de auditoria.

COMENTÁRIOS:

Os auditores devem preparar documentação de auditoria que seja suficientemente detalhada para fornecer uma compreensão clara do trabalho realizado, da evidência obtida e das conclusões alcançadas. Isso implica tanto na evidência que confirma uma condição quanto na evidência que a refuta. Essa premissa é verdadeira nas diversas formas de auditoria. Por exemplo: na auditoria de conformidade, o auditor coletaria evidências que sustentam e as que não sustentam os achados; na auditoria operacional, o auditor coletaria evidências favoráveis e não favoráveis ao resultado avaliado; na auditoria contábil ou financeira, as que sustentam as afirmações da entidade e as que revelam inconsistências em relação ao objeto avaliado.

Todos os achados e conclusões de auditoria devem estar respaldados por evidência suficiente e apropriada. Esta deve ser colocada no contexto e todos os argumentos relevantes, prós e contras e diferentes perspectivas. Tudo deve ser levado em conta antes de se chegar às conclusões conforme o tipo de auditoria.

Resposta correta: CERTO.

74. CEBRASPE – 2024 – TCE/AC – Analista Administrativo

Julgue o item, subsecutivo, referente à comunicação dos resultados de auditoria, ao monitoramento das recomendações de auditoria e aos relatórios de auditoria.

A documentação da auditoria inclui todos os papéis de trabalho, evidências coletadas e conclusões alcançadas durante o processo de auditoria.

COMENTÁRIOS:

Conforme a NBASP 100:

NBASP 100

42. Os auditores devem preparar documentação de auditoria que seja suficientemente detalhada para fornecer uma compreensão clara do trabalho realizado, da evidência obtida e das conclusões alcançadas.

Em muitos referenciais doutrinários e normativos, "documentação de auditoria" e "papéis de trabalho" são tratados como sinônimos. A melhor definição, contudo, é que "documentação" tenha uma abrangência maior, englobando papéis de trabalho propriamente ditos e outros documentos e informações coletados. A NBC TA 230, por exemplo, esclarece que documentação é: *"o registro dos procedimentos de auditoria executados, da evidência de auditoria relevante obtida e conclusões alcançadas pelo auditor (usualmente também é utilizada a expressão 'papéis de trabalho')"*. Note que a própria NBC TA 230, incorporada na auditoria do setor público como NBASP 2230, cita "papéis de trabalho" como sinônimo de "documentação de auditoria".

Assim, a documentação de auditoria nada mais é do que apontamentos efetuados pelo auditor durante a execução da auditoria, contendo provas, evidências, julgamentos e conclusões que fundamentam a opinião. Esses documentos são organizados, devidamente referenciados e vão compor o arquivo de auditoria. Na documentação de auditoria (ou papéis de trabalho) são preservados as "provas" do trabalho realizado e que fundamentaram a opinião do auditor. Tais registros podem envolver documentos de vários formatos, como material eletrônico, fotos, análises efetuadas, planilhas, demonstrações contábeis, notas fiscais, editais etc. Não existe uma regra sobre qual tipo de material deve compor a documentação de auditoria. O parâmetro, contudo, é que seja suficiente e adequado para fundamentar a opinião e que um terceiro auditor não participante dos trabalhos consiga compreender a auditoria realizada caso venha a analisar esta documentação.

Resposta correta: CERTO.

75. CEBRASPE – 2024 – TCE/AC – Analista Administrativo

A respeito das evidências de auditoria, da caracterização de achados e de procedimentos de auditoria, julgue o próximo item.

A matriz de responsabilização é utilizada para documentar a responsabilidade dos gestores e servidores pelos achados identificados, não sendo obrigatória em todos os tipos de auditoria.

COMENTÁRIOS:

A matriz de responsabilização é um instrumento típico de auditorias de conformidade, mas que deve ser utilizado sempre que for necessária a formulação de conclusões sobre a responsabilidade do agente que contribuiu ou deu causa a determinado achado (BALDRESCA, C.; CARVALHO JR, J.. Auditoria no Setor Público com Ênfase no Controle Externo. 2019, p. 243).

A matriz de responsabilização (MR) possibilita verificar a responsabilidade pelo achado que se constitua em irregularidade e deve ser preenchida sempre que houver achados que se caracterizem como irregularidades. Logo, se não há achados com essa característica, não teremos a MR. Assim, concluímos sobre sua definição/função e que não estará presente em toda e qualquer auditoria, permitindo-nos confirmar que a assertiva é verdadeira.

Sobre o tema, é importante verificar o modelo da matriz para entender os elementos que a compõe, pois são frequentemente questionados nas provas. É comum se questionar em provas se a MR identifica a "culpabilidade" ou "conduta" e outros elementos, com as questões misturando e confundindo elementos de outras matrizes como "matriz de planejamento" e "matriz de achados", por exemplo.

Note no modelo de MR abaixo, que a matriz identifica a irregularidade (o achado); descreve a ação/omissão do agente vinculada ao achado (conduta); faz a ligação entre a conduta e o resultado (nexo de casualidade) para, finalmente, qualificar com atenuantes/agravantes a participação deste agente (culpabilidade):

ACHADO	RESPONSÁVEL	PERÍODO DE EXERCÍCIO	CONDUTA	NEXO DE CAUSALIDADE (entre a conduta e o resultado ilícito)	CULPABILIDADE
Descrever o título da irregularidade			Identificar a ação ou a omissão, culposa ou dolosa praticada pelo responsável. Nos casos de ação: utilizar verbos no infinitivo, mencionar os documentos que comprovem a conduta adotada e a conduta correta.. Nos casos de omissão, indicar o que deveria ter sido feito.	Evidenciar a relação de causa e efeito entre a conduta do responsável e o resultado ilícito. (CONDUTA)...resultou...(RESULTADO ILÍCITO) (CONDUTA)...propiciou... (RESULTADO ILÍCITO) (CONDUTA)...possibilitou...(RESULTADO ILÍCITO)	Avaliar a reprovabilidade da conduta, destacando situações atenuantes ou agravantes.

Resposta correta: CERTO.

76. CEBRASPE – 2024 – TCE/PR – Auditor de Controle Externo

Em auditoria realizada pelo tribunal de contas acerca da construção de um hospital, foram identificadas irregularidades na entrega de materiais e falhas na execução das obras. Um auditor novato foi incorporado à equipe e ficou encarregado de preparar uma nova matriz que relacionasse as irregularidades reportadas com o nexo de causalidade.

Nessa situação hipotética, de acordo as normas de auditoria aplicáveis, a identificação das irregularidades acompanhadas do nexo de causalidade deve ser reportada na matriz de

a) análise de impactos.

b) avaliação de riscos.

c) achados

d) planejamento.

e) responsabilização.

COMENTÁRIOS:

Alternativas "a" e "b" - Incorretas. Os conceitos estão associados ao processo de gerenciamento de riscos. Risco é a possibilidade de que um evento afete negativamente o alcance dos objetivos da entidade A análise do risco se refere ao desenvolvimento da compreensão sobre o risco e à determinação do nível do risco a aceitar e tratar. Compreende os seguintes passos:

1 -*Avaliar o impacto do risco sobre o objetivo/resultado* – o impacto mede o potencial comprometimento do objetivo/resultado (p.ex.: um risco com potencial para comprometer um objetivo na sua totalidade ou na sua quase totalidade é considerado um risco de alto impacto);

2- *Avaliar a probabilidade de ocorrência do risco* (p.ex.: um evento cuja ocorrência seja quase certa de acontecer é um evento de alta probabilidade);

3- *Definir o nível do risco com base na matriz probabilidade x impacto*

Alternativa "c" – Incorreta. *Achado de auditoria* é o resultado da análise realizada pelo auditor ao comparar a situação encontrada (evidências obtidas durante o trabalho) com os critérios estabelecidos (normas, regulamentos, políticas internas etc.). A *matriz de achados* é uma ferramenta que estrutura os elementos de cada achado identificado na auditoria e tem a seguinte estrutura:

Condição: a situação encontrada.

Critério: a norma, padrão, regulamento. Aquilo que deveria ser.

Causa: os fatores que explicam o desvio ou a não conformidade observada.

Efeito: as consequências da situação identificada, podendo ser financeiras, operacionais, legais etc.

Evidências: os elementos que comprovam a situação descrita na condição.

Encaminhamentos: propostas de encaminhamento.

Alternativa "d" – Incorreta. A **matriz de planejamento** é quadro-resumo das informações relevantes do planejamento de uma auditoria. O propósito da matriz de planejamento é auxiliar a elaboração conceitual do trabalho e orientar a equipe na fase de execução. É uma ferramenta que torna o planejamento mais sistemático, facilita a comunicação de decisões sobre metodologia e auxilia a condução dos trabalhos de campo. A matriz de planejamento é um instrumento flexível e seu conteúdo pode ser atualizado ou modificado pela equipe à medida que o trabalho de auditoria progride (conforme manual de auditoria TCU).

Alternativa "e" – Correta. A **matriz de responsabilização** permite a verificação da responsabilidade pelo achado e deve ser preenchida sempre que houver achados que se constituam em irregularidades, cuja proposta de encaminhamento seja pela audiência ou citação de responsáveis, e somente para esses achados. Caso não haja achados ou estes não constituam irregularidades, a matriz não deve ser preenchida.

Alternativa correta: letra "e"

77. CEBRASPE – 2024 – TCDF – Auditor de Controle Externo

Na elaboração da matriz de planejamento, é prescindível a previsão de campo para registro das informações requeridas e suas respectivas fontes.

COMENTÁRIOS:

Vejamos as colunas de uma matriz de planejamento:

Questão de auditoria	Informações requeridas	Fontes de informação	Procedimentos de coleta de dados	Procedimentos de análise de dados	Limitações	O que a análise vai permitir dizer
Especificar o escopo da questão: - Critério - Época - Atores - Abrangência geográfica...	Necessário para responder à questão de auditoria	Identificar as fontes de cada item de informação	Identificar e descrever as técnicas que serão usadas	Identificar e descrever as técnicas que serão empregados	Especificar as limitações quanto: - à estratégia metodológica adotada - ao acesso a pessoas e informações - à qualidade das informações - às condições operacionais de realização do trabalho	Esclarecer precisamente que conclusões ou resultados podem ser alcançados

São colunas imprescindíveis.

Resposta correta: ERRADO

12. AMOSTRAGEM

78. FGV – 2024 – CGE/PB – Auditor de Contas Públicas

Nos trabalhos de auditoria, pode ser necessário adotar um processo de amostragem estatística, que garante a aleatoriedade da seleção dos elementos que irão compor a amostra, de modo a se obter uma amostra representativa da população e isenta de vieses.

Diante da necessidade de obtenção de amostra sorteada de uma população com base em um intervalo fixo de seleção, após um ponto de partida ser aleatoriamente selecionado, deve-se realizar o procedimento de amostragem aleatória:

a) simples;
b) sistemática;
c) estratificada;
d) por conglomerados;
e) clássica de variáveis.

COMENTÁRIOS:

Alternativa "a" – Incorreta. Na seleção aleatória simples é aplicada por meio de geradores de números aleatórios como, por exemplo, tabelas de números aleatórios.

Alternativa "b" – Correta. Na seleção sistemática, a quantidade de unidades de amostragem na população é dividida pelo tamanho da amostra para dar um intervalo de amostragem como, por exemplo, 50, e após determinar um ponto de início dentro das primeiras 50, toda 50ª unidade de amostragem seguinte é selecionada. Embora o ponto de início possa ser determinado ao acaso, é mais provável que a amostra seja realmente aleatória se ela for determinada pelo uso de um gerador computadorizado de números aleatórios ou de tabelas de números aleatórios. Ao usar uma seleção sistemática, o auditor precisaria determinar que as unidades de amostragem da população não estão estruturadas de modo que o intervalo de amostragem corresponda a um padrão em particular da população (NBC TA 530).

Alternativa "c" – Incorreta. Estratificação da amostra é o processo de dividir uma população em subpopulações, cada uma sendo um grupo de unidades de amostragem com características semelhantes (geralmente valor monetário). O objetivo da estratificação é reduzir a variabilidade de itens em cada estrato da população.

Alternativa "d" – Incorreta. Na amostragem por conglomerado, cada unidade de amostragem é um grupo, um local, um território. Dividimos a população em grupos e cada um deles representa um conglomerado. A amostra é constituída por todos os elementos que compõem o conglomerado selecionado. Cada conglomerado é heterogêneo internamente, mas homogêneo entre os demais conglomerados.

Alternativa "e" – Incorreta. Na amostragem em testes de controle temos amostragem de atributos (qualidades); em procedimentos substantivos a amostragem visa obter conclusões sobre os saldos contábeis envolvidos, caracterizando- como uma amostragem de variáveis. Não responde ao enunciado.

Alternativa correta: letra "b"

79. COPEVE-UFAL – 2022 – TCE/AL – Agente de Controle Externo

Ao definir uma amostra de auditoria, o auditor deve considerar a finalidade do procedimento de auditoria e as características da população da qual será retirada a amostra. Dessa maneira, o auditor deverá

a) determinar o tamanho da população suficiente para reduzir o risco a um nível mínimo aceitável.
b) executar os procedimentos de auditoria, apropriados à finalidade, para cada item selecionado.
c) aplicar os procedimentos de auditoria definidos ou procedimentos alternativos adequados a todos os itens selecionados.
d) tratar um item como um desvio do controle previsto, no caso de testes de substantivos ou uma distorção, no caso de testes de observância.
e) selecionar itens para a amostragem de forma que cada unidade de amostragem tenha possibilidade de ser selecionada na população.

COMENTÁRIOS:

Questão baseada na literalidade da NBCTA 530 (equivalente à NBASP 2530). É importante lembrar que as NBCTAs, normalmente aplicáveis ao setor privado, foram incorporadas também às NBASPs, que regulamentam a auditoria no setor público. A correspondência entre elas é simples: basta acrescentar o numeral "2" ao código da NBCTA para identificar a norma equivalente na NBASP. Por exemplo, a NBCTA 530 corresponde à NBASP 2530, e assim por diante. Essa correspondência facilita o estudo, pois, ao estudar uma norma NBCTA, você automaticamente estudará a norma correspondente na NBASP.

NBC TA 530

Definição da amostra, tamanho e seleção dos itens para teste

6. Ao definir uma amostra de auditoria, o auditor deve considerar a finalidade do procedimento de auditoria e as características da população da qual será retirada a amostra.

7. O auditor deve determinar o tamanho de amostra suficiente para reduzir o risco de amostragem a um nível mínimo aceitável.

8. O auditor deve selecionar itens para a amostragem de forma que cada unidade de amostragem da população tenha a mesma chance de ser selecionada.

Execução de procedimentos de auditoria

9. O auditor deve executar os procedimentos de auditoria, apropriados à finalidade, para cada item selecionado.

10. Se o procedimento de auditoria não for aplicável ao item selecionado, o auditor deve executar o procedimento em um item que substitua o anteriormente selecionado.

11. Se o auditor não puder aplicar os procedimentos de auditoria definidos ou procedimentos alternativos adequados em um item selecionado, o auditor deve tratar esse item como um desvio do controle previsto, no caso de testes de controles ou uma distorção, no caso de testes de detalhes

Alternativa "a" – Incorreta. Deveria ser o tamanho da "amostra".

Alternativa "b" – Correta. Item 9 da NBC TA 530.

Alternativa "c" – Incorreta. Item 10 da NBC TA 530.

Alternativa "d" – Incorreta. Item 10 da NBC TA 530.

Alternativa "e" – Incorreta. Conforme item 8. A norma exige que cada unidade de amostragem tenha a mesma chance de ser selecionada, e não a mera possibilidade de ser selecionada. É imprescindível que as chances sejam iguais, caso contrário, haverá tendenciosidade.

Alternativa correta: letra "b".

80. FGV – 2022 – TCU – Auditor Federal de Controle Externo

Durante um trabalho de auditoria, um dos procedimentos previstos na matriz de planejamento era um teste de conformidade (para controle de qualidade) em uma população finita superior a 500 elementos. Para que a população testada fosse aprovada, foi definido como critério que a proporção máxima de erros admitidos seria de 3%. Foi considerado ainda um nível de confiança de 95% e que a amostra conteria no máximo um único erro.

Considere ainda a tabela a seguir, que contém índices calculados de confiabilidade para quantidades previstas de erros e níveis de confiança.

α	Quantidade prevista de erros na amostra		
	0	1	2
0,99	4,60	6,61	-
0,95	3,00	4,75	6,30
0,90	2,30	3,89	5,33

A partir dos dados apresentados e para cumprir os critérios previamente definidos, o tamanho da amostra para o teste na população indicada deve ser de:

a) 150;

b) 158;

c) 167;

d) 220;

e) 475.

COMENTÁRIOS:

As tabelas práticas estatísticas procuram resumir diversos cálculos, em especial, do nível de confiança. Assim podemos calcular de forma rápida o tamanho da amostra ou outros dados. O primeiro passo é identificar linha e coluna na tabela que contemplam os dados do enunciado. Observe:

O nível de confiança é 95% e o número de erros é 1. Assim, temos o seguinte fator de confiança (FC): 4,75.

α	Quantidade prevista de erros na amostra		
	0	1	2
0,99	4,60	6,61	-
0,95	3,00	4,75	6,30
0,90	2,30	3,89	5,33

A questão nos fornece o desvio tolerável: DT = 3%, que é o máximo de erros admitidos.

Agora é só aplicar a fórmula para descobrir o tamanho da amostra (n)

$$n = \frac{FC}{DT} = \frac{Fator\ de\ confiabilidade}{Desvio\ tolerável}$$

$$n = \frac{4,75}{0,03} = 158$$

Alternativa correta: letra "b"

13. PROCEDIMENTOS DE AUDITORIA

81. CEBRASPE – 2024 – TCE/AC – Analista Administrativo

A respeito das evidências de auditoria, da caracterização de achados e de procedimentos de auditoria, julgue o próximo item.

A circularização é um procedimento utilizado para confirmar saldos e transações diretamente com terceiros, garantindo a integridade dos registros contábeis.

COMENTÁRIOS:

A circularização (também chamada de confirmação externa) representa evidência de auditoria obtida como resposta escrita de terceiro (a parte que confirma) ao auditor, em forma escrita, eletrônica ou em outra mídia. Os procedimentos de confirmação externa frequentemente são relevantes no tratamento de afirmações associadas a certos saldos contábeis e seus elementos.

Os procedimentos de confirmação externa também são utilizados para a obtenção de evidência de auditoria a respeito da ausência de certas condições, por exemplo a ausência de acordo paralelo (*side agreement*) que possa influenciar o reconhecimento da receita.

De forma simples: circularizar é **perguntar a quem sabe** (um terceiro) por escrito se aquilo que está registrado ou apresentado realmente está correto ou se há algo a mais que precisa ser considerado. Por exemplo:

Confirmações de	Fonte de informação (terceiro)
Saldos bancários	Banco
Contas a receber	Clientes
Estoques em poder de terceiros	Consignatário, beneficiador por encomenda
Litígios	Advogados

Com essa informação, já respondemos à questão. Revisemos algumas informações adicionais para agregar ao estudo:

A solicitação de confirmação externa pode ser positiva ou negativa.

Solicitação de confirmação positiva – A parte que confirma responde diretamente ao auditor indicando se concorda ou discorda das informações na solicitação, ou fornece as informações solicitadas.

Solicitação de confirmação negativa – A parte que confirma responde diretamente ao auditor somente se discordar das informações fornecidas na solicitação.

A doutrina aplica sobre a solicitação de confirmação, ainda, uma subclassificação. Diz-se que a confirmação positiva pode ser *em preto* ou *em branco*. A confirmação negativa *será sempre em preto*. Veja sua característica e exemplo a seguir:

Em branco

- os valores não são indicados na solicitação.
- "Favor informar o nosso saldo em aberto".

Em preto

- os valores são indicados na solicitação.
- "Favor informar se nosso saldo é R$ 500".

Resposta correta: CERTO.

82. CEBRASPE – 2024 – TCE/AC – Analista Administrativo

Acerca de testes de auditoria e do escopo e da materialidade no plano de auditoria, julgue o item a seguir.

Os testes de auditoria incluem procedimentos como exame documental, inspeção física, conferência de cálculos e entrevistas.

COMENTÁRIOS:

Os testes ou procedimentos de auditoria são apresentados em diversos normativos e manuais, expedidos por Tribunais de contas, Controladorias e Conselho Federal de Contabilidade, o que pode levar a pequenas modificações nas suas designações. As NBASP do grupo 2500 e a NBCTA do grupo 500 apresentam 7 procedimentos de auditoria:

Inspeção (física ou documental) - Envolve o exame de registros ou documentos, internos ou externos, em forma de papel, em forma eletrônica ou outros formatos, ou o exame físico de um ativo. Coincide

Observação - Consiste no exame de processo executado por outros. Fornece evidência a respeito da execução de processo ou procedimento, mas é limitada ao ponto no tempo em que a observação ocorre e pelo fato de que o ato de ser observado pode afetar a maneira como o processo é executado. Corresponde ao procedimento ou técnica da OBSERVAÇÃO DIRETA.

Recálculo - O recálculo consiste na verificação da exatidão matemática de documentos ou registros. Em alguns referenciais normativos vamos encontrar referências a este procedimento como CONFERÊNCIA DE CÁLCULO.

Reexecução -Envolve a execução independente pelo auditor de procedimentos ou controles que foram originalmente realizados como parte do controle interno da entidade.

Procedimentos analíticos -É uma avaliação das informações feitas por meio de estudo das relações plausíveis entre dados financeiros e não financeiros. Incluem a investigação de flutuações e relações que sejam inconsistentes com outras informações relevantes. Corresponde ao procedimento ou técnica também designada como REVISÃO ANALÍTICA.

Indagação - É a busca de informações junto a pessoas com conhecimento, financeiro e não financeiro, dentro ou fora da entidade. Pode ser escrita ou não, formal ou não. Corresponde ao procedimento ou técnica da ENTREVISTA.

Confirmação externa -Representa evidência de auditoria obtida como resposta escrita de terceiro (a parte que confirma) ao auditor, em forma escrita, eletrônica ou em outra mídia. Os procedimentos de confirmação externa frequentemente são relevantes no tratamento de afirmações associadas a certos saldos contábeis e seus elementos. Alguns referenciais a designam como CIRCULARIZAÇÃO.

Resposta correta: CERTO.

83. FGV – 2024 – TCE/BA – Auditor de Controle Externo

A obtenção e o tratamento de dados e informações são cruciais para o sucesso de uma auditoria e não devem ser realizados sem o uso de técnicas apropriadas. Nesse contexto, durante um trabalho de auditoria, um auditor foi requisitado para analisar um conjunto de documentos e verificar a sua autenticidade e as bases e a metodologia de sua elaboração.

Na busca de evidências documentais nesse trabalho, o auditor deve:

a) focar em documentos elaborados internamente pela entidade auditada;
b) priorizar a realização de testes de detalhes nos documentos;
c) restringir a amostra de documentos a serem analisados de acordo com o tempo disponível da auditoria;
d) revisar analiticamente o fluxo de informações inseridas no documento;
e) solicitar indagação escrita dos responsáveis pela elaboração do conjunto de documentos.

COMENTÁRIOS:

Alternativa "a" – Incorreta. Isso é uma questão de julgamento profissional. Apesar de os documentos internos serem importantes, o auditor deve buscar evidências tanto interna quanto a partir de terceiros conhecedores das transações. Documentos externos ou de terceiros podem ter maior confiança do que documentos gerados internamente.

Alternativa "b" – Incorreta. Os testes de detalhes são importantes, mas a escolha entre testes de detalhes ou procedimentos analíticos, ou mesmo dar a auditoria uma abordagem focada em testes de controle são questões afetas ao julgamento profissional. Não é necessariamente prioritário.

Alternativa "c" – Correta. O auditor utiliza amostragem como uma técnica para selecionar quais documentos analisar. Isso torna possível alcançar um nível de evidência adequada e suficiente sem a necessidade de examinar todos os documentos disponíveis, o que raramente seria factível por conta dos custos e cronograma.

Alternativa "d" – Incorreta. A revisão analítica é um procedimento importante, mas, nesse caso, o foco é a verificação da autenticidade e metodologia de elaboração, que exige outros tipos de procedimentos como a inspeção física e documental, por exemplo.

Alternativa "e" – Incorreta. A indagação escrita pode complementar a análise, mas não é o principal procedimento para verificar a autenticidade e a metodologia de elaboração. Possivelmente a inspeção física e documental ajudariam mais.

Alternativa correta: letra "b"

84. FGV – 2024 – Macaé/RJ- Analista Previdenciário

Na execução de uma auditoria governamental, o auditor utilizou uma técnica que consiste na verificação, através do exame visual, do item específico a ser examinado. Com o emprego dessa técnica o auditor buscou comprovar se aquele item realmente existe.

Assinale a opção que apresenta a técnica de auditoria empregada.

a) Observação.
b) Análise documental.
c) Confirmação externa.
d) Inspeção.
e) Reanálise.

COMENTÁRIOS:

Alternativa "a" – Incorreta. A observação é geralmente utilizada para exame de controles internos. É observar o ato de controle sendo realizado, como por exemplo, acompanhar a realização do inventário para compreender de que maneira são segregados os itens, como são etiquetados, como são tratados os estoques inservíveis etc.

Alternativa "b" – Incorreta. A descrição se amolda ao procedimento de inspeção documental.

Analisa-se, por exemplo, se existe a nota fiscal de uma máquina, mas não se a máquina existe de fato.

Alternativa "c" – Incorreta. Consiste em se comunicar com terceiro detentor da informação para confirmar um saldo ou uma condição.

Alternativa "d" – Correta. Verificar o item é a realização do procedimento denominado *inspeção (física)*. Verifica-se se o item existe de fato, se está em condições de uso etc.

Alternativa "e" – Incorreta. Formalmente, não é um procedimento. Talvez a banca quisesse confundir com o procedimento de "recálculo", que significa verificar a precisão aritmética de informações.

Alternativa correta: letra "d"

85. CEBRASPE – 2024 – TCE/PR – Auditor de Controle Externo

Os procedimentos de auditoria realizados com a finalidade exclusiva de avaliar a confiabilidade do sistema de controle interno são denominados testes de

a) revisão analítica.
b) observância.
c) conferência de cálculos.
d) observação.
e) circularização.

COMENTÁRIOS:

Vamos identificar os testes pela sua natureza. Dentro de cada natureza, surgirão os tipos.

Natureza dos testes de auditoria: (1) testes substantivos e (2) testes de controle (também chamados de testes de observância).

Tipos de testes: observação, inspeção, recálculo, reexecução, confirmação externa, indagação.

Cuidado para não confundir a natureza do teste (teste de controle/observância) com o tipo de teste chamado "observação". Este é o teste propriamente dito, enquanto o primeiro indica a natureza dos testes em geral.

Alternativa "a" – Incorreta. A revisão analítica ou procedimento analítico substantivo verifica comportamentos, padrões e relações entre variáveis financeiras e não financeiras para identificar desvios aos padrões esperados de comportamento destas variáveis.

Alternativa "b" – Correta. São duas grandes naturezas de testes: os testes de observância (ou testes de controle) e os testes substantivos. Os testes de controle testam os controles internos da entidade e os testes substantivo testam saldos, transações, informações etc.

Alternativa "c" – Incorreta. Como o nome sugere, trata-se de revisão das memórias de cálculos ou a confirmação de valores por meio do cotejamento de elementos numéricos correlacionados, de modo a constatar a adequação dos cálculos apresentados. Admitem-se as nomenclaturas de "cálculo" e "recálculo" para designar este procedimento de auditoria.

Alternativa "d" – Incorreta. Observação envolve acompanhar um processo ou um procedimento sendo realizado por outros, por exemplo, a observação pelo auditor da contagem física de estoques realizada pela administração ou da execução de atividades de controle. A observação apesar de ser utilizada para testar controles, ela é um tipo de procedimento, não a natureza do teste, que se divide em testes de observância e testes substantivos.

Alternativa "e" – Incorreta. A circularização ou confirmação externa consiste na verificação junto a fontes externas ao auditado, da fidedignidade das informações obtidas internamente.

Alternativa correta: letra "b"

86. CEBRASPE – 2022 – TCE/SC – Auditor Fiscal de Controle Externo

Em relação à execução da auditoria e às evidências de auditoria, julgue o item que se segue.

Considere-se que um auditor tenha encaminhado e-mail a um fornecedor, solicitando que respondesse apenas no caso de discordância em relação às informações fornecidas. Nessa situação, o procedimento realizado pelo auditor consiste em uma circularização com solicitação de confirmação negativa.

COMENTÁRIOS:

Trata-se da **confirmação externa ou circularização**. Representa evidência de auditoria obtida como resposta escrita de terceiro (a parte que confirma) ao auditor, em forma escrita, eletrônica ou em outra mídia. Ela pode ser:

Solicitação de confirmação positiva – A parte que confirma responde diretamente ao auditor indicando se concorda ou discorda das informações na solicitação, ou fornece as informações solicitadas.

Solicitação de confirmação negativa – A parte que confirma responde diretamente ao auditor somente se discordar das informações fornecidas na solicitação.

Resposta correta: CERTO.

14. EVIDÊNCIAS

87. CEBRASPE – 2024 – TCE/AC – Analista Administrativo

A respeito das evidências de auditoria, da caracterização de achados e de procedimentos de auditoria, julgue o próximo item.

Achados de auditoria são sempre considerados graves, pois se caracterizam pela identificação de desvios ou deficiências em relação aos critérios estabelecidos.

COMENTÁRIOS:

Achado é o resultado da comparação entre a situação encontrada e o critério de auditoria. Contém os seguintes atributos: critério (o que deveria ser), condição/situação (o que é), causa (razão do desvio com relação ao critério) e efeito (consequência da situação encontrada). Exemplo:

Achado →	Insuficiência de leitos psiquiátricos
Critério (o que deveria ser)	A quantidade ideal de leitos é 0,43 por 1000 habitantes.
Condição/ situação (o que é)	O Brasil tem 0,37 por 1000 habitantes.
Causas (razão do desvio)	Distribuição desigual de leitos entre os estados da federação.
Efeitos (consequência da situação encontrada)	Deficiência de atendimento em locais com baixo índice de leitos.

Na tabela, temos um exemplo de achado negativo. Porém, o achado pode ser positivo, como no caso em que atinge ou excede o critério. Logo, nem sempre o achado é característico de irregularidade ou mal desempenho.

Imaginemos que, no exemplo de auditoria acima, fossem encontradas cidades sem déficit ou "fila de espera" por leitos. Em tese, isso poderia ser trazido como um achado positivo para estudo das boas práticas. Assim, podemos concluir que nem todo achado é "grave" como sugere a assertiva.

Para complementar a revisão do assunto, devemos saber que os achados são comprovados por evidências: evidências são informações obtidas durante a auditoria e usadas para fundamentar os achados. O conjunto de achados irá respaldar as conclusões do trabalho. A equipe de auditoria deve obter evidências suficientes e apropriadas para fundamentar os achados, e assim chegar a conclusões para responder aos objetivos de auditoria e propor recomendações e determinações.

Resposta correta: ERRADO.

88. CEBRASPE - 2024 - TCE/AC - Auditor de Controle Externo

A evidência de auditoria fornecida pela técnica de observação é limitada, pois o fato de um indivíduo ou grupo estar sendo observado pode afetar o modo como o processo é executado.

COMENTÁRIOS:

Observação consiste no exame de processo executado por outros. Fornece evidência a respeito da execução de processo ou procedimento, mas é limitada ao ponto no tempo em que a observação ocorre e pelo fato de que o ato de ser observado pode afetar a maneira como o processo é executado. Isso não significa que o procedimento é ruim, apenas que deve ser ponderado conforme as circunstâncias.

Exemplo: a observação pelo auditor da contagem do estoque feita pelos empregados da entidade.

Resposta correta: CERTO

89. CEBRASPE - 2024 - TCE/PR - Auditor de Controle Externo

Após a coleta de uma quantidade significativa de evidências sobre as irregularidades em uma obra pública de grande porte, os auditores reuniram-se para discutir a relação entre os achados, os riscos e a materialidade, para a produção do relatório de auditoria. O slide inicial da apresentação feita na reunião indicava a seguinte previsão da NBASP 100: "antes de tirar conclusões, o auditor reconsidera a avaliação inicial de risco e materialidade, à luz das evidências coletadas, e determina se precisam ser realizados procedimentos adicionais de auditoria".

Nessa situação hipotética, a mencionada previsão da NBASP 100 refere-se a

a) avaliar as evidências para minimizar os riscos.
b) avaliar os achados para obter as evidências.
c) avaliar os riscos para obter os achados.
d) avaliar as evidências para obter os achados.
e) avaliar os riscos para obter as evidências.

COMENTÁRIOS:

NBASP 100, 50

Após completar os procedimentos de auditoria, o auditor revisará a documentação de auditoria para determinar se objeto foi suficientemente e apropriadamente auditado. Antes de tirar conclusões, o auditor reconsidera a avaliação inicial de risco e materialidade, à luz das evidências coletadas, e determina se precisam ser realizados procedimentos adicionais de auditoria.

O auditor deve avaliar as evidências de auditoria para obter os achados de auditoria. Na avaliação das evidências de auditoria e da relevância dos achados, o auditor deve levar em consideração tanto aspectos quantitativos como qualitativos.

Com base nos achados, o auditor deve exercer seu julgamento profissional para chegar a uma conclusão acerca do objeto de auditoria ou da informação sobre o objeto.

Alternativa "a" – Incorreta. O objetivo é reconsiderar a avaliação inicial dos riscos e da materialidade com base nas evidências coletadas. O foco está na análise das evidências para confirmar ou ajustar os achados, não diretamente na redução de riscos.

Alternativa "b" – Incorreta. Há uma inversão. As evidências são a base para a formulação dos achados, e não algo que se busca a partir dos achados.

Alternativa "c" – Incorreta. Os achados não decorrem diretamente da avaliação de riscos, mas sim da análise das evidências coletadas durante a auditoria.

Alternativa "d" – Correta. Conforme NBASP 100 descrita acima.

Alternativa "e" – Incorreta. A avaliação de riscos é uma etapa inicial para identificar áreas críticas e direcionar o os esforços do auditor, mas não é um método para "obter as evidências". As evidências são coletadas mediante procedimentos de auditoria (inspeção, observação, confirmação externa etc.).

Alternativa correta: letra "d"

90. CEBRASPE – 2023 – TCDF – Auditor de Controle Externo

No que se refere a evidências e à comunicação dos resultados no âmbito da auditoria, julgue o item a seguir.

A condição e o critério são elementos dos achados de auditoria, em que a condição corresponde à situação ideal e esperada do ente auditado (o que deve ser), enquanto o critério se refere ao cenário real encontrado pelo auditor (o que é).

COMENTÁRIOS:

Uma auditoria está constantemente comparando uma condição encontrada com um critério. A discrepância entre a condição (situação encontrada) em relação ao critério (o que deveria ser) identifica um achado. "Os achados de auditoria constituem o resultado da comparação entre o critério e a condição. Podem, portanto, indicar conformidade ou desconformidade em relação ao critério." (CGU).

Exemplo:

Critério (situação esperada): Abastecimento regular dos insumos utilizados no atendimento à população nas unidades públicas de saúde.

Condição (situação encontrada): Não há material hospitalar e medicamentos suficientes para atendimento à demanda no Hospital X.

Achado: Longa fila de espera para marcação de consultas e procedimentos médicos.

Já podemos responder à questão indicando que o examinador inverteu os conceitos de condição e critério.

Vale anotar, para complementar o tema, os atributos do achado de auditoria:

Condição:	Condição real encontrada pelo auditor na entidade. É como a transação, ato, operação etc. foram encontrados.
Critério	É o parâmetro, a regra, o padrão. É como deveria ter sido registrada a transação ou praticado o ato etc.
Causa	Explica os motivos que levaram à divergência resultante do confronto *Condição x Critério.*
Efeito	Descreve as consequências reais ou potenciais da divergência *Condição x Critério.* Indica a gravidade do problema na entidade auditada.

Resposta correta: ERRADO.

91. FGV – 2022 – TCE/GO – Analista de Controle Externo

De acordo com o que dispõe a NBC TA 200, suficiência e adequação são características atribuídas

a) aos riscos de auditoria.

b) aos papéis de trabalho.

c) ao planejamento da auditoria.

d) à amostragem.

e) às evidências de auditoria.

COMENTÁRIOS:

Alternativas "a" - Incorreta. O risco de auditoria é o risco de que o auditor expresse uma conclusão inapropriada caso a informação sobre o objeto contenha distorções relevantes.

Alternativas "b" - Correta. A documentação de auditoria é o registro dos procedimentos de auditoria executados, da evidência de auditoria relevante obtida e conclusões alcançadas pelo auditor (usualmente também é utilizada a expressão "papéis de trabalho").

Alternativas "c" - Incorreta. O planejamento da auditoria envolve a definição de estratégia global para o trabalho e o desenvolvimento de plano de auditoria. Um planejamento adequado é benéfico para a auditoria das demonstrações contábeis de várias maneiras, a saber: auxiliar o auditor a dedicar atenção apropriada às áreas importantes da auditoria; auxiliar o auditor a identificar e resolver tempestivamente problemas potenciais; auxiliar o auditor a organizar adequadamente o trabalho de auditoria para que seja realizado de forma eficaz e eficiente.

Alternativas "d" - Incorreta. Define-se amostragem como: a aplicação de procedimentos de auditoria em menos de 100% dos itens de população relevante para fins de auditoria, de maneira que todas as unidades de amostragem tenham a mesma chance de serem selecionadas para proporcionar uma base razoável que possibilite o auditor concluir sobre toda a população

Alternativas "e" - Correta. *Adequação* da evidência de auditoria é a medida da qualidade da evidência de auditoria, isto é, a sua relevância e confiabilidade para suportar as conclusões nas quais se fundamenta a opinião do auditor. *Suficiência* da evidência de auditoria é a medida da quantidade da evidência de auditoria. A quantidade necessária da evidência de auditoria é afetada pela avaliação do auditor dos riscos de distorção relevantes e pela qualidade da evidência de auditoria.

ADEQUAÇÃO = CONFIANÇA + RELEVÂNCIA

SUFICIÊNCIA = QUANTIDADE

Alternativa correta: letra "e"

15. OPINIÃO E RELATÓRIO DO AUDITOR

92. CEBRASPE - 2024 - TCE/AC - Analista Administrativo

Julgue o item, subsecutivo, referente à comunicação dos resultados de auditoria, ao monitoramento das recomendações de auditoria e aos relatórios de auditoria.

O relatório de auditoria deve ser elaborado apenas no final do processo de auditoria, sem necessidade de comunicações intermediárias com a entidade auditada no curso desse processo.

COMENTÁRIOS:

Geralmente, os relatórios são emitidos quando se alcançam evidências adequadas e suficientes ao fim de um trabalho.

Algumas normas de auditoria, a exemplo da NBC TI 01 (auditoria interna), mencionam o relatório parcial, que é quando se está diante de uma circunstância que não se deve aguardar o final dos trabalhos para emitir uma opinião, pois a circunstância deve ser imediatamente atacada. Por exemplo: uma fraude em andamento.

A NBASP 100 determina que os auditores devem estabelecer uma comunicação eficaz durante todo o processo de auditoria. É essencial que a entidade auditada seja mantida informada de todas as questões relacionadas com a auditoria. Esta é a chave para o desenvolvimento de uma relação de trabalho construtiva. A comunicação deve incluir a obtenção de informação relevante para a auditoria e a disponibilização oportuna de observações e achados de auditoria à administração e aos responsáveis pela governança durante o trabalho. O auditor também pode ter a responsabilidade de comunicar fatos relacionados à auditoria a outras partes interessadas, tais como órgãos legislativos e de controle.

Logo, há comunicações intermediárias.

Resposta correta: ERRADO

93. CEBRASPE - 2024 - TCE/AC - Auditor de Controle Externo

À luz dos princípios de auditoria financeira aplicáveis ao setor público, julgue o item subsequente.

Uma opinião modificada deve ser emitida quando o auditor obtém evidência de auditoria suficiente e apropriada de que as demonstrações contábeis foram elaboradas, em todos os aspectos relevantes, de acordo com a estrutura de relatório financeiro aplicável.

COMENTÁRIOS:

O assunto é tratado na NBC TA 700 e outras normas, e assim podemos definir a exigência de um ou outro tipo de opinião:

Não modificada	• quando concluir que as demonstrações contábeis são elaboradas, em todos os aspectos relevantes, de acordo com a estrutura de relatório financeiro aplicável. Em outros termos, as demonstrações contábeis representam adequadamente a situação financeira e patrimonial da entidade.
Modificada	• (a) quando concluir, com base em evidência de auditoria obtida, que as demonstrações contábeis tomadas em conjunto apresentam distorções relevantes; ou (b) não conseguir obter evidência de auditoria apropriada e suficiente para concluir se as demonstrações contábeis tomadas em conjunto não apresentam distorções relevantes. Então são duas circunstâncias que remetem a este tipo de relatório: a presença de distorções relevantes ou ausência de evidências para formar a opinião.

Resumindo, temos:

Relatório sem modificações → não há distorções relevantes nas DCs.

Relatório com modificações → há distorções relevantes ou não há evidências suficientes para emitir uma opinião.

Resposta correta: ERRADO

94. FGV - 2023 - TCE/TO - Auditor de Controle Externo

Uma empresa reapresentou valores em decorrência da adoção de novos pronunciamentos contábeis e o auditor emitiu em seu relatório de auditoria as seguintes informações: "Em nossa opinião, as demonstrações financeiras apresentam adequadamente, em todos os aspectos relevantes, a posição patrimonial e financeira, individual e consolidada, da empresa XYZ em 31 de dezembro de 20XX, o desempenho individual e consolidado de suas operações e os seus respectivos fluxos de caixa individuais e consolidados para o exercício findo nessa data, de acordo com as práticas contábeis adotadas no Brasil e com as normas internacionais de relatório financeiro. Conforme mencionado na nota explicativa X, em decorrência da adoção dos novos pronunciamentos contábeis, os valores correspondentes, individuais e consolidados, relativos aos balanços patrimoniais em 31 de dezembro de 20XX e as respectivas demonstrações do resultado, do resultado abrangente, das mutações do patrimônio líquido, dos fluxos de caixa e do valor adicionado para o exercício findo nessa data, apresentados para fins de comparação, foram ajustados e estão sendo reapresentados". Dessa forma, o auditor emitiu uma opinião:

a) com ressalva;
b) negativa;
c) modificada;
d) adversa;
e) com parágrafo de ênfase.

COMENTÁRIOS:

Vamos conhecer os modelos de redação dos relatórios de auditoria financeira:

Modelos de redação de opinião do auditor

- **Sem ressalva**: Em nossa opinião, as demonstrações contábeis referidas **apresentam adequadamente**, em todos os aspectos relevantes, a posição patrimonial e financeira da Companhia ABC, em 31 de dezembro de 20X1, o desempenho de suas operações e os seus fluxos de caixa para o exercício findo nessa data, de acordo com as práticas contábeis adotadas no Brasil.
- **Ressalva**: Em nossa opinião, **exceto** pelos efeitos do assunto descrito na seção a seguir, intitulada "Base para opinião com ressalva", as demonstrações contábeis referidas apresentam adequadamente, em todos os aspectos relevantes, a posição patrimonial e financeira da companhia, em 31 de dezembro de 20X1, e o desempenho de suas operações e os seus fluxos de caixa para o exercício findo nessa data, de acordo com as práticas contábeis adotadas no Brasil.
- **Adversa**: Em nossa opinião, devido à importância do assunto discutido no parágrafo a seguir intitulado "Base para opinião adversa", as demonstrações contábeis consolidadas referidas **não apresentam adequadamente**, em todos os aspectos relevantes, a posição patrimonial e financeira consolidada da Companhia ABC e suas controladas, em 31 de dezembro de 20X1, o desempenho consolidado de suas operações e os seus fluxos de caixa consolidados para o exercício findo nessa data, de acordo com as práticas contábeis adotadas no Brasil.
- **Abstenção**: **Não expressamos uma opinião** sobre as demonstrações contábeis consolidadas da Companhia ABC e suas controladas, pois, devido à relevância do assunto descrito na seção a seguir intitulada "Base para abstenção de opinião", não nos foi possível obter evidência de auditoria apropriada e suficiente para fundamentar nossa opinião de auditoria sobre essas demonstrações contábeis consolidadas.

Já podemos concluir que se trata de uma opinião sem ressalva. Agora veja um modelo de parágrafo de ênfase, destacando ponto específico das demonstrações contáveis:

- **Redação**: **Chamamos a atenção** para a Nota Explicativa X às demonstrações contábeis, que descreve os efeitos do incêndio nas instalações fabris da companhia. Nossa opinião não contém ressalva relacionada a esse assunto.

Alternativa "a" – Incorreta. Se fosse do tipo "com ressalva", teria na redação o "exceto por...", "exceto pelos efeitos de..." ou similar.

Alternativa "b" – Incorreta. A negativa de opinião seria uma nomenclatura equivalente à "abstenção de opinião".

Alternativa "c" – Incorreta. Opinião modificada significa que é "com ressalva", "com opinião adversa" ou "abstenção de opinião.

Alternativa "d" – Incorreta. Opinião modificada (ou qualificada) é uma das classificações de opinião. Compreende as opiniões *com ressalva, adversa e abstenção de opinião.*

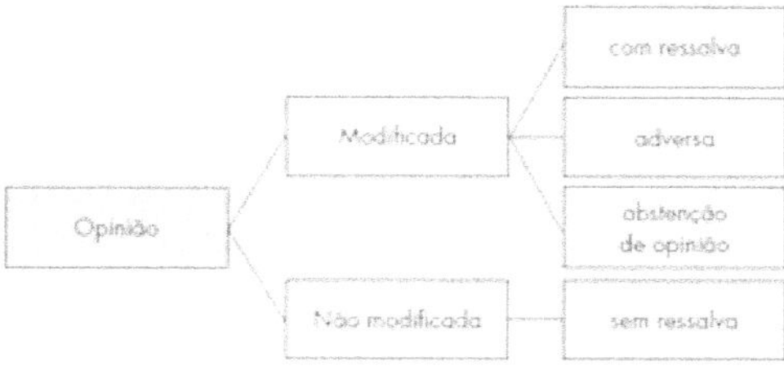

Alternativa "e" – Correta. Ele emitiu uma opinião sem ressalva adicionando um parágrafo de ênfase. Notamos o parágrafo de ênfase na expressão *"Conforme mencionado na nota explicativa X, (...)"*.

Alternativa correta "e".

16. FRAUDE E ERRO

95. CEBRASPE – 2023 – TCDF – Auditor de Controle Externo

Com base no disposto pelo IIA (Institute of Internal Auditors) e pelas Normas Internacionais das Entidades Fiscalizadoras (ISSAI), julgue o item a seguir.

A fraude não pode ser considerada material, ainda que integre o nível de valor considerado na determinação geral da materialidade.

COMENTÁRIOS:

Materialidade é um conceito presente em qualquer auditoria, pública, privada, interna etc. A fraude pode ser considerada material, independentemente do valor monetário envolvido, porque envolve questões qualitativas, como a intenção deliberada de enganar ou manipular informações financeiras, fragilidades nos controles etc. Mesmo que o valor esteja abaixo do limite monetário de materialidade, poderá ser material em razão da sua importância. Por exemplo: o gestor da entidade fraudou um pagamento de R$ 500 em seu benefício. Isso indica que pode haver mais fraudes, das menores às maiores, e por esse motivo a informação é relevante.

Outra consideração que podemos fazer é que se o auditor definiu que o valor de R$ 100.000 é o nível de materialidade. Caso ele encontre dezenas ou centenas de distorções de R$ 1000, apesar de imateriais isoladamente, ao serem somadas são materiais. Assim, a materialidade não é um cálculo mecânico simples. Veja o que diz a NBASP 400 e a NBC TA 200 para orientação:

ISSAI 400

47. (...) Questões em um nível de valor ou incidência mais baixo que a determinação geral de materialidade, tais como fraude, podem também ser consideradas materiais. A avaliação da materialidade requer um amplo julgamento profissional por parte do auditor e é relacionada com o escopo de auditoria.

NBC TA 200

6. (...) Julgamentos sobre a materialidade são estabelecidos levando-se em consideração as circunstâncias envolvidas e são afetadas pela percepção que o auditor tem das necessidades dos usuários das demonstrações contábeis e pelo tamanho ou natureza de uma distorção, ou por uma combinação de ambos.

Alternativa correta: ERRADO.

96. CEBRASPE – 2024 – TCE/AC – Auditor de Controle Externo

À luz dos princípios de auditoria financeira aplicáveis ao setor público, julgue o item subsequente.

Assim como a administração da entidade e os responsáveis pela governança, o auditor também detém responsabilidade primária pela prevenção e detecção de fraudes.

COMENTÁRIOS:

A responsabilidade primária na prevenção e detecção de fraudes é da Administração e Governança da entidade. Ao auditor, cabe obter segurança razoável acerca da inexistência de distorções relevantes nas demonstrações financeiras, independentemente de a distorção ter origem em uma fraude ou um erro.

Resposta correta: ERRADO

17. AUDITORIA INTERNA

97. FGV – 2022 – TCE/GO – Analista de Controle Externo

A NBC TI 01 estabelece que a finalidade da atividade da auditoria interna é

a) definir parâmetros objetivos para aferição da regularidade fiscal e dimensionamento real dos números e resultados que a entidade auditada pode alcançar.

b) evitar a ocorrência de crimes fiscais no âmbito da organização.

c) avaliar a competência dos gestores da entidade auditada.

d) conhecer e aprimorar a capacidade organizacional da entidade auditada por meio de análises de procedimentos e propostas de otimização de rotinas.

e) agregar valor ao resultado da organização, apresentando subsídios para o aperfeiçoamento dos processos, da gestão e dos controles internos, por meio da recomendação de soluções para as não-conformidades apontadas nos relatórios.

COMENTÁRIOS:

Vejamos dois destaques fundamentais a partir da NBC TI 01. O núcleo da existência da auditoria interna é agregar valor a uma Administração, assistindo-a. Isso pode envolver um amplo escopo que envolva qualidade de informação financeira, reputação, análise de controles internos, análises de desempenho e diversos outros. A norma não restringe a certas atividades, mas indica que poderá ter qualquer objeto auditável que agregue valor à Administração:

NBC TI 01

A Auditoria Interna compreende os exames, análises, avaliações, levantamentos e comprovações, metodologicamente estruturados para a avaliação da integridade, adequação, eficácia, eficiência e economicidade dos processos, dos sistemas de informações e de controles internos integrados ao ambiente, e de gerenciamento de riscos, com vistas a assistir à administração da entidade no cumprimento de seus objetivos.

NBC TI 01

A atividade da Auditoria Interna está estruturada em procedimentos, com enfoque técnico, objetivo, sistemático e disciplinado, e tem por finalidade agregar valor ao resultado da organização, apresentando subsídios para o aperfeiçoamento dos processos, da gestão e dos controles internos, por meio da recomendação de soluções para as não conformidades apontadas nos relatórios.

Alternativas "a" - Incorreta. Essa tarefa é da Administração da entidade.

Alternativas "b" - Incorreta. Até poderia fazer a revisão de declarações de impostos etc., se a Administração entendesse ser importante tal auditoria interna. Mas a norma não cita expressamente.

Alternativas "c" - Incorreta. Até que seria possível a Auditoria interna avaliar se os gestores cumprem as regras continuam preenchendo requisitos para o cargo, se cumpriram as regras de capacitação permanente e continuada porventura existentes etc. Não há limites para o escopo de uma Auditoria interna. Contudo, a norma não a cita em específico.

Alternativas "d" - Incorreta. Este trabalho se aproxima da consultoria, não da auditoria.

Alternativas "e" - Correta. Conforme texto da NBC TI.

Alternativa correta: "e"

98. FGV – 2022 – TCE/GO – Analista de Controle Externo

Conforme disposto na NBC TI 01,

a) "verificação de registros, documentos e ativos tangíveis" corresponde à "observação" e é procedimento dos testes substantivos.

b) "acompanhamento de processo ou procedimento quando de sua execução" corresponde à "observação" e é procedimento dos testes de observância.

c) "obtenção de informações perante pessoas físicas ou jurídicas conhecedoras das transações e das operações, dentro ou fora da entidade" corresponde à "investigação e confirmação" e é procedimento dos testes substantivos.

d) "verificação de registros, documentos e ativos tangíveis" e "acompanhamento de processo ou procedimento quando de sua execução" correspondem à "investigação e confirmação" e são procedimentos dos testes de observância.

e) "verificação de registros, documentos e ativos tangíveis", "acompanhamento de processo ou procedimento quando de sua execução" e "obtenção de informações perante pessoas físicas ou jurídicas conhecedoras das transações e das operações, dentro ou fora da entidade" correspondem à "inspeção" e são procedimentos dos testes substantivos.

COMENTÁRIOS:

Os procedimentos de auditoria interna estão citados na NBC TI 01.

Alternativas "a" - Incorreta. Corresponde à "Inspeção".

Alternativas "b" - Correta. Teste de observância é executado mediante o procedimento denominado "observação".

Alternativas "c" - Incorreta. Corresponde à "investigação e confirmação".

Alternativas "d" - Incorreta. Corresponde à "Inspeção".

Alternativas "e" - Incorreta. Misturou os procedimentos já conceituados nas assertivas anteriores.

Alternativa correta: letra "b"

18. OUTRAS NORMAS DE AUDITORIA E GOVERNANÇA

99. FGV – 2024 – TCE/GO – Analista de Controle Externo

A NBASP 9020 - Avaliação de políticas públicas oferece orientações detalhadas para a avaliação rigorosa e abrangente das políticas públicas, visando aprimorar sua eficácia e impacto na sociedade.

Nesse contexto, analise os itens a seguir:

I. As Entidades Fiscalizadoras Superiores (EFS) não são os únicos atores que podem realizar avaliações de políticas públicas.

II. Organizações administrativas devem realizar avaliações de políticas públicas quando requisitadas por autoridades governamentais.

III. Semelhantes as outras instituições públicas ou privadas, as EFS precisam demonstrar sua objetividade e comprovar sua independência do governo e de interesses privados.

Está correto o que se afirma em

a) I, apenas.
b) I e II, apenas.
c) I e III, apenas.
d) II e III, apenas.
e) I, II e III.

COMENTÁRIOS:

Façamos uma breve anotação sobre o tema baseados na NBASP 9020: a avaliação de política pública é um exame que objetiva concluir sobre a **utilidade** dessa política. Ela analisa seus objetivos, implementação, produtos, resultados e impactos o mais sistematicamente possível, mede seu desempenho visando avaliar sua utilidade. Ao realizar uma auditoria nos resultados de uma política pública, teremos uma auditoria operacional, onde se destacam naturalmente os "3Es" (economicidade, efetividade e eficiência). Porém, há elementos que são específicos à avaliação de políticas públicas: a **relevância** e a **utilidade**. Guarde esse ponto, pois é específico.

-**Relevância da política** é a adequação dos seus objetivos em relação às necessidades sociais, econômicas ou ambientais que pretende atender.;

-**Utilidade** é verificar se a política foi vantajosa considerando todos os seus efeitos diretos (resultados) e indiretos (impactos), inclusive os não-esperados, e a expectativa projetada.

Item I – Correto. As EFS são atores naturais da avaliação de políticas públicas, mas não os únicos. Instituições universitárias independentes, seja por iniciativa própria, seja por requisição de tomador de decisões no setor público, como o Poder Legislativo; empresas de consultoria privada, desde que por requisição de tomador de decisões no setor público também podem realizar avaliações de políticas públicas.

Item II – Incorreto. Organizações administrativas, tais como entidades fiscalizadoras e de inspeção, **podem** realizar avaliações de políticas públicas quando requisitadas por autoridades governamentais, a quem elas se reportam. Note que é uma possibilidade (podem), não obrigação (devem).

Item III – Incorreto. As EFS são os avaliadores naturais pois tem a independência necessária e conhecimento metodológico em auditorias. Diferentemente de outras instituições públicas ou privadas, **as EFS não precisam** demonstrar sua objetividade nem comprovar sua independência do governo e de interesses privados.

Alternativa correta: letra "a"

100. FGV – 2024 – TCE/GO – Analista de Controle Externo

O compliance é uma prática oriunda do marco regulatório corporativo anglo-saxão, particularmente o norte-americano. A legislação brasileira utiliza a terminologia de programas de integridade para se referir aos sistemas de compliance.

Assinale a opção que indica um marco legal de programas de integridade pública no Brasil.

a) Decreto da Governança.
b) Lei Anticorrupção.
c) Lei das Estatais.
d) Lei de Responsabilidade Fiscal.
e) Decreto de Acesso à Informação.

COMENTÁRIOS:

Questão de difícil avaliação, pois cada um dos normativos citados podem ser considerados "marcos" no seu tempo e no seu objeto, portanto são instrumentos de compliance na Administração Pública. Em especial, as leis anticorrupção e das estatais e o decreto da governança estimularam ou propiciaram a criação de programas de integridade. É uma decisão muito difícil preterir um em relação ao outro, o que traz um pouco de polêmica na questão. Precisamos escolher aquela que responde melhor ao enunciado da questão, especialmente considerando a sua amplitude, e o que talvez tenha sido a linha de pensamento da Banca. Nesse sentido, o Decreto da Governança amplia o enfoque para o setor público, enquanto as Leis citadas focam em grupos específicos (estatais, por exemplo). Nessa linha de raciocínio, temos:

Alternativa "a" – Correta. O Dec. 9203/2017 é o chamado Decreto da Governança. Ele estabelece mecanismos de liderança, estratégia e controle para avaliar, direcionar e monitorar a gestão, com vistas à condução de políticas públicas e a melhor prestação de serviços à sociedade. Além de determinar a criação do Comitê Interministerial de Governança (CIG), o normativo traz diretrizes para aumentar a eficiência do setor público, baseado em princípios como capacidade de resposta; integridade; confiabilidade; melhoria regulatória; prestação de contas e responsabilidade; e transparência.

Decreto 9203/17

Art. 3º São princípios da governança pública:

I - capacidade de resposta;

II - integridade;

III - confiabilidade;

IV - melhoria regulatória;

V - prestação de contas e responsabilidade; e

VI - transparência.

Alternativa "b" - Incorreta. A Lei Anticorrupção (Lei 12.846/2013) é um marco legal relevante no Brasil que trata da responsabilização administrativa e civil de pessoas jurídicas pela prática de atos contra a administração pública. Ela destaca a importância de programas de integridade (compliance) para as empresas (privadas) que transacionam com o setor público e que adotam mecanismos internos de prevenção e combate à corrupção. Não se pode negar que tal lei também é um "marco", porém seu enfoque maior é nas empresas privadas que se relacionam com o setor público e, talvez por esse motivo, tenha sido preterida na resposta oficial da Banca.

Alternativa "c" - Incorreta. A Lei das Estatais é um "marco" que trata da governança e gestão das empresas estatais, mas não foca exclusivamente em programas de integridade e no setor público em sentido lato. Assim como o normativo descrito na alternativa "b" (foco em empresas privadas), ele tem um foco em grupo específico (estatais), reduzindo seu escopo a grupo específico. Isso, provavelmente, reduz sua importância para fins de responder à questão.

Alternativa "d" - Incorreta. É um "marco" para gestão fiscal, mas não aborda compliance ou programas de integridade nos termos propostos.

Alternativa "e" - Incorreta. É um avanço importante e contribui para o sistema de integridade com foco na transparência pública, porém não se amolda ao enunciado, seu foco é específico.

Alternativa correta: letra "a"

101. COPEVE-UFAL – 2022 – TCE/AL – Agente de Controle Externo

Nos últimos anos, a sociedade, por meio da imprensa livre, tem tido conhecimento sobre várias situações de supostos atos de corrupção por parte de agentes públicos. Após denúncia dos Ministérios Públicos, alguns casos foram confirmados nos tribunais após tramitação do processo em julgado. Nesse contexto, para minimizar os riscos de corrupção, o compliance foi ganhando espaço no setor público. Dadas as afirmativas sobre a importância do compliance na gestão pública,

I. O compliance aponta para a previsibilidade do risco. II. O compliance evita o risco da integridade. III. O compliance pode ser entendido como um sistema de gestão.

verifica-se que está(ão) correta(s)

a) I, apenas.
b) II, apenas.
c) I e III, apenas.
d) II e III, apenas.
e) I, II e III.

COMENTÁRIOS:

Vejamos algumas definições que podem ser úteis, conforme CGU (portaria 1089/18):

Programa de Integridade: conjunto estruturado de medidas institucionais voltadas para a prevenção, detecção, punição e remediação de fraudes e atos de corrupção, em apoio à boa governança.

Riscos para a integridade: riscos que configurem ações ou omissões que possam favorecer a ocorrência de fraudes ou atos de corrupção. Os riscos para a integridade podem ser causa, evento ou consequência de outros riscos, tais como financeiros, operacionais ou de imagem.

Segundo a Controladoria do DF, "No contexto da Administração Pública, o termo (compliance) refere-se ao cumprimento de leis e normas em vigor e ao alinhamento com as políticas de gestão e controles internos e externos, para que se esteja em conformidade com o arcabouço e ambiente regulatórios.

Podemos entender o compliance como um conjunto de mecanismos internos de controle e gestão que visam à prevenção, detecção e combate a qualquer tipo de ilegalidade ou irregularidade em apoio à boa governança, assegurando valores e normas de conduta.

Item I – Verdadeiro. O compliance é frequentemente estruturado como um sistema de gestão, que integra normas, procedimentos e controles organizacionais. Ele tem o objetivo de assegurar conformidade com leis, regulamentos e padrões éticos, funcionando de maneira sistemática.

Item II – Falso. Não evita o risco de integridade, mas o previne, identifica-o e fornece respostas aos riscos. É impossível o oferecimento de garantia absoluta (de 100%) de eliminação de riscos. Sistemas falham, controles falham, podem ser burlados, podem ser ignorados etc., logo não há asseguração de 100%.

Item III – Verdadeiro. É um sistema ou mecanismo de gestão formalizado, parte integrante dos sistemas de controles internos. Na definição da ISO 37301, o compliance é um sistema que inclui a identificação de riscos de conformidade e o planejamento de ações de mitigação, a implementação de controles e o monitoramento contínuo.

Alternativa correta: letra "c"

102. FGV – 2022 – TCE/TO – Auditor de Controle Externo

Ao elaborar sua prestação de contas anual, as entidades da administração pública federal devem atender, entre outros documentos, às normas e princípios dispostos na Instrução Normativa (IN) nº 84, de 22 de abril de 2020, do Tribunal de Contas da União. Um dos princípios desta IN refere-se à conectividade da informação, que se atende quando a prestação de contas apresenta:

a) informações em bases coerentes ao longo do tempo, de modo a permitir acompanhamento de séries históricas e comparação com outras entidades similares;

b) informações sobre a direção estratégica da organização na busca de resultados para a sociedade;

c) informações sobre assuntos que afetam, de maneira significativa, a capacidade de a entidade alcançar seus objetivos de geração de valor público;

d) visão da natureza e da qualidade das relações que a entidade mantém com suas principais partes interessadas;

e) visão integrada da inter-relação entre os resultados alcançados, a estratégia de alocação dos recursos e os objetivos estratégicos definidos.

COMENTÁRIOS:

Questão baseada em literalidade da IN 84 citada.

Alternativa "a". Incorreta. Indica o princípio da *coerência e comparabilidade*.

Alternativa "b". Incorreta. Indica o princípio do *foco estratégico e no cidadão.*

Alternativa "c". Incorreta. Indica o princípio da *materialidade*.

Alternativa "d". Incorreta. Indica o princípio das *relações com as partes interessadas*.

Alternativa "e". Correta. Indica o princípio da *conectividade da informação.*

Alternativa correta: letra "e"

103. FGV – 2022 – TCU – Auditor Federal de Controle Externo

A Instrução Normativa nº 84/2020 do Tribunal de Contas da União (TCU) estabelece papéis e responsabilidades aos diversos atores envolvidos no processo de tomada e prestação de contas dos administradores e responsáveis da administração pública federal, para fins de julgamento pelo TCU.

Esses papéis e responsabilidades estão corretamente descritos na seguinte opção:

a) a Unidade Prestadora de Contas deve organizar e apresentar ao TCU a prestação de contas de uma ou mais Unidades Apresentadoras de Contas (UAC), conforme diretrizes a serem apresentadas pelo próprio Tribunal;

b) anualmente, de forma ordinária, o TCU abrirá processo de tomada de contas das Unidades Prestadoras de Contas significativas do BGU, contemplando a prestação de contas referente ao exercício financeiro, os documentos e os resultados dos trabalhos realizados para a emissão de opinião em processo de certificação para as UPC;

c) na auditoria do Grupo BGU, o TCU pode utilizar trabalhos de outros auditores em componentes do BGU para obter evidências apropriadas e suficientes para expressar uma opinião sobre se as demonstrações financeiras de todo o governo foram elaboradas, em todos os aspectos relevantes, em conformidade com a estrutura de relatório financeiro e marco regulatório aplicável;

d) os órgãos integrantes do controle interno dos poderes, por atuarem como auditorias internas das Unidades Prestadoras de Contas (UPC) em que exercem suas funções, não têm a isenção necessária para a emissão dos certificados de auditoria sobre as prestações de contas para fins de julgamento pelo TCU;

e) a Mesa Diretora do Congresso Nacional, representando a instituição responsável pelo julgamento das contas consolidadas de governo, prestadas anualmente pelo presidente da República, estabelece a materialidade global dos trabalhos direcionados à certificação das Unidades Prestadoras de Contas significativas do Balanço Geral da União (BGU), de forma a indicar a extensão dos esforços de auditoria.

COMENTÁRIOS:

A IN 84/2020 estabelece normas para a tomada e prestação de contas dos administradores e responsáveis da administração pública federal, para fins de julgamento pelo TCU. Importante diferenciar, não apenas nos termos desta IN 84, mas em todo o contexto da auditoria do setor púbico a *prestação de contas* da *tomada de contas*:

Prestação de contas é o instrumento de gestão pública mediante o qual os administradores e, quando apropriado, os responsáveis pela governança e pelos atos de gestão de órgãos, entidades ou fundos dos poderes da União apresentam e divulgam informações e análises quantitativas e qualitativas dos resultados da gestão orçamentária, financeira, operacional e patrimonial do exercício, com vistas ao controle social e ao controle institucional previsto nos artigos 70, 71 e 74 da Constituição Federal.

Tomada de contas é o instrumento de controle externo mediante o qual o Tribunal de Contas apura a ocorrência de indícios de irregularidades ou conjunto de irregularidades materialmente relevantes ou que apresentem risco de impacto relevante na gestão, que não envolvam débito, com a finalidade de apurar os fatos e promover a responsabilização dos integrantes do rol de responsáveis ou do agente público que tenha concorrido para a ocorrência.

Para responder à questão, precisamos de algumas definições prévias:

UPC – *Unidade prestadora de contas*: é uma unidade ou arranjo de unidades da administração pública federal que possua comando e objetivos comuns e que deverá realizar a prestação de contas.

UAC – *Unidade apresentadora de contas*: é uma unidade da administração pública federal cujo dirigente máximo deve organizar e apresentar ao Tribunal de Contas da União a prestação de contas de uma ou mais UPC.

Auditoria do Grupo BGU (Balanço Geral da União): é a auditoria das demonstrações financeiras consolidadas de governo, conduzida pelo TCU ao amparo do art. 71, I, CF, e que envolve o trabalho de outros auditores em componentes dessas demonstrações, com vistas à obtenção de evidência de auditoria apropriada e suficiente a respeito das informações financeiras de todos os componentes e do processo de consolidação para expressar uma opinião sobre se as demonstrações financeiras de todo o governo (o BGU) foram elaboradas, em todos os aspectos relevantes, em conformidade com a estrutura de relatório financeiro e marco regulatório aplicável.

Alternativa "a". Incorreta. Inverteu os conceitos. A UAC que apresenta as prestações de contas de uma ou mais UPC.

Alternativa "b". Incorreta. A *tomada de contas*, no contexto do TCU, refere-se a situações específicas, como apuração de responsabilidades ou irregularidades, e não se aplica automaticamente e anualmente para todas as UPC significativas de forma ordinária.

Alternativa "c". Correta. A IN 84/2020 estabelece que, no processo de auditoria do BGU, o TCU pode utilizar trabalhos realizados por outros auditores (como órgãos de controle interno ou auditores independentes) em componentes do BGU. Nas considerações iniciais do comentário temos o complemento para essa resposta.

Alternativa "d". Incorreta. Os órgãos de controle interno realizam auditorias sobre as prestações de contas das UPC e emitem os certificados de auditoria que fundamentam a análise e julgamento pelo TCU. Embora os órgãos de controle interno sejam partes integrantes do próprio ente, eles gozam de independência. Ainda assim, os certificados de auditoria emitidos pelos órgãos de controle interno servem como uma das bases para a análise do TCU, sem vinculá-lo.

Alternativa "e". Incorreta. Errado. O próprio Tribunal quem define.

Alternativa correta: letra "c"

---

104. FGV - 2022 - TCU - Auditor Federal de Controle Externo

A materialidade está entre os princípios norteadores da elaboração e divulgação da prestação de contas no âmbito da Administração Pública Federal. Trata-se de um aspecto utilizado para determinar a importância relativa de uma distorção ou irregularidade, nível a partir do qual estas são consideradas relevantes.

Nos termos da Instrução Normativa TCU nº 84/2020, para fins de autuação de processo de tomada de contas, é necessário avaliar o nível de materialidade.

Considere os dados do quadro a seguir relativos à execução orçamentária hipotética de uma autarquia federal no exercício financeiro de 2021.

Tipo de Despesa	Valores (em milhões de reais)
Despesa fixada	R$ 300,00
Despesa empenhada	R$ 286,00
Despesa liquidada	R$ 261,00

O limite mínimo para que um conjunto de irregularidades detectadas na autarquia no referido exercício seja considerado materialmente relevante, para fins de autuação de processo de tomada de contas, é, em milhões de reais, de:

a) R$ 2,30;
b) R$ 2,70;
c) R$ 2,77;
d) R$ 2,80;
e) R$ 5,72.

COMENTÁRIOS:

O anexo II da IN 84 estabelece os níveis de materialidade:

Níveis de materialidade

Orçamento da UPC (em reais)*	Materialidade para identificação de irregularidades ou conjunto de irregularidades como relevantes
Até 10 milhões	5% da despesa
Entre 10 milhões e 100 milhões	R$ 500 mil acrescidos de 2% da despesa que ultrapassar R$ 10 milhões
Acima de 100 milhões	R$ 2,3 milhões acrescidos de 0,25% da despesa que ultrapassar R$ 100 milhões

* Em se tratando de órgão ou entidade da administração pública federal direta, autárquica ou fundacional, considera-se o total da **despesa empenhada** no exercício. Para as empresas estatais, considera-se, entre o valor da receita total e o da despesa realizada, o que for maior. Para as demais entidades, considera-se o valor da despesa realizada no exercício.

Constatamos que se trata de uma autarquia com despesa empenhada acima de R$ 100 milhões. Basta consultar a tabela e aplicar o cálculo.

-Despesa fixada: R$ 300 M

- Despesa empenhada: R$ 286 M

- Despesa liquidada: R$ 261 M

Materialidade (em milhões) = 2,3 + 0,25% x (286 – 100) = 2,77

Alternativa correta: letra "c"

105. FGV – 2022 – TCU – Auditor Federal de Controle Externo

O Tribunal de Contas da União adotou de forma adaptada algumas ferramentas de auditoria utilizadas pelo U.S. Government Accountability Office (U.S. GAO), a exemplo da matriz de planejamento, que é uma ferramenta importante na definição do escopo do trabalho de auditoria.

Na situação hipotética de um trabalho de auditoria que tem por objeto a concessão de auxílio financeiro emergencial a pessoas que perderam renda em decorrência de uma epidemia que atingiu o país e afetou a economia, a matriz de planejamento:

a) por prudência, não deve se apoiar no julgamento profissional da equipe de auditoria;

b) por se tratar de um cenário emergencial, deve ser elaborada após a realização de um painel de referência;

c) deve ajudar a identificar os principais riscos envolvidos no programa de concessão do auxílio;

d) deve reduzir as questões de auditoria em decorrência do volume de beneficiários do auxílio emergencial;

e) deve considerar elementos de conhecimento prévio sobre o objeto auditado.

COMENTÁRIOS:

Encontraremos um fundamento apropriado, dentre outros possíveis, na portaria 280/10 do TCU

PROGRAMAS E PROCEDIMENTOS DE AUDITORIA

94. Deve ser desenvolvido e documentado um plano para cada trabalho de auditoria, que evidenciará o objetivo, o escopo, o prazo e a alocação de recursos. Os auditores devem desenvolver programas de auditoria que alcancem os objetivos de auditoria e tais programas, e seus eventuais ajustes, devem ser registrados e aprovados antes do início da execução. No TCU, os programas de auditoria devem ser documentados em matrizes de planejamento e, no que couber, de possíveis achados.

95. Por constituir-se etapa de expressiva importância no resultado que se pretende alcançar com a auditoria é imprescindível que se disponibilize o tempo necessário à fase planejamento, bem como que o planejamento elaborado atenda aos seguintes aspectos básicos:

I. vise à consecução dos objetivos da auditoria mediante execução econômica, eficiente e oportuna dos trabalhos;

II. considere, necessariamente, elementos de conhecimento prévio sobre o objeto auditado, seus sistemas mais importantes, seus objetivos e riscos e a eficácia de seus controles internos;

III. explicite a natureza, a extensão e a profundidade dos exames a serem realizados e seja suficientemente detalhado de forma a não permitir equívocos na sua execução;

IV. permita a atribuição, na fase de execução dos trabalhos, de tarefas e respectivos prazos compatíveis com a complexidade da tarefa e importância da informação buscada; V. seja objeto de supervisão por pessoa com perfil e competência profissional adequados e envolva suficiente discussão no âmbito da equipe de auditoria;

VI. seja adequadamente testado quanto à viabilidade de sua aplicação, quando necessário, e seja revisado, sempre que isso se revelar necessário, de forma a permitir a supervisão da execução e, a qualquer tempo, a avaliação das atividades desenvolvidas pelo auditor

Alternativa "a". Incorreta. O julgamento profissional é aplicado em toda auditoria, do início (planejamento) ao fim (relatório). Ele orienta a identificação de riscos, a definição do escopo, evidências, testes de auditoria etc. A matriz de planejamento, ao contrário do que sugere a alternativa, depende desse julgamento para sua elaboração, assim como outras matrizes que vierem a ser elaboradas, como a matriz de achados.

Alternativa "b". Incorreta. Apesar de o painel de referência (ou benchmarking) ser útil, ele não é obrigatório nem exclusivo para cenários emergenciais. A matriz de planejamento pode ser elaborada com base nas informações disponíveis.

Alternativa "c". Incorreta. Até podemos dizer que, indiretamente, ajuda, pois um planejamento bem elaborado ajuda a executar a auditoria com eficiência e eficácia. Mas não está, pelo menos "oficialmente", em seus objetivos. Observe o manual de auditoria do TCU: "Uma vez definidos o objetivo e as questões de auditoria, a equipe deverá elaborar a matriz de planejamento (NAT, 94). Trata-se de quadro-resumo das informações relevantes do planejamento de uma auditoria. O propósito da matriz de planejamento é auxiliar a elaboração conceitual do trabalho e orientar a equipe na fase de execução. É uma ferramenta de auditoria que torna o planejamento mais sistemático e dirigido, facilitando a comunicação de decisões sobre metodologia e auxiliando a condução dos trabalhos de campo. A matriz de planejamento é um instrumento flexível e seu conteúdo pode ser atualizado ou modificado pela equipe à medida que o trabalho de auditoria progride."

Alternativa "d". Incorreta. O planejamento deve contemplar todas as questões relevantes, independentemente do volume de dados ou da complexidade da análise. Não obstante, o auditor se valerá de métodos como amostragens, apoio de TI e outros para tornar exequível a auditoria.

Alternativa "e". Correta. Conforme Item 95, II citado nas considerações iniciais.

Alternativa correta: letra "e"

19. SISTEMA DE CONTROLE INTERNO DO EXECUTIVO

106. CONSULPAM - 2023 - TCM/PA - Auditor de Controle Externo

A avaliação da gestão pública permite identificar os aspectos menos desenvolvidos (pontos fracos) em relação ao modelo adotado, que devem ser considerados como oportunidades de melhoria da organização, ou seja, aspectos que devem ser, prioritariamente, objeto de ações de melhoria. Se realizada de forma sistemática, a avaliação da gestão institucional funciona como forma de aprendizado sobre a própria organização e como instrumento de internalização dos princípios, valores e práticas da gestão pela excelência. No que se refere a formas de execução da auditoria realizada a fim de se avaliar a gestão pública, assinale a alternativa CORRETA.

a) A execução de auditorias por entidades privadas é vedada.

b) O sistema de controle interno do Poder Executivo federal poderá contar com o auxílio de uma instituição privada.

c) A forma de auditoria simplificada é realizada por meio de uma empresa de auditoria externa.

d) Para a realização de uma auditoria, é indispensável o deslocamento de uma equipe de trabalho para o órgão auditado.

COMENTÁRIOS:

Vejamos as classificações pertinentes para as auditorias:

Direta –atividades de auditoria executadas diretamente por servidores em exercício nos órgãos e unidades do Sistema de Controle Interno (SCI) do Poder Executivo Federal, sendo subdividas em:

a) **centralizada** – executada exclusivamente por servidores em exercício nos Órgão Central ou setoriais do SCI do Poder Executivo Federal.

b) **descentralizada** – executada exclusivamente por servidores em exercício nas unidades regionais ou setoriais do SCI do Poder Executivo Federal.

c) **integrada** – executada conjuntamente por servidores em exercício nos Órgãos Central, setoriais, unidades regionais e/ou setoriais do SCI do Poder Executivo Federal.

Indireta –atividades de auditoria executadas com a participação de servidores não lotados nos órgãos e unidades do SCI do Poder Executivo Federal, que desempenham atividades de auditoria em quaisquer instituições da Administração Pública Federal ou entidade privada.

a) **compartilhada**– coordenada pelo SCI do Poder Executivo Federal com o auxílio de órgãos/ instituições

b) **terceirizada**– executada por instituições privadas, ou seja, pelas denominadas empresas de auditoria externa.

Simplificada – trata-se das atividades de auditoria realizadas, por servidores em exercício nos Órgãos Central, setoriais, unidades regionais ou setoriais do SCI, sobre informações obtidas por meio de exame de processos e por meio eletrônico, específico das unidades ou entidades federais, cujo custo-benefício não justifica o deslocamento de uma equipe para o órgão. Essa forma de execução de auditoria pressupõe a utilização de indicadores de desempenho que fundamentam a opinião do agente executor das ações de controle.

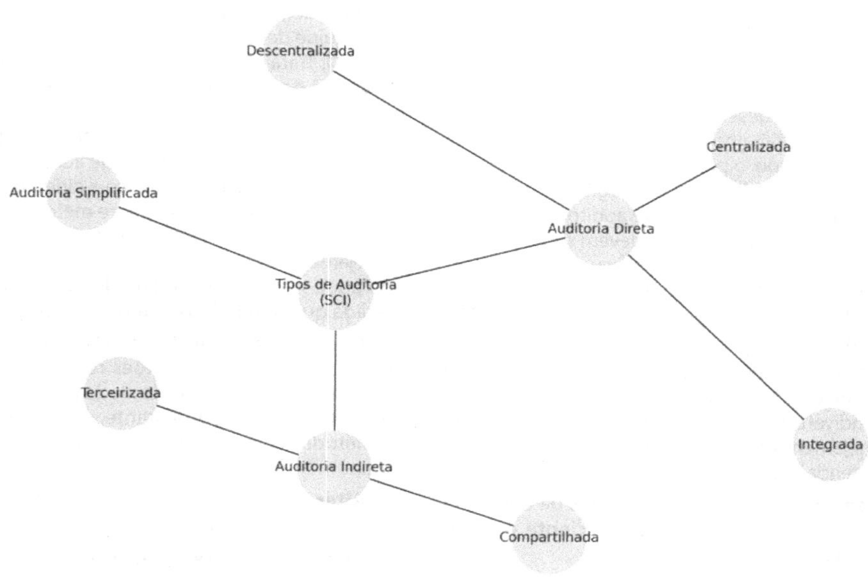

Alternativas "a" - Incorreta. Pode ser executada de maneira indireta.

Alternativas "b" - Correta. É o caso de auditoria indireta.

Alternativas "c" - Incorreta. Na simplificada, é executada à distância e sem deslocamento.

Alternativas "d" - Incorreta. O deslocamento físico nem sempre é necessário. Com o avanço tecnológico, muitas auditorias podem ser realizadas remotamente, com base na análise de documentos eletrônicos, sistemas e outras informações disponíveis.

Alternativa correta: letra "b"

107. CEBRASPE – 2022 – TCE/PB – Auditor Conselheiro

Julgue o item seguinte, referente à metodologia de trabalho do SCI.

O SCI deve avaliar os mecanismos de controle social previstos nos respectivos programas de governo, particularmente naqueles casos em que a execução das ações se realize de forma descentralizada nas diferentes unidades da Federação e nos municípios, devendo destacar se esses mecanismos estão devidamente constituídos, estão operando adequadamente, têm efetiva representatividade dos agentes sociais e se realizam suas atividades de forma efetiva e independente.

COMENTÁRIOS:

A IN 01/2001 da SFC assim discorre sobre o controle social, na seção II:

> 4. A criação de condições para o exercício do controle social sobre os programas contemplados com recursos oriundos dos orçamentos da União, visa fortalecer este mecanismo complementar de controle público, por intermédio da disponibilização de informações sobre as atividades desenvolvidas, particularmente no que se refere à avaliação da execução dos programas e avaliação da gestão.
>
> 5. O Sistema de Controle Interno do Poder Executivo Federal deve avaliar os mecanismos de controle social previstos nos respectivos programas de governo, particularmente naqueles casos em que a execução das ações se realiza de forma descentralizada nas diferentes unidades da federação e nos municípios, devendo destacar se os mesmos estão devidamente constituídos, estão operando adequadamente, têm efetiva representatividade dos agentes sociais e realizam suas atividades de forma efetiva e independente

Apesar da IN 01 ter sido revogada, seus ensinamentos são doutrinários, razão pela qual é um bom resumo de temas como conceitos de auditoria, tipos de auditoria, amostragem, técnicas etc.

A IN 03/2017 da CGU assim enfatiza o controle social:

> 36. As UAIG devem zelar pela existência e efetivo funcionamento de canais de comunicação que fomentem o controle social, assegurando que os resultados decorrentes da participação dos cidadãos sejam apropriados como insumo para o planejamento e a execução dos trabalhos de auditoria

Resposta correta: CERTO.

108. CEBRASPE – 2022 – TCE/PB – Auditor Conselheiro

Julgue o item seguinte, referente à metodologia de trabalho do SCI.

A finalidade básica da auditoria é comprovar a legitimidade dos atos e fatos administrativos e avaliar os resultados alcançados, quanto aos aspectos de eficiência, eficácia e economicidade da gestão orçamentária, financeira, patrimonial, operacional, contábil e finalística das unidades e das entidades da administração pública, em todas as suas esferas de governo e níveis de poder, não abrangendo a aplicação de recursos públicos por entidades de direito privado, ainda que legalmente autorizadas nesse sentido.

COMENTÁRIOS:

A assertiva cita trecho da IN SFC 01/2001 com erros de transcrição:

> Seção II, 4. A finalidade básica da auditoria é comprovar a legalidade e legitimidade dos atos e fatos administrativos e avaliar os resultados alcançados, quanto aos aspectos de eficiência, eficácia e economicidade da gestão orçamentária, financeira, patrimonial, operacional, contábil e finalística das unidades e das entidades da administração pública, em todas as suas esferas de governo e níveis de poder, **bem como a aplicação** de recursos públicos por entidades de direito privado, quando legalmente autorizadas nesse sentido.

A descrição apresentada **omite a abrangência da auditoria sobre entidades de direito privado** que manejem recursos públicos. A fiscalização e auditoria alcançam tanto os órgãos e entidades da administração pública como as entidades privadas que utilizem, gerenciem ou administrem recursos públicos, assegurando transparência, legalidade e eficiência no uso desses recursos.

Resposta correta: ERRADO.

109. CEBRASPE – 2022 – TCE/PB – Auditor Conselheiro

Julgue o item seguinte, referente à metodologia de trabalho do SCI.

As finalidades do SCI incluem o exercício do controle das operações de garantias, bem como dos direitos e haveres da União.

COMENTÁRIOS:

A IN SFC 01/2001 cita as seguintes finalidades:

- avaliar o cumprimento das metas previstas no PPA, a execução dos programas de governo e dos orçamentos da União;

- comprovar a legalidade e avaliar os resultados, quanto à eficácia e à eficiência da gestão orçamentária, financeira e patrimonial nos órgãos e entidades da Adm. Pública Federal, bem como da aplicação de recursos públicos por entidades de direito privado;

- exercer o controle das operações de crédito, avais e garantias, bem como dos direitos e haveres da União; e

- apoiar o controle externo no exercício de sua missão institucional.

Já a IN 03 CGU/2017, assim indica as finalidades:

> 21. A CF/88 dispõe, em seu art. 70, que a fiscalização contábil, financeira, orçamentária, operacional e patrimonial da União e das entidades da administração direta e indireta, quanto à legalidade, à legitimidade, à economicidade, à aplicação das subvenções e à renúncia de receitas, será exercida pelo Congresso Nacional, mediante controle externo, e pelo SCI de cada Poder.
>
> 22. Em seu Art. 74, a CF definiu, como finalidade do SCI, entre outras, avaliar o cumprimento das metas previstas no PPA, a execução dos programas de governo e dos orçamentos da União e dos resultados da gestão nos órgãos e entidades do Poder Executivo Federal. (...)
>
> 23. Além das competências relacionadas à função típica de auditoria interna governamental do Poder Executivo Federal, a Lei nº 10.180, de 6 de fevereiro de 2001, também contemplou a apuração de atos ou fatos inquinados de ilegais ou irregulares, praticados por agentes públicos ou privados, na utilização de recursos públicos federais como competência dos órgãos e unidades do SCI. (...)

Resposta correta: CERTO.

---

110. CEBRASPE – 2022 – TCE/PB – Auditor Conselheiro

Julgue o item seguinte, acerca do Sistema de Controle Interno do Poder Executivo Federal (SCI). Nesse sentido, considere que a sigla SFCI, sempre que empregada, se refere à Secretaria Federal de Controle Interno.

É permitida a contratação de empresas privadas de auditoria por órgãos ou entidades da administração pública federal indireta quando comprovada, junto ao ministro supervisor e ao órgão central do SCI, a impossibilidade de execução dos trabalhos de auditoria diretamente pela SFCI ou pelos órgãos setoriais do SCI.

COMENTÁRIOS:

> **Decreto 3.591/2000**
>
> Art. 16. A contratação de empresas privadas de auditoria pelos órgãos ou pelas entidades da Administração Pública Federal indireta somente será admitida quando comprovada, junto ao Ministro supervisor e ao Órgão Central do Sistema de Controle Interno do Poder Executivo Federal, a impossibilidade de execução dos trabalhos de auditoria diretamente pela Secretaria Federal de Controle Interno ou órgãos setoriais do Sistema de Controle Interno do Poder Executivo Federal.

Importante destacar que essa contratação deve ser uma medida excepcional, adotada apenas quando comprovada a impossibilidade de realização dos trabalhos de auditoria pelos órgãos internos competentes. Além disso, tal contratação não exime a entidade da administração pública federal indireta de manter sua unidade de auditoria interna, sendo vedada a transferência das competências dessas unidades às empresas privadas contratadas.

Resposta correta: CERTO.

---

111. CEBRASPE – 2022 – TCE/PB – Auditor Conselheiro

Julgue o item seguinte, acerca do Sistema de Controle Interno do Poder Executivo Federal (SCI). Nesse sentido, considere que a sigla SFCI, sempre que empregada, se refere à Secretaria Federal de Controle Interno.

A fiscalização, uma das técnicas de trabalho do SCI, visa comprovar se o objeto dos programas de governo corresponde às especificações estabelecidas, atende às necessidades para as quais foi definido e guarda coerência com as condições e características pretendidas, e se os mecanismos de controle são eficientes.

COMENTÁRIOS:

O SFCI, conforme decreto 3591/2000, utiliza como técnicas de trabalho a auditoria e fiscalização:

Auditoria: visa a avaliar a gestão pública, pelos processos e resultados gerenciais, e a aplicação de recursos públicos por entidades de direito privado.

Fiscalização: visa a comprovar se o objeto dos programas de governo corresponde às especificações estabelecidas, atende às necessidades para as quais foi definido, guarda coerência com as condições e características pretendidas e se os mecanismos de controle são eficientes.

Resposta correta: CERTO.

---

112. CEBRASPE – 2022 – TCE/PB – Auditor Conselheiro

Julgue o item seguinte, acerca do Sistema de Controle Interno do Poder Executivo Federal (SCI). Nesse sentido, considere que a sigla SFCI, sempre que empregada, se refere à Secretaria Federal de Controle Interno.

As auditorias dos órgãos setoriais cuja execução deva ser descentralizada nos estados não poderão ser realizadas pela SFCI caso o objeto da auditoria seja a execução de convênios.

COMENTÁRIOS:

> **Decreto 3.591/2000**
>
> Art. 12. (...)
>
> § 1º As auditorias e fiscalização a cargo dos órgãos setoriais que necessitem ser executadas de forma descentralizada nos Estados, inclusive na execução de convênios, acordos, contratos e outros instrumentos similares, poderão ser realizadas pela Secretaria Federal de Controle Interno, observada a solicitação da correspondente Secretaria de Controle Interno.

Resposta correta: ERRADO

Auditoria Governamental

Arthur Leone

✦ DICAS

1.NORMAS DE AUDITORIA GOVERNAMENTAL

A auditoria é uma técnica amplamente sistematizada para oferecer asseguração em diversas áreas, como a contábil, fiscal e governamental. O que torna a auditoria especial é que, em sua essência, ela segue uma doutrina universal. Isso significa que os principais conceitos e ferramentas da auditoria e que são cobrados nos concursos, como amostragem, papéis de trabalho, risco de auditoria, evidências, procedimentos e outros, mantém suas definições e significados independentemente da área de aplicação. Esses fundamentos são universais e funcionam como uma base comum para todos os tipos de auditoria.

No caso da auditoria governamental, o ponto de partida também é essa doutrina universal, ou seja, ela utiliza os mesmos conceitos e institutos fundamentais da auditoria em geral. No entanto, a auditoria governamental possui uma particularidade importante: seu conteúdo está amplamente baseado em normas específicas do setor público, conhecidas como NBASP (Normas Brasileiras de Auditoria do Setor Público). Essas normas direcionam e estruturam a forma como a auditoria é realizada no contexto dos Tribunais de Contas.

Para os candidatos que se preparam para concursos, é essencial atentar para esta particularidade, pois grande parte das questões de auditoria governamental em provas é elaborada com foco na **literalidade das NBASPs**. Isso quer dizer que as questões frequentemente exigem um conhecimento direto e preciso dos textos das normas, exigindo uma leitura cuidadosa e a compreensão exata das NBASPs tornam-se indispensáveis para o sucesso nesse tipo de avaliação.

Entendendo as Normas Brasileiras de Auditoria do Setor Público (NBASP):

A normas internacionais (*ISSAI - International Standards of Supreme Audit Institutions* / Normas Internacionais das Entidades Fiscalizadoras Superiores) são elaboradas pela INTOSAI (International Organization of Supreme Audit Institutions) e fornecem os princípios de atuação para as entidades fiscalizadoras superiores (EFS) nos diversos países.

As Normas Brasileiras de Auditoria do Setor Público (NBASP) são traduções das normas internacionais (ISSAI) e adaptadas para o contexto brasileiro. São emitidas pelo Instituto Rui Barbosa - IRB, do qual fazem parte os Tribunais de Contas.

É muito comum, tanto em livros quanto nas questões de prova, a referência às ISSAIs ou às NBASPs como sinônimos. Isso se deve ao fato de a NBASP ser uma tradução, às vezes literal, da ISSAI. Por exemplo: a ISSAI 300 é equivalente à NBASP 300; a ISSAI 400 é equivalente à NBASP 400 e assim sucessivamente.

Observe essa circunstância no enunciado da questão abaixo, oportunidade em que o examinador direciona a questão para a ISSAI 10, quando poderia se referir simplesmente à NBASP 10, se desejasse:

> "Nos termos da **ISSAI 10**, as Entidades Fiscalizadoras Superiores (EFS) reconhecem oito princípios fundamentais, que derivam da Declaração de Lima e decisões tomadas no XVII Congresso da INTOSAI (realizado em Seul, Coréia do Sul), como requisitos essenciais para a realização de auditoria adequada do setor público" (FGV/TCE-PA/2024).

Considerando essa equivalência das normas, vamos utilizar prioritariamente a referência nacional (NBASP) para designar as normas de auditoria, mas guardemos que cada ISSAI equivale a uma NBASB.

Por que as NBASPs são importantes?

As NBASPs fornecem os fundamentos essenciais para o estudo de auditoria no setor público. Embora sejam alinhadas às normas internacionais, essas normas permitem adaptações específicas às características do Brasil e são a base da nossa disciplina. Ainda que os concursos incluam como conteúdo adicional outras normas específicas de tribunais de contas e regimentos internos desses tribunais, o domínio das NBASPs é essencial, pois os tribunais de contas brasileiros seguem rigorosamente os padrões internacionais, dando-nos a possibilidade de fazer inferências amplas a partir de uma NBASP. Por exemplo: para responder uma questão que trate do conceito e características de uma auditoria (financeira, operacional ou conformidade) e muitos outros temas, seja numa prova para concurso do TCU, TCEs ou TCMs, seremos capazes de responder de forma assertiva utilizando as NBASPs, ainda que o Tribunal disponha de normas específicas de auditoria e fiscalização que também definam esses institutos, como é o caso do TCU, por exemplo, que dispõe das NATs (normas de auditoria do TCU). Isso nos revela o poder das NBASPs para conseguir responder às questões, pois apesar das diversas jurisdições e normatizações, a técnica da auditoria é universal, seus institutos principais, conceitos, procedimentos e essência não se alteram. Assim, ao conceituar uma auditoria, trabalhos de asseguração, relatórios, planejamento, procedimentos e outros, temos as mesmas definições independentemente de se tratar de uma prova para o TCU ou um TCE e as NBASPs consolidam tais entendimentos aplicáveis aos Tribunais de Contas.

Como estudar as normas?

Inicie pelos Princípios. Os princípios são as normas designadas por numeral de 2 dígitos (NBASP 10, NBASP 20, NBASP 50 e demais) ou por 1 dígito, como é o caso da Declaração de Lima, conhecida como NBASP 1 (ou INTOSAI P1).

Os princípios das normas internacionais estabelecem as bases para a auditoria no setor público e fornecem diretrizes para o funcionamento das Entidades de Fiscalização Superior (EFS), como os Tribunais de Contas.

Com uma base sólida nos princípios internacionais (caráter genérico), você terá mais segurança para compreender e aplicar as normas propriamente ditas e resolver questões específicas de auditoria pública.

O marco referencial das NBASPs está assim subdividido: Princípios, Normas e Orientações.

Vejamos as normas:

Princípio Fundador

NBASP 1 – Declaração de Lima

Princípios Basilares

NBASP 10 – Declaração do México

NBASP 12 - Valor e Benefício dos Tribunais de Contas

NBASP 20 - Transparência e Accountability

NBASP 50 - Princípios das Atividades Jurisdicionais dos Tribunais de Contas

Nota: entre as normas mais relevantes para o estudo de auditoria pública neste grupo, destacam-se as Declarações de Lima e do México, muito cobradas em provas por seu caráter histórico e estruturante. Esses documentos não são apenas documentos teóricos, mas pressupostos da estrutura de auditoria pública.

A Declaração de Lima é a base conceitual das EFS, enquanto a Declaração do México aprofunda questões relacionadas à independência e ao papel institucional dessas entidades. Ambas refletem os valores e princípios que sustentam a transparência, a accountability e a boa governança.

Princípio Fundamental de Auditoria

NBASP 100 - Princípios Fundamentais de auditoria do setor público

Nota: seja na auditoria contábil (NBCTA) ou na auditoria governamental (NBASP), sempre identifique as normas de final "00" como referências centrais para o grupo de normas. Elas trazem as bases para as normas que lhe sucedem. Por isso, ao estudar auditoria governamental propriamente dita, é indispensável começar pela NBASP 100 antes de avançar nas diversas modalidades de auditoria governamental. Não é à toa que a NBASP 100 é designada como "Princípios Fundamentais de Auditoria...". Enquanto os princípios anteriores traçam as bases de uma EFS, a NBASP 100 marca o início do estudo da auditoria enquanto técnica. É nessa norma que encontraremos as diretrizes essenciais que estruturam os procedimentos, conceitos e os diversos tipos de abordagens da auditoria governamental.

Requisitos Organizacionais dos TCs

NBASP 130 – Gestão da ética pelos Tribunais de Contas

NBASP 140 – Controle de qualidade para os Tribunais de Contas

NBASP 150 - Competência do Auditor

Nota: as normas desse grupo focam em aspectos da pessoa do auditor, como o cumprimento de requisitos éticos (130), as habilidades e competências do auditor (150). O controle de qualidade (140), embora seja do órgão, exige monitoramento de aspectos pessoais do auditor como a independência, o papel do supervisor do trabalho etc. Assim, temos nesse conjunto de normas a faceta mais personalíssima das normas, aquela que foca no profissional de auditoria com preponderância.

Princípios das auditorias

NBASP 200 – Princípios de Auditoria Financeira

NBASP 300 – Princípios de Auditoria Operacional

NBASP 400 - Princípios de Auditoria de Conformidade

Nota: as NBASPs 200, 300 e 400 são consideradas os "carros-chefes" quando o assunto é a auditoria propriamente dita. São normas que se concentram essencialmente nas técnicas aplicadas às auditorias em questão (financeira, operacional e conformidade).

Antes de aprofundar os estudos nessas normas, é recomendável que você tenha dominado primeiramente a NBASP 100, que fornece uma base conceitual essencial. Para facilitar a compreensão e retenção do conteúdo, elabore tabelas comparativas entre os tipos de auditoria:

-Auditoria Financeira

-Auditoria Operacional

-Auditoria de Conformidade

A partir desse conjunto de normas, você estará apto a resolver as questões clássicas de prova, como: tipos de auditoria, diferenças entre elas, objetos da auditoria, classificações e conceitos fundamentais, tipos de relatório, risco de auditoria, materialidade. Nelas, encontraremos também as fases da auditoria: planejamento, execução, relatório e monitoramento, quando cabível. O conjunto de normas 100 + 200 + 300 + 400 é que lhe fornecerá o domínio da técnica da auditoria propriamente dita.

Com essa abordagem estruturada, seu estudo se tornará mais eficiente e focado, garantindo um melhor fluxo da informação.

Normas específicas das auditorias

NBASP grupo 2000 – Auditoria Financeira

NBASP grupo 3000 – Auditoria operacional

NBASP grupo 4000 – Auditoria de conformidade.

Nota: é importante destacar uma informação sobre as normas específicas de auditoria financeira (grupo 2000). As NBCTAs (Normas Brasileiras de Contabilidade Técnica de Auditoria), frequentemente chamadas de normas de auditoria privada ou contábil, foram incorporadas pelas normas de auditoria do setor público, as NBASPs. Isso significa que, ao estudar uma NBCTA, você estará, ao mesmo tempo, estudando uma NBASP correspondente do grupo 2000.

Por exemplo:

-A NBC TA 200 corresponde à NBASP 2200.

-A NBC TA 500 corresponde à NBASP 2500.

Assim, as normas de auditoria financeira do setor público são as mesmas aplicadas no setor privado.

A NBASP adiciona o numeral "2" à numeração original da NBCTA ao incorporar a norma. Em relação ao conteúdo, as normas permanecem idênticas, o que facilita o estudo integrado tanto para auditoria no setor privado quanto no setor público em relação às auditorias financeiras, já que se altera apenas o numeral da norma.

Essa equivalência deve ser aproveitada para otimizar o tempo de estudo e garantir domínio sobre as normas aplicáveis em ambas as esferas. As NBCTAs definem de maneira sistematizada os principais institutos de auditoria (financeira) como procedimentos, amostragem, papéis de trabalho, evidências, risco de auditoria, relatório do auditor e outros. Tais institutos mantém seu significado em outros tipos de auditoria (operacional e conformidade). Ao analisar as outras normas (auditoria operacional e conformidade) muitos conceitos se repetirão, pois como já dissemos, não há diferença na definição dos muitos institutos da auditoria, pois se trata de técnica universal.

Uma dica eficiente para estudar as modalidades específicas de auditorias é organizar as normas relacionadas a cada tema. Assim, você otimiza o tempo e facilita a revisão. Veja como isso funciona na prática:

- **Para Auditoria Operacional**, concentre-se nas NBASPs que começam com o número **3**. Isso inclui as NBASPs **300** e as normas do grupo **3000**. Essas normas tratam diretamente dos aspectos e procedimentos da auditoria operacional.

- **Para Auditoria de Conformidade**, direcione seus estudos para as NBASPs que iniciam com o número **4**. *Nesse caso, foque nas NBASPs* ***400*** *e nas normas* do grupo **4000**, que abordam a verificação da aderência a regras, leis e regulamentos.
- **Para Auditoria Financeira**, o foco estará nas NBASPs que começam com o número **2**, abrangendo as NBASPs **200** e as normas do grupo **2000**, que tratam da análise e validação das demonstrações financeiras.

Essa organização baseada na numeração das normas permite que você estude de forma mais segmentada e objetiva, atacando diretamente o conteúdo específico de cada tipo de auditoria.

Vejamos as dicas sobre o conteúdo das normas...

2. PRINCÍPIOS FUNDADORES DA AUDITORIA GOVERNAMENTAL

Os princípios fundadores são aqueles de importância histórica, caracterizam-se por serem os princípios informativos para os governos, parlamentos e EFS, além do público geral. São referenciais utilizados para implantação das EFS nacionais.

2.1. DECLARAÇÃO DE LIMA

A Declaração de Lima é reconhecida como a Carta Magna da auditoria governamental. Trata-se da Norma "01", responsável por estruturar e orientar as práticas de auditoria no setor público. Esse documento foi oficialmente incorporado ao conjunto de Normas Brasileiras de Auditoria do Setor Público (NBASP 1), consolidando-se como referência fundamental.

Conforme a introdução do documento, o objetivo principal da Declaração de Lima é chamar por uma fiscalização independente do setor público. Uma entidade fiscalizadora que não atende a este chamado não está apta para a normatização.

O Estado de Direito e a Democracia são premissas essenciais para uma fiscalização do setor público independente de fato e são os pilares nos quais a Declaração de Lima está sustentada.

A norma indica que as EFS, além da auditoria (ação depois do fato), poderiam exercer ainda o controle prévio (um tipo de revisão de atividades administrativas ou financeiras que é realizada antes da ocorrência do fato). Naturalmente, isso depende do país ou jurisdição, previsão legal etc.

A auditoria é um elemento indispensável para revelar desvios das normas e violações dos princípios da legalidade, eficiência, efetividade e economicidade, para que medidas corretivas possam ter tomadas para prevenir ou dificultar, além de identificar responsáveis e obter ressarcimentos pelos desvios.

As EFS devem possuir Independência funcional, organizacional e financeira em relação às entidades auditadas. Essa Independência é também aplicada aos seus membros, com seus auditores livres de influências das organizações auditadas.

A declaração indica ainda como seria desejável o relacionamento de uma EFS com o Parlamento, Governo e Administrações, destacando sempre a postura independente:

Relação com Poder Legislativo: a relação entre a EFS e o legislativo deverá estar prevista na Constituição, de acordo com as condições e requisitos de cada país.

Governo e Administração: as EFS auditam as atividades do governo, suas autoridades administrativas e outras instituições subordinadas. Isso não significa, no entanto, que o governo seja subordinado à EFS.

Uma EFS deverá ter poderes para executar seu trabalho sem embaraços, a saber:

1. **Acesso e Solicitação de Informações**: as EFS têm direito a acessar todos os arquivos e documentos financeiros, podendo solicitar informações, oralmente ou por escrito, conforme necessário.
2. **Decisão sobre Local da Auditoria**: a EFS determina, em cada auditoria, se será mais apropriado realizá-la na instituição auditada ou em suas próprias instalações.
3. **Prazos para Fornecimento de Informações**: a legislação ou a EFS definirá os prazos para a entrega de documentos, registros e demonstrativos financeiros exigidos.

Dentre outros princípios, a Declaração de Lima orienta sobre métodos de auditoria, auditores, intercâmbio internacional de experiências e relatórios de auditoria. Como a natureza dessa norma é principiológica, não chega a pormenores. O seu enfoque é sempre reforçar bases que garantam a independência da EFS. E para isso, a norma orienta que os Tribunais de Contas tenham autonomia, poderes especiais e previsão constitucional.

Norma fundamental: NBASP 1.

3. PRINCÍPIOS BASILARES DA AUDITORIA GOVERNAMENTAL

Os princípios basilares apoiam os princípios fundadores, esclarecendo o papel das EFS na sociedade, bem como os pré-requisitos de alto nível para o seu bom funcionamento e para a conduta profissional (Manual de Auditoria Operacional -TCU).

3.1. DECLARAÇÃO DO MÉXICO

A Declaração do México (NBASP 10) define os princípios fundamentais para garantir a independência das EFS, um elemento essencial para assegurar a credibilidade e eficácia da auditoria governamental.

São princípios:

1. Previsão legal da independência dos Tribunais de Contas, de seus membros e de seu quadro funcional.
2. Mandato suficientemente amplo e discricionariedade no exercício das funções dos Tribunais de Contas.
3. Acesso irrestrito a informações.
4. Independência dos Tribunais de Contas para o desempenho de suas competências.
5. Prevenção ao conflito de interesses.
6. Adoção de medidas pertinentes no caso de quaisquer questões que possam afetar ou que afetaram sua independência.
7. Direito e obrigação de informar sobre seu trabalho.
8. Liberdade de decidir o conteúdo e o momento oportuno de publicação e divulgação de seus relatórios de auditoria.
9. Utilização de mecanismos eficazes de monitoramento das deliberações.
10. Cooperação interinstitucional sem prejuízo da independência e da autonomia.
11. Autonomia financeira e gerencial/administrativa e disponibilidade de recursos humanos, materiais e monetários adequados

    Norma fundamental: NBASP 10.

3.2. VALOR E BENEFÍCIO DOS TRIBUNAIS DE CONTAS (NBASP 12)

A NBASP 12 orienta quanto aos princípios que levam uma EFS a fazer a diferença na vida dos cidadãos. Visa aprimorar os Tribunas de Contas e estabelecer um padrão nacional de atuação para comunicar e promover o valor dos seus benefícios.

As ações e princípios em torno da expectativa fundamental dos Tribunais de Contas de demonstrarem o seu valor para a sociedade e de fazerem a diferença na vida dos cidadãos encontram-se divididos pelas seguintes ações:

Ações	Princípios
Fortalecer a accountability, a transparência e a integridade das entidades do setor público	- Salvaguarda da independência dos Tribunais de Contas; - Realização de auditorias para verificar a aplicação de recursos públicos e responsabilizar os responsáveis, quando necessário; - Habilitação dos responsáveis pela governança do setor público para responder aos achados e adotar ações corretivas apropriadas; - Produção de relatórios de auditoria e disponibilização ao público.
Demonstrar relevância para os cidadãos, para o Legislativo e para outras partes interessadas	- Sensibilidade a mudanças de ambiente e riscos emergentes; -Comunicação efetiva com as partes interessadas; - Promoção de aperfeiçoamento da Administração Pública como fonte confiável de conhecimento e orientação independente.
Ser uma organização que lidera pelo exemplo	- Garantia de transparência e accountability dos Tribunais de Contas; - Garantia de boa governança nos Tribunais de Contas; - Cumprimento do Código de Ética do Tribunal de Contas; - Busca de excelência e qualidade no serviço; - Construção de capacidade por meio de aprendizagem e compartilhamento de conhecimento.

Norma fundamental: NBASP 12.

3.3. TRANSPARÊNCIA E ACCOUNTABILITY (NBASP 20)

A NBASP 20 tem como objetivo promover os princípios de transparência e accountability no âmbito dos Tribunais de Contas. Essas instituições, como guardiãs dos recursos públicos e do controle externo, devem atuar de maneira exemplar, incorporando tais princípios em todos os seus atos e decisões.

A transparência e a prestação de contas não são apenas deveres, mas meios para fortalecer a confiança pública. Os Tribunais de Contas devem divulgar, de forma clara e acessível, suas atribuições, os resultados obtidos e a relevância de sua atuação, tanto para a Administração Pública quanto para a sociedade. É fundamental que o público compreenda as funções, os processos de trabalho, as atividades e os produtos desenvolvidos por essas instituições.

Além disso, os Tribunais de Contas devem manter uma comunicação eficiente e transparente com a mídia e demais partes interessadas, buscando não apenas informar, mas também construir uma imagem de confiança na esfera pública e na comunidade em que atuam. São princípios:

1. Exercício das funções dos Tribunais de Contas no âmbito de um marco legal que preveja a transparência e a accountability;
2. Publicidade de competências, responsabilidades, missão e planejamento;
3. Adoção de normas, processos e métodos de auditoria objetivos e transparentes;
4. Garantia de altos padrões de integridade e de ética por parte dos membros, servidores e demais colaboradores;

5. Garantia de que os princípios de transparência e de accountability não sejam comprometidos quando parte de suas atividades forem executadas por terceiros;
6. Gerenciamento das operações dos Tribunais de Contas com economicidade, eficiência e eficácia, e em conformidade com as leis e regulamentos, e divulgação dos resultados atingidos;
7. Publicidade dos resultados das auditorias e das conclusões sobre as atividades gerais do governo;
8. Comunicação oportuna e ampla dos resultados das atividades de auditoria por intermédio da mídia, de sites e de outros meios;
9. Cumprimento das NBASPs e busca de aprendizagem contínua, usando orientações ou conhecimentos de colaboradores externos.

Norma fundamental: NBASP 20.

3.4. PRINCÍPIOS DAS ATIVIDADES JURISDICIONAIS DOS TRIBUNAIS DE CONTAS (NBASP 50)

Os Tribunais de Contas brasileiros possuem funções jurisdicionais que permitem responsabilizar diretamente gestores públicos por irregularidades na gestão de recursos, com base em achados de auditorias financeiras, operacionais ou de conformidade.

Suas atividades incluem a apuração de responsabilidades, aplicação de sanções e compensação de prejuízos ao erário pelos administradores. Além de proteger a gestão pública e os interesses das entidades auditadas, autoridades e cidadãos, suas decisões têm caráter preventivo e pedagógico, promovendo a transparência e a integridade na administração dos recursos públicos (NBASP 50).

O modelo de Tribunal de Contas é reconhecido por realizar todos os tipos de auditoria exigidos de uma EFS e pela capacidade de decidir sobre responsabilizações. As atividades jurisdicionais, embora relacionadas às auditorias financeira, operacional ou de conformidade, diferem delas, podendo ocorrer em conjunto ou posteriormente. Essas atividades seguem princípios rigorosos, devido ao impacto direto na situação pessoal dos envolvidos, e a violação desses princípios compromete a legitimidade das decisões.

Para conduzirem atividades jurisdicionais, os Tribunais de Contas devem observar os seguintes princípios:

1. A lei deve definir o regime de responsabilidade e de sanções aplicáveis às pessoas responsáveis perante o Tribunal de Contas;
2. Os membros do Tribunal de Contas, envolvidos nas atividades jurisdicionais, devem possuir prerrogativas legalmente definidas, que garantam explicitamente a sua independência em relação às autoridades públicas;
3. O Tribunal de Contas deve ter prerrogativas que garantam seu acesso à informação;
4. Um fato irregular pode ser processado ou sancionado somente até a expiração de um prazo razoável a partir do momento em que foi cometido ou descoberto;
5. Qualquer julgamento do Tribunal de Contas deve ser aberto a objeções e reconsideração e estar sujeito a revisão ou anulação em conformidade com a legislação nacional;
6. O Tribunal de Contas deve garantir que as pessoas responsáveis perante ele sejam submetidas a um julgamento justo, garantido por procedimentos legais;
7. A imparcialidade do processo de julgamento deve ser garantida por regulamentos que regem as atividades jurisdicionais dos Tribunais de Contas e os procedimentos consequentes;
8. O Tribunal de Contas deve garantir que o exercício das atividades jurisdicionais leve a um julgamento cuja decisão seja notificada e implementada. A sanção da responsabilidade pessoal da parte deve ser efetiva;
9. Uma pessoa não pode ser condenada pela mesma irregularidade a várias sanções da mesma natureza impostas pelo Tribunal de Contas;
10. O Tribunal de Contas deve garantir a qualidade dos procedimentos jurisdicionais por meio de um controle de qualidade eficiente e sistemático;
11. O Tribunal de Contas deve concluir o procedimento jurisdicional dentro de um prazo razoável;
12. O Tribunal de Contas deve garantir que suas decisões sejam públicas, respeitando o sigilo e as restrições vinculadas à confidencialidade que são legalmente obrigatórios, bem como a proteção de dados pessoais.

Norma fundamental: NBASP 50.

4. TIPOS DE AUDITORIA DO SETOR PÚBLICO

Auditoria é um processo sistemático de obter e avaliar objetivamente evidências para determinar se as informações ou as condições reais de um objeto estão de acordo com critérios aplicáveis. A auditoria do setor público é essencial, pois fornece aos órgãos legislativos, de controle, aos responsáveis pela governança e ao público em geral, informações e avaliações independentes e objetivas acerca da gestão e do desempenho de políticas, programas e operações governamentais. Em essência, qualquer auditoria, seja no setor público ou privado, consiste em confrontar o objeto (a situação encontrada) com o critério (o que deve ser) e fornecer uma opinião independente.

Norma fundamental: NBASP 100.

4.1. AUDITORIA FINANCEIRA

Foca em determinar se a informação financeira de uma entidade é apresentada em conformidade com a estrutura de relatório financeiro e o marco regulatório aplicável. Isso é alcançado obtendo-se evidência de auditoria suficiente e apropriada para permitir o auditor expressar uma opinião quanto a estarem as informações financeiras livres de distorções relevantes devido a fraude ou erro.

Note que as distorções que o auditor procura são as caracterizadas como relevantes.

Por quê?

Porque não faz sentido, por exemplo, buscar identificar uma mera distorção de R$ 1.000,00 (irrelevante) nas demonstrações contábeis da Petrobras, por exemplo. Uma diferença desse nível não afeta a decisão de investidores, credores e demais usuários.

Atenção: para o auditor, ao conduzir uma auditoria financeira, não importa se a distorção relevante tem origem numa fraude ou num erro. O que importa é o fato desta distorção se caracterizar como "relevante".

O auditor não é uma autoridade policial ou tem poderes especiais de investigação. Seu objetivo é "apenas" assegurar que as demonstrações contábeis estão livres de distorção relevante, independentemente da origem (fraude ou erro).

Norma fundamental: NBASP 200.

Normas complementares: NBASPs do grupo 2000, ou normas NBCTA equivalentes às NBASPs.

4.2. AUDITORIA OPERACIONAL

Foca em determinar se intervenções, programas e instituições estão operando em conformidade com os princípios de economicidade, eficiência e efetividade (3Es), bem como se há espaço para aperfeiçoamento. O desempenho é examinado segundo critérios adequados, e as causas de desvios desses critérios ou outros problemas são analisados. O objetivo é responder a questões-chave de auditoria e apresentar recomendações para aperfeiçoamento.

Fique atento aos princípios determinados pelos "3Es": A sua presença no objeto da auditoria nos ajuda a classificá-la como uma auditoria operacional. É recorrente em provas explorar as classificações pertinentes aos modelos de auditoria.

3Es	Descrição
Economicidade	Minimizar o custo dos recursos
Eficiência	Obter o máximo dos recursos
Efetividade	Atingir os objetivos

Em alguns referenciais, como o manual de auditoria operacional do TCU, há referência aos 4Es, já que a norma original usa o termo em inglês *effectiveness*, que abrange dois sentidos em português: eficácia (conceito relacionado ao grau de alcance das metas programadas em termos de produtos) e efetividade (conceito relacionado aos impactos). Nesse sentido, a auditoria operacional verifica se os objetos da auditoria estão funcionando de acordo com os princípios de economicidade, eficiência, eficácia e efetividade (4Es).

A auditoria operacional geralmente segue uma das três abordagens:

1- Uma **abordagem orientada a sistemas**, que examina o adequado funcionamento dos sistemas de gestão: sistemas de gestão financeira, de controle, de TI etc;

2- Uma **abordagem orientada a resultados**, que avalia se os objetivos de impactos ou de produtos foram atingidos como planejados ou se os programas e serviços estão funcionando como pretendido;

3- Uma **abordagem orientada a problemas**, que examina, verifica e analisa as causas de problemas específicos ou de desvios em relação a critérios.

Fases da auditoria operacional:

Fases	Descrição
Planejamento	seleção de temas, pré-estudo e desenho da auditoria;
Execução	coleta e análise de dados e informações;
Relatório (opinião do auditor)	respostas às questões de auditoria, achados, conclusões e recomendações aos usuários;
Monitoramento	determinar se as ações adotadas em resposta aos achados e recomendações resolveram os problemas e/ou deficiências subjacentes.

Atenção: Enquanto uma auditoria financeira é finalizada com o relatório do auditor, na auditoria operacional ainda temos a fase do monitoramento, onde se avalia a implementação das recomendações do relatório.

Norma fundamental: NBASP 300.

Normas complementares: NBASPs do grupo 3000.

4.3. AUDITORIA DE CONFORMIDADE

Foca em determinar se um particular objeto está em conformidade com normas identificadas como critérios. A auditoria de conformidade é realizada para avaliar se atividades, transações financeiras e informações cumprem, em todos os aspectos relevantes, as normas que regem a entidade auditada. Essas normas podem incluir regras, leis, regulamentos, resoluções orçamentárias, políticas, códigos estabelecidos, acordos ou os princípios gerais que regem a gestão financeira responsável do setor público e a conduta dos agentes públicos.

A auditoria de conformidade tem como objeto a **legalidade** e a **legitimidade** do ato, operação etc.

Guarde o binômio *legalidade + legitimidade,* pois são comuns as questões de prova que solicitam a identificação da classificação da auditoria em suas afirmativas. Assim como na auditoria operacional temos os "3Es" definindo seu objeto, aqui na auditoria de conformidade teremos os "2Ls" *legalidade + legitimidade.*

Legalidade consiste em agir em conformidade com as normas vigentes. Um ato é considerado legal quando está fundamentado na lei e cumpre os procedimentos estabelecidos. Por exemplo: contratar um artista por valor milionário para participar de festa em uma cidade pode ser legal desde que sejam observados os critérios previstos em lei para contratação. A existência de contrato, nota fiscal e demais documentos comprobatórios são fundamentais para respaldar a legalidade dessa contratação.

A **legitimidade** de um ato está diretamente relacionada à sua aceitação social e ao contexto em que ele é praticado. Um ato é legítimo quando encontra respaldo nos valores, necessidades e expectativas da sociedade.

Imagine a contratação desse show em uma cidade extremamente pobre, com baixos indicadores sociais e uma grande população vulnerável. Nessas circunstâncias, ao realizar um juízo de valor considerando as condições da cidade, concluímos razoavelmente pela falta legitimidade. A legitimidade exige uma análise crítica sobre o impacto do ato no contexto social em que se insere.

Atenção: As auditorias podem combinar aspectos financeiros, operacionais e/ou de conformidade simultaneamente.

Opinião do auditor (relatório de auditoria):

Nas auditorias de regularidade (onde se incluem a auditoria financeira e a de conformidade), a opinião do auditor é concisa e razoavelmente padronizada, nos seus principais aspectos. Geralmente assume forma binária do tipo *"conforme x não conforme".*

Norma fundamental: NBASP 400.

Normas complementares: NBASPS do grupo 4000.

5. CARACTERÍSTICAS DA AUDITORIA

5.1. ELEMENTOS DA AUDITORIA

Para ser auditoria, o trabalho deve ter quatro elementos que o caracteriza como um trabalho de asseguração:

Vejamos cada um desses elementos:

1- Um Relacionamento entre três partes:

Auditor: é responsável pela condução das auditorias, sendo geralmente o titular da unidade de auditoria ou seus delegados.

Parte Responsável: compreende as pessoas ou organizações designadas por lei ou Constituição para elaborar informações, gerenciar objetos, processos ou recursos específicos; atender recomendações.

Usuários Previstos: são os grupos ou indivíduos que recebem e utilizam o relatório de auditoria como órgãos legislativos, gestores públicos, público em geral.

Todo trabalho de asseguração (a auditoria é um dos trabalhos de asseguração) exige uma relação entre três partes. Um trabalho de consultoria, por exemplo, não é um trabalho de asseguração pois há uma relação entre duas partes (consultor e cliente do trabalho).

2- **Um objeto de auditoria válido**:

Algo identificável e passível de avaliação ou mensuração consistente baseada em critérios, de modo que possa ser submetido a procedimentos para obtenção de evidência de auditoria suficiente e apropriada para fundamentar a opinião ou conclusão de auditoria. Exemplo: as demonstrações contábeis da entidade.

3- **Critérios**:

São as referências usadas para avaliar o objeto. Exemplo: a legislação contábil é critério para uma auditoria financeira; a legislação sobre licitação seria critério para uma auditoria de conformidade de uma licitação.

4- **Informação sobre o objeto**:

É resultado da avaliação ou mensuração do objeto de acordo com os critérios. É o que se conclui ao se confrontar a situação encontrada com o critério. Pode assumir várias formas e ter diferentes características, dependendo do objetivo e do escopo da auditoria.

Atenção: estes elementos estão presentes em todas as auditorias: operacional, financeira, conformidade etc. Se não estiverem presentes os quatro elementos, não temos um trabalho de asseguração (logo, não temos auditoria).

Norma fundamental: NBASP 100.

Normas complementares: NBASPs 200, 300 e 400.

5.2. TIPOS DE TRABALHO

Nos trabalhos de **certificação** a parte responsável mensura o objeto de acordo com os critérios e apresenta a informação do objeto, sobre a qual o auditor então obtém evidência de auditoria suficiente e apropriada para proporcionar uma base razoável para expressar uma conclusão.

Nos trabalhos de **relatório direto**, é o auditor quem mensura ou avalia o objeto de acordo com os critérios. O auditor seleciona o objeto e os critérios, levando em consideração risco e materialidade. O resultado da mensuração do objeto, de acordo com os critérios, é apresentado no relatório de auditoria na forma de achados, conclusões, recomendações ou de uma opinião.

Guarde:

Certificação: parte responsável mensura o objeto.

Relatório direto: auditor mensura o objeto.

A associação dos tipos de auditoria aos seus tipos de trabalho e seu objeto é questão recorrente em provas. Tenha certeza de que você sabe definir as auditorias, identificar o seu objeto e associá-la aos tipos de trabalho.

Tipo de Auditoria	Tipo de Trabalho	Objeto ou Informação sobre o Objeto
Auditoria financeira	Sempre trabalhos de **certificação**.	Demonstrações financeiras preparadas pela parte responsável, avaliadas de acordo com critérios contábeis.
Auditoria operacional	Normalmente trabalhos de **relatório direto**.	Eficiência, efetividade e economia (3Es) das operações, programas, serviços ou políticas públicas.
Auditoria de conformidade	Pode ser trabalho de **certificação**, **relatório direto** ou **ambos ao mesmo tempo**.	Transações, eventos, sistemas, operações ou informações avaliadas em relação a leis, regulamentos, políticas ou regras.

Norma fundamental: NBASPs 100.

Normas complementares: NBASPs 200, 300 e 400.

5.3. TIPOS DE ASSEGURAÇÃO

A auditoria é um dos trabalhos de asseguração. A Asseguração gerada por uma auditoria, de qualquer um dos tipos (financeira, operacional e conformidade), no âmbito público ou privado, será **razoável** ou **limitada** conforme sejam os termos do trabalho. Isso significa que o relatório do auditor apresentará informações com bom nível de segurança e apropriado ao tipo de trabalho demandado. A melhor asseguração possível é a **asseguração razoável**, já que é inalcançável a obtenção de uma asseguração absoluta (100%), pois sistemas, regras, controles e pessoas falham; as evidências de auditoria são persuasivas, não conclusivas; além de que uma auditoria se vale de testes e amostragens, sujeitos a falhas de detecção etc.

Asseguração	Características
Razoável	- Bom nível de segurança - Testes de auditoria profundos - Ex.: Auditoria com base nas NBC TA (normas de auditoria) -Texto no relatório com opinião segura: "Em nossa opinião, as DCs (ou outro objeto) estão adequadas"
Limitada	- Nível inferior de segurança - Testes menos extensos - Ex.: Revisão com base nas NBC TR (normas de revisão) - Texto no relatório com opinião menos segura: "Não tomamos conhecimento de fatos que nos levem a acreditar que as DCs (ou outro objeto) estão inadequadas"
Asseguração absoluta (100%)	Não existe.

Exemplos: as companhias abertas precisam apresentar anualmente seus balanços auditados (auditoria de fato). Essa auditoria é feita com base nas NBCTAs e são trabalhos de asseguração razoável.

Essas mesmas companhias precisam apresentar à CVM (Comissão de Valores Mobiliários) trimestralmente seus balanços revisados (revisado não é auditado!), isso é um trabalho de asseguração limitada (uma revisão com base em normas próprias). Não se faz auditoria de fato (asseguração razoável) nos balanços trimestrais para cumprir as normas da CVM, apenas uma revisão (asseguração limitada).

Assim, asseguração razoável e limitada não são meros adjetivos para caracterizar que um é melhor que o outro. São trabalhos distintos e cada um tem um propósito, convivendo harmonicamente.

Auditoria→ Asseguração razoável→ envolve opinião.

Revisão→ Asseguração limitada→ envolve conclusão limitada.

Em trabalhos de asseguração razoável, usualmente aceita-se que 95% (ou até 90%) de asseguração é um parâmetro razoável para a segurança que uma auditoria pode oferecer (Manual de auditoria financeira, TCU, 2016).

Normas fundamentais: NBASP 100, NBC TA Estrutura Conceitual.

6. INSTRUMENTOS DE FISCALIZAÇÃO

Os Tribunais de Contas possuem funções normativa, de ouvidoria, corretiva, sancionadora, judicante, informativa, consultiva e fiscalizadora. A função fiscalizadora é realizada por meio de **Auditorias** e **Inspeções**. Vamos utilizar o regimento do TCU para conceituar os cinco instrumentos por meio dos quais se realiza a fiscalização (função fiscalizadora): auditoria, levantamento, inspeção, monitoramento e acompanhamento.

Auditoria

- Examinar legalidade/legitimidade dos atos de gestão
- Avaliar o desempenho dos órgãos
- Subsidiar a apreciação dos atos sujeitos a registro
- Aspectos contábil, financeiro, orçamentário e patrimonial
- Aspectos de economicidade, eficiência e eficácia dos atos praticados

Levantamento

- Conhecer a organização e o funcionamento dos jurisdicionados
- Identificar objetos e instrumentos de fiscalização
- Avaliar a viabilidade da realização de fiscalizações
- inclui administração direta, indireta, fundacional, fundos, sistemas etc.

Inspeção

- Suprir omissões e lacunas de informações
- Esclarecer dúvidas
- Apurar denúncias e representações

Monitoramento

- Verificar o cumprimento de suas deliberações e os resultados delas advindos

Acompanhamento

Ao longo de um período predeterminado:

Examinar	Avaliar
Legalidade e legitimidade dos atos de gestão dos jurisdicionados	O desempenho dos jurisdicionados e seus sistemas, programas, atividades...
Aspectos contábil, financeiro, orçamentário e patrimonial	Aspectos de economicidade, eficiência e eficácia dos atos praticados

Norma Fundamental: Regimento interno do TCU

7. PRINCÍPIOS ÉTICOS APLICÁVEIS

Princípios éticos aplicados ao auditor (NBASP 130)	
Integridade	Agir com honestidade, boa-fé em relação ao auditado e usuários e demais atores.
Independência e objetividade	Fazer julgamentos de livre de influências, manter a independência de fato e em aparência.
Competência	Manter conhecimentos e habilidades atualizados
Comportamento profissional	Agir de acordo com as normas profissionais aplicáveis e as mais altas expectativas das partes interessadas
Confidencialidade	Manter sigilo quanto às informações obtidas em razão dos trabalhos

São considerados princípios gerais, de acordo com a NBASP 100: Ética e Independência; Julgamento, Devido zelo e ceticismo profissionais; Controle de qualidade; Gerenciamento e habilidades das equipes; Risco de auditoria; Materialidade; Documentação; Comunicação.

Ética e independência: *"os auditores devem cumprir exigências éticas relevantes e ser independentes"* (NBASP 100, 36).

Julgamento profissional: é a aplicação de conhecimentos, habilidades e a experiência do auditor. As escolhas do auditor sobre quais testes fazer, quando fazer, qual equipe necessária, qual o nível de materialidade e tudo mais pertinente à auditoria são decisões mediante julgamento profissional.

Devido zelo significa que o auditor deve evitar qualquer conduta que possa desacreditar seu trabalho.

Ceticismo profissional significa manter atitude alerta e questionadora diante da evidência obtida. É "desconfiar sempre", não fazer generalizações, manter postura crítica diante de contradições etc.

"Os auditores devem manter comportamento profissional apropriado aplicando o ceticismo profissional e julgamento profissional e exercendo o devido zelo ao longo de toda a auditoria" (NBASP 100,37).

Controle de qualidade: *"os auditores devem realizar auditoria em conformidade com normas profissionais de controle de qualidade"* (NBASP 100,38).

Habilidade necessárias: *"os auditores devem possuir ou ter acesso às habilidades necessárias..."* (NBASP 100,39).

Risco de auditoria: *"os auditores devem gerenciar os riscos de fornecer um relatório que seja inadequado nas circunstâncias da auditoria"* (NBASP 100,40)

Materialidade: *"os auditores devem considerar a materialidade de durante todo o processo de auditoria"* (NBASP 100,41).

Documentação: *"os auditores devem preparar documentação de auditoria que seja suficientemente detalhada para fornecer uma compreensão clara do trabalho realizado, da evidência obtida e das conclusões alcançadas"* (NBASP 100,42).

Comunicação: *"os auditores devem estabelecer uma comunicação eficaz durante todo o processo de auditoria"* (NBASP 100,43).

Veremos as dicas de risco de auditoria e documentação em tópicos específicos, pois fazem parte da execução propriamente dita da auditoria.

Os princípios são aplicados em todos os modelos de auditoria.

Princípios relacionados ao processo de trabalho	
Planejamento	Estabelecer os termos da auditoria; obter entendimento; realizar avaliação de risco da análise do problema; identificar risco de fraude; desenvolver um plano de auditoria.
Execução	Realizar os procedimentos de auditoria planejados para obter evidências de auditoria; avaliar as evidências e chegar a conclusões.
Relatório e monitoramento	Separar um relatório baseado nas conclusões alcançadas; monitorar as questões relatadas, se relevante

Normas fundamentais: NBASPs 100 e 130.

8. PLANEJAMENTO DA AUDITORIA

As auditorias podem ser exigidas por lei, solicitadas por órgãos legislativos ou de controle, iniciadas pela EFS ou acordadas com a entidade auditada. Em qualquer caso, deve haver um entendimento formal entre as partes sobre os **termos da auditoria e suas responsabilidades**. Isso inclui informações como objeto, escopo, objetivos, acesso aos dados, relatório final, processo, pessoas de contato e os papéis de cada envolvido. Por exemplo: a entidade deve compreender que é sua responsabilidade elaborar suas demonstrações contábeis e não responsabilidade da auditoria. A auditoria apenas avalia de forma independente tais demonstrações.

O primeiro passo para planejar uma auditoria é conhecer a entidade ou o programa a ser auditado. Isso envolve compreender os objetivos, operações, ambiente regulatório, controles internos e sistemas de negócio, identificando fontes de evidência de auditoria, áreas sensíveis etc. O conhecimento é obtido por meio de interações com a administração e partes interessadas, consulta a especialistas e análise de documentos, auditorias anteriores, legislação e outros.

Os auditores devem realizar uma avaliação de risco ou análise de problema, e revisá-la, se necessário, em resposta aos achados de auditoria; identificar e avaliar os riscos de fraude relevantes para os objetivos da auditoria.

O planejamento da auditoria é desenvolvido em dois níveis: estratégia de auditoria e plano de auditoria. Na estratégia, temos definição de escopo, objetivos e abordagem da auditoria. No plano (ou programa) de auditoria temos o nível operacional, o nível dos procedimentos de auditoria propriamente ditos com seus tipos, época, extensão etc.

Atenção: uma característica do planejamento, seja no âmbito governamental ou privado, é que deve ser iterativo e flexível. O planejamento deve ser alterado ao longo da auditoria sempre que as circunstâncias exigirem, como é o caso de surgimento ou identificação de fatos novos.

Normas fundamentais: NBASPs 100, 200, 300, 400.

Normas complementares: NBASPs dos grupos 2000, 3000 e 4000.

9. EXECUÇÃO DA AUDITORIA

9.1. EVIDÊNCIA DE AUDITORIA

Os auditores devem executar procedimentos de auditoria que forneçam evidência de auditoria suficiente e apropriada para respaldar o relatório de auditoria.

Atenção: só existirá opinião do auditor se houver evidência adequada (apropriada) e suficiente para fundamentar essa opinião. A opinião não se pode presumir, deverá obrigatoriamente estar respaldada por evidências.

Evidência de auditoria é qualquer informação utilizada pelo auditor para comprovar que o objeto está ou não em conformidade com os critérios aplicáveis. A evidência pode tomar várias formas, tais como registros de transações em papel ou meio eletrônico, comunicações externas escritas ou em meio eletrônico, observações feitas pelo auditor e testemunho oral ou escrito de agentes da entidade auditada.

A evidência deve reunir dois atributos para que seja capaz de convencer e permitir a emissão de uma opinião. São eles: *adequação* (apropriada) e *suficiência* (quantidade).

Adequação é medida de qualidade, contempla a confiança e relevância da evidência; a **suficiência** é a quantidade da evidência necessária. É possível fazer algumas generalizações com tais atributos. Por exemplo: se possuímos evidências robustas, possivelmente alcançaremos a suficiência com menos quantidade de evidências. Em sentido oposto, evidências menos robustas, exigem maior quantidade para alcançar o valor persuasivo.

Não existe um valor fixo daquilo que é "adequado e suficiente", mas a referência é que deve ser um nível capaz de persuadir uma pessoa bem informada de que os achados são razoáveis e relevantes, válidos e confiáveis.

Conforme as NBASPs, as evidências se classificam em 4 tipos:

a) **física** - observação de pessoas, locais ou eventos. Obtida por meio de fotos, mapas, vídeos e outros.

b) **documental** – obtida de informações já existentes como contratos, ofícios, relatórios, notas fiscais etc. É o tipo mais comum de evidência.

c) **testemunhal** - obtida por meio de entrevistas, questionários e outros. Deve ser registrada por escrito, ainda que executada de maneira verbal.

d) **analítica** - obtida por meio de análises, comparações e interpretações de dados e informações já existentes.

Achado de auditoria:

Achado é a discrepância entre a situação existente e o critério de avaliação. São situações verificadas pelo auditor durante o trabalho de campo que serão usadas para responder às questões de auditoria (NBASP 3000). O achado contém os seguintes atributos:

Critério	O que deveria ser
Condição	O que é
Causa	Razão do desvio com relação ao critério
Efeito	Consequência da situação encontrada

Quando o critério é comparado com a condição existente, surge o achado de auditoria. O achado pode ser tanto uma situação positiva quanto negativa. Por exemplo: esperava-se vacinar 80% das crianças em uma campanha, mas o resultado foi de 95%. Isso é um achado de boas práticas. Em sentido inverso, se o resultado fosse de apenas 50%, teríamos um achado que atesta uma insuficiência de desempenho.

Atenção: evidências são informações obtidas durante a auditoria e usadas para fundamentar os achados.

Normas fundamentais: NBASPs 100, 200, 300, 400.

Normas complementares: NBASPs dos grupos 2000, 3000 e 4000.

9.2. PROCEDIMENTOS DE AUDITORIA

Os testes de auditoria são divididos em duas categorias: testes de controle e testes substantivos.

Testes de controle (ou testes de observância) - É o procedimento de auditoria planejado para avaliar a efetividade operacional dos controles na prevenção ou detecção e correção de distorções relevantes no nível de afirmações.

Procedimentos substantivos (ou testes substantivos) – É o procedimento de auditoria planejado para detectar distorções relevantes no nível de afirmações.

Os procedimentos substantivos incluem: testes de detalhe e procedimentos analíticos substantivos.

Testes de detalhes - O teste de detalhes procura identificar e validar os registros mediante os procedimentos de auditoria.

Procedimentos analíticos substantivos – É o relacionamento entre duas ou mais variáveis econômicas, financeiras e outras que mantenham correlação e que nos permitem concluir se um saldo, transação, resultado são razoáveis. Por exemplo: se um tributo incide no faturamento com alíquota de 10%, posso presumir que o valor de tributo devido passará de R$ 10.000 para R$ 100.000 caso a receita da entidade saltasse de R$ 100.000 para R$ 1.000.000. Assim, caso o valor registrado de tributo fosse R$ 50.000, temos indícios de que é provável ter ocorrido um erro nesse registro, pois a correlação de valores não se mantém como esperado. Não temos uma prova inconteste de que houve distorção, mas temos indicação de falta de razoabilidade, exigindo exames mais apurados. Podemos usar variáveis de diversas naturezas, desde que mantenham correlação. Por exemplo: presume-se que uma floricultura tenha um pico de receita em certas datas como Dia das Mães, dos Namorados, Finados etc. Se não há um acréscimo de receita registrada na contabilidade nestas datas, podemos desconfiar que não está razoável sua escrituração. O procedimento analítico responde, portanto, de maneira superficial se um resultado é razoável dentro do esperado, para isso vale-se da correlação de duas ou mais variáveis como *valor do tributo x valor da receita, valor de vendas x número de lojas, número de empregados x folha de pagamento* etc.

Em síntese, as duas categorias clássicas de testes são:

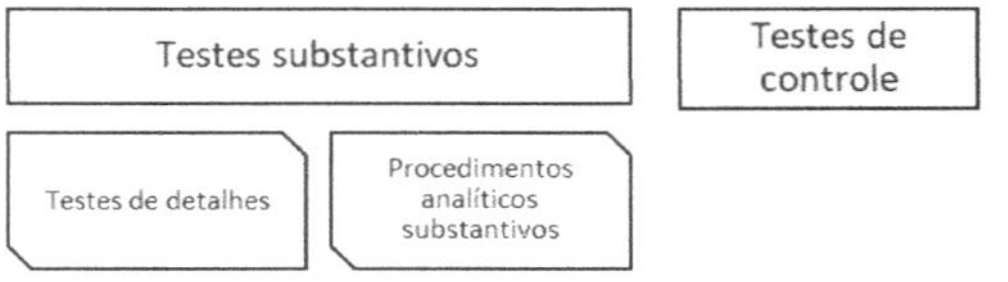

É possível ainda indicar que antes mesmo do início da auditoria são executados os procedimentos de avaliação de risco, caracterizando-se como mais uma categoria de testes para se juntarem aos clássicos testes substantivos e testes de controle (observância). Assim, as naturezas de procedimentos seriam (1) procedimentos de avaliação de riscos, (2) testes substantivos e (3) testes de controle.

Tipos de procedimentos de auditoria

Agora veremos os testes propriamente ditos, eles são os exames de fato efetuados. São sete os procedimentos clássicos de auditoria apresentados nas normas de auditoria, embora nos mais diversos referenciais teóricos e normativos outras denominações assemelhadas possam aparecer.

São eles:

Inspeção - Envolve o exame de registros ou documentos, internos ou externos, em forma de papel, em forma eletrônica ou outros formatos, ou o exame físico de um ativo. Exemplo: temos a **inspeção documental** quando se verifica a nota fiscal de aquisição de um veículo e temos a **inspeção física** quando se verifica a existência ou condição deste veículo.

Observação - Consiste no exame de processo executado por outros. Fornece evidência a respeito da execução de processo ou procedimento, mas é limitada ao ponto no tempo em que a observação ocorre e pelo fato de que o ato de ser observado pode afetar a maneira como o processo é executado. Exemplo: observar a execução do inventário pela entidade para verificar a qualidade deste controle e assim decidir se merece confiança os registros de estoques efetuados pela entidade na sua contabilidade.

Recálculo - Em alguns documentos é designado simplesmente como "cálculo". O recálculo consiste na verificação da exatidão matemática de documentos ou registros. Exemplo: validar os cálculos de atualização efetuados pela entidade para uma dívida em moeda estrangeira.

Reexecução - Envolve a execução independente pelo auditor de procedimentos ou controles que foram originalmente realizados como parte do controle interno da entidade.

Procedimentos analíticos - Em alguns documentos é designado como "revisão analítica". É uma avaliação das informações feitas por meio de estudo das relações plausíveis entre dados financeiros e não financeiros. Incluem a investigação de flutuações e relações que sejam inconsistentes com outras informações relevantes.

Indagação - Em alguns documentos é designado como "entrevista". É a busca de informações junto a pessoas com conhecimento, financeiro e não financeiro, dentro ou fora da entidade. Pode ser escrita ou não, formal ou não.

Confirmação externa – Comumente designado como "circularização". Representa evidência de auditoria obtida como resposta escrita de terceiro (a parte que confirma) ao auditor, em forma escrita, eletrônica ou em outra mídia.

A solicitação de confirmação externa poder ser positiva ou negativa.

- **Solicitação *de confirmação positiva***: a parte que confirma responde diretamente ao auditor indicando se concorda ou discorda das informações na solicitação, ou fornece as informações solicitadas.
- **Solicitação de confirmação negativa**: a parte que confirma responde diretamente ao auditor somente se discordar das informações fornecidas na solicitação.

A solicitação de confirmação também pode ser classificada como "em preto" e "em branco".

- ***"Em preto"*** - quando especifica os valores ou condições que deseja confirmar na carta de confirmação;
- ***"Em branco"*** - quando não especifica valores ou condição na carta de confirmação.

Por exemplo:

Confirmação "em preto": *"Solicitamos que seja confirmado aos nossos auditores se o saldo em aberto é R$ 1000."*

Confirmação "em branco": *"Solicitamos confirmar aos nossos auditores o saldo em aberto".*

A confirmação positiva pode ser em preto ou em branco.

A confirmação negativa será sempre em preto.

Norma Fundamental: NBC TA 500.

9.3. CONSIDERAÇÕES SOBRE MATERIALIDADE

Materialidade – relevância ou importância relativa de um assunto de auditoria, um conceito utilizado pelo auditor para estabelecer o nível ou os níveis a partir do qual distorções ou irregularidades serão consideradas relevantes na auditoria. O conceito é aplicado na fase de planejamento, na fase de execução da auditoria, na etapa de avaliação do efeito das distorções ou irregularidades identificadas na auditoria e na etapa de formação de opinião ou conclusão do relatório (NBASP 2320; NBCTA 320, glossário TCU).

Materialidade específica – valor de materialidade determinado para classes específicas de transações, saldos contábeis ou divulgações para as quais se poderia razoavelmente esperar que distorções de valores menores que a materialidade para as demonstrações financeiras como um todo influenciem nas decisões econômicas dos usuários tomadas com base nas demonstrações financeiras (NBASP 2320; NBCTA 320, glossário TCU).

Materialidade global – uma porcentagem sobre um referencial selecionado como ponto de partida para determinar a materialidade para as demonstrações financeiras como um todo, representando o valor (ou conjunto de valores) mais alto de distorções que poderia estar incluído nas demonstrações financeiras sem afetar as decisões econômicas dos usuários tomadas com base nessas demonstrações (NBASP 2320; NBCTA 320, glossário TCU).

Materialidade para execução da auditoria – valor ou valores fixados pelo auditor, inferior(es) ao considerado relevante para as demonstrações financeiras como um todo (a materialidade global), para adequadamente reduzir a um nível baixo a probabilidade de que as distorções não corrigidas e não detectadas em conjunto excedam a materialidade para as demonstrações financeiras como um todo (NBASP 2320; NBCTA 320, glossário TCU).

10. AMOSTRAGEM

Para selecionar os itens, dados, documentos, informações que serão submetidas aos testes de auditoria, o auditor poderá recorrer ao (1) censo, (2) selecionar itens específicos ou utilizar a (3) amostragem. Vejamos suas definições:

Censo - Exame de 100% dos itens.

Seleção de Itens Específicos - Baseada em julgamento. Por exemplo: selecionar os de maior valor.

Amostragem – É aplicação de procedimentos de auditoria em menos de 100% dos itens da população relevante. Cada unidade de amostragem deve ter a mesma chance de ser selecionado para compor a amostra. A amostragem possibilita conclusões sobre a população com base na amostra.

Não se recomenda a amostragem quando:

1- A população for muito pequena (é melhor fazer um censo).

2- A população tiver características de fácil mensuração. Por exemplo: quando há um software capaz de avaliar todos os itens da população alvo.

3- Houver necessidade de alta precisão (a amostragem sempre tem um risco, o risco de amostragem).

A amostragem poderá ser:

Estatística - quando se utiliza da teoria das probabilidades para mensurar erro tolerável, tamanho da amostra, níveis de confiança etc.

Não estatística – subjetiva, por julgamento, sem aplicação da teoria das probabilidades para mensuração das variáveis.

Pela amostragem estatística, os itens da amostra são selecionados de modo que cada unidade de amostragem tenha uma probabilidade conhecida de ser selecionada. Pela amostragem não estatística, o julgamento é usado para selecionar os itens da amostra. Como a finalidade da amostragem é a de fornecer base razoável para o auditor concluir quanto à população da qual a amostra é selecionada, é importante que o auditor selecione uma amostra representativa, de modo a evitar tendenciosidade mediante a escolha de itens da amostra que tenham características típicas da população. (NBC TA 530).

Estratificação da amostra

É o processo de dividir uma população em subpopulações, cada uma sendo um grupo de unidades de amostragem com características semelhantes. A estratificação geralmente se dá por valor monetário, contudo, é possível estratificar por critérios qualitativos como Filial Norte, Filial Sul etc.

Risco de amostragem

É o risco de que a conclusão do auditor, com base em amostra, pudesse ser diferente se toda a população fosse sujeita ao mesmo procedimento de auditoria (NBC TA 530). Toda amostragem apresenta algum risco de amostragem, pois a segurança de 100% é inalcançável. Aplicamos a amostragem para realizar os testes de auditoria (testes de controle ou testes substantivos) e o risco de amostragem daí decorrente terá denominações específicas:

O risco de amostragem nos testes de controle é chamado de ***superavaliação de confiabilidade*** *quando* o auditor conclui que o controle é bom, mas na realidade é ruim; e ***subavaliação de confiabilidade***, quando o auditor conclui que o controle é ruim; mas na realidade é bom.

O risco de amostragem nos procedimentos substantivos (testes de detalhes) é chamado de ***risco de aceitação incorreta***, quando o auditor conclui que não há distorção; mas na realidade há; e ***risco de rejeição incorreta*** quando o auditor conclui que há distorção; mas na verdade não há.

Note que quando se confia demais nos controles sem que estes mereçam confiança (superavaliação de confiabilidade) ou quando se acredita que não há distorções, mas na realidade há (aceitação incorreta), o auditor irá errar na sua opinião, pois testará menos os itens (por acreditar que são fidedignos e que os controles são bons) e não detectará distorções existentes. Logo, ambos afetam a eficácia da auditoria.

Por outro lado, quando se acredita que o controle é ruim, mas na realidade são bons (subavaliação de confiabilidade); ou quando se pensa haver distorções, mas na realidade não há (rejeição incorreta), o prejuízo será de eficiência, pois perderemos tempo tentando encontrar distorções e desvios que não existem de fato.

Em síntese, assim se apresentam os riscos:

Nos Testes de Controle

Superavaliação de Confiabilidade afeta a eficácia.

Subavaliação de Confiabilidade afeta a eficiência.

Nos Testes de Detalhes

Aceitação Incorreta afeta a eficácia.

Rejeição Incorreta afeta a eficiência.

Outros conceitos relevantes em amostragem são os de "**erro**" "**anomalia**":

Erro*:* qualquer distorção constatada através de procedimentos substantivos ou desvios de controle constatado em testes de controle.

Anomalia*:* é a distorção ou o desvio que é comprovadamente não representativo de distorção ou desvio em uma população. É um evento isolado.

Quando um erro é considerado uma anomalia ele não deve ser projetado para a população.

Existe uma relação inversa entre erro e tamanho da amostra. Quanto maior a amostra, menor o erro.

Distorção tolerável*:* é um valor monetário definido pelo auditor para obter um nível apropriado de segurança de que esse valor monetário não seja excedido pela distorção real na população (NBC TA 530). É a distorção "máxima" no nível dos saldos e transações (afirmações) que o auditor poderá aceitar.

Se: Distorção Projetada na população > Distorção Tolerável → Amostragem não fornece base razoável.

Taxa tolerável de desvio*:* é a taxa de desvio dos procedimentos de controles internos previstos, definida pelo auditor para obter um nível apropriado de segurança de que essa taxa de desvio não seja excedida pela taxa real de desvio na população. (NBC TA 530). É o nível "máximo" de desvio nos controles a ser aceito pelo auditor.

Definição da amostra, tamanho e seleção dos itens para teste

Ao definir uma amostra de auditoria, o auditor deve considerar a finalidade do procedimento de auditoria; as características da população da qual será retirada a amostra e o tamanho de amostra suficiente para reduzir o risco de amostragem a um nível mínimo aceitável. Cada item selecionado deve ter a mesma chance de ser selecionado como amostra (caso contrário, não é amostragem).

O auditor deve executar os procedimentos de auditoria, apropriados à finalidade, para cada item selecionado. Se o procedimento de auditoria não for aplicável ao item selecionado, o auditor deve executar o procedimento em um item que substitua o anteriormente selecionado. Por exemplo: se estamos avaliando notas fiscais de compra, caso uma nota fiscal de venda esteja na amostra, devemos eliminá-la, pois não corresponde à população que desejamos.

Se o auditor não puder aplicar os procedimentos de auditoria definidos ou procedimentos alternativos adequados em um item selecionado, o auditor deve tratar esse item como um desvio do controle previsto, no caso de testes de controles ou uma distorção, no caso de testes de detalhes. Por exemplo: se estamos avaliando o controle aplicado na autorização para emissão de cheques, e não conseguimos evidências de que um cheque foi autorizado, devemos considerar esse cheque como um desvio aos controles. É uma questão de prudência.

Projeção de distorções:

Nos testes de detalhes, o auditor deve projetar na população as distorções identificadas na amostra examinada. Esse procedimento permite estimar a distorção total das distorções sobre a população auditada.

Por exemplo: suponha que, ao analisar uma amostra de R$ 20.000, o auditor identificou uma distorção de R$ 4.000, o que representa 20% do valor testado. Se o saldo total da conta é de R$ 200.000, a projeção da distorção total será de R$ 40.000 (20% de R$ 200.000).

Esse cálculo permite uma estimativa da magnitude das distorções existentes e avaliar se elas são relevantes em relação à materialidade estabelecida.

Para os testes de controles não temos "distorção", mas uma taxa de "desvio". Isso ocorre porque os controles não possuem valor monetário associado, sendo avaliados de forma **binária qualitativa**: o controle **funciona** ou **não funciona**. Assim, fique atento:

(1) Distorção tolerável e (2) Taxa tolerável de desvios tem, em sua essência, o mesmo significado, pois ambos correspondem ao erro tolerável. Porém, em auditoria, atribuem-se nomes específicos ao erro. O primeiro se refere a distorções em saldos de contas e transações (teste de detalhes) e o segundo aos desvios de controles (testes de controle).

Norma fundamental: NBC TA 530.

11. RISCO DE AUDITORIA

A asseguração gerada pela auditoria é inseparável do conceito de risco de auditoria, pois risco de auditoria é, justamente, a possibilidade de a asseguração falhar, isto é, a possibilidade de o auditor indicar no seu relatório uma opinião inadequada. A depender do tipo de auditoria, vamos fazer pequenas adaptações na sua definição para se adequar ao objeto da auditoria, observe:

Numa auditoria financeira, por exemplo, o risco de auditoria é o risco de que o auditor expresse uma opinião de auditoria inadequada quando as demonstrações contábeis (DC) contiverem distorção relevante, isto é, o auditor afirmaria que as DC estão adequadas (sem distorções relevantes), quando na realidade não estão (possuem distorções relevantes).

Em uma auditoria operacional, o risco de auditoria refere-se à possibilidade de se obter conclusões incorretas ou incompletas, fornecendo informações desequilibradas ou falhando em agregar valor para os usuários. Observe que, na auditoria operacional, o foco está no desempenho e, portanto, não mencionamos "distorção", que geralmente é associado a valores monetários ou divulgações.

Observe que o risco de auditoria é quando o auditor erra na auditoria: ele indica no relatório que a situação é "X" (adequada), quando na realidade é "Y" (inadequada) e não foi detectada.

O risco de auditoria (RA) resulta da multiplicação dos riscos de distorção relevante (RDR) pelo risco de detecção (RD): RA = RDR x RD.

11.1. RISCO DE DISTORÇÃO RELEVANTE - RDR

É o risco de que as demonstrações contábeis ou afirmações contenham distorção relevante antes da auditoria. É o risco que se relaciona às transações, saldos e registros contábeis da entidade.

Tais riscos podem existir em dois níveis:

No nível geral: refere-se aos riscos de distorção relevante que afetam de forma disseminada as demonstrações contábeis, afetando muitas afirmações.

No nível das afirmações: refere-se a classes de transações, saldos contábeis e divulgações.

O RDR é resultado da multiplicação do risco inerente (RI) pelo risco de controle (RC) presentes na entidade: RDR = RI x RC.

11.2. RISCO INERENTE - RI

É a suscetibilidade de uma afirmação a respeito de uma transação, saldo contábil ou divulgação, a uma distorção que possa ser relevante, individualmente ou em conjunto com outras distorções, antes da consideração de quaisquer controles relacionados. Por exemplo: um cálculo complexo poderia ser executado com erro, enquanto um cálculo simples e rotineiro provavelmente não seja. Assim, a operação mais complexa é mais suscetível ao registro com erro, logo possui maior risco inerente.

11.3. RISCO DE CONTROLE - RC

O risco de controle é uma função da eficácia dos controles estabelecidos pela administração da entidade. É a possibilidade de a entidade não detectar ou não prevenir falhas, erros, fraudes em razão destes não serem captados pelos controles estabelecidos. De forma simples, é o risco de o controle não ser eficaz para impedir um registro de transação de forma incorreta ou uma apropriação indevida de ativos, por exemplo.

11.4. RISCO DE DETECÇÃO - RD

É o risco de o auditor não detectar distorções relevantes existentes. É o risco de que os procedimentos executados pelo auditor para reduzir o risco de auditoria a um nível aceitavelmente baixo não detectem uma distorção existente que possa ser relevante, individualmente ou em conjunto com outras distorções.

O RD é uma função dos procedimentos de auditoria. Quanto maior e melhor os testes e procedimentos de auditoria, menor a possibilidade de o auditor não detectar distorções relevantes. Sendo assim, o RD se relaciona com a natureza, época e a extensão dos procedimentos de auditoria.

Como gerenciar o Risco de detecção?

Colhendo evidências apropriadas e suficientes através dos testes de auditoria. Para isso pode ser necessário socorrer-se de especialistas em determinada área, aumentar a quantidade de procedimentos, alocar pessoal sênior na equipe de trabalho etc. Quanto melhor e eficazes os testes de auditoria, menor o risco de detecção (Ou seja: é menor a chance de o auditor não detectar distorções).

Normas fundamentais: NBASPs 100, 200, 300, 400.

Normas complementares: NBASPs dos grupos 2000, 3000 e 4000.

12. DOCUMENTAÇÃO DE AUDITORIA

A NBC TA 230 define documentação de auditoria como o registro dos procedimentos de auditoria executados, da evidência de auditoria relevante obtida e conclusões alcançadas pelo auditor (usualmente também é utilizada a expressão "papéis de trabalho").

Nada mais é, portanto, do que os apontamentos efetuados pelo auditor durante a execução da auditoria, contendo provas, evidências e conclusões que fundamentam a opinião. Esses documentos são organizados, devidamente referenciados, e vão compor o arquivo de auditoria.

Arquivo de auditoria compreende uma ou mais pastas ou outras formas de armazenamento, em forma física ou eletrônica, que contêm os registros que constituem a documentação de trabalho específico.

NBC TA 230. 8. O auditor deve preparar documentação de auditoria que seja suficiente para permitir que um auditor experiente, sem nenhum envolvimento anterior com a auditoria entenda.

(a) a natureza, época e extensão dos procedimentos de auditoria executados para cumprir com as normas de auditoria e exigências legais e regulamentares aplicáveis.

(b) os resultados dos procedimentos de auditoria executados e a evidência de auditoria obtida;

(c) assuntos significativos identificados durante a auditoria, as conclusões obtidas a respeito deles e os julgamentos profissionais significativos exercidos para chegar a essas conclusões."

No mesmo sentido, a NBASP 100 indica que os auditores devem preparar documentação de auditoria que seja suficientemente detalhada para fornecer uma compreensão clara do trabalho realizado, da evidência obtida e das conclusões alcançadas, incluindo a estratégia de auditoria e um plano de auditoria (esses documentos são gerados na fase de planejamento), além dos procedimentos realizados, conclusões obtidas etc. Não há diferenças conceituais entre os grandes temas da auditoria se a auditoria é operacional, financeira ou de conformidade. Aproveite esse conhecimento, pois ao estudar temas como procedimentos de auditoria, amostragem, papéis de trabalho, riscos de auditoria etc. eles são doutrinariamente idênticos, cabendo uma ou outra adaptação intuitiva para adequá-los ao ambiente governamental ou privado.

Natureza e finalidade da documentação de auditoria:

A documentação de auditoria é o principal registro que contém as conclusões do auditor que fundamentam o relatório de auditoria. Ao arquivar os papéis de trabalho o auditor preocupa-se em garantir que tal arquivo forneça:

(a) evidência da base do auditor para uma conclusão quanto ao cumprimento do objetivo global do auditor (NBC TA 200); e

(b) evidência de que a auditoria foi planejada e executada em conformidade com as normas de auditoria e exigências legais e regulamentares aplicáveis.

A documentação é uma espécie de dossiê do trabalho realizado, tudo que é relevante, que envolva tomada de decisão, julgamentos, procedimentos executados e seus resultados. Mas essa não é a única finalidade da documentação de auditoria; também auxilia no planejamento dos trabalhos, na execução e supervisão, revisão dos trabalhos, controle de qualidade e outros.

12.1. MATRIZES ELABORADAS PELA AUDITORIA GOVERNAMENTAL

Na auditoria governamental há algumas matrizes elaboradas pela auditoria que são recorrentemente cobradas em provas: *matriz de planejamento, matriz de achados e matriz de responsabilização.* É recorrente o questionamento sobre seu conteúdo e a tentativa de confundir os elementos de uma matriz com outras matrizes. Busque fixar cada coluna das matrizes. Provavelmente há diferenças sutis entre o modelo de matriz dos diversos tribunais de contas, contudo, a essência não se altera. Vamos apresentar os modelos utilizados no Manual de Auditoria Operacional do TCU para referência.

Matriz de achados:

A **matriz de achados** é uma ferramenta que estrutura os elementos de cada achado identificado na auditoria e tem a seguinte estrutura:

Situação encontrada	Critério	Evidências e análises	Causas	Efeitos	Boas práticas	Recomen-da-ções e determina-ções	Benefícios esperados
Constatações relevan-tes identificadas	Padrão para comparar o que é com o que deveria ser.	Resultado da análise de dado e seu emprego na produção de evidências.	Ligadas ou não ao objeto da auditoria.	Consequências	Ações que comprova-damente levam a bom desempenho.	Para tratar a origem dos problemas.	Melhorias esperadas com as recomenda-ções

Matriz de planejamento:

A **matriz de planejamento** é quadro-resumo das informações relevantes do planejamento de uma auditoria. O propósito da matriz de planejamento é auxiliar a elaboração conceitual do trabalho e orientar a equipe na fase de execução. É uma ferramenta que torna o planejamento mais sistemático, facilita a comunicação de decisões sobre metodologia e auxilia a condução dos trabalhos de campo. A matriz de planejamento é um instrumento flexível e seu conteúdo pode ser atualizado ou modificado pela equipe à medida que o trabalho de auditoria progride (conforme manual de auditoria TCU).

Questão de auditoria	**Informações requeridas**	**Fontes de informação**	**Procedimen-tos de coleta de dados**	**Procedimen-tos de análise de dados**	**Limitações**	**O que a análise vai permitir dizer**
Especificar o escopo da questão: - critério - época - atores - abrangência geográfica...	Necessário para responder à questão de auditoria	Identificar as fontes de cada item de infor-mação	Identificar e descrever as técnicas que serão usadas	Identificar e descrever as técnicas que serão empre-gados	Especificar as limitações quanto: - à estratégia metodológica adotada - ao acesso a pessoas e infor-mações - à qualidade das informa-ções - às condições operacionais de realização do trabalho	Esclarecer pre-cisamente que conclusões ou resultados podem ser alcançados

Matriz de responsabilização

A **matriz de responsabilização** permite a verificação da responsabilidade pelo achado e deve ser preenchida sempre que houver achados que se constituam em irregularidades, cuja proposta de encaminhamento seja pela audiência ou citação de responsáveis, e somente para esses achados. Caso não haja achados ou estes não constituam irregularidades, a matriz não deve ser preenchida.

ACHADO	RESPONSÁVEL	PERÍODO DE EXERCÍCIO	CONDUTA	NEXO DE CAUSALIDADE (entre a conduta e o resultado ilícito)	CULPABILIDADE
Descrever o título da irregularidade			Identificar a ação ou a omissão, culposa ou dolosa praticada pelo responsável. Nos casos de ação: utilizar verbos no infinitivo, mencionar os documentos que comprovem a conduta adotada e a conduta correta.. Nos casos de omissão, indicar o que deveria ter sido feito.	Evidenciar a relação de causa e efeito entre a conduta do responsável e o resultado ilícito. (CONDUTA)...resultou...(RESULTADO ILÍCITO) (CONDUTA)...propiciou... (RESULTADO ILÍCITO) (CONDUTA)...possibilitou...(RESULTADO ILÍCITO)	Avaliar a reprovabilidade da conduta, destacando situações atenuantes ou agravantes.

Matriz de avaliação de riscos

Papel de trabalho que estrutura e sistematiza a identificação de riscos, a análise de riscos e a avaliação de riscos, incluindo a avaliação de controles internos e outras respostas a riscos, podendo incluir as decisões sobre o tratamento de riscos.

Matriz de risco

Matriz gráfica que exprime o conjunto de combinações de probabilidade e impacto de riscos para classificar os níveis de risco (Roteiro de Auditoria de Gestão de Riscos, TCU, 2017).

Normas fundamentais: NBC TA 230, NBASPs 100, 200, 300, 400 e Manual de auditoria do TCU.

Normas complementares: NBASPs dos grupos 2000, 3000 e 4000.

13. RELATÓRIO DE AUDITORIA

O processo de auditoria governamental envolve a elaboração de relatórios claros e objetivos para comunicar os resultados às partes interessadas, facilitando o monitoramento de ações corretivas. Em algumas EFS, como Tribunais de Contas, pode incluir decisões juridicamente vinculantes. Os relatórios devem ser compreensíveis, precisos, completos e baseados em evidências suficientes, assegurando que os achados sejam contextualizados e imparciais.

A forma e o conteúdo do relatório dependem da natureza da auditoria, dos usuários previstos, das normas aplicáveis e dos requisitos legais. Leis, regulamentos ou o mandato do órgão de auditoria podem definir o formato, que pode ser longo ou curto.

Relatórios de forma longa geralmente descrevem em detalhes o escopo, os achados e as conclusões da auditoria, incluindo os efeitos potenciais e as recomendações construtivas para possibilitar a adoção de medidas corretivas.

Relatórios de forma curta são mais condensados e geralmente elaborados em formato mais padronizado.

Nos trabalhos de certificação:

O relatório de auditoria pode expressar uma opinião quanto a estar a informação sobre o objeto, em todos os aspectos relevantes, livre de distorções ou se o objeto está em conformidade, em todos os aspectos relevantes, com os critérios estabelecidos. Em um trabalho de certificação, o relatório é, geralmente, chamado de Relatório do Auditor (NBASP 100).

Nos trabalhos de relatório direto:

O relatório precisa declarar os objetivos da auditoria e descrever como eles foram abordados na auditoria. Isso inclui os achados e as conclusões sobre o objeto e pode também incluir recomendações. Informações adicionais sobre critérios, metodologia e fontes de dados podem também ser incluídas, e quaisquer limitações ao escopo da auditoria devem ser descritas (NBASP 100).

Quando o relatório do auditor exigir uma opinião para aumentar o nível de confiança dos usuários, ela será do tipo **modificada** ou **não modificada**.

A *opinião não modificada* é aquela sem ressalvas, indica que não há desvios ou insuficiência de resultado ou distorção relevantes.

A *opinião modificada* poderá ser: **com ressalvas, adversa e abstenção**.

A **opinião qualificada pelo "exceto por" (ou com ressalvas)** terá assento quando o auditor discorda com, ou é incapaz de obter evidência de auditoria suficiente a apropriada acerca de certos itens do objeto que são ou podem ser relevantes, mas não generalizados. Nesse caso, usará no texto a expressão "exceto por" ou assemelhados. Por exemplo: *"O objeto "X" é fidedigno,* ***exceto pelo*** *valor "y" que não conseguimos evidências para emitir uma opinião".*

A **opinião adversa** caberá quando o auditor, após ter obtido evidência de auditoria suficiente e apropriada, conclui que desvios ou distorções, quer individualmente ou no agregado, são relevantes e generalizados.

A **abstenção de opinião** caberá quando o auditor é incapaz de obter evidência de auditoria suficiente e apropriada, devido a uma incerteza ou limitação de escopo que é tanto relevante quanto generalizada. Veja que na falta de evidências, o auditor não tem base para opinar e se abstêm. Caso essa impossibilidade de obter evidências estivesse limitada a itens que não prejudiquem o conjunto de demonstrações ou informações do auditado, poderia ser aplicada a opinião qualificada pelo "exceto por" (com ressalvas).

Atenção: fique atento a sinônimos largamente utilizados pela doutrina em razão das inúmeras traduções de normas internacionais:

Termos equivalentes para "sem ressalvas"			
"sem modificação"	"não modificado"	"não qualificado"	"limpo"

No caso da opinião "com ressalvas" citada nas normas NBCTA, a normas de auditoria governamental a designa como qualificado por "exceto por". Na essência, ambos são opiniões com ressalvas, já que trazem a locução prepositiva "exceto por" usada para indicar uma exclusão ou exceção em relação ao conjunto avaliado.

Síntese sobre a opinião do auditor (grupo 700 das NBC TA):

Natureza do assunto que gerou modificação	Relevante, mas não generalizado	Relevante generalizado
As demonstrações contábeis apresentam distorções relevantes	Opinião com ressalva	Opinião adversa
Impossibilidade de obter evidência de auditoria apropriada e suficiente	Opinião com ressalva	Abstenção de opinião

Normas fundamentais: NBASPs 100, 200, 300, 400 e grupo 700 das NBCTAs.

Normas complementares: NBASPs dos grupos 2000, 3000 e 4000.

3. Administração Pública

1. **Modelos Teóricos de Administração Pública**

- **Modelos:** os modelos históricos que moldaram a Administração Pública, cada um refletindo um contexto socioeconômico e político específico, com suas próprias características, vantagens e limitações, são os seguintes:
- **Patrimonialista**
- **Burocrático**
- **Gerencial.**

1. **Modelo Patrimonialista**

- **Visão geral:** é o mais antigo e caracteriza-se pela indistinção entre o patrimônio público e o privado. O governante trata os bens e direitos da coletividade como se fossem seus próprios, utilizando-os para seu benefício pessoal e de seus aliados. Suas principais características, vantagens, limitações e repercussões em geral podem ser resumidas no quadro a seguir:

Característica	Descrição	Consequências
Indistinção público/privado	bens do Estado são vistos como propriedade do governante	uso dos recursos públicos para fins particulares
Relações Pessoais	lealdade e parentesco definem acesso a cargos e recursos	nepotismo, favorecimento e dificuldade em profissionalizar a administração
Ausência de Controles	mecanismos de controle são fracos ou inexistentes	corrupção generalizada e impunidade
Clientelismo (em democracias)	troca de favores por apoio político	distorção da representatividade e perpetuação de práticas viciosas.

- **Confusão entre o público e o privado:** não há uma clara separação entre os bens do Estado e os bens do governante.
- **Relações pessoais como base da administração:** a lealdade e o parentesco são critérios primordiais para a ocupação de cargos e a distribuição de recursos.
- **Favorecimento e nepotismo**: a concessão de privilégios e a nomeação de familiares para cargos públicos são práticas comuns.
- **Corrupção:** a ausência de mecanismos de controle e apropriação indevida de recursos públicos são facilitadas.
- **Clientelismo:** troca de favores por votos.

Atenção! Embora teoricamente superado nas administrações públicas modernas, resquícios do patrimonialismo podem ser observados em práticas como o loteamento de cargos e a persistência de atos de corrupção.

2. **Modelo Burocrático**

- **Visão geral:** surge como uma reação ao patrimonialismo, impulsionado pelo desenvolvimento do capitalismo moderno e pela consolidação da democracia. Sua principal característica é a tentativa de estabelecer uma clara distinção entre o patrimônio público e o privado, buscando racionalizar a administração e garantir a impessoalidade nas relações. Associado ao sociólogo Max Weber, o modelo burocrático se fundamenta em princípios como a normatização de procedimentos, a hierarquia funcional, a impessoalidade, a racionalidade e a meritocracia.
- **Pilares do Modelo Burocrático:**
- **Normatização dos procedimentos:** definição prévia de regras e processos para garantir a continuidade administrativa e combater desvios.
- **Centralização das decisões:** estrutura hierárquica rígida para reduzir conflitos e facilitar o controle.
- **Racionalidade e impessoalidade:** priorização de relações impessoais, com servidores atuando de forma igualitária, sem preferências ou influências pessoais.
- **Controle das atividades:** fiscalização rigorosa dos procedimentos para identificar e corrigir irregularidades, com foco no controle prévio.
- **Meritocracia:** recompensa dos servidores com base em seu desempenho e qualificações.
- **Vantagens e possíveis distorções do modelo:** podem ser resumidas no quadro a seguir:

Pilar	Descrição	Vantagens	Possíveis Distorções
Normatização	procedimentos administrativos definidos por regras	previsibilidade das decisões, uniformidade dos procedimentos, continuidade administrativa	exagerado apego aos regulamentos, excesso de formalidades e papéis.

Pilar	Descrição	Vantagens	Possíveis Distorções
Centralização hierárquica	estrutura de poder bem definida	redução de conflitos, facilidade de controle	resistência a mudanças, despersonalização do relacionamento.
Racionalidade e Impessoalidade	atuação baseada em normas e critérios objetivos	igualdade no atendimento, combate ao favorecimento.	obstáculo à criatividade e inovação, rigidez excessiva.
Controle	fiscalização dos procedimentos	identificação e combate a desvios	foco excessivo no processo em detrimento dos resultados
Meritocracia	recompensa baseada no desempenho	valorização do mérito pessoal, incentivo à qualificação	dificuldade em implementar critérios objetivos de avaliação, possibilidade de injustiças

Atenção! Apesar de representar um avanço significativo em relação ao patrimonialismo, o modelo burocrático pode apresentar disfunções como a lentidão, o excesso de formalismo e a resistência à inovação. Contudo, sua ênfase na segurança e na previsibilidade ainda o torna relevante em áreas estatais essenciais, como a fiscalização e a segurança pública.

3. Modelo Gerencial

- **Visão geral:** surge no século XX como resposta às limitações do modelo burocrático diante da crescente complexidade das demandas sociais e econômicas do Estado. Busca incorporar práticas e ferramentas de gestão do setor privado, visando aumentar a eficiência, a eficácia e a qualidade dos serviços públicos. A administração pública gerencial enfatiza a descentralização, a autonomia gerencial, a orientação para resultados, o controle a posteriori e o uso de indicadores de desempenho.
- **Características Básicas do Modelo Gerencial:**
- **Foco na eficiência e efetividade:** busca otimizar o uso de recursos e alcançar os objetivos de forma eficaz.
- **Administração profissional e autônoma:** gestores com autonomia para tomar decisões e responsabilizados por seus resultados.
- **Descentralização administrativa:** delegação de poder de decisão para as instâncias inferiores.
- **Disciplina e parcimônia:** uso racional e controlado dos recursos públicos.
- **Indicadores de desempenho transparentes:** utilização de métricas para avaliar o desempenho e a qualidade dos serviços.
- **Controle de resultados:** avaliação do desempenho com base nos resultados alcançados.
- **Uso de práticas de gestão do setor privado:** adaptação de ferramentas e técnicas de gestão empresarial para o setor público.
- **Vantagens e desafios de implementação do modelo:** podem ser resumidas no quadro a seguir:

Característica	Descrição	Vantagens	Desafios na Implementação
Eficiência e Efetividade	Busca otimizar recursos e alcançar resultados.	Melhor utilização dos recursos públicos, maior impacto das políticas públicas.	Dificuldade em definir e mensurar resultados complexos e multifacetados no setor público.
Autonomia Gerencial	Gestores com liberdade para tomar decisões.	Maior agilidade e flexibilidade na gestão, adaptação às necessidades locais.	Risco de perda de controle centralizado, necessidade de gestores qualificados e comprometidos com o interesse público.
Descentralização	Delegação de poder para as unidades inferiores.	Maior capacidade de resposta às demandas locais, inovação e criatividade.	Necessidade de coordenação e alinhamento estratégico entre as diferentes unidades.
Controle por Resultados	Avaliação do desempenho com base nos resultados alcançados.	Maior responsabilização dos gestores, foco nos objetivos e metas.	Dificuldade em definir indicadores de desempenho adequados e evitar a priorização de metas quantificáveis em detrimento da qualidade.
Práticas do Setor Privado	Adaptação de ferramentas e técnicas de gestão empresarial.	Potencial para modernizar a gestão pública e aumentar a eficiência.	Necessidade de adaptar as práticas ao contexto específico do setor público, que possui objetivos e restrições diferentes do setor privado.

Atenção! A aplicação do modelo gerencial no setor público deve considerar as diferenças fundamentais entre a administração pública e a privada. Enquanto o setor privado busca o lucro e a eficiência econômica, o setor público tem como objetivo atender às necessidades da coletividade, muitas vezes com metas complexas e conflitantes.

- **Coexistência de diferentes sistemas:** a coexistência de diferentes sistemas dentro da administração pública é comum. Atividades típicas da Administração Pública podem se beneficiar de abordagens mais burocráticas, enquanto áreas de *management* (estratégia, finanças, qualidade, pessoal e tecnologia) podem ser geridas de forma eficaz com a aplicação de princípios gerencialistas. Infelizmente, resquícios do patrimonialismo ainda podem ser observados em práticas como o loteamento de cargos e a persistência de atos de corrupção.

2. Evolução da Administração Pública no Brasil

Período/ Modelo	Características Principais	Contexto Histórico	Objetivos/ Vantagens	Problemas/ Disfunções
Burocrático (1930–1967)	- impessoalidade - concursos públicos - normatização - centralização decisória	Governo Vargas, Estado Novo, pós-crise de 1929	- profissionalizar o serviço público - evitar abusos do modelo patrimonialista	rigidez, formalismo excessivo, lentidão e foco no processo
Transição ao Gerencial (1967–1988)	- descentralização - planejamento e eficiência - criação de estratégias	Regime Militar, desenvolvimento econômico, Decreto-Lei 200/67	- tornar a gestão mais eficiente e flexível - desburocratizar	falta de controle, crescimento desordenado do Estado, corrupção
Retorno ao Burocrático (1988–1998)	- controles rígidos - redução da intervenção estatal - ênfase em controle e legalidade	Redemocratização, Constituição de 1988	- ética e transparência - frear abusos do período militar	engessamento da máquina pública, ineficiência
Gerencial Atual (1998–hoje)	- ênfase em resultados e metas - contratos de gestão - parcerias público-privadas (PPPs) - foco no cidadão e uso de tecnologias	Reforma administrativa (EC 19/98), Plano Diretor da Reforma do Estado	- modernizar, reduzir custos e melhorar serviços públicos	desigualdade na prestação dos serviços, dependência de tecnologias, risco de desresponsabilização
Patrimonialista (até 1930)	**- confusão entre público e privado - nepotismo e clientelismo - cargos por favoritismo político**	**Colônia, Império e República Velha**	**- atender elites dominantes controle político e manutenção de poder**	**corrupção, ineficiência, falta de controle e transparência**

Resumindo, temos a seguinte "linha do tempo" sobre a evolução histórica da Administração Pública no Brasil:

Modelo Patrimonialista	Modelo Burocrático	Modelo Gerencial	Modelo Gerencial	Modelo Burocrático	Modelo Gerencial
ATÉ DÉCADA 1930	DASP (1936)	Dec. Lei 200 (1967)	PND (1979)	CF (1988)	PDRAE/PEC 19 (1995/1998)

3. Políticas públicas

1. Etapas de formulação de políticas públicas

- As políticas públicas são ações e programas desenvolvidos pelo Estado para atender às demandas da sociedade. A formulação e implementação dessas políticas seguem um processo estruturado, dividido em etapas interdependentes. A seguir, são apresentadas as principais fases do ciclo de políticas públicas, amplamente cobradas em concursos públicos:

1. **Identificação do problema:** reconhecimento de uma situação que exige intervenção do poder público, envolvendo a análise de demandas sociais,

levantamento de dados e diagnóstico das causas do problema, o que é essencial para garantir a efetividade das ações futuras.

2. **Construção da agenda:** refere-se ao processo de seleção dos temas que serão priorizados pelos formuladores de políticas (o que será ou não objeto de ação governamental), o que envolve disputas políticas, influência de grupos de interesse, mídia e opinião pública.
3. **Formulação:** elaboração de alternativas para solução dos problemas selecionados na agenda, com a participação de técnicos, especialistas, políticos e representantes da sociedade civil, são analisadas propostas quanto à viabilidade técnica, econômica e política, gerando possíveis cursos de ação.
4. **Processo decisório:** após a formulação, é necessário escolher a alternativa que será implementada, o que compreende o processo decisório dos órgãos competentes, como o Executivo ou o Legislativo, dependendo da natureza da política e de fatores como interesses políticos, ideológicos e institucionais, que influenciam diretamente essa decisão.
5. **Implementação:** a política pública é colocada em prática, mediante a mobilização de recursos, coordenação entre diferentes órgãos e a atuação de agentes públicos, o que constitui uma etapa crítica, passível de erros que podem comprometer os objetivos planejados.
6. **Avaliação:** análise dos resultados obtidos com a política implementada, mediante exame de critérios como eficácia, eficiência e efetividade, em uma avaliação que pode ser interna (realizada pelo próprio governo) ou externa (feita por órgãos independentes), podendo fornecer subsídios para melhorias.
7. **Ajuste e reformulação:** com base nos resultados da avaliação, pode haver necessidade de ajustes ou até reformulação completa da política, o que reforça o caráter cíclico do processo, permitindo que a política evolua, se adapte a novas realidades e melhore continuamente sua atuação.

Para melhor compreensão, segue um quadro-resumo do ciclo de formulação das políticas públicas:

Etapa	Descrição	Foco	Atores Envolvidos
1. Identificação do Problema	Reconhecimento de uma situação que demanda intervenção do Estado.	Análise de demandas sociais, dados e causas do problema.	Estado, sociedade civil, especialistas.
2. Construção da Agenda	Seleção dos temas prioritários para ação governamental.	Definição do que será objeto de ação governamental.	Formuladores de políticas, grupos de interesse, mídia, opinião pública.
3. Formulação	Elaboração de alternativas de solução para os problemas selecionados.	Análise de viabilidade técnica, econômica e política das propostas.	Técnicos, especialistas, políticos, sociedade civil.
4. Processo Decisório	Escolha da alternativa a ser implementada.	Decisão sobre o curso de ação a ser seguido.	Órgãos competentes (Executivo, Legislativo).
5. Implementação	Colocação da política pública em prática.	Mobilização de recursos, coordenação entre órgãos, atuação de agentes públicos.	Agentes públicos, órgãos governamentais.
6. Avaliação	Análise dos resultados da política implementada.	Exame de critérios como eficácia, eficiência e efetividade.	Governo (avaliação interna) ou órgãos independentes (avaliação externa).
7. Ajuste e Reformulação	Modificação da política com base nos resultados da avaliação.	Adaptação da política a novas realidades e melhoria contínua.	Governo, formuladores de políticas.

4. Governança, Governabilidade e Accountability

- A compreensão e a promoção da governança, da governabilidade e da accountability são essenciais para a construção de um Estado mais eficiente, transparente e responsável, que atenda de forma adequada às necessidades e aos anseios da sociedade. A interação entre esses três conceitos é fundamental para a qualidade da democracia e para o desenvolvimento socioeconômico de um país. Contudo, ainda que exista tanta interação entre eles, é fundamental saber distinguir os três conceitos e o papel que cada um desempenha nessa relação.

1. Governança

- Refere-se à capacidade de gestão do Estado em implementar políticas públicas de forma eficaz e eficiente. É a habilidade do governo em alcançar seus objetivos e atender às necessidades da população. Em outras palavras, a governança está relacionada à efetividade da ação governamental e à qualidade da gestão dos recursos públicos. Podemos entender a governança como a característica de um "bom governo" para a população. Ela se manifesta na capacidade do Estado de formular e executar políticas que tragam resultados positivos para a sociedade, como melhorias na saúde, educação, segurança, infraestrutura, entre outros. A governança está intrinsecamente ligada à efetivação das normas e leis existentes.

2. Governabilidade

- Está relacionada à facilidade para o exercício do Governo. Ela se refere aos aspectos políticos da atividade de governar, abrangendo a legitimidade e a representatividade dos governantes, o apoio político no parlamento e na sociedade, a estabilidade política e social, e o respeito às leis e instituições. A governabilidade tem a ver com a estrutura estatal e o ambiente político em que o governo atua. Um governo com alta governabilidade possui o apoio necessário para implementar suas políticas e tomar decisões, mesmo que estas sejam controversas. Esse apoio pode vir de diferentes fontes, como a maioria no parlamento, a confiança da população, o apoio de setores influentes da sociedade civil, entre outros. É importante ressaltar que nem sempre um governo com alta governabilidade terá boa governança. Um exemplo clássico são os chamados "governos populistas". Estes governos frequentemente possuem grande apoio popular e, portanto, alta governabilidade, mas podem apresentar baixa governança devido à má gestão dos recursos públicos, à falta de planejamento de longo prazo ou a práticas que não visam o bem-estar geral da população a longo prazo.

3. Accountability

- O conceito de Accountability está intrinsecamente ligado à prestação de contas pelos governantes, enquanto gestores de recursos públicos e representantes da população. Implica que aqueles que detêm poder e autoridade têm a obrigação de explicar suas ações, decisões e o uso dos recursos que lhes foram confiados, além de serem passíveis de responsabilização por seus atos.
- A accountability se desenvolve basicamente em três pilares:
- **Informação:** disponibilização de dados e informações relevantes sobre as ações e finanças públicas de forma transparente e acessível à sociedade.
- **Justificação:** apresentação das razões e fundamentos por trás das decisões e ações governamentais.
- **Responsabilização:** existência de mecanismos e processos para punir ou recompensar os governantes e agentes públicos por suas ações e omissões.
- A accountability pode ser dividida em duas dimensões principais:
- **Accountability horizontal:** refere-se à prestação de contas e à fiscalização que ocorre entre os diferentes Poderes do Estado (Executivo, Legislativo e Judiciário) *e seus órgãos e processos de controle* (como Tribunais de Contas, Controladorias, Comissões Parlamentares de Inquérito – CPIs etc.). É um sistema de freios e contrapesos dentro da estrutura estatal, visando garantir que nenhum poder se torne absoluto e que haja controle sobre o uso dos recursos públicos.
- **Accountability vertical:** diz respeito à prestação de contas e à fiscalização que a sociedade civil, incluindo a imprensa, as organizações não governamentais (ONGs), os cidadãos e outros atores sociais, exercem sobre os governantes. Através de mecanismos como eleições, participação em conselhos, manifestações, acompanhamento da mídia e atuação de organizações da sociedade civil, a população monitora e cobra os seus representantes.

5. Governo Eletrônico (e-GOV)

- O desenvolvimento de programas de Governo Eletrônico (e-GOV) tem como princípio a utilização das modernas tecnologias de informação e comunicação (TICs) para democratizar o acesso à informação, ampliar discussões e dinamizar a prestação de serviços públicos com foco na eficiência e efetividade.
- **Pilares do Governo Eletrônico:**
  - assimilação das inovações tecnológicas na prestação de serviços públicos;
  - transparência nas ações de governo;
  - interação com o cidadão.
- **Fases de implantação do governo eletrônico:** segundo a ONU, os estágios de implantação do governo eletrônico compreendem os seguintes estágios:
  - **Estágio I – Surgimento ou presença emergente:** lançamento de websites oficiais de órgãos públicos contendo informações básicas e estática, links e pouca interação.
  - **Estágio II – Aprimoramento ou presença expandido:** governos apresentam mais informações sobre políticas públicas e governança, mediante a apresentação de links com arquivos acessíveis aos cidadãos, como atas, leis, boletins e regulações.
  - **Estágio III – Interação ou presença interativa**: governos disponibilizam serviços online como o download de formulários e impressão de boletos, passando os portais a incluírem serviços de conveniência para os cidadãos.

- **Estágio IV – Transação ou presença transacional:** governos começam a se transformar por meio da introdução de mecanismos de interação entre cidadãos e governo, com todas as transações de serviços passando a ser realizadas online.
- **Estágio V – conexão ou presença em rede:** governos tornam-se entidades conectadas que respondem às demandas dos cidadãos por meio de um escritório de desenvolvimento integrado. Além disso, a participação online e o engajamento dos cidadãos são estimulados pelos governos no processo de tomada de decisões.

6. **Lei Geral de Proteção de Dados Pessoais (LGPD)**

- **Objeto:** a LGPD (Lei nº 13.709/2018) é a Lei Geral de Proteção de Dados Pessoais, que tem por objetivo principal proteger os direitos fundamentais de liberdade e privacidade das pessoas naturais (físicas).
- **Finalidades da LGPD:**
- garantir o direito à privacidade e à proteção dos dados pessoais.
- estabelecer regras claras sobre o tratamento de dados.
- promover segurança jurídica e padronização no uso de dados.
- **Âmbito de Aplicação:** aplica-se a qualquer operação de tratamento de dados pessoais realizada:
- no território nacional.
- com dados de pessoas localizadas no Brasil.
- com oferta de bens ou serviços para pessoas no Brasil.

- **Conceitos Fundamentais da LGPD:**

Termo	Definição
Dado pessoal	informação relacionada à pessoa natural identificada ou identificável.
Dado sensível	dados sobre origem racial, convicção religiosa, opinião política, etc.
Titular dos dados	pessoa natural a quem se referem os dados pessoais.
controlador	pessoa física ou jurídica que toma decisões sobre o tratamento de dados.
Operador	pessoa que realiza o tratamento de dados em nome do controlador.
Encarregado (DPO)	responsável por garantir a comunicação entre controlador, titular e ANPD.
Tratamento de dados	toda operação com dados: coleta, uso, acesso, armazenamento, etc.

- **Princípios da LGPD (art. 6º):**
- **Finalidade:** tratamento com propósitos legítimos, específicos e explícitos.
- **Adequação:** compatibilidade do tratamento com a finalidade informada.
- **Necessidade:** uso limitado ao mínimo necessário para atingir a finalidade.
- **Livre acesso:** garantia de consulta facilitada aos dados.
- **Qualidade dos dados:** exatidão, clareza e atualidade.
- **Transparência:** informação clara, precisa e acessível sobre o tratamento.
- **Segurança:** medidas para proteger os dados de acessos não autorizados.
- **Prevenção:** adoção de medidas para evitar danos.
- **Não discriminação:** proibição de tratamento para fins discriminatórios.
- **Responsabilização e prestação de contas:** comprovação da adoção de medidas eficazes.
- **Bases Legais para o Tratamento (art. 7º):** o tratamento de dados pessoais só é permitido nas seguintes hipóteses:
- consentimento do titular;
- cumprimento de obrigação legal ou regulatória;
- execução de políticas públicas;
- realização de estudos por órgão de pesquisa;
- execução de contrato;
- exercício regular de direitos em processo judicial, administrativo ou arbitral;
- proteção da vida ou da incolumidade física do titular ou de terceiro;
- tutela da saúde (por profissionais ou entidades da área);
- interesse legítimo do controlador;
- proteção do crédito.
- **Agentes de Tratamento**
- **Controlador:** toma decisões sobre os dados.
- **Operador:** executa o tratamento por ordem do controlador.
- **Encarregado (DPO):** indicado pelo controlador para atuar na comunicação com a ANPD e titulares.
- **Direitos do Titular dos Dados (art. 18):** o titular pode, a qualquer momento:
- confirmar a existência de tratamento.
- acessar seus dados.
- corrigir dados incompletos ou desatualizados.
- anonimizar, bloquear ou eliminar dados desnecessários.

- realizar a portabilidade dos dados.
- eliminar dados tratados com consentimento.
- obter informação sobre compartilhamento de dados.
- revogar o consentimento.
- **Autoridade Nacional (ANPD):** a Autoridade Nacional de Proteção de Dados (ANPD) é o órgão responsável por fiscalizar e regulamentar a aplicação da LGPD no Brasil. Sua principais funções são:
- zelar pela proteção dos dados pessoais.
- fiscalizar e aplicar sanções.
- orientar sobre boas práticas.
- editar normas complementares.
- **Sanções Administrativas (Art. 52):** aplicadas pela ANPD, a partir de agosto de 2021, podem incluir:
- advertência.
- multa simples (até 2% do faturamento da empresa, limitada a R$ 50 milhões).
- multa diária.
- publicização da infração.
- bloqueio ou eliminação dos dados pessoais.
- suspensão parcial ou total das atividades de tratamento.

7. Lei de Acesso à informação (LAI)

- **Objeto:** a LGPD (Lei nº 13.709/2018) é a Lei Geral de Proteção de Dados Pessoais, que tem por objetivo principal proteger os direitos fundamentais de liberdade e privacidade das pessoas naturais (físicas).
- **Princípios Fundamentais:** a LAI (Lei 12.527/2011) é a Lei de Acesso à Informação e tem como base, além dos princípios da administração pública (legalidade, impessoalidade, moralidade, publicidade e eficiência), os seguintes princípios específicos:
    - Transparência da administração pública;
    - Acesso à informação como regra;
    - Sigilo como exceção;
    - Gestão da informação eficiente;
    - Fomento à cultura de acesso;
    - Controle social da administração pública.
- **Abrangência da Lei:** aplica-se aos três Poderes (Executivo, Legislativo e Judiciário), ao Ministério Público, aos Tribunais de Contas e à Defensoria Pública da:
- União
- Estados
- Distrito Federal
- Municípios

Atenção! Inclui também:

- Autarquias, fundações públicas, empresas públicas e sociedades de economia mista;
- Entidades privadas sem fins lucrativos que recebam recursos públicos (direta ou indiretamente).
- **Legitimidade para solicitar informações:** qualquer pessoa — física ou jurídica, sem necessidade de justificar o pedido.
- **Tipos de Informação:** a LAI considera como informação pública todos os dados produzidos ou custodiados pelo poder público, independentemente do formato. Exemplos:
- **Documentos**
- **Registros oficiais**
- **Estatísticas**
- **Relatórios**
- **Processos administrativos**
- **Prazos:**

Etapa	Prazo
Resposta ao pedido de acesso	20 dias
Prorrogação, se justificada	+10 dias

- **Informação sigilosa:** a classificação de informações pode ser feita com base nos seguintes graus de sigilo:

Grau de sigilo	Prazo de sigilo
Ultrassecreto	25 anos (renovável uma vez)
Secreto	15 anos
Reservado	5 anos

- **Informações pessoais:** podem ter sigilo de até 100 anos, conforme a proteção da intimidade, vida privada e honra.
- **Recusa de acesso a informação:** o órgão competente deve justificar por escrito a recusa, indicando:
- ,otivo da negativa;
- fundamento legal;
- possibilidade de recurso administrativo.
- **Responsabilidades:** o servidor ou agente público que negar acesso indevidamente, ocultar informações, ou fornecer dados falsos, poderá responder:
- administrativamente
- civilmente
- penalmente
- **Transparência ativa e passiva**
- **Transparência ativa:** divulgação espontânea de informações pelos órgãos, em seus sites.
- **Transparência passiva:** quando o cidadão solicita uma informação específica ao órgão público.

Contabilidade

Alexandre Ogata

TABELA DE INCIDÊNCIA DE QUESTÕES

Distribuição das questões organizada por ordem didática de assuntos		
Assunto	**Número de Questões**	**Peso**
1. CONTAS: CONCEITO, CONTAS DE DÉBITOS, CONTAS DE CRÉDITOS	1	1,61%
2. ATIVO CIRCULANTE / CONTAS A RECEBER	1	1,61%
3. ESTOQUES	1	1,61%
4. DESPESAS ANTECIPADAS	1	1,61%
5. REGIME DE COMPETÊNCIA E REGIME DE CAIXA	3	4,84%
6 – INVESTIMENTOS	1	1,61%
7 – IMOBILIZADO	4	6,45%
8 – INTANGÍVEL	2	3,23%
9. PASSIVO CIRCULANTE E PASSIVO NÃO CIRCULANTE	2	3,23%
10. PATRIMÔNIO LÍQUIDO	1	1,61%
11. DIVIDENDOS	1	1,61%
12. DEMONSTRAÇÃO DO RESULTADO DO EXERCÍCIO	5	8,06%
13. DEMONSTRAÇÃO DOS FLUXOS DE CAIXA	4	6,45%
14. DEMONSTRAÇÃO DO VALOR ADICIONADO	1	1,61%
15. ESTRUTURA CONCEITUAL	7	11,29%
16. AJUSTE A VALOR PRESENTE	1	1,61%
17. REDUÇÃO AO VALOR RECUPERÁVEL DE ATIVOS	2	3,23%
18. PROVISÕES, PASSIVOS CONTINGENTES E ATIVOS CONTINGENTES	3	4,84%
19. MÉTODO DA EQUIVALÊNCIA PATRIMONIAL	1	1,61%
20. EFEITOS DAS MUDANÇAS NAS TAXAS DE CÂMBIO E CONVERSÃO DE DEMONSTRAÇÕES CONTÁBEIS	1	1,61%
21. INSTRUMENTOS FINANCEIROS	6	9,68%
22. ATIVO BIOLÓGICO E PRODUTO AGRÍCOLA	1	1,61%
23. ARRENDAMENTOS	1	1,61%
24. POLÍTICAS CONTÁBEIS, MUDANÇA DE ESTIMATIVA E RETIFICAÇÃO DE ERRO	1	1,61%
25. EVENTO SUBSEQUENTE	1	1,61%
26. CUSTOS DE EMPRÉSTIMOS	2	3,23%
27. TRIBUTOS SOBRE O LUCRO	1	1,61%
28. INFORMAÇÕES POR SEGMENTO	1	1,61%
29. RECEITA DE CONTRATO COM CLIENTE	1	1,61%
30. CONTABILIDADE DE CUSTOS	1	1,61%
31. ANÁLISE DAS DEMONSTRAÇÕES CONTÁBEIS	3	4,84%
Total	**62**	**100%**

Contabilidade

Alexandre Ogata

✦ QUESTÕES

1. CONTAS: CONCEITO, CONTAS DE DÉBITOS, CONTAS DE CRÉDITOS

01. (CEBRASPE – 2024 – TCE/PR – Auditor de Controle Externo) Considerando as rubricas contábeis que fazem parte do balanço patrimonial, assinale a opção em que todas as rubricas apresentadas têm saldos de natureza credora.

a) ações de outras empresas; depreciação acumulada; perdas estimadas por redução ao valor recuperável; impostos a recolher.

b) depreciação acumulada; perdas estimadas por redução ao valor recuperável; provisão para garantias prestadas; reservas de capital.

c) perdas esperadas associadas ao risco de crédito; exaustão acumulada; duplicatas descontadas; ajustes de avaliação patrimonial.

d) ações em tesouraria; amortização acumulada; reservas de lucros; provisão para pagamentos a efetuar.

e) capital a integralizar; amortização acumulada; impostos a recolher; reservas de capital .

COMENTÁRIOS

Uma questão simples sobre saldos de contas. As contas apresentam saldos de natureza devedora ou credora.

Para a Contabilidade, um débito significa uma aplicação de recursos, enquanto um crédito representa a origem dos recursos aplicados.

Assim, por exemplo, na aquisição de mercadorias a prazo pela entidade, ocorre um débito na conta "estoques", devido à aplicação de recursos no ativo estoques. O mesmo valor deve ser creditado na conta de passivo "fornecedores", pois esta foi a origem dos recursos para a aquisição, através do financiamento da compra.

As contas do Ativo e as contas de despesas apresentam tipicamente saldos devedores e são aumentadas a débito e reduzidas a crédito.

As contas do Passivo, do Patrimônio Líquido e de receitas apresentam tipicamente saldos credores e são aumentadas a crédito e diminuídas a débito.

As contas retificadoras são contas patrimoniais que reduzem o saldo dos grupos a que pertencem. Funcionam de forma inversa à das contas típicas do grupo.

Assim, as contas retificadoras do ativo possuem saldo credor, aumentado a crédito e diminuindo a débito.

Já as contas retificadoras do passivo e retificadoras do patrimônio líquido possuem saldo devedor, aumentando a débito e diminuindo a crédito.

Alternativa "a": incorreta. Ações de outras empresas é uma conta de ativo (saldo devedor). As demais contas possuem saldo credor: depreciação acumulada (retificadora do ativo), perdas estimadas por redução ao valor recuperável (retificadora do ativo), impostos a recolher (passivo);

Alternativa "b": correta. Todas as contas possuem saldo tipicamente credor: depreciação acumulada (retificadora do ativo), perdas estimadas por redução ao valor recuperável (retificadora do ativo), provisão para garantias prestadas (passivo), reservas de capital (patrimônio líquido);

Alternativa "c": incorreta. Ajustes de avaliação patrimonial é uma conta de patrimônio líquido, que pode ter saldo devedor ou credor. As demais contas possuem saldo credor: perdas esperadas associadas ao risco de crédito (retificadora do ativo), exaustão acumulada (retificadora do ativo), duplicatas descontadas (passivo);

Alternativa "d": incorreta. Ações em tesouraria é uma conta retificadora do patrimônio líquido (saldo devedor). As demais contas possuem saldo credor: amortização acumulada (retificadora do ativo), reserva de lucros (patrimônio líquido), provisão para pagamentos a efetuar (passivo);

Alternativa "e": incorreta. Capital a integralizar é uma conta retificadora do patrimônio líquido (saldo devedor). As demais contas possuem saldo credor: amortização acumulada (retificadora do ativo), impostos a recolher (passivo), reservas de capital (patrimônio líquido).

Alternativa correta: letra "b".

2. ATIVO CIRCULANTE / CONTAS A RECEBER

02. (FGV – 2024 – TCE/GO – Analista de Controle Externo) Em janeiro de 2023, uma empresa de consultoria prestou um serviço a um cliente por R$20.000. O valor deveria ser recebido em junho de 2023, de modo que a empresa contabilizou o montante como ativo circulante. Em agosto de 2023, o cliente comunicou à empresa que estava encerrando as suas operações e não pagaria o que era devido. Os administradores da empresa preferiram não entrar na justiça contra o cliente e não consideravam mais a expectativa de recebimento. No balanço patrimonial da empresa de consultoria, em agosto de 2023, o montante deve ser:

a) baixado, tendo como contrapartida um débito no resultado.

b) baixado, tendo como contrapartida um débito no passivo.

c) mantido em ativo circulante.

d) classificado como ativo intangível.

e) classificado como ativo realizável a longo prazo.

COMENTÁRIOS

Na questão, consta que não há qualquer expectativa de recebimento da conta a receber, uma vez que o devedor comunicou que não faria o pagamento e a empresa decidiu não cobrar o valor judicialmente. Dessa forma, a conta a receber deve ser baixada, uma vez que não atende mais a definição de ativo por ter perdido o potencial de produzir benefícios econômicos. A baixa do ativo referente a conta a receber terá como contrapartida uma conta de despesa no resultado, conforme demonstrado a seguir (partindo do pressuposto que não havia uma conta redutora do ativo de perdas estimadas com créditos de liquidação duvidosa):

D	Despesa com perda com recebimento de clientes	R$20.000
C	Contas a Receber	R$20.000

Alternativa correta: letra "a".

3. ESTOQUES

03. (FGV – 2023 – TCE/BA – Auditor de Controle Externo) Uma empresa varejista de eletrônicos compra computadores de um fabricante e os armazena em depósitos antes de serem entregues em suas diversas lojas. A empresa então transfere esses computadores entre armazéns internos, gastando R$ 100.000. Ainda, após transportá-los até uma de suas lojas, acabou incorrendo em mais uma transferência entre lojas no valor de R$ 20.000. Considerando-se as informações apresentadas, os custos dos estoques:

a) se manterão, independentemente dos gastos apresentados;

b) aumentarão em R$ 20.000 e as despesas aumentarão em R$ 100.000;

c) reduzirão em R$ 100.000 e as despesas aumentarão em R$ 20.000;

d) aumentarão em R$ 120.000;

e) aumentarão em R$ 100.000 e as despesas aumentarão em R$ 20.000.

COMENTÁRIOS

O Pronunciamento CPC 16 (R1) – Estoques estabelece que "o custo de aquisição dos estoques compreende o preço de compra, os impostos de importação e outros tributos (exceto os recuperáveis junto ao fisco), bem como os custos de transporte, seguro, manuseio e outros diretamente atribuíveis à aquisição de produtos acabados, materiais e serviços. Descontos comerciais, abatimentos e outros itens semelhantes devem ser deduzidos na determinação do custo de aquisição."

Outros custos que não são relacionados à aquisição nem à transformação devem ser incluídos no custo dos estoques apenas se forem incorridos para colocar os estoques no seu local e na sua condição atuais.

Dessa forma, gastos com armazenamento (exceto se forem necessários ao processo produtivo entre uma e outra fase de produção) não fazem parte dos custos dos estoques e devem ser registrados como despesa.

Na questão, o transporte entre os armazéns internos, no valor de R$ 100.000,00, foi necessário para colocar os estoques no local e condição pretendidos pela administração, razão pela qual esse montante foi adicionado ao custo do estoque.

Já o gasto para transferir o estoque entre as lojas, no valor de R$ 20.000,00, deve ser contabilizado como despesa, pois ocorreu após os computadores já estarem na empresa, no local inicialmente estipulado pela administração.

Alternativa correta: letra "e".

4. DESPESAS ANTECIPADAS

04. (CEBRASPE – 2024 – TCE/PR – Auditor de Controle Externo) Em relação à sua natureza e à sua função, é correto afirmar que a conta despesas antecipadas é uma conta de

a) ativo destinada a registrar os gastos pré-operacionais a serem apropriados ao resultado a partir do momento em que tiverem início as respectivas operações.
b) resultado destinada a registrar as provisões calculadas com base na expectativa de perdas patrimoniais no futuro.
c) resultado cuja função é registrar as despesas pagas, mas ainda não incorridas no período.
d) passivo destinada a registrar os valores recebidos de clientes relativos a bens ou serviços a entregar no futuro.
e) ativo cuja função é registrar a aplicação de recursos em gastos que somente serão reconhecidos no resultado de períodos futuros.

COMENTÁRIOS

As despesas antecipadas são contas de ativo que representam pagamentos cujos benefícios ou prestação de serviços à empresa ocorrerão após o término do exercício atual. Ou seja, representam aplicações de recursos em gastos que serão reconhecidos como despesas no resultado apenas em períodos futuros.

Quando ocorrer um pagamento dessa natureza, o lançamento é feito a débito da respectiva conta do ativo de despesa antecipada e a crédito de Disponibilidades. Quando a despesa for considerada realizada, segundo o regime de competência, deve-se efetuar a transferência do valor da conta do ativo de despesa antecipada para a conta de despesa.

Alternativa correta: letra "e".

5. REGIME DE COMPETÊNCIA E REGIME DE CAIXA

05. (CONSULPAM – 2023 – TCM/PA – Técnico de Controle Externo) É o regime contábil segundo o qual transações e outros eventos são reconhecidos quando ocorrem (não necessariamente quando caixa e equivalentes de caixa são recebidos ou pagos). Portanto, as transações e os eventos são registrados contabilmente e reconhecidos nas demonstrações contábeis dos períodos a que se referem.

O texto acima faz referência ao conceito de:

a) Regime de Caixa.
b) Regime de Competência.
c) Regime Fiscal.
d) Regime Fixo.

COMENTÁRIOS

De acordo com o Pronunciamento Técnico CPC 00 (R2) – Estrutura Conceitual "o regime de competência reflete os efeitos de transações e outros eventos e circunstâncias sobre reivindicações e recursos econômicos da entidade que reporta nos períodos em que esses efeitos ocorrem, mesmo que os pagamentos e recebimentos à vista resultantes ocorram em período diferente". Ou seja, no regime de competência as receitas e as despesas devem ser registradas quando ocorrerem, independentemente de recebimento ou pagamento.

Já no regime de caixa, receitas e despesas são reconhecidas apenas quando há respectivamente recebimentos ou desembolsos.

Alternativa correta: letra "b".

---

06. (CEBRASPE - 2024 - TCE/PR - Auditor de Controle Externo) Determinada empresa realizou os seguintes tratamentos contábeis quanto ao reconhecimento de suas receitas e despesas.

I Os recursos recebidos em abril de 2024 pelos serviços prestados aos clientes em maio de 2024 foram reconhecidos como receitas em abril de 2024.

II Os juros embutidos no preço dos estoques adquiridos a prazo foram reconhecidos como despesas financeiras no momento da aquisição dos estoques.

III As despesas com férias foram reconhecidas quando os empregados receberam o pagamento do benefício.

IV As receitas de vendas foram reconhecidas no momento em que se deu a entrega das mercadorias aos clientes.

V Os juros dos empréstimos devidos a bancos foram reconhecidos como despesas por ocasião da amortização dos empréstimos.

Considerando essa situação hipotética, é correto afirmar, com base no regime de competência, que foi adequado apenas o tratamento contábil descrito em

a) I.

b) II.

c) III.

d) IV.

e) V.

COMENTÁRIOS

No regime de competência as receitas e as despesas devem ser registradas quando ocorrerem, independentemente de recebimento ou pagamento.

Assim, vejamos o tratamento adotado em cada uma das transações:

I: Incorreto. As receitas devem ser reconhecidas no período em que os serviços foram prestados, ou seja, em maio de 2024.

II: Incorreto. As despesas de juros devem ser reconhecidas ao longo do prazo para quitação da obrigação. No momento da aquisição dos estoques, os juros embutidos devem ser reconhecidos como redutora da conta fornecedores, no passivo, devendo ser transferidos para o resultado ao longo do prazo de pagamento da dívida.

III: Incorreto. As despesas com férias devem ser reconhecidas mensalmente à medida que os empregados prestam seus serviços à empresa, e não quando os benefícios são pagos.

IV: Correto. A receita de venda é considerada realizada quando a mercadoria é entregue ou o serviço é prestado.

V: Incorreto. As despesas de juros devem ser reconhecidas ao longo do prazo dos empréstimos e não apenas quando ocorre o pagamento.

Alternativa correta: letra "d".

07. (FGV – 2024 – TCE/GO – Analista de Controle Externo) Camila havia programado uma viagem internacional de 01 a 20 de março. Para acessar internet de modo ilimitado no período de sua viagem, Camila decidiu habilitar o chip de seu celular. Na empresa de telefonia, foi informado que o chip poderia ser habilitado durante somente o mês de março por R$100, ou, a partir da data da viagem e até o final de 2023, por R$120. Mesmo não tendo outras viagens internacionais agendadas no ano, Camila considerou a segunda opção mais vantajosa, e optou por habilitar o chip até o final de 2023.

Assinale a opção que indica o reconhecimento da despesa relacionada à habilitação de internet no chip.

a) R$100 em março.

b) R$120 em janeiro.

c) R$120 em março.

d) R$10 de janeiro a dezembro.

e) R$12 de março a dezembro.

COMENTÁRIOS

A despesa deve ser reconhecida no período em que os serviços foram disponibilizados para uso. No caso, o chip foi habilitado para uso, de 01 de março até 31 de dezembro de 2023 (10 meses). Portanto, haverá o reconhecimento de uma despesa mensal de R$12, de março a dezembro.

Alternativa correta: letra "e".

6. INVESTIMENTOS

08. (FGV – 2024 – TCE/PA – Auditor de Controle Externo) Em 02/10/2023, uma universidade do setor público adquiriu um terreno ao lado de seu prédio por R$400.000. O planejamento inicial era realizar obras de expansão, no entanto, por questões externas, foi constatado que a expansão não iria mais ocorrer. Por estar localizado em uma área valorizada, a universidade decidiu manter o terreno para valorização.

Enquanto isso, em 01/12/2023, a universidade transformou o terreno em um estacionamento, para ser utilizado pelo público externo, mediante pagamento por hora de utilização. Na data, o valor justo do terreno foi estimado em R$500.000 e a universidade optou por avaliá-lo de acordo com este montante. Em 31/12/2023, não foi verificada modificação na estimativa do valor justo.

Além disso, é estimado que o estacionamento gere uma receita anual de R$600.000, enquanto suas despesas anuais são estimadas em R$120.000.

Assinale a opção que indica a mensuração do terreno em 31/12/2023:

a) R$380.000.

b) R$400.000.

c) R$480.000.

d) R$500.000.

e) R$600.000.

COMENTÁRIOS

Conforme o Pronunciamento Técnico CPC 28 – Propriedade para Investimento, propriedade para investimento é o imóvel (terreno, edifício – ou parte de um edifício – ou ambos) mantido pela empresa para obtenção de receita de aluguel ou para valorização do capital ou para ambas.

Na questão, inicialmente o terreno foi adquirido para uso nas atividades da entidade e, portanto, sua classificação ocorreu no ativo imobilizado. Posteriormente, no entanto, o terreno passou a ser classificado como propriedade para investimento, pois houve modificação da intenção da entidade, que decidiu mantê-lo para valorização.

Após o reconhecimento inicial, em regra, a entidade deve escolher como sua política contábil ou o método do valor justo ou o método do custo e deve aplicar essa política a todas as suas propriedades para investimento. Conforme o enunciado, a entidade optou por avaliá-lo pelo valor justo.

Dessa forma, na data da mensuração o terreno deve ser mensurado pelo valor justo, o qual perfaz o montante de R$ 500.000.

Alternativa correta: letra "d".

7. IMOBILIZADO

09. (CEBRASPE - 2024 - TCE/AC - Auditor de Controle Externo) Considerando as Normas Brasileiras de Contabilidade e seus reflexos nos registros, mensuração e evidenciação contábil, julgue o item a seguir.

A reavaliação de ativos imobilizados deve ser realizada anualmente e os ajustes resultantes devem ser reconhecidos diretamente no patrimônio líquido, sem passar pelo resultado do exercício.

COMENTÁRIOS

De acordo com o Pronunciamento Técnico CPC 27 – Ativo Imobilizado, o item do ativo imobilizado pode ser apresentado, caso seja permitido por lei (no Brasil a reavaliação não é permitida), pelo seu valor reavaliado, correspondente ao seu valor justo subtraído de depreciação e perda por redução ao valor recuperável acumuladas subsequentes.

A norma contábil exige que os itens do ativo imobilizado que sofrem mudanças voláteis e significativas no valor justo devem ser reavaliados anualmente. Entretanto, não é necessário efetuar reavaliações frequentes para itens do ativo imobilizado que não sofrem mudanças significativas no valor justo, podendo-se proceder a reavaliação do item apenas a cada três ou cinco anos. A banca considerou como correta a regra geral de reavaliação anual.

O aumento do valor do ativo pela reavaliação deve ser creditado diretamente à conta de reserva de reavaliação, no patrimônio líquido. No entanto, o aumento deve ser reconhecido no resultado, caso ocorra reversão de decréscimo de reavaliação do mesmo ativo anteriormente reconhecido no resultado.

A diminuição do valor do ativo por reavaliação deve ser reconhecida no resultado. No entanto, caso exista saldo de reserva de reavaliação, a diminuição do ativo deve ser debitada diretamente na conta de reserva de reavaliação no patrimônio líquido.

Não obstante, o tratamento previsto no CPC 27 para os aumentos e diminuições do imobilizado em virtude de reavaliação, com reconhecimento no resultado ou em conta de reserva de reavaliação, conforme o caso, a banca considerou que todas as variações devem ter contrapartida no patrimônio líquido.

Assertiva correta.

10. (FGV - 2024 - TCE/PA - Auditor de Controle Externo) Uma entidade do setor público, que trabalhava com tecnologia, mantinha em seu escritório equipamentos de informática sobressalentes para utilização em caso de quebra e desgaste dos atuais ativos.

Ao elaborar as demonstrações contábeis da entidade, os contadores avaliaram que estes equipamentos atendiam à definição de ativo, mas não a de ativo imobilizado.

Neste caso, os equipamentos sobressalentes devem ser classificados como:

a) estoques.
b) investimentos.
c) ativos especiais.
d) ativos intangíveis.
e) ativos contingentes.

COMENTÁRIOS

Conforme a NBC TSP 07 – Ativo Imobilizado, equipamentos sobressalentes, assim como peças de reposição e equipamentos de manutenção, devem ser reconhecidos como ativo imobilizado, nos termos da norma, quando atenderem à definição de ativo imobilizado. Caso contrário, tais ativos devem ser classificados como estoque.

Alternativa correta: letra "a".

11. (CONSULPAM - 2023 - TCM/PA - Técnico de Controle Externo) No dia 01/03/2021, um determinado órgão público adquiriu um bem móvel, para uso próprio, no valor de R$ 69.000,00. No último dia do referido ano, considerando que a vida útil desse bem é de 5 anos e desconsiderando valores residuais, o valor da sua depreciação é:

a) R$ 13.800,00.

b) R$ 12.500,00.

c) R$ 11.000,00.

d) R$ 11.500,00.

COMENTÁRIOS

Para calcular a depreciação do bem, basta dividir o valor depreciável do bem pelo tempo vida útil.

O valor depreciável é o custo do ativo imobilizado menos seu valor residual.

Valor residual é o valor que a entidade espera obter com a venda do bem, líquido de despesa de venda, ao fim de sua vida útil.

Como o enunciado da questão determina a desconsideração dos valores residuais, o valor depreciável corresponde ao custo do bem, no montante de R$ 69.000,00.

Logo, a depreciação anual é calculada dividindo-se o valor depreciável pela vida útil em anos:

69.000/5 = 13.800

Em 2021, ano de sua aquisição, o bem foi usado por 10 meses (de 01 de março a 31 de dezembro). Assim, a depreciação em 2021 será proporcional a 10 meses:

13.800/12 X 10 = R$ 11.500,00.

Alternativa correta: letra "d".

---

12. (FGV – 2024 – TCE/PA – Auditor de Controle Externo) Em 31/12/2022, uma fábrica apresentava os seguintes ativos imobilizados em seu balanço patrimonial, apresentados pelo preço de compra inicial e depreciação acumulada:

Terreno	100.000
Máquinas	50.000
Depreciação Acumulada	(12.000)
Total do Ativo Imobilizado	138.000

Em 01/01/2023, o proprietário da fábrica decidiu que encerraria os seus negócios em 01/03/2027, de modo que usaria os ativos até esta data e, depois os venderia por metade do preço de compra.

Assinale a opção que indica a depreciação acumulada do ativo imobilizado em 31/12/2023:

a) R$15.120.

b) R$16.120.

c) R$18.000.

d) R$19.000.

e) R$21.120.

COMENTÁRIOS

Em primeiro lugar, é importante destacar que não pode ser contabilizada depreciação para bens que não apresentam a característica de perda de valor com o passar do tempo, como é o caso do terreno.

Portanto, a depreciação acumulada refere-se exclusivamente às máquinas.

A depreciação acumulada do imobilizado em 31/12/2023 é determinada pela soma da depreciação em 2023 com a depreciação acumulada até 31/12/2022, no montante de R$12.000.

Normalmente o cálculo da depreciação é feito dividindo-se o custo inicial (menos o valor residual) pelo prazo total de vida útil.

Porém, o enunciado da questão não informa a data de aquisição das máquinas.

Por essa razão, para calcular a depreciação de 2023, será necessário partir do valor contábil da máquina ao final de 2022 (menos o valor residual) e dividi-lo pelo prazo de vida útil remanescente:

Máquinas	50.000
(-) depreciação acumulada (até 2022)	(12.000)
(=) valor contábil (em 31/12/2022)	38.000

Para calcular a depreciação em 2023, deve-se subtrair o valor contábil das máquinas do preço que se espera obter com a venda do bem ao final da vida útil (valor residual). O enunciado da questão informa que, ao final da vida útil, a entidade esperar vender as máquinas por metade do preço de compra, ou seja, o valor residual é de R$ 25.000 (50.000/2). Assim, temos:

Valor depreciável = Valor contábil ao final de 2022 – valor residual = 38.000 – 25.000 = R$ 13.000

Agora, para determinar a depreciação mensal basta dividir o valor obtido pelo prazo da vida útil remanescente das máquinas (em meses). Conforme a questão, a entidade pretende usar as máquinas até 01/03/2027. Portanto, o prazo remanescente é de 50 meses (de janeiro de 2023 até fevereiro de 2027). Logo, pode-se calcular a depreciação mensal:

Depreciação mensal = 13.000/50 = R$ 260

Assim, a depreciação em 2023 totalizou R$ 3.120 (260 X 12).

Finalmente, a depreciação acumulada em 31/12/2023 é demonstrada a seguir:

Depreciação acumulada até 31/12/2022	R$12.000
(+) depreciação em 2023	R$3.120
(=) Depreciação acumulada em 31/12/2023	R$15.120.

Alternativa correta: letra "a".

8. INTANGÍVEL

13. (CEBRASPE – 2024 – TCE/AC – Auditor de Controle Externo) Acerca dos registros, mensuração e evidenciação contábeis e seus reflexos no patrimônio das organizações, julgue o item seguinte.

A mensuração inicial de ativos intangíveis adquiridos em combinação de negócios deve ser realizada ao valor justo na data da aquisição.

COMENTÁRIOS

O ativo intangível deve ser reconhecido inicialmente ao custo. Entretanto, nos termos do Pronunciamento Técnico CPC 15 – Combinação de Negócios, quando um ativo intangível é adquirido em uma combinação de negócios, o seu custo deve ser o valor justo na data de aquisição.

Assertiva correta.

14. (FGV – 2024 – TCE/PA – Auditor de Controle Externo) Com relação ao reconhecimento dos gastos de formação de um ativo intangível formado internamente, avalie se as afirmativas a seguir são verdadeiras (V) ou falsas (F).

( ) Durante a fase de pesquisa, a entidade não está apta a demonstrar a existência de ativo intangível que gerará prováveis benefícios econômicos futuros ou potencial de serviços, de modo que estes gastos são reconhecidos como variação patrimonial diminutiva quando incorridos.

( ) Durante a fase de desenvolvimento, a entidade já tem certeza sobre a conclusão do ativo, de modo que estes gastos são reconhecidos imediatamente como ativo intangível.

( ) Caso a entidade não consiga diferenciar a fase de pesquisa da fase de desenvolvimento de projeto interno de criação de ativo intangível, o gasto com o projeto deve ser tratado como incorrido apenas na fase de pesquisa.

As afirmativas são, respectivamente:

a) F – V – V.

b) V – V – F.

c) V – F – V.

d) V – F – F.

e) F – F – V.

COMENTÁRIOS

Vejamos cada uma das afirmativas:

( ) Durante a fase de pesquisa, a entidade não está apta a demonstrar a existência de ativo intangível que gerará prováveis benefícios econômicos futuros ou potencial de serviços, de modo que estes gastos são reconhecidos como variação patrimonial diminutiva quando incorridos.

Verdadeira: Os gastos incorridos na fase de pesquisa são reconhecidos como despesas.

( ) Durante a fase de desenvolvimento, a entidade já tem certeza sobre a conclusão do ativo, de modo que estes gastos são reconhecidos imediatamente como ativo intangível.

Falsa: Um ativo intangível resultante de desenvolvimento somente deve ser reconhecido se a entidade puder demonstrar todos os seguintes aspectos: (i) intenção, viabilidade técnica e capacidade para concluí-lo e usá-lo ou vendê-lo; (ii) forma como irá gerar benefícios econômicos futuros; (iii) disponibilidade de recursos técnicos, financeiros e outros para concluir o ativo e usá-lo ou vendê-lo; (iv) capacidade de mensurar com segurança os gastos durante seu desenvolvimento. Ou seja, a fase de desenvolvimento por si só não garante a existência de um ativo intangível.

( ) Caso a entidade não consiga diferenciar a fase de pesquisa da fase de desenvolvimento de projeto interno de criação de ativo intangível, o gasto com o projeto deve ser tratado como incorrido apenas na fase de pesquisa.

Verdadeira: Se não for possível diferenciar em qual fase se encontra o projeto de geração de um intangível, os gastos com o projeto devem ser classificados como incorridos na fase de pesquisa.

Alternativa correta: letra "c".

9. PASSIVO CIRCULANTE E PASSIVO NÃO CIRCULANTE

15. (FGV – 2024 – TCE/PA – Auditor de Controle Externo) Em 01/07/2022, uma sociedade empresária contraiu um empréstimo de R$180.000 com prazo de três anos. De acordo com o contrato, a sociedade empresária deveria amortizar R$30.000 do empréstimo no penúltimo dia de cada semestre. Além disso, os juros fixos eram de R$5.000, pagos ao final de cada trimestre.

No Balanço Patrimonial da sociedade empresária, em 31/12/2022, o empréstimo é apresentado do seguinte modo:

a) Passivo não Circulante: R$105.000.
b) Passivo Circulante: R$30.000; Passivo não Circulante: R$120.000.
c) Passivo Circulante: R$60.000; Passivo não Circulante: R$90.000.
d) Passivo Circulante: R$35.000; Passivo não Circulante: R$140.000.
e) Passivo não Circulante: R$150.000; Passivo Circulante: R$70.000.

COMENTÁRIOS

Vejamos a situação do empréstimo de R$180.000 em 31/12/2022:

Saldo inicial	R$ 180.000
(-) pagamento de principal em 30/12/2022	(R$30.000)
(=) saldo em 31/12/2022	R$ 150.000

Do saldo a pagar em 31/12/2022, 2 parcelas de R$30.000 vencem nos próximos 12 meses e o saldo remanescente de R$ 90.000 irá vencer após 31/12/2023. Portanto, haverá a seguinte classificação:

Passivo Circulante: R$ 60.000 (2 parcelas com vencimento até 31/12/2023);

Passivo Não Circulante: R$ 90.000 (demais parcelas com vencimento após 31/12/2023).

Os juros fixos trimestrais de R$ 5.000 não foram acrescidos ao passivo, uma vez que o valor incorrido é pago a cada vencimento trimestral. Dessa forma, não aumentaram a obrigação em 31/12/2022.

Alternativa correta: letra "c"

16. (FGV – 2023 – TCE/BA – Auditor de Controle Externo) Uma empresa violou um acordo contratual (covenant) de um empréstimo de longo prazo. Ao término do período de reporte, observou que seu índice de endividamento superou o determinado no contrato, tornando o passivo vencido e pagável à ordem do credor.

Nesse sentido, segundo os preceitos do CPC 26 – Apresentação das demonstrações contábeis, o passivo deve:

a) seguir o pressuposto da descontinuidade de suas atividades, juntamente com as bases das demonstrações contábeis por meio do regime de caixa;
b) ser classificado como circulante mesmo que o credor tenha concordado, após a data do balanço e antes da autorização de emissão das demonstrações contábeis, em não exigir pagamento antecipado como consequência da quebra do covenant;
c) ser baixado, pois se tornou vencido e pagável à ordem do credor, e o custo deve ser alocado de maneira sistemática aos exercícios futuros;
d) ser classificado como não circulante e os juros relativos às parcelas das dívidas devem ser separados e reconhecidos no curto prazo;
e) ser classificado como circulante se o credor tiver concordado, até a data do balanço, em proporcionar uma dilação de prazo, a terminar pelo menos doze meses após a data do balanço, com opção de retificar a quebra de covenant, e o credor não puder exigir dívida.

COMENTÁRIOS

Conforme o Pronunciamento Técnico CPC 26 (R1) – Apresentação das Demonstrações Contábeis, caso a entidade quebre um acordo contratual (*covenant*) de um empréstimo de longo prazo, tornando o passivo vencido e pagável à ordem do credor, o passivo deve ser classificado como circulante mesmo que o credor tenha concordado, após a data do balanço e antes da data da autorização para emissão das demonstrações contábeis, em não exigir pagamento antecipado como consequência da quebra contratual.

Alternativa correta: letra "b"

10. PATRIMÔNIO LÍQUIDO

17. (FGV – 2024 – TCE/PA – Auditor de Controle Externo) Em 2023, uma sociedade empresária auferiu Receita com Equivalência Patrimonial de R$100.000. Em 31/12/2023, a sociedade empresária constituiu reserva de lucros a realizar, para não distribuir dividendos obrigatórios sobre a parcela de lucros ainda não realizada financeiramente.

O montante será revertido quando ocorrer o primeiro entre

a) alienação/baixa do investimento ou mudança do exercício social.
b) aumento de participação no investimento ou recebimento dos dividendos.
c) redução da participação societária no investimento ou mudança na administração da investida.
d) mudança na estrutura societária do investimento ou mudança do exercício social.
e) recebimento dos dividendos do investimento ou sua alienação/baixa.

COMENTÁRIOS

No exercício em que o valor do dividendo obrigatório for superior à parcela realizada do lucro líquido do exercício, a assembleia geral pode, por proposta dos órgãos de administração, destinar o excesso à reserva de lucros a realizar.

Conforme os lucros a realizar forem realizados em dinheiro, ocorrerá a reversão da reserva.

No caso do investimento em outra sociedade avaliado pelo método da equivalência patrimonial, haverá realização do lucro quando ocorrer o recebimento de dividendos da investida ou a sua alienação/baixa. Portanto, nesse caso, o montante destinado à reserva de lucros a realizar será revertido para lucros acumulados quando ocorrer o primeiro desses eventos citados.

Alternativa correta: letra "e"

11. DIVIDENDOS

18. (CEBRASPE – 2024 – TCE/AC – Auditor de Controle Externo) Acerca dos registros, mensuração e evidenciação contábeis e seus reflexos no patrimônio das organizações, julgue o item seguinte.

Os dividendos propostos após a data do balanço devem ser reconhecidos como passivo no balanço patrimonial do exercício em que foram propostos.

COMENTÁRIOS

No balanço elaborado pela administração para deliberação da assembleia geral já consta o dividendo mínimo obrigatório, com contrapartida no passivo como "dividendos a pagar".

Entretanto, eventual parcela excedente ao mínimo, somente após aprovação pela assembleia geral pode ser contabilizada no passivo.

Assim, os dividendos propostos após a data do balanço, devem ser mantidos no patrimônio líquido, em conta específica, do tipo "dividendo adicional proposto", até a deliberação definitiva na assembleia geral dos acionistas.

Assertiva errada.

12. DEMONSTRAÇÃO DO RESULTADO DO EXERCÍCIO

19. (CEBRASPE – 2024 – TCE/PR – Auditor de Controle Externo) Na estrutura da demonstração do resultado do exercício definida pela legislação societária, os abatimentos concedidos aos clientes, decorrentes da existência de pequenos defeitos nas mercadorias vendidas, devem ser

a) deduzidos do valor da receita líquida de vendas para fins de cálculo do lucro bruto.

b) deduzidos do valor da receita bruta de vendas para fins de cálculo do valor da receita líquida de vendas.

c) classificados como despesas com as vendas.

d) classificados como despesas financeiras.

e) computados no cálculo do custo das mercadorias vendidas.

COMENTÁRIOS

A demonstração do resultado do exercício inicia-se com a Receita Bruta.

A lei societária prevê quatro deduções da receita bruta: devoluções de vendas, abatimentos, descontos incondicionais concedidos e tributos incidentes sobre vendas. Após essas deduções chega-se à Receita Líquida.

Vejamos a seguir a parte inicial da Demonstração do Resultado do Exercício:

RECEITA BRUTA DE VENDAS E SERVIÇOS

(-) DEDUÇÕES DA RECEITA BRUTA

Devoluções de Vendas

Abatimentos

Descontos Incondicionais Concedidos

Tributos Incidentes sobre Vendas e Serviços

(=) RECEITA LÍQUIDA DAS VENDAS E SERVIÇOS.

Portanto, os abatimentos, entre outros itens, são deduzidos da Receita Bruta, para se obter a Receita Líquida.

Alternativa correta: letra "b"

20. (CEBRASPE – 2024 – TCE/PR – Auditor de Controle Externo) Uma empresa está analisando suas demonstrações financeiras para o ano de 2024, as quais são explicitadas na tabela a seguir, e deseja entender melhor seus custos e despesas operacionais.

Componente	$
receita bruta de vendas	800.000
devoluções e abatimentos	50.000
receita líquida de vendas	750.000
custo das mercadorias vendidas (CMV)	400.000
despesas administrativas	60.000
despesas de vendas	40.000
despesas com marketing	30.000
outras despesas operacionais	20.000

Com base nas informações apresentadas, assinale a opção em que é corretamente apresentado o valor total dos custos e despesas operacionais da empresa.

a) $ 400.000
b) $ 450.000
c) $ 500.000
d) $ 550.000
e) $ 600.000

COMENTÁRIOS

Essa é uma questão de simples resolução, embora não seja utilizada uma terminologia tecnicamente precisa, uma vez que a rigor o custo das mercadorias vendidas se trata de uma despesa.

Para calcular os custos e despesas operacionais, nos termos indicados na questão, basta somar o CMV e os itens que fazem parte das despesas operacionais, conforme demonstrado a seguir:

custo das mercadorias vendidas (CMV)	400.000
despesas administrativas	60.000
despesas de vendas	40.000
despesas com marketing	30.000
outras despesas operacionais	20.000
Total	550.000

Alternativa correta: letra "d"

---

21. (FGV – 2024 – TCE/PA – Auditor de Controle Externo) Em 31/12/2022, uma loja de jogos eletrônicos apresentava os seguintes saldos em seu balanço patrimonial:

Disponibilidades:..R$200.000;
Estoque: ....R$400.000;
Patrimônio Líquido: ....R$600.000.

No ano de 2023 não houve compras de estoque. Além disso, a loja vendeu todo o seu estoque por R$700.000 à vista. No ano, a loja reconheceu as seguintes despesas operacionais:

Salários:..R$120.000;
Aluguel: ....R$60.000;
Com provisão para garantias: ....R$20.000.

Assinale a opção que indica, respectivamente, (i) o lucro da loja antes do imposto de renda e contribuição social e (ii) o imposto de renda e contribuição social, em 31/12/2023, considerando que a alíquota do imposto de renda e contribuição social era de 34%:

a) R$100.000 e R$34.000.
b) R$100.000 e R$40.800.
c) R$100.000 e R$47.600.
d) R$120.000 e R$34.000.
e) R$120.000 e R$40.800.

COMENTÁRIOS

Vejamos a apuração do resultado até o lucro antes do imposto de renda e contribuição social (LAIR):

Receita Bruta	R$700.000
(-) Custo das Mercadorias Vendidas	
(foi vendido todo o estoque e não houve compras)	(R$400.000)
(-) Despesas com Salários	(R$120.000)
(-) Despesas de Aluguel	(R$60.000)
(-) Despesas com provisão para garantias	(R$20.000)

(=) Lucro antes do imposto de renda e contribuição social (LAIR) R$100.000

É importante destacar que as bases de cálculo do imposto de renda e da contribuição social são determinadas à parte, e não coincidem necessariamente com o valor do LAIR, que corresponde ao lucro contábil.

As despesas com provisões não são dedutíveis para efeito do imposto de renda e da contribuição social. Por essa razão, para apurar a base de cálculo desses tributos, o valor da provisão para garantias deve ser adicionado ao lucro contábil:

Base de cálculo do IR/CS = 100.000 + 20.000 = 120.000

Por fim, para calcular o imposto de renda e a contribuição social, basta aplicar a alíquota de 34% sobre o valor da base de cálculo desses tributos:

imposto de renda e contribuição social = 120.000 X 34% = R$ 40.800

Alternativa correta: letra "b"

---

22. (FGV – 2024 – TCE/PA – Auditor de Controle Externo) Uma loja de roupas apresentava os seguintes saldos em sua Demonstração do Resultado do Exercício em 31/12/2023:

Receita Bruta de Vendas: ....R$60.000;

Custo das mercadorias vendidas:..................................R$25.000;

Despesas Operacionais:..R$18.000.

No ano, não houve devoluções de vendas e nem perda por inadimplência.

Assinale a opção que indica a Receita Líquida de Vendas da loja em 31/12/2023, desconsiderando os tributos incidentes:

a) R$17.000.

b) R$35.000.

c) R$42.000.

d) R$60.000.

e) R$85.000.

COMENTÁRIOS

Para calcular a Receita Líquida, bastar subtrair as deduções da Receita Bruta.

A lei societária prevê quatro deduções da receita bruta: devoluções de vendas, abatimentos, descontos incondicionais concedidos e tributos incidentes sobre vendas. Após essas deduções chega-se à Receita Líquida.

Pelo enunciado da questão, não houve qualquer dedução da receita bruta.

Portanto, a Receita Líquida corresponde ao valor da própria Receita Bruta, no montante de R$60.000.

Alternativa correta: letra "d"

---

23. (FGV – 2024 – TCE/GO – Analista de Controle Externo) A Cia Lua foi constituída em 01/12/2023. Os seguintes fatos aconteceram no mês de sua constituição:

01/12: Os sócios integralizaram R$200.000 em capital social, sendo R$100.000 em dinheiro e R$100.000 em estoque.

01/12: Pagamento de R$24.000 referente a aluguel antecipado de um ano, apropriado linearmente a partir desta data.

31/12: Reconhecimento da venda de todo o estoque por R$240.000. Metade do valor foi recebida em dezembro e o restante tem recebimento previsto para fevereiro de 2024. A inadimplência é estimada em 2%.

31/12: Reconhecimento de despesas de salários, no valor de R$18.000 para pagamento no mês seguinte.

31/12: Reconhecimento e pagamento de despesas gerais no valor de R$12.000.

Assinale a opção que indica o resultado apurado em 31/12/2023, sem considerar a incidência de impostos.

a) R$93.200.

b) R$95.600.

c) R$103.200.

d) R$105.600.

e) R$108.000.

COMENTÁRIOS

Vejamos cada um dos eventos que afetaram o resultado no ano 2023:

Pagamento de R$24.000 referente a aluguel antecipado de um ano, apropriado linearmente a partir desta data: Deve ser reconhecido um mês de despesa de aluguel, no valor de R$2.000 (24.000/12).

Reconhecimento da venda de todo o estoque por R$240.000. Metade do valor foi recebida em dezembro e o restante tem recebimento previsto para fevereiro de 2024. A inadimplência é estimada em 2%: O valor da Receita Bruta corresponde a R$240.000. Como houve a venda de todo o estoque integralizado no capital social por R$ 100.000, esse é o valor do custo das mercadorias vendidas (CMV). É necessário ainda reconhecer a despesa com perdas estimadas de créditos de liquidação duvidosa (PECLD) em relação às vendas a prazo a serem recebidas em fevereiro de 2024, no valor de R$2.400 (2% X 120.000).

Reconhecimento de despesas de salários, no valor de R$18.000 para pagamento no mês seguinte: a despesa de salários de R$18.000 deve ser reconhecida no próprio mês de dezembro de 2023.

Reconhecimento e pagamento de despesas gerais no valor de R$12.000: as despesas gerais de R$18.000 devem ser reconhecidas no próprio mês de dezembro de 2023.

A partir das receitas e despesas vistas acima, pode-se apurar o resultado de 2023:

Receita Bruta	R$240.000
(-) CMV	(R$100.000)
(-) PECLD	(R$2.400)
(-) Despesa de aluguel	(R$2.000)
(-) Despesa de salários	(R$18.000)
(-) Despesas gerais	(R$12.000)
(=) Lucro líquido	**R$105.600**

Alternativa correta: letra "d"

13. DEMONSTRAÇÃO DOS FLUXOS DE CAIXA

24. (FGV – 2024 – TCE/PA – Auditor de Controle Externo) Em uma entidade do setor público, para que as aplicações financeiras sejam incluídas na classificação de Equivalente de Caixa, devem atender aos requisitos listados a seguir, à exceção de um. Assinale-o.

a) Serem realizáveis no curto prazo, como, três meses.

b) Estarem sujeitas a risco insignificante de mudança de valor.

c) Serem conversíveis para pagamentos de despesas futuras.

d) Serem prontamente conversíveis em quantia conhecida de caixa.

e) Terem como finalidade atender a compromissos de caixa de curto prazo.

COMENTÁRIOS

Conforme definição da NBC TSP 12 – Demonstração dos Fluxos de Caixa, "equivalentes de caixa são aplicações financeiras de curto prazo, de alta liquidez, que são prontamente conversíveis em valor conhecido de caixa e que estão sujeitas a insignificante risco de mudança de valor".

A alternativa "c" é a única errada, uma vez que, para uma aplicação financeira ser classificada como equivalente de caixa, não há necessariamente relação com o pagamento de despesas futuras.

Alternativa correta: letra "c"

25. (CEBRASPE – 2024 – TCE/PR – Auditor de Controle Externo) Os seguintes eventos afetaram o patrimônio de uma empresa de comércio de roupas em determinado exercício social: aquisição de veículos à vista; pagamento a fornecedores de mercadorias; venda de ativos intangíveis; amortização de empréstimos bancários; e pagamentos efetuados aos empregados.

A partir da situação hipotética apresentada, assinale a opção em que são apresentados os eventos que devem ser classificados como fluxos de caixa das atividades operacionais

a) pagamento a fornecedores de mercadorias; amortização de empréstimos bancários; pagamentos efetuados aos empregados.
b) aquisição de veículos à vista; pagamento a fornecedores de mercadorias; pagamentos efetuados aos empregados.
c) aquisição de veículos à vista; venda de ativos intangíveis.
d) pagamento a fornecedores de mercadorias; pagamentos efetuados aos empregados.
e) venda de ativos intangíveis; amortização de empréstimos bancários.

COMENTÁRIOS

Os fluxos de caixa das atividades operacionais são aqueles derivados das principais atividades geradoras de receita da entidade e outras atividades que não são de investimento nem de financiamento.

São exemplos de fluxos de caixa das atividades operacionais: recebimentos de caixa pela venda de mercadorias e pela prestação de serviços; recebimentos de caixa decorrentes de royalties, honorários, comissões e outras receitas; pagamentos de caixa a fornecedores de mercadorias e serviços; pagamentos de caixa a empregados ou por conta de empregados; recebimentos e pagamentos de caixa por seguradora de prêmios e sinistros, anuidades e outros benefícios da apólice; pagamentos ou restituição de caixa de impostos sobre a renda, a menos que possam ser especificamente identificados com as atividades de financiamento ou de investimento; recebimentos e pagamentos de caixa de contratos mantidos para negociação imediata ou disponíveis para venda futura.

Em relação ao enunciado da questão, as seguintes transações são classificadas como fluxos de caixa de atividades operacionais: pagamento a fornecedores de mercadorias e pagamentos efetuados aos empregados.

Alternativa correta: letra "d"

26. (FGV – 2024 – TCE/GO – Analista de Controle Externo) Uma sociedade empresária mantém títulos para fins de negociação imediata.

Os fluxos de caixa advindos da venda desses títulos são classificados como

a) equivalentes de caixa.
b) atividade financeira.
c) atividade operacional.
d) atividade de investimento.
e) atividade de financiamento.

COMENTÁRIOS

Os recebimentos ou pagamentos de caixa advindos, respectivamente, das vendas ou aquisições de títulos mantidos para negociação imediata ou disponíveis para venda futura são classificados como fluxos de caixa das atividades operacionais.

Alternativa correta: letra "c"

27. (FGV – 2023 – TCE/BA – Auditor de Controle Externo) Uma empresa comercial foi constituída em 1º de janeiro de 2023 e apresentou as seguintes informações em 31/12/2023:

Balanço Patrimonial em 31/12/2023

Ativo	Valor
Ativo Circulante	R$ 85.000
Caixa e Equivalentes de caixa	R$ 49.000
Contas a Receber	R$ 36.000
Passivo	Valor
Passivo Circulante	R$ 5.000
Contas a Pagar	R$ 5.000
Passivo Não Circulante	0
Patrimônio Líquido (PL)	R$ 80.000
Capital Social	R$ 60.000
Reserva de Lucros	R$ 20.000
Total do Passivo e PL	R$ 85.000

Demonstração de Resultados	2023
Receitas	R$ 125.000
Despesas operacionais	R$ 85.000
Lucro antes dos impostos	R$ 40.000
Impostos	R$ 6.000
Lucro Líquido	R$ 34.000

Considerando-se as informações apresentadas e que a empresa destinou e pagou R$ 14.000 em dividendos, considerados custos da obtenção de recursos financeiros, em dividendos em 31/12/2023, a Demonstração dos Fluxos de Caixa pelo método indireto divulgará um fluxo de caixa das atividades operacionais de:

a) R$ 3.000, um fluxo de caixa de investimentos de R$ 14.000 e de financiamento de R$ 60.000;

b) R$ 65.000 e um fluxo de caixa das atividades de financiamento de R$ 46.000;

c) R$ 41.000 e um fluxo de caixa das atividades de financiamento de R$ 60.000;

d) R$ 3.000 e um fluxo de caixa das atividades de financiamento de R$ 46.000;

e) R$ 65.000 e um fluxo de caixa de investimentos de R$ 46.000.

COMENTÁRIOS

Para encontrar o fluxo de caixa das atividades operacionais pelo método indireto, inicia-se com o lucro líquido do exercício, e, em seguida, são feitos os seguintes ajustes:

1) eliminação dos efeitos de transações que estão registradas na DRE, mas não envolvem caixa, como as despesas de depreciação;
2) eliminação dos efeitos de transações que afetaram o resultado, mas são reconhecidas como atividades de investimento ou de financiamento, como a venda de imobilizado;
3) soma das variações negativas das contas operacionais do ativo e as variações positivas das contas operacionais do passivo;
4) subtração das variações positivas das contas operacionais do ativo e as variações negativas das contas operacionais do passivo.

É importante destacar que os saldos iniciais são nulos, uma vez que a empresa está em seu primeiro ano de atividades. A seguir é demonstrado o fluxo de caixa das atividades operacionais, com os ajustes descritos acima:

Lucro líquido	34.000
- Aumento de contas a receber	(36.000)
+ Aumento de contas a pagar	5.000
Caixa líquido gerado pelas atividades operacionais	3.000

A demonstração dos fluxos de caixa – DFC evidencia a variação do saldo da conta Caixa e Equivalentes do período, classificando os fluxos de caixa por atividades operacionais, de investimento e de financiamento.

Os fluxos de caixa das atividades de investimento são referentes à aquisição e à venda de ativos de longo prazo e de outros investimentos não incluídos nos equivalentes de caixa.

Os fluxos de caixa das atividades de financiamento são aqueles que resultam em mudanças no tamanho e na composição do capital próprio (patrimônio líquido) e no capital de terceiros da entidade (passivo), a exemplo de integralização em dinheiro do capital social, entradas de caixa advindas da obtenção de empréstimos e financiamentos, saídas de caixa pelo pagamento de empréstimos e financiamentos. O Pronunciamento Técnico CPC 03 (R2) – Demonstração dos Fluxos de Caixa encoraja que os pagamentos de dividendos sejam classificados como atividades de financiamento.

Portanto, a variação do fluxo de caixa do período totaliza R$ 49.000, uma vez que esse era o saldo final da conta Caixa e Equivalentes de Caixa, que iniciou o período com saldo zero.

Como a variação total dos fluxos de caixa foi de R$ 49.000, com a geração de caixa das atividades operacionais no valor de R$3.000, conclui-se que as outras atividades geraram caixa de R$ 46.000.

Pelo enunciado da questão, verifica-se que não houve qualquer entrada ou saída de caixa referente a atividades de investimento.

Logo, o valor de R$46.000 de caixa gerado por atividades diferentes das operacionais, refere-se exclusivamente aos fluxos de caixas de atividades de financiamento, tais como a integralização de capital social, pagamento de dividendos e obtenção de empréstimos.

Alternativa correta: letra "d"

14. DEMONSTRAÇÃO DO VALOR ADICIONADO

28. (FGV – 2024 – TCE/GO – Analista de Controle Externo) Em 2022, uma sociedade empresária reconheceu lucro de R$600.000. Na Demonstração das Mutações do Patrimônio Líquido de 31/12/2022, reconheceu distribuição de dividendos de R$150.000, que foram pagos aos sócios em 2023.

Já em 2023, a sociedade empresária reconheceu lucro de R$800.000. Na Demonstração das Mutações do Patrimônio Líquido de 31/12/2023, reconheceu a distribuição de dividendos relativas ao ano no montante de R$200.000. Também em 2023, reconheceu a distribuição de dividendos adicionais, relativos ao lucro auferido em 2022, de R$70.000. Os dois valores foram pagos em 2024.

Na Demonstração do Valor Adicionado de 31/12/2023, o seguinte montante foi reconhecido como distribuição do valor adicionado, em dividendos

a) R$70.000.

b) R$150.000.

c) R$200.000.

d) R$220.000.

e) R$270.000.

COMENTÁRIOS

Na parte da Demonstração do Valor Adicionado – DVA referente à distribuição da riqueza, são evidenciados os valores pagos ou creditados aos sócios e acionistas por conta do resultado do período, na forma de dividendos. Devem ser incluídos só os dividendos distribuídos com base no resultado do próprio exercício, desconsiderando distribuições com base em lucros acumulados de exercícios anteriores, pois estes foram tratados como "lucros retidos" no exercício em que gerados.

Portanto, na DVA de 31/12/2023 somente serão evidenciados como dividendos os valores pagos com base nos lucros do próprio exercício, no valor de R$200.000.

Alternativa correta: letra "c"

15. ESTRUTURA CONCEITUAL

29. (FGV – 2024 – TCE/PA – Auditor de Controle Externo) Em 02/01/2023, uma sociedade empresária contratou um pintor renomado para pintar um quadro de seu presidente, para colocar em sua sala. O custo do quadro foi de R$50.000.

Em 31/12/2023, o presidente deixou a empresa e se mudou para outro país, de modo que o quadro foi retirado. Na data, a sociedade empresária constatou que não havia mercado para a venda do quadro.

Assinale a opção que indica o procedimento contábil da sociedade empresária em suas demonstrações contábeis:

a) baixar o ativo, com contrapartida no resultado.
b) baixar o ativo, com contrapartida em ajustes de avaliação patrimonial.
c) reclassificar o ativo, de imobilizado para investimentos.
d) reclassificar o ativo, de imobilizado para realizável a longo prazo.
e) aumentar a vida útil estimada e diminuir o valor residual do ativo.

COMENTÁRIOS

Inicialmente o quadro foi classificado no ativo não circulante, subgrupo Investimentos, uma vez que se tratava de direito:

1 – não classificável no ativo circulante ou no ativo realizável a longo prazo; e
2 – não destinado à manutenção da atividade da companhia e da empresa, ou seja, não classificável no ativo não circulante – imobilizado ou intangível.

Com a saída do presidente da sociedade empresária, o quadro foi retirado de uso. Como não havia um mercado para venda do quadro e não havia mais utilidade para ele na empresa, verifica-se que o item não atende mais à definição de ativo, diante da inexistência de potencial de produzir benefícios econômicos.

Dessa forma, o quadro deve ser baixado do ativo em contrapartida a uma despesa, no resultado.

Alternativa correta: letra "a"

---

30. (CEBRASPE - 2024 - TCE/PR - Auditor de Controle Externo) Conforme o disposto na Estrutura Conceitual para Relatório Financeiro do Comitê de Pronunciamentos Contábeis (CPC), enquadra-se no conceito de ativo o direito

a) de trocar recursos com outra entidade em condições favoráveis.
b) que uma entidade terá quando detiver o controle sobre os equipamentos que ela tem intenção de adquirir no futuro.
c) de acesso a bens públicos.
d) de uso de um software de domínio público.
e) decorrente da recompra de ações emitidas pela própria empresa.

COMENTÁRIOS

Conforme o Pronunciamento Técnico CPC 00 (R2) – Estrutura Conceitual para Relatório Financeiro, "ativo é um recurso econômico presente controlado pela entidade como resultado de eventos passados". Recurso econômico representa "um direito que tem o potencial de produzir benefícios econômicos".

Direitos com potencial de produzir benefícios econômicos podem assumir diferentes formas, como:

1. Direitos que correspondem à obrigação de outra parte, como direitos de receber caixa, produtos ou serviços, direitos de trocar recursos econômicos com outra parte em condições favoráveis, direitos de beneficiar-se de obrigação de outra parte para transferir um recurso econômico se ocorrer evento futuro incerto especificado.

2. Direitos que não correspondem à obrigação de outra parte, como direitos sobre bens corpóreos (ex.: imobilizado ou estoques) ou direitos de utilizar propriedade intelectual.

Vamos analisar cada uma das alternativas:

Alternativa "a": correta. O direito de trocar recursos com outra entidade em condições favoráveis tem o potencial de produzir benefícios econômicos;

Alternativa "b": incorreta. Não se enquadra na definição de ativo, uma vez que o controle somente ocorrerá no futuro;

Alternativa "c": incorreta. Bens públicos geralmente não são ativos para a entidade, pois não são controlados por ela;

Alternativa "d": incorreta. Da mesma forma softwares de domínio público não são ativos para a entidade, pois não são controlados por ela;

Alternativa "e": incorreta. A entidade não pode ter direito de obter benefícios econômicos de si mesma. Por isso recompra de ações emitidas pela própria empresa (ações em tesouraria) não representa um ativo.

Alternativa correta: letra "a".

---

31. (CEBRASPE - 2024 - TCE/AC - Auditor de Controle Externo) Em relação à mensuração de ativos, julgue o item a seguir

Ao adotar o conceito de valor em uso de um ativo, uma entidade deve considerá-lo um valor presente não observável no mercado.

COMENTÁRIOS

Conforme o Pronunciamento Técnico CPC 00 (R2) – Estrutura Conceitual para Relatório Financeiro, "valor em uso é o valor presente dos fluxos de caixa, ou outros benefícios econômicos, que a entidade espera obter do uso de ativo e de sua alienação final".

O valor em uso não pode ser observado diretamente e é determinado utilizando técnicas de mensuração baseadas em fluxos de caixa.

Assertiva correta.

---

32. (FGV - 2024 - TCE/GO - Analista de Controle Externo) De acordo com o Pronunciamento Técnico CPC 00 (R2)- Estrutura Conceitual para Relatório Financeiro, a Estrutura Conceitual estabelece a base para pronunciamentos que contribuem para a eficiência econômica, ajudando os investidores a

a) conhecer talentos globalmente, aprimorando a qualidade de mão de obra.
b) identificar oportunidades e riscos em todo o mundo, melhorando a alocação de capital.
c) aumentar o conhecimento em relação a seus investimentos, diminuindo o risco de oportunidade.
d) receber informações e relatórios com maior velocidade, aumentando a agilidade em suas escolhas.
e) melhorar a comunicação com as suas investidas, desenvolvendo um relacionamento mais vantajoso.

COMENTÁRIOS

Esta questão exige o conhecimento da finalidade da Estrutura Conceitual.

Conforme estabelecido no Pronunciamento Técnico CPC 00 (R2), a Estrutura Conceitual estabelece a base para pronunciamentos que:

(a) contribuem para a transparência ao melhorar a comparabilidade internacional e a qualidade de informações financeiras, permitindo que os investidores e outros participantes do mercado tomem decisões econômicas fundamentadas;

(b) reforçam a prestação de contas, reduzindo a lacuna de informações entre os provedores de capital e as pessoas a quem confiaram o seu dinheiro. Os pronunciamentos baseados nesta Estrutura Conceitual fornecem informações necessárias para responsabilizar a administração. Como fonte de informações mundialmente comparáveis, esses Pronunciamentos também são de vital importância para os reguladores em todo o mundo;

(c) contribuem para a eficiência econômica, ajudando os investidores a identificar oportunidades e riscos em todo o mundo, melhorando assim a alocação de capital. Para os negócios, o uso de uma linguagem de contabilidade única e confiável derivada dos Pronunciamentos com base nesta Estrutura Conceitual diminui o custo do capital e reduz os custos de relatórios internacionais.

Alternativa correta: letra "b"

---

33. (CONSULPAM - 2023 - TCM/PA - Técnico de Controle Externo) A respeito do reconhecimento e desreconhecimento de ativos, julgue os itens a seguir, assinalando V para verdadeiro e F para falso:

(__) Um ativo deve ser reconhecido quando satisfizer a definição de ativo.

(__) Um ativo deve ser reconhecido quando puder ser mensurado de maneira que observe as características qualitativas, levando em consideração as restrições sobre a informação contábil.

(__) Não devem ser reconhecidos no ativo os depósitos caracterizados como entradas compensatórias no ativo e no passivo financeiro.

(__) O reconhecimento do ativo envolve a avaliação da incerteza relacionada à existência e à mensuração do elemento.

Assinale a alternativa CORRETA:

a) V-V-F-V.
b) V-V-V-F.
c) F-V-F-V.
d) F-V-V-F.

COMENTÁRIOS

Vejamos cada uma das afirmativas:

( ) Um ativo deve ser reconhecido quando satisfizer a definição de ativo.

Verdadeira: Reconhecimento refere-se à inclusão no balanço patrimonial ou na demonstração do resultado e na demonstração do resultado abrangente de item que atenda à definição de elemento das demonstrações contábeis: ativo, passivo, patrimônio líquido, receita ou despesa.

( ) Um ativo deve ser reconhecido quando puder ser mensurado de maneira que observe as características qualitativas, levando em consideração as restrições sobre a informação contábil.

Verdadeira: O ativo deve ser reconhecido quando, além de atender à definição de ativo, fornecer aos usuários das demonstrações contábeis informações que são úteis, ou seja, relevantes e que forneçam representação fidedigna.

( ) Não devem ser reconhecidos no ativo os depósitos caracterizados como entradas compensatórias no ativo e no passivo financeiro.

Falsa: Os depósitos caracterizados como entradas compensatórias no ativo e no passivo financeiro devem ser reconhecido no ativo.

(__) O reconhecimento do ativo envolve a avaliação da incerteza relacionada à existência e à mensuração do elemento.

Verdadeira: O reconhecimento envolve a avaliação da incerteza relacionada à existência e à mensuração do elemento.

Alternativa correta: letra "a"

---

34. (CONSULPAM – 2023 – TCM/PA – Técnico de Controle Externo) Os conceitos de ativo e passivo identificam os seus aspectos essenciais, mas não especificam os critérios para seu reconhecimento. Ao avaliar se um item se enquadra na definição de ativo, passivo ou patrimônio líquido, deve-se atentar para a sua essência e realidade econômica e não apenas sua forma legal. A respeito das definições de ativo, assinale a alternativa CORRETA.

a) Ativo é um recurso que será controlado no futuro pela entidade como resultado de evento passado.
b) A forma física é uma condição necessária para um item ser classificado como recurso.
c) O potencial de serviços possibilita a entidade alcançar os seus objetivos, desde que haja entrada líquida de caixa.
d) Os benefícios econômicos correspondem a entradas de caixa ou a reduções das saídas de caixa.

COMENTÁRIOS

Vejamos cada uma das alternativas, à luz da NBC TSP Estrutura Conceitual.

Alternativa "a": incorreta. Ativo é um recurso controlado no presente pela entidade como resultado de evento passado;

Alternativa "b": incorreta. A forma física não é uma condição necessária para caracterizar um recurso;

Alternativa "c": incorreta. O potencial de serviços possibilita a entidade alcançar os seus objetivos sem, necessariamente, resultar uma entrada líquida de caixa;

Alternativa "d": correta.

Alternativa correta: letra "d"

35. (CONSULPAM – 2023 – TCM/PA – Técnico de Controle Externo) Quando uma omissão ou distorção contábil puder influenciar as decisões econômicas que os usuários das demonstrações contábeis tomam com base nessas demonstrações, classifica-se como:

a) Material.

b) Imaterial.

c) Irrelevante.

d) Disruptiva.

COMENTÁRIOS

A informação é material se a sua omissão, distorção ou obscuridade puder influenciar, razoavelmente, as decisões que usuários das demonstrações contábeis tomam com base nessas demonstrações.

Alternativa correta: letra "a"

16. AJUSTE A VALOR PRESENTE

36. (CEBRASPE – 2024 – TCE/PR – Auditor de Controle Externo) Considere que uma companhia aberta tenha comprado um imóvel a prazo de terceiros por um valor que embute um componente de financiamento. Nessa situação, o imóvel será reconhecido inicialmente pelo

a) seu custo de aquisição, expurgando-se os juros embutidos na transação.

b) seu custo corrente na data da transação.

c) seu valor justo na data da transação.

d) seu valor realizável líquido na data da transação.

e) valor presente do montante a pagar pelo imóvel no futuro.

COMENTÁRIOS

O Ajuste a Valor Presente – AVP tem por efeito eliminar os juros embutidos em operações de longo prazo no ativo e no passivo. As operações de curto estão sujeitas ao ajuste a valor presente, caso haja efeito relevante.

Na questão, como houve compra de um imóvel há o pressuposto de que é uma operação sujeita ao AVP.

Os juros embutidos devem ser excluídos do valor do custo de aquisição do ativo que deu origem à obrigação, tendo como contrapartida a conta de Ajuste a Valor Presente (retificadora da conta a pagar no passivo).

Alternativa correta: letra "a"

17. REDUÇÃO AO VALOR RECUPERÁVEL DE ATIVOS

37. (CEBRASPE – 2024 – TCE/AC – Auditor de Controle Externo) Em relação à mensuração de ativos, julgue o item a seguir.

O valor recuperável de um ativo é passível de apuração pelo confronto entre o seu custo de aquisição e seu valor realizável líquido, dos dois o menor.

COMENTÁRIOS

O valor recuperável de um ativo é o maior valor entre o seu valor justo líquido de despesas de venda e o seu valor em uso.

Assertiva errada.

38. (CEBRASPE – 2023 – TCE/MS - Procurador) Redução ao valor recuperável pode ser entendida como uma perda dos futuros benefícios econômicos ou do potencial de serviços de um ativo, em que

a) a perda é registrada devido ao fato de o ativo apresentar valor recuperável maior que o valor líquido contábil.

b) a perda de valor de um ativo é registrada independentemente da depreciação.

c) a perda é superior ao valor registrado na contabilidade para a perda do potencial de benefícios do mesmo ativo motivada pelo desgaste, uso, ação da natureza ou obsolescência.

d) a perda do potencial de benefícios de um ativo é motivada pelo desgaste, uso, ação da natureza ou obsolescência.

e) a valorização de um ativo não supera o seu valor contábil líquido da depreciação.

COMENTÁRIOS

Vejamos cada uma das alternativas:

Alternativa "a": incorreta. A perda por redução ao valor recuperável é registrada somente quando o valor recuperável de um ativo for inferior ao seu valor contábil;

Alternativa "b": incorreta. O valor da depreciação é considerado para apurar o valor contábil do ativo;

Alternativa "c": correta. A redução ao valor recuperável ocorre quando a perda dos benefícios econômicos futuros ou do potencial de serviços de ativo é superior ao reconhecimento sistemático da depreciação (perda de valor motivada pelo desgaste, uso, ação da natureza ou obsolescência) ;

Alternativa "d": incorreta. A assertiva contém a definição de depreciação;

Alternativa "e": incorreta. A perda por desvalorização ocorre quando o valor recuperável de um ativo for inferior ao seu valor contábil.

Alternativa correta: letra "c"

18. PROVISÕES, PASSIVOS CONTINGENTES E ATIVOS CONTINGENTES

39. (CEBRASPE – 2024 – TCE/AC – Auditor de Controle Externo) Acerca dos registros, mensuração e evidenciação contábeis e seus reflexos no patrimônio das organizações, julgue o item seguinte.

A mensuração de passivos contingentes deve ser realizada ao valor presente das saídas de caixa esperadas para liquidar a obrigação.

COMENTÁRIOS

Os passivos contingentes não são reconhecidos como passivo, porque são apenas obrigações possíveis ou, se obrigações presentes, não satisfazem os demais requisitos para reconhecimento. Assim, não é esperada uma saída de caixa para liquidar a obrigação, ou não pode ser feita uma estimativa suficientemente confiável do valor da obrigação.

Na verdade, o passivo contingente deve ser apenas divulgado, exceto se for remota a possibilidade de uma saída de recursos que incorporam benefícios econômicos. Nesse último caso não há obrigação de registro ou divulgação.

Assertiva errada.

40. (FGV – 2023 – TCE/BA – Auditor de Controle Externo) Em 12 de dezembro de 2023, uma empresa decide encerrar uma divisão que fabricava painéis solares. Em 20 de dezembro de 2023, foi finalizado o plano detalhado de encerramento da divisão. Cartas foram enviadas aos clientes alertando-os para procurarem uma fonte alternativa de fornecimento e avisos de rescisão foram enviados ao pessoal da divisão.

A empresa estima que terá 675 mil reais em gastos, detalhados em:

Descrição	Probabilidade	Valor
Rescisão de funcionários relacionados diretamente com a reestruturação	Provável	R$ 50.000
Penalidades de rescisão de arrendamento	Provável	R$ 250.000
Novo treinamento de funcionários	Possível	R$ 25.000
Marketing	Possível	R$ 50.000
Investimento em novos sistemas e redes de distribuição	Provável	R$ 300.000

Considerando-se as informações apresentadas, a empresa deve reconhecer um montante de provisões de reestruturação de:

a) R$ 25.000;

b) R$ 75.000;

c) R$ 300.000;

d) R$ 600.000;

e) R$ 675.000.

COMENTÁRIOS

A provisão para reestruturação deve incluir somente os desembolsos diretamente decorrentes da reestruturação, que simultaneamente sejam:

(a) ocasionados pela reestruturação; e

(b) não relacionados às atividades em andamento da entidade.

A provisão para reestruturação não engloba custos como:

(a) novo treinamento ou remanejamento de equipe permanente;

(b) marketing; ou

(c) investimento em novos sistemas e redes de distribuição.

Além disso, uma provisão para custos de reestruturação deve ser reconhecida somente se forem cumpridos os critérios gerais de reconhecimento de provisões. Ou seja, deve ser uma obrigação presente, com provável saída de recursos e com possibilidade de ser feita uma estimativa de valor de forma confiável.

Assim, os seguintes gastos serão incluídos na provisão de reestruturação:

Rescisão de funcionários relacionados diretamente com a reestruturação	R$50.000
Penalidades de rescisão e arrendamento	R$250.000
Total da Provisão de Reestruturação	**R$300.000**

Alternativa correta: letra "c"

---

41. (FGV – 2022 – TCE/TO – Analista Técnico) Uma empresa foi processada segundo o auto de infração exigindo ICMS em razão de suposta irregularidade na tomada de créditos presumidos (fato 1). A situação está aguardando prosseguimento do feito em segunda instância judicial. A estimativa confiável é de uma provável saída de recursos no valor de 2 milhões de reais. Adicionalmente, a empresa figura como parte do auto de infração lavrado pela Receita Federal para verificação do cumprimento de obrigações tributárias relativamente ao Imposto sobre Produtos Industrializados (fato 2), cuja expectativa da Administração é de perda possível no valor de 3 milhões de reais. Para ambos os casos, espera-se que a saída de caixa seja em 4 anos; a taxa de desconto é de 6%.

Nesse caso, a empresa deve:

a) contabilizar o fato 1 como provisão no passivo não circulante e divulgar o fato 2 em nota explicativa;

b) contabilizar ambos os fatos como provisões no passivo não circulante;

c) contabilizar ambos os fatos como provisões no passivo circulante;

d) contabilizar o fato 1 como provisão no passivo circulante e o fato 2 como provisão no passivo não circulante;

e) divulgar o fato 1 em nota explicativa e contabilizar o fato 2 como provisão no passivo não circulante.

COMENTÁRIOS

O fato 1 cumpre todos os requisitos para o reconhecimento de uma provisão no passivo, quais sejam:

1 – obrigação presente derivada de eventos passados;

2 – provável saída de recursos que incorporam benefícios econômicos para liquidar a obrigação;

3 – possibilidade de ser feita uma estimativa confiável do valor da obrigação.

Logo, o fato 1 deve ser contabilizado como uma provisão no passivo não circulante, já que a saída de caixa deve ocorrer dentro de quatro anos.

O fato 2 não cumpre os requisitos para ser reconhecido como provisão, uma vez que a saída de recursos é possível, mas não provável.

Dessa forma, o fato 2 é classificado como um passivo contingente e deve apenas ser divulgado em nota explicativa, sem reconhecimento no passivo.

Alternativa correta: letra "a"

19. MÉTODO DA EQUIVALÊNCIA PATRIMONIAL

42. (2024 – TCE/PA – Auditor de Controle Externo) Uma repartição pública adquiriu 100% de participação em uma entidade por R$200.000.

A entidade apresentava os seguintes elementos patrimoniais em seu balanço patrimonial: Terrenos destinados à valorização: R$150.000; Despesas a pagar no curto prazo: R$40.000; Capital Social: R$110.000.

Na data de aquisição, foi estimado que o terreno tinha valor justo de R$160.000.

Assinale a opção que indica, respectivamente, o ágio por mais-valia de ativos líquidos e o ágio por expectativa de rentabilidade futura:

a) Zero e 50.000

b) Zero e R$90.000.

c) R$10.000 e R$40.000.

d) R$10.000 e R$80.000.

e) R$10.000 e R$50.000.

COMENTÁRIOS

A equivalência patrimonial é calculada mediante a aplicação da participação da investidora sobre o valor do patrimônio líquido da investida.

A mais-valia representa o quanto os ativos da investida, líquidos dos passivos, mensurados a valor justo vale mais do que o valor contábil.

O goodwill (ágio fundamentado em rentabilidade futura) é representado pelo valor excedente pago pela participação em relação ao valor justo dos ativos líquidos da investida.

Na questão a investidora detém uma participação de 100% do capital social da investida.

O patrimônio líquido da investida tem o valor de R$ 110.000.

A mais-valia é calculada pela diferença entre o valor justo dos ativos líquidos dos passivos e o valor contábil. Conforme o enunciado da questão, o terreno foi avaliado pelo valor justo de R$ 160.000, sendo reconhecido na contabilidade por R$150.000. Logo a mais-valia é de R$ 10.000 (160.000 – 150.000).

O goodwill é calculado pela diferença entre o valor pago e o valor do patrimônio líquido avaliado a valor justo. Ou seja, para calcular o goodwill basta subtrair do valor pago os valores da equivalência patrimonial e da mais-valia:

Valor pago pela participação:	R$200.000
(-) Equivalência patrimonial (100% X 110.000):	(R$110.000)
(-) Mais-valia	**(R$10.000)**
(=) goodwill	**R$80.000**

Alternativa correta: letra "d"

20. EFEITOS DAS MUDANÇAS NAS TAXAS DE CÂMBIO E CONVERSÃO DE DEMONSTRAÇÕES CONTÁBEIS

43. (CEBRASPE – 2024 – TCE/AC – Auditor de Controle Externo) Acerca dos registros, mensuração e evidenciação contábeis e seus reflexos no patrimônio das organizações, julgue o item seguinte.

Os ajustes de conversão de demonstrações contábeis de operações no exterior devem ser reconhecidos diretamente no resultado do exercício.

COMENTÁRIOS

Os ajustes de conversão devem ser registrados em conta específica do patrimônio líquido.

As variações cambiais reconhecidas em conta do patrimônio líquido (ajuste acumulado de conversão) decorrem da utilização de diferentes taxas cambiais para os itens do balanço e da demonstração do resultado. Assim, para os ativos e passivos utiliza-se a taxa de câmbio da data do balanço, ao passo que para as receitas e despesas são utilizadas as taxas de câmbio da data das transações (ou taxas médias).

Essas variações cambiais não devem ser reconhecidas na demonstração do resultado porque as mudanças nas taxas de câmbio têm pouco ou nenhum efeito direto sobre os fluxos de caixa atuais e futuros advindos das operações. O montante acumulado das variações cambiais deve ser apresentado em conta específica separada do patrimônio líquido até que ocorra a baixa da entidade no exterior.

Assertiva errada.

21. INSTRUMENTOS FINANCEIROS

44. (CEBRASPE – 2024 – TCE/AC – Auditor de Controle Externo) Acerca dos registros, mensuração e evidenciação contábeis e seus reflexos no patrimônio das organizações, julgue o item seguinte.

A mensuração de instrumentos financeiros derivativos deve ser realizada ao custo histórico, ajustado por amortizações e perdas por impairment.

COMENTÁRIOS

Em regra, os derivativos são mensurados ao valor justo por meio do resultado.

Conforme definido no Pronunciamento Técnico CPC 48 – Instrumentos Financeiros, derivativo é um instrumento financeiro que possui todas as seguintes características:

1) seu valor é modificado em resposta à alteração em determinada taxa de juros, preço de instrumento financeiro, preço de commodity, taxa de câmbio, índice de preços ou taxas, classificação de crédito ou índice de crédito, ou outra variável (às vezes denominada "subjacente"), desde que, no caso de variável não financeira, essa variável não seja específica a uma das partes do contrato;

2) não exige qualquer investimento líquido inicial ou o investimento líquido inicial é menor do que seria necessário para outros tipos de contratos, que se esperaria que tivessem resposta similar a alterações nos fatores de mercado;

3) seja liquidado em uma data futura.

Assertiva errada.

45. (CEBRASPE – 2024 – TCE/AC – Auditor de Controle Externo) Considerando as Normas Brasileiras de Contabilidade e seus reflexos nos registros, mensuração e evidenciação contábil, julgue o item a seguir.

Os custos de transação diretamente atribuíveis à emissão de ações devem ser reconhecidos como uma dedução do patrimônio líquido, pelo valor líquido de quaisquer efeitos fiscais.

COMENTÁRIOS

De acordo com o Pronunciamento Técnico CPC 39 – Instrumentos Financeiros: Apresentação, os custos de transação de uma transação de patrimônio líquido (como é o caso da emissão de ações) devem ser registrados como dedução do patrimônio líquido, líquido de qualquer efeito fiscal.

Assertiva certa.

46. (FGV – 2024 – TCE/PA – Auditor de Controle Externo) Em 31/12/2022, a Cia XYZ emitiu debêntures com prêmio.

Ao longo da vigência das debêntures, o valor do prêmio foi alocado ao resultado do período através da seguinte conta:

a) receitas financeiras.

b) despesas financeiras.

c) despesas operacionais.

d) redutora das receitas financeiras.

e) redutora das despesas financeiras.

COMENTÁRIOS

Os prêmios obtidos na emissão de debêntures devem ser somados ao valor justo dos títulos (debêntures). O prêmio é o valor pago na aquisição acima do valor nominal da debênture, devido a condições vantajosas conferidas ao investidor, como juros acima do valor de mercado. O valor do prêmio deve ser contabilizado inicialmente como Passivo e ser apropriado ao resultado proporcionalmente ao prazo de vencimento dos títulos. O valor transferido ao resultado tem a natureza de receita, porém as receitas financeiras são deduzidas das despesas financeiras. Por essa razão, a banca considera que a conta que será creditada no resultado representa uma redutora das despesas financeiras.

Alternativa correta: letra "e"

---

47. (CEBRASPE – 2024 – TCE/AC – Auditor de Controle Externo) Considerando as Normas Brasileiras de Contabilidade e seus reflexos nos registros, mensuração e evidenciação contábil, julgue o item a seguir.

A contabilização de operações de hedge deve seguir o método de contabilidade de hedge, de acordo com o qual os ganhos e perdas são reconhecidos no resultado do exercício em que ocorrem as variações de valor justo dos instrumentos financeiros.

COMENTÁRIOS

Conforme a Orientação Técnica OCPC 03, a metodologia de operações de hedge faz com que os impactos na variação do valor justo dos derivativos utilizados como instrumento de hedge sejam reconhecidos no resultado de acordo com o reconhecimento do item que é objeto de hedge. Dessa forma, não necessariamente haverá o reconhecimento no resultado do exercício em que ocorrem as variações de valor justo dos instrumentos financeiros.

Assertiva errada.

---

48. (FGV – 2023 – TCE/BA – Auditor de Controle Externo) Uma empresa comercial adquiriu três ativos financeiros para receber o principal e juros. O modelo de negócios de gestão dos ativos financeiros objetiva receber os fluxos de caixa contratuais. Observe as seguintes descrições:

Descrição	Custo amortizado	Valor Justo	Ganhos (perdas) não realizados
Ativo financeiro 1	R$ 43.860	R$ 51.500	R$ 7.640
Ativo financeiro 2	R$ 184.230	R$ 175.200	(R$ 9.030)
Ativo financeiro 3	R$ 86.360	R$ 91.500	R$ 5.140

Considerando-se as informações apresentadas, a empresa deve:

a) contabilizar um ganho de R$ 3.750 no resultado;

b) contabilizar uma perda de R$ 9.030 no resultado;

c) mensurar no Balanço Patrimonial um total de R$ 314.450 em ativos financeiros ao custo amortizado;

d) avaliar os ativos financeiros a valor justo com um ganho de R$ 3.750 em outros resultados abrangentes;

e) mensurar no Balanço Patrimonial um total de R$ 318.200 em ativos financeiros a valor justo.

COMENTÁRIOS

O ativo financeiro deve ser mensurado ao custo amortizado se:

(a) for mantido dentro de modelo de negócios cujo objetivo seja manter ativos financeiros com a finalidade de receber fluxos de caixa contratuais; e

(b) os termos contratuais proporcionarem, em datas especificadas, fluxos de caixa que constituam, exclusivamente, pagamentos de principal e juros sobre o valor do principal em aberto.

Ou seja, os ativos financeiros citados na questão serão atualizados nos termos contratuais, por exemplo, com o recebimento de juros.

Nesse caso, em regra, o valor justo não será considerado para a avaliação do ativo financeiro.

Assim, os ativos serão avaliados pelo custo amortizado, os quais totalizam R$314.450 (43.860 + 184.230 + 86.360).

Alternativa correta: letra "c".

49. (FGV – 2022 – TCE/TO – Analista Técnico) Uma empresa realizou um investimento em títulos e valores mobiliários (TVM) em 1º de janeiro de 20x1, com as seguintes características:

i. Valor aplicado: $ 10.000

ii. Prazo: 4 anos

iii. Taxa de juros: 7% a.a. (juros compostos)

iv. Valor de mercado do título ao final de cada ano, para os 4 anos:

- 31 de dezembro de 20x1: $ 11.000,00;
- 31 de dezembro de 20x2: $ 11.600,00;
- 31 de dezembro de 20x3: $ 12.000,00
- 31 de dezembro de 20x4: $ 13.107,96.

Segundo o modelo de negócios e o fluxo de caixa contratual, a empresa decide mensurar a operação como valor justo por meio do resultado (VJR).

Dessa forma, o saldo da marcação a mercado dos TVM no Balanço Patrimonial em 31 de dezembro 20x1 é:

a) devedor em $ 300;

b) devedor em $ 700;

c) devedor em $ 10.000;

d) credor em $ 11.000;

e) credor em $ 11.600.

COMENTÁRIOS

Como o ativo é mensurado valor justo por meio do resultado, na data do balanço, em 31/12/20x1, será feito o seguinte lançamento reconhecendo a atualização pelos juros de 7%:

D	Aplicação em Títulos	R$ 700
C	Receitas Financeiras	R$ 700

Ainda em 31/12/20x1, será feito outro lançamento em adição ao anterior, para efetuar a marcação a mercado, reconhecendo a valorização do título pela diferença de R$ 300 entre o valor justo (R$11.000) e o valor atualizado pelos juros contratuais (R$10.700) :

D	Aplicação em Títulos	R$ 300
C	Avaliação a valor Justo (Receitas Financeiras)	R$ 300.

Alternativa correta: letra "a"

22. ATIVO BIOLÓGICO E PRODUTO AGRÍCOLA

50. (CEBRASPE – 2024 – TCE/AC – Auditor de Controle Externo) Considerando as Normas Brasileiras de Contabilidade e seus reflexos nos registros, mensuração e evidenciação contábil, julgue o item a seguir.

A mensuração de ativos biológicos deve ser realizada ao valor justo menos as despesas de venda no momento da colheita.

COMENTÁRIOS

De acordo com o Pronunciamento Técnico CPC 29 – Ativo Biológico e Produto Agrícola, o produto agrícola colhido de ativos biológicos da entidade deve ser mensurado ao valor justo, menos a despesa de venda, no momento da colheita.

Assertiva certa.

23. ARRENDAMENTOS

51. (CEBRASPE - 2024 - TCE/PR - Auditor de Controle Externo) Considerando as Normas Brasileiras de Contabilidade e seus reflexos nos registros, mensuração e evidenciação contábil, julgue o item a seguir.

A contabilização de arrendamentos financeiros deve reconhecer o ativo arrendado e o passivo correspondente no balanço patrimonial do arrendatário, independentemente da transferência substancial dos riscos e benefícios.

COMENTÁRIOS

De acordo com o Pronunciamento Técnico CPC 06 (R2) – Arrendamentos, no reconhecimento inicial, o arrendatário deve reconhecer o ativo de direito de uso (referente ao ativo arrendado) e o passivo de arrendamento.

Apenas o arrendador deve classificar o arrendamento como operacional ou financeiro.

A transferência substancial dos riscos e benefícios inerentes à propriedade do ativo subjacente, que caracteriza o arrendamento financeiro, não interfere na contabilização do arredamento nas demonstrações contábeis do arrendatário.

Assertiva certa.

24. POLÍTICAS CONTÁBEIS, MUDANÇA DE ESTIMATIVA E RETIFICAÇÃO DE ERRO

52. (CEBRASPE - 2024 - TCE/AC - Auditor de Controle Externo) O contador de uma companhia aberta detectou um erro material envolvendo o registro contábil dos juros incidentes sobre um financiamento obtido junto a uma instituição financeira. O erro havia ocorrido no período contábil imediatamente anterior ao corrente.

Nessa situação hipotética, o contador deve efetuar a correção do erro

a) de forma prospectiva, envolvendo tanto as demonstrações contábeis do período corrente como as relativas a períodos futuros.
b) nas demonstrações contábeis do período corrente, com impacto nas contas de resultado.
c) nas demonstrações contábeis do período corrente, sem impacto nas contas de resultado.
d) na informação comparativa apresentada na demonstração contábil do período corrente.
e) nas demonstrações contábeis do período contábil imediatamente anterior ao corrente, com a republicação das referidas demonstrações.

COMENTÁRIOS

De acordo com o Pronunciamento Técnico CPC 23 – Políticas Contábeis, Mudança de Estimativa e Retificação de Erro, a entidade deve corrigir os erros materiais de períodos anteriores retrospectivamente no primeiro conjunto de demonstrações contábeis cuja autorização para publicação ocorra após a descoberta de tais erros:

(a) por reapresentação dos valores comparativos para o período anterior apresentado em que tenha ocorrido o erro; ou

(b) se o erro ocorreu antes do período anterior mais antigo apresentado, da reapresentação dos saldos de abertura dos ativos, dos passivos e do patrimônio líquido para o período anterior mais antigo apresentado.

Sendo assim, o erro será corrigido na informação comparativa relativa ao exercício anterior que é apresentada em conjunto com a demonstração contábil do período corrente.

Alternativa correta: letra "d"

25. EVENTO SUBSEQUENTE

53. (FGV - 2022 - TCE/TO - Analista Técnico) Em certas situações, os eventos subsequentes podem ou não exigir que a entidade ajuste os valores do Balanço Patrimonial.

O evento subsequente que somente requer divulgação em notas explicativas é o(a):

a) descoberta de fraude que indicou que as demonstrações contábeis estavam incorretas durante o período contábil;

b) divulgação de dividendos aos detentores de instrumentos de patrimônio após o período contábil a que se referem as demonstrações contábeis;

c) declínio do valor justo de investimentos ocorridos no período contábil a que se referem as demonstrações contábeis;

d) determinação, após o período contábil a que se referem as demonstrações contábeis, do custo de ativos adquiridos em troca de ativos vendidos antes do final daquele período;

e) pagamento de processo judicial após o final do período contábil a que se referem as demonstrações contábeis, confirmando que a entidade já tinha a obrigação presente naquele período contábil.

COMENTÁRIOS

De acordo com o Pronunciamento Técnico CPC 24 – Evento Subsequente, a entidade não deve ajustar os valores reconhecidos em suas demonstrações contábeis por eventos subsequentes que são indicadores de condições que surgiram após o período contábil a que se referem as demonstrações.

A divulgação de dividendos a que se refere a alternativa "b" trata-se de uma condição inexistente no período contábil a que se referem as demonstrações e, portanto, não exige ajustes nas demonstrações contábeis do período, mas apenas deve constar em nota explicativa.

As situações descritas nas demais alternativas ("a", "c", "d", "e") indicam condições existentes no período contábil a que se referem as demonstrações contábeis. Assim, a fraude afetou as demonstrações contábeis no período a que se referem. A queda do valor justo dos investimentos se refere ao período das demonstrações contábeis. Os ativos foram adquiridos e vendidos antes do final do período das demonstrações contábeis. No período das demonstrações contábeis já havia a obrigação que deu origem ao pagamento determinado no processo judicial.

Alternativa correta: letra "b"

26. CUSTOS DE EMPRÉSTIMOS

54. (FGV – 2024 – TCE/PA – Auditor de Controle Externo) Os custos dos empréstimos são os juros e outros custos em que a entidade incorre relacionados com o empréstimo de recursos.

Esses custos podem incluir o que se afirma a seguir, exceto

a) a amortização de descontos ou prêmios relacionados com empréstimos obtidos.

b) os juros de empréstimos obtidos em curto e longo prazos e de saldo bancário a descoberto.

c) os encargos financeiros relativos a arrendamentos mercantis financeiros e contratos de concessão de serviços públicos.

d) os gastos com a equipe da administração financeira e com a empresa que atua diretamente na captação de novos empréstimos e financiamentos.

e) as variações cambiais decorrentes de empréstimos em moeda estrangeira, na extensão em que elas sejam consideradas como ajuste do custo dos juros.

COMENTÁRIOS

De acordo com o Pronunciamento Técnico CPC 20 (R1) – Custo de Empréstimos, custos de empréstimos são juros e outros custos que a entidade incorre em conexão com o empréstimo de recursos.

Custos de empréstimos que são diretamente atribuíveis à aquisição, construção ou produção de um ativo qualificável formam parte do custo de tal ativo. Outros custos de empréstimos devem ser reconhecidos como despesa.

Ativo qualificável é um ativo que, necessariamente, demanda um período de tempo substancial para ficar pronto para seu uso ou venda pretendidos.

Os custos de empréstimos podem incluir:

1) encargos financeiros calculados com base no método da taxa efetiva de juros;

2) juros sobre passivos de arrendamento; e

3) variações cambiais decorrentes de empréstimos em moeda estrangeira, na extensão em que elas sejam consideradas como ajuste, para mais ou para menos, do custo dos juros.

Os gastos com a equipe de administração financeira, referida na alterativa "d", não estão incluídos entre os juros e outros custos que compõem os custos de empréstimos, conforme visto acima.

Alternativa correta: letra "d"

---

55. (VUNESP – 2023 – TCM/SP – Auditor de Controle Externo) Quanto ao reconhecimento dos custos de empréstimos diretamente atribuíveis à aquisição, à construção ou à produção de ativo qualificável, segundo a norma contábil especifica, esses custos devem ser

a) capitalizados como parte do custo desse ativo.

b) reconhecidos no resultado do período de aquisição, construção ou produção diretamente em conta específica do resultado.

c) capitalizados como parte do ativo, mas somente até o limite da taxa de juros de programas de subsídio ao investimento.

d) reconhecidos em outros resultados abrangentes.

e) reconhecidos em ajustes de avaliação patrimonial.

COMENTÁRIOS

De acordo com o Pronunciamento Técnico CPC 20 (R1) – Custo de Empréstimos, custos de empréstimos que são diretamente atribuíveis à aquisição, construção ou produção de um ativo qualificável devem ser capitalizados, isto é adicionados ao custo de tal ativo. Outros custos de empréstimos devem ser reconhecidos como despesa.

Alternativa correta: letra "a"

27. TRIBUTOS SOBRE O LUCRO

---

56. (FGV – 2022 – TCE/TO – Analista Técnico) Uma empresa tributada pelo lucro real apresentou as seguintes informações em 31 de dezembro de 2022:

- Lucro antes dos impostos sobre a renda (LAIR/CSLL) R$ 250.000
- Despesa com provisões para processos judiciais ambientais R$ 100.000
- Perdas estimadas com créditos de liquidação duvidosa R$ 50.000
- Perdas não realizadas de variação do valor justo de instrumentos financeiros R$ 20.000
- Despesas com marketing R$ 50.000

Considerando-se apenas as informações apresentadas e uma alíquota de 34% de IR/CSLL, de acordo com o CPC 32 - Tributos sobre o Lucro, a empresa contabilizará um IR/CSLL diferido no:

a) ativo de R$ 57.800;

b) ativo de R$ 85.000;

c) passivo de R$ 85.000;

d) passivo de R$ 102.000;

e) passivo de R$ 136.000.

COMENTÁRIOS

O lucro real é uma das formas de apuração da base de cálculo do imposto de renda (IR) e da base de cálculo da contribuição social (CSLL).

A apuração do IR/CSLL com base no lucro real parte do lucro contábil. Normalmente há diferenças entre o lucro contábil e a base de cálculo do IR e da CSLL, devido a despesas que não são dedutíveis para fins fiscais ou em que a dedução ocorre em período diferente do seu reconhecimento na contabilidade. Também pode ocorrer a contabilização de receitas que não são tributáveis ou que são tributadas em período diverso.

Quando a receita reconhecida na contabilidade não é tributável em nenhum momento, há impacto somente na apuração da base de cálculo do IR/CSLL, não havendo necessidade de qualquer outro ajuste na contabilidade. Da mesma forma, uma despesa indedutível a qualquer tempo irá afetar a base de cálculo do IR/CSLL, mas sem exigir qualquer ajuste na contabilidade.

Entretanto, haverá a necessidade de controle para ajustes futuros na contabilidade, na hipótese de ocorrência de diferenças temporais em determinados itens que são dedutíveis ou tributáveis em um período diferente daquele considerado pela contabilidade em obediência ao regime de competência.

O Pronunciamento Técnico CPC 32 – Tributos sobre o Lucro estabelece o tratamento contábil dos tributos sobre o lucro, tendo em vista os impactos ocasionados pelas diferenças temporais entre o reconhecimento das receitas e das despesas na contabilidade, em obediência ao regime de competência, e o momento da tributação ou dedutibilidade desses itens, nos termos da legislação tributária.

Na questão, o IR/CSLL diferido refere-se a diferenças decorrentes de despesas que não são dedutíveis no período em que foram reconhecidas na contabilidade, mas que poderão ser deduzidas em períodos futuros.

Assim, as seguintes despesas foram contabilizadas no período, mas só poderão ser deduzidas em período futuro, quando ocorrer a saída efetiva de caixa da empresa:

Despesa com provisões para processos judiciais ambientais	R$ 100.000
Perdas estimadas com créditos de liquidação duvidosa	R$ 50.000
Perdas não realizadas de variação do valor justo de instrumentos financeiros	R$ 20.000
Total de despesas dedutíveis no período, mas passíveis de serem deduzidas no futuro	R$ 170.000

Para calcular o IR/CSLL diferido basta aplicar a alíquota de 34% sobre a soma dessas despesas que tiveram sua dedutibilidade postergada para o futuro:

IR/CSLL diferido = 34% X 170.000

IR/CSLL diferido = R$ 57.800

Alternativa correta: letra "a"

28. INFORMAÇÕES POR SEGMENTO

57. (FGV – 2022 – TCE/TO – Analista Técnico) A entidade deve divulgar informações que permitam aos usuários das demonstrações contábeis avaliar a natureza e os efeitos financeiros das atividades de negócio nas quais está envolvida e os ambientes econômicos em que opera.

Nesse sentido, um segmento de uma empresa comercial deve ser divulgado separadamente quando as receitas do segmento forem iguais ou superiores a:

a) 10% da receita combinada, interna e externa, de todos os segmentos operacionais;
b) 75% da receita total da entidade;
c) 20% das exportações totais e de vendas externas;
d) 20% do maior valor, em termos absolutos, das vendas internas e externas;
e) 25% dos ativos combinados de todos os segmentos operacionais.

COMENTÁRIOS

O Pronunciamento Técnico CPC 22 – Informação por Segmento estabelece o seguinte:

A entidade deve divulgar separadamente as informações sobre o segmento operacional que atenda a qualquer um dos seguintes parâmetros:

(a) sua receita reconhecida, incluindo tanto as vendas para clientes externos quanto as vendas ou transferências intersegmentos, é igual ou superior a 10% da receita combinada, interna e externa, de todos os segmentos operacionais;

(b) o montante em termos absolutos do lucro ou prejuízo apurado é igual ou superior a 10% do maior, em termos absolutos, dos seguintes montantes:

(i) lucro apurado combinado de todos os segmentos operacionais que não apresentaram prejuízos; e

(ii) prejuízo apurado combinado de todos os segmentos operacionais que apresentaram prejuízos;

(c) seus ativos são iguais ou superiores a 10% dos ativos combinados de todos os segmentos operacionais.

Alternativa correta: letra "a"

29. RECEITA DE CONTRATO COM CLIENTE

58. (FGV – 2022 – TCE/TO – Analista Técnico) Uma empresa assina 100 contratos com um cliente no início do mês. Cada contrato inclui a venda de um produto por R$ 1.000 cada (100 produtos x R$ 1.000 = R$ 100.000) e um custo unitário de R$ 600. O dinheiro será recebido quando o controle dos produtos for transferido no fim do mês. A prática comercial e habitual da empresa é permitir que o cliente devolva qualquer produto não utilizado (estado de novo) no prazo de trinta dias e receba reembolso total. A empresa avalia a carteira conjunta dos 100 contratos. Para estimar a contraprestação variável à qual a empresa terá direito, a entidade decide usar o método do valor esperado, porque é o método pelo qual a entidade espera melhor prever o valor da contraprestação à qual terá direito. Usando o método do valor esperado e com base em estatísticas da empresa, ela estima que 3% dos produtos serão devolvidos.

Dessa forma, a empresa contabilizará no fim do mês um(a):

a) receita de R$ 100.000;
b) despesa antecipada de R$ 100.000;
c) custo dos produtos vendidos de R$ 60.000;
d) passivo de restituição de R$ 3.000;
e) direito de recuperação de produtos de R$ 3.000.

COMENTÁRIOS

Conforme o Pronunciamento Técnico CPC 47 – Receita de Contrato com Cliente, um passivo de restituição deve ser reconhecido caso a entidade espere restituir ao cliente no todo ou em parte a contraprestação dele recebida.

A entidade deve reconhecer os seguintes itens:

a) receita dos produtos transferidos no valor da contraprestação que espera ter direito: R$ 97.000;

b) obrigação de restituição: R$ 3.000 (3% X 100.000);

c) ativo por seu direito de recuperar produtos de clientes ao liquidar a obrigação de restituição: R$ 1.800 (3% X 60.000).

d) custo de vendas ajustado: 58.200 (60.000 – 1.800)

Lançamento da venda:

D	Clientes	R$ 100.000
D	CPV (60.000 – 3% X60.000)	R$ 58.200
D	Direito de recuperação de produtos	R$ 1.800
C	Receita	R$ 97.000
C	Passivo de Restituição	R$ 3.000
C	Estoques	R$ 60.000

Alternativa correta: letra "d"

30. CONTABILIDADE DE CUSTOS

59. (FGV – 2024 – TCE/PA – Auditor de Controle Externo) Leia o fragmento a seguir.

Uma fábrica de brinquedos adquiriu 3 computadores para serem utilizados pelos profissionais de contabilidade do escritório geral por R$20.000, para pagamento em seis meses.

No momento da compra, o computador é considerado um ______. Anualmente, seu uso é considerado um(a) ______.

Assinale a opção que completa corretamente as lacunas do fragmento acima

a) custo – despesa.
b) desembolso – custo.
c) investimento – custo.
d) desembolso – despesa.
e) investimento – despesa.

COMENTÁRIOS

A Contabilidade de Custos originou-se da necessidade de avaliar os estoques das indústrias, tendo como objetivos mensurar os estoques e apurar o custo dos produtos vendidos.

A Contabilidade de Custos adota uma terminologia própria consagrada na doutrina, embora não seja padronizada na legislação.

Os principais termos utilizados em Contabilidade de Custos são os seguintes:

Gasto: sacrifício financeiro (desembolso) para a aquisição de um bem ou serviço, consistindo na entrega ou promessa de entrega de ativos (normalmente dinheiro).

Investimento: gasto classificado no Ativo para baixa posterior, por ocasião da venda ou consumo. São exemplos de investimentos o gasto com matéria-prima ou com a aquisição de máquina a ser usada na produção.

Custo: gasto com bem ou serviço utilizado na produção de outros bens ou serviços. O gasto com matéria-prima torna-se custo quando ocorre sua transferência para a linha de produção e é utilizada na fabricação de um produto.

Despesa: bem ou serviço consumido para a obtenção de receitas. Em regra, os gastos não relacionados à produção são despesas, a exemplo da comissão paga ao vendedor ou a depreciação dos móveis do escritório. De outra forma, a depreciação das máquinas da fábrica não representa uma despesa, pois é um dos componentes do custo do produto fabricado.

Perda: consumo involuntário e anormal de um bem ou serviço, como perdas por incêndio, gastos com mão-de-obra durante uma greve. Embora seja contabilizada no resultado a débito, difere das despesas porque não há um sacrifício com vistas à obtenção de receitas.

Partindo dos conceitos vistos acima, tem-se que no momento da compra um computador é um investimento. Já a depreciação anual dos computadores do escritório é contabilizada como despesa, já que não está relacionada à produção.

Alternativa correta: letra "e"

31. ANÁLISE DAS DEMONSTRAÇÕES CONTÁBEIS

60. (FGV – 2022 – TCU – Auditor Federal de Controle Externo) Um analista deseja elaborar um documento com a situação contábil de diferentes entidades do mesmo setor. Para isso, ele analisou suas demonstrações contábeis referentes aos anos de 2019, 2020 e 2021.

Para facilitar o seu trabalho, o analista não levou em consideração a atualização dos componentes das demonstrações contábeis pela inflação.

Os resultados mais impactados pela não correção pela inflação diziam respeito, principalmente, à análise:

a) horizontal;
b) vertical;
c) dos indicadores de liquidez geral;
d) dos indicadores de liquidez imediata;
e) dos indicadores de estrutura de capital.

COMENTÁRIOS

A análise contábil é dividida em: análise vertical (estrutura), análise horizontal (evolução) e análise por quocientes (indicadores).

Análise horizontal: verifica a evolução dos elementos patrimoniais ou de resultado de um período a outro, através da comparação de uma conta ou grupo de contas em diferentes exercícios.

Análise vertical: compara a participação de contas ou grupos dentro no balanço, bem como da participação de itens na demonstração de resultado. Dessa forma, a análise tem por base a participação percentual do item em relação ao grupo do qual faz parte.

Análise por indicadores: é efetuada através da relação de variadas contas do balanço patrimonial e da demonstração do resultado dentro de um mesmo exercício. Os indicadores são divididos em: estáticos ou patrimoniais, dinâmicos ou operacionais; de velocidade.

Como a análise horizontal é feita pela comparação de itens em exercícios diferentes, a variação de preços provocada pela inflação irá impactar mais fortemente essa análise.

De forma diferente, a inflação terá um impacto reduzido na análise vertical e na análise por indicadores, uma vez que, nesses casos, a comparação entre os itens ocorre dentro de um mesmo exercício.

Alternativa correta: letra "a"

61. (FGV – 2022 – TCU – Auditor Federal de Controle Externo) Uma entidade apresentava o seguinte balanço patrimonial em 31/12/X1:

Ativo Circulante	62.000	Passivo Circulante	40.000
Caixa	50.000	Fornecedores	40.000
Despesa Antecipada	12.000	Passivo não Circulante	100.000
Ativo não Circulante	180.000	Contas a Pagar	100.000
Imobilizado		Patrimônio Líquido	102.000
Terreno	180.000		
Total	242.000	Total	242.000

Em X2, os seguintes fatos aconteceram na entidade:

- pagamento da dívida com fornecedores;
- realização integral das despesas antecipadas;
- contração de empréstimo de longo prazo no valor de R$ 27.000;
- compra de R$ 30.000 em estoque para pagamento em março de X3.

Além disso, a entidade foi acionada na justiça por um antigo funcionário, que pedia R$ 12.000. Os advogados julgaram que a perda da causa era provável e que deveria acontecer no início de X3.

Na análise dos indicadores de liquidez da entidade em 31/12/X1 e em 31/12/X2, é correto concluir que os indicadores de liquidez:

a) seca passaram de 0,95 para 0,17;
b) imediata passaram de 1,25 para 0,88;
c) corrente passaram de 1,55 para 2,23;
d) geral passaram de 1,73 para 1,46;
e) seca e corrente permaneceram iguais.

COMENTÁRIOS

Inicialmente, veremos o conceito dos seguintes índices de liquidez: geral, corrente, seca e imediata.

Liquidez Geral: Indica o quanto a empresa possui no ativo circulante e no ativo realizável a longo prazo em relação às dívidas totais. É representado pela seguinte fórmula:

$$LG = \frac{\text{Ativo Circulante + Ativo Realizável a Longo Prazo}}{\text{Passivo Circulante + Passivo Não Circulante}}$$

Liquidez Corrente: Indica a relação entre o ativo circulante e as dívidas de curto prazo. É representado pela seguinte fórmula:

$$LC = \frac{\text{Ativo Circulante}}{\text{Passivo Circulante}}$$

Liquidez Seca: Indica a relação entre o ativo circulante – excluídos os estoques e despesas antecipadas – e as dívidas de curto prazo. É representado pela seguinte fórmula:

$$LS = \frac{\text{Ativo Circulante – Estoques – Despesas Antecipadas}}{\text{Passivo Circulante}}$$

Liquidez Imediata: Indica a relação entre as disponibilidades e as dívidas de curto prazo. É representado pela seguinte fórmula:

$$LI = \frac{\text{Disponibilidades}}{\text{Passivo Circulante}}$$

Agora vamos calcular os índices de liquidez em 31/12/X1:

$$\textbf{Liquidez Seca} = \frac{\text{Ativo Circulante – Despesas Antecipadas}}{\text{Passivo Circulante}} = \frac{62.000 - 12.000}{40.000} = 1{,}25$$

$$\textbf{Liquidez Imediata} = \frac{\text{Disponibilidades}}{\text{Passivo Circulante}} = \frac{50.000}{40.000} = 1{,}25$$

$$\textbf{Liquidez Corrente} = \frac{\text{Ativo Circulante}}{\text{Passivo Circulante}} = \frac{62.000}{40.000} = 1{,}55$$

$$\textbf{Liquidez Geral} = \frac{\text{Ativo Circulante + Ativo Realizável a Longo Prazo}}{\text{Passivo Circulante + Passivo Não Circulante}} = \frac{62.000}{40.000 + 100.000} = 0{,}44$$

Vejamos o impacto de cada uma das operações nas contas do balanço de 31/12/X2:

1 - pagamento da dívida com fornecedores no valor de R$ 40.000: aumento no caixa e redução em fornecedores

2 – realização integral das despesas antecipadas no valor de R$12.000: aumento em despesas e redução em despesas antecipadas no ativo circulante;

3 – contração de empréstimo de longo prazo no valor de R$ 27.000: aumento no caixa e em empréstimos no passivo não circulante;

4 – compra de R$ 30.000 em estoque para pagamento em março de X3: aumento em estoques no ativo circulante e em fornecedores no passivo circulante;

5 – ação trabalhista no valor R$ 12.000, com perda julgada provável, com desembolso previsto em X3: aumento em despesas e em provisão trabalhista no passivo circulante.

Após o cômputo das operações, o ativo e o passivo terão a seguinte posição em 31/12/X2:

Caixa: 50.000 – 40.000 + 27.000 = 37.000

Estoques: +30.000 = 30.000

Total do Ativo Circulante **67.000**

Fornecedores: 40.000 – 40.000 + 30.000 = 30.000

Provisão Trabalhista: +12.000 = 12.000

Total do Passivo Circulante **42.000**

Contas a Pagar = 100.000

Empréstimos: +27.000 = 27.000

Total do Passivo Não Circulante **127.000**

Agora vamos calcular os índices de liquidez em 31/12/X2:

Liquidez Seca = $\frac{\text{Ativo Circulante – Estoques}}{\text{Passivo Circulante}} = \frac{67.000 – 30.000}{42.000} = 0,88$

Liquidez Imediata = $\frac{\text{Disponibilidades}}{\text{Passivo Circulante}} = \frac{37.000}{42.000} = 0,88$

Liquidez Corrente = $\frac{\text{Ativo Circulante}}{\text{Passivo Circulante}} = \frac{67.000}{42.000} = 1,60$

Liquidez Geral = $\frac{\text{Ativo Circulante + Ativo Realizável a Longo Prazo}}{\text{Passivo Circulante + Passivo Não Circulante}} = \frac{67.000}{42.000 + 127.000} = 0,40$

A seguir é demonstrado um quadro comparativo dos índices de liquidez nos anos de X1 e X2:

	31/12/X1	31/12/X2
Liquidez Seca	1,25	0,88
Liquidez Imediata	1,25	0,88
Liquidez Corrente	1,55	1,60
Liquidez Geral	0,44	0,40

Alternativa correta: letra "b"

62. (CEBRASPE – 2024 – TCE/PR – Auditor de Controle Externo) A seguir, são apresentados o balancete de verificação e a DRE (ajustes) relativos a demonstrações contábeis de determinada empresa, para os três últimos exercícios (X1, X2 e X3), em ordem ascendente e em ordem alfabética das contas.

balancete de verificação			
contas	**saldos devedores (RS)**		
	X1	**X2**	**X3**
ativo realizável a longo prazo	100	100	100
contas a receber	200	150	450
disponibilidades	50	80	150
imobilizado	200	250	400
investimentos (mais de 365 dias)	400	500	400
produtos acabados	150	320	300
total	**1.100**	**1.400**	**1.800**

contas	saldos credores (R$)		
	X1	X2	X3
contas a pagar	150	300	400
dívidas (mais de 365 dias)	250	250	400
financiamentos (mais de 365 dias)	300	300	300
imposto de renda a pagar	50	70	50
investimento do proprietário	200	200	200
lucro não distribuído	50	150	300
salários a pagar	100	130	150
total	**1.100**	**1.400**	**1.800**

DRE (ajustes)	X1	X2	X3
custo produtos vendidos (CPV)	R$ 50	R$ 100	R$ 100
despesas operacionais	R$ 50	R$ 40	R$ 80
deduções pós resultado operacional	R$ 50	R$ 60	R$ 70
vendas	R$ 200	R$ 300	R$ 400

Considere as seguintes observações, pertinentes para a resolução das questões.

• O ciclo operacional e financeiro da empresa é de 365 dias.

• A conta "contas a pagar" é para fornecedores.

• Na análise horizontal (AH), quando não destacado, o ano-padrão (início) é tomado como data base, conforme pacificado pelo mercado.

• Nos cálculos da AH, da análise vertical (AV) e dos indicadores, é recomendado o levantamento do balanço patrimonial na ordem ascendente: do ano 1 (X1) para o ano 3 (X3).

• Todos os cálculos finais devem apresentar os resultados com duas casas decimais.

• Os indicadores devem ser calculados com a utilização de fórmulas-padrão pacificadas no mercado. Por exemplo, no caso de indicadores de rentabilidade, não é necessário levantar o lucro operacional líquido ajustado com a retirada da despesa financeira e dos efeitos do imposto de renda (economia financeira).

• Para o cálculo de investimentos, não é necessária a retirada do passivo de funcionamento (não oneroso).

• Não é exigido cálculo para apurar a eficiência requerida na análise avançada, ou seja, não é necessário levantar as médias (ativo médio, patrimônio líquido médio etc.), salvo quando a fórmula-padrão original assim o exigir (por exemplo, = 365, em que PME representa o prazo médio de estocagem, EMMP, o estoque médio de matéria-prima, e CA, o consumo anual).

O tempo necessário para que os sócios da empresa mencionada no texto recuperem o valor do capital investido em X3 é

a) inferior a 2 anos.
b) superior ou igual a 2 anos e inferior a 3 anos.
c) superior ou igual a 3 anos e inferior a 4 anos.
d) superior ou igual a 4 anos e inferior a 5 anos.
e) superior ou igual a 5 anos.

COMENTÁRIOS

Para resolver a questão é necessário calcular o payback.

O payback é um indicador que representa o tempo necessário para recuperar o valor do capital investido.

O payback simplificado pode ser calculado através da fórmula: Payback = investimento/lucro

A questão menciona o tempo necessário para recuperar o capital investido em X3. Logo, deverá ser apurado o valor do investimento e do lucro apurados em X3.

O Investimento feito pelos sócios em X3 é demonstrado a seguir:

Investimento do proprietário	200
Lucro não distribuído	300
Total do investimento	500

O lucro em X3 é demonstrado a seguir:

Vendas	400
Custo dos produtos vendidos (CPV)	(100)
Despesas operacionais	(80)
Deduções pós resultado operacional (70)	
(=) Lucro do exercício	150

Por fim, tem-se o cálculo do Payback:

Payback = 500/150 = 3,33 anos

Alternativa correta: letra "c"

Contabilidade

Alexandre Ogata

✦ DICAS

1. CONTAS: CONCEITO, CONTAS DE DÉBITOS, CONTAS DE CRÉDITOS

Na Contabilidade são utilizadas contas para o registro de todos os fatos contábeis. Assim, são utilizadas contas para o registro dos bens e direitos (ativo), das obrigações (passivo), do patrimônio líquido, das receitas e das despesas.

De acordo com a teoria patrimonialista, vigente atualmente, as contas são classificadas em patrimoniais e de resultado.

As contas patrimoniais englobam as contas do ativo, do passivo e do patrimônio líquido, os quais se referem à posição patrimonial e financeira da entidade.

As contas de resultado incluem as contas de receitas e despesas, as quais se referem ao desempenho financeiro da entidade.

Ao final do exercício, as contas de resultado são encerradas para a apuração do resultado do exercício, que por sua vez é transferido para o Patrimônio Líquido, na conta Lucros ou Prejuízos Acumulados.

As contas patrimoniais não são encerradas ao final do exercício. Os saldos das contas patrimoniais ao final do exercício representam os saldos iniciais do exercício seguinte.

O saldo das contas pode ter natureza credora ou devedora.

Contas do ativo e contas de despesas: saldo devedor. Aumentam a débito e diminuem a crédito.

Contas do passivo, do patrimônio líquido e de receitas: saldo credor. Aumentam a crédito e diminuem a débito.

Contas retificadoras são contas patrimoniais que reduzem o saldo dos grupos a que pertencem. Funcionam de forma inversa à das contas típicas do grupo.

Contas retificadoras do ativo: saldo credor. Aumentam a crédito e diminuem a débito.

Contas retificadoras do passivo e retificadoras do patrimônio líquido e de receitas: saldo devedor. Aumentam a débito e diminuem a crédito.

2. ATIVO CIRCULANTE / CONTAS A RECEBER

Lei 6404/76 – artigo 179 e 183.
CPC 26 – Apresentação das Demonstrações Contábeis

Segundo a Lei nº 6.404/76, são classificados no ativo circulante:

I – as disponibilidades;

II – os direitos realizáveis no curso do exercício social seguinte; e

III – as aplicações de recursos em despesas do exercício seguinte.

Caso o ciclo operacional da companhia ultrapasse um ano, a classificação em circulante ou não circulante passará a ser baseada na duração desse ciclo.

De acordo com o Pronunciamento Técnico CPC 26 (R1), o ativo é classificado como circulante quando ocorrer qualquer das seguintes situações:

(a) é esperada sua realização, venda ou consumo durante o ciclo operacional da entidade;

(b) é mantido essencialmente com o propósito de ser negociado;

(c) é esperada sua realização até um ano após a data do balanço; ou

(d) é caixa ou equivalente de caixa, exceto se sua troca ou uso para liquidação de passivo seja vedada por período superior a um ano após a data do balanço.

Todos os outros ativos devem ser classificados como não circulantes.

Contas a receber decorrentes de vendas

As contas decorrentes de vendas a prazo de mercadorias ou serviços a clientes representam um direito da empresa e costumam ser um item significativo do ativo. As contas mais comuns decorrentes desse regime de vendas são Duplicatas a Receber e Clientes. A contabilização dessas contas segue o mesmo padrão, inclusive quanto aos critérios de avaliação.

Assim, em uma venda mercantil a prazo, o vendedor pode extrair a fatura, que discrimina as mercadorias vendidas. No ato da emissão da fatura pode ser extraída uma duplicata que será remetida ao comprador para aceite. As empresas também podem emitir fatura e duplicata relativa aos serviços prestados.

Nesse caso, a venda a prazo origina um lançamento a débito em Duplicatas a Receber e a crédito de uma conta de receita de Vendas de Mercadorias:

D Duplicatas a receber

C Receita de Vendas

Quando ocorre o recebimento, é efetuado o lançamento a crédito de Duplicatas a Receber e a débito de Disponibilidades:

D Caixa e Equivalentes

C Duplicatas a receber

As contas a receber devem ser avaliadas pelo valor líquido de realização. Por isso, é necessário constituir ajustes para Perdas Estimadas com Créditos de Liquidação Duvidosa (PECLD).

Essa conta é constituída para cobertura das perdas estimadas no recebimento de contas. Ou seja, irá reduzir o valor que se espera receber das vendas, sendo, por isso, uma conta retificadora do ativo.

3 - ESTOQUES

Lei 6404/76 - artigo 183.
CPC 16 - Estoques

Os estoques recebem diversas classificações conforme sua utilização: mercadorias para revenda, matéria-prima, produtos acabados, produtos em elaboração.

Estoques são bens adquiridos ou produzidos pela empresa com o objetivo de venda ou para serem utilizados na produção de outros bens ou na prestação de serviços.

Em empresas comerciais, o principal estoque é o de Mercadorias, que abrange bens adquiridos de terceiros para venda posterior, no estado em que foram adquiridos pela empresa.

Nas indústrias, os fatores de produção utilizados, tais como matéria-prima, mão de obra, depreciação de máquinas e de instalações fabris compõem o custo dos estoques.

Assim em empresas industriais as seguintes contas representam os estoques:

I - Matérias-primas: materiais que serão utilizados diretamente nos produtos;

II - Produtos em elaboração: incluem as matérias-primas contidas na linha de produção e os demais custos considerados nessa fase, como mão de obra direta, materiais auxiliares, depreciação das máquinas etc;

III - Produtos acabados: produtos cujo processo de fabricação na empresa foi concluído e estão disponíveis para venda.

OPERAÇÕES COM MERCADORIAS

As empresas comerciais adquirem mercadorias para, posteriormente, revenderem com lucro. O ciclo dessa operação pode ser representado da seguinte forma:

1 - A empresa adquire mercadorias que vão para o seu estoque;

2 - Ao vender as mercadorias, reconhece a receita de vendas;

3 - O resultado com a venda de mercadorias (lucro/prejuízo) é a diferença entre a receita de vendas e o custo das mercadorias vendidas.

O cálculo do Resultado com Mercadorias (RCM) ou Lucro/Prejuízo Operacional Bruto pode ser expresso através da seguinte fórmula:

RCM = V - CMV

Onde:

V = Vendas de Mercadorias (receita)

CMV = Custo das Mercadorias Vendidas (despesa)

Os estoques não aparecem na fórmula. Entretanto, o CMV representa o valor das mercadorias saídas do estoque.

O valor das vendas do período é obtido diretamente pela própria conta de vendas. Entretanto, o cálculo do CMV é mais complexo, uma vez que normalmente as mercadorias em estoque são adquiridas em vários momentos e com preços diferentes. Para apurar o valor do CMV, há duas formas de controle de estoques: o inventário periódico e o inventário permanente.

Inventário periódico

Nesse sistema, a empresa realiza a contagem física dos estoques existentes ao fim do exercício (inventário) e, somente nesse momento, efetua os lançamentos referentes à conta de estoques. No início do exercício, o saldo da conta Mercadorias corresponde ao estoque inicial. Essa conta não recebe lançamentos ao longo do exercício, mas somente ao seu término, quando seu saldo corresponderá ao estoque final.

O Resultado com Mercadorias (RCM) será conhecido apenas ao fim do período, através do cálculo da diferença entre as Vendas e o Custo das Mercadorias Vendidas: RCM = V – CMV.

As vendas (V) são apuradas diretamente da conta de resultado onde são registradas.

O cálculo do CMV envolve as contas Mercadorias e Compras. No início do exercício, o estoque inicial (EI) está registrado na conta Mercadorias. No decorrer do período, as compras (C) irão aumentar os estoques de mercadorias, sendo registradas na conta Compras e não em Mercadorias. Por outro lado, as vendas irão diminuir os estoques. O valor das mercadorias saídas do estoque pelas vendas equivale ao CMV. Assim, o estoque final corresponde ao estoque inicial somado às compras e diminuído pelas saídas das mercadorias vendidas:

EF = EI + C – CMV

Portanto: CMV = EI + C – EF

Inventário permanente

No inventário permanente, a cada venda tem-se a informação do valor do CMV, RCM e estoque final. Por isso, não é necessária a contagem física dos estoques ao término do exercício. Todas as entradas e saídas de estoque são contabilizadas simultaneamente às respectivas transações.

No inventário permanente há basicamente 3 (três) contas principais para contabilizar as operações com mercadorias: Mercadorias, Vendas (V) e Custo das Mercadorias Vendidas (CMV).

Simplificadamente, desconsiderando a incidência de tributos, o funcionamento dessas contas segue o seguinte padrão:

1 – Na aquisição de mercadorias:

D Mercadorias

C Caixa (ou Bancos ou Duplicatas a Pagar)

2 – Na venda de mercadorias:

D Caixa (ou Bancos ou Duplicatas a Receber)

C Vendas

e

D CMV

C Mercadorias

As aquisições de mercadorias são contabilizadas pelo seu custo. No entanto, essas aquisições são feitas em momentos diferentes e com preços variados. Por isso, o valor a ser atribuído às saídas de mercadorias dependerá de algum critério de avaliação. Os principais critérios de avaliação de estoques são os seguintes: preço específico, PEPS, UEPS, média ponderada móvel, método do varejo.

Preço específico

Por esse critério, cada item em estoque tem seu custo individualmente atribuído. No momento da venda, já se sabe o custo daquele item específico. No caso de empresas que trabalham com um grande número de itens esse sistema é inviável.

PEPS (Primeiro a entrar, primeiro a sair) ou FIFO (First in, first out)

Pelo método PEPS, considera-se que as aquisições mais antigas serão as primeiras a serem baixadas quando ocorrerem as vendas.

UEPS (Último a entrar primeiro a sair) ou LIFO (Last in, first out)

Pelo método UEPS, considera-se que as aquisições mais recentes serão as primeiras a serem baixadas, quando ocorrerem as vendas.

Média ponderada móvel (MPM) ou Custo médio ponderado (CMP)

Por esse método, a cada entrada é calculado o preço médio das mercadorias em estoque. Para obter o custo das vendas basta utilizar o valor calculado anteriormente.

Método do varejo

O método do varejo consiste na atribuição de uma margem de lucro a cada mercadoria. Após a apuração do estoque final, a preço de venda, basta dividir seu valor pelo índice de margem de lucro, para se obter o seu valor a preços de custo.

CRITÉRIOS DE AVALIAÇÃO DE ESTOQUES

Conforme o Pronunciamento CPC 16 (R1), os estoques de itens que não são normalmente intercambiáveis e de bens ou serviços produzidos e segregados para projetos específicos devem ter seus custos atribuídos pelo preço específico.

Nos demais casos, o custo dos estoques deve ser atribuído pelo PEPS ou pelo Custo Médio Ponderado. Deve ser adotado o mesmo critério para todos os estoques que tenham natureza e uso semelhantes para a entidade.

O CPC 16 (R1) permite o uso do método de varejo, por conveniência, se os resultados se aproximarem do custo.

A legislação do imposto de renda também prevê adoção do PEPS ou do Custo Médio Ponderado.

É proibida a utilização do método UEPS tanto pela legislação do imposto de renda como pelas normas contábeis. Ambas as legislações permitem ainda a utilização do método do varejo.

O §4º do artigo 183 da Lei Societária permite ainda a avaliação a valor de mercado no caso de commodities (bens produzidos em larga escala e cotados em bolsas de mercadorias, tais como, café, soja, açúcar, boi gordo etc), nos seguintes termos: "os estoques de mercadorias fungíveis destinadas à venda poderão ser avaliados pelo valor de mercado, quando esse for o costume mercantil aceito pela técnica contábil".

CUSTO DE AQUISIÇÃO DE ESTOQUES

Conforme o Pronunciamento CPC 16 (R1), "o custo de aquisição dos estoques compreende o preço de compra, os impostos de importação e outros tributos (exceto os recuperáveis junto ao fisco), bem como os custos de transporte, seguro, manuseio e outros diretamente atribuíveis à aquisição de produtos acabados, materiais e serviços. Descontos comerciais, abatimentos e outros itens semelhantes devem ser deduzidos na determinação do custo de aquisição".

Assim, pode-se representar as compras líquidas como a seguir:

COMPRAS

(+) OUTROS CUSTOS (frete, seguros, comissões, armazenagem, Imposto de Importação)

(-) TRIBUTOS RECUPERÁVEIS

(-) DEVOLUÇÕES DE COMPRAS

(-) ABATIMENTOS

<u>(-) DESCONTOS INCONDICIONAIS (COMERCIAIS)</u>

(=) COMPRAS LÍQUIDAS

Na verdade, o valor a ser considerado para compras(C), nas fórmulas apresentadas anteriormente, deve ser o das Compras Líquidas (CL). Assim:

CMV = EI + CL – EF

Quando ocorre uma devolução de compras, as mercadorias devolvidas são excluídas do estoque em contrapartida ao retorno do valor pago, ou da diminuição do saldo a pagar. Ou seja, os lançamentos de devolução serão inversos aos efetuados na compra de mercadorias.

O desconto comercial (ou incondicional) é concedido no momento da venda, sem nenhuma vinculação a qualquer evento futuro. Normalmente ocorre devido à grande quantidade de mercadoria adquirida ou a clientes preferenciais. O valor do desconto deve ser excluído da entrada no estoque.

Abatimentos são reduções de preços concedidos após a entrega das mercadorias, em virtude de defeitos de qualidade, de danos provocados pelo transporte etc. O valor abatido deve ser deduzido do estoque.

Os tributos não cumulativos são descontados do valor de entrada nos estoques e registrados em contas de tributos a recuperar, no ativo.

Tributos incidentes sobre compras

Há incidência de vários tributos nas operações com mercadorias. Os tributos mais comumente presentes sobre as operações de compra de mercadorias são os seguintes: Imposto sobre Produtos Industrializados (IPI), Imposto sobre Circulação de Mercadorias e sobre Prestações de Serviços de Transporte Interestadual e Intermunicipal e de Comunicação (ICMS), Contribuição para os Programas de Integração Social (PIS) e de Formação do Patrimônio do

Servidor Público (PASEP), Contribuição para o Financiamento da Seguridade Social (COFINS), Imposto de Importação (II).

A forma de contabilização de um determinado tributo irá variar conforme ele seja recuperável ou não recuperável.

Os tributos recuperáveis, também denominados não cumulativos, são aqueles cujo valor devido em cada operação é compensado com os valores pagos nas operações anteriores. Por isso, o valor pago a título de um tributo recuperável é excluído do estoque. Assim, quando a empresa compra mercadorias, ela se credita do valor do imposto não cumulativo pago na compra e irá abatê-lo do valor devido originado pelas operações de venda.

Os tributos incidentes nas operações com mercadorias que têm a característica da não cumulatividade são o IPI, o ICMS, o PIS/PASEP não cumulativo e a COFINS não cumulativa.

Os tributos não recuperáveis são contabilizados como parte do custo de aquisição das mercadorias ingressadas no estoque. Em determinadas situações, mesmo valores pagos a título de tributos não cumulativos não são recuperáveis. Além desses casos, há tributos cumulativos por natureza, os quais não são passíveis de recuperação. São exemplos: o Imposto de Importação, bem como, o PIS/PASEP e a COFINS cumulativos.

4. DESPESAS ANTECIPADAS

As contas de despesas antecipadas no Balanço representam pagamentos cujos benefícios ou prestação de serviços à empresa ocorrerão após o término do exercício atual.

A seguir são listados alguns exemplos de contas de despesas antecipadas:

Prêmios de Seguros a Vencer

Aluguéis a Vencer

Assinaturas de Publicações

Quando ocorrer um pagamento dessa natureza, o lançamento é feito a débito da respectiva conta do ativo de despesa antecipada e a crédito de Disponibilidades. Quando a despesa for considerada realizada, segundo o regime de competência, deve-se efetuar a transferência do valor da conta do ativo de despesa antecipada para a conta de despesa.

Exemplo: Em 30/11/20X7, a empresa contratou seguro contra incêndios no valor de R$ 1.200,00, cujo período de cobertura é de 01/12/20X7 até 30/11/20X8.

Lançamento em 30/11/20X7, pelo pagamento do prêmio de R$ 1.200,00:

D	Seguros a Vencer	1.200
C	Caixa e equivalentes	1.200

Lançamento na data do balanço, em 31/12/20X7, reconhecendo a despesa referente a 1 mês:

D	Despesas de Seguros	100
C	Seguros a Vencer	100

5. REGIME DE COMPETÊNCIA E REGIME DE CAIXA

Lei 6404/76 – artigo 177.
CPC 00 (R2) – Estrutura Conceitual para Relatório Financeiro

O regime de escrituração determina o momento em que as receitas e as despesas devem ser reconhecidas contabilmente.

Há dois regimes principais para a escrituração: o regime de competência e o regime de caixa.

No regime de competência, as receitas e as despesas são registradas quando ocorrem, independentemente do momento do pagamento ou recebimento.

Já no regime de caixa, o reconhecimento das receitas e despesas acontece apenas quando os valores são efetivamente recebidos ou pagos.

Em regra, as empresas são obrigadas legalmente e pelas normas contábeis a adotar o regime de competência.

O art. 177 da Lei nº 6.404/76 determina que "a escrituração da companhia será mantida em registros permanentes, com obediência aos preceitos da legislação comercial e desta Lei e aos princípios de contabilidade geralmente aceitos, devendo observar métodos ou critérios contábeis uniformes no tempo e registrar as mutações patrimoniais segundo o regime de competência".

O Pronunciamento Técnico CPC 00 (R2) também estabelece a adoção do regime de competência.

Para ilustrar a diferença entre os dois regimes, a seguir é demonstrada, segundo o regime de competência, a escrituração no Diário do reconhecimento da despesa de salários no final do mês, a ser pago no futuro, com lançamento a crédito do passivo:

D Salários

C Salários a pagar

Na data do pagamento, ocorrerá um novo lançamento, mas agora registrando apenas um fato permutativo:

D Salários a pagar

C Caixa

De outra forma, no regime de caixa, receitas e despesas são reconhecidas apenas quando há recebimentos e desembolsos.

Assim, no exemplo anterior, caso fosse adotado o regime de caixa, ao final do mês não haveria um lançamento reconhecendo a despesa. Portanto não há registro de contas a pagar. Apenas ocorrerá o lançamento no mês seguinte ao da despesa, quando houver o efetivo pagamento:

D Salários

C Caixa

Quando o pagamento for concomitante ao surgimento da despesa, o lançamento é idêntico nos dois regimes de escrituração:

D Salários

C Caixa

6. INVESTIMENTOS

Lei 6404/76 – artigo 179.
CPC 28 – Propriedade para Investimento

A Lei nº 6.404/76 classifica os seguintes itens no subgrupo Investimentos do Ativo Não Circulante:

1 – As participações permanentes no capital social de outras sociedades;

2 – Os direitos de qualquer natureza, não classificáveis no ativo circulante e que não se destinem à manutenção da atividade da companhia ou da empresa.

Participações permanentes em outras sociedades

A intenção da empresa no momento da aquisição da participação societária determinará se o investimento é permanente ou temporário. Se a empresa adquirir ações de uma companhia, com intenção de vendê-las dentro de alguns meses, elas serão classificadas no Ativo Circulante. Caso a empresa não tenha a intenção de vender as ações adquiridas, estas serão classificadas no Ativo Não Circulante – Investimentos.

A Lei Societária determina que as participações permanentes no capital de outras empresas sejam avaliadas por um dos seguintes métodos: equivalência patrimonial ou custo de aquisição.

Método do custo de aquisição

Quando não for obrigatório o uso do método da equivalência patrimonial, a companhia deve avaliar o investimento em participação no capital social de outras empresas pelo custo de aquisição.

Método da equivalência patrimonial – MEP

Conforme o art. 248 da Lei nº 6.404/76, são avaliados obrigatoriamente pelo método da equivalência patrimonial, os seguintes investimentos:

1 – em sociedades coligadas;

2 – em sociedades controladas;

3 – em outras sociedades que façam parte de um mesmo grupo ou estejam sob controle comum.

Coligadas são sociedades nas quais a investidora tenha influência significativa.

Há influência significativa quando a investidora tem o poder de participar nas decisões das políticas financeira ou operacional da investida, sem controlá-la.

Se a investidora possuir 20% ou mais dos votos conferidos pelo capital da investida , sem controlá-la, presume-se a existência de influência significativa, exceto em caso de evidência em contrário.

É controlada a sociedade na qual a investidora, diretamente ou através de outras controladas, tenha assegurada, de modo permanente, a preponderância nas deliberações sociais e o poder de eleger a maioria dos administradores. Normalmente esta situação ocorre quando a empresa detém mais de 50% do capital votante da investida.

O valor do investimento pelo método da equivalência patrimonial é determinado pela aplicação sobre o patrimônio líquido da investida, da porcentagem de participação da investidora no seu capital.

Demais investimentos permanentes

A lei prevê o registro no ativo não circulante – investimentos, dos direitos de qualquer natureza, não classificáveis no ativo circulante e que não se destinem à manutenção da atividade da companhia e da empresa.

Embora a lei tenha omitido, esses direitos também não podem estar classificados no ativo realizável a longo prazo.

Portanto, fazem parte, por exclusão, do subgrupo investimentos, no ativo não circulante, os direitos de qualquer natureza que:

1 – não sejam classificáveis no ativo circulante ou no ativo realizável a longo prazo;

2 – não se destinem à manutenção da atividade da companhia e da empresa, ou seja, não classificáveis no ativo não circulante – imobilizado ou intangível.

Como exemplo desses investimentos permanentes, tem-se as obras de arte em uma sociedade comercial e os terrenos destinados a uso futuro.

A Lei nº 6.404/76 dispõe que esses investimentos devem ser avaliados pelo custo de aquisição, deduzido de ajuste para atender às perdas prováveis na realização do seu valor, ou para redução do custo de aquisição ao valor de mercado, quando este for inferior.

Propriedades para investimento

A Lei nº 6.404/76 não menciona diretamente as propriedades para investimento. No entanto, o Pronunciamento Técnico CPC 28 – Propriedade para Investimento dispõe sobre este tipo específico de ativo, que deve ser classificado no subgrupo Investimentos do Ativo Não Circulante.

Conforme o CPC 28, propriedade para investimento é o imóvel (terreno, edifício – ou parte de um edifício – ou ambos) mantido pela empresa para obtenção de receita de aluguel ou para valorização do capital ou para ambas. O imóvel assim classificado não pode ser utilizado nas atividades operacionais da empresa ou para venda no curso ordinário dos negócios.

São exemplos de propriedade para investimento: terrenos mantidos à espera de valorização no longo prazo; terrenos mantidos para o futuro, sem definição de uso; edifício mantido para aluguel ou arrendamento operacional; propriedade em construção para futura utilização como propriedade para investimento.

Inicialmente a propriedade para investimento deve ser mensurada pelo custo de aquisição. No custo estão compreendidos o preço de compra e qualquer valor adicional necessário para dispor o ativo na condição pretendida pela administração, tais como, remunerações profissionais de serviços legais, impostos sobre transferência de propriedade e outros custos de transação.

Após o reconhecimento inicial, em regra, a entidade deve escolher como sua política contábil ou o método do valor justo ou o método do custo e deve aplicar essa política a todas as suas propriedades para investimento.

Se a entidade optar pelo método do valor justo, após o reconhecimento inicial, deve mensurar todas as propriedades para investimento por esse método, exceto quando for impossível determinar confiavelmente o valor justo.

O ganho ou perda decorrente da variação do valor justo da propriedade deve ser reconhecido como receita ou despesa do período em que ocorrer.

Se a entidade optar pelo método do custo, após o reconhecimento inicial, deve mensurar todas as propriedades para investimento de acordo com os requisitos do Pronunciamento Técnico CPC 27 – Ativo Imobilizado. Há exceção no caso das propriedades classificadas como mantidas para venda, que devem ser mensuradas conforme as disposições do Pronunciamento Técnico CPC 31 – Ativo Não Circulante Mantido para Venda e Operação Descontinuada.

7. IMOBILIZADO

Lei 6404/76 – artigo 179.
CPC 27 – Ativo Imobilizado

No ativo não circulante imobilizado devem estar classificados os bens corpóreos utilizados nas atividades da empresa, e que não se destinam à comercialização ou à incorporação em produtos destinados à venda. São exemplos: máquinas e equipamentos, instalações, terrenos, prédios, veículos, ferramentas, móveis e utensílios, equipamentos de informática, semoventes (animais).

Regra geral, apenas os bens de propriedade da empresa são classificados no imobilizado. Assim, um prédio alugado pela empresa para uso em suas atividades não será registrado no imobilizado, mas apenas haverá o lançamento das despesas do aluguel. Entretanto, a lei determina a classificação no imobilizado de bens corpóreos de uso, decorrentes de operações que transfiram à companhia seus benefícios, riscos e controle. Neste caso, não é necessário que a companhia detenha a propriedade do bem classificado no imobilizado.

Os bens para uso na manutenção das atividades da empresa que estão em fase de aquisição ou produção também são classificados no imobilizado e recebem a denominação de imobilizações em andamento.

O Pronunciamento Técnico CPC 27 – Ativo Imobilizado define Ativo Imobilizado como:

"item tangível que:

(a) é mantido para uso na produção ou fornecimento de mercadorias ou serviços, para aluguel a outros, ou para fins administrativos; e

(b) se espera utilizar por mais de um período".

A legislação do imposto de renda permite que bens do ativo imobilizado cujo custo de aquisição tenha valor unitário até R$ 1.200,00, ou prazo de vida útil de até um ano sejam deduzidos diretamente como despesa. Mas, essa exceção não é aplicável quando a atividade exercida pela empresa exija utilização de um conjunto desses bens. Assim, por exemplo, uma empresa de locação de impressoras deverá classificar tais equipamentos no imobilizado, mesmo se o custo unitário for inferior ao limite fiscal de R$ 1.200,00.

Conforme o Pronunciamento Técnico CPC 27 – Ativo Imobilizado, o custo de um item do imobilizado engloba o preço de aquisição (incluídos o imposto de importação e tributos não recuperáveis), os gastos necessários para colocar o ativo no local e condições pretendidas (tais como: custos de preparação do local, custos de frete e de manuseio para recebimento e instalação, seguros, impostos não recuperáveis, comissões, custos de instalação e montagem, gastos com desembaraço aduaneiro, escritura e outros serviços legais) e a estimativa inicial dos custos de desmontagem e remoção do item e de restauração do local onde está localizado.

O custo de aquisição de bens do imobilizado engloba todos os gastos necessários para que eles sejam utilizados nas atividades da empresa, tais como: custos de preparação do local, custos de frete e de manuseio (para recebimento e instalação), seguros, impostos não recuperáveis, comissões, custos de instalação e montagem, gastos com desembaraço aduaneiro, escritura e outros serviços

Os impostos recuperáveis, os descontos comerciais e os abatimentos não fazem parte do custo de aquisição do ativo imobilizado.

Os encargos financeiros (como juros e atualização monetária) de empréstimos e financiamentos para a aquisição de bens do imobilizado não fazem parte do custo desses ativos, pois são classificados como despesas financeiras.

Entretanto, caso seja considerado um ativo qualificável, os custos de empréstimos, como os encargos financeiros, diretamente atribuíveis à aquisição, construção ou produção do imobilizado devem ser contabilizados como parte de seu custo. Conforme o Pronunciamento Técnico CPC 20 (R1) – Custo de Empréstimos, "ativo qualificável é um ativo que, necessariamente, demanda um período de tempo substancial para ficar pronto para seu uso ou venda pretendidos". Os juros deixam de ser contabilizados como custo do ativo qualificável, quando concluídas as atividades necessárias ao seu preparo para uso ou venda.

Custo do mobilizado, conforme o Pronunciamento Técnico CPC 27
Preço de aquisição
(+) Impostos de importação e outros tributos não recuperáveis
(-) Descontos comerciais e abatimentos
(+) quaisquer custos diretamente atribuíveis para colocação do ativo no local e condição para funcionamento na forma pretendida pela empresa
(+) Estimativa inicial dos custos de desmontagem, remoção do bem e restauração do local onde está instalado
(=) Custo do imobilizado

Após a instalação do ativo imobilizado no local e nas condições pretendidas pela empresa, não são reconhecidos novos custos no seu valor contábil. O seguro anual do imobilizado, por exemplo, é contabilizado como despesa.

Depreciação, Amortização e Exaustão

A Lei nº 6.404/76 determina que "a diminuição do valor dos elementos dos ativos imobilizado e intangível será registrada periodicamente nas contas de:

a) depreciação, quando corresponder à perda do valor dos direitos que têm por objeto bens físicos sujeitos a desgaste ou perda de utilidade por uso, ação da natureza ou obsolescência;

b) amortização, quando corresponder à perda do valor do capital aplicado na aquisição de direitos da propriedade industrial ou comercial e quaisquer outros com existência ou exercício de duração limitada, ou cujo objeto sejam bens de utilização por prazo legal ou contratualmente limitado;

c) exaustão, quando corresponder à perda do valor, decorrente da sua exploração, de direitos cujo objeto sejam recursos minerais ou florestais, ou bens aplicados nessa exploração".

Conforme o CPC 27, o valor do custo de aquisição do imobilizado deve ser ajustado pela conta de depreciação acumulada e da perda por redução ao valor recuperável acumulada. O valor resultante após essas deduções é o valor contábil.

Conforme a lei societária, depreciação é a perda de valor de bens físicos do imobilizado sujeitos a desgaste ou perda de utilidade por uso, ação da natureza ou obsolescência.

Não pode ser contabilizada depreciação para bens que não apresentam a característica de perda de valor com o passar do tempo, como por exemplo, terrenos.

O CPC 27 define depreciação como "a alocação sistemática do valor depreciável de um ativo ao longo da sua vida útil".

De acordo com a legislação do imposto de renda, a quota de depreciação é dedutível a partir da época em que o bem é instalado, posto em serviço ou em condições de produzir.

Segundo o Pronunciamento Técnico CPC 27, "a depreciação do ativo se inicia quando este está disponível para uso, ou seja, quando está no local e em condição de funcionamento na forma pretendida pela administração. A depreciação de um ativo deve cessar na data em que o ativo é classificado como mantido para venda (ou incluído em um grupo de ativos classificado como mantido para venda de acordo com o Pronunciamento Técnico CPC 31 – Ativo Não Circulante Mantido para Venda e Operação Descontinuada) ou, ainda, na data em que o ativo é baixado, o que ocorrer primeiro. Portanto, a depreciação não cessa quando o ativo se torna ocioso ou é retirado do uso normal, a não ser que o ativo esteja totalmente depreciado. No entanto, de acordo com os métodos de depreciação pelo uso, a despesa de depreciação pode ser zero enquanto não houver produção".

O valor depreciável é o custo do ativo menos seu valor residual.

Valor residual é o valor que a entidade espera obter com a venda do bem, líquido de despesa de venda, ao fim de sua vida útil.

A contabilização da depreciação é feita a crédito de conta retificadora do ativo imobilizado (depreciação acumulada) e, em contrapartida, a débito de conta de despesas (ou custos):

D Depreciação

C Depreciação acumulada

Métodos de depreciação

Existem vários métodos de depreciação. Alguns dos métodos mais comuns são: linear (quotas constantes), soma dos dígitos dos anos, unidades produzidas, horas de trabalho.

Método das quotas constantes (linear ou da linha reta)

Por este método, a quota de depreciação é obtida pela divisão do valor depreciável pelo tempo de vida útil do bem.

Exemplo: A empresa Industrial S/A adquiriu, em 01/01/X7, uma máquina X pelo valor de R$ 130.000,00. O tempo de vida útil estimada da máquina é de 10 anos. A empresa irá depreciar o bem pelo método linear, considerando o valor residual de R$ 10.000,00.

Valor depreciável = Custo de aquisição – valor residual

Valor depreciável = R$ 130.000,00 – R$ 10.000,00

Valor depreciável = R$ 120.000,00

Vida útil: 10 anos

Quota de depreciação anual= 120.000,00/10 = 12.000,00

A taxa de depreciação anual é de 10% (1/10 anos).

Se a depreciação for contabilizada em bases mensais, a quota mensal terá um valor de R$ 1.000,00 (120.000/120 meses). Portanto, a cada mês será feito o seguinte lançamento:

D	Despesa de depreciação	R$ 1.000,00
C	Depreciação acumulada máquina X	R$ 1.000,00

No balanço elaborado em 31/12/X7, o valor do bem e da depreciação acumulada será:

Máquina X	R$ 130.000,00

(-) Depreciação acumulada máquina X (R$ 12.000,00)

No ano seguinte, o balanço de 31/12/X8 apresentará os seguintes valores:

Máquina X R$ 130.000,00

(-) Depreciação acumulada máquina X (R$ 24.000,00)

Valor contábil em 31/12/X8 = 130.000 – 24.000 = R$ 106.000,00

Método da soma dos dígitos

Por este método, a depreciação de cada ano é resultado da multiplicação do custo de aquisição por um índice. O numerador do índice é representado pelo número de anos de uso e o denominador é a soma dos dígitos do tempo de vida útil do bem. O numerador irá variar conforme as quotas sejam crescentes ou decrescentes.

Exemplo: A empresa Industrial S/A adquiriu, em 01/01/X7, uma máquina X pelo valor de R$ 150.000,00. O tempo de vida útil estimada da máquina é de 5 anos. A empresa irá depreciar o bem pelo método crescente, sem valor residual.

O cálculo começa com a soma dos dígitos dos anos de vida útil:

Ano	1
Ano	2
Ano	3
Ano	4
Ano	5
Soma	15

A seguir, é feito o cálculo da depreciação de cada ano:

1º ano	(1/15) X R$ 150.000,00 = R$ 10.000,00
2º ano	(2/15) X R$ 150.000,00 = R$ 20.000,00
3º ano	(3/15) X R$ 150.000,00 = R$ 30.000,00
4º ano	(4/15) X R$ 150.000,00 = R$ 40.000,00
5º ano	(5/15) X R$ 150.000,00 = R$ 50.000,00

Esse método proporciona menores quotas de depreciação no início e maiores no fim da vida útil. É utilizado quando a empresa deseja maior depreciação no final da vida útil, pois nessa época estará mais próximo o momento de substituir o bem.

Caso fosse utilizado o método decrescente, ocorreria a inversão da ordem do numerador do índice:

1º ano	(5/15) X R$ 150.000,00 = R$ 50.000,00
2º ano	(4/15) X R$ 150.000,00 = R$ 40.000,00
3º ano	(3/15) X R$ 150.000,00 = R$ 30.000,00
4º ano	(2/15) X R$ 150.000,00 = R$ 20.000,00
5º ano	(1/15) X R$ 150.000,00 = R$ 10.000,00

Esse método proporciona maiores quotas de depreciação no início e menores no fim da vida útil. Ele permite maior uniformidade na contabilização dos custos. Isso ocorre porque no início a empresa tem um custo mínimo com a manutenção do bem. Com o passar do tempo, esses gastos aumentam. Assim, com o transcorrer do tempo, a depreciação decrescente equilibra o crescente gasto com manutenção.

Método das unidades produzidas

A quota de depreciação é calculada pela relação entre as unidades produzidas no período e a estimativa de produção total de unidades a serem produzidas pelo ativo.

Exemplo: A empresa Industrial S/A adquiriu, em 01/01/X7, uma máquina pelo valor de R$ 150.000,00. Estima-se que a máquina tem capacidade de produzir 1.000.000 de peças ao longo de sua vida útil. No primeiro ano de produção, foram produzidas 200.000 peças. Calcular a depreciação pelo método das unidades produzidas.

Estimativa de produção total: 1.000.000 de peças

Produção no ano: 200.000 peças

Depreciação no ano: 200.000/1.000.000 X R$ 150.000,00 = R$ 30.000,00

Método das horas de trabalho

A quota de depreciação é calculada pela relação entre o tempo de trabalho no período e a estimativa de horas de trabalho durante a vida útil do bem a ser depreciado.

Exemplo: A empresa Industrial S/A adquiriu, em 01/01/X7, uma máquina pelo valor de R$ 150.000,00. Estima-se que a máquina tenha a vida útil de 58.400 horas de trabalho. No primeiro ano de produção, a máquina operou durante 2.920 horas. Calcular a depreciação pelo método das horas de trabalho.

Estimativa de horas de trabalho total: 58.400 horas

Horas de operação da máquina durante o ano: 2.920 horas

Depreciação no ano: 2.920/58.400 X R$ 150.000,00 = R$ 7.500,00

8. INTANGÍVEL

Lei 6404/76 – artigo 179.
CPC 04 (R1) – Ativo Intangível

Segundo a Lei nº 6.404/76, no intangível são classificadas as contas representativas de "direitos que tenham por objeto bens incorpóreos destinados à manutenção da companhia ou exercidos com essa finalidade, inclusive o fundo de comércio adquirido".

A lei societária denominou como fundo de comércio o ágio por expectativa de rentabilidade futura (goodwill). Apenas é permitida a contabilização do fundo de comércio adquirido, mas não daquele que a empresa acumula ao longo de suas atividades.

São exemplos de bens classificados no ativo intangível: software (quando não for parte integrante do respectivo equipamento/hardware), marcas industriais, patentes de fabricação de produtos, ponto comercial, direitos autorais, gastos com desenvolvimento.

Nos termos do Pronunciamento Técnico CPC 4 (R1) – Ativo Intangível, "ativo intangível é um ativo não monetário identificável sem substância física".

Um ativo é denominado monetário quando for representado por dinheiro ou por uma quantia fixa ou determinável de moeda a ser recebida.

O ativo intangível deve ser identificável, controlado e gerador de benefício econômico futuro. Caso um recurso sem substância física não atenda a esses requisitos, o valor gasto para sua aquisição ou geração interna normalmente será reconhecido como despesa.

Um ativo é identificável quando:

a) for separável, podendo ser destacado da empresa e vendido, transferido, licenciado, alugado ou trocado; OU
b) for resultado de direitos legais ou contratuais.

Um ativo é controlado quando a entidade obtém benefícios econômicos futuros advindos dele e tem o poder de limitar o acesso de outros a esses benefícios.

Benefício econômico futuro pode ser gerado por incremento da receita de vendas, redução de custos ou outros benefícios advindos do uso do ativo.

Como todo ativo, um intangível só deve ser reconhecido se:

I) for provável que futuros benefícios econômicos associados ao ativo sejam gerados para a entidade;

II) o seu custo puder ser mensurado com segurança.

O reconhecimento inicial de um ativo intangível deve ser mensurado pelo custo de aquisição, que inclui:

(a) preço de compra, somado do imposto de importação e demais tributos não recuperáveis sobre a compra, com dedução dos descontos comerciais e abatimentos; e
(b) outros custos atribuíveis à preparação do ativo para a finalidade pretendida pela administração.

Pesquisa e desenvolvimento

Para fins de reconhecimento, a entidade deve classificar se um ativo intangível gerado internamente está na fase de pesquisa ou na fase de desenvolvimento. Se não for possível diferenciar em qual fase se encontra o projeto de geração de um intangível, os gastos com o projeto devem ser classificados como incorridos na fase de pesquisa.

Na definição do CPC 4 (R1), "pesquisa é a investigação original e planejada realizada com a expectativa de adquirir novo conhecimento e entendimento científico ou técnico".

Os gastos com pesquisa devem ser reconhecidos como despesa.

De acordo com o CPC 4 (R1), "desenvolvimento é a aplicação dos resultados da pesquisa ou de outros conhecimentos em um plano ou projeto visando à produção de materiais, dispositivos, produtos, processos, sistemas ou serviços novos ou substancialmente aprimorados, antes do início da sua produção comercial ou do seu uso".

Um ativo intangível resultante de desenvolvimento somente deve ser reconhecido se a entidade puder demonstrar todos os seguintes aspectos:

- intenção, viabilidade técnica e capacidade para concluí-lo e usá-lo ou vendê-lo;
- forma como irá gerar benefícios econômicos futuros;
- disponibilidade de recursos técnicos, financeiros e outros para concluir o ativo e usá-lo ou vendê-lo;
- capacidade de mensurar com segurança os gastos durante seu desenvolvimento.

Mensuração após o reconhecimento inicial

Após o reconhecimento inicial, o CPC 4 (R1) prevê que a entidade pode optar pela mensuração do ativo intangível pelo método de custo ou pelo método da reavaliação, caso permitido (no Brasil é proibida a reavaliação).

Sendo assim, no Brasil, após o seu reconhecimento inicial, um ativo intangível com vida útil definida será registrado pelo custo, subtraído de amortização acumulada e eventual perda acumulada por redução ao valor recuperável.

Um ativo intangível de duração ilimitada ou indefinida será registrado pelo custo, mas estará sujeito apenas à redução ao valor recuperável.

Amortização

Conforme a Lei nº 6.404/76, os elementos do ativo intangível devem ser avaliados pelo custo incorrido na aquisição deduzido do saldo da respectiva conta de amortização.

A amortização registrada no intangível refere-se à perda de valor de bens incorpóreos, cuja existência tenha duração limitada ou cuja utilização tenha prazo legal ou contratualmente limitado.

O prazo usado para o cálculo da taxa de amortização pode ser:

- disposto em lei, como o prazo de exploração de patentes;
- fixado em contrato, por exemplo, no caso de concessão de serviço público;
- limitado pela natureza do bem, como um programa de computador cuja duração é restringida pela obsolescência.

Portanto, os direitos que tenham duração ilimitada, tais como marcas de indústria e comércio, não estão sujeitos à amortização.

Conforme o Pronunciamento Técnico CPC 4 (R1), "a amortização deve ser iniciada a partir do momento em que o ativo estiver disponível para uso, ou seja, quando se encontrar no local e nas condições necessários para que possa funcionar da maneira pretendida pela administração. A amortização deve cessar na data em que o ativo é classificado como mantido para venda ou incluído em um grupo de ativos classificado como mantido para venda, de acordo com o Pronunciamento Técnico CPC 31 – Ativo Não Circulante Mantido para Venda e Operação Descontinuada, ou, ainda, na data em que ele é baixado, o que ocorrer primeiro. O método de amortização utilizado reflete o padrão de consumo pela entidade dos benefícios econômicos futuros. Se não for possível determinar esse padrão com confiabilidade, deve ser utilizado o método linear. A despesa de amortização para cada período deve ser reconhecida no resultado, a não ser que outra norma ou pronunciamento contábil permita ou exija a sua inclusão no valor contábil de outro ativo".

A quota de amortização é determinada pela aplicação da taxa de amortização sobre o valor amortizável.

O valor contábil corresponde à diferença ente o custo de aquisição do direito e a amortização e perda por desvalorização acumuladas.

Exemplo: Transportável S/A adquiriu concessão para explorar serviço de transporte urbano da cidade Nortessul em 10/01/X7, com prazo de 25 anos, pelo valor de R$ 1.000.000,00.

Custo do bem: R$ 1.000.000,00

Taxa anual de amortização: 4% (1/25 anos)

Quota anual de amortização: R$ 40.000,00

Lançamento: 31/12/X7

D	Despesas de Amortização	R$ 40.000,00
C	Amortização Acumulada	R$ 40.000,00

No balanço de 31/12/X7, constará o seguinte:

Ativo Não Circulante

Intangível

Concessão de Transporte Urbano – Nortessul R$ 1.000.000,00

(-) Amortização Acumulada (R$ 40.000,00)

Exaustão

A exaustão corresponde à diminuição de valor dos direitos sobre recursos minerais ou florestais decorrente de sua exploração.

No caso de recursos minerais, a quota de exaustão é calculada pela relação entre a produção do período e a possança conhecida da mina ou pelo prazo de concessão, caso este seja menor do que aquele previsto para o esgotamento dos recursos.

EXEMPLO: Em 10/03/X7, Minas S/A adquire, pelo valor de R$ 1.000.000,00, a concessão para exploração de uma mina de prata. O volume estimado é de 100 toneladas. No primeiro ano foram extraídas 5 toneladas de minério.

Possança conhecida: 100 toneladas

Taxa de Exaustão: volume de extração = 5/100 = 5%

possança conhecida

Quota de Exaustão = R$ 1.000.000,00 X 5% = R$ 50.000,00

Lançamento:

D Encargos de Exaustão R$ 50.000,00

C Exaustão Acumulada R$ 50.000,00

No balanço de 31/12/X7, constará o seguinte:

Ativo Não Circulante

Imobilizado

Mina de Prata R$ 1.000.000,00

(-) Exaustão Acumulada (R$ 50.000,00)

No caso de recursos florestais, a quota de exaustão é determinada pela relação entre a quantidade de árvores extraídas no período e o volume total de árvores que compunha a floresta.

9. PASSIVO CIRCULANTE E PASSIVO NÃO CIRCULANTE

Lei 6404/76 – artigo 180.
CPC 26 – Apresentação das Demonstrações Contábeis

A Lei nº 6.404/76 estabelece a classificação das obrigações da companhia no passivo circulante, quando o vencimento ocorrer no exercício seguinte, e no passivo não circulante, caso ocorra em prazo maior.

Caso o ciclo operacional da companhia ultrapasse um ano, a classificação em circulante ou não circulante passará a ser baseada na duração desse ciclo. O tratamento para a classificação em circulante ou não circulante é a mesma para o ativo e o passivo.

De acordo com o Pronunciamento Técnico CPC 26 (R1), o passivo é classificado como circulante quando ocorrer uma das seguintes situações:

(a) é esperada sua liquidação durante o ciclo operacional da entidade;

(b) é mantido essencialmente com o propósito de ser negociado;

(c) é esperada sua liquidação até um ano após a data do balanço; ou

(d) a entidade não tem o direito incondicional de adiar a liquidação do passivo por mais de um ano após a data do balanço.

Todos os demais passivos devem ser classificados como não circulantes.

Entre outras, são registradas no Passivo Circulante e no Passivo Não Circulante as contas: Empréstimos e Financiamentos; Fornecedores; Duplicatas a Pagar; Notas Promissórias a Pagar; Salários a Pagar; Duplicatas Descontadas; Adiantamentos de Clientes; Contas a Pagar; Impostos, Taxas e Contribuições a Recolher ou a Pagar; Provisões; Debêntures; Dividendos Propostos ou a Pagar.

Se, na data do balanço, a entidade tiver o direito de repactuar (roll over) uma obrigação por pelo menos 12 meses, conforme cláusulas do contrato do empréstimo existente, essa obrigação deve ser classificada como não circulante. Isso se aplica mesmo que, de outra forma, o passivo fosse devido em prazo mais curto.

Entretanto, se a entidade não tiver esse direito, o simples potencial de refinanciamento não é suficiente para classificar o passivo como não circulante. Nessa situação, a obrigação deve ser classificada como circulante.

Além disso, se a entidade descumprir cláusulas contratuais (covenants) de um empréstimo de longo prazo, tornando o passivo exigível imediatamente, ele será classificado como circulante. Isso ocorre mesmo que, após a data do balanço e antes da autorização para publicação das demonstrações contábeis, o credor tenha concordado em não exigir o pagamento antecipado.

Por outro lado, o passivo será classificado como não circulante se, até a data do balanço, o credor tiver concedido um prazo adicional superior a 12 meses para a regularização da quebra contratual. Durante esse período, o credor não poderá exigir a liquidação imediata.

Critérios de Avaliação do Passivo

De acordo com o art. 184 da Lei nº 6.404/76, as obrigações no passivo devem ser avaliadas pelos seguintes critérios:

I – as obrigações, os encargos e os riscos, conhecidos ou calculáveis, inclusive imposto sobre a renda, são contabilizados pelo valor atualizado até a data do balanço;

II – as obrigações em moeda estrangeira, com cláusula de paridade cambial, devem ser convertidas em moeda nacional pela cotação da taxa de câmbio na data do balanço;

III – as obrigações, os encargos e os riscos classificados no passivo não circulante devem ser ajustados a valor presente, sendo os demais ajustados quando houver efeito relevante.

10. PATRIMÔNIO LÍQUIDO

Lei 6404/76 – artigos 182 e 189 a 200.
CPC 26 – Apresentação das Demonstrações Contábeis

O Patrimônio Líquido representa o valor contábil pertencente aos sócios ou acionistas. Equivale ao valor remanescente dos ativos após deduzidos os passivos.

O Patrimônio Líquido apresenta as seguintes subdivisões, de acordo com a Lei nº 6.404/76:

- Capital Social;
- Reservas de Capital;
- Ajustes de Avaliação Patrimonial;
- Reservas de Lucros;
- Ações em Tesouraria; e
- Prejuízos Acumulados.

Capital Social

Representa o investimento feito pelos sócios ou acionistas na empresa. Abrange os valores entregues pelos sócios/acionistas e os valores decorrentes de lucros anteriores retidos que foram formalmente incorporados ao Capital Social.

Capital Subscrito é o valor, em dinheiro ou bens, que os sócios/acionistas se comprometeram a entregar para a formação do capital da empresa. Também denominado capital nominal, capital registrado ou capital declarado.

Capital Realizado (ou Capital Integralizado) é o valor do Capital Subscrito efetivamente entregue pelos sócios/acionistas à empresa.

Capital a Integralizar (ou a Realizar) é o valor do Capital Subscrito que ainda não foi entregue pelos sócios/acionistas à empresa. Ou seja, representa a diferença entre o Capital Subscrito e o Realizado.

Capital Autorizado é o valor autorizado no estatuto da sociedade anônima até o qual o capital pode ser aumentado independentemente de reforma estatutária. Não é registrado na contabilidade.

No balanço deve estar discriminado o capital subscrito e, por dedução, a parcela a realizar. Desse modo, obtém-se o valor do capital realizado.

Reservas de Capital

São compostas por valores recebidos pela empresa e que aumentam o seu patrimônio líquido, mas não transitam pelo resultado do exercício como receitas. A Lei nº 6.404/76 estabelece as seguintes reservas de capital:

- a contribuição do subscritor de ações que ultrapassar o valor nominal e a parte do preço de emissão das ações sem valor nominal que ultrapassar a importância destinada à formação do capital social, inclusive nos casos de conversão em ações de debêntures ou partes beneficiárias (ágio na emissão de ações);
- o produto da alienação de partes beneficiárias e bônus de subscrição.

A lei societária prevê ainda, como reserva de capital, o resultado da correção monetária do capital realizado, enquanto não capitalizado. A Lei nº 9.249/95 revogou a correção monetária das demonstrações contábeis. No entanto, ainda pode haver saldo de reservas sob esse fundamento constituídas em exercícios anteriores à vedação legal.

Utilização de reservas de capital

Conforme a Lei nº 6.404/76, as reservas de capital somente poderão ser utilizadas para:

- absorção de prejuízos que ultrapassarem os lucros acumulados e as reservas de lucros;
- resgate, reembolso ou compra de ações;
- resgate de partes beneficiárias;
- incorporação ao capital social;
- pagamento de dividendo cumulativo a ações preferenciais, quando essa vantagem lhes for assegurada.

Ajustes de Avaliação Patrimonial

A Lei nº 11.638/2007 determinou que sejam classificadas como ajustes de avaliação patrimonial, enquanto não computadas no resultado do exercício em obediência ao regime de competência, as contrapartidas de aumentos ou diminuições de elementos do ativo e do passivo, em decorrência da sua avaliação a valor justo, nos casos previstos na Lei nº 6.404/76 ou, em normas expedidas pela Comissão de Valores Mobiliários, no caso de companhias abertas.

Podem apresentar saldo credor ou devedor.

São registradas em ajustes de avaliação patrimonial, por exemplo, a contrapartida das variações no valor de instrumentos financeiros avaliados a valor justo, por meio de outros resultados abrangentes, e dos aumentos ou diminuições no valor de ativos e passivos decorrentes de avaliação a preço de mercado, em caso de reorganizações societárias.

Regra geral, os valores registrados em ajustes de avaliação patrimonial são transferidos para o resultado quando ocorre a realização dos ativos e passivos que os originaram.

Exemplo: Uma edificação, registrada por R$ 400.000,00, é avaliada a valor justo devido a uma operação de fusão. O laudo indicou o valor de R$ 500.000,00:

D	Edificações	100.000,00
C	Ajustes de Avaliação Patrimonial	100.000,00

Se o laudo indicasse o valor de R$ 350.000,00, o lançamento da avaliação negativa seria:

D	Ajustes de Avaliação Patrimonial	50.000,00
C	Edificações	50.000,00

Reservas de Lucros

Ao final do exercício, juntamente com as demonstrações financeiras, a administração da companhia apresenta à assembleia geral ordinária proposta de destinação do lucro líquido do exercício.

Entre essas destinações estão as reservas de lucros. Portanto, as reservas de lucros são constituídas pela apropriação de lucros da companhia.

As sociedades por ações devem destinar todo o lucro líquido do exercício para os acionistas, na forma de dividendos, ou reter parcela deste lucro em reservas de lucros, desde que haja a devida fundamentação, conforme previsto na lei societária.

A Lei nº 6.404/76 prevê as seguintes reservas de lucros: reserva legal, reservas estatutárias, reservas para contingências, reservas de incentivos fiscais, reserva de retenção de lucros, reserva de lucros a realizar, reserva especial para dividendo obrigatório não distribuído.

Reserva legal

A finalidade da reserva legal é assegurar a integridade do capital social. Essa reserva somente pode ser utilizada para compensar prejuízos ou aumentar o capital.

Assim, do lucro líquido do exercício, 5% (cinco por cento) são aplicados, antes de qualquer outra destinação, na constituição da reserva legal, que não pode exceder a 20% (vinte por cento) do capital social.

A lei prevê ainda um limite facultativo para a constituição da reserva legal: a companhia pode deixar de constituir a reserva legal no exercício em que seu saldo, somado ao montante das reservas de capital, exceto a de correção monetária do capital social (extinta), ultrapassar 30% (trinta por cento) do capital social.

Reservas Estatutárias

As reservas estatutárias são constituídas, de acordo com a determinação do estatuto social da companhia, com base no lucro líquido do exercício.

Conforme a Lei nº 6.404/76, o estatuto pode criar reservas desde que para cada uma:

I – indique, de modo preciso e completo, a sua finalidade;

II – fixe os critérios para determinar a parcela anual dos lucros líquidos que serão destinados à sua constituição; e

III – estabeleça o limite máximo da reserva.

Reservas para contingências

A assembleia geral de acionistas pode, por proposta dos órgãos da administração, destinar parte do lucro líquido para constituição de reserva para compensar, em exercício futuro, a diminuição do lucro em função de perda julgada provável, cujo valor possa ser estimado.

Lançamento para constituição:

D Lucros Acumulados

C Reservas para Contingências

A reserva de contingências é revertida no exercício em que deixarem de existir as razões que motivaram a sua constituição ou em que ocorrer a perda.

Lançamento de reversão:

D Reservas para Contingências

C Lucros Acumulados

Reserva de incentivos fiscais

Conforme o art. 195-A da Lei nº 6.404/76, "a assembleia geral poderá, por proposta dos órgãos de administração, destinar para a reserva de incentivos fiscais a parcela do lucro líquido decorrente de doações ou subvenções governamentais para investimentos, que poderá ser excluída da base de cálculo do dividendo obrigatório (inciso I do caput do art. 202 desta Lei)".

Reserva de lucros para expansão (retenção de lucros)

A assembleia geral da companhia pode, por proposta dos órgãos da administração, decidir reter parte do lucro líquido do exercício para atender a projeto de investimento. A retenção deve estar justificada em orçamento, deve ser proposta pelos órgãos da administração com todas as fontes de recursos e aplicações de capital e pode ter a duração de até cinco exercícios, salvo no caso de execução, por prazo maior, de projeto de investimento.

Reserva de lucros a realizar

No exercício em que o valor do dividendo obrigatório for superior à parcela realizada do lucro líquido do exercício, a assembleia geral pode, por proposta dos órgãos de administração, destinar o excesso à reserva de lucros a realizar.

A finalidade da constituição dessa reserva facultativa é evitar que sejam distribuídos dividendos sobre lucros que somente serão realizados financeiramente a longo prazo.

São considerados lucros não realizados:

- o resultado líquido positivo da equivalência patrimonial;
- o lucro, rendimento ou ganho líquidos em operações ou contabilização de ativo e passivo pelo valor de mercado, cujo prazo de realização financeira ocorra após o término do exercício social seguinte.

Conforme os lucros a realizar forem realizados em dinheiro, ocorrerá a reversão da reserva. As parcelas revertidas em cada exercício, se não absorvidos por prejuízos de exercícios posteriores, serão acrescidas ao primeiro dividendo declarado pela companhia após a realização.

A reserva de lucros a realizar somente poderá ser utilizada para pagamento do dividendo obrigatório e, para efeito do descrito no parágrafo anterior, serão considerados como integrantes da reserva os lucros a realizar de cada exercício que forem os primeiros a serem realizados em dinheiro.

Reserva especial para dividendo obrigatório não distribuído

Essa reserva é constituída quando os órgãos da administração informarem à assembleia geral ordinária que o dividendo obrigatório é incompatível com a situação financeira da companhia. Nesse caso, o dividendo obrigatório não é distribuído e o seu montante é destinado a essa reserva especial.

Os lucros que deixarem de ser distribuídos nesses termos, se não absorvidos por prejuízos em exercícios seguintes, deverão ser pagos como dividendos assim que a situação financeira da companhia possibilitar.

Limite do saldo das reservas de lucro

A Lei nº 6.404/76 determina que "o saldo das reservas de lucros, exceto as para contingências, de incentivos fiscais e de lucros a realizar, não poderá ultrapassar o capital social".

Atingindo esse limite, a assembleia geral deve decidir sobre aplicação do excedente na integralização ou no aumento do capital social ou na distribuição de dividendos.

Ações em Tesouraria

Ações em tesouraria são ações da companhia que foram adquiridas por ela própria (no caso de sociedades limitadas, são denominadas quotas liberadas). Trata-se de uma conta retificadora do patrimônio líquido. Portanto, apresenta saldo devedor.

As ações em tesouraria devem ser destacadas no balanço como dedução da conta do patrimônio líquido que registrar a origem dos recursos aplicados na sua aquisição. Os custos de transação incorridos na aquisição das ações em tesouraria são registrados como acréscimo ao seu custo de aquisição.

A alienação das ações em tesouraria poderá gerar ganhos ou perdas para a companhia. Os custos de transação incorridos nessas vendas são tratados como diminuição dos ganhos ou acréscimo das perdas.

Esses ganhos ou perdas não são contabilizados na demonstração do resultado, mas sim diretamente no patrimônio líquido, na conta que houver sido utilizada como suporte à aquisição de tais ações.

Prejuízos Acumulados

As contas de lucros acumulados ou de prejuízos acumulados representam o saldo remanescente dos lucros ou prejuízos, após as destinações para reservas de lucros e dividendos distribuídos. Essas contas interligam o Balanço e a Demonstração do Resultado do Exercício.

A Lei nº 11.638/2007, alterando a Lei nº 6.404/76, eliminou a conta Lucros Acumulados do Balanço Patrimonial. Portanto, atualmente no Balanço Patrimonial de uma S/A só poderá constar a conta Prejuízos Acumulados (caso eles existam). Na verdade, o prejuízo do exercício é obrigatoriamente absorvido pelos lucros acumulados, pelas reservas de lucros e pela reserva legal, nessa ordem. Caso os prejuízos ultrapassem os lucros acumulados e as reservas citadas, opcionalmente, a companhia pode utilizar reservas de capital para sua absorção.

Essa alteração teve como objetivo evitar a retenção injustificada de lucros.

Todavia, ainda deverá existir uma conta transitória (fora do Balanço) denominada Lucros Acumulados para os lançamentos de destinações do lucro e de reversões de reservas.

11. DIVIDENDOS

Lei 6404/76 – artigos 201 a 205.

Os dividendos representam a remuneração atribuída aos acionistas em função da sua participação no capital da companhia. Podem ser pagos a partir do lucro líquido do exercício, dos lucros acumulados, das reservas de lucros ou, eventualmente, das reservas de capital (somente em casos especiais para pagamento de dividendos às ações preferenciais com prioridade na distribuição de dividendo cumulativo, no exercício em que o lucro for insuficiente).

Dividendo obrigatório

Os acionistas têm direito de receber como dividendo obrigatório, em cada exercício, a parcela dos lucros estabelecida no estatuto. O estatuto pode estabelecer o dividendo como uma porcentagem do lucro do exercício, do capital social ou qualquer outro critério, desde que sejam regulados com precisão e minúcia e não sujeitem os acionistas minoritários apenas à vontade da administração ou da maioria.

Caso o estatuto seja omisso quanto à parcela do lucro que será distribuída, os acionistas têm direito a receber, como dividendo mínimo obrigatório, metade do lucro líquido do exercício ajustado da seguinte forma:

- exclusão da parcela destinada à constituição da reserva legal;
- exclusão da parcela destinada à formação da reserva para contingências;
- soma da reversão da reserva de contingências formada em exercícios anteriores.

Opcionalmente, pode ser excluída também a parcela do lucro líquido decorrente de doações ou subvenções governamentais para investimentos destinada para a reserva de incentivos fiscais.

Se o estatuto for omisso e a companhia alterá-lo para definir o cálculo do dividendo obrigatório, este não poderá ser inferior a 25% do lucro líquido ajustado.

Nas seguintes sociedades, a assembleia geral pode, caso nenhum acionista presente se oponha, deliberar pela distribuição de dividendo inferior ao obrigatório ou a retenção de todo o lucro líquido:

- companhias abertas exclusivamente para a captação de recursos por debêntures não conversíveis em ações (companhias abertas que negociem no mercado apenas debêntures, mas não suas ações);
- companhias fechadas, exceto nas controladas por companhias abertas que não se enquadrem na condição prevista no item anterior.

Os lucros não destinados às reservas de lucro devem ser distribuídos como dividendos.

Os dividendos obrigatórios devem ser registrados a débito da conta de Lucros Acumulados. O lançamento é feito da seguinte forma:

D Lucros Acumulados

C Dividendos a Pagar (Passivo Circulante)

No caso de dividendos superiores ao mínimo obrigatório, a parcela adicional é registrada inicialmente no patrimônio líquido como "Dividendo Adicional Proposto". Somente após a aprovação pela assembleia geral, o valor é transferido para o passivo.

O dividendo adicional não é registrado como passivo porque não se configura uma obrigação presente na data do balanço. Caso não haja restrições estatutárias ou contratuais, a assembleia pode decidir pelo não pagamento ou por um valor diferente do proposto.

12. DEMONSTRAÇÃO DO RESULTADO DO EXERCÍCIO

Lei 6404/76 – artigos 187 e 189 a 192.
CPC 26 – Apresentação das Demonstrações Contábeis

A Demonstração do Resultado do Exercício - DRE apresenta as receitas e despesas realizadas no exercício e destaca, ao final, o resultado líquido do período.

O art. 187 da Lei nº 6.404/76 estabelece a seguinte estrutura para apresentação da DRE:

RECEITA BRUTA DE VENDAS E SERVIÇOS

(-) DEDUÇÕES DA RECEITA BRUTA

– Devoluções de Vendas

– Abatimentos

– Descontos Incondicionais Concedidos

– Tributos Incidentes sobre Vendas e Serviços

(=) RECEITA LÍQUIDA DAS VENDAS E SERVIÇOS

(-) CUSTO DAS MERCADORIAS E DOS SERVIÇOS VENDIDOS

(=)LUCRO/PREJUÍZO BRUTO

(-) DESPESAS OPERACIONAIS

– Com Vendas

– Financeiras, deduzidas das Receitas Financeiras

- Gerais e Administrativas

- Outras

(+) OUTRAS RECEITAS OPERACIONAIS

(=) LUCRO OU PREJUÍZO OPERACIONAL

(+) OUTRAS RECEITAS

(-) OUTRAS DESPESAS

(=) RESULTADO ANTES DO IMPOSTO DE RENDA

(-) PROVISÃO PARA O IMPOSTO DE RENDA E CSLL

(-) PARTICIPAÇÕES

– Debêntures

– Empregados

– Administradores

– Partes Beneficiárias

– Instituições/Fundos de Assistência/Previdência de Empregados

(=) LUCRO/PREJUÍZO LÍQUIDO DO EXERCÍCIO

LUCRO/PREJUÍZO LÍQUIDO DO EXERCÍCIO POR AÇÃO

Receita bruta de vendas e de serviços

A receita de venda de mercadorias considera-se realizada quando ocorre a efetiva entrega ao cliente. Nesse momento incide o custo das mercadorias vendidas como despesa incorrida.

A receita de serviços é realizada quando ocorre a efetiva prestação dos serviços. Nesse momento incorre o custo dos serviços prestados.

Tributos sobre Vendas

Nas operações de vendas de mercadorias e prestação de serviços há incidência de vários tributos, sendo os principais deles os seguintes: o IPI, o ICMS, o Pis/Pasep e a COFINS.

O valor do IPI não integra a receita bruta. Sendo assim, o IPI não deduz a receita bruta, pois não é contabilizado como despesa. Apenas a obrigação correspondente ao IPI a Recolher será registrada no passivo. Portanto o IPI não irá constar na DRE. Esse imposto é calculado por fora do preço, isto é, o valor total da nota fiscal será o preço do produto somado ao valor do IPI.

O ICMS, o Pis/Pasep e a COFINS são tributos calculado por dentro do preço, ou seja, estão incluídos na receita de venda. Esses tributos são registrados como deduções da receita bruta.

Participações

O artigo 190 da Lei nº 6.404/76 estabelece que as participações de terceiros sobre o lucro, previstas no estatuto, destinadas a empregados, administradores e partes beneficiárias serão calculadas, sucessivamente e nessa ordem, com base nos lucros que remanescerem depois de deduzida a participação anteriormente calculada.

Embora o artigo citado tenha omitido a participação dos debenturistas, ao se observar o artigo 187 da Lei Societária, conclui-se que essa participação é incluída antes daquela destinada aos empregados.

Para o cálculo das participações, parte-se do Lucro antes do Imposto de Renda, do qual são deduzidos a provisão para o IR e, se houver, os prejuízos acumulados. Desse valor, aplica-se o percentual da participação dos debenturistas; do saldo, após a retirada da participação dos debenturistas, calcula-se o percentual da participação dos empregados; do saldo remanescente aplica-se o percentual da participação dos administradores; e assim sucessivamente até a última participação prevista no estatuto.

13. DEMONSTRAÇÃO DOS FLUXOS DE CAIXA

CPC 03 (R2) – Demonstração dos Fluxos de Caixa

A Demonstração dos Fluxos de Caixa (DFC) evidencia como a entidade gera e utiliza o caixa e os equivalentes de caixa no período.

A DFC apresenta os fluxos de caixa do exercício classificados em atividades operacionais, de investimento e de financiamento.

Caixa compreende numerário em espécie e depósitos bancários disponíveis.

Equivalentes de caixa são aplicações financeiras de curto prazo, de alta liquidez, que são prontamente conversíveis em montante conhecido de caixa e que estão sujeitas a um insignificante risco de mudança de valor.

Fluxos de caixa são as entradas e saídas de caixa e equivalentes de caixa.

Atividades operacionais são as principais atividades geradoras de receita da entidade e outras atividades que não são de investimento e tampouco de financiamento.

Atividades de investimento referem-se à aquisição e à venda de ativos de longo prazo e de outros investimentos não incluídos nos equivalentes de caixa.

Atividades de financiamento são aquelas que resultam em mudanças no tamanho e na composição do capital próprio (patrimônio líquido) e no capital de terceiros (passivo) da entidade.

Os fluxos de caixa das atividades operacionais podem ser apresentados pelo método direto ou pelo método indireto.

No método direto, as principais classes de recebimentos brutos e pagamentos brutos são divulgadas.

No método indireto, o lucro líquido ou o prejuízo é ajustado pelos efeitos de transações que não envolvem caixa, pelos efeitos de quaisquer diferimentos ou apropriações por competência sobre recebimentos de caixa ou pagamentos em caixa operacionais passados ou futuros, e pelos efeitos de itens de receita ou despesa associados com fluxos de caixa das atividades de investimento ou de financiamento.

Exemplo de DFC pelo método direto:

Fluxos de caixa das atividades operacionais	R$
Recebimentos de clientes	XXXX
Pagamentos a fornecedores	(XXXX)
Pagamentos de salários	(XXXX)
Juros pagos	(XXX)

Recebimento de juros	XXX		
IR/CSLL pagos	(XXX)		
Caixa líquido gerado pelas atividades operacionais	XXXX		
Fluxos de caixa das atividades de investimento			
Compra de ativo imobilizado	(XXX)		
Recebimento pela venda de equipamento	XX		
Dividendos recebidos	XXX		
Caixa líquido consumido pelas atividades de investimento		(XXX)	
Fluxos de caixa das atividades de financiamento			
Recebimento pela emissão de ações	XXX		
Recebimento por empréstimo a longo prazo	XX		
Pagamento de empréstimos	(XX)		
Dividendos pagos	(XXXX)		
Caixa líquido consumido pelas atividades de financiamento			(XXX)
Aumento líquido de caixa e equivalentes de caixa			$ XXX
Caixa e equivalentes de caixa no início do período			$ XXX
Caixa e equivalentes de caixa no fim do período			$ XXX

Exemplo de DFC pelo método indireto:

Lucro líquido			XXXX
+ Depreciação	XXX		
- Lucro na venda de imobilizado	(X)		
- Resultado de equivalência patrimonial	(XXX)		
(=) Lucro Ajustado	XXXX		
- Aumento nas contas a receber de clientes	(XXX)		
+ Diminuição nos estoques	XXXX		
- Diminuição fornecedores	(XXXX)		
- Diminuição salários a pagar	(XXX)		
+ Aumento de juros a pagar	XXX		
- Diminuição do Imposto de renda e contribuição social a pagar			(XXX)
Caixa líquido gerado pelas atividades operacionais			XXXX
Fluxos de caixa das atividades de investimento			
Compra de ativo imobilizado	(XXX)		
Recebimento pela venda de equipamento	XX		
Dividendos recebidos	XXX		
Caixa líquido consumido pelas atividades de investimento		(XXX)	
Fluxos de caixa das atividades de financiamento			
Recebimento pela emissão de ações	XXX		
Recebimento por empréstimo a longo prazo	XX		
Pagamento de empréstimos	(XX)		
Dividendos pagos	(XXXX)		
Caixa líquido consumido pelas atividades de financiamento			(XXX)
Aumento líquido de caixa e equivalentes de caixa			$ XXX
Caixa e equivalentes de caixa no início do período			$ XXX
Caixa e equivalentes de caixa no fim do período			$ XXX

14. DEMONSTRAÇÃO DO VALOR ADICIONADO

CPC 09 (R1) – Demonstração do Valor Adicionado

A DVA evidencia informações sobre a formação da riqueza criada pela entidade em determinado período e a forma como tais riquezas foram distribuídas.

A distribuição da riqueza criada deve ser detalhada, minimamente, da seguinte forma:

(a) pessoal e encargos;

(b) impostos, taxas e contribuições;

(c) juros e aluguéis;

(d) juros sobre o capital próprio (JCP) e dividendos;

(e) lucros retidos/prejuízos do exercício.

O valor adicionado compreende a riqueza criada pela empresa, de forma geral medida pela diferença entre o valor das vendas e os insumos adquiridos de terceiros. Inclui também o valor adicionado recebido em transferência, o qual é produzido por terceiros e transferido à entidade.

O valor adicionado recebido em transferência representa a riqueza que não tenha sido criada pela própria entidade, e sim por terceiros, e que a ela é transferida, a exemplo das receitas financeiras, de equivalência patrimonial, dividendos, aluguel, royalties.

Exemplo de DVA de empresas em geral:

1 – RECEITAS

1.1) Vendas de mercadorias, produtos e serviços

1.2) Outras receitas

1.3) Receitas relativas à construção de ativos próprios

1.4) Provisão para créditos de liquidação duvidosa–Reversão/(Constituição)

2 - INSUMOS ADQUIRIDOS DE TERCEIROS

(inclui os valores dos impostos – ICMS, IPI, PIS e COFINS)

2.1) Custos dos produtos, das mercadorias e dos serviços vendidos

2.2) Materiais, energia, serviços de terceiros e outros

2.3) Perda / Recuperação de valores ativos

2.4) Outras (especificar)

3 - VALOR ADICIONADO BRUTO (1-2)

4 - DEPRECIAÇÃO, AMORTIZAÇÃO E EXAUSTÃO

5 - VALOR ADICIONADO LÍQUIDO PRODUZIDO PELA ENTIDADE (3-4)

6 - VALOR ADICIONADO RECEBIDO EM TRANSFERÊNCIA

6.1) Resultado de equivalência patrimonial

6.2) Receitas financeiras

6.3) Outras

7 - VALOR ADICIONADO TOTAL A DISTRIBUIR (5+6)

8 - DISTRIBUIÇÃO DO VALOR ADICIONADO (*)

8.1) Pessoal

8.1.1 – Remuneração direta

8.1.2 – Benefícios

8.1.3 – F.G.T.S

8.2) Impostos, taxas e contribuições

8.2.1 – Federais

8.2.2 – Estaduais

8.2.3 – Municipais

8.3) Remuneração de capitais de terceiros

8.3.1 – Juros

8.3.2 – Aluguéis

8.3.3 – Outras

8.4) Remuneração de Capitais Próprios

8.4.1 – Juros sobre o Capital Próprio

8.4.2 – Dividendos

8.4.3 – Lucros retidos / Prejuízo do exercício

8.4.4 – Participação dos não-controladores nos lucros retidos (só p/ consolidação)

(*) O total do item 8 deve ser igual ao item 7.

15. ESTRUTURA CONCEITUAL

CPC 00 (R2) – Estrutura Conceitual para Relatório Financeiro

O Pronunciamento Técnico CPC 00 (R2) - Estrutura Conceitual para Relatório Financeiro (Estrutura Conceitual) apresenta o objetivo e os conceitos que fundamentam os relatórios financeiros para fins gerais.

A Estrutura Conceitual não constitui um pronunciamento contábil propriamente dito. Nenhuma disposição contida na Estrutura Conceitual prevalece sobre qualquer pronunciamento específico ou sobre os requisitos estabelecidos em pronunciamentos contábeis.

O objetivo dos relatórios financeiros para fins gerais é fornecer informações financeiras sobre a entidade que reporta, de forma a ser útil para investidores, credores por empréstimos e outros credores, tanto atuais quanto potenciais, na tomada de decisões relacionadas à oferta de recursos para a entidade. Essas decisões podem envolver:

(a) a compra, venda ou manutenção de instrumentos de patrimônio e dívida;

(b) a concessão ou liquidação de empréstimos ou outras formas de crédito; ou

(c) o exercício de direitos de voto ou outras ações que influenciem as decisões da administração relacionadas ao uso dos recursos econômicos da entidade.

A maioria dos investidores, credores por empréstimos e outros credores não têm a capacidade de exigir que as entidades forneçam informações diretamente a eles. Por isso, dependem dos relatórios financeiros para fins gerais como fonte essencial de informações financeiras. Assim, esses usuários são os principais destinatários dos relatórios financeiros para fins gerais.

As características qualitativas de informações financeiras úteis indicam os tipos de informações que tendem a ser mais valiosos para investidores, credores por empréstimos e outros credores, tanto existentes quanto potenciais. Essas informações os ajudam a tomar decisões relacionadas à entidade que reporta, com base nos dados apresentados em seus relatórios financeiros.

Os relatórios financeiros fornecem informações sobre os recursos econômicos da entidade que reporta, as reivindicações contra ela e os efeitos de transações, eventos e condições que modificam esses recursos e reivindicações.

As características qualitativas de informações financeiras úteis aplicam-se tanto às demonstrações contábeis quanto a informações financeiras fornecidas de outras formas.

Características Qualitativas Fundamentais

Para que as informações financeiras sejam úteis, elas devem ser relevantes e apresentar uma representação fidedigna do que se propõem a retratar. A utilidade das informações aumenta ainda mais quando elas são comparáveis, verificáveis, tempestivas e compreensíveis.

Relevância

As informações financeiras são consideradas relevantes se forem capazes de fazer diferença nas decisões tomadas pelos usuários. Mesmo que determinados usuários escolham não utilizar essas informações ou já as conheçam por outras fontes, elas continuam sendo relevantes.

Informações financeiras têm capacidade de fazer diferença em decisões se tiverem valor preditivo ou valor confirmatório, ou ambos.

As informações possuem valor preditivo se ajudarem os usuários a prever resultados futuros, mesmo que não sejam propriamente previsões ou prognósticos.

Da mesma forma, têm valor confirmatório se fornecerem feedback sobre avaliações anteriores (confirmam ou revisam).

Materialidade

Uma informação é considerada material se sua omissão, distorção ou obscuridade puder influenciar significativamente as decisões dos principais usuários de relatórios financeiros. Como a materialidade depende da natureza e/ou magnitude das informações no contexto da entidade, não é possível definir um limite quantitativo uniforme para materialidade ou predeterminar o que é material em uma situação específica.

Representação Fidedigna

Os relatórios financeiros representam fenômenos econômicos em palavras e números. Para serem úteis, as informações financeiras devem representar de forma fidedigna a essência dos fenômenos que pretendem representar. Em muitos casos, a essência econômica coincide com a forma legal; quando isso não ocorre, limitar-se à forma legal pode distorcer a realidade econômica.

Para alcançar uma representação fidedigna, a informação deve ser completa, neutra e livre de erros.

Características Qualitativas de Melhoria

As características qualitativas de melhoria – comparabilidade, capacidade de verificação, tempestividade e compreensibilidade – aumentam a utilidade de informações que já são relevantes e fornecem representação fidedigna. Essas características podem também orientar a escolha entre diferentes formas de representar um fenômeno, desde que ambas sejam igualmente relevantes e fidedignas.

Comparabilidade

As informações são mais úteis quando podem ser comparadas com informações similares de outras entidades ou da mesma entidade em períodos ou datas diferentes.

A comparabilidade permite que os usuários identifiquem e compreendam semelhanças e diferenças entre itens. Essa característica exige pelo menos dois itens para comparação.

Capacidade de Verificação

A capacidade de verificação ajuda a garantir que as informações representem fidedignamente os fenômenos econômicos que pretendem retratar. Isso significa que diferentes observadores independentes e bem-informados podem chegar a um consenso de que a representação específica é representação fidedigna, mesmo que não haja acordo completo.

Tempestividade

A tempestividade consiste em disponibilizar as informações aos tomadores de decisões a tempo para que sejam capazes de influenciar suas decisões. Quanto mais antiga for a informação, menor será sua utilidade. No entanto, algumas informações permanecem relevantes por longos períodos, como no caso da análise de tendências históricas.

Compreensibilidade

Classificar, organizar e apresentar informações de forma clara e concisa as torna compreensíveis.

Alguns fenômenos, no entanto, são complexos por natureza e podem exigir esforço adicional para serem compreendidos. Excluir informações sobre fenômenos complexos dos relatórios, para simplificar, pode resultar em relatórios incompletos e distorcidos.

Relatórios financeiros são elaborados para usuários que possuem um conhecimento razoável sobre atividades econômicas e que analisam informações de maneira diligente. Mesmo assim, em certos casos, esses usuários podem precisar de ajuda especializada para compreender fenômenos econômicos complexos.

Elementos das demonstrações contábeis

O Pronunciamento Técnico CPC 00 (R2) apresenta as seguintes definições:

"Ativo é um recurso econômico presente controlado pela entidade como resultado de eventos passados".

"Recurso econômico é um direito que tem o potencial de produzir benefícios econômicos".

"Passivo é uma obrigação presente da entidade de transferir um recurso econômico como resultado de eventos passados".

"Patrimônio líquido é a participação residual nos ativos da entidade após a dedução de todos os seus passivos".

"Receitas são aumentos nos ativos, ou reduções nos passivos, que resultam em aumentos no patrimônio líquido, exceto aqueles referentes a contribuições de detentores de direitos sobre o patrimônio".

"Despesas são reduções nos ativos, ou aumentos nos passivos, que resultam em reduções no patrimônio líquido, exceto aqueles referentes a distribuições aos detentores de direitos sobre o patrimônio".

Mensuração dos elementos das demonstrações contábeis

o valor monetário pelo qual os elementos das demonstrações contábeis são reconhecidos e apresentados no balanço patrimonial e na demonstração do resultado do exercício é determinado de acordo com uma base de mensuração. A aplicação de uma base de mensuração a ativo ou passivo cria uma mensuração para esse ativo ou passivo, bem como para as respectivas receitas e despesas. O valor contábil total do patrimônio líquido não é mensurado diretamente, pois equivale à diferença entre o total dos valores contábeis dos ativos menos o total dos valores contábeis dos passivos.

As bases de mensuração incluem o custo histórico e o valor atual. As bases de mensuração do valor atual são divididas em: valor justo, valor em uso de ativos e valor de cumprimento de passivos e custo corrente.

O custo histórico utiliza informações derivadas, ainda que em parte, do preço de transação ou outro evento que deu origem aos ativos, passivos e respectivas receitas e despesas. O custo histórico de ativo adquirido ou criado é o valor dos custos incorridos em sua aquisição ou criação, compreendendo a contraprestação paga, somados os custos de transação. O custo histórico de passivo adquirido ou criado é o valor da contraprestação recebida para incorrer ou assumir o passivo, subtraídos dos custos de transação.

O valor atual reflete informações atualizadas na data de mensuração para determinar o valor monetário de ativos, passivos e respectivas receitas e despesas.

O "valor justo é o preço que seria recebido pela venda de ativo ou que seria pago pela transferência de passivo em transação ordenada entre participantes do mercado na data de mensuração".

O "valor em uso é o valor presente dos fluxos de caixa, ou outros benefícios econômicos, que a entidade espera obter do uso de ativo e de sua alienação final".

O "valor de cumprimento é o valor presente do caixa, ou de outros recursos econômicos, que a entidade espera ser obrigada a transferir para cumprir a obrigação".

O custo corrente de ativo refere-se ao "custo de ativo equivalente na data de mensuração, compreendendo a contraprestação que seria paga na data de mensuração mais os custos de transação que seriam incorridos nessa data".

O custo corrente de passivo refere-se à "contraprestação que seria recebida pelo passivo equivalente na data de mensuração menos os custos de transação que seriam incorridos nessa data".

Custo corrente e custo histórico são valores de entrada, pois refletem preços no mercado em que a entidade iria adquirir o ativo ou incorrer no passivo. Entretanto, de forma diferente do custo histórico, o custo corrente indica condições na data da mensuração.

Valor justo, valor em uso e valor de cumprimento são valores de saída.

16. AJUSTE A VALOR PRESENTE

Lei 6404/76 – artigos 183 e 184.
CPC 12 (R1) – Ajuste a Valor Presente

Ajuste a Valor Presente no Ativo

O inciso VIII do art. 183 da Lei nº 6.404/76 determina que os valores a receber de operações de longo prazo devem ser ajustados a valor presente, sendo os de curto prazo ajustados quando houver efeito relevante. Esse procedimento destina-se a excluir os juros embutidos nas operações.

O pronunciamento técnico CPC 12 – Ajuste a Valor Presente estabeleceu os requisitos básicos a serem observados quando da apuração do ajuste a valor presente de elementos do ativo e do passivo.

No caso de uma conta a receber no ativo sujeita a ajuste a valor presente e originada de uma venda para recebimento a longo prazo (ou curto prazo caso tenha efeito relevante), tem-se, em linhas gerais, o procedimento descrito a seguir.

Os juros embutidos são excluídos da receita de venda, através da aplicação de uma taxa de desconto que reflita as condições do mercado. Esses juros excluídos constarão em conta de Ajuste a Valor Presente (retificadora do ativo referente à conta a receber). Com o passar do tempo, haverá a reversão dos valores registrados na conta de Ajuste a Valor Presente para uma conta de receita financeira. Caso a empresa possa fundamentar que o financiamento a seus clientes faça parte de suas atividades operacionais, as reversões serão feitas em conta de receita operacional, ao invés de receita financeira.

A taxa de desconto a ser aplicada não deve ser líquida de efeitos fiscais, mas sim antes dos tributos.

Exemplo: Uma companhia realizou a venda de um produto, para pagamento em três vezes anuais, sem especificação de juros, havendo a assinatura de três notas promissórias no valor de R$ 4.000,00. Foi considerada uma taxa de juros de 10% ao ano:

Valor Nominal dos Títulos = R$ 12.000,00

Taxa de Desconto = 10% ao ano

Valor Presente = R$ 9.947,40

Ajuste a Valor Presente:

Valor Nominal – Valor Presente = 12.000 – 9.947,40 = 2.052,60

Lançamentos:

D Notas Promissórias a Receber 12.000,00

C Receita de Venda de Imóveis 9.947,40

C Ajuste a Valor Presente 2.052,60

Ao longo do tempo, o valor do Ajuste a Valor Presente será transferido para o resultado, de acordo com o regime de competência, mediante o lançamento:

D Ajuste a Valor Presente

C Receitas Financeiras

Ajuste a Valor Presente no Passivo

Exemplo: Uma companhia comprou um imóvel, para pagamento em 3 vezes anuais, sem especificação de juros, havendo a assinatura de 3 notas promissórias no valor de R$ 400.000,00 cada uma. Foi considerada uma taxa de juros de 10% ao ano:

Valor Nominal dos Títulos = R$ 1.200.000,00

Taxa de Desconto = 10% ao ano

Valor Presente = R$ 994.740,00

Ajuste a Valor Presente = Valor Nominal – Valor Presente

Ajuste a Valor Presente = 1.200.000 – 994.740,00 = R$ 205.260,00

No registro da transação, o valor contabilizado no ativo imobilizado será o valor presente (líquido dos juros embutidos). A diferença de R$ 205.260,00 será registrada como Ajuste a Valor Presente (retificadora da conta do passivo):

D Imóveis 994.740,00

D Ajuste a Valor Presente 205.260,00

C Notas Promissórias a Pagar 1.200.000,00

Ao longo do tempo, o valor do Ajuste a Valor Presente será transferido para o resultado, de acordo com o regime de competência, mediante o lançamento:

D Despesas Financeiras

C Ajuste a Valor Presente

17. REDUÇÃO AO VALOR RECUPERÁVEL DE ATIVOS

Lei 6404/76 – artigo 183.
CPC 01 (R1) – Redução ao Valor Recuperável de Ativos

A Lei nº 6.404/76 determina a análise periódica sobre a recuperação dos ativos registrados no imobilizado e no intangível, a fim de serem reconhecidas as perdas dos valores aplicados quando houver decisão de interromper os empreendimentos ou atividades a que se destinavam ou quando comprovado que não irão gerar resultados suficientes para recuperação desse valor. Essa análise tem por objetivo também revisar e ajustar os critérios para determinação da vida útil estimada e para o cálculo da depreciação, amortização e exaustão.

As normas contábeis ampliaram a obrigatoriedade do teste de recuperabilidade para todo o ativo.

O Pronunciamento Técnico CPC 01 (R1) – Redução ao Valor Recuperável de Ativos é aplicável a todos os ativos, exceto: estoques, ativos de contrato e ativos resultantes de custos para obter ou cumprir contratos que devem ser reconhecidos de acordo com CPC 47 – Receita de Contrato com Cliente, ativos fiscais diferidos, ativos advindos de planos de benefícios a empregados, ativos classificados como mantidos para venda, ativos financeiros que estejam dentro do alcance do CPC 48 – Instrumentos Financeiros, propriedade para investimento que seja mensurada ao valor justo, ativos biológicos relacionados à atividade agrícola que sejam mensurados ao valor justo líquido de despesas de vender, custos de aquisição diferidos e ativos intangíveis advindos de direitos contratuais de companhia de seguros contidos em contrato de seguro.

Os ativos não devem ser registrados contabilmente por valores superiores aos de recuperação. Isso ocorrerá se o valor contábil for superior ao valor recuperável pelo uso ou pela venda do ativo. Nesse caso a entidade deverá reconhecer um ajuste para perdas por desvalorização. Ou seja, deve ser adotado o menor valor entre o valor contábil e o recuperável.

O valor contábil de um ativo é o valor de custo deduzido da depreciação, amortização, exaustão e ajuste para perdas acumuladas.

O valor recuperável é o maior valor entre o valor justo líquido de despesas de venda de um ativo e o seu valor em uso.

O CPC 1 (R1) define o valor justo como "o preço que seria recebido pela venda de um ativo ou que seria pago pela transferência de um passivo em uma transação não forçada entre participantes do mercado na data da mensuração".

Conforme o CPC 1 (R1), o valor em uso representa "o valor presente dos fluxos de caixa futuros esperados que devem advir de um ativo ou de unidade geradora de caixa". Deve-se estimar as entradas e saídas futuras de caixa derivados do uso ativo e da sua baixa final e aplicar taxas de desconto a esse fluxo de caixa futuro.

Caso um dos dois valores seja maior do que o valor contábil não será necessário determinar o outro, uma vez que não terá ocorrido desvalorização.

De acordo com o CPC 01(R1), "se, e somente se, o valor recuperável de um ativo for inferior ao seu valor contábil, o valor contábil do ativo deve ser reduzido ao seu valor recuperável. Essa redução representa uma perda por desvalorização do ativo".

A perda por desvalorização do ativo deve ser reconhecida na demonstração do resultado, exceto se o ativo tiver sido reavaliado. A perda por desvalorização de um ativo reavaliado deve ter como contrapartida uma redução do saldo da reserva de reavaliação.

A perda por desvalorização deve ser reconhecida até zerar o valor contábil do ativo. Após esse ponto, se fossem reconhecidas perdas adicionais, surgiria um passivo. Mas esse reconhecimento de passivo somente deve ser feito se exigido por outro Pronunciamento.

Após o reconhecimento da perda por desvalorização, as despesas de depreciação, amortização ou exaustão devem ser ajustadas para o novo valor contábil do ativo, menos seu valor residual, conforme sua vida útil remanescente.

Ao fim do exercício social, a entidade deve avaliar se há indicação de que a perda por desvalorização reconhecida anteriormente, exceto goodwill, tenha diminuído ou deixado de existir. Nesse caso, deverá ser determinado o valor recuperável do ativo.

A reversão de perda por desvalorização de um ativo não deve resultar em um valor contábil maior do que teria sido determinado (líquido de depreciação, amortização ou exaustão), caso não houvesse reconhecimento de perda por desvalorização para o ativo em anos anteriores.

A reversão de perda por desvalorização do ativo deve ser reconhecida na demonstração do resultado, exceto se o ativo tiver sido reavaliado. A reversão de perda por desvalorização de um ativo reavaliado deve ter como contrapartida um aumento do saldo da reserva de reavaliação.

18. PROVISÕES, PASSIVOS CONTINGENTES E ATIVOS CONTINGENTES

CPC 25 – Provisões, Passivos Contingentes e Ativos Contingentes

O Pronunciamento Técnico CPC 25 – Provisões, Passivos Contingentes e Ativos Contingentes conceitua provisão como passivo com prazo ou valor incertos.

No passado, era comum a utilização do termo provisão para denominar certas contas retificadoras do ativo, como a "Provisão para Créditos de Liquidação Duvidosa (PCLD)". No entanto, conforme a definição do CPC 25, o termo provisão é restrito a itens do passivo.

Também era comum o uso das expressões "Provisão para Férias" e "Provisão para 13º". Mas o referido Pronunciamento também as distingue das provisões, classificando-as como apropriações por competência (accruals). Estas são caracterizadas por um grau de incerteza muito menor e, por isso, são classificadas como parte das contas a pagar.

Exemplos de provisões: provisão para riscos de ações trabalhistas ou cíveis, provisão para garantia de produtos, provisão para indenizações por quebra de contratos.

Conforme o CPC 25, as provisões são reconhecidas como passivo, desde que possa ser feita uma estimativa confiável, visto que são obrigações presentes e, para sua liquidação, é provável a saída de recursos que incorporam benefícios econômicos.

Os passivos contingentes não são reconhecidos como passivo, porque são apenas obrigações possíveis ou, se obrigações presentes, não satisfazem os demais requisitos para reconhecimento.

Os requisitos para reconhecimento do passivo são:

I – obrigação presente derivada de eventos passados;

II – provável saída de recursos que incorporam benefícios econômicos para liquidar a obrigação;

III – possibilidade de ser feita uma estimativa confiável do valor da obrigação.

O passivo contingente deve ser apenas divulgado, exceto se for remota a possibilidade de uma saída de recursos que incorporam benefícios econômicos. Nesse último caso não há obrigação de registro ou divulgação.

O valor a ser reconhecido como provisão deve ser a melhor estimativa do montante a ser desembolsado para liquidar a obrigação na data do balanço.

As estimativas dependem do julgamento da administração da entidade e de especialistas.

Quando o efeito do dinheiro no tempo for significativo, a provisão deve ser registrada pelo valor presente dos desembolsos esperados para liquidar a obrigação.

Conforme o CPC 25, "ativo contingente é um ativo possível que resulta de eventos passados e cuja existência será confirmada apenas pela ocorrência ou não de um ou mais eventos futuros incertos não totalmente sob controle da entidade".

Um ativo contingente não deve ser reconhecido nas demonstrações contábeis da entidade. Ele somente deve ser divulgado quando for provável a entrada de benefícios econômicos futuros.

Se for praticamente certa a entrada de benefícios econômicos, o ativo deixa de ser contingente e, por isso, deve ser reconhecido nas demonstrações contábeis da entidade.

19. MÉTODO DA EQUIVALÊNCIA PATRIMONIAL

Lei 6404/76 – artigo 248.
CPC 18 (R3) – Investimento em Coligada, em Controlada e em Empreendimento Controlado em Conjunto

Conforme o Pronunciamento Técnico CPC 18 (R2) – Investimento em Coligada, em Controlada e em Empreendimento Controlado em Conjunto, "método da equivalência patrimonial é o método de contabilização por meio do qual o investimento é inicialmente reconhecido pelo custo e, a partir daí, é ajustado para refletir a alteração pós-aquisição na participação do investidor sobre os ativos líquidos da investida".

De acordo com o CPC 18 (R2), "o investimento em coligada, em controlada e em empreendimento controlado em conjunto deve ser contabilizado pelo método da equivalência patrimonial a partir da data em que o investimento se tornar sua coligada, controlada ou empreendimento controlado em conjunto".

O valor pago pela participação pode ser diferente do valor patrimonial dessa participação. Se o valor pago for maior que o valor patrimonial, a diferença pode ocorrer por "mais valia de ativos líquidos" ou em função de ágio pago por "expectativa de resultados futuros (goodwill)". O "ganho por compra vantajosa" ocorre quando o valor pago for inferior em relação à participação do investidor no valor justo líquido, na data da aquisição, dos ativos e passivos identificáveis adquiridos.

Os motivos pelos quais o valor do pagamento seja maior que o patrimonial podem ser:

1 – os ativos da investida, líquidos dos passivos, mensurados a valor justo valem mais do que o valor contábil (mais-valia);

2 – espera-se que a investida gere lucros acima do normal, ou seja, paga-se por expectativa de rentabilidade futura, também denominado fundo de comércio ou goodwill.

Exemplo: A Companhia A adquiriu uma participação de 40% do capital social da Companhia B, pelo valor de R$ 4.600.000,00. Foram extraídos do balanço patrimonial da Companhia B, na data da aquisição, os seguintes dados referentes ao seu Patrimônio Líquido:

Capital Social	R$ 6.000.000,00
Reservas de Lucros	R$ 2.500.000,00
Reservas de Capital	R$ 1.500.000,00
Total do Patrimônio Líquido	R$ 10.000.000,00

Como a investidora adquiriu 40% de participação da Cia B, o valor do seu investimento é de R$ 4.000.000,00 (40% X 10.000.000).

Apesar do investimento pela equivalência patrimonial ser avaliado em R$ 4.000.000,00, foi pago R$ 4.600.000,00 pela participação. A diferença de R$ 600.000,00 paga a mais tem dois motivos:

1 – Na avaliação dos valores justos dos ativos e passivos, verificou-se que o imobilizado vale R$ 1.000.000,00 a mais do que o contabilizado. Assim, o patrimônio líquido da investida, avaliado a valor justo, é de R$ 11.000.000,00. Nesse caso, 40% do patrimônio líquido a valor justo equivale a R$ 4.400.000,00. Logo, foi pago R$ 400.000,00 por mais-valia dos ativos líquidos (4.400.000 – 4.000.000).

2 – O excedente ao valor de R$ 4.400.000,00 pago (R$ 200.000,000), constitui pagamento por expectativa de rentabilidade futura, ou goodwill.

O excedente no valor total de R$ 600.000,00 relativo à mais-valia e ao goodwill é apresentado no balanço individual da investidora incluído no valor contábil do investimento, no subgrupo Investimentos.

O goodwill é apresentado no balanço individual da controladora incluído no valor contábil do investimento, no subgrupo Investimentos, mas na consolidação ele *aparece no Ativo Intangível*.

Variações no patrimônio líquido da investida

Sempre que houver variação no patrimônio líquido da investida, a investidora deverá ajustar proporcionalmente o valor do investimento.

A parte da investidora nos lucros da investida deve ser reconhecida como aumento da conta do investimento e em contrapartida à receita de equivalência patrimonial.

Se houver prejuízo na investida, a conta do investimento deve ser diminuída em contrapartida à despesa de equivalência patrimonial.

Caso a variação ocorra diretamente no saldo do patrimônio líquido da investida, sem passar pelo resultado, o reconhecimento pelo investidor será da mesma forma em seu patrimônio líquido. Seria o caso, por exemplo, de um aumento no saldo da conta Ajustes de Avaliação Patrimonial da investida. A parte do investidor seria reconhecida de forma reflexa, ou seja, em conta de Ajustes de Avaliação Patrimonial diretamente no patrimônio líquido do investidor e não em seu resultado.

EXEMPLO: A companhia A possui uma participação de 70% do capital social da companhia B. No início do exercício X1, sua participação está avaliada pelo valor de R$ 560.000,00. O Patrimônio Líquido da companhia B está assim constituído:

Capital Social	R$ 500.000,00
Reservas de Lucros	R$ 200.000,00
Reservas de Capital	R$ 95.000,00
Ajustes de Avaliação Patrimonial	R$ 5.000,00
TOTAL	R$ 800.000,00

Ao final do exercício X1, foram obtidas as seguintes informações de suas demonstrações contábeis:

Lucro Líquido do exercício:	R$ 40.000,00
Aumento em Ajustes de Avaliação Patrimonial (credor):	R$ 10.000,00

No exercício X1, houve o aumento do Patrimônio Líquido da Cia B, passando de 800.000 para 850.000. Sendo assim, a investidora A deve reconhecer o aumento de seu investimento proporcionalmente à sua parcela de participação (70% X 50.000 = 35.000). A contrapartida do aumento do investimento de R$ 35.000,00 será:

- R$ 28.000,00 no Resultado (70% X 40.000 = 28.000) e
- R$ 7.000,00 em Ajustes de Avaliação Patrimonial de Controladas (70% X 10.000 = 7.000)

Lançamento:

D	Investimento Controlada B – MEP	R$35.000	
C	Resultado Positivo MEP		R$28.000
C	Ajustes de Avaliação Patrimonial Controladas		R$7.000

Quando a investida distribui dividendos, haverá a diminuição do seu Patrimônio Líquido. Essa variação patrimonial negativa será reconhecida pela investidora ao contabilizar os dividendos a receber em contrapartida à diminuição do investimento.

Exemplo: Foi distribuída a metade dos lucros de R$ 40.000,00 do item anterior. A parcela da investidora sobre esses dividendos corresponde ao valor de R$ 14.000,00 (70 % X 20.000):

D	Dividendos a Receber	R$14.000
C	Investimento Controlada B – MEP	R$14.000

20. EFEITOS DAS MUDANÇAS NAS TAXAS DE CÂMBIO E CONVERSÃO DE DEMONSTRAÇÕES CONTÁBEIS

CPC 02 (R2) – Efeitos das mudanças nas taxas de câmbio e conversão de demonstrações contábeis

Uma entidade pode realizar transações em moeda estrangeira ou ter operações no exterior. Nessas situações as taxas de câmbio irão impactar as demonstrações contábeis.

Moeda funcional é a moeda do ambiente econômico principal no qual a entidade opera.

Uma transação em moeda estrangeira deve ser reconhecida contabilmente, no momento inicial, pela moeda funcional, mediante a aplicação da taxa de câmbio à vista entre a moeda funcional e a moeda estrangeira, na data da transação, sobre o montante em moeda estrangeira.

Embora os elementos reconhecidos na contabilidade sejam expressos em moeda, nem todos eles são classificados como itens monetários. Por exemplo, uma máquina é mensurada em moeda, mas não representa um montante em dinheiro a ser recebido ou pago. Por outro lado, as contas a pagar, as contas a receber, os dividendos a pagar, os empréstimos são exemplos de itens monetários.

Ao término de cada período:

(a) os itens monetários em moeda estrangeira devem ser convertidos, usando-se a taxa de câmbio de fechamento;

(b) os itens não monetários que são mensurados pelo custo histórico em moeda estrangeira devem ser convertidos, usando-se a taxa de câmbio vigente na data da transação; e

(c) os itens não monetários que são mensurados pelo valor justo em moeda estrangeira devem ser convertidos, usando-se as taxas de câmbio vigentes nas datas em que o valor justo tiver sido mensurado.

As variações cambiais advindas da liquidação de itens monetários ou da conversão de itens monetários por taxas diferentes daquelas pelas quais foram convertidos quando da mensuração inicial, durante o período ou em demonstrações contábeis anteriores, devem ser reconhecidas na demonstração do resultado no período em que surgirem (como receitas ou despesas), com exceção daquelas advindas de itens monetários que fazem parte do investimento líquido em entidade no exterior.

Se a moeda de apresentação das demonstrações contábeis difere da moeda funcional da entidade, seus resultados e sua posição financeira devem ser convertidos para a moeda de apresentação.

Os resultados e a posição financeira da entidade, cuja moeda funcional não é moeda de economia hiperinflacionária, devem ser convertidos para moeda de apresentação diferente, adotando-se os seguintes procedimentos:

(a) ativos e passivos para cada balanço patrimonial apresentado (incluindo os balanços comparativos) devem ser convertidos, utilizando-se a taxa de câmbio de fechamento na data do respectivo balanço;

(b) receitas e despesas para cada demonstração do resultado abrangente ou demonstração do resultado apresentada (incluindo as demonstrações comparativas) devem ser convertidas pelas taxas de câmbio vigentes nas datas de ocorrência das transações; e

(c) todas as variações cambiais resultantes devem ser reconhecidas em outros resultados abrangentes (ajuste acumulado de conversão).

21. INSTRUMENTOS FINANCEIROS

CPC 39 – Instrumentos Financeiros: Apresentação

O Pronunciamento Técnico CPC 39 – Instrumentos Financeiros: Apresentação define Instrumento Financeiro como "qualquer contrato que dê origem a um ativo financeiro para a entidade e a um passivo financeiro ou instrumento patrimonial para outra entidade".

Instrumento patrimonial é qualquer contrato que evidencie uma participação nos ativos de uma entidade após a dedução de todos os seus passivos. A ação de uma empresa é um instrumento patrimonial.

São exemplos de investimentos em instrumentos financeiros:

Títulos da Dívida Pública

Certificados de Depósito bancário (CDB)

Aplicações Temporárias em Ações

Fundos de Renda Fixa ou Variável

Letras de Câmbio

Contratos de Opções de Ações

Contratos Futuros

Contratos a Termo

Após o reconhecimento inicial, a entidade deve mensurar o ativo financeiro, com base tanto no modelo de negócios da entidade para a gestão dos ativos financeiros, quanto nas características de fluxo de caixa contratual do ativo financeiro:

(a) ao custo amortizado;

(b) ao valor justo por meio de outros resultados abrangentes; ou

(c) ao valor justo por meio do resultado.

O ativo financeiro deve ser mensurado ao custo amortizado se:

(a) for mantido dentro de modelo de negócios cujo objetivo seja manter ativos financeiros com a finalidade de receber fluxos de caixa contratuais; e

(b) os termos contratuais proporcionarem, em datas especificadas, fluxos de caixa que constituam, exclusivamente, pagamentos de principal e juros sobre o valor do principal em aberto.

O ativo financeiro deve ser mensurado ao valor justo por meio de outros resultados abrangentes se:

(a) for mantido dentro de modelo de negócios cujo objetivo seja tanto pelo receber fluxos de caixa contratuais quanto pela venda de ativos financeiros; e

(b) os termos contratuais proporcionarem, em datas especificadas, fluxos de caixa que constituam exclusivamente pagamentos de principal e juros sobre o valor do principal em aberto.

Nos outros casos, o ativo financeiro deve ser mensurado ao valor justo por meio do resultado. Entretanto, pode ser feita escolha irrevogável no reconhecimento inicial por mensuração ao valor justo em outros resultados abrangentes, que de outro modo seriam mensurados ao valor justo por meio do resultado.

Exemplo: Em 31/12/20X0, uma companhia adquire um título da dívida pública no mercado. O valor presente do título nesta data é de R$ 10.000,00. O vencimento do título é de 10 anos, com juros anuais prefixados de 10%. Em 31/12/20X1, o valor justo do título negociado no mercado é de R$ 11.800,00.

Caso esse ativo seja mensurado pelo custo amortizado, seria feito, na data do balanço, em 31/12/20X1, apenas o seguinte lançamento reconhecendo a atualização pelos juros:

D Aplicação em Títulos Públicos R$ 1.000,00

C Receitas Financeiras R$ 1.000,00

Caso a mensuração fosse ao valor justo por meio do resultado, adicionalmente ao lançamento anterior, haveria ainda outro lançamento ajustando o título ao valor justo:

D Aplicação em Títulos Públicos R$ 800,00

C Receitas Financeiras R$ 800,00

Caso a mensuração fosse ao valor justo por meio de outros resultados abrangentes, adicionalmente ao primeiro lançamento, haveria outro lançamento ajustando o título ao valor justo, porém em contrapartida a ajustes de avaliação patrimonial no patrimônio líquido:

D Aplicação em Títulos Públicos R$ 800,00

C Ajustes de Avaliação Patrimonial R$ 800,00

Os ativos financeiros estão sujeitos ainda ao teste de recuperabilidade, nos termos do Pronunciamento Técnico CPC 01 (R1) Redução ao Valor Recuperável de Ativos

22. ATIVO BIOLÓGICO E PRODUTO AGRÍCOLA

CPC 29 – Ativo Biológico e Produto Agrícola

O Pronunciamento CPC 29 deve ser aplicado para a produção agrícola, assim considerada aquela obtida no momento e no ponto de colheita dos produtos advindos dos ativos biológicos da entidade. Após esse momento, o CPC 16 – Estoques, ou outro Pronunciamento Técnico mais adequado, deve ser aplicado.

O CPC 29 apresenta a tabela a seguir com exemplos de ativos biológicos, produto agrícola e produtos resultantes do processamento depois da colheita:

Ativos biológicos	Produto agrícola	Produtos resultantes do processamento após a colheita
Carneiros	Lã	Fio, tapete
Plantação de árvores para madeira	Árvore cortada	Tora, madeira serrada
Gado de leite	Leite	Queijo
Porcos	Carcaça	Salsicha, presunto
Plantação de algodão	Algodão colhido	Fio de algodão, roupa
Cana-de-açúcar	Cana colhida	Açúcar

Plantação de fumo	Folha colhida	Fumo curado
Arbusto de chá	Folha colhida	Chá
Videira	Uva colhida	Vinho
Árvore frutífera	Fruta colhida	Fruta processada
Palmeira de dendê	Fruta colhida	Óleo de palma
Seringueira	Látex colhido	Produto da borracha

A entidade deve reconhecer um ativo biológico ou produto agrícola quando, e somente quando:

(a) controla o ativo como resultado de eventos passados;

(b) for provável que benefícios econômicos futuros associados com o ativo fluirão para a entidade; e

(c) o valor justo ou o custo do ativo puder ser mensurado confiavelmente.

O ativo biológico deve ser mensurado ao valor justo menos a despesa de venda no momento do reconhecimento inicial e no final de cada período de competência, exceto para os casos em que o valor justo não pode ser mensurado de forma confiável.

O produto agrícola colhido de ativos biológicos da entidade deve ser mensurado ao valor justo, menos a despesa de venda, no momento da colheita. O valor assim atribuído representa o custo, no momento da aplicação do Pronunciamento Técnico CPC 16 – Estoques, ou outro Pronunciamento aplicável.

O ganho ou a perda proveniente da mudança no valor justo menos a despesa de venda de ativo biológico reconhecido no momento inicial até o final de cada período deve ser incluído no resultado do exercício em que tiver origem.

23. ARRENDAMENTOS

CPC 06 (R2) – Arrendamentos

De acordo com o Pronunciamento Técnico CPC 06 (R2) – Arrendamentos, "arrendamento é o contrato, ou parte do contrato, que transfere o direito de usar um ativo (ativo subjacente) por um período de tempo em troca de contraprestação".

Nos termos do CPC 06 (R2), "na celebração de contrato, a entidade deve avaliar se o contrato é, ou contém, um arrendamento. O contrato é, ou contém, um arrendamento se ele transmite o direito de controlar o uso de ativo identificado por um período de tempo em troca de contraprestação".

O arrendatário pode deixar de aplicar os requisitos de reconhecimento e contabilização relativos ao arrendamento, nos casos de:

1. Arrendamento de curto prazo; ou
2. Arrendamentos para os quais o ativo subjacente é de baixo valor.

Nesses casos, o arrendatário deve reconhecer os pagamentos do arrendamento como despesa em base linear ao longo do prazo do arrendamento ou em outra base sistemática.

Arrendatário

No reconhecimento inicial, o arrendatário deve reconhecer o ativo de direito de uso e o passivo de arrendamento.

Na data de início, o ativo de direito de uso deve ser mensurado ao custo.

Conforme o CPC 06 (R2), o custo do ativo de direito de uso inclui:

1. O valor da mensuração inicial do passivo de arrendamento;
2. Os pagamentos de arrendamento efetuados até a data de início, menos os incentivos de arrendamento recebidos;
3. Os custos diretos iniciais incorridos pelo arrendatário; e
4. A estimativa de custos a serem incorridos pelo arrendatário na desmontagem e remoção do ativo subjacente, restauração do local em que está localizado ou do ativo subjacente à condição requerida pelos termos e condições do arrendamento, salvo se esses custos forem incorridos para produzir estoques.

Na mensuração subsequente, o ativo de direito de uso deve ser mensurado pelo método de custo, exceto se for aplicado o método de valor justo (no caso de aplicação do valor justo para as propriedades para investimento do arrendatário) ou, se permitido por lei, pelo método de reavaliação (no caso de reavaliação de classes do ativo imobilizado do arrendatário).

Na data de início, o passivo de arrendamento deve ser mensurado ao valor presente dos pagamentos do arrendamento que não são efetuados nessa data. Os pagamentos devem ser descontados à taxa de juros implícita no arrendamento, se puder ser determinada imediatamente, ou, caso contrário, deve ser utilizada a taxa incremental sobre o empréstimo do arrendatário.

Arrendador

O arrendador deve classificar cada um de seus arrendamentos como operacional ou financeiro, de acordo com a essência da transação e não da forma do contrato. Essa classificação deve ser feita na data de celebração do contrato, podendo ser reavaliada apenas se houver modificação do arrendamento.

Um arrendamento é classificado como financeiro, quando há transferência substancial de todos os riscos e benefícios associados à propriedade do ativo subjacente.

No arrendamento operacional não há transferência substancial de todos os riscos e benefícios associados à propriedade do ativo subjacente.

No reconhecimento inicial do arrendamento financeiro, os arrendadores devem registrar os arrendamentos como conta a receber por valor igual ao investimento líquido no arrendamento. Para mensurar o investimento líquido deve ser usada a taxa de juros implícita no arrendamento.

Os custos diretos iniciais, no caso de arrendadores não fabricantes ou revendedores, devem ser incluídos na mensuração inicial do investimento líquido e reduzem o valor da receita reconhecida ao longo do prazo de arrendamento. Na definição da taxa de juros implícita, os custos diretos iniciais devem ser incluídos no investimento líquido no arrendamento, não sendo necessário adicioná-los separadamente.

Os valores recebidos pelo arrendador de um arrendamento operacional devem ser contabilizados como receita. A receita deve ser reconhecida em base linear durante o prazo do arrendamento, ou em outra base sistemática, caso esta represente melhor o padrão temporal em que o benefício do uso do ativo subjacente é diminuído.

O arrendador deve reconhecer como despesa os custos, inclusive depreciação, incorridos na realização da despesa de arrendamento.

24. POLÍTICAS CONTÁBEIS, MUDANÇA DE ESTIMATIVA E RETIFICAÇÃO DE ERRO

CPC 23 – Políticas Contábeis, Mudança de Estimativa e Retificação de Erro

Políticas contábeis são os princípios, as bases, as convenções, as regras e as práticas específicas aplicados pela entidade na elaboração e na apresentação de demonstrações contábeis. O critério de avaliação de estoques adotado (PEPS ou média ponderada móvel) é um exemplo de política contábil.

Estimativas contábeis são montantes monetários nas demonstrações contábeis que estão sujeitas a incerteza de mensuração. A entidade faz uso de estimativas ao determinar, por exemplo, as perdas estimadas com créditos de liquidação duvidosa.

Erros de períodos anteriores são omissões e incorreções nas demonstrações contábeis da entidade de um ou mais períodos anteriores decorrentes da falta de uso, ou uso incorreto, de informação confiável que:

(a) estava disponível quando da autorização para divulgação das demonstrações contábeis desses períodos; e

(b) pudesse ter sido razoavelmente obtida e levada em consideração na elaboração e na apresentação dessas demonstrações contábeis.

Os erros incluem os efeitos de erros matemáticos, erros na aplicação de políticas contábeis, descuidos ou interpretações incorretas de fatos e fraudes.

Aplicação retrospectiva é a aplicação de nova política contábil a transações, a outros eventos e a condições, como se essa política tivesse sido sempre aplicada.

Reapresentação retrospectiva é a correção do reconhecimento, da mensuração e da divulgação de valores de elementos das demonstrações contábeis, como se um erro de períodos anteriores nunca tivesse ocorrido.

Aplicação impraticável de requisito ocorre quando a entidade não pode aplicá-lo depois de ter feito todos os esforços razoáveis nesse sentido.

Aplicação prospectiva de mudança em política contábil e de reconhecimento do efeito de mudança em estimativa contábil representa, respectivamente:

(a) a aplicação da nova política contábil a transações, a outros eventos e a condições que ocorram após a data em que a política é alterada; e

(b) o reconhecimento do efeito da mudança na estimativa contábil nos períodos corrente e futuro afetados pela mudança.

Na aplicação de mudanças de políticas contábeis:

(a) A entidade deve contabilizar uma mudança na política contábil resultante da adoção inicial de Pronunciamento, Interpretação ou Orientação, de acordo com as disposições transitórias específicas, se existirem, expressas nesse Pronunciamento, Interpretação ou Orientação.

(b) Quando a entidade muda uma política contábil na adoção inicial de Pronunciamento, Interpretação ou Orientação que não inclua disposições transitórias específicas que se apliquem a essa mudança, ou quando muda uma política contábil voluntariamente, ela deve aplicar a mudança retrospectivamente.

A mudança na base de avaliação é uma mudança na política contábil e não uma mudança na estimativa contábil.

Caso seja difícil distinguir uma mudança na política contábil de uma mudança na estimativa contábil, a mudança é tratada como mudança na estimativa contábil.

Em regra, o efeito de mudança na estimativa contábil deve ser reconhecido prospectivamente, incluindo-o nos resultados do:

(a) período da mudança, se a mudança afetar apenas esse período (por exemplo uma mudança na PECLD); ou

(b) período da mudança e futuros períodos, se a mudança afetar todos eles (por exemplo, a mudança da estimativa da vida útil de um ativo depreciável).

Uma exceção é quando a mudança na estimativa contábil resultar em mudanças em ativos e passivos, ou relacionar-se a componente do patrimônio líquido. Nesse caso a mudança deve ser reconhecida pelo ajuste no correspondente item do ativo, do passivo ou do patrimônio líquido no período da mudança.

Erros podem ocorrer no registro, na mensuração, na apresentação ou na divulgação de elementos de demonstrações contábeis.

As demonstrações contábeis não estarão em conformidade com os Pronunciamentos, Interpretações e Orientações deste CPC se contiverem erros materiais ou erros imateriais cometidos intencionalmente para alcançar determinada apresentação da posição patrimonial e financeira, do desempenho ou dos fluxos de caixa da entidade.

Os potenciais erros do período corrente descobertos nesse período devem ser corrigidos antes de as demonstrações contábeis serem autorizadas para publicação. Contudo, os erros materiais, por vezes, não são descobertos até um período subsequente, e esses erros de períodos anteriores são corrigidos na informação comparativa apresentada nas demonstrações contábeis desse período subsequente.

A entidade deve corrigir os erros materiais de períodos anteriores retrospectivamente no primeiro conjunto de demonstrações contábeis cuja autorização para publicação ocorra após a descoberta de tais erros:

(a) por reapresentação dos valores comparativos para o período anterior apresentado em que tenha ocorrido o erro; ou

(b) se o erro ocorreu antes do período anterior mais antigo apresentado, da reapresentação dos saldos de abertura dos ativos, dos passivos e do patrimônio líquido para o período anterior mais antigo apresentado.

25. EVENTO SUBSEQUENTE

CPC 24 – Evento Subsequente

Evento subsequente ao período das demonstrações contábeis é o evento, favorável ou desfavorável, que ocorre entre a data final do período a que se referem as demonstrações contábeis e a data na qual é autorizada a emissão dessas demonstrações. Dois tipos de eventos podem ser identificados:

(a) os que evidenciam condições já existentes na data final do período a que se referem as demonstrações contábeis (evento subsequente ao período contábil a que se referem as demonstrações que originam ajustes);

(b) os que são indicadores de condições surgidas após o período contábil a que se referem as demonstrações contábeis (evento subsequente ao período contábil a que se referem as demonstrações que não originam ajustes).

A entidade deve ajustar os valores reconhecidos em suas demonstrações contábeis para que reflitam os eventos subsequentes que evidenciem condições que já existiam na data final do período contábil a que se referem as demonstrações contábeis.

A entidade não deve ajustar os valores reconhecidos em suas demonstrações contábeis por eventos subsequentes que são indicadores de condições que surgiram após o período contábil a que se referem as demonstrações.

Um exemplo dessa situação é o declínio do valor justo de investimentos ocorrido no período compreendido entre o final do período contábil a que se referem as demonstrações e a data de autorização de emissão dessas demonstrações.

26. CUSTOS DE EMPRÉSTIMOS

CPC 20 (R1) – Custos de Empréstimos

Custos de empréstimos que são diretamente atribuíveis à aquisição, construção ou produção de um ativo qualificável formam parte do custo de tal ativo. Outros custos de empréstimos devem ser reconhecidos como despesa.

Ativo qualificável é um ativo que, necessariamente, demanda um período de tempo substancial para ficar pronto para seu uso ou venda pretendidos.

Conforme o CPC 20 (R1), "custos de empréstimos são os juros e outros custos que a entidade incorre em conexão com o empréstimo de recursos".

Custos de empréstimos podem incluir:

1) encargos financeiros calculados com base no método da taxa efetiva de juros, como descrito no CPC 08 – Custos de Transação e Prêmios na Emissão de Títulos e Valores Mobiliários e no CPC 48 – Instrumentos Financeiros;

2) juros sobre passivos de arrendamento reconhecidos de acordo com o CPC 06 – Arrendamentos; e

3) variações cambiais decorrentes de empréstimos em moeda estrangeira, na extensão em que elas sejam consideradas como ajuste, para mais ou para menos, do custo dos juros.

A entidade deve capitalizar os custos de empréstimos que são diretamente atribuíveis à aquisição, construção ou produção de ativo qualificável como parte do custo do ativo.

Os outros custos de empréstimos devem ser reconhecidos como despesa no período em que são incorridos.

Os custos de empréstimos que são atribuíveis diretamente à aquisição, construção ou produção de um ativo qualificável são aqueles que seriam evitados se os gastos com o ativo qualificável não tivessem sido feitos.

27. TRIBUTOS SOBRE O LUCRO

CPC 32 – Tributos sobre o Lucro

A seguir são apresentadas algumas definições do CPC 32:

Lucro tributável (prejuízo fiscal) é o lucro (prejuízo) para um período, determinado conforme estabelecido pela legislação tributária, sobre o qual os tributos sobre o lucro são devidos (recuperáveis). Corresponde ao lucro real do IRPJ e à base de cálculo da CSLL.

Tributo corrente é o valor do tributo devido (recuperável) sobre o lucro tributável (prejuízo fiscal) do período. É obtido mediante a aplicação da alíquota sobre a base de cálculo correspondente. Tem como contrapartida o IRPJ/CSLL a pagar.

Diferença temporária é a diferença entre o valor contábil de ativo ou passivo no balanço e sua base fiscal. As diferenças temporárias podem ser tanto:

(a) diferença temporária tributável: diferença temporária que resulta em valores tributáveis para determinar o lucro tributável (prejuízo fiscal) de períodos futuros quando o valor contábil de ativo ou passivo é recuperado ou liquidado; ou

(b) diferença temporária dedutível: diferença temporária que resulta em valores que são dedutíveis para determinar o lucro tributável (prejuízo fiscal) de futuros períodos quando o valor contábil do ativo ou passivo é recuperado ou liquidado.

Base fiscal de ativo ou passivo é o valor atribuído àquele ativo ou passivo para fins fiscais.

Passivo fiscal diferido é o valor do tributo sobre o lucro devido em período futuro relacionado às diferenças temporárias tributáveis.

Ativo fiscal diferido é o valor do tributo sobre o lucro recuperável em período futuro relacionado a:

(a) diferenças temporárias dedutíveis;

(b) compensação futura de prejuízos fiscais não utilizados; e

(c) compensação futura de créditos fiscais não utilizados.

Despesa tributária (receita tributária) é o valor total incluído na determinação do lucro ou prejuízo para o período relacionado com o tributo sobre o lucro corrente ou diferido. A despesa tributária (receita tributária) compreende a despesa tributária corrente (receita tributária corrente) e a despesa tributária diferida (receita tributária diferida).

28. INFORMAÇÕES POR SEGMENTO

CPC 22 – Informações por Segmento

Conforme o Pronunciamento Técnico CPC 22 – Informações por Segmento "a entidade deve divulgar informações que permitam aos usuários das demonstrações contábeis avaliarem a natureza e os efeitos financeiros das atividades de negócio nos quais está envolvida e os ambientes econômicos em que opera".

Um segmento operacional é um componente de entidade:

(a) que desenvolve atividades de negócio das quais pode obter receitas e incorrer em despesas (incluindo receitas e despesas relacionadas com transações com outros componentes da mesma entidade);

(b) cujos resultados operacionais são regularmente revistos pelo principal gestor das operações da entidade para a tomada de decisões sobre recursos a serem alocados ao segmento e para a avaliação do seu desempenho; e

(c) para o qual haja informação financeira individualizada disponível.

A entidade deve divulgar separadamente as informações sobre o segmento operacional que atenda a qualquer um dos seguintes parâmetros:

(a) sua receita reconhecida, incluindo tanto as vendas para clientes externos quanto as vendas ou transferências intersegmentos, é igual ou superior a 10% da receita combinada, interna e externa, de todos os segmentos operacionais;

(b) o montante em termos absolutos do lucro ou prejuízo apurado é igual ou superior a 10% do maior, em termos absolutos, dos seguintes montantes:

(i) lucro apurado combinado de todos os segmentos operacionais que não apresentaram prejuízos; e

(ii) prejuízo apurado combinado de todos os segmentos operacionais que apresentaram prejuízos;

(c) seus ativos são iguais ou superiores a 10% dos ativos combinados de todos os segmentos operacionais.

29. RECEITA DE CONTRATO COM CLIENTE

CPC 47 – Receita de Contrato com Cliente

O Pronunciamento Técnico CPC 47 – Receita de Contrato com Cliente estabelece como princípio básico que "a entidade deve reconhecer receitas para descrever a transferência de bens ou serviços prometidos a clientes no valor que reflita a contraprestação à qual a entidade espera ter direito em troca desses bens ou serviços".

Conforme definição do CPC 47, "contrato é um acordo entre duas ou mais partes que cria direitos e obrigações exigíveis", podendo ser escrito, verbal ou decorrente das práticas usuais de negócios da entidade.

O CPC 47 estabelece que:

"No início do contrato, a entidade deve avaliar os bens ou serviços prometidos em contrato com o cliente e deve identificar como obrigação de performance cada promessa de transferir ao cliente:

(a) bem ou serviço (ou grupo de bens ou serviços) que seja distinto; ou

(b) série de bens ou serviços distintos que sejam substancialmente os mesmos e que tenham o mesmo padrão de transferência para o cliente".

A obrigação de performance não inclui atividades que a entidade deve executar para cumprir o contrato, exceto se tais atividades transfiram o bem ou serviço ao cliente. Por exemplo, as tarefas administrativas que o prestador de serviços executa para elaborar o contrato não se incluem entre as obrigações de performance.

Dentre os bens ou serviços prometidos, o CPC 47 cita os seguintes:

a) Venda de bens produzidos pela entidade, como o estoque de fabricante;
b) Revenda de mercadorias, por varejista;
c) Revenda de direitos sobre bens ou serviços adquiridos pela entidade;
d) Execução de tarefas contratadas;
e) Prestação de serviço de fornecimento de bens ou serviços, sob prontidão (por exemplo, atualizações não especificadas de softwares fornecidas quando e se disponíveis) ou disponibilização de bens ou serviços ao cliente a serem usados à medida que ele decidir;
f) Intermediação para que outra parte transfira bens ou serviços ao cliente (por exemplo, atuando como agente de outra parte);
g) concessão de direitos sobre bens ou serviços a serem fornecidos no futuro que o cliente possa revender ou fornecer a seu cliente;

h) construção, fabricação ou desenvolvimento de ativo em nome do cliente;

i) concessão de licenças;

j) concessão de opções para a compra de bens ou serviços adicionais.

As receitas devem ser reconhecidas quando (ou à medida que) a entidade cumprir a obrigação de performance ao transferir o bem ou executar o serviço (ou seja, um ativo) prometido ao cliente.

O ativo é considerado transferido quando (ou à medida que) o cliente obtiver o seu controle.

No início do contrato a entidade deve determinar se a obrigação de performance será satisfeita ao longo do tempo ou em um momento específico no tempo.

Bens e serviços são considerados ativos, quando recebidos e usados.

O controle do ativo está associado à capacidade de determinar o seu uso e de obter substancialmente a totalidade dos benefícios restantes provenientes do ativo, bem como evitar que outras entidades o façam.

Os benefícios do ativo são os fluxos de caixa potenciais (entradas ou economias em saídas de caixa) que podem ocorrer diretamente ou indiretamente de muitas formas, como: venda ou troca do ativo; retenção do ativo; caução do ativo em garantia de empréstimo; uso do ativo para produzir bens ou prestar serviços, aumentar o valor de outros ativos, liquidar passivos, reduzir despesas.

A entidade satisfaz à obrigação de performance ao longo do tempo, reconhecendo as receitas ao longo do tempo, caso um dos seguintes critérios for atendido:

(a) o cliente recebe e consome simultaneamente os benefícios gerados pelo desempenho por parte da entidade à medida que a entidade efetiva o desempenho (por exemplo, os serviços rotineiros ou recorrentes como os de limpeza);

(b) o desempenho por parte da entidade cria ou melhora o ativo (por exemplo, produtos em elaboração) que o cliente controla à medida que o ativo é criado ou melhorado; ou

(c) o desempenho por parte da entidade não cria um ativo com uso alternativo para a entidade e esta possui direito executável (enforcement) ao pagamento pelo desempenho concluído até a data presente.

Caso a obrigação de performance não seja satisfeita ao longo do tempo, de acordo com o exposto anteriormente, considera-se que a obrigação de performance é satisfeita em momento específico no tempo.

Quando (ou à medida que) uma obrigação de performance for satisfeita, a entidade deve reconhecer como receita o valor do preço de transação, que deve ser alocado àquela.

Conforme o CPC 47:

> "A entidade deve considerar os termos do contrato e suas práticas de negócios usuais para determinar o preço da transação. O preço da transação é o valor da contraprestação à qual a entidade espera ter direito em troca da transferência dos bens ou serviços prometidos ao cliente, excluindo quantias cobradas em nome de terceiros (por exemplo, alguns impostos sobre vendas). A contraprestação prometida em contrato com o cliente pode incluir valores fixos, valores variáveis ou ambos".

Caso a contraprestação inclua um valor variável, a entidade deve estimar o valor da contraprestação a qual terá direito em troca da transferência dos bens ou serviços.

O valor da contraprestação pode variar devido a descontos abatimentos, restituições, créditos, concessões de preços, incentivos, bônus de desempenho, penalidades.

A entidade deve estimar o valor da contraprestação variável, utilizando como método o valor esperado ou o valor mais provável.

A entidade deve incluir no preço da transação, parte ou todo valor estimado da contraprestação variável apenas se for altamente provável que uma reversão significativa no valor das receitas acumuladas reconhecidas não deva ocorrer, quando a incerteza associada à contraprestação variável for resolvida futuramente.

Um passivo de restituição deve ser reconhecido caso a entidade espere restituir ao cliente no todo ou em parte a contraprestação dele recebida.

Conforme o CPC 47, "contraprestação a pagar ao cliente inclui valores à vista que a entidade paga ou espera pagar ao cliente (ou a outras partes que compram do cliente bens ou serviços da entidade). A contraprestação a pagar ao cliente inclui ainda crédito ou outros itens (por exemplo, cupom ou voucher) que podem ser aplicados contra valores devidos à entidade (ou a outras partes que comprem do cliente bens ou serviços da entidade)".

A contraprestação a pagar ao cliente deve ser contabilizada como redução do preço de transação (e, em contrapartida, das receitas), exceto no caso em que o pagamento ao cliente ocorra em troca de bem ou serviço distinto.

30. CONTABILIDADE DE CUSTOS

A Contabilidade de Custos tem sua origem na necessidade de avaliação dos estoques das indústrias, através da mensuração dos estoques e da apuração do custo dos produtos vendidos.

Custo é o gasto com bem ou serviço utilizado na produção de outros bens ou serviços. Inclui apenas os gastos que ocorrem na fábrica. Assim, o salário da mão-de-obra utilizada na produção é considerado custo, ao passo que o salário de um empregado do setor administrativo é classificado como despesa.

Os custos podem ser classificados como diretos ou indiretos.

Os custos diretos são aqueles que podem ser apropriados diretamente aos produtos fabricados, sendo classificados em:

a) Matéria-prima (MP) ou material direto (MD): materiais empregados diretamente nos produtos;
b) Mão-de-obra direta (MOD): aplicada diretamente sobre os produtos fabricados, como os salários dos trabalhadores da linha de produção;
c) Material de Embalagem (ME): embalagem aplicada na produção e essencial ao produto (não inclui embalagens para transporte ou especiais).

Os custos indiretos de fabricação (CIF) ou gastos gerais de fabricação (GGF) não podem ser apropriados diretamente aos produtos, razão pela qual há necessidade da utilização de um critério de rateio. Incluem material indireto, mão-de-obra indireta (como o salário do gerente de produção ou dos vigias da fábrica) e outros gastos indiretos.

Outra classificação dos custos é a sua divisão em custos fixos e variáveis.

Os custos fixos permanecem os mesmos independentemente do volume de produção total do período, desde que dentro da capacidade instalada da empresa. A maior parte dos custos indiretos de fabricação são custos fixos, a exemplo do aluguel da fábrica.

Os custos variáveis são alterados de acordo com a produção global do período. Em regra, a mão-de-obra direta, os materiais diretos e o material de embalagem são custos variáveis.

31. ANÁLISE DAS DEMONSTRAÇÕES CONTÁBEIS

A análise das demonstrações financeiras (ou análise contábil) é a técnica contábil que consiste na decomposição, comparação e interpretação das demonstrações contábeis.

Portanto, através da análise das demonstrações contábeis são extraídas das demonstrações contábeis informações que possibilitam a obtenção de conclusões sobre a situação e perspectivas da entidade, constituindo importante ferramenta na tomada de decisões.

A análise das demonstrações contábeis é dividida em: análise vertical (estrutura); análise horizontal (evolução); e análise por quocientes (indicadores).

Análise vertical

A análise vertical compara a participação de contas ou conjunto de contas em relação ao grupo ao qual o item faz parte no balanço ou demonstração de resultado, conforme exemplo abaixo:

ATIVO	20x1	
Circulante	200	20%
Realizável a Longo Prazo	100	10%
Investimentos	250	25%
Imobilizado	400	40%
Intangível	50	5%
TOTAL DO ATIVO	1.000	100%

Análise horizontal

A análise horizontal verifica a evolução de itens patrimoniais ou de resultado de um período a outro, através da variação de contas ou grupos de contas em diferentes exercícios, conforme exemplo a seguir:

ATIVO	20x1	20x2	Variação
Circulante	R$ 2.000	R$ 3.000	50%

Análise por indicadores

A análise por indicadores refere-se ao estudo comparativo, através de índices, entre itens heterogêneos, a exemplo do índice de liquidez corrente que consiste na divisão do ativo circulante pelo passivo circulante.

Indicadores de liquidez

Os indicadores de liquidez evidenciam a situação financeira da empresa e sua capacidade de pagamento de obrigações. Os principais indicadores de liquidez são: liquidez geral, liquidez corrente, liquidez imediata e liquidez seca.

A liquidez geral, ou liquidez total, demonstra o quanto a empresa possui no ativo circulante e realizável a longo em relação às obrigações de curto e longo prazo. É representada pela fórmula: LG = Ativo Circulante + Ativo Realizável a Longo Prazo

Passivo Circulante + Passivo Não Circulante

A liquidez corrente, ou liquidez comum, demonstra o quanto a empresa possui no ativo circulante em relação às obrigações de curto prazo. É representada pela fórmula: LC = Ativo Circulante

Passivo Circulante

A liquidez imediata, ou liquidez instantânea, demonstra o quanto a empresa possui no caixa e equivalente (disponibilidades) em relação às obrigações de curto prazo. É representada pela fórmula: LI = Disponibilidades

Passivo Circulante

A liquidez seca, ou teste ácido, demonstra a relação entre o ativo circulante, exceto estoques, e as obrigações de curto prazo. É representada pela fórmula: LS = Ativo Circulante – Estoques

Passivo Circulante

Indicadores de lucratividade e de rentabilidade

Os indicadores de lucratividade e de rentabilidade evidenciam o desempenho econômico da empresa. Os principais indicadores de lucratividade e de rentabilidade são a margem bruta, a margem líquida, a rentabilidade do ativo e a rentabilidade do patrimônio líquido.

A margem bruta indica a relação entre o lucro bruto e as vendas líquidas. É representado pela fórmula: MB = Lucro Bruto

Receita Líquida

A margem líquida indica a relação entre o lucro líquido e as vendas líquidas. É representado pela fórmula: ML = Lucro Líquido

Receita Líquida

A rentabilidade do ativo indica a relação entre o lucro líquido e o ativo total. É representado pela fórmula: RA = Lucro Líquido

Ativo Total

A rentabilidade do patrimônio líquido indica a relação entre o lucro líquido e o PL. É representado pela fórmula: RPL = Lucro Líquido

Patrimônio Líquido

Controle Externo

Danilo Vieira Vilela

TABELA DE INCIDÊNCIA DE QUESTÕES

Distribuição das questões organizada por ordem didática de assuntos		
Assunto	**Número de Questões**	**Peso**
1. ASPECTOS GERAIS	6	7,23%
2. ESPÉCIES DE CONTROLE	8	9,64%
3. COMISSÃO MISTA DO ORÇAMENTO	1	1,20%
4. DECLARAÇÃO DE LIMA E DECLARAÇÃO DO MÉXICO	4	4,82%
5. COMPETÊNCIAS DOS TRIBUNAIS DE CONTAS	20	24,10%
6. NATUREZA, JULGAMENTO E FISCALIZAÇÃO DOS TRIBUNAIS DE CONTAS	22	26,51%
7. LEI ORGÂNICA E REGIMENTO INTERNO DO TCU E TCES	19	22,89%
8. MINISTÉRIO PÚBLICO NO TCU E TCES	3	3,61%
Total	**83**	**100%**

Controle Externo

Danilo Vieira Vilela

✦ LEGISLAÇÃO REFERENCIADA NAS QUESTÕES E DICAS

Legislação Principal

- Constituição Federal – Título IV, Capítulo I, Seção IX – Da Fiscalização Contábil, Financeira e Orçamentária: artigos 70 a 75;
- Outros artigos: 2º, 5º, 20, 22, 31, 37, 58, 61, 93, 96, 127, 128, 130 e 161;
- Lei Complementar 101/2000 (LRF – Lei de Responsabilidade Fiscal);
- Lei 8.443/92 (Lei Orgânica do TCU);
- Regimento Interno do TCU.

Legislação Complementar

- Decreto 2.745/98;
- Lei 8.112/90;
- Lei 8.443/92;
- Lei 9.478/97;
- Lei 9.504/97;
- Lei 14.133/21;
- Lei 11.494;
- Lei 13.113/00;
- Lei Complementar 64/90;
- Lei Complementar 135/10.

Outros materiais pertinentes

- Declaração de Lima sobre Diretrizes para Preceitos de Auditoria (INTOSAI)
- Declaração do México sobre a independência das Entidades Fiscalizadoras Superiores (INTOSAI)

Outras fontes disponíveis na internet para consulta pública

- TCU, Resolução 246/11;
- TCU, Resolução 287/17;
- TCU IN 71/12
- Conhecendo o TCU
- Manual Técnico do Orçamento
- Manual de Contabilidade Aplicada ao Setor Público
- Referencial básico de gestão de riscos

✦ QUESTÕES

1. ASPECTOS GERAIS

01. CEBRASPE – 2024 – TCE/AC – Auditor de Controle Externo

Acerca do controle da administração pública, julgue o item subsequente.

Ao tomar conhecimento de uma ilegalidade na administração pública, o servidor público tem o direito de abrir uma representação a um órgão de controle ou à própria administração em que a situação ocorreu.

COMENTÁRIOS

✪ **Nota do autor:** o item mostra-se equivocado, uma vez que a situação narrada aponta um dever e não apenas um direito do servidor público. Nesse sentido, o art. 116 da lei nº 8.112/90 determina que: "São deveres do servidor: [...] VI- levar as irregularidades de que tiver ciência em razão do cargo ao conhecimento da autoridade superior ou, quando houver suspeita de envolvimento desta, ao conhecimento de outra autoridade competente para apuração".

Item errado

02. CEBRASPE – 2024 – TCE/AC – Analista de TI

Em relação aos direitos e às garantias fundamentais na Constituição Federal de 1988, julgue o item que se segue.

Nos termos da jurisprudência do Supremo Tribunal Federal, os direitos e as garantias fundamentais representam limites ao poder estatal, não tendo eficácia, nem mesmo de forma indireta, nas relações privadas.

COMENTÁRIOS

✪ **Nota do autor:** ao contrário do enunciado do item, o STF, reiteradas vezes vem admitindo a eficácia horizontal dos direitos fundamentais, o que significa que os direitos e as garantias fundamentais têm eficácia também nas relações privadas. A título de exemplo cite-se trecho do julgado histórico: "As violações a direitos fundamentais não ocorrem somente no âmbito das relações entre o cidadão e o Estado, mas igualmente nas relações travadas entre pessoas físicas e jurídicas de direito privado. Assim, os direitos fundamentais assegurados pela Constituição vinculam diretamente não apenas os poderes públicos, estando direcionados também à proteção dos particulares em face dos poderes privados" (RE 201819-8/RJ, rel. Min. Ellen Gracie, rel. para o acórdão Min. Gilmar Mendes, Segunda Turma, j. 11.10.2005).

Item errado

03. CEBRASPE – 2023 – TCE/RJ - Procurador

Quanto aos tribunais de contas, julgue o item que se segue.

Sem violação à Constituição Federal de 1988, Constituição estadual pode prever a instituição de órgão estadual denominado conselho ou tribunal de contas dos municípios, incumbido de auxiliar as câmaras municipais no exercício de seu poder de controle externo.

COMENTÁRIOS

✪ **Nota do autor:** item compatível com o entendimento do STF, segundo o qual "A Constituição da República impede que os Municípios criem os seus próprios tribunais, conselhos ou órgãos de contas municipais (CF, art. 31, § 4º), mas permite que os Estados-membros, mediante autônoma deliberação, instituam órgão estadual denominado Conselho ou Tribunal de Contas dos Municípios (*RTJ* 135/457, rel. min. Octavio Gallotti – ADI 445/DF, rel. min. Néri da Silveira), incumbido de auxiliar as câmaras municipais no exercício de seu poder de controle externo (CF, art. 31, § 1º). Esses conselhos ou tribunais de contas dos Municípios – embora qualificados como órgãos estaduais (CF, art. 31, § 1º) – atuam, onde tenham sido instituídos, como órgãos auxiliares e de cooperação técnica das câmaras de vereadores. A prestação de contas desses tribunais de contas dos Municípios, que são órgãos estaduais (CF, art. 31, § 1º), há de se fazer, por isso mesmo, perante o tribunal de contas do próprio Estado, e não perante a assembleia legislativa do Estado-membro. [...] (**ADI 687,** rel. min. Celso de Mello, j. 2-2-1995, P, *DJ* de 10-2-2006).

Item certo

04. COPEVE-UFAL – 2022 – Agente de Controle Externo

Dadas as afirmativas a respeito das características do Tribunal de Contas Brasileiro,

I. Vinculado e subordinado ao Poder Legislativo.

II. Trata-se de um sistema de corte de contas, mas que agrega algumas características de auditorias gerais.

III. Suas competências estão amplamente previstas na Constituição Federal.

verifica-se que está(ão) correta(s)

a) I, apenas.

b) III, apenas.

c) I e II, apenas.

d) II e III, apenas.

e) I, II e III.

COMENTÁRIOS

✪ **Nota do autor:** sobre a competência dos Tribunais de Contas, vale lembrar que, no exercício de suas atribuições, podem apreciar a constitucionalidade das leis e dos atos do poder público, conforme súmula 347 do STF.

Item I: errado. Os Tribunais de Contas, embora auxiliem o Poder Legislativo não são integrantes e nem subordinados a ele. Ao contrário, são autônomos e independentes.

Item II: certo. A própria CRFB/88 aponta a competência do TCU para a realização de auditorias. Assim, compete-lhe, dentre outras atividades, "realizar, por iniciativa própria, da Câmara dos Deputados, do Senado Federal, de Comissão técnica ou de inquérito, inspeções e auditorias de natureza contábil, financeira, orçamentária, operacional e patrimonial, nas unidades administrativas dos Poderes Legislativo, Executivo de Judiciário e demais entidades referidas no inciso II". Tais auditorias-gerais "priorizam a análise dos atos administrativos em relação tanto aos seus custos, como aos resultados almejados e alcançados" (Disponível em: ttps://www2.senado.leg.br/bdsf/bitstream/handle/id/156/41.pdf?sequence Acesso em: 31 jan. 2025).

Item III: certo. O art. 71 da Constituição Federal de 1988, ao estabelecer que o controle externo, a cargo do Congresso Nacional, será exercido com o auxílio do Tribunal de Contas da União, fixou, amplamente, nos seus onze incisos, as suas competências.

Alternativa correta: letra "d".

05. COPEVE-UFAL – 2022 – Agente de Controle Externo

O Tribunal de Contas realizando uma fiscalização em uma Secretaria Municipal de Educação encontrou os seguintes problemas: a) insatisfação da população pelo serviço de transporte escolar; b) pagamentos indevidos, com recursos do Fundeb, a professores que estão cedidos a outros órgãos; e c) o custo médio da merenda escolar, por aluno, está bem acima do mercado. Em relação aos problemas citados e aos princípios dominantes que se observaram na fiscalização, respectivamente, assinale a alternativa correta.

a) Legitimidade, legalidade e economicidade.
b) Legalidade, moralidade e economicidade.
c) Imparcialidade, legalidade e legitimidade.
d) Moralidade, imparcialidade e renúncia de receitas.
e) Legitimidade, aplicação das subvenções e renúncia de receitas.

COMENTÁRIOS

✪ **Nota do autor:** a atividade dos tribunais de contas, como quaisquer outras da Administração Púbica, deve ser pautada pelos princípios do caput do art. 37 da CRFB/88, quais sejam: legalidade, impessoalidade, moralidade, publicidade e eficiência. Por outro lado, o texto do art. 70 do mesmo texto constitucional permite identificar outros princípios. Assim: "a fiscalização contábil, financeira, orçamentária, operacional e patrimonial da União e das entidades da administração direta e indireta, quanto à legalidade, legitimidade, economicidade, aplicação das subvenções e renúncia de receitas, será exercida pelo Congresso Nacional, mediante controle externo e pelo sistema de controle interno de cada poder.

Alternativa "a": alternativa certa. Segundo a doutrina, "a observância do princípio da legitimidade depende de uma ação governamental legal, desejada pelas partes interessadas e necessária para o interesse público em dado momento" (Chamoun, Rodrigo Flávio Freire Farias. Os Tribunais de Contas na era da governança pública: focos, princípios e ciclos estratégicos do controle externo. Disponível em: https://www.tcees.tc.br/wp-content/uploads/2019/10/Chamoun2020.pdf Acesso em: 2 fev. 2025). Por outro lado, o uso irregular dos recursos do Fundeb viola não apenas a moralidade administrativa, mas a legalidade, uma vez que tal fundo foi regulamentado pela lei nº 14.113/2020. Por fim, ter um custo médio da merenda escolar, por aluno, bem acima do mercado, certamente representa uma violação ao princípio da economicidade, o qual "objetiva a minimização dos gastos públicos, sem comprometimento dos padrões de qualidade. Refere-se à capacidade de uma instituição gerir adequadamente dos recursos financeiros colocados à sua disposição" (Glossário de termos orçamentários. Disponível em: https://www.congressonacional.leg.br/legislacao-e-publicacoes/glossario-orcamentario//orcamentario/termo/principio_da_economicidade#:~:text=Princípio%20que%20objetiva%20a%20minimização,CF%2C%20art. Acesso em: 2 fev. 2025).

Alternativa "b": alternativa errada. A insatisfação da população, conforme narrado no enunciado não se refere à legalidade, mas sim, à legitimidade. Por outro lado, a má utilização dos recursos do FUNDEB representa uma violação não apenas à moralidade, mas à própria ideia de legalidade. Por fim, o último ponto da alternativa está correto ao mencionar o princípio da economicidade.

Alternativa "c": alternativa errada. A insatisfação da população não tem relação com a imparcialidade. O segundo princípio (legalidade) está correto e o terceiro incorreto, vez que a legitimidade relaciona-se ao item "a" do enunciado, e não ao "c" como trazido pela presente alternativa.

Alternativa "d": alternativa errada. A primeira hipótese, ao apontar a insatisfação da população atinge a legitimidade da política pública, mas não a moralidade. A segunda delas, fere a legalidade e não a imparcialidade. Já a renúncia de receitas, que ocorre quando o governo deixa de arrecadar parte dos impostos, taxas ou contribuições que deveria receber, não é observada na situação em que o custo médio da merenda escolar, por aluno, esteja bem acima do mercado.

Alternativa "e": alternativa errada. A primeira situação está claramente relacionada ao princípio da legitimidade. A aplicação de subvenções está relacionada à transferências correntes destinadas a cobrir despesas de custeios de entidades públicas ou privadas, não tendo qualquer relação com pagamentos indevidos, com recursos do Fundeb, a professores que estão cedidos a outros órgãos. Por fim, conforme apontado na alternativa anterior, a terceira hipótese não se relaciona com a ideia de renúncia de receitas, mas sim, com a economicidade.

Alternativa correta: letra "a".

06. FGV – 2022 – TCE/TO – Auditor de Controle Externo

Um órgão da administração pública estadual está contratando uma obra de infraestrutura que possui riscos de execução. Uma vez que os riscos do empreendimento se encontram em faixa de tolerância aceitável, esse órgão incluiu no edital de licitação medidas contingentes, como a inclusão de seguro-garantia com o objetivo de assegurar que a empresa contratada cumpra sua obrigação contratual. A medida de inclusão de seguro-garantia na licitação revela que o processo de gestão de riscos está na fase de:

a) comunicação;
b) estabelecimento do contexto;
c) melhoria contínua;
d) monitoramento;
e) tratamento dos riscos.

COMENTÁRIOS

✪ **Nota do autor:** a presente questão tem como ponto de partida, o processo de gestão de riscos pautado pela norma ISSO 31000, com algumas alterações terminológicas. Caso haja a previsão deste tema no edital de concursos para Tribunais de Contas, sugere-se, como material de estudo, o "Referencial básico de gestão de riscos" do Tribunal de Contas da União, publicado em 2018. (Disponível em: https://portal.tcu.gov.br/data/files/21/96/61/6E/05A1F6107AD96FE6F18818A8/Referencial_basico_gestao_riscos.pdf). Para a presente questão, foram extraídos os conceitos contidos na Resolução TCU nº 287, de 12 de abril de 2017, que dispõe sobre a política de gestão de riscos do TCU.

Alternativa "a": alternativa errada. "A comunicação e consulta refere-se à identificação das partes interessadas em objetos de gestão de riscos e obtenção, fornecimento ou compartilhamento de informações relativas à gestão de riscos sobre tais objetos, observada a classificação da informação quanto ao sigilo". (TCU, Resolução 287/2017, art. 5º, §7º).

Alternativa "b": alternativa errada. "O estabelecimento do contexto consiste em compreender o ambiente externo e interno no qual o objeto de gestão de riscos encontra-se inserido e em identificar parâmetros e critérios a serem considerados no processo de gestão de riscos". (TCU, Resolução 287/2017, art. 5º, §1º).

Alternativa "c": alternativa errada. "A melhoria contínua compreende o aperfeiçoamento ou ajuste de aspectos da gestão de riscos avaliados no monitoramento". (TCU, Resolução 287/2017, art. 5º, §8º).

Alternativa "d": alternativa errada. O monitoramento compreende o acompanhamento e a verificação do desempenho ou da situação de elementos da gestão de riscos, podendo abranger a política, as atividades, os riscos, os planos de tratamento de riscos, os controles e outros assuntos de interesse". (TCU, Resolução 287/2017, art. 5º, §6º)

Alternativa "e": alternativa certa. "O tratamento do risco compreende o planejamento e a realização de ações para modificar o nível do risco". (TCU, Resolução 287/2017, art. 5º, §5). Nesse sentido, é nesta fase que se enquadra a medida de inclusão de seguro-garantia na licitação, conforme narrado no enunciado da questão.

Alternativa correta: letra "e".

2. ESPÉCIES DE CONTROLE

07. CEBRASPE - 2024 - TCE/AC - Analista Ministerial

Julgue o item subsequente, relativo a conceitos e formas do controle governamental.

O controle externo consiste no conjunto de atividades, planos, métodos e procedimentos interligados utilizados para assegurar que os objetivos dos órgãos e das entidades da administração pública sejam alcançados.

Comentários

✪ **Nota do autor:** a doutrina aponta que "o controle pode ser interno, caso em que se relaciona com a autotutela administrativa, que pode ser feita de ofício ou mediante provocação, por petições ou recursos dos administrados, ou externo, que, via de regra, é efetivado pelos outros Poderes, quais sejam: o Legislativo, que tem a atribuição típica de fiscalizar o Executivo nos casos e limites permitidos pelas normas constitucionais, ou o Judiciário, que não pode se furtar de julgar casos de violação ou ameaça de lesão a direitos que lhe são submetidos" (Nohara, Irene Patrícia Diom. *Direito Administrativo.* 11.ed. Barueri: Atlas, 2022. p. 773-774). Assim, apesar de o gabarito oficial ter apontado o presente item como certo, é preciso registrar a crítica no sentido de que as características apresentadas também se aplicam ao controle interno.

Item certo.

08. CEBRASPE – 2023 – TCE/MS - Procurador

Acerca da relação existente entre o Poder Legislativo e os tribunais de contas no âmbito do controle externo, assinale a opção correta, considerando, no que couber, a jurisprudência do Supremo Tribunal Federal (STF).

a) Os tribunais de contas devem prestar contas ao Poder Legislativo, cuja comissão competente examinará e emitirá parecer a respeito delas.

b) Em regra, os tribunais de contas não estão sujeitos ao controle externo do Poder Legislativo.

c) O julgamento das contas anuais da mesa diretora do Parlamento não compete aos tribunais de contas, por estes serem órgãos auxiliares do Poder Legislativo.

d) Decorrido o lapso temporal sem que o Poder Legislativo tenha apreciado as contas do chefe do Poder Executivo, incidirá o julgamento ficto das contas, nos termos do parecer prévio emitido pelo tribunal de contas, uma vez que a omissão ilegal do Parlamento não pode suplantar a competência constitucional das cortes de contas.

e) Em razão da autonomia federativa, é constitucional norma da Constituição estadual que estabelece recurso ao plenário da assembleia legislativa quanto às decisões do tribunal de contas do estado proferidas no julgamento de contas.

COMENTÁRIOS

✪ **Nota do autor:** sobre os temas abordados na presente questão, vale mencionar o seguinte julgado: "1. Inexistência de qualquer subtração à competência dos Tribunais de Contas de julgamento das próprias contas, mas previsão de atuação opinativa da Comissão Mista de Orçamento (art. 166, § 1º, da CF) ou órgão equivalente. 2. Ao permitir a fiscalização dos padrões de gestão fiscal pela atuação concomitante do Legislativo e dos Tribunais de Contas, o dispositivo buscou melhor aproveitar as especializações institucionais, sem qualquer usurpação de competências privativas. 3. A emissão de diferentes pareceres prévios respectivamente às contas dos Poderes Legislativo, Judiciário e Ministério Público transmite ambiguidade a respeito de qual deveria ser o teor da análise a ser efetuada pelos Tribunais de Contas, se juízo opinativo, tal como o do art. 71, I, da CF, ou se conclusivo, com valor de julgamento. 4. Ação Direta de Inconstitucionalidade julgada procedente quanto ao art. 56, caput, da LRF, com confirmação da medida cautelar, e improcedente com relação aos arts. 56, § 2º, e 59, caput, da LRF." (ADI 2324, rel. Min. Alexandre de Moraes, j. 22.08.2019).

Alternativa "a": alternativa certa. Segundo previsão expressa do §4º do art. 71 da CRFB/88, "O Tribunal [TCU] encaminhará ao Congresso Nacional, trimestral e anualmente, relatório de suas atividades". Já o §2º do art. 56 da LRF determina que "O parecer sobre as contas dos Tribunais de Contas será proferido no prazo previsto no art. 57 pela comissão mista permanente referida no §1º do art. 166 da Constituição ou equivalente das Casas Legislativas estaduais e municipais". Nesse sentido, há que se destacar, ainda, o entendimento do STF, segundo o qual: "O tribunal de contas está obrigado, por expressa determinação constitucional (CF, art. 71, § 4º), aplicável ao plano local (CF, art. 75), a encaminhar ao Poder Legislativo a que se acha institucionalmente vinculado tanto relatórios trimestrais quanto anuais de suas próprias atividades, pois tais relatórios, além de permitirem o exame parlamentar do desempenho, pela corte de contas, de suas atribuições fiscalizadoras, também se destinam a expor ao Legislativo a situação das finanças públicas administradas pelos órgãos e entidades governamentais, em ordem a conferir um grau de maior eficácia ao exercício, pela instituição parlamentar, do seu poder de controle externo". (ADI 687, rel. min. Celso de Mello, j. 2-2-1995).

Alternativa "b": alternativa errada, conforme apontamentos realizados na alternativa anterior.

Alternativa "c": alternativa errada. Segundo o STF: "1. No inc. II do art. 75 da Constituição da República se estabelece a competência dos Tribunais de Contas estaduais para julgar as contas prestadas pela Mesa Diretora de órgão legislativo pelo princípio da simetria. Precedentes. 2. Inconstitucionalidade de norma de Constituição estadual que atribui a Assembleia Legislativa competência privativa para julgar as contas do Poder Legislativo daquele Estado Membro" (ADI 6.984/AC, rel. Min. Cármen Lúcia, j. 09.03.2022).

Alternativa "d": alternativa errada. No julgamento do Tema 157, com repercussão geral, o STF entendeu que "O parecer técnico elaborado pelo Tribunal de Contas tem natureza meramente opinativa, competindo exclusivamente à Câmara de Vereadores o julgamento das contas anuais do Chefe do Poder Executivo local, sendo incabível o julgamento ficto das contas por decurso de prazo".

Alternativa "e": alternativa errada. "Ação Direta de Inconstitucionalidade. 2. Constituição do Estado do Tocantins. Emenda Constitucional nº 16/2006, que criou a possibilidade de recurso, dotado de efeito suspensivo, para o Plenário da Assembleia Legislativa, das decisões tomadas pelo Tribunal de Contas do Estado com base em sua competência de julgamento de contas (§5º do art. 33) e atribuiu à Assembleia Legislativa a competência para sustar não apenas os contratos, mas também as licitações e eventuais casos de dispensa e inexigibilidade de licitação (art. 19, inciso XXVIII, e art. 33, inciso IX e § 1º). 3. A Constituição Federal é clara ao determinar, em seu art. 75, que as normas constitucionais que conformam o modelo federal de organização do Tribunal de Contas da União são de observância compulsória pelas Constituições dos Estados-membros. Precedentes. 4. No âmbito das competências institucionais do Tribunal de Contas, o Supremo Tribunal Federal tem reconhecido a clara distinção entre: 1) a competência para apreciar e emitir parecer prévio sobre as contas prestadas anualmente pelo Chefe do Poder Executivo, especificada no art. 71, inciso I, CF/88; 2) e a competência para julgar as contas dos demais administradores e responsáveis, definida no art. 71, inciso II, CF/88. Precedentes. 5. Na segunda hipótese, o exercício da competência de julgamento pelo Tribunal de Contas não fica subordinado ao crivo posterior do Poder Legislativo. Precedentes. 6. A Constituição Federal dispõe que apenas no caso de contratos o ato de sustação será adotado diretamente pelo Congresso Nacional (art. 71, § 1º, CF/88). 7. Ação julgada procedente" (STF, ADI 3715/TO, rel. Min. Gilmar Mendes, j. 21.08.2014).

Alternativa correta: letra "a".

09. FCC – 2022 – TCE/GO – Analista de Controle Externo

Nos termos estabelecidos na Constituição Federal de 1988, é finalidade do sistema de controle interno

a) avaliar o cumprimento das metas previstas no plano plurianual, a execução dos programas de governo e dos orçamentos da União.

b) apreciar as contas prestadas anualmente pelo Presidente da República, mediante parecer prévio que deverá ser elaborado em sessenta dias a contar de seu recebimento.

c) julgar as contas dos administradores e demais responsáveis por dinheiro, bens e valores públicos da Administração direta e indireta, incluídas as fundações e sociedades instituídas e mantidas pelo Poder Público federal, e as contas daqueles que derem causa a perda, extravio ou outra irregularidade de que resulte prejuízo ao erário público.

d) apreciar, para fins de registro, a legalidade dos atos de admissão de pessoal, a qualquer título, na Administração direta e indireta, incluídas as fundações instituídas e mantidas pelo Poder Público, excetuadas as nomeações para cargo de provimento em comissão, bem como a das concessões de aposentadorias, reformas e pensões, ressalvadas as melhorias posteriores que não alterem o fundamento legal do ato concessório.

e) fiscalizar a aplicação de quaisquer recursos repassados pela União mediante convênio, acordo, ajuste ou outros instrumentos congêneres, a Estado, ao Distrito Federal ou a Município.

COMENTÁRIOS

✪ **Nota do autor:** segundo previsão constitucional, "Os Poderes Legislativo, Executivo e Judiciário manterão, de forma integrada, sistema de controle interno com a finalidade de: I - avaliar o cumprimento das metas previstas no plano plurianual, a execução dos programas de governo e dos orçamentos da União; II - comprovar a legalidade e avaliar os resultados, quanto à eficácia e eficiência, da gestão orçamentária, financeira e patrimonial nos órgãos e entidades da administração federal, bem como da aplicação de recursos públicos por entidades de direito privado; III - exercer o controle das operações de crédito, avais e garantias, bem como dos direitos e haveres da União; IV - apoiar o controle externo no exercício de sua missão institucional" (CRFB/88, art. 74).

Alternativa "a": alternativa certa. A alternativa reproduz, na literalidade, o disposto no inciso I, do art. 74 da CRFB/88.

Alternativa "b": alternativa errada. Trata-se, aqui, de competência do TCU no exercício do controle externo (CRFB/88, art. 71, I), e não interno.

Alternativa "c": alternativa errada. Trata-se, aqui, de competência do TCU no exercício do controle externo (CRFB/88, art. 71, II), e não interno.

Alternativa "d": alternativa errada. Trata-se, aqui, de competência do TCU no exercício do controle externo (CRFB/88, art. 71, III), e não interno.

Alternativa "e": alternativa errada. Trata-se, aqui, de competência do TCU no exercício do controle externo (CRFB/88, art. 71, VI), e não interno.

Alternativa correta: letra "a".

---

10. COPEVE-UFAL – 2022 – Agente de Controle Externo

Sobre as múltiplas incidências submetidas ao controle externo, quando um órgão público é auditado a respeito do cumprimento das escalas em um hospital público, refere-se ao controle

a) orçamentário.

b) operacional.

c) patrimonial.

d) financeiro.

e) contábil.

COMENTÁRIOS

✪ **Nota do autor:** o art. 70 da CRFB/88 estabelece o alcance do controle externo, que, por sua vez, poderá ser contábil, financeiro, orçamentário, operacional ou patrimonial. Nesse sentido, ao analisá-los, Valdecir Pascoal apresenta detalhes de cada um deles. Assim, o segundo controle contábil, "os recursos devem ser aplicados com a observância dos princípios e técnicas contábeis, especialmente por meio da escrituração, dos balanços e das análises dos resultados". Já o financeiro se relaciona ao fluxo de recursos (ingressos e saídas) geridos pelo administrador, independentemente de serem ou não recursos orçamentários. O controle orçamentário, por sua vez, relaciona-se "à regularidade da elaboração das leis orçamentárias e suas alterações, por meio dos créditos adicionais, a observância dos princípios e regras orçamentárias, acompanhando a concretização da arrecadação estimada e da despesa fixadas". O controle operacional está relacionado "à verificação do cumprimento de metas, resultados, eficácia e eficiência da gestão e dos recursos públicos. Concretiza-se a partir das auditorias operacionais – AOPs -, por meio das quais são apreciados programas, projetos, atividades, sistemas governamentais, órgãos e entidades públicas com o objetivo de avaliar o desempenho de suas ações e o grau de qualidade dos seus resultados". Por fim, o controle patrimonial apresenta-se "relacionado ao controle e à conservação de bens púbicos: catalogação, tombamento, inventários etc". "(Pascoal, Valdecir. *Direito Financeiro e Controle Externo*. 9.ed. Rio de Janeiro: Forense; São Paulo: Método, 2015. p. 151-152).

Alternativa "a": alternativa errada. Quando um órgão público é auditado a respeito do cumprimento das escalas em um hospital público, tem-se a incidência do controle operacional e não orçamentário.

Alternativa "b": alternativa certa. O enunciado trouxe uma espécie de atuação relacionada ao controle operacional.

Alternativa "c": alternativa errada. Quando um órgão público é auditado a respeito do cumprimento das escalas em um hospital público, tem-se a incidência do controle operacional e não patrimonial.

Alternativa "d": alternativa errada. Quando um órgão público é auditado a respeito do cumprimento das escalas em um hospital público, tem-se a incidência do controle operacional e não financeiro.

Alternativa "e": alternativa errada. Quando um órgão público é auditado a respeito do cumprimento das escalas em um hospital público, tem-se a incidência do controle operacional e não contábil.

Alternativa correta: letra "b".

11. COPEVE-UFAL – 2022 – Agente de Controle Externo

Um Tribunal de Contas realiza uma apreciação em registros de aposentaria em um determinado órgão e após procedimento decide pela aplicação de multa ao gestor responsável. Considerando a situação hipotética, o Tribunal de Contas exerceu a(s) função(ões):

I. fiscalizadora; II. sancionadora; III. pedagógica.

Dos itens, verifica-se que está(ão) correto(s)

a) I, apenas.
b) III, apenas.
c) I e II, apenas.
d) II e III, apenas.
e) I, II e III.

COMENTÁRIOS

✪ **Nota do autor:** a maioria da doutrina aponta a função pedagógica dos Tribunais de Contas com aquela relacionada é orientação fornecida por tais tribunais, através de recomendações e outras publicações. Nesse sentido, Jaqueline Gonçalves do Nascimento e Nara Rodrigues Silva, em publicação disponível no site oficial do TCE/GO apontam que "Entre as características das Cortes de Contas existe a prerrogativa de atuação de forma preventiva, podendo ser de maneira ativa, ou seja, antes da irregularidade ou de maneira reativa, evitando-se novos erros. O papel pedagógico e informacional dos TC´s não está previsto na Constituição Federal, mas sim em leis infraconstitucionais, leis orgânicas dos tribunais e em seus planos estratégicos. Essa atuação didática tem como proposta a ampliação da efetividade, com mais ênfase na orientação e menos na sanção, considerando que o consenso e as recomendações têm grande potencial de gerar mais resultados positivos do que as ações punitivas aplicadas por si só". Disponível em: https://portal.tce.go.gov.br/documents/20181/199018/O%20Papel%20Pedagógico%20e%20Orientativo%20dos%20Tribunais%20de%20Contas/21be46ca-a46b-4d88-8cb5-0f00d8076f2b Acesso em: 31 jan. 2025). No mesmo sentido, Dimas Ramalho Presidente do Tribunal de Contas do Estado de São Paulo, ao analisar o aspecto pedagógico do controle da gestão pública destaca: "ao exercerem suas funções típicas, forma-se um conjunto de julgados e súmulas que direcionam os agentes públicos, envolvidos ou não nos casos analisados, nas futuras ações administrativas. Além disso, o instrumento de consulta formal a tais órgãos tem sido utilizado para tratar de temas em tese, com a obtenção de diretriz geral que se aplica a diversos órgãos e entidades no mesmo quadro jurídico". No mesmo artigo, aponta, ainda, um acréscimo a esta função pedagógica, resultante da nova Lei de Licitações, qual seja, "o dever de os Tribunais, pelas respectivas Escolas, promoverem a formação dos agentes públicos envolvidos com a sua aplicação, o que envolve pregoeiros, agentes de contratação, membros de equipes de apoio, gestores e ficais de contratos etc." Disponível em: https://www.tce.sp.gov.br/6524-artigo-funcao-pedagogica-tribunais-contas-nova-lei-licitacoes-por-dimas-ramalho Acesso em: 31jan. 2025).

Item I: certo. Ao apreciar um registro de aposentadoria não há dúvidas de que o Tribunal de Contas está exercendo sua função fiscalizadora, uma vez que compete-lhe a fiscalização contábil, financeira, orçamentária, operacional e patrimonial das entidades da administração direta e indireta.

Item II: certo. Da mesma forma que no item anterior, ao aplicar uma multa ao gestor responsável por registro inadequado de aposentadoria em determinado órgão, resta claro que o respectivo Tribunal de Contas exerceu sua função sancionadora conforme previsão do art. 71, VIII da CRFB/88.

Item III: certo. Conforme apontado na nota do autor, a ideia de "função pedagógica" dos tribunais de contas é compreendida pela doutrina, mais como o papel orientativo daqueles tribunais, o que não se coaduna com a aplicação de uma sanção a um gestor responsável por um registro irregular de uma aposentadoria. Contudo, a banca examinadora considerou que tenha havido o exercício de tal função. Assim, é possível compreender que tal banca entendeu, neste caso, o "exercício da função pedagógica", próximo daquilo que ocorre no direito penal, no qual a aplicação da sanção poderia gerar uma prevenção geral, mostrando aos gestores a reprovabilidade daquela conduta de forma a desencorajar que outros ajam da mesma forma.

Alternativa correta: letra "e".

12. COPEVE-UFAL - 2022 - Agente de Controle Externo

Considere a situação hipotética: Um Tribunal de Contas do Estado vai a campo para fiscalizar uma obra em execução referente à construção de uma rodovia que interliga duas cidades. Quanto à sua classificação, refere-se ao controle

a) externo de momento e prévio de localização.
b) externo de localização e prévio de momento.
c) interno de localização e posterior de momento.
d) interno de localização e concomitante de momento.
e) externo de localização e concomitante de momento.

COMENTÁRIOS

✪ **Nota do autor:** conforme a sua localização (onde se realiza), o controle pode ser interno ou externo. No primeiro caso, a CRFB/88 prevê que cada um dos poderes manterá, de forma integrada o sistema de controle interno, conforme finalidades previstas no art. 74. Já o controle externo, a cargo do Congresso Nacional (em âmbito federal) será exercido com o auxílio do TCU. Por outro lado, em relação ao momento, o controle poderá ser o tradicional (a posteriori) ou o simultâneo ou concomitante, de caráter preventivo.

Alternativa "a": alternativa errada. É externo em relação à localização e não ao momento. Por outro lado, é concomitante quanto ao momento.

Alternativa "b": alternativa errada. Está correto dizer que seja externo em relação à localização, mas não pode ser considerado prévio em relação ao momento, uma vez que, conforme o enunciado, trata-se de uma obra já em execução.

Alternativa "c": alternativa errada. Tratando-se de controle exercido pelo TCU é errado afirmar tratar-se de controle interno. Da mesma forma, pelas informações trazidas no enunciado, não se pode dizer que seja posterior quanto ao momento.

Alternativa "d": alternativa errada. É externo quanto à localização, o que torna a alternativa errada, apesar de ser concomitante em relação ao momento.

Alternativa "e": alternativa certa. Conforme apontamentos realizados na nota do autor, o controle apontado pelo enunciado da questão pode ser classificado quanto externo, uma vez que exercido pelo TCU e concomitante, já que a obra encontra-se em execução.

Alternativa correta: letra "e".

13. COPEVE-UFAL - 2022 - Agente de Controle Externo

A Constituição Federal do Brasil determina que o Estado esteja sobre controle externo. Dadas as afirmativas quanto ao controle externo,

I. O Poder Legislativo exercita o controle externo de forma direta, enquanto as Cortes de Conta o fazem de maneira indireta.
II. A fiscalização exercida pelo Tribunal de Contas da União também será exercida em Estados e Municípios sobre quaisquer recursos aplicados.
III. O Congresso Nacional, por intermédio do Tribunal de Contas da União, poderá realizar auditoria patrimonial nas unidades administrativas do Poder Judiciário.

verifica-se que está(ão) correta(s)

a) II, apenas.
b) III, apenas.
c) I e II, apenas.
d) I e III, apenas.
e) I, II e III.

COMENTÁRIOS

✪ **Nota do autor:** sobre as auditorias realizadas pelo TCU vale mencionar importante julgado: "A jurisprudência desta Corte é pacífica no sentido de que, na auditoria promovida pelo Tribunal de Contas sobre órgãos públicos, o contraditório se forma entre os referidos órgãos e o TCU, não se admitindo a integração do feito por eventuais terceiros. (MS 31.707 AgR, rel. min. Roberto Barroso, j. 24-11-2017, 1ª T).

Item I: certo. O controle exercido pelo Poder Legislativo (controle parlamentar) da administração pública pode ocorrer diretamente pelas casas legislativas (controle direto) ou pelos Tribunais de Contas (controle indireto).

Item II: errado. O TCU fiscaliza apenas a aplicação de recursos federais pelo Governo Federal (regra) e os repassados voluntariamente (convênios, acordos, ajustes) para outro ente federativo ou outras pessoas físicas ou jurídicas, e não de quaisquer recursos aplicados.

Item III: certo. Dentre as competências do TCU, previstas no art. 71 da CRFB/88, destaque-se a de "realizar, por iniciativa própria, da Câmara dos Deputados, do Senado Federal, de Comissão técnica ou de inquérito, inspeções e auditorias de natureza contábil, financeira, orçamentária, operacional e patrimonial, nas unidades administrativas dos Poderes Legislativo, Executivo de Judiciário e demais entidades referidas no inciso II" (inciso IV).

Alternativa correta: letra "d".

14. (FGV – Auditor Técnico de Controle Externo – TCE – AM/2021) Joana, ao analisar os sistemas de controle externo, concluiu que a República Federativa do Brasil somente adota o controle contábil, no qual prevalece o primado da legalidade e é relegado a plano secundário o juízo de valor realizado pelo gestor. As reflexões de Joana são:

a) incorretas, pois o controle externo também analisa os atos de gestão à luz dos resultados que foram almejados e efetivamente alcançados;

b) incorretas, pois o controle externo deve priorizar os custos envolvidos nos atos praticados, o que não se sobrepõe ao aspecto meramente contábil;

c) incorretas, pois a análise da legalidade dos atos praticados se compatibiliza com os controles prévio e posterior, o que ultrapassa a análise meramente contábil;

d) corretas, já que o controle externo não pode resultar na absorção da atividade controlada, o que ocorreria caso fosse obstado o exercício do poder discricionário;

e) corretas, pois o controle externo é realizado na dinâmica das relações entre as estruturas estatais de poder, em que predomina o princípio da separação das funções estatais.

COMENTÁRIOS

✪ **Nota do autor:** o controle externo foi previsto no art. 70 da CRFB/88, segundo o qual "a fiscalização **contábil, financeira, orçamentária, operacional e patrimonial** da União e das entidades da administração direta e indireta, quanto à **legalidade, legitimidade, economicidade, aplicação das subvenções e renúncia de receitas**, será exercida pelo Congresso Nacional, mediante **controle externo**, e pelo sistema de controle interno de cada Poder".

Alternativa "a": alternativa correta. Ao contrário da conclusão de Joana, o controle externo realizado no Brasil não se dá apenas na perspectiva contábil, mas também financeira, orçamentária, operacional e patrimonial. Ademais, não há que se falar que prevaleça o primado da legalidade, uma vez que alcança também a legitimidade, a economicidade, a aplicação das subvenções e a renúncia de receitas. Disso é possível concluir que o controle externo também analisa os atos de gestão à luz dos resultados que foram almejados e efetivamente alcançados. A respeito do tema, vale apontar interessante julgado do TCU: "No caso de entidade federal privatizada, a menos que reste demonstrado que a irregularidade apurada reduziu o valor obtido no processo de privatização, o TCU não tem competência para imputar débito aos responsáveis, ainda que o prejuízo ao erário tenha ocorrido anteriormente à privatização. No entanto, **verificada a prática de ato de gestão ilegítimo ou antieconômico em período anterior à privatização, os responsáveis sujeitam-se às sanções aplicáveis pelo Tribunal**. Acórdão 3079/2020 Plenário (Prestação de Contas, Relator Ministro Raimundo Carreiro) (TCU, Informativo 337)

Alternativa "b": alternativa incorreta, já que não há prevalência de um dos aspectos sobre os demais na realização do controle externo, como se depreende da leitura do caput do art. 70 da CRFB/88.

Alternativa "c": alternativa errada. A análise prévia da legalidade não mais se compatibiliza com o volume de gastos público da atualidade.

Alternativa "d": alternativa errada, já que a conclusão de Joana está equivocada, conforme demonstrado na análise da alternativa "a". Ademais, a atuação do controle externo sobre determinada prática de ato discricionária, não significa a absorção da atividade controlada.

Alternativa "e": alternativa errada, já que a conclusão de Joana está equivocada, conforme demonstrado na análise da alternativa "a". Além disso, apesar da separação das funções estatais, em um sistema de "pesos e contrapesos", é imprescindível o desempenho do controle externo.

Alternativa correta: letra "a".

3. COMISSÃO MISTA DO ORÇAMENTO

15. (FGV – Auditor Técnico de Controle Externo – TCE – AM/2021) Comissão mista permanente de Senadores e Deputados, incumbida de examinar e emitir parecer prévio sobre os projetos de leis orçamentárias, bem como sobre planos e programas governamentais, realizando, ainda, o acompanhamento e a fiscalização orçamentária, solicitou ao Tribunal de Contas pronunciamento conclusivo, no prazo de trinta dias, sobre a existência de indícios de despesas não autorizadas em uma estrutura governamental.

À luz da sistemática constitucional vigente, essa solicitação:

a) não apresenta qualquer irregularidade, considerando o órgão que a formulou e o seu destinatário;

b) pressupõe a prévia solicitação de informações à autoridade governamental competente;

c) pressupõe o prévio julgamento das contas de governo pelo Congresso Nacional;

d) dependeria de prévia aprovação do plenário do Congresso Nacional;

e) somente poderia ser feita pelo Presidente do Congresso Nacional.

COMENTÁRIOS

✪ **Nota do autor:** segundo disposição da CRFB/88, "os projetos de lei relativos ao plano plurianual, às diretrizes orçamentárias, ao orçamento anual e aos créditos adicionais serão apreciados pelas duas Casas do Congresso Nacional, na forma do regimento comum" (Art. 166, caput). "Caberá a uma Comissão mista permanente de Senadores e Deputados: I-) examinar e emitir parecer sobre os projetos referidos neste artigo e sobre as contas apresentadas anualmente pelo Presidente da República; II-) examinar e emitir parecer sobre os planos e programas nacionais, regionais e setoriais previstos nesta Constituição e exercer o acompanhamento e a fiscalização orçamentária, sem prejuízo da atuação das demais comissões do Congresso Nacional e de suas Casas, criadas de acordo com o art. 58 (CRFB/88, art. 166, §1º, I e II).

Alternativa "a": alternativa incorreta, já que a solicitação deveria ter sido feita pela própria Comissão mista à autoridade governamental responsável (CRFB/88, art. 72, *caput*).

Alternativa "b": alternativa correta, uma vez que a Comissão mista permanente, diante de indícios de despesas não autorizadas, ainda que sob a forma de investimentos não programados ou de subsídios não aprovados, poderá solicitar à autoridade governamental responsável que, no prazo de cinco dias, preste os esclarecimentos necessários (CRFB/88, art. 72, *caput*).

Alternativa "c": alternativa incorreta. A solicitação da Comissão mista ocorrerá antes do julgamento das contas pelo Congresso Nacional.

Alternativa "d": conforme demonstrado, a própria Comissão mista tem competência constitucional para solicitar esclarecimentos necessários à autoridade governamental responsável, sem a necessidade de prévia aprovação do plenário do Congresso Nacional. Alternativa errada.

Alternativa "e": conforme demonstrado, a própria Comissão mista, e não o Presidente do Congresso Nacional, tem competência constitucional para solicitar esclarecimentos necessários à autoridade governamental responsável. Alternativa errada.

Alternativa correta: letra "b".

4. DECLARAÇÃO DE LIMA E DECLARAÇÃO DO MÉXICO

16. FGV – 2022 – TCU – Auditor Federal de Controle Externo

A Declaração de Lima, aprovada pela Organização Internacional de Entidades Fiscalizadoras Superiores (Intosai), estabelece diretrizes para preceitos de auditoria e afirma que as Entidades Fiscalizadoras Superiores (EFS) só podem desempenhar suas tarefas objetiva e eficazmente quando são independentes da entidade auditada e protegidas contra influências externas. No sistema constitucional brasileiro de 1988, a independência das EFSs é assegurada por meio do(a):

a) reconhecimento de autonomia reforçada que lhes garante poder normativo técnico, ainda que tais entidades integrem a estrutura do Poder Legislativo;
b) reconhecimento dos atributos institucionais relativos à autoadministração e ao autogoverno, ainda que tais entidades estejam destituídas de autonomia orçamentária;
c) reconhecimento de que suas competências derivam diretamente da Constituição da República de 1988 e são exercidas de maneira autônoma, ainda que haja subordinação meramente administrativa ao Poder Legislativo;
d) extensão dos mesmos mecanismos de proteção que resguardam a independência do Poder Judiciário, reconhecendo-lhes capacidade de autogoverno e autonomia administrativa, financeira e orçamentária;
e) extensão dos mesmos mecanismos de proteção que resguardam a independência do Poder Legislativo, reconhecendo-lhes capacidade de autoadministração e de autogoverno.

COMENTÁRIOS

✪ **Nota do autor:** o ponto dessa questão que mais gerou dívidas nos candidatos diz respeito à expressão "autogoverno", trazida pela alternativa correta. Nesse sentido, cabe destacar o seguinte entendimento do STF: "1. As Cortes de Contas do país, conforme reconhecido pela Constituição de 1988 e por esta Suprema Corte, **gozam das prerrogativas da autonomia e do autogoverno**, o que inclui, essencialmente, a iniciativa reservada para instaurar processo legislativo que pretenda alterar sua organização e seu funcionamento, como resulta da interpretação lógico-sistemática dos artigos 73, 75 e 96, II, "d", CRFB/88. [...]. (STF, ADI 4.643/RJ, Rel. Min. Luiz Fux, j. 06.11.2014, Pleno, p. 28.11.2014).

Alternativa "a": alternativa errada. Apesar de auxiliar o Poder Legislativo, as EFSs, não o integram e nem são a ele subordinadas, gozando de autonomia e independência.

Alternativa "b": alternativa errada. Apesar de ser correto reconhecer os atributos institucionais relativos à autoadministração e ao autogoverno às EFSs, a presente alternativa se equivoca ao dizer que tais entidades estejam destituídas de autonomia orçamentária.

Alternativa "c": alternativa errada. A parte inicial encontra-se correta, mas não é possível dizer que haja subordinação, ainda que meramente administrativa, ao Poder Legislativo.

Alternativa "d": alternativa certa. Nesse sentido: As cortes de contas seguem o exemplo dos tribunais judiciários no que concerne às garantias de independência, sendo também detentoras de autonomia funcional, administrativa e financeira, das quais decorre, essencialmente, a iniciativa reservada para instaurar processo legislativo que pretenda alterar sua organização e funcionamento, conforme interpretação sistemática dos arts. 73, 75 e 96, II, *d*, da CF. (ADI 4.418, rel. min. Dias Toffoli, j. 15-12-2016, P, *DJE* de 3-3-2017.)

Alternativa "e": alternativa errada. Apesar de ser certo afirmar que às EFSs é reconhecida tanto a capacidade de autoadministração quanto de autogoverno, é equivocado afirmar que tenham os mesmos mecanismos de proteção que resguardam a independência do Poder Legislativo.

Alternativa correta: letra "d".

17. FGV – 2022– TCU – Auditor Federal de Controle Externo

A Declaração do México sobre a independência das Entidades Fiscalizadoras Superiores (EFS) aprovada pela Organização Internacional de Entidades Fiscalizadoras Superiores (Intosai) consagra oito princípios fundamentais, reconhecidos como requisitos essenciais para a realização de auditoria adequada do setor público. O cotejo do mencionado rol de princípios com o arcabouço constitucional de 1988 aplicável aos Tribunais de Contas no Brasil revela:

a) o atendimento parcial ao princípio que preconiza a existência de uma estrutura jurídica adequada e efetiva e de dispositivos de aplicação dessa estrutura na prática, porquanto apenas o Tribunal de Contas da União encontra-se previsto na Constituição da República de 1988, estando os Tribunais subnacionais totalmente sujeitos ao experimentalismo federativo;

b) o atendimento parcial ao princípio que preconiza a total discricionariedade no exercício das funções da EFS, especificamente em matéria de execução de suas decisões, porquanto não se reconhece aos Tribunais de Contas no Brasil competência para promover a execução de suas decisões condenatórias de aplicação de multa ou imputação de débito;

c) o atendimento pleno ao princípio que preconiza mandato suficientemente amplo e total discricionariedade no exercício das funções da EFS, porquanto o Tribunal de Contas da União detém expressa competência para a declaração de inconstitucionalidade de leis e atos normativos do poder público no exercício de suas atribuições;

d) o não atendimento ao princípio que preconiza o acesso irrestrito a informações, porquanto a Constituição da República de 1988 não reconhece aos Tribunais de Contas os poderes próprios de investigação das autoridades judiciais, sendo a legislação infraconstitucional silente quanto aos mecanismos inibidores à obstrução de auditorias;

e) o não atendimento ao princípio que preconiza a liberdade de decidir o conteúdo e a tempestividade dos relatórios de auditoria e de publicá-los e divulgá-los, uma vez que a Lei Orgânica do TCU os subordina à autorização e à requisição do Congresso Nacional.

COMENTÁRIOS

✪ Nota do autor: A Declaração do México sobre a independência das Entidades Fiscalizadoras Superiores (EFS) aprovada pela Organização Internacional de Entidades Fiscalizadoras Superiores (Intosai) consagra oito princípios fundamentais, reconhecidos como requisitos essenciais para a realização de auditoria adequada do setor público. São eles: 1- A existência de uma estrutura constitucional/legal/jurídica adequada e efetiva e de dispositivos de aplicação de fato dessa estrutura; 2- A independência de dirigentes e membros da EFS (de instituições colegiadas), incluindo estabilidade no cargo e imunidade legal no exercício normal das suas funções; 3- Um mandato suficientemente amplo e total discricionariedade no exercício das funções da EFS; 4- Acesso irrestrito a informações; 5- O direito e a obrigação de produzir relatórios sobre o trabalho; 6- A liberdade de decidir o conteúdo e a tempestividade dos relatórios de auditoria e de publicá-los e divulga-los; 7- A existência de mecanismos efetivos de monitoramento das recomendações das EFS; e 8- Autonomia financeira, gerencial/administrativa e disponibilidade de recursos humanos, materiais e monetários adequados.

Alternativa "a": alternativa errada. Não há que se falar em experimentalismo federativo, uma vez que as normas constitucionais sobre o TCU aplicam-se, no que couber, à organização, composição e fiscalização nos Tribunais de Contas dos Estados e do Distrito Federal, bem como dos Tribunais e Conselhos de Contas dos Municípios (CRFB/88, art. 75, caput).

Alternativa "b": alternativa certa. Conforme apontado na nota do autor, o Princípio 3 Declaração do México sobre a independência das Entidades Fiscalizadoras Superiores (EFS) aprovada pela Organização Internacional de Entidades Fiscalizadoras Superiores (Intosai) preconiza "um mandato suficientemente amplo e total discricionariedade no exercício das funções da EFS". Dentre suas diretrizes, consta que "enquanto respeitam as leis promulgadas pelo Legislativo que lhes são aplicáveis, as EFS estão livres de direção ou interferência pelo Legislativo ou Executivo no que se refere aos seguintes temas: seleção de temas de auditoria; planejamento, programação, conduta, relatórios e monitoramento de suas auditorias; organização e gestão das EFS; e execução de suas decisões, quando a aplicação de sanções faz parte do seu mandato". Uma vez que o TCU não tem competência para executar as decisões por ele proferidas, é possível afirmar que este princípio seja apenas parcialmente observado.

Alternativa "c": alternativa errada. O TCU não tem competência para a declaração de inconstitucionalidade de leis e atos normativos do poder público no exercício de suas atribuições. Nesse sentido: "O Tribunal de Contas da União, órgão sem função jurisdicional, não pode declarar a inconstitucionalidade de lei federal com efeitos *erga omnes* e vinculantes no âmbito de toda a Administração Pública Federal. (...) Impossibilidade de o controle difuso exercido administrativamente pelo Tribunal de Contas trazer consigo a transcendência dos efeitos, de maneira a afastar incidentalmente a aplicação de uma lei federal, não só para o caso concreto, mas para toda a Administração Pública federal, extrapolando os efeitos concretos e interpartes e tornando-os *erga omnes* e vinculantes". (MS 35.500, rel. min. Alexandre de Moraes, j. 13-4-2021).

Alternativa "d": alternativa errada. A Lei Orgânica do TCU prevê a possibilidade de aplicação de multa aos responsáveis por obstruir o livre exercício das inspeções e auditorias determinadas (lei nº 8.443/92, art. 58, V).

Alternativa "e": alternativa errada. Não há qualquer previsão na Lei Orgânica do TCU no sentido de subordinar a publicação e divulgação de seus relatórios de auditoria à autorização e à requisição do Congresso Nacional.

Alternativa correta: letra "b".

---

18. (FGV – Auditor de Controle Externo – TCE – PI/2021) A assessoria da presidência do Tribunal de Contas do Estado Alfa, instada a se manifestar, informou que, na sistemática da Declaração de Lima, as relações estabelecidas entre as entidades fiscalizadoras superiores e as estruturas estatais de poder, com a emissão de pareceres especializados:

1. são vinculantes para a Administração Pública;
2. não podem ter por objeto Comentários sobre projetos de lei; e
3. não precisam estar alinhadas com suas auditorias.

As informações apresentadas pela assessoria estão:

a) totalmente certas;
b) totalmente erradas;
c) certas apenas em 1;
d) certas apenas em 2;
e) certas apenas em 2 e 3.

COMENTÁRIOS

✪ **Nota do autor:** no IX Congresso da Organização Internacional de Entidades Fiscalizadoras Superiores (INTOSAI), realizado em Lima, em 1977, foi aprovada a Declaração de Lima sobre Diretrizes para Preceitos de Auditoria que, dentre suas várias disposições, trata, na Seção 12, acerca dos Pareceres especializados e direitos de consulta. Assim: "1. Se necessário, as Entidades Fiscalizadoras Superiores poderão disponibilizar seus conhecimentos profissionais ao Parlamento e à administração na forma de pareceres especializados, **inclusive Comentários sobre projetos de lei e outras regulações financeiras. As autoridades administrativas terão, exclusivamente, a responsabilidade de aceitar ou rejeitar esses pareceres especializados**. Além disso, essa tarefa adicional não deverá prever futuros achados de auditorias da Entidade Fiscalizadora Superior e **não deverá afetar a eficácia de sua auditoria**. 2. Regulações concebidas para garantir procedimentos contábeis adequados e uniformes na maior medida possível só serão adotadas após um acordo com a Entidade Fiscalizadora Superior para esse fim".

Alternativa "a": alternativa incorreta. Conforme apontado na nota do autor e na análise da alternativa "b", todas as informações apresentadas pela assessoria estão totalmente erradas.

Alternativa "b": conforme apontado na nota do autor, 1. "As autoridades administrativas terão, exclusivamente, a responsabilidade de aceitar ou rejeitar esses pareceres especializados", ou seja, os pareceres especializados não são vinculantes para a Administração Pública; 2. "[...] inclusive Comentários sobre projetos de lei e outras regulações financeiras". Ou seja, os pareceres podem abordar projetos de lei; 3. [...] e não deverá afetar a eficácia de sua auditoria. Assim, devem estar alinhadas com suas auditorias. Dessa forma, todas as informações apresentadas pela assessoria estão totalmente erradas. Alternativa correta.

Alternativa "c": alternativa incorreta. Conforme apontado na nota do autor e na análise da alternativa "b", todas as informações apresentadas pela assessoria estão totalmente erradas.

Alternativa "d": alternativa incorreta. Conforme apontado na nota do autor e na análise da alternativa "b", todas as informações apresentadas pela assessoria estão totalmente erradas.

Alternativa "e": alternativa incorreta. Conforme apontado na nota do autor e na análise da alternativa "b", todas as informações apresentadas pela assessoria estão totalmente erradas.

Alternativa correta: letra "b".

19. (FGV – Auditor de Controle Externo – TCE – PI/2021) O Tribunal de Contas do Estado Gama determinou a realização de auditoria sobre a gestão financeira dos beneficiários do regime emergencial de operação e custeio do transporte coletivo no Município Alfa. Esse regime, instituído por lei municipal, tinha por objetivo evitar falhas na prestação do serviço, decorrentes da pandemia de Covid-19, minimizando os seus impactos econômicos e sociais com o repasse de subsídios não previstos originalmente no contrato de concessão.

Na sistemática estabelecida pela Declaração de Lima, a auditoria:

a) somente pode alcançar toda a gestão financeira das sociedades empresárias que receberam os subsídios caso isso esteja previsto no contrato de concessão;
b) não pode alcançar toda a gestão financeira das sociedades empresárias que receberam os subsídios, limitando-se ao montante dos recursos públicos;
c) deve permanecer adstrita à destinação dada ao montante correspondente aos subsídios recebidos pelas sociedades empresárias beneficiadas;
d) não pode alcançar a gestão financeira das sociedades empresárias que receberam os subsídios, sob pena de afronta à livre iniciativa;
e) pode alcançar toda a gestão financeira das sociedades empresárias beneficiadas, a depender do montante dos subsídios.

COMENTÁRIOS

✪ **Nota do autor:** a Declaração de Lima sobre Diretrizes para Preceitos de Auditoria, adotada em outubro de 1977, no IX Congresso da Organização Internacional de Entidades Fiscalizadoras Superiores (INTOSAI) em sua Seção 24, traz disposições sobre auditoria de instituições subsidiadas. Assim: "1. As Entidades Fiscalizadoras Superiores terão poderes para auditar o uso de subsídios concedidos com recursos públicos. 2. Quando o subsídio for particularmente elevado, por si só ou em relação às receitas e capital da organização subsidiada, a auditoria poderá, se necessário, ser ampliada para incluir toda a gestão financeira da instituição subsidiada. 3. O uso indevido de subsídios implicará a imposição de uma requisição de ressarcimento".

Alternativa "a": alternativa errada, pois, para que a auditoria alcance toda a gestão financeira das sociedades empresárias que receberam os subsídios, basta que o subsídio tenha sido particularmente elevado, por si só ou em relação às receitas de capital da organização subsidiada, não se exigindo, portanto, previsão no contrato de concessão.

Alternativa "b": alternativa errada, já que a auditoria pode sim alcançar toda a gestão financeira das sociedades empresárias que receberam os subsídios, nos moldes previstos pelo inciso III da Seção 24 da Declaração de Lima, supratranscrita.

Alternativa "c": alternativa errada, já que, nas condições estipuladas no inciso III da Seção 24 da Declaração de Lima, a auditoria poderá incluir toda a gestão financeira da instituição subsidiada.

Alternativa "d": alternativa errada, na medida em que a inclusão de toda a gestão financeira da instituição subsidiada na auditoria não significa qualquer afronta à livre iniciativa.

Alternativa "e": alternativa correta. Conforme seção 24 da Declaração de Lima, "quando o subsídio for particularmente elevado, por si só ou em relação às receitas e capital da organização subsidiada, a auditoria poderá, se necessário, ser ampliada para incluir toda a gestão financeira da instituição subsidiada".

Alternativa correta: letra "e".

5. COMPETÊNCIAS DOS TRIBUNAIS DE CONTAS

20. CEBRASPE – 2023 – TCDF – Analista Administrativo

Acerca das competências dos tribunais de contas, julgue o item subsecutivo.

Compete aos tribunais de contas decretar a anulação de atos e contratos de órgão jurisdicionado eivados de vícios.

COMENTÁRIOS

✪ **Nota do autor:** não é da competência dos tribunais de contas decretar a anulação de atos e contratos de órgãos jurisdicionado eivados de vícios. O fundamento legal para tal compreensão é o art. 71 da CRFB/88, segundo o qual "O controle externo, a cargo do Congresso Nacional, será exercido com o auxílio do Tribunal de Contas, ao qual compete: [...] IX- assinar prazo para que o órgão ou entidade adote as providências necessárias ao exato cumprimento da lei, se verificada ilegalidade; X- sustar, se não for atendido, a execução do ato impugnado, comunicando a decisão à Câmara dos Deputados e ao

Senado Federal; [...] §1º No caso de contrato, o ato de sustação será adotado diretamente pelo Congresso Nacional, que solicitará, de imediato, ao Poder Executivo as medidas cabíveis. §2º Se o Congresso Nacional ou o Poder Executivo, no prazo de noventa dias, não efetivar as medidas previstas no parágrafo anterior, o Tribunal decidirá a respeito".

Item errado.

21. CEBRASPE – 2023 – TCDF – Analista Administrativo

Acerca das competências dos tribunais de contas, julgue o item subsecutivo.

Compete aos tribunais de contas o julgamento das contas daqueles que derem causa a perda, extravio ou outra irregularidade de que resulte prejuízo ao erário, sendo excluída da decisão a possibilidade de o recorrente pedir a apreciação do Poder Judiciário.

COMENTÁRIOS

✪ **Nota do autor:** a primeira parte do item encontra-se perfeitamente de acordo com o disposto no inciso II, do art. 71 da CRFB/88, segundo o qual: "O controle externo, a cargo do Congresso Nacional, será exercido com o auxílio do Tribunal de Contas da União, ao qual compete: II - julgar as contas dos administradores e demais responsáveis por dinheiros, bens e valores públicos da administração direta e indireta, incluídas as fundações e sociedades instituídas e mantidas pelo Poder Público federal, e as contas daqueles que derem causa a perda, extravio ou outra irregularidade de que resulte prejuízo ao erário público". Entretanto, como o Brasil adota o sistema de jurisdição una (modelo inglês), existe, entre nós, o princípio da inafastabilidade da jurisdição, segundo o qual "a lei não excluirá da apreciação do Poder Judiciário lesão ou ameaça a direito" (CRFB/88, art. 5º, XXXV).

Item errado

22. CEBRASPE – 2023 – TCE/RJ - Procurador

Quanto aos tribunais de contas, julgue o item que se segue.

Será inconstitucional norma local que estabeleça a competência do tribunal de contas para realizar exame prévio de validade de contratos firmados com o poder público.

COMENTÁRIOS

✪ **Nota do autor:** conforme entendimento do STF, "Nos termos do art. 75 da Constituição, as normas relativas à organização e fiscalização do TCU se aplicam aos demais tribunais de contas. O art. 71 da Constituição não insere na competência do TCU a aptidão para examinar, previamente, a validade de contratos administrativos celebrados pelo Poder Público. Atividade que se insere no acervo de competência da função executiva. É inconstitucional norma local que estabeleça a competência do tribunal de contas para realizar exame prévio de validade de contratos firmados com o poder público. (ADI 916, rel. Min. Joaquim Barbosa, j. 2.2.2009)

Item certo.

23. CEBRASPE – 2023 – TCE/RJ - Procurador

A respeito da fiscalização contábil, financeira e orçamentária exercida pelo Poder Legislativo, julgue o item subsequente.

É desnecessária a sanção do governador do estado do Rio de Janeiro para a Assembleia Legislativa do Estado do Rio de Janeiro (ALERJ) ordenar a sustação de contrato impugnado pelo TCE/RJ.

COMENTÁRIOS

✪ **Nota do autor:** item de acordo com a previsão do art. 71, 1§º, da CRFB/88: "No caso de contrato, o ato de sustação será adotado diretamente pelo Congresso Nacional, que solicitará, de imediato, ao Poder Executivo as medidas cabíveis". Pelo princípio da simetria, o mesmo se aplica em relação ao governador e à Assembleia Legislativa de qualquer estado.

Item certo.

24. CEBRASPE – 2023 – TCE/RJ - Procurador

A respeito da fiscalização contábil, financeira e orçamentária exercida pelo Poder Legislativo, julgue o item subsequente.

Compete ao TCE/RJ apreciar, para fins de registro, a legalidade dos atos de admissão de pessoal em cargos de provimento em comissão.

COMENTÁRIOS

✪ **Nota do autor:** item errado diante da expressa previsão constitucional segundo a qual "O controle externo, a cargo do Congresso Nacional, será exercido com o auxílio do Tribunal de contas da União, ao qual compete apreciar , para fins de registro, a legalidade dos atos de admissão de pessoal, a qualquer título, na administração direta e indireta, incluídas as fundações instituídas e mantidas pelo Poder Público, excetuadas as nomeações para cargo de provimento em comissão, bem como a das concessões de aposentadorias, reformas e pensões, ressalvadas as melhorias posteriores que não alterem o fundamento legal do ato concessório". (art. 71, III).

Item errado.

25. CEBRASPE – 2023 – TCE/RJ - Procurador

Julgue o próximo item, relativo à fiscalização contábil, financeira, orçamentária, operacional e patrimonial exercida pelos tribunais de contas.

As contas prestadas anualmente pelo presidente da República são julgadas pelo Tribunal de Contas da União (TCU), após apreciação de parecer prévio.

COMENTÁRIOS

✪ **Nota do autor:** compete ao TCU apreciar as contas prestadas anualmente pelo Presidente da República, mediante parecer prévio que deverá ser elaborado em sessenta dias a contar de seu recebimento (CRFB/88, art. 71, I). Contudo, o julgamento das contas do Presidente da República é de competência do Congresso Nacional (CRFB/88, art. 49, IX) e não do TCU.

Item errado.

26. CEBRASPE – 2022 – TCE/RJ – Técnico de Controle Externo

Julgue o item subsequente, quanto ao controle exercido pelo Tribunal de Contas da União (TCU).

Cabe ao TCU apreciar, para fins de registro, a legalidade dos atos de admissão de pessoal na administração direta, excluídas as empresas públicas, as sociedades de economia mista e as fundações instituídas e mantidas pelo poder público.

COMENTÁRIOS

✪ **Nota do autor:** segundo expressa disposição do art. 71, III da CRFB/88, é competência do TCU apreciar, para fins de registro, a legalidade dos atos de admissão de pessoal, a qualquer título, na administração direta e indireta, incluídas as fundações instituídas e mantidas pelo Poder Público, excetuadas as nomeações para cargo de provimento em comissão, bem como a das concessões de aposentadorias, reformas e pensões, ressalvadas as melhorias posteriores que não alterem o fundamento legal do ato concessório.

Item errado.

27. FGV – 2024 – TCE/PA – Auditor de Controle Externo

Atenção: para resolução da questão seguinte, considere:

- RITCE-PA: Regimento Interno do Tribunal de Contas do Estado do Pará.
- LOTCE-PA: Lei Orgânica do Tribunal de Contas do Estado do Pará.
- EFS: Entidades Fiscalizadoras Superiores.

Um dos grandes debates doutrinários se relaciona às objeções dirigidas contra a ideia de jurisdição de contas:

A oposição que se faz à jurisdição de contas, ou seja, aquela realizada no âmbito da atividade processual do Tribunal de Contas, diz respeito à jurisdição una. Outros elementos compõem o espectro de oposições, porém, encontram-se conectados a esta principal objeção. (HOEMKE, Hamilton Hobus. Tribunal de Contas-Direito Processual de Contas: jurisdição, provas e partes. Conceito Editorial, 2015, p. 56)

Os argumentos a favor do reconhecimento da função jurisdicional na atividade processual dos Tribunais de Contas se fundam em sua função constitucional de

a) exercer o controle das operações de crédito, avais e garantias, bem como dos direitos e haveres da União.
b) comprovar a legalidade e avaliar os resultados, quanto à eficácia e eficiência, da gestão orçamentária, financeira e patrimonial nos órgãos e entidades da administração federal, bem como da aplicação de recursos públicos por entidades de direito privado.
c) avaliar o cumprimento das metas previstas no plano plurianual, a execução dos programas de governo e dos orçamentos da União.
d) julgar as contas dos administradores e demais responsáveis por dinheiros, bens e valores públicos da administração direta e indireta, incluídas as fundações e sociedades instituídas e mantidas pelo Poder Público federal, e as contas daqueles que derem causa a perda, extravio ou outra irregularidade de que resulte prejuízo ao erário público.
e) executar, diretamente, as multas e débitos imputados pela Corte de Contas.

COMENTÁRIOS

✪ **Nota do autor:** a competência dos Tribunais de Contas, no exercício do controle externo, é bastante ampla, extrapolando a esfera meramente administrativa e alcançando a função jurisdicional no ato de julgar as contas dos administradores públicos e outros responsáveis por recursos públicos. Harrison Leite aponta as seguintes competências dos Tribunais de Contas: emissão de parecer prévio (do Executivo); julgamento de contas (exceto do Executivo); controle de atos de pessoal; fiscalização em sentido estrito; aplicação de sanções; competência corretiva; dever de representação; fixação dos índices dos fundos de participação; auxílio à Comissão Mista Permanente; e Poder Regulamentar (*Manual de Direito Financeiro*. 11.ed. São Paulo: Juspodivm, 2022, p. 883).

Alternativa "a": alternativa errada. A alternativa traz uma das finalidades do controle interno mantido pelos Poderes Legislativo, Executivo e Judiciário (CRFB/88, art. 74, III), que não representa o exercício da função jurisdicional dos Tribunais de Contas.

Alternativa "b": alternativa errada. alternativa errada. A alternativa traz uma das finalidades do controle interno mantido pelos Poderes Legislativo, Executivo e Judiciário (CRFB/88, art. 74, II), que não representa o exercício da função jurisdicional dos Tribunais de Contas.

Alternativa "c": alternativa errada. alternativa errada. A alternativa traz uma das finalidades do controle interno mantido pelos Poderes Legislativo, Executivo e Judiciário (CRFB/88, art. 74, I), que não representa o exercício da função jurisdicional dos Tribunais de Contas.

Alternativa "d": alternativa certa. A alternativa traz uma clara situação de exercício da função jurisdicional dos Tribunais de Contas, expressamente prevista dentre as suas funções constitucionais (CRFB/88, art. 71, II).

Alternativa "e": alternativa errada. Segundo o §3° do art. 71 da CRFB/88, as decisões do Tribunal de Contas de que resulte imputação de débito ou multa terão eficácia de título executivo. Ademais, a sua cobrança deverá ser promovida pelo erário-credor. Ou seja: a alternativa não apresenta hipótese de exercício da função jurisdicional dos Tribunais de Contas.

Alternativa correta: letra "d".

28. FGV – 2024 – TCE/GO – Analista de Controle Externo

Um município brasileiro fictício promulgou lei instituindo nova modalidade de licitação denominada pife. Em seguimento, a novel legislação foi regulamentada pelo Prefeito Municipal e três editais de licitação, com a nova modalidade, foram publicados com o objetivo de contratar obras públicas.

O Corpo de Auditoria do Tribunal de Contas com jurisdição sobre o município examinou o caso e, considerando o disposto no artigo 22, XXVII da Constituição Federal que atribui competência privativa à União para legislar sobre normas gerais de licitação e contratação, em todas as modalidades, para as administrações públicas diretas e indireta de todos os entes federados, representou ao Plenário quanto a constitucionalidade da norma.

Tendo por orientação o prescrito na Súmula 347 do Supremo Tribunal Federal, é correto afirmar que a representação deve ser

a) conhecida, uma vez cumprir os requisitos de legitimidade, porém não provida, uma vez que falece competência aos Tribunais de Contas para apreciação da constitucionalidade de leis.
b) conhecida, uma vez cumprir os requisitos de legitimidade, e parcialmente provida, uma vez que o Tribunal de Contas poderá determinar a sustação dos editais de licitação, contudo não poderá se pronunciar quanto a lei e o decreto, haja vista falecer competência para apreciação da constitucionalidade.
c) conhecida, uma vez cumprir os requisitos de legitimidade, e provida, determinando-se a sustação dos três editais e que a Administração Pública se abstenha de aplicar as referidas lei e regulamentação às suas licitações, uma vez que atos doravante praticados com base nos referidos normativos serão considerados como irregulares e implicarão na responsabilização pessoal dos agentes que lhes derem causa.
d) conhecida, uma vez cumprir os requisitos de legitimidade, e provida, determinando-se a sustação dos três editais e, quanto as normas, somente sendo possível, representar ao poder competente à apreciação da inconstitucionalidade.
e) conhecida e provida, sendo declarada a inconstitucionalidade da norma com efeito erga omnes.

COMENTÁRIOS

✪ **Nota do autor:** a súmula 347, mencionada no enunciado da questão estabelece que "O Tribunal de Contas, no exercício de suas atribuições, pode apreciar a constitucionalidade das leis e dos atos do Poder Público". Ainda a respeito deste tema, vale mencionar julgado recente do STF: (...) 1. O Tribunal de Contas da União firmou compreensão no sentido da inconstitucionalidade do art. 67 da Lei 9.478/1997 (...) e por conseguinte do Decreto 2.745/1998 (...). No caso em exame, a invocação da Súmula 347 do STF, pela autoridade coatora, rendeu-lhe a possibilidade de vulnerar o princípio da presunção de constitucionalidade das leis e dos atos normativos, considerando que o quadro revelava cenário em que: (i) não havia inconstitucionalidade manifesta; (ii) não existia jurisprudência do Supremo Tribunal Federal no sentido de reconhecer a inconstitucionalidade do tema; (iii) a doutrina apontava na direção oposta àquela que fora adotada pelo Tribunal de Contas da União. (...). 5. Súmula 347 do Supremo Tribunal Federal: compatibilidade com a ordem constitucional de 1988: o verbete confere aos Tribunais de Contas – caso imprescindível para o exercício do controle externo – a **possibilidade de afastar (*incidenter tantum*) normas cuja aplicação no caso expressaria um resultado inconstitucional** (seja por violação patente a dispositivo da Constituição ou por contrariedade à jurisprudência do Supremo Tribunal Federal sobre a matéria). Inteligência do enunciado, à luz de seu precedente representativo (RMS 8.372/CE, Rel. Min. Pedro Chaves, Pleno, julgado em 11.12.1961). 6. **Reafirmação da jurisprudência do Supremo Tribunal Federal quanto à inviabilidade de realização de controle abstrato de constitucionalidade**

por parte de Tribunal de Contas (MS 35.410, MS 35.490, MS 35.494, MS 35.498, MS 35.500, MS 35.812, MS 35.824, MS 35.836, todos de Relatoria do Eminente Ministro Alexandre De Moraes, Tribunal Pleno, e publicados no DJe 5.5.2021). 7. Caso concreto. O Tribunal de Contas da União incorreu em uso inadequado da Súmula 347: simplesmente vocalizar o enunciado não perfaz condição suficiente para se vencer a presunção de constitucionalidade do art. 67 da Lei 9.478/1997 e do regulamento simplificado da Petrobras, aprovado pelo Decreto 2.745/1998. (MS 25.888 AgR, rel. min. **Gilmar Mendes**, P, j. 22-8-2023, *DJE* de 11-9-2023).

Alternativa "a": alternativa errada. A representação deverá ser conhecida e provida já que a súmula 347 confere ao TCU a competência para a apreciação *incidenter tantum* da constitucionalidade de leis e o caso mostra flagrante inconstitucionalidade, uma vez que os Municípios não podem criar modalidades de licitações não previstas na lei nº 14.133/21.

Alternativa "b": alternativa errada. A representação deve ser conhecida e provida em sua integralidade, e não apenas para a sustação dos editais da mencionada licitação.

Alternativa "c": alternativa certa. Conforme fixado na súmula 347 e reiterado em decisões posteriores, apesar de não contarem com competência para a realização de controle abstrato de constitucionalidade, no caso concreto, como o trazido pelo enunciado, é, possível à Corte de Contas apreciar a constitucionalidade das leis e dos atos do Poder Público.

Alternativa "d": alternativa errada. A representação deve ser conhecida e cabe ao próprio Tribunal de Contas determinar que a Administração Pública se abstenha de aplicar as referidas lei e regulamentação às suas licitações, reconhecendo-se a sua inconstitucionalidade.

Alternativa "e": alternativa errada. A decisão da Corte de Contas é apenas *incidenter tantum*, não sendo cabível a declaração de inconstitucionalidade da norma com efeito *erga omnes*.

Alternativa correta: letra "c".

29. FGV – 2024 – TCE/GO – Analista de Controle Externo

A Lei nº 9.504/1997 atribui funções específicas aos Tribunais de Contas no contexto das eleições e da fiscalização dos gastos públicos relacionados a campanhas políticas.

Assinale a opção que indica uma função dos Tribunais de Contas constante na Lei nº 9.504/1997.

a) promover eventos de capacitação para os servidores efetivos e empregados públicos designados para o desempenho das funções essenciais à execução desta Lei por meio de suas escolas de contas.
b) fiscalizar a execução do orçamento, inclusive a aplicação de recursos específicos, bem como sua compatibilização com o plano plurianual e com as diretrizes orçamentárias.
c) fornecer à Justiça Eleitoral relação dos que tiveram suas contas relativas ao exercício de cargos ou funções públicas rejeitadas por irregularidade insanável e por decisão irrecorrível, exceto em situações sob análise judicial ou com decisão favorável.
d) prestar as informações solicitadas pela Assembleia ou por qualquer de suas comissões, sobre a fiscalização contábil, financeira, orçamentária, operacional e patrimonial, e sobre resultados de auditorias e inspeções realizadas.
e) representar ao Poder competente sobre irregularidades ou abusos apurados, indicando o ato inquinado e definindo responsabilidades.

COMENTÁRIOS

✪ **Nota do autor:** a lei nº 9.504/97 estabelece as normas para as eleições. Salvo no tocante às funções dos tribunais de contas, não contém conteúdo relacionado ao controle externo. A presente questão pode ser considerada simples, uma vez que há apenas uma alternativa relacionada às eleições, sendo esta considerada a correta. As demais, apesar de tratarem de funções e competências reais dos Tribunais de Contas, poderiam ser descartadas por não terem conexão com a Lei das Eleições (lei nº 9.504/97).

Alternativa "a": alternativa errada. Apesar de a alternativa trazer medida salutar para os Tribunais de Contas, não há qualquer previsão na Lei da Eleições (lei nº 9.504/97) nesse sentido.

Alternativa "b": alternativa errada. A alternativa traz uma clara função dos Tribunais de Contas. Contudo, não há qualquer relação específica com o processo eleitoral e, como consequência, não conta com previsão na Lei das Eleições (lei nº 9.504/97).

Alternativa "c": alternativa certa. De acordo com o art. 11 da lei nº 9.504/97, os partidos e coligações solicitarão à Justiça Eleitoral o registro de seus candidatos, até as dezenove horas do dia 15 de agosto do ano em que se realizarem as eleições. Já o §5º do mesmo artigo determina que "até a data a que se refere este artigo, os Tribunais e Conselhos de Contas deverão tornar disponíveis à Justiça Eleitoral relação dos que tiveram suas contas relativas ao exercício de cargos ou funções públicas rejeitadas por irregularidade insanável e por decisão irrecorrível do órgão competente, ressalvados os casos em que a questão estiver sendo submetida à apreciação do Poder Judiciário, ou que haja sentença judicial favorável ao interessado".

Alternativa "d": alternativa errada. Esta previsão encontra-se no art. 38, II da lei nº 8.443/92 (Lei Orgânica do Tribunal de Contas da União) e não tem nenhuma relação com a Lei das Eleições (lei nº 9.504/97).

Alternativa "e": alternativa errada. Esta previsão encontra-se no art. 38, VIII da lei nº 8.443/92 (Lei Orgânica do Tribunal de Contas da União) e não tem nenhuma relação com a Lei das Eleições (lei nº 9.504/97).

Alternativa correta: letra "c".

---

30. CEBRASPE - 2023 - TCE/MS - Procurador

Assinale a opção correta acerca das competências dos tribunais de contas, considerando, no que couber, a jurisprudência do STF.

a) Compete aos tribunais de contas, e não ao Poder Legislativo, sustar diretamente o processo licitatório prévio à celebração de contrato administrativo.

b) O aparente conflito de competência entre o Tribunal de Contas da União (TCU) e os tribunais de contas dos estados é resolvido pelo critério do ente federativo fiscalizado, nele inclusos seus órgãos e suas entidades da administração indireta.

c) A fiscalização dos recursos recebidos por estados e municípios a título de royalties decorrentes da extração de petróleo é da competência do Tribunal de Contas da União (TCU), pois recursos minerais situados na plataforma continental e no mar territorial do país são bens da União.

d) Os tribunais de contas estaduais possuem competência para realizar e homologar os cálculos das cotas do imposto sobre circulação de mercadorias e serviços (ICMS) devidas aos municípios.

e) É constitucional norma local que estabelece a competência do tribunal de contas para realizar exame prévio de validade de contratos firmados com o poder público.

COMENTÁRIOS

✪ **Nota do autor:** esse tipo de questão, abrangendo julgados relacionados à competência dos Tribunais de Contas é bastante comum. Por isso a importância de se estar sempre atento às recentes decisões do STF e do próprio TCU sobre o tema. Nesse sentido, recomendamos um estudo bastante cuidadoso das dicas deste capítulo e do capítulo de Direito Financeiro e AFO.

Alternativa "a": alternativa certa. Segundo entendimento do STF, no MS 24510/DF, "O Tribunal de Contas da União tem competência para fiscalizar procedimentos de licitação, determinar suspensão cautelar [...], examinar editais de licitação publicados e, nos termos do art. 276 do seu Regimento Interno, possui legitimidade para a expedição de medidas cautelares para prevenir lesão ao erário e garantir a efetividade de suas decisões".

Alternativa "b": alternativa errada. Eventual conflito de competências entre o TCU e os tribunais de contas dos estados será resolvido conforme a origem dos recursos. Nesse sentido, por exemplo, o TCU "fiscaliza a aplicação dos recursos federais pelo Governo Federal (regra) e os repassados voluntariamente (convênios, acordos, ajustes) para outro ente federativo e outras pessoas físicas ou jurídicas"; os TCEs "fiscalizam a aplicação de recursos estaduais pelo Governo Estadual e os recursos municipais pelos Governos Municipais (regra) e os repassados voluntariamente por estes para outros entes federativos ou outras pessoas, físicas ou jurídicas"(Pascoal, Valdecir. *Direito Financeiro e Controle Externo*. 9.ed. Rio de Janeiro: Forense; São Paulo: Método, 2015. p. 142).

Alternativa "c": alternativa errada. "Embora os recursos naturais da plataforma continental e os recursos minerais sejam bens da União (CF, art. 20, V e IX), a participação ou compensação aos Estados, Distrito Federal e Municípios no resultado da exploração de petróleo, xisto betuminosos e gás natural são receitas originárias destes últimos entes federativos (CF, art. 20, §1º)" (STF, MS 24.312-1/DF, rel. Min. Ellen Gracie, j. 10.02.2003). Desta forma, a competência para a fiscalização de tais recursos será do respectivo Tribunal de Contas Estadual e não do TCU.

Alternativa "d": alternativa errada. Segundo o STF, "É inconstitucional a atribuição, aos Tribunais de Contas estaduais, de competência para homologação dos cálculos das cotas do ICMS devidas aos Municípios, por violação ao princípio da separação dos Poderes (art. 2º da CF), afastada a alegação de simetria com o modelo federal (art. 75 e 161, parágrafo único, da CF" (ADI 825/AP, rel. Min. Alexandre de Moraes, j. 25.10.2018).

Alternativa "e": alternativa errada. "O art. 71 da Constituição não insere na competência do TCU a aptidão para examinar, previamente, a validade de contratos administrativos celebrados pelo Poder Público. Atividade que se insere no acervo de competência da Função Executiva. É inconstitucional norma local que estabeleça a competência do tribunal de contas para realizar exame prévio de validade de contratos firmados com o Poder Público" (STF, ADI 916-8/MT, rel. Min. Joaquim Barbosa, j. 02.02.2009).

Alternativa correta: letra "a".

31. VUNESP – 2023 – TCM/SP – Auxiliar Técnico de Controle Externo

É correto afirmar, com base na Constituição Federal, sobre as normas de fiscalização contábil, financeira e orçamentária que

a) prestará contas qualquer pessoa física que utilize, arrecade, guarde, gerencie ou administre dinheiros, bens e valores pelos quais a União, os Estados e o Distrito Federal, ou os Municípios respondam, mas não as pessoas jurídicas de natureza privada que, em nome desses entes, assumam obrigações de natureza pecuniária.

b) compete ao Congresso Nacional apreciar as contas prestadas anualmente pelo Presidente da República, mediante parecer prévio que deverá ser elaborado em sessenta dias a contar de seu recebimento.

c) compete ao Tribunal de Contas aplicar aos responsáveis, em caso de ilegalidade de despesa ou irregularidade de contas, as sanções previstas em lei, que estabelecerá, entre outras cominações, multa proporcional ao dano causado ao erário.

d) compete ao Tribunal de Contas sustar a eficácia de contrato administrativo assinado por qualquer Poder, em caso de impugnação de sua validade.

e) cabe ao Tribunal de Contas de cada ente estatal a função de auditoria interna das entidades da Administração Direta e Indireta, inclusive empresas públicas e sociedades de economia mista.

COMENTÁRIOS

✪ **Nota do autor:** é importante destacar recente e polêmica decisão do STF sobre o tema abordado na presente questão: "O Conselho Federal e os Conselhos Seccionais da Ordem dos Advogados do Brasil não estão obrigados a prestar contas ao Tribunal de Contas da União nem a qualquer outra entidade externa" (RE 1.182.189, rel. Min. Marco Aurélio, red. Do ac. Min. Edson Fachin, j. 25.04.2023)

Alternativa "a": alternativa errada. Segundo o parágrafo único do art. 70 da CRFB/88, "prestará contas qualquer pessoa física ou jurídica, pública ou privada, que utilize, arrecade, guarde, gerencie ou administre dinheiros, bens e valores públicos ou pelos quais a União responda, ou que, em nome desta, assuma obrigações de natureza pecuniária".

Alternativa "b": alternativa errada. Compete ao TCU e não ao Congresso Nacional apreciar as contas prestadas anualmente pelo Presidente da República, mediante parecer prévio que deverá ser elaborado em sessenta dias a contar de seu recebimento (CRFB/88, art. 71, I).

Alternativa "c": alternativa certa. A alternativa reproduz o inciso VIII do art. 71 da CRFB/88.

Alternativa "d": alternativa errada. No caso de contrato, o ato de sustação será adotado diretamente pelo Congresso Nacional, que solicitará, de imediato, ao Poder Executivo as medidas cabíveis (CRFB/88, art. 71, §2º).

Alternativa "e": alternativa errada. Segundo o art. 71, IV, da CRFB/88, é competência do TCU "realizar, por iniciativa própria, da Câmara dos Deputados, do Senado Federal, de Comissão técnica ou de inquérito, inspeções e auditorias de natureza contábil, financeira, orçamentária, operacional e patrimonial, nas unidades administrativas dos Poderes Legislativo, Executivo e Judiciário, e demais entidades referidas no inciso II". Contudo, não se tratará de auditoria interna, como trouxe o enunciado.

Alternativa correta: letra "c".

32. FCC – 2022 – TCE/GO – Analista de Controle Externo

Consoante o que dispõe a Constituição Federal de 1988, cabe, para fins de registro, a apreciação

a) da aplicação de quaisquer recursos repassados pela União mediante convênio, acordo, ajuste ou outros instrumentos congêneres, a Estado, ao Distrito Federal ou a Município.

b) das contas prestadas anualmente pelo Presidente da República.

c) das contas dos administradores e demais responsáveis por dinheiros, bens e valores públicos da Administração direta e indireta.

d) da legalidade dos atos de admissão de pessoal, a qualquer título, na Administração direta e indireta.

e) das contas nacionais das empresas supranacionais de cujo capital social a União participe, de forma direta ou indireta, nos termos do tratado constitutivo.

COMENTÁRIOS

✪ **Nota do autor:** sobre o tema aqui tratado é importante recordar o teor da súmula vinculante nº 3: Nos processos perante o TCU asseguram-se o contraditório e a ampla defesa quando da decisão puder resultar anulação ou revogação de ato administrativo que beneficie o interessado, excetuada a apreciação da legalidade do ato de concessão inicial de aposentadoria, reforma e pensão".

Alternativa "a": alternativa errada. Apesar de ser competência do TCU fiscalizar a aplicação de quaisquer recursos repassados pela União mediante convênio, acordo, ajuste ou outros instrumentos congêneres, a Estado, ao Distrito Federal ou a Municípios (CRFB/88, art. 71, VI), não há que se falar de apreciação para fins de registro de tais atos.

Alternativa "b": alternativa errada. Assim como na alternativa anterior, não há que se falar em apreciação para fins de registro das contas prestadas *anualmente pelo Presidente da República*, apesar de ser competência do TCU apreciá-las.

Alternativa "c": alternativa errada. Apesar de a alternativa trazer mais uma hipótese de competência do TCU, não há previsão de que, neste caso, a Corte de Contas as aprecie para fins de registro como ocorre, na literalidade do inciso III do art. 71, analisado na próxima alternativa.

Alternativa "d": alternativa certa. Segundo disposição do inciso III do art. 71 da CRFB/88, compete ao TCU "apreciar, para fins de registro, a legalidade dos atos de admissão de pessoal, a qualquer título, na administração direta e indireta, incluídas as fundações instituídas e mantidas pelo Poder Público, excetuadas as nomeações para cargo de provimento em comissão, bem como a das concessões de aposentadorias, reformas e pensões, ressalvadas as melhorias posteriores que não alterem o fundamento legal do ato concessório".

Alternativa "e": alternativa errada. Da mesma forma como nas alternativas anteriores incorretas, não há aqui a apreciação para fins de registro do TCU, mas, a teor do inciso V do art. 71 da CRFB/88, tão-somente a fiscalização.

Alternativa correta: letra "d".

33. FCC – 2022 – TCE/GO – Analista de Controle Externo

O Tribunal de Contas do Estado de Goiás expediu atos normativos sobre matéria de sua atribuição e sobre a organização dos processos que lhe devam ser submetidos, obrigando os jurisdicionados ao seu cumprimento, sob pena de responsabilidade. A expedição desses atos é possível, no âmbito de sua competência e jurisdição, porque assiste ao Tribunal de Contas do Estado de Goiás o poder

a) organizacional.
b) regulamentar.
c) administrativo.
d) tutelar.
e) executivo.

COMENTÁRIOS

✪ **Nota do autor:** a presente questão reproduz legislação estadual. Nesse sentido, o art. 2º da lei nº 16.168/2007, de Goiás estabelece que: "ao Tribunal de Contas do Estado de Goiás, no âmbito de sua competência e jurisdição, assiste o poder regulamentar, podendo, em consequência, expedir atos normativos sobre matéria de sua atribuição e sobre a organização dos processos que lhe devam ser submetidos, obrigando os jurisdicionados ao seu cumprimento, sob pena de responsabilidade".

Alternativa "a": alternativa errada. Trata-se de poder regulamentar, e não organizacional.

Alternativa "b": alternativa certa. Conhecendo-se a norma estadual, transcrita na nota do autor o(a) candidato(a) poderia responder com facilidade esta questão. Contudo, mesmo não conhecendo seria possível se chegar à resposta frente à menção de "atos normativos sobre matéria de sua atribuição e sobre a organização dos processos que lhe devam ser submetidos".

Alternativa "c": alternativa errada. Trata-se de poder regulamentar, e não administrativo.

Alternativa "d": alternativa errada. Trata-se de poder regulamentar, e não tutelar.

Alternativa "e": alternativa errada. Trata-se de poder regulamentar, e não executivo.

Alternativa correta: letra "b".

34. COPEVE-UFAL – 2022 – Agente de Controle Externo

Dentre as competências do TCU elencadas no Art. 71 da Constituição Federal, destaca-se a competência de apreciar, para fins de registro, os atos de admissão de pessoal na administração direta e indireta. Diante disso, dadas as afirmativas,

I. A apreciação do registro pelo TCU é considerada um controle de legalidade.
II. O ato administrativo é considerado complexo por envolver a aprovação em três etapas: administração pública, TCU e Poder Legislativo.
III. Compete ao Tribunal de Contas da União apreciar, inclusive, o provimento de cargos comissionados e de empregados públicos temporários.

verifica-se que está(ão) correta(s)

a) I, apenas.
b) II, apenas.
c) I e III, apenas.
d) II e III, apenas.
e) I, II e III.

COMENTÁRIOS

✪ **Nota do autor:** Celso Antônio Bandeira de Mello aponta os atos complexos como aqueles "que resultam da conjugação de vontade de órgãos diferentes. Exemplo: a nomeação, procedida por autoridade de um dado órgão, que deve recair sobre pessoa cujo nome consta de lista tríplice elaborada por outro órgão" (*Curso de Direito Administrativo.* 35.ed. São Paulo: Malheiros, 2021. p. 349).

Afirmativa I: correta. A simples leitura do inciso III do art. 71 da CRFB/88 já permite concluir que a apreciação do registro pelo TCU é considerada um controle de legalidade. Assim, compete ao TCU "apreciar, para fins de registro, a legalidade dos atos de admissão de pessoal, a qualquer título, na administração direta e indireta, incluídas as fundações e sociedades instituídas e mantidas pelo Poder Público federal, excetuadas as nomeações para cargo de provimento em comissão, bem como a das concessões de aposentadorias, reformas e pensões, ressalvadas as melhorias posteriores que não alterem o fundamento legal do ato concessório".

Afirmativa II: errado. Tal ato pode ser considerado complexo. Entretanto, envolve a aprovação apenas da administração pública e do TCU.

Afirmativa III: errado. Por expressa previsão do inciso III do art. 71 da CRFB/88, a competência do Tribunal de Contas da União não alcança o provimento de cargos comissionados.

Alternativa correta: letra "a".

35. FGV – 2022 – TCE/TO – Assistente de Controle Externo

Joana foi designada para responder pelo controle interno no âmbito do Município Alfa. Ao chegar ao órgão, recebeu de João, seu subordinado, um rol de orientações, alegadamente elaboradas em harmonia com a ordem constitucional, aplicável por simetria no plano estadual, com o objetivo de auxiliá-la em sua atuação. No âmbito dessas orientações, estava previsto que Joana deveria: (1) avaliar a execução dos programas de governo; (2) apoiar o controle externo; e (3) aplicar sanções disciplinares.

Ao analisar a ordem constitucional, Joana concluiu, acertadamente, que:

a) somente a orientação 3 estava correta;
b) somente as orientações 1 e 2 estavam corretas;
c) somente as orientações 1 e 3 estavam corretas;
d) somente as orientações 2 e 3 estavam corretas;
e) todas as orientações estavam corretas.

COMENTÁRIOS

✪ **Nota do autor:** o controle interno, segundo disposição constitucional, tem por finalidades: I - avaliar o cumprimento das metas previstas no plano plurianual, a execução dos programas de governo e dos orçamentos da União; II - comprovar a legalidade e avaliar os resultados, quanto à eficácia e eficiência, da gestão orçamentária, financeira e patrimonial nos órgãos e entidades da administração federal, bem como da aplicação de recursos públicos por entidades de direito privado; III - exercer o controle das operações de crédito, avais e garantias, bem como dos direitos e haveres da União; IV - apoiar o controle externo no exercício de sua missão institucional" (CRFB/88, art. 74).

Orientação 1: correta. Tal atribuição encontra previsão expressa no inciso I do art. 74 da CRFB/88.

Orientação 2: correta. Tal atribuição encontra previsão expressa no inciso IV do art. 74 da CRFB/88.

Orientação 3: errada. Não há previsão para a aplicação sanções disciplinares no exercício do controle interno.

Alternativa correta: letra "b".

36. FGV – 2022 – TCU – Auditor Federal de Controle Externo

Dentre as expressivas competências constitucionalmente outorgadas ao Tribunal de Contas da União (TCU), destaca-se a fiscalização da gestão e a aplicação de recursos públicos federais sob a perspectiva de sua legalidade, legitimidade e economicidade. Considerando-se tais parâmetros de controle, é correto afirmar que:

a) cabe ao TCU atuar como instância revisora de decisões administrativas adotadas por órgãos e entidades que lhes sejam jurisdicionados, ainda que tais litígios não atinjam o patrimônio público ou causem prejuízo ao erário;
b) o TCU exerce pleno controle do poder discricionário da Administração Pública, cabendo-lhe definir a melhor alternativa a ser adotada pelo gestor público nas hipóteses em que estejam presentes duas ou mais alternativas legalmente válidas;
c) a prerrogativa do TCU para julgamento das contas daqueles que derem causa a perda, extravio ou outra irregularidade de que resulte prejuízo ao erário não se limita aos administradores ou agentes públicos, podendo abranger particulares;
d) compete ao TCU, na apreciação de denúncias e representações contra irregularidades praticadas pela Administração Pública Federal, proferir provimentos jurisdicionais reclamados por particulares para salvaguarda de seus direitos e interesses subjetivos;
e) a competência do TCU para processar e julgar tomadas de contas não se restringe aos casos de irregularidades que impliquem dano ao erário, estendendo-se também para a quantificação de prejuízos imateriais decorrentes de danos morais, bem como à retirada de atos normativos e enunciados do mundo jurídico.

COMENTÁRIOS

✪ **Nota do autor:** sobre a competência do TCU, abordada na presente questão, vale mencionar importante julgado: "Em decorrência da amplitude das competências fiscalizadoras da Corte de Contas, tem-se que não é a natureza do ente envolvido na relação que permite, ou não, a incidência da fiscalização da Corte de Contas, mas sim a origem dos recursos envolvidos, conforme dispõe o art. 71, II, da CF". (MS 24.379, rel. min. Dias Toffoli, j. 7-4-2015)

Alternativa "a": alternativa errada. Corroborando o equívoco da alternativa, vale mencionar a seguinte decisão: "Não cabe ao TCU atuar como instância revisora de decisões administrativas adotadas por órgãos e entidades que lhe são jurisdicionados, salvo se, de forma reflexa, esses litígios atingirem o patrimônio público ou causarem prejuízo ao erário" (TCU, Acórdão 431/2016 - Plenário).

Alternativa "b": alternativa errada. Não cabe ao TCU rever atos discricionários praticados por agentes políticos ou administrativos.

Alternativa "c": alternativa certa. Alternativa compatível com a disposição dos incisos II e VI do art. 71 da CRFB/88. Assim: "O controle externo, a cargo do Congresso Nacional, será exercido com o auxílio do Tribunal de Contas da união, ao qual compete: II- julgar as contas dos administradores e demais responsáveis por dinheiros, bens e valores públicos da administração direta e indireta, incluídas as fundações instituídas e mantidas pelo Poder Público federal, e as contas daqueles que derem causa a perda, extravio ou outra irregularidade de que resulte prejuízo ao erário público; VI- fiscalizar a aplicação de quaisquer recursos repassados pela União mediante convênio, acordo ou ajuste ou outros instrumentos congêneres, a estado, ao Distrito Federal ou a Município.

Alternativa "d": alternativa errada. Nessa alternativa vale destacar a posição de Marçal Justen Filho: "O Tribunal de Contas da União adota entendimento de que não lhe incumbe reprimir práticas administrativas defeituosas que acarretem danos aos particulares. Invoca a natureza objetiva do controle realizado. Segundo o TCU, cabe-lhe verificar a compatibilidade dos atos administrativos com as normas superiores, tomando em vista a preservação do interesse público. Por isso, condutas administrativas lesivas aos direitos e interesses dos particulares devem ser levadas à apreciação do Poder Judiciário e o TCU se omite na reprovação de práticas administrativas antijurídicas, quando a lesão afetar o sujeito privado". (Disponível em: https://www.jota.info/opiniao-e-analise/colunas/publicistas/o-tcu-e-os-direitos-fundamentais-dos-particulares Acesso em: 5 fev. 2025).

Alternativa "e": alternativa errada. "A competência do TCU para processar tomadas de contas especiais restringe-se aos casos de irregularidades que impliquem dano ao erário (art. 71, inciso II, in fine, da Constituição Federal), não sendo cabível a instauração de TCE para apurar e quantificar prejuízos imateriais decorrentes de eventual dano moral sofrido por entidade da Administração Pública (TCU, Acórdão 1410/2020 - Plenário).

Alternativa correta: letra "c".

---

37. FGV – 2022 – TCU – Auditor Federal de Controle Externo

No decorrer de auditoria realizada pelo Tribunal de Contas da União (TCU), tendo por escopo a verificação da legalidade, legitimidade e economicidade de contrato de concessão pública em vigor há dois anos, são detectados achados relacionados não só à fase pré-contratual, pertinentes a vícios no procedimento licitatório, mas igualmente à etapa de execução contratual, relacionados à irregular suspensão do pagamento de outorga em decorrência de suposto desequilíbrio econômico e financeiro do contrato em desfavor do concessionário. Diante de tais achados de auditoria, compete ao TCU:

a) converter a auditoria em tomada de contas para fins de quantificação do dano ao erário e exercício da competência ressarcitória, não cabendo mais exercer competência corretiva ou sancionatória quanto ao vício na licitação, por se tratar de matéria preclusa;
b) determinar cautelarmente a sustação da execução contratual até que seja recomposto o pagamento da outorga por parte do concessionário, de forma a minimizar os efeitos financeiros decorrentes da caracterização do dano ao erário;
c) exercer a competência corretiva no que tange ao vício detectado no procedimento licitatório, promovendo a revogação do certame, seguida da instauração de tomada de contas especial para aplicação de sanção aos responsáveis;
d) representar simultaneamente ao Congresso Nacional e ao Ministério Público, para fins de compartilhamento das informações e elementos coligidos durante a execução da auditoria, a fim de que tais órgãos possam adotar as medidas sancionatórias e ressarcitórias cabíveis na espécie;
e) promover a responsabilização, após contraditório e ampla defesa, mediante possível aplicação de multa àqueles que incorreram em ilegalidade no procedimento licitatório, sem prejuízo da conversão da auditoria em tomada de contas para fins de apuração e quantificação do dano ao erário.

COMENTÁRIOS

✪ **Nota do autor: a** situação narrada no enunciado apresenta vícios tanto na fase da licitação quanto da execução do contrato, evidenciando-se, nesta última, um prejuízo ao erário frente à suspensão do pagamento da outorga face a suposto desequilíbrio econômico-financeiro do contrato. A alternativa correta considerou acertada a conversão da auditoria em tomada de contas para fins de apuração e quantificação do dano ao erário. Contudo, o mais correto seria ter se falado em "tomada de contas especial (TCE)", que se difere da mera "tomada de contas". Assim, a TCE se refere a um "processo administrativo devidamente formalizado, com rito próprio, para apurar responsabilidade por ocorrência de dano à administração pública federal, com apuração de fatos, quantificação do dano e identificação dos responsáveis, e obter o respectivo ressarcimento. Em regra, a TCE deve ser instaurada pela autoridade competente do próprio órgão ou entidade jurisdicionada (responsável pela gestão dos recursos), em face de pessoas físicas ou jurídicas que deram causa ou concorreram para a materialização do dano, depois de esgotadas as medidas administrativas internas com vista à recomposição do erário ou à elisão da irregularidade". Já a Tomada de Contas é o "instrumento de controle externo mediante o qual o Tribunal de Contas da União apura a ocorrência de indícios de irregularidades ou conjunto de irregularidades materialmente relevantes ou que apresentem risco de impacto relevante na gestão, que não envolvam débito, com a finalidade de apurar os fatos e promover a responsabilização dos integrantes do rol de responsáveis ou do agente público que tenha concorrido para a ocorrência". (Disponível em: https://www.congressonacional.leg.br/legislacao-e-publicacoes/glossario-orcamentario/-/orcamentario/lista/T . Acesso em; 6 fev. 2025).

Alternativa "a": alternativa errada. A primeira parte da alternativa está correta ao apontar a conversão da auditoria em tomada de contas [especial] para fins de quantificação do dano ao erário e exercício da competência ressarcitória. Contudo, não há que se falar em preclusão na situação narrada na alternativa sendo possível a aplicação de sanções por parte do TCU.

Alternativa "b": alternativa errada. O TCU poderia suspender de forma cautelar a execução contratual. Contudo, a sustação é uma decisão de mérito cabível apenas ao Congresso Nacional (CRFB/88, art. 71, §1º). Subsidiariamente o TCU poderia fazê-lo após 90 dias e em caso de inação do Congresso Nacional ou do Poder Executivo (CRFB/88, art. 71, §2º).

Alternativa "c": alternativa errada. Tratando-se de ilegalidade, não seria o caso de revogação, mas sim de anulação. De qualquer forma, nenhuma dessas hipóteses é de competência do TCU que, por sua vez, tão-somente fixa o prazo para a atuação do Congresso Nacional.

Alternativa "d": alternativa errada. Na situação narrada no enunciado, a própria Corte de Contas goza da competência para avaliar a sua legalidade. Isso não impediria o TCU de, eventualmente, fazer uma representação ao final do processo.

Alternativa "e": alternativa certa. Não há informações de que a licitação tenha dado causa à ilegalidade. Assim, seria cabível a fiscalização, com direito ao contraditório a ampla defesa, promovendo-se a responsabilização. Já no caso da execução contratual, o enunciado aponta dano ao erário, do que deve resultar a conversão da auditoria em tomada de contas especial, conforme analisado na nota do autor.

Alternativa correta: letra "e".

---

38. (FGV – Auditor de Controle Externo – TCE – PI/2021) O Estado Alfa recebeu recursos decorrentes de sua participação no resultado da exploração, em seu território, de petróleo, xisto betuminoso e gás natural, figurando a União como poder concedente dessas atividades.

À luz da sistemática constitucional, é correto afirmar que os referidos recursos:

a) devem ser repassados mediante convênio, sujeitando-se à fiscalização do Tribunal de Contas da União;
b) são receitas originárias do Estado Alfa, sujeitando-se apenas à fiscalização do respectivo Tribunal de Contas;
c) devem ser fiscalizados pelos Tribunais de Contas da União e do Estado Alfa, pois estão vinculados a ambos os entes;
d) apenas podem ser utilizados para amortização da dívida com a União, sendo fiscalizados pelo Tribunal de Contas da União;
e) podem ser fiscalizados pelo Tribunal de Contas da União ou pelo do Estado Alfa, conforme dispuser o ajuste com a União.

COMENTÁRIOS

✪ **Nota do autor:** a questão trata dos chamados royalties, cujo fundamento constitucional decorre do art. 20, §1º da CRFB/88, segundo o qual, 1º "É assegurada, nos termos da lei, à União, aos Estados, ao Distrito Federal e aos Municípios, a participação no resultado da exploração de petróleo ou gás natural, de recursos hídricos para fins de geração de energia elétrica e de outros recursos minerais no respectivo território, plataforma continental, mar territorial ou zona econômica exclusiva, ou compensação financeira por essa exploração".

Alternativa "a": alternativa errada, já que o repasse dos valores dos royalties não exige a formulação de convênio. Atualmente, a legislação de regência determina seja o pagamento 'efetuado, mensalmente, diretamente aos Estados, ao Distrito Federal, aos Municípios e aos órgãos da Administração Direta da União.

Alternativa "b": resposta correta, segundo entendimento do STF sobre o tema: "Segundo jurisprudência assentada nesta Corte, as rendas obtidas nos termos do art. 20, § 1º, da CF constituem receita patrimonial originária, cuja titularidade – que não se confunde com a dos recursos naturais objetos de exploração – pertence a cada um dos entes federados afetados pela atividade econômica. **Embora sejam receitas originárias de Estados e Municípios**, as suas condições de recolhimento e repartição são definidas por regramento da União, que tem dupla autoridade normativa na matéria, já que cabe a ela definir as condições (legislativas) gerais de exploração de potenciais de recursos hídricos e minerais (art. 22, IV e XII, da CF), bem como as condições (contratuais) específicas da outorga dessa atividade a particulares (art. 176, parágrafo único, da CF). Atualmente, a legislação de regência determina seja o pagamento 'efetuado, mensalmente, diretamente aos Estados, ao Distrito Federal, aos Municípios e aos órgãos da Administração Direta da União" (art. 8º da Lei 7.990/1989). (ADI 4.606, rel. min. Alexandre de Moraes, j. 28-2-2019, P, *DJE* de 6-5-2019.). Assim, se são receitas originárias do Estado Alfa, sujeitam-se apenas à fiscalização do respectivo Tribunal de Contas.

Alternativa "c": na medida em que os royalties constituem receita patrimonial originária do Estado Alfa, deve ser fiscalizado apenas por seu próprio Tribunal de Contas. Alternativa errada.

Alternativa "d": é totalmente errado afirmar que os royalties somente podem ser utilizados para amortização da dívida da União, vez que constituem receita patrimonial originária do Estado Alfa. Por essa razão, são fiscalizados pelo Tribunal de Contas do respectivo Estado.

Alternativa "e": não há que se falar em qualquer ajuste para determinar qual dos tribunais de contas seria o competente para fiscalizar os royalties apontados no enunciado da questão, uma vez que, enquanto receita patrimonial originária do Estado Alfa, deve ser fiscalizado apenas por seu próprio Tribunal de Contas.

Alternativa correta: letra "b".

---

39. (FGV – Auditor de Controle Externo – TCE – PI/2021) O Tribunal de Contas do Estado Alfa realizou tomada de contas especial no âmbito da sociedade de economia mista Beta, que presta serviço público sob concessão do Estado, e da empresa pública Gama, que explora atividade econômica em sentido estrito. Ao final da apuração, concluiu que Maria, empregada de Beta, causara dano ao patrimônio público, em razão da inobservância do princípio da economicidade, por ocasião da aquisição de materiais de escritório, condenando-a ao ressarcimento do valor que foi quantificado. O mesmo ocorreu em relação a João, empregado de Gama, que ainda foi condenado ao pagamento de multa. O proceder do Tribunal de Contas do Estado Alfa está:

a) incorreto, pois apenas os entes da Administração Pública indireta, com personalidade jurídica de direito público, e os respectivos servidores, estão sujeitos à sua fiscalização;
b) correto apenas em relação à fiscalização de Gama, considerando que a totalidade do seu capital social pertence ao poder público, e à imposição de medidas a João;
c) incorreto em relação à imposição de medidas a Maria, pois o seu ato não gerou danos ao patrimônio público, ainda que tenha afrontado a economicidade;
d) correto apenas em relação à fiscalização de Beta, considerando a natureza da atividade desenvolvida, e à imposição de medidas a Maria;
e) correto, já que os entes da Administração Pública indireta, independentemente da atividade desenvolvida, estão sujeitos à sua fiscalização.

COMENTÁRIOS

✪ **Nota do autor:** além das disposições constitucionais, que deixam clara a incidência do controle externo sobre os entes que compõem a Administração Pública Direta e Indireta, esta atuação também consta na Lei das Estatais (lei nº 13.303/16), dentre outros, no art. 87, segundo o qual "O controle das despesas decorrentes dos contratos e demais instrumentos regidos por esta Lei será feito pelos órgãos do sistema de controle interno e **pelo tribunal de contas competente**, na forma da legislação pertinente, ficando as empresas públicas e as sociedades de economia mista responsáveis pela demonstração da legalidade e da regularidade da despesa e da execução, nos termos da Constituição".

Alternativa "a": alternativa errada, por estar claramente em desacordo com o inciso II do art. 71 da CRFB/88, segundo o qual: "O controle externo, a cargo do Congresso Nacional, será exercido com o auxílio do Tribunal de Contas da União, ao qual compete: II - **julgar as contas dos administradores e demais responsáveis por dinheiros, bens e valores públicos da administração direta e indireta,** incluídas as fundações e sociedades instituídas e mantidas pelo Poder Público federal, e as contas daqueles que derem causa a perda, extravio ou outra irregularidade de que resulte prejuízo ao erário público;

Alternativa "b": alternativa errada, já que o controle exercido pelos Tribunais de Contas alcança não apenas as empresas públicas, mas também as sociedades de economia mista, conforme disposição constitucional e da lei das estatais (lei nº 13.303/16).

Alternativa "c": alternativa errada, inicialmente porque o proceder do Tribunal de Contas do Estado Alfa está correto. Em segundo lugar pois a prática de Maria gerou danos ao patrimônio público.

Alternativa "d": alternativa errada, já que o controle exercido pelos Tribunais de Contas alcança não apenas as empresas públicas, mas também as sociedades de economia mista, conforme disposição constitucional e da lei das estatais (lei nº 13.303/16).

Alternativa "e": alternativa correta já que as empresas estatais, como integrantes da Administração indireta, independente da atividade desenvolvida, sujeitam-se à fiscalização dos Tribunais de Contas. Nesse sentido, o STF já entendeu que "[...] **As empresas públicas e as sociedades de economia mista, integrantes da administração indireta, estão sujeitas à fiscalização do Tribunal de Contas, não obstante os seus servidores estarem sujeitos ao regime celetista**". (RE 356.209 AgR, rel. min. Ellen Gracie, j. 1º-3-2011, 2ª T, *DJE* de 25-3-2011)

Alternativa correta: letra "e".

6. NATUREZA, JULGAMENTO E FISCALIZAÇÃO DOS TRIBUNAIS DE CONTAS

40. CEBRASPE – 2024 – TCE/AC – Auditor de Controle Externo

Quanto a transferências de recursos, tipos de instrumentos e tomada de contas especial, julgue o item a seguir.

A tomada de contas especial é instaurada quando há omissão no dever de prestar contas ou dano ao erário, sendo um processo de caráter excepcional e instaurado após o esgotamento das medidas administrativas.

COMENTÁRIOS

✪ Nota do autor: a lei nº 8.443/92 (Lei Orgânica do TCU) tratou da tomada de contas especial em seu art. 8º, segundo o qual "Diante da omissão no dever de prestar contas, da não comprovação da aplicação dos recursos repassados pela União, na forma prevista no inciso VII do art. 5° desta Lei, da ocorrência de desfalque ou desvio de dinheiros, bens ou valores públicos, ou, ainda, da prática de qualquer ato ilegal, ilegítimo ou antieconômico de que resulte dano ao Erário, a autoridade administrativa competente, sob pena de responsabilidade solidária, deverá imediatamente adotar providências com vistas à instauração da tomada de contas especial para apuração dos fatos, identificação dos responsáveis e quantificação do dano". A respeito do tema, vale transcrever informações contidas no site oficial do TCU, in verbis: Tomada de Contas Especial (TCE) é um processo administrativo devidamente formalizado, com rito próprio, para apurar responsabilidade por ocorrência de dano à administração pública federal, com apuração de fatos, quantificação do dano, identificação dos responsáveis e obter o respectivo ressarcimento. (art. 2º, caput, da IN/TCU 71/2012). A TCE constitui medida de exceção, portanto a Administração deve esgotar todas as medidas administrativas para elidir a irregularidade ensejadora da TCE ou obter o ressarcimento do dano, antes de formalizar a instauração do processo. A apreciação do processo de TCE, no âmbito da União, constitui competência constitucional desta Corte de Contas prevista no art. 70, parágrafo único, c/c art. 71, ambos da Constituição Federal. Disponível em: https://portal.tcu.gov.br/contas-e-fiscalizacao/controle-e-fiscalizacao/tomada-de-contas-especial/ Acesso em: 5 jan. 2025.

Item certo

41. CEBRASPE – 2023 – TCE/RJ - Procurador

Julgue o próximo item, referentes às decisões do tribunal de contas.

Não é necessária a observância do contraditório e da ampla defesa por ocasião da apreciação, pelo tribunal de contas, da legalidade de ato de concessão inicial de aposentadoria.

COMENTÁRIOS

✪ Nota do autor: item de acordo com a súmula vinculante nº 3: "Nos processos perante o Tribunal de Contas da União asseguram-se o contraditório e a ampla defesa quando da decisão puder resultar anulação ou revogação de ato administrativo que beneficie o interessado, excetuada a apreciação da legalidade do ato de concessão inicial de aposentadoria, reforma e pensão".

Item certo

42. CEBRASPE – 2023 – TCE/RJ - Procurador

Julgue o próximo item, referentes às decisões do tribunal de contas.

Em atenção aos princípios da segurança jurídica e da confiança legítima, os tribunais de contas estão sujeitos ao prazo de cinco anos para o julgamento da legalidade de ato de concessão inicial de aposentadoria, reforma ou pensão.

COMENTÁRIOS

✪ Nota do autor: Item de acordo com o entendimento do STF, fixado na tese resultante do tema 445: "Em atenção aos princípios da segurança jurídica e da confiança legítima, os Tribunais de Contas estão sujeitos ao prazo de 5 anos para o julgamento da legalidade do ato de concessão inicial de aposentadoria, reforma ou pensão, a contar da chegada do processo à respectiva Corte de Contas".

Item certo

43. CEBRASPE – 2023 – TCE/RJ - Procurador

A respeito da fiscalização contábil, financeira e orçamentária exercida pelo Poder Legislativo, julgue o item subsequente.

O parecer prévio emitido pelo TCE/RJ sobre as contas prestadas anualmente pelo prefeito pode ser recusado por decisão de dois terços dos membros da Câmara Municipal.

COMENTÁRIOS

✪ **Nota do autor:** o item encontra-se de acordo com a previsão constitucional expressa que, no §1º do art. 31, ao tratar dos Municípios, fixa que "o parecer prévio, emitido pelo órgão competente sobre as contas que o Prefeito deve anualmente prestar, só deixará de prevalecer por decisão de dois terços dos membros da Câmara Municipal".

Item certo.

44. CEBRASPE – 2023 – TCE/RJ - Procurador

Acerca da apreciação da legalidade dos atos de admissão de pessoal e das concessões de aposentadorias, reformas e pensões no âmbito dos tribunais de contas, julgue o item a seguir.

O prazo para que os tribunais de contas julguem a legalidade do ato de concessão inicial de aposentadoria, reforma ou pensão é contado da chegada do processo à corte de contas.

COMENTÁRIOS

✪ **Nota do autor:** na decisão sobre o tema 445, o STF fixou a seguinte tese: "Em atenção aos princípios da segurança jurídica e da confiança legítima, os Tribunais de Contas estão sujeitos ao prazo de 5 anos para o julgamento da legalidade do ato de concessão inicial de aposentadoria, reforma ou pensão, a contar da chegada do processo à respectiva corte de Contas".

Item certo.

45. CEBRASPE – 2022 – TCE/SC – Auditor Fiscal de Controle Externo

Tendo em vista as disposições da CF, a legislação em vigor e a jurisprudência do STF, julgue o seguinte item.

Segundo o STF, é prescritível a pretensão de ressarcimento ao erário baseada em decisão de tribunal de contas.

COMENTÁRIOS

✪ **Nota do autor:** o item reproduz, literalmente, a tese fixada no julgamento do tema 899 com repercussão geral, segundo a qual "é prescritível a pretensão de ressarcimento ao erário fundada em decisão de Tribunal de Contas". Destaque-se que o STF entendeu que somente são imprescritíveis as ações de ressarcimento ao erário fundadas na prática de ato de improbidade administrativa doloso tipificado na Lei de Improbidade Administrativa (tema 897).

Item certo.

46. CEBRASPE – 2022 – TCE/SC – Auditor Fiscal de Controle Externo

Julgue o item a seguir, considerando as disposições constitucionais e a jurisprudência do Supremo Tribunal Federal (STF) acerca do direito administrativo.

É prescritível a ação de reparação de danos à fazenda pública resultante de ilícito civil.

COMENTÁRIOS

✪ **Nota do autor:** o item reproduz a tese fixada no julgamento do tema 666, com repercussão geral, segundo o qual "é prescritível a ação de reparação de danos à Fazenda Pública decorrente de ilícito civil".

Item certo.

47. FGV – 2024 – TCE/GO – Analista de Controle Externo

Certo Tribunal de Contas, no âmbito de sua competência, realizou uma tomada de contas especial, para fins de verificar a regularidade no cumprimento de determinado convênio interfederativo de repasse de verbas e promover a responsabilização pessoal dos envolvidos, dentre os quais o prefeito do Município Alfa.

Considerando as disposições constitucionais acerca do controle exercido pelas Cortes de Contas e a orientação do Supremo Tribunal Federal acerca do tema, é correto afirmar que, em relação à mencionada tomada de contas especial

a) não é possível que o Tribunal de Contas aprecie condutas e gastos realizados pelo prefeito, considerando que a Constituição determina que o julgamento das contas do Chefe do Poder Executivo deve ser realizado pela respectiva Casa Legislativa.

b) cabe ao Tribunal de Contas apenas apreciar a regularidade dos gastos realizados pelo prefeito, mediante a elaboração de parecer, cuja conclusão apenas deixa de prevalecer pela votação de 2/3 (dois terços) da Câmara de Vereadores.

c) deve aplicar as sanções pertinentes ao prefeito, em decorrência da apuração de irregularidades no convênio em questão, considerando ser o órgão responsável pelo julgamento anual das contas do Chefe do Poder Executivo.
d) não pode ser compreendida como atribuição autônoma do Tribunal de Contas, de modo que eventual aplicação de penalidade ao Chefe do Poder Executivo, em decorrência de irregularidades no convênio em questão, deve ser submetida à apreciação da Casa Legislativa.
e) pode promover a condenação administrativa do Chefe do Poder Executivo, quando identificada a responsabilidade pessoal em face de irregularidades no cumprimento do convênio em questão, sem necessidade de posterior julgamento ou aprovação do ato pelo respectivo Poder Legislativo.

COMENTÁRIOS

✪ **Nota do autor:** na análise da presente questão é importante apontar tese fixada pelo STF em 2023: "No âmbito da tomada de contas especial, é possível a condenação administrativa de Chefes dos Poderes Executivos municipais, estaduais e distrital pelos Tribunais de Contas, quando identificada a responsabilidade pessoal em face de irregularidades no cumprimento de convênios interfederativos de repasse de verbas, sem necessidade de posterior julgamento ou aprovação do ato pelo respectivo Poder Legislativo." (ARE 1.436.197/RO, rel. Ministro Luiz Fux, j. 18.12.2023, Tema 1.287 RG, Info 1121).

Alternativa "a": alternativa errada. Conforme apontado na nota do autor, o STF entende ser possível a apreciação, pelo Tribunal de Contas, das condutas e gastos realizados pelo prefeito. Nesse sentido, ainda no julgado já mencionado, o STF afirmou que "o fato de o Tribunal de Contas exercer atribuições não deliberativas no julgamento das contas anuais do chefe do Poder Executivo não exclui o dever de aplicar, no âmbito das duas demais competências, as consequências atinentes ao pleno exercício das atividades fiscalizatória e sancionatória" (ARE 1.436.197/RO, rel. Ministro Luiz Fux, j. 18.12.2023, Tema 1.287 RG, Info 1121).

Alternativa "b": alternativa errada. Ao decidir pela possibilidade de o Tribunal de Contas aplicar sanções ao chefe do Poder Executivo em decorrência da apreciação das contas anuais, o STF esclareceu ainda que "[...] a imputação de débito e multa resultante da constatação de irregularidades na execução de convênio, após o julgamento em TCE, não se confunde com a análise ordinária das contas anuais, a qual se materializa pela elaboração de parecer prévio, de natureza meramente opinativa, elaborado em sessenta dias a contar do recebimento daquelas (CF/1988, art. 71, I)". (ARE 1.436.197/RO, rel. Ministro Luiz Fux, j. 18.12.2023, Tema 1.287 RG, Info 1121).

Alternativa "c": alternativa errada. Apesar de ser cabível a aplicação das sanções pertinentes ao prefeito em decorrência da apuração de irregularidades no convênio em questão, não há que se confundir tal medida com o julgamento anual das contas do Chefe do Poder Executivo, conforme detalhado na análise da alternativa anterior.

Alternativa "d": alternativa errada. Conforme apontado, na hipótese trazida pelo enunciado da questão, a aplicação de sanções pelo Tribunal de Contas independe de qualquer apreciação ou julgamento do ato pela respectiva Casa Legislativa.

Alternativa "e": alternativa certa por estar plenamente de acordo com a tese fixada em decisão do STF com repercussão geral, transcrita na nota do autor.

Alternativa correta: letra "e".

---

48. FGV – 2024 – TCE/GO – Analista de Controle Externo

Jucundido Francisco, servidor de um município brasileiro fictício, alcançou enfim o tempo de sua aposentadoria após décadas de labor. O processo de aposentadoria somente foi encaminhado para registro junto ao Tribunal de Contas Local após dois anos da concessão da aposentadoria à Jucundido Francisco. Passados três anos e meio de tramitação do processo na Corte de Contas o tribunal decidiu anular o ato de concessão de aposentadoria por verificação de algumas inconsistências.

Tendo por orientação o tema 445 de repercussão geral do Supremo Tribunal Federal, assinale a alternativa que melhor resolve a situação-problema apresentada.

a) O tribunal não poderia anular o ato de concessão de aposentadoria haja vista o prazo decadencial de 5 anos da publicação do ato no diário oficial.
b) O tribunal pode anular o ato de concessão de aposentadoria na situação em tela.
c) O tribunal não poderia anular o ato de concessão de aposentadoria haja vista o prazo decadencial de 3 anos a contar da chegada do processo à respectiva Corte de Contas.
d) O tribunal não poderia anular o ato de concessão de aposentadoria haja vista o prazo decadencial de 2 anos a contar da chegada do processo à respectiva Corte de Contas.
e) O tribunal não poderia anular o ato de concessão de aposentadoria haja vista o prazo decadencial de 3 anos da publicação do ato no diário oficial, cabendo responsabilizar o agente a que deu causa o atraso no envio.

COMENTÁRIOS

✪ **Nota do autor: no julgamento do** tema 445 de repercussão geral, o Supremo Tribunal Federal fixou a seguinte tese: "Em atenção aos princípios da segurança jurídica e da confiança legítima, os Tribunais de Contas estão sujeitos ao prazo de 5 anos para o julgamento da legalidade do ato de concessão inicial de aposentadoria, reforma ou pensão, a contar da chegada do processo à respectiva Corte de Contas".

Alternativa "a": alternativa errada. O prazo de 5 anos, conforme entendimento do STF, começa a correr da chegada do processo à Corte de Contas, e não de sua publicação no Diário Oficial.

Alternativa "b": alternativa certa. O tribunal pode anular o ato de concessão da aposentadoria apontado no enunciado, uma vez que somente havia transcorrido três anos e meio de sua tramitação na Corte de Contas.

Alternativa "c": alternativa errada. O prazo decadencial é de 5 anos e não de 3 anos como apontado pela alternativa em análise.

Alternativa "d": alternativa errada. O prazo decadencial é de 5 anos e não de 2 anos como apontado pela alternativa em análise.

Alternativa "e": alternativa errada. Além de o prazo estar equivocado, conforme apontado na análise da alternativa "c", seu início se dá não com a publicação do ato no diário oficial, mas sim com a chegada na respectiva Corte de Contas.

Alternativa correta: letra "b".

49. CEBRASPE - 2023 - TCE/MS - Procurador

As decisões dos tribunais de contas têm natureza jurídica

a) legislativa.
b) judicial.
c) consultiva.
d) administrativa.
e) corretiva.

COMENTÁRIOS

✪ **Nota do autor:** Harrison Leite, ao tratar da natureza jurídica das decisões dos Tribunais de Contas afirma que "Embora o tema tenha demandado diversas discussões no passado, hoje é majoritário o entendimento de que a natureza dessas decisões é meramente administrativa, pois, à altura do art. 5º, XXXV, da CF/88, a Constituição consagra o monopólio da jurisdição. O sentido do verbo 'julgar' posto na Constituição é o de avaliar e decidir a respeito, podendo aludida matéria ser reapreciada pelo Poder Judiciário" *Manual de Direito Financeiro.* 11.ed. São Paulo: Juspodivm, 2022, p. 820).

Alternativa "a": alternativa errada. Descabido apontar as decisões dos Tribunais de Contas como possuidoras de natureza jurídica legislativa.

Alternativa "b": alternativa errada. Conforme entendimento predominante, a natureza jurídica das decisões dos Tribunais de Contas é administrativa e não judicial.

Alternativa "c": alternativa errada. Conforme entendimento predominante, a natureza jurídica das decisões dos Tribunais de Contas é administrativa e não consultiva.

Alternativa "d": alternativa certa. "[...] o Tribunal de Contas pratica atos de natureza formalmente administrativa. Suas decisões e julgamentos não têm força jurisdicional" (Leite, Harrison. *Manual de Direito Financeiro.* 11.ed. São Paulo: Juspodivm, 2022, p. 820).

Alternativa "e": alternativa errada. Descabido apontar as decisões dos Tribunais de Contas como possuidoras de natureza jurídica corretiva.

Alternativa correta: letra "d".

50. VUNESP - 2023 - TCM/SP - Auxiliar Técnico de Controle Externo

Segundo estabelece a Constituição Federal, o parecer prévio emitido pelo órgão competente sobre as contas que o Prefeito deve anualmente prestar

a) será submetido à Câmara Municipal, a quem cabe, por maioria simples, decidir sobre o seu acolhimento.
b) é definitivo, não podendo ser afastado por decisão contrária da Câmara Municipal que venha a aprovar as contas apresentadas pelo Poder Executivo.
c) só deixará de prevalecer por decisão de 2/3 (dois terços) dos membros da Câmara Municipal.
d) tem caráter meramente opinativo e apenas prevalecerá após expressa aprovação da Comissão de Finanças e Orçamento da Câmara Municipal.
e) será submetido à Câmara Municipal a quem cabe em caráter exclusivo proferir parecer definitivo no prazo máximo de 60 (sessenta) dias.

COMENTÁRIOS

✪ **Nota do autor:** sobre o tema abordado na presente questão é interessante destacar o seguinte julgado: "A competência para julgamento das contas anuais dos prefeitos, eleitos pelo povo, é do Poder Legislativo (art. 71, I, da CF), órgão constituído por representantes democraticamente eleitos para averiguar, além da sua adequação orçamentária, sua destinação em prol dos interesses da população ali representada. O parecer dos Tribunais de Contas é meramente opinativo, não sendo apto a produzir inelegibilidade. No julgamento das contas anuais do prefeito, não há julgamento do próprio prefeito, mas deliberação sobre a exatidão da execução orçamentária do município. (...) "É correta a interpretação conforme à Constituição no sentido de que o disposto no § 4º-A do art. 1º da LC 64/90 aplica-se apenas aos casos de julgamento de gestores públicos pelos Tribunais de Contas". (RE 1.459.224, rel. min. Gilmar Mendes, j. 16.09.2024).

Alternativa "a": alternativa errada. A decisão da Câmara apta a afastar o parecer prévio emitido pelo órgão competente deverá ser de dois terços e não maioria simples, como trouxe a alternativa (CRFB/88, art. 31, §2º).

Alternativa "b": alternativa errada. O parecer prévio poderá ser afastado por decisão de dois terços dos membros da Câmara Municipal (CRFB/88, art. 31, §2º).

Alternativa "c": alternativa certa. Alternativa de acordo com a disposição do art. 31, §2º da CRFB/88, segundo o qual "o parecer prévio, emitido pelo órgão competente sobre as contas que o Prefeito deve anualmente prestar, só deixará de prevalecer por decisão de dois terços dos membros da Câmara Municipal". Destaque-se que o STF já entendeu pela "inconstitucionalidade de norma de Constituição estadual que dispensa apresentação de parecer prévio sobre as contas de chefe do Poder Executivo municipal a ser emitido pelo respectivo tribunal de contas estadual" (ADI 3.077, rel. Min. Cármen Lúcia, j. 16.11.2016).

Alternativa "d": alternativa errada. O parecer não depende de expressa aprovação da Comissão de Finanças e Orçamento da Câmara Municipal.

Alternativa "e": alternativa errada. Não cabe à Câmara Municipal caráter exclusivo proferir parecer definitivo no prazo máximo de 60 (sessenta) dias.

Alternativa correta: letra "c".

51. FGV – 2022 – TCE/TO – Auditor de Controle Externo

João, auditor de Controle Externo do Tribunal de Contas do Estado Alfa, com o objetivo de prejudicar o jurisdicionado Alberto, secretário de Fazenda do Município Gama, apresentou, de forma dolosa, parecer técnico baseado em premissas falsas, no bojo de processo administrativo que tramitava na Corte de Contas. O ato ilícito de João causou danos morais a seu antigo desafeto Alberto, que acabou sendo condenado com imputação de débito em acórdão do Tribunal de Contas que, posteriormente, veio a ser anulado pelo Poder Judiciário. Inconformado, Alberto deve ajuizar ação indenizatória em face:

a) do Tribunal de Contas do Estado Alfa, com base em sua responsabilidade civil objetiva, e, havendo condenação, deverá ser manejada ação regressiva em face de João, com fulcro em sua responsabilidade civil objetiva;
b) do Estado Alfa, com base em sua responsabilidade civil objetiva, e, havendo condenação, deverá ser manejada ação regressiva em face de João, com fulcro em sua responsabilidade civil subjetiva;
c) de João, com base em sua responsabilidade civil objetiva, e, havendo condenação, deverá ser manejada ação regressiva em face do Tribunal de Contas do Estado Alfa, com fulcro em sua responsabilidade civil objetiva;
d) do Tribunal de Contas do Estado Alfa, com base em sua responsabilidade civil subjetiva, e, havendo condenação, deverá ser manejada ação regressiva em face do Estado Alfa, com fulcro em sua responsabilidade civil objetiva;
e) do Estado Alfa, com base em sua responsabilidade civil subjetiva, e, havendo condenação, deverá ser manejada ação regressiva em face de João, com fulcro em sua responsabilidade civil objetiva.

COMENTÁRIOS

✪ **Nota do autor:** sobre a capacidade de os Tribunais de Contas figurarem no polo passivo, vale destacar o seguinte julgado do STJ: "1. Os Tribunais de Contas são partes ilegítimas para figurarem no polo passivo de ação ordinária visando desconstituir ato de sua competência. 2. Não deve ser confundida a capacidade judiciária excepcional, que lhe é concedida para estar em juízo na defesa de suas prerrogativas, bem como de figurar como autoridade coatora em mandado de segurança, com a legitimação *ad causam* necessária para a formação da relação jurídica formal. 3. Os Tribunais de Contas não são pessoas naturais ou jurídicas, pelo que, consequentemente, não são titulares de direitos. Integram a estrutura da União ou dos Estados e, excepcionalmente, dos Municípios. 4. A alta posição de permeio entre os poderes Legislativo e Executivo, sem sujeição a nenhum deles, embora de relevância para o controle da legalidade e da moralidade das contas públicas, não lhes outorga, só por esse fato, a condição de pessoa jurídica para figurar no polo passivo de ação ordinária visando desconstituir ato que por ele foi praticado no exercício de sua competência. 5. Peculiaridades do nosso sistema jurídico que exige obediência em face do querer constitucional. 6. Recurso especial improvido. (STJ, REsp 504920/SE, Rel. Min. José Delgado, j. 04/09/2003).

Alternativa "a": alternativa errada. O TCE Alfa não poderá figurar como parte na mencionada ação, que deverá ser proposta contra o próprio estado. Por outro lado, eventual ação regressiva deverá ser pautada pela responsabilidade subjetiva do agente.

Alternativa "b": alternativa certa. Uma vez que o Tribunal de Contas do Estado Alfa é parte ilegítima para figurar no polo passivo de ação de responsabilidade civil pelos danos causados pelo auditor João (conforme julgado trazido na nota do autor), referida ação deverá ser proposta contra o próprio Estado Alfa que, com base na teoria do risco administrativo, responderá objetivamente pela conduta do servidor. Por outro lado, em caso de condenação, a reparação do dano em ação regressiva em face do agente público exigirá a comprovação de que este tenha agido com culpa, incidindo, portanto, a teoria da responsabilidade subjetiva.

Alternativa "c": alternativa errada. Conforme a teoria do risco administrativo, a ação não poderá ser proposta em face do próprio servidor, uma vez que este atua em nome do estado (teoria do órgão). Ademais, não há que se falar em ação regressiva contra o TCE Alfa.

Alternativa "d": alternativa errada. A ação será proposta contra o próprio estado Alfa e não em face de seu TCE, com base em sua responsabilidade civil objetiva. Por outro lado, não há que se falar em eventual ação regressiva contra o mencionado Estado.

Alternativa "e": alternativa errada. De fato, a ação deverá ser proposta contra o Estado Alfa, mas com base em sua responsabilidade civil objetiva, e não subjetiva como trouxe o enunciado da alternativa. No mesmo sentido, deverá ser manejada ação regressiva em face de João. Contudo, tal ação se dará com fulcro em sua responsabilidade civil subjetiva.

Alternativa correta: letra "b".

52. FGV – 2022 – TCE/TO – Assistente de Controle Externo

Antônio, recém-empossado como servidor do Tribunal de Contas do Estado do Tocantins, questionou os seus colegas sobre o papel dessa estrutura orgânica em relação às contas de governo apresentadas pelo prefeito do Município Alfa. Foi corretamente informado a Antônio que as contas devem ser:

a) julgadas pelo Tribunal, com recurso para a Câmara Municipal de Alfa;

b) objeto de parecer prévio pelo Tribunal, que será vinculante para a Câmara Municipal de Alfa;

c) julgadas pelo Tribunal, em caráter terminativo, não cabendo recurso para a Câmara Municipal de Alfa;

d) objeto de parecer prévio pelo Tribunal, que só deixará de prevalecer por decisão de dois terços dos membros da Câmara Municipal de Alfa;

e) objeto de parecer prévio pelo Tribunal, que só deixará de prevalecer por decisão da maioria absoluta dos membros da Câmara Municipal de Alfa.

COMENTÁRIOS

✪ Nota do autor: segundo disciplina do art. 31 da CRFB/88, "A fiscalização do Município será exercida pelo Poder Legislativo Municipal, mediante controle externo, e pelos sistemas de controle interno do Poder Executivo Municipal, na forma da lei. §1º O controle externo da Câmara Municipal será exercido com o auxílio do Tribunal de Contas dos Estados ou do Município ou dos Conselhos ou Tribunais de Contas dos Municípios, onde houver. §2º O parecer prévio, emitido pelo órgão competente sobre as contas que o Prefeito deve anualmente prestar, só deixará de prevalecer por decisão de dois terços dos membros da Câmara Municipal. §3º As contas dos Municípios ficarão, durante sessenta dias, anualmente, à disposição de qualquer contribuinte, para exame e apreciação, o qual poderá questionar-lhes a legitimidade, nos termos da lei. §4º É vedada a criação de Tribunais, Conselhos ou órgãos de Contas Municipais".

Alternativa "a": alternativa errada. Frise-se o entendimento do STF sobre o tema: "(...) o parecer técnico elaborado pelo tribunal de contas tem natureza meramente opinativa, competindo exclusivamente à câmara de vereadores o julgamento das contas anuais do chefe do Poder Executivo local, sendo incabível o julgamento ficto das contas por decurso de prazo. (RE 729.744, rel. min. Gilmar Mendes, j. 10-8-2016, Tema 157).

Alternativa "b": alternativa errada. Conforme apontado na análise da alternativa anterior, o parecer prévio pelo Tribunal tem natureza meramente opinativa, e não vinculante, como apontado pela alternativa.

Alternativa "c": alternativa errada. O julgamento das contas dos prefeitos é de competência das Câmaras de Vereadores, e não dos Tribunais de Contas.

Alternativa "d": alternativa certa. Alternativa perfeitamente de acordo com o §2º do art. 31 da CRFB/88. Sobre o assunto é importante apontar recente julgado: "A competência para julgamento das contas anuais dos prefeitos, eleitos pelo povo, é do Poder Legislativo (art. 71, I, da CF), órgão constituído por representantes democraticamente eleitos para averiguar, além da sua adequação orçamentária, sua destinação em prol dos interesses da população ali representada. O parecer dos Tribunais de Contas é meramente opinativo, não sendo apto a produzir inelegibilidade. No julgamento das contas anuais do prefeito, não há julgamento do próprio prefeito, mas deliberação sobre a exatidão da execução orçamentária do município. (...) "É correta a interpretação conforme à Constituição no sentido de que o disposto no § 4º-A do art. 1º da LC 64/90 aplica-se apenas aos casos de julgamento de gestores públicos pelos Tribunais de Contas" (RE 1.459.224, rel. min. Gilmar Mendes, j. 16.09.2024, Tema 1.304).

Alternativa "e": alternativa errada. A alternativa parece correta e, por isso merece maior atenção. De fato, as contas devem ser objeto de parecer prévio pelo Tribunal. Contudo, deixarão de prevalecer por decisão dois terços (e não da maioria absoluta) dos membros da Câmara Municipal de Alfa.

Alternativa correta: letra "d".

53. FGV – 2022 – TCE/TO – Auditor de Controle Externo

O Tribunal de Contas do Estado Beta recebeu, para análise, as contas de governo do prefeito do Município Alfa. Considerando os balizamentos estabelecidos pela Constituição da República de 1988, a referida análise deve:

a) realizar amplo juízo valorativo a respeito das contas, podendo aplicar multa e imputar os débitos que sejam identificados, sem prejuízo do julgamento político a cargo da Câmara Municipal de Alfa, que só rejeitará o parecer por maioria qualificada;
b) se restringir à emissão de parecer prévio, que só deixará de prevalecer por maioria qualificada de votos da Câmara Municipal de Alfa, sendo cabível o julgamento ficto das contas, por este órgão, pelo decurso do tempo;
c) se restringir à emissão de parecer prévio, que só deixará de prevalecer por maioria qualificada de votos da Câmara Municipal de Alfa, não sendo cabível o julgamento ficto das contas, por este órgão, pelo decurso do tempo;
d) julgar as contas, realizando amplo juízo valorativo a respeito das informações apresentadas, sendo que a sua decisão somente deixará de prevalecer pelo voto de dois terços dos membros da Câmara Municipal de Alfa;
e) se restringir à emissão de parecer prévio, que só deixará de prevalecer pela unanimidade dos votos da Câmara Municipal de Alfa, sendo cabível o julgamento ficto das contas, por este órgão, pelo decurso do tempo.

COMENTÁRIOS

✪ **Nota do autor:** sobre o tema discutido na presente questão vale citar o seguinte julgado: Para fins do art. 1º, inciso I, alínea *g*, da Lei Complementar 64, de 18 de maio de 1990, alterado pela Lei Complementar 135, de 4 de junho de 2010, a apreciação das contas de prefeito, tanto as de governo quanto as de gestão, será exercida pelas Câmaras Municipais, com o auxílio dos Tribunais de Contas competentes, cujo parecer prévio somente deixará de prevalecer por decisão de 2/3 dos vereadores. (RE 848.826, red. do ac. min. Ricardo Lewandowski, j. 10-8-2016, Tema 835).

Alternativa "a": alternativa errada. Não cabe ao Tribunal de Contas do Estado Beta realizar amplo juízo valorativo das contas, mas meramente opinativo, uma vez que o julgamento compete à Câmara Municipal de Alfa, que só o rejeitará por decisão de dois terços dos seus membros.

Alternativa "b": alternativa errada. De fato, cabe ao Tribunal de Contas do Estado Beta se restringir à emissão de parecer prévio. Contudo, tal parecer deixará de prevalecer pela decisão de dois terços dos membros da Câmara Municipal, não se admitindo o julgamento ficto das contas pelo decurso do tempo.

Alternativa "c": alternativa certa. Alternativa de acordo com o §2º do art. 31 da CRFB/88 e com o entendimento do STF. Assim: "O parecer elaborado pelo Tribunal de Contas tem natureza meramente opinativa, competindo exclusivamente à Câmara de Vereadores o julgamento das contas anuais do Chefe do Poder Executivo local, sendo incabível o julgamento ficto das contas por decurso de prazo" (Tema 157, com Repercussão Geral).

Alternativa "d": alternativa errada. Não cabe ao Tribunal de Contas do Estado Beta realizar amplo juízo valorativo das contas. Já a parte fina da alternativa está correta, uma vez que que a decisão da Corte de Contas somente deixará de prevalecer pelo voto de dois terços dos membros da Câmara Municipal de Alfa.

Alternativa "e": alternativa errada. De fato, o Tribunal de Contas do Estado Beta deve se restringir à emissão de parecer prévio. Contudo, tal parecer só deixará de prevalecer pelo voto de dois terços dos membros da Câmara Municipal de Alfa, não sendo cabível o julgamento ficto das contas, por este órgão, pelo decurso do tempo.

Alternativa correta: letra "c".

54. FGV – 2022 – TCE/TO – Auditor de Controle Externo

Maria, após cumprir os requisitos exigidos, teve deferida a sua aposentadoria voluntária por tempo de serviço, sendo o respectivo expediente encaminhado ao Tribunal de Contas do Estado Alfa para fins de registro. Os autos ingressaram no Tribunal em dezembro de 2015 e somente no último mês foi designada a sessão de julgamento na qual seria apreciada a legalidade do ato. À luz da sistemática constitucional, é correto afirmar que:

a) por se tratar de ato de concessão inicial de aposentadoria, não é necessário que Maria seja ouvida, tendo o Tribunal a possibilidade de realizar ampla cognição sobre o ato;
b) em razão dos princípios da segurança jurídica e da confiança legítima, o ato de aposentadoria deve ser considerado definitivamente registrado;
c) em razão do decurso do tempo, a cognição do ato de aposentadoria pelo Tribunal somente será possível caso haja impugnação de terceiros;
d) o Tribunal somente poderá alterar o título de aposentadoria se o respectivo ato contiver vício insanável, não convalidável pelo decurso do tempo;
e) embora se trate de ato de concessão inicial de aposentadoria, deve ser assegurado o contraditório e a ampla defesa a Maria.

COMENTÁRIOS

✪ **Nota do autor:** o enunciado da questão fala em "último mês". Assim, é importante se atentar para o fato de que a prova foi aplicada em 2022 e o caso narrado no enunciado aponta o ano de 2015 como o de ingresso dos autos no Tribunal. Ou seja: já havia transcorrido mais de cinco anos.

Alternativa "a": alternativa errada. Não é mais possível que o Tribunal realize cognição sobre o ato, uma vez que já se passaram mais de cinco anos.

Alternativa "b": alternativa certa. Segundo a súmula vinculante nº 3: "Nos processos perante o Tribunal de Contas da União, asseguram-se o contraditório e a ampla defesa quando da decisão puder resultar anulação ou revogação de ato administrativo que beneficie o interessado, excetuada a apreciação da legalidade do ato de concessão inicial de aposentadoria, reforma e pensão". Em complemento, para apontar a correção da alternativa, é preciso apontar o entendimento do STF, fixado na tese resultante do tema 445: "Em atenção aos princípios da segurança jurídica e da confiança legítima, os Tribunais de Contas estão sujeitos ao prazo de 5 anos para o julgamento da legalidade do ato de concessão inicial de aposentadoria, reforma ou pensão, a contar da chegada do processo à respectiva Corte de Contas". Ou seja: no caso do enunciado o prazo de cinco anos já havia transcorrido.

Alternativa "c": alternativa errada. Não será possível a cognição do ato de aposentadoria pelo Tribunal nem mesmo havendo impugnação de terceiros.

Alternativa "d": alternativa errada. O Tribunal não poderá alterar o título de aposentadoria nem mesmo se o respectivo ato contiver vício insanável.

Alternativa "e": alternativa errada. Por expressa previsão na súmula vinculante nº 3, neste caso não há que se falar em contraditório e ampla defesa.

Alternativa correta: letra "b".

---

55. FGV – 2022 – TCU – Auditor Federal de Controle Externo

O Tribunal de Contas da União (TCU), ao apreciar narrativa de irregularidades supostamente ocorridas no âmbito de entidade sujeita à sua jurisdição e às quais teve ciência a partir de denúncia devidamente conhecida por preencher todos os requisitos de admissibilidade, constata a necessidade de instauração de instrumento de fiscalização específico vocacionado à apuração dos fatos denunciados. Em tal situação, considerando o tratamento dispensado pelo Regimento Interno do TCU à matéria, o instrumento de fiscalização a ser utilizado é o(a):

a) monitoramento;
b) auditoria;
c) levantamento;
d) inspeção;
e) acompanhamento.

COMENTÁRIOS

✪ **Nota do autor:** a questão exigia do(a) candidato(a) conhecimentos sobre o Título VI do Regimento Interno do TCU (resolução TCU nº 246, de 30 de novembro de 2011), que trata da atividade de controle externo. Na preparação para concursos de quaisquer tribunais de contas é muito importante se atentar para o respectivo regimento interno.

Alternativa "a": alternativa errada. Segundo o art. 243 do Regimento Interno do Tribunal de Contas da União, "monitoramento é o instrumento de fiscalização utilizado pelo Tribunal para verificar o cumprimento de suas deliberações e os resultados delas advindos".

Alternativa "b": alternativa errada. Segundo o art. 239 do Regimento Interno do Tribunal de Contas da União, "auditoria é o instrumento de fiscalização utilizado pelo Tribunal para: I- examinar a legalidade e a legitimidade dos atos de gestão dos responsáveis sujeitos a sua jurisdição, quanto ao aspecto contábil, financeiro, orçamentário e patrimonial; II- avaliar o desempenho dos órgãos e entidades jurisdicionados, assim como dos sistemas, programas projetos e atividades governamentais, quanto aos aspectos de economicidade, eficiência e eficácia dos atos praticados; e III- subsidiar a apreciação dos atos sujeitos a registro".

Alternativa "c": alternativa errada. Segundo o art. 238 do Regimento Interno do Tribunal de Contas da União, levantamento "é o instrumento de fiscalização utilizado pelo Tribunal para: I- conhecer a organização e o funcionamento dos órgãos e entidades da administração direta, indireta e fundacional dos Poderes da União, incluindo fundos e demais instituições que lhe sejam jurisdicionadas, assim como dos sistemas, programas, projetos e atividades governamentais no que se refere aos aspectos contábeis, financeiros, orçamentários, operacionais e patrimoniais; II- identificar objetos e instrumentos de fiscalização; e III- avaliar a viabilidade da realização de fiscalizações".

Alternativa "d": alternativa certa. Segundo o art. 240 do Regimento Interno do Tribunal de Contas da União, "inspeção é o instrumento de fiscalização utilizado pelo Tribunal para suprir omissões e lacunas de informações, esclarecer dúvidas ou **apurar denúncias** ou representações quanto à legalidade, à legitimidade e à economicidade de fatos da administração e de atos administrativos praticados por qualquer responsável sujeito à sua jurisdição".

Alternativa "e": alternativa errada. Segundo o art. 241 do Regimento Interno do Tribunal de Contas da União, "acompanhamento é o instrumento de fiscalização utilizado pelo Tribunal para: I- examinar, ao longo de um período predeterminado, a legalidade e a legitimidade dos atos de gestão dos responsáveis sujeitos a sua jurisdição, quanto ao aspecto contábil, financeiro, orçamentário e patrimonial; e II- avaliar, ao longo de um período predeterminado, o desempenho dos órgãos e entidades jurisdicionadas, assim como dos sistemas, programas, projetos e atividades governamentais, quanto aos aspectos de economicidade, eficiência e eficácia dos atos praticados".

Alternativa correta: letra "d".

56. (FGV – Auditor Técnico de Controle Externo – TCE – AM/2021) O Tribunal de Contas do Estado Beta, em processo de tomada de contas, concluiu pela ocorrência de dano ao patrimônio público, decidindo pela imputação de débito a Pedro. Na medida em que transcorreram cerca de dez anos entre a decisão do Tribunal de Contas e a sua execução pelo Estado Beta, Pedro procurou um advogado e o questionou sobre a possível ocorrência da prescrição.

O advogado respondeu, corretamente, que a pretensão de ressarcimento apresentada pelo Estado Beta com base na referida decisão do Tribunal de Contas era:

a) imprescritível, por se tratar de dano ao patrimônio público;
b) prescritível, devendo seguir o prazo estabelecido pelo Código Civil;
c) prescritível, devendo seguir o prazo adotado no âmbito da execução fiscal;
d) imprescritível, por se tratar de decisão decorrente de ato doloso de improbidade;
e) imprescritível, como são as pretensões alicerçadas em decisões do Tribunal de Contas.

COMENTÁRIOS

✪ **Nota do autor:** o STF entendeu que são **imprescritíveis as ações de ressarcimento ao erário em caso de atos de improbidade praticados dolosamente**, o que tem gerado questões de concursos sobre o tema. Contudo, a imprescritibilidade não é regra, de forma a não alcançar, por exemplo, a pretensão de ressarcimento ao erário em face ade agentes públicos reconhecida em acórdão de Tribunal de Contas.

Alternativa "a": o fato de se tratar de dano ao patrimônio público, por si só, não torna imprescritível a pretensão de ressarcimento. Alternativa errada.

Alternativa "b": conforme entendimento do STF, a pretensão trazida no enunciado é, de fato, prescritível. Contudo, deve seguir o prazo previsto na Lei de Execução Fiscal, e não no Código Civil. Alternativa errada.

Alternativa "c": alternativa correta por refletir o atual entendimento do STF sobre o tema: "a pretensão de ressarcimento ao erário em face de agentes públicos reconhecida em acórdão de Tribunal de Contas **prescreve na forma da Lei 6.830/1980 (Lei de Execução Fiscal)** (RE 636886, Rel. Min. Alexandre de Moraes, Tribunal Pleno, j. 20/04/2020, p. 24.06.2020).

Alternativa "d": não há no enunciado informações suficientes para apontar a situação como ato doloso de improbidade. Alternativa errada.

Alternativa "e": alternativa errada, vez que as pretensões alicerçadas em decisões dos Tribunais de Contas não têm essa característica de imprescritibilidade.

Alternativa correta: letra "c".

57. (FGV – Auditor Técnico de Controle Externo – TCE – AM/2021) O Tribunal de Contas do Estado Alfa, ao analisar a nomeação, pelo Prefeito Municipal, em cargos de provimento efetivo de professor, de cinquenta aprovados em concurso público no Município Beta, entendeu que parte das nomeações era ilícita. Argumentou que esse entendimento decorria do fato de as nomeações não terem cumprido os requisitos editalícios. Cientificada da decisão, a Câmara Municipal de Alfa, por unanimidade, decidiu que a totalidade das nomeações foi lícita. Com isso, o entendimento do Tribunal de Contas do Estado Alfa não foi acolhido, quer pelo Poder Legislativo, quer pelo Poder Executivo municipal.

Com os olhos voltados a essa narrativa e à luz da sistemática constitucional, é correto afirmar que:

a) a manifestação do Tribunal de Contas tinha natureza mandamental, mas a decisão final era da Câmara Municipal, junto à qual atuava como órgão auxiliar;

b) o Tribunal de Contas, por força do princípio da autonomia municipal, não tinha competência para analisar a juridicidade do ato praticado pelo Prefeito Municipal;

c) a manifestação do Tribunal de Contas era meramente opinativa, podendo deixar de ser acolhida pela maioria simples dos membros da Câmara Municipal;

d) a manifestação do Tribunal de Contas era meramente opinativa, podendo deixar de ser acolhida pela maioria de dois terços dos membros da Câmara Municipal;

e) a manifestação do Tribunal de Contas tinha natureza mandamental, não podendo deixar de ser observada, ainda que a Câmara Municipal tivesse entendimento diverso.

COMENTÁRIOS

✪ **Nota do autor:** conforme disposição constitucional, "A fiscalização do Município será exercida pelo Poder Legislativo Municipal, mediante controle externo, e pelos sistemas de controle interno do Poder Executivo Municipal, na forma da lei" (CRFB/88, art. 31, *caput*). Ademais, vale ainda destacar a previsão do inciso III, do art. 71 da CRFB/88, que fixa, com uma das competências do Tribunal de Contas da União, a de "apreciar, para fins de registro, a legalidade dos atos de admissão de pessoal, a qualquer título, na administração direta e indireta, incluídas as fundações instituídas e mantidas pelo Poder Público, excetuadas as nomeações para cargo de provimento em comissão, bem como a das concessões de aposentadorias, reformas e pensões, ressalvadas as melhorias posteriores que não alterem o fundamento legal do ato concessório".

Alternativa "a": alternativa incorreta, vez que a decisão final é do Tribunal de Contas, conforme entendimento atual do Supremo Tribunal Federal.

Alternativa "b": alternativa incorreta, já que é competência do Tribunal de Contas apreciar a legalidade dos atos de admissão de pessoal realizado pelos municípios.

Alternativa "c": é errado afirmar que a manifestação do Tribunal de Contas seja meramente opinativa, já que a Câmara Municipal deve acatá-la. Alternativa incorreta.

Alternativa "d": é errado afirmar que a manifestação do Tribunal de Contas seja meramente opinativa, já que a Câmara Municipal deve acatá-la. A maioria de dois terços da Câmara não pode afastar o entendimento do Tribunal de Contas em relação ao controle sobre a admissão de pessoal. O que exige dois terços da Câmara Municipal é o afastamento do parecer prévio, emitido pelo órgão competente sobre as contas que o Prefeito deve anualmente prestar (CRFB/88, art. 31, §2º). Assim, por se tratar de situações bastante distintas, a alternativa é incorreta.

Alternativa "e": no caso apontado pelo enunciado, a atuação do TCU é mandamental, devendo, necessariamente, ser observada pelo município. Nesse sentido é o entendimento do STF: "1. No complexo feixe de atribuições fixadas ao controle externo, a competência desempenhada pelo Tribunal de Contas não é, necessariamente, a de mero auxiliar do poder legislativo. Precedentes. 2. **A Câmara Municipal não detém competência para rever o ato do Tribunal de Contas do Estado que nega o registro de admissão de pessoal.** 3. Recurso extraordinário a que se julga procedente. Tese: **A competência técnica do Tribunal de Contas do Estado, ao negar registro de admissão de pessoal, não se subordina à revisão pelo Poder Legislativo respectivo** (RE 576.920/RS, Rel. Min. Edson Fachin, Plenário. J. 20.04.2020).

Alternativa correta: letra "e".

58. (FGV – Auditor Técnico de Controle Externo – TCE – AM/2021) A autarquia Alfa, do Estado do Amazonas, ao tomar conhecimento de uma auditoria contábil, propôs ao Tribunal de Contas do Estado a celebração de Termo de Ajustamento de Gestão (TAG), com o objetivo de regularizar os seus procedimentos internos no lapso temporal indicado. De acordo com a proposta, seria suspensa a aplicação de sanções pelo Tribunal, conforme condições e prazos nele previstos, abrangendo, inclusive, os processos com decisão definitiva irrecorrível que versem sobre matéria correlata. A proposta apresentada pela autarquia Alfa:

a) mostra-se injurídica apenas em relação à possibilidade de o TAG alcançar os processos com decisão definitiva irrecorrível;

b) é totalmente dissonante da juridicidade, já que apresentada a partir de uma auditoria contábil, não operacional;

c) mostra-se injurídica apenas em relação à suspensão da aplicação de sanções pelo Tribunal;

d) é totalmente dissonante da ordem jurídica pelo fato de a autarquia não ter legitimidade ativa;

e) não apresenta qualquer dissonância das normas legais de regência.

COMENTÁRIOS

✪ **Nota do autor:** O Termo de Ajustamento de Gestão (TAG), previsto na Lei Orgânica do TCE/

AM não poderá ser assinado nos seguintes casos: I- em situações que configurem indícios de improbidade administrativa; II- quando houver processo com decisão definitiva irrecorrível; III- quando implicar em renúncia de receita pública, ressalvados os casos de multa aplicadas pelo Tribunal; e IV- quando implicar em redução dos percentuais constitucionais mínimos de investimento nas áreas de saúde e educação (Art. 42-A, §7º).

Alternativa "a": alternativa correta, pois o §7º do art. 42-A da Lei Orgânica do TCE/AM, veda a assinatura do TAG, dentre outras hipóteses, quando houver processo com decisão definitiva irrecorrível.

Alternativa "b": alternativa incorreta, uma vez que o Termo de Ajustamento de Gestão (TAG) encontra-se previsto no art. 42-A da lei estadual nº 2.423/1996, que dispõe sobre a Lei Orgânica do Tribunal de Contas do Estado do Amazonas. O TAG destina-se à regularização de atos e procedimentos dos Poderes, órgãos ou entidades da Administração Pública Direta e Indireta sujeitos à jurisdição do TCE/AM.

Alternativa "c": alternativa incorreta, uma vez que, segundo o §3º do art. 42-A da Lei Orgânica do TCE/AM, "a assinatura do TAG suspenderá a aplicação de penalidades ou sanções, conforme condições e prazos nele previstos".

Alternativa "d": alternativa incorreta, já que o TAG "poderá ser proposto pelo Tribunal de Contas, ou pelos Poderes, órgãos e **entidades por ele controlados** ou pelo Ministério Público de Contas, desde que não limite a competência discricionária do gestor, devendo o relator a quem tocar a matéria, ou a quem for distribuído o processo originário, examinar o cabimento, a conveniência, a adequação e a eventual eficácia do acordo a ser firmado pelo Tribunal, na forma regimental" (Lei Orgânica do TCE/AM, art. 42-A, §1º).

Alternativa "e": alternativa errada, já que há dissonância com o inciso II do §7º do art. 42-A da Lei Orgânica do TCE/AM, conforme demonstrado na análise da alternativa "a".

Alternativa correta: letra "a".

59. (FGV – Auditor de Controle Externo – TCE – PI/2021) O Tribunal de Contas do Estado Gama, ao julgar as contas de João, agente público que atuara como ordenador de despesas, concluiu que certas despesas foram irregularmente realizadas, quer em razão de vício de forma, quer por não ter sido observado o princípio da economicidade. Por tal razão, realizou a imputação de débito no valor de vinte mil reais, aplicando ainda multa no montante de 50% desse valor.

À luz da sistemática vigente, é correto afirmar que a decisão do Tribunal de Contas tem a eficácia de título executivo:

a) extrajudicial, podendo ser executada apenas pelo Estado Gama;
b) extrajudicial, podendo ser executada pelo Estado Gama e pelo Ministério Público de Contas;
c) judicial, podendo ser executada pelo Estado Gama e pelo Ministério Público de Contas;
d) extrajudicial, podendo ser executada pelo Estado Gama, pelo Ministério Público ou pelo Ministério Público de Contas;
e) judicial, podendo ser executada pelo Estado Gama, pelo Ministério Público ou pelo Ministério Público de Contas.

COMENTÁRIOS

✪ **Nota do autor:** segundo disposição do §3º do art. 71 da CRFB/88, "as decisões do Tribunal de que resulte imputação de débito ou multa terão eficácia de título executivo". Corroborando este entendimento, a jurisprudência do STF reconhece que: (...) a tomada de contas especial é um procedimento administrativo com rito próprio, que tem suas regras e pressupostos definidos na Lei 8.443/1992, e que permite não somente a apuração, mas também a liquidação do dano em dívida líquida e certa, por meio de decisão com **eficácia de título executivo extrajudicial** (art. 71, § 3º, da CF). (ACO 3.182 AgR, rel. min. Ricardo Lewandowski, j. 24-8-2020, P, *DJE* de 2-10-2020.)

Alternativa "a": alternativa correta por estar de acordo com entendimento reiterado do STF: I – A jurisprudência desta Corte é no sentido de que a ação de execução de penalidade imposta por Tribunal de Contas **somente pode ser ajuizada pelo ente público beneficiário da condenação** [...]" (STF, Rel. Min. Ricardo Lewandowski, j. 18.06.2013, 1ª Turma, p. 27.11.2013).

Alternativa "b": alternativa incorreta, vez que aplicada eventual penalidade, a cobrança deverá ser promovida pelo erário-credor, não contando, o Ministério Público que atua perante o Tribunal de Contas, com legitimidade para tais execuções, sobretudo por não ser órgão representativo do Poder Executivo (VILELA, Danilo Vieira. *Direito Financeiro.* Coleção Sinopses para Concursos. 3.ed. Salvador: Juspodivm, 2021. p. 324).

Alternativa "c": alternativa completamente errada, já que a decisão do Tribunal de Contas tem a eficácia de título executivo extrajudicial e, por outro lado, o Ministério Público de Contas não tem legitimidade para executá-lo.

Alternativa "d": a primeira parte da alternativa está correta, já que a decisão do Tribunal de Contas tem a eficácia de título executivo extrajudicial. Contudo, a sua execução somente pode ser ajuizada pelo ente público beneficiário da condenação (Estado Gama) e não pelo Ministério Público, seja estadual, federal ou de Contas.

Alternativa "e": alternativa completamente errada, já que a decisão do Tribunal de Contas tem a eficácia de título executivo extrajudicial e, por outro lado, sua execução somente pode ser ajuizada pelo ente público beneficiário da condenação (Estado Gama) e não pelo Ministério Público, seja estadual, federal ou de Contas.

Alternativa correta: letra "a".

---

60. (FGV – Auditor de Controle Externo – TCE – PI/2021) O Tribunal de Contas da União, ao apreciar o ato de concessão inicial da aposentadoria voluntária da servidora Joana, pouco menos de um ano após o seu recebimento, constatou que determinada vantagem pecuniária foi irregularmente incorporada aos seus proventos. Por tal razão, sem ouvir previamente Joana ou o órgão de origem, recomendou que este último alterasse o valor dos proventos, sob pena de negar o registro da aposentadoria.

À luz da sistemática vigente, é correto afirmar que o obrar do Tribunal de Contas:

a) não apresenta qualquer irregularidade;
b) é irregular, apenas por não ter ouvido previamente Joana;
c) é irregular, apenas por não ter ouvido previamente o órgão de origem;
d) é irregular, apenas por recomendar, em vez de determinar, a alteração do valor dos proventos;
e) é irregular, pois no registro a análise restringe-se à juridicidade da aposentadoria, não alcançando os proventos.

COMENTÁRIOS

✪ **Nota do autor:** é sempre importante recordar a disposição constitucional que fundamenta essa forma de agir do TCU. Assim, "o controle externo, a cargo do Congresso Nacional, será exercido com o auxílio do Tribunal de Contas da União, ao qual compete: [...] III- apreciar, para fins de registro, a legalidade dos atos de admissão de pessoal, a qualquer título, na administração direta e indireta, incluídas as fundações instituídas e mantidas pelo Poder Público, excetuadas as nomeações para cargo de provimento em comissão, bem como a das concessões de aposentadorias, reformas e pensões, ressalvadas as melhorias posteriores que não alterem o fundamento legal do ato concessório" (CRFB/88, art. 71, III).

Alternativa "a": a recomendação do Tribunal de Contas para que o órgão de origem alterasse o valor dos proventos, sob pena de negar o registro da aposentadoria não apresenta qualquer irregularidade, vez que se encontra de acordo com o art. 262 do Regimento Interno do Tribunal de Contas da União, a saber:" Quando o ato de concessão de aposentadoria, reforma ou pensão for considerado ilegal, o órgão de origem fará cessar o pagamento dos proventos ou benefícios no prazo de quinze dias, contados da ciência da decisão do Tribunal, sob pena de responsabilidade solidária da autoridade administrativa omissa. § 1º Caso não seja suspenso o pagamento, ou havendo indício de procedimento culposo ou doloso na concessão de benefício sem fundamento legal, o Tribunal determinará a instauração ou a conversão do processo em tomada de contas especial, para apurar responsabilidades e promover o ressarcimento das despesas irregularmente efetuadas. § 2º Recusado o registro do ato, por ser considerado ilegal, a autoridade administrativa responsável poderá emitir novo ato, se for o caso, escoimado das irregularidades verificadas. § 3º Verificada a omissão total ou parcial de vantagens a que faz jus o interessado, o Tribunal poderá considerar o ato legal, independentemente das comunicações que entender oportunas para cada caso".

Alternativa "b": alternativa incorreta, já que a atuação do TCU narrada no enunciado não exige a oitiva prévia de Joana.

Alternativa "c": alternativa incorreta, já que a atuação do TCU narrada no enunciado não exige a oitiva prévia do órgão de origem.

Alternativa "d": alternativa incorreta. Conforme se depreende da leitura do art. 262 do Regimento Interno do TCU, quem fará cessar o pagamento ilegal será o órgão de origem, e não o TCU que, por sua vez, apenas recomenda tal medida. Inclusive, §1º do mesmo artigo estabelece as consequências em caso de descumprimento de tal recomendação.

Alternativa "e": alternativa incorreta, uma vez que compete ao TCU analisar não apenas a juridicidade da aposentadoria, mas também a legalidade dos proventos.

Alternativa correta: letra "a".

---

61. (FGV – Auditor de Controle Externo – TCE – PI/2021) Célia e Celina travaram intenso debate a respeito da classificação das atividades de auditoria realizadas pelos auditores do Tribunal de Contas. Célia defendia que o exame da legalidade e da legitimidade dos atos de gestão se desenvolve nos planos contábil, financeiro, orçamentário e patrimonial, sendo subdividido nas auditorias de conformidade e operacional. Celina, por sua vez, afirmava que o exame da economicidade e da eficiência dos programas governamentais, de modo a avaliar o seu desempenho e a promover o aperfeiçoamento da gestão, é realizado no âmbito da auditoria de regularidade. Considerando as narrativas de Célia e Celina a respeito da classificação das auditorias, é correto afirmar que:

a) ambas estão certas em seus pontos de vista;
b) apenas Celina está errada, pois a auditoria que descreve é a de conformidade;
c) apenas Célia está errada, pois as auditorias que descreve são a contábil e a operacional;
d) Célia e Celina estão erradas, pois as auditorias descritas pela primeira são a de conformidade e a contábil, e, pela segunda, a operacional;
e) Célia e Celina estão erradas, pois as auditorias descritas pela primeira são a operacional e a de regularidade, e, pela segunda, a de conformidade.

COMENTÁRIOS

✪ **Nota do autor:** questão bastante complexa, pois exigia do candidato o conhecimento da classificação das auditorias do TCU, o que pode ser encontrado nas Normas de Auditoria do Tribunal de Contas da União, de acesso gratuito no site do órgão. Assim, quanto à natureza, as auditorias se classificam em: a) "**Auditorias de regularidade**, que objetivam examinar a legalidade e a legitimidade dos atos de gestão dos responsáveis sujeitos à jurisdição do Tribunal, quanto aos aspectos contábil, financeiro, orçamentário e patrimonial. Compõem as auditorias de regularidade as auditorias de conformidade e as auditorias contábeis"; b) "**Auditorias operacionais**, que objetivam examinar a economicidade, eficiência, eficácia e efetividade de organizações, programas e atividades governamentais, com a finalidade de avaliar o seu desempenho e de promover o aperfeiçoamento da gestão pública". (BRASIL. *Boletim do Tribunal de Contas da União.* Ano 39, nº 34, 30.11.2020, p. 13. Disponível em: https://portal.tcu.gov.br/controle-externo/normas-e-orientacoes/normas-de-fiscalizacao/nat.htm. Acesso em: 11 abr. 2022,

Alternativa "a": alternativa incorreta, já que Célia e Celina inverteram as classificações das auditorias, conforme apontado na análise de cada uma delas, na nota do autor.

Alternativa "b": alternativa incorreta, pois tanto Celina quanto Célia estão equivocadas.

Alternativa "c": alternativa incorreta, pois tanto Celina quanto Célia estão equivocadas.

Alternativa "d": alternativa correta, pois a auditoria descrita por Célia é de regularidade (conformidade e contábil), já a descrita por Célia é operacional, conforme demonstrado na nota do autor.

Alternativa "e": alternativa incorreta. Tanto Célia quanto Celina estão erradas, mas não pelas razões apontadas nesta alternativa.

Alternativa correta: letra "d".

7. LEI ORGÂNICA E REGIMENTO INTERNO DO TCU E TCES

62. CEBRASPE – 2023 – TCE/RJ - Procurador

Quanto aos tribunais de contas, julgue o item que se segue.

Para garantir o princípio da simetria preconizado pela Constituição Federal de 1988, na composição do tribunal de contas estadual, quatro dos sete conselheiros devem ser escolhidos pela assembleia legislativa, e os três restantes, pelo chefe do Poder Executivo estadual, que indicará um entre auditores, outro entre membros do Ministério Público e um terceiro de sua livre escolha.

COMENTÁRIOS

✪ **Nota do autor:** o item encontra-se de acordo com a súmula nº 653, do STF, segundo a qual "No Tribunal de Contas estadual, composto por sete conselheiros, quatro devem ser escolhidos pela Assembleia Legislativa e três pelo chefe do Poder Executivo estadual, cabendo a este indicar um dentre auditores e outro dentre membros do Ministério Público, e um terceiro a sua livre escolha".

Item certo.

63. CEBRASPE – 2023 – TCE/RJ - Procurador

Quanto aos tribunais de contas, julgue o item que se segue.

Será compatível com a Constituição Federal de 1988 lei do estado do Rio de Janeiro que autorize a ALERJ, sem o auxílio do TCE/RJ, a exigir de juízes de direito e de membros do Ministério Público a entrega obrigatória das respectivas declarações de bens, com determinada periodicidade, à ALERJ.

COMENTÁRIOS

✪ **Nota do autor:** Item em desacordo com o entendimento do STF que, ao julgar a ADI 4.203/RJ entendeu que "[...] 2. Lei estadual que estabeleceu, com fundamento na competência constitucional de controle externo por parte do Poder Legislativo, a obrigatoriedade de apresentação de declaração de bens por diversos agentes públicos estaduais (magistrados, membros do Ministério Público, deputados, procuradores do estado, defensores públicos, delegados etc.) à Assembleia Legislativa. 3. Modalidade de controle direto dos demais Poderes pela Assembleia Legislativa - sem o auxílio do Tribunal de Contas do Estado - que **não encontra fundamento**

de validade na Constituição Federal. Assim, faltando fundamento constitucional a essa fiscalização, não poderia a Assembleia Legislativa, ainda que mediante lei, outorgar a si própria competência que é de todo estranha à fisionomia institucional do Poder Legislativo. 4. Inconstitucionalidade formal da lei estadual, de origem parlamentar, que impõe obrigações aos servidores públicos em detrimento da reserva de iniciativa outorgada ao chefe do Poder Executivo (art. 61, § 1º, II, da CF), e da autonomia do Poder Judiciário (art. 93 da CF) e do Ministério Público (arts. 127, § 2º, e 128, § 5º, da CF) para tratar do regime jurídico dos seus membros e servidores. 5. Constitucionalidade da lei em relação aos servidores e membros da própria Assembleia Legislativa, por se tratar de controle administrativo interno, perfeitamente legítimo [...]".

Item errado

---

64. CEBRASPE – 2023 – TCE/RJ - Procurador

Acerca da natureza jurídica dos tribunais de contas, bem como da forma de investidura de seus membros, dos seus direitos, das suas prerrogativas e das suas vedações, julgue o item seguinte.

Um terço dos ministros do TCU é escolhido pelo Poder Legislativo, enquanto dois terços são escolhidos pelo chefe do Poder Executivo.

COMENTÁRIOS

✪ **Nota do autor:** conforme previsão constitucional, os Ministros do TCU são escolhidos: um terço pelo Presidente da República, com aprovação do Senado Federal, sendo dois alternadamente dentre auditores e membros do Ministério Público junto ao Tribunal, indicados em lista tríplice pelo Tribunal segundo os critérios de antiguidade e merecimento; e dois terços pelo Congresso Nacional. Assim, o item está errado por ter invertido o quantitativo do Executivo e do Legislativo.

Item errado.

---

65. CEBRASPE – 2022 – TCE/RJ – Técnico de Controle Externo

Relativamente ao Tribunal de Contas da União e aos tribunais de contas dos estados, julgue o item subsequente.

O Tribunal de Contas da União está impedido de fixar os vencimentos de seus ministros.

COMENTÁRIOS

✪ **Nota do autor:** segundo disposição do art. 1º, XIII da lei nº 8.443/92, é competência do Tribunal de Contas da União "propor ao Congresso Nacional a fixação de vencimentos dos ministros, auditores e membros do Ministério Público junto ao Tribunal". Ou seja, a lei estabelece a competência do TCU para a propositura e não, exatamente, para a fixação dos vencimentos de seus ministros.

Item certo.

---

66. CEBRASPE – 2022 – TCE/RJ – Técnico de Controle Externo

Relativamente ao Tribunal de Contas da União e aos tribunais de contas dos estados, julgue o item subsequente.

Os tribunais de contas estaduais deverão ser integrados por um número ímpar de conselheiros, não superior a sete.

COMENTÁRIOS

✪ **Nota do autor: não é correto afirmar que** os tribunais de contas estaduais deverão ser integrados por um número ímpar de conselheiros, não superior a sete, uma vez que o próprio texto constitucional apontou, expressamente que "as Constituições estaduais disporão sobre os Tribunais de Contas respectivos, que serão integrados por sete Conselheiros" (CRFB/88, art. 75, parágrafo único).

Item errado.

---

67. FGV – 2024 – TCE/PA – Auditor de Controle Externo

O recente fenômeno relacionado aos órgãos constitucionais autônomos faz com que, embora inseridos na organização dos poderes, esses órgãos não se enfeixem nos três blocos orgânicos clássicos, e, sim, ao lado deles. O Tribunal de Contas é definido como "órgão especial" de destaque constitucional, possuindo caráter "sui generis". (GUERRA, Evandro Martins. Controle Externo da Administração Pública. Ed. Forum, 2019, p. 168)

O autor discorre sobre a natureza jurídica dos Tribunais de Contas e destaca que, dessa natureza, decorrem algumas características peculiares.

Avalie se essas características dos Tribunais de Contas incluem:

I. são órgãos híbridos, com função de controle externo formada por distintas competências de caráter técnico.
II. possuem hierarquia própria e independente, apartada dos poderes.
III. seus membros são equiparados aos do Poder Judiciário, possuindo as mesmas garantias, prerrogativas e impedimentos.
IV. possuem iniciativa legislativa própria e competência normativa reguladora específica.

Estão corretas:

a) II, III e IV, somente.

b) II e IV, somente.

c) I, II e IV, somente.

d) I, II, III e IV.

e) I, II e III, somente.

COMENTÁRIOS

✪ **Nota do autor:** Sobre os Tribunais de Contas é importante chamar a atenção para a seguinte decisão: "1. As Cortes de Contas do país, conforme reconhecido pela Constituição de 1988 e por esta Suprema Corte, gozam das prerrogativas da autonomia e do autogoverno, o que inclui, essencialmente, a iniciativa reservada para instaurar processo legislativo que pretenda alterar sua organização e seu funcionamento, como resulta da interpretação lógico-sistemática dos artigos 73, 75 e 96, II, "d", CRFB/88. [...]. 2. O ultraje à prerrogativa de instaurar o processo legislativo privativo traduz vício jurídico de gravidade inquestionável, cuja ocorrência indubitavelmente reflete hipótese de inconstitucionalidade formal, apta a infirmar, de modo irremissível, a própria integridade do ato legislativo eventualmente concretizado. [...]4. Inconstitucionalidade formal da Lei Complementar Estadual nº 142/2011, de origem parlamentar, que altera diversos dispositivos da Lei Orgânica do Tribunal de Contas do Estado do Rio de Janeiro, por dispor sobre forma de atuação, competências, garantias, deveres e organização do Tribunal de Contas estadual, matéria de iniciativa privativa à referida Corte. 5. Deferido o pedido de medida cautelar a fim de determinar a suspensão dos efeitos da Lei Complementar Estadual nº 142, de 08 de agosto de 2011, da lavra da Assembleia Legislativa do Estado do Rio de Janeiro, até o julgamento definitivo da presente ação direta de inconstitucionalidade. (STF, ADI 4.643/RJ, Rel. Min. Luiz Fux, j. 06.11.2014, Pleno, p. 28.11.2014).

Afirmativa I: correta. Ao apontar os Tribunais de Contas como órgãos híbridos, o examinador, provavelmente, quis afirmar a multiplicidade de competências de tais órgãos. Ademais, é correto afirmar que têm função de controle externo.

Afirmativa II: correta. Os Tribunais de Contas não são hierarquicamente subordinados a qualquer outro Poder ou ente federativo. Apesar de auxiliarem o Poder Legislativo, não o integra nem é a ele subordinado, caracterizando-se, portanto, por sua autonomia e independência.

Afirmativa III: correta. Ao tratar do Tribunal de Contas da União, estabelece o texto constitucional que seus Ministros terão as mesmas garantias, prerrogativas, impedimentos, vencimentos e vantagens dos Ministros do Superior Tribunal de Justiça. Ademais, a Lei Orgânica do TCU estabelece no parágrafo único do art. 73 as garantias e prerrogativas de seus Ministros.

Afirmativa IV: correta. Conforme julgado transcrito na nota do autor, as Cortes de Contas têm a iniciativa reservada para instaurar processo legislativo que pretenda alterar sua organização e seu funcionamento, como resulta da interpretação lógico-sistemática dos artigos 73, 75 e 96, II, "d", CRFB/88.

Alternativa correta: letra "d".

68. FGV – 2024 – TCE/GO – Analista de Controle Externo

Em um Tribunal de Contas Estadual havia sete conselheiros, sendo quatro nomeados pela Assembleia Legislativa e três pelo Governador do Estado. Ocorre que o decano da Corte de Contas se aposentou, conselheiro este que havia sido indicado pela Assembleia Legislativa, liberando sua vaga. Ocorre que, por razões históricas, as três indicações realizadas pelos Governadores à época foram de livre escolha, tendo sido preenchidas por membros da sociedade local, até então estranhos ao quadro de pessoal do Tribunal de Contas.

A par da situação, o Governador questionou a Procuradoria-Geral quanto a possibilidade de ele nomear um dentre os membros do Ministério Público junto à Corte de Contas de modo a garantir a sua representatividade no Plenário, em observância ao prescrito na Carta Magna.

Qual das alternativas apresenta parecer condizente à Súmula 653 e ao tema de repercussão geral 652, ambos do Supremo Tribunal Federal:

a) Se mostra plenamente possível, haja vista a necessidade de salvaguardar as regras da Constituição Federal.

b) Não se mostra possível a nomeação do membro do Ministério Público junto à Corte de Contas pelo Governador, contudo em observância da regra Constitucional deve a Assembleia Legislativa indicar um dos membros do parquet de contas.

c) A situação é possível, contudo, há precedência para a ocupação da vaga por um dentre os auditores-substitutos, pela ordem prescrita no texto constitucional.

d) A situação é possível desde que o texto da Constituição Estadual seja emendado de modo a modificar a divisão proporcional das indicações entre os Poderes Legislativo e Executivo.

e) É inconstitucional a nomeação, pelo Governador, de membro do Ministério Público junto à Corte de Contas para preenchimento de cargo vago de conselheiro quando se tratar de vaga reservada à escolha da Assembleia Legislativa.

COMENTÁRIOS

✪ Nota do autor: a súmula nº 653, do STF, mencionada no enunciado da questão estabelece que "No Tribunal de Contas estadual, composto por sete conselheiros, quatro devem ser escolhidos pela Assembleia Legislativa e três pelo chefe do Poder Executivo estadual, cabendo a este indicar um dentre auditores e outro dentre membros do Ministério Público, e um terceiro a sua livre escolha". Já o tema de repercussão geral nº 652, igualmente abordado pelo anunciado traz a seguinte tese: "É inconstitucional a nomeação, pelo Chefe do Executivo, de membro do Ministério Público especial para preenchimento de cargo vago de Conselheiro de Tribunal de Contas local quando se tratar de vaga reservada à escolha da Assembleia Legislativa, devendo-se observar a regra constitucional de divisão proporcional das indicações entre os Poderes Legislativo e Executivo".

Alternativa "a": alternativa errada. Conforme a tese no tema de repercussão geral 652, o Governador não poderia fazer tal nomeação.

Alternativa "b": alternativa errada. A primeira parte está correta, já que não se mostra possível a nomeação do membro do Ministério Público junto à Corte de Contas pelo Governador. Entretanto, a Assembleia não está obrigada a indicar um dos membros do parquet de contas.

Alternativa "c": alternativa errada. Conforme as informações trazidas pelo enunciado, a indicação do novo conselheiro deve ser feita pela Assembleia Legislativa, e não pelo Governador, não havendo que se falar em qualquer forma de precedência de auditores substitutos.

Alternativa "d": alternativa errada. Pelo princípio da simetria, a Constituição Estadual não pode modificar a divisão proporcional das indicações entre os Poderes Legislativo e Executivo.

Alternativa "e": alternativa certa por estar de acordo com a tese fixada no tema de repercussão geral 652: "É inconstitucional a nomeação, pelo Chefe do Executivo, de membro do Ministério Público especial para preenchimento de cargo vago de Conselheiro de Tribunal de Contas local quando se tratar de vaga reservada à escolha da Assembleia Legislativa, devendo-se observar a regra constitucional de divisão proporcional das indicações entre os Poderes Legislativo e Executivo".

Alternativa correta: letra "e".

---

69. COPEVE-UFAL – 2022 – Agente de Controle Externo

O Tribunal de Contas da União (TCU) tem sede no Distrito Federal, quadro próprio de pessoal, e é integrado por nove ministros que serão nomeados dentre brasileiros que satisfaçam os seguintes requisitos:

I. mais de trinta e cinco e menos de setenta anos de idade; II. notórios conhecimentos jurídicos, contábeis, econômicos e financeiros ou de administração pública; III. mais de dez anos de exercício de função ou de efetiva atividade profissional que exija conhecimentos orçamentários e de tecnologia.

Das afirmativas, verifica-se que está(ão) correta(s)

a) II, apenas.
b) III, apenas.
c) I e II, apenas.
d) I e III, apenas.
e) I, II e III.

COMENTÁRIOS

✪ Nota do autor: segundo disposição do art. 73 da CRFB/88, os Ministros do Tribunal de Contas da União serão nomeados dentre brasileiros que satisfaçam os seguintes requisitos: I- mais de trinta e cinco e menos de setenta anos de idade (conforme EC 122/22); II- idoneidade moral e reputação ilibada; III- notórios conhecimentos jurídicos, contábeis, econômicos e financeiros ou de administração pública; IV- mais de dez anos de exercício de função ou de efetiva atividade profissional que exija os conhecimentos mencionados no inciso anterior.

Item I: certo. Item de acordo com art. 73, §1º, I, da CRFB/88, transcrito na nota do autor.

Item II: certo. Item de acordo com art. 73, §1º, III, da CRFB/88, transcrito na nota do autor.

Item III: errado. Para que uma pessoa seja nomeada para ocupar o cargo de Ministro(a) do TCU, não lhe são exigidos conhecimentos de tecnologia.

Alternativa correta: letra "c".

---

70. FGV – 2022 – TCU – Auditor Federal de Controle Externo

A Lei Orgânica do Tribunal de Contas da União (Lei Federal nº 8.443, de 16 de julho de 1992) prevê a competência da Corte para decidir sobre consulta que lhe seja formulada por autoridade competente, a respeito de dúvida suscitada na aplicação de dispositivos legais e regulamentares concernentes à matéria de sua competência, tratando-se de importante instrumento processual vocacionado ao exercício da função orientadora e pedagógica por parte do TCU. A respeito da apreciação e formulação de respostas a consultas que sejam dirigidas ao TCU, deve-se considerar que:

a) por ser a resposta à consulta prejulgamento de matéria fática, dotada de efeito vinculante e eficácia *erga omnes*, o consulente é obrigado a mencionar o caso concreto que o levou a formulá-la, ainda que também submeta ao TCU, em tese, a dúvida suscitada;

b) o TCU pode conhecer de consulta para reanálise de matéria que já tenha sido objeto de consulta anterior, quando considerar que os fundamentos fáticos e jurídicos trazidos são suficientemente densos e relevantes e desde que não haja abuso de direito por parte do consulente;

c) as autoridades às quais se reconhece legitimidade para a formulação de consulta ao TCU devem demonstrar, como questão preliminar, a pertinência temática da consulta às respectivas áreas de atribuição das instituições que representam, sob pena de seu indeferimento de plano, com o respectivo arquivamento do processo;

d) para que possam ultrapassar o exame de admissibilidade, as consultas devem conter a indicação precisa do seu objeto, ser formuladas de maneira articulada e obrigatoriamente instruídas com parecer do órgão de assistência técnica ou jurídica da autoridade consulente;

e) mesmo diante do não conhecimento de consulta, pode o TCU, por impulso oficial, analisar o caso que lhe foi apresentado, situação em que as conclusões assumidas no processo terão caráter normativo e constituirão prejulgamento da tese e da matéria fática, com efeito vinculante em relação ao processo decisório do órgão demandante.

COMENTÁRIOS

✪ **Nota do autor:** apesar de o enunciado da presente questão mencionar, expressamente, a Lei Orgânica do Tribunal de Contas da União, o aproveitamento da questão exigiria do(a) candidato(a) conhecimentos sobre as disposições contidas nos arts. 264 e 265 do Regimento Interno do TCU, que tratam da resposta à consulta.

Alternativa "a": alternativa errada. Conforme previsão do art. 264 do Regimento Interno do Tribunal de Contas da União, a resposta à consulta tem caráter normativo e constitui prejulgamento da tese, mas não do fato ou caso concreto. Ademais, o artigo seguinte estabelece que "o relator ou o Tribunal não conhecerá de consulta que não atenda aos requisitos do artigo anterior ou verse apenas sobre caso concreto, devendo o processo ser arquivado após comunicação ao consulente".

Alternativa "b": alternativa certa. Alternativa de acordo com o entendimento do próprio TCU, a saber: "Desde que não haja abuso de direito por parte do consulente, o TCU pode conhecer da consulta quando reconhecer que os fundamentos fáticos e jurídicos trazidos pelo consulente são suficientemente densos e relevantes para justificar a reanálise de matéria que já tenha sido objeto de consulta anterior" (TC 036.509/2018-3, Grupo I – Classe III – Plenário)

Alternativa "c": alternativa errada. Segundo o Regimento Interno do Tribunal de Contas da União, as seguintes autoridades gozam de competência para formular consultas ao TCU: I- presidentes da República, do Senado Federal, da Câmara dos Deputados e do STF; II- Procurador-Geral da República; III- Advogado-Geral da União; IV- presidente de comissão do Congresso Nacional ou de suas casas; V- presidentes de tribunais superiores; VI- ministros de Estado ou autoridades do Poder Executivo federal de nível hierárquico equivalente; VII- comandantes das Forças Armadas (Art. 264). Contudo, deverão demonstrar a pertinência temática da consulta às respectivas áreas de atribuição das instituições que representam apenas as autoridades referidas nos incisos IV, V, Vi e VII (art. 265).

Alternativa "d": alternativa errada. Conforme disciplina do §1º do art. 264 do RITCU, "as consultas devem conter a indicação precisa do seu objeto, ser formuladas articuladamente e instruídas, **sempre que possível**, com parecer do órgão de assistência técnica ou jurídica da autoridade consulente".

Alternativa "e": alternativa errada. Conforme já analisado junto à alternativa "a", a resposta à consulta tem caráter normativo e constitui prejulgamento da tese, mas não do fato ou caso concreto (art. 264 do RITCU).

Alternativa correta: letra "b".

---

71. (FGV – Auditor Técnico de Controle Externo – TCE – AM/2021) Em processo de prestação de contas de certo gestor municipal, o Tribunal de Contas do Estado do Amazonas identificou determinadas impropriedades e faltas. Ainda assim, ao final do processo, o TCE/AM julgou as contas regulares com ressalva. No caso em tela, de acordo com a Lei Orgânica do Tribunal de Contas do Estado do Amazonas, o Tribunal:

a) não poderá aplicar multa, eis que as contas objeto do processo foram julgadas regulares;

b) não poderá aplicar multa, exceto se a Corte constatar dano ao erário, ocasião em que deverá aplicar multa de até 5 0% do valor do dano causado ao erário;

c) não poderá aplicar multa, exceto se a Corte constatar dano ao erário, ocasião em que deverá aplicar multa de até o dobro do valor do dano causado ao erário;

d) poderá aplicar multa de até 30% do valor previsto na norma de regência, hipótese em que a quitação ao responsável estará condicionada ao seu pagamento;

e) poderá aplicar multa de até o dobro da remuneração do gestor público, hipótese em que a quitação ao responsável estará condicionada ao seu pagamento.

COMENTÁRIOS

✪ **Nota do autor:** a lei nº 2.423 de 10 de dezembro de 1996, com suas respectivas alterações, é a norma que dispõe sobre a Lei Orgânica do Tribunal de Contas do Estado do Amazonas. O candidato deve ter, sempre, muito cuidado com normas estaduais e/ou municipais cobradas nas provas e concursos. Por isso, a análise minuciosa dos editais deve ser uma etapa imprescindível na preparação.

Alternativa "a": o capítulo V da Lei Orgânica do Tribunal de Contas do Estado do Amazonas prevê a aplicação de multas e sanções aos administradores ou responsáveis, na forma prevista na própria Lei ou no Regimento Interno. Na análise do capítulo é possível constatar que a aplicação da multa poderá ocorrer, mesmo nos casos em que as contas tenham sido julgadas regulares.

Alternativa "b": a gradação da multa prevista no art. 54 da Lei Orgânica do Tribunal de Contas do Estado do Amazonas alcança, inclusive, situações em que a não resta caracterizado o dano ao erário. No mais, quando este for constatado, poderá o Tribunal aplicar-lhe multa até 100% do valor do dano causado ao erário, corrigido monetariamente.

Alternativa "c": conforme mencionado na análise da alternativa anterior, a multa poderá ser aplicada mesmo não restando caracterizado o dano ao erário. Por outro lado, estando presente este dano, a multa poderá ser de até 100% daquele valor, e não o seu dobro, conforme trouxe a alternativa.

Alternativa "d": o inciso VII do art. 54 Lei Orgânica do Tribunal de Contas do Estado do Amazonas prevê a aplicação de multa de 2,5% a 30% do montante máximo, quando, ainda que julgadas as contas regulares com ressalvas, haja impropriedades ou faltas identificadas e consideradas insanadas, conforme art. 22, II da mesma Lei. Já o art. 76 da mesma lei, estabelece que "comprovado o recolhimento integral, o Tribunal expedirá quitação do débito ou da multa".

Alternativa "e": o art. 54 da Lei Orgânica do Tribunal de Contas do Estado do Amazonas prevê uma gradação para as multas a depender da situação encontrada pelo Tribunal. A hipótese trazida pelo enunciado se enquadra no inciso VII, caso em que a multa será de 2,5% a 30% e não até o dobro da remuneração do gestor público. Isso torna a alternativa errada, ainda que a sua parte final esteja correta, na medida em que é verdadeiro afirmar que a quitação ao responsável estará condicionada ao seu pagamento.

Alternativa correta: letra "d".

---

72. (FGV – Auditor Técnico de Controle Externo – TCE – AM/2021) Compete ao Ministério Público junto ao Tribunal de Contas do Estado do Amazonas, consoante dispõe o Regimento Interno da Corte (Resolução n2 04/2002):

a) promover a instauração de processos de tomada de contas e de tomada de contas especial e aplicar as penalidades previstas em lei, assegurados o contraditório e a ampla defesa ao jurisdicionado e o direito de recurso ao plenário da Corte de Contas;

b) executar diretamente as obrigações de pagar não cumpridas voluntariamente pelos jurisdicionados que foram condenados pela Corte de Contas com imposição de multas e as sentenças condenatórias a pagamento em alcance e débitos verificados nos processos;

c) relatar os processos administrativos referentes a deveres e disciplina dos Conselheiros, Auditores e servidores do Tribunal, encaminhando ao plenário da Corte seu voto com pedido de inclusão prioritária e vinculante em pauta de julgamento;

d) coordenar a organização e aprovar as listas de órgãos e entidades jurisdicionadas para efeito de repartição dos serviços nas diversas unidades internas da Secretaria de Controle Externo, na forma regimental, assim como assinar os acordos de cooperação, convênios, contratos e outros ajustes com outros órgãos e entidades;

e) opinar, verbalmente ou por escrito, nos processos de tomada de contas, de tomada de contas especial e de prestação de contas, de concessão inicial de aposentadoria, reforma e pensão, de disponibilidade, de admissão de pessoal, contratos e congêneres, convênios e outros ajustes, além de outros estabelecidos no Regimento Interno e nos regulamentos da Corte.

COMENTÁRIOS

✪ **Nota do autor:** o Regimento Interno do Tribunal de Contas do Estado do Amazonas é disciplinado pela Resolução nº 04, de 23 de maio de 2002, e suas respectivas atualizações. A competência do Ministério Público junto ao TCE/AM foi prevista no art. 54 daquele Regimento.

Alternativa "a": alternativa incorreta, uma vez que não compete ao Ministério Público aplicar as penalidades, mas apenas **propor** a sua aplicação, após a instauração de processos de tomadas de contas e tomadas de contas especiais, conforme previsão do art. 54, V, do Regimento Interno do Tribunal de Contas do Estado do Amazonas.

Alternativa "b": dentre as competências do Ministério Público previstas no art. 54 do Regimento Interno do Tribunal de Contas do Estado do Amazonas não consta a de executar diretamente as obrigações de pagar não cumpridas voluntariamente pelos jurisdicionados que foram condenados pela Corte de Contas, medida atribuída à Procuradoria-Geral do Estado. Nesse sentido, compete ao Ministério Público "receber da Procuradoria-Geral do Estado, até o dia 31 de março de cada ano, o relatório circunstanciado de suas atividades, com exposição do andamento da execução de decisões do Tribunal" (art. 54, IX).

Alternativa "c": alternativa incorreta, uma vez que a competência para relatar os processos administrativos referentes a deveres e disciplina dos Conselheiros, Auditores e servidores do Tribunal é do Corregedor-Geral, e não do Ministério Público, conforme previsão do art. 33, VII do Regimento Interno do Tribunal de Contas do Estado do Amazonas.

Alternativa "d": a alternativa traz competências do Presidente do Tribunal, e não do Ministério Público, conforme previsão do art. 29, incisos X e XXV.

Alternativa "e": a alternativa reproduz, na literalidade, o inciso III do art. 54 do Regimento Interno do Tribunal de Contas do Estado do Amazonas, segundo o qual, compete ao Ministério Público: "opinar, verbalmente ou por escrito, nos processos de tomada de contas, de tomada de contas especial e de prestação de contas, de concessão inicial de aposentadoria, reforma e pensão, de disponibilidade, de admissão de pessoal, contratos e congêneres, convênios e outros ajustes, além de outros estabelecidos neste Regimento e nos regulamentos da Corte.

Alternativa correta: letra "e".

---

73. (FGV – Auditor Técnico de Controle Externo – TCE – AM/2021) A associação de moradores Gama levou ao conhecimento do Tribunal de Contas do Estado do Amazonas notícias de irregularidades praticadas por Pedro, ordenador de despesas no Município Alfa. Poucos meses depois, a associação solicitou certidão do inteiro teor do respectivo processo administrativo ao Tribunal de Contas. À luz da sistemática legal vigente:

a) a certidão somente deve ser fornecida com a aquiescência de Pedro;

b) a certidão deve ser fornecida no prazo de quinze dias, mesmo que o processo esteja em curso;

c) a certidão somente deve ser fornecida após o processo de apuração ser concluído ou arquivado;

d) a certidão não pode ser fornecida, quer durante a tramitação do processo, quer após ser concluído ou arquivado;

e) o processo deve ser arquivado por ilegitimidade da associação, com posterior fornecimento da certidão.

COMENTÁRIOS

✪ **Nota do autor:** a Resolução nº 04, de 23 de maio de 2002 dispõe sobre o Regimento Interno do Tribunal de Contas do Estado do Amazonas e do Ministério Público junto ao TCE/AM. A possibilidade de fornecimento de certidão sobre os processos administrativos no tribunal foi disciplinada no seu art. 287, segundo o qual: "Art. 287. **O denunciante poderá requerer ao Tribunal**, mediante expediente dirigido ao Presidente, **certidão dos despachos e dos fatos apurados, a qual deverá ser fornecida no prazo máximo de cinco dias**, a contar da entrada do pedido, desde que o processo de apuração tenha sido concluído ou arquivado. § 1.o Decorrido o prazo de noventa dias, a contar da data em que a denúncia der entrada no Tribunal, será obrigatoriamente fornecida a certidão de que trata este artigo, ainda que não estejam concluídas as investigações. § 2.o Ao expedir a certidão prevista no caput e no § 1.º deste artigo, deverá o denunciante ser alertado, se for o caso, de que o respectivo processo tramita em caráter sigiloso ou que o Tribunal decidiu manter o sigilo quanto ao objeto e à autoria da denúncia".

Alternativa "a": conforme previsão do art. 287 do Regimento Interno do Tribunal de Contas do Estado do Amazonas e do Ministério Público junto ao TCE/AM, o denunciante (Associação de moradores Gama) tem direito a ter acesso à certidão dos despachos e dos fatos apurados, independentemente de qualquer aquiescência do denunciado.

Alternativa "b": alternativa incorreta, vez que conforme disposição do art. 287 do Regimento Interno do Tribunal de Contas do Estado do Amazonas e do Ministério Público junto ao TCE/AM, a certidão deverá ser fornecida no prazo máximo de cinco dias, a contar da entrada do pedido, desde que o processo de apuração tenha sido concluído ou arquivado.

Alternativa "c": alternativa correta, vez que é totalmente de acordo com o art. 287 do Regimento Interno do Tribunal de Contas do Estado do Amazonas e do Ministério Público junto ao TCE/AM, transcrito nas notas do autor.

Alternativa "d": alternativa incorreta, vez que concluído ou arquivado o processo de apuração, será possível a emissão da certidão.

Alternativa "e": alternativa incorreta, já que a associação de moradores Gama, na condição de denunciante, é parte legítima para requerer a certidão dos despachos e dos fatos apurados.

Alternativa correta: letra "c".

---

74. (FGV – Auditor Técnico de Controle Externo – TCE – AM/2021) Auditoria do Tribunal de Contas do Estado do Amazonas constatou a prática de inúmeras e graves ilegalidades no âmbito de uma estrutura de poder. Constatou, ainda, que essas práticas retroagiam há alguns anos, isto apesar dos constantes registros de inspeção do órgão de controle interno, que analisara os respectivos atos e não fizera qualquer comunicação ao Tribunal de Contas.

Provada a omissão do órgão de controle interno, é correto afirmar que ele:

a) deve ser afastado pelo Tribunal de Contas;
b) deve ser advertido pelo Tribunal de Contas;
c) deve recolher multa em percentual de sua remuneração;
d) está sujeito às sanções previstas em lei, como responsável solidário;
e) está sujeito apenas à imputação de débito, de modo solidário com o agente público.

COMENTÁRIOS

Nota do autor: segundo disposição constitucional, "os responsáveis pelo controle interno, ao tomarem conhecimento de qualquer irregularidade ou ilegalidade, dela darão ciência ao Tribunal de Contas da união, sob pena de responsabilidade solidária" (CRFB/88, art. 74, §1º)

Alternativa "a": o Tribunal de Contas não tem competência para afastar responsável pelo controle interno que atua no âmbito de uma estrutura de poder. Alternativa incorreta.

Alternativa "b": da mesma forma que na alternativa anterior, o TCE/AM não conta com competência para advertir responsável pelo controle interno que atua no âmbito de uma estrutura de poder. Alternativa incorreta.

Alternativa "c": não há a previsão de que o TCE/AM recolha multa em percentual da remuneração do responsável pelo controle interno que atua no âmbito de uma estrutura de poder. Alternativa incorreta.

Alternativa "d": alternativa correta, uma vez que a Lei Orgânica do Tribunal de Contas do Estado do Amazonas, assim como fez a Constituição da República, determina que "os responsáveis pelo controle interno, ao tomarem conhecimento de qualquer irregularidade ou ilegalidade, dela darão ciência imediata ao Tribunal de Contas do Estado, sob pena de **responsabilidade solidária**" (lei estadual nº 2.423/96, art. 45).

Alternativa "e": conforme apontado na análise da alternativa anterior, o responsável indicado pelo enunciado responderá solidariamente pelo fato de não ter dado ciência das práticas ao TCE. Alternativa incorreta.

Alternativa correta: letra "d".

---

75. (FGV – Auditor Técnico de Controle Externo – TCE – AM/2021) O Tribunal Pleno do Tribunal de Contas do Estado do Amazonas proferiu decisão de rejeição das contas apresentadas pelo Presidente de uma Câmara Municipal, que não apresentava qualquer obscuridade, omissão ou contradição. Ao ser intimado do teor dessa decisão, o Presidente da Câmara Municipal pode interpor, no âmbito interno:

a) revisão;
b) reclamação;
c) recurso ordinário;
d) embargos de declaração;
e) pedido de reconsideração.

COMENTÁRIOS

Nota do autor: questão muito específica exigindo do candidato o conhecimento dos principais recursos contidos no Regimento Interno do Tribunal de Contas do Estado do Amazonas e do Ministério Público junto ao TCE/AM, o que evidencia a necessidade de se estudar com muito cuidado, as normas internas de cada um dos Tribunais de Contas, a depender do concurso almejado.

Alternativa "a": alternativa errada. A revisão foi prevista no art. 157 do Regimento Interno do Tribunal de Contas do Estado do Amazonas e do Ministério Público junto ao TCE/AM, sendo cabível em caso de julgado irrecorrível do Tribunal Pleno ou das Câmaras e dirigindo-se ao Tribunal Pleno, uma única vez. As hipóteses de cabimento foram descritas no §1º do mesmo artigo: I-) erro de cálculo nas contas; II-) falsidade ou insuficiência de documento em que se tenha fundamentado a decisão revisanda; III-) superveniência de documentos novos com eficácia sobre a prova produzida; IV-) ofensa a expressa disposição de lei; V-) nulidade por falta ou defeito de citação, notificação ou intimação.

Alternativa "b": alternativa incorreta, por não se tratar de hipótese de reclamação, cabível diante do impedimento ou dificuldade de exercício do contraditório ou da ampla defesa, nos moldes do art. 87 do Regimento Interno do Tribunal de Contas do Estado do Amazonas e do Ministério Público junto ao TCE/AM.

Alternativa "c": alternativa incorreta, vez que o recurso ordinário é cabível contra decisões finais das Câmaras, ao passo que o enunciado da questão fala em recurso contra decisão do Tribunal Pleno do Tribunal de Contas do Estado do Amazonas (Regimento interno, art. 151).

Alternativa "d": os embargos de declaração são utilizados para a correção de obscuridade, omissão ou contradição no julgado (Regimento interno, art. 148), hipóteses que não constam na situação narrada no enunciado da questão. Alternativa errada.

Alternativa "e": estabelece o art. 154 do Regimento Interno do Tribunal de Contas do Estado do Amazonas e do Ministério Público junto ao TCE/AM que "cabe recurso de reconsideração das decisões de competência originária do Tribunal Pleno, dirigido ao Presidente do Tribunal, a quem compete admiti-lo ou não". Alternativa correta.

Alternativa correta: letra "e".

---

76. (FGV – Auditor Técnico de Controle Externo – TCE – AM/2021) Uma Câmara do Tribunal de Contas do Estado do Amazonas, ao apreciar certo processo administrativo, entendeu ser necessária a realização de inspeção extraordinária em determinada estrutura orgânica do Poder Executivo. Nesse caso, a inspeção deve ser:

a) previamente comunicada ao Poder Executivo, que informará o momento em que deve ser realizada;
b) realizada, caso haja deliberação de dois terços dos integrantes da Câmara;
c) realizada, caso haja deliberação da maioria dos integrantes da Câmara;
d) solicitada ao Tribunal Pleno do Tribunal de Contas;
e) solicitada ao Presidente do Tribunal de Contas.

COMENTÁRIOS

✪ **Nota do autor:** segundo dispõe o art. 204 do Regimento Interno do Tribunal de Contas do Estado do Amazonas e do Ministério Público junto ao TCE/AM, "as inspeções são extraordinárias quando, por necessidade imperiosa do serviço, em razão da identificação de grave irregularidade, de representação ou de denúncia, se deva fazer a verificação fora do plano anual, mediante autorização do **Tribunal Pleno**".

Alternativa "a": alternativa incorreta, uma vez que a comunicação prévia ao Poder Executivo da realização da inspeção extraordinária não conta com previsão no Regimento Interno do Tribunal de Contas do Estado do Amazonas e do Ministério Público junto ao TCE/AM.

realizada, caso haja deliberação de dois terços dos integrantes da Câmara;

Alternativa "b": alternativa errada, já que a inspeção extraordinária deve se dar mediante autorização do Tribunal Pleno, e não de dois terços dos integrantes da Câmara, como trouxe o enunciado da alternativa.

Alternativa "c": alternativa errada, já que a inspeção extraordinária deve se dar mediante autorização do Tribunal Pleno, e não da maioria dos integrantes da Câmara, como trouxe o enunciado da alternativa.

Alternativa "d": conforme previsão do art. 204, caput do Regimento Interno do Tribunal de Contas do Estado do Amazonas e do Ministério Público junto ao TCE/AM, a inspeção extraordinária deve ser solicitada ao Tribunal Pleno do Tribunal de Contas. Alternativa correta.

Alternativa "e": alternativa errada, já que a inspeção extraordinária deve se dar mediante autorização do Tribunal Pleno, e não do Presidente do Tribunal de Contas, como trouxe o enunciado da alternativa.

Alternativa correta: letra "d".

---

77. (FGV – Auditor Técnico de Controle Externo – TCE – AM/2021) Em razão do crescimento das atividades desenvolvidas pelo Tribunal de Contas do Estado do Amazonas, o quadro de pessoal do Ministério Público junto a esse Tribunal tornou-se insuficiente para oferecer o apoio administrativo necessário. Nesse caso, a proposta de criação de novos cargos deve ser formulada, à Assembleia Legislativa, pelo:

a) Procurador-Geral do referido Ministério Público;
b) Órgão Especial do referido Ministério Público;
c) Tribunal Pleno do Tribunal de Contas;
d) Presidente do Tribunal de Contas;
e) Governador do Estado.

COMENTÁRIOS

✪ **Nota do autor: o** Regimento Interno do Tribunal de Contas do Estado do Amazonas e do Ministério Público junto ao TCE/AM (Resolução nº 04, de 23 de maio de 2002), em seu artigo 12 estabeleceu a competência do **Tribunal Pleno do Tribunal de Contas**, no exercício de suas atribuições administrativas, dentre as quais, a de propor à Assembleia Legislativa a criação ou extinção de cargos de seu Quadro e do Ministério Público e a fixação da respectiva remuneração (inciso VII).

Alternativa "a": alternativa incorreta, vez que a competência para a criação de novos cargos deve ser formulada à Assembleia Legislativa pelo Tribunal Pleno do Tribunal de Contas (Regimento Interno, art. 12, VII), e não pelo Procurador-Geral do referido Ministério Público, como trouxe a alternativa.

Alternativa "b": alternativa incorreta, vez que a competência para a criação de novos cargos deve ser formulada à Assembleia Legislativa pelo Tribunal Pleno do Tribunal de Contas (Regimento Interno, art. 12, VII), e não pelo Órgão Especial do referido Ministério Público, como trouxe a alternativa.

Alternativa "c": alternativa correta, conforme previsão do art. 12, VII do Regimento Interno do Tribunal de Contas do Estado do Amazonas e do Ministério Público junto ao TCE/AM, transcrito na nota do autor supra.

Alternativa "d": alternativa incorreta, vez que a competência para a criação de novos cargos deve ser formulada à Assembleia Legislativa pelo Tribunal Pleno do Tribunal de Contas (Regimento Interno, art. 12, VII), e não pelo Presidente do Tribunal de Contas, como trouxe a alternativa.

Alternativa "e": alternativa incorreta, vez que a competência para a criação de novos cargos deve ser formulada à Assembleia Legislativa pelo Tribunal Pleno do Tribunal de Contas (Regimento Interno, art. 12, VII), e não pelo Governador do Estado, como trouxe a alternativa.

Alternativa correta: letra "c".

---

78. (FGV – Auditor de Controle Externo – TCE – PI/2021) O Tribunal de Contas do Estado do Piauí recebeu notícias, oriundas de representantes da sociedade civil organizada, no sentido de que as políticas públicas desenvolvidas por determinado Município eram precárias e não estavam melhorando a qualidade de vida da coletividade. Na medida em que a narrativa não descrevia nenhum ilícito em particular, bem como que a arrecadação do referido Município era sabidamente baixa, o Tribunal decidiu se inteirar da realidade desse ente federativo, de modo a definir o objeto da fiscalização a ser realizada.

À luz dessa narrativa, o instrumento de fiscalização a ser utilizado é:

a) o acompanhamento;

b) a tomada de contas;

c) o monitoramento;

d) o levantamento;

e) a inspeção.

COMENTÁRIOS

✪ **Nota do autor:** o art. 177 do Regimento Interno do Tribunal de Contas do Piauí, em seu art. 177 estabelece como instrumentos de fiscalização: a auditoria, a inspeção, o levantamento, o acompanhamento e o monitoramento. Os artigos seguintes detalham cada um desses instrumentos, sendo este o conhecimento exigido nesta questão.

Alternativa "a": alternativa incorreta, pois o acompanhamento não se presta à situação narrada no enunciado da questão. Assim, "Acompanhamento é o instrumento de fiscalização, seletivo e concomitante, utilizado pelo Tribunal para: I - examinar, ao longo de um período predeterminado, a legalidade e a legitimidade dos atos de gestão dos responsáveis sujeitos à sua jurisdição, quanto aos aspectos contábil, financeiro, orçamentário, operacional e patrimonial; II - avaliar, ao longo de um período predeterminado, o desempenho dos órgãos e das entidades jurisdicionadas, assim como dos sistemas, dos programas e das ações governamentais, quanto aos aspectos da economicidade, da eficiência e da eficácia dos atos praticado" (art. 182 do Regimento Interno do TCE/PI).

Alternativa "b": alternativa incorreta pois a tomada de contas será instaurada quando aqueles que forem obrigados a prestar contas não o façam na forma e nos prazos legalmente previstos e não na hipótese trazida pelo enunciado (art. 167, §1º do Regimento Interno do TCE/PI).

Alternativa "c": alternativa incorreta, pois o monitoramento não se presta à situação narrada no enunciado da questão. "O monitoramento é o instrumento de fiscalização utilizado pelo Tribunal para verificar o cumprimento de deliberações, determinações e recomendações e os seus respectivos resultados" (art. 183 do Regimento Interno do TCE/PI)

Alternativa "d": alternativa correta, vez que, conforme o art. 181 do Regimento Interno do Tribunal de Contas do Piauí, o levantamento é o instrumento de fiscalização utilizado pelo Tribunal para: "I - conhecer a organização e o funcionamento dos órgãos e das entidades da administração direta, indireta e fundacional do Estado e dos Municípios, incluindo fundos e demais instituições que lhe sejam jurisdicionadas, assim como dos sistemas, dos programas e das ações governamentais sob os aspectos contábil, financeiro, orçamentário, operacional e patrimonial; II - definir o objeto da fiscalização; III - indicar os meios e os instrumentos de fiscalização; IV - avaliar a viabilidade da realização de fiscalizações".

Alternativa "e": alternativa incorreta, já que a "Inspeção é o instrumento de fiscalização utilizado pelo Tribunal para: I - suprir omissões ou lacunas de informações; II - esclarecer dúvidas; III - examinar a legalidade, a legitimidade e a economicidade de atos específicos praticados pela administração ou por qualquer responsável sujeito à sua jurisdição; IV - apurar denúncias ou representações" (Art. 180 do Regimento Interno do TCE/PI).

Alternativa correta: letra "d".

---

79. (FGV – Auditor de Controle Externo – TCE – PI/2021) O Corregedor-Geral do Tribunal de Contas do Piauí, em momento anterior à instauração de sindicância administrativa (SA) ou processo administrativo disciplinar (PAD), recebeu a sugestão, de sua assessoria, de celebrar termo de ajustamento de conduta (TAC) com um servidor em estágio probatório, o qual, consciente e voluntariamente, tinha desviado, em benefício próprio, uma caixa com vinte canetas esferográficas. O Corregedor-Geral decidiu, corretamente, que o TAC:

a) não pode ser celebrado, isto em razão do elemento volitivo do agente e do fato de estar em estágio probatório;

b) pode ser celebrado, desde que, após realizada a avaliação da caixa de canetas desviada, se conclua pelo seu pequeno valor econômico;

c) somente poderia ser celebrado após a instauração da SA ou do PAD, sendo vedada a sua celebração com o servidor em estágio probatório;

d) pode ser celebrado, ainda que seja necessária uma averiguação, de modo a colher informações que permitam concluir pela sua conveniência;

e) não pode ser celebrado sem prévia provocação da Comissão de Sindicância ou da Comissão de Inquérito Administrativo, além da necessidade de aquiescência do superior hierárquico.

COMENTÁRIOS

✪ **Nota do autor:** a presente questão exigia conhecimento específico da Resolução TCE/PI nº 27, de 30 de junho de 2015 que disciplina o Termo de Ajustamento de Conduta como solução alternativa a incidentes disciplinares no âmbito do Tribunal de Contas do Estado do Piauí.

Alternativa "a": o §4º do art. 1º da Resolução TCE/PI nº 27, de 30 de junho de 2015 estabelece critérios para a aferição da conveniência e oportunidade da adoção do Ajustamento de conduta, quais sejam: I-) **inexistência de dolo ou má-fé** na conduta do servidor infrator; II-) que o histórico funcional do servidor ou a manifestação de superiores hierárquicos lhe abonem a conduta precedente; III-) que a solução mostre-se razoável no caso concreto; IV-) que a pena, em tese aplicável, seja punível com repreensão ou suspensão de até 10 (dez) dias; V-) **que o servidor não esteja em estágio probatório;** e VI-) que o servidor já não esteja sendo beneficiado com um Termo de Ajustamento de Conduta". Assim, considerando os incisos I e V supramencionados, o TAC apontado no enunciado da questão não pode ser celebrado, isto em razão do elemento volitivo do agente e do fato de estar em estágio probatório. Alternativa correta.

Alternativa "b": conforme análise dos critérios para a adoção do TAC, previstos, o §4º do art. 1º da Resolução TCE/PI nº 27, não é relevante o valor econômico do bem desviado. Por outro lado, considerando a existência do dolo e o fato de o servidor estar em estágio probatório o termo de ajustamento não poderá ser celebrado.

Alternativa "c": alternativa incorreta, vez que o §1º do art. 1º da Resolução TCE/PI nº 27 determina que "**o ajustamento de conduta proposto ao servidor dispensa instauração de Sindicância Administrativa e de Processo Administrativo Disciplinar**, exclui eventual aplicação de pena e leva em conta a possibilidade de melhora do agente e aperfeiçoamento do serviço, mediante a compreensão da transgressão por parte do servidor, e da assinatura de compromisso de ajuste perante o Corregedor-Geral".

Alternativa "d": o TAC não poderá ser celebrado nas condições apontadas pelo enunciado. Por outro lado, a Resolução TCE/PI nº 27/2015 determina, no §5º de seu art. 1º, que "para o esclarecimento das condições a que se refere o parágrafo anterior, poderá a autoridade determinar averiguação, que consistirá em uma coleta sigilosa e simplificada de informações que permitam concluir pela conveniência da medida".

Alternativa "e": é certo afirmar que o TAC não poderá ser celebrado, mas isto não se dá pelas razões trazidas no enunciado da presente alternativa, vez que não é necessária a prévia provocação da Comissão de Sindicância ou da Comissão de Inquérito Administrativo, tampouco a aquiescência do superior hierárquico. Alternativa errada.

Alternativa correta: letra "a".

80. (FGV – Auditor de Controle Externo – TCE – PI/2021) O Controlador do Tribunal de Contas do Estado do Piauí recebeu de sua assessoria quatro minutas de pronunciamentos que deveria exarar. Essas minutas consistiam em:

1. recomendação endereçada ao Presidente do Tribunal de Contas a respeito da observância das normas de finanças públicas;
2. ato normativo visando à organização dos seus serviços;
3. requisitar a realização de auditoria em ente sujeito à fiscalização do Tribunal de Contas;
4. receber notícias sobre irregularidades na gestão pública.

À luz da sistemática regimental, são compatíveis com as competências do Controlador as minutas referidas:

a) em 1, 2, 3 e 4;

b) apenas em 1 e 2;

c) apenas em 3 e 4;

d) apenas em 1, 2 e 3;

e) apenas em 2, 3 e 4.

COMENTÁRIOS

✪ **Nota do autor:** as competências do Controlador do Tribunal de Contas do Estado do Piauí foram previstas no art. 34 da Lei nº 5.888/2009 que dispões sobre a Lei Orgânica do Tribunal de Contas do Estado do Piauí. São elas: "I - exercer a coordenação e a supervisão dos serviços de controle interno nas unidades que integram a estrutura organizacional do Tribunal de Contas; II - **comprovar a legalidade e a legitimidade**, e avaliar os resultados, quanto à eficácia e eficiência da gestão orçamentária, financeira e patrimonial do Tribunal de Contas; III - representar ao Plenário do Tribunal sobre ilegalidades ou irregularidades cometidas na gestão orçamentária, financeira e patrimonial do Tribunal de Contas; **IV - emitir parecer sobre as contas prestadas anualmente pelo Presidente do Tribunal de Contas**, bem como sobre as contas daqueles que, por delegação, ordenarem despesas ou praticarem atos de gestão no âmbito do Tribunal de Contas do Estado."

Alternativa "a": os itens 1 e 2 são compatíveis com as competências do Controlador. Já o item 3 diz respeito ao sistema de controle interno (art. 92, §3º, I – organizar e executar, por iniciativa própria ou por determinação do Tribunal de Contas do Estado, auditoria contábil, financeira, orçamentária, operacional e patrimonial nas unidades administrativas sob seu controle, enviando ao Tribunal os respectivos relatórios). Por fim, o recebimento de notícias sobre irregularidades na gestão pública é competência do Ouvidor e não do Controlador, conforme previsão do art. 32, I, da Lei Orgânica do TCE/PI.

Alternativa "b": alternativa correta, na medida em que apenas os itens 1 e 2 estão de acordo com as competências do Controlador do Tribunal de Contas do Estado do PI, conforme art. art. 34 da Lei nº 5.888/2009, supratranscrito.

Alternativa "c": alternativa incorreta. Conforme análise da alternativa "a", nem o item 3 nem o 4 correspondem às competências legais do Controlador do TCE/PI.

Alternativa "d": alternativa incorreta. Apesar de os itens 1 e 2 estarem em conformidade com as competências do Controlador, o item 3 não se encaixa nessas hipóteses, conforme análise apontada na alternativa "a".

Alternativa "e": alternativa incorreta. Apesar de o item 2 estar em conformidade com as competências do Controlador, os itens 3 e 4 não se encaixam nessas hipóteses, conforme análise apontada na alternativa "a".

Alternativa correta: letra "b".

8. MINISTÉRIO PÚBLICO NO TCU E TCES

81. CEBRASPE - 2023 - TCE/RJ - Procurador

Acerca da natureza jurídica dos tribunais de contas, bem como da forma de investidura de seus membros, dos seus direitos, das suas prerrogativas e das suas vedações, julgue o item seguinte.

O exercício de atividade político-partidária é vedado aos membros do MP que atuam junto aos tribunais de contas.

COMENTÁRIOS

✪ **Nota do autor:** item correto, vez que o art. 128, §5º, II, e, estabelece, dentre as vedações aplicáveis aos membros do Ministério Público o exercício de atividade político-partidária.

Item certo.

82. FGV - 2024 - TCE/PA - Auditor de Controle Externo

Atenção: para resolução da questão seguinte, considere:

- RITCE-PA: Regimento Interno do Tribunal de Contas do Estado do Pará.
- LOTCE-PA: Lei Orgânica do Tribunal de Contas do Estado do Pará.
- EFS: Entidades Fiscalizadoras Superiores.

O TCU tem sede no Distrito Federal e compõe-se de nove ministros, nomeados pelo Presidente da República, dentre os quais um terço, mediante aprovação do Senado Federal, e dois terços indicados pelo Congresso Nacional. (...) Junto ao Tribunal, funciona um Ministério Público especializado, composto por um Procurador-Geral, três Subprocuradores-gerais e quatro Procuradores. (ZIMLER, Benjamin. Direito Administrativo e Controle. Ed. Fórum, p. 171)

Sobre o Ministério Público especializado a que se refere o texto, assinale a afirmativa correta.

a) Possui autonomia financeira e administrativa.
b) Possui personalidade judiciária, inclusive para propor ações de inconstitucionalidade perante os Tribunais Superiores.
c) Possui autonomia para gerir e prover seus recursos humanos, inclusive quanto ao pessoal de apoio administrativo.
d) Ao Ministério Público junto ao TCU se aplicam os princípios institucionais da unidade, da indivisibilidade e da independência funcional.
e) Poderá ajuizar a ação civil pública e outras ações de tutela coletiva perante o Tribunal de Contas da União.

COMENTÁRIOS

✪ **Nota do autor:** para um melhor aproveitamento em questões que tratam da estrutura e dos objetivos do Ministério Público junto ao Tribunal de Contas, compete ao(à) candidato(a) um estudo voltado à memorização das disposições contidas nos arts. 80 a 84, da lei nº 8.443/92 que dispõe sobre a Lei Orgânica do Tribunal de Contas da União.

Alternativa "a": alternativa errada. Segundo o STF, "É inconstitucional, por violação aos arts. 130 e 75 da CF/1988, norma estadual que confere autonomia administrativa e orçamentária ao Ministério Público Estadual junto ao Tribunal de Contas, garantida a independência funcional de seus membros e os meios necessários para o desempenho da função". (ADI 5.254/PA, rel. Min. Luís Roberto Barroso, j. 21.08.2024. Info 1147).

Alternativa "b": alternativa errada. O Ministério Público junto ao Tribunal de Contas não se encontra no rol de legitimados para a propositura de ações de inconstitucionalidade perante os Tribunais Superiores.

Alternativa "c": alternativa errada. O MP junto ao TCU não conta com autonomia para gerir e prover seus recursos humanos, inclusive quanto ao pessoal de apoio administrativo.

Alternativa "d": alternativa certa. O art. 80 da Lei Orgânica do TCU (lei nº 8.443/92) determina que "O Ministério Público junto ao Tribunal de Contas da União, ao qual se aplicam os princípios institucionais da unidade, da indivisibilidade e da independência funcional, compõe-se de um procurador-geral, três subprocuradores-gerais e quatro procuradores, nomeados pelo Presidente da República, dentre brasileiros, bacharéis em direito".

Alternativa "e": alternativa errada. Nesse sentido, há que se destacar a tese fixada pelo STF no tema 1044: "O Ministério Público de Contas não tem legitimidade para impetrar mandado de segurança em face de acórdão do Tribunal de Contas perante o qual atua".

Alternativa correta: letra "d".

---

83. COPEVE-UFAL – 2022 – Agente de Controle Externo

Dadas as afirmativas sobre o Ministério Público de Contas,

I. Goza de autonomia administrativa, financeira e orçamentária.

II. O Ministério Público de Contas tem legitimidade para impetrar mandado de segurança em face de acórdão do Tribunal de Contas.

III. As prerrogativas dos Ministérios Públicos, junto aos Tribunais de Contas, estão previstas nos regimentos internos e nas leis orgânicas dos Tribunais de Contas.

verifica-se que está(ão) correta(s)

a) I, apenas.
b) III, apenas.
c) I e II, apenas.
d) II e III, apenas.
e) I, II e III.

COMENTÁRIOS

✪ **Nota do autor**: "Junto ao TCU funciona o Ministério Público conforme disciplina dos arts. 80 a 84 da lei 8.443/92. Assim, o MP junto ao TCU, ao qual se aplicam os princípios institucionais da unidade, da indivisibilidade e da independência funcional, compõe-se de um procurador-geral, três subprocuradores-gerais e quatro procuradores, nomeados pelo Presidente da República, dentre brasileiros, bacharéis em direito." (Vilela, Danilo Vieira. Direito Financeiro. 7.ed. São Paulo: Juspodivm, 2025. p. 417)

Item I: errado. Segundo o STF, "É inconstitucional, por violação aos arts. 130 e 75 da CF/1988, norma estadual que confere autonomia administrativa e orçamentária ao Ministério Público Estadual junto ao Tribunal de Contas, garantida a independência funcional de seus membros e os meios necessários para o desempenho da função". (ADI 5.254/PA, rel. Min. Luís Roberto Barroso, j. 21.08.2024. Info 1147).

Item II: errado. Tese fixada pelo STF no tema 1044: "O Ministério Público de Contas não tem legitimidade para impetrar mandado de segurança em face de acórdão do Tribunal de Contas perante o qual atua".

Item III: certo. É correto afirmar que as prerrogativas dos Ministérios Públicos, junto aos Tribunais de Contas, estão previstas nos regimentos internos e nas leis orgânicas dos Tribunais de Contas.

Alternativa correta: letra "b".

Controle Externo

Danilo Vieira Vilela

✦ DICAS

1. ESPÉCIES DE CONTROLE

IMPORTANTE

CRFB/88, Art. 70. A fiscalização contábil, financeira, orçamentária, operacional e patrimonial da União e das entidades da administração direta e indireta, quanto à legalidade, legitimidade, economicidade, aplicação das subvenções e renúncia de receitas, será exercida pelo Congresso Nacional, mediante controle externo, e pelo sistema de controle interno de cada Poder.

Parágrafo único. Prestará contas qualquer pessoa física ou jurídica, pública ou privada, que utilize, arrecade, guarde, gerencie ou administre dinheiros, bens e valores públicos ou pelos quais a União responda, ou que, em nome desta, assuma obrigações de natureza pecuniária.

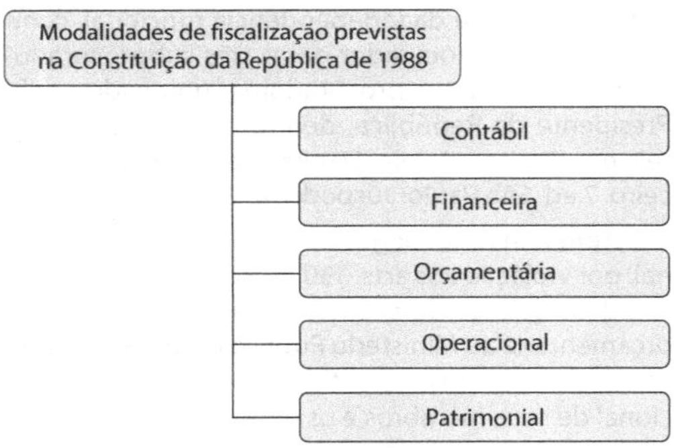

Segundo José Afonso da Silva (Curso de Direito Constitucional Positivo, Malheiros Editores, 25. ed, pág. 749-752), já que cabe ao Legislativo criar as leis, também a ele cabe a função de fiscalizar seu cumprimento pelo Executivo. Lembra o autor que a doutrina faz a classificação sem muita precisão de sentido, podendo os controles serem classificados em:

- **quanto à natureza dos fatos controlados**, em controle contábil, financeiro (sobre receitas e despesas), operacional (que envolve o resultado) e patrimonial (visando verificar a legitimidade dos acréscimos e diminuições de patrimônio);
- **quanto ao momento de seu exercício**, em controle *a priori*, concomitante e *a posteriori*;
- **quanto à natureza dos organismos controladores**, em controle administrativo (exercido pela própria Administração), jurisdicional (exercido pelo Poder Judiciário) e controle político (praticado pelo Parlamento);
- **quanto aos tipos**, os artigos 70 e 74 da Constituição Federal distinguem: controle da legalidade, controle de legitimidade (que a Constituição tem como diverso da legalidade, admitindo assim que possa se verificar se certa despesa, apesar de legal, é legítima, por atender ou não – por exemplo – a ordem de prioridades do PPA), controle de economicidade (para verificar se o órgão procedeu, na aplicação da despesa, do modo mais econômico possível, numa adequada relação custo-benefício), controle da fidelidade funcional dos agentes da administração responsáveis por bens e valores públicos e, finalmente, controle de resultados (de cumprimento de programa de trabalho e metas).

Quanto aos sistemas de controle, pode ser interno ou externo. O **controle interno** é aquele exercido na esfera de um mesmo Poder, seja através do controle hierárquico ou por meio de outros órgãos internos sem hierarquia com o órgão controlado, bem como o controle que a administração direta exerce sobre a administração indireta. Ou seja: o controle interno é interno ao próprio Poder. Já o **controle externo** é exercido por um Poder sobre os atos praticados por outro Poder (como o controle do Legislativo, com auxílio do Tribunal de Contas, sobre o Executivo, o controle do Judiciário anulando um ato do Poder Executivo etc.). Há também o controle externo popular, que é feito pela população, como no caso das contas que ficam à disposição dos cidadãos. Assim, o controle externo em sentido amplo abrange o controle externo em sentido mais restrito, de competência do Congresso Nacional, com auxílio do Tribunal de Contas da União.

De acordo com Odete Medauar (Direito Administrativo Moderno, Editora Revista dos Tribunais, 9ª ed., pág. 442-454) os **principais mecanismos de controle interno** são recursos administrativos; autocontrole; controle hierárquico; controle de gestão; inspeção, auditoria e correição; supervisão; pareceres vinculantes; ouvidoria; controle financeiro; e controle da administração indireta. A autora destaca que "o controle administrativo ou tutela ou supervisão sobre entidades da Administração indireta não significa, do ponto de vista jurídico, subordinação hierárquica" – sendo que o decreto 200/67 denomina "supervisão ministerial" o controle exercido pelo Ministério sobre entidades da Administração indireta a ele vinculadas.

Outros autores classificam, quanto à **natureza do controle**, em controle de legalidade e do mérito. O controle da legalidade confronta a norma jurídica com a conduta administrativa praticada. Por sua vez, o **controle de mérito**, conforme Hely Lopes Meirelles (Direito Administrativo Brasileiro, Malheiros Editores, 23. ed, pág. 547) "é todo aquele que visa à comprovação da eficiência, do resultado, da conveniência ou oportunidade do ato controlado". Ou seja: o **controle de mérito analisa a oportunidade e a conveniência da medida adotada.**

Explicando melhor quanto ao **momento de controle**, o controle pode ser:

- **prévio ou preventivo**: se dá antes da conclusão do ato administrativo, ou mesmo antes do início de sua prática, sendo requisito de validade para que o ato produza efeitos;
- **concomitante:** se dá durante a execução do ato, verificando sua regularidade;
- **subsequente ou corretivo**: ocorre após a conclusão do ato, visando conferir eficácia a este, corrigir seus eventuais defeitos, ou ainda revogá-lo, cassá-lo ou declará-lo nulo.

Competências dos Tribunais de Contas

De acordo com a publicação "Conhecendo o Tribunal – 5ª edição", publicada pelo Tribunal de Contas da União e disponível em seu portal, o TCU julga as contas dos administradores e demais responsáveis por dinheiro, bens e valores públicos federais e as contas de qualquer pessoa, física ou jurídica, que ocasionar perda, extravio ou outra irregularidade de que resulte prejuízo ao erário. São competências constitucionais e privativas do TCU as estabelecidas nos artigos 33, § 2º, 70, 71, 72, § 1º, 74, § 2º, e 161, parágrafo único, da Constituição Federal. As competências constitucionais estão relacionadas a seguir:

- apreciar as contas anuais prestadas pelo Presidente da República, mediante parecer prévio, que deverá ser elaborado em sessenta dias a contar de seu recebimento (art. 71, I);
- julgar as contas dos administradores e demais responsáveis por dinheiros, bens e valores públicos da administração direta e indireta, incluídas as fundações e sociedades instituídas e mantidas pelo poder público federal, e as contas daqueles que derem causa a perda, extravio ou outra irregularidade de que resulte prejuízo ao erário público (art. 33, § 2º, e art. 71, II);
- apreciar, para fins de registro, a legalidade dos atos de admissão de pessoal, a qualquer título, na administração direta e indireta, incluídas as fundações instituídas e mantidas pelo poder público, excetuadas as nomeações para cargo de provimento em comissão, bem como a das concessões de aposentadorias, reformas e pensões, ressalvadas as melhorias posteriores que não alterem o fundamento legal do ato concessório (art. 71, III);
- realizar, por iniciativa própria, da Câmara dos Deputados, do Senado Federal, de comissão técnica ou de inquérito, inspeções e auditorias de natureza contábil, financeira, orçamentária, operacional e patrimonial, nas unidades administrativas dos Poderes Legislativo, Executivo e Judiciário, e demais entidades referidas no inciso II (art. 71, IV).
- fiscalizar as contas nacionais das empresas supranacionais de cujo capital social a União participe, de forma direta ou indireta, nos termos do tratado constitutivo (art. 71, V);
- fiscalizar a aplicação de quaisquer recursos repassados pela União, mediante convênio, acordo, ajuste ou outros instrumentos congêneres, a Estado, ao Distrito Federal ou a Município (art. 71, VI);
- prestar as informações solicitadas pelo Congresso Nacional, por qualquer de suas Casas, ou por qualquer das respectivas comissões, sobre a fiscalização contábil, financeira, orçamentária, operacional e patrimonial e sobre resultados de auditorias e inspeções realizadas (art. 71, VIII);
- assinar prazo para que o órgão ou entidade adote as providências necessárias ao exato cumprimento da lei, se verificada ilegalidade (art. 71, IX);
- sustar, se não atendido, a execução do ato impugnado, comunicando a decisão à Câmara dos Deputados e ao Senado Federal (art. 71, X). No caso de contrato, o ato de sustação será adotado diretamente pelo Congresso Nacional, que solicitará, de imediato, ao Poder Executivo as medidas cabíveis. Se o Congresso Nacional ou o Poder Executivo, no prazo de noventa dias, não efetivar as medidas previstas, o Tribunal decidirá a respeito (art. 71, § 1º e 2º);
- representar ao Poder competente sobre irregularidades ou abusos apurados (art. 71, XI);
- fiscalizar as aplicações de subvenções e a renúncia de receitas (art. 70);
- emitir pronunciamento conclusivo, por solicitação da Comissão Mista de Orçamento, sobre despesas não autorizadas, ainda que sob a forma de investimentos não programados ou de subsídios não aprovados (art. 72, § 1º);
- apurar denúncias apresentadas por qualquer cidadão, partido político, associação ou sindicato sobre irregularidades ou ilegalidades (art. 74, § 2º);
- fixar os coeficientes dos fundos de participação dos Estados, do Distrito Federal e dos Municípios e fiscalizar a entrega dos recursos aos governos estaduais e às prefeituras (art. 161, parágrafo único).

Diversas outras competências infraconstitucionais estão previstas para o TCU. Ainda de acordo com a publicação "Conhecendo o Tribunal – 5ª edição", são as principais: julgar representações apresentadas por licitante, contratado ou qualquer pessoa física ou jurídica acerca de irregularidade na aplicação da Lei de Licitações e Contratos; acompanhar e fiscalizar os processos de desestatização; criar e manter página na *internet* para divulgação de dados e informações relativas a contas públicas e fiscalizar o cumprimento das normas fixadas pela Lei de Responsabilidade Fiscal.

Abaixo compilamos alguns dos principais dispositivos infraconstitucionais que estabelecem competências do TCU:

- **Lei 8.429/1992 (com redação alterada pela lei nº 14.230/2021) – (trata sobre sanções a agentes públicos)** Art. 15. A comissão processante dará conhecimento ao Ministério Público e ao Tribunal ou Conselho de Contas da existência de procedimento administrativo para apurar a prática de ato de improbidade. Parágrafo único. O Ministério Público ou Tribunal ou Conselho de Contas poderá, a requerimento, designar representante para acompanhar o procedimento administrativo. (...) Art. 21. A aplicação das sanções previstas nesta lei independe: I – da efetiva ocorrência de dano ao patrimônio público, salvo quanto à pena de ressarcimento e às condutas previstas no art. 10 desta Lei; II – da aprovação ou rejeição das contas pelo órgão de controle interno ou pelo Tribunal ou Conselho de Contas.
- **Lei 14.133/2021 (Nova Lei de Licitações e Contratos Administrativos)** Art. 141. No dever de pagamento pela Administração, será observada a ordem cronológica para cada fonte diferenciada de recursos, subdividida nas seguintes categorias de contratos: I – fornecimento de bens; II – locações; III – prestação de serviços; IV – realização de obras. § 1º A ordem cronológica referida no **caput** deste artigo poderá ser alterada, mediante prévia justificativa da autoridade competente e posterior comunicação ao órgão de controle interno da Administração e ao tribunal de contas competente, exclusivamente nas seguintes situações: I – grave perturbação da ordem, situação de emergência ou calamidade pública; II – pagamento a microempresa, empresa de pequeno porte, agricultor familiar, produtor rural pessoa física, microempreendedor individual e sociedade cooperativa, desde que demonstrado o risco de descontinuidade do cumprimento do objeto do contrato; III – pagamento de serviços necessários ao funcionamento dos sistemas estruturantes, desde que demonstrado o risco de descontinuidade do cumprimento do objeto do contrato; IV – pagamento de direitos oriundos de contratos em caso de falência, recuperação judicial ou dissolução da empresa contratada; V – pagamento de contrato cujo objeto seja imprescindível para assegurar a integridade do patrimônio público ou para manter o funcionamento das atividades finalísticas do órgão ou entidade, quando demonstrado o risco de descontinuidade da prestação de serviço público de relevância ou o cumprimento da missão institucional. § 2º A inobservância imotivada da ordem cronológica referida no **caput** deste artigo ensejará a apuração de responsabilidade do agente responsável, cabendo aos órgãos de controle a sua fiscalização. § 3º O órgão ou entidade deverá disponibilizar, mensalmente, em seção específica de acesso à informação em seu sítio na internet, a ordem cronológica de seus pagamentos, bem como as justificativas que fundamentarem a eventual alteração dessa ordem. Art. 169. As contratações públicas deverão submeter-se a práticas contínuas e permanentes de gestão de riscos e de controle preventivo, inclusive mediante adoção de recursos de tecnologia da informação, e, além de estar subordinadas ao controle social, sujeitar-se-ão às seguintes linhas de defesa: I – primeira linha de defesa, integrada por servidores e empregados públicos, agentes de licitação e autoridades que atuam na estrutura de governança do órgão ou entidade; II – segunda linha de defesa, integrada pelas unidades de assessoramento jurídico e de controle interno do próprio órgão ou entidade; III – terceira linha de defesa, integrada pelo órgão central de controle interno da Administração e pelo tribunal de contas. [...] Art. 170. Os órgãos de controle adotarão, na fiscalização dos atos previstos nesta Lei, critérios de oportunidade, materialidade, relevância e risco e considerarão as razões apresentadas pelos órgãos e entidades responsáveis e os resultados obtidos com a contratação, observado o disposto no § 3º do art. 169 desta Lei. § 1º As razões apresentadas pelos órgãos e entidades responsáveis deverão ser encaminhadas aos órgãos de controle até a conclusão da fase de instrução do processo e não poderão ser desentranhadas dos autos. § 2º A omissão na prestação das informações não impedirá as deliberações dos órgãos de controle nem retardará a aplicação de qualquer de seus prazos de tramitação e de deliberação. § 3º Os órgãos de controle desconsiderarão os documentos impertinentes, meramente protelatórios ou de nenhum interesse para o esclarecimento dos fatos. § 4º Qualquer licitante, contratado ou pessoa física ou jurídica poderá representar aos órgãos de controle interno ou ao tribunal de contas competente contra irregularidades na aplicação desta Lei. Art. 171. Na fiscalização de controle será observado o seguinte: I – viabilização de oportunidade de manifestação aos gestores sobre possíveis propostas de encaminhamento que terão impacto significativo nas rotinas de trabalho dos órgãos e entidades fiscalizados, a fim de que eles disponibilizem subsídios para avaliação prévia da relação entre custo e benefício dessas possíveis proposições; II – adoção de procedimentos objetivos e imparciais e elaboração de relatórios tecnicamente fundamentados, baseados exclusivamente nas evidências obtidas e

organizados de acordo com as normas de auditoria do respectivo órgão de controle, de modo a evitar que interesses pessoais e interpretações tendenciosas interfiram na apresentação e no tratamento dos fatos levantados; III – definição de objetivos, nos regimes de empreitada por preço global, empreitada integral, contratação semi-integrada e contratação integrada, atendidos os requisitos técnicos, legais, orçamentários e financeiros, de acordo com as finalidades da contratação, devendo, ainda, ser perquirida a conformidade do preço global com os parâmetros de mercado para o objeto contratado, considerada inclusive a dimensão geográfica. § 1º Ao suspender cautelarmente o processo licitatório, o tribunal de contas deverá pronunciar-se definitivamente sobre o mérito da irregularidade que tenha dado causa à suspensão no prazo de 25 (vinte e cinco) dias úteis, contado da data do recebimento das informações a que se refere o § 2º deste artigo, prorrogável por igual período uma única vez, e definirá objetivamente: I – as causas da ordem de suspensão; II – o modo como será garantido o atendimento do interesse público obstado pela suspensão da licitação, no caso de objetos essenciais ou de contratação por emergência. § 2º Ao ser intimado da ordem de suspensão do processo licitatório, o órgão ou entidade deverá, no prazo de 10 (dez) dias úteis, admitida a prorrogação: I – informar as medidas adotadas para cumprimento da decisão; II – prestar todas as informações cabíveis; III – proceder à apuração de responsabilidade, se for o caso. § 3º A decisão que examinar o mérito da medida cautelar a que se refere o § 1º deste artigo deverá definir as medidas necessárias e adequadas, em face das alternativas possíveis, para o saneamento do processo licitatório, ou determinar a sua anulação. § 4º O descumprimento do disposto no § 2º deste artigo ensejará a apuração de responsabilidade e a obrigação de reparação do prejuízo causado ao erário. Art. 173. Os tribunais de contas deverão, por meio de suas escolas de contas, promover eventos de capacitação para os servidores efetivos e empregados públicos designados para o desempenho das funções essenciais à execução desta Lei, incluídos cursos presenciais e a distância, redes de aprendizagem, seminários e congressos sobre contratações públicas.

- **Lei 10.028/2000 (Lei de Crimes de Responsabilidade Fiscal)**. Art. 5° Constitui infração administrativa contra as leis de finanças públicas: I – deixar de divulgar ou de enviar ao Poder Legislativo e ao Tribunal de Contas o relatório de gestão fiscal, nos prazos e condições estabelecidos em lei; II – propor lei de diretrizes orçamentárias anual que não contenha as metas fiscais na forma da lei; III – deixar de expedir ato determinando limitação de empenho e movimentação financeira, nos casos e condições estabelecidos em lei; IV – deixar de ordenar ou de promover, na forma e nos prazos da lei, a execução de medida para a redução do montante da despesa total com pessoal que houver excedido a repartição por Poder do limite máximo. § 1° A infração prevista neste artigo é punida com multa de trinta por cento dos vencimentos anuais do agente que lhe der causa, sendo o pagamento da multa de sua responsabilidade pessoal. § 2° A infração a que se refere este artigo será processada e julgada pelo Tribunal de Contas a que competir a fiscalização contábil, financeira e orçamentária da pessoa jurídica de direito público envolvida.
- **Lei 11.079/2004 (normas gerais para PPA – Parcerias Público-Privadas).** Art. 14. Será instituído, por decreto, órgão gestor de parcerias público-privadas federais (...). § 5° O órgão de que trata o caput deste artigo remeterá ao Congresso Nacional e ao Tribunal de Contas da União, com periodicidade anual, relatórios de desempenho dos contratos de parceria público-privada.
- **Lei 11.107/2005 (normas sobre consórcios públicos).** Art. 9° parágrafo único: o consórcio público está sujeito à fiscalização contábil, operacional e patrimonial pelo Tribunal de Contas competente para apreciar as contas do Chefe do Poder Executivo representante legal do consórcio, inclusive quanto à legalidade, legitimidade e economicidade das despesas, atos, contratos e renúncia de receitas, sem prejuízo do controle externo a ser exercido em razão de cada um dos contratos de rateio.
- **Lei Complementar 101/2000 com redação alterada pela LC 178/2021 (LRF – Lei de Responsabilidade Fiscal).** Art. 56. As contas prestadas pelos Chefes do Poder Executivo incluirão, além das suas próprias, as dos Presidentes dos órgãos dos Poderes Legislativo e Judiciário e do Chefe do Ministério Público, referidos no art. 20, as quais receberão parecer prévio, separadamente, do respectivo Tribunal de Contas. § 1° As contas do Poder Judiciário serão apresentadas no âmbito: I – da União, pelos Presidentes do Supremo Tribunal Federal e dos Tribunais Superiores, consolidando as dos respectivos tribunais; II – dos Estados, pelos Presidentes dos Tribunais de Justiça, consolidando as dos demais tribunais. § 2° O parecer sobre as contas dos Tribunais de Contas será proferido no prazo previsto no art. 57 pela comissão mista permanente referida no § 1° do art. 166 da Constituição ou equivalente das Casas Legislativas estaduais e municipais. § 3° Será dada ampla divulgação dos resultados da apreciação das contas, julgadas ou tomadas. Art. 57. Os Tribunais de Contas emitirão parecer prévio conclusivo sobre as contas no prazo de sessenta dias do recebimento, se outro não estiver estabelecido nas constituições estaduais ou nas leis orgânicas municipais. § 1° No caso de Municípios que não sejam

capitais e que tenham menos de duzentos mil habitantes o prazo será de cento e oitenta dias. § 2° Os Tribunais de Contas não entrarão em recesso enquanto existirem contas de Poder, ou órgão referido no art. 20, pendentes de parecer prévio. (...) Art. 59. O Poder Legislativo, diretamente ou com o auxílio dos Tribunais de Contas, e o sistema de controle interno de cada Poder e do Ministério Público, fiscalizarão o cumprimento desta Lei Complementar, consideradas as normas de padronização metodológica editadas pelo conselho de que trata o art. 67, com ênfase no que se refere a: I – atingimento das metas estabelecidas na lei de diretrizes orçamentárias; II – limites e condições para realização de operações de crédito e inscrição em Restos a Pagar; III – medidas adotadas para o retorno da despesa total com pessoal ao respectivo limite, nos termos dos artigos. 22 e 23; IV – providências tomadas, conforme o disposto no art. 31, para recondução dos montantes das dívidas consolidada e mobiliária aos respectivos limites; V – destinação de recursos obtidos com a alienação de ativos, tendo em vista as restrições constitucionais e as desta Lei Complementar; VI – cumprimento do limite de gastos totais dos legislativos municipais, quando houver. § 1° Os Tribunais de Contas alertarão os Poderes ou órgãos referidos no art. 20 quando constatarem: I – a possibilidade de ocorrência das situações previstas no inciso II do art. 4° e no art. 9°; II – que o montante da despesa total com pessoal ultrapassou 90% (noventa por cento) do limite; III – que os montantes das dívidas consolidada e mobiliária, das operações de crédito e da concessão de garantia se encontram acima de 90% (noventa por cento) dos respectivos limites; IV – que os gastos com inativos e pensionistas se encontram acima do limite definido em lei; V – fatos que comprometam os custos ou os resultados dos programas ou indícios de irregularidades na gestão orçamentária. § 2° Compete ainda aos Tribunais de Contas verificar os cálculos dos limites da despesa total com pessoal de cada Poder e órgão referido no art. 20. § 3° O Tribunal de Contas da União acompanhará o cumprimento do disposto nos §§ 2°, 3° e 4° do art. 39.

Entendimentos recentes do tcu sobre sua competência (Vilela, Danilo Vieira. Direito Financeiro. Coleção Sinopses para Concursos. v. 37. 7.ed. São Paulo: Juspodivm, 2025. p. 411-415)

- Não compete ao TCU atuar em casos de inadimplência de particulares, pessoas físicas ou jurídicas, no pagamento de serviços a eles prestados por órgãos ou entidades da Administração Pública. A cobrança de dívidas oriundas de relações comerciais inadimplidas deve ser feita por meio dos instrumentos próprios disponíveis para os agentes públicos. Acórdão 2210/2024 Plenário (Tomada de Contas Especial, Relator Ministro-Substituto Weder de Oliveira) (TCU, Boletim de Jurisprudência 516;
- Compete ao TCU verificar o atendimento prévio, pelo Poder Executivo, das condições estabelecidas no ordenamento jurídico, em especial na Lei de Responsabilidade Fiscal e na respectiva Lei de Diretrizes Orçamentárias, para criação ou ampliação de benefícios tributários que resultem em renúncias de receitas (arts. 70 e 71, *caput*, da Constituição Federal c/c art. 1º, § 1º, da Lei 8.443/1992). Acórdão 2090/2024 Plenário (Representação, Relator Ministro Jorge Oliveira) (TCU, Boletim de Jurisprudência 513);
- Compete ao TCU fiscalizar recursos do SUS repassados aos entes federados na modalidade de transferência fundo a fundo, uma vez que constituem recursos originários da União e, portanto, sujeitam-se à fiscalização do Tribunal, sendo irrelevante se tratar de transferência legal, e não de transferência voluntária. Acórdão 1681/2024 Plenário (Recurso de Reconsideração, Relator Ministro Jhonatan de Jesus) (TCU, Boletim de Jurisprudência 508);
- Os serviços sociais autônomos se sujeitam ao controle do TCU, uma vez que administram recursos públicos de natureza tributária, advindos de contribuições parafiscais e destinados ao atendimento de fins de interesse público Acórdão 5131/2024 Primeira Câmara (Recurso de Reconsideração, Relator Ministro Jhonatan de Jesus) (TCU, Boletim de Jurisprudência 502);

A absolvição penal por atipicidade de conduta (art. 386, III, do Código de Processo Penal) não afasta a responsabilidade administrativa do gestor perante o TCU, em face do princípio da independência de instâncias. Tal responsabilidade só é afastada quando a absolvição penal declara a inexistência do fato ou a negativa de autoria. Acórdão 4402/2024 Primeira Câmara (Recurso de Reconsideração, Relator Ministro Jhonatan de Jesus) (TCU, Boletim de Jurisprudência 500);

- Compete ao TCU a fiscalização dos procedimentos administrativos implantados pelos entes da Administração Pública Federal com vistas ao cumprimento das disposições da Lei 12.527/2011 (Lei de Acesso à Informação), pois constituem atos de gestão que se submetem ao princípio da publicidade (art. 37, *caput*, da Constituição Federal), estando, portanto, sujeitos ao controle do Tribunal. Acórdão 669/2024 Plenário (Pedido de Reexame, Relator Ministro Walton Alencar Rodrigues) (TCU, Boletim de Jurisprudência 489);
- A existência de acordo de não persecução penal, firmado com o Ministério Público Federal e homologado pelo Poder Judiciário, por meio do qual o responsável se compromete a reparar integral-

mente o dano ao erário, não afasta a jurisdição do TCU, diante do princípio da independência de instâncias. Apenas a sentença absolutória no juízo criminal fundada no reconhecimento da inexistência material do fato ou na negativa de autoria tem aptidão para impedir a responsabilização civil e administrativa. Eventual ressarcimento do débito no âmbito do acordo pode ser aferido na fase de cobrança executiva do título condenatório do Tribunal. Acórdão 1208/2024 Segunda Câmara (Tomada de Contas Especial, Relator Ministro Vital do Rêgo) (TCU, Boletim de Jurisprudência 483);

- Competência do TCU. Os administradores da Eletrobrás com poderes societários advindos da parcela de ações detidas pela União, ou os representantes da União da assembleia-geral, ou, ainda, aqueles que tenham o poder de indicar os interesses da União a serem levados em assembleia-geral podem ser sancionados pelo TCU, com base nos artigos 58 ou 60 da Lei 8.443/1992, em face de condutas omissivas ou comissivas irregulares praticadas em revelia aos seus deveres fiduciários estabelecidos na Lei 6.404/1976, redundando em ato de gestão ruinosa ou de liberalidade às custas da companhia, podendo, ademais, no 2 caso de atos praticados anteriormente à privatização da empresa, terem suas contas julgadas irregulares. Exclui-se a responsabilidade dos representantes da União na assembleia-geral, no exercício do seu poder de representação, quando atuarem nos limites das demandas e informações transmitidas pelo Ministério da Fazenda, salvo em caso de ordem manifestamente ilegal, nos termos do art. 116, inciso IV, da Lei 8.112/1990, c/c arts. 1º, inciso V, e 10, inciso V, alínea a, do Decreto-Lei 147/1967 e art. 20, inciso IX, alínea d, do Anexo I do Decreto 11.344/2023, bem como com os arts. 1º a 5º e 7º do Decreto 89.309/1984. (ALTERA ENTENDIMENTO DO ACÓRDÃO 1134/2023-PLENÁRIO Acórdão 2352/2023 Plenário (Embargos de Declaração, Relator Ministro Benjamin Zymler) (TCU, Boletim de Jurisprudência 475);
- O TCU tem competência para analisar a regularidade da destinação dada pelo Ministério Público da União (MPU) e pela Defensoria Pública da União (DPU) aos recursos oriundos de multas, indenizações e restituições pactuadas em termo de ajustamento de conduta (TAC), acordos de leniência e de colaboração premiada, ou provenientes de ações civis públicas, pois tais recursos são de natureza pública. Acórdão 1955/2023 Plenário (Representação, Relator Ministro Vital do Rêgo) (TCU, Boletim de Jurisprudência 466);
- No âmbito de acordo de solução consensual (IN TCU 91/2022) subscrito por jurisdicionados, o TCU atua como instância homologadora, subscrevendo o acordo e deliberando em juízo de juridicidade amplo, tanto ratificando a legalidade do objeto da negociação quanto a sua motivação, em termos de conveniência e oportunidade, visando ao atendimento do interesse público primário. Trata-se de controle concomitante excepcionalíssimo, *pari passu* com o ato controlado, necessário para conferir estabilidade à emanação de vontades, em direito material, amplificando a segurança jurídica do negócio. Acórdão 1797/2023 Plenário (Solicitação de Solução Consensual, Redator Ministro Benjamin Zymler) (TCU, Boletim de Jurisprudência 463);
- A aplicação de sanção pelo Conselho Administrativo de Defesa Econômica (Cade) em decorrência de conduta anticoncorrencial infringente à ordem econômica não impede que o TCU declare a inidoneidade da empresa sancionada para participar de licitações na Administração Pública Federal (art. 46 da Lei 8.443/1992), quando a mesma conduta caracterizar fraude à licitação. O princípio do *non bis in idem* não veda a possibilidade de a legislação atribuir mais de uma sanção administrativa a uma mesma conduta. Acórdão 1574/2023 Plenário (Pedido de Reexame, Relator Ministro Jhonatan de Jesus) (TCU, Boletim de Jurisprudência 459);
- A competência para fiscalizar os atos de gestão no âmbito de intervenções federais é dos órgãos de controle da União, devendo a responsabilidade por tais atos ser analisada no exame das contas do Presidente da República, ainda que tenha sido nomeado interventor, uma vez que este responde àquela autoridade. Acórdão 1381/2023 Plenário (Acompanhamento, Relator Ministro Vital do Rêgo) (TCU, Boletim de Jurisprudência 455);
- A existência de ação judicial sobre mesma matéria tratada no TCU não obsta o exercício do controle externo, uma vez que o Tribunal possui jurisdição e competência próprias estabelecidas pela Constituição Federal e pela sua Lei Orgânica (Lei 8.443/1992), e dado o princípio da independência das instâncias cível, penal e administrativa. O juízo administrativo só se vincula ao penal quando neste último é afirmada a inexistência do fato ou que o acusado não foi o autor do ilícito". Acórdão 3149/2023 Segunda Câmara (Recurso de Reconsideração, Relator Ministro Augusto Nardes) (TCU, Boletim de Jurisprudência 445);
- Por força da determinação contida no art. 166-A, § 2º, inciso II, da Constituição Federal, no sentido de que os recursos relativos às transferências especiais "pertencerão ao ente federado no ato da efetiva transferência financeira": i) a fiscalização sobre a regularidade das despesas efetuadas na aplicação de recursos obtidos por meio de transferência especial pelo ente federado é de competência do sistema de controle local, incluindo o respectivo tribunal de contas, desde a promulgação da EC

105/2019; ii) a fiscalização sobre o cumprimento, pelo ente beneficiário da transferência especial, das condicionantes que a legitimam, previstas no art. 166-A, § 1º, incisos I e II, § 2º, inciso III, e § 5º, é de competência federal, incluindo o TCU; iii) a comprovação do cumprimento das condicionantes constitucionais será feita pelo ente federado por meio de informações e documentos inseridos na Plataforma+Brasil (ou no Transferegov.br), na forma e nos prazos disciplinados em instrução normativa a ser editada pelo TCU, dispensada a prestação de contas para esse fim específico e reservadas as competências próprias dos tribunais de contas locais na fiscalização sobre a aplicação dos recursos; iv) se for verificado o descumprimento de qualquer condicionante, tornando inválida a transferência especial, ou a omissão no dever de disponibilizar os elementos necessários à sua verificação, o TCU poderá instaurar processo de tom ada de contas especial, com vistas à responsabilização do ente federado pelo débito decorrente do desvio para finalidade irregular ou da não comprovação da regularidade, a ser recolhido aos cofres da União, bem como para eventual aplicação de sanções ao gestor que praticou o ato infringente, comissivo ou omissivo. Acórdão 518/2023 Plenário (Consulta, Relator Ministro Vital do Rêgo) (TCU, Boletim de Jurisprudência 440);

- Não compete ao TCU dirimir controvérsia entre unidades da Federação instaurada em decorrência de ato do IBGE de demarcação de limites territoriais, com reflexos na distribuição dos recursos da compensação pela exploração econômica do petróleo e do gás natural (royalties), pois se trata de litígio que visa a satisfação de interesse subjetivo dos entes envolvidos, que deve ser solucionado no âmbito do Poder Judiciário. Acórdão 322/2023 Plenário (Representação, Relator Ministro Jorge Oliveira) (TCU, Boletim de Jurisprudência 437);
- Não compete ao TCU apurar a responsabilidade civil de empresa estatal concessionária de serviço público por incidente que tenha causado dano a terceiros. Em tais situações, a instauração de tomada de contas especial depende do pagamento, pela estatal, de valores para reparação eventualmente reclamada, uma vez que a adoção dessa medida exige a ocorrência de dano efetivo, não potencial. Acórdão 310/2023 Plenário (Representação, Relator Ministro Benjamin Zymler) (TCU, Boletim de Jurisprudência 437);
- O TCU tem competência para imputar débito a ente federado que se beneficia irregularmente da aplicação de recursos do Sistema Único de Saúde transferidos fundo a fundo, por se tratar de questão meramente patrimonial, não relacionada a conflitos em que se discute o pacto federativo, competência esta afeta ao Poder Judiciário. Acórdão 1/2023 Segunda Câmara (Tomada de Contas Especial, Relator Ministro Benjamin Zymler) (TCU, Boletim de Jurisprudência 433);
- Não compete ao TCU apreciar questão pertinente à definição de valor relativo à compensação financeira a ser paga a comunidade indígena em razão de impacto ambiental irreversível decorrente de obra pública, pois a defesa dos direitos individuais indisponíveis, coletivos e difusos dessas comunidades cabe ao Ministério Público Federal (art. 37, inciso II, da LC 75/1993)". Acórdão 1/2023 Plenário (Representação, Relator Ministro-Substituto Marcos Bemquerer) (TCU, Boletim de Jurisprudência 432).

2. JURISDIÇÃO DO TRIBUNAL DE CONTAS DA UNIÃO

Conforme a Lei Orgânica do TCU (lei 8.443/92), artigos 4º e 5º, o Tribunal de Contas da União tem jurisdição própria e privativa, em todo o território nacional, sobre as pessoas e matérias sujeitas à sua competência, abrangendo:

> I – qualquer pessoa física, órgão ou entidade a que se refere o inciso I do art. 1º desta Lei, que utilize, arrecade, guarde, gerencie ou administre dinheiros, bens e valores públicos ou pelos quais a União responda, ou que, em nome desta, assuma obrigações de natureza pecuniária;
>
> II – aqueles que derem causa a perda, extravio ou outra irregularidade de que resulte dano ao Erário;
>
> III – os dirigentes ou liquidantes das empresas encampadas ou sob intervenção ou que de qualquer modo venham a integrar, provisória ou permanentemente, o patrimônio da União ou de outra entidade pública federal;
>
> IV – os responsáveis pelas contas nacionais das empresas supranacionais de cujo capital social a União participe, de forma direta ou indireta, nos termos do tratado constitutivo;
>
> V – os responsáveis por entidades dotadas de personalidade jurídica de direito privado que recebam contribuições parafiscais e prestem serviço de interesse público ou social;
>
> VI – todos aqueles que lhe devam prestar contas ou cujos atos estejam sujeitos à sua fiscalização por expressa disposição de lei;
>
> VII – os responsáveis pela aplicação de quaisquer recursos repassados pela União, mediante convênio, acordo, ajuste ou outros instrumentos congêneres, a Estado, ao Distrito Federal ou a Município;
>
> VIII – os sucessores dos administradores e responsáveis a que se refere este artigo, até o limite do valor do patrimônio transferido, nos termos do inciso XLV do art. 5º da Constituição Federal;
>
> IX – os representantes da União ou do Poder Público na Assembleia Geral das empresas estatais e sociedades anônimas de cujo capital a União ou o Poder Público participem, solidariamente, com os membros dos Conselhos Fiscal e de Administração, pela prática de atos de gestão ruinosa ou liberalidade à custa das respectivas sociedades.

- Competência do Tribunal de Contas (Harrison Leite)
  - Emissão de parecer prévio (do Executivo)
  - Julgamento de Contas (exceto do Executivo)
  - Controle de atos de pessoal
  - Fiscalização em sentido estrito
  - Aplicação de sanções
  - Competência corretiva
  - Dever de representação
  - Fixação dos índices dos Fundos de Participação (TCU)
  - Auxílio à Comissão Mista permanente
  - Poder Regulamentar

3. ESTRUTURA E FUNCIONAMENTO DOS TRIBUNAIS DE CONTAS

Tribunal de Contas da União	Tribunais dos Estados
nove ministros	sete conselheiros
um terço pelo Presidente da República, com aprovação do Senado Federal, sendo dois alternadamente dentre auditores e membros do Ministério Público junto ao Tribunal, indicados em lista tríplice pelo Tribunal, segundo os critérios de antiguidade e merecimento	Um conselheiro escolhido livremente pelo Governador e outros dois escolhidos pelo Governador, dentre os provenientes das carreiras de auditor e membro do Ministério Público junto ao Tribunal
dois terços pelo Congresso Nacional	quatro escolhidos pela Assembleia Legislativa

Requisitos para o provimento de cargo de Ministro do TCU
• Ser brasileiro; • Mais de trinta e cinco e menos de sessenta e cinco anos de idade; • Idoneidade moral e reputação ilibada; • Notórios conhecimentos jurídicos, contábeis, econômicos e financeiros ou de Administração Pública; e • Mais de dez anos de exercício de função ou de efetiva atividade profissional que exija os conhecimentos mencionados no inciso anterior.

Observe que os tribunais de contas do município de São Paulo e do município do Rio de Janeiro possuem características próprias.

(referência: Súmula 653 do STF – No tribunal de contas estadual, composto por sete conselheiros, quatro devem ser escolhidos pela assembleia legislativa e três pelo chefe do poder executivo estadual, cabendo a este indicar um dentre auditores e outro dentre membros do ministério público, e um terceiro a sua livre escolha.)

Segundo a publicação "Conhecendo o Tribunal – 5ª edição", publicada pelo Tribunal de Contas da União e disponível em seu portal, o TCU conta com a participação de quatro auditores, concursados, que nas ausências dos ministros os substituem. Ministério Público especializado atua junto ao TCU, com a função principal de promover a defesa da ordem jurídica.

O Plenário é órgão máximo do Tribunal de Contas da União. Na forma de seu Regimento Interno, as deliberações são tomadas pelo Plenário (composto por todos os ministros) ou por uma das duas Câmaras. O Ministério Público especializado, atuando junto ao Tribunal, é chefiado pelo Procurador-Geral e compõe-se de três subprocuradores-gerais e quatro procuradores, nomeados pelo Presidente da República. É obrigatória a presença do representante do Ministério Público nas sessões de julgamento de contas, auditorias, representações e denúncias.

Tribunais de Contas dos Municípios	Tribunal de Contas do Município
Órgão Estadual	**Órgão Municipal**
Fiscaliza a aplicação dos recursos municipais pelo governo de todos os Municípios de um Estado e os repassados voluntariamente pelos Municípios a outro ente federativo ou a outras pessoas físicas ou jurídicas. (Existentes nos Estados da BA, CE, GO e PA).	Fiscaliza a aplicação de recursos de um único Município, bem como os seus recursos repassados voluntariamente para outros entes federativos ou outras pessoas físicas ou jurídicas. É o caso dos municípios de São Paulo e do Rio de Janeiro.
PASCOAL, Valdecir. Direito Financeiro e Controle Externo. 9.ed. São Paulo: Método, 2015, p. 142	

4. NATUREZA, JULGAMENTO E FISCALIZAÇÃO DOS TRIBUNAIS DE CONTAS

De acordo com a publicação "Conhecendo o Tribunal – 5ª edição", publicada pelo Tribunal de Contas da União e disponível em seu portal, os instrumentos de fiscalização utilizados pelo Tribunal englobam: levantamento, inspeção, acompanhamento, monitoramento e auditorias.

Levantamento	Identifica os objetos e ações de uma eventual fiscalização, avaliando a necessidade de auditoria.

Inspeção	Esclarece dúvidas ou apura, de forma rápida, procedência de denúncias ou representações, bem como preenche omissões de informações.
Acompanhamento	Examina, no período determinado, a *legalidade* e a *legitimidade* dos atos de gestão, avaliando também o desempenho da gestão.
Monitoramento	Verifica o cumprimento das determinações do Tribunal.
Auditoria	Instrumentos de fiscalização com maior amplitude de atuação, dividindo-se em auditorias de conformidade e auditorias operacionais.
Auditoria de Conformidade	Destinadas a apurar a regularidade da aplicação dos recursos públicos, destacando-se aquelas voltadas às obras públicas. São também utilizadas para a apreciação de atos de registro de pessoal (admissões e registros de aposentadoria).
Auditoria Operacional	Avalia padrões de economicidade, eficiência e eficácia.
Fiscalização da atividade regulatória do Estado	Fiscaliza a atuação das agências reguladoras.

Competência para processar e julgar matéria atinente à transferência de recursos (LEITE, Harrison. Manual de Direito Financeiro. 4.ed. Salvador: Juspodivm, 2015. p. 395-397).	
A) Quando há repasse de recursos federais para o Estado ou Município,	Competência da Justiça federal, desde que os recursos sejam sujeitos à fiscalização de órgãos federais
B) Quando a verba repassada, embora federal, incorporou-se ao patrimônio do Município	Competência da Justiça Estadual
C) Quando a verba repassada, independentemente da sua origem, incorpora-se ao patrimônio do Estado, ou do Município, mas persiste o interesse federal na matéria	Competência da Justiça Federal

Instrumentos da Fiscalização do TCU (RI TCU, arts. 238 a 243):

a) **Levantamento:** instrumento de fiscalização utilizado pelo Tribunal para: I – conhecer a organização e o funcionamento dos órgãos e entidades da administração direta, indireta e fundacional dos Poderes da União, incluindo fundos e demais instituições que lhe sejam jurisdicionadas, assim como dos sistemas, programas, projetos e atividades governamentais no que se refere aos aspectos contábeis, financeiros, orçamentários, operacionais e patrimoniais; II – identificar objetos e instrumentos de fiscalização; e III – avaliar a viabilidade da realização de fiscalizações.

b) **Auditoria:** instrumento de fiscalização utilizado pelo Tribunal para: I – examinar a legalidade e a legitimidade dos atos de gestão dos responsáveis sujeitos a sua jurisdição, quanto ao aspecto contábil, financeiro, orçamentário e patrimonial; II – avaliar o desempenho dos órgãos e entidades jurisdicionados, assim como dos sistemas, programas, projetos e atividades governamentais, quanto aos aspectos de economicidade, eficiência e eficácia dos atos praticados; III – subsidiar a apreciação dos atos sujeitos a registro.

c) **Inspeção:** instrumento de fiscalização utilizado pelo Tribunal para suprir omissões e lacunas de informações, esclarecer dúvidas ou apurar denúncias ou representações quanto à legalidade, à legitimidade e à economicidade de fatos da administração e de atos administrativos praticados por qualquer responsável sujeito à sua jurisdição.

d) **Acompanhamento**: instrumento de fiscalização utiliza do pelo Tribunal para: I – examinar, ao longo de um período predeterminado, a legalidade e a legitimidade dos atos de gestão dos responsáveis sujeitos a sua jurisdição, quanto ao aspecto contábil, financeiro, orçamentário e patrimonial; e II – avaliar, ao longo de um período predeterminado, o desempenho dos órgãos e entidades jurisdicionadas, assim como dos sistemas, programas, projetos e atividades governamentais, quanto aos aspectos de economicidade, eficiência e eficácia dos atos praticados.

e) **Monitoramento:** instrumento de fiscalização utilizado pelo Tribunal para verificar o cumprimento de suas deliberações e os resultados delas advindos.

Tomada de contas ordinárias	Tomada de contas especial
• Submissão periódica das contas ao respectivo tribunal ao final de cada exercício (relatórios de gestão, demonstrativos contábeis, etc.); • Previsibilidade; • Apenas uma tomada de contas por órgão ou unidade por exercício.	• Hipóteses excepcionais como omissão na prestação de contas, não comprovação da aplicação adequada de recursos repassados ou casos de danos ao erário; • Busca a apuração dos fatos ocorridos, identificação dos responsáveis, quantificação do dano e obtenção do ressarcimento; • Imprevisibilidade; • Pode ocorrer mais de uma TCE para o mesmo órgão ou entidade em um mesmo exercício . **RI TCU Art. 197**. Diante da omissão no dever de prestar contas, da não-comprovação da aplicação dos recursos repassados pela União

Tomada de contas ordinárias	Tomada de contas especial
	na forma prevista no inciso VIII do art. 5º, da ocorrência de desfalque ou desvio de dinheiros, bens ou valores públicos, ou, ainda, da prática de qual quer ato ilegal, ilegítimo ou antieconômico de que resulte dano ao erário, a autoridade administrativa competente, sob pena de responsabilidade solidária, deverá imediatamente adotar providências com vistas à instauração de tomada de contas especial para apuração dos fatos, identificação dos responsáveis e quantificação do dano.

Declaração do México sobre Independência, de 2007 (Organização Internacional de Entidades Fiscalizadoras Superiores – INTOSAI)

Princípios:

1. A existência de uma estrutura constitucional/legal/jurídica adequada e efetiva e de dispositivos de aplicação de facto dessa estrutura;
2. A independência de dirigentes e membros da EFs (de instituições colegiadas), incluindo estabilidade no cargo e imunidade legal no exercício normal de suas funções;
3. Um mandato suficientemente amplo e total discricionariedade no exercício das funções da EFS;
4. Acesso irrestrito a informações;
5. O direito e a obrigação de produzir relatórios sobre o trabalho;
6. A liberdade de decidir o conteúdo e a tempestividade dos relatórios de auditoria e de publicá-los e divulgá-los;
7. A existência de mecanismos efetivos de monitoramento das recomendações das EFS;
8. Autonomia financeira, gerencial/administrativa e disponibilidade de recursos humanos, materiais e monetários adequados.

✦ SÚMULAS DO TRIBUNAL DE CONTAS DA UNIÃO

- **Súmula 289, do TCU.** "A exigência de índices contábeis de capacidade financeira, a exemplo dos de liquidez, deve estar justificada no processo da licitação, conter parâmetros atualizados de mercado e atender às características do objeto licitado, sendo vedado o uso de índice cuja fórmula inclua rentabilidade ou lucratividade."
- **Súmula 287, do TCU.** "É lícita a contratação de serviço de promoção de concurso público por meio de dispensa de licitação, com fulcro no art. 24, inciso XIII, da Lei 8.666/1993, desde que sejam observados todos os requisitos previstos no referido dispositivo e demonstrado o nexo efetivo desse objeto com a natureza da instituição a ser contratada, além de comprovada a compatibilidade com os preços de mercado."
- **Súmula 283, do TCU.** Para fim de habilitação, a Administração Pública não deve exigir dos licitantes a apresentação de certidão de quitação de obrigações fiscais, e sim prova de sua regularidade.
- **Súmula 282, do TCU.** As ações de ressarcimento movidas pelo Estado contra os agentes causadores de danos ao erário são imprescritíveis. (**ATENÇÃO: ver RE 669069/MG**)
- **Súmula 281, do TCU.** É vedada a participação de cooperativas em licitação quando, pela natureza do serviço ou pelo modo como é usualmente executado no mercado em geral, houver necessidade de subordinação jurídica entre o obreiro e o contratado, bem como de pessoalidade e habitualidade.
- **Súmula 278, do TCU.** Os atos de aposentadoria, reforma e pensão têm natureza jurídica de atos complexos, razão pela qual os prazos decadenciais a que se referem o § 2º do art. 260 do Regimento Interno e o art. 54 da Lei nº 9.784/99 começam a fluir a partir do momento em que se aperfeiçoam com a decisão do TCU que os considera legais ou ilegais, respectivamente.
- **Súmula 277, do TCU.** Por força do inciso II do art. 37 da Constituição Federal, a admissão de pessoal nos conselhos de fiscalização profissional, desde a publicação no Diário de Justiça de 18/5/2001 do acórdão proferido pelo STF no mandado de segurança 21.797-9, deve ser precedida de concurso público, ainda que realizado de forma simplificada, desde que haja observância dos princípios constitucionais pertinentes.
- **Súmula 275, do TCU.** Para fins de qualificação econômico-financeira, a Administração pode exigir das licitantes, de forma não cumulativa, capital social mínimo, patrimônio líquido mínimo ou garantias que assegurem o adimplemento do contrato a ser celebrado, no caso de compras para entrega futura e de execução de obras e serviços.
- **Súmula 274, do TCU.** É vedada a exigência de prévia inscrição no Sistema de Cadastramento Unificado de Fornecedores – Sicaf para efeito de habilitação em licitação.
- **Súmula 273, do TCU.** A aposentadoria por invalidez só poderá prosperar após a conclusão, por junta médica oficial, no sentido de que o servidor esteja incapacitado definitivamente para o exercí-

cio do cargo que ocupa e haja a impossibilidade de ser readaptado em cargo de atribuições e responsabilidades compatíveis com a respectiva limitação, nos termos do art. 24 da Lei nº 8.112/1990.

- **Súmula 272, do TCU.** No edital de licitação, é vedada a inclusão de exigências de habilitação e de quesitos de pontuação técnica para cujo atendimento os licitantes tenham de incorrer em custos que não sejam necessários anteriormente à celebração do contrato.
- **Súmula 270, do TCU.** Em licitações referentes a compras, inclusive de softwares, é possível a indicação de marca, desde que seja estritamente necessária para atender exigências de padronização e que haja prévia justificação.
- **Súmula 269, do TCU.** Nas contratações para a prestação de serviços de tecnologia da informação, a remuneração deve estar vinculada a resultados ou ao atendimento de níveis de serviço, admitindo-se o pagamento por hora trabalhada ou por posto de serviço somente quando as características do objeto não o permitirem, hipótese em que a excepcionalidade deve estar prévia e adequadamente justificada nos respectivos processos administrativos.
- **Súmula 268, do TCU.** O tempo de atividade rural somente poderá ser averbado para fins de aposentadoria no serviço público se recolhidas as respectivas contribuições previdenciárias na época própria ou, posteriormente, de forma indenizada.
- **Súmula 265, do TCU.** A contratação de subsidiárias e controladas com fulcro no art. 24, inciso XXIII, da Lei nº 8.666/93 somente é admitida nas hipóteses em que houver, simultaneamente, compatibilidade com os preços de mercado e pertinência entre o serviço a ser prestado ou os bens a serem alienados ou adquiridos e o objeto social das mencionadas entidades.
- **Súmula 263, do TCU.** Para a comprovação da capacidade técnico-operacional das licitantes, e desde que limitada, simultaneamente, às parcelas de maior relevância e valor significativo do objeto a ser contratado, é legal a exigência de comprovação da execução de quantitativos mínimos em obras ou serviços com características semelhantes, devendo essa exigência guardar proporção com a dimensão e a complexidade do objeto a ser executado.
- **Súmula 262, do TCU.** O critério definido no art. 48, inciso II, § 1º, alíneas "a" e "b", da Lei nº 8.666/93 conduz a uma presunção relativa de inexequibilidade de preços, devendo a Administração dar à licitante a oportunidade de demonstrar a exequibilidade da sua proposta.
- **Súmula 261, do TCU.** Em licitações de obras e serviços de engenharia, é necessária a elaboração de projeto básico adequado e atualizado, assim considerado aquele aprovado com todos os elementos descritos no art. 6º, inciso IX, da Lei nº 8.666, de 21 de junho de 1993, constituindo prática ilegal a revisão de projeto básico ou a elaboração de projeto executivo que transfigurem o objeto originalmente contratado em outro de natureza e propósito diversos.
- **Súmula 259, do TCU.** Nas contratações de obras e serviços de engenharia, a definição do critério de aceitabilidade dos preços unitários e global, com fixação de preços máximos para ambos, é obrigação e não faculdade do gestor.
- **Súmula 258, do TCU.** As composições de custos unitários e o detalhamento de encargos sociais e do BDI integram o orçamento que compõe o projeto básico da obra ou serviço de engenharia, devem constar dos anexos do edital de licitação e das propostas das licitantes e não podem ser indicados mediante uso da expressão 'verba' ou de unidades genéricas.
- **Súmula 257, do TCU.** O uso do pregão nas contratações de serviços comuns de engenharia encontra amparo na Lei nº 10.520/2002.
- **Súmula 255, do TCU.** Nas contratações em que o objeto só possa ser fornecido por produtor, empresa ou representante comercial exclusivo, é dever do agente público responsável pela contratação a adoção das providências necessárias para confirmar a veracidade da documentação comprobatória da condição de exclusividade.
- **Súmula 252, do TCU.** A inviabilidade de competição para a contratação de serviços técnicos, a que alude o inciso II do art. 25 da Lei nº 8.666/1993, decorre da presença simultânea de três requisitos: serviço técnico especializado, entre os mencionados no art. 13 da referida lei, natureza singular do serviço e notória especialização do contratado.
- **Súmula 251, do TCU.** É indevida a averbação de período como aluno monitor, estagiário e residente médico para fins de aposentadoria, eis que tais atividades são retribuídas mediante bolsa de estudos, sem relação empregatícia.
- **Súmula 250, do TCU.** A contratação de instituição sem fins lucrativos, com dispensa de licitação, com fulcro no art. 24, inciso XIII, da Lei n.º 8.666/93, somente é admitida nas hipóteses em que houver nexo efetivo entre o mencionado dispositivo, a natureza da instituição e o objeto contratado, além de comprovada a compatibilidade com os preços de mercado.
- **Súmula 248, do TCU.** Não se obtendo o número legal mínimo de três propostas aptas à seleção, na licitação sob a modalidade Convite, impõe-se a repetição do ato, com a convocação de outros

possíveis interessados, ressalvadas as hipóteses previstas no parágrafo 7º, do art. 22, da Lei nº 8.666/1993.

✦ INFORMATIVOS DO TRIBUNAL DE CONTAS DA UNIÃO

Direito Processual. Julgamento. Fundamentação. Semelhança. Jurisprudência. "As decisões do TCU não devem ser dissonantes entre processos que apresentem contextos fáticos similares e envolvam os mesmos responsáveis, em observância à coerência na aplicação do direito e à manutenção da estabilidade jurisprudencial (art. 926 do CPC)". (Acórdão 10014/2024, Primeira Câmara, Tomada de Contas Especial, Rel. Min. Benjamin Zymler. TCU Boletim de Jurisprudência 521).

Finanças Públicas. Orçamento da União. Crédito adicional. Empenho. Dotação orçamentária. Cancelamento. Crédito suplementar. Crédito especial. "As despesas não sujeitas a limitação de empenho (art. 9º, § 2º, da LRF) podem ser anuladas para abertura de crédito suplementar ou especial, se não houver nenhuma restrição legal expressa e desde que sejam observadas as exigências fixadas nas normas, conforme as disposições dos arts. 165, § 8º, e 167, inciso V, da Constituição Federal, dos arts. 42 e 43 da Lei 4.320/1964 e, em especial, das leis de diretrizes orçamentárias e das leis orçamentárias anuais". (Acórdão 2452/2024, Plenário, Solicitação do Congresso Nacional, Rel. Min. Jorge Oliveira. TCU Boletim de Jurisprudência 520).

Responsabilidade. Débito. Prescrição. Interrupção. Citação. Anulação. Pretensão punitiva. "A citação nula e os atos dela decorrentes não interrompem o prazo de prescrição da pretensão punitiva e ressarcitória do TCU, pois trata-se de atos desprovidos de qualquer validade e eficácia" (Acórdão 7737/2024, Segunda Câmara, Tomada de Contas Especial, Rel. Min. Vital do Rêgo. TCU Boletim de Jurisprudência 519).

Responsabilidade. Culpa. Parecerista. Parecer jurídico. Erro grosseiro. Edital de licitação. Minuta. Aprovação. "Para fins do exercício do poder sancionatório do TCU, configura erro grosseiro (art. 28 do Decreto-lei 4.657/1942 - Lindb) a aprovação, pelo parecerista jurídico, de minuta de edital desacompanhada do orçamento detalhado e da justificativa de preço, uma vez que se trata de matéria que não envolve controvérsia jurídica ou complexidade técnica". (Acórdão 2121/2024, Plenário, Tomada de Contas Especial, Rel. Min. Benjamin Zymler. TCU Boletim de Jurisprudência 515).

Responsabilidade. Débito. Culpa. Solidariedade. Individualização. Reparação do dano. Princípio da proporcionalidade. "Caso haja excessiva desproporção entre a gravidade da culpa de algum dos responsáveis solidários e o montante do dano ao erário, o TCU pode aplicar o art. 944, parágrafo único, do Código Civil, para atenuar o débito individualmente imputado, desde que mantida a obrigação de reparação integral em face dos demais". (Acórdão 2008/2024, Plenário, Tomada de Contas Especial, Rel. Min. Antonio Anastasia. TCU Boletim de Jurisprudência 514).

Responsabilidade. Débito. Prescrição. Prestação de contas. Pretensão punitiva. Intempestividade. Termo inicial. "Em caso de apresentação intempestiva da prestação de contas, o termo inicial para a contagem do prazo de prescrição das pretensões punitiva e ressarcitória do TCU é a data em que as contas deveriam ter sido prestadas (art. 4º, inciso I, da Resolução TCU 344/2022), e não a data da sua efetiva apresentação (art. 4º, inciso II, da mencionada resolução)". (Acórdão 4206/2024, Segunda Câmara, Tomada de Contas Especial, Rel. Min.-Subst. Marcos Bemquerer. TCU, Boletim de Jurisprudência 502).

Direito Processual. Princípio da independência das instâncias. Decisão judicial. Conduta atípica. Sentença penal absolutória. "A absolvição penal por atipicidade de conduta (art. 386, III, do Código de Processo Penal) não afasta a responsabilidade administrativa do gestor perante o TCU, em face do princípio da independência de instâncias. Tal responsabilidade só é afastada quando a absolvição penal declara a inexistência do fato ou a negativa de autoria". (Acórdão 4402/2024, Primeira Câmara, Recurso de Reconsideração, Rel. Min. Jhonatan de Jesus. TCU Boletim de Jurisprudência 500).

Responsabilidade. Convênio. Ente da Federação. Débito. Gestor público. "Somente ocorre a responsabilização do ente federado beneficiário de transferência de recursos da União caso haja a comprovação de que ele auferiu benefício decorrente da irregularidade apurada; caso contrário, a responsabilidade pelo dano é exclusiva do agente público". (Acórdão 4397/2024, Primeira Câmara, Tomada de Contas Especial, Rel. Min. Jhonatan de Jesus. TCU Boletim de Jurisprudência 500).

Responsabilidade. Débito. Prescrição. Prazo. Crime. Pretensão punitiva. "Quando constatado que os mesmos fatos em apuração em processo de controle externo foram recebidos mediante denúncia na esfera criminal como concurso de crimes, o prazo prescricional das pretensões punitiva e de ressarcimento no âmbito do TCU será aquele previsto na lei penal para o crime com a maior pena (art. 3º da Resolução TCU 344/2022". (Acórdão 1163/2024, Plenário, Recurso de Reconsideração, Rel. Min. Aroldo Cedraz. TCU Boletim de Jurisprudência 498).

Responsabilidade. Contrato administrativo. Consórcio. Julgamento de contas. Débito. Multa. "No caso de dano ao erário provocado por empresas consorciadas, pode o consórcio contratado figurar como responsável pelo débito no acórdão condenatório e ter suas contas julgadas irregulares, sendo-lhe, ainda, aplicável a multa prevista no art. 57 da Lei 8.443/1992. Embora o consórcio não detenha personalidade jurídica, o art. 75, inciso IX, do CPC, aplicável subsidiariamente aos processos do TCU, reconhece ao ente consorcial legitimidade processual para demandar e ser demando em juízo". (Acórdão 1151/2024, Plenário, Tomada de Contas Especial, Rel. Min. Walton Alencar Rodrigues. TCU Boletim de Jurisprudência 498).

Responsabilidade. Multa. Pessoa jurídica. Ato de gestão. Contratado. "As multas previstas nos incisos do art. 58 da Lei 8.443/1992 são destinadas aos agentes públicos e aos particulares que atuam como gestores de recursos públicos, não sendo cabível sua aplicação a pessoas jurídicas que contratam com a Administração, uma vez que não praticam atos de gestão". (Acórdão 3327/2024, Segunda Câmara, Tomada de Contas Especial, Rel. Min. Aroldo Cedraz. TCU Boletim de Jurisprudência 497).

Finanças Públicas. Execução orçamentária. Requisito. Licitação fracassada. Remanescente de contrato. Despesa empenhada. Restos a pagar. Saldo. Aproveitamento. Consulta. "Aplicáveis as condições legais dispostas no art. 90, §§ 8º e 9º, da Lei 14.133/2021, eventual nova licitação, caso a anterior tenha restado fracassada em razão da recusa dos licitantes convocados em assinar o correspondente contrato administrativo, ou a contratação de remanescente de obra, serviço ou fornecimento em consequência de rescisão contratual, poderão ser realizadas por meio do aproveitamento de eventuais saldos a liquidar de despesas empenhadas ou em restos a pagar não processados". (Acórdão 1106/2024, Plenário, Consulta, Rel.

Mini.-Subst. Augusto Sherman. TCU Boletim de Jurisprudência 497).

Contrato Administrativo. Formalização do contrato. Cláusula obrigatória. Crédito orçamentário. Classificação orçamentária. Consulta. "A celebração de contrato administrativo requer a indicação do crédito orçamentário pelo qual correrá a despesa, com a indicação da classificação funcional programática e da categoria econômica, conforme art. 92, inciso VIII, da Lei 14.133/2021". (Acórdão 1106/2024, Plenário, Consulta, Rel. Min.-Subst. Augusto Sherman. TCU Boletim de Jurisprudência 497).

Finanças Públicas. Execução orçamentária. Emenda parlamentar. Nota de empenho de despesa. Restos a pagar. Orçamento impositivo. Consulta. "A inscrição de notas de empenho em restos a pagar, ainda que a dotação orçamentária decorra de emenda parlamentar impositiva, pressupõe o cumprimento dos requisitos descritos na legislação, em particular o art. 35 do Decreto 93.872/1986, não sendo cabível a realização de empenhos tão somente para impedir que os créditos orçamentários expirem ao final do exercício". (Acórdão 1106/2024, Plenário, Consulta, Rel. Min.-Subst. Augusto Sherman. TCU Boletim de Jurisprudência 497).

Direito Processual. Tomada de contas especial. Intempestividade. Instauração. Prazo. Preclusão. Prescrição. Nulidade. "A inobservância do prazo de 180 dias para instauração de tomada de contas especial, previsto na IN TCU 71/2012, não gera prescrição das pretensões ressarcitória e punitiva do TCU, nulidade processual ou preclusão em benefício do responsável, porquanto se trata de comando direcionado à autoridade competente para deflagrar o procedimento de apuração". (Acórdão 3128/2024, Segunda Câmara, Tomada de Contas Especial, Rel. Min.-Subst. Marcos Bemquerer. TCU Boletim de Jurisprudência 495).

Responsabilidade. Débito. Prescrição. Interrupção. Prestação de contas. Aprovação. Concedente. "O ato de aprovação da prestação de contas, pelo órgão repassador dos recursos, não é causa interruptiva da prescrição da pretensão punitiva ou ressarcitória do TCU, haja vista que não constitui ato inequívoco de apuração (art. 5º, inciso II, da Resolução TCU 344/2022) e atua em sentido oposto à efetivação da pretensão". (Acórdão 3554/2024, Primeira Câmara, Tomada de Contas Especial, Rel. Ministro Jorge Oliveira. (TCU Boletim de Jurisprudência 494).

Finanças Públicas. Responsabilidade fiscal. Despesa com pessoal. Indenização. Licença prêmio por assiduidade. Adicional de férias. Férias. Abono pecuniário. Abono de permanência em serviço. Consulta. "Em termos orçamentários, contábeis e fiscais na esfera da União, despesas como "licença-prêmio convertida em pecúnia", "férias não gozadas", "abono constitucional de férias", "abono pecuniário de férias" e "abono permanência" devem ser computadas no total das despesas com pessoal para todos os fins da LC 101/2000, por não terem o objetivo de promover a recomposição patrimonial do servidor em face de eventuais gastos assumidos ou realizados por ele no desempenho de suas atribuições funcionais. As despesas de natureza indenizatória que não possuam a natureza típica de recomposição patrimonial devem ser computadas no total das despesas com pessoal para todos os fins da LC 101/2000". (Acórdão 799/2024, Plenário, Consulta, Rel. Min. Vital do Rêgo. TCU Boletim de Jurisprudência 491).

Responsabilidade. Culpa. Erro grosseiro. Lei de Introdução às Normas do Direito Brasileiro. Parecer jurídico. Desconsideração. Princípio da motivação. "Para fins de responsabilização perante o TCU, a decisão do gestor que desconsidera, sem a devida motivação, as recomendações constantes do parecer da consultoria jurídica acerca do processo licitatório configura erro grosseiro (art. 28 do Decreto-lei 4.657/1942 – Lindb)". (Acórdão 2503/2024, Segunda Câmara, Pedido de Reexame, Rel. Min. Aroldo Cedraz. TCU Boletim de Jurisprudência 490).

Responsabilidade. Multa. Circunstância atenuante. Dosimetria. Afastamento. Rejeição de alegações de defesa. Lei de Introdução às Normas do Direito Brasileiro. "Em caráter excepcional, havendo circunstâncias atenuantes e inexistindo quaisquer indícios de prejuízo ao erário ou de locupletamento, pode o TCU rejeitar as razões de justificativa do responsável, sem, contudo, aplicar-lhe a multa do art. 58 da Lei 8.443/1992, com base na interpretação do art. 22, § 2º, do Decreto-lei 4.657/1942 (Lindb). Este dispositivo não se aplica apenas à dosimetria da pena, podendo, em situações-limite, servir de fundamento para relevar a aplicação da sanção pelo Tribunal". (Acórdão 2887/2024, Primeira Câmara, Recurso de Reconsideração, Rel. Min. Jorge Oliveira. TCU Boletim de Jurisprudência 490).

Responsabilidade. Convênio. Débito. Município. Prefeito. Ressarcimento. Quitação. A quitação de débito de responsabilidade do prefeito pelo município elide a dívida, mas não impede o julgamento pela irregularidade das contas do gestor, com aplicação de multa, sem prejuízo de ciência ao Ministério Público para adoção das medidas cabíveis em face do ressarcimento da dívida com recursos municipais. Acórdão 2089/2024 Segunda Câmara (Tomada de Contas Especial, Relator Ministro Augusto Nardes) (TCU, Boletim de Jurisprudência 488)

Finanças Públicas. Renúncia de receita. Requisito. Responsabilidade fiscal. Ato normativo. Projeto de lei. Presidente da República. Sanção. Quando da proposição de ato normativo ou da sanção de projeto de lei, com vistas a concessão ou ampliação de benefícios tributários que importarem em renúncia de receita, bem como no momento da implementação desses benefícios, é necessária a adoção de medidas para atender aos requisitos estabelecidos no art. 113 do ADCT, no art. 14 da LRF (LC 101/2000) e nos dispositivos pertinentes da LDO em vigor. Se o ato de concessão ou ampliação do incentivo ou benefício decorrer da condição contida no art. 14, inciso II, da LRF, o benefício só entrará em vigor quando implementadas as medidas compensatórias referidas no mencionado inciso, a teor do disposto no art. 14, § 2º, da própria LRF. Acórdão 440/2024 Plenário (Acompanhamento, Relator Ministro Jorge Oliveira) (TCU, Boletim de Jurisprudência 485)

Finanças Públicas. Renúncia de receita. Requisito. Responsabilidade fiscal. Projeto de lei. Medida provisória. No âmbito das proposições legislativas, assim como na análise de medidas provisórias, que prevejam a criação, ampliação ou prorrogação de renúncias de receitas tributárias, é necessária a observância do previsto no art. 113 do ADCT, no 14 da LRF (LC 101/2000) e nos dispositivos pertinentes da LDO em vigor. Acórdão 440/2024 Plenário (Acompanhamento, Relator Ministro Jorge Oliveira) (TCU, Boletim de Jurisprudência 485)

Direito Processual. Princípio da independência das instâncias. Decisão judicial. Débito. Inexistência. Ação civil. Trânsito em julgado. Tomada de contas especial. Arquivamento. Não cabe a apreciação do mérito da tomada de contas especial no caso de haver decisão judicial transitada em julgado proferida em ação civil declaratória de inexistência de débito decorrente da irregularidade em apreciação no TCU, sob pena de violação aos princípios da coisa julgada, da segurança jurídica e da efetividade da decisão judicial, devendo o processo ser arquivado, diante da ausência de pressupostos de constituição e de desenvolvimento válido e regular. Acórdão 1218/2024

Primeira Câmara (Tomada de Contas Especial, Relator Ministro Jhonatan de Jesus) (TCU, Boletim de Jurisprudência 483)

Responsabilidade. Multa. Diligência. Descumprimento. Má-fé. Dolo. A conduta tipificada no art. 58, inciso IV, da Lei 8.443/1992 (Lei Orgânica do TCU) não comporta o exame do elemento subjetivo da má-fé ou do dolo do agente, mas, tão somente, a apuração do atendimento ou não da diligência efetuada. Acórdão 1002/2024 Primeira Câmara (Pedido de Reexame, Relator Ministro Benjamin Zymler) (TCU, Boletim de Jurisprudência 482)

Responsabilidade. Natureza jurídica. Abrangência. Culpabilidade. Pressupostos. Responsabilidade subjetiva. Excludente de culpabilidade. No âmbito dos processos do TCU, a responsabilidade dos administradores de recursos públicos, com base no art. 70, parágrafo único, da Constituição Federal, é de natureza subjetiva, seguindo a regra geral da responsabilidade civil. Portanto, são exigidos, simultaneamente, três pressupostos para a responsabilização do gestor: i) ato ilícito na gestão dos recursos públicos; ii) conduta dolosa ou culposa; iii) nexo de causalidade entre o dano e o comportamento do agente. Deve ser verificada, ainda, a ocorrência de eventual excludente de culpabilidade, tal como inexigibilidade de conduta diversa ou ausência de potencial conhecimento da ilicitude. Acórdão 24/2024 Segunda Câmara (Tomada de Contas Especial, Relator Ministro Augusto Nardes) (TCU, Boletim de Jurisprudência 479)

Responsabilidade. Declaração de inidoneidade. Abrangência. Fraude. Convite (Licitação). Proposta. Abstenção. A declaração de inidoneidade (art. 46 da Lei 8.443/1992) pode ser aplicada a empresa que foi convidada a participar de licitação e absteve-se de apresentar proposta para, deliberadamente, beneficiar terceiros, caracterizando conduta omissiva com o objetivo de interferir ilicitamente no certame licitatório. Acórdão 2486/2023 Plenário (Pedido de Reexame, Relator Ministro Antonio Anastasia) (TCU, Boletim de Jurisprudência 476)

Direito Administrativo

Danilo Vieira Vilela

TABELA DE INCIDÊNCIA DE QUESTÕES

Distribuição das questões organizada por ordem didática de assuntos		
Assunto	**Número de Questões**	**Peso**
1. DIREITO ADMINISTRATIVO E ADMINISTRAÇÃO PÚBLICA	4	2,92%
2. ORGANIZAÇÃO ADMINISTRATIVA DA UNIÃO. ADMINISTRAÇÃO DIRETA E INDIRETA. ENTIDADES PARAESTATAIS E ENTES DE COLABORAÇÃO	21	15,33%
3. AGENTES PÚBLICOS	7	5,11%
4. PODERES DA ADMINISTRAÇÃO PÚBLICA	2	1,46%
5. ATO ADMINISTRATIVO	8	5,84%
6. SERVIÇOS PÚBLICOS. CONCESSÃO E PERMISSÃO	6	4,38%
7. PARCERIAS PÚBLICO-PRIVADAS	3	2,19%
8. PROCESSO ADMINISTRATIVO	7	5,11%
9. LICITAÇÕES	18	13,14%
10. CONTRATOS E CONSÓRCIOS ADMINISTRATIVOS	19	13,87%
11. BENS PÚBLICOS	4	2,92%
12. RESPONSABILIDADE CIVIL DO ESTADO	4	2,92%
13. INTERVENÇÃO DO ESTADO NA PROPRIEDADE	7	5,11%
14. CONTROLE DA ADMINISTRAÇÃO	15	10,95%
15. LEI DE IMPROBIDADE ADMINISTRATIVA	9	6,57%
16. LEI ANTICORRUPÇÃO	3	2,19%
Total	**137**	**100%**

Direito Administrativo

Danilo Vieira Vilela

✦ QUESTÕES

1. DIREITO ADMINISTRATIVO E ADMINISTRAÇÃO PÚBLICA

- CRFB/88, art. 37;
- Decreto nº 4.657/42 (LINDB), art. 23;
- Lei 8.987/95, art. 2º e 6º;
- Lei 9.784/99, art. 2º.

01. (Cespe – Analista de Controle Externo – Direito – TCE – RJ/2021) Acerca de ato administrativo, de agentes públicos, de poderes da administração pública e de regime jurídico administrativo, julgue os itens a seguir.

A prescrição e a decadência administrativas conferem destaque ao princípio constitucional da segurança jurídica, expresso com relação à administração pública.

COMENTÁRIOS

✪ **Nota do autor:** a presente questão gerou confusão e acabou levando a muitos equívocos, apesar de abordar um tema simples. Não há dúvidas no sentido de que a prescrição e a decadência administrativas conferem destaque ao princípio da segurança jurídica. Contudo, ao contrário do que apresenta o enunciado, este não é um princípio expresso na Constituição. Ou seja, apesar de contar com previsão no art. 2º da Lei do Processo Administrativo (lei nº 9.784/99), o princípio da segurança jurídica, na perspectiva constitucional é identificado como um princípio implícito, e não expresso. **Item ERRADO.**

02. CEBRASPE – 2023 – TCE/MS - Procurador

No que se refere à origem, ao objeto e às fontes do direito administrativo, assinale a opção correta.

a) A noção mais correta da expressão direito administrativo compreende-a apenas como uma disciplina científica, parte da ciência do direito.

b) Em virtude do princípio da legalidade, é uníssono na doutrina o entendimento segundo o qual todas as leis são fontes do direito administrativo.

c) Apesar da forte influência francesa e italiana, o direito administrativo tem sua origem identificada na Grécia Antiga.

d) As fontes do direito administrativo podem ser classificadas segundo distintos critérios, como o de fontes formais e materiais e o de fontes escritas e não escritas.

e) No Brasil, pessoas jurídicas de direito privado não compõem o objeto do direito administrativo.

COMENTÁRIOS

✪ **Nota do autor:** a questão tem um baixo grau de complexidade, mas é uma oportunidade para se revisar conceitos introdutórios e a evolução histórica do direito administrativo.

Alternativa "a": alternativa incorreta. A expressão 'direito administrativo' admite vários enfoques distintos, e o próprio conceito de direito administrativo muda conforme os aspectos selecionados e as premissas ou ideologias adotadas, inclusive em relação ao próprio modelo de Estado. Assim, não é adequado afirmar que a noção "mais correta" seja esta ou aquela, pois são conceitos relativos, isto é, determinados a partir dos critérios e métodos adotados. Por exemplo, o direito administrativo no Estado Liberal tem um significado, já no Estado Social possui outro, assim como no Estado Ditatorial e assim por diante. Durante o século XIX, os administrativistas se dedicaram a conceituar o direito administrativo de forma científica, separando-o da ciência da administração e apresentando-o como ramo próprio da ciência jurídica; já no século XX, a perspectiva deixa de ser a busca pela demonstração da própria existência e de seu caráter científico, já por ser um fato consolidado e passa a ter como objeto a compreensão do seu conteúdo (Almeida, Fernando Menezes. Conceito de direito administrativo. In: Campilongo, Celso Fernandes; Gonzaga, Álvaro de Azevedo;

Freire, André Luiz (coord.). *Enciclopédia jurídica da PUC-SP*, São Paulo: PUCSP, 2017). A compreensão do conteúdo do direito administrativo varia conforme as linhas teóricas desenvolvidas, tais como a Escola das Prerrogativas Públicas (*Puissance Publique*) e a Escola do Serviço Público, bem como os critérios adotados, por exemplo, critério subjetivo, critério teleológico, critério negativo ou residual, critério da Administração Pública entre outros.

Alternativa "b": alternativa incorreta. A alternativa possui dois equívocos: afirmar que todas as leis são fontes do direito administrativo e que este entendimento é uníssono na doutrina. A polêmica se inicia com o próprio conceito de lei como fonte de direito administrativo, ou seja, seriam fontes apenas a lei em sentido formal ou a lei em sentido amplo? Outra questão diz respeito à validade da lei, de modo que as leis inconstitucionais e as leis inválidas, para alguns doutrinadores, não podem ser consideradas como fontes do direito administrativo. Por último, há que se ter em mente que no direito administrativo não há um código que condense toda, ou pelo menos grande parte da matéria, tal como no direito civil; assim, existem milhares de leis, muitas supérfluas, outras sem eficácia e outras tantas oriundas de entes federados incompetentes. Desta forma, nem todas estas leis podem ser consideradas como fontes do direito. Nesse sentido, "a identificação das fontes confere um guia de ação para o administrador público, pois permite que ele identifique o bloco de legalidade que rege sua atividade dentro do Estado e perante a sociedade. De outro, e de modo conexo, o conhecimento das fontes válidas é pressuposto para a análise da legalidade da ação pública, ou seja, a boa compreensão das fontes condiciona o controle da administração pública. Por consequência, a incapacidade de se definir as fontes do direito administrativo e de saber hierarquizá-las tem permitido o cometimento de diversos abusos e ilegalidades no cenário jurídico brasileiro. Tais abusos decorrem ora da desconsideração de uma fonte válida – por exemplo, normas constitucionais de direito administrativo – ora da utilização de fontes inválidas como se válidas fossem – tal como se vê, por exemplo, no uso indevido de decretos regulamentares para fins de criação de graves restrições à esfera particular fora das hipóteses aceitáveis em lei" (Marrara, Thiago. As fontes do direito administrativo e o princípio da legalidade. *Revista Digital de Direito Administrativo*, Ribeirão Preto, v. 1, n. 1, p. 23-51, 2014, p. 24).

Alternativa "c": alternativa incorreta. De acordo com Celso Antônio Bandeira de Mello, "O que hoje conhecemos por 'Direito Administrativo' nasceu na França. Mais que por leis que regulassem as relações entre Administração e administrados, foi sendo construído por obras da jurisprudência de um órgão – Conselho de Estado – encarregado de dirimir as contendas que surgissem entre estas duas partes. Tal órgão, diga-se de passagem, é alheio ao Poder Judiciário. Estava e está integrado no próprio Poder Executivo, a despeito de ter natureza jurisdicional, isto é, de decidir com força de coisa julgada" (Mello, Celso Antônio Bandeira de. *Curso de direito administrativo.* 35. ed. São Paulo: Malheiros, JusPodivm, 2021, p. 34). Ainda, conforme o ilustre Professor, o Direito Administrativo surge com o Estado de Direito, pois com a Revolução Francesa (1789) se coloca fim à Monarquia Absolutista e se inaugura o Estado de Direito, sendo necessário estabelecer novas relações entre Estado e cidadãos, especialmente, garantindo direitos aos cidadãos, este é a base histórica para a criação do Direito Administrativo. Ao lado da França, Alemanha e Itália também tiveram forte influência no Direito Administrativo brasileiro, especificamente sobre a influência italiana, "Quando se trata de Direito Administrativo como ciência, estruturada e sistematizada, a maioria dos autores reconhece, inclusive na Europa Ocidental, o pioneirismo de Gian Domenico Romagnosi, que publicou, em Parma, 1814 (2a ed. em Firenze, 1832, pela Stamperia Piatti) seu "*Principii fondamentali de diritto amministrativo*" a que se se seguiram, na Itália, inúmeras obras de grande importância e projeção no Direito Administrativo universal" (Araújo, Edmir Netto de. O direito administrativo e sua história. *Revista da Faculdade de Direito da Universidade de São Paulo*, São Paulo, v. 95, p. 147-166, 2000, p. 156).

Alternativa "d": alternativa correta. As fontes do direito administrativo podem ser classificadas segundo distintos critérios, como o de fontes formais e materiais e o de fontes escritas e não escritas, proposição de acordo com os ensinamentos da Teoria Geral de Direito.

Alternativa "e": alternativa incorreta. No Brasil, pessoas jurídicas de direito privado também compõem o objeto do direito administrativo. Um dos critérios para a definição do objeto do direito administrativo é o conceito de Administração Pública – adotado por Hely Lopes Meirelles – e faz parte da Administração Pública a Administração Direta e a Administração Indireta, nesta incluídas as pessoas jurídicas de direito privado, como as empresas públicas e as sociedades de economia mista, por exemplo.

Alternativa correta: letra "d".

---

03. CEBRASPE – 2023 – TCE/MS - Procurador

Assinale a opção correta em relação aos princípios da administração pública.

a) O princípio implícito da supremacia do interesse público deve ser levado em conta na atividade jurisdicional.

b) O princípio da legalidade tem a mesma extensão e o mesmo sentido para a administração pública que tem para as pessoas físicas e jurídicas em geral.

c) Por interpretação sistemática dos princípios da legalidade e da moralidade, toda conduta autorizada por lei é considerada, por isso mesmo, compatível com a moralidade.

d) Embora regimes de transição sejam desejáveis quando a administração modifica suas interpretações, eles não são legalmente exigidos, por força do princípio da segurança jurídica.

e) Em virtude do princípio da continuidade do serviço público, a prestação de um serviço público não pode ser validamente interrompida em hipótese alguma.

COMENTÁRIOS

✪ **Nota do autor:** um dos pilares do direito público, especialmente do direito administrativo, é o princípio da supremacia do interesse público sobre o privado. Para bem compreendê-lo importante sempre ter em mente o seguinte: "O princípio da supremacia do interesse público sobre o privado é um princípio geral de direito inerente a qualquer sociedade. É a própria condição de sua existência. Assim, não se radica em dispositivo específico algum da Constituição, ainda que inúmeros aludam ou impliquem manifestações concretas dele, como por exemplo, os princípios da função social da propriedade, da defesa do consumidor, ou do meio ambiente, ou tantos outros. Afinal, o princípio em causa é um pressuposto lógico do convívio social" (Mello, Celso Antônio Bandeira de. *Curso de direito administrativo*. 35. ed. São Paulo: Malheiros, 2021, p. 87-82). Não se trata de impor a vontade da Administração sobre o particular, nem de violação de direitos dos particulares, mas sim um princípio social democrático em que o público-social não pode ceder em detrimento de interesse privado, ou seja, é um dos pilares democráticos do Estado, que deve garantir a existência digna de todos, isto sim é a supremacia do interesse público.

Alternativa "a": alternativa correta. O princípio implícito da supremacia do interesse público deve ser levado em conta na atividade jurisdicional. Nesse sentido, "A supremacia do interesse público deve orientar o legislador e o aplicador da lei. O legislador, quando da discussão de projetos de lei ao mediar as restrições que os interesses sofrerão em nome de benefícios coletivos; e o aplicador da lei – juiz ou administrador -, na aplicação do direito público" (Nohara, Irene Patrícia. *Direito administrativo*. 11. ed. São Paulo: Atlas, 2022, p. 44).

Alternativa "b": alternativa incorreta. O princípio da legalidade não tem a mesma extensão e o mesmo sentido para a Administração Pública e para as pessoas físicas e jurídicas em geral. Para a Administração Pública incide o princípio da vinculação positiva, ao passo que para as pessoas físicas e jurídicas em geral o princípio da vinculação negativa. Pela vinculação positiva a Administração Pública somente pode atuar em conformidade com o princípio da legalidade, diferentemente, as pessoas físicas e jurídicas em geral tem uma atuação mais livre, podendo atuar conforme sua autonomia privada, sendo-lhes vedado o que contrariar a lei.

Alternativa "c": alternativa incorreta. Nem toda conduta autorizada por lei é considerada, por isso mesmo, compatível com a moralidade. Os exemplos são vários, uma lei que conceda anistia de tributos ou anistia de uma sanção penal, pode ser legal e ser imoral; uma lei que conceda aumento de salário a determinados políticos, pode ser legal e, também, imoral, especialmente num país em que há grande desigualdade social.

Alternativa "d": alternativa incorreta. Os regimes de transição para situações em que a Administração modifica suas interpretações são legalmente exigidos, por força do princípio da segurança jurídica, conforme disposição da LINDB: "Art. 23. A decisão administrativa, controladora ou judicial que estabelecer interpretação ou orientação nova sobre norma de conteúdo indeterminado, impondo novo dever ou novo condicionamento de direito, deverá prever regime de transição quando indispensável para que o novo dever ou condicionamento de direito seja cumprido de modo proporcional, equânime e eficiente e sem prejuízo aos interesses gerais".

Alternativa "e": alternativa incorreta. O serviço público pode sim ser validamente interrompido, em várias hipóteses, sem que isso configure quebra do princípio da continuidade do serviço público, nos termos do art. 6º, §3º da lei nº 8.987/95: "Não se caracteriza como descontinuidade do serviço a sua interrupção em situação de emergência ou após prévio aviso, quando: I - motivada por razões de ordem técnica ou de segurança das instalações; e, II - por inadimplemento do usuário, considerado o interesse da coletividade".

Alternativa correta: letra "a".

04. FCC – 2022 – TCE/GO – Analista de Controle Externo

Dentre os princípios que regem as atividades da Administração pública, o princípio da

a) moralidade sobrepõe-se aos demais, porque tem caráter transversal e pode fundamentar medidas judiciais em função de seu descumprimento.

b) eficiência não encontra expresso amparo constitucional, mas é deduzido pela interpretação sistemática e finalística dos demais princípios de status supra legais.

c) impessoalidade informa todos os órgãos e pessoas que compõem a estrutura administrativa, impedindo a prévia identificação dos agentes públicos, para evitar constrangimentos e revelação de conflitos de interesses.

d) publicidade foi alçado à categoria de único princípio absoluto após a edição da Lei de Acesso à Informação.

e) legalidade apresenta diferentes acepções, dentre elas a circunscrição de matérias reservadas à expressa disciplina por lei formal.

COMENTÁRIOS

✪ **Nota do autor:** para completar os estudos, lembrar que atualmente muito tem se discutido sobre o princípio da juridicidade, de forma a compreender a legalidade sobre uma perspectiva maior. Nesse sentido, "A legalidade encontra-se inserida no denominado princípio da juridicidade que exige a submissão da atuação administrativa à lei e ao Direito (art. 2º, parágrafo único, I da Lei 9.784/1999). Em vez de simples adequação da atuação administrativa a uma lei específica, exige-se a compatibilidade dessa atuação com o chamado 'bloco de legalidade'" (Oliveira, Rafael Carvalho Rezende. *Curso de direito administrativo.* 12. ed. Rio de Janeiro: Método, 2024, p. 35).

Alternativa "a": alternativa incorreta. O princípio da moralidade não se sobrepõe aos demais princípios. Não há uma hierarquia entre os princípios.

Alternativa "b": alternativa incorreta. O princípio da eficiência tem expresso amparo constitucional, no art. 37 da CRFB/88: "Art. 37. A administração pública direta e indireta de qualquer dos Poderes da União, dos Estados, do Distrito Federal e dos Municípios obedecerá aos princípios de legalidade, impessoalidade, moralidade, publicidade e eficiência e, também, ao seguinte:[...]".

Alternativa "c": alternativa incorreta. O princípio da impessoalidade não significa que não se deva identificar o agente público, nem tem o papel de impedir a prévia identificação dos agentes públicos, o que é um tanto ilógico. Na verdade, o princípio da impessoalidade determina que a Administração Pública trate as pessoas com isonomia, a fim de se atender a finalidade pública, sem discriminações e sem tratamentos privilegiados, como também proíbe a promoção pessoal.

Alternativa "d": alternativa incorreta. O princípio da publicidade não foi alçado à categoria de único princípio absoluto. Nesse sentido, é importante ter em mente, na linha dos estudos de Direito Constitucional, que não existe princípio absoluto.

Alternativa "e": alternativa correta. O princípio da legalidade apresenta diferentes acepções, dentre elas a circunscrição de matérias reservadas à expressa disciplina por lei formal. Nesse sentido, a legalidade tem dois importantes desdobramentos: supremacia da lei (prevalência da lei) e reserva de lei (determinadas matérias devem ser veiculadas por lei).

Alternativa correta: letra "e".

2. ORGANIZAÇÃO ADMINISTRATIVA DA UNIÃO. ADMINISTRAÇÃO DIRETA E INDIRETA. ENTIDADES PARAESTATAIS E ENTES DE COLABORAÇÃO

- CRFB/88, arts. 33, 37, 150, 169 e240;
- Código Civil, art. 62;
- Decreto-lei 200/67, art. 5º;
- Decreto Distrital 37.843/16;
- Lei 8.429/92, art. 2º;
- Lei 9.637/98, arts. 2º, 3º, 4º, 12, 13, 14 e 16;
- Lei 9.687/99;
- Lei 9.784/99, art. 56;
- Lei 9.790/99, art. 3º;
- Lei 13.303/16, arts. 2º, 3º, 4º, 26, 28, 29, 30, 49 e 50;
- Lei 13.019/14, arts. 1º, 2º 10, 11, 16, 29 e 42;
- Lei 13.204/15;
- Lei 13.848/19, arts. 2º, 3º,4º e 14.

05. CEBRASPE – 2024 – TCE/AC – Técnico de Controle Externo

Julgue o item subsecutivo, a respeito da administração pública direta, indireta e fundacional, dos atos administrativos e da requisição administrativa.

As fundações públicas são órgãos da administração pública indireta, funcionam com custeio exclusivo da União e possuem personalidade jurídica de direito público.

COMENTÁRIOS

✪ **Nota do autor:** inicialmente cumpre destacar que não é correto apontar as fundações públicas como órgãos, uma vez que, ao comporem a administração pública indireta, classificam-se como entidades, uma vez que contam com personalidade jurídica própria. Por outro lado, seu funcionamento pode ser custeado tanto por recursos da União quanto por outras fontes. Ademais, elas podem contar tanto com personalidade de direito público (autarquias fundacionais ou fundações autárquicas) quanto de direito privado (fundações públicas de direito privado).

Item errado.

06. CEBRASPE – 2024 – TCE/AC – Técnico de Controle Externo

Julgue o item subsecutivo, a respeito da administração pública direta, indireta e fundacional, dos atos administrativos e da requisição administrativa.

As secretarias dos governos estaduais e das prefeituras municipais são exemplos de órgãos da administração direta; para a execução dos serviços públicos nesses órgãos, não é necessária a criação de novas personalidades jurídicas.

COMENTÁRIOS

✪ **Nota do autor:** o enunciado encontra-se de acordo com a ideia de desconcentração administrativa, com base na qual tem-se uma especialização de funções no âmbito da própria estrutura da Administração, sem que seja criada outra pessoa jurídica, mas, tão-somente, centros de competências, quais sejam, os órgãos, que têm como um dos principais exemplos as secretarias dos governos estaduais e das prefeituras municipais.

Item certo.

07. CEBRASPE – 2024 – TCE/AC – Técnico de Controle Externo

Julgue o item subsecutivo, a respeito da administração pública direta, indireta e fundacional, dos atos administrativos e da requisição administrativa.

Tanto as empresas públicas quanto as sociedades de economia mista fazem parte da administração indireta, sendo entidades dotadas de personalidade jurídica de direito privado, criadas mediante autorização por lei e podem explorar atividade econômica pelo Estado.

COMENTÁRIOS

✪ **Nota do autor:** item de acordo tanto com a previsão constitucional para a criação de estatais, quanto com as disposições da lei nº 13.303/2016. Nesse sentido, o art. 37, XIX da CRFB/88 estabelece que "somente por lei específica poderá ser [...] autorizada a instituição de empresa pública, de sociedade de economia mista e de fundação [...]". Por outro lado, vale mencionar os conceitos trazidos pela Lei das Estatais. Assim, "empresa pública é a entidade dotada de personalidade jurídica de direito privado, com criação autorizada por lei e com patrimônio próprio, cujo capital social é integralmente detido pela União, pelos Estados, pelo Distrito Federal ou pelos Municípios" (lei nº 13.303/16, art. 3º, caput). Já a sociedade de economia mista é a "entidade dotada de personalidade jurídica de direito privado, com criação autorizada por lei, sob a forma de sociedade anônima, cujas ações com direito a voto pertençam em sua maioria à União, aos Estados, ao Distrito Federal, aos Municípios ou a entidade da administração indireta" (lei nº 13.303/16, art. 4º, caput). No mais, ambas as empresas estatais fazem parte da administração indireta e podem explorar atividade econômica pelo Estado (lei nº 13.303/16, art.2º, caput).

Item certo.

08. CEBRASPE – 2024 – TCE/AC – Analista Ministerial

No que diz respeito à organização administrativa, julgue o item que se segue.

Por envolver a distribuição de competências internamente à administração pública, a técnica da desconcentração ocorre apenas na administração direta.

COMENTÁRIOS

✪ **Nota do autor:** segundo a doutrina, na desconcentração ocorre uma distribuição interna de competências dentro da mesma pessoa jurídica, podendo ocorrer tanto dentro de uma pessoa política como dentro de uma entidade administrativa, ou seja, tanto no âmbito da administração direta ou centralizada como na administração indireta ou descentralizada (Castro Júnior, Renério. Manual de Direito Administrativo. 2.ed. São Paulo: Juspodivm, 2022. p. 185).

Item errado

09. (Cespe – Analista de Controle Externo – Direito – TCE – RJ/2021) Com relação à organização administrativa, ao processo administrativo, ao estatuto jurídico da empresa pública, da sociedade de economia mista e de suas subsidiárias e à Lei de Acesso a Informação, julgue os itens a seguir.

Se organização da sociedade civil firmar alguma parceria com a administração pública, celebrando o respectivo termo de fomento, ambas deverão divulgar a parceria na Internet, devendo a primeira dar essa publicidade em locais visíveis de suas sedes sociais.

COMENTÁRIOS

✪ **Nota do autor:** as organizações da sociedade civil são disciplinadas pela lei nº 13.019/2014, com a redação que lhe foi conferida pela lei nº 13.204/2015. Assim, para os fins de tal lei, é considerada organização da sociedade civil (Art. 1º, I): a) entidade privada sem fins lucrativos que não distribua entre os seus sócios ou associados, conselheiros, diretores, empregados, doadores ou terceiros eventuais resultados, sobras, excedentes operacionais, brutos ou líquidos, dividendos, isenções de qualquer natureza, participações ou parcelas de seu patrimônio, auferidos mediante o exercício de suas atividades, e que os aplique integralmente na consecução do respectivo objeto social, de forma imediata ou por meio da constituição de fundo patrimonial ou fundo de reserva; b) as sociedades cooperativas previstas na lei nº 9.687, de 10 de novembro de 1999; as integradas por pessoas em situação de risco ou vulnerabilidade pessoal ou social; as alcançadas por programas e ações de combate à pobreza e de geração de trabalho e renda; as voltadas para fomento, educação e capacitação de agentes de assistência técnica e extensão rural; e as capacitadas para execução de atividades ou de projetos de interesse público e de cunho social; e c) as organizações religiosas que se dediquem a atividades ou a projetos de interesse público e de cunho social distintas das destinadas a fins exclusivamente religiosos. A mencionada lei nº 13.204/2015 inseriu várias novidades à lei nº 13.019/2014, dentre elas a nova redação dos arts. 10 e 11, itens cobrados na presente questão. Assim: "**A administração pública deverá manter, em seu sítio oficial na internet, a relação das parcerias celebradas** e dos respectivos planos de trabalho, até cento e oitenta dias após o respectivo encerramento" (art. 10). No mais, "**A organização da sociedade civil deverá divulgar na internet e em locais visíveis de suas sedes sociais** e dos estabelecimentos em que exerça suas ações todas as parcerias celebradas com a administração pública". **Item CERTO.**

10. FGV – 2024 – TCE/PA – Auditor de Controle Externo

A Constituição Federal de 1988 dispõe sobre os requisitos para a concessão de vantagem ou aumento de remuneração, a criação de cargos, empregos e funções, pelos órgãos e entidades da administração pública. Entre os órgãos e entidades da administração pública que não se submetem à exigência de autorização específica na lei de diretrizes orçamentárias estão

a) as fundações instituídas e mantidas pelo poder público.
b) as autarquias.
c) as empresas públicas.
d) a Poder Judiciário.
e) os Tribunais de Conta.

COMENTÁRIOS

✪ **Nota do autor:** segundo disposição constitucional, a concessão de qualquer vantagem ou aumento de remuneração, a criação de cargos, empregos e funções ou alteração de estrutura de carreiras, bem como a admissão ou contratação de pessoal, a qualquer título, pelos órgãos e entidades da administração direta e indireta, inclusive fundações instituídas e mantidas pelo poder público só poderão ser feitas: I- se houver prévia dotação orçamentária suficiente para atender às projeções de despesa de pessoal e aos acréscimos dela decorrentes; II- se houver autorização específica na lei de diretrizes orçamentárias, ressalvadas as empresas públicas e as sociedades de economia mista (art. 169, §1º, I e II).

Alternativa "a": alternativa errada, já que o art. 169, §1º inclui as fundações instituídas e mantidas pelo poder público dentre os entes que dependem de autorização específica na lei de diretrizes orçamentárias.

Alternativa "b": alternativa errada. As autarquias, enquanto pessoas jurídicas de direito público da administração indireta, por expressa previsão constitucional, dependem de autorização específica na lei de diretrizes orçamentárias para a concessão de vantagem ou aumento de remuneração, a criação de cargos, empregos e funções.

✪ **Alternativa "c":** alternativa certa. Por expressa previsão no texto constitucional (art. 169, §1º, II), as empresas públicas não dependem de autorização específica na lei de diretrizes orçamentárias para a concessão de vantagem ou aumento de remuneração, a criação de cargos, empregos e funções. Vale lembrar que no caso de estatais não dependentes, não se submeterão sequer ao regime do teto constitucional.

Alternativa "d": alternativa errada. O Poder Judiciário por expressa previsão constitucional, depende de autorização específica na lei de diretrizes orçamentárias para a concessão de vantagem ou aumento de remuneração, a criação de cargos, empregos e funções.

Alternativa "e": alternativa errada. Os Tribunais de contas por expressa previsão constitucional, dependem de autorização específica na lei de diretrizes orçamentárias para a concessão de vantagem ou aumento de remuneração, a criação de cargos, empregos e funções.

Alternativa correta: letra "c".

11. FGV – 2024 – TCE/PA – Auditor de Controle Externo

Após perquirir a distinção entre Administração Direta e Indireta e os respectivos órgãos e entidades administrativas, além das questões atinentes à personalidade jurídica em cada caso, Felisbela concluiu corretamente que

a) os Tribunais de Contas são órgãos integrantes da Administração Direta, que não são dotados de personalidade jurídica.
b) as autarquias são órgãos integrantes da Administração Direta, que tem personalidade jurídica de direito público.

c) as empresas públicas são entidades integrantes da Administração Indireta dotadas de personalidade jurídica de direito públicos.
d) os Tribunais de Justiça são entidades integrantes da Administração Indireta dotadas de personalidade jurídica de direito público.
e) as fundações públicas são órgãos integrantes da Administração Indireta, que não são dotados de personalidade jurídica.

COMENTÁRIOS

✪ **Nota do autor:** a questão traz um tema básico e introdutório do Direito Administrativo, qual seja, a Organização da Administração Pública. Assim, é preciso compreender a existência da Administração direta ou centralizada, composta pelos entes federativos (U,E, DF e M) através de seus vários órgãos, desprovidos de personalidade jurídica própria, e agentes púbicos. Por outro lado, a Administração Indireta ou descentralizada é composta por entidades autônomas, sejam elas com personalidade jurídica de direito público (autarquias, inclusive fundações autárquicas) ou de direito privado (empresas estatais e fundações públicas de direito privado).

Alternativa "a": alternativa correta. Os Tribunais de Contas são órgãos de natureza técnica, com o objetivo de auxiliar o Poder Legislativo na atividade de controle e fiscalização contábil, financeira, orçamentária, operacional e patrimonial, tanto das entidades da administração direta quanto da indireta. Acerca do TCU, acrescente Bernardo Gonçalves Fernandes: "embora auxilie o Poder Legislativo, ele não integra o Poder Legislativo nem mesmo é subordinado a ele (aqui temos uma relação de cooperação e não de subordinação), mantendo apenas um vínculo institucional por disposição eminentemente constitucional. Portanto, o TCU é órgão autônomo e independente" (*Curso de Direito Constitucional*. 16.ed. São Paulo: Juspodivm, 2024. p. 1080).

Alternativa "b": alternativa errada. As autarquias não são órgãos e, justamente por esta razão, gozam de personalidade jurídica própria, de direito público.

Alternativa "c": alternativa errada. Segundo a Lei das estatais (lei nº 13.303/16), "empresa pública é a entidade dotada de personalidade jurídica de direito privado, com criação autorizada por lei e com patrimônio próprio, cujo capital social é integralmente detido pela União, pelos Estados, pelo Distrito Federal ou pelos Municípios" (art. 3º, caput). São, portanto, entidades integrantes da Administração Indireta dotadas de personalidade jurídica de direito privado.

Alternativa "d": alternativa errada, já que os Tribunais de Justiça são órgãos integrantes da Administração direta; portanto, desprovidos de personalidade jurídica própria.

Alternativa "e": alternativa errada. As fundações públicas são entidades da Administração indireta, dotadas de personalidade jurídica de direito público ou privado, a depender da modalidade de fundação.

Alternativa correta: letra "a".

---

12. CEBRASPE – 2023 – TCE/MS - Procurador

As fundações públicas

a) não gozam de imunidade tributária.
b) diferenciam-se das privadas porque, naquelas, a finalidade não é essencial à sua caracterização.
c) são de direito privado, apesar de instituídas pelo poder público, de acordo com a doutrina majoritária.
d) podem ter como finalidade áreas nas quais atuem outros órgãos ou entes da administração pública.
e) adquirem personalidade jurídica com a publicação da lei que as houver instituído.

COMENTÁRIOS

✪ **Nota do autor:** o tema "fundações" pode mostrar-se bastante complexo nos estudos para concursos públicos, o que se dá pelo fato de existirem três modalidades, quais sejam: as fundações previstas, regidas pelo Código Civil (Art. 62) e as fundações públicas, que podem ser tanto de direito público (autarquias fundacionais ou fundações autárquicas) quanto de direito privado.

Alternativa "a": alternativa errada. Conforme art. 150, §2º da CRFB/88, a imunidade tributária dos entes federativos é extensiva às autarquias e às fundações instituídas e mantidas pelo poder público e à empresa pública prestadora de serviço postal, no que se refere ao patrimônio, à renda e aos serviços vinculados a suas finalidades essenciais ou às delas decorrentes.

Alternativa "b": alternativa errada já que a grande diferença entre as fundações privadas e as públicas não diz respeito à finalidade, que é essencial na caracterização de ambas as modalidades, mas sim na figura do instituidor, que, no caso das fundações públicas, sempre será o Estado.

Alternativa "c": alternativa errada, uma vez que as fundações públicas podem ser tanto de direito público quanto de direito privado. Nesse sentido, deve-se considerara ultrapassado aquele conceito contido no art. 5º, IV, do Decreto-Lei 200, de 1967, segundo o qual as fundações públicas eram entidades, necessariamente, dotadas de personalidade jurídica de direito privado.

Alternativa "d": alternativa correta. Segundo disposição constitucional (art. 37, XIX), somente por lei específica poderá ser criada autarquia e autorizada a instituição de empresa pública, de sociedade de economia mista e de fundação, cabendo à lei complementar, neste último caso, definir as áreas de sua atuação. Assim, é possível que tenham como finalidade áreas nas quais atuem outros órgãos ou entes da administração pública.

Alternativa "e": alternativa errada. As fundações públicas de direito público, enquanto autarquias, de fato, adquirem personalidade jurídica com a publicação da lei que as houver instituído. Contudo, isso não se aplica às fundações públicas de direito privado que se submetem, ainda, ao registro do ato constitutivo no Registro Civil de Pessoas Jurídicas.

Alternativa correta: letra "d".

---

13. FCC – 2022 – TCE/GO – Analista de Controle Externo

Considere que uma empresa estatal tornou-se proprietária de inúmeros imóveis em função de adjudicações levadas a efeito em sede de execuções movidas em face de devedora contumaz. Precisa, atualmente, decidir o destino dos referidos bens, dentre os quais há imóveis valiosos e de grande liquidez, mas também se encontram outros, de menor atratividade, com vocação para habitação de baixa renda e até mesmo alguns parcialmente invadidos. De acordo com o que dispõe a Lei federal nº 13.303/2016,

a) os imóveis de baixa liquidez e pouca atratividade prescindem de avaliação, podendo ser doados a entes públicos que pretendam lhes dar destinação social.
b) a alienação de bens imóveis deve seguir o procedimento de licitação previsto na Lei federal nº 8.666/1993, inclusive no que se refere às hipóteses de dispensa e inexigibilidade.
c) há disciplina própria para licitação, aplicável à alienação onerosa e gratuita dos imóveis, mediante justificativa e prévia avaliação dos bens, nas hipóteses onerosas.
d) a alienação dos bens deverá observar o procedimento de licitação próprio, o que não afasta a possibilidade de destinação à finalidade de interesse coletivo que justificou a criação da empresa estatal.
e) é faculdade da empresa estatal destinar os bens à finalidade de interesse público ou à finalidade econômica, considerando que àquela pessoa jurídica aplica-se o regime jurídico de direito privado, afastando a imposição de motivação.

COMENTÁRIOS

✪ **Nota do autor:** "a expressão 'empresas estatais' compreende toda e qualquer entidade civil ou comercial, sob controle acionário do Estado, englobando as empresas públicas, as sociedades de economia mista, suas subsidiárias e as demais sociedades controladas pelo Estado" (Oliveira, Rafael Carvalho Rezende. *Curso de direito administrativo*. 12. ed. Rio de Janeiro: Método, 2024, p. 117).

Alternativa "a": alternativa incorreta. Não há, na Lei das Estatais, disposição no sentido de que os imóveis de baixa liquidez e pouca atratividade não prescindam de avaliação, podendo ser doados a entes públicos que pretendam lhes dar destinação social.

Alternativa "b": alternativa incorreta. A alienação de bens imóveis deve seguir o procedimento de licitação previsto na Lei federal nº 13.303/2016, inclusive no que se refere às hipóteses de dispensa e inexigibilidade. Nesse sentido, o art. 28 da lei nº 13.303/16: "Os contratos com terceiros destinados à prestação de serviços às empresas públicas e às sociedades de economia mista, inclusive de engenharia e de publicidade, à aquisição e à locação de bens, à alienação de bens e ativos integrantes do respectivo patrimônio ou à execução de obras a serem integradas a esse patrimônio, bem como à implementação de ônus real sobre tais bens, serão precedidos de licitação nos termos desta Lei, ressalvadas as hipóteses previstas nos arts. 29 e 30". As hipóteses de dispensa (art. 29) e inexigibilidade (art. 30) também seguem a Lei das Estatais (lei nº 13.303/2016).

Alternativa "c": alternativa incorreta. Na lei nº 13.303/2016 não há disciplina própria para licitação aplicável à alienação gratuita dos imóveis. O assunto alienação de bens está tratado no art. 49 da lei nº 13.303/16: "A alienação de bens por empresas públicas e por sociedades de economia mista será precedida de: I - avaliação formal do bem contemplado, ressalvadas as hipóteses previstas nos incisos XVI a XVIII do art. 29; e II - licitação, ressalvado o previsto no § 3º do art. 28".

Alternativa "d": alternativa correta. A alienação dos bens deverá observar o procedimento de licitação próprio, previsto na lei nº 13.303/16 o que não afasta a possibilidade de destinação à finalidade de interesse coletivo que justificou a criação da empresa estatal, considerando-se, sobretudo, a previsão do art. 26 da Lei das Estatais, segundo o qual "A empresa pública e a sociedade de economia mista terão a função social de realização do interesse coletivo ou de atendimento a imperativo da segurança nacional expressa no instrumento de autorização legal para a sua criação. §1º A realização do interesse coletivo de que trata este artigo deverá ser orientada para o alcance do bem-estar econômico e para a alocação socialmente eficiente dos recursos geridos pela empresa pública e pela sociedade de economia mista, bem como para o seguinte: [...]".

Alternativa "e": alternativa incorreta. Considerando sua função social, é uma faculdade da empresa estatal destinar os bens à finalidade de interesse público ou à finalidade. Por outro lado, "a motivação do ato jurídico de Direito Privado da Administração é dispensável nas empresas estatais exploradoras de atividade econômica e nas empresas estatais prestadoras de serviço público que atuam em regime de concorrência. Já para as empresas estatais prestadoras de serviço público que atuam sem concorrência, não há como se afastar o dever de motivação pois, neste caso, não haverá prejuízo à eficiência empresarial na disputa da preferência do consumidor" (Disponível em: https://enciclopediajuridica.pucsp.br/verbete/124/edicao-1/principio-da-motivacao-no-direito-administrativo . Acesso em: 8 fev. 2025) Sobre o regime jurídico das estatais, "O regime jurídico aplicável aos bens das estatais é predominantemente privado, mas sofre modulações de direito público, especialmente no tocante à sua alienação, que depende do cumprimento das exigências legais (art. 49 e 50 da Lei 13.303/2016), e, no caso das estatais prestadoras de serviços públicos, à vedação de penhora de bens necessários à continuidade dos serviços" (Oliveira, Rafael Carvalho Rezende. *Curso de direito administrativo*. 12. ed. Rio de Janeiro: Método, 2024, p. 132).

Alternativa correta: letra "d".

14. FGV – 2022 – TCU – Auditor Federal de Controle Externo

As agências reguladoras foram criadas a partir do Programa Nacional de Desestatização, para fiscalizar, regular e normatizar a prestação de serviços públicos transferidos à iniciativa privada, na forma da lei, com intenção de reduzir gastos e buscar maior eficiência na execução de tais atividades. Nesse contexto, no plano federal, imagine-se a hipotética Agência Nacional Alfa, que, por ser uma agência reguladora, de acordo com a legislação de regência, em matéria de organização administrativa, se classifica como:

a) **autarquia em regime especial, que é caracterizada pela ausência de tutela ou de subordinação hierárquica, pela autonomia funcional, decisória, administrativa e financeira e pela investidura a termo de seus dirigentes e estabilidade durante os mandatos, sendo certo que seu controle externo é exercido pelo Congresso Nacional, com auxílio do Tribunal de Contas da União;**

b) autarquia em regime especial, que é caracterizada pela existência de tutela ou de subordinação hierárquica, pela autonomia funcional, decisória e administrativa, bem como pela vinculação orçamentária e financeira junto à Administração direta, sendo certo que seu controle externo é exercido por meio de supervisão ministerial, com auxílio do Tribunal de Contas da União;

c) autarquia territorial nacional, que é caracterizada pela existência de tutela ou de subordinação hierárquica, pela autonomia funcional, decisória e administrativa, pela vinculação orçamentária e financeira junto à Administração direta, sendo certo que seu controle externo é exercido por meio de supervisão ministerial, com auxílio da Controladoria- Geral da União;

d) fundação pública de direito privado, que ostenta personalidade jurídica de direito privado e executa atividades regulatórias de interesse social, com tutela e subordinação hierárquica, autonomia funcional, decisória e administrativa, sendo certo que seu controle externo é exercido por meio do Ministério Público Federal, mediante o velamento de fundações;

e) empresa estatal, que ostenta personalidade jurídica de direito privado e executa atividades regulatórias de interesse social, com ausência de tutela ou de subordinação hierárquica, possuindo autonomia funcional, decisória e administrativa, sendo certo que seu controle externo é feito diretamente pelos usuários do serviço e pela sociedade civil, mediante o controle social, exercido com auxílio da Defensoria Pública da União.

COMENTÁRIOS

✪ **Nota do autor:** O modelo de agências, importado dos Estados Unidos da América do Norte, só chega ao direito brasileiro no contexto do estímulo à concorrência no serviço público, tendo em vista a delegação em escala, pela via da contratualização, de diversos setores específicos. A existência das agências reguladoras é, dessa forma, resultante, de dois fundamentos principais: a) despolitização (ou "desgovernamentalização") conferindo tratamento técnico e maior segurança jurídica ao setor regulado; e b) necessidade de celeridade na regulação de determinadas atividades técnicas" (Oliveira, Rafael Carvalho Rezende. *Curso de Direito Administrativo*. 12.ed. Rio de Janeiro: Método, 2024, p. 102).

Alternativa "a": alternativa certa. A primeira parte da alternativa, reproduz, quase em sua totalidade, o art. 4º da lei nº 13.848/2019 (Lei Geral das Agências Reguladoras), segundo o qual: "a natureza especial conferida à agência reguladora é caracterizada pela ausência de tutela ou de subordinação hierárquica, pela autonomia funcional, decisória, administrativa e financeira e pela investidura a termo de seus dirigentes e estabilidade durante os mandatos, bem como pelas demais disposições constantes desta lei ou de leis específicas voltadas à sua implementação". Por outro lado, o art. 14 da mesma lei prevê, expressamente, que "o controle externo das agências reguladoras será exercido pelo Congresso Nacional, com auxílio do Tribunal de Contas da União". Em que pese certa divergência doutrinária, o próprio Tribunal de Contas vem reconhecendo, reiteradamente, sua competência no controle desenvolvido pelas agências reguladoras., sejam atividades-meio, sejam atividades-fim. "Considerando a vinculação da atividade regulatória aos objetivos traçados na lei instituidora, já foi reconhecida, também, a possibilidade de que o TCU expedisse determinação para a correção de ato normativo elaborado por agência reguladora, uma vez verificada a ineficácia nas ações de regulação ou omissão no tratamento concedido à matéria sob sua tutela, o que não caracterizaria intromissão na autonomia da agência" (Vilela, Danilo Vieira. *Lei Geral das Agências Reguladoras*: lei nº 13.848, de 25 de junho de 2019. São Paulo: Thomson Reuters, 2020, p. 108-109).

Alternativa "b": alternativa errada. De fato, as agências reguladoras se classificam como autarquias em regime especial. Contudo, a descrição do que seria tal regime trazida pela alternativa mostra-se, completamente em dissonância com a previsão do art. 2º da Lei Geral das Agências Reguladoras (lei nº 13.848/19). Ademais, o controle externo das agências reguladoras será exercido pelo Congresso Nacional, e não por supervisão ministerial, com auxílio do Tribunal de Contas da União. Com a entrada em vigor da Lei Geral das Agências Reguladoras, a doutrina entende não haver mais a supervisão ministerial, considerando a previsão do art. 3º ao falar em ausência de tutela ou de subordinação hierárquica (Vilela, Danilo Vieira. *Lei Geral das Agências Reguladoras*: lei nº 13.848, de 25 de junho de 2019. São Paulo: Thomson Reuters, 2020, p. 41).

Alternativa "c": alternativa errada. Agências reguladoras são autarquias especiais, e não autarquias territoriais nacionais, classificação atribuída aos antigos Territórios, transformados em estados pela CRFB/88. Quanto ao restante da alternativa, remetemos os leitores à análise das alternativas anteriores.

Alternativa "d": alternativa errada. Agência reguladora é classificada como autarquia especial e, jamais, como fundação pública, seja de direito público, seja de direito privado. Seu regime jurídico é delimitado pelo art. 3º e o controle externo pelo art. 14, ambos da Lei Geral das Agências Reguladoras (lei nº 13.848/19), supramencionados.

Alternativa "e": alternativa errada. É absolutamente incorreto apontar uma agência reguladora como modalidade de empresa estatal, uma vez que aquelas são autarquias em regime especial. Ademais, contam com personalidade jurídica de direito público. Seu regime jurídico é delimitado pelo art. 3º e o controle externo pelo art. 14, ambos da Lei Geral das Agências Reguladoras (lei nº 13.848/19), supramencionados.

Alternativa correta: letra "a".

2.1. TERCEIRO SETOR

15. CEBRASPE – 2024 – TCE/AC – Analista Ministerial

No que diz respeito à organização administrativa, julgue o item que se segue.

Os serviços sociais autônomos recebem verba pública e estão sujeitos a controle dos tribunais de contas, razões pelas quais eles são considerados integrantes da administração pública indireta.

COMENTÁRIOS

✪ **Nota do autor:** os serviços sociais autônomos compõem o chamado "Sistema S" (ex. SESI, SESC, Sebrae) recebem verbas públicas e, por isso, estão sujeitos a controle dos tribunais de contas. Contudo, isso não faz com que sejam integrantes da administração pública indireta. Ao contrário, fazem parte do terceiro setor, caracterizando-se como particulares que colaboram com o Estado sem intuito de lucro.

Item errado.

16. CEBRASPE – 2024 – TCE/AC – Analista Ministerial

No que diz respeito à organização administrativa, julgue o item que se segue.

As organizações sociais têm personalidade jurídica de direito privado, não devem ter finalidade lucrativa e se destinam a atuar em áreas como cultura e saúde, entre outras.

COMENTÁRIOS

✪ **Nota do autor:** As Organizações Sociais (OS), entes que compõem o chamado "terceiro setor" são disciplinadas pela lei nº 9.637/1998, segundo a qual "o Poder Executivo poderá qualificar como organizações sociais pessoas jurídicas de direito privado, sem fins lucrativos, cujas atividades sejam dirigidas ao ensino, à pesquisa científica, ao desenvolvimento tecnológico, à proteção e preservação do meio ambiente, à cultura e à saúde".

Item certo.

17. CEBRASPE – 2023 – TCDF – Auditor de Controle Externo

No que se refere ao terceiro setor e ao controle da administração pública, julgue o item a seguir.

A escolha de organização da sociedade civil para firmar parceria com o poder público no Distrito Federal será feita por procedimento com chamamento público regido por edital, o qual deve aceitar interessados nas parcerias de forma contínua e por prazo indeterminado.

COMENTÁRIOS

Nota do autor: a lei nº 13.019, de 31 de julho de 2014, dentre outros aspectos, estabelece o regime jurídico das parcerias entre a administração pública e as organizações da sociedade civil, em regime de mútua cooperação, para a consecução de finalidades de interesse público e recíproco, mediante a execução de atividades ou de projetos previamente estabelecidos em planos de trabalho inseridos em termos de cooperação. Em seu art. 42 a mencionada lei determina que as parcerias serão formalizadas mediante a celebração de termo de colaboração, de termo de fomento ou de acordo de cooperação, os quais terão, como cláusulas essenciais, dentre outras, a vigência e as hipóteses de prorrogação (art. 42, VI), o que evidencia que não podem se dar por prazo indeterminado. Ademais, como a questão foi aplicada em prova no Distrito Federal, há que se destacar a previsão contida no inciso XIII do art. 2º do Decreto Distrital nº 37.843/2016, segundo o qual, chamamento público é o "procedimento destinado a selecionar organização da sociedade civil para firmar parceria, observados os princípios da isonomia, legalidade, impessoalidade, moralidade, publicidade, probidade administrativa e vinculação ao instrumento convocatório".

Item errado.

18. CEBRASPE – 2023 – TCDF – Auditor de Controle Externo

No que se refere ao terceiro setor e ao controle da administração pública, julgue o item a seguir.

A administração não deve exigir depósito prévio como requisito para a admissibilidade de recurso administrativo.

COMENTÁRIOS

Nota do autor: o item encontra-se perfeitamente de acordo com a súmula vinculante nº 21, segundo a qual "É inconstitucional a exigência de depósito ou arrolamento prévios de dinheiro ou bens para admissibilidade de recurso administrativo". No mesmo sentido, estabelece o §2º do art. 56 da lei nº 9.784/99 (Processo Administrativo Federal) que "Salvo exigência legal, a interposição de recurso administrativo independe de caução".

Item certo.

19. (Cespe – Analista de Controle Externo – Direito – TCE – RJ/2021) No que se refere a serviços públicos, organizações sociais, sociedade civil de interesse público e controle da administração pública, julgue os itens seguintes.

Serviços sociais autônomos são pessoas jurídicas de direito privado, com ou sem fim econômico, criadas por lei para desempenhar certas atividades, integrando a administração pública indireta.

COMENTÁRIOS

Nota do autor: os serviços sociais autônomos são serviços instituídos por lei, com personalidade jurídica de direito privado, para ministrar assistência ou ensino a certas categorias sociais ou grupos profissionais, sem fins lucrativos, sendo mantidos por dotações orçamentárias ou por contribuições parafiscais (MEIRELLES, Hely Lopes. *Direito Administrativo brasileiro*. São Paulo: Malheiros, 2009. p. 385). Entretanto, apesar de o trecho inicial do enunciado estar correto, os serviços sociais autônomos não integram a administração pública direta e nem indireta. Na verdade, compõem o chamado "Terceiro Setor", constituído pela sociedade civil organizada, sem fins lucrativos. **Item ERRADO.**

20. CEBRASPE – 2024 – TCE/PR – Auditor de Controle Externo

A respeito das entidades paraestatais e do terceiro setor, assinale a opção correta.

a) As organizações da sociedade civil de interesse público (OSCIP) devem atuar com base em contratos de gestão firmados com a administração pública.
b) Consoante o entendimento majoritário da doutrina, as entidades paraestatais têm natureza de autarquia.
c) Os serviços sociais autônomos prestam serviço público por delegação estatal prevista em lei.
d) As entidades de apoio são instituídas por lei e adotam, necessariamente, a forma jurídica de fundação.
e) Entidades do terceiro setor são, em linhas gerais, pessoas jurídicas de direito privado, não estatais, sem fins lucrativos e que desempenham atividade de interesse público.

COMENTÁRIOS

Nota do autor: o Terceiro Setor desenvolve atividades de interesse público sem intuito de lucro, envolvendo as seguintes entidades: Serviços Sociais Autônomos, Entidades de Apoio, Organizações Sociais (OS), Organizações Sociais da Sociedade Civil de Interesse Público (OSCIPs), e Organizações da Sociedade Civil (OSCs).

Alternativa "a": alternativa errada. As OSCIPs, disciplinadas pela lei nº 9.790/99, atuam com base em Termos de Parceria firmados com o Poder Público, e não via contratos de gestão, *instrumento* utilizado pelas Organizações Sociais.

Alternativa "b": alternativa errada. As entidades paraestatais compõem o Terceiro Setor e não fazem parte da Administração Pública indireta (Primeiro Setor) como as autarquias.

Alternativa "c": alternativa errada. "Os Serviços Sociais Autônomos são criados por Confederações privadas (Confederação Nacional do Comércio – CNC – e da Indústria – CNI), após autorização legal, para exercerem atividade de amparo a determinadas categorias profissionais, recebendo contribuições sociais, cobradas compulsoriamente da iniciativa privada, na forma do art. 240 da CRFB" (Oliveira, Rafael Carvalho Rezende. Curso de Direito Administrativo. 12.ed. Rio de Janeiro: Método, 2024. p. 218). Portanto, não prestam serviço público por delegação estatal.

Alternativa "d": alternativa errada. "As entidades de apoio são pessoas jurídicas de Direito Privado sem fins lucrativos, instituídas na forma de fundações, associações ou cooperativas que exercem atividades sociais relacionadas à ciência, pesquisa, saúde e educação, normalmente junto a hospitais públicos ou universidades públicas" (Castro Júnior, Renério de. Manual de Direito Administrativo. 2.ed. São Paulo: Juspodivm, 2022. p. 783).

Alternativa "e": alternativa correta. O Terceiro Setor abrange as entidades da sociedade civil, sem fins lucrativos, que desenvolvem atividades de interesse público, sem finalidade de lucro, mediante vínculo formal com a Administração Pública.

Alternativa correta: letra "e".

---

21. VUNESP – 2023 – TCM/SP – Auditor de Controle Externo

O Secretário Municipal de Esportes do Município "X" tem a ideia de realizar parceria com entidades privadas sem fins lucrativos para a operação e manutenção de equipamentos esportivos administrados hoje pelo Município. Considerando que haverá desembolso de recursos públicos para o desenvolvimento dessa parceria, ele observa que, em seu orçamento, há crédito orçamentário disponível em valor suficiente, sob a rubrica "Operação e Manutenção de Equipamentos Esportivos em Regime de Parceria com Organizações da Sociedade Civil" e que tal rubrica orçamentária foi incluída em seu orçamento por meio de emenda parlamentar à lei orçamentária anual. Com base nessa situação específica e na Lei nº 13.019/2014, é correto afirmar que

a) não é possível a concretização de parceria com entidades privadas sem fins lucrativos com lastro em recursos decorrentes de emendas parlamentares às leis orçamentárias anuais.
b) o objetivo do Secretário poderia, em tese, ser *atingido por meio da assinatura de termo de* colaboração, dispensada, no caso específico, a realização de chamamento público em razão da origem do recurso.
c) o objetivo do Secretário poderia, em tese, ser atingido por meio da assinatura de acordo de cooperação, dispensada, no caso específico, a realização de chamamento público em razão da origem do recurso.
d) o objetivo do Secretário poderia, em tese, ser atingido por meio da assinatura de contrato de gestão com organização social, sendo discricionária, no caso, a realização de chamamento público em razão do objetivo da parceria a ser firmada.
e) o objetivo do Secretário poderia, em tese, ser atingido por meio da assinatura de termo de colaboração, sendo indispensável, no caso específico, a realização de chamamento público em razão da origem do recurso.

COMENTÁRIOS

✪ **Nota do autor:** é muito importante o estudo da lei nº 13.019/14. Nesse sentido, destacamos alguns pontos importantes para memorização: o termo de colaboração (art. 2º, VII) é proposto pela Administração, ao passo que o termo de fomento (art. 2º, VIII) é proposto pela Organização da Sociedade Civil, em ambos há transferência de dinheiro, diferentemente do acordo de cooperação (art. 2º, VIII-A), por esta razão neste não há obrigatoriedade do chamamento público de forma geral.

Alternativa "a": alternativa incorreta. É possível sim a concretização de parceria com entidades privadas sem fins lucrativos com lastro em recursos decorrentes de emendas parlamentares às leis orçamentárias anuais, nos termos da lei nº 13.019/14.

Alternativa "b": alternativa correta. O objetivo do Secretário poderia, em tese, ser atingido por meio da assinatura de termo de colaboração, dispensada, no caso específico, a realização de chamamento público em razão da origem do recurso, conforme art. 29 da lei nº 13.019/14: "Os termos de colaboração ou de fomento que envolvam recursos decorrentes de emendas parlamentares às leis orçamentárias anuais e os acordos de cooperação serão celebrados sem chamamento público, exceto, em relação aos acordos de cooperação, quando o objeto envolver a celebração de comodato, doação de bens ou outra forma de compartilhamento de recurso patrimonial, hipótese em que o respectivo chamamento público observará o disposto nesta Lei".

Alternativa "c": alternativa incorreta. O erro da alternativa está na menção à figura do acordo de cooperação, pois no caso descrito no enunciado se trata de termo de colaboração. A lei nº 13.019/14, no art. 2º, inciso VIII-A, define acordo de cooperação como o "instrumento por meio do qual são formalizadas as parcerias estabelecidas pela administração pública com organizações da sociedade civil para a consecução de finalidades de interesse público e recíproco que não envolvam a transferência de recursos financeiros".

Alternativa "d": alternativa incorreta. O erro da alternativa está na menção à figura do contrato de gestão e na discricionariedade do chamamento público em razão do objetivo da parceria a ser firmada. A situação descrita no enunciado se refere a um termo de colaboração, o qual, nos termos do art. 16 da lei: "[...] deve ser adotado pela administração pública para consecução de planos de trabalho de sua iniciativa, para celebração de parcerias com organizações da sociedade civil que envolvam a transferência de recursos financeiros". O chamamento público é obrigatório, salvo as exceções legais de dispensa e de inexigibilidade, previstas nos arts. 29, 30 e 31 da lei nº 13.019/14.

Alternativa "e": alternativa incorreta. O erro da alternativa está na indispensabilidade, no caso específico, da realização de chamamento público, pois, nos termos do art. 29 da lei nº 13.019/14, em razão da origem do recurso, não há necessidade de chamamento público.

Alternativa correta: letra "b".

22. FGV – 2023 – TCE/BA – Auditor de Controle Externo

As autoridades competentes do Estado da Bahia visam a estabelecer uma parceria da Administração Pública com organização da sociedade civil para alcançar finalidade de interesse público, que não envolverá a transferência de recursos financeiros, atinente à promoção da saúde e segurança alimentar das crianças nas respectivas escolas públicas.

Considerando os instrumentos para a formalização de vínculos com o terceiro setor, aquele pretendido na situação descrita é designado:

a) termo de colaboração;

b) contrato de gestão;

c) termo de parceria;

d) acordo de cooperação;

e) termo de fomento.

COMENTÁRIOS

✪ **Nota do autor:** a questão exige do(a) candidato(a) a distinção sobre cada uma das formas de vínculo entre as OS, OSCIPs e OSCs com a Administração Pública. O comentário de cada uma das alternativas traz uma espécie de resumo que deve ser estudado com muito cuidado e atenção.

Alternativa "a": alternativa errada já que o termo de colaboração envolve, necessariamente, a transferência de recursos financeiros. Assim, segundo o art. 2º, VII, da lei nº 13.019/14, termo de colaboração é "o instrumento por meio do qual são formalizadas as parcerias estabelecidas pela administração pública com organizações da sociedade civil para a consecução de finalidades de interesse público e recíproco propostas pela administração pública que envolvam a transferência de recursos financeiros".

Alternativa "b": alternativa errada. O contrato de gestão é o instrumento formado entre o Poder Público e a entidade qualificada como organização social, com vistas à formação de parceria entre as partes para fomento e execução das atividades relativas às áreas relacionadas no art. 1º da lei nº 9.637/98.

Alternativa "c": alternativa errada. O termo de parceria é o instrumento passível de ser firmado entre o Poder Público e as entidades qualificadas como Organizações da Sociedade Civil de Interesse Público destinado à formação de vínculo entre as partes para o fomento e a execução das atividades de interesse público previstas no art. 3º da lei nº 9.790/99.

Alternativa "d": alternativa certa. O acordo de cooperação, segundo previsão no art. 2º, VIII-A, da lei nº 13.019/14 é o instrumento por meio do qual são formalizadas as parcerias estabelecidas pela administração pública com organizações da sociedade civil para a consecução de finalidades de interesse público e recíproco que não envolvam a transferência de recursos financeiros.

Alternativa "e": alternativa errada já que o termo de fomento também envolve a transferência de recursos financeiros. Assim, é conceituado como o "instrumento por meio do qual são formalizadas as parcerias estabelecidas pela administração pública com organizações da sociedade civil, para a consecução de finalidade de interesse público e recíproco propostas pelas organizações da sociedade civil, que envolvam a transferência de recursos financeiros" (art. 2º, VIII, da lei nº 13.019/14).

Alternativa correta: letra "d".

23. VUNESP – 2023 – TCM/SP – Auditor de Controle Externo

Com base na Lei no 9.637/1998, assinale a alternativa correta a respeito do regime jurídico das organizações sociais.

a) É vedada às organizações sociais a distribuição de bens ou de parcela do patrimônio líquido em qualquer hipótese, inclusive em razão de desligamento, retirada ou falecimento de associado ou membro da entidade.

b) A lei autoriza a destinação de bens públicos às organizações sociais, mediante permissão de uso, consoante cláusula expressa do contrato de gestão, vedada a permuta dos móveis por outros de igual ou maior valor.

c) O Poder Executivo poderá proceder à desqualificação da entidade como organização, independentemente de processo administrativo, quando constatado o descumprimento das disposições contidas no contrato de gestão.

d) O Poder Executivo poderá qualificar como organizações sociais pessoas jurídicas de direito privado, sem fins lucrativos, as quais, embora celebrem contrato de gestão com o Poder Público, não estarão dispensadas do dever de licitar.

e) É facultado ao Poder Executivo a cessão especial de servidor para as organizações sociais, hipótese em que estas ficarão responsáveis pelo pagamento das respectivas remunerações.

COMENTÁRIOS

Nota do autor: Um dos aspectos mais conbrados em provas e concursos sobre OS, diz respeito à obrigatoriedade, ou não, de licitarem. Nesse ponto, vale uma leitura cuidadosa do entendimento do STF na ADI 1923: "[...] 15. As organizações sociais, por integrarem o Terceiro Setor, não fazem parte do conceito constitucional de Administração Pública, razão pela qual não se submetem, em suas contratações com terceiros, ao dever de licitar, o que consistiria em quebra da lógica de flexibilidade do setor privado, finalidade por detrás de todo o marco regulatório instituído pela Lei. Por receberem recursos públicos, bens públicos e servidores públicos, porém, seu regime jurídico tem de ser minimamente informado pela incidência do núcleo essencial dos princípios da Administração Pública (CF, art. 37, caput), dentre os quais se destaca o princípio da impessoalidade, de modo que suas contratações devem observar o disposto em regulamento próprio (Lei nº 9.637/98, art. 4º, VIII), fixando regras objetivas e impessoais para o dispêndio de recursos públicos. (ADI 1923, Relator(a): Min. AYRES BRITTO, Relator(a) p/ Acórdão: Min. LUIZ FUX, Tribunal Pleno, julgado em 16/04/2015, ACÓRDÃO ELETRÔNICO DJe-254 DIVULG 16-12-2015 PUBLIC 17-12-2015)

Alternativa "a": alternativa certa. A lei nº 9.637/98 estabelece, em seu art. 2º, requisitos específicos para que as entidades privadas habilitem-se à qualificação como organização social, dentre os quais a proibição de distribuição de bens ou de parcela do patrimônio líquido em qualquer hipótese, inclusive em razão de desligamento, retirada ou falecimento de associado ou membro da entidade.

Alternativa "b": alternativa errada. Às organizações sociais poderão ser destinados recursos orçamentários e bens públicos necessários ao cumprimento do contrato de gestão (lei nº 9.637/98, art. 12, caput). Tais bens serão destinados às OS, dispensada licitação, mediante permissão de uso, consoante cláusula expressa do contrato de gestão (lei nº 9.637/98, art. 12, §3º). Entretanto, o art. 13 da mesma lei estabelece a possibilidade de permuta, o que torna a alternativa incorreta. Assim: "os bens móveis públicos permitidos para uso poderão ser permutados por outros de igual ou maior valor, condicionado a que os novos bens integrem o patrimônio da União".

Alternativa "c": alternativa errada. De fato, o Poder Executivo poderá proceder à desqualificação da entidade como organização social, quando constatado o descumprimento das disposições contidas no contrato de gestão (lei nº 9.637/98, art. 16, caput). Contudo, ao contrário do que traz o enunciado da alternativa, a desqualificação será precedida de processo administrativo, assegurado o direito de ampla defesa, respondendo os dirigentes da OS, individual e solidariamente, pelos danos ou prejuízos decorrentes de sua ação ou omissão (lei nº 9.637/98, art. 16, §1º).

Alternativa "d": alternativa errada. As OS estão dispensadas do dever de licitar, conforme entendimento do STF na ADI 1923, parcialmente reproduzida na nota do autor.

Alternativa "e": alternativa errada uma vez que, segundo disposição do art. 14 da lei nº 9.637/98, é facultado ao Poder Executivo a cessão especial de servidor para as organizações sociais, com ônus para a origem.

Alternativa correta: letra "a".

24. FCC – 2022 – TCE/GO – Analista de Controle Externo

Os contratos de gestão celebrados com organizações sociais

a) têm natureza de parcerias denominadas termos de fomento, pois se prestam à consecução de atividades de interesse público solicitadas pela Administração pública, mediante repasse de recursos públicos à entidade.

b) dependem de aprovação pelo Conselho de Administração da entidade, órgão que, após a celebração, fica exclusivamente responsável pela fiscalização da execução do ajuste.

c) poderão prever a destinação de bens públicos necessários à execução dos serviços e utilidades públicas autorizados na legislação que disciplina essas parcerias.

d) dependem de realização de licitação formal, para seleção da entidade pelo critério do menor preço.

e) devem estabelecer criterioso detalhamento de valores de serviços e produtos, para viabilizar o controle orçamentário-financeiro a ser feito pelos órgãos de controle, de forma a revalidar, periodicamente, a adjudicação da entidade pelo critério do menor preço.

COMENTÁRIOS

✪ **Nota do autor:** a questão aborda as Organizações Sociais, uma das modalidades de entidades que compõem o chamado terceiro setor, sobre o qual é importante lembrar que é composto por entidades da iniciativa privada, que atuam sem intuito de lucro, desenvolvendo atividades de relevância social. Apesar de não integrarem a Administração Pública nem direta e nem indireta, possuem vínculo legal ou negocial com o Estado e recebem benefícios públicos.

Alternativa "a": alternativa errada. Os contratos de gestão não se confundem com os termos de fomento adotados pelas Organizações da Sociedade Civil (OSCs/lei nº 13.019/14). Assim, conforme a lei das OS, o contrato de gestão é o instrumento firmado entre o Poder Público e a entidade qualificada como organização social, com vistas à formação de parceria entre as partes para fomento e execução de atividades relativas às áreas relacionadas no art. 1º da lei nº 9.637/98.

Alternativa "b": alternativa errada. O Conselho de Administração da entidade não fica exclusivamente responsável pela fiscalização da execução do ajuste. Assim: "os responsáveis pela fiscalização da execução do contrato de gestão, ao tomarem conhecimento de qualquer irregularidade ou ilegalidade na utilização de recursos ou bens de origem pública por organização social, dela darão ciência ao Tribunal de Contas da união, sob pena de responsabilidade solidária.

Alternativa "c": alternativa certa. Nesse sentido estabelece o art. 12 da lei nº 9.637/98, que "às organizações sociais poderão ser destinados recursos orçamentários e bens públicos necessários ao cumprimento do contrato de gestão".

Alternativa "d": alternativa errada. A lei nº 9.637/98 não inclui a realização de licitação formal como requisito para que o Poder Executivo qualifique como organização social pessoa jurídica de direito privado sem fins lucrativos, cujas atividades sejam dirigidas ao ensino, à pesquisa científica, ao desenvolvimento tecnológico, à proteção e preservação do meio ambiente, à cultura e à saúde.

Alternativa "e": alternativa errada. Conforme apontado na análise da alternativa anterior, não há licitação para a qualificação de uma entidade como organização social. Assim, não há que se falar em adjudicação da respectiva entidade por qualquer critério.

Alternativa correta: letra "c".

25. (FGV – Auditor Técnico de Controle Externo – TCE – AM/2021) O Estado Alfa firmou contrato de gestão com a Organização Social (OS) Gama para o gerenciamento, operacionalização e execução de ações e serviços de saúde no Hospital Estadual Beta. No caso em tela, na busca do cumprimento dos objetivos comuns indicados pelas partes no contrato de gestão, de acordo com as disposições legais aplicáveis:

a) à OS Gama se aplica o controle externo exercido pela Secretaria Estadual de Saúde, mediante seu poder hierárquico, pois integra a Administração indireta;

b) ao Poder Executivo do Estado Alfa é facultada a cessão especial de servidor para a OS Gama, com ônus para a origem;

c) a OS Gama não se submete diretamente à lei de improbidade administrativa, nem se sujeita a controle financeiro e contábil pelo Tribunal de Contas, por ostentar personalidade jurídica de direito privado;

d) o conselho de administração da OS Gama deve estar estruturado nos termos em que dispuser o seu respectivo estatuto, permitindo o controle social e vedada a participação de representantes do poder público;

e) a OS Gama deve possuir finalidade não lucrativa, com a obrigatoriedade de investimento de metade de seus excedentes financeiros no desenvolvimento das próprias atividades, facultada a divisão de lucros da outra metade aos associados.

COMENTÁRIOS

✪ **Nota do autor:** as organizações sociais, disciplinadas pela lei nº 9.637/98, são pessoas jurídicas de direito privado, sem fins lucrativos, cujas atividades sejam dirigidas ao ensino, à pesquisa científica, ao desenvolvimento tecnológico, a proteção e preservação do meio ambiente, à cultura e à saúde, atendidos os requisitos previstos na mencionada lei de regência.

Alternativa "a": nenhuma OS compõe a Administração Direta ou Indireta, mas sim aquilo que a doutrina chama de Terceiro Setor. Dessa forma, não há que se falar em controle externo a ser exercido mediante a existência de poder hierárquico.

Alternativa "b": o art. 14 da lei nº 9.637/1998 estabelece que é facultado ao Poder Executivo a cessão especial de servidor para as organizações sociais, com ônus para a origem. Nesses casos, não será incorporada aos vencimentos ou à remuneração de origem do servidor cedido qualquer vantagem pecuniária que vier a ser paga pela organização social. Como a alternativa reproduz o texto da lei, encontra-se correta.

Alternativa "c": pelo fato de terem recebido recursos públicos, as OS se submete ao controle externo, financeiro e contábil, do Tribunal de Contas. Ademais, mesmo com a reforma introduzida na Lei de Improbidade Administrativa pela lei nº 14.230/2021, as OS continuam a ela submetidas. Nesse sentido: "No que se refere a recursos de origem pública, sujeita-se às sanções previstas nesta Lei, o particular, pessoa física ou jurídica, que celebra com a administração pública convênio, contrato de repasse, contrato de gestão, termo de parceria, termo de cooperação ou ajuste administrativo equivalente" (LIA, art. 2º, parágrafo único).

Alternativa "d": a disciplina dos conselhos de administração das OS foi dada pelos arts. 3º e 4º da lei nº 9.637/98 e sua composição deverá contar, dentre outros, com 20 a 40% de membros natos representantes do Poder Público (art. 3º, I, a), o que torna a presente alterativa errada, apesar de a parte inicial estar correta, uma vez que o caput do art. 3º estabelece que: "o conselho de administração deve estar estrutura do nos termos que dispuser o respectivo estatuto, observados, para os fins de atendimento dos requisitos de qualificação, os seguintes critérios básicos [...]".

Alternativa "e": alternativa completamente errada, uma vez que desvirtua, completamente, a ideia das organizações sociais que, por sua vez, deverão ter "finalidade não-lucrativa, com a obrigatoriedade de investimento de seus excedentes financeiros no desenvolvimento das próprias atividades" (lei nº 9.637/98, art. 2º, I, b) não se admitindo, portanto, a distribuição de lucros entre seus associados.

Alternativa correta: letra "b".

3. AGENTES PÚBLICOS

- CRFB/88, art. 37, 40 e 41;
- ADCT, art. 19;
- Código Penal, art. 320;
- Lei 8.112/90;
- Lei 8.429/92, art. 12;
- Lei 8.756/93.

26. CEBRASPE - 2024 - TCE/AC - Analista Ministerial

No que concerne às normas constitucionais relativas à administração pública e a sua interpretação pelo Supremo Tribunal Federal, julgue o item seguinte.

A fixação de critério de desempate em editais de concursos públicos que favoreça candidatos que pertençam ao serviço público de determinado ente federativo viola o princípio da isonomia e da impessoalidade.

COMENTÁRIOS

✪ **Nota do autor:** o STF já fixou tese no sentido de que "É inconstitucional a fixação de critério de desempate em concursos públicos que favoreça candidatos que pertencem ao serviço público de um determinado ente federativo". (RE 611874/DF, rel. orig. Min. Dias Toffoli, red. p/ o ac. Min. Edson Fachin, j. 19.11, 25.11 e 26.11.2020. STF, Info INF 1000.

Item certo.

27. CEBRASPE - 2023 - TCDF - Auditor de Controle Externo

No que diz respeito aos atos administrativos, aos agentes públicos e aos princípios da administração pública, julgue o item subsecutivo.

Em razão do princípio da ampla defesa, servidores públicos não podem responder a processo administrativo disciplinar, em nenhuma fase, sem assistência de advogado.

COMENTÁRIOS

✪ **Nota do autor:** item incompatível com o que dispõe a súmula vinculante nº 5, segundo a qual "A falta de defesa técnica por advogado no processo administrativo disciplinar não ofende a Constituição". Em 2016 o STF, por maioria, rejeitou a proposta do Conselho Federal da OAB de cancelamento desta súmula que, portanto, continua valendo.

Item errado.

28. (Cespe – Analista de Controle Externo – Direito – TCE – RJ/2021) Acerca de ato administrativo, de agentes públicos, de poderes da administração pública e de regime jurídico administrativo, julgue os itens a seguir.

No âmbito da administração pública, é possível a existência de servidores com efetividade e sem estabilidade, bem como de servidores com estabilidade e sem efetividade.

COMENTÁRIOS

✪ **Nota do autor:** conforme a previsão da Constituição da República Federativa do Brasil, como regra, "são estáveis após três anos de efetivo exercício os servidores nomeados para cargo de provimento efetivo em virtude de concurso público" (art. 41, caput). Entretanto, há, ainda, uma situação excepcional, pouco conhecida, mas explorada nessa questão, qual seja, a hipótese prevista no art. 19 do Ato das Disposições Constitucionais Transitórias, segundo o qual "Os servidores civis da União, dos Estados, do Distrito Federal e dos Municípios, da administração direta, autárquica e das fundações públicas, em exercício na data da promulgação da Constituição, há pelo menos cinco anos continuados, e que não tenham sido admitidos na forma regulada no art. 37, da Constituição, são considerados estáveis no serviço público" (estabilidade constitucional ou estabilização constitucional). Dessa forma, a estabilidade relaciona-se à garantia de permanência do servidor estatutário no cargo. Por sua vez, a efetividade é uma característica própria do cargo público ocupado. Nesse sentido, é possível que um servidor seja efetivo sem ser estável, qual seja, o servidor estatutário que ainda não cumpriu o estágio probatório. Da mesma forma admite-se a existência de servidores que tenham estabilidade, sem serem efetivos, como é o caso daqueles mencionados no art. 19 do ADCT, supratranscrito. **Item CERTO**

29. FGV – 2024 – TCE/PA – Auditor de Controle Externo

Anna é enfermeira, sendo certo que, após ler um edital de procedimento simplificado para a contratação temporária de profissionais de saúde em determinado Estado, em decorrência uma situação emergencial, na forma da Lei local, diante da verificação de uma epidemia de certa doença, ela ficou bastante interessada nas vagas oferecidas, notadamente por considerar o aludido procedimento menos complexo do que o concurso público de provas e títulos.

Nesse contexto, Anna passou a analisar as peculiaridades da contratação temporária em tais circunstâncias, notadamente com relação ao enquadramento dos eventuais contratados como agentes públicos, vindo a concluir corretamente que os contratados temporariamente

a) não são considerados agentes públicos, na medida em que não tem cargo ou emprego público, nem exercem função pública.
b) são considerados agentes públicos, pois podem ter cargo ou emprego público, a depender da norma local, considerando que exercem função pública.
c) são considerados agentes públicos, considerando que somente podem ter cargo público efetivo.
d) não são considerados agentes públicos, pois apenas podem ocupar emprego público.
e) são considerados agentes públicos, apesar de não terem cargo ou emprego público, na medida em que exercem função pública.

COMENTÁRIOS

✪ **Nota do autor:** a expressão "agentes públicos" (gênero) não pode ser confundida com "servidores públicos" (espécie). Enquanto estes últimos são aqueles que ocupam cargos públicos e são regidos por estatutos próprios, os agentes públicos são toda e qualquer pessoa física que exerce, em caráter permanente ou temporário, remunerada ou gratuitamente, sob qualquer forma de investidura ou vínculo, função pública em nome do Estado (Celso Antônio Bandeira de Mello).

Alternativa "a": alternativa errada. Apesar de não terem cargo ou emprego público, os contratados temporariamente exercem função pública, sendo, portanto, considerados agentes públicos.

Alternativa "b": alternativa errada. Os contratados temporariamente são considerados agentes públicos por exercerem função púbica. Contudo, não ocupam cargo ou emprego público.

Alternativa "c": alternativa errada. Os contratados temporariamente não ocupam cargo público efetivo, apesar de serem considerados agentes públicos pelo fato de exercerem função pública.

Alternativa "d": alternativa errada. Os contratados temporariamente são considerados agentes públicos, por exercerem funções públicas, mas não ocupam emprego público.

Alternativa "e": alternativa correta. Os agentes temporários, contratados para atender a uma necessidade temporária de excepcional interesse público (lei nº 8.756/93) são agentes públicos, assim como os agentes políticos, os agentes militares, os servidores públicos estatutários, os empregados públicos e os ocupantes de cargos em comissão.

Alternativa correta: letra "e".

30. (FGV – Auditor Técnico de Controle Externo – TCE – AM/2021) O sindicato dos servidores de determinado Tribunal de Contas estadual provocou a Presidência da Corte para analisar a possibilidade de criação de um regime próprio de previdência social específico para os membros e servidores daquele TCE, que seria gerido com maior eficiência no que tange ao equilíbrio financeiro e atuarial.

Em resposta à provocação classista, o Presidente do TCE informou que, de acordo com o texto constitucional, em especial após a Emenda Constitucional nº 103/2019 (reforma da previdência), o pleito, em tese, é:

a) viável, para desonerar o poder público, na medida em que o regime próprio de previdência social tem uma relevante função social e, por isso, tem sua necessidade de financiamento compensada, quando necessário, pelo poder público, o que pode comprometer o orçamento público estadual;
b) viável, como fomento de uma política pública de Estado, envolvendo o planejamento e a ação governamental em um processo voltado a atingir objetivos socialmente relevantes e politicamente determinados que beneficiem diretamente os servidores públicos envolvidos e indiretamente toda a coletividade;
c) inviável, eis que é vedada a existência de mais de um regime próprio de previdência social e de mais de um órgão ou entidade gestora desse regime em cada ente federativo, abrangidos todos os poderes, órgãos e entidades autárquicas e fundacionais, que serão responsáveis pelo seu financiamento;
d) inviável, eis que é vedada a existência de mais de um regime próprio de previdência social em cada ente federativo, abrangidos todos os poderes, órgãos e entidades autárquicas e fundacionais, que serão responsáveis pelo seu financiamento, mas é possível que o TCE atue como segundo órgão ou entidade gestora do regime já existente;
e) inviável, eis que os servidores públicos do TCE, a partir da mencionada emenda constitucional, se submetem ao regime geral de previdência social de caráter contributivo e de filiação obrigatória, razão por que faltaria interesse do TCE para a criação de um regime próprio de previdência social específico.

COMENTÁRIOS

✪ **Nota do autor:** a Emenda Constitucional nº 103/2019, chamada de Reforma da Previdência, alterou diversos dispositivos da Constituição acerca do regime previdenciário dos servidores públicos. A principal norma acerca do tema é o art. 40 da CRFB/88, segundo o qual "o regime próprio de previdência social dos servidores titulares de cargos efetivos terá caráter contributivo e solidário, mediante contribuição do respectivo ente federativo, de servidores ativos, de aposentados e de pensionistas, observados critérios que preservem o equilíbrio financeiro e atuarial".

Alternativa "a": alternativa incorreta, vez é inviável a existência de mais de um regime próprio de previdência social e, tampouco, mais de um órgão ou unidade gestora em cada ente federativo. Da mesma forma não seria admitida a criação de um regime próprio para os servidores do TCE, conforme sugere o enunciado; ainda que, de alguma forma, isso pudesse desonerar o poder público.

Alternativa "b": ainda que a criação de um regime próprio de previdência social específico para os membros e servidores daquele TCE pudesse, de fato, beneficiar diretamente os servidores públicos envolvidos e indiretamente toda a coletividade, tal possibilidade não é admitida conforme se depreende do art. 40, §20 da CRFB/88.

Alternativa "c": alternativa correta, uma vez que o §20 do art. 40 da CRFB/88 determina ser "vedada a existência de mais de um regime próprio de previdência social e de mais de um órgão ou entidade gestora desse regime em cada ente federativo, abrangidos todos os poderes, órgãos e entidades autárquicas e fundacionais, que serão responsáveis pelo seu financiamento, observados os critérios, os parâmetros e a natureza jurídica" definidos em lei complementar.

Alternativa "d": a primeira parte da alternativa encontra-se correta, reproduzindo a literalidade do art. 40, §20 da CRFB/88. Contudo, é incorreto afirmar que o TCE possa atuar como segundo órgão ou entidade gestora do regime já existente, pois não se admite a existência de mais de um órgão ou entidade gestora em cada ente federativo.

Alternativa "e": alternativa incorreta, vez que os servidores públicos do TCE se submetem a regime próprio de previdência social.

Alternativa correta: letra "c".

3.1. PROCESSO ADMINISTRATIVO DISCIPLINAR

31. CEBRASPE – 2024 – TCE/PR – Auditor de Controle Externo

Um servidor público foi punido disciplinarmente por ter adotado conduta desidiosa, definida em norma como infração disciplinar. Em sua defesa administrativa, ele alegou que a punição era indevida, porque a descrição legal se mostrava excessivamente vaga. Além da punição, a autoridade competente enviou cópia do processo disciplinar ao Ministério Público, por entender presentes indícios de crime. Em referência a essa situação hipotética, assinale a opção correta, acerca do poder disciplinar.

a) As normas que tipificam infrações disciplinares podem ser mais abertas do que as da legislação criminal.
b) Descabe o envio de cópia do processo disciplinar ao Ministério Público, pois isso implica dupla punição pelo mesmo ato (bis in idem).
c) No caso de infrações disciplinares leves, a autoridade pode deixar de instaurar procedimento administrativo.
d) Qualquer pessoa no gozo dos direitos políticos está sujeita ao poder disciplinar da administração pública.
e) O processo administrativo disciplinar apresenta o mesmo grau de formalidade das ações penais.

COMENTÁRIOS

✪ **Nota do autor:** a questão aborda uma comparação entre o processo disciplinar e o processo penal. A respeito do tema vale destacar as palavras de Irene Patrícia Diom Nohara: "O jus puniendi realizado no Direito Penal não se confunde com o poder disciplinar, pois este é efetivado no âmbito administrativo e compreende, via de regra, infrações relacionadas com o exercício funcional. Enquanto o Direito Penal é instrumento de controle social e suas sanções são direcionadas às condutas mais gravosas que afetam relevantes bens jurídicos, a sanção derivada do ilícito administrativo se presta a proteger a organização administrativa, sendo voltada a disciplinar o comportamento dos servidores e demais pessoas sujeitas à disciplina dos órgãos e servidores" (Direito Administrativo. 13.ed. Barueri/SP: Atlas, 2024. p. 100)

Alternativa "a": alternativa correta, já que os estatutos dos servidores públicos contemplam previsões de conceitos jurídicos indeterminados em suas tipificações que, desta forma, é muito mais aberta no âmbito administrativo que no penal.

Alternativa "b": alternativa errada, uma vez que a regra é a independência das instâncias administrativa e penal de forma que a punição nessas duas esferas não representará bis in idem.

Alternativa "c": alternativa errada, pois mesmo nos casos de infrações disciplinares leves a autoridade competente deve instaurar o procedimento administrativo para apuração de eventuais ilícitos administrativos, uma vez que o exercício do poder disciplinar é obrigatório. Assim, a autoridade que tem ciência de uma irregularidade tem o dever de apurar. Não o fazendo, poderá responder por condescendência criminosa (Código Penal, art. 320).

Alternativa "d": alternativa errada. Não se pode confundir o exercício do poder de polícia, que alcança a todos os administrados com o poder disciplinar da administração que abrange apenas infrações funcionais, possibilitando a aplicação de penalidades aos servidores públicos e demais pessoas sujeitas à disciplina dos órgãos e serviços.

Alternativa "e": alternativa errada, já que os procedimentos disciplinares são, em regra, muito menos formais que aqueles do processo penal.

Alternativa correta: letra "a".

---

32. FGV – 2022 – TCU – Auditor Federal de Controle Externo

No mês de novembro de 2021, Joaquim, servidor público federal, de forma dolosa, em razão de suas funções, utilizou, em obra particular, consistente na reforma de sua cobertura, o trabalho de empregados de sociedade empresária contratada pela União para prestar serviços gerais de faxina no setor em que Joaquim está lotado e exerce a função de supervisor. O fato foi noticiado ao Ministério Público Federal (MPF), que ajuizou ação civil pública por ato de improbidade administrativa em face de Joaquim. Em paralelo e sem prejuízo à atuação do MPF, a Administração Pública Federal instaurou processo administrativo disciplinar (PAD) e, após sua regular tramitação, aplicou a Joaquim a pena disciplinar de demissão, quando a ação de improbidade ainda estava em fase de réplica, sendo certo que o feito judicial até hoje ainda não foi sentenciado. Inconformado com a pena de demissão recebida, Joaquim ajuizou ação judicial pleiteando a anulação de todo o PAD, alegando três motivos: (i) o fato que lhe foi atribuído não é punível com sanção de demissão, pois não houve dano ao erário; (ii) os funcionários terceirizados não são servidores públicos, razão por que não há que se falar em improbidade administrativa; (iii) o PAD deve ser suspenso, por questão prejudicial, no aguardo do trânsito em julgado da ação civil pública ajuizada em seu desfavor.

Consoante jurisprudência do Superior Tribunal de Justiça, o Poder Judiciário deve julgar o pedido:

a) improcedente, pois Joaquim praticou ato de improbidade administrativa que enseja a aplicação da sanção disciplinar de demissão pela autoridade administrativa, independentemente de prévia condenação, por autoridade judicial, à perda da função pública;
b) improcedente, pois, em matéria de sanções funcionais, não cabe ao Poder Judiciário analisar a legalidade do PAD, sob pena de se imiscuir no mérito administrativo e violar o princípio da separação dos poderes;

c) parcialmente procedente, pois, não obstante os fatos apurados não constituírem ato de improbidade administrativa, é necessário se aguardar o trânsito em julgado da ação de improbidade em curso, e o prazo para instauração do novo PAD está interrompido;

d) parcialmente procedente, a fim de anular somente o último ato administrativo praticado no PAD, qual seja, a aplicação da sanção de demissão, que deve ser substituída pela sanção disciplinar de suspensão por sessenta dias;

e) parcialmente procedente, a fim de anular somente o último ato administrativo praticado no PAD, qual seja, a aplicação da sanção de demissão, devendo o PAD ser suspenso até o trânsito em julgado da ação de improbidade em curso, para se evitar decisões contraditórias do poder público.

COMENTÁRIOS

✪ **Nota do autor:** na resposta a esta questão seria imprescindível que o(a) candidato(a) tivesse conhecimento da súmula 651 do STJ, segundo a qual "Compete à autoridade administrativa aplicar a servidor público a pena de demissão em razão da prática de improbidade administrativa, independentemente de prévia condenação, por autoridade judiciária, à perda da função pública".

Alternativa "a": alternativa certa. Alternativa correta, em conformidade com a súmula 651 do STJ transcrita na nota do autor. Ademais, o fato de os funcionários terceirizados não serem servidores públicos, não afasta, no caso, a prática da improbidade administrativa.

Alternativa "b": alternativa errada. A alternativa não leva em consideração a independência das instâncias. Assim, "independentemente do ressarcimento integral do dano patrimonial, se efetivo, e das sanções penais comuns e de responsabilidade, civis e administrativas previstas na legislação específica, está o responsável pelo ato de improbidade sujeito às seguintes cominações, que podem ser aplicadas isolada ou cumulativamente, de acordo com a gravidade do ato [...]" (LIA, art. 12, caput).

Alternativa "c": alternativa errada. Para o PAD não há a necessidade de se aguardar o trânsito em julgado da ação de improbidade em curso (independência das instâncias). Por outro lado, a conduta narrada no enunciado configura sim ato de improbidade administrativa na modalidade enriquecimento ilícito.

Alternativa "d": alternativa errada. Conforme apontado, a súmula 651 do STJ admite a aplicação da pena de demissão diante da hipótese narrada no enunciado da questão.

Alternativa "e": alternativa errada. A aplicação da sanção de demissão não deve ser anulada e, tampouco, o PAD deve ser suspenso, considerando-se a independência das instâncias.

Alternativa correta: letra "a".

4. PODERES DA ADMINISTRAÇÃO PÚBLICA

- Lei 11.079/04, art. 4º
- Lei estadual/GO 16.168/07, art. 2º

33. (Cespe – Analista de Controle Externo – Direito – TCE – RJ/2021) Acerca de ato administrativo, de agentes públicos, de poderes da administração pública e de regime jurídico administrativo, julgue os itens a seguir.

O poder de polícia administrativa é indelegável a particulares e entre órgãos.

COMENTÁRIOS

✪ **Nota do autor:** a delegação do poder de polícia administrativa entre órgãos é admitida, o que, por si só, já torna a presente questão incorreta. Por outro lado, quando à delegação a particulares, ao julgar a ADI 1717/DF, o Supremo Tribunal Federal entendeu pela impossibilidade, uma vez que se trata de atividade típica de Estado. No mesmo sentido, ao tratar das Parcerias Público-Privadas, a lei nº 11.079/04, em seu art. 4º, III determinou a "indelegabilidade das funções de regulação, jurisdicional, do exercício do poder de polícia e de outras atividades exclusivas do Estado". Contudo, recentemente, o STF voltou a se debruçar sobre o tema, tendo decidido que: "**É constitucional a delegação do poder de polícia, por meio de lei, a pessoas jurídicas de direito privado integrantes da Administração Pública indireta de capital social majoritariamente público que prestem exclusivamente serviço público de atuação própria do Estado e em regime não concorrencial**". No mais: "os atos de consentimento, de fiscalização e de aplicação de sanções podem ser delegados a estatais que possam ter um regime jurídico próximo daquele aplicável à Fazenda Pública" (RE 633782/MG, rel. min. Luiz Fux, j. 23.10.2020. Info. 996). Ou seja: também pela perspectiva dos particulares, a afirmação genérica de que o poder de polícia seja, a eles, indelegável, deve ser considerada errada. Muito cuidado com essa decisão que, certamente, voltará a ser cobrada em concursos futuros! **Item ERRADO.**

34. FCC – 2022 – TCE/GO – Analista de Controle Externo

O Tribunal de Contas do Estado de Goiás expediu atos normativos sobre matéria de sua atribuição e sobre a organização dos processos que lhe devam ser submetidos, obrigando os jurisdicionados ao seu cumprimento, sob pena de responsabilidade. A expedição desses atos é possível, no âmbito de sua competência e jurisdição, porque assiste ao Tribunal de Contas do Estado de Goiás o poder

a) regulamentar.

b) administrativo.

c) tutelar.

d) executivo.

e) organizacional.

COMENTÁRIOS

✪ **Nota do autor:** independentemente, do conhecimento da Lei Orgânica do Tribunal de Contas, o poder regulamentar é o poder administrativo responsável por autorizar a Administração Pública a editar atos normativos para o fiel cumprimento da lei e de suas atribuições legais. Assim, "O Tribunal de Contas possui poder normativo. Tal se depreende da leitura de suas leis orgânicas, que enfatizam o seu poder regulamentador, necessário ao exercício da atividade fiscalizadora. Assim, todos os Tribunais de Contas expedem atos e instruções normativas que orientam e guiam os administradores de bens públicos a prestarem contas de forma correta, haja vista o elevando número de normas técnicas que devem ser observadas" (Leite, Harrison. *Manual de direito financeiro*. 11. ed. São Paulo: JusPodivm, 2022, p. 883).

Alternativa "a": alternativa correta. O poder regulamentar, também chamado de poder normativo, está previsto expressamente na Lei Orgânica do Tribunal de Contas do Estado de Goiás (lei estadual goiana nº 16.168/07): "Art. 2º Ao Tribunal de Contas do Estado de Goiás, no âmbito de sua competência e jurisdição, assiste o poder regulamentar, podendo, em consequência, expedir atos normativos sobre matéria de sua atribuição e sobre a organização dos processos que lhe devam ser submetidos, obrigando os jurisdicionados ao seu cumprimento, sob pena de responsabilidade".

Alternativa "b": alternativa incorreta. Os poderes administrativos são quatro: poder normativo ou regulamentar, poder hierárquico, poder disciplinar e poder de polícia.

Alternativa "c": alternativa incorreta. Os poderes administrativos são quatro: poder normativo ou regulamentar, poder hierárquico, poder disciplinar e poder de polícia.

Alternativa "d": alternativa incorreta. Os poderes administrativos são quatro: poder normativo ou regulamentar, poder hierárquico, poder disciplinar e poder de polícia.

Alternativa "e": alternativa incorreta. Os poderes administrativos são quatro: poder normativo ou regulamentar, poder hierárquico, poder disciplinar e poder de polícia.

Alternativa correta: letra "a".

5. ATO ADMINISTRATIVO

- Decreto nº 4.657/42 (LINDB), art. 2º;
- Lei 4.717/65, art. 2º;
- Lei 9.784/99, art. 53;
- Lei 9.869/99, art. 27.

35. CEBRASPE – 2024 – TCE/AC – Técnico de Controle Externo

Julgue o item subsecutivo, a respeito da administração pública direta, indireta e fundacional, dos atos administrativos e da requisição administrativa.

A administração pública pode anular ou revogar seus atos administrativos; em caso de revogação, deve ser justificada a ilegalidade do ato e os efeitos são retroativos à sua publicação.

COMENTÁRIOS

✪ **Nota do autor:** a lei nº 9.784/99, em seu art. 53 dispõe que "a Administração deve anular seus próprios atos, quando eivados de vício de legalidade, e pode revogá-los por motivo de conveniência ou oportunidade, respeitados os direitos adquiridos". Assim, a ilegalidade está relacionada à anulação, e não à revogação como trouxe o enunciado, o que o torna incorreto. Ademais, os efeitos da revogação são *ex nunc*, ou seja, não retroativos.

Item errado.

36. CEBRASPE – 2023 – TCDF – Auditor de Controle Externo

No que diz respeito aos atos administrativos, aos agentes públicos e aos princípios da administração pública, julgue o item subsecutivo.

O princípio da impessoalidade é uma manifestação do princípio da isonomia.

COMENTÁRIOS

✪ **Nota do autor:** para uma melhor compreensão sobre o item em análise, trazemos as palavras de Celso Antônio Bandeira de Mello, para quem o princípio da impessoalidade "traduz a ideia de que a Administração tem que tratar a todos os administrados sem discriminações, benéficas ou detrimentosas. Nem favoritismos nem perseguições são toleráveis. Simpatias ou animosidades pessoais, políticas ou ideológicas não podem interferir na atuação administrativa e muito menos interesses sectários, de facções ou grupos de qualquer espécie. O princípio em causa não é senão o próprio princípio da igualdade ou isonomia" (Curso de Direito Administrativo. 35.ed. São Paulo: Malheiros, 2021. p. 96).

Item certo.

37. CEBRASPE – 2023 – TCDF – Auditor de Controle Externo

No que diz respeito aos atos administrativos, aos agentes públicos e aos princípios da administração pública, julgue o item subsecutivo.

Em razão do atributo da presunção de legitimidade, os atos administrativos são considerados válidos e eficazes até que pessoa interessada inicie ação judicial contra eles.

COMENTÁRIOS

✪ **Nota do autor:** a presunção de legitimidade do ato administrativo nada mais é que "a presunção relativa de conformidade do ato com a ordem jurídica (legalidade) e com a verdade dos fatos (veracidade)" (Castro Júnior, Renério. Manual de Direito Administrativo. 2.ed. São Paulo: Juspodivm, 2022. p. 319). Diante de tal atributo há uma inversão do ônus da prova em favor da Administração Pública de forma que os atos administrativos são considerados válidos até decisão judicial em contrário. Assim, não basta que o interessado inicie a ação judicial contra o ato para que ele deixe de ser considerado válido e eficaz.

Item errado

38. (Cespe – Analista de Controle Externo – Direito – TCE – RJ/2021) No que se refere a serviços públicos, organizações sociais, sociedade civil de interesse público e controle da administração pública, julgue os itens seguintes.

Ato administrativo discricionário publicado pelo Poder Executivo de um estado poderá ser objeto de ação judicial, sendo vedado ao Poder Judiciário apreciar os motivos da elaboração desse ato.

COMENTÁRIOS

✪ **Nota do autor:** conforme entendimento majoritário, os elementos do ato administrativo são: sujeito, objeto, forma, motivo e finalidade. O motivo deve ser compreendido como o pressuposto de fato e de direito que autoriza a Administração Pública a praticar determinado ato administrativo. Assim, considerando que os motivos, por vezes, são apontados levando-se em conta conceitos jurídicos indeterminados, é possível que sejam apreciados pelo Poder Judiciário, mesmo em atos administrativos discricionários. **Item ERRADO.**

39. (Cespe – Analista de Controle Externo – Direito – TCE – RJ/2021) Acerca de ato administrativo, de agentes públicos, de poderes da administração pública e de regime jurídico administrativo, julgue os itens a seguir.

Situação hipotética: Determinado órgão publicou a Portaria A, para tratar de certo tema. Em seguida, publicou a Portaria B, sobre o mesmo assunto da Portaria A, revogando esta expressamente. Posteriormente, editou a Portaria C, que revogou expressamente a Portaria B, sem tratar de qualquer tema. Assertiva: Nessa situação hipotética, a revogação da Portaria B pela Portaria C caracteriza a revogação da revogação, mas não reativa a vigência da Portaria A.

COMENTÁRIOS

✪ **Nota do autor:** a questão versa sobre a repristinação, tema abordado pelo §3º do art. 2º da Lei de Introdução às Normas do Direito brasileiro, segundo o qual "**Salvo disposição em contrário**, a lei revogada não se restaura por ter a lei revogadora perdido a vigência". Nesse sentido, ao comentar o dispositivo mencionado, Maria Helena Diniz afirma que "[...] deixando de existir a norma revogadora, não se terá o convalescimento da revogada. A revogação põe termo à lei anterior, que, pelo término da vigência da norma que a revogou, não renascerá". (Lei de Introdução ao Código Civil Interpretada. 11.ed. São Paulo: Saraiva, 2005. p. 84). Assim, na situação narrada no enunciado, mesmo tratando de ato administrativo, a revogação da revogação não reativaria a vigência da Portaria A, a não ser que isso se desse de forma expressa. **Item CERTO.**

40. CEBRASPE – 2023 – TCE/MS - Procurador

Em relação aos atos administrativos, assinale a opção correta.

a) Atos administrativos simples são aqueles constituídos por um único órgão ou ente, ao passo que os demais atos de que participe mais de um órgão ou ente são classificados como atos compostos.
b) Os atos de gestão são aqueles em que a administração pública não exerce poder de império e que são regidos pelas normas de direito privado.
c) Decretos regulamentares não são atos administrativos.
d) Sempre que um ato administrativo é anulado, todos os seus efeitos devem ser integral e imediatamente suprimidos.
e) Cabe cassação de ato administrativo quando se verifica ilicitude atribuível ao beneficiário, caso em que se lhe deve facultar ampla defesa.

COMENTÁRIOS

✪ **Nota do autor:** importante o(a) candidato(a) não confundir cassação com caducidade, já que ambas são hipóteses de extinção do ato administrativo. A caducidade decorre de uma situação que se torna ilegal por alteração da legislação anterior, já a cassação o ato se torna ilegal por descumprimento do administrado.

Alternativa "a": alternativa incorreta. Atos administrativos simples são aqueles editados a partir da vontade de um único órgão ou ente, ao passo que os demais atos que sejam constituídos pela manifestação de mais de um órgão ou ente podem sem compostos ou complexos. Os atos compostos são formados pela manifestação de dois órgãos ou ente, sendo que um define o conteúdo e outro verifica sua legitimidade, diferentemente, dos atos complexos em que há duas manifestações autônomas (ex: aposentadoria do servidor precisa do órgão administrativo e do Tribunal de Contas).

Alternativa "b": alternativa incorreta. Os atos de gestão são aqueles em que a administração pública não exerce poder de império, mas não são regidos pelas normas de direito privado. Assim, "Nos atos administrativos negociais, não há o atributo da imperatividade, pois os efeitos são desejados pelo destinatário do ato, mas eles não são livremente estipulados, uma vez que decorrem da lei, isto é, não são negócios jurídicos como contratos". (Nohara, Irene Patrícia. *Direito administrativo*. 11. ed. São Paulo: Atlas, 2022). Exemplo de ato negocial pode ser citada uma autorização de uso de bem público.

Alternativa "c": alternativa incorreta. Decretos regulamentares são atos administrativos normativos. "Os atos administrativo normativos são comandos gerais e abstratos emanados da Administração Pública, cujo objetivo é a fiel execução da lei. Quanto aos veículos formais adequados para expedição de regulamentos, valem mencionar os decretos regulamentares (decretos normativos), os regimentos, as resoluções, as portarias de conteúdos genérico e as deliberações" (Oliveira, Rafael Carvalho Rezende. *Curso de direito administrativo*. 12. ed. Rio de Janeiro: Método, 2024, p. 322).

Alternativa "d": alternativa incorreta. Não é sempre que um ato administrativo for anulado, que todos os seus efeitos devem ser integral e imediatamente suprimidos. É possível a convalidação e a modulação de efeitos. Nesse sentido, "A anulação do ato ilegal é um dever da Administração Pública decorrente do princípio da legalidade, mas, conforme mencionado anteriormente, em circunstâncias excepcionais, o ato ilegal poderá permanecer no mundo jurídico por decisão administrativa devidamente motivada e ponderada a partir de outros princípios igualmente constitucionais, naquilo que se convencionou denominar de convalidação ou sanatória. No controle de legalidade do ato administrativo, a Administração Pública pode modular os efeitos da invalidação do ato ilegal de forma análoga à modulação de efeitos no controle de constitucionalidade (art. 27 da Lei 9.868/1999)." (Oliveira, Rafael Carvalho Rezende. *Curso de direito administrativo*. 12. ed. Rio de Janeiro: Método, 2024, p. 334).

Alternativa "e": alternativa correta. Cabe cassação de ato administrativo quando se verifica ilicitude atribuível ao beneficiário, caso em que se lhe deve facultar ampla defesa. A cassação do ato administrativo decorre de descumprimento das condições por parte do administrado, como medida punitiva, deve ser garantido o contraditório e a ampla defesa. Ex: cassação da licença para dirigir do motorista que desrespeita as normas de trânsito.

Alternativa correta: letra "e".

---

41. (FGV – Auditor Técnico de Controle Externo – TCE – AM/2021) O servidor público estadual do Amazonas João, insatisfeito com a decisão do Diretor do Departamento de Recursos Humanos que lhe negou um benefício a que entendia ter direito, ingressou com recurso administrativo. O servidor Antônio, autoridade competente para julgamento do recurso, não deu provimento ao recurso interposto por João, mas não motivou seu ato, deixando de indicar os fatos e os fundamentos jurídicos de sua decisão. Levando em consideração que, à luz das normas de regência e da situação fática, João realmente não tinha direito subjetivo ao benefício pleiteado, o ato administrativo de desprovimento do recurso praticado por Antônio:

a) está viciado, por ilegalidade no elemento motivo;
b) está viciado, por ilegalidade no elemento forma;
c) está viciado, por ilegalidade no elemento finalidade;
d) não está viciado, pela teoria dos motivos determinantes;
e) não está viciado, pois o motivo do ato existe e é válido.

COMENTÁRIOS

✪ **Nota do autor:** os elementos do ato administrativo são: sujeito, objeto, forma, motivo e finalidade, conforme se depreende do art. 2º da Lei de Ação Popular (lei nº 4.717/65).

Alternativa "a": o motivo é "o pressuposto de fato e de direito que autoriza a Administração a praticar um ato administrativo. O pressuposto de direito corresponde às orientações (dispositivos) legais que dão sustentáculo jurídico ao ato. O pressuposto de fato é o conjunto de circunstâncias, acontecimentos que levam a Administração a praticá-lo" (NOHARA, Irene Patrícia Diom. *Direito Administrativo*. 11.ed. São Paulo: Atlas, 2022. p. 160). O enunciado traz uma situação de ausência de motivação, e não de motivo, o que torna a presente alternativa incorreta.

Alternativa "b": conforme se depreende do enunciado da questão, o ato praticado por Antônio carece da respectiva motivação, que nada mais é que a explicação dos motivos que levaram ao não provimento do recurso. Assim, considerando que a motivação se relaciona com o elemento forma do ato administrativo, o ato está viciado, por ilegalidade no elemento forma.

Alternativa "c": a finalidade relaciona-se ao fim que a Administração pretende alcançar com a prática de determinado ato administrativo, podendo ser, numa perspectiva ampla, alcançar o interesse público ou, numa perspectiva mais restrita, alcançar aquele objetivo previsto na lei para cada ato especificamente falando. O enunciado não traz nenhum vício quanto à finalidade, mas sim em relação à motivação/forma.

Alternativa "d": conforme demonstrado na análise da alternativa "b" (correta), o ato apresenta um grave vício. Assim, por não conter a motivação, prejudica o elemento forma. A teoria dos motivos determinantes, por sua vez, "é definida como aquela pela qual a validade de um ato administrativo motivado depende da existência ou veracidade dos motivos de fato alegados" (NOHARA, Irene Patrícia Diom. *Direito Administrativo.* 11.ed. São Paulo: Atlas, 2022. p. 167). A alternativa está incorreta, uma vez que o vício transcrito no enunciado se relaciona à ausência de motivação (forma), não havendo, portanto, em se falar na aplicação da teoria dos motivos determinantes ao caso.

Alternativa "e": alternativa equivocada, uma vez que, ainda que o motivo exista e seja válido, não houve a devida motivação, prejudicando o ato no que diz respeito ao elemento forma.

Alternativa correta: letra "b".

---

42. (FGV - Auditor de Controle Externo - TCE - PI/2021) Como estava atrasado para chegar ao cinema, o cidadão Antônio estacionou seu veículo em calçada com alto fluxo de circulação de transeuntes. O agente público competente, portanto, procedeu ao guincho e remoção do veículo ao depósito público. No caso em tela, o poder público praticou diretamente o ato que seria obrigação do particular, sem a necessidade de participação deste e sem intervenção do Poder Judiciário, calcado no atributo do ato administrativo da:

a) imperatividade, que assegura direito de indenização ao poder público e à coletividade;

b) autoexecutoriedade, que consiste em meio direto de execução do ato administrativo;

c) exigibilidade, que consiste em meio direto de execução do ato administrativo;

d) presunção de legitimidade, que assegura direito de indenização ao poder público e à coletividade;

e) presunção de veracidade, que assegura direito de indenização ao poder público e à coletividade.

COMENTÁRIOS

✪ **Nota do autor:** a questão exigiu do candidato o conhecimento da aplicação prática dos chamados "atributos dos atos administrativos", apontados pela doutrina como sendo: a) presunção de legitimidade e veracidade; b) imperatividade; c) autoexecutoriedade; e d) tipicidade.

Alternativa "a": o atributo da imperatividade confere ao ato administrativo a possibilidade de ser aplicado ao particular independente de sua concordância. Decorre do poder extroverso do Estado e representa a supremacia do interesse público sobre o privado. Não há que se falar que tal atributo assegure direito de indenização ao poder público e à coletividade. Alternativa incorreta.

Alternativa "b": a autoexecutoriedade caracteriza-se como a possibilidade que tem a Administração de executar suas decisões, sem ter que submetê-las, previamente, ao Poder Judiciário. Portanto, a alternativa está correta.

Alternativa "c": segundo a doutrina, o atributo da autoexecutoriedade (explicado na alternativa anterior), pode ser subdividido em **exigibilidade**, qual seja, a possibilidade de utilização de meios **indiretos** de coação por parte da Administração; e **executoriedade**, que consiste na utilização de meios **diretos** para que a Administração execute suas decisões. Portanto, alternativa errada.

Alternativa "d": pela presunção de legitimidade os atos administrativos presumem-se válidos em face do direito, não havendo relação com o direito à eventual indenização. Alternativa errada.

Alternativa "e": pela presunção de veracidade os fatos alegados pela Administração presumem-se verdadeiros, não havendo relação com o direito à eventual indenização. Alternativa errada.

Alternativa correta: letra "b".

6. SERVIÇOS PÚBLICOS. CONCESSÃO E PERMISSÃO

- CRFB/88, arts. 30, 37, 142, 149-A e 175;
- Lei 7.783/89, art. 10;
- Lei 8.987/95, art. 3º, 6º, 14, 15, 35, 37 e 39;
- Lei 9.784/99, art. 6º e 9º;
- Lei 14.133/21.

43. CEBRASPE – 2023 – TCDF – Auditor de Controle Externo

Em relação à disciplina atinente à prestação de serviços públicos, julgue o item seguinte, com base na Constituição Federal de 1988 (CF) e na jurisprudência dos tribunais superiores.

A exploração da atividade de transporte individual de passageiros não se caracteriza como serviço público, mas como serviço de utilidade pública, razão por que dispensa a realização de licitação.

COMENTÁRIOS

✪ **Nota do autor:** atente-se para o fato de que a questão fala de transporte individual (e não coletivo) de passageiros (ex. táxi). Assim, o entendimento do STF a respeito do tema é no sentido de que: "A exploração da atividade de transporte individual de passageiros não se caracteriza como serviço público, mas tão somente como serviço de utilidade pública, sendo desnecessário o procedimento de licitação previsto no art. 175 da Constituição Federal" (Ag. Reg. No RE 1.178.950/MG, rel. Min. Ricardo Lewandowski, j. 06.12.2019)

Item certo

44. (Cespe – Analista de Controle Externo – Direito – TCE – RJ/2021) No que se refere a serviços públicos, organizações sociais, sociedade civil de interesse público e controle da administração pública, julgue os itens seguintes.

A essencialidade de certos serviços públicos é prevista tanto na Constituição Federal de 1988 quanto em leis ordinárias.

COMENTÁRIOS

✪ **Nota do autor:** a previsão acerca da essencialidade de certos serviços públicos consta tanto do texto constitucional quanto de leis ordinárias. Assim, no primeiro caso, é possível apontar a essencialidade do serviço de transporte coletivo, de competência dos municípios (CRFB/88, art. 30, V). Por outro lado, em leis ordinárias a previsão da essencialidade de certos serviços consta no art. 10 da Lei de Greve (lei nº 7.783/89). **Item CERTO**

45. CEBRASPE – 2024 – TCE/PR – Auditor de Controle Externo

Certa prefeitura, com o objetivo de realizar reparo em pequeno trecho de via pública, interditou parcela muito maior desta do que a necessária ao serviço, o que causou prejuízo à circulação das pessoas e perdas econômicas importantes ao comércio local. Nessa situação hipotética, a inadequação da restrição excessiva a direitos promovida com o ato da prefeitura caracteriza, de maneira mais específica, lesão ao princípio da

a) eficiência.

b) economicidade.

c) legalidade.

d) proporcionalidade.

e) moralidade.

COMENTÁRIOS

✪ **Nota do autor:** a doutrina extrai do art. 6º, §1º da lei nº 8.987/95 os princípios aplicáveis aos serviços públicos. Assim, tal dispositivo aponta como adequado o serviço que satisfaz as condições de regularidade, continuidade, eficiência, segurança, atualidade, generalidade, cortesia na sua prestação e modicidade das tarifas. Numa análise superficial, todas as alternativas da questão poderiam ser consideradas corretas, uma vez que todos os princípios elencados se aplicam, direta, ou indiretamente, à situação. Contudo, é preciso identificar aquele que mais se identifica com o questionamento realizado.

Alternativa "a": alternativa errada. O princípio da eficiência, previsto expressamente no art. 37, caput, da CRFB/88 traduz a ideia de que ao prestar os serviços públicos, a Administração deve buscar alcançar o máximo resultado com o mínimo emprego de recursos possível. Apesar de relacionar-se com o enunciado, não se mostra como alternativa mais adequada, conforme apontado na nota do autor.

Alternativa "b": alternativa errada. O princípio da economicidade relaciona-se à obtenção de resultados pela Administração com os menores custos possíveis. O enunciado não evidencia qualquer excesso de gastos na conduta narrada, o que impede de se afirmar que tenha havido afronta a este princípio.

Alternativa "c": alternativa errada. A prefeitura, ao realizar reparos na via pública tem o direito de interditá-la, ainda que isso venha a causar transtornos temporários à população local. Por esse motivo não é possível afirmar que tenha havido qualquer violação ao princípio da legalidade.

Alternativa "d": alternativa certa. O enunciado afirma, categoricamente, que a Administração interditou parcela muito maior do que a necessária ao serviço, o que causou prejuízo à circulação das pessoas e perdas econômicas importantes ao comércio local. Ou seja, a conduta está de acordo com a lei. Contudo, houve um excesso em seu alcance, ferindo, desta forma, a proporcionalidade da medida.

Alternativa "e": alternativa errada. O princípio da moralidade exige da Administração uma atuação ética, leal, séria e, ao mesmo tempo, dentro dos limites da lei. O enunciado da questão não traz nenhum aspecto que possa evidenciar eventual violação direta à moralidade.

Alternativa correta: letra "d".

46. VUNESP - 2023 - TCM/SP - Auditor de Controle Externo

Leia o caso a seguir e assinale a alternativa correta.

O Município XYZ foi atingido por fortes chuvas em uma noite do mês de janeiro. A emergência constatada provocou a interrupção dos serviços de iluminação pública e de ônibus municipais por 10 horas para a realização dos reparos técnicos necessários para a segurança das instalações e dos usuários. Em razão dos prejuízos financeiros sofridos pelos concessionários do serviço de transporte, o Poder Público resolveu aumentar em R$ 5,00 (cinco reais) o valor da passagem de ônibus. O aumento provocou protestos dos munícipes, que contaram com o apoio de algumas categorias de servidores públicos, como policiais militares, motoristas e cobradores, que resolveram entrar em greve e reivindicar aumentos salariais e melhores condições de trabalho.

a) Os serviços de iluminação pública e transporte não poderiam ter sido paralisados, pois, por se tratarem de serviços essenciais, era necessária a prévia comunicação do usuário.
b) O movimento grevista foi legítimo, pois é assegurado pela Constituição o direito de greve aos servidores públicos nos termos e nos limites definidos em lei específica.
c) Não havia qualquer impedimento legal para o aumento das passagens, visto que os contratos de concessão podem prever mecanismos de revisão das tarifas, a fim de manter-se o equilíbrio econômico-financeiro.
d) O aumento da tarifa, no caso descrito, viola o princípio da continuidade do serviço público, pois impede que as camadas mais humildes da população tenham acesso ao serviço de transporte pelo alto custo.
e) A iluminação pública, por se tratar de serviço *uti universi*, é remunerada por meio de impostos e contribuições, diferentemente do serviço de transporte, classificado como *uti singuli*.

COMENTÁRIOS

✪ **Nota do autor:** a presente questão não é adequada para concursos públicos e deveria ter sido anulada, pois sua alternativa "d" também pode ser considerada correta. Esta alternativa reflete uma resposta ideologicamente correta, com base doutrinária, por se tratar de tema polêmico, com posições doutrinárias divergentes, assim, não deveria ser cobrada em concursos públicos, pois prejudica injustamente uma parcela dos candidatos, especialmente, aqueles que estejam estudando direitos difusos e coletivos, pois nesta seara é perfeitamente cabível ação civil pública para impedir reajustes tarifários abusivos. Nesse sentido, "O Ministério Público possui legitimidade para propor ação civil pública com o fim de reduzir reajuste na tarifa de transporte coletivo. [...] Ressaltou-se, ainda, que a autonomia municipal não obsta a preservação de direitos difusos" (RE 379.495/SP, rel. Min. Marco Aurélio, 11.10.2005). Deste modo, um aumento de tarifa abusivo ou exorbitante viola o princípio da continuidade do serviço público, pois impede que parte da população que não possa pagá-lo fique dele excluída, configurando uma descontinuidade do serviço para estas pessoas. Ou seja, uma tarifa exorbitante, além de ofender o princípio da modicidade das tarifas, exclui o acesso dos usuários (cidadãos) ao serviço público. Nesse sentido, "[...] Tal modicidade, registre-se, é um dos mais relevantes direitos do usuário, pois, se for desrespeitada, o próprio serviço terminará por ser inconstitucionalmente sonegado" (Mello, Celso Antônio Bandeira de. *Curso de direito administrativo*. 35. ed. São Paulo: Malheiros, JusPodivm, 2021, p. 709).

Alternativa "a": alternativa incorreta. Os serviços de iluminação pública e transporte poderiam sim ter sido paralisados, pois, o motivo decorreu de situação de emergência para realização dos reparos técnicos necessários para a segurança das instalações e dos usuários, em conformidade com o art. 3º, I da lei nº 8.987/99: "Não se caracteriza como descontinuidade do serviço a sua interrupção em situação de emergência ou após prévio aviso, quando: I - motivada por razões de ordem técnica ou de segurança das instalações; [...]".

Alternativa "b": alternativa incorreta. A Constituição garante o direito de associação sindical e o direito de greve aos servidores públicos civis, nos termos e nos limites definidos em lei específica, conforme art. 37, VII. Os policiais militares, incluídos no enunciado da questão, não possuem direito de greve, nos termos do art. 142, §3º, IV da CR/88: "ao militar são proibidas a sindicalização e a greve". Vale lembrar que ainda não há uma lei que regulamente o direito de associação sindical e o direito de greve dos servidores públicos civis, sendo aplicada a lei de greve dos trabalhadores privados (lei nº 7.783/89), por força do mandado de injunção nº 712, julgado pelo STF. E em relação a proibição de greve aos policiais militares, importante lembrar que o STF, em sede de repercussão geral decidiu que: "I - O exercício do direito de greve, sob qualquer forma ou modalidade, é vedado aos policiais civis e a todos os servidores públicos que atuem diretamente na área de segurança pública; [...]" (Tese 541).

Alternativa "c": alternativa incorreta. Realmente, contratos de concessão podem prever mecanismos de revisão das tarifas, a fim de manter-se o equilíbrio econômico-financeiro (art. 9º, §2º da lei nº 9.784/99). Porém, a revisão das tarifas não pode ser feita ao livre arbítrio do concessionário; há critérios legais para serem observados, tais como, prestação de serviço adequado ao usuário, sendo que o art. 6º, §1º considera "Serviço adequado é o que satisfaz as condições de regularidade, continuidade, eficiência, segurança, atualidade, generalidade, cortesia na sua prestação e *modicidade das tarifas*". A tarifa deve ser fixada pelo preço da proposta vencedora na licitação e deve ser preservada pelas regras de revisão previstas em lei, no edital e no contrato (art. 9º) e se houver "alteração unilateral do contrato que afete o seu inicial equilíbrio econômico-financeiro, o poder concedente deverá restabelecê-lo, concomitantemente à alteração" (art. 9º, §4º), sem esquecer que a concessionária deve divulgar no seu site de forma clara e de fácil compreensão a tabela com o valor das tarifas praticadas e a evolução das revisões e reajustes (art. 9º, 5º da lei nº 9.784/99).

Alternativa "d": alternativa incorreta. O aumento da tarifa, no caso descrito, não viola o princípio da continuidade do serviço público, pois o serviço continua sendo devidamente prestado, independentemente de as pessoas mais pobres terem acesso ao serviço de transporte pelo alto custo. Nesse sentido, "o princípio da continuidade do serviço público serve apenas para assegurar que o serviço (considerado de uma maneira geral, como empreendimento) tenha sua oferta garantida continuamente", ou seja, não depende da relação entre concessionário e cada um de seus usuários (Câmara, Jacintho Arruda. *Tarifa nas concessões*. São Paulo: Malheiros, 2009, p. 106-107).

Alternativa "e": alternativa correta. Os serviços *uti universi* são gerais, coletivos e indivisíveis, prestados a todos e sem identificação dos usuários, portanto não podem ser cobrados por taxa ou tarifa, como a iluminação pública; já os serviços *uti singuli* são individuais, singulares e divisíveis, prestados a pessoas determinadas, exemplo, fornecimento de água e energia elétrica e transporte público, podem ser cobrados por taxa (regime tributário) ou por tarifa (regime contratual). Cumpre lembrar que além da tarifa (conta de luz), incidem vários tributos sobre o serviço de iluminação: PIS/COFINS (federal), o ICMS (estadual) e a Contribuição para Iluminação Pública (Municipal). Cumpre lembrar que a iluminação pública é cobrada por meio de contribuição, prevista no art. 149-A da CR/88 que foi alterado pela EC 132/23 para possibilitar a contribuição para custear a expansão e melhoria dos serviços e dos sistemas de monitoramento de segurança e preservação de logradouros públicos, o que já vinha sendo permitido pela jurisprudência do STF. Por fim, lembrar da Súmula Vinculante nº 41: "O serviço de iluminação pública não pode ser remunerado mediante taxa".

Alternativa correta: letra "e".

---

47. VUNESP – 2023 – TCM/SP – Auditor de Controle Externo

De acordo com a Lei nº 8.987/95, assinale a alternativa correta a respeito da extinção das concessões públicas.

a) A encampação consiste na retomada do serviço pelo Poder Concedente durante o prazo de concessão por motivo de interesse público, razão pela qual se dispensa prévia lei autorizativa.

b) Em caso de inadimplência do Poder Concedente, a concessionária poderá requerer a extinção da concessão, o que fará necessariamente pela via judicial, somente se autorizando a interrupção dos serviços após o trânsito em julgado.

c) Em caso de inadimplência da concessionária, o poder concedente poderá extinguir o contrato de concessão imediatamente, haja vista o interesse público subjacente à continuidade da prestação do serviço.

d) A caducidade é forma de extinção do contrato de concessão durante a sua vigência, por força da inexecução do ajuste por qualquer das partes.

e) A incapacidade do titular da empresa concessionária, no caso de empresa individual, não é causa de extinção da concessão.

COMENTÁRIOS

✪ **Nota do autor:** segundo a lei nº 8.987/95 a concessão extingue-se por advento do termo contratual, encampação, caducidade, rescisão, anulação e falência ou extinção da empresa concessionária e falecimento ou incapacidade do titular, no caso de empresa individual (art. 35).

Alternativa "a": alternativa errada uma vez que, segundo a lei nº 8.987/95 a encampação exige lei autorizativa específica, ao contrário do que trouxe o enunciado da alternativa. Assim: "considera-se encampação a retomada do serviço pelo poder concedente durante o prazo da concessão, por motivo de interesse público, mediante lei autorizativa específica e após prévio pagamento da indenização" (art. 37).

Alternativa "b": alternativa certa. Nos moldes do que prevê a lei nº 8.987/95, o contrato de concessão poderá ser rescindido por iniciativa da concessionária, no caso de descumprimento das normas contratuais pelo poder concedente, mediante ação judicial especialmente intentada para esse fim. Nesse caso, os serviços prestados pela concessionária não poderão ser interrompidos ou paralisados até a decisão judicial transitada em julgado (art. 39).

Alternativa "c": alternativa errada, já que a declaração de caducidade da concessão deverá ser precedida da verificação da inadimplência da concessionária em processo administrativo, assegurado o direito de ampla defesa.

Alternativa "d": alternativa errada. A caducidade é a forma de extinção da concessão durante a sua vigência por inexecução total ou parcial do contrato pelo concessionário, sendo precedida de processo administrativo pautado pelo contraditório e pela ampla defesa.

Alternativa "e": alternativa errada. Conforme apontado na nota do autor, é causa de extinção da concessão a falência ou extinção da empresa concessionária e falecimento ou incapacidade do titular, no caso de empresa individual (lei nº 8.987/95, art. 35, VI).

Alternativa correta: letra "b".

---

48. FCC – 2022 – TCE/GO – Analista de Controle Externo

A contratação de uma concessão de serviços públicos deve ser precedida de procedimento de licitação,

a) do qual não podem participar pessoas jurídicas de direito privado que já sejam prestadoras de serviços públicos de mesma natureza em razão de outros contratos em execução.

b) no qual o critério de julgamento deve, obrigatoriamente, ser o de menor tarifa.

c) no qual não se admite estabelecimento de critério de julgamento fundado em melhor proposta técnica e maior outorga, porque incompatíveis entre si.

d) sendo permitido estabelecer, como critério de julgamento, um dentre os possíveis para tanto, a exemplo da maior outorga a ser paga ao poder público ou da menor tarifa a ser paga pelo usuário.

e) que não poderá ser publicado no ano em que se realizar eleição, por força de norma expressa da lei de licitações.

COMENTÁRIOS

✪ **Nota do autor:** segundo dispõe o art. 14 da lei nº 8.987/95, "toda concessão de serviço público, precedida ou não da execução de obra pública, será objeto de prévia licitação, nos termos da legislação própria e com observância dos princípios da legalidade, moralidade, publicidade, igualdade, do julgamento por critérios objetivos e da vinculação ao instrumento convocatório".

Alternativa "a": alternativa errada. Não há na lei qualquer norma que proíba a participação de pessoas jurídicas de direito privado que já sejam prestadoras de serviços públicos de mesma natureza em razão de outros contratos em execução.

Alternativa "b": alternativa errada. A lei nº 8.987/95, em seu artigo 15, prevê a adoção de um dos seguintes critérios no julgamento da licitação: I- o menor valor da tarifa do serviço público a ser prestado; II- a maior oferta, nos casos de pagamento ao poder concedente pela outorga da concessão; III- a combinação, dois a dois, dos critérios referidos nos incisos I, II e VII; IV- melhor proposta técnica, com preço fixado no edital; V- melhor proposta em razão da combinação dos critérios de menor valor da tarifa do serviço público a ser prestado com o de melhor técnica; VI- melhor proposta em razão da combinação dos critérios de maior oferta pela outorga da concessão com o de melhor técnica; ou VII- melhor oferta de pagamento pela outorga após qualificação de propostas técnicas.

Alternativa "c": alternativa errada. Conforme apontado na análise da alternativa anterior, um dos critérios admitidos pela lei é, justamente, a combinação da melhor proposta técnica e a maior outorga (art. 15, VI), evidenciando que não há qualquer incompatibilidade entre si.

Alternativa "d": alternativa certa. Alternativa correta por trazer alguns dos critérios fixados pela lei nº 8.987/95 para o julgamento da licitação nas concessões de serviços públicos, qual seja, aqueles contemplados no art. 15, incisos I e II.

Alternativa "e": alternativa errada. Nem a lei de licitações (lei nº 14.133/21), nem a lei de concessões e permissões de serviços públicos (lei nº 8.987/95) trazem qualquer vedação à publicação de edital de licitação de concessão de serviços públicos em ano que se realizar eleições.

Alternativa correta: letra "d".

7. PARCERIAS PÚBLICO-PRIVADAS

- LC 101/2000, art. 29, 30 e 32;
- Lei 8.987/95, art. 2º e 18;
- Lei 11.079/04, art. 2º, 5º, 4º, 6º, 10, 13 e 25;
- Lei 14.133/21.

---

49. FGV – 2024 – TCE/GO – Analista de Controle Externo

Ao perquirir as peculiaridades atinentes à licitação no âmbito das parcerias público-privadas, nos termos da Lei nº 11.079/2004, Solange concluiu corretamente que

a) a única modalidade de licitação cabível é a concorrência, que poderá adotar o critério de julgamento de menor valor da contraprestação a ser paga pela Administração Pública.

b) não é necessária a submissão de minuta do edital e do contrato à consulta pública, para fins de realização do respectivo procedimento licitatório.

c) a fase de habilitação dos licitantes deve anteceder necessariamente a de julgamento das propostas, não sendo possível a inversão de tais fases.

d) nas hipóteses de concessão administrativa há necessidade de autorização legislativa, apenas nas situações em que a contraprestação da Administração corresponda a mais de 70% (setenta por cento) do objeto do contrato.

e) a abertura do procedimento licitatório está condicionada à autorização da autoridade competente, fundamentada em estudo técnico que demonstre a conveniência e a oportunidade da contratação, mediante identificação das razões que justifiquem a opção pela forma de parceria público-privada.

COMENTÁRIOS

✪ **Nota do autor:** as parcerias público-privadas são disciplinadas pela lei nº 11.079, de 2004 que as conceitua como o contrato administrativo de concessão na modalidade patrocinada ou administrativa. Nesse sentido, a PPP patrocinada é a concessão de serviços públicos ou de obras públicas de que trata a lei nº 8.987/95 quando envolver, adicionalmente à tarifa cobrada dos usuários contraprestação pecuniária do parceiro público ao parceiro privado. Já a PPP administrativa é o contrato de prestação de serviços de que a Administração Pública seja a usuária direta ou indireta, ainda que envolva execução de obra ou fornecimento e instalação de bens (art. 2º).

Alternativa "a": alternativa errada. A lei nº 14.133/21 alterou o art. 10 da lei das PPPs para prever, além da concorrência, o diálogo competitivo como modalidade de licitação para a contratação de parcerias público-privadas.

Alternativa "b": alternativa errada. O art. 10 da lei nº 10.079/04 (Lei das PPPs) traz uma série de condições para a abertura do processo licitatório para a contratação de parceria público privada, dentre os quais "a submissão da minuta de edital e de contrato à consulta pública, mediante publicação na imprensa oficial, em jornais de grande circulação e por meio eletrônico, que deverá informar a justificativa para a contratação, a identificação do objeto, o prazo de duração do contrato, seu valor estimado, fixando-se o prazo mínimo de trinta dias para recebimento de sugestões, cujo termo dar-se-á pelo menos sete dias antes da data prevista para a publicação do edital" (inciso VI).

Alternativa "c": alternativa errada. A lei das PPPs prevê, expressamente, a possibilidade de inversão das fases de habilitação e julgamento (art. 13).

Alternativa "d": alternativa errada. As concessões patrocinadas, e não administrativas, como trouxe a alternativa, em que mais de setenta por cento da remuneração do parceiro privado for paga pela Administração Pública, dependerão de autorização legislativa específica (lei nº 10.079/04, art. 10, §4º).

Alternativa "e": alternativa correta. Conforme dispõe o art. 10 da Lei das PPPs, a contratação de parceria público-privada será precedida de licitação na modalidade concorrência ou diálogo competitivo, estando a abertura do processo licitatório condicionada, dentre outros requisitos, a autorização da autoridade competente, fundamentada em estudo técnico que demonstre: a) a conveniência e a oportunidade da contratação, mediante identificação das razões que justifiquem a opção pela forma de parceria público-privada; b) que as despesas criadas ou aumentadas não afetarão as metas de resultados fiscais previstos no Anexo de Metas Fiscais da Lei de Diretrizes Orçamentárias, devendo seus efeitos financeiros, nos períodos seguintes, ser compensados pelo aumento permanente de receita ou pela redução permanente de despesa; e c) quando for o caso, conforme as normas editadas na forma do art. 25 da Lei das PPPs, a observância dos limites e condições decorrentes da aplicação dos arts. 29, 30 e 32 da LRF, pelas obrigações contraídas pela Administração Pública relativas ao objeto do contrato.

Alternativa correta: letra "e".

50. FGV – 2024 – TCE/GO – Analista de Controle Externo

Considerando a natureza dos serviços públicos e as peculiaridades previstas no ordenamento pátrio, é correto afirmar que pode ser objeto de uma concessão patrocinada

a) a delegação de atividade que tenha como objeto único a realização de uma obra pública.

b) a delegação do exercício do poder de polícia, com relação a todas as fases que compõem o respectivo ciclo.

c) a delegação do serviço de veículo leve sobre trilhos, com a previsão de instalação da respectiva infraestrutura e manutenção, mediante a cobrança de tarifa dos usuários.

d) a delegação da construção de uma universidade pública e a prestação do respectivo serviço de educação no estabelecimento oficial, mediante a cobrança de mensalidades.

e) a delegação do serviço de iluminação pública, mediante a realização de obras e manutenção da respectiva infraestrutura.

COMENTÁRIOS

✪ **Nota do autor:** concessão patrocinada é uma das modalidades de parceria público-privadas, disciplinadas pela lei nº 11.079/2004. Neste caso tem-se uma concessão de serviços públicos ou de obras públicas de que trata a lei nº 8.987/95 quando envolver, adicionalmente à tarifa cobrada dos usuários contraprestação pecuniária do parceiro público ao parceiro privado (art. 2º, §1º).

Alternativa "a": alternativa errada. A lei das PPPs (lei nº 11.079/04) veda a celebração de parceria público-privada, e, consequentemente, da concessão patrocinada que tenha como objeto único o fornecimento de mão-de-obra, o fornecimento e instalação de equipamentos ou a execução de obra pública (art. 2º, §4º, III).

Alternativa "b": alternativa errada, vez que não é possível a delegação de todas as fases que compõem o ciclo do poder de polícia. Ademais, a lei das PPPs estabelece que na contratação de parceria público-privada serão observadas algumas diretrizes, dentre as quais a indelegabilidade das funções de regulação, jurisdicional, do exercício do poder de polícia e de outras atividades exclusivas do Estado (art. 4º, III).

Alternativa "c": alternativa correta. A hipótese do enunciado coaduna-se com o conceito de concessão patrocinada, previsto no art. 2º, §1º da lei nº 11.079/04 transcrito na nota do autor.

Alternativa "d": alternativa errada. Atualmente não é possível a cobrança de mensalidades nas universidades públicas.

Alternativa "e": alternativa errada. A delegação do serviço de iluminação pública, mediante a realização de obras e manutenção da respectiva infraestrutura é exemplo de concessão administrativa, e não patrocinada.

Alternativa correta: letra "c".

51. FGV - 2022 - TCU - Auditor Federal de Controle Externo

Após regular processo licitatório, a União celebrou, mediante parceria público-privada (PPP), com a sociedade empresária Alfa contrato administrativo de concessão de serviço público, na modalidade patrocinada, precedida de obra pública. O contrato tem por objeto a manutenção de determinada rodovia federal, havendo, adicionalmente à tarifa cobrada dos usuários, uma contraprestação pecuniária do parceiro público ao parceiro privado. De acordo com a legislação de regência, entre as cláusulas do mencionado contrato, deve constar:

a) a repartição de riscos entre as partes, inclusive os referentes a caso fortuito, força maior, fato do príncipe e álea econômica extraordinária;

b) a sustentabilidade financeira e vantagens socioeconômicas dos projetos de parceria, vedada a repartição objetiva de riscos entre as partes;

c) o prazo de vigência do contrato, compatível com a amortização dos investimentos realizados, não inferior a cinco, nem superior a quinze anos, incluindo eventual prorrogação;

d) a realização de vistoria dos bens reversíveis, não podendo o parceiro público reter os pagamentos ao parceiro privado, no valor necessário para reparar as irregularidades eventualmente detectadas, pela mitigação das cláusulas exorbitantes neste tipo de concessão;

e) a proibição de compartilhamento com a Administração Pública de ganhos econômicos efetivos do parceiro privado decorrentes da redução do risco de crédito dos financiamentos utilizados pelo parceiro privado, em razão do equilíbrio econômico e financeiro do contrato.

COMENTÁRIOS

✪ **Nota do autor:** a parceria público-privada (PPP) é o contrato administrativo de concessão, na modalidade patrocinada ou administrativa, disciplinada pela lei nº 10.079, de 2004, que, em seu art. 5º, as chamadas cláusulas obrigatórias do contrato, quais sejam: "I- o prazo de vigência do contrato, compatível com a amortização dos investimentos realizados, não inferior a 5 nem superior a 35 anos, incluindo eventual prorrogação; II- as penalidades aplicáveis à Administração Pública e ao parceiro privado em caso de inadimplemento contratual, fixadas sempre de forma proporcional à gravidade da falta cometida, e às obrigações assumidas; III- a repartição de riscos entre as partes inclusive os referentes a caso fortuito, força maior, fato do príncipe e álea econômica extraordinária; IV- os fatos que caracterizem a inadimplência pecuniária do parceiro público, os modos e o prazo de regularização e, quando houver, a forma de acionamento da garantia; V- os mecanismos para a preservação da atualidade da prestação dos serviços; VI- os fatos que caracterizem a inadimplência pecuniária do parceiro público, os modos e o prazo de regularização e, quando houver, a forma de acionamento da garantia; VII- os critérios objetivos de avaliação do desempenho do parceiro privado; VIII- a prestação, pelo parceiro privado, de garantias de execução suficientes e compatíveis com os ônus e riscos envolvidos, observados os limites dos §§ 3º e 5º do art. 56 da lei nº 8.666, de 21 de junho de 1993 e, no que se refere às concessões patrocinadas, o disposto no inciso XV do art. 18 da lei nº 8.987, de 13 de fevereiro de 1995; IX- o compartilhamento com a Administração Pública de ganhos econômicos efetivos do parceiro privado decorrentes da redução do risco de crédito dos financiamentos utilizados pelo parceiro privado; X- o cronograma e os marcos para o repasse ao parceiro privado das parcelas do aporte de recursos, na fase de investimentos do projeto e/ou após a disponibilização do serviços, sempre que verificada a hipótese do §2º do art. 6º desta lei".

Alternativa "a": alternativa certa. Uma das principais características das PPPs é, justamente, a repartição de riscos entre as partes de forma que a hipótese contida na presente alternativa foi expressamente prevista no inciso III do art. 5º da lei das PPPs (lei nº 11.079/04).

Alternativa "b": alternativa errada. A PPP caracteriza-se pela repartição objetiva de riscos entre as partes, o que torna a presente alternativa completamente errada.

Alternativa "c": alternativa errada. O prazo de vigência do contrato, compatível com a amortização dos investimentos realizados será não inferior a cinco, nem superior a trinta e cinco (e não quinze, como trouxe a alternativa) anos, incluindo eventual prorrogação;

Alternativa "d": alternativa errada. O parceiro público poderá, ao contrário do que traz a alternativa, reter os pagamentos ao parceiro privado, no valor necessário para reparar as irregularidades eventualmente detectadas.

Alternativa "e": alternativa errada. Se, por um lado, a PPP traz a repartição dos riscos entre o parceiro privado e a Administração Pública, a lei nº 11.079 também contemplou o compartilhamento dos ganhos econômicos efetivos do parceiro privado decorrentes da redução do risco de crédito dos financiamentos utilizados pelo parceiro privado (art. 5º, IX).

Alternativa correta: letra "a".

8. PROCESSO ADMINISTRATIVO

- Lei 9.784/99, arts. 11, 12, 13, 14, 18, 19, 20, 21, 26, 27, 28, 56, 57, 59, 60 e 63.

52. (Cespe – Analista de Controle Externo – Direito – TCE – RJ/2021) Com relação à organização administrativa, ao processo administrativo, ao estatuto jurídico da empresa pública, da sociedade de economia mista e de suas subsidiárias e à Lei de Acesso a Informação, julgue os itens a seguir.

Um órgão administrativo pode delegar parte de sua competência a outro, com exceção das matérias que sejam de sua competência exclusiva.

COMENTÁRIOS

Nota do autor: segundo disposição do art. 11 da lei nº 9.784/1999, "a competência é irrenunciável e se exerce pelos órgãos administrativos a que foi atribuída como própria, salvo os casos de **delegação** e avocação legalmente admitidos". Assim, "um órgão administrativo e seu titular poderão, se não houver impedimento legal, delegar parte da sua competência a outros órgãos ou titulares, ainda que estes não lhe sejam hierarquicamente subordinados, quando for conveniente, em razão de circunstâncias de índole técnica, social, econômica, jurídica ou territorial" (art. 12, caput). Contudo, a mesma lei, em seu art. 13 fixou hipóteses que não admitem a delegação. São elas: i- a edição de atos de caráter normativo; II- a decisão de recursos administrativos; III- **as matérias de competência exclusiva do órgão ou autoridade. Item CERTO.**

53. (Cespe – Analista de Controle Externo – Direito – TCE – RJ/2021) No que diz respeito a processo administrativo e a licitações e contratos administrativos, julgue os itens que se seguem.

No decurso de um processo administrativo, eventual recurso interposto perante órgão incompetente não será conhecido, mas, nesse caso, o processo deverá ser remetido ao órgão ou à autoridade competente.

COMENTÁRIOS

Nota do autor: o enunciado da questão exigia do candidato o conhecimento das disposições contidas no art. 63 da lei nº 9.784/99, que regula o Processo Administrativo no âmbito da Administração Pública Federal. Segundo o caput daquele dispositivo, o recurso não será conhecido quando interposto: I- fora do prazo; **II- perante órgão incompetente**; III- por quem não seja legitimado; e IV- após exaurida a esfera administrativa. No mais, o §1º do mesmo artigo, estabelece que, em caso de não conhecimento do recurso em virtude da incompetência do órgão perante o qual foi interposto, "será indicada ao recorrente a autoridade competente, sendo-lhe devolvido o prazo para recurso. **Item CERTO.**

54. VUNESP – 2023 – TCM/SP – Auditor de Controle Externo

Tendo em vista a disciplina constante da Lei nº 9.784/1999, assinale a alternativa correta sobre as intimações.

a) A intimação observará a antecedência mínima de 48 (quarenta e oito) horas quanto à data de comparecimento.

b) A intimação, em regra, deve ser feita por meio de publicação oficial, tendo em vista a presunção de ciência e eficácia dos atos publicados, vedado o uso de via postal com aviso de recebimento e do telegrama.

c) As intimações serão nulas quando feitas sem observância das prescrições legais e o comparecimento do administrado não supre sua falta ou irregularidade.

d) O desatendimento da intimação não importa o reconhecimento da verdade dos fatos, nem a renúncia a direito pelo administrado.

e) Devem ser objeto de intimação todos os atos do processo, mesmo que não resultem para o interessado em imposição de deveres, ônus, sanções ou restrição ao exercício de direitos e atividades e os atos de outra natureza, de seu interesse.

COMENTÁRIOS

✪ **Nota do autor:** a previsão legal de intimação está no art. 26, *caput* da lei nº 9.784/99: "O órgão competente perante o qual tramita o processo administrativo determinará a intimação do interessado para ciência de decisão ou a efetivação de diligências". "A intimação é expressão do direito do conhecimento dos atos praticados no processo administrativo, que possibilita ao interessado defender seus interesses adequadamente em face do Poder Público. (Nohara, Irene Patrícia; Marrara, Thiago. *Processo administrativo:* Lei nº 9.784/99 comentada. São Paulo: Atlas, 2009, p. 204).

Alternativa "a": alternativa incorreta. A intimação observará a antecedência mínima de três dias úteis (e não 48 horas) quanto à data de comparecimento, conforme art. 26, §2º da lei nº 9.784/99.

Alternativa "b": alternativa incorreta. Não é vedada a intimação via postal com aviso de recebimento, nem via telegrama, também não há uma via escolhida como regra. Nesse sentido, o art. 26, §3º da lei nº 9.784/99: "A intimação pode ser efetuada por ciência no processo, por via postal com aviso de recebimento, por telegrama ou outro meio que assegure a certeza da ciência do interessado".

Alternativa "c": alternativa incorreta. As intimações serão nulas quando feitas sem observância das prescrições legais e o comparecimento do administrado supre sim sua falta ou irregularidade, nos termos do art. 26, §5º da lei nº 9.784/99.

Alternativa "d": alternativa correta. Corresponde à transcrição literal do art. 27 da lei nº 9.784/99.

Alternativa "e": alternativa incorreta. O erro está em dizer que devem ser objeto de intimação todos os atos do processo, pois de acordo com o art. 28 da lei nº 9784/99: "Devem ser objeto de intimação os atos do processo que resultem para o interessado em imposição de deveres, ônus, sanções ou restrição ao exercício de direitos e atividades e os atos de outra natureza, de seu interesse".

Alternativa correta: letra "d".

55. VUNESP - 2023 - TCM/SP - Auditor de Controle Externo

Sobre os recursos administrativos, conforme dispõe a Lei nº 9.784/1999 (Lei Nacional de Processo Administrativo), assinale a alternativa correta.

a) O recurso será dirigido à autoridade que proferiu a decisão, a qual, se não a reconsiderar no prazo de quinze dias, o encaminhará à autoridade superior.

b) O recurso administrativo tramitará no máximo por duas instâncias administrativas, salvo disposição legal diversa.

c) Salvo disposição legal específica, é de quinze dias o prazo para interposição de recurso administrativo, contado a partir da ciência ou divulgação oficial da decisão recorrida.

d) Quando a lei não fixar prazo diferente, o recurso administrativo deverá ser decidido no prazo máximo de trinta dias, a partir do recebimento dos autos pelo órgão competente.

e) O recurso interpõe-se por meio de requerimento no qual o recorrente deverá expor os fundamentos do pedido de reexame, vedada a juntada de novos documentos.

COMENTÁRIOS

✪ **Nota do autor:** o tema processo administrativo está regulado pela lei nº 9.784/99. Importante lembrar que esta lei tem aplicação destinada à Administração Federal, devendo cada ente federativo elaborar a sua própria lei sobre o tema. Contudo, o STJ admite a sua aplicação aos entes federados que não dispuserem de lei própria. Nesse sentido, a súmula nº 633/STJ: "A Lei n. 9.784/1999, especialmente no que diz respeito ao prazo decadencial para a revisão de atos administrativos no âmbito da Administração Pública federal, pode ser aplicada, de forma subsidiária, aos estados e municípios, se inexistente norma local e específica que regule a matéria".

Alternativa "a": alternativa incorreta. Conforme art. 56, §1º da lei nº 9.784/99, o prazo de reconsideração é de 5 dias, e não 15 dias como trouxe o enunciado da alternativa.

Alternativa "b": alternativa incorreta. Conforme art. 57 da lei nº 9.784/99, o recurso administrativo tramitará no máximo por três instâncias administrativas (e não duas).

Alternativa "c": alternativa incorreta. Conforme art. 59 da lei nº 9.784/99, é de dez dias (e não quinze) o prazo para interposição de recurso administrativo, contado a partir da ciência ou divulgação oficial da decisão recorrida.

Alternativa "d": alternativa correta. Corresponde integralmente ao art. 59, §1º da lei nº 9.784/99.

Alternativa "e": alternativa incorreta. Conforme art. 60 da lei nº 9.784/99, o recorrente poderá juntar os documentos que julgar convenientes.

Alternativa correta: letra "d".

---

56. VUNESP – 2023 – TCM/SP – Auditor de Controle Externo

Foi instaurado um processo administrativo. José, um dos servidores que foram nomeados para participar do referido processo é casado com a sobrinha do perito nomeado. Acerca do caso hipotético, tendo em vista o que dispõe a Lei nº 9.784/1999, pode-se corretamente afirmar que:

a) não há suspeição ou impedimento à participação de José no referido processo, tendo em vista o grau de parentesco entre José e o perito.

b) há suspeição e José somente poderá participar do processo se assinar termo de ajustamento de conduta, comprometendo-se a atuar de forma imparcial e isenta.

c) José deve comunicar o fato à autoridade competente, abstendo-se de atuar.

d) qualquer interessado poderá alegar a suspeição de José e o indeferimento da alegação poderá ser objeto de recurso, sem efeito suspensivo.

e) se José se omitir de comunicar o fato à autoridade competente, incorrerá em falta média, para efeitos disciplinares.

COMENTÁRIOS

✪ **Nota do autor:** a presente questão trata das situações de impedimento e suspeição no processo administrativo, regulada nos artigos 18 a 21 da lei nº 9.784/99. Para aprofundar o estudo: "os parentes por afinidade até o terceiro grau são os parentes do cônjuge ou do companheiro da autoridade administrativa que, pela aproximação, tornam-se praticamente parentes deste último. Dessa feita, são parentes por afinidade da autoridade os seus sogros, genros, noras, bem como os irmãos, tios e sobrinhos do seu cônjuge ou companheiro. Os primos do cônjuge ou companheiro, assim como os primos diretos da autoridade, não foram abrangidos pelas normas do art. 18, II da LPA. Além disso, os parentes por afinidade do cônjuge ou companheiro da autoridade não devem ser considerados parentes por afinidade desta autoridade (*affinitas affinitatem non parit)*" (Nohara, Irene Patrícia; Marrara, Thiago. *Processo administrativo*: lei nº 9.784/99 comentada. São Paulo: Atlas, 2009, p. 180).

Alternativa "a": alternativa incorreta. Há impedimento à participação de José no referido processo, tendo em vista o grau de parentesco, conforme art. 18, II da lei nº 9.784/99.

Alternativa "b": alternativa incorreta. No caso em tela há impedimento e não há possibilidade de firmar Termo de Ajustamento de Conduta, este é instrumento a cargo de órgãos públicos para solução de conflitos e está disciplinado na Lei de Ação Civil Pública.

Alternativa "c": alternativa correta. Corresponde ao art. 19 da lei nº 9.784/99.

Alternativa "d": alternativa incorreta. O erro está na suspeição, pois no caso em tela se trata de impedimento.

Alternativa "e": alternativa incorreta. Nos termos do art. 19, parágrafo único da lei nº 9.784/99, se José se omitir de comunicar o fato à autoridade competente, incorrerá em falta grave (e não média) para efeitos disciplinares.

Alternativa correta: letra "c".

---

57. VUNESP – 2023 – TCM/SP – Auditor de Controle Externo

Tendo em vista o que dispõe a Lei nº 9.784/1999 (Lei Nacional de Processo Administrativo), assinale a alternativa correta acerca da delegação de competência.

a) É vedada a delegação de competência dos órgãos colegiados aos respectivos presidentes.

b) A delegação somente pode ser realizada a agente ou órgão hierarquicamente subordinado à autoridade delegante.

c) A competência para a edição de atos normativos pode ser delegada, desde que sejam previamente especificados, no ato de delegação, as matérias e poderes transferidos.

d) O ato de delegação é revogável a qualquer tempo pela autoridade delegante, salvo nas hipóteses de delegação por prazo determinado.

e) As decisões adotadas por delegação devem mencionar explicitamente esta qualidade e considerar-se-ão editadas pelo delegado.

COMENTÁRIOS

✪ **Nota do autor:** a delegação é um ato em que uma autoridade administrativa transfere de forma temporária e revogável parte de sua competência, não vedada por lei, para outra autoridade, sendo que não há necessidade de que a autoridade delegada seja de hierarquia inferior. Importante ter claro que a delegação não transfere a titularidade da competência, mas apenas seu exercício temporário. Os atos que não podem ser delegados estão no art. 13

da lei nº 9.784/99 e são os seguintes: atos de caráter normativo; decisão de recursos administrativos e as matérias de competência exclusiva.

Alternativa "a": alternativa incorreta. O art. 12, parágrafo único da lei nº 9.784/99 permite expressamente a delegação de competência dos órgãos colegiados aos respectivos presidentes.

Alternativa "b": alternativa incorreta. A delegação pode ser realizada a agente ou órgão que não seja hierarquicamente subordinado à autoridade delegante, nos termos do art. 12 da lei nº 9.784/99.

Alternativa "c": alternativa incorreta. A competência para a edição de atos normativos não pode ser delegada, conforme art. 13, I da lei nº 9.784/99.

Alternativa "d": alternativa incorreta. O ato de delegação é revogável a qualquer tempo pela autoridade delegante, nos termos do art. 14, §2º da lei nº 9.784/99. O erro da alternativa está na menção à delegação de prazo indeterminado, pois conforme o *caput* do art. 14 o ato de delegação terá uma duração determinada.

Alternativa "e": alternativa correta. Corresponde à transcrição do art. 14, §3º da lei nº 9.784/99.

Alternativa correta: letra "e".

58. FCC – 2022 – TCE/GO – Analista de Controle Externo

De acordo com o que dispõe a Lei nº 9.784/1999, o servidor público ordinariamente competente para atuar em processo administrativo, mas que incorra em impedimento por alguma das hipóteses previstas naquele diploma normativo, tem

a) o dever de comunicar o fato ou relação jurídica que configura o impedimento, abstendo-se de atuar no processo.
b) o dever de revelar a situação fática que caracteriza o impedimento, facultando às partes envolvidas mantê-lo participando da condução do feito.
c) a faculdade de assim se declarar, sob pena de, não o fazendo, incorrer, ele próprio, em infração disciplinar.
d) o dever de abster-se do processo, desde que de natureza disciplinar e que a causa do impedimento seja a pendência de processo judicial.
e) a faculdade de se abster de participar do processo administrativo, independentemente de sua natureza, quando se tratar de conflito de interesses potencial ou concreto.

COMENTÁRIOS

✪ **Nota do autor:** os conceitos de impedimento e suspeição no processo administrativo estão relacionados à necessidade de imparcialidade por parte dos agentes públicos na condução do processo administrativo. As hipóteses de impedimento têm natureza objetiva e estão previstas no art. 18 e as de suspeição têm natureza subjetiva e estão no art. 20 da lei nº 9.784/99.

Alternativa "a": alternativa correta. Corresponde literalmente ao art. 19 da lei nº 9.784/99.

Alternativa "b": alternativa incorreta. Não há a possibilidade de as partes decidirem pela manutenção do servidor impedido na condução do feito. O próprio nome do instituto jurídico – impedimento – já revela que o servidor fica impedido, ou seja, impossibilitado de participar do processo administrativo.

Alternativa "c": alternativa incorreta. O servidor impedido tem o dever (e não faculdade) de assim se declarar, nos termos do art. 19 da lei nº 9.784/99.

Alternativa "d": alternativa incorreta. O servidor tem o dever de abster-se do processo, em caso de impedimento, ou seja, nas hipóteses do art. 18 da lei nº 9.784/99, não importando o tipo de processo.

Alternativa "e": alternativa incorreta. O servidor impedido tem o dever (e não faculdade) de se abster de participar do processo administrativo.

Alternativa correta: letra "a".

9. LICITAÇÕES

- Decreto 6.017/07;
- Decreto 11.462/23;
- Lei 8.987/95, art. 27;
- Lei 11.107/05, arts. 3º e 10;
- Lei 14.133/21, arts. 2º, 6º, 13, 17, 20, 21, 22, 23, 28, 30, 31, 32, 36, 41, 55, 74, 75, 76, 79, 80, 82, 93, 115, 165, 167 e 169.

59. CEBRASPE – 2024 – TCE/AC – Técnico de Controle Externo

Em relação a aspectos referentes às licitações públicas, julgue o item seguinte.

No caso de compras de um determinado bem, a administração pública poderá indicar um modelo do bem somente no caso de ele ser o único capaz de atender às necessidades de padronização do contratante.

COMENTÁRIOS

✪ **Nota do autor:** a Administração não poderá indicar um modelo do bem no caso de ele ser necessário para atender às necessidades de padronização do contratante. Em verdade, a indicação de marcas ou modelos é, em regra, proibida, sendo autorizada apenas nas hipóteses do art. 41, I, mediante justificação formal; quais sejam: a) em decorrência da necessidade de padronização do objeto; b) em decorrência da necessidade de manter a compatibilidade com plataformas e padrões já adotados pela Administração; c) quando determinada marca ou modelo comercializados por mais de um fornecedor forem os únicos capazes de atender às necessidades do contratante; e d) quando a descrição do objeto a ser licitado puder ser mais bem compreendida pela identificação de determinada marca ou determinado modelo aptos a servir apenas como referência.

Item errado

60. CEBRASPE – 2024 – TCE/AC – Técnico de Controle Externo

Em relação a aspectos referentes às licitações públicas, julgue o item seguinte.

Para fins de comprovação prévia de conformidade de preços praticados em contratações diretas de objetos de mesma natureza, é válida a apresentação de recibos ou notas fiscais emitidas para outros contratantes no período de até dois anos anteriores à data da contratação pela administração pública.

COMENTÁRIOS

✪ **Nota do autor:** alternativa equivocada em relação ao prazo. Assim, conforme o §4º do art. 23 da lei nº 14.133/21, nas contratações diretas de objetos de mesma natureza, o contratado deverá comprovar previamente que os preços estão em conformidade com os praticados em contratações semelhantes, por meio da apresentação de notas fiscais emitidas para outros contratantes no período de até **1 (um) ano** anterior à data da contratação pela Administração, ou por outro meio idôneo.

Item errado

61. CEBRASPE – 2024 – TCE/AC – Técnico de Controle Externo

Em relação a aspectos referentes às licitações públicas, julgue o item seguinte.

A condução de uma licitação na modalidade de diálogo competitivo deverá ser realizada por comissão de no mínimo três profissionais externos à administração pública, podendo ser assessorados tecnicamente por servidores efetivos.

COMENTÁRIOS

✪ **Nota do autor:** alternativa reproduz, de maneira parcialmente equivocada, o inciso XI do art. 32 da Lei de Licitações e Contratos Administrativos (lei nº 14.133/21), confundindo o(a) candidato(a) em relação à forma pela qual se dará a participação de agentes púbicos no procedimento do diálogo competitivo. Assim, segundo a redação correta do dispositivo, "o diálogo competitivo será conduzido por comissão de contratação composta de pelo menos 3 (três) servidores efetivos ou empregados públicos pertencentes aos quadros permanentes da Administração, admitida a contratação de profissionais para assessoramento técnico da comissão.

Item errado

62. CEBRASPE – 2023 – TCDF – Auditor de Controle Externo

Com base no que dispõe a Nova Lei de Licitações e Contratos (Lei n.º 14.133/2021), julgue o item a seguir.

Em concurso destinado à elaboração de projetos, o vencedor deverá ceder à administração pública todos os direitos patrimoniais relativos ao projeto, autorizando a execução deste conforme o juízo discricionário da autoridade competente.

COMENTÁRIOS

✪ **Nota do autor:** item perfeitamente de acordo com a previsão do art.30, parágrafo único, da Lei de Licitações e Contratos Administrativos (lei nº 14.133/21), segundo o qual "nos concursos destinados à elaboração de projeto, o vencedor deverá ceder à Administração Pública, nos termos do art. 93 desta lei, todos os direitos patrimoniais relativos ao projeto e autorizar sua execução conforme juízo de conveniência e oportunidade das autoridades competentes".

Item certo

63. CEBRASPE – 2023 – TCDF – Auditor de Controle Externo

Com base no que dispõe a Nova Lei de Licitações e Contratos (Lei n.º 14.133/2021), julgue o item a seguir.

Entre as hipóteses legais que admitem a regência da referida norma de licitações estão a alienação e a concessão de direito real de uso de bens.

COMENTÁRIOS

✪ **Nota do autor:** o art. 2º da lei nº 14.133/21 esclarece, expressamente, que tal norma se aplica às seguintes hipóteses: I. alienação e concessão de direito real de uso de bens; II. compra, inclusive por encomenda; III. locação; IV. concessão e permissão de uso de bens públicos; V. prestação de serviços, inclusive os técnico-profissionais especializados; VI. obras e serviços de arquitetura e engenharia; e VII. Contratações de tecnologia da informação e de comunicação.

Item certo

64. CEBRASPE – 2023 – TCDF – Analista Administrativo

A respeito da legislação aplicável à contratação de bens e serviços, julgue o item a seguir.

A tomada de preços e o convite, que eram modalidades de licitação previstas na Lei n.º 8.666/1993, foram extintas pela Nova Lei de Licitações e Contratos.

COMENTÁRIOS

✪ **Nota do autor:** item correto por contemplar uma das maiores novidades da Nova Lei de Licitações e Contratos Administrativos, qual seja, a extinção das modalidades de convite e tomada de preços, conforme previsão contida no revogado art. 22 da lei nº 8.666/93. Há que se destacar que, em contrapartida, a lei nº 14.133/21 incluiu uma nova modalidade, qual seja, o diálogo competitivo (art. 28, V).

Item certo.

---

65. CEBRASPE – 2024 – TCE/PR – Auditor de Controle Externo

Texto 4A01-II

O DER/PR está elaborando edital para a contratação de empresa de engenharia, pelo regime de contratação integrada, cujo objeto é a duplicação de 50 km de uma rodovia estadual. A responsabilidade pelo licenciamento ambiental para a obra será do DER/PR. No edital, haverá previsão de índice de reajustamento de preço, e o prazo de vigência do contrato será de dois anos.

Com base na situação hipotética apresentada no texto 4A01-II e considerando a Lei n.º 14.133/2021, assinale a opção correta.

a) A modalidade do certame pode ser a do pregão, mesmo que o critério de julgamento seja por melhor técnica ou técnica e preço.
b) No regime de execução adotado, o prazo mínimo de apresentação das propostas é de 35 dias úteis, contado a partir da publicação do edital.
c) O projeto básico de engenharia deve ser fornecido, aos licitantes, pelo DER/PR, preferencialmente, na modelagem da informação da construção (*building information modelling*).
d) A elaboração de matriz de riscos é dispensável para o regime de contratação adotado.
e) A licença prévia deve ser obtida antes da divulgação do edital, tendo em vista que a responsabilidade do licenciamento ambiental é do DER/PR.

COMENTÁRIOS

✪ **Nota do autor:** questão extremamente interessante e bem elaborada, abordando aspectos que não estão entre os mais cobrados nos concursos público, o que eleva, sobremaneira, o seu grau de complexidade. Assim, exigiu do(a) candidato(a) conhecimentos sobre a chamada "contratação integrada", além de aspectos relacionados ao licenciamento ambiental nas licitações e contratos, tema que também pode ser abordado em questões de Direito Ambiental, exigindo, portanto, especial atenção de quem se prepara para concursos públicos.

Alternativa "a": *alternativa errada, uma vez que* o pregão é a modalidade de licitação obrigatória para contratação de bens e serviços comuns, cujo critério de julgamento poderá ser o de menor preço ou de maior desconto (lei nº 14.133/21, art. 6º, XLI), não se admitindo, portanto, que se adote a melhor técnica ou técnica e preço, como trouxe o enunciado.

Alternativa "b": o enunciado é claro ao referir-se a uma contratação integrada, a qual, segundo o art. 55, c, da lei nº 14.133/21, terá como prazo mínimo de apresentação de propostas e lances contados a partir da data de divulgação, 60 (sessenta) dias úteis, e não apenas 35 (trinta e cinco) como apontado pelo enunciado. Assim, a alternativa encontra-se errada.

Alternativa "c": segundo disposição da Lei de Licitações e Contratos Administrativos (lei nº 14.133/21), a contratação integrada é o regime de contratação de obras e serviços de engenharia em que o contratado é responsável por elaborar e desenvolver os projetos básico e executivo, executar obras e serviços de engenharia, fornecer bens ou prestar serviços especiais e realizar montagem, teste, pré-operação e as demais operações necessárias e suficientes para a entrega final do objeto. Alternativa errada.

Alternativa "d": alternativa errada, vez que contraria a disposição expressa do art. 22, §3º da lei nº 14.133/21, conforme o qual "quando a contratação se referir a obras e serviços de grande vulto ou forem adotados os regimes de contratação integrada e semi-integrada, o edital obrigatoriamente contemplará matriz de alocação de riscos entre o contratante e o contratado".

Alternativa "e": alternativa correta, vez que nas contratações de obras e serviços de engenharia, sempre que a responsabilidade pelo licenciamento ambiental for da Administração, a manifestação prévia ou licença prévia, quando cabíveis, deverão ser obtidas antes da divulgação do edital (lei nº 14.133/21, art. 115, §4º).

Alternativa correta: letra "e".

---

66. CEBRASPE – 2024 – TCE/PR – Auditor de Controle Externo

Considerando a Lei n.º 14.133/2021, que dispõe sobre licitações e contratos administrativos, assinale a opção correta.

a) Com a finalidade de evitar nulidades e aumentar a eficiência do procedimento licitatório, a Lei n.º 14.133/2021 adota o conceito de linhas de defesa, as quais envolvem, entre outros, agentes de licitação e órgãos de assessoramento jurídico e de controle.

b) O credenciamento, na hipótese de inexigibilidade de licitação, destina-se a casos em que o profissional a ser contratado detém notória especialização.

c) Os concursos, como modalidade destinada à escolha de trabalhos intelectuais, devem ser abertos a qualquer pessoa interessada.

d) A fim de dar celeridade ao procedimento de licitação, atualmente a fase de habilitação é sempre posterior à de julgamento.

e) Quando a licitação adotar julgamento por técnica e preço, cada um dos fatores deverá ter peso de 50%.

COMENTÁRIOS

✪ **Nota do autor:** a questão aborda as chamadas "linhas de defesa", que foram tratadas no art. 169 da lei nº 14.133/21. Nesse sentido, as contratações públicas deverão submeter-se a práticas contínuas permanentes de gestão de riscos e de controle preventivo, inclusive mediante adoção de recursos de tecnologia da informação, e, além de estar subordinadas ao controle social, sujeitar-se-ão às seguintes linhas de defesa: I- primeira linha de defesa, integrada por servidores e empregados públicos, agentes de licitação e autoridades que atuam na estrutura de governança do órgão ou entidade; II- segunda linha de defesa, integrada pelas unidades de assessoramento jurídico e de controle interno do próprio órgão ou entidade; III- terceira linha de defesa, integrada pelo órgão central de controle interno da Administração e pelo tribunal de contas.

✪ **Alternativa "a":** alternativa correta conforme parâmetros de controle das contratações fixados pela lei nº 14.133/21. Assim, nos moldes transcritos na nota do autor, é possível afirmar que a ideia de linhas de defesa envolve tanto agentes de licitação (primeira linha) quanto órgãos de assessoramento jurídico (segunda linha) e de controle (terceira linha).

Alternativa "b": segundo a lei nº 14.133/21, credenciamento é o "processo administrativo de chamamento público em que a Administração Pública convoca interessados em prestar serviços ou fornecer bens para que, preenchidos os requisitos necessários, se credenciem no órgão ou na entidade para executar o objeto quando convocados (art. 6º, XLIII). Contudo, em nenhum momento a lei exige que o profissional contratado via credenciamento detenha notória especialização, o que torna a presente alternativa errada.

Alternativa "c": alternativa errada, uma vez que os concursos, apesar de serem, de fato, modalidade destinada à escolha de trabalhos intelectuais, não são abertos a quaisquer interessados, mas apenas aqueles que preencham a qualificação exigida dos participantes, conforme previsão contida no art. 30, I, da lei nº 14.133/21.

Alternativa "d": ainda que a Lei de Licitações e Contratos Administrativos tenha previsto a sequência das fases da licitação colocando-se a habilitação, como regra, posterior ao julgamento (art. 17), o próprio §1º daquele mesmo artigo traz a possibilidade de que a habilitação poderá, mediante ato motivado com explicitação dos benefícios decorrentes, anteceder a apresentação de propostas e lances, assim como a fase de julgamento. Por isso, a presente alternativa encontra-se errada.

Alternativa "e": o julgamento por técnica e preço considerará a maior pontuação obtida a partir da ponderação, segundo fatores objetivos previstos no edital, das notas atribuídas aos aspectos de técnica e de preço da proposta" (lei nº 14.133/21, art. 36, caput), não sendo possível afirmar que cada um dos fatores deverá ter peso de 50%, o que torna a presente alternativa errada.

Alternativa correta: letra "a".

67. FGV – 2024 – TCE/PA – Auditor de Controle Externo

Com base na Lei nº 14.133/2021, avalie se as afirmativas a seguir são verdadeiras (V) ou falsas (F).

( ) A licitação é inexigível quando for inviável a competição, nos casos em que os serviços só possam ser fornecidos por um produtor. ( ) No caso de obras e serviços de engenharia , o limite estabelecido para dispensa de licitação em obras de engenharia é de R$200mil. ( ) A licitação pode ser dispensada em contratações que tenham como objeto produtos para pesquisa e desenvolvimento, respeitado o limite estabelecido por lei.

As afirmativas são, respectivamente,

a) F – V – F.

b) F – V – V.

c) V – V – F.

d) V – F – F.

e) V – F – V.

COMENTÁRIOS

✪ **Nota do autor:** a presente questão aborda um dos temas mais cobrados em concursos que exigem a disciplina jurídica das licitações, qual seja, os casos de licitação inexigível, dispensada e dispensável. Assim, é imprescindível uma leitura extremamente atenta dos principais dispositivos legais sobre esses temas, que são os arts. 74 ao 76 da lei nº 14.133/21, atentando-se para os valores ali mencionados.

Afirmativa I: verdadeira. É inexigível a licitação quando inviável a competição, em especial nos casos de aquisição de materiais, de equipamentos ou de gêneros ou contratação de serviços que só possam ser fornecidos por produtor, empresa ou representante comercial exclusivos (lei nº 14.133/21, art. 74, I).

Afirmativa II: falsa. O valor para dispensa de licitação em casos de obras e serviços de engenharia é de R$ 100 mil conforme texto original do art. 75, I, da lei nº 14.133/21. Com o Decreto nº 11.871/23, esse valor passou para R$ 119.812,02.

Afirmativa III: verdadeira. Afirmativa compatível com a disposição do art. 75, IV, c, da lei nº 14.133/21, segundo o qual é dispensável a licitação para a contratação que tenha por objeto produtos para pesquisa e desenvolvimento limitada a contratação, no caso de obras e serviços de engenharia, ao valor de R$ 300 mil. Observação: com o Decreto nº 11.871/23, esse valor passou para R$ 359.436,08.

Alternativa correta: letra "e".

68. FGV – 2024 – TCE/PA – Auditor de Controle Externo

A respeito de preços em processo licitatório para aquisição de bens e contratação de serviços em geral, é correto afirmar que

a) o preço dos itens deve ser levantado prioritariamente por meio de pesquisa direta com no mínimo 3 (três) fornecedores.
b) a utilização de dados de preços publicados em mídia especializada para fins de licitação não deve ser utilizada pela Administração.
c) o critério de julgamento de menor preço por itens deve ser adotado quando for demonstrada a inviabilidade de se promover a adjudicação por grupo.
d) o sistema de registro de preços pode ser utilizado pela Administração, observado o índice de atualização de preços correspondente.
e) a pesquisa baseada na base nacional de notas fiscais eletrônicas não é permitida.

COMENTÁRIOS

✪ **Nota do autor:** o gabarito da questão traz como alternativa correta aquela que trata do sistema de registro de preços, procedimento auxiliar das licitações e contratos administrativos, que pode ser compreendido como o "conjunto de procedimentos para realização, mediante contratação direta ou licitação nas modalidades pregão ou concorrência, de registro formal de preços relativos a prestação de serviços, a obras e a aquisição e locação de bens para contratações futuras" (art. 6º, XLV).

Alternativa "a": No processo licitatório para aquisição de bens e contratação de serviços em geral, conforme regulamento, o valor estimado será definido com base no melhor preço aferido por meio da utilização dos parâmetros previstos no §1º do art. 23 da lei nº 14.133/21, dentre os quais a pesquisa direta com no mínimo três fornecedores, mediante solicitação formal de cotação, desde que seja apresentada justificativa da escolha desses fornecedores e que não tenham sido obtidos os orçamentos com mais de seis meses de antecedência da data de divulgação do edital (inciso IV). Assim, como a lei não traz a expressão "prioritariamente", a alternativa mostra-se errada.

Alternativa "b": alternativa errada, vez que a lei nº 14.133/21 admite a utilização de dados de pesquisa publicada em mídia especializada, de tabela de referência formalmente aprovada pelo Poder Executivo federal e de sítios eletrônicos especializados ou de domínio amplo, desde que contenham a data e hora de acesso (art. 23, §1º, III).

Alternativa "c": errada, pois o critério de julgamento de menor preço por grupo de itens somente poderá ser adotado quando for demonstrada a inviabilidade de se promover a adjudicação por item e for evidenciada a sua vantagem técnica e econômica, e o critério de aceitabilidade de preços unitários máximos deverá ser indicado no edital (lei nº 14.133/21, art. 82, §1º)

Alternativa "d": alternativa correta, pois, nas licitações, o calor estimado pode ter como parâmetro contratações similares feitas pela Administração Pública, em execução ou concluídas no período de um ano anterior à data da pesquisa de preços, inclusive mediante sistema de registro de preços, observado o índice de atualização de preços correspondente (lei nº 14.133/21, art. 23, §1º, II).

Alternativa "e": alternativa igualmente errada por contrariar previsão expressa do art. 23, §1º, V, conforme o qual pode ser utilizada como parâmetro nas contratações pesquisa na base nacional de notas fiscais eletrônicas, na forma de regulamento.

Alternativa correta: letra "d".

69. FGV – 2024 – TCE/GO – Analista de Controle Externo

Dos atos da Administração decorrentes da aplicação da Lei nº 14.133/2021 é cabível a manifestação de irresignação do interessado na esfera administrativa, na forma e prazos estabelecidos na mencionada norma, sendo correto afirmar que o pedido de reconsideração é pertinente na hipótese de

a) julgamento das propostas.
b) anulação ou revogação da licitação.
c) ato de habilitação ou inabilitação de licitante.

d) extinção do contrato, quando determinada por ato unilateral da Administração.

e) aplicação da penalidade de declaração de inidoneidade para licitar ou contratar com a Administração Pública.

COMENTÁRIOS

✪ **Nota do autor:** o capítulo II do título IV da lei nº 14.133/21 tratou das impugnações, dos pedidos de esclarecimento e dos recursos relacionados à fiel aplicação da norma. Assim, estabeleceu-se que dos atos da Administração decorrentes de tal lei cabem: I- recurso, no prazo de três dias úteis, contado da data de intimação ou lavratura da ata em face de: a) ato que defira ou indefira pedido de pré-qualificação de interessado ou de inscrição em registro cadastral, sua alteração ou cancelamento; b) julgamento das propostas; c) ato de habilitação ou inabilitação de licitante; d) anulação ou revogação da licitação; e) extinção do contrato, quando determinada por ato unilateral e escrito da Administração; II- pedido de reconsideração, no prazo de três dias úteis, contado da data de intimação, relativamente a ato do qual não caiba recurso hierárquico.

Alternativa "a": alternativa errada. Conforme apontado na nota do autor, a hipótese trazida pelo enunciado enseja o recurso e não o pedido de reconsideração (lei nº 14.133/21, art. 165, I, b).

Alternativa "b": alternativa errada. Conforme apontado na nota do autor, a hipótese trazida pelo enunciado enseja o recurso e não o pedido de reconsideração (lei nº 14.133/21, art. 165, I, d).

Alternativa "c": alternativa errada. Conforme apontado na nota do autor, a hipótese trazida pelo enunciado enseja o recurso e não o pedido de reconsideração (lei nº 14.133/21, art. 165, I, c).

Alternativa "d": alternativa errada. Conforme apontado na nota do autor, a hipótese trazida pelo enunciado enseja o recurso e não o pedido de reconsideração (lei nº 14.133/21, art. 165, I, e).

Alternativa "e": alternativa certa. Conforme disposição expressa do art. 167, caput da lei nº 14.133/21, da aplicação da sanção de declaração de inidoneidade para licitar ou contratar (art. 156, caput, IV) caberá apenas pedido de reconsideração, que deverá ser apresentado no prazo de quinze dias, contado da data da intimação, e decidido no prazo máximo de vinte dias úteis, contado do seu recebimento.

Alternativa correta: letra "e".

70. FGV – 2024 – TCE/GO – Analista de Controle Externo

Um edital especificou a necessidade de apresentação de certificações técnicas relevantes e amostras dos produtos ofertados. Ao avaliar as propostas de licitação, a comissão deve

a) desconsiderar amostras cujas certificações técnicas não estejam de acordo com as normas internacionais vigentes, mesmo se as amostras atenderem às especificações do edital.

b) priorizar propostas que incluam amostras e certificações mesmo que a documentação relevante da empresa esteja incompleta.

c) aceitar propostas que apresentem certificações técnicas mesmo que as amostras não sejam entregues dentro do prazo estabelecido pelo edital.

d) verificar a validade e a relevância das certificações técnicas apresentadas e a conformidade das amostras com as especificações técnicas requeridas no edital.

e) ignorar a apresentação de amostras se as certificações técnicas demonstrarem superioridade tecnológica explícita em relação às outras propostas.

COMENTÁRIOS

✪ **Nota do autor:** a lei nº 14.133/21 determina que no caso de licitação que envolva o fornecimento de bens, a Administração poderá, excepcionalmente, dentre outras medidas, exigir amostra ou prova de conceito do bem no procedimento de pré-qualificação permanente, na fase de julgamento das propostas ou de lances, ou no período de vigência do contrato ou da ata de registro de preços, desde que previsto no edital da licitação e justificada a necessidade de sua apresentação (art. 41, II).

Alternativa "a": alternativa errada, já que não há qualquer previsão na lei no sentido de que devam ser desconsideradas amostras cujas certificações técnicas não estejam de acordo com as normas internacionais vigentes. Ao contrário, o que se exige é, justamente, que atendam às especificações do edital.

Alternativa "b": alternativa errada. Não há que se falar em priorização de propostas que incluam amostras e certificações no caso de a documentação da empresa estar incompleta.

Alternativa "c": alternativa errada. Ao avaliar as propostas de licitação, a comissão deve levar em consideração as previsões do edital, inclusive, em relação aos prazos previstos para a apresentação de amostras.

Alternativa "d": alternativa certa, conforme disciplina do art. 17, §3º da lei nº 14.133/21 que, ao tratar da fase de julgamento estabelece que, desde que haja previsão no edital, o órgão ou entidade licitante poderá, em relação ao licitante provisoriamente vencedor, realizar análise e avaliação da conformidade da proposta, mediante homologação de amostras, exame de conformidade e prova de conceito, entre outros testes de interesse da Administração, de modo a comprovar sua aderência às especificações definidas no termo de referência ou no projeto básico.

Alternativa "e": alternativa errada. Não cabe à comissão ignorar a apresentação das amostras ainda que certificações técnicas demonstrem eventual superioridade tecnológica em relação às outras propostas, se incompatível com previsão do edital.

Alternativa correta: letra "d".

71. COMSULPAM - 2023 - TCM/PA - Auditor de Controle Externo

Quando da instrução do processo licitatório, conforme a nova lei de licitações (Lei 14.133/21 - Licitações e Contratos Administrativos), a Administração poderá convocar audiência pública, presencial ou à distância, na forma eletrônica, sobre licitação que pretenda realizar, com disponibilização prévia de informações pertinentes, inclusive de estudo técnico preliminar e elementos do edital de licitação, e com possibilidade de manifestação de todos os interessados, com antecedência mínima de:

a) 8 (oito) dias úteis.
b) 10 (dez) dias úteis.
c) 15 (quinze) dias úteis.
d) 45 (quarenta e cinco) dias úteis.

COMENTÁRIOS

✪ **Nota do autor:** a presente questão traz questionamentos acerca da audiência pública, importante instrumento da chamada "administração dialógica" e contemplado, dentre outras, na Lei de licitações e contratos administrativos. Segundo o Glossário de Termos Legislativos do Congresso Nacional, a audiência pública deve ser compreendida como a "reunião realizada por órgão colegiado com representantes da sociedade civil para instruir matéria legislativa em trâmite ou para debater assuntos de interesse público relevante" (Disponível em: https://www.congressonacional.leg.br/legislacao-e-publicacoes/glossario-legislativo/-/legislativo/termo/audiencia_publica Acesso em: 28 dez. 2024)

Alternativa "a": alternativa correta. Segundo dispõe o art. 21 da Lei de Licitações e Contratos Administrativos, "a Administração poderá convocar, com antecedência mínima de oito dias úteis, audiência pública, presencial ou a distância, na forma eletrônica, sobre licitação que pretenda realizar, com disponibilização prévia de informações pertinentes, inclusive de estudo técnico preliminar e elementos do edital de licitação, e com possibilidade de manifestação de todos os interessados".

Alternativa "b": alternativa errada. Conforme apontado na análise da alternativa "a", o prazo abordado pelo enunciado é de oito dias úteis.

Alternativa "c": alternativa errada. Conforme apontado na análise da alternativa "a", o prazo abordado pelo enunciado é de oito dias úteis.

Alternativa "d": alternativa errada. Conforme apontado na análise da alternativa "a", o prazo abordado pelo enunciado é de oito dias úteis.

Alternativa "e": alternativa errada. Conforme apontado na análise da alternativa "a", o prazo abordado pelo enunciado é de oito dias úteis.

Alternativa correta: letra "a".

72. COMSULPAM - 2023 - TCM/PA - Auditor de Controle Externo

A nova lei de licitações (Lei 14.133/21), estabelece normas gerais de licitação e contratação para as Administrações Públicas diretas, autárquicas e fundacionais da União, dos Estados, do Distrito Federal e dos Municípios, e abrange os órgãos dos Poderes Legislativo e Judiciário da União, dos Estados e do Distrito Federal e os órgãos do Poder Legislativo dos Municípios, quando no desempenho de função administrativa; bem como também abrange os fundos especiais e as demais entidades controladas direta ou indiretamente pela Administração Pública.

Com relação a essa Lei, têm-se as sentenças:

I- A licitação será conduzida por agente de contratação, pessoa designada pela autoridade competente, entre servidores efetivos ou empregados públicos dos quadros permanentes da Administração Pública, para tomar decisões, acompanhar o trâmite da licitação, dar impulso ao procedimento licitatório e executar quaisquer outras atividades necessárias ao bom andamento do certame até a habilitação. II- Os atos praticados no processo licitatório são públicos, ressalvadas as hipóteses de informações cujo sigilo seja imprescindível à segurança da administração e do Estado, na forma da lei. III- Os itens de consumo adquiridos para suprir as demandas das estruturas da Administração Pública deverão ser de qualidade comum, não superior à necessária para cumprir as finalidades às quais se destinam, vedada a aquisição de artigos de luxo.

Do julgamento das sentenças, assinale a alternativa CORRETA.

a) I e II são incorretas.
b) I e III são incorretas.
c) Somente III é incorreta.
d) Não há sentença incorreta.

COMENTÁRIOS

✪ **Nota do autor:** a presente questão apresenta um elevadíssimo grau de dificuldade, uma vez que exige do(a) candidato(a) o conhecimento da literalidade das expressões contidas na lei nº 14.133/21. Assim, além de uma leitura extremamente atenta da lei na fase de preparação, é imprescindível uma análise bastante cuidadosa dos enunciados das questões, o que, nem sempre é possível, frente ao tempo disponibilizado para a realização das provas.

Afirmativa I: incorreta. A afirmativa traz uma "pegadinha" que pode passar despercebida pelo(a) candidato(a), exigindo, portanto, muita atenção, uma vez que o enunciado altera a última expressão do art. 6º, LX da lei nº 14.133/21, substituindo o termo "homologação" por "habilitação". Assim, segundo a lei, o agente de contratação é a "pessoa designada pela autoridade competente, entre servidores efetivos ou empregados públicos dos quadros permanentes da Administração Pública, para tomar decisões, acompanhar o trâmite da licitação, dar impulso ao procedimento licitatório e executar quaisquer outras atividades necessárias ao bom andamento do certame até a homologação".

Afirmativa II: incorreta. Nesta afirmativa, assim como na anterior, o avaliador altera uma única expressão do texto da lei, de forma a gerar confusão em uma leitura mais rápida. Assim, segundo o art. 13 da lei nº 14.133/21, "os atos praticados no processo licitatório são públicos, ressalvadas as hipóteses de informações cujo sigilo seja imprescindível à segurança da sociedade (e não da administração como trouxe o enunciado da afirmativa) e do Estado, na forma da lei.

Afirmativa III: correta. A afirmativa reproduz a literalidade do caput do art. 20 da lei nº 14.133/21, segundo o qual "os itens de consumo adquiridos para suprir as demandas das estruturas da Administração Pública deverão ser de qualidade comum, não superior à necessária para cumprir as finalidades às quais se destinam, vedada a aquisição de artigos de luxo".

Alternativa correta: letra "a".

73. CEBRASPE – 2023 – TCE/MS - Procurador

No que concerne à contratação direta pela administração pública e aos consórcios públicos, estes à luz da Lei n.º 11.107/2005 e do Decreto n.º 6.017/2007, assinale a opção correta.

a) Gestores de consórcios públicos não respondem pessoalmente pelas obrigações contraídas pelo consórcio, ainda que praticadas em desconformidade com o estatuto.

b) É inadmissível a transferência de contrato de concessão de serviço público sem prévia licitação.

c) Uma empresa pode ser contratada de forma direta, por inexigibilidade de licitação, se possuir aparato que a torne a única capaz de executar o objeto do contrato pretendido.

d) Não é admissível exigir-se a realização de licitação nos casos de guerra, estado de defesa, estado de sítio e intervenção federal, razão por que há inexigibilidade licitatória nessas situações.

e) Os consórcios públicos podem constituir-se mediante contrato ou diretamente por lei.

COMENTÁRIOS

✪ **Nota do autor:** a alternativa "b" da presente questão remete a uma importante decisão do STF, cuja leitura completa é indicada para quem se prepara para concursos públicos. Trata-se da ADI 2.946 na qual aquele tribunal entendeu que: "[...] 12. Não faz sentido exigir que o ato de transferência do art. 27 da Lei nº 8.987/95 observe os princípios da isonomia e da impessoalidade. A anuência é matéria reservada ao Administrador e pressupõe o atendimento de requisitos bem específicos. A par disso, a operação empresarial sobre a qual incide a anuência é, tipicamente, um negócio jurídico entre particulares e, como tal, é disciplinado pelo direito privado. O concessionário, como agente econômico que é, pode decidir sobre seus parceiros empresariais conforme critérios próprios. Não há, portanto, espaço para aplicação dos princípios da isonomia e da impessoalidade, os quais são típicos da relação verticalizada que possui uma entidade estatal em um dos polos". (STF. Plenário. ADI 2946/DF, Rel. Min. Dias Toffoli, j. 08.03.2022).

Alternativa "a": alternativa incorreta. Gestores de consórcios públicos não respondem pessoalmente pelas obrigações contraídas pelo consórcio público, mas responderão pelos atos praticados em desconformidade com a lei ou com as disposições dos respectivos estatutos, conforme art. 10, parágrafo

Alternativa "b": alternativa incorreta. Conforme previsão legal, corroborada por decisão do STF, a transferência de concessão ou do controle societário da concessionária não exige nova licitação, mas tão somente anuência do poder concedente, sem a qual resultará em caducidade da concessão (lei nº 8.987/95, art. 27). Nesse sentido: "É constitucional a transferência da concessão e do controle societário das concessionárias de serviços públicos, mediante anuência do poder concedente (art. 27 da lei nº 8.987/95)" (STF. Plenário. ADI 2946/DF, Rel. Min. Dias Toffoli, j. 08.03.2022 - Info 1046).

Alternativa "c": alternativa correta. Uma empresa pode ser contratada de forma direta, por inexigibilidade de licitação, se possuir aparato que a torne a única capaz de executar o objeto do contrato pretendido, hipótese de acordo com o art. 74

da lei nº 14.133/21, por ser a única capaz de executar o contrato. Nesse caso, não há vício aos princípios da licitação.

Alternativa "d": alternativa incorreta. As hipóteses trazidas pelo enunciado não dizem respeito a casos de inexigibilidade de licitação, mas sim de dispensa, conforme art. 75, VII da Lei 14133/21. Há que se destacar que, enquanto na inexigibilidade encontra-se ausente o pressuposto lógico para a realização da licitação, na dispensa em virtude de guerra, estado de defesa, estado de sítio e intervenção federal observa-se a ausência do pressuposto jurídico, qual seja a oportunidade e conveniência para a realização do certame.

Alternativa "e": alternativa incorreta. Conforme disposição expressa da lei de regência (lei nº 11.107/05), o consórcio público será constituído por contrato cuja celebração dependerá da prévia subscrição de protocolo de intenções (art. 3º).

Alternativa correta: letra "c".

---

74. FCC – 2022 – TCE/GO – Analista de Controle Externo

Considere que a Administração pretenda adotar o credenciamento para contratação de determinados serviços, utilizando-se do regramento estabelecido na Lei nº 14.133/2021. De acordo com a referida disciplina legal, tal prática

a) afigura-se juridicamente viável para seleção, com inexigibilidade de licitação, de leiloeiro oficial, caso não se opte pela seleção mediante licitação na modalidade pregão.

b) é admitida exclusivamente para contratações simultâneas e não excludentes de um mesmo objeto e desde que tal opção seja demonstrada como a mais vantajosa para a Administração.

c) constitui modalidade licitatória aplicável para contratação de objetos em mercados fluidos, mediante sistema de registro de preços, em que se verifique oscilação significativa de preços ou das condições de prestação.

d) pode ser utilizada como procedimento de pré-qualificação em contratações para objetos de baixa complexidade, não afastando, contudo, a necessidade de subsequente procedimento licitatório.

e) passou a ser expressamente vedada, com a substituição pelo procedimento auxiliar de manifestação de interesse, cabível para seleção de profissionais ou empresas para contratações simultâneas de objetos similares.

COMENTÁRIOS

✪ **Nota do autor:** o art. 6º, XLIII da lei nº 14.133/21 traz o conceito de credenciamento como o "processo administrativo de chamamento público em que a Administração Pública convoca interessados em prestar serviços ou fornecer bens para que, preenchidos os requisitos necessários, se credenciem no órgão ou na entidade para executar o objeto quando convocados".

Alternativa "a": alternativa certa. Estabelece o art. 31 da lei nº 14.133/21 que o leilão poderá ser cometido a leiloeiro oficial ou a servidor designado pela autoridade competente da Administração, e regulamento deverá dispor sobre seus procedimentos operacionais. Já o §1º do mesmo artigo determina que se optar pela realização de leilão por intermédio de leiloeiro oficial, a Administração deverá selecioná-lo mediante credenciamento ou licitação na modalidade pregão e adotar o critério de julgamento de maior desconto para as comissões a serem cobradas, utilizados como parâmetro máximo os percentuais definidos na lei que regula a referida profissão e observados os valores dos bens a serem leiloados.

Alternativa "b": alternativa errada. O credenciamento não é exclusivo para contratações simultâneas e não excludentes. Segundo o art. 79 da lei nº 14.133/21, ele pode ser utilizado para contratação: I- paralela e não excludente: caso em que é viável e vantajosa para a Administração a realização de contratações simultâneas em condições padronizadas; II- com seleção a critério de terceiros: caso em que a seleção do contratado está a cargo do beneficiário direto da prestação; III- em mercados fluidos: caso em que a flutuação constante do valor da prestação e das condições de contratação inviabiliza a seleção de agente por meio de processo de licitação.

Alternativa "c": alternativa errada. O credenciamento não é modalidade licitatória, mas sim um processo administrativo de chamamento público.

Alternativa "d": alternativa errada. Credenciamento e pré-qualificação são procedimentos auxiliares das licitações e contratações, mas que não têm relação entre si. A pré-qualificação, por sua vez, é o procedimento técnico-administrativo para selecionar previamente: I- licitantes que reúnam condições de habilitação para participar de futura licitação ou de licitação vinculada a programas de obras ou de serviços objetivamente definidos; II- bens que atendam às exigências técnicas ou de qualidade estabelecidas pela Administração. (lei nº 14.133/21, art. 80, I e II).

Alternativa "e": alternativa errada, uma vez que a lei nº 14.133/21 previu, expressamente, o credenciamento como processo administrativo de chamamento público, disciplinado pelo art. 79 daquela norma.

Alternativa correta: letra "a".

75. FGV – 2022 – TCE/TO – Auditor de Controle Externo

O Município Gama deseja realizar a aquisição de imóvel, cujas características de instalações e de localização tornam necessária sua escolha. Assim sendo, o Município instaurou processo administrativo, no bojo do qual foi certificada a inexistência de imóveis públicos vagos e disponíveis que atendam ao objeto e foram apresentadas as justificativas que demonstram a singularidade do imóvel a ser comprado pela Administração e que evidenciam vantagem para ela.

No caso em tela, de acordo com a nova Lei de Licitações e Contratos (Lei nº 14.133/2021), a aquisição ocorrerá mediante:

a) dispensa de licitação, devendo haver prévias avaliação do bem, autorização legislativa e homologação da compra pelo Tribunal de Contas do Estado;
b) dispensa de licitação, devendo haver prévias avaliação do bem e autorização legislativa, assim como demonstração de que o valor a ser gasto está compatível com o valor de mercado;
c) dispensa de licitação, devendo haver prévias avaliação do bem e autorização do Tribunal de Contas do Estado, assim como demonstração de que o valor a ser gasto está compatível com o valor de mercado;
d) inexigibilidade de licitação, devendo haver prévias avaliação do bem e autorização legislativa, assim como demonstração de que o valor a ser gasto está compatível com o valor de mercado;
e) inexigibilidade de licitação, devendo haver avaliação prévia do bem, do seu estado de conservação, dos custos de adaptações, quando imprescindíveis às necessidades de utilização, e do prazo de amortização dos investimentos.

COMENTÁRIOS

✪ **Nota do autor:** trata-se de típica questão de concursos públicos envolvendo a contratação direta na Lei de Licitações e Contratos Administrativos. Nesse ponto, vale recordar que para que seja realizada a licitação é necessária a observância de três pressupostos: lógico (pluralidade de objetos e ofertantes), jurídico (conveniência e oportunidade) e fático (comparecimento de interessados/interesse do mercado).

Alternativa "a": alternativa errada. Na hipótese trazida pelo enunciado tem-se uma situação de inexigibilidade de licitação (lei nº 14.133/21, art. 74, V), e não de dispensa.

Alternativa "b": alternativa errada. Na hipótese trazida pelo enunciado tem-se uma situação de inexigibilidade de licitação (lei nº 14.133/21, art. 74, V), e não de dispensa.

Alternativa "c": alternativa errada. Na hipótese trazida pelo enunciado tem-se uma situação de inexigibilidade de licitação (lei nº 14.133/21, art. 74, V), e não de dispensa.

Alternativa "d": alternativa errada. Apesar de se tratar de hipótese de inexigibilidade de licitação, em que se exige avaliação prévia, a lei nº 14.133/21 não prevê a autorização legislativa e nem a demonstração de que o valor a ser gasto está compatível com o valor de mercado.

Alternativa "e": alternativa certa. O art. 74, V, da lei nº 14.133/21 traz, dentre as hipóteses de inexigibilidade da licitação a aquisição ou locação de imóvel sujas características de instalações e de localização tornem necessária sua escolha. Já o §5º do mesmo dispositivo aponta os requisitos para tal contratação, a saber: I- avaliação prévia do bem, do seu estado de conservação, dos custos de adaptações, quando imprescindíveis às necessidades de utilização, e do prazo de amortização dos investimentos; II- certificação da inexistência de imóveis públicos vagos e disponíveis que atendam ao objeto; III- justificativas que demonstrem a singularidade do imóvel a ser comprado ou locado pela Administração e que evidenciem vantagem para ela.

Alternativa correta: letra "e".

76. FGV – 2022 – TCU – Auditor Federal de Controle Externo

Em novembro de 2021, o Ministério do Meio Ambiente realizou licitação para registro de preço para aquisição de quarenta carros. Após a seleção da proposta vencedora e registrada a ata no órgão licitante, o mencionado Ministério foi consultado pela autarquia federal Alfa, que manifestou interesse em contratar o licitante vencedor para a aquisição de dez carros, mediante sua adesão à ata de registro de preços.

O caso em tela trata da chamada:

a) licitação carona, em que é prescindível a anuência do Ministério do Meio Ambiente, e o licitante vencedor da ata de registro de preços está obrigado a celebrar o contrato com a autarquia federal Alfa;
b) licitação carona, em que é imprescindível a anuência do Ministério do Meio Ambiente, e o licitante vencedor da ata de registro de preços não está obrigado a celebrar o contrato com a autarquia federal Alfa;
c) fragmentação de licitação, em que é imprescindível a anuência do Ministério do Meio Ambiente, e o licitante vencedor da ata de registro de pre-

ços está obrigado a celebrar o contrato com a autarquia federal Alfa;

d) fragmentação de licitação, em que é prescindível a anuência do Ministério do Meio Ambiente, e a autarquia federal Alfa deve realizar nova licitação, não podendo contratar licitante para fornecimento do mesmo objeto com valor acima do registrado na ata a que aderiu;

e) licitação carona, em que é prescindível a anuência do Ministério do Meio Ambiente, e a autarquia federal Alfa deve realizar nova licitação, não podendo contratar licitante para fornecimento do mesmo objeto com valor acima do registrado na ata a que aderiu.

COMENTÁRIOS

✪ **Nota do autor:** a presente questão encontra-se desatualizada e seu estudo merece cuidado. Atualmente, o sistema de registro de preços, previsto como procedimento das licitações e contratações regidas pela lei nº 14.133/21, encontra-se disciplinado pelo Decreto nº 11.462/23 que tratou, dentre outros aspectos, da utilização da ata de registro de preços por órgãos ou entidades não participantes (efeito carona) disciplinando, em seu art. 31, que: "Durante a vigência da ata, os órgãos e as entidades da Administração Pública federal, estadual, distrital e municipal que não participaram do procedimento de IRP poderão aderia à ata de registro de preços na condição de não participantes, observados os seguintes requisitos: I- apresentação de justificativa da vantagem da adesão, inclusive em situações de provável desabastecimento ou de descontinuidade do serviço público; II- demonstração da compatibilidade dos valores registrados com os valores praticados no mercado, na forma prevista no art. 23 da lei º 14.133/21; e III- **consulta e aceitação prévias do órgão ou da entidade gerenciadora e do fornecedor**". Ademais, o §1º do mesmo dispositivo determina que "**a autorização do órgão ou da entidade gerenciadora apenas será realizada após a aceitação da adesão pelo fornecedor**". Por "entidade gerenciadora", deve se compreender o "órgão ou entidade da Administração Pública responsável pela condução do conjunto de procedimentos para registro de preços e pelo gerenciamento da ata de registro de preços dele decorrente" (art. 2º, III, Decreto nº 11.462/23).

Alternativa "a": alternativa errada. Apesar de a situação caracterizar-se como a "licitação carona", é necessária a anuência do Ministério do Meio Ambiente (entidade gerenciadora) e o licitante vencedor não e obrigado a celebrar o contrato com a autarquia federal Alfa.

Alternativa "b": alternativa certa. Mesmo com as alterações legislativas posteriores, é correto afirmar que, no caso trazido pelo enunciado, é imprescindível a anuência do Ministério do Meio Ambiente (entidade gerenciadora), e o licitante vencedor da ata de registro de preços não está obrigado a celebrar o contrato com a autarquia federal Alfa, vez que a autorização do órgão ou da entidade gerenciadora apenas será realizada após a aceitação da adesão pelo fornecedor.

Alternativa "c": alternativa errada. A expressão correta para a situação narrada no enunciado é "licitação carona", na qual é imprescindível a anuência da entidade gerenciadora, não sendo o licitante obrigado a celebrar contrato com o órgão ou entidade não participante da licitação e que busca o efeito carona.

Alternativa "d": alternativa errada. A expressão correta para a situação narrada no enunciado é "licitação carona", na qual é imprescindível a anuência da entidade gerenciadora (Ministério do Meio Ambiente) e a autarquia federal Alfa pode contratar licitante para fornecimento do mesmo objeto, desde que observadas as condições do Decreto nº 11.462/23.

Alternativa "e": alternativa errada. Apesar de a expressão "licitação carona", estar correta, é imprescindível a anuência da entidade gerenciadora (Ministério do Meio Ambiente) e a autarquia federal Alfa pode contratar licitante para fornecimento do mesmo objeto, desde que observadas as condições do Decreto nº 11.462/23.

Alternativa correta: letra "b".

10. CONTRATOS E CONSÓRCIOS ADMINISTRATIVOS

- CRFB/88, art. 241;
- Lei 8.666/93, arts. 78 e 79;
- Lei 9.784/99, art. 55;
- Lei 11.107/05, arts. 1º, 6º, 8º e 9º;
- Lei 14.133/21, arts. 5º, 6º, 13, 14, 39, 49, 89, 90, 91, 104, 117, 118, 124, 129, 147, 148, 149 e 156.

77. CEBRASPE - 2023 - TCDF - Auditor de Controle Externo

Com base no que dispõe a Nova Lei de Licitações e Contratos (Lei n.º 14.133/2021), julgue o item a seguir.

Em respeito aos princípios que regem a administração pública, em especial, o da publicidade e o da moralidade, é vedado, em qualquer hipótese, o sigilo dos contratos e termos aditivos.

COMENTÁRIOS

✪ **Nota do autor:** apesar de os princípios da publicidade e da moralidade estarem previstos expressamente na Lei de Licitações e Contratos (art.

5º), há hipóteses em que será admitido o sigilo em contratos e termos aditivos. Assim, o art. 13 da mencionada norma determina que "Os atos praticados no processo licitatório são públicos, ressalvadas as hipóteses cujo sigilo seja imprescindível à segurança da sociedade e do Estado, na forma da lei". No mesmo sentido, o art. 91, §1º fixa que "será admitida a manutenção em sigilo de contratos e de termos aditivos quando imprescindível à segurança da sociedade e do Estado, nos termos da legislação que regula o acesso à informação".

Item errado.

---

78. CEBRASPE – 2023 – TCDF – Auditor de Controle Externo

Com base no que dispõe a Nova Lei de Licitações e Contratos (Lei n.º 14.133/2021), julgue o item a seguir.

A recusa, ainda que injustificada, do licitante vencedor em assinar o termo de contrato ou em retirar o instrumento equivalente não configura descumprimento contratual, razão por que é inviável a aplicação de penalidades.

COMENTÁRIOS

✪ **Nota do autor:** item completamente em desacordo com a Lei de Licitações e Contratos que, em seu art. 90, §5º determina que "a recusa injustificada do adjudicatário em assinar o contrato ou em aceitar ou retirar o instrumento equivalente no prazo estabelecido pela Administração caracterizará o descumprimento total da obrigação assumida e o sujeitará às penalidades legalmente estabelecidas e à imediata perda da garantia de proposta em favor do órgão ou entidade licitante".

Item errado

---

79. CEBRASPE – 2023 – TCDF – Auditor de Controle Externo

No que concerne às licitações e aos contratos administrativos e à responsabilização de pessoas jurídicas por atos contra a administração pública, julgue o item que se segue.

Mesmo diante da constatação de nulidade em um contrato administrativo, a administração pública pode manter a execução dele e deixar de anulá-lo, se, entre outras razões, a anulação gerar riscos sociais, ambientais e à segurança da população local.

COMENTÁRIOS

✪ **Nota do autor:** ao tratar da nulidade dos contratos, a lei nº 14.133/21 estabeleceu em seu art. 147, II, que: "Constatada irregularidade no procedimento licitatório ou na execução contratual, caso não seja possível o saneamento, a decisão sobre a suspensão da execução ou sobre a declaração de nulidade do contrato somente será adotada na hipótese em que se revelar medida de interesse público, com avaliação, entre outros, dos seguintes aspectos: [...] riscos sociais, ambientais e à segurança da população local decorrentes do atraso na fruição dos benefícios do objeto do contrato". Já o parágrafo único do mesmo dispositivo determina que "caso a paralisação ou anulação não se revele medida de interesse público, o poder público deverá optar pela continuidade do contrato e pela solução da irregularidade por meio de indenização por perdas e danos, sem prejuízo da apuração de responsabilidade e da aplicação de penalidades cabíveis".

Item certo.

---

80. CEBRASPE – 2023 – TCDF – Analista Administrativo

No que se refere à elaboração e à fiscalização de contratos, julgue o item que se segue, à luz da Nova Lei de Licitações e Contratos — Lei n.º 14.133/2021.

Durante a execução de um contrato de prestação de serviços com dedicação exclusiva de mão de obra, cabe ao gestor do contrato a notificação da empresa contratada no que diz respeito às irregularidades registradas pelo fiscal.

COMENTÁRIOS

✪ **Nota do autor:** item em desacordo com a disposição do art. 117 da lei nº 14.133/21 que em seu §1º estabelece que "o fiscal do contrato anotará em registro próprio todas as ocorrências relacionadas à execução do contrato, determinando o que for necessário para a regularização das faltas ou dos defeitos observados". Já o §2º, também importante para a compreensão do item, fixa que "o fiscal do contrato informará a seus superiores, em tempo hábil para a adoção das medidas convenientes, a situação que demandar decisão ou providência que ultrapasse sua competência."

Item errado

---

81. CEBRASPE – 2023 – TCDF – Analista Administrativo

No que se refere à elaboração e à fiscalização de contratos, julgue o item que se segue, à luz da Nova Lei de Licitações e Contratos — Lei n.º 14.133/2021

É permitida à administração a contratação de terceiros para assistir e subsidiar os fiscais do contrato no acompanhamento da execução deste.

COMENTÁRIOS

✪ **Nota do autor:** item em conformidade com o caput do art. 117 da Lei de Licitações e Contratos Administrativos, segundo o qual "a execução do contrato deverá ser acompanhada e fiscalizada por um ou mais fiscais do contrato, representantes da Administração especialmente designados conforme requisitos estabelecidos no art. 7º desta Lei, ou pelos respectivos substitutos, permitida a contratação de terceiros para assisti-los e subsidiá-los com informações pertinentes a essa atribuição".

Item certo.

82. CEBRASPE - 2023 - TCDF - Analista Administrativo

No que se refere à elaboração e à fiscalização de contratos, julgue o item que se segue, à luz da Nova Lei de Licitações e Contratos — Lei n.º 14.133/2021.

Havendo irregularidade na execução do contrato, caberá ao próprio fiscal do contrato adotar as providências para a regularização.

COMENTÁRIOS

✪ **Nota do autor:** o item foi considerado correto em virtude da disposição contida no §1º do art. 117 da lei nº 14.133/21, segundo o qual "o fiscal do contrato anotará em registro próprio todas as ocorrências relacionadas à execução do contrato, determinando o que for necessário para a regularização das faltas ou dos defeitos observados".

Item certo.

83. CEBRASPE - 2023 - TCDF - Analista Administrativo

No que se refere à elaboração e à fiscalização de contratos, julgue o item que se segue, à luz da Nova Lei de Licitações e Contratos — Lei n.º 14.133/2021.

Considere-se que o gestor de determinado contrato tenha aplicado sanção de declaração de inidoneidade para licitar e que, após a declaração, se tenha verificado que não havia ocorrido prévia análise jurídica. Nesse caso, não há irregularidade, visto que incumbe ao gestor analisar o mérito e decidir a sanção razoável e proporcional à irregularidade cometida.

COMENTÁRIOS

✪ **Nota do autor:** o item é incompatível com as disposições contidas na Lei de Licitações e Contratos Administrativos (lei nº 14.133/21) sobre as infrações e sanções administrativas. Assim, conforme previsão expressa, a declaração de inidoneidade para licitar ou contratar deverá ser precedida de análise jurídica (art. 156, §6º). Nesse sentido, haverá irregularidade na situação trazida pelo enunciado da questão.

Item errado.

84. CEBRASPE - 2023 - TCDF - Analista Administrativo

No que se refere à elaboração e à fiscalização de contratos, julgue o item que se segue, à luz da Nova Lei de Licitações e Contratos - Lei n.º 14.133/2021.

Considerando-se o papel de representante do ente contratado a ser desempenhado pelo preposto, é vedado à administração recusar a indicação do preposto pela contratada.

COMENTÁRIOS

✪ **Nota do autor:** o presente item pode ser considerado errado, uma vez que, conforme interpretação do art. 118 da Lei de Licitações e Contratos Administrativos é possível entender que a Administração pode recusar a indicação do preposto pela contratada. Nesse sentido, o mencionado dispositivo estabelece que "o contratado deverá manter preposto aceito pela Administração no local da obra ou do serviço para representá-lo na execução do contrato".

Item errado

85. CEBRASPE - 2023 - TCDF - Analista Administrativo

A respeito da legislação aplicável à contratação de bens e serviços, julgue o item a seguir.

A Nova Lei de Licitações e Contratos permite que a administração pública contrate mais de uma empresa para executar o mesmo serviço.

COMENTÁRIOS

✪ **Nota do autor:** segundo a lei nº 14.133/21, a Administração poderá, mediante justificativa expressa, contatar mais de uma empresa ou instituição para executar o mesmo serviço, desde que essa contratação não implique perda de economia de escala, quando: I- o objeto da contratação puder ser executado de forma concorrente e simultânea por mais de um contratado; e II- a múltipla execução for conveniente para atender à Administração. Em ambas as hipóteses caberá à Administração manter o controle individualizado da execução do objeto contratual relativamente a cada um dos contratados (art. 49).

Item certo.

86. (Cespe - Analista de Controle Externo - Direito - TCE - RJ/2021) No que se refere a licitações e contratos, julgue os itens seguintes.

Situação hipotética: Uma Secretaria de Estado do Rio de Janeiro contratou determinada sociedade empresária para realização de obra no prédio que ocupa. Entretanto, após alguns meses, a Secretaria contratante suprimiu parte da obra e modificou o valor inicial do contrato. Assertiva: Nessa situação, as alterações da obra e do contrato são motivos que possibilitam a rescisão do contrato, a depender do valor da supressão.

COMENTÁRIOS

✪ **Nota do autor:** os contratos celebrados com a Administração Pública têm, como característica, a possibilidade de alteração unilateral (art. 124 da lei nº 14.133/2021). Assim, "o contratado será obrigado a aceitar, nas mesmas condições contratuais, acréscimos ou supressões de até 25% do valor inicial atualizados do contrato que se fizerem nas obras, nos serviços ou nas compras, e, no caso de reforma de edifício ou de equipamento, o limite para os acréscimos será de 50%". O enunciado traz uma hipótese de supressão de parte de uma obra, o que, segundo a Lei de Licitações, pode alcançar até 25% do valor inicial. Ou seja: a depender do valor da supressão, caso extrapole os 25%, a alteração será motivo ensejador da rescisão contratual. Vale destacar importante inovação trazida pela nova Lei, no sentido de que "nas alterações contratuais para supressão de obras, bens ou serviços, se o contratado já houver adquirido os materiais e os colocado no local dos trabalhos, estes deverão ser pagos pela Administração pelos custos de aquisição regularmente comprovados e monetariamente reajustados, podendo caber indenização por outros danos eventualmente decorrentes da supressão, desde que regularmente comprovados" (art. 129 da lei nº 14.133/2021). **Item CERTO.**

87. FGV – 2024 – TCE/PA – Auditor de Controle Externo

No exercício de suas atribuições relacionadas à gestão e fiscalização de um contrato atinente a uma obra de grande vulto, sob o regime da contratação integrada, as autoridades competentes verificaram a existência de uma nulidade na formalização da avença.

Diante dessa situação hipotética, à luz do disposto na Lei nº 14.133/2021, é correto afirmar que

a) caso o vício verificado não seja passível de saneamento, há de ser reconhecida a nulidade do contrato, independentemente da avaliação da despesa necessária à preservação das instalações e dos serviços já executados ou os custos inerentes à desmobilização e posterior retorno às atividades.
b) caso a paralisação ou anulação não se revele medida de interesse público, o poder público deverá optar pela continuidade do contrato e pela solução da irregularidade por meio de indenização por perdas e danos, sem prejuízo da apuração de responsabilidade e da aplicação de penalidades cabíveis.
c) caso verificado que a invalidação do contrato é medida de interesse público, há de ser declarada a sua anulação, que deverá ter efeitos retroativos, sendo vedado que a autoridade administrativa decida que ela só tenha eficácia em momento futuro, com vistas a dar continuidade à atividade administrativa.
d) caso a nulidade do contrato seja dotada de gravidade suficiente para impor a sua invalidação, ainda que não seja imputável ao contratado, a Administração fica exonerada do dever de indenizá-lo pelo que houver executado até a data em que for declarada ou tornada eficaz.
e) caso apurada a impossibilidade de saneamento do vício e verificado o interesse público na paralisação do objeto do contrato, havendo oposição do contratado com relação à extinção da avença, a declaração de nulidade somente pode ser realizada pelo Judiciário ou por arbitragem.

COMENTÁRIOS

✪ **Nota do autor:** a questão aborda a chamada contratação integrada, compreendida como o "regime de contratação de obras e serviços de engenharia em que o contratado é o responsável por elaborar e desenvolver os projetos básico e executivo, executar obras e serviços de engenharia, fornecer bens ou prestar serviços especiais e realizar montagem, teste, pré-operação e as demais operações necessárias e suficientes para a entrega final do objeto". (Lei nº 14.133/21, art. 6º, XXXII).

Alternativa "a": alternativa incorreta, uma vez caso o vício verificado não seja passível de saneamento, não haverá um reconhecimento automático da nulidade do contrato. Ao contrário, a decisão sobre a suspensão da execução ou sobre a declaração de nulidade do contrato somente será adotada na hipótese em que se revelar medida de interesse público, levando-se em consideração, dentre outros aspectos, a despesa necessária à preservação das instalações e dos serviços já executados, assim como as despesas inerentes à desmobilização e ao posterior retorno às atividades.

Alternativa "b": segundo o art. 147, caput, da lei nº 14.133/31, "constatada irregularidade no procedimento licitatório ou na execução contratual, caso não seja possível o saneamento, a decisão sobre a suspensão da execução ou sobre a declaração de nulidade do contrato somente será adotada na hipótese em que se revelar medida de interesse público", com avaliação dos aspectos previstos nos incisos do mencionado dispositivo. Já o seu parágrafo único determina que "caso a paralisação ou anulação não se revele medida de interesse público, o poder público deverá optar pela continuidade do contrato e pela solução da irregularidade por meio de indenização por perdas e danos, sem prejuízo da apuração de responsabilidade e da aplicação de penalidades cabíveis". Assim, a presente alternativa mostra-se correta.

Alternativa "c": alternativa incorreta, já que ao declarar a nulidade do contrato, a autoridade, com vistas à continuidade da atividade administrativa, poderá decidir que ela *só tenha eficácia em* momento futuro, suficiente para efetuar nova contratação, por prazo de até 6 (seis) meses, prorrogável uma única vez (lei nº 14.133/21, art. 148, §2º).

Alternativa "d": alternativa incorreta, já que, conforme o art. 149 da lei nº 14.133/21, "a nulidade não exonerará a Administração do dever de indenizar o contratado pelo que houver executado até a data em que for declarada ou tornada eficaz, bem como por outros prejuízos regularmente comprovados, desde que não lhe seja imputável, e será promovida a responsabilização de quem lhe tenha dado causa.

Alternativa "e": alternativa incorreta, uma vez que a extinção da avença é ato unilateral da Administração Pública que pode ocorrer mesmo diante da oposição do contratado, não se exigindo, portanto, a atuação do Judiciário ou da via arbitral.

Alternativa correta: letra "b".

88. FGV – 2024 – TCE/PA – Auditor de Controle Externo

Avalie as afirmativas a seguir, a respeito de contrato de eficiência celebrado entre a Administração e a Contratada:

I. A remuneração da Contratada deverá ser fixada em percentual sobre a economia efetivamente obtida na execução do contrato.

II. O julgamento da proposta será baseado na economia que se estima gerar deduzida a proposta de preço.

III. No caso de não ocorrer a economia prevista no contrato de eficiência, o contrato será rescindido.

Está correto o que se apresenta em

a) I, apenas.

b) II, apenas.

c) I e II, apenas.

d) I e III, apenas.

e) II e III, apenas.

COMENTÁRIOS

✪ **Nota do autor:** o contrato de eficiência foi conceituado pelo inciso LIII do art. 6º da lei nº 14.133/21 como aquele "contrato cujo objeto é a prestação de serviços, que pode incluir a realização de obras e o fornecimento de bens, com o objetivo de proporcionar economia ao contratante, na forma de redução de despesas correntes, remunerado o contratado com base em percentual da economia gerada".

Afirmativa I: correta. O julgamento por maior retorno econômico, utilizado exclusivamente para *a celebração de contrato de eficiência*, considerará a maior economia para a Administração e a remuneração deverá ser fixada em percentual que incidirá de forma proporcional à economia efetivamente obtida na execução do contrato (lei nº 14.133/21, art. 39, caput).

Afirmativa II: correta. Para efeito de julgamento da proposta, o retorno econômico será o resultado da economia que se estima gerar com a execução da proposta de trabalho, deduzida a proposta de preço (lei nº 14.133/21, art. 39, §3º).

Afirmativa III: incorreta. Nos casos em que não for gerada a economia prevista no contrato de eficiência: I- a diferença entre a economia contratada e a efetivamente obtida será descontada da remuneração do contratado; II- se a diferença entre a economia contratada e a efetivamente obtida for superior ao limite máximo estabelecido no contrato, o contratado sujeitar-se-á, ainda, a outras sanções cabíveis (lei nº 14.133/21, art. 39, §4º).

Alternativa correta: letra "c".

89. FGV – 2024 – TCE/GO – Analista de Controle Externo

Um certo fiscal de contratos da administração pública exerce vários papéis e funções. Considerando o tema, é correto que se deve

a) representar a contratada nas negociações com a administração pública, garantindo a adequação dos termos contratuais às necessidades da contratante

b) aplicar diretamente penalidades e sanções administrativas à contratada em caso de execução inadequada do contrato.

c) receber e aceite dos bens e serviços, não participando das etapas anteriores de acompanhamento da execução contratual.

d) acompanhar a execução contratual, registrando e notificando irregularidades à autoridade competente, para as devidas providências.

e) elaborar sanções a ser aplicadas nas irregularidades encontradas durante a execução contratual.

COMENTÁRIOS

✪ **Nota do autor:** conforme dispõe o art. 117 da lei nº 14.133/21, a execução do contrato deverá ser acompanhada e fiscalizada por um ou mais fiscais do contrato, representantes da Administração especialmente designados conforme requisitos estabelecidos no art. 7º daquela lei, ou pelos respectivos substitutos, permitida a contratação de terceiros para assisti-los e subsidiá-los com informações pertinentes a essa atribuição.

Alternativa "a": alternativa errada. A negociação é conduzida por agente de contratação ou comissão de contratação, e não pelo fiscal.

Alternativa "b": alternativa errada. Não compete ao fiscal aplicar, diretamente, as penalidades e sanções administrativas. Segundo a Lei de Licitações e Contratos Administrativos, o fiscal anotará em registro próprio todas as ocorrências relacionadas à execução do contrato, determinando o que for necessário para a regularização das faltas ou dos defeitos observados. Ademais, o fiscal informará a seus superiores, em tempo hábil para a adoção das medidas convenientes, a situação que demandar decisão ou providência que ultrapasse sua competência.

Alternativa "c": alternativa incorreta, uma vez que o fiscal do contrato atua em todas as etapas de execução contratual.

Alternativa "d": alternativa correta por estar de acordo com as disposições dos parágrafos do art. 117 da lei nº 14.133/21. Ronny Charles Torres esclarece que a fiscalização abrange tanto a identificação de falhas na execução, como também, de acordo com as especificações estabelecidas na licitação, mensurar: resultados alcançados; adequação dos materiais e dos recursos humanos empregados; qualidade dos serviços prestados; cumprimento das rotinas de execução estabelecidas; cumprimento das demais obrigações decorrentes do contrato; satisfação do público usuário. (*Lei de Licitações Públicas comentada*. 12.ed. São Paulo: Juspodivm, 2021. p. 607-608).

Alternativa "e": alternativa errada. Conforme apontado na análise da alternativa "b", não cabe ao fiscal elaborar as sanções a serem aplicadas. Nesse sentido: "[...] cabe ao fiscal avaliar se, diante de tais falhas na execução contratual, seria necessária a abertura de processo para apuração e eventual sancionamento, uma vez que o descumprimento total ou parcial das responsabilidades assumidas pela contratada pode ensejar a aplicação de sanções administrativas ou mesmo a rescisão contratual". (Torres, Ronny Charles Lopes de. Lei de Licitações Públicas comentada. 12.ed. São Paulo: Juspodivm, 2021. p. 608).

Alternativa correta: letra "d".

---

90. VUNESP – 2023 – TCM/SP – Auditor de Controle Externo

Quando o Município for parte nas modalidades contratuais de obras, serviços, compras, alienações e locações,

a) deverá sempre observar a disponibilidade do interesse público.
b) em regra, haverá a aplicação primordial dos princípios da teoria geral dos contratos e as disposições de direito privado.
c) no que couber, poderão ser aplicadas normas de direito público.
d) poderá modificar unilateralmente as cláusulas econômico-financeiras e monetárias.
e) não haverá restrições ao uso da cláusula excepti o non adimpleti contractus.

COMENTÁRIOS

✪ **Nota do autor:** trata-se de uma questão de enunciados e alternativas bastante breves que geram a aparência de se tratar de uma questão simples. Contudo, é uma questão complexa, que envolve diferentes aspectos dos contratos administrativos, como a incidência das normas de direito privado, as cláusulas exorbitantes e a exceção do contrato não cumprido. O gabarito considerou como correta a alternativa "c", apesar de a expressão "no que couber", torná-la um tanto quanto confusa. Contudo, considerando-se o claro equívoco nas demais alternativas, não restam dúvidas de que esta deveria ser a assinalada.

Alternativa "a": alternativa incorreta. Na clássica lição de Celso Antônio Bandeira de Mello, a Administração Pública deve ter sua atuação disciplinada pela indisponibilidade do interesse público, o que significa que "sendo interesses qualificados como próprios da coletividade – internos ao setor público -, não se encontram à livre disposição de quem quer que seja, por inapropriáveis. O próprio órgão administrativo que os representa não tem disponibilidade sobre eles, no sentido de que lhe incumbe apenas curá-los - o que também é um dever - na estrita conformidade do que

Alternativa "b": alternativa errada. Como regra aplicam-se os preceitos de direito público e, apenas supletivamente, os princípios da teoria geral dos contratos e as disposições de direito privado.

Alternativa "c": alternativa certa, por estar de acordo com a previsão do art. 89 da lei nº 14.133/21, segundo o qual "os contratos de que trata esta Lei regular-se-ão pelas suas cláusulas e pelos preceitos de direito público, e a eles serão aplicados, supletivamente, os princípios da teoria geral dos contratos e as disposições de direito privado".

Alternativa "d": alternativa errada. Apesar de os contratos administrativos contarem com as chamadas "clausulas exorbitantes", dentre as quais a de modificá-los, unilateralmente, para melhor adequação às finalidades de interesses públicos, respeitados os direitos do contratado (art. 104, I), por expressa previsão legal, as cláusulas econômico-financeiras e monetárias dos contratos não poderão ser alteradas sem prévia concordância do contratado (art. 104, §1º).

Alternativa "e": alternativa errada. Apesar de ser admitida a exceção do contrato não cumprido (cláusula excepti o non adimpleti contractus), "apenas o atraso superior a dois meses, contado da emissão da nota fiscal, dos pagamentos ou de parcelas de pagamentos devidos pela Administração por despesas de obras, serviços ou fornecimentos, assegura ao contratado o direito à extinção do contrato". (Torres, Ronny Charles Lopes de. Lei de Licitações Públicas comentada. 12.ed. São Paulo: Juspodivm, 2021. p. 699).

Alternativa correta: letra "c".

---

91. FGV - 2023 - TCE/BA - Auditor de Controle Externo

Um órgão da Administração Pública direta, sujeito à fiscalização do Tribunal de Contas do Estado Beta, realizou licitação para a contratação de determinada obra pública, com base nos balizamentos estabelecidos pela Lei nº 14.133/2021. Ocorre que foram identificadas irregularidades insanáveis, que se projetaram sobre o contrato administrativo celebrado. Ao tomar conhecimento de vício dessa natureza, que acarretaria a nulidade do contrato celebrado, a autoridade administrativa:

a) tem discricionariedade para declarar, ou não, a nulidade do contrato, que sempre produzirá efeitos ex nunc;

b) deve suspender imediatamente a execução do contrato, por se tratar de vício insanável, sem prejuízo da análise da nulidade;

c) deve declarar a nulidade do contato, estando a Administração exonerada do dever de indenizar o contratado pelo que houver executado até a data da decisão;

d) deve declarar a nulidade do contrato, independentemente de outros aspectos, que sempre operará retroativamente, impedindo a produção de efeitos jurídicos;

e) só deve declarar a nulidade se a medida se revelar de interesse público, podendo ser decidido que a nulidade terá eficácia para o futuro, observados os limites legais.

COMENTÁRIOS

✪ **Nota do autor:** a presente questão aborda diferentes aspectos sobre a nulidade dos contratos. Nesse tema, vale destacar a opção do legislador da lei nº 14.133/21, pela possibilidade de convalidação, nos moldes do que já era previsto na lei de processo administrativo (lei nº 9.784/99, art. 55). Nesse sentido, Ronny Charles Lopes de Torres aponta que "viável juridicamente a convalidação do ato, evita-se 'o seu desfazimento motivado pela presença de um determinado vício'. Nessa hipótese, a declaração de nulidade do ato não parece ser a melhor solução, mormente porque a irregularidade não foi capaz de lesionar o interesse público almejado. Na esteira desse raciocínio, presentes os requisitos viabilizadores da convalidação, os quais, por óbvio, implicam o aproveitamento do mesmo com eficácia retroativa, conclui-se que a providência de invalidação há que ser adotada apenas como medida secundária" (Lei de Licitações Públicas comentada. 12.ed. São Paulo: Juspodivm, 2021, p. 739).

Alternativa "a": alternativa incorreta. A declaração de nulidade do contrato administrativo, em regra, opera efeitos retroativos, ou seja, *ex tunc* (e não *ex nunc*), podendo, inclusive desconstituir os efeitos já produzidos, conforme art. 148 da lei nº 14.133/21.

Alternativa "b": alternativa incorreta, uma vez que "caso a paralisação ou anulação não se revele medida de interesse público, o poder público deverá optar pela continuidade do contrato e pela solução da irregularidade por meio de indenização por perdas e danos, sem prejuízo da apuração de responsabilidade e da aplicação de penalidades cabíveis" (lei nº 14.133/21, art. 147, parágrafo único).

Alternativa "c": alternativa incorreta. Segundo disposição do art. 149, caput, da Lei de Licitações e Contratos Administrativos, "a nulidade não exonerará a Administração do dever de indenizar o contratado pelo que houver executado até a data em que for declarada ou tornada eficaz, bem como por outros prejuízos regularmente comprovados, desde que não lhe seja imputável, e será promovida a responsabilização de quem lhe tenha dado causa".

Alternativa "d": alternativa incorreta. Conforme apontado na análise das alternativas anteriores, a Administração não deve, necessariamente, declarar a nulidade do contrato. Ademais, caso opte por tal declaração, seus efeitos nem sempre serão retroativos, podendo ser para o futuro.

Alternativa "e": alternativa correta. Ainda que o contrato apresente irregularidade não sujeita a saneamento, a decisão sobre a suspensão da execução ou sobre a declaração de nulidade somente será adotada na hipótese em que se revelar medida de interesse público (lei nº 14.133/21, art. 147, caput). A própria Lei de licitações e contratos administrativos admite a possibilidade de a declaração de nulidade ter eficácia para o futuro. Assim: "ao declarar a nulidade do contrato, a autoridade, com vistas à continuidade da atividade administrativa, poderá decidir que ela só tenha eficácia em momento futuro, suficiente para efetuar nova contratação, por prazo de até seis meses, prorrogável uma única vez" (art. 148, §2º).

Alternativa correta: letra "e".

92. VUNESP – 2023 – TCM/SP – Auditor de Controle Externo

Suponha que a Empreiteira "A" tenha se sagrado vencedora de processo licitatório regularmente concluído no Município "X", tendo assinado contrato administrativo para a realização de obras de engenharia civil para a construção de uma unidade educacional em terreno indicado pelo próprio Poder Público. Seis meses após o início das obras, porém, o terreno no qual a obra estava sendo realizada, após chuvas excepcionalmente fortes, sofre um deslizamento de terra que impede de modo incontornável a continuidade da execução do contrato, sem que se possa atribuir culpa à Empreiteira ou ao Município. Neste cenário, é correto afirmar, com base na Lei nº 8.666/1993, que

a) o evento da natureza citado na situação hipotética inclui-se no âmbito de risco ordinário da atividade da contratada, de maneira que eventual descontinuidade do contrato poderá resultar em indenização em favor do Poder Público.
b) se trata de hipótese de força maior, autorizativa da rescisão unilateral do contrato pela Administração, assegurados ao contratado a devolução de eventuais garantias entregues, o pagamento pela execução do contrato até a data da rescisão, e o pagamento de eventuais custos da desmobilização.
c) a distribuição de riscos na situação descrita, que culmina com a possibilidade de rescisão unilateral do contrato pelo contratado, é decorrência da indicação inicial pelo Poder Público da localização da obra, com a eleição do terreno para a construção.
d) por se tratar de ato da natureza, não é possível na situação a rescisão contratual, sendo, porém, mandatório o reequilíbrio econômico-financeiro do contrato, de maneira a ressarcir eventuais prejuízos causados ao contratado em razão do deslizamento.
e) embora se trate o evento de caso fortuito, eventual rescisão do contrato pela Administração deverá se dar em prejuízo da devolução de eventuais garantias entregues pelo contratado e do pagamento de eventuais custos de desmobilização.

COMENTÁRIOS

✪ **Nota do autor:** a lei nº14.133/21 determina que aqueles contratos que foram assinados antes da sua entrada em vigor, continuarão sendo disciplinados pela lei nº 8.666/93 enquanto vigentes. Isso faz com que, na prática, ainda seja possível se deparar com situações regidas pela lei revogada. Nesse sentido, também é razoável que concursos públicos continuem cobrando a antiga lei de licitações. Por isso, recomenda-se bastante atenção na análise do edital para que seja identificada, eventualmente, a possibilidade de incidência da lei nº 8.666/93 no certame.

Alternativa "a": alternativa errada. Não se trata de risco ordinário, mas sim da hipótese de caso fortuito ou força maior, prevista como hipótese de rescisão do contrato sem qualquer indenização em favor do Poder Público.

Alternativa "b": alternativa certa. Temos aqui uma típica situação de força maior, resultante de evento da natureza. Assim, há que se destacar a previsão do art. 78 da lei nº 8.666/93, segundo o qual constitui motivo para rescisão do contrato, dentre outros, a ocorrência de caso fortuito ou de força maior, regularmente comprovada, impeditiva da execução do contrato (inciso XVII). Nesse caso, restando clara a ausência de culpa do contratado, este deverá ser ressarcido dos prejuízos regularmente comprovados que houver sofrido, tendo ainda direito a devolução de garantia; pagamentos devidos pela execução do contrato até a data da rescisão e pagamento pelo custo da desmobilização (lei nº 8.666/93, art. 79, §2º).

Alternativa "c": alternativa errada. A possibilidade de rescisão do contrato não se dá em virtude de distribuição de riscos, mas sim em decorrência de caso fortuito ou força maior, situação sobre a qual nem o contratado e nem o Poder Público têm controle.

Alternativa "d": alternativa errada. O enunciado é claro ao afirmar que o deslizamento de terra impede de modo incontornável a continuidade da execução do contrato. Assim, o mero reequilíbrio econômico-financeiro não seria suficiente, exigindo-se, na hipótese, a rescisão contratual.

Alternativa "e": alternativa errada. A lei nº 8.666/93 é clara em seu art. 79, supratranscrito, ao conferir ao contratado, diante de caso fortuito ou força maior, o direito à devolução da garantia e o pagamento do custo da desmobilização.

Alternativa correta: letra "b".

93. VUNESP – 2023 – TCM/SP – Auditor de Controle Externo

Leia o caso proposto a seguir e assinale a alternativa correta a seu respeito.

O Município de XYZ celebrou consórcio público com o Município de ABC para promover a gestão associada de serviços públicos de interesse comum.

Para tanto, celebraram contrato de consórcio com a ratificação, mediante lei, do protocolo de intenções previamente assinado, atribuindo-lhe personalidade jurídica de direito privado.

a) A União não poderá integrar o consórcio, pois este somente pode envolver entes da mesma esfera de governo.
b) É vedada a celebração de consórcio público sob a forma de pessoa jurídica de natureza privada.
c) O consórcio não está sujeito à fiscalização contábil, operacional e patrimonial pelo Tribunal de Contas por se tratar de pessoa jurídica de direito privado.
d) O consórcio deverá observar as normas de direito público no que concerne à realização de licitação, à celebração de contratos e à admissão de pessoal.
e) É possível a entrega de recursos pelos entes consorciados ao consórcio, independentemente de contrato de rateio, desde que as despesas sejam ratificadas pelas autoridades competentes.

COMENTÁRIOS

✪ **Nota do autor:** a questão cobra do(a) candidato(a) conhecimento textual da lei nº 11.107/05, contudo, importante registrar o posicionamento doutrinário acerca do art. 1º, §2º da lei nº 11.107/05, cobrado na alternativa 'a'. "Entendemos que a referida restrição é inconstitucional. O condicionamento da formalização da gestão associada à participação obrigatória do respectivo Estado viola a autonomia federativa da União e dos Municípios (princípio federativo, art. 18 da CRFB) e diminui a efetividade da gestão associada prevista no art. 241 da CRFB. Isto porque os interesses da União e do Municípios não são necessariamente idênticos aos interesses dos Estados, sendo desproporcional condicionar a atuação de demais entes à vontade do ente estadual" (Oliveira, Rafael Carvalho Rezende. *Curso de direito administrativo*. 12. ed. Rio de Janeiro: Método, 2024, p. 155).

Alternativa "a": alternativa incorreta. A União não poderá integrar o consórcio, pois neste não há a presença dos respectivos Estados, sedes dos Municípios consorciados, conforme art. 1º, §2º da lei nº 11.107/05, ou seja, a União pode integrar o consórcio elaborados pelos Municípios, desde que os seus respectivos Estados também façam parte.

Alternativa "b": alternativa incorreta. Não é vedada a celebração de consórcio público sob a forma de pessoa jurídica de natureza privada. O art. 1º, §1º da lei nº 11.107/05 estabelece o seguinte: "O consórcio público constituirá associação pública ou pessoa jurídica de direito privado".

Alternativa "c": alternativa incorreta. O consórcio público está sim sujeito à fiscalização contábil, operacional e patrimonial pelo Tribunal de Contas, conforme art. 9º, parágrafo único da lei nº 11.107/05: "Art. 9º A execução das receitas e despesas do consórcio público deverá obedecer às normas de direito financeiro aplicáveis às entidades públicas. Parágrafo único. O consórcio público está sujeito à fiscalização contábil, operacional e patrimonial pelo Tribunal de Contas competente para apreciar as contas do Chefe do Poder Executivo representante legal do consórcio, inclusive quanto à legalidade, legitimidade e economicidade das despesas, atos, contratos e renúncia de receitas, sem prejuízo do controle externo a ser exercido em razão de cada um dos contratos de rateio".

Alternativa "d": alternativa correta. O consórcio deverá observar as normas de direito público no que concerne à realização de licitação, à celebração de contratos e à admissão de pessoal, conforme art. 6º, §2º da lei nº 11.107/05.

Alternativa "e": alternativa incorreta. É possível a entrega de recursos pelos entes consorciados ao consórcio, desde que mediante contrato de rateio. Nesse sentido, o art. 8º da lei nº 11.107/05: "Os entes consorciados somente entregarão recursos ao consórcio público mediante contrato de rateio".

Alternativa correta: letra "d".

94. VUNESP – 2023 – TCM/SP – Auditor de Controle Externo

A despeito da existência de experiências pontuais de consórcios públicos anteriormente à Constituição Federal de 1988, é a partir dela que os municípios ganham maiores responsabilidades na execução das políticas públicas, estimulando assim novas maneiras de resolução de problemas de forma compartilhada. Todavia, apenas a partir de legislações específicas, já em meados dos anos 2000, esse tipo de associativismo foi regulamentado, possibilitando aos entes federados a atuação a partir de parâmetros legais bem definidos. Considerando esse contexto e a redefinição do papel do Estado brasileiro a partir dos desdobramentos advindos da Constituição de 1988, é correto afirmar que

a) o aumento da responsabilidade municipal fomenta a competição pela execução de políticas públicas entre os municípios vizinhos, haja vista o fracasso dos consórcios públicos.
b) a descentralização favorece o surgimento de novos arranjos federativos para maximização de esforços, como as experiências de consórcios intermunicipais.
c) a ampliação das competências municipais veio acompanhada de novas capacidades estatais

financeiras, favorecendo a ação isolada dos municípios.

d) historicamente, os municípios têm maior capacidade operacional que os demais entes federados, uma vez que já participavam de associações públicas anteriormente à existência de um marco legal.

e) os arranjos intermunicipais dificultam a definição das responsabilidades técnico-administrativas de cada uma das cidades participantes, sendo o principal problema para sua implementação.

COMENTÁRIOS

✪ **Nota do autor:** a questão versa sobre consórcios públicos e sobre o conhecimento da realidade política e social dos municípios. Os Municípios ganharam novas competências com a CRFB/88, contudo, infelizmente, os novos deveres não vieram acompanhados de apoio estrutural e financeiro para o desempenho das novas atribuições. Por exemplo, um problema que sempre assolou os Municípios (e ainda assola) é a questão da destinação adequada dos resíduos sólidos. Com a CRFB/88, por meio da proteção ambiental e organização das cidades, não se admite mais os "lixões", devendo estes serem transformados em aterros sanitários, porém, muitos municípios não têm recursos financeiros para adotarem tais medidas, sendo necessário se associarem com outros entes federativos para adoção de soluções compartilhadas, como a construção e gestão de aterro sanitário em conjunto.

Alternativa "a": alternativa incorreta. O aumento da responsabilidade municipal fomenta a colaboração (e não competição) pela execução de políticas públicas entre os municípios vizinhos, haja vista o sucesso dos consórcios públicos.

Alternativa "b": alternativa correta. A descentralização (criação de pessoa jurídica distinta) favorece o surgimento de novos arranjos federativos para maximização de esforços, como as experiências de consórcios intermunicipais. E conforme art. 6º, § 1º: "O consórcio público com personalidade jurídica de direito público integra a administração indireta de todos os entes da Federação consorciados".

Alternativa "c": alternativa incorreta. A ampliação das competências municipais não veio acompanhada de novas capacidades estatais financeiras, favorecendo a ação conjunta dos municípios, em busca da execução de suas competências constitucionais. O conceito de capacidades estatais é um conceito aberto, que pode ser entendido de forma mais geral como a capacidade do ente federativo de manter a ordem dentro de seu território e, de forma mais específica, como a capacidade de se organizar efetivamente para o alcance de seus fins propostos, ou seja, sua capacidade de executar suas políticas públicas de forma efetiva (Pires, Roberto Rocha Coelho; Gomide, Alexandre de Ávila. Governança e capacidades estatais: uma análise comparativa de programas federais. *Revista de Sociologia e Política, [s. l.]*, v. 24, n. 58, p. 121–143, 2016). A partir da CRFB/88, os Municípios tiveram suas competências ampliadas, contudo, não houve um correspondente aumento de suas fontes financeiras, o que dificulta o cumprimento de suas políticas públicas, sendo necessário buscar soluções compartilhadas com outros municípios a fim de poder cumprir suas competências constitucionais.

Alternativa "d": alternativa incorreta. Historicamente, os municípios têm menor (e não maior) capacidade operacional que os demais entes federados.

Alternativa "e": alternativa incorreta. Os arranjos intermunicipais facilitam a definição das responsabilidades técnico-administrativas de cada uma das cidades participantes, o que é definido no contrato de programa a fim de regulamentar as obrigações de cada ente federativo.

Alternativa correta: letra "b".

---

95. FGV – 2022 – TCE/TO – Auditor de Controle Externo

Em determinado contrato administrativo, foi constatado, pelo órgão de controle interno do Município Alfa, a ocorrência de irregularidade insanável no procedimento licitatório que lhe deu origem. Nesse caso, à luz da sistemática estabelecida na Lei nº 14.133/2021, a declaração de nulidade do contrato administrativo:

a) é medida que se opera imediatamente, de pleno direito, apresentando contornos meramente declaratórios, não constitutivos;

b) afasta, em qualquer caso, o dever de a Administração indenizar o contratado pelo que houver executado até a data em que for declarada;

c) independe de qualquer avaliação complementar pela autoridade administrativa, devendo ser declarada nos cinco dias subsequentes ao conhecimento dos fatos;

d) pode vir a produzir efeitos apenas no futuro, observados os limites temporais estabelecidos em lei, para fins de nova contratação, de modo a assegurar a continuidade da atividade administrativa;

e) não exige a avaliação dos aspectos circunstanciais e das consequências do ato, o que será feito apenas para fins de dimensionamento da indenização do contratado, que não pode ter concorrido para a nulidade.

COMENTÁRIOS

Nota do autor: constatada a irregularidade de um contrato administrativo, a primeira opção é o seu saneamento. Não sendo possível, admite-se a sua suspensão ou declaração de nulidade, o que só ocorrerá mediante decisão da autoridade competente, caso se revele medida compatível com o interesse público, avaliando-se os seguintes aspectos: I- impactos econômicos e financeiros decorrentes do atraso na fruição dos benefícios do objeto do contrato; II- riscos sociais, ambientais e à segurança da população local decorrentes do atraso na fruição dos benefícios do objeto do contrato; III- motivação social e ambiental do contrato; IV- custo da deterioração ou da perda das parcelas executadas; V- despesa necessária à preservação das instalações e dos serviços já executados; VI- despesa inerente à desmobilização e ao posterior retorno às atividades; VII- medidas efetivamente adotadas pelo titular do órgão ou entidade para o saneamento dos indícios de irregularidades apontados; VIII- custo total e estágio de execução física e financeira dos contratos, dos convênios, das obras ou das parcelas envolvidas; IX- fechamento de postos de trabalho diretos e indiretos em razão da paralisação; X- custo para realização de nova licitação ou celebração de novo contrato; XI- custo de oportunidade do capital durante o período de paralisação.

Alternativa "a": alternativa errada. A nulidade do contrato administrativo não se opera imediatamente, de pleno direito. Ao contrário, depende de decisão da autoridade competente e somente ocorrerá nas hipóteses em que se revelar medida de interesse público considerando-se os aspectos previstos nos incisos do art. 147 da lei nº 14.133/21.

Alternativa "b": alternativa errada, uma vez que "a nulidade não exonerará a Administração do dever de indenizar o contratado pelo que houver executado até a data em que for declarada ou tornada eficaz, bem como por outros prejuízos regularmente comprovados, desde que não lhe seja imputável, e será promovida a responsabilização de quem lhe tenha dado causa" (lei nº 14.133/21, art. 149).

Alternativa "c": alternativa errada. A declaração da nulidade do contrato administrativo depende de avaliação da autoridade competente, levando-se em consideração o interesse público. Além disso, a lei não prevê prazo para que seja declarada.

Alternativa "d": alternativa certa. O enunciado da alternativa mostra-se, perfeitamente, compatível com a disposição do §2º do art. 148 da lei nº 14.133/21, segundo o qual: "ao declarar a nulidade do contrato, a autoridade com vistas à continuidade da atividade administrativa, poderá decidir que ela só tenha eficácia em momento futuro, suficiente para efetuar nova contratação, por prazo de até seis meses, prorrogável uma única vez".

Alternativa "e": alternativa errada. A declaração da nulidade de um contrato administrativo exige a avaliação de uma série de aspectos previstos nos incisos do art. 147 da lei nº 14.133/21, dentre os quais, por exemplo, os impactos econômicos e financeiros decorrentes do atraso na fruição dos benefícios do objeto do contrato e os riscos sociais, ambientais e à segurança da população local decorrentes do atraso na fruição dos benefícios do objeto do contrato.

Alternativa correta: letra "d".

11. BENS PÚBLICOS

▸ CC arts. 99, 100, 101 e 1.420.

96. VUNESP – 2023 – TCM/SP – Auditor de Controle Externo

O Prefeito do Município "Y" deseja estruturar garantia para contrato de operação de crédito com instituição financeira privada utilizando como lastro imóveis municipais. Os técnicos da instituição financeira, então, propõem ao Prefeito que sejam dados em garantia imóveis ocupados com escritórios administrativos da Secretaria de Gestão, pois tais imóveis constituiriam uma melhor garantia. Os técnicos propõem, ainda, que a garantia ocorra na forma de um *sale and lease back*, ou seja, de uma venda dos imóveis à instituição financeira com obrigação de recompra no futuro, seguida do aluguel do imóvel.

Sobre a proposta dos técnicos da instituição financeira, é correto afirmar que

a) não é possível estruturar garantia a contrato de empréstimo público valendo-se de imóveis municipais de qualquer espécie, considerando a impenhorabilidade dos bens públicos.

b) a proposta dos técnicos seria viável caso se tratasse de um contrato de parceria público-privada, mas não é possível de ser implementada para um contrato de empréstimo.

c) a legislação nacional expressamente veda a realização de operação de garantia com imóveis públicos, uma vez que todos os imóveis públicos devem estar dedicados a uma finalidade de interesse geral e coletivo direta e imediata.

d) caso sejam utilizados imóveis dominicais da Prefeitura e não imóveis ocupados com escritórios administrativos de Secretaria Municipal, a estruturação da garantia pode ser viável, desde que cumpridos outros requisitos, tais como autorização legal para a alienação dos imóveis.

e) a inalienabilidade dos bens públicos é absoluta e atinge tanto os bens de uso comum do povo quanto os de uso especial e os dominicais, tornando inviável qualquer modalidade de concessão de garantia de obrigações do Poder Público por meio de imóveis.

COMENTÁRIOS

✪ **Nota do autor:** a questão pode parecer complicada, mas na verdade trata sobre o regime jurídico dos bens públicos, previsto no CC/02. Os bens públicos podem ser de três categorias: de uso comum do povo (rios, estradas, ruas), de uso especial (prédios públicos usados para o serviço da Administração) e os dominicais (bens de direito pessoal ou real das pessoas jurídicas de direito público). Nos termos do art. 100: "Os bens públicos de uso comum do povo e os de uso especial são inalienáveis, enquanto conservarem a sua qualificação, na forma que a lei determinar." Já os bens dominicais podem ser alienados, observadas as exigências legais (art. 101 CC/02). As características dos bens públicos são alienação condicionada, impenhorabilidade, imprescritibilidade (não estão sujeitos a usucapião) e não onerabilidade. Sobre esta última característica, "[...] a impossibilidade de oneração de bem público não alcança os bens dominicais que, após o cumprimento dos requisitos legais, podem ser alienados. [...] os bens alienáveis podem ser dados em garantia real, não havendo motivo para exclusão dos bens dominicais. Dessa forma, nada impede, por exemplo, que bens dominicais sejam dados em garantia nos contratos celebrados pela Administração Pública, desde que haja avaliação prévia do bem, justificativa, realização de licitação (obrigatória para celebração do contrato) e, no caso de imóveis, prévia autorização legislativa" (Oliveira, Rafael Carvalho Rezende. *Curso de direito administrativo.* 12. ed. Rio de Janeiro: Método, 2024, p. 673). Para todos os efeitos, vale mencionar que o *sale and leaseback* "é uma transação financeira na qual uma empresa vende um ativo imobiliário a um investidor e simultaneamente estabelece um longo contrato de locação com este comprador, permitindo-lhe continuar usando o imóvel. Essa estratégia é adotada por empresas que buscam converter ativos fixos em capital líquido sem interromper suas operações, servindo tanto para otimizar o balanço patrimonial quanto para melhoras indicadores financeiros através da redução de endividamento". (Disponível em: https://www.migalhas.com.br/depeso/407696/sale-and-leaseback-imobiliario-vantagens-e-cuidados-para-investidores Acesso em: 8 fev. 2025).

Alternativa "a": alternativa incorreta. O erro está na expressão generalizante "qualquer espécie", pois é possível estruturar garantia a contrato de empréstimo público valendo-se de imóveis municipais que sejam bens dominicais, já que estes bens pertencem ao domínio privado do Estado, podendo ser alienados.

Alternativa "b": alternativa incorreta. A proposta dos técnicos não seria viável, pois se trata de bens públicos afetados ao interesse público (imóveis ocupados com escritórios administrativos), não importando o tipo de contrato, pois os bens públicos não podem ser dados em garantia.

Alternativa "c": alternativa incorreta. A legislação nacional não veda expressamente a realização de operação de garantia com imóveis públicos, como também não são todos os imóveis públicos que devem estar dedicados a uma finalidade de interesse geral e coletivo direta e imediata. Para melhor compreender o assunto, vale lembrar o seguinte: "os bens não podem ser onerados com garantia real, tendo em vista a própria característica da inalienabilidade ou alienação condicionada e a regra constitucional do precatório. Conforme dispõe o art. 1420, *in fine,* do CC, 'só os bens que se podem alienar poderão ser dados em penhor, anticrese ou hipoteca', o que afasta a possibilidade de utilização dos bens públicos para as garantias reais, dado que a alienação desses bens depende do cumprimento das exigências legais" (Oliveira, Rafael Carvalho Rezende. *Curso de direito administrativo.* 12. ed. Rio de Janeiro: Método, 2024, p. 673).

Alternativa "d": alternativa correta. Caso se trate de bens dominicais, a estruturação da garantia pode ser viável se atendidos os requisitos legais como autorização legal para alienação dos bens imóveis. Os bens imóveis usados pela Secretaria não podem ser dados em garantia, pois estão afetados ao interesse público, sendo considerados como bens públicos de uso especial conforme art. 99, II do CC/02. Vale lembrar que os bens dominicais são os bens desafetados (art. 99, III do CC/02), por isso que estes bens podem ser dados em garantia e podem ser alienados.

Alternativa "e": alternativa incorreta. A inalienabilidade dos bens públicos não é absoluta e não atinge os bens públicos dominicais, conforme art. 101 do CC/02: "Os bens públicos dominicais podem ser alienados, observadas as exigências da lei".

Alternativa correta: letra "d".

97. VUNESP – 2023 – TCM/SP – Auditor de Controle Externo

Sobre bens públicos, assinale a alternativa correta:

a) Os bens públicos dominicais são inalienáveis.

b) Os bens públicos de uso comum do povo podem ser alienados.

c) Não dispondo a lei em contrário, consideram-se dominicais os bens pertencentes às pessoas jurídicas de direito privado a que se tenha dado estrutura de direito público.

d) São públicos os bens do domínio nacional pertencentes às pessoas jurídicas de direito público interno e externo.

e) O uso comum dos bens públicos pode ser gratuito ou retribuído.

COMENTÁRIOS

✪ **Nota do autor:** para complementar o estudo, lembrar do Enunciado 287 da IV Jornada de Direito Civil do Conselho da Justiça Federal: "Art. 98: O critério da classificação de bens indicado no art. 98 do Código Civil não exaure a enumeração dos bens públicos, podendo ainda ser classificado como tal o bem pertencente a pessoa jurídica de direito privado que esteja afetado à prestação de serviços públicos".

Alternativa "a": alternativa incorreta. Os bens públicos dominicais são alienáveis, conforme art. 101 do Código Civil: "Os bens públicos dominicais podem ser alienados, observadas as exigências da lei".

Alternativa "b": alternativa incorreta. Os bens públicos de uso comum do povo não podem ser alienados, conforme art. 100 do Código Civil: "Os bens públicos de uso comum do povo e os de uso especial são inalienáveis, enquanto conservarem a sua qualificação, na forma que a lei determinar".

Alternativa "c": alternativa incorreta. Não dispondo a lei em contrário, consideram-se dominicais os bens pertencentes às pessoas jurídicas de direito público (e não privado) a que se tenha dado estrutura de direito privado (e não público), conforme art. 100, parágrafo único do Código Civil.

Alternativa "d": alternativa incorreta. São públicos os bens do domínio nacional pertencentes às pessoas jurídicas de direito público interno (e não externo). Nesse sentido, o art. 98 do Código Civil: "São públicos os bens do domínio nacional pertencentes às pessoas jurídicas de direito público interno; todos os outros são particulares, seja qual for a pessoa a que pertencerem".

Alternativa "e": alternativa correta. O uso comum dos bens públicos pode ser gratuito ou retribuído, conforme art. 103 do Código Civil. Assim: "O uso comum dos bens públicos pode ser gratuito ou retribuído, conforme for estabelecido legalmente pela entidade a cuja administração pertencerem".

Alternativa correta: letra "e".

98. (FGV – Auditor Técnico de Controle Externo – TCE – AM/2021) No interior das dependências do presídio estadual Gama, funciona uma lanchonete, administrada por Maria, que realizou diversas obras no local para instalar seu comércio. Durante inspeção do Ministério Público Estadual, o Promotor de Justiça verificou que Maria possuía um contrato administrativo assinado com o Estado, representado pela Secretaria Estadual de Administração Penitenciária, por prazo determinado, sem que, contudo, tenha sido precedido de procedimento licitatório. Após instaurar inquérito civil para apurar a legalidade do consentimento estatal para utilização do bem público por Maria, o Ministério Público Estadual concluiu que o contrato:

a) não está viciado, por se tratar de autorização de uso, que prescinde de licitação prévia;

b) não está viciado, por se tratar de permissão de uso, que prescinde de licitação prévia;

c) está viciado, por se tratar de concessão de direito real de uso, que depende de licitação prévia;

d) está viciado, por se tratar de concessão de uso, que depende de licitação prévia;

e) está viciado, por se tratar de permissão de uso, que prescinde de licitação prévia.

COMENTÁRIOS

✪ **Nota do autor:** o enunciado traz uma hipótese de uso privativo do bem público, o que pode ocorrer de diferentes formas, podendo ser gratuito ou oneroso, discricionário ou vinculado, precário ou estável e exigindo-se, ou não o procedimento licitatório prévio.

Alternativa "a": a autorização de uso de bem público é um ato administrativo discricionário e precário, já que pode ser revogado a qualquer tempo pela Administração. Depende, portanto, da avaliação de conveniência e oportunidade pelo Poder Público, podendo ser gratuita ou onerosa e não se sujeita a autorização legislativa. A autorização simples não exige licitação, já a chamada autorização qualificada a exige. Na autorização prevalece o interesse privado do autorizatário. Assim, considerando que o enunciado fala em contrato, não é possível estarmos diante de uma autorização de uso.

Alternativa "b": a permissão é muito semelhante à autorização (analisada na alternativa "a"). Contudo, na permissão, tanto o interesse do particular permissionário, quanto o interesse público, devem ser atendidos. Trata-se de **ato negocial, unilateral** e discricionário e que sempre que possível, "será outorgada mediante licitação ou, no mínimo, com obediência a procedimento em que se assegure tratamento isonômico aos administrados". (BANDEIRA DE MELLO, Celso Antônio. *Curso de Direito Administrativo.* 35.ed. São Paulo: Malheiros, 2021. p. 876).

Alternativa "c": a concessão de direito real de uso é "o contrato pelo qual a Administração transfere, por tempo certo ou por prazo indeterminado, como direito real resolúvel, o uso remunerado ou gratuito de terreno público para que seja utilizado com fins específicos de regularização fundiária de interesse social, urbanização industrialização, edificação, cultivo da terra, aproveitamento sustentável das várzeas, preservação das comunidades tradicionais e seus meios de subsistência ou outras modalidades de interesse social" (BANDEIRA DE MELLO, Celso Antônio. *Curso de Direito Administrativo*. 35.ed. São Paulo: Malheiros, 2021. p. 876). Assim, não é o caso trazido pelo enunciado, uma vez que a situação não corresponde aos objetivos da concessão de direito real de uso.

Alternativa "d": alternativa correta, por se tratar de concessão de uso, e não "de direito real de uso", uma vez que gera apenas direitos de natureza obrigacional. Assim, a concessão de uso é um **contrato administrativo, precedido de licitação**, que transfere ao particular o direito de utilizar um bem público para uma finalidade específica. Assim, a relação jurídica está viciada, uma vez que, enquanto concessão de uso, deveria ter sido precedida de licitação.

Alternativa "e": alternativa incorreta, uma vez que, conforme demonstrado na análise da alternativa "b", a permissão de uso é ato negocial e não contrato.

Alternativa correta: letra "d".

99. (FGV – Auditor de Controle Externo – TCE – PI/2021) Márcia, ao sagrar-se vencedora em processo licitatório, firmou com o Município Alfa contrato administrativo para utilização de bem público, consistente em um box num mercado municipal, por prazo determinado.

Assim, Márcia obteve consentimento do poder público para utilização especial de bem público mediante:

a) autorização de uso, cuja extinção antes do prazo fixado lhe garante, em tese, direito à indenização;
b) permissão de uso, cuja extinção antes do prazo fixado não lhe garante, em tese, direito à indenização;
c) concessão de uso, cuja extinção antes do prazo fixado lhe garante, em tese, direito à indenização;
d) concessão de direito real de uso, cuja extinção antes do prazo fixado não lhe garante, em tese, direito à indenização;
e) cessão de uso, cuja extinção antes do prazo fixado não lhe garante, em tese, direito à indenização.

COMENTÁRIOS

✪ **Nota do autor:** alguns bens públicos podem ser utilizados de diversas formas, permitindo-se, dessa forma, o uso comum do povo com formas específicas de uso privativo, tais como a autorização, a permissão e a concessão de uso, com características e finalidades cujas diferenças são comumente cobradas em concursos públicos.

Alternativa "a": a autorização de uso é ato negocial, unilateral, discricionário e precário, cuja utilização se dá no interesse predominante do particular. Na sua modalidade simples, não conta com prazo determinado. Contudo, sendo fixado o prazo, afasta-se a característica da precariedade, podendo resultar no direito à indenização em caso de extinção antes do prazo. Alternativa incorreta, uma vez que o enunciado fala em processo licitatório e contrato, características não presentes na autorização de uso.

Alternativa "b": a permissão de uso, por sua vez, é ato negocial, unilateral, discricionário e precário (exceto se qualificada), cuja utilização se dá não apenas no interesse privado, mas também coletivo. A extinção antes do prazo (se qualificada) enseja o direito à indenização. Alternativa incorreta.

Alternativa "c": alternativa correta, já que a concessão de uso é caracterizada pela existência de um contrato, após prévio procedimento licitatório, que confere ao titular o direito de explorar privativamente um bem público conforme interesse coletivo. Frente a essas características, a extinção antes do prazo fixado garante, em tese, direito à indenização.

Alternativa "d": o enunciado traz uma hipótese de concessão de uso, que não pode ser confundida com a cessão de direito real de uso, caracterizada como o contrato pelo qual "a Administração concede o uso privativo de bens públicos, como direito real resolúvel, com a finalidade de implementar a regularização fundiária de interesse social, urbanização industrialização, edificação, cultivo da terra, aproveitamento sustentável das várzeas, preservação das comunidades tradicionais e seus meios de subsistência ou outras modalidades de interesse social em áreas urbanas" (OLIVEIRA, Rafael Carvalho Rezende. *Curso de Direito Administrativo*. 6.ed. São Paulo: Método, 2018. p. 665).

Alternativa "e": conforme demonstrado na análise da alternativa "c", a situação configura-se como uma concessão de uso e não cessão de uso, caracterizada, por Rafael Carvalho Rezende Oliveira como "a transferência de uso de bens públicos, de forma gratuita ou com condições especiais, entre entidades da Administração Pública Direta e Indireta ou entre a Administração e as pessoas de direito privado sem finalidade lucrativa" (*Curso de Direito Administrativo*. 6.ed. São Paulo: Método, 2018. p. 668).

Alternativa correta: letra "c".

12. RESPONSABILIDADE CIVIL DO ESTADO

▸ CRFB/88, art. 5º, XLIX.

100. CEBRASPE – 2023 – TCE/MS - Procurador

O dever de reparação de delegatário de serviço público, no caso de conduta omissiva, configura-se quando

a) comprovada a culpa, apenas.
b) comprovados o fato administrativo, o dano, o nexo de causalidade e a culpa.
c) comprovado o dolo, apenas.
d) comprovados o dano, o nexo de causalidade e a culpa, apenas.
e) comprovados o fato administrativo, o dano, o nexo de causalidade e o dolo.

COMENTÁRIOS

✪ **Nota do autor:** em casos de condutas comissivas, a regra da responsabilidade civil do Estado é a responsabilidade objetiva, que prescinde da culpa. Contudo, diante de condutas omissivas, o entendimento majoritário é no sentido de que a responsabilidade seja subjetiva exigindo-se, portanto, a comprovação da culpa. Assim, vale mencionar o seguinte entendimento do STJ: "A responsabilidade civil do Estado ou de delegatário de serviço público, no caso de conduta omissiva, só se concretiza quando presentes estiverem os elementos que caracterizam a culpa, a qual se origina, na espécie, do descumprimento do dever legal atribuído ao Poder Público de impedir a consumação do dano. Nesse segmento, para configuração do dever de reparação da concessionária em decorrência de atropelamento de transeunte em via férrea, devem ser comprovados o fato administrativo, o dano, o nexo direto de causalidade e a culpa. STJ. 2ª Seção. REsp 1.172.421/SP, Rel. Min. Luis Felipe Salomão, julgado em 08/08/2012. (Recurso Repetitivo - Tema 518).

Alternativa "a": alternativa errada. Ainda que na situação descrita no enunciado seja necessária a comprovação da culpa, ela, por si só, não é suficiente para gerar a responsabilização civil do Estado, exigindo-se, ainda, a comprovação da conduta (fato administrativo), do dano e do nexo de causalidade.

Alternativa "b": alternativa correta. Conforme apontado na nota do autor, em caso de responsabilidade por omissão, exige-se a comprovação da conduta (fato administrativo), do dano, do nexo causal e da culpa.

Alternativa "c": alternativa errada. Ainda que fosse comprovado o dolo, ele, por si só, não é suficiente para gerar a responsabilização do Estado.

Alternativa "d": alternativa errada por não trazer a necessidade de comprovação da conduta (fato administrativo).

Alternativa "e": alternativa errada. Na modalidade, não se exige a comprovação do dolo, mas sim da culpa.

Alternativa correta: letra "b".

---

101. CEBRASPE – 2023 – TCE/MS - Procurador

No que concerne à responsabilidade civil do Estado, assinale a opção correta.

a) Qualquer dano que um servidor público causar a outrem gerará responsabilidade civil para o Estado.
b) Para que o Estado possa ser responsabilizado por ato normativo, este deve ter sido declarado inconstitucional anteriormente pelo Supremo Tribunal Federal, em controle de constitucionalidade.
c) Atos lícitos da administração pública não geram responsabilidade civil para o Estado.
d) Fato decorrente de força maior pode ensejar responsabilidade civil do poder público.
e) O fato de uma conduta que gerou dano a particular ter sido praticada por terceiro não integrante da administração pública obsta a responsabilização civil do Estado.

COMENTÁRIOS

✪ **Nota do autor:** sobre a responsabilidade civil do Estado por ato legislativo cumpre registrar que a regra geral é no sentido de não haver responsabilidade diante do caráter genérico e abstrato das normas, entretanto, a responsabilidade pode surgir em situações excepcionais que gerem dano individualizado ao particular, tais como leis de efeitos concretos e danos desproporcionais, leis inconstitucionais e omissão legislativa (Oliveira, Rafael Carvalho Rezende. *Curso de direito administrativo.* 12. ed. Rio de Janeiro: Método, 2024, p.798).

Alternativa "a": alternativa incorreta. Não é qualquer dano que o servidor público cause a outrem que gerará a responsabilidade civil para o Estado. Existem várias exceções que excluirão a responsabilidade civil do Estado, haja vista a adoção da teoria do risco administrativo, que reconhece as excludentes: caso fortuito ou força maior, culpa exclusiva da vítima e fato exclusivo de terceiro.

Alternativa "b": alternativa incorreta. Para que o Estado possa ser responsabilizado por ato normativo, este deve ter sido declarado inconstitucional e ter gerado dano ao indivíduo. Nesse sentido, "Em razão da presunção de constitucionalidade das leis, a responsabilidade somente poderá ser suscitada quando a lei for declarada inconstitucional pelo Poder Judiciário. Não basta a declaração de inconstitucionalidade para configuração da responsabilidade, sendo imprescindível a comprovação do dano concreto pela incidência da lei inconstitucional. Apesar de alguns posicionamentos no sentido de que a referida declaração tenha que ocorrer em sede de controle concentrado de constitucionalidade, sustentamos que a responsabilidade estatal pode existir também no caso de declaração incidental de inconstitucionalidade (Ex.: ação de repetição de indébito, cumulada com pedido de indenização por danos materiais e morais em face do Estado, com fundamento inconstitucionalidade de determinada lei) (Oliveira, Rafael Carvalho Rezende. *Curso de direito administrativo*. 12. ed. Rio de Janeiro: Método, 2024, p.799).

Alternativa "c": alternativa incorreta. Os atos lícitos da Administração Pública podem sim gerar responsabilidade civil para o Estado. Nesse sentido, o STF tem jurisprudência reconhecendo a responsabilidade do Estado por ato lícito que gere dano ao particular, como no julgamento dos planos econômicos e no congelamento das tarifas da extinta Varig: "10. O Estado responde juridicamente também pela prática de atos lícitos, quando deles decorrerem prejuízos para os particulares em condições de desigualdade com os demais. Impossibilidade de a concessionária cumprir as exigências contratuais com o público, sem prejuízos extensivos aos seus funcionários, aposentados e pensionistas, cujos direitos não puderam ser honrados." (STF, RE 571969, reç. Min. Cármen Lúcia, Tribunal Pleno, j. 12.03.2014).

Alternativa "d": alternativa correta. Fato decorrente de força maior pode ensejar responsabilidade civil do poder público, como por exemplo, na ocorrência de um dano ambiental decorrente de força maior, a responsabilidade civil do Estado não estará afasta, pois no presente caso incide a teoria do risco integral.

Alternativa "e": alternativa incorreta. O fato de uma conduta que gerou dano a particular ter sido praticada por terceiro não integrante da Administração Pública não obsta a responsabilização civil do Estado, por exemplo, no caso de morte de detento ocasionada por pessoa não integrante da Administração Pública poderá ensejar a responsabilidade civil do Estado. Nesse sentido, o tema de repercussão geral nº 592: "Em caso de inobservância do seu dever específico de proteção previsto no art. 5º, inciso XLIX, da Constituição Federal, o Estado é responsável pela morte de detento".

Alternativa correta: letra "d".

---

102. (FGV – Auditor Técnico de Controle Externo – TCE – AM/2021) A Assembleia Legislativa do Estado Alfa, após regular e formal processo legislativo, editou uma lei estadual declarando o imóvel de João como de utilidade pública, para fins de desapropriação. O imóvel objeto do ato legislativo estava alugado por João a Fernanda e, em razão da lei, o contrato de locação foi rescindido. Após três anos, o Estado Alfa desistiu de proceder à desapropriação e João conseguiu reunir provas de que nunca existiu a utilidade pública declarada anteriormente pela lei. Em razão dos danos materiais sofridos por João, como aqueles decorrentes da rescisão do contrato de locação, eventual ação indenizatória:

a) não deve ser ajuizada, eis que a lei estadual seguiu regular e formal processo legislativo, e o poder público tem a discricionariedade de dar prosseguimento ou não à desapropriação;
b) não deve ser ajuizada, pois atos legislativos não dão azo à responsabilidade civil do estado, pelos princípios da independência e separação dos Poderes;
c) deve ser ajuizada em face da Assembleia Legislativa, que foi a responsável pelo ato legislativo inconstitucional, diante de sua responsabilidade civil objetiva;
d) deve ser ajuizada em face do Estado Alfa, diante de sua responsabilidade civil objetiva em razão da lei de efeitos concretos editada, com base na teoria do risco administrativo;
e) deve ser ajuizada em face da Assembleia Legislativa, diante de sua responsabilidade civil subjetiva em razão dos efeitos materiais da lei editada, com base em sua personalidade judiciária.

COMENTÁRIOS

✪ **Nota do autor:** como regra, a função legislativa não pode resultar na responsabilidade civil do Estado, uma vez que a está relacionada à própria existência do Estado. Entretanto, doutrina e jurisprudência, excepcionalmente, admitem três hipóteses em que pode haver a responsabilidade do Estado legislador: 1) leis de efeitos concretos e danos desproporcionais; 2) leis inconstitucionais; e 3) omissão legislativa.

Alternativa "a": alternativa incorreta, já que é possível o ajuizamento de ação em face do Estado, o que não é afastado pelo fato de a lei ter seguido processo legislativo regular e formal. Ademais, editada a lei expropriatória, o Estado deve dar a destinação ali prevista ao bem, sob o risco de responder civilmente pelos danos causados (exceto nos casos de tredestinação lícita).

Alternativa "b": conforme apontado, em regra os atos legislativos não dão azo à responsabilidade civil do Estado. Contudo, na hipótese trazida pelo enunciado tem-se uma lei de efeitos concretos, permitindo, assim a responsabilização estatal.

Alternativa "c": a Assembleia Legislativa não conta com personalidade jurídica própria, não podendo, portanto, ser sujeito passivo na ação ajuizada em virtude das consequências de uma lei de efeito concreto.

Alternativa "d": alternativa correta, uma vez que a situação narrada no enunciado gerou uma lei de efeitos concretos, qual seja, uma "lei em sentido formal, uma vez que sua produção pelo Poder Legislativo observa o processo de criação de normas jurídicas, mas é um ato administrativo em sentido material, em virtude dos efeitos individualizados" (OLIVEIRA, Rafael Carvalho Rezende. *Curso de Direito Administrativo.* 6.ed. São Paulo: Método, 2018. p. 789). Ademais, a situação é, de fato, caso de responsabilidade civil objetiva, com fundamento na teoria do risco administrativo.

Alternativa "e": a Assembleia Legislativa, assim como as demais casas legislativas, não contam com personalidade jurídica própria. Apesar disso, o STJ reconhece a chamada "responsabilidade judiciária", qual seja, a possibilidade de atuarem em juízo para defender seus direitos e competências constitucionalmente delimitados. Assim, a responsabilização pela edição de lei de efeitos concretos não permite o ajuizamento de ação contra a Assembleia com base na personalidade judiciária, o que torna a presente alternativa incorreta. A respeito do tema, vale apontar a Súmula 525 do STJ: "A Câmara de Vereadores não possui personalidade jurídica, apenas personalidade judiciária, somente podendo demandar em juízo para defender seus direitos institucionais".

Alternativa correta: letra "d".

---

103. (FGV – Auditor de Controle Externo – TCE – PI/2021) O Estado do Piauí, visando a atender ao interesse público, realizou obra de engenharia, consistente na construção de um viaduto numa rodovia estadual. A obra realizada, de fato, melhorou consideravelmente o trânsito na região, mas causou danos ao cidadão João, não pela má execução da obra (que atendeu às normas técnicas de regência), mas pelo simples fato da obra em si, uma vez que seu comércio ficou abaixo do nível da rua e sem fácil acesso à clientela. No caso narrado, em tese, João:

a) não tem direito à indenização, eis que o Estado não praticou qualquer ato ilícito;

b) não tem direito à indenização, eis que não há nexo causal entre a conduta do Estado e os prejuízos sofridos;

c) não tem direito à indenização, eis que não houve má execução ou falha técnica na obra;

d) tem direito à indenização, com base na responsabilidade civil objetiva do Estado, sendo desnecessária a comprovação do dolo ou culpa dos agentes públicos responsáveis pela obra;

e) tem direito à indenização, com base na responsabilidade civil subjetiva do Estado, sendo necessária a comprovação do dolo ou culpa dos agentes públicos responsáveis pela obra.

COMENTÁRIOS

✪ **Nota do autor:** em regra, a responsabilidade do Estado decorre da prática de atos ilícitos. Contudo a doutrina e a jurisprudência reconhecem circunstâncias em que o Estado responderá, mesmo tendo atuado licitamente. São elas: a) expressa previsão legal; b) situações que geram um sacrifício desproporcional ao particular.

Alternativa "a": realmente a situação narrada no enunciado não representa qualquer ato ilícito praticado pelo Estado, que agiu em benefício da coletividade. Contudo, mesmo a prática de atos lícitos pode gerar a necessidade de indenização, como é o caso, fazendo com que a alternativa esteja errada.

Alternativa "b": alternativa completamente errada já que, por um lado, João tem direito à indenização e, por outro, há claro nexo causal entre a conduta do Estado e os prejuízos que lhe foram causados.

Alternativa "c": alternativa errada, pois há o direito à indenização, mesmo não sendo comprovada qualquer má execução ou falha técnica na obra.

Alternativa "d": alternativa correta, vez que João terá direito à indenização mesmo diante da conduta lícita praticada pelo Estado, já que foi prejudicado de maneira desproporcional em decorrência da construção de um viaduto numa rodovia estadual. Ou seja: mesmo que a obra tenha gerado inequívoco benefício à coletividade, João não pode ser individualmente prejudicado, respondendo o Estado, objetivamente (sem necessidade de comprovação de dolo ou culpa) pelos danos causados.

Alternativa "e": a alternativa inicia correta ao afirmar que João tem direito à indenização. Contudo, a responsabilidade estatal neste caso é objetiva, e não subjetiva como afirma o enunciado da alternativa, sendo desnecessária a comprovação do dolo ou culpa dos agentes públicos responsáveis pela obra.

Alternativa correta: letra "d".

13. INTERVENÇÃO DO ESTADO NA PROPRIEDADE

- CRFB/88, arts. 5º (XXIV, XXV), 182, 184 e 216;
- Decreto 25/37, art. 1º;
- Decreto 3.365/41, arts. 10-A e 10-B;
- Lei 4.132/62, arts. 2º, 3º e 4º;
- Lei 8.629/93;
- Lei 13.867/19.

---

104. CEBRASPE – 2024 – TCE/AC – Técnico de Controle Externo

Julgue o item subsecutivo, a respeito da administração pública direta, indireta e fundacional, dos atos administrativos e da requisição administrativa.

A requisição administrativa tem caráter temporário, considerando-se o prazo que perdurar a situação de perigo público iminente; para que ocorra indenização, é necessário que haja dano comprovado.

COMENTÁRIOS

✪ **Nota do autor:** a requisição administrativa é uma das modalidades de intervenção restritiva ou branda, que se extingue com o desaparecimento da situação de perigo, sendo, portanto, temporária. Encontra previsão no art. 5º, XXV da CRFB/88, segundo o qual "no caso de iminente perigo público, a autoridade competente poderá usar de propriedade particular assegurada ao proprietário indenização ulterior, se houver dano".

Item certo

105. FGV – 2024 – TCE/GO – Analista de Controle Externo

Após os devidos trâmites, com vistas a atender antiga demanda da coletividade, o Estado Delta fez publicar um Decreto expropriatório por interesse social, a fim de viabilizar o estabelecimento e a manutenção de cooperativas de trabalho agrícola, que recai sobre o imóvel rural de Josué. Acerca da mencionada situação hipotética, é correto afirmar que o Estado Delta

a) tem o prazo de cinco anos para ajuizar a respectiva ação de desapropriação.
b) não tem competência para desapropriar imóvel rural.
c) deve promover a justa indenização por meio de títulos da dívida agrária.
d) não poderia realizar a desapropriação para a finalidade social em comento.
e) há de realizar a venda ou a locação dos bens desapropriados a quem estiver em condições de dar-lhes a destinação social prevista no Decreto.

COMENTÁRIOS

✪ **Nota do autor:** existem várias formas de desapropriação, sendo que a desapropriação por necessidade ou utilidade pública é regulada pelo decreto nº 3.365/41, a desapropriação por interesse social é disciplinada pela lei nº 4.132/62 e ambas são indenizadas de forma prévia, justa e em dinheiro (art. 5º, XXIV CR/88). A desapropriação para reforma agrária, também chamada de desapropriação por interesse social para fins de reforma agrária, está prevista no art. 184 da CRFB/88 e é regulamentada pela lei nº 8.629/93, sendo forma de desapropriação-sanção para o imóvel rural que não cumpra a sua função social e por esta razão será indenizada em títulos da dívida agrária. Importante não confundir a desapropriação por interesse social com a desapropriação por interesse social para fins de reforma agrária, ambas possuem base normativa distintas, objetos, finalidades e competência distintas.

Alternativa "a": incorreta, pois o expropriante (Estado Delta) tem o prazo de 2 anos para ajuizar a respectiva ação de desapropriação nos termos do art. 3º da Lei 4.132/62.

Alternativa "b": incorreta, pois o Estado Delta tem competência para desapropriar imóvel rural, pois não se trata de desapropriação para fins de reforma agrária. Caso fosse esta modalidade, realmente o Estado não teria competência; mas a questão deixa claro que é desapropriação por interesse social, regida pela lei nº 4.132/62, que em seu art. 2º, §1º coloca como requisito para a desapropriação de imóvel rural que este seja improdutivo e ineficientemente inexplorado.

Alternativa "c": incorreta, pois o Estado Delta deve promover a justa indenização, prévia e em dinheiro, nos termos do art. 5º, XXIV da CRFB/88. Cumpre lembrar que a indenização em títulos da títulos da dívida agrária é forma de desapropriação sanção, prevista no art. 184 da CRFB/88: "Compete à União desapropriar por interesse social, para fins de reforma agrária, o imóvel rural que não esteja cumprindo sua função social, mediante prévia e justa indenização em títulos da dívida agrária [...]".

Alternativa "d": incorreta, pois o Estado Delta poderia sim realizar a desapropriação por interesse social para viabilizar o estabelecimento e a manutenção de cooperativas de trabalho agrícola, conforme art. 2ª, III da lei nº 4.132/62: "Considera-se de interesse social: [...] o estabelecimento e a manutenção de colônias ou cooperativas de povoamento e trabalho agrícola".

Alternativa "e": correta, o Estado Delta realizará a venda ou a locação dos bens desapropriados a quem estiver em condições de dar-lhes a destinação social prevista no decreto expropriatório, corresponde à literalidade do art. 4º da lei nº 4.132/62: "Os bens desapropriados serão objeto de venda ou locação, a quem estiver em condições de dar-lhes a destinação social prevista".

Alternativa correta: letra "e".

106. CEBRASPE – 2023 – TCE/MS - Procurador

No que diz respeito à intervenção do Estado na propriedade mediante tombamento e desapropriação, assinale a opção correta.

a) O tombamento implica transferência de propriedade do bem para o poder público.
b) O procedimento de desapropriação pode ser encerrado, atingindo todos os seus objetivos, por tramitação apenas na esfera administrativa.
c) O tombamento deve ter como objeto bem de valor histórico reconhecido.

d) É juridicamente válido ato de tombamento cuja única finalidade seja evitar novas edificações em determinado local, por motivos urbanísticos.

e) Bens incorpóreos não são passíveis de desapropriação.

COMENTÁRIOS

✪ **Nota do autor:** o conceito de patrimônio cultural brasileiro está expresso no art. 216 da CRFB/88: "Constituem patrimônio cultural brasileiro os bens de natureza material e imaterial, tomados individualmente ou em conjunto, portadores de referência à identidade, à ação, à memória dos diferentes grupos formadores da sociedade brasileira, nos quais se incluem: as formas de expressão; os modos de criar, fazer e viver; as criações científicas, artísticas e tecnológicas; as obras, objetos, documentos, edificações e demais espaços destinados às manifestações artístico-culturais; os conjuntos urbanos e sítios de valor histórico, paisagístico, artístico, arqueológico, paleontológico, ecológico e científico". Trata-se de direito fundamental de terceira geração, sendo protegido por meio de inventários, registros, vigilância, tombamento e desapropriação. O tombamento tem sede constitucional no art. 216, §1º da CRFB/88 e está regulamento pelo decreto nº 25/37, que foi recepcionado pela Constituição Federal.

Alternativa "a": incorreta, pois o tombamento não implica transferência de propriedade do bem para o poder público. É uma modalidade de intervenção do Estado na propriedade privada que apenas impõe restrições ao seu uso, a fim de proteger o patrimônio cultural brasileiro.

Alternativa "b": correta, a desapropriação pode ser realizada apenas administrativamente se houver acordo entre as partes, o que torna a fase judicial dispensável; esta será necessária quando não houver acordo entre as partes. Assim, se a desapropriação atingir todos os seus objetivos resolve-se tudo administrativamente, não necessitando de ação judicial.

Alternativa "c": incorreta, pois o tombamento não se restringe a bem de valor histórico; nos termos do art. 1º do decreto nº 25/37 podem ser objeto de tombamento os bens móveis e imóveis vinculados a fatos memoráveis da história brasileira, seja por valor arqueológico, etnográfico, bibliográfico, artístico ou monumentos naturais e sítios e paisagens naturais.

Alternativa "d": incorreta, pois não é juridicamente válido ato de tombamento cuja única finalidade seja evitar novas edificações em determinado local, por motivos urbanísticos. A finalidade do tombamento é proteger bens do patrimônio cultural brasileiro e não por motivos urbanísticos.

Alternativa "e": incorreta, pois bens incorpóreos podem ser desapropriados. Vale lembrar que bens incorpóreos são bens imateriais (abstratos) que não possuem existência física (corpórea), tais como o espaço aéreo, os direitos autorais, marcas e patentes.

Alternativa correta: letra "b".

107. CEBRASPE – 2023 – TCE/MS - Procurador

Assinale a opção em que é corretamente indicado o prazo prescricional aplicável à desapropriação indireta na hipótese de o poder público realizar obras no local ou atribuir natureza de utilidade pública ou de interesse social ao imóvel.

a) 3 anos

b) 5 anos

c) 10 anos

d) 15 anos

e) 20 anos

COMENTÁRIOS

✪ **Nota do autor:** segundo a doutrina, "o instituto da desapropriação indireta consiste no apoderamento, pelo Estado, de um bem particular sem respeitar os procedimentos administrativos e judiciais inerentes à desapropriação. Consiste em um verdadeiro esbulho ao direito de propriedade do particular, sendo forma irregular e ilícita de atuação do Estado" (Castro Júnior, Renério. Manual de Direito Administrativo. 2.ed. São Paulo: Juspodivm, 2022. p. 1239).

Alternativa "a": alternativa errada. Na hipótese trazida pelo enunciado o prazo prescricional é de dez anos.

Alternativa "b": alternativa errada. Na hipótese trazida pelo enunciado o prazo prescricional é de dez anos.

Alternativa "c": alternativa correta. Segundo entendimento do STJ, "o prazo prescricional para a ação indenizatória por desapropriação indireta é de 10 anos, em regra, salvo comprovação da inexistência de obras ou serviços públicos no local, caso em que o prazo passa a ser de 15 anos" (EREsp 1.575.846-SC, Rel. Min. Og Fernandes, Primeira Seção, por maioria, j. 26.06.2019).

Alternativa "d": alternativa errada. Na hipótese trazida pelo enunciado o prazo prescricional é de dez anos e só seria de 15 anos no caso de inexistir obras ou serviços públicos no local.

Alternativa "e": alternativa errada. Na hipótese trazida pelo enunciado o prazo prescricional é de dez anos.

Alternativa correta: letra "c".

108. FCC – 2022 – TCE/GO – Analista de Controle Externo

A servidão administrativa difere das demais modalidades de intervenção na propriedade nos seguintes termos:

a) da desapropriação, porque impõe sacrifício inerente à condição de administrado, não autorizando, portanto, indenização ao titular da propriedade que a suportar.
b) do tombamento, porque a servidão sempre obriga o ente público que a impõe o dever de indenizar o titular da propriedade que a suporta.
c) da limitação administrativa, que impõe sacrifício ordinário ao proprietário, enquanto a servidão administrativa pode acarretar restrição à exploração econômica da propriedade, ensejando direito à indenização.
d) da desapropriação, porque depende de anuência do proprietário do imóvel para sua imposição, não admitindo imposição mediante poder de império.
e) da requisição administrativa, porque esta se impõe apenas sobre parte do imóvel e a servidão acarreta restrição permanente na totalidade do imóvel onde for imposta.

COMENTÁRIOS

✪ **Nota do autor:** sobre a servidão administrativa, também chamada de servidão de direito público, é uma intervenção do Estado na propriedade privada para atender ao interesse público, incidem somente sobre bens imóveis, pode ser instituída por acordo, sentença judicial ou usucapião. Além disso, haverá indenização se houver comprovação de dano efetivo e direto ao particular.

Alternativa "a": incorreta, pois a servidão administrativa não impõe sacrifício inerente ao administrado, ou seja, pelo simples fato de ser administrado, há uma justificativa para a aplicação da servidão em prol do interesse público. Outro equívoco na alternativa diz respeito a proibição de indenização do titular da propriedade, já que, via de regra, não haverá indenização, mas se houver algum prejuízo ao particular este terá sim o direito de ser indenizado.

Alternativa "b": incorreta, pois a servidão administrativa não gera sempre o dever indenizar, mas apenas nos casos em que houver dano efetivo, direto e devidamente comprovado ao administrado.

Alternativa "c": correta, realmente a limitação administrativa impõe sacrifício ordinário ao proprietário, por se tratar de uma restrição imposta pelo Poder Público em prol do interesse público, via ato normativo geral e abstrato, não havendo indenização, diferentemente da servidão administrativa que pode acarretar restrição à exploração econômica da propriedade, ensejando direito à indenização, como por exemplo, a instalação de torres de transmissão de energia elétrica em uma propriedade rural, acarretará uma restrição à exploração da atividade econômica da propriedade.

Alternativa "d": incorreta, porque tanto a servidão administrativa quanto a desapropriação são medidas que não dependem da anuência do proprietário do imóvel para sua imposição e ambas podem ser impostas por ato de império, pois se fundamentam no princípio da supremacia do interesse público.

Alternativa "e": incorreta, pois a requisição administrativa pode recair sobre a totalidade do imóvel, tendo em vista que não acarreta perda da propriedade, por exemplo, a requisição de um carro particular para perseguir um fugitivo da polícia, abrange a totalidade do bem e após o uso o carro será entregue ao proprietário; já a servidão não acarreta restrição sobre a totalidade do bem, mas somente de parte dele para servir ao interesse público, se abrangesse todo o imóvel seria hipótese de desapropriação.

Alternativa correta: letra "c".

---

109. FGV – 2022 – TCE/TO – Auditor de Controle Externo

Ademar é proprietário de um imóvel na cidade de Palmas/TO situado em área abrangida por projeto de construção de uma rodovia estadual. O referido imóvel, então, foi declarado de utilidade pública por decreto do governador do Estado. Nessa situação, pretendendo o poder público desapropriar o imóvel, é correto afirmar que:

a) Ademar e o Estado poderão submeter a controvérsia à mediação, desde que eleita uma câmara de mediação criada pelo poder público, sendo vedada a arbitragem;
b) Ademar e o Estado poderão submeter a controvérsia à mediação ou à via arbitral, devendo Ademar indicar um dos órgãos ou instituições especializados em mediação ou arbitragem previamente cadastrados pelo órgão responsável pela desapropriação;
c) antes de ajuizar a ação de desapropriação, o Estado tem o dever de notificar Ademar e apresentar-lhe oferta de indenização, depositando desde logo em seu favor o valor da oferta;
d) Ademar e o Estado poderão submeter a controvérsia à mediação, devendo Ademar indicar um dos órgãos ou instituições especializados em mediação previamente cadastrados pelo órgão responsável pela desapropriação, sendo vedada a arbitragem;
e) é obrigatório o ajuizamento da ação de desapropriação, sendo vedada a utilização dos meios

alternativos de resolução de controvérsias em vista da indisponibilidade do interesse público.

COMENTÁRIOS

✪ **Nota do autor:** a lei nº 13.867/19 alterou a lei de desapropriação por utilidade pública (decreto nº 3.365/41) para incluir a possibilidade de adoção dos métodos alternativos de solução de conflitos – mediação e arbitragem – assim, as partes poderão usar tais métodos para buscarem um justo valor para a indenização decorrente da desapropriação.

Alternativa "a": alternativa incorreta. Ademar e o Estado poderão submeter a controvérsia à mediação, porém não há a necessidade de que seja eleita uma câmara de mediação criada pelo poder público, o particular poderá indicar um dos órgãos ou instituições especializados em mediação ou arbitragem cadastrados pelo órgão desapropriante ou poderá ser eleita uma câmara de mediação criada pelo próprio poder público, conforme art. 10-B do decreto nº 3.365/41. Cumpre registrar que não é vedada a arbitragem.

Alternativa "b": alternativa correta. A alternativa corresponde ao art. 10-B do decreto nº 3.365/41, que foi alterado pela lei nº 13.867/19.

Alternativa "c": alternativa incorreta. O erro da alternativa, conforme art. 10-A do decreto nº 3.365/41, está no dever de depositar desde logo o valor da oferta em favor de Ademar, haja vista que não há tal dever de depósito.

Alternativa "d": alternativa incorreta. Ademar e o Estado poderão submeter a controvérsia à mediação ou à arbitragem, podendo (e não devendo) Ademar indicar um dos órgãos ou instituições especializados em mediação previamente cadastrados pelo órgão responsável pela desapropriação ou também poderá ser eleita câmara de mediação criada pelo poder público, conforme art. 10-A do decreto nº 3.365/41.

Alternativa "e": alternativa incorreta. Não é obrigatório o ajuizamento da ação de desapropriação e não é vedada a utilização dos meios alternativos de resolução de controvérsias. A ação de desapropriação somente será proposta se a fase administrativa não for frutífera.

Alternativa correta: letra "b".

---

110. (FGV – Auditor Técnico de Controle Externo – TCE – AM/2021) Em matéria de intervenção do Estado na propriedade, a chamada desapropriação especial urbana se dá por interesse social para a política urbana. A desapropriação especial urbana é de competência:

a) concorrente dos estados, municípios e Distrito Federal, tem função sancionatória, uma vez que recai sobre imóveis urbanos que desatendam a sua função social, e há necessidade de pagamento de prévia e justa indenização;
b) concorrente da União, estados, municípios e Distrito Federal, tem função pedagógica, uma vez que recai sobre imóveis urbanos subutilizados, e há necessidade de pagamento de ulterior e justa indenização;
c) concorrente dos estados, municípios e Distrito Federal, tem função pedagógica, uma vez que recai sobre imóveis urbanos subutilizados, e há necessidade de pagamento de ulterior e justa indenização;
d) exclusiva dos municípios, tem função sancionatória, uma vez que recai sobre imóveis urbanos que desatendam a sua função social, e há necessidade de pagamento de prévia e justa indenização;
e) exclusiva dos municípios que possuem plano diretor, tem função sancionatória, uma vez que recai sobre imóveis urbanos que desatendam a sua função social, e a indenização será feita com pagamento em títulos da dívida pública de emissão previamente aprovada pelo Senado Federal.

COMENTÁRIOS

✪ **Nota do autor:** a chamada desapropriação especial urbana encontra-se prevista no §4º do art. 182 da Constituição da República Federativa do Brasil. Assim, é facultado ao Poder Público municipal, **mediante lei específica para área incluída no plano diretor**, exigir, nos termos da lei federal, do proprietário do solo urbano não edificado, subutilizado ou não utilizado, que promova seu adequado aproveitamento, sob pena, sucessivamente, de: I- parcelamento ou edificação compulsórios; II- imposto sobre a propriedade predial e territorial urbana progressivo no tempo; III- desapropriação com pagamento mediante títulos da dívida pública de emissão previamente aprovada pelo Senado Federal, com prazo de resgate de até dez anos, em parcelas anuais, iguais e sucessivas, assegurados o valor real da indenização e os juros legais.

Alternativa "a": alternativa errada, pois a competência para a desapropriação especial urbana é exclusiva dos municípios.

Alternativa "b": a competência para a desapropriação especial urbana não é concorrente, mas sim exclusiva dos municípios, contando com função sancionatória. Portanto, a alternativa está errada.

Alternativa "c": alternativa errada no que diz respeito à competência, que é exclusiva dos municípios, e não concorrente como trouxe o enunciado. Da mesma forma, a função não é pedagógica, mas sancionatória. Por fim, o pagamento mediante títulos da dívida pública.

Alternativa "d": quanto à competência a alternativa está correta, mas equivoca-se quanto à forma do pagamento.

Alternativa "e": alternativa correta, por estar perfeitamente de acordo com a previsão do §4º do art. 182 da CRFB/88, já que as sanções ali previstas exigem a existência de lei específica para a área incluída no plano diretor, conforme determina o caput do artigo mencionado. Ademais, a função é sancionatória e a indenização será com pagamento de títulos da dívida pública.

Alternativa correta: letra "e".

14. CONTROLE DA ADMINISTRAÇÃO

- CRFB/88, arts. 5º (XXXV), 58, 70, 71, 74 e 217;
- Constituição do Estado do Amazonas, arts. 28, 30 e 40;
- Constituição do Estado do Piauí, arts. 85, 86 e 90;
- Decreto 7.221/10;
- Lei 1.079/50, art. 9º;
- Lei 4.320/64;
- Lei 6.830/80;
- Lei 8.429/92;
- Lei 8.443/92, arts. 44 e 61;
- Lei 8.666/93;
- Lei 9.507/97, art. 8º;
- Lei 9.784/99, art. 22 e 54;
- Lei 10.609/02;
- Lei 11.417/06, art. 7º;
- Regimento Interno do TCU.

111. CEBRASPE - 2024 - TCE/AC - Técnico de Controle Externo

Julgue o item a seguir, relativo ao controle da administração pública.

É permitida a remessa de cópia do edital de licitação já publicado quando houver solicitação do tribunal de contas estadual.

COMENTÁRIOS

✪ **Nota do autor:** dentre suas competências, cabe aos tribunais de contas o controle sobre a legalidade das licitações e contratos administrativos. Assim, compete-lhes solicitar documentos relacionados ao procedimento licitatório, restando à administração pública a obrigação de fornecê-los. Em um antigo julgado, ainda sob a égide da lei anterior, o STF já se manifestou expressamente sobre o tema: "A Lei federal 8.666/1993 autoriza o controle prévio quando houver solicitação do Tribunal de Contas para a remessa de cópia do edital de licitação já publicado (RE n. 547.063, Relator o Ministro Menezes Direito, Primeira Turma, DJe 12.12.2008)".

Item certo.

112. CEBRASPE - 2024 - TCE/AC - Técnico de Controle Externo

Julgue o item a seguir, relativo ao controle da administração pública.

No que diz respeito à tempestividade das ações do controle interno, a verificação da legalidade dos atos de execução orçamentária será prévia, concomitante e subsequente.

COMENTÁRIOS

✪ **Nota do autor:** o item contido no enunciado é a fiel reprodução do disposto no art. 77 da lei nº 4.320/64, segundo o qual "a verificação da legalidade dos atos de execução orçamentária será prévia, concomitante e subsequente". Nesse sentido, é importante destacar que o controle prévio é aquele que antecede a prática do ato; concomitante é o que ocorre durante a realização da despesa e subsequente é o posterior à realização da despesa, de modo a permitir se saber a que ela se destinou e qual seu fundamento legal. (Almeira, Ricardo Damasceno; Lisboa, Marcelo Jucá. Direito Financeiro. Lei nº 4.320/64. Coleção leis especiais para concursos. v.13. 3.ed. Salvador: Juspodivm, 2016. p. 271).

Item certo.

113. CEBRASPE - 2024 - TCE/AC - Técnico de Controle Externo

Julgue o item a seguir, relativo ao controle da administração pública.

Os fundamentos do controle interno governamental são de competência exclusiva do Poder Executivo. - ERRADO.

COMENTÁRIOS

✪ **Nota do autor:** a Constituição da República Federativa do Brasil, de 1988, aponta que tanto o Poder Executivo quanto o Legislativo e o Judiciário deverão manter, de forma integrada, sistemas de controle internos (art. 74, caput). Assim, quando o enunciado fala em "competência exclusiva do Poder Executivo", mostra-se em desconformidade com a Constituição.

Item errado.

114. CEBRASPE - 2024 - TCE/AC - Técnico de Controle Externo

Julgue o item a seguir, relativo ao controle da administração pública.

O controle social deve observar as ações tomadas pelos responsáveis públicos durante sua gestão, verificando a conformidade com os princípios da administração privada.

COMENTÁRIOS

✪ **Nota do autor:** "Todo poder emana do povo, que o exerce diretamente ou por meio de representantes. Assim, os agentes políticos são representantes que exercem um poder que é de titularidade do povo. Também os servidores públicos recebem poderes que devem ser exercidos tendo em vista a consecução de interesses coletivos. (Nohara, Irene Patrícia Diom. Direito Administrativo. 13.ed. Barueri/SP: Atlas, 2024. p. 792). Nesse sentido, o enunciado equivoca-se ao afirmar que o controle social deve pautar-se pela conformidade com os princípios da administração privada uma vez que tal conformidade deve se dar levando-se em conta os princípios da administração pública.

Item errado.

115. CEBRASPE - 2024 - TCE/AC - Técnico de Controle Externo

Julgue o item a seguir, relativo ao controle da administração pública.

O processo de transição de governo deve observar os princípios da continuidade administrativa, exigindo-se a organização dos documentos necessários para a prestação de contas ao tribunal de contas estadual.

COMENTÁRIOS

✪ **Nota do autor:** no âmbito federal, a transição de governo - medida extremamente salutar e democrática - encontra-se disciplinada pela lei nº 10.609/2002 e pelo Decreto nº 7.221/10. Já na esfera de estados e municípios, legislações locais podem estabelecer regras próprias. Entretanto, seja em qual ente federativo for, a transição deve, inquestionavelmente, observar os princípios da continuidade administrativa. Ademais, exige-se a organização dos documentos necessários para a prestação de contas ao respectivo tribunal. Apesar de este item ter sido considerado correto, há que se chamar a atenção para o fato de que ele menciona o tribunal de contas estadual, o que é compatível com a situação dos estados e da quase totalidade dos municípios do país. Entretanto, caso se tratasse da transição de governo no nível federal, a prestação de contas seria ao TCU. Como o enunciado não aponta qual é o ente federativo abrangido, a afirmativa ficou bastante vaga, mas, mesmo após os recursos, a banca manteve o gabarito original, apontando o item como certo.

Item certo.

116. (Cespe - Analista de Controle Externo - Direito - TCE - RJ/2021) Acerca do controle da administração pública e a intervenção do Estado na propriedade, julgue os itens que se seguem.

O controle legislativo político da administração pública direta e indireta ocorre quando ela é submetida à fiscalização contábil, financeira, orçamentária e patrimonial, quanto à sua legalidade, economicidade e legitimidade.

COMENTÁRIOS

✪ **Nota do autor:** o **controle político** exercido pelo Poder Legislativo sobre a Administração Pública "objetiva proteger os superiores interesses do Estado e da coletividade e recai tanto sobre aspectos de legalidade como sobre a conveniência e oportunidade das medidas do Executivo". São exemplos desse tipo de controle: apuração de irregularidades por meio de Comissões Parlamentares de Inquérito, a competência do Congresso Nacional para autorizar ou aprovar certos atos do Executivo; a possibilidade de o Congresso Nacional sustar atos normativos do Executivo que exorbitem seu poder regulamentar, dentre outros. (NOHARA, Irene Patrícia Diom. *Direito Administrativo.* 11.ed. São Paulo: Atlas, 2022. p. 777). Já o **controle financeiro** foi previsto no art. 79, caput, da CRFB/88, segundo o qual "A fiscalização contábil, financeira, orçamentária, operacional e patrimonial da União e das entidades da administração direta e indireta, quanto à legalidade, legitimidade, economicidade, aplicação de subvenções e renúncia de receitas, será exercida pelo Congresso Nacional, mediante controle externo e pelo sistema de controle interno de cada Poder". **Item ERRADO.**

117. (Cespe - Analista de Controle Externo - Direito - TCE - RJ/2021) No que se refere a serviços públicos, organizações sociais, sociedade civil de interesse público e controle da administração pública, julgue os itens seguintes.

A representação e a reclamação administrativas, bem como o pedido de reconsideração de recursos administrativos, são meios que possibilitam à administração pública exercer o controle de seus atos.

COMENTÁRIOS

✪ **Nota do autor:** a presente questão aborda os chamados "recursos administrativos", cujo fundamento encontra-se no direito de petição, no contraditório e na ampla defesa. Dentre tais recursos, a doutrina destaca a representação, "que envolve a denúncia de irregularidades feita à Administração Pública por qualquer pessoa", a reclamação administrativa "que compreende o pedido de reconhecimento de direito ou correção de ato que cause lesão ou ameaça de lesão a servidor ou particular, feita no prazo de um ano (cf. art. 6º do Decreto nº 20.910) a contar da data do ato ou fato lesivo, se outro não tiver sido estabelecido em lei, e que suspende a prescrição a partir da entrada do requerimento do titular do direito ou do credor nos livros ou protocolos"; e ainda, o pedido de reconsideração, "que é endereçado à própria autoridade que editou o ato contra o qual se insurge o recorrente". (NOHARA, Irene Patrícia Diom. *Direito Administrativo.* 11.ed. São Paulo: Atlas, 2022. p. 780). Assim, enquanto recursos administrativos, todas as hipóteses mencionadas possibilitam à administração pública exercer o controle de seus atos. **Item CERTO.**

---

118. FGV – 2024 – TCE/GO – Analista de Controle Externo

Em decorrência da verificação em processo de tomada especial de contas de fraude à lei e confusão patrimonial entre sociedade e sócios da sociedade Ômega, certo Tribunal de Contas determinou, após o devido processo administrativo, a desconsideração da personalidade jurídica da mencionada sociedade, viabilizando que a imposição de ressarcimento ao erário alcançasse o patrimônio de seus sócios, para fins de resguardar o resultado útil do processo, mediante a garantia do contraditório e da ampla defesa. Diante dessa situação hipotética, à luz da orientação do Supremo Tribunal Federal, é correto afirmar que a medida determinada no âmbito do controle realizado pela Corte de Contas é

a) inconstitucional, na medida em que viola a propriedade privada e a livre iniciativa.
b) constitucional, por se lhe reconhecer todos os poderes inerentes à atividade jurisdicional.
c) inconstitucional, considerando que não está especificada dentre as suas atribuições na forma em que delimitada na Constituição.
d) inconstitucional, pois tal desconsideração da personalidade jurídica apenas poderia ser determinada pelo Poder Judiciário.
e) constitucional, porque abarcada pelo poder geral de cautela que lhe é reconhecido com base na teoria dos poderes implícitos.

COMENTÁRIOS

✪ **Nota do autor:** o próprio enunciado deixa claro que a questão tem como fundamento orientação do Supremo Tribunal Federal tendo sido, ao que tudo indica, extraída do seguinte julgado: "I - As Cortes de Contas, em situações de urgência, nas quais haja fundado receio de grave lesão ao erário, ao interesse público ou de risco de ineficácia da decisão de mérito, podem aplicar medidas cautelares, até que sobrevenha decisão final acerca da questão posta. II – O Supremo Tribunal Federal já reconheceu a aplicação da teoria dos poderes implícitos, de maneira a entender que o Tribunal de Contas da União pode deferir medidas cautelares para bem cumprir a sua atribuição constitucional. III – Não obstante, é preciso que observe o devido processo legal, bem assim os critérios de razoabilidade e proporcionalidade, abstendo-se, ademais, de invadir a esfera jurisdicional. IV - A jurisprudência pacificada do STF admite que as Cortes de Contas lancem mão de medidas cautelares, as quais, levando em consideração a origem pública dos recursos sob fiscalização, podem recair sobre pessoas físicas e jurídicas de direito privado. V - A Lei 8.443/1992 prevê expressamente a possibilidade de bloqueio cautelar de bens pelo TCU ou por decisão judicial, após atuação da Advocacia-Geral da União (arts. 44, § 2°, e 61). VI - Sem embargo, a fruição do direito de propriedade, que goza de expressa proteção constitucional, somente pode ser obstado ou limitado em caráter definitivo pelo Poder Judiciário, guardião último dos direitos e garantias fundamentais. VII - Nada obsta, porém, que o TCU decrete a indisponibilidade cautelar de bens, pelo prazo não superior a um ano (art. 44, § 2°), sendo-lhe permitido, ainda, promover, cautelarmente, a desconsideração da personalidade jurídica da pessoa jurídica objeto da apuração, de maneira a assegurar o resultado útil do processo. VIII - No caso sob exame, a desconsideração da personalidade foi levada a efeito pelo TCU, em sede preambular, e não definitiva, sob o argumento de que "os seus administradores utilizaram-na para maximizar os seus lucros mediante a prática de ilícitos em prejuízo da Petrobras". IX - Assegurada a oportunidade de manifestação posterior dos responsáveis pelos supostos danos ao erário, hipótese de contraditório diferido que não implica ofensa à garantia do devido processo legal. Precedente. X - Inexistência de vício material ou formal no ato impugnado, razão pela qual não há falar em direito líquido e certo da impetrante. XI - Ordem denegada" (MS 35506/DF, Rel. Min. Marco Aurélio, j. 10.10.2022)

Alternativa "a": alternativa errada. O STF reconhece a constitucionalidade da medida, apontando como possível que a fruição do direito de propriedade, que goza de expressa proteção constitucional, pode ser obstado ou limitado em caráter definitivo pelo Poder Judiciário, guardião último dos direitos e garantias fundamentais.

Alternativa "b": alternativa errada. Apesar de a medida ser reconhecida constitucional, em momento nenhum o STF reconhece aos Tribunais de Contas todos os poderes inerentes à atividade jurisdicional.

Alternativa "c": alternativa errada. O STF reconheceu a constitucionalidade da medida, reiterando a aplicação da teoria dos poderes implícitos, de maneira a entender que o Tribunal de Contas da União pode deferir medidas cautelares para bem cumprir a sua atribuição constitucional.

Alternativa "d": alternativa errada. Conforme julgado transcrito nas notas do autor, o STF admite que que o TCU decrete a indisponibilidade cautelar de bens, pelo prazo não superior a um ano (art. 44, § 2°), sendo-lhe permitido, ainda, promover, cautelarmente, a desconsideração da personalidade jurídica da pessoa jurídica objeto da apuração, de maneira a assegurar o resultado útil do processo.

Alternativa "e": alternativa correta, uma vez que, ao reconhecer sua constitucionalidade, o STF entende que a medida esteja abarcada pelo poder geral de cautela que lhe é reconhecido com base na teoria dos poderes implícitos.

Alternativa correta: letra "e".

---

119. CEBRASPE – 2023 – TCE/MS - Procurador

O dever de prestar contas

a) resulta, caso seja descumprido, apenas em aplicação de multa ao gestor e em responsabilização administrativa.
b) incide apenas nos casos de gestão de dinheiros públicos.
c) pode existir tanto em âmbito interno ao órgão ou ente quanto externamente, com participação do Poder Legislativo.
d) deve ser conjugado com o princípio da boa-fé, de modo que cabe aos órgãos de controle o ônus de provar a incorreta aplicação dos recursos públicos.
e) materializa-se, nos tribunais de contas, necessariamente por meio de processos de contas ordinárias ou especiais.

COMENTÁRIOS

✪ Nota do autor: sobre o controle externo, exercido pelo TCU, destaque-se o seguinte entendimento: "Ao TCU é assegurado plexo de poderes e mecanismos cautelares voltados à garantia da eficácia de eventuais provimentos definitivos que imponham sanções a agentes públicos ou particulares responsáveis por irregularidades no trato de recursos públicos. (...) É legal e constitucionalmente fundada a desconsideração da pessoa jurídica pelo TCU, de modo a alcançar o patrimônio de pessoas físicas ou jurídicas envolvidas na prática de atos lesivos ao erário público, observados o contraditório e a ampla defesa. (MS 35.920, rel. min. Marco Aurélio, red. do ac. min, Gilmar Mendes, j. 18-3-2023).

Alternativa "a": alternativa errada. O descumprimento do dever de prestar contas não resulta apenas na aplicação de multa ao gestor e em responsabilização administrativa. O próprio texto constitucional aponta como uma das competências do TCU, "aplicar aos responsáveis, em caso de ilegalidade de despesa ou irregularidade de contas, as sanções previstas em lei, que estabelecerá, entre outras cominações, multa proporcional ao dano causado ao erário. Por outro lado, a lei nº 1.079/50 estabelece como crime de responsabilidade contra a probidade na Administração, "não prestar ao Congresso Nacional dentro de sessenta dias após a abertura da sessão legislativa, as contas relativas ao exercício anterior" (art. 9º, 2).

Alternativa "b": alternativa errada. Segundo disposição do parágrafo único do art. 70 da CRFB/88, "prestará contas qualquer pessoa física ou jurídica, pública ou privada, que utilize, arrecade, guarde, gerencie ou administre dinheiros, bens e valores públicos ou pelos quais a União responda, ou que, em nome desta, assuma obrigações de natureza pecuniária".

Alternativa "c": alternativa certa. "A fiscalização contábil, financeira, orçamentária, operacional e patrimonial da União e das entidades da administração direta e indireta, quanto à legalidade, legitimidade, economicidade, aplicação das subvenções e renúncia de receitas será exercida pelo Congresso Nacional, mediante controle externo, e pelo sistema de controle interno de cada Poder" (CRFB/88, art. 70, caput).

Alternativa "d": alternativa errada. O STF já entendeu que "em direito financeiro, cabe ao ordenador de despesas provar que não é responsável pelas infrações, que lhe são imputadas, das leis e regulamentos na aplicação do dinheiro público". (MS 20.335/DF, Relator Ministro Moreira Alves).

Alternativa "e": alternativa errada. Há outros instrumentos de prestação de contas nos tribunais de contas que não os processos de contas ordinárias ou especiais. No caso do TCU, por exemplo, a atividade de controle externo está disciplinada no seu Regimento Interno, arts. 188 ao 265.

Alternativa correta: letra "c".

---

120. FGV – 2023 – TCE/ES - Conselheiro

Sobre o controle jurisdicional da administração pública no Brasil, é correto afirmar que:

a) encontra limites na análise de legalidade dos atos administrativos, sendo vedada a reapreciação de mérito, ainda que visando ao controle dos princípios da moralidade e da impessoalidade;
b) todos os atos públicos ou privados podem ser submetidos imediatamente ao controle judicial, independentemente de esgotamento das instâncias administrativas, inclusive no que tange às questões desportivas;
c) vigora no Brasil o sistema constitucional da dupla jurisdição, em que coexistem, autônoma e independentemente, sistemas de contencioso administrativo e de contencioso jurisdicional;

d) vigora no Brasil o sistema de jurisdição una, sendo desnecessário prévio requerimento administrativo como pressuposto para o controle jurisdicional, inclusive no que toca às questões tributárias, previdenciárias e desportivas;

e) vigora no Brasil o sistema de jurisdição una, sendo desnecessário prévio requerimento administrativo como pressuposto para o controle jurisdicional, ressalvadas, além das questões desportivas, as de solicitação de benefícios previdenciários, não se caracterizando ameaça ou lesão a direito antes de sua apreciação e indeferimento pelo INSS.

COMENTÁRIOS

Nota do autor: para fixar o estudo, há dois sistemas de controle jurisdicional da Administração Pública: 1) o sistema da dualidade de jurisdição, também chamado de sistema francês, sistema de jurisdição administrativa ou sistema do contencioso administrativo caracterizado por duas jurisdições uma judicial para todas pessoas e outra administrativa para a Administração Pública; e o 2) sistema de jurisdição una ou sistema inglês, adotado no Brasil, caracterizado por um único sistema de jurisdição, tanto para as pessoas privadas quanto para a Administração Pública.

Alternativa "a": alternativa incorreta. O controle jurisdicional da administração pública encontra limites na análise do mérito do ato administrativo, de modo que o Poder Judiciário não pode substituir a decisão administrativa por critério de conveniência e oportunidade. A análise judicial deve se limitar aos aspectos de legalidade dos atos administrativos. Contudo, mesmo em relação ao mérito há hipóteses que permitem a sua análise judicial, por exemplo, quando o ato administrativo viola princípios essenciais do direito administrativo. Nesse sentido, o STJ decidiu: "[...] é certo que o ato administrativo, para que seja válido, deve observar, entre outros, o princípio da impessoalidade, da licitude e da publicidade. Estes três pilares do Direito Administrativo fundem-se na chamada motivação dos atos administrativos, que é o conjunto das razões fáticas ou jurídicas determinantes da expedição do ato" (AREsp 1.108.757).

Alternativa "b": alternativa incorreta. Nem todos os atos públicos ou privados podem ser submetidos imediatamente ao controle judicial, independentemente de esgotamento das instâncias administrativas. Como por exemplo, as questões desportivas precisam o prévio esgotamento da via administrativa para poderem ser levadas ao Judiciário, conforme art. 217, §1º da CRFB/88: "O Poder Judiciário só admitirá ações relativas à disciplina e às competições desportivas após esgotarem-se as instâncias da justiça desportiva, regulada em lei".

Alternativa "c": alternativa incorreta. Vigora no Brasil o sistema constitucional da jurisdição una ou unidade de jurisdição, também chamado de sistema inglês, caracteriza-se pelo Poder Judiciário poder decidir de modo definitivo (com coisa julgada) tanto questões dos cidadãos, como da Administração Pública.

Alternativa "d": alternativa incorreta. Vigora no Brasil o sistema de jurisdição una, mas determinadas matérias necessitam de prévio requerimento administrativo como pressuposto para o controle jurisdicional, tais como questões previdenciárias (RE 631.240), desportivas (art. 217, §1º CRFB/88), para cabimento da ação de reclamação por descumprimento de súmula vinculante (art. 7º, §1º da lei nº 11.417/06: "Contra omissão ou ato da administração pública, o uso da reclamação só será admitido após esgotamento das vias administrativas".) e para a ação de *habeas data* (art. 8º da lei nº 9.507/97).

Alternativa "e": alternativa correta. Vigora no Brasil o sistema de jurisdição una, sendo desnecessário prévio requerimento administrativo como pressuposto para o controle jurisdicional, ressalvadas, além das questões desportivas, as de solicitação de benefícios previdenciários, não se caracterizando ameaça ou lesão a direito antes de sua apreciação e indeferimento pelo INSS. Neste sentido, o julgado RE 631.240 do STF, o qual foi adotado pelo STJ em tese nº 660 de recurso repetitivo, decidiu que: "1. A instituição de condições para o regular exercício do direito de ação é compatível com o art. 5º, XXXV, da Constituição. Para se caracterizar a presença de interesse em agir, é preciso haver necessidade de ir a juízo. 2. A concessão de benefícios previdenciários depende de requerimento do interessado, não se caracterizando ameaça ou lesão a direito antes de sua apreciação e indeferimento pelo INSS, ou se excedido o prazo legal para sua análise. É bem de ver, no entanto, que a exigência de prévio requerimento não se confunde com o exaurimento das vias administrativas. 3. A exigência de prévio requerimento administrativo não deve prevalecer quando o entendimento da Administração for notória e reiteradamente contrário à postulação do segurado. 4. Na hipótese de pretensão de revisão, restabelecimento ou manutenção de benefício anteriormente concedido, considerando que o INSS tem o dever legal de conceder a prestação mais vantajosa possível, o pedido poderá ser formulado diretamente em juízo - salvo se depender da análise de matéria de fato ainda não levada ao conhecimento da Administração -, uma vez que, nesses casos, a conduta do INSS já configura o não acolhimento ao menos tácito da pretensão".

Alternativa correta: letra "e".

121. FCC – 2022 – TCE/GO – Analista de Controle Externo

O controle dos atos da administração observa algumas características inerentes à organização administrativa, a exemplo

a) do poder de revisão dos próprios atos, sendo facultado ao superior hierárquico, a qualquer tempo, rever todos os atos de seus subordinados.

b) da fiscalização exercida pelos órgãos superiores em relação aos inferiores, como expressão do controle hierárquico.

c) do poder de polícia, inerente aos órgãos de controle da Administração pública no desempenho de suas funções executivas internas e externas.

d) da legalidade, não sendo autorizada à Administração a edição de atos que não tenham forma e conteúdo expressamente previstos em lei.

e) do controle de mérito, vedado ao judiciário e às cortes de contas.

COMENTÁRIOS

Nota do autor: o controle da Administração Pública comporta diferentes classificações, podendo ser: a) autocontrole ou controle interno, controle externo e controle social; b) controle prévio, concomitante e posterior; e c) controle de legalidade e controle de mérito.

Alternativa "a": alternativa incorreta. Ainda que exista a possibilidade de anulação, revogação e convalidação dos atos administrativos, não é correto afirmar que o superior hierárquico possa, a qualquer tempo rever todos os atos de seus subordinados. Nesse sentido, o art. 54 da lei nº 9.784/99 estabelece que "o direito da Administração de anular os atos administrativos de que decorram efeitos favoráveis para os destinatários decai em cinco anos, contados da data em que foram praticados, salvo comprovada má-fé".

Alternativa "b": alternativa correta. A fiscalização exercida pelos órgãos superiores em relação aos inferiores é expressão do controle hierárquico, pois se trata de fiscalização dentro do próprio órgão. Já se fosse entre pessoas jurídicas diversas não há hierarquia, mas sim controle finalístico ou supervisão ministerial.

Alternativa "c": alternativa incorreta. O poder de polícia é uma prerrogativa da Administração Pública em relação aos particulares em defesa do interesse público, ou seja, não é um controle da Administração em si.

Alternativa "d": alternativa incorreta. Apesar de, no Direito Administrativo, a regra ser a solenidade das formas, há situações em que a Administração pode praticar atos que não tenham forma expressamente prevista em lei. Nesse sentido, por exemplo, segundo o art. 22 da lei nº 9.784/99, "os atos do processo administrativo não dependem de forma determinada senão quando a lei expressamente a exigir". Por outro lado, quanto ao objeto ou conteúdo do ato administrativo, pode-se ter o objeto determinado (vinculado) e o indeterminado (discricionário), qual seja, aquele que a lei não o define de maneira exaustiva, conferindo certa margem de liberdade para o administrador delimitá-lo.

Alternativa "e": alternativa incorreta, pois o controle de mérito é vedado ao judiciário e não às cortes de contas. Porém, em relação a esta segunda parte, a afirmação é altamente polêmica! Importantes doutrinadores divergem quanto a possibilidade de que os Tribunais de Contas exerçam controle de mérito do ato administrativo. O Min. Benjamim Zymler afirma que os Tribunais de Contas exercem controle de mérito quando analisam a eficiência, a economicidade e a legitimidade dos atos administrativos. Na mesma linha, para José Afonso da Silva e Lucia Valle Figueiredo o controle de economicidade envolve questão de mérito. Assim, "[...] a atuação do TCU não só pode verificar as formalidades dos atos tomados pelas agências reguladoras, no que tange à legalidade estrita, mas também pode adentrar ao mérito com fins de sindicá-lo à sua adesão aos princípios norteadores do ordenamento jurídico" (RAICK, David. *Os limites para a atuação do Tribunal de Contas da União em face da discricionariedade regulatória das Agências Setoriais*: estudo sobre o alcance da acepção da expressão "controle de segunda ordem". Brasília-DF: Escola Superior do Tribunal de Contas da União, 2023, p. 85). Entretanto, a doutrina administrativista clássica defende que não é possível que os Tribunais de Contas invadam o mérito do ato administrativo. Já em relação ao Poder Judiciário, há jurisprudência sedimentada nos tribunais superiores e em doutrina entendendo que não é lícito ao Poder Judiciário adentrar ao exame do mérito administrativo. Nesse sentido, o STF tem tese fixada em repercussão geral - "Tese 485: Não compete ao Poder Judiciário substituir a banca examinadora para reexaminar o conteúdo das questões e os critérios de correção utilizados, salvo ocorrência de ilegalidade ou de inconstitucionalidade" - e o STJ da seguinte forma: "1. Consoante entendimento consolidado nesta Corte Superior, a intervenção do Poder Judiciário nos atos administrativos cinge-se à defesa dos parâmetros da legalidade, permitindo-se a reavaliação do mérito administrativo tão somente nas hipóteses de comprovada violação aos princípios da legalidade, razoabilidade e proporcionalidade, sob pena de invasão à competência reservada ao Poder Executivo" (AgInt no REsp 1.271.057/PR).

Alternativa correta: letra "b".

122. FCC – 2022 – TCE/GO – Analista de Controle Externo

A Constituição Federal de 1988 estabelece que deverá ser mantido sistema de controle interno pelos Poderes

a) Legislativo, Executivo e Judiciário, de forma independente.
b) Legislativo, Executivo e Judiciário, de forma integrada.
c) Legislativo e Executivo, além do Tribunal de Contas da União, de forma independente.
d) Legislativo e Executivo, além do Tribunal de Contas da União, de forma integrada.
e) Legislativo, Executivo e Judiciário, além do Tribunal de Contas da União e dos Tribunais de Contas Estaduais e Municipais, de forma integrada.

COMENTÁRIOS

✪ **Nota do autor:** segundo disposição do texto constitucional (art. 74), a existência de sistemas de controle internos em cada um dos poderes, com atuação integrada tem por finalidades: I - avaliar o cumprimento das metas previstas no plano plurianual, a execução dos programas de governo e dos orçamentos da União; II - comprovar a legalidade e avaliar os resultados, quanto à eficácia e eficiência, da gestão orçamentária, financeira e patrimonial nos órgãos e entidades da administração federal, bem como da aplicação de recursos públicos por entidades de direito privado; III - exercer o controle das operações de crédito, avais e garantias, bem como dos direitos e haveres da União; e IV - apoiar o controle externo no exercício de sua missão institucional.

Alternativa "a": alternativa errada, uma vez que o sistema de controle interno de cada um dos poderes deverá atuar de forma integrada e não independente, como trouxe o enunciado.

Alternativa "b": alternativa perfeitamente de acordo com a previsão do art. 74, caput, da CRFB/88, segundo o qual "os poderes Legislativo, Executivo e Judiciário manterão, de forma integrada, sistema de controle interno [...]".

Alternativa "c": alternativa errada por não incluir o Poder Executivo dentre aqueles que devem manter um sistema de controle interno atuante de forma integrada com os demais. Além disso, a alternativa inclui o TCU, disposição em desacordo com o art. 74, caput, da CRFB/88.

Alternativa "d": alternativa errada. A alternativa reproduz os mesmos equívocos da alternativa anterior. Ao substituir o Poder Judiciário pelo TCU, já se mostra equivocada, não se mostrando relevante apontar a atuação como independente ou integrada.

Alternativa "e": alternativa errada por incluir o TCU e os TCEs e TCMs, contrariamente à disposição constitucional (art. 74).

Alternativa correta: letra "b".

123. FGV – 2022 – TCU – Auditor Federal de Controle Externo

No bojo de processo de tomada de contas especial, o Tribunal de Contas da União (TCU) realizou o julgamento técnico das contas do administrador público Antônio e, após o devido processo administrativo legal, concluiu pela ocorrência de irregularidades que causaram danos ao erário da União. Assim, o TCU proferiu acórdão, já transitado em julgado, que imputou débito a Antônio, para fins de ressarcimento ao erário. Diante da inércia da Fazenda Nacional em promover a execução judicial do acórdão do TCU, pelos danos ao erário, o Ministério Público ajuizou a correlata execução fiscal. No caso em tela, consoante jurisprudência do Supremo Tribunal Federal, a execução aforada pelo Ministério Público:

a) merece prosperar caso tenha sido ajuizada pelo Ministério Público de Contas junto ao TCU, pois o Ministério Público Federal não detém legitimidade para tal, ressaltando-se que é imprescritível a execução do acórdão do TCU, como título executivo extrajudicial, desde que para fins de ressarcimento ao erário;
b) merece prosperar, desde que o Ministério Público, atuante ou não junto ao TCU, comprove de forma inequívoca a ciência e inércia da Fazenda Nacional para promover a execução, sendo certo que a pretensão executiva de ressarcimento ao erário em face do agente público Antônio reconhecida em acórdão do TCU é imprescritível por expresso mandamento constitucional;
c) merece prosperar caso tenha sido ajuizada pelo Ministério Público Federal, que detém atribuição para defesa da ordem jurídica e do patrimônio público, não ostentando tal atribuição o Ministério Público de Contas junto ao TCU, pois sua atuação está limitada ao âmbito da Corte de Contas, ressaltando-se que é imprescritível a execução do acórdão do TCU, como título executivo extrajudicial, para fins de ressarcimento ao erário;
d) não deve prosperar, diante da ilegitimidade ativa do Ministério Público, atuante ou não junto ao TCU, para promover a execução, pois somente o ente público beneficiário da condenação imposta pelo TCU possui legitimidade para propositura da ação executiva, sendo certo que a pretensão executiva de ressarcimento ao erário em face do agente público Antônio reconhecida

em acórdão do TCU prescreve na forma da Lei de Execução Fiscal;

e) não deve prosperar, diante da ilegitimidade ativa do Ministério Público, atuante ou não junto ao TCU, para promover a execução, pois somente o ente público beneficiário da condenação imposta pelo TCU possui legitimidade para propositura da ação executiva, sendo certo que devem ser extraídas cópias do processo de execução e remetidas à Procuradoria da Fazenda Nacional, diante da imprescritibilidade da execução do acórdão do TCU.

COMENTÁRIOS

Nota do autor: para a correta compreensão da presente questão, faz-se necessário o conhecimento do seguinte julgado: "[...] 2. Analisando detalhadamente o tema da "prescritibilidade de ações de ressarcimento", este Supremo Tribunal Federal concluiu que, somente são imprescritíveis as ações de ressarcimento ao erário fundadas na prática de ato de improbidade administrativa doloso tipificado na Lei de Improbidade Administrativa – Lei 8.429/1992 (Tema 897). Em relação a todos os demais atos ilícitos, inclusive àqueles atentatórios à probidade da administração não dolosos e aos anteriores à edição da Lei 8.429/1992, aplica-se o Tema 666, sendo prescritível a ação de reparação de danos à Fazenda Pública. 3. A excepcionalidade reconhecida pela maioria do Supremo Tribunal Federal no Tema 897, portanto, não se encontra presente no caso em análise, uma vez que, **no processo de tomada de contas, o TCU não julga pessoas, não perquirindo a existência de dolo decorrente de ato de improbidade administrativa**, mas, especificamente, realiza o julgamento técnico das contas à partir da reunião dos elementos objeto da fiscalização e apurada a ocorrência de irregularidade de que resulte dano ao erário, proferindo o acórdão em que se imputa o débito ao responsável, para fins de se obter o respectivo ressarcimento. 4. **A pretensão de ressarcimento ao erário em face de agentes públicos reconhecida em acórdão de Tribunal de Contas prescreve na forma da Lei 6.830/1980 (Lei de Execução Fiscal).** 5. Recurso Extraordinário DESPROVIDO, mantendo-se a extinção do processo pelo reconhecimento da prescrição. Fixação da seguinte tese para o TEMA 899: "É prescritível a pretensão de ressarcimento ao erário fundada em decisão de Tribunal de Contas". (RE 636.886/AL, rel. Min. Alexandre de Moraes, j. 20.04.2020).

Alternativa "a": alternativa errada. O Ministério Público não conta com legitimidade para ajuizar tal execução fiscal, seja o MPTCU, seja o MPF. Ademais, a execução do acórdão do TCU não é imprescritível, mas prescreve na forma da Lei de Execução Fiscal.

Alternativa "b": alternativa errada. O Ministério Público não conta com legitimidade para a propositura da execução apontada no enunciado da questão. Além disso, a pretensão executiva de ressarcimento ao erário em face do agente público Antônio reconhecida em acórdão do TCU, prescreve conforme a Lei de Execução Fiscal.

Alternativa "c": alternativa errada. Nem o MPF e nem o MPTCU detêm atribuição para a propositura de tal execução. Também é errado afirmar que seja imprescritível a execução do acórdão do TCU conforme narrado no enunciado da questão.

Alternativa "d": alternativa certa. O STF entende que "somente o ente público beneficiário possui legitimidade ativa para a propositura de ação executiva decorrente de condenação patrimonial imposta por Tribunais de Contas (CF, art. 71, §3º)". Assim, o Ministério Público não conta com legitimidade para promover a execução. Por outro lado, conforme apontado na nota do autor, a pretensão de ressarcimento ao erário em face de agentes públicos reconhecida em acórdão de Tribunal de Contas prescreve na forma da Lei 6.830/1980 (Lei de Execução Fiscal).

Alternativa "e": alternativa errada. A alternativa merece maior atenção, uma vez que boa parte dela está correta. Contudo, seu erro consiste em afirmar que a execução do acórdão do TCU seria imprescritível.

Alternativa correta: letra "d".

---

124. (FGV – Auditor Técnico de Controle Externo – TCE – AM/2021) A doutrina de Direito Administrativo classifica o controle da administração pública, quanto à extensão do controle, como interno e externo. É exemplo de controle externo quando:

a) o Tribunal de Contas do Estado do Amazonas aprecia as contas prestadas semestralmente pelo Governador do Estado, mediante parecer prévio;

b) o Tribunal de Contas do Estado do Amazonas aprecia, para fins de registro, a legalidade dos atos de nomeações para cargo de provimento em comissão praticados pelo Executivo;

c) o Tribunal de Contas do Estado do Amazonas instala Comissão Parlamentar de Inquérito, para a apuração de fato determinado e por prazo certo;

d) a Assembleia Legislativa do Estado do Amazonas elege sua Mesa e constitui suas Comissões, com representação proporcional dos partidos ou dos blocos parlamentares;

e) a Assembleia Legislativa do Estado do Amazonas susta determinado ato normativo do Poder Executivo que exorbite do poder regulamentar.

COMENTÁRIOS

✪ **Nota do autor:** a presente questão exigia do candidato o conhecimento de uma série de dispositivos da Constituição do Estado do Amazonas. Contudo, ainda que o leitor não se interesse por prestar concurso neste estado, vale a pena estudar, com muito cuidado, o enunciado, pois os dispositivos aqui apontados são extremamente semelhantes àqueles contidos nas constituições dos demais estados.

Alternativa "a": a hipótese trazida na alternativa é uma hipótese de controle externo. Contudo, a apreciação das contas do Governador do Estado pelo Tribunal de Contas do Estado deve se dar anualmente (Constituição do Estado do Amazonas, art. 40, I), e não semestralmente como trouxe o enunciado.

Alternativa "b": alternativa errada, uma vez que a competência do Tribunal de Contas do Estado do Amazonas, conforme a Constituição Estadual, é para "apreciar, para fins de registro, a legalidade dos atos de admissão de pessoal, a qualquer título, na administração direta e indireta, incluídas as fundações instituídas e mantidas pelo Poder Público estadual, **excetuadas as nomeações para cargo de provimento em comissão**, bem como a legalidade das concessões de aposentadorias, reformas e pensões, ressalvadas as melhorias posteriores que não alterem o fundamento legal do ato concessório" (art. 40, III).

Alternativa "c": a instalação de comissões parlamentares de inquérito é competência da Assembleia Legislativa, e não do Tribunal de Contas do Estado.

Alternativa "d": o controle externo, a cargo da Assembleia Legislativa, a ser exercido com o auxílio do Tribunal de Contas do Estado, foi previsto no art. 40 da Constituição do Estado do Amazonas, que estabelece as suas competências. Já a competência para a eleição da sua Mesa (art. 28, II) e constituição das comissões (art. 30, §1) da ALAM não se tratam de atividades relacionadas ao controle externo, mas sim atos indispensáveis à organização interna da própria Assembleia.

Alternativa "e": segundo o art. 28 da Constituição do Estado do Amazonas, é competência da Assembleia Legislativa "**sustar os atos normativos do Poder Executivo que exorbitem do Poder regulamentar** ou dos limites de delegação legislativa e os atos contrários aos princípios de preservação do meio ambiente". Assim, a alternativa está correta.

Alternativa correta: letra "e".

---

125. (FGV – Auditor de Controle Externo – TCE – PI/2021) Em tema de controle da administração pública em âmbito estadual, especificamente de controle legislativo, é exemplo de controle parlamentar direto quando:

a) o Tribunal de Contas estadual realiza a fiscalização contábil, financeira, orçamentária, operacional e patrimonial do Estado, proferindo decisões passíveis de recurso ao Ministério Público;

b) a Controladoria Geral do Estado exerce o controle interno com a finalidade de avaliar o cumprimento das metas previstas no plano plurianual, a execução dos programas de governo e dos orçamentos do Estado;

c) a Assembleia Legislativa cria comissão parlamentar de inquérito, que tem poderes de investigação próprios das autoridades judiciais, além de outros previstos no regimento da Casa Legislativa;

d) o Tribunal de Contas estadual aplica aos responsáveis, em caso de ilegalidade de despesa ou irregularidade de contas, as sanções previstas em lei, como multa proporcional ao dano causado ao erário e suspensão dos direitos políticos;

e) a Assembleia Legislativa susta, se não atendido, a execução do ato impugnado, mediante prévia e indispensável autorização do Governador do Estado, pelo sistema de freios e contrapesos.

COMENTÁRIOS

✪ **Nota do autor:** o controle legislativo sobre a administração pública pode ser dar de diversas formas, dentre as quais merecem destaque: o controle financeiro, a instituição de comissões parlamentares de inquérito, o julgamento do chefe do Executivo do qual pode resultar o impeachment, a sustação de atos normativos, a autorização e aprovação de atos administrativos além da convocação de autoridades e requisição de informações.

Alternativa "a": segundo o art. 85 da Constituição do Estado do Piauí, "a fiscalização contábil, financeira, orçamentária, operacional e patrimonial do Estado e das entidades da Administração direta e indireta, quanto à legalidade, legitimidade, economicidade, aplicação de subvenções e renúncia de receita, **será exercida pela Assembleia Legislativa, mediante controle externo** e pelo sistema de controle interno de cada Poder". Assim, a primeira parte da alternativa está correta. Contudo, não há que se falar em recurso das decisões do Tribunal de Contas do Estado ao Ministério Público, o que torna a alternativa errada.

Alternativa "b": alternativa errada, já que a competência prevista no seu enunciado não é da Controladoria Geral do Estado. Assim: "Os Poderes Legislativo, Executivo e Judiciário manterão, de forma integrada, sistema de controle interno com a finalidade de: i- avaliar o cumprimento das metas do Plano Plurianual, a execução de programas de governo e os orçamentos do Estado (Constituição do Estado do Piauí, Art. 90, I).

Alternativa "c": o enunciado da questão pede um exemplo de **controle parlamentar direto**, por isso a alternativa está correta, uma vez que, segundo o §3º do art. 58 da CRFB/88, "as comissões parlamentares de inquérito, **que terão poderes de investigação próprios das autoridades judiciais, além de outros previstos nos regimentos das respectivas Casas**, serão criadas pela Câmara dos Deputados e pelo Senado Federal, em conjunto o separadamente, mediante requerimento de um terço de seus membros, para a apuração de fato determinado e por prazo certo, sendo suas conclusões, se for o caso, encaminhadas ao Ministério Público, para que promova a responsabilidade civil ou criminal dos infratores".

Alternativa "d": alternativa incorreta, uma vez que não compete ao Tribunal de Contas aplicar a sanção de suspensão dos direitos políticos. Assim, conforme art. 86, VII da Constituição do Estado do Piauí compete ao Tribunal de Contas: aplicar aos responsáveis, em caso de ilegalidade de despesas ou irregularidades na prestação de contas as sanções previstas em lei, que estabelecerá, entre outras cominações, multa proporcional ao valor do dano causado". No mesmo sentido é a disposição do inciso VIII do art. 71 da CRFB/88.

Alternativa "e": alternativa errada, já que, conforme art. 86, IX da Constituição do Estado do Piauí, é competência do Tribunal de Contas do Estado, sustar, no caso de falta de atendimento, a execução do ato impugnado, comunicando, de imediato a decisão à Assembleia Legislativa.

Alternativa correta: letra "c".

15. LEI DE IMPROBIDADE ADMINISTRATIVA

- CRFB/88, art. 37 (§5º);
- Lei 8.429/92, arts. 1º, 5º, 9º, 10, 11, 16 e 23;
- Lei 14.230/21.

126. CEBRASPE - 2024 - TCE/AC - Analista TI

Acerca de noções de direito administrativo, julgue o item a seguir.

Suponha que um servidor público tenha obtido vantagem econômica para intermediar a liberação de verba pública e que outro servidor tenha recebido, indiretamente, vantagem econômica para omitir ato de ofício a que estava obrigado. Nessa situação hipotética, nos termos da Lei n.º 8.429/1992, os dois servidores públicos somente estarão sujeitos a responder por ato de improbidade administrativa se houverem praticado dolosamente as mencionadas condutas.

COMENTÁRIOS

✪ **Nota do autor:** entendimento recente do STF afastou a possibilidade de incidência das sanções da Lei de Improbidade Administrativa sobre condutas dolosas. Nesse sentido: "É inconstitucional - em razão da necessidade da existência do dolo do agente - a previsão da modalidade culposa de ato de improbidade administrativa (Lei nº 8.429/1992, arts. 5º e 10, em sua redação originária). (RE 610.523/SP e RE 656.558/SP, rel. Min. Dias Toffoli, j. 25.10.2024. STF Info 1156). Considerando a importância do tema e a alta incidência em concursos públicos, recomenda-se a leitura do julgado.

Item certo.

127. CEBRASPE - 2024 - TCE/AC - Analista Ministerial

Em relação ao controle da administração pública e à improbidade administrativa, observada a jurisprudência dos tribunais superiores, julgue o próximo item.

No que concerne ao tratamento jurídico da improbidade administrativa, objeto do direito administrativo sancionador, não se adota o princípio da retroatividade das normas mais benéficas na mesma extensão que no direito penal.

COMENTÁRIOS

✪ Nota do autor: O STF fixou tese de repercussão geral no tema 1199 no sentido de afirmar que na esfera da Lei de Improbidade Administrativa não incide o princípio da retroatividade das normas mais benéficas da mesma forma que no Direito Penal, área na qual alcança, inclusive, a coisa julgada. Assim: "**A norma benéfica da Lei 14.230/2021 - revogação da modalidade culposa do ato de improbidade administrativa -, é IRRETROATIVA, em virtude do artigo 5º, inciso XXXVI, da Constituição Federal, não tendo incidência em relação à eficácia da coisa julgada; nem tampouco durante o processo de execução das penas e seus incidentes.** A nova Lei 14.230/2021 aplica-se aos atos de improbidade administrativa culposos praticados na vigência do texto anterior da lei, porém sem condenação transitada em julgado, em virtude da revogação expressa do texto anterior; devendo o juízo competente analisar eventual dolo por parte do agente [...] (ARE 843989, Rel. Min. Alexandre de Moraes, Tribunal Pleno, j. 18-08-2022)

Item certo

128. (Cespe - Analista de Controle Externo - Direito - TCE - RJ/2021) Acerca do controle da administração pública e a intervenção do Estado na propriedade, julgue os itens que se seguem.

Servidor público que dispensar indevidamente processo licitatório estará sujeito a responder por improbidade administrativa, somente se a conduta tiver sido dolosa.

COMENTÁRIOS

✪ **Nota do autor:** ATENÇÃO - quando da realização do concurso em que foi exigido este enunciado, o gabarito o apontou como errado, uma vez que o caput do art. 10 da Lei de Improbidade Administrativa admitia a responsabilização tanto por dolo quanto por culpa nos casos de prejuízo ao erário, como era o caso da conduta de frustrar a licitude de processo licitatório ou dispensá-lo indevidamente (art. 10, VIII, da lei nº 9.429/92). Contudo, com a nova redação conferida pela lei nº 14.230/2021 à Lei de Improbidade Administrativa (lei nº 8.429/92), o item passou a estar correto uma vez que, conforme o §1º do art. 1º da LIA, "consideram-se atos de improbidade administrativa as condutas **dolosas** tipificadas nos arts. 9º, 10 e 11 desta lei, ressalvados tipos previstos em leis especiais". **Item Errado** (considerando a norma vigente à época do concurso).

129. FGV – 2024 – TCE/PA – Auditor de Controle Externo

Após o devido processo legal, em decorrência da prática de ato de improbidade administrativa, foi aplicada a Samuel, que era prefeito do Município Alfa, entre outras penalidades, a de suspensão de direitos políticos pelo prazo de 13 (treze) anos, em decorrência da gravidade de sua conduta. Considerando as disposições constantes da Lei nº 8.429/92, com a redação conferida pela Lei nº 14.230/2021, é correto afirmar que a penalidade de suspensão de direitos políticos na extensão imposta

a) apenas está prevista para os atos de improbidade que importam em enriquecimento ilícito.
b) pode ser aplicada para qualquer dos atos de improbidade tipificados na norma em comento.
c) somente seria cabível para os atos de improbidade que causam lesão ao erário.
d) restringe-se aos atos de improbidade que atentam contra os princípios da Administração Pública.
e) extrapola os limites previstos na norma em apreço para qualquer dos atos de improbidade.

COMENTÁRIOS

✪ **Nota do autor:** um dos dispositivos mais cobrados em questões de concurso sobre improbidade administrativa é o art. 11 da lei nº 8.429/92, o qual, em seu primeiro inciso traz as penas para os atos de improbidade que importam enriquecimento ilícito, quais sejam: perda de bens ou valores acrescidos ilicitamente ao patrimônio, perda da função pública, suspensão dos direitos políticos até 14 anos, pagamento de multa civil equivalente ao valor do acréscimo patrimonial e proibição de contratar com o poder público ou de receber benefícios ou incentivos fiscais ou creditícios, direta ou indiretamente, ainda que por intermédio de pessoa jurídica da qual seja sócio majoritário, pelo prazo não superior a 14 anos.

Alternativa "a": alternativa correta. Para os atos de improbidade que importem em enriquecimento ilícito, a penalidade de suspensão de direitos políticos pode alcançar até 14 anos, ao passo que no caso de prejuízo ao erário o máximo é de 12 anos e, na hipótese de atos que atentam contra os princípios da Administração Pública, esta pena não se aplica (lei nº 8.429/92, art. 11).

Alternativa "b": alternativa errada. A penalidade de suspensão de direitos políticos na extensão imposta só se aplica aos atos de enriquecimento ilícito, já que nos casos de prejuízo ao erário o prazo máximo é de 12 anos. Já nos casos de atos que atentam contra os princípios da Administração Pública, tal pena não se aplica.

Alternativa "c": alternativa errada. No caso de atos de improbidade que causam lesão ao erário, o prazo máximo para a suspensão de direitos políticos é de 12 anos.

Alternativa "d": alternativa errada. A pena de suspensão dos direitos políticos não se aplica aos atos de improbidade que atentam contra os princípios da Administração Pública.

Alternativa "e": alternativa errada, uma vez que o art. 11 da Lei de Improbidade Administrativa determina que para os atos de improbidade administrativa que importem em enriquecimento ilícito, a pena de suspensão dos direitos políticos pode alcançar até 14 anos.

Alternativa correta: letra "a".

130. FGV – 2024 – TCE/GO – Analista de Controle Externo

Diante das orientações consolidadas pelo Supremo Tribunal Federal acerca da temática da improbidade administrativa, notadamente após as alterações promovidas 14.230/2021 na Lei nº 8.429/92, é correto afirmar que

a) o novo regime prevê a responsabilização objetiva pela prática de atos de improbidade administrativa.
b) são prescritíveis as ações de ressarcimento ao erário decorrentes de atos de improbidade dolosos que ocasionam lesão aos cofres públicos.

c) a revogação da modalidade culposa deve retroagir para beneficiar os agentes públicos condenados pela prática do ato de improbidade.

d) o regime prescricional previsto no novel diploma é irretroativo, aplicando-se os novos marcos temporais a partir da publicação da lei.

e) os entes federativos não têm legitimidade para ajuizar ação de improbidade administrativa nas situações em que sejam lesados, diante da exclusividade conferida ao Ministério Público para tanto.

COMENTÁRIOS

Nota do autor: o estudo da Improbidade Administrativa requer um material sempre atualizado, seja em razão das constantes decisões dos tribunais superiores sobre o tema, seja em decorrência das inúmeras transformações decorrentes da lei nº 14.230/21, dentre as quais, o fim da modalidade culposa da improbidade na lesão ao erário, a tipificação dos atos de improbidade, o abrandamento das sanções, a fixação do prazo para a conclusão das investigações e a criação da prescrição intercorrente.

Alternativa "a": alternativa errada. Não há, na Lei de Improbidade, qualquer modalidade de conduta pela qual o agente responda objetivamente. Ao contrário, com as mudanças decorrentes da lei nº 14.230/2021, a responsabilização somente se dará a título de dolo. Nesse sentido: É inconstitucional - em razão da necessidade da existência do dolo do agente - a previsão da modalidade culposa de ato de improbidade administrativa (Lei nº 8.429/1992, arts. 5º e 10, em sua redação originária). (RE 610.523/SP, relator Ministro Dias Toffoli, julgamento virtual finalizado em 25.10.2024; RE 656.558/SP, relator Ministro Dias Toffoli, julgamento virtual finalizado em 25.10.2024. STF Info 1156)

Alternativa "b": alternativa errada. Conforme entendimento do STF **"s**ão imprescritíveis as ações de ressarcimento ao erário fundadas na prática de ato doloso tipificado na Lei de Improbidade Administrativa" (RE 852475/SP, rel. Min. Alexandre de Moraes, j. 08.08.2018).

Alternativa "c": alternativa errada, uma vez que o STF fixou tese no sentido de que "a norma benéfica da lei 14.230/21 revogação da modalidade culposa do ato administrativo, é irretroativa, em virtude do artigo 5º, inciso XXXVI, da Constituição Federal, não tendo incidência em relação à eficácia da coisa julgada; nem tampouco durante o processo de execução das penas e seus incidentes (ARE 843989)

Alternativa "d": alternativa de acordo com tese fixada pelo STF no ARE 843989, segundo a qual "o novo regime prescricional previsto na lei 14.230/21 é irretroativo, aplicando-se os novos marcos temporais a partir da publicação da lei".

Alternativa "e": alternativa errada por estar em desacordo com o entendimento do STF segundo qual "os entes públicos que sofreram prejuízos em razão de atos de improbidade também estão autorizados, de forma concorrente com o Ministério Público, a propor ação e a celebrar acordos de não persecução civil em relação a esses atos. (STF. Plenário. ADI 7042/DF e ADI 7043/DF, Rel. Min. Alexandre de Moraes, j. 31/8/2022 - Info 1066).

Alternativa correta: letra "d".

---

131. FGV – 2023 – TCE/BA – Auditor de Controle Externo

Há cerca de dez anos, Garibaldo, servidor público estável, ocupante de cargo efetivo do Estado Delta, em conluio com a sociedade Alfa, praticou condutas ilícitas graves que importaram em grandes prejuízos para os cofres públicos. Tais condutas, a um só tempo, são passíveis de responsabilização nas esferas civil, administrativa e por improbidade administrativa. Em razão do tempo decorrido, as autoridades competentes, inclusive as vinculadas ao respectivo Tribunal de Contas, estão analisando a questão atinente à prescrição da pretensão de buscar o ressarcimento ao erário, nas respectivas vias, em decorrência de tais fatos. À luz da orientação do Supremo Tribunal Federal acerca do tema com relação às mencionadas esferas de responsabilização, é correto afirmar que:

a) qualquer pretensão que verse sobre o ressarcimento ao erário é imprescritível;

b) somente a pretensão relacionada ao ressarcimento ao erário por ato de improbidade doloso é considerada imprescritível;

c) apenas a apuração administrativa levada a efeito em sede de controle externo pelo Tribunal de Contas pode ser considerada imprescritível;

d) nenhuma pretensão pode ser considerada imprescritível, diante dos princípios da segurança jurídica e do devido processo legal;

e) a pretensão de ressarcimento ao erário relacionada a ilícito civil é prescritível, mas não a que seja fundada em decisão do Tribunal de Contas nem aquela relacionada à ação de improbidade.

COMENTÁRIOS

Nota do autor: com as alterações decorrentes da lei nº 14.230/21 a ação para a aplicação das sanções previstas na Lei de Improbidade Administrativa passou a prescrever em oito anos, contados a partir da ocorrência do fato ou, no caso de infrações permanentes, do dia em que cessou a permanência (art. 23).

Alternativa "a": alternativa errada, uma vez que não são imprescritíveis todas as pretensões que versem sobre o ressarcimento ao erário, mas apenas aquelas fundadas na prática de ato doloso tipificado na Lei de Improbidade Administrativa.

Alternativa "b": alternativa correta. Segundo disposição constitucional, "a lei estabelecerá os prazos de prescrição para ilícitos praticados por qualquer agente, servidor ou não, que causem prejuízos ao erário, ressalvadas as respectivas ações de ressarcimento" (art. 37, §5º). Com base nisso é possível também destacar o entendimento do STF segundo o qual: "São imprescritíveis as ações de ressarcimento ao erário fundadas na prática de ato doloso tipificado na Lei de Improbidade Administrativa" (RE 852475/SP, rel. Min. Alexandre de Moraes, j. 08.08.2018).

Alternativa "c": alternativa errada. Segundo entendimento do STF, "é prescritível a pretensão de ressarcimento ao erário fundada em decisão de Tribunal de Contas" (RE 636886, Rel. Min. Alexandre de Moraes, j. 20.04.2020).

Alternativa "d": alternativa errada. Por expressa previsão constitucional (art. 37, §5º) corroborada pelo entendimento do STF, são imprescritíveis as ações de ressarcimento ao erário fundadas na prática de ato doloso tipificado na Lei de Improbidade Administrativa.

Alternativa "e": alternativa errada, vez que a pretensão de ressarcimento ao erário fundada a decisão do Tribunal de Contas é prescritível e, nos casos de improbidade, apenas são imprescritíveis aquelas de ressarcimento ao erário fundadas na prática de ato doloso.

Alternativa correta: letra "b".

---

132. CEBRASPE – 2023 – TCE/MS - Procurador

Acerca de improbidade administrativa, assinale a opção correta de acordo com a jurisprudência do STJ.

a) A decisão de tornar bens indisponíveis deve dar prioridade ao bloqueio de contas bancárias.

b) A indisponibilidade de bens de terceiro não depende da demonstração da efetiva concorrência dessa pessoa para os atos ilícitos apurados.

c) Quando existirem múltiplos réus em um processo, a totalidade dos valores declarados indisponíveis não poderá exceder a quantia especificada na petição inicial como dano ao erário.

d) A decretação de indisponibilidade de bens ocorrerá somente após a prévia oitiva do réu.

e) A medida de indisponibilidade de bens de família é uma sanção que o juiz deverá conceder quando presentes o fumus boni iuris e o periculum in mora.

COMENTÁRIOS

✪ **Nota do autor:** apesar de o enunciado exigir a opção correta conforme entendimento do STJ, todas as alternativas poderiam ser compreendidas apenas com a leitura da lei de improbidade administrativa, conforme alterações que lhe foram impostas pela lei nº 14.230/21. Assim, reitere-se que a leitura cuidadosa da lei é, sem dúvidas, a melhor forma de se preparar para esse tipo de concurso.

Alternativa "a": alternativa errada. A Lei de Improbidade Administrativa determina que a ordem de indisponibilidade de bens deverá priorizar veículos de via terrestre, bens imóveis, bens móveis em geral, semoventes, navios e aeronaves, ações e quotas de sociedades simples e empresárias, pedras e metais preciosos e, apenas na inexistência desses, o bloqueio de contas bancárias, de forma a garantir a subsistência do acusado e a manutenção da atividade empresária ao longo do processo. (art. 16, §11).

Alternativa "b": alternativa errada por contrariar dispositivo expresso da Lei de Improbidade Administrativa. Nesse sentido, estabelece o §7º do art. 16 que "a indisponibilidade de bens de terceiro dependerá da demonstração da sua efetiva concorrência para os atos ilícitos apurados ou, quando se tratar de pessoa jurídica, da instauração de incidente de desconsideração da personalidade jurídica a ser processado na forma de lei processual".

Alternativa "c": alternativa correta por trazer mais uma dentre as várias novidades inseridas na Lei de Improbidade Administrativa pela lei nº 14.230/21. Assim, conforme atual previsão do §5º do art. 16, "se houver mais de um réu na ação, a somatória dos valores declarados indisponíveis não poderá superar o montante indicado na petição inicial como dano ao erário ou como enriquecimento ilícito".

Alternativa "d": alternativa errada, já que a Lei de Improbidade Administrativa admite que a indisponibilidade de bens possa ser decretada sem a oitiva prévia do réu, sempre que o contraditório prévio puder comprovadamente frustrar a efetividade da medida ou houver outras circunstâncias que recomendem a proteção liminar, não podendo a urgência ser presumida. (art. 16, §4º).

Alternativa "e": alternativa errada. Considerando a proteção que o ordenamento confere ao bem de família, é vedada a decretação de sua indisponibilidade, salvo se comprovado que o imóvel seja fruto de vantagem patrimonial indevida, conforme art. 9º da LIA (art. 16, §14).

Alternativa correta: letra "c".

133. (FGV – Auditor Técnico de Controle Externo – TCE – AM/2021) João, Secretário Municipal de Fazenda, com o objetivo de fomentar a prestação de serviços locais na iniciativa privada, praticou ato administrativo concedendo benefício tributário contrário ao que dispõe a legislação de imposto sobre serviços. De acordo com a tipologia da Lei n° 8.429/1992, João praticou uma espécie de ato de improbidade administrativa que:

a) importa enriquecimento ilícito e tem como uma de suas sanções a perda da função pública, caso ainda esteja exercendo;
b) atenta contra os princípios da administração pública e tem como uma de suas sanções a suspensão dos direitos políticos de quatro a oito anos;
c) decorre de concessão indevida de benefício financeiro ou tributário e tem como uma de suas sanções a multa civil de até três vezes o valor do benefício financeiro ou tributário concedido;
d) atenta contra os princípios da administração pública e tem como uma de suas sanções a proibição de contratar com o poder público ou receber benefícios ou incentivos fiscais ou creditícios, pelo prazo de cinco anos;
e) causa prejuízo ao erário e tem como uma de suas sanções a proibição de contratar com o poder público ou receber benefícios ou incentivos fiscais ou creditícios, direta ou indiretamente, pelo prazo de três anos.

COMENTÁRIOS

✪ **Nota do autor:** questão típica de concursos, envolvendo condutas e sanções que representam atos de improbidade administrativa. Cuida-se, na verdade, de um dos temas mais cobrados em provas de Direito Administrativo, seja qual for o concurso. Contudo, ao estudar o assunto, há que se ter extremo cuidado com a série de transformações incorporadas na Lei de Improbidade Administrativa pela lei nº 14.230, de 2021.

Alternativa "a": os atos de improbidade administrativa que importam enriquecimento ilícito estão previstos no art. 9º da Lei de Improbidade Administrativa, mas não é o caso da conduta narrada no enunciado, a qual, com a nova redação conferida à LIA pela lei nº 14.230/21, passou a fazer parte do rol de atos de improbidade administrativa que causam prejuízo ao erário (Art. 10, XXII), cujas sanções encontram-se previstas no art. 12, II, da mesma lei.

Alternativa "b": conforme apontado na análise da alternativa "c", o ato narrado no enunciado era previsto no art. 10-A da LIA. Contudo, com as alterações advindas da lei nº 14.230/21, foi alçado à ato de improbidade administrativa que causa prejuízo ao erário (Art. 10, XXII), cujas sanções encontram-se previstas no art. 12, II, da mesma lei.

Alternativa "c": a conduta narrada no enunciado foi incluída na Lei de Improbidade Administrativa (LIA/ lei nº 8.429/92) pela Lei Complementar nº 157/2016. Assim, o art. 10-A da LIA passou a prever, como modalidade de ato de improbidade administrativa, "qualquer ação ou omissão para conceder, aplicar ou manter benefício financeiro ou tributário contrário ao que dispõem o caput e o §1º do art. 8º-A da LC 116/2003. Para tanto, o art. 12 da LIA passou a contar com o inciso IV que previa como sanção para tal conduta, a perda da função pública, suspensão dos direitos políticos de 5 (cinco) a 8 (oito) anos e multa civil de até três vezes o valor do benefício financeiro ou tributário concedido. Assim, a presente alternativa, quando da aplicação da prova, estava perfeitamente de acordo com o texto da LIA. Contudo, em 2021, a lei nº 14.230 revogou, dentre outros, o art. 10-A e o inciso IV do art. 12 da LIA, transferindo a conduta para o inciso XXII do art. 10, que traz um rol exemplificativo de atos de improbidade Administrativa que causam prejuízo ao erário. Do mesmo modo, a sanção foi alterada, passando a ser prevista no art. 12, II, da Lei de Improbidade Administrativa, quais seja, a perda dos bens ou valores acrescidos ilicitamente ao patrimônio, se concorrer esta circunstância, perda da função pública, suspensão dos direitos políticos até 12 anos, pagamento de multa civil equivalente ao valor do dano e proibição de contratar com o poder público ou de receber benefícios ou incentivos fiscais ou creditícios, direta ou indiretamente, ainda que por intermédio de pessoa jurídica da qual seja sócio majoritário, pelo prazo não superior a 12 anos. Assim, considerando a época da realização do concurso, a presente alternativa encontra-se correta.

Alternativa "d": conforme apontado na análise da alternativa "c", o ato narrado no enunciado era previsto no art. 10-A da LIA. Contudo, com as alterações advindas da lei nº 14.230/21, foi alçado à ato de improbidade administrativa que causa prejuízo ao erário (Art. 10, XXII), cujas sanções encontram-se previstas no art. 12, II, da mesma lei.

Alternativa "e": com a nova redação da Lei de Improbidade Administrativa, conferida pela lei nº 14.230/21, a conduta narrada no enunciado passou a ser tratada como um dos exemplos de ato administrativo que causa prejuízo ao erário. Contudo, à época da realização deste concurso, tal ato constava do art. 10-A da LIA, que previa atos de improbidade administrativa decorrentes de concessão ou aplicação indevida de benefício financeiro ou tributário. Por isso mesmo a primeira parte desta alternativa foi considerada errada. Atualmente, as sanções para tal conduta encontram-se previstas no art. 12, II, da LIA e não mais no inciso IV, revogado.

Alternativa correta: letra "c" (considerando a norma vigente à época do concurso).

134. (FGV – Auditor de Controle Externo – TCE – PI/2021) Maria, engenheira ocupante do cargo de Auditor Externo de determinado Tribunal de Contas estadual, recebeu vantagem econômica direta, consistente no pagamento de trinta mil reais, para fazer declaração falsa sobre quantidade, qualidade e característica de bens fornecidos ao citado tribunal, por força de contrato administrativo. João, sócio administrador da sociedade empresária contratada, que era seu namorado, lhe pagou a quantia previamente combinada, e Maria atestou falsamente o recebimento dos produtos adquiridos. Quatro anos após o ato ilícito, o Ministério Público estadual ajuizou ação de improbidade administrativa em face de Maria e João. Na contestação, ambos os demandados alegaram prescrição e João sustentou, ainda, sua ilegitimidade passiva. Com base na Lei n° 8.429/1992:

a) não assiste razão aos demandados, pois o prazo prescricional para ambos é de 5 anos, e João, mesmo sendo particular, concorreu para a prática do ato de improbidade e dele se beneficiou;
b) não assiste razão aos demandados, pois o prazo prescricional para ambos é de 15 anos, e João, mesmo sendo particular, pode ser responsabilizado porque é namorado de Maria, o que fere o princípio da impessoalidade;
c) assiste razão aos demandados, pois o prazo prescricional para ambos é de 3 anos, e João não pode figurar no polo passivo porque não é servidor público;
d) não assiste razão aos demandados no que tange ao prazo prescricional, que é de 5 anos, para ambos, mas assiste razão a João no sentido de que não pode figurar no polo passivo porque não é servidor público;
e) assiste razão aos demandados, pois o prazo prescricional para ambos é de 2 anos, e João, mesmo sendo particular, poderia ser responsabilizado porque é namorado de Maria, o que fere o princípio da impessoalidade.

COMENTÁRIOS

✪ **Nota do autor:** a lei nº 14.230/2021 trouxe uma série de alterações à Lei de Improbidade Administrativa (lei nº 8.429/92). Dentre elas a alteração do prazo prescricional. Em relação à possibilidade de as sanções alcançarem o particular, o aspecto mais importante da alteração legislativa reside na substituição da redação antiga "induza ou concorra para a prática do ato de improbidade ou dele se beneficie sob qualquer forma direta ou indiretamente", por "induza ou concorra dolosamente para a prática de improbidade" (Art. 3º da LIA).

Alternativa "a": o gabarito aponta esta alternativa como correta, considerando a antiga previsão do art. 23 da lei nº 8.429/93, segundo o qual o prazo prescricional nas ações de improbidade era: I- cinco anos após o término do exercício de mandato, de cargo em comissão ou de função de confiança; II- dentro do prazo prescricional previsto em lei específica para faltas disciplinares puníveis com demissão a bem do serviço público, nos casos de exercício de cargo efetivo ou emprego; e III- até cinco anos da data da apresentação à administração pública da prestação de contas final pelas entidades referidas no parágrafo único do art. 1º da LIA. Entretanto, há que se ficar bastante atento às alterações geradas à LIA com a edição da lei nº 14.230/21, cujo art. 23 passou a contar com a seguinte redação: "A ação para a aplicação das sanções previstas nesta Lei prescreve em 8 (oito) anos, contados a partir da ocorrência do fato ou, no caso de infrações permanentes, do dia em que cessou a permanência". Por outro lado, a possibilidade de se punir o particular que concorra e/ou se beneficie do ato de improbidade continua prevista na LIA, após as alterações. Assim, a nova redação do art. 3º estabelece que "as disposições desta Lei são aplicáveis, no que couber, àquele que, mesmo não sendo agente público, **induza ou concorra dolosamente** para a prática do ato de improbidade".

Alternativa "b": alternativa completamente equivocada uma vez que o prazo prescricional nem antes e nem depois das alterações decorrentes da lei nº 14.230/21 é de 15 anos. Ademais, não há que se falar na responsabilização de João pelo fato de ser namorado de Maria, mas sim por ser particular que concorreu dolosamente com o ato de improbidade narrado no enunciado.

Alternativa "c": o prazo prescricional era de 5 anos e, com as alterações legislativas recentes, passou a ser de 8 anos, o que já torna a alternativa errada. No mais, João pode figurar no polo passivo mesmo não sendo servidor público, na condição de particular que concorreu dolosamente com o ato de improbidade narrado no enunciado.

Alternativa "d": a primeira parte da alternativa deveria ser considerada correta conforme a legislação em vigor à época da aplicação da prova. Contudo, conforme demonstrado na análise da alternativa "a", é errado afirmar que João não poderia figurar no polo passivo pelo fato de não ser servidor público.

Alternativa "e": alternativa errada tanto no que diz respeito ao prazo prescricional, quanto ao fato de que João poderia ser responsabilizado apenas pelo fato de ser namorado de Maria.

Alternativa correta: letra "a" (considerando a norma vigente à época do concurso).

16. LEI ANTICORRUPÇÃO

▸ Lei 12.846/13, arts. 1º, 2º, 3º e 4º.

135. (Cespe - Analista de Controle Externo - Direito - TCE - RJ/2021) Com relação à organização administrativa, ao processo administrativo, ao estatuto jurídico da empresa pública, da sociedade de economia mista e de suas subsidiárias e à Lei de Acesso a Informação, julgue os itens a seguir.

Situação hipotética: Uma sociedade empresária participou de processo licitatório de determinado órgão e fraudou, mediante ajuste, o seu caráter competitivo. Assertiva: Nessa situação, haverá responsabilização da mencionada sociedade e de seus administradores, individualmente.

COMENTÁRIOS

✪ **Nota do autor:** a presente questão abordou a chamada "Lei Anticorrupção Empresarial" (lei nº 12.846/2013) que dispõe sobre a responsabilização administrativa e civil das pessoas jurídicas pela prática de atos contra a administração pública, nacional ou estrangeira. Tal lei, em seu art. 3º determina que "**a responsabilização da pessoa jurídica não exclui a responsabilidade individual de seus dirigentes ou administradores** ou de qualquer pessoa natural, autora, coautora ou partícipe do ato ilícito". Ainda em relação àquele dispositivo, vele mencionar que a pessoa jurídica será responsabilizada independentemente da responsabilização individual das pessoas naturais (§1º), assim como os dirigentes ou administradores somente serão responsabilizados por atos ilícitos na medida da sua culpabilidade (§2º). **Item CERTO.**

136. VUNESP - 2023 - TCM/SP - Auditor de Controle Externo

A respeito da responsabilização de pessoas jurídicas pela prática de atos contra a administração pública, nacional ou estrangeira, é correto afirmar, com base na Lei nº 12.846/2013, que

a) não haverá responsabilidade objetiva, civil ou administrativa, de pessoa jurídica por ato contra a administração pública nacional ou estrangeira, sendo sempre necessária a demonstração de dolo ou culpa.

b) a responsabilização administrativa e civil de pessoas jurídicas pela prática de atos contra a administração pública, nacional ou estrangeira, aplica-se apenas às entidades de natureza empresarial, não se aplicando às organizações sem fins lucrativos.

c) a responsabilização da pessoa jurídica exclui a responsabilidade individual de seus dirigentes ou administradores.

d) as sociedades controladoras, controladas ou coligadas não são solidariamente responsáveis pela prática de atos contra a administração pública, nacional ou estrangeira praticados pelas respectivas controladas, controladoras ou coligadas.

e) nas hipóteses de fusão e incorporação, a responsabilidade da sucessora será restrita à obrigação de pagamento de multa e reparação integral do dano causado, até o limite do patrimônio transferido.

COMENTÁRIOS

✪ **Nota do autor:** atenção à teoria da dupla imputação, esta teoria era adotada pelo STJ para a responsabilização das empresas por crimes ambientais, de modo que para poder se responsabilizar a empresa também era necessário responsabilizar a pessoa física. Contudo, esta teoria foi abandonada após decisão do STF no RE 548.181, em que se definiu a desnecessidade de responsabilização da pessoa física em conjunto com a pessoa jurídica. Por sua vez, a lei nº 12.846/2013 em seu artigo 3º, §1º dispõe expressamente que a pessoa jurídica será responsabilizada independentemente da responsabilização individual das pessoas naturais.

Alternativa "a": alternativa incorreta. Há responsabilidade objetiva, civil ou administrativa, de pessoa jurídica por ato contra a administração pública nacional ou estrangeira, sendo desnecessária a demonstração de dolo ou culpa. Nesse sentido, é a própria essência da lei nº 12.846/2013 que no seu art. 1º estabelece: "Esta Lei dispõe sobre a responsabilização objetiva administrativa e civil de pessoas jurídicas pela prática de atos contra a administração pública, nacional ou estrangeira".

Alternativa "b": alternativa incorreta. A responsabilização administrativa e civil de pessoas jurídicas pela prática de atos contra a administração pública, nacional ou estrangeira, aplica-se às entidades de natureza empresarial e às sociedades simples, personificadas ou não, independentemente da forma de organização ou modelo societário adotado, conforme art. 1º, parágrafo único da lei nº 12.846/2013.

Alternativa "c": alternativa incorreta. A responsabilização da pessoa jurídica não exclui a responsabilidade individual de seus dirigentes ou administradores. Nesse sentido, o art. 3º da lei nº 12.846/2013: "A responsabilização da pessoa jurídica não exclui a responsabilidade individual de seus dirigentes ou administradores ou de qualquer pessoa natural, autora, coautora ou partícipe do ato ilícito".

Alternativa "d": alternativa incorreta. As sociedades controladoras, controladas ou coligadas são solidariamente responsáveis pela prática de atos contra a administração pública, nacional ou estrangeira praticados pelas respectivas controladas, controladoras ou coligadas, conforme art. 4º, §2º da lei nº 12.846/2013: "As sociedades controladoras, controladas, coligadas ou, no âmbito do respectivo contrato, as consorciadas serão solidariamente responsáveis pela prática dos atos previstos nesta Lei, restringindo-se tal responsabilidade à obrigação de pagamento de multa e reparação integral do dano causado".

Alternativa "e": alternativa correta. Corresponde ao disposto no art. 4, §1º da lei nº 12.846/2013.

Alternativa correta: letra "e".

---

137. (FGV – Auditor Técnico de Controle Externo – TCE – AM/2021) Durante a pandemia do novo coronavírus, o Município Alfa contratou, com dispensa emergencial de licitação, a sociedade empresária Beta para construção de um hospital de campanha. João, sócio administrador da sociedade empresária Beta, pagou propina para o Prefeito Alfredo, para fins de fraudar, mediante direcionamento e superfaturamento, a contratação. No caso em tela, sem prejuízo das demais sanções previstas no ordenamento jurídico, à luz da Lei n° 12.846/2013 (Lei Anticorrupção), em razão dos narrados atos lesivos à administração pública, a sociedade empresária Beta responde:

a) objetivamente nas esferas cível e administrativa, e o sócio administrador João responde subjetivamente;
b) subjetivamente nas esferas cível e administrativa, assim como seu sócio administrador João;
c) objetivamente nas esferas cível e administrativa, e o sócio administrador João não responde pessoalmente, para evitar o bis in idem;
d) subjetivamente nas esferas cível e administrativa, e o sócio administrador João não responde pessoalmente, para evitar o bis in idem;
e) subjetivamente nas esferas cível e administrativa, e o sócio administrador João responde objetivamente.

COMENTÁRIOS

✪ **Nota do autor:** o ordenamento brasileiro conta com diferentes normas para o combate à corrupção. Assim, ao lado da Lei de Improbidade Administrativa (lei nº 8.429/92), uma das principais normas é a chamada "Lei Anticorrupção" (lei nº 12.846/2013), que dispõe sobre a responsabilização administrativa e civil de pessoas jurídicas pela prática de atos contra a administração pública, nacional ou estrangeira, cuja incidência em provas e concursos tem sido cada vez maior.

Alternativa "a": a forma de responsabilização de pessoas jurídicas e físicas foi abordada já nos arts. 2º e 3º da lei nº 12.846/2013, fixando-se que "as **pessoas jurídicas serão responsabilizadas objetivamente**, nos âmbitos administrativo e civil, pelos atos lesivos previstos nesta Lei praticados em seu interesse ou benefício, exclusivo ou não". Além disso, "a responsabilização da pessoa jurídica não exclui a responsabilidade individual de seus dirigentes ou administradores ou de qualquer pessoa natural, autora, coautora ou partícipe do ato ilícito" (art. 2º, caput). A pessoa jurídica será responsabilizada independentemente da responsabilização individual das pessoas naturais. Por outro lado, os dirigentes ou administradores somente serão responsabilizados por atos ilícitos na medida de sua culpabilidade [responsabilidade subjetiva] (art. 2º, §2º). Assim, a alternativa está correta, vez que a responsabilidade da sociedade empresária Beta será objetiva e do sócio administrador João, subjetiva.

Alternativa "b": alternativa errada, vez que, conforme demonstrado na análise da alternativa "a", a responsabilidade da sociedade empresária será objetiva nas esferas cível e administrativa.

Alternativa "c": a primeira parte da alternativa está certa em apontar a responsabilidade objetiva da sociedade empresária. Contudo, a sua parte final está errada, já que a lei nº 12.846/2013 prevê que "a **responsabilização da pessoa jurídica não exclui a responsabilidade individual** de seus dirigentes ou administradores ou de qualquer pessoa natural, autora, coautora ou partícipe do ato ilícito" (art. 2º, caput).

Alternativa "d": alternativa completamente errada, pois a responsabilidade da sociedade empresária é objetiva e, por outro lado, não há que se falar em bis in idem, devendo haver a responsabilização, também, do sócio administrador.

Alternativa "e": alternativa errada por inverter as formas de responsabilização, já que a sociedade empresária responde objetivamente e o sócio administrador subjetivamente.

Alternativa correta: letra "a".

Direito Administrativo

Danilo Vieira Vilela

✦ DICAS

1. DIREITO ADMINISTRATIVO E ADMINISTRAÇÃO PÚBLICA

Direito Administrativo
· *"Ramo do direito público que disciplina o exercício da função administrativa, bem como pessoas e órgãos que a desempenham" (Bandeira de Mello, Celso Antônio.* Curso de Direito Administrativo. *35.ed. São Paulo: Malheiros, 2021. p. 33.)* · Fontes: lei (ausência de codificação), regulamentos, doutrina, jurisprudência (súmulas vinculantes + repercussão geral); costumes, princípios (implícitos e explícitos), precedentes administrativos. · Prerrogativas especiais de poder ↔ deveres e controles especiais

Evolução	
Estado absolutista	*Existia Estado, mas não Direito Administrativo*
Estado Liberal	*A administração é meramente a função de aplicar a lei (executiva). Absenteísmo estatal. Tripartição dos poderes.*
Estado de bem-estar social	*Voto universal → intervencionismo estatal*
Estado Regulador	*Anos 80 → neoliberalismo*
Neoconstitucionalismo	*Anos 90 → fortalecimento dos princípios*
Neointervencionismo estatal	*A partir da crise econômica de 2008.*

⦿ SISTEMAS ADMINISTRATIVOS/ MECANISMOS DE CONTROLE:

1. Sistema da jurisdição única ou sistema inglês (adotado no Brasil) → a Administração controla seus atos, mas a última decisão é do Poder Judiciário, único detentor da jurisdição (modelo adotado no Brasil, China, Japão, Índia e Israel, dentre outros). Art. 5º, XXXV da CRFB/88 (inafastabilidade do Poder Judiciário)

2. Sistema do contencioso administrativo, de dualidade de jurisdição ou sistema francês → os atos da Administração são revistos por ela mesma e, apenas excepcionalmente (ex. grave violação a direitos fundamentais) pelo Judiciário. Existe, dessa forma, a jurisdição comum e a jurisdição administrativa. Decorre de ampla desconfiança em relação aos juízes do antigo regime e da dicotomia entre o público e o privado (OLIVEIRA, Rafael Carvalho Rezende. *Curso de Direito Administrativo.* 6.ed. São Paulo: Método, 2018. p. 5). Adotado, dentre outros, na Itália, Espanha, Bélgica, Holanda e Alemanha.

Na França, "o Conselho de Estado exerce a função consultiva, com a expedição de recomendações (avis), e a função contenciosa por meio de decisões (arrêts) sobre conflitos envolvendo a juridicidade das atividades administrativas (OLIVEIRA, Rafael Carvalho Rezende. *Curso de Direito Administrativo.* 6.ed. São Paulo: Método, 2018. p. 4).

França: Conselho de Estado (Justiça Administrativa) e Corte de Cassação (Jurisdição Comum). Em caso de conflitos: Tribunal de Conflitos.

Regime jurídico administrativo ⊠ conjunto harmônico de regras e princípios
Princípios da Administração Pública
"Princípio é, por definição, mandamento nuclear de um sistema, verdadeiro alicerce dele, disposição fundamental que se irradia sobre diferentes normas compondo-lhes o espírito e servindo de critério para sua exata compreensão e inteligência, exatamente por definir a lógica e a racionalidade do sistema normativo, no que lhe confere a tônica e lhe dá sentido harmônico. É o conhecimento dos princípios que preside a intelecção das diferentes partes componentes do todo unitário que há por nome sistema jurídico positivo". (BANDEIRA DE MELLO, Celso Antônio. Curso de Direito Administrativo. 30.ed. São Paulo: Malheiros, 2013. p. 974-975).

<table>
<tr><td>Supremacia do interesse público</td><td>Princípio implícito;
Superioridade do interesse público (primário) sobre o interesse particular, respeitando-se os direitos e garantias fundamentais;
Verticalidade ⍰ o poder público deve ter poderes não reconhecidos aos particulares;
Obs.: interesse público não pode ser confundido com o interesse do administrador.</td></tr>
<tr><td>Indisponibilidade do interesse público</td><td>Princípio implícito;
A vontade da Administração sujeita-se à vontade da lei;
Interesse público (doutrina italiana):
Primário: interesse do povo;
Secundário: interesse do Estado enquanto pessoa jurídica, titular de obrigações e direitos (interesses patrimoniais);
Obs.: em caso de conflito entre as duas modalidades de interesses, o primário deve prevalecer.</td></tr>
<tr><td colspan="2">Princípios previstos no art. 37, caput, da Constituição Federal de 1988: "Art. 37. A administração pública direta e indireta de qualquer dos Poderes da União, dos Estados, do Distrito Federal e dos Municípios obedecerá aos princípios de legalidade, impessoalidade, moralidade, publicidade e eficiência e, também, ao seguinte [...]"</td></tr>
<tr><td>Legalidade</td><td>Estado de Direito;
Regime privado ≠ regime público (não vigora a autonomia da vontade);
Atuação da Administração apenas quando a lei determine (vinculada) ou permita (discricionária);
Obs.: fala-se hoje em princípio da juridicidade, segundo o qual a Administração se submete à lei e ao direito (ordenamento jurídico).</td></tr>
<tr><td>Impessoalidade</td><td>Atos imputados à administração;
Atuação isonômica da Administração impedindo-se favorecimentos e perseguições;
Vedação à promoção pessoal do agente público às custas da Administração (Ver art. 37, §1º da CR/88).
Obs.: o STJ tem decisões no sentido de que a promoção pessoal do administrador configura-se como ato de improbidade administrativa.</td></tr>
<tr><td>Moralidade</td><td>Exige do administrador uma conduta objetivamente moral e pautada pela boa-fé, ética e probidade;
Decreto 1.171/94 – Código de ética profissional do servidor público civil do Poder Executivo Federal;
O ato imoral pode ser atacado pela Ação Popular (art. 5º, LXXIII da CR/88)</td></tr>
<tr><td>Publicidade</td><td>A atuação da Administração deve ser de conhecimento do povo (transparência);
É condição de eficácia dos contratos administrativos (art. 94, lei nº 14.133/21);
A não publicação dolosa dos atos administrativos pode ensejar improbidade administrativa (art. 11, IV, lei 8.429/92);
Exceções à publicidade: segurança da sociedade e do Estado (art. 5º, XXXIII, CR/88), intimidade (art. 5º, X, CR/88) e interesse social (art. 5º, LX, CR/88);
Ver lei 12.527/11 – Lei de Acesso à Informação</td></tr>
<tr><td>Eficiência</td><td>Inserido no texto constitucional com a EC 19/98;
Administração burocrática (ênfase na legalidade) ⍰ Administração gerencial (ênfase na eficiência);
Melhores resultados com menores gastos;
Racionalização da máquina administrativa.</td></tr>
<tr><td colspan="2">Outros princípios aplicáveis à Administração Pública</td></tr>
<tr><td>Isonomia</td><td>Tratar os desiguais conforme suas desigualdades;
STF, Súmula 683: O limite de idade para inscrição em concurso público só se legitima em face do art. 7º, XXX, da Constituição, quando possa ser justificado pela natureza das atribuições do cargo a ser preenchido.</td></tr>
<tr><td>Contraditório e ampla defesa</td><td>Contraditório = ciência
Ampla defesa = participação efetiva
Súmula vinculante n. 05: A falta de defesa técnica, por advogado, no processo administrativo disciplinar não ofende a Constituição;
Súmula vinculante n. 21: É inconstitucional a exigência de depósito ou arrolamento prévios de dinheiro ou bens para a admissibilidade de recurso administrativo.</td></tr>
</table>

Razoabilidade e proporcionalidade	Devido processo legal; Razoabilidade = adequação; Proporcionalidade = necessidade/equilíbrio (atos administrativos sancionatórios) ⍰ princípio da proibição do excesso (ilegalidade por abuso de poder); Lei 9.784/99 (Processo Administrativo). Art. 2º, p.único, VI – adequação entre meios e fins, vedada a imposição de *obrigações, restrições e sanções em medida superior àquelas estritamente necessárias ao atendimento* do interesse público;
Autotutela	STF, súmula 473. A administração pode anular seus próprios atos, quando eivados de vícios que os tornam ilegais, porque deles não se originam direitos; ou revogá-los, por motivo de conveniência ou oportunidade, respeitados os direitos adquiridos, e ressalvada, em todos os casos, a apreciação judicial. Obs.: No caso de revogação ou anulação que prejudiquem interesses do administrado, modificando desfavoravelmente a sua situação, deve-se oportunizar o devido processo legal administrativo (contraditório e ampla defesa) – STF Info 641.
Continuidade do serviço público	Art. 6º, lei 8.987/95; Admite-se a interrupção em caso de emergência ou após aviso prévio: por razões de ordem técnica ou de segurança das instalações; por inadimplemento do usuário (interesse coletivo/isonomia); Obs.: não se admite a interrupção do serviço em logradouros públicos ou hospitais. Regra da *exceptio non adimpleti contractus* – Administração 90 dias.
Especialidade	Decorrência da legalidade; A criação de pessoas jurídicas da Administração exige autorização legislativa (art. 37, XIX, CR/88) que também indicará a finalidade da pessoa criada.
Presunção de legitimidade	Os atos produzidos pela Administração são presumivelmente legítimos. Assim, ainda que ilegítimos, produzirão efeitos até que sejam extintos.
Segurança jurídica	Proteção da confiança e da estabilidade das relações jurídicas; Lei 9.784/99, art. 2º – a interpretação da norma administrativa deve se dar da forma que melhor garanta o interesse público; A nova interpretação da norma não retroagirá.
Motivação ou fundamentação	Todos os atos e decisões da Administração devem ser fundamentados, indicando-se seus pressupostos de fato e de direito.
Hierarquia	Relação de coordenação e subordinação entre os órgãos da Administração Pública; Revisão, delegação, avocação e organização.
Responsabilidade do Estado	O Estado, como sujeito de direito, é responsável pelos danos causados aos administrados, tendo o dever de repará-los (art. 37, §6º da CR/88).

Lei 12.527/11 – Lei de Acesso à Informação (LAI)
Princípio da publicidade
Alcança todos os órgãos públicos, administração indireta e entidades privadas sem fins lucrativos que recebam, para a realização de ações de interesse público, recursos públicos;
Transparência ativa e passiva;
Publicidade é regra e sigilo exceção (temporário);
Não pode ser negado acesso a informações necessárias à tutela judicial ou administrativa de direitos fundamentais (art. 21);
É proibido exigir do solicitante das informações de interesse público que justifique a solicitação;
O acesso às informações é gratuito, podendo ser cobrado apenas o valor da reprodução de documentos;
Desrespeito à LAI pode configurar Improbidade Administrativa.

2. ORGANIZAÇÃO ADMINISTRATIVA DA UNIÃO. ADMINISTRAÇÃO DIRETA E INDIRETA. ENTIDADES PARAESTATAIS

Administração pública direta e indireta
Administração Direta ou Centralizada: União, Estados, Municípios e Distrito Federal, através de seus vários órgãos e agentes públicos
Administração Indireta ou Descentralizada: entidades administrativas autônomas (autarquias, empresas públicas, sociedade de economia mista e fundações públicas) Decreto-lei 200/67.

Desconcentração e descentralização	
Desconcentração	**Descentralização**
• Processo administrativo que cria órgão público (art. 48, XI da CR/88); • Na mesma pessoa jurídica; • Hierarquia ou subordinação.	• O deslocamento ocorre de uma para outra pessoa jurídica; • Há controle e fiscalização (nos limites da lei), mas não há relação de subordinação.

Descentralização territorial ou geográfica → "é a que se verifica quando uma entidade local, geograficamente delimitada, é dotada de personalidade jurídica própria, de direito público, com capacidade administrativa genérica" (DI PIETRO, Maria Sylvia Zanella. *Direito Administrativo*. 30.ed. Rio de Janeiro: Forense, 2017. p. 520). Ex. **territórios federais**.

⦿ TEORIAS SOBRE AS RELAÇÕES ENTRE A ADMINISTRAÇÃO PÚBLICA E SEUS AGENTES

- Teoria do mandato: agente público era visto como o mandatário da pessoa jurídica.
- Teoria da representação: o agente público era legalmente o representante da pessoa jurídica estatal.
- Teoria do órgão/da imputação: adotada no Brasil. O órgão é uma parte da pessoa jurídica estatal, caracterizando-se como um centro despersonalizado de competências. Ou seja, não é pessoa nem sujeito de direitos e obrigações, mas tão somente "um círculo de poderes e atribuições" através do qual a pessoa jurídica expressa sua vontade.

Estado Gerencial Brasileiro	
EC 19/98 incluiu o princípio da eficiência no art. 37 da Constituição, consolidando a transformação do modelo de Administração Pública burocrática para um modelo gerencial que traz características da administração privada para o setor público, focando-se nos resultados	
Primeiro Setor	Administração Pública Direta e Indireta
Segundo Setor	Particulares que colaboram com a Administração COM intuito de lucro. Ex. concessionárias e permissionárias
Terceiro Setor	Particulares que colaboram com a Administração SEM intuito de lucro. Ex. Sistema "S", OS, OSCIP e OSC (lei 13.019/14)

⦿ PRIMEIRO SETOR

Estrutura de contratação de pessoal:

a) Pessoas jurídicas de direito privado:

Empresas estatais: regime celetista/trabalhista (Art. 173, §1º, II da CR/88) e concurso público (art. 37, II da CR/88).

Demissão: segundo a doutrina de Direito Administrativo, não deve ser imotivada já que houve concurso. Ou seja, também deve haver impessoalidade no caso da demissão.

Obs.: exigir a motivação não significa atribuir-lhe estabilidade.

b) Pessoas jurídicas de direito público

União: Art. 39 da CR estabelece o regime único e a lei 8.112/90 fixa o regime do cargo público (estatutário). Contudo, o STF entendeu que "É constitucional – por não ter violado o devido processo legal legislativo – a revogação, pela EC 19/98, da redação original do art. 39 da Constituição Federal, que previa, no âmbito da União, dos estados, do Distrito Federal e dos municípios, a instituição de regime jurídico único para os servidores da administração pública direta, das autarquias e das fundações públicas" (STF, ADI 2.135/DF, rel. Min. Cármen Lúcia, j. 06.11.24, Info 1158).

Administração Direta
Equivale aos entes da federação do Direito Constitucional.
Órgão público: "[...] feixe de poderes e atribuições que compõe a intimidade da pessoa estatal ou pessoa administrativa de direito público. Corresponde a um conjunto de competências nele delimitadas e a ele conferidas por lei" Ex. presidência, secretarias, governadoria, gabinete do prefeito e tribunais. Criados por lei; Hierarquizados Admite-se a celebração de contratos de gestão nos moldes do art. 37, §8º da CR/88.

Obs.: não obstante não contarem com personalidade jurídica própria, alguns órgãos possuem personalidade judiciária, podendo atuar em juízo para defender seus direitos e competências constitucionalmente delimitados. Ex. Senado, Câmara dos Deputados e Câmaras de vereadores. **Súmula 525, do STJ.** "A Câmara de Vereadores não possui personalidade jurídica, apenas personalidade judiciária, somente podendo demandar em juízo para defender os seus direitos institucionais".

Administração Indireta	
Criação através de lei específica para o caso das autarquias (não se exige registro) e autorizativa para os demais (exigindo-se o registro competente).	
Relação entre Administração direta e entes da Administração Indireta → mera vinculação e não subordinação. Assim, não há hierarquia, mas sim "tutela administrativa" ou "supervisão ministerial" (âmbito federal).	
Admite-se a celebração de contratos de gestão nos moldes do art. 37, §8º da CR/88.	
Características comuns: • Personalidade jurídica própria; • Patrimônio próprio; • Ausência de finalidade lucrativa (ainda que possam obter lucros); • Princípio da especialidade; • Capacidade de autoadministração e receita própria (autonomia administrativa, técnica e financeira); • Sujeição a controle externo e interno, inclusive dos Tribunais de Contas.	
Direito Público	**Direito Privado**
Autarquias	Empresas Públicas
Fundação Pública (autarquia fundacional)	Sociedades de economia mista
Agências Reguladoras (autarquia especial)	Fundações Governamentais
Associações Públicas	

Órgãos x entidades: segundo disposto no §2º do art. 1º da lei 9.784/99, que regula o processo administrativo no âmbito da Administração Pública Federal, **órgão** deve ser considerado "a unidade de atuação integrante da estrutura da Administração direta e da estrutura da Administração indireta", ao passo que **entidade** é "a unidade de atuação dotada de personalidade jurídica".

Autarquias
Pessoas jurídicas de direito público da Administração indireta criadas por lei específica para o desempenho de atividades **típicas** da Administração Pública.
Regime jurídico de direito público: • Regime estatutário (lei 8.112/90). Acesso mediante concurso público (art. 37, II da CR/88). (OBS: "Reforma Administrativa: EC 19/98 e revogação da obrigatoriedade de instituição de regime único para o funcionalismo público" ADI 2.135/DF) • Privilégios fiscais (art. 150, §2º da CR/88 – imunidade tributária) e prerrogativas processuais do poder público • Obrigatoriedade da realização de licitações (art. 1º, da lei 14.133/21). • Responsabilidade objetiva como regra (art. 37, §6º).
Modalidades: • Autarquias propriamente ditas • Fundações públicas de direito público (autarquias fundacionais ou fundações autárquicas); • Agências reguladoras (autarquias especiais); • Agências executivas; • Conselhos que controlam profissões regulamentadas; Autarquia associativa (decorrentes dos consórcios públicos). Ex. APO – Autoridade Pública Olímpica (lei 12.396/11); IFES: Instituições Federais de Ensino Superior; Autarquias territoriais.
Autarquias comuns ou propriamente ditas
O DL 200/67 considera autarquia "o serviço autônomo, criado por lei, com personalidade jurídica, patrimônio e receita próprios, para executar atividades típicas da Administração Pública, que requeiram, para seu melhor funcionamento, gestão administrativa e financeira descentralizada" (art. 5º, I).

Fundações Públicas
Fundação Pública é a entidade resultante da personalização de um patrimônio público, afetando-o a determinado fim público.
Podem ser de direito público ou de direito privado. Parte da doutrina entende que estas últimas teriam sido abolidas do ordenamento brasileiro, reincorporadas, contudo, com a lei 12.618/12 que disciplinou a Previdência Complementar dos servidores públicos.
Assim: art. 4º, § 1º. A Funpresp-Exe, a Funpresp-Leg e a Funpresp-Jud serão estruturadas na forma de fundação, de natureza pública, com **personalidade jurídica de direito privado**, gozarão de autonomia administrativa, financeira e gerencial e terão sede e foro no Distrito Federal.

	Fundação pública de direito privado	Fundação pública de direito público
Natureza jurídica	Pessoa Jurídica de direito privado	Pessoa Jurídica de direito público, espécie do gênero autarquia
Regime de contratação de pessoal	Concurso público Regime celetista	Concurso público Regime estatutário
Natureza jurídica dos bens	Bens particulares (art. 98 do CC)	Bens públicos (art. 98 do CC)
Prerrogativas processuais	Não tem prerrogativas processuais por não se inserir no conceito de Fazenda Pública	Fazenda Pública
Criação	Autorização legislativa + registro dos atos constitutivos	Lei específica
Exemplos	FUNPRESP	Funai, Funarte, Fundação Biblioteca Nacional

Agências Reguladoras (lei nº 13.848/2019)	
Natureza jurídica	Autarquias em regime especial (Pessoa jurídica de Direito Público da Administração Indireta);
Origem no Brasil	Processo de privatizações e reforma do Estado iniciado no Brasil nos anos noventa (neoliberalismo);
Função	Atividade de regulação e fiscalização de contratos e atos relacionados à prestação de um serviço público específico ou de determinada atividade econômica;
Dirigentes	Nomeados pelo Presidente da República após aprovação do Senado para o exercício de um mandato fixo de 5 anos, vedada a recondução, o que garante maior autonomia na sua atuação. Só podem perder o mandato em caso de renúncia, condenação judicial transitada em julgado ou processo administrativo disciplinar ou violação ao art. 8ºB da lei nº 9.986/2000.
Quarentena	Período de 6 meses após a exoneração ou final do mandato durante o qual o ex-dirigente não poderá atuar no setor regulado pela respectiva agência. Durante esse período, receberá a remuneração compensatória (art. 8º da lei 9.986/2000);
Regime de pessoal	Cargo público (estatutário). A lei 9.986/2000 dispõe sobre a gestão de recursos humanos das Agências Reguladoras;
Poder normativo	Discricionariedade técnica. Seus atos têm caráter infralegal (deslegalização);
Autonomia	Ausência de tutela ou subordinação hierárquica; Autonomia funcional; Autonomia administrativa; Autonomia financeira; Investidura a termo dos dirigentes e estabilidade.
Processo decisório	Razoabilidade; Proporcionalidade; Motivação; Análise de Impacto Regulatório (AIR); Caráter colegiado; Publicidade e transparência; Consulta Pública, Audiência Pública e outros meios de participação.

Prestação de Contas e Controle Social	Controle externo pelo Congresso Nacional, com auxílio do TCU; Ouvidoria; Instrumentos de planejamento regulatório: • Relatório Anual Circunstanciado; • Plano de Comunicação; • Plano Estratégico; • Plano de Gestão Anual; • Agenda Regulatória.
Articulação e interação	Com os órgãos de defesa da concorrência, de defesa do consumidor e do meio ambiente, das agências federais entre si e destas com as agências reguladoras ou órgãos de regulação estaduais, distritais e municipais
VILELA, Danilo Vieira. *Lei Geral das Agências Reguladoras*: lei nº 13.848/2019. São Paulo: Thomson Reuters, 2020.	

Agências reguladoras federais	**Lei instituidora**	**Regimento Interno**
ANA – Agência Nacional de Águas e Saneamento Básico	lei nº 9.984/2000	Resolução nº 76, de 25 de setembro de 2019
ANAC – Agência Nacional de Aviação Civil	lei nº 11.182/2005	Resolução nº 381, de 14 de junho de 2016
Anatel – Agência Nacional de Telecomunicações	lei nº 9.472/97	Resolução nº 612, de 29 de abril de 2013
Ancine – Agência Nacional do Cinema	MP nº 2.228-1/2001 (alterada pela lei nº 12.485/11)	Resolução da Diretoria Colegiada – RDC nº 59, de 2 de abril de 2014.
Aneel – Agência Nacional de Energia Elétrica	lei nº 9.427/96	Portaria MME nº 349, de 28 de novembro de 1997
ANM – Agência Nacional de Mineração	lei nº 13.575/2017	Resolução nº 2, de 12 de dezembro de 2018
ANP – Agência Nacional do Petróleo, Gás Natural e Biocombustíveis	lei nº 9.478/97	Portaria nº 69, de 6 de abril de 2011
ANS – Agência Nacional de Saúde Suplementar	lei nº 9.961/2000	Resolução Regimental nº 01, de 17 de março de 2017
Antaq – Agência Nacional de Transportes Aquaviários	lei nº 10.233/2001	Resolução nº 3.585, de 18 de agosto de 2014
ANTT – Agência Nacional de Transportes Terrestres	lei nº 10.233/2001	Resolução nº 5.888, de 12 de maio de 2020
Anvisa – Agência Nacional de Vigilância Sanitária (Anvisa)	lei nº 9.782/99	Resolução da Diretoria Colegiada nº 255, de 10 de dezembro de 2018
OBS: NÃO são agências reguladoras a Agência Brasileira de Inteligência – Abin (despersonalizada) e Agência Espacial Brasileira – AEB (autarquia comum). Já o Conselho Administrativo de Defesa Econômica (CADE) e a Comissão de Valores Mobiliários (CVM), apesar de exercerem importante papel na regulação estatal, também não foram previstas na lei nº 13.848/2019 como agências reguladoras.		

Formas de controle sobre as Agências Reguladoras

- Controle interno
- Fiscalização judicial
- Fiscalização do Tribunal de Contas
- Fiscalização do Congresso Nacional
- Controle do Executivo
- Controle social

Agências executivas
• Princípio da eficiência;
• Apenas no âmbito federal.
Lei 9.649/98, Art. 51. O Poder Executivo poderá qualificar como Agência Executiva a **autarquia ou fundação** que tenha cumprido os seguintes requisitos:
I – ter um **plano estratégico** de reestruturação e de desenvolvimento institucional em andamento;
II – ter celebrado **Contrato de Gestão** com o respectivo Ministério supervisor.
§ 1° A qualificação como Agência Executiva será feita em ato do Presidente da República.
§ 2° O Poder Executivo editará medidas de organização administrativa específicas para as Agências Executivas, visando assegurar a sua autonomia de gestão, bem como a disponibilidade de recursos orçamentários e financeiros para o cumprimento dos objetivos e metas definidos nos Contratos de Gestão.

◉ ASSOCIAÇÕES PÚBLICAS

- Lei 11.107/05 – Consórcios Públicos e Convênios de cooperação;
- Integram a Administração Indireta de todos os entes consorciados;
- Entidade transfederativa;
- Art. 41, Código Civil.

Contrato de desempenho – lei nº 13.934/19
É o acordo celebrado entre órgão ou entidade supervisora e o órgão ou entidade supervisionada, por meio de seus administradores, para o estabelecimento de metas de desempenho do supervisionado, com os respectivos prazos de execução e indicadores de qualidade, tendo como contrapartida a concessão de flexibilidade ou autonomias especiais (art. 2º).
• A lei nº 13.934/2019 regulamenta o contrato previsto no §8º do art. 37 da CRFB/88;
• Objetivo: promoção da melhoria do desempenho do supervisionado;
• Finalidades (art. 5º):
I – aperfeiçoar o acompanhamento e o controle de resultados da gestão pública, mediante instrumento caracterizado por consensualidade, objetividade, responsabilidade e transparência;
II – compatibilizar as atividades do supervisionado com as políticas públicas e os programas governamentais;
III – facilitar o controle social sobre a atividade administrativa;
IV – estabelecer indicadores objetivos para o controle de resultados e o aperfeiçoamento das relações de cooperação e supervisão;
V – fixar a responsabilidade de dirigentes quanto aos resultados;
VI – promover o desenvolvimento e a implantação de modelos de gestão flexíveis, vinculados ao desempenho e propiciadores de envolvimento efetivo dos agentes e dos dirigentes na obtenção de melhorias contínuas da qualidade dos serviços prestados à comunidade.
• Prazo do contrato de desempenho: não superior a 5 (anos) e nem inferior a 1 (um) ano;
• Entrada em vigor da lei: 09 de junho de 2020.

Empresas estatais - lei 13.303/16
• Pessoas jurídicas de direito privado; • Criadas por leis autorizativas + inscrição dos atos constitutivos no respectivo registro • Criadas para a exploração de atividade econômica e desenvolvimento de serviços públicos; • Controle pelos Tribunais de Contas, Poder Legislativo e Judiciário; • Licitação, casos de dispensa e de inexigibilidade disciplinados pela lei 13.303/16; • Impossibilidade de falência (art. 2º da lei 11.101/05); • Bens em regra privados (exceto aqueles diretamente ligados à prestação de serviços públicos – princípio da continuidade do serviço público); • Regime de pessoal: celetista (art. 173, §1º, II CR/88), acesso mediante concurso público, funcionários públicos para efeitos penais, sujeitos à lei de improbidade administrativa, sujeitos ao teto constitucional (exceto se não houver repasse), dirigentes comissionados; • Função social de realização do interesse coletivo ou de atendimento a imperativo da segurança nacional expressa no instrumento de autorização legal para sua criação (art. 27, caput).

	Empresa Pública	Sociedade de Economia Mista
Conceito	"É a entidade dotada de personalidade jurídica de direito privado, com criação autorizada por lei e com patrimônio próprio, cujo capital social é integralmente detido pela União, pelos Estados, pelo Distrito Federal ou pelos Municípios" (art. 3º, caput).	"É a entidade dotada de personalidade jurídica de direito privado, com criação autorizada por lei, sob a forma de sociedade anônima, cujas ações com direito a voto pertençam em sua maioria à União, aos Estados, ao Distrito Federal, aos Municípios ou a entidade da administração indireta" (art. 4º, caput).
Forma	Qualquer forma admitida em direito	Sociedade Anônima
Formação do capital	Apenas público (não se exige que seja apenas do ente que a criou – art. 3º, parágrafo único, da lei 13.303/16).	Público e particular (maioria do capital votante deve ser público).
Competência para julgamento de suas demandas	No âmbito federal, a competência é da Justiça Federal (art. 109 da CR/88).	Ainda que federal, a competência será da justiça comum de sua sede.
Prerrogativas fiscais	Não têm, exceto se extensíveis ao setor privado OBS: O STF entende que a ECT é entidade autárquica, conferindo-lhe imunidade tributária (RE 407.099/04). O mesmo se aplica à INFRAERO (RE 363.412/07 – Info 475).	Não têm, exceto se extensíveis ao setor privado.
Exemplos	BNDES (Banco Nacional de Desenvolvimento Econômico e Social), CEF (Caixa Econômica Federal), ECT (Empresa de Correios e Telégrafos), Embrapa (Empresa Brasileira de Pesquisa Agropecuária), Infraero, Casa da Moeda, EBC (Empresa Brasil de Comunicação), Serpro (Serviço Federal de Processamento de dados)	Petrobras, Banco do Brasil, Banco do Nordeste, Banco da Amazônia, Brasil Resseguros (IRB), e Bancos estaduais (em regra).

OBS: a estatal que presta serviço público tem um tratamento de autarquia: a) imunidade tributária (exceto se houver repasse da carga tributária ao usuário); b) responsabilidade civil objetiva (art. 37, § 6º); c) sujeitos a Mandado de Segurança e d) dispensa motivada.

Controle: Lei 13.303/16. Art. 87. O controle das despesas decorrentes dos contratos e demais instrumentos regidos por esta lei será feito pelos órgãos do sistema de controle interno e **pelo tribunal de contas competente**, na forma da legislação pertinente, ficando as empresas públicas e as sociedades de economia mista responsáveis pela demonstração da legalidade e da regularidade da despesa e da execução, nos termos da Constituição.

Atenção:

Lei 13.303/16, art. 27. A empresa pública e a sociedade de economia mista terão a função social de **realização do interesse coletivo ou de atendimento a imperativo da segurança nacional** *expressa no instrumento de autorização legal para a sua criação.*

§ 1º A realização do interesse coletivo de que trata este artigo deverá ser orientada para o alcance do **bem-estar econômico** *e para a* **alocação socialmente eficiente dos recursos** *geridos pela empresa pública e pela sociedade de economia mista, bem como para o seguinte:*

I. **ampliação economicamente sustentada do acesso de consumidores aos produtos e serviços** *da empresa pública ou da sociedade de economia mista;*

II. desenvolvimento ou emprego de **tecnologia brasileira** *para produção e oferta de produtos e serviços da empresa pública ou da sociedade de economia mista, sempre de maneira economicamente justificada.*

§ 2º A empresa pública e a sociedade de economia mista deverão, nos termos da lei, adotar práticas de **sustentabilidade ambiental** *e de* **responsabilidade social corporativa** *compatíveis com o mercado em que atuam.*

§ 3º A empresa pública e a sociedade de economia mista poderão celebrar **convênio ou contrato de patrocínio** *com pessoa física ou com pessoa jurídica para promoção de atividades culturais, sociais, esportivas, educacionais e de inovação tecnológica, desde que comprovadamente vinculadas ao fortalecimento de sua marca, observando-se, no que couber, as normas de licitação e contratos desta Lei.*

Atenção

Além de **reputação ilibada e notório conhecimento**, a Lei 13.303/16 previu requisitos para a indicação de administradores das empresas públicas e sociedades de economia mista (art. 17):

I. Preenchimento de pelo menos um dos seguintes requisitos, relacionados à experiência profissional mínima:
   a) Dez anos, no setor público ou privado, na área de atuação da empresa pública ou da sociedade de economia mista ou em área conexa àquela para a qual forem indicados em função de direção superior;
   b) Quatro anos ocupando pelo menos um dos seguintes cargos:
   1. Cargo de direção ou de chefia superior em empresa de porte ou objeto social semelhante ao da estatal, entendendo-se como cargo de chefia superior aquele situado nos dois níveis hierárquicos não estatutários mais altos da empresa;
   2. Cargo em comissão ou função de confiança equivalente a DAS-4 ou superior, no setor público;
   3. Cargo de docente ou de pesquisador em áreas de atuação da empresa pública ou da sociedade de economia mista.
   c) Quatro anos de experiência como profissional liberal em atividade direta ou indiretamente vinculada à área de atuação da empresa pública ou sociedade de economia mista;

II. Ter formação acadêmica compatível com o cargo para o qual foi indicado e;

III. Não se enquadrar nas hipóteses de inelegibilidade previstas nas alíneas do inciso I do caput da LC 64/90.

Obs.: os requisitos do inciso I poderão ser dispensados desde que atendidos os seguintes quesitos mínimos: I) o empregado tenha ingressado na estatal por meio de concurso público; II) tenha mais de dez anos de trabalho efetivo na empresa estatal; III.) tenha ocupado cargo na gestão superior da empresa, comprovando sua capacidade para assumir as responsabilidades dos cargos (art. 17, § 5º da Lei 13.303/16).

Importante

"O serviço postal – conjunto de atividades que torna possível o envio de correspondência, ou objeto postal, de um remetente para endereço final e determinado – não consubstancia atividade econômica em sentido estrito. Serviço postal é serviço público. **A atividade econômica em sentido amplo é gênero que compreende duas espécies, o serviço público e a atividade econômica em sentido estrito. Monopólio é de atividade econômica em sentido estrito, empreendida por agentes econômicos privados. A exclusividade da prestação dos serviços públicos é expressão de uma situação de privilégio.** [...] A Empresa Brasileira de Correios e Telégrafos deve atuar em regime de exclusividade na prestação dos serviços que lhe incumbem em situação de privilégio, o privilégio postal" (ADPF 46/DF, Rel. Min. Eros Grau, publ. 26.02.2010).

Empresas subsidiárias: pessoas jurídicas de direito privado criadas para participar em grupos empresariais liderados por uma *holding*. Ex. Petrobras e Petroquímica, Petrobras distribuidora e Gaspetro, dentre outras. Não será necessária a autorização legislativa para sua criação caso já haja a autorização expressa na lei instituidora da empresa matriz (STF, Adi 1.649).

Sociedade de economia mista (sociedade de primeiro grau ou primária)	**Subsidiária** (sociedade de segundo grau ou secundária)

Empresas controladas: empresas adquiridas por Empresa Pública ou Sociedade de economia Mista. Não integram a Administração Pública e sua institucionalização independe de autorização legislativa.

ATENÇÃO – Venda de empresa estatal e autorização legislativa

[...] i) a alienação do controle acionário de empresas públicas e sociedades de economia mista exige autorização legislativa e licitação; e ii) a exigência de autorização legislativa, todavia, não se aplica à alienação do controle de suas subsidiárias e controladas. Nesse caso, a operação pode ser realizada sem a necessidade de licitação, desde que siga procedimentos que observem os princípios da administração pública inscritos no art. 37 da CF, respeitada, sempre, a exigência de necessária competitividade [...] ADI 5624 MC-Ref/DF, rel. Min. Ricardo Lewandowski, julgamento em 5 e 6.6.2019. (STF, Informativo 943).

Mandado de segurança e estatais: O mandado de segurança poderá ser utilizado contra ato praticado pelas empresas estatais, desde que no exercício de atribuições do poder público e somente naquilo que disser respeito a essas atribuições. Assim, "não cabe mandado de segurança contra os atos de gestão comercial praticados pelos administradores de empresas públicas, de sociedade de economia mista e de concessionárias de serviço público" (art. 1º, § 2º da Lei 12.016/2009).

Terceiro Setor
Entidades com personalidade jurídica de **direito privado**, sem fins lucrativos, que exercem atividades de interesse público. Não fazem parte da Administração Pública (primeiro setor) e não se relacionam com ela visando lucro (segundo setor).
Serviços Sociais Autônomos – Sistema "S"
Criados mediante autorização legislativa; Vinculação aos respectivos Ministérios; Regime celetista sem necessidade de concurso público Benefícios para categorias profissionais ou grupos; Contribuições compulsórias (parafiscalidade) + dotações orçamentárias (somente a União poderá criar contribuições sociais); Controle dos Tribunais de Contas; Necessidade de realizar licitações mediante procedimento simplificado definidos nos regimentos internos.
STF, súmula 516. *O Serviço Social da Indústria (SESI) está sujeito à jurisdição da justiça estadual.*
Exemplos: SEBRAE – Serviço Brasileiro de Apoio às Micro e Pequenas Empresas; SESI – Serviço Social da Indústria; SENAC – Serviço Nacional de Aprendizagem Comercial; SENAI – Serviço Nacional de Aprendizagem Industrial.
Organizações Sociais – OS
Lei 9.637/98 Pessoas jurídicas de direito privado, sem fins lucrativos, cujas atividades sejam dirigidas ao ensino, à pesquisa científica, ao desenvolvimento tecnológico, à proteção e preservação do meio ambiente, à cultura e à saúde; Qualificação conforme critérios de oportunidade e conveniência do Ministro ou titular de órgão supervisor ou regulador da área de atividade correspondente ao seu objeto social e do Ministro de Estado da Administração Federal e Reforma do Estado; **Contrato de gestão** (metas): Estado (fomento) + OS (execução); Na elaboração do contrato de gestão deve-se observar os princípios da legalidade, impessoalidade, moralidade, publicidade e economicidade; Fiscalização pelo órgão ou entidade supervisora da respectiva área; O fomento envolve a cessão de bens públicos, servidores e recursos orçamentários necessários ao cumprimento do contrato de gestão; Conselho de Administração com participação de representantes do poder público; Desqualificação mediante processo administrativo (contraditório e ampla defesa) – reversão dos bens.
Obs.: O STF decidiu pela validade da prestação de serviços públicos não exclusivos por organizações sociais em parceria com o Poder Público. Também decidiu no sentido de que a celebração do convênio entre as OS e a Administração deve ser conduzido de forma pública, objetiva e impessoal, observando-se os princípios que norteiam a atuação da Administração Pública, contidos no art. 37, caput da Constituição Federal (ADI 1923/98).
Organização da Sociedade Civil de Interesse Público – OSCIP
Lei 9.790/99; Pessoa jurídica de direito privado e sem fins lucrativos; Não podem ser OSCIPs os entes elencados no art. 2º (ex. OS, sindicatos, instituições religiosas, sociedades comerciais, dentre outros); Rol de atividades mais extenso que as OS (art. 3º). Atividades relacionadas a serviços não exclusivos do Estado (ex. assistência social, combate à pobreza, promoção gratuita da saúde, da cultura, da cidadania, dos direitos humanos); Qualificação junto ao Ministério da Justiça (certificado de qualificação); **Termo de parceria**: direitos, responsabilidade e obrigações das partes signatárias, objeto (programa de trabalho), metas e resultados a serem atingidos; prazos, critérios objetivos de avaliação de desempenho, previsão de receitas e despesas. **OBS: "Não constituem impedimento à qualificação como Organização da Sociedade Civil de Interesse Público as operações destinadas a microcrédito realizadas com instituições financeiras na forma de recebimento de repasses, venda de operações realizadas ou atuação como mandatárias" (art. 2º, parágrafo único, incluído pela lei nº 13.999/2020)**

	OS – Organizações Sociais	**OSCIPs – Organizações da sociedade civil de interesse público**
Natureza jurídica	PJ de Direito Privado sem fins lucrativos	PJ de Direito Privado sem fins lucrativos

Previsão legal	Lei 9.637/98	Lei 9.790/99
Vínculo com a Administração	Contrato de Gestão	Termo de Parceria
Qualificação	Ministério supervisor com anuência do Ministério do Planejamento, Orçamento e Gestão – MPOG	Ministério da Justiça
	Qualificação discricionária	Qualificação vinculada
Finalidades	Ensino, pesquisa científica, desenvolvimento tecnológico, proteção e preservação do meio ambiente, cultura e saúde.	Finalidades: rol taxativo do art. 3º Vedações: art. 2º
Gestão	Órgão gestor: Conselho de Administração (poder público + comunidade)	Não têm interferência do poder público em sua gestão
Exemplos	Instituto de Matemática Pura Aplicada, Teatro Municipal de SP	Instituto Joãozinho Trinta

LEI DAS PARCERIAS – Lei 13.019/14 com alterações decorrentes da Lei 13.204/15. Regulamentada pelo Decreto 8.726/16.

- Termo de colaboração: instrumento por meio do qual são formalizadas as parcerias estabelecidas pela administração pública com organizações da sociedade civil para a consecução de finalidades de interesse público e recíproco **propostas pela administração pública** que envolvam a transferência de recursos financeiros (art. 2º, VII);
- Termo de fomento: instrumento por meio do qual são formalizadas as parcerias estabelecidas pela administração pública com organizações da sociedade civil para a consecução de finalidades de interesse público e recíproco **propostas pelas organizações da sociedade civil**, que envolvam a transferência de recursos financeiros (art. 2º, VIII);
- Acordo de cooperação: instrumento por meio do qual são formalizadas as parcerias estabelecidas pela administração pública com organizações da sociedade civil para a consecução de finalidades de interesse público e **recíproco que não envolvam a transferência de recursos financeiros** (art. 2º, VIII-A).

Forma de seleção: **chamamento público.**

São consideradas **organizações da sociedade civil** (art. 2º, I):

a) entidade privada sem fins lucrativos que não distribua entre os seus sócios ou associados, conselheiros, diretores, empregados, doadores ou terceiros eventuais resultados, sobras, excedentes operacionais, brutos ou líquidos, dividendos, isenções de qualquer natureza, participações ou parcelas do seu patrimônio, auferidos mediante o exercício de suas atividades, e que os aplique integralmente na consecução do respectivo objeto social, de forma imediata ou por meio da constituição de fundo patrimonial ou fundo de reserva;

b) as sociedades cooperativas previstas na Lei nº 9.867, de 10 de novembro de 1999; as integradas por pessoas em situação de risco ou vulnerabilidade pessoal ou social; as alcançadas por programas e ações de combate à pobreza e de geração de trabalho e renda; as voltadas para fomento, educação e capacitação de trabalhadores rurais ou capacitação de agentes de assistência técnica e extensão rural; e as capacitadas para execução de atividades ou de projetos de interesse público e de cunho social.

c) as organizações religiosas que se dediquem a atividades ou a projetos de interesse público e de cunho social distintas das destinadas a fins exclusivamente religiosos;

◉ ENTIDADES DE APOIO

- Pessoa jurídica de direito privado sem fins lucrativos;
- Fundação particular (CC/02), associação (CC/02) ou cooperativas (lei 5.764/71);
- Criadas por servidores públicos;
- Finalidade: auxiliar instituições de ensino e pesquisa (universidades, hospitais, Poder Judiciário, Legislativo e MPs);
- Vinculação em geral através de Convênio (sem licitação);
- Lei 8.958/94 (Dec. 7.424/10) e 12.349/10;
- Utilização de bens e de servidores públicos;
- Regime CLT sem concurso público;
- Controle dos Tribunais de Contas;

3. AGENTES PÚBLICOS

Espécies de agentes públicos	
Agentes políticos	Comando dos poderes. Ex. Executivo (incluído secretários e ministros), Legislativo, Judiciário e Ministério Público.
Agentes militares	Forças Armadas, Polícias Militares e Corpos de Bombeiros Militares. Regime estatutário. Proibida a sindicalização, greve e filiação partidária.
Servidores Públicos estatutários	Ocupantes de cargo público Contratação por concurso público Estabilidade após estágio probatório de 3 anos
Empregados públicos	Ingresso por concurso público Regime predominante, mas não exclusivamente privado (CLT) Atuam nas pessoas jurídicas de direito privado
Ocupantes de cargos em comissão	Chefia, direção ou assessoramento (art. 37, V da CR/88). Contratação sem concurso e exoneração *ad nutum*
Contratados temporários	Necessidade temporária de excepcional interesse público (art. 37, IX, CR/88); Lei 8.745/93
Particulares em colaboração com a Administração	Delegados de ofício ou função pública (ex. titulares de cartórios) Requisitados de serviço (ex. mesários) Gestores de negócios públicos (ex. socorrista em emergências) Contratados mediante locação civil de serviços (ex. advogado para defesa em um tribunal internacional) Concessionários e permissionários

- Agente Público de fato: a) putativos: teoria da aparência/boa-fé/responsabilidade civil do Estado; b) Necessários: calamidade ou emergência/sem responsabilidade civil do Estado.

Cargo público	
Conjunto de atribuições e responsabilidades previstas na estrutura organizacional que devem ser cometidas a um servidor. Os cargos públicos, acessíveis a todos os brasileiros, são criados por lei, com denominação própria e vencimento pago pelos cofres públicos, para o provimento em caráter efetivo ou em comissão (lei nº 8.112/90, art. 3º).	
Cargo público efetivo	Provimento decorre de prévia aprovação em concurso público de provas ou de provas e títulos
Cargo público em comissão	Aquele de livre provimento e exoneração, destinados às atribuições de direção, chefia e assessoramento - CRFB/88, art. 37, V)
Função de confiança	Nova gama de atribuições para quem já tem um cargo
OBS: É vedada a incorporação de vantagens de caráter temporário ou vinculadas ao exercício de função de confiança ou de cargo em comissão à remuneração do cargo efetivo (CRFB/88, art. 37, §9º)	

◉ CARGOS VITALÍCIOS

- Magistrados;
- Membros do Ministério Público;
- Ministros/Conselheiros dos Tribunais de Contas.

Obs.: a vitaliciedade é obtida após 2 anos de efetivo exercício (e não 3 como a estabilidade do ocupante de cargo público). Só perderão o cargo em razão de sentença judicial transitada em julgado.

◉ HIPÓTESES DE PERDA DO CARGO POR SERVIDOR ESTÁVEL

- Sentença judicial transitada em julgado;
- Processo administrativo (contraditório e ampla defesa);
- Procedimento de avaliação periódica de desempenho (ampla defesa) → necessidade de lei complementar
- Necessidade de redução de despesas com pessoal (CRFB/88, art. 169, §4º).

Acumulação de cargos
Regra: proibição a acumulação **remunerada** de cargos, funções ou empregos públicos.
Exceções: • a de dois cargos de professor (CR/88 art. 37, XVI, a); • a de um cargo de professor com outro técnico ou científico (CR/88 art. 37, XVI, b); • a de dois cargos ou empregos privativos de profissionais de saúde, com profissões regulamentadas (CR/88 art. 37, XVI, c); • a de um cargo de vereador com outro cargo, emprego ou função pública (CR/88 art. 38, III); • a de um cargo de magistrado com outro no magistério (CR/88 art. 95, parágrafo único, I); • a de um cargo de membro do Ministério Público com outro no magistério (CR/88 art. 128, §5º, II, d). OBS: aplica-se aos militares dos Estados, do Distrito Federal e dos Territórios o disposto no art. 37, inciso XVI, com prevalência da atividade militar (art. 42, §3º da CRFB, acrescido pela EC 101/2019.
Compatibilidade de horários; **Obediência ao teto remuneratório (observado em cada cargo isoladamente);** **Apenas dois cargos;** **Cargo técnico ou científico = aquele para cujo exercício sejam exigidos conhecimentos técnicos específicos e habilitação legal - não necessariamente nível superior.**

Concurso Público
CR/88, art. 37, II; Isonomia, legalidade, impessoalidade e moralidade; Prazo de validade: até 2 anos, prorrogável por igual período; Provas ou provas e títulos, a depender da complexidade do cargo; Reserva de vagas para deficientes: mínimo 5%, máximo 20%; Limite de idade: só se legitima quando possa ser justificado pela natureza das atribuições do cargo a ser preenchido (STF, súmula 683); Veto à participação de candidato: inconstitucional quando não motivado (STF, súmula 684); Provimento de servidor, sem concurso público, a cargo que não integra a carreira na qual anteriormente investido □ inconstitucional (STF, súmula 685); Exigência de exame psicotécnico: depende de lei (STF, súmula vinculante 44); Diploma ou habilitação para o exercício do cargo só podem ser exigidos na posse e não na inscrição do concurso (STJ, súmula 266). Posse mediante provimento judicial precário (liminar) → não gera fato consumado (STF RE 608.482/RN) Vedação ao "concurso interno" STF, súmula vinculante 43: É inconstitucional toda modalidade de provimento que propicie ao servidor investir-se, sem prévia aprovação em concurso público destinado ao seu provimento, em cargo que não integra a carreira na qual anteriormente investido. Apenas a gestante tem direito à remarcação do teste de aptidão física; **Surdez unilateral = deficiente (lei nº 14.768/23);** Visão monocular = deficiente (lei nº 7.853/89 e Decreto nº 3.298/99
Obs.: **Direito subjetivo à nomeação do candidato aprovado dentro do número de vagas** □ "Dentro do prazo de validade do concurso, a Administração poderá escolher o momento no qual se realizará a nomeação, mas não poderá dispor sobre a própria nomeação, a qual, de acordo com o edital, passa a constituir um direito do concursando aprovado e, dessa forma, um dever imposto ao poder público. Uma vez publicado o edital do concurso com número específico de vagas, o ato da Administração que declara os candidatos aprovados no certame cria um dever de nomeação para a própria Administração e, portanto, um direito à nomeação titularizado pelo candidato aprovado dentro desse número de vagas" (STF, RE 598.099/MS)

◉ REGIME JURÍDICO DOS SERVIDORES PÚBLICOS CIVIS DA UNIÃO, DAS AUTARQUIAS E DAS FUNDAÇÕES PÚBLICAS FEDERAIS (LEI 8.112/90)

Concurso □ Aprovação □ Provimento □ Posse □ Exercício □ Estágio probatório □ Confirmação □ Estabilidade □ Saída do cargo

(MAZZA, Alexandre. *Manual de Direito Administrativo*. 4.ed. São Paulo: Saraiva, 2014. p. 544)

Provimento – lei nº 8.112/90	
Originário ou autônomo	Primeiro ato de investidura Nomeação (cargo público/função de confiança) ou contratação (empregos públicos/funções temporárias)

<table>
<tr><th colspan="2">Provimento – lei nº 8.112/90</th></tr>
<tr><td>Requisitos básicos para a investidura</td><td>Nacionalidade brasileira (exceção: professores, técnicos e cientistas);
Gozo dos direitos políticos;
Quitação com as obrigações militares e eleitorais;
Nível de escolaridade exigido para o exercício do cargo;
Idade mínima de 18 anos;
Aptidão física e mental</td></tr>
<tr><td rowspan="6">Derivado</td><td>Promoção → carreira organizada com cargos ascendentes e sucessivos (merecimento e antiguidade)</td></tr>
<tr><td>Readaptação → limitação física ou mental/ cargo de atribuições afins, respeitada a habilitação exigida, nível de escolaridade e equivalência de vencimentos</td></tr>
<tr><td>Reversão → retorno à atividade do servidor aposentado (fim da invalidez/de ofício ou no interesse da Administração/ a pedido) mesmo cargo ou cargo resultante de sua transformação</td></tr>
<tr><td>Reintegração → invalidação da demissão do servidor estável/ retorno ao cargo anteriormente ocupado ou no resultante de sua transformação/ ressarcimento de todas as vantagens.
OBS: servidor não estável → forma inominada de provimento derivado</td></tr>
<tr><td>Recondução → recondução do servidor ao cargo anteriormente ocupado em razão de inabilitação em estágio probatório relativo a outro cargo ou reintegração do anterior ocupante (STJ admite recondução a pedido do servidor)</td></tr>
<tr><td>Aproveitamento → retorno de servidor posto em disponibilidade a cargo compatível com o anteriormente ocupado</td></tr>
<tr><td colspan="2">Obs.: é vedada a transposição ou ascensão funcional → Súmula vinculante 43. É inconstitucional toda modalidade de provimento que propicie ao servidor Investir-se, sem prévia aprovação em concurso público destinado ao seu provimento, em cargo que não integra a carreira na qual anteriormente investido.</td></tr>
</table>

O servidor habilitado em concurso público e empossado em cargo de provimento efetivo adquirirá estabilidade no serviço público ao completar **3 anos** de efetivo exercício.

Fatores a serem considerados na avaliação do estágio probatório:

- Assiduidade
- Disciplina
- Capacidade de iniciativa
- Produtividade
- Responsabilidade

<table>
<tr><td>Vacância do cargo
Fato administrativo que demonstra a ausência de ocupação de determinado cargo</td><td>Exoneração
Demissão
Promoção
Readaptação
Aposentadoria
Posse em outro cargo inacumulável
Falecimento</td></tr>
<tr><td colspan="2">Obs.: demissão tem natureza de sanção, ao passo que a exoneração pode ser dar a pedido do servidor ou pela própria Administração, mas não com caráter sancionador.</td></tr>
<tr><td>Remoção</td><td>Deslocamento do servidor, a pedido ou de ofício, no âmbito do mesmo quadro, com ou sem mudança de sede</td></tr>
<tr><td>Redistribuição</td><td>Deslocamento de cargo de provimento efetivo, ocupado ou vago no âmbito do quadro geral de pessoal, para outro órgão ou entidade do mesmo Poder</td></tr>
</table>

Direitos dos servidores
• Salário mínimo; • Garantia de salário nunca inferior ao mínimo, para os que percebem remuneração variável; • Décimo terceiro salário com base na remuneração integral ou no valor da aposentadoria; • Remuneração do trabalho noturno superior à do diurno; • Salário-família;

Direitos dos servidores	
• Duração do trabalho normal não superior a 8 horas diárias e 44 semanais; • Repouso semanal remunerado; • Remuneração do serviço extraordinário superior, no mínimo 50% à do normal; • Férias anuais remuneradas com, pelo menos, um terço a mais do que o salário normal; • Licença à gestante (120 dias); • Licença-paternidade; • Proteção ao mercado de trabalho da mulher; • Redução dos riscos inerentes ao trabalho, por meio de normas de saúde, higiene e segurança; • Proibição de diferença de salários, de exercício de funções e de critério de admissão por motivo de sexo, idade, cor ou estado civil.	
Direito de greve	STF – O Tribunal julgou três mandados de injunção impetrados, respectivamente, pelo Sindicato dos Servidores da Polícia Civil no Estado do Espírito Santo – SINDIPOL, pelo Sindicato dos Trabalhadores em Educação do Município de João Pessoa – SINTEM, e pelo Sindicato dos Trabalhadores do Poder Judiciário do Estado do Pará – SINJEP, em que se pretendia fosse garantido aos seus associados o exercício do direito de greve previsto no art. 37, VII, da CF ("Art. 37. ... VII – o direito de greve será exercido nos termos e nos limites definidos em lei específica;"). **O Tribunal, por maioria, conheceu dos mandados de injunção e propôs a solução para a omissão legislativa com a aplicação, no que couber, da Lei 7.783/1989, que dispõe sobre o exercício do direito de greve na iniciativa privada.** (MI 670/ES, rel. orig. Min. Maurício Corrêa, rel. p/ o acórdão Min. Gilmar Mendes, 25.10.2007; MI 708/DF, rel. Min. Gilmar Mendes, 25.10.2007; MI 712/PA, rel. Min. Eros Grau, 25.10.2007) http://www.stf.jus.br/portal/cms/verTexto.asp?servico=jurisprudencia Omissão Inconstitucional "A administração pública deve proceder ao desconto dos dias de paralisação decorrentes do exercício do direito de greve pelos servidores públicos, em virtude da suspensão do vínculo funcional que dela decorre. É permitida a compensação em caso de acordo. O desconto será, contudo, incabível se ficar demonstrado que a greve foi provocada por conduta ilícita do Poder Público". (Informativo 845, Plenário, Repercussão Geral)
Vencimentos	Retribuição pecuniária fixada em lei decorrente do exercício do cargo público, sem qualquer adicional. **"O não encaminhamento de projeto de lei de revisão anual dos vencimentos dos servidores públicos, previsto no inciso X do art. 37 da CF/1988, não gera direito subjetivo a indenização. Deve o Poder Executivo, no entanto, se pronunciar, de forma fundamentada, acerca das razões pelas quais não propôs a revisão", nos termos do voto do Ministro Roberto Barroso, Redator para o acórdão, Plenário, 25.9.2019 (Sessão Ordinária).**
Remuneração	Vencimentos + vantagens (adicionais e gratificações)
Subsídio	Parcela única paga a certos agentes públicos a título de retribuição pecuniária (admite apenas a inclusão das parcelas previstas no art. 39, §3º da CR/88). Aplica-se, dentre outros, a Chefes do Executivo e seus auxiliares diretos
Soldo	Parcela mensal inerente à patente militar
Previdência	Regime Próprio de Previdência Social (RPPS) – titulares de cargo efetivo (incluindo vitalícios)
	Regime Geral de Previdência Social (RGPS) – ocupantes exclusivamente de cargo em comissão, temporários e empregados públicos
	Regime de Previdência Complementar – Lei 12.618/02 – entidades fechadas de previdência com planos na modalidade de contribuição definida
Indenizações	• Ajuda de custo • Diárias • Transporte • Auxílio-moradia

Processo Administrativo Disciplinar – lei 8.112/90
Instrumento destinado a apurar responsabilidade de servidor por infração praticada no exercício de suas atribuições ou que tenha relação com as atribuições do cargo em que se encontre investido (art. 148)

<table>
<tr><td colspan="2">Instauração</td><td>Portaria para instituir a comissão;
Indicação do procedimento adotado (sumário ou ordinário);
Havendo representação a atuação da Administração é vinculada;
Possibilidade de afastamento preventivo do servidor.
De ofício ou mediante provocação (Cabível denúncia anônima)
STJ, súmula 611. Desde que devidamente motivada e com amparo em investigação ou sindicância, é permitida a instauração de PAD com base em denúncia anônima, em face do poder-dever de autotutela imposto à Administração.</td></tr>
<tr><td colspan="2">Nomeação de comissão processante</td><td>Três servidores estáveis, designados pela autoridade competente;
Presidente deverá ser ocupante de cargo efetivo superior ou de mesmo nível, ou ter nível de escolaridade igual ou superior ao do indiciado.</td></tr>
<tr><td rowspan="3">Inquérito administrativo</td><td>Instrução</td><td>Elucidação dos fatos;
Oficialidade;
Contraditório.
Tipificada a infração, haverá a indiciação do servidor com a especificação dos fatos a ele imputados e das respectivas provas.
STJ, súmula 591. É permitida a prova emprestada no processo administrativo disciplinar, desde que devidamente autorizada pelo juízo competente e respeitados o contraditório e a ampla defesa.
STJ, súmula 592. "O excesso de prazo para conclusão do processo administrativo disciplinar só causa nulidade se houver demonstração de prejuízo à defesa."</td></tr>
<tr><td>Defesa</td><td>Prazo de 10 dias (20 se mais de um indiciado), podendo ser prorrogado pelo dobro;
Permitida vista do processo
Apresentação de provas.
Súmula vinculante 5: "A falta de defesa técnica por advogado no processo administrativo disciplinar não ofende a Constituição".</td></tr>
<tr><td>Relatório</td><td>Conclusivo quanto à inocência ou responsabilidade do servidor.</td></tr>
<tr><td colspan="2">Julgamento</td><td>20 dias do recebimento do processo;
A autoridade administrativa decide pela materialidade da conduta, autoria do fato e pena a ser aplicada.
Não vinculada ao relatório da comissão processante (motivação);
Adequação punitiva (proporcionalidade);</td></tr>
<tr><td colspan="2">Medida Cautelar</td><td>lei nº 8.112/90, Art. 147. Como medida cautelar e a fim de que o servidor não venha a influir na apuração da irregularidade, a autoridade instauradora do processo disciplinar poderá determinar o seu afastamento do exercício do cargo, pelo prazo de até 60 (sessenta) dias, sem prejuízo da remuneração.
Parágrafo único. O afastamento poderá ser prorrogado por igual prazo, findo o qual cessarão os seus efeitos, ainda que não concluído o processo.</td></tr>
<tr><td colspan="2">Revisão</td><td>A qualquer tempo;
A pedido ou de ofício;
Fatos novos ou circunstâncias suscetíveis de justificar a inocência do punido ou a inadequação da penalidade aplicada;
Ônus da prova do requerente;
Vedação à reformatio in pejus</td></tr>
<tr><td colspan="3">Súmula 18 do STF: "Pela falta residual, não compreendida na absolvição pelo juízo criminal, é admissível a punição administrativa do servidor público".
Súmula 21, do STF: "Funcionário em estágio probatório não pode ser exonerado nem demitido sem inquérito ou sem as formalidades legais de apuração de sua capacidade"</td></tr>
<tr><td colspan="3">Procedimentos sumários:
Verdade sabida – a autoridade toma conhecimento direto ou indireto da infração e, espontaneamente, pune o servidor □ vedada no direito brasileiro, não tendo sido recepcionada pela CR/88.
Sindicância: procedimento de investigação, do qual resultará: arquivamento do processo, aplicação de penalidade de advertência ou suspensão de até 30 dias ou instauração de processo disciplinar.</td></tr>
</table>

4. PODERES ADMINISTRATIVOS

Poderes administrativos ↔ supremacia do interesse público
• Poder Hierárquico • Poder Disciplinar • Poder de Polícia • Poder Normativo e Regulamentar
Deveres administrativos ⊠ indisponibilidade do interesse público
• Dever de agir • Dever de probidade • Dever de eficiência • Dever de prestar contas • Dever de juridicidade

Poderes Administrativos	
• Prerrogativas à disposição da Administração destinadas à concretização do interesse público. Características: • Obrigatoriedade (poder-dever) • Irrenunciabilidade • Limitação legal (competência/necessidade/adequação) • Responsabilidade em caso de abuso	
Hierárquico	Poder de fiscalização e controle (convalidação, anulação e revogação); Poder de dar ordens □ dever de obediência; Poder de revisão dos atos (recurso administrativo); Poder de delegação ou avocação de competências
Disciplinar	Permite a aplicação de sanções em decorrência de infrações funcionais de seus servidores e a particulares que tenham vínculo jurídico específico com a Administração
De polícia	CTN, Art. 78. "Considera-se poder de polícia atividade da administração pública que, limitando ou disciplinando direito, interesse ou liberdade, regula a prática de ato ou abstenção de fato, em razão de interesse público concernente à segurança, à higiene, à ordem, aos costumes, à disciplina da produção e do mercado, ao exercício de atividades econômicas dependentes de concessão ou autorização do Poder Público, à tranquilidade pública ou ao respeito à propriedade e aos direitos individuais ou coletivos". Visa limitar a atuação do particular em nome do interesse público; Atributos: discricionariedade (em regra), autoexecutoriedade e coercibilidade; Deve ser exercido com observância à razoabilidade/proporcionalidade. "**É constitucional a delegação do poder de polícia, por meio de lei, a pessoas jurídicas de direito privado integrantes da Administração Pública indireta de capital social majoritariamente público que prestem exclusivamente serviço público de atuação própria do Estado e em regime não concorrencial**". No mais: "os atos de consentimento, de fiscalização e de aplicação de sanções podem ser delegados a estatais que possam ter um regime jurídico próximo daquele aplicável à Fazenda Pública" (RE 633782/MG, rel. min. Luiz Fux, j. 23.10.2020. Info. 996).
Normativo e Regulamentar	Visa complementar a lei, buscando sua fiel execução Forma de disciplinar a discricionariedade administrativa Competência privativa do Chefe do Poder Executivo, delegável a Ministros de Estado (art. 87, II da CR/88) Decretos de execução ou regulamentares □ regras jurídicas abstratas, gerais e impessoais. O art. 49, V da CR/88 atribui ao Congresso Nacional competência para sustar atos que exorbitem o poder regulamentar; Decreto Regulamentar Autônomo □ validade direta na Constituição Federal (art. 84, VI)

⊙ DECRETO REGULAMENTAR AUTÔNOMO

CR/88, Art. 84. Compete privativamente ao Presidente da República:

VI – dispor, mediante decreto, sobre:

a) organização e funcionamento da administração federal, quando não implicar aumento de despesa nem criação ou extinção de órgãos públicos;

b) extinção de funções ou cargos públicos, quando vagos;

Parágrafo único. O Presidente da República **poderá delegar** *as atribuições mencionadas nos incisos* **VI**, *XII e XXV, primeira parte, aos Ministros de Estado, ao Procurador-Geral da República ou ao Advogado-Geral da União, que observarão os limites traçados nas respectivas delegações.*

Delegalização ou deslegificação □ a lei delega a órgãos administrativos a função de criar normas de caráter técnico, como ocorre no caso das Agências Reguladoras que, ao agir limitadas pelos parâmetros legais, atuam mediante uma discricionariedade técnica.

◉ PODER VINCULADO X PODER DISCRICIONÁRIO

- **Vinculado** □ a Administração atua rigorosamente dentro das hipóteses legais, por isso parte da doutrina afirma tratar-se não propriamente de um poder, mas de um dever da Administração. Não há qualquer análise de oportunidade ou conveniência (ex. concessão de aposentadoria voluntária ou licença para dirigir);
- **Discricionário** – o agente administrativo age com certa liberdade, devendo analisar a oportunidade e a conveniência no caso concreto, escolhendo, dentro dos limites da lei, a melhor forma de agir (ex. contrato administrativo, autorização). Há, assim, juízo de mérito (análise da oportunidade e conveniência)

◉ ABUSO DE PODER

Ato abusivo (arbitrário, ilícito e nulo) – comissivo ou omissivo. O agente é competente, mas ultrapassa os limites das suas atribuições ou se desvia das finalidades administrativas definidas em lei.

- Excesso de poder – vai além da competência
- Desvio de poder ou de finalidade – atua dentro da competência, mas foge dos fins. Pode ser com dolo ou apenas com culpa.

5. ATO ADMINISTRATIVO

Ato Administrativo	
"Declaração do Estado (ou de quem lhe faça as vezes – como, por exemplo, um concessionário de serviço público), no exercício de prerrogativas públicas, manifestada mediante providências jurídicas complementares da lei a título de lhe dar cumprimento, e sujeitas a controle de legitimidade por órgão jurisdicional" (MELLO, Celso Antônio Bandeira de. *Curso de Direito Administrativo.* 35. ed. São Paulo: Malheiros, 2021. p. 315).	
Características: • Declaração jurídica unilateral; • Oriunda do Estado ou de quem age em nome dele; • Disciplinada pelo direito público e amparada por prerrogativas públicas; • Infralegal; • Sujeita ao controle administrativo e judicial.	
Elementos (lei 4.717/65, art. 2º)	• *Competência ou sujeito;* • *Finalidade;* • Forma; • Motivo ou causa; • Objeto ou conteúdo.
Atributos	*1. Presunção de legitimidade* Até que se prove o contrário, o ato é legítimo (moralidade/legalidade/verdade) – presunção *juris tantum;* Ônus da prova do interessado; Para Maria Sylvia Zanella Di Pietro, esse atributo decorre: I) da observância de procedimentos e formalidades específicas, II) da expressão da soberania estatal, III) da necessidade de celeridade, IV) da existência de mecanismos de controle e V) do princípio da legalidade. (*Direito Administrativo.* 27.ed. São Paulo: Atlas, 2014. p. 207)
	2. Imperatividade O ato se impõe a terceiros independente de suas vontades; Manifestação do poder extroverso da Administração; Obs.: não é um atributo presente em todos os atos administrativos, mas só naqueles que impõem obrigações.

Atributos	*3. Exigibilidade* Forma de coerção indireta por parte da Administração; Possibilidade de decidir sem a interferência do Poder Judiciário (ex. imposição de uma multa administrativa).
	4. Autoexecutoriedade Forma de coerção direta por parte da Administração; Possibilidade de compelir materialmente a prática do ato; Somente é possível em dois casos: previsão legal e urgência. Obs.: havendo abuso incidirá a responsabilidade do Estado.
	5. Tipicidade Os atos administrativos devem corresponder a figuras previamente definidas em lei (princípio da legalidade).
Espécies	• *Atos normativos: conteúdo geral e abstrato que visam a fiel execução da lei (ex. decreto);* • Atos ordinatórios: disciplinam a conduta dos agentes administrativos e o funcionamento da Administração (ex. circular); • Atos negociais (ou de consentimento): resultado da concordância de vontades entre a Administração e os particulares (ex. licença); • Atos enunciativos: expressam opiniões ou certificam fatos (ex. parecer, certidão); • Atos administrativos de controle (verificação): controlam a legalidade e o mérito de ato já praticado (ex. homologação); • Atos punitivos (sancionatórios): impõem sanções aos agentes públicos ou particulares (ex. multas)

Para que o motivo seja válido, deve ser:

- Verdadeiro;
- Compatível com o motivo previsto em lei para o ato;
- Compatível com o resultado que se espera com a prática do ato.

Obs.: **Teoria dos motivos determinantes**: "a validade do ato administrativo depende da correspondência entre os motivos nele expostos e a existência concreta dos fatos que ensejaram a sua edição" (OLIVEIRA, Rafael Carvalho Rezende. *Curso de Direito Administrativo*. 5.ed. São Paulo: Método, 2020. p. 306)

Classificação do ato administrativo	
Quanto à formação da vontade	**Simples**: decorre de um único órgão (singular ou colegiado) **Complexo**: manifestação autônoma de diferentes órgãos **Composto**: conjugação da vontade de dois órgãos, sendo uma principal ou final e outra acessória ou instrumental
Quanto à posição da Administração	**Atos de império**: a Administração age com as prerrogativas de Poder Público, com superioridade em relação ao particular **Atos de gestão**: atos disciplinados pelo Direito Privado em que a Administração atua em posição de igualdade com o particular
Quanto aos resultados sobre a esfera dos administrados	**Atos ampliativos**: constituem, ampliam ou reconhecem direitos dos particulares **Atos restritivos**: restringem direitos ou expectativas dos particulares
Quanto aos efeitos	**Atos constitutivos**: criam, modificam ou extinguem direitos **Atos declaratórios**: declaram a existência de situação já existente **Atos enunciativos**: atestam determinados fatos ou direitos

Formas de extinção do ato administrativo	
Natural ou normal	Cumprimento do objeto ou dos seus efeitos. Gera a extinção de pleno direito do ato
Desaparecimento do sujeito ou objeto	Ex. morte do servidor
Recusa ou renúncia	O beneficiário do ato abre mão da situação por ele proporcionada. Na renúncia o ato já se iniciou. Na recusa ainda não produziu qualquer efeito.

Retirada do ato	• Cassação: decorre do descumprimento de condições pelo beneficiado (contraditório e ampla defesa); • Caducidade ou decaimento: nova norma legal proíbe a situação antes autorizada; • Contraposição ou derrubada: novo ato é praticado em decorrência de competências diversas, cujos efeitos são contrapostos; • Anulação ou invalidação: decorre de ilegalidade gerando, em regra, efeitos retroativos (possibilidade de modulação dos efeitos); • Revogação: razões de oportunidade e conveniência, efeitos *ex nunc*.
Obs.: "A Administração **deve anular** seus próprios atos, quando eivados de vício de legalidade, e **pode revogá-los** por motivo de conveniência e oportunidade, respeitados os direitos adquiridos" (art. 53, lei 9.784/99).	
STF, súmula 473: "A Administração pode anular seus próprios atos, quando eivados de vícios que os tornem ilegais, porque deles não se originam direitos; ou revogá-los, por motivo de conveniência e oportunidade, respeitados os direitos adquiridos, e ressalvada, em todos os casos, a apreciação judicial".	

Convalidação ou sanatória → visa sanar defeitos leves para preservar a eficácia do ato administrativo (ponderação de interesses). Com isso, relativiza-se o dever de anular os atos ilegais.

- Mera irregularidade (irregularidades acidentais) → não há o comprometimento do ato;
- Vício de forma sanável → ato anulável;
- Vício insanável (grave) → ato nulo

Obs.: não se admite a convalidação em casos de má-fé do administrado, vícios insanáveis, lesão ao interesse público ou prejuízo a terceiros.

6. SERVIÇOS PÚBLICOS. CONCESSÃO E PERMISSÃO

Serviços Públicos
Competência: arts. 21, 23, 25, 30 e 32, §1º da Constituição Federal de 1988
Conceito: "Toda atividade de oferecimento de utilidade e comodidade material, destinada à satisfação da coletividade, mas que pode ser utilizada singularmente pelos administrados, e que o Estado assume como pertinente a seus deveres e presta-a por si mesmo, ou por quem lhe faça as vezes, sob um regime de direito público, total ou parcialmente (MARINELA, Fernanda. *Direito Administrativo.* 8.ed. Niterói-RJ: Impetus, 2014. p. 545).
Conceito: Critério subjetivo ou orgânico: é o serviço desenvolvido pelo Estado ou delegatários; Critério objetivo ou material: atividade que visa satisfazer os interesses da coletividade; Critério formal: atividade submetida ao regime do Direito Público.
Princípios: • Continuidade; • Modicidade das tarifas; • Generalidade ou universalidade; • Mutabilidade ou atualidade; • Uniformidade ou neutralidade; • Cortesia; • Transparência

Classificação	
Quanto aos destinatários	*Uti singuli* (individuais ou singulares): prestados a usuários determinados. A remuneração é feita por taxa (regime tributário) ou tarifa (contrato). Ex. energia elétrica, transporte público. *Uti universi* (gerais ou coletivos): não é possível determinar a parcela do serviço utilizada por cada pessoa já que o serviço direciona-se à coletividade em geral. Por isso seu custeio é, em regra, por impostos. Ex. segurança pública.
Quanto à essencialidade	Essenciais ou de necessidade pública: indispensáveis, por isso, prestados apenas pela Administração (ex. serviços judiciários) – lei 7.783/89; Não essenciais ou de utilidade pública: podem ser prestados por particulares. Ex. telefonia e serviços funerários.

Quanto à adequação	Próprios: voltados a necessidades coletivas são prestados direta ou indiretamente pelo Estado; Impróprios: o Estado apenas autoriza, fiscaliza ou regula.
Quanto à finalidade	Administrativos: necessidades internas da Administração; Comerciais ou industriais: produzem renda para os prestadores; Sociais: necessidades coletivas relacionadas a direitos sociais.

Aplicação do **Código de Defesa do Consumidor APENAS aos serviços públicos *uti singuli*** e que sejam remunerados por tarifa. Excluem-se, portanto, os serviços públicos *uti universi* e os remunerados por taxa.

Importante

A Lei 8.987/95, ao disciplinar o regime de concessão e permissão da prestação dos serviços públicos, prevê que não se caracteriza como descontinuidade do serviço a sua interrupção em situação de emergência ou após prévio aviso quando motivada por razões de ordem técnica ou de segurança das instalações ou ainda, por inadimplemento do usuário, considerado o interesse da coletividade (art. 6º, § 3º). Assim, não obstante a previsão da continuidade dos serviços essenciais no art. 22 do CDC, a jurisprudência assentou-se na possibilidade de sua interrupção, desde que observadas as circunstâncias supramencionadas, o que representa uma **prevalência do Direito Administrativo sobre o Direito do Consumidor** mediante a aplicação do **princípio da especialidade**.

Lei 8.987/95 – Concessão e permissão de serviços públicos	
CR/88, Art. 175. Incumbe ao Poder Público, na forma da lei, diretamente ou sob regime de concessão ou permissão, sempre através de licitação, a prestação de serviços públicos. Parágrafo único. A lei disporá sobre: I – o regime das empresas concessionárias e permissionárias de serviços públicos, o caráter especial de seu contrato e de sua prorrogação, bem como as condições de caducidade, fiscalização e rescisão da concessão ou permissão; II – os direitos dos usuários; III – política tarifária; IV – a obrigação de manter serviço adequado.	
Conceitos: • Poder concedente: a União, o Estado, o Distrito Federal ou o Município, em cuja competência se encontre o serviço público, precedido ou não da execução de obra pública, objeto de concessão ou permissão (art. 2º, I); • Concessão de serviço público: a delegação de sua prestação, feita pelo poder concedente, mediante licitação, na modalidade concorrência ou diálogo competitivo, à pessoa jurídica ou consórcio de empresas que demonstre capacidade para seu desempenho, por sua conta e risco e por prazo determinado (art. 2º, II); • Concessão de serviço público precedida da execução de obra pública: a construção, total ou parcial, conservação, reforma, ampliação ou melhoramento de quaisquer obras de interesse público, delegados pelo poder concedente, mediante licitação, na modalidade concorrência ou diálogo competitivo, a pessoa jurídica ou consórcio de empresas que demonstre capacidade para a sua realização, por sua conta e risco, de forma que o investimento da concessionária seja remunerado e amortizado mediante a exploração do serviço ou da obra por prazo determinado (art. 2º, IIII); • Permissão de serviço público: a delegação, a título precário, mediante licitação, da prestação de serviços públicos, feita pelo poder concedente à pessoa física ou jurídica que demonstre capacidade para seu desempenho, por sua conta e risco (art. 2º, IV).	
Usuários	Deveres (art. 7º, IV, V e VI) • Receber serviço adequado; • Receber do poder concedente e da concessionária informações para a defesa de interesses individuais ou coletivos; • Obter e utilizar o serviço, com liberdade de escolha entre vários prestadores de serviços quando for o caso, observadas as normas do poder concedente. Obs.: serviço adequado é o que satisfaz as condições de regularidade, continuidade, eficiência, segurança, atualidade, generalidade, cortesia na sua prestação e modicidade das tarifas (art. 6º, §1º)
Usuários	Direitos (art. 7º, I, II e III e art. 7º-A) • Levar ao conhecimento do poder público e da concessionária as irregularidades de que tenham conhecimento, referentes ao serviço prestado; • Comunicar às autoridades competentes os atos ilícitos praticados pela concessionária na prestação do serviço; • Contribuir para a permanência das boas condições dos bens públicos através dos quais lhes são prestados os serviços; • Optar entre, no mínimo, seis datas dentro do mês de vencimento, para o vencimento de seus débitos.

Usuários	Atenção: art. 3º, § 3o Não se caracteriza como descontinuidade do serviço a sua interrupção em situação de emergência ou após prévio aviso, quando: I – motivada por razões de ordem técnica ou de segurança das instalações; e, II – por inadimplemento do usuário, considerado o interesse da coletividade. § 4º **A interrupção do serviço na hipótese prevista no inciso II do § 3º deste artigo não poderá iniciar-se na sexta-feira, no sábado ou no domingo, nem em feriado ou no dia anterior a feriado.**
Poder concedente	Encargos (art. 29): • Regulamentar o serviço concedido e fiscalizar permanentemente a sua prestação; • Aplicar as penalidades regulamentares e contratuais; • Intervir na prestação do serviço, nos casos e condições previstos em lei; • Extinguir a concessão, nos casos previstos em lei e na forma prevista no contrato; • Homologar reajustes e proceder à revisão das tarifas na forma da lei, das normas pertinentes e do contrato; • Cumprir e fazer cumprir as disposições regulamentares do serviço e as cláusulas contratuais da concessão; • Zelar pela boa qualidade do serviço, receber, apurar e solucionar queixas e reclamações dos usuários, que serão cientificados, em até trinta dias, das providências tomadas; • Declarar de utilidade pública os bens necessários à execução do serviço ou obra pública, promovendo as desapropriações, diretamente ou mediante outorga de poderes à concessionária, caso em que será desta a responsabilidade pelas indenizações cabíveis;
Poder concedente	• Declarar de necessidade ou utilidade pública, para fins de instituição de servidão administrativa, os bens necessários à execução de serviço ou obra pública, promovendo-a diretamente ou mediante outorga de poderes à concessionária, caso em que será desta a responsabilidade pelas indenizações cabíveis; • Estimular o aumento da qualidade, produtividade, preservação do meio ambiente e conservação; • Incentivar a competitividade; • Estimular a formação de associações de usuários para defesa de interesses relativos ao serviço.
Concessionária	Encargos (art. 31) • Prestar serviço adequado, na forma prevista na lei, nas normas técnicas aplicáveis e no contrato; • Manter em dia o inventário e o registro dos bens vinculados à concessão; • Prestar contas da gestão do serviço ao poder concedente e aos usuários, nos termos definidos no contrato; • Cumprir e fazer cumprir as normas do serviço e as cláusulas contratuais da concessão; • Permitir aos encarregados da fiscalização livre acesso, em qualquer época, às obras, aos equipamentos e às instalações integrantes do serviço, bem como a seus registros contábeis; • Promover as desapropriações e constituir servidões autorizadas pelo poder concedente, conforme previsto no edital e no contrato; • Zelar pela integridade dos bens vinculados à prestação do serviço, bem como segurá-los adequadamente; • Captar, aplicar e gerir os recursos financeiros necessários à prestação do serviço.

⦿ CONCESSÃO

- Contrato administrativo bilateral
- Serviços não privativos do Estado (ex. educação) e serviços públicos indivisíveis são insuscetíveis de concessão;
- O poder público só delega a execução do serviço, mantendo-se titular dele, conforme competências constitucionais;
- Pagamento feito mediante tarifa (natureza contratual);
- Prazo determinado;
- Em regra sem exclusividade;
- Responsabilidade objetiva do concessionário, mesmo perante terceiros não usuários;
- Direito à manutenção do equilíbrio econômico-financeiro do contrato.

⦿ TARIFA

- Determinada pelo poder concedente e levará em consideração o prazo do contrato (art. 9º, lei 8.987/95);
- Reajuste: reposição anual das perdas inflacionárias (previsibilidade);

- Revisão: relaciona-se a fatos imprevisíveis.

⦿ FORMAS DE EXTINÇÃO DA CONCESSÃO (ART. 35)

- Advento do termo contratual;
- Encampação ou resgate (conveniência e oportunidade/ pressupõe indenização);
- Caducidade (descumprimento do contrato por parte do concessionário/processo administrativo com contraditório e ampla defesa);
- Rescisão (judicial ou consensual)
- Anulação
- Falência ou extinção da empresa concessionária de serviço público

⦿ REVERSÃO DOS BENS

- Princípio da continuidade;
- Previsão no edital licitatório e no contrato de concessão;
- Amortização através das tarifas;
- Em caso de não previsão, pode haver a reversão, desde que com a respectiva indenização.

⦿ PERMISSÃO DE SERVIÇO PÚBLICO

- Precariedade (lei 8.987/95, art. 2º, IV c/c art. 40).
- Contrato (Adin 1491/98 (Info 116 e 117): o STF decidiu que a permissão é CONTRATO, conforme o art. 175 da CR/88).

> *"O art. 175, parágrafo único, I da CF ("A lei disporá sobre: I – o regime das empresas concessionárias e permissionárias de serviços públicos, o caráter especial de seu contrato e de sua prorrogação, bem como as condições de caducidade, fiscalização e rescisão da concessão ou permissão.")* **afastou qualquer distinção conceitual entre permissão e concessão, ao conferir àquela o caráter contratual próprio desta** *(STF Info 117).*

Concessão	Permissão
Maior estabilidade	Precariedade
Autorização legislativa	Em regra, não exige lei
Concorrência ou diálogo competitivo	Qualquer modalidade licitatória
Pessoa jurídica ou consórcio	Pessoa física ou jurídica

Obs.: diante das dúvidas que decorrem da permissão, este modelo de contrato não vem sendo utilizado pela União.

Autorização de serviço público: predominância do interesse particular/ ato unilateral, discricionário e precário.

Lei 13.460/17 - Código de Defesa do Usuário do Serviço Público	
Estabelece normas básicas para participação, proteção e defesa dos direitos do usuário dos serviços públicos prestados direta ou indiretamente pela administração pública (art. 1º).	
Fundamento constitucional: Art. 27 EC 19/98, Art. 37, §3º, I e art. 175, II e IV da CR/88.	
Principais conceitos (art. 2º)	
Usuário	Pessoa física ou jurídica que se beneficia ou utiliza, efetiva ou potencialmente, de serviço público.
Serviço Público	Atividade administrativa ou de prestação direta ou indireta de bens ou serviços à população, exercida por órgão ou entidade da administração pública (conceito amplo).
Administração Pública	Órgão ou entidade integrante da administração pública de qualquer dos Poderes da União, dos Estados, do Distrito Federal e dos Municípios, **a Advocacia Pública e a Defensoria Pública**.
Agente Público	Quem exerce cargo, emprego ou função pública, de natureza civil ou militar, ainda que transitoriamente ou sem remuneração.
Manifestações	Reclamações, denúncias, sugestões, elogios e demais pronunciamentos de usuários que tenham como objeto a prestação de serviços públicos e a conduta de agentes públicos na prestação e fiscalização de tais serviços. Serão dirigidas à ouvidoria do órgão ou entidade responsável e conterão a identificação do requerente.

<table>
<tr><td colspan="2">Arts. 5º e 6º □ Diretrizes a serem observadas pelos prestadores de serviços públicos e direitos dos usuários (ex. cortesia no atendimento, presunção de boa-fé do usuário, atendimento por ordem de chegada (salvo exceções legais), adequação entre meios e fins, igualdade de tratamento, cumprimento de prazos, autenticação de documentos pelo próprio agente público [exigência, apenas excepcionalmente, de autenticação], utilização de linguagem simples e compreensível, dentre outras).</td></tr>
<tr><td>Carta de Serviços ao usuário (art. 7º)</td><td>Serve para informar o usuário sobre os serviços prestados pelo órgão ou entidade, as formas de acesso, compromissos e padrões de qualidade de atendimento ao público. Deverá conter informações claras e precisas e contar com atualização periódica, além de ser publicada na internet.</td></tr>
<tr><td>Deveres dos usuários (art. 8º)</td><td>• Utilizar adequadamente os serviços, procedendo com urbanidade e boa-fé;
• Prestar as informações pertinentes ao serviço prestado quando solicitadas;
• Colaborar para a adequada prestação do serviço; e
• Preservar as condições dos bens públicos por meio dos quais lhe serão prestados os serviços públicos.</td></tr>
<tr><td>Ouvidoria (art. 13 a 17)</td><td>A lei não estabeleceu a obrigatoriedade de que todos os prestadores de serviços públicos contem com ouvidorias. Caso estas não existam, as manifestações serão apresentadas ao órgão responsável pelo serviço ou aos que lhe sejam superiores.
Deverão promover a participação do usuário na administração pública, acompanhar a prestação do serviço, propor seu aperfeiçoamento, auxiliar na prevenção e correção de atos incompatíveis com a lei, propor medidas para a defesa dos usuários, receber e encaminhar às autoridades competentes as manifestações dos usuários, propor a adoção de mediação e conciliação entre o usuário e o ente público.
Compete à Ouvidoria elaborar o relatório de gestão, consolidando informações e apontando sugestões para a melhoria na prestação do serviço público.</td></tr>
<tr><td>Conselhos de usuários (art. 18 a 22)</td><td>Órgãos de natureza consultiva, compostos conforme critérios de representatividade e pluralidade ⊠ incentivo à participação popular.</td></tr>
<tr><td>Avaliação continuada dos serviços públicos (art. 23 e 24)</td><td>A avaliação será realizada por pesquisa de satisfação feita, no mínimo, a cada um ano, ou por qualquer outro meio que garanta significância estatística aos resultados. O resultado será incluído em ranking das entidades prestadoras dos serviços.</td></tr>
<tr><td colspan="2">OBS: a aplicação da lei 13.460/17 não afasta a aplicação do Código de Defesa do Consumidor, quando caracterizada a relação de consumo. Da mesma forma, a disciplina do acesso do usuário a informações continua regida pela lei 12.527/11 (LAI)</td></tr>
<tr><td colspan="2">Vacatio legis: 360 dias para U, E, DF e M com mais de 500 mil habitantes;
540 dias para Municípios entre 100 mil e 500 mil habitantes;
720 dias para Municípios com menos de 100 mil habitantes.
Data de publicação da lei: 26 de junho de 2017.</td></tr>
</table>

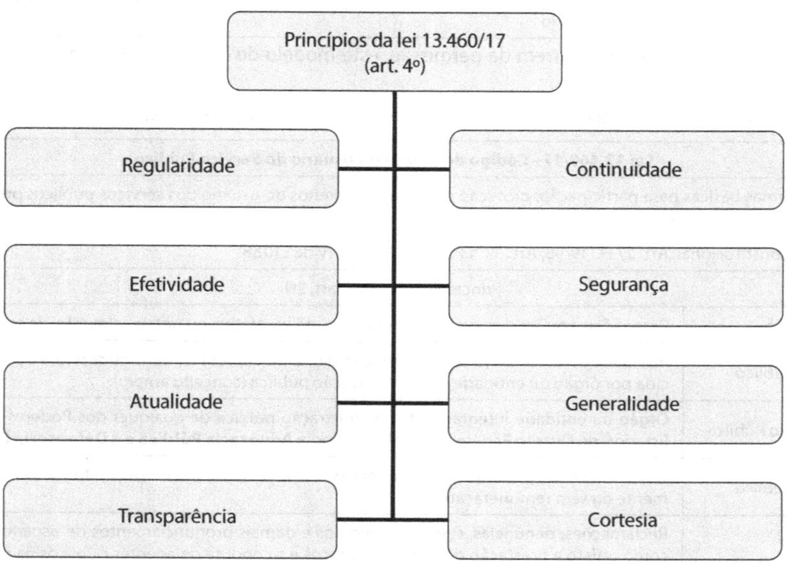

7. PARCERIAS PÚBLICO-PRIVADAS

Lei 11.079/04

- Alto custo dos investimentos x escassez de recursos;
- Concessões especiais ≠ concessões comuns;
- Lei 11.079/04: normas gerais (para todos os entes) e especiais para a União;
- Licitação na modalidade concorrência ou diálogo competitivo.

Conceito: "[...] contrato administrativo de concessão por prazo certo e compatível com o retorno do investimento privado, celebrado pela Administração Pública com certa entidade particular, remunerando-se o parceiro privado conforme a modalidade de parceria adotada, destinado a regular a prestação de serviços públicos ou a execução de serviços públicos precedidos de obras públicas ou, ainda, a prestação de serviços em que a Administração Pública é sua usuária direta ou indireta, respeitando sempre o risco assumido" (GASPARINI, Diógenes. *Direito Administrativo.* 16.ed. São Paulo: Saraiva, 2011. p. 467)

Vedações:

- **Contrato mínimo de R$ 10 milhões (Alterado pela lei 13.529/2017)**;
- Duração de 5 a 35 anos (somadas as prorrogações);
- Não pode haver PPP que tenha como objeto único o fornecimento de mão de obra, o fornecimento e instalação de equipamentos ou a execução de obra pública.

Cláusulas essenciais (art. 5º) – se não previstas ensejarão nulidade do contrato	Cláusulas não essenciais (art. 5º, §2º) – conforme critérios de oportunidade e conveniência

Contraprestação

- Formas de contraprestação da Administração Pública: ordem bancária, cessão de créditos não tributários, outorga de direitos em face da Administração Pública, outorga de direitos sobre bens públicos dominicais e outros meios admitidos em lei.
- Possibilidade de que o pagamento ao particular seja variável conforme o desempenho (art. 6º, §1º);

Garantias

- Prestadas pela Administração: vinculação de receitas (não sobre impostos – art. 167, IV da CR/88), instituição ou utilização de fundos especiais previstos em lei, contratação de seguro-garantia com as companhias seguradoras não controladas pelo Poder Público, garantia prestada por organismos internacionais ou instituições financeiras, garantias prestadas por fundo garantidor ou empresa estatal criada para essa finalidade ou outros mecanismos previstos em lei.
- Prestadas pelo parceiro privado: até 10% do valor do contrato, podendo ser através de caução em dinheiro, títulos da dívida pública, seguro-garantia ou fiança bancária, a critério do particular. Além disso, a garantia pode se específica para as obras envolvidas no contrato ou para os bens públicos utilizados pelo parceiro privado.

Modalidades

- Administrativa (art. 2º, §2º): "é o contrato de prestação de serviços de que a Administração Pública seja a usuária direta ou indireta, ainda que envolva execução de obra ou fornecimento e instalação de bens".
- Patrocinada (art. 2º, §1º): "é a concessão de serviços públicos ou de obras públicas de que trata a lei 8.987/95, quando envolver, adicionalmente à tarifa cobrada dos usuários contraprestação pecuniária do parceiro público ao parceiro privado".

Obs.: as concessões patrocinadas em que mais de 70% da remuneração do parceiro privado for paga pela Administração Pública dependerão de autorização legislativa específica (art. 10, §3º)

Sociedade de Propósito Específico (art. 9º)

- Implantar e gerir o projeto de PPP;
- Licitação □ criação da sociedade □ contrato;
- Pode ser de capital aberto ou fechado;
- Autorização expressa da Administração para transferência do controle (requisitos para o pretendente – art. 27, lei 8.987/95);
- Administração não pode ser titular da maioria do capital votante.

Normas aplicáveis à União

- Instituição de Fundo Garantidor de PPP – receita vinculada a fim determinado;
- Órgão gestor: Comitê Gestor de PPP Federal (Dec. Federal 5385/05, Dec. Fed. 6.037/07) – vinculado ao Ministério do Planejamento, Orçamento e Gestão;
- Relatórios de desempenho – Congresso Nacional e TCU (ampla publicidade na internet);
- Ministérios/Agências reguladoras – fiscalização.

Princípios ou diretrizes das PPPs (art. 4º)

- Eficiência no cumprimento das missões de Estado e no emprego dos recursos da sociedade
- Respeito aos interesses e direitos dos destinatários dos serviços e dos entes privados incumbidos de sua execução
- Indelegabilidade das funções de regulação, jurisdicional, do exercício do poder de polícia e de outras atividades exclusivas do Estado
- Responsabilidade fiscal na celebração e execução das parcerias
- Transparência dos procedimentos e das decisões
- Repartição objetiva dos riscos entre as partes
- Sustentabilidade financeira e vantagens socioeconômicas dos projetos de parceria

◉ DIFERENÇAS QUANTO AOS REGIMES CONTRATUAIS

Principais diferenças entre os regimes contratuais		
Leis 8.666/93 e 14.133/21	Risco da Administração	Pagamento via dotação orçamentária
Lei 8.987/95	Risco do particular (concessionário ou permissionário)	Pagamento pelo usuário (tarifa)
Lei 11.079/04	Risco compartilhado (Administração/concessionário)	Pagamento apenas por dotação orçamentária (PPP administrativa) ou parte em tarifa, parte em dotação orçamentária (PPP patrocinada)

Lei 13.334/16 - Programa de Parceria de Investimentos (PPI)	
Destina-se à ampliação e fortalecimento da interação entre o Estado e a iniciativa privada por meio da celebração de contratos de parceria para a execução de empreendimentos públicos de infraestrutura e de outras medidas de desestatização.	
Podem integrar o PPI	• Empreendimentos públicos de infraestrutura a cargo da Administração direta ou indireta federal; • Idênticos empreendimentos que, por delegação ou fomento, estão a cargo de Estados, Distrito Federal e Municípios; • Medidas do Programa Nacional de Desestatização (lei nº 9.491/97)
Consideram-se contratos de parceria	• Concessão comum; • Concessão patrocinada; • Concessão administrativa; • Concessão regida por legislação setorial; permissão de serviço público; • Arrendamento de bem público; concessão de direito real; • Outros negócios públicos-privados que adotem estrutura jurídica semelhante.
"Parceria é um fato jurídico, indicativo da conjugação de esforços entre entidades públicas e privadas, mas suscetível de formalizar-se por várias ferramentas" (CARVALHO FILHO, José dos Santos. *Manual de Direito Administrativo.* 31.ed. São Paulo: Atlas, 2017. p. 387.	

Objetivos do PPI	• Ampliar as oportunidades de investimento e emprego e estimular o desenvolvimento tecnológico e industrial, em harmonia com as metas de desenvolvimento social e econômico do País; • Garantir a expansão com qualidade da infraestrutura pública, com tarifas adequadas; • Promover ampla e justa competição na celebração das parcerias e na prestação dos serviços; • Assegurar a estabilidade e a segurança jurídica, com a garantia da mínima intervenção nos negócios e investimentos; • Fortalecer o papel regulador do Estado e a autonomia das entidades estatais de regulação; e • Fortalecer políticas nacionais de integração dos diferentes modais de transporte de pessoas, em conformidade com as políticas de desenvolvimento nacional, regional e urbano, de defesa nacional, de meio ambiente e de segurança das populações, formuladas pelas diversas esferas de governo.
A lei criou e fixou as competências do Conselho do Programa de Parcerias de Investimentos da Presidência da República – CPPI.	
FAEP	"Fundo de Apoio à Estruturação de Parcerias" □ criado para prestar, onerosamente, por meio de contrato, serviços técnicos profissionais especializados para a estruturação de parcerias de investimentos e de medidas de desestatização. Características: prazo inicial de 10 anos (renováveis por igual período), natureza privada e patrimônio próprio separado do patrimônio dos cotistas, sujeito a direitos e obrigações, com capacidade para celebrar, em nome próprio, contratos, acordos e ajustes. O FAEP será constituído e contará com a participação do BNDES.

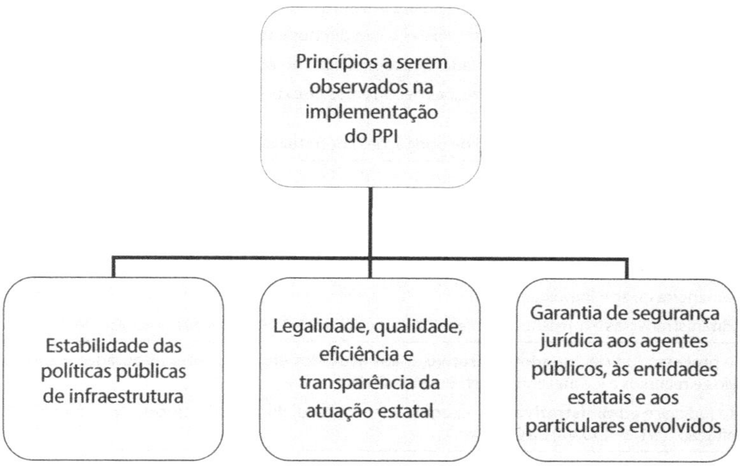

Lei 13.448/17 - Prorrogação e relicitação dos contratos de parceria nos setores rodoviário, ferroviário e aeroportuário	
Conceitos	• Prorrogação contratual: alteração do prazo de vigência do contrato de parceria, expressamente admitida no respectivo edital ou no instrumento contratual original, realizada a critério do órgão ou da entidade competente e de comum acordo com o contratado, em razão do término da vigência do ajuste; • Prorrogação antecipada: alteração do prazo de vigência do contrato de parceria, quando expressamente admitida a prorrogação contratual no respectivo edital ou no instrumento contratual original, realizada a critério do órgão ou da entidade competente e de comum acordo com o contratado, produzindo efeitos antes do término da vigência do ajuste; • **Relicitação**: procedimento que compreende a extinção amigável do contrato de parceria e a celebração de novo ajuste negocial para o empreendimento, em novas condições contratuais e com novos contratados, mediante licitação promovida para esse fim.
A prorrogação contratual e a prorrogação antecipada poderão ocorrer mediante provocação de qualquer das partes do contrato de parceria e estarão sujeitas à **discricionariedade** do órgão ou entidade competente (após **estudo técnico e consulta pública**). Em regra, deverá ser proposta com antecedência mínima de 24 meses do término do contrato.	
Desde que não tenha sido prorrogado anteriormente, o contrato de parceria poderá ser prorrogado uma única vez, por período igual ou inferior ao prazo de prorrogação originalmente fixado ou admitido no contrato.	

Relicitação	• Objetivos de assegurar a continuidade da prestação dos serviços; • Casos em que as disposições contratuais não estejam sendo atendidas ou cujos contratados demonstrem incapacidade de adimplir as obrigações contratuais ou financeiras assumidas originalmente; • Ocorrerá por meio de acordo entre as partes, após avaliação da necessidade feita pelo órgão ou entidade competente (estudo técnico e consulta pública); • Necessidade de celebração de termo aditivo com o atual contratado, em que se evidencie a adesão à relicitação e à extinção amigável do ajuste originário e o compromisso de submissão à arbitragem ou outro mecanismo privado de solução de litígios para as questões pertinentes a indenizações; • O contratado deverá, dentre outros aspectos, renunciar expressamente a participação em novo certame e no futuro contrato (situação que alcança a Sociedade de Propósito Específico responsável pela execução da parceria); • Caso não haja interessados no processo da relicitação, o contratado deverá dar continuidade à prestação do serviço público até a realização de nova sessão para recebimento de propostas.
Arbitragem na lei 13.448/17	As controvérsias surgidas após decisão definitiva da autoridade competente, no que se refere aos direitos patrimoniais disponíveis, podem ser submetidas a arbitragem ou a outros mecanismos alternativos de solução de controvérsias; Contratos que não tenham cláusula arbitral (inclusive aqueles em vigor), poderão ser aditados para a inserção de tal cláusula; Arbitragem será realizada no Brasil e em língua portuguesa; São consideradas controvérsias sobre direitos patrimoniais disponíveis: I - as questões relacionadas à recomposição do equilíbrio econômico-financeiro dos contratos; II - o cálculo de indenizações decorrentes de extinção ou de transferência do contrato de concessão; e III - o inadimplemento de obrigações contratuais por qualquer das partes.

8. PROCESSO ADMINISTRATIVO

Processo Administrativo
• Processo – conjunto de atos dirigidos a um provimento final (judicial ou administrativo); • Procedimento – maneira de agir imposta pela lei. Obs.: em Direito Administrativo as expressões "processo" e "procedimento" muitas vezes se confundem.
"Aos litigantes, em processo judicial ou **administrativo**, e aos acusados em geral são assegurados o contraditório e a ampla defesa, com os meios e recursos a ela inerentes" (art. 5º, LV da CR/88); "A todos, no âmbito judicial e **administrativo**, são assegurados a razoável duração do processo e os meios que garantam a celeridade de sua tramitação" (art. 5º, LXXVIII da CR/88);
Objetivos: • Documentar os atos praticados pela Administração Pública; • Legitimar a conduta administrativa através da transparência; • Oportunizar defesa aos administrados.
Princípios • Devido processo legal; • Contraditório e ampla defesa; • Oficialidade; • Celeridade; • Verdade real;
ATENÇÃO: Súmula vinculante 21: "É inconstitucional a exigência de depósito ou arrolamento prévios de dinheiro ou bens para a admissibilidade de recurso administrativo".

Critérios fixados pela Lei 9.784/99
• Atuação conforme a lei e o Direito; • Atendimento a fins de interesse geral, vedada a renúncia total ou parcial de poderes ou competências, salvo autorização em lei; • Objetividade no atendimento do interesse público, vedada a promoção pessoal de agentes ou autoridades; • Atuação segundo padrões éticos de probidade, decoro e boa-fé; • Divulgação oficial dos atos administrativos, ressalvadas as hipóteses de sigilo previstas na Constituição; • Adequação entre meios e fins, vedada a imposição de obrigações, restrições e sanções em medida superior àquelas estritamente necessárias ao atendimento do interesse público; • Indicação dos pressupostos de fato e de direito que determinarem a decisão; • Observância das formalidades essenciais à garantia dos direitos dos administrados; • Adoção de formas simples, suficientes para propiciar adequado grau de certeza, segurança e respeito aos direitos dos administrados; • Garantia dos direitos à comunicação, à apresentação de alegações finais, à produção de provas e à interposição de recursos, nos processos de que possam resultar sanções e nas situações de litígio; • Proibição de cobrança de despesas processuais, ressalvadas as previstas em lei; • Impulsão, de ofício, do processo administrativo, sem prejuízo da atuação dos interessados; • Interpretação da norma administrativa da forma que melhor garanta o atendimento do fim público a que se dirige, vedada aplicação retroativa de nova interpretação.
Prazos de natureza processual (exclui o início e inclui o prazo final); Inexistindo disposição especifica os prazos serão de 5 dias.

9. LICITAÇÕES

⦿ CONCEITO

- Licitação: "É o procedimento administrativo formal em que a Administração Pública convoca, por meio de condições estabelecidas em ato próprio (edital ou convite), empresas interessadas na apresentação de propostas para o oferecimento de bens e serviços" (TCU. *Licitações e Contratos.* 4.ed. Brasília: TCU, 2010. p. 19)
- "Licitação é o procedimento prévio de seleção por meio do qual a Administração, mediante critérios previamente estabelecidos, isonômicos, abertos ao público e fomentadores da competitividade, busca escolher a melhor alternativa para a celebração de um contrato" (TORRES, Rony Charles Lopes de. *Leis de licitações públicas comentadas.* 12.ed. São Paulo: Juspodivm, 2021. p. 41).

Competência para legislar: Apesar do art. 22, XXVII da CR/88, a doutrina entende que é comum por se tratar de Direito Administrativo. A competência privativa da União, dessa forma, se restringe à criação de normas gerais. Assim, na lei nº 14.133/21 as normas gerais são nacionais e as específicas federais.

⦿ FUNDAMENTAÇÃO LEGAL

Art. 37, XXI, CR/88 □ XXI – ressalvados os casos especificados na legislação, as obras, serviços, compras e alienações serão contratados mediante processo de licitação pública que assegure igualdade de condições a todos os concorrentes, com cláusulas que estabeleçam obrigações de pagamento, mantidas as condições efetivas da proposta, nos termos da lei, o qual somente permitirá as exigências de qualificação técnica e econômica indispensáveis à garantia do cumprimento das obrigações.

Decreto-Lei nº 2.300/1986 – Licitações e contratos

Lei 8.666/93 – Licitações e contratos (normas gerais/nacionais e normas específicas/federais)

Lei 10.520/02 – Pregão

Lei 11.079/04 – Parcerias Público Privadas (PPPs)

Dec. 5.450/05 – Pregão eletrônico

Lei 12.232/10 – Serviços de publicidade

Decreto 7.892/13 – Registro de Preços

Lei nº 13.303/16 – Empresas estatais

Lei nº 14.133/21 – Licitações e contratos (normas gerais/nacionais e normas específicas/federais)

ATENÇÃO: Lei nº 14.133/21 Art. 193. **Revogam-se**:

I – os arts. 89 a 108 da Lei nº 8.666, de 21 de junho de 1993, *na data de publicação desta Lei* **(parte criminal);**

II – em 30 de dezembro de 2023:

a) a Lei nº 8.666, de 21 de junho de 1993;

b) a Lei nº 10.520, de 17 de julho de 2002; e

c) os arts. 1º a 47-A da Lei nº 12.462, de 4 de agosto de 2011.

Art. 194. Esta Lei entra em vigor na data de sua publicação.

Alcance subjetivo da lei (art. 1º)
• Administração Pública direta, autárquica e fundacional da União, estados, DF e Municípios. • Órgãos dos Poderes Legislativo e Judiciário, quando no desempenho de funções administrativas; • Fundos especiais e demais entidades controladas pela Administração Pública.
Situações especiais • Empresas estatais: regra específica na lei nº 13.303/16 (exceto parte penal) – CRFB/88, art. 173, §1º, III • Contratações de repartições públicas sediadas no exterior – princípios da lei nº 14.133/21 + peculiaridades locais • Recursos provenientes de empréstimos ou doações internacionais – admite-se a existência de condições específicas
Observações • Serviços Sociais Autônomos: regulamentos próprios, com observância dos princípios da lei de licitações • OSs e OSCIPs: regulamentos próprios + princípios • Continuam aplicáveis as regras de favorecimento às micro e pequenas empresas da lei complementar nº 123/2006 (com limitações de valores)
A submissão ao regime licitatório se dá em razão do órgão ou entidade licitante/contratante e não em razão da origem dos recursos utilizados ou de quem será beneficiado pelo resultado do certame (TORRES, Rony Charles Lopes de. *Leis de licitações públicas comentadas*. 12.ed. São Paulo: Juspodivm, 2021. p. 53).

Alcance objetivo da lei (art. 2º)
• Alienação e concessão de direito real de uso de bens; • Compra, inclusive por encomenda; • Locação; • Concessão e permissão de uso de bens públicos; • Prestação de serviços, inclusive os técnico-profissionais especializados; • Obras e serviços de engenharia e arquitetura; • Contratações de tecnologia da informação e de comunicação.
Não se submetem à lei nº 14.133/21 (rol exemplificativo) • Contratos que tenham por objeto operação de crédito, interno ou externo, e gestão de dívida pública, incluídas as contratações de agente financeiro e a concessão de garantia relacionadas a esses contratos; • Contratações sujeitas a normas previstas em legislação própria.

⦿ PRINCÍPIOS

Art. 5º Na aplicação desta Lei, serão observados os princípios da **legalidade, da impessoalidade, da moralidade, da publicidade, da eficiência, do interesse público, da probidade administrativa, da igualdade, do planejamento, da transparência, da eficácia, da segregação de funções, da motivação, da vinculação ao edital, do julgamento objetivo, da segurança jurídica, da razoabilidade, da competitividade, da proporcionalidade, da celeridade, da economicidade e do desenvolvimento nacional sustentável,** *assim como as* disposições do Decreto-Lei nº 4.657, de 4 de setembro de 1942 (Lei de Introdução às Normas do Direito Brasileiro).

1. **Legalidade** *(juridicidade)*

2. **Impessoalidade** – *(impedimento a favoritismos e restrições indevidas/teoria do órgão)*

3. **Moralidade**

4. **Publicidade** *(LAI/lei nº 12.527/11)*

5. **Eficiência**

6. **Interesse público**

7. **Probidade administrativa** *(LIA/lei nº 8.429/92)*

8. **Igualdade** *(não discriminação/isonomia)*

9. **Planejamento**

10. **Transparência** *(informação/participação/Portal Nacional de Contratações Públicas)*

11. **Eficácia**

12. **Segregação de funções** *(evitar acumulações indevidas de competências)*

13. **Motivação**

14. **Vinculação ao edital** *(edital é a "lei" da licitação/formalismo moderado)*

15. **Julgamento objetivo**

16. **Segurança jurídica** *(previsibilidade dos atos administrativos/estabilização das relações jurídicas ⊠ proteção da confiança)*

17. **Razoabilidade**

18. **Competitividade**

19. **Proporcionalidade**

20. **Celeridade**

21. **Economicidade**

22. **Desenvolvimento nacional sustentável** *(contratações "verdes")*

⦿ OBJETIVOS OU FINALIDADES DO PROCESSO LICITATÓRIO

Lei nº 14.133/21, Art. 11

I – assegurar a seleção da proposta apta a gerar o resultado de contratação mais vantajoso para a Administração Pública, inclusive no que se refere ao ciclo de vida do objeto; (competitividade) ⊠ proteção aos interesses públicos e recursos governamentais;

II – assegurar tratamento **isonômico** *entre os licitantes, bem como a justa competição; (impessoalidade)*

III – evitar contratações com sobrepreço ou com preços manifestamente inexequíveis e superfaturamento na execução dos contratos;

IV – incentivar a inovação e o desenvolvimento nacional sustentável.

⦿ AGENTE DE CONTRATAÇÃO

Art. 6º, LX, agente de contratação: *pessoa designada pela autoridade competente, entre servidores efetivos ou empregados públicos dos quadros permanentes da Administração Pública, para tomar decisões, acompanhar o trâmite da licitação, dar impulso ao procedimento licitatório e executar quaisquer outras atividades necessárias ao bom andamento do certame até a homologação.*

Requisitos (art. 7º)

I – sejam, preferencialmente, servidor efetivo ou empregado público dos quadros permanentes da Administração Pública;

II – tenham atribuições relacionadas a licitações e contratos ou possuam formação compatível ou qualificação atestada por certificação profissional emitida por escola de governo criada e mantida pelo poder público; e

III – não sejam cônjuge ou companheiro de licitantes ou contratados habituais da Administração nem tenham com eles vínculo de parentesco, colateral ou por afinidade, até o terceiro grau, ou de natureza técnica, comercial, econômica, financeira, trabalhista e civil.

Segregação de funções/ Protagonismo (inspiração no pregoeiro)

Art. 8º, §1º § 1º O agente de contratação será auxiliado por **equipe de apoio** *e responderá individualmente pelos atos que praticar, salvo quando induzido a erro pela atuação da equipe.*

Art. 8º, § 2º Licitação que envolva bens ou serviços especiais, – **comissão de contratação** *formada por, no mínimo, 3 (três) membros, que responderão solidariamente por todos os atos praticados pela comissão, ressalvado o membro que expressar posição individual divergente fundamentada e registrada em ata lavrada na reunião em que houver sido tomada a decisão.*

Contratação de bens ou serviços especiais não rotineiros – possibilidade de contratação por prazo determinado, de empresa ou profissional especializado (assimetrias de informação).

Observação:

Art. 6º XIII – **bens e serviços comuns**: *aqueles cujos padrões de desempenho e qualidade podem ser objetivamente definidos pelo edital, por meio de especificações usuais de mercado;*

XIV – **bens e serviços especiais:** *aqueles que, por sua alta heterogeneidade ou complexidade, não podem ser descritos na forma do inciso XIII do caput deste artigo, exigida justificativa prévia do contratante;*

◉ MODALIDADES DE LICITAÇÃO

<table>
<tr><th colspan="2">Modalidades de licitação previstas na lei 14.133/2021 (art. 28)</th></tr>
<tr><td>Concorrência</td><td>Art. 6º, XXXVIII – concorrência: modalidade de licitação para contratação de bens e serviços especiais e de obras e serviços comuns e especiais de engenharia, cujo critério de julgamento poderá ser:
a) menor preço;
b) melhor técnica ou conteúdo artístico;
c) técnica e preço;
d) maior retorno econômico;
e) maior desconto;
Características:
• Participação de qualquer interessado que preencha as condições estabelecidas;
• Bens ou serviços especiais, independente do valor;
Fases (art. 17): preparatória → de divulgação do edital de licitação → de apresentação de propostas e lances, quando for o caso → de julgamento → de habilitação → recursal → de homologação.</td></tr>
<tr><td>Pregão</td><td>Art. 6º, XLI – pregão: modalidade de licitação obrigatória para aquisição de bens e serviços comuns, cujo critério de julgamento poderá ser o de menor preço ou o de maior desconto;
Fases (art. 17): preparatória → de divulgação do edital de licitação → de apresentação de propostas e lances, quando for o caso → de julgamento → de habilitação → recursal → de homologação.</td></tr>
<tr><td>Concurso</td><td>Art. 6º, XXXIX – concurso: modalidade de licitação para escolha de trabalho técnico, científico ou artístico, cujo critério de julgamento será o de melhor técnica ou conteúdo artístico, e para concessão de prêmio ou remuneração ao vencedor;
≠ concurso para provimento de cargos;
O edital deverá indicar:
I- qualificação exigida dos participantes;
II- diretrizes e formas de apresentação do trabalho;
III- condições de realização e o prêmio ou remuneração concedida ao vencedor.</td></tr>
<tr><td>Leilão</td><td>Art. 6º, XL – leilão: modalidade de licitação para alienação de bens imóveis ou de bens móveis inservíveis ou legalmente apreendidos a quem oferecer o maior lance;
Leiloeiro oficial (credenciamento ou pregão) ou servidor designado para tal função
Lei 9.491/97 – Programa Nacional de Desestatização
Requisitos que devem contar no edital (Art. 31, §2º): a) descrição do bem; b) valor pelo qual foi avaliado; c) lugar onde se encontram; d) site e período da realização do leilão ou informações equivalentes, quando presencial; e) especificação de eventuais ônus, gravamos ou pendências.
OBS: leilão não exige registro cadastral prévio e não terá fase de habilitação.</td></tr>
<tr><td>Diálogo Competitivo (art. 32)</td><td>Art. 6º, XLII – diálogo competitivo: modalidade de licitação para contratação de obras, serviços e compras em que a Administração Pública realiza diálogos com licitantes previamente selecionados mediante critérios objetivos, com o intuito de desenvolver uma ou mais alternativas capazes de atender às suas necessidades, devendo os licitantes apresentar proposta final após o encerramento dos diálogos;
• Novidade no Brasil, mas muito adotado na União Europeia;
Fases:
• Designação da comissão de contratação;
• Edital de pré-seleção;
• Rodadas de diálogo;
• Edital de seleção final;
• Julgamento das propostas;
• Homologação.
Sessões de diálogo deverão ser gravadas em audiovisual, acessível apenas pelos órgãos de controle;
OBS: veto à obrigatoriedade de que o órgão de controle interno acompanhasse o procedimento de diálogo competitivo</td></tr>
<tr><td>ATENÇÃO</td><td>Art. 28, § 2º É vedada a criação de outras modalidades de licitação ou, ainda, a combinação daquelas referidas no caput deste artigo.</td></tr>
</table>

Observação:

Lei nº 14.133/2021, Art. 6º, XXI – **serviço de engenharia**: toda atividade ou conjunto de atividades destinadas a obter determinada utilidade, intelectual ou material, de interesse para a Administração e que, não enquadradas no conceito de obra a que se refere o inciso XII do **caput** deste artigo, são estabelecidas, por força de lei, como privativas das profissões de arquiteto e engenheiro ou de técnicos especializados, que compreendem:

a) **serviço comum de engenharia**: todo serviço de engenharia que tem por objeto ações, objetivamente padronizáveis em termos de desempenho e qualidade, de manutenção, de adequação e de adaptação de bens móveis e imóveis, com preservação das características originais dos bens;

b) **serviço especial de engenharia**: aquele que, por sua alta heterogeneidade ou complexidade, não pode se enquadrar na definição constante da alínea "a" deste inciso;

Procedimento da concorrência e do pregão na lei nº 14.133/2021	
Fase preparatória (interna)	Definição do objeto e estimativa do custo (estudo técnico preliminar); Previsão de recursos (leis orçamentárias); Designação dos agentes públicos que atuarão na licitação; **. Planejamento; Plano de contratações anual**; **. Possibilidade da realização de audiência ou consulta pública;** **. Aprovação do órgão de assessoramento jurídico (controle prévio) - art. 53**
Fase externa	• Edital (PNCP); • Propostas e lances; • Julgamento (classificação); • Habilitação (jurídica; técnica; fiscal, social e trabalhista; e econômico-financeira); • Recursos; • Adjudicação e Homologação.
Observações	Possibilidade de inversão das fases desde que expressamente prevista no edital Preferencialmente sob forma eletrônica

Modos de disputa (art. 56)	
Aberto	hipótese em que os licitantes apresentarão suas propostas por meio de lances públicos e sucessivos, crescentes ou decrescentes;
Fechado	hipótese em que as propostas permanecerão em sigilo até a data e hora designadas para sua divulgação.
Critérios de julgamento (art. 33)	
	I – menor preço; II – maior desconto; III – melhor técnica ou conteúdo artístico; IV – técnica (até 70%) e preço; V – maior lance, no caso de leilão; VI – maior retorno econômico (contrato de eficiência).

- Obrigatoriedade

  Exceções ao princípio da obrigatoriedade devem decorrer da lei (competência da União).

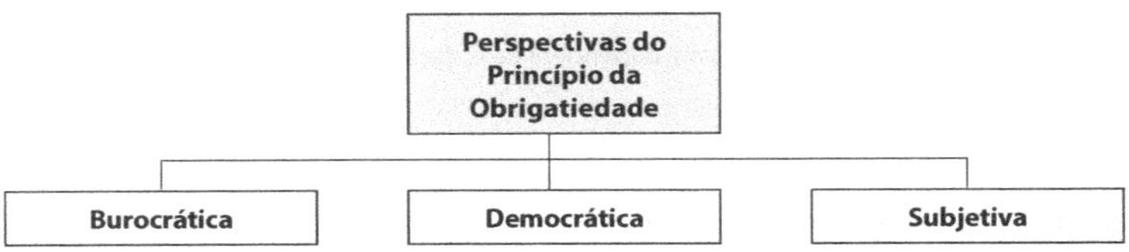

TORRES, Rony Charles Lopes de. *Leis de licitações públicas comentadas*. 12.ed. São Paulo: Juspodivm, 2021. p. 52-53

<table>
<tr><th colspan="2">Pressupostos para que haja a licitação</th></tr>
<tr><td colspan="2">• Lógico: pluralidade de objetos e ofertantes (inexigibilidade);
• Jurídico: conveniência e oportunidade.
• Fático: exigência de comparecimento dos interessados (licitação deserta – contratação direta) – interesse do mercado.</td></tr>
<tr><th colspan="2">Contratação direta</th></tr>
<tr><td>Licitação dispensável</td><td>• Competição possível, mas inoportuna ou inconveniente;
• Decisão discricionária;
• Aquisições
• Rol taxativo – art. 75 da lei 14.133/21;
• Possibilidade de previsão em outras normas;
• Casos: baixo valor - Decreto nº 12.343/24 (dobro se consórcio ou agência executiva), licitação deserta e fracassada; em razão do objeto, em razão das circunstâncias, contratação de órgão ou entidade da Administração, intervenção da União no domínio econômico, entre outros.</td></tr>
<tr><td>Licitação inexigível</td><td>Inviabilidade da competição;
Decisão vinculada;
Art. 74. É inexigível a licitação quando inviável a competição, em especial nos casos de:
I – aquisição de materiais, de equipamentos ou de gêneros ou contratação de serviços que só possam ser fornecidos por produtor, empresa ou representante comercial exclusivos;
II – contratação de profissional do setor artístico, diretamente ou por meio de empresário exclusivo, desde que consagrado pela crítica especializada ou pela opinião pública;
III – contratação dos seguintes serviços técnicos especializados de natureza predominantemente intelectual com profissionais ou empresas de notória especialização, vedada a inexigibilidade para serviços de publicidade e divulgação:
a) estudos técnicos, planejamentos, projetos básicos ou projetos executivos;
b) pareceres, perícias e avaliações em geral;
c) assessorias ou consultorias técnicas e auditorias financeiras ou tributárias;
d) fiscalização, supervisão ou gerenciamento de obras ou serviços;
e) patrocínio ou defesa de causas judiciais ou administrativas;
f) treinamento e aperfeiçoamento de pessoal;
g) restauração de obras de arte e de bens de valor histórico;
h) controles de qualidade e tecnológico, análises, testes e ensaios de campo e laboratoriais, instrumentação e monitoramento de parâmetros específicos de obras e do meio ambiente e demais serviços de engenharia que se enquadrem no disposto neste inciso;
IV – objetos que devam ou possam ser contratados por meio de credenciamento;
V – aquisição ou locação de imóvel cujas características de instalações e de localização tornem necessária sua escolha.</td></tr>
<tr><td>Licitação dispensada</td><td>Alienações de bens pela Administração;
Licitação desnecessária/ inconveniente ao interesse público;
Decisão vinculada;
Rol Taxativo - Art. 76. A alienação de bens da Administração Pública, subordinada à existência de interesse público devidamente justificado, será precedida de avaliação e obedecerá às seguintes normas:
I - tratando-se de bens imóveis, inclusive os pertencentes às autarquias e às fundações, exigirá autorização legislativa e dependerá de licitação na modalidade leilão, dispensada a realização de licitação nos casos de: [...]
II - tratando-se de bens móveis, dependerá de licitação na modalidade leilão, dispensada a realização de licitação nos casos de: [...]</td></tr>
</table>

◉ PROCEDIMENTOS AUXILIARES

- Credenciamento
- Pré-qualificação
- Procedimento de manifestação de interesse
- Sistema de registro de preços
- Registro cadastral

SISTEMA DE REGISTRO DE PREÇOS (LEI Nº 14.133/21, ARTS. 82 A 86)	
O edital de licitação para registro de preços deverá dispor sobre:	I – as especificidades da licitação e de seu objeto, inclusive a quantidade máxima de cada item que poderá ser adquirida; II – a quantidade mínima a ser cotada de unidades de bens ou, no caso de serviços, de unidades de medida; III – a possibilidade de prever preços diferentes: a) quando o objeto for realizado ou entregue em locais diferentes; b) em razão da forma e do local de acondicionamento; c) quando admitida cotação variável em razão do tamanho do lote; d) por outros motivos justificados no processo; IV – a possibilidade de o licitante oferecer ou não proposta em quantitativo inferior ao máximo previsto no edital, obrigando-se nos limites dela; V – o critério de julgamento da licitação, que será o de menor preço ou o de maior desconto sobre tabela de preços praticada no mercado; VI – as condições para alteração de preços registrados; VII – o registro de mais de um fornecedor ou prestador de serviço, desde que aceitem cotar o objeto em preço igual ao do licitante vencedor, assegurada a preferência de contratação de acordo com a ordem de classificação; VIII – a vedação à participação do órgão ou entidade em mais de uma ata de registro de preços com o mesmo objeto no prazo de validade daquela de que já tiver participado, salvo na ocorrência de ata que tenha registrado quantitativo inferior ao máximo previsto no edital; IX – as hipóteses de cancelamento da ata de registro de preços e suas consequências.
Características (TORRES, Rony Charles Lopes de. *Leis de licitações públicas comentadas*. 12.ed. São Paulo: Juspodivm, 2021. p. 482-483).	• Desnecessidade de prévia dotação orçamentária; • Facultatividade da contratação; • Preferência para o preço registrado; • Adoção facultativa; • Utilização para atendimento de diversas pretensões contratuais; • Ata de registro de preços.
Condições para a utilização (Art. 82, §5º)	I – realização prévia de ampla pesquisa de mercado; II – seleção de acordo com os procedimentos previstos em regulamento; III – desenvolvimento obrigatório de rotina de controle; IV – atualização periódica dos preços registrados; V – definição do período de validade do registro de preços; VI – inclusão, em ata de registro de preços, do licitante que aceitar cotar os bens ou serviços em preços iguais aos do licitante vencedor na sequência de classificação da licitação e inclusão do licitante que mantiver sua proposta original.
Efeito "carona"	**Art. 82, §2º ao §8º**

10. CONTRATOS E CONSÓRCIOS ADMINISTRATIVOS

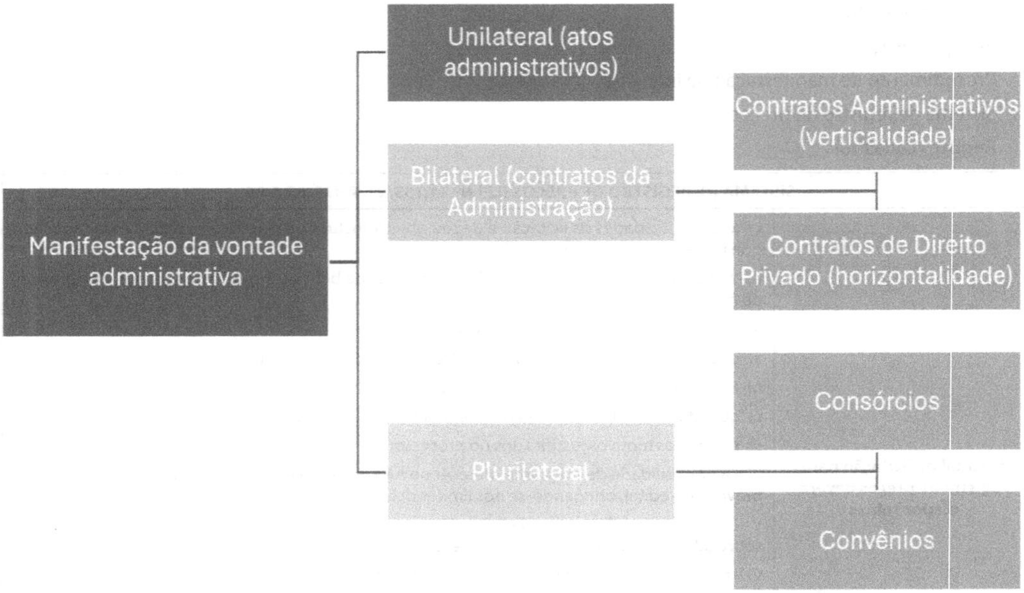

Fim da licitação □ adjudicação/homologação □ convocação do vencedor para assinar o contrato (prazo prorrogável uma vez/ pena de decaimento do direito)

Não assinatura do contrato □ convocação dos licitantes remanescentes, na ordem de classificação, para a celebração do contrato nas condições propostas pelo licitante vencedor ("faculdade" da Administração).

OBS: recusa injustificada em assinar o contrato □ perda da garantia e demais penalidades cabíveis.

Nenhum outro licitante aceita as condições do vencedor, a Administração poderá:

I – convocar os licitantes remanescentes para negociação, na ordem de classificação, com vistas à obtenção de preço melhor, mesmo que acima do preço do adjudicatário;

II – adjudicar e celebrar o contrato nas condições ofertadas pelos licitantes remanescentes, atendida a ordem classificatória, quando frustrada a negociação de melhor condição.

OBS: rescisão contratual □ mesmos critérios

Contratos administrativos
Conceito: "[...] um tipo de avença travada entre a Administração e terceiros, na qual, por força de lei, de cláusulas pactuadas ou do tipo de objeto, a permanência do vínculo e as condições preestabelecidas assujeitam-se a cambiáveis imposições de interesse público, ressalvados os interesses patrimoniais do contratante privado" (BANDEIRA DE MELLO, 2021, p. 577). **Competência para legislar:** União – normas gerais. Estados e municípios – normas suplementares.
Características: • Consensualidade: só obrigam o particular com a sua anuência (bilateralidade); • Presença da Administração com as prerrogativas de poder público (regime predominante de direito público); • Finalidade pública; • Formalidade (formalismo moderado); • Contrato de adesão; • Prazo determinado; • Mutabilidade; • Presença de cláusulas exorbitantes (verticalidade); • *Intuitu personae* (salvo subcontratação – art. 122); . Onerosidade e comutatividade (equivalência das obrigações); • Aplicação supletiva das regras de direito privado (Art. 89).

<table>
<tr><td colspan="2">Publicidade: A divulgação no Portal Nacional de Contratações Públicas (PNCP) é condição indispensável para a eficácia do contrato e de seus aditamentos e deverá ocorrer, contados da data da assinatura, em 20 dias úteis no caso de licitação e 10 dias úteis no caso de contratação direta (art. 94).
Obs.: É nulo e de nenhum efeito o contrato verbal com a Administração, salvo o de pequenas compras ou o de prestação de serviços de pronto pagamento, assim entendidos aqueles de valor não superior a R$ 10.000,00 (dez mil reais). (art. 95, §2º, lei nº 14.133/2021 – conferir atualizações anuais).</td></tr>
<tr><td>Garantias (art. 96)</td><td>• Exigência de garantia: discricionariedade da Administração;
• Modalidade de garantia: escolha do contratado (exceções obras e serviços de engenharia – art. 99)
I – caução em dinheiro ou em títulos da dívida pública emitidos sob a forma escritural, mediante registro em sistema centralizado de liquidação e de custódia autorizado pelo Banco Central do Brasil, e avaliados por seus valores econômicos, conforme definido pelo Ministério da Economia;
II – seguro-garantia;
III – fiança bancária emitida por banco ou instituição financeira devidamente autorizada a operar no País pelo Banco Central do Brasil.
IV - título de capitalização custeado por pagamento único, com resgate pelo valor total.</td></tr>
<tr><td>Cláusulas exorbitantes (art. 104)</td><td>I – modificá-los, unilateralmente, para melhor adequação às finalidades de interesse público, respeitados os direitos do contratado;
II – extingui-los, unilateralmente, nos casos especificados nesta Lei;
III – fiscalizar sua execução;
IV – aplicar sanções motivadas pela inexecução total ou parcial do ajuste;
V – ocupar provisoriamente bens móveis e imóveis e utilizar pessoal e serviços vinculados ao objeto do contrato nas hipóteses de:
a) risco à prestação de serviços essenciais;
b) necessidade de acautelar apuração administrativa de faltas contratuais pelo contratado, inclusive após extinção do contrato.
OBS: as cláusulas econômico-financeiras e monetárias dos contratos não poderão ser alteradas sem prévia concordância do contratado (art. 104, §1º)</td></tr>
<tr><td>Alteração unilateral (Art. 124)</td><td>Fato superveniente + motivação
a) quando houver modificação do projeto ou das especificações, para melhor adequação técnica a seus objetivos;
b) quando for necessária a modificação do valor contratual em decorrência de acréscimo ou diminuição quantitativa de seu objeto, nos limites permitidos por esta Lei;
OBS: Art. 125. Nas alterações unilaterais a que se refere o inciso I do caput do art. 124 desta Lei, o contratado será obrigado a aceitar, nas mesmas condições contratuais, acréscimos ou supressões de até 25% (vinte e cinco por cento) do valor inicial atualizado do contrato que se fizerem nas obras, nos serviços ou nas compras, e, no caso de reforma de edifício ou de equipamento, o limite para os acréscimos será de 50% (cinquenta por cento).</td></tr>
<tr><td>Alteração por acordo entre as partes (art. 124)</td><td>a) quando conveniente a substituição da garantia de execução;
b) quando necessária a modificação do regime de execução da obra ou do serviço, bem como do modo de fornecimento, em face de verificação técnica da inaplicabilidade dos termos contratuais originários;
c) quando necessária a modificação da forma de pagamento por imposição de circunstâncias supervenientes, mantido o valor inicial atualizado e vedada a antecipação do pagamento em relação ao cronograma financeiro fixado sem a correspondente contraprestação de fornecimento de bens ou execução de obra ou serviço;
d) para restabelecer o equilíbrio econômico-financeiro inicial do contrato em caso de força maior, caso fortuito ou fato do príncipe ou em decorrência de fatos imprevisíveis ou previsíveis de consequências incalculáveis, que inviabilizem a execução do contrato tal como pactuado, respeitada, em qualquer caso, a repartição objetiva de risco estabelecida no contrato.</td></tr>
<tr><td>Observações</td><td>• Foro competente □ da sede da Administração Pública</td></tr>
</table>

- **Cláusula da *non adimpleti contractus*** (exceção do contrato não cumprido): decorrência do art. 477 do Código Civil. No Direito Administrativo, em razão do **princípio da continuidade dos serviços públicos**, só se aplica se o atraso dos pagamentos devidos pela administração for superior ao prazo legal. Assim, tal cláusula é aplicada de **forma diferenciada ou mitigada** nos contratos administrativos (art. 137, §2º).

  Formas de manutenção do equilíbrio econômico-financeiro:

- Reajuste: visa apenas preservar o valor da moeda, mediante a adoção de índices específicos ou setoriais (lei nº 14.133/21, art. 6º, LVIII);

- Repactuação: decorre da alteração no custo da prestação dos serviços;
- Recomposição/revisão: alteração decorrente de situação imprevisível, ou previsível, mas de consequências imprevisíveis (teoria da imprevisão).
- **Mutabilidade do contrato administrativo:**
  - o Álea ordinária ou empresarial – não enseja alteração do contrato
  - o Álea extraordinária – acarreta o reequilíbrio do contrato
- Alteração unilateral
- Fato da Administração: "ação ou omissão da Administração que se relaciona **diretamente** com o contrato, retardando ou impedindo sua execução. Aqui, compreende qualquer conduta ou comportamento da Administração que, como parte contratual, torne impossível a execução do contrato ou provoque seu desequilíbrio econômico" (CUNHA Jr., Dirley da. *Curso de Direito Administrativo.* 11.ed. Salvador: Juspodivm, 2012. p. 557)
- Fato do Príncipe: "determinação estatal imprevisível, que **não se relaciona com o contrato**, de caráter geral, mas que onera reflexa e substancialmente sua execução" (NOHARA, Irene Patrícia. Direito Administrativo. São Paulo: Atlas, 2011. p.413)
- Álea econômica: teoria da imprevisão (cláusula *rebus sic stantibus*).

Duração dos contratos administrativos

Previsão em edital + disponibilidade dos créditos orçamentários + PPA (mais de um ano)

a) 5 anos (art. 106) – serviços e fornecimentos contínuos (possibilidade de prorrogação até dez anos no total);
b) 10 anos (art. 108) – referentes aos casos de dispensa de licitação;
c) 15 anos (art. 114) – tecnologia da informação;
d) Contratos que gerem receita e contrato de eficiência: até 10 anos (contratos sem investimento) e até 35 anos (contratos com investimento);
e) Contrato de fornecimento e de prestação de serviço associado: 5 anos prorrogados até 10.
f) **Prazo indeterminado** (art. 109) – serviço público oferecido em regime de monopólio (ex. serviço postal).
g) Contratos de conclusão por escopo definido: prazo prorrogado quando seu objeto não for concluído.

Extinção do contrato administrativo

> *Art. 137. Constituirão motivos para extinção do contrato, a qual deverá ser formalmente motivada nos autos do processo, assegurados o contraditório e a ampla defesa, as seguintes situações:*
>
> *I – não cumprimento ou cumprimento irregular de normas editalícias ou de cláusulas contratuais, de especificações, de projetos ou de prazos;*
>
> *II – desatendimento das determinações regulares emitidas pela autoridade designada para acompanhar e fiscalizar sua execução ou por autoridade superior;*
>
> *III – alteração social ou modificação da finalidade ou da estrutura da empresa que restrinja sua capacidade de concluir o contrato;*
>
> *IV – decretação de falência ou de insolvência civil, dissolução da sociedade ou falecimento do contratado;*
>
> *V – caso fortuito ou força maior, regularmente comprovados, impeditivos da execução do contrato;*
>
> *VI – atraso na obtenção da licença ambiental, ou impossibilidade de obtê-la, ou alteração substancial do anteprojeto que dela resultar, ainda que obtida no prazo previsto;*
>
> *VII – atraso na liberação das áreas sujeitas a desapropriação, a desocupação ou a servidão administrativa, ou impossibilidade de liberação dessas áreas;*
>
> *VIII – razões de interesse público, justificadas pela autoridade máxima do órgão ou da entidade contratante;*
>
> *IX – não cumprimento das obrigações relativas à reserva de cargos prevista em lei, bem como em outras normas específicas, para pessoa com deficiência, para reabilitado da Previdência Social ou para aprendiz.*

- **Meios alternativos de solução de controvérsias**: Arts. 151 a 154. A lei 8.987/95 (art. 23-A) assim como a lei 11.079/04 (art. 11, III) também preveem o emprego de mecanismos privados de solução de controvérsias, inclusive a arbitragem.

CONSÓRCIOS PÚBLICOS

- Lei 11.107/05: dispõem sobre normas gerais de contratação de consórcio público; A lei aplica-se, no que couber, aos convênios de cooperação.
- Natureza jurídica: negócio jurídico plurilateral de direito público com o conteúdo de cooperação mútua entre os pactuantes (contrato multilateral).

- Apesar de se caracterizarem como negócio jurídico (contrato), os interesses são comuns. Assim, se assemelham aos convênios.
- Objeto: realização de atividades e metas de interesse comum das pessoas federativas consorciadas (art. 1º). De acordo com o princípio do federalismo cooperativo.
- Formalização:
  a) associação pública: pessoa jurídica de direito público (art. 41, IV, CC)
  b) pessoa jurídica de direito privado: contratação de pessoal com base na CLT.
  - Requisitos formais prévios à formação do consórcio:
  a) Protocolo de intenções (art. 3º);
  b) Ratificação do protocolo por lei (art. 5º).
- Organização e funcionamento: lei 11.107/2005 e subsidiariamente conforme a legislação civil para associações civis (art. 15).
- O consórcio pressupõe a edição de um Estatuto próprio (art. 7º).
- Regime jurídico híbrido: normas de direito público (ex. licitação, contratos, contratação de pessoal) e de direito privado (CLT para aqueles com natureza de direito privado).
- Surgimento da personalidade jurídica (art. 6º):
  a) associação pública: com a vigência das leis de ratificação do protocolo de intenções;
  b) pessoa jurídica de direito privado: nos termos da lei civil.
- Os consórcios se submetem ao controle pelos Tribunais de Contas dos entes envolvidos.
- Efeitos jurídicos da criação de um consórcio:
  a) Possibilidade de celebrarem qualquer tipo de acordo com terceiros;
  b) Possibilidade de destinação de auxílios, subvenções e contribuições sociais e econômicas por parte de entidades do setor público ou privado;
  c) Possibilidade de promover desapropriação e instituir servidão administrativa;
  d) Possibilidade de contratação sem licitação pela própria Administração (desde que parte do consórcio);
  e) Possibilidade de arrecadação de tarifas e outros preços (serviço público ou administração de bem público);
  f) Possibilidade de celebrar contrato de permissão ou concessão, ou ainda, autorizações através de atos administrativos;
- **Contrato de programa (art. 13):** obrigações em que um ente da federação constitui para com outro ente ou para com consórcio público no âmbito da gestão associada em que haja a prestação de serviços públicos ou a transferência total ou parcial de encargos, serviços, pessoal ou de bens necessários à continuidade dos serviços transferidos.
- **Contrato de rateio (art. 8º):** pressuposto para que os entes consorciados transfiram recursos ao consórcio público. Regra geral: será formalizado em cada exercício financeiro e seu prazo de vigência não será superior ao das dotações que o suportam, com exceção dos contratos que tenham por objeto exclusivamente projetos consistentes em programas e ações contemplados em plano plurianual.

11. BENS PÚBLICOS

→ arts. 98 a 103 do CC/02.

CC/02, art. 98. São bens públicos os bens do domínio nacional pertencentes às pessoas jurídicas de direito público interno; todos os outros são particulares, seja qual for a pessoa a que pertencerem.

◉ CLASSIFICAÇÃO

- Quanto à titularidade do bem:
  a) Federais: art. 20 CR/88
  b) Estaduais ou distritais: art. 26 CR/88
  c) Municipais: determinados por exclusão

OBS: CRFB/88, art. 20. "São bens da União: IV. As ilhas fluviais e lacustres nas zonas limítrofes com outros países; as praias marítimas; as ilhas oceânicas e as costeiras, **excluídas, destas, as que contenham a sede de Municípios**, exceto aquelas áreas afetadas ao serviço público e a unidade ambiental federal, e as referidas no art. 26, II. [terrenos de marinha das ilhas sede de municípios continuam sendo domínio da União – STF]

- Quanto à destinação (CC/02, art. 99):
  a) bens de uso comum do povo: ruas, praças, praias, etc.
  b) bens de uso especial: prédios públicos para prestação de serviço público.
  c) bens dominicais (ou dominiais): patrimônio das pessoas jurídicas de direito público e os bens desafetados, mas pertencentes ao domínio público. Ex: terras devolutas, bens móveis, imóveis. Podem ser alienados, observadas as exigências legais (art. 76 da lei nº 14.133/21).

➢ Afetação: destinação natural, ato administrativo ou lei (possibilidade de afetação tácita)

➢ Desafetação: Comum do povo para dominical → lei ou ato do Executivo. Especial para dominical → lei, ato do Executivo ou fato da natureza.

◉ CARACTERÍSTICAS

a) Imprescritibilidade (não podem ser objeto de usucapião);

STF súmula 340: "Desde a vigência do Código Civil, os bens dominiais, como os demais bens públicos não podem ser adquiridos por usucapião".

b) Impenhorabilidade;

c) Inalienabilidade relativa;

d) Impossibilidade de oneração.

Formas de aquisição de bens públicos

a) contratos (compra e venda, permuta, doação e dação em pagamento)

b) usucapião (10 anos/STJ EREsp 1575846/SC)

c) desapropriação

d) acessão

e) *causa mortis* (herança vacante – município ou DF)

f) adjudicação

g) loteamentos (lei nº 6.766/79)

h) perdimento de bens (art. 91, II, CP e art. 18 da lei 8.429/92)

i) reversão (concessões)

j) confisco (art. 243, CR/88)

k) dação em pagamento

l) arrematação

◉ USO DOS BENS PÚBLICOS POR PARTICULAR

a) Uso normal: é o que se dá conforme a destinação principal do bem.

b) Uso anormal: ocorre em desconformidade com a destinação principal do bem.

c) Uso comum: o bem pode ser utilizado por todos, de igual forma, sem qualquer restrição. Pode ser:
   - Ordinário: sem qualquer autorização prévia, concomitante ou posterior.
   - Extraordinário: há sujeição prévia, concomitante ou posterior (Ex. pedágio, passeatas).

d) uso privativo ou especial: somente determinada pessoa pode usar o bem, mediante um título jurídico. Ex: permissão para uso de box em mercado municipal.
   - O uso privativo ou especial de bens públicos pode ser:

1) Afetados pelo particular: exige-se um título jurídico:

- Autorização (ato administrativo unilateral, discricionário, precário e que atende a fins precipuamente particulares. Ex. mesas de bares)

- Permissão (ato administrativo unilateral, discricionário, precário e que atende a interesse público. Ex. bancas de jornal e boxes em mercados públicos)
- Concessão (contrato administrativo)

2) Uso de bens não afetados pelos particulares:

- Enfiteuse ou aforamento (terrenos da marinha e seus acrescidos);
- Arrendamento;
- Concessão de direito real de uso (CC art. 1.225, XII);
- Concessão de uso especial para fins de moradia (CC, art. 1.225, XI);
- Cessão de uso: dada de um ente público para outro;
- Locação.

12. RESPONSABILIDADE CIVIL DO ESTADO

◉ EVOLUÇÃO HISTÓRICA:

1) Teoria da irresponsabilidade estatal (Absolutismo: "o rei não erra").
2) Teoria da responsabilidade subjetiva (teorias civilistas):

- Teoria da responsabilidade por atos de gestão.
- Teoria da culpa civil.
- Teoria da culpa administrativa ou culpa do serviço.

3) Teoria da responsabilidade objetiva (teorias publicistas):

- Teoria do risco administrativo.
- Teoria do risco integral.

No Brasil:

Evolução histórica da Responsabilidade Civil no Brasil	
Constituições de 1824 e 1891	Apenas responsabilidade do funcionário público em caso de abuso ou omissão.
Código Civil de 1916	Teoria da culpa civil.
Constituições de 1934 e 1937	Responsabilidade solidária entre Estado e o funcionário.
Constituição de 1946	Teoria objetiva (risco administrativo)
Constituição de 1967	Teoria objetiva (risco administrativo) + Teoria subjetiva na responsabilização do agente.
Constituição de 1988 (art. 37, §6º)	Regra geral: responsabilidade objetiva do Estado na modalidade risco administrativo. Exceção: responsabilidade objetiva do Estado na modalidade risco integral. Responsabilidade subjetiva do funcionário.
Código Civil de 2002	Responsabilidade objetiva do Estado.

◉ ESTUDO DAS TEORIAS:

1. Teoria da irresponsabilidade do Estado:

- período do Absolutismo (séculos XVI a XVIII);
- *"the king can do no wrong"* = o rei não erra;
- totalmente superada.

2. Teoria da responsabilidade por atos de gestão

- construída sobre os princípios de direito civil;
- o Estado só respondia pelos atos de gestão;
- distinção entre atos de império e atos de gestão: nos atos de império o Estado usa de suas prerrogativas e impõe sua vontade por meio de seu poder, já nos atos de gestão o Estado atua sem suas prerrogativas, atua no nível do particular;
- o Estado não respondia pelos atos de império.

3. **Teoria da culpa civil**
- depende da comprovação de dolo ou culpa (responsabilidade subjetiva);
- pautada no Direito Civil: responsabilidade subjetiva.

4. **Teoria da culpa administrativa, culpa do serviço ou culpa anônima**
- origem: caso Agnès Blanco do Tribunal Administrativo francês (1873);
- é responsabilidade subjetiva (precisa de dolo ou culpa);
- falha do serviço (serviço não foi prestado ou foi prestado inadequadamente);
- decorre de atos ilícitos (mau funcionamento do serviço público)
- adotada na hipótese de ato omissivo;

5. **Teoria do risco administrativo**
- responsabilidade objetiva (independe de dolo ou culpa);
- decorre de atos ilícitos ou lícitos;
- foco deixa de ser a conduta ou o serviço e passa a ser o dano causado;
- fundamento: repartição dos benefícios e encargos (Gustavo Scatolino);
- admite excludentes de responsabilidade;
- adotada na hipótese de ato comissivo;

6. **Teoria do risco integral**
- responsabilidade objetiva
- não admite exclusão de responsabilidade

⦿ RISCO INTEGRAL E RISCO ADMINISTRATIVO

Risco integral	Risco administrativo
Não admite excludentes.	Admite excludentes: - culpa exclusiva da vítima - força maior/caso fortuito - culpa de terceiro
Exceção	Regra geral
Exemplos: - atentado terrorista em aeronaves (Lei 10.744/2003); - dano nuclear (art. 21, XXIII, 'd', CR/88).	Exemplos: - transeunte atingido por disparo de arma de policial em serviço; - acidente causado por má conservação das avenidas.

⦿ FUNDAMENTOS DO DEVER DE INDENIZAR

a) ato lesivo ilícito: princípio da legalidade.
b) ato lesivo lícito: princípio da isonomia.

⦿ PRESSUPOSTOS (OU ELEMENTOS):

a) conduta
b) dano
c) nexo causal

⦿ CLASSIFICAÇÕES:

1) quanto à exigência de dolo ou culpa:
a) objetiva: não exige comprovação de dolo ou culpa.
b) subjetiva: exige comprovação de dolo ou culpa.
2) quanto à conduta:
a) comissiva: decorre de uma ação.

b) omissiva: decorre de uma omissão.

13. INTERVENÇÃO DO ESTADO NA PROPRIEDADE

⦿ FUNDAMENTOS:

a) supremacia do interesse público;
b) função social da propriedade;
c) Domínio eminente;
d) Poder de polícia do Estado

⦿ MODALIDADES:

a) restritiva ou branda: servidão administrativa, requisição, ocupação temporária, limitações administrativas, tombamento.
b) supressiva: desapropriação e requisição administrativa sobre bens consumíveis.

1. Servidão Administrativa:

- Direito real de gozo de natureza pública, instituído pelo próprio Estado ou por quem lhe faça as vezes, sobre um imóvel em favor de um serviço público a ser executado.
- Recai apenas sobre imóveis (registro).
- DL 3.365/41, art. 40 – mesmo procedimento da desapropriação.
- Serviço público dominante x imóvel serviente.
- Atinge a uso exclusivo da propriedade.
- Formas de instituição: acordo, sentença ou lei (caráter gera – crítica doutrinária).
- Indenização: regra, salvo as instituídas por lei.

2. Requisição administrativa:

- Ato administrativo auto executório, através do qual o Poder Público se utiliza de móveis, imóveis ou serviços particulares em caso de guerra ou perigo público iminente.
- CRFB/88, art. 5º, XXV. No caso de iminente perigo público, a autoridade competente poderá usar de propriedade particular, assegurado ao proprietário indenização ulterior, **se houver dano**.
- Competência executória: U, E, DF, Municípios e algumas autarquias.
- Competência legislativa: União (CRFB/88, art. 22, III).
- Instituição: ato administrativo de natureza auto executória.
- Atinge a exclusividade da propriedade.

3. Ocupação temporária:

- Ato administrativo pelo qual o Poder Público utiliza transitoriamente imóveis particulares para atender a fim de interesse público, previsto em lei.
- Atinge a exclusividade da propriedade.
- Modalidades:

a) Ocupação temporária vinculada à desapropriação (imóveis não edificados vizinhos à área desapropriada) – art. 36, DL 3.365/1941. Há direito à indenização.
b) Ocupação temporária para outros fins de interesse público. Ex. prédios para as eleições. Só há direito à indenização se houver dano.

Lei nº 3924/61, art. 13. A União, bem como os Estados e Municípios mediante autorização federal, poderão proceder a escavações e pesquisas, no interesse da arqueologia e da pré-história em terrenos de propriedade particular, com exceção das áreas muradas que envolvem construções domiciliares.

4. Limitações administrativas:

- Atos gerais praticados pelo Estado, voltados para proprietários indeterminados, para proteger o interesse público em abstrato, ostentando natureza jurídica de poder de polícia em sentido amplo.
- Atinge o caráter absoluto da propriedade.

- Estatuto da cidade (lei nº 10.257/2001): parcelamento e edificação compulsórios (art. 5º); direito de preempção municipal (art. 25); Estudo de impacto de vizinhança - EIV (art. 36).
- Não gera direito à indenização a não ser que gere danos individualizáveis.

5. **Tombamento:**

- base normativa: decreto-lei 25/37 e art. 216, §1º, CR/88;
- natureza jurídica: intervenção do Estado na propriedade privada na modalidade restrição ao uso;
- finalidade: proteção do patrimônio cultural;
- quanto à manifestação de vontade:

a) voluntário: o proprietário consente com a restrição,

b) compulsório: o proprietário não consente;

- Atenção ao art. 216, §5º, CR: "Ficam tombados todos os documentos e os sítios detentores de reminiscências históricas dos antigos quilombos".
- Ex.: tombamento das fachadas do Centro Histórico de Salvador (Pelourinho), Teatro Municipal do Rio de Janeiro.

6. **Desapropriação**:

- base normativa: decreto-Lei 3.365/41(Lei Geral de Desapropriação), Lei 4.132/62 (interesse social), Lei 8.257/91 (expropriação de culturas ilegais de plantas psicotrópicas), LC 76/93 (interesse social para fins de reforma agrária), Lei 10.257/2001 (Estatuto da Cidade), Art. 243, CR/88 (expropriação decorrente do plantio de plantas psicotrópicas ou da exploração de trabalho escravo); OBS: alterações com a lei nº 14.620/23
- competência legislativa: privativa da União (art. 22, II, CR/88)
- Competência administrativa declaratória (para submeter o bem à força expropriatória do Estado): todos os entes federados;
- Competência administrativa executória (para praticar os atos para a transferência da propriedade): mesmos que têm competência para declarar e entes que por lei ou contrato a tenham recebido (DL 3.365/41, art. 3º).
- forma **originária** de aquisição da propriedade (livre de ônus e gravames);
- Objeto (bens desapropriáveis):

a) Coisas corpóreas (móveis, imóveis ou semoventes);

b) Coisas incorpóreas (ex. direitos, patentes, fundos de comércio, nome da empresa) – direitos reais;

c) Públicos ou privados.

- bens inalienáveis podem ser desapropriados, considerando a prevalência do interesse público sobre a inalienabilidade.

> *Art. 2º Mediante declaração de utilidade pública, todos os bens poderão ser desapropriados pela União, pelos Estados, Municípios, Distrito Federal e Territórios.*
>
> *§ 1º A desapropriação do espaço aéreo ou do subsolo só se tornará necessária, quando de sua utilização resultar prejuízo patrimonial do proprietário do solo.*
>
> *§ 2º Será exigida autorização legislativa para a desapropriação dos bens de domínio dos Estados, dos Municípios e do Distrito Federal pela União e dos bens de domínio dos Municípios pelos Estados. (Redação dada pela Lei nº 14.620, de 2023)* - **primazia federativa**
>
> *§ 2º-A. Será dispensada a autorização legislativa a que se refere o § 2º quando a desapropriação for realizada mediante* ***acordo entre os entes federativos****, no qual serão fixadas as respectivas responsabilidades financeiras quanto ao pagamento das indenizações correspondentes. (Incluído pela Lei nº 14.620, de 2023)*
>
> *§ 3º É vedada a desapropriação, pelos Estados, Distrito Federal, Territórios e Municípios de ações, cotas e direitos representativos do capital de instituições e empresas cujo funcionamento dependa de autorização do Governo Federal e se subordine à sua fiscalização, salvo mediante prévia autorização, por decreto do Presidente da República. (Incluído pelo Decreto-lei nº 856, de 1969)".*

- Pressupostos:

a) necessidade / utilidade pública: art. 5º, Decreto-lei 3.365/41

(Ex.: segurança nacional, defesa do Estado, socorro público, salubridade pública, criação de melhoramentos, aproveitamento de minas, etc.)

b) interesse social: art. 2º da lei 4.132/62 e CR/88. Visa promover a justa distribuição da propriedade ou consolidar seu uso ao bem-estar social. Atinge apenas bens imóveis que descumpre a função social.

- Modalidades:

a) **Desapropriação ordinária por utilidade pública, necessidade pública ou interesse social**:

- Competência: todos os entes federados;
- Indenização: prévia, justa e em dinheiro.
- "A necessidade pública decorre de situações de **emergência**, em que é imprescindível a intervenção imediata do Estado, com a necessária transferência inadiável de bens de terceiros para o Poder Público. A utilidade pública ocorre nas situações em que é **conveniente** a transferência do bem para o Estado" (SCATOLINO; TRINDADE, 2014, p. 877).
- Lei 4.132/62, art. 1º: "A desapropriação por interesse social será decretada para promover a justa distribuição da propriedade ou condicionar o seu uso ao bem-estar social, na forma do art. 147 da Constituição Federal".

b) **Desapropriação urbanística sancionatória**

- Desapropriação-sanção urbanística,
- Descumprimento do plano diretor (função social),
- art. 182, CR/88,
- Competência: município ou Distrito Federal;
- Indenização: títulos da dívida pública, resgatáveis em até dez anos.

c) **Desapropriação por interesse social para fins de reforma agrária:**

- Art. 184 a 186 CR/88: desapropriação-sanção;
- Competência privativa da União;
- Indenização em títulos da dívida agrária resgatáveis em até 20 anos, a partir do segundo ano de sua emissão;
- Benfeitorias úteis e necessárias indenizáveis em dinheiro;
- Desapropriação executada pelo INCRA;
- Não atinge a pequena e a média propriedade rural, exceto se o proprietário possuir outra propriedade rural;
- Não cabe ao juiz decidir sobre o interesse social;
- Intervenção obrigatória do MPF.

> *Lei 8.629/93, art. 2º, §6º: "O imóvel rural de domínio público ou particular objeto de esbulho possessório ou invasão motivada por conflito agrário ou fundiário de caráter coletivo não será vistoriado, avaliado ou desapropriado nos* ***dois anos*** *seguintes à sua desocupação, ou no dobro desse prazo, em caso de reincidência; e deverá ser apurada a responsabilidade civil e administrativa de quem concorra com qualquer ato omissivo ou comissivo que propicie o descumprimento dessas vedações". (Incluído pela Medida Provisória nº 2.183-56, de 2001);*

d) **Expropriação confiscatória:**

- art. 243, CR;
- Competência: União
- Indenização: não há
- Rito da lei 8.257/91.

Indenização na Desapropriação	
Regra geral Prévia, justa e em dinheiro	
Exceções:	
Confiscatória	Sem indenização
Urbanística	Títulos da dívida pública de emissão previamente aprovada pelo Senado Federal, com prazo de resgate de até dez anos, em parcelas anuais, iguais e sucessivas, assegurados o valor real da indenização e os juros legais (art. 182, §4º, III, CR).
Reforma Agrária	Título da dívida agrária, com cláusula de preservação do valor real, resgatáveis no prazo de até vinte anos, a partir do segundo ano de sua emissão, e cuja utilização será definida em lei. (art. 184, CR)

Indenização na Desapropriação	
Juros Compensatórios	Apenas se houver imissão provisória na posse, no caso de desapropriação ordinária ou desapropriação indireta (esbulho) DL 3.365/41, art. 15-A: "Art. 15-A. No caso de imissão prévia na posse, na desapropriação por necessidade ou utilidade pública ou na desapropriação por interesse social prevista na Lei nº 4.132, de 10 de setembro de 1962, na hipótese de haver divergência entre o preço ofertado em juízo e o valor do bem fixado na sentença, expressos em termos reais, poderão incidir juros compensatórios de **até 6% a.a.** (seis por cento ao ano) sobre o valor da diferença eventualmente apurada, **contado da data de imissão na posse, vedada a aplicação de juros compostos**. (Redação dada pela Lei nº 14.620, de 2023) § 1º Os juros compensatórios destinam-se apenas a compensar danos correspondentes a **lucros cessantes** comprovadamente sofridos pelo proprietário, **não incidindo nas indenizações relativas às desapropriações que tiverem como pressuposto o descumprimento da função social da propriedade**, previstas no art. 182, § 4º, inciso III, e no art. 184 da Constituição. (Redação dada pela Lei nº 14.620, de 2023) § 2º O disposto no caput aplica-se também às ações ordinárias de indenização por **apossamento administrativo ou por desapropriação indireta** e às ações que visem à indenização por restrições decorrentes de atos do poder público. (Redação dada pela Lei nº 14.620, de 2023) § 3º Nas ações referidas no § 2º, o poder público não será onerado por juros compensatórios relativos a período anterior à aquisição da propriedade ou da posse titulada pelo autor da ação. (Redação dada pela Lei nº 14.620, de 2023)
Juros moratórios	Pagos pelo autor em virtude do atraso na indenização STJ: "O termo inicial dos juros moratórios em desapropriações é o dia 1º de janeiro do exercício seguinte àquele em que o pagamento deveria ser feito."

⊙ PROCEDIMENTO DA DESAPROPRIAÇÃO:

a) **Fase Declaratória (ato administrativo)**

- Deflagra o procedimento expropriatório,
- decreto, lei de efeitos concretos ou forma prevista em lei;
- Indicação da necessidade ou utilidade pública ou interesse social,
- Indicação da destinação a ser dada ao bem,
- Competência das entidades políticas,
- Efeitos da declaração:

a) determina-se o estado de conservação do bem e suas benfeitorias. Após a declaração, somente serão indenizadas as benfeitorias necessárias. Já as úteis dependerão da autorização do Poder Público.

b) o Estado pode entrar no imóvel.

c) início para o termo de caducidade (5 anos em casos de necessidade/utilidade pública ou 2 anos em caso de interesse social).

- Súmula 23 do STF. "Verificados os pressupostos legais para o licenciamento da obra, não o impede a declaração de utilidade pública para desapropriação do imóvel, mas o valor da obra não se incluirá na indenização, quando a desapropriação for efetivada."

b) **Fase Executória**

- Administrativa ou extrajudicial (desapropriação amigável): negócio jurídico. Ocorre quando há acordo entre as partes em relação ao valor da indenização. Possibilidade de adoção da mediação e da arbitragem;

□ OBS: A competência executória pode ser delegada para as entidades da Administração Indireta e para concessionárias ou permissionárias de serviços públicos.

- Judicial: via ação de desapropriação (não houve acordo).

Propositura da ação de desapropriação (Dec.-Lei 3.365/41)

- Petição inicial com requisitos do CPC mais oferta do preço e instruída com o decreto de desapropriação;
- Parte incontroversa não é paga em precatórios, apenas a parte que resultar da condenação;
- Contestação: apenas sobre o valor da indenização e sobre garantias do processo;
- Decreto-lei 3.365/41, art. 9º: "Ao Poder Judiciário é vedado, no processo de desapropriação, decidir se se verificam ou não os casos de utilidade pública".
- Necessidade de perícia para a definição do justo valor indenizatório;

- Atuação do MP como *custus legis* (ausência não torna o procedimento ilegal)
- Imissão provisória na posse:
- Atenção!

DL 3.365/1941, art. 15: Se o expropriante **alegar urgência e depositar quantia arbitrada** de conformidade com o art. 685 do Código de Processo Civil, o juiz mandará imití-lo provisoriamente na posse dos bens;

§ 1º A imissão provisória poderá ser feita, independente da citação do réu, mediante o depósito:

a) do preço oferecido, se êste fôr superior a 20 (vinte) vêzes o valor locativo, caso o imóvel esteja sujeito ao impôsto predial;

b) da quantia correspondente a 20 (vinte) vêzes o valor locativo, estando o imóvel sujeito ao impôsto predial e sendo menor o preço oferecido;

c) do valor cadastral do imóvel, para fins de lançamento do impôsto territorial, urbano ou rural, caso o referido valor tenha sido atualizado no ano fiscal imediatamente anterior;

d) não tendo havido a atualização a que se refere o inciso c, o juiz fixará independente de avaliação, a importância do depósito, tendo em vista a época em que houver sido fixado originàlmente o valor cadastral e a valorização ou desvalorização posterior do imóvel.

§ 2º A alegação de urgência, que não poderá ser renovada, obrigará o expropriante a **requerer a imissão provisória dentro do prazo improrrogável de 120 (cento e vinte) dias**.

§ 3º Excedido o prazo fixado no parágrafo anterior não será concedida a imissão provisória.

§ 4º A imissão provisória na posse será registrada no registro de imóveis competente.

Decreto-Lei 3.365/41, art. 34-A: "Se houver concordância, reduzida a termo, do expropriado, a decisão concessiva da imissão provisória na posse implicará a **aquisição da propriedade** pelo expropriante com o consequente registro da propriedade na matrícula do imóvel. (Incluído pela Lei nº 13.465, de 2017)

§ 1º A concordância escrita do expropriado não implica renúncia ao seu direito de questionar o preço ofertado em juízo. (Incluído pela Lei nº 13.465, de 2017)

§ 2º **Na hipótese deste artigo, o expropriado poderá levantar 100% (cem por cento) do depósito** de que trata o art. 33 deste Decreto-Lei. (Incluído pela Lei nº 13.465, de 2017)

§ 3º Do valor a ser levantado pelo expropriado devem ser deduzidos os valores dispostos nos §§ 1o e 2o do art. 32 deste Decreto-Lei, bem como, a critério do juiz, aqueles tidos como necessários para o custeio das despesas processuais. (Incluído pela Lei nº 13.465, de 2017).

§ 4º Após a apresentação da contestação pelo expropriado, se não houver oposição expressa com relação à validade do decreto desapropriatório, deverá ser determinada a imediata transferência da propriedade do imóvel para o expropriante, independentemente de anuência expressa do expropriado, e prosseguirá o processo somente para resolução das questões litigiosas. (Incluído pela Lei nº 14.421, de 2022)

◉ DESAPROPRIAÇÃO INDIRETA OU APOSSAMENTO ADMINISTRATIVO:

- conceito: "É a que se realiza sem o atendimento das formalidades legais. Não passa de um esbulho estatal e ocorre quando o Poder Público interfere na propriedade e lá pratica atos de domínio, sem prévia ação ou prévio título. Por se tratar de ato ilícito suscita direito de defesa por meio de ações possessórias e até de *desforço incontinenti*" (CUNHA JR., Dirley. *Curso de direito administrativo.* 11. Ed. Salvador: Juspodivm, 2012, p. 463).
- Decreto-lei 3.365/41, art. 35: "Os bens expropriados, uma vez incorporados à Fazenda Pública, não podem ser objeto de reinvindicação, ainda que fundada em nulidade do processo de desapropriação. Qualquer ação, julgada procedente, resolver-se-á em perdas e danos".
- O particular pode se defender, via ações possessórias, enquanto não houver afetação do bem esbulhado.
- Súmula 119/STJ perdeu eficácia (Resp 1.300.442-SC)

◉ DESAPROPRIAÇÃO POR ZONA

Decreto-Lei 3365/41, art. 4º: "A desapropriação poderá abranger a área contígua necessária ao desenvolvimento da obra a que se destina, e as zonas que se valorizarem extraordinariamente, em consequência da realização do serviço. Em qualquer caso, a declaração de utilidade pública deverá compreendê-las, mencionando-se quais as indispensáveis à continuação da obra e as que se destinam à revenda.

Parágrafo único. Quando a desapropriação executada pelos autorizados a que se refere o art. 3º destinar-se a planos de urbanização, de renovação urbana ou de parcelamento ou reparcelamento do solo previstos no plano diretor, o edital de licitação poderá prever que a receita decorrente da revenda ou da utilização imobiliária integre projeto associado por conta e risco do contratado, garantido ao poder público responsável pela contratação, no mínimo, o ressarcimento dos desembolsos com indenizações, quando essas ficarem sob sua responsabilidade. (Redação dada pela Lei nº 14.620, de 2023)"

Desapropriação por extensão

Ausência de previsão legal

Direito do proprietário

Busca que seja desapropriada a totalidade de uma propriedade quando o remanescente de uma desapropriação não puder se utilizado pelo proprietário.

Tredetinação

Art. 5º, § 6º: Comprovada a inviabilidade ou a perda objetiva de interesse público em manter a destinação do bem prevista no decreto expropriatório, o expropriante deverá adotar uma das seguintes medidas, nesta ordem de preferência: (Incluído pela Lei nº 14.620, de 2023)

I - destinar a área não utilizada para outra finalidade pública; ou (Incluído pela Lei nº 14.620, de 2023) → **tredestinação lícita**

II - alienar o bem a qualquer interessado, na forma prevista em lei, assegurado o direito de preferência à pessoa física ou jurídica desapropriada. (Incluído pela Lei nº 14.620, de 2023)" → **direito de retrocessão**

Não se admite tredestinação

CF, art. 243: "As propriedades rurais e urbanas de qualquer região do País onde forem localizadas culturas ilegais de plantas psicotrópicas ou a exploração de trabalho escravo na forma da lei serão expropriadas e **destinadas à reforma agrária e a programas de habitação popular**, sem qualquer indenização ao proprietário e sem prejuízo de outras sanções previstas em lei, observado, no que couber, o disposto no art. 5º."

Decreto-Lei 3365/41, art. 5º: "§ 3º Ao imóvel desapropriado para implantação de parcelamento popular, destinado às classes de menor renda, **não se dará outra utilização nem haverá retrocessão**"

14. CONTROLE DA ADMINISTRAÇÃO

◉ CONCEITO:

"O controle da Administração Pública é poder de exame, de vigilância e correção que a própria Administração Pública direta e indireta dos Poderes da União, dos Estados, do Distrito Federal e dos Municípios desempenha internamente sobre a sua própria atuação ou que os Poderes Legislativo e Judiciário exercem, externamente, sobre a atividade administrativa" (CUNHA JR., Dirley. *Curso de direito administrativo.* 11. Ed. Salvador: Juspodivm, 2012, p. 667).

Espécies *(Dirley da Cunha Júnior):*

1) quanto ao órgão:

a) administrativo: exercido pela Administração (forma de controle interno)

b) legislativo: exercido pelo Legislativo (forma de controle externo)

c) judicial: exercido pelo Judiciário (forma de controle externo).

2) quanto ao momento:

a) prévio: exercido antes do ato e como condição de validade.

b) concomitante: durante a execução do ato.

c) posterior: sobre atos já praticados.

3) quanto ao aspecto da atividade:

a) controle de legalidade: analisa-se a legalidade do ato.

b) controle de mérito: analisa-se a conveniência e oportunidade.

4) quanto a extensão ou amplitude:

a) hierárquico: é controle de subordinação que a Administração exerce internamente, sobre seus órgãos.

b) finalístico: realizado pela Administração Direta sobre a Administração Indireta, também é chamado de tutela administrativa.

◉ CONTROLE ADMINISTRATIVO:

- Instrumentos de controle dos atos da Administração:

a) representação (direito de petição: art. 5º XXXIV, 'a', CR)

b) reclamação administrativa (decreto 20910/32 e lei 11417/06)

c) pedido de reconsideração (art. 106, lei 8112/90)

d) recurso hierárquico próprio: decorrência lógica da hierarquia

e) recurso hierárquico impróprio (lei 9784/99)

f) revisão (art. 174 a 182, lei 8112/90)

⦿ CONTROLE LEGISLATIVO:

- Pode ser:

a) político: análise discricionária (conveniência e oportunidade).

b) financeiro: fiscalização contábil, financeira e orçamentária. Exercida mediante apoio do Tribunal de Contas.

⦿ TRIBUNAL DE CONTAS:

- Atribuições descritas no art. 71, CR/88:

a) **apreciar as contas** prestadas anualmente pelo Presidente da República, mediante parecer prévio que deverá ser elaborado em sessenta dias a contar de seu recebimento

b) **julgar as contas** dos administradores e demais responsáveis por dinheiros, bens e valores públicos da administração direta e indireta, incluídas as fundações e sociedades instituídas e mantidas pelo Poder Público federal, e as contas daqueles que derem causa a perda, extravio ou outra irregularidade de que resulte prejuízo ao erário público;

c) apreciar, para fins de registro, a legalidade dos atos de admissão de pessoal, a qualquer título, na administração direta e indireta, incluídas as fundações instituídas e mantidas pelo Poder Público, excetuadas as nomeações para cargo de provimento em comissão, bem como a das concessões de aposentadorias, reformas e pensões, ressalvadas as melhorias posteriores que não alterem o fundamento legal do ato concessório;

d) **realizar,** por iniciativa própria, da Câmara dos Deputados, do Senado Federal, de Comissão técnica ou de inquérito, **inspeções e auditorias de natureza contábil, financeira, orçamentária, operacional e patrimonial**, nas unidades administrativas dos Poderes Legislativo, Executivo e Judiciário, e demais entidades referidas no art. 71, II;

e) fiscalizar as contas nacionais das empresas supranacionais de cujo capital social a União participe, de forma direta ou indireta, nos termos do tratado constitutivo;

f) fiscalizar a aplicação de quaisquer recursos repassados pela União mediante convênio, acordo, ajuste ou outros instrumentos congêneres, a Estado, ao Distrito Federal ou a Município;

g) prestar as informações solicitadas pelo Congresso Nacional, por qualquer de suas Casas, ou por qualquer das respectivas Comissões, sobre a fiscalização contábil, financeira, orçamentária, operacional e patrimonial e sobre resultados de auditorias e inspeções realizadas;

h) **aplicar aos responsáveis**, em caso de ilegalidade de despesa ou irregularidade de contas, as **sanções previstas em lei, que estabelecerá, entre outras cominações, multa proporcional ao dano causado ao erário**;

i) **assinar prazo** para que o órgão ou entidade adote as providências necessárias ao exato cumprimento da lei, se verificada ilegalidade;

j) **sustar, se não atendido, a execução do ato impugnado**, comunicando a decisão à Câmara dos Deputados e ao Senado Federal;

k) representar ao Poder competente sobre irregularidades ou abusos apurados.

⦿ CONTROLE JUDICIAL:

- Instrumentos de controle dos atos da Administração:

a) Ação Popular (lei 4.717/65),

b) Ação Civil Pública (lei 7.347/85),

c) Lei de Improbidade Administrativa (8.429/92),

d) Lei de Responsabilidade Fiscal (LC 101/2000),

e) Código Penal (Crimes contra a Administração)

15. LEI DE IMPROBIDADE ADMINISTRATIVA

IMPROBIDADE ADMINISTRATIVA Lei 8.429/92 com redação dada pela lei nº 14.230/2021.	
Fundamento constitucional	Art. 37, §4º; art. 15, V; art. 85, V; art. 14, §9º.
Estatuto da Cidade	Lei nº 10.257/2001, art. 52 → condutas de improbidade administrativa praticadas por prefeitos.

Tutela	Probidade na organização do Estado e no exercício de suas funções, como forma de assegurar a integridade do patrimônio público e social (art. 1º)
Condutas DOLOSAS	• Atos que importem enriquecimento ilícito do agente público (art. 9º) • Atos que causem prejuízo ao erário (art. 10) • Atos que atentam contra os princípios da Administração Pública (art. 11) Obs.: Não há responsabilidade objetiva. Nem sempre haverá o dano ao erário. O mero exercício da função ou desempenho de competências públicas, sem comprovação de ato doloso com fim ilícito, afasta a responsabilidade.
Sujeitos Ativos	• Agente público • Terceiro que induza ou concorra dolosamente para a prática de improbidade Obs.: Agente público = "o agente político, o servidor público e todo aquele que exerce, ainda que transitoriamente ou sem remuneração, por eleição, nomeação, designação, contratação ou qualquer outra forma de investidura ou vínculo, mandato, cargo, emprego ou função nas entidades referidas no art. 1º" da lei nº 8.429/92.
Sujeitos passivos	• Administração direta • Administração indireta (ou fundacional) de qualquer dos Poderes da União, dos Estados, do Distrito Federal, dos Município e de Território • Poderes Executivo, Legislativo e Judiciário • Entidade privada para cuja criação ou custeio o erário haja concorrido ou concorra no seu patrimônio ou receita atual, limitado o ressarcimento de prejuízos, nesse caso, à repercussão do ilícito sobre a contribuição dos cofres públicos.
Ação Judicial	• Rito ordinário • Legitimidade para propositura: Ministério Público ou ente público prejudicado **Os entes públicos que sofreram prejuízos em razão de atos de improbidade também estão autorizados, de forma concorrente com o Ministério Público, a propor ação e a celebrar acordos de não persecução civil em relação a esses atos.** STF. Plenário. ADI 7042/DF e ADI 7043/DF, Rel. Min. Alexandre de Moraes, julgados em 31/8/2022 (Info 1066). • Possibilidade de ser convertida em Ação Civil Pública (art. 17, §16) • Possibilidade de acordo de não persecução civil (art. 17-B)
Declaração de bens	Art. 13. A posse e o exercício de agente público ficam condicionados à apresentação de declaração de imposto de renda e proventos de qualquer natureza, que tenha sido apresentada à Secretaria Especial da Receita Federal do Brasil, a fim de ser arquivada no serviço pessoal competente. • Necessidade de atualização anual • Recusa a prestar a declaração/declaração falsa: pena de demissão, sem prejuízo de outras sanções
Prescrição	• 8 anos, contados a partir da ocorrência do fato ou, no caso de infrações permanentes, do dia em que cessou a permanência Obs.: "São imprescritíveis as ações de ressarcimento ao erário fundadas na prática de ato doloso tipificado na Lei de Improbidade Administrativa" (STF, RE 852.457). STF, súmula 634. Ao particular aplica-se o mesmo regime prescricional previsto na Lei de Improbidade Administrativa para o agente público". A "imprescritibilidade da ação de ressarcimento do dano **depende do reconhecimento do ato de improbidade que o originou, em ação própria**. Inexistindo tal declaração do caráter de improbidade administrativa do ilícito causador do dano, a prescrição incidirá conforme as regras ordinárias relativas à matéria, qual seja, o Decreto 20.910 /1932 (prescrição quinquenal)."(STF, Recurso extraordinário n. 852.475 - Tema n. 897).

Penas (aplicadas de forma isolada ou cumulativa)		
Ressarcimento integral do dano patrimonial, se efetivo, sanções penais comuns e de responsabilidade, civis e administrativas		
Enriquecimento ilícito (art. 9º)	**Prejuízo ao Erário (art. 10)**	**Violação aos Princípios da Administração (art. 11)**
Perda dos bens ou valores acrescidos ilicitamente ao patrimônio	Perda dos bens ou valores acrescidos ilicitamente ao patrimônio	-

Perda da função pública	Perda da função pública	-
Suspensão dos direitos políticos por até 14 anos	Suspensão dos direitos políticos por até 12 anos	-
Pagamento de multa civil equivalente ao valor do acréscimo patrimonial	Pagamento de multa civil equivalente ao valor do dano	Pagamento de multa de até 24 vezes o valor da remuneração percebida pelo agente
Proibição de contratar com o Poder Público ou de receber benefícios ou incentivos fiscais ou creditícios, direta ou indiretamente, ainda que por intermédio de pessoa jurídica da qual seja sócio majoritário, pelo prazo não superior a 14 anos.	Proibição de contratar com o Poder Público ou de receber benefícios ou incentivos fiscais ou creditícios, direta ou indiretamente, ainda que por intermédio de pessoa jurídica da qual seja sócio majoritário, pelo prazo não superior a 12 anos.	Proibição de contratar com o Poder Público ou de receber benefícios ou incentivos fiscais ou creditícios, direta ou indiretamente, ainda que por intermédio de pessoa jurídica da qual seja sócio majoritário, pelo prazo não superior a 4 anos.
Obs.: a aplicação das sanções independe: da efetiva ocorrência de dano ao patrimônio público, salvo quanto à pena de ressarcimento e às condutas previstas no art. 10; II- da aprovação ou rejeição das contas pelo órgão de controle interno ou pelo Tribunal ou Conselho de Contas.		
Os atos do órgão de controle interno ou externo serão considerados pelo juiz quando tiverem servido de fundamento para a conduta do agente público.		

Não deve existir obrigatoriedade de defesa judicial do agente público que cometeu ato de improbidade por parte da Advocacia Pública, pois a sua predestinação constitucional, enquanto função essencial à Justiça, identifica-se com a representação judicial e extrajudicial dos entes públicos. Contudo, permite-se essa atuação em caráter extraordinário e desde que norma local assim disponha.

STF. Plenário. ADI 7042/DF e ADI 7043/DF, Rel. Min. Alexandre de Moraes, julgados em 31/8/2022 (Info 1066).

16. LEI ANTICORRUPÇÃO EMPRESARIAL (LEI Nº 12.856/13)

Responsabilização administrativa e civil de pessoas jurídicas pela prática de atos contra a Administração Pública – Lei 12.846/13
Aplicação às: Sociedades empresárias e sociedades simples (personificadas ou não); Fundações; Associações de entidades ou pessoas; Sociedades estrangeiras com sede, filial ou representação no território brasileiro.
Atos lesivos à Administração Pública **nacional ou estrangeira** (inclusive Organizações Internacionais): Atentem contra o patrimônio público, nacional ou estrangeiro; Atentem contra os princípios da Administração Pública; Atentem contra os compromissos internacionais assumidos pelo Brasil. Responsabilidade civil e administrativa **objetiva da pessoa jurídica,** independente da responsabilidade **subjetiva da pessoa física**.
Responsabilização Administrativa
Contraditório e ampla defesa; Instauração de ofício ou mediante provocação; Competência da autoridade máxima de cada órgão ou entidade dos poderes (possibilidade de delegação, mas não de subdelegação); No âmbito do Poder Executivo Federal competência concorrente da Controladoria-Geral da União que também agirá em caso de ilícitos praticados contra a Administração Pública estrangeira; Se necessário, a comissão solicitará ao órgão de representação judicial do ente que requeira medidas ao Poder Judiciário; Possibilidade de suspensão cautelar do investigado; Comissão deverá concluir o processo em 180 dias (prorrogáveis), submetendo relatório à autoridade superior, sugerindo, motivadamente, as sanções; Deverá ser dado conhecimento ao Ministério Público para a apuração de eventuais delitos.

<table>
<tr><td>Sanções administrativas (aplicadas de forma isolada ou cumulativa)</td><td>Multa entre 0,1% a 20% do faturamento bruto do último exercício anterior à instauração do processo administrativo (multa nunca inferior à vantagem auferida);
Publicação extraordinária da decisão condenatória;
Reparação integral do dano causado.</td></tr>
<tr><td colspan="2">Acordo de leniência: a autoridade máxima de cada ente poderá celebrar com as pessoas jurídicas desde que colaborem com as investigações e com o processo administrativo, sendo que da colaboração resulte: I. a identificação dos demais envolvidos na infração quando couber e II. A obtenção célere de informações e documentos que comprovem o ilícito sob apuração.
Requisitos cumulativos:
I – a pessoa jurídica seja a primeira a se manifestar sobre seu interesse em cooperar para a apuração do ato ilícito;
II – a pessoa jurídica cesse completamente seu envolvimento na infração investigada a partir da data de propositura do acordo;
III – a pessoa jurídica admita sua participação no ilícito e coopere plena e permanentemente com as investigações e o processo administrativo, comparecendo, sob suas expensas, sempre que solicitada, a todos os atos processuais, até seu encerramento.
Obs.: o acordo de leniência não isenta a infratora da obrigação de reparar o dano.
A lei 12.846/13 também previu a possibilidade de celebração de acordos de leniência em razão da prática de ilícitos no âmbito da lei 8.666/93.</td></tr>
<tr><td colspan="2">Responsabilização judicial</td></tr>
<tr><td colspan="2">Legitimidade para propositura da ação: ente contra o qual foi praticado o ato lesivo e Ministério Público;
Rito da lei da Ação Civil Pública (7.347/85);</td></tr>
<tr><td>Sanções judiciais (aplicadas de forma isolada ou cumulativa)</td><td>Perdimento dos bens, direitos ou valores que representem vantagem ou proveito direta ou indiretamente obtidos da infração, ressalvado o direito do lesado ou de terceiro de boa-fé;
Suspensão ou interdição parcial de suas atividades;
Dissolução compulsória da pessoa jurídica;
Proibição de receber incentivos, subsídios, subvenções, doações ou empréstimos de órgãos ou entidades públicas e de instituições financeiras públicas ou controladas pelo poder público, pelo prazo mínimo de 1 (um) e máximo de 5 (cinco) anos.
Obs.: caso o MP constate a existência de omissão das autoridades na promoção da responsabilidade administrativa, poderá requerer, também, na esfera judicial, as sanções administrativas.</td></tr>
<tr><td colspan="2">A multa e o perdimento de bens, direitos ou valores serão destinados, preferencialmente, aos órgãos e entidades públicas lesadas (art. 24).</td></tr>
</table>

✦ SÚMULAS

ORGANIZAÇÃO ADMINISTRATIVA DA UNIÃO. ADMINISTRAÇÃO DIRETA E INDIRETA. ENTIDADES PARAESTATAIS

- **Súmula 8, do STF**. "Diretor de sociedade de economia mista pode ser destituído no curso do mandato".
- **Súmula 525, do STJ.** "A Câmara de Vereadores não possui personalidade jurídica, apenas personalidade judiciária, somente podendo demandar em juízo para defender os seus direitos institucionais"

AGENTES PÚBLICOS

◉ *APOSENTADORIA E TEMPO DE SERVIÇO*

- **Súmula Vinculante 33.** "Aplicam-se ao servidor público, no que couber, as regras do Regime Geral de Previdência Social sobre aposentadoria especial de que trata o artigo 40, parágrafo 4º, inciso III, da Constituição Federal, até edição de lei complementar específica."
- **Súmula 726, do STF**. "Para efeito de aposentadoria especial de professores, não se computa o tempo de serviço prestado fora da sala de aula. **Atenção:** em 29/10/2008, o STF, por maioria, no julgamento da ADI 3.772, decidiu que a atividade de magistério não é restrita ao trabalho em sala de aula e que dela fazem parte as funções de direção, coordenação e assessoramento pedagógico, desde que exercidas, em estabelecimentos de ensino básico, por professores de carreira, excluídos os especialistas em educação."
- **Súmula 567, do STF**. "A Constituição, ao assegurar, no § 3º, do art. 102, a contagem integral do tempo de serviço público federal, estadual ou municipal para os efeitos de aposentadoria e disponibilidade não proíbe à União, aos Estados e aos Municípios mandarem contar, mediante lei, para efeito diverso, tempo de serviço prestado a outra pessoa de direito público interno."

◉ *COMPETÊNCIA*

- **Súmula 218, do STJ**. "Compete à justiça dos estados processar e julgar ação de servidor estadual decorrente de direitos e vantagens estatutárias no exercício de cargo em comissão."
- **Súmula 173, do STJ**. "Compete à justiça federal processar e julgar o pedido de reintegração em cargo público federal, ainda que o servidor tenha

sido dispensado antes da instituição do Regime Jurídico Único."

- **Súmula 170, do STJ**. "Compete ao juízo onde primeiro for intentada a ação envolvendo acumulação de pedidos, trabalhista e estatutário, decidi-la nos limites da sua jurisdição, sem prejuízo do ajuizamento de nova causa, com o pedido remanescente, no juízo próprio."
- **Súmula 137, do STJ**. "Compete à justiça comum estadual processar e julgar ação de servidor público municipal, pleiteando direitos relativos ao vínculo estatutário."
- **Súmula 97, do STJ**. "Compete à justiça do trabalho processar e julgar reclamação de servidor público relativamente a vantagens trabalhistas anteriores à instituição do Regime Jurídico Único."

◉ *CONCURSO PÚBLICO*

- **Súmula Vinculante 44. "**Só por lei se pode sujeitar a exame psicotécnico a habilitação de candidato a cargo público".
- **Súmula Vinculante 43. "**É inconstitucional toda modalidade de provimento que propicie ao servidor investir-se, sem prévia aprovação em concurso público destinado ao seu provimento, em cargo que não integra a carreira na qual anteriormente investido".
- **Súmula 684, do STF**. "É inconstitucional o veto não motivado à participação de candidato a concurso público."
- **Súmula 683, do STF**. "O limite de idade para a inscrição em concurso público só se legitima em face do art. 7º, XXX, da Constituição, quando possa ser justificado pela natureza das atribuições do cargo a ser preenchido."
- **Súmula 17, do STJ**. "A nomeação de funcionário sem concurso pode ser desfeita antes da posse."
- **Súmula 16, do STF**. "Funcionário nomeado por concurso tem direito a posse."
- **Súmula 15, do STF**. "Dentro do prazo de validade do concurso, o candidato aprovado tem o direito a nomeação, quando o cargo for preenchido sem observância da classificação."
- **Súmula 552, do STJ.** "O portador de surdez unilateral não se qualifica como pessoa com deficiência para o fim de disputar as vagas reservadas em concursos públicos".
- **Súmula 466, do STJ**. "O titular da conta vinculada ao FGTS tem o direito de sacar o saldo respectivo quando declarado nulo o seu contrato de trabalho por ausência de prévia aprovação em concurso público"
- **Súmula 377, do STJ**. "O portador de visão monocular tem direito de concorrer, em concurso público, às vagas reservadas aos deficientes."
- **Súmula 266, do STJ**. "O diploma ou habilitação legal para o exercício do cargo deve ser exigido na posse e não na inscrição para o concurso público."

◉ *DEMISSÃO*

- **Súmula 25, do STF**. "A nomeação a termo não impede a livre demissão, pelo Presidente da República, de ocupante de cargo dirigente de autarquia."
- **Súmula 21, do STF.** "Funcionário em estágio probatório não pode ser exonerado nem demitido sem inquérito ou sem as formalidades legais de apuração de sua capacidade."

◉ *DISPONIBILIDADE*

- **Súmula 39, do STF**. "À falta de lei, funcionário em disponibilidade não pode exigir, judicialmente, o seu aproveitamento, que fica subordinado ao critério de conveniência da Administração."
- **Súmula 22, do STF**. "O estágio probatório não protege o funcionário contra a extinção do cargo."

◉ *NOMEAÇÃO PARA CARGO EM COMISSÃO (NEPOTISMO)*

- **Súmula Vinculante 13. "**A nomeação de cônjuge, companheiro ou parente em linha reta, colateral ou por afinidade, até o terceiro grau, inclusive, da autoridade nomeante ou de servidor da mesma pessoa jurídica, investido em cargo de direção, chefia ou assessoramento, para o exercício de cargo em comissão ou de confiança, ou, ainda, de função gratificada na Administração Pública direta e indireta, em qualquer dos Poderes da União, dos Estados, do Distrito Federal e dos municípios, compreendido o ajuste mediante designações recíprocas, viola a Constituição Federal."

◉ *PROCESSO ADMINISTRATIVO DISCIPLINAR*

- **Súmula Vinculante 5.** "A falta de defesa técnica por advogado no processo administrativo disciplinar não ofende a Constituição."
- **Súmula 20, do STF**. "É necessário processo administrativo, com ampla defesa, para demissão de funcionário admitido por concurso."
- **Súmula 19, do STF**. "É inadmissível segunda punição de servidor público, baseada no mesmo processo em que se fundou a primeira."
- **Súmula 18, do STF**. "Pela falta residual, não compreendida na absolvição pelo juízo criminal, é admissível a punição administrativa do servidor público."

- **Súmula 674, do STJ. "A autoridade administrativa pode se utilizar de fundamentação *per relationem* nos processos disciplinares".**
- **Súmula 672, do STJ. "A alteração da capitulação legal da conduta do servidor, por si só, não enseja a nulidade do processo administrativo disciplinar"**
- **Súmula 665, do STJ. "O controle jurisdicional do processo administrativo disciplinar restringe-se ao exame da regularidade do procedimento e da legalidade do ato, à luz dos princípios do contraditório, da ampla defesa e do devido processo legal, não sendo possível incursão no mérito administrativo, ressalvadas hipóteses de flagrante ilegalidade, teratologia ou manifesta desproporcionalidade da sanção aplicada".**
- **Súmula 650, do STJ**. "A autoridade administrativa não dispõe de discricionariedade para aplicar ao servidor pena diversa de demissão quando caracterizadas as hipóteses previstas no art. 132 da lei nº 8.112/90"
- **Súmula 641, do STJ**. "A portaria de instauração do processo administrativo disciplinar prescinde da exposição detalhada dos fatos a serem apurados".
- **Súmula 635, do STJ**. "Os prazos prescricionais previstos no art. 142 da Lei n. 8.112/1990 iniciam-se na data em que a autoridade competente para a abertura do procedimento administrativo toma conhecimento do fato, interrompem-se com o primeiro ato de instauração válido -sindicância de caráter punitivo ou processo disciplinar – e voltam a fluir por inteiro, após decorridos 140 dias desde a interrupção".
- **Súmula 611, do STJ**. "Desde que devidamente motivada e com amparo em investigação ou sindicância, é permitida a instauração de processo administrativo disciplinar com base em denúncia anônima, em face do poder-dever de autotutela imposto à Administração".
- **Súmula 592, do STJ**. "O excesso de prazo para a conclusão do processo administrativo disciplinar só causa nulidade se houver demonstração de prejuízo à defesa"
- **Súmula 591, do STJ**. "É permitida a prova emprestada no processo administrativo disciplinar, desde que devidamente autorizada pelo juízo competente e respeitados o contraditório e a ampla defesa"
- **Súmula 373, do STJ. "É ilegítima a exigência de depósito prévio para admissibilidade de recurso administrativo".**

◉ *REMUNERAÇÃO*

- **Súmula Vinculante 55.** "O direito ao auxílio-alimentação não se estende aos servidores inativos".
- **Súmula Vinculante 51.** "O reajuste de 28,86%, concedido aos servidores militares pelas Leis 8622/1993 e 8627/1993, estende-se aos servidores civis do poder executivo, observadas as eventuais compensações decorrentes dos reajustes diferenciados concedidos pelos mesmos diplomas legais".
- **Súmula Vinculante 42.** "É inconstitucional a vinculação do reajuste de vencimentos de servidores estaduais ou municipais a índices federais de correção monetária"
- **Súmula vinculante 37.** "Não cabe ao Poder Judiciário, que não tem função legislativa, aumentar vencimentos de servidores públicos sob fundamento de isonomia."
- **Súmula vinculante 34.** "A Gratificação de Desempenho de Atividade de Seguridade Social e do Trabalho – GDASST, instituída pela Lei 10.483/2002, deve ser estendida aos inativos no valor correspondente a 60 (sessenta) pontos, desde o advento da Medida Provisória 198/2004, convertida na lei 10.971/2004, quando tais inativos façam jus à paridade constitucional (EC 20/1998, 41/2003 e 47/2005)"
- **Súmula Vinculante 20.** "A Gratificação de Desempenho de Atividade Técnico-Administrativa – GDATA, instituída pela Lei nº 10.404/2002, deve ser deferida aos inativos nos valores correspondentes a 37,5 (trinta e sete vírgula cinco) pontos no período de fevereiro a maio de 2002 e, nos termos do art. 5º, parágrafo único, da Lei nº 10.404/2002, no período de junho de 2002 até a conclusão dos efeitos do último ciclo de avaliação a que se refere o art. 1º da Medida Provisória nº 198/2004, a partir da qual passa a ser de 60 (sessenta) pontos."
- **Súmula Vinculante 16.** "Os artigos 7º, IV, e 39, § 3º (redação da EC 19/98), da Constituição, referem-se ao total da remuneração percebida pelo servidor público."
- **Súmula Vinculante 15**. "O cálculo de gratificações e outras vantagens do servidor público não incide sobre o abono utilizado para se atingir o salário mínimo."
- **Súmula vinculante 6**. "Não viola a constituição o estabelecimento de remuneração inferior ao salário mínimo para as praças prestadoras de serviço militar inicial."
- **Súmula Vinculante 4**. "Salvo os casos previstos na Constituição Federal, o salário mínimo não pode ser usado como indexador de base de cálculo de vantagem de servidor público ou de empregado, nem ser substituído por decisão judicial."
- **Súmula 682, do STF**. "Não ofende a Constituição a correção monetária no pagamento com atraso dos vencimentos de servidores públicos."

- **Súmula 681, do STF**. "É inconstitucional a vinculação do reajuste de vencimentos de servidores estaduais ou municipais a índices federais de correção monetária."
- **Súmula 680, do STF**. "O direito ao auxílio-alimentação não se estende aos servidores inativos."
- **Súmula 672, do STF**. "O reajuste de 28,86%, concedido aos servidores militares pelas leis 8.622/93 e 8.627/93, estende-se aos servidores civis do Poder Executivo, observadas as eventuais compensações decorrentes dos reajustes diferenciados concedidos pelos mesmos diplomas legais."
- **Súmula 671, do STF**. "Os servidores públicos e os trabalhadores em geral têm direito, no que concerne à URP de abril/maio de 1988, apenas ao valor correspondente a 7/30 de 16,19% sobre os vencimentos e salários pertinentes aos meses de abril e maio de 1988, não cumulativamente, devidamente corrigido até o efetivo pagamento."
- **Súmula 663, do STJ**. "A pensão por morte de servidor público federal pode ser concedida ao filho inválido de qualquer idade, desde que a invalidez seja anterior ao óbito"
- **Súmula 378, do STJ**. "Reconhecido o desvio de função, o servidor faz jus às diferenças salariais decorrentes."
- **Súmula 359, do STF**. "Ressalvada a revisão prevista em lei, os proventos da inatividade regulam-se pela lei vigente ao tempo em que o militar, ou o servidor civil, reuniu os requisitos necessários."
- **Súmula 339, do STF**. "Não cabe ao Poder Judiciário, que não tem função legislativa, aumentar vencimentos de servidores públicos sob fundamento de isonomia."

◉ *VITALICIEDADE*

- **Súmula 47, do STF**. "Reitor de universidade não é livremente demissível pelo Presidente da República durante o prazo de sua investidura."
- **Súmula 46, do STF**. "Desmembramento de serventia de justiça não viola o princípio de vitaliciedade do serventuário."
- **Súmula 36, do STF**. "Servidor vitalício está sujeito a aposentadoria compulsória, em razão da idade."

◉ PODERES ADMINISTRATIVOS

- **Súmula 646, do STF**. "Ofende o princípio da livre concorrência lei municipal que impede a instalação de estabelecimentos comerciais do mesmo ramo em determinada área."
- **Súmula 645, do STF**. "É competente o município para fixar o horário de funcionamento de estabelecimento comercial."
- **Súmula 419, do STF**. "Os municípios têm competência para regular o horário do comércio local, desde que não infrinjam leis estaduais ou federais válidas."
- **Súmula 397, do STF**. "O poder de polícia da Câmara dos Deputados e do Senado Federal, em caso de crime cometido nas suas dependências, compreende, consoante o regimento, a prisão em flagrante do acusado e a realização do inquérito.

◉ ATO ADMINISTRATIVO

- **Súmula 510, do STF**. "Praticado o ato por autoridade, no exercício de competência delegada, contra ela cabe o mandado de segurança ou a medida judicial"
- **Súmula 473, do STF**. "A administração pode anular seus próprios atos, quando eivados de vícios que os tornam ilegais, porque deles não se originam direitos; ou revogá-los, por motivo de conveniência ou oportunidade, respeitados os direitos adquiridos, e ressalvada, em todos os casos, a apreciação judicial."
- **Súmula 346, do STF**. "A Administração Pública pode declarar a nulidade dos seus próprios atos."
- **Súmula 633, do STJ.** "A Lei n. 9.784/1999, especialmente no que diz respeito ao prazo decadencial para a revisão de atos administrativos no âmbito da Administração Pública federal, pode ser aplicada, de forma subsidiária, aos estados e municípios, se inexistente norma local e específica que regule a matéria".
- **Súmula 628, do STJ.** "A teoria da encampação é aplicada no mandado de segurança quando presentes, cumulativamente, os seguintes requisitos: a) existência de vínculo hierárquico entre a autoridade que prestou informações e a que ordenou a prática do ato impugnado; b) manifestação a respeito do mérito nas informações prestadas; e c) ausência de modificação de competência estabelecida na Constituição Federal".
- **Súmula 6, do STF**. "A revogação ou anulação, pelo Poder Executivo, de aposentadoria, ou qualquer outro ato aprovado pelo Tribunal de Contas, não produz efeitos antes de aprovada por aquele tribunal, ressalvada a competência revisora do judiciário."

◉ REGULAÇÃO ESTATAL E AGÊNCIAS REGULADORAS

- **Súmula 561, do STJ.** "Os Conselhos Regionais de Farmácia possuem atribuição para fiscalizar e autuar as farmácias e drogarias quanto ao cumprimento da exigência de manter profissional legalmente habilitado (farmacêutico) durante todo o período de funcionamento dos respectivos estabelecimentos".

- **Súmula 506, do STJ**. "A Anatel não é parte legítima nas demandas entre a concessionária e o usuário de telefonia decorrentes de relação contratual."

◉ SERVIÇOS PÚBLICOS

- **Súmula Vinculante 41.** "O serviço de iluminação pública não pode ser remunerado mediante taxa".
- **Súmula 412, do STJ. "A ação de repetição de indébito de tarifas de água e esgoto sujeita-se ao prazo prescricional estabelecido no Código Civil"**
- **Súmula 407, do STJ. "É legítima a cobrança da tarifa de água fixada de acordo com as categorias de usuários e as faixas de consumo"**
- **Súmula 356, do STJ. "É legítima a cobrança da tarifa básica pelo uso dos serviços de telefonia fixa".**

◉ PROCESSO ADMINISTRATIVO

- **Súmula vinculante 21.** "É inconstitucional a exigência de depósito ou arrolamento prévios de dinheiro ou bens para admissibilidade de recurso administrativo."
- **Súmula vinculante 3**. "Nos processos perante o Tribunal de Contas da União asseguram-se o contraditório e a ampla defesa quando da decisão puder resultar anulação ou revogação de ato administrativo que beneficie o interessado, excetuada a apreciação da legalidade do ato de concessão inicial de aposentadoria, reforma e pensão."
- **Súmula 510, do STJ. "A liberação de veículo retido apenas por transporte irregular de passageiros não está condicionada ao pagamento de multas e despesas".**
- **Súmula 434, do STJ**. "O pagamento da multa por infração de trânsito não inibe a discussão judicial do débito."
- **Súmula 373, do STJ**. "É ilegítima a exigência de depósito prévio para admissibilidade de recurso administrativo."
- **Súmula 312, do STJ**. "No processo administrativo para imposição de multa de trânsito, são necessárias as notificações da autuação e da aplicação da pena decorrente da infração."

◉ LICITAÇÕES

- **Súmula 645, do STJ.** "O crime de fraude à licitação é formal, e sua consumação prescinde da comprovação do prejuízo ou da obtenção de vantagem".
- **Súmula 333, do STJ**. "Cabe mandado de segurança contra ato praticado em licitação promovida por sociedade de economia mista ou empresa pública".

◉ BENS PÚBLICOS

- **Súmula 650, do STF**. "Os incisos I e XI do art. 20 da Constituição Federal não alcançam terras de aldeamento extintos, ainda que ocupadas por indígenas em passado remoto."
- **Súmula 480, do STF**. "Pertencem ao domínio e administração da União, nos termos dos artigos 4, IV, e 186, da Constituição Federal de 1967, as terras ocupadas pelos silvícolas."
- **Súmula 479, do STF**. "As margens dos rios navegáveis são domínio público, insuscetíveis de expropriação e, por isso mesmo, excluídas de indenização."
- **Súmula 477, do STF**. "As concessões de terras devolutas situadas na faixa de fronteira, feitas pelos estados, autoriza, apenas, o uso, permanecendo o domínio com a União, ainda que se mantenha inerte ou tolerante, em relação aos possuidores."
- **Súmula 619, do STJ.** "A ocupação indevida de bem público configura mera detenção, de natureza precária, insuscetível de retenção ou indenização por acessões e benfeitorias"
- **Súmula 496, do STJ**. "Os registros de propriedade particular de imóveis situados em terrenos de marinha não são oponíveis à União."
- **Súmula 107, do STJ**. "Incluem-se entre os imóveis funcionais que podem ser vendidos os administrados pelas forças armadas e ocupados pelos servidores civis."
- **Súmula 103, do STJ. "Incluem-se entre os imóveis funcionais que podem ser vendidos os administrados pelas Forças Armadas e ocupados pelos servidores civis".**

◉ RESPONSABILIDADE CIVIL DO ESTADO

- **Súmula 652, do STJ.** "A responsabilidade civil da Administração Pública por danos ao meio ambiente, decorrente de sua omissão no dever de fiscalização, é de caráter solidário, mas de execução subsidiária".
- **Súmula 647, do STJ.** "São imprescritíveis as ações indenizatórias por danos morais e materiais decorrentes de atos de perseguição política com violação de direitos fundamentais ocorridos durante o regime militar".
- **Súmula 624, do STJ**. "É possível cumular a indenização do dano moral com a reparação econômica da Lei n. 10.599/2002 (Lei da Anistia Política)."

◉ INTERVENÇÃO DO ESTADO NA PROPRIEDADE

- **Súmula 652, do STF**. "Não contraria a Constituição o art. 15, §1º, do DL. 3.365/41 (Lei da Desapropriação por Utilidade Pública."

- **Súmula 617, do STF**. "A base de cálculo dos honorários de advogado em desapropriação é a diferença entre a oferta e a indenização, corrigidas ambas monetariamente."
- **Súmula 561, do STF**. "Em desapropriação, é devida a correção monetária até a data do efetivo pagamento da indenização, devendo proceder-se à atualização do cálculo, ainda que por mais de uma vez."
- **Súmula 476, do STF**. "Desapropriadas as ações de uma sociedade, o poder desapropriante, imitido na posse, pode exercer, desde logo, todos os direitos inerentes aos respectivos títulos."
- **Súmula 416, do STF**. "Pela demora no pagamento do preço da desapropriação não cabe indenização complementar além dos juros."
- **Súmula 378, do STF**. "Na indenização por desapropriação incluem-se honorários do advogado do expropriado."
- **Súmula 164, do STF**. "No processo de desapropriação, são devidos juros compensatórios desde a antecipada imissão na posse, ordenada pelo juiz, por motivo de urgência."
- **Súmula 157, do STF**. "É necessária prévia autorização do Presidente da República para desapropriação, pelos estados, de empresa de energia elétrica."
- **Súmula 23, do STF**. "Verificados os pressupostos legais para o licenciamento da obra, não o impede a declaração de utilidade pública para desapropriação do imóvel, mas o valor da obra não se incluirá na indenização, quando a desapropriação for efetivada."
- **Súmula 637, do STJ**. "O ente público detém legitimidade e interesse para intervir, incidentalmente, na ação possessória entre particulares, podendo deduzir qualquer matéria defensiva, inclusive, se for o caso, o domínio."
- **Súmula 354, do STJ**. "A invasão do imóvel é causa de suspensão do processo expropriatório para fins de reforma agrária."
- **Súmula 141, do STJ**. "Os honorários de advogado em desapropriação direta são calculados sobre a diferença entre a indenização e a oferta, corrigidas monetariamente."
- **Súmula 131, do STJ**. "Nas ações de desapropriação incluem-se no cálculo da verba advocatícia as parcelas relativas aos juros compensatórios e moratórios, devidamente corrigidas."
- **Súmula 119, do STJ. "A ação de desapropriação indireta prescreve em vinte anos"**
- **Súmula 114, do STJ**. "Os juros compensatórios, na desapropriação indireta, incidem a partir da ocupação, calculados sobre o valor da indenização, corrigidos monetariamente."
- **Súmula 113, do STJ**. "Os juros compensatórios na desapropriação direta, incidem a partir da imissão na posse, calculados sobre o valor da indenização, corrigido monetariamente".
- **Súmula 102, do STJ**. "A incidência de juros moratórios sobre os compensatórios, nas ações expropriatórias, não constitui anatocismo vedado em lei."
- **Súmula 70, do STJ. "Os juros moratórios, na desapropriação direta ou indireta, contam-se desde o trânsito em julgado da sentença"**
- **Súmula 69, do STJ**. "Na desapropriação direta, os juros compensatórios são devidos desde a antecipada imissão na posse e, na desapropriação indireta, a partir da efetiva ocupação do imóvel."
- **Súmula 67, do STJ**. "Na desapropriação, cabe a atualização monetária, ainda que por mais de uma vez, independente do decurso de prazo superior a um ano entre o cálculo e o efetivo pagamento da indenização."
- **Súmula 56, do STJ**. "Na desapropriação para instituir servidão administrativa são devidos os juros compensatórios pela limitação do uso da propriedade."
- **Súmula 12, do STJ**. "Em desapropriação, são cumuláveis juros compensatórios e moratórios".

◉ *PRESCRIÇÃO*

- **Súmula 443, do STF**. "A prescrição das prestações anteriores ao período previsto em lei não ocorre, quando não tiver sido negado, antes daquele prazo, o próprio direito reclamado, ou a situação jurídica de que ele resulta."
- **Súmula 383, do STF**. "A prescrição em favor da Fazenda Pública recomeça a correr, por dois anos e meio, a partir do ato interruptivo, mas não fica reduzida aquém de cinco anos, embora o titular do direito a interrompa durante a primeira metade do prazo."
- **Súmula 634, do STJ**." Ao particular aplica-se o mesmo regime prescricional previsto na Lei de Improbidade Administrativa para o agente público".
- **Súmula 633, do STJ. "A Lei n. 9.784/1999, especialmente no que diz respeito ao prazo decadencial para a revisão dos atos administrativos no âmbito da Administração Pública Federal, pode ser aplicada, de forma subsidiária, aos estados e municípios, se inexiste norma local e específica que regule a matéria".**
- **Súmula 85, do STJ**. "Nas relações jurídicas de trato sucessivo em que a Fazenda Pública figure como devedora, quando não tiver sido negado o próprio direito reclamado, a prescrição atinge apenas as

prestações vencidas antes do quinquênio anterior à propositura da ação."

◉ *IMPROBIDADE ADMINISTRATIVA*

- **Súmula 651, do STJ. "Compete à autoridade administrativa aplicar a servidor público a pena de demissão em razão da prática de improbidade administrativa, independentemente de prévia condenação, por autoridade judiciária, à perda da função pública".**
- **Súmula 634, do STJ. "Ao particular aplica-se o mesmo regime prescricional previsto na Lei de Improbidade Administrativa para o agente público".**

◉ *INSCRIÇÃO EM CADASTROS RESTRITIVOS*

- **Súmula 615, do STJ.** "Não pode ocorrer ou permanecer a inscrição do município em cadastros restritivos fundada em irregularidades na gestão anterior quando, na gestão sucessora, são tomadas as providências cabíveis à reparação dos danos eventualmente cometidos".

✦ INFORMATIVOS DO SUPREMO TRIBUNAL FEDERAL

"São constitucionais normas estaduais e distritais que fixam prazo superior a 5 dias para a licença-paternidade de seus servidores, não sendo a eles aplicável, de forma automática, a prorrogação prevista na legislação federal. [...] São inconstitucionais as normas que estabelecem diferenciação na duração da licença-maternidade para mães adotantes em relação à idade da criança adotada e as normas que não estabelecem o mesmo prazo da licença-maternidade para pais solo, tanto biológicos quanto adotantes". (ADI 7.519/AC, rel. Min. Cármen Lúcia, j. 06.12.2024. STF Info 1162).

"É inconstitucional - pois viola o princípio da simetria e o princípio democrático - norma de Constituição estadual que exige a edição de lei complementar para a regulamentação dos casos de contratação por tempo determinado para atender a necessidade temporária de excepcional interesse público". (ADI 7.057/CE, rel. Min. Dias Toffoli, j. 06.12.2024. STF Info 1162).

"São inconstitucionais - por configurar restrição desproporcional e incompatível com o art. 37, V, da Constituição Federal de 1988 - as normas que elencam a estabilidade como requisito para que o servidor integre determinada carreira ou ocupe cargos de direção ou funções gratificadas". (ADI 6.664/DF, rel. Min. Nunes Marques, j. 26.11.2024. STF Info 1160).

"A presença de símbolos religiosos em prédios públicos, pertencentes a qualquer dos Poderes da União, dos Estados, do Distrito Federal e dos Municípios, desde que tenha o objetivo de manifestar a tradição cultural da sociedade brasileira, não viola os princípios da não discriminação, da laicidade estatal e da impessoalidade." (ARE 1.249.095/SP, rel. Min. Cristiano Zanin, j. 26.11.2024. STF Info 1160).

"É constitucional - por não ter violado o devido processo legal legislativo - a revogação, pela Emenda Constitucional nº 19/1998, da redação original do art. 39 da Constituição Federal, que previa, no âmbito da União, dos estados, do Distrito Federal e dos municípios, a instituição de regime jurídico único para os servidores da administração pública direta, das autarquias e das fundações públicas". (ADI 2.135/DF, rel. Min. Cármen Lúcia, redator do acórdão Min. Gilmar Mendes, j. 06.11.2024. STF Info 1158).

"É constitucional - por apresentar pertinência temática e concretizar o princípio da eficiência (CF/1988, art. 37, caput) - norma estadual, decorrente de emenda parlamentar a projeto de lei de inciativa do Tribunal de Justiça local, que fixa limite de tempo proporcional e razoável para o atendimento ao público em serventias extrajudiciais". (ADI 7.602/ES, rel. Min. Alexandre de Moraes, j. 11.11.2024. STF Info 1158).

"O adiamento de exame de concurso público por motivo de biossegurança relacionado à pandemia do COVID-19 não impõe ao Estado o dever de indenizar." (RE 1.455.038/DF, rel. Min. Presidente, j. 05.11.2024. STF Info 1157).

"É vedada a extensão, por decisão judicial, de direitos e vantagens dos servidores públicos efetivos aos contratados temporários, salvo expressa previsão legal e/ou contratual em sentido contrário ou comprovado desvirtuamento da contratação temporária, em razão de sucessivas e reiteradas renovações e/ou prorrogações pela Administração Pública". (RE 1.500.990/AM, rel. Min. Presidente, j. 25.10.2024. STF Info 1157).

"É inconstitucional - em razão da necessidade da existência do dolo do agente - a previsão da modalidade culposa de ato de improbidade administrativa (Lei nº 8.429/1992, arts. 5º e 10, em sua redação originária). (RE 610.523/SP, rel. Min. Dias Toffoli, j. 25.10.2024. STF Info 1156).

"É constitucional a contratação direta de advogados pela Administração Pública, por inexigibilidade de licitação, se preenchidos os requisitos da lei e desde que não haja impedimento específico para a contratação desses serviços". (RE 610.523/SP, rel. Min. Dias Toffoli, j. 25.10.2024. STF Info 1156).

"Apenas em caráter excepcional — e desde que atendidos os parâmetros fixados pelo STF —, uma decisão judicial pode determinar, independentemente do custo, o fornecimento de medicamento registrado na ANVISA, mas não incluído nas listas de dispensação do Sistema Único de Saúde (SUS)". (RE 566.471/RN, rel. Min. Marco Aurélio, redator do acórdão Min. Luís Roberto Barroso, j. 20.09.2024. STF Info 1152).

"A execução do serviço público de loteria por agentes privados depende de delegação estatal precedida de licitação." (RE 1.498.128/CE, rel. Min. Presidente, j. 27.09.2024. STF Info 1152).

"É constitucional - e não afronta os princípios constitucionais da isonomia, do contraditório, da ampla defesa, do devido processo legal (CF/1988, art. 5º, caput e LV), tampouco os da licitação pública, da livre concorrência e da livre iniciativa (CF/1988, arts. 37, XXI; e 170, IV e parágrafo único) - a Lei nº 12.440/2011, que instituiu a Certidão Negativa de Débitos Trabalhistas (CNDT) e tornou obrigatória a sua apresentação para a habilitação dos interessados nas licitações públicas". (ADI 4.716/DF, rel. Min. Dias Toffoli, j.27.09.2024. STF Info 1152).

"É constitucional - e não viola o princípio do concurso público (CF/1988, art. 37, II) - norma estadual que, única e exclusivamente, altera a nomenclatura ("nomen juris") de cargo público. (ADI 6.615/MT, rel. Min. Gilmar Mendes, j. 20.09.2024. STF Info 1151).

"Em autocomposição no STF, os entes federativos acordaram sobre as diretrizes a serem observadas nas ações judiciais de fornecimento de medicamentos pelo Sistema Único de Saúde (SUS), em especial sobre a uniformização da nomenclatura dos medicamentos incorporados ou não incorporados na política pública do SUS, a competência jurisdicional, a responsabilidade pelo custeio dos medicamentos e a implementação de uma plataforma nacional com informações a respeito das demandas de medicamentos". (RE 1.366.243/SC, rel. Min. Gilmar Mendes, j. 13.09.2024. STF Info 1150).

"É constitucional - especialmente porque em harmonia com o sistema de repartição de competências - norma distrital que exige licença para funcionamento, expedida pelo órgão local de vigilância sanitária, como documento necessário à habilitação em licitação cujo objeto seja a execução de atividades dedicadas ao combate a insetos e roedores, à limpeza e higienização de reservatórios de água e à manipulação de produtos químicos para limpeza e conservação". (ADI 3.963/DF, rel. Min. Nunes Marques, j. 06.09.2024. STF Info 1149).

"1. É constitucional a vedação à recontratação de empresa contratada diretamente por dispensa de licitação nos casos de emergência ou calamidade pública, prevista no inciso VIII do art. 75 da Lei nº 14.133/2021. 2. A vedação incide na recontratação fundada na mesma situação emergencial ou calamitosa que extrapole o prazo máximo legal de 1 (um) ano, e não impede que a empresa participe de eventual licitação substitutiva à dispensa de licitação e seja contratada diretamente por outro fundamento previsto em lei, incluindo uma nova emergência ou calamidade pública, sem prejuízo do controle de abusos ou ilegalidades na aplicação da norma." (ADI 6.890/DF, rel. Min. Cristiano Zanin, j. 06.09.2024. STF Info 1149).

"É compatível com a Constituição Federal de 1988 - e não ofende o seu art. 37, XXII - norma de lei estadual que dispõe integrarem a administração tributária as atividades de competência dos cargos de provimento efetivo da Secretaria de Estado da Fazenda (Sefaz) local. (ADI 5.597/AM, rel. Min. Nunes Marques, j. 23.08.2024. STF Info 1147).

"São inconstitucionais - por vício de iniciativa (CF/1988, art. 37, X, c/c o art. 61, § 1º, II, "a") - leis estaduais deflagradas pelos Poderes e órgãos respectivos que preveem recomposição linear nos vencimentos e nas funções gratificadas de seus servidores públicos, extensiva a aposentados e pensionistas, com o intuito de recuperar a perda do poder aquisitivo da moeda". (ADI 5.562/RS, rel. Min. Dias Toffoli, j. 28.06.2024. STF Info 1143).

"É constitucional - por ser razoável e proporcional - o prazo de 25 anos, prorrogável por até 10 anos, para a outorga a particulares de concessão ou de permissão dos serviços e das obras públicas de "portos secos". Todavia, esses períodos devem ser compreendidos como prazos máximos (ou prazos-limites), na medida em que é vedado ao legislador fixar uma duração contratual aplicável, de forma invariável e inflexível, a toda e qualquer concessão ou permissão". (ADI 3.497/DF, rel. Min. Dias Toffoli, j. 13.06.2024. STF Info 1141).

"É inconstitucional - por ferir a regra da obrigatoriedade de prévia licitação (CF/1988, art. 175) - a prorrogação da vigência dos contratos de concessão ou de permissão dos "portos secos" cujas outorgas iniciais não forem antecedidas de procedimento licitatório. [...] Ainda que a outorga inicial seja precedida de licitação, é inconstitucional a prorrogação direta e automática - por força de lei - da vigência dos contratos de concessão ou de permissão dos "portos secos". (ADI 3.497/DF, rel. Min. Dias Toffoli, j. 13.06.2024. STF Info 1141).

"É inconstitucional - por criar sanção de caráter perpétuo - norma que, sem estipular prazo para o término da proibição, impede militares estaduais afastados pela prática de falta grave de prestarem concurso público para provimento de cargo, emprego ou função na Administração Pública direta ou indireta local". (ADI 2.893/PE, rel. Min. Nunes Marques, j. 14.06.2024. STF Info 1141).

"O Fundo de Garantia por Tempo de Serviço (FGTS), por ter uma função social a cumprir, está sujeito a critérios diferenciados do mercado financeiro em geral, de modo que o índice oficial da inflação (IPCA) deve ser a referência mínima para a correção dos saldos dos depósitos realizados nas contas a ele vinculadas, a fim de garantir a manutenção do poder aquisitivo do trabalhador (CF/1988, arts. 5º, XXII e XXIII, e 170, III). (ADI 5.090/DF, rel. Min. Luís Roberto Barroso, rel. do acórdão Min. Flávio Dino, j. 12.06.2024. STF Info 1141).

"O Plenário, por unanimidade, referendou a medida cautelar anteriormente concedida que deu interpretação conforme a Constituição ao art. 6º da Lei nº 12.990/2014 (3), a fim de que o prazo nele constante seja entendido como marco temporal para avaliação da eficácia da ação afirmativa, determinação de prorrogação e/ou realinhamento e, caso atingido o objetivo da política, previsão de medidas para seu encerramento, ficando afastada a interpretação que extinga abruptamente as cotas raciais". (ADI 7.654 MC-Ref/DF, rel. Min. Flávio Dino, j. 14.06.2024. STF Info 1141).

"São constitucionais as leis dos Estados, Distrito Federal e Municípios que, no procedimento licitatório, antecipam a fase da apresentação das propostas à da habilitação dos licitantes, em razão da competência dos demais entes federativos de legislar sobre procedimento administrativo." (RE 1.188.352/DF, rel. Min. Luiz Fux, j. 24.05.2024. STF Info 1138).

"São constitucionais os dispositivos da Lei nº 13.303/2016 (Lei das Estatais) que proíbem a indicação, para cargos no Conselho de Administração e para a diretoria das empresas estatais, de (i) representante do órgão regulador ao qual a empresa está vinculada; (ii) Ministros de Estado, Secretários estaduais e municipais e titulares de cargo, sem vínculo permanente com o serviço público, de natureza especial ou de direção e assessoramento superior na Administração Pública; (iii) dirigente estatutário de partido político e titular de mandato no Poder Legislativo de qualquer ente da federação; e (iv) pessoa que, nos últimos 36 meses, participou de estrutura decisória de partido político ou da organização, estruturação e realização de campanha eleitoral. Contudo, em observância aos princípios da boa-fé e da continuidade do serviço público, devem ser mantidas as indicações realizadas antes ou durante a vigência da liminar deferida em 16.03.2023, a qual suspendeu as referidas restrições". (ADI 7.331/DF, rel. Min. Ricardo Lewandowski, redator do acórdão Min. André Mendonça, j. 09.05.2024. STF Info 1136).

"1. São constitucionais as normas dos incisos I e II do § 2º do art. 17 da Lei 13.303/2016, que impõem vedações à indicação de membros para o Conselho de Administração e para a diretoria de empresas estatais (CF, art. 173, § 1º)." (ADI 7.331/DF, rel. Min. Ricardo Lewandowski, redator do acórdão Min. André Mendonça, j. 09.05.2024. STF Info 1136).

"A reserva legal de percentual de vagas a ser preenchido, exclusivamente, por mulheres, em concursos públicos da área de segurança pública estadual, não pode ser interpretada como autorização para impedir que elas possam concorrer à totalidade das vagas oferecidas". (ADI 7.480/SE, rel. Min. Alexandre de Moraes, j. 10.05.2024 (sexta-feira), ADI 7.482/RR, rel. Min. Alexandre de Moraes, j. 10.05.2024, ADI 7.491/CE, rel. Min. Alexandre de Moraes, j. 10.05.2024. STF, Info 1136).

"A ação judicial visando ao reconhecimento do direito à nomeação de candidato aprovado fora das vagas previstas no edital (cadastro de reserva) deve ter por causa de pedir preterição ocorrida na vigência do certame." (RE 766.304/RS, rel. Min. Marco Aurélio, redator do acórdão Min. Edson Fachin, j. 02.05.2024. STF, Info 1135).

"(i) O Estado é responsável, na esfera cível, por morte ou ferimento decorrente de operações de segurança pública, nos termos da Teoria do Risco Administrativo; (ii) É ônus probatório do ente federativo demonstrar eventuais excludentes de responsabilidade civil; (iii) A perícia inconclusiva sobre a origem de disparo fatal durante operações policiais e militares não é suficiente, por si só, para afastar a responsabilidade civil do Estado, por constituir elemento indiciário." (ARE 1.385.315/RJ, rel. Min. Edson Fachin, j. 11.04.2024. STF Info 1132).

"Em operações de segurança pública, à luz da teoria do risco administrativo, será objetiva a responsabilidade civil do Estado quando não for possível afastá-la pelo conjunto probatório, recaindo sobre ele o ônus de comprovar possíveis causas de exclusão". (ARE 1.385.315/RJ, rel. Min. Edson Fachin, j. 11.04.2024. STF Info 1132).

"É inconstitucional - por ofensa aos postulados da autonomia municipal (CF/1988, art. 30, I) e do concurso público para provimento de cargos (CF/1988, art. 37, II) - *norma* de Constituição estadual que obrigue a criação de Procuradorias nos municípios e permite a contratação, sem concurso público, de advogados para nelas atuarem. (ADI 6.331/PE, rel. Min. Luiz Fux, j. 08.04.2024. STF, Info 1131).

"São inconstitucionais dispositivos de Constituição estadual que definem como atividade de risco análoga ao exercício da atividade policial a atuação dos membros do Ministério Público, do Poder Judiciário, da Defensoria Pública e dos Procuradores do Estado e dos Municípios, dos Oficiais de Justiça e Auditores Fiscais de tributos estaduais, e a eles estendem benefícios previdenciários exclusivos dos servidores policiais, tais como a aposentadoria especial e a pensão por morte". (ADI 7.494/RO, rel. Min. Cármen Lúcia, j. 03.04.2024. STF Info 1130).

"A mãe servidora ou trabalhadora não gestante em união homoafetiva tem direito ao gozo de licença-maternidade. Caso a companheira tenha utilizado o benefício, fará jus à licença pelo período equivalente ao da licença-paternidade." (RE 1.211.446/SP, rel. Min. Luiz Fux, j. 13.03.2024. STF Info 1128).

"É incompatível com a Constituição Federal de 1988 a concessão de reajuste remuneratório a servidores do Poder Legislativo - e sua consequente extensão a servidores dos Tribunais de Contas do estado e dos municípios - com base em ato exclusivo exarado pela presidência do órgão, isto é, sem a existência de lei formal específica para esse fim (após a EC nº 19/1998) ou sem resolução previamente deliberada e autorizada pela respectiva Mesa Diretora (antes da EC nº 19/1998)". (ADPF 362/BA, rel. Min. Alexandre de Moraes, j. 20.02.2024. STF Info 1127).

"São inconstitucionais - por ofensa ao princípio da unicidade orgânica da advocacia pública estadual (CF/1988, art. 132, caput) - normas locais que preveem cargos e carreiras de advogado ou de procurador para viabilizar a criação ou a manutenção de órgãos de assessoramento jurídico no âmbito de autarquias e fundações estaduais. Esse entendimento não se aplica, dentre outros casos, na hipótese de instituição de procuradorias em universidades estaduais e de manutenção dos órgãos de consultoria jurídica já existentes na data da promulgação da Constituição Federal de 1988 (ADCT, art. 69)". (ADI 7.218/PB, rel. Min. Dias Toffoli, j. 08.03.2024. STF Info 1127).

"As empresas públicas e as sociedades de economia mista, sejam elas prestadoras de serviço público ou exploradoras de atividade econômica, ainda que em regime concorrencial, têm o dever jurídico de motivar, em ato formal, a demissão de seus empregados concursados, não se exigindo processo administrativo. Tal motivação deve consistir em fundamento razoável, não se exigindo, porém, que se enquadre nas hipóteses de justa causa da legislação trabalhista." (RE 688.267/CE, rel. Min. Alexandre de Moraes, redator do acórdão Min. Luís Roberto Barroso, j. 28.02.2024. STF, Info 1126).

"É inconstitucional - por violar o art. 175, caput, da CF/1988 - lei estadual que, em caso de não realização de nova licitação, prorroga automaticamente contratos de permissão de transporte rodoviário alternativo intermunicipal de passageiros e restaura a vigência de permissões vencidas". (ADI 7.241/PI, rel. Min. Dias Toffoli, j. 23.02.2024. STF Info 1125).

"É inconstitucional norma de Constituição estadual que estabelece limite etário para aposentadoria compulsória diverso do fixado pela Constituição Federal". (ADI 5.298/RJ, rel. Min. Luiz Fux, j. 09.02.2024, ADI 5.304/RJ, rel. Min. Luiz Fux, j. 09.02.2024. STF Info 1123).

"É constitucional norma legal que amplia as obrigações de carregamento compulsório, a cargo das distribuidoras de sinal de TV por assinatura, em relação ao conteúdo de geradoras locais de radiodifusão, a fim de incluir canais gratuitos em todos os pacotes e sem quaisquer ônus ou custos adicionais aos assinantes". (ADI 6.921/DF, rel. Min. Alexandre de Moraes, j. 07.02.2024, ADI 6.931/DF, rel. Min. Alexandre de Moraes, j. 07.02.2024. STF Info 1123).

"A reserva de vagas para candidatas do sexo feminino para ingresso na carreira da Polícia Militar, disposta em norma estadual, não pode ser compreendida como autorização legal que as impeça de concorrer à totalidade das vagas disponíveis em concursos públicos, isto é, com restrição e limitação a determinado percentual fixado nos editais". (ADI 7.492/AM, rel. Min. Cristiano Zanin, j. 09.02.2024. STF Info 1123).

"É constitucional norma que estabelece o esbulho possessório ou a invasão motivada por conflito agrário ou fundiário de caráter coletivo como impeditivos legais à realização da vistoria para fins de desapropriação, desde que (i) a ocupação seja anterior ou contemporânea aos procedimentos expropriatórios; e (ii) atinja porção significativa do imóvel rural, a ponto de alterar os graus de utilização da terra e de eficiência em sua exploração". (ADI 2.213/DF, rel. Min. Nunes Marques, j. 18.12.2023. STF Info 1121).

✦ INFORMATIVOS DO SUPERIOR TRIBUNAL DE JUSTIÇA

Servidor público. Cumprimento de sentença. Valores devidos anteriores ao óbito. Sucessão processual. Habilitação do espólio ou herdeiros. "Não há previsão legal que autorize o dependente habilitado à pensão por morte a se habilitar com exclusividade para suceder o servidor público falecido no curso do processo que objetiva a cobrança de valores atrasados, devendo a sucessão processual observar os legitimados dos arts. 110 e 778, § 1º, II, do CPC/2015". (REsp 2.128.708-RS, Rel. Min. Francisco Falcão, Segunda Turma, unanimidade, j. 10/12/2024. STJ Info 837).

Servidor público. Divórcio extrajudicial com pensão alimentícia. Fixação por escritura pública. Percepção de pensão por morte a ex-cônjuge. Possibilidade. "A regra do art. 217, II, da Lei n. 8.112/1990 também se aplica para aqueles que tiveram sua pensão alimentícia fixada por escritura pública, em virtude de divórcio consensual extrajudicial". (EDcl no AgInt no REsp 2.126.307-ES, Rel. Min. Maria Thereza de Assis Moura, Segunda Turma, j. 28/10/2024. STJ Info 837).

Desapropriação. Comunidade quilombola. Decreto expropriatório. Prazo de caducidade. Não aplicação. "A desapropriação para comunidades quilombolas possui caráter reparatório e de promoção de direitos fundamentais, não se aplicando a esse procedimento os prazos de caducidade das desapropriações comuns". (REsp 2.000.449-MT, Rel. Min. Paulo Sérgio Domingues, Primeira Turma, unanimidade, j. 26/11/2024. STJ Info 837).

Improbidade administrativa. Revogação do inciso I do art. 11 da Lei n. 8.429/1992 (LIA). Irrelevância. Continuidade típico-normativa da conduta. Previsão em legislação extravagante. "A revogação da previsão generalizante do inciso I do art. 11 da LIA não afeta as hipóteses específicas de condutas tipificadoras de improbidade administrativa previstas em legislação extravagante, tais como as dos incisos do *caput* do art. 73 da Lei n. 9.504/1997 (Lei Eleitoral), diante do princípio da continuidade típico-normativa". (AgInt no AgInt no AREsp 1.479.463-SP, Rel. Min. Paulo Sérgio Domingues, Primeira Turma, unanimidade, j. 3/12/2024. STJ Info 837).

Responsabilidade civil do Estado. Pensão por morte de detento impedido, pelo regime de cumprimento da pena,

de contribuir para a economia familiar. Termo inicial. Evento danoso. Possibilidade de efetiva atividade laboral. Irrelevância. "É irrelevante o momento de possibilidade de exercício de atividade laboral de detento que faleceu no presídio, para fixação do termo inicial da pensão por morte em favor de seu dependente, marco que é traçado pela data do evento danoso (óbito)". (Processo em segredo de justiça, Rel. Min. Afrânio Vilela, Segunda Turma, unanimidade, j. 21/10/2024. STJ Info 836).

Concurso público. Vagas reservadas a candidatos negros. Autodeclaração não homologada pela comissão de heteroidentificação. Eliminação do certame, inclusive em relação às vagas de ampla concorrência. Impossibilidade. Aferição de legalidade de cláusulas editalícias pelo Poder Judiciário. Possibilidade. "A não homologação, pela comissão de heteroidentificação, de autodeclaração do candidato às vagas destinadas a afrodescendentes implica apenas sua eliminação do certame em relação às vagas reservadas e não alcança a sua classificação na lista de ampla concorrência". (REsp 2.105.250-RJ, Rel. Min. Sérgio Kukina, Primeira Turma, unanimidade, j. 26/11/2024. STJ Info 836).

Agência Nacional de Petróleo, Gás Natural e Biocombustíveis - ANP. Multa administrativa. Lei n. 9.847/1999. Redução judicial para montante aquém do mínimo legal. Peculiaridades do caso concreto. Razoabilidade e proporcionalidade. Possibilidade. "Em casos excepcionais, à luz dos princípios da proporcionalidade e da razoabilidade, é possível a aplicação da multa administrativa prevista na Lei n. 9.847/1999 abaixo do mínimo legal, desde que baseada em elementos concretos que a justifiquem". (AgInt no AREsp 2.044.444-PR, Rel. Min. Paulo Sérgio Domingues, Primeira Turma, unanimidade, j. 1º/10/2024. STJ Info 836).

Responsabilidade civil. Falha na prestação do serviço público. Estação de Tratamento de Esgoto - ETE. Mau cheiro. Ação indenizatória. Danos morais. Juros de mora. Termo inicial. Responsabilidade contratual. Citação válida. "No caso de demanda em que se pleiteia reparação moral decorrente de mau cheiro oriundo da prestação de serviço público de tratamento de esgoto, os juros moratórios devem ser contados desde a data da citação válida, salvo se a mora da prestadora do serviço tiver sido comprovada em momento anterior". (REsp 2.090.538-PR, Rel. Min. Sérgio Kukina, Primeira Seção, unanimidade, j. 27/11/2024. (Tema 1221). REsp 2.094.611-PR, Rel. Min. Sérgio Kukina, Primeira Seção, unanimidade, j. 27/11/2024 (Tema 1221). STJ Info 835).

Servidor público. Promoção e progressão funcionais. Servidores da carreira do seguro social. Interstício mínimo de 12 meses. Termo inicial para progressão e promoção e para início dos efeitos financeiros. Fixação em data distinta da entrada em exercício do servidor por decreto. Possibilidade. Efeitos financeiros retroativos. Viabilidade. Tema 1129. "i) O interstício a ser observado na progressão funcional e na promoção de servidores da carreira do Seguro Social é de 12 (doze) meses, nos termos das Leis n. 10.355/2001, 10.855/2004, 11.501/2007 e 13.324/2016; ii) É legal a progressão funcional com efeitos financeiros em data distinta à de entrada do servidor na carreira (início do exercício funcional); iii) São exigíveis diferenças remuneratórias retroativas decorrentes do reenquadramento dos servidores quanto ao período de exercício da função até 1º/1/2017, nos termos do art. 39 da Lei n. 13.324/2016". (REsp 1.956.378-SP, Rel. Min. Afrânio Vilela, Primeira Seção, unanimidade, j. 27/11/2024, REsp 1.956.379-SP, Rel. Min. Afrânio Vilela, Primeira Seção, unanimidade, j. 27/11/2024, REsp 1.957.603-SP, Rel. Min. Afrânio Vilela, Primeira Seção, unanimidade, j. 27/11/2024. STJ, Info 835).

Transporte de carga com excesso de peso em rodovia. Reiteração da conduta. Reconhecimento da responsabilidade civil. Direito ao trânsito seguro. Danos materiais. Fato notório. Danos morais coletivos. Dano *in re ipsa*. Imposição de tutela inibitória. Possibilidade. Ausência de *bis in idem*. Tema 1104. "O direito ao trânsito seguro, bem como os notórios e inequívocos danos materiais e morais coletivos decorrentes do tráfego reiterado, em rodovias, de veículo com excesso de peso, autorizam a imposição de tutela inibitória e a responsabilização civil do agente infrator". (REsp 1.908.497-RN, Rel. Min. Teodoro Silva Santos, Primeira Seção, unanimidade, j. 27/11/2024. REsp 1.913.392-MG, Rel. Min. Teodoro Silva Santos, Primeira Seção, unanimidade, j. 27/11/2024. STJ Info 835).

Servidor Público. Aposentadoria voluntária com proventos integrais. Regra de transição prevista no art. 3º da EC n. 47/2005. Data do ingresso no serviço público. Regime celetista em Fundação prestadora de serviço público. Não abrangência pela regra de transição. "A regra de transição prevista no art. 3º, *caput*, da EC n. 47/2005, a qual garantiu aposentadoria com proventos integrais a servidor que tenha ingressado no serviço público anteriormente a 16/12/1998, não se aplica à prestação de serviço em fundação pública sob o regime celetista e por meio de contrato administrativo". (AgInt no RMS 66.132-RS, Rel. Min. Afrânio Vilela, Segunda Turma, unanimidade, j. 12/11/2024. STJ Info 834).

Membro do Ministério Público. Falta grave. Período de atividade. Aplicação da sanção. Cassação de aposentadoria. Possibilidade. "É cabível a penalidade de cassação de aposentadoria por falta grave praticada por membro do Ministério Público ainda em atividade, mesmo que esta somente seja constatada apenas durante a aposentadoria". (RMS 71.079-DF, Rel. Min. Afrânio Vilela, Segunda Turma, unanimidade, j. 15/10/2024. STJ Info 832).

Concurso Público. Professor Universitário. Escolha de membros de banca examinadora. Autonomia universitária. Arts. 53 e 54 da Lei de Diretrizes e Bases da Educação Nacional. Ingerência do Poder Judiciário. Não cabimento. Invasão no mérito administrativo. "Não cabe ao Poder Judiciário a análise dos critérios de escolha dos membros de banca examinadora de concurso público para o cargo de professor universitário". (AgInt no AREsp 1.094.184-SP, Rel. Min. Teodoro Silva Santos, Segunda Turma, unanimidade, j. 15/10/2024. STJ, Info 831).

Pensão especial de ex-combatente. Dependente. Cumulação com pensão previdenciária. Lei n. 4.242/1963. Impossibilidade. "Não é permitida à dependente a cumulação de pensão especial de ex-combatente do seu falecido pai com a pensão por morte do seu falecido marido". (AgInt no REsp 2.101.558-RJ, Rel. Min. Paulo Sérgio Domingues, Primeira Turma, unanimidade, j. 16/9/2024 STJ. Info 831).

Ação de usucapião extraordinária. Imóvel pertencente à sociedade de economia mista. Bem destinado à prestação de serviço público essencial. Imóvel público. Impossibilidade de usucapião. "Não há possibilidade de usucapião de imóvel afetado à finalidade pública essencial pertencente à sociedade de economia mista que atua em regime não concorrencial". (REsp 2.173.088-DF, Rel. Min. Nancy Andrighi, Terceira Turma, unanimidade, j.8/10/2024. STJ Info 829).

Bem de uso comum pertencente à União. Ocupação irregular. Indenização. Cabimento. Boa-fé do particular. Irrelevante. Termo inicial. Notificação do particular ou ajuizamento da ação reivindicatória. Art. 10, parágrafo único, da Lei n. 9.636/1998. "Constatada a existência de ocupação irregular de bem da União, é devida a indenização prevista no art. 10, parágrafo único, da Lei n. 9.636/1998, pela posse ou ocupação ilícita, abrangendo o período entre a data do ajuizamento da ação e a efetiva desocupação da área e independentemente da comprovação de boa-fé do particular, inclusive quando a autorização de uso for outorgada por quem não detém poderes para tanto". (REsp 1.898.029-RJ, Rel. Min. Afrânio Vilela, Segunda Turma, unanimidade, j. 17/9/2024. STJ Info 828).

Processo administrativo disciplinar. Controle de legalidade. Independência mitigada entre as instâncias. Sentença penal absolutória imprópria. Inimputabilidade fundada no art. 26 do Código Penal. Repercussão sobre a esfera administrativa. Exclusão da culpabilidade. Sanção administrativa. Impossibilidade. Dever de avaliar licença

para tratamento de saúde ou de aposentadoria por invalidez. "Quando o juízo criminal reconhece a inimputabilidade do agente fundada no art. 26 do Código Penal e profere sentença absolutória imprópria, com imposição de medida de segurança, descabe a fixação de sanção administrativa, impondo-se à Administração Pública, ao revés, o dever de avaliar a eventual concessão de licença para tratamento de saúde ou de aposentadoria por invalidez". (Processo em segredo de justiça, Rel. Min. Regina Helena Costa, Primeira Turma, unanimidade, j. 1/10/2024. STJ, Info 828).

Concessão de serviço público. Subsolo. Túneis do metrô. Bens de uso especial. Instalação de infraestrutura de telecomunicações. Contraprestação ao direito de passagem. Possibilidade. Art. 11 da Lei n. 8.987/1995. Exceção prevista no art. 12 da Lei n. 13.116/2015. Não aplicável. "É legítima a retribuição financeira exigida por concessionária responsável pelos túneis do metrô em face de empresa privada prestadora de serviço de interesse público para a instalação de infraestrutura de telecomunicações, na forma do art. 11 da Lei 8.987/1995". (REsp 1.990.245-SP, Rel. Min. Afrânio Vilela, Segunda Turma, unanimidade, j. 17/9/2024. STJ, Info 827).

Permissão de serviço público. Prazo contratual. Alteração Legal. Irretroatividade. "O art. 1º, § 2º, da Lei n. 9.074/1995, após as modificações operadas pelo art. 26, da Lei n. 10.684/03, o qual prevê que o prazo das concessões e permissões será de vinte e cinco anos, podendo ser prorrogado por dez anos, somente se aplica aos contratos firmados após a publicação da nova lei". "REsp 2.038.245-SP, Rel. Min. Gurgel de Faria, Primeira Turma, j. 20/8/2024. STJ Info 827).

Improbidade administrativa. Dispensa indevida de licitação. Pagamento ao agente ímprobo e ausência de prestação de serviço. Dano concreto. Princípio da continuidade típico-normativa. Art. 11, V, da Lei n. 8.429/1992. Sentença anterior à vigência da Lei n. 14.230/2011. "A dispensa indevida de licitação que acarreta pagamento ao agente ímprobo e a ausência de prestação de serviço gera dano concreto e enseja a responsabilização nos termos do art. 11, V, da Lei n. 8.429/1992". (AREsp 1.417.207-MG, Rel. Min. Francisco Falcão, Segunda Turma, unanimidade, j. 17/9/2024. STJ Info 826).

Serviços essenciais. Fornecimento de energia elétrica. Interrupção programada. Aviso prévio. Forma estabelecida pelo órgão regulador. Legítimo exercício do poder normativo. "Em caso de interrupção programada dos serviços, cabe ao fornecedor de serviços essenciais a obrigação de avisar previamente os consumidores pela forma definida pelo respectivo órgão regulador". (REsp 1.812.140-RS, Rel. Min. Paulo Sérgio Domingues, Primeira Turma, unanimidade, j. 10/9/2024. STJ Info 826).

Improbidade administrativa. Sanções. Suspensão dos direitos políticos e proibição de contratar com o poder público. Aplicação aos agentes públicos e aos particulares. Possibilidade. "É possível a aplicação das sanções de 'suspensão dos direitos políticos' ou 'proibição de contratar com o Poder Público ou receber benefícios ou incentivos fiscais ou creditícios' aos particulares que tenham praticado o ato ímprobo em conjunto com o agente público". (REsp 1.735.603-AL, Rel. Min. Gurgel de Faria, Primeira Turma, unanimidade, j. 3/9/2024. STJ Info 824).

Concurso Público. Escolha de lotação. Convocação Fracionada. Restrição artificial. Preterição de escolha. Ocorrência. "A convocação fracionada de aprovados em concurso público para o provimento das vagas previstas no edital não pode implicar em restrição artificial da preferência na escolha da lotação segundo a ordem de classificação". (RMS 71.656-RO, Rel. Min. Francisco Falcão, Rel. para acórdão Min. Teodoro Silva Santos, Segunda Turma, j. 8/8/2024. STJ Info 823).

Improbidade administrativa. Alteração legal expressa. Ato que causa lesão ao erário. Necessidade de efetivo prejuízo. Processos ainda em curso. Aplicação. Manutenção de jurisprudência do Superior Tribunal de Justiça. Impossibilidade. "A exigência do efetivo prejuízo, em relação ao ato de improbidade administrativa que causa lesão ao erário, prevista no art. 10, caput, da Lei n. 14.320/2021 (com redação dada pela Lei 14.320/2021) se aplica aos processos ainda em curso". (REsp 1.929.685-TO, Rel. Min. Gurgel de Faria, Primeira Turma, unanimidade, j. 27/8/2024. STJ Info 823).

Privatização da Companhia Vale do Rio Doce. Ações populares. Mesmo objetivo e fundamentos jurídicos. Conexão. Decisões divergentes. Eficácia de coisa julgada "erga omnes". Princípio da segurança jurídica. Julgamento único sobre o mesmo objeto litigioso. Necessidade. IAC 7. "Diante da conexão existente entre as ações populares que possuem como objeto litigioso a privatização da Companhia Vale do Rio Doce, ainda que sob os mais diversos pretextos (conforme se verifica das razões de decidir no CC 19.686/DF, STJ), a superveniência de sentença transitada em julgado em uma delas (REO 2002.01.00.034012-6; TRF 1ª Região) possui eficácia de coisa julgada oponível "erga omnes", nos termos do art. 18 da Lei 4.717/65, motivo pelo qual a parte dispositiva deve recair sobre todas as ações populares que possuem o mesmo objeto". (REsp 1.806.016-PA, Rel. Min. Mauro Campbell Marques, Primeira Seção, unanimidade, j. 28/8/2024 (IAC 7). REsp 1.806.608-PA, Rel. Min. Mauro Campbell Marques, Primeira Seção, unanimidade, j. 28/8/2024 (IAC 7). STJ Info 823).

Concurso Público. Anulação de questão de prova. Reclassificação de candidato. Exclusão de terceiro. Formação de litisconsórcio. Necessidade. "Em ação ordinária na qual se objetiva a anulação de questão de prova e reclassificação de candidato, quando eventual inclusão deste implicar na necessária exclusão de terceiros, é necessário o chamamento dos demais candidatos afetados para integrarem a lide". (REsp 1.831.507-AL, Rel. Min. Mauro Campbell Marques, Segunda Turma, unanimidade, j. 6/8/2024. STJ Info 822).

Concessionárias de rodovias. Acidentes causados pelo ingresso de animais domésticos na pista de rolamento. Responsabilidade civil que independe da existência de culpa. Observância dos padrões de segurança previstos nos contratos de concessão. Insuficiência. Teoria da culpa administrativa. Inaplicabilidade. Aplicação dos princípios da prevenção, solidariedade e da primazia do interesse da vítima. Tema 1122. "As concessionárias de rodovias respondem, independentemente da existência de culpa, pelos danos oriundos de acidentes causados pela presença de animais domésticos nas pistas de rolamento, aplicando-se as regras do Código de Defesa do Consumidor e da Lei das Concessões". (REsp 1.908.738-SP, Rel. Min. Ricardo Villas Bôas Cueva, Corte Especial, unanimidade, j. 21/8/2024. STJ Info 822).

Patrimônio histórico-cultural. Imóvel. Desapropriação no curso de ação civil pública. Passivo ambiental. Sub-rogação no preço. Condenação do expropriado à reparação do bem. Impossibilidade. Bis in idem. Dano moral coletivo. Reparação. Possibilidade. "O expropriado não tem o dever de pagar pela reparação do dano ambiental no bem desapropriado, podendo responder, no entanto, por eventual dano moral coletivo". (AREsp 1.886.951-RJ, Rel. Min. Gurgel de Faria, Primeira Turma, j. 11/6/2024. STJ Info 818).

Tarifa de água e esgoto. Condomínio. Múltiplas unidades autônomas de consumo (economias). Hidrômetro único. Metodologia de cálculo da tarifa. Superação. Releitura das diretrizes e fatores legais de estruturação da tarifa de água e esgoto. Arts. 29 e 30 da Lei n. 11.445/2007. Métodos do consumo real global e do consumo real fracionado (modelo híbrido) que não atendem aos fatores e diretrizes de estruturação da tarifa. Adequação do método do consumo individual presumido ou franqueado. Inexistência de razões para a dispensa às unidades autônomas de consumo em condomínios dotados de um único hidrômetro do pagamento da componente fixa da tarifa, correspondente a uma franquia individual de consumo. Modulação parcial de efeitos. Tema 414/STJ. "1. Nos condomínios formados por múltiplas unidades de consumo (economias) e um único hidrômetro é lícita a adoção de metodologia de cálculo da tarifa devida pela prestação dos serviços de saneamento por meio da exigência de uma parcela fixa ("tarifa mínima"), concebida sob a forma de franquia de consumo devida por cada uma das unidades consumidoras (economias); bem como por meio de uma segunda parcela, variável e eventual, exigida apenas se o consumo real aferido pelo medidor único do condomínio exceder a franquia de consumo de todas as unidades conjuntamente consideradas. 2. Nos condomínios formados por múltiplas unidades de consumo (economias) e um único hidrômetro é ilegal a adoção de metodologia de cálculo da tarifa devida pela prestação dos serviços de saneamento que, utilizando-se apenas do consumo real global, considere o condomínio como uma única unidade de consumo (uma única economia). 3. Nos condomínios formados por múltiplas unidades de consumo (economias) e um único hidrômetro é ilegal a adoção de metodologia de cálculo da tarifa devida pela prestação dos serviços de saneamento que, a partir de um hibridismo de regras e conceitos, dispense cada unidade de consumo do condomínio da tarifa mínima exigida a título de franquia de consumo". (REsp 1.937.887-RJ, Rel. Min. Paulo Sérgio Domingues, Primeira Seção, unanimidade, j. 20/6/2024. REsp 1.937.891-RJ, Rel. Min. Paulo Sérgio Domingues, Primeira Seção, unanimidade, j. 20/6/2024. STJ Info 818).

Extinção da punibilidade pela morte do acusado. Questionamento da validade das interceptações telefônicas no processo penal. Uso de provas emprestadas em ação de improbidade administrativa. Potencial impacto no patrimônio dos herdeiros. Legitimidade do espólio. "O espólio possui legitimidade para contestar a validade de interceptações telefônicas em processo penal, mesmo após a extinção da punibilidade devido ao falecimento do acusado, especialmente quando tais provas impactam significativamente o patrimônio dos herdeiros em ações de improbidade administrativa que se baseiam em provas emprestadas da ação penal originária". (AREsp 2.384.044-SP, Rel. Min. Ribeiro Dantas, Quinta Turma, unanimidade, j. 11/6/2024. STJ Info 816)

Improbidade administrativa. Absolvição no juízo criminal. Atipicidade da conduta. Não vinculação às demais instâncias. Art. 21, § 4º da lei 8.429/1992 suspenso pela ADI 7.236. "A absolvição criminal com fundamento na atipicidade da conduta não faz coisa julgada no juízo cível, considerando a independência das instâncias". (Agint no REsp 1.991.470-MG, Rel. Min. Herman Benjamin, Segunda Turma, unanimidade, j. 11/6/2024. STJ Info 816).

Concurso público. Prova prática. Revisão judicial de ato administrativo. Excepcionalidade. Exigência de flagrante inconstitucionalidade, ilegalidade ou violação do edital. Resposta formulada em consonância com precedente obrigatório do STJ. Recusa na atribuição de pontuação. Ilegalidade. "A negativa de banca examinadora de concurso público em atribuir pontuação à resposta formulada de acordo com precedente obrigatório do STJ constitui flagrante ilegalidade". (RMS 73.285-RS, Rel. Min. Teodoro Silva Santos, Segunda Turma, unanimidade, j. 11/6/2024. STJ Info 816).

Poder de Polícia. INMETRO. Utilização interna de balança. Posto de saúde municipal. Cobrança de taxa. Ilegalidade. "O Município, no âmbito das atividades que envolvem serviços de metrologia desempenhadas em postos de saúde, por não exercer atividade comercial, não se submete à fiscalização do INMETRO". (REsp 2.012.248-RN, Rel. Min. Afrânio Vilela, Segunda Turma, unanimidade, j. 21/5/2024. STJ Info 814).

Prescrição. Ação indenizatória ajuizada pelo ente estatal. Prazo aplicável. Princípio da Isonomia. Aplicação do prazo quinquenal. Art. 1º do Decreto n. 20.910/1932. "Em respeito ao princípio da isonomia, o lapso prescricional da demanda indenizatória ajuizada pelo ente estatal deverá obedecer o mesmo prazo quinquenal do art. 1º do Decreto n. 20.910/1932, previsto para as ações indenizatórias ajuizadas contra a Fazenda Pública". (AgInt no REsp 2.100.988-PE, Rel. Min. Sérgio Kukina, Primeira Turma, unanimidade, j. 8/4/2024. STJ Info 814).

Improbidade administrativa. Indisponibilidade de bens. Solidariedade entre os corréus. Art. 16, § 5º, da lei 8.429/1992 (com redação dada pelo Lei 4.230/2021). Ausência de divisão *pro rata*. Tema 1213. "Para fins de indisponibilidade de bens, há solidariedade entre os corréus da Ação de Improbidade Administrativa, de modo que a constrição deve recair sobre os bens de todos eles, sem divisão em quota-parte, limitando-se o somatório da medida ao *quantum* determinado pelo juiz, sendo defeso que o bloqueio corresponda ao débito total em relação a cada um". (REsp 1.955.116-AM, Rel. Min. Herman Benjamin, Primeira Seção, unanimidade, j. 22/5/2024. REsp 1.955.957-MG, Rel. Min. Herman Benjamin, Primeira Seção, unanimidade, j. 22/5/2024. REsp 1.955.300-DF, Rel. Min. Herman Benjamin, Primeira Seção, unanimidade, j. 22/5/2024. REsp 1.955.440-DF, Rel. Min. Herman Benjamin, Primeira Seção, unanimidade, j. 22/5/2024. STJ Info 813).

Precatórios. Requisições Federais de Pequeno Valor. Cancelamento automático. ADI 5.755/DF. Validade do ato de cancelamento automático. Período em que o art. 2º da Lei n. 13.463/2017 produziu efeitos jurídicos não desconstituídos pelo controle abstrato. Necessária a existência de inércia do credor. Tema 1217. "É válido o ato jurídico de cancelamento automático de precatórios ou requisições federais de pequeno valor realizados entre 06/07/2017 (data da publicação da Lei 13.463/2017) e 06/07/2022 (data da publicação da ata da sessão de julgamento da ADI 5.755/DF), nos termos do art. 2º, *caput*, e § 1º, da Lei n. 13.463/2017, desde que caracterizada a inércia do credor em proceder ao levantamento do depósito pelo prazo legalmente estabelecido (dois anos). É ilegal esse mesmo ato se circunstâncias alheias à vontade do credor impediam, ao tempo do cancelamento, o levantamento do valor depositado". (REsp 2.045.191-DF, Rel. Min. Paulo Sérgio Domingues, Primeira Seção, unanimidade, j. 22/5/2024. REsp 2.045.193-DF, Rel. Min. Paulo Sérgio Domingues, Primeira Seção, unanimidade, j. 22/5/2024. STJ Info 813).

Lei n. 14.010/2020. Inaplicabilidade. Relações jurídicas de direito público. Concurso público. Prescrição quinquenal. "Os efeitos da Lei n. 14.010/2020 concernentes à prescrição e à decadência não se aplicam às relações jurídicas de direito público que tratam de direitos e obrigações que surjam de concurso público, aplicando-se o prazo do Decreto Federal n. 20.910/1932 para a pretensão de nomeação deduzida por candidato aprovado em cadastro de reserva". (REsp 2.134.160-AP, Rel. Min. Mauro Campbell Marques, Segunda Turma, unanimidade, j. 14/5/2024. STJ, Info 812).

Improbidade administrativa. Superveniência da lei n. 14.230/2021. Responsabilização por dolo genérico. Revogação. Aplicação imediata. "É possível a aplicação da Lei n. 14.230/2021, com relação à exigência do dolo específico para a configuração do ato ímprobo, aos processos em curso". (REsp 2.107.601-MG, Rel. Min. Gurgel de Faria, Primeira Turma, unanimidade, j. 23/4/2024. STJ Info 809).

Desapropriação por necessidade/utilidade pública. Direito de Extensão. Possibilidade. Lei Complementar n. 76/1993. "Admite-se a aplicação subsidiária do Direito de Extensão aos casos de desapropriação por necessidade ou utilidade pública previsto na Lei Complementar n. 76/1993 quando a área remanescente for reduzida à superfície inferior a da pequena propriedade rural". (REsp 1.937.626-RO, Rel. Min. Regina Helena Costa, Rel. para acórdão Min. Gurgel de Faria, Primeira Turma, j. 12/3/2024. STJ Info 808).

Processo administrativo ambiental. Intimação por edital para alegações finais. Declaração de nulidade. Prejuízo concreto à defesa. Necessidade de comprovação. "Nos processos administrativos ambientais previstos no art. 70, §§ 3º e 4º, da Lei n. 9.605/1998, somente é admissível a declaração judicial de nulidade processual, decorrente da intimação editalícia para apresentação de alegações finais, se comprovado prejuízo concreto à defesa do autuado". (REsp 1.933.440-RS, Rel. Min. Paulo Sérgio Domingues, Primeira Turma, unanimidade, j. 16/4/2024. STJ, Info 808).

OAB. Anuidade. Natureza jurídica. Não tributária. "A anuidade cobrada pela Ordem dos Advogados do Brasil não tem natureza jurídica tributária". (AREsp 2.451.645-SP, Rel. Min. Mauro Campbell Marques, Segunda Turma, unanimidade, j. 9/4/2024. STJ Info 807).

Concurso público. Lei estadual n. 10.261/1998. Requisito de boa conduta. Penalidade de suspensão em cargo público anterior. Nova investidura. Inexistência de incompatibilidade pela suspensão sofrida. "A penalidade de suspensão prevista no Estatuto dos Funcionários Públicos Civis do Estado de São Paulo, por si só, não incompatibiliza o servidor estadual para nova investidura em cargos públicos". (RMS 72.573-SP, Rel. Min. Sérgio Kukina, Primeira Turma, unanimidade, j. 20/2/2024. STJ Info 806).

Plano privado de saúde odontológica. Operadora. Obrigatoriedade de registro. Conselho profissional da sua sede ou no qual exerça suas atividades. "A operadora de plano privado de saúde odontológica deve obrigatoriamente registrar-se perante o Conselho Regional de Odontologia em cuja jurisdição esteja estabelecida ou exerça as suas atividades". (REsp 2.099.521-ES, Rel. Min. Mauro Campbell Marques, Segunda Turma, unanimidade, j. 2/4/2024. STJ Info 806).

Reclamação trabalhista proposta contra a Caixa Econômica Federal - CEF e a Fundação dos Economiários Federais - FUNCEF. Reimplantação do auxílio alimentação pago em pecúnia. Reflexos previdenciários. Pedido que não se restringe à análise das regras da previdência complementar. Competência da Justiça do Trabalho e não da Justiça comum. "Compete à Justiça do Trabalho julgar reclamação trabalhista contra a CEF e FUNCEF, visando a reimplantação do auxílio-alimentação pago em pecúnia, bem como a complementação da aposentadoria, a fim de que reflita a inclusão da parcela salarial no benefício". (AgInt no CC 185.622-RN, Rel. Min. João Otávio de Noronha, Segunda Seção, unanimidade, j. 13/3/2024. STJ Info 804).

Improbidade. Condenação fundada no caput do art. 11 da LIA. Alteração pela Lei n. 14.230/2021. Expressa tipificação no inciso XII do mesmo artigo. Continuidade típico-normativa. Inexistência de abolição da conduta. "Não obstante a abolição da hipótese de responsabilização por violação genérica aos princípios administrativos no art. 11 da Lei de Improbidade Administrativa, a nova previsão específica em seus incisos, de violação aos princípios da moralidade e da impessoalidade, evidencia verdadeira continuidade típico-normativa da conduta". (AgInt no AREsp 1.206.630-SP, Rel. Min. Paulo Sérgio Domingues, Primeira Turma, unanimidade, j. 27/2/2024. STJ Info 802).

Processo administrativo. Promoção por ato de bravura. Suspensão. Situação econômica do Estado. Não cabimento. "Cabe à Administração verificar o preenchimento dos requisitos para promoção por ato de bravura de oficial dos quadros da carreira militar, sendo indevida a suspensão do processo administrativo motivada na situação econômica do Estado". (RMS 69.581-GO, Rel. Ministro Afrânio Vilela, Segunda Turma, unanimidade, j. 20/2/2024. STJ, Info 801).

Água termo-mineral. Utilização como insumo em processo industrial. Interesses coletivos e da união existentes. Autorização federal para exploração. Indispensabilidade. "É indispensável a autorização federal para a utilização de água mineral obtida diretamente do solo como insumo em processo industrial, mesmo que não destinada ao envase e consumo humano". (REsp 1.490.603-PR, Rel. Min. Paulo Sérgio Domingues, Primeira Turma, unanimidade, j. 20/2/2024. STJ Info 801).

Improbidade administrativa. Tutela de urgência. Indisponibilidade de bens. Alteração legislativa. Necessidade de demonstração do requisito da urgência. Aplicação imediata. "A demonstração do requisito da urgência para a indisponibilidade de bens, prevista no art. 16 da Lei de Improbidade Administrativa (com a redação dada pela Lei n. 14.230/2021), tem aplicação imediata ao processo em curso dado o caráter processual da medida". (AREsp 2.272.508-RN, Rel. Min. Gurgel de Faria, Primeira Turma, j. 6/2/2024. STJ Info 800).

Aposentadoria de servidor público. Ato de deferimento. Base de cálculo considerada ilegal. Mandado de Segurança. Decadência. Termo inicial. Ciência do ato. "O prazo decadencial para impetrar mandado de segurança contra fixação de base de cálculo tida por ilegal - em ato de deferimento de aposentadoria de servidor público - inicia-se com a ciência desse ato, sem prejuízo de cobrança de parcelas pela via ordinária quando não indeferido o direito de fundo". (AgInt no AgInt no RMS 32.325-CE, Rel. Min. Afrânio Vilela, Segunda Turma, unanimidade, j. 6/2/2024. STJ Info 800).

Informativos do Tribunal DE CONTAS DA UNIÃO

Pessoal. Ato sujeito a registro. Registro tácito. Jurisprudência. Retroatividade. Revisão de ofício. Princípio da segurança jurídica. "O reconhecimento do registro tácito de ato sujeito a registro, em que não há manifestação expressa do TCU quanto à sua legalidade, não impede que, em revisão de ofício, seja aplicado entendimento diverso daquele vigente à época da edição do ato pela Administração. Aplicação retroativa de nova interpretação ocorreria caso o Tribunal tivesse concedido registro ao ato após exame do mérito, aperfeiçoando-o, e, posteriormente, em face de mudança na jurisprudência, revisse sua decisão para aplicar novo entendimento ao caso". (Acórdão 9988/2024, Primeira Câmara, Aposentadoria, Rel. Min. Jorge Oliveira. TCU Boletim de Jurisprudência 521).

Contrato Administrativo. Aditivo. Contratação integrada. Reequilíbrio econômico-financeiro. Teoria da imprevisão. Anteprojeto. Erro. Matriz de risco. "No regime de contratação integrada, erros substanciais (arts. 138 e 139 do Código Civil) referentes a condições de contorno constantes do anteprojeto de engenharia que ensejem "onerosidade excessiva" no contrato, à luz da teoria da imprevisão, podem redundar em aditivo de reequilíbrio em favor da contratada, sendo recomendável que o órgão ou a entidade contratante inclua, na matriz de riscos, o alcance daquela expressão. Ausente menção explícita no contrato, a "onerosidade excessiva" pode ser tomada a partir do momento em que o lucro líquido da contratada se tornar negativo, avaliando-se a equação econômico-financeira do contrato como um todo, com cálculo realizado a partir do lucro bruto estimado no orçamento de referência da Administração, descontados o Imposto de Renda das Pessoas Jurídicas (IRPJ) e a Contribuição Social sobre o Lucro Líquido (CSLL)". (Acórdão 2429/2024, Plenário, Auditoria, Rel. Min. Benjamin Zymler. TCU Boletim de Jurisprudência 520).

Pessoal. Sistema S. Nepotismo. Função de confiança. "É vedada a nomeação, para o quadro de funções de confiança das entidades do Sistema S, de cônjuge, companheiro ou parente em linha reta, colateral ou por afinidade, até o terceiro grau, do presidente ou dos conselheiros, efetivos e suplentes, dos órgãos colegiados dessas entidades, em observância aos princípios administrativos, especialmente os da moralidade, da impessoalidade e da isonomia, aplicáveis aos entes do Sistema S". (Acórdão 2338/2024, Plenário, Pedido de Reexame, Rel. Min. Benjamin Zymler. TCU Boletim de Jurisprudência 518).

Licitação. Pregão eletrônico. Obrigatoriedade. Pregão presencial. Justificativa. "A realização de licitação presencial sem motivação adequada para justificar a não adoção da forma eletrônica, além de afrontar o art. 17, § 2º, da Lei 14.133/2021, pode comprometer as competitividade, impessoalidade, igualdade, eficiência, probidade, transparência e celeridade do certame". (Acórdão 2118/2024, Plenário, Representação, Rel. Min. Benjamin Zymler. TCU Boletim de Jurisprudência 515).

Licitação. Proposta. Desclassificação. Edital de licitação. Cláusula. Interpretação. Restrição. "É irregular a desclassificação de proposta de licitante com base em interpretação restritiva de cláusula do edital, por afrontar os princípios da vinculação ao instrumento convocatório e da competitividade, bem como a busca pela proposta mais vantajosa para a Administração Pública". (Acórdão 2107/2024, Plenário, Auditoria, Rel. Min. Vital do Rêgo. TCU Boletim de Jurisprudência 515).

Pessoal. Empresa estatal. Remuneração. Sociedade de economia mista. Gestor. Direitos. Vínculo empregatício. Natureza jurídica. "Aos diretores de sociedade de economia mista não são aplicáveis, na integralidade, os direitos trabalhistas típicos de relação de emprego, pois exercem cargos eletivos de natureza estatutária, sem vínculo empregatício com a respectiva companhia, podendo ser destituídos a qualquer momento pelo Conselho de Administração". (Acórdão 8471/2024, Primeira Câmara, Recurso de Reconsideração, Rel. Min. Jorge Oliveira. TCU Boletim de Jurisprudência 514).

Competência do TCU. Desestatização. Abrangência. Tomada de contas especial. Responsabilização. Sanção. Débito. Julgamento de contas. Sociedade de economia mista. "Após a desestatização de sociedade de economia mista, deixam de existir os pressupostos de constituição e de desenvolvimento de tomada de contas especial no intuito de obter reparação de dano por ela sofrido. Contudo, os gestores da empresa estatal podem ser sancionados pelo TCU em razão de condutas irregulares praticadas antes da desestatização, com base nos arts. 58 ou 60 da Lei 8.443/1992, e, ainda, terem suas contas julgadas irregulares". Acórdão 2086/2024 Plenário (Tomada de Contas Especial, Relator Ministro Antonio Anastasia) (TCU, Boletim de Jurisprudência 514).

Pessoal. Teto constitucional. Pensão. Acumulação. "O conjunto de benefícios acumulados com pensões militares instituídas antes ou depois da EC 103/2019, exceto pensões de qualquer tipo instituídas antes da EC 19/1998, se submete às regras de teto remuneratório, considerando o art. 37, inciso XI, da Constituição Federal, bem como o entendimento firmado pelo STF no RE 602584 (Tema 359 da Repercussão Geral)". (Acórdão 2003/2024, Plenário, Acompanhamento, Rel. Min. Aroldo Cedraz. TCU Boletim de Jurisprudência 513).

Licitação. Pregão. Pregoeiro. Servidor público. Empregado público. Exceção. Justificativa. Responsabilização. Culpa in eligendo. "Nas licitações promovidas por órgãos e entidades sob a jurisdição do TCU, regidas pela Lei 14.133/2021 (nova Lei de Licitações e Contratos Administrativos), os pregoeiros ou os agentes de contratação devem ser servidores efetivos ou empregados dos quadros permanentes da Administração Pública (arts. 6º, inciso LX, e 8º, *caput*, da Lei 14.133/2021). A não ser em situações extraordinárias, devidamente fundamentadas, a indicação de agente público que não satisfaça o comando dos mencionados dispositivos legais pode causar culpa *in eligendo* da autoridade responsável pela designação por eventuais falhas cometidas pelo agente designado (arts. 7º, *caput*, e 11, parágrafo único, da mesma lei)". (Acórdão 1917/2024, Plenário, Acompanhamento, Rel. Min. Benjamin Zymler. TCU Boletim de Jurisprudência 512).

Contrato Administrativo. Garantia contratual. Exigência. Instituição financeira. Garantia fidejussória. Fiança bancária. "É irregular a aceitação de cartas de fiança fidejussória, de natureza não bancária, como garantia de contrato administrativo, uma vez que não correspondem ao instrumento de fiança bancária (art. 56, § 1º, inciso III, da Lei 8.666/1993 e art. 96, § 1º, inciso III, da Lei 14.133/2021), emitida por banco ou instituição financeira autorizada a operar pelo Banco Central do Brasil". (Acórdão 1912/2024, Plenário, Representação, Rel. Min. Vital do Rêgo. TCU Boletim de Jurisprudência 512).

Competência do TCU. Agência reguladora. Abrangência. Ato normativo. Desvio de finalidade. Anulação. "O TCU pode determinar a agência reguladora que anule dispositivos de ato normativo editado em desacordo com as atribuições legais da agência, em face de desvio de finalidade na sua edição. Tal medida se insere na competência do Tribunal para exercer o controle de segunda ordem sobre as atividades finalísticas e o controle dos atos de gestão praticados no âmbito da entidade". (Acórdão 1825/2024, Plenário, Pedido de Reexame, Rel. Min. Augusto Nardes. TCU Boletim de Jurisprudência 510).

Desestatização. Rodovia. Pedágio. Alteração. Conflito de interesse. "É irregular autorização dada pela agência reguladora para alterar a localização de praça de pedágio com base em estudo fornecido pela própria concessionária, pois afronta o art. 24, inciso I, da Lei 10.233/2001, além de ensejar riscos de desperdício de recursos tarifários e de a decisão regulatória beneficiar interesses privados, em detrimento da prestação do serviço adequado (art. 6º, *caput* e §1º, da Lei 8.987/1995)". (Acórdão 1782/2024, Plenário, Pedido de Reexame, Rel. Min. Augusto Nardes. TCU Boletim de Jurisprudência 509).

Pessoal. Acumulação de cargo público. Professor. Cargo técnico. Escriturário. Sociedade de economia mista. "É irregular a acumulação de cargo de professor com emprego de escriturário de sociedade de economia mista, pois o segundo não pode ser considerado cargo técnico para fins do disposto no art. 37, inciso XVI, alínea b, da Constituição Federal. O cargo técnico ou científico é aquele cujas atribuições não possuem natureza eminentemente burocrática ou repetitiva e que exige, para o seu exercício, conhecimentos técnicos específicos e habilitação legal". (Acórdão 7039/2024, Primeira Câmara, Admissão, Rel. Min. Jhonatan de Jesus. TCU Boletim de Jurisprudência 508).

Gestão Administrativa. Empresa estatal. Vedação. Correios. Serviço postal. Monopólio. "As atividades postais definidas no art. 9º da Lei 6.538/1978 não podem ser objeto de contrato celebrado com intermediadores logísticos de cargas, devendo ser prestadas com exclusividade pela Empresa Brasileira de Correios e Telégrafos (ECT), diretamente ou por meio de agências franqueadas (Lei 11.668/2008 – Lei de Franquia Postal), pois constituem monopólio da União". (Acórdão 1658/2024, Plenário, Denúncia, Rel. Min. Walton Alencar Rodrigues. TCU Boletim de Jurisprudência 508).

Gestão Administrativa. Controle interno (Administração Pública). Bens móveis. Patrimônio da União. Presidente da República. Presente. "Não há fundamentação jurídica para caracterização de presentes recebidos por Presidentes da República no exercício do mandato como bens públicos, diante da ausência de lei específica que discipline a matéria, o que inviabiliza a expedição de determinação, pelo TCU, para sua incorporação ao patrimônio público". (Acórdão 1585/2024, Plenário, Representação, Redator Min. Jorge Oliveira. TCU Boletim de Jurisprudência 506).

Competência do TCU. Agência reguladora. Abrangência. Gestor. Nomeação de pessoal. Presidente da República. Indicação. Senado Federal. Aprovação. "A competência do TCU não alcança os atos de indicação e nomeação, pelo Presidente da República e sujeitos à aprovação pelo Senado Federal, de dirigentes de agências reguladoras, pois se trata de atos complexos de caráter essencialmente político, inseridos nas competências privativas do Presidente da República e do Senado Federal". (Acórdão 1584/2024, Plenário, Representação, Redator Min. Jorge Oliveira. TCU Boletim de Jurisprudência 506).

Responsabilidade. Julgamento de contas. Irregularidade. Materialidade. Processo conexo. Gestão. Avaliação. Contas ordinárias. "Cabe ao TCU, no julgamento de contas anuais, examinar a gestão como um todo, de forma a verificar se eventuais irregularidades não elididas, inclusive as apuradas no âmbito de processos conexos, analisadas em conjunto com o universo dos atos praticados pelo gestor ao longo do exercício, são graves o suficiente para macular as suas contas" (Acórdão 1517/2024, Plenário, Recurso de Reconsideração, Rel. Min. Antonio Anastasia. TCU Boletim de Jurisprudência 505).

Competência do TCU. Controle de constitucionalidade. Caso concreto. Ato normativo. Legalidade. Representação. Admissibilidade. "Não se conhece de representação cujo objetivo é discutir, em abstrato, a legalidade ou a constitucionalidade de ato normativo, por falta de competência do TCU. O processo de representação tem como pressuposto de admissibilidade a apuração de fato concreto. (Acórdão 1515/2024, Plenário, Representação, Rel. Min. Antonio Anastasia. TCU Boletim de Jurisprudência 505).

Responsabilidade. Declaração de inidoneidade. Tratamento diferenciado. Microempresa. Pequena empresa. "A mera participação de licitante como microempresa ou empresa de pequeno porte, amparada por declaração com conteúdo falso, configura fraude à licitação, ensejando, por consequência, aplicação da penalidade do art. 46 da Lei 8.443/1992, não sendo necessário, para a configuração do ilícito, que a autora da fraude obtenha a vantagem esperada" (Acórdão 1483/2024, Plenário, Representação, Rel. Min.-Subst. Weder de Oliveira. TCU Boletim de Jurisprudência 504).

Responsabilidade. Contrato administrativo. Superfaturamento. Solidariedade. Orçamento estimativo. Erro. "O fato de a empresa não participar da elaboração do edital e do orçamento base da licitação não a isenta de responsabilidade solidária pelo dano ao erário na hipótese de recebimento de pagamentos por serviços superfaturados, pois à licitante cabe ofertar preços compatíveis com os praticados pelo mercado, independentemente de eventual erro cometido pela Administração quando da elaboração do edital e do orçamento". (Acórdão 1435/2024, Plenário, Tomada de Contas Especial, Rel. Min.-Subst. Augusto Sherman. TCU Boletim de Jurisprudência 503).

Responsabilidade. Convênio. Lei Rouanet. Solidariedade. Empresa. Sócio. "Sócios que não exercem atividade gerencial em pessoa jurídica que recebe recursos com amparo na Lei 8.313/1991 (Lei Rouanet) não devem responder solidariamente com a empresa pelas irregularidades detectadas, exceto nas situações em que fica patente que eles se valeram de forma abusiva da sociedade empresária para tomar parte nas práticas irregulares". (Acórdão 1422/2024, Plenário, Recurso de Revisão, Rel. Min. Vital do Rêgo. TCU Boletim de Jurisprudência 503).

Licitação. Qualificação técnica. Exigência. Tecnologia. Restrição. Competitividade. Obras e serviços de engenharia. Avaliação. "A exigência de qualificação técnica referente a novas tecnologias ou materiais deve ser avaliada frente à possibilidade de que tal requisito frustre o caráter competitivo da licitação, fomente a formação de cartéis ou comprometa o desenvolvimento da engenharia nacional". (Acórdão 1359/2024, Plenário, Auditoria, Rel. Min. Benjamin Zymler. TCU Boletim de Jurisprudência 502).

Licitação. Dispensa de licitação. Emergência. Objeto do contrato. Abrangência. "O objeto da contratação direta fundamentada em dispensa de licitação por emergência não pode extrapolar a finalidade estrita de afastar os riscos urgentes (art. 75, inciso VIII, da Lei 14.133/2021)". (Acórdão 1340/2024, Plenário, Representação, Rel. Min.-Subst. Augusto Sherman. TCU Boletim de Jurisprudência 501).

Responsabilidade. Ato administrativo. Anulação. Apuração. Procedimento administrativo. "A anulação do ato administrativo irregular e a inocorrência de prejuízo aos cofres públicos não isentam a autoridade competente de instaurar o procedimento formal pertinente para apurar as circunstâncias da prática do ato e as responsabilidades dos agentes públicos envolvidos". (Acórdão 1340/2024, Plenário, Representação, Rel. Min.-Subst. Augusto Sherman. TCU Boletim de Jurisprudência 501).

Contrato Administrativo. Subcontratação. Requisito. Viabilidade técnica. Viabilidade econômica. Autorização. Vedação. "É vedada a subcontratação integral em contratos administrativos, sendo possível a subcontratação parcial quando não se mostrar viável, sob a ótica técnico-econômica, a execução integral do objeto por parte da contratada e desde que tenha havido autorização formal do contratante. A previsão de elevado percentual de subcontratação equivale, na prática, a possibilitar a subcontratação integral". (Acórdão 1334/2024, Plenário, Representação, Rel. Min. Jorge Oliveira. TCU Boletim de Jurisprudência 501).

Licitação. Bens públicos. Alienação. Propriedade. Transferência. Marinha. Terreno. Aforamento. "É ilegal a realização de licitação que envolva a transferência de propriedade de terreno de marinha situado em faixa de segurança da orla marítima, pois esses terrenos não são suscetíveis de alienação total, em qualquer de suas formas (venda, permuta ou doação), ainda que não estejam afetados ao serviço público nem constituam bens de uso comum. Quando for conveniente que terceiros deles façam uso, é obrigatória a utilização do regime de aforamento, enfitêutico (art. 20, inciso VII, da Constituição Federal; art. 49, § 3º, do ADCT; e art. 16-A, § 6º, inciso II, da Lei 9.636/1998)". (Acórdão 1334/2024, Plenário, Representação, Rel. Min. Jorge Oliveira. TCU Boletim de Jurisprudência 501).

Licitação. Julgamento. Critério. Licitação de maior lance ou oferta. Proposta de preço. Preço máximo. "A fixação de valor máximo para propostas em licitação julgada pelo critério de maior oferta atenta contra os princípios da supremacia do interesse público e da eficiência, além de favorecer o empate entre os licitantes que estejam dispostos a apresentar cotação igual ao valor máximo". (Acórdão 1334/2024, Plenário, Representação, Rel. Min. Jorge Oliveira. TCU Boletim de Jurisprudência 501).

Licitação. Proposta. Desclassificação. Diligência. Erro formal. "É irregular a desclassificação de proposta por erros formais ou por vícios sanáveis mediante diligência, em face dos princípios do formalismo moderado e da seleção da proposta mais vantajosa para a Administração". (Acórdão 1204/2024, Plenário, Representação, Rel. Min. Vital do Rêgo. TCU Boletim de Jurisprudência 499).

Contrato Administrativo. Superfaturamento. Preço. Referência. Licitante. Preço de mercado. Proposta de preço. "O parâmetro para cálculo de eventual superfaturamento é o preço de mercado, e não as propostas apresentadas por outros licitantes. O superfaturamento, para estar caracterizado, deve refletir que o preço pago pela Administração estava em patamar superior ao valor de mercado". (Acórdão 1065/2024, Plenário, Tomada de Contas Especial, Rel. Min.-Subst. Marcos Bemquerer. TCU Boletim de Jurisprudência 496).

Responsabilidade. Culpa. Supervisão. Omissão. Superior hierárquico. Manifesta ilegalidade. Controle preventivo. "O superior hierárquico deve exercer o papel de direção, coordenação e supervisão dos trabalhos de seus subordinados, corrigindo, se necessário, as graves lacunas ou omissões eventualmente incorridas por eles, sobretudo aquelas que apresentem flagrante ilegalidade nas contratações públicas. A nova Lei de Licitações e Contratos Administrativos evidencia a importância do controle preventivo por parte das autoridades que atuam na estrutura de governança do ente contratante (art. 169, *caput* e inciso I, da Lei 14.133/2021)". "Acórdão 1064/2024, Plenário, Tomada de Contas Especial, Rel. Min.-Subst. Augusto Sherman. TCU Boletim de Jurisprudência 496).

Licitação. Pregão. Princípio da publicidade. Recurso. Desclassificação. Inabilitação. Detalhamento. Princípio da motivação. "Em pregão, assim como nas demais modalidades de licitação, é necessário registrar a motivação das decisões que desclassifiquem propostas, inabilitem licitantes ou julguem recursos, com nível de detalhamento suficiente para a plena compreensão pelos interessados, em observância ao princípio da motivação". (Acórdão 977/2024, Plenário, Representação, Rel. Min. Jorge Oliveira. TCU Boletim de Jurisprudência 495).

Licitação. Qualificação técnica. Atestado de capacidade técnica. Subcontratação. Contratação direta. Comprovação. "No caso de subcontratação de parcela do objeto para a qual houve exigência de atestados de qualificação técnica na licitação ou no processo de contratação direta, a Administração deve exigir da contratada, como condicionante de autorização para execução dos serviços, documentação que comprove a capacidade técnica da subcontratada (art. 122, § 1º, da Lei 14.133/2021". (Acórdão 963/2024, Plenário, Representação, Rel. Min. Benjamin Zymler. TCU Boletim de Jurisprudência 495).

Licitação. Projeto básico. Obras e serviços de engenharia. Rodovia. Desapropriação. Interferência. "O projeto básico de obras rodoviárias deve contemplar todas as soluções relativas às desapropriações necessárias e ao remanejamento de interferências, a exemplo de redes e tubulações de energia elétrica, gás, água, esgoto, fibras óticas (art. 6º, inciso XXV, da Lei 14.133/2021". (Acórdão 863/2024, Plenário, Auditoria, Rel. Min.-Subst. Marcos Bemquerer. TCU Boletim de Jurisprudência 492).

Responsabilidade. Inabilitação de responsável. Princípio do non bis in idem. Demissão de pessoal. Empregado público. Dispensa com justa causa. "A penalidade de inabilitação para o exercício de cargo em comissão ou função de confiança no âmbito da Administração Pública (art. 60 da Lei 8.443/1992) não configura *bis in idem* com a pena de rescisão do contrato de trabalho de empregado público por justa causa". (Acórdão 848/2024, Plenário, Tomada de Contas Especial, Rel. Min. Walton Alencar Rodrigues. TCU Boletim de Jurisprudência 492).

Contrato Administrativo. Superfaturamento. Preço. Referência. Licitação. Preço unitário. Sobrepreço. "Valores unitários extraídos de licitações de outros órgãos envolvendo serviços de mesma natureza podem servir como referência para fins de apuração de eventual sobrepreço ou superfaturamento. A Lei 14.133/2021 (nova Lei de Licitações e Contratos) consagrou essa possibilidade ao estipular que valores decorrentes de outros certames e contratos administrativos de objeto semelhante podem ser uma fonte de preços paradigma para elaboração de orçamento-base de licitações (art. 23, § 1º, inciso II, no caso de contratação de bens e serviços em geral, e art. 23, § 2º, inciso III, no caso de contratação de obras e serviços de engenharia)". Acórdão 823/2024, Plenário, Tomada de Contas Especial, Rel. Min.-Subst. Augusto Sherman, TCU Boletim de Jurisprudência 491)

Licitação. Proposta. Preço. Inexequibilidade. Presunção relativa. Diligência. "O critério definido no art. 59, § 4º, da Lei 14.133/2021 conduz a uma presunção relativa de inexequibilidade de preços, sendo possível que a Administração conceda à licitante a oportunidade de demonstrar a exequibilidade da sua proposta, nos termos do art. 59, § 2º, da referida lei". (Acórdão 803/2024, Plenário, Consulta, Rel. Min. Benjamin Zymler. TCU Boletim de Jurisprudência 491).

Convênio. Sistema S. Prestação de contas. Contribuição parafiscal. Organização patronal. Competência do TCU. "As confederações e federações patronais sindicais não estão obrigadas a prestar contas aos serviços sociais autônomos quanto aos repasses de recursos oriundos de contribuições compulsórias dos empregadores sobre a folha de salários (art. 240 da Constituição Federal), tendo em vista a inexistência de lei específica sobre tal obrigatoriedade, não constituindo tal fato, entretanto, óbice à atuação do TCU no exercício do controle externo sobre recursos de natureza parafiscal, bem como na avaliação das exigências de transparência e de cumprimento dos limites legais para tais repasses". (Acórdão 754/2024, Plenário, Representação, Rel. Min.-Subst. Marcos Bemquerer. TCU Boletim de Jurisprudência 490).

Licitação. Qualificação técnica. Exigência. Capacidade técnico-profissional. Vínculo empregatício. Momento. Forma. "A comprovação de vínculo entre o licitante e o seu responsável técnico deve ser exigida apenas quando da assinatura do contrato, de modo a não restringir ou onerar desnecessariamente a participação de empresas na licitação, podendo essa comprovação se dar por meio de contrato de prestação de serviços, regido pela legislação civil comum". (Acórdão 2353/2024, Segunda Câmara, Representação, Rel. Min. Augusto Nardes. TCU Boletim de Jurisprudência 489).

Direito Processual. Prova (Direito). Prova emprestada. Princípio da ampla defesa. Princípio do contraditório. Poder Judiciário. Autorização. "É lícita a utilização de informações produzidas na investigação penal ou na instrução processual penal em processo do TCU, desde que haja autorização judicial para esse aproveitamento e desde que seja observado, no processo de controle externo, o contraditório e a ampla defesa acerca da prova emprestada". (Acórdão 614/2024, Plenário, Pedido de Reexame, Rel. Min. Benjamin Zymler. TCU Boletim de Jurisprudência 488).

Direito Processual. Prova (Direito). Indício. Declaração de inidoneidade. Licitação. Fraude. "A prova indiciária, constituída por somatório de indícios que apontam na mesma direção, é suficiente para caracterizar fraude a licitação, o que conduz à declaração de inidoneidade das empresas envolvidas para licitar com a Administração Pública Federal (art. 46 da Lei 8.443/1992)". (Acórdão 605/2024, Plenário, Pedido de Reexame, Rel. Min. Augusto Nardes. TCU Boletim de Jurisprudência 488).

Direito Processual. Princípio da independência das instâncias. Princípio do non bis in idem. Ressarcimento ao erário. Duplicidade. "A discussão do débito em outra instância administrativa ou na via judicial não traz risco de ressarcimento da dívida em duplicidade. Caso haja a quitação em uma instância, basta que o responsável apresente os documentos comprobatórios na outra, o que afasta a possibilidade de pagamento da dívida em duplicidade". (Acórdão 514/2024, Plenário, Recurso de Reconsideração, Rel. Min. Walton Alencar Rodrigues. TCU Boletim de Jurisprudência 487).

Licitação. Proposta. Preço. Inexequibilidade. Presunção relativa. Diligência. "O critério definido no art. 59, § 4º, da Lei 14.133/2021 conduz a uma presunção relativa de inexequibilidade de preços, devendo a Administração, nos termos do art. 59, § 2º, da referida lei, dar à licitante a oportunidade de demonstrar a exequibilidade de sua proposta". (Acórdão 465/2024, Plenário, Representação, Rel. Min.-Subst. Augusto Sherman. TCU Boletim de Jurisprudência 486).

Responsabilidade. Culpa. Erro grosseiro. Conduta. Avaliação. "O erro grosseiro a que alude o art. 28 do Decreto-lei 4.657/1942 (Lei de Introdução às Normas do Direito Brasileiro), incluído pela Lei 13.655/2018, fica configurado quando a conduta do agente público se distancia daquela que seria esperada do administrador médio, avaliada no caso concreto". (Acórdão 1565/2024, Segunda Câmara, Tomada de Contas Especial, Rel. Min.-Subst. Marcos Bemquerer. TCU Boletim de Jurisprudência 485).

Pessoal. Cargo em comissão. Nepotismo. Cargo honorífico. Nomeação de pessoal. "Configura nepotismo a designação de familiar de autoridade de órgão ou entidade pública para cargo de natureza honorífica que confere ao seu ocupante o exercício de poder de polícia, prestígio profissional e a possibilidade de percepção de verbas indenizatórias, não importando se a nomeação foi praticada por outro agente (arts. 2º, inciso III e parágrafo único, e 3º, inciso I, do Decreto 7.203/2010)". (Acórdão 399/2024, Plenário, Pedido de Reexame, Rel. Min. Antonio Anastasia. TCU Boletim de Jurisprudência 484).

Licitação. Inexigibilidade de licitação. Serviços advocatícios. Justificativa. Honorários advocatícios. Preço de mercado. "Na contratação de serviços advocatícios por inexigibilidade de licitação, é necessário que a Administração demonstre, previamente, que os honorários ajustados se encontram dentro de faixa de razoabilidade, segundo os padrões do mercado. Essa justificativa do preço deve ser lastreada em elementos que confiram objetividade à análise, a exemplo da comparação da proposta apresentada pelo profissional que se pretende contratar com os preços praticados em outros contratos com objeto análogo". (Acórdão 391/2024, Plenário, Pedido de Reexame, Rel. Min. Benjamin Zymler. TCU Boletim de Jurisprudência 484).

Licitação. Proposta. Preço. Inexequibilidade. Avaliação. "A conclusão pela inexequibilidade de proposta apresentada por licitante demanda análise ampla de todos os itens que a compõem e não apenas de itens isolados". (Acórdão 379/2024, Plenário, Representação, Rel. Min. Benjamin Zymler. TCU Boletim de Jurisprudência 484).

Licitação. Qualificação técnica. Exigência. Obras e serviços de engenharia. Experiência. Complexidade. Semelhança. "Nas contratações de obras e serviços, as exigências de qualificação técnica devem admitir a experiência anterior do licitante em obras ou serviços com características semelhantes ou de complexidade superior, e não necessariamente idênticas, às do objeto pretendido pela contratante". (Acórdão 298/2024, Plenário, Representação, Rel. Min. Vital do Rêgo. TCU Boletim de Jurisprudência 483).

Pessoal. Acumulação de cargo público. Invalidez permanente. Acumulação. Remuneração. Proventos. Vedação. Ressarcimento ao erário. 'A invalidez permanente é incompatível com o exercício de qualquer cargo público, razão pela qual é indevida a acumulação de proventos de invalidez permanente com remuneração decorrente do exercício de outro cargo, cabendo restituição ao erário dos proventos recebidos durante a acumulação ilegal". (Acórdão 945/2024, Segunda Câmara, Tomada de Contas Especial, Rel. Min. Vital do Rêgo. TCU Boletim de Jurisprudência 482).

Contrato Administrativo. Aditivo. Limite. Prorrogação de contrato. Fiscalização. Contrato de supervisão. Obras e serviços de engenharia. Justificativa. "O aditamento de contratos de supervisão de obras além do limite legal de 25% afronta o art. 65, § 1º, da Lei 8.666/1993 e o art. 125 da Lei 14.133/2021, ainda que tal aumento seja fruto de prorrogação de prazo na execução da obra supervisionada, devendo-se adotar medidas tempestivas com vistas a realizar nova contratação de supervisão, ressalvada a inequívoca comprovação de desvantajosidade da medida, o que deverá ser devidamente justificado. (Acórdão 266/2024, Plenário, Auditoria, Rel. Min.-Subst. Augusto Sherman. TCU Boletim de Jurisprudência 482).

Contrato Administrativo. Obras e serviços de engenharia. Fiscalização. Supervisão. Medição. Critério. "Os critérios de pagamento para serviços de supervisão e gerenciamento de obras de construção devem prever a entrega de produtos ou de resultados alcançados, os quais devem ser previamente definidos em bases compreensíveis, tangíveis, objetivamente observáveis e comprováveis, com níveis esperados de qualidade da prestação do serviço e respectivas adequações de pagamento, evitando-se a previsão de pagamentos por homem-mês ou relacionados à mera permanência de mão de obra ou disponibilização de equipamentos". (Acórdão 266/2024, Plenário, Auditoria, Rel. Min.-Subst. Augusto Sherman. TCU Boletim de Jurisprudência 482).

Pessoal. Ato sujeito a registro. Alteração. Irregularidade. Revisão de ofício. Decadência. "Após cinco anos da apreciação da concessão inicial de aposentadoria, não pode o TCU, ao examinar ato de alteração, considerá-lo ilegal apenas pela percepção de vantagem considerada irregular, mas já existente e considerada regular no momento da concessão da aposentadoria, uma vez que, transcorrido o prazo de cinco anos, decai o direito de o Tribunal rever a decisão que considerou legal o ato e determinou seu registro (art. 260, § 2º, do Regimento Interno do TCU)". (Acórdão 769/2024, Segunda Câmara, Aposentadoria, Rel. Min. Augusto Nardes. TCU Boletim de Jurisprudência 481).

Licitação. Habilitação de licitante. Vistoria. Necessidade. Justificativa. Declaração. Responsável técnico. "A vistoria ao local das obras somente deve ser exigida quando for imprescindível ao cumprimento adequado das obrigações contratuais, o que deve ser justificado e demonstrado pela Administração no processo de licitação, devendo o edital prever a possibilidade de substituição do atestado de visita técnica por declaração do responsável técnico de que possui pleno conhecimento do objeto. Sendo imprescindível a visita técnica, restringe a competitividade a exigência de sua realização somente pelo responsável técnico da licitante ou em única data". (Acórdão 138/2024, Plenário, Auditoria, Rel. Min. Vital do Rêgo. TCU Boletim de Jurisprudência 481).

Licitação. Habilitação de licitante. Documentação. Regularidade fiscal. Certidão negativa. Princípio do formalismo moderado. "É irregular a inabilitação de licitante que, em vez de apresentar a certidão negativa de débitos relativos aos tributos federais e à dívida ativa da União, conforme exigência do edital, disponibiliza certidão positiva com efeitos de negativa, por violar o princípio do formalismo moderado, pois esta última certidão cumpre o objetivo de fazer prova da regularidade fiscal do licitante". (Acórdão 117/2024, Plenário, Representação, Rel. Min. Aroldo Cedraz. TCU Boletim de Jurisprudência 480).

Pessoal. Regime de dedicação exclusiva. Vedação. Exceção. Professor. Ressarcimento. "É vedado ao docente em regime de dedicação exclusiva o exercício de atividades, mesmo não remuneradas, que não se enquadrem entre as exceções previstas no art. 21 da Lei 12.772/2012. O não reconhecimento da boa-fé do responsável impõe o ressarcimento dos valores indevidamente recebidos por violação ao dever de dedicação exclusiva". (Acórdão 14/2024, Primeira Câmara, Aposentadoria, Rel. Min. Benjamin Zymler. TCU Boletim de Jurisprudência 479).

Responsabilidade. Declaração de inidoneidade. Documento falso. Conluio. Atestado de capacidade técnica. "A apresentação de atestado de capacidade técnica com conteúdo falso, à evidência de conluio entre as empresas envolvidas, fere os princípios da moralidade, da isonomia e da competitividade e conduz à declaração de inidoneidade, tanto da empresa que emitiu o atestado quanto da que o apresentou, para participar de licitação na Administração Pública Federal (art. 46 da Lei 8.443/1992)". (Acórdão 29/2024, Plenário, Representação, Rel. Min. Walton Alencar Rodrigues. TCU Boletim de Jurisprudência 478).

Responsabilidade. Convênio. Delegação de competência. Prefeito. Supervisão. Culpa in vigilando. Culpa in eligendo. "Não cabe a responsabilização de prefeito por irregularidade que só poderia ser detectada mediante exame detalhado de atos operacionais de competência de setores administrativos do município. A teoria da culpa pela má escolha (*in eligendo*) ou pela ausência de fiscalização (*in vigilando*) não impõe ao prefeito o dever de fiscalizar todo e qualquer ato praticado pelos gestores municipais, sendo imprescindível, para a definição das responsabilidades, a análise das situações de fato que envolvem o caso concreto". (Acórdão 2719/2023, Plenário, Embargos de Declaração, Revisor Min. Jhonatan de Jesus. TCU Boletim de Jurisprudência 477).

Licitação. Sanção administrativa. Obrigatoriedade. Processo administrativo. Pregão eletrônico. "É obrigatória a autuação de processo administrativo com vistas à apuração de infrações concernentes à participação, em pregão eletrônico, de empresa impedida de licitar em decorrência de sanção que lhe foi imposta (art. 26, § 5º, do Decreto 10.024/2019)". (Acórdão 2530/2023, Plenário, Representação, Rel. Min.-Subst. Weder de Oliveira. TCU Boletim de Jurisprudência 477).

Desestatização. Concessão pública. Restrição. Objeto do contrato. Supressão. Alteração unilateral. Requisito. "É regular a alteração unilateral, mediante redução de escopo da concessão, com a finalidade de outorgar a parcela suprimida a terceiro, em nova licitação, desde que haja motivada vantagem, especialmente quanto à modicidade tarifária, guardado o equilíbrio econômico-financeiro do contrato vigente e preservados, de forma razoável, o seu vulto e a sua natureza, para não caracterizar encampação". (Acórdão 2445/2023, Plenário, Pedido de Reexame, Revisor Min. Benjamin Zymler. TCU Boletim de Jurisprudência 476).

Direito Civil

Jonathas Celino Paiola

TABELA DE INCIDÊNCIA DE QUESTÕES

Distribuição das questões organizada por ordem didática de assuntos		
Assunto	**Número de Questões**	**Peso**
1. LEI DE INTRODUÇÃO ÀS NORMAS DO DIREITO BRASILEIRO (LINDB)	13	11,61%
2. PARTE GERAL	69	61,61%
3. PARTE ESPECIAL	30	26,79%
Total	**112**	**100%**

Direito Civil

Jonathas Celino Paiola

✦ QUESTÕES

1. LEI DE INTRODUÇÃO ÀS NORMAS DO DIREITO BRASILEIRO (LINDB)

- Decreto-lei nº 4.657/1942.
- CF/88, art. 5º.

01. CEBRASPE – 2024 – TCE/AC – Analista Ministerial. Julgue o item a seguir, em relação à Lei de Introdução às Normas do Direito Brasileiro (LINDB) bem como ao tratamento dado pelo Código Civil aos contratos, à prescrição e à decadência. A LINDB admite o chamado estatuto pessoal como vínculo para se aplicar a lei estrangeira.

COMENTÁRIOS

✪ Nota do autor: Estatuto pessoal consiste é a situação jurídica que rege o estrangeiro pela lei de seu País de origem. Trata-se da hipótese em que a norma de um Estado acompanha o cidadão para regular seus direitos em outro País. Genericamente esse estatuto pessoal pode se basear na lei da nacionalidade (critério político) ou na lei do domicílio (critério geográfico). No Brasil, em virtude do art. 7° da LINDB, o estatuto pessoal funda-se na lei do domicílio para se determinar a lei aplicável. Como o Brasil adotou a teoria da territorialidade moderada (ou mitigada), haverá casos em que se admite a aplicação de norma estrangeira no território brasileiro. No entanto, a extraterritorialidade encontra restrições, não se admitindo a aplicação de norma estrangeira que atente contra a soberania nacional, a ordem pública e os bons costumes. Em regra, o Direito de um Estado aplica-se dentro de seu território e incide sobre as pessoas, bens, atos, fatos e relações que estão sob seu poder soberano. Entretanto, em certos casos, pode não ser cão fácil determinar, num primeiro momento, qual o Direito nacional que se aplica a uma determinada situação. (...) Os conflitos de leis no espaço são, portanto, as situações em que mais de um ordenamento nacional possa incidir sobre uma relação privada que transcende as fronteiras de um ente estatal, ou seja, que tenha conexão internacional. A resolução desses conflitos é um dos objetos do Direito Internacional Privado. Em decorrência do princípio da territorialidade, a regra geral é a de que o Estado pode aplicar as normas de sua própria ordem jurídica a todas as relações que se desenvolvam dentro de seu território, ainda que diante de um conflito de leis no espaço. Entretanto, a resolução desses conflitos poderá, em alguns casos, levar à aplicação da norma estrangeira em outro Estado, possibilidade regulada pelo Direito Internacional Privado, que poderá, desse modo, permitir a execução de norma oriunda de outro ente estacai em território diverso. (...) Por fim, a definição da norma, nacional ou estrangeira, aplicável aos conflitos de leis no espaço dependerá dos chamados "elementos de conexão", critérios que apontarão o preceito que deverá incidir em cada caso específico de conflito e que estão contidos nas normas de Direito Internacional Privado. (...) A norma de Direito Internacional Privado indica qual o preceito, nacional ou estrangeiro, aplicável à solução de um conflito de leis no espaço. (...) A norma de Direito Internacional Privado divide-se em duas partes: o objeto de conexão e o elemento de conexão. O objeto de conexão descreve a matéria à qual se refere a norma (personalidade, capacidade, direitos de família etc.). O elemento de conexão é o critério que determina o Direito nacional aplicável à matéria. São exemplos de elementos de conexão o domicílio, a nacionalidade, a *lex fori*, a *Lex loci delicti comissi*, a *lex loci executionis*, a *Lex rei sitae* e a autonomia da vontade das partes (...) Para fixar claramente a diferença entre objeto e elemento de conexão, citamos a norma do *caput* do artigo 7° da Lei de Introdução às Normas do Direito Brasileiro (LINDB), que determina que "A lei do país em que domiciliada a pessoa determina as regras sobre o começo e o fim da personalidade, o nome, a capacidade e os direitos de família". Aqui, os objetos de conexão são "o começo e o fim da personalidade, o nome, a capacidade e os direitos de família", e o elemento de conexão é o domicílio.

(PORTELA, Paulo Henrique Gonçalves. Direito Internacional Público e Privado. 7ª edição. Salvador: Juspodivm. p. 651/655).

Gabarito: CERTO.

02. CEBRASPE - 2024 - TCE/AC - Auditor de Controle Externo. Julgue o item a seguir, de acordo com a Lei de Introdução às Normas do Direito Brasileiro e com as regras de vigência, aplicação, obrigatoriedade, interpretação e integração das leis. Na referida lei, é expressamente previsto o instituto do "desuetudo", pelo qual a lei revogada não se restaura por ter a lei revogadora perdido a vigência, salvo disposição em contrário.

COMENTÁRIOS

✪ Nota do autor: O "desuetudo" refere-se à perda de eficácia de uma norma em decorrência de sua não aplicação ao longo do tempo, mesmo que essa norma não tenha sido formalmente revogada. De acordo com a LINDB, se uma lei é revogada, ela não retorna ao ordenamento jurídico apenas porque a lei revogadora perdeu a vigência, a menos que haja uma disposição expressa que determine essa restauração. Art. 2º da LINDB: § 1º A lei posterior revoga a anterior quando expressamente o declare, quando seja com ela incompatível ou quando regule inteiramente a matéria de que tratava a lei anterior. § 2º A lei nova, que estabeleça disposições gerais ou especiais a par das já existentes, não revoga nem modifica a lei anterior. § 3º Salvo disposição em contrário, a lei revogada não se restaura por ter a lei revogadora perdido a vigência.

Gabarito: ERRADO.

03. CEBRASPE - 2024 - TCE/AC - Auditor de Controle Externo. Julgue o item a seguir, de acordo com a Lei de Introdução às Normas do Direito Brasileiro e com as regras de vigência, aplicação, obrigatoriedade, interpretação e integração das leis. No que se refere à eficácia das leis no espaço, o ordenamento jurídico brasileiro adota o princípio da territorialidade moderada, em razão de admitir, a um só tempo, as regras da territorialidade e da extraterritorialidade.

COMENTÁRIOS

✪ Nota do autor: O Brasil adotou o princípio da territorialidade moderada/mitigada/temperada. Destarte, aprioristicamente, fatos ocorridos no território brasileiro se submetem à legislação brasileira. No entanto, em alguns casos, pode ser aplicada a norma estrangeira, como por exemplo nos casos de questões relativas à personalidade, à capacidade, ao nome e ao direito de família, que será aplicada a lei do domicílio da pessoa.

Gabarito: CERTO.

04. FGV - 2024 - TCE/PA - Auditor de Controle Externo. Monique Gume, servidora pública efetiva lotada na Secretaria de Educação do Estado do Pará, procura uma conceituada advogada paraense e relata que tomou posse no cargo, após o devido concurso, na vigência da Lei Complementar nº XYZ, de 2002.

Ocorre que, em 2023, a citada norma jurídica foi extinta pela promulgação da Lei Complementar nº ABC, que extinguiu uma gratificação de cinquenta por cento sobre o vencimento a que ela tinha direito. Destaque-se que o artigo nono da Lei Complementar de 2023 prevê a revogação por inteiro da Lei Complementar de 2002.

Monique explica, ainda, que só realizou o concurso devido à gratificação, pois do contrário o cargo não possuiria atrativo suficiente.

Com base na situação hipotética, assinale a afirmativa correta.

a) A jurisprudência brasileira consagra a existência de direito adquirido a regime jurídico.
b) Salvo disposição em contrário, a lei revogada se restaura por ter a lei revogadora perdido a vigência.
c) Na situação hipotética, com a promulgação da Lei Complementar nº ABC de 2023, a Lei Complementar nº XYZ de 2002 foi ab-rogada expressamente.
d) O princípio da supremacia do interesse público permite a violação do direito adquirido pela promulgação de uma lei ordinária.
e) A lei nova que estabeleça disposições gerais ou especiais a par das já existentes revoga a lei anterior.

COMENTÁRIOS

Alternativa "a": incorreta. O Supremo Tribunal Federal fixou jurisprudência no sentido de que não há direito adquirido à regime jurídico-funcional pertinente à composição dos vencimentos ou à permanência do regime legal de reajuste de vantagem, desde que eventual modificação introduzida por ato legislativo superveniente preserve o montante global da remuneração, não acarretando decesso de caráter pecuniário. Precedentes. [RE 593.304 AgR, rel. min. Eros Grau, 2ª T, j. 29-9-2009, DJE 200 de 23-10-2009.]

Alternativa "b": incorreta. Art. 2º da LINDB, "salvo disposição em contrário, a lei revogada **não** se restaura por ter a lei revogadora perdido a vigência".

Alternativa "c": correta. De acordo com o § 2º do Decreto-Lei 4657/1942, uma lei nova que estabeleça disposições gerais ou especiais a par das já existentes não revoga nem modifica a lei anterior. No entanto, se a lei nova estabelecer disposições gerais sobre uma matéria regulada por uma lei especial anterior, a lei especial anterior é revogada, pois não pode ocorrer conflito de leis. Revogação total **Ab-rogação**: consiste na supressão integral da norma anterior. Revogação parcial **Derrogação**: atinge só uma parte da norma, que permanece em vigor no restante.

Alternativa "d": incorreta. O princípio da supremacia do interesse público ensina-nos que, no confronto entre o interesse do particular e o interesse público, prevalecerá o segundo, no qual se concentra o interesse da coletividade, o que não significa, inquestionavelmente, que o Poder Público possa imotivadamente desrespeitar os direitos.

Alternativa "e": incorreta. De acordo com o § 2º do Decreto-Lei 4657/1942, uma lei nova que estabeleça disposições gerais ou especiais a par das já existentes não revoga nem modifica a lei anterior. No entanto, se a lei nova estabelecer disposições gerais sobre uma matéria regulada por uma lei especial anterior, a lei especial anterior é revogada, pois não pode ocorrer conflito de leis.

Alternativa correta: letra "c".

---

05. CEBRASPE – 2023 – TCE/MS – Procurador. No âmbito das relações civis, a lei nova incide em todas as situações concretizadas sob sua égide em face

a) da irretroatividade.

b) do locus regit actum.

c) do efeito imediato.

d) da ultratividade.

e) da supremacia da lei nova.

COMENTÁRIOS

✪ **Nota do autor:** Art. 6º A Lei em vigor terá efeito imediato e geral, respeitados o ato jurídico perfeito, o direito adquirido e a coisa julgada.

Alternativa "a": incorreta. Irretroatividade impede que uma lei ou norma afete eventos, ações ou situações que aconteceram antes de sua vigência.

Alternativa "b": incorreta. Princípio segundo o qual a forma extrínseca ou relativa à prova dos atos jurídicos deve ser regida pelas leis do lugar onde eles se celebram, qualquer que seja a nacionalidade dos estipulantes.

Alternativa "c": correta. A lei nova tem efeito imediato e geral, atingindo somente os fatos pendentes e os futuros realizados sob sua vigência, não abrangendo fatos pretéritos.

Alternativa "d": incorreta. Ultratividade é "*o efeito que se concede à norma de ultrapassar o prazo de sua vigência*".

Alternativa "e": incorreta. Nos conflitos aparentes de normas, há critérios específicos para a solução da antinomia, quais sejam: a) hierárquico; b) cronológico e c) especialidade. Verifica-se, do exposto, que nem sempre será adotado o critério cronológico, vale dizer, da lei nova para a solução do conflito de normas.

Alternativa correta: letra "c".

---

06. CONSULPAM – 2023 – TCM/PA – Auditor de Controle Externo. Com relação à Lei de Introdução às Normas do Direito Brasileiro (Decreto - Lei n.º 4.657 de 1942), assinale a alternativa CORRETA.

a) A prova dos fatos ocorridos em país estrangeiro rege-se pela lei que nele vigorar, quanto ao ônus e aos meios de produzir-se, não admitindo os tribunais brasileiros, provas que a lei brasileira desconheça.

b) Na interpretação de normas sobre gestão pública, serão considerados os obstáculos e as dificuldades reais do gestor e as exigências das políticas públicas a seu cargo, independente do prejuízo dos direitos dos administrados.

c) Quando, conforme a LINDB, se houver de aplicar a lei estrangeira, ter-se-á em vista a disposição desta, considerando-se qualquer remissão por ela feita a outra lei.

d) Na aplicação da lei, o juiz apenas atenderá aos fins sociais a que ela se dirige.

COMENTÁRIOS

Alternativa "a": correta. Art. 13. A prova dos fatos ocorridos em país estrangeiro rege-se pela lei que nele vigorar, quanto ao ônus e aos meios de produzir-se, não admitindo os tribunais brasileiros provas que a lei brasileira desconheça.

Alternativa "b": incorreta. Art. 22. Na interpretação de normas sobre gestão pública, serão considerados os obstáculos e as dificuldades reais do gestor e as exigências das políticas públicas a seu cargo, sem prejuízo dos direitos dos administrados.

Alternativa "c": incorreta. Art. 16. Quando, nos termos dos artigos precedentes, se houver de aplicar a lei estrangeira, ter-se-á em vista a disposição desta, sem considerar-se qualquer remissão por ela feita a outra lei.

Alternativa "d": incorreta. Art. 5º Na aplicação da lei, o juiz atenderá aos fins sociais a que ela se dirige e às exigências do bem comum.

Alternativa correta: letra "a".

07. CONSULPAM – 2023 – TCM/PA – Conselheiro. De acordo com o teor do Decreto-Lei n.º 4.657/1942 (Lei de Introdução às normas do Direito brasileiro), assinale a alternativa CORRETA.

a) Realizando-se o casamento no Brasil, será aplicada a lei do domicílio dos nubentes quanto aos impedimentos dirimentes e às formalidades da celebração.

b) O penhor regula-se pela lei do domicílio que tiver a pessoa, em cuja posse se encontre a coisa apenhada.

c) O Superior Tribunal de Justiça não poderá reexaminar decisões já proferidas em pedidos de homologação de sentenças estrangeiras de divórcio de brasileiros.

d) Para qualificar e reger as obrigações, aplicar-se-á a lei do país em que residir o proponente.

COMENTÁRIOS

Alternativa "a": incorreta. Art. 7º, § 1º Realizando-se o casamento no Brasil, **será aplicada a lei brasileira quanto aos impedimentos dirimentes e às formalidades da celebração**.

Alternativa "b": correta. Art. 8º. § 2º O penhor regula-se pela lei do domicílio que tiver a pessoa, em cuja posse se encontre a coisa apenhada.

Alternativa "c": incorreta. Art. 7º, § 6º O divórcio realizado no estrangeiro, se um ou ambos os cônjuges forem brasileiros, só será reconhecido no Brasil depois de 1 (um) ano da data da sentença, salvo se houver sido antecedida de separação judicial por igual prazo, caso em que a homologação produzirá efeito imediato, obedecidas as condições estabelecidas para a eficácia das sentenças estrangeiras no país. O Superior Tribunal de Justiça, na forma de seu regimento interno, **poderá reexaminar**, a requerimento do interessado, **decisões já proferidas em pedidos de homologação de sentenças estrangeiras de divórcio de brasileiros**, a fim de que passem a produzir todos os efeitos legais.

Alternativa "d": incorreta. Art. 9º Para qualificar e reger as obrigações, **aplicar-se-á a lei do país em que se constituirem**.

Alternativa correta: letra "b".

08. FGV – 2022 – TCE/TO – Auditor de Controle Externo. As autoridades públicas devem atuar para aumentar a segurança jurídica na aplicação das normas, inclusive por meio de regulamentos, súmulas administrativas e respostas a consultas. Nesse sentido, a Lei de Introdução às Normas do Direito Brasileiro (Decreto-Lei nº 4.657/1942, com redação dada pela Lei nº 13.655/2018) dispõe que, em qualquer órgão ou Poder, a edição de atos normativos por autoridade administrativa, salvo os de mera organização interna:

a) poderá ser precedida de consulta pública para manifestação de interessados, exclusivamente por meio eletrônico e pelo prazo mínimo de trinta dias, caso haja recomendação do órgão de controle interno;

b) deverá ser precedida de consulta pública para manifestação de interessados, caso haja recomendação do órgão de controle externo, sob pena de nulidade do ato normativo, por abuso de poder, na modalidade desvio de competência;

c) deverá ser precedida de consulta pública para manifestação de interessados, para o exercício regular e legítimo do poder administrativo disciplinar, que embasa diretamente a edição de atos normativos;

d) poderá ser precedida de consulta pública para manifestação de interessados, e a convocação conterá a minuta do ato normativo e fixará o prazo e demais condições da consulta pública, observadas as normas legais e regulamentares específicas, se houver;

e) deverá ser precedida de consulta pública para manifestação de interessados, caso haja recomendação do órgão de controle externo, sob pena de nulidade do ato normativo, por abuso de poder, na modalidade desvio de finalidade.

COMENTÁRIOS

✪ **Nota do autor:** Art. 29. Em qualquer órgão ou Poder, a edição de atos normativos por autoridade administrativa, salvo os de mera organização interna, **poderá ser precedida de consulta pública para manifestação de interessados**, preferencialmente por meio eletrônico, a qual será considerada na decisão. § 1º A convocação conterá a minuta do ato normativo e fixará o prazo e demais condições da consulta pública, observadas as normas legais e regulamentares específicas, se houver.

Alternativas "a", "b", "c" e "e": incorretas. Art. 29. Em qualquer órgão ou Poder, a edição de atos normativos por autoridade administrativa, salvo os de mera organização interna, **poderá ser precedida de consulta pública para manifestação de interessados**, preferencialmente por meio eletrônico, a qual será considerada na decisão. § 1º A convocação conterá a minuta do ato normativo e fixará o prazo e demais condições da consulta pública, observadas as normas legais e regulamentares específicas, se houver.

Alternativa "d": correta. Art. 9º Para qualificar e reger as obrigações, **aplicar-se-á a lei do país em que se constituirem**.

Alternativa correta: letra "d".

09. (Cespe – Analista de Controle Externo – Direito – TCE – RJ/2021) De acordo com a Lei de Introdução às Normas do Direito Brasileiro, além de situações de expressa revogação, nova lei implica a revogação de legislação anterior que regulasse inteiramente a mesma matéria ou, ainda, que estabelecesse regras gerais sobre o mesmo assunto.

COMENTÁRIOS

✪ **Nota do autor:** um dos temas mais recorrentes no Direito Civil refere-se à Lei de Introdução às Normas do Direito Brasileiro, regulado pelo Decreto-lei nº 4.657/42, notadamente pelas alterações realizadas pela Lei nº 13.655/2018, com a inclusão dos artigos 20 a 30, sendo imperiosa a leitura atenta pelo candidato do referido diploma legal.

O art. 2º da Lei de Introdução consagra o *princípio da continuidade da lei*, em que a norma tem eficácia contínua até que outra a modifique ou revogue.

Consoante estabelece o art. 2º, § 1º, a lei posterior **revoga** a anterior quando **expressamente o declare**, quando seja com ela **incompatível** ou quando **regule inteiramente a matéria** de que tratava a lei anterior. Vale lembrar que a revogação pode ser total (*ab-rogação*) ou parcial (derrogação).

Contudo, a lei nova, que estabeleça **disposições gerais** ou **especiais** a par das (ao lado) já existentes, não revoga nem modifica a lei anterior (art. 2º, § 2º). Portanto, não há revogação se uma nova lei apenas prever disposições gerais ou especiais ao lado daquelas previsões já existentes, como é o caso das disposições do Código Civil sobre a locação (arts. 565 a 578), que não implicou a revogação das normas contidas nas Lei de Locações (Lei 8.245/1991).

Alternativa INCORRETA, haja vista que disposições gerais ou especiais a par das já existentes, não revoga nem modifica a lei anterior (art. 2º, § 2º, LINDB).

10. (Cespe – Analista de Controle Externo – Direito – TCE – MG/2018) Ao buscar uma adaptação da lei para aplicá-la a exigências atuais e concretas da sociedade, o intérprete da legislação utiliza-se da interpretação

a) histórica.
b) sistemática.
c) extensiva.
d) teleológica.
e) lógica.

COMENTÁRIOS

✪ **Nota do autor:** a questão aborda a interpretação das normas. É imperioso destacar que toda norma demanda interpretação, não mais sendo aplicável o brocardo *"in claris cessat interpretatio"*.

Alternativa "a": incorreta, visto que se refere à análise dos antecedentes históricos da norma.

Alternativa "b": incorreta, já que decorre da análise da norma a partir do ordenamento jurídico.

Alternativa "c": incorreta, porquanto esse método de interpretação estende o alcance da norma, já que disse menos do que deveria.

Alternativa "d": correta, haja vista que a análise da norma objetiva à finalidade da norma, adaptando-a às novas exigências sociais.

Alternativa "e": incorreta, uma vez que nesta espécie de interpretação, são utilizados raciocínios lógico dedutivos e indutivos a fim de desvendar o sentido e alcance da norma.

Alternativa correta: letra "d".

11. (CESPE – Auditor TCU – 2015) A respeito das pessoas naturais e jurídicas, dos fatos e negócios jurídicos e do disposto na Lei de Introdução às Normas do Direito Brasileiro, julgue os seguintes itens.

A Lei de Introdução às Normas do Direito Brasileiro prevê, em ordem preferencial e taxativa, como métodos de integração do direito, a analogia, os costumes e os princípios gerais do direito.

COMENTÁRIOS

✪ **Nota do autor:** Sabe-se que o juiz não pode eximir-se de proferir decisão sob o pretexto de que a lei é omissa (princípio do *non liquet*), devendo para tanto utilizar os mecanismos legais destinados a suprir as lacunas da lei, que são: a analogia, os costumes e os princípios gerais de direito, conforme previsto no art. 4º, da Lei de Introdução às Normas Brasileiras. Essa previsão de mecanismos estabelecida pelo próprio ordenamento decorre do fato de não ser possível ao legislador prever todas as situações. Com efeito, cabe ao magistrado promover a integração das normas jurídicas. Segundo a doutrina clássica, há uma hierarquia na utilização desses mecanismos: preliminarmente, deve-se utilizar a analogia, passando para os demais somente se esta não puder ser aplicada. A analogia é fonte formal mediata do direito, utilizada com a finalidade de integração da lei, pela aplicação de dispositivos legais a casos análogos. Assim, aplica-se à hipótese não prevista em lei um dispositivo legal relativo a caso semelhante. Não sendo possível utilizar a analogia, o juiz deverá se valer dos costumes, que pode ser conceituado como a prática uniforme, reiterada e pública de um ato na convicção de ser este obrigatório. Não sendo possível o preenchimento da lacuna pelo uso da analogia e dos costumes, deverá o magistrado buscar os princípios gerais do direito. Trata-se de regras que são universalmente aceitas pela sociedade, que condicionam e norteiam a compreensão do ordenamento jurídico. No que concerne à equidade, faz-se mister salientar que a referida Lei de Introdução não menciona de forma expressa a utilização da equidade como recurso integrador do direito. Não se constitui, pois, como meio supletivo de lacuna da lei. Verifica-se, contudo, tacitamente, seu uso no artigo 5º, também da referida Lei, dispondo que "na aplicação da lei, o juiz atenderá aos fins sociais a que ela se dirige e às exigências do bem comum". A equidade é utilizada quando a lei expressamente o permite (p. ex., art. 140, parágrafo único, do Novo Código de Processo Civil). Trata-se, portanto, de mero recurso na aplicação da lei. Por fim, cabe destacar a diferença entre interpretação e integração. Interpretar é descobrir o sentido e o alcance da norma jurídica para que ela seja aplicada enquanto que a integração é um mecanismo supletivo da lei, tendo em vista a ausência de norma aplicável a hipótese sob julgamento.

Gabarito: CERTO.

---

12. (CESPE/Unb – TCU – Auditor Federal de Controle Externo/2013) Após cinco anos de vigência de lei especial sobre determinada matéria, foi editada nova lei contemplando disposições gerais acerca do mesmo tema. Nessa situação, a edição da lei mais recente, a qual estabelece disposições gerais, revoga a lei anterior especial.

COMENTÁRIOS

✪ **Nota do autor:** tema muito recorrente nos concursos públicos que trata da vigência das normas jurídicas, disciplinada no art. 2º da Lei de Introdução às Normas do Direito Brasileiro (aprovado pelo Decreto-lei nº. 4.657/42).

A presente questão contraria o disposto no art. 2°, §2°, LINDB, haja vista que a lei nova que estabeleça disposições gerais ou especiais *a par* (isto é, ao lado) das já existentes, **não revoga nem modifica** a lei anterior. Cumpre mencionar que há possibilidade de coexistência (harmonização) da lei nova geral com a lei antiga especial (ou vice-versa), desde que não haja incompatibilidade entre elas. As hipóteses de revogação estão previstas no art. 2.º, § 1.º, LINDB, quais sejam: a lei posterior revoga a anterior quando **expressamente o declare**, quando seja com ela **incompatível** ou quando **regule inteiramente a matéria** de que tratava a lei anterior.

Gabarito: ERRADO.

---

13. (CESPE/Unb – TCU – Auditor Federal de Controle Externo/2013) Determinada fundação, constituída em outro país e destinada a fins de interesse coletivo, pode abrir filial no Brasil mediante prévia aprovação dos atos constitutivos pelo governo brasileiro, hipótese em que a filial ficará sujeita à legislação brasileira.

COMENTÁRIOS

✪ **Nota do autor:** a Lei de Introdução às Normas do Direito Brasileiro (LINDB) em seu art. 11 estabelece os requisitos legais para a constituição das organizações destinadas a fins de interesse coletivo, como as sociedades e as fundações.

À luz do disposto no art. 11 da Lei de Introdução às Normas do Direito Brasileiro, aplica-se o direito vigente no local da constituição da sociedade ou fundação particular, independentemente do local do exercício de sua atividade. Trata-se do princípio do *locus regit actum*, o qual a pessoa jurídica de direito privado rege-se pela lei do Estado em que se constituir. Contudo, o ordenamento jurídico pátrio exige prévia autorização do poder executivo federal para o registro e o funcionamento das pessoas jurídicas estrangeiras, nos termos do previsto no art. 1.134 do CC. No tocante às filiais, agências ou estabelecimentos, prevê o art. 11, § 1º da LINDB que deverá obter a aprovação de seu estatuto social ou do ato constitutivo pelo governo federal, ficando, pois, sujeitas à lei brasileira. Nesse caso, não há que se falar em nacionalização da pessoa jurídica estrangeira, mas sim de restrição de seu exercício em território nacional.

Gabarito: CERTO.

2. PARTE GERAL

2.1. DAS PESSOAS

▸ CC, Parte Geral, Livro I;

---

14. CEBRASPE – 2024 – TCE/AC – Analista Ministerial. Julgue o item seguinte, relativo aos direitos da personalidade e aos defeitos do negócio jurídico. No ordenamento jurídico brasileiro, a liberdade de expressão apresenta status hierárquico superior em relação aos direitos da personalidade.

COMENTÁRIOS

✪ **Nota do autor:** Enunciado 613 do CJF: "A liberdade de expressão não goza de posição preferencial em relação aos direitos da personalidade no ordenamento jurídico brasileiro". "Ação direta de inconstitucionalidade. Parágrafos 1º e 2º do artigo 45 da Constituição Federal. - A tese de que há hierarquia entre normas constitucionais originárias dando azo à declaração de inconstitucionalidade de umas em face de outras e incompossível com o sistema de Constituição rígida" (ADI 815, Relator(a): MOREIRA ALVES, Tribunal Pleno, julgado em 28-03-1996).

Gabarito: ERRADO.

15. CEBRASPE – 2024 – TCE/AC – Auditor de Controle Externo. No que se refere aos direitos da personalidade, julgue o próximo item, com base na jurisprudência dos tribunais superiores. A prova inequívoca da má-fé de uma publicação é indispensável para ensejar a indenização pela ofensa ao nome ou à imagem de alguém.

COMENTÁRIOS

✪ **Nota do autor: Edição 138 – Dos direitos de personalidade - tese 11 STJ - Não se exige a prova inequívoca da má-fé da publicação (*actual malice*), para ensejar a indenização pela ofensa ao nome ou à imagem de alguém.**

Gabarito: ERRADO.

16. CEBRASPE – 2024 – TCE/AC – Auditor de Controle Externo. Em relação ao tratamento dado pelo Código Civil aos bens, às pessoas jurídicas e à desconsideração da personalidade jurídica, julgue o item subsequente. Cabe ao tribunal de contas do estado da Federação onde estiverem situadas as fundações estaduais velar por elas, devendo elaborar seus estatutos caso não tenham sido assinados pelo instituidor no prazo legal.

COMENTÁRIOS

✪ **Nota do autor: As fundações são entidades criadas para a realização de um fim específico, e sua criação e funcionamento estão sujeitos à supervisão do Ministério Público, que é responsável por zelar pelo cumprimento da lei em relação às fundações. CC, Art. 66. Velará pelas fundações o Ministério Público do Estado onde situadas. O estatuto da fundação deve ser elaborado pelo instituidor no momento da sua criação. Caso o estatuto não seja elaborado pelo instituidor, o Ministério Público pode intervir, mas não é responsabilidade do tribunal de contas elaborar esses documentos. CC, Art. 65. Parágrafo único. Se o estatuto não for elaborado no prazo assinado pelo instituidor, ou, não havendo prazo, em cento e oitenta dias, a incumbência caberá ao Ministério Público.**

Gabarito: ERRADO.

17. CEBRASPE – 2024 – TCE/AC – Auditor de Controle Externo. Em relação ao tratamento dado pelo Código Civil aos bens, às pessoas jurídicas e à desconsideração da personalidade jurídica, julgue o item subsequente. O conceito de abuso de personalidade jurídica abrange as pessoas jurídicas de direito privado sem fins lucrativos ou de fins não econômicos.

COMENTÁRIOS

✪ **Nota do autor: IV Jornada de Direito Civil - Enunciado 284. As pessoas jurídicas de direito privado sem fins lucrativos ou de fins não-econômicos estão abrangidas no conceito de abuso da personalidade jurídica. Art. 50 - CC. Em caso de abuso da personalidade jurídica, caracterizado pelo desvio de finalidade ou pela confusão patrimonial, pode o juiz, a requerimento da parte, ou do Ministério Público quando lhe couber intervir no processo, desconsiderá-la para que os efeitos de certas e determinadas relações de obrigações sejam estendidos aos bens particulares de administradores ou de sócios da pessoa jurídica beneficiados direta ou indiretamente pelo abuso.**

Gabarito: CERTO.

18. CEBRASPE – 2024 – TCE/AC – Analista Administrativo. No que se refere aos bens e às pessoas jurídicas, julgue o item seguinte. As corporações são pessoas jurídicas de direito privado nas quais prevalece o elemento pessoal, a exemplo das associações, fundações e sociedades.

COMENTÁRIOS

✪ **Nota do autor: Art. 62. Para criar uma fundação, o seu instituidor fará, por escritura pública ou testamento, dotação especial de bens livres, especificando o fim a que se destina, e declarando, se quiser, a maneira de administrá-la. Fundação é, pois, patrimônio personalizado, não sendo elemento pessoal característico.**

Gabarito: ERRADO.

19. CEBRASPE – 2024 – TCE/AC – Analista Administrativo. No que se refere aos bens e às pessoas jurídicas, julgue o item seguinte. A aplicação da teoria da desconsideração da pessoa jurídica não implica sua despersonalização, estando no plano da eficácia, e não no da validade.

COMENTÁRIOS

✪ **Nota do autor:** Art. 50. Em caso de abuso da personalidade jurídica, caracterizado pelo desvio de finalidade ou pela confusão patrimonial, pode o juiz, a requerimento da parte, ou do Ministério Público quando lhe couber intervir no processo, desconsiderá-la para que os efeitos de certas e determinadas relações de obrigações sejam estendidos aos bens particulares de administradores ou de sócios da pessoa jurídica beneficiados direta ou indiretamente pelo abuso. (Redação dada pela Lei nº 13.874, de 2019). Deve-se diferenciar a desconsideração da personalidade jurídica – que é o afastamento, momentâneo, da personalidade jurídica para responsabilização de demais pessoas em certas hipóteses – de despersonalização – que consiste na extinção da pessoa jurídica.

Gabarito: CERTO.

---

20. FGV – 2024 – TCE/PA – Auditor de Controle Externo. A sociedade empresária "Conhecendo o Brasil", especializada em turismo doméstico, regularmente constituída e com sede em Bonito (PA), conforme seu ato constitutivo, resolveu expandir os negócios e, para tal, constituiu três filiais. Assim, a diretoria permaneceu situada em Bonito (PA) e foram criadas filiais em Salvador (BA), Guarapari (ES) e Florianópolis (SC). Todas as unidades estão em funcionamento e são geridas como unidades de negócios.

Recentemente, o gerente da filial de Guarapari foi questionado por um dos parceiros comerciais locais acerca da indicação do domicílio da "Conhecendo Brasil" no contrato com ele firmado. Segundo o parceiro comercial, a indicação de Bonito como domicílio está errada, pois o contrato foi celebrado em Guarapari.

Sobre a situação narrada e em conformidade com a legislação vigente, é correto afirmar que

a) não assiste razão ao parceiro comercial da filial de Guarapari, pois, de fato, o domicílio da "Conhecendo o Brasil" é, exclusivamente, Bonito (PA).
b) não assiste razão ao parceiro comercial da filial de Guarapari, pois a sede e as filiais da "Conhecendo o Brasil" são consideradas como domicílio da pessoa jurídica para os atos nele praticados.
c) assiste razão ao parceiro comercial da filial de Guarapari, pois o domicílio para o exercício dos direitos e obrigações da "Conhecendo o Brasil" deverá ser o local onde os contratos foram firmados, não sendo possível especificar domicílio diverso nos contratos escritos.
d) não assiste razão ao parceiro comercial da filial de Guarapari, pois o domicílio da "Conhecendo o Brasil" é o local em que a sociedade empresária ficar sediada em ânimo definitivo.
e) assiste razão ao parceiro comercial da filial de Guarapari, pois à pessoa jurídica que possui filiais, aplica-se o princípio da pluralidade domiciliar e, conjuntamente, a regra do domicílio necessário que será aquele onde os atos tiverem sido praticados.

COMENTÁRIOS

Alternativa "a": incorreta. Art. 75, §1º, CC: Quanto às pessoas jurídicas, o domicílio é: § 1 Tendo a pessoa jurídica diversos estabelecimentos em lugares diferentes, cada um deles será considerado domicílio para os atos nele praticados.

Alternativa "b": correta. Art. 75, §1º, CC: Quanto às pessoas jurídicas, o domicílio é: § 1 Tendo a pessoa jurídica diversos estabelecimentos em lugares diferentes, cada um deles será considerado domicílio para os atos nele praticados.

Alternativa "c": incorreta. Art. 78 do CC: Nos contratos escritos, poderão os contratantes especificar domicílio onde se exercitem e cumpram os direitos e obrigações deles resultantes.

Alternativa "d": incorreta. Art. 70 do CC: O domicílio da pessoa natural é o lugar onde ela estabelece a sua residência com ânimo definitivo.

Alternativa "e": incorreta. Art. 76 do CC: Têm domicílio necessário o incapaz, o servidor público, o militar, o marítimo e o preso.

Alternativa correta: letra "b".

---

21. FGV – 2024 – TCE/PA – Auxiliar Técnico. Ana Oliveira, viúva, autônoma, é mãe de três filhos: Caio, de 16 anos, Getúlio, de 25 anos, e Regina, de 19 anos. Caio ingressou em curso superior de medicina veterinária, Getúlio foi declarado ausente em processo judicial e Regina, após acidente, encontra-se hospitalizada, em estado de coma.

Diante da situação hipotética narrada, é correto afirmar que

a) os três filhos de Ana Oliveira são relativamente incapazes, ainda que por causas diversas.
b) Caio atingiu a plena capacidade civil ao ingressar em curso superior e Getúlio é relativamente incapaz desde a declaração de ausência.
c) Regina, em razão do seu estado de saúde e da impossibilidade de expressar vontade, é absolutamente incapaz e Getúlio, em razão da declaração de ausência, é relativamente capaz.
d) Caio é relativamente incapaz em razão da idade e Getúlio, independentemente da declaração de ausência, mantém a sua capacidade civil.
e) Caio atingiu a plena capacidade civil ao ingressar em curso superior e Regina, em razão do seu estado de saúde e da impossibilidade de expressar vontade, é relativamente incapaz.

COMENTÁRIOS

✪ **Nota do autor: Caio** é relativamente incapaz, pois possui 16 anos, *in verbis*: "Art. 4 o São incapazes, relativamente a certos atos ou à maneira de os exercer: I - os maiores de dezesseis e menores de dezoito anos". Por não ter, ainda, concluído o curso de ensino superior, não há que falar em emancipação: art. 5º, IV - pela colação de grau em curso de ensino superior, CC. **Getúlio**, de 25 anos, é maior e capaz. A declaração de ausência em processo judicial não tem o condão de alterar a sua capacidade. **Regina**, de 19 anos, outrossim, é considerada maior e capaz, uma vez que a ocorrência de acidente com a hospitalização não tem o condão de alterar a sua capacidade civil. Seria possível, todavia, que, diante de uma causa transitória ou permanente, não pudesse exprimir sua vontade (art. 4º, III, CC) fosse ajuizado um processo de interdição. Com efeito, é cediço que o Estatuto da Pessoa com Deficiência – EPD (Lei n. 13.146/2015) alterou substancialmente o instituto da capacidade civil – ou melhor, da incapacidade civil –, preconizando que a incapacidade absoluta, a partir da sua entrada em vigor, restringe-se apenas aos menores de dezesseis anos de idade (critério objetivo), conforme o disposto na redação atual do art. 3º do Código Civil de 2002, in verbis: "são absolutamente incapazes de exercer pessoalmente os atos da vida civil os menores de 16 (dezesseis) anos". De outro lado, assenta o art. 4º do CC/2002 (adotando critério subjetivo) que "são incapazes, relativamente a certos atos ou à maneira de os exercer: I – os maiores dezesseis e menores de dezoito anos; II – os ébrios habituais e os viciados em tóxico; III – aqueles que, por causa transitória ou permanente, não puderem exprimir sua vontade; IV – os pródigos". O propósito do EPD, com as respectivas alterações legislativas, foi conferir maior autonomia à pessoa com deficiência física, mental, intelectual ou sensorial, entre as quais se pode inserir os relativamente incapazes, prestigiando-se, assim, a sua vontade, a conferir maior concretude, na medida do possível, ao fundamento constitucional da dignidade da pessoa humana. A esse respeito, o EPD assevera que "toda pessoa com deficiência tem direito à igualdade de oportunidades com as demais pessoas e não sofrerá nenhuma espécie de discriminação" (art. 4º), complementando que "a deficiência não afeta a plena capacidade civil da pessoa, inclusive para: I – casar-se e constituir união estável; II – exercer direitos sexuais e reprodutivos; III – exercer o direito de decidir sobre o número de filhos e de ter acesso a informações adequadas sobre reprodução e planejamento familiar; IV – conservar sua fertilidade, sendo vedada a esterilização compulsória; V – exercer o direito à família e à convivência familiar e comunitária; e VI – exercer o direito à guarda, à tutela, à curatela e à adoção, como adotante ou adotando, em igualdade de oportunidades com as demais pessoas" (art. 6º). Aliás, o art. 85, § 1º, do EPD prevê que "a definição da curatela não alcança o direito ao próprio corpo, à sexualidade, ao matrimônio, à privacidade, à educação, à saúde, ao trabalho e ao voto". É de se concluir, assim, em tal conjuntura normativa, conforme deliberado pelo STJ no julgamento do REsp n. 1.927.423/SP (DJe de 4/5/2021), que "a partir da entrada em vigor da referida lei (Lei n. 13.146/2015), a incapacidade absoluta para exercer pessoalmente os atos da vida civil se restringe aos menores de 16 (dezesseis) anos, ou seja, o critério passou a ser apenas etário, tendo sido eliminadas as hipóteses de deficiência mental ou intelectual anteriormente previstas no Código Civil". Como cediço, o instituto da interdição é medida extrema, com conteúdo protetivo da pessoa incapaz. Somente quando efetivamente reconhecida a incapacidade para os atos da vida civil, com elementos seguros de convicção, é possível seu decreto. Vale lembrar que "A sentença de interdição, salvo pronunciamento judicial expresso em sentido contrário, opera efeitos "ex nunc"" (AgInt nos EDcl no AREsp n. 2.335.639/SP, relatora Ministra Maria Isabel Gallotti, Quarta Turma, julgado em 19/3/2024, DJe de 22/3/2024).

Alternativa correta: letra "d".

---

22. FGV – 2024 – TCE/GO – Analista de Controle Externo. Ricardo Santos, 35 anos, autônomo, após experimentar uma série de adversidades e traumas em sua vida pessoal, desenvolveu um quadro clínico de insegurança e ansiedade, de sorte que não mais se sente plenamente confiante para a realização dos atos da vida civil. Assim, moveu ação judicial específica, requerendo a nomeação de dois apoiadores de sua confiança para a prática dos atos da vida civil.

Com a homologação judicial nos exatos termos do pedido

a) Ricardo Santos é declarado relativamente incapaz.

b) Os apoiadores indicados, uma vez assumido compromisso específico, tornam-se curadores de Ricardo Santos.

c) Os atos praticados por Ricardo Santos sem a participação dos apoiadores serão nulos.

d) Institui-se a curatela conjunta e restrita aos atos de natureza patrimonial.

e) A capacidade civil de Ricardo Santos não é alterada.

COMENTÁRIOS

Alternativa "a": incorreta. A Tomada de Decisão Apoiada não implica na modificação da capacidade civil do indivíduo. O Código Civil, no artigo 1.783-A, § 1º, ressalta que a pessoa continua plenamente capaz, ainda que necessite de apoio para a prática de atos da vida civil. Portanto, Ricardo Santos não seria declarado relativamente incapaz.

Alternativa "b": incorreta. A figura dos apoiadores na Tomada de Decisão Apoiada não se confunde com a curatela. O artigo 1.783-A, § 2º, deixa claro que os apoiadores auxiliam o apoiado, mas não substituem sua vontade, ao contrário do que ocorre com o curador na curatela, que tem um papel substitutivo.

Alternativa "c": incorreta. Os atos praticados por Ricardo Santos não são automaticamente nulos. O artigo 1.783-B, § 2º dispõe que, em caso de questionamento, os atos poderão ser revistos judicialmente se houver indício de que foram praticados sem a participação dos apoiadores, mas isso não significa nulidade automática.

Alternativa "d": incorreta. A Tomada de Decisão Apoiada é um instituto distinto da curatela e não implica na instituição de curatela conjunta ou restrita. A curatela está prevista no artigo 1.772 do Código Civil, e a Tomada de Decisão Apoiada, conforme o artigo 1.783-A, § 2º, busca preservar ao máximo a autonomia da pessoa, limitando a intervenção de terceiros.

Alternativa "e": correta. Conforme o artigo 1.783-A, § 1º, a Tomada de Decisão Apoiada não modifica a capacidade civil do apoiado. Ricardo Santos continua plenamente capaz para a prática dos atos da vida civil, e a função dos apoiadores é de prestar assistência, sem suprimir sua autonomia.

Alternativa correta: letra "e".

---

23. CEBRASPE – 2023 – TCDF – Auditor de Controle Externo. A respeito da desconsideração da personalidade jurídica prevista no Código Civil, julgue o item a seguir, considerando, quando cabível, a jurisprudência dos tribunais superiores.

Para fins de desconsideração da personalidade jurídica prevista no Código Civil, não constitui desvio de finalidade a mera expansão ou a alteração da finalidade original da atividade econômica específica da pessoa jurídica.

COMENTÁRIOS

✪ **Nota do autor: Art. 50, §5º, CC: Não constitui desvio de finalidade a mera expansão ou a alteração da finalidade original da atividade econômica específica da pessoa jurídica.**

Gabarito: CERTO.

---

24. CEBRASPE – 2023 – TCDF – Auditor de Controle Externo. A respeito da desconsideração da personalidade jurídica prevista no Código Civil, julgue o item a seguir, considerando, quando cabível, a jurisprudência dos tribunais superiores. Em caso de dissolução irregular da pessoa jurídica, presume-se a existência de desvio de finalidade, para fins de desconsideração da personalidade jurídica prevista no Código Civil.

COMENTÁRIOS

✪ **Nota do autor**: "O encerramento das atividades ou dissolução, ainda que irregulares, da sociedade não é causa, por si só, para a desconsideração da personalidade jurídica prevista no Código Civil" (STJ. 2ª Seção. EREsp 1306553/SC, Rel. Min. Maria Isabel Gallotti, julgado em 10/12/2014). Enunciado 282 do CJF: O encerramento irregular das atividades da pessoa jurídica, por si só, não basta para caracterizar abuso da personalidade jurídica.

Gabarito: ERRADO.

---

25. CEBRASPE – 2023 – TCDF – Auditor de Controle Externo. A respeito da desconsideração da personalidade jurídica prevista no Código Civil, julgue o item a seguir, considerando, quando cabível, a jurisprudência dos tribunais superiores. O Código Civil adotou, como regra geral, a teoria menor da desconsideração da personalidade jurídica, sendo suficiente a inexistência de bens em nome da pessoa jurídica para atingir os bens dos sócios.

COMENTÁRIOS

✪ **Nota do autor: As pessoas jurídicas são sujeitos de direitos, possuindo, portanto, personalidade jurídica distinta de seus instituidores. Consequentemente, o patrimônio da pessoa jurídica é diferente do patrimônio de seus sócios. No entanto, o ordenamento jurídico prevê algumas situações em que essa autonomia patrimonial pode ser afastada. Trata-se da "desconsideração da personalidade jurídica" (disregard of legal entity ou teoria do superamento da personalidade jurídica). Nessa hipótese, os bens particulares dos administradores ou sócios são utilizados para pagar dívidas da pessoa jurídica. A desconsideração da personalidade jurídica, no âmbito das relações civis gerais, está disciplinada no art. 50 do CC: Art. 50. Em caso de abuso da personalidade jurídica, caracterizado pelo desvio de finalidade ou pela confusão patrimonial, pode o juiz, a requerimento da parte, ou do Ministério Público quando lhe couber intervir no processo, desconsiderá-la para que os efeitos de certas e determinadas relações de obrigações sejam estendidos aos bens particulares de administradores ou de sócios da pessoa jurídica beneficiados direta ou indiretamente pelo abuso. (redação dada pela Lei nº 13.874/2019). O abuso da personalidade jurídica pode ocorrer em duas situações: a) desvio de finalidade e b) confusão patrimonial. O Direito Civil brasileiro adotou, como regra geral, a chamada teoria maior da desconsideração. Isso porque o art. 50 exige que se prove o desvio de finalidade (teoria maior subjetiva) ou a confusão patrimonial (teoria maior objetiva). Neste caso, deve-se comprovar o abuso da personalidade (desvio de finalidade ou confusão patrimonial) e que os administradores ou sócios da pessoa jurídica foram beneficiados direta ou indireta-**

mente pelo abuso (novo requisito trazido pela Lei nº 13.874/2019). Lado outro, o Direito do Consumidor e no Direito Ambiental (art. 4º da Lei nº 9.605/98 e no art. 28, § 5º do CDC), adotou-se a teoria menor da desconsideração. Isso porque, para que haja a desconsideração da personalidade jurídica nas relações jurídicas envolvendo consumo ou responsabilidade civil ambiental não se exige desvio de finalidade nem confusão patrimonial. Neste caso, a incidência da desconsideração se justifica: a) pela comprovação da insolvência da pessoa jurídica para o pagamento de suas obrigações, somada à má administração da empresa (art. 28, caput, do CDC); ou b) pelo mero fato de a personalidade jurídica representar um obstáculo ao ressarcimento de prejuízos causados aos consumidores, nos termos do § 5º do art. 28 do CDC (STJ. 3ª Turma. REsp 1735004/SP, Rel. Min. Nancy Andrighi, julgado em 26/06/2018). "A despeito de não se exigir prova de abuso ou fraude para aplicação da Teoria Menor da desconsideração da personalidade jurídica, não é possível a responsabilização pessoal de sócio que não desempenhe atos de gestão, ressalvada a prova de que contribuiu, ao menos culposamente, para a prática de atos de administração" (STJ. 3ª Turma. REsp 1.900.843-DF, Rel. Min. Paulo de Tarso Sanseverino, Rel. para acórdão Min. Ricardo Villas Bôas Cueva, julgado em 23/5/2023 (Info 777).

Gabarito: ERRADO.

---

26. CEBRASPE – 2023 – TCDF – Auditor de Controle Externo. A respeito da desconsideração da personalidade jurídica prevista no Código Civil, julgue o item a seguir, considerando, quando cabível, a jurisprudência dos tribunais superiores. A existência de grupo econômico, ainda que sem a presença do requisito de abuso da personalidade jurídica, caracterizado pelo desvio de finalidade ou pela confusão patrimonial, autoriza a desconsideração da personalidade da pessoa jurídica.

COMENTÁRIOS

✪ Nota do autor: Art. 50, § 4º A mera existência de grupo econômico sem a presença dos requisitos de que trata o caput deste artigo não autoriza a desconsideração da personalidade da pessoa jurídica.

Gabarito: ERRADO.

---

27. CEBRASPE – 2023 – TCE/MS – Procurador. A respeito da desconsideração da personalidade jurídica, julgue os itens seguintes.

I O abuso da personalidade jurídica que viabiliza a desconsideração desta é demonstrado pela presença do desvio de finalidade ou da confusão patrimonial.

II A caracterização de grupo econômico é motivo suficiente para viabilizar a desconsideração da personalidade jurídica.

III A pessoa jurídica possui interesse e legitimidade para recorrer de decisão que desconsidere sua personalidade jurídica nos casos em que almeje defender direito próprio.

Assinale a opção correta.

a) Apenas o item I está certo.
b) Apenas o item II está certo.
c) Apenas os itens I e III estão certos.
d) Apenas os itens II e III estão certos.
e) Todos os itens estão certos.

COMENTÁRIOS

Assertiva I: correta. Art. 50. Em caso de abuso da personalidade jurídica, caracterizado pelo desvio de finalidade ou pela confusão patrimonial, pode o juiz, a requerimento da parte, ou do Ministério Público quando lhe couber intervir no processo, desconsiderá-la para que os efeitos de certas e determinadas relações de obrigações sejam estendidos aos bens particulares de administradores ou de sócios da pessoa jurídica beneficiados direta ou indiretamente pelo abuso.

Assertiva II: incorreta. Art. 50, § 4º A mera existência de grupo econômico sem a presença dos requisitos de que trata o caput deste artigo não autoriza a desconsideração da personalidade da pessoa jurídica.

Assertiva III: correta. "A pessoa jurídica tem legitimidade para interpor recurso contra decisão que desconsidera sua personalidade, a fim de defender direito próprio, relativo a sua autonomia em relação aos sócios e à regularidade de sua administração" (AgInt nos EDcl no AgInt no AREsp n. 995.378/SP, relator Ministro Lázaro Guimarães (Desembargador Convocado do TRF 5ª Região), Quarta Turma, julgado em 17/5/2018, DJe de 23/5/2018).

Alternativa correta: letra "c".

---

28. CEBRASPE – 2023 – TCE/MS – Procurador. O domicílio do município é

a) o lugar onde funcione a administração municipal.
b) o local onde se encontre o representante legal.
c) a residência do prefeito, caso não haja órgão de representação legal.
d) qualquer local em que se encontre o prefeito.
e) a Câmara Municipal, caso não se encontre o representante legal.

COMENTÁRIOS

✪ Nota do autor: Art. 75. Quanto às pessoas jurídicas, o domicílio é: I - da União, o Distrito Federal; II - dos Estados e Territórios, as respectivas capitais; III - do Município, o lugar onde funcione a administração municipal; IV - das demais pessoas jurídicas, o lugar onde funcionarem as respectivas diretorias e administrações, ou onde elegerem domicílio especial no seu estatuto ou atos constitutivos.

Alternativa correta: letra "a".

29. CONSULPAM – 2023 – TCM/PA – Auditor de Controle Externo. Sobre a desconsideração da personalidade jurídica, desvio de finalidade e a confusão patrimonial no âmbito do Código Civil brasileiro, assinale a alternativa CORRETA.

a) O desvio de finalidade é a ausência de separação de fato entre os patrimônios.

b) A confusão patrimonial é a utilização da pessoa jurídica com o propósito de lesar credores e para a prática de atos ilícitos de qualquer natureza.

c) A expansão ou a alteração da finalidade original da atividade econômica específica da pessoa jurídica não constitui desvio de finalidade.

d) Em caso de abuso da personalidade jurídica, pode o juiz, a requerimento da parte, ou do Ministério Público quando lhe couber intervir no processo, desconsiderá-la para que os efeitos de todas as relações de obrigações sejam estendidos aos bens particulares de sócios da pessoa jurídica beneficiados diretamente pelo abuso.

COMENTÁRIOS

Alternativa "a": incorreta. Art. 50, § 1º - Para os fins do disposto neste artigo, desvio de finalidade é a utilização da pessoa jurídica com o propósito de lesar credores e para a prática de atos ilícitos de qualquer natureza. § 2º - Entende-se por confusão patrimonial a ausência de separação de fato entre os patrimônios, caracterizada por: I - cumprimento repetitivo pela sociedade de obrigações do sócio ou do administrador ou vice-versa; II - transferência de ativos ou de passivos sem efetivas contraprestações, exceto os de valor proporcionalmente insignificante; e III - outros atos de descumprimento da autonomia patrimonial.

Alternativa "b": incorreta. Art. 50, § 1º - Para os fins do disposto neste artigo, desvio de finalidade é a utilização da pessoa jurídica com o propósito de lesar credores e para a prática de atos ilícitos de qualquer natureza.

Alternativa "c": correta. Art. 50, § 5º - Não constitui desvio de finalidade a mera expansão ou a alteração da finalidade original da atividade econômica específica da pessoa jurídica.

Alternativa "d": incorreta. Art. 50. Em caso de abuso da personalidade jurídica, caracterizado pelo desvio de finalidade ou pela confusão patrimonial, pode o juiz, a requerimento da parte, ou do Ministério Público quando lhe couber intervir no processo, desconsiderá-la para que os efeitos de certas e determinadas relações de obrigações sejam estendidos aos bens particulares de administradores ou de sócios da pessoa jurídica beneficiados direta ou indiretamente pelo abuso.

Alternativa correta: letra "c".

30. CONSULPAM – 2023 – TCM/PA – Auditor de Controle Externo. O Código Civil brasileiro prevê algumas espécies de pessoas que possuem domicílio necessário, independente das disposições gerais sobre o tema. Assinale a alternativa que elenca todas essas hipóteses.

a) O incapaz, o servidor público, o militar, o marítimo e o preso.

b) Administração ou diretoria de pessoa jurídica com sede jurídica no estrangeiro, o servidor público, o marítimo e o preso.

c) Administração ou diretoria de pessoa jurídica com sede jurídica no estrangeiro, o agente diplomático brasileiro e o preso.

d) O incapaz, o agente diplomático brasileiro, o militar e o preso.

COMENTÁRIOS

Alternativa "a": correta. Art. 76 Têm domicílio necessário o incapaz, o servidor público, o militar, o marítimo e o preso.

Alternativa "b": incorreta. Art. 75, § 2 º Se a administração, ou diretoria, tiver a sede no estrangeiro, haver-se-á por domicílio da pessoa jurídica, no tocante às obrigações contraídas por cada uma das suas agências, o lugar do estabelecimento, sito no Brasil, a que ela corresponder.

Alternativa "c": incorreta. Art. 75, § 2 º Se a administração, ou diretoria, tiver a sede no estrangeiro, haver-se-á por domicílio da pessoa jurídica, no tocante às obrigações contraídas por cada uma das suas agências, o lugar do estabelecimento, sito no Brasil, a que ela corresponder.

Alternativa "d": incorreta. Art. 77. O agente diplomático do Brasil, que, citado no estrangeiro, alegar extraterritorialidade sem designar onde tem, no país, o seu domicílio, poderá ser demandado no Distrito Federal ou no último ponto do território brasileiro onde o teve.

Alternativa correta: letra "a".

31. CONSULPAM – 2023 – TCM/PA – Auditor de Controle Externo. Com base no Código Civil e a temática das pessoas naturais, assinale a alternativa que versa CORRETAMENTE com o que está disposto na referida norma.

a) A sucessão definitiva pela ausência se caracteriza apenas após dez anos do requerimento da sucessão provisória.

b) Caso após dez anos do marco para iniciar a contagem da sucessão definitiva o ausente não regressar e nenhum interessado promover essa, os bens arrecadados passarão ao domínio dos Estados em que estão localizados ou poderão se incorporar à União, caso situados em território federal.

c) A sentença que determinar a abertura da sucessão provisória só produzirá efeito noventa dias depois de publicada pela imprensa; mas, logo que passe em julgado, proceder-se-á ao inventário e partilha dos bens, como se o ausente fosse falecido e sem considerar eventual testamento.

d) Em falta do cônjuge, a curadoria dos bens do ausente incumbe aos pais ou aos descendentes, nesta ordem, não havendo impedimento que os iniba de exercer o cargo.

COMENTÁRIOS

Alternativa "a": incorreta. Art. 37. Dez anos depois de passada em julgado a sentença que concede a abertura da sucessão provisória, poderão os interessados requerer a sucessão definitiva e o levantamento das cauções prestadas.

Alternativa "b": incorreta. Art. 39. Parágrafo único. Se, nos dez anos a que se refere este artigo, o ausente não regressar, e nenhum interessado promover a sucessão definitiva, os bens arrecadados passarão ao domínio do Município ou do Distrito Federal, se localizados nas respectivas circunscrições, incorporando-se ao domínio da União, quando situados em território federal.

Alternativa "c": incorreta. Art. 28. A sentença que determinar a abertura da sucessão provisória só produzirá efeito cento e oitenta dias depois de publicada pela imprensa; mas, logo que passe em julgado, proceder-se-á à abertura do testamento, se houver, e ao inventário e partilha dos bens, como se o ausente fosse falecido.

Alternativa "d": correta. Art. 25. § 1 Em falta do cônjuge, a curadoria dos bens do ausente incumbe aos pais ou aos descendentes, nesta ordem, não havendo impedimento que os iniba de exercer o cargo.

Alternativa correta: letra "d".

32. CONSULPAM – 2023 – TCM/PA – Auditor de Controle Externo. Consoante o texto do Código Civil brasileiro de 2002 (Lei n.º 10.406), considera-se imóvel para efeitos legais:

a) O direito real sobre objetos móveis.

b) O direito à sucessão aberta.

c) A energia que tenha valor econômico.

d) O direito pessoal de caráter patrimonial.

COMENTÁRIOS

Alternativa "a": incorreta. Art. 83. Consideram-se <u>móveis</u> para os efeitos legais: II - os direitos reais sobre objetos móveis e as ações correspondentes.

Alternativa "b": correta. Art. 80. Consideram-se <u>imóveis</u> para os efeitos legais: II - o direito à sucessão aberta.

Alternativa "c": incorreta. Art. 83. Consideram-se <u>móveis</u> para os efeitos legais: I - as energias que tenham valor econômico.

Alternativa "d": incorreta. Art. 83. Consideram-se <u>móveis</u> para os efeitos legais: III - os direitos pessoais de caráter patrimonial e respectivas ações.

Alternativa correta: letra "b".

33. CONSULPAM – 2023 – TCM/PA – Conselheiro. Tendo em vista as determinações da Lei n.º 10.406/2002 (Código Civil brasileiro) sobre as associações, assinale a alternativa CORRETA.

a) Não há, entre os associados, direitos e obrigações recíprocos.

b) Constituem-se as associações pela união de pessoas que se organizem para fins econômicos ou não.

c) Os associados devem ter iguais direitos, não podendo o estatuto instituir categorias com vantagens especiais.

d) A exclusão de associado é admissível mesmo não havendo justa causa.

COMENTÁRIOS

Alternativa "a": correta. Art. 53, Parágrafo único. Não há, entre os associados, direitos e obrigações recíprocos.

Alternativa "b": incorreta. Art. 53. Constituem-se as associações pela união de pessoas que se organizem para fins não econômicos.

Alternativa "c": incorreta. Art. 55. Os associados devem ter iguais direitos, mas o estatuto poderá instituir categorias com vantagens especiais.

Alternativa "d": incorreta. Art. 57. A exclusão do associado só é admissível havendo justa causa, assim reconhecida em procedimento que assegure direito de defesa e de recurso, nos termos previstos no estatuto.

Alternativa correta: letra "a".

34. CONSULPAM – 2023 – TCM/PA – Conselheiro. Concernente aos mandamentos da Lei n.º 10.406/2002 (Código Civil brasileiro) sobre as pessoas jurídicas, assinale a alternativa CORRETA.

a) Decai em um ano o direito de anular a constituição das pessoas jurídicas de direito privado, por defeito do ato respectivo.

b) As pessoas jurídicas de direito privado poderão realizar suas assembleias gerais por meio eletrônico.

c) Em caso de abuso da personalidade jurídica, pode o juiz, de ofício, desconsiderá-la.

d) Concomitantemente com a liquidação, promover-se-á o cancelamento da inscrição da pessoa jurídica.

COMENTÁRIOS

Alternativa "a": incorreta. Art. 45, Parágrafo único. Decai em três anos o direito de anular a constituição das pessoas jurídicas de direito privado, por defeito do ato respectivo, contado o prazo da publicação de sua inscrição no registro.

Alternativa "b": correta. Art. 48-A. As pessoas jurídicas de direito privado, sem prejuízo do previsto em legislação especial e em seus atos constitutivos, poderão realizar suas assembleias gerais por meio eletrônico, inclusive para os fins do disposto no art. 59 deste Código, respeitados os direitos previstos de participação e de manifestação. (Incluído pela Lei nº 14.382, de 2022).

Alternativa "c": incorreta. Art. 50. Em caso de abuso da personalidade jurídica, caracterizado pelo desvio de finalidade ou pela confusão patrimonial, pode o juiz, a requerimento da parte, ou do Ministério Público quando lhe couber intervir no processo, desconsiderá-la para que os efeitos de certas e determinadas relações de obrigações sejam estendidos aos bens particulares de administradores ou de sócios da pessoa jurídica beneficiados direta ou indiretamente pelo abuso.

Alternativa "d": incorreta. Art. 51. Nos casos de dissolução da pessoa jurídica ou cassada a autorização para seu funcionamento, ela subsistirá para os fins de liquidação, até que esta se conclua. § 3º Encerrada a liquidação, promover-se-á o cancelamento da inscrição da pessoa jurídica.

Alternativa correta: letra "b".

35. CONSULPAM – 2023 – TCM/PA – Conselheiro. Em consonância com o disposto pela Lei n.º 10.406/2002 (Código Civil brasileiro), NÃO são pessoas jurídicas de direito privado:

a) As organizações religiosas.

b) As fundações.

c) Os condomínios.

d) Os partidos políticos.

COMENTÁRIOS

Alternativa "a": incorreta. Art. 44. São pessoas jurídicas de direito privado: IV - as organizações religiosas.

Alternativa "b": incorreta. Art. 44. São pessoas jurídicas de direito privado: III - as fundações.

Alternativa "c": correta. "Diferentemente da pessoa jurídica, o condomínio é uma massa patrimonial despersonalizada" (REsp 1736593).

Alternativa "d": incorreta. Art. 44. São pessoas jurídicas de direito privado: V - os partidos políticos.

Alternativa correta: letra "c".

36. CONSULPAM – 2023 – TCM/PA – Conselheiro. De conformidade com o previsto na Lei n.º 10.406/2002 (Código Civil brasileiro), assinale a alternativa CORRETA dentre as apresentadas abaixo.

a) O ato de disposição gratuita do próprio corpo pode ser livremente revogado a qualquer tempo.

b) A sentença que decretar o restabelecimento da sociedade conjugal não precisará de averbação em registro público.

c) O cônjuge do ausente, sempre que não esteja separado fato por mais de três anos antes da declaração da ausência, será o seu legítimo curador.

d) Em falta do cônjuge, a curadoria dos bens do ausente incumbe aos descendentes ou aos pais, nesta ordem.

COMENTÁRIOS

Alternativa "a": correta. Art. 14. É válida, com objetivo científico, ou altruístico, a disposição gratuita do próprio corpo, no todo ou em parte, para depois da morte. Parágrafo único. O ato de disposição pode ser livremente revogado a qualquer tempo.

Alternativa "b": incorreta. Art. 10. Far-se-á averbação em registro público: I - das sentenças que decretarem a nulidade ou anulação do casamento, o divórcio, a separação judicial e o restabelecimento da sociedade conjugal.

Alternativa "c": incorreta. Art. 25. O cônjuge do ausente, sempre que não esteja separado judicialmente, ou de fato por mais de dois anos antes da declaração da ausência, será o seu legítimo curador.

Alternativa "d": incorreta. Art. 25, § 1 Em falta do cônjuge, a curadoria dos bens do ausente incumbe aos pais ou aos descendentes, nesta ordem, não havendo impedimento que os iniba de exercer o cargo.

Alternativa correta: letra "a".

37. VUNESP – 2023 – TCM/SP – Auditor de Controle Externo. Assinale a alternativa que trata especificamente de pessoas jurídicas de direito público interno.

a) Os Estados, inclusive os estrangeiros, o Distrito Federal, os Territórios e os Municípios.

b) Os Municípios e as autarquias, inclusive as associações públicas.

c) A União, os partidos políticos e as demais entidades de caráter público criadas por lei.

d) As autarquias, as associações, as fundações e os partidos políticos.

e) As autarquias, inclusive as associações públicas e todas as pessoas que forem regidas pelo direito internacional público.

COMENTÁRIOS

✪ Nota do autor: Art. 41, CF. do Código Civil. São pessoas jurídicas de direito público interno: I - a União; II - os Estados, o Distrito Federal e os Territórios; III - os Municípios; IV - as autarquias, inclusive as associações públicas; V - as demais entidades de caráter público criadas por lei. Art. 1º, Lei 9.096/95. O partido político, pessoa jurídica de direito privado, destina-se a assegurar, no interesse do regime democrático, a autenticidade do sistema representativo e a defender os direitos fundamentais definidos na Constituição Federal. As fundações públicas são entidades dotadas de personalidade jurídica de direito público ou privado, sem fins lucrativos, criadas em virtude de autorização legislativa, para a execução de atividades do Estado na ordem social, com autonomia administrativa, patrimônio próprio gerido pelos respectivos órgãos de direção, e funcionamento custeado por recursos da União e de outras fontes. (Art. 5º, decreto-lei 200/1967).

Alternativa "a": incorreta. Os Municípios e as autarquias, inclusive as associações públicas.

Alternativa "b": correta. Art. 10. Far-se-á averbação em registro público: I - das sentenças que decretarem a nulidade ou anulação do casamento, o divórcio, a separação judicial e o restabelecimento da sociedade conjugal.

Alternativa "c": incorreta. A União, os partidos políticos e as demais entidades de caráter público criadas por lei.

Alternativa "d": incorreta. As autarquias, as associações, as fundações e os partidos políticos.

Alternativa "d": incorreta. As autarquias, inclusive as associações públicas e todas as pessoas que forem regidas pelo direito internacional público.

Alternativa correta: letra "b".

38. COPEVE-UFAL – 2022 – TCE/AL – Agente de Controle Externo. Dadas as afirmativas acerca das Associações, Sociedades e Fundações,

I. Tornando-se ilícita, impossível ou inútil a finalidade a que visa a fundação, ou vencido o prazo de sua existência, o órgão do Ministério Público, ou qualquer interessado, lhe promoverá a extinção, incorporando-se o seu patrimônio, salvo disposição em contrário no ato constitutivo, ou no estatuto, em outra fundação com finalidade dissemelhante e sem embargo de natureza jurídica, a ser designada pelo juiz.

II. A sociedade que tenha por objeto o exercício de atividade própria de empresário rural e seja constituída, ou transformada, de acordo com um dos tipos de sociedade empresária, pode, com as formalidades do Art. 968, requerer inscrição no Registro Público de Empresas Mercantis da sua sede, caso em que, depois de inscrita, ficará equiparada, para todos os efeitos, à sociedade empresária.

III. Aqueles a quem o instituidor cometer a aplicação do patrimônio, em tendo ciência do encargo, formularão logo, de acordo com as suas bases, o estatuto da fundação projetada, submetendo-o, em seguida, à aprovação da autoridade competente, com recurso ao juiz.

verifica-se que está(ão) correta(s)

a) I, apenas.

b) II, apenas.

c) I e III, apenas.

d) II e III, apenas.

e) I, II e III.

COMENTÁRIOS

Assertiva I: incorreta. Art. 69. Tornando-se ilícita, impossível ou inútil a finalidade a que visa a fundação, ou vencido o prazo de sua existência, o órgão do Ministério Público, ou qualquer interessado, lhe promoverá a extinção, incorporando-se o seu patrimônio, salvo disposição em contrário

no ato constitutivo, ou no estatuto, em outra fundação, designada pelo juiz, que se proponha a fim igual ou semelhante.

Assertiva II: correta. Art. 984. A sociedade que tenha por objeto o exercício de atividade própria de empresário rural e seja constituída, ou transformada, de acordo com um dos tipos de sociedade empresária, pode, com as formalidades do art. 968, requerer inscrição no Registro Público de Empresas Mercantis da sua sede, caso em que, depois de inscrita, ficará equiparada, para todos os efeitos, à sociedade empresária.

Assertiva III: correta. Art. 65. Aqueles a quem o instituidor cometer a aplicação do patrimônio, em tendo ciência do encargo, formularão logo, de acordo com as suas bases (art. 62), o estatuto da fundação projetada, submetendo-o, em seguida, à aprovação da autoridade competente, com recurso ao juiz.

Alternativa correta: letra "d".

---

39. COPEVE-UFAL – 2022 – TCE/AL – Agente de Controle Externo. Dadas as afirmativas relativas à Pessoa Jurídica,

I. A autonomia patrimonial das pessoas jurídicas é um instrumento lícito de alocação e segregação de riscos, estabelecido pela lei com a finalidade de estimular empreendimentos para a geração de empregos, tributo, renda e inovação em benefício de todos.

II. Se a pessoa jurídica tiver administração coletiva, as decisões se tomarão pela maioria de votos dos presentes, salvo se o ato constitutivo dispuser de modo diverso. E decai em cinco anos o direito de anular as decisões da administração coletiva da pessoa jurídica quando violarem a lei ou estatuto, ou forem eivadas de erro, dolo, simulação ou fraude.

III. Em caso de abuso da personalidade jurídica, caracterizado pelo desvio de finalidade ou pela confusão patrimonial, pode o juiz, a requerimento da parte, ou do Ministério Público quando lhe couber intervir no processo, desconsiderá-la para que os efeitos de certas e determinadas relações de obrigações sejam estendidos aos bens particulares de administradores ou de sócios da pessoa jurídica beneficiados direta ou indiretamente pelo abuso.

verifica-se que está(ão) correta(s)

a) I, apenas.

b) II, apenas.

c) I e III, apenas.

d) II e III, apenas.

e) I, II e III.

COMENTÁRIOS

Assertiva I: correta. Art. 49 A, Parágrafo único CC. A autonomia patrimonial das pessoas jurídicas é um instrumento lícito de alocação e segregação de riscos, estabelecido pela lei com a finalidade de estimular empreendimentos, para a geração de empregos, tributo, renda e inovação em benefício de todos.

Assertiva II: incorreta. Art. 48. CC. Se a pessoa jurídica tiver administração coletiva, as decisões se tomarão pela maioria de votos dos presentes, salvo se o ato constitutivo dispuser de modo diverso.

Assertiva III: correta. Art. 50. CC. Em caso de abuso da personalidade jurídica, caracterizado pelo desvio de finalidade ou pela confusão patrimonial, pode o juiz, a requerimento da parte, ou do Ministério Público quando lhe couber intervir no processo, desconsiderá-la para que os efeitos de certas e determinadas relações de obrigações sejam estendidos aos bens particulares de administradores ou de sócios da pessoa jurídica beneficiados direta ou indiretamente pelo abuso.

Alternativa correta: letra "c".

---

40. (FGV – Auditor Federal de Controle Externo – TCU/2022) Adauto instituiu por testamento fundação com fins de promoção de educação de jovens carentes de São Paulo e, para tal, realizou a dotação de bens livres com a parte disponível de sua herança. Quando ele faleceu, o estatuto foi elaborado, aprovado pelo Ministério Público e inscrito no órgão competente. A fundação começou a funcionar, mas agora, depois de um ano de funcionamento, precisará realizar alterações no seu estatuto. A reforma, além de deliberada por dois terços dos competentes para gerir e representar a fundação e não contrariar ou desvirtuar o fim da fundação, deve ser:

a) aprovada expressamente pelo órgão do Ministério Público dentro do prazo legal, descabido o suprimento judicial em caso de denegação ou ausência de manifestação;

b) aprovada pelo órgão do Ministério Público, expressa ou tacitamente (pelo decurso dentro do prazo legal sem manifestação), descabido o suprimento judicial;

c) aprovada pelo órgão do Ministério Público e, se ele denegar ou não se manifestar no prazo legal, poderá o juiz supri-la a requerimento do interessado;

d) aprovada expressamente pelo órgão do Ministério Público, sendo cabível suprimento judicial somente no caso de ele não se manifestar no prazo legal;

e) aprovada pelo órgão do Ministério Público, expressa ou tacitamente (pelo decurso dentro do prazo legal sem manifestação), sendo cabível suprimento judicial somente no caso de denegação.

COMENTÁRIOS

✪ **Nota do autor:** as fundações são bens arrecadados e personificados para a consecução de um fim determinado (assistência social, cultura, defesa e conservação do patrimônio histórico e artístico, educação, saúde, segurança alimentar e nutricional, defesa, preservação e conservação do meio ambiente e promoção do desenvolvimento sustentável, pesquisa científica, desenvolvimento de tecnologias alternativas, modernização de sistemas de gestão, produção e divulgação de informações e conhecimentos técnicos e científicos, promoção da ética, da cidadania, da democracia e dos direitos humanos e atividades religiosas; art. 62, CC).

Nos termos do art. 62 do CC, as fundações são criadas a partir de escritura pública ou testamento. Surgem com o registro de seus estatutos no Registro Civil de Pessoas Jurídicas.

"O instituidor pode elaborar, ele próprio, o estatuto da fundação ou deixar o encargo àqueles a quem acometer a sua administração. O estatuto será, em qualquer caso, submetido ao Ministério Público, que poderá negar previamente o estatuto ou exigir mudanças ao interessado (art. 764, I, do CPC), situações nas quais é assegurado o recurso ao juiz para suprimento da aprovação do *Parquet* (art. 764 do CPC). O parágrafo único do artigo em comento prevê hipóteses excepcionais, em que o próprio órgão do Ministério Público elaborará o estatuto: a) quando este não for elaborado no prazo assinado pelo instituidor ou b) quando este não for elaborado em 180 dias, caso não haja prazo" (Código Civil comentado: doutrina e jurisprudência / Anderson Schreiber ... [et al.]. – 3.ed. – Rio de Janeiro: Forense, 2021).

O Ministério Público do Estado onde situadas exercerá atividade fiscalizatória (art. 66, CC)

A alteração das normas estatutárias da fundação somente é possível mediante a deliberação de dois terços das pessoas responsáveis pela sua gerência, desde que não contrarie ou desvirtue a sua finalidade e que seja aprovada pelo Ministério Público (art. 67, CC). Vencido o prazo sem que haja a decisão ou sendo esta denegatória, faculta-se ao interessado pleitear em juízo o suprimento da aprovação ministerial.

Alternativa "c": correta. A reforma, além de deliberada por dois terços dos competentes para gerir e representar a fundação e não contrariar ou desvirtuar o fim da fundação, deve ser aprovada pelo órgão do Ministério Público e, se ele denegar ou não se manifestar no prazo legal, poderá o juiz supri-la a requerimento do interessado.

Alternativas "a", "b", "d" e "e": incorretas. Consoante explanado, é cabível o suprimento judicial na hipótese de vencido o prazo sem que haja a decisão ou sendo esta denegatória (art. 67, CC).

41. (Cespe – Analista de Controle Externo – Direito – TCE – RJ/2021) Segundo o Código Civil em vigor, a alteração da finalidade original da atividade econômica específica de pessoa jurídica é, por si só, indicativo de desvio de finalidade para efeito de desconsideração da personalidade jurídica.

COMENTÁRIOS

✪ **Nota do autor:** tema relevante na órbita do Direito Civil e do Direito Processual Civil é a desconsideração da personalidade jurídica. Há, aprioristicamente, uma autonomia da pessoa jurídica em relação aos seus sócios e administradores, consoante previsto no art. 49-A do Código Civil, incluído pela Lei 13.874/2019. Na esteira do princípio da autonomia patrimonial, os sócios, associados, instituidores ou administradores não responderão com seus bens pessoais pelas dívidas da sociedade. Não é demasiado lembrar que há tipos societários cuja responsabilidade dos sócios é ilimitada, como no caso das Sociedades em Comum (art. 990, CC), da Sociedade em Conta de Participação (art. 994, CC), da Sociedade em Nome Coletivo (art. 1.039, CC) e da Sociedade em Comandita Simples (art. 1.045, CC).

Entretanto, há situações em que o ordenamento jurídico prevê o afastamento da autonomia patrimonial, isto é, em que os bens particulares dos administradores ou sócios são utilizados para pagar dívidas da pessoa jurídica. Trata-se do que se denominou de "desconsideração da personalidade jurídica" (*disregard of legal entity* ou teoria do superamento da personalidade jurídica).

A desconsideração direta da pessoa jurídica, com origem na teoria do "*disregard of the legal entity*", a Inglaterra, no caso de litígio entre os irmãos *Salomon*, em 1897, ocorre quando os bens dos sócios respondam por obrigações da sociedade.

Por outro lado, "a desconsideração inversa da personalidade jurídica caracteriza-se pelo afastamento da autonomia patrimonial da sociedade, para, contrariamente do que ocorre na desconsideração da personalidade jurídica propriamente dita, atingir o ente coletivo e seu patrimônio social, de modo a responsabilizar a pessoa jurídica por obrigações do sócio" (REsp 1236916/RS, Rel. Ministra NANCY ANDRIGHI, TERCEIRA TURMA, julgado em 22/10/2013, DJe 28/10/2013). Frise-se que a desconsideração inversa sempre foi admitida pela doutrina e jurisprudência e, desde 2019, encontra-se expressamente prevista no § 3º do art. 50 do Código Civil.

Consoante assevera Fabio Ulhoa Coelho, "Em síntese, a desconsideração é utilizada como instrumento para responsabilizar sócio por dívida formalmente imputada à sociedade. Também é possível, contudo, o inverso: desconsiderar a autonomia patrimonial da pessoa jurídica para responsabilizá-la por obrigação de sócio (Bastid-David-Luchaire, 1960:47)". (Curso de Direito Comercial, volume 2: direito de empresa, 15ª ed. São Paulo: Saraiva, 2011, p. 65).

A desconsideração da personalidade jurídica, no âmbito das relações civis gerais, está disciplinada no art. 50 do CC: Art. 50. Em caso de abuso da personalidade jurídica, caracterizado pelo desvio de finalidade ou pela confusão patrimonial, pode o juiz, a requerimento da parte, ou do Ministério Público quando lhe couber intervir no processo, desconsiderá-la para que os efeitos de certas e determinadas relações de obrigações sejam estendidos aos bens particulares de administradores ou de sócios da pessoa jurídica beneficiados direta ou indiretamente pelo abuso. (Redação dada pela Lei 13.874/2019).

Conforme pode ser observado a partir da leitura do art. 50 do CC, "a desconsideração da personalidade jurídica está subordinada a efetiva demonstração do abuso da personalidade jurídica, caracterizado pelo desvio de finalidade ou pela confusão patrimonial, e o benefício direto ou indireto obtido pelo sócio, circunstâncias que não se verificam no presente caso. Precedente" (STJ, REsp 1.838.009/RJ, 3.ª Turma, Rel. Min. Paulo Dias Moura Ribeiro, j. 19.11.2019).

O abuso da personalidade jurídica pode ser caracterizado pelo desvio de finalidade ou pela confusão patrimonial. O desvio de finalidade é a utilização da pessoa jurídica com o propósito de lesar credores e para a prática de atos ilícitos de qualquer natureza. Não constitui desvio de finalidade a mera expansão ou a alteração da finalidade original da atividade econômica específica da pessoa jurídica. A confusão patrimonial a ausência de separação de fato entre os patrimônios, caracterizada por: cumprimento repetitivo pela sociedade de obrigações do sócio ou do administrador ou vice-versa; transferência de ativos ou de passivos sem efetivas contraprestações, exceto os de valor proporcionalmente insignificante; e outros atos de descumprimento da autonomia patrimonial.

Não se pode olvidar que outros diplomas legais previram a desconsideração da personalidade jurídica, como o Código de Defesa do Consumidor, a Lei 9.605/1998 e a Lei Anticorrupção (Lei 12.846/2013), cada qual com suas peculiaridades.

Segundo abalizado escólio doutrinário, há duas teorias a respeito da desconsideração da personalidade jurídica: a teoria maior – por meio da qual a desconsideração exige a presença de dois requisitos, quais sejam o abuso da personalidade jurídica e o prejuízo ao credor; a teoria menor, em que desconsideração da personalidade jurídica exige um único elemento, qual seja o prejuízo ao credor, previsto no art. 28 do CDC.

"O entendimento do acórdão recorrido amolda-se aos termos da jurisprudência desta Corte, segundo a qual a aplicação da teoria menor da desconsideração da personalidade jurídica da empresa é justificada pelo mero fato de a personalidade jurídica representar um obstáculo ao ressarcimento de prejuízos causados aos consumidores, nos termos do § 5º do artigo 28 do CDC, o que atrai o teor da Súmula 83/STJ."(AgInt no AREsp 1560415/DF, Rel. Ministro MARCO BUZZI, QUARTA TURMA, julgado em 30/03/2020, DJe 01/04/2020)

Alternativa INCORRETA, na medida em que a alteração da finalidade original da atividade econômica específica de pessoa jurídica não é, por si só, indicativo de desvio de finalidade para efeito de desconsideração da personalidade jurídica, consoante estatui o art. 50, § 5º, CC.

---

42. (Cespe – Analista de Controle Externo – Direito – TCE – RJ/2021) Em caso de desaparecimento do corpo de pessoa vitimada em grave acidente aéreo, depois de esgotadas as buscas e averiguações, a declaração de óbito independe de decretação judicial de ausência.

COMENTÁRIOS

✪ **Nota do autor:** o fim da personalidade da pessoa natural dá-se pela morte, conforme dispõe o art. 6º do CC: "a existência da pessoa natural termina com a morte"). Segundo o art. 3.º da Lei 9.434/1997, a morte cerebral (morte real) ocorre o cérebro da pessoa pare de funcionar.

O art. 7º do CC prevê duas hipóteses de morte presumida, sem declaração de ausência, quais sejam: desaparecimento do corpo da pessoa, sendo extremamente provável a morte de quem estava em perigo de vida e desaparecimento de pessoa envolvida em campanha militar ou feito prisioneiro, não sendo encontrado até dois anos após o término da guerra.

Há, ademais, a morte presumida com declaração de ausência, que se dá por meio de um processo judicial, com início na curadoria dos bens do ausente, regulado pelos artigos 22 a 25 do CC, posteriormente, com a sucessão provisória (artigos 26 a 36 do CC) e, por fim, com a sucessão definitiva (artigos 37 a 39 do CC).

Alternativa CORRETA, porquanto, tratando-se de desaparecimento do corpo de pessoa

vitimada em grave acidente aéreo, depois de esgotadas as buscas e averiguações, a declaração de óbito independe de decretação judicial de ausência, já que se trata de morte presumida sem declaração de ausência consoante prevê o art. 7º do CC.

---

43. (Cespe – Analista de Controle Externo – Direito – TCE – MG/2018) A união de pessoas que, com registro em órgão competente, tenham se organizado para fins não econômicos, ainda que inexistam entre si direitos e obrigações recíprocos, configura

a) sociedade de fato.

b) grupo despersonalizado.

c) sociedade comum.

d) sociedade simples.

e) associação.

COMENTÁRIOS

✪ **Nota do autor:** O ressarcimento do dano material, moral ou à imagem está inserido no artigo 5º, V, da CF/88: "é assegurado o direito de resposta, proporcional ao agravo, além da indenização por dano material, moral ou à imagem". Ademais, prevê o art. 5º, X, CF: "são invioláveis a intimidade, a vida privada, a honra e a imagem das pessoas, assegurado o direito à indenização pelo dano material ou moral decorrente de sua violação". A responsabilidade civil decorre da violação da norma jurídica, impondo ao infrator o dever de indenizar o dano. São elementos da responsabilidade civil: a conduta humana – que deve ser voluntária; o nexo de causalidade – o vínculo existente entre o agente e o resultado danoso; e o dano – que consiste na violação de um interesse jurídico tutelado (patrimonial ou extrapatrimonial). A responsabilidade pode ser derivada de uma relação contratual, respondendo pelas perdas e danos causados (art. 389, CC); extracontratual ou aquiliana, quando não deriva de contrato, mas sim de infração ao dever de conduta (arts. 186, 187 e 927, CC).

Alternativa "a": incorreta. Sociedade de fato ou sociedade em comum refere-se à sociedade que não inscreveu seu ato constitutivo no registro competente (Junta Comercial, se se tratar de sociedade empresária, e Cartório de Registro Civil de Pessoas Jurídicas, em se tratando de sociedade simples), sendo, pois, não personificada. É regida pelos artigos 986 a 990 do CC. Ressalte-se que parcela doutrinária faz distinção entre sociedade de fato ou comum da sociedade irregular, por meio da qual aquela não possui um contrato social escrito e esta (a sociedade irregular) que a despeito de possuir um contrato escrito, não está registrado na Junta Comercial. No entanto, essa distinção não tem relevância, já que o regime jurídico aplicável a ambas era o mesmo.

Alternativa "b": incorreta. Grupos despersonalizados são entes que, a despeito de não ter personalidade jurídica, recebem da lei capacidade de ser parte, mediante representação, a exemplo da massa falida, da herança jacente ou vacante, do espólio, da sociedade e a associação irregulares e do condomínio (art. 75 do Novo CPC).

Alternativa "c": incorreta. Consoante exposta na letra "a", sociedade em comum refere-se à sociedade de fato, sendo regida pelos artigos 986 a 990 do CC.

Alternativa "d": incorreta. A sociedade simples tem por objeto o exercício de atividade econômica não empresarial. Esta característica (atividade empresarial) é o traço distintivo entre a sociedade empresária e a sociedade simples. Logo, se houver o elemento da organização dos fatores de produção, estaremos diante da sociedade empresária. Não se quer dizer que a sociedade simples não objetive o lucro. Exemplo de sociedade simples é a sociedade de advogados, médicos, contadores, músicos, em que são sociedades formadas por profissionais intelectuais cujo objeto social é a exploração da respectiva profissão intelectual dos seus sócios.

Alternativa "e": correta, nos termos do art. 53, CC: "Constituem-se as associações pela união de pessoas que se organizem para fins não econômicos. Parágrafo único. Não há, entre os associados, direitos e obrigações recíprocos". A associação consiste numa pessoa jurídica de direito privado com objeto voltado à realização de atividade não lucrativa, como atividades esportivas, sociais, religiosas, educacionais e culturais. Na relação entre a associação e associado, há direitos e obrigações, como o dever de o associado observar o estatuto e o seu direito de exercer os direitos nele previstos. No entanto, entre os associados não há direitos e obrigações.

Alternativa correta: letra "e".

---

44. (CESPE – Auditor TCU – 2015) A respeito das pessoas naturais e jurídicas, dos fatos e negócios jurídicos e do disposto na Lei de Introdução às Normas do Direito Brasileiro, julgue os seguintes itens.A definição do domicílio do servidor público depende de seu ânimo definitivo para estabelecer residência em determinado lugar.

COMENTÁRIOS

✪ **Nota do autor:** Domicílio pode ser entendido como a sede jurídica da pessoa onde ela se presume presente para efeitos de direito. Não deve ser confundido com o conceito de residência, que é o lugar no qual alguém habita com intenção de ali permanecer. O conceito de domicílio é mais amplo do que o de residência, conforme se pode notar a partir do conceito previsto no artigo 70, do CC: "O domicílio da pessoa natural é o lugar onde ela estabelece a sua residência com ânimo definitivo". Verificam-se, pois, dois elementos no conceito de domicílio: o elemento objetivo, que é a caracterização externa do domicílio, isto é, a residência; e o subjetivo, de ordem interna, representado pelo ânimo de ali permanecer. O que difere o conceito de residência do domicílio é a elemento anímico neste – representado pelo ânimo definitivo. Desse modo, na residência a pessoa natural se estabelece habitualmente, enquanto que no domicílio ela se estabelece com ânimo definitivo.

Consoante estabelece o parágrafo único, do art. 76, do CC, o domicílio do servidor público é o lugar em que ele exerce **permanentemente** suas funções. Desse modo, a definição do domicílio do servidor público independe do seu ânimo definitivo, na medida em que se trata de uma disposição legal – é o que se denomina de domicílio necessário ou legal.

Gabarito: ERRADO.

45. (CESPE/Unb – TCU – Auditor Federal de Controle Externo/2013) De acordo com a jurisprudência do STJ, é admitida a presunção de dissolução irregular da pessoa jurídica quando esta deixar de funcionar em seu domicílio fiscal sem a comunicação aos órgãos competentes.

COMENTÁRIOS

✪ **Nota do autor:** para responder a essa questão corretamente o candidato deveria conhecer a jurisprudência do Superior Tribunal de Justiça referente à dissolução irregular da pessoa jurídica.

Trata-se de reprodução literal da **Súmula 435 do STJ**: "Presume-se dissolvida irregularmente a empresa que deixar de funcionar no seu domicílio fiscal, sem comunicação aos órgãos competentes, legitimando o redirecionamento da execução fiscal para o sócio-gerente". A referida presunção é relativa ("juris tantum"), admitindo prova em contrário. **CERTO**

46. (CESPE/Unb – TCU – Auditor Federal de Controle Externo/2013) O dano moral se refere a um prejuízo que atinge o patrimônio incorpóreo de uma pessoa natural, vinculado aos direitos de personalidade, de índole essencialmente subjetiva, razão pela qual não pode atingir a pessoa jurídica.

COMENTÁRIOS

✪ **Nota do autor:** não se pode negar que a pessoa jurídica possui direitos da personalidade por equiparação, conforme previsto no art. 52 do CC. Referido dispositivo fundamenta a jurisprudência do Superior Tribunal de Justiça que afirma que a pessoa jurídica pode sofrer dano moral (Súmula 227 do STJ).

Nos termos do disposto no art. 52, CC, "Aplica-se às pessoas jurídicas, no que couber, a proteção dos direitos da personalidade". Destarte, as pessoas jurídicas têm direitos da personalidade, tais como: o direito ao nome, à marca, à honra objetiva, à imagem. Portanto, a pessoa jurídica pode sofrer dano moral, consoante Súmula 227 do STJ: "A pessoa jurídica pode sofrer dano moral". Vale ressaltar que o dano moral da pessoa jurídica atinge a sua honra objetiva (reputação social), mas nunca a sua honra subjetiva. **ERRADO**

2.2. DOS BENS

▸ CC, Parte Geral, Livro II, arts. 83, 94, 98-103.

47. CEBRASPE – 2024 – TCE/AC – Analista Ministerial. No que se refere aos bens e às pessoas jurídicas, julgue o item seguinte. Benfeitorias são bens que, não constituindo partes integrantes, destinam-se, de modo duradouro, ao uso, serviço ou aformoseamento de outro.

COMENTÁRIOS

✪ **Nota do autor: Art. 93, CC. São pertenças os bens que, não constituindo partes integrantes, se destinam, de modo duradouro, ao uso, ao serviço ou ao aformoseamento de outro. Art. 96, CC. As benfeitorias podem ser voluptuárias, úteis ou necessárias. § 1º São voluptuárias as de mero deleite ou recreio, que não aumentam o uso habitual do bem, ainda que o tornem mais agradável ou sejam de elevado valor. § 2º São úteis as que aumentam ou facilitam o uso do bem. § 3º São necessárias as que têm por fim conservar o bem ou evitar que se deteriore.**

Gabarito: ERRADO.

48. CEBRASPE – 2024 – TCE/AC – Auditor de Controle Externo. Em relação ao tratamento dado pelo Código Civil aos bens, às pessoas jurídicas e à desconsideração da personalidade jurídica, julgue o item subsequente. Salvo disposição legal em contrário, os bens pertencentes às pessoas jurídicas de direito público a que se tenha dado estrutura de direito privado são considerados bens de uso especial.

COMENTÁRIOS

✪ **Nota do autor: Art. 99. São bens públicos: (...) III - dominicais, que constituem o patrimônio das pessoas jurídicas de direito público, como objeto de direito pessoal, ou real, de cada uma dessas entidades. Parágrafo Único: Não dis-**

pondo a lei em contrário, consideram-se dominicais os *<u>bens pertencentes às pessoas jurídicas de direito público a que se tenha dado estrutura de direito privado.</u>*

Gabarito: ERRADO.

49. (FGV – Auditor Técnico de Controle Externo – TCE – AM/2021) Quando os credores de Mariana investigaram o seu patrimônio, identificaram os seguintes bens: crédito decorrente de contrato de empréstimo feito a sua irmã; automóvel ano 2018 placa XXX9999; material de construção que adquirira para construir um casebre no terreno de sua irmã; direito à sucessão aberta de sua mãe, pois ainda se encontra em andamento o respectivo inventário e partilha; usufruto de ações de titularidade de sua irmã. Entre esses bens, considera-se imóvel:

a) o crédito decorrente de contrato de empréstimo feito a sua irmã;
b) o automóvel ano 2018 placa XXX9999;
c) o material de construção que adquirira para construir um casebre no terreno de sua irmã;
d) o direito à sucessão aberta de sua mãe, pois ainda se encontra em andamento o respectivo inventário e partilha;
e) o usufruto de ações de titularidade de sua irmã.

COMENTÁRIOS

✪ **Nota do autor:** a questão aborda o tema a respeito da classificação dos bens.

Alternativa "a": incorreta. O crédito decorrente de contrato de empréstimo é considerado bem móvel por determinação legal, por força do art. 83, III do CC: "Consideram-se móveis para os efeitos legais: I - as energias que tenham valor econômico; II - os direitos reais sobre objetos móveis e as ações correspondentes; III - **os direitos pessoais de caráter patrimonial e respectivas ações".**

Alternativa "b": incorreta. O automóvel ano 2018 placa XXX9999 é um bem móvel, de acordo com o art. 82 do CC: "São móveis os bens suscetíveis de movimento próprio, **ou de remoção por força alheia**, sem alteração da substância ou da destinação econômico-social".

Alternativa "c": incorreta. O material de construção que adquirira para construir um casebre no terreno de sua irmã é considerado bem móvel, conforme dispõe o art. 84 do CC: "Os materiais **destinados a alguma construção, enquanto não forem empregados, conservam sua qualidade de móveis**; readquirem essa qualidade os provenientes da demolição de algum prédio".

Alternativa "d": correta. O direito à sucessão aberta tem natureza jurídica de bem imóvel, segundo o art. 80, II do CC: "Consideram-se imóveis para os efeitos legais: I - os direitos reais sobre imóveis e as ações que os asseguram; II - **o direito à sucessão aberta**".

Alternativa "e": incorreta. O usufruto é considerado um direito real, conforme prevê o art. 1.225, IV, CC. O art. 83, II, CC, estabelece que "Consideram-se móveis para os efeitos legais: I - as energias que tenham valor econômico; II - os direitos reais sobre objetos móveis e as ações correspondentes; III - os direitos pessoais de caráter patrimonial e respectivas ações". Portanto, direitos reais sobre bens móveis são considerados móveis pela lei.

Alternativa correta: letra "d".

50. (CESPE/Unb – TCU – Auditor Federal de Controle Externo/2013) Os edifícios destinados a serviço público são considerados bens de uso comum do povo, insuscetíveis de usucapião.

COMENTÁRIOS

✪ **Nota do autor:** os **bens públicos** são os que pertencem ao domínio nacional, ou seja, à União, aos Estados, ao Distrito Federal, aos Territórios ou aos Municípios e às autarquias (art. 98, CC). São bens públicos (art. 99, CC): os de **uso comum do povo** – que podem ser utilizados por todos sem necessidade de autorização; os de **uso especial** – aqueles utilizados pelo próprio Estado; e os **dominicais** – que constituem o patrimônio da União (CF, arts. 20, I a XI, e 176), dos Estados (CF, art. 26, I a IV) ou dos Municípios.

Os edifícios destinados a serviço público são considerados bens de uso especial e não de uso comum do povo, conforme estabelece o art. 99, inciso II do CC. De fato, os referidos bens são insuscetíveis de usucapião, conforme art. 102, CC.

Gabarito: ERRADO.

2.3. DOS FATOS JURÍDICOS

▸ CC, Parte Geral, Livro III, Título I, arts. 107-114; 139, 153, 157, 166-171; Títulos III e IV.

51. CEBRASPE – 2024 – TCE/AC – Auditor de Controle Externo. Julgue o item que se segue, à luz do tratamento dado pelo Código Civil e pela jurisprudência dos tribunais superiores aos negócios jurídicos e aos contratos. A interpretação do negócio jurídico deve atribuir a este o sentido que corresponder à razoável negociação das partes em relação à questão discutida, inferida das demais disposições do negócio e da racionalidade econômica das partes, consideradas as informações obtidas durante a execução do contrato.

COMENTÁRIOS

✪ Nota do autor: CC, art. 113, § 1º: "A interpretação do negócio jurídico deve lhe atribuir o sentido que: (...) V - corresponder a qual seria a razoável negociação das partes sobre a questão discutida, inferida das demais disposições do negócio e da racionalidade econômica das partes, consideradas as informações disponíveis no momento de sua celebração". O erro da questão consiste na menção de que seriam consideradas as informações obtidas durante a execução do contrato.

Gabarito: ERRADO.

---

52. CEBRASPE – 2024 – TCE/AC – Analista Administrativo. Julgue o item seguinte, relativo aos direitos da personalidade e aos defeitos do negócio jurídico. Erro, dolo, lesão e fraude contra credores são vícios sociais do negócio jurídico que geram a sua anulabilidade.

COMENTÁRIOS

✪ Nota do autor: Os defeitos do negócio jurídico podem ser: a) vícios de consentimento: erro, dolo, coação, lesão e estado de perigo; b) vícios sociais: fraude contra credores e simulação.

Gabarito: ERRADO.

---

53. CEBRASPE – 2024 – TCE/AC – Analista Administrativo. Julgue o item a seguir, em relação à Lei de Introdução às Normas do Direito Brasileiro (LINDB) bem como ao tratamento dado pelo Código Civil aos contratos, à prescrição e à decadência. As normas que impedem, suspendem ou interrompem a prescrição são aplicáveis à decadência, ressalvada disposição contratual em sentido diverso.

COMENTÁRIOS

✪ Nota do autor: Art. 207. Salvo disposição legal em contrário, não se aplicam à decadência as normas que impedem, suspendem ou interrompem a prescrição.

Gabarito: ERRADO.

---

54. CEBRASPE – 2023 – TCDF – Auditor de Controle Externo. Acerca de prescrição e decadência, julgue o item que se segue, com base no Código Civil. Nos casos de decadência previstos em lei, o juiz não poderá, de ofício, conhecer da decadência, sendo necessária a provocação da parte interessada.

COMENTÁRIOS

✪ Nota do autor: Art. 210. Deve o juiz, de ofício, conhecer da decadência, quando estabelecida por lei. Art. 211. Se a decadência for convencional, a parte a quem aproveita pode alegá-la em qualquer grau de jurisdição, mas o juiz não pode suprir a alegação.

Gabarito: ERRADO.

---

55. CEBRASPE – 2023 – TCDF – Auditor de Controle Externo. Acerca de prescrição e decadência, julgue o item que se segue, com base no Código Civil. A prescrição intercorrente terá o mesmo prazo de prescrição da pretensão, observadas as causas de impedimento, de suspensão e de interrupção da prescrição previstas no Código Civil e no Código de Processo Civil.

COMENTÁRIOS

✪ Nota do autor: Art. 206-A. A prescrição intercorrente observará o mesmo prazo de prescrição da pretensão, observadas as causas de impedimento, de suspensão e de interrupção da prescrição previstas neste Código e observado o disposto no art. 921 da Lei nº 13.105, de 16 de março de 2015 (Código de Processo Civil).

Gabarito: CERTO.

---

56. CEBRASPE – 2023 – TCDF – Auditor de Controle Externo. Acerca de prescrição e decadência, julgue o item que se segue, com base no Código Civil. Em caso de responsabilidade civil que se origine de fato que deva ser apurado no juízo criminal, não correrá o prazo prescricional antes da sentença penal definitiva.

COMENTÁRIOS

✪ Nota do autor: Art. 200. Quando a ação se originar de fato que deva ser apurado no juízo criminal, não correrá a prescrição antes da respectiva sentença definitiva.

Gabarito: CERTO.

---

57. CEBRASPE – 2023 – TCE/MS – Procurador. O negócio jurídico cujo objeto for indeterminável será

a) ineficaz.

b) inexistente.

c) resolúvel a critério do prejudicado.

d) nulo.

e) anulável.

COMENTÁRIOS

✪ Nota do autor: os elementos estruturais do negócio jurídico podem ser compreendidos a partir da ideia de Pontes de Miranda, do que se denominou escada ponteana. Segundo essa teoria, o negócio jurídico tem três planos: a) **plano da existência**: agente, vontade, objeto e forma; b) **plano**

da validade: capacidade (do agente), liberdade (da vontade ou do consentimento), licitude, possibilidade e determinabilidade (do objeto) e adequação (das formas); c) **plano da eficácia**: condição, termo, consequências do inadimplemento negocial (juros, multas, perdas e danos). Art. 166. É nulo o negócio jurídico quando: I - celebrado por pessoa absolutamente incapaz; II - for ilícito, impossível ou indeterminável o seu objeto; III - o motivo determinante, comum a ambas as partes, for ilícito; IV - não revestir a forma prescrita em lei; V - for preterida alguma solenidade que a lei considere essencial para a sua validade; VI - tiver por objetivo fraudar lei imperativa; VII - a lei taxativamente o declarar nulo, ou proibir-lhe a prática, sem cominar sanção.

Alternativa correta: letra "d", nos termos do art. 166, II, CC.

58. CEBRASPE – 2023 – TCE/MS – Procurador. A obrigação cujo efeito estiver subordinado a evento futuro e incerto caracteriza-se como

a) condicional.
b) modal.
c) a termo.
d) incerta.
e) com encargo.

COMENTÁRIOS

✪ **Nota do autor:** Os **elementos acidentais** são aqueles que as partes adicionam livremente ao negócio jurídico, e, doutrinariamente, são classificados da seguinte forma (arts. 121, 131 e 136, CC): **condição** – cláusula que subordina o efeito do negócio jurídico a evento futuro e incerto (art. 121); o **termo** – que corresponde ao momento em que se inicia ou se extingue a eficácia do negócio jurídico; e o **encargo** ou modo – constitui a imposição de um ônus ao beneficiário. As condições podem ser classificadas: a) quanto à licitude (lícitas ou ilícitas); b) quanto à fonte de onde promanam (casuais, potestativas – puramente ou simplesmente e mistas); c) quanto à possibilidade (possíveis e impossíveis); e, por fim, d) quanto ao modo de atuação (suspensivas ou resolutivas).

Alternativa correta: letra "a", de acordo com o que prevê o art. 121 do CC: "Considera-se condição a cláusula que, derivando exclusivamente da vontade das partes, subordina o efeito do negócio jurídico a evento futuro e incerto".

59. CONSULPAM – 2023 – TCM/PA – Auditor de Controle Externo. Diversas são as previsões de defeitos nos negócios jurídicos, conforme o Código Civil brasileiro elenca. Nesse sentido, assinale a opção INCORRETA sobre a temática.

a) Se ambas as partes procederem com dolo, nenhuma pode alegá-lo para anular o negócio, ou reclamar indenização.
b) A definição de "lesão" nesse contexto, é quando uma pessoa, sob premente necessidade, ou por inexperiência, se obriga a prestação manifestamente desproporcional ao valor da prestação oposta.
c) É nulo o negócio jurídico simulado, mesmo quando válido for na substância e na forma.
d) É de quatro anos o prazo de decadência para pleitear-se a anulação do negócio jurídico, contado, no caso de atos de incapazes, do dia em que cessar a incapacidade.

COMENTÁRIOS

✪ **Nota do autor: atente-se que a questão requer a alternativa incorreta.**

Alternativa "a": correta. Art. 150. Se ambas as partes procederem com dolo, nenhuma pode alegá-lo para anular o negócio, ou reclamar indenização.

Alternativa "b": correta. Art. 157. Ocorre a lesão quando uma pessoa, sob premente necessidade, ou por inexperiência, se obriga a prestação manifestamente desproporcional ao valor da prestação oposta.

Alternativa "c": incorreta. Art. 167. É nulo o negócio jurídico simulado, mas subsistirá o que se dissimulou, se válido for na substância e na forma.

Alternativa "d": correta. Art. 178. É de quatro anos o prazo de decadência para pleitear-se a anulação do negócio jurídico, contado: III - no de atos de incapazes, do dia em que cessar a incapacidade.

Alternativa incorreta (gabarito): letra "c".

60. CONSULPAM – 2023 – TCM/PA – Auditor de Controle Externo. Sobre as previsões do negócio jurídico no Código Civil brasileiro, assinale a alternativa CORRETA.

a) A incapacidade relativa de uma das partes pode ser invocada pela outra em benefício próprio, porém não aproveita aos co-interessados capazes, salvo se, neste caso, for divisível o objeto do direito ou da obrigação comum.
b) A validade do negócio jurídico requer apenas três requisitos: agente capaz; objeto lícito, possível, determinado ou determinável; e uma forma prescrita ou não vedada em lei.
c) Nas declarações de vontade se atenderá mais ao sentido literal da linguagem do que à intenção nelas consubstanciada.
d) As partes poderão livremente pactuar regras de interpretação, de preenchimento de lacunas

e de integração dos negócios jurídicos, exceto quando diversas daquelas previstas em lei.

COMENTÁRIOS

Alternativa "a": incorreta. Art. 105. A incapacidade relativa de uma das partes **NÃO** pode ser invocada pela outra em benefício próprio, nem aproveita aos co-interessados capazes, salvo se, neste caso, for indivisível o objeto do direito ou da obrigação comum.

Alternativa "b": correta. Art. 104. A validade do negócio jurídico requer: I - agente capaz; II - objeto lícito, possível, determinado ou determinável; III - forma prescrita ou não defesa em lei.

Alternativa "c": incorreta. Art. 112. Nas declarações de vontade se atenderá mais à intenção nelas consubstanciada do que ao sentido literal da linguagem.

Alternativa "d": incorreta. Art. 113, § 2º As partes poderão livremente pactuar regras de interpretação, de preenchimento de lacunas e de integração dos negócios jurídicos diversas daquelas previstas em lei.

Alternativa correta: letra "b".

---

61. FGV – 2023 – TCE/ES – Conselheiro. Ernesto é um empresário à beira da insolvência e prevê a iminência de uma enxurrada de execuções judiciais que podem expropriá-lo de todos os seus bens.

Para se proteger, aliena para sua filha, Fran, sua propriedade mais valiosa: uma mansão em Guarapari. Fran recebe o bem, mas adverte que não participaria de qualquer fraude, embora estivesse ciente da insolvência, àquela altura, de Ernesto.

Meses depois, Fran vende esta mansão para Otto, de boa-fé, que, posteriormente, repassa-o para Anita, também de boa-fé.

Na semana seguinte à última venda, o crédito de Roberto, um dos credores, se torna exigível e ele ingressa com uma ação pauliana contra Ernesto, Fran, Otto e Anita.

Nesse caso, o juiz deverá:

a) julgar improcedente o pedido, porque não houve conluio fraudulento entre Fran e Ernesto (consilium fraudis), requisito indispensável para configurar o defeito do negócio jurídico, já que Fran não tinha intenção de lesar credores de seu pai;
b) julgar improcedente o pedido, porque o crédito de Roberto não é anterior à alienação fraudulenta, sendo certo que a anterioridade é requisito indispensável para configurar a fraude contra credores;
c) anular toda a cadeia de alienações, ainda que Fran deposite em juízo o valor da dívida, para não permitir que Roberto tenha um privilégio no concurso de credores;
d) condenar Fran e Ernesto à indenização pelo valor do bem transmitido em fraude a credores, conservando, contudo, as alienações feitas em favor de Otto e Anita;
e) facultar a Anita que deposite em juízo o valor cobrado por Roberto, sob pena de ter a transferência em seu favor anulada, caso em que só lhe restaria buscar os direitos da evicção em face de Otto, Fran e Ernesto.

COMENTÁRIOS

✪ **Nota do autor:** "Configura-se a *fraude contra credores* quando o devedor insolvente, ou na iminência de se tornar insolvente, celebra negócios jurídicos que desfalcam seu patrimônio em detrimento da garantia que tal patrimônio representa para seus credores. São tradicionalmente apontados como elementos caracterizadores da fraude contra credores: a) o *eventus damni*, que é o prejuízo objetivamente causado ao credor, por tornar o devedor insolvente ou por ter agravado ainda mais seu estado de insolvência; e b) o *consilium fraudis*, definido como a intenção do devedor ou do devedor aliado com terceiro de ilidir os efeitos da cobrança pelos credores. (...) O Código Civil dispensa o *consilium fraudis* na hipótese de *transmissão gratuita de bens ou remissão de dívidas (...)*" (Código Civil comentado: doutrina e jurisprudência / Anderson Schreiber ... [et al.]. 3.ed. – Rio de Janeiro: Forense, 2021). Há duas posições acerca das consequências do reconhecimento da fraude contra credores: a) a alienação será anulável (art. 159, CC) ou b) ineficaz (REsp 971884/PR, Rel. Min. Sidnei Beneti, julgado em 22/03/2011; REsp 1.100.525-RS, Rel. Min. Luis Felipe Salomão, julgado em 16/4/2013). Para que seja reconhecida a fraude, é necessária a prolação de sentença em uma ação proposta pelo credor, chamada de "ação pauliana" (ou "ação revocatória"). Em regra, a ação deverá ser proposta pelo credor quirografário. Lado outro, a ação é proposta contra o devedor insolvente e contra a pessoa que com ele celebrou o negócio fraudulento (há um litisconsórcio passivo necessário). Art. 161. A ação, nos casos dos arts. 158 e 159, poderá ser intentada contra o devedor insolvente, a pessoa que com ele celebrou a estipulação considerada fraudulenta, ou terceiros adquirentes que hajam procedido de má-fé. A ação pauliana possui prazo decadencial de 4 anos, contados da data em que foi realizada a alienação: Art. 178. É de quatro anos o prazo de decadência para pleitear-se a anulação do negócio jurídico, contado: II – no de erro, dolo, fraude contra credores, estado de perigo ou lesão, do dia em que se realizou o negócio jurídico. Art. 182. Anulado o negócio jurídico, restituir-se-ão as partes ao estado em que antes dele se achavam, e, não sendo possível restituí-las, serão indenizadas com o equivalente. É imperioso diferenciar a fraude contra credores da fraude à execução. Fraude à execução consiste no ato do devedor de alienar ou gravar com ônus real um bem que lhe pertence, em uma das situações previstas nos incisos do art. 792 do CPC1. Se o devedor alienou ou gravou com ônus real determinado bem praticando fraude à execução, esse bem continua respondendo pela dívida e poderá ser executado (art. 790, V, do CPC). Para que ocorra a fraude à execução, é necessário que a execução tenha sido ao menos ajuizada. Em regra, para que haja fraude à execução, é indispensável que a alienação ou oneração tenham acontecido após o devedor ter sido citado. Isso porque, para que haja fraude, é necessário que o devedor soubesse que estava sendo executado quando alienou ou onerou o bem. Diferentemente da fraude contra credores, o ato praticado em fraude à execução é um ato válido, mas ineficaz perante o credor. Feitas esses esclarecimentos, é possível verificar, ante o enunciado da questão, os requisitos da fraude contra credores consistentes no eventus damni (o prejuízo), e no consilium fraudis (a intenção do devedor) e a anterioridade do crédito, na medida em que Ernesto, visando proteger o seu patrimônio e ciente da iminência de uma enxurrada de execuções judiciais que podem expropriá-lo de todos os seus bens que podem leva-lo à beira da insolvência, aliena para sua filha, Fran, sua propriedade mais valiosa: uma mansão em Guarapari. Segundo o STJ: "Em uma ação pauliana, se ficar comprovado que o bem foi sucessivamente alienado fraudulentamente para diversas pessoas, mas que, ao final, o atual adquirente estava de boa-fé, neste caso deverá o juiz reconhecer que é eficaz o negócio jurídico por meio do qual o último proprietário adquiriu o bem, devendo-se condenar os réus que agiram de má-fé a indenizar o autor da pauliana, pagando o valor do bem que foi adquirido fraudulentamente" (REsp 1100525-RS, 4ª Turma, Rel. Min. Luis Felipe Salomão, julgado em 16/4/2013 (Info 521).

Alternativa "a": incorreta. Consoante se depreende do enunciado, restaram presentes os elementos para a configuração da fraude contra credores consistentes no eventus damni (o prejuízo), e no consilium fraudis (a intenção do devedor) e a anterioridade do crédito, na medida em que Ernesto, visando proteger o seu patrimônio e ciente da iminência de uma enxurrada de execuções judiciais que podem expropriá-lo de todos os seus bens que podem leva-lo à beira da insolvência, aliena para sua filha, Fran, sua propriedade mais valiosa: uma mansão em Guarapari. Logo, a ação, em face de Ernesto e Fran deveria ser julgada procedente.

Alternativa "b": incorreta. O crédito de Roberto é anterior à alienação fraudulenta, podendo, consequentemente, ser objeto da ação pauliana e, consequentemente, ser julgado o pedido procedente.

Alternativa "c": incorreta. Consoante acima exposto, é possível o reconhecimento da boa-fé em caso de alienações sucessivas. Isso porque a doutrina e o STJ entendem que, se o imóvel foi transferido para um terceiro de boa-fé, não é mais possível restabelecer o *status quo ante*, considerando que a má-fé do adquirente é fundamental para que ele possa ser compelido a perder o bem (parte final do art. 161 do CC e REsp 1.100.525-RS).

Alternativa "d": correta. A partir de toda explanação alhures exposta, conclui-se que deve haver a condenação de Fran e Ernesto à indenização pelo valor do bem transmitido em fraude a credores, conservando, contudo, as alienações feitas em favor de Otto e Anita.

Alternativa "e": incorreta. Art. 160. Se o adquirente dos bens do devedor insolvente ainda não tiver pago o preço e este for, aproximadamente, o corrente, desobrigar-se-á depositando-o em juízo, com a citação de todos os interessados. Considerando que Anita é considerada terceiro de boa-fé, não haveria a aplicação do referido dispositivo legal.

Alternativa correta: letra "d".

---

62. FGV – 2022 – TCE/TO – Auditor de Controle Externo. Zelinda e Cláudio compareceram ao cartório para celebrar contrato de compra e venda de imóvel, tendo declarado, para fins de lavratura da escritura pública, que o preço pago por Zelinda seria de R$ 1.200.000,00 em troca da transferência da propriedade do apartamento de Cláudio. Entretanto, o que seria efetivamente pago, conforme avençado entre os dois, era o valor de R$ 2.000.000,00, que foi o montante efetivamente recebido por Cláudio de Zelinda: o acordo entre as partes para a declaração de valor menor tinha por objetivo pagar menos impostos. Nesse caso, ocorreu:

---

1. Art. 792. A alienação ou a oneração de bem é considerada fraude à execução: I - quando sobre o bem pender ação fundada em direito real ou com pretensão reipersecutória, desde que a pendência do processo tenha sido averbada no respectivo registro público, se houver; II - quando tiver sido averbada, no registro do bem, a pendência do processo de execução, na forma do art. 828; III - quando tiver sido averbado, no registro do bem, hipoteca judiciária ou outro ato de constrição judicial originário do processo onde foi arguida a fraude; IV - quando, ao tempo da alienação ou da oneração, tramitava contra o devedor ação capaz de reduzi-lo à insolvência; V - nos demais casos expressos em lei.

a) fraude contra credores;
b) dolo;
c) lesão;
d) simulação;
e) estado de perigo.

COMENTÁRIOS

✪ **Nota do autor:** a questão aborda o tema relativo aos defeitos do negócio jurídico, que tem grande incidência nos concursos. Por esse motivo, a dica é sempre ler os artigos 138 a 184 do Código Civil, notadamente aqueles relativos ao conceito de erro, dolo, coação, estado de perigo, lesão e fraude contra credores. Vale lembrar que para que o negócio jurídico seja válido, a declaração de vontade deve ser manifestada de forma livre e espontânea. Presente algum defeito na sua manifestação, o ato será considerado nulo ou anulável, a depender da espécie do vício. Os defeitos do negócio jurídico atingem a vontade do agente ou geram uma implicação social. São vícios que maculam a vontade ou o consentimento: o erro, o dolo, a coação, o estado de perigo e a lesão. São considerados vício social: a simulação e a fraude contra credores. O Código Civil, em seu art. 171, II, estatui ser anulável o negócio jurídico decorrente de erro, dolo, coação, estado de perigo, lesão e fraude contra credores, prevendo o prazo decadencial de quatro anos para se pleitear a sua anulação (art. 178).

Alternativa "a": incorreta. Constitui fraude contra credores a atuação maliciosa do devedor, em estado de insolvência ou na iminência de assim tornar-se, que dispõe de maneira gratuita ou onerosa o seu patrimônio, para afastar a possibilidade de responderem os seus bens por obrigações assumidas em momento anterior à transmissão (Código Civil comentado: doutrina e jurisprudência / Anderson Schreiber ... [et al.]. 3.ed. – Rio de Janeiro: Forense, 2021).

Alternativa "b": incorreta. O dolo pode ser conceituado como o artifício ardiloso empregado para enganar alguém, com intuito de benefício próprio. De acordo com o art. 145 do CC, o negócio praticado com dolo é anulável, no caso de ser o mesmo a sua causa. Esse dolo, causa do negócio jurídico, é conceituado como dolo essencial, substancial ou principal (idem).

Alternativa "c": incorreta. Dispõe o art. 157 do CC que "Ocorre a lesão quando uma pessoa, sob premente necessidade, ou por inexperiência, se obriga a prestação manifestamente desproporcional ao valor da prestação oposta" (idem).

Alternativa "d": correta. "É nulo o negócio jurídico simulado, mas subsistirá o que se dissimulou, se válido for na substância e na forma" (art. 167, CC). Sobre o tema, imperiosa a doutrina de Carlos Roberto Gonçalves: "Na ***simulação absoluta*** as partes na realidade não realizam nenhum negócio. Apenas fingem, para criar uma aparência, uma ilusão externa, sem que na verdade desejem o ato (*colorem habens, substantiam vero nullam*). Diz-se absoluta porque a declaração de vontade se destina a não produzir resultado, ou seja, deveria ela produzir um resultado, mas o agente não pretende resultado nenhum. Em geral, essa modalidade destina-se a prejudicar terceiro, subtraindo os bens do devedor à execução ou partilha. Exemplos: a emissão de títulos de crédito em favor de amigos e posterior dação em pagamento de bens, em pagamento desses títulos, por marido que pretende se separar da esposa e subtrair da partilha tais bens; a falsa confissão de dívida perante amigo, com concessão de garantia real, para esquivar-se da execução de credores quirografários. Nos dois exemplos, o simulador não realizou nenhum negócio verdadeiro com os amigos, mas apenas fingiu, simulou. Na **simulação relativa**, as partes pretendem realizar determinado negócio, prejudicial a terceiro ou em fraude à lei. Para escondê-lo, ou dar-lhe aparência diversa, realizam outro negócio (*negotium colorem habet, substantiam vero alteram*). Compõe-se, pois, de dois negócios: um deles é o simulado, aparente, destinado a enganar; o outro é o dissimulado, oculto, mas verdadeiramente desejado. O negócio aparente, simulado, serve apenas para ocultar a efetiva intenção dos contratantes, ou seja, o negócio real. É o que acontece, por exemplo, quando o homem casado, para contornar a proibição legal de fazer doação à concubina, simula a venda a um terceiro, que transferirá o bem àquela; ou quando, para pagar imposto menor e burlar o Fisco, as partes passam a escritura por preço inferior ao real. Simulação não se confunde, pois, com dissimulação, embora em ambas haja o propósito de enganar. Na **simulação**, procura-se aparentar o que não existe; na **dissimulação**, oculta-se o que é verdadeiro. Na simulação, há o propósito de enganar sobre a existência de situação não verdadeira; na dissimulação, sobre a inexistência de situação real"[2] (grifo nosso). Segundo o Enunciado n. 153 do CJF/STJ, aprovado na III Jornada de Direito Civil, "na simulação relativa, o negócio simulado (aparente) é nulo, mas o dissimulado será válido se não ofender a lei nem causar prejuízo a terceiros".

Alternativa "e": incorreta. O art. 156 do CC conceitua o **estado de perigo**: "Configura-se o estado de perigo quando alguém, premido da necessidade de salvar-se, ou a pessoa de sua família, de grave dano conhecido pela outra parte, assume

2. Gonçalves, Carlos Roberto. Direito civil brasileiro, volume 1: parte geral / Carlos Roberto Gonçalves. – 16. ed. – São Paulo: Saraiva Educação, 2018.

obrigação excessivamente onerosa". É imperioso destacar que para a ocorrência desse vício, mister o conhecimento, pela outra parte, da situação de risco que acomete o negociante. Enunciado n. 148 da III Jornada de Direito Civil, promovida pelo Conselho da Justiça Federal e pelo Superior Tribunal de Justiça: "Ao "estado de perigo" (art. 156) aplica-se, por analogia, o disposto no § 2.º do art. 157". As diferenças entre estado de perigo e lesão pode ser compreendida a partir do relatório da Comissão Revisora do Projeto de Código Civil no Congresso Nacional[3].

Alternativa correta: letra "d".

63. COPEVE-UFAL – 2022 – TCE/AL – Agente de Controle Externo. Dadas as afirmativas referentes à Prescrição, Decadência, Obrigações Solidárias e Extinção da Obrigação,

I. A renúncia da prescrição pode ser expressa ou tácita, e somente valerá, sendo feita, sem prejuízo de terceiro, depois que a prescrição se consumar. Tácita é a renúncia quando se presume de fatos do interessado, incompatíveis com a prescrição.
II. A decadência pode ser realizada por convenção das partes e, nessa hipótese, a parte a quem aproveita poderá alegá-la em qualquer grau de jurisdição e, se tratando de matéria de ordem pública, o juiz poderá supri-la haja vista se tratar da perda de um direito causada pela inércia temporal de um dos convenentes.
III. O terceiro não interessado que paga a dívida em seu próprio nome tem direito a reembolsar-se do que pagar, e se subrogar nos direitos do credor.
IV. Se um dos devedores solidários falecer deixando herdeiros, nenhum destes será obrigado a pagar senão a quota que corresponder ao seu quinhão hereditário, salvo se a obrigação for indivisível; mas todos reunidos serão considerados como um devedor solidário em relação aos demais devedores.

Verifica-se que está(ão) correta(s)

a) I, apenas.
b) I e IV, apenas.
c) II e III, apenas.
d) II, III e IV, apenas.
e) I, II, III e IV.

COMENTÁRIOS

Assertiva I: correta. Art. 191. A renúncia da prescrição pode ser expressa ou tácita, e só valerá, sendo feita, sem prejuízo de terceiro, depois que a prescrição se consumar; tácita é a renúncia quando se presume de fatos do interessado, incompatíveis com a prescrição.

Assertiva II: incorreta. Art. 211. Se a decadência for convencional, a parte a quem aproveita pode alegá-la em qualquer grau de jurisdição, mas o juiz não pode suprir a alegação.

Assertiva III: incorreta. Art. 305. O terceiro não interessado, que paga a dívida em seu próprio nome, tem direito a reembolsar-se do que pagar; mas não se sub-roga nos direitos do credor.

Assertiva IV: correta. Art. 276. Se um dos devedores solidários falecer deixando herdeiros, nenhum destes será obrigado a pagar senão a quota que corresponder ao seu quinhão hereditário, salvo se a obrigação for indivisível; mas todos reunidos serão considerados como um devedor solidário em relação aos demais devedores.

Alternativa correta: letra "b".

64. (Cespe – Analista de Controle Externo – Direito – TCE – RJ/2021) No caso de ação de indenização civil em que a demanda civil se baseie em fato que esteja em apuração no juízo criminal, o prazo prescricional da ação de indenização não transcorrerá enquanto não for prolatada a sentença penal definitiva.

COMENTÁRIOS

✪ **Nota do autor:** a **prescrição** pode ser entendida como a perda da **pretensão** pelo decurso do tempo, isto é, da possibilidade de exigir de outrem alguma prestação (conduta) positiva ou negativa (fazer, um não-fazer ou dar uma coisa). Tem por fundamento a pacificação social, a certeza e a segurança da ordem jurídica.

Os prazos prescricionais estão taxativamente descritos nos artigos 205 e 206 do Código Civil, não podendo ser alterados por acordo das partes (art. 192, CC). As causas que impedem ou suspendem a prescrição estão previstas no art. 197 a 199, CC.

Sobre o tema, mister a transcrição de abalizado escólio jurisprudencial: "1. O Código Civil preconiza no art. 200 que: "Quando a ação se originar de fato que deva ser apurado no juízo criminal, não correrá a prescrição antes da respectiva sentença definitiva". 2. A norma transcrita prevê causa impeditiva do início do curso do prazo prescricional, quando necessária a apuração penal do fato ensejador do dano e de sua autoria, por serem tais questões prejudiciais ao exercício da pretensão indenizatória civil. A fluência do prazo prescricional é simplesmente impedida, não inicia, nem ocorre, por força do obstáculo preexistente ao vencimento da obrigação: a

3. https://www.camara.leg.br/Internet/comissao/index/esp/CEPL634_parecer%20do%20relator.pdf

inexistência de sentença penal com trânsito em julgado. 3. Portanto, o termo inicial para a propositura da ação civil ex delicto é, via de regra, o trânsito em julgado na ação penal, não tendo maior importância o lapso de tempo transcorrido entre o fato a ser apurado no juízo criminal e o trânsito em julgado da decisão na ação penal". (AgInt na AR 6.392/DF, Rel. Ministro RAUL ARAÚJO, SEGUNDA SEÇÃO, julgado em 09/02/2022, DJe 11/02/2022)

Alternativa CORRETA, nos termos do art. 200 do CC: "Quando a ação se originar de fato que deva ser apurado no juízo criminal, não correrá a prescrição antes da respectiva sentença definitiva".

---

65. (Cespe – Analista de Controle Externo – Direito – TCE – RJ/2021) Ação de responsabilidade civil decorrente de inadimplemento contratual ou extracontratual sujeita-se, em regra, ao prazo prescricional trienal.

COMENTÁRIOS

Nota do autor: um dos mais importantes julgados no âmbito do Superior Tribunal de Justiça refere-se à diferenciação no prazo prescricional para as ações de responsabilidade civil decorrente de inadimplemento contratual ou extracontratual. O art. 206, § 3º, V, do Código Civil estabelece o prazo prescricional de 3 anos para pretensões relacionadas com "reparação civil". Segundo restou decidido no julgamento do EREsp 1.281.594-SP, "**A pretensão indenizatória decorrente do inadimplemento contratual sujeita-se ao prazo prescricional decenal (art. 205 do Código Civil), se não houver previsão legal de prazo diferenciado**". E mais, "Nas controvérsias relacionadas à responsabilidade contratual, aplica-se a regra geral (art. 205 CC/2002) que prevê 10 anos de prazo prescricional e, quando se tratar de responsabilidade extracontratual, aplica-se o disposto no art. 206, § 3º, V, do CC/2002, com prazo de 3 anos. Para fins de prazo prescricional, o termo "reparação civil" deve ser interpretado de forma restritiva, abrangendo apenas os casos de indenização decorrente de responsabilidade civil extracontratual". (STJ. 2ª Seção. EREsp 1.280.825-RJ, Rel. Min. Nancy Andrighi, julgado em 27/06/2018 (Info 632). Isso porque, nos dizeres da Min. Nancy Andrighi "para o efeito da incidência do prazo prescricional, o termo "reparação civil" não abrange a composição da toda e qualquer consequência negativa, patrimonial ou extrapatrimonial, do descumprimento de um dever jurídico, mas apenas as consequências danosas do ato ou conduta ilícitos em sentido estrito e, portanto, apenas para as hipóteses de responsabilidade civil extracontratual."

Portanto:

- Responsabilidade civil extracontratual: 3 anos.
- Responsabilidade contratual: 10 anos, se inexistir prazo específico.

Registre-se que é de suma importância a leitura dos referidos julgados, tendo em vista que traz o histórico da divergência na jurisprudência do STJ e dos fundamentos que embasaram a diferenciação nos prazos prescricionais na de responsabilidade civil decorrente de inadimplemento contratual ou extracontratual.

Alternativa INCORRETA, uma vez que a pretensão indenizatória decorrente do inadimplemento contratual sujeita-se ao prazo prescricional decenal (art. 205 do Código Civil), enquanto a pretensão indenizatória decorrente do inadimplemento extracontratual sujeita-se ao prazo trienal, nos termos da atual jurisprudência do Superior Tribunal de Justiça (EREsp 1.280.825-RJ (informativo 632) e EREsp 1.281.594-SP (informativo 649).

---

66. (FGV – Auditor Técnico de Controle Externo – TCE – AM/2021) Em 15 de janeiro de 2020, André completou 12 anos de idade. Enquanto passeava com seu pai para celebrar a ocasião, André foi atingido por um cinzeiro caído de um edifício particular. André pode pretender a reparação civil dos danos sofridos até:

a) 15 de janeiro de 2023;
b) 15 de janeiro de 2024;
c) 15 de janeiro de 2026;
d) 15 de janeiro de 2027;
e) 15 de janeiro de 2029.

COMENTÁRIOS

Nota do autor: André é considerado absolutamente incapaz, à luz do art. 3º do CC, uma vez que é menor de 16 anos. Não corre o prazo prescricional em face dos absolutamente incapazes, conforme dispõe o art. 198, I do CC: "Também não corre a prescrição: I - contra os incapazes de que trata o art. 3 o". Trata-se de hipótese de suspensão do prazo prescricional. Logo, o prazo prescricional somente começará a fluir quando André completar 16 anos. Resta saber qual o prazo prescricional aplicável no caso proposto.

Novamente, a questão cobrou o entendimento firmado pelo Superior Tribunal de Justiça a respeito da diferenciação do prazo prescricional para a relação contratual daquela decorrente de relação extracontratual: "Nas controvérsias relacionadas à responsabilidade contratual, aplica-se a regra geral (art. 205 CC/2002) que prevê 10 anos de prazo prescricional e, quando se tratar de responsabilidade extracontratual, aplica-se o disposto no art. 206, § 3º, V, do CC/2002, com prazo de 3 anos. Para fins de prazo prescricional, o termo "reparação civil" deve ser interpretado de forma restritiva, abrangendo apenas os casos de indenização decorrente de responsabilidade civil extracontratual". (STJ. 2ª Seção. EREsp 1.280.825-RJ, Rel. Min. Nancy Andrighi, julgado em 27/06/2018 (Info 632).

Destarte, *in casu*, a pretensão prescreve em três anos (art. 206, § 3º, V do CC).

André completará 16 anos em 2024, começando, a partir desta data, fluir o prazo prescricional de 3 anos. Portanto, poderá pretender a reparação civil dos danos sofridos até 15 de janeiro de 2027.

Alternativa correta: letra "d".

---

67. (FGV – Auditor Técnico de Controle Externo – TCE – AM/2021) Leandro, solteiro, 17 anos, bacharel em química, celebrou contrato de compra e venda de um carro usado com Natália no valor de R$ 35.000,00. Após o pagamento, a propriedade do carro foi transmitida a Leandro. Nesse caso, o contrato celebrado por Leandro e Natália é:

a) inexistente;

b) válido;

c) nulo;

d) anulável;

e) inexigível.

COMENTÁRIOS

✪ **Nota do autor:** os elementos estruturais do negócio jurídico podem ser compreendidos a partir da ideia de Pontes de Miranda, do que se denominou escada ponteana. Segundo essa teoria, o negócio jurídico tem três planos: a) **plano da existência**: agente, vontade, objeto e forma; b) **plano da validade**: capacidade (do agente), liberdade (da vontade ou do consentimento), licitude, possibilidade e determinabilidade (do objeto) e adequação (das formas); c) **plano da eficácia**: condição, termo, consequências do inadimplemento negocial (juros, multas, perdas e danos). O Código Civil de 2002 não adotou de forma o plano da existência.

Alternativa "a": incorreta. Há agentes (Leandro e Natália), vontade, objeto (compra e venda de um carro usado) e forma (contrato de compra e venda). Portanto, é existente o contrato.

Alternativa "b": correta. Como cediço, um dos requisitos de validade do negócio jurídico é que as partes sejam capazes. No caso proposto, Leandro é considerado relativamente incapaz, por ter 17 anos, devendo, desta forma, estar assistido por seus pais. Contudo, é bacharel em química, sendo causa da sua emancipação, conforme prevê o art. 5º, parágrafo único, IV, CC. Portanto, o negócio jurídico é válido.

Alternativa "c": incorreta. Os vícios de nulidade e de anulabilidade geram a invalidade do negócio jurídico. A nulidade é hipótese de maior gravidade, tendo em vista que o negócio jurídico nulo não é suscetível de confirmação, nem convalesce pelo decurso do tempo (art. 169, CC). Leandro, por ser relativamente incapaz, já que conta com 17 anos, ao contratar sem a assistência de seus pais, não geraria a nulidade do negócio jurídico, mas sim a anulabilidade, já que o negócio jurídico é nulo quando celebrado por pessoa absolutamente incapaz (art. 166, I, CC). Portanto, o negócio jurídico não é nulo, tampouco anulável, eis que Leandro havia se emancipado com a conclusão do curso de ensino superior quando da celebração do negócio jurídico.

Alternativa "d": incorreta. Consoante asseverado alhures, se Leandro celebrasse o negócio jurídico sem a assistência dos seus pais, acaso não houvesse se emancipado, o negócio jurídico seria anulável, o que não é a hipótese em apreço. Vale lembrar que "o negócio anulável pode ser confirmado pelas partes, salvo direito de terceiro" (art. 172 do CC). Ademais, o vício não mais poderia ser alegado se não suscitado dentro do prazo decadencial (arts. 178 e 179 do CC).

Alternativa "e": incorreta. Não há que falar em inexigibilidade do negócio jurídico.

Alternativa correta: letra "b".

---

68. (FGV – Auditor Técnico de Controle Externo – TCE – AM/2021) Magda deseja vender um imóvel para um de seus filhos, Bruno. Para não ter problemas com seus outros filhos que não concordarão com a venda, ela combina com Jorge, seu melhor amigo, de vender o imóvel para ele, mas com a incumbência de ele revendê-lo, em seguida, para Bruno, o que efetivamente ocorre. Quando os outros filhos de Magda descobrirem, eles poderão alegar:

a) confirmação;

b) conversão;

c) simulação;

d) redução;

e) ratificação.

COMENTÁRIOS

✪ **Nota do autor:** a **simulação** é uma declaração falsa de vontade, com o fito de aparentar negócio diverso do efetivamente desejado, objetivando iludir terceiros ou à lei. Pode ser ***absoluta*** – quando as partes não realizam o negócio jurídico, criando, apenas, uma aparência perante terceiros de que o negócio fora realizado (como numa confissão de dívida ficta, em que uma das partes pretendendo furtar-se ao pagamento de outra dívida, a real, assume o pagamento daquela); ou ***relativa*** – as partes pretendendo realizar um negócio prejudicial a terceiro ou em fraude à lei, realizam um outro negócio, a fim de encobrir o primeiro. Com efeito, "compõe-se, pois, de dois negócios: o **simulado**, aparente, destinado a enganar; e o **dissimulado**, oculto, mas verdadeiramente desejado. O negócio aparente, simulado, serve apenas para ocultar a efetiva intenção dos contratantes, ou seja, o negócio real. "*Simulação* não se confunde, pois, com *dissimulação*, embora em ambas haja o propósito de enganar. Na simulação, procura-se aparentar o que não existe; na dissimulação, oculta-se o que é verdadeiro". (Gonçalves, Carlos Roberto. Direito civil brasileiro, volume 1: parte geral / Carlos Roberto Gonçalves. – 18. ed. – São Paulo: Saraiva, 2021).

Depreende-se, a partir da leitura do enunciado, que se trata de simulação prevista no art. 167, § 1º, I do CC: "Haverá simulação nos negócios jurídicos quando: I - **aparentarem conferir ou transmitir direitos a pessoas diversas daquelas às quais realmente se conferem, ou transmitem**". Isso porque **Magda deseja, efetivamente, vender um imóvel para um de seus filhos, Bruno, e não para Jorge. Para tanto, simula uma venda para este que deverá, em seguida, realizar a venda para Bruno.**

Vale lembrar que "É anulável a venda de ascendente a descendente, salvo se os outros descendentes e o cônjuge do alienante expressamente houverem consentido" (art. 496, CC). No caso de doação de ascendente para descendente, não é necessário consentimento dos outros descendentes, uma vez que será considerada "antecipação da legítima". O prazo prescricional da ação que visa anular venda direta entre ascendente e descendente na vigência do Código Civil de 2002 é de 2 (dois) anos (STJ. 3ª Turma. AgInt no REsp 1481596/SP, Rel. Min. Marco Aurélio Bellizze, julgado em 12/09/2017).

Em que pese o gabarito proposto pela banca seja o de simulação, destaco que, recentemente, o Superior Tribunal de Justiça adotou o entendimento de que "A venda de bem entre ascendente e descendente, por meio de interposta pessoa, é ato jurídico anulável, aplicando-se o prazo decadencial de 2 (dois) anos previsto no art. 179 do CC/2002" (STJ. 3ª Turma. REsp 1.679.501-GO, Rel. Min. Nancy Andrighi, julgado em 10/03/2020 (Info 667).

Alternativa "a": incorreta. O vício de nulidade não convalesce pelo decurso do tempo, conforme prevê o art. 169 do CC: "O negócio jurídico nulo não é suscetível de confirmação, nem convalesce pelo decurso do tempo".

Alternativa "b": incorreta. Conforme estatui o art. 170 do CC, se o negócio jurídico nulo contiver os requisitos de outro, subsistirá este quando o fim a que visavam as partes permitir supor que o teriam querido, se houvessem previsto a nulidade. Contudo, não é o caso proposto pelo enunciado, em que não é possível a conversão.

Alternativa "c": incorreta. Trata-se de simulação prevista no art. 167, § 1º, I do CC: "Haverá simulação nos negócios jurídicos quando: I - **aparentarem conferir ou transmitir direitos a pessoas diversas daquelas às quais realmente se conferem, ou transmitem**". Isso porque **Magda deseja, efetivamente, vender um imóvel para um de seus filhos, Bruno, e não para Jorge. Para tanto, simula uma venda para este que deverá, em seguida, realizar a venda para Bruno.**

Alternativa "d": incorreta. Não há que falar em redução do negócio jurídico.

Alternativa "e": incorreta. Não é possível a ratificação em um negócio jurídico nulo (art. 169, CC).

---

69. (FGV – Auditor Técnico de Controle Externo – TCE – AM/2021) Nestor, filho de 30 anos de Ernesto e Clara, disse que divulgaria imagens íntimas dos pais se eles não aceitassem figurar como seus fiadores em contrato em que ele seria locatário. Apavorados, Ernesto e Clara assinaram o instrumento do contrato. Nesse caso, o contrato é:

a) anulável por coação moral;

b) nulo por dolo;

c) nulo por coação moral;

d) anulável por dolo;

e) nulo por estado de perigo.

COMENTÁRIOS

Nota do autor: os *vícios do consentimento* (coação, erro, dolo, estado de perigo ou lesão) provocam uma divergência entre a vontade manifestada e a real intenção de quem a exteriorizou. A fraude contra credores não conduz a um descompasso entre o íntimo querer do agente e a sua declaração, sendo considerada *vício social*. A *simulação* também é considerada um vício social, porque objetiva iludir terceiros ou violar a lei. (Gonçalves, Carlos Roberto. Direito civil brasileiro, volume 1: parte geral / Carlos Roberto Gonçalves. – 18. ed. – São Paulo: Saraiva, 2021).

Alternativa "a": correta. A coação pode ser compreendida como "pressão física ou moral exercida sobre o negociante, visando obriga-lo a assumir uma obrigação que não lhe interessa" (Tartuce, Flávio. Manual de Direito Civil: volume único / Flávio Tartuce. – 11. ed. – Rio de Janeiro, Forense; METODO, 2021). Nos termos do art. 151 do CC, a coação, para viciar o negócio jurídico, há de ser relevante, baseada em fundado temor de dano iminente e considerável à pessoa envolvida, à sua família ou aos seus bens.

Nos termos do art. 153 do CC: "Não se considera coação a ameaça do exercício normal de um direito, nem o simples temor reverencial". No caso apresentado, há de ser relevante, baseada em fundado temor de dano iminente e considerável à pessoa envolvida, já que Nestor disse que divulgaria imagens íntimas dos pais se eles não aceitassem figurar como seus fiadores em contrato em que ele seria locatário. Não se trata de temor reverencial, mas de efetiva coação moral aos pais, para que os obriguem assinar o contrato como fiadores, passível, pois, de anulação no prazo decadencial de 4 anos, a contar do dia que cessar a coação (art. 178 do CC).

Alternativa "b": incorreta. O "dolo pode ser conceituado como o artifício ardiloso empregado para enganar alguém, com intuito de benefício próprio" (Tartuce, Flávio. Manual de Direito Civil: volume único / Flávio Tartuce. – 11. ed. – Rio de Janeiro, Forense; METODO, 2021). Não é causa de nulidade, mas, sim, de **anulabilidade do negócio jurídico** (art. 145 do CC).

Alternativa "c": incorreta. A coação moral gera a anulabilidade**.**

Alternativa "d": incorreta. O negócio jurídico é anulável por coação, e não por dolo.

Alternativa "e": incorreta. De acordo com o art. 156 do CC, "configura-se o estado de perigo quando alguém, premido da necessidade de salvar-se, ou a pessoa de sua família, de grave dano conhecido pela outra parte, assume obrigação excessivamente onerosa estado de perigo". Não é a hipótese trazida pelo enunciado.

Alternativa correta: letra "a".

70. (Cespe – Analista de Controle Externo – Direito – TCE – MG/2018) O erro que se refere a qualidades secundárias do objeto do negócio jurídico e que não acarreta efetivo prejuízo é denominado

a) obstativo.

b) inescusável.

c) substancial.

d) acidental.

e) impróprio.

COMENTÁRIOS

✪ **Nota do autor:** os defeitos do negócio jurídico são muito cobrados em provas de concurso. O caso em tela aborda o erro, que consiste numa falsa percepção em relação a uma pessoa, a um objeto ou a um direito. À luz do art. 138 do CC, os negócios jurídicos celebrados com erro são anuláveis, desde que o erro seja substancial.

Alternativa "a": incorreta. O erro obstativo ou impróprio, consiste no erro que incide sobre a vontade externa do agente, isto é, a declarada, não foi adotado pelo Código Civil de 2002, já que o direito brasileiro não adota essa distinção.

Alternativa "b": incorreta. O novo Código Civil não mais requer que o erro seja justificável para que seja possível a sua anulação, haja vista o princípio da confiança, consoante o Enunciado n. 12 da I Jornada de Direito Civil: "na sistemática do art. 138, é irrelevante ser ou não escusável o erro, porque o dispositivo adota o princípio da confiança".

Alternativa "c": incorreta. Se o erro for substancial, isto é, relevante, o negócio jurídico é anulável. Desse modo, acarretará efetivo prejuízo. Ressalte-se que a questão demanda o erro que não influenciará no negócio jurídico. Ainda no tocante ao erro substancial, o próprio código estabelece quais as hipóteses em que este é considerado relevante, consoante previsto no art. 139: a) erro que interessar à natureza do negócio (*error in negotia*), ao objeto principal (*error in corpore*) ou a alguma das qualidades essenciais (*error in substantia*); b) concerne à identidade ou à qualidade essencial da pessoa a quem se refira a declaração de vontade (*error in persona*), desde que tenha influído nesta de modo relevante; c) sendo de direito (*error iuris*) e não implicando recusa à aplicação da lei, for o motivo único ou principal do negócio jurídico.

Alternativa "d": correta. O erro acidental refere-se aos elementos secundários, portanto não essenciais do negócio jurídico, não implicando a sua anulação.

Alternativa "e": incorreta. Valem os mesmos Comentários realizados no erro obstativo, eis que erro impróprio é uma das suas possíveis designações.

Alternativa correta: letra "d".

71. (Cespe – Analista de Controle Externo – Direito – TCE – MG/2018) É causa que interrompe a prescrição

a) manter sociedade conjugal com a vítima do dano.

b) ser descendente do autor do dano.

c) realizar ato extrajudicial inequívoco que importe no reconhecimento do direito pelo devedor.

d) ausentar-se do país enquanto em serviço público da União.

e) ajuizar ação para apurar o fato no juízo criminal.

COMENTÁRIOS

✪ **Nota do autor:** a questão aborda tema de fundamental importância para o candidato, qual seja a prescrição, que é recorrentemente cobrado nas provas de concurso público. A **prescrição** pode ser entendida como a perda da **pretensão** pelo decurso do tempo, isto é, da possibilidade de exigir de outrem alguma prestação (conduta) positiva ou negativa (fazer, um não-fazer ou dar uma coisa). Logo, quando o sujeito passivo não cumpre a prestação, tem-se configurado o inadimplemento ou a lesão. Os prazos prescricionais estão taxativamente descritos nos artigos 205 e 206 do Código Civil, não podendo ser alterados por acordo das partes (art. 192, CC). As causas que impedem ou suspendem a prescrição estão previstas no art. 197 a 199, CC.

Alternativa "a": incorreta. Trata-se de causa impeditiva ou suspensiva, consoante prevê o art. 197, I, CC.

Alternativa "b": incorreta. Corresponde a causa impeditiva, conforme dispõe o art. 197, II, CC.

Alternativa "c": correta. Nos termos do art. 202, VI, CC, interrompe a prescrição "qualquer ato inequívoco, ainda que extrajudicial, que importe reconhecimento do direito pelo devedor".

Alternativa "d": incorreta. Trata-se de causa impeditiva ou suspensiva, consoante prevê o art. 198, II, CC.

Alternativa "e": incorreta. Consiste em causa impeditiva, conforme dispõe o art. 200, CC.

Alternativa correta: letra "c".

---

72. (Vunesp - Agente de Fiscalização - TCE - SP/2017) Nos termos do Código Civil, assinale a alternativa correta.

a) Não caberá a restituição por enriquecimento, se a lei conferir ao lesado outros meios para se ressarcir do prejuízo sofrido.

b) São bens públicos os de uso comum do povo, tais como edifícios ou terrenos destinados a serviço ou estabelecimento da administração municipal.

c) Constitui ato ilícito a destruição da coisa alheia a fim de remover perigo iminente.

d) Não comete ato ilícito aquele que, por ação ou omissão voluntária, violar direito e causar dano a outrem.

e) Os bens públicos de uso comum do povo e os de uso especial são alienáveis.

COMENTÁRIOS

✪ **Nota do autor:** a questão aborda tema de fundamental importância para o candidato, qual seja a prescrição, que é recorrentemente cobrado nas provas de concurso público. A **prescrição** pode ser entendida como a perda da **pretensão** pelo decurso do tempo, isto é, da possibilidade de exigir de outrem alguma prestação (conduta) positiva ou negativa (fazer, um não-fazer ou dar uma coisa). Logo, quando o sujeito passivo não cumpre a prestação, tem-se configurado o inadimplemento ou a lesão. Os prazos prescricionais estão taxativamente descritos nos artigos 205 e 206 do Código Civil, não podendo ser alterados por acordo das partes (art. 192, CC). As causas que impedem ou suspendem a prescrição estão previstas no art. 197 a 199, CC.

Alternativa "a": correta. Nos termos do art. 886 do CC: "Não caberá a restituição por enriquecimento, se a lei conferir ao lesado outros meios para se ressarcir do prejuízo sofrido". A ação de enriquecimento é uma medida excepcional, cujo exercício é condicionado à inexistência de outro meio previsto em lei. Segundo o Enunciado 36 da Jornada de Direito Civil "O art. 886 do novo Código Civil não exclui o direito à restituição do que foi objeto de enriquecimento sem causa nos casos em que os meios alternativos conferidos ao lesado encontram obstáculos de fato".

Alternativa "b": incorreta. A alternativa abordou o conceito de bem público de uso especial, conforme dispõe o art. 99, II, CC, "tais como edifícios ou terrenos destinados a serviço ou estabelecimento da administração federal, estadual, territorial ou municipal, inclusive os de suas autarquias". Os bens públicos de uso comum do povo, disciplinado no art. 99, I, CC, são rios, mares, estradas, ruas e praças.

Alternativa "c": incorreta. Nos termos do art. 188, II, CC, não constituem atos ilícitos a deterioração ou destruição da coisa alheia, ou a lesão a pessoa, a fim de remover perigo iminente.

Alternativa "d": incorreta. "Aquele que, por ação ou omissão voluntária, negligência ou imprudência, violar direito e causar dano a outrem, ainda que exclusivamente moral, comete ato ilícito", consoante prevê o art. 198, II, CC.

Alternativa "e": incorreta. "Os bens públicos de uso comum do povo e os de uso especial são **inalienáveis**, enquanto conservarem a sua qualificação, na forma que a lei determinar", conforme dispõe o art. 100, CC.

Alternativa correta: letra "a".

---

73. (CESPE - Auditor TCU - 2015) A respeito das pessoas naturais e jurídicas, dos fatos e negócios jurídicos e do disposto na Lei de Introdução às Normas do Direito Brasileiro, julgue os seguintes itens. A renúncia realizada no contexto de um negócio jurídico deve ser interpretada de maneira estrita.

COMENTÁRIOS

✪ **Nota do autor:** trata-se de questão fundamentada expressamente no Código Civil.

É o que estabelece o art. 114, CC: "Os negócios jurídicos benéficos e a renúncia interpretam-se estritamente". **Alternativa CORRETA.**

---

74. (CESPE - Auditor TCU - 2015) Acerca da prescrição, da decadência, das obrigações e da responsabilidade civil, julgue os itens que se seguem. A decadência extingue o direito subjetivo patrimonial.

COMENTÁRIOS

✪ **Nota do autor: prescrição x decadência**: consiste a primeira na perda do direito à pretensão em razão do decurso do tempo. A segunda, por sua vez, consiste na perda do direito em si, em razão do decurso do tempo.

A **prescrição** pode ser entendida como a perda da **pretensão** pelo decurso do tempo, isto é, da possibilidade de exigir de outrem alguma prestação (conduta) positiva ou negativa (fazer, um não-fazer ou dar uma coisa). Logo, quando o sujeito passivo não cumpre a prestação, tem-se configurado o inadimplemento ou a lesão. Os direitos a uma prestação relacionam-se, pois, com os prazos prescricionais que, consoante art. 189 do CC, começam a correr da lesão ou do inadimplemento. Desse modo, apenas os **direitos subjetivos patrimoniais** submetem-se aos **prazos prescricionais**, uma vez que apenas os direitos sujeitos a uma prestação (ou seja, os direitos subjetivos) são susceptíveis de **lesão** ou **violação**. Os **direitos subjetivos patrimoniais** são direitos que autorizam o seu titular exigir de alguém um determinado **comportamento** que é **apreciável economicamente**. Assim, não realizado o comportamento esperado, o titular do direito poderá exercer a sua pretensão. Como exemplo, se o devedor não realizar o pagamento da prestação no vencimento, configurar-se-á a mora pelo inadimplemento contratual. Consequentemente, o credor poderá exercer a sua pretensão, que consistirá na exigência do pagamento. Ressalte-se que, consoante exposto, a pretensão pode decorrer tanto do inadimplemento (como no exemplo citado) como de uma lesão. Nesta circunstância, a pretensão poderia se referir a alguma espécie de dano material ou moral causado à vítima que teria violado o seu direito de personalidade e, por conseguinte, estaria autorizada a exigir do autor a reparação dos danos. Oportuno salientar que não está aqui se falando no direito subjetivos extrapatrimoniais – que são imprescritíveis, mas sim no prazo para que se promova a reparação pecuniária pelo dano sofrido. Não se confundem, portanto, os direitos subjetivos extrapatrimoniais – v.g. de se pleitear a cessação da violação da intimidade ou da privacidade – com a reparação dos danos dela decorrentes – relação patrimonial. Ademais, sob a ótica processual, apenas as **ações condenatórias** podem sofrer os efeitos da prescrição, tendo em vista que constituem o **único mecanismo de proteção dos direitos subjetivos patrimoniais**.

Lado outro, a **decadência** consiste na perda do direito potestativo pela inércia do seu titular em virtude do decurso do tempo previsto em lei. Os **direitos potestativos** são exercidos através da **mera manifestação de vontade do próprio titular**, isto é, "conferem ao respectivo titular o poder de influir ou determinar mudanças na esfera jurídica de outrem, por ato unilateral, sem que haja dever correspondente, apenas uma sujeição" (Gonçalves, Carlos Roberto. Direito Civil Esquematizado, volume 1: parte geral. 4º.ed. – São Paulo: Saraiva, 2014). Logo, são **direitos sem pretensão**, na medida em que são **insuscetíveis de violação**. Dessarte, o direito de um dos cônjuges que visa à anulação do casamento não pode ser violado pelo outro que se sujeitará, tão somente, às consequências da anulação decretada pelo juiz, cuja sentença que reconheça esse direito já o efetiva. Logo, aplicam-se aos direitos potestativos a **decadência**, que é a **perda do próprio direito** (potestativo) pelo seu não exercício em determinado prazo, quando a lei estabelecer lapso temporal para tanto. Sob o ponto de vista processual, os **direitos potestativos** relacionam-se com as **ações constitutivas**. A **ação constitutiva** é a demanda que tem o objetivo de obter a **certificação** e a **efetivação** de um direito potestativo.

Ante todo o exposto, a **prescrição** é que extingue o direito subjetivo patrimonial. **Alternativa INCORRETA.**

---

75. (CESPE – Auditor TCU – 2015) Acerca da prescrição, da decadência, das obrigações e da responsabilidade civil, julgue os itens que se seguem.O autor de ato ilícito que resulte em obrigações é considerado em mora a partir do momento em que pratica o ato.

COMENTÁRIOS

✪ **Nota do autor:** o ato ilícito cria o dever de indenizar ou ressarcir o prejuízo causado por ser praticado ao arrepio do ordenamento jurídico. "Aquele que, por ação ou omissão voluntária, negligência ou imprudência, violar direito e causar dano a outrem, ainda que exclusivamente moral, comete ato ilícito" (art. 186, CC). Importante observar que se faz necessária a conjugação dos dois elementos para a responsabilização do infrator: violar direito e causar dano a outrem. Desse modo, caso esteja configurada apenas a violação do direito, com culpa ou dolo, sem que seja verificado o prejuízo, não há que se falar em indenização. Ademais, comete ato ilícito aquele que pratica abuso de direito (art. 187, CC). A responsabilidade pode ser derivada de uma relação **contratual**, respondendo pelas perdas e danos causados (art. 389, CC); ou **extracontratual**, quando não deriva de contrato, mas sim de infração ao dever de conduta (arts. 186, 187 e 927, CC). A presente questão aborda a situação de responsabilidade extracontratual. O inadimplemento da obrigação gera a necessidade de correção monetária: "Não cumprida a obrigação, responde o devedor por perdas e danos, mais juros, atualização monetária e honorários de advogado (Redação dada pela Lei nº 14.905, de 2024)" (art. 389, CC). A **mora** é o imperfeito ou o retardamento no cumprimento da obrigação, conforme previsto no art. 394, CC. Pode resultar do descumprimento tanto de contrato quanto de infração à lei, nesta compreendida a prática de ato ilícito (art. 398, CC). Há a mora quando ainda é interessante ao credor receber a prestação, corrigida dos juros, atualização, cláusula penal, conforme prescrevem os artigos 394 e 395, CC. Entretanto, se a prestação for inútil ao credor, estaremos diante do inadimplemento absoluto, ensejando a reparação por perdas e danos (art. 395, parágrafo único, CC). Há duas espécies de mora: a do devedor (mora *solvendi*) e a do credor (mora *accipiendi*). Nas obrigações provenientes de ato ilícito, considera-se o devedor em mora, desde que o praticou (art. 398, CC). Neste caso, o devedor suportará o ônus de seu comportamento ilícito desde a data do fato. Não há necessidade de interpelação do devedor para que seja configurada a mora.

Gabarito: CERTO.

---

76. (CESPE – Auditor TCU – 2015) Acerca da prescrição, da decadência, das obrigações e da responsabilidade civil, julgue os itens que se seguem. A prescrição serve, a um só tempo, para extinguir situações jurídicas e para consolidar relações que se prolonguem no tempo.

COMENTÁRIOS

✪ **Nota do autor:** a **prescrição (art. 189, CC)** pode ser entendida como a perda da **pretensão**, ou seja, da proteção jurídica pelo decurso de prazo. Verificam-se, pois, dois requisitos no tocante à prescrição: a inércia do titular da ação, em vista da violação de um direito, e o decurso do tempo fixado em lei. A prescrição tem o condão de criar a tranquilidade e a segurança jurídica nas relações sociais. Enunciado n. 14 do CJF (aprovado na Jornada de Direito Civil de 2002): a) "o início do prazo prescricional ocorre com o surgimento da pretensão, que decorre da exigibilidade do direito subjetivo"; b) "o art. 189 diz respeito a casos em que a pretensão nasce imediatamente após a violação do direito absoluto ou de obrigação de não fazer". Não se pode olvidar que há outra forma de prescrição, a **aquisitiva**, também denominada usucapião, que é tratada no Direito das Coisas, especificamente no modo de aquisição da propriedade. Desse modo, a inércia do titular de um direito pode ensejar a consolidação de relações que se prolongaram no tempo.

Alternativa correta, dado que a prescrição tem a função de, a um só tempo, extinguir situações jurídicas (prescrição extintiva) e consolidar relações que se prolonguem no tempo (prescrição aquisitiva).

Gabarito: CERTO.

---

77. (CESPE – Auditor TCU – 2015) Acerca da prescrição, da decadência, das obrigações e da responsabilidade civil, julgue os itens que se seguem. As pessoas responsáveis pelo incapaz respondem pelos prejuízos por ele causados, salvo quando não tiverem obrigação de fazê-lo ou não dispuserem de meios suficientes para tal, situação em que o incapaz deverá responder pelos prejuízos causados.

COMENTÁRIOS

✪ **Nota do autor:** Prevê o art. 928 do CC: "O incapaz responde pelos prejuízos que causar, se as pessoas por ele responsáveis não tiverem obrigação de fazê-lo ou não dispuserem de meios suficientes". Dessarte, o incapaz responde pelos prejuízos que causar a outrem em duas hipóteses, quais sejam: a) se o seu responsável não tiver obrigação de arcar com tal ressarcimento ou b) não tiver meios suficientes para isso. Verifica-se, pois, uma responsabilidade subsidiária do incapaz, em que se exige num primeiro momento do seu representante e, não tendo este meios suficientes, exige-se do incapaz. O parágrafo único do referido artigo faz uma ressalva: "A indenização prevista neste artigo, que deverá ser equitativa, não terá lugar se privar do necessário o incapaz ou as pessoas que dele dependem". Importante transcrever, ainda, o Enunciado 39 da I Jornada de Direito Civil: "a impossibilidade de privação do necessário à pessoa, prevista no art. 928, traduz um dever de indenização equitativa, informado pelo princípio constitucional da proteção à dignidade da pessoa humana. Como consequência, também os pais, tutores e curadores serão beneficiados pelo limite humanitário do dever de indenizar, de modo que a passagem ao patrimônio do incapaz se dará não quando esgotados todos os recursos do responsável, mas se reduzidos estes ao montante necessário à manutenção de sua dignidade".

Gabarito: CERTO.

---

78. (CESPE/Unb – TCU – Auditor Federal de Controle Externo/2013) O juiz pode pronunciar a nulidade do negócio jurídico quando conhecer o seu conteúdo e seus efeitos, assim como pode supri-la, a requerimento da parte.

COMENTÁRIOS

✪ **Nota do autor:** a invalidade do negócio jurídico abrange a nulidade (art. 166 e 167 do CC) e a anulabilidade (art. 171 do CC) do negócio jurídico. No tocante aos efeitos, a **nulidade**: pode ser reconhecida de ofício pelo juiz (art. 168, par. Único, CC); não pode ser convalidada; é imprescritível; ação declaratória; efeito *ex tunc*. Já quanto à **anulabilidade**: não pode ser reconhecida de ofício pelo juiz; deve ser provocada pelos interessados (art. 177, CC); os efeitos operam somente entre aqueles que a alegaram, salvo o caso de solidariedade, ou indivisibilidade (art. 177); pode ser sanada expressa ou tacitamente, pela confirmação (art. 172); deve ser arguida no prazo legal; ação desconstitutiva; efeito *ex nunc*.

Alternativa incorreta: à luz do disposto no parágrafo único do art. 168, CC, não é permitido ao juiz suprir as nulidades, ainda que a requerimento das partes.

Gabarito: ERRADO.

79. (CESPE/Unb – TCU – Auditor Federal de Controle Externo/2013) Embora o princípio do aproveitamento do ato nulo ou anulável tenha amparo no Código Civil, somente será possível a decretação da nulidade parcial do contrato, resguardando-se a parte válida, se esta puder subsistir autonomamente.

COMENTÁRIOS

✪ **Nota do autor:** segundo o princípio da conservação do negócio jurídico (*utile per inutile non vitiatur*) a invalidade parcial de um negócio jurídico não o prejudicará na parte válida, se esta for separável (art. 184, CC). Cumpre ressaltar que a invalidade da obrigação principal implica a das obrigações acessórias, mas a destas não induz a da obrigação principal.

Alternativa correta: é o que prevê o art. 184, CC: "Respeitada a intenção das partes, a invalidade parcial de um negócio jurídico não o prejudicará na parte válida, se esta for separável; a invalidade da obrigação principal implica a das obrigações acessórias, mas a destas não induz a da obrigação principal". Trata-se do princípio da conservação do negócio jurídico.

Gabarito: CERTO.

2.4. DAS PROVAS

▸ CC, Parte Geral, Livro III, Título IV.

80. CEBRASPE – 2023 – TCE/MS – Procurador. De acordo com o Código Civil, salvo o negócio a que se impõe forma especial, o fato jurídico pode ser provado mediante

I confissão; II documento; III testemunha; IV indícios; V perícia.

Assinale a opção correta.

a) Apenas os itens I, III e IV estão certos.
b) Apenas os itens I, II, III e V estão certos.
c) Apenas os itens I, II, IV e V estão certos.
d) Apenas os itens II, III, IV e V estão certos.
e) Todos os itens estão certos.

COMENTÁRIOS

✪ **Nota do autor:** Art. 212. Salvo o negócio a que se impõe forma especial, o fato jurídico pode ser provado mediante: I - confissão; II - documento; III - testemunha; IV - presunção; V - perícia.

Alternativa correta: letra "b". Registre-se que estão corretas as afirmações constantes nos itens I, II, III e V. O item IV está incorreto, uma vez que o vocábulo "indícios" não consta no artigo 212 do CC.

81. COPEVE-UFAL – 2022 – TCE/AL – Agente de Controle Externo. A respeito da Prova do Fato Jurídico, dadas as afirmativas,

I. Farão a mesma prova que os originais as certidões textuais de qualquer peça judicial, do protocolo das audiências, ou de outro qualquer livro a cargo do escrivão, sendo extraídas por ele, ou sob a sua vigilância, e por ele subscritas, assim como os traslados de autos, quando por outro escrivão consertados.
II. A anuência ou a autorização de outrem, prescindível à validade de um ato, provar-se-á do mesmo modo que este, e constará, sempre que se possa, do próprio instrumento.
III. A cópia fotográfica de documento, conferida por tabelião de notas, valerá como prova de declaração da vontade, mas, impugnada sua autenticidade, deverá ser exibido o original. A prova não supre a ausência do título de crédito, ou do original, nos casos em que a lei ou as circunstâncias condicionarem o exercício do direito à sua exibição.
IV. O instrumento particular, feito e assinado, ou somente assinado por quem esteja na livre disposição e administração de seus bens, prova as obrigações convencionais de qualquer valor; mas os seus efeitos, bem como os da cessão, operam-se, a respeito de terceiros, antes mesmo do registro no registro público.

verifica-se que estão corretas apenas

a) I e III.
b) I e IV.
c) II e III.
d) I, II e IV.
e) II, III e IV.

COMENTÁRIOS

Assertiva I: correta. Art. 216. Farão a mesma prova que os originais as certidões textuais de qualquer peça judicial, do protocolo das audiências, ou de outro qualquer livro a cargo do escrivão, sendo extraídas por ele, ou sob a sua vigilância, e por ele subscritas, assim como os traslados de autos, quando por outro escrivão consertados.

Assertiva II: incorreta. Art. 220. A anuência ou a autorização de outrem, necessária à validade de um ato, provar-se-á do mesmo modo que este, e constará, sempre que se possa, do próprio instrumento.

Assertiva III: correta. Art. 223. A cópia fotográfica de documento, conferida por tabelião de notas, valerá como prova de declaração da vontade, mas, impugnada sua autenticidade, deverá ser exibido o original. Parágrafo único. A prova não supre a ausência do título de crédito, ou do original, nos casos em que a lei ou as circunstâncias condicionarem o exercício do direito à sua exibição.

Assertiva IV: incorreta. Art. 221. O instrumento particular, feito e assinado, ou somente assinado por quem esteja na livre disposição e administração de seus bens, prova as obrigações convencionais de qualquer valor; mas os seus efeitos, bem como os da cessão, não se operam, a respeito de terceiros, antes de registrado no registro público.

Alternativa correta: letra "a".

---

82. (Cespe – Analista de Controle Externo – Direito – TCE – RJ/2021) Conforme regra geral prevista na lei civil vigente sobre a prova dos atos jurídicos, a validade do instrumento particular para demonstrar a existência de obrigação convencional depende da subscrição de, pelo menos, duas testemunhas.

COMENTÁRIOS

✪ **Nota do autor:** a questão exigiu o conhecimento do candidato a respeito das provas no Direito Civil. O art. 212 do Código Civil elenca diversos meios admitidos para a prova de fatos jurídicos, rol considerado meramente exemplificativo, haja vista o disposto no art. 369 do CPC: "As partes têm o direito de empregar todos os meios legais, bem como os moralmente legítimos, ainda que não especificados neste Código, para provar a verdade dos fatos em que se funda o pedido ou a defesa e influir eficazmente na convicção do juiz".

Sobre o tema, dispõe o art. 221 do CC: "O instrumento particular, feito e assinado, ou somente assinado por quem esteja na livre disposição e administração de seus bens, prova as obrigações convencionais de qualquer valor; mas os seus efeitos, bem como os da cessão, não se operam, a respeito de terceiros, antes de registrado no registro público". O instrumento particular assinado é dotado de eficácia probatória quanto às obrigações ali assumidas. Por outro lado, a oponibilidade da eficácia do instrumento a terceiros depende do seu registro público.

Depreende-se, a partir da leitura do referido dispositivo, que o documento particular como meio de prova das obrigações independe da assinatura de testemunhas, bastando que o instrumento particular seja feito e assinado, ou somente assinado, por quem esteja na livre disposição e administração de seus bens. A questão tentou confundir o candidato com a exigência de duas testemunhas para que um instrumento particular possua a característica de título executivo extrajudicial (art. 784, III do CPC).

Alternativa INCORRETA, haja vista que o documento particular como meio de prova das obrigações independe da assinatura de testemunhas.

3. PARTE ESPECIAL

3.1. DO DIREITO DAS OBRIGAÇÕES

▸ CC, Parte Geral, Livro III, Título I, art. 104 e Título III, arts. 186-187; Parte Especial, Livro I, Títulos I a IV e Título IX, art. 927.

---

83. FGV – 2024 – TCE/GO – Analista de Controle Externo. Pedro Henrique celebrou contrato de mútuo com Vitor Azevedo, casado sob o regime da comunhão parcial de bens com Tereza. Pelo referido contrato, restou consignado que Pedro Henrique, mutuário, deveria restituir o valor emprestado, R$15.000,00, pessoalmente e em espécie ao mutuante, aos 15 de abril de 2024. Na data do vencimento, Pedro Henrique procura Vitor com a intenção de pagar, ao que é informado por Tereza que Vitor Azevedo está em lugar incerto e não sabido há mais de 40 dias o que a motivou a promover ação declaratória de ausência, ainda não julgada. Diante da situação e com o intuito de evitar as consequências do inadimplemento, analise as assertivas abaixo:

I) Pedro Henrique deverá efetuar o pagamento à Tereza que, em razão do regime de bens, é credora solidária. II) Pedro Henrique deverá aguardar o julgamento da ação declaratória de ausência, que suspende o vencimento da obrigação, para efetuar o pagamento a quem for nomeado curador. III) Pedro Henrique deverá consignar o pagamento, independentemente do julgamento da ação declaratória de ausência, pois o credor encontra-se em lugar incerto.

Está correto o que se afirma em

a) I, apenas.
b) II, apenas.
c) III, apenas.
d) I e III, apenas.
e) II e III, apenas.

COMENTÁRIOS

Assertiva I: incorreta. O regime de comunhão parcial de bens não confere automaticamente à

Tereza o status de credora solidária. A dívida é pessoal de Vitor Azevedo, e o pagamento deve ser feito ao credor original. Vale lembrar que: "A solidariedade não se presume; resulta da lei ou da vontade das partes" (art. 265 CC). Art. 308. O pagamento deve ser feito ao credor ou a quem de direito o represente, sob pena de só valer depois de por ele ratificado, ou tanto quanto reverter em seu proveito.

Assertiva II: incorreta. A simples propositura da ação declaratória de ausência não suspende o vencimento da obrigação. Enquanto não houver um curador nomeado, o devedor deve tomar medidas para evitar o inadimplemento, como a consignação em pagamento.

Assertiva III: correta. O Código Civil prevê a consignação em pagamento como meio de liberar o devedor quando o credor está em lugar incerto e não sabido. Isso se aplica à situação, independentemente do julgamento da ação declaratória de ausência.

Alternativa correta: letra "c".

84. (FGV – Auditor Federal de Controle Externo – TCU/2022) A Siderúrgica S/A foi contratada em 2019 para construir um protótipo de aço para a Automotiva Ltda., que deveria ser entregue até o final daquele ano. Entretanto, a Siderúrgica S/A não conseguiu concluir a construção no prazo, por inadequado planejamento de sua parte. Quando estava prestes a concluí-lo, em março de 2020, adveio determinação do poder público no sentido do fechamento da fábrica e suspensão temporária das suas atividades, com base na calamidade pública decorrente da pandemia, o que inviabilizou definitivamente o cumprimento da obrigação. Essa determinação de suspensão das atividades da fábrica:

a) configura força maior e libera a Siderúrgica S/A da responsabilidade pelo inadimplemento;

b) não isenta a Siderúrgica S/A dos efeitos do inadimplemento, por ter ocorrido quando já estava em mora;

c) caracteriza fato do príncipe, de modo a suspender a exigibilidade da prestação enquanto persistirem seus efeitos;

d) pode ser qualificada como impossibilidade superveniente do objeto, extinguindo a relação obrigacional de pleno direito;

e) é causa de onerosidade excessiva, em razão de sua imprevisibilidade, autorizando a resolução do contrato.

COMENTÁRIOS

✪ **Nota do autor:** o inadimplemento pode ser dividido em relativo (mora) ou absoluto. Parcela doutrinária entende que a mora significar simples atraso no cumprimento e o inadimplemento absoluto o total descumprimento. No entanto, atualmente, a mais abalizada doutrina tem entendido que o atraso no cumprimento da prestação pode gerar inadimplemento absoluto, mora, ou simples retardamento sem culpa. Isso porque se a prestação perder a utilidade para o credor, estamos diante de inadimplemento absoluto (art. 395, parágrafo único, do CC). Desse modo, a diferença entre mora e inadimplemento absoluto está na utilidade da prestação para o credor (Código Civil comentado: doutrina e jurisprudência / Anderson Schreiber ... [et al.]. –3. ed. – Rio de Janeiro: Forense, 2021). Haverá a mora se presente a culpa (art. 396, CC). No tocante ao termo inicial da mora, temos duas espécies de mora: a mora automática ou *ex re* que independe de qualquer atitude do credor e a mora *ex persona* que exige do credor a notificação do devedor para que se inicie (art. 397, CC). Tratando-se de ilícito extracontratual, considera-se o devedor em mora, desde que o praticou (art. 398, CC).

Nos termos do art. 399, CC, o devedor em mora passa a responder pelos prejuízos decorrentes do caso fortuito ou de força maior. O devedor em mora não responde pelos prejuízos decorrentes do caso fortuito e da força maior se: a) provar que os prejuízos teriam ocorrido ainda que a obrigação tivesse sido oportunamente desempenhada; b) provar isenção de culpa.

No caso proposto, a Siderúrgica S/A **já estava em mora** na época da determinação do poder público, uma vez que foi contratada em 2019 para construir um protótipo de aço para a Automotiva Ltda., que deveria ser entregue até o final daquele ano. Destarte, à luz do art. 399 do CC, o "devedor em mora responde pela impossibilidade da prestação, embora essa impossibilidade resulte de caso fortuito ou de força maior, se estes ocorrerem durante o atraso". Não se aplica, no caso, a ressalva contida na parte final do referido dispositivo, porquanto há culpa da siderúrgica – que não entregou na data aprazada –, ademais, o dano não sobreviria ainda quando a obrigação fosse oportunamente desempenhada, já que a conclusão do contrato teria sido antes da pandemia.

Alternativa "a" incorreta, haja vista que, a despeito de configurar força maior para parcela doutrinária, não libera a Siderúrgica S/A da responsabilidade pelo inadimplemento, eis que o devedor em mora responde pela impossibilidade da prestação, embora essa impossibilidade resulte de caso fortuito ou de força maior, se estes ocorrerem durante o atraso (art. 399, CC).

Alternativa "b" correta, nos termos do art. 399, CC.

Alternativa "c" incorreta. "Fato do príncipe é toda determinação estatal geral, imprevisível ou inevitável, que impeça ou, o que é mais comum, onere substancialmente a execução do contrato, autorizando sua revisão, ou mesmo sua rescisão, na hipótese de tornar-se impossível seu cumprimento" (Alexandrino, Marcelo. Direito Administrativo Descomplicado / Marcelo Alexandrino, Vicente Paulo. - 29. ed. - Rio de Janeiro: Forense; MÉTODO, 2021). Segundo parcela doutrinária, as causas de impossibilidade de cumprimento das obrigações pelo devedor, em algumas hipóteses, não decorrem da pandemia em si, mas às medidas de polícia administrativa adotadas pelo Estado para seu enfrentamento, como as restrições impostas à circulação de pessoas, fechamento de estabelecimentos, dentre outras medidas previstas na Lei nº 13979/2020. Consoante asseverado, em que pese se caracterizar a as medidas restritivas decorrentes da pandemia como fato do príncipe, não há a suspensão da exigibilidade da prestação enquanto persistirem seus efeitos, uma vez que a Siderúrgica já se encontrava em mora em período anterior à pandemia. Desse modo, considerando ou não a pandemia como força maior ou caso fortuito, não seria fundamento para a não responsabilização da Siderúrgica. Sobre o tema relativo à natureza jurídica da pandemia, é dizer, se é ou não considerada força maior, há divergência doutrinária e jurisprudencial, a saber: "Pandemia de Covid-19 deve ser entendida como caso fortuito ou força maior, pois se trata de acontecimento imprevisível, inevitável e que não foi produzido pelas partes, conforme os termos do artigo 393, parágrafo único, do Código Civil" (TJSP; Apelação Cível 1021667-90.2021.8.26.0001; Relator (a): Carlos Dias Motta; Órgão Julgador: 26ª Câmara de Direito Privado; Foro Regional I - Santana - 7ª Vara Cível; Data do Julgamento: 11/04/2022; Data de Registro: 11/04/2022). Lado outro: "Pandemia que não configura situação de força maior apta a elidir a obrigação de pagamento dos alugueres e demais encargos. Abatimento de eventual saldo da caução que será feita em sede de liquidação de sentença". (TJSP; Apelação Cível 1013697-03.2020.8.26.0477; Relator (a): Ruy Coppola; Órgão Julgador: 32ª Câmara de Direito Privado; Foro de Praia Grande - 1ª Vara Cível; Data do Julgamento: 11/04/2022; Data de Registro: 11/04/2022)

Alternativa "d" incorreta. Não consiste em impossibilidade superveniente do objeto, porquanto é possível o seu cumprimento, ainda que após a liberação das restrições pelo poder público. Além disso, o inadimplemento substancial apenas ocorre se a obrigação não mais é útil ao credor.

Alternativa "e" incorreta. A mera determinação do poder público no sentido do fechamento da fábrica e suspensão temporária das suas atividades não é causa de onerosidade excessiva. A revisão contratual por fato superveniente dos contratos civis pode ser extraída dos arts. 317 e 478 do CC. Tem-se, por requisitos, para a revisão dos contratos civis: o contrato deve ser, em regra, bilateral ou sinalagmático, isto é, deve trazer direitos e deveres para ambas as partes; oneroso, comutativo – tendo as partes ciência quanto às prestações, sendo vedado, em regra, em contratos aleatórios –, de execução diferida ou de trato sucessivo – uma vez que, a princípio, não se admite revisão de contrato instantâneo. Ademais, exige-se um motivo imprevisível (art. 317) ou acontecimentos imprevisíveis e extraordinários (art. 478). O Enunciado n. 17 do CJF/STJ, da I Jornada: "a interpretação da expressão 'motivos imprevisíveis', constante do art. 317 do Código Civil, deve abarcar tanto causas de desproporção não previsíveis como também causas previsíveis, mas de resultado imprevisíveis". Outrossim, o Enunciado n. 175 do CJF/STJ, da III Jornada: "a menção à imprevisibilidade e à extraordinariedade, insertas no art. 478 do Código Civil, deve ser interpretada não somente em relação ao fato que gere o desequilíbrio, mas também em relação às consequências que ele produz". Por fim, deve estar presente a onerosidade excessiva (ou *quebra do sinalagma obrigacional)*. O Enunciado n. 365 do CJF/STJ: "a extrema vantagem do art. 478 deve ser interpretada como elemento acidental da alteração de circunstâncias, que comporta a incidência da resolução ou revisão do negócio por onerosidade excessiva, independentemente de sua demonstração plena".

Alternativa correta: letra "b".

---

85. (Cespe – Analista de Controle Externo – Direito – TCE – RJ/2021) Por constituir forma de pagamento indireto, a novação deve, impreterivelmente, ser declarada de forma expressa, não admitindo modalidade tácita.

COMENTÁRIOS

✪ **Nota do autor:** a novação (arts. 360 a 367 do CC) pode ser compreendido como uma forma de pagamento indireto em que ocorre a substituição de uma obrigação anterior por uma nova (substituição de uma dívida por outra), diversa da primeira criada pelas partes. A novação é modo *extintivo não satisfatório,* porquanto não conduz à satisfação imediata do crédito, uma vez que é a nova obrigação que substitui a primeira. A novação aperfeiçoa-se com a presença dos seguintes pressupostos: a existência de uma obrigação anterior válida, a existência de uma nova obrigação e a intenção de novar (*animus novandi*). Dispõe o art. 361 do CC que o ânimo de novar pode ser expresso ou mesmo tácito, mas sempre inequívoco. Não havendo tal elemento imaterial ou subjetivo, a segunda obrigação simplesmente confirma a primeira. É possível, portanto, a novação expressa ou tácita, segundo o novel diploma civil. Há, pois, a extinção da dívida primitiva, com todos os acessórios e garantias, sempre que não houver estipulação em contrário (art. 364 do CC).

"Há três espécies de novação: a objetiva, a subjetiva e a mista. Na primeira, altera-se o objeto da prestação; na segunda, ocorre a substituição dos sujeitos da relação jurídica, no polo passivo ou ativo, com quitação do título anterior; na mista, ocorrem, simultaneamente, na nova obrigação, mudança do objeto e substituição das partes" (GONÇALVES, Carlos Roberto. Direito Civil: Teoria Geral das Obrigações. Vol. 2. 18º ed. São Paulo: Saraiva, 2021).

Alternativa INCORRETA, haja vista que é possível a novação tácita, consoante dispõe o art. 361 do CC: "Não havendo ânimo de novar, expresso ou tácito, mas inequívoco, a segunda obrigação confirma simplesmente a primeira".

86. (Cespe – Analista de Controle Externo – Direito – TCE – RJ/2021) Em contrato de compra e venda de bem móvel com pagamento antecipado do preço, caso o objeto se perca antes da tradição, sem culpa do devedor, a obrigação ficará resolvida para ambas as partes.

COMENTÁRIOS

✪ **Nota do autor:** a questão cuida da responsabilidade civil decorrente do inadimplemento da obrigação de dar coisa certa. Se, no caso de obrigação de dar coisa certa, a coisa se perder, sem culpa do devedor, antes da tradição, ou pendente a condição suspensiva, fica resolvida a obrigação para ambas as partes; se a perda resulta de culpa do devedor, responderá este pelo equivalente e mais perdas e danos (art. 234 do CC). É imperioso rememorar que na obrigação de dar, a propriedade da coisa só se transfere com a tradição. Antes desta, o proprietário é que suporta a perda, conforme o provérbio romano *"res perit domino"* – a coisa perece para o dono. Desse modo, se a coisa se perde **sem culpa do devedor**, a obrigação se extingue e as partes voltam ao estado anterior (*statu quo ante*). Não cabem perdas e danos ou juros. Como exemplo, "Se o vendedor (devedor do carro) deve entregar o carro e este perece por força da enchente, a obrigação se resolve e as partes voltam ao estado anterior. Cabe ao vendedor restituir o preço pago acrescido de correção monetária desde o desembolso. Não incidem juros de mora, pois mora pressupõe culpa do devedor (no caso, o vendedor do carro). (...) A devolução do dinheiro não é indenização. É apenas restituição ao estado anterior. Evita-se enriquecimento sem causa. Contudo, se a coisa se perder **com culpa** do devedor (dono da coisa), que agiu com negligência, imprudência ou imperícia, este responderá pelo equivalente (valor da prestação perdida) e pelas perdas e danos (danos emergentes, lucros cessantes, além de correção monetária, juros de mora e honorários de advogado – sobre honorários de advogado ver Comentários ao art. 389 do CC/2002). A prova do prejuízo cabe ao credor. Dois exemplos ajudam a esclarecer a questão. No contrato de compra e venda, o vendedor recebe o preço da vaca (R$ 5.000,00), mas não a entrega ao comprador, pois, por negligência, deixa a vaca morrer. Deverá restituir o valor recebido (que funciona como equivalente), mais perdas e danos (lucros cessantes, por exemplo). Se o valor da vaca aumentou (imaginemos uma valorização da vaca entre a data da compra e a da entrega, que não ocorreu), o vendedor pagará o valor acrescido, mais juros de mora, correção monetária e honorários de advogado. Na promessa de recompensa a regra é semelhante. João promete recompensar com o cão labrador Rex (cão com vários prêmios e de grande valor), quem lhe restituir seu cão perdido da raça São Bernardo de nome Beethoven. Pedro acha Beethoven e o restitui a João que, contudo, por culpa, perdeu Rex. Pedro tem direito ao valor de Rex (equivalente), mais perdas e danos (danos emergentes, lucros cessantes)" (Código Civil comentado: doutrina e jurisprudência / Anderson Schreiber ... [et al.]. – 3.ed. – Rio de Janeiro: Forense, 2021).

Alternativa, portanto, **CORRETA**.

87. (Cespe – Analista de Controle Externo – Direito – TCE – RJ/2021) Na hipótese de condenação judicial em ação de danos morais decorrentes de responsabilidade extracontratual, a contagem dos juros da mora se inicia da data do evento danoso.

COMENTÁRIOS

✪ **Nota do autor:** a questão exige o conhecimento do candidato a respeito do entendimento do STJ acerca do termo inicial para fluência de juros em caso de responsabilidade civil extracontratual, que se encontra pacificado na Súmula 54 do referido Tribunal Superior: "Na hipótese de condenação judicial em ação de danos morais decorrentes de **responsabilidade extracontratual**, a contagem dos juros da mora se inicia da **data do evento danoso**". Dica importante para a preparação para os concursos públicos é a leitura dos principais enunciados das súmulas do STF e do STJ, que sempre são cobrados.

Por sua vez, na **responsabilidade contratual** os juros moratórios são contados a partir da **citação** (art. 405, CC).

Entretanto, "se a condenação for por responsabilidade extracontratual, mas o juiz **fixar pensão mensal**, neste caso, sobre as parcelas já vencidas incidirão juros de mora a **contar da data em que venceu cada prestação**. Sobre as parcelas vincendas, em princípio não haverá juros de mora, a não ser que o devedor atrase o pagamento, situação na qual os juros irão incidir sobre a data do respectivo vencimento". STJ. 4ª Turma. REsp 1.270.983-SP, Rel. Min. Luis Felipe Salomão, julgado em 8/3/2016 (Info 580).

Apenas para relembrar, a **correção monetária**, tanto no caso de **responsabilidade extracontratual** como na **contratual,** a correção monetária flui a partir do **evento danoso** (Súmula 43/STJ e art. 389 do CC).

A **alternativa** está **CORRETA**.

---

88. (Cespe – Analista de Controle Externo – Direito – TCE – RJ/2021) Em hipótese de descumprimento do prazo de entrega do imóvel pelo promitente vendedor, a cláusula penal moratória fixada em valor razoável é, em regra, inacumulável com indenização pelos lucros cessantes decorrentes da não fruição do bem.

COMENTÁRIOS

✪ **Nota do autor:** a cláusula penal pode ser compreendida como a penalidade estabelecida pela inexecução parcial ou total da obrigação. Tem duas funções: a coercitiva, que obriga o devedor a cumprir a obrigação principal; e a ressarcitória, prefixando as perdas e danos no caso de inadimplemento. Há duas espécies de cláusula penal: a moratória, que consiste na cominação contratual de uma multa para o caso de mora (art. 411, CC); e a compensatória, estipulada para servir como indenização no caso de total inadimplemento da obrigação principal (art. 410, CC). No caso da multa moratória, é possível exigir a obrigação principal e a multa "Quando se estipular a cláusula penal para o caso de mora, ou em segurança especial de outra cláusula determinada, terá o credor o arbítrio de exigir a satisfação da pena cominada, juntamente com o desempenho da obrigação principal". No entanto, no caso de multa compensatória, ou se exige a obrigação principal ou a multa.

Sobre a possibilidade de cumulação da indenização por lucros cessantes com a cláusula penal moratória, o Superior Tribunal de Justiça pacificou o entendimento por meio de recurso repetitivo: "A cláusula penal moratória tem a finalidade de indenizar pelo adimplemento tardio da obrigação, e, em regra, estabelecida em valor equivalente ao locativo, afasta-se sua cumulação com lucros cessantes". (STJ. 2ª Seção. REsp 1.498.484-DF, Rel. Min. Luis Felipe Salomão, julgado em 22/05/2019 (recurso repetitivo) (Info 651). Cumpre consignar que se trata de mudança de entendimento da Corte Cidadã.

A **alternativa** está, portanto, **CORRETA**.

---

89. (CESPE/Unb – TCU – Auditor Federal de Controle Externo/2013) Considere que, em relação ao mesmo crédito, tenham ocorrido várias cessões e que os envolvidos tenham ingressado com ação judicial. Nessa situação, deve prevalecer a cessão que se completar com a tradição do título de crédito cedido.

COMENTÁRIOS

✪ **Nota do autor:** a presente aborda o tema relativo à pluralidade de cessões do mesmo crédito previsto no Capítulo I, Título II, do Livro I, na Parte Especial, do CC. Vale ressaltar que se a cessão tiver caráter oneroso poderão os demais envolvidos voltar-se contra o cedente, aplicando-se as regras previstas para o pagamento indevido e o enriquecimento sem causa (arts. 876 a 886 do CC).

É o que prevê o art. 291, CC: "Ocorrendo várias cessões do mesmo crédito, prevalece a que se completar com a tradição do título do crédito cedido". **CERTO**

---

90. (CESPE/Unb – TCU – Auditor Federal de Controle Externo/2013) Considere que terceiro interessado queira pagar dívida do devedor e que o credor tenha manifestado sua recusa em receber o pagamento. Nessa situação, o terceiro poderá valer-se dos meios conducentes à exoneração do devedor, pois a legislação de regência confere a qualquer interessado na extinção da dívida a faculdade de pagá-la.

COMENTÁRIOS

✪ **Nota do autor:** são elementos subjetivos ou pessoais do pagamento o *solvens* (quem deve pagar) e o *accipiens* (a quem se deve pagar). Em regra, quem deve pagar (*solvens*) é o próprio devedor. No entanto, além do próprio sujeito passivo da relação obrigacional é permitido o pagamento por outras pessoas, conforme previsto no art. 304, *caput*, CC.

Trata-se de disposição contida no art. 304, *caput*, CC: "Qualquer interessado na extinção da dívida pode pagá-la, usando, se o credor se opuser, dos meios conducentes à exoneração do devedor". Terceiro interessado é aquele que não está vinculado à relação obrigacional. **Gabarito: CERTO.**

3.2. DOS CONTRATOS

- CC, Parte Geral, Livro III, art. 104; Parte Especial, Livro I, Títulos V e VI; Livro III, Título III, arts. 1.419 e 1.431.
- Lei nº 8.245/91, arts. 37 e 38.

---

91. CEBRASPE – 2024 – TCE/AC – Analista Ministerial. Julgue o item a seguir, em relação à Lei de Introdução às Normas do Direito Brasileiro (LINDB) bem como ao tratamento dado pelo Código Civil aos contratos, à prescrição e à decadência. Em um contrato estimatório, enquanto não pago integralmente o preço, a coisa consignada não pode ser objeto de penhora ou sequestro pelos credores do consignatário.

COMENTÁRIOS

✪ **Nota do autor:** "Contrato estimatório é o pacto em que uma pessoa, chamada de consignante, entrega a outra, que se diz consignatária, bem móvel, a fim de que em determinado prazo, esta pague o preço estimado pelos bens que recebeu ou, alternativamente, os devolva, ainda que imotivadamente" (Código Civil comentado: doutrina e jurisprudência / Anderson Schreiber ... [et al.]. 3.ed. – Rio de Janeiro: Forense, 2021) . Art. 536. A coisa consignada não pode ser objeto de penhora ou sequestro pelos credores do consignatário, enquanto não pago integralmente o preço.

Gabarito: CERTO.

92. CEBRASPE – 2024 – TCE/AC – Analista Ministerial. A respeito dos contratos e da responsabilidade civil, julgue o item a seguir, de acordo com o entendimento dos tribunais superiores. A boa-fé objetiva deve ser observada pelas partes na fase de negociações preliminares e após a execução do contrato, quando tal exigência decorrer da natureza do contrato.

COMENTÁRIOS

✪ **Nota do autor: Enunciados 170 CJF: A boa-fé objetiva deve ser observada pelas partes na fase de negociações preliminares e após a execução do contrato, quando tal exigência decorrer da natureza do contrato. Art. 422. Os contratantes são obrigados a guardar, assim na conclusão do contrato, como em sua execução, os princípios de probidade e boa-fé.**

Gabarito: CERTO.

93. CEBRASPE – 2024 – TCE/AC – Auditor de Controle Externo. Julgue o item que se segue, à luz do tratamento dado pelo Código Civil e pela jurisprudência dos tribunais superiores aos negócios jurídicos e aos contratos. Nos contratos de seguro regidos pelo Código Civil, a correção monetária sobre a indenização securitária incide a partir do evento configurador do sinistro.

COMENTÁRIOS

✪ **Nota do autor: Súmula 632, STJ - Nos contratos de seguro regidos pelo Código Civil, a correção monetária sobre a indenização securitária incide a partir da contratação até o efetivo pagamento.**

Gabarito: ERRADO.

94. FGV – 2024 – TCE/PA – Auditor de Controle Externo. Tereza, experiente negociadora de veículos usados, anuncia um veículo por preço bem abaixo do mercado, despertando o interesse de Cristina. Cristina então procurou Tereza a fim de adquirir o veículo.

Curiosa para entender a razão pela qual Tereza estava vendendo o bem por um valor bem abaixo de mercado, interrogou Tereza, que então explicou que o veículo foi adquirido por herança de seu avô e que seus primos estariam reclamando judicialmente a propriedade do bem, informando, inclusive, o número do processo. Considerando o valor do bem, Cristina resolveu fechar o negócio, que foi firmado por escrito, contando cláusula específica de exclusão de responsabilidade de Tereza caso os primos lograssem êxito na referida ação judicial e carro fosse por eles retomado. Foi acertado ainda o pagamento à vista.

Seis meses após a celebração da compra e venda, Cristina teve o carro apreendido por autoridade policial, que informou que o veículo era roubado e vinha sendo procurado há cerca de dois anos. Em seguida, Cristina procurou Tereza, requerendo a restituição dos valores pagos. Tereza, no entanto, se recusou, sob o argumento que o contrato celebrado entre as partes excluía integralmente a sua responsabilidade por eventual perda do bem.

Diante da situação hipotética narrada e em conformidade com a legislação vigente, avalie as assertivas a seguir.

I. Tereza poderá ser responsabilizada pela evicção, a qual abarca a restituição integral do preço pago por Cristina, bem como a indenização pelas despesas dos contratos e as custas judiciais e honorários advocatícios.

II. Tereza está correta em sua argumentação, pois constou do contrato, cláusula específica de exclusão de responsabilidade pela eventual perda do bem, o que abarca a apreensão por autoridade judicial.

III. Eventual responsabilidade de Tereza, dependerá de sentença transitada em julgado determinando a perda do bem, sendo insuficiente para tal, a apreensão por autoridade policial.

IV. Tereza não poderá ser responsabilizada pela perda do bem, pois informou a Cristina que se tratava de coisa litigiosa e, para compensar o risco, o preço pactuado foi abaixo do valor de mercado.

Está correto o que se afirma em

a) I, apenas.

b) II, apenas.

c) I e III, apenas.

d) II e IV, apenas.

e) IV, apenas.

COMENTÁRIOS

✪ **Nota do autor:** "A evicção consiste na perda da coisa recebida pelo adquirente em virtude de contrato oneroso, por força de sentença judicial ou ato administrativo que a atribui a outrem por razão anterior à celebração do contrato aquisitivo" (Código Civil comentado: doutrina e jurisprudência / Anderson Schreiber ... [et al.]. 3.ed. – Rio de Janeiro: Forense, 2021). Podem as partes, por cláusula expressa, reforçar, diminuir ou excluir a responsabilidade pela evicção (art. 448, CC). Não obstante a cláusula que exclui a garantia contra a evicção, se esta se der, tem direito o evicto a receber o preço que pagou pela coisa evicta, se não soube do risco da evicção, ou, dele informado, não o assumiu (art. 449, CC). No caso em apreço, "Tereza (...) explicou que o veículo foi adquirido por herança de seu avô e que seus primos estariam reclamando judicialmente a propriedade do bem, informando, inclusive, o número do processo". No entanto, o fundamento para a tomada do bem foi diverso: "Cristina teve o carro apreendido por autoridade policial, que informou que o veículo era roubado e vinha sendo procurado há cerca de dois anos". Logo, Cristina não tinha conhecimento do risco específico que resultou na perda da coisa. Desse modo, não há que falar em aplicação da cláusula da excludente de responsabilidade prevista contratualmente.

Assertiva I: correta. CC, Art. 449. Não obstante a cláusula que exclui a garantia contra a evicção, se esta se der, tem direito o evicto a receber o preço que pagou pela coisa evicta, se não soube do risco da evicção, ou, dele informado, não o assumiu. CC, Art. 450. Salvo estipulação em contrário, tem direito o evicto, além da restituição integral do preço ou das quantias que pagou: II - à indenização pelas despesas dos contratos e pelos prejuízos que diretamente resultarem da evicção; III - às custas judiciais e aos honorários do advogado por ele constituído.

Assertiva II: incorreta. Consoante alhures asseverado, Cristina não tinha conhecimento do risco específico que resultou na perda da coisa, porquanto "Tereza (...) explicou que o veículo foi adquirido por herança de seu avô e que seus primos estariam reclamando judicialmente a propriedade do bem".

Assertiva III: incorreta. "A responsabilidade pela evicção ocorre apenas quando a causa da constrição operada sobre a coisa é anterior à relação jurídica entabulada entre o alienante e o evicto. O que importa não é o momento da constrição, esta será, necessariamente, posterior à alienação, o que importa saber é o momento em que nasceu o direito (de terceiro) que deu origem à constrição" (STJ, REsp 873.165/ES, 3.ª Turma, Rel. Min. Sidnei Beneti, j. 18.05.2010).

Assertiva IV: incorreta. Consoante alhures asseverado, Cristina não tinha conhecimento do risco específico que resultou na perda da coisa, porquanto "Tereza (...) explicou que o veículo foi adquirido por herança de seu avô e que seus primos estariam reclamando judicialmente a propriedade do bem".

Alternativa correta: letra "a".

---

95. FGV – 2024 – TCE/PA – Auditor de Controle Externo. Duas empresas paraenses celebraram um contrato atípico com diversas cláusulas que causaram diversas divergências nos setores jurídicos respectivos em relação à interpretação e eficácia do pacto. A respeito do tema Teoria Geral dos Contratos, assinale a afirmativa correta.

a) Nas relações contratuais privadas prevalecerão o princípio da intervenção mínima e a excepcionalidade da revisão contratual.
b) Os contratos privados, diferentemente dos públicos, não devem atender à função social no momento de sua aplicação.
c) Os contratos civis presumem-se assimétricos até a presença de elementos concretos que justifiquem o afastamento dessa presunção.
d) É ilícito às partes estipular contratos atípicos, salvo se a legislação de forma expressa e específica autorizar a celebração.
e) As partes negociantes não poderão estabelecer parâmetros objetivos para a interpretação das cláusulas negociais

COMENTÁRIOS

Alternativa "a": correta. Art. 421. A liberdade contratual será exercida nos limites da função social do contrato.

Parágrafo único. Nas relações contratuais privadas, prevalecerão o princípio da intervenção mínima e a excepcionalidade da revisão contratual.

Alternativa "b": incorreta. Art. 421. A liberdade contratual será exercida nos limites da função social do contrato.

Alternativa "c": incorreta. Art. 421-A. Os contratos civis e empresariais presumem-se paritários e simétricos até a presença de elementos concretos que justifiquem o afastamento dessa presunção, ressalvados os regimes jurídicos previstos em leis especiais, garantido também que:

Alternativa "d": incorreta. Art. 425. É lícito às partes estipular contratos atípicos, observadas as normas gerais fixadas neste Código.

Alternativa "e": incorreta. Art. 421-A - I - as partes negociantes poderão estabelecer parâmetros objetivos para a interpretação das cláusulas negociais e de seus pressupostos de revisão ou de resolução;

Alternativa correta: letra "a".

96. FGV – 2024 – TCE/GO – Analista de Controle Externo. Em um município do interior do país, Joaquim Maria, com objetivo de desfrutar da sua aposentadoria, comprou uma chácara de Francisco José por meio de escritura pública com pagamento à vista com imissão imediata da posse. As despesas com a celebração do contrato foram pagas por Joaquim. Seis meses após a celebração do contrato, Joaquim tem ciência que Francisco havia adquirido a chácara de Brás Cubas, contudo a venda foi anulada por vício formal. Destaca-se que Joaquim e Francisco não tinham ciência do vício ou da possibilidade de anulação. No contrato de compra e venda, inexistia qualquer cláusula a respeito da evicção.

Analise a situação hipotética com base no tema evicção e assinale a opção correta.

a) A boa-fé do alienante exclui sua responsabilidade pela evicção, devendo o adquirente acionar diretamente o causador do vício formal.

b) Como se trata de princípio de ordem pública, é vedada as partes a inclusão de cláusula contratual que exclua a garantia contra a evicção.

c) Entre outros valores, Joaquim Maria tem direito à restituição integral do preço e à indenização pelas despesas do contrato de compra e venda.

d) Caso Joaquim Maria tenha realizada benfeitorias na chácara, somente as necessárias serão restituídas por Francisco José.

e) A evicção se caracteriza como fenômeno jurídico subjetivo e, por isso, depende do conhecimento ou da culpa do alienante para a sua ocorrência.

COMENTÁRIOS

✪ Nota do autor: "O vocábulo "evicção" vem do latim evictio e significa desapossar judicialmente ou recuperar uma coisa. Para o direito civil, evicção é a perda de um bem por ordem judicial ou administrativa, em razão de um motivo jurídico anterior à sua aquisição. Em outras palavras, é a perda de um bem pelo adquirente, em consequência de reivindicação feita pelo verdadeiro dono. Um exemplo de evicção se dá quando alguém vende um objeto e, posteriormente, descobre-se que ele não pertencia ao vendedor, mas a um terceiro. Como explicou o ministro do Superior Tribunal de Justiça (STJ) Paulo de Tarso Sanseverino, no Recurso Especial 1.342.345, a evicção, segundo os artigos 447 e seguintes do Código Civil, consiste na perda total ou parcial da propriedade de bem adquirido em virtude de contrato oneroso, por força de decisão judicial ou ato administrativo praticado por autoridade com poderes para a apreensão da coisa – por exemplo, um delegado de polícia ou a Receita Federal. (...) Sobre os efeitos da evicção, Sanseverino observou que o artigo 450 do Código Civil estabelece que o adquirente que perdeu o bem pode postular as seguintes medidas: restituição integral do preço pago; indenização dos frutos que tiver sido obrigado a restituir; indenização pelas despesas dos contratos e demais prejuízos resultantes da evicção; e ressarcimento das despesas processuais com custas e honorários de advogado"4.

Alternativa "a": incorreta. A boa-fé do alienante não tem o condão de excluir a responsabilidade pela evicção. A exigência da boa-fé, para fins de configuração da evicção e a consequente extensão de seus efeitos, é do adquirente (AREsp 1.597.745).

Alternativa "b": incorreta. Art. 448. Podem as partes, por cláusula expressa, reforçar, diminuir ou excluir a responsabilidade pela evicção.

Alternativa "c": correta. Art. 450. Salvo estipulação em contrário, tem direito o *evicto*, além da restituição integral do preço ou das quantias que pagou: II - à indenização pelas despesas dos contratos e pelos prejuízos que diretamente resultarem da evicção;

Alternativa "d": incorreta. Art. 453. As benfeitorias necessárias ou úteis, não abonadas ao que sofreu a evicção, serão pagas pelo alienante.

Alternativa "e": incorreta. "Sobre a garantia de evicção, afirma a doutrina que ela representa um sistema especial de responsabilidade negocial, que impõe ao alienante, dentre outras consequências, a obrigação de reparar as perdas e os danos eventualmente suportados pelo adquirente evicto (arts. 450 e seguintes do CC/02), tendo em vista o não cumprimento do dever de lhe transmitir o direito sem vícios não consentidos (Leite, Clarisse Frechiani Lara. Evicção e processo. São Paulo: Saraiva, 2013. p. 66). Dessa forma, o ordenamento jurídico protege o adquirente, garantindo-lhe a legitimidade jurídica do direito que lhe é transferido por meio da "regulamentação de direitos, deveres, ônus e obrigações decorrentes do rompimento da

4. https://www.stj.jus.br/sites/portalp/Paginas/Comunicacao/Noticias/20032022-A-perda-do-que-nunca-se-teve-a-eviccao-na-jurisprudencia-do-STJ.aspx. Acesso em: 06/01/2025.

sinalagmaticidade das prestações" (COSTA, José Eduardo da. Evicção nos contratos onerosos. São Paulo: Saraiva, 2004). A evicção, portanto, não se estabelece com a "perda da coisa" em si, como se lê ordinariamente, mas com a privação de um direito que incide sobre a coisa; direito esse, segundo lecionam Cristiano Chaves e Nelson Rosenvald, que "paira não apenas sobre a propriedade como igualmente sobre o direito à posse" (Curso de Direito Civil. v. 4. 3ª ed. Salvador: Juspodivm, 2013. p. 502). E, considerando que essa privação do direito pode ser total ou parcial (...)" (REsp n. 1.713.096/SP, relatora Ministra Nancy Andrighi, Terceira Turma, julgado em 20/2/2018, DJe de 23/2/2018.).

Alternativa correta: letra "c".

---

97. CEBRASPE – 2023 – TCE/MS – Procurador. Caso duas pessoas decidam transacionar para prevenir litígio, o ato

a) será nulo, se qualquer das cláusulas for nula.
b) deverá ser interpretado da forma que beneficiar o mais prejudicado.
c) deverá ser formalizado por meio de escritura pública.
d) servirá para transmitir direitos de ordem patrimonial.
e) aproveitará, mas não prejudicará terceiros que não tomarem parte da transação.

COMENTÁRIOS

Alternativa "a": correta. Art. 848. Sendo nula qualquer das cláusulas da transação, nula será esta.

Alternativa "b": incorreta. Art. 843. A transação interpreta-se restritivamente, e por ela não se transmitem, apenas se declaram ou reconhecem direitos.

Alternativa "c": incorreta. Art. 842. A transação far-se-á por escritura pública, nas obrigações em que a lei o exige, ou por instrumento particular, nas em que ela o admite; se recair sobre direitos contestados em juízo, será feita por escritura pública, ou por termo nos autos, assinado pelos transigentes e homologado pelo juiz.

Alternativa "d": incorreta. Art. 841. Só quanto a direitos patrimoniais de caráter privado se permite a transação.

Alternativa "e": incorreta. Art. 844. A transação não aproveita, nem prejudica senão aos que nela intervierem, ainda que diga respeito a coisa indivisível.

Alternativa correta: letra "a".

---

98. CEBRASPE – 2023 – TCE/MS – Procurador. A resilição unilateral dos contratos

a) exige justa causa.
b) deriva de inadimplemento.
c) exige que a obrigação seja duradoura.
d) depende de pronunciamento judicial.
e) produz efeitos ex tunc.

COMENTÁRIOS

✪ Nota do autor: A extinção dos contratos é tratada no Código Civil nos artigos 472 a 481. Os arts. 472 e 473 do Código Civil disciplinam as duas hipóteses de resilição, fundadas na vontade de ambas ou, ao menos, de uma das partes do contrato. O distrato é a resilição bilateral (art. 472). Lado outro, a resilição unilateral ocorre por denúncia de uma das partes (art. 473). Por sua vez, os artigos 474 e seguintes regulam as hipóteses de resolução do contrato, fundadas no inadimplemento ou na onerosidade excessiva. Segundo Francisco Loureiro "A distinção fundamental entre a resilição e a resolução, por expressa opção do legislador, encontra-se na causa da extinção do contrato, a primeira fundada na vontade, e a segunda, no inadimplemento ou na onerosidade excessiva (...) A resilição unilateral (art. 473 CC), mediante denúncia, consiste na "manifestação de vontade de uma das partes, em contratos de prestações duradouras, dirigida à sua não renovação ou continuação". Tem natureza de negócio jurídico unilateral receptício, de origem contratual ou legal, pelo qual se exerce o poder, livre ou vinculado, de extinguir o contrato, com efeitos ex nunc. Tem a natureza de direito potestativo de um dos contratantes por fim ao contrato, de interferir na esfera jurídica do outro, sem que este nada possa prestar, ou cumprir, para evitar tal fato. Não há pretensão, mas, sim, sujeição. A denúncia legal, segundo o art. 473, é feita naqueles casos em que a lei expressa ou implicitamente permite, em favor de uma das partes, ou de ambas. Tanto o Código Civil como diversas leis especiais contêm dezenas de hipóteses de denúncias por previsão expressa. Tomem-se como exemplos, no Código Civil, os contratos de doação (art. 557), locação de coisas (art. 571), comodato (art. 581), depósito (art. 633), mandato (art. 682, I), distribuição (art. 720), transporte (art. 740), e em leis especiais, a locação urbana (Lei 8.245/91, arts. 46, 47), o plano de saúde (Lei 9.656/98, art. 13), o arrependimento do consumidor nas aquisições de bens feitos à distância (art. 49, Lei 8.078/90), entre outros. A denúncia legal implícita (tácita) a que alude o art. 473 do Código Civil decorre da pró-

pria natureza de determinados contratos, típicos ou atípicos"5.

Alternativa "a": incorreta. A resilição unilateral dos contratos assegura a ambas as partes contratantes o direito de resilir unilateralmente, sem justa causa, contrato celebrado por prazo indeterminado, consoante se depreende da leitura do art. 473 do CC e da jurisprudência do STJ (REsp n. 1.169.789/SP, relator Ministro Antonio Carlos Ferreira, Quarta Turma, julgado em 16/8/2016, DJe de 23/9/2016).

Alternativa "b": incorreta. Consoante alhures asseverado, deve-se distinguir a extinção do contrato por resilição das hipóteses de resolução do contrato, fundadas no inadimplemento ou na onerosidade excessiva.

Alternativa "c": correta. Art. 478. Nos contratos de execução continuada ou diferida, se a prestação de uma das partes se tornar excessivamente onerosa, com extrema vantagem para a outra, em virtude de acontecimentos extraordinários e imprevisíveis, poderá o devedor pedir a resolução do contrato. Os efeitos da sentença que a decretar retroagirão à data da citação.

Alternativa "d": incorreta. O artigo 474 do Código Civil diz apenas que "a cláusula resolutiva expressa opera de pleno direito; a tácita depende de interpelação judicial". Segundo Loureiro, "Trata-se da resolução convencional, pela qual os contratantes estipulam a dissolução do contrato, sem necessidade de intervenção judicial, em razão de fatos supervenientes ao negócio. Resolver de pleno direito, na expressão da lei, significa dissolver-se o contrato sem necessidade da parte inocente vir a juízo pleitear a resolução (de iure)"[6].

Alternativa "e": incorreta. Conforme estatui o art. 478 do CC "Os efeitos da sentença que a decretar retroagirão à data da citação". Logo, os efeitos são *ex nunc*.

Alternativa correta: letra "c".

99. FGV – 2022 – TCE/TO – Auditor de Controle Externo. Quando a Gama S/A, firma de contabilidade, decidiu fechar seu escritório no centro de Palmas, optou por vender as três impressoras seminovas que lá se encontravam. A Grafet Ltda. comprou as três, mas constatou problemas após recebê-las. O rolamento interno da impressora X estava desgastado pelo uso, embora isso não chegasse a prejudicar a impressão ou o seu valor. A bandeja externa de papel da impressora Y estava quebrada e não encaixava mais na máquina, tanto que foi recebida em separado. A impressora Z, por sua vez, funcionou bem durante uma semana, mas depois parou: o técnico chamado informou que a causa do defeito foi um cabeçote interno, que deveria ter sido substituído há pelo menos seis meses. Diante disso, a Grafet pode enjeitar, por vício redibitório:

a) a impressora X;

b) as impressoras X e Y;

c) a impressora Y;

d) as impressoras Y e Z;

e) a impressora Z.

COMENTÁRIOS

✪ **Nota do autor: "*Vícios redibitórios* são defeitos ocultos da coisa que a tornam imprópria ao uso a que se destina, ou lhe diminuem o valor. (...) Os vícios redibitórios são sempre ocultos. Se aparentes ou conhecidos do adquirente, não produzem efeito algum, pois se presume que o adquirente, tendo notado tais defeitos, já ofereceu pela coisa preço compatível com seu caráter defeituoso. (...) Os vícios redibitórios devem ser também já existentes ao tempo da tradição. Defeitos que venham a nascer após a tradição já encontram a coisa incorporada ao patrimônio do adquirente e não atraem a tutela contra vícios redibitórios (res perit domino). (...) O efeito prescrito pelo artigo ante a verificação de vício redibitório é a faculdade de enjeitar (ou seja, rejeitar) a coisa. Em termos técnicos, pode o credor redibir o contrato, o que nada mais é que promover sua extinção com retorno das partes ao status quo ante: o adquirente devolve a coisa e recebe de volta a sua prestação"** (Código Civil comentado: doutrina e jurisprudência / Anderson Schreiber ... [et al.]. 3.ed. – Rio de Janeiro: Forense, 2021).

Alternativa "a": incorreta. O rolamento interno da impressora X estava desgastado pelo uso, embora isso não chegasse a prejudicar a impressão ou o seu valor. Logo, não é passível de ser considerado um vício redibitório, porquanto não a tornou imprópria ao uso a que é destinada, ou lhe diminuiu o valor

Alternativa "b": incorreta. O rolamento interno da impressora X estava desgastado pelo uso, embora isso não chegasse a prejudicar a impressão ou o seu valor. A bandeja externa de papel da impressora Y estava quebrada e não encaixava mais na máquina, tanto que foi recebida em separado. Em relação à impressora Y, não é passível de ser considerado um vício redibitório, porquanto não a tornou imprópria ao uso a que

5. https://www.tjsp.jus.br/download/EPM/Publicacoes/ObrasJuridicas/cc36.pdf?d=636808166395003082. Acesso em: 07/01/2024.

6. https://www.tjsp.jus.br/download/EPM/Publicacoes/ObrasJuridicas/cc36.pdf?d=636808166395003082. Acesso em: 07/01/2024.

é destinada, ou lhe diminuiu o valor. **No tocante à impressora Y, seu defeito não é oculto, não se consubstanciando, consequentemente, como vício** redibitório.

Alternativa "c": incorreta. Em relação à impressora Y, não é passível de ser considerado um vício redibitório, porquanto não a tornou imprópria ao uso a que é destinada, ou lhe diminuiu o valor. **No tocante à impressora Y, seu defeito não é oculto, não se consubstanciando, consequentemente, como vício** redibitório.

Alternativa "d": incorreta. Em relação à impressora Y, não é passível de ser considerado um vício redibitório, porquanto não a tornou imprópria ao uso a que é destinada, ou lhe diminuiu o valor. **No tocante à impressora Y, seu defeito não é oculto, não se consubstanciando, consequentemente, como vício** redibitório.

Alternativa "e": correta. A impressora Z, por sua vez, funcionou bem durante uma semana, mas depois parou: o técnico chamado informou que a causa do defeito foi um cabeçote interno, que deveria ter sido substituído há pelo menos seis meses. Portanto, a impressora z apresenta vício redibitório (defeito oculto).

Alternativa correta: letra "e".

---

100. FGV – 2022 – TCE/TO – Auditor de Controle Externo. A JPD está sendo cobrada por uma multa contratual de dez mil reais em virtude de não ter cumprido pontualmente sua obrigação de fornecer à LMT determinado maquinário. A cobrança é objeto de litígio judicial, pois a JPD alega que a multa é excessiva, enquanto a LMT, ao contrário, reputa o valor insuficiente para cobrir seus prejuízos e requer majoração. Sobre o caso, é correto afirmar que:

a) a redução equitativa da multa pode ser realizada de ofício pelo juiz, se reputá-la manifestamente excessiva, tendo em vista a natureza e a finalidade da obrigação;

b) não será possível a redução judicial da multa se houver cláusula expressa afastando essa possibilidade, tendo em vista se tratar de contrato paritário;

c) caso comprovado que a multa não é suficiente para cobrir o prejuízo da LMT, será cabível indenização suplementar, salvo cláusula em sentido contrário;

d) o juiz poderá reduzir a multa a zero, afastando sua cominação, se o credor não for capaz de provar ter sofrido qualquer prejuízo em decorrência do inadimplemento;

e) o valor da multa somente poderá ser reduzido em caso de cumprimento parcial da obrigação que ela garante.

COMENTÁRIOS

Alternativa "a": correta. Art. 413. A penalidade deve ser reduzida eqüitativamente pelo juiz se a obrigação principal tiver sido cumprida em parte, ou se o montante da penalidade for manifestamente excessivo, tendo-se em vista a natureza e a finalidade do negócio. **Enunciado 356 do CJF**: Nas hipóteses previstas no art. 413 do CC, o juiz deverá reduzir a cláusula penal de ofício.

Alternativa "b": incorreta. Enunciado 355 do CJF: Não podem as partes renunciar à possibilidade de redução da cláusula penal se ocorrer qualquer das hipóteses previstas no art. 413 do CC, por se tratar de preceito de ordem pública.

Alternativa "c": incorreta. Art. 416. Parágrafo único. Ainda que o prejuízo exceda ao previsto na cláusula penal, não pode o credor exigir indenização suplementar se assim não foi convencionado. Se o tiver sido, a pena vale como mínimo da indenização, competindo ao credor provar o prejuízo excedente.

Alternativa "d": incorreta. Art. 416. Para exigir a pena convencional, não é necessário que o credor alegue prejuízo.

Alternativa "e": incorreta. Art. 413. A penalidade deve ser reduzida equitativamente pelo juiz se a obrigação principal tiver sido cumprida em parte, ou se o montante da penalidade for manifestamente excessivo, tendo-se em vista a natureza e a finalidade do negócio.

Alternativa correta: letra "a".

Alternativa "e": incorreta. A situação não gerou onerosidade excessiva para uma das partes, logo, não há o que se falar em resolução do contrato.

Alternativa correta: letra "b".

---

101. (Cespe – Analista de Controle Externo – Direito – TCE – RJ/2021) No regime jurídico concebido pelo Código Civil, a resolução contratual pela onerosidade excessiva depende da demonstração da superveniência de fato imprevisível, ou seja, aquele impossível de ser antevisto pelas partes.

COMENTÁRIOS

✪ **Nota do autor:** a revisão contratual por fato superveniente dos contratos civis pode ser extraída dos arts. 317 e 478 do CC. Há duas correntes acerca da teoria adotada pelo atual Código Civil no tocante à revisão contratual por fato superveniente: a primeira corrente assevera que o Código Civil consagrou a **teoria da imprevisão**, de origem francesa, que remonta a cláusula *rebus sic stantibus*. Para outra corrente, o diploma civilista adotou a **teoria da onero-**

sidade excessiva, inspirada no Código Civil Italiano de 1942. Tem-se, por requisitos, para a revisão dos contratos civis: o contrato deve ser, em regra, bilateral ou sinalagmático, isto é, deve trazer direitos e deveres para ambas as partes; oneroso, comutativo – tendo as partes ciência quanto às prestações, sendo vedado, em regra, em contratos aleatórios –, de execução diferida ou de trato sucessivo – uma vez que, a princípio, não se admite revisão de contrato instantâneo. Ademais, exige-se um motivo imprevisível (art. 317) ou acontecimentos imprevisíveis e extraordinários (art. 478). O Enunciado n. 17 do CJF/STJ, da I Jornada: "a interpretação da expressão 'motivos imprevisíveis', constante do art. 317 do Código Civil, deve abarcar tanto causas de desproporção não previsíveis como também causas previsíveis, mas de resultado imprevisíveis". Outrossim, o Enunciado n. 175 do CJF/STJ, da III Jornada: "a menção à imprevisibilidade e à extraordinariedade, insertas no art. 478 do Código Civil, deve ser interpretada não somente em relação ao fato que gere o desequilíbrio, mas também em relação às consequências que ele produz". Por fim, deve estar presente a onerosidade excessiva (ou *quebra do sinalagma obrigacional)*. O Enunciado n. 365 do CJF/STJ: "a extrema vantagem do art. 478 deve ser interpretada como elemento acidental da alteração de circunstâncias, que comporta a incidência da resolução ou revisão do negócio por onerosidade excessiva, independentemente de sua demonstração plena".

Alternativa, portanto, **CORRETA**.

---

102. (Cespe – Analista de Controle Externo – Direito – TCE – MG/2018) Paulo assumiu a obrigação de, com autonomia, habitualidade e mediante remuneração, promover certos negócios jurídicos à conta de Pedro em zona determinada, sem ter a sua disposição o objeto da negociação. Nessa situação hipotética, de acordo com o Código Civil, configura-se contrato de

a) agência.

b) corretagem.

c) comissão.

d) mandato.

e) distribuição.

COMENTÁRIOS

✪ **Nota do autor:** trata-se de uma questão relativamente difícil, uma vez que cobrou o conhecimento dos elementos integrantes de algumas espécies de contrato menos exigidas em concurso. Ademais, em alguns casos, a diferença entre os contratos é pequena, o que aumenta a dificuldade da questão. Por esse motivo, é importante que o candidato compreenda bem a distinção entre as espécies de contrato.

Alternativa "a": correta, conforme estabelece o art. 710 do CC, "Pelo contrato de **agência**, uma pessoa assume, em caráter **não eventual** e **sem vínculos de dependência**, a obrigação de promover, **à conta de outra**, mediante **retribuição**, a realização de certos negócios, **em zona determinada**, caracterizando-se a distribuição quando o **agente tiver à sua disposição a coisa** a ser negociada". Considerando que Pedro assumiu a obrigação de, com autonomia (portanto, sem subordinação), habitualidade (não eventual) e mediante remuneração, promover certos negócios jurídicos à conta de Pedro, em zona determinada, sem ter a sua disposição o objeto da negociação (já que se tivesse o produto à sua disposição implicaria o contrato de distribuição), temos um contrato de agência. O contrato de agência é comumente mencionado como de representação comercial.

Alternativa "b": incorreta, consoante dispõe o art. 722 do CC: "Pelo contrato de **corretagem**, uma pessoa, **não ligada a outra** em virtude de **mandato**, de **prestação de serviços** ou por **qualquer relação de dependência**, **obriga-se a obter para a segunda um ou mais negócios**, conforme as instruções recebidas". O corretor tem a função de mediar o negócio entre um terceiro e o comitente. Difere-se da comissão já que neste realiza o negócio em seu nome, sendo por ele responsável enquanto naquele o corretor apenas intermedeia a relação.

Alternativa "c": incorreta, à luz do art. 693 do CC: "O contrato de comissão tem por objeto a compra ou venda de bens ou a realização de mútuo ou outro negócio jurídico de crédito pelo comissário, em seu próprio nome, à conta do comitente". Difere-se do contrato de agência porquanto neste o agente não realiza o negócio jurídico, uma vez que apenas intermedeia a relação entre o preponente e o cliente, ou seja, apenas capta a clientela para o fornecedor. Já na comissão, o comissário realiza o negócio jurídico em seu nome, sendo, pois, responsável por ele.

Alternativa "d": incorreta, conforme prevê o art. 653 do CC: "Opera-se o **mandato** quando alguém **recebe de outrem poderes para, em seu nome, praticar atos ou administrar** interesses. A procuração é o instrumento do mandato". Neste, o mandatário age sempre em nome do mandante, sendo, portanto, este conhecido. Na comissão, o comissário age sempre em seu próprio nome, sendo o comitente desconhecido. Ademais, o mandatário não integra o contrato. Por sua vez, na comissão o comissário integra o contrato.

Alternativa "e": incorreta, à luz do art. 710 do CC: "Pelo contrato de agência, uma pessoa assume, em caráter não eventual e sem vínculos de dependência, a obrigação de promover, à conta de outra, mediante retribuição, a realização de certos negócios, em zona determinada, caracterizando-se a **distribuição** quando o **agente tiver à sua disposição a coisa** a ser negociada".

Alternativa correta: letra "a".

3.3. DA RESPONSABILIDADE CIVIL

- CF, arts. 5º, 7º, XXVIII, e 37, § 6º.
- CC, Parte Especial, Livro I, Título VI, Capítulo X, arts. 653 e 667; Título IX, arts. 927 a 954.
- Lei 6.194/74.
- Lei nº 6.938 de 1981, art. 14, § 1º.
- Lei nº 8.078/90, arts. 12-14.
- Súmula 37 do Superior Tribunal de Justiça.

103. CEBRASPE – 2024 – TCE/AC – Analista Ministerial. A respeito dos contratos e da responsabilidade civil, julgue o item a seguir, de acordo com o entendimento dos tribunais superiores. O direito à indenização por danos morais transmite-se com o falecimento do titular, possuindo os herdeiros da vítima legitimidade ativa para ajuizar ou prosseguir a ação indenizatória.

COMENTÁRIOS

Nota do autor: a responsabilidade civil decorre da violação de norma jurídica, impondo ao infrator o dever de indenizar o dano. São elementos da responsabilidade civil: a conduta humana – que deve ser voluntária; o nexo de causalidade – o vínculo existente entre o agente e o resultado danoso; e o dano – que consiste na violação de um interesse jurídico tutelado (patrimonial ou extrapatrimonial). Vale ressaltar a indispensabilidade da ilicitude do ato, nos termos do disposto no art. 186, do CC. **Responsabilidade contratual e extracontratual**: a responsabilidade pode ser derivada de uma relação contratual, respondendo pelas perdas e danos causados (art. 389, CC); extracontratual ou aquiliana, quando não deriva de contrato, mas sim de infração ao dever de conduta (arts. 186, 187 e 927, CC). O inadimplemento contratual, pois, enseja a responsabilidade de indenizar as perdas e danos, salvo se o inadimplemento decorrer de fato não imputável ao devedor, isto é, na ocorrência do fortuito ou força maior, nos termos do art. 389, do CC: "O devedor não responde pelos prejuízos resultantes de caso fortuito ou força maior, se expressamente não se houver por eles responsabilizado". O caso fortuito e a força maior são excludentes da responsabilidade civil, visto que rompem o nexo de causalidade. **Súmula 642-STJ:** O direito à indenização por danos morais transmite-se com o falecimento do titular, possuindo os herdeiros da vítima legitimidade ativa para ajuizar ou prosseguir a ação indenizatória. **Código Civil: Art. 943.** O direito de exigir reparação e a obrigação de prestá-la transmitem-se com a herança. **Enunciado 454-CJF: Art. 943.** O direito de exigir reparação a que se refere o art. 943 do Código Civil abrange inclusive os danos morais, ainda que a ação não tenha sido iniciada pela vítima.

Gabarito: CERTO.

104. CEBRASPE – 2024 – TCE/PR – Auditor de Controle Externo. Segundo a jurisprudência do STJ acerca da responsabilidade civil, a comprovação da culpa é sempre exigida nos casos em que haja a responsabilização civil

a) de ex-administradores de instituição financeira sob intervenção do Banco Central do Brasil (BACEN).
b) do Estado, seja por ato comissivo, seja por ato omissivo.
c) do causador indireto de dano ambiental.
d) de instituição bancária por danos causados a seus correntistas.
e) do empregador pelos danos causados a seu empregado, ainda que este tenha atuado de forma abusiva, extrapolando suas funções.

COMENTÁRIOS

Alternativa "a": correta: De acordo com o STJ, a responsabilidade dos administradores de instituições financeiras por prejuízos é subjetiva, isto é, depende da comprovação da culpa. "[...] 4. Nos termos dos arts. 39 e 40, ambos da Lei nº 6.024/74, a responsabilidade dos administradores e ex-administradores pelos prejuízos causados à instituição financeira é subjetiva, baseada, portanto, na culpa, seja ela real ou presumida. Precedentes." (STJ, REsp 1619116/SP, 3ª Turma. Rel. Min. Moura Ribeiro, julgamento em 01/09/2020, DJe em 02/09/2020).

Alternativa "b": incorreta. *Qual é o tipo de responsabilidade civil do Estado em condutas comissivas?* Responsabilidade objetiva. Isso está previsto no art. 37, § 6º da CF/88 e no art. 43 do Código Civil: Art. 37 (...) § 6º - As pessoas jurídicas de direito público e as de direito privado prestadoras de serviços públicos responderão pelos danos que seus agentes, nessa qualidade, causarem a terceiros, assegurado o direito de regresso contra o responsável nos casos de dolo ou culpa. E em condutas omissivas? Na jurisprudência do STF, contudo, tem ganhado força nos últimos anos o entendimento de que a responsabilidade civil nestes casos também é OBJETIVA. Isso porque o art. 37, § 6º da CF/88 determina a responsabilidade objetiva do Estado sem fazer distinção se a conduta é comissiva (ação) ou omissiva. (...) A jurisprudência da Corte firmou-se no sentido de que as pessoas jurídicas de direito público

respondem objetivamente pelos danos que causarem a terceiros, com fundamento no art. 37, § 6º, da Constituição Federal, tanto por atos comissivos quanto por atos omissivos, desde que demonstrado o nexo causal entre o dano e a omissão do Poder Público. (...) STF. 2ª Turma. ARE 897890 AgR, Rel. Min. Dias Toffoli, julgado em 22/09/2015. No mesmo sentido: STF. 2ª Turma. RE 677283 AgR, Rel. Min. Gilmar Mendes, julgado em 17/04/2012. Em caso de inobservância de seu dever específico de proteção previsto no art. 5º, inciso XLIX, da CF/88, o Estado é responsável pela morte de detento. STF. Plenário. RE 841526/RS, Rel. Min. Luiz Fux, julgado em 30/3/2016 (repercussão geral) (Info 819).

Alternativa "c": incorreta. A responsabilidade ambiental é objetiva, conforme previsto no art. 14, § 1º, da Lei 6.938/1981 (Política Nacional do Meio Ambiente), independentemente da culpa. A responsabilidade civil por dano ambiental é objetiva e solidária. E, nos casos em que o Poder Público concorre para o prejuízo por omissão, a sua responsabilidade solidária é de execução subsidiária (ou com ordem de preferência). STJ. 2ª Turma. AREsp 1.756.656-SP, Rel. Min. Francisco Falcão, julgado em 18/10/2022 (Info 758). Súmula 652-STJ: A responsabilidade civil da Administração Pública por danos ao meio ambiente, decorrente de sua omissão no dever de fiscalização, é de caráter solidário, mas de execução subsidiária.

Alternativa "d": incorreta. A responsabilidade das instituições financeiras é objetiva, baseada no Código de Defesa do Consumidor (CDC), que prevê uma responsabilidade independente da comprovação de culpa. A instituição financeira responde objetivamente por falha na prestação de serviços bancários ao permitir a contratação de empréstimo por estelionatário. STJ. 3ª Turma. REsp 2.052.228-DF, Rel. Min. Nancy Andrighi, julgado em 12/9/2023 (Info 788).

Alternativa "e": incorreta. A responsabilidade do empregador pelos atos de seus empregados é regulamentada, em regra, pelo artigo 932, inciso III, do Código Civil: Art. 932. São também responsáveis pela reparação civil: (...) III - o empregador ou comitente, por seus empregados, serviçais e prepostos, no exercício do trabalho que lhes competir, ou em razão dele.

Alternativa correta: letra "a".

---

105. CEBRASPE – 2024 – TCE/PR – Auditor de Controle Externo. Pedro, 16 anos, desde o falecimento de seu pai em acidente de carro, ocorrido há dois anos, passou a adotar comportamento arredio, além de, recorrentemente, requerer que sua mãe, Olívia, o emancipe para que ele possa abandonar os estudos. Como Pedro recebeu vultosa herança de seu pai, acredita que não precisa estudar. Ante a recusa de Olívia em emancipá-lo, Pedro se tornou agressivo com a mãe e com todos com quem se relaciona, envolvendo-se constantemente em brigas.

No último domingo, após o término de uma partida de futebol, aborrecido com o fato de o seu time ter perdido, Pedro agrediu João, que transitava pela rua, vestindo a camisa do time rival. Em razão das agressões, João teve um braço fraturado e precisou interromper sua atividade profissional de motorista por 40 dias. Ante a situação hipotética narrada e a legislação vigente, é correto afirmar que

a) Pedro tem responsabilidade civil direta e subjetiva pelos danos provocados, independentemente da situação financeira de Olívia.
b) Pedro e Olívia são solidariamente responsáveis pelos danos sofridos por João, de sorte que a vítima pode demandar qualquer um deles.
c) Olívia responde objetivamente pelos danos causados por Pedro, mas tem direito de regresso contra Pedro a partir do atingimento da maioridade civil.
d) Olívia responde direta e subjetivamente pelos danos causados por Pedro, não tendo direito de regresso contra o filho.
e) Caso Olívia não disponha de meios suficientes para indenizar João, Pedro, titular de patrimônio considerável, responderá pelos danos.

COMENTÁRIOS

✪ Nota do autor: Enunciado 40 do CJF: O incapaz responde pelos prejuízos que causar de maneira subsidiária ou excepcionalmente como devedor principal, na hipótese do ressarcimento devido pelos adolescentes que praticarem atos infracionais nos termos do art. 116 do Estatuto da Criança e do Adolescente, no âmbito das medidas socioeducativas ali previstas. Enunciado 660: Art. 928: Suprime-se o Enunciado 41 da I Jornada de Direito Civil do Conselho da Justiça Federal. ("A única hipótese em que poderá haver responsabilidade solidária do menor de 18 anos com seus pais é ter sido emancipado nos termos do art. 5º, parágrafo único, inc. I, do novo Código Civil.") 1. A responsabilidade civil do incapaz pela reparação dos danos é subsidiária e mitigada (CC, art. 928). 2. É subsidiária porque apenas ocorrerá quando os seus genitores não tiverem meios para ressarcir a vítima; é condicional e mitigada porque não poderá ultrapassar o limite humanitário do patrimônio mínimo do infante (CC, art. 928, par. único e En. 39/CJF); e deve ser equitativa, tendo em vista que a indenização

deverá ser equânime, sem a privação do mínimo necessário para a sobrevivência digna do incapaz (CC, art. 928, par. único e En. 449/CJF). 3. Não há litisconsórcio passivo necessário, pois não há obrigação - nem legal, nem por força da relação jurídica (unitária) - da vítima lesada em litigar contra o responsável e o incapaz. É possível, no entanto, que o autor, por sua opção e liberalidade, tendo em conta que os direitos ou obrigações derivem do mesmo fundamento de fato ou de direito (CPC,73, art. 46, II) intente ação contra ambos - pai e filho -, formando-se um litisconsórcio facultativo e simples. 4. O art. 932, I do CC ao se referir a autoridade e companhia dos pais em relação aos filhos, quis explicitar o poder familiar (a autoridade parental não se esgota na guarda), compreendendo um plexo de deveres como, proteção, cuidado, educação, informação, afeto, dentre outros, independentemente da vigilância investigativa e diária, sendo irrelevante a proximidade física no momento em que os menores venham a causar danos. 5. Recurso especial não provido. (STJ – 4ª Turma – REsp n. 1.436.401/MG – Rel.: Min. Luis Felipe Salomão – D.J.: 02.02.2017).

Alternativa "a": incorreta. CC. Art. 928. O incapaz responde pelos prejuízos que causar, **se as pessoas por ele responsáveis não tiverem obrigação de fazê-lo ou não dispuserem de meios suficientes**. Parágrafo único. A indenização prevista neste artigo, que deverá ser eqüitativa, não terá lugar se privar do necessário o incapaz ou as pessoas que dele dependem.

Alternativa "a": incorreta. CC. Art. 928. O incapaz responde pelos prejuízos que causar, **se as pessoas por ele responsáveis não tiverem obrigação de fazê-lo ou não dispuserem de meios suficientes**. Parágrafo único. A indenização prevista neste artigo, que deverá ser eqüitativa, não terá lugar se privar do necessário o incapaz ou as pessoas que dele dependem.

Alternativa "b": incorreta. CC. Art. 928. **O incapaz responde pelos prejuízos que causar, se as pessoas por ele responsáveis não tiverem obrigação de fazê-lo ou não dispuserem de meios suficientes**. Parágrafo único. A indenização prevista neste artigo, que deverá ser eqüitativa, não terá lugar se privar do necessário o incapaz ou as pessoas que dele dependem.

Alternativa "c": incorreta. CC. Art. 932. São também responsáveis pela reparação civil: I - os pais, pelos filhos menores que estiverem sob sua autoridade e em sua companhia [...]. CC. Art. 934. **Aquele que ressarcir o dano causado por outrem pode reaver o que houver pago daquele por quem pagou, salvo se o causador do dano for descendente seu, absoluta ou relativamente incapaz**.

Alternativa "d": incorreta. CC. Art. 932. São também responsáveis pela reparação civil: I - os pais, pelos filhos menores que estiverem sob sua autoridade e em sua companhia [...]. CC. Art. 933. As pessoas indicadas nos incisos I a V do artigo antecedente, **ainda que não haja culpa de sua parte**, responderão pelos atos praticados pelos terceiros ali referidos.

Alternativa "e": correta. CC. Art. 928. O incapaz responde pelos prejuízos que causar, se as pessoas por ele responsáveis não tiverem obrigação de fazê-lo ou não dispuserem de meios suficientes. Parágrafo único. A indenização prevista neste artigo, que deverá ser eqüitativa, não terá lugar se privar do necessário o incapaz ou as pessoas que dele dependem.

Alternativa correta: letra "e".

---

106. FGV – 2024 – TCE/PA – Auxiliar Técnico. Em uma tarde ensolarada, o Hotel Lua Minguante Ltda., um estabelecimento elegante e bem-conceituado, estava repleto de hóspedes. Romeu Capuleto, um empresário de meia-idade, fez o check-in na suíte para uma importante reunião de negócios no dia seguinte e foi comemorar com seus amigos na piscina do hotel. Enquanto isso, do lado de fora do estabelecimento, Julieta Montecchio, uma senhora idosa, caminhava pela calçada em direção à farmácia da esquina. A calçada estava bem conservada e ela caminhava com muita tranquilidade. Romeu, visivelmente embriagado e mal conseguindo manter o equilíbrio, lançou o balde de gelo do hotel, onde se encontrava as cervejas, em direção à rua. O objeto atingiu a Julieta, que estava passando naquele momento. Ela caiu no chão, sofrendo ferimentos no braço e na perna. Romeu, ainda atordoado, tentou ajudá-la, mas não conseguiu se levantar. Os funcionários do hotel correram para prestar assistência e chamaram uma ambulância. Julieta foi levada ao hospital, onde foi constatado que ela havia fraturado o braço.

Analise a situação hipotética narrada, com base no tema responsabilidade civil, assinale a opção correta.

a) A conduta dos funcionários do Hotel Lua Minguante no atendimento à vítima exclui a responsabilidade civil.

b) A responsabilidade civil será exclusiva do hóspede, que responde subjetivamente pelo ocorrido.

c) O Hotel Lua Minguante tem responsabilidade civil subjetiva pelos danos causados pelos seus hóspedes.

d) Romeu responde exclusiva e objetivamente pelos danos causados à Julieta, que terá o valor da indenização redução pela conduta dos funcionários do hotel.

e) O Hotel Lua Minguante tem responsabilidade civil objetiva pelos danos causados por Romeu à Julieta.

COMENTÁRIOS

✪ **Nota do autor: Art. 932 CC. São também responsáveis pela reparação civil: (...) IV - os donos de hotéis, hospedarias, casas ou estabelecimentos onde se albergue por dinheiro, mesmo para fins de educação, pelos seus hóspedes, moradores e educandos. Art. 933. As pessoas indicadas nos incisos I a V do artigo antecedente, ainda que não haja culpa de sua parte, responderão pelos atos praticados pelos terceiros ali referidos. Não se aplica o disposto no art. 938 do CC porquanto este refere-se a um condomínio, enquanto a situação demonstra, expressamente, tratar-se de um hotel, havendo, consequentemente, regra específica.**

Alternativa "a": incorreta. A conduta dos funcionários do Hotel Lua Minguante no atendimento à vítima não tem o condão de excluir a responsabilidade civil. É cediço que são hipóteses de exclusão da responsabilidade: o estado de necessidade, a legítima defesa, exercício regular de direito e estrito cumprimento de dever legal, o caso fortuito e a força maior, a culpa exclusiva da vítima e o fato de terceiro. A última hipótese, contudo, não se aplicaria ao caso, na medida em que o art. 932, IV, CC prevê, expressamente, a responsabilidade por fato de terceiro.

Alternativa "b": incorreta. Consoante já mencionado, a responsabilidade será do proprietário do hotel, de forma objetiva, mas demandando, todavia, o preenchimento dos pressupostos de responsabilidade do próprio terceiro. "A responsabilidade civil por ato de terceiro funda-se na responsabilidade objetiva ou independente de culpa, estando superado o modelo de culpa presumida" (Enunciado n. 451 da *V Jornada de Direito Civil*).

Alternativa "c": incorreta. O Hotel Lua Minguante tem responsabilidade civil **objetiva** pelos danos causados pelos seus hóspedes.

Alternativa "d": incorreta. Romeu responde solidariamente e de forma **subjetiva** pelos danos causados à Julieta. "Embora a regra seja a responsabilidade por fato próprio, a Lei estabelece, em hipóteses especiais, relacionadas às características de certas relações jurídicas, a responsabilidade solidária por ato de outrem. O CC/02 deixou expressamente de exigir a culpa para a atribuição da responsabilidade por fato de terceiro e passou a perfilhar a teoria da responsabilidade objetiva do responsável, com a finalidade de assegurar o mais amplo ressarcimento à vítima dos eventos danosos. A responsabilidade indireta decorre do fato de os responsáveis exercerem poderes de mando, autoridade, vigilância ou guarda em relação aos causadores imediatos do dano, do que decorre um dever objetivo de guarda e vigilância" (STJ, REsp 1.433.566/RS, 3.ª Turma, Rel. Min. Nancy Andrighi, j. 23.05.2017). O valor da indenização, nesse caso, não sofrerá redução pela conduta dos funcionários do hotel. Isso porque o art. 945 do CC menciona *concorrência de culpas* ou *culpa concorrente da vítima*.

Alternativa "e": correta. Art. 932 CC. São também responsáveis pela reparação civil: (...) IV - os donos de hotéis, hospedarias, casas ou estabelecimentos onde se albergue por dinheiro, mesmo para fins de educação, pelos seus hóspedes, moradores e educandos. Art. 933. As pessoas indicadas nos incisos I a V do artigo antecedente, ainda que não haja culpa de sua parte, responderão pelos atos praticados pelos terceiros ali referidos.

Alternativa correta: letra "e".

107. (CESPE/Unb – TCU – Auditor Federal de Controle Externo/2013) De acordo com a jurisprudência do STJ, na reparação civil por danos decorrentes de inadimplemento contratual, aplica-se o prazo prescricional de dez anos.

COMENTÁRIOS

✪ **Nota do autor:**Considerando que o art. 206 do CC não prevê um prazo determinado reparação civil por danos decorrentes de inadimplemento contratual, o Superior Tribunal de Justiça (STJ) vem decidindo que pretensão de reparação civil por **danos decorrentes** de **inadimplemento contratual** sujeita-se ao prazo prescricional de dez anos, previsto no art. 205 do Código Civil , e não ao prazo trienal, fixado pelo artigo 206, § 3º, V, do mesmo diploma, de acordo com a regra geral do art. 205, CC (STJ – AgRg no REsp: 1422028 SP 2013/0384772-0, Relator: Ministro SIDNEI BENETI, Data de Julgamento: 20/03/2014, T3 – TERCEIRA TURMA, Data de Publicação: DJe 22/04/2014).

Gabarito: CERTO.

108. (CESPE/Unb – TCU – Auditor Federal de Controle Externo/2013) Considere que, pelo mesmo fato, determinado agente esteja respondendo a ação cível e criminal e que o juízo criminal tenha concluído, mediante decisão, que o referido agente foi o autor do fato. Nessa situação, como a responsabilidade civil é independente da criminal, pode o juízo cível concluir em sentido contrário, afastando a autoria e a responsabilidade do agente.

COMENTÁRIOS

✪ **Nota do autor:** a responsabilidade jurídica pode ser civil ou penal. A primeira pode ser entendida como a prática de um ato ilícito que acarreta, para seu autor, a obrigação de reparar o dano (art. 927, CC). Já a segunda decorre do cometimento de um delito, por um agente imputável. Dispõe o artigo 935, do CC: "A responsabilidade civil é independente da criminal, não se podendo questionar mais sobre a existência do fato, ou sobre quem seja o seu autor, quando estas questões se acharem decididas no juízo criminal". Não obstante o referido dispositivo estabeleça a independência entre a responsabilidade civil e a criminal, criou-se uma interação entre as jurisdições civil e penal, em que pode haver a influência da decisão proferida no juízo criminal sobre o civil, a fim de se evitar julgados conflitantes. Desta feita, não poderão mais ser discutidas a existência do fato e a questão da autoria, na ação cível, visto que já foram decididas na criminal. Isso em virtude do fato de que se verifica, no direito penal, maior rigidez no tocante à exigência probatória, principalmente em decorrência do princípio da presunção de inocência. Urge mencionar que como efeito da sentença condenatória penal transitada em julgado: "tornar certa a obrigação de indenizar o dano causado pelo crime" (art. 91, I, CP), e em consonância com o dispositivo ora reproduzido, prevê o Código de Processo Penal: "Transitada em julgado a sentença condenatória, poderão promover-lhe a execução, no juízo cível, para o efeito da reparação do dano, o ofendido, seu representante legal ou seus herdeiros (art. 63, CPP). Uma dúvida recorrente refere-se à responsabilidade civil quando da absolvição do réu por ausência ou insuficiência de provas, ou na inconsciência da ilicitude. Nesse caso, remanescerá o ilícito civil. Sobre o tema, transcreve-se jurisprudência do STJ: "Responsabilidade Civil. Jurisdições Civil e criminal. Intercomunicam-se as jurisdições cível e criminal. A segunda repercute de modo absoluto na primeira quando reconhece o fato ou a autoria. Nesse caso, a sentença condenatória criminal constitui título executório no cível. Se negar o fato ou a autoria, também de modo categórico, impede, no juízo cível, questionar-se o fato. Diferente, porém, se a sentença absolutória criminal apoiar-se em ausência ou insuficiência de provas, ou na inconsciência da ilicitude. Remanesce, então, o ilícito civil" (STJ – 2ª. T. – REsp. – Rel. Vicente Cernicchiaro – j. 7.2.90 – RSTJ 7/400). Portanto, a decisão criminal apenas interfere na esfera civil quando estiverem decididas criminalmente a existência do fato ou a sua autoria.

Inobstante a responsabilidade civil seja independente da criminal, estabelece o art. 935, CC, que não se pode mais questionar a existência do fato ou sobre quem seja o seu autor, quando estas questões se acharem decididas no juízo criminal.

Gabarito: ERRADO.

3.4. DAS PREFERÊNCIAS E PRIVILÉGIOS CREDITÓRIOS

- CC/02, Parte Especial, Livro I, Título X.

109. CEBRASPE – 2023 – TCE/MS – Procurador. O crédito que primeiro goza de privilégio geral sobre os bens do devedor insolvente corresponde às despesas com

a) os impostos devidos à fazenda pública, no ano corrente.

b) a arrecadação e a liquidação da massa.

c) a doença de que faleceu o devedor.

d) o funeral do devedor, preenchidos os requisitos legais.

e) os salários dos empregados do serviço doméstico do devedor.

COMENTÁRIOS

Nota do autor: Art. 965, CC. Goza de privilégio geral, na ordem seguinte, sobre os bens do devedor: I - o crédito por despesa de seu funeral, feito segundo a condição do morto e o costume do lugar; II - o crédito por custas judiciais, ou por despesas com a arrecadação e liquidação da massa; III - o crédito por despesas com o luto do cônjuge sobrevivo e dos filhos do devedor falecido, se foram moderadas; IV - o crédito por despesas com a doença de que faleceu o devedor, no semestre anterior à sua morte; V - o crédito pelos gastos necessários à mantença do devedor falecido e sua família, no trimestre anterior ao falecimento; VI - o crédito pelos impostos devidos à Fazenda Pública, no ano corrente e no anterior; VII - o crédito pelos salários dos empregados do serviço doméstico do devedor, nos seus derradeiros seis meses de vida; VIII - os demais créditos de privilégio geral.

Alternativa "d": correta, nos termos do art. 965, I, CC.

Alternativas "a", "b", "c" e "e": incorretas, consoante disposição do art. 965 do CC.

Alternativa correta: letra "d".

3.5. DO DIREITO DAS COISAS

- CC/02, Parte Especial, Livro III, Títulos I a VI.
- Lei 4.591/1964, alterada pela Lei nº 13.786/2018.

110. FGV – 2024 – TCE/PA – Auditor de Controle Externo. Patrícia é dona da Fazenda Santa Helena, localizada no interior brasileiro. A fazenda foi adquirida em 2007 por meio de instrumento particular sem registro no órgão público competente. Nos últimos anos, Patrícia vem explorando os recursos minerais do subsolo causando diversas erosões no solo e prejudicando os rios que abastecem as propriedades vizinhas.

Com base no tema posse e propriedade, assinale a afirmativa correta.

a) A jurisprudência brasileira admite a possibilidade de comprovação da propriedade imobiliária por meio de prova testemunhal.
b) A propriedade do solo abrange, pelo princípio da atração jurídica, as jazidas, as minas e os demais recursos minerais.
c) Patrícia tem direito absoluto em relação a sua fazenda, podendo aproveitar os recursos naturais de acordo com seu interesse privado.
d) O Direito brasileiro consagra que a propriedade do solo inclui o subsolo, contudo o espaço aéreo pertence à União.
e) Os atos que não trazem ao proprietário qualquer comodidade, ou utilidade, e sejam animados pela intenção de prejudicar outrem, são defesos no ordenamento jurídico brasileiro.

COMENTÁRIOS

Alternativa "a": incorreta. A propriedade imobiliária não pode ser comprovada por prova testemunhal. O registro no Cartório de Registro de Imóveis é o meio legal para comprovar a propriedade de bens imóveis no Brasil. Art. 1.227. Os direitos reais sobre imóveis constituídos, ou transmitidos por atos entre vivos, só se adquirem com o registro no Cartório de Registro de Imóveis dos referidos títulos (arts. 1.245 a 1.247), salvo os casos expressos neste Código.

Alternativa "b": incorreta. Art. 1.230. A propriedade do solo não abrange as jazidas, minas e demais recursos minerais, os potenciais de energia hidráulica, os monumentos arqueológicos e outros bens referidos por leis especiais.

Alternativa "c": incorreta. Art. 1.228 [...] § 1º. O direito de propriedade deve ser exercido em consonância com as suas finalidades econômicas e sociais e de modo que sejam preservados, de conformidade com o estabelecido em lei especial, a flora, a fauna, as belezas naturais, o equilíbrio ecológico e o patrimônio histórico e artístico, bem como evitada a poluição do ar e das águas.

Alternativa "d": incorreta. Art. 1.229. A propriedade do solo abrange a do espaço aéreo e subsolo correspondentes, em altura e profundidade úteis ao seu exercício, não podendo o proprietário opor-se a atividades que sejam realizadas, por terceiros, a uma altura ou profundidade tais, que não tenha ele interesse legítimo em impedi-las.

Alternativa "e": correta. Art. 1.228 [...] § 2º. São defesos os atos que não trazem ao proprietário qualquer comodidade, ou utilidade, e sejam animados pela intenção de prejudicar outrem.

Alternativa correta: letra "e".

111. FGV – 2022 – TCE/TO – Auditor de Controle Externo. Marcelo adquiriu há mais de três anos uma casa de veraneio no campo. Entretanto, nunca ocupou ou exerceu quaisquer atos de posse sobre o bem. Até o momento, todavia, ninguém mais veio a apossar-se do bem, estando ainda desocupado.

Caso a conduta de Marcelo venha a ser considerada abandono do bem, ele poderá ser arrecadado pelo(a):

a) União, caso se trate de imóvel urbano, onde quer que ele se localize;
b) Estado, caso se trate de imóvel urbano e se encontre na respectiva circunscrição;
c) Município ou Distrito Federal, caso se trate de imóvel urbano e se encontre na respectiva circunscrição;
d) Estado, caso se trate de imóvel rural e se encontre na respectiva circunscrição;
e) Município ou Distrito Federal, caso se trate de imóvel rural e se encontre na respectiva circunscrição.

COMENTÁRIOS

✪ **Nota do autor:** há intenso debate doutrinário acerca do conceito de posse: se se trata de um fato ou de um direito, prevalecendo o último conceito7. Há, ainda, duas teorias que justificam a posse como categoria jurídica, quais sejam: a) Teoria subjetiva idealizada por Savigny, por meio da qual a posse possui dois elementos o *corpus* – consistente no poder físico ou de disponibilidade sobre a coisa – e o *animus domni* – elemento subjetivo, relativo à intenção de ter a coisa para si; b) Teoria objetiva idealizada por Ihering, na qual para a constituição da posse basta a disposição física da coisa pelo indivíduo, não se fazendo mister a sua intenção. O Código Civil de 2002 adotou a teoria objetivista de Ihering, consoante se depreende da leitura do art. 1.196: "considera-se possuidor todo aquele que tem de fato o exercício, pleno ou não, de algum dos poderes inerentes à propriedade". O art. 1.200 do CC classifica a posse quanto à presença de vícios: a) a posse justa é a que não apresenta os vícios da violência, da clandestinidade ou da precariedade; b) a posse injusta é a que apresenta os referidos vícios. A posse violenta é a obtida por esbulho. A posse clandestina é a obtida às escondidas, isto é, de forma oculta. Por fim, a posse precária é a obtida com abuso da confiança, como no caso da recusa na devolução de um bem objeto de comodato. É imperioso destacar que a "posse, mesmo que injusta, ainda é posse e pode ser defendida por ações do juízo possessório, não con-

7. Gomes, Orlando. Direitos reais. 19. ed. Atualizador: Luiz Edson Fachin. Rio de Janeiro: Forense, 2004. p. 42-43.

tra aquele de quem se tirou a coisa, mas sim em face de terceiros. Isso porque a posse somente é viciada em relação a uma determinada pessoa (efeitos *inter partes*), não tendo o vício efeitos contra todos, ou seja, *erga omnes*"8. Ademais, à luz do disposto no art. 1.208 do Código Civil, é possível a convalidação das posses injustas por violência e clandestinidade, depois de cessar a violência ou a clandestinidade, mas não é possível a convalidação da posse precária.

Alternativa "a" incorreta. Art. 1.276. O imóvel urbano que o proprietário abandonar, com a intenção de não mais o conservar em seu patrimônio, e que se não encontrar na posse de outrem, poderá ser arrecadado, como bem vago, e passar, três anos depois, à propriedade do Município ou à do Distrito Federal, se se achar nas respectivas circunscrições.

Alternativa "b" incorreta. Art. 1.276. O imóvel urbano que o proprietário abandonar, com a intenção de não mais o conservar em seu patrimônio, e que se não encontrar na posse de outrem, poderá ser arrecadado, como bem vago, e passar, três anos depois, à propriedade do Município ou à do Distrito Federal, se se achar nas respectivas circunscrições.

Alternativa "c" correta. Art. 1.276. O imóvel urbano que o proprietário abandonar, com a intenção de não mais o conservar em seu patrimônio, e que se não encontrar na posse de outrem, poderá ser arrecadado, como bem vago, e passar, três anos depois, à propriedade do Município ou à do Distrito Federal, se se achar nas respectivas circunscrições.

Alternativa "d" incorreta. Art. 1.276. § 1º O imóvel situado na zona rural, abandonado nas mesmas circunstâncias, poderá ser arrecadado, como bem vago, e passar, três anos depois, à propriedade da União, onde quer que ele se localize.

Alternativa "e" incorreta. Art. 1.276. § 1º O imóvel situado na zona rural, abandonado nas mesmas circunstâncias, poderá ser arrecadado, como bem vago, e passar, três anos depois, à propriedade da União, onde quer que ele se localize.

Alternativa correta: letra "c".

3.6. DO REGIME DE BENS

▸ CC/02, Parte Especial, Livro III, Título II.

112. FGV – 2022 – TCE/TO – Auditor de Controle Externo. Astolfo e Maria casaram-se sob o regime da comunhão parcial de bens. Na constância do casamento, Astolfo ganhou um barco em um sorteio no clube e recebeu um sítio de presente de seu pai; Maria recebeu um apartamento por herança de sua mãe e comprou uma casa. Na hipótese de divórcio, serão considerados bens comuns somente:

a) a casa;

b) o apartamento;

c) o barco e o sítio;

d) o barco e a casa;

e) o sítio, o apartamento e a casa.

COMENTÁRIOS

✪ Nota do autor: Art. 1.658. No regime de comunhão parcial, comunicam-se os bens que sobrevierem ao casal, na constância do casamento, com as exceções dos artigos seguintes. **Art. 1.659. Excluem-se da comunhão:** I - os bens que cada cônjuge possuir ao casar, e os que lhe sobrevierem, na constância do casamento, por doação (sítio) ou sucessão (apartamento), e os sub-rogados em seu lugar; II - os bens adquiridos com valores exclusivamente pertencentes a um dos cônjuges em sub-rogação dos bens particulares; III - as obrigações anteriores ao casamento; IV - as obrigações provenientes de atos ilícitos, salvo reversão em proveito do casal; V - os bens de uso pessoal, os livros e instrumentos de profissão; VI - os proventos do trabalho pessoal de cada cônjuge; VII - as pensões, meios-soldos, montepios e outras rendas semelhantes. Atentar para o vocábulo "somente".

Alternativa "a" incorreta. Art. 1.660. Entram na comunhão: I - os bens adquiridos na constância do casamento por título oneroso, ainda que só em nome de um dos cônjuges. Portanto, na hipótese de divórcio, a casa não será o único bem considerado comum.

Alternativa "b" incorreta. Art. 1.659. Excluem-se da comunhão: I - os bens que cada cônjuge possuir ao casar, e os que lhe sobrevierem, na constância do casamento, por doação (sítio) ou sucessão (apartamento), e os sub-rogados em seu lugar.

Alternativa "c" incorreta. Art. 1.659. Excluem-se da comunhão: I - os bens que cada cônjuge possuir ao casar, e os que lhe sobrevierem, na constância do casamento, por doação (sítio) ou sucessão (apartamento), e os sub-rogados em seu lugar.

Alternativa "d" correta. Art. 1.660. Entram na comunhão: I - os bens adquiridos na constância do casamento por título oneroso, ainda que só em nome de um dos cônjuges (casa); II - os bens adquiridos por fato eventual, com ou sem o concurso de trabalho ou despesa anterior (barco).

Alternativa "e" incorreta. Art. 1.659. Excluem-se da comunhão: I - os bens que cada cônjuge possuir ao casar, e os que lhe sobrevierem, na constância do casamento, por doação (sítio) ou sucessão (apartamento), e os sub-rogados em seu lugar.

Alternativa correta: letra "d".

8. Tartuce, Flávio. Manual de direito civil: volume único. Flávio Tartuce. – 10. ed. – Rio de Janeiro: Forense; São Paulo: MÉTODO, 2020.

Direito Civil

Jonathas Celino Paiola

✦ DICAS (RESUMO)

1. LEI DE INTRODUÇÃO ÀS NORMAS DO DIREITO BRASILEIRO (LINDB)

1.1. CONCEITOS GERAIS

- A Lei de Introdução às Normas do Direito Brasileiro (LINDB), aprovada pelo Decreto-Lei nº 4.657/1942, é uma norma de "sobredireito", isto é, que visa regulamentar outras normas. Referida lei disciplina a elaboração, a vigência, a aplicação no tempo e no espaço e as fontes das normas. Trata-se, pois, de um conjunto de normas sobre normas. Aplica-se a todos os ramos do direito, salvo quando houver disposição de lei específica sobre o assunto.
- Imperioso ressaltar que a Lei nº 13.655/2018 incluiu os artigos 20 a 30 à LINDB, estabelecendo regras sobre segurança jurídica e eficiência na criação e na aplicação do direito público. Por esse motivo, tem sido cobrado em diversos concursos.

1.2. FUNÇÕES

Funções	▸ Vigência da lei (art. 1º) ▸ Tempo de obrigatoriedade da lei (art. 2º) ▸ Eficácia da lei (art. 3º) ▸ Mecanismos de integração (art. 4º) ▸ Hermenêutica (art. 5º) ▸ Direito intertemporal (art. 6º) ▸ Aplicação da lei no espaço (arts. 7º a 19) ▸ Aplicação do direito (arts. 20 a 30)

1.3. FONTES DO DIREITO

- Podem ser compreendidas como os modos de formação das normas.

Fontes formais	Fontes não formais
▸ Lei ▸ Analogia ▸ Costumes ▸ Princípios Gerais do Direito	▸ Doutrina ▸ Jurisprudência

1.4. CARACTERÍSTICAS DAS LEIS

Características das leis
▸ Generalidade, visto que é dirigida a todos, sem distinção (art. 6º) ▸ Imperatividade, impondo um dever ▸ Permanência, devendo perdurar até que seja revogada por outra lei (art. 2º)

1.5. VIGÊNCIA DAS LEIS

- O processo de formação das leis é compreendido pela **elaboração**, **promulgação** e **publicação**.
- Em regra, a lei começa a vigorar em todo o país **quarenta e cinco** dias depois de oficialmente publicada, salvo disposição em contrário.
- ***Vacatio legis:*** o intervalo entre a data de sua publicação e a sua entrada em vigor. A partir de sua vigência, a lei se torna obrigatória para todos (art. 3º), visto que "Ninguém se escusa de cumprir a lei, alegando que não a conhece".

Prazos de vigência
▸ Em regra: **45** dias depois de oficialmente publicada (art. 1º) ▸ Quando a lei pátria for admitida no exterior: **três meses** depois de oficialmente publicada

Correção das leis
▸ Se, antes de entrar a lei em vigor, ocorrer nova publicação de seu texto: o prazo começará a correr da nova publicação. ▸ As correções a texto de lei já em vigor consideram-se lei nova

1.6. REVOGAÇÃO DAS LEIS

Revogação das leis
▸ ab-rogação: quando houver supressão total da norma anterior ▸ derrogação: quando se tratar de supressão parcial da lei anterior ▸ expressa: quando a lei nova dispõe expressamente que a lei anterior fica revogada ▸ tácita: quando se tratar de incompatibilidade entre a lei velha e a nova

1.7. INTEGRAÇÃO DAS LEIS

- Trata-se do preenchimento das lacunas da lei a partir da utilização de outras normas.

Importante! Há uma hierarquia na utilização dos meios de integração das leis. Desse modo, somente podem ser utilizados os demais meios caso não seja possível a aplicação da analogia.

Meios de integração das leis (hierarquia)
▸ Analogia: consiste na aplicação de hipótese não prevista em lei de dispositivo legal semelhante. Analogia legis consiste na aplicação de uma norma existente, destinada a reger caso semelhante ao previsto. A analogia juris baseia-se em um conjunto de normas, para obter elementos que permitam a sua aplicação ao caso concreto não previsto, mas similar. ▸ Costume: prática uniforme e geral de determinado ato. ▸ Princípios gerais de direito: regras universalmente aceitas.

Importante! A ***equidade*** não constitui meio supletivo de lacuna da lei. Somente pode ser utilizada quando a lei expressamente o permite, como, p. ex., o art. 1.586, CC.

1.8. INTERPRETAÇÃO DAS LEIS

- Interpretar é descobrir o sentido e o alcance da norma jurídica.

Quanto à origem	Quanto aos elementos	Quanto aos resultados
▸ Autêntica: é a realizada pelo próprio legislador ▸ Jurisprudencial: é a feita pelos tribunais ▸ Doutrinária: é a realizada pelos estudiosos	▸ Gramatical (literal): análise do texto normativo ▸ Lógico: tem por escopo a compreensão do sentido e a finalidade da norma ▸ Sistemático: a lei deve ser interpretada em conjunto com o ordenamento jurídico ▸ Histórico: investigação dos antecedentes da lei ▸ Teleológico: finalidade da norma	▸ Declarativa ▸ Extensiva ▸ Restritiva

1.9. EFICÁCIA DA LEI NO ESPAÇO

- Princípio da territorialidade: em regra, a norma tem aplicação nos limites territoriais do Estado. Há, contudo, a possibilidade de que a lei estrangeira tenha eficácia dentro do território nacional, sendo admitida a extraterritorialidade. O Brasil adota a territorialidade moderada, conforme art. 7º e s. da LINDB.

1.10. ALTERAÇÕES PROMOVIDAS PELA LEI Nº 13.655/2018

- As alterações podem ser compreendidas a partir das motivações expostas pelos juristas que auxiliaram na elaboração do anteprojeto (https://www.conjur.com.br/dl/parecer-juristas-rebatem-criticas.pdf).

2. CÓDIGO CIVIL 2002 – ALTERAÇÕES LEGISLATIVAS

A Lei nº 15.068/2024 incluiu mais uma espécie de pessoa jurídica, qual seja os empreendimentos de economia solidária: Art. 2º A economia solidária compreende as atividades de organização da produção e da comercialização de bens e de serviços, da distribuição, do consumo e do crédito, observados os princípios da autogestão, do comércio justo e solidário, da cooperação e da solidariedade, a gestão democrática e participativa, a distribuição equitativa das riquezas produzidas coletivamente, o desenvolvimento local, regional e territorial integrado e sustentável, o respeito aos ecossistemas, a preservação do meio ambiente e a valorização do ser humano, do trabalho e da cultura.

A Lei nº 15.040/2024 disciplina as normas de seguro privado, alterando o Código Civil na matéria (Parte Especial, Título VI, Capítulo XV)[1].

A Lei nº 14.905/2024 trouxe mudanças significativas na correção monetária e nos juros aplicáveis aos débitos civis. Havia intenso debate nos tribunais pátrios acerca do índica de juros e de correção monetária a serem aplicados na hipótese de ausência de convenção entre as partes. Anteriormente, o artigo 406 do Código Civil previa que se os juros não forem convencionados ou o forem sem taxa estipulada, serão fixados "segundo a taxa que estiver em vigor para a mora do pagamento de impostos devidos à Fazenda Nacional". A princípio, o STJ entendeu que essa taxa seria de 1% ao mês. É o valor que o artigo 161, parágrafo 1º do Código Tributário Nacional aplica para o crédito não pago no vencimento, desde que a lei não disponha de modo diverso. Em 2008, a Corte Especial julgou o EREsp 727.842 e mudou a posição, passando a adotar a Selic, taxa básica de juros do país definida Comitê de Política Monetária (Copom) do Banco Central e principal instrumento para controle de inflação. Uma das divergências entre os ministros referia-se ao problema na adoção da Selic para corrigir dívidas civis está no fato de ela incorporar juros moratórios e correção monetária. Isso porque nem sempre esses encargos correm a partir do mesmo marco tem-

1. https://colegioregistralrs.org.br/noticias/20051/artigo-lei-15040-24-marco-legal-dos-seguros-diretrizes-hermeneuticas-e-o-problema-do-prazo-prescricional-para-o-segurado-e-o-terceiro-beneficiario-pleitearem-a-cobertura-por-carlos-eduardo-elias-de-oliveira/. Acesso em 14/01/2025.

poral. Em caso de responsabilidade extracontratual, os juros moratórios fluem a partir do evento danoso, segundo a Súmula 54 do STJ. Se a condenação decorrer de relação contatual, o termo inicial da contagem é a citação. Já quanto à correção monetária, o termo inicial é a data da prolação da decisão que fixou o seu valor, como diz a Súmula 362. Acompanhando a novel alteração legislativa, assim decidiu o STJ no REsp n. 1.795.982/SP[2], julgado em 21/8/2024 e publicado em 23/10/2024.

Desse modo, a taxa legal corresponderá à taxa referencial do Sistema Especial de Liquidação e de Custódia (Selic), deduzido o índice de atualização monetária do Índice Nacional de Preços ao Consumidor Amplo (IPCA).

A Lei nº 14.711/2023 estatuiu o Marco Legal das Garantias, tratando do crédito e das garantias, bem assim das medidas extrajudiciais para a recuperação do crédito. Importante destacar que referido diploma legal promoveu alterações em outras legislações, não apenas no Código Civil, como na Lei nº 9.514/97.

A Lei nº 14.451/2022 alterou o quórum para tomada de decisão em sociedade limitada previstos nos artigos 1.061 e 1.076 do Código Civil. Enquanto o capital social não estiver integralizado, a decisão deixará de estar sujeita à aprovação da unanimidade dos sócios, podendo ser aprovada por 2/3 dos sócios. Após a integralização do capital social, a eleição dos administradores não precisará mais do voto favorável de 2/3 dos sócios, mas da aprovação de titulares de quotas correspondentes a mais da metade do capital social. A novel alteração determina a revogação do inciso I do artigo 1.076 do Código Civil, que previa que as deliberações para (i) modificação do contrato social e (ii) incorporação, fusão e dissolução ou cessação do estado de liquidação da sociedade seriam tomadas por, ao menos, 3/4 dos sócios. Consequentemente, referidas deliberações serão tomadas pelos votos correspondentes a mais da metade do capital social.

A Lei nº 14.382/2022 permitiu que as pessoas jurídicas de direito privado realizem suas assembleias gerais por meio eletrônico. Ademais, estatuiu que a prescrição intercorrente observará o mesmo prazo de prescrição da pretensão. Esclareceu que o estabelecimento não se confunde com o local onde se exerce a atividade empresarial, que poderá ser físico ou virtual. Por fim, facultou que tanto a sociedade anônima quanto a sociedade em comandita por ações designem seus objetos sociais.

A Lei nº 14.309/2022 permitiu a realização de reuniões e deliberações virtuais pelos condomínios edilícios, e para possibilitar a sessão permanente das assembleias condominiais. Acrescentou o art. 1.354-A ao Código Civil afirmando que é possível se convocar, realizar e votar nas assembleias do condomínio de forma eletrônica. Em virtude da dificuldade em se obter o quórum especial nas hipóteses exigidas, criou-se a possibilidade de se converter a reunião da assembleia em uma sessão permanente, permitindo a votação até que seja alcançado o quórum especial. A sessão permanente poderá ser prorrogada tantas vezes quantas necessárias, desde que a assembleia seja concluída no prazo total de 90 (noventa) dias, contado da data de sua abertura inicial.

2. 1. O art. 406 do Código Civil de 2002 deve ser interpretado no sentido de que é a SELIC a taxa de juros de mora aplicável às dívidas de natureza civil, por ser esta a taxa "em vigor para a atualização monetária e a mora no pagamento de impostos devidos à Fazenda Nacional". 2. A SELIC é taxa que vigora para a mora dos impostos federais, sendo também o principal índice oficial macroeconômico, definido e prestigiado pela Constituição Federal, pelas Leis de Direito Econômico e Tributário e pelas autoridades competentes. Esse indexador vigora para todo o sistema financeiro-tributário pátrio. Assim, todos os credores e devedores de obrigações civis comuns devem, também, submeter-se ao referido índice, por força do art. 406 do CC. 3. O art. 13 da Lei 9.065/95, ao alterar o teor do art. 84, I, da Lei 8.981/95, determinou que, a partir de 1º de abril de 1995, os juros moratórios "serão equivalentes à taxa referencial do Sistema Especial de Liquidação e de Custódia - SELIC para títulos federais, acumulada mensalmente". 4. Após o advento da Emenda Constitucional 113, de 8 de dezembro de 2021, a SELIC é, agora também constitucionalmente, prevista como única taxa em vigor para a atualização monetária e compensação da mora em todas as demandas que envolvem a Fazenda Pública. Desse modo, está ainda mais ressaltada e obrigatória a incidência da taxa SELIC na correção monetária e na mora, conjuntamente, sobre o pagamento de impostos devidos à Fazenda Nacional, sendo, pois, inconteste sua aplicação ao disposto no art. 406 do Código Civil de 2002. 5. O Poder Judiciário brasileiro não pode ficar desatento aos cuidados com uma economia estabilizada a duras penas, após longo período de inflação galopante, prestigiando as concepções do sistema antigo de índices próprios e independentes de correção monetária e de juros moratórios, justificável para uma economia de elevadas espirais inflacionárias, o que já não é mais o caso do Brasil, pois, desde a implantação do padrão monetário do Real, vive-se um cenário de inflação relativamente bem controlada. 6. É inaplicável às dívidas civis a taxa de juros moratórios prevista no art. 161, § 1º, do CTN, porquanto este dispositivo trata do inadimplemento do crédito tributário em geral. Diferentemente, a norma do art. 406 do CC determina mais especificamente a fixação dos juros pela taxa aplicável à mora de pagamento dos impostos federais, espécie do gênero tributo. 7. Tal entendimento já havia sido afirmado por esta Corte Especial, por ocasião do julgamento do EREsp 727.842/SP, no qual se deu provimento àqueles embargos de divergência justamente para alinhar a jurisprudência dos Órgãos Colegiados internos, no sentido de que "a taxa dos juros moratórios a que se refere o referido dispositivo é a taxa referencial do Sistema Especial de Liquidação e Custódia - SELIC, por ser ela a que incide como juros moratórios dos tributos federais" (Rel. Min. TEORI ALBINO ZAVASCKI, julgado em 8/9/2008 e publicado no DJe de 20/11/2008). Deve-se reafirmar esta jurisprudência, mantendo-a estável e coerente com o sistema normativo em vigor. 8. Recurso especial provido. (REsp n. 1.795.982/SP, relator Ministro Luis Felipe Salomão, relator para acórdão Ministro Raul Araújo, Corte Especial, julgado em 21/8/2024, DJe de 23/10/2024.)

A Lei nº 14.195/2021 revogou o parágrafo único do art. 1.015 do CC, revogando a teoria "ultra vires" – que obstava a responsabilização da sociedade no caso de atos do administrador com abuso de poder nas hipóteses elencadas em seus três incisos. A revogação tem por fundamento a segurança jurídica, notadamente do terceiro de boa-fé. Revogou a hipótese de dissolução da sociedade quando ocorrer a falta de pluralidade de sócios, no prazo de cento e oitenta dias, haja vista a autorização da constituição da sociedade unipessoal.

A Lei nº 14.193/2021 previu a possibilidade de a associação que desenvolva atividade futebolística em caráter habitual e profissional, ao se inscrever no Registro Público de Empresas Mercantis da respectiva sede, ser considerada empresária (art. 971, parágrafo único).

A Medida Provisória nº 1.085/2021 incluiu o art. 48-A no Código Civil, permitindo a realização de assembleias gerais das pessoas jurídicas de direito privado por meios eletrônicos. Inseriu, ademais, o art. 206-A, que trata da prescrição intercorrente observará o mesmo prazo de prescrição da pretensão. Revogou, ainda, a Empresa Individual de Responsabilidade Limitada (art. 44, VI). A Lei nº 14.195/2021 transformou as empresas individuais de responsabilidade limitada existentes na data da entrada em vigor em sociedades limitadas unipessoais independentemente de qualquer alteração em seu ato constitutivo (art. 41). Incluiu os parágrafos 1º, 2º e 3º no art. 1.142, estatuindo que o estabelecimento não se confunde com o local onde se exerce a atividade empresarial, que poderá ser físico ou virtual e quando o local onde se exerce a atividade empresarial for virtual, o endereço informado para fins de registro poderá ser, conforme o caso, o endereço do empresário individual ou de um dos sócios da sociedade empresária. Facultou a inserção da designação do objeto social na Sociedade por Ações (art. 1.160) e na Comandita por Ações (art. 1.161). Estabeleceu a aplicação das normas do condomínio edilício ao condomínio de lotes (art. 1.358-A, § 2º).

A Lei nº 14.030/2020 autorizou a participação e a votação a distância em reunião ou em assembleia (art. 1.080-A).

A Lei nº 13.874/2019 promoveu diversas alterações no Código Civil, a saber: a) inclusão do art. 49-A no CC, que trata do princípio da autonomia patrimonial, e alteração do art. 50 que trata da desconsideração da personalidade jurídica, incluindo as hipóteses de abuso da personalidade jurídica, quais sejam o desvio de finalidade ou a confusão patrimonial; b) alteração dos arts. 113, 421 e 421-A ; c) inserção dos arts. 480-A e 480-B, referentes aos contratos empresariais (dispositivos não mais em vigor no Código Civil); d) inclusão do § 7º no art. 980-A, relativo à Empresa Individual de Responsabilidade Limitada (EIRELI, atualmente revogada pela Medida Provisória nº 1.085/2021); e) inclusão do parágrafo relativo ao art. 1.052, criando a sociedade limitada unipessoal e f) acréscimo dos arts. 1.368-C a 1.368-E, tratando dos fundos de investimento.

A Lei nº 13.811 de 2019 alterou o art. 1.520, vedando, em qualquer caso, o casamento de quem não atingiu a idade núbil.

A Lei nº 13.792 de 2019 promoveu a alteração do art. 1.063, relativo ao quórum para a destituição de sócio nomeado administrador no contrato, mediante a aprovação de titulares de quotas correspondentes a mais da metade do capital social. Alterou, por conseguinte, o "caput" do art. 1.076.

A Lei nº 13.777 de 2018 previu o condomínio em multipropriedade no Código Civil (arts. 1.358-B a 1.358-U).

A Lei nº 13.777 de 2018 incluiu hipóteses de perda do poder familiar no parágrafo único do art. 1.638 do Código Civil.

A Lei nº 13.532 de 2017 estatuiu o prazo para a exclusão do herdeiro ou legatário extingue-se em quatro anos, reconhecendo a legitimidade do Ministério Público (art. 1.815).

A Lei nº 13.509 de 2017 previu, como forma de perda do poder familiar, a entrega de forma irregular o filho a terceiros para fins de adoção (art. 1.638).

A Lei nº 13.465 de 2017 incluiu, como direito real (art. 1.225), a concessão de direito real de uso e a laje. Inseriu, no art. 1.358-A, o condomínio de lotes. Disciplinou, nos arts. 1.510-A a 1.510-E, o direito de laje.

3. CÓDIGO CIVIL 2002 – PARTE GERAL

3.1. DAS PESSOAS

3.1.1. DA PERSONALIDADE E DA CAPACIDADE

- Todo aquele que nasce com vida adquire personalidade. Desse modo, o começo da personalidade é o nascimento com vida (art. 2º, CC). Não se pode olvidar que são respeitados os direitos do nascituro. Segundo lição de Carlos Roberto Gonçalves, a personalidade é a "aptidão genérica para adquirir direitos e contrair obrigações ou deveres na ordem civil" (GONÇALVES, Carlos Roberto. Direito civil esquematizado, volume I – São Paulo: Saraiva, 2011).
- A capacidade é medida da personalidade, conforme dispõe o art. 1º, do CC: "toda pessoa é capaz de direitos e deveres". Pode ser dividida em **capacidade de direito** ou de **gozo** – que se refere aquela que todos têm ao nascer com vida, e **capacidade de fato** ou de **exercício** – que representa a aptidão para exercer os atos da vida civil, sendo necessária a participação de outra pessoa que **represente** ou **assista** a pessoa não dotada de capacidade plena.

3.1.2. DAS INCAPACIDADES

- No tocante ao tema incapacidades, ocorreu uma importante alteração legislativa, promovida pela Lei nº 13.146, sancionada no dia 6 de julho de 2015, que instituiu o Estatuto da Pessoa com Deficiência, cujo início de sua vigência ocorreu em janeiro de 2016, modificando diversos artigos do Código Civil de 2002. Referido estatuto visou consolidar a Convenção de Nova Iorque, que, por ter observado o procedimento estabelecido no art. 5º, § 3º, da CF/88, tem status de emenda constitucional, haja vista se tratar de norma sobre direitos humanos. O art. 114 do Estatuto da Pessoa com Deficiência (Lei nº 13.146) revogou todos os incisos do art. 3º e alterou os incisos II e III do art. 4º. Logo, são absolutamente incapazes apenas os menores de dezesseis anos. Por sua vez, são relativamente incapazes, os maiores de dezesseis e menores de dezoito anos (inciso I que manteve a redação original); os ébrios habituais e os viciados em tóxico (inciso II, alterado pela Lei nº 13.146/15, que excluiu do texto original os que, por deficiência mental, tenham o discernimento reduzido); aqueles que, por causa transitória ou permanente, não puderem exprimir sua vontade (inciso III, alterado pela Lei nº 13.146/15, cuja redação original previa os excepcionais, sem desenvolvimento mental completo); e os pródigos (inciso IV, inalterado). O objetivo dessas alterações foi a inclusão da pessoa com algum tipo de deficiência, a fim de tutelar a sua dignidade. A interdição não decorre mais da presença de uma deficiência ou enfermidade mental, mas sim de a pessoa não poder exprimir regularmente a sua vontade.
- Incapacidade é a restrição legal ao exercício de atos da vida civil. A **absoluta** (art. 3º) traz como consequência a proibição total do exercício, sendo necessária a representação, sob pena de nulidade (art. 166, I, CC). Já a **relativa** possibilita a prática dos atos da vida civil pelo incapaz, desde que assistido, sob pena de anulabilidade (art. 171, I, CC). Na **representação** o ato é praticado por outra pessoa, portanto o incapaz não participa deste. Na **assistência** o ato é praticado pelo incapaz, contudo assistido por seu representante.

Incapacidade absoluta (art. 3º, CC)	Incapacidade relativa (art. 4º, CC)	Cessação da incapacidade
I – os menores de dezesseis anos;	I – os maiores de dezesseis e menores de dezoito anos;	▸ quando cessar a sua causa (enfermidade mental, menoridade etc.);
	II – os ébrios habituais e os viciados em tóxicos; III – aqueles que, por causa transitória ou permanente, não puderem exprimir sua vontade; IV – os pródigos. A capacidade dos indígenas será regulada por legislação especial	▸ pela emancipação: ▸ voluntária: é a concedida pelos pais; ▸ judicial: é a concedida por sentença, com a participação do Ministério Público; ▸ legal: fatos previstos na lei (art. 5º, parágrafo único, incisos II, III, IV e V).

- O estado ou condição de senil (velhice), por si só, não permite a interdição da pessoa, isto é, a restrição da sua capacidade de fato, salvo se motivar um patológico que afete o estado mental e, em consequência, prive o interditando do necessário discernimento para gerir os seus negócios ou cuidar de sua pessoa. Neste caso, a incapacidade advém do estado psíquico, e não da velhice (Caio Mário da Silva Pereira, *Instituições*, cit., v. 1, p. 173; Maria Helena Diniz, *Curso*, cit., v. 1, p. 146).

3.1.3. DA EXTINÇÃO DA PERSONALIDADE

- Cessa a personalidade jurídica da pessoa natural com a **morte real** (art. 6º, CC).
- A **comoriência** é a morte de duas ou mais pessoas na mesma ocasião e, em regra, em virtude do mesmo acontecimento, hipótese na qual ocorreu a morte conjunta. Entretanto, verificam-se os efeitos da comoriência para no direito sucessório na hipótese de pessoas falecidas em locais e acontecimentos distintos, mas em datas e horas simultâneas ou muito próximas. Há, nesse caso, a presunção *juris tantum* de que os indivíduos faleceram ao mesmo tempo (art. 8º, CC).
- São espécies de **morte presumida**: a) **com ausência** – nos casos em que a lei autoriza a abertura de sucessão definitiva (art. 6º, segunda parte, CC); ou b) **sem ausência** (art. 7º, CC), i) se for extremamente provável a morte de quem estava em perigo de vida; ii) se alguém, desaparecido em campanha ou feito prisioneiro, não for encontrado até dois anos após o término da guerra. Observa-se que é admitida a declaração judicial de morte presumida sem decretação de ausência em casos excepcionais.

3.1.4. DA INDIVIDUALIZAÇÃO DA PESSOA

Nome	Estado	Domicílio
Conceito: é a designação pela qual a pessoa se identifica na sociedade.	Conceito: são as qualificações da pessoa na sociedade.	Conceito: sede jurídica da pessoa.
Elementos: prenome e sobrenome (art. 16).	Individual: características físicas da pessoa, tais como: idade, sexo, cor, altura. Familiar: situação de matrimônio e parentesco. Político: posição do indivíduo na sociedade.	a) Necessário: o determinado pela lei. b) Voluntário: quando escolhido livremente pela pessoa.
Modos de alteração (Lei dos Registros Públicos nº 6.015/73): quando houver erro gráfico; mudança de sexo; expuser seu portador ao ridículo; apelido público notório; proteção de testemunhas de crimes; casos de homonímia; tradução de nomes estrangeiros; adoção; reconhecimento de filho; casamento; dissolução da sociedade conjugal.	Características: Indivisibilidade; Indisponibilidade; Imprescritibilidade.	Alteração do domicílio: "muda-se o domicílio, transferindo a residência, com a intenção manifesta de o mudar" (art. 74, CC).

3.1.5. DOS DIREITOS DE PERSONALIDADE

- Correspondem aos direitos subjetivos de defesa da integridade física da pessoa e estão compreendidos entre os artigos 11 ao 21, do CC. São eles: os atos de disposição do próprio corpo (arts. 13 e 14); o direito à não submissão a tratamento médico de risco (art. 15); direito ao nome e ao pseudônimo (arts 16 a 19); a proteção à palavra e à imagem (art. 20); a proteção à intimidade (art. 21). (Direito civil: parte geral / Carlos Roberto Gonçalves. – 18. ed. – São Paulo: Saraiva, 2011. – (Coleção sinopses jurídicas; v. 1).

3.1.6. DA AUSÊNCIA

- O conceito de ausente está insculpido no art. 22, CC: "desaparecimento de uma pessoa do seu domicílio sem dela haver notícia, se não houver deixado representante ou procurador a quem caiba administrar-lhe os bens".

Fases		
Curadoria (arts. 22 a 25)	**Sucessão provisória (arts. 26 a 36)**	**Sucessão definitiva (arts. 37 a 39)**
Fase de preservação dos bens do ausente.	Fase de preservação dos interesses dos sucessores	Fase em que os interessados adquirem o domínio dos bens
Legítimo curador: cônjuge (art. 25, CC); Na ausência do cônjuge: incumbe aos pais ou aos descendentes, nesta ordem (art. 25, § 1º).	A sucessão provisória poderá ser requerida pelos interessados desde que decorrido um ano da arrecadação dos bens do ausente, ou, se ele deixou representante ou procurador, em se passando três anos (art. 26, CC); Interessados (art. 27): I. o cônjuge não separado judicialmente; II. os herdeiros presumidos, legítimos ou testamentários; III. os que tiverem sobre os bens do ausente direito dependente de sua morte; IV. os credores de obrigações vencidas e não pagas.	a) quando houver certeza da morte do ausente; b) dez anos depois de passada em julgado a sentença de abertura da sucessão provisória; c) quando o ausente contar oitenta anos de idade e houverem decorridos cinco anos das últimas notícias suas.

3.1.7. DAS PESSOAS JURÍDICAS

Espécies de Pessoa jurídica		
Direito público interno	**Direito público externo**	**Direito privado (art. 44, CC)**
▸ União ▸ Estados ▸ Distrito Federal ▸ Territórios ▸ Municípios ▸ Autarquias ▸ Associações públicas ▸ Entidades de caráter público criadas por lei	▸ Estados estrangeiros ▸ Organismos internacionais	▸ Associações: sem fins lucrativos; ▸ Sociedades: a) empresárias cujo exercício de atividade própria de empresário (art. 966, CC); b) simples (art. 966, par. único, CC); ▸ Fundações: dotação especial de bens livres, especificando o fim a que se destina (art. 62, CC); ▸ Organizações religiosas; ▸ Partidos políticos: natureza de associação civil (CF, art. 8º); **VI - (Revogado pela Lei nº 14.382, de 2022)** ▸ A Medida Provisória nº 1.085/2021 revogou a previsão de que as Empresas individuais de responsabilidade limitada são pessoas jurídicas de direito privado. o artigo 41 da Lei 14.195/21 determinou expressamente que: ▸ Art. 41. As empresas individuais de responsabilidade limitada existentes na data da entrada em vigor desta Lei serão transformadas em sociedades limitadas unipessoais independentemente de qualquer alteração em seu ato constitutivo. os empreendimentos de economia solidária. (Redação dada pela Lei nº 15.068, de 2024) As disposições concernentes às associações aplicam-se subsidiariamente aos empreendimentos de economia solidária e às sociedades que são objeto do Livro II da Parte Especial deste Código.

Atos constitutivos
▸ estatuto (associações) ▸ contrato social (sociedades) ▸ escritura pública ou testamento (fundações)

Desconsideração da personalidade jurídica
A Lei nº 13.874/2019 promoveu diversas alterações na legislação pátria, notadamente no Código Civil. No tocante ao Código Civil, previu expressamente o princípio da autonomia patrimonial no art. 49-A, asseverando que "A pessoa jurídica não se confunde com os seus sócios, associados, instituidores ou administradores". Em seu parágrafo único, pontuou que "A autonomia patrimonial das pessoas jurídicas é um instrumento lícito de alocação e segregação de riscos, estabelecido pela lei com a finalidade de estimular empreendimentos, para a geração de empregos, tributo, renda e inovação em benefício de todos". Promoveu a alteração do artigo 50, que trata do instituto da desconsideração da personalidade jurídica, cuja dicção é a seguinte:
"Art. 50. Em caso de abuso da personalidade jurídica, caracterizado pelo desvio de finalidade ou pela confusão patrimonial, pode o juiz, a requerimento da parte, ou do Ministério Público quando lhe couber intervir no processo, desconsiderá-la para que os efeitos de certas e determinadas relações de obrigações sejam estendidos aos bens particulares de administradores ou de sócios da pessoa jurídica beneficiados direta ou indiretamente pelo abuso. § 1º Para fins do disposto neste artigo, desvio de finalidade é a utilização dolosa da pessoa jurídica com o propósito de lesar credores e para a prática de atos ilícitos de qualquer natureza. § 2º Entende-se por confusão patrimonial a ausência de separação de fato entre os patrimônios, caracterizada por: I – cumprimento repetitivo pela sociedade de obrigações do sócio ou do administrador ou vice-versa; II – transferência de ativos ou de passivos sem efetivas contraprestações, exceto o de valor proporcionalmente insignificante; e III – outros atos de descumprimento da autonomia patrimonial. § 3º O disposto no caput e nos § 1º e § 2º também se aplica à extensão das obrigações de sócios ou de administradores à pessoa jurídica.

Espécies de Pessoa jurídica
§ 4º A mera existência de grupo econômico sem a presença dos requisitos de que trata o caput não autoriza a desconsideração da personalidade da pessoa jurídica. § 5º Não constitui desvio de finalidade a mera expansão ou a alteração da finalidade original da atividade econômica específica da pessoa jurídica." Verifica-se, preliminarmente, que o novel ato normativo restringiu o seu âmbito de aplicação, ao dispor que a desconsideração da personalidade jurídica seja aplicada tão somente ao sócio ou administrador que, direta ou indiretamente, for beneficiado pelo abuso. Os parágrafos 1º e 2º visam a definir os conceitos inerentes à teoria maior adotada pelo códex civilista pátrio, ao definir que há abuso da personalidade jurídica quando configurado o desvio de finalidade ou a confusão patrimonial, sendo o primeiro compreendido como "a utilização dolosa da pessoa jurídica com o propósito de lesar credores e para a prática de atos ilícitos de qualquer natureza" e o segundo como "a ausência de separação de fato entre os patrimônios", caracterizada por algumas das situações elencadas no § 2º do artigo em questão. Diversamente da sua redação original, a norma, no tocante ao desvio de finalidade, estabelece como requisito o elemento doloso na prática da lesão ao direito de outrem ou de atos ilícitos, o que, segundo a doutrina, dificultará a aplicação do instituto. O parágrafo 3º, à luz do disposto no art. 133, § 2º do Código de Processo Civil de 2015, reconhece a desconsideração inversa da personalidade jurídica. O parágrafo 4º, por sua vez, restringe o âmbito de aplicação do instituto, ao estabelecer que "a mera existência de grupo econômico sem a presença dos requisitos de que trata o caput não autoriza a desconsideração da personalidade da pessoa jurídica". Por fim, o parágrafo 5º mitigou o âmbito de aplicação do instituto, ao estatuir que "não constitui desvio de finalidade a mera expansão ou a alteração da finalidade original da atividade econômica específica da pessoa jurídica". Como asseverado por abalizada doutrina, a alteração da finalidade original da atividade econômica era reconhecida como uma das características do abuso da personalidade jurídica a ensejar a desconsideração.
Responsabilidade da personalidade jurídica
▸ Responsabilidade contratual: desde que inadimplentes e respondem por perdas e danos (art. 389, CC);
▸ Responsabilidade extracontratual: respondem civilmente pelos atos de seus prepostos (art. 186, CC).
Extinção da personalidade jurídica
▸ Convencional: por deliberação dos sócios; ▸ Legal; ▸ Administrativa: quando depende de autorização da Administração Pública; ▸ Natural: por morte dos membros; ▸ Judicial.

3.2. DOS BENS

Classificação			
Corpóreos e incorpóreos	Imóveis	Móveis	Fungíveis e infungíveis
Corpóreos: têm existência física; Incorpóreos: têm existência abstrata	Não podem ser removidos de um lugar para outro; Considerados para os efeitos legais (arts. 79 e 80)	Os bens suscetíveis de movimento próprio, ou de remoção por força alheia, sem alteração da substância ou da destinação econômico-social.	Fungíveis: podem ser substituídos por outros da mesma espécie, qualidade e quantidade (art. 85). Infungíveis: não tem essa característica.

Espécies	
Principal	**Acessório**
Art. 92. Principal é o bem que existe sobre si, abstrata ou concretamente;	Art. 92. [...] acessório, aquele cuja existência supõe a do principal.
	Frutos: são as utilidades que a coisa produz periodicamente. Quanto à origem: naturais, industriais e civis; quanto ao estado: pendentes, percebidos ou colhidos, estantes, percipiendos e consumidos. **Produtos**: são utilidades que se pode retirar da coisa, alterando sua substância. **Pertenças** (art. 93): os bens que, não constituindo partes integrantes, se destinam, de modo duradouro, ao uso, ao serviço ou ao aformoseamento de outro (ex. trator na fazenda); **Acessões (art. 1.248, I a V)**: formação de ilhas, aluvião, avulsão, abandono de álveo e plantações ou construções; **Benfeitorias**: as voluptárias têm por finalidade dar comodidade ao seu autor; as úteis tendem aumentar ou facilitar o uso do bem; e necessárias são indispensáveis à conservação do bem.

3.2.1. DOS BENS PÚBLICOS

- **Bens públicos** são os que pertencem ao domínio nacional, ou seja, à União, aos Estados, ao Distrito Federal, aos Territórios ou aos Municípios e às autarquias (art. 98, CC). São bens públicos (art. 99, CC): os de **uso comum do povo** – que podem ser utilizados por todos sem necessidade de autorização; os de **uso especial** – aqueles utilizados pelo próprio Estado; e os **dominicais** – que constituem o patrimônio da União (CF, arts. 20, I a XI, e 176), dos Estados (CF, art. 26, I a IV) ou dos Municípios.

3.3. DOS FATOS JURÍDICOS

3.3.1. DO NEGÓCIO JURÍDICO

- **Fato jurídico** em sentido amplo é todo acontecimento, natural ou humano, suscetível de produzir efeitos jurídicos. Os fatos humanos são ações humanas que criam, modificam, transferem ou extinguem direitos são classificados em: **a) lícitos**: ***i) ato jurídico em sentido estrito*** – o efeito da manifestação da vontade está predeterminado na lei; ***ii) negócio jurídico*** – a ação humana visa diretamente alcançar um fim prático permitido na lei, dentre a multiplicidade de efeitos possíveis, exigindo-se, assim, uma vontade qualificada; e ***iii) ato-fato jurídico*** – ressalta-se a consequência do ato sem levar em consideração a vontade, a intenção ou a consciência do agente em praticá-lo; ou **b) ilícitos** – que é fonte de obrigação, por serem praticados ao arrepio do ordenamento jurídico, criando o dever de indenizar ou ressarcir o prejuízo causado.
- Verificam-se elementos indispensáveis à existência do negócio jurídico, que são chamados de **elementos essenciais** e se dividem em requisitos de existência e de validade. No tocante aos **requisitos de existência**, são eles: manifestação da vontade (expressa, tácita ou presumida); finalidade negocial e idoneidade do objeto. Na ausência de um desses requisitos, inexiste o negócio jurídico. Vale lembrar que à luz do princípio "pacta sunt servanda", uma vez manifestada a vontade, torna-se obrigatório o cumprimento do contrato. Já no que concerne aos **requisitos de validade**, são eles (art. 104, CC): capacidade do agente; objeto lícito, possível, determinado ou determinável e forma prescrita ou não defesa em lei.
- Há, ainda, os **elementos acidentais** que as partes adicionam livremente ao negócio jurídico, quais sejam (arts. 121, 131 e 136, CC): **condição** – cláusula que subordina o efeito do negócio jurídico a evento futuro e incerto (art. 121); o **termo** – que corresponde ao momento em que se inicia ou se extingue a eficácia do negócio jurídico; e o **encargo** ou modo – constitui a imposição de um ônus ao beneficiário.
- **Encargo x condição suspensiva**: esta impede a aquisição do direito e aquele não; outra característica diferenciadora é que o encargo é coercitivo, isto é, pode ser exigido do beneficiário o seu cumprimento, não sendo isso possível na condição.
- **Encargo x condição resolutiva:** aquele não conduz à revogação do ato, que ficará a critério do instituidor propor a ação revocatória. A condição resolutiva, por sua vez, opera de pleno direito, revogando o ato.
- Condição **simplesmente potestativa** é a que se sujeita ao arbítrio de uma das partes e às circunstâncias exteriores alheias a sua vontade.
- Condição **puramente potestativa** é a que sujeita a eficácia do negócio jurídico ao puro arbítrio de uma das partes, não dependendo de qualquer circunstância externa para o seu aperfeiçoamento.
- Condição **ilícita** pode ser extraída a partir da interpretação a *contrario sensu* do art. 122, do CC: são ilícitas as que contrariam a lei, a ordem pública e os bons costumes.
- Condição **perplexa** é aquela que priva de todo direito o negócio jurídico.
- Condição **resolutiva** é a que resolve (extingue) o direito transferido pelo negócio, ocorrido o evento futuro e incerto. Assim, o negócio jurídico produz os seus efeitos de imediato e, uma vez ocorrida tal condição, extingue-se o negócio, conforme previsto nos arts. 127 e 128, primeira parte, do CC.
- **Reserva mental**: quando um dos declarantes oculta a sua verdadeira intenção. A manifestação da vontade "subsiste ainda que o seu autor haja feito a reserva mental de não querer o que manifestou, salvo se dela o destinatário tinha conhecimento" (art. 110, CC). Portanto, somente será considerado inexistente o negócio jurídico caso o destinatário tenha conhecimento de tal fato.

3.3.2. DOS DEFEITOS DO NEGÓCIO JURÍDICO

- "São **anuláveis** os negócios jurídicos, quando as declarações de vontade emanarem de **erro substancial** que poderia ser percebido por pessoa de diligência normal, em face das circunstâncias do negócio" (art. 138, CC).
- **Erro substancial** (art. 138, CC): é o erro sobre circunstâncias e aspectos relevantes do negócio. Deve ser determinante, caso em que se conhecida pela parte, não teria realizado o negócio. Em se tratando de erro substancial, o negócio jurídico *poderá* ser anulado. O Código Civil especifica, em seu art. 139, as circunstâncias e os aspectos relevantes do negócio. Logo, erro substancial pode ser: **a) erro sobre a natureza do negócio** (art. 139, I); **b) erro sobre o objeto principal da declaração** (art. 139, I); **c) erro sobre alguma das qualidades essenciais**

do objeto principal (art. 139, I); **d) erro quanto à identidade ou à qualidade da pessoa** (art. 139, II); **e) erro de direito** (art. 139, III).

- O **erro sobre a natureza do negócio** (*error in negotio*) "é aquele em que uma das partes manifesta a sua vontade pretendendo e supondo celebrar determinado negócio jurídico, e, na verdade, realiza outro diferente" (GONÇALVES, Carlos Roberto. Direito civil esquematizado, volume I – São Paulo: Saraiva, 2011). Como exemplo, no caso em que alguém pretendendo comprar um imóvel escreve locar o mesmo.
- O **erro sobre alguma das qualidades essenciais do objeto principal** (*error in substantia* ou *error in qualitate*) é aquele que "ocorre quando o motivo determinante do negócio é a suposição de que o objeto possui determinada qualidade que, posteriormente, verifica-se inexistir. Neste caso, o erro não recai sobre a identidade do objeto, que é o mesmo que se encontrava no pensamento do agente. Todavia, não tem as qualidades que este reputava essenciais e que influíram em sua decisão de realizar o negócio" (GONÇALVES, Carlos Roberto. Direito civil esquematizado, volume I – São Paulo: Saraiva, 2011). Como exemplo, a aquisição de uma obra de arte por um alto valor que o adquirente reputa ser original, mas que, posteriormente, descobre ser falsa.
- O **erro sobre o objeto principal da declaração** (*error in corpore*) é o que "incide sobre a identidade do objeto. A manifestação da vontade recai sobre objeto diverso daquele que o agente tinha em mente" (GONÇALVES, Carlos Roberto. Direito civil esquematizado, volume I – São Paulo: Saraiva, 2011). Como exemplo, uma pessoa adquire um objeto antigo e banhado com ouro que, posteriormente, descobre-se que é composto de outro material menos valioso, além de que o mesmo não é tão antigo.
- O **erro de direito** consiste no falso conhecimento, ignorância ou interpretação errônea da norma jurídica aplicável à situação concreta.
- O **erro quanto ao fim colimado** está previsto no art. 140, CC, e, em regra, não vicia o negócio jurídico, salvo se nele figurar expressamente, como sua razão essencial ou determinante.
- **Dolo (art. 145, CC)**: são anuláveis os negócios jurídicos por dolo, quando este for a sua causa. Segundo Clóvis Beviláqua, é o emprego de um artifício astucioso para induzir alguém à prática de um ato negocial que o prejudica e aproveita ao autor do dolo ou a terceiro.
- O **dolo acidental** está insculpido na segunda parte do art. 146, CC: "quando, a seu despeito, o negócio seria realizado, embora por outro modo". Essa espécie de dolo não vicia o ato, haja vista que se refere às condições do negócio, que seria realizado independentemente da malícia empregada. Nesse caso, o indivíduo realiza o negócio por interesse próprio e não pelo induzimento malicioso da outra parte. Como exemplo, a aquisição de um veículo por um valor muito superior ao de mercado.
- "***Dolus bônus"*** é o dolo tolerável, destituído de **gravidade** suficiente para viciar a manifestação de vontade. **Não torna anulável** o negócio jurídico [...]" (GONÇALVES, Carlos Roberto. Direito civil esquematizado, volume I – São Paulo: Saraiva, 2011).
- Dolo de ambas as partes: "Se **ambas as partes procederem com dolo**, nenhuma pode alegá-lo para anular o negócio, ou reclamar indenização" (art. 150, CC).
- Dolo de terceiro: "Pode também ser anulado o negócio jurídico por **dolo de terceiro, se a parte a quem aproveite dele tivesse ou devesse ter conhecimento**; em caso contrário, ainda que subsista o negócio jurídico, o terceiro responderá por todas as perdas e danos da parte a quem ludibriou".
- **Erro x dolo**: no primeiro, o indivíduo erra sozinho enquanto que no segundo é induzido em erro por outrem.
- **Coação (art. 151, CC)**: é o emprego de ameaça ou pressão sobre uma pessoa, forçando-a a praticar um ato ou realizar um negócio jurídico contra a sua vontade. Verificam-se duas espécies de **coação: absoluta** – não há qualquer tipo de manifestação de vontade pelo agente, sendo praticada geralmente pela violência física, tornando, portanto, inexistente o negócio jurídico; **relativa ou moral** – há uma opção de escolha pelo indivíduo, tratando-se, pois, de anulabilidade do negócio jurídico.
- **Temor reverencial (art. 153, CC)**: é aquele relacionado ao receio de desgostar os pais ou outras pessoas em que há uma obediência e respeito. Não se considera coação o simples temor reverencial.
- **Estado de perigo (art. 156, CC)**: "configura-se o estado de perigo quando alguém, premido da necessidade de salvar-se, ou a pessoa de sua família, de grave dano conhecido pela outra parte, assume obrigação excessivamente onerosa". Nesse caso o indivíduo realiza o negócio jurídico em decorrência de risco, seja o perigo de vida, lesão à integridade física, etc. "Ao estado de perigo (art. 156) aplica-se, por analogia, o disposto no § 2º do art. 157" (Enunciado n. 148, aprovado na III Jornada de Direito Civil).
- **Lesão (art. 157, CC)**: "Ocorre a lesão quando uma pessoa, sob premente necessidade, ou por inexperiência, se obriga a prestação manifestamente desproporcional ao valor da prestação oposta". "A lesão de que trata o art. 157 do Código Civil não

exige dolo de aproveitamento" (Enunciado n. 156, aprovado na III Jornada de Direito Civil). "A lesão acarretará a anulação do negócio jurídico quando verificada, na formação deste, a desproporção manifesta entre as prestações assumidas pelas partes, não se presumindo a premente necessidade ou a inexperiência do lesado" (Enunciado n. 290, aprovado na IV Jornada de Direito Civil).

- **Fraude contra credores (art. 158, CC)**: ocorre quando há desfalque substancial do patrimônio do devedor com o fito de prejudicar os credores. Tal fato fere o princípio segundo o qual o patrimônio do devedor responde por suas obrigações. Vale ressaltar que somente há a fraude quando o devedor for insolvente ou quando se tornar insolvente em virtude desse desfalque malicioso. A ação que deve ser movida pelos credores para a anulação do negócio jurídica é denominada de **ação pauliana** ou **revocatória**. Os legitimados para a propositura da ação são os credores *quirografários* e que já o eram ao tempo da alienação fraudulenta (art. 158, *caput* e § 2º). "Para os efeitos do art. 158, § 2º, a anterioridade do crédito é determinada pela causa que lhe dá origem, independentemente de seu reconhecimento por decisão judicial" (Enunciado n. 292, aprovado na IV Jornada de Direito Civil). "O ajuizamento da ação pauliana pelo credor com garantia real (art. 158, § 1º) prescinde de prévio reconhecimento judicial da insuficiência da garantia" (Enunciado n. 151, aprovado na III Jornada de Direito Civil).
- **Estado de insolvência (art. 748, CPC/73)**: ter-se-á insolvência sempre que os débitos forem superiores à importância dos bens do devedor. A prova da insolvência far-se-á, em regra, com a execução da dívida.

3.3.3. DA INVALIDADE DOS NEGÓCIOS JURÍDICOS

- Abrange a nulidade e a anulabilidade do negócio jurídico.

Ato inexistente	Nulidade (art. 166 e 167)	Anulabilidade (art. 171)
Quando lhe falta algum elemento estrutural, quando, p. ex., inexiste a manifestação de vontade. Frise-se que caso haja manifestação de vontade, porém com vício (erro, dolo, coação, estado de perigo, lesão), o negócio jurídico existe e pode ser anulável	Ofende preceitos de ordem pública	A ofensa atinge o interesse particular
–	celebrado por pessoa absolutamente incapaz; for ilícito, impossível ou indeterminável o seu objeto; o motivo determinante, comum a ambas as partes, for ilícito; não revestir a forma prescrita em lei; for preterida alguma solenidade que a lei considere essencial para a sua validade; tiver por objetivo fraudar lei imperativa; a lei taxativamente o declarar nulo, ou proibir-lhe a prática, sem cominar sanção. o negócio jurídico simulado, mas subsistirá o que se dissimulou, se válido for na substância e na forma	incapacidade relativa do agente; vício resultante de erro, dolo, coação, estado de perigo, lesão ou fraude contra credores demais casos expressamente declarados na lei
Efeitos		
–	▸ Pode ser reconhecida de ofício pelo juiz (art. 168, par. Único, CC); ▸ Não pode ser convalidada; ▸ Imprescritível; ▸ Ação declaratória; ▸ Efeito *ex tunc*.	▸ Não pode ser reconhecida de ofício pelo juiz; ▸ Deve ser provocada pelos interessados (art. 177, CC); ▸ Os efeitos operam somente entre aqueles que a alegaram, salvo o caso de solidariedade, ou indivisibilidade (art. 177); ▸ Pode ser sanada expressa ou tacitamente, pela confirmação (art. 172); ▸ Deve ser arguida no prazo legal; ▸ Ação desconstitutiva; ▸ Efeito *ex nunc*.

- **Simulação** é uma declaração falsa de vontade, com o fito de aparentar negócio diverso do efetivamente desejado, objetivando iludir terceiros ou à lei. Pode ser **absoluta** – quando as partes não realizam o negócio jurídico, criando, apenas, uma aparência perante terceiros de que o negócio fora realizado (como numa confissão de dívida ficta, em que uma das partes pretendendo furtar-se ao pagamento de outra dívida, a real, assume o pagamento daquela); ou **relativa** – as partes pretendendo realizar um negócio prejudicial a terceiro ou em fraude à lei, realizam um outro negócio, a fim de encobrir o primeiro. Com efeito, "compõe-se, pois, de dois negócios: o simulado, aparente, destinado a enganar; e o dissimulado, oculto, mas verdadeiramente desejado. O negócio aparente, simulado, serve apenas para ocultar a efetiva intenção dos contratantes, ou seja, o negócio real. **Simulação** não se confunde, pois, com **dissimulação**, embora em ambas haja o propósito de enganar. Na simulação, procura-se aparentar o que não existe; na dissimulação, oculta-se o que é verdadeiro". (GONÇALVES, Carlos Roberto. Direito civil esquematizado, volume I – São Paulo: Saraiva, 2011). Assim, p. ex., na compra e venda de um imóvel, visando fraudar o fisco, as partes passam a escritura por um valor inferior ao praticado (negócio simulado). Porém, há um contrato dispondo sobre o valor real da negociação (negócio dissimulado).
- Há a **simulação relativa subjetiva**, "se a parte contratante não tira proveito do negócio, por ser o sujeito aparente. O negócio não é efetuado pelas próprias partes, mas por pessoa interposta ficticiamente (CC, art. 167, § 1º, I). P. ex.: é o que sucede na venda realizada a um terceiro para que ele transmita a coisa a um descendente do alienante, a quem se tem a intenção de transferi-la desde o início, burlando-se o disposto no art. 496 do Código Civil, mas tal simulação só se efetivará quando se completar com a transmissão dos bens ao real adquirente (STF, Súmulas 152 e 494)." (DINIZ, Maria Helena. Código Civil comentado. Coordenadora Regina Beatriz Tavares da Silva. – 8. ed. São Paulo: Saraiva 2012).
- Ocorre a **simulação relativa objetiva**, "se respeitar à natureza do negócio pretendido, ao objeto ou a um de seus elementos contratuais; se o negócio contiver declaração, confissão, condição ou cláusula não verdadeira (CC, art. 167, § 1º, II) – é o que se dá, p. ex., com a hipótese em que as partes na escritura de compra e venda declaram preço inferior ao convencionado com a intenção de burlar o fisco, pagando menos imposto". (DINIZ, Maria Helena. Código Civil comentado. Coordenadora Regina Beatriz Tavares da Silva. – 8. ed. São Paulo: Saraiva 2012).

3.3.4. DOS ATOS ILÍCITOS

- **Ato ilícito**: é praticado com infração ao dever legal previsto no art. 186, CC: "Aquele que, por ação ou omissão voluntária, negligência ou imprudência, violar direito e causar dano a outrem, ainda que exclusivamente moral, comete ato ilícito". Como consequência, cria-se o dever de reparar o dano moral ou patrimonial causado.
- Importante observar que se faz necessária a conjugação dos dois elementos para a responsabilização do infrator: violar direito e causar dano a outrem. Desse modo, caso esteja configurada apenas a violação do direito, com culpa ou dolo, sem que seja verificado o prejuízo, não há que se falar em indenização. Ademais, comete ato ilícito aquele que pratica abuso de direito. (art. 187, CC).
- Elementos: a) **fato lesivo voluntário**, causado pelo agente, por ação ou omissão voluntária, negligência ou imprudência; b) **ocorrência de um dano patrimonial e/ou moral**; c) **nexo de causalidade** entre o dano e o comportamento do agente.
- O Superior Tribunal de Justiça, nessa linha, decidiu: "Na fixação da indenização por danos morais, recomendável que o arbitramento seja feito com moderação, proporcionalmente ao grau de culpa, ao nível socioeconômico dos autores, e, ainda, ao porte da empresa recorrida, orientando-se o juiz pelos critérios sugeridos pela doutrina e pela jurisprudência, com razoabilidade, valendo-se de sua experiência e do bom senso, atento à realidade da vida e às peculiaridades de cada caso" (REsp 135.202-0-SP, 4ª T., rel. Min. Sálvio de Figueiredo, j. 19-5-1998).
- **STJ Súmula nº 37 –** "São cumuláveis as indenizações por dano material e dano moral oriundos do mesmo fato".
- **Abuso de direito ou exercício irregular do direito**: trata-se do uso de um direito extrapolando os limites legais, cujo resultado é a lesão a alguém, sendo necessária a reparação dos danos através de indenização. Pelo Enunciado n. 37, aprovado na Jornada de Direito Civil de 2002: "A responsabilidade civil decorrente do abuso de direito independe de culpa, e fundamenta-se somente no critério objetivo-finalístico".
- **Não constituem atos ilícitos** (art. 188, CC): os praticados em legítima defesa ou no exercício regular de um direito reconhecido; a deterioração ou destruição da coisa alheia, ou a lesão a pessoa, a fim de remover perigo iminente.
- **Responsabilidade e imputabilidade:** a prática de um ato ilícito e a consequente reparação do dano fica condicionada a imputabilidade do agente, isto é, que este tenha capacidade de discernimento, caso contrário não há que se falar em prática de ato ilícito.

3.3.5. DA PRESCRIÇÃO E DA DECADÊNCIA

- **Prescrição (art. 189, CC):** pode ser entendida como a perda da **pretensão**, ou seja, da proteção jurídica pelo decurso de prazo. Verificam-se, pois, dois requisitos no tocante à prescrição: a inércia do titular da ação, em vista da violação de um direito, e o decurso do tempo fixado em lei. A prescrição tem o condão de criar a tranquilidade e a segurança jurídica nas relações sociais. Enunciado n. 14 do CJF (aprovado na Jornada de Direito Civil de 2002): a) "o início do prazo prescricional ocorre com o surgimento da pretensão, que decorre da exigibilidade do direito subjetivo"; b) "o art. 189 diz respeito a casos em que a pretensão nasce imediatamente após a violação do direito absoluto ou de obrigação de não fazer".
- No tocante ao conceito de prescrição, interessante se faz a transcrição do conceito proposto pela Ministra Carmen Lúcia no Recurso Extraordinário com Agravo – STF – ARE 723842 GO, *in verbis*: "A doutrina abalizada revela que a prescrição extingue a pretensão que é a exigência de subordinação de um interesse alheio ao interesse próprio, ou seja, é o poder de fazer valer em juízo, por meio de uma ação (em sentido material), a prestação jurisdicional devida, o cumprimento da norma legal ou contratual infringida ou a reparação do mal causado" (Min. CÁRMEN LÚCIA, ARE 723842 GO, DJe-245 DIVULG 13/12/2012 PUBLIC 14/12/2012). Desse modo, como a prescrição extingue a pretensão, por via oblíqua extingue-se, também, a ação. A pretensão aqui descrita decorre da violação de um direito, nos termos do artigo 189, do CC: "Violado o direito, nasce para o titular a pretensão, a qual se extingue, pela prescrição, nos prazos a que aludem os arts. 205 e 206". Verifica-se, à luz do referido artigo, que os prazos prescricionais são os taxativamente descritos nos artigos 205 e 206 do Código Civil. Ademais, segundo previsto no art. 192, CC: "Os prazos de prescrição não podem ser alterados por acordo das partes".
- Não se pode olvidar que há outra forma de prescrição, a **aquisitiva**, também denominada usucapião, que é tratada no Direito das Coisas, especificamente no modo de aquisição da propriedade.
- **Prescrição intercorrente (art. 206-A, incluído pela Medida Provisória nº 1.085/2021):** ocorre no decorrer do processo, já iniciado, por inércia do autor. "A prescrição intercorrente observará o mesmo prazo de prescrição da pretensão, observadas as causas de impedimento, de suspensão e de interrupção da prescrição previstas neste Código e observado o disposto no art. 921 da Lei nº 13.105, de 16 de março de 2015 - Código de Processo Civil".
- **Renúncia da prescrição (art. 191, CC):** A renúncia à prescrição é a desistência, por ato de vontade do titular, de invocá-la. Depende, portanto, exclusivamente da vontade do titular, não havendo necessidade de aprovação ou aceitação de terceiro. Verificam-se dois requisitos para a validade da renúncia, quais sejam: que a prescrição já esteja consumada e que não prejudique terceiro. Urge ressaltar que o art. 191 do Código Civil não admite a renúncia prévia da prescrição, isto é, antes que se tenha consumado. Ademais, a renúncia pode ser expressa, quando decorrer de manifestação escrita, verbal, inequívoca do devedor; ou tácita, "quando se presume de fatos do interessado, incompatíveis com a prescrição" (art. 191, CC). Desse modo, consumada a prescrição, qualquer ato de reconhecimento da dívida por parte do devedor, como o pagamento parcial, ou proposta objetivando ao pagamento do débito, será interpretado como renúncia. Enunciado n. 295, aprovado na IV Jornada de Direito Civil: "A revogação do art. 194 do Código Civil pela Lei n. 11.280/2006, que determina ao juiz o reconhecimento de ofício da prescrição, não retira do devedor a possibilidade de renúncia admitida no art. 191 do texto codificado".
- Enunciado n. 154, aprovado na III Jornada de Direito Civil: "o juiz deve suprir de ofício a alegação de prescrição em favor do absolutamente incapaz". Logo, "o art. 194 do Código Civil de 2002, ao permitir a declaração *ex officio* da prescrição de direitos patrimoniais em favor do absolutamente incapaz, derrogou o disposto no § 5º do art. 219 do CC" (Enunciado n. 155, aprovado na III Jornada de Direito Civil).
- **Causas impeditivas da prescrição (art. 197, 198, I, e 199, I e II, CC)**: circunstâncias que impedem que seu curso inicie. Enunciado n. 296, aprovado na IV Jornada de Direito Civil, "não ocorre prescrição entre companheiros na constância da união estável".
- **Causas suspensivas da prescrição (art. 198, II e III, 199, III, CC)**: são as que, temporariamente, paralisam o seu curso.
- **Preclusão:** consiste na perda de uma faculdade processual, por não ter sido exercida no momento próprio.
- **Perempção:** consiste na perda do direito de ação pelo autor contumaz, que deu causa a três arquivamentos sucessivos (art. 486, § 3°, NCPC).
- **Decadência** é a perda do direito potestativo pela inércia do seu titular no período determinado em lei. Portanto, nesta há a perda de um direito previsto em lei.
- **Prescrição x decadência:** consiste a primeira na perda do direito à pretensão em razão do decurso do tempo. A segunda, por sua vez, consiste na perda do direito em si, em razão do decurso do tempo. Segundo Carlos Roberto Gonçalves: "a **prescrição** atinge diretamente a ação e, por via oblíqua, faz desaparecer o direito por ela tutelado (o que perece

é a ação que protege o direito). A **decadência**, ao contrário, atinge diretamente o direito e, por via oblíqua, extingue a ação (é o próprio direito que perece)" (GONÇALVES, Carlos Roberto. Direito civil esquematizado, volume I – São Paulo: Saraiva, 2011). A **prescrição** resulta exclusivamente da **lei**, enquanto a **decadência** pode resultar da lei (**legal**), do testamento e do contrato (**convencional**). Admite-se o impedimento, a suspensão e a interrupção do prazo prescricional. Causas que impedem ou suspendem a prescrição: arts. 197, 198, 199 e 200, CC. Causas que interrompem a prescrição: art. 202, CC. Porém, não se aplicam à decadência as normas que impedem, suspendem ou interrompem a prescrição, salvo estipulação em contrário (art. 207).

Prescrição	Decadência
▸ Resulta somente da lei; ▸ Espécies: extintiva e aquisitiva (usucapião) ▸ Extingue a pretensão ▸ É admitida a renúncia depois de consumada, tácita ou expressamente; ▸ Os prazos de prescrição não podem ser alterados por acordo das partes (art. 192). ▸ Prazos prescricionais taxativamente elencados nos arts. 205 e 206, do CC; ▸ Pode ser alegada em qualquer grau de jurisdição, pela parte a quem aproveita (art. 193); ▸ Não flui contra algumas pessoas, em decorrência de suas características pessoais como capacidade, vínculo familiar, etc.; ▸ Admite-se tanto a suspensão quanto a interrupção do prazo prescricional. Causas que impedem ou suspendem a prescrição: arts. 197, 198, 199 e 200, CC. Causas que interrompem a prescrição: art. 202, CC. ▸ Deve ser conhecida pelo juiz de ofício (art. 332, § 1º, NCPC).	▸ Pode resultar da lei, do testamento e do contrato; ▸ Espécies: legal e convencional; ▸ Extingue o direito; ▸ É nula a renúncia à decadência fixada em lei (art. 209). Admite-se a renúncia na decadência convencional; ▸ Prazos de decadência estão esparsos no código; ▸ Decadência convencional: a parte a quem aproveita pode alegá-la em qualquer grau de jurisdição, mas o juiz não pode suprir a alegação (art. 211); ▸ Não se aplicam à decadência as normas que impedem, suspendem ou interrompem a prescrição, salvo estipulação em contrário (art. 207); ▸ O juiz deve conhecer de ofício a decadência legal.

3.3.6. DA PROVA

- Para Clóvis Beviláqua, "a prova é o conjunto de meios empregados para demonstrar, legalmente, a existência de negócios jurídicos".
- O artigo 212, do CC enumera **exemplificativamente** os meios de prova, quais sejam: confissão; documento; testemunha; presunção e perícia.
- A confissão que provém de pessoa sem capacidade não produzirá efeito jurídico. Contudo, se for feita pelo representante, terá eficácia apenas dentro dos limites em que puder vincular o representado (art. 213, CC).

4. CÓDIGO CIVIL 2002 – PARTE ESPECIAL

4.1. DO DIREITO DAS OBRIGAÇÕES

4.1.1. CONCEITO

- Obrigação pode ser entendida como sendo um vínculo jurídico que confere ao credor o direito de exigir do devedor o cumprimento de determinada prestação. Trata-se de uma relação pessoal de caráter transitório, haja vista que se extingue pelo pagamento.

4.1.2. ELEMENTOS E MODALIDADES

- No tocante aos elementos constitutivos da obrigação, esta é composta de três elementos, quais sejam:
  - i) o **subjetivo**, referente aos sujeitos ativo (credor) e passivo (devedor), que devem ser capazes, determinados ou determináveis (art. 104, I e II, CC);
  - II. o **vínculo jurídico**, que se forma através de uma manifestação de vontade, sujeitando o devedor a determinada prestação ao credor;
  - III. o **objetivo**, que corresponde ao objeto da relação jurídica, caracterizada por uma conduta humana de dar, fazer e não fazer, há de ser lícito, possível, determinado ou determinável (CC, art. 104, II) e suscetível de apreciação econômica.
- Quanto às modalidades de obrigações, o Código Civil pátrio classifica as obrigações, quanto a seu objeto, em três espécies: obrigação de dar (coisa certa ou incerta), de fazer e de não fazer.

Modalidades		
Quanto ao objeto	**Quanto aos elementos**	**Quanto aos elementos adicionais**
▸ Obrigação de dar (positiva): coisa certa ou incerta; ▸ Obrigação de fazer (positiva); ▸ Obrigação de não fazer (negativa).	▸ Simples: apresentam-se com um único objeto; ▸ Compostas: correspondem a vários objetos e podem ser: cumulativas, alternativas ou facultativas.	▸ Puras e simples: são aquelas não sujeitas a condição, termo ou encargo.; ▸ Condicionais (art. 121); ▸ A termo (art. 131); ▸ Modais, onerosas ou com encargo (art. 136).

- **Obrigações "propter rem":** a que recai sobre uma pessoa, por força de determinado direito real.

4.1.3. PERECIMENTO E DETERIORAÇÃO DA COISA

- **Perecimento** (perda total) da coisa: não tendo havido culpa do devedor, ou pendente a condição suspensiva, fica resolvida a obrigação (arts. 234, 1ª parte, e 238, CC). Havendo culpa, tem o credor direito a receber o seu equivalente em dinheiro, mais as perdas e danos comprovadas, tanto na obrigação de entregar (art. 234, 2ª parte) como na de restituir (art. 239).
- **Deterioração** (perda parcial) da coisa: na obrigação de entregar, poderá o credor resolver a obrigação, ou aceitá-lo no estado em que se acha, com abatimento do preço, proporcional à perda (CC, art. 235).

4.1.4. TRANSMISSÃO DAS OBRIGAÇÕES

- **Cessão de crédito**: trata-se de modalidade de transmissão da obrigação, em que o credor transfere a outrem seus direitos na relação obrigacional.
- **Notificação do devedor**: "A cessão de crédito não tem eficácia em relação ao devedor, senão quando a este notificada; mas por notificado se tem o devedor que, em escrito público ou particular, se declarou ciente da cessão feita" (art. 290). O devedor ficará desobrigado se, antes de ter conhecimento da cessão, pagar ao credor primitivo (art. 292).
- **Responsabilidade do cedente pela solvência do devedor:** "o cedente, ainda que não se responsabilize, fica responsável ao cessionário pela existência do crédito ao tempo em que lhe cedeu" (art. 295, CC). Portanto, não se trata de responsabilidade pela solvência do devedor, mas sim pela existência de crédito ao tempo da cessão. Vale ressaltar que o cedente pode responder pela solvência do devedor (art. 296).
- **Cessão de crédito x cessão de contrato:** neste há a transmissão da posição contratual e não dos direitos de crédito.
- **Cessão de crédito x novação subjetiva ativa:** verifica-se, na última, tanto a substituição do credor quanto a extinção da obrigação anterior, substituída por novo crédito.
- **Assunção de dívida**: trata-se de cessão de débito, em que o devedor transfere a outrem a sua obrigação. Requer anuência expressa do credor (art. 299, CC). Todavia, qualquer das partes pode assinar prazo ao credor para que consinta na assunção da dívida, interpretando-se o seu silêncio como recusa (parágrafo único, art. 299).

4.1.5. ADIMPLEMENTO E EXTINÇÃO DAS OBRIGAÇÕES

- **Pagamento**: consiste no cumprimento ou adimplemento da obrigação.
- Quem deve pagar a dívida além do devedor: qualquer interessado na extinção da dívida (art. 304) ou terceiros não interessados desde que o façam em nome e por conta do devedor.
- A quem se deve pagar: o pagamento deve ser feito ao credor ou a quem de direito o represente, sob pena de só valer depois de por ele ratificado, ou tanto quanto reverter em seu proveito (art. 308, CC). Pagamento não se presume; prova-se pela regular quitação fornecida pelo credor.
- **Dação em pagamento** (art. 356, CC): trata-se de um acordo de vontades em que o credor concorda em receber prestação diversa da que lhe é devida.
- A **novação** produz o mesmo efeito do pagamento. Consiste na criação de obrigação nova, para extinguir uma anterior. Há, pois, a substituição de uma dívida por outra, extinguindo-se a primeira. Novação é a criação de obrigação nova com o objetivo de extinguir e substituir a anterior (art. 360, CC). Com efeito, verificam-se os seguintes requisitos: existência de obrigação anterior, constituição de nova obrigação e intenção de novar. No tocante ao primeiro requisito, a obrigação a ser novada deve ser válida, nos termos do disposto no art. 367, CC. Já no que concerne ao segundo requisito, relativo à constituição de nova dívida, esta deve efetivamente se diferenciar da original e não somente corresponder a alterações secundárias, como no caso de alteração de garantia e de prazo. Quanto ao terceiro requisito, faz-se mister a intenção do credor em novar, devendo ser expressa ou de modo inequívoco, visto que não se presume a novação (art. 361, CC). Verificam-se três espécies de novação: a) a objetiva – na qual é alterado o objeto da prestação (art. 360, I, CC); b) a subjetiva – na qual há a substituição dos sujeitos da relação (art. 360, II e III, CC); e c) a mista – em que há tanto a alteração do objeto da prestação quanto a substituição das partes.
- **Compensação:** consiste na extinção de obrigações entre pessoas que são, simultaneamente, credor e devedor uma da outra.

4.1.6. INADIMPLEMENTO DAS OBRIGAÇÕES

- Os contratos devem ser cumpridos, de acordo com o princípio da obrigatoriedade dos contratos (*pacta sunt servanda*). O inadimplemento da obrigação resulta na responsabilidade por perdas e danos e gera a necessidade de correção monetária, conforme disposto no art. 389, CC: Art. 389. Não cumprida a obrigação, responde o devedor por perdas e danos, mais juros, atualização monetária e honorários de advogado. Parágrafo único. Na hipótese de o índice de atualização monetária não ter sido convencionado ou não estar previsto em lei específica, será aplicada a variação do Índice Nacional de Preços ao Consumidor Amplo (IPCA), apurado e divulgado pela Fundação Instituto Brasileiro de Geografia e Estatística (IBGE), ou do índice que vier a substituí-lo. (Incluído pela Lei nº 14.905, de 2024) Essa responsabilidade decorre não somente do inadimplemento da obrigação, como também do seu cumprimento imperfeito, cuja consequência é a obrigação de indenizar o prejuízo causado ao credor.

- Vale lembrar que respondem todos os bens do devedor pelo inadimplemento das obrigações (art. 391, CC).
- Em princípio, presume-se culposo o inadimplemento ensejando a responsabilidade de indenizar as perdas e danos, salvo se o inadimplemento decorrer de fato não imputável ao devedor, isto é, na ocorrência do fortuito ou força maior, nos termos do art. 393, do CC: "O devedor não responde pelos prejuízos resultantes de caso fortuito ou força maior, se expressamente não se houver por eles responsabilizado". O caso fortuito e a força maior são excludentes da responsabilidade civil, visto que rompem o nexo de causalidade.

4.1.7. DA MORA

- Mora é o retardamento ou o imperfeito cumprimento da obrigação (art. 394, CC). Impende salientar que pode resultar tanto de descumprimento de contrato quanto de infração à lei. Há a mora quando ainda é interessante ao credor receber a prestação, corrigida dos juros, atualização, cláusula penal, conforme prescrevem os artigos 394 e 395, CC. Entretanto, se a prestação for inútil ao credor, estaremos diante do inadimplemento absoluto, ensejando a reparação por perdas e danos (art. 395, parágrafo único, CC). Vale ressaltar que há duas espécies de mora: a do devedor (mora *solvendi*) e a do credor (mora *accipiendi*). Nas obrigações provenientes de ato ilícito, considera-se o devedor em mora, desde que o praticou (art. 398, CC). Neste caso, o devedor suportará o ônus de seu comportamento ilícito desde a data do fato. Não há necessidade de interpelação do devedor para que seja configurada a mora.
- Em havendo prazo estipulado para pagamento, a obrigação deverá ser cumprida no seu vencimento, exceto a antecipação do vencimento nas situações expressas em lei ou o pagamento antecipado, quando o prazo houver sido estabelecido em favor do devedor. Contudo, nos casos em que não foi ajustada a data para o pagamento, o credor pode exigi-lo imediatamente (art. 331, CC), salvo previsão no Código Civil. Nesse caso, faz-se mister que o devedor seja informado a respeito do intuito do credor no cumprimento da obrigação. Com efeito, a mora do devedor somente se inicia após a interpelação judicial ou extrajudicial, nos termos do art. 397, parágrafo único, CC.
- Para as obrigações puras com data de pagamento, o seu inadimplemento constitui em mora o devedor de pleno direito (art. 397, CC), não havendo necessidade de notificação deste, haja vista que o dia do vencimento corresponde a uma interpelação, sendo esta entendida como o ato jurídico pela qual é declarada ao devedor a exigência do cumprimento da obrigação.

4.1.8. DAS PERDAS E DANOS

- Perdas e danos "constituem o montante relativo à indenização devida ao credor em decorrência do inadimplemento do contrato pelo devedor, ou da prática, por este, de um ato ilícito (art. 403)". (Direito das obrigações: parte geral / Carlos Roberto Gonçalves. – 12. ed. – São Paulo: Saraiva, 2011. – (Coleção sinopses jurídicas; v. 5).
- A extensão do dano (art. 402, do CC): "Salvo as exceções expressamente previstas em lei, as perdas e danos devidas ao credor abrangem, além do que ele efetivamente perdeu, o que razoavelmente deixou de lucrar". A partir da leitura do referido dispositivo, verificam-se dois institutos: a) o **dano emergente**, que corresponde ao efetivo prejuízo sofrido pela vítima; e b) **lucro cessante**, que é a perda de ganho esperado pela vítima.
- Art. 404. As perdas e danos, nas obrigações de pagamento em dinheiro, serão pagas com atualização monetária, juros, custas e honorários de advogado, sem prejuízo da pena convencional. (Redação dada pela Lei nº 14.905, de 2024)
- Art. 406. Quando não forem convencionados, ou quando o forem sem taxa estipulada, ou quando provierem de determinação da lei, os juros serão fixados de acordo com a taxa legal. (Redação dada pela Lei nº 14.905, de 2024)
- § 1º A taxa legal corresponderá à taxa referencial do Sistema Especial de Liquidação e de Custódia (Selic), deduzido o índice de atualização monetária de que trata o parágrafo único do art. 389 deste Código. (Incluído pela Lei nº 14.905, de 2024)
- § 2º A metodologia de cálculo da taxa legal e sua forma de aplicação serão definidas pelo Conselho Monetário Nacional e divulgadas pelo Banco Central do Brasil. (Incluído pela Lei nº 14.905, de 2024)
- § 3º Caso a taxa legal apresente resultado negativo, este será considerado igual a 0 (zero) para efeito de cálculo dos juros no período de referência. (Incluído pela Lei nº 14.905, de 2024)
- Não é indispensável a prova absoluta que comprove a efetividade do ganho pela vítima, segundo proclamado pelo Superior Tribunal de Justiça no REsp 61.512-SP: "A expressão 'o que razoavelmente deixou de lucrar', constante do art. 1.059 do

Código Civil (de 1916, correspondente ao art. 402 do novo), deve ser interpretada no sentido de que, até prova em contrário, se admite que o credor haveria de lucrar aquilo que o bom senso diz que lucraria, existindo a presunção de que os fatos se desenrolariam dentro do seu curso normal, tendo em vista os antecedentes"(REsp 61.512-SP, rel. Min. Sálvio de Figueiredo, *DJU*, 1º dez. 1997, n. 232, p. 62757).

4.1.9. DA CLÁUSULA PENAL

- **Cláusula penal**: é obrigação acessória em que as partes estipulam uma pena ou multa com o intuito de evitar o inadimplemento ou retardamento da obrigação.
- Enunciado n. 354: "A cobrança de encargos e parcelas indevidas ou abusivas impede a caracterização da mora do devedor" (Enunciado aprovado durante a IV Jornada de Direito Civil, promovida pelo Centro de Estudos Judiciários do CJF, no ano de 2006).
- Espécies: pode ser **compensatória** – quando se tratar de total inadimplemento da obrigação (art. 410); e **moratória** – quando for destinada a assegurar o cumprimento de outra cláusula ou a evitar o retardamento (art. 411).
- **Cláusula penal x perdas e danos**: estas são fixadas pelo juiz enquanto aquelas são previamente fixadas pelas partes.
- **Cláusula penal x arras penitenciais**: segundo Carlos Roberto Gonçalves: "ambas têm natureza acessória e por finalidade garantir o inadimplemento da obrigação. As arras, todavia, diversamente da cláusula penal, facilitam o descumprimento da avença, não podem ser reduzidas pelo juiz e são pagas por antecipação, consistindo na entrega de dinheiro ou de qualquer outro objeto" (Direito das obrigações: parte geral / Carlos Roberto Gonçalves. – 12. ed. – São Paulo: Saraiva, 2011. – (Coleção sinopses jurídicas; v. 5).

4.1.10. DAS ARRAS

- Arras é um sinal, uma quantia ou mesmo uma coisa fungível com o fito de confirmar o acordo de vontades entre os contratantes.
- Espécies: **confirmatórias** – torna obrigatório o cumprimento do contrato após a sua entrega (arts. 418 e 419); **penitenciais**, em que os contratantes convencionam o direito de arrependimento (art. 420).
- Art. 418. Na hipótese de inexecução do contrato, se esta se der: (Redação dada pela Lei nº 14.905, de 2024)
- I - por parte de quem deu as arras, poderá a outra parte ter o contrato por desfeito, retendo-as; (Incluído pela Lei nº 14.905, de 2024)
- II - por parte de quem recebeu as arras, poderá quem as deu haver o contrato por desfeito e exigir a sua devolução mais o equivalente, com atualização monetária, juros e honorários de advogado. (Incluído pela Lei nº 14.905, de 2024)

4.2. DOS CONTRATOS

4.2.1. CONCEITOS E NOÇÕES GERAIS

- Os contratos são fontes de obrigação, isto é, dão origem a esta e podem ser definidos como "o acordo de vontades que tem por fim criar, modificar ou extinguir direitos" (Direito das obrigações, parte especial: tomo I, contratos (Carlos Roberto Gonçalves. – 13. ed. – São Paulo: Saraiva, 2011. – Coleção sinopses jurídicas; v. 6, t. I).
- O Código Civil prevê como **fontes de obrigação**: os contratos, as declarações unilaterais de vontade e os atos ilícitos, dolosos e culposos. Portanto, a lei dá eficácia a esses fatos humanos, transformando-os em fontes de obrigação, disciplinando, por conseguinte seus efeitos.
- Verificam-se as seguintes **condições de validade** dos contratos: a) comuns a todos os atos e negócios jurídicos: a capacidade do agente, o objeto lícito, possível, determinado ou determinável, e a forma prescrita ou não defesa em lei (art. 104, CC); b) específico dos contratos: acordo de vontades, que deve ser livre e espontâneo, não afetado, pois, pelos vícios ou defeitos do negócio jurídico, tais como: dolo, fraude, erro, coação, etc.
- Urge ressaltar que o acordo de vontades faz lei entre as partes (pacta sunt servanda), sendo obrigatório o seu cumprimento.
- Princípios: autonomia da vontade (arts. 421 e 425); supremacia da ordem pública; consensualismo; relatividade dos contratos (produzem efeitos somente entre as partes); obrigatoriedade dos contratos; boa-fé (art. 422).
- No tocante à interpretação dos contratos, faz-se mister salientar que o Código Civil pátrio adotou a teoria da vontade sobre a da declaração, nos termos do art. 112.
- **Importante!** Não pode ser objeto de contrato a **herança de pessoa viva** (art. 426, CC), não havendo que se falar em sucessão contratual. São admitidas somente duas formas de sucessão causa mortis: a legítima e a testamentária.

4.2.2. DOS VÍCIOS REDIBITÓRIOS

- **Vícios redibitórios** "são defeitos ocultos em coisa recebida em virtude de contrato comutativo, que a tornam imprópria ao uso a que se destina, ou lhe diminuam o valor" (GONÇALVES, Carlos Roberto. Direito das obrigações, parte especial: tomo I, contratos – 13. ed. – São Paulo: Saraiva, 2011 – Coleção sinopses jurídicas; v. 6, t. I). Pode ser recusada pelo adquirente (art. 441). Contudo, caso o adquirente faça a opção de ficar com a coisa defeituosa, pode reclamar abatimento no preço (art. 442).

- Vale lembrar que os vícios redibitórios não incidem sobre as doações puras e simples (art. 552, CC).
- Ações: **redibitória** – quando rejeitar a coisa, rescindindo o contrato; **estimatória** – quando decidir ficar com a coisa, mas com o abatimento do valor.
- O desconhecimento dos vícios por parte do alienante não o exime da responsabilidade. Desse modo, se conhecia o vício ou defeito da coisa, restituirá o que recebeu com perdas e danos, e o que não conhecia, tão somente restituirá o valor recebido, mais as despesas do contrato (art. 443).

4.2.3. DA EVICÇÃO

- "É a perda da coisa em virtude de sentença judicial, que a atribui a outrem por causa jurídica preexistente ao contrato" (Direito das obrigações, parte especial: tomo I, contratos / Carlos Roberto Gonçalves. – 13. ed. – São Paulo: Saraiva, 2011. – (Coleção sinopses jurídicas; v. 6, t. I).
- Requisitos: a) perda total ou parcial da propriedade, posse ou uso da coisa alienada; b) onerosidade da aquisição; c) ignorância, pelo adquirente, da litigiosidade da coisa (art. 457); d) anterioridade do direito do evictor; e) denunciação da lide ao alienante (art. 456) (Direito das obrigações, parte especial: tomo I, contratos / Carlos Roberto Gonçalves. – 13. ed. – São Paulo: Saraiva, 2011. – (Coleção sinopses jurídicas; v. 6, t. I)

4.2.4. DA EXTINÇÃO DOS CONTRATOS

- Via de regra, a extinção dos contratos se dá pelo cumprimento da obrigação.

Extinção anormal dos contratos	
Causas anteriores ou contemporâneas	**Causas supervenientes**
▸ Nulidade absoluta (efeitos *ex tunc*) ou relativa (efeitos *ex nunc*); ▸ Cláusula resolutiva; ▸ Direito de arrependimento (art. 420).	▸ Resolução: inexecução voluntária (culposa); involuntária (caso fortuito e força maior); onerosidade excessiva; ▸ Resilição: desfazimento de um contrato por simples manifestação de vontade; ▸ Morte de um dos contratantes; ▸ Rescisão.

4.2.5. DO CONTRATO DE ADESÃO

- O ordenamento jurídico pátrio, sobretudo o Código de Defesa do Consumidor, prevê o contrato de adesão como uma das espécies juridicamente válidas de contrato. O referido Código define, em seu art. 54, o contrato de adesão: "Contrato de adesão é aquele cujas cláusulas tenham sido aprovadas pela autoridade competente ou estabelecidas unilateralmente pelo fornecedor de produtos ou serviços, sem que o consumidor possa discutir ou modificar substancialmente seu conteúdo". Esse tipo de contrato não permite a livre discussão entre as partes, haja vista que suas cláusulas são preestabelecidas e impostas por uma das partes, cabendo à outra apenas aderir ou não ao estipulado. Não há que se falar, pois, em alteração de cláusulas contratuais. Ademais, o Código Civil, nos seus artigos 423 e 424, faz referência a esse tipo de contrato ao impor regras específicas no tocante à interpretação e à elaboração das cláusulas. São exemplos dessa espécie os contratos de seguro.
- Por se tratar de manifestação unilateral do fornecedor, o Código Civil vigente estabeleceu duas **regras de interpretação** dos contratos de adesão: a) Art. 423 do Código Civil alterado pela MP n. 881/2019: "Art. 423. Quando houver no contrato de adesão cláusulas que gerem dúvida quanto à sua interpretação, será adotada a mais favorável ao aderente. Parágrafo único. Nos contratos não atingidos pelo disposto no caput, exceto se houver disposição específica em lei, a dúvida na interpretação beneficia a parte que não redigiu a cláusula controvertida". Ampliou-se o âmbito de proteção do aderente, haja vista que a interpretação favorável não ocorrerá tão somente quando houver ambiguidade ou contraditória, mas, sim, quando houver dúvidas. Isso se deve ao fato de não ser possível ao aderente discutir ou modificar as cláusulas. Assim, em existindo cláusulas ambíguas ou contraditórias, será adotada a mais benéfica ao aderente; b) art. 424: "Nos contratos de adesão, são nulas as cláusulas que estipulem a renúncia antecipada do aderente a direito resultante da natureza do negócio" Esse dispositivo visa à proteção dos direitos do aderente às cláusulas que prevejam a renúncia antecipada do aderente a direito que advenha da própria natureza do negócio.

4.2.6. DO CONTRATO DE COMPRA E VENDA DE IMÓVEL

- É o contrato pelo qual um dos contratantes se obriga a transferir o domínio de certa coisa, e o outro, a pagar-lhe certo preço em dinheiro (Direito das obrigações, parte especial: tomo I, contratos / Carlos Roberto Gonçalves. – 13. ed. – São Paulo: Saraiva, 2011. – (Coleção sinopses jurídicas; v. 6, t. I).
- **Venda de ascendente a descendente**: é anulável a, salvo se os outros descendentes e o cônjuge do alienante expressamente houverem consentido (art. 496).

- **Venda entre cônjuges**: considera-se "lícita a compra e venda entre cônjuges, com relação a bens excluídos da comunhão" (art. 499 do CC).
- **Retrovenda**: trata-se de um acordo de vontades entre os contratantes na qual o alienante tem o direito de reaver o imóvel no prazo máximo de decadência de três anos, restituindo o preço recebido e reembolsando as despesas do comprador (art. 505, CC). Não corresponde a uma nova alienação, mas sim no desfazimento do negócio jurídico.
- **Preferência**: ou preempção é cláusula que garante ao alienante o direito de recomprar a coisa vendida, caso o adquirente resolva vendê-la. Em outras palavras, há um compromisso do vendedor em oferecer ao antigo proprietário a coisa, caso decida vende-la. "Diferencia-se da retrovenda, porque, nesta última, o vendedor da coisa imóvel pode reservar-se o direito de recobrá-la, independente da vontade do comprador" (Código Civil comentado. Coordenadora Regina Beatriz Tavares da Silva. – 8. ed. São Paulo: Saraiva 2012. Vários autores).

4.2.6.1. DAS VENDAS ESPECIAIS: "AD MENSURAM" E "AD CORPUS"

- **Venda "ad mensuram"**: o preço é estipulado com base nas dimensões do imóvel, portanto a área é o fator preponderante para a negociação (p. ex., preço por m2). Caso a área do imóvel não corresponda às dimensões constantes no contrato de compra e venda, o comprador terá o direito de exigir: a) **o complemento da área**, e, não sendo isso possível, visto que o vendedor não possui área remanescente b) o de reclamar a **resolução do contrato** ou c) **abatimento proporcional ao preço** (art. 500, CC). Verifica-se, pois, uma ordem: primeiramente a complementação da área. Caso isso não seja possível é que poderá o comprador exigir a resolução do contrato ou o abatimento proporcional. No tocante à ação, tem o comprador o prazo decadencial de um ano, a contar do registro do título, e não da efetiva entrega da coisa (art. 501). Em ocorrendo atraso na imissão de posse no imóvel, atribuível ao alienante, o prazo de decadência fluirá a partir desta (parágrafo único). Todavia, no caso de excesso de área, em que o vendedor prove que tinha motivos para ignorar a medida exata da área vendida, caberá ao comprador, à sua escolha, completar o valor correspondente ao preço ou devolver o excesso, sob pena de caracterizar-se o enriquecimento sem causa deste (art. 500, § 2º, CC). Presume-se que o vendedor conheça o bem objeto de alienação. Com efeito, não pode, a priori, atribuir ao comprador uma complementação injustificada. A venda, pois, para o vendedor é considerada *ad corpus*. Urge destacar que o Código Civil estabelece uma presunção de que a referência às dimensões do imóvel é meramente enunciativa quando a diferença encontrada entre a área constante do contrato e a área efetiva do imóvel não exceder de um vigésimo (5%) da área total anunciada.
- **Venda "ad corpus"**: prescreve o § 3º, do art. 500 que "Não haverá complemento de área, nem devolução de excesso, se o imóvel for vendido como coisa certa e discriminada, tendo sido apenas enunciativa a referência às suas dimensões, ainda que não conste, de modo expresso, ter sido a venda *ad corpus*". Nesse caso, o imóvel é adquirido como **um todo**, em que são levadas em consideração o corpo, o objeto, as características de localização e suas comodidades, sendo que a área do imóvel possui importância secundária. Destarte, remanescendo área diversa da contratada, não há que se falar em complementação da área e nem restituição proporcional do preço. Presume-se, nesse caso, que o comprador adquiriu a área como um todo. Ocorre esse tipo de venda quando o imóvel está murado ou cercado, p. ex.

4.2.7. DO CONTRATO DE DOAÇÃO

- **Doação** é o contrato em que uma pessoa, por liberalidade, transfere do seu patrimônio bens ou vantagens para o de outra (art. 538, CC). A lei impõe algumas limitações à liberdade de doar, a fim de preservar o interesse das partes e de terceiros.
- **Aceitação**: indispensável e pode ser expressa, tácita ou presumida.
- **Espécies**: pura e simples – doador não impõe nenhuma restrição; onerosa – o doador impõe um dever; remuneratória – retribuição a serviços prestados; em contemplação do merecimento do donatário, etc.
- **Restrições**: a) doação de todos os bens do doador – dispõe o art. 548, do Código Civil que será nula a doação de todos os bens sem reserva de parte, ou renda suficiente para a subsistência do doador (com efeito, não haverá restrição caso o doador tenha alguma fonte de renda ou que reserve parte do seu patrimônio); b) Doação da parte inoficiosa, que excede o limite de que o doador, no momento da liberalidade, poderia dispor em testamento (art. 549); c) doação pelo devedor já insolvente por se tratar de fraude contra credores (art. 158, CC).

4.2.8. DO CONTRATO DE LOCAÇÃO

- O art. 565 do Código Civil conceitua contrato de locação em que "uma das partes se obriga a ceder à outra, por tempo determinado ou não, o uso e gozo de coisa não fungível, mediante certa retribuição". O objeto pode ser coisa móvel ou imóvel, sendo que se móvel deverá ser infungível. Vale lembrar que caso o bem seja fungível, estaremos tratando de um contrato de mútuo.

- **Obrigações do locador**: i) entregar ao locatário a coisa alugada (art. 566, I, 1º parte). Caso a entrega seja feita sem qualquer reclamação, presume-se que a coisa foi recebida em ordem pelo locatário. Admite-se, entretanto, prova em contrário; ii) manter a coisa no mesmo estado (art. 566, I, 2º parte), competindo ao locador realizar os reparos necessários para que a coisa seja mantida em condições de uso, salvo convenção em contrário. Ressalta-se, contudo, que correm por conta do locatário as pequenas reparações, sendo estas entendidas como aquelas que não se originam do tempo ou do uso. Ademais, caso o bem se deteriore durante a locação, sem culpa do locatário, este poderá pedir redução proporcional do aluguel ou rescindir o contrato, caso já não mais sirva para o fim (art. 567, CC); iii) garantir o uso pacífico da coisa (art. 566, II); iv) Responde pelos vícios e defeitos ocultos da coisa locada, anteriores à locação (art. 568, CC).

4.2.9. DO DEPÓSITO

- "Pelo contrato de depósito recebe o depositário um objeto móvel, para guardar, até que o depositante o reclame" (art. 627, CC).
- O direito de retenção do depositário, previsto no art. 644 do Código Civil de 2002, consiste num meio de defesa outorgado ao credor, que tem a faculdade de deter a coisa alheia até ser indenizado pelo crédito oriundo da falta de pagamento de retribuição, que no caso decorreu da armazenagem dos bens. Não se pode olvidar que à luz do art. 643, do CC: "O depositante é obrigado a pagar ao depositário as despesas feitas com a coisa, e os prejuízos que do depósito provierem".
- O direito de retenção abrange não somente o pagamento da retribuição devida, mas também o ressarcimento dos danos causados (arts. 643 e 644, CC).

4.2.10. DO CONTRATO DE COMODATO

- O conceito de comodato está insculpido no art. 579, CC: "O comodato é o empréstimo gratuito de coisas não fungíveis. Perfaz-se com a tradição do objeto". Pode o objeto ser bem móvel ou imóvel.
- Entre as responsabilidades do comodatário, verificam-se: I) conservar a coisa como se sua própria fora (art. 582, CC); II) usá-la de forma adequada (art. 582, CC) e III) restituí-la no prazo convencionado.
- Em regra, o comodatário não responde pelos riscos da coisa, salvo: a) pelo uso diverso da coisa; pela b) mora (ambos art. 582, CC); c) assunção voluntária do caso fortuito ou da força maior; d) princípio do sacrifício da coisa própria, em que "correndo risco o objeto do comodato juntamente com outros do comodatário, antepuser este a salvação dos seus abandonando o do comodante, responderá pelo dano ocorrido, ainda que se possa atribuir a caso fortuito, ou força maior" (art. 583, CC).

4.2.11. DO CONTRATO DE CONSTITUIÇÃO DE RENDA

- No contrato de constituição de renda, o instituidor entrega ao rendeiro ou censuário um capital, que pode consistir em bens móveis ou imóveis, obrigando-se este a pagar àquela ou a terceiro por ela indicado, periodicamente, determinada prestação. Em regra, é vitalícia, será por prazo certo, ou por vida, podendo ultrapassar a vida do devedor, mas não a do credor (art. 806). Não se pode olvidar que há forma prescrita em lei para a elaboração do referido contrato, qual seja, a escritura pública.

4.2.12. DA FIANÇA

- O contrato de fiança surge quando uma pessoa garante satisfazer ao credor uma obrigação assumida pelo devedor, caso este não a cumpra (art. 818). Em outras palavras, um terceiro, denominado fiador, obriga-se perante o credor, a satisfação do crédito deste, caso o devedor não o cumpra. Diz-se que a fiança tem caráter acessório, visto que depende da existência do contrato principal, e subsidiário, pois a sua execução é subordinada ao não cumprimento do contrato principal, pelo devedor. Além disso, é um contrato solene, por depender de forma escrita, imposta pela lei (art. 819, CC), por instrumento público ou particular, no próprio corpo do contrato principal ou em separado.

4.3. DA RESPONSABILIDADE CIVIL

- A responsabilidade civil decorre da violação de norma jurídica, impondo ao infrator o dever de indenizar o dano. São elementos da responsabilidade civil: a conduta humana – que deve ser voluntária; o nexo de causalidade – o vínculo existente entre o agente e o resultado danoso; e o dano – que consiste na violação de um interesse jurídico tutelado (patrimonial ou extrapatrimonial). Vale ressaltar a indispensabilidade da ilicitude do ato, nos termos do disposto no art. 186, do CC.
- **Responsabilidade contratual e extracontratual**: a responsabilidade pode ser derivada de uma relação contratual, respondendo pelas perdas e danos causados (art. 389, CC); extracontratual ou aquiliana, quando não deriva de contrato, mas sim de infração ao dever de conduta (arts. 186, 187 e 927, CC). O inadimplemento contratual, pois, enseja a responsabilidade de indenizar as perdas e danos, salvo se o inadimplemento decorrer de fato não imputável ao devedor, isto é, na ocorrência do caso fortuito ou força maior, nos termos do art. 389, do CC: "O devedor não responde pelos prejuízos resultantes de caso fortuito ou força maior, se expressamente não se houver por eles responsabilizado". O caso fortuito e a força maior são

excludentes da responsabilidade civil, visto que rompem o nexo de causalidade. Todavia, faz-se mister salientar a possibilidade de as partes convencionarem que a indenização será devida em qualquer hipótese de inadimplemento contratual, inclusive por caso fortuito ou força maior, desde que o faça expressamente, conforme descrito na parte final do artigo 393.

- **Responsabilidade civil e penal**: a responsabilidade jurídica pode ser civil ou penal. A primeira pode ser entendida como a prática de um ato ilícito que acarreta, para seu autor, a obrigação de reparar o dano (art. 927, CC). Já a segunda decorre do cometimento de um delito, por um agente imputável. Dispõe o artigo 935, do CC: "A responsabilidade civil é independente da criminal, não se podendo questionar mais sobre a existência do fato, ou sobre quem seja o seu autor, quando estas questões se acharem decididas no juízo criminal". Não obstante o referido dispositivo estabeleça a independência entre a responsabilidade civil e a criminal, criou-se uma interação entre as jurisdições civil e penal, em que pode haver a influência da decisão proferida no juízo criminal sobre o civil, a fim de se evitar julgados conflitantes. Desta feita, não poderão mais ser discutidas a existência do fato e a questão da autoria, na ação cível, visto que já foram decididas na criminal. Isso em virtude do fato de que se verifica, no direito penal, maior rigidez no tocante à exigência probatória, principalmente em decorrência do princípio da presunção de inocência. Urge mencionar que como efeito da sentença condenatória penal transitada em julgado: "tornar certa a obrigação de indenizar o dano causado pelo crime" (art. 91, I, CP), e em consonância com o dispositivo ora reproduzido, prevê o Código de Processo Penal: "Transitada em julgado a sentença condenatória, poderão promover-lhe a execução, no juízo cível, para o efeito da reparação do dano, o ofendido, seu representante legal ou seus herdeiros (art. 63, CPP). Uma dúvida recorrente refere-se à responsabilidade civil quando da absolvição do réu por ausência ou insuficiência de provas, ou na inconsciência da ilicitude. Nesse caso, remanescerá o ilícito civil. Sobre o tema, transcreve-se jurisprudência do STJ: "Responsabilidade Civil. Jurisdições Civil e criminal. Intercomunicam-se as jurisdições cível e criminal. A segunda repercute de modo absoluto na primeira quando reconhece o fato ou a autoria. Nesse caso, a sentença condenatória criminal constitui título executório no cível. Se negar o fato ou a autoria, também de modo categórico, impede, no juízo cível, questionar-se o fato. Diferente, porém, se a sentença absolutória criminal apoiar-se em ausência ou insuficiência de provas, ou na inconsciência da ilicitude. Remanesce, então, o ilícito civil" (STJ – 2ª. T. – REsp. – Rel. Vicente Cernicchiaro – j. 7.2.90 – RSTJ 7/400). Portanto, a decisão criminal apenas interfere na esfera civil quando estiverem decididas criminalmente a existência do fato ou a sua autoria.
- **Responsabilidade civil subjetiva e objetiva:** a responsabilidade civil pode depender ou não do elemento subjetivo culpa. Desse modo, a culpa constitui um dos elementos na responsabilidade civil **subjetiva**. Contudo, no tocante à responsabilidade **objetiva**, não se faz necessária a análise da culpa para configurar a responsabilidade, bastando, apenas, a existência da conduta humana, do dano e do nexo de causalidade. A teoria do risco embasa a responsabilidade objetiva em que toda pessoa que exerce alguma atividade que gera risco de dano a terceiros, se o dano for ocorrido, deve ser reparado, mesmo que não haja concorrido com culpa. A responsabilidade civil objetiva está insculpida no parágrafo único do art. 927 do Código Civil e pode ocorrer em duas situações, quais sejam: nos casos especificados em lei (como nos crimes ambientais); ou quando a atividade normalmente desenvolvida pelo autor do dano implicar, por sua natureza, risco para os direitos de outrem.

4.3.1. RESPONSABILIDADE CIVIL OBJETIVA

- A responsabilidade civil objetiva que pode ser entendida como uma imposição legal que estabelece determinadas situações de reparação do dano cometido sem culpa, ou seja, não se exige prova de culpa do agente. Verifica-se, pois, que para essa teoria objetiva ou do risco, basta a relação de causalidade entre a ação e o dano. O Código Civil pátrio prevê no parágrafo único do art. 927 a responsabilidade civil objetiva por atividades de risco. À luz do referido dispositivo, reconhece-se a responsabilidade civil objetiva, sem a indagação da culpa, em duas situações, quais sejam: nos casos especificados em lei ou quando a atividade normalmente desenvolvida pelo autor do dano implicar, por sua natureza, risco para os direitos de outrem.
- Casos de responsabilidade civil objetiva:
  a) o Decreto nº 2.681 de 7 de dezembro de 1912, traz em seu art. 12, a responsabilidade civil objetiva das estradas de ferro por danos causados aos proprietários marginais;
  b) o Decreto-Lei nº 24.637, de 10 de julho de 1934 e Lei nº 8.213 de 1991 dispõe sobre a responsabilidade civil objetiva do empregador nos acidentes de trabalho;
  c) a Lei nº 6.367, de 19 de outubro de 1976, que torna obrigatório o seguro acidente, atribuindo a responsabilidade pelo seu pagamento à Previdência Social;
  d) a Lei nº 6.194, de 19 de dezembro de 1974, que dispõe sobre o seguro obrigatório de danos pessoais causados por veículos automotores

de via terrestre, ou por sua carga, a pessoas transportadas ou não – DPVAT;

e) a Lei nº 6.453, de 17 de outubro de 1977, que prevê a responsabilidade civil do operador de instalação nuclear, independentemente da existência da culpa, pela reparação de dano causado por acidente nuclear (art. 4º);

f) a Lei nº 6.938 de 1981 que em seu art. 14, § 1º, adota a responsabilidade objetiva referente aos danos causados ao meio ambiente;

g) a Constituição Federal de 1988, em seu art. 37, § 6º, que prevê a responsabilidade objetiva para as pessoas jurídicas de direito público e as de direito privado prestadoras de serviços públicos pelos danos que seus agentes, nessa qualidade, causarem a terceiros;

h) a Lei nº 8.078, de 11 de setembro de 1990, que instituiu o Código de Defesa do Consumidor, que em seu art. 12 a 14 tornou objetiva a responsabilidade objetiva do fornecedor do produto ou serviços por danos causados ao consumidor;

i) a Lei nº 8.441 de 1992 que dispõe sobre o seguro obrigatório de acidentes de veículos, cabendo à seguradora pagar o valor previsto, independente de culpa do motorista.

4.3.2. RESPONSABILIDADE CIVIL NO ACIDENTE DE TRÂNSITO

- No tocante ao acidente de trânsito, verificam-se as duas espécies de responsabilidade civil, quais sejam: a subjetiva e a objetiva. Em regra, a responsabilização do agente causador do dano depende da prova de culpa ou dolo. Contudo, se o acidente de trânsito decorrer da conduta de agentes públicos, nessa qualidade, a responsabilidade civil do Estado é objetiva, ou seja, independe da prova de culpa, bastando, apenas, a nexo de causalidade entre a ação e o dano, (art. 37, § 6º, CF/88).
- Vale lembrar que parte da doutrina, como o ilustre Celso Antônio Bandeira de Mello, entende que a responsabilidade civil do Poder Público, por ato omissivo é subjetiva, dependendo, portanto, de prova da culpa.
- Importante salientar, ademais, que não se exige que o causador do dano seja funcionário público, visto que o conceito abrange toda e qualquer pessoa a serviço do Poder Público.
- Urge mencionar, ainda, que a cobertura do seguro obrigatório, também conhecido como DPVAT (Seguro Obrigatório de Danos Pessoais Causados por Veículos Automotores de Vias Terrestres, ou por sua carga, a pessoas transportadas ou não), regulado pela Lei 6.194/74, independe da comprovação de culpa.

4.4. DO DIREITO DE EMPRESA

4.4.1. REGRAS GERAIS DO DIREITO DE EMPRESA

- O Direito de Empresa está disciplinado no Livro II do Código Civil de 2002, entre os artigos 966 ao 1.195.
- A Lei nº 14.451/2022 alterou o quórum para tomada de decisão em sociedade limitada previstos nos artigos 1.061 e 1.076 do Código Civil. Enquanto o capital social não estiver integralizado, a decisão deixará de estar sujeita à aprovação da unanimidade dos sócios, podendo ser aprovada por 2/3 dos sócios. Após a integralização do capital social, a eleição dos administradores não precisará mais do voto favorável de 2/3 dos sócios, mas da aprovação de titulares de quotas correspondentes a mais da metade do capital social. A novel alteração determina a revogação do inciso I do artigo 1.076 do Código Civil, que previa que as deliberações para (i) modificação do contrato social e (ii) incorporação, fusão e dissolução ou cessação do estado de liquidação da sociedade seriam tomadas por, ao menos, 3/4 dos sócios. Consequentemente, referidas deliberações serão tomadas pelos votos correspondentes a mais da metade do capital social.
- A Lei nº 14.382/2022 permitiu que as pessoas jurídicas de direito privado realizem suas assembleias gerais por meio eletrônico. Ademais, estatuiu que a prescrição intercorrente observará o mesmo prazo de prescrição da pretensão. Esclareceu que o estabelecimento não se confunde com o local onde se exerce a atividade empresarial, que poderá ser físico ou virtual. Por fim, facultou que tanto a sociedade anônima quanto a sociedade em comandita por ações designem seus objetos sociais.
- A Lei nº 14.309/2022 permitiu a realização de reuniões e deliberações virtuais pelos condomínios edilícios, e para possibilitar a sessão permanente das assembleias condominiais. Acrescentou o art. 1.354-A ao Código Civil afirmando que é possível se convocar, realizar e votar nas assembleias do condomínio de forma eletrônica. Em virtude da dificuldade em se obter o quórum especial nas hipóteses exigidas, criou-se a possibilidade de se converter a reunião da assembleia em uma sessão permanente, permitindo a votação até que seja alcançado o quórum especial. A sessão permanente poderá ser prorrogada tantas vezes quantas necessárias, desde que a assembleia seja concluída no prazo total de 90 (noventa) dias, contado da data de sua abertura inicial.
- A Lei nº 14.195/2021 revogou o parágrafo único do art. 1.015 do CC, revogando a teoria "ultra vires" – que obstava a responsabilização da sociedade no

caso de atos do administrador com abuso de poder nas hipóteses elencadas em seus três incisos. A revogação tem por fundamento a segurança jurídica, notadamente do terceiro de boa-fé. Revogou a hipótese de dissolução da sociedade quando ocorrer a falta de pluralidade de sócios, no prazo de cento e oitenta dias, haja vista a autorização da constituição da sociedade unipessoal.

- A Lei nº 14.193/2021 previu a possibilidade de a associação que desenvolva atividade futebolística em caráter habitual e profissional, ao se inscrever no Registro Público de Empresas Mercantis da respectiva sede, ser considerada empresária (art. 971, parágrafo único).
- A Medida Provisória nº 1.085/2021 incluiu o art. 48-A no Código Civil, permitindo a realização de assembleias gerais das pessoas jurídicas de direito privado por meios eletrônicos. Inseriu, ademais, o art. 206-A, que trata da prescrição intercorrente observará o mesmo prazo de prescrição da pretensão. Revogou, ainda, a Empresa Individual de Responsabilidade Limitada (art. 44, VI). A Lei nº 14.195/2021 transformou as empresas individuais de responsabilidade limitada existentes na data da entrada em vigor em sociedades limitadas unipessoais independentemente de qualquer alteração em seu ato constitutivo (art. 41). Incluiu os parágrafos 1º, 2º e 3º no art. 1.142, estatuindo que o estabelecimento não se confunde com o local onde se exerce a atividade empresarial, que poderá ser físico ou virtual e quando o local onde se exerce a atividade empresarial for virtual, o endereço informado para fins de registro poderá ser, conforme o caso, o endereço do empresário individual ou de um dos sócios da sociedade empresária. Facultou a inserção da designação do objeto social na Sociedade por Ações (art. 1.160) e na Comandita por Ações (art. 1.161). Estabeleceu a aplicação das normas do condomínio edilício ao condomínio de lotes (art. 1.358-A, § 2º).
- A Lei nº 14.030/2020 autorizou a participação e a votação a distância em reunião ou em assembleia (at. 1.080-A).
- A Lei nº 13.874/2019 promoveu diversas alterações no Código Civil, a saber: a) inclusão do art. 49-A no CC, que trata do princípio da autonomia patrimonial, e alteração do art. 50 que trata da desconsideração da personalidade jurídica, incluindo as hipóteses de abuso da personalidade jurídica, quais sejam o desvio de finalidade ou a confusão patrimonial; b) alteração dos arts. 113, 421 e 421-A ; c) inserção dos arts. 480-A e 480-B, referentes aos contratos empresariais (dispositivos não mais em vigor no Código Civil); d) inclusão do § 7º no art. 980-A, relativo à Empresa Individual de Responsabilidade Limitada (EIRELI, atualmente revogada pela Medida Provisória nº 1.085/2021); e) inclusão do parágrafo relativo ao art. 1.052, criando a sociedade limitada unipessoal e f) acréscimo dos arts. 1.368-C a 1.368-E, tratando dos fundos de investimento.•
- A Lei nº 13.792 de 2019 promoveu a alteração do art. 1.063, relativo ao quórum para a destituição de sócio nomeado administrador no contrato, mediante a aprovação de titulares de quotas correspondentes a mais da metade do capital social. Alterou, por conseguinte, o "caput" do art. 1.076.
- O Código Civil, em seu art. 966, define o conceito de **empresário**: "Considera-se empresário quem exerce profissionalmente atividade econômica organizada para a produção ou a circulação de bens ou de serviços". Verificam-se, pois, as seguintes características: a) profissionalismo (não podendo, portanto, exercê-la de forma esporádica, mas sim habitual); b) atividade econômica (com intuito lucrativo); c) organizada (organização dos fatores de produção – capital, mão de obra, insumos e tecnologia); e e) produção ou circulação de bens ou serviços.
- **Empresa x empresário**: a primeira é a atividade econômica organizada para a produção e a circulação de produtos e serviços, isto é, é sinônimo de atividade empresarial. O segundo é aquele que exerce profissionalmente essa atividade. No tocante a esse assunto, faz-se mister transcrever o seguinte julgado do STJ:

> *Recurso especial. Direito Civil e Processual Civil. Insolvência civil. Ofensa aos arts. 458, II, e 515, § 1.º, do CPC. Alegação genérica. Incidência da Súmula 284/STF. Omissão. Não ocorrência. Manifestação direta do Tribunal acerca do ponto pretensamente omisso. Julgamento da causa madura. Aplicação extensiva do art. 515, § 3.º, do CPC. Pedido de insolvência civil manejado contra sócio de empresa. Possibilidade. Ausência da figura do comerciante. Recurso especial não conhecido.*
>
> *(...) 5. A pessoa física, por meio de quem o ente jurídico pratica a mercancia, por óbvio, não adquire a personalidade desta. Nesse caso, comerciante é somente a pessoa jurídica, mas não o civil, sócio ou preposto, que a representa em suas relações comerciais. Em suma, não se há confundir a pessoa, física ou jurídica, que pratica objetiva e habitualmente atos de comércio, com aquela em nome da qual estes são praticados. O sócio de sociedade empresarial não é comerciante, uma vez que a prática de atos nessa qualidade são imputados à pessoa jurídica à qual está vinculada, esta sim, detentora de personalidade jurídica própria. Com efeito, deverá aquele sujeitar-se ao Direito Civil comum e não ao Direito Comercial, sendo possível, portanto, a decretação de sua insolvência civil. 6. Recurso especial não conhecido (REsp 785.101/MG, Rel. Min. Luis Felipe Salomão, 4.ª Turma, j. 19.05.2009, DJe 01.06.2009).*

- A atividade empresarial pode ser exercida tanto pelo um **empresário individual** (pessoa física que exerce profissionalmente atividade econômica organizada) ou por uma **sociedade empresária** (pessoa jurídica de direito privado cujo objetivo é a exploração de atividade econômica). Portanto, empresário, para o Código Civil, é gênero das espécies empresário individual (pessoa física) e sociedade empresária (pessoa jurídica).
- Por outro lado, o Código Civil estabelece atividades que não são consideradas empresariais, quais sejam: quem exerce **profissão intelectual** (advogados, médicos, professores etc.), de natureza científica, literária ou artística, ainda com o concurso de auxiliares ou colaboradores, salvo se o exercício da profissão constituir elemento de empresa (parágrafo único, do art. 966); **empresários rurais** não registrados na Junta Comercial por exercerem atividade de natureza familiar (art. 971) ou **cooperativas** (arts. 982, parágrafo único e 1.093 a 1.096).
- Importante destacar que a Lei nº 14.193/2021 inseriu o parágrafo único ao art. 971 do CC, prevendo que com a inscrição da associação que desenvolva atividade futebolística em caráter habitual e profissional, será considerada empresária, para todos os efeitos (art. 971, parágrafo único, CC).
- Para exercer a atividade de empresário individual é necessário (art. 972, CC): o **pleno gozo da capacidade civil**, isto é, aqueles que não se enquadram nas hipóteses de incapacidade absoluta ou relativa previstas nos arts. 3º e 4º do CC (salvo o exercício da atividade empresarial por incapaz mediante autorização judicial, nos termos do art. 974, CC e art. 178, inciso II, do NCPC) e **inexistência de impedimento legal** (funcionários públicos no exercício da atividade pública, falidos não reabilitados, devedores do INSS, leiloeiros e corretores, etc.). Ressalta-se, por oportuno, que o art. 974 do CC faz menção ao exercício individual de empresa, isto é, na hipótese de o incapaz explorar atividade empresarial como empresário individual. Isso poderá ocorrer em duas situações: incapacidade superveniente ou incapacidade do sucessor na sucessão por morte, conforme descrito no Enunciado 203 do CJF, aprovado na III Jornada de Direito Civil: "o exercício de empresa por empresário incapaz, representado ou assistido, somente é possível nos casos de incapacidade superveniente ou incapacidade do sucessor na sucessão por morte". Para isso, o absolutamente incapaz deverá ser representado enquanto o relativamente incapaz será assistido. Ademais, à luz do art. 976, caput, do Código Civil, "a prova da emancipação e da autorização do incapaz, nos casos do art. 974, e a de eventual revogação desta, serão inscritas ou averbadas no Registro Público de Empresas Mercantis". Já no que tange aos impedimentos legais, urge mencionar que a proibição é para o exercício de empresa e não para que sejam sócios da sociedade empresária.
- Ainda no tocante aos empresários individuais, dispõe o art. 978 do CC: "o empresário casado pode, sem necessidade de outorga conjugal, qualquer que seja *o regime de bens, alienar os imóveis que* integrem o patrimônio da empresa ou gravá-los de ônus real". Para esclarecer o assunto, transcreve-se o Enunciado 6, da I Jornada de Direito Comercial do CJF: "O empresário individual regularmente inscrito é o destinatário da norma do art. 978 do Código Civil, que permite alienar ou gravar de ônus real o imóvel incorporado à empresa, desde que exista, se for o caso, prévio registro de autorização conjugal no Cartório de Imóveis, devendo tais requisitos constar do instrumento de alienação ou de instituição do ônus real, com a consequente averbação do ato à margem de sua inscrição no Registro Público de Empresas Mercantis".
- Outra limitação ao exercício de atividade empresarial está prevista no art. 977, do CC, qual seja, a constituição de sociedade empresarial composta por cônjuges casados sob o regime da comunhão universal de bens ou da separação obrigatória.
- "O empresário casado pode, sem necessidade de outorga conjugal, qualquer que seja o regime de bens, alienar os imóveis que integrem o patrimônio da empresa ou gravá-los de ônus real" (art. 978, CC).
- "É obrigatória a inscrição do empresário no Registro Público de Empresas Mercantis da respectiva sede, *antes do início de sua atividade*" (art. 967, CC). Assim, a atividade empresarial será exercida de forma regular se houver o *arquivamento do ato constitutivo* na Junta Comercial e a *autenticação dos livros mercantis* (art. 1.180, CC). O arquivamento é o ato de registro dos documentos relativos à constituição, alteração, dissolução e extinção de firmas mercantis individuais, sociedades mercantis e cooperativas (art. 32, inciso II, da Lei 8.934/1994). O Livro Diário é o obrigatório e comum para qualquer atividade empresarial.
- A ausência do registro torna a atividade empresarial irregular, cujas consequências são: ausência de legitimidade ativa para requer a falência de seu devedor (art. 97, IV, da Lei nº 11.101/2005); poderá ter a sua falência requerida e decretada, que será considerada fraudulenta, tendo em vista que seus livros não poderão ser utilizados como meio de prova (art. 178, Lei nº 11.101/2005); não poderá participar de licitações nem contratar com o Poder Público; os sócios de sociedades irregulares responderão solidária e ilimitadamente pelas obrigações da empresa (art. 990, CC); as sociedades não poderão ter o Cadastro Nacional da Pessoa Jurídica, respondendo, por conseguinte, pelo descumprimento das obrigações tributárias correspondentes; não haverá

autonomia entre o patrimônio da sociedade e a dos sócios, respondendo, portanto, ilimitadamente pelas obrigações (art. 988, CC); não poderão ter o cadastro no INSS, respondendo, também, pelas sanções decorrentes; etc.

- Das obrigações dos empresários: a) dever de arquivamento de seus atos constitutivos na Junta Comercial; b) escrituração dos livros empresariais obrigatórios e c) levantar, periodicamente, o balanço patrimonial e de resultado econômico da empresa.
- As sociedades simples, as fundações e as associações o registro será realizado no Cartório de Registro Civil de Pessoas Jurídicas (art. 998, CC).
- A Lei nº 14.195/2021 revogou o parágrafo único do art. 1.015 do CC. A sociedade pratica os atos jurídicos, exerce direitos ou assume obrigações por intermédio dos seus administradores (art. 1.022, CC). Antes das alterações promovidas pela Lei nº 14.195/2021, o parágrafo único do art. 1.015 do CC trazia exceções à regra de que os atos praticados pelos administradores seriam de responsabilidade da sociedade. Todavia, referida regra trazia insegurança jurídica, razão pela qual foi revogada.
- A Lei nº 13.874/2019 acrescentou dois parágrafos ao art. 1.052 do CC prevendo a possibilidade de a sociedade limitada ser composta por um único sócio: § 1º A sociedade limitada pode ser constituída por 1 (uma) ou mais pessoas. § 2º Se for unipessoal, aplicar-se-ão ao documento de constituição do sócio único, no que couber, as disposições sobre o contrato social.
- A Lei nº 14.195/2021, por meio do seu art. 41, transformou as EIRELIs em sociedades unipessoais: Art. 41. As empresas individuais de responsabilidade limitada existentes na data da entrada em vigor desta Lei serão transformadas em sociedades limitadas unipessoais independentemente de qualquer alteração em seu ato constitutivo.
- A Lei nº 14.195/2021 revogou a hipótese de dissolução da sociedade quando não houvesse pluralidade de sócios, não reconstituída no prazo de cento e oitenta dias.
- **Estabelecimento comercial** (art. 1.142, CC): "Considera-se estabelecimento todo complexo de bens organizado, para exercício da empresa, por empresário, ou por sociedade empresária". Trata-se, pois, do conjunto de bens, materiais (bens corpóreos como mobiliários, utensílios, automóveis) ou imateriais (bens e direitos industriais, como patente, nome empresarial, marca, etc.), que o empresário utiliza no exercício da sua atividade. Nota-se que o estabelecimento comercial não se confunde com a empresa, que é a atividade empresarial. A Lei nº 14.195/2021 acrescentou três parágrafos ao art. 1.142. § 1º O estabelecimento não se confunde com o local onde se exerce a atividade empresarial, que poderá ser físico ou virtual. § 2º Quando o local onde se exerce a atividade empresarial for virtual, o endereço informado para fins de registro poderá ser, conforme o caso, o do empresário individual ou o de um dos sócios da sociedade empresária. § 3º Quando o local onde se exerce a atividade empresarial for físico, a fixação do horário de funcionamento competirá ao Município, observada a regra geral do inciso II do caput do art. 3º da Lei nº 13.874, de 20 de setembro de 2019. O estabelecimento não se confunde com o local onde se exerce a atividade empresarial, que poderá ser físico ou virtual. (Incluído pela Lei nº 14.382, de 2022). Quando o local onde se exerce a atividade empresarial for virtual, o endereço informado para fins de registro poderá ser, conforme o caso, o endereço do empresário individual ou o de um dos sócios da sociedade empresária. (Incluído pela Lei nº 14.382, de 2022). Quando o local onde se exerce a atividade empresarial for físico, a fixação do horário de funcionamento competirá ao Município, observada a regra geral prevista no inciso II do caput do art. 3º da Lei nº 13.874, de 20 de setembro de 2019. (Incluído pela Lei nº 14.382, de 2022).
- **Trespasse**: trata-se do contrato oneroso de transferência do estabelecimento empresarial, isto é, um contrato que tenha por objeto a alienação, o usufruto ou o arrendamento do estabelecimento. Estabelece o art. 1.143, CC: "Pode o estabelecimento ser objeto unitário de direitos e de negócios jurídicos, translativos ou constitutivos, que sejam compatíveis com a sua natureza".
- Condição de eficácia do contrato de trespasse: "O contrato que tenha por objeto a alienação, o usufruto ou arrendamento do estabelecimento, só produzirá efeitos quanto a terceiros depois de *averbado à margem da inscrição* do empresário, ou da sociedade empresária, no Registro Público de Empresas Mercantis, e de *publicado* na imprensa oficial" (art. 1.144, CC). Com efeito, deverá ser registrado o contrato na Junta Comercial com a sua posterior publicação.
- Deve o alienante possuir bens suficientes para solver o passivo (art. 1.145, CC): "Se ao alienante não restarem bens suficientes para solver o seu passivo, a eficácia da alienação do estabelecimento depende do pagamento de todos os credores, ou do consentimento destes, de modo expresso ou tácito, em trinta dias a partir de sua notificação".
- **Sucessão empresarial** (art. 1.146, CC): "O adquirente do estabelecimento responde pelo pagamento dos débitos anteriores à transferência, desde que regularmente contabilizados, continuando o devedor primitivo solidariamente obrigado pelo prazo de um ano, a partir, quanto aos créditos ven-

cidos, da publicação, e, quanto aos outros, da data do vencimento". Portanto, o adquirente do estabelecimento empresarial responde pelas dívidas existentes, isto é, contraídas pelo alienante, desde que regularmente contabilizadas, entendidas aquelas constantes na escrituração contábil.

- Solidariedade do alienante: pelo prazo de um ano, a partir, a) quanto aos créditos vencidos, da publicação, e, b) quanto aos outros, da data do vencimento.
- A **cláusula de não concorrência** (art. 1.147, CC): "Não havendo autorização expressa, o alienante do estabelecimento não pode fazer concorrência ao adquirente, nos cinco anos subsequentes à transferência".
- A transferência do estabelecimento, salvo disposição em contrário, importa a sub-rogação do adquirente nos contratos estipulados para exploração do estabelecimento, se não tiverem caráter pessoal, podendo os terceiros rescindir o contrato em noventa dias a contar da publicação da transferência, se ocorrer justa causa, ressalvada, neste caso, a responsabilidade do alienante (art. 1.148, CC).
- **Espécies de nome empresarial**: "considera-se nome empresarial a **firma** ou a **denominação** adotada, de conformidade com este Capítulo, para o exercício de empresa" (art. 1.155, CC). A firma é formada por um nome civil (do empresário ou dos sócios da sociedade), podendo, ainda, ser indicado o ramo de atividade, nos termos do art. 1.156, parte final, CC. A denominação é formada por uma expressão qualquer e a indicação do ramo de atividade, isto é, do objeto social (arts. 1.158, § 2º; 1.160 e 1.161, do CC).
- Lei nº 14.195/2021 previu que não mais é obrigatória a designação do objeto social na sociedade anônima e na sociedade em comandita por ações: Art. 1.160. A sociedade anônima opera sob denominação, integrada pelas expressões 'sociedade anônima' ou 'companhia', por extenso ou abreviadamente, facultada a designação do objeto social. Art. 1.161. A sociedade em comandita por ações pode, em lugar de firma, adotar denominação aditada da expressão "comandita por ações", facultada a designação do objeto social.
- **Proteção do ponto comercial objeto de locação** (Lei nº 8.245/91). A atividade empresarial acresce valor econômico ao ponto comercial, necessitando, pois, de proteção. A ação renovatória tem a finalidade de proteger o estabelecimento, concedendo ao empresário o direito de obter renovação compulsória do contrato de locação, preenchidos os requisitos estabelecidos pela lei (art. 51), quais sejam: a) o contrato deve ter sido realizado por escrito e com prazo determinado; b) o prazo mínimo do contrato a renovar ou a soma dos prazos ininterruptos dos contratos celebrados deve ser de 5 anos e c) o locatário esteja explorando seu comércio, no mesmo ramo, pelo prazo mínimo e ininterrupto de três anos. A lei estendeu a proteção do ponto comercial aos cessionários ou sucessores da locação (art. 51, § 1º). A ação renovatória deverá ser proposta no interregno de um ano, no máximo, até seis meses, no mínimo, anteriores à data da finalização do prazo do contrato em vigor (art. 51, § 5º). A legitimidade ativa é do locatário do imóvel.
- Entretanto, a Lei nº 8.245/91 enumerou algumas situações em que a renovação do contrato de locação não será obrigatória: **a)** por determinação do Poder Público, tiver que realizar no imóvel obras que importarem na sua radical transformação; ou para fazer modificações de tal natureza que aumente o valor do negócio ou da propriedade (art. 52, I); **b)** o imóvel vier a ser utilizado por ele próprio ou para transferência de fundo de comércio existente há mais de um ano, sendo detentor da maioria do capital o locador, seu cônjuge, ascendente ou descendente, ressalvando que nessa hipótese, o imóvel não poderá ser destinado ao uso do mesmo ramo do locatário, salvo se a locação também envolvia o fundo de comércio, com as instalações e pertence (art. 52, II); **c)** se a proposta de renovação pelo locatário for insuficiente, abaixo do valor real do imóvel no mercado (art. 72, II); d) se existir proposta de terceiro com melhores condições que aquela do atual locatário com direito à renovação, tendo, todavia, o locatário a oportunidade de cobrir a oferta (art. 72, III).

4.4.2. SOCIEDADES EMPRESARIAIS

- A sociedade é constituída pela celebração de um contrato entre duas ou mais pessoas que reciprocamente se obrigam a contribuir, com bens ou serviços, para o exercício de atividade econômica e a partilha, entre si, dos resultados (art. 981, CC). Não se admite, pois, a entrada de sócio que apenas preste serviços a empresa.
- Características das sociedades empresariais: a) adquirem a personalidade jurídica com o registro do contrato social ou do estatuto social; b) nome empresarial regido pelos princípios da veracidade (deve expressar o ramo de atividade e a responsabilidade dos sócios), da novidade (nome empresarial diverso dos já existentes) e da exclusividade (art. 1.155, CC); c) pessoa jurídica distinta da dos sócios; d) pode ser sociedade de pessoas ou de capital; e) pode ser estrangeira ou brasileira; f) responsabilidade subsidiária dos sócios.
- **Sociedades contratuais x institucionais**: as sociedades empresariais regidas pelo Código Civil são denominadas de sociedades contratuais enquanto as regidas pela Lei nº 6.404/76 são as chamadas institucionais.

- **Sociedades de pessoas x capital:** Segundo Fábio Ulhôa Coelho, as sociedades de pessoas são aquelas em que a realização do objeto social depende mais dos atributos individuais dos sócios que da contribuição material que eles dão. As de capital são as sociedades em que essa contribuição material é mais importante que as características subjetivas dos sócios. A natureza da sociedade importa diferenças no tocante à alienação da participação societária (quotas ou ações), à sua penhorabilidade por dívida particular do sócio e à questão da sucessão por morte (ULHOA, Fabio).

Sociedades Personificadas		Sociedades não personificadas	
Simples	**Empresariais**	**Comum**	**Conta de Participação**
▸ Profissional Liberal ▸ Cooperativa ▸ Sociedade Simples Ltda.	▸ Nome Coletivo ▸ Limitada ▸ Comandita Simples ▸ Comandita por Ações ▸ Sociedade por Ações	–	–

4.4.3. ESPÉCIES DE SOCIEDADES

4.4.3.1. SOCIEDADE EM COMUM (ARTS. 986 A 990, CC)

- São aquelas que não possuem personalidade jurídica nem nome empresarial.
- A doutrina diferencia a **sociedade irregular** – que é aquela que possui um ato constitutivo, mas que não foi registrado, de **sociedade de fato** – aquela que, inobstante desempenhe atividade empresarial, não possui um contrato ou estatuto social.
- Estabelece o art. 987, CC: "Os sócios, nas relações entre si ou com terceiros, somente por escrito podem provar a existência da sociedade, mas os terceiros podem prová-la de qualquer modo". Os sócios são titulares em comum dos bens e dívidas sociais. Ademais, os sócios respondem solidária e ilimitadamente pelas obrigações sociais, excluído do benefício de ordem, previsto no art. 1.024, aquele que contratou pela sociedade.

4.4.3.2. SOCIEDADE EM CONTA DE PARTICIPAÇÃO (ARTS. 991 A 996, CC)

- É a sociedade não personificada, mas que existe por meio de um contrato celebrado entre os sócios. São sociedades de natureza secreta, não sendo, portanto, registradas no órgão competente.
- Verificam-se, nessa sociedade, duas espécies de sócios: o **ostensivo** – em nome do qual são realizados os negócios, em seu nome individual e sob sua responsabilidade, que será ilimitada pelas obrigações assumidas; e o **participativo** (ou oculto) – que não aparece perante terceiros, respondendo, somente, perante o sócio ostensivo.

4.4.3.3. SOCIEDADE SIMPLES (ARTS. 997 A 1.038, CC)

- É a sociedade que tem por objeto o exercício de atividade econômica não empresarial. Como exemplo, podemos citar as sociedades formadas por profissionais intelectuais, tais como médicos, engenheiros, músicos, etc. Outro exemplo é a sociedade cujo objeto social constitui o exercício de atividade econômica rural, desde que seus sócios optem pelo registro no Cartório, e não na Junta Comercial (art. 984, CC).
- Não obstante a Sociedade Simples exerça atividade econômica e possua finalidade lucrativa, não poderá explorar atividade empresarial, já que nesse caso a sociedade seria empresária.
- A sociedade simples pode ser organizada de várias formas, conforme preceitua o art. 983 do Código Civil: "a sociedade empresária deve constituir-se segundo um dos tipos regulados nos arts. 1.039 a 1.092; a sociedade simples pode constituir-se de conformidade com um desses tipos, e, não o fazendo, subordina-se às normas que lhe são próprias".
- Esse tipo societário é constituído por meio de contrato escrito, que deve ser registrado no Cartório de Registro Civil das Pessoas Jurídicas, conforme disposto no art. 1.150, do CC. Esse contrato deverá conter no mínimo: a qualificação dos sócios, denominação, objeto, sede e prazo da sociedade, capital, quota de cada sócio, as prestações a que se obriga o sócio cuja contribuição consista em serviços, quem administrará a sociedade e quais seus poderes e atribuições, a participação de cada sócio nos resultados e se os sócios respondem, ou não, subsidiariamente, pelas obrigações sociais. Ademais, o art. 998, do CC, estabeleceu o prazo de trinta dias subsequentes à sua constituição para que a sociedade requeira a inscrição do contrato social no Registro Civil das Pessoas Jurídicas do local de sua sede.
- No tocante ao nome empresarial, o Enunciado 213 do CJF definiu que: "o art. 997, inc. II, não exclui a

possibilidade de sociedade simples utilizar firma ou razão social".

- Diferencia-se a Sociedade Simples da Empresária no que tange à subscrição e integralização do capital social: segundo o Enunciado 206 do CJF: "a contribuição do sócio exclusivamente em prestação de serviços é permitida nas sociedades cooperativas (art. 1.094, I) e nas sociedades simples propriamente ditas (art. 983, 2.ª parte)".
- Prescreve o art. 1.022, CC: "A sociedade adquire direitos, assume obrigações e procede judicialmente, por meio de administradores com poderes especiais, ou, não os havendo, por intermédio de qualquer administrador". "Embora a sociedade seja uma pessoa jurídica, ente ao qual o ordenamento confere personalidade e, consequentemente, capacidade de ser sujeito de direitos e deveres, ela não possui vontade. Sendo assim, as sociedades atuam por intermédio de seus respectivos administradores, que são os seus legítimos representantes legais (para os adeptos da teoria da representação); ou, como preferem alguns, seus representantes legais (para os adeptos da teoria orgânica)" (RAMOS, André Luiz Santa Cruz. Direito empresarial esquematizado – 4. ed. rev., atual. e ampl. – Rio de Janeiro: Forense; São Paulo: MÉTODO, 2014).
- O art. 1.023, do CC, estabelece a responsabilidade dos sócios na hipótese de os bens sociais não serem suficientes para saldar o passivo da sociedade: "se os bens da sociedade não lhe cobrirem as dívidas, respondem os sócios pelo saldo, na proporção em que participem das perdas sociais, salvo cláusula de responsabilidade solidária". Primeiramente, executam-se os bens da sociedade. Na hipótese destes não serem suficientes para saldar as dívidas, serão executados os bens particulares dos sócios.

4.4.3.4. SOCIEDADE EM NOME COLETIVO (ARTS. 1.039 A 1.044, CC)

- É a sociedade de pessoas na qual todos os sócios respondem solidária e ilimitadamente, pelas obrigações sociais (art. 1.039, CC). Ademais, somente pessoas físicas podem tomar parte na sociedade em nome coletivo.
- O nome da sociedade se dará por meio de firma ou razão social, composta pelo nome pessoal de um ou mais sócios adicionados do termo "& Cia.".

4.4.3.5. SOCIEDADE EM COMANDITA SIMPLES (ARTS. 1.045 A 1.051, CC)

- É sociedade de pessoas composta pelos sócios comanditados que entram com o capital e o trabalho, assumem a gerência da empresa e respondem ilimitadamente pelas obrigações sociais e pelos sócios comanditários, que respondem apenas pela integralização das cotas adquiridas, no limite de suas cotas.
- O nome será por firma ou razão social, composto apenas dos nomes dos sócios comanditados.

4.4.3.6. SOCIEDADE LIMITADA (ARTS. 1.052 A 1.087, CC)

- Poderá ser de pessoas – quando o contrato social contemplar cláusula que condicione a cessão de cotas sociais à anuência dos demais cotistas; ou de capital. Na omissão do contrato, o sócio pode ceder sua quota, total ou parcialmente, a quem seja sócio, independentemente de audiência dos outros, ou a estranho, se não houver oposição de titulares de mais de um quarto do capital social.
- Essa sociedade pode utilizar como nome empresarial a firma ou denominação, seguida do ramo de atividade e da terminação "LTDA". A inutilização desse termo gera a responsabilidade solidária e ilimitada dos administradores (art. 1.158, § 3º, CC).
- A responsabilidade de cada sócio é restrita ao valor de suas quotas, mas todos respondem solidariamente pela integralização do capital social (art. 1.052, CC). Urge mencionar que a responsabilidade dos sócios é limitada, enquanto a da sociedade é ilimitada.
- A MP 881/2019 alterou o parágrafo único estabelecendo que a "sociedade limitada pode ser constituída por uma ou mais pessoas, hipótese em que se aplicarão ao documento de constituição do sócio único, no que couber, as disposições sobre o contrato social". Trata-se, segundo a doutrina, da criação da sociedade limitada unipessoal.
- Ademais, a Lei nº 13.792 alterou o quórum para destituição de sócio nomeado administrador no contrato, pela aprovação de titulares de quotas correspondentes a mais da metade do capital social (art. 1.063, § 1º).
- A Lei nº 13.792 alterou a redação do parágrafo único do art. 1.085, dispondo que "Ressalvado o caso em que haja apenas dois sócios na sociedade, a exclusão de um sócio somente poderá ser determinada em reunião ou assembleia especialmente convocada para esse fim, ciente o acusado em tempo hábil para permitir seu comparecimento e o exercício do direito de defesa".

4.4.3.7. SOCIEDADE ANÔNIMA OU COMPANHIA (ARTS. 1.088 E 1.089, CC E LEI Nº 6.404/76)

- São sociedades empresariais de capital, regidas pela Lei nº 6.404/76, cujo capital é dividido em ações, que são livremente negociáveis, podendo ser abertas ou fechadas, dependendo se as ações são ou não negociáveis em bolsa de valores ou em mercado de balcão.

- O nome empresarial é constituído por denominação seguido por S.A. (no caso de Sociedade Anônima) ou por Cia. (no caso de Companhia), conforme previsto no art. 3º, da Lei nº 6.404/76).
- Pode ser constituída por meio de Subscrição Pública – quando for necessária a captação de investimentos externos para complementar o capital social, ou Particular – quando não houver necessidade de captação externa, tendo em vista que os próprios fundadores são capazes de disponibilizar o capital necessário.
- As ações são títulos emitidos pela S.A. e correspondem a unidades do capital social, conferindo aos seus titulares direitos e deveres. Os valores das ações podem ser: nominal – quando corresponder a divisão do capital social pelo número de ações; negocial – relativo ao preço de mercado da ação ou patrimonial – que representa o valor da participação do acionista no patrimônio líquido da empresa.
- Classificação das ações quanto a sua natureza: ordinárias ou comuns (art. 16, da Lei 6474/76) – conferem além dos direitos comuns dos sócios, o direito de voto; preferenciais – conferem privilégios econômicos aos titulares, como a distribuição de dividendos; de gozo ou fruição – aquelas emitidas para substituir outras ações emitidas pela empresa.
- São direitos comuns aos acionistas (art. 109): participar dos lucros sociais; participar do acervo da companhia, em caso de liquidação; fiscalizar, na forma prevista nesta Lei, a gestão dos negócios sociais; preferência para a subscrição de ações, partes beneficiárias conversíveis em ações, debêntures conversíveis em ações e bônus de subscrição, observado o disposto nos artigos 171 e 172; retirar-se da sociedade nos casos previstos nesta Lei.
- Valores mobiliários: são títulos de investimento emitidos pela S.A. com o intuito de captação de recursos. Espécies: debêntures – é um título que confere a seu detentor um direito de crédito contra a companhia emissora; partes beneficiárias – conferem ao seu titular direito de crédito contra a sociedade anônima emissora, consistindo numa participação nos lucros desta em até 10%; bônus de subscrição – são títulos negociáveis emitidos por sociedades por ações, que conferem aos seus titulares o direito de subscrever ações do capital social da companhia, dentro do limite de capital autorizado no estatuto.

4.4.3.8. SOCIEDADE EM COMANDITA POR AÇÕES (ARTS. 1.090 A 1.092, CC E LEI Nº 6.404/76)

- É à sociedade que se aplicam todas as normas relativas às sociedades anônimas, salvo o disposto nos arts. 280 a 284 da Lei nº 6404/76. O acionista diretor responde ilimitadamente pelas obrigações da sociedade. Tem como nome empresarial a firma com o nome do acionista diretor ou denominação, ambas seguidas do termo "comandita por ações".

4.4.4. ALTERAÇÕES NAS ESTRUTURAS DAS SOCIEDADES

- **Transformação** (art. 220, Lei nº 6.474/76): "é a operação pela qual a sociedade passa, independentemente de dissolução e liquidação, de um tipo para outro".
- **Incorporação** (art. 226, Lei nº 6.474/76): "é a operação pela qual uma ou mais sociedades são absorvidas por outra, que lhes sucede em todos os direitos e obrigações".
- **Fusão** (art. 228, Lei nº 6.474/76): "é a operação pela qual se unem duas ou mais sociedades para formar sociedade nova, que lhes sucederá em todos os direitos e obrigações".
- **Cisão** (art. 229, Lei nº 6.474/76): "é a operação pela qual a companhia transfere parcelas do seu patrimônio para uma ou mais sociedades, constituídas para esse fim ou já existentes, extinguindo-se a companhia cindida, se houver versão de todo o seu patrimônio, ou dividindo-se o seu capital, se parcial a versão".

4.4.5. TÍTULOS DE CRÉDITO

- CC, arts. 887 a 926
- NCPC, arts. 783 a 785
- Lei Uniforme – Decreto nº 57.663/66
- Duplicatas – Lei nº 5.474/68
- Cheques – Lei nº 7.357/85
- Protesto de títulos – Lei nº 9.492/97

- **Conceito** (art. 887, CC): "documento necessário ao exercício do direito literal e autônomo nele contido, somente produz efeito quando preencha os requisitos da lei".
- Principais aspectos dos títulos de crédito: refere-se unicamente a operações creditícias, não se documentando em um título de crédito nenhuma outra obrigação de dar, fazer ou não fazer; o título de crédito possibilita facilidade na cobrança em juízo. Tratando-se de título executivo extrajudicial (art. 784, I NCPC), a cobrança judicial inicia-se na execução, suprimindo-se a fase de conhecimento, isto é, não é necessário provar a existência do direito; o *atributo da negociabilidade, da facilidade da circulação do crédito documentado.*
- **Princípio da Cartularidade**: é o papel, o documento que representa a transação. Só será credor aquele que estiver portando o documento em sua via original. A *exceção* fica por conta da duplicata, que pode ser negociada sem sua existência física.

- **Princípio da Literalidade:** é o princípio através do qual só gera efeitos cambiais o que está escrito no título de crédito.
- **Princípio da Autonomia:** os vícios que comprometem a validade de uma relação jurídica, documentada em título de crédito, não se estendem às demais relações abrangidas no mesmo documento.

4.4.5.1. CLASSIFICAÇÃO DOS TÍTULOS DE CRÉDITO

- ***Quanto ao modelo:***
  a) *Livres* – a forma não precisa observar requisitos estabelecidos em lei. Basta, apenas, que preencha os requisitos mínimos para que o documento seja considerado um título de crédito, como ocorre com a letra de câmbio e com a nota promissória.
  b) *Vinculados* – somente são considerados válidos e produzem os efeitos cambiais os documentos que observem os requisitos estabelecidos em lei (a forma), como é o caso do cheque e da duplicata.
- ***Quanto à estrutura:***
  a) *Ordem de pagamento* – as ordens de pagamento geram, no momento do saque, três situações distintas: a do sacador, que ordenou a realização do pagamento; a do sacado, para quem a ordem foi dirigida; e a do tomador, que é o beneficiário da ordem. Para elucidar essa situação, basta visualizar o cheque: quando de sua emissão, o sacador ordena a realização do pagamento pelo sacado, no caso o banco, cujo beneficiário será o tomador.
  b) *Promessa de pagamento* – há duas situações jurídicas: a do promitente, que assume a obrigação de pagar, e a do beneficiário da promessa, como ocorre com a nota promissória.
- ***Quanto à natureza ou hipóteses de emissão:***
  a) *Causais* – são aqueles que somente podem ser emitidos se ocorrer o fato que a lei elegeu como causa possível para sua emissão, como ocorre com a duplicata mercantil.
  b) *Abstratos (não causais)* – são aqueles que podem ser criados por qualquer causa.
- ***Quanto à circulação:***

Há três categorias. A diferença entre elas reside no ato que opera a circulação do crédito:

a) **ao portador** – não identificam o seu credor, sendo, assim, transmissíveis pela mera tradição (art. 904, CC);

b) **nominal** – que identifica o seu titular (credor) e podem ser **b1) à ordem** – que circulam mediante o endosso, que pode ser entendido como a simples assinatura do credor do título lançado no seu verso ou no anverso, caso em que é obrigatória a identificação do ato cambiário praticado; **b2) nominal não à ordem** – que circulam com a tradição acompanhada de cessão civil de crédito; e

c) **nominativos** – que à luz do art. 921, do CC, são aqueles emitidos em favor de pessoa determinada, cujo nome consta de registro específico mantido pelo emitente do título. A transferência, pois, só se opera "mediante termo, em registro do emitente, assinado pelo proprietário e pelo adquirente" (art. 922, CC).

4.4.5.2. ENDOSSO

- O **endosso** pode ser entendido como *"o ato cambiário que opera a transferência do crédito representado por título "à ordem"* (COELHO, Fábio Ulhoa. Manual de Direito Comercial: Direito de Empresa. 22. Ed. São Paulo: Saraiva, 2010. pg. 251).
- Não se pode olvidar que a alienação fica condicionada à tradição do título, conforme o princípio da cartularidade. E mais, o alienante do crédito é chamado de endossante ou endossador, enquanto que o adquirente é denominado endossatário. Frise-se que não há qualquer limite para o número de endossos de um título de crédito.
- Vale ressaltar que o endosso produz em regra dois efeitos: *a) transfere a titularidade do crédito representado na letra, do endossante para o endossatário; b) vincula o endossante ao pagamento do título, na qualidade de coobrigado* (LU, art. 15). Todavia, há endossos que não produz esses efeitos.

4.4.5.3. AVAL

- O aval pode ser conceituado como um ato cambial garantidor, em que uma pessoa, denominada avalista, garante o pagamento do título em favor do devedor principal ou de um coobrigado. O devedor, nesse caso, é chamado de avalizado. O aval resulta da assinatura do avalista no anverso do título através de expressão equivalente "por aval". Há a possibilidade de assinatura do verso do título, porém deve-se identificar esse ato.

4.4.5.4. VENCIMENTO

- No tocante ao vencimento do título, este pode ser conceituado como "o ato ou fato jurídico predeterminado por lei como necessário a tornar o crédito cambiário exigível" (COELHO, Fábio Ulhoa. *Manual de Direito Comercial*: Direito de Empresa. 22. Ed. São Paulo: Saraiva, 2010. pg. 26).

4.4.5.5. PROTESTO

- A falta de aceite, de data do aceite ou de pagamento de uma letra de câmbio deve ser provada por protesto cambial, que é ato formal de responsabilidade do portador do título.

4.4.5.6. AÇÃO CAMBIAL

- No caso do inadimplemento do título em seu vencimento, o beneficiário poderá promover a execução judicial de seu crédito contra o devedor cambial, desde que exigível o crédito cambiário.
- O art. 784, I, NCPC, definiu a letra de câmbio, a nota promissória, o cheque e a duplicata como sendo um título executivo extrajudicial.

4.4.5.7. PRAZO PRESCRICIONAL

- Nos termos do art. 70, da LU, o prazo prescricional da letra de câmbio é:
  a) em 3 anos, a contar do vencimento, para o exercício do direito de crédito contra o devedor principal e seu avalista;
  b) em 1 ano, a contar do protesto, para o exercício do direito de crédito contra os coobrigados, isto é, contra o sacador, endossantes e avalistas; e
  c) em 6 meses, a contar do pagamento ou do ajuizamento da ação cambial, para o exercício de regresso por qualquer dos coobrigados.
- Nos termos do art. 59, da Lei nº 7.357/85, o prazo prescricional do cheque é de seis meses, contados do término do prazo de apresentação a pagamento. O direito de regresso de um obrigado ao pagamento do cheque contra outro prescreve em 6 (seis) meses, contados do dia em que o obrigado pagou o cheque ou do dia em que foi demandado (parágrafo único, da referida lei). Após o decurso do prazo prescricional do cheque, cabe ação com fundamento no locupletamento ilícito, no prazo de dois anos. Importante lembrar que a emissão de cheque sem fundos é tipificada como crime de fraude por pagamento de cheques, conforme previsto no art. 171, § 2º, inciso VI, do Código Penal.

4.5. DO DIREITO DAS COISAS

- O Código Civil divide o direito das coisas em posse e direitos reais.

4.5.1. DA POSSE

- O nosso ordenamento jurídico protege não só a posse derivada de um título, mas também aquela independente, autônoma. Esse direito é o denominado *jus possessionis*. O Código Civil pátrio adotou a teoria **objetiva** de Ihering em que se considera como possuidor aquele que se comporta como proprietário, exercendo alguns dos poderes que lhes são inerentes (art. 1.196, CC). Não é necessário, pois, a averiguação da intenção do agente. Contudo, não basta somente o contato físico com a coisa, mas sim a conduta de dono.

Espécies					
Posse direta	**Posse indireta**	**Posse justa**	**Posse Injusta**	**Posse de boa-fé**	**Posse de má-fé**
É a daquele que tem a coisa em seu poder, em virtude de contrato.	É a daquele que cede o uso do bem.	É a não violenta, clandestina ou precária (art. 1.200).	É a adquirida com vício, não deixando, contudo, de ser posse.	Quando o possuidor ignora o vício, ou o obstáculo que impede a aquisição da coisa (art. 1.201).	É aquela em que o possuidor tem conhecimento dos vícios na aquisição da posse.

- **Aquisição da posse**: adquire-se a posse a partir do momento em que é possível o seu exercício, pleno ou não, de algum dos poderes inerentes à propriedade (art. 1.196, CC). Exemplos: apreensão, o constituto possessório, tradição, etc.
- **Perda da posse**: "perde-se a posse quando cessa, embora contra a vontade do possuidor, o poder sobre o bem, ao qual se refere o art. 1.196" (art. 1.223, CC). Exemplos: abandono, tradição, constituto possessório, *traditio brevi manu*, etc.
- **Efeitos da posse**: "O possuidor turbado, ou esbulhado, poderá manter-se ou restituir-se por sua própria força, contanto que o faça logo; os atos de defesa, ou de desforço, não podem ir além do indispensável à manutenção, ou restituição da posse" (art. 1.210, § 1º, CC). Um dos efeitos da posse, senão o principal, é o direito de proteção desta pelo possuidor. Os meios de defesa da posse são: as **ações possessórias** (manutenção e reintegração da posse), **interditos possessórios** e a **autodefesa** (legítima defesa e pelo desforço imediato). Há ainda outros efeitos, como a percepção dos frutos; a indenização pelas benfeitorias e o direito de retenção, a usucapião e a responsabilidade pela perda ou deterioração da coisa.
- **Legítima defesa e desforço imediato**: a legítima defesa está relacionada à turbação e o desforço imediato ao esbulho. Segundo lição do ilustre Carlos Roberto Gonçalves: "a legítima defesa não se confunde com o desforço imediato. Este ocorre quando o possuidor, já tendo perdido a posse (esbulho), consegue reagir, em seguida, e retomar a coisa. A primeira somente tem lugar enquanto a turbação perdurar, estando o possuidor na posse da coisa. O desforço imediato é praticado diante do atentado já consumado, mas ainda no calor dos

acontecimentos". (GONÇALVES, Carlos Roberto. Direito civil esquematizado, volume I – São Paulo: Saraiva, 2011). Ademais, deve haver proporcionalidade na reação, não podendo ir além do indispensável à manutenção, ou restituição da posse.

- **Turbação e esbulho**: ocorre a primeira quando há a obstrução do exercício da posse pelo possuidor. A segunda, por sua vez, quando houver a perda da posse, resultante de violência, clandestinidade ou precariedade.
- **Manutenção e reintegração de posse**: é cabível a primeira ação na hipótese de turbação, em que o possuidor continua na posse dos bens. Já a segunda é cabível quando o possuidor não mais possui o bem, em decorrência do esbulho.
- Como visto, o conceito de possuidor destacado pelo nosso código é amplo, sendo, assim, necessário o legislador dispor os casos em que esse exercício configura detenção e não posse, conforme se observa a partir da leitura do art. 1.198: "considera-se detentor aquele que, achando-se em relação de dependência para com outro, conserva a posse em nome deste e em cumprimento de ordens ou instruções suas".
- **Detenção**: de acordo com o Código Civil, há três hipóteses de detenção: os flâmulos ou servidores da posse; os permissionários e os possuidores clandestinos, violentos ou precários. Portanto, considera-se detenção atos de permissionários (mera permissão ou tolerância). Na permissão, o consentimento é expresso, podendo ser escrita ou comprovada por prova testemunhal, enquanto que na tolerância a autorização é tácita, caso em que o proprietário ou o possuidor não toma as devidas providencias no sentido de retomar a coisa. Conforme descrito, enquanto não cessados os atos de violência e clandestinidade, não há que se falar em posse, mas sim em detenção. Cessados, surge a posse denominada injusta. Ressalta-se que a posse injusta não deixa de ser posse, pois somente é injusta em relação ao legítimo possuidor. Desse modo, será justa quanto aos demais, sendo suscetível de proteção. A clandestinidade está relacionada ao ato ser realizado às escondidas, como no caso do furto, enquanto que a violenta é a decorrente de meios violentos para a sua obtenção, como no roubo.
- **Posse x detenção**: na primeira o possuidor exerce o poder em virtude de interesse próprio e na detenção o detentor o exerce no interesse de terceiros. Exemplo de detenção é a do caseiro, que zela pela propriedade em nome do dono. Outra diferença entre posse e detenção está relacionada ao fato de que somente a posse gera efeitos jurídicos, relacionados à proteção possessória. Não induzem a posse, ainda, os atos de mera permissão ou tolerância (art. 1208, CC).
- ***Traditio brevi manu:*** configura-se quando o possuidor de uma coisa em nome alheio passa a possuí-la como própria.
- **Constituto possessório** (*constituti*): altera-se a titularidade na posse, de maneira que aquele que possuía em nome próprio, passa a possuir em nome alheio.
- A posse transmite-se aos herdeiros ou legatários do possuidor com os mesmos caracteres (art. 1206, CC). Na *sucessio possessionis* a posse é contínua, enquanto que na *acessio possessionis* há a faculdade de unir a posse (art. 1207, CC).

4.5.2. DOS DIREITOS REAIS

- O direito real pode ser entendido como sendo um poder jurídico do titular sobre a coisa, com exclusividade e que pode ser oposto contra todos. Verificam-se, assim, os seguintes elementos: o sujeito ativo, a coisa e a relação ou poder entre aquele sobre esta, o chamado domínio. Os direitos reais estão enumerados taxativamente no art. 1.225, do CC, quais sejam: a propriedade; a superfície; as servidões; o usufruto; o uso; a habitação; o direito do promitente comprador do imóvel; o penhor; a hipoteca; a anticrese, a concessão de uso especial para fins de moradia; e a concessão de direito real de uso (Lei nº 13.465/2017) e laje (Lei nº 13.465/2017).
- A propriedade é o direito real mais completo, pois confere ao titular os poderes de usar, gozar, dispor e de reavê-la do poder de quem quer que injustamente a possua ou detenha (art. 1228, CC). Tais poderes conferidos aos proprietários não são absolutos, tendo em vista limites impostos à propriedade. O Código Civil prescreve, no artigo 1.228, § 1º, a **função social da propriedade**, que é objeto de previsão constitucional (art. 5º, XXII e XXIII e artigo 170, III, CF). Ademais, estabelece no art. 1228, § 2º, CC que: "São defesos os atos que não trazem ao proprietário qualquer comodidade, ou utilidade, e sejam animados pela intenção de prejudicar outrem".
- **Elementos**: direito de usar, gozar, dispor e reaver a coisa.
- **Modos de aquisição**: pela usucapião (art. 1238 a 1244, CC), pelo Registro do Título (art. 1245 a 1247, CC), pela acessão (art. 1248 a 1259, CC), e pelo direito hereditário (art. 1784, CC).
- **Transferência do domínio**: pela tradição, se o bem for móvel (art. 1267, CC); pelo registro do título, se for imóvel (art. 1245, CC).
- **Perda da propriedade**: pela alienação, pela renúncia, pelo abandono, pelo perecimento e pela desapropriação.

4.5.3. DA USUCAPIÃO

- A usucapião, também denominada de prescrição aquisitiva, é modo originário de aquisição de propriedade pela posse prolongada no tempo juntamente com a observância de alguns requisitos. Verificam-se três espécies de usucapião de bens imóveis, quais sejam: a extraordinária, a ordinária e a especial (ou constitucional), sendo esta dividida em rural (pro labore) e urbana (pró-moradia).
- A **usucapião extraordinária** está prevista no art. 1.238 do Código Civil e tem como requisitos: a posse por quinze anos, exercida com ânimo de dono, de forma contínua, mansa e pacífica. Vale ressaltar que poderá na usucapião extraordinária a posse ser reduzida para 10 anos caso o possuidor houver estabelecido no imóvel a sua moradia habitual ou nele realizado obras ou serviços de caráter produtivo, a denominada posse-trabalho, reflexo da função social da propriedade (parágrafo único, art. 1.238, CC). Em ambos os casos é dispensado o requisito do justo título e da boa-fé.
- A **usucapião ordinária** está disciplinada no art. 1.242 e seus requisitos são: a posse por dez anos, exercida com ânimo de dono, de forma contínua, mansa e pacífica, além de justo título e boa-fé. O prazo será de cinco anos "se o imóvel houver sido adquirido, onerosamente, com base no registro constante do respectivo cartório, cancelada posteriormente, desde que os possuidores nele tiverem estabelecido a sua moradia, ou realizado investimentos de interesse social e econômico" (parágrafo único, art. 1.242).
- **Usucapião extraordinária x usucapião ordinária**: não se deve confundir a usucapião extraordinária, cujo prazo é reduzido para dez anos, com a ordinária. Diversamente da usucapião ordinária, na usucapião extraordinária, não há que se falar em justo título e boa-fé. Outro traço diferenciador refere-se ao requisito de moradia habitual ou a realização de obras ou serviços de caráter produtivo na usucapião extraordinária.
- A **usucapião especial rural** está prevista no art. 191, da Constituição Federal de 1988 e seus requisitos são: não ser proprietário de imóvel rural ou urbano, ter a posse por cinco anos ininterruptos, com ânimo de dono, sem oposição, em área de terra, em zona rural, não superior a cinquenta hectares, tornando-a produtiva por seu trabalho ou de sua família, tendo nela sua moradia.
- A **usucapião especial urbana** está positivada no art. 183, da Constituição Federal de 1988 e seus requisitos são: não ser proprietário de imóvel rural ou urbano, possuir como sua área urbana de até duzentos e cinquenta metros quadrados, por cinco anos, ininterruptamente e sem oposição, utilizando-a para sua moradia ou de sua família.

4.5.4. DA AQUISIÇÃO POR ACESSÃO

- A acessão é modo originário de aquisição da propriedade e está relacionada ao princípio segundo o qual o acessório segue o principal. Assim, tudo o que se incorpora a um bem pertence ao seu proprietário. Pode ocorrer a acessão: pela formação de ilhas, aluvião, avulsão, abandono de álveo e plantações ou construções (CC, art. 1.248). Salvo a acessão por plantações ou construções, que também é denominada acessão industrial, as demais são acessões físicas ou naturais, por resultarem de fenômenos naturais.
- A acessão por **formação de ilhas** ocorre pelo acúmulo de materiais levados pela correnteza e depende da sua posição no leito dos rios (art. 1.249, CC). Ressalta-se que somente interessa ao direito civil as ilhas surgidas nos rios não navegáveis, visto se tratar de propriedade particular.
- A acessão por **aluvião** corresponde ao aumento insensível que o rio anexa às terras, cujo acréscimo pertence aos donos dos terrenos marginais que não são obrigados a pagar indenização ao prejudicado (art. 1250, CC). Classifica-se a aluvião em própria pelos acréscimos formados, sucessiva e imperceptivelmente, por depósitos e aterros naturais ao longo das margens das correntes (art. 1550, 1º parte, do CC), ou aluvião imprópria, pelos acréscimos formados, sucessiva e imperceptivelmente, pelo desvio das águas (art. 1550, 2º parte, do CC). Assim, a aluvião imprópria é o acréscimo que decorre do afastamento das águas, quando, p. ex., o rico seca. Vale ressaltar que apenas parte do leito se descobre.
- A acessão por **avulsão** ocorre quando a força súbita da corrente arranca uma parte considerável de um prédio, arrojando-a sobre outro. Ademais, a avulsão não ocorre somente pela força de corrente como por qualquer força natural e violenta (art. 1251, CC). Com efeito, o acréscimo pertence ao dono da coisa principal. A reclamação do proprietário do prédio desfalcado dentro do prazo decadencial de um ano enseja o pagamento de indenização por parte do dono do prédio acrescido, caso este não queira devolver a parte acrescida. Portanto, a opção de remocar a parte acrescida ou de indenizar cabe ao dono do prédio acrescido (art. 1.251, CC).
- A acessão por **abandono de álveo** é o abandono do leito de um rio que secou, ficando este descoberto, caso em que passa a pertencer aos proprietários ribeirinhos. Nesse caso, o leito do rio fica totalmente descoberto, tendo em vista o afastamento das águas que abrem um novo curso. Se o rio retornar ao leito antigo, recompor-se-á a situação anterior (art. 1.252, CC). Não se pode confundir o álveo abandonado, em que há total e permanente abandono do antigo leito, com a aluvião imprópria, em que se verifica apenas um desvio no curso das

águas que descobre o álveo. No primeiro, o leito fica totalmente descoberto enquanto que no segundo descobre-se apenas parte.

- A acessão por **plantações ou construções** decorre do comportamento humano, por isso são denominadas acessões artificiais ou industriais. Presume-se que toda construção ou plantação existente em um terreno foi feita pelo proprietário e à sua custa (art. 1.253, CC). Se o proprietário semeia, planta ou edifica em seu próprio terreno, mas com sementes, plantas ou materiais alheios, adquire a propriedade destes, visto que o acessório segue o principal. Todavia, terá de reembolsar o valor do que utilizar, respondendo ainda por perdas e danos se tiver procedido de má-fé (art. 1.254, CC). Caso plante, semeie ou edifique em terreno alheio perde, em proveito do proprietário, as sementes, plantas e construções, mas, estando de boa-fé, tem direito à indenização (CC, art. 1.255). Contudo, se estiver de má-fé, o proprietário terá a opção de obrigá-lo a repor as coisas no estado anterior, retirando a planta ou demolindo a edificação, e a pagar os prejuízos, ou deixar que permaneça, a seu benefício e sem indenização. Caso haja a má-fé de ambas as partes, o proprietário adquire as sementes, plantas e construções, mas é obrigado a ressarcir o valor das acessões (art. 1.256, CC).

4.5.5. DIREITOS REAIS SOBRE COISA ALHEIA

- São espécies dos direitos reais sobre coisa alheia: os direitos reais limitados de gozo ou fruição, os direitos reais de garantia e os direitos reais de aquisição. São direitos reais limitados de gozo ou fruição: enfiteuse, servidões prediais, usufruto, uso, habitação, superfície, concessão de uso especial para fins de moradia e concessão de direito real de uso. São direitos reais de garantia: penhor, hipoteca e anticrese.

4.5.5.1. DO USUFRUTO

- Não há no Código Civil de 2002 o conceito de usufruto. Assim, faz-se mister extrair a definição de usufruto a partir do art. 713, do Código Civil de 1916: "o direito real de fruir as utilidades e frutos de uma coisa, enquanto temporariamente destacado da propriedade". O usufruto, pois, é um direito real que recai sobre coisa alheia, de caráter temporário (art. 1.410, incisos I, II, III e IV, do CC), intransmissível (visto seu caráter *intuitu personae*), inalienável (art. 1.393, primeira parte, do Código Civil), impenhorável, divisível (art. 1.411, CC), oponível *erga omnes* e cuja defesa se faz por meio de ação real.
- O direito de uso e de gozo é transferido ao usufrutuário. No usufruto a propriedade se desmembra entre os seguintes sujeitos: o nu-proprietário, que detém a posse indireta, com a expectativa de reaver o bem, momento em que estarão presentes todos os elementos da propriedade; e o usufrutuário, que detém a posse direta ou o domínio útil da coisa, que se verifica nos direitos de usar e gozar. Diz-se nu-proprietário, pois a propriedade fica nua, desprovida dos direitos essenciais.
- O usufruto pode ser constituído através de: lei (usufruto legal), como no caso dos pais em relação aos filhos menores (art. 1.689, I, CC); de negócio jurídico (usufruto convencional), que decorre de ato de vontade bilateral ou unilateral, *inter vivos* ou *causa mortis*; ou de usucapião, extraordinária ou ordinária. O objeto do usufruto pode ser um ou vários bens, móveis ou imóveis, o patrimônio inteiro ou parcial (art. 1.390, CC).

4.5.6. DIREITOS REAIS DE GARANTIA

- São direitos reais de garantia o penhor, a hipoteca e anticrese.
- **Penhor**: é um direito real que vincula um bem móvel ao pagamento de uma dívida: "constitui-se o penhor pela transferência efetiva da posse que, em garantia do débito ao credor ou a quem o represente, faz o devedor, ou alguém por ele, de uma coisa móvel, suscetível de alienação" (art. 1431, CC).
- **Hipoteca**: é um direito real que vincula um bem imóvel ou equiparado ao pagamento de uma dívida.
- **Anticrese**: é um direito real sobre coisa alheia: "Pode o devedor ou outrem por ele, com a entrega do imóvel ao credor, ceder-lhe o direito de perceber, em compensação da dívida, os frutos e rendimentos" (art. 1506, CC).

4.6. DO DIREITO DE FAMÍLIA

- O casamento estabelece comunhão plena de vida, com base na igualdade de direitos e deveres dos cônjuges (art. 1511, CC).
- **Impedimentos (art. 1521, CC)**: não podem casar: I – os ascendentes com os descendentes, seja o parentesco natural ou civil; II – os afins em linha reta; III – o adotante com quem foi cônjuge do adotado e o adotado com quem o foi do adotante; IV – os irmãos, unilaterais ou bilaterais, e demais colaterais, até o terceiro grau inclusive; V – o adotado com o filho do adotante; VI – as pessoas casadas; VII – o cônjuge sobrevivente com o condenado por homicídio ou tentativa de homicídio contra o seu consorte.
- **Causas suspensivas (art. 1523, CC)**: não podem casar: I – o viúvo ou a viúva que tiver filho do cônjuge falecido, enquanto não fizer inventário dos bens do casal e der partilha aos herdeiros; II – a viúva, ou a mulher cujo casamento se desfez por ser nulo ou ter sido anulado, até dez meses depois do

começo da viuvez, ou da dissolução da sociedade conjugal; III – o divorciado, enquanto não houver sido homologada ou decidida a partilha dos bens do casal; IV – o tutor ou o curador e os seus descendentes, ascendentes, irmãos, cunhados ou sobrinhos, com a pessoa tutelada ou curatelada, enquanto não cessar a tutela ou curatela, e não estiverem saldadas as respectivas contas.

- **Regime de bens (art. 1639 a 1688, CC): a) comunhão parcial de bens (art. 1658, CC)** – comunicam-se os bens que sobrevierem ao casal, na constância do casamento, com as exceções dos artigos seguintes; **b) comunhão universal (art. 1667, CC)** – importa a comunicação de todos os bens presentes e futuros dos cônjuges e suas dívidas passivas, com as exceções do artigo 1668, do CC; **c) participação final nos aquestos (art. 1672, CC)** – cada cônjuge possui patrimônio próprio e lhe cabe, à época da dissolução da sociedade conjugal, direito à metade dos bens adquiridos pelo casal, a título oneroso, na constância do casamento; **d) separação de bens. (art. 1687, CC)** – os bens permanecerão sob a administração exclusiva de cada um dos cônjuges, que os poderá livremente alienar ou gravar de ônus real.

4.7. DO DIREITO DAS SUCESSÕES

- No direito de sucessão, esta pode ser compreendida como a substituição na titularidade de determinados bens, por *causa mortis*. Trata, portanto, da transmissão do patrimônio do de cujus a seus sucessores.
- Abertura da sucessão: "Aberta a sucessão, a herança transmite-se, desde logo, aos herdeiros legítimos e testamentários" (art. 1.784, CC).
- **Espécies**: **legítima** – que decorre de lei (art. 1.788); **testamentária** – disposição de última vontade (art. 1789, CC).
- **Sucessão contratual:** não é admitida pelo ordenamento jurídico pátrio, visto que não pode ser objeto de contrato herança de pessoa viva (art. 426, CC).
- **Espécies de herdeiros: legítimos** – os indicados em lei (art. 1829, CC); **testamentários** – os indicados no testamento; **necessário** (art. 1845, CC); **universal** – herdeiro único.

✦ SÚMULAS APLICÁVEIS

I. STF

1. CÓDIGO CIVIL 2002 – PARTE GERAL

1.1. PESSOA JURÍDICA

- **Súmula nº 73** – "A imunidade das autarquias, implicitamente contida no Art. 31, V, 'a', da Constituição Federal, abrange tributos estaduais e municipais".
- **Súmula nº 501** – "Compete a justiça ordinária estadual o processo e o julgamento, em ambas as instâncias, das causas de acidente do trabalho, ainda que promovidas contra a união, suas autarquias, empresas públicas ou sociedades de economia mista".
- **Súmula nº 583** – "Promitente-comprador de imóvel residencial transcrito em nome de autarquia é contribuinte do imposto predial territorial urbano".
- **Súmula nº 629** – "A impetração de mandado de segurança coletivo por entidade de classe em favor dos associados independe da autorização destes".

1.2. DOMICÍLIO

- **Súmula nº 363** – "A pessoa jurídica de direito privado pode ser demandada no domicílio da agência, ou estabelecimento, em que se praticou o ato".
- **Súmula nº 483** – "É dispensável a prova da necessidade, na retomada do prédio situado em localidade para onde o proprietário pretende transferir residência, salvo se mantiver, também, a anterior, quando dita prova será exigida".

1.3. BENS

- **Súmula nº 340** – "Desde a vigência do Código Civil, os bens dominicais, como os demais bens públicos, não podem ser adquiridos por usucapião".
- **Súmula nº 479** – "As margens dos rios navegáveis são domínio público, insuscetíveis de expropriação e, por isso mesmo, excluídas de indenização".
- **Súmula nº 487** – "Será deferida a posse a quem, evidentemente, tiver o domínio, se com base neste for ela disputada".

1.4. ATOS ILÍCITOS

- **Súmula nº 35** – "Em caso de acidente do trabalho ou de transporte, a concubina tem direito de ser indenizada pela morte do amásio, se entre eles não havia impedimento para o matrimônio".
- **Súmula nº 229** – "A indenização acidentária não exclui a do direito comum, em caso de dolo ou culpa grave do empregador".
- **Súmula nº 491** – "É indenizável o acidente que cause a morte de filho menor, ainda que não exerça trabalho remunerado".
- **Súmula nº 562** – "Na indenização de danos materiais decorrentes de ato ilícito cabe a atualização de seu valor, utilizando-se, para esse fim, dentre outros critérios, os índices de correção monetária".

1.5. PRESCRIÇÃO

- **Súmula nº 149** – "É imprescritível a ação de investigação de paternidade, mas não o é a de petição de herança".

- **Súmula n° 150** – "Prescreve a execução no mesmo prazo de prescrição da ação".
- **Súmula n° 154** – "Simples vistoria não interrompe a prescrição".
- **Súmula n° 383** – "A prescrição em favor da Fazenda Pública recomeça a correr, por dois anos e meio, a partir do ato interruptivo, mas não fica reduzida aquém de cinco anos, embora o titular do direito a interrompa durante a primeira metade do prazo".
- **Súmula n° 443** – "A prescrição das prestações anteriores ao período previsto em lei não ocorre, quando não tiver sido negado, antes daquele prazo, o próprio direito reclamado, ou a situação jurídica de que ele resulta".

1.6. DECADÊNCIA

- **Súmula n° 632** – "É constitucional lei que fixa o prazo de decadência para a impetração de mandado de segurança".

1.7. PROVA

- **Súmula n° 231** – "O revel, em processo civil, pode produzir provas, desde que compareça em tempo oportuno".
- **Súmula n° 259** – "Para produzir efeito em juízo não é necessária a inscrição, no registro público, de documentos de procedência estrangeira, autenticados por via consular".
- **Súmula n° 341** – "É presumida a culpa do patrão ou comitente pelo ato culposo do empregado ou preposto".
- **Súmula n° 420** – "Não se homologa sentença proferida no estrangeiro sem prova do trânsito em julgado".
- **Súmula n° 442** – "A inscrição do contrato de locação no registro de imóveis, para a validade da cláusula de vigência contra o adquirente do imóvel, ou perante terceiros, dispensa a transcrição no registro de títulos e documentos".

2. CÓDIGO CIVIL 2002 – PARTE ESPECIAL

2.1. DIREITO DAS OBRIGAÇÕES

2.1.1. OBRIGAÇÃO DE DAR

- **Súmula n° 500** – "Não cabe a ação cominatória para compelir-se o réu a cumprir obrigação de dar".

2.1.2. JUROS E MORAS

- **Súmula n° 254** – "Incluem-se os juros moratórios na liquidação, embora omisso o pedido inicial ou a condenação".
- **Súmula n° 412** – "No compromisso de compra e venda com cláusula de arrependimento, a devolução do sinal, por quem o deu, ou a sua restituição em dobro, por quem o recebeu, exclui indenização maior a título de perdas e danos, salvo os juros moratórios e os encargos do processo".

2.2. CONTRATOS

2.2.1. COMPRA E VENDA

- **Súmula n° 166** – "É inadmissível o arrependimento no compromisso de compra e venda sujeito ao regime do Dec-Lei 58, de 10.12.1937".
- **Súmula n° 167** – "Não se aplica o regime do Dec-Lei 58, de 10.12.1937, ao compromisso de compra e venda não inscrito no registro imobiliário, salvo se o promitente vendedor se obrigou a efetuar o registro".
- **Súmula n° 168** – "Para os efeitos do Dec-Lei 58, de 10.12.1937, admite-se a inscrição imobiliária do compromisso de compra e venda no curso da ação".
- **Súmula n° 335** – "É válida a cláusula de eleição do foro para os processos oriundos do contrato".
- **Súmula n° 412** – "No compromisso de compra e venda com cláusula de arrependimento, a devolução do sinal, por quem o deu, ou a sua restituição em dobro, por quem o recebeu, exclui indenização maior a título de perdas e danos, salvo os juros moratórios e os encargos do processo".
- **Súmula n° 413** – "O compromisso de compra e venda de imóveis, ainda que não loteados, dá direito a execução compulsória, quando reunidos os requisitos legais".
- **Súmula n° 489** – "A compra e venda de automóvel não prevalece contra terceiros, de boa-fé, se o contrato não foi transcrito no registro de títulos e documentos".

2.2.2. DOAÇÃO

- **Súmula n° 328** – "É legítima a incidência do imposto de transmissão "inter vivos" sobre a doação de imóvel".

2.2.3. COMODATO

- **Súmula n° 573** – "Não constitui fato gerador do imposto de circulação de mercadorias a saída física de máquinas, utensílios e implementos a título de comodato".

2.2.4. MÚTUO

- **Súmula n° 586** – "Incide imposto de renda sobre os juros remetidos para o exterior, com base em contrato de mútuo".

2.2.5. EMPREITADA

- **Súmula n° 334** – "É legítima a cobrança, ao empreiteiro, do imposto de vendas e consignações, sobre o valor dos materiais empregados, quando a empreitada não for apenas de lavor".

2.2.6. TRANSPORTE

- **Súmula n° 161** – "Em contrato de transporte, é inoperante a cláusula de não indenizar".

2.2.7. OUTROS

- **Súmula n° 170** – "É resgatável a enfiteuse instituída anteriormente à vigência do Código Civil".
- **Súmula n° 335** – "É válida a cláusula de eleição do foro para os processos oriundos do contrato".

2.3. RESPONSABILIDADE CIVIL

2.3.1. USO DE ALGEMAS

- **Súmula Vinculante n° 11**: "Só é lícito o uso de algemas em casos de resistência e de fundado receio de fuga ou de perigo à integridade física própria ou alheia, por parte do preso ou de terceiros, justificada a excepcionalidade por escrito, sob pena de responsabilidade disciplinar, civil e penal do agente ou da autoridade e de nulidade da prisão ou do ato processual a que se refere, sem prejuízo da responsabilidade civil do Estado".

2.3.2. CHEQUE FALSO

- **Súmula n° 28** – "O estabelecimento bancário é responsável pelo pagamento de cheque falso, ressalvadas as hipóteses de culpa exclusiva ou concorrente do correntista".

2.3.3. INDENIZAÇÃO – CONTRATO DE TRANSPORTE

- **Súmula n° 35** – "Em caso de acidente do trabalho ou de transporte, a concubina tem direito de ser indenizada pela morte do amásio, se entre eles não havia impedimento para o matrimônio".
- **Súmula n° 161** – "Em contrato de transporte, é inoperante a cláusula de não indenizar".

2.3.4. RESPONSABILIDADE NO TRANSPORTE

- **Súmula n° 187** – "A responsabilidade contratual do transportador, pelo acidente com o passageiro, não é elidida por culpa de terceiro, contra o qual tem ação regressiva".

2.3.5. CÁLCULO DA INDENIZAÇÃO

- **Súmula n° 188** – "O segurador tem ação regressiva contra o causador do dano, pelo que efetivamente pagou, até ao limite previsto no contrato de seguro".
- **Súmula n° 314** – "Na composição do dano por acidente do trabalho, ou de transporte, não é contrário à lei tomar para base da indenização o salário do tempo da perícia ou da sentença".
- **Súmula n° 490** – "A pensão correspondente a indenização oriunda de responsabilidade civil deve ser calculada com base no salário-mínimo vigente ao tempo da sentença e ajustar-se-á às variações ulteriores".
- **Súmula n° 562** – "Na indenização de danos materiais decorrentes de ato ilícito cabe a atualização de seu valor, utilizando-se, para esse fim, dentre outros critérios, os índices de correção monetária".

2.3.6. RESPONSABILIDADE ACIDENTÁRIA E COMUM

- **Súmula n° 229** – "A indenização acidentária não exclui a do direito comum, em caso de dolo ou culpa grave do empregador".

2.3.7. MORTE DO FILHO MENOR

- **Súmula n° 491** – "É indenizável o acidente que cause a morte de filho menor, ainda que não exerça trabalho remunerado".

2.3.8. LOCADORA DE VEÍCULO

- **Súmula n° 492** – "A empresa locadora de veículos responde, civil e solidariamente com o locatário, pelos danos por este causados a terceiro, no uso do carro locado".

2.4. DIREITO DAS COISAS

2.4.1. POSSE

- **Súmula n° 415** – "Servidão de trânsito não titulada, mas tomada permanente, sobretudo pela natureza das obras realizadas, considera-se aparente, conferindo direito à proteção possessória".
- **Súmula n° 487** – "Será deferida a posse a quem, evidentemente, tiver o domínio, se com base neste for ela disputada".

2.4.2. USUCAPIÃO

- **Súmula n° 237** – "O usucapião pode ser arguido em defesa".
- **Súmula n° 263** – "O possuidor deve ser citado, pessoalmente, para a ação de usucapião".
- **Súmula n° 340** – "Desde a vigência do Código Civil, os bens dominicais, como os demais bens públicos, não podem ser adquiridos por usucapião".

2.4.3. USO

- **Súmula n° 477** – "As concessões de terras devolutas situadas na faixa de fronteira, feitas pelos estados, autorizam, apenas, o uso, permanecendo o domínio com a união, ainda que se mantenha inerte ou tolerante, em relação aos possuidores".

2.5. DIREITO DE FAMÍLIA

2.5.1. CASAMENTO

- **Súmula nº 377** – "No regime de separação legal de bens, comunicam-se os adquiridos na constância do casamento".
- **Súmula nº 380** – "Comprovada a existência de sociedade de fato entre os concubinos, é cabível a sua dissolução judicial, com a partilha do patrimônio adquirido pelo esforço comum".
- **Súmula nº 382** – "A vida em comum sob o mesmo teto "more uxorio", não é indispensável à caracterização do concubinato".
- **Súmula nº 421** – "Não impede a extradição a circunstância de ser o extraditado casado com brasileira ou ter filho brasileiro".

2.5.2. DESQUITE

- **Súmula nº 305** – "Acordo de desquite ratificado por ambos os cônjuges não é retratável unilateralmente".

2.5.3. ALIMENTOS

- **Súmula nº 226** – "Na ação de desquite, os alimentos são devidos desde a inicial e não da data da decisão que os concede".
- **Súmula nº 379** – "No acordo de desquite não se admite renúncia aos alimentos, que poderão ser pleiteados ulteriormente, verificados os pressupostos legais".

2.6. DIREITO DAS SUCESSÕES

2.6.1. PETIÇÃO DE HERANÇA

- **Súmula nº 149** – "É imprescritível a ação de investigação de paternidade, mas não o é a de petição de herança".

2.6.2. INVENTÁRIO

- **Súmula nº 331** – "É legítima a incidência do imposto de transmissão "causa mortis" no inventário por morte presumida".
- **Súmula nº 542** – "Não é inconstitucional a multa instituída pelo Estado-Membro, como sanção pelo retardamento do início ou da ultimação do inventário".

2.6.3. PARTILHA

- **Súmula nº 380** – "Comprovada a existência de sociedade de fato entre os concubinos, é cabível a sua dissolução judicial, com a partilha do patrimônio adquirido pelo esforço comum".

2.7. LEIS CIVIS ESPECIAIS

2.7.1. LEI DE LOCAÇÕES (LEI 8.245/91)

- **Súmula nº 488** – "A preferência a que se refere o artigo 9 da Lei 3.912, de 03.07.1961, constitui direito pessoal. Sua violação resolve-se em perdas e danos".
- **Súmula nº 486** – "Admite-se a retomada para sociedade da qual o locador, ou seu cônjuge, seja sócio, com participação predominante no capital social".
- **Súmula nº 485** – "Nas locações regidas pelo Decreto 24.150, de 20 de abril de 1934, a presunção de sinceridade do retomante é relativa, podendo ser ilidida pelo locatário".
- **Súmula nº 483** – "É dispensável a prova da necessidade, na retomada do prédio situado em localidade para onde o proprietário pretende transferir residência, salvo se mantiver, também, a anterior, quando dita prova será exigida".
- **Súmula nº 482** – "O locatário, que não for sucessor ou cessionário do que o precedeu na locação, não pode somar os prazos concedidos a este, para pedir a renovação do contrato, nos termos do Decreto 24.150".
- **Súmula nº 481** – "Se a locação compreende, além do imóvel, fundo de comércio, com instalações e pertences, como no caso de teatros, cinemas e hotéis, não se aplicam ao retomante as restrições do artigo 8, "e", parágrafo único, do Decreto 24.150, de 20.04.1934".
- **Súmula nº 449** – "O valor da causa, na consignatória de aluguel, corresponde a uma anuidade".
- **Súmula nº 442** – "A inscrição do contrato de locação no registro de imóveis, para a validade da cláusula de vigência contra o adquirente do imóvel, ou perante terceiros, dispensa a transcrição no registro de títulos e documentos".
- **Súmula nº 411** – "O locatário autorizado a ceder a locação pode sublocar o imóvel".
- **Súmula nº 410** – "Se o locador, utilizando prédio próprio para residência ou atividade comercial, pede o imóvel locado para uso próprio, diverso do que tem o por ele ocupado, não está obrigado a provar a necessidade, que se presume".
- **Súmula nº 409** – "Ao retomante, que tenha mais de um prédio alugado, cabe optar entre eles, salvo abuso de direito".
- **Súmula nº 374** – "Na retomada para construção mais útil, não é necessário que a obra tenha sido ordenada pela autoridade pública".
- **Súmula nº 357** – "É lícita a convenção pela qual o locador renuncia, durante a vigência do contrato, à ação revisional do art. 31 do Decreto 24.150, de 20.4.34".
- **Súmula nº 158** – "Salvo estipulação contratual averbada no registro imobiliário, não responde o adquirente pelas benfeitorias do locatário".

- **Súmula nº 80** – "Para a retomada de prédio situado fora do domicílio do locador exige-se a prova da necessidade".

2.7.2. LEI DE LOTEAMENTO E VENDA DE TERRENO EM PRESTAÇÕES (DL 58/37)

- **Súmula nº 413** – "O compromisso de compra e venda de imóveis, ainda que não loteados, dá direito à execução compulsória, quando reunidos os requisitos legais".
- **Súmula nº 168** – "Para os efeitos do Dec.-Lei 58, de 10.12.1937, admite-se a inscrição imobiliária do compromisso de compra e venda no curso da ação".
- **Súmula nº 167** – "Não se aplica o regime do Dec.-Lei 58, de 10.12.1937, ao compromisso de compra e venda não inscrito no registro imobiliário, salvo se o promitente vendedor se obrigou a efetuar o registro".
- **Súmula nº 166** – "É inadmissível o arrependimento no compromisso de compra e venda sujeito ao regime do Dec.-Lei 58, de 10.12.1937".

II – STJ

1. DIREITO CIVIL – PARTE GERAL

1.1. DIREITOS DA PERSONALIDADE

- **Súmula nº 63** – "São devidos direitos autorais pela retransmissão radiofônicas de músicas em estabelecimentos comerciais".
- **Súmula nº 359** – "Cabe ao órgão mantenedor do Cadastro de Proteção ao Crédito a notificação do devedor antes de proceder à inscrição".
- **Súmula nº 403** – "Independe de prova do prejuízo a indenização pela publicação não autorizada de imagem de pessoa com fins econômicos ou comerciais".
- **Súmula nº 404** – "É dispensável o aviso de recebimento (AR) na carta de comunicação ao consumidor sobre a negativação de seu nome em bancos de dados e cadastros".
- **Súmula nº 642** – "O direito à indenização por danos morais transmite-se com o falecimento do titular, possuindo os herdeiros da vítima legitimidade ativa para ajuizar ou prosseguir a ação indenizatória".

1.2. PESSOA JURÍDICA

- **Súmula nº 42** – "Compete à Justiça Comum Estadual processar e julgar as causas cíveis em que é parte sociedade de economia mista e os crimes praticados em seu detrimento".
- **Súmula nº 227** – "A pessoa jurídica pode sofrer dano moral".
- **Súmula nº 276** – "As sociedades civis de prestação de serviços profissionais são isentas da Cofins, irrelevante o regime tributário adotado".
- **Súmula nº 333** – "Cabe mandado de segurança contra ato praticado em licitação promovida por sociedade de economia mista ou empresa pública".
- **Súmula nº 481** – "Faz jus ao benefício da justiça gratuita a pessoa jurídica com ou sem fins lucrativos que demonstrar sua impossibilidade de arcar com os encargos processuais"

1.3. DOMICÍLIO

- **Súmula nº 1** – "O foro do domicílio ou da residência do alimentando é o competente para a ação de investigação de paternidade, quando cumulada com a de alimentos".
- **Súmula nº 58** – "Proposta a execução fiscal, a posterior mudança de domicílio do executado não desloca a competência já fixada".
- **Súmula nº 383** – "A competência para processar e julgar as ações conexas de interesse de menor é, em princípio, do foro do domicílio do detentor de sua guarda".

1.4. BENS

- **Súmula nº 103** – "Incluem-se entre os imóveis funcionais que podem ser vendidos os administrados pelas Forças Armadas e ocupados pelos servidores civis".
- **Súmula nº 335** – "Nos contratos de locação, é válida a cláusula de renúncia à indenização das benfeitorias e ao direito de retenção".
- **Súmula nº 619** – "A ocupação indevida de bem público configura mera detenção, de natureza precária, insuscetível de retenção ou indenização por acessões e benfeitorias".

1.5. DEFEITOS DO NEGÓCIO JURÍDICO

- **Súmula nº 195** – "Em embargos de terceiro não se anula ato jurídico, por fraude contra credores".
- **Súmula nº 322** – "Para a repetição de indébito, nos contratos de abertura de crédito em conta-corrente, não se exige a prova do erro".

1.6. ATOS ILÍCITOS

- **Súmula nº 37** – "São cumuláveis as indenizações por dano material e dano moral oriundos do mesmo fato".
- **Súmula nº 43** – "Incide correção monetária sobre dívida por ato ilícito a partir da data do efetivo prejuízo".
- **Súmula nº 132** – "A ausência de registro de transferência não implica a Responsabilidade do antigo proprietário por dano resultante de acidente que envolva veículo alienado".
- **Súmula nº 145** – "No transporte desinteressado, de simples cortesia, o transportador só será civilmente

responsável por danos causados ao transportado quando incorrer em dolo ou culpa grave".

- **Súmula n° 221** – "São civilmente responsáveis pelo ressarcimento de dano, decorrente de publicação pela imprensa, tanto o autor do escrito quanto o proprietário do veículo de divulgação".
- **Súmula n° 281** – "A indenização por dano moral não está sujeita à tarifação prevista na Lei de Imprensa".
- **Súmula n° 362** – "A correção monetária do valor da indenização do dano moral incide desde a data do arbitramento".
- **Súmula n° 370** – "Caracteriza dano moral a apresentação antecipada de cheque pré-datado".
- **Súmula n° 385** – "Da anotação irregular em cadastro de proteção ao crédito, não cabe indenização por dano moral, quando preexistente legítima inscrição, ressalvado o direito ao cancelamento".
- **Súmula n° 387** – "É lícita a cumulação das indenizações de dano estético e dano moral.".
- **Súmula n° 388** – "A simples devolução indevida de cheque caracteriza dano moral".
- **Súmula n° 402** – "O contrato de seguro por danos pessoais compreende os danos morais, salvo cláusula expressa de exclusão".
- **Súmula n° 479** – "As instituições financeiras respondem objetivamente pelos danos gerados por fortuito interno relativo a fraudes e delitos praticados por terceiros no âmbito de operações bancárias".
- **Súmula n° 498** – "Não incide imposto de renda sobre a indenização por danos morais".
- **Súmula n° 638** – "É abusiva a cláusula contratual que restringe a responsabilidade de instituição financeira pelos danos decorrentes de roubo, furto ou extravio de bem entregue em garantia no âmbito de contrato de penhor civil".

1.7. PRESCRIÇÃO

- **Súmula n° 39** – "Prescreve em vinte anos a ação para haver indenização, por Responsabilidade civil, de sociedade de economia mista".
- **Súmula n° 85** – "Nas relações jurídicas de trato sucessivo em que a Fazenda Pública figure como devedora, quando não tiver sido negado o próprio direito reclamado, a prescrição atinge apenas as prestações vencidas antes do quinquênio anterior à propositura da ação".
- **Súmula n° 101** – "A ação de indenização do segurado em grupo contra a seguradora prescreve em um ano".
- **Súmula n° 106** – "Proposta a ação no prazo fixado para o seu exercício, a demora na citação, por motivos inerentes ao mecanismo da Justiça, não justifica o acolhimento da arguição de prescrição ou decadência".
- **Súmula n° 194** – "Prescreve em vinte anos a ação para obter, do construtor, indenização por defeitos da obra".
- **Súmula n° 229** – "O pedido do pagamento de indenização à seguradora suspende o prazo de prescrição até que o segurado tenha ciência da decisão".
- **Súmula n° 278** – "O termo inicial do prazo prescricional, na ação de indenização, é a data em que o segurado teve ciência inequívoca da incapacidade laboral".
- **Súmula n° 412** – "A ação de repetição de indébito de tarifas de água e esgoto sujeita-se ao prazo prescricional estabelecido no Código Civil".
- **Súmula n° 503** – "O prazo para ajuizamento de ação monitória em face do emitente de cheque sem força executiva é quinquenal, a contar do dia seguinte à data de emissão estampada na cártula".
- **Súmula n° 504** – "O prazo para ajuizamento de ação monitória em face do emitente de cheque sem força executiva é quinquenal, a contar do dia seguinte à data de emissão estampada na cártula".
- **Súmula n° 573** – "Nas ações de indenização decorrente de seguro DPVAT, a ciência inequívoca do caráter permanente da invalidez, para fins de contagem do prazo prescricional, depende de laudo médico, exceto nos casos de invalidez permanente notória ou naqueles em que o conhecimento anterior resulte comprovado na fase de instrução".
- **Súmula n° 635** – "Os prazos prescricionais previstos no art. 142 da Lei nº 8.112/1990 iniciam-se na data em que a autoridade competente para a abertura do procedimento administrativo toma conhecimento do fato, interrompem-se com o primeiro ato de instauração válido – sindicância de caráter punitivo ou processo disciplinar – e voltam a fluir por inteiro, após decorridos 140 dias desde a interrupção".
- **Súmula n° 647** – "São imprescritíveis as ações indenizatórias por danos morais e materiais decorrentes de atos de perseguição política com violação de direitos fundamentais ocorridos durante o regime militar".

1.8. DECADÊNCIA

- **Súmula n° 106** – "Proposta a ação no prazo fixado para o seu exercício, a demora na citação, por motivos inerentes ao mecanismo da Justiça, não justifica o acolhimento da arguição de prescrição ou decadência".
- **Súmula n° 477** – "A decadência do art. 26 do CDC não é aplicável à prestação de contas para obter esclarecimentos sobre cobrança de taxas, tarifas e encargos bancários".

1.9. PROVA

- **Súmula nº 149** – "A prova exclusivamente testemunhal não basta à comprovação da atividade rurícola, para efeito da obtenção de benefício previdenciário".
- **Súmula nº 301** – "Em ação investigatória, a recusa do suposto pai a submeter-se ao exame de DNA induz presunção juris tantum de paternidade".
- **Súmula nº 372** – "Na ação de exibição de documentos, não cabe a aplicação de multa cominatória".

2. PARTE ESPECIAL

2.1. DIREITO DAS OBRIGAÇÕES

2.1.1. OBRIGAÇÃO SOLIDÁRIA

- **Súmula nº 26** – "O avalista do título de crédito vinculado a contrato de mútuo também responde pelas obrigações pactuadas, quando no contrato figurar como devedor solidário".

2.1.2. JUROS DE MORA

- **Súmula nº 54** – "Os juros moratórios fluem a partir do evento danoso, em caso de responsabilidade extracontratual".
- **Súmula nº 70** – "Os juros moratórios, na desapropriação direta ou indireta, contam-se desde o trânsito em julgado da sentença".
- **Súmula nº 72** – "A comprovação da mora é imprescindível à busca e apreensão do bem alienado fiduciariamente".
- **Súmula nº 76** – "A falta de registro do compromisso de compra e venda de imóvel não dispensa a prévia interpelação para constituir em mora o devedor".
- **Súmula nº 188** – "Os juros moratórios, na repetição do indébito tributário, são devidos a partir do trânsito em julgado da sentença".
- **Súmula nº 245** – "A notificação destinada a comprovar a mora nas dívidas garantidas por alienação fiduciária dispensa a indicação do valor do débito".
- **Súmula nº 380** – "A simples propositura da ação de revisão de contrato não inibe a caracterização da mora do autor".
- **Súmula nº 410** – "A prévia intimação pessoal do devedor constitui condição necessária para a cobrança de multa pelo descumprimento de obrigação de fazer ou não fazer".

2.2. CONTRATOS

2.2.1. COMPRA E VENDA

- **Súmula nº 76** – "A falta de registro do compromisso de compra e venda de imóvel não dispensa a prévia interpelação para constituir em mora o devedor".
- **Súmula nº 84** – "É admissível a oposição de embargos de terceiro fundados em alegação de posse advinda de compromisso de compra e venda de imóvel, ainda que desprovido do registro".
- **Súmula nº 239** – "O direito à adjudicação compulsória não se condiciona ao registro do compromisso de compra e venda no cartório de imóveis".
- **Súmula nº 308** – "A hipoteca firmada entre a construtora e o agente financeiro, anterior ou posterior à celebração da promessa de compra e venda, não tem eficácia perante os adquirentes do imóvel".

2.2.2. MÚTUO

- **Súmula nº 26** – "O avalista do título de crédito vinculado a contrato de mútuo também responde pelas obrigações pactuadas, quando no contrato figurar como devedor solidário".

2.2.3. SEGURO

- **Súmula nº 61** – "O seguro de vida cobre o suicídio não premeditado".
- **Súmula nº 402** – "O contrato de seguro por danos pessoais compreende os danos morais, salvo cláusula expressa de exclusão".
- **Súmula nº 465** – "Ressalvada a hipótese de efetivo agravamento do risco, a seguradora não se exime do dever de indenizar em razão da transferência do veículo sem a sua prévia comunicação".
- **Súmula nº 529** – "No seguro de responsabilidade civil facultativo, não cabe o ajuizamento de ação pelo terceiro prejudicado direta e exclusivamente em face da seguradora do apontado causador do dano".
- **Súmula nº 540** – "Na ação de cobrança do seguro DPVAT, constitui faculdade do autor escolher entre os foros do seu domicílio, do local do acidente ou ainda do domicílio do réu".
- **Súmula nº 609** – "A recusa de cobertura securitária, sob a alegação de doença preexistente, é ilícita se não houve a exigência de exames médicos prévios à contratação ou a demonstração de má-fé do segurado".
- **Súmula nº 610** – "O suicídio não é coberto nos dois primeiros anos de vigência do contrato de seguro de vida, ressalvado o direito do beneficiário à devolução do montante da reserva técnica formada".
- **Súmula nº 616** – "A indenização securitária é devida quando ausente a comunicação prévia do segurado acerca do atraso no pagamento do prêmio, por constituir requisito essencial para a suspensão ou resolução do contrato de seguro".

- **Súmula n° 620** – "A embriaguez do segurado não exime a seguradora do pagamento da indenização prevista em contrato de seguro de vida".
- **Súmula n° 632** – "Nos contratos de seguro regidos pelo Código Civil, a correção monetária sobre a indenização securitária incide a partir da contratação até o efetivo pagamento".

2.2.4. FIANÇA

- **Súmula n° 214** – "O fiador na locação não responde por obrigações resultantes de aditamento ao qual não anuiu".
- **Súmula n° 332** – "A fiança prestada sem autorização de um dos cônjuges implica a ineficácia total da garantia".
- **Súmula nº 656** - É válida a cláusula de prorrogação automática de fiança na renovação do contrato principal. A exoneração do fiador depende da notificação prevista no artigo 835 do Código Civil".

2.2.5. REVISÃO DE CONTRATO

- **Súmula n° 380** – "A simples propositura da ação de revisão de contrato não inibe a caracterização da mora do autor".

2.3. RESPONSABILIDADE CIVIL

2.3.1. ACIDENTE DE TRÂNSITO

- **Súmula n° 132** – "A ausência de registro de transferência não implica a Responsabilidade do antigo proprietário por dano resultante de acidente que envolva veículo alienado".
- **Súmula n° 145** – "No transporte desinteressado, de simples cortesia, o transportador só será civilmente responsável por danos causados ao transportado quando incorrer em dolo ou culpa grave".

2.3.2. DANO MORAL

- **Súmula n° 37** – "São cumuláveis as indenizações por dano material e dano moral oriundos do mesmo fato".
- **Súmula n° 227** – "A pessoa jurídica pode sofrer dano moral".
- **Súmula n° 281** – "A indenização por dano moral não está sujeita à tarifação prevista na Lei de Imprensa".
- **Súmula n° 362** – "A correção monetária do valor da indenização do dano moral incide desde a data do arbitramento".
- **Súmula n° 370** – "Caracteriza dano moral a apresentação antecipada de cheque pré-datado".
- **Súmula n° 385** – "Da anotação irregular em cadastro de proteção ao crédito, não cabe indenização por dano moral, quando preexistente legítima inscrição, ressalvado o direito ao cancelamento".
- **Súmula n° 387** – "É lícita a cumulação das indenizações de dano estético e dano moral".
- **Súmula n° 388** – "A simples devolução indevida de cheque caracteriza dano moral".
- **Súmula n° 403** – "Independe de prova do prejuízo a indenização pela publicação não autorizada de imagem de pessoa com fins econômicos ou comerciais".

2.3.3. CÁLCULO DA INDENIZAÇÃO

- **Súmula n° 37** – "São cumuláveis as indenizações por dano material e dano moral oriundos do mesmo fato".
- **Súmula n° 43** – "Incide correção monetária sobre dívida por ato ilícito a partir da data do efetivo prejuízo".
- **Súmula n° 109** – "O reconhecimento do direito a indenização, por falta de mercadoria transportada via marítima, independe de vistoria".
- **Súmula n° 229** – "O pedido do pagamento de indenização à seguradora suspende o prazo de prescrição até que o segurado tenha ciência da decisão".
- **Súmula n° 246** – "O valor do seguro obrigatório deve ser deduzido da indenização judicialmente fixada".
- **Súmula nº 278** – "O termo inicial do prazo prescricional, na ação de indenização, é a data em que o segurado teve ciência inequívoca da incapacidade laboral".
- **Súmula n° 281** – "A indenização por dano moral não está sujeita à tarifação prevista na Lei de Imprensa".
- **Súmula n° 326** – "Na ação de indenização por dano moral, a condenação em montante inferior ao postulado na inicial não implica sucumbência recíproca".
- **Súmula n° 335** – "Nos contratos de locação, é válida a cláusula de renúncia à indenização das benfeitorias e ao direito de retenção".
- **Súmula n° 362** – "A correção monetária do valor da indenização do dano moral incide desde a data do arbitramento".
- **Súmula n° 498** – "Não incide imposto de renda sobre a indenização por danos morais".
- **Súmula n° 537** – "Em ação de reparação de danos, a seguradora denunciada, se aceitar a denunciação ou contestar o pedido do autor, pode ser condenada, direta e solidariamente junto com o segurado, ao pagamento da indenização devida à vítima, nos limites contratados na apólice".
- **Súmula n° 580** – "A correção monetária nas indenizações do seguro DPVAT por morte ou invalidez, prevista no § 7º do art. 5º da Lei n. 6.194/1974, redação dada pela Lei n. 11.482/2007, incide desde a data do evento danoso".

2.3.4. JUROS

- **Súmula n° 54** – "Os juros moratórios fluem a partir do evento danoso, em caso de responsabilidade extracontratual".
- **Súmula n° 186** – "Nas indenizações por ato ilícito, os juros compostos somente são devidos por aquele que praticou o crime".
- **Súmula n° 426** – "Os juros de mora na indenização do seguro DPVAT fluem a partir da citação".
- **Súmula n° 523** – "A taxa de juros de mora incidente na repetição de indébito de tributos estaduais deve corresponder à utilizada para cobrança do tributo pago em atraso, sendo legítima a incidência da taxa Selic, em ambas as hipóteses, quando prevista na legislação local, vedada sua cumulação com quaisquer outros índices".
- **Súmula n° 530** – "Nos contratos bancários, na impossibilidade de comprovar a taxa de juros efetivamente contratada - por ausência de pactuação ou pela falta de juntada do instrumento aos autos -, aplica-se a taxa média de mercado, divulgada pelo Bacen, praticada nas operações da mesma espécie, salvo se a taxa cobrada for mais vantajosa para o devedor".
- **Súmula n° 539** – "É permitida a capitalização de juros com periodicidade inferior à anual em contratos celebrados com instituições integrantes do Sistema Financeiro Nacional a partir de 31/3/2000 (MP n. 1.963-17/2000, reeditada como MP n. 2.170-36/2001), desde que expressamente pactuada".
- **Súmula n° 541** – "A previsão no contrato bancário de taxa de juros anual superior ao duodécuplo da mensal é suficiente para permitir a cobrança da taxa efetiva anual contratada".

2.3.5. LEI DE IMPRENSA

- **Súmula n° 221** – "São civilmente responsáveis pelo ressarcimento de dano, decorrente de publicação pela imprensa, tanto o autor do escrito quanto o proprietário do veículo de divulgação".
- **Súmula n° 281** – "A indenização por dano moral não está sujeita à tarifação prevista na Lei de Imprensa".

2.4. DIREITO DAS COISAS

2.4.1. POSSE

- **Súmula n° 84** – "É admissível a oposição de embargos de terceiro fundados em alegação de posse advinda de compromisso de compra e venda de imóvel, ainda que desprovido do registro".

2.4.2. USUCAPIÃO

- **Súmula n° 11** – "A presença da União ou de qualquer de seus entes, na ação de usucapião especial, não afasta a competência do foro da situação do imóvel".
- **Súmula n° 193** – "O direito de uso de linha telefônica pode ser adquirido por usucapião".

2.4.3. CONDOMÍNIO

- **Súmula n° 260** – "A convenção de condomínio aprovada, ainda que sem registro, é eficaz para regular as relações entre os condôminos".

2.4.4. HIPOTECA

- **Súmula n° 308** – "A hipoteca firmada entre a construtora e o agente financeiro, anterior ou posterior à celebração da promessa de compra e venda, não tem eficácia perante os adquirentes do imóvel".

2.5. DIREITO DE FAMÍLIA

2.5.1. SEPARAÇÃO JUDICIAL

- **Súmula n° 336** – "A mulher que renunciou aos alimentos na separação judicial tem direito à pensão previdenciária por morte do ex-marido, comprovada a necessidade econômica superveniente".
- **Súmula nº 655 –** Aplica-se à união estável contraída por septuagenário o regime da separação obrigatória de bens, comunicando-se os adquiridos na constância, quando comprovado o esforço comum.

2.5.2. INVESTIGAÇÃO DE PATERNIDADE

- **Súmula n° 301** – "Em ação investigatória, a recusa do suposto pai a submeter-se ao exame de DNA induz presunção juris tantum de paternidade".

2.5.3. ALIMENTOS

- **Súmula n° 1** – "O foro do domicílio ou da residência do alimentando é o competente para a ação de investigação de paternidade, quando cumulada com a de alimentos".
- **Súmula 309** – "O débito alimentar que autoriza a prisão civil do alimentante é o que compreende as três prestações anteriores ao ajuizamento da execução e as que se vencerem no curso do processo".
- **Súmula n° 336** – "A mulher que renunciou aos alimentos na separação judicial tem direito à pensão previdenciária por morte do ex-marido, comprovada a necessidade econômica superveniente".
- **Súmula n° 358** – "O cancelamento de pensão alimentícia de filho que atingiu a maioridade está sujeito à decisão judicial, mediante contraditório, ainda que nos próprios autos".
- **Súmula n° 594** – "O Ministério Público tem legitimidade ativa para ajuizar ação de alimentos em proveito de criança ou adolescente independentemente do exercício do poder familiar dos pais, ou do fato de o menor se encontrar nas situações de risco descritas no art. 98 do Estatuto da Criança e do Adolescente, ou de quaisquer outros questionamentos acerca da existência ou eficiência da Defensoria Pública na comarca".

- **Súmula n° 596** – "A obrigação alimentar dos avós tem natureza complementar e subsidiária, somente se configurando no caso de impossibilidade total ou parcial de seu cumprimento pelos pais".
- **Súmula n° 621** – "Os efeitos da sentença que reduz, majora ou exonera o alimentante do pagamento retroagem à data da citação, vedadas a compensação e a repetibilidade".

2.5.4. BEM DE FAMÍLIA

- **Súmula n° 205** – "A Lei nº 8.009-90 aplica-se à penhora realizada antes de sua vigência".
- **Súmula n° 364** – "O conceito de impenhorabilidade de bem de família abrange também o imóvel pertencente a pessoas solteiras, separadas e viúvas".
- **Súmula n° 449** – "A vaga de garagem que possui matrícula própria no registro de imóveis não constitui bem de família para efeito de penhora".
- **Súmula n° 549** – "É válida a penhora de bem de família pertencente a fiador de contrato de locação".
- **Súmula n° 560** – "A decretação da indisponibilidade de bens e direitos, na forma do art. 185-A do CTN, pressupõe o exaurimento das diligências na busca por bens penhoráveis, o qual fica caracterizado quando infrutíferos o pedido de constrição sobre ativos financeiros e a expedição de ofícios aos registros públicos do domicílio do executado, ao Denatran ou Detran"

Direito Constitucional

Vanessa de Castro Rosa

TABELA DE INCIDÊNCIA DE QUESTÕES

Distribuição das questões organizada por ordem didática de assuntos		
Assunto	**Número de Questões**	**Peso**
1. TEORIA DA CONSTITUIÇÃO	8	5,63%
2. PODER CONSTITUINTE	2	1,41%
3. PRINCÍPIOS FUNDAMENTAIS	5	3,52%
4. DIREITOS E GARANTIAS FUNDAMENTAIS	22	15,49%
5. DIREITOS SOCIAIS	5	3,52%
6. DIREITOS POLÍTICOS E NACIONALIDADE	5	3,52%
7. ORGANIZAÇÃO DO ESTADO	7	4,93%
8. ADMINISTRAÇÃO PÚBLICA	22	15,49%
9. ORGANIZAÇÃO DOS PODERES	9	6,34%
10. PROCESSO LEGISLATIVO	7	4,93%
11. FUNÇÕES ESSENCIAIS À JUSTIÇA	2	1,41%
12. TRIBUTAÇÃO, ORÇAMENTO, ORDEM ECONÔMICA E FINANCEIRA	15	10,56%
13. CONTROLE DE CONSTITUCIONALIDADE	5	3,52%
14. INTERVENÇÃO	2	1,41%
15. TRIBUNAL DE CONTAS	26	18,31%
Total	**142**	**100%**

Direito Constitucional

Vanessa de Castro Rosa

✦ QUESTÕES

1. TEORIA DA CONSTITUIÇÃO

▸ CR/88: arts. 3º; 242, §2º; 102, I, 'i'.

01. CEBRASPE – 2024 – TCE/AC – Analista Administrativo

A respeito da classificação da Constituição Federal de 1988, julgue o item a seguir.

Quanto à estabilidade, a Constituição Federal de 1988 é classificada como semirrígida, na medida em que admite modificações, desde que observado procedimento legislativo especial e desde que as alterações não tenham por objeto cláusula pétrea.

COMENTÁRIOS

✪ **Nota da autora:** atente-se ao fato de que, para a maioria da doutrina, a CR/88 é classificada como rígida; mas, existe importante corrente doutrinária, capitaneada por Alexandre de Moraes, no sentido de ser super-rígida devido ao fato de contar com um núcleo imutável (as cláusulas pétreas).

Item Errado: o item está incorreto, pois a CR/88 é classificada doutrinariamente quanto à rigidez ou estabilidade em rígida (e não semirrígida) e também pela definição incorreta de constituição semirrígida. A doutrina ensina que constituição semirrígida, também chamada de semiflexível, é aquela que tem duas partes, uma parte rígida (que exige um procedimento rigoroso para alteração) e uma parte flexível (que pode ser alterada da mesma forma que as leis ordinárias).

02. (Cespe – Analista de Controle Externo – Direito – TCE – RJ/2021) Com base na Constituição Federal de 1988 (CF), julgue os seguintes itens.

O preâmbulo da CF tem força normativa assim como as demais disposições constitucionais.

COMENTÁRIOS

✪ **Nota da autora:** o STF decidiu a questão sobre a natureza jurídica do preâmbulo da Constituição adotando a tese da irrelevância jurídica, como também destacou que a invocação de Deus nele prevista não é norma de reprodução obrigatória, nem fere a laicidade do Estado. Neste sentido: "[...] II. - Preâmbulo da Constituição: não constitui norma central. Invocação da proteção de Deus: não se trata de norma de reprodução obrigatória na Constituição estadual, não tendo força normativa. III. - Ação direta de inconstitucionalidade julgada improcedente" (STF, ADI 2076).

Item Errado: é posicionamento pacífico na doutrina e jurisprudência brasileiras que o preâmbulo da Constituição não tem força normativa, diferentemente das demais normas constitucionais previstas no corpo da Constituição propriamente dito (organizado em títulos e capítulos) e no ADCT (Ato das Disposições Constitucionais Transitórias).

03. (Cespe – Analista de Controle Externo – Direito – TCE – RJ/2021) Acerca de Constituição, poder constituinte e princípios fundamentais, julgue os itens seguintes.

A mutação constitucional corresponde ao processo formal de modificação do texto constitucional.

COMENTÁRIOS

✪ **Nota da autora:** a mutação constitucional é um processo de manifestação do Poder Constituinte Difuso. De acordo com Flávio Martins, "Chama-se 'difuso' (expressão cunhada pelo francês Georges Burdeau) porque pode ser feito por qualquer intérprete da Constituição. É um corolário da teoria da sociedade aberta dos intérpretes da Constituição de Peter Haberle" (MARTINS, Flávio. *Curso de direito constitucional*. 5. ed. São Paulo: Saraiva, 2021, p. 381).

Item Errado: a mutação constitucional é um processo informal de modificação do texto constitucional; ela não altera a literalidade do texto, mas sim o sentido de interpretação da norma, mantendo-se inalterada a redação da Constituição.

04. (Cespe – Analista de Controle Externo – Direito – TCE – RJ/2021) Acerca de Constituição, poder constituinte e princípios fundamentais, julgue os itens seguintes.

A supremacia constitucional é garantida pela rigidez das normas constitucionais e pelo controle de constitucionalidade.

COMENTÁRIOS

✪ **Nota da autora:** de acordo com o Prof. José Afonso da Silva, a supremacia da Constituição é um princípio essencial que estrutura e organiza todo o ordenamento jurídico, colocando a Constituição da República no centro da organização jurídica e social. Neste sentido, a supremacia da constituição "significa que a constituição se coloca no vértice do sistema jurídico do país, a que confere validade, e que todos os poderes estatais são legítimos na medida em que ela os reconheça e na proporção por ela distribuídos. É, enfim, a lei suprema do Estado, pois é nela que se encontram a própria estruturação deste e a organização de seus órgãos; é nela que se acham as normas fundamentais de Estado, e só nisso se notará sua superioridade em relação às demais normas jurídicas" (SILVA, José Afonso da. *Curso de direito constitucional positivo*. 25. ed. São Paulo: Atlas, 2005, p. 45). Esta superioridade é garantida também pelo controle de constitucionalidade que invalida atos normativos que ofendam à Constituição.

Item Certo: a supremacia constitucional é garantida pela rigidez das normas constitucionais (refere-se ao processo mais dificultoso e rigoroso de alteração das normas constitucionais) e pelo controle de constitucionalidade (refere-se à compatibilidade das demais normas infraconstitucionais com a constituição). Se a Constituição não fosse rígida, qualquer lei poderia alterá-la, não existindo hierarquia normativa, e consequentemente não haveria controle de constitucionalidade.

05. (Cespe – Analista de Controle Externo – Direito – TCE – RJ/2021) Acerca de Constituição, poder constituinte e princípios fundamentais, julgue os itens seguintes.

Contemporaneamente, entende-se que o exercício de interpretação constitucional não é equivalente à busca da vontade original dos constituintes.

COMENTÁRIOS

✪ **Nota da autora:** para resolver a presente questão, é preciso lembrar das lições básicas de Introdução ao Estudo do Direito, sobre a diferença entre *mens legis* (vontade da lei) e *mens legislatoris* (vontade do legislador). A vontade do legislador é defendida pelos subjetivistas, para os quais a busca pela vontade da lei seria algo incerto dando muito poder ao intérprete da norma, já para os objetivistas, defensores da vontade da lei, não há um único legislador, logo, é impossível querer descobrir a vontade do legislador. "Em se tratando de interpretação constitucional, verifica-se no Supremo Tribunal Federal, embora possa utilizar o subjetivismo como elemento de fundamentação (é importante também – e não apenas isso – verificar a vontade do legislador na elaboração da norma), baseia-se no objetivismo, máxime quando dá à norma Constitucional uma interpretação evolutiva, diferente daquela dada pelo constituinte originário" (MARTINS, Flávio. Curso de direito constitucional. 5. ed. São Paulo: Saraiva, 2021, p. 410).

Item Certo: a doutrina mais atual entende que o exercício da interpretação constitucional não é equivalente à busca da vontade original dos constituintes, mas sim a busca do sentido da norma, isto é, a *mens legis,* tanto que a Constituição deve ser interpretada de forma sistemática, para isso possui métodos próprios de interpretação. Ademais, a Constituição é um texto vivo que caminha ao lado das transformações sociais, seja por meio de reforma ou de mutação constitucional. A interpretação histórica e aquela que busca a vontade dos legisladores (*mens legislatoris)* possui relevância, mas não tem caráter determinante. Neste sentido, já se manifestou o STF: "[...] Debates parlamentares e interpretação da constituição. - O argumento histórico, no processo de interpretação constitucional, não se reveste de caráter absoluto. Qualifica-se, no entanto, como expressivo elemento de útil indagação das circunstâncias que motivaram a elaboração de determinada norma inscrita na Constituição, permitindo o conhecimento das razões que levaram o constituinte a acolher ou a rejeitar as propostas que lhe foram submetidas. [...]" (ADI 2010-MC).

06. FGV – 2024 – TCE/GO – Analista de Controle Externo

Em uma situação concreta submetida à apreciação do Tribunal de Contas do Estado de Goiás, argumentou o ordenador de despesa de determinada estrutura estatal de poder que agira conforme a interpretação mais adequada do preceito constitucional X. Assim entendia porque, ao analisar o significante interpretado, deparou-se com uma pluralidade de significados que lhe poderiam ser atribuídos, influenciados por distintos vetores axiológicos presentes no ambiente sociopolítico, o que o levou a resolver a conflitualidade intrínseca que se apresentava nesse plano, e a atribuir o significado mais adequado aos distintos aspectos afetos ao caso concreto.

A análise da linha argumentativa apresentada pelo ordenador de despesa permite afirmar corretamente que, consoante os balizamentos prevalecentes na realidade brasileira a respeito da interpretação constitucional

a) ao enveredar na própria atividade de criação do direito, usurpou uma atividade que é própria do Poder Legislativo.

b) a encampação de significados, amparados por vetores axiológicos, transmuda a interpretação, de atividade essencialmente cognoscitiva, em atividade inventiva, o que é vedado ao intérprete.

c) vetores axiológicos, embora concorram para o surgimento da Constituição formal, fruto do processo constituinte, não podem incursionar na definição da própria normatividade constitucional.

d) houve influência do pensamento problemático, mas não foi desconsiderada a constatação de que a norma é obtida a partir de um processo intelectivo conduzido pelo intérprete, que promove a interação entre o texto e o contexto.

e) ao privilegiar aspectos do problema concreto, o ordenador de despesa desconsiderou que a Constituição somente se harmoniza com a unicidade significativa, não podendo apresentar variações de significado em situações concretas.

COMENTÁRIOS

✪ **Nota da autora:** os métodos e princípios de interpretação constitucional buscam formas de se melhor chegar a uma solução para o problema. E os métodos não são excludentes entre si, ou seja, pode haver a combinação entre ambos.

Alternativa "a": incorreta. Ao enveredar na própria atividade de criação do direito, ordenador de despesa não usurpou nenhuma atividade do Poder Legislativo, pois a atividade de criação do é atividade do aplicador do Direito. De acordo com Hans Kelsen, em sua obra clássica "Teoria Pura do Direito", "A aplicação do direito é simultaneamente produção do Direito. Estes dois conceitos não representam, como pensa a teoria tradicional, uma oposição absoluta. É desacertado distinguir entre atos de criação e atos de aplicação do Direito. [...] a aplicação do Direito é, por conseguinte, criação de uma norma inferior com base numa norma superior ou execução do ato coercitivo estatuído por uma norma" (Kelsen, Hans. Teoria pura do direito. São Paulo: Martins Fonte, 1999, p. 261).

Alternativa "b": incorreta. A encampação de significados, amparados por vetores axiológicos, não transmuda a interpretação, de atividade essencialmente cognoscitiva, em atividade inventiva, além do mais, esta atividade não é vedada ao intérprete. Nesse sentido, "O ato jurídico que efetiva ou executa a norma pode ser conformado por maneira a corresponder a uma ou outra das várias significações verbais da mesma norma, por maneira a corresponder à vontade do legislador [...]. O Direito a aplicar forma, em todas estas hipóteses, uma moldura dentro da qual existem várias possibilidades de aplicação, pelo que é conforme ao Direito todo ato que se mantenha dentro deste quadro ou moldura, que preencha esta moldura em qualquer sentido possível. Se por interpretação se entende a fixação por via cognoscitiva o sentido do objeto a interpretar, o resultado de uma interpretação jurídica somente pode ser a fixação da moldura que representa o Direito a interpretar e, consequentemente, o conhecimento das várias possibilidades que dentro desta moldura existem" (Kelsen, Hans. Teoria pura do direito. São Paulo: Martins Fonte, 1999, p. 390). Ou seja, a lei forma uma moldura e seus preenchimento é feito por várias significações da mesma norma, esta é a atividade do intérprete que é, como visto na alternativa 'a', uma atividade de aplicação e criação do direito, o que não é vedado ao intérprete.

Alternativa "c": incorreta. Os vetores axiológicos, que concorram para o surgimento da Constituição formal, fruto do processo constituinte, também podem incursionar na definição da própria normatividade constitucional.

Alternativa "d": correta. Houve influência do pensamento problemático, pois o ordenador de despesa analisou os problemas, partindo destes para a busca da melhor solução. E ao analisar (processo intelectivo) os distintos vetores axiológicos presentes no ambiente sociopolítico, promoveu a interação entre o texto e o contexto, buscando a solução mais adequada ao caso concreto. Nesse sentido, "Partindo dessa pré-compreensão da norma constitucional, o intérprete faz um 'círculo hermenêutico' entre o fato e a norma. Em vez da 'via de mão única' entre o fato e a norma, decorrente do método tópico-problemático, no método hermenêutico-concretizador o intérprete age numa 'via de mão dupla', até encontrar a melhor interpretação da norma" (Martins, Flávio. *Curso de direito constitucional*. 5. ed. São Paulo: Saraiva, 2021, p. 429).

Alternativa "e": incorreta. O erro da alternativa está em afirmar que a Constituição somente se harmoniza com a unicidade significativa, não podendo apresentar variações de significado em situações concretas. Na verdade, a Constituição se harmoniza com pluralidade significativa, ou seja, é exatamente diante da diversidade de significados que se busca harmonizar espaços de conflito. Nesse sentido, "O princípio da concordância prática ou harmonização visa a compatibilizar direitos fundamentais em conflito. É um princípio comumente utilizado tendo em vista que os direitos fundamentais normalmente te o formato de princípios, normas de conteúdo mais amplo, vago, indeterminado. Destarte, caberá ao intérprete tentar harmonizar os direitos em conflitos, visando à melhor solução" (Martins, Flávio. *Curso de direito constitucional*. 5. ed. São Paulo: Saraiva, 2021, p. 433).

Alternativa correta: letra "d".

07. FGV - 2023 - TCE/BA - Auditor de Controle Externo

João, estudante de direito, ao realizar uma apresentação a respeito das teorias realistas da interpretação constitucional, além dos possíveis pontos de contato e distanciamento com outras teorias existentes, a exemplo do formalismo, da tópica pura de Theodor Viehweg e da metódica concretista de Friedrich Müller, concluiu, corretamente, que concepções realistas:

a) se identificam com a metódica concretista no modo como veem a influência dos valores;
b) valorizam a percepção do juiz em relação à realidade fenomênica, o que reduz a sua objetividade;
c) podem ser vistas, na perspectiva do formalismo, como exemplo de construções "interpretativistas";
d) buscam retratar a realidade imanente, conforme avaliações cognitivas do juiz, o que as torna refratárias aos valores;
e) se distanciam da tópica pura em relação à importância que atribuem ao texto constitucional, epicentro da atividade do intérprete.

COMENTÁRIOS

✪ **Nota da autora:** esta questão faz merecer ainda mais aplausos as Resoluções do CNJ e CNMP que proíbem, respectivamente, doutrina não dominante e doutrina divergente, nos concursos públicos para ingresso na magistratura e no Ministério Público.

Alternativa "a": incorreta. As concepções realistas não se identificam com a metódica concretista no modo como veem a influência dos valores. A metódica concretista de Friedrich Müller, conhecida como método normativo estruturante busca limitar a influência de valores, e não considera os valores subjetivos do juiz no processo de criação da norma, por serem irracionais e controvertidos. Para a teoria estruturante "a norma jurídica não se encontra já pronta nos textos legais; nestes se encontram apenas formas primárias, os textos normativos. A norma só será produzida em cada processo particular de solução jurídica de um caso, em cada decisão judicial. Além disso, é parte constitutiva da norma o *âmbito normativo*, isto é, o conjunto parcial de todos os fatos relevantes (âmbito fático) como elemento que sustenta a decisão jurídica como direito. [...] A norma jurídica torna-se, dessa forma, um conceito complexo, composto do âmbito normativo e do programa normativo (isto é, do resultado da interpretação de todos os dados linguísticos)" (Müller, Friedrich. Teoria estruturante do direito. 2. ed. São Paulo: RT, 2009, p. 305). Já as teorias realistas, entre os quais se destaca Karl N. Llewellyn, acreditam que o resultado de um processo judicial pode ser explicado por inúmeros fatores de natureza social, pertencentes ou não ao sistema jurídico: interesses sociais, enfoques políticos, personalidade dos juízes, tradições, ideologias, poderes, entre outros. Por essa razão, a lógica do direito é relativizada, podendo até mesmo desaparecer mediante uma descrição real do processo de aplicação do direito (Carvalho, Márcia Haydée Porto de. Teorias de interpretação constitucional e a tese da única interpretação correta. *Revista de Direito Administrativo, Infraestrutura, Regulação e Compliance*, São Paulo, n. 24. ano 7. p. 103-124, jan./mar. 2023, p. 8). Desta forma, as teorias realistas e a metódica concretista possuem entendimentos bem distintos no tocantes a influência dos valores.

Alternativa "b": correta. As concepções realistas valorizam a percepção do juiz em relação à realidade fenomênica, o que reduz a sua objetividade. Nesse sentido, "[...] Como todo enunciado normativo é semanticamente indeterminado, o juiz pode formular diversas respostas resultantes da interpretação do mesmo texto legal. Essa formulação de diferentes possibilidades de interpretação é efetivamente uma atividade intelectual cognitiva. Porém a norma jurídica que será efetivamente aplicada ao caso concreto é o resultado da escolha que o aplicador faz entre essas diversas possibilidades de interpretação da moldura que é o enunciado normativo legal. Ou seja, as possibilidades de interpretação são o produto de uma atividade cognitiva, porém a escolha entre elas é sempre um ato discricionário de vontade do intérprete. Por isso, a interpretação judicial é sempre simultaneamente aplicação e criação do direito, seja quando cria normas válidas apenas para um caso concreto, seja quando cria precedentes que passam a funcionar como normas gerais e abstratas do sistema jurídico. [...] Para Kelsen, nem mesmo os métodos de interpretação desenvolvidos pela ciência do direito poderiam reduzir a discricionariedade do juiz no processo decisório. Como não existe nenhum critério cientificamente objetivo e seguro que permita afirmar que métodos podem ser elaborados para interpretar um texto legal e quais desses métodos devem preponderar em uma decisão judicial, a própria escolha dos métodos existentes a serem utilizados na interpretação jurídica é discricionária e depende de um ato de vontade do juiz." (MELLO, Cláudio Ari. Bases teóricas da interpretação constitucional. *Revista de Direito Administrativo & Constitucional*, Belo Horizonte, v. 20, n. 82, p. 251–285, 2020, p. 262).

Alternativa "c": incorreta. A alternativa quer saber como o formalismo vê as teorias realistas. A frase correta seria a seguinte: As concepções realistas podem ser vistas, na perspectiva do formalismo, como exemplo de construções "não interpretativistas". Vamos entender, primeiramente, os conceitos. O formalismo se baseia no positivismo jurídico legalista e entende a norma como texto e interpretação como o processo de compreender o significado real da norma positivada, seguindo os métodos clássicos de interpretação (Savigny). E "interpretativismo" e "não interpretativismo" fazem parte do debate nos Estados Unidos sobre o papel o juiz diante da norma e da interpretação, "interpretativismo" é uma postura bem restrita do juiz, de modo que interpretação significa buscar o sentido da norma a partir do próprio texto, na linha do positivismo jurídico, diferentemente, o "não interpretativismo" é uma postura mais moderna, aberta e flexível, que busca o sentido da norma a partir de outros elementos externos a ela. Assim, o formalismo se amolda ao interpretativismo; e as concepções realistas são vistas, neste debate dicotômico, como construções "não interpretativistas", pois extrapolam o âmbito da norma e buscam construir o direito a partir da realidade.

Alternativa "d": incorreta. A alternativa possui dois erros, o primeiro se refere à realidade imanente e o segundo ao afirmar que o realismo é refratário aos valores. Entende-se o conceito de imanência como o "1) que está intrinsecamente compreendido na essência de um ser; aderente; 2) relativo à realidade concreta e material, em oposição à transcendência e 3) que dura para sempre; perdurável, permanente" (Dicionário Michaelis). Assim, realidade imanente está ligada a essência de algo, ou seja, sua natureza ontológica. Contudo, as teorias realistas buscam conhecer a realidade fática "a Teoria Realista permite tratar o Direito como um conjunto de fatos empíricos, dado que se tratam de atos pelos quais os intérpretes determinam o significado dos enunciados. Mas a interpretação não envolve somente os enunciados, ela passa também pelos fatos" (Troper, Michel. Uma teoria realista da interpretação. *Revista Opinião Jurídica,* Fortaleza, n. 8, p. 280-300, 2006.2, p. 289). Em relação ao segundo erro da alternativa, é importante compreender que as teorias realistas buscam retratar a realidade fática, e neste processo inclui as avaliações cognitivas do juiz, pois este é um elemento que também faz parte da realidade e tem forte influência sobre a interpretação do direito; assim, é incorreto dizer que as teorias realistas são refratárias (contrárias) aos valores. Para melhor compreender o tema, "A teoria da interpretação jurídica de Hans Kelsen é um dos mais importantes exemplos de uma teoria realista da interpretação. Segundo Kelsen, um enunciado normativo do direito positivo é apenas uma moldura (Rahmen) que permite ao intérprete extrair diversas interpretações, que, por sua vez, levam a diferentes possíveis normas jurídicas. Como todo enunciado normativo é semanticamente indeterminado, o juiz pode formular diversas respostas resultantes da interpretação do mesmo texto legal. Essa formulação de diferentes possibilidades de interpretação é efetivamente uma atividade intelectual cognitiva. Porém a norma jurídica que será efetivamente aplicada ao caso concreto é o resultado da escolha que o aplicador faz entre essas diversas possibilidades de interpretação da moldura que é o enunciado normativo legal. Ou seja, as possibilidades de interpretação são o produto de uma atividade cognitiva, porém a escolha entre elas é sempre um ato discricionário de vontade do intérprete" (MELLO, Cláudio Ari. Bases teóricas da interpretação constitucional. *Revista de Direito Administrativo & Constitucional*, Belo Horizonte, v. 20, n. 82, p. 251–285, 2020, p. 261-262).

Alternativa "e": incorreta. As concepções realistas e a tópica pura se distanciam em alguns pontos e se aproximam em relação a outros. Nesse sentido, "[...] Como se vê, há, até certo ponto, um acordo inicial entre o normativismo kelseniano e a tópica: ambos acreditam que há uma margem de ação para o jurista prático, haja vista que a norma jurídica a ser concretizada não permite, seja por imprecisão semântica ou por uma mudança do (ou controvérsia sobre o) sentido e dos termos utilizados pelo legislador, a mera dedução de uma solução jurídica já pronta. A desavença surge no momento em que o juiz (ou qualquer outro profissional do direito) exerce o seu poder de decisão sobre qual das interpretações possíveis deve prevalecer. Neste ponto, em que se requer naturalmente uma avaliação (ou valoração), Kelsen se recusa a estabelecer critérios, ao passo que a tópica entra em cena a fim de, por meio da leitura retórica do direito, fornecer um mínimo de racionalidade à decisão a ser tomada. Em suma, as duas teorias divergem acerca da viabilidade da razão prática. A incapacidade do normativismo para oferecer critérios para a valoração jurídica decorre de um ceticismo em relação a toda e qualquer forma de fundamentação que não possa ser provada em termos definitivos e inquestionáveis" (Bustamante, Thomas da Rosa de. Tópica e argumentação jurídica. *Revista de Informação Legislativa*, Brasília, a. 41, n. 163, p. 153-166, jul./set. 2004, p. 157). Assim, embora ambas as teorias rejeitem o formalismo e reconheçam que a interpretação não se restringe ao texto constitucional, a tópica pura (Theodor Viehweg) enfatiza a argumentação retórica, a partir da busca por soluções a problemas concretos – usando o texto apenas como ponto de partida –, enquanto as teorias realistas defendem que a interpretação é significativamente moldada por fatores extrajurídicos, como o contexto social, político, econômico e por aspectos subjetivos do intérprete. Assim, elas se distanciam em relação aos seus elementos e métodos. Ademais, para as concepções realistas o texto constitucional não é o epicentro da atividade do intérprete, pois enfatizam os fatores extrajurídicos (contexto social, político e econômico, moral, ética, religião e aspectos subjetivos do intérprete) que incidem sobre a atividade do intérprete.

Alternativa correta: letra "b".

08. (FGV – Auditor de Controle Externo – TCE – PI/2021) João e Maria travaram intenso debate a respeito das teorias afetas às restrições aos direitos fundamentais. João defendia que no direito brasileiro é preponderante o entendimento de que esses direitos ensejam o surgimento de posições jurídicas definitivas, o que implica adesão à denominada teoria interna. Maria, por sua vez, refutava esse argumento, afirmando que o entendimento preponderante é o de que os direitos apresentam contornos prima facie, se afeiçoando à teoria externa. À luz dessa narrativa, é correto afirmar que o(s) entendimento(s) de:

a) Maria está certo, já que direito e restrição formam individualidades distintas;
b) Maria está parcialmente certo, pois o conteúdo prima facie, por ser avesso à segurança jurídica, é incompatível com esses direitos;
c) João está certo, já que o nível de proteção oferecido por um direito fundamental é incontrastável;
d) João está parcialmente certo, pois as posições jurídicas definitivas são incompatíveis com a natureza principiológica desses direitos;
e) Maria e João estão parcialmente certos, já que suas explicações se ajustam, respectivamente, às teorias interna e externa.

COMENTÁRIOS

✪ **Nota da autora:** as teorias sobre as restrições aos direitos fundamentais classificam-se em: 1) teoria interna, em que as restrições e o direito formam uma única individualidade, assim, o direito tem sempre um caráter definitivo; diferentemente, da 2) teoria externa na qual direito e restrições são individualidades distintas, as restrições são externas ao direito, o qual é definido em duas etapas, na primeira define-se o âmbito de proteção (direito *prima facie*) e na segunda, definem-se as restrições, diante da aplicação ao caso concreto.

Alternativa "a": direito e restrição formam individualidades distintas, pois as restrições se situam fora do direito abstratamente considerado, ou seja, as restrições não atingem a essência do direito, mas sim a sua aplicação ao caso concreto, conforme a teoria externa.

Alternativa "b": o entendimento de Maria está totalmente certo, pois segue a teoria externa, de modo que o conteúdo prima facie, não tem como ser avesso à segurança jurídica, por ser um direito abstrato, cujo conteúdo será definido em duas etapas: definição do âmbito de proteção e definição dos limites externos (no caso concreto).

Alternativa "c": João não está certo, pois o nível de proteção oferecido por um direito fundamental não é incontrastável. O entendimento de João segue a teoria interna, que não enxerga a possibilidade de conflitos entre direitos fundamentais, o que é reconhecido pela doutrina e jurisprudência de forma preponderante.

Alternativa "d": João não está parcialmente certo, pois mistura os conceitos de direito e de posição jurídica. Para a teoria interna o direito tem um caráter definitivo, pois as restrições são imanentes ao próprio direito, o qual será aplicado a todos, seguindo-se a estrutura normativa das regras, de acordo com Robert Alexy.

Alternativa "e": a explicação de Maria se ajusta à teoria externa e a de João à teoria interna.

Alternativa correta: letra "a".

2. PODER CONSTITUINTE

09. CEBRASPE – 2023 – TCDF – Auditor de Controle Externo

No que concerne ao controle de constitucionalidade e ao poder constituinte, julgue o item a seguir, conforme a jurisprudência do STF.

O poder constituinte reformador é responsável pela elaboração das Constituições dos estados-membros, devendo conformá-las aos princípios e regras impostas pela CF.

COMENTÁRIOS

✪ **Nota da autora:** para fixar nosso estudo, vale ler o julgado: "[...] O poder constituinte outorgado aos Estados-membros sofre as limitações jurídicas impostas pela Constituição da República. Os Estados-membros organizam-se e regem-se pelas Constituições e leis que adotarem (CF, art. 25), submetendo-se, no entanto, quanto ao exercício dessa prerrogativa institucional (essencialmente limitada em sua extensão), aos condicionamentos normativos impostos pela CF, pois é nessa que reside o núcleo de emanação (e de restrição) que informa e dá substância ao poder constituinte decorrente que a Lei

Fundamental da República confere a essas unidades regionais da Federação" (ADI 507).

Item Errado: O poder constituinte reformador é responsável por elaborar reformas, ou seja, produzir as emendas à Constituição, conforme art. 60 da CR/88. O poder constituinte responsável por elaborar as constituições dos Estados-membros é o poder constituinte decorrente.

10. FGV – 2024 – TCE/PA – Auditor de Controle Externo

Após a obtenção de sua independência em relação ao País Alfa, as lideranças políticas do País Beta iniciaram tratativas com o objetivo de elaborar sua primeira Constituição. Com esse objetivo, definiram que seria convocada uma Assembleia Nacional Constituinte.

Nessa situação, é correto afirmar que o poder constituinte é um poder

a) de fato.

b) de direito.

c) derivado.

d) decorrente.

e) pós-fundacional.

COMENTÁRIOS

✪ **Nota da autora:** a questão cobra assunto bastante corriqueiro: poder constituinte. Importante lembrar da classificação do poder constituinte quanto à manifestação histórica: 1) fundacional ou histórico: surge com a própria formação do Estado, e 2) pós-fundacional, surge em substituição a Constituição anterior.

Alternativa "a": correta. O poder constituinte originário é um poder de fato, conforme doutrina positivista majoritária, suas características são: inicial, autônomo, ilimitado, incondicionado e permanente.

Alternativa "b": incorreta. O poder constituinte originário é um poder de direito, conforme a doutrina jusnaturalista, minoritária, sendo jusnaturalista, nasce deste direito pré-existente, e se caracteriza como um poder limitado pelo próprio direito natural.

Alternativa "c": incorreta. O poder constituinte derivado tem sua origem no próprio poder constituinte originário. O poder constituinte derivado se subdivide em reformador (faz as reformas na Constituição) e em decorrente (elabora as constituições dos Estados-membros).

Alternativa "d": incorreta. O poder constituinte decorrente, ou, também chamado de poder constituinte derivado decorrente, é responsável por elaborar as constituições dos Estados-membros.

Alternativa "e": incorreta. O poder constituinte pós-fundacional é aquele que se manifesta em Estados já estabelecidos, substituindo uma Constituição por outra. No caso do exemplo apresentado no enunciado da questão, a Assembleia Nacional Constituinte, surgida após a independência do país, elabora a primeira Constituição, portanto, é fundacional; as demais constituições supervenientes serão pós-fundacionais.

Alternativa correta: letra "a".

3. PRINCÍPIOS FUNDAMENTAIS

▸ CR/88: arts. 1º; 3º; 34, VII; 60, §4º.

11. CEBRASPE – 2024 – TCE/AC – Analista Ministerial

No tocante aos princípios fundamentais da Constituição Federal de 1988, julgue o item a seguir.

São Poderes da União, dos estados, do Distrito Federal e dos municípios, independentes e harmônicos entre si, o Legislativo, o Executivo e o Judiciário.

COMENTÁRIOS

✪ **Nota da autora:** importante lembrar que embora os Estados detenham competência para organizarem a própria Justiça, devem fazê-lo observando os princípios estabelecidos na CR/88. Assim, podemos compreender a súmula 649/STF: "É inconstitucional a criação, por Constituição estadual, de órgão de controle administrativo do Poder Judiciário do qual participem representantes de outros Poderes ou entidades".

Item Errado: o item refere-se ao art. 2º da Constituição, o qual tem a seguinte literalidade: "São Poderes da União, independentes e harmônicos entre si, o Legislativo, o Executivo e o Judiciário". Portanto, o equívoco da questão está em incluir ao lado da União, o Distrito Federal e os municípios. Importante lembrar que os municípios não dispõem de Poder Judiciário próprio, nem o Distrito Federal. O Poder Judiciário do Distrito Federal é mantido pela União, conforme art. 21, XIII da CR/88 ("Compete à União: organizar e manter o Poder Judiciário, o Ministério Público do Distrito Federal e dos Territórios e a Defensoria Pública dos Territórios) e a justiça comum presente nos municípios integram à Justiça Estadual, conforme art. 125 da CR/88 ("Os Estados organizarão sua Justiça, observados os princípios estabelecidos nesta Constituição").

12. CEBRASPE – 2024 – TCE/AC – Analista Ministerial

No tocante aos princípios fundamentais da Constituição Federal de 1988, julgue o item a seguir.

A forma federativa de Estado representa uma das possibilidades de organização territorial do poder político e, no caso do Brasil, se constitui em limite material ao poder de reforma.

COMENTÁRIOS

✪ **Nota da autora:** a questão aborda o conceito de forma de Estado. Importante, lembrar que a doutrina clássica classifica as formas de Estado em estado simples (estado unitário) e estado composto (federação e confederação). Já a doutrina mais moderna classifica em: estado unitário, o estado federal, o estado regional e o estado autonômico (exemplo: Espanha).

Item Certo: conforme ensina o clássico José Afonso da Silva a forma de Estado é a distribuição do poder político em função de um território, assim, a primeira parte do item está correta, pois a forma federativa de Estado é uma forma de organização territorial do poder político, ou seja, indica como o poder política será exercido dentro do território. A segunda parte do item se refere ao limite material ao poder de reforma, que é a cláusula pétrea, prevista no art. 60, §4º da CR/88. São cláusulas pétreas: a forma federativa de Estado; o voto direto, secreto, universal e periódico; a separação dos Poderes e os direitos e garantias individuais.

13. CEBRASPE – 2024 – TCE/PR – Auditor de Controle Externo

Considere o seguinte dispositivo da Constituição Federal de 1988.

"Art. 3.º Constituem objetivos fundamentais da República Federativa do Brasil: I - construir uma sociedade livre, justa e solidária; (...)".

Esse dispositivo é considerado norma constitucional

a) de aplicação imediata.
b) de eficácia contida.
c) imperfeita.
d) programática.
e) de eficácia plena.

COMENTÁRIOS

✪ **Nota da autora:** este é um dos assuntos doutrinários que são bem recorrentes em provas de concurso, veja na seção "dicas" o quadro sobre o assunto.

Alternativa "a": incorreta. Não é norma de aplicação imediata, pois lhe falta a concretude necessária para sua aplicação imediata.

Alternativa "b": incorreta. Não é norma de eficácia contida, pois esta tem aplicação imediata, mas restringível, e no caso em tela a norma não é concreta o suficiente para sua aplicação.

Alternativa "c": incorreta. Não é norma imperfeita. Esta se refere a uma classificação das normas quanto a sanção pelo seu descumprimento da seguinte forma: a) normas perfeitas (geram nulidade), b) normas mais que perfeitas (nulidade e sanção), c) normas menos que perfeitas (sanção sem nulidade) e d) normas imperfeitas (sem nulidade e sem sanção).

Alternativa "d": correta. De acordo com a classificação de José Afonso da Silva as normas programáticas são espécies de normas de eficácia limitada, normas que precisam de lei para sua integração. A norma constitucional "construir uma sociedade livre, justa e solidária" é muito abstrata e precisa de outras normas intermediárias para garantir sua implementação.

Alternativa "e": incorreta. As normas constitucionais de eficácia plena são normas que são aplicadas imediatamente e integralmente, desde a entrada em vigor da Constituição, o que não é o caso do exemplo dado na questão.

Alternativa correta: letra "d".

14. (Cespe – Analista de Controle Externo – Direito – TCE – RJ/2021) Acerca dos atos sujeitos a registro, julgue os itens seguintes.

O STF determina que não é preciso assegurar o contraditório e a ampla defesa nos processos que visam a apreciação da legalidade da concessão inicial de aposentadoria, reforma e pensão.

COMENTÁRIOS

✪ **Nota da autora:** não há violação aos direitos fundamentais pois "[...] quando o Tribunal de Contas aprecia a legalidade de um ato concessivo de pensão, aposentadoria ou reforma, ele não precisa ouvir a parte diretamente interessada, porque a relação jurídica travada, nesse momento, é entre o Tribunal de Contas e a Administração Pública. Num segundo momento, porém, concedida a aposentadoria, reconhecido o direito à pensão ou à reforma, já existe um ato jurídico que, no primeiro momento, até se prove o contrário, chama-se ato jurídico perfeito, porque se perfez reunindo os elementos formadores que a lei exigia para tal. E, nesse caso, a pensão, mesmo fraudulenta — porque estou convencido, também, de que, na sua origem, ela foi fraudulenta—, ganha esse tônus de juridicidade. [MS 24.268, rel. min. Ellen Gracie, red. p/ o ac. min. Gilmar Mendes, voto do min. Ayres Britto, j. 5-2-2004, *DJ* de 17-9-2004.]".

Item Certo: corresponde à literalidade da Súmula Vinculante nº 3 do STF: "Nos processos perante o Tribunal de Contas da União asseguram-se o contraditório e a ampla defesa quando da decisão puder resultar anulação ou revogação de ato administrativo que beneficie o interessado, excetuada a apreciação da legalidade do ato de concessão inicial de aposentadoria, reforma e pensão".

15. (Cespe – Analista de Controle Externo – Direito – TCE – RJ/2021) Acerca de Constituição, poder constituinte e princípios fundamentais, julgue os itens seguintes.

Democracia e soberania popular são princípios que preservam o sistema jurídico contra atos autoritários.

COMENTÁRIOS

✪ **Nota da autora:** com todo respeito, a redação da questão não é das melhores, pois não trata tecnicamente os termos jurídicos, o que pode levar o(a) candidato(a) bem preparado(a) a equívocos. Democracia é um regime político e soberania é um poder, qualificativo do Estado, cuja titularidade pertence ao povo, sendo um elemento central da democracia. Obviamente, que democracia e soberania popular preservam o sistema jurídico contra atos autoritários, basta pensar de forma contrária, como regimes não democrático (ditatoriais e totalitários) desrespeitam o sistema jurídico, tornando-se Estados de Exceção, cuja legalidade é suspensa, substituindo o império do direito pelo império da força. Contudo, tecnicamente, democracia não é o mesmo que princípio democrático, nem um princípio, tal qual soberania popular. Ambos podem ser tutelados e positivados por intermédio de norma jurídica principiológica, mas não se pode confundir a forma com o conteúdo.

Item Certo: o STF, durante a pandemia, foi instado a julgar a pedido de prorrogação do prazo de filiação partidária e alteração do calendário das eleições de 2020 em defesa da soberania popular e da democracia. Contudo, decidiu que tal pedido não se justificava, e ressaltou que em épocas de crise é necessária ainda mais vigilância em defesa da democracia, citando que os Estados Unidos durante a I Guerra Mundial e a gripe espanhola tiveram suas eleições realizadas. A Min. Rosa Weber destacou: "as regras conformadoras dos ritos e procedimentos ínsitos à democracia devem ser reverenciadas como o que são: garantias de existência perene do regime democrático. [...] Em tempos de incerteza, a preservação dos procedimentos estabelecidos de expressão da vontade popular, das instituições conformadoras da democracia, não obstante sua falibilidade, pode ser uma das poucas salvaguardas da normalidade. A democracia, de fato, nunca se realiza sob condições perfeitas: é, sempre, a democracia possível, é sempre vir a ser". E na ementa do julgado constou o seguinte: "[...] 4. Inocorrência de afronta ao princípio democrático e à soberania popular. A existência perene do regime democrático é assegurada pela reverência às regras conformadoras dos ritos e procedimentos que lhe são ínsitos e prazos como o de desincompatibilização não são meras formalidades, eis que visam a assegurar a isonomia, expressão do princípio republicano, na disputa eleitoral, e sua inobservância pode vulnerar a própria legitimidade do processo eleitoral, valor consagrado no art. 14, § 9º, da CF. O exame da história do Brasil revela que a desorganização anda de mãos dadas com a fraude. 5. O acolhimento da pretensão – imediata suspensão dos prazos do art. 9º, caput, da Lei nº 9.504/1997 e do art. 1º, IV, V e VII, da Lei Complementar nº 64/1990 e, por arrastamento, do art. 10, caput, e seu § 4º, da Resolução nº 23.609/2019 do TSE) – enfraqueceria as proteções contra o abuso do exercício de função, cargo ou emprego na administração direta ou indireta, incrementando de modo desproporcional o risco para a normalidade e a legitimidade das eleições (art. 14, § 9º, da CF), produzindo estado de coisas com potencial ainda maior de vulneração ao princípio democrático e à soberania popular: risco à cláusula pétrea da periodicidade do sufrágio (art. 60, § 4º, II, da CF), à soberania popular e ao Estado democrático de direito (art. 1º, parágrafo único, da CF). [...]" (ADI6359-MC). Pode-se vislumbrar neste acórdão o sentido da questão proposta: democracia e soberania popular são princípios que preservam o sistema jurídico contra atos autoritários.

4. DIREITOS E GARANTIAS FUNDAMENTAIS

- CR/88: arts. 5º, XI, XIII, XVI, XVII, XVIII, XIX, XX, XXI, XXXVI; XXXVIII 'd', LI; XLVII; LXX; LXXII; LXXIV, LXXVI, LXXVII; 8º II, IV, V, VI, VII; 15, 53 §1º; 96 III; 105 I; 134; 136; 139; 170 parágrafo único.
- Lei 4717/65: art. 1º §3º.
- Declaração dos Direitos do Homem e do Cidadão: art. 2º.
- CPC: art. 212, §2º.
- Lei 9882/99: art. 4º, §1º.
- Lei 13.300/16.
- Lei 12.016/09.
- Lei 9.507/97.
- Súmula vinculante: 25; 45.

16. CEBRASPE – 2024 – TCE/AC – Analista de TI

Em relação aos direitos e às garantias fundamentais na Constituição Federal de 1988, julgue o item que se segue.

O rol de direitos e garantias fundamentais constitucionais é exemplificativo.

COMENTÁRIOS

✪ **Nota da autora:** a questão, bem tranquila, aborda o tipo de rol dos direitos fundamentais constitucionais. Lembrando que o rol pode ser taxativo ou exaustivo (hipóteses fechadas, em que não cabe ampliação) ou exemplificativo ou aberto (hipóteses que podem ser ampliadas).

Item Certo: o rol de direitos e garantias fundamentais constitucionais é exemplificativo, também chamado de *numerus apertus*. Esta compreensão pode ser retirada do próprio texto constitucional no art. 5º, §2º: "Os direitos e garantias expressos nesta Constituição não excluem outros decorrentes do regime e dos princípios por ela adotados, ou dos tratados internacionais em que a República Federativa do Brasil seja parte".

17. CEBRASPE - 2024 - TCE/AC - Analista de TI

Em relação aos direitos e às garantias fundamentais na Constituição Federal de 1988, julgue o item que se segue.

É incompatível com a Constituição Federal de 1988 a ideia de um direito ao esquecimento, assim entendido como o poder de obstar, em razão da passagem do tempo, a divulgação de fatos ou dados verídicos e licitamente obtidos e publicados em meios de comunicação social analógicos ou digitais.

COMENTÁRIOS

✪ **Nota da autora:** o direito ao esquecimento durante um tempo gerou certa polêmica, principalmente, no STJ, o qual chegou a reconhecer a possibilidade de se reconhecer tal direito. Contudo, após o STF julgar o tema em sede de recurso extraordinário, o STJ reviu sua posição para seguir de forma harmônica a corte suprema e não mais permitir a exclusão de publicação relativa a fatos verídicos. Neste sentido, o STJ: "[...] 5. Em algumas oportunidades, a Quarta e a Sexta Turmas desta Corte Superior se pronunciaram favoravelmente acerca da existência do direito ao esquecimento. Considerando os efeitos jurídicos da passagem do tempo, ponderou-se que o Direito estabiliza o passado e confere previsibilidade ao futuro por meio de diversos institutos (prescrição, decadência, perdão, anistia, irretroatividade da lei, respeito ao direito adquirido, ato jurídico perfeito e coisa julgada). Ocorre que, em fevereiro deste ano, o Supremo Tribunal Federal definiu que o direito ao esquecimento é incompatível com a Constituição Federal (Tema 786). Assim, o direito ao esquecimento, porque incompatível com o ordenamento jurídico brasileiro, não é capaz de justificar a atribuição da obrigação de excluir a publicação relativa a fatos verídicos. (REsp nº 1.961.581-MS, julgado em 07/12/2021).

Item Certo: o item apresentado corresponde ao primeiro parágrafo da tese 786 fixada pelo STF nos seguintes termos: "É incompatível com a Constituição a ideia de um direito ao esquecimento, assim entendido como o poder de obstar, em razão da passagem do tempo, a divulgação de fatos ou dados verídicos e licitamente obtidos e publicados em meios de comunicação social analógicos ou digitais. Eventuais excessos ou abusos no exercício da liberdade de expressão e de informação devem ser analisados caso a caso, a partir dos parâmetros constitucionais - especialmente os relativos à proteção da honra, da imagem, da privacidade e da personalidade em geral - e as expressas e específicas previsões legais nos âmbitos penal e cível".

18. CEBRASPE - 2024 - TCE/AC - Analista Ministerial

À luz da jurisprudência do Supremo Tribunal Federal, julgue o item a seguir, referentes aos direitos individuais e coletivos previstos na Constituição Federal de 1988.

Considerando-se a plenitude de defesa reconhecida ao tribunal do júri, é juridicamente aceitável a utilização da tese da legítima defesa da honra em casos de feminicídio.

COMENTÁRIOS

✪ **Nota da autora:** o tema é importantíssimo e trouxe importantes mudanças, para (i) firmar o entendimento de que a tese da legítima defesa da honra é inconstitucional, por contrariar os princípios constitucionais da dignidade da pessoa humana, da proteção da vida e da igualdade de gênero; (ii) conferir interpretação conforme à Constituição ao art. 23, inciso II, ao art. 25, caput e parágrafo único, do Código Penal e ao art. 65 do Código de Processo Penal, de modo a excluir a legítima defesa da honra do âmbito do instituto da legítima defesa; (iii) obstar à defesa, à acusação, à autoridade policial e ao juízo que utilizem, direta ou indiretamente, a tese de legítima defesa da honra (ou qualquer argumento que induza à tese) nas fases pré-processual ou processual penais, bem como durante o julgamento perante o tribunal do júri, sob pena de nulidade do ato e do julgamento; e (iv) diante da impossibilidade de o acusado beneficiar-se da própria torpeza, fica vedado o reconhecimento da nulidade referida no item anterior na hipótese de a defesa ter-se utilizado da tese da legítima defesa da honra com essa finalidade (ADPF 779).

Item Errado: o STF, no julgamento da ADPF 779, afastou a possibilidade de se alegar legítima defesa da honra no tribunal de júri, afirmando que a plenitude da defesa não pode servir para tal prática considerada ilícita. Conforme o STF: "1. A "legítima defesa da honra" é recurso argumentativo/retórico odioso, desumano e cruel utilizado pelas defesas de acusados de feminicídio ou agressões contra a mulher para imputar às vítimas a causa de suas próprias mortes ou lesões. Constitui-se em ranço, na retórica de alguns operadores do direito, de institucionalização da desigualdade entre homens e mulheres e de tolerância e naturalização da violência doméstica, as quais não têm guarida na Constituição de 1988. [...] 3. A "legítima defesa da honra" não pode ser invocada como argumento inerente à plenitude de defesa própria do tribunal do júri, a qual não pode constituir instrumento de salvaguarda de práticas ilícitas. Devem prevalecer a dignidade da pessoa humana, a vedação de todas as formas de discriminação, o direito à igualdade e o direito à vida, tendo em vista os riscos elevados e sistêmicos decorrentes da naturalização, da tolerância e do incentivo à cultura da violência doméstica e do feminicídio" (STF, ADPF 779).

19. CEBRASPE – 2024 – TCE/AC – Analista Administrativo

À luz da jurisprudência do Supremo Tribunal Federal, julgue o item a seguir, referentes aos direitos individuais e coletivos previstos na Constituição Federal de 1988.

Violaria o direito à liberdade religiosa e o princípio da laicidade do Estado lei estadual que obrigasse à manutenção de exemplar de determinado livro de cunho religioso em unidades escolares e bibliotecas públicas estaduais.

COMENTÁRIOS

✪ **Nota da autora:** para aprofundar o estudo, vale lembrar o conceito de laicidade estatal, que indica a posição de neutralidade e de imparcialidade do Estado diante da pluralidade de crenças religiosas e não religiosas, ou seja, o Estado deve manter uma posição de respeito e de garantia de coexistência pacífica entre todos os credos, de modo que não é permitido ao Estado ter uma religião oficial. Nos termos do art. 19 da CR/88: é vedado ao Estado: "estabelecer cultos religiosos ou igrejas, subvencioná-los, embaraçar-lhes o funcionamento ou manter com eles ou seus representantes relações de dependência ou aliança, ressalvada, na forma da lei, a colaboração de interesse público".

Item Certo: o item está correto e corresponde ao julgamento em controle concentrado de constitucionalidade em que o STF julgou inconstitucional lei amazonense que obrigava escolas e bibliotecas públicas estaduais a manterem exemplar da Bíblia. Assim, decidiu o STF: "1. É inconstitucional, por ofensa aos princípios da isonomia, da liberdade religiosa e da laicidade do Estado, norma que obrigue a manutenção de exemplar de determinado livro de cunho religioso em unidades escolares e bibliotecas públicas estaduais. Precedentes. 2. Ação direta de inconstitucionalidade julgada procedente para declarar inconstitucionais os arts. 1º, 2º e 4º da Lei "Promulgada" n. 74/2010 do Amazonas". (ADI 5258).

20. CEBRASPE – 2023 – TCE/RJ - Procurador

Quanto ao conceito de controle da administração pública, à sua abrangência e às suas espécies, julgue o item a seguir.

A ação popular é instrumento de controle destinado a proteger direito próprio do autor e pode ser utilizada, de forma preventiva ou repressiva, contra atividade administrativa lesiva ao patrimônio público.

COMENTÁRIOS

✪ **Nota da autora:** a ação popular é um instrumento da democracia direta, pois permite a participação direta do cidadão no controle dos atos da Administração. Para aprofundar nossos estudos vale analisar o presente julgado do STJ: "[...] 4. A Ação Popular consiste em um relevante instrumento processual de participação política do cidadão, destinado eminentemente à defesa do patrimônio público, bem como da moralidade administrativa, do meio ambiente e do patrimônio histórico e cultural; referido instrumento possui pedido imediato de natureza desconstitutiva-condenatória, pois colima, precipuamente, a insubsistência do ato ilegal e lesivo a qualquer um dos bens ou valores enumerados no inciso LXXIII do art. 5º da CF/88 e, consequentemente, a condenação dos responsáveis e dos beneficiários diretos ao ressarcimento ou às perdas e danos correspondentes. 5. Tem-se, dessa forma, como imprescindível a comprovação do binômio ilegalidade-lesividade, como pressuposto elementar para a procedência da Ação Popular e consequente condenação dos requeridos no ressarcimento ao erário em face dos prejuízos comprovadamente atestados ou nas perdas e danos correspondentes." (REsp 1.447.237/MG).

Item Errado: o item está errado pois a ação popular não é instrumento para proteger direito próprio do autor; as demais informações estão corretas. A ação popular é uma ação coletiva, faz parte do microssistema de tutela coletiva em defesa do patrimônio público, da moralidade administrativa, do meio ambiente e do patrimônio histórico e cultural. Pode-se perceber que os bens tutelados são de índole coletiva.

21. CEBRASPE – 2023 – TCDF – Auditor de Controle Externo

A respeito dos direitos e garantias fundamentais, julgue os seguintes itens, com base na Constituição Federal de 1988 (CF) e na jurisprudência do Supremo Tribunal Federal (STF).

O *habeas data* não é meio adequado para se obter vista de processo administrativo.

COMENTÁRIOS

✪ **Nota da autora:** o direito de vista do processo administrativo está assegurado no art. 3º da Lei 9784/99, ou seja, tem uma forma específica já prevista em lei. Desta forma, em caso de negativa de acesso pode-se pensar no cabimento do mandado de segurança, por violação do direito de acesso ao processo administrativo.

Item Certo: o habeas data não é meio adequado para se obter vista de processo administrativo, conforme entendimento do STF: "A ação de *habeas data* visa à proteção da privacidade do indivíduo contra abuso no registro e/ou revelação de dados pessoais falsos ou equivocados. O *habeas data* não se revela meio idôneo para se obter vista de processo administrativo" (HD 90 AgR, rel. min. Ellen Gracie, j. 18-2-2010, P, *DJE* de 19-3-2010).

22. CEBRASPE – 2023 – TCDF – Auditor de Controle Externo

A respeito dos direitos e garantias fundamentais, julgue o seguinte item, com base na Constituição Federal de 1988 (CF) e na jurisprudência do Supremo Tribunal Federal (STF).

A garantia constitucional da vedação à autoincriminação não é absoluta, sendo passível de relativização.

COMENTÁRIOS

✪ **Nota da autora:** para aprofundamento, é possível que futuramente os concursos cobrem se a colaboração premiada é compatível com o princípio da não autoincriminação. E a resposta é positiva. Vale ler o julgado do STF: "Caberá ao próprio indivíduo decidir, livremente e na presença da sua defesa técnica, se colabora (ou não) com os órgãos responsáveis pela persecução penal. Os benefícios legais oriundos da colaboração premiada servem como estímulo para o acusado fazer uso do exercício de não mais permanecer em silêncio. Compreensível, então, o termo "renúncia" ao direito ao silêncio não como forma de esgotamento da garantia do direito ao silêncio, que é irrenunciável e inalienável, mas sim como forma de "livre exercício do direito ao silêncio e da não autoincriminação pelos colaboradores, em relação aos fatos ilícitos que constituem o objeto dos negócios jurídicos", haja vista que o acordo de colaboração premiada é ato voluntário, firmado na presença da defesa técnica (que deverá orientar o investigado acerca das consequências do negócio jurídico) e que possibilita grandes vantagens ao acusado. Portanto, a colaboração premiada é plenamente compatível com o princípio do "nemo tenetur se detegere" (direito de não produzir prova contra si mesmo)" (ADI 5.567, rel. min. Alexandre de Moraes, j. 21.11.2023, P, *DJE* de 24.1.2024).

Item Certo: como bem sabido, não existem direitos absolutos, logo, os direitos são passíveis de relativização. Neste sentido, o STF tem posição pacificada. Neste sentido, "[...] O princípio da vedação à autoincriminação, conquanto direito fundamental assegurado na Constituição Federal, pode ser restringido, desde que (a) não seja afetado o núcleo essencial da garantia por meio da exigência de uma postura ativa do agente na assunção da responsabilidade que lhe é imputada; e que (b) a restrição decorra de um exercício de ponderação que viabilize a efetivação de outros direitos também assegurados constitucionalmente, respeitado o cânone da dignidade humana do agente. O direito de não produzir prova contra si mesmo (*nemo tenetur se detegere* – nada a temer por se deter), do qual se desdobram as variações do direito ao silêncio e da autodefesa negativa, consiste em um dos marcos históricos de superação da tradição inquisitorial de valorar o investigado e/ou o réu como um objeto de provas, do qual deveria ser extraída a 'verdade real'" (RE 971.959, rel. min. Luiz Fux, j. 14-11-2018, P, DJE de 31-7-2020, Tema 907, com mérito julgado).

23. CEBRASPE – 2023 – TCDF – Auditor de Controle Externo

A respeito dos direitos e garantias fundamentais, julgue os seguintes itens, com base na Constituição Federal de 1988 (CF) e na jurisprudência do Supremo Tribunal Federal (STF).

É vedada a prestação de assistência religiosa nas entidades civis e militares de internação coletiva.

COMENTÁRIOS

✪ **Nota da autora:** a prestação de assistência religiosa nas entidades civis e militares de internação coletiva é um direito fundamental previsto no art. 5º da CR/88. Trata-se de norma constitucional de eficácia limitada, pois exige um complemento legal, o qual está materializado na Lei de Execução Penal (Lei 7210/84), que, em seu art. 24, regulamenta a disposição constitucional garantindo a eficácia ao dispositivo constitucional. A lei infraconstitucional tem o seguinte teor: "Art. 24. A assistência religiosa, com liberdade de culto, será prestada aos presos e aos internados, permitindo-se-lhes a participação nos serviços organizados no estabelecimento penal, bem como a posse de livros de instrução religiosa. § 1º No estabelecimento haverá local apropriado para os cultos religiosos. § 2º Nenhum preso ou internado poderá ser obrigado a participar de atividade religiosa" (Lei 7210/84).

Item Errado: a afirmativa contraria texto expresso da CR/88, que institui como direito fundamental, no art. 5º VII: "é assegurada, nos termos da lei, a prestação de assistência religiosa nas entidades civis e militares de internação coletiva".

24. CEBRASPE – 2023 – TCDF – Auditor de Controle Externo

A respeito dos direitos e garantias fundamentais, julgue os seguintes itens, com base na Constituição Federal de 1988 (CF) e na jurisprudência do Supremo Tribunal Federal (STF).

A ação de grupos armados civis contra o Estado democrático de direito revela hipótese de crime inafiançável e imprescritível.

COMENTÁRIOS

Nota da autora: para fixar os conceitos vale lembrar que: a anistia é concedida pelo Congresso Nacional, por lei e apaga todas as consequências do crime; já a graça (individual) e o indulto (coletivo) são concedidos pelo Presidente da República mediante decreto e apaga somente a pena, de modo que os efeitos secundários da condenação permanecem, a diferença é que a graça precisa de pedido prévio e o indulto não precisa de prévio requerimento. Lembrando que:

1) Inafiançável e **imprescritível**: racismo e ação de grupo armado contra a ordem constitucional e o Estado Democrático.
2) Inafiançável e **insuscetíveis de graça e anistia**: a prática da tortura, o tráfico ilícito de entorpecentes e drogas afins, o terrorismo e os definidos como crimes hediondos;

Item Certo: corresponde à literalidade do art. 5º, XLIV da CR/88: "constitui crime inafiançável e imprescritível a ação de grupos armados, civis ou militares, contra a ordem constitucional e o Estado Democrático".

25. (Cespe – Analista de Controle Externo – Direito – TCE – RJ/2021) Com relação aos direitos fundamentais, julgue os itens a seguir.

A segurança pública é um direito fundamental social.

COMENTÁRIOS

✪ **Nota da autora:** "o direito à segurança também aparece no *caput* do art. 5º. Porém, a previsão no art. 6º tem sentido diverso daquela no art. 5º. Enquanto lá está ligada à ideia de garantia individual, aqui, no art. 6º, aproxima-se do conceito de segurança pública, que, como dever do Estado, aparece como direito e responsabilidade de todos, sendo exercida nos termos do art. 144, *caput*, para a preservação da ordem pública e da incolumidade das pessoas e do patrimônio" (LENZA, Pedro. *Direito constitucional esquematizado*. 23. ed. São Paulo: Saraiva, 2019, p. 1324).

Item Certo: O direito à segurança está no rol dos direitos e garantias fundamentais da Constituição da República (Título II), especificamente no capítulo dos direitos sociais (Capítulo II), no art. 6º: "São direitos sociais a educação, a saúde, a alimentação, o trabalho, a moradia, o transporte, o lazer, a segurança, a previdência social, a proteção à maternidade e à infância, a assistência aos desamparados, na forma desta Constituição." (CR/88). Sua dimensão social faz-se presente no Título V da Constituição – Da defesa do Estado e das instituições democráticas – especificamente no capítulo II sobre Segurança Pública, a qual é definida como dever do Estado, direito e responsabilidade de todos, sendo exercida para a preservação da ordem pública e da incolumidade das pessoas e do patrimônio.

26. (Cespe – Analista de Controle Externo – Direito – TCE – RJ/2021) Com relação aos direitos fundamentais, julgue os itens a seguir.

O direito fundamental à vida é hierarquicamente superior aos demais direitos fundamentais.

COMENTÁRIOS

✪ **Nota da autora:** Importante saber as características dos direitos fundamentais: universalidade, inalienabilidade, imprescritibilidade, historicidade, irrenunciabilidade e a relatividade (não são absolutos).

Item Errado: a questão está incorreta, pois não existe hierarquia entre os direitos fundamentais, tais direitos são relativos, pensados em conjunto com os demais direitos fundamentais. Ademais, é possível lembrar o clássico exemplo da pena de morte em caso de guerra declarada, prevista no art. 5º, XLVII da CR/88, alguns doutrinadores também citam as hipóteses legais permitidas de aborto, estes exemplos mostram que o direito à vida não é absoluto, nem hierarquicamente superior aos demais direitos. Os direitos devem ser interpretados de forma sistêmica, em conjunto e de forma harmônica, em caso de choque, não há hierarquia, eles devem ser sopesados e ponderados para a sua devida aplicação.

27. (Cespe – Analista de Controle Externo – Direito – TCE – RJ/2021) Com relação aos direitos fundamentais, julgue os itens a seguir.

O direito de liberdade de associação protege entidades que defendam mudanças legislativas e constitucionais.

COMENTÁRIOS

✪ **Nota da autora:** Interessante notar tem vários julgados em que ressalta a conexão entre liberdade de associação e liberdade de expressão, inclusive destacando o direito de reunião como direito-meio para se alcançar a liberdade de expressão. Nesse sentido: '[...] O Supremo Tribunal Federal, em ambos os casos, deixou claramente consignado que o direito de reunião, enquanto direito-meio, atua em sua condição de instrumento viabilizador do exercício da liberdade de expressão, qualificando-se, por isso mesmo, sob tal perspectiva, como elemento apto a propiciar a ativa participação da sociedade civil, mediante exposição de ideias, opiniões, propostas, críticas e reivindicações, no processo de tomada de decisões em curso nas instâncias de Governo. É por isso que esta Suprema Corte sempre teve a nítida percepção de que há, entre as liberdades clássicas de reunião e de manifestação do pensamento, de um lado, e o direito de participação dos cidadãos na vida política do Estado, de outro, um claro vínculo relacional, de tal modo que passam eles a compor um núcleo complexo e indissociável de liberdades e de prerrogativas político-jurídicas, o que significa que o desrespeito ao direito de reunião, por parte do Estado e de seus agentes, traduz, na concreção desse gesto de arbítrio, inquestionável transgressão às demais liberdades cujo exercício possa supor, para realizar-se, a incolumidade do direito de reunião, tal como sucede quando autoridades públicas impedem que os cidadãos manifestem, pacificamente, sem armas, em passeatas, marchas ou encontros realizados em espaços públicos, as suas ideias e a sua pessoal visão de mundo, para, desse modo, propor soluções, expressar o seu pensamento, exercer o direito de petição e, mediante atos de proselitismo, conquistar novos adeptos e seguidores para a causa que defendem" (STF, ADPF 187, voto Min. Celso de Mello).

Item Certo: nos termos do art. 5º, XVII da CR/88: "é plena a liberdade de associação para fins lícitos, vedada a de caráter paramilitar". O direito de liberdade de associação é pleno, desde que para fins lícitos, portanto, é possível uma associação que defenda mudanças legislativas e constitucionais, devido a plenitude do direito de associação. Por exemplo, vale lembrar do emblemático caso da "marcha da maconha" (ADPF 187) que foi julgada constitucional por garantia do direito de reunião e o direito à livre expressão de pensamento.

28. (Cespe – Analista de Controle Externo – Direito – TCE – RJ/2021) Com relação aos direitos fundamentais, julgue os itens a seguir.

Os direitos fundamentais derivam da garantia de igualdade e liberdade.

COMENTÁRIOS

✪ **Nota da autora:** a questão pode deixar muitos candidatos e candidatas em dúvida, diante da palavra "garantia", que juridicamente é um termo técnico para se referir a normas de conteúdo assecuratório, por tal razão a questão não é indicada para ser colocada em concursos públicos.

Item Certo: os direitos fundamentais, de acordo com a doutrina, têm sua construção histórica explicada *didaticamente a partir do lema da Revolução* Francesa – liberdade, igualdade e fraternidade – nas famosas gerações ou dimensões de direitos fundamentais / direitos humanos. O que mostra a historicidade destes direitos, os direitos são decorrências do movimento histórico. As revoluções liberais buscaram garantir os direitos de liberdade, as revoluções sociais buscaram os direitos sociais, neste sentido está correto o enunciado da questão, tendo em vista que os direitos fundamentais derivam da garantia dos valores de igualdade e de liberdade. A terceira geração ou dimensão tem como marco histórico a II Guerra Mundial e a busca por direitos de fraternidade e solidariedade.

29. (Cespe – Analista de Controle Externo – Direito – TCE – RJ/2021) Acerca de Constituição, poder constituinte e princípios fundamentais, julgue os itens seguintes.

O princípio da proporcionalidade pode ser aplicado como vedação da proteção deficiente do Estado.

COMENTÁRIOS

✪ **Nota da autora:** o princípio da proporcionalidade tem duas vertentes: a proibição da proteção deficiente (ou insuficiente) e a proibição de excesso. A proibição de proteção deficiente exige uma atuação positiva do Estado, ao passo que a proibição de excesso uma atuação restritiva, mas ambas em prol dos direitos fundamentais. A título de estudo e aprofundamento, colaciono dois julgados exemplificativos do tema. O primeiro refere-se à proibição da proteção deficiente: "[...] 1. A licença maternidade prevista no artigo 7º, XVIII, da Constituição abrange tanto a licença gestante quanto a licença adotante, ambas asseguradas pelo prazo mínimo de 120 dias. Interpretação sistemática da Constituição à luz da dignidade da pessoa humana, da igualdade entre filhos biológicos e adotados, da doutrina da *proteção* integral, do princípio da prioridade e do interesse superior do menor. 2. As crianças adotadas constituem grupo vulnerável e fragilizado. Demandam esforço adicional da família para sua adaptação, para a criação de laços de afeto e para a superação de traumas. Impossibilidade de se lhes conferir *proteção* inferior àquela dispensada aos filhos biológicos, que se encontram em condição menos gravosa. Violação do princípio da proporcionalidade como vedação à *proteção deficiente*. [...] (RE 778.889). O segundo alude ao princípio da proibição de excesso, o qual é recorrente na fundamentação de *habeas corpus*: "[...] Pode-se dizer que os direitos fundamentais expressam não apenas uma *proibição* do *excesso* (Übermassverbote), como também podem ser traduzidos como *proibições* de proteção insuficiente ou imperativos de tutela (Untermassverbote). Os mandatos constitucionais de criminalização, portanto, impõem ao legislador, para o seu devido cumprimento, o dever de observância do princípio da proporcionalidade como *proibição* de *excesso* e como *proibição* de proteção insuficiente. (STF, HC 104410).

Item Certo: o princípio da proporcionalidade tem duas vertentes: a proibição da proteção deficiente ou insuficiente (*Untermassverbot*) e a proibição do excesso (*Übermassverbot*). De acordo com a doutrina, "A ideia de proporcionalidade como proibição da proteção deficiente (Untermassverbot) desenvolveu-se no direito constitucional germânico a partir da concepção de que os direitos fundamentais não são meros direitos subjetivos negativos, mas possuem também uma dimensão objetiva, na medida em que tutelam certos bens jurídicos e valores que devem ser promovidos e protegidos diante de riscos e ameaças originários de terceiros. Reconheceu-se, portanto, um dever de proteção estatal dos direitos fundamentais - mesmo os de matriz liberal -, que se estende ao Legislativo, à Administração Pública e ao Poder Judiciário. Este dever de proteção é também chamado de imperativo de tutela. Daí decorre que o princípio da proporcionalidade também pode ser manejado para controlar a observância pelo Estado deste dever de proteção, de forma a coibir a sua inação ou atuação deficiente". (SOUZA NETO, Cláudio Pereira de; SARMENTO, Daniel. *Direito constitucional*: teoria, história e métodos de trabalho. Belo Horizonte: Fórum, 2013, p. 481).

30. FGV - 2024 - TCE/GO - Analista de Controle Externo

Maria, estagiária em um escritório de advocacia, foi incumbida, por um advogado sênior, da obrigação de verificar as causas de natureza cível de competência originária do Tribunal de Justiça do Estado Alfa, de modo a identificar se competiria a esse órgão processar e julgar mandado de segurança a ser impetrado contra autoridade estadual.

Ao analisar a sistemática vigente, Maria concluiu corretamente que deveria pesquisar

a) no Código de Processo Civil.
b) na Constituição da República.
c) na Constituição do Estado Alfa.
d) na lei de organização e divisão judiciária.
e) em resolução do Conselho Nacional de Justiça.

COMENTÁRIOS

✪ **Nota da autora:** para complementar o estudo, importante compreender que a Constituição Estadual, embora competente para organizar a competência do Tribunal do Estado, não pode destoar da Constituição da República. Nesse sentido, o STF fixou a seguinte tese: "É inconstitucional norma de constituição estadual que estende o foro por prerrogativa de função a autoridades não contempladas pela Constituição Federal de forma expressa ou por simetria". (ADI 6515).

Alternativa "a": incorreta. O Código de Processo não pode estabelecer a competência originária dos Tribunais Estaduais, por ser matéria reservada à Constituição do Estado.

Alternativa "b": incorreta. A Constituição da República estabelece a competência originária do STF e STJ.

Alternativa "c": correta. A competência originária do Tribunal de Justiça é definida pela Constituição do seu Estado-membro. Nesse sentido, o art. 125, §1º da CR/88: "A competência dos tribunais será definida na Constituição do Estado, sendo a lei de organização judiciária de iniciativa do Tribunal de Justiça".

Alternativa "d": incorreta. A competência originária do Tribunal de Justiça não é definida pela Lei de Organização Judiciária do Estado, mas sim pela Constituição do Estado.

Alternativa "e": incorreta. O CNJ não é competente para definir competência de Tribunal, nem de juízes; sua função é o controle da atuação administrativa e financeira do Poder Judiciário e do cumprimento dos deveres funcionais dos juízes.

Alternativa correta: letra "c".

31. FGV - 2024 - TCE/GO - Analista de Controle Externo

Maria, Joana e Antônio, respectivamente, brasileira nata, brasileira naturalizada e ugandense residente no território brasileiro, consultaram um especialista em relação à existência, ou não, de distinção em relação à situação jurídica de cada qual considerando os direitos fundamentais e os direitos políticos.

O especialista respondeu corretamente que, à luz dos balizamentos estabelecidos pela Constituição da República,

a) os três possuem os mesmos direitos fundamentais, mas, atendidos os requisitos exigidos, não há identidade em relação aos direitos políticos.
b) Maria e Joana possuem os mesmos direitos políticos, apesar de a naturalização desta última poder ser cassada.

c) diversamente de Maria e Joana, Antônio não possui direitos fundamentais e, por via reflexa, não possui direitos políticos.

d) somente possuem direitos políticos aqueles que possuem direitos fundamentais, logo, os três os possuem.

e) Maria e Joana não possuem os mesmos direitos fundamentais, e Antônio não pode usufruir de direitos políticos.

COMENTÁRIOS

✪ **Nota da autora:** atenção a forma pela qual a questão foi escrita! Não se está dizendo que o estrangeiro e o brasileiro naturalizado não têm direitos fundamentais, mas sim que eles não têm os mesmos direitos que o brasileiro nato.

Alternativa "a": incorreta, pois os três não possuem os mesmos direitos fundamentais. Lembre-se que há diferenças, estabelecidas pela própria Constituição, entre brasileiros natos e brasileiros naturalizados. "Quatro são as diferenças previstas na Constituição entre o brasileiro nato e o naturalizado: a) cargos privativos de brasileiros natos; b) funções privativas de brasileiros natos; c) diferenças quanto à extradição; d) propriedade de empresas jornalísticas" (Martins, Flávio. *Curso de direito constitucional*. 5. ed. São Paulo: Saraiva, 2021, p. 1052). Desta forma, haverá diferença entre os direitos de Maria e os de Joana. O estrangeiro (Antônio) possui direitos fundamentais, obviamente; ele só não possui os mesmos direitos que o brasileiro nato e o naturalizado; Antônio, por exemplo, não pode votar, não pode ser votado, pode perder a nacionalidade brasileira, não pode propor ação popular, pode ser extraditado, enfim, não significa que ele não seja titular dos demais direitos fundamentais.

Alternativa "b": incorreta, pois como visto acima, há diferenças entre os direitos de brasileiros natos e naturalizados, referente o acesso a determinados cargos políticos, bem como a possibilidade de perda dos direitos políticos de Joana (naturalizada) decorrente da perda da nacionalidade, conforme art. 15, I da CR/88: "É vedada a cassação de direitos políticos, cuja perda ou suspensão só se dará nos casos de: I - cancelamento da naturalização por sentença transitada em julgado; [...]".

Alternativa "c": incorreta, pois o estrangeiro (Antônio) possui sim direitos fundamentais e, não possui direitos políticos por via direta, ou seja, por disposição expressa do art. 14 da CR/88.

Alternativa "d": incorreta, pois não há uma relação de causalidade para determinar a titularidade de direitos políticos e direitos fundamentais. Assim, há brasileiros que não possuem direitos políticos, como as crianças e os presidiários, mas possuem direitos fundamentais. No caso em tela, o estrangeiro (Antônio) não possui direitos políticos.

Alternativa "e": correta. Maria e Joana não possuem os mesmos direitos fundamentais, pois há diferença entre brasileiro nato e brasileiro naturalizado, e Antônio, por ser estrangeiro, não pode usufruir dos direitos políticos, conforme art. 14 da CR/88.

Alternativa correta: letra "e".

32. FGV – 2024 – TCE/GO – Analista de Controle Externo

João estava inscrito no concurso público de provas e títulos para o provimento do cargo de provimento efetivo X. Ao tomar conhecimento da data da prova, observou que ela seria realizada exatamente no dia da semana que dedicava à reflexão introspectiva do seu ser, conforme apregoado pela crença religiosa que passara a ter desde o ano passado, o que o impedia de realizar qualquer outra atividade.

À luz desse quadro, João consultou a Administração Pública a respeito da possibilidade de que viesse a realizar a prova em data diversa, sendo-lhe corretamente informado que

a) ele tem o direito subjetivo de realizar a prova em data diversa, desde que arque com os respectivos custos.

b) o interesse individual não se sobrepõe ao interesse público, logo, pleitos dessa natureza não podem ser acolhidos.

c) a adoção da crença por lapso inferior a cinco anos impede a oposição da objeção de consciência, logo, a data da prova não pode ser alterada.

d) apesar de o interesse individual se sobrepor ao público em algumas situações, as crenças de João dizem respeito à sua intimidade, não podendo se projetar sobre terceiros.

e) se a Administração preservar a igualdade entre todos os candidatos e não suportar ônus desproporcional, pleito dessa natureza, observados outros fatores, pode vir a ser acolhido.

COMENTÁRIOS

✪ **Nota da autora:** para completar os estudos, o STF decidiu que também nos casos de estágio probatório, é possível a alegação de escusa de consciência religiosa, estabelecendo algumas ponderações para a Administração Pública observar: "Nos termos do artigo 5º, VIII, da Constituição Federal é possível à Administração Pública, inclusive durante o estágio probatório, estabelecer critérios alternativos para o regular exercício dos deveres funcionais inerentes aos cargos públicos, em face de servidores que invocam escusa de consciência por motivos de crença religiosa, desde que presentes a razoabilidade da alteração, não se caracterize o desvirtuamento do exercício de suas funções e não acarrete ônus desproporcional à Administração Pública, que deverá decidir de maneira fundamentada" (STF, tese 1021).

Alternativa "a": errada. O STF, ao reconhecer ao candidato que invoca escusa de consciência o direito subjetivo de realizar a prova em data diversa, não condicionou tal direito a que o candidato arque com os respectivos custos.

Alternativa "b": errada. O STF reconheceu a possibilidade de que o candidato invoque escusa de consciência para realizar a prova em data diversa, o que não representa sobreposição de interesse individual ao interesse público.

Alternativa "c": errada. Ao garantir o direito de realização da prova em data diversa em razão de crença religiosa, o STF não estabeleceu nenhum tempo mínimo de adoção da crença para que o candidato faça jus à mudança pretendida.

Alternativa "d": errada. Em garantia à liberdade de crença (CR/88, art. 5º, VIII), o STF admite que o interesse João leve a Administração Pública a lhe proporcionar a realização da prova em data e horário diversos dos previstos em edital.

Alternativa "e": correta, perfeitamente de acordo com o julgado do STF: "Nos termos do art. 5º, VIII, da Constituição Federal, é possível a realização de etapas de concurso público em datas e horários distintos dos previstos em edital, por candidato que invoca escusa de consciência por motivo de crença religiosa, desde que presentes a razoabilidade da alteração, a preservação da igualdade entre todos os candidatos e que não acarrete ônus desproporcional à Administração Pública, que deverá decidir de maneira fundamentada". (STF. RE 611.874/DF, rel. Min. Dias Toffoli, red. p/ o ac. Min. Edson Fachin, julgado em 19/11, 25/11 e 26/11/2020 (Repercussão Geral – Tema 386).

Alternativa correta: letra "e".

---

33. FCC – 2022 – TCE/GO – Analista de Controle Externo

Inconformados com a crescente criminalidade e com a sensação de impunidade manifestada pela sociedade civil, 50 Deputados Federais propuseram, conjuntamente, um projeto de lei visando à aplicação de pena de trabalhos forçados para os condenados por crimes graves, que envolvam violência e grave ameaça. Diante da situação hipotética acima descrita, tal projeto

a) é inconstitucional, haja vista que a iniciativa de proposta legislativa dessa natureza exige, no mínimo, um terço dos membros do Congresso Nacional.

b) é constitucional, pois foi regularmente proposto por parlamentares representantes da vontade popular.

c) deverá, obrigatoriamente, ser convertido em proposta de emenda constitucional, pois necessária a reforma da atual Constituição Federal, antes de sua aprovação.

d) deverá ser submetido a um grande debate, para sua aprovação, envolvendo representantes do Ministério Público, da Defensoria Pública e do Poder Judiciário, por se tratar de matéria penal.

e) é inconstitucional, diante da vedação expressa da Constituição Federal à pena dessa espécie.

COMENTÁRIOS

✪ **Nota da autora:** importante não confundir trabalho forçado com dever de trabalho. Nesse sentido, vale mencionar o julgado do STJ: "[...] O art. 50, inciso VI, da Lei de Execução Penal - LEP prevê a classificação de falta grave quando o apenado incorrer na inobservância do dever previsto no inciso V do art. 39 da mesma lei. Dessa forma, constitui falta disciplinar de natureza grave a recusa injustificada à execução do trabalho, tarefas e ordens recebidas no estabelecimento prisional. Ainda, determina o art. 31 da LEP a obrigatoriedade do trabalho ao apenado condenado à pena privativa de liberdade, na medida de suas aptidões e capacidades. A pena de trabalho forçado, vedada constitucionalmente no art. 5º, inciso XLVIII, alínea 'c', da Constituição Federal, não se confunde com o dever de trabalho imposto ao apenado, consubstanciado no art. 39, inciso V, da LEP, ante o disposto no art. 6º, 3, da Convenção Americana de Direitos Humanos" (STJ, HC 264.989 – SP).

Alternativa "a": incorreta, pois esta matéria do referido projeto de lei, padece de vício material de inconstitucionalidade, portanto, nem há o que se falar em quórum para proposição. Ademais, para votação de projeto de lei o quórum de votação é maioria relativa, presente maioria absoluta (art. 47 CR/88).

Alternativa "b": incorreta, pois além de não ser constitucional, também não foi regularmente proposto por parlamentares representantes da vontade popular. Para ser regularmente proposto pela vontade popular, é preciso respeitar a iniciativa popular, nos termos da Lei 9709/98, de modo que para configurar iniciativa popular é necessário a apresentação de projeto de lei à Câmara dos Deputados, subscrito por, no mínimo, um por cento do eleitorado nacional, distribuído pelo menos por cinco Estados, com não menos de três décimos por cento dos eleitores de cada um deles (art. 13 Lei 9709/98).

Alternativa "c": incorreta, pois nem poderá ser convertido em proposta de emenda constitucional, pois é flagrantemente violadora de cláusula pétrea, nem se admite, no Brasil, a teoria da dupla revisão, ou seja, primeiro revogar a norma limitadora (por exemplo, a cláusula pétrea) e depois fazer a nova emenda para impor os trabalhos forçados, conforme o exemplo dado.

Alternativa "d": incorreta, pois no processo legislativo não se exige necessidade de nenhum grande debate entre MP, Defensoria e Judiciário para *aprovação de projeto de lei de matéria penal*.

Alternativa "e": correta, o projeto de lei é inconstitucional, diante da vedação expressa da Constituição Federal à pena dessa espécie, conforme cláusula pétrea (art. 60, §4º, IV da CR/88) e pela proibição de penas de trabalhos forçados (art. 5º XLVII da CR/88).

Alternativa correta: letra "e".

34. FGV – 2022 – TCU – Auditor Federal de Controle Externo

Em uma olimpíada universitária, o grupo de estudos XX (GEXX) defende que os direitos fundamentais de primeira dimensão são normalmente veiculados em normas de eficácia plena, sendo o conflito entre eles resolvido no plano da validade. O grupo de estudos ZZ (GEZZ), por sua vez, sustenta que os direitos fundamentais de segunda dimensão são veiculados, na maior parte das vezes, em normas de eficácia contida e, por carecerem de integração pela legislação infraconstitucional, não produzem qualquer efeito até que ela venha a ser editada.

Ao analisar os argumentos apresentados, o júri da olimpíada universitária conclui, corretamente, que o GEXX:

a) erra apenas ao afirmar que o conflito entre os direitos fundamentais de primeira dimensão é resolvido no plano da validade, enquanto o GEZZ erra apenas ao defender que os de segunda dimensão são veiculados em normas de eficácia contida, não produzindo efeitos até a regulamentação;

b) está totalmente certo, enquanto o GEZZ erra ao afirmar que os direitos fundamentais de segunda dimensão são veiculados em normas de eficácia contida, carecem de regulamentação e não produzem quaisquer efeitos até a regulamentação;

c) erra apenas ao afirmar que os direitos fundamentais de primeira dimensão são normalmente veiculados em normas de eficácia plena, enquanto o GEZZ erra apenas ao afirmar que os de segunda dimensão não produzem efeitos até a regulamentação;

d) está totalmente certo, enquanto o GEZZ erra apenas ao afirmar que os direitos fundamentais de segunda dimensão não produzem efeitos até que sejam regulamentados pela legislação infraconstitucional;

e) erra apenas ao afirmar que o conflito entre os direitos fundamentais de primeira dimensão é resolvido no plano da validade, enquanto o GEZZ está totalmente certo em seus argumentos.

COMENTÁRIOS

✪ **Nota da autora:** a questão pode parecer difícil, pelo modo como que as alternativas foram escritas, tentando confundir o candidato. O conteúdo cobrado não é difícil, versa sobre a classificação de José Afonso da Silva sobre os direitos fundamentais. Deste modo, para resolver este tipo de questão, recomendo, organizar uma pequena tabela, escrevendo na própria prova, a fim de organizar as ideias e em cada alternativa identificando uma informação errada já invalide a alternativa com um risco, sinal ou x, pois isto facilita a resposta e ganha tempo e evita confundir-se. Segue um modelinho de quadro para organizar a questão:

	Afirma que	Afirmação
GEXX	os direitos de 1ª dimensão são normas de eficácia plena,	correta
	o conflito entre eles é resolvido no plano da validade	errada
GEZZ	os direitos de 2ª dimensão são veiculados, na maior parte das vezes, em normas de eficácia contida	errada
	os direitos de 2ª dimensão carecerem de integração pela legislação infraconstitucional	correta
	não produzem qualquer efeito até que ela venha a ser editada.	errada

Alternativa "a": correta. O GEXX erra apenas ao afirmar que o conflito entre os direitos fundamentais de primeira dimensão é resolvido no plano da validade, pois, na verdade, o conflito entre normas fundamentais se resolve no plano da eficácia e não da validade. As regras são resolvidas no plano da validade, de modo que uma regra pode ser invalida e ser afastada totalmente do caso concreto, mas isso não ocorre com as normas fundamentais (princípios). O GEZZ erra apenas ao defender que os de segunda dimensão são veiculados em normas de eficácia contida, na verdade são normas de eficácia limitada, nesse sentido, "Apenas na sua segunda fase [2ª dimensão) foram assumidos como dotados de uma eficácia diversa de modo que, ainda que pese a tese da eficácia imediata, podemos encontrar leituras que irão defender uma eficácia mediata, porque condicionada à ação de legislador infraconstitucional" (Fernandes, Bernardo Gonçalves. *Curso de direito constitucional*. 16. ed. Salvador: JusPodivm, 2024, p. 259). As normas de eficácia contida são normas de aplicabilidade imediata e direta, ou seja, são capazes de produzir efeitos desde já, a sua regulamentação *a posteriori* poderá restringir tais efeitos. Diferentemente, das normas de eficácia limitada, as quais dependem de lei para produzirem seus efeitos, mas, mesmo assim, produzem alguns efeitos mínimos, como não recepcionar a legislação anterior, condicionar legislação futura e servir de parâmetro para controle de constitucionalidade (Martins, Flávio. *Curso de direito constitucional*. 5. ed. São Paulo: Saraiva, 2021, p. 349). Portanto, errado afirmar que as normas constitucionais (tanto contida, como limitada) não produzem qualquer efeito.

Alternativa "b": incorreta. O GEXX não está totalmente certo.

Alternativa "c": incorreta. O GEXX não erra ao afirmar que os direitos fundamentais de primeira dimensão são normalmente veiculados em normas de eficácia plena.

Alternativa "d": incorreta. O GEXX não está totalmente certo.

Alternativa "e": incorreta. O GEZZ não está totalmente certo em seus argumentos.

Alternativa correta: letra "a".

35. FGV – 2022 – TCU – Auditor Federal de Controle Externo

XX, renomado escritor, decidiu elaborar uma ampla pesquisa a respeito da vida pessoal e profissional de conhecido político, o qual, além de estar vivo, concluíra há pouco o seu último mandato eletivo e resolvera se retirar da vida pública. Preocupado com as repercussões do livro que pretendia escrever, solicitou orientação de um advogado a respeito da necessidade, ou não, de obter a autorização do político ou, eventualmente, de seus familiares, caso ele viesse a falecer durante a elaboração da obra.

O advogado respondeu, corretamente, à luz da sistemática constitucional, que:

a) a autorização não é exigível, caso a publicação venha a ter caráter exclusivamente imparcial, sem críticas à pessoa e à obra do político;
b) não dependerá de autorização do político ou mesmo de seus familiares, já que a liberdade de informação deve preponderar;
c) somente dependerá de autorização caso o político esteja vivo quando da publicação, já que a intimidade é um direito personalíssimo;
d) sempre dependerá de autorização, pois, como o político retirou-se da vida pública, a sua intimidade prepondera sobre o direito à informação;
e) a autorização será exigida, ou não, conforme as características da obra, devendo ser sopesados os direitos à informação e à honra, observados os circunstancialismos do caso concreto.

COMENTÁRIOS

✪ **Nota da autora:** o STF já decidiu a questão em sede de controle de constitucionalidade, no sentido de que as biografias não autorizadas pelo biografado não podem ser censuradas, em respeito ao princípio da informação, base do Estado Democrático de Direito. Contudo, isto não é motivo para se permitir violações a honra do biografado, de modo que havendo ofensa a este ou outro direito fundamental da personalidade haverá a responsabilização ulterior à publicação. Nesse sentido, o art. 13 da Convenção Americana de Direitos Humanos: "1. Toda pessoa tem direito à liberdade de pensamento e de expressão. Esse direito compreende a liberdade de buscar, receber e difundir informações e ideias de toda natureza, sem consideração de fronteiras, verbalmente ou por escrito, ou em forma impressa ou artística, ou por qualquer outro processo de sua escolha. 2. O exercício do direito previsto no inciso precedente não pode estar sujeito a censura prévia, mas a responsabilidades ulteriores, que devem ser expressamente fixadas pela lei a ser necessárias para assegurar: a) o respeito aos direitos ou à reputação das demais pessoas; ou b) a proteção da segurança nacional, da ordem pública, ou da saúde ou da moral públicas. 3. Não se pode restringir o direito de expressão por vias ou meios indiretos, tais como o abuso de controles oficiais ou particulares de papel de imprensa, de frequências radioelétricas ou de equipamentos e aparelhos usados na difusão de informação, nem por quaisquer outros meios destinados a obstar a comunicação e a circulação de ideias e opiniões. 4. A lei pode submeter os espetáculos públicos a censura prévia, com o objetivo exclusivo de regular o acesso a eles, para proteção moral da infância e da adolescência, sem prejuízo do disposto no inciso 2. 5. A lei deve proibir toda propaganda a favor da guerra, bem como toda apologia ao ódio nacional, racial ou religioso que constitua incitação à discriminação, à hostilidade, ao crime ou à violência" (Decreto 678/92).

Alternativa "a": incorreta, pois não há necessidade de autorização, independentemente do conteúdo da obra e das críticas feitas ao biografado.

Alternativa "b": correta, não dependerá de autorização do político ou mesmo de seus familiares, já que a liberdade de informação deve preponderar, nos termos do julgado do STF: "3. A Constituição do Brasil proíbe qualquer censura. O exercício do direito à liberdade de expressão não pode ser cerceada pelo Estado ou por particular. 4. O direito de informação, constitucionalmente garantido, contém a liberdade de informar, de se informar e de ser informado. O primeiro refere-se à formação da opinião pública, considerado cada qual dos cidadãos que pode receber livremente dados sobre assuntos de interesse da coletividade e sobre as pessoas cujas ações, público-estatais ou público-sociais, interferem em sua esfera do acervo do direito de saber, de aprender sobre temas relacionados a suas legítimas cogitações. 5. Biografia é história. A vida não se desenvolve apenas a partir da soleira da porta de casa. 6. Autorização prévia para biografia constitui censura prévia particular. O recolhimento de obras é censura judicial, a substituir a administrativa. O risco é próprio do viver. Erros corrigem-se segundo o direito, não se coartando liberdades conquistadas. A reparação de danos e o direito de resposta devem ser exercidos nos termos da lei" (ADI 4815).

Alternativa "c": incorreta, pois não há necessidade de autorização, independentemente, de a pessoa a ser biografada esteja viva ou não.

Alternativa "d": incorreta, pois não há necessidade de autorização. E em relação a proteção da intimidade esta não preponderará sobre o direito à informação. A questão deve ser ponderada no caso concreto. Nesse sentido, a recente decisão do STJ: "[...] 2. Ante o interesse público envolvido e a posição que exercem na sociedade, as personalidades públicas podem ter reduzida a expectativa de privacidade em comparação com cidadãos comuns, o que todavia não autoriza a desconsideração total de sua intimidade. 3. A avaliação do interesse da sociedade para se divulgar informações sobre personalidades públicas deve ser ponderado em face do direito à intimidade e à privacidade, evitando-se a desnecessária exposição de detalhes da vida pessoal que não tenham relevância social" (REsp 2.066.238 – SP).

Alternativa "e": incorreta, pois não há necessidade de autorização, independentemente das características da obra e do sopesamento entre direito à informação e direito à honra. A necessidade de prévia autorização configura censura prévia, o que não é permitido no ordenamento nacional, nem no Sistema Interamericano de Direitos Humanos. Este sopesamento é feito no caso concreto em momento posterior a publicação, de modo que se houver algum dano a honra este será apurado e reparado, nos termos do art. 13 da Convenção Americana de Direitos Humanos (Decreto 678/92). Nesta linha, recente decisão do STJ trouxe balizas para guiar este sopesamento: "1. A jurisprudência do STJ orienta que, para situações de conflito entre a liberdade de informação e a proteção aos direitos da personalidade, devem ser ponderados os seguintes elementos: a) o compromisso ético com a informação verossímil; b) a preservação dos chamados direitos da personalidade, dentre os quais se incluem os direitos à honra, à imagem, à privacidade e à intimidade; e c) a vedação de divulgar crítica jornalística com intuito de difamar, injuriar ou caluniar a pessoa (animus injuriandi vel diffamandi)" (REsp 2.066.238 – SP).

Alternativa correta: letra "b".

36. (FGV – Auditor Técnico de Controle Externo – TCE – AM/2021) Joana, motorista de ônibus profissional, foi notificada de que lhe fora imposta a pena de suspensão de habilitação para dirigir veículo automotor, isto em razão de sua condenação pela prática de homicídio culposo na condução de veículo dessa natureza. À luz da ordem constitucional vigente, a sanção aplicada a Joana é:

a) inconstitucional, pois afronta o direito fundamental ao livre exercício profissional;

b) inconstitucional, por se tratar de sanção política, que destoa da razão de ser de uma pena imposta em processo penal;

c) inconstitucional, por destoar do princípio da proporcionalidade, considerando o bem tutelado e o bem restringido;

d) constitucional, pois não há direito absoluto ao exercício de atividade profissional e se ajusta ao princípio de individualização da pena;

e) constitucional, pois as sanções penais devem ser aplicadas a todos que pratiquem a conduta descrita no tipo penal, de modo igualitário, nos planos qualitativo e quantitativo.

COMENTÁRIOS

✪ **Nota da autora:** o tema foi decidido na questão de repercussão geral nº 486, julgada em 2020, pelo STF, no RE 607107, que fixou a seguinte tese: "É constitucional a imposição da pena de suspensão de habilitação para dirigir veículo automotor ao motorista profissional condenado por homicídio culposo no trânsito".

Alternativa "a": errado, pois é constitucional e não há afronta ao direito fundamental do livre exercício profissional. Neste sentido, o STF: "[...] A norma é perfeitamente compatível com a Constituição. É legítimo suspender a habilitação de qualquer motorista que tenha sido condenado por homicídio culposo na direção de veículo. Com maior razão, a suspensão deve ser aplicada ao motorista profissional, que maneja o veículo com habitualidade e, assim, produz risco ainda mais elevado para os demais motoristas e pedestres" (RE 607107).

Alternativa "b": errado, pois é constitucional e não se trata de sanção política, mas sim sanção jurídica prevista expressamente no art. 302 do Código de Trânsito Brasileiro, com espeque constitucional no art. 5º XLVI, alínea "e".

Alternativa "c": errado pois é constitucional e não destoa do princípio da proporcionalidade, considerando o bem tutelado e o bem restringido. Neste sentido, o STF decidiu que "[...] a medida respeita o princípio da proporcionalidade. A suspensão do direito de dirigir não impossibilita o motorista profissional de auferir recursos para sobreviver, já que ele pode extrair seu sustento de qualquer outra atividade econômica" (RE 607107).

Alternativa "d": constitucional, pois não há direito absoluto ao exercício de atividade profissional e se ajusta ao princípio de individualização da pena, nos termos do art. 5º XVVI da CR/88. Conforme entendimento do STF: "[...] inexiste direito absoluto ao exercício de atividade profissionais (CF, art. 5º, XIII). É razoável e legítima a restrição imposta pelo legislador, visando proteger bens jurídicos relevantes de terceiros, como a vida e a integridade física" (RE 607107).

Alternativa "e": errado, pois as sanções penais não devem ser aplicadas a todos que pratiquem a conduta descrita no tipo penal, de modo igualitário, nos planos qualitativo e quantitativo. As sanções são individualizadas e fixadas pelo juiz de acordo com as circunstâncias de cada caso concreto.

Alternativa correta: letra "d".

---

37. (FGV – Auditor Técnico de Controle Externo – TCE – AM/2021) Edna, Deputada Federal, foi procurada por um grupo de ativistas políticas, que pretendiam a alteração da legislação previdenciária, de modo que a outorga de pensão por morte, em razão do falecimento de servidor público do sexo feminino, sendo devida ao cônjuge ou companheiro supérstite, do sexo masculino, estivesse condicionada à comprovação de invalidez e de dependência econômica desse último. Isso, no entanto, não ocorreria na hipótese inversa, vale dizer, quando o falecido fosse do sexo masculino e o beneficiário do sexo feminino. Em razão da consulta formulada, a assessoria de Edna, à luz da sistemática constitucional, respondeu, corretamente, que a fruição da pensão por morte, pelo cônjuge ou companheiro varão, deve se dar em condições:

a) idênticas às do cônjuge ou companheiro supérstite do sexo feminino, salvo permissivo veiculado em lei complementar editada pela União;
b) necessariamente distintas, mais restritivas, em relação às do cônjuge ou companheiro supérstite do sexo feminino, com o que se alcança a igualdade material;
c) idênticas às do cônjuge ou companheiro supérstite do sexo feminino, o que decorre da necessária igualdade formal que deve prevalecer entre ambos;
d) necessariamente distintas, mais restritivas, em relação às do cônjuge ou companheiro supérstite do sexo feminino, enquanto verdadeira ação afirmativa;
e) necessariamente distintas, mais favoráveis, em relação às do cônjuge ou companheiro supérstite do sexo feminino, o que decorre do fato de homens se aposentarem mais tarde.

COMENTÁRIOS

✪ **Nota da autora:** o tema foi decidido pelo STF da seguinte forma: "Recurso Extraordinário com repercussão geral – Previdenciário – Revogação da lei nº 7.672/82 (que dispõe sobre o Instituto de Previdência do Estado do Rio Grande do Sul) – Alegada perda de objeto do apelo extremo – Inocorrência – Pedido de desafetação – Indeferimento – Incidência do critério "tempus regit actum" – Exigência de comprovação de invalidez e de dependência econômica unicamente imposta ao cônjuge varão – Inadmissibilidade – Tratamento diferenciado estabelecido em detrimento do cônjuge varão para efeito de concessão de pensão por morte de sua mulher servidora pública (cônjuge ou companheira) – Inconstitucionalidade dessa exigência porque somente imposta ao cônjuge varão – Desequiparação arbitrária, sem fundamento lógico-racional, entre homens e mulheres – Ofensa ao princípio da isonomia (CF, art. 5º, I) – Inocorrência de transgressão, de outro lado, à cláusula de indicação da fonte de custeio (CF, art. 195, § 5º) e ao critério da equação econômico-financeira (CF, art. 201, V) – Recurso Extraordinário conhecido e improvido". (RE 659.424).

Alternativa "a": incorreta, pois eventuais exceções a isonomia entre homens e mulheres não decorrem de questões formais como o tipo de lei e o órgão legiferante, mas deve haver uma razão material lógica e racional que justifique eventual tratamento desigual, conforme decidiu o STF.

Alternativa "b": incorreta, pois não são necessariamente distintas e não se alcança a igualdade material colocando mais restrições em relação às do cônjuge ou companheiro supérstite do sexo feminino. Vale lembrar que igualdade formal diz respeito à igualdade perante a lei, ao passo que a igualdade material se refere à realidade, buscando mecanismos que atuem de forma diferenciada em prol dos desiguais.

Alternativa "c": idênticas às do cônjuge ou companheiro supérstite do sexo feminino, o que decorre da necessária igualdade formal que deve prevalecer entre ambos. Este tema foi objeto da repercussão geral nº 457, julgada pela STF, com a fixação da seguinte tese: "É inconstitucional, por transgressão ao princípio da isonomia entre homens e mulheres (CF, art. 5º, I), a exigência de requisitos legais diferenciados para efeito de outorga de pensão por morte de ex-servidores públicos em relação a seus respectivos cônjuges ou companheiros/companheiras (CF, art. 201, V)".

Alternativa "d": incorreta, pois não são necessariamente distintas e o fato de a pensão do cônjuge ou companheiro supérstite do sexo feminino ser mais restritiva não é uma ação afirmativa, pelo contrário é uma medida discriminatória.

Alternativa "e": incorreta pois não são necessariamente distintas, pelo contrário não podem ser distintas, conforme entendimento do STF mencionado acima.

Alternativa correta: letra "c".

5. DIREITOS SOCIAIS

38. CEBRASPE - 2024 - TCE/AC - Analista Administrativo

Julgue o item a seguir, referente ao direito constitucional à educação e aos direitos das comunidades remanescentes de quilombos.

A garantia de programas suplementares de alimentação escolar, transporte e assistência à saúde não é obrigatória em todas as etapas da educação básica.

COMENTÁRIOS

✪ **Nota da autora:** a garantia de programas suplementares de material didático escolar, transporte, alimentação e assistência à saúde é direito estendido a todas as etapas da educação básica, esta ampliação foi incluída pela EC 59/09. Vale lembrar que educação básica é obrigatória e gratuita dos quatro aos dezessete anos de idade, inclusive com oferta gratuita para aqueles que não tiveram acesso na idade própria. A Lei de Diretrizes e Bases da Educação (Lei 9394/96) estabelece que educação básica compreende: pré-escola, ensino fundamental e médio.

Item Errado: A garantia de programas suplementares de alimentação escolar, transporte e assistência à saúde é obrigatória em todas as etapas da educação básica, conforme disposição expressa do art. 208, VII da CR/88.

39. CEBRASPE - 2024 - TCE/AC - Analista Administrativo

Julgue o item a seguir, referente ao direito constitucional à educação e aos direitos das comunidades remanescentes de quilombos.

A Constituição Federal de 1988, de forma inédita, reconheceu aos remanescentes das comunidades dos quilombos que estejam ocupando suas terras a propriedade definitiva, devendo o Estado emitir-lhes os títulos respectivos.

COMENTÁRIOS

✪ **Nota da autora:** para aprofundamento, cumpre lembrar a diferença entre o tratamento constitucional destinado às terras indígenas e às terras quilombolas. A CR/88 em relação às terras indígenas garante a posse permanente das terras tradicionalmente ocupadas pelos índios (art. 231, §2º), já em relação às terras quilombolas garante o reconhecimento da propriedade definitiva. O decreto que regulamenta o art. 68 do ADCT é o decreto 4887/2003 que estabelece o procedimento de identificação, reconhecimento, delimitação, demarcação e titulação das terras ocupadas por remanescentes de comunidade quilombolas.

Item Certo: o item está correto e corresponde à literalidade do artigo 68 do ADCT da CR/88: "Aos remanescentes das comunidades dos quilombos que estejam ocupando suas terras é reconhecida a propriedade definitiva, devendo o Estado emitir-lhes os títulos respectivos".

40. CEBRASPE - 2024 - TCE/AC - Analista Administrativo

À luz da jurisprudência do Supremo Tribunal Federal, julgue o item a seguir, referentes aos direitos individuais e coletivos previstos na Constituição Federal de 1988.

Não viola a isonomia constitucional a instituição de política pública que tenha por objetivo a concessão de bolsas a estudantes de baixa renda e autodeclarados indígenas e negros em cursos de graduação em instituições privadas de ensino superior.

COMENTÁRIOS

✪ **Nota da autora:** a questão trata da constitucionalidade das cotas para estudantes de baixa renda, indígenas e negros, o assunto já foi pacificado pelo STF na ADI 3330, sendo considerado constitucional por buscar efetivar o princípio da igualdade material, por meio de políticas públicas afirmativas. E, recentemente, o tema das cotas em concursos também foi julgado, em medida liminar, para afastar o seu fim imediato previsto na Lei 12.990/14, permitindo, assim, a sua prorrogação até conclusão da avaliação da eficácia da ação afirmativa pelo Legislativo e Executivo, ocasião em que a nova deliberação legislativa acarretará a reavaliação da presente decisão cautelar (ADI-MC 7654).

Item Certo: a questão está correta pois é constitucional a instituição de política pública para concessão de bolsas a estudantes de baixa renda e autodeclarados indígenas e negros em cursos de graduação em instituições privadas de ensino superior. Trata-se do programa PROUNI, que já foi julgado constitucional pelo STF na ADI 3330, por garantir as políticas de cotas para efetivação do princípio da igualdade material. Vale registrar pequeno trecho deste emblemático julgado: "[...] 7. Toda a axiologia constitucional é tutelar de segmentos sociais brasileiros historicamente desfavorecidos, culturalmente sacrificados e até perseguidos, como, verbi gratia, o segmento dos negros e dos índios. Não por coincidência os que mais se alocam nos patamares patrimonialmente inferiores da pirâmide social. A desigualação em favor dos estudantes que cursaram o ensino médio em escolas públicas e os egressos de escolas privadas que hajam sido contemplados com bolsa integral não ofende a Constituição pátria, porquanto se trata de um descrímen que acompanha a toada da compensação de uma anterior e factual inferioridade ("ciclos cumulativos de desvantagens competitivas"). Com o que se homenageia a insuperável máxima aristotélica de que a verdadeira igualdade consiste em tratar igualmente os iguais e desigualmente os desiguais, máxima que Ruy Barbosa interpretou como o ideal de tratar igualmente os iguais, porém na medida em que se igualem; e tratar desigualmente os desiguais, também na medida em que se desigualem" (ADI 3330).

41. FCC – 2022 – TCE/GO – Analista de Controle Externo

De acordo com o que estabelece a Constituição Federal acerca dos direitos sociais,

a) é assegurado aos trabalhadores seguro contra acidentes de trabalho, a cargo do empregado, sem excluir a indenização a que o empregador está obrigado, quando incorrer exclusivamente em dolo.

b) é direito do trabalhador doméstico, piso salarial proporcional à extensão e à complexidade do trabalho.

c) ao sindicato cabe a defesa dos direitos e interesses exclusivamente coletivos da categoria, inclusive em questões judiciais ou administrativas.

d) é assegurado o direito de greve, competindo aos empregadores decidir sobre a oportunidade de exercê-lo e aos trabalhadores sobre os interesses que devam por meio dele defender.

e) é direito do trabalhador rural a licença à gestante, sem prejuízo do emprego e do salário, com a duração de cento e vinte dias.

COMENTÁRIOS

✪ **Nota da autora:** sobre direitos sociais, os concursos têm cobrado nas provas de direito constitucional a literalidade das normas constitucionais e jurisprudência do STF, portanto, importante o candidato estar atualizado nesses quesitos.

Alternativa "a": incorreta, o erro da alternativa está nas expressões: "empregado" e "exclusivamente em dolo". De acordo com o art. 7º, XXVIII da CR/88: "São direitos dos trabalhadores urbanos e rurais [...]: seguro contra acidentes de trabalho, a cargo do **empregador**, sem excluir a indenização a que este está obrigado, quando incorrer em **dolo ou culpa**".

Alternativa "b": incorreta, pois o piso salarial proporcional à extensão e à complexidade do trabalho não é um direito do trabalhador doméstico. Os direitos do trabalhador doméstico estão arrolados no parágrafo único do art. 7 da CR/88 e são os seguintes: salário mínimo, irredutibilidade do salário, garantia do salário mínimo, 13º, proteção do salário, jornada de trabalho (8h/d e 44h/sem), repouso semanal remunerado, hora extra, férias com 1/3, licença gestante, licença paternidade, aviso prévio, redução dos riscos, aposentadoria, convenção/acordo coletivo, proibição de diferença salarial por motivo de sexo/idade/cor/estado civil, proibição discriminação do trabalhador PCD e proibição do trabalho noturno/insalubre/perigoso a menores de 18 e de qualquer trabalho a menores de 16, salvo na condição de aprendiz, a partir de 14.

Alternativa "c": incorreta, o erro está na expressão "exclusivamente coletivos". Nos termos do art. 8º, III da CR/88: cabe ao sindicato a defesa dos direitos e interesses coletivos ou individuais da categoria, inclusive em questões judiciais ou administrativas.

Alternativa "d": incorreta, pois compete aos trabalhadores (e não aos empregadores) decidir sobre a oportunidade de exercer o direito de greve e sobre os interesses que devam por meio dele defender, conforme art. 9º da CR/88.

Alternativa "e": correta, corresponde ao art. 7º, XVIII da CR/88. É direito das trabalhadoras urbanas e rurais a licença à gestante, sem prejuízo do emprego e do salário, com a duração de cento e vinte dias.

Alternativa correta: letra "e".

42. FCC – 2022 – TCE/GO – Analista de Controle Externo

De acordo com o que dispõe a Constituição da República, aos servidores ocupantes de cargo público aplicam-se os seguintes direitos garantidos aos trabalhadores urbanos e rurais:

a) décimo terceiro salário, calculado com base nos vencimentos, excluídas vantagens pessoais e gratificações.

b) adicional noturno fixado no dobro do valor da hora de remuneração do trabalho diurno.

c) salário-família em valor equivalente ao valor dos vencimentos, excluídas vantagens pessoais e gratificações.

d) repouso semanal remunerado aos domingos e em um dia útil, de livre escolha do empregador.

e) remuneração acrescida de pelo menos 1/3 por ocasião de gozo de férias.

COMENTÁRIOS

✪ **Nota da autora:** os direitos trabalhistas aplicáveis ao servidor ocupante de cargo público estão previstos no art. 39, 3º da CR/88 e são os seguintes: salário mínimo, garantia de salário mínimo para quem tem remuneração variável, 13º salário, adicional de hora noturna, salário-família, jornada de 8h/dia e 44h/sem., repouso semanal remunerado, adicional hora extra, 1/3 de férias, licença gestante, licença paternidade, proteção do mercado de trabalho da mulher, redução de riscos, proibição de diferença salarial e de admissão por razão de sexo, idade, cor ou estado civil.

Alternativa "a": incorreta, pois o 13º salário é calculado com base na remuneração integral ou no valor da aposentadoria, nos termos do art. 7º, VIII da CR/88.

Alternativa "b": incorreta, pois a Constituição (art. 7º, IX) não traz o valor da hora noturna, ela se limita apenas à estabelecer que a "remuneração do trabalho noturno é superior a do diurno.

Alternativa "c": incorreta, pois a Constituição (art. 7º, XII) estabelece o salário-família em razão do dependente do trabalhador de baixa renda, nos termos da lei, ou seja, o texto constitucional não menciona quais verbas estão incluídas ou excluídas, remete tal tarefa ao legislador.

Alternativa "d": incorreta, pois a Constituição (art. 7º, XV) estabelece que o repouso semanal remunerado se dá, preferencialmente, aos domingos.

Alternativa "e": correta, nos termos do art. 7º, XVII da CR/88, a remuneração do trabalhador é acrescida de pelo menos 1/3 por ocasião de gozo de férias.

Alternativa correta: letra "e".

6. DIREITOS POLÍTICOS E NACIONALIDADE

- CR/88: arts. 7º, parágrafo único; 12; 14; 15; 16; 17; 22, I; 37, §4º; 98, II.
- Lei 9504/97: art. 11 §2º.
- CC: art. 45.

43. FGV - 2024 - TCE/PA - Auditor de Controle Externo

João, Maria e Isabel pretendiam ter participação ativa na próxima eleição a ser realizada, cogitando, inclusive, a possibilidade de concorrerem a cargos eletivos. Ocorre que, na data do pleito, por variadas razões, João estará inelegível, Maria estará inabilitada para o exercício de uma função pública; e Isabel estará com os direitos políticos suspensos.

Nesse caso, é correto afirmar que

A - apenas João e Maria poderão votar.

b) João, Maria e Isabel estarão com o alistamento eleitoral cancelado.

c) apenas João e Isabel não poderão concorrer a um cargo eletivo.

d) embora possam votar, João, Isabel e Maria não poderão concorrer a um cargo eletivo.

e) João, Maria e Isabel poderão votar, ou não, conforme o que previu a decisão que impôs as restrições à sua esfera jurídica.

✪ **Nota da autora:** para a correta solução da presente questão é necessário compreender os conceitos trazidos pelo enunciado. Assim, segundo o Glossário Eleitoral do TSE, a inelegibilidade "importa no impedimento temporário da capacidade eleitoral passiva do cidadão, que consiste na restrição de ser votado, nas hipóteses previstas na LC nº 44/90 e na Constituição Federal, não atingindo, portanto, os demais direitos políticos, como, por exemplo, votar e participar de partidos políticos. (AgRgAG nº 4.598, de 03.06.04). A inelegibilidade pode ser absoluta, proibindo a candidatura às eleições em geral, ou relativa, impossibilitando a postulação a determinado mandato eletivo" (Disponível em: https://www.tse.jus.br/servicos-eleitorais/glossario/termos-iniciados-com-a-letra-i). Por outro lado, como esclarece a doutrina, "a sanção de inabilitação é mais abrangente que a de inelegibilidade, pois, por ela, fica inviabilizado o exercício de quaisquer cargos públicos, e não apenas os eletivos. É assente que a inelegibilidade obstrui a capacidade eleitoral passiva" (Gomes, José Jairo. *Direito Eleitoral*. 4. ed. Belo Horizonte: Del Rey, 2009, p. 163). Por fim, "a suspensão de direitos políticos ocorre, nos termos do art. 15, III, da CF/88, após o trânsito em julgado de condenação criminal e persiste enquanto durarem seus efeitos. Abrange a capacidade eleitoral ativa e passiva do condenado, impedindo-o de votar, filiar-se a partido e candidatar-se a cargo eletivo" (TSE, Ac. de 10.11.2022 no AgR-REspE nº 060043273, rel. Min. Benedito Gonçalves.).

Alternativa "a": correta, uma vez que João, pelo fato de estar inelegível, não perde o direito de votar, mesma situação de Maria cujos direitos políticos não são afetados por estar inabilitada para o exercício de uma função pública. Já Isabel, estando com os direitos políticos suspensos, tem prejudicada tanto sua capacidade eleitoral ativa quanto passiva, abrangendo os direitos de votar e de ser votada.

Alternativa "b": errada, eles não estarão com o alistamento cancelado. O alistamento eleitoral é "a primeira fase do processo eleitoral. É um procedimento administrativo cartorário que compreende dois atos inconfundíveis: a qualificação e a inscrição do eleitor. A qualificação é a prova de que o cidadão satisfaz as exigências legais para exercer o direito do voto, ao passo que a inscrição faz com que o mesmo passe a integrar o Cadastro Nacional de Eleitores da Justiça Eleitoral. O ato de alistamento é feito por meio de processamento eletrônico e se perfaz pelo preenchimento do requerimento de alistamento eleitoral (RAE), na forma da resolução do TSE e da legislação eleitoral. É a forma pela qual o cidadão adquire seus direitos políticos, tornando-se titular de direito político ativo (capacidade para votar) e possibilitando sua elegibilidade e filiação partidária, após a expedição do respectivo título eleitoral" (Disponível em: https://www.tse.jus.br/servicos-eleitorais/glossario/termos-iniciados-com-a-letra-a). Assim, João, Maria e Isabel não estarão com o alistamento eleitoral cancelado. Em relação, especificamente, à Isabel, vale mencionar o art. 11, §1º da Resolução nº 23.659/2021 do TSE, segundo o qual "A suspensão dos direitos políticos não obsta a realização das operações do cadastro eleitoral, inclusive o alistamento, logo após o qual deverá ser registrado o código ASE que indique o impedimento do exercício daqueles direitos".

Alternativa "c": incorreta, pois nenhum dos três personagens apontados no enunciado poderá concorrer a um cargo eletivo, conforme exposto acima na "nota da autora".

Alternativa "d": incorreta, pois Isabel não poderá votar, pois está com os direitos políticos suspensos.

Alternativa "e": incorreta, pois as consequências da inelegibilidade, da suspensão de direitos políticos e da inabilitação para o exercício de função pública decorrem da lei e não da decisão judicial.

Alternativa correta: letra "a".

---

44. FGV – 2024 – TCE/PA – Auditor de Controle Externo

Pedro, nascido em Timor-Leste, tinha grande familiaridade com a cultura brasileira, o que era facilitado pelo fato de a língua portuguesa ser uma das línguas oficiais. Após residir um ano no território brasileiro, período em que frequentou um curso de graduação em uma universidade pública, decidiu se naturalizar brasileiro.

É correto afirmar, à luz da Constituição da República, que Pedro

a) já adquiriu a nacionalidade brasileira.

b) também deve apresentar idoneidade moral para obter êxito no pedido de naturalização.

c) deve cumprir os requisitos aplicáveis à generalidade dos estrangeiros para se naturalizar.

d) precisa residir por quinze anos ininterruptos no território brasileiro e sem condenação criminal.

e) possui a quase-nacionalidade brasileira, desde que haja reciprocidade em favor dos brasileiros em Timor-Leste.

COMENTÁRIOS

✪ **Nota da autora:** A questão cobra os requisitos para naturalização previsto no art. 12 da CR/88. Para aprofundar nossos estudos, interessante lembrar os países que tem a língua portuguesa como idioma oficial: Angola, Brasil, Cabo Verde, Guiné-Bissau, Guiné-Equatorial, Moçambique, Portugal, São Tomé e Príncipe e Timor-Leste. O Timor-Leste é um país localizado no sudeste asiático e tem uma importante história no Direito Internacional dos Direitos Humanos e uma forte ligação afetiva com um brasileiro – Sérgio Vieira de Melo – o qual foi Administrador Transitório das Nações Unidos no Timor-Leste, auxiliando o país a obter sua independência e reconstruir sua instituições democráticas, a partir de um processo de justiça de transição com a participação das Nações Unidas.

Alternativa "a": incorreta, pois Pedro não adquiriu a nacionalidade brasileira, pois além de residir por um ano ininterrupto, também precisa comprovar a idoneidade moral, conforme art. 12, II, a da CR/88.

Alternativa "b": correta, Pedro deve comprovar língua portuguesa, residência por um ano ininterrupto e idoneidade moral, nos termos do art. 12, II, a da CR/88.

Alternativa "c": incorreta, pois a CR/88 estabelece regras especiais para os portugueses (art. 12, §1º) e originários de países de língua portuguesa (art. 12, II, a).

Alternativa "d": incorreta, o requisito de residência por mais de 15 anos ininterruptos e sem condenação penal é para os estrangeiros de qualquer outra nacionalidade, conforme art. 12, II, b da CR/88.

Alternativa "e": incorreta, pois a quase-nacionalidade se refere ao português que resida permanentemente no Brasil, se houver reciprocidade em favor de brasileiros, conforme art. 12, §1º da CR/88, assim Pedro não tem quase-nacionalidade.

Alternativa correta: letra "b".

---

45. FGV – 2022 – TCE/TO – Auditor de Controle Externo

João, prefeito do Município Beta, logo após ser reeleito para o segundo mandato consecutivo à frente do Poder Executivo desse ente federativo, se reuniu com sua equipe com o objetivo de traçar a estratégia a ser adotada para a eleição subsequente. Afinal, o seu crescente prestígio lhe dava esperança de continuar a exercer a representatividade popular.

Ao consultar os seus assessores a respeito da possibilidade de ser eleito para um novo mandato, foi-lhe corretamente respondido que a ordem constitucional somente permite:

a) duas reeleições para a chefia do Poder Executivo, logo, João poderia concorrer ao cargo de prefeito do Município Beta na próxima eleição;

b) uma reeleição para a chefia do Poder Executivo, de modo que João não poderia concorrer a nenhum cargo eletivo dessa natureza, qualquer que fosse o ente e o nível federativo;

c) uma reeleição para cargo, da mesma natureza, de chefe do Poder Executivo, de modo que João apenas não poderia concorrer, na próxima eleição, ao cargo de prefeito municipal, ainda que em Município diverso;

d) uma reeleição, no mesmo Município, para a chefia do Poder Executivo, mas João pode concorrer ao cargo de prefeito municipal em Município diverso;

e) uma reeleição para a chefia do Poder Executivo, estando o respectivo agente inelegível para qualquer cargo eletivo na eleição subsequente.

COMENTÁRIOS

✪ **Nota da autora:** a questão trata do conhecimento do art. 14, §§ 5º e 6º e sobre a jurisprudência do STF sobre o prefeito itinerante ou profissional. Para aprofundar o estudo, é importante o candidato tomar cuidado com a presente situação, já decidida pelo STF: "Presidente da câmara municipal que substitui ou sucede o prefeito nos seis meses anteriores ao pleito é inelegível para o cargo de vereador. CF, art. 14, § 6º. Inaplicabilidade das regras dos § 5º e § 7º do art. 14, CF.

(RE 345.822, rel. min. Carlos Velloso, j. 18-11-2003). O Vereador fica inelegível para o cargo de Vereador, pois quando ele esteve substituindo o Prefeito, figura como prefeito, logo, para o prefeito se candidatar a outro cargo eletivo (vereador) ele precisaria renunciar o seu mandato até 6 meses antes do pleito. Sobre o assunto, "quando ocorrer a desincompatibilização (com a renúncia do cargo de presidente ou governadores ou prefeitos, então, os vices (que assumirem o cargo de chefe do Executivo) é que ficarão inelegíveis, ou seja, eles nesse caso não poderão concorrer a outros cargos, exceto, obviamente, ao próprio cargo do executivo (ai como citado acima, na figura da reeleição)" (FERNANDES, Bernardo Gonçalves. *Curso de direito constitucional.* 16. ed. Salvador: JusPodivm, 2024, p. 783).

Alternativa "a": incorreta, pois tecnicamente a Constituição permite uma eleição e na sequência uma reeleição; duas reeleições significariam três mandatos consecutivos, logo, João não poderia concorrer ao cargo de prefeito do Município Beta na próxima eleição.

Alternativa "b": incorreta, pois João poderia concorrer a outro cargo eletivo, desde que renunciasse o seu mandato até seis meses antes do pleito. Neste sentido, o art. 14, §6º da CR/88: "Para concorrerem a outros cargos, o Presidente da República, os Governadores de Estado e do Distrito Federal e os Prefeitos devem renunciar aos respectivos mandatos até seis meses antes do pleito".

Alternativa "c": correta, a Constituição só permite uma única reeleição para os chefes do Executivo e quem os houver substituído nos últimos 6 meses. Assim, João não pode mais concorrer pois seria o seu terceiro mandato subsequente. E está correta a proibição de concorrer em outro Município, haja vista que o STF proibiu a figura do chamado "prefeito profissional ou itinerante".

Alternativa "d": incorreta, pois de acordo com a jurisprudência do STF não é possível que João possa concorrer a outro cargo de prefeito em município diverso. Nesse sentido, decidiu o STF: "o instituto da reeleição tem fundamento não somente no postulado da continuidade administrativa, mas também no princípio republicano, que impede a perpetuação de uma mesma pessoa ou grupo no poder. O princípio republicano condiciona a interpretação e a aplicação do próprio comando da norma constitucional, de modo que a reeleição é permitida por apenas uma única vez. Esse princípio impede a terceira eleição não apenas no mesmo Município, mas em relação a qualquer outro Município da Federação. Entendimento contrário tornaria possível a figura do denominado "prefeito itinerante" ou do "prefeito profissional", o que claramente é incompatível com esse princípio, que também traduz um postulado de temporariedade/alternância do exercício do poder. Portanto, ambos os princípios – continuidade administrativa e republicanismo – condicionam a interpretação e a aplicação teleológicas do art. 14, § 5º, da Constituição. O cidadão que exerce dois mandatos consecutivos como prefeito de determinado Município fica inelegível para o cargo da mesma natureza em qualquer outro Município da Federação" (RE 637.485, rel. min. Gilmar Mendes, Tema 564, com mérito julgado).

Alternativa "e": incorreta, pois João não está inelegível para qualquer outro cargo eletivo, nos termos do art. 14, §6º (copiado na alternativa b), ele pode se candidatar a outro cargo, desde que renuncie o seu mandato de prefeito no prazo de 6 meses antes do pleito.

Alternativa correta: letra "c".

46. FCC – 2022 – TCE/GO – Analista de Controle Externo

Marlene, 28 anos de idade, brasileira naturalizada, cogitou candidatar-se para o cargo de Deputado Federal, nas eleições gerais do ano em curso. Diante da situação hipotética acima mencionada, Marlene

a) poderia candidatar-se ao cargo de Deputado Federal, bem como ser eleita; contudo, não poderia ser escolhida Presidente da Câmara dos

Deputados, pois esse cargo é privativo de brasileiro nato.

b) não poderia ser candidata ao cargo de Deputado Federal, pois, embora tenha a idade mínima para tanto, esse cargo é privativo de brasileiro nato.

c) não poderia ser candidata ao cargo de Deputado Federal, pois a idade mínima para tanto é de 30 anos; mas poderia ser candidata ao cargo de Deputado Estadual, para o qual se exige idade mínima de 21 anos.

d) poderia se candidatar aos cargos de Deputado Federal e Estadual, mas não aos cargos de Senador, Governador e Presidente da República, pois, além de não ter a idade mínima para ocupar tais cargos, são eles privativos de brasileiros natos.

e) somente poderia se candidatar, independentemente da idade, aos cargos do Poder Legislativo, mas não aos do Poder Executivo, pois são eles privativos de brasileiros natos.

COMENTÁRIOS

✪ **Nota da autora:** importante que o candidato tenha decorado o assunto nacionalidade e a listinha dos cargos privativos de brasileiro nato.

São privativos de brasileiro nato: I - de Presidente e Vice-Presidente da República; II - de Presidente da Câmara dos Deputados; III - de Presidente do Senado Federal; IV - de Ministro do Supremo Tribunal Federal; V - da carreira diplomática; VI - de oficial das Forças Armadas; VII - de Ministro de Estado da Defesa. (art. 12, §3º da CR/88).

São condições de elegibilidade, a idade mínima de: 35 anos para Presidente, Vice-Presidente da República e Senador; 30 anos para Governador e Vice-Governador; 21 anos para Deputado Federal, Deputado Estadual ou Distrital, Prefeito, Vice-Prefeito e juiz de paz e de 18 anos para Vereador.

Alternativa "a": correta, pois Marlene poderia candidatar-se ao cargo de Deputado Federal, bem como ser eleita; contudo, não poderia ser escolhida Presidente da Câmara dos Deputados, pois esse cargo é privativo de brasileiro nato, conforme art. 12, §3º da CR/88.

Alternativa "b": incorreta, pois Marlene poderia ser candidata ao cargo de Deputado Federal e este cargo não é privativo de brasileiro nato. O que é privativo de brasileiro nato é o cargo de presidente da Câmara, pois tal cargo está na linha de sucessão presidencial (art. 80 da CR/88).

Alternativa "c": incorreta, pois Marlene poderia ser candidata tanto ao cargo de Deputado Federal, como de Deputado estadual, pois a idade mínima para ambos é de 21 anos, conforme art. 14, §3º da CR/88.

Alternativa "d": incorreta, pois poderia se candidatar aos cargos de Deputado Federal e Estadual, mas não aos cargos de Senador, Governador e Presidente da República, pois, não possui a idade mínima para ocupar tais cargos, e em relação aos cargos de presidente, vice-presidente da república também não poderia por ser brasileira naturalizada.

Alternativa "e": incorreta, pois tanto os cargos do Poder Legislativo, quanto os do Poder Executivo, precisam de observância do requisito de idade e nacionalidade.

Alternativa correta: letra "a".

---

47. (FGV – Auditor Técnico de Controle Externo – TCE – AM/2021) Pedro foi intimado do trânsito em julgado de uma sentença penal condenatória, que o considerou culpado pela prática de crime contra a fé pública, condenando-o à pena privativa de liberdade, que foi substituída por pena restritiva de direitos. Considerando a sua aspiração de concorrer a um cargo eletivo, um amigo lhe informou que sua cidadania estava suspensa em suas acepções ativa e passiva.

A informação do amigo de Pedro está:

a) errada, pois tão somente a pena privativa de liberdade gera essa consequência, enquanto produzir efeitos;

b) certa, pois a pena restritiva de direitos gera essa consequência, enquanto produzir efeitos;

c) parcialmente certa, pois a cidadania de Pedro somente foi suspensa em sua acepção passiva;

d) errada, pois a cidadania, como fator nuclear da democracia, não é suscetível de ser suspensa;

e) parcialmente certa, pois a cidadania de Pedro somente foi suspensa em sua acepção ativa.

COMENTÁRIOS

✪ **Nota da autora:** em que pese o gabarito oficial apresentar como resposta correta a letra "b", entendo que questão está mal formulada e mereceria anulação, por não ser cabível em concurso público questão tão dúbia, lidando com conceitos abertos. Assim, se considerar cidadania como sinônimo da capacidade eleitoral de votar e ser votado, neste sentido o gabarito oficial está correto; mas se considerar um conceito contemporâneo e não aquele tradicional (restrito ao direito de votar e ser votado), a cidadania se apresenta como fundamento da República Federativa do Brasil (art. 1º, II, CR/88), relacionada com aspectos culturais, sociais, econômicos, civis e políticos, a defesa e representação de minorias e a efetividade de direitos fundamentais, muito além da possibilidade de votar e ser votado. As acepções - ativa e passiva - da cidadania, considerada em seu sentido moderno, dizem respeito ao envolvimento do cidadão em relação à comunidade. Mas para ser resolver a questão, então, se considerará cidadania como sinônimo da capacidade eleitoral ativa (votar) e passiva (ser votado).

Alternativa "a": incorreta, pois não é somente a pena privativa de liberdade que gera a suspensão da "cidadania". Não importa a natureza da condenação – privativa de liberdade, restritiva de direitos ou multa – o importante é o trânsito em julgado da condenação.

Alternativa "b": certa, pois a pena restritiva de direitos gera essa consequência, enquanto produzir efeitos. Importante perceber que a substituição da pena não impede a suspensão dos direitos políticos, esta tese foi fixada no RE 601.182, em repercussão geral nº 370 com o seguinte teor: "A suspensão de direitos políticos prevista no art. 15, inc. III, da Constituição Federal aplica-se no caso de substituição da pena privativa de liberdade pela restritiva de direitos".

Alternativa "c": incorreta, pois a suspensão dos direitos políticos decorrente de condenação criminal transitada em julgado, enquanto durarem seus efeitos, engloba o direito de votar (capacidade eleitoral ativa) e o direito de ser votado (capacidade eleitoral passiva).

Alternativa "d": incorreta, pois a questão coloca cidadania como direito de votar e ser votado, o que pode ser suspenso, nos termos do art. 15 CR/88.

Alternativa "e": incorreta, pois a condenação criminal transitada em julgado, engloba o direito de votar (capacidade eleitoral ativa) e ser votado (capacidade eleitoral passiva), enquanto durarem os efeitos penais.

Alternativa correta: letra "b".

7. ORGANIZAÇÃO DO ESTADO

- CR/88: arts. 18, §2º, §3º; 20, II; 26, III; 21; 22, I, XXIX; 23; 24; 29; 33, §3º; 36, §1º; 45, §2º; 49; 22, XXIII; 52, 58, §3º; 81; 85, parágrafo único; 136, §4º; 103-A, §4º, II; 177, V.
- ADCT: art. 12.
- Lei 1079/50: art. 78, §3º.
- Súmulas (STF): 419; 645; 646.
- Súmula vinculante: 38; 49.

48. CEBRASPE – 2024 – TCE/PR – Auditor de Controle Externo

Se um estado da Federação publicar uma lei que regule, de forma geral, a proteção e o tratamento de dados pessoais, essa lei será

a) constitucional, pois legislar acerca desse tema é competência exclusiva dos estados.

b) inconstitucional, pois legislar acerca desse tema é competência privativa da União.

c) constitucional, pois legislar acerca desse tema é competência concorrente da União, dos estados ou do Distrito Federal, e dos municípios.

d) constitucional, pois legislar acerca desse tema é competência concorrente da União e dos estados ou do Distrito Federal.

e) inconstitucional, pois legislar acerca desse tema é competência dos municípios.

COMENTÁRIOS

Nota da autora: a EC 115/2022 alterou a CR/88 para incluir em seu art. 5º, o direito à proteção dos dados pessoais, inclusive nos meios digitais; alterou o art. 21 da CR/88 para incluir na competência administrativa da União: "organizar e fiscalizar a proteção e o tratamento de dados pessoais", e por fim, incluiu no art. 22, referente à competência legislativa privativa da União: "a proteção e tratamento de dados pessoais". A matéria está regulada na Lei 13.709/18, conhecida como Lei Geral de Proteção de Dados.

Alternativa "a": a alternativa está incorreta, pois a lei não será constitucional e a competência para legislar sobre proteção de dados não é exclusiva dos Estados, mas sim privativa da União.

Alternativa "b": a alternativa está correta, pois a lei será inconstitucional, conforme art. 22, XXX da CR/88, que dispõe o seguinte: "Compete privativamente à União legislar sobre: proteção e tratamento de dados pessoais". Este inciso foi incluído pela EC 115/2022.

Alternativa "c": a alternativa está incorreta, pois a lei não será constitucional. E a proteção de dados não faz parte da competência concorrente. Lembre-se de que a competência concorrente, prevista no art. 24 da CR/88, é compartilhada entre União e Estados; o Município tem competência legislativa para suplementar a legislação federal e estadual no que couber, conforme art. 30, II da CR/88.

Alternativa "d": a alternativa está incorreta, pois a lei não será constitucional e o tema da proteção de dados não se insere na competência concorrente, mas sim na competência privativa da União.

Alternativa "e": a alternativa está incorreta, pois a competência para legislar sobre proteção de dados não é dos municípios, mas sim da União.

Alternativa correta: letra "b".

49. FGV – 2024 – TCE/PA – Auditor de Controle Externo

O Deputado Estadual Pedro pretendia apresentar à Assembleia Legislativa do Estado Delta projeto de lei versando sobre matéria de competência legislativa concorrente entre a União, os Estados e o Distrito Federal. Após promover alentada busca, constatou que nem a União nem o Estado Delta tinha legislado sobre a matéria.

À luz da divisão constitucional de competências, Pedro concluiu corretamente que o Estado Delta

a) somente pode legislar sobre a matéria após a União.
b) pode legislar sobre a matéria, desde que seja expressamente autorizado pela União.
c) pode legislar sobre a matéria, sendo que a superveniência de normas gerais da União revogará a lei estadual na hipótese de colidência.
d) pode legislar sobre a matéria, sendo que a superveniência de normas gerais da União suspenderá a eficácia da lei estadual na hipótese de colidência.
e) pode legislar sobre a matéria, sendo que a superveniência de normas gerais da União não terá influência sobre a lei estadual, ainda que sejam colidentes.

COMENTÁRIOS

✪ **Nota da autora:** sobre o tema atentar a possíveis nomenclaturas usadas pelo STF e que podem ser cobradas nos concursos. "O art. 24 da CF compreende competência estadual concorrente não cumulativa ou suplementar (art. 24, § 2º) e competência estadual concorrente cumulativa (art. 24, § 3º). Na primeira hipótese, existente a lei federal de normas gerais (art. 24, § 1º), poderão os Estados e o Distrito Federal, no uso da competência suplementar, preencher os vazios da lei federal de normas gerais, a fim de afeiçoá-la às peculiaridades locais (art. 24, § 2º); na segunda hipótese, poderão os Estados e o Distrito Federal, inexistente a lei federal de normas gerais, exercer a competência legislativa plena "para atender a suas peculiaridades" (art. 24, § 3º). Sobrevindo a lei federal de normas gerais, suspende esta a eficácia da lei estadual, no que lhe for contrário (art. 24, § 4º)" (ADI 3.098, rel. min. Carlos Velloso, P, *DJ* de 10-3-2006).

Alternativa "a": incorreta, pois em se tratando de competência concorrente – prevista no art. 24 CR/88 – União, Estados e Distrito Federal podem legislar sobre as matérias ali descritas, sendo que a União legisla sobre normas gerais e os Estados com a competência suplementar e na ausência do ato da União, o Estado assume a competência plena. Portanto, é incorreto dizer que o Estado somente pode legislar após a União.

Alternativa "b": incorreta, pois não se exige autorização expressa da União na competência concorrente.

Alternativa "c": incorreta, pois a superveniência de normas gerais da União não revogará a lei estadual na hipótese de colidência, mas sim suspenderá sua eficácia, conforme literalidade do art. 24, § 4º da CR/88: "A superveniência de lei federal sobre normas gerais suspende a eficácia da lei estadual, no que lhe for contrário.".

Alternativa "d": correta, conforme art. 24, §4º da CR/88, transcrito na alternativa acima.

Alternativa "e": incorreta, pois a superveniência de normas gerais da União terá sim influência sobre a lei estadual, especialmente, se forem colidentes, hipótese em que a lei estadual terá sua eficácia suspensa.

Alternativa correta: letra "d".

50. FGV – 2024 – TCE/GO – Analista de Controle Externo

O Estado Alfa editou a Lei nº X, em matéria de competência legislativa concorrente com a União, em momento no qual este ente federativo ainda não tinha editado nenhuma norma a respeito da temática. Apesar desse diploma normativo ter sido enaltecido pela coletividade, muitos argumentavam com a sua inconstitucionalidade.

À luz da sistemática constitucional vigente, é correto afirmar que o Estado Alfa

a) não poderia ter editado a Lei nº X enquanto a União não legislasse sobre a temática.
b) somente poderia legislar sobre a temática se houvesse lei complementar autorizando-o.
c) editou corretamente a Lei nº X, e, caso colida com norma geral que venha a ser editada pela União, continuará válida, mas se tornará ineficaz.
d) tinha competência legislativa plena para legislar sobre a temática, sendo que a Lei nº X será tida como revogada quando sobrevier a lei da União.
e) pode legislar sobre a temática, sendo que a Lei nº X tem preeminência, no âmbito do seu território, em relação às normas gerais que venham a ser editadas pela União.

COMENTÁRIOS

✪ **Nota da autora:** para aprofundarmos o estudo da competência concorrente, importante conhecer o seguinte julgado do STF: "Nos casos em que a dúvida sobre a competência legislativa recai sobre norma que abrange mais de um tema, deve o intérprete acolher interpretação que não tolha a competência que detêm os entes menores para dispor sobre determinada matéria (*presumption against preemption*). Porque o federalismo é um instrumento de descentralização política que visa realizar direitos fundamentais, se a lei federal ou estadual claramente indicar, de forma adequada, necessária e razoável, que os efeitos de sua aplicação excluem o poder de complementação que detêm os entes menores (*clear statement rule*), é possível afastar a presunção de que, no âmbito regional, determinado tema deve ser disciplinado pelo ente menor. Na ausência de norma federal que, de forma nítida (*clear statement rule*), retire a presunção de que gozam os entes menores para, nos assuntos de interesse comum e concorrente, exercerem plenamente sua autonomia, detêm Estados e Municípios, nos seus respectivos âmbitos de atuação, competência normativa" (RE 194.704, red. do ac. min. Edson Fachin, j. 29-6-2017).

Alternativa "a": incorreta, pois o Estado Alfa poderia sim ter editado a Lei nº X enquanto a União não legislasse sobre a temática.

Alternativa "b": incorreta, pois, na competência concorrente, o Estado Alfa pode legislar sobre o tema e não precisa de lei complementar autorizando-o. A necessidade de lei complementar autorizativa refere-se à competência privativa da União (art. 22, parágrafo único da CR/88).

Alternativa "c": correta, o Estado Alfa editou corretamente a Lei nº X, e, caso colida com norma geral que venha a ser editada pela União, continuará válida, mas se tornará ineficaz, conforme art. 24, §4º da CR/88: "A superveniência de lei federal sobre normas gerais suspende a eficácia da lei estadual, no que lhe for contrário".

Alternativa "d": incorreta, pois quando sobrevier a lei da União, a lei estadual não será revogada, apenas terá sua eficácia suspensa nos pontos que forem contrários à lei federal. Esta solução está prevista no art. 24, §4º da CR/88.

Alternativa "e": incorreta, pois a lei estadual não tem preeminência, em relação às normas gerais que venham a ser editadas pela União. Não há hierarquia entre lei federal e lei estadual.

Alternativa correta: letra "c".

51. FGV – 2023 – TCE/BA – Auditor de Controle Externo

O Estado Alfa, com o objetivo de preservar o equilíbrio de um importante ecossistema existente em seu território, editou a Lei nº X e criou o serviço de controle e preservação ambiental. Além disso, o mesmo diploma normativo inseriu, entre as fontes de custeio desse serviço, taxa correspondente a um percentual da arrecadação das sociedades empresárias que atuam na geração de energia elétrica, realizando o aproveitamento energético dos cursos de água existentes no território de Alfa, atividade considerada potencialmente poluidora.

À luz da sistemática constitucional, é correto afirmar que a Lei nº X é:

a) inconstitucional, pois compete privativamente à União legislar sobre proteção do meio ambiente;
b) constitucional, pois, por se tratar de curso de água pertencente a Alfa, cabe a esse ente legislar sobre a matéria.
c) constitucional, considerando a aderência da atividade ao território de Alfa e a competência legislativa concorrente;
d) inconstitucional, pois a fixação de taxa em percentual da receita das sociedades empresárias tem efeito de confisco;
e) inconstitucional, por se tratar de intervenção indevida do Estado em atividade econômica explorada pela União.

COMENTÁRIOS

✪ **Nota da autora:** a questão relaciona-se, diretamente, com a tese fixada no tema 774 pelo STF: "A norma estadual que impõe à concessionária de geração de energia elétrica a promoção de investimentos, com recursos identificados como parcela da receita que aufere, voltados à proteção de mananciais hídricos é inconstitucional por configurar intervenção indevida do Estado no contrato de concessão da exploração do aproveitamento energético dos cursos de água, atividade de competência da União, conforme art. 21, XII, 'b', da Constituição Federal.

Alternativa "a": errada. De fato, a lei nº X é inconstitucional, mas não pelo motivo trazido pela alternativa, uma vez que a competência para legislar em matéria ambiental é concorrente (art. 24, VI, CR/88).

Alternativa "b": errada. A questão envolvendo a lei nº X não diz respeito, especificamente, à destinação do curso de água localizado no estado Alfa, mas sim sobre o seu aproveitamento econômico de seu potencial energético.

Alternativa "c": errada. Segundo art. 21, XII, da CR/88, compete privativamente à União legislar sobre águas, energia, informática, telecomunicações e radiodifusão.

Alternativa "d": errada. Eventual fixação de taxa em percentual da receita das sociedades empresárias não teria efeito de confisco.

Alternativa "e": certa. Além da competência para legislar sobre energia ser privativa da União (art. 22, IV CR/88), é competência da União explorar, diretamente ou mediante autorização, concessão ou permissão os serviços e instalações de energia elétrica e o aproveitamento energético dos cursos de água, em articulação com os Estados onde se situam os potenciais hidroenergéticos (art. 21, XII, b, CR/88). Assim, a lei mencionada no enunciado é inconstitucional, por se tratar de intervenção indevida do Estado em atividade econômica explorada pela União, conforme entendimento do STF na tese trazida pela nota da autora.

Alternativa correta: letra "e".

52. FCC – 2022 – TCE/GO – Analista de Controle Externo

À luz do que dispõe a Constituição Federal, bem como do entendimento do Supremo Tribunal Federal, acerca da organização político-administrativa da República Federativa do Brasil,

a) lei estadual que disponha sobre bloqueadores de sinal de celular em presídio invade a competência da União para legislar sobre telecomunicações.
b) afronta competência legislativa privativa da União o dispositivo de constituição estadual que proíbe a caça no território do Estado respectivo.
c) é constitucional lei estadual que preveja punições a empresas privadas e a agentes públicos que exijam a realização de teste de gravidez e a apresentação de atestado de laqueadura para admissão de mulheres ao trabalho.
d) compete à União, aos Estados e ao Distrito Federal legislar concorrentemente sobre seguridade social.
e) lei ordinária poderá autorizar os Estados a legislar sobre questões específicas das matérias de competência privativa da União.

COMENTÁRIOS

✪ **Nota da autora:** sempre importante o candidato ter em mente as competências legislativas descritas na CR/88 e estar em dia com os informativos do STF e STJ. Para aprofundar o estudo, importante conhecer a Lei 9.029/95 que proíbe a exigência de atestados de gravidez e esterilização, e outras práticas discriminatórias, para efeitos admissionais ou de permanência da relação jurídica de trabalho. Vale dar uma lida!

Alternativa "a": correta. Este posicionamento foi definido pelo STF – "instalação de equipamentos tecnológicos para bloqueio de sinal de telecomunicações e/ou radiocomunicações nos estabelecimentos penais. Competência privativa da União para legislar sobre telecomunicações" (ADI 5585). A competência privativa da União para legislar sobre telecomunicações e radiofusão está no art. 22, IV da CR/88.

Alternativa "b": incorreta, pois não afronta competência legislativa privativa da União o dispositivo de constituição estadual que proíbe a caça no território do Estado respectivo, primeiro porque a matéria "caça" não faz parte da competência legislativa privativa da União, segundo, pois a proibição da caça é medida que protege a fauna, dever do Estado e de toda comunidade. A "caça" está prevista no art. 24, VI da CR/88, ou seja, no âmbito da competência concorrente. Nesse sentido, o Estado de São Paulo publicou em sua Constituição a proibição da caça em seu território, tal norma teve sua constitucionalidade questionada e o STF decidiu que ela é constitucional. Vejamos: "2. O art. 204 da Constituição do Estado de São Paulo é norma protecional da fauna silvestre remanescente no território estadual, e, ao proibir a caça, atende às peculiaridades regionais e às diretrizes da Constituição Federal para a defesa e a preservação das espécies animais em risco de extinção. Agiu o constituinte estadual dentro dos limites de sua competência constitucional concorrente para legislar sobre caça, nos termos do art. 24, VI, da Carta Maior" (ADI 350).

Alternativa "c": incorreta, pois é inconstitucional lei estadual que preveja punições a empresas privadas e a agentes públicos que exijam a realização de teste de gravidez e a apresentação de atestado de laqueadura para admissão de mulheres ao trabalho. Trata-se de vício formal, pois a matéria é da competência privativa da União para legislar sobre direito do trabalho, de modo que o ente federativo estadual não pode tratar desta matéria. Nesse sentido, julgou o STF: "1. Inconstitucionalidade formal da Lei nº 10.849/01 do Estado de São Paulo, a qual pune, com a perda da inscrição estadual, as empresas que, no ato de admissão, exijam que a mulher se submeta a teste de gravidez ou apresente atestado de laqueadura. 2. Competência privativa da União para legislar sobre direito do trabalho, consoante disposto no art. 22, inciso I, da Constituição Federal. A lei estadual, ao atribuir sanções administrativas pela inobservância da norma, também contraria a competência exclusiva da União para "organizar, manter e executar a inspeção do trabalho" (art. 21, XXIV, CF/88). Precedentes: ADI nº 2.487/SC; ADI nº 953/DF; ADI nº 3.587/DF; ADI nº 3.251/RO. 3. Ação direita de inconstitucionalidade julgada procedente. (ADI 3165).

Alternativa "d": incorreta, pois a competência para legislar sobre seguridade social é privativa da União, nos termos do art. 22, XXIII da CR/88.

Alternativa "e": incorreta, pois não é a lei ordinária que poderá autorizar os Estados a legislar sobre questões específicas das matérias de competência privativa da União, mas sim a Lei Complementar, conforme art. 22, parágrafo único da CR/88: "Lei complementar poderá autorizar os Estados a legislar sobre questões específicas das matérias relacionadas neste artigo [competência privativa da União]".

Alternativa correta: letra "a".

---

53. (Cespe – Analista de Controle Externo – Direito – TCE – RJ/2021) Com base na Constituição Federal de 1988 (CF), julgue os seguintes itens.

Em razão do princípio federativo, as Constituições dos estados não se submetem às normas da CF.

COMENTÁRIOS

✪ **Nota da autora:** de acordo com o modelo de federação brasileiro, os Estados têm capacidade auto-organizativa, contudo, devem observar os princípios da CR/88, sejam eles sensíveis (art. 34, VII CR/880; estabelecidos, aqueles relacionados à organização do

Estado e os princípios extensíveis, aqueles previstos para a União, mas também aplicáveis aos Estados.

Item Errado: nos termos do art. 25 da CR/88, os Estados devem observar os princípios estabelecidos na Constituição da República.

54. (FGV – Auditor Técnico de Controle Externo – TCE – AM/2021) O Município Alfa editou a Lei nº XX/2021, instituindo a taxa de uso e ocupação de faixas de domínio público nas vias públicas, devida em razão do poder de polícia exercido sobre as atividades de estruturação de rede de transmissão e de distribuição de energia elétrica, desenvolvidas por sociedades empresárias privadas. O exercício do poder de polícia consistiria na verificação da localização e da dimensão das instalações, incluindo a distância mínima necessária entre elas. À luz da sistemática constitucional, a Lei nº XX/2021 é:

a) constitucional, considerando se tratar de matéria de interesse local, decorrendo a cobrança do efetivo exercício do poder de polícia;
b) constitucional, já que a cobrança de taxas decorre do efetivo exercício do poder de polícia pelo ente federativo, com abstração da natureza da matéria;
c) inconstitucional, considerando competir à União explorar os serviços e instalações de energia elétrica e legislar sobre a matéria;
d) inconstitucional, considerando não competir aos Municípios a edição de leis visando à instituição de taxas pelo exercício do poder de polícia;
e) inconstitucional, pois o uso e a ocupação de faixas de domínio público, em razão de suas características ontológicas, não podem configurar fato gerador da taxa.

COMENTÁRIOS

✪ **Nota da autora:** STF decidiu a questão no RE 581.947/ RO e fixou em sede de repercussão geral a seguinte tese: "É inconstitucional a cobrança de taxa, espécie tributária, pelo uso de espaços públicos dos municípios por concessionárias prestadoras do serviço público de fornecimento de energia elétrica" (Tese 261).

Alternativa "a": incorreto pois é inconstitucional, tendo em vista que matéria de energia elétrica não é de interesse local, sendo competência da União, conforme art. 21, XII, "b" CR/88.

Alternativa "b": incorreto, pois é inconstitucional por violar o art. 21, XII, "b" CR/88. A cobrança de taxas decorre do efetivo exercício do poder de polícia pelo ente federativo, mas não se pode abstrair a natureza da matéria.

Alternativa "c": é inconstitucional, pois compete à União explorar os serviços e instalações de energia elétrica e legislar sobre a matéria, conforme art. 21, XII, "b" CR/88 e art. 22, IV CR/88, respectivamente.

Alternativa "d": é inconstitucional, mas não pelo motivo descrito. Ademais, nos termos do art. 145, II CR/88 os Municípios podem instituir taxas pelo exercício do poder de polícia.

Alternativa "e": é inconstitucional, mas não pelo motivo descrito. O uso e a ocupação de faixas de domínio público podem configurar fato gerador da taxa, conforme já decidiu o STJ: "[...] O entendimento do Supremo Tribunal Federal segundo o qual os entes da federação não podem cobrar retribuição pecuniária pela utilização de vias públicas, inclusive solo, subsolo e espaço aéreo para a instalação de equipamentos destinados à prestação de serviço público, não impede que as concessionárias de rodovias realizem a cobrança pela utilização das faixas de domínio, nos termos do art. 11 da Lei 8.987/95, desde que tal exação seja autorizada pelo poder concedente e esteja expressamente prevista no contrato de concessão, porquanto não houve discussão sobre esta hipótese no RE 581.497. Distinguishing" (Resp 1.677.414, julgado em 14/12/2021).

Alternativa correta: letra "c".

8. ADMINISTRAÇÃO PÚBLICA

▸ CR/88: art. 5º, XXXIII; 37, I, III; X, XII, XVI, XVII; 38, I, II, III, IV; 41, §2º; 61, §1º; 62, §1º, III; 85; 201; 202, §2º, §3º; 207, §1º.

55. CEBRASPE – 2024 – TCE/AC – Analista Administrativo

No que concerne às normas constitucionais relativas à administração pública e a sua interpretação pelo Supremo Tribunal Federal, julgue o item seguinte.

É privativa do chefe do Poder Executivo a competência para apresentar projeto de lei sobre nepotismo na administração pública.

COMENTÁRIOS

✪ **Nota da autora:** esta questão é recorrente em concursos, geralmente, se apresenta um caso hipotético em que um determinado município, por intermédio de sua Câmara de Vereadores apresenta projeto de lei para vedar o nepotismo da administração municipal, e indaga-se se o referido projeto de lei é constitucional ou inconstitucional. Para responder lembrar a posição do Supremo no sentido de que "Leis que tratam dos casos de vedação a nepotismo não são de iniciativa exclusiva do Chefe do Poder Executivo" tese definida no tema 29 do julgamento do RE 570.392. Para aprofundar o estudo, lembrar que "A vedação ao nepotismo não exige a edição de lei formal para coibir a prática, dado que essa proibição decorre diretamente dos princípios contidos no art. 37, *caput*, da Constituição Federal" (RG tema 66, RE 579.951).

Item Errado: o item está incorreto, pois a competência para apresentar projeto de lei que vede o nepotismo na administração pública não é privativa do chefe do Poder Executivo. Nesse sentido, o STF já se posicionou em tema como repercussão geral: "2. Não é privativa do Chefe do Poder Executivo a competência para a iniciativa legislativa de lei sobre nepotismo na Administração Pública: leis com esse conteúdo normativo dão concretude aos princípios da moralidade e da impessoalidade do art. 37, caput, da Constituição da República, que, ademais, têm aplicabilidade imediata, ou seja, independente de lei. Precedentes. Súmula Vinculante n. 13. 3. Recurso extraordinário provido. (RE 570.392, Relator(a): Min. Cármen Lúcia, Tribunal Pleno, julgado em 11/12/2014).

56. CEBRASPE – 2024 – TCE/AC – Analista Administrativo

No que concerne às normas constitucionais relativas à administração pública e a sua interpretação pelo Supremo Tribunal Federal, julgue o item seguinte.

Seria constitucional lei estadual que concedesse a ex-governadores, em caráter vitalício, o direito a serviços de segurança e motorista prestados pela administração pública estadual.

COMENTÁRIOS

✪ **Nota da autora:** atente-se que a questão fala em lei estadual, mas é importante que o candidato tenha em mente que se fosse a Constituição do Estado a referida norma também seria inconstitucional, pois se trata de vício material que ofende o princípio republicano, a isonomia e a moralidade administrativa. O grande problema está na expressão "vitalício" tanto que o STF fixou interpretação conforme para limitar a quantidade e a duração de tal benefício. Um ponto bem específico do assunto, inclusive citado no julgado abaixo, é a Lei 7474/1986 que dispõe sobre medidas de segurança aos ex-Presidentes da República, vale a pena o candidato dar uma olhada nesta lei, que tem apenas dois artigos, pois ela traz um limite quantitativo a oferta deste serviço. O tema também foi ratificado na ADI 6579/DF da seguinte forma: "[...] 4. Em específico, esta Suprema Corte reconheceu, na ADI 5346/BA (Rel. Min. Alexandre de Moraes, Pleno, j. em sessão virtual de 11 a 17/10/2019, DJe 06/11/2019), a inconstitucionalidade do caráter vitalício da disponibilização de serviços de segurança e motorista estabelecida pela Constituição do Estado da Bahia, por violação dos princípios republicano, da isonomia e da moralidade administrativa, e conferiu interpretação conforme, para estabelecer que a prestação dos serviços fica limitada ao final do mandato subsequente, enquanto não regulamentada a norma" (ADI 6579).

Item Errado: o item está incorreto pois afirma ser constitucional a lei estadual que conceda a ex-governadores, em caráter vitalício, o direito a serviços de segurança e motorista prestados pela administração pública estadual, sendo que a referida norma seria inconstitucional. Neste sentido, o STF tem jurisprudência pacífica: "1. A Jurisprudência do Supremo Tribunal Federal é firme quanto à inconstitucionalidade de leis estaduais e locais que concedem benefícios em caráter gracioso e vitalício a ex-agentes públicos, com fundamento nos princípios republicano, isonômico e da moralidade administrativa. Precedentes. 2. No caso, a norma impugnada não prevê o pagamento de benefício pecuniário, mas a disponibilização de serviços relacionados à preservação da incolumidade e integridade física de ex-agentes públicos que, no exercício da chefia do Poder Executivo, conduziram políticas públicas de grande interesse social, como segurança pública, com especial nível de exposição pessoal. 3. Não obstante, a vitaliciedade do benefício ultrapassa os limites mínimos da razoabilidade, transformando os serviços prestados em privilégio injustificado, afastada a comparação com o tratamento conferido pela Lei Federal 7.474/1986 a ex-Presidentes da República. 4. Ação Direta julgada procedente, para declarar a inconstitucionalidade da expressão "de forma vitalícia", do art. 1º da Lei 13.219/2014 do Estado da Bahia, conferindo interpretação conforme ao texto remanescente, pela qual a prestação dos serviços de segurança e motorista fica limitada ao final do mandato subsequente, enquanto não regulamentada a norma." (ADI 5346-BA, julgado em: 18/10/2019).

57. CEBRASPE – 2024 – TCE/AC – Analista Administrativo

À luz da jurisprudência do Supremo Tribunal Federal, julgue o item a seguir, referentes aos direitos individuais e coletivos previstos na Constituição Federal de 1988.

É possível o Poder Judiciário determinar o aumento de vencimentos ou estender vantagens a servidores públicos civis com fundamento na proteção ao direito à igualdade, mesmo que não haja lei específica para tal.

COMENTÁRIOS

✪ **Nota da autora:** a questão trata da Súmula Vinculante 37: "Não cabe ao Poder Judiciário, que não tem função legislativa, aumentar vencimentos de servidores públicos sob o fundamento de isonomia", esta súmula antes era a súmula 339/STF, que se tornou vinculante sob o verbete número 37.

Item Errado: o item está incorreto, pois o Poder Judiciário **não** pode determinar o aumento de vencimentos ou estender vantagens a servidores públicos civis com fundamento na proteção ao direito à igualdade, mesmo que não haja lei específica para tal. Sobre o assunto, decidiu o STF: "A questão central a ser discutida nestes autos refere-se à possibilidade de o Poder Judiciário ou a Administração Pública aumentar vencimentos ou estender vantagens a servidores públicos civis e militares, regidos pelo regime estatutário, com fundamento no princípio da isonomia, independentemente de lei. Inicialmente, salienta-se que, desde a Primeira Constituição Republicana, 1891, em seus arts. 34 e 25, já existia determinação de que a competência para reajustar os vencimentos dos servidores públicos é do Poder Legislativo, ou seja, ocorre mediante edição de lei. Atualmente, a Carta Magna de 1988, art. 37, X, trata a questão com mais rigor, uma vez que exige lei específica para o reajuste da remuneração de servidores públicos. [...] resta claro que esta Corte pacificou o entendimento no sentido de que aumento de vencimentos de servidores depende de lei e não pode ser efetuado apenas com suporte no princípio da isonomia" (RE 592.317).

58. CEBRASPE – 2023 – TCDF – Auditor de Controle Externo

Acerca da disciplina constitucional atinente aos servidores públicos e à organização da administração pública, observada a jurisprudência dos tribunais superiores, julgue o item subsequente.

É inconstitucional a delegação legislativa de poderes aos governadores dos estados e do Distrito Federal para, mediante decreto, criar cargos públicos, fixando-lhes denominações, remunerações e atribuições.

COMENTÁRIOS

✪ **Nota da autora:** a criação de cargos público exige lei, a Constituição apenas permite o uso de decreto para a extinção de cargos vagos, nos termos do art. 84, VI. Nesse sentido, o STF fixou em repercussão geral a seguinte tese nº 48: "A Constituição da República não oferece guarida à possibilidade de o Governador do Distrito Federal criar cargos e reestruturar órgãos públicos por meio de simples decreto".

Item Certo: a criação de cargos públicos, bem como a definição de suas denominações, remunerações e atribuições são matérias que dependem de lei de iniciativa do presidente da república, nos termos do art. 61, §1º da CR/88. Portanto, é inconstitucional lei que autorize o chefe do Executivo criar cargos e fixar remuneração e atribuição por decreto. Nesse sentido, é a jurisprudência do STF: "São inconstitucionais a lei que autorize o chefe do Poder Executivo a dispor, mediante decreto, sobre criação de cargos públicos remunerados, bem como os decretos que lhe deem execução" (ADI 3.232, rel. min. Cezar Peluso, j. 14-8-2008, P, *DJE* de 3-10-2008).

59. CEBRASPE – 2023 – TCDF – Auditor de Controle Externo

Acerca da disciplina constitucional atinente aos servidores públicos e à organização da administração pública, observada a jurisprudência dos tribunais superiores, julgue o item subsequente.

É legítimo aos estados, no âmbito das Constituições estaduais, e ao Distrito Federal, no que concerne à Lei Orgânica, estabelecer limite de idade para aposentadoria compulsória dos servidores públicos diverso do fixado pela CF.

COMENTÁRIOS

✪ **Nota da autora:** para aprofundar nosso estudo, importante ler a Lei Complementar 152/15, que em seu art. 2º dispõe o seguinte: "Serão aposentados compulsoriamente, com proventos proporcionais ao tempo de contribuição, aos 75 (setenta e cinco) anos de idade: I - os servidores titulares de cargos efetivos da União, dos Estados, do Distrito Federal e dos Municípios, incluídas suas autarquias e fundações; II - os membros do Poder Judiciário; III - os membros do Ministério Público; IV - os membros das Defensorias Públicas; V - os membros dos Tribunais e dos Conselhos de Contas".

Item Errado: não é legítimo aos Estados, no âmbito das Constituições estaduais, e ao Distrito Federal, no que concerne à Lei Orgânica, estabelecer limite de idade para aposentadoria compulsória dos servidores públicos diverso do fixado pela CF. Nesse sentido, a jurisprudência do STF: "1. É inconstitucional previsão normativa de Constituição Estadual que estabelece limite de idade para aposentadoria compulsória diverso daquele fixado pela Constituição Federal de 1988. 2. In casu, a EC nº 59/2015 à Constituição do Estado do Rio de Janeiro alterou o limite de idade para aposentadoria compulsória dos servidores públicos estaduais em contrariedade ao que então dispunha o art. 40, § 1º, II, da CRFB/88, revelando-se a inconstitucionalidade da norma impugnada. 3. Ações diretas de inconstitucionalidade cujo pedido se julga procedente, para declarar a inconstitucionalidade da Emenda Constitucional nº 59/2015, do Estado do Rio de Janeiro, ratificando a medida cautelar anteriormente deferida" (ADI 5298, Relator(a): LUIZ FUX, Tribunal Pleno, julgado em 14-02-2024).

60. CEBRASPE – 2023 – TCDF – Auditor de Controle Externo

Acerca da disciplina constitucional atinente aos servidores públicos e à organização da administração pública, observada a jurisprudência dos tribunais superiores, julgue o item subsequente.

É válido o pagamento de remuneração inferior a um salário mínimo a servidor público que labore em jornada reduzida de trabalho.

COMENTÁRIOS

✪ **Nota da autora:** o item cobra o conhecimento da tese de repercussão geral nº 900: "É defeso o pagamento de remuneração em valor inferior ao salário mínimo ao servidor público, ainda que labore em jornada reduzida de trabalho".

Item Errado: Não é válido o pagamento de remuneração inferior a um salário mínimo a servidor público que labore em jornada reduzida de trabalho. Nesse sentido, decidiu o STF: "1. O pagamento de remuneração inferior ao salário mínimo ao servidor público civil que labore em jornada de trabalho reduzida contraria o disposto no art. 7º, inciso IV, e no art. 39, § 3º, da CF, bem como o valor social do trabalho, o princípio da dignidade da pessoa humana, o mínimo existencial e o postulado da vedação do retrocesso de direitos sociais. 2. Restrição inconstitucional ao direito fundamental imposta pela lei municipal, por conflitar com o disposto no art. 39, § 3º, da Carta da República, que estendeu o direito fundamental ao salário mínimo aos servidores públicos, sem nenhum indicativo de que esse poderia ser flexibilizado, pago a menor, mesmo em caso de jornada reduzida ou previsão em legislação infraconstitucional" (RE 964.659)

61. FGV – 2024 – TCE/PA – Auditor de Controle Externo

Foi instituído um grupo de trabalho no âmbito do Poder Executivo do Estado Alfa, com o objetivo de elaborar anteprojeto de proposição legislativa destinada a promover alterações no regime próprio de previdência social, especificamente direcionadas aos servidores públicos com deficiência que fossem ocupantes de cargos de provimento efetivo. As medidas propostas no anteprojeto são as seguintes:

I. a avaliação da deficiência seria realizada não só nos planos físico e mental, mas em uma perspectiva biopsicossocial;
II. o cômputo, como tempo de contribuição, dos períodos de férias e licença especial não fruídos pelos servidores até o requerimento de aposentadoria; e
III. esses servidores, conforme o grau da deficiência, podem se aposentar com idade inferior aos servidores que não possuem deficiência.

A assessoria do Chefe do Poder Executivo, ao analisar a conformidade, com a Constituição da República, das três alterações propostas, concluiu corretamente que

a) todas apresentam conformidade constitucional.
b) apenas a alteração I apresenta conformidade constitucional.
c) apenas a alteração II apresenta conformidade constitucional.
d) apenas as alterações I e III apresentam conformidade constitucional.
e) apenas as alterações II e III apresentam conformidade constitucional.

COMENTÁRIOS

✪ **Nota da autora:** sobre o tema é fundamental lembrar que a Convenção Internacional das Nações Unidas sobre os Direitos das Pessoas com Deficiência (Decreto nº 6.949/2009) foi o primeiro tratado internacional de Direitos Humanos com *status* de norma constitucional. E de acordo com o tratado a "a deficiência é um conceito em evolução e que resulta da interação entre pessoas com deficiência e as barreiras devidas às atitudes e ao ambiente que impedem a plena e efetiva participação dessas pessoas na sociedade em igualdade de oportunidades com as demais pessoas", a partir deste conceito o Estatuto da Pessoa com Deficiência, também chamado de Lei Brasileira de Inclusão (Lei 13.146/2015), definiu: "pessoa com deficiência aquela que tem impedimento de longo prazo de natureza física, mental, intelectual ou sensorial, o qual, em interação com uma ou mais barreiras, pode obstruir sua participação plena e efetiva na sociedade em igualdade de condições com as demais pessoas". Para completar nossos estudos, importante mencionar a tese fixada em repercussão geral pelo STF: "É inconstitucional lei estadual que (a) reduza o conceito de pessoas com deficiência previsto na Constituição, na Convenção Internacional sobre os Direitos das Pessoas com Deficiência, de estatura constitucional, e na lei federal de normas gerais; (b) desconsidere, para a aferição da deficiência, a avaliação biopsicossocial por equipe multiprofissional e interdisciplinar prevista pela lei federal; ou (c) exclua o dever de adaptação de unidade escolar para o ensino inclusivo" (ADI 7028, julgada em 19/06/2023).

Item I – correto, pois está em conformidade com o art. 2º, §1º do Estatuto da Pessoa com Deficiência (Lei 13.146/15) e com o art. 40, §4º-A da CR/88, alterado pela EC 103/19, ambos estabelecem que a avaliação da pessoa com deficiência será biopsicossocial.

Item II – incorreto, pois não é possível o cômputo, como tempo de contribuição, dos períodos de férias e licença especial não fruídos pelos servidores, por constituir tempo de contribuição fictício, o que é vedado pelo art. 40, §10 da CR/88: "A lei não poderá estabelecer qualquer forma de contagem de tempo de contribuição fictício".

Item III - correto, pois os servidores com deficiência podem se aposentar com idade inferior a dos servidores que não possuem deficiência, nos termos do art. 40, §4º-A da CR/88: "Poderão ser estabelecidos por lei complementar do respectivo ente federativo idade e tempo de contribuição diferenciados para aposentadoria de servidores com deficiência, previamente submetidos a avaliação biopsicossocial realizada por equipe multiprofissional e interdisciplinar".

Alternativa correta: letra "d".

62. FGV – 2024 – TCE/PA – Auditor de Controle Externo

A Constituição Federal de 1988, nos artigos 37 ao 41, estabelece os princípios e diretrizes para a administração pública, abrangendo as esferas federal, estadual e municipal. Esses artigos também tratam dos direitos e deveres dos servidores públicos, garantindo a transparência, eficiência e legalidade na gestão pública.

Com relação aos direitos e deveres dos servidores públicos, avalie as afirmativas a seguir.

I. É permitida a incorporação de vantagens de caráter temporário ou vinculadas ao exercício de função de confiança ou de cargo em comissão à remuneração do cargo efetivo.

II. É garantido ao servidor público civil o direito à livre associação sindical.

III. O direito de greve será exercido nos termos e nos limites definidos em lei específica.

Está correto o que se afirma em

a) I, apenas.

b) I e II, apenas.

c) I e III, apenas.

d) II e III, apenas.

e) I, II e III.

COMENTÁRIOS

✪ **Nota da autora:** a questão trata do direito de greve e sindicalização dos servidores públicos. Neste tema, merece especial atenção a figura do policial civil, pois tem direito à sindicalização, mas não tem direito à greve, de modo que suas reivindicações trabalhistas devem ser resolvidas via mediação do Poder Público com os órgãos classistas da categoria. Neste sentido, tese fixada pelo STF com repercussão geral: "1 - O exercício do direito de greve, sob qualquer forma ou modalidade, é vedado aos policiais civis e a todos os servidores públicos que atuem diretamente na área de segurança pública. 2 - É obrigatória a participação do Poder Público em mediação instaurada pelos órgãos classistas das carreiras de segurança pública, nos termos do art. 165 do Código de Processo Civil, para vocalização dos interesses da categoria". (ARE 654432). Dica para o candidato: procure na internet e dê uma olhada nos sites dos sindicatos de policiais civil (Ex: Sindepol, sindpol/MG, Sindipol/DF), assim, ajudará lembrar que os policiais civis podem se sindicalizar, mas não podem fazer greve.

Afirmativa I – incorreta, pois é vedada a incorporação de vantagens de caráter temporário ou vinculadas ao exercício de função de confiança ou de cargo em comissão à remuneração do cargo efetivo, conforme literalidade do art. 40, §9º da CR/88, inciso incluído pela EC103/19.

Afirmativa II – correta, o servidor público civil tem direito à livre associação sindical, conforme art. 37, VI da CR/88. Para aprofundar os estudos, importante lembrar do policial civil, pois ele pode ser sindicalizado, conforme a regra geral do art. 37, VI da CR/88, mas ele não pode fazer greve, por prevalecer o interesse público da segurança, ordem pública e paz social.

Afirmativa III – correta, corresponde à literalidade do art. 37, VII da CR/88. Para completar os estudos, importante lembrar que a Lei de Greve é a Lei 7.783/89, destinada aos trabalhadores de forma geral, como a CR/88 exige lei para regulamentar o direito de greve dos servidores públicos e até hoje não se tem a publicação desta lei, decidiu o STF, no mandado de injunção nº 712/06, que a Lei 7.783/89 deve ser aplicada aos servidores públicos, até que o Congresso Nacional edite lei a respeito.

Alternativa correta: letra "d".

63. FGV – 2024 – TCE/PA – Auditor de Controle Externo

Os servidores públicos do Município Alfa, tanto os ocupantes de cargos de provimento efetivo, quanto os ocupantes de cargos em comissão, postularam, no corrente ano, junto ao Prefeito Municipal, a criação de um regime próprio de previdência social. A medida, ao seu ver, será mais benéfica que a sua sujeição ao regime geral de previdência social, como ocorria até então.

Após analisar a sistemática constitucional, a assessoria do Prefeito Municipal esclareceu corretamente que o regime próprio

a) pode ser criado, mas somente pode abranger os ocupantes de cargos em comissão.

b) pode ser criado, mas somente pode abranger os ocupantes de cargos de provimento efetivo.

c) somente pode ser criado mediante autorização específica do Ministério da Previdência Social.

d) pode ser criado, e deve abranger os ocupantes de cargos de provimento efetivo e os ocupantes de cargos em comissão.

e) não pode ser criado para os ocupantes de cargos de provimento efetivo nem para os ocupantes de cargos em comissão.

COMENTÁRIOS

✪ **Nota da autora:** lembrar que em relação ao regime previdenciário dos servidores públicos, a CR/88 traça dois tipos de regimes previdenciários: o RGPS (organizado pelo INSS) e o RPPS (organizado pelo respectivo ente federativo). São servidores que integram o RGPS (INSS): empregados públicos, ocupantes exclusivamente de cargos em comissão, os temporários e os integrantes das empresas públicas, sociedades de economia mista e fundações de direito privado (art. 40, §13 da CR/88). Fazem parte do RPPS: os estatutários ocupantes de cargos efetivos e os ocupantes de cargos vitalícios. Cumpre lembrar que "é vedada a existência de mais de um RPPS e de mais de um órgão ou entidade gestora desse regime em cada ente federativo, abrangidos todos os poderes, órgãos e entidades autárquicas e fundacionais, que serão responsáveis pelo seu financiamento, observados os critérios, os parâmetros e a natureza jurídica definidos em lei complementar (art. 40, §§20 e 22 da CRFB, com redação dada pela EC 103/09)" (Oliveira, Rafael Carvalho Rezende. *Curso de direito administrativo.* 12. ed. Rio de Janeiro: Método, 2024, p.763-764).

Alternativa "a": incorreta, pois não pode ser criado regime próprio para os servidores públicos, após a EC 103/19.

Alternativa "b": incorreta, pois não pode ser criado regime próprio para os servidores públicos, tanto para os cargos efetivos, como para os comissionados.

Alternativa "c": incorreta, pois a criação não depende de autorização do Ministério da Previdência, a EC 103/19 proíbe a criação de regimes novos.

Alternativa "d": incorreta, pois não pode ser criado regime próprio para os servidores públicos, após a EC 103/19.

Alternativa "e": correta; não pode ser criado um novo regime próprio de previdência social para os servidores públicos, conforme proibição expressa no art. 40, §22 da CR/88, proibição trazida pela EC 103/19.

Alternativa correta: letra "e".

64. FGV – 2024 – TCE/PA – Auditor de Controle Externo

Anaclésio é servidor público estável, ocupante de cargo considerado técnico, integrante de carreira na Administração Direta no Estado do Pará, sendo certo que ele está analisando a viabilidade de acumular aquele que ocupa e exerce com outro cargo, emprego ou função no âmbito da Administração Pública. Diante dessa situação hipotética, considerando as disposições constitucionais acerca do tema, é correto afirmar que Anaclésio

a) apenas poderia acumular cargos públicos se fosse profissional da área de saúde.

b) poderia acumular o cargo em questão com qualquer outro emprego no âmbito da Administração Indireta.

c) poderia acumular o cargo técnico em questão com outro cargo efetivo de professor.

d) somente poderia acumular tal cargo com outra função pública, que não se enquadre como cargo ou emprego público.

e) poderia acumular o cargo que ocupa com qualquer outro cargo, emprego ou função de natureza burocrática.

COMENTÁRIOS

✪ **Nota da autora:** em regra, não é possível cumular remuneradamente cargos públicos, salvo as seguintes exceções: 2 de professor; professor + técnico; 2 profissionais de saúde regulamentados (art. 37, XVI). A proibição de acumular estende-se a empregos e funções da Administração Direta e Indireta. Importante lembrar que há outras possibilidades de cumulação de cargos públicos, fora do art. 37, XVI, tais como: juiz e professor (art. 95), membro do Ministério Público e professor (art. 125) e aos militares nos termos do art. 42, §3º da CR/88.

Alternativa "a": incorreta, pois a cumulação de cargos não é exclusiva dos profissionais de saúde.

Alternativa "b": incorreta, pois a proibição de acúmulo abrange empregos e funções no âmbito da Administração Indireta, conforme art. 37, XVII da CR/88.

Alternativa "c": correta, pois corresponde à hipótese do art. 37, XVI, b da CR/88. É possível cumular um cargo técnico mais um cargo de professor.

Alternativa "d": incorreta, pois a proibição de acumulação se estende aos empregos e funções, conforme art. 37, XVII da CR/88.

Alternativa "e": incorreta, pois não é possível cumular cargo com *qualquer* outro cargo, emprego ou função. As hipóteses de acumulação estão previstas taxativamente na CR/88.

Alternativa correta: letra "c".

65. CEBRASPE - 2024 - TCE/PR - Auditor de Controle Externo

Três aposentados, Cláudio, Lucas e Pedro, prestaram concurso público e foram aprovados para determinado cargo público no estado do Paraná. Cláudio é aposentado de sociedade de economia mista; Lucas, aposentado de empresa pública; e Pedro, servidor público aposentado do estado do Paraná.

Acerca da situação hipotética precedente, assinale a opção correta, com base na Constituição Federal de 1988.

a) Somente Lucas e Pedro poderão acumular os proventos da aposentadoria com a remuneração do novo cargo.

b) Somente Pedro e Cláudio poderão acumular os proventos da aposentadoria com a remuneração do novo cargo.

c) Nenhum dos três aprovados poderá acumular os proventos da aposentadoria com a remuneração do novo cargo.

d) Os três aprovados poderão acumular os proventos da aposentadoria com a remuneração do novo cargo.

e) Somente Cláudio e Lucas poderão acumular os proventos da aposentadoria com a remuneração do novo cargo.

COMENTÁRIOS

✪ **Nota da autora:** a questão exige conhecimentos a respeito da possibilidade de cumulação de proventos de aposentadoria com remuneração de cargo. O principal dispositivo de regência do tema é o §10 do art. 37 da CR/88, segundo o qual "é vedada a percepção simultânea de proventos de aposentadoria decorrentes do art. 40 ou dos arts. 42 e 142 com remuneração de cargo, emprego ou função pública, ressalvados os cargos acumuláveis na forma desta Constituição, os cargos eletivos e os cargos em comissão declarados em lei de livre nomeação e exoneração".

Alternativa "a": errada. Como Pedro já é aposentado pelo regime próprio de previdência, ele não poderá cumular a aposentadoria com o novo cargo, em virtude da vedação prevista no art. 37, §10 da CR/88. Já Lucas não enfrenta nenhum óbice a tal cumulação.

Alternativa "b": errada. Como Pedro já é aposentado pelo regime próprio de previdência, ele não poderá cumular a aposentadoria com o novo cargo, em virtude da vedação prevista no art. 37, §10 da CR/88. Já Cláudio não enfrenta nenhum óbice a tal cumulação.

Alternativa "c": errada. Cláudio e Lucas poderão acumular os proventos da aposentadoria com a remuneração do novo cargo, já que suas aposentadorias são no regime geral de previdência social, uma vez que se aposentaram como empregados públicos de empresas estatais.

Alternativa "d": errada. Cláudio e Lucas poderão acumular os proventos da aposentadoria com a remuneração do novo cargo, diferentemente de Pedro, a quem tal cumulação é vedada.

Alternativa "e": correta. Como Cláudio e Lucas são aposentados pelo regime geral de previdência social, já que eram empregados públicos de empresas estatais, poderão cumular aquela aposentadoria com o novo cargo, para o qual foram aprovados, uma vez que não se enquadram dentre aposentados pelo regime próprio de previdência ou militares, cuja cumulação é vedada pelo art. 37, §10 da CR/88.

Alternativa correta: letra "e".

66. FGV - 2024 - TCE/GO - Analista de Controle Externo

Maria, servidora ocupante de cargo de provimento efetivo no âmbito do Estado Alfa, e que se encontrava na segunda classe de sua carreira, tomou conhecimento de que estavam sendo realizados estudos, ainda embrionários, em relação à possibilidade de a sua sistemática estipendial ser alterada para o formato de subsídios. Ao se inteirar dos balizamentos constitucionais afetos a essa temática, Maria concluiu corretamente que

a) somente os agentes políticos estão sujeitos à sistemática de subsídios, logo, não pode ser aplicada a ela.

b) caso a sistemática de subsídios seja implementada, deve ser assegurado o direito de opção aos servidores que já ocupam cargos públicos.

c) há mora legislativa do Estado Alfa, pois é obrigatória a submissão, à sistemática de subsídios, dos servidores organizados em carreira.

d) subsídio é apenas um designativo atribuído à retribuição estipendial paga aos servidores, logo, sua implementação não afetará a situação jurídica dela.

e) não há óbice a que a sistemática de subsídios seja estendida a servidores como Maria, mas, nesse caso, ela não poderá receber adicional por tempo de serviço.

COMENTÁRIOS

✪ **Nota da autora:** Segundo disposição constitucional (art. 39, §4º), "o membro de Poder, o detentor de mandato eletivo, os Ministros de Estado e os Secretários Estaduais e Municipais serão remunerados exclusivamente por subsídio fixado em parcela única, vedado o acréscimo de qualquer gratificação, adicional, abono, prêmio, verba de representação ou outra espécie remuneratória, obedecido, em qualquer caso, o disposto no art. 37, X [fixação ou alteração por lei específica] e XI [teto constitucional]". Já o §8º do mesmo dispositivo estabelece que a remuneração dos servidores públicos organizados em carreira poderá ser fixada nos termos do §4º.

Alternativa "a": errada. Não é certo dizer que apenas agentes políticos estão sujeitos à esta sistemática, conforme apontamentos na nota da autora. Por outro lado, compondo carreira organizada, Maria poderia sim receber através de subsídios.

Alternativa "b": errada. Apesar de haver a possibilidade constitucional de se aplicar a sistemática dos subsídios aos cargos públicos organizados em carreira, como o de Maria não há que se falar em direito de opção caso fosse feita tal alteração.

Alternativa "c": errada. O texto constitucional não estabelece o regime de subsídios como obrigatório aos servidores organizados em carreira, mas apresenta esta possibilidade como uma opção. Dessa forma, não há que se falar em mora legislativa do Estado Alfa.

Alternativa "d": errada. Subsídio não é apenas um designativo atribuído à retribuição estipendial paga aos servidores. Na verdade, é uma forma de pagamento em parcela única, pago apenas a algumas categorias, conforme previsão constitucional,

Alternativa "e": certa. O enunciado aponta que Maria se encontrava na segunda classe de sua carreira. Assim, se Maria ocupa um cargo organizado em carreira, poderá receber através de subsídios (CR/88, art. 39, §8º), mas, de fato, não poderá receber adicional por tempo de serviço.

Alternativa correta: letra "e".

---

67. FGV – 2024 – TCE/GO – Analista de Controle Externo

Ao estudar a remuneração, direitos e vantagens no âmbito da remuneração dos agentes públicos, Helena verificou que o subsídio é uma espécie remuneratória que tem definição constitucional, de modo que decidiu aprofundar os estudos acerca das respectivas peculiaridades.

Nesse contexto, considerando o disposto na CRFB/88 e a orientação do Supremo Tribunal Federal acerca do tema, é correto afirmar que o subsídio

a) não é a espécie remuneratória dos Secretários de Estado.
b) não deve obedecer ao teto constitucional de remuneração.
c) pode ser instituído e majorado por Decreto.
d) não pode ser utilizado para a remuneração dos servidores de carreira.
e) não abarca as parcelas indenizatórias pagas aos agentes públicos.

COMENTÁRIOS

✪ **Nota da autora:** atenção à recente alteração promovida pela EC135/24 do art. 37, §11 da CR/88: "Não serão computadas, para efeito dos limites remuneratórios de que trata o inciso XI do *caput* deste artigo, as parcelas de caráter indenizatório expressamente previstas em lei ordinária, aprovada pelo Congresso Nacional, de caráter nacional, aplicada a todos os Poderes e órgãos constitucionalmente autônomos". Tal emenda, teoricamente, buscou restringir as verbas indenizatórias pagas acima do teto constitucional. Assim, estarão fora do teto constitucional as verbas indenizatórias expressamente previstas em lei ordinária, nacional e aplicada a todos os Poderes e órgãos constitucionalmente autônomos.

Alternativa "a": incorreta, pois subsídio é a espécie remuneratória dos Secretários de Estado, conforme art. 39, §4º da CR/88: "O membro de Poder, o detentor de mandato eletivo, os Ministros de Estado e os Secretários Estaduais e Municipais serão remunerados exclusivamente por subsídio fixado em parcela única, [...]".

Alternativa "b": incorreta, pois o subsídio deve sim obedecer ao teto constitucional de remuneração, conforme art. 37, XI da CR/88.

Alternativa "c": incorreta, pois o subsídio não pode ser instituído, nem majorado por decreto, conforme art. 37, X da CR/88: "a remuneração dos servidores públicos e o subsídio de que trata o § 4º do art. 39 somente poderão ser fixados ou alterados por lei específica, observada a iniciativa privativa em cada caso, assegurada revisão geral anual, sempre na mesma data e sem distinção de índices".

Alternativa "d": incorreta, pois o subsídio pode sim ser utilizado para a remuneração dos servidores de carreira, conforme art. 39, § 8º da CR/88: "A remuneração dos servidores públicos organizados em carreira poderá ser fixada nos termos do § 4º [subsídio]".

Alternativa "e": correta; o subsídio não abarca as parcelas indenizatórias pagas aos agentes públicos, tal disposição está expressa no art. 37, §11 da CR/88. Este parágrafo teve sua redação alterada, em 20/12/2024, pela EC 135/24, mas o gabarito permanece correto, no sentido de que verbas indenizatórias não integram a parcela de subsídio.

Alternativa correta: letra "e".

---

68. FGV – 2022 – TCE/TO – Auditor de Controle Externo

O Estado Alfa editou norma, por meio de emenda à sua Constituição estadual, estabelecendo que o teto remuneratório dos servidores públicos do Estado e dos Municípios é o subsídio mensal dos desembargadores do Tribunal de Justiça.

De acordo com a jurisprudência do Supremo Tribunal Federal, a citada norma:

a) é inconstitucional, pois o teto aplicável aos servidores municipais é, em regra, o subsídio do prefeito;
b) é constitucional, pois se trata da aplicação do subteto facultativo único para todos os poderes do Estado e dos correlatos Municípios;
c) deve ser objeto de interpretação conforme a Constituição da República de 1988, de maneira que o mencionado teto remuneratório não se aplique aos subsídios dos membros dos poderes;
d) deve ser objeto de interpretação conforme a Constituição da República de 1988, de maneira que o mencionado teto remuneratório seja limitado a 95% do subsídio mensal dos ministros do Supremo Tribunal Federal;
e) é materialmente constitucional, por tratar do tema nos limites autorizados pela Constituição da República de 1988, mas formalmente inconstitucional, pois, em relação aos Municípios, seria necessária emenda às respectivas leis orgânicas.

COMENTÁRIOS

✪ **Nota da autora:** para compreender bem o tema, vale estudar o presente julgado do STF: "1. Em atenção ao autogoverno dos entes federativos, a Emenda Constitucional 47/2005 permitiu a fixação de subteto salarial estadual ou distrital, desde que com edição de emendas às respectivas Constituições estaduais ou à Lei Orgânica do Distrito Federal (CF, § 12, art. 37), pelo que é facultado ao Estado-membro: (a) a definição de um teto por Poder; ou (b) a definição de um subteto único, correspondente ao subsídio dos Desembargadores do Tribunal de Justiça, para todo e qualquer servidor de qualquer poder, ficando de fora desse subteto apenas o subsídio dos Deputados. Precedente: ADI 4900. 2. A regulamentação editada com fundamento nesse dispositivo constitucional, por estar direcionado apenas aos servidores estaduais, esfera federativa na qual existem as alternativas de fixação de teto por poder ou de forma única, não pode inovar no tratamento do teto no âmbito municipal, pois o art. 37, XI, da CF, já estabelece um teto único para os servidores municipais, que, assim, não são abrangidos pela fixação de teto único diverso. Precedente: ADI 6221-MC. 3. Ação Direta julgada procedente" (ADI 6811, Relator(a): Alexandre de Moraes, julgado em 23/08/2021).

Alternativa "a": correta, pois corresponde ao estabelecido no art. 37, inciso XI da CR/88.

Alternativa "b": incorreta, pois não é constitucional, pois se trata da aplicação do subteto facultativo único para todos os poderes do Estado (exceto Deputados Estaduais) e não inclui Municípios, nos termos do art. 37, §12 da CR/88: "Para os fins do disposto no inciso XI do caput deste artigo, fica facultado aos Estados e ao Distrito Federal fixar, em seu âmbito, mediante emenda às respectivas Constituições e Lei Orgânica, como limite único, o subsídio mensal dos Desembargadores do respectivo Tribunal de Justiça, limitado a noventa inteiros e vinte e cinco centésimos por cento do subsídio mensal dos Ministros do Supremo Tribunal Federal, não se aplicando o disposto neste parágrafo aos subsídios dos Deputados Estaduais e Distritais e dos Vereadores".

Alternativa "c": incorreta, pois conforme disposição expressa do art. 37, §12 da CR/88 o subteto geral facultativo dos Estados não se aplica aos subsídios dos Deputados Estaduais.

Alternativa "d": incorreta, pois conforme disposição expressa do art. 37, §12 da CR/88 o mencionado teto remuneratório corresponde a 90,25% (e não 95%) do subsídio mensal dos ministros do Supremo Tribunal Federal.

Alternativa "e": incorreta, pois a referida norma é materialmente inconstitucional, por tratar do tema fora dos limites autorizados pela Constituição da República de 1988, ao incluir os Municípios ao teto facultativo geral dos Estados. Nesse sentido, o STF: "A faculdade conferida aos Estados para a regulação do teto aplicável a seus servidores (art. 37, § 12, da CF) não permite que a regulamentação editada com fundamento nesse permissivo inove no tratamento do teto dos servidores municipais, para quem o art. 37, XI, da CF, já estabelece um teto único" (ADI 6.221 MC).

Alternativa correta: letra "a".

---

69. FGV – 2022 – TCU – Auditor Federal de Controle Externo

O Tribunal de Contas da União instaurou processos administrativos para apurar a licitude da percepção de valores superiores àquele correspondente ao teto remuneratório constitucional pelos dirigentes:

(I) da sociedade de economia mista A, que não recebia quaisquer recursos da União;

(II) da sociedade de economia mista B, que recebia recursos da União para fazer face às despesas de capital;

(III) da empresa pública C, que recebia recursos da União para pagamento das despesas de pessoal; e (IV) da subsidiária integral da empresa pública C, que recebia recursos da União para as despesas de custeio em geral, exceto de pessoal.

À luz da sistemática constitucional, estão sujeitos ao teto remuneratório constitucional os dirigentes do(s) ente(s) referido(s) em:

a) I, II, III e IV;
b) somente II, III e IV;
c) somente III e IV;

d) somente I e II;

e) somente I.

COMENTÁRIOS

✪ **Nota da autora:** para resolver a questão deve-se ter em mente o art. 37, §9º da CR/88: "O disposto no inciso XI aplica-se às empresas públicas e às sociedades de economia mista, e suas subsidiárias, que receberem recursos da União, dos Estados, do Distrito Federal ou dos Municípios para pagamento de despesas de pessoal ou de custeio em geral". Atente-se que não é não é para qualquer gasto que a empresa pública, a sociedade de economia mista e suas subsidiárias se sujeitarão ao teto, mas sim para pagamento de despesas de pessoal ou de custeio em geral. Nesse sentido, a jurisprudência do STF: "Teto remuneratório aos empregados de empresas públicas e sociedades de economia mista não dependentes do erário do Distrito Federal. Violação ao art. 37 da Constituição Federal. Medida cautelar confirmada. Inconstitucionalidade da Emenda à Lei Orgânica do Distrito Federal n. 99/2017. Interpretação conforme à Constituição ao artigo 19, X, da LODF, de modo que a expressão "empregos públicos" se limite às entidades que recebam recursos do Distrito Federal para pagamento de despesas de pessoal ou de custeio em geral. Ação julgada procedente" (ADI 6.584).

Item I – incorreto. Nos termos do art. 37, §9º da CR/88, aplica-se o limite do teto constitucional às sociedades de economia mista e suas subsidiárias que recebam recursos da União, dos Estados, do Distrito Federal ou dos Municípios para pagamento de despesas de pessoal ou de custeio em geral. Portanto, se a sociedade de economia mista A não recebia quaisquer recursos da União, não se sujeita ao teto constitucional.

Item II – incorreto. Nos termos do art. 37, § 9º da CR/88, submetem-se ao teto constitucional as sociedades de economia mista que receba recursos públicos para pagamento de despesas de pessoal ou de custeio em geral. Assim, a sociedade de economia mista B, que recebeu dinheiro da União para despesas de capital – portanto, não se enquadra no regramento constitucional para observância do teto. Despesas de capital são "gastos produtivos por envolverem dispêndios que tem por escopo a aquisição ou construção de bens de capital que contribuam para a formação de novos bens" e podem ser do tipo investimentos, inversões financeiras e transferências de capital" (Vilela, Danilo Vieira. *Direito financeiro*. 6. ed. Salvador: JusPodivm, 2024, p. 153).

Item III – correto. Conforme art. 37, § 9º da CR/88, assim, a empresa pública C, que recebia recursos da União para pagamento das despesas de pessoal, submete-se ao teto constitucional.

Item IV – correto. Conforme art. 37, § 9º da CR/88, a subsidiária integral da empresa pública C, que recebia recursos da União para as despesas de custeio em geral deve se submeter ao teto constitucional de remuneração. Cuidado com a expressão "exceto de pessoal", significa que no exemplo dado, a subsidiaria da empresa pública C recebia recursos da União não para despesa de pessoal, mas sim para despesas de custeio, o que é suficiente para submetê-la ao teto remuneratório constitucional.

Alternativa correta: letra "c".

---

70. (FGV – Auditor Federal de Controle Externo – TCU/2022) O Tribunal de Contas da União instaurou processos administrativos para apurar a licitude da percepção de valores superiores àquele correspondente ao teto remuneratório constitucional pelos dirigentes: (I) da sociedade de economia mista A, que não recebia quaisquer recursos da União; (II) da sociedade de economia mista B, que recebia recursos da União para fazer face às despesas de capital; (III) da empresa pública C, que recebia recursos da União para pagamento das despesas de pessoal; e (IV) da subsidiária integral da empresa pública C, que recebia recursos da União para as despesas de custeio em geral, exceto de pessoal.

À luz da sistemática constitucional, estão sujeitos ao teto remuneratório constitucional os dirigentes do(s) ente(s) referido(s) em:

a) I, II, III e IV;

b) somente II, III e IV;

c) somente III e IV;

d) somente I e II;

e) somente I.

COMENTÁRIOS

✪ **Nota da autora:** de acordo com o art. 37, §9º da CR/88: "O disposto no inciso XI [teto remuneratório] aplica-se às empresas públicas e às sociedades de economia mista, e suas subsidiárias, que receberem recursos da União, dos Estados, do Distrito Federal ou dos Municípios para pagamento de despesas de pessoal ou de custeio em geral". Deste modo, a (I) sociedade de economia mista A não se sujeita ao teto remuneratório pois não recebe quaisquer recursos da União, segundo enunciado da questão. A (II) sociedade de economia mista B recebe recursos da União, mas não se sujeita ao teto remuneratório, pois o destina para as despesas de capital, hipótese que não é abarcada pela literalidade do art. 37, §9º da CR/88. A (III) empresa pública C recebe recursos da União para pagamento de despesa pessoal, portanto se sujeita ao teto remuneratório. E por fim, a (IV) subsidiária integral da empresa pública C recebe recursos da União para pagamento de despesa de custeio, logo, também se submete ao teto remuneratório, nos termos do art. 37, §9º da CR/88. O fato da empresa subsidiária (IV) receber recursos somente para pagamento de custeio, e não de despesa pessoal, não exclui o dever de se submeter ao teto, pois a Constituição coloca como alternativa: ou pagamento de despesa pessoal ou pagamento de custeio em geral. No caso em tela, o fato da empresa (IV) receber o recurso da União e usá-lo para custeio em geral já configura a hipótese constitucional. Vale colacionar um exemplo da jurisprudência consolidada no STF: "I – É firme o entendimento desta Corte de que o art. 37, XI, da Constituição Federal, com a redação anterior à EC 19/98, já fixava limite *remuneratório* também para os empregados das *empresas públicas* e sociedades de economia mista. II – O art. 37, § 9º, da CF submeteu os empregados das *empresas públicas* e sociedades de economia mista ao *teto remuneratório* da Administração *Pública*, limitando expressamente esta aplicação aos casos em que tais *empresas* recebam recursos da Fazenda *Pública* para custeio em geral ou gasto com pessoal. [...]" (RE 572143 AgR).

Alternativa "a": incorreta, pois não se aplica a I e II.

Alternativa "b": incorreta, pois não se aplica a II.

Alternativa "c": correta, pois se aplica a III e IV.

Alternativa "d": incorreta, pois não se aplica a I e II e se aplica a III e IV.

Alternativa "e": incorreta, pois não se aplica a I e se aplica a III e IV.

Alternativa correta: letra "c".

71. (FGV – Auditor de Controle Externo – TCE – PI/2021) No âmbito do Estado Alfa, a empresa pública W era destinatária de dotações orçamentárias a serem utilizadas para o pagamento de despesas de custeio em geral, não de pessoal; a sociedade de economia mista Y, de dotações a serem utilizadas para o pagamento de pessoal; e Z, subsidiária integral da empresa pública W, recebia dotações para fins de investimentos. Todas estavam vinculadas à Secretaria Estadual de Infraestrutura e Modernização Logística.

Considerando o teto remuneratório estabelecido pelo Art. 37, XI, da Constituição da República de 1988, é correto afirmar que ele:

a) somente se aplica a W e a Y;
b) não se aplica a W, Y e Z;
c) é aplicável a W, Y e Z;
d) somente se aplica a Y;
e) somente se aplica a Z.

COMENTÁRIOS

✪ **Nota da autora:** a resposta da questão está no entendimento do art. 37, §9º da CR/88, a saber: "O disposto no inciso XI [o teto remuneratório] aplica-se às empresas públicas e às sociedades de economia mista, e suas subsidiárias, que receberem recursos da União, dos Estados, do Distrito Federal ou dos Municípios para pagamento de despesas de pessoal ou de custeio em geral". Assim, o teto remuneratório somente não se aplica, nos termos da questão, à empresa subsidiária integral da empresa pública pois a sua destinação era para investimento, o que não está previsto no texto constitucional.

Alternativa "a": o teto remuneratório se aplica à empresa pública para custeio pessoal (W) e se aplica à sociedade de economia mista para pagamento pessoal (Y), nos termos do art. 37, §9º CR/88.

Alternativa "b": incorreta, pois não se aplica a Z.

Alternativa "c": incorreta, pois é aplicável a W e Y; não se aplica a Z.

Alternativa "d": incorreta, pois somente se aplica a W e Y.

Alternativa "e": incorreta, pois somente se aplica a W e Y.

Alternativa correta: letra "a".

72. (FGV – Auditor de Controle Externo – TCE – PI/2021) A Lei nº XX/2021, do Município Beta, autorizou a criação da sociedade de economia mista Alfa, com capital majoritário do Município, que tem por objeto exclusivo a atividade de policiamento de trânsito e autuação de infrações, o que se dá em regime não concorrencial.

Por entender que a Lei nº XX/2021 era contrária ao interesse público, o Partido Político Gama solicitou que sua assessoria jurídica se manifestasse sobre a constitucionalidade desse diploma normativo, considerando a interpretação prevalecente dos comandos constitucionais aplicáveis à temática. A assessoria respondeu, corretamente, que a Lei nº XX/2021 é:

a) constitucional quanto à delegação do poder de polícia e inconstitucional na parte em que outorga à sociedade de economia mista a atividade descrita;
b) constitucional na parte em que outorga à sociedade de economia mista a atividade descrita e inconstitucional quanto à delegação do poder de polícia;
c) constitucional tanto na parte em que outorga à sociedade de economia mista a atividade descrita, como em relação à delegação do poder de polícia;

d) inconstitucional tanto na parte em que outorga à sociedade de economia mista a atividade descrita, como em relação à delegação do poder de polícia;

e) inconstitucional apenas em relação à forma de criação da sociedade de economia mista, considerando a atividade a ser desempenhada.

COMENTÁRIOS

✪ **Nota da autora:** a questão foi decidida pelo STF com repercussão geral (tema 532), no final de 2020, alterando-se entendimento anterior. As fases do poder de polícia são: (i) a ordem de polícia, (ii) o consentimento de polícia, (iii) a fiscalização de polícia e (iv) a sanção de polícia. Em entendimento anterior não era possível a delegação da sanção, a partir deste novo entendimento a delegação do poder de polícia passa a ser possível se atendidos aos requisitos: lei, pessoa jurídica de direito privado integrante da Administração Pública Indireta, capital social majoritariamente público, prestação de serviço exclusivamente público e em regime não concorrencial. Vale destacar pontos importantes deste julgado do STF:

[...] 1. O Plenário deste Supremo Tribunal reconheceu repercussão geral ao thema decidendum, veiculado nos autos destes recursos extraordinários, referente à definição da compatibilidade constitucional da delegação do poder de polícia administrativa a pessoas jurídicas de direito privado integrantes da Administração Pública indireta prestadoras de serviço público. [...] 3. A teoria do ciclo de polícia demonstra que o poder de polícia se desenvolve em quatro fases, cada uma correspondendo a um modo de atuação estatal: (i) a ordem de polícia, (ii) o consentimento de polícia, (iii) a fiscalização de polícia e (iv) a sanção de polícia. 4. A extensão de regras do regime de direito público a pessoas jurídicas de direito privado integrantes da Administração Pública indireta, desde que prestem serviços públicos de atuação própria do Estado e em regime não concorrencial é admissível pela jurisprudência da Corte. [...] 8. In casu, a Empresa de Transporte e Trânsito de Belo Horizonte – BHTRANS pode ser delegatária do poder de polícia de trânsito, inclusive quanto à aplicação de multas, porquanto se trata de estatal municipal de capital majoritariamente público, que presta exclusivamente serviço público de atuação própria do Estado e em regime não concorrencial, consistente no policiamento do trânsito da cidade de Belo Horizonte. [...] 13. Repercussão geral constitucional que assenta a seguinte tese objetiva: "É constitucional a delegação do poder de polícia, por meio de lei, a pessoas jurídicas de direito privado integrantes da Administração Pública indireta de capital social majoritariamente público que prestem exclusivamente serviço público de atuação própria do Estado e em regime não concorrencial." (RE 633.782, Tribunal Pleno, publicado em 25-11-2020).

Alternativa "a": é constitucional tanto à delegação do poder de polícia quanto a outorga a sociedade de economia mista da atividade descrita.

Alternativa "b": é constitucional tanto na parte em que outorga à sociedade de economia mista a atividade descrita e quanto à delegação do poder de polícia.

Alternativa "c": constitucional tanto na parte em que outorga à sociedade de economia mista a atividade descrita, como em relação à delegação do poder de polícia, conforme tese fixada pelo STF: "É constitucional a delegação do poder de polícia, por meio de lei, a pessoas jurídicas de direito privado integrantes da Administração Pública indireta de capital social majoritariamente público que prestem exclusivamente serviço público de atuação própria do Estado e em regime não concorrencial." (RE 633782).

Alternativa "d": incorreta, pois não é inconstitucional, conforme decisão do STF.

Alternativa "e": incorreta, pois não é inconstitucional, conforme decisão do STF.

Alternativa correta: letra "c".

73. (FGV – Auditor de Controle Externo – TCE – PI/2021) João, servidor público do Estado Alfa, foi aposentado por incapacidade permanente para o trabalho. Pouco menos de dois anos depois, foi notificado a comparecer ao departamento médico do ente a que estava vinculado para fins de realização de avaliação periódica. Foi desde logo informado de que tal procedimento estava previsto na lei estadual, sendo obrigatório, ainda que não houvesse notícia de qualquer alteração do quadro que motivou a aposentadoria, bem como que eventuais alterações poderiam ensejar a sua readaptação para o exercício de funções diversas daquelas que exercia quando estava na ativa. Irresignado com a notificação recebida e com os efeitos que poderiam advir da avaliação, João procurou um advogado, que lhe informou, corretamente, à luz da ordem constitucional, que:

a) a avaliação periódica e os efeitos apregoados são ilícitos, pois afrontam a garantia do ato jurídico perfeito;

b) a avaliação periódica e os efeitos apregoados são lícitos, já que previstos em lei estadual e amparados pela Constituição da República de 1988;

c) a avaliação periódica é ilícita, mas, caso João comunique alterações na causa da incapacidade, será possível a readaptação;

d) a avaliação periódica é lícita, mas não a readaptação, que viola o princípio do concurso público, sendo possível apenas a reversão, caso desapareça a causa da incapacidade;

e) a avaliação periódica é ilícita, mas, mediante representação fundamentada, João será convocado e, detectada a supressão da causa de incapacidade, é possível a readaptação.

COMENTÁRIOS

✪ **Nota da autora:** importante que o candidato e a candidata acompanhem as emendas constitucionais, pois os concursos tendem a cobrar as inovações. Sobre a readaptação do servidor, a EC 103/19 alterou o art. 37, § 13 CR/99, no seguinte sentido: "O servidor público titular de cargo efetivo poderá ser readaptado para exercício de cargo cujas atribuições e responsabilidades sejam compatíveis com a limitação que tenha sofrido em sua capacidade física ou mental, enquanto permanecer nesta condição, desde que possua a habilitação e o nível de escolaridade exigidos para o cargo de destino, mantida a remuneração do cargo de origem".

Alternativa "a": incorreta, pois a avaliação periódica e os efeitos apregoados não são ilícitos, nem afrontam o ato jurídico perfeito. Neste sentido, posicionamento do STF: "[...] 3. A jurisprudência da Suprema Corte é sólida no sentido de que a aposentadoria é regida pela legislação vigente ao tempo em que reunidos os requisitos necessários à obtenção do benefício. Precedentes. 4. A mudança de parâmetro etário trazida pela EC nº 88/2015 não retira a condição de ato jurídico perfeito de aposentação compulsória, levada a efeito em momento pretérito. Precedentes" (STF, AgReg em MS 34.407/2017).

Alternativa "b": a avaliação periódica e os efeitos apregoados são lícitos, já que previstos em lei estadual e amparados pela Constituição da República, conforme art. 40, §1º, I: "O servidor abrangido por regime próprio de previdência social será aposentado: (I) por incapacidade permanente para o trabalho, no cargo em que estiver investido, quando insuscetível de readaptação, hipótese em que será obrigatória a realização de avaliações periódicas para verificação da continuidade das condições que ensejaram a concessão da aposentadoria, na forma de lei do respectivo ente federativo" (redação dada pela EC 103/19).

Alternativa "c": incorreta, pois a avaliação periódica não é ilícita.

Alternativa "d": incorreta, pois a readaptação não viola o princípio do concurso público, sendo prevista constitucionalmente, e é cabível a readaptação, nos termos do art. 40, §1º, I da CR/88.

Alternativa "e": incorreta, pois a avaliação periódica não é ilícita, nem depende de representação fundamentada.

Alternativa correta: letra "b".

74. (FGV – Auditor Técnico de Controle Externo – TCE – AM/2021) Maria, servidora do Município Alfa, ingressou com ação judicial em face desse ente federativo sob o argumento de que o seu vencimento-base fora fixado, por decreto, em valor inferior ao salário mínimo, sendo que, com o acréscimo das demais vantagens estatutárias, esse patamar é ultrapassado. À luz da sistemática constitucional, é correto afirmar que a fixação do vencimento-base apresenta:

a) vícios de forma e de essência, pois o vencimento-base deve ser fixado em lei, não em decreto, e não pode ser inferior ao salário mínimo;

b) apenas vício de forma, pois o vencimento-base deve ser fixado em lei e o que não pode ser inferior ao salário mínimo é o valor total da remuneração;

c) total juridicidade quanto à forma e à essência, pois o vencimento-base é necessariamente definido em decreto e pode ser inferior ao salário mínimo;

d) apenas vício de essência, pois o vencimento-base deve ser detalhado em decreto, observados os balizamentos legais, e não pode ser inferior ao salário mínimo;

e) vícios de forma e de essência, pois o vencimento-base deve ser fixado em lei, ressalvada a existência de delegação expressa, e não pode ser inferior ao salário mínimo.

COMENTÁRIOS

✪ **Nota da autora:** a questão cobra o conhecimento da Súmula Vinculante nº 16, sabendo o seu teor já seria possível resolver com êxito a questão. Mas é importante ter em mente a nomenclatura técnica, assim ensina a Profª Irene Nohara: "Após a Emenda Constitucional nº 19/98, houve a divisão dos sistemas remuneratórios servidores públicos em dois: o [1] sistema da remuneração ou do vencimento, que compreende uma remuneração fixa e outra variável, composta de diversas vantagens pecuniárias; e o [2] sistema de subsídio, constituído exclusivamente de parcela única, sem percepção de outras vantagens. [...] os servidores inativos, isto é, os aposentados recebem proventos" (NOHARA, Irene Patrícia Diom. *Direito administrativo*. 11. ed. São Paulo: Atlas, 2022, p. 635).

Alternativa "a": incorreta, pois a fixação do vencimento-base não tem vício de essência. A fixação do vencimento-base não apresenta vício na sua essência (conteúdo material), podendo ser inferior ao salário mínimo, conforme jurisprudência do STF, o que não pode ser inferior ao salário mínimo é a remuneração do servidor. Neste sentido, "[...] 2. *Servidor público*. Garantia de *vencimento básico* não inferior ao salário mínimo. Impossibilidade. Orientação do STF no sentido de que a garantia do salário mínimo, prevista no art. 7º, IV, c/c art. 39, § 3º, da Constituição Federal, é alusiva ao total da remuneração do *servidor*, incorrendo em inconstitucionalidade material o dispositivo que vincula tal garantia ao *vencimento básico*." (ADI 751).

Alternativa "b": correta, pois a fixação do vencimento-base tem apenas vício de forma, pois o vencimento-base deve ser fixado em lei, conforme art. 37, X da CR/88: "a remuneração dos servidores públicos e o subsídio de que trata o § 4º do art. 39 somente poderão ser fixados ou alterados por lei específica, observada a iniciativa privativa em cada caso, assegurada revisão geral anual, sempre na mesma data e sem distinção de índices". E o que não pode ser inferior ao salário mínimo é o valor total da remuneração e não a remuneração-base do servidor, conforme Súmula Vinculante nº 16: "Os artigos 7º, IV, e 39, § 3º (redação da EC 19/98), da Constituição, referem-se ao total da remuneração percebida pelo servidor público".

Alternativa "c": incorreta, pois a fixação do vencimento-base não apresenta total juridicidade; visto que há vício de forma, conforme explicado acima.

Alternativa "d": incorreta, pois a fixação do vencimento-base não apresenta vício de essência (vício material).

Alternativa "e": incorreta, pois a fixação do vencimento-base de essência; há apenas vício de forma.

Alternativa correta: letra "b".

---

75. (FGV – Auditor Técnico de Controle Externo – TCE – AM/2021) Em razão da explosão de loja de fogos de artifício clandestina, na qual a pólvora não era armazenada com observância das normas de segurança, Antônio sofreu ferimentos que o levaram à morte. Em razão desse fato, Maria, sua esposa, ingressou com a ação de reparação de danos em face do Município Alfa, no qual estava localizada a loja.

Em situações como a descrita, o Município Alfa:

a) deve ser responsabilizado com base na teoria do risco integral;
b) somente pode ser responsabilizado com base na teoria civilista da culpa;
c) não pode ser responsabilizado em hipótese alguma, já que o ilícito decorreu da ação de particulares;
d) só pode ser responsabilizado se forem do seu conhecimento as irregularidades praticadas no âmbito da loja;
e) deve ser responsabilizado com base na teoria do risco objetivo, em razão de sua omissão no dever de fiscalizar.

COMENTÁRIOS

✪ **Nota da autora:** a responsabilidade do Estado por omissão é um assunto polêmico, mas a jurisprudência do STF tem se encaminhado no sentido do reconhecimento da responsabilidade objetiva em casos de omissão específica, ou seja, não basta o simples não agir do Estado, é necessária a existência de um dever jurídico específico. A responsabilidade do Estado por omissão é orientada pela teoria do risco administrativo, assim, tem como requisitos: ação ou omissão, dano, nexo causal e ausência de causa excludente da responsabilidade. Para a configuração da omissão do Estado é necessário que esta viole um dever específico de agir, no caso em tela, referente a loja clandestina de fogos de artifício, o STF entendeu que não houve omissão, pois não houve a violação de um dever específico, pois a loja era clandestina. Não havendo como exigir que o Estado seja responsabilizado de algo que ele não tem ciência. Neste sentido, importante colacionar o referido julgado: "1. A Constituição Federal, no art. 37, § 6º, consagra a responsabilidade civil objetiva das pessoas jurídicas de direito público e das pessoas de direito privado prestadoras de serviços públicos. Aplicação da teoria do risco administrativo. Precedentes da CORTE. 2. Para a caracterização da responsabilidade civil estatal, há a necessidade da observância de requisitos mínimos para aplicação da responsabilidade objetiva, quais sejam: a) existência de um dano; b) ação ou omissão administrativa; c) ocorrência de nexo causal entre o dano e a ação ou omissão administrativa; e d) ausência de causa excludente da responsabilidade estatal. 3. Na hipótese, o Tribunal de Justiça do Estado de São Paulo concluiu, pautado na doutrina da teoria do risco administrativo e com base na legislação local, que não poderia ser atribuída ao Município de São Paulo a responsabilidade civil pela explosão ocorrida em loja de fogos de artifício. Entendeu-se que não houve omissão estatal na fiscalização da atividade, uma vez que os proprietários do comércio desenvolviam a atividade de forma clandestina, pois ausente a autorização estatal para comercialização de fogos de artifício. 4. Fixada a seguinte tese de Repercussão Geral: "Para que fique caracterizada a responsabilidade civil do Estado por danos decorrentes do comércio de fogos de artifício, é necessário que exista a violação de um dever jurídico específico de agir, que ocorrerá quando for concedida a licença para funcionamento sem as cautelas legais ou quando for de conhecimento do poder público eventuais irregularidades praticadas pelo particular". 5. Recurso extraordinário desprovido". (RE 136861, Relator: Edson Fachin, Tribunal Pleno, julgado em 11/03/2020).

Alternativa "a": incorreta, pois neste caso não se adota a teoria do risco integral. A teoria do risco integral não admite as excludentes de responsabilidade (caso fortuito, força maior, culpa exclusiva da vítima ou de terceiros).

Alternativa "b": incorreta, pois a responsabilidade civil do Estado é orientada - de forma geral - pela *responsabilidade objetiva, conforme art. 37,* §6º da CR/88 e não pela responsabilidade subjetiva, baseada na teoria civilista da culpa. No caso em tela, há aplicação da teoria do risco administrativo.

Alternativa "c": incorreta, pois generaliza a irresponsabilidade do Estado para todos os casos em que a conduta seja praticada por particulares, o que não é correto, já que existem hipóteses de responsabilização do Estado decorrente de sua omissão, situações que podem ser praticadas por particulares e consequentemente gerar a responsabilidade do Estado.

Alternativa "d": correta, pois em casos deste tipo o município só pode ser responsabilizado se as irregularidades praticadas no âmbito da loja forem do seu conhecimento, conforme a tese fixada em repercussão geral nº 366: "Para que fique caracterizada a responsabilidade civil do Estado por danos decorrentes do comércio de fogos de artifício, é necessário que exista a violação de um dever jurídico específico de agir, que ocorrerá quando for concedida a licença para funcionamento sem as cautelas legais ou quando for de conhecimento do poder público eventuais irregularidades praticadas pelo particular".

Alternativa "e": incorreta, pois a situação em tela se trata de responsabilidade por omissão sendo necessária a violação de um dever específico de agir, o que não foi configurado no presente caso por se tratar de uma loja clandestina, de modo que o Poder Público não tinha como saber da situação, portanto, não houve omissão do Estado. Ressalte-se de que se trata do conceito normativo de omissão, o qual pressupõe o descumprimento de um dever jurídico. Ver nota da autora acima.

Alternativa correta: letra "d".

---

76. (FGV – Auditor Técnico de Controle Externo – TCE – AM/2021) Em período de plena normalidade, sem qualquer restrição imposta pela legislação de regência, o Chefe do Poder Executivo do Estado Alfa foi acusado, por um grupo de parlamentares, de ter se omitido em dar cumprimento à ordem constitucional, já que, nos últimos dois anos, deixara de encaminhar o projeto de revisão geral anual da remuneração dos servidores públicos do Poder Executivo e das demais estruturas estatais de poder. Na medida em que a informação de ausência de encaminhamento do referido projeto de lei era verdadeira, é correto afirmar que o Chefe do Poder Executivo:

a) apenas estava obrigado a encaminhar o projeto de revisão geral anual afeto aos servidores do Poder Executivo;
b) estava obrigado a encaminhar o projeto de revisão geral anual, o que ocorreria de modo conjunto com os chefes das demais estruturas estatais de poder;
c) estava obrigado a encaminhar o projeto de revisão geral anual dos seus servidores, que seria o limite a ser observado pelos servidores das demais estruturas;
d) deve se pronunciar, de forma fundamentada, acerca das razões pelas quais não propôs a revisão, de modo a afastar o direito à indenização por parte dos servidores;
e) deu azo a uma omissão inconstitucional, que pode ser suprida por índice definido pelo Poder Judiciário, com base na inflação do período, conforme os indicadores oficiais.

COMENTÁRIOS

✪ **Nota da autora:** a revisão geral anual dos servidores públicos está prevista no art. 37, X da CR/88: "a remuneração dos servidores públicos e o subsídio de que trata o § 4º do art. 39 somente poderão ser fixados ou alterados por lei específica, observada a iniciativa privativa em cada caso, assegurada revisão geral anual, sempre na mesma data e sem distinção de índices". Sobre o assunto o STF tem entendimento fixado no sentido de que este artigo não estabelece um dever para apresentação de projeto de lei de revisão geral anual, nem a necessidade de que o índice corrija a perda inflacionária, e estabeleceu ainda que o Poder Judiciário não tem competência para – diante da omissão do Executivo – obrigar a apresentação de projeto de lei. Este entendimento está expresso nos seguintes julgados: "[...] 3. A Constituição não estabelece um dever específico de que a remuneração dos servidores seja objeto de aumentos anuais, menos ainda em percentual que corresponda, obrigatoriamente, à inflação apurada no período, embora do artigo 37, X, da Constituição decorra o dever de pronunciamento fundamentado a respeito da impossibilidade de reposição da remuneração dos servidores públicos em dado ano, com demonstração técnica embasada em dados fáticos da conjuntura econômica. [...] 13. Recurso Extraordinário Provido para reformar o acórdão recorrido e, via de consequência, cassar a injunção concedida. Tese de repercussão geral: O Poder Judiciário não possui competência para determinar ao Poder Executivo a apresentação de projeto de lei que vise a promover a revisão geral anual da remuneração dos servidores públicos, tampouco para fixar o respectivo índice de correção" (RE 843.112). Em outro julgado, o STF esclarece que o chefe do Poder Executivo estadual tem o dever de se pronunciar sobre a possibilidade de reajuste, mas a omissão da elaboração do projeto de lei não gera obrigação de indenizar o servidor. Neste sentido: "[...] 2. O art. 37, X, da CF/1988 não estabelece um dever específico de que a remuneração dos servidores seja objeto de aumentos anuais, menos ainda em percentual que corresponda, obrigatoriamente, à inflação apurada no período. Isso não significa, porém, que a norma constitucional não tenha eficácia. Ela impõe ao Chefe do Poder Executivo o dever de se pronunciar, anualmente e de forma fundamentada, sobre a conveniência e possibilidade de reajuste ao funcionalismo. 3. Recurso extraordinário a que se nega provimento, com a fixação da seguinte tese: "O não encaminhamento de projeto de lei de revisão anual dos vencimentos dos servidores públicos, previsto no inciso X do art. 37 da CF/1988, não gera direito subjetivo a indenização. Deve o Poder Executivo, no entanto, pronunciar-se de forma fundamentada acerca das razões pelas quais não propôs a revisão" (RE 565.089).

Alternativa "a": incorreta, o chefe do Poder Executivo não estava obrigado a encaminhar o projeto de revisão geral anual afeto aos servidores do Poder Executivo.

Alternativa "b": incorreta, pois não há o dever de encaminhar o projeto de revisão geral anual, muito menos que seja de modo conjunto com os chefes das demais estruturas estatais de poder.

Alternativa "c": incorreta, pois não há o dever de encaminhar o projeto de revisão geral anual dos seus servidores, muito menos que este seja o limite a ser observado pelos servidores das demais estruturas, o que feriria a autonomia federativa, além de não haver previsão de tal limitação na CR/88.

Alternativa "d": deve se pronunciar, de forma fundamentada, acerca das razões pelas quais não propôs a revisão, de modo a afastar o direito à indenização por parte dos servidores, conforme tese de repercussão geral nº 19 fixada pelo STF: "O não encaminhamento de projeto de lei de revisão anual dos vencimentos dos servidores públicos, previsto no inciso X do art. 37 da CF/1988, não gera direito subjetivo a indenização. Deve o Poder Executivo, no entanto, pronunciar-se de forma fundamentada acerca das razões pelas quais não propôs a revisão".

Alternativa "e": incorreta, pois não se configura omissão inconstitucional e, além disso, o Poder Judiciário não é competente para definir índice para a revisão geral anual dos servidores públicos, conforme tese de repercussão geral nº 624 fixada pelo STF: "O Poder Judiciário não possui competência para determinar ao Poder Executivo a apresentação de projeto de lei que vise a promover a revisão geral anual da remuneração dos servidores públicos, tampouco para fixar o respectivo índice de correção".

Alternativa correta: letra "d".

9. ORGANIZAÇÃO DOS PODERES

- CR/88: arts. 5º, XLII, XLIII, §3º; 21, XXIII; 22, I, XII; 24, VI, VII, VIII; 28, §2º; 30, VI; 38; 45; 46; 48, XI; 52, I; 52, parágrafo único; 53, §2º; 57, §5º, 7º, 8º; 84, VI, XII; 73; 85, parágrafo único; 86, §1º, 2º; 102, I, c; 127.
- Lei 8072/90: art. 2º, I.

77. CEBRASPE – 2023 – TCE/RJ - Procurador

No que se refere ao controle externo no Brasil, julgue o item que se segue.

Cabe ao Congresso Nacional fiscalizar e controlar, diretamente ou por qualquer de suas casas, os atos do Poder Executivo, incluídos os da administração indireta.

COMENTÁRIOS

✪ **Nota da autora:** importante lembrar que são funções típicas do Poder Legislativo: legislar e fiscalizar. Assim, o Poder Legislativo tem função de fiscalizar a atuação do governo, hipótese em que se inclui a Administração direta e indireta.

Item Certo: corresponde à literalidade do art. 49, X da CR/88: "É da competência exclusiva do Congresso Nacional: - fiscalizar e controlar, diretamente, ou por qualquer de suas Casas, os atos do Poder Executivo, incluídos os da administração indireta".

78. (Cespe – Analista de Controle Externo – Direito – TCE – RJ/2021) Julgue os itens a seguir, de acordo com o disposto na Constituição Federal de 1988 e na Constituição do Estado do Rio de Janeiro.

Compete privativamente à Câmara dos Deputados proceder à tomada de contas do presidente da República, quando não apresentadas ao Congresso Nacional dentro de sessenta dias após a abertura da sessão legislativa.

COMENTÁRIOS

✪ **Nota da autora:** vale lembrar que o Presidente da República deve apresentar as contas anualmente ao Congresso Nacional, dentro de 60 dias após a abertura da sessão legislativa (art. 84, XXIV, CR/88), as quais serão apreciadas pelo Tribunal de Contas da União (art. 71, I, CR/88) e julgadas pelo Congresso Nacional (art. 49, IX, CR/88). Importante ter em mente que é o Congresso Nacional – e não o TCU - que julga as contas prestadas pelo Presidente da República.

Item Certo: corresponde ao art. 51, II da CR/88.

79. (Cespe – Analista de Controle Externo – Direito – TCE – RJ/2021) Com relação aos poderes da República, julgue os itens a seguir.

Compete ao STJ julgar os membros dos tribunais de contas estaduais que tenham cometido crime de responsabilidade.

COMENTÁRIOS

✪ **Nota da autora:** os membros dos Tribunais de Contas dos Estados tanto nos crimes comuns como nos crimes de responsabilidade serão julgados pelo STJ; já os membros do Tribunal de Contas da União serão julgados pelo STF tantos nos crimes comuns como nos de responsabilidade (art. 102, I, "c" CR/88).

Item Certo: conforme art. 105, I, "a" CR/88: "Compete ao Superior Tribunal de Justiça: I - processar e julgar, originariamente: a) nos crimes comuns, os Governadores dos Estados e do Distrito Federal, e, nestes e nos de responsabilidade, os desembargadores dos Tribunais de Justiça dos Estados e do Distrito Federal, os membros dos Tribunais de Contas dos Estados e do Distrito Federal, os dos Tribunais Regionais Federais, dos Tribunais Regionais Eleitorais e do Trabalho, os membros dos Conselhos ou Tribunais de Contas dos Municípios e os do Ministério Público da União que oficiem perante tribunais".

80. (Cespe – Analista de Controle Externo – Direito – TCE – RJ/2021) Com relação aos poderes da República, julgue os itens a seguir.

O Conselho Nacional de Justiça substitui o Tribunal de Contas da União no que tange à supervisão orçamentária dos atos dos tribunais federais.

COMENTÁRIOS

✪ **Nota da autora:** as atribuições do CNJ estão definidas no art. 103-B da CR/88, sendo que no §4º, inciso II está expresso que a atuação do CNJ não prejudica a atuação do TCU. Vale conferir: "Compete ao Conselho o controle da atuação administrativa e financeira do Poder Judiciário e do cumprimento dos deveres funcionais dos juízes, cabendo-lhe, além de outras atribuições que lhe forem conferidas pelo Estatuto da Magistratura: - zelar pela observância do art. 37 e apreciar, de ofício ou mediante provocação, a legalidade dos atos administrativos praticados por membros ou órgãos do Poder Judiciário, podendo desconstituí-los, revê-los ou fixar prazo para que se adotem as providências necessárias ao exato cumprimento da lei, sem prejuízo da competência do Tribunal de Contas da União".

Item Errado: a redação correta seria a seguinte: O Conselho Nacional de Justiça não substitui o Tribunal de Contas da União no que tange à supervisão orçamentária dos atos dos tribunais federais.

81. (Cespe – Analista de Controle Externo – Direito – TCE – RJ/2021) Com relação aos poderes da República, julgue os itens a seguir.

Os tribunais de contas estaduais gozam dos poderes de autogoverno e autonomia, todavia isso não inclui iniciativa privativa para propor leis relativas a sua organização e seu funcionamento.

COMENTÁRIOS

✪ **Nota da autora:** o tema da questão foi objeto de decisão em ADI pelo STF em 2020. Vale conferir: "Norma de iniciativa parlamentar que modifica a lei orgânica do tribunal de contas do estado do rio de janeiro. Inconstitucionalidade. 1. Compete aos Tribunais de Contas dos Estados, com exclusividade, a iniciativa legislativa de norma que disponha sobre sua organização e funcionamento (CF, arts. 73, 75 e 96, II, d). Precedentes: ADI 3.223, rel. Min. Dias Toffoli; ADI 4.643, rel. Min. Luiz Fux; ADI 4.418, rel. Min. Dias Toffoli. 2. Os Tribunais de Contas estaduais gozam das prerrogativas constitucionais de autonomia e autogoverno. Não se submetem às Assembleias Legislativas (CF, arts. 73 e 75). Precedentes: ADI 119, rel. Min. Dias Toffoli; ADI 4.190-MC, rel. Min. Celso de Mello. 3. Ação julgada procedente. (ADI 4191, Relator Min. Roberto Barroso, Tribunal Pleno, julgado em 22/05/2020, public 10-08-2020).

Item Errado: a redação correta seria assim: os tribunais de contas estaduais gozam dos poderes de autogoverno e autonomia, incluindo iniciativa privativa para propor leis relativas a sua organização e seu funcionamento. O fundamento constitucional está no art. 73, que menciona expressamente o art. 96, no qual se inclui a iniciativa legislativa exclusiva para organização e funcionamento dos Tribunais de Contas Estaduais.

82. (Cespe – Analista de Controle Externo – Direito – TCE – RJ/2021) Com relação aos poderes da República, julgue os itens a seguir.

As constituições dos estados não podem estender aos governadores a prerrogativa do presidente da República quanto à impossibilidade de prisão, em crimes comuns, até sentença condenatória transitada em julgado.

COMENTÁRIOS

✪ **Nota da autora:** primeiramente, cumpre lembra que no presidencialismo as funções de chefe de Estado e chefe de governo concentram-se na figura do presidente da república, logo, nem todas as atribuições e prerrogativas do presidente se estendem aos demais chefes do Poder Executivo (governadores e prefeitos). Nos termos da Constituição, durante o mandato, o presidente não pode ser responsabilizado por atos estranhos ao exercício de sua função. Assim, o presidente somente pode ser responsabilizado pelos crimes comuns que tenham sido praticados em razão do exercício da função (*propter offi-*

cium). Eventuais crimes cometidos ante ou durante o mandato e que não tenham relação com a função ficam suspensos.

Item Certo: as constituições dos estados não podem estender aos governadores a prerrogativa do presidente da República quanto à impossibilidade de prisão, em crimes comuns, pois é uma prerrogativa do chefe de Estado (presidente da república), o governador é apenas chefe de governo. Talvez o(a) candidato(a) pudesse se confundir com o fato de a questão mencionar o trânsito em julgado da sentença penal, sendo que o art. 86, §3º CR/88 se refere apenas à sentença condenatória, mas a questão diz exatamente que a Constituição do Estado não pode estender tal imunidade, então está duplamente correta. O STF já tem jurisprudência sedimentada a este respeito: "[...] 4. Orientação desta Corte, no que concerne ao art. 86, §§ 3º e 4º, da Constituição, na ADIN 1028, de referência à imunidade à prisão cautelar como prerrogativa exclusiva do Presidente da República, insuscetível de estender-se aos Governadores dos Estados, que institucionalmente, não a possuem. [...]" (ADI 1634MC).

83. (Cespe – Analista de Controle Externo – Direito – TCE – RJ/2021) Com relação aos poderes da República, julgue os itens a seguir.

O poder legiferante do Senado Federal engloba qualquer questão pública, mesmo sendo tal órgão a casa de representação dos estados no arranjo constitucional.

COMENTÁRIOS

✪ **Nota da autora:** com todo respeito, esta questão mereceria anulação e não poderia estar em concurso público, pois induz candidatos atentos ao erro. A expressão "qualquer questão pública" é muito abrangente e totalizante, o que torna a questão incorreta, pois há uma série de casos que podem ser considerados "questões públicas", mas não são de competência legiferante do Senado, por exemplo, as competências dos Municípios, dos Estados, os casos de medidas provisórias etc.

Item Certo: talvez a questão buscasse o entendimento do (da) candidato (a) sobre o fato de o Senado ser composto por representantes dos Estados, mas as atribuições desta casa legislativa não se restringem a questões de interesse dos Estados, sendo que o Senado faz parte do processo legislativo seja como casa iniciadora ou revisora, para quaisquer matérias. Contudo, a redação da questão é por demais abrangente, como se não houvesse nenhuma exceção, o que não é verdadeiro.

84. FGV – 2022 – TCE/TO – Auditor de Controle Externo

Após um acordo entre as lideranças partidárias, 27 senadores requereram a criação de uma comissão parlamentar de inquérito (CPI) com o objetivo de apurar notícias de que determinados ilícitos estavam sendo praticados no âmbito de uma autarquia federal. Alguns dos subscritores do requerimento almejavam que a CPI, uma vez instalada, determinasse (1) a interceptação telefônica dos suspeitos da prática de ilícitos e (2) a quebra do seu sigilo bancário. À luz da sistemática constitucional, é correto afirmar que o número de assinaturas:

a) impõe a criação da CPI, cuja instalação não pode ser obstada pela maioria parlamentar ou por órgão diretivo do Senado, sendo que apenas a medida alvitrada em 1 poderia ser adotada;
b) impõe a criação da CPI, cuja instalação não pode ser obstada pela maioria parlamentar ou por órgão diretivo do Senado, sendo que apenas a medida alvitrada em 2 poderia ser adotada;
c) é insuficiente para a criação da CPI, sendo que, caso uma CPI fosse criada e instalada, as medidas alvitradas em 1 e 2 poderiam ser adotadas;
d) é insuficiente para a criação da CPI, sendo que, caso uma CPI fosse criada e instalada, apenas a medida alvitrada em 2 poderia ser adotada;
e) é suficiente para o conhecimento do requerimento, mas a criação e consequente instalação da CPI dependem de deliberação da maioria, sendo que apenas a medida alvitrada em 2 poderia ser adotada.

COMENTÁRIOS

Nota da autora: ver na seção dicas um quadro sobre os poderes da CPI.

Alternativa "a": incorreta, apenas a medida alvitrada em 2 poderia ser adotada. A CPI não pode adotar a medida 1 (interceptação telefônica dos suspeitos da prática de ilícitos). Neste sentido, a jurisprudência do STF: "O princípio da colegialidade traduz diretriz de fundamental importância na regência das deliberações tomadas por qualquer CPI, notadamente quando esta, no desempenho de sua competência investigatória, ordena a adoção de medidas restritivas de direitos, como aquelas que importam na revelação (*disclosure*) das operações financeiras ativas e passivas de qualquer pessoa. A legitimidade do ato de quebra do sigilo bancário, além de supor a plena adequação de tal medida ao que prescreve a Constituição, deriva da necessidade de a providência em causa respeitar, quanto à sua adoção e efetivação, o princípio da colegialidade, sob pena de essa deliberação reputar-se nula" (MS 24.817, rel. min. Celso de Mello, j. 3-2-2005, P, *DJE* de 6-11-2009).

Alternativa "b": correta. A criação da CPI não pode ser obstada pela maioria parlamentar ou por órgão diretivo do Senado. Neste sentido, a jurisprudência do STF: "A norma inscrita no art. 58, § 3º, da Constituição da República destina-se a ensejar a participação ativa das minorias parlamentares no processo de investigação legislativa, sem que, para tanto, mostre-se necessária a concordância das agremiações que compõem a maioria parlamentar. O direito de oposição, especialmente aquele reconhecido às minorias legislativas, para que não se transforme numa prerrogativa constitucional inconsequente, há de ser aparelhado com instrumentos de atuação que viabilizem a sua prática efetiva e concreta no âmbito de cada uma das Casas do Congresso Nacional. (...) A prerrogativa institucional de investigar, deferida ao Parlamento (especialmente aos grupos minoritários que atuam no âmbito dos corpos legislativos), não pode ser comprometida pelo bloco majoritário existente no Congresso Nacional, que não dispõe de qualquer parcela de poder para deslocar, para o Plenário das Casas Legislativas, a decisão final sobre a efetiva criação de determinada CPI, sob pena de frustrar e nulificar, de modo inaceitável e arbitrário, o exercício, pelo Legislativo (e pelas minorias que o integram), do poder constitucional de fiscalizar e de investigar o comportamento dos órgãos, agentes e instituições do Estado, notadamente daqueles que se estruturam na esfera orgânica do Poder Executivo" (MS 26.441, rel. min. Celso de Mello, j. 25-4-2007, P, *DJE* de 18-12-2009).

Alternativa "c": incorreta, pois o número de assinaturas não é insuficiente para a criação da CPI, e a medida 1 não pode ser adotada pela CPI. O número de assinaturas é suficiente, pois 27 assinaturas correspondem a 1/3 de 81 senadores.

Alternativa "d": incorreta, pois o número de assinaturas não é insuficiente para a criação da CPI.

Alternativa "e": incorreta, pois é o número de assinaturas é suficiente para o conhecimento do requerimento e criação e instalação, não dependendo de nenhuma deliberação da maioria, conforme julgado apresentado na alternativa "b".

Alternativa correta: letra "b".

85. FGV – 2022 – TCU – Auditor Federal de Controle Externo

Em razão de um acontecimento de grande potencial lesivo para o ambiente coletivo, de origem natural, que comprometeu gravemente a capacidade de resposta dos serviços públicos essenciais, o presidente da República debateu com os seus interlocutores mais próximos a possibilidade de ser decretado estado de calamidade pública de âmbito nacional. Na ocasião, foi afirmado por alguns interlocutores que a decretação (1) é de competência do Congresso Nacional e, especificamente em relação ao atendimento das necessidades decorrentes dos acontecimentos, permitiria (2) a adoção de processo simplificado de contratação de pessoal, em caráter temporário e emergencial; (3) o aumento de despesa obrigatória de caráter continuado; e (4) a realização de operações de crédito em montante superior às despesas de capital.

À luz da sistemática constitucional, estão corretas:

a) apenas a informação 1;
b) apenas as informações 2 e 3;
c) apenas as informações 3 e 4;
d) apenas as informações 1, 2 e 4;
e) as informações 1, 2, 3 e 4.

COMENTÁRIOS

✪ **Nota da autora:** sobre o tema importante destacar que "Apesar de todas os itens aqui destacados, certamente o ponto mais importante da EC 109/21, e mais sujeito a ser cobrado em provas e concursos públicos – diz respeito à flexibilização da chamada 'regra de ouro', encontrada no art. 167, III da CRFB/88, que impede, como regra a realização de operações de crédito que excedam o montante das despesas de capital. Assim, em contexto de calamidade pública, será possível aumentar o endividamento, não se configurando como despesa de capital" (Vilela, Danilo Vieira. *Direito financeiro*. 6. ed. Salvador: JusPodivm, 2024, p. 456).

Informação 1: correta. De fato, a competência para a decretação de estado de calamidade pública de âmbito nacional é do Congresso Nacional, conforme art. 49, XVIII da CR/88: "É da competência exclusiva do Congresso Nacional: [...] XVIII - decretar o estado de calamidade pública de âmbito nacional previsto nos arts. 167-B, 167-C, 167-D, 167-E, 167-F e 167-G desta Constituição. (Incluído pela EC n. 109/2021)".

Informação 2: correta. É possível, em decorrência dos acontecimentos, a adoção de processo simplificado de contratação de pessoal, em caráter temporário e emergencial, conforme art. 167-C da CR/88: "Com o propósito exclusivo de enfrentamento da calamidade pública e de seus efeitos sociais e econômicos, no seu período de duração, o Poder Executivo federal pode adotar processos simplificados de contratação de pessoal, em caráter temporário e emergencial, e de obras, serviços e compras que assegurem, quando possível, competição e igualdade de condições a todos os concorrentes, dispensada a observância do § 1º do art. 169 na contratação de que trata o inciso IX do caput do art. 37 desta Constituição, limitada a dispensa às situações de que trata o referido inciso, sem prejuízo do controle dos órgãos competentes".

Informação 3: incorreta. Não é possível, em razão da decretação de estado de calamidade, o aumento de despesa obrigatória de caráter continuado, conforme art. 167-D da CR/88: "As proposições legislativas e os atos do Poder Executivo com propósito exclusivo de enfrentar a calamidade e suas consequências sociais e econômicas, com vigência e efeitos restritos à sua duração, *desde que não impliquem despesa obrigatória de caráter continuado*, ficam dispensados da observância das limitações legais quanto à criação, à expansão ou ao aperfeiçoamento de ação governamental que acarrete aumento de despesa e à concessão ou à ampliação de incentivo ou benefício de natureza tributária da qual decorra renúncia de receita".

Informação 4: correta. Esta informação afirma que em relação ao atendimento das necessidades decorrentes dos acontecimentos seria permitido a realização de operações de crédito em montante superior às despesas de capital, o que está correto nos termos do art. 167-E da CR/88: "Fica dispensada, durante a integralidade do exercício financeiro em que vigore a calamidade pública de âmbito nacional, a observância do inciso III do caput do art. 167 desta Constituição [a realização de operações de créditos que excedam o montante das despesas de capital]".

Alternativa correta: letra "d".

10. PROCESSO LEGISLATIVO

- CR/88: arts. 1º; 41, §1º, III; 48; 49; 51, I; 52, I, II, III; 60, 61; 62; 66, §1º, §3º; 67; 68, §1º, 3º; 69, 71, 73; 76; 84, VI, b; 96; 111, §2º, II; 127, §2º; 153, VII; 167, §3º;
- Decreto 91961/85
- Resolução 01/2012 do Congresso Nacional: art. 12.

86. FGV - 2024 - TCE/PA - Auditor de Controle Externo

Após ampla mobilização popular, visando à contenção do gasto público e ao zelo pela moralidade administrativa, foram iniciados debates, no âmbito da Assembleia Legislativa do Estado Sigma, para a apresentação de proposta de emenda constitucional que iria dispor que as leis orgânicas dos municípios situados no território de Sigma devem estatuir:

I. o número máximo de secretarias do Poder Executivo;

II. a remuneração máxima dos cargos do Poder Executivo;

III. os balizamentos a serem observados para a prática de atos discricionários.

Considerando as três temáticas referidas, é correto afirmar que a Constituição Estadual

a) pode dispor sobre todas.

b) não pode dispor sobre nenhuma.

c) pode dispor apenas sobre a matéria referida em II.

d) pode dispor apenas sobre as matérias referidas em I e III.

e) pode dispor apenas sobre as matérias referidas em I e II.

COMENTÁRIOS

✪ **Nota da autora:** sobre o teto remuneratório ver "Dicas" ao final do capítulo.

Item I – incorreta, pois emenda constitucional não pode estatuir o número máximo de secretarias do Poder Executivo por configurar clara violação ao princípio da separação dos poderes (art. 2º da CR/88). Nesse sentido, já decidiu o STF: "A disciplina normativa pertinente ao processo de criação, estruturação e definição das atribuições dos órgãos e entidades integrantes da administração pública estadual, ainda que por meio de emenda constitucional, revela matéria que se insere, por sua natureza, entre as de iniciativa exclusiva do chefe do Poder Executivo local, pelo que disposto no art. 61, § 1º, II, *e*, da CF. (...) A EC 24/2002 do Estado de Alagoas incide também em afronta ao princípio da separação dos Poderes. Ao impor a indicação pelo Poder Legislativo estadual de um representante seu no Conselho Estadual de Educação, cria modelo de contrapeso que não guarda similitude com os parâmetros da CF. Resulta, portanto, em interferência ilegítima de um Poder sobre o outro, caracterizando manifesta intromissão na função confiada ao chefe do Poder Executivo de exercer a direção superior e dispor sobre a organização e o funcionamento da administração pública" (ADI 2.654, rel. min. Dias Toffoli, j. 13-8-2014).

Item II – incorreta, pois a emenda constitucional estadual não pode dispor sobre a remuneração do pessoal dos servidores públicos, contrariando as normas constitucionais federais sobre o teto dos servidores públicos (art. 37, XI) e a separação dos poderes (art. 2º). Nesse sentido, decidiu o STF: "1. A Emenda Constitucional nº 47/2005 facultou aos Estados-membros e ao Distrito Federal, mediante Emenda à Constituição estadual ou à Lei Orgânica distrital (conforme o caso), fixar o teto remuneratório dos servidores públicos estaduais ou distritais, adotando, como limite único, o valor do subsídio mensal dos Desembargadores dos respectivos Tribunais de Justiça, limitado a 90,25% do subsídio mensal dos Ministros do Supremo Tribunal Federal. 2. Viola a cláusula inscrita no art. 37, § 12, da Constituição Federal a norma estadual que, embora veiculada por meio de Emenda à Constituição, elege como parâmetro remuneratório máximo dos servidores públicos estaduais o valor integral do subsídio dos Ministros do Supremo Tribunal Federal. 3. Ação direta de inconstitucionalidade conhecida. Pedido julgado procedente" (ADI 6746, Relator(a): ROSA WEBER, Tribunal Pleno, julgado em 31/05/2021). Assim, de forma simétrica, não pode o legislador municipal estabelecer livremente um teto para os servidores públicos.

Item III – incorreta, pois é inconstitucional a definição de balizamentos a serem observados para a prática de atos discricionários. A discricionariedade é um poder (ou prerrogativa) da Administração, o qual não pode ser tolhido ou limitado pelo Poder Legislativo, sob pena de ofensa ao princípio constitucional da separação dos poderes, garantia do Estado Democrático de Direito. Para ilustrar, segue decisão do STF: "É inconstitucional qualquer tentativa do Poder Legislativo de definir previamente conteúdos ou estabelecer prazos para que o Poder Executivo, em relação às matérias afetas a sua iniciativa, apresente proposições legislativas, mesmo em sede da Constituição estadual, porquanto ofende, na seara administrativa, a garantia de gestão superior dada ao chefe daquele Poder. Os dispositivos do ADCT da Constituição gaúcha, ora questionados, exorbitam da autorização constitucional de auto-organização, interferindo indevidamente na necessária independência e na harmonia entre os Poderes, criando, globalmente, na forma nominada pelo autor, verdadeiro plano de governo, tolhendo o campo de discricionariedade e as prerrogativas próprias do chefe do Poder Executivo, em ofensa aos arts. 2º e 84, II, da Carta Magna" (ADI 179, rel. min. Dias Toffoli, j. 19-2-2014).

Alternativa correta: letra "b".

87. FGV – 2024 – TCE/PA – Auditor de Controle Externo

O Presidente da República apresentou projeto de lei complementar versando sobre matéria de sua iniciativa exclusiva, estranha à sistemática orçamentária. No âmbito da Câmara dos Deputados, foi aprovada emenda que estendia o alcance da proposição legislativa e acarretava aumento de despesa obrigatória, sendo indicada a respectiva fonte de custeio. Após o trâmite regular, o projeto foi aprovado nas duas Casas do Congresso Nacional, mas foi vetado pelo Presidente da República. O veto foi derrubado pelo Poder Legislativo e, ato contínuo, foi promulgada a Lei nº X pelo Presidente do Senado Federal.

Com base nas normas constitucionais afetas ao processo legislativo, é correto afirmar que a narrativa

a) não apresenta nenhuma incorreção.
b) somente apresenta incorreção em relação à emenda aprovada pela Câmara dos Deputados.
c) somente apresenta incorreção em relação à promulgação realizada pelo Presidente do Senado Federal.
d) somente apresenta incorreção em relação à promulgação, que deveria ser realizada em momento anterior à derrubada do veto.
e) somente apresenta incorreção em relação à emenda aprovada pela Câmara dos Deputados, e à promulgação realizada pelo Presidente do Senado Federal.

COMENTÁRIOS

✪ **Nota da autora:** o art. 63 da CR/88 estabelece as restrições ao poder de emendar projeto de lei, de modo que as emendas não podem gerar aumento de despesa nos seguintes casos: nos projetos de lei de iniciativa exclusiva do Presidente da República, com exceção da lei orçamentária e nos projetos sobre organização dos serviços administrativos da Câmara dos Deputados, do Senado Federal, dos Tribunais Federais e do Ministério Público. A possibilidade de emenda legislativa a projeto de lei de iniciativa do Poder Executivo é um tema bem tormentoso, havendo vários julgados que buscam delinear a matéria. Assim, decidiu o STF que "As normas constitucionais de processo legislativo não impossibilitam, em regra, a modificação, por meio de emendas parlamentares, dos projetos de lei enviados pelo chefe do Poder Executivo no exercício de sua iniciativa privativa. Essa atribuição do Poder Legislativo brasileiro esbarra, porém, em duas limitações: a) a impossibilidade de o Parlamento veicular matérias diferentes das versadas no projeto de lei, de modo a desfigurá-lo; e b) a impossibilidade de as emendas parlamentares aos projetos de lei de iniciativa do presidente da República, ressalvado o disposto no § 3º e no § 4º do art. 166, implicarem aumento de despesa pública (inciso I do art. 63 da CF)" (ADI 3.114). No mesmo sentido, "Embora possível a apresentação de emendas parlamentares a projetos de iniciativa privativa do chefe do Poder Executivo, são inconstitucionais os atos normativos resultantes de alterações que promovem aumento de despesa (art. 63, I, CF/88), bem como que não guardem estrita pertinência com o objeto da proposta original, ainda que digam respeito à mesma matéria" (ADI 6.091/RR, Rel. Min. Dias Toffoli, julgado em 29/05/2023). A exceção prevista no art. 63, I ("ressalvado o disposto no art. 166, § 3º e § 4º") refere-se às leis orçamentárias. Assim, é possível aumento de despesa nos projetos de lei de orçamentárias, nos termos de art. 166, § 3º e § 4º da CR/88. Resumidamente: pode haver emenda legislativa em lei orçamentária em três hipóteses: a) desde que compatível com o plano plurianual e com a lei de diretrizes orçamentárias, b) indiquem os recursos necessários (fonte de custeio) e c) para correção de erros, omissões e de dispositivos do texto. Por esta razão, a questão menciona em seu enunciado "matéria de sua iniciativa exclusiva, estranha à sistemática orçamentária", pois na sistemática orçamentária é possível o aumento de despesa, via emenda legislativa em projeto de iniciativa exclusiva do Presidente da República, se houver indicação da respectiva fonte de custeio.

Alternativa "a": incorreta, pois apresenta duas incorreções, conforme se apresentará abaixo.

Alternativa "b": incorreta, pois apresenta duas incorreções, conforme se apresentará abaixo.

Alternativa "c": incorreta, pois apresenta duas incorreções, conforme se apresentará abaixo.

Alternativa "d": incorreta, pois apresenta duas incorreções e a alternativa também está incorreta em relação ao momento da promulgação, haja vista que a promulgação é posterior à análise dos vetos pelo legislativo.

Alternativa "e": correta. Na narrativa apresentada há duas incorreções. A primeira diz respeito à emenda aprovada pela Câmara dos Deputados, pois não é possível emendar o referido projeto por violar a competência privativa da União para legislar sobre padrão remuneratório dos servidores públicos, conforme tese fixada em repercussão geral nº 686: "I - Há reserva de iniciativa do Chefe do Poder Executivo para edição de normas que alterem o padrão remuneratório dos servidores públicos (art. 61, § 1º, II, a, da CF); II - São formalmente inconstitucionais emendas parlamentares que impliquem aumento de despesa em projeto de lei de iniciativa reservada do Chefe do Poder Executivo (art. 63, I, da CF)". A segunda incorreção diz respeito à promulgação realizada pelo Presidente do Senado Federal, pois após a rejeição do veto, a lei deve ser enviada ao Presidente da República (e não ao Presidente do Senado) para promulgação, conforme art. 66, §5º da CR/88.

Alternativa correta: letra "e".

---

88. FGV – 2024 – TCE/PA – Auditor de Controle Externo

Com o objetivo de evitar uma iminente greve em certos setores do funcionalismo público federal, o Presidente da República, após se reunir com os Ministros das respectivas áreas, editou a Medida Provisória nº X (MPX), acolhendo parte das reivindicações das lideranças dos servidores públicos, de modo a alterar o regime jurídico da categoria. A MPX foi editada no dia seguinte à aprovação do Projeto de Lei nº Y (PLY) sobre a matéria no âmbito do Congresso Nacional. O PLY, no entanto, ainda não tinha sido encaminhado ao Poder Executivo.

À luz da sistemática constitucional, é correto afirmar que a MPX

a) não poderia ter sido editada.
b) somente poderia ter sido editada após o recebimento do PLY.
c) irá sobrestar o encaminhamento do PLY, devendo ser anexada a ele.
d) foi editada com base no juízo de conveniência e oportunidade do Presidente da República, não tendo vício.
e) embora não tenha vício, perderá a eficácia, naquilo que for colidente com o PLY, caso este último seja sancionado.

COMENTÁRIOS

✪ **Nota da autora:** a questão versa sobre as hipóteses constitucionais em que são vedadas medidas provisórias sobre determinadas matérias, conforme art. 62, §1º da CR/88, a saber, nacionalidade, cidadania, direitos políticos, partidos políticos e direito eleitoral, direito penal, processual penal e processual civil; organização do Poder Judiciário e do Ministério Público; planos plurianuais, diretrizes orçamentárias, orçamento e créditos adicionais e suplementares, ressalvada a hipótese de atender a despesas imprevisíveis e urgentes, como as decorrentes de guerra, comoção interna ou calamidade pública; que vise a detenção ou sequestro de bens, de poupança popular ou qualquer outro ativo financeiro; em matéria reservada a lei complementar; e, por fim, em matéria já disciplinada em projeto de lei aprovado pelo Congresso Nacional e pendente de sanção ou veto do Presidente da República.

Alternativa "a": correta, tal hipótese tem previsão expressa no art. 62, §1º, IV da CR/88: "É vedada a edição de medidas provisórias sobre matéria: IV - já disciplinada em projeto de lei aprovado pelo Congresso Nacional e pendente de sanção ou veto do Presidente da República".

Alternativa "b": incorreta, pois é exatamente o contrário; não é possível editar medida provisória sobre matéria já disciplinada em projeto de lei aprovado pelo legislativo.

Alternativa "c": incorreta, não há o que se falar em sobrestamento do projeto de lei aprovado pelo legislativo, sendo que havendo inércia do poder executivo, o seu silêncio importará em sanção (art. 66, §3º da CR/88).

Alternativa "d": incorreta, pois a medida provisória exige relevância e urgência (art. 62 da CR/88) e não conveniência e oportunidade.

Alternativa "e": incorreta, pois há vício sim, por desrespeitar o art. 62, §1º, IV da CR/88.

Alternativa correta: letra "a".

---

89. FGV – 2023 – TCE/BA – Auditor de Controle Externo

Apesar dos amplos debates realizados, a Câmara dos Deputados, casa iniciadora, ainda não deliberou a respeito do projeto de lei apresentado pelo deputado federal João, que dispunha sobre emissão e resgate de títulos da dívida pública. Em razão da relevância da matéria, o presidente da República editou a Medida Provisória nº X, com fundamento nos requisitos de relevância e urgência, disciplinando a temática. Irresignado com o teor deste último diploma normativo, que entendia ser contrário à Constituição da República, o Partido Político Alfa, com representação apenas no Senado Federal, decidiu deflagrar o controle concentrado de constitucionalidade.

Considerando os termos dessa narrativa, é correto afirmar que:

a) o projeto de lei proposto por João apresenta vício de iniciativa;

b) a referida matéria não poderia ser veiculada em medida provisória;

c) a medida provisória não pode ser objeto de controle concentrado de constitucionalidade;

d) Alfa não tem legitimidade para a deflagração do controle concentrado de constitucionalidade;

e) a medida provisória, não pode ser editada, considerando a pendência de apreciação do projeto de lei apresentado por João.

COMENTÁRIOS

✪ **Nota da autora:** sobre controle de constitucionalidade de medida provisória, doutrina e jurisprudência são pacíficas no sentido de que é possível. Para aprofundar o estudo, importante lembrar que se a medida provisória for reeditada ou convertida em lei durante a tramitação da sua ação de controle de constitucionalidade esta será extinta sem julgamento de mérito. Importante destacar a análise que o STF faz sobre o conteúdo da alteração da medida provisória: "A possibilidade do aditamento da ação direta de inconstitucionalidade de modo a que continue, contra a medida provisória reeditada, o processo instaurado contra a sua edição original, pressupõe necessariamente a identidade substancial de ambas: se a norma reeditada é não apenas formal, mas também substancialmente distinta da originalmente impugnada, impõe-se a propositura de nova ação direta". (ADI 1.753 QO).

Alternativa "a": incorreta. O projeto de lei proposto por João não apresenta vício de iniciativa, pois se trata de matéria cuja competência legislativa é concorrente, nos termos do art. 24, I da CR/88.

Alternativa "b": correta. A referida matéria não pode ser veiculada em medida provisória, pois o assunto emissão e resgate de título da dívida pública é matéria reservada à lei complementar (art. 163, IV, CR/88) e sobre as matérias reservadas à lei complementar não é possível a edição de medida provisória (art. 62, §1º, III, CR/88).

Alternativa "c": incorreta. Não há proibição de que a medida provisória seja objeto de controle concentrado de constitucionalidade.

Alternativa "d": incorreta. O partido político Alfa tem legitimidade para a deflagração do controle concentrado de constitucionalidade, conforme art. 103, VIII da CR/88, sendo que é suficiente a representação legislativa em apenas uma casa do Congresso Nacional.

Alternativa "e": incorreta. A medida provisória não pode ser editada por uma questão de matéria (art. 62, §1º, III, CR/88); a pendência de apreciação de projeto de lei não é impeditiva para a edição de medida provisória, diferentemente, do projeto de lei aprovado pelo Congresso Nacional e ainda pendente de sanção ou veto do Presidente da República, conforme a vedação do art. 62, §1º, IV da CR/88.

Alternativa correta: letra "b".

---

90. FGV – 2022 – TCU – Auditor Federal de Controle Externo

Um grupo de deputados estaduais apresentou projeto de lei à Assembleia Legislativa do Estado Alfa, criando o programa orientador de evolução do conhecimento, a ser desenvolvido no âmbito das escolas públicas estaduais, consistente na distribuição de material didático. O projeto veio a ser aprovado pela Casa Legislativa e, ao final, sancionado pelo governador do Estado, daí resultando a promulgação da Lei nº XX.

À luz da sistemática constitucional, a Lei nº XX é formalmente:

a) inconstitucional, pois compete privativamente à União legislar sobre a matéria;

b) inconstitucional, pois o programa gera aumento de despesa, o que atrai a iniciativa privativa do governador do Estado;

c) constitucional, pois, apesar de a matéria ser de iniciativa privativa do governador do Estado, a sanção supriu o vício;

d) constitucional, pois, apesar de o programa gerar aumento de despesa, não incursiona na estrutura de órgãos do Poder Executivo;

e) constitucional, se houve delegação expressa da União, o que decorre da competência desse ente para legislar sobre a matéria.

COMENTÁRIOS

✪ **Nota da autora:** questão que exige atenção do candidato; para melhor compreender o tema segue a ementa do julgado em que o STF decidiu a questão: "Recurso extraordinário com agravo. Repercussão geral. 2. Ação Direta de Inconstitucionalidade estadual. Lei 5.616/2013, do Município do Rio de Janeiro. Instalação de câmeras de monitoramento em escolas e cercanias. 3. Inconstitucionalidade formal. Vício de iniciativa. Competência privativa do Poder Executivo municipal. Não ocorrência. Não usurpa a competência privativa do chefe do Poder Executivo lei que, embora crie despesa para a Administração Pública, não trata da sua estrutura ou da atribuição de seus órgãos nem do regime jurídico de servidores públicos. 4. Repercussão geral reconhecida com reafirmação da jurisprudência desta Corte. 5. Recurso extraordinário provido. (Repercussão geral no recurso extraordinário com agravo 878.911-RJ, julgado em 29/09/2016).

Alternativa "a": incorreta, pois a lei não é inconstitucional e não se trata de competência privativa. A competência é concorrente, nos termos do art. 24, IX da CR/88: "Compete à União, aos Estados e ao Distrito Federal legislar concorrentemente sobre: IX - educação, cultura, ensino, desporto, ciência, tecnologia, pesquisa, desenvolvimento e inovação".

Alternativa "b": incorreta, pois a lei não é inconstitucional, por estar na competência concorrente e não é privativa do governador. Ademais, a jurisprudência do STF, em sede de repercussão geral, fixou-se no sentido de que mesmo que haja aumento de despesa, se não adentar na estrutura de órgãos do Poder Executivo, a referida lei estadual será constitucional, conforme o julgado colacionado acima.

Alternativa "c": incorreta, por duas razões, a primeira não se trata de competência privativa do governador, e sim competência concorrente, e a segunda pois a sanção não supre eventual vício de iniciativa. Nesse sentido, "1. Sanção executiva não tem força normativa para sanar vício de inconstitucionalidade formal, mesmo que se trate de vício de usurpação de iniciativa de prerrogativa institucional do Chefe do Poder Executivo. O processo legislativo encerra a conjugação de atos complexos derivados da vontade coletiva de ambas as Casas do Congresso Nacional acrescida do Poder Executivo. Precedentes" (ADI 6.337).

Alternativa "d": correta, conforme tema fixado na tese 917 do STF: "Não usurpa competência privativa do Chefe do Poder Executivo lei que, embora crie despesa para a Administração, não trata da sua estrutura ou da atribuição de seus órgãos nem do regime jurídico de servidores públicos (art. 61, § 1º, II, "a", "c" e "e", da Constituição Federal)".

Alternativa "e": incorreta, pois não se trata de delegação, mas sim de competência concorrente. A delegação é possível na competência privativa, nos termos do art. 22, parágrafo único da CR/88.

Alternativa correta: letra "d".

---

91. (FGV – Auditor Técnico de Controle Externo – TCE – AM/2021) O Chefe do Poder Executivo do Estado Alfa vetou de modo expresso parte do Projeto de Lei nº XX/2021, aprovado pela Assembleia Legislativa, tendo silenciado em relação à parte restante. O veto à parte do projeto foi devidamente comunicado ao Poder Legislativo, que decidiu derrubá-lo em sessão realizada três meses depois.

À luz da sistemática constitucional vigente, em relação ao silêncio do Chefe do Poder Executivo quanto à parte do projeto, tal importa em:

a) veto tácito, enquanto a parte do veto derrubado será promulgada pelo Presidente da Assembleia Legislativa;
b) sanção tácita, devendo ser promulgado, ao final do processo legislativo, pelo Presidente da Assembleia Legislativa, após a derrubada do veto;
c) sanção tácita, devendo ser a lei promulgada; enquanto a parte do veto derrubado será encaminhada para a promulgação do referido agente;
d) sanção tácita, devendo ser promulgada pelo referido agente, ao final do processo legislativo, juntamente com a parte do veto derrubado;
e) sanção tácita, devendo ser a lei promulgada; enquanto a parte do veto derrubado será promulgada pelo Presidente da Assembleia Legislativa.

COMENTÁRIOS

✪ **Nota da autora:** um detalhe da questão pode deixar o/a candidato/a em dúvida, diz respeito ao prazo de 3 meses. De acordo com o art. 66, §4º CR/88: "o veto será apreciado em sessão conjunta, dentro de trinta dias a contar de seu recebimento, só podendo ser rejeitado pelo voto da maioria absoluta dos Deputados e Senadores". Porém, na questão se alega que a Assembleia demorou e meses para se analisar o veto, o que contraria o dispositivo constitucional. Mas isto não gera consequência pois há entendimento no STF (MS 31814 e 31816) flexibilizando o sentido da regra constitucional, de modo que a casa legislativa tem liberdade para escolher quais vetos analisar e em que ordem, sendo que na realidade, na prática legislativa federal os vetos não têm sido sequer avaliados.

Alternativa "a": incorreta, pois não existe veto tácito. A sanção pode ser tácita, mas o veto obrigatoriamente tem que ser expresso e motivado.

Alternativa "b": incorreta, pois a sanção tácita ocorre após o prazo de 15 dias úteis (art. 66, §1º e §3º CR/88), não se espera a derrubada do veto da outra parte do projeto de lei.

Alternativa "c": em relação a parte do projeto de lei silenciada ocorre a sanção tácita, devendo a lei ser promulgada; já a parte cujo veto foi derrubado será encaminhada para a promulgação do referido agente (art. 66, §5º CR/88).

Alternativa "d": incorreta, pois embora ocorra sanção tácita, não se espera o final do processo inteiro para a promulgação.

Alternativa "e": incorreta, pois embora ocorra sanção tácita e a lei deva ser promulgada, a parte *do veto derrubado será* enviada para promulgada pelo chefe do poder executivo, conforme art. 66, §5º CR/88.

Alternativa correta: letra "c".

---

92. (Cespe – Analista de Controle Externo – Direito – TCE – RJ/2021) Com base na Constituição Federal de 1988 (CF), julgue os seguintes itens.

A CF autoriza a propositura de emendas constitucionais por iniciativa popular.

COMENTÁRIOS

✪ **Nota da autora**: o posicionamento majoritário cobrado em provas e concursos público é no sentido literal da Constituição, definido no seu art. 60. Contudo, posicionamento doutrinário aponta no sentido da possibilidade de iniciativa popular para emenda à Constituição, como o clássico José Afonso da Silva. Há que se ressaltar que no âmbito das constituições estaduais, é possível que seja prevista tal possibilidade, conforme já salientou o Min. Alexandre de Moraes: [...] 3. É facultado aos Estados, no exercício de seu poder de auto-organização, a previsão de *iniciativa popular* para o processo de reforma das respectivas *Constituições* estaduais, em prestígio ao princípio da soberania *popular* (art. 1º, parágrafo único, art. 14, I e III, e art. 49, XV, da CF). 4. Ação direta de inconstitucionalidade parcialmente conhecida e, nessa parte, julgada parcialmente procedente" (STF, ADI 825).

Item Errado: os legitimados para a propositura de emenda constitucional (PEC) estão arrolados no art. 60, incisos I, II e III da Constituição, sendo, respectivamente, de um terço, no mínimo, dos membros da Câmara dos Deputados ou do Senado Federal; do Presidente da República; de mais da metade das Assembleias Legislativas das unidades da Federação, manifestando-se, cada uma delas, pela maioria relativa de seus membros. O entendimento majoritário é de que se trata de rol taxativo.

11. FUNÇÕES ESSENCIAIS À JUSTIÇA

- CR/88: arts. 92, I-A; 128, §2º, §5º, I, II; 103-B, §4º; 130; 131; 134, §2º, §3º, §4º; 127, §1º, §2º.
- Resolução nº 8/2006 do CNMP.
- Lei 11.417/06: art. 3º, 4º.

---

93. CEBRASPE – 2023 – TCE/MS - Procurador

No que se refere a funções, prerrogativas, garantias e deveres do Ministério Público e de seus membros, de acordo com o texto constitucional e a jurisprudência do STF, assinale a opção correta.

a) A prerrogativa dos membros do Ministério Público de se apresentarem no mesmo plano e à direita dos magistrados nas audiências e sessões de julgamento viola os princípios da isonomia e do devido processo legal, provocando desequilíbrio na paridade de armas entre defesa e acusação.

b) O Ministério Público junto aos tribunais de contas não tem legitimidade para impetrar mandado de segurança em face de acórdão do tribunal de contas perante o qual atua.

c) O Ministério Público junto aos tribunais de contas compõe a estrutura do Ministério Público comum da União e dos estados, sendo-lhe atribuídas as mesmas prerrogativas funcionais.

d) Segundo o texto constitucional, o Ministério Público da União e os dos estados e do Distrito Federal e Territórios formarão lista tríplice de integrantes da carreira para a escolha de seu procurador-geral, que será nomeado pelo chefe do Poder Executivo, para mandato de dois anos, permitida uma recondução.

e) O Ministério Público estadual tem legitimidade para propor reclamação constitucional perante o STF, desde que ratificada a inicial pelo procurador-geral da República, haja vista a unidade e indivisibilidade do Ministério Público.

COMENTÁRIOS

✪ **Nota da autora:** tema interessante para concurso do Tribunal de Contas. O Ministério Público junto ao Tribunal de Contas da União está previsto nos artigos 80 a 84 da Lei 8.443/92.

Alternativa "a": incorreta, pois a prerrogativa dos membros do Ministério Público de se apresentarem no mesmo plano e à direita dos magistrados nas audiências e sessões de julgamento **não** viola os princípios da isonomia e do devido processo legal, nem provoca desequilíbrio na paridade de armas entre defesa e acusação. Neste sentido, o STF decidiu: "Lei complementar n. 75/1993 e lei n. 8.625/1993. Prerrogativa dos membros do ministério público de se apresentar no mesmo plano e à direita dos magistrados nas audiências e sessões de julgamento. Inexistência de afronta aos princípios da isonomia, do devido processo legal, da ampla defesa e do contraditório ou comprometimento da paridade de armas entre defesa e acusação" (ADI 4768).

Alternativa "b": correta, pois corresponde à literalidade da tese 1044 de repercussão geral, fixada no RE 1.178.617/RG. O Ministério Público junto aos Tribunais de Contas não faz parte do Ministério Público (art. 128 da CR/88), nem goza das mesmas garantias, a sua atuação é exclusiva perante as Cortes de Contas. Para entender a questão, que já conta com jurisprudência pacificada no STF, vale ler o julgado: "[...] 5. Os integrantes do Parquet especial possuem atuação funcional exclusiva perante as Cortes de Contas, não detendo legitimidade ad causam para executar as decisões formadas no âmbito administrativo por meio de ação desenvolvida pelos meios ordinários ou pela via reclamatória. (Rcl 24.162 AgR, Rel. Min. Dias Toffoli, DJe 7/12/2016).

Alternativa "c": incorreta, pois o Ministério Público junto aos tribunais de contas não compõe a estrutura do Ministério Público comum da União, nem dos estados, e também não possuem as mesmas prerrogativas funcionais. Nesse sentido, o STF tem jurisprudência pacífica: "[...] 2. O Ministério Público junto ao Tribunal de Contas não dispõe de fisionomia institucional própria, não integrando o conceito de Ministério Público enquanto ente despersonalizado de função essencial à Justiça (CF/88, art. 127), cuja abrangência é disciplinada no art. 128 da Constituição Federal". (Rcl 24.162 AgR).

Alternativa "d": incorreta, pois de acordo com o texto constitucional, procurador-geral do Ministério Público da União é o Procurador-Geral da República, nomeado pelo Presidente da República dentre integrantes da carreira, maiores de trinta e cinco anos, após a aprovação de seu nome pela maioria absoluta dos membros do Senado Federal, para mandato de dois anos, permitida a recondução, conforme art. 128, §1º da CR/88. Já os Ministérios Públicos dos Estados e o do Distrito Federal e Territórios formarão lista tríplice dentre integrantes da carreira, na forma da lei respectiva, para escolha de seu Procurador-Geral, que será nomeado pelo Chefe do Poder Executivo, para mandato de dois anos, permitida uma recondução, conforme art. 128, §3º da CR/88.

Alternativa "e": incorreta, pois o Ministério Público estadual não precisa de ratificação de seus atos pelo Procurador-Geral da República, para poder pleitear perante o STF. A necessidade de ratificação pelo Procurador-Geral da República de reclamação constitucional interposta pelo MP estadual era, de fato, posição do STF. Contudo, este entendimento foi superado "o primeiro passo foi dado em 2011, quando o STF reconheceu a legitimidade ativa autônoma do Ministério Público estadual para propor reclamação perante aquela Corte (Rcl 7358/SP, rel. Min. Ellen Gracie, 24.2.2011). O STJ seguiu no mesmo correto caminho e decidiu que o Ministério Público estadual tem legitimidade recursal para atuar também no STJ (AgRg no AgRg no AREsp 194.892-RJ, Rel. Min. Mauro Campbell Marques, julgado em 24/10/2012 – brilhante voto do Ministro)" (Fonte: Dizer o Direito).

Alternativa correta: letra "b".

94. (Cespe – Analista de Controle Externo – Direito – TCE – RJ/2021) Com base na Constituição Federal de 1988 (CF), julgue os seguintes itens.

Não há representantes da justiça eleitoral nem da justiça militar no plenário do Conselho Nacional de Justiça.

COMENTÁRIOS

✪ **Nota da autora:** Conselho Nacional de Justiça (CNJ) é composto por 15 membros com mandato de dois anos, admitida uma recondução, diferentemente, o Conselho Nacional do Ministério Público é composto por 14 membros também para um mandato de dois anos admitida uma recondução.

Item Certo: a composição do CNJ está definida no art. 103-B da CR/88 e foi incluída pela Emenda Constitucional nº 45/04. O CNJ é composto por 15 membros: o Presidente do Supremo Tribunal Federal, 1 Ministro do Superior Tribunal de Justiça, 1 Ministro do TST, 1 desembargador de Tribunal de Justiça, indicado pelo Supremo Tribunal Federal, 1 juiz estadual, indicado pelo Supremo Tribunal Federal; 1 um juiz de Tribunal Regional Federal, indicado pelo Superior Tribunal de Justiça; 1 um juiz federal, indicado pelo Superior Tribunal de Justiça; 1 juiz de Tribunal Regional do Trabalho, indicado pelo Tribunal Superior do Trabalho; 1 juiz do trabalho, indicado pelo Tribunal Superior do Trabalho;1 membro do Ministério Público da União, indicado pelo Procurador-Geral da República; 1 membro do Ministério Público estadual, escolhido pelo Procurador-Geral da República dentre os nomes indicados pelo órgão competente de cada instituição estadual; 2 advogados, indicados pelo Conselho Federal da Ordem dos Advogados do Brasil; 2 cidadãos, de notável saber jurídico e reputação ilibada, indicados um pela Câmara dos Deputados e outro pelo Senado Federal. Para ajudar a lembrar, são 9 membros do Poder Judiciário, 2 do Ministério Público, 2 Advogados e 2 cidadãos.

12. TRIBUTAÇÃO, ORÇAMENTO, ORDEM ECONÔMICA E FINANCEIRA

- CR/88: arts. 21, X; 24, I, II, §2º; 37, II; 85, VI; 149; 150, VI; 159, III; 165, §8º; 167, IV, V, VI, X, §1º; 169; 170, IX; 173; 174; 175; 177, §4º.
- CTN: art. 9º, §1º.
- Lei 4320/64: art. 41.
- LC 101/00: art 5º, §5º.
- Lei 9249/95: art. 21, §1º.
- Lei 9648/98: art. 6º.

95. CEBRASPE – 2024 – TCE/AC – Auditor de Controle Externo

Em relação às normas orçamentárias e ao respectivo processo de elaboração e execução orçamentária, consideradas a CF e a jurisprudência do STF, julgue o próximo item.

Em atendimento à execução das programações previstas em emendas parlamentares impositivas, as transferências obrigatórias da União para os estados, *Distrito Federal e municípios* devem observar o limite constitucional da receita líquida, estando condicionadas à adimplência do ente federativo destinatário daqueles recursos.

COMENTÁRIOS

✪ **Nota da autora:** a questão trata das emendas parlamentares impositivas, tema constante no noticiário nacional, sobre o assunto: "As Emendas Parlamentares se tornaram um dos pontos mais polêmicos da relação entre o Legislativo e o Executivo brasileiros nos últimos anos, sobretudo, em razão do chamado "orçamento secreto" e das "emendas PIX", práticas que representaram um significativo dispêndio de recursos públicos do orçamento, sem a devida transparência, rastreabilidade e de eficiência contestada. Assim, após intensos diálogos entre os três Poderes, o Congresso Nacional aprovou e o Presidente da República sancionou, aos 25 de novembro de 2024, a Lei Complementar nº 210, que dispõe sobre a proposição e a execução de emendas parlamentares na lei orçamentária anual e entrou em vigor na data de sua publicação. Portanto, o objeto da lei é a proposição e a execução das emendas parlamentares à despesa, no âmbito da LOA da União. Assim, o regramento da LC 210/24 é imperativo para as leis orçamentárias previstas na CRFB/88, bem como para a interpretação e aplicação dos demais instrumentos normativos sobre a temática. Nesse sentido, a nova lei tratou tanto das emendas individuais quanto das de bancada e de comissões permanentes". (Vilela, Danilo Vieira. Direito Financeiro. Coleção Sinopses para Concursos. v. 37. 7. ed. São Paulo: Juspodivm, 2025).

Item Errado: há dois erros no item proposto: sobre a necessidade de se observar o limite da receita e a exigência de adimplência do ente federativo. A redação correta do item seria a seguinte: Em atendimento à execução das programações previstas em emendas parlamentares impositivas, as transferências obrigatórias da União para os estados, Distrito Federal e municípios não observam o limite constitucional da receita líquida, nem estão condicionadas à adimplência do ente federativo destinatário daqueles recursos. O fundamento está no art. 166, §16 da CR/88: "Quando a transferência obrigatória da União para a execução da programação prevista nos §§ 11 e 12 deste artigo for destinada a Estados, ao Distrito Federal e a Municípios, independerá da adimplência do ente federativo destinatário e não integrará a base de cálculo da receita corrente líquida para fins de aplicação dos limites de despesa de pessoal de que trata o *caput* do art. 169".

---

96. FGV – 2024 – TCE/PA – Auditor de Controle Externo

O Chefe do Poder Executivo do Estado Alfa foi informado por sua assessoria a respeito da necessidade de aperfeiçoamento da estrutura administrativa, de modo a aumentar o nível de eficiência e a reduzir a despesa pública.

Com esse objetivo, sugeriu-se que o Governador do Estado editasse decreto com os seguintes comandos:

I. extinção de vinte cargos em comissão que estão vagos;
II. organização da Administração Pública, sem aumento de despesa; e
III. extinção de três órgãos públicos.

Considerando a simetria com a União, é correto afirmar, em relação às três medidas alvitradas, que

a) todas podem ser adotadas.
b) somente a medida II pode ser adotada.
c) somente a medida III pode ser adotada.
d) somente as medidas I e II podem ser adotadas.
e) somente as medidas I e III podem ser adotadas.

COMENTÁRIOS

✪ **Nota da autora:** esta questão cobra o conhecimento do art. 84, VI da CR/88, que foi recentemente aplicado pelo STF em controle concentrado de constitucionalidade, em situação semelhante ao enunciado da questão, a diferença é que o julgado se referia aos Tribunais de Contas, o que pode ser cobrado nos próximos concursos. Vejamos o julgado: "Há autorização constitucional para que o chefe do Executivo disponha, em certas situações, mediante decreto, sobre organização e funcionamento da Administração Pública, desde que observadas as condições previstas no art. 84, inciso VI, alíneas a e b, da Constituição. Todavia, para fins de mera reorganização interna da Administração Pública, não é cabível a transformação, mediante decreto ou outro ato normativo infralegal, de funções de confiança em cargos em comissão e vice-versa, uma vez que tais postos funcionais possuem naturezas e formas de provimento distintas, por expressa disposição constitucional (art. 37, inciso V, da CF). [...] Não obstante possuam autonomia funcional, administrativa e financeira, as cortes de contas devem, no contexto das medidas normativas para sua organização e funcionamento interno, guardar observância aos mesmos limites estabelecidos a esse respeito no art. 84, inciso VI, alíneas a e b, da CF, quais sejam: não gerar aumento de despesa; e extinguir funções ou cargos públicos somente nos casos de vacância. A norma inserta no art. 6º da Lei Sergipana nº 2.963/91, apesar de bem observar a vedação constitucional de aumento, ao dispor que fica autorizado o Tribunal de Contas Estadual, "em relação aos Cargos em Comissão e Funções de Confiança, a transformá-los, modificá-los, extingui-los", não faz a necessária ressalva de que a extinção de cargos ou funções públicas apenas pode recair sobre os postos vagos. Não observância dos moldes previstos na alínea b do inciso VI do art. 84 da CF" (ADI 6.180, rel. min. Dias Toffoli, j. 15-8-2023).

Afirmativa I: correta, o Presidente da República pode, mediante decreto, extinguir funções ou cargos públicos quando vagos, conforme art. 84, VI, b da CR/88, logo, aplicando a simetria, o Governador pode, por decreto extinguir funções ou cargos públicos quando vagos. Assim, é perfeitamente, possível que o Governador extinga vinte cargos em comissão que estão vagos.

Afirmativa II: correta, o Presidente da República, pode, mediante decreto, dispor sobre a organização e funcionamento da administração federal, quando não implicar aumento de despesa nem criação ou extinção de órgãos públicos, conforme art. 84, VI, a da CR/88. Desse modo, aplicando a simetria, o Governador pode, por decreto, organizar a Administração Pública estadual, desde que isso não implique em aumento de despesa, nem criação ou extinção de órgão público.

Afirmativa III: incorreta, pois os órgãos públicos são criados por lei e somente por lei podem ser extintos, sendo que o art. VI, a da CR/88 é expresso no sentido de que o Presidente – e por simetria o Governador – não podem criar órgão público por decreto.

Alternativa correta: letra "d".

97. FGV – 2024 – TCE/PA – Auditor de Controle Externo

De acordo com o Art. 165 da Constituição Federal de 1988,

a) leis que tratem do plano plurianual, das diretrizes orçamentárias e dos orçamentos anuais devem ser publicadas até trinta dias antes do novo exercício financeiro.

b) a lei que instituir as diretrizes orçamentárias estabelecerá, de forma regionalizada, as diretrizes, objetivos e metas da administração pública federal para as despesas de capital e outras delas decorrentes, bem como para as relativas aos programas de duração continuada.

c) a lei orçamentária anual não conterá dispositivo estranho à previsão da receita e à fixação da despesa, incluindo na proibição a autorização para abertura de créditos suplementares e contratação de operações de crédito.

d) o projeto de lei orçamentária será acompanhado de demonstrativo regionalizado do efeito, sobre as receitas e despesas, decorrente de isenções, anistias, remissões, subsídios e benefícios de natureza financeira, tributária e creditícia.

e) a lei orçamentária anual não compreende o orçamento fiscal referente a entidades da administração indireta e fundações instituídas e mantidas pelo Poder Público.

COMENTÁRIOS

✪ **Nota da autora:** a questão aborda o art. 165 da CR88, exigindo dos candidatos conhecimento da literalidade dos dispositivos ali presentes, o que reforça a necessidade de uma leitura cuidadosa e atenta daquele artigo, o mais cobrado em questões de Direito Constitucional relacionado ao tema orçamento.

Alternativa "a": incorreta, pois a CR/88 não estabelece prazo para publicação das leis orçamentárias. A previsão que se tem no texto constitucional é aquela ao §3º do art. 165, segundo o qual o Poder Executivo publicará, até trinta dias após o encerramento de cada bimestre, relatório resumido da execução orçamentária.

Alternativa "b": errada, uma vez que o conteúdo da alternativa se relaciona com o Plano Plurianual, e não com a LDO. Assim, segundo o §1º do art. 165 da CRFB/88, "a lei que instituir o plano plurianual estabelecerá, de forma regionalizada, as diretrizes, objetivos e metas da administração pública federal para as despesas de capital e outras delas decorrentes e para as relativas aos programas de duração continuada".

Alternativa "c": errada, por contrariar o §8º do art. 165 da CRFB/88, conforme o qual "a lei orçamentária anual não conterá dispositivo estranho à previsão da receita e à fixação da despesa, não se incluindo na proibição a autorização para abertura de créditos suplementares e contratação de operações de crédito, ainda que por antecipação de receita, nos termos da lei".

Alternativa "d": correta, corresponde a cópia fiel do art. 165, §6º da CR/88, a saber: "o projeto de lei orçamentária será acompanhado de demonstrativo regionalizado do efeito, sobre as receitas e despesas, decorrente de isenções, anistias, remissões, subsídios e benefícios de natureza financeira, tributária e creditícia".

Alternativa "e": errada, pois a Lei Orçamentária Anual compreenderá: I- o orçamento fiscal, referente aos Podres da União, seus fundos, órgãos e entidades da administração direta e indireta, inclusive fundações instituídas e mantidas pelo Poder Público; II- o orçamento de investimentos das empresas em que a União, direta ou indiretamente, detenha a maioria do capital social com direito a voto; e III- o orçamento da seguridade social, abrangendo todas as entidades e órgãos a ela vinculados, da administração direta ou indireta, bem como os fundos e fundações instituídos e mantidos pelo Poder Público (CR/88, art. 165, §5º).

Alternativa correta: letra "d".

98. FGV - 2024 - TCE/GO - Analista de Controle Externo

O Chefe do Poder Executivo do Estado Alfa encaminhou o projeto de lei orçamentária anual, abrangendo todos os Poderes e instituições constitucionais que gozam de autonomia financeira. No âmbito da Comissão competente da Assembleia Legislativa, que deve emitir parecer sobre a temática, os seus integrantes estavam propensos a apresentar emendas, devidamente compatíveis com o plano plurianual e a lei de diretrizes orçamentárias, com o objetivo de aumentar os valores a serem direcionados a certas políticas públicas. Ao consultarem seus assessores a respeito dos balizamentos estabelecidos pela ordem constitucional a respeito da temática, foi-lhes corretamente informado que

a) podem ser utilizados, como fontes de recursos das emendas, valores que seriam direcionados ao pagamento de juros da dívida pública interna mobiliária.

b) somente podem ser utilizados recursos afetos às transferências tributárias constitucionais para os entes subnacionais.

c) para que as emendas possam ser apresentadas, é necessário que seja ampliada, de modo justificado, a estimativa da receita para o respectivo exercício financeiro.

d) é vedada a apresentação de emendas dessa natureza, considerando a iniciativa privativa do Governador do Estado para que seja iniciado o processo legislativo.

e) é admitida a apresentação das emendas, desde que anulada alguma despesa, a exemplo das despesas de capital.

COMENTÁRIOS

✪ Nota da autora: as emendas ao projeto de LOA ou aos projetos que o modifiquem somente podem ser aprovadas caso: I- sejam compatíveis com o PPA e com a LDO; II- indiquem os recursos necessários, admitidos apenas os provenientes de anulação de despesa, excluídas as que incidam sobre: a) dotações para pessoal e seus encargos; b) serviço da dívida; c) transferências tributárias constitucionais para Estados, Municípios e Distrito Federal; ou III- sejam relacionadas: a) com a correção de erros ou omissões; ou b) com os dispositivos do texto do projeto de lei. (CR/88, art. 166, §3º).

Alternativa "a": errada. Conforme expressa previsão constitucional, não podem ser utilizados, como fontes de recursos das emendas, valores que seriam direcionados ao pagamento de juros da dívida pública interna mobiliária (CR/88, art. 166, §3º, b).

Alternativa "b": errada. Não podem ser utilizados recursos afetos às transferências tributárias constitucionais para os entes subnacionais (CR/88, art. 166, §3º, c).

Alternativa "c": errada. Para que uma emenda seja apresentada não se exige a ampliação, de modo justificado, da estimativa da receita. Basta que sejam indicados os recursos necessários, admitindo-se para tanto, a anulação de despesas (CR/88, art. 166, §3º, II), observados os demais requisitos constitucionais.

Alternativa "d": errada. Ainda que a iniciativa seja, de fato, privativa do Governador do Estado, o texto constitucional admite a apresentação de emendas pelos integrantes da Comissão competente da Assembleia Legislativa.

Alternativa "e": correta. Admite-se a apresentação de emendas mediante a indicação de recursos que podem ser oriundos da anulação de despesas, dentre as quais, as de capital, uma vez que sobre estas não há qualquer vedação constitucional.

Alternativa correta: letra "e".

99. CEBRASPE - 2023 - TCE/MS - Procurador

Tendo como base os princípios gerais, explícitos e implícitos, da ordem econômica brasileira previstos na CF, assinale a opção correta de acordo com a jurisprudência do STF.

a) O estado-membro não pode atuar subsidiariamente sobre a dinâmica econômica para garantir o alcance de objetivos indispensáveis para a manutenção da coesão social, sendo privativa a competência da União para legislar sobre defesa do consumidor.

b) Constituição estadual pode vedar a prestação de serviços financeiros ao estado por instituições financeiras privadas sob controle estrangeiro.

c) É legítima a determinação legislativa que obriga supermercados ou similares à prestação de serviços de acondicionamento ou embalagem das compras, uma vez que o princípio da livre iniciativa não se sobrepõe à proteção sanitária e à saúde pública.

d) É possível a terceirização das atividades-meio de uma empresa, mas não a de suas atividades-fim, visto que o princípio constitucional da livre iniciativa não se sobrepõe à proteção trabalhista.

e) É legítima a determinação legislativa de cota de veículos adaptados para pessoas com deficiência em locadoras de veículos, já que o princípio da livre iniciativa não se sobrepõe à proteção de pessoas com deficiência.

COMENTÁRIOS

✪ **Nota da autora:** até a reforma trabalhista (2017), não havia uma lei sobre a terceirização, de modo que o TST elaborou a súmula 331 proibindo a terceirização da atividade-fim e regulamentando a matéria, até que, em 2021, o STF no julgamento da ADPF 324 julgou constitucional a terceirização da atividade meio e fim, fixando-se a seguinte tese: "[...] 1. É lícita a terceirização de toda e qualquer atividade, meio ou fim, não se configurando relação de emprego entre a contratante e o empregado da contratada. 2. Na terceirização, compete à contratante: i) verificar a idoneidade e a capacidade econômica da terceirizada; e ii) responder emprego entre a contratante e o empregado da contratada. 2. Na terceirização, compete à contratante: i) verificar a idoneidade e a capacidade econômica da terceirizada; e ii) responder subsidiariamente pelo descumprimento das normas trabalhistas, bem como por obrigações previdenciárias, na forma do art. 31 da Lei 8.212/1993". pelo descumprimento das normas trabalhistas, bem como por obrigações previdenciárias, na forma do art. 31 da Lei 8.212/1993". 8. ADPF julgada procedente para assentar a licitude da terceirização de atividade-fim ou meio. Restou explicitado pela maioria que a decisão não afeta automaticamente decisões transitadas em julgado (ADPF 324).

Alternativa "a": incorreta, pois o estado-membro pode sim atuar subsidiariamente sobre a dinâmica econômica para garantir o alcance de objetivos indispensáveis para a manutenção da coesão social, sendo privativa a competência da União para legislar sobre defesa do consumidor. Neste sentido, decidiu o STF: "6. O princípio da livre iniciativa, garantido no art. 170 da Constituição, não proíbe o Estado de atuar subsidiariamente sobre a dinâmica econômica para garantir o alcance de objetivos indispensáveis para a manutenção da coesão social, entre eles a proteção do consumidor (art. 170, V, da CF), desde que haja proporcionalidade entre a restrição imposta e a finalidade de interesse público, como ocorre no caso" (ADI 6123).

Alternativa "b": incorreta, pois a constituição estadual **não** pode vedar a prestação de serviços financeiros ao estado por instituições financeiras privadas sob controle estrangeiro. Nesse sentido, a decisão do STF: "É inconstitucional dispositivo de Constituição estadual que veda a prestação de serviços de arrecadação e movimentação de recursos financeiros por instituições financeiras privadas constituídas no País sob controle estrangeiro" (ADI 3565).

Alternativa "c": incorreta, pois a não é legítima a determinação legislativa que obriga supermercados ou similares à prestação de serviços de acondicionamento ou embalagem das compras. Sobre o assunto, o STF decidiu que são inconstitucionais leis estaduais ou municipais que obriguem o supermercado a manter a figura do empacotador para as compras. Assim, foi fixada em repercussão geral a tese: "São inconstitucionais as leis que obrigam supermercados ou similares à prestação de serviços de acondicionamento ou embalagem das compras, por violação ao princípio da livre iniciativa (art. 1º, IV, e 170 da Constituição)" (RE 839.950).

Alternativa "d": incorreta, pois é possível a terceirização das atividades-meio de uma empresa e das suas atividades-fim, com amparo no princípio da livre iniciativa. Nesse sentido, o STF: "[...] 2. A terceirização das atividades-meio ou das atividades fim de uma empresa tem amparo nos princípios constitucionais da livre iniciativa e da livre concorrência, que asseguram aos agentes econômicos a liberdade de formular estratégias negociais indutoras de maior eficiência econômica e competitividade" (ADPF 324).

Alternativa "e": correta, pois é legítima a determinação legislativa de cota de veículos adaptados para pessoas com deficiência em locadoras de veículos, já que o princípio da livre iniciativa não se sobrepõe à proteção de pessoas com deficiência. Neste sentido, o julgado: "Ação direta de inconstitucionalidade. Parágrafo único e caput do art. 52 e art. 127 da lei n. 13.146/2015 (Lei Brasileira de Inclusão da Pessoa com Deficiência). Determinação a locadoras de veículos de disponibilização de um veículo adaptado a condutor com deficiência a cada conjunto de vinte automóveis da frota. Atendimento aos princípios constitucionais. Direitos fundamentais de mobilidade pessoal e de acesso à tecnologia assistiva. Ação julgada improcedente" (ADI 5452-DF).

Alternativa correta: letra "e".

100. CEBRASPE – 2023 – TCE/MS - Procurador

Acerca da ordem econômica e financeira e seus princípios gerais, assinale a opção correta com base no texto constitucional e na jurisprudência do STF.

a) É legítima a terceirização das atividades-fim de uma empresa, uma vez que a CF assegura a livre-iniciativa, não impondo forma única de estruturar a produção.

b) São constitucionais as leis que obrigam supermercados ou similares à prestação de serviços de acondicionamento ou embalagem das compras, a fim de assegurar a criação de postos de trabalho.

c) A lei poderá, em relação a empresa brasileira de capital nacional, conceder proteção e benefícios especiais para desenvolver atividades estratégicas para a defesa nacional ou para o desenvolvimento nacional.
d) Não ofende o princípio da livre concorrência lei municipal que impede a instalação de estabelecimentos comerciais do mesmo ramo em determinada área.
e) A exploração direta de atividade econômica pelo Estado será permitida sempre que constatada a possibilidade de obtenção de receitas primárias, sendo vedada a criação de monopólio.

COMENTÁRIOS

Nota da autora: a atuação do Estado na ordem econômica pode se dar tanto de forma direta quanto indireta. A primeira se dá, por exemplo, por meio de empresas estatais (empresas públicas e sociedades de economia mista). Já o segundo caso (intervenção indireta) ocorre, principalmente, por meio das diferentes formas de regulação contando com a atuação, dentre outros, das agências reguladoras. Para fixar o estudo, vale ler o julgado: "[...] quer dizer, o art. 173 da CF está cuidando da hipótese em que o Estado esteja na condição de agente empresarial, isto é, esteja explorando, diretamente, atividade econômica em concorrência com a iniciativa privada. Os parágrafos, então, do citado art. 173 aplicam-se com observância do comando constante do *caput*. Se não houver concorrência – existindo monopólio, CF, art. 177 – não haverá aplicação do disposto no § 1º do mencionado art. 173. (RE 407.099).

Alternativa "a": correta, corresponde à literalidade do julgado da ADC 48: "É legítima a terceirização das atividades-fim de uma empresa. Como já foi decidido pelo Supremo Tribunal Federal, a Constituição não impõe uma única forma de estruturar a produção. Ao contrário, o princípio constitucional da livre iniciativa garante aos agentes econômicos liberdade para eleger suas estratégias empresariais dentro do marco vigente (CF/1988, art. 170)".

Alternativa "b": incorreta, pois são inconstitucionais as leis que obrigam supermercados ou similares à prestação de serviços de acondicionamento ou embalagem das compras, a fim de assegurar a criação de postos de trabalho, isto porque tal medida viola o princípio da livre iniciativa. Neste sentido, o STF fixou tese em sede de repercussão geral no (RE 839.950).

Alternativa "c": incorreta, pois não há tal benefício na Constituição. Na verdade, esta alternativa corresponde à literalidade do art. 171, §1º, I da CR/88, mas este artigo foi totalmente revogado pela EC 06/95.

Alternativa "d": incorreta pois ofende o princípio da livre concorrência lei municipal que impede a instalação de estabelecimentos comerciais do mesmo ramo em determinada área. Trata-se da Súmula Vinculante 49: "Ofende o princípio da livre concorrência lei municipal que impede a instalação de estabelecimentos comerciais do mesmo ramo em determinada área".

Alternativa "e": incorreta, pois a exploração direta de atividade econômica pelo Estado será permitida nos casos do art. 173 da CR/88 que são: necessária aos imperativos da segurança nacional ou a relevante interesse coletivo, conforme definidos em lei. E a criação de monopólio é permitida nos termos do art. 177 da Constituição. E a expressão "receitas primárias" se refere aos tributos, não tendo relação com a exploração de atividade econômica de forma direta.

101. FGV – 2023 – TCE/BA – Auditor de Controle Externo

Ana, Maria e Joana, estudantes de finanças públicas, debateram a respeito da concepção de sustentabilidade da dívida pública na perspectiva da Constituição da República. Em razão da estrita imbricação entre os referenciais de crescimento da dívida pública e comprometimento futuro dos recursos públicos, com reflexos na efetividade dos direitos sociais, Ana defendia que as normas constitucionais sobre sustentabilidade da dívida têm eficácia plena e aplicabilidade imediata. Maria sustentava que uma das opções do poder reformador foi estabelecer a vedação à alienação de ativos para fins de redução do montante da dívida, de modo que a satisfação de despesas correntes não dilapide o patrimônio público. Joana, por fim, ressaltou que, para assegurar a sustentabilidade da dívida, pode ser vedada a majoração de benefícios estipendiais dos servidores. Ingrid, chamada a se pronunciar, observou corretamente, em relação às conclusões de Ana, Maria e Joana, que:

a) todas estão certas;
b) apenas Joana está certa;
c) apenas Maria está certa;
d) apenas Ana e Joana estão certas;
e) apenas Ana e Maria estão certas.

COMENTÁRIOS

Nota da autora: Ana está errada, uma vez que a sustentabilidade da dívida depende de lei complementar, tratando-se, portanto, de uma norma de eficácia limitada e não plena e aplicabilidade imediata como sustentado. Nesse sentido, estabelece o art. 163, VIII, da CRFB/88 que: "Lei complementar disporá sobre sustentabilidade da dívida [...]". Maria, por sua vez, também está equivocada, vez que o mesmo art. 163, VIII, da Constituição, em sua alínea "e" estabelece que, ao dispor sobre a sustentabilidade da dívida, a lei complementar especificará, dentre outros, o planejamento de alienação de ativos com vistas à redução do montante da dívida, conforme redação conferida pela Emenda Constitucional nº 109, de 2021 (Poder Constituinte Reformador). Assim não houve qualquer vedação, conforme apontado por Maria. Por fim, Joana mostra-se correta, uma vez que seu entendimento tem como fundamento o inciso I do art. 167-A, da Constituição Federal. Assim: "Art. 167-A. Apurado que, no período de 12 (doze) meses, a relação entre despesas correntes e receitas correntes supera 95% (noventa e cinco por cento), no âmbito dos Estados, do Distrito Federal e dos Municípios, é facultado aos Poderes Executivo, Legislativo e Judiciário, ao Ministério Público, ao Tribunal de Contas e à Defensoria Pública do ente, enquanto permanecer a situação, aplicar o mecanismo de ajuste fiscal de vedação da: I - concessão, a qualquer título, de vantagem, aumento, reajuste ou adequação de remuneração de membros de Poder ou de órgão, de servidores e empregados públicos e de militares, exceto dos derivados de sentença judicial transitada em julgado ou de determinação legal anterior ao início da aplicação das medidas de que trata este artigo [...]".

Alternativa "a": incorreta. Conforme analisado na nota da autora, Ana e Maria estão erradas em seus raciocínios.

Alternativa "b": correta. Apenas Joana está certa em sua análise sobre a sustentabilidade da dívida pública na perspectiva da Constituição da República.

Alternativa "c": incorreta. Maria está errada, assim como Ana. Apenas Joana está correta no raciocínio apresentado no enunciado da questão.

Alternativa "d": incorreta. Ana está errada e Joana está correta.

Alternativa "e": incorreta. Tanto Ana quanto Maria estão erradas.

Alternativa correta: letra "b".

102. FGV – 2022 – TCE/TO – Auditor de Controle Externo

O Município X requereu ao BNDES (instituição financeira federal) a concessão de empréstimo, em regime de juros especiais para os entes municipais, a fim de obter recursos para pagamento de aumento concedido aos servidores municipais ativos.

Diante desse cenário e à luz da Constituição da República de 1988, esse empréstimo requerido pelo Município X junto ao BNDES:

a) pode ser realizado, uma vez que será feito em regime de juros especiais para os entes municipais;
b) pode ser realizado, uma vez que é permitido junto a instituição financeira vinculada ao governo federal;
c) não pode ser realizado, uma vez que é vedado junto a instituição financeira vinculada ao governo federal;
d) não pode ser realizado, uma vez que é permitido apenas junto a instituição financeira vinculada ao governo estadual;
e) não pode ser realizado, uma vez que é permitido apenas para pagamento de proventos de aposentadoria de servidores inativos e seus respectivos pensionistas.

COMENTÁRIOS

✪ **Nota da autora:** o art. 167, X, da CR/88, estabelece uma série de vedações em relação às finanças públicas, dentre as quais: "a transferência voluntária de recursos e a concessão de empréstimos, inclusive por antecipação de receita, pelos Governos Federal e Estaduais e suas instituições financeiras, para pagamento de despesas com pessoal ativo, inativo e pensionista, dos Estados, do Distrito Federal e dos Municípios". Ainda em relação a este tema, indo um pouco além do que foi cobrado na presente questão, é imperioso destacar importante julgado do STF, segundo o qual: "A Constituição Federal, em seu art. 167, X, veda a concessão de empréstimos por instituições financeiras estatais para o pagamento de despesas com pessoal ativo, inativo e pensionista. Impede-se, portanto, a alocação dessas receitas para o custeio de pessoal ativo e inativo. A vedação estabelecida no art. 167, X, diz respeito apenas a instituições financeiras estatais. A proibição não alcança as contratações realizadas com instituições financeiras privadas. Assim, nada impede a realização de empréstimos com instituições financeiras privadas para pagamento de despesas com pessoal, porquanto a proibição não as alcança" (STF. ADI 5683/RJ, Rel. Min. Roberto Barroso, julgado em 20/4/22)".

Alternativa "a": incorreta. O fato de eventual empréstimo dar-se em regime de juros especiais não invalida a vedação constante no art. 167, X do texto constitucional.

Alternativa "b": incorreta. Conforme vedação expressa da Constituição Federal (Art. 167, X), não é permitida a concessão de empréstimos por instituição financeira federal para o pagamento de despesas com pessoal ativo dos Municípios.

Alternativa "c": correta. Conforme previsão do art. 167, X, da CRFB/88, não seria admitido um empréstimo do BNDES (instituição financeira federal) para o pagamento de aumento concedido aos servidores municipais ativos.

Alternativa "d": incorreta. Mesmo se a instituição financeira fosse estadual, tal empréstimo não poderia ocorrer, por força do inciso X do art. 167 da Constituição Federal.

Alternativa "e": incorreta. A vedação do art. 167, X, da Constituição Federal alcança o pagamento de despesas com pessoal tanto ativo, quanto inativo e pensionista.

Alternativa correta: letra "c".

103. FCC – 2022 – TCE/GO – Analista de Controle Externo

De acordo com o que estabelece a Constituição Federal e, ainda, o entendimento do Supremo Tribunal Federal acerca dos princípios gerais da atividade econômica,

a) ofende o princípio da livre concorrência lei municipal que impede a instalação de estabelecimentos comerciais do mesmo ramo em determinada área.
b) é admissível a interdição de estabelecimento como meio coercitivo para cobrança de tributo.
c) a lei não poderá restringir os investimentos de capital estrangeiro e, ainda, regular a remessa de lucros ao exterior.
d) é assegurado a todos o livre exercício de qualquer atividade econômica, dependendo, em todos os casos, de autorização de órgãos públicos, tendo em vista os imperativos da segurança nacional.
e) a ordem econômica, fundada na valorização do trabalho humano e na livre iniciativa, tem por fim assegurar a todos a existência digna, cabendo ao Estado exercer, para tanto, as funções de fiscalização e planejamento da atividade econômica, determinantes para os setores público e privado.

COMENTÁRIOS

✪ **Nota da autora:** para auxiliar o estudo é com que o candidato compreenda que o art. 170 traz os princípios que regem toda a ordem econômica, os art. 173 e 174 delimitam de maneira mais precisa a atuação do Estado, de modo que o Estado atuando diretamente na ordem econômica aplica-se o art. 173, por meio das empresas estatais, e atuando de forma indireta aplica-se o art. 174, pela atividade regulatória.

Alternativa "a": correta, corresponde ao texto da súmula vinculante 49/STF. Para ajudar a memorizar, vale compreender as razões da súmula: "A CF/1988 assegura o livre exercício de qualquer atividade econômica, independentemente de autorização do poder público, salvo nos casos previstos em lei. 2. Observância de distância mínima da farmácia ou drogaria existente para a instalação de novo estabelecimento no perímetro. Lei municipal 10.991/1991. Limitação geográfica que induz à concentração capitalista, em detrimento do consumidor, e implica cerceamento do exercício do princípio constitucional da livre concorrência, que é uma manifestação da liberdade de iniciativa econômica privada" (RE 193.749).

Alternativa "b": incorreta, pois é não é admissível a interdição de estabelecimento como meio coercitivo para cobrança de tributo. Esta alternativa corresponde ao texto da súmula 70 STF: "É inadmissível a interdição de estabelecimento como meio coercitivo para cobrança de tributo".

Alternativa "c": incorreta, pois a lei pode restringir os investimentos de capital estrangeiro, com base no interesse nacional, e, também pode regular a remessa de lucros ao exterior, conforme art. 172 da CR/88: "A lei disciplinará, com base no interesse nacional, os investimentos de capital estrangeiro, incentivará os reinvestimentos e regulará a remessa de lucros".

Alternativa "d": incorreta, o erro está na generalização, ou seja, ao considerar que em todos os casos é necessária a autorização do poder público. Este assunto disciplinado no art. 170, parágrafo único da CR/88: "É assegurado a todos o livre exercício de qualquer atividade econômica, independentemente de autorização de órgãos públicos, salvo nos casos previstos em lei".

Alternativa "e": incorreta, pois as funções de fiscalização e planejamento da atividade econômica, determinantes para os setores público e indicativa para o setor privado, nos termos do art. 174 da CR/88.

Alternativa correta: letra "a".

104. FGV – 2022 – TCE/TO – Auditor de Controle Externo

O presidente da República enviou ao Congresso Nacional o projeto de lei de diretrizes orçamentárias (LDO) para o ano de 2022. No Legislativo, o projeto começou a tramitar na Comissão Mista permanente de Planos, Orçamentos Públicos e Fiscalização (CMO). Enquanto seguiam os trabalhos de exame na CMO, o presidente da República enviou mensagem ao Congresso Nacional para propor alteração em uma parte do projeto da LDO. Diante desse cenário e à luz da Constituição da República de 1988, é correto afirmar que:

a) uma vez encaminhado o projeto de LDO ao Congresso Nacional, o presidente da República não poderá mais enviar mensagem ao Legislativo para propor modificações a esse projeto;
b) a CMO é composta por deputados, senadores, membros representantes da sociedade civil escolhidos pelo Congresso Nacional, membros

da Secretaria do Tesouro Nacional e membros indicados pelo Tribunal de Contas da União;

c) a emissão de parecer da CMO sobre o projeto de LDO, devidamente votado e aprovado no âmbito dessa Comissão Mista, dispensa a votação posterior pelos demais membros da Câmara dos Deputados e do Senado Federal;

d) deve integrar o projeto de LDO, para o exercício de 2022 e, pelo menos, para os dois exercícios subsequentes, anexo com previsão de agregados fiscais e a proporção dos recursos para investimentos que serão alocados na lei orçamentária anual para a continuidade daqueles em andamento;

e) diferentemente do projeto de lei orçamentária anual, em que podem ser propostas emendas parlamentares ao projeto, não se admite a apresentação na CMO de emendas parlamentares ao projeto de LDO.

COMENTÁRIOS

✪ **Nota da autora:** no âmbito federal, para a apreciação dos projetos de leis orçamentárias, a Constituição (art. 166, §1º) previu a criação de uma Comissão Mista de Deputados e Senadores com competência para: I- Examinar e emitir parecer sobre os projetos de leis orçamentárias (inclusive créditos adicionais) e sobre as contas apresentadas anualmente pelo Presidente da República; II- Examinar e emitir parecer sobre os planos e programas nacionais, regionais e setoriais previstos na Constituição e exercer o acompanhamento e fiscalização orçamentária; e III- Emitir parecer sobre as emendas às leis orçamentárias apresentadas na Comissão mista.

Alternativa "a": errada, uma vez que o Presidente da República poderá enviar mensagem ao Congresso Nacional para propor modificação nos projetos de leis orçamentárias enquanto não iniciada a votação, na Comissão mista, da parte cuja alteração é proposta (CR/88, art. 166, §5º).

Alternativa "b": errada. A Comissão Mista permanente de Planos, Orçamentos Públicos e Fiscalização (CMO) é composta apenas por Deputados e Senadores (CR/88, art. 166, §1º).

Alternativa "c": errada, já que os projetos de lei relativos ao plano plurianual, às diretrizes orçamentárias, a orçamento anual e aos créditos adicionais serão apreciados pelas duas Casas do Congresso Nacional, na forma do regimento comum (CR/88, art. 166)

Alternativa "d": correta por trazer uma reprodução literal do §12 do art. 165 do texto constitucional: "Integrará a lei de diretrizes orçamentárias, para o exercício a que se refere e, pelo menos, para os dois exercícios subsequentes, anexo com previsão de agregados fiscais e a proporção dos recursos para investimentos que serão alocados na lei orçamentária anual para a continuidade daqueles em andamento".

Alternativa "e": errada, pois é possível a propositura de emendas parlamentares a qualquer dos projetos de leis orçamentárias.

Alternativa correta: letra "d".

105. FCC – 2022 – TCE/GO – Analista de Controle Externo

Uma dotação que tenha sido incluída na Lei Orçamentária Anual por emenda parlamentar individual impositiva

a) não pode ser alcançada por limitação geral de empenho (contingenciamento), somente podendo ser cancelada por decreto do Chefe do Executivo.

b) poderá ensejar repasses diretamente a município para aplicação em programação finalística de sua competência, independentemente da celebração de convênio, mediante transferência especial.

c) integra o cômputo da despesa corrente líquida para todos os efeitos legais, exceto para a verificação do limite de gastos com pessoal do ente, eis que vedada aplicação em despesas de custeio em geral.

d) não poderá gerar restos a pagar, devendo a despesa ser integralmente executada e paga no exercício correspondente.

e) não será considerada para verificação do cumprimento do limite mínimo de despesas com saúde e educação ainda que os recursos correspondentes sejam aplicados em programação finalística nas referidas áreas.

COMENTÁRIOS

✪ **Nota da autora:** a presente questão foi aplicada no concurso de 2022. Contudo, é importante se atentar para o fato de que, em 25 de novembro de 2024, foi aprovada a Lei Complementar nº 210, dispondo sobre a proposição e a execução de emendas parlamentares na lei orçamentária anual. Tal lei foi resultado de uma crise instaurada no âmbito dos três poderes, após o reconhecimento da inconstitucionalidade da prática denominada "orçamento secreto" (ADPFs 850, 851, 854 e 1.014) e da realocação daqueles recursos para as chamadas "emendas PIX", que nada mais são senão as emendas individuais impositivas (RP6) na modalidade transferência especial, abordadas na alternativa correta desta questão.

Alternativa "a": errada. A LC 210/24 possibilita o contingenciamento de dotações de emendas parlamentares até a mesma proporção aplicada às demais despesas discricionárias com vistas a atender ao disposto nas normas fiscais vigentes (art. 12).

Alternativa "b": correta. As emendas individuais impositivas apresentadas ao projeto de lei orçamentária anual poderão alocar recursos a Estados, ao Distrito Federal e a Municípios por meio de transferência especial e transferência com finalidade definida (CR/88, art. 166-A). No caso das transferências especiais, os recursos serão repassados diretamente ao ente federado beneficiado, independentemente da celebração de convênio ou de instrumento congênere (Art. 166-A, §2º, I).

Alternativa "c": errada. Segundo disposição constitucional do art. 166-A, §1º, os recursos transferidos através das emendas individuais impositivas não integrarão a receita do Estado, do Distrito Federal e dos Municípios para fins de repartição e para o cálculo dos limites da despesa com pessoal ativo e inativo, nos termos do §16 do art. 166, e de endividamento do ente federado [...]".

Alternativa "d": errada. O próprio texto constitucional tratou dos restos a pagar provenientes das programações orçamentárias relacionadas às emendas individuais e às de bancada, no §17 do art. 166.

Alternativa "e": errada. A execução do montante destinado a ações e serviços públicos de saúde, inclusive custeio, será computada para fins do cumprimento do limite mínimo de despesas com saúde, vedada a destinação para pagamento de pessoal ou encargos sociais (CR/88, art. 166, §10).

Alternativa correta: letra "b".

---

106. (FGV – Auditor Técnico de Controle Externo – TCE – AM/2021) Lei complementar editada pela União foi muito comemorada pelos contribuintes do ICMS, já que assegurara ao sujeito passivo da obrigação tributária, a partir do exercício financeiro subsequente, o direito de creditar-se do imposto anteriormente pago em operações de que tenha resultado a entrada de mercadoria para o ativo permanente. Ocorre que, cinco dias antes do início do exercício financeiro em que o creditamento começaria a ocorrer, foi editada nova lei complementar, alterando a anterior e postergando a fruição desse direito por cinco exercícios.

Ao ser consultado a respeito da compatibilidade dessa alteração com a ordem constitucional, um advogado respondeu, corretamente, que ela:

a) afronta o princípio da anterioridade;

b) afronta o direito adquirido ao crédito tributário;

c) afronta o princípio da anterioridade nonagesimal;

d) é constitucional, não havendo afronta à anterioridade, pois ICMS é um tributo não cumulativo;

e) é constitucional, não havendo afronta à anterioridade nonagesimal, pois não há aumento de tributo.

COMENTÁRIOS

✪ **Nota da autora:** a questão cobra o conhecimento sobre a decisão do STF, com fixação de tese em repercussão geral, que decidiu que a postergação de hipótese de redução de imposto não se equipara a aumento do tributo. Neste sentido, "[...] 1. A Lei Complementar 122, publicada em 13.12.2006 postergou de 1º.1.2007 para 1º.1.2011 o início do direito do contribuinte do ICMS de se creditar do imposto incidente sobre aquisição de mercadorias destinadas ao uso e consumo do estabelecimento e, de forma mais ampla, energia elétrica e serviços de comunicação. 2. A postergação de hipótese de redução de imposto não se equipara a aumento do tributo, pelo que não atrai a incidência da anterioridade nonagesimal prevista no art. 150, III, "c", da Carta Política. Precedentes do STF: RE 584.100 Repercussão Geral, Rel. Ministra Ellen Gracie, Tribunal Pleno, julgado em 25.11.2009; ADI 2.673, Rel. Ministra Ellen Gracie, Tribunal Pleno, julgado em 03.10.2002; AI 783.509 AgR, Rel. Ministro Ricardo Lewandowski, Primeira Turma, julgado em 19.10.2010; AI 780.210 AgR, Rel. Ministra Cármen Lúcia, Primeira Turma, julgado em 14.6.2011, DJe de 29.7.2011. 3. Recurso extraordinário não provido. 4. Tese de repercussão geral fixada: "A postergação do direito do contribuinte do ICMS de usufruir de novas hipóteses de creditamento, por não representar aumento do tributo, não se sujeita à anterioridade nonagesimal prevista no art. 150, III, 'c', da Constituição". (RE 603917, Relatora: Rosa Weber, Tribunal Pleno, julgado em 25/10/2019).

Alternativa "a": incorreta, pois não afronta o princípio da anterioridade, pois não é instituição, nem aumento de tributo.

Alternativa "b": incorreta, pois uma vez que o direito de se creditar do imposto só se daria a partir do exercício financeiro subsequente; havendo a edição de nova lei antes de ser preenchido o requisito temporal, não há que se falar em afronta ao direito adquirido ao crédito tributário.

Alternativa "c": incorreta, pois não afronta o princípio da anterioridade nonagesimal, sendo que a decisão do STF menciona isto expressamente, conforme exposto acima na nota da autora.

Alternativa "d": incorreto, pois a justificativa apresentada na alternativa está errada, ou seja, não há afronta à anterioridade pois não se trata de instituição ou majoração de imposto.

Alternativa "e": é constitucional, não havendo afronta à anterioridade nonagesimal, pois não há aumento de tributo, conforme tese fixada em repercussão geral pelo STF: "A postergação do direito do contribuinte do ICMS de usufruir de novas hipóteses de creditamento, por não representar aumento do tributo, não se sujeita à anterioridade nonagesimal prevista no art. 150, III, 'c', da Constituição" (RE 603917).

Alternativa correta: letra "e".

107. (FGV – Auditor Técnico de Controle Externo – TCE – AM/2021) Por ocasião das discussões a respeito do projeto de lei orçamentária anual, encaminhado pelo Presidente da República ao Congresso Nacional, os parlamentares dos partidos políticos Alfa e Beta deliberaram que as emendas individuais impositivas iriam alocar recursos, para os Municípios escolhidos, por meio de transferência especial. Ao tomar conhecimento dessa deliberação, um jornal de grande circulação afirmou que essa espécie de transferência (1) exigia a celebração de convênio ou instrumento congênere para a sua efetivação; (2) pertenceria ao respectivo Município no ato da efetiva transferência financeira; e (3) seria aplicada em programações finalísticas das áreas de competência do Poder Executivo municipal, sendo uma parte em despesas de capital, observados os balizamentos constitucionais. À luz da sistemática constitucional, é correto afirmar, quanto às informações veiculadas, que:

a) todas estão corretas;

b) apenas a 1 está correta;

c) apenas a 2 está correta;

d) apenas a 1 e a 3 estão corretas;

e) apenas a 2 e a 3 estão corretas.

COMENTÁRIOS

✪ **Nota da autora:** as emendas individuais impositivas apresentadas ao projeto de Lei Orçamentária Anual foram disciplinadas pelo art. 166-A da Constituição Federal. Assim, podendo alocar recursos a estados, ao Distrito Federal e a Municípios, poderão se dar por meio de transferência especial ou transferência com finalidade definida. Em qualquer dessas transferências, os recursos transferidos não integrarão a receita do Estado, do Distrito Federal e dos Municípios, para fins de repartição e para o cálculo dos limites da despesa com pessoal ativo e inativo, nos termos do §16 do art. 166, e de endividamento do ente federativo, vedada, em qualquer caso, a aplicação dos recursos no pagamento de: I-) despesas com pessoal e encargos sociais relativos a ativos e inativos, e com pensionistas; e II-) encargos referentes ao serviço da dívida (art. 166-A, §1º, I e II CR/88). Por outro lado, no caso das transferências especiais, os recursos: I-) serão repassados diretamente ao ente federado beneficiado, independentemente de celebração de convênio ou instrumento congênere; II-) **pertencerão ao ente federado no ato da efetiva transferência financeira**; e III-) serão aplicadas em programações finalísticas das áreas de competência do Poder Executivo do ente beneficiado (art. 166-A, 2º, CR/88). Ademais, o ente beneficiado com a transferência especial poderá firmar contratos de cooperação técnica para fins de subsidiar o acompanhamento da execução orçamentária na aplicação dos recursos (art. 166-A, §3º, I e II, CR/88) e ainda, conforme disposição expressa no texto constitucional, **pelo menos 70% das transferências especiais deverão ser aplicadas em despesas de capital**.

Alternativa "a": incorreta, pois a primeira informação trazida pelo enunciado não está correta, uma vez que os recursos das transferências especiais serão repassados diretamente ao ente federado beneficiado, independentemente de celebração de convênio ou instrumento congênere (art. 166-A, 2º, I, CR/88). Já as informações 2 e 3 estão de acordo com as disposições constitucionais.

Alternativa "b": incorreta. Na verdade, apenas a informação 1 trazida pelo enunciado, encontra-se errada.

Alternativa "c": incorreta. A informação 2 está correta, assim como a informação 3 trazidas pelo enunciado da questão.

Alternativa "d": incorreta, já que a informação 1 está em desacordo com a previsão constitucional.

Alternativa "e": correta, uma vez que as informações 2 e 3 encontram-se perfeitamente de acordo com a previsão do art. 166-A da CR/88, conforme redação que lhe foi conferida pela EC 105/2019.

Alternativa correta: letra "e".

108. (FGV – Auditor Técnico de Controle Externo – TCE – AM/2021) João, Vereador na Câmara Municipal de Gama, tomou conhecimento de que a União teve considerável arrecadação do "imposto sobre operações de crédito, câmbio e seguros, ou relativas a títulos ou valores mobiliários", incidente sobre o ouro, enquanto ativo financeiro ou instrumento cambial. Como as operações de origem foram realizadas em grande parte no Município Gama, João consultou sua assessoria se a União iria transferir a esse ente federativo uma parte da arrecadação, bem como se isto teria alguma influência sobre a receita que integraria a base de cálculo do percentual afeto às despesas do Poder Legislativo municipal.

A assessoria respondeu, corretamente, que o Município Gama:

a) deve receber 30% do montante arrecadado com as operações realizadas em seu território e o valor assim transferido integrará apenas a base de cálculo do limite percentual das despesas de pessoal do Legislativo municipal;

b) deve receber 50% do montante arrecadado com as operações realizadas em seu território e o valor assim transferido integrará apenas a base de cálculo do limite percentual das despesas de pessoal do Legislativo municipal;

c) é responsável pela arrecadação do montante total das operações realizadas em seu território e o valor assim arrecadado integrará a base de cálculo do limite percentual do total das despesas do Legislativo municipal;

d) deve receber 70% do montante arrecadado com as operações realizadas em seu território e o valor assim transferido integrará a base de cálculo do limite percentual do total das despesas do Legislativo municipal;

e) é responsável pela arrecadação do valor devido nas operações realizadas em seu território e 50% desse montante integrará a base de cálculo do limite percentual das despesas de pessoal do Legislativo municipal.

COMENTÁRIOS

✪ **Nota da autora:** a questão versa sobre a literalidade do texto constitucional sobre IOF e valor transferido ao Município. Para aprofundar os estudos, vale citar o entendimento do STF sobre o IOF: "I. – O *ouro*, definido como ativo financeiro ou instrumento cambial, sujeita-se, exclusivamente, ao *IOF*, devido na operação de origem: C.F., art. 153, § 5º. Inconstitucionalidade do inciso II do art. 1º da Lei 8.033/90" (RE 190.363).

Alternativa "a": o valor da porcentagem está incorreto (não é 30%).

Alternativa "b": o valor da porcentagem está incorreto (não é 50%).

Alternativa "c": o valor da porcentagem está incorreto (não é 100%).

Alternativa "d": o Município Gama deve receber 70% do montante arrecadado com as operações realizadas em seu território, nos termos do art. 153, § 5º da CR/88: "O ouro, quando definido em lei como ativo financeiro ou instrumento cambial, sujeita-se exclusivamente à incidência do imposto de que trata o inciso V do «caput» deste artigo [refere-se ao IOF], devido na operação de origem; a alíquota mínima será de um por cento, assegurada a transferência do montante da arrecadação nos seguintes termos: I – 30% (trinta por cento) para o Estado, o Distrito Federal ou o Território, conforme a origem; II – 70% (setenta por cento) para o Município de origem". E o valor assim transferido integrará a base de cálculo do limite percentual do total das despesas do Legislativo municipal, conforme art. 29-A da CR/88: "O total da despesa do Poder Legislativo Municipal, incluídos os subsídios dos Vereadores e os demais gastos com pessoal inativo e pensionistas, não poderá ultrapassar os seguintes percentuais, relativos ao somatório da receita tributária e das transferências previstas no § 5º do art. 153 [IOF] e nos arts. 158 e 159 desta Constituição, efetivamente realizado no exercício anterior" (redação alterada pela EC 109/21).

Alternativa "e": o valor da porcentagem está incorreto (não é 100%), nem o valor da transferência (não é 50%).

Alternativa correta: letra "d".

109. (FGV – Auditor Técnico de Controle Externo – TCE – AM/2021) Roberta, Prefeita do Município Gama, solicitou que sua assessoria esclarecesse que espécie normativa deveria ser utilizada para a definição da obrigação de pequeno valor, devida pelo Município em razão de sentenças judiciais transitadas em julgado, de modo a afastar a expedição de precatórios, bem como se há algum balizamento constitucional quanto ao seu valor máximo ou mínimo.

A assessoria, após informar sobre a existência de norma constitucional de transição a respeito dessa temática, esclareceu que a matéria deveria ser disciplinada:

a) na Lei Orgânica do Município, bem como que o valor mínimo dessa obrigação não poderia ser inferior ao valor do salário mínimo;

b) em Lei complementar da União, bem como que o valor máximo dessa obrigação não poderia ser superior a dez vezes o valor do salário mínimo;

c) em lei ordinária do Município, bem como que o valor mínimo dessa obrigação não poderia ser inferior ao valor do maior benefício do Regime Geral de Previdência Social;

d) em lei ordinária da União, bem como que o valor mínimo dessa obrigação não poderia ser inferior à metade do valor do maior benefício do Regime Geral de Previdência Social;

e) na Constituição Estadual, bem como que o valor máximo dessa obrigação não poderia ser superior a três vezes o valor do maior benefício do Regime Geral de Previdência Social.

COMENTÁRIOS

✪ **Nota da autora:** as Requisições de Pequeno Valor (RPVs), assim como os precatórios, também estão previstas no art. 100 CR/88. Entretanto, as regras gerais sobre precatórios não se aplicam a tais pagamentos de obrigações, definidas em leis como de pequeno valor que as Fazendas devem fazer em virtude de sentença judicial transitada em julgado (art. 100, §3º, CR/88). Assim, poderão ser fixados, **por leis próprias**, valores distintos às entidades de direito público, segundo diferentes capacidades econômicas, sendo o mínimo igual ao valor do maior benefício do regime geral de previdência social (art. 100, §4º, CR/88).

Alternativa "a": incorreta, pois a fixação dos valores dos precatórios deve se dar por lei própria do

Município, não havendo a necessidade de sua previsão na respectiva Lei Orgânica Municipal. Ademais, o valor mínimo deve ser igual ao valor do maior benefício do RGPS, não havendo qualquer padronização em relação ao salário-mínimo, conforme trouxe o enunciado da alternativa.

Alternativa "b": incorreta, pois não há a necessidade de edição de lei complementar pela União para disciplinar os valores das requisições de pequeno valor. Além disso, não há qualquer relação do valor dos RPVs com o salário-mínimo, conforme se extrai do texto constitucional.

Alternativa "c": correta nos termos do art. 100, §§ 3º e 4º da CR/88. Ainda em relação a este tema, vale destacar entendimento do STF no sentido de que "Cabe a cada ente federado fixar o valor máximo para essa especial modalidade de pagamento dos débitos da Fazenda Pública em consonância com a sua capacidade financeira [...]" (ADI 2868).

Alternativa "d": incorreta, pois a edição de lei ordinária para disciplinar o valor das requisições de pequeno valor (RPVs) deve ser de cada um dos entes federativos, não havendo, por parte da União, competência para fixar valores para todas as entidades de direito público. Além disso, também é errado afirmar que tal valor não poderia ser inferior à metade do valor do maior benefício do Regime Geral de Previdência Social, conforme art. 100, §4º CR/88.

Alternativa "e": incorreta, pois conforme apontado na análise das alternativas anteriores, não há a necessidade de que os valores do RPV constem na Constituição Estadual, exigindo-se, tão somente, a edição de lei municipal para tanto. Por outro lado, o valor mínimo deve igual ao valor do maior benefício do regime geral de previdência social, mas não há previsão constitucional para seus valores máximos.

Alternativa correta: letra "c".

13. CONTROLE DE CONSTITUCIONALIDADE

- CR/88: arts. 7º, I; 97; 102, I, a, §2º; 103; 125, §1º, §2º; 160, parágrafo único; 169, §1º; 196; 198, §3º, II.
- ADCT: art. 10.
- Lei 9882/99: art. 4º, §1º.
- Lei 9868/99: arts. 2º, IX; 3º; 5º; 7º, §2º; 9º, §1º; 10; 14; 26; 27.
- CPC: arts. 480 a 482.
- Novo CPC: arts. 948 a 950.
- LC 24/75: art 8º.
- Lei 12.994/14.
- Lei 11.738/08.
- Lei 12.562/11
- Decreto 2318: art. 4º.
- Decreto 94.338/87.

110. CEBRASPE – 2023 – TCDF – Auditor de Controle Externo

No que concerne ao controle de constitucionalidade e ao poder constituinte, julgue o item a seguir, conforme a jurisprudência do STF.

A fungibilidade das ações de controle concentrado é restrita, não se admitindo, por exemplo, a conversão de ação direta de inconstitucionalidade (ADI) em arguição de descumprimento de preceito fundamental (ADPF), visto que esta última possui requisitos específicos, a exemplo da subsidiariedade.

COMENTÁRIOS

✪ **Nota da autora:** é perfeitamente aplicável o princípio da fungibilidade entre ADI e ADPF, sendo pacífica a jurisprudência do STF: "É lícito conhecer de ação direta de inconstitucionalidade como arguição de descumprimento de preceito fundamental, quando coexistentes todos os requisitos de admissibilidade desta, em caso de inadmissibilidade daquela" (ADI 4.180/DF).

Item Errado: a jurisprudência do STF admite a fungibilidade entre ADI e ADPF. O requisito da subsidiariedade não impede a fungibilidade; mas a jurisprudência do STF não admite fungibilidade havendo erro grosseiro. Nesse sentido, "Inadmitida a arguição de descumprimento de preceito fundamental ante "erro grosseiro" na escolha do instrumento, considerado o artigo 4º, § 1º, da Lei nº 9.882/99, descabe recebê-la como ação direta de inconstitucionalidade" (ADPF 314 AgR, Relator(a): Min. Marco Aurélio, Tribunal Pleno, julgado em 11/12/2014).

111. CEBRASPE – 2023 – TCDF – Auditor de Controle Externo

No que concerne ao controle de constitucionalidade e ao poder constituinte, julgue o item a seguir, conforme a jurisprudência do STF.

As leis municipais ou distritais podem ser questionadas no âmbito do controle concentrado, por meio de ação direta de inconstitucionalidade no âmbito do STF, desde que o parâmetro seja a CF.

COMENTÁRIOS

✪ **Nota da autora:** para completar nosso estudo do assunto, vale registrar a tese de repercussão geral nº 484, com o seguinte teor: "1) Tribunais de Justiça podem exercer controle abstrato de constitucionalidade de leis municipais utilizando como parâmetro normas da Constituição Federal, desde que se trate de normas de reprodução obrigatória pelos Estados; e 2) O art. 39, § 4º, da Constituição Federal não é incompatível com o pagamento de terço de férias e décimo terceiro salário".

Item Errado: A ADI não serve para questionar a constitucionalidade de lei municipal perante o STF. Nos termos do art. 102, I da CR/88: "Compete ao Supremo Tribunal Federal, precipuamente, a guarda da Constituição, cabendo-lhe:

I - processar e julgar, originariamente: a) a ação direta de inconstitucionalidade de lei ou ato normativo federal ou estadual e a ação declaratória de constitucionalidade de lei ou ato normativo federal". Assim, a ADI somente cabe em face de lei federal ou estadual, tendo como parâmetro a Constituição da República.

112. CEBRASPE – 2023 – TCDF – Auditor de Controle Externo

No que concerne ao controle de constitucionalidade e ao poder constituinte, julgue o item a seguir, conforme a jurisprudência do STF.

A revogação posterior da norma legal impugnada por meio de ação direta de inconstitucionalidade, assim como a alteração posterior da norma constitucional indicada como parâmetro de controle de constitucionalidade revelam hipóteses de perda de objeto da ação de controle concentrado.

COMENTÁRIOS

✪ **Nota da autora:** no gabarito oficial do CEBRASPE foi considerado incorreto apenas a segunda afirmativa referente a alteração posterior do parâmetro. Contudo, a primeira afirmativa também está incorreta, pois a revogação superveniente da lei impugnada não gera necessariamente a perda de objeto, pois se incidir em fraude processual ou burla a jurisdição do STF a ação não perderá o objeto e terá o seu mérito julgado. Porém tal fato não altera o gabarito da questão.

Item Errado: A questão traz duas afirmativas apontando que ambas terão gerarão a perda de objeto da ADI. A primeira afirmativa diz respeito a revogação posterior da norma legal impugnada por ADI, tem como consequência a perda de objeto, porém, há exceções, conforme jurisprudência pacífica do STF: "A jurisprudência do STF é firme no sentido de que a intercorrência de revogação da norma impugnada gera a prejudicialidade da ação direta de inconstitucionalidade, em decorrência da perda superveniente do objeto. Precedentes. 2. Exceção à referida diretriz jurisprudencial diante dos casos de eventual fraude processual, ou seja, quando a revogação dos atos normativos visa burlar a jurisdição constitucional da Corte, ocasião em que o julgamento final da ação não fica prejudicado. Hipótese não verificada no presente caso concreto. 3. Agravo regimental a que se nega provimento" (STF; ADI-AgR 4.939; SP; Tribunal Pleno; Rel. Min. Edson Fachin; Julg. 23/08/2019). A segunda afirmativa diz respeito a alteração posterior da norma constitucional indicada como parâmetro de controle e esta hipótese não gera necessariamente a perda de objeto da ação, conforme jurisprudência do STF: "1. A alteração substancial do parâmetro constitucional utilizado para aferição de eventual inconstitucionalidade não enseja, automaticamente, prejuízo da respectiva ação direta. No presente caso, não obstante o advento da Emenda Constitucional nº 88/2015, persiste a inconstitucionalidade dos dispositivos impugnados, não se verificando qualquer possibilidade de convalidação superveniente" (ADI 4698)

113. FGV – 2022 – TCU – Auditor Federal de Controle Externo

O Supremo Tribunal Federal, ao julgar dois recursos extraordinários, considerou inconstitucionais alguns artigos das Leis X e Y do Estado Beta. Ao tomar conhecimento do teor dessas decisões, o Senado Federal editou resolução suspendendo a execução da íntegra das referidas leis, entendendo que os preceitos em relação aos quais o Tribunal não se manifestara expressamente padeciam dos mesmos vícios de inconstitucionalidade.

Em relação a essa narrativa, a atuação do Senado Federal:

a) foi regular, refletindo o escorreito exercício de sua competência constitucional;
b) somente pode ser objeto de revisão, pelo próprio Senado Federal, com observância das normas regimentais aplicáveis ao caso;
c) foi irregular, de modo que o seu ato pode ser objeto de mandado de segurança, a ser processado e julgado perante o Supremo Tribunal Federal;
d) foi irregular, de modo que o seu ato pode ser submetido ao controle concentrado de constitucionalidade perante o Supremo Tribunal Federal;
e) importou em usurpação da competência da Assembleia Legislativa do Estado Beta, que deveria atuar, no caso concreto, por simetria com o modelo federal.

COMENTÁRIOS

✪ **Nota da autora:** caso o Senado, no exercício do art. 52, X da CR/88, extrapole os limites declarados pelo STF, estará exorbitando de sua competência, configurando uma resolução (ato normativo primário) inconstitucional, portanto, caberá sua declaração de inconstitucionalidade via controle concentrado. Nesse sentido, há julgado do STF: "Ação direta de inconstitucionalidade. Medida cautelar concedida. Referendo. Resolução nº 7, de 21.06.2007, do Senado Federal. Suspensão erga omnes da eficácia de todo o texto de leis relativas à cobrança do ICMS no estado de São Paulo. Declaração de inconstitucionalidade anteriormente estendida, no exercício do controle difuso, apenas aos dispositivos que haviam prorrogado a majoração de alíquota e a sua vinculação a uma finalidade específica. Plausibilidade jurídica da alegação de ofensa ao art. 52, X, da Constituição Federal. Perigo na demora igualmente demonstrado. 1. O ato normativo impugnado, ao conferir eficácia erga omnes a um julgado singular, revela sua feição geral e obrigatória, sendo, portanto, dotado de generalidade, abstração e impessoalidade. Precedentes. [...] 3. O Senado Federal, em grande parte orientado por comunicações provenientes da Suprema Corte, acabou por retirar do mundo jurídico dispositivos das Leis Paulistas 7.003/90 e 7.646/91, que, embora formalmente abarcados pela proclamação da inconstitucionalidade do próprio Diploma em que inseridos, em nenhum momento tiveram sua compatibilidade com a Constituição Federal efetivamente examinada por este Supremo Tribunal. Plausibilidade da tese de violação ao art. 52, X, da Carta Magna. 4. Deferimento de medida cautelar referendado pelo Plenário" (ADI 3929 MC).

Alternativa "a": incorreta, pois não foi regular, nem reflete o escorreito exercício de sua competência constitucional, pois, nos termos da Constituição (art. 52, X) o Senado suspende a execução de lei declarada inconstitucional pelo STF, no presente caso, o Senado vai além da decisão judicial, portanto, sua atuação é irregular.

Alternativa "b": incorreta, a atuação do Senado é irregular, por contrariar a Constituição, e pode ser revista pelo STF em sede de controle de constitucionalidade, tendo em vista que a resolução do Senado é ato normativo primário.

Alternativa "c": incorreta, pois, embora irregular, a resolução do Senado não pode ser questionada pela via do mandado de segurança, pois se trata de lei em tese, e não é cabível mandado de segurança contra lei em tese (Súmula 266/STF). Importante lembrar que a resolução do Senado é um ato normativo primário, neste sentido, há julgado antigo do STF, exatamente sobre este assunto: "Senado federal - resolução da mesa e do próprio plenário distinção - incompetência do Supremo Tribunal Federal para rever através de mandado de segurança - resolução deste último tipo, equiparação a lei em tese" (STF, MS 7548/CE).

Alternativa "d": correta, pois foi irregular, de modo que o seu ato pode ser submetido ao controle concentrado de constitucionalidade perante o Supremo Tribunal Federal. Nesse sentido, "Não poderá o Senado Federal por óbvio, suspender dispositivos legais que não foram declarados inconstitucionais pelo STF. Nesse caso, insatisfeito com uma lei em vigor, deverá o Senado fazer projeto de lei com a intenção de revogá-la (Martins, Flávio. *Curso de Direito constitucional*. 5. ed. São Paulo: Saraiva, 2021, p. 538). Mas se o Senado extrapolar sua competência constitucional, haverá espaço para a propositura de ação direta de inconstitucionalidade.

Alternativa "e": incorreta, pois não importou em usurpação da competência da Assembleia Legislativa do Estado Beta, a competência é do Senado e não da Assembleia Legislativa, portanto, não há o que se pensar em simetria com o modelo federal. Nesse sentido, "A declaração de inconstitucionalidade pelo STF pode se dar quanto a leis ou atos normativos federais estaduais e municipais. Assim, se o STF declara incidentalmente uma lei municipal ou estadual inconstitucional, deverá comunicar o Senado, que poderá suspender a execução da lei, no todo ou em parte, nos termos do art. 52, X CR" (Martins, Flávio. Curso de Direito constitucional. 5. ed. São Paulo: Saraiva, 2021, p. 537). Nesse sentido, julgado do STF: "[...] II - Não compete ao Poder Legislativo de qualquer das esferas federativas suspender a eficácia de ato normativo declarado inconstitucional em controle concentrado de constitucionalidade. Precedente. III - Ação direta de inconstitucionalidade julgada procedente" (ADI 5.548).

Alternativa correta: letra "d".

---

114. (Cespe – Analista de Controle Externo – Direito – TCE – RJ/2021) Acerca de Constituição, poder constituinte e princípios fundamentais, julgue os itens seguintes.

Nos termos da jurisprudência do STF, é admissível o fenômeno da constitucionalidade superveniente.

COMENTÁRIOS

✪ **Nota da autora:** É Importante que o (a) candidato (a) acompanhe tal questão, pois, em 2017, a primeira turma do STF discutiu a questão, ressaltando a necessidade de se ter um posicionamento do plenário sobre constitucionalidade superveniente, mas ainda não houve tal julgamento. Vale registrar: "Recurso Extraordinário – Constitucionalidade Superveniente. Em jogo constitucionalidade superveniente, impõe-se a sequência do recurso extraordinário" (RE 592.152AgR).

Item Errado: entende-se por constitucionalidade superveniente o ato de se tornar constitucional uma norma originariamente inconstitucional. Considera-se a data do parâmetro de análise de controle, ou seja, a Constituição. Assim, sob a vigência da Constituição nasce uma lei inconstitucional, e em decorrência da mudança do parâmetro (Constituição), tal lei se tornaria constitucional. Este entendimento não é aceito, pois no direito brasileiro se adota a teoria da nulidade, de modo que a norma declarada inconstitucional é nula desde o seu nascimento, não havendo possibilidade de se convalidar o ato nulo. A jurisprudência do STF não admite o fenômeno da constitucionalidade superveniente. Neste sentido, "[...] 1. Em nosso ordenamento jurídico, não se admite a figura da constitucionalidade superveniente. Mais relevante do que a atualidade do parâmetro de controle é a constatação de que a inconstitucionalidade persiste e é atual, ainda que se refira a dispositivos da Constituição Federal que não se encontram mais em vigor. Caso contrário, ficaria sensivelmente enfraquecida a própria regra que proíbe a convalidação. 2. A jurisdição constitucional brasileira não deve deixar às instâncias ordinárias a solução de problemas que podem, de maneira mais eficiente, eficaz e segura, ser resolvidos em sede de controle concentrado de normas. [...]" (ADI 2158, Relator Min. Dias Toffoli, Tribunal Pleno, julgado em 15/09/2010).

14. INTERVENÇÃO

- CR/88: arts. 34, VII; 35; 36, §1º, §3º; 49, IV.
- LC 101/00: art. 29, I.
- Lei 12562/11: art. 5º, 11, 12.

115. FGV – 2024 – TCE/PA – Auditor de Controle Externo

O Poder Executivo do Estado Alfa estava envolvido em uma grande crise institucional, com reiteradas situações de descumprimento de comandos normativos veiculados em leis federais. Por tal razão, a oposição ao governo consultou um especialista em relação à possibilidade desses fatos ensejarem a decretação de intervenção federal.

O especialista esclareceu corretamente que

a) é cabível a intervenção, a ser decretada pelo Presidente da República após provocação do Congresso Nacional.
b) é cabível a intervenção provocada, sendo que há somente um legitimado para o ajuizamento da respectiva representação.
c) apesar da gravidade da situação, a hipótese não se enquadra no rol daquelas que autorizam a decretação da intervenção federal.
d) é cabível a intervenção espontânea, a ser decretada pelo Presidente da República, com posterior manifestação do Congresso Nacional.
e) é cabível a intervenção após o provimento, pelo Tribunal de Justiça ou pelo Tribunal de Contas, da representação que venha a ser apresentada.

COMENTÁRIOS

Nota da autora: ver tabela na seção "Dicas".

Alternativa "a": incorreta, pois a intervenção decretada pelo Presidente da República é de ofício, sendo a modalidade de intervenção espontânea, em que não há prévia provocação, situação diferente da descrita no enunciado da questão.

Alternativa "b": correta, no caso descrito é cabível a intervenção provocada, cujo único legitimado é o Procurador-Geral da República, conforme art. 36, III da CR/88.

Alternativa "c": incorreta, pois a hipótese descrita está prevista no art. 34, VI da CR/88, a saber, prover a execução de lei federal.

Alternativa "d": incorreta, pois não é cabível a intervenção espontânea, mas sim a intervenção provocada pelo Procurador-Geral da República cujo pedido será (ou não) provido pelo Supremo Tribunal Federal, conforme art. 36, III da CR/88.

Alternativa "e": incorreta, pois se trata de intervenção federal e não estadual, logo, resta afastada a hipótese do Tribunal de Justiça. Cumpre lembrar que o Tribunal de Contas não é órgão legitimado para requerer a intervenção na situação descrita no enunciado da questão. Entretanto, em casos relacionado às finanças públicas, o Tribunal de Contas poderia se manifestar pela necessidade de intervenção em seu parecer que será decidido pelo Poder Legislativo competente. Nesse sentido, já decidiu o STF: "Decretação da intervenção do Estado em Município, proposta pelo tribunal de contas [...]. A tomada de contas do prefeito municipal, objeto principal do controle externo, é exercido pela câmara municipal com o auxílio do tribunal de contas, órgão a que cumpre emitir parecer prévio, no qual serão apontadas eventuais irregularidades encontradas e indicadas as providências de ordem corretiva consideradas aplicáveis ao caso pela referida casa legislativa, entre as quais a intervenção. Tratando-se, nessa última hipótese, de medida que implica séria interferência na autonomia municipal e grave restrição ao exercício do mandato do prefeito, não pode ser aplicada sem rigorosa observância do princípio do *due process of law*, razão pela qual o parecer opinativo do tribunal de contas será precedido de interpelação do prefeito, cabendo à câmara de vereadores apreciá-lo e, se for o caso, representar ao governador do Estado pela efetivação da medida interventiva" (ADI 614 MC).

Alternativa correta: letra "b".

116. CEBRASPE – 2023 – TCE/MS - Procurador

A respeito da intervenção federal e da intervenção estadual nos municípios, assinale a opção correta.

a) Cessados os motivos da intervenção, as autoridades afastadas de seus cargos ficam impedidas de a eles retornar.
b) Apesar da importância atribuída pelo constituinte às finanças públicas, a União não pode intervir em estado-membro que deixe de entre-

gar aos municípios as receitas tributárias fixadas na CF.

c) A ausência de voluntariedade em não pagar precatórios, em razão da insuficiência de recursos, legitima a intervenção federal.

d) Contra acórdão do tribunal de justiça que defere pedido de intervenção estadual em município não cabe recurso extraordinário para o STF, ante a natureza político-administrativa da medida.

e) A União pode intervir em município situado em estado-membro, para garantir a observância de decisão judicial da justiça federal ou trabalhista.

COMENTÁRIOS

✪ **Nota da autora:** reafirmando a natureza de medida político-administrativa da intervenção, a jurisprudência do STF: "firmou-se no sentido de que não cabe recurso extraordinário contra julgado de Tribunal de Justiça que defere pedido de intervenção estadual de Município, por ter a intervenção natureza político-administrativa e não jurisdicional. Incide na espécie a Súmula 637 do Supremo Tribunal Federal. (AI 631.534 AgR, rel. min. Cármen Lúcia, 1ª T, j. 27-10-2009).

Alternativa "a": incorreta, pois cessados os motivos da intervenção, as autoridades afastadas de seus cargos podem a eles regressarem, salvo impedimento legal, conforme art. 36, §4º da CR/88.

Alternativa "b": incorreta, pois União pode sim intervir em Estado-membro que deixe de entregar aos municípios as receitas tributárias fixadas na CF, conforme art. 34, V, b da CR/88.

Alternativa "c": incorreta, pois a ausência de voluntariedade em não pagar precatórios, em razão da insuficiência de recursos, não legitima a intervenção federal. Nesse sentido, a jurisprudência do STF: "O descumprimento voluntário e intencional de decisão transitada em julgado configura pressuposto indispensável ao acolhimento do pedido de intervenção federal. A ausência de voluntariedade em não pagar precatórios, consubstanciada na insuficiência de recursos para satisfazer os créditos contra a Fazenda estadual no prazo previsto no § 1º do art. 100 da Constituição da República, não legitima a subtração temporária da autonomia estatal, mormente quando o ente público, apesar da exaustão do erário, vem sendo zeloso, na medida do possível, com suas obrigações derivadas de provimentos judiciais" (IF 1.917 AgR, rel. min. Maurício Corrêa, j. 17-3-2004).

Alternativa "d": correta, pois corresponde à súmula 637 do STF: "Não cabe recurso extraordinário contra acórdão de tribunal de justiça que defere pedido de intervenção estadual em município".

Alternativa "e": incorreta, pois a União não pode intervir em município situado em Estado-membro, não importando o motivo. Nos termos do art. 35 da CR/88, a União só pode intervir nos municípios localizados em território federal.

Alternativa correta: letra "d".

15. TRIBUNAL DE CONTAS

- CR/88: arts. 5º, XXXVIII; 18, §2º, §4º; 19, I; 31; 32; 33, §1º, 35; 52, III; 69; 70, 71; 72, §2º; 73, §1º; 74; 75, parágrafo único; 102, I; 105, I, a; 125, §2º; 150, VI, b.
- Lei 9709/98: art. 7º.
- Lei 8.443/92: art. 1º; 5º; 60; 61; 67; 69.
- Regimento Interno do TCU: arts 238 a 243; 277; 278.

117. CEBRASPE – 2024 – TCE/AC – Auditor de Controle Externo

Em relação ao disposto na Lei de Responsabilidade Fiscal (LRF), à tramitação de processos no âmbito do TCEAC e às competências do Tribunal de Contas da União (TCU), julgue o seguinte item.

O TCU possui competência para fixar o prazo para que órgãos ou entidades públicas adotem medidas corretivas em caso de ilegalidade e, se as providências não forem tomadas, pode o tribunal suspender a execução do ato impugnado, devendo comunicar a decisão tanto à Câmara dos Deputados quanto ao Senado Federal.

COMENTÁRIOS

✪ **Nota da autora:** importante lembrar os parágrafos do art.71, pois é uma questão corriqueira, trocar as expressões "ato" por "contrato" no tocante a atribuição para sustar a medida. O TCU não tem atribuição para sustar contratos administrativos, tal medida compete primeiramente ao Congresso Nacional, apenas, se tal medida não for efetivada em 90 dias, é que caberá ao TCU decidir a respeito. Nesse sentido, o STF: "O TCU, embora não tenha poder para anular ou sustar contratos administrativos, tem competência, conforme o art. 71, IX, para determinar à autoridade administrativa que promova a anulação do contrato e, se for o caso, da licitação de que se originou" (MS 23.550, min. Sepúlveda Pertence, j. 4-4-2002).

Item Certo: o item está correto conforme art. 71, IX e X da CR/88: "compete ao TCU: (IX) assinar prazo para que o órgão ou entidade adote as providências necessárias ao exato cumprimento da lei, se verificada ilegalidade e (X) sustar, se não atendido, a execução do ato impugnado, comunicando a decisão à Câmara dos Deputados e ao Senado Federal.

118. CEBRASPE – 2024 – TCE/AC – Analista Administrativo

Em relação à fiscalização contábil, financeira e orçamentária e à correspondente jurisprudência do Supremo Tribunal Federal, julgue o item subsequente.

Compete aos tribunais de contas estaduais fiscalizar a aplicação de quaisquer recursos repassados pelos estados aos municípios mediante convênio, acordo ou outros instrumentos congêneres.

COMENTÁRIOS

✪ **Nota da autora:** importante lembrar que a organização, composição e fiscalização dos Tribunais de Contas Estaduais, Distrital e Municipais (onde houver, lembrando que o art. 31, §4º CR/88 veda a criação de Tribunais de Contas Municipais) deve seguir o modelo adotado constitucionalmente pelo TCU. Neste sentido, vale registrar a posição do STF: "O art. 75, caput, da Constituição da República contempla comando expresso de **espelhamento obrigatório**, nos Estados, no Distrito Federal e nos Municípios, do modelo nela estabelecido de controle externo da higidez contábil, financeira e orçamentária dos atos administrativos, sendo materialmente inconstitucional a norma de regência da organização ou funcionamento de Tribunal de Contas estadual divorciada do modelo federal de controle externo das contas públicas" (ADI 5323, rel. min. Rosa Weber, j. 11-4-2019).

Item Certo: o item está certo pois corresponde ao art. 71, VI da CR/88 (compete ao TCU: "fiscalizar a aplicação de quaisquer recursos repassados pela União mediante convênio, acordo, ajuste ou outros instrumentos congêneres, a Estado, ao Distrito Federal ou a Município"). A CR/88 define as atribuições do TCU, mas no art. 75 determina que as normas estabelecidas para o TCU devem ser observadas pelos Tribunais de Contas do Estados, DF e munícipios (onde houver). Ademais, vale registrar que o TCU fiscalizará os recursos repassados pela União, enquanto os Estados fiscalizarão as verbas repassadas pelos Estados, fazendo paralelo com a organização do TCU.

119. CEBRASPE – 2024 – TCE/AC – Analista Administrativo

Em relação à fiscalização contábil, financeira e orçamentária e à correspondente jurisprudência do Supremo Tribunal Federal, julgue o item subsequente.

A Constituição Federal de 1988 prevê expressamente que o parecer prévio emitido pelo tribunal de contas sobre a prestação de contas anual do governador só deixará de prevalecer por decisão de dois terços dos membros da Assembleia Legislativa Estadual.

COMENTÁRIOS

✪ **Nota da autora**: questão bastante corriqueira que exige do candidato lembrar que as contas dos chefes do Poder Executivo são apreciada pelo Tribunal de Contas e julgadas pelo Poder Legislativo. Neste sentido, "As contas públicas dos chefes do Executivo devem sofrer o julgamento – final e definitivo – da instituição parlamentar, cuja atuação, no plano do controle externo da legalidade e regularidade da atividade financeira do presidente da República, dos governadores e dos prefeitos municipais, é desempenhada com a intervenção *ad coadjuvandum* do tribunal de contas. A apreciação das contas prestadas pelo chefe do Poder Executivo – que é a expressão visível da unidade institucional desse órgão da soberania do Estado – constitui prerrogativa intransferível do Legislativo, que não pode ser substituído pelo tribunal de contas, no desempenho dessa magna competência, que possui extração nitidamente constitucional.

(Rcl 14.155 MC-AgR, rel. min. Celso de Mello, j. 20-8-2012).

Item Errado: o item está incorreto, pois a Constituição Federal de 1988 prevê expressamente que o parecer prévio emitido pelo órgão competente sobre as contas que o Prefeito (e não o governador) deve anualmente prestar, só deixará de prevalecer por decisão de dois terços dos membros da Câmara Municipal (e não da Assembleia Legislativa Estadual), conforme disposição textual do art. 31, §2º da CR/88. Nesse sentido, o STF: "A competência para julgamento das contas anuais dos prefeitos, eleitos pelo povo, é do Poder Legislativo (art. 71, I, da CF), órgão constituído por representantes democraticamente eleitos para averiguar, além da sua adequação orçamentária, sua destinação em prol dos interesses da população ali representada. O parecer dos Tribunais de Contas é meramente opinativo, não sendo apto a produzir inelegibilidade. No julgamento das contas anuais do prefeito, não há julgamento do próprio prefeito, mas deliberação sobre a exatidão da execução orçamentária do município. (...) "É correta a interpretação conforme à Constituição no sentido de que o disposto no § 4º-A do art. 1º da LC 64/90 aplica-se apenas aos casos de julgamento de gestores públicos pelos Tribunais de Contas" (RE 1.459.224, rel. min. Gilmar Mendes, j. 16.09.2024, Tema 1.304, com mérito julgado).

120. CEBRASPE – 2024 – TCE/AC – Analista Administrativo

No que concerne às normas constitucionais relativas à administração pública e a sua interpretação pelo Supremo Tribunal Federal, julgue o item seguinte.

Seria constitucional lei municipal que instituísse pensão por morte especial, de natureza vitalícia, a dependentes de agentes políticos, como prefeitos e vereadores, em decorrência do exercício do mandato.

COMENTÁRIOS

✪ **Nota da autora:** a questão versa sobre o julgamento conjunto das ADPF 368 e ADPF 764 referentes a dois municípios cearenses que instituíram pensão por morte aos dependentes de prefeitos e vereadores, falecidos no exercício do mandato. O assunto foi julgado em por arguição de descumprimento de preceito fundamental, pois se tratava de normas locais anteriores à CR/88.

Item Errado: o item está incorreto, pois afirma ser constitucional a presente hipótese. O assunto foi julgado pelo STF que decidiu da seguinte forma: "[...] 3. Pensão vitalícia a dependentes de prefeitos, vice-prefeitos e vereadores do Município de Nova Russas (CE), falecidos no exercício do mandato. [...] 7. Os cargos políticos do Poder Legislativo e do Poder Executivo municipal têm caráter temporário e transitório, motivo pelo qual não se justifica a concessão de qualquer benefício a ex-ocupante do cargo de forma permanente, sob pena de afronta aos princípios da igualdade, impessoalidade, moralidade pública e responsabilidade com gastos públicos. 8. Não se revela compatível com o princípio republicano e o princípio da igualdade a outorga de tratamento diferenciado a determinado indivíduo, sem que não mais esteja presente o fator de diferenciação que justificou sua concessão na origem. 9. É contrária ao atual sistema constitucional brasileiro a instituição da pensão impugnada. (ADPF 764-CE, 27 de agosto de 2021.)

121. CEBRASPE – 2023 – TCDF – Auditor de Controle Externo

Acerca da disciplina constitucional atinente aos servidores públicos e à organização da administração pública, observada a jurisprudência dos tribunais superiores, julgue o item subsequente.

É incompatível com a CF proposta de lei estadual ou distrital de iniciativa parlamentar que verse sobre a alteração na organização, na estrutura interna e no funcionamento dos tribunais de contas dos respectivos estados e Distrito Federal.

COMENTÁRIOS

Nota da autora: os tribunais de contas têm autonomia para definir sua organização e funcionamento, nesse sentido, o STF julgou inconstitucional lei complementar estadual que versava sobre alteração na organização do tribunal. Vejamos: "1. A Lei Complementar 142/2011 do Estado do Rio de Janeiro, de origem parlamentar, ao alterar diversos dispositivos da Lei Orgânica do Tribunal de Contas do Estado do Rio de Janeiro, contrariou o disposto nos artigos 73, 75 e 96, II, d, da Constituição Federal, por dispor sobre forma de atuação, competências, garantias, deveres e organização do Tribunal de Contas estadual, matéria de iniciativa legislativa privativa daquela Corte. 2. As Cortes de Contas do país, conforme reconhecido pela Constituição de 1988 e por esta Suprema Corte, gozam das prerrogativas da autonomia e do autogoverno, o que inclui, essencialmente, a iniciativa privativa para instaurar processo legislativo que pretenda alterar sua organização e funcionamento, como resulta da interpretação lógico-sistemática dos artigos 73, 75 e 96, II, d, da Constituição Federal. Precedentes. 3. O ultraje à prerrogativa de instaurar o processo legislativo privativo traduz vício jurídico de gravidade inquestionável, cuja ocorrência indubitavelmente reflete hipótese de inconstitucionalidade formal, apta a infirmar, de modo irremissível, a própria integridade do ato legislativo eventualmente concretizado" (ADI 4643, Relator(a): Min. Luiz Fux, Tribunal Pleno, julgado em 15/05/2019).

Item Certo: os Tribunais de Contas, conforme art. 73, possuem autonomia, na qual inclui a iniciativa legislativa para alterar sua organização e funcionamento. Logo, lei estadual ou distrital que verse sobre a alteração da organização do tribunal de contas é inconstitucional. Nesse sentido, é pacífica a jurisprudência do STF: "Conforme reconhecido pela Constituição de 1988 e por esta Suprema Corte, gozam as Cortes de Contas do país das prerrogativas da autonomia e do autogoverno, o que inclui, essencialmente, a iniciativa reservada para instaurar processo legislativo que pretenda alterar sua organização e seu funcionamento, como resulta da interpretação sistemática dos artigos 73, 75 e 96, II, "d", da Constituição Federal (cf. ADI 1.994/ES, Relator o Ministro Eros Grau, DJ de 8/9/06; ADI nº 789/DF, Relator o Ministro Celso de Mello, DJ de 19/12/94).

122. (Cespe – Analista de Controle Externo – Direito – TCE – RJ/2021) Julgue os itens subsecutivos, acerca de julgamento de contas pelo TCE/RJ.

Consoante previsto na Lei Orgânica do TCE/RJ, as decisões em processos de tomada ou prestação de contas podem ser preliminares, definitivas ou terminativas.

COMENTÁRIOS

✪ **Nota da autora:** o(a) candidato(a) deve prestar muita atenção às especificidades da legislação estadual, por exemplo, no presente caso a Lei Orgânica do TCE/RJ segue o mesmo sentido da Lei Orgânica do TCU (art. 10, Lei 8443/92), o que não se repete em todos os Estados.

Item Errado: pois de acordo com a Lei Orgânica do TCE/RJ, as decisões em processos de tomada ou prestação de contas podem ser: a) preliminares, b) definitivas ou c) provisórias (e não terminativas). Vale registrar a redação do art. 16 do Tribunal de Contas do Estado do Rio de Janeiro: "Art. 16. A decisão em processo de prestação ou tomada de contas pode ser: I - preliminar, a decisão pela qual o Tribunal, antes de pronunciar-se quanto ao mérito das contas, resolve sobrestar o julgamento, determinar diligências, ou ordenar a citação ou a notificação dos responsáveis, necessárias ao saneamento do processo; II - provisória, a decisão pela qual o Tribunal ordena o trancamento das contas que forem consideradas iliquidáveis, nos termos do arts. 24 e 25, desta lei; III - definitiva, a decisão pela qual o Tribunal julga as contas regulares, regulares com ressalva ou irregulares".

123. (Cespe – Analista de Controle Externo – Direito – TCE – RJ/2021) Julgue os itens subsecutivos, acerca de julgamento de contas pelo TCE/RJ.

As comunicações processuais do TCE/RJ poderão ser feitas mediante ciência pessoal do responsável ou do interessado, pelo correio, mediante carta registrada, com aviso de recebimento, e por edital publicado no Diário Oficial do estado, quando o destinatário não for localizado.

COMENTÁRIOS

✪ **Nota da autora**: a Lei Orgânica do TCE/RJ é a Lei Complementar Estadual nº 63, que teve vários dispositivos objeto de ação direta de inconstitucionalidade proposta pela Associação dos Membros dos Tribunais de Contas do Brasil (ATRICON) e foi decidida nos seguintes termos: "[...] 1. Compete aos Tribunais de Contas dos Estados, com exclusividade, a iniciativa legislativa de norma que disponha sobre sua organização e funcionamento (CF, arts. 73, 75 e 96, II, d). Precedentes: *ADI* 3.223, rel. Min. Dias Toffoli; *ADI* 4.643, rel. Min. Luiz Fux; *ADI* 4.418, rel. Min. Dias Toffoli. 2. Os Tribunais de Contas estaduais gozam das prerrogativas constitucionais de autonomia e autogoverno. Não se submetem às Assembleias Legislativas (CF, arts. 73 e 75). Precedentes: *ADI* 119, rel. Min. Dias Toffoli; *ADI* 4.190-MC, rel. Min. Celso de Mello. 3. Ação julgada procedente" (ADI 4191).

Item Certo: conforme art. 26 da Lei Orgânica do TCE/RJ: "A citação, a notificação ou a comunicação de diligência far-se-ão: I - mediante ciência do responsável ou do interessado, na forma estabelecida no Regimento Interno; II - pelo correio, mediante carta registrada, com aviso de recebimento; III - por edital publicado no Diário Oficial do Estado, quando o destinatário da citação, notificação ou comunicação de diligência não for localizado, de acordo com o Regimento Interno".

124. (Cespe – Analista de Controle Externo – Direito – TCE – RJ/2021) Com relação às fiscalizações realizadas pelo TCE/RJ, julgue os seguintes itens.

No exercício da fiscalização, se configurada a ocorrência de desfalque, desvio de bens ou outra irregularidade de que resulte dano ao erário, o TCE/RJ ordenará, desde logo, a citação do responsável, para que ele, no prazo de quinze dias, apresente defesa ou recolha a quantia devida.

COMENTÁRIOS

✪ **Nota da autora:** de acordo com o art. 8º da Lei Orgânica do TCE/RJ, entende-se por "tomada de contas especial, a ação determinada pelo Tribunal ou autoridade competente ao órgão central do controle interno, ou equivalente, para adotar providências, em caráter de urgência, nos casos previstos na legislação em vigor, para apuração dos fatos, identificação dos responsáveis e quantificação pecuniária do dano".

Item Errado: pois a citação é um ato processual que ocorre perante o TCE e não no exercício da fiscalização. Ademais, conforme art. 52 do TCE/RJ, "Ao exercer a fiscalização, se configurada a ocorrência de desfalque, desvio de bens ou outra irregularidade de que resulte dano ao erário, o Tribunal de Contas ordenará, desde logo, a conversão do processo em tomada de contas especial, salvo a hipótese prevista no art. 114, desta lei". O art. 114 se refere aos casos em que o custo da cobrança é superior ao valor do ressarcimento, situação em que o TCE/RJ pode determinar o arquivamento do processo, o que não implica cancelamento do débito.

125. (Cespe – Analista de Controle Externo – Direito – TCE – RJ/2021) Com relação às fiscalizações realizadas pelo TCE/RJ, julgue os seguintes itens.

O TCE/RJ executará auditoria operacional quando o objetivo for examinar a legalidade, legitimidade e economicidade dos atos de gestão dos responsáveis sujeitos à sua jurisdição.

COMENTÁRIOS

✪ **Nota da autora:** nos termos do Regimento Interno do TCE/RJ, as auditorias de conformidade e operacional são instrumentos da auditoria governamental e se diferenciam quanto ao objetivo.

Item Errado: nos termos do Regimento Interno do TCE/RJ, previsto no art. 49, §2º, quando o objetivo da fiscalização for examinar a legalidade, legitimidade e economicidade dos atos de gestão dos responsáveis sujeitos à jurisdição do TCE/RJ trata-se da auditoria de conformidade (e não auditoria operacional). Já a auditoria operacional tem como objetivo avaliar o desempenho dos órgãos e entidades jurisdicionados, assim como dos sistemas, programas, projetos e atividades governamentais, quanto aos aspectos de economicidade, eficiência, eficácia e efetividade dos atos praticados.

126. (Cespe – Analista de Controle Externo – Direito – TCE – RJ/2021) Julgue os itens a seguir, de acordo com o disposto na Constituição Federal de 1988 e na Constituição do Estado do Rio de Janeiro.

Para ser nomeado conselheiro do TCE/RJ, é necessário ser brasileiro nato e satisfazer os seguintes requisitos: ter idade entre trinta e cinco e setenta e cinco anos; possuir notórios conhecimentos jurídicos, contábeis, econômicos e financeiros ou de administração pública; e ter cumprido mais de dez anos de exercício de função ou de efetiva atividade profissional que exija os conhecimentos ora mencionados.

COMENTÁRIOS

✪ **Nota da autora:** em relação à Constituição do Estado do Rio de Janeiro, a composição do Tribunal de Contas do Estado segue a CR/88 e está prevista no art. 128 com redação alterada pela Emenda Constitucional Estadual 64/16, que igualou os requisitos estaduais aos do texto nacional. Cumpre lembrar que pelo art. 75 da CR/88 as normas sobre organização, composição e fiscalização dos Tribunais de Contas dos Estados devem seguir as normas estabelecidas pela CR/88.

Item Errado: não é necessário ser brasileiro nato, os cargos que exigem tal requisito estão exclusivamente no art. 12, §3º da CR/88, entre os quais não se encontra a figura do conselheiro do Tribunal de Contas. A idade exigida para ser conselheiro é mais de 35 e menos de 65 anos, e não 75 como consta no item. Também faltou o requisito idoneidade moral e reputação ilibada, conforme art. 73, §1º da CR/88 e art. 128, §1º da Constituição do Estado do Rio de Janeiro.

127. (Cespe – Analista de Controle Externo – Direito – TCE – RJ/2021) Com base na Constituição Federal de 1988 (CF), julgue os seguintes itens.

Partidos políticos têm legitimidade para denunciar ao Tribunal de Contas da União irregularidades na aplicação de recursos públicos.

COMENTÁRIOS

✪ **Nota da autora:** para aprofundar o estudo sobre o TCU, vale registrar que o STF já decidiu em controle difuso de constitucionalidade, cujos efeitos foram estendidos pela Resolução 16/06 do Senado Federal, que quanto à autoria da denúncia não se imporá o sigilo. Neste sentido: "Ementa: constitucional. Administrativo. Servidor público. *Tribunal de contas* da união. Denúncia. Anonimato. Lei 8.443, de 1992. Lei 8.112/90, art. 144. C.F., art. 5º, IV, V, X, XXXIII e XXXV. I. - A Lei 8.443, de 1992, estabelece que qualquer cidadão, *partido político* ou sindicato é parte legítima para denunciar irregularidades ou ilegalidades perante o TCU. A apuração será em caráter sigiloso, até decisão definitiva sobre a matéria. Decidindo, o Tribunal manterá ou não o sigilo quanto ao objeto e à autoria da denúncia (§ 1º do art. 55). Estabeleceu o TCU, então, no seu Regimento Interno, que, quanto à autoria da denúncia, será mantido o sigilo: inconstitucionalidade diante do disposto no art. 5º, incisos V, X, XXXIII e XXXV, da Constituição Federal. II. - Mandado de Segurança deferido" (STF, MS 24.405).

Item Certo: a questão cobra o conhecimento do §2º do art. 74 da CR/88: "Qualquer cidadão, partido político, associação ou sindicato é parte legítima para, na forma da lei, denunciar irregularidades ou ilegalidades perante o Tribunal de Contas da União".

128. (Cespe – Analista de Controle Externo – Direito – TCE – RJ/2021) Julgue os itens a seguir, de acordo com o disposto na Constituição Federal de 1988 e na Constituição do Estado do Rio de Janeiro.

Qualquer cidadão, associação, constituída há mais de um ano, ou sindicato, partido político, desde que este tenha assento na Assembleia Legislativa do Estado do Rio de Janeiro, é parte legítima para, na forma da lei, denunciar irregularidades ou ilegalidades ao TCE/RJ.

COMENTÁRIOS

✪ **Nota da autora:** a questão cobra a literalidade do art. 74, §2º da CR/88, que corresponde de forma idêntica ao art. 132 da Constituição do Estado do Rio de Janeiro.

Item Errado: não há exigência de constituição há mais de um ano para as associações, nem de que o partido político tenha assento na Assembleia Legislativa do Estado; qualquer associação e qualquer partido político são partes legítimas para denunciarem irregularidades ou ilegalidades ao TCE/RJ, conforme art. 74, §2º da CR/88.

129. (Cespe – Analista de Controle Externo – Direito – TCE – RJ/2021) A respeito da adoção de medidas cautelares pelos tribunais de contas, julgue o item que se segue.

De acordo com o entendimento do STF, a teoria dos poderes implícitos permite aos tribunais de contas adotarem medidas cautelares.

COMENTÁRIOS

✪ **Nota da autora:** o STF tem decisão sólida no sentido de que o TCU pode determinar medidas cautelares, no exercício do poder geral de cautela. Nesse sentido: "[...] 3. No exercício do poder geral de cautela, os tribunais de contas podem determinar medidas em caráter precário que visem assegurar o resultado final dos processos administrativos. O exame realizado pelas cortes de contas ultrapassa a análise meramente burocrática, porque abarca não apenas os elementos formais que norteiam o processo de despesa, mas também a relação custo-benefício, a aferição de quão ótimas são as ações administrativas, que devem ser as mais rentáveis possíveis, tendo em vista o interesse público envolvido, a legitimidade do ato e a consequente relação de adequação de seu conteúdo" (STF, SS 5179ED, j. 10/10/19). A possibilidade de concessão de medida cautelar pelo TCU é um exemplo de aplicação da teoria dos poderes implícitos.

Item Certo: De acordo com o STF, para que o TCU pode realizar a sua missão constitucional é necessário admitir medidas implícitas, como, por exemplo, a concessão de medidas cautelares. Neste sentido, "[...] **Isso significa** que a atribuição **de poderes explícitos**, ao Tribunal de Contas, **tais como enunciados** no art. 71 da Lei Fundamental da República, **supõe** que se lhe reconheça, **ainda que por implicitude,** a titularidade de meios **destinados** a viabilizar a adoção **de medidas cautelares** vocacionadas a conferir real efetividade às suas deliberações finais, **permitindo**, assim, **que se neutralizem** situações de lesividade, atual ou iminente, ao erário público" (STF, MS 24510-7, voto Min. Celso de Mello).

130. (Cespe - Analista de Controle Externo - Direito - TCE - RJ/2021) Com relação aos poderes da República, julgue os itens a seguir.

Conforme jurisprudência do STF, procuradores de justiça estaduais podem atuar junto aos tribunais de contas estaduais em substituição a membros do Ministério Público de Contas.

COMENTÁRIOS

✪ **Nota da autora:** para aprofundar o estudo sobre o Ministério Público de Contas é importante mencionar o julgado do STF que reconheceu a iniciativa de lei do Tribunal de Contas para a composição do Ministério Público de Contas. "[...] 1. Os Procuradores do Ministério Público de Contas constituem carreira funcional com identidade, prerrogativas e garantias próprias, previstas e asseguradas no próprio texto constitucional (CF, art. 130), em razão do que a Associação Nacional do Ministério Público de Contas detém legitimidade ativa para a propositura de ações do controle concentrado de constitucionalidade. 2. A edição de nova Emenda à Constituição estadual, com o mesmo conteúdo, não convalida a norma questionada nem prejudica o conhecimento da Ação Direta. 3. Cabe exclusivamente ao respectivo Tribunal de Contas a iniciativa de leis que tratem da composição do quadro de Procuradores do Ministério Público de Contas, em que pese a autonomia funcional desses em relação aos Conselheiros. Precedentes. 4. Inconstitucionalidade formal, por violação à reserva de iniciativa do Tribunal de Contas Estadual, de emenda à Constituição estadual que reduziu a composição do quadro de Procuradores do Ministério Público de Contas e previu a iniciativa de leis para o Procurador-Geral de Contas." (ADI 5483).

Item Errado: a jurisprudência do STF já está sedimentada no sentido da impossibilidade de substituição dos membros do Ministério Público de Contas por procuradores de justiça. Neste sentido, importante registrar o entendimento do STF: "[...] 1. Impossibilidade de Procuradores de Justiça do Estado do Espírito Santo atuarem junto à Corte de Contas estadual, em substituição aos membros do Ministério Público especial. 2. Esta Corte entende que somente o Ministério Público especial tem legitimidade para atuar junto aos Tribunais de Contas dos Estados e que a organização e composição dos Tribunais de Contas estaduais estão sujeitas ao modelo jurídico estabelecido pela Constituição do Brasil [artigo 75]. Precedentes. 3. É inconstitucional o texto normativo que prevê a possibilidade de Procuradores de Justiça suprirem a não-existência do Ministério Público especial, de atuação específica no Tribunal de Contas estadual. [...]" (ADI 3192).

131. FGV - 2024 - TCE/GO - Analista de Controle Externo

O artigo 31 da Constituição Federal do Brasil estabelece que a fiscalização no âmbito municipal será conduzida pelo Poder Legislativo Municipal, por meio de controle externo, e pelos sistemas de controle interno do Poder Executivo Municipal, conforme determinado pela legislação. Assinale a opção que indica o órgão que auxilia o controle externo da Câmara Municipal.

a) Controladoria do Estado.
b) Tribunal de Contas do Estado.
c) Secretaria da Fazenda.
d) Secretaria de Auditoria.
e) Conselho de Controle.

COMENTÁRIOS

✪ **Nota da autora:** a respeito da competência dos Tribunais de Conta Estaduais, vale destacar a observação de Harrison Leite: "Pela redação da Constituição Federal (Art. 75), as regras aplicáveis ao Tribunal de Contas da União são extensíveis aos demais

Tribunais de Contas, dos Estados, dos Municípios e do Distrito Federal, observando, assim, o princípio da simetria. Logo, não pode haver qualquer atribuição de função a algum outro Tribunal de Contas, previsto em Constituição Estadual, diferentemente do disposto na Constituição Federal" (*Manual de Direito Financeiro*. 11. ed. São Paulo: Juspodivm, 2022. p. 813).

Alternativa "a": errada. Segundo o site oficial da CGE/GO (estado onde o presente concurso foi realizado), "a Controladoria-Geral do Estado de Goiás (CGE-GO) é o órgão central dos sistemas de controle interno, correição, transparência e ouvidoria, integrante da Administração Direta do Poder Executivo do Estado de Goiás, na forma da lei nº 21.792, de 16 de fevereiro de 2023. A CGE é dirigida pelo secretário de Estado-Chefe da Controladoria-Geral e regulamentada pelo Decreto 10.391/2024. (Disponível em: https://goias.gov.br/controladoria/institucional/).

Alternativa "b": correta, pois nos termos do art. 31, § 1º da CR/88: "O controle externo da Câmara Municipal será exercido com o auxílio dos Tribunais de Contas dos Estados ou do Município ou dos Conselhos ou Tribunais de Contas dos Municípios, onde houver".

Alternativa "c": errada. A Secretaria de Estado da Fazenda de Goiás tem as seguintes atribuições, muito semelhantes às dos demais estados: "formulação e execução da política fiscal do Estado e administração tributária e financeira; fiscalização da arrecadação tributária estadual; previsão da receita; captação de recursos financeiros de origem tributária e não tributária e de instituições financeiras e governamentais, nacionais e estrangeiras; administração dos recursos financeiros do Estado; inscrição e cobrança administrativa da dívida ativa do Estado; auditoria financeira, controle dos investimentos públicos e da capacidade de endividamento da administração pública estadual; formulação e execução da política de administração tributária do Estado, aperfeiçoamento da legislação tributária estadual e orientação dos contribuintes quanto a sua aplicação, promoção da fiscalização da arrecadação de tributos, coordenação da execução das atividades de contabilidade geral dos recursos orçamentário, financeiro e patrimonial do Estado (administração direta do Poder Executivo), bem como orientação e supervisão dos registros contábeis de competência das entidades da administração autárquica e fundacional; administração da dívida consolidada do Estado. (Disponível em https://goias.gov.br/administracao/secretaria-de-estado-da-fazenda/).

Alternativa "d": errada. Por expressa previsão constitucional, do art. 31, pois o órgão que auxilia o controle externo da Câmara Municipal é o Tribunal de Contas do Estado. As Secretarias de Auditoria, em geral, atuam no controle interno.

Alternativa "e": errada. No estado de Goiás (onde foi aplicada a presente prova) existe o Conselho Estadual de Controle Interno (CONECI-GO) com o intuito de atuar na promoção de intercâmbio de conhecimentos, práticas e informações entre os seus 28 municípios membros, com o objetivo de criar e promover sistemas e controle entre o Estado e os municípios, além de estimular a participação social e o combate à corrupção. (Disponível em: https://goias.gov.br/controladoria/goias-lancara-o-conselho-estadual-de-controle-interno-coneci-go/).

Alternativa correta: letra "b".

132. FGV – 2024 – TCE/GO – Analista de Controle Externo

A Constituição Federal do Brasil, em seu artigo 71, estabelece que o controle externo das contas públicas será realizado pelo Congresso Nacional, com o auxílio do Tribunal de Contas da União (TCU).

Assinale a opção que indica uma competência do TCU.

a) avaliar a execução dos programas de governo.
b) apreciar as contas prestadas anualmente pelo Governador.
c) exercer o controle das operações de crédito, avais e garantias.
d) fiscalizar a aplicação de quaisquer recursos repassados pela União mediante convênio a Estado.
e) avaliar o cumprimento das metas previstas no plano plurianual.

COMENTÁRIOS

✪ **Nota da autora:** a questão mistura as atribuições do TCU no controle externo (art. 71 da CR/88) com as atribuições do controle interno previstas no art. 74 da CR/88. Importante o candidato ter em mente as disposições do art. 71 e 74 da CR/88. Ver tabela na seção "Dicas".

Alternativa "a": avaliar a execução dos programas de governo é atribuição do controle interno e está prevista no art. 74, I da CR/88.

Alternativa "b": apreciar as contas prestadas anualmente pelo Governador é atribuição do Tribunal de Contas do Estado, e não do TCU.

Alternativa "c": exercer o controle das operações de crédito, avais e garantias é atribuição do sistema de controle interno, prevista no art. 74, III da CR/88.

Alternativa "d": fiscalizar a aplicação de quaisquer recursos repassados pela União mediante convênio a Estado é competência do TCU, conforme art. 71, VI da CR/88: "fiscalizar a aplicação de quaisquer recursos repassados pela União mediante convênio, acordo, ajuste ou outros instrumentos congêneres, a Estado, ao Distrito Federal ou a Município".

Alternativa "e": avaliar o cumprimento das metas previstas no plano plurianual faz parte do sistema de controle interno, previsto no art. 74, I da CR/88.

Alternativa correta: letra "d".

---

133. FGV – 2024 – TCE/PA – Auditor de Controle Externo

A Constituição da República de 1988 estabelece que a fiscalização contábil, financeira, orçamentária, operacional e patrimonial da União e das entidades da administração direta e indireta, quanto a aspectos expressamente mencionados no texto do Art. 70, no que concerne à aplicação das subvenções e renúncia de receitas, será exercida pelo Congresso Nacional, mediante controle externo, e pelo sistema de controle interno de cada Poder.

Entre os aludidos aspectos textualmente indicados no mencionado dispositivo, é correto apontar

a) a transparência.
b) a efetividade.
c) a legitimidade.
d) a eficiência.
e) a juridicidade.

COMENTÁRIOS

✪ **Nota da autora:** a questão cobra o texto literal do art. 70 da CR/88. Tanto a CR/88 quanto o texto da questão não possuem uma redação direta e clara. Podemos colocar o texto constitucional na seguinte ordem: O Congresso Nacional exercerá, mediante controle externo, a fiscalização contábil, financeira, orçamentária, operacional e patrimonial da União e das entidades da administração direta e indireta, quanto à legalidade, legitimidade, economicidade e à aplicação das subvenções e renúncia de receitas. O sistema de controle interno de cada Poder exercerá essa mesma fiscalização internamente.

Alternativa "a": transparência não está arrolada no art. 70 da CR/88.

Alternativa "b": efetividade não está arrolada no art. 70 da CR/88.

Alternativa "c": legitimidade está expressamente arrolada no art. 70 da CR/88.

Alternativa "d": eficiencia não está arrolada no art. 70 da CR/88.

Alternativa "e": juridicidade não está arrolada no art. 70 da CR/88. Atenção que juridicidade é uma criação doutrinária para conferir uma abordagem mais ampla ao princípio da legalidade. A questão pede a palavra textualmente indicada no art. 70 da CR/88, logo, não pode ser juridicidade.

Alternativa correta: letra "c".

---

134. FGV – 2024 – TCE/PA – Auditor de Controle Externo

Segundo a orientação do Supremo Tribunal Federal, no complexo feixe de atribuições dos Tribunais de Contas previstos na Constituição da República existem atribuições que são autônomas e outras que dependem do pronunciamento da Casa Legislativa a sua efetivação.

Entre as hipóteses que se enquadram na última situação descrita é correto indicar

a) o julgamento das contas do chefe do Poder Executivo.
b) a determinação de prazo para que o órgão ou entidade adote as providências necessárias ao exato cumprimento da lei, se verificada ilegalidade.
c) a aplicação aos responsáveis, em caso de ilegalidade de despesa ou irregularidade de contas, as sanções previstas em lei.
d) a representação ao Poder competente sobre irregularidades ou abusos apurados.
e) a apreciação, para fins de registro, a legalidade dos atos de admissão de pessoal, a qualquer título, na administração direta e indireta, excetuados os cargos em comissão.

COMENTÁRIOS

✪ **Nota da autora:** o Tribunais de Contas tem atribuições que são autônomas, como por exemplo o art. 71, II da CR/88 (julgar as contas dos administradores) e outras que dependem do pronunciamento da Casa Legislativa para sua efetivação, como por exemplo o art. 71, I (apreciar as contas prestadas pelo Presidente da República, cujo julgamento será feito pelo Congresso Nacional). Neste sentido, o STF: "O controle externo, embora atribuído nominalmente ao Congresso Nacional, é exercido mediante competências que a Constituição discrimina taxativamente em relação ao Congresso e também ao Tribunal de Contas, ainda que a título de órgão auxiliar. Trata-se de competências autônomas do Tribunal de Contas, como se vê do inciso II do art. 71, [...] (ADI 3.715 MC) e "[...] 4. No âmbito das competências institucionais do Tribunal de Contas, o Supremo Tribunal Federal tem reconhecido a clara distinção entre: 1) a competência para apreciar e emitir parecer prévio sobre as contas prestadas anualmente pelo Chefe do Poder Executivo, especificada no art. 71, inciso I, CF/88; 2) e a competência para julgar as contas dos demais administradores e responsáveis, definida no art. 71, inciso II, CF/88. 5. Na segunda hipótese, o exercício da competência de julgamento pelo Tribunal de Contas não fica subordinado ao crivo posterior do Poder Legislativo" (ADI 3.715). Na presente questão, indaga-se qual competência do TCU depende de pronunciamento do Poder Legislativo.

Alternativa "a": correta, o julgamento das contas do chefe do Poder Executivo é feito pelo Congresso Nacional, conforme art. 49, IX da CR/88: "É da competência exclusiva do Congresso Nacional: - julgar anualmente as contas prestadas pelo Presidente da República e apreciar os relatórios sobre a execução dos planos de governo".

Alternativa "b": incorreta, pois a referida hipótese é de competência do TCU (art. 71, IX, CR/88).

Alternativa "c": incorreta, pois a referida hipótese é de competência do TCU (art. 71, VIII, CR/88).

Alternativa "d": incorreta, pois a referida hipótese é de competência do TCU (art. 71, XI, CR/88).

Alternativa "e": incorreta, pois a referida hipótese é de competência do TCU (art. 71, III, CR/88).

Alternativa correta: letra "a".

135. CEBRASPE – 2023 – TCE/MS - Procurador

O tribunal de contas, embora seja um órgão de jurisdição una, como o Poder Judiciário,

a) não possui duplo grau de jurisdição, e suas decisões no julgamento de contas são complementadas pela revisão do STF.
b) possui duplo grau de jurisdição, e suas decisões no julgamento de contas são revistas pelo Superior Tribunal de Justiça (STJ).
c) não possui duplo grau de jurisdição, e suas decisões no julgamento de contas se restringem ao âmbito da própria corte de contas.
d) não possui duplo grau de jurisdição, e suas decisões no julgamento de contas são revistas pelo Ministério Público junto ao tribunal respectivo.
e) não possui duplo grau de jurisdição, e suas decisões no julgamento de contas são revistas pelo STF, no caso da União, ou complementadas pelo tribunal de justiça do estado a que esteja vinculado.

COMENTÁRIOS

✪ Nota da autora: o Brasil adota o sistema de jurisdição uma, inspirado pelo modelo anglo-saxão e que também é adotado em países como China, Japão, EUA e Índia. Desse modelo resulta que as decisões dos tribunais administrativos – como os tribunais de contas – podem ser revistas pelo Poder Judiciário, uma vez que apenas este tem o poder de produzir decisões não sujeitas a questionamentos dos demais poderes.

Alternativa "a": errada. O Tribunal de Contas, em regra, não conta com duplo grau de jurisdição. E não há que se falar em complementação de suas decisões pelo Supremo Tribunal Federal.

Alternativa "b": errada. Os tribunais de contas não contam com duplo grau de jurisdição e suas decisões no julgamento de contas não são revistas pelo STJ.

Alternativa "c": correta. O tribunal de contas não conta com duplo grau de jurisdição e as decisões no julgamento de contas se restringem ao âmbito da própria corte de contas. Nesse sentido, o art. 4º da lei nº 8.443/92 (Lei Orgânica do TCU) estabelece que "O Tribunal de Contas da União tem jurisdição própria e privativa, em todo o território nacional, sobre as pessoas e matérias sujeitas à sua competência".

Alternativa "d": errada. Apesar de ser correto afirmar que o tribunal de contas não tenha duplo grau de jurisdição, não faz nenhum sentido afirmar que suas decisões no julgamento de contas são revistas pelo Ministério Público junto ao tribunal respectivo.

Alternativa "e": errada. Mesmo sendo correto afirmar que o tribunal de contas não possua duplo grau de jurisdição, suas decisões no julgamento de contas se restringem ao próprio âmbito da corte de contas, não sendo certo afirmar que serão revistas pelo STF ou complementadas por tribunais de justiça.

Alternativa correta: letra "c".

136. FGV - 2023 - TCE/BA - Auditor de Controle Externo

O Tribunal de Contas do Estado Sigma apreciou, no corrente exercício, três processos administrativos, concernentes às aposentadorias voluntárias de João, Maria e Joana, que ingressaram em suas dependências, respectivamente, em 2012, 2017 e 2022. Nas três situações, o Tribunal se negou a realizar o registro, por entender que o tempo de contribuição exigido pela ordem jurídica não fora integralmente demonstrado, bem como não acolheu a sugestão, do corpo técnico, de que fossem observadas as garantias do contraditório e da ampla defesa. À luz da sistemática vigente, é correto afirmar que o Tribunal agiu:

a) incorretamente em relação a João, Maria e Joana, pois deveria ter observado as referidas garantias;
b) corretamente em relação a João, Maria e Joana, considerando a inobservância das referidas garantias;
c) corretamente apenas em relação a Maria e Joana, considerando a inobservância das referidas garantias;
d) corretamente em relação a Joana, considerando a inobservância das referidas garantias, e

quanto a João e Maria, o registro não poderia ser negado;

e) corretamente em relação a Joana, considerando a inobservância das referidas garantias, e quanto a João e Maria, a negativa de registro deveria ser *antecedida do contraditório* e *da ampla defesa*.

COMENTÁRIOS

✪ **Nota da autora:** a questão cobra do candidato o conhecimento da alteração da jurisprudência do STF! Nesse sentido, "Destaca-se, aqui, a alteração da jurisprudência do STF que, inicialmente, flexibilizou a Súmula Vinculante 3 para afirmar que, na hipótese de análise da legalidade após cinco anos da concessão inicial da aposentadoria, a Corte de Contas deveria respeitar o contraditório e ampla defesa no controle. Atualmente, o STF, em sede de repercussão geral, alterou a sua posição anterior para determinar a submissão do Tribunal de Contas ao prazo decadencial quinquenal no julgamento da legalidade do ato de concessão inicial de aposentadoria, a contar da chegada do processo na Corte de Contas" (Oliveira, Rafael Carvalho Rezende. *Curso de direito administrativo*. 12. ed. Rio de Janeiro: Método, 2024, p. 823-824).

Alternativa "a": errada, pois o Tribunal de Contas agiu incorretamente em relação a João e Maria, pois não poderia ter negado o registro, por já ter se passado o prazo decadencial de 5 anos.

Alternativa "b": errada, pois o Tribunal não agiu corretamente em relação as três pessoas João, Maria e Joana.

Alternativa "c": errada, pois o Tribunal não agiu corretamente em relação as três pessoas João, Maria e Joana.

Alternativa "d": correto. O Tribunal agiu corretamente em relação a Joana, considerando a inobservância das referidas garantias, nos termos da Súmula Vinculante nº 3, e quanto a João e Maria, o registro não poderia ser negado, conforme decisão do STF: "[...] 3. Princípios da segurança jurídica e da confiança legítima. Necessidade da estabilização das relações jurídicas. Fixação do prazo de 5 anos para que o TCU proceda ao registro dos atos de concessão inicial de aposentadoria, reforma ou pensão, após o qual se considerarão definitivamente registrados" [...] (RE 636.553).

Alternativa "e": incorreta, o Tribunal de Contas agiu corretamente em relação a Joana, considerando a inobservância das referidas garantias, conforme a súmula vinculante 3 do STF, mas agiu de forma incorreta quanto a João e Maria, pois não poderia ter negado o registro, tendo em vista que diante do decurso do prazo decadencial a concessão do registro é automática. Não há mais o que se falar em possibilidade de se negar o registro com contraditório e ampla defesa. Atente-se que houve uma mudança na jurisprudência do STF!

Alternativa correta: letra "d".

137. FGV – 2022 – TCE/TO – Auditor de Controle Externo

Maria, após cumprir os requisitos exigidos, teve deferida a sua aposentadoria voluntária por tempo de serviço, sendo o respectivo expediente encaminhado ao Tribunal de Contas do Estado Alfa para fins de registro. Os autos ingressaram no Tribunal em dezembro de 2015 e somente no último mês foi designada a sessão de julgamento na qual seria apreciada a legalidade do ato.

À luz da sistemática constitucional, é correto afirmar que:

a) por se tratar de ato de concessão inicial de aposentadoria, não é necessário que Maria seja ouvida, tendo o Tribunal a possibilidade de realizar ampla cognição sobre o ato;

b) em razão dos princípios da segurança jurídica e da confiança legítima, o ato de aposentadoria deve ser considerado definitivamente registrado;

c) em razão do decurso do tempo, a cognição do ato de aposentadoria pelo Tribunal somente será possível caso haja impugnação de terceiros;

d) o Tribunal somente poderá alterar o título de aposentadoria se o respectivo ato contiver vício insanável, não convalidável pelo decurso do tempo;

e) embora se trate de ato de concessão inicial de aposentadoria, deve ser assegurado o contraditório e a ampla defesa a Maria.

COMENTÁRIOS

✪ **Nota da autora:** o assunto abordado na questão reflete o tema de repercussão geral nº 445: "Em atenção aos princípios da segurança jurídica e da confiança legítima, os Tribunais de Contas estão sujeitos ao prazo de 5 anos para o julgamento da legalidade do ato de concessão inicial de aposentadoria, reforma ou pensão, a contar da chegada do processo à respectiva Corte de Contas". Vale ler a ementa completa: "Recurso extraordinário. Repercussão geral. 2. Aposentadoria. Ato complexo. Necessária a conjugação das vontades do órgão de origem e do Tribunal de Contas. Inaplicabilidade do art. 54 da Lei 9.784/1999 antes da perfectibilização do ato de aposentadoria, reforma ou pensão. Manutenção da jurisprudência quanto a este ponto. 3. Princípios da segurança jurídica e da confiança legítima. Necessidade da estabilização das relações jurídicas. Fixação do prazo de 5 anos para que o TCU proceda ao registro dos atos de concessão inicial de aposentadoria, reforma ou pensão, após o qual se considerarão definitivamente registrados. 4. Termo inicial do prazo. Chegada do processo ao Tribunal de Contas. 5. Discussão acerca do contraditório e da ampla defesa prejudicada. 6. TESE: "Em atenção aos princípios da segurança jurídica e da confiança legítima, os Tribunais de Contas estão sujeitos ao prazo de 5 anos para o julgamento da legalidade do ato de concessão inicial de aposentadoria, reforma ou pensão, a contar da chegada do processo à respectiva Corte de Contas". 7. Caso concreto. Ato inicial da concessão de aposentadoria ocorrido em 1995. Chegada do processo ao TCU em 1996. Negativa do registro pela Corte de Contas em 2003. Transcurso de mais de 5 anos. 8. Negado provimento ao recurso" (RE 636.553, julgado em 19/02/20).

Alternativa "a": incorreta, pois o Tribunal não tem a possibilidade de realizar ampla cognição sobre o ato, a sua análise se restringe aos aspectos de legalidade da medida.

Alternativa "b": correta. O Tribunal de Contas tem o prazo de 5 anos para julgar a legalidade da medida, após este prazo, o ato de concessão irá se estabilizar, sendo considerado definitivamente registrado. Neste sentido, o STF: 3. Princípios da segurança jurídica e da confiança legítima. Necessidade da estabilização das relações jurídicas. Fixação do prazo de 5 anos para que o TCU proceda ao registro dos atos de concessão inicial de aposentadoria, reforma ou pensão, após o qual se considerarão definitivamente registrados" [...] (RE 636.553).

Alternativa "c": incorreta, pois não há necessidade de impugnação de terceiros, mesmo após decurso de tempo. O Tribunal de Contas tem o prazo de 5 anos para analisar a legalidade do ato, após o prazo o ato se torna tacitamente apreciado e registrado definitivamente.

Alternativa "d": incorreta, pois no caso em tela, diante do decurso do prazo, o ato estará estabilizado, sendo considerado tacitamente apreciado e registrado, portanto, o tribunal não poderá alterar o título de aposentadoria.

Alternativa "e": incorreta, pois não há contraditório nem ampla defesa na análise da legalidade ato de concessão inicial de aposentadoria, conforme disposição da Súmula Vinculante nº 3: "Nos processos perante o Tribunal de Contas da União asseguram-se o contraditório e a ampla defesa quando da decisão puder resultar anulação ou revogação de ato administrativo que beneficie o interessado, excetuada a apreciação da legalidade do ato de concessão inicial de aposentadoria, reforma e pensão".

Alternativa correta: letra "b".

138. FGV – 2022 – TCE/TO – Auditor de Controle Externo

O Tribunal de Contas do Estado Beta recebeu, para análise, as contas de governo do prefeito do Município Alfa. Considerando os balizamentos estabelecidos pela Constituição da República de 1988, a referida análise deve:

a) realizar amplo juízo valorativo a respeito das contas, podendo aplicar multa e imputar os débitos que sejam identificados, sem prejuízo do julgamento político a cargo da Câmara Municipal de Alfa, que só rejeitará o parecer por maioria qualificada;
b) se restringir à emissão de parecer prévio, que só deixará de prevalecer por maioria qualificada de votos da Câmara Municipal de Alfa, sendo cabível o julgamento ficto das contas, por este órgão, pelo decurso do tempo;
c) se restringir à emissão de parecer prévio, que só deixará de prevalecer por maioria qualificada de votos da Câmara Municipal de Alfa, não sendo cabível o julgamento ficto das contas, por este órgão, pelo decurso do tempo;
d) julgar as contas, realizando amplo juízo valorativo a respeito das informações apresentadas, sendo que a sua decisão somente deixará de prevalecer pelo voto de dois terços dos membros da Câmara Municipal de Alfa;
e) se restringir à emissão de parecer prévio, que só deixará de prevalecer pela unanimidade dos votos da Câmara Municipal de Alfa, sendo cabível o julgamento ficto das contas, por este órgão, pelo decurso do tempo.

COMENTÁRIOS

Nota da autora: a questão trabalha com o tema 157 fixado em sede de repercussão geral pelo STF, no qual se estabelece os seguintes pontos: competência para julgamento das contas anuais do prefeito é da Câmara Municipal, o Tribunal de Contas do Estado apenas emite parecer técnico de natureza opinativa e por fim deixa clara a impossibilidade de julgamento ficto por decurso de prazo. Ainda sobre o parecer do Tribunal de Contas este deve ser técnico e sem conteúdo deliberativo, servindo para subsidiar as atribuições fiscalizadoras do Poder Legislativo, que não está obrigado a se vincular à manifestação opinativa daquele órgão auxiliar. Por fim, importante lembrar que maioria qualificada é um quórum específico, geralmente expresso por uma fração, maior que a maioria simples ou absoluta. Por exemplo, 2/3 e 3/5 são quóruns de maioria qualificada.

Alternativa "a": incorreta, pois a atribuição do Tribunal de Contas do Estado não é para realizar amplo juízo valorativo a respeito das contas, nem pode aplicar multa e imputar os débitos que sejam identificados, trata-se de um parecer meramente opinativo, quem irá julgar as contas é a Câmara Municipal.

Alternativa "b": incorreta, pois não é cabível o julgamento ficto das contas, pelo Tribunal de Contas por decurso do tempo. Neste sentido, é a jurisprudência do STF: "[...] o parecer técnico elaborado pelo tribunal de contas tem natureza meramente opinativa, competindo exclusivamente à câmara de vereadores o julgamento das contas anuais do chefe do Poder Executivo local, sendo incabível o julgamento ficto das contas por decurso de prazo" (RE 729.744, rel. min. Gilmar Mendes, Tema 157, com mérito julgado).

Alternativa "c": correta, corresponde à literalidade do tema de repercussão geral nº 157, fixado pelo STF nos seguintes termos: "O parecer técnico elaborado pelo Tribunal de Contas tem natureza meramente opinativa, competindo exclusivamente à Câmara de Vereadores o julgamento das contas anuais do Chefe do Poder Executivo local, sendo incabível o julgamento ficto das contas por decurso de prazo".

Alternativa "d": incorreta, pois não cabe ao Tribunal de Contas do Estado julgar as contas do Prefeito, mas sim apenas emitir parecer técnico de natureza opinativa sobre as contas.

Alternativa "e": incorreta, pois o parecer prévio, deixará de prevalecer pela maioria de 2/3 (maioria qualificada) dos votos da Câmara Municipal de Alfa (e não por unanimidade), também é incabível o julgamento ficto das contas, tanto por parte da Câmara, como por parte do Tribunal de Contas do Estado. A redação me pareceu um pouco confusa nesta parte, em todo, caso não é possível julgamento ficto das contas. Nesse sentido é a jurisprudência do STF como tese fixada sob o assunto (tese 157-RG).

Alternativa correta: letra "c".

---

139. FCC – 2022 – TCE/GO – Analista de Controle Externo

Consoante o que dispõe a Constituição Federal de 1988, cabe, para fins de registro, a apreciação

a) das contas prestadas anualmente pelo Presidente da República.

b) das contas dos administradores e demais responsáveis por dinheiros, bens e valores públicos da Administração direta e indireta.

c) da legalidade dos atos de admissão de pessoal, a qualquer título, na Administração direta e indireta.

d) das contas nacionais das empresas supranacionais de cujo capital social a União participe, de forma direta ou indireta, nos termos do tratado constitutivo.

e) da aplicação de quaisquer recursos repassados pela União mediante convênio, acordo, ajuste ou outros instrumentos congêneres, a Estado, ao Distrito Federal ou a Município.

COMENTÁRIOS

Nota da autora: com todo respeito, mas a questão é bem questionável e peca por uma redação incompleta, merecendo a anulação, pois exige do candidato o conhecimento textual da Constituição, mas coloca uma redação incompleta como resposta correta. O candidato que conhece o texto constitucional iria facilmente considerar a alternativa incorreta, por não contar com as exceções que o próprio texto constitucional traz.

Alternativa "a": incorreta, pois a apreciação das contas prestadas anualmente pelo Presidente da República, não é para fins de registro, conforme art. 71, I da CR/88.

Alternativa "b": incorreta, pois sobre as contas dos administradores e demais responsáveis por dinheiros, bens e valores públicos da Administração direta e indireta opera-se o julgamento pelo TCU e não a simples apreciação para fins de registro, conforme art. 71, II da CR/88.

Alternativa "c": esta alternativa foi a considerada correta. Contudo, a redação textual do art. 71, III da CR/88 é a seguinte: "apreciar, para fins de registro, a legalidade dos atos de admissão de pessoal, a qualquer título, na administração direta e indireta, incluídas as fundações instituídas e mantidas pelo Poder Público, **excetuadas as nomeações para cargo de provimento em comissão, bem como a das concessões de aposentadorias, reformas e pensões**, ressalvadas as melhorias posteriores que não alterem o fundamento legal do ato concessório".

Alternativa "d": incorreta, pois as contas nacionais das empresas supranacionais de cujo capital social a União participe, de forma direta ou indireta, nos termos do tratado constitutivo são fiscalizadas pelo TCU (e não apreciadas para fins de registro), conforme art. 71, V da CR/88.

Alternativa "e": incorreta, pois a aplicação de quaisquer recursos repassados pela União mediante convênio, acordo, ajuste ou outros instrumentos congêneres, a Estado, ao Distrito Federal ou a Município é fiscalizada pelo TCU (e não apreciadas para fins de registro), conforme art. 71, VI da CR/88.

Alternativa correta: letra "c".

---

140. FCC – 2022 – TCE/GO – Analista de Controle Externo

A Constituição Federal de 1988 prevê a possibilidade de sustação de contratos, que é ato que deve ser adotado diretamente pelo

a) Congresso Nacional, que solicitará, de imediato, ao Poder Executivo as medidas cabíveis.

b) Poder Executivo, que solicitará, de imediato, ao Congresso Nacional as medidas cabíveis.

c) Tribunal de Contas da União, que solicitará, de imediato, ao Congresso Nacional as medidas cabíveis.

d) Tribunal de Contas da União, que solicitará, de imediato, ao Poder Executivo as medidas cabíveis.

e) Congresso Nacional, que solicitará, de imediato, ao Tribunal de Contas da União as medidas cabíveis.

COMENTÁRIOS

✪ **Nota da autora:** a questão aborda a competência do TCU, prevista no 71 da CR/88, especificamente a competência para sustar contrato (art. 71, §1º da CR/88: "No caso de contrato, o ato de sustação será adotado diretamente pelo Congresso Nacional, que solicitará, de imediato, ao Poder Executivo as medidas cabíveis"). Esta matéria é muito cobrada em concursos, assim, para evitar confusão na hora da prova, o candidato pode decorar: a competência para sustar ato é do TCU e para sustar contrato é do Congresso Nacional.

Alternativa "a": correta; a sustação de contrato é adotada diretamente pelo Congresso Nacional, que solicitará, de imediato, ao Poder Executivo as medidas cabíveis, conforme art. 71, §1º da CR/88.

Alternativa "b": incorreta; não é o Poder Executivo (e sim o Congresso Nacional), que solicitará, de imediato, ao Poder Executivo (e não ao Congresso Nacional) as medidas cabíveis.

Alternativa "c": incorreta; não é o TCU (e sim o Congresso Nacional), que solicitará, de imediato, ao Poder Executivo (e não ao Congresso Nacional) as medidas cabíveis.

Alternativa "d": incorreta; não é o TCU (e sim o Congresso Nacional), que solicitará, de imediato, ao Poder Executivo as medidas cabíveis.

Alternativa "e": incorreta; o Congresso Nacional, que solicitará, de imediato, ao Poder Executivo (e não ao TCU) as medidas cabíveis.

Alternativa correta: letra "a".

141. FGV – 2022 – TCE/TO – Auditor de Controle Externo

O Tribunal de Contas do Estado Beta aplicou ao prefeito João, do Município Alfa, multa em razão de danos causados ao erário municipal. A decisão do Tribunal de Contas já transitou em julgado, mas João não pagou a multa. Consoante atual jurisprudência do Supremo Tribunal Federal, no caso em tela, quem tem legitimidade para executar o crédito decorrente da multa aplicada a João é o:

a) Estado Beta.

b) Município Alfa;

c) Tribunal de Contas do Estado Beta, por meio de sua Procuradoria-Geral;

d) Tribunal de Contas do Estado Beta, por meio do Ministério Público de Contas;

e) Tribunal de Contas do Estado Beta, por meio do conselheiro relator do processo de onde se originou a aplicação da multa.

COMENTÁRIOS

✪ **Nota da autora:** O STF já tinha decisão fixada sobre a questão, conforme tese 642, apontando para a legitimidade do ente municipal em cobrar débito decorrente de sanção imposta pelo Tribunal de Contas estadual devido a violação do erário municipal. Contudo, nem toda sanção imposta pelo TCE é do ente federativo, assim, foi necessário separar as duas hipóteses, o que foi feito pelo STF da seguinte forma: "[...] O ente federativo lesado tem legitimidade para executar imputação de débito e multa proporcional ao dano causado ao erário impostas pelos Tribunais de Contas. Por sua vez, quando se tratar de multa simples – aplicada em razão da inobservância de normas financeiras, contábeis e orçamentárias, ou como consequência direta da violação a deveres de colaboração (obrigações acessórias) que os agentes fiscalizados devem guardar em relação ao órgão de controle –, o ente político a que vinculado o Tribunal de Contas que possui legitimidade para sua cobrança. Logo, o Estado-membro é parte legítima para executar crédito decorrente de multas simples aplicadas por Tribunal de Contas do Estado, mesmo que a autoridade punida seja um gestor municipal" (ADPF 1.011/PE). Deste modo, a tese 642 atualizada passou a ter a seguinte redação: "1. O Município prejudicado é o legitimado para a execução de crédito decorrente de multa aplicada por Tribunal de Contas estadual a agente público municipal, em razão de danos causados ao erário municipal. 2. Compete ao Estado-membro a execução de crédito decorrente de multas simples, aplicadas por Tribunais de Contas estaduais a agentes públicos municipais, em razão da inobservância das normas de Direito Financeiro ou, ainda, do descumprimento dos deveres de colaboração impostos, pela legislação, aos agentes públicos fiscalizados". (ADPF 1.011/PE, Rel. Min. Gilmar Mendes, julgado em 01/07/2024 (Info 1143). Para resumir a questão, o legitimado para a cobrança depende da natureza do débito. Assim, podemos sistematizar as três hipóteses: 1) recomposição do erário: a legitimidade é do ente lesado; 2) multa pelo dano ao erário: a legitimidade é do ente lesado e 3) multa simples: a legitimidade é o ente público que mantém o Tribunal de Contas. (Fonte Dizer o Direito, informativo 1143).

Alternativa "a": incorreta, não é o Estado Beta.

Alternativa "b": correta, pois o legitimado para executar o crédito decorrente da multa aplicada em razão de dano ao erário municipal, é o município Alfa. Neste sentido, decidiu o STF: "2. Nesta situação em análise, a multa foi aplicada em razão de uma ação do agente público em detrimento do ente federativo ao qual serve, o Município. Não há nenhum sentido em que tal valor reverta para os cofres do Estado-membro a que vinculado o Tribunal de Contas. 3. Se a multa aplicada pelo Tribunal de Contas decorreu da prática de atos que causaram prejuízo ao erário municipal, o legitimado ativo para a execução do crédito fiscal é o Município lesado, e não o Estado do Rio de Janeiro, sob pena de enriquecimento sem causa estatal." (RE 1.003.433-RJ).

Alternativa "c": incorreta, não é o Estado Beta.

Alternativa "d": incorreta, não é o Estado Beta.

Alternativa "e": incorreta, não é o Estado Beta.

Alternativa correta: letra "b".

---

142. FGV - 2022 - TCE/TO - Auditor de Controle Externo

O juízo de direito de primeira instância, em decisão confirmada pelo Tribunal de Justiça do Estado Alfa, proferiu decisão em que foi negada a legitimidade do Tribunal de Contas Estadual para executar as decisões que proferira, aplicando a sanção de multa aos ordenadores de despesa municipais que causaram danos ao erário municipal.

À luz da sistemática vigente, esse entendimento se mostra:

a) certo, pois a execução deveria ser promovida pelo Ministério Público de Contas;

b) certo, pois a execução deveria ser promovida pela Procuradoria do Estado;

c) errado, pois a multa consubstancia medida punitiva, que deve ser recolhida aos cofres do respectivo Tribunal de Contas;

d) errado, pois a multa consubstancia medida punitiva, que deve ser recolhida aos cofres do Estado, por iniciativa do Tribunal de Contas;

e) certo, pois a execução deveria ser promovida pela Procuradoria do Município a que está vinculado o respectivo ordenador.

COMENTÁRIOS

✪ **Nota da autora:** a questão se resolve com a tese 642 do STF: "1. O Município prejudicado é o legitimado para a execução de crédito decorrente de multa aplicada por Tribunal de Contas estadual a agente público municipal, em razão de danos causados ao erário municipal. 2. Compete ao Estado-membro a execução de crédito decorrente de multas simples, aplicadas por Tribunais de Contas estaduais a agentes públicos municipais, em razão da inobservância das normas de Direito Financeiro ou, ainda, do descumprimento dos deveres de colaboração impostos, pela legislação, aos agentes públicos fiscalizados". (ADPF 1.011/PE, julgada em 01/07/2024). (Info 1143)

Alternativa "a": incorreta, pois a legitimidade para a execução não é do Ministério Público de Contas. No julgamento do tema 768 de repercussão geral, o STF afastou a legitimidade do Ministério Público e do Ministério Público junto ao Tribunal de Contas. Nesse sentido, "[...] Execução das decisões de condenação patrimonial proferidas pelos Tribunais de Contas. Legitimidade para propositura da ação executiva pelo ente público beneficiário. 3. Ilegitimidade ativa do Ministério Público, atuante ou não junto às Cortes de Contas, seja federal, seja estadual". (RE 823.347-RG).

Alternativa "b": incorreta, pois a execução deveria ser promovida pela Procuradoria do Município e não do Estado, tendo em vista que se trata do erário municipal.

Alternativa "c": incorreta, pois a decisão do juiz de 1ª instância está correta e a multa deve ser recolhida aos cofres do erário municipal (e não do TCE).

Alternativa "d": incorreta, pois a decisão do juiz de 1ª instância está correta e a multa deve ser recolhida aos cofres do erário municipal (e não do Estado).

Alternativa "e": correta, pois a execução deveria ser promovida pela Procuradoria do Município a que está vinculado o respectivo ordenador, conforme julgado do STF citado no comentário da alternativa "a".

Alternativa correta: letra "e".

Direito Constitucional

Vanessa de Castro Rosa

✦ DICAS

1. PODER CONSTITUINTE

<table>
<tr><th colspan="5">Poder Constituinte (visão tradicional)</th></tr>
<tr><th>Originário</th><th colspan="4">Derivado</th></tr>
<tr><td rowspan="4">Elabora a Constituição da República.</td><th>Reformador</th><th colspan="2">Decorrente</th><th>Revisor</th></tr>
<tr><td rowspan="3">Realiza a reforma da Constituição da República através das emendas constitucionais.</td><td colspan="2">Estabelece (estrutura e reforma) as Constituições dos Estados.</td><td rowspan="3">Fez a revisão da Constituição da República, conforme art. 3º ADCT (norma de eficácia exaurida).</td></tr>
<tr><td colspan="2">Outra classificação:</td></tr>
<tr><td>Poder Constituinte Derivado Decorrente institucionalizador
(elabora a Constituição Estadual)</td><td>Poder Constituinte Derivado Decorrente de reforma estadual
(reforma a Constituição Estadual)</td></tr>
<tr><td>Características: Inicial, ilimitado, incondicionado.</td><td>Características:
Derivado, limitado, condicionado.</td><td>Características:
Derivado,
limitado, condicionado.</td><td>Características:
Derivado, limitado, condicionado.</td><td>Características:
Derivado, limitado, condicionado.</td></tr>
</table>

Poder Constituinte	
Difuso	**Supranacional**
Poder de fato Feito por qualquer intérprete da Constituição Altera o sentido (a interpretação) Não muda o texto constitucional Mutação constitucional	Constituição para além do Estado Uma Constituição para vários Estados Fonte de validade na cidadania universal Globalização do direito constitucional

2. TEORIA DA CONSTITUIÇÃO

Conceito de Constituição

Conceitos de Constituição		
Sentido	Autor	Conceito
Sociológico	Ferdinand Lassale	É a somatória dos fatores reais do poder dentro de uma sociedade. Obra: "¿Qué es una Constitución?"
Político	Carl Schmitt	É a decisão política do titular do poder constituinte. Distingue constituição (sentido material) de lei constitucional (sentido formal).
Jurídico	Hans Kelsen	Logico-jurídico: é norma fundamental hipotética. Jurídico-positivo: equivale à norma positiva suprema.
Culturalista	J. H. Meirelles Teixeira	É produto de um fato cultural produzido pela sociedade e que nela pode influir. Constituição total

Conceitos de Constituição		
Aberta	Konrad Hesse	Obra: Força Normativa da Constituição Constituição fixa princípios, procedimentos, conforma o Estado, concilia aspectos históricos, políticos e sociais e jurídicos, permitindo a existência digna, plural e democrática.
Fonte: LENZA, Pedro. *Direito constitucional esquematizado.* 23. ed. São Paulo: Saraiva, 2019.		

Elementos das Constituições

Elementos das Constituições (José Afonso da Silva)	
Orgânicos	Regulam a estrutura do Estado e do poder. Ex: Organização do Estado, dos Poderes.
Limitativos	Normas direitos e garantias fundamentais Ex: Direitos e Garantias Fundamentais.
Socioideológicos	Normas socioideológicas. Ex: Direitos Sociais, Ordem Econômica, Ordem Social.
Estabilização constitucional	Assegurar a solução de conflitos constitucionais, a defesa da constituição, do Estado e das instituições democráticas. Ex: Intervenção, Jurisdição constitucional, Estado de Sítio.
Formais de aplicabilidade	Normas que estatuem regras de aplicação das constituições. Ex: preâmbulo, cláusulas de promulgação, art. 5º§1º, ADCT.

Classificações da Constituição

Classificações da Constituição	
Critério usado	Classificação
Forma	1. Escrita, instrumental 2. Não escrita, costumeira, consuetudinária, inorgânica
Sistemática	1. Codificada, orgânica, unitextual, reduzida, unitária 2. Não codificada, inorgânica, pluritextuais, legais, variadas
Sistema	1. Principiológica 2. Preceitual
Elaboração	1. Dogmática, sistemática, ortodoxa 2. Histórica, costumeira, ecléticas
Origem	1. Outorgada, imposta, 2. Pactuada, dualista 3. Promulgada, democrática, popular, dogmática 4. Cesaristas, bonapartista
Origem da decretação	1. Autoconstituição, autônomas, homoconstituições 2. Heteroconstituição, heterônomas
Conteúdo	1. material 2. formal
Dogmática ou Ideologia	1. Ortodoxa, simples 2. Eclética, compromissória, compósita, heterogênea, complexa
Extensão	1. Sintética, breve, concisa, negativa, sumária, básica, clássica 2. Analítica, prolixa, regulamentares, inchada, desenvolvidas
Estabilidade	1. Imutáveis, permanentes, graníticas, intocáveis, utópicas 2. Fixas, silenciosas 3. Rígidas (super-rígida) 4. Semirrígidas, semiflexíveis 5. Flexíveis, plásticas,

Classificações da Constituição	
Legitimidade do conteúdo	1. Semântica, de fachada, 2. Normativa
Ontológica (Karl Loewenstein / correspondência entre norma e realidade)	1. Normativa 2. Nominal 3. Semântica
Conteúdo ideológico	1. Liberais, negativas 2. Não liberais 3. Sociais, dirigentes
Objeto (Carl Schmitt)	1. Liberal (não regulamenta a ordem econômica) 2. Social (regulamenta a ordem econômica)
Função, Finalidade ou Modelo	1. Garantia, quadro, orgânica, estatutária 2. Dirigente, programática, diretiva 3. Balanço, registro
Função ou Finalidade	1. Provisórias, pré-constituição, revolucionária 2. Definitivas, duração indefinida, para o futuro
CR/88: escrita, codificada, principiológica, dogmática, promulgada, autônoma, eclética, prolixa, rígida (ou super-rígida), normativa, social, dirigente, definitiva.	

Interpretação constitucional

Intepretação constitucional (matéria em constante evolução doutrinária)	
Princípios	**Métodos**
1. Supremacia da constituição 2. Presunção de constitucionalidade das leis 2. Interpretação conforme 3. Unidade da constituição 4. Efeito integrador 5. Máxima efetividade 6. Concordância prática ou harmonização 7. Relatividade ou convivência das liberdades públicas 8. Proporcionalidade ou razoabilidade 9. Força normativa 10. Conformidade /correção / exatidão funcional, justeza	1. Jurídico ou hermenêutico clássico • Uso dos métodos tradicionais
	2. Tópico-problemático • Theodor Viehweg. • Parte-se do problema para a norma, conferindo um caráter prático à interpretação.
	3. Hermenêutico-concretizador • Konrad Hesse. • Parte-se da norma para o problema. • Cunho subjetivista (adoção das pré-compreensões do intérprete). • Círculo hermenêutico: movimento de ir e vir do objetivo (problema) para o subjetivo (pré-compreensão) até alcançar a compreensão da norma.
	4. Científico-espiritual ou método valorativo ou integrativo • Rudolf Smend. • Interpretação não se fixa na literalidade da norma, mas sim na realidade social e no espírito da sociedade (valores da sociedade).
	5. Normativo-estruturante • Friedrich Müller. • Não há identidade entre norma e texto. • A norma é concretizada não só pelo legislador, mas também pelo executivo e judiciário, além de outras fontes do direito (doutrina, precedentes, direito comparado etc.).
	6. Comparativo • Peter Häberle e JJ Canotilho • Compara-se sistemas jurídicos de outros países.

Princípios de interpretação constitucional:

1. Supremacia da constituição: a Constituição é fundamento de validade de todo o ordenamento jurídico, ou seja, todas as normas infraconstitucionais devem obedecer à Constituição, sob pena de serem declaradas inconstitucionais e, portanto, nulas, se ofenderem a Constituição.

2. Presunção de constitucionalidade das leis: é uma decorrência da separação dos poderes, as leis e demais atos normativos possuem presunção relativa (juris tantum) de constitucionalidade.

3. Interpretação conforme à Constituição: este princípio tem duas aplicações: como princípio interpretativo e como técnica de decisão. Como princípio interpretativo as normas infraconstitucionais devem ser interpretadas de acordo com a Constituição. Já como técnica de decisão, o juiz diante de norma com mais de um sentido ou possibilidade de aplicação deve privilegiar a interpretação e a aplicação que seja compatível com a Constituição.

4. Unidade da constituição: é uma especificação do método clássico da interpretação sistemática. Por este princípio não há hierarquia entre normas constitucionais, nem conflito real entre elas. A Constituição forma um sistema harmônico.

5. Efeito integrador ou eficácia integradora: a Constituição como elemento do processo de integração comunitária tem por escopo a produção e conservação da unidade política (Novelino, Marcelo. *Direito constitucional.* 8. ed. São Paulo: Método, 2013, p. 178).

6. Máxima efetividade ou da eficiência ou interpretação efetiva: decorrência do princípio da força normativa da Constituição. O intérprete deve buscar a aplicação que confira maior efetividade e a maior eficácia à norma constitucional.

7. Concordância prática ou harmonização: atua em conflitos ocorridos no caso concreto, impondo ao intérprete o dever de adotar a solução harmônica, ou seja, deve ponderar os princípios constitucionais em jogo até se obter uma solução ao caso concreto, sem ofender a Constituição.

8. Relatividade ou convivência das liberdades públicas: as liberdades públicas não são absolutas, devendo, em caso de conflito, ser resolvido pela cedência recíproca das liberdades públicas.

9. Força normativa da Constituição: a Constituição tem natureza normativa, logo, pode ser aplicada ao caso concreto, ou seja, tem eficácia. É um princípio muito próximo do princípio da máxima efetividade.

10. Conformidade/ correção/ exatidão funcional ou justeza: por este princípio o intérprete não pode contrariar a organização funcional estabelecida pela Constituição. De acordo com este princípio o STF não pode atuar no controle concentrado como legislador positivo.

Interpretação Constitucional na doutrina estadunidense

1) **Interpretativistas**

- Posição conservadora
- O juiz deve se limitar em buscar o sentido da norma, a partir dela mesma, e aplicá-la.
- Subdivide-se em duas correntes:

a) **Originalismo**: a ideia é que a Constituição é a vontade do povo, logo, o intérprete deve se restringir ao texto constitucional, buscando a vontade original do Constituinte. Os juízes devem buscar e seguir a vontade dos constituintes. Busca a *mens legislatoris* (vontade do legislador) ⊠ chamados subjetivistas.

b) **Textualismo**: o intérprete deve buscar o significado textual da lei, a partir do próprio texto. Os juízes devem ficar restritos ao texto constitucional. Busca a *mens legis* (vontade da lei) ⊠ chamados objetivistas.

2) **Não interpretativistas**

- Posição mais progressista.
- O juiz pode ir além da norma, com maior autonomia e liberdade, para compreender o seu real sentido, atendendo as necessidades do tempo presente.

Eficácia e Aplicabilidade das normas constitucionais	
Bipartida (Ruy Barbosa)	Normas autoaplicáveis
	Normas não autoaplicáveis

<table>
<tr><th colspan="2">Eficácia e Aplicabilidade das normas constitucionais</th></tr>
<tr><td>Tripartida
(José Afonso da Silva)</td><td>1. Normas constitucionais de eficácia plena: são normas com aplicabilidade direta (não precisam de lei), imediata (já produz efeitos) e integral (alcance não pode ser reduzido).
2. Normas constitucionais de eficácia contida: são normas com aplicabilidade direta e imediata, mas não integral (seu alcance pode ser reduzido). São as normas de princípio institutivo ou organizatório e as normas de princípios programáticos.
3. Normas constitucionais de eficácia limitada: são normas com aplicabilidade indireta, mediata ou diferida e reduzida. (depende de lei para produzir efeitos), mas produzem efeitos mínimos: não recepção da legislação anterior, condicionam legislação futura e servem de parâmetro para controle de constitucionalidade.</td></tr>
<tr><td>Quadripartida
(Maria Helena Diniz)</td><td>Normas constitucionais com eficácia absoluta (Não podem ser alteradas pelo Constituinte reformador. Ex: cláusulas pétreas)
Normas constitucionais com eficácia plena
Normas constitucionais com eficácia relativa restringível
Normas constitucionais com eficácia relativa complementável</td></tr>
</table>

3. PRINCÍPIOS FUNDAMENTAIS

Formas de Estado:

- Distribuição espacial do poder político.
- Podem ser:

1) *Simples ou unitários*:

a) unitário puro: absoluta centralização do poder. Ex: Brasil Império.

b) unitário descentralizado administrativamente: com relativa autonomia regional ou local, nos termos da competência delegada pelo poder central. Maioria dos Estados.

c) unitário descentralizado administrativa e politicamente: gozam de autonomia de governo e legislativa. Ex: Portugal, Espanha, França.

2) *Compostos* (2 ou mais entidades políticas no mesmo território):

a) União pessoal: 2 coroas compartilhando poder. Ex: União Ibérica (Portugal e Espanha de 1580 a 1640).

b) União real: união mais próxima entre Estados, no plano internacional formam apenas um Estado. Ex: Império Austro-Húngaro.

c) Confederação

d) Federação

Federação	Confederação
União de estados sem soberania, por meio de Constituição Federal.	Associação de Estados soberanos firmada por tratado internacional, para disciplinar tarefas e objetivos comuns
Sem direito de secessão (saída/retirada)	Há o direito de secessão

Federalismo

- Estados federais são aqueles que conjugam mais de um centro de poder (poder local e poder central).
- É uma forma de Estado.
- Origem: Constituição dos Estados Unidos (1787).

Estados Unidos	Brasil
Movimento centrípeto	Movimento centrífugo
Federalismo por agregação	Federalismo por desagregação
Surgiu com a Constituição de 1787	Surgiu com a Constituição de 1891
2 níveis: U e E	3 níveis: U, E, M.
Federalismo dual (rígida divisão de competências)	Federalismo de cooperação (colaborativo)

Forma de governo:

- Modo de instituição do poder na sociedade e da relação entre governantes e governados.
- São formas de governo:

1) **Monarquia**: indica o poder político concentrado em um único sujeito.

Características:

a) Vitaliciedade,

b) Hereditariedade,

c) Irresponsabilidade: o rei não pode ser responsabilizado politicamente por suas decisões, nem perde sua função. Não há obrigatoriedade de prestar contas.

2) **República**: compartilhamento do poder político entre os cidadãos.

Características:

a) Temporalidade
b) Eletividade
c) Responsabilidade: o governante pode ser responsabilizado politicamente por suas decisões, e pode perder sua função. Obrigatoriedade de prestar contas.

Sistemas de governo:

- Modo dos poderes se relacionam entre si, especialmente, Legislativo e Executivo.
- São sistemas de governo:

1) Presidencialismo (Ex: Brasil)

- Criação nos EEUU, séc. XVIII
- Chefia única: mesma pessoa é chefe de Estado e chefe de governo.
- Menor interdependência entre Executivo e Legislativo. O povo escolhe o parlamento, e o chefe do Executivo.
- Mandato com prazo definido.
- Impeachment.

- **Presidencialismo de coalizão**
  - Termo criado pelo sociólogo Sérgio Abranches;
  - Publicado inicialmente em forma de artigo: Abranches, Sérgio Henrique Hudson de. Presidencialismo de coalizão: o dilema institucional brasileiro. *Revista Dados*, Rio de Janeiro, v. 31, n. 1, 1988, p. 5 -14 (disponível na internet no site da revista). E depois em forma de livro pela Companhia das Letras, em 2018. Alguns pontos do texto:
  - A lógica de formação das coalizões tem, nitidamente, dois eixos: o partidário e o regional (estadual), pois a base da sustentação política do governo não é apenas partidária, mas também regional. → questão com grande impacto na discussão do orçamento secreto e no atendimento de interesses paroquiais (expressão do Min. Gilmar Mendes).
  - A formação de coalizões envolve três momentos típicos. 1) a constituição da aliança eleitoral, que requer negociação em torno de diretivas programáticas mínimas; 2) a constituição do governo, no qual predomina a disputa por cargos e compromissos relativos a um programa mínimo de governo, ainda bastante genérico e 3) a transformação da aliança em coalizão efetivamente governante, quando emerge, com toda força, o problema da formulação da agenda.
  - Governos de coalizão precisam de uma instância, com força constitucional, que possa intervir nos momentos de tensão entre o Executivo e o Legislativo, definindo parâmetros políticos para resolução dos impasses e impedindo a ruptura do regime.
  - A situação brasileira contemporânea indica as seguintes tendências: (a) alto grau de heterogeneidade estrutural, quer na economia, quer na sociedade, e fortes disparidades regionais; (b) alta propensão ao conflito de interesses; (c) fracionamento partidário parlamentar, entre médio e mediano, e alta pro-

pensão à formação de governos baseados em grandes coalizões, muito provavelmente com índices relativamente elevados de fragmentação governamental; (d) forte tradição presidencialista e proporcional e (e) insuficiência e inadequação do quadro institucional do Estado para resolução de conflitos e inexistência de mecanismos institucionais para a manutenção do "equilíbrio constitucional".

2) Parlamentarismo (Ex: Reino Unido)

- Produto de longa evolução histórica, também chamado de regime de tipo inglês.
- Chefia dupla: chefe de Estado e chefe de governo (pessoas diferentes).
- Maior interdependência entre Executivo e Legislativo. O povo escolhe o parlamento, e este escolhe o chefe de governo.
- Mandato do primeiro-ministro sem prazo definido, enquanto tiver apoio do parlamento
- Recall ("revogação" do mandato) e voto de confiança/desconfiança.

3) Semipresidencialismo (Ex: França)

- Primeiro-ministro indicado pelo Presidente, atua como chefe de governo,
- Presidente: eleito pelo povo, nomeia primeiro-ministro, pode dissolver o Congresso, atua como chefe de Estado com poderes de nomeação de cargos do governo.
- Parlamento: eleito pelo povo.

Regime de governo ou regime político:

- Refere-se à estrutura global da realidade política do E.
- Podem ser:

1) Democráticos
2) Não democráticos ou Autoritários (Totalitário ou Ditatorial)

Democracia:

É um processo de convivência social em que o poder emana do povo, há de ser exercido, direta ou indiretamente, pelo povo e em proveito do povo. Diz-se que é um processo de convivência, primeiramente para denotar sua historicidade, depois para realçar que, além de ser uma relação com o poder político, também é um modo de vida, em que, no relacionamento interpessoal, há de verificar-se o respeito e a tolerância entre os conviventes (José Afonso da Silva).

Várias concepções filosóficas e históricas.

Não existe uma forma perfeita e acabada = constante construção.

Não se prende a nenhum sistema político ou econômico.

Fundamento: todos os homens são livres e iguais em direitos e deveres, portanto, são ilegítimas quaisquer doutrinas ou atitudes de superioridade ou opressão de uma pessoa sobre as outras.

Características:

a) Divisão dos poderes/funções.
b) Igualdade jurídica (isonomia e legalidade).
c) Garantia de direitos individuais e respeito aos DDHH.
d) Eleições diretas, com sufrágio (direito) universal
e) Alternância de governantes.

Democracia = sentido material (aspecto qualitativo) + sentido formal (aspecto quantitativo).

a) Sentido material: respeito aos direitos fundamentais, garantia da existência e dignidade de todos, pluralidade de ideias e modos de vida.
b) Sentido formal: voto, respeito aos procedimentos legais e constitucionais

→ Brasil: é uma república federativa presidencialista e democrática (art. 1º, CR/88).

→ Forma federativa de Estado é cláusula pétrea (art. 60, §4º, I, CR/88).

<table>
<tr><th colspan="2">Princípios Fundamentais</th></tr>
<tr><th>Artigo</th><th>Decorar</th></tr>
<tr><td>Art. 1º A República Federativa do Brasil, formada pela união indissolúvel dos Estados e Municípios e do Distrito Federal, constitui-se em Estado Democrático de Direito e tem como fundamentos:
I - a soberania;
II - a cidadania;
III - a dignidade da pessoa humana;
IV - os valores sociais do trabalho e da livre iniciativa;
V - o pluralismo político.
Parágrafo único. Todo o poder emana do povo, que o exerce por meio de representantes eleitos ou diretamente, nos termos desta Constituição.</td><td>Fundamentos da RFB: (são substantivos!)
1. Soberania
2. Cidadania
3. Dignidade da pessoa humana
4. Valores sociais do trabalho e da livre iniciativa
5. Pluralismo político</td></tr>
<tr><td colspan="2">Art. 2º São Poderes da União, independentes e harmônicos entre si, o Legislativo, o Executivo e o Judiciário.</td></tr>
<tr><td>Art. 3º Constituem objetivos fundamentais da República Federativa do Brasil:
I - construir uma sociedade livre, justa e solidária;
II - garantir o desenvolvimento nacional;
III - erradicar a pobreza e a marginalização e reduzir as desigualdades sociais e regionais;
IV - promover o bem de todos, sem preconceitos de origem, raça, sexo, cor, idade e quaisquer outras formas de discriminação.</td><td>Objetivos da RFB: (são verbos!)
1. construir uma sociedade livre, justa e solidária;
2. garantir o desenvolvimento nacional;
3. erradicar a pobreza e a marginalização e reduzir as desigualdades sociais e regionais;
4. Promover o bem de todos, sem preconceitos de origem, raça, sexo, cor, idade e quaisquer outras formas de discriminação.</td></tr>
<tr><td>Art. 4º A República Federativa do Brasil rege-se nas suas relações internacionais pelos seguintes princípios:
I - independência nacional;
II - prevalência dos direitos humanos;
III - autodeterminação dos povos;
IV - não-intervenção;
V - igualdade entre os Estados;
VI - defesa da paz;
VII - solução pacífica dos conflitos;
VIII - repúdio ao terrorismo e ao racismo;
IX - cooperação entre os povos para o progresso da humanidade;
X - concessão de asilo político.
Parágrafo único. A República Federativa do Brasil buscará a integração econômica, política, social e cultural dos povos da América Latina, visando à formação de uma comunidade latino-americana de nações.</td><td>Princípios regentes das relações internacionais:
1. independência nacional;
2. prevalência dos direitos humanos;
3. autodeterminação dos povos;
4. não-intervenção;
5. igualdade entre os Estados;
6. defesa da paz;
7. solução pacífica dos conflitos;
8. repúdio ao terrorismo e ao racismo;
9. cooperação entre os povos para o progresso da humanidade;
10. concessão de asilo político.</td></tr>
</table>

4. DIREITOS E GARANTIAS FUNDAMENTAIS

Direitos e garantias fundamentais englobam:

a) direitos e deveres individuais e coletivos (art. 5º),

b) direitos sociais (arts. 6º a 11),

c) nacionalidade (arts. 12 e 13),

d) direitos políticos (arts. 14 a 16),

e) partidos políticos (art. 17).

<table>
<tr><th colspan="2">Gerações ou Dimensões de Direitos Humanos</th></tr>
<tr><td>1ª geração</td><td>Lema: "Liberdade"
Direitos civis e políticos
Impõem ao Estado obrigações de não-fazer
Séculos XVIII, XIX
Revolução Francesa (1789)
Documentos históricos: Magna Carta (1215), Paz de Westfália (1648), Habeas Corpus Act (1679), Bill of Rights (1688). Constituição Francesa (1791) e Constituição Estadunidense (1776)</td></tr>
</table>

Gerações ou Dimensões de Direitos Humanos	
2ª geração	Lema: "Igualdade" Direitos econômicos, sociais e culturais Impõem aos Estados obrigações de fazer Séculos XIX, XX Revolução Industrial Constituição Mexicana (1917), Constituição de Weimar (1919)
3ª geração	Lema: "Fraternidade" ou "Solidariedade" Direitos de titularidade coletiva (meio ambiente, paz, desenvolvimento) Século XX, XXI II Guerra Mundial
4ª geração	Norberto Bobbio: biodireito (engenharia genética)
	Paulo Bonavides: democracia, informação pluralismo (globalização)
5ª geração	Paulo Bonavides: direito à paz (democracia participativa)
	José Adércio Leite Sampaio: respeito a todas as formas de vida

<table>
<tr><th colspan="5">Direitos fundamentais</th></tr>
<tr><th>Características</th><th colspan="4">Eficácia</th></tr>
<tr><td rowspan="2">Historicidade,
Universalidade,
Relatividade,
Concorrência,
Irrenunciabilidade,
Imprescritibilidade,
Inalienabilidade,
Possuem aplicabilidade imediata</td><td colspan="2">Horizontal
(entre particulares)</td><td>Diagonal
(entre particulares em desequilíbrio pelo poder econômico)</td><td>Vertical
(entre Estado e particular)</td></tr>
<tr><td>Indireta
(necessita de lei intermediária)</td><td>Direta
(não precisa de lei intermediária)</td><td></td><td></td></tr>
</table>

Remédios constitucionais		
Ação	Previsão constitucional (Art. 5º)	Observações
Habeas Corpus	LXVIII - conceder-se-á "habeas-corpus" sempre que alguém sofrer ou se achar ameaçado de sofrer violência ou coação em sua liberdade de locomoção, por ilegalidade ou abuso de poder;	▪ Natureza jurídica: ação criminal. ▪ Proteger liberdade de locomoção. ▪ Arts. 647 a 667 do CPP. ▪ Isenta de custas. ▪ Pode ser: preventivo ou liberatório. ▪ Competência: autoridade judiciária imediatamente superior a autoridade coatora. ▪ Pode ser concedido de ofício. ▪ Será condenada nas custas a autoridade que, por má-fé ou evidente abuso de poder, tiver determinado a coação.

<table>
<tr>
<td rowspan="2">Mandado de Segurança</td>
<td>I N D I V I D U A L</td>
<td>LXIX - conceder-se-á mandado de segurança para proteger direito líquido e certo, não amparado por "habeas-corpus" ou "habeas-data", quando o responsável pela ilegalidade ou abuso de poder for autoridade pública ou agente de pessoa jurídica no exercício de atribuições do Poder Público;</td>
<td rowspan="2">▪ Natureza jurídica: ação mandamental civil.
▪ Lei 12.016/09.
▪ Não é isento de custas.
▪ Prazo decadência de 120 dias.
▪ Tem prioridade sobre todos os atos processuais, salvo o habeas corpus.
▪ Não cabem, no processo de mandado de segurança, a interposição de embargos infringentes e a condenação ao pagamento dos honorários advocatícios.
▪ A sentença ou o acórdão que denegar mandado de segurança, sem decidir o mérito, não impedirá que o requerente, por ação própria, pleiteie os seus direitos e os respectivos efeitos patrimoniais.
▪ O mandado de segurança coletivo não induz litispendência para as ações individuais, mas os efeitos da coisa julgada não beneficiarão o impetrante a título individual se não requerer a desistência de seu mandado de segurança no prazo de trinta dias a contar da ciência comprovada da impetração da segurança coletiva.</td>
</tr>
<tr>
<td>C O L E T I V O</td>
<td>LXX - o mandado de segurança coletivo pode ser impetrado por:
a) partido político com representação no Congresso Nacional;
b) organização sindical, entidade de classe ou associação legalmente constituída e em funcionamento há pelo menos um ano, em defesa dos interesses de seus membros ou associados;</td>
</tr>
<tr>
<td colspan="2">Habeas data</td>
<td>LXXII - conceder-se-á "habeas-data":
a) para assegurar o conhecimento de informações relativas à pessoa do impetrante, constantes de registros ou bancos de dados de entidades governamentais ou de caráter público;
b) para a retificação de dados, quando não se prefira fazê-lo por processo sigiloso, judicial ou administrativo;</td>
<td>▪ Natureza jurídica: ação constitucional civil.
▪ Lei 9507/97.
▪ Finalidade: garantir acesso à informação, conhecimento e retificação de dados pessoais.
▪ Nos casos de competência do Supremo Tribunal Federal e dos demais Tribunais caberá ao relator a instrução do processo.</td>
</tr>
<tr>
<td rowspan="2">Mandado de Injunção</td>
<td>I N D I V I D U A L</td>
<td rowspan="2">LXXI - conceder-se-á mandado de injunção sempre que a falta de norma regulamentadora torne inviável o exercício dos direitos e liberdades constitucionais e das prerrogativas inerentes à nacionalidade, à soberania e à cidadania;</td>
<td rowspan="2">▪ Natureza jurídica: ação constitucional civil.
▪ Lei 13.300/16.
▪ Pressupostos: (a) norma constitucional de eficácia limitada relativa a direitos, liberdades e prerrogativas inerentes à nacionalidade, soberania e cidadania. (b) falta de norma regulamentadora que inviabilize o exercício do direito.
▪ Efeitos da decisão (lei 13.300/16): Concretista
Em regra:
1.1 Individual e intermediária
1.2 Individual e direta.
Excepcionalmente:
Geral se for indispensável ao exercício do direito, da liberdade ou da prerrogativa objeto da impetração.
▪ Legitimidade MI coletivo: MP, partido político, organização sindical, entidade de classe ou associação legalmente constituída e em funcionamento há pelo menos 1 (um) ano, Defensoria Pública.</td>
</tr>
<tr>
<td>C O L E T I V O</td>
</tr>
</table>

Ação Popular	LXXIII - qualquer cidadão é parte legítima para propor ação popular que vise a anular ato lesivo ao patrimônio público ou de entidade de que o Estado participe, à moralidade administrativa, ao meio ambiente e ao patrimônio histórico e cultural, ficando o autor, salvo comprovada má-fé, isento de custas judiciais e do ônus da sucumbência;	▪ Natureza jurídica: ação constitucional civil. ▪ Lei 4717/65. ▪ Legitimidade ativa: só o cidadão. ▪ Pessoa jurídica não tem legitimidade. ▪ Legitimidade passiva: (a) agente e partícipes que praticaram o ato, (b) entidade lesada, pessoa jurídica pública ou privada, (c) beneficiários do ato lesivo. ▪ É um importante meio de controle da atividade administrativo, disposto ao cidadão.

5. DIREITOS POLÍTICOS E NACIONALIDADE

São direitos fundamentais: 1) direitos e deveres individuais e coletivos; 2) direitos sociais; 3) direitos de nacionalidade; 4) direitos políticos e 5) partidos políticos.

Nacionalidade:

- É um vínculo jurídico-político que liga uma pessoa a um Estado.
- É um direito fundamental e um direito humano (previsto na Convenção Americana de Direitos Humanos e na Declaração Universal do Direitos Humanos)

Declaração universal	Convenção americana
Artigo 15 1. Todo ser humano tem direito a uma nacionalidade. 2. Ninguém será arbitrariamente privado de sua nacionalidade, nem do direito de mudar de nacionalidade.	Artigo 20. Direito à nacionalidade 1. Toda pessoa tem direito a uma nacionalidade. 2. Toda pessoa tem direito à nacionalidade do Estado em cujo território houver nascido, se não tiver direito a outra. 3. A ninguém se deve privar arbitrariamente de sua nacionalidade nem do direito de mudá-la

Espécies:

a) originária ou primária: resulta do nascimento. Gera nacionalidade nata.

b) adquirida ou secundária: resulta de um processo. Gera naturalização.

• Critérios:

a) sanguíneo ou *jus sanguinis*: a pessoa herda a nacionalidade dos ascendentes.

b) territorial ou *jus soli:* quando a pessoa nasce no território do Estado.

→ Estes critérios frequentemente são acompanhados de outras medidas, pois eles sozinhos não resolvem todas as situações surgidas.

Nacionalidade brasileira	
Natos	**Naturalizados**
Art. 12. São brasileiros: I - natos: a) os nascidos na República Federativa do Brasil, ainda que de pais estrangeiros, desde que estes não estejam a serviço de seu país = ***jus soli* mitigado** b) os nascidos no estrangeiro, de pai brasileiro ou mãe brasileira, desde que qualquer deles esteja a serviço da República Federativa do Brasil; = ***jus sanguinis* + "a serviço do Brasil"** c) os nascidos no estrangeiro de pai brasileiro ou de mãe brasileira, desde que sejam registrados em repartição brasileira competente = ***jus sanguinis* + registro** ou venham a residir na República Federativa do Brasil e optem, em qualquer tempo, depois de atingida a maioridade, pela nacionalidade brasileira; = ***jus sanguinis* + residência + opção.**	II - naturalizados: a) os que, na forma da lei, adquiram a nacionalidade brasileira, exigidas aos originários de países de língua portuguesa apenas residência por um ano ininterrupto e idoneidade moral; = **naturalização ordinária** b) os estrangeiros de qualquer nacionalidade, residentes na República Federativa do Brasil há mais de quinze anos ininterruptos e sem condenação penal, desde que requeiram a nacionalidade brasileira. = **naturalização extraordinária**

Diferenças entre brasileiros natos e naturalizados:

Diferenças	Brasileiro nato	Brasileiro naturalizado
cargos privativos de brasileiros natos	Cargos privativos Ministro do STF; P PR e vice; Presidente da CD; Presidente do SF; . Carreira diplomática; Oficial das Forças Armadas. Ministro de Estado da Defesa. *(mnemônico **MP3.com**)*	
funções privativas de brasileiros natos	Participação de 6 brasileiros natos, ao lado de outros representantes, no Conselho da República (art. 89)	
Extradição	Não será extraditado.	Será extraditado em caso de crime comum praticado antes da naturalização, ou, crime de tráfico ilícito de entorpecentes e drogas.
Propriedade de empresa jornalística e de radiodifusão sonora e de sons e imagens	Privativa de brasileiros natos	Privativa de brasileiros naturalizados há mais de dez anos.

Processo de perda da nacionalidade do brasileiro naturalizado (alterado pela EC 131/23):

I) tiver cancelada sua naturalização, por sentença judicial, em virtude de fraude relacionada ao processo de naturalização ou de atentado contra a ordem constitucional e o Estado Democrático;

a) fizer pedido expresso de perda da nacionalidade brasileira perante autoridade brasileira competente, ressalvadas situações que acarretem apatridia → A renúncia da nacionalidade não impede o interessado de readquirir sua nacionalidade brasileira originária, nos termos da lei.

Extradição	**Expulsão**	**Deportação**	**Entrega**
Art. 81 Lei 13445/17	Art. 54 Lei 13445/17	Art. 50 Lei 13445/17	Art. 89 do Estatuto de Roma (TPI)
É a medida de cooperação internacional entre o Estado brasileiro e outro Estado pela qual se concede ou solicita a entrega de pessoa sobre quem recaia condenação criminal definitiva ou para fins de instrução de processo penal em curso.	É medida administrativa de retirada compulsória de migrante ou visitante do território nacional, conjugada com o impedimento de reingresso por prazo determinado.	É medida decorrente de procedimento administrativo que consiste na retirada compulsória de pessoa que se encontre em situação migratória irregular em território nacional.	É um pedido feito pelo TPI ao Estado para que lhe entregue determinada pessoa.

Direitos políticos

- Brasil adota a democracia semidireta ou participativa.
- Soberania popular: plebiscito, referendo, iniciativa popular (art. 14).
- Lei 9709/98: regulamenta o plebiscito, o referendo e a iniciativa popular.
- Brasil: sufrágio (direito de votar e ser votado) universal (sem discriminações), igual (voto tem igual valor para todos).
- Voto: personalíssimo, obrigatório, secreto, direto (escolha direta dos representantes), periódico e igual.
- Capacidade eleitoral ativa = direito de votar

a) voto obrigatório: maiores de 18 anos,

b) voto facultativo: analfabetos, maiores de 70 anos, maiores de 16 e menores de 18 anos.

- Não podem alistar-se como eleitores os estrangeiros e, durante o período do serviço militar obrigatório, os conscritos (art. 14, §2º).
- Capacidade eleitora passiva = direito de ser votado (de ser candidato), desde que atenda as condições de elegibilidade e que não tenha causa de inelegibilidade.

- Condições de elegibilidade (art. 14, §3º):
  a) nacionalidade brasileira;
  b) pleno exercício dos direitos políticos;
  c) alistamento eleitoral;
  d) domicílio eleitoral na circunscrição;
  e) filiação partidária;
  f) a idade mínima de:
- o 35 anos: Presidente e Vice-Presidente da República e Senador;
- o 30 anos: Governador e Vice-Governador de Estado/ DF;
- o 21 anos: Deputado Federal, Deputado Estadual/Distrital, Prefeito, Vice-Prefeito e juiz de paz;
- o 18 anos: Vereador.
- Causas de inelegibilidade (art. 14, §4º a 9º):

a) Os inalistáveis (quem não pode ser eleitor) e os analfabetos,

b) O Presidente da República, os Governadores de Estado e do Distrito Federal, os Prefeitos e quem os houver sucedido, ou substituído no curso dos mandatos poderão ser reeleitos para um único período subsequente;

c) Para concorrerem a outros cargos, o Presidente da República, os Governadores de Estado e do Distrito Federal e os Prefeitos devem renunciar aos respectivos mandatos até seis meses antes do pleito;

d) São inelegíveis, no território de jurisdição do titular, o cônjuge e os parentes consanguíneos ou afins, até o segundo grau ou por adoção, do Presidente da República, de Governador de Estado ou Território, do Distrito Federal, de Prefeito ou de quem os haja substituído dentro dos seis meses anteriores ao pleito, salvo se já titular de mandato eletivo e candidato à reeleição;

e) Lei Complementar 64/90 (Lei das Inelegibilidades)

- Não se admite cassação de direitos políticos (art. 15), somente a perda ou suspensão:

1) cancelamento da naturalização por sentença transitada em julgado;
2) incapacidade civil absoluta;
3) condenação criminal transitada em julgado, enquanto durarem seus efeitos;
4) recusa de cumprir obrigação a todos imposta ou prestação alternativa;
5) improbidade administrativa,

- **Princípio da anualidade eleitoral**: a lei que alterar o processo eleitoral entrará em vigor na data de sua publicação, não se aplicando à eleição que ocorra até um ano da data de sua vigência (art. 16).

6. ORGANIZAÇÃO DO ESTADO

Divisão de competência

Competências dos entes federativos			
Legislativa		Administrativa / material	
Art. 22	Art. 24	Art. 21	Art. 23
Privativa	Concorrente	Exclusiva	Comum
Os Estados podem legislar se autorizados pela União através de lei complementar	A União legisla sobre normas gerais e o Estados de forma específica. Na ausência da lei federal os Estados assumem a competência plena, mas a superveniência da norma federal suspende a eficácia da norma estadual no que lhe for contrário.	São deveres da União, não pode ser alvo de delegação.	São deveres dos quatro entes federativos. Lei complementar buscará a cooperação entre os entes federativos em busca do equilíbrio do desenvolvimento e do bem-estar em âmbito nacional.
Lei complementar poderá autorizar os Estados a legislar sobre questões específicas.	A União limitar-se-á a estabelecer normas gerais e os Estados terão competência suplementar-complementar e competência suplementar-supletiva. *(ver quadro abaixo)*		Leis complementares fixarão normas para a cooperação entre a União e os Estados, o Distrito Federal e os Municípios, tendo em vista o equilíbrio do desenvolvimento e do bem-estar em âmbito nacional

<table>
<tr><th colspan="5">Competência concorrente (art. 24, CR)
(União + Estados / Distrito Federal)</th></tr>
<tr><td>Regra geral</td><td colspan="4">Situações especiais</td></tr>
<tr><td rowspan="3">União: normas gerais
Estados: normas específicas</td><td>União legisla norma geral</td><td>União inerte</td><td colspan="2">União legisla depois do Estado ter elaborado sua norma</td></tr>
<tr><td rowspan="2">Estado exerce a competência suplementar-complementar</td><td rowspan="2">Estado assume a competência legislativa plena (Estado exerce a competência suplementar-supletiva)</td><td>Se as normas forem incompatíveis entre si</td><td>Se as normas forem compatíveis entre si</td></tr>
<tr><td>A norma estadual fica suspensa.</td><td>A norma estadual continua sendo aplicada.</td></tr>
</table>

Competência legislativa dos Municípios (conforme jurisprudência)
PODE
Fixar horário de estabelecimento comercial (SV 38)
Determinar às instituições financeiras a instalação de equipamentos de segurança (tais como portas eletrônicas e câmeras filmadoras) ou para conforto, tais como instalações sanitárias, fornecimento de cadeiras de espera ou de bebedouros (AI347717AgR)
Legislar sobre a distância mínima entre postos de revenda de combustíveis (STF, RE 566836 ED)
Sobre meio ambiente com União e Estado, no limite de seu interesse local e desde que tal regramento seja e harmônico com a disciplina estabelecida pelos demais entes federados (STF RE 586224)
A ordenação dos elementos que compõem a paisagem urbana, com vistas a evitar a poluição visual e bem cuidar do patrimônio da cidade (STF, AI 799690 AgR)
Estender a gratuidade do transporte público coletivo urbano às pessoas entre 60 e 65 anos (STF, RE 7028848)
Estabelecer a vocação sucessória dos cargos de prefeito e vice-prefeito em caso de dupla vacância (STF, ADI 3549)
Fixar tempo razoável de espera dos usuários dos serviços de cartórios (STF, RE 397094)
Fixar tempo máximo de espera na fila das instituições bancárias (STF, RE 432789)
Legislar sobre edificações e construções realizadas em seu território e exigência de equipamentos de segurança, em imóveis destinados a atendimento ao público (STF, AI 491420)
Legislar sobre seus servidores estatutários (STF, RE 632713AgR)
NÃO PODE
Fixar horário bancário (Súmula 19 STJ)
Exigir cobertura de seguro contra furto e roubo de automóveis, para as empresas que operam área ou local destinados a estacionamentos. (STF, RE 313060)
Legislar sobre cobrança de estacionamento em locais privados (STF, ARE 734996)
Legislar sobre empregados públicos, porque estes estão submetidos às normas de Direito do Trabalho (art. 22, I, CF) (STF, RE 632713AgR)

Domínio dos bens	
Bens da União (art. 20)	**Bens dos Estados (art. 26)**
I – os que atualmente lhe pertencem e os que lhe vierem a ser atribuídos; II – as terras devolutas indispensáveis à defesa das fronteiras, das fortificações e construções militares, das vias federais de comunicação e à preservação ambiental, definidas em lei; III – os lagos, rios e quaisquer correntes de água em terrenos de seu domínio, ou que banhem mais de um Estado, sirvam de limites com outros países, ou se estendam a território estrangeiro ou dele provenham, bem como os terrenos marginais e as praias fluviais;	I – as águas superficiais ou subterrâneas, fluentes, emergentes e em depósito, ressalvadas, neste caso, na forma da lei, as decorrentes de obras da União; II – as áreas, nas ilhas oceânicas e costeiras, que estiverem no seu domínio, excluídas aquelas sob domínio da União, Municípios ou terceiros; III – as ilhas fluviais e lacustres não pertencentes à União; IV – as terras devolutas não compreendidas entre as da União.

Domínio dos bens	
IV as ilhas fluviais e lacustres nas zonas limítrofes com outros países; as praias marítimas; as ilhas oceânicas e as costeiras, excluídas, destas, as que contenham a sede de Municípios, exceto aquelas áreas afetadas ao serviço público e a unidade ambiental federal, e as referidas no art. 26, II; V – os recursos naturais da plataforma continental e da zona econômica exclusiva; VI – o mar territorial; VII – os terrenos de marinha e seus acrescidos; VIII – os potenciais de energia hidráulica; IX – os recursos minerais, inclusive os do subsolo; X – as cavidades naturais subterrâneas e os sítios arqueológicos e pré-históricos; XI – as terras tradicionalmente ocupadas pelos índios.	

Domínio das águas	
São bens dos Estados	**São bens da União**
águas superficiais, águas subterrâneas, águas fluentes, águas emergentes águas em depósito (exceto as decorrentes de obras da União)	lagos, rios, quaisquer correntes de água ↓ em terrenos de seu domínio, ou que banhem mais de um Estado, sirvam de limites com outros países, ou se estendam a território estrangeiro ou dele provenham, praias fluviais
Art. 26, I	Art. 20, III

7. ADMINISTRAÇÃO PÚBLICA

- Princípio da Administração: Legalidade, Impessoalidade, Moralidade, Publicidade e Eficiência (mnemônico: *LIMPE*).
- Art. 37, V CR/88:

<table>
<tr><th>Funções de confiança</th><th colspan="2">Cargos em comissão</th></tr>
<tr><td>Somente para servidores ocupantes de cargo efetivo</td><td colspan="2">livre nomeação e exoneração</td></tr>
<tr><td rowspan="2">Para funções de direção, chefia e assessoramento</td><td>Provimento amplo</td><td>Provimento estrito</td></tr>
<tr><td>· livre nomeação e exoneração;
· Para funções de direção, chefia e assessoramento;
· Ex: Ministro de Estado, Secretário Estadual, etc.</td><td>· Somente servidor de carreira;
· Para funções de direção, chefia e assessoramento.
· Ex: Chefe de Polícia eleito pelos Delegados; Professor Pró-Reitor de Ensino, etc.</td></tr>
</table>

- Teto remuneratório constitucional (Art. 37, XI CR/88):

<table>
<tr><td rowspan="4">União
↓
STF</td><td colspan="4">Estados
↙ ou ↘</td><td rowspan="4">Municípios
↓
Prefeito</td></tr>
<tr><td colspan="3">subtetos específicos</td><td>subteto único</td></tr>
<tr><td>PE</td><td>PL</td><td>PJ</td><td rowspan="2">Desembargador
(90,25%STF)</td></tr>
<tr><td>Governador</td><td>Dep. Est.
(75% Dep. Fed.)</td><td>Desemb.
(90,25%STF)</td></tr>
</table>

Observações:

- Alteração dada pela Emenda Constitucional nº 135/24): §11. Não serão computadas, para efeito dos limites remuneratórios de que trata o inciso XI do caput deste artigo, as parcelas de caráter indenizatório **expressamente previstas em lei ordinária**, **aprovada pelo Congresso Nacional**, de caráter nacional, **aplicada a todos os Poderes e órgãos constitucionalmente autônomos**.
- Magistrados estaduais não se submetem ao subteto dos Estados, a fim de evitar tratamento diferenciado entre juízes federais e estaduais, ambos se submetem ao teto da remuneração do Ministro do STF (ADI 3854).
- MP, Procuradores e Defensores submetem-se ao teto do Poder Judiciário (90,25% STF).
- Procuradores Municipais submetem-se ao teto do Poder Judiciário (90,25% STF), pois são atividades essenciais à justiça, estão incluídos na expressão "procuradores" (RE 663.696).
- "É constitucional o pagamento de honorários sucumbenciais aos advogados públicos, observando-se, porém, o limite remuneratório previsto no art. 37, XI, da Constituição" (ADI 6159).
- Subsídio do Deputado Estadual é de 75% do subsídio do Deputado Federal (art. 27, §2º CR/88).
- Subsídio dos Vereadores tem regra própria no art. 29, VI da CR/88.

- Art. 37, XVI: proibição da acumulação remunerada de cargos, salvo, quando houver compatibilidade de horários, nos seguintes casos:

  a) 2 cargos de professor;

  b) 1 cargo de professor + 1 cargo técnico ou científico;

  c) 2 cargos ou empregos privativos de profissionais de saúde, com profissões regulamentadas.

→ A proibição de acumular estende-se a empregos e funções e abrange autarquias, fundações, empresas públicas, sociedades de economia mista, suas subsidiárias, e sociedades controladas, direta ou indiretamente, pelo poder público.

Art. 42, § 3º: Aplica-se aos **militares dos Estados**, do Distrito Federal e dos Territórios o disposto no art. 37, inciso XVI, com prevalência da atividade militar.

É possível cumular: militar + professor;
militar + médico.

- Art. 38: servidor eleito para cargo de mandato eletivo:

Mandato federal e estadual	Servidor se afasta do cargo/empr/função e receberá o subsídio do cargo eleito.
Mandato de Prefeito	Se afasta do cargo/empr/função e pode optar pela remuneração.
Mandato de Vereador	Pode cumular se houver compatibilidade de horários. Se não houver compatibilidade: se afasta do cargo/empr/função e pode optar pela remuneração.

8. ORGANIZAÇÃO DOS PODERES

<table>
<tr><th colspan="2">Poder Executivo da União</th></tr>
<tr><td rowspan="2">Presidente da República</td><td>Chefe de Estado e Chefe de governo (característica do presidencialismo)</td></tr>
<tr><td>Auxiliado por Ministros, ocupantes de cargos comissionados. (livre nomeação e livre exoneração).
Para a nomeação dos Ministros não é necessária a aprovação do Congresso Nacional.</td></tr>
</table>

Poder Executivo da União	
Mandato	Quatro anos e terá início em 5 de janeiro do ano seguinte ao de sua eleição. Admite-se uma única reeleição subsequente Obs: No Brasil não há impedimento para que uma pessoa assuma a Presidência por mais de duas vezes, desde que não consecutivas.
Substituição	1º Vice-Presidente 2º Presidente da Câmara (representante do povo) 3º Presidente do Senado 4º Presidente do STF
Vacância dos cargos de presidente e vice	Primeiro biênio: eleição direta, a cargo do TSE, no prazo de 90 dias. Segundo biênio: eleição indireta pelo Congresso Nacional.
Foro por prerrogativa de função	**Presidente da República e Vice**: serão julgados nos crimes comuns pelo STF (art. 86) e nos crimes de responsabilidade pelo Senado. **Ministros de Estado:** serão julgados nos crimes comuns e nos de responsabilidade pelo STF (art. 102, I, 'c'), salvo se cometer crime de responsabilidade conexo com o do presidente da república, caso em que acompanhará o foro do presidente e será julgado pelo Senado (art.52, I).

Poder Legislativo Federal	
Bicameral **(Congresso Nacional)**	Câmara dos Deputados (representantes do povo) Senado Federal (representantes dos Estados)
Legislatura	4 anos (= 4 sessões legislativas)
Reuniões conjuntas do Congresso	▪ Posse do Presidente ▪ Análise de vetos presidenciais; ▪ Elaboração ou alteração do regimento; ▪ Resoluções do Congresso; ▪ Sessão de abertura do ano legislativo.
Câmara dos Deputados	▪ Deputados eleitos pelo sistema proporcional. Nenhum estado terá menos de 8 e mais que 70 deputados federais (territórios: 4 deputados federais) ▪ Mandato de 4 anos
Senado Federal	▪ 3 representantes de cada Estado e do DF (sistema majoritário). ▪ Cada senador eleito com 2 suplentes. ▪ Mandato de 8 anos (renovação de 1/3 e 2/3 a cada eleição)
Mandato dos Presidentes das Casas	Bienal (não pode haver recondução dentro da mesma legislatura)

Casos de perda do mandato de Deputados e Senadores (art. 55)

- Infração das proibições contidas no art. 54 da CR;
- Procedimento incompatível com o decoro parlamentar;
- Ausência, em cada sessão legislativa, à terça parte das sessões ordinárias da Casa que pertencer, salvo licença ou missão autorizada;
- Parlamentar condenado a regime fechado por mais de 120 dias, perde o mandato (art. 55, III, CR/88). Não havendo necessidade de deliberação pelo Plenário, pois a perda do mandato deve ser automaticamente declarada pela Mesa Diretora da respectiva casa legislativa. Assim, para quem está condenado à prisão em regime fechado, no qual deva permanecer por mais de 120 dias, a perda do mandato é automática. [AP 694, j. 2-5-2017, 1ª T, Informativo 863)
- Perda ou suspensão dos direitos políticos;
- Quando decretar a Justiça Eleitoral, nos casos previstos na Constituição;
- Condenação criminal em sentença transitada em julgado

OBS: Nos casos dos incisos I, II e VI, a perda do mandato será decidida pela Câmara dos Deputados ou pelo Senado Federal, por maioria absoluta, mediante provocação da respectiva Mesa ou de partido político representado no Congresso Nacional, assegurada ampla defesa → essa votação, desde a EC 76/2013, é por voto aberto.

NÃO perderá o mandato o Deputado ou Senador:

- investido no cargo de Ministro de Estado, Governador de Território, Secretário de Estado, do Distrito Federal, de Território, de Prefeitura de Capital ou chefe de missão diplomática temporária;
- licenciado pela respectiva Casa por motivo de doença, ou para tratar, sem remuneração, de interesse particular, desde que, neste caso, o afastamento não ultrapasse cento e vinte dias por sessão legislativa.

Comissão Parlamentar de Inquérito (art. 58, §3º)

• Requisitos (pressupostos):

a) Apuração de fatos determinados;

b) Prazo certo;

c) Requerimento de 1/3 dos membros

• Podem ser criadas pela Câmara ou Senado, em conjunto ou separadamente,

• Tem poder de investigação das autoridades judiciárias (sem o poder cautelar),

- Condução coercitiva de testemunha deverá ser solicitada ao juiz criminal local, nos termos do CPP;
- A CPI encaminhará relatório circunstanciado e com suas conclusões para: o MP, AGU, entre outros.
- As conclusões, se for o caso, serão encaminhadas ao Ministério Público, para que promova a responsabilidade civil ou criminal dos infratores (art. 58, §3º, CR).
- O presidente da CPI poderá solicitar ao juízo criminal competente medida cautelar necessária, quando verificar a existência de indícios veementes da proveniência ilícita de bens

CPI pode	CPI NÃO pode
• convocar ministro de Estado; • tomar depoimento de autoridade federal, estadual ou municipal; • ouvir suspeitos (que têm direito ao silêncio para não se autoincriminar) e testemunhas (que têm o compromisso de dizer a verdade e são obrigadas a comparecer); • ir a qualquer ponto do território nacional para investigações e audiências públicas; • prender em flagrante delito; • requisitar informações e documentos de repartições públicas e autárquicas; • requisitar funcionários de qualquer poder para ajudar nas investigações, inclusive policiais; • pedir perícias, exames e vistorias, inclusive busca e apreensão (vetada em domicílio); • determinar ao TCU a realização de inspeções e auditorias; e • quebrar sigilo bancário, fiscal e de dados (inclusive telefônico, ou seja, extrato de conta e não escuta ou grampo). • Utilizar documentos oriundos de inquérito sigiloso (STF, HC 100341). • Ordenar busca e apreensão de bens, objetos e computadores, desde que essa diligência não se efetive em local inviolável, como os espaços domiciliares (STF, 33663 MC). • CPI estadual pode requerer quebra de sigilo de dados bancários (STF, ACO730).	• condenar; • determinar medida cautelar, como prisões, indisponibilidade de bens, arresto, sequestro; • determinar interceptação telefônica e quebra de sigilo de correspondência; • impedir que o cidadão deixe o território nacional e determinar apreensão de passaporte; • expedir mandado de busca e apreensão domiciliar; e • impedir a presença de advogado do depoente na reunião (advogado pode: ter acesso a documentos da CPI; falar para esclarecer equívoco ou dúvida; opor a ato arbitrário ou abusivo; ter manifestações analisadas pela CPI até para impugnar prova ilícita). • Decretar indisponibilidade de bens de particular (STF, MS 23480) • Quebrar sigilo imposto a processo sujeito a segredo de justiça (STF, MS 27483)

Quadro elaborado com material da Agência Câmara de Notícias e julgados do STF.

Poder Judiciário	
Órgãos	Supremo Tribunal Federal; Conselho Nacional de Justiça; Superior Tribunal de Justiça; Tribunal Superior do Trabalho (EC 92/16) Tribunais Regionais Federais e Juízes Federais; Tribunais e Juízes do Trabalho; Tribunais e Juízes Eleitorais; Tribunais e Juízes Militares; Tribunais e Juízes dos Estados e do Distrito Federal e Territórios.

Poder Judiciário
OBS: • Tribunais arbitrais não compõem a estrutura do Poder Judiciário brasileiro. • Juízes de Paz: são agentes públicos, ocupantes de cargo público e integram o Poder Judiciário. A justiça de paz é remunerada, composta de cidadãos eleitos pelo voto direto, universal e secreto, com mandato de quatro anos. São requisitos para ser juiz de paz: o preenchimento das condições de elegibilidade e ausência das condições de inelegibilidade.

Solução de conflito de competência entre Tribunais	
STF	**STJ**
Competência originária: art. 102, I, o	Competência originária: art. 105, I, d
os conflitos de competência entre o Superior Tribunal de Justiça e quaisquer tribunais, entre Tribunais Superiores, ou entre estes e qualquer outro tribunal	os conflitos de competência entre quaisquer tribunais, ressalvado o disposto no art. 102, I, "o", bem como entre tribunal e juízes a ele não vinculados e entre juízes vinculados a tribunais diversos
STJ x qualquer tribunal Tribunal Superior x Tribunal Superior Tribunal Superior x qualquer tribunal	Qualquer tribunal x qualquer tribunal Qualquer tribunal x juiz a ele não vinculado Juiz de tribunal "A" x juiz de tribunal "B"

Conflito envolvendo foro privilegiado	
Júri (CR/88) x foro na CR/88	Prevalece o foro privilegiado
Júri (CR/88) x foro na Constituição Estadual	Prevalece o júri (SV-45)
Júri (CR/88) x foro na CR/88 e na Constituição Estadual	Prevalece o foro privilegiado
Júri (CR/88)x foro previsto em lei	Prevalece o júri

9. PROCESSO LEGISLATIVO

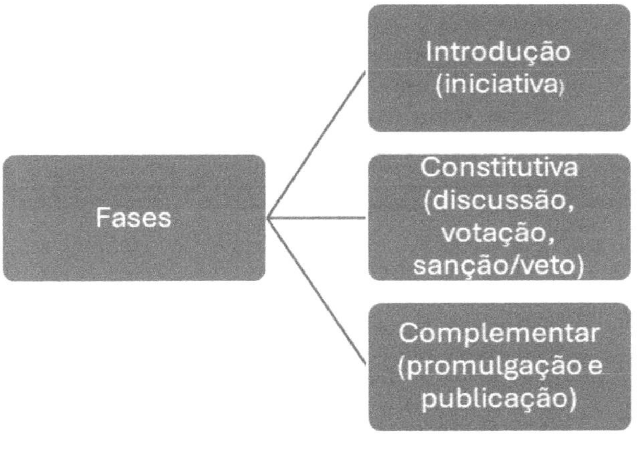

Espécies legislativas	
Emenda Constitucional (art. 60)	Iniciativa restrita: Presidente da República; 1/3 da Câmara ou do Senado; mais da metade das Assembleias Legislativas, com a manifestação da maioria relativa de cada uma delas (não admite iniciativa popular); Duas vezes em cada Casa, exigindo-se a maioria de 3/5; Não há sanção, nem veto; Promulgação pelas mesas da Câmara e do Senado. Se for rejeitada em uma das Casas, não poderá ser reapreciada no mesmo ano; Limitações ao poder de reformar a Constituição:

Espécies legislativas	
Emenda Constitucional (art. 60)	a) circunstanciais: a Constituição não poderá ser emendada na vigência de intervenção federal, de estado de defesa ou de estado de sítio. b) materiais: não será objeto de deliberação a proposta de emenda tendente a abolir: a forma federativa de Estado; o voto direto, secreto, universal e periódico; a separação dos Poderes; os direitos e garantias individuais (**cláusulas pétreas**). c) implícitas: impossibilidade de "teoria da dupla revisão", impossibilidade de se alterar o titular do Poder Constituinte Originário e do Poder Constituinte Derivado Reformador (Pedro Lenza). * teoria da dupla revisão ou dupla reforma": primeiro revoga-se a cláusula pétrea e depois se altera o conteúdo que a cláusula impedia de mudar. Não é admitida.
Lei ordinária (art. 61, 64, 65, 66 e 67)	Iniciativa → discussão e votação → sanção ou veto → promulgação → publicação. Como regra, a Câmara é a Casa iniciadora; Caráter residual, se não for caso das demais espécies legislativas. Iniciativa: reservada ou geral (Presidente da República, qualquer parlamentar ou popular). *Quórum*: 1) para instalação: maioria absoluta 2) para votação: depende da espécie normativa ▪ lei ordinária: maioria simples ▪ lei complementar: maioria absoluta Se o projeto for aprovado em uma Casa é remetido para a outra. Se o projeto for rejeitado em uma Casa é arquivado. Sanção expressa ou tácita (se o Presidente da República não se manifestar em 15 dias úteis). Admite o pedido de urgência.
Lei Complementar (arts. 61, 64, 65, 66, 67 e 69)	Nos casos em que a Constituição exige esta espécie; Admite o pedido de urgência; Aprovação por maioria absoluta da Casa; Numeração diferenciada.
Lei Delegada (art. 68)	O Presidente da República pede autorização ao Congresso para editar uma lei. O CN autoriza através de resolução, que estabelece o conteúdo e os termos da delegação. Delegação pode ser: a) típica: o CN não apreciará o projeto de lei do PR, que elabora, promulga e publica a lei; b) atípica: o CN em votação única e sem emendas apreciará o projeto de lei do PR e o CN que "sanciona" o projeto de lei do PR.
Medida Provisória (art. 62)	Pressupostos: relevância e urgência. Tem força de lei. Iniciativa do Presidente da República. Votação inicia na Câmara dos Deputados. 60 dias de vigência prorrogados por uma única vez caso a votação não tenha sido encerrada nas duas Casas, sob pena de rejeição tácita, com necessidade de decreto legislativo para regular os dias de vigência da MP que perdeu eficácia. Regime de urgência: se a MP não for apreciada em até quarenta e cinco dias contados de sua publicação, trancará a pauta do CN. Procedimento: Comissão Mista → Câmara dos Deputados →Senado (se não alterar nada já promulga, se alterar devolve para CD) → Câmara dos Deputados (rejeita ou aprova a alteração do SF e remete para Presidência) → Presidente da República (sanciona e promulga ou rejeita e devolve para o CN). É vedada a reedição, na mesma sessão legislativa, de medida provisória que tenha sido rejeitada ou que tenha perdido sua eficácia por decurso de prazo. É vedada a edição de medidas provisórias sobre matéria: a) nacionalidade, cidadania, direitos políticos, partidos políticos e direito eleitoral; b) direito penal, processual penal e processual civil;

Espécies legislativas	
Medida Provisória (art. 62)	c) organização do Poder Judiciário e do Ministério Público, a carreira e a garantia de seus membros; d) planos plurianuais, diretrizes orçamentárias, orçamento e créditos adicionais e suplementares, salvo para abertura de crédito extraordinário para atender despesa imprevisível e urgente previsto; e) que vise a detenção ou sequestro de bens, de poupança popular ou qualquer outro ativo financeiro; f) reservada a lei complementar; g) já disciplinada em projeto de lei aprovado pelo Congresso Nacional e pendente de sanção ou veto do Presidente da República. * STF decidiu que a medida provisória não analisada no prazo de 45 dias, contados de sua publicação, não tranca toda a pauta legislativa, mas somente o andamento de projetos de lei sobre temas passíveis de serem tratados por medida provisória.
Decreto Legislativo (art. 49)	Ato normativo primário; Matéria de competência exclusiva do Congresso Nacional; Aprovação por maioria relativa; Não se submete à sanção presidencial; Promulgação e publicação feitas pelo Presidente do Congresso Nacional.
Resolução	Ato normativo primário; Elaborados pelo Congresso Nacional, Câmara dos Deputados ou Senado Federal sobre matérias de sua competência exclusiva; Aprovação por maioria relativa; Não há sanção presidencial; Promulgação e publicação feitas pela Mesa da respectiva Casa legislativa.
Obs: as normas constitucionais acerca do processo legislativo, em razão do princípio da simetria, devem ser observadas pelos Estados-membros.	

10. FUNÇÕES ESSENCIAIS À JUSTIÇA

Ministério Público

- Ministério Público é instituição permanente, essencial à função jurisdicional do Estado, incumbindo-lhe a defesa da ordem jurídica, do regime democrático e dos interesses sociais e individuais indisponíveis (art. 127, CR).
- Princípios institucionais: a unidade, a indivisibilidade e a independência funcional.
- Tem autonomia funcional e administrativa.
- Tem iniciativa legislativa para, observado o disposto no art. 169, propor ao Poder Legislativo a criação e extinção de seus cargos e serviços auxiliares, a política remuneratória e os planos de carreira.
- Garantias: vitaliciedade (após 2 anos de exercício), irredutibilidade de subsídio e inamovibilidade, salvo por motivo de interesse público, mediante decisão do órgão colegiado competente do Ministério Público, pelo voto da maioria absoluta de seus membros, assegurada ampla defesa.
- Vedações: receber, a qualquer título e sob qualquer pretexto, honorários, percentagens ou custas processuais; exercer a advocacia; participar de sociedade comercial, na forma da lei; exercer, ainda que em disponibilidade, qualquer outra função pública, salvo uma de magistério; exercer atividade político-partidária; receber, a qualquer título ou pretexto, auxílios ou contribuições de pessoas físicas, entidades públicas ou privadas, ressalvadas as exceções previstas em lei.

Ministério Público	
Ministério Público da União	**Ministério Público dos Estados**
MPF, MPT, MPM, MPDFT	Cada Estado tem o seu MP
Lei Complementar 75/93	Lei 8625/93 + cada Estado tem sua lei

Advocacia Pública

- O Advogado-Geral da União, chefe da AGU, é de livre nomeação pelo Presidente da República dentre cidadãos maiores de trinta e cinco anos, de notável saber jurídico e reputação ilibada.

- Atenção: o Advogado-Geral da União não precisa pertencer aos quadros da AGU.
- Lei Orgânica da AGU: LC 73/93.

União			Estados
Advocacia Geral da União (AGU)			Procuradoria Geral do Estado
AGU	Procuradoria Federal	Procuradoria da Fazenda Nacional	Representa **judicialmente** e presta consultoria jurídica aos Estados
Representa judicial e **judicial e extrajudicialmente** a União e presta consultoria e assessoria jurídica ao Poder Executivo	Defende as autarquias e fundações federais	Representa a União na execução de dívida ativa de natureza tributária	
Advogado da União	Procurador Federal	Procurador da Fazenda nacional	Procurador do Estado

Advocacia:

- O advogado é indispensável à administração da justiça, sendo inviolável por seus atos e manifestações no exercício da profissão, nos limites da lei (art. 133).
- Estatuto da OAB (Lei 8906/94).
- No seu ministério privado, o advogado presta serviço público e exerce função social (art. 2º, §1º EOAB).
- No processo judicial, o advogado contribui, na postulação de decisão favorável ao seu constituinte, ao convencimento do julgador, e seus atos constituem múnus público (art. 2º, §2º EOAB).

Defensoria Pública

- A Defensoria Pública é instituição permanente, essencial à função jurisdicional do Estado, incumbindo-lhe, como expressão e instrumento do regime democrático, fundamentalmente, a orientação jurídica, a promoção dos direitos humanos e a defesa, em todos os graus, judicial e extrajudicial, dos direitos individuais e coletivos, de forma integral e gratuita, aos necessitados, na forma do inciso LXXIV do art. 5º desta Constituição Federal. (art. 134, CR).
- Princípios institucionais: a unidade, a indivisibilidade e a independência funcional.
- Tem autonomia funcional e administrativa.
- Tem iniciativa legislativa para, observado o disposto no art. 169, propor ao Poder Legislativo a criação e extinção de seus cargos e serviços auxiliares, a política remuneratória e os planos de carreira.
- Proibido o exercício da advocacia fora das atribuições institucionais.
- Lei Orgânica da Defensoria: Lei Complementar 80/94 + cada Estado tem sua lei estadual.

Defensoria Pública			
Defensoria Pública da União	Defensoria Pública do DF	Defensoria Pública nos territórios	Defensoria Pública dos Estados
Cabe a União organizar e manter	Cabe ao **Distrito Federal** organizar e manter (EC 69/12)	Cabe a **União** organizar e manter	Cabe ao Estado organizar e manter

11. TRIBUNAL DE CONTAS

Tribunal de Contas

- Auxilia o Congresso Nacional no controle externo da União em relação às contas públicas.
- Possuem autonomia, autogoverno e iniciativa legislativa para criação de cargos e organização.
- Os tribunais de contas estaduais e municipais deve seguir o modelo federal, pelo princípio da simetria.
- A atividade do Tribunal de Contas é exercida no campo administrativo.
- Não tem função jurisdicional.
- Competências desempenhadas[1]:

1. NOVELINO, Marcelo. *Manual de direito constitucional.* 8. ed. São Paulo: Método, 2013, p. 839-843.

a) fiscalizadora: art. 71, III, IV, V, VI, XI.

b) judicante: art. 71, II.

c) sancionatória: art. 71, VIII.

d) consultiva: art. 71, I.

e) informativa: art. 71, VII.

f) corretiva: art. 71, IX, X.

- Apreciam as contas do chefe do poder executivo. O julgamento das contas é feito pelo Poder Legislativo, sendo que o Tribunal de Contas emite parecer prévio.
- Não podem determinar quebra de sigilo bancário (STF- MS 22801).

→ Exceção: em relação às operações financeiras que envolvam recursos públicos, pois estas não estão abrangidas pelo sigilo bancário. Logo, é prerrogativa constitucional do TCU o acesso a informações relacionadas a operações financiadas com recursos públicos (STF- MS 33340).

- Possuem foro privilegiado pelos crimes comuns e de responsabilidade.
- Não possuem foro privilegiado por improbidade administrativa.

> "A Corte Especial do Superior Tribunal de Justiça, para o fim de alinhar-se à jurisprudência do Supremo Tribunal Federal, alterou seu entendimento para afirmar que "a ação de improbidade administrativa deve ser processada e julgada nas instâncias ordinárias, ainda que proposta contra agente político que tenha foro privilegiado no âmbito penal e nos crimes de responsabilidade" (REsp 1453854).

- As decisões do Tribunal de Contas que imputem débito ou multa terão eficácia de título executivo, sendo que o legitimado para executar são os entes públicos beneficiários da condenação e não o próprio Tribunal de Contas.
- Não pode declarar a inconstitucionalidade de lei federal com efeitos *erga omnes* e vinculantes no âmbito de toda a Administração Pública Federal (STF, MS 35500).

Tribunal de Contas da União:

- Lei Orgânica do Tribunal de Contas da União: Lei 8.443/92.
- Composição: 9 Ministros (1/3 escolhidos pelo Presidente da República (3) e 2/3 escolhidos pelo Congresso Nacional (6)).
- Dos três ministros escolhidos pelo Presidente da República, com aprovação do Senado Federal, dois devem ser alternadamente auditores e membros do Ministério Público junto ao Tribunal, indicados em lista tríplice pelo Tribunal, segundo os critérios de antiguidade e merecimento;
- Possuem as mesmas garantias, prerrogativas, impedimentos, vencimentos e vantagens dos Ministros do Superior Tribunal de Justiça.
- Foro privilegiado para crimes comuns e de responsabilidade no STF (art. 102, I, 'c', CR).
- Requisitos:

a) ser brasileiro e ter mais de trinta e cinco e menos de 70 (setenta) anos de idade;

b) idoneidade moral e reputação ilibada;

c) notórios conhecimentos jurídicos, contábeis, econômicos e financeiros ou de administração pública;

d) mais de dez anos de exercício de função ou de efetiva atividade profissional que exija conhecimentos jurídicos, contábeis, econômicos e financeiros ou de administração.

Compete ao Senado Federal aprovar, por voto secreto, após arguição pública, a escolha de Ministros do Tribunal de Contas da União indicados pelo Presidente da República (art. 52, III, 'b' CR/88).

- Sede no Distrito Federal.
- Não tem jurisdição (embora a Lei 8443/92 use a expressão), não é órgão do Poder Judiciário, nem do Poder Legislativo.
- Aprecia (e não julga) as contas do Presidente da República.
- Julga as contas:

a) dos administradores e responsáveis por dinheiros, bens e valores públicos da administração direta e indireta (incluídas as fundações e sociedades instituídas e mantidas pelo Poder Público federal)

b) daqueles que derem causa a perda, extravio ou outra irregularidade de que resulte prejuízo ao erário público

- Pode sustar, se não atendido, a execução do **ato** impugnado. Não pode sustar contrato. A sustação de contrato é adotada diretamente pelo CN.
- Possui três auditores, nomeados após aprovação em concurso público (art. 77 da Lei 8443/92).
- Os auditores quando substituírem os Ministros terão as mesmas garantias e impedimentos de um juiz de Tribunal Regional Federal (art. 73, §4º, CR/88).
- Tem competência implícita para garantir o cumprimento de suas atribuições e expedir medidas cautelares (MS 35.715).
- Súmula 347/STF: O Tribunal de Contas, no exercício de suas atribuições, pode apreciar a constitucionalidade das leis e dos atos do poder público.
- Súmula Vinculante 3: Nos processos perante o Tribunal de Contas da União asseguram-se o contraditório e a ampla defesa quando da decisão puder resultar anulação ou revogação de ato administrativo que beneficie o interessado, excetuada a apreciação da legalidade do ato de concessão inicial de aposentadoria, reforma e pensão.

Tribunal de Contas dos Estados:

- Composição: 7 Conselheiros.
- Conselheiros possuem as mesmas garantias dos magistrados (ADI 4190).
- Conselheiros possuem foro privilegiado no STJ para infrações penais comuns e crime de responsabilidade (art. 105, I, 'a', CR).
- Aprecia (e não julga) as contas dos Governadores e dos Prefeitos (salvo Rio de Janeiro e São Paulo).
- Súmula 653/STF: No tribunal de contas estadual, composto por sete conselheiros, quatro devem ser escolhidos pela Assembleia Legislativa e três pelo chefe do poder executivo estadual, cabendo a este indicar um dentre auditores e outro dentre membros do Ministério Público, e um terceiro a sua livre escolha.
- A competência técnica do Tribunal de Contas do Estado, ao negar registro de admissão de pessoal, não se subordina à revisão pelo Poder Legislativo respectivo (RE 576920-RG).
- É constitucional a criação de órgãos jurídicos na estrutura de tribunais de contas estaduais, vedada a atribuição de cobrança judicial de multas aplicadas pelo próprio tribunal (STF, ADI 4070).
- Os Tribunais de Contas dos Municípios são órgãos estaduais (art. 75, CR), atualmente, existem três nos Estados da Bahia, Pará e Goiás. Apreciam as contas dos prefeitos.

Tribunais de Contas dos Municípios	Tribunal de Contas Municipal
Existem 3: GO, PA, BA	Existem 2: Rio de Janeiro e São Paulo
São órgãos estaduais	São órgãos municipais
Podem ser criados	Não podem ser criados

Extinção do Tribunal de Contas dos Municípios do Ceará:

TRIBUNAL DE CONTAS DOS MUNICÍPIOS – EXTINÇÃO – POSSIBILIDADE. A interpretação sistemática dos parágrafos 1º e 4º do artigo 31 da Constituição Federal revela ser possível a extinção de Tribunal de Contas responsável pela fiscalização dos Municípios mediante a promulgação de Emenda à Constituição estadual, surgindo impróprio afirmar que o Constituinte proibiu a supressão desses órgãos. (ADI 5763).

- Legitimidade para cobrança de multas impostas pelo Tribunal de Contas:

> Arguição de descumprimento de preceito fundamental. 2. Ato lesivo consubstanciado em decisões judiciais oriundas do Tribunal de Justiça do Estado de Pernambuco. Cabimento. Preenchimento da subsidiariedade. Natureza constitucional da controvérsia. 3. No julgamento do RE 1.003.433/RJ, **tema 642 da repercussão geral, a Corte restringiu-se a examinar a questão da multa aplicada pelo Tribunal de Contas em razão de prática lesiva à Fazenda Pública municipal**. Distinção entre aquela hipótese e a presente. Exame, no caso, da legitimidade para execução de multa simples imposta por Corte de Contas. 4. **Diferenciação entre duas modalidades de responsabilidade financeira: a reintegratória e a sancionatória**. A primeira está relacionada à reposição de recursos públicos, objeto de desvio, pagamento indevido ou falta de cobrança ou liquidação nos termos da lei. A sancionatória consiste na aplicação de sanção pecuniária aos responsáveis em razão de determinadas condutas previstas em lei. 5. **Possibilidade de agrupamento das sanções patrimoniais de acordo com as seguintes modalidades de responsabili-**

dade financeira: (a) imposição do dever de recomposição do erário (imputação de débito); (b) multa proporcional ao dano causado ao erário, que decorre diretamente e em razão do prejuízo infligido ao patrimônio público; e (c) multa simples, aplicada em razão da inobservância de normas financeiras, contábeis e orçamentárias, ou como consequência direta da violação de deveres de colaboração (obrigações acessórias) que os agentes fiscalizados devem guardar em relação ao órgão de controle. 6. Entendimento firmado no RE 1.003.433/RJ, tema 642 da repercussão geral. Atribuição aos Municípios prejudicados de legitimidade para execução do acórdão do Tribunal de Contas estadual que, identificando prejuízo aos cofres públicos municipais, condena o gestor público a recompor o dano suportado pelo erário, bem como em relação à decisão que, no mesmo contexto e em decorrência do prejuízo causado ao erário, aplica multa proporcional ao servidor público municipal. 7. **Legitimidade do Estado para executar crédito decorrente de multas simples aplicadas a gestores municipais, por Tribunais de Contas estadual, sobretudo quando o fundamento da punição residir na inobservância das normas de Direito Financeiro ou, ainda, no descumprimento dos deveres de colaboração impostos pela legislação aos agentes públicos fiscalizados**. Precedentes. 8. Pedido julgado procedente. (ADPF 1011, Relator: Gilmar Mendes, Tribunal Pleno, julgado em 01-07-2024).

Tribunal de Contas Municipais

- É vedada a criação de Tribunais, Conselhos ou órgãos de Contas Municipais, mas os que já existem continuam funcionando (Tribunal de Contas Municipais do RJ e SP).
- Apreciam (não julgam) as contas do prefeito.

Ministério Público junto ao Tribunal de Contas

- Previsão constitucional no art. 130 CR.
- Previsão legal: art. 80 a 84 da Lei 8443/92.
- Tem os mesmos direitos, vedações e forma de investidura do Ministério Público.
- Não pertence ao Ministério Público 'comum'.
- É uma instituição vinculada aos Tribunais de Contas.
- Não tem autonomia administrativa, financeira e orçamentária.
- Tem apenas as garantias subjetivas: vitaliciedade, inamovibilidade, irredutibilidade e independência funcional, as vedações e forma de investidura na carreira.
- Alguns julgados importantes do STF:

Ministério Público de Contas estadual e dos municípios: autonomia funcional, administrativa e financeira

Tese fixada: *"É inconstitucional, por violação aos arts. 130 e 75 da CF/1988, norma estadual que confere autonomia administrativa e orçamentária ao Ministério Público Estadual junto ao Tribunal de Contas, garantida a independência funcional de seus membros e os meios necessários para o desempenho da função".*

Resumo: *O Ministério Público junto ao Tribunal de Contas ("Ministério Público especial") encontra-se organicamente inserido na estrutura da respectiva Corte de Contas, motivo pelo qual não detém autonomia administrativa e orçamentária.*

A Constituição Federal não concedeu ao órgão do Ministério Público especial as garantias institucionais de autonomia administrativa e orçamentária, visto que integra, em termos estruturais, a organização administrativa do próprio Tribunal de Contas, órgão auxiliar do Poder Legislativo na incumbência do controle externo (1). Nesse contexto, **à luz do princípio da simetria (CF/1988, art. 75), as normas relativas à organização, composição e fiscalização do Tribunal de Contas da União devem ser observadas no desenho institucional dos demais Tribunais de Contas dos estados e do Distrito Federal, bem como dos Tribunais de Contas dos municípios** (2). Conforme jurisprudência desta Corte (3), o texto constitucional (CF/1988, art. 130), com o intuito de proteger os membros do Ministério Público especial no desempenho de suas atribuições, **veicula norma de extensão obrigatória tão somente com relação às cláusulas de garantias subjetivas, que se referem estritamente aos direitos — vitaliciedade, inamovibilidade, irredutibilidade e independência funcional** (CF/1988, art. 128, § 5º, I) —, **às vedações** (CF/1988, art. 128, § 5º, II), **e à forma de investidura na carreira** (CF/1988, art. 129, §§ 3º e 4º). **Todas as demais prerrogativas de ordem objetiva-institucional dispensadas ao Ministério Público comum, como a autonomia administrativa, financeira e orçamentária, são inaplicáveis ao Parquet que atua junto ao Tribunal de Contas**. Por outro lado, a fim de que os membros do

Ministério Público de Contas possam exercer suas funções de modo independente (autonomia funcional), **o respectivo Tribunal de Contas deve garantir todos os recursos necessários, entre eles, os recursos humanos e financeiros**. Ademais, qualquer medida arbitrária, por parte do presidente do Tribunal de Contas, que comprometa a independência funcional do respectivo órgão ministerial deve ser invalidada por desvio de finalidade e ensejará a sua responsabilização administrativa e criminal. Com base nesses e em outros entendimentos, o Plenário, por maioria, (i) julgou parcialmente procedente a ação para declarar a inconstitucionalidade das expressões "independência financeira e administrativa, dispondo de dotação orçamentária global própria", contida no art. 2º da Lei Complementar nº 09/1992 (4), e "independência financeira e administrativa, dispondo de dotação orçamentária global própria", contida no art. 2º da Lei Complementar nº 86/2013 (5), ambas do Estado do Pará; (ii) julgou improcedente a ação quanto à expressão "independência funcional", contida no art. 2º da Lei Complementar nº 86/2013 do Estado do Pará; (iii) fixou a tese anteriormente citada; e (iv) atribuiu eficácia pro futuro ao julgamento, a fim de que passe a produzir efeitos em 1º de janeiro de 2026. (ADI 5254/PA, Julgamento:21/08/2024, Informativo 1147).

Esta Casa encerrou controvérsia jurídico-constitucional, de modo a consagrar, de forma definitiva, a integração do Ministério Público especial à intimidade estrutural do Tribunal de Contas, ou seja, **o Parquet de Contas está intrinsecamente vinculado ao próprio Tribunal de Contas perante o qual oficia**. (...) O termo investidura inscrito no art. 130 da Constituição Federal faz referência à forma como o membro do Parquet de Contas ingressa na carreira, estabelecendo o vínculo jurídico-administrativo originário com a Instituição. (...) **Cabe aos Estados-membros, no desempenho de sua autonomia político-administrativa, a definição quanto à forma de indicação do Procurador-Geral do Ministério Público junto ao Tribunal de Contas**. Aplicação da mesma ratio subjacente ao julgamento da ADI 5.692/CE, de minha relatoria, Tribunal Pleno, j. 16.11.2021, DJe 13.12.2021, no qual decidido sobre a eleição para os cargos diretivos do Tribunal de Contas. Ausente, no texto constitucional, qualquer norma que disponha sobre o método de escolha do Procurador-Geral do Ministério Público junto ao Tribunal de Contas, a evidenciar a liberdade de conformação do legislador ordinário. (ADI 4.427, rel. min. Rosa Weber, j. 4-9-2023, P, *DJE* de 12-9-2023).

O art. 130 da Carta Magna é de repetição obrigatória pelos estados-membros em suas respectivas constituições, não podendo ficar aquém nem ir além do que definido na Constituição Federal (art. 75, *caput*, da CF/88). É constitucional a expressão 'garantias', pois, quando a Constituição Federal estende aos membros do *parquet* especial os direitos, as vedações e a forma de investidura dos membros do Ministério Público comum, está conferindo-lhes as garantias previstas no art. 128, § 5º, da Carta Magna. A extensão automática de vencimentos e vantagens dos membros do Ministério Público comum aos membros do *parquet* especial exorbita o modelo normativo proclamado pela própria Constituição Federal em seu art. 130 e transgride a autonomia financeira da respectiva corte de contas estadual e a cláusula proibitória fundada no art. 37, inciso XIII, da Carta da República, que veda a vinculação ou a equiparação de quaisquer espécies remuneratórias para o efeito de remuneração de pessoal do serviço público. **Os únicos regramentos do Ministério Público comum aplicáveis ao *parquet* que atua junto a tribunal de contas são aqueles que concernem, estritamente, aos direitos (art. 128, § 5º, inciso I, da CF/88), às vedações (art. 128, § 5º, inciso II, da CF/88) e à forma de investidura na carreira (art. 129, §§ 3º e 4º, da CF/88)**. (ADI 3.804, rel. min. Dias Toffoli, j. 6-12-2021, P, *DJE* de 16-3-2022).

Constitucional e administrativo. Previsão plena de autonomia funcional e das garantias de liberdade e imparcialidade a todos os membros do Ministério Público junto ao Tribunal de Contas. Inconstitucionalidade da extensão das autonomias administrativa, financeira e orçamentária previstas nos §§ 2º a 6º do artigo 127 da Constituição Federal. Inconstitucionalidade da emenda 29/2011 à constituição do estado de Roraima e lei estadual 840/2012. Medida cautelar deferida. 1. O modelo federal de organização aplicável ao Tribunal de Contas da União e ao Ministério Público oficiante é de observância obrigatória no âmbito das ordens jurídicas locais, por imposição dos arts. 25 e 75 da Constituição Federal. Precedentes. 2. Em termos estruturais, conforme pacificado pelo Supremo Tribunal Federal (ADI 789, Rel. Min. Celso De Mello, Tribunal Pleno, DJ de 19/12/1994), **o Ministério Público de Contas integra o Tribunal de Contas perante o qual atua**. Precedentes. 3. **O art. 130 da Constituição Federal não estendeu as autonomias administrativa, financeira e orçamentária do Ministério Público Comum ao Ministério Público de Contas**. 4. Medida cautelar deferida, com efeitos *ex tunc*, para suspender a eficácia dos dispositivos impugnados. (ADI 4725-MC, Julgamento: 06/06/2022, Publicação: 13/10/2022).

AÇÃO DIRETA DE INCONSTITUCIONALIDADE. DIREITO CONSTITUCIONAL. TRIBUNAL DE CONTAS DO ESTADO. MINISTÉRIO PÚBLICO JUNTO AO TRIBUNAL DE CONTAS. AUTONOMIA FINANCEIRA. LIMITE PRU-

DENCIAL. DESPESAS COM PESSOAL. LEI DE RESPONSABILIDADE FISCAL. RESERVA DE INICIATIVA DE LEI. 1. O vício formal de constitucionalidade decorre da propositura da lei impugnada pelo Poder Executivo, e não pelo próprio Tribunal de Contas do Estado. Precedente: ADI 1.994, Rel. Min. Eros Grau, Tribunal Pleno, DJ 08.09.2006. 2**. O Ministério Público Especial junto ao Tribunal de Contas do Estado integra, em termos estruturais, as Cortes de Contas, por sua vez órgãos auxiliares do Poder Legislativo no mister de controle externo**. Precedentes: ADI 789, Rel. Min. Celso de Mello, Tribunal Pleno, DJ 19.12.1994; e ADI 3.315, Rel. Min. Ricardo Lewandowski, Tribunal Pleno, DJe 11.04.2008. 3. O limite prudencial de despesas com pessoal aplica-se a cada um dos Poderes do ente federativo, não sendo possível ao Poder Constituinte Decorrente subverter respectiva estrutura organizacional da atividade financeira do Estado, sob pena de infringência ao princípio da separação dos poderes. Precedente: ADI-MC 2.238, Rel. Min. Ilmar Galvão, Tribunal Pleno, DJe 12.09.2008. 4. **Ofende o sistema constitucional de repartição de competências legislativas norma estadual que insira gastos com o Ministério Público de Contas em limite de despesas com pessoal do Poder Executivo, pois representa usurpação de competência da União para editar normas gerais de direito financeiro.** Precedentes: ADI-MC-Ref 5449, Rel. Min. Teori Zavascki, Tribunal Pleno, DJe 22.04.2016; e ADI 4426, Rel. Min. Dias Toffoli, Tribunal Pleno, DJe 18.05.2011. 5. As normas relativas à organização do Tribunal de Contas da União devem ser observadas no desenho institucional dos demais tribunais de contas, à luz do princípio da simetria federativa. Precedente: ADI 916, Rel. Min. Joaquim Barbosa, Tribunal Pleno, DJe 06.03.2009. 6. Ação direta de inconstitucionalidade a que se dá procedência. (ADI 5563/RR, Julgamento: 06/06/2022, Publicação: 09/08/2022).

Constitucional e administrativo. Recurso extraordinário. Ministério Público de Contas. Impetração demandado de segurança contra julgado do tribunal de contas perante o qual atua. Ilegitimidade. 1. Revela especial relevância, na forma do art. 102, § 3º, da Constituição, a questão da legitimidade do Ministério Público de Contas para impetrar mandado de segurança contra julgado do Tribunal de Contas perante o qual atua. 2. Reafirma-se a jurisprudência dominante desta Corte nos termos da seguinte tese de repercussão geral: **o Ministério Público de Contas não tem legitimidade para impetrar mandado de segurança em face de acórdão do Tribunal de Contas perante o qual atua**. 3. Repercussão geral da matéria reconhecida, nos termos do art. 1.035 do CPC. Jurisprudência do Supremo Tribunal Federal reafirmada, nos termos do art. 323-A do Regimento Interno. (STF, RE 1.178.617 RG/GO, Julgamento: 25/04/2019).

[...] Segundo precedente do STF (ADI 789/DF), os Procuradores das Cortes de Contas são ligados administrativamente a elas, sem qualquer vínculo com o Ministério Público comum. Além de violar os arts. 73, § 2º, I, e 130, da CF, a conversão automática dos cargos de Procurador do Tribunal de Contas dos Municípios para os de Procurador de Justiça – cuja investidura depende de prévia aprovação em concurso público de provas e títulos – ofende também o art. 37, II, do texto magno." (ADI 3.315).

12. ORDEM SOCIAL

A ordem social tem como base o primado do trabalho e como objetivo o bem-estar e a justiça sociais. (art. 193).

Ordem Social	Seguridade social
	Educação
	Cultura
	Desporto
	Ciência, Tecnologia e Inovação
	Comunicação Social
	Meio Ambiente
	Família, Criança, Adolescente, Jovem Idoso
	Índios

Seguridade Social

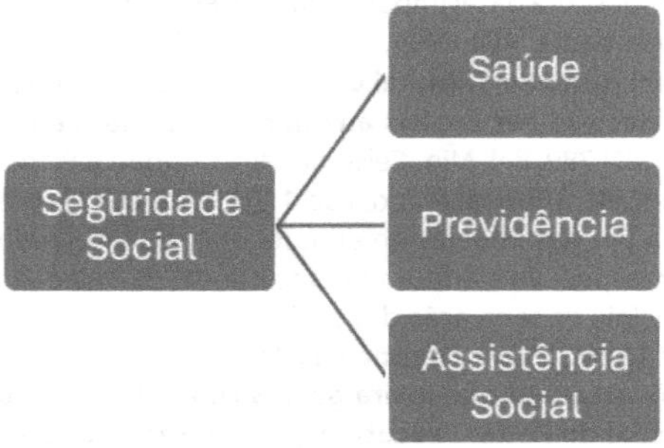

Seguridade Social: "compreende um conjunto integrado de ações de iniciativa dos Poderes Públicos e da sociedade, destinadas a assegurar os direitos relativos à saúde, à previdência e à assistência social (art. 194, *caput*), sobressaindo os seus princípios orientadores e as formas de seu financiamento" (LENZA, Pedro. *Direito constitucional esquematizado*. 18. ed. São Paulo: Saraiva, 2014, p. 1290-1291).

Princípios da Seguridade Social (art. 194):

1. Universalidade da cobertura e do atendimento
2. Uniformidade e equivalência dos benefícios e serviços entre urbanos e rurais
3. Seletividade e distributividade na prestação dos benefícios e serviços
4. Irredutibilidade do valor dos benefícios
5. Equidade na forma de participação no custeio
6. Diversidade da base de financiamento
7. Caráter democrático e descentralizado da administração, mediante gestão quadripartite, com participação dos trabalhadores, empregadores, aposentados e governo.

Forma de financiamento:

A seguridade social será financiada por toda a sociedade, de forma direta e indireta, nos termos da lei, mediante recursos provenientes dos orçamentos da União, dos Estados, do Distrito Federal e dos Municípios, e das seguintes contribuições sociais [...] (art. 195).

Sistemas:

- Previdência Social: sistema contributivo.
- Saúde: sistema não-contributivo.
- Assistência Social: sistema não-contributivo.

Financiamento da Seguridade Social

1) **Diretamente:** contribuições sociais do empregador, trabalhador, sobre concurso de prognósticos, importador de bens ou serviços.
2) **Indiretamente:** Recursos do Orçamento.

Saúde (art. 196)

- Titular: toda pessoa que esteja no território brasileiro (independe de nacionalidade)
- Políticas sociais e econômicas preventiva e reparatórias.
- Princípio do acesso universal e igualitário = concretização do princípio da isonomia.
- Financiamento do SUS: orçamento da seguridade social.

SUS (Sistema único de saúde): Lei 8080/90.

Diretrizes do SUS: art. 7º lei 8080/90.

Competência do SUS: (art. 6º lei 8080/90):

I - execução de ações: de vigilância sanitária, epidemiológica; de saúde do trabalhador; de assistência terapêutica integral, inclusive farmacêutica; de saúde bucal;

II - participação na formulação da política e na execução de ações de saneamento básico;

III - ordenação da formação de recursos humanos na área de saúde;

IV - vigilância nutricional e a orientação alimentar;

V - colaboração na proteção do meio ambiente, nele compreendido o do trabalho;

VI - formulação da política de medicamentos, equipamentos, imunobiológicos e outros insumos de interesse para a saúde e a participação na sua produção;

VII - controle e a fiscalização de serviços, produtos e substâncias de interesse para a saúde;

VIII - fiscalização e a inspeção de alimentos, água e bebidas para consumo humano;

IX - participação no controle e na fiscalização da produção, transporte, guarda e utilização de substâncias e produtos psicoativos, tóxicos e radioativos;

X - incremento, em sua área de atuação, do desenvolvimento científico e tecnológico;

XI - formulação e execução da política de sangue e seus derivados.

XII – formulação e a execução da política de informação e assistência toxicológica e de logística de antídotos e medicamentos utilizados em intoxicações.

- **Instituições Privadas**: atuam de forma complementar, mediante contrato ou convênio. Proibido subvenção para entidades privadas com fins lucrativos. Proibida a participação direta ou indireta de empresas ou capital estrangeiro, salvo as exceções legais.

Fornecimento de medicamentos pelo SUS: Tema 1234 e súmulas vinculantes 60 e 61.

Tese Fixada:

I – Competência 1) Para fins de fixação de competência, as demandas relativas a medicamentos não incorporados na política pública do SUS, mas com registro na ANVISA, tramitarão perante a Justiça Federal, nos termos do art. 109, I, da Constituição Federal, quando o valor do tratamento anual específico do fármaco ou do princípio ativo, com base no Preço Máximo de Venda do Governo (PMVG – situado na alíquota zero), divulgado pela Câmara de Regulação do Mercado de Medicamentos (CMED - Lei 10.742/2003), for igual ou superior ao valor de 210 salários mínimos, na forma do art. 292 do CPC. 1.1) Existindo mais de um medicamento do mesmo princípio ativo e não sendo solicitado um fármaco específico, considera-se, para efeito de competência, aquele listado no menor valor na lista CMED (PMVG, situado na alíquota zero). 1.2) No caso de inexistir valor fixado na lista CMED, considera-se o valor do tratamento anual do medicamento solicitado na demanda, podendo o magistrado, em caso de impugnação pela parte requerida, solicitar auxílio à CMED, na forma do art. 7º da Lei 10.742/2003. 1.3) Caso inexista resposta em tempo hábil da CMED, o juiz analisará de acordo com o orçamento trazido pela parte autora. 1.4) No caso de cumulação de pedidos, para fins de competência, será considerado apenas o valor do(s) medicamento(s) não incorporado(s) que deverá(ão) ser somado(s), independentemente da existência de cumulação alternativa de outros pedidos envolvendo obrigação de fazer, pagar ou de entregar coisa certa.

II – Definição de Medicamentos Não Incorporados. 2.1) Consideram-se medicamentos não incorporados aqueles que não constam na política pública do SUS; medicamentos previstos nos PCDTs para outras finalidades; medicamentos sem registro na ANVISA; e medicamentos off label sem PCDT ou que não integrem listas do componente básico. 2.1.1) Conforme decidido pelo Supremo Tribunal Federal na tese fixada no tema 500 da sistemática da repercussão geral, é mantida a competência da Justiça Federal em relação às ações que demandem fornecimento de medicamentos sem registro na Anvisa, as quais deverão necessariamente ser propostas em face da União, observadas as especificidades já definidas no aludido tema.

III – Custeio 3) As ações de fornecimento de medicamentos incorporados ou não incorporados, que se inserirem na competência da Justiça Federal, serão custeadas integralmente pela União, cabendo, em caso de haver condenação supletiva dos Estados e do Distrito Federal, o ressarcimento integral pela União, via repasses Fundo a Fundo (FNS ao FES), na situação de ocorrer redirecionamento pela impossibilidade de cumprimento por aquela, a ser implementado mediante ato do Ministério da Saúde, previamente pactuado em instância tripartite, no prazo de até 90 dias. 3.1) Figurando somente a União no polo passivo, cabe ao magistrado, se necessário, promover a inclusão do Estado ou Município para possibilitar o cumprimento efetivo da decisão, o que não importará em responsabilidade financeira nem em ônus de sucumbência, devendo ser realizado o ressarcimento pela via acima indicada em caso de eventual custo financeiro ser arcado pelos referidos entes. 3.2) Na determinação judicial de fornecimento do medicamento, o magistrado deverá estabelecer que o valor de venda do medicamento seja limitado ao preço com desconto, proposto no processo de incorporação na Conitec (se for o caso, considerando o venire contra factum proprium/tu quoque e observado o índice de reajuste anual de preço de medicamentos definido pela CMED), ou valor já praticado pelo ente em compra pública, aquele que seja identificado como menor valor, tal como previsto na parte final do art. 9º na Recomendação 146, de 28.11.2023, do CNJ. Sob nenhuma hipótese, poderá haver pagamento judicial às pessoas físicas/jurídicas acima descritas em valor superior ao teto do PMVG, devendo ser operacionalizado pela serventia judicial junto ao fabricante ou distribuidor. 3.3) As ações que permanecerem na Justiça Estadual e cuidarem de medicamentos não incorporados, as quais impuserem condenações aos Estados e Municípios, serão ressarcidas pela União, via repasses Fundo a Fundo (FNS ao FES ou ao FMS). Figurando somente um dos entes no polo passivo, cabe ao magistrado, se necessário, promover a inclusão do outro para possibilitar o cumprimento efetivo da decisão. 3.3.1) O ressarcimento descrito no item 3.3 ocorrerá no percentual de 65% (sessenta e cinco por cento) dos desembolsos decorrentes de condenações oriundas de ações cujo valor da causa seja superior a 7 (sete) e inferior a 210 (duzentos e dez) salários mínimos, a ser implementado mediante ato do Ministério da Saúde, previamente pactuado em instância tripartite, no prazo de até 90 dias. 3.4) Para fins de ressarcimento interfederativo, quanto aos medicamentos para tratamento oncológico, as ações ajuizadas previamente a 10 de junho de 2024 serão ressarcidas pela União na proporção de 80% (oitenta por cento) do valor total pago por Estados e por Municípios, independentemente do trânsito em julgado da decisão, a ser implementado mediante ato do Ministério da Saúde, previamente pactuado em instância tripartite, no prazo de até 90 dias. O ressarcimento para os casos posteriores a 10 de junho de 2024 deverá ser pactuado na CIT, no mesmo prazo.

IV – Análise judicial do ato administrativo de indeferimento de medicamento pelo SUS 4) Sob pena de nulidade do ato jurisdicional (art. 489, § 1º, V e VI, c/c art. 927, III, §1º, ambos do CPC), o Poder Judiciário, ao apreciar pedido de concessão de medicamentos não incorporados, deverá obrigatoriamente analisar o ato administrativo comissivo ou omissivo da não incorporação pela Conitec e da negativa de fornecimento na via administrativa, tal como acordado entre os Entes Federativos em autocomposição no Supremo Tribunal Federal. 4.1) No exercício do controle de legalidade, o Poder Judiciário não pode substituir a vontade do administrador, mas tão somente verificar se o ato administrativo específico daquele caso concreto está em conformidade com as balizas presentes na Constituição Federal, na legislação de regência e na política pública no SUS. 4.2) A análise jurisdicional do ato administrativo que indefere o fornecimento de medicamento não incorporado restringe-se ao exame da regularidade do procedimento e da legalidade do ato de não incorporação e do ato administrativo questionado, à luz do controle de legalidade e da teoria dos motivos determinantes, não sendo possível incursão no mérito administrativo, ressalvada a cognição do ato administrativo discricionário, o qual se vincula à existência, à veracidade e à legitimidade dos motivos apontados como fundamentos para a sua adoção, a sujeitar o ente público aos seus termos. 4.3) Tratando-se de medicamento não incorporado, é do autor da ação o ônus de demonstrar, com fundamento na Medicina Baseada em Evidências, a segurança e a eficácia do fármaco, bem como a inexistência de substituto terapêutico incorporado pelo SUS. 4.4) Conforme decisão da STA 175-AgR, não basta a simples alegação de necessidade do medicamento, mesmo que acompanhada de relatório médico, sendo necessária a demonstração de que a opinião do profissional encontra respaldo em evidências científicas de alto nível, ou seja, unicamente ensaios clínicos randomizados, revisão sistemática ou meta-análise.

V –Plataforma Nacional 5) Os Entes Federativos, em governança colaborativa com o Poder Judiciário, implementarão uma plataforma nacional que centralize todas as informações relativas às demandas administrativas e judiciais de acesso a fármaco, de fácil consulta e informação ao cidadão, na qual constarão dados básicos para possibilitar a análise e eventual resolução administrativa, além de posterior controle judicial. 5.1) A porta de ingresso à plataforma será via prescrições eletrônicas, devidamente certificadas, possibilitando o controle ético da prescrição, a posteriori, mediante ofício do Ente Federativo ao respectivo conselho profissional. 5.2) A plataforma nacional visa a orientar todos os atores ligados ao sistema público de saúde, possibilitando a eficiência da análise pelo Poder Público e compartilhamento de informações com o Poder Judiciário, mediante a criação de fluxos de atendimento diferenciado, a depender de a solicitação estar ou não incluída na política pública de assistência farmacêutica do SUS e de acordo com os fluxos administrativos aprovados pelos próprios Entes Federativos em autocomposição. 5.3) A plataforma, entre outras medidas, deverá identificar quem é o responsável pelo custeio e fornecimento administrativo entre os Entes Federativos, com base nas responsabilidades e fluxos definidos em autocomposição entre todos os Entes Federativos, além de possibilitar o monitoramento dos pacientes beneficiários de decisões judiciais, com permissão de consulta virtual dos dados centralizados nacionalmente, pela simples consulta pelo CPF, nome de medicamento, CID, entre outros, com a observância da Lei Geral de Proteção da Dados e demais legislações quanto ao tratamento de dados pessoais sensíveis. 5.4) O serviço de saúde cujo profissional prescrever medicamento não incorporado ao SUS deverá assumir a responsabilidade contínua pelo acompanhamento clínico do paciente, apresentando, periodicamente, relatório atualizado do estado clínico do paciente, com informações detalhadas sobre o progresso do tratamento, incluindo melhorias, estabilizações ou deteriorações no estado de saúde do paciente, assim como qualquer mudança relevante no plano terapêutico.

VI - Medicamentos incorporados. 6) Em relação aos medicamentos incorporados, conforme conceituação estabelecida no âmbito da Comissão Especial e constante do Anexo I, os Entes concordam em seguir o fluxo administrativo e judicial detalhado no Anexo I, inclusive em relação à competência judicial para apreciação das demandas e forma de ressarcimento entre os Entes, quando devido. 6.1) A(o) magistrada(o) deverá determinar o fornecimento em face de qual ente público deve prestá-lo (União, estado, Distrito Federal ou Município), nas hipóteses previstas no próprio fluxo acordado pelos Entes Federativos, anexados ao presente acórdão. (RE 1366243. Órgão julgador: Tribunal Pleno, Relator: Min. Gilmar Mendes, Julgamento: 16/09/2024, Publicação: 11/10/2024).

Previdência Social (RGPS)

- É um seguro social compulsório, eminentemente contributivo.
- Caráter contributivo, filiação obrigatória.
- Princípio da solidariedade financeira entre gerações.
- Cobertura:

a) eventos de incapacidade temporária ou permanente para o trabalho e idade avançada;

b) Maternidade, especialmente à gestante;

c) Proteção ao trabalhador em caso de desemprego involuntário;

d) Salário-família e auxílio-reclusão para dependentes de segurados de baixa renda;

e) Pensão por morte do segurado e dependentes.

- É vedada a adoção de requisitos ou critérios diferenciados para concessão de benefícios, ressalvada, nos termos de lei complementar, a possibilidade de previsão de idade e tempo de contribuição distintos da regra geral para concessão de aposentadoria exclusivamente em favor dos segurados:

I) com deficiência, previamente submetidos a avaliação biopsicossocial realizada por equipe multiprofissional e interdisciplinar;

II) cujas atividades sejam exercidas com efetiva exposição a agentes químicos, físicos e biológicos prejudiciais à saúde, ou associação desses agentes, vedada a caracterização por categoria profissional ou ocupação.

Assistência Social

- Objetivos (art. 203):

I - proteção à família, à maternidade, à infância, à adolescência e à velhice;

II - amparo às crianças e adolescentes carentes;

III - promoção da integração ao mercado de trabalho;

IV - habilitação e reabilitação das pessoas portadoras de deficiência e a promoção de sua integração à vida comunitária;

V - garantia de um salário mínimo de benefício mensal à pessoa portadora de deficiência e ao idoso que comprovem não possuir meios de prover à própria manutenção ou de tê-la provida por sua família, conforme dispuser a lei

→ Pode beneficiar brasileiros natos, naturalizados e estrangeiros (RE 587.970).

→ Idoso para receber este benefício precisa ter mais de 65 anos.

VI - redução da vulnerabilidade socioeconômica de famílias em situação de pobreza ou de extrema pobreza.

- Independe de contribuição à seguridade social.
- Art. 203 e 204 da CR/88 e LOAS (lei 8742/93)

Educação

A educação, direito de todos e dever do Estado e da família, será promovida e incentivada com a colaboração da sociedade, visando ao pleno desenvolvimento da pessoa, seu preparo para o exercício da cidadania e sua qualificação para o trabalho (art. 205).

Princípios:

Art. 206. O ensino será ministrado com base nos seguintes **princípios**:

I – igualdade de condições para o acesso e permanência na escola;

II – liberdade de aprender, ensinar, pesquisar e divulgar o pensamento, a arte e o saber;

III – pluralismo de ideias e de concepções pedagógicas, e coexistência de instituições públicas e privadas de ensino;

IV – gratuidade do ensino público em estabelecimentos oficiais;

V – valorização dos profissionais da educação escolar, garantidos, na forma da lei, planos de carreira, com ingresso exclusivamente por concurso público de provas e títulos, aos das redes públicas;

VI – gestão democrática do ensino público, na forma da lei;

VII – garantia de padrão de qualidade.

VIII – piso salarial profissional nacional para os profissionais da educação escolar pública, nos termos de lei federal.

IX - garantia do direito à educação e à aprendizagem ao longo da vida. (EC 108/20)

<table>
<tr><th colspan="3">Educação escolar</th></tr>
<tr><td rowspan="4">Educação básica</td><td rowspan="2">Educação infantil</td><td>Creche (até 3 anos de idade)</td></tr>
<tr><td>Pré-escola (de 4 a 5 anos de idade)</td></tr>
<tr><td colspan="2">Ensino fundamental (início aos 6 anos de idade, duração de 9 anos)</td></tr>
<tr><td colspan="2">Ensino médio (duração de no mínimo 3 anos)</td></tr>
<tr><td>Educação superior</td><td colspan="2"></td></tr>
</table>

- O acesso ao ensino obrigatório e gratuito é direito público subjetivo.
- O não-oferecimento do ensino obrigatório pelo Poder Público, ou sua oferta irregular, importa responsabilidade da autoridade competente.
- *Homeschooling* utilitarista (por conveniência familiar): permitido sua criação por meio de lei federal, desde que se cumpra a obrigatoriedade, de 4 a 17 anos, e se respeite o dever solidário Família/Estado, o núcleo básico de matérias acadêmicas, a supervisão, avaliação e fiscalização pelo Poder Público; bem como as demais previsões impostas diretamente pelo texto constitucional, inclusive no tocante às finalidades e objetivos do ensino; em especial, evitar a evasão escolar e garantir a socialização do indivíduo, por meio de ampla convivência familiar e comunitária. Tese fixada: "Não é direito público subjetivo do aluno ou sua família" (RE 888.815).
- São inconstitucionais:
  a) *unschooling* radical (desescolarização radical),
  b) *unschooling* moderado (desescolarização moderada),
  c) *homeschooling* puro, em qualquer de suas variações.
- "Escola livre", "escola sem partido", "escola sem ideologia de gênero": são inconstitucionais estas leis que, sob o pretexto de garantir "neutralidade", buscam eliminar a expressão gênero, impossibilitar o debate de questões políticas e sobre diversidade de gênero e orientação sexual. Contrariam a competência privativa da União para legislar sobre normas gerais, violam a liberdade de ensinar, o pluralismo de ideias e a diversidade de gênero e orientação sexual.
- Alguns importantes julgados do STF:

Dever das escolas de coibir o coibir bullying homofóbico

"1. Controvérsia interpretativa entre as diretrizes programáticas da educação brasileira e o combate às discriminações por gênero e orientação sexual. 2. O Estado Democrático de Direito é definido por um sentido expandido de igualdade. Entre os objetivos da República Federativa do Brasil, inscritos no art. 3º da Constituição Federal, materializa-se também o **combate às desigualdades baseadas na construção social do gênero**. 3. O direito à educação, incluído em seu bojo a instrução pública e a privada, orienta-se para a consecução dos objetivos republicanos de liberdade e igualdade. 4. É dever constitucional do Estado agir positivamente para a concretização de políticas públicas, incluídas as de cariz social e educativo, voltadas à promoção de igualdade de gênero e de orientação sexual. 5. Viola a Constituição da República e o direito convencional qualquer leitura da cláusula de abertura semântica da igualdade que não albergue o combate às desigualdades de gênero e de orientação sexual. 6. Ação direta julgada parcialmente procedente para **reconhecer a obrigação, por parte das escolas públicas e particulares, de coibir as discriminações por gênero, por identidade de gênero e por orientação sexual**" (ADI 5668/DF, julgado em: 01/07/2024).

Vedação dos temas "gênero" e "orientação sexual" é inconstitucional

[...] 1. **A competência privativa da União para legislar sobre diretrizes e bases da educação nacional (artigo 22, XXIV, da Constituição Federal) impede que leis estaduais, distritais e municipais estabeleçam princípios e regras gerais sobre ensino e educação, cabendo-lhes somente editar regras e condições específicas para a adequação da lei nacional à realidade local** (artigos 24, §§ 1º e 2º, e 30, I e II, CRFB). Precedentes: ADPF 457, Rel. Min. Alexandre de Moraes, Plenário, julgado em 24/4/2020; ADPF 526, Rel. Min. Cármen Lúcia, Plenário, julgado em 8/5/2020; e ADPF 467, Rel. Min. Gilmar Mendes, Plenário, julgado em 28/5/2020. 2. **A vedação da abordagem dos temas de "gênero" e de "orientação sexual" no âmbito escolar viola os princípios da liberdade,** enquanto pressuposto para a cidadania; da liberdade de ensinar e aprender; da valorização dos profissionais da educação escolar; da gestão democrática do ensino; do padrão de qualidade social do ensino; da livre manifestação do pensamento; e da livre expressão da atividade intelectual, artística, científica e de comunicação, independentemente de censura ou licença (artigos 1º, II e V; 5º, IV e IX; e 206, II, V, VI e VII, da Constituição Federal). 13. **A liberdade dos pais de fazer que filhos recebam educação religiosa e moral de acordo com suas convicções, prevista no artigo 12 da Convenção Americana de Direitos Humanos, encontra limites nos princípios constitucionais que conformam o direito fundamental à educação,** entre os quais se destacam a liberdade de aprender, ensinar, pesquisar e divulgar o pensamento, a arte e o saber e o pluralismo de ideias e concepções pedagógicas (artigo 206, II e III, CRFB). [...] 18. In casu, o parágrafo único do artigo 2º da Lei 6.496/2015 do Município de Cascavel - PR, que veda a adoção de "políticas de ensino que tendam a aplicar a ideologia de gênero, o termo 'gênero' ou 'orientação sexual'", viola a Constituição Federal, vez que (i) o estabelecimento de regras sobre o conteúdo didático e a forma de ensino usurpa competência privativa da União para legislar sobre diretrizes e bases da educação; e que (ii) **a proibição genérica de determinado conteúdo, supostamente doutrinador ou proselitista, desvaloriza o professor, gera perseguições no ambiente escolar, compromete o pluralismo de ideias, esfria o debate democrático e prestigia perspectivas hegemônicas por vezes sectárias.** [...] (ADPF 460/PR, julgado em: 29/06/2020).

Proibição de linguagem neutra é inconstitucional

Referendo de medida cautelar em ação direta de inconstitucionalidade. Estado do Amazonas. Proibição da incorporação da linguagem neutra à grade curricular e materiais didáticos das instituições de ensino, assim como do emprego em documentos oficiais. Inconstitucionalidade formal. (ADI 7644, julgado em: 28/05/2024).

Universidades (art. 207)

- integram o ensino superior,
- autonomia universitária: didático-científica, administrativa e de gestão financeira e patrimonial,
- princípio da indissociabilidade entre: ensino + pesquisa + extensão.

Educação pela iniciativa privada:

- Serviços de educação, seja os prestados pelo Estado, seja os prestados por particulares, configuram **serviço público não privativo** (ADI 1266).

- O ensino é **livre à iniciativa privada**, atendidas as seguintes condições (art. 209):

I – cumprimento das normas gerais da educação nacional;

II – autorização e avaliação de qualidade pelo Poder Público.

Regime de colaboração

A União, os Estados, o Distrito Federal e os Municípios organizarão em **regime de colaboração** seus sistemas de ensino (art. 211).

União	Organiza o sistema federal de ensino, tem função redistributiva em relação as suas escolas e supletiva.
Estados	Organiza o ensino fundamental e médio, tem função redistributiva em relação as suas escolas
Municípios	Organiza o ensino fundamental e educação infantil, tem função redistributiva em relação as suas escolas

Receita vinculada dos impostos em prol da educação:

União	mínimo 18% da receita resultante de impostos, compreendida a proveniente de transferências, na manutenção e desenvolvimento do ensino.
Estados/DF e Municípios	mínimo 25% da receita resultante de impostos, compreendida a proveniente de transferências, na manutenção e desenvolvimento do ensino.

Cultura

política cultural oficial. A ação cultural do Estado há de ser ação afirmativa que busque realizar a igualização dos socialmente desiguais, para que todos, igualmente, aufiram os benefícios da cultura" (SILVA, SILVA, José Afonso da. Comentário contextual à Constituição. 5. ed. São Paulo: Malheiros, 2008, p. 804).

- O Estado protegerá as manifestações das culturas populares, indígenas e afro-brasileiras, e das de outros grupos participantes do processo civilizatório nacional.
- A lei disporá sobre a fixação de datas comemorativas de alta significação para os diferentes segmentos étnicos nacionais.
- Plano Nacional de Cultura (art. 216, §3º): duração plurianual, visando ao desenvolvimento cultural do País e à integração das ações do poder público que conduzem à

  a) defesa e valorização do patrimônio cultural brasileiro

  b) produção, promoção e difusão de bens culturais

  c) formação de pessoal qualificado para a gestão da cultura em suas múltiplas dimensões

d) democratização do acesso aos bens de cultura

e) valorização da diversidade étnica e regional.

- Plano Nacional de Cultura: Lei 12.343/10 (duração de 14 anos).
- Constituem **patrimônio cultural** brasileiro os bens de natureza material e imaterial, tomados individualmente ou em conjunto, portadores de referência à identidade, à ação, à memória dos diferentes grupos formadores da sociedade brasileira (art. 216).
- Formas de proteção do patrimônio cultural: inventários, registros, vigilância, tombamento e desapropriação, e de outras formas de acautelamento e preservação (art. 216, §1º).
- Ficam tombados todos os documentos e os sítios detentores de reminiscências históricas dos antigos quilombos (art. 216, §5º).

Desporto (art. 217)

- É dever do Estado fomentar práticas desportivas formais e não-formais, como direito de cada um (art. 217).
- Destinação de recursos públicos para a promoção prioritária do desporto educacional e, em casos específicos, para a do desporto de alto rendimento.
- O Poder Judiciário só admitirá ações relativas à disciplina e às competições desportivas após esgotarem-se as instâncias da **justiça desportiva**, a qual terá o prazo máximo de sessenta dias, contados da instauração do processo, para proferir decisão final. A Justiça Desportiva é órgão administrativo, não integra o Judiciário.
- O Poder Público incentivará o lazer, como forma de promoção social (art. 217, §3º).

Justiça desportiva
Natureza: órgão administrativo
Não integra o Poder Judiciário
Prévio esgotamento da via administrativa para se acionar o Judiciário

Ciência, Tecnologia e Inovação

- O Estado promoverá e incentivará o desenvolvimento científico, a pesquisa, a capacitação científica e tecnológica e a inovação (art. 218)
- Estado promoverá e incentivará a atuação no exterior das instituições públicas de ciência, tecnologia e inovação, com vistas à execução das atividades voltadas ao desenvolvimento científico, a pesquisa, a capacitação científica e tecnológica e a inovação (§7º).
- A pesquisa científica básica e tecnológica receberá tratamento prioritário do Estado, tendo em vista o bem público e o progresso da ciência, tecnologia e inovação (§1º).

Pesquisa científica básica	Pesquisa tecnológica
Tem em vista o bem público e o progresso da ciência, tecnologia e inovação.	Volta-se para a solução dos problemas brasileiros e o desenvolvimento do sistema produtivo nacional e regional.

Mercado interno: integra o patrimônio nacional e será incentivado de modo a viabilizar o desenvolvimento cultural e socioeconômico, o bem-estar da população e a autonomia tecnológica do País, nos termos de lei federal (art. 219).

→ "A previsão do mercado interno enquanto patrimônio nacional afasta, assim, a ideia liberal clássica e consagra uma perspectiva de Estado Social de Direito, fixando uma concepção social do mercado" (LENZA, Pedro. *Direito constitucional esquematizado*. 18. ed. São Paulo: Saraiva, 2014, p. 1310).

- **Sistema Nacional de Ciência, Tecnologia e Inovação (SNCTI)**: será organizado em regime de colaboração entre entes, tanto públicos quanto privados, com vistas a promover o desenvolvimento científico e tecnológico e a inovação (Art. 219-B).
- Lei federal disporá sobre as normas gerais do SNCTI e os Estados, o Distrito Federal e os Municípios legislarão concorrentemente sobre suas peculiaridades.

Comunicação Social

- A manifestação do pensamento, a criação, a expressão e a informação, sob qualquer forma, processo ou veículo não sofrerão qualquer restrição, observado o disposto nesta Constituição (art. 220).

Assédio judicial

> "1. Constitui assédio judicial comprometedor da liberdade de expressão o ajuizamento de inúmeras ações a respeito dos mesmos fatos, em comarcas diversas, com o intuito ou o efeito de constranger jornalista ou órgão de imprensa, dificultar sua defesa ou torná-la excessivamente onerosa; 2. Caracterizado o assédio judicial, a parte demandada poderá requerer a reunião de todas as ações no foro de seu domicílio. 3. A responsabilidade civil de jornalistas ou de órgãos de imprensa somente estará configurada em caso inequívoco de dolo ou de culpa grave (evidente negligência profissional na apuração dos fatos)." (ADI 6.792 e ADI 7.055, rel. min. Rosa Weber, red. do ac. min. Luís Roberto Barroso, j. 22.05.2024, *Informativo STF* 1.138).

- É vedada toda e qualquer censura de natureza política, ideológica e artística (art. 220, §2º).
- A responsabilização, nas esferas penal, civil e administrativa, daquele que, ao veicular matéria jornalística, abusar da liberdade de imprensa, sem que referida sanção, aplicada a posteriori, configure censura (ARE 685.495/SP)
- Exigência de autorização para publicação biografia é censura prévia (ADI 4815).

> "1. A plena proteção constitucional à liberdade de imprensa é consagrada pelo binômio liberdade com responsabilidade, vedada qualquer espécie de censura prévia. Admite-se a possibilidade posterior de análise e responsabilização, inclusive com remoção de conteúdo, por informações comprovadamente injuriosas, difamantes, caluniosas, mentirosas, e em relação a eventuais danos materiais e morais. Isso porque os direitos à honra, intimidade, vida privada e à própria imagem formam a proteção constitucional à dignidade da pessoa humana, salvaguardando um espaço íntimo intransponível por intromissões ilícitas externas. 2. Na hipótese de publicação de entrevista em que o entrevistado imputa falsamente prática de crime a terceiro, a empresa jornalística somente poderá ser responsabilizada civilmente se: (i) à época da divulgação, havia indícios concretos da falsidade da imputação; e (ii) o veículo deixou de observar o dever de cuidado na verificação da veracidade dos fatos e na divulgação da existência de tais indícios" (RE 1.075.412 / Tema 995 da Repercussão Geral)

- Compete à lei federal (§3º):

a) regular as diversões e espetáculos públicos, cabendo ao Poder Público informar sobre a natureza deles, as faixas etárias a que não se recomendem, locais e horários em que sua apresentação se mostre inadequada;

b) estabelecer os meios legais que garantam à pessoa e à família a possibilidade de se defenderem de programas ou programações de rádio e televisão que contrariem o disposto no art. 221, bem como da propaganda de produtos, práticas e serviços que possam ser nocivos à saúde e ao meio ambiente.

- Os meios de comunicação social não podem, direta ou indiretamente, ser objeto de monopólio ou oligopólio (§5º)
- A produção e a programação das emissoras de rádio e televisão atenderão aos seguintes princípios (art. 221):

  a) preferência a finalidades educativas, artísticas, culturais e informativas;

  b) promoção da cultura nacional e regional e estímulo à produção independente que objetive sua divulgação;

  c) regionalização da produção cultural, artística e jornalística, conforme percentuais estabelecidos em lei;

  d) respeito aos valores éticos e sociais da pessoa e da família.

- Princípio da complementaridade dos sistemas privado, público e estatal (art. 223): devem coexistir no sistema de comunicação, os sistemas privado (iniciativa privada), público (comunitário, TV universitária, etc) e estatal (governamental).
- STF decidiu que o exercício do jornalismo não pode sofrer qualquer restrição, logo, não se exige diploma para o exercício do jornalismo (RE 511.961).
- STF decidiu que a lei de imprensa não foi recepcionada (ADPF 130).
- Conselho de Comunicação Social (art. 224): regulado na lei 8389/91, tem a finalidade de elaborar estudos, pareceres para o Congresso Nacional sobre comunicação social.

Meios de comunicação	
Livros, jornais, periódico	**Radiodifusão de sons e de sons e imagens**
Exercício livre (art. 220, §6º)	Explorados diretamente pela União ou mediante concessão/permissão/autorização. (art. 21, XII, a)

Meio Ambiente (art. 225):

- Todos têm direito ao meio ambiente ecologicamente equilibrado, **bem de uso comum do povo** e essencial à sadia qualidade de vida, impondo-se ao Poder Público e à coletividade o dever de defendê-lo e preservá-lo para as presentes e futuras gerações (art. 225).
- Integra a 3ª geração/dimensão de direitos fundamentais.

- As condutas e atividades consideradas lesivas ao meio ambiente sujeitarão os infratores, pessoas físicas ou **jurídicas**, a **sanções penais** e administrativas, independentemente da obrigação de reparar os danos causados (§3º).
- Não se consideram cruéis as práticas desportivas que utilizem animais, desde que sejam manifestações culturais, conforme o § 1º do art. 215 desta Constituição Federal, registradas como bem de natureza imaterial integrante do patrimônio cultural brasileiro, devendo ser regulamentadas por lei específica que assegure o bem-estar dos animais envolvidos (EC 96/17) → ADI 5.728/DF pendente julgamento (dez/2024) para que esta emenda seja declarada inconstitucional.
- Alteração incluída pela Reforma Tributária: Para assegurar a efetividade do direito ao meio ambiente ecologicamente equilibrado incumbe ao Poder Público: manter regime fiscal favorecido para os biocombustíveis e para o hidrogênio de baixa emissão de carbono, na forma de lei complementar, a fim de assegurar-lhes tributação inferior à incidente sobre os combustíveis fósseis, capaz de garantir diferencial competitivo em relação a estes, especialmente em relação às contribuições de que tratam o art. 195, I, "b", IV e V, e o art. 239 e aos impostos a que se referem os arts. 155, II [ICMS] e 156-A [IBS de competência compartilhada].

Família:

- O casamento é civil e gratuita a celebração (e não habilitação!)
- ADI 4277 e ADPF132: reconhecimento da união estável homoafetiva (espécie autônoma de entidade familiar).
- Resolução CNJ 175/2013: os cartórios devem realizar o casamento civil homoafetivo e a conversão de união estável em casamento civil.

Sucessão da companheira

Tese: É inconstitucional a distinção de regimes sucessórios entre cônjuges e companheiros prevista no art. 1.790 do CC/2002, devendo ser aplicado, tanto nas hipóteses de casamento quanto nas de união estável, o regime do art. 1.829 do CC/2002. (A mesma tese foi fixada para o Tema 498)

A Constituição brasileira contempla diferentes formas de família legítima, além da que resulta do casamento. Nesse rol incluem-se as famílias formadas mediante união estável. **Não é legítimo desequiparar, para fins sucessórios, os cônjuges e os companheiros**, isto é, a família formada pelo casamento e a formada por união estável. Tal hierarquização entre entidades familiares é incompatível com a Constituição de 1988. Assim sendo, o art. 1790 do Código Civil, ao revogar as Leis 8.971/1994 e 9.278/1996 e discriminar a companheira (ou o companheiro), dando-lhe direitos sucessórios bem inferiores aos conferidos à esposa (ou ao marido), entra em contraste com os princípios da igualdade, da dignidade humana, da proporcionalidade como vedação à proteção deficiente, e da vedação do retrocesso. Com a finalidade de preservar a segurança jurídica, o entendimento ora firmado é aplicável apenas aos inventários judiciais em que não tenha havido trânsito em julgado da sentença de partilha, e às partilhas extrajudiciais em que ainda não haja escritura pública. (RE 878.694, rel. min. Roberto Barroso, j. 10-5-2017, P, *DJE* de 6-2-2018, Tema 809).

Dever de vacinação: responsabilidade do município

É dever do Estado proteger a infância e a adolescência, assegurando o direito social à saúde e à educação. A vacinação obrigatória é matéria já decidida em julgamento com repercussão geral (Tema 1103). O direito assegurado a todos os brasileiros e brasileiras de conviver num ambiente sanitariamente seguro sobrepõe-se a eventuais pretensões individuais de não se vacinar. **No caso da vacinação contra a Covid-19, uma vez incluída no Plano Nacional de Imunização, não pode o poder público municipal normatizar no sentido de sua não obrigatoriedade, sob pena de desrespeito à distribuição de competências legislativas**. (ADPF 1.123 MC-REF, rel. min. Cristiano Zanin, j. 11.03.2024, P, *DJE* de 24.04.2024)

Criança e adolescente:

- A criança, o adolescente e o jovem gozam de absoluta prioridade no atendimento de seus direitos.
- Princípios do Direito da Infância e Adolescência:

  1. Prioridade absoluta
  2. Proteção integral
  3. Melhor interesse
  4. Peculiar estado de pessoa em desenvolvimento
  5. Municipalização do atendimento

Jovem:

- Emenda Constitucional nº 65/10: passou a cuidar dos direitos dos jovens.

- Lei 12.852/13: Estatuto da Juventude (jovem = pessoa de 15 a 29 anos de idade).

Idoso:

- A família, a sociedade e o Estado têm o dever de amparar as pessoas idosas, assegurando sua participação na comunidade, defendendo sua dignidade e bem-estar e garantindo-lhes o direito à vida (art. 230).
- Os programas de amparo aos idosos serão executados preferencialmente em seus lares (§1º).
- Lei 10.741/03: Estatuto do Idoso (a partir de **60 anos de idade**).
- Aos maiores de **65 anos de idade** é garantida a gratuidade dos transportes coletivos urbanos (§2º) - Norma constitucional de eficácia plena e aplicabilidade imediata (ADI 3.768).

Índios

- São reconhecidos aos índios sua organização social, costumes, línguas, crenças e tradições, e os direitos originários sobre as terras que tradicionalmente ocupam, competindo à União demarcá-las, proteger e fazer respeitar todos os seus bens (art. 231).
- São terras tradicionalmente ocupadas pelos índios as por eles habitadas em caráter permanente, as utilizadas para suas atividades produtivas, as imprescindíveis à preservação dos recursos ambientais necessários a seu bem-estar e as necessárias a sua reprodução física e cultural, segundo seus usos, costumes e tradições (§1º).
- Os índios, suas comunidades e organizações são partes legítimas para ingressar em juízo em defesa de seus direitos e interesses, intervindo o Ministério Público em todos os atos do processo (art. 232).
- Lei 6001/73: Estatuto do Índio: "É todo indivíduo de origem e ascendência pré-colombiana que se identifica e é identificado como pertencente a um grupo étnico cujas características culturais o distinguem da sociedade nacional" (art. 3º).
- Convenção 169 da Organização Internacional do Trabalho (OIT): define povos indígenas e tribais.

13. CONTROLE DE CONSTITUCIONALIDADE

Definição: É a verificação da relação imediata de compatibilidade vertical entre norma legal (objeto) e norma constitucional (parâmetro), serve para garantir a supremacia da Constituição, a coerência e harmonia do ordenamento jurídico.

Elementos:

Parâmetro: Constituição em vigor.

Objeto: lei ou ato normativo.

	Controle de constitucionalidade	Controle de convencionalidade	Controle de legalidade
Parâmetro	Constituição	Convenções de Direitos Humanos	Lei

Pressupostos:

1. Supremacia da Constituição
2. Rigidez da Constituição
3. Órgão dotado de função para exercer o controle

Tipos (ou formas) de inconstitucionalidade:

a) Quanto à origem do vício / quanto a norma ofendida:
   1) **Inconstitucionalidade formal ou nomodinâmica**: relacionada a forma, ou procedimento.
   2) **Inconstitucionalidade material ou nomoestática**: relacionada ao conteúdo ou matéria.

b) Quanto à causa da inconstitucionalidade:
   1) **Inconstitucionalidade por ação:** deriva de uma norma publicada.
   2) **Inconstitucionalidade por omissão:** deriva da falta de norma.

c) Quanto à extensão:
   1) **Inconstitucionalidade total:** quando se atinge toda a lei ou ato normativo impugnado.
   2) **Inconstitucionalidade parcial:** quando se atinge somente parte da lei ou ato normativo impugnado.

d) Quanto ao momento (considera-se como marco temporal a data da norma impugnada):

1) **Inconstitucionalidade originária:** ocorre quando a lei ou ato normativo é publicado após a Constituição comparada.

2) **Inconstitucionalidade superveniente:** ocorre quando a lei ou ato normativo é publicado antes da Constituição comparada. O STF não aceita tal tese, pois se entende que a via adequada é a recepção (e não o controle), de modo que haverá revogação da lei ou ato normativo incompatível com a nova Constituição.

Sistemas de controle:

a) Quanto a natureza do órgão / critério subjetivo / competência:
   1) **Controle político**: na França
   2) **Controle judicial**: nos Estados Unidos
   3) **Controle misto, híbrido, paralelo ou dual**: Brasil

b) Quanto ao momento do exercício
   1) **Controle preventivo** = antes da vigência da norma (projeto de lei, PEC)
   2) **Controle repressivo** = após a vigência da norma

No Brasil:

- Todos as formas de controle são admitidas.
- Em regra, o político é preventivo e o judicial é repressivo
- Exceções: o político é repressivo e o judicial é preventivo.

	Preventivo	**Repressivo**
Legislativo	Quando rejeita projeto de lei inconstitucional, seja pela atuação da CCJ ou plenário da casa.	Rejeita a conversão da MP em lei ou edita decreto legislativo para sustar lei delegada exorbitante. (Art. 49, V, CR)
Executivo	Veto jurídico (art. 66, §1º, CR)	*Repúdio executivo a lei inconstitucional* (chefe do executivo se recusa a cumprir lei inconstitucional)
Judiciário	MS impetrado por parlamentar para impedir tramitação de PEC e projeto de lei inconstitucionais (MS 23.565, MS 21.648, MS 23.047)	Controle de constitucionalidade

Métodos:

a) Quanto ao número de órgãos (critério competência judicial):
   1) **Controle difuso:** todos órgãos judiciários (Estados Unidos)
   2) **Controle concentrado**: um ou alguns órgãos judiciais (Áustria)

b) Quanto ao modo do exercício (critério formal):
   1) **Controle pela via de exceção:** declaração de inconstitucionalidade é causa de pedir.
   2) **Controle pela via de ação**: declaração de inconstitucionalidade é pedido.

No Brasil:

Há os 2 "controles" (difuso e concentrado)	
O Difuso na via de exceção	O Concentrado na via de ação

→Há uma tendência a hibridação, ou seja, há uma influência recíproca entre o controle concreto e o controle abstrato. Esta tendência se mostra na concretização do controle abstrato (uso de institutos do controle concreto no abstrato) e na abstrativização do controle concreto (extensão do efeito vinculante, próprio do abstrato, ao controle concreto).

Natureza da lei declarada inconstitucional:

a) Ato Nulo (sistema estadunidense) → decisão declaratória – eficácia *ex tunc.*

b) Anulável (sistema austríaco, Kelsen) → decisão constitutiva – eficácia *ex nunc.*

O STF adota a teoria das nulidades, porém de forma flexibilizada pela modulação de efeitos, prevista nos artigos 27 e 28 da lei 9868/99.

Controle de constitucionalidade nas Constituições brasileiras:

Constituição 1824	Não há.
Constituição de 1891	**Controle difuso**
Constituição de 1934	**ADI Interventiva** **Cláusula de reserva de plenário** Difuso
Constituição de 1937	Presidente da República podia submeter a decisão de inconstitucionalidade ao Legislativo que por 2/3 de votos poderia derrubar a inconstitucionalidade. Difuso
Constituição de 1946	**Controle Concentrado: ADI (legitimidade só do PGR) – EC 16/1965** **Controle concentrado no âmbito estadual** Difuso
Constituição de 1967/1969	**ADI interventiva para intervenção no Município** Difuso ADI (legitimidade só do PGR)
Constituição de 1988	**Ação Direta de inconstitucionalidade por omissão,** **Ação declaratória de constitucionalidade (EC 03/93)** **Arguição de descumprimento de preceito fundamental** **Ampliou legitimidade da ADI e ADC (EC 45/04)** Difuso ADI interventiva

Controle Difuso

Nomenclatura: pela via de exceção, pela via de defesa, controle incidental, *incidenter tantum*, arguição de inconstitucionalidade, controle aberto, desconcentrado, concreto.

Origem: 1803, nos Estados Unidos, caso *Marbury x Madison*, julgado pelo juiz *John Marshall*. Há quem aponte outros precedentes.

Cabimento: arguido em qualquer processo (conhecimento, cautelar, execução).

Forma: incidental ou *incidenter tantum* (alegado no caso concreto, como uma prejudicial ao mérito). É causa de pedir (fundamento do pedido). Portanto, a decisão não faz coisa julgada.

Efeitos da declaração de inconstitucionalidade:

a) Pessoais: *inter partes* → para ampliar os efeitos deve-se aplicar art. 52, X, CR*.

b) Temporais: *ex tunc* (retroativos). Lembrando que cabe modulação de efeitos.

* **Suspensão de Execução (art. 52, X, CR)**

- Existe desde a Constituição de 1934.
- É um mecanismo de conversão da eficácia *inter partes* (típica do controle difuso) em eficácia *erga omnes* (típica do controle concentrado).
- De acordo com a Teoria da Facultatividade, o Senado Federal não é obrigado a suspender a execução de lei declarada inconstitucional pelo STF.
- A resolução pode suspender lei federal, estadual/distrital ou municipal.
- Senado pode suspender a execução da lei declarada inconstitucional pelo STF no todo ou em parte, mas não pode extrapolar a decisão do STF.
- Requisitos: declaração de inconstitucionalidade pelo STF pela via do controle difuso, trânsito em julgado da decisão, comunicação ao Senado Federal acompanhada de parecer do PGR, publicação da resolução do Senado Federal no Diário oficial da União. O projeto de resolução será elaborado pela Comissão de Constituição, Justiça e Cidadania, conforme art. 388 do Regimento Interno do SF.
- Efeitos da resolução do Senado Federal: doutrina majoritária aponta como *ex nunc* (José Afonso da Silva), mas há doutrina entendendo ser *ex tunc* (Gilmar Mendes).
- Exemplo: Resolução 5/2012 do Senado Federal suspendeu a execução da expressão "vedada a conversão em penas restritivas de direitos" do art. 33, §4º da lei 11.343/06 conforme decisão do STF no HC 97.256/RS.

- **Teoria da abstrativização dos efeitos do controle difuso**: por esta ideia, os efeitos deste controle também são erga omnes, por força de uma mutação constitucional, de modo que a comunicação do Senado seria uma mera comunicação, para dar publicidade à decisão. Tese defendida pela Min. Gilmar Mendes.

  "[...] a conclusão é insofismável: as decisões proferidas em recurso extraordinário com repercussão geral e as proferidas em controle concentrado tem adquirido gradativamente os mesmos efeitos, seja pela atuação do próprio Poder Judiciário ou do Poder Legislativo (vide Lei nº 11418/06 e CPC/15). Trata-se do fenômeno da objetivação do controle difuso, também intitulado de abstrativização do controle difuso" (Fernandes, Bernardo Gonçalves. *Curso de direito constitucional.* 16. ed. Salvador: JusPodivm, 2024, p. 1525).

Legitimidade: demandante, demandado, terceiro interveniente, Ministério Público.

Competência para julgar: qualquer juiz ou tribunal (tribunais devem observar cláusula de reserva de plenário ou cláusula *full bench*, prevista no art. 97, CR), inclusive, de ofício.

Cláusula de reserva de plenário (*full bench* ou *full court*): art. 97 CR e arts. 948/950 CPC, Súmula 513/STF, Súmula Vinculante nº 10. Também denominada de cisão funcional de competência no plano horizontal (Gilmar Mendes), pois entre câmara e plenário não há hierarquia (horizontalidade).

A Câmara ou Turma julga o mérito da ação, e o plenário julga só a prejudicial.

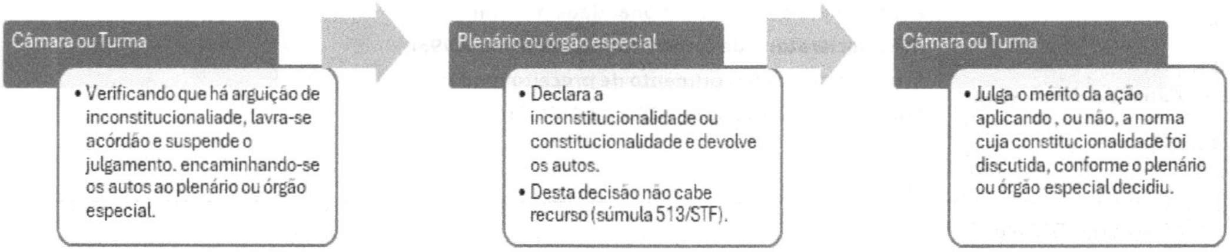

→ Exceção a cláusula de reserva de plenário: art. 949, parágrafo único do CPC: os órgãos fracionários dos tribunais não submeterão ao plenário, ou ao órgão especial, a arguição de inconstitucionalidade, quando já houver pronunciamento destes ou do plenário do Supremo Tribunal Federal sobre a questão.

→ STF: as turmas recursais não precisam observar a cláusula de reserva de plenário, pois turma recursal não é tribunal (**RE 453.744-AgR).**

→ Ao juízo monocrático não se aplica a cláusula reserva de plenário.

→ Natureza jurídica: condição de eficácia jurídica da própria declaração de inconstitucionalidade dos atos do poder público, aplicando-se para todos os tribunais, via difusa, e para o STF, também no controle concentrado. (RE 361.829)

Cláusula reserva de plenário / *full bench*	
Previsão:	"Art. 97. Somente pelo voto da maioria absoluta de seus membros ou dos membros do respectivo órgão especial poderão os tribunais declarar a inconstitucionalidade de lei ou ato normativo do Poder Público".
Procedimento:	Art. 948/950 CPC (cisão funcional de competência horizontal)
Natureza jurídica	Condição de eficácia jurídica da declaração de inconstitucionalidade
Quórum	Maioria absoluta dos membros ou do órgão especial
Exceção	Nos casos em que já houver pronunciamento do órgão especial ou do plenário do respectivo tribunal, ou do plenário do Supremo Tribunal Federal sobre a questão (art. 949, parágrafo único, CPC)
Não se aplica:	a) aos Juizados Especiais, b) ao juízo monocrático c) ao STF no exercício do controle difuso

Controle de constitucionalidade coletivo: refere-se à arguição de inconstitucionalidade em sede de ação civil pública. O assunto enseja alguma polêmica, porém, doutrina e jurisprudência majoritárias entendem pela possibilidade, tendo em vista que no controle difuso, a arguição de inconstitucionalidade é causa de pedir, logo, será decidida na fundamentação e não fará coisa julgada (Luís Roberto Barroso, Hugo Nigro Mazzilli).

Controle Concentrado

Ação direta de inconstitucionalidade (ADI)	Lei 9868/99
Ação declaratória de constitucionalidade (ADC)	
Ação direta de inconstitucionalidade (ADO)	
Ação de descumprimento de preceito fundamental (ADPF)	Lei 9882/99
Ação direta de inconstitucionalidade interventiva ou Representação Interventiva	Lei 12562/11

Ação direta de inconstitucionalidade (ADI)

	Perante o STF	Perante o TJ local
Legitimados	Art. 103, CR	Art. 125,§2º,CR + Definição na CE local
Parâmetro	CR	CE local
Órgão competente	STF	TJ local
Objeto	Lei ou ato normativo federal ou estadual/distrital	Lei ou ato normativo estadual/distrital, municipal

Situações especiais:

→ Lei federal pode sofrer controle perante o TJ pelo controle difuso.

→ Lei municipal pode sofrer controle perante o STF via ADPF ou via RE no caso da lei municipal contrariar norma de repetição obrigatória da CE.

→ Cabe ADI de lei ou ato normativo distrital que contraria a CR, se for de competência estadual. Lembrando que, conforme art. 32§1ºCR, o DF tem competência estadual e municipal.

→ Lei orgânica não é parâmetro de controle para as demais leis municipais, pois não há supremacia. Haverá mero controle de legalidade.

→ Cabe ADI contra lei ou ato normativo que viole a Lei Orgânica do DF, pois esta se equipara a Constituição Estadual (art. 30 da lei 9868/99).

→ Em relação à norma constitucional de repetição obrigatória: caberá ADI-Estadual perante o TJ local, mas com a possibilidade de RE para o STF *(ver Reclamação 383/STF)*

Legitimados ativos: art. 103, CR.

Legitimidade ativa especial	Legitimidade ativa universal
IV - a Mesa de Assembleia Legislativa ou da Câmara Legislativa do Distrito Federal; V - o Governador de Estado ou do Distrito Federal; IX - confederação sindical ou entidade de classe de âmbito nacional.	I - o Presidente da República; II - a Mesa do Senado Federal; III - a Mesa da Câmara dos Deputados; VI - o Procurador-Geral da República; VII - o Conselho Federal da Ordem dos Advogados do Brasil; VIII - partido político com representação no Congresso Nacional;
Pertinência temática: é o modo pelo qual o legitimado ativo especial demonstra o seu interesse na propositura da ação. É uma forma de verificar a adequação entre o tema da ação e a função do interessado em propor a ação.	

Capacidade Postulatória:

Tem capacidade postulatória	Não tem capacidade postulatória
I - o Presidente da República; II - a Mesa do Senado Federal; III - a Mesa da Câmara dos Deputados; IV - a Mesa de Assembleia Legislativa ou da Câmara Legislativa do Distrito Federal; V - o Governador de Estado ou do Distrito Federal VI - o Procurador-Geral da República; VII - o Conselho Federal da Ordem dos Advogados do Brasil	VIII - partido político com representação no Congresso Nacional, IX - confederação sindical ou entidade de classe de âmbito nacional

Objeto:

Cabe ADI	NÃO cabe ADI
Emenda constitucional	Normas constitucionais originárias,
Leis (complementares, ordinárias, delegadas)	Lei municipais
Medida provisória	Ator normativo anterior a CR,
Decreto legislativo	Decreto executivo
Decreto autônomo	Atos infralegais
Tratados internacionais	Atos normativos de eficácia exaurida ou já revogados
Constituições estaduais	Súmula Vinculante
Regimentos internos	Consultas do TSE
Resoluções (inclusive Resoluções do TSE)	
Ato normativo editado por pessoa jurídica de direito público	
Leis orçamentárias (antes não, hoje SIM)	

***Custos constitutionis* ou *custos legis*:** é a atuação obrigatória do Ministério Público, nos processos de controle de constitucionalidade, previsto no art. 103, §1º, CR.

***Defensor legis*:** exerce a defesa da presunção de constitucionalidade da lei ou ato normativo impugnado. Previsto no art. 103, §3ºCR. É uma atuação plenamente vinculada, por força da Constituição, mas a jurisprudência do STF tem admitido algumas exceções (por exemplo, quando já houver pronunciamento anterior do STF em caso idêntico (ADI 1616)).

Amicus curiae:

- Colaborador informal da corte, amigo da corte.
- É definido como órgão ou entidade admitida no processo de controle de constitucionalidade para discutir sobre a validade de lei ou ato normativo impugnado ou questionado. Serve como instrumento democrático de participação nas decisões do STF sobre controle de constitucionalidade. Previsto no art. 7º, §2ºLei 9868/99.
- Não pode ser pessoa física.
- Natureza jurídica: intervenção de terceiros *sui generis*.
- Participação pode se por escrito ou sustentação oral (art. 131§3º do RISTF)
- Alguns ministros exigem pertinência temática (ADI 3931, 3943, 4154)
- Pedido admitido até a data em que o relator pede inclusão do processo em pauta.
- "[...] Portanto, o Min. Celso de Mello afirmou que votou baseado na realidade daquela época. Vale ressaltar, no entanto, que o Ministro explicou que, atualmente o Plenário do STF tem entendido que é irrecorrível a decisão do relator que admite ou inadmite o ingresso de *amicus curiae* em processo de controle concentrado. Do mesmo modo que o colegiado tem considerado inaplicável o art. 138 do CPC de 2015 aos processos do controle concentrado de constitucionalidade" (Fernandes, Bernardo Gonçalves. *Curso de direito constitucional.* 16. ed. Salvador: JusPodivm, 2024, p. 1556).
- Requisitos (art. 7º, §2º): relevância da matéria e representatividade dos postulantes.
- Ações que admitem *amicus curiae*:
  a) ADI
  b) ADC (Pedro Lenza admite por analogia)
  c) ADPF (art. 6º§2º lei 9882/99)
  d) ADO (art. 12-E, lei 9868/99)
  e) ADI Interventiva: art. 7º, par. único lei 12562/11 (interpretação extensiva)
  f) No controle difuso.

  "O amicus curiae não tem legitimidade para opor embargos de declaração em recurso extraordinário com repercussão geral. Todavia, em sede de recurso extraordinário, o relator eventualmente pode ouvir os terceiros sobre a questão da repercussão geral e levar a matéria para esclarecimentos (art. 323, § 3º, RISTF). STF. Plenário. RE 955.227 ED e ED-segundos/BA. RE 949.297 ED a ED-quartos/CE. Rel. Min. Luís Roberto Barroso, julgado em 04/04/2024 (Repercussão Geral – Tema 881) (Info 1131).

Procedimento

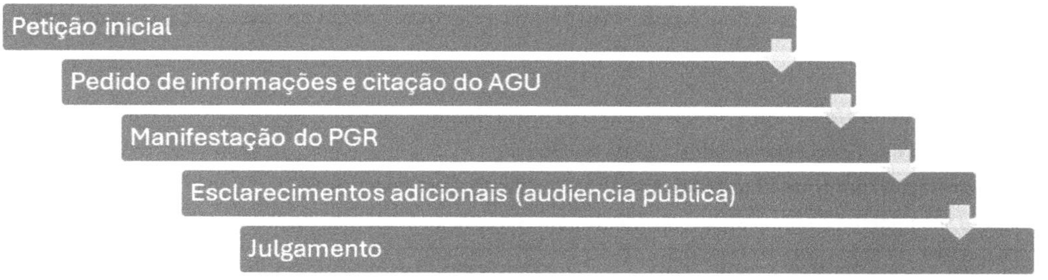

- Procedimento: Lei 9868/99, art. 169 a 178 do RISTF e art. 103§1º e §3º CR/88.
- O STF não está vinculado à causa de pedir, podendo declarar a inconstitucionalidade com fundamento diverso do da inicial.
- A decisão final é irrecorrível, só cabem embargos declaratórios.
- Não cabe ação rescisória.
- Não há prazo em dobro.
- Não cabe intervenção de terceiros.
- Vedada desistência da ação.

<u>Liminar / "medida cautelar"</u>

- Natureza jurídica: tutela antecipada (Teori Zavaski), embora a Constituição e a lei usem o termo medida cautelar, é tecnicamente antecipação de tutela e não medida cautelar.

- Efeitos da liminar:
  a) *erga omnes* e, em regra, *ex **n**unc* (art. 11§1º)
  b) torna aplicável a legislação anterior (art. 11§2º)
  c) o indeferimento não tem efeito vinculante
- Rito abreviado: o relator se abstém de conhecer a matéria como liminar e submete o processo diretamente ao tribunal para que este julgue a liminar e se quiser a ação por completo. Foi aplicado pela primeira vez na ADI 2797. Está previsto no art. 12 lei 9868/99.
- Requisitos:
  a) Plausibilidade jurídica das alegações (*fumus boni iuris),*
  b) Possibilidade de prejuízo pela demora (*periculum in mora)*
  c) Prévia oitiva das autoridades responsáveis pelo ato impugnado, salvo caso de urgência
  d) Voto da maioria absoluta, salvo período de recesso.

Decisão de mérito

- Quórum: maioria absoluta, estando presentes pelo menos oito ministros (art. 22).

Quórum de julgamento da ADI	
Instalação	8 (art. 22)
Concessão de liminar	6 (art. 10)
Decisão de mérito	6 (art. 23)

- Efeitos da decisão de mérito da ADI:
  a) *erga omnes* (eficácia geral, contra todos): art. 102, §2º, CR.
  b) *ex tunc* (decorre da declaração de nulidade)
  c) Vinculante: art. 102, §2º, CR.
  d) Efeito repristinatório
  e) Efeito dúplice ou ambivalente: art. 24 da lei 9868/99

Modulação dos efeitos da declaração de inconstitucionalidade

São técnicas de decisão que flexibilizam / manipulam os efeitos temporais da decisão de mérito no controle concentrado.

Há 4 técnicas:

a) **Afastamento do efeito repristinatório**: art. 11,§2º da lei 9868/99.

b) **Modulação da eficácia temporal:** art. 27 da lei 9868/99

c) **Interpretação conforme a constituição**: art. 28, parágrafo único da lei 9868/99

d) **Declaração parcial de inconstitucionalidade sem redução de texto**: art. 28, parágrafo único da lei 9868/99.

Interpretação conforme a constituição	Declaração parcial de inconstitucionalidade sem redução de texto
Ambos, se referem a normas plurissignificativas ou polissêmicas.	
São sentidos da norma	São hipóteses de aplicação da norma
Aplicada no campo da interpretação	Aplicada no campo de aplicação
O pedido da ADIN é improcedente	O pedido da ADIN é parcialmente procedente
Não se aplica a súmula vinculante 10	Aplica-se a súmula vinculante 10

→ **Declaração de inconstitucionalidade sem pronúncia da nulidade**

Aplicada na ADI 2240, referente a criação de município baiano "Luís Eduardo Magalhães". A lei era inconstitucional, mas considerando todas as graves consequências da declaração de inconstitucionalidade. O STF declarou a inconstitucionalidade sem pronunciar a nulidade, de forma a permitir a continuidade do município, devendo este se ajustar no prazo de 24 meses.

→ **Processo de inconstitucionalização ou declaração de lei ainda constitucional ou inconstitucionalidade progressiva**

No momento em que o juiz avalia a constitucionalidade da norma ela é constitucional, mas caminha para o reconhecimento de sua inconstitucionalidade. Assim, a norma hoje é constitucional, mas se a situação fática mudar, amanhã ela será inconstitucional.

Há dois exemplos na jurisprudência do STF:

1) art. 68CPP = ação civil *ex delicto*, se a vítima for pobre a ação pode ser proposta pelo MP como substituto processual, enquanto não houver defensoria.

2) art. 5º§5ºlei 1060/50 = prazo em dobro é constitucional enquanto as defensorias não estão estruturadas.

→ **Teoria da inconstitucionalidade por arrastamento / por atração / inconstitucionalidade consequente ou derivada.**

Declarada inconstitucional uma determinada norma, as normas que dela derivam também serão alcançadas pela inconstitucionalidade, por esta razão denomina-se inconstitucionalidade por arrastamento.

Ex: determinada lei foi declarada inconstitucional, logo, o seu decreto regulamentar também o será inconstitucional

Reclamação

- Finalidade: garantir a autoridade da decisão proferida pelo STF.
- Previsão: art. 102, I, l, e art. 103-A, §3º CR/88. Súmula 734/STF.
- Legitimidade: todos aqueles que foram atingidos por decisões contrárias ao entendimento do STF no julgamento de ADI ou súmula vinculante.
- Natureza jurídica:
  a) Pontes de Miranda: ação
  b) Moacyr Amaral dos Santos: recurso ou sucedâneo recursal
  c) Moniz de Aragão: incidente processual
  d) Pedro Lenza: provimento mandamental de natureza constitucional
  e) Grinover: exercício do direito de petição. (STF ADI 2480)
- Constituição do Estado pode instituir reclamação estadual.

AÇÃO DECLARATÓRIA DE CONSTITUCIONALIDADE (ADC)

- Prevista no art. 102, I, a CR (alterada pela EC03/93) e lei 9868/99.
- Na expressão de Gilmar Mendes, a ADC é a ADI com o sinal trocado, tendo em vista que são ações ambivalentes.

ADI → a pretensão é a declaração de inconstitucionalidade, busca se elidir a presunção de constitucionalidade.
ADC → a pretensão é a declaração de constitucionalidade, busca se converter a presunção de constitucionalidade de relativa em absoluta.

- **Finalidade**: transformar em absoluta a presunção relativa de constitucionalidade dos atos do poder público.
- **Competência**: STF.
- **Objeto**: lei ou ato normativo **federal** apenas.
- **Legitimidade**: mesma da ADI (art. 103, CR).
- **Procedimento:** mesmo da ADI genérica, com observações:
  - Atuação facultativa do AGU
  - Natureza jurídica da liminar na ADC: é cautelar
- **Cautelar na ADC:** art. 21, lei 9868/99: consistente na determinação de que os juízes e os Tribunais suspendam o julgamento dos processos que envolvam a aplicação da lei ou do ato normativo objeto da ação até seu julgamento definitivo.
- **Efeitos da decisão de mérito**: os mesmos da ADI genérica, sendo que obviamente o efeito repristinatório só ocorrerá em caso de improcedência.
- Caberá modulação de efeitos apenas em caso de improcedência (= ADI).

ADI genérica	ADC
Lei ou ato normativo federal, estadual/distrital	Só lei ou ato normativo federal
Atuação obrigatória do AGU	Atuação do AGU facultativa
Liminar com natureza de tutela antecipada	Liminar com natureza de tutela cautelar (os processos só voltam a tramitar quando o tribunal definir a constitucionalidade)
Modulação de efeitos	Só em caso de improcedência (pois a lei será inconstitucional) é que terá modulação de efeitos.

→ Pode criar ADC em nível estadual?

A matéria é polêmica.

a) Jose Afonso da Silva: não pode.

b) Nagib Slaib Filho: pode, desde que haja previsão na Constituição Estadual.

Ex: o Estado de São Paulo não tem ADC-estadual, já o Estado de Minas Gerais tem.

AÇÃO DIRETA DE INCONSTITUCIONALIDADE POR OMISSÃO (ADO)

- Prevista no art. 103§2, CR e lei 9868/99.
- Finalidade: busca tornar efetiva norma constitucional que prevê uma conduta positiva do Poder Público que se mantém inerte. Busca combater a "síndrome de inefetividade das normas constitucionais".
- Legitimidade: mesma da ADI e ADC.
- Competência: STF (pode haver previsão no âmbito do Estado e o competente será o TJ local)
- Requisitos da cautelar (art. 12-F, lei 9868/99):
  a) Excepcional urgência
  b) Relevância da matéria
  c) Decisão da maioria absoluta
  d) Oitiva da autoridade responsável pela omissão
- Procedimento: art. 12-A / art. 12-H lei 9868/99 (igual ao da ADI)
  - Petição inepta é indeferida pelo relator, cabe agravo.
  - Não cabe desistência
  - Demais titulares podem se manifestar por escrito

  - Relator pode solicitar manifestação do AGU em 15 dias
  - PGR se manifesta em 15 dias.
- Quórum: mesmo quórum da ADI, ADC, ADO
- Efeitos da decisão de mérito:
  a) Se providência administrativa: o órgão é intimado para cumprir em 30 dias sob pena de responsabilidade.
  b) Se providência legislativa: dá-se ciência da mora ao órgão legislativo. STF não pode obrigar o poder legislativo a legislar, mas a declaração de inconstitucionalidade e a ciência dada com efeitos retroativos e erga omnes permite a responsabilização por perdas e danos, nos casos de prejuízo.

Exemplos:

> Ação direta de inconstitucionalidade por omissão. 2 Adicional de penosidade aos trabalhadores urbanos e rurais (CF, art. 7º, XXIII). 3. Necessidade de regulamentação do adicional de penosidade para sua percepção. Norma originária. Dever constitucional de legislar. Transcurso de prazo razoável para legislar. Omissão inconstitucional. 4. Existência, no âmbito do Congresso Nacional, de diversos projetos de lei apresentados visando à regulamentação do adicional em questão. *Inertia deliberandi* das Casas Legislativas. 5. Pedido julgado procedente. Estipulado prazo de 18 (dezoito) meses. (ADO 74)
>
> Ementa: ação direta de inconstitucionalidade por omissão. Inatividade do legislador quanto ao dever de elaborar a lei complementar a que se refere o § 4º do art. 18 da constituição federal, na redação dada pela emenda constitucional nº 15/1996. Ação julgada procedente. **1. A Emenda Constitucional n° 15, que alterou a redação do § 4º do art. 18 da Constituição, foi publicada no dia 13 de setembro de 1996. Passados mais de 10 (dez) anos, não foi editada a lei complementar federal definidora do período dentro do qual poderão tramitar os procedimentos tendentes à criação, incorporação, desmembramento e fusão de municípios. Existência de notório lapso temporal a demonstrar a inatividade do legislador em relação ao cumprimento de inequívoco dever constitucional de legislar, decorrente do comando do art. 18, § 4º, da Constituição. [...] 3.** A omissão legislativa em relação à regulamentação do art. 18, § 4º, da Constituição, acabou dando ensejo à conformação e à consolidação de estados de inconstitucionalidade que não podem ser ignorados pelo legislador na elaboração da lei complementar federal. 4. Ação julgada procedente para declarar o estado de mora em que se encontra o Congresso Nacional, a fim de que, em prazo razoável de 18 (dezoito) meses, adote ele todas as providências legislativas necessárias ao cumprimento do dever constitucional imposto pelo art. 18, § 4º, da Constituição, devendo ser contempladas as situações imperfeitas decorrentes do estado de inconstitucionalidade gerado pela omissão. **Não se trata de impor um prazo para a atuação legislativa do Congresso Nacional, mas apenas da fixação de um parâmetro temporal razoável, tendo em vista o prazo de 24 meses determinado pelo Tribunal nas ADI n°s 2.240, 3.316, 3.489 e 3.689 para que as leis estaduais que criam municípios ou alteram seus limites territoriais continuem vigendo, até que a lei complementar federal seja promulgada contemplando as realidades desses municípios. (ADO 3682)**
>
> Ementa: ação direta de inconstitucionalidade por omissão – exposição e sujeição dos homossexuais, transgêneros e demais integrantes da comunidade LGBTI+ a graves ofensas aos seus direitos fundamentais em decorrência de superação irrazoável do lapso temporal necessário à implementação dos mandamentos constitucionais de criminalização instituídos pelo texto constitucional (CF, art. 5º, incisos XLI e XLII) – a ação direta de inconstitucionalidade por omissão como instrumento de concretização das cláusulas constitucionais frustradas, em sua eficácia, por injustificável inércia do poder público – a situação de inércia do estado em relação à edição de diplomas legislativos necessários à punição dos atos de discriminação praticados em razão da orientação sexual ou da identidade de gênero da vítima – a questão da "ideologia de gênero" – **soluções possíveis para a colmatação do estado de mora inconstitucional: (a) cientificação ao congresso nacional quanto ao seu estado de mora inconstitucional e (b) enquadramento imediato das práticas de homofobia e de transfobia, mediante interpretação conforme (que não se confunde com exegese fundada em analogia "in malam partem"), no conceito de racismo previsto na lei nº 7.716/89** – [...] As várias dimensões conceituais de racismo. o racismo, que não se resume a aspectos estritamente fenotípicos, constitui manifestação de poder que, ao buscar justificação na desigualdade, objetiva viabilizar a dominação do grupo majoritário sobre integrantes de grupos vulneráveis (como a comunidade LGBTI+), fazendo instaurar, mediante odiosa (e inaceitável) inferiorização, situação de injusta exclusão de ordem política e de natureza jurídico-social – **o conceito de racismo, compreendido em sua dimensão social, projeta-se para além de aspectos estritamente biológicos ou fenotípicos, pois resulta, enquanto manifestação de poder, de uma construção de índole histórico-cultural motivada pelo objetivo de justificar a desigualdade e destinada ao controle ideológico, à dominação política, à subjugação social e à negação da alteridade, da dignidade e da humanidade daqueles que, por integrarem grupo vulnerável (LGBTI+)** e por não pertencerem ao estamento que detém posição de hegemonia em uma dada estrutura social, são considerados estranhos e diferentes, degradados à condição de marginais do ordenamento jurídico, expostos, em consequência de odiosa inferiorização e de perversa estigmatização, a uma injusta e lesiva situação de exclusão do sistema geral de proteção do direito. [...] **A ação direta de inconstitucionalidade por omissão, nesse contexto, tem por objetivo provocar legítima reação jurisdicional que, expressamente autorizada e atribuída ao Supremo Tribunal Federal pela própria Carta Política, destina-se a impedir o desprestígio da Lei Fundamental, a neutralizar gestos de desprezo pela Constituição, a outorgar proteção a princípios, direitos e garantias nela proclamados e a obstar, por extremamente grave, a erosão da consciência constitucional.** Doutrina. Precedentes do STF (ADO 26)

Ementa constitucional. Inconstitucionalidade por ação direta de omissão. Licença paternidade. Artigo 7º, XIX, da constituição da república. Declaração de mora legislativa. Omissão inconstitucional. Consequência. Prazo de 18 (dezoito) meses para deliberação legislativa. [...] 10. Tese: "Há omissão inconstitucional quanto à edição de lei regulamentadora da licença-paternidade, prevista no artigo 7º, XIX, da Constituição da República de 1988, fixando-se o **prazo de 18 (dezoito) meses para que seja sanada a omissão pelo Poder Legislativo, o que, se não ocorrer, autoriza ao Supremo Tribunal Federal a deliberar sobre as condições concretas necessárias ao gozo do direito fundamental à licença-paternidade**. (ADO 20)

Diferenças entre ADO e o MI:

	ADO	**MI**
Natureza jurídica	Ação direta, Processo objetivo Jurisdição constitucional orgânica	Remédio constitucional Processo subjetivo Jurisdição constitucional das liberdades (Mauro Cappelletti)
Legitimidade	Mesma da ADI (art. 103, CR)	MI individual: qualquer pessoa natural ou jurídica. MI coletivo: MP, partido político com representação no CN, entidades de classes, Defensoria Pública.
Competência	STF	Todo o poder judiciário
Objeto	Tutela do direito objetivo, ou seja, tutela da ordem jurídica	Tutela de direitos subjetivos violados pela ausência de norma regulamentadora
Eficácia	*erga omnes* e vinculante	Em regra, *inter partes.* Excepcionalmente, ultra partes ou erga omnes
Decisão	É dada ciência ao poder competente (constituir em mora) ou fixação de prazo de 30 para as funções administrativas	1º: prazo para o poder competente 2º estabelecer as condições para o exercício dos direitos, das liberdades ou das prerrogativas reclamados ou, se for o caso, as condições em que poderá o interessado promover ação própria visando a exercê-los, caso não seja suprida a mora legislativa no prazo determinado

→ Teorias do Mandado de Injunção:

<table>
<tr><th colspan="3">Teorias do MI</th></tr>
<tr><td colspan="3">Não concretista (não resolve o caso concreto): posição inicial do STF</td></tr>
<tr><td rowspan="3">Concretista
(resolve o caso concreto)</td><td rowspan="2">Individual
(só para a parte)</td><td>Indireta/intermediária: juiz fixa prazo, sob pena de a decisão valer como título judicial para execução de responsabilidade</td></tr>
<tr><td>Direta: o juiz já produz a norma para a parte</td></tr>
<tr><td colspan="2">Geral (resolve para todos)</td></tr>
</table>

Lei 13.300/16 → Teoria concretista individual intermediária.

Art. 8º Reconhecido o estado de mora legislativa, será deferida a injunção para:

I - determinar prazo razoável para que o impetrado promova a edição da norma regulamentadora;

II - estabelecer as condições em que se dará o exercício dos direitos, das liberdades ou das prerrogativas reclamados ou, se for o caso, as condições em que poderá o interessado promover ação própria visando a exercê-los, caso não seja suprida a mora legislativa no prazo determinado.

Arguição de Descumprimento Preceito Fundamental

- Prevista no art. 102§1º, CR (alterada pela EC03/93) e na Lei 9882/99.
- Competência: STF
- Finalidade: ampliar a jurisdição constitucional, já que pelo princípio da subsidiariedade, ela preenche o vazio deixado pelas demais ações diretas.
- Legitimidade: mesma da ADI, ADC, ADO.
- Objeto: atos do poder público
- Modalidades ou espécies de ADPF:

1. Arguição autônoma ou direta: art. 1º *caput*
2. Arguição incidental ou indireta: art. 1º, parágrafo único

	ADPF Direta ou Autônoma	ADPF Indireta ou Incidental
Natureza jurídica	Ação direta de controle de constitucionalidade subsidiária	Incidente de inconstitucionalidade (Gilmar Mendes) ou também chamada de incidente processual sobre virtual inconstitucionalidade. Gera uma cisão funcional de competência no plano vertical.
Legitimidade Ativa	Mesma da ADI (art. 2º, I lei 9882/99)	Mas há uma controvérsia: saber se também qualquer cidadão seria legitimado. Em virtude do art. 2º, II ter sido vetado, mas não o parágrafo único. Walter Claudius Rothenburg: só os legitimados da ADI, pois a legitimidade do cidadão foi vetada. André Ramos Tavares: tanto os legitimados da ADI, quanto as partes do processo. O veto só se referia a ADPF direta.
Cabimento	**Ato do poder público** que ameace ou lese preceito fundamental. (qualquer ato, normativo ou administrativo, o STF apenas excluiu o ato político na ADPF/ 1) Ameaça → ADPF preventiva Lesão → ADPF repressiva	**Lei ou ato normativo** federal, estadual ou municipal sobre o qual recaia relevante **controvérsia constitucional**.

- **Cabimento**:

a) Inexistência de meio cabível na via de ação direta.

Ex: lei ou ato normativo municipal ou pré-constitucional.

→ nunca foi possível no Brasil controle de ato normativo municipal, agora se se tratar de preceito fundamental será possível o controle por ADPF.

→ ADPF 54 (anencefalia) e ADPF 130 (não recepção da lei de imprensa): análise de preceito fundamental pré--constitucional.

b) Inexistência de meio eficaz na via de exceção.

→ Recurso Extraordinário, pode ser cabível, mas não eficaz por não ter efeito suspensivo, assim, se se tratar de preceito fundamental poderá ser ajuizada a ADPF.

- Admite fungibilidade entre as ações concentradas, desde que os requisitos da ação a que se deseja converter estejam sendo respeitados. Ex: legitimado ingressou com ADPF, mas o STF a recebeu e processou como ADI, ou vice-versa.

> Questão de ordem em arguição de descumprimento de preceito fundamental. Portaria nº 156, de 05.05.05, da secretaria executiva da fazenda do estado do Pará. Fixação, para fins de arrecadação de ICMS, de novo valor de preço mínimo de mercado interestadual para o produto carvão vegetal. Arts. 150, I, II e V, 152 e 155, § 2º, XII, i, todos da constituição federal. 1. O ato normativo impugnado é passível de controle concentrado de constitucionalidade pela via da ação direta. Precedente: ADI 349, rel. Min. Marco Aurélio. Incidência, no caso, do disposto no art. 4º, § 1º, da Lei nº 9.882/99; 2. **Questão de ordem resolvida com o aproveitamento do feito como ação direta de inconstitucionalidade, ante a perfeita satisfação dos requisitos exigidos à sua propositura (legitimidade ativa, objeto, fundamentação e pedido), bem como a relevância da situação trazida aos autos, relativa a conflito entre dois Estados da Federação**". (ADPF 72)

- Atos impugnáveis via ADPF:

Cabe ADPF	NÃO cabe ADPF:
Atos do poder público	Veto de prefeito
Atos normativos já revogados	Súmulas do STF
Ato normativo de eficácia exaurida	Projetos de lei
Atos anteriores à CR/88	Lei orçamentária
Ato de efeito concreto	Decisão judicial transitada em julgado
Decisões judiciais	Ato político

- **Preceito Fundamental:** definido pela jurisprudência do STF.

1. Princípios fundamentais (art. 1º ao art. 4º),

2. Direitos fundamentais
3. Princípios especiais sobre a Administração Pública
4. Cláusulas pétreas
5. Princípios sensíveis (art. 34, VII)

- Sobre a constitucionalidade da ADPF incidental: a matéria está sendo discutida na ADI 2231.

Duas correntes de pensamento:

a) Pela inconstitucionalidade: pois Constituição só prescreveu a ADPF autônoma e a competência do STF é constitucional e exaustiva, logo, uma lei não pode ampliar a competência do STF, portanto, há uma inconstitucionalidade formal.

b) Pela constitucionalidade: pois em nenhum momento a Constituição a proibiu, e usa um termo genérico "arguição". Ademais, a própria Constituição abriu espaço para o legislador regular a matéria no art. 102, §1º, in fine.

Procedimento da ADPF:

- Semelhante ao da ADI.
- Cabe liminar: art. 5º, lei 9882/99, podendo consistir na determinação de que juízes e tribunais suspendam o andamento de processos ou os efeitos de decisões judiciais, ou de qualquer outra medida que apresente relação com a matéria objeto da arguição de descumprimento de preceito fundamental, salvo se decorrentes da coisa julgada.
- Quórum: mesmo da ADI.
- Decisão de mérito irrecorrível, não cabe rescisória.
- Cabe reclamação (RISTF)
- Efeitos da decisão:
  a) *Erga omnes*
  b) Efeito vinculante em relação ao poder público
  c) *Ex tunc*, mas cabe modulação

14. INTERVENÇÃO

Ação direta de inconstitucionalidade interventiva

- Prevista no art. 34, VII e art. 36, I, CR e na Lei 12562/11.
- Legitimidade ativa: só o PGR.
- Competência: STF ou TJ
- Quórum: maioria absoluta
- Objeto: atos normativos estaduais/distritais que impliquem desrespeito a princípios sensíveis.
- Cabimento única: ato estadual/distrital que ofenda princípio constitucional sensível.
- Princípios sensíveis: art. 34, VII, CR (rol taxativo)
  a) forma republicana, sistema representativo e regime democrático;
  b) direitos da pessoa humana;
  c) autonomia municipal;
  d) prestação de contas da administração pública, direta e indireta.
  e) aplicação do mínimo exigido da receita resultante de impostos estaduais, compreendida a proveniente de transferências, na manutenção e desenvolvimento do ensino e nas ações e serviços públicos de saúde
- Procedimento:

Fase jurisdicional	Intervenção branda	Intervenção efetiva
1. Petição Inicial 2. Oitiva das autoridades responsáveis pelo ato impugnado 3. Oitiva da AGU ou do PGR 4. Possível requisição de informações adicionais 5. Julgamento	O chefe do Executivo limita-se a suspender a execução do ato impugnado (art. 36, §3º, CR)	Se a suspensão da medida não foi suficiente, o chefe do Executivo decreta a efetiva intervenção e submete o decreto à apreciação pelo Congresso Nacional (art. 36, §1º, CR)
LENZA, Pedro. *Direito constitucional esquematizado*. 18. ed. São Paulo: Saraiva, 2014, p. 424		

- Decisão irrecorrível, não cabe ação rescisória.
- Cabe liminar: art. 5º, lei 12562/11: que poderá consistir na determinação de que se suspenda o andamento de processo ou os efeitos de decisões judiciais ou administrativas ou de qualquer outra medida que apresente relação com a matéria objeto da representação interventiva.
- Efeitos da decisão de mérito: STF declara procedente o pedido e requisita ao presidente da república a decretação da intervenção ou suspensão definitiva do ato impugnado para o restabelecimento da normalidade.

<table>
<tr><td rowspan="2">União intervirá</td><td>Nos Estados</td></tr>
<tr><td>Nos Municípios situados em Territórios Federais</td></tr>
<tr><td>Estados intervirão</td><td>Nos Municípios</td></tr>
</table>

<table>
<tr><th colspan="6">INTERVENÇÃO FEDERAL</th></tr>
<tr><td>Princípios</td><td colspan="5">Taxatividade
Temporalidade</td></tr>
<tr><td colspan="6">Espécies</td></tr>
<tr><th>Espontânea</th><th colspan="5">Provocada</th></tr>
<tr><td rowspan="2">Sem provocação</td><th>Por solicitação</th><th colspan="2">Por requisição</th><th colspan="2">Por representação</th></tr>
<tr><td>PL coacto,
PE coacto</td><td>PJ coacto
(via STF)</td><td>STF,
STJ,
TSE</td><td colspan="2">PGR
(ADI Interventiva)
↓
STF</td></tr>
<tr><td>Decretada de ofício pelo PR</td><td>PR
(com discricionariedade)</td><td colspan="2">PR
(vinculado à requisição)</td><td colspan="2">PR
(vinculado à decisão do STF)</td></tr>
<tr><td>1- manter a integridade nacional;
2 - repelir invasão estrangeira ou de uma unidade da Federação em outra;
3 - pôr termo a grave comprometimento da ordem pública;
5 - reorganizar as finanças da unidade da Federação que:
a) suspender o pagamento da dívida fundada por mais de dois anos consecutivos, salvo motivo de força maior;
b) deixar de entregar aos Municípios receitas tributárias fixadas nesta Constituição, dentro dos prazos estabelecidos em lei;</td><td>4 - garantir o livre exercício de qualquer dos Poderes nas unidades da Federação</td><td colspan="2">6 -... descumprimento de ordem ou decisão judicial;</td><td>6 – para prover a execução de lei federal recusada pelo Estado...</td><td>7 - assegurar a observância dos seguintes princípios constitucionais:
a) forma republicana, sistema representativo e regime democrático;
b) direitos da pessoa humana;
c) autonomia municipal;
d) prestação de contas da administração pública, direta e indireta.
e) aplicação do mínimo exigido da receita resultante de impostos estaduais, compreendida a proveniente de transferências, na manutenção e desenvolvimento do ensino e nas ações e serviços públicos de saúde.
↓
Princípios sensíveis</td></tr>
</table>

ADI Interventiva Estadual

- Previsão: art. 35, IV CR e CE
- Legitimidade: PGJ
- Competência: TJ
- Objeto: atos municipais que desrespeitem princípios sensíveis da Constituição Estadual.
- *Quórum*: maioria absoluta

- Efeitos: presidente do TJ comunica a decisão ao Governador para que por meio de decreto suspenda a execução ou decrete a intervenção no Município, nomeando o interventor.
- Pelo princípio da simetria, deve-se seguir o modelo estabelecido pela CR/88.
- Princípios sensíveis são normas de reprodução obrigatória nas Constituições Estaduais, e sua ausência não prejudica a análise da ação interventiva (ADI 7369).

15. DEFESA DO ESTADO E DAS INSTITUIÇÕES DEMOCRÁTICAS

Defesa do Estado e das instituições democráticas		
Critérios: necessidade e temporariedade		
	Estado de Defesa	**Estado de Sítio**
Decretação	Presidente, ouvidos o Conselho da República e o Conselho de Defesa Nacional (opinião não vinculante)	Presidente, ouvidos o Conselho da República e o Conselho de Defesa Nacional (opinião não vinculante)
	Após a decretação o PR dentro de 24 h submeterá ao Congresso (10 dias/ maioria absoluta). Se estiver em recesso, convocação em 5 dias.	O PR ao solicitar autorização para decretar ou prorrogar, relatará os motivos, devendo o Congresso decidir por maioria absoluta.
Pressupostos	Calamidade de grandes proporções da natureza; Grave e iminente instabilidade institucional	Comoção nacional ou ineficácia das medidas do Estado de Defesa; Declaração de estado de guerra ou agressão armada estrangeira
Medidas coercitivas	Direito de reunião, ainda que exercida no seio das associações; Sigilo de correspondência; Sigilo de comunicação telegráfica e telefônica; Ocupação temporária de bens e serviços públicos;	Obrigação de permanência em determinada localidade; Detenção em edifício não destinado a acusados ou condenados por crimes comuns; Restrição à inviolabilidade de correspondência e sigilo das comunicações; Restrição à liberdade de imprensa, à prestação de informações, radiodifusão e TV, na forma da lei; Suspensão da liberdade de reunião; Busca e apreensão em domicílio; Intervenção nas empresas e serviços públicos; Requisição de bens.
Duração	30 dias prorrogáveis por mais 30	Em caso de comoção nacional: 30 dias (improrrogáveis); Guerra ou agressão estrangeira: enquanto durar a guerra ou a agressão.
Funcionamento do Congresso Nacional	Permanecerá em funcionamento durante toda a medida	Permanecerá em funcionamento durante toda a medida
Observações	Prisão por crime contra o Estado decretada pelo executor da medida: máximo de 10 dias, vedada a incomunicabilidade do preso.	Não se inclui nas restrições a difusão de pronunciamentos de parlamentares efetuados em suas Casas Legislativas, desde que liberada pela respectiva mesa.
Abrangência	Locais restritos e determinados	Âmbito nacional (a área será especificada após a decretação)
Controle político	Concomitante e posterior	Prévio, concomitante e posterior
Controle jurisdicional	Concomitante e posterior	Concomitante e posterior

✦ SÚMULAS

◉ DIREITOS E GARANTIAS FUNDAMENTAIS

- **Súmula Vinculante 6.** "Não viola a constituição o estabelecimento de remuneração inferior ao salário mínimo para as praças prestadoras de serviço militar inicial".
- **Súmula Vinculante 11.** "Só é lícito o uso de algemas em casos de resistência e de fundado receio de fuga ou de perigo à integridade física própria ou alheia, por parte do preso ou de terceiros, justificada a excepcionalidade por escrito, sob pena de responsabilidade disciplinar, civil e penal do agente ou da autoridade e de nulidade da prisão ou do ato processual a que se refere, sem prejuízo da responsabilidade civil do Estado".
- **Súmula Vinculante 21.** "É inconstitucional a exigência de depósito ou arrolamento prévios de dinheiro ou bens para admissibilidade de recurso administrativo".
- **Súmula Vinculante 25.** "É ilícita a prisão civil de depositário infiel, qualquer que seja a modalidade do depósito".
- **Súmula Vinculante 28.** "É inconstitucional a exigência de depósito prévio como requisito de admissibilidade de ação judicial na qual se pretenda discutir a exigibilidade de crédito tributário".
- **Súmula Vinculante 40.** "A contribuição confederativa de que trata o art. 8º, IV, da constituição federal, só é exigível dos filiados ao sindicato respectivo".
- **Súmula Vinculante 56.** "A falta de estabelecimento penal adequado não autoriza a manutenção do condenado em regime prisional mais gravoso, devendo-se observar, nessa hipótese, os parâmetros fixados no RE 641.320/RS".
- **Súmula vinculante 59:** É impositiva a fixação do regime aberto e a substituição da pena privativa de liberdade por restritiva de direitos quando reconhecida a figura do tráfico privilegiado (art. 33, § 4º, da Lei 11.343/06) e ausentes vetores negativos na primeira fase da dosimetria (art. 59 do CP), observados os requisitos do art. 33, § 2º, alínea c, e do art. 44, ambos do Código Penal.
- **Súmula vinculante 60:** O pedido e a análise administrativos de fármacos na rede pública de saúde, a judicialização do caso, bem ainda seus desdobramentos (administrativos e jurisdicionais), devem observar os termos dos 3 (três) acordos interfederativos (e seus fluxos) homologados pelo Supremo Tribunal Federal, em governança judicial colaborativa, no tema 1.234 da sistemática da repercussão geral RE 1.366.243.
- **Súmula vinculante 61:** A concessão judicial de medicamento registrado na ANVISA, mas não incorporado às listas de dispensação do Sistema Único de Saúde, deve observar as teses firmadas no julgamento do Tema 6 da Repercussão Geral (RE 566.471).
- **Súmula 732, do STF.** "É constitucional a cobrança da contribuição do salário-educação, seja sob a Carta de 1969, seja sob a Constituição Federal de 1988, e no regime da Lei 9.424/96".
- **Súmula 704, do STF.** "Não viola as garantias do juiz natural, da ampla defesa e do devido processo legal a atração por continência ou conexão do processo do corréu ao foro por prerrogativa de função de um dos denunciados".
- **Súmula 654, do STF.** "A garantia da irretroatividade da lei, prevista no art. 5º, XXXVI, da Constituição da República, não é invocável pela entidade estatal que a tenha editado".
- **Súmula 629, do STF.** "A impetração de mandado de segurança coletivo por entidade de classe em favor dos associados independe da autorização destes".
- **Súmula 676, do STJ.** "Em razão da Lei n. 13.964/2019, não é mais possível ao juiz, de ofício, decretar ou converter prisão em flagrante em prisão preventiva".
- **Súmula 481, do STJ.** "Faz jus ao benefício da justiça gratuita a pessoa jurídica com ou sem fins lucrativos que demonstrar sua impossibilidade de arcar com os encargos processuais".
- **Súmula 419, do STJ.** "Descabe a prisão civil do depositário judicial infiel".
- **Súmula 280, do STJ.** "O art. 35 do Decreto-lei nº 7.661, de 1945, que estabelece a prisão administrativa, foi revogado pelos incisos LXI e LXVII do art. 5º da Constituição Federal de 1988".

Remédios Constitucionais

- **Súmula 701, do STF.** "No mandado de segurança impetrado pelo ministério público contra decisão proferida em processo penal, é obrigatória a citação do réu como litisconsorte passivo".
- **Súmula 627, do STF.** "No mandado de segurança contra a nomeação de magistrado da competência do presidente da república, este é considerado autoridade coatora, ainda que o fundamento da impetração seja nulidade ocorrida em fase anterior do procedimento".
- **Súmula 625, do STF.** "Controvérsia sobre matéria de direito não impede concessão de mandado de segurança".
- **Súmula 329, do STJ.** "O Ministério Público tem legitimidade para propor ação civil pública em defesa do patrimônio público".
- **Súmula 489, do STJ.** "Reconhecida a continência, devem ser reunidas na justiça federal as ações civis públicas propostas nesta e na justiça estadual".

- **Súmula 2, do STJ**. "Não cabe o "habeas data" (CF, art. 5º, LXXII, letra "a") se não houve recusa de informações por parte da autoridade administrativa".
- **Súmula 41, do STJ**. "O Superior Tribunal de Justiça não tem competência para processar e julgar, originariamente, mandado de segurança contra ato de outros tribunais ou dos respectivos órgãos".
- **Súmula 105, do STJ**. "Na ação de mandado de segurança, não se admite condenação em honorários advocatícios".
- **Súmula 169, do STJ**. "São inadmissíveis embargos infringentes no processo de mandado de segurança".
- **Súmula 177, do STJ**. "O Superior Tribunal de Justiça é incompetente para processar e julgar, originariamente, mandado de segurança contra ato de órgão colegiado presidido por ministro de Estado".
- **Súmula 202, do STJ**. "A impetração de segurança por terceiro, contra ato judicial, não se condiciona à interposição de recurso".
- **Súmula 213, do STJ**. "O mandado de segurança constitui ação adequada para a declaração do direito à compensação tributária".
- **Súmula 333, do STJ**. "Cabe mandado de segurança contra ato praticado em licitação promovida por sociedade de economia mista ou empresa pública".
- **Súmula 376, do STJ**. "Compete à turma recursal processar e julgar o mandado de segurança contra ato de juizado especial".
- **Súmula 460, do STJ**. "É incabível o mandado de segurança para convalidar a compensação tributária realizada pelo contribuinte".

◉ DIREITOS POLÍTICOS E NACIONALIDADE

- **Súmula Vinculante 18**. "A dissolução da sociedade ou do vínculo conjugal, no curso do mandato, não afasta a inelegibilidade prevista no § 7º do artigo 14 da Constituição Federal".
- **Súmula 421, do STF**. "Não impede a extradição a circunstância de ser o extraditando casado com brasileira ou ter filho brasileiro".
- **Súmula 1, do STF.** "É vedada a expulsão de estrangeiro casado com brasileira, ou que tenha filho brasileiro, dependente da economia paterna".

◉ ORGANIZAÇÃO DO ESTADO

- **Súmula Vinculante 2**. "É inconstitucional a lei ou ato normativo estadual ou distrital que disponha sobre sistemas de consórcios e sorteios, inclusive bingos e loterias".
- **Súmula Vinculante 38.** "É competente o município para fixar o horário de funcionamento de estabelecimento comercial".
- **Súmula Vinculante 39.** "Compete privativamente à União legislar sobre vencimentos dos membros das polícias civil e militar e do corpo de bombeiros militar do Distrito Federal".
- **Súmula Vinculante 45.** "A competência constitucional do tribunal do júri prevalece sobre o foro por prerrogativa de função estabelecido exclusivamente pela constituição estadual".
- **Súmula Vinculante 46.** "A definição dos crimes de responsabilidade e o estabelecimento das respectivas normas de processo e julgamento são da competência legislativa privativa da União".
- **Súmula Vinculante 48.** "Na entrada de mercadoria importada do exterior, é legítima a cobrança do ICMS por ocasião do desembaraço aduaneiro".
- **Súmula Vinculante 49.** "Ofende o princípio da livre concorrência lei municipal que impede a instalação de estabelecimentos comerciais do mesmo ramo em determinada área".
- **Súmula 19, do STJ.** "A fixação do horário bancário, para atendimento ao público, e da competência da União".
- **Súmula 721, do STF.** "A competência constitucional do tribunal do júri prevalece sobre o foro por prerrogativa de função estabelecido exclusivamente pela constituição estadual".
- **Súmula Vinculante 46.** "A definição dos crimes de responsabilidade e o estabelecimento das respectivas normas de processo e julgamento são da competência legislativa privativa da união".
- **Súmula 722, do STF**. "São da competência legislativa da União a definição dos crimes de responsabilidade e o estabelecimento das respectivas normas de processo e julgamento".
- **Súmula 647, do STF**. "Compete privativamente à União legislar sobre vencimentos dos membros das polícias civil e militar do Distrito Federal".
- **Súmula 736, do STF**. "Compete à Justiça do Trabalho julgar as ações que tenham como causa de pedir o descumprimento de normas trabalhistas relativas à segurança, higiene e saúde dos trabalhadores".

◉ ADMINISTRAÇÃO PÚBLICA

- **Súmula Vinculante 5.** A falta de defesa técnica por advogado no processo administrativo disciplinar não ofende a Constituição.
- **Súmula Vinculante 13.** "A nomeação de cônjuge, companheiro ou parente em linha reta, colateral ou por afinidade, até o terceiro grau, inclusive, da autoridade nomeante ou de servidor da mesma pessoa jurídica investido em cargo de direção, chefia ou assessoramento, para o exercício de cargo em comissão ou de con-

fiança ou, ainda, de função gratificada na administração pública direta e indireta em qualquer dos Poderes da União, dos Estados, do Distrito Federal e dos Municípios, compreendido o ajuste mediante designações recíprocas, viola a Constituição Federal".

- **Súmula Vinculante 16.** "Os artigos 7º, IV, e 39, § 3º (redação da EC 19/98), da Constituição, referem-se ao total da remuneração percebida pelo servidor público".
- **Súmula Vinculante 21.** "É inconstitucional a exigência de depósito ou arrolamento prévios de dinheiro ou bens para admissibilidade de recurso administrativo".
- **Súmula Vinculante 33.** Aplicam-se ao servidor público, no que couber, as regras do regime geral da previdência social sobre aposentadoria especial de que trata o artigo 40, § 4º, inciso III da Constituição Federal, até a edição de lei complementar específica.
- **Súmula Vinculante 42.** "É inconstitucional a vinculação do reajuste de vencimentos de servidores estaduais ou municipais a índices federais de correção monetária".
- **Súmula Vinculante 43.** "É inconstitucional toda modalidade de provimento que propicie ao servidor investir-se, sem prévia aprovação em concurso público destinado ao seu provimento, em cargo que não integra a carreira na qual anteriormente investido".
- **Súmula Vinculante 44.** "Só por lei se pode sujeitar a exame psicotécnico a habilitação de candidato a cargo público".
- **Súmula Vinculante 51.** "O reajuste de 28,86%, concedido aos servidores militares pelas Leis 8622/1993 e 8627/1993, estende-se aos servidores civis do poder executivo, observadas as eventuais compensações decorrentes dos reajustes diferenciados concedidos pelos mesmos diplomas legais".
- **Súmula Vinculante 55.** "O direito ao auxílio-alimentação não se estende aos servidores inativos".
- **Súmula 674, do STJ**. "A autoridade administrativa pode se utilizar de fundamentação *per relationem* nos processos disciplinares".
- **Súmula 672, do STJ.** "A alteração da capitulação legal da conduta do servidor, por si só, não enseja a nulidade do processo administrativo disciplinar".

◉ ORGANIZAÇÃO DOS PODERES

▸ Imunidade parlamentar

- **Súmula 245, do STF**. "A imunidade parlamentar não se estende ao corréu sem essa prerrogativa".
- **Súmula 397, do STF.** "O poder de polícia da câmara dos deputados e do senado federal, em caso de crime cometido nas suas dependências, compreende, consoante o regimento, a prisão em flagrante do acusado e a realização do inquérito".
- **Súmula 702, do STF.** "A competência do tribunal de justiça para julgar prefeitos restringe-se aos crimes de competência da justiça comum estadual; nos demais casos, a competência originária caberá ao respectivo tribunal de segundo grau".
- **Súmula 703, do STF.** "A extinção do mandato do prefeito não impede a instauração de processo pela prática dos crimes previstos no art. 1º do decreto-lei 201/1967".

▸ Poder Legislativo

- **Súmula 525, do STJ.** "A Câmara de Vereadores não possuir personalidade jurídica, apenas personalidade judiciária, somente podendo demandar em juízo para defender os seus direitos institucionais".

▸ Poder Judiciário

- **Súmula Vinculante 22.** "A Justiça do Trabalho é competente para processar e julgar as ações de indenização por danos morais e patrimoniais decorrentes de acidente de trabalho propostas por empregado contra empregador, inclusive aquelas que ainda não possuíam sentença de mérito em primeiro grau quando da promulgação da Emenda Constitucional 45/2004".
- **Súmula Vinculante 23.** "A Justiça do Trabalho é competente para processar e julgar ação possessória ajuizada em decorrência do exercício do direito de greve pelos trabalhadores da iniciativa privada".
- **Súmula Vinculante 53.** "A competência da Justiça do Trabalho prevista no art. 114, VIII, da Constituição Federal alcança a execução de ofício das contribuições previdenciárias relativas ao objeto da condenação constante das sentenças que proferir e acordos por ela homologados".
- **Súmula Vinculante 37.** "Não cabe ao poder judiciário, que não tem função legislativa, aumentar vencimentos de servidores públicos sob o fundamento de isonomia".
- **Súmula 339, do STF.** "Não cabe ao poder judiciário, que não tem função legislativa, aumentar vencimentos de servidores públicos sob fundamento de isonomia".
- **Súmula 736, do STF.** "Compete à justiça do trabalho julgar as ações que tenham como causa de pedir o descumprimento de normas trabalhistas relativas à segurança, higiene e saúde dos trabalhadores".

- **Súmula 735, do STF.** "Não cabe recurso extraordinário contra acórdão que defere medida liminar".
- **Súmula 734, do STF.** "Não cabe reclamação quando já houver transitado em julgado o ato judicial que se alega tenha desrespeitado decisão do Supremo Tribunal Federal".
- **Súmula 731, do STF.** "Para fim da competência originária do Supremo Tribunal Federal, é de interesse geral da magistratura a questão de saber se, em face da LOMAN, os juízes têm direito à licença-prêmio".
- **Súmula 649, do STF.** "É inconstitucional a criação, por constituição estadual, de órgão de controle administrativo do poder judiciário do qual participem representantes de outros poderes ou entidades".
- **Súmula 628, do STF.** "Integrante de lista de candidatos a determinada vaga da composição de tribunal é parte legítima para impugnar a validade da nomeação de concorrente".
- **Súmula 624, do STF.** "Não compete ao supremo tribunal federal conhecer originariamente de mandado de segurança contra atos de outros tribunais".
- **Súmula 623, do STF.** "Não gera por si só a competência originária do supremo tribunal federal para conhecer do mandado de segurança com base no art. 102, i, "n", da constituição, dirigir-se o pedido contra deliberação administrativa do tribunal de origem, da qual haja participado a maioria ou a totalidade de seus membros".

Precatórios

- **Súmula Vinculante 17.** "Durante o período previsto no parágrafo 1º do artigo 100 da Constituição, não incidem juros de mora sobre os precatórios que nele sejam pagos".
- **Súmula Vinculante 47.** "Os honorários advocatícios incluídos na condenação ou destacados do montante principal devido ao credor consubstanciam verba de natureza alimentar cuja satisfação ocorrerá com a expedição de precatório ou requisição de pequeno valor, observada ordem especial restrita aos créditos dessa natureza".
- **Súmula 655, do STF.** "A exceção prevista no art. 100, caput, da Constituição, em favor dos créditos de natureza alimentícia, não dispensa a expedição de precatório, limitando-se a isentá-los da observância da ordem cronológica dos precatórios decorrentes de condenações de outra natureza".
- **Súmula 733, do STF.** "Não cabe recurso extraordinário contra decisão proferida no processamento de precatórios".
- **Súmula 144, do STJ.** "Os créditos de natureza alimentícia gozam de preferência, desvinculados os precatórios da ordem cronológica dos créditos de natureza diversa".
- **Súmula 311, do STJ.** "Os atos do Presidente do Tribunal que disponham sobre processamento e pagamento de precatório não têm caráter jurisdicional".

⊙ PROCESSO LEGISLATIVO

- **Súmula Vinculante 54.** "A medida provisória não apreciada pelo congresso nacional podia, até a Emenda Constitucional 32/2001, ser reeditada dentro do seu prazo de eficácia de trinta dias, mantidos os efeitos de lei desde a primeira edição".
- **Súmula 651, do STF.** "A medida provisória não apreciada pelo Congresso Nacional podia, até a EC 32/2001, ser reeditada dentro do seu prazo de eficácia de trinta dias, mantidos os efeitos de lei desde a primeira edição".

⊙ FUNÇÕES ESSENCIAIS À JUSTIÇA

Ministério Público

- **Súmula 643, do STF.** "O Ministério Público tem legitimidade para promover ação civil pública cujo fundamento seja a ilegalidade de reajuste de mensalidades escolares".

Defensoria e Advocacia:

- **Súmula Vinculante 5.** "A falta de defesa técnica por advogado no processo administrativo disciplinar não ofende a constituição".
- **Súmula Vinculante 14.** "É direito do defensor, no interesse do representado, ter acesso amplo aos elementos de prova que, já documentados em procedimento investigatório realizado por órgão com competência de polícia judiciária, digam respeito ao exercício do direito de defesa".
- **Súmula 644, do STF.** "Ao titular do cargo de procurador de autarquia não se exige a apresentação de instrumento de mandato para representá-la em juízo".

⊙ TRIBUNAL DE CONTAS

- **Súmula Vinculante 3.** "Nos processos perante o Tribunal de Contas da União asseguram-se o contraditório e a ampla defesa quando da decisão puder resultar anulação ou revogação de ato administrativo que beneficie o interessado, excetuada a apreciação da legalidade do ato de concessão inicial de aposentadoria, reforma e pensão".
- **Súmula 6, do STF.** "A revogação ou anulação, pelo Poder Executivo, de aposentadoria, ou qualquer outro ato aprovado pelo Tribunal de Contas, não

produz efeitos antes de aprovada por aquele tribunal, ressalvada a competência revisora do Judiciário".

- **Súmula 347, do STF**. "O Tribunal de Contas, no exercício de suas atribuições, pode apreciar a constitucionalidade das leis e dos atos do Poder Público".
- **Súmula 653, do STF**. "No Tribunal de Contas estadual, composto por sete conselheiros, quatro devem ser escolhidos pela Assembleia Legislativa e três pelo chefe do Poder Executivo estadual, cabendo a este indicar um dentre auditores e outro dentre membros do Ministério Público, e um terceiro à sua livre escolha".

◉ TRIBUTAÇÃO, ORÇAMENTO, ORDEM ECONÔMICA E FINANCEIRA

- **Súmula Vinculante 7.** "A norma do §3º do art. 192 da Constituição, revogada pela emenda constitucional nº 40/93 que limitava a taxa de juros reais a 12% ao ano, tinha sua aplicação condicionada à edição de lei complementar".
- **Súmula Vinculante 30.** "É inconstitucional lei estadual que, a título de incentivo fiscal, retém parcela do ICMS pertencente aos municípios".
- **Súmula Vinculante 41.** "O serviço de iluminação pública não pode ser remunerado mediante taxa".
- **Súmula Vinculante 48.** "Na entrada de mercadoria importada do exterior, é legítima a cobrança do ICMS por ocasião do desembaraço aduaneiro".
- **Súmula Vinculante 49.** "Ofende o princípio da livre concorrência lei municipal que impede a instalação de estabelecimentos comerciais do mesmo ramo em determinada área".
- **Súmula Vinculante 50.** "Norma legal que altera o prazo de recolhimento de obrigação tributária não se sujeita ao princípio da anterioridade".
- **Súmula Vinculante 52.** "Ainda quando alugado a terceiros, permanece imune ao IPTU o imóvel pertencente a qualquer das entidades referidas pelo art. 150, VI, "c", da Constituição Federal, desde que o valor dos aluguéis seja aplicado nas atividades para as quais tais entidades foram constituídas".
- **Súmula vinculante 57:** A imunidade tributária constante do art. 150, VI, d, da CF/88 aplica-se à importação e comercialização, no mercado interno, do livro eletrônico (e-book) e dos suportes exclusivamente utilizados para fixá-los, como leitores de livros eletrônicos (e-readers), ainda que possuam funcionalidades acessórias.
- **Súmula vinculante 58:** Inexiste direito a crédito presumido de IPI relativamente à entrada de insumos isentos, sujeitos à alíquota zero ou não tributáveis, o que não contraria o princípio da não cumulatividade.
- **Súmula 578, do STF**. "Não podem os Estados, a título de ressarcimento de despesas, reduzir a parcela de 20% do produto da arrecadação do imposto de circulação de mercadorias, atribuídas aos Municípios pelo art. 23, § 8º, da Constituição Federal".
- **Súmula 725, do STF**. "É constitucional o § 2º do art. 6º da L. 8.024/90, resultante da conversão da MPr 168/90, que fixou o BTN fiscal como índice de correção monetária aplicável aos depósitos bloqueados pelo Plano Collor I".

◉ ORDEM SOCIAL

- **Súmula Vinculante 12**. "A cobrança de taxa de matrícula nas universidades públicas viola o disposto no art. 206, IV, da Constituição Federal".
- **Súmula 732, do STF.** "É constitucional a cobrança da contribuição do salário-educação, seja sob a carta de 1969, seja sob a constituição federal de 1988, e no regime da lei 9424/1996".

◉ CONTROLE DE CONSTITUCIONALIDADE

- **Súmula Vinculante 10**. "Viola a cláusula de reserva de plenário (CF, artigo 97) a decisão de órgão fracionário de tribunal que, embora não declare expressamente a inconstitucionalidade de lei ou ato normativo do poder público, afasta sua incidência, no todo ou em parte".
- **Súmula 614, do STF**. "Somente o Procurador-Geral da Justiça tem legitimidade para propor ação direta interventiva por inconstitucionalidade de Lei Municipal".
- **Súmula 642, do STF**. "Não cabe ação direta de inconstitucionalidade de lei do Distrito Federal derivada da sua competência legislativa municipal".

▸ Reclamação

- **Súmula 734, do STF**. "Não cabe reclamação quando já houver transitado em julgado o ato judicial que se alega tenha desrespeitado decisão do Supremo Tribunal Federal".

◉ INTERVENÇÃO

- **Súmula 637, do STF**. "Não cabe recurso extraordinário contra acórdão de tribunal de justiça que defere pedido de intervenção estadual em município".

Direito Financeiro e Administração Financeira e Orçamentária

Danilo Vieira Vilela

TABELA DE INCIDÊNCIA DE QUESTÕES

Distribuição das questões organizada por ordem didática de assuntos		
Assunto	**Número de Questões**	**Peso**
1. ATIVIDADE FINANCEIRA DO ESTADO E DIREITO FINANCEIRO	5	5,00%
2. ORÇAMENTO PÚBLICO	38	38,00%
3. DESPESAS PÚBLICAS	21	21,00%
4. RECEITAS PÚBLICAS	13	13,00%
5. CRÉDITO PÚBLICO E DÍVIDA PÚBLICA	6	6,00%
6. FISCALIZAÇÃO E CONTROLE	7	7,00%
7. LEI DE RESPONSABILIDADE FISCAL	10	10,00%
Total	**100**	**100%**

Direito Financeiro e Administração Financeira e Orçamentária

Danilo Vieira Vilela

✦ LEGISLAÇÃO REFERENCIADA NAS QUESTÕES E DICAS

Legislação Principal

- Constituição Federal – Título VI, Capítulo II, Seção II – Dos Orçamentos: artigos 165 a 169;
- Outros artigos: 24, 37, 49, 70, 71, 90, 100, 145, 153, 163 e 163-A;
- ADCT, arts. 35 e 76-A;
- Lei Complementar 101/2000 (LRF – Lei de Responsabilidade Fiscal);
- Lei 4.320/64 (Lei do Direito Financeiro).
- **Legislação Complementar**
- **Decreto 10.681/21;**
- **Decreto 93.872/86;**
- **Lei 8.443/92;**
- **Lei 9.296/96;**
- **Lei 10.180/01;**
- **Lei 10.522/02;**
- **Lei 13.019/14;**
- **Lei 14.194/21;**
- **LC 159/17;**
- **LC 178/21;**
- **LC 210/24.**

Outros materiais pertinentes

- Glossário de Termos Orçamentários;
- Manual de Contabilidade Aplicada ao Setor Público;
- Manual de Execução Orçamentária e Financeira;
- Manual Técnico de Orçamento;
- Portaria Interministerial 163/2001;
- Portaria MOG 42/1999;
- Portaria PGFN 819/23;
- Portaria PGFN 1589/24.

✦ QUESTÕES

1. ATIVIDADE FINANCEIRA DO ESTADO E DIREITO FINANCEIRO

01. (Cespe – Analista de Controle Externo – Direito – TCE – RJ/2021) Ainda acerca de aspectos do direito financeiro, julgue os próximos itens.

A Lei n.º 4.320/1964, que estatui normas gerais de direito financeiro para elaboração e controle dos orçamentos e balanços do poder público em geral, foi recepcionada com status de lei complementar pela Constituição Federal de 1988.

COMENTÁRIOS

✪ **Nota do autor:** a Lei complementar sobre normas gerais de Direito Financeiro, prevista pelo art. 165, §9º da CRFB/88, até o presente não foi editada. Contudo, a lei nº 4.320/64, aprovada como lei ordinária durante a vigência da Constituição de 1946, foi recepcionada pela CRFB/88 com status de lei complementar. Nesse sentido: **"A exigência de prévia lei complementar** estabelecendo condições gerais para a instituição de fundos, como exige o art. 165, §9º, II, da Constituição, **está suprida com a Lei nº 4.320, de 17.03.64, recepcionada pela Constituição com status de lei complementar** [...]" (STF, ADI-MC 1.726/DF, Rel. Min. Maurício Corrêa, Pleno, j. 16.09.1998, p. 30.04.2004). **Item Certo.**

02. (Cespe – Analista de Controle Externo – Direito – TCE – RJ/2021) Com relação a aspectos constitucionais, legais, doutrinários e jurisprudenciais do direito financeiro, julgue os itens subsequentes.

O direito financeiro compreende a despesa, a dívida e o orçamento públicos, mas não a receita pública, que é objeto do direito tributário.

COMENTÁRIOS

✪ **Nota do autor:** apesar de ser verdadeiro afirmar que Direito Tributário regula uma parte da atividade financeira do Estado, qual seja, a obtenção de receitas tributárias, para que o Estado possa desenvolver uma série de atividades administrativas com o escopo de garantir a satisfação de sua finalidade, necessita recursos financeiros, daí a imprescindibilidade da atividade financeira de natureza instrumental que, segundo Aliomar Baleeiro, consiste "em obter [**Receitas Públicas**], criar [Crédito Público], gerir [Orçamento Público] e Despender [Despesa Pública] o dinheiro indispensável às necessidades cuja satisfação o Estado assumiu ou cometeu àqueloutras pessoas de direito público" (*Uma Introdução às Ciências das Finanças.* 15. Ed. Rio de Janeiro: Forense, 1998, p. 4). **Item Errado**

03. (Cespe – Analista de Controle Externo – Direito – TCE – RJ/2021) Com relação a aspectos constitucionais, legais, doutrinários e jurisprudenciais do direito financeiro, julgue os itens subsequentes.

Compete privativamente à União legislar sobre direito financeiro.

COMENTÁRIOS

✪ **Nota do autor:** segundo a Constituição da República, de 1988, compete à União, aos Estados e ao Distrito Federal legislar concorrentemente sobre Direito Financeiro e sobre orçamento (art. 24, I e II). Nesse sentido, compete à União estabelecer normas gerais sobre Direito Financeiro, o que não exclui a competência suplementar dos Estados e do Distrito Federal, conforme suas especificidades e de forma suprir lacunas (CRFB/88, art. 24, §2º). **Item Errado.**

04. FGV – 2022 – TCU – Auditor Federal de Controle Externo

A Empresa Brasileira de Correios e Telégrafos (EBCT) é considerada pelo Supremo Tribunal Federal (STF) como imune ao pagamento de impostos mesmo quanto às atividades em que atua em regime de livre concorrência. A razão dada pelo STF é a de que a EBCT oferta o serviço público de entrega de correspondência em localidades distantes a preço módico, serviço que não seria oferecido adequadamente (a não ser por alto custo) pelo sistema de mercado. Assim, as atividades mais rentáveis da EBCT estariam também imunes para auxiliar no custeio das operações de entrega de correspondência em locais pouco habitados e de difícil acesso. À luz das nomenclaturas cunhadas na teoria das funções de Governo, o fenômeno descrito no enunciado expressa a função:

a) distribucionista do Estado;
b) estabilizadora do Estado;
c) alocativa do Estado;
d) progressiva do Estado;
e) referencial do Estado.

COMENTÁRIOS

✪ **Nota do autor:** ao analisar as funções de Governo, qual seja, a forma pela qual o governo interfere na economia, a doutrina destaca três funções: alocativa, distributiva e estabilizadora. Para um aprofundamento sobre o tema, sugere-se o acesso ao Portal da Escola Nacional de Administração Pública (ENAP).

Alternativa "a": alternativa errada. Na função distributiva ou distribucionista, o Estado age no intuito de assegurar uma justa distribuição dos recursos à sociedade. Ocorre, desta forma, uma redistribuição de rendas por meio de transferências, impostos e subsídios governamentais.

Alternativa "b": alternativa errada. A função estabilizadora do estado é o conjunto de medidas econômicas por este utilizadas para assegurar a estabilidade econômica, através de níveis adequados de emprego, estabilidade dos preços e crescimento econômico.

Alternativa "c": alternativa certa. A função alocativa relaciona-se com a forma pela qual o governo distribui os recursos econômicos para fornecer bens e serviços à sociedade. A situação narrada no enunciado traz, claramente uma hipótese em que se busca garantir que os recursos sejam alocados de forma eficiente, para atender às necessidades da população.

Alternativa "d": alternativa errada. A situação narrada no enunciado caracteriza-se como uma manifestação da função alocativa do Estado. A doutrina majoritária, ao tratar da teoria das funções de Governo não inclui, dentre elas, a função progressiva do Estado, mencionada na presente alternativa.

Alternativa "e": alternativa errada. A situação narrada no enunciado caracteriza-se como uma manifestação da função alocativa do Estado. A doutrina majoritária, ao tratar da teoria das funções de Governo não inclui, dentre elas, a função referencial do Estado, mencionada na presente alternativa.

Alternativa cor reta: letra "c".

05. (FGV – Auditor Técnico de Controle Externo – TCE – AM/2021) O Estado Alfa pretende implantar, em 2021, um programa de disponibilização de suas informações e dados contábeis, orçamentários e fiscais seguindo os padrões mínimos estabelecidos na Constituição da República de 1988. De acordo com os parâmetros constitucionais sobre o tema, é correto afirmar que:

a) a periodicidade de divulgação pode ser livremente estabelecida pelo órgão central de contabilidade estadual;

b) a divulgação em meio eletrônico de amplo acesso público é facultativa;

c) o formato dos dados divulgados segue padrão determinado pela União;

d) o tipo de sistema a ser utilizado será estabelecido por ato do Tribunal de Contas da União;

e) a periodicidade de divulgação será estabelecida por Resolução do Senado Federal, no exercício de sua competência sobre finanças públicas.

COMENTÁRIOS

✪ **Nota do autor:** em 2020, a Emenda Constitucional nº 108 incluiu o art. 163-A ao texto constitucional. Segundo tal dispositivo, "a União, os Estados, o Distrito Federal e os Municípios disponibilizarão suas informações e dados contábeis, orçamentários e fiscais, conforme periodicidade, **formato e sistema estabelecidos pelo órgão central de contabilidade da União,** de forma a garantir a rastreabilidade, a comparabilidade e a publicidade dos dados coletados, os quais deverão ser divulgados em meio eletrônico de amplo acesso público".

Alternativa "a": conforme consta no art. 163-A do texto constitucional, a periodicidade da divulgação das informações e dados contábeis do Estado Alfa será estabelecida pelo órgão central de contabilidade da União, não podendo ser livremente estabelecida pelo órgão central de contabilidade estadual.

Alternativa "b": alternativa incorreta, uma vez que a divulgação em meio eletrônico dos dados e informações contábeis do Estado Alfa é obrigatória, e não facultativa como traz o enunciado da alternativa.

Alternativa "c": alternativa perfeitamente de acordo com o texto do art. 163-A da CRFB/88, incluído pela EC 108/2020. Vale destacar, ainda, a previsão no mesmo sentido, já contida anteriormente no §2º do art. 48 da Lei de Responsabilidade Fiscal (LC 101/2000): "a união, os Estados, o Distrito Federal e os Municípios disponibilizarão suas informações e dados contábeis, orçamentários e discais conforme periodicidade, formato e sistema estabelecidos pelo órgão central de contabilidade da União, os quais deverão ser divulgados em meio eletrônico de amplo acesso público".

Alternativa "d": conforme disposição do art. 163-A, da CRFB/88, o tipo de sistema a ser utilizado será estabelecido pelo órgão central de contabilidade da União, e não pelo Tribunal de Contas da União conforme trouxe o enunciado da alternativa que, por essa razão, está errada.

Alternativa "e": a periodicidade da divulgação das informações e dados contábeis, orçamentários e fiscais do Estado Alfa será estabelecida pelo órgão central de contabilidade da União, não se exigindo a edição de Resolução do Senado Federal.

Alternativa correta: letra "c".

2. ORÇAMENTO PÚBLICO

2.1. CONCEITOS

06. CEBRASPE – 2024 – TCE/PR – Auditor de Controle Externo

Assinale a opção correta acerca do orçamento público.

a) O ciclo orçamentário se inicia na etapa de elaboração, que inclui a elaboração das propostas parciais dos órgãos que deverão ser encaminhadas ao Poder Executivo, sua consolidação e seu encaminhamento ao Poder Legislativo, por meio do projeto de lei orçamentária anual, e sua tramitação no âmbito do processo legislativo, até sua transformação em lei.

b) As emendas ao projeto de lei orçamentária anual ou aos projetos que o modifiquem deverão indicar os recursos necessários, admitindo-se como fonte a anulação de despesas relativas ao serviço da dívida.

c) O orçamento base-zero tem como característica a continuidade das despesas, de modo que o orçamento a ser elaborado parte de determinada base orçamentária, com um acréscimo decorrente da inflação.

d) O princípio da exclusividade, introduzido no ordenamento jurídico pátrio com o objetivo de proibir matérias estranhas à previsão de receitas e à fixação de despesas, é relativizado pela Constituição Federal de 1988 no que diz respeito à autorização para a abertura de créditos suplementares e para operações de crédito.

e) Conforme seu conceito clássico, o orçamento consiste na previsão de receitas e na fixação de despesas para determinado período, de modo que representa a programação da vida financeira e econômica do Estado, sendo um instrumento de planejamento governamental.

COMENTÁRIOS

✪ **Nota do autor:** a presente questão traz um grau de dificuldade extremamente elevado uma vez que, apesar de questionar pontos tradicionalmente cobrados como princípios, ciclo orçamentário e emendas ao orçamento, se debruça sobre alguns pontos muito teóricos, muitas vezes deixados de lado na preparação para um concurso. Assim, de forma a aprofundar um dos pontos aqui abordados (alternativa "c"), trazemos as fases que compõem a abordagem do orçamento base-zero, conforme explicação de Giovanni Paccelli: "Fase 1: identificar unidades de decisão (unidades orçamentárias, centros de custos, ações orçamentárias: elementos que possam ser isolados para análise e tomada de decisão); Fase 2: Analisar cada unidade de decisão em um pacote de decisão; Fase 3: Avaliar e classificar todos os pacotes de decisão para desenvolver a solicitação da alocação; e Fase 4: Preparar os orçamentos operacionais detalhados, refletindo os pacotes de decisão aprovados na alocação do orçamento" (Administração Financeira e Orçamentária. 6.ed. São Paulo: Juspodivm, 2024. p. 167)

Alternativa "a": alternativa errada, uma vez que o ciclo orçamentário não se encerra com a aprovação da Lei Orçamentária Anual, na medida em que ele conta com oito fases, a saber: "1) formulação do planejamento plurianual, pelo Executivo; 2) apreciação e adequação do plano, pelo Legislativo; 3) proposição de metas e prioridades para a administração e da política de alocação de recursos pelo Executivo; 4) apreciação e adequação da LDO, pelo Legislativo; 5) elaboração da proposta de orçamento, pelo Executivo; 6) apreciação, adequação e autorização legislativa; 7) execução dos orçamentos aprovados; 8) avaliação da execução e julgamento das contas" (Almeida, Ricardo Damasceno de; Lisboa, Marcelo Jucá. Direito Financeiro: lei 4.320/1964. Coleção leis especiais para concursos. 3.ed. Salvador: Juspodivm, 2017. p. 149)

Alternativa "b": alternativa errada, uma vez que as emendas ao projeto de lei do orçamento anual ou aos projetos que o modifiquem somente podem ser aprovadas caso: I- sejam compatíveis com o PPA e com a LDO; II- indiquem os recursos necessários, admitidos apenas os provenientes de anulação de despesa, excluídas as que incidam sobre: a) dotações para pessoal e seus encargos; b) serviço da dívida; c) transferências tributárias constitucionais para Estados, Municípios e Distrito Federal; OU III- sejam relacionadas: a) com a correção de erros ou omissões; OU b) com os dispositivos do texto do projeto de lei.

Alternativa "c": alternativa errada. Segundo Harrison Leite, o orçamento base zero ou por estratégia "consiste num método em que todo recurso solicitado é criticamente analisado a fim de que, quando da elaboração da proposta orçamentária, haja um real questionamento dos recursos nas respectivas áreas, sem qualquer compromisso com um montante inicial de dotação. Assim, cada órgão que solicita recurso deve justificar os seus gastos sem utilizar o montante do exercício anterior como parâmetro para valor inicial mínimo" (Manual de Direito Financeiro. 11.ed. São Paulo: Juspodivm, 2022. p. 137).

Alternativa "d": alternativa correta, uma vez que o próprio dispositivo constitucional que fundamenta o princípio da exclusividade apresenta hipóteses em que ele será relativizado. Assim: "A lei orçamentária anual não conterá dispositivo estranho à previsão da receita e à fixação da despesa, não se incluindo na proibição a autorização para abertura de créditos suplementares e contratação de operações de crédito, ainda que por antecipação de receita, nos termos da lei".

Alternativa "e": alternativa errada, uma vez que o conceito clássico de orçamento contemplava tão-somente a previsão de receitas e a fixação de despesas, como traz o enunciado. Contudo, nessa perspectiva não há que se falar em orçamento como instrumento de planejamento, ideia que apenas seria incorporada a partir da concepção moderna de planejamento.

Alternativa correta: letra "d".

07. FGV – 2024 – TCE/PA – Auditor de Controle Externo

A respeito do orçamento público participativo e das parcerias entre o governo e a sociedade civil, assinale a opção correta.

a) O trabalho das organizações da sociedade civil que desenvolvem projetos em rede deve pressupor a predominância da capilaridade, da verticalidade e da descentralização das ações.

b) As relações de parceria entre o governo e as organizações da sociedade civil devem observar a priorização do controle de resultados e o uso de tecnologias de informação e comunicação.

c) Ainda que o formato de elaboração do orçamento público participativo seja invariável, ele é um mecanismo governamental de democracia participativa.

d) O processo do orçamento participativo costuma contar com assembleias fechadas e periódicas e etapas de negociação indireta com o governo.

e) O engessamento orçamentário dos municípios não impede que a definição da aplicação dos recursos pela própria sociedade seja de grande vulto financeiro.

COMENTÁRIOS

✪ **Nota do autor:** a respeito do orçamento participativo vale destacar que, "mesmo apresentando-se como importante instrumento de conscientização da participação do cidadão no processo de elaboração dos orçamentos, não vincula a administração pública. Ou seja, por mais que seja salutar ouvir a população, a iniciativa formal das leis orçamentárias continua sendo privativa do Chefe do Poder Executivo" (Vilela, Danilo Vieira. Direito Financeiro. Coleção Sinopses para concursos. v. 37. São Paulo: Juspodivm, 2024. p. 79)

Alternativa "a": alternativa errada. A atuação das organizações da sociedade civil que desenvolvem projetos em rede deve ser caracterizada pela horizontalidade, e não pela verticalidade como trouxe o enunciado da alternativa.

Alternativa "b": alternativa de acordo com as diretrizes fundamentais do regime de parceria, previstas na lei nº 13.019/14 (OSCs). Assim, conforme expressa previsão legal, "são diretrizes fundamentais do regime jurídico de parceria: II- a priorização do controle de resultados; III- o incentivo ao uso de recursos atualizados de tecnologias de informação e comunicação". Assim, a alternativa está correta.

Alternativa "c": De fato, o orçamento público participativo é um mecanismo governamental de democracia participativa que visa ampliar a participação popular na gestão democrática do Estado. Contudo, seu formato é flexível e variável, o que torna a presente alternativa errada.

Alternativa "d": alternativa errada. O processo do orçamento participativo só faz sentido se for com assembleias abertas e periódicas e contar com etapas de negociação direta com o governo. Caracteriza-se, portanto, por uma participação direta e efetiva das comunidades na elaboração da proposta orçamentária do Governo.

Alternativa "e": alternativa errada, já que o engessamento orçamentário dos municípios prejudica e, talvez até, inviabiliza, a definição da aplicação de recursos pela própria sociedade.

Alternativa correta: letra "b".

08. FGV – 2024 – TCE/PA – Auditor de Controle Externo

A respeito do orçamento público no Brasil e da programação orçamentária e financeira, julgue os itens a seguir

I O programa é o instrumento de organização da ação governamental para a concretização dos objetivos pretendidos, sendo mensurado por indicadores estabelecidos no plano plurianual, representando, portanto, o módulo de integração desse plano com a lei orçamentária anual.

II O plano plurianual estabelece, de forma regionalizada, as diretrizes, os objetivos e as metas da administração pública, bem como as diretrizes da política fiscal e as respectivas metas, em consonância com trajetória sustentável da dívida pública, e orienta a elaboração da lei orçamentária anual, para as despesas de capital e outras delas decorrentes e para as relativas aos programas de duração continuada.

III Denomina-se repasse a movimentação de recursos orçamentários de uma unidade orçamentária ou de uma unidade gestora para outra unidade gestora, dentro da estrutura de um mesmo órgão.

Assinale a opção correta.

a) Apenas o item I está certo.

b) Apenas o item II está certo.

c) Apenas os itens I e III estão certos.

d) Apenas os itens II e III estão certos

e) Todos os itens estão certos.

COMENTÁRIOS

✪ **Nota do autor:** a questão exige do(a) candidato(a) conhecimentos sobre o que deve conter em duas das principais leis orçamentárias. Assim, segundo §1º do art. 165 da CRFB/88, "lei que instituir o plano plurianual estabelecerá, de forma regionalizada, as diretrizes, objetivos e metas da administração pública federal para as despesas de capital e outras delas decorrentes e para as relativas aos programas de duração continuada". Já o §2º do mesmo artigo fixa que "a lei de diretrizes orçamentárias compreenderá as metas e prioridades da administração pública federal, estabelecerá as diretrizes de política fiscal e respectivas metas, em consonância com a trajetória sustentável da dívida pública, orientará a elaboração da lei orçamentária anual, disporá sobre as alterações na legislação tributária e estabelecerá a política de aplicação das agências financeiras oficiais de fomento".

Afirmativa I: correta. Segundo o Glossário de Termos Orçamentários do Congresso Nacional, programa é, justamente, o "instrumento de organização da atuação governamental. Articula um conjunto de ações que concorrem à concretização dos objetivos pretendidos, sendo mensurado por indicadores estabelecidos no plano plurianual". Disponível em: https://www.congressonacional.leg.br/legislacao-e-publicacoes/glossario-orcamentario/-/orcamentario/lista/P. Acesso em: 2 jan. 2025.

Afirmativa II: errada. A primeira parte está certa. Contudo, o enunciado confunde os itens constantes do Plano Plurianual com aqueles da Lei de Diretrizes Orçamentárias, conforme apontado na nota do autor.

Afirmativa III: errada. O repasse deve ser compreendido como "a liberação de recursos realizados pelos Órgãos Setoriais de Programação Financeira (OSPF) para Entidades da Administração Indireta, e entre estas; e ainda, da Entidade da Administração Indireta para Órgãos da Administração Direta, ou entre esses, se de órgãos diferentes" (BRASIL. Departamento Nacional de obras contra as secas. Manual de Execução Orçamentária e Financeira: M.E.O.F. Fortaleza, 2019. p. 26).

Alternativa correta: letra "a".

09. CONSULPAM – 2023 – TCM/PA – Auditor de Controle Externo

A respeito do Orçamento-Programa, assinale a alternativa CORRETA no que diz respeito ao núcleo de sua atuação:

a) No planejamento da ação governamental e na avaliação dos resultados.
b) No controle político o sistema judiciário.
c) Na contenção dos gastos públicos.
d) No controle interno executado pelo poder executivo.

COMENTÁRIOS

✪ **Nota do autor:** segundo o Glossário de Termos Orçamentários do Congresso Nacional, o orçamento-programa é a "metodologia de elaboração do orçamento público, adotada pela lei nº 4.320/1964, que expressa, financeira e fisicamente, os programas de trabalho do governo, possibilitando a integração do planejamento com o orçamento, a quantificação de objetivos e a fixação de metas, as relações insumo-produto, as alternativas programáticas, o acompanhamento físico-financeiro, a avaliação de resultados e a gerência por objetivos". (Disponível em: https://www.congressonacional.leg.br/legislacao-e-publicacoes/glossario-orcamentario/-/orcamentario/lista/O. Acesso em: 4 jan. 2025)

Alternativa "a": alternativa correta. Conforme o conceito de orçamento-programa trazido na nota do autor, é certo afirmar que ele atua tanto no planejamento da ação governamental quanto na avaliação dos resultados.

Alternativa "b": alternativa errada. Não tem fundamento afirmar que o orçamento-programa seja marcado pela atuação no controle político o sistema judiciário.

Alternativa "c": alternativa errada. A contenção dos gastos públicos não se relaciona ao núcleo de atuação do orçamento-programa, ainda que ela possa ser alcançada.

Alternativa "d": alternativa errada. O controle interno executado pelo Poder Executivo, ainda que existente, não pode ser apontado como núcleo da atuação do orçamento-programa.

Alternativa correta: letra "a".

10. CONSULPAM – 2023 – TCM/PA – Auditor de Controle Externo

A respeito da técnica orçamentária de Base Zero, assinale a alternativa CORRETA.

a) Divide-se em programas, planos e objetivos.
b) É bastante sintética.
c) Exige que administradores públicos justifiquem, com detalhes, os recursos solicitados.
d) Tem ênfase nos resultados dos gastos.

COMENTÁRIOS

✪ **Nota do autor:** o orçamento base zero é apontado pela doutrina como uma "Abordagem orçamentária desenvolvida nos EUA, pela Texas Instruments Inc., durante o ano de 1969. Foi adotado pelo Estado da Geórgia (gov. Jimmy Carter). Principais características: análise, revisão e avaliação de todas as despesas propostas e não apenas das solicitações que ultrapassam o nível de gasto já existente; todos os programas devem ser justificados cada vez que se inicia um novo ciclo orçamentário". (Pascoal, Valedcir. *Direito Financeiro e controle externo*. 9.ed. Rio de Janeiro: Forense; São Paulo: Método, 2015, p. 24)

Alternativa "a": alternativa errada. Não há previsão desse tipo de divisão no orçamento base-zero.

Alternativa "b": alternativa errada. Ao contrário, como não são utilizados dados dos exercícios anteriores, o orçamento base-zero é bastante complexo e detalhado.

Alternativa "c": alternativa correta. O Orçamento base-zero exige que administradores públicos justifiquem, com detalhes, os recursos solicitados, sem que sejas utilizados os montantes do exercício anterior como ponto de partida para a definição de novos valores.

Alternativa "d": alternativa errada. O orçamento base-zero não tem ênfase nos resultados dos gastos.

Alternativa correta: letra "c".

11. (FGV – Auditor de Controle Externo – TCE – PI/2021) A estrutura do orçamento-programa se situa dentro de uma lógica orçamentária moderna, que concebe o orçamento como instrumento de gestão.

Entre as recomendações úteis para a organização da estrutura programática em uma entidade, uma opção INADEQUADA é que:

a) a flexibilidade na gestão financeira e de pessoal deve ser expandida na gestão dos programas;
b) as atividades e os projetos devem ser desenhados em níveis elevados de desagregação;
c) os programas de despesas em andamento devem ser distinguidos de novos programas de despesas;
d) os programas devem ser multifuncionais, ou seja, cada programa pode ser vinculado a diferentes funções;
e) um programa terá mais de um subprograma, e estes serão desmembrados em diversas atividades e projetos.

COMENTÁRIOS

✪ **Nota do autor:** segundo James Giacomi o orçamento-programa, modelo adotado no Brasil, conta com os seguintes elementos essenciais: a) os objetivos e propósitos perseguidos pela instituição e para cuja consecução são utilizados os recursos orçamentários; b) os programas, isto é, os instrumentos de integração dos esforços governamentais no sentido da concretização dos objetivos; c) os custos dos programas medidos por meio da identificação dos meios ou insumos (pessoal, material, equipamentos, serviços, etc.) necessários à obtenção dos resultados; e d) medidas de desempenho com a finalidade de medir as realizações (produto final) e os esforços despendidos na execução dos programas" (*Orçamento Público*. 17.ed. São Paulo: Atlas, 2017, p. 174). A presente questão, claramente foi extraída de outra obra de James Giacomi que, com base nos estudos de Damond (2005, p. 64; 2006, p. 111) e Schiavo-Campo (2009, p. 20-21) aponta recomendações úteis para a organização da estrutura programática, as quais servem perfeitamente para o modelo orçamentário de gestão (*Orçamento Governamental:* Teoria, Sistema, Processo. São Paulo: Atlas, 2019. p. 69-70).

Alternativa "a": Alternativa incorreta. Dentre as recomendações para a organização da estrutura programática, consta a necessidade de aumentar a flexibilidade na gestão financeira e de pessoal.

Alternativa "b": Alternativa incorreta, pois uma das recomendações mencionadas na nota do autor é a de que "as atividades e os projetos devem ser desenhados em níveis elevados de desagregação de maneira a apoiar a gestão na busca dos objetivos e resultados dos subprogramas".

Alternativa "c": alternativa incorreta, uma vez que também consta a recomendação de se estabelecer critérios para distinguir entre programas de despesas em curso (no âmbito das políticas atuais) e novos programas de despesas (ao abrigo de novas políticas).

Alternativa "d": alternativa correta, vez que dentre as recomendações úteis para a organização da estrutura programática, consta a de que "os programas devem ser "monofuncionais', ou seja, cada programa vincular-se-á somente a uma função (educação, saúde, transportes, habitação, etc.).

Alternativa "e": alternativa incorreta, pois a ideia de que um programa terá mais de um subprograma, e estes serão desmembrados em diversas atividades e projetos também consta nas recomendações mencionadas na nota do autor.

Alternativa correta: letra "d".

2.2. DESVINCULAÇÃO DE RECEITAS

12. FCC – 2022 – TCE/GO – Analista de Controle Externo

Considere que, ao final do exercício orçamentário-financeiro, tenha sido verificado superávit apurado em balanço de fundo de despesa do Poder Executivo instituído para apoio a ações de fiscalização de atividade agropecuária, proveniente de receitas legalmente vinculadas a tal fundo. De acordo com a atual disciplina constitucional e legal, tais recursos

a) somente poderão permanecer à disposição do fundo no exercício subsequente se oriundos de cobrança de taxas, não sendo alcançados, neste caso, pelo mecanismo de desvinculação de receitas estabelecido pela Constituição Federal.

b) permanecerão à disposição do fundo no exercício subsequente, salvo previsão em sentido contrário em sua lei instituidora, podendo, contudo, ser alcançados pela desvinculação de receitas estabelecida pela Constituição Federal, observado o limite de 30%.

c) deverão retornar à livre disposição do Poder Executivo, vedada a retenção de tais receitas para utilização pelo fundo no exercício subsequente, considerando o princípio da unidade de tesouraria que rege o Orçamento Público.

d) somente poderão permanecer a crédito do fundo se destinados à cobertura de restos a pagar gerados no exercício findo, devidamente processados e não liquidados.

e) permanecem como receita do fundo em razão da destinação legal, constituindo receita não passível de desvinculação para aplicação em finalidade diversa, salvo em situação de calamidade pública.

COMENTÁRIOS

✪ **Nota do autor:** a Desvinculação de Receitas é o mecanismo que permite a desvinculação de órgão, fundo ou despesa, de 30% da arrecadação. No caso da União DRU), alcança as contribuições sociais, sem prejuízo do pagamento das despesas do Regime de Previdência Social, as contribuições de intervenção no domínio econômico e as taxas, já instituídas ou que vierem a ser criadas. No caso de Estados e Municípios (DREM) ela é mais abrangente, alcançando as receitas relativas a impostos, taxas e multas, já instituídos ou que vierem a ser instituídos, seus adicionais e respectivos acréscimos legais, e outras receitas correntes, observadas as exceções dos incisos do parágrafo único do art. 76-A do ADCT.

Alternativa "a": alternativa errada. Conforme apontado na nota do autor, as taxas poderão ser alcançadas pela Desvinculação de Receitas tanto da União quanto dos Estados e Municípios.

Alternativa "b": alternativa correta. A alternativa mostra-se compatível com a disposição do art. 73 da lei nº 4.320/64, segundo o qual "salvo determinação em contrário da lei que instituiu, o saldo positivo do fundo especial apurado em balanço será transferido para o exercício seguinte, a crédito do mesmo fundo". Por outro lado, também é possível afirmar que tais recursos poderão ser alcançados pela Desvinculação de Receitas, observado o limite dos 30%.

Alternativa "c": alternativa errada. O saldo positivo de um fundo especial, salvo previsão expressa em sentido contrário, não deverá retornar à livre disposição do Poder Executivo. Ao contrário, será transferido para o exercício seguinte do mesmo fundo.

Alternativa "d": alternativa errada. O superávit apurado permanecerá a crédito do mesmo fundo independente de qualquer destinação a restos a pagar.

Alternativa "e": alternativa errada. A primeira parte da alternativa encontra-se correta ao afirmar que os saldos permanecem como receita do fundo. Contudo, conforme demonstrado na análise das alternativas anteriores, podem se submeter às regras da Desvinculação de Receitas.

Alternativa correta: letra "b".

2.3. PRINCÍPIOS ORÇAMENTÁRIOS

13. (Cespe – Analista de Controle Externo – Direito – TCE – RJ/2021) Ainda acerca de aspectos do direito financeiro, julgue os próximos itens.

Pela aplicação do princípio da unidade de tesouraria, é vedado o depósito de salário ou de remuneração de servidor público em instituição financeira privada.

COMENTÁRIOS

✪ **Nota do autor:** o princípio da unidade de tesouraria ou unidade de caixa, decorre do disposto no art. 56 da lei nº 4.320/64, segundo o qual "o recolhimento de todas as receitas far-se-á em estrita observância ao princípio de **unidade de tesouraria**, vedada qualquer fragmentação para criação de caixas especiais". Contudo, segundo o STF, "o depósito de salário ou de remuneração de servidor público em instituição financeira privada **não afronta o artigo 164, §3º, da Constituição Federal, pois não se enquadra no conceito de disponibilidade de caixa**" (STF, Ag-Reg no AI 837.677/MA, Rel. Min. Rosa Weber, 1ª Turma, j. 03.04.2012, p. 08.05.2012). **Item Errado.**

14. (Cespe – Analista de Controle Externo – Direito – TCE – RJ/2021) Ainda acerca de aspectos do direito financeiro, julgue os próximos itens.

Em razão do princípio da autonomia, as universidades públicas não estão submetidas às normas orçamentárias previstas na Constituição Federal de 1988.

COMENTÁRIOS

✪ **Nota do autor:** as universidades públicas são, em geral, autarquias que, por isso, fazem parte da administração indireta. Dessa forma, estão submetidas às normas orçamentárias previstas na Constituição Federal de 1988, conforme é possível extrair da análise de diversos dispositivos, dentre os quais art. 163, V; art. 165, §5º, I e III; art. 165, §9º, II e art. 169, §1º. **Item Errado.**

15. FGV - 2024 - TCE/PA - Auditor de Controle Externo

Os princípios orçamentários são diretrizes fundamentais que orientam a elaboração, execução e controle dos orçamentos públicos e privados, assegurando transparência, responsabilidade e eficiência na gestão dos recursos financeiros. Assinale a opção que indica o princípio orçamentário que evita múltiplos orçamentos paralelos dentro da mesma pessoa política.

a) Totalidade.

b) Orçamento bruto.

c) Legalidade.

d) Isonomia.

e) Controle.

COMENTÁRIOS

✪ **Nota do autor:** em todas as áreas do Direito, o estudo dos princípios deve ter como ponto de partida a compreensão de Celso Antônio Bandeira de Mello, segundo o qual "Princípio é, por definição, mandamento nuclear de um sistema, verdadeiro alicerce dele, disposição fundamental que se irradia sobre diferentes normas compondo-lhes o espírito e servindo de critério para sua exata compreensão e inteligência, exatamente por definir a lógica e a racionalidade do sistema normativo, no que lhe confere a tônica e lhe dá sentido harmônico. É o conhecimento dos princípios que preside a intelecção das diferentes partes componentes do todo unitário que há por nome sistema jurídico positivo". (Curso de Direito Administrativo. 30.ed. São Paulo: Malheiros, 2013. p. 974-975).

Alternativa "a": alternativa correta. O princípio da totalidade ou universalidade estabelece que todas as receitas e despesas constarão da Lei de Orçamento pelos seus totais, vedadas quaisquer deduções (lei nº 4.320/64, art. 6º, caput).

Alternativa "b": alternativa errada. Segundo o princípio do orçamento bruto, as cotas de receitas que uma entidade pública deva transferir a outra incluir-se-ão, como despesa, no orçamento da entidade obrigada a transferência e, como receita, no orçamento da que as deva receber (lei nº 4.320/64, art. 6º, §1º).

✪ **Alternativa "c":** alternativa errada. O princípio da legalidade, "inerente ao Estado Democrático de Direito, impõe a exigência de que as finanças públicas sejam disciplinadas mediante lei em sentido formal, como é o caso da aprovação dos orçamentos (art. 165, da CRFB/88) e da autorização de créditos suplementares e especiais" (Vilela, Danilo Vieira. Direito Financeiro. Coleção Sinopses para concursos. v. 37. São Paulo: Juspodivm, 2024. p. 39)

Alternativa "d": alternativa errada. O princípio da isonomia traduz a ideia de tratar igualmente os iguais e desigualmente os desiguais, na medida de sua desigualdade. Na esfera do Direito Financeiro, busca garantir essa forma de tratamento tanto aos contribuintes quanto àqueles que sejam alcançados pelas mais variadas políticas públicas.

Alternativa "e": alternativa errada. O princípio do controle, um dos fundamentos da LRF, relaciona-se à atuação fiscalizadora no sentido de se garantir a eficiência na aplicação dos recursos públicos.

Alternativa correta: letra "a".

16. FGV - 2024 - TCE/PA - Auditor de Controle Externo

Em publicação de 2015, a Organização para a Cooperação e Desenvolvimento Econômico (OCDE), com o objetivo de orientar as boas práticas sobre a atividade orçamentária, apresentou 10 princípios orçamentários, materializados por recomendações ali previstas.

De acordo com a publicação, é correto afirmar que

a) é preciso alinhar os orçamentos públicos com as prioridades estratégicas de curto prazo do governo, não sendo prioridades as estratégias de médio e longo prazo.

b) os orçamentos públicos podem prever regras amplas, abrangentes e técnicas, com vistas a enquadrar as receitas e despesas mais facilmente.

c) os orçamentos públicos deverão considerar os planos de investimento de capital para suprir as lacunas de capacidade econômica, desenvolvimento de infraestrutura e das necessidades e prioridades setoriais e sociais.

d) em regra, os orçamentos públicos devem ser secretos, sendo a publicação restrita aos itens que não comprometam a segurança nacional.

e) o orçamento público não permite, sob nenhuma hipótese, flexibilidade à execução orçamentária, sendo irregular quaisquer emendas parlamentares.

COMENTÁRIOS

✪ **Nota do autor:** os princípios de boa governança orçamentária da OCDE são os seguintes: 1 - Gerenciar orçamentos dentro de limites claros, críveis e previsíveis para a política fiscal. **2 - Alinhar os orçamentos com as prioridades estratégicas de médio prazo do governo.** 3 - **Elaborar orçamento de capital voltado a suprir as necessidades de desenvolvimento nacional de modo coerente e custo-efetivo.** 4 - Garantir documentos e dados orçamentários abertos, transparentes e acessíveis.

5 - Propiciar debate inclusivo, participativo e realista sobre as escolhas orçamentárias. 6 - Prestar contas das finanças públicas de modo abrangente, acurado e confiável. 7 - Planejar, gerenciar e monitorar ativamente a execução do orçamento. 8 - Integrar avaliações de desempenho e de custo-efetividade ao processo orçamentário. 9 - Identificar, aferir e gerenciar prudencialmente a sustentabilidade fiscal e outros riscos fiscais. 10 - Promover a integridade e a qualidade das estimativas orçamentárias, dos planos fiscais e da implementação do orçamento por meio de controles de qualidade, incluindo auditorias independentes (Disponível em: https://repositorio.ipea.gov.br/bitstream/11058/10967/1/AgendaFormal_cap02_PublicacaoPreliminar.pdf Acesso em: 4 jan. 2025).

Alternativa "a": alternativa errada por mostrar-se incompatível com o princípio nº 2 - **Alinhar os orçamentos com as prioridades estratégicas de médio prazo do governo.**

Alternativa "b": alternativa errada. Não há nenhum princípio que se relacione com o enunciado da alternativa.

Alternativa "c": alternativa certa, compatível com o princípio nº 3 - **Elaborar orçamento de capital voltado a suprir as necessidades de desenvolvimento nacional de modo coerente e custo-efetivo.**

Alternativa "d": alternativa errada, já que incompatível com o princípio nº 4 - Garantir documentos e dados orçamentários abertos, transparentes e acessíveis.

Alternativa "e": alternativa errada. Não há nenhum princípio que, direta ou indiretamente, aponte como irregulares quaisquer emendas parlamentares ao orçamento.

Alternativa correta: letra "c".

---

17. COPEVE –UFAL – 2022 – TCE/AL – Agente Contabilista

Os princípios são normas gerais que, pela sua relevância, abrangência e valor intrínseco, fundamentam o sistema jurídico. Permitem a interpretação de situações concretas com base nos fins a que se destinam a norma.

Disponível em:<https://www2.camara.leg.br/orcamento-da-uniao/cidadao/entenda/cursopo/principios>. Acesso em: 07. ago. 2022.

Dadas as afirmativas sobre os princípios orçamentários,

I. Em referência ao princípio da totalidade, o orçamento fiscal, o orçamento de investimento das empresas estatais e o orçamento das entidades de seguridade social representam uma anomalia trazida pela CF/88.

II. O princípio da universalidade possibilita ao Legislativo conhecer a priori todas as receitas e despesas do governo, impedir ao Executivo a realização dessas sem prévia autorização parlamentar e conhecer o exato volume global das despesas projetadas pelo governo.

III. Embora o texto constitucional (Art. 165, § 5º, I da CF/88) reze que os órgãos e entidades da Administração Indireta integrem o orçamento fiscal, as Sociedades de Economia Mista não devem fazer parte da lei orçamentária, pois operam nas condições e segundo as exigências do mercado.

IV. O princípio do orçamento bruto surgiu junto ao da universalidade, visando ao mesmo objetivo: o controle financeiro pelo parlamento. Nesse sentido, todas as receitas e despesas devem constar da lei de orçamento pelos seus totais, sem quaisquer deduções.

verifica-se que está(ão) correta(s)

a) I, apenas.

b) III, apenas.

c) I, II e IV, apenas.

d) II, III e IV, apenas.

e) I, II, III e IV.

COMENTÁRIOS

✪ **Nota do autor:** segundo o Glossário de Termos Orçamentários do Congresso Nacional, princípios orçamentários são o "conjunto de proposições orientadoras que balizam os processos e as práticas orçamentárias, com vistas a dar-lhes estabilidade e consistência, sobretudo no que se refere à sua transparência e ao seu controle pelo Poder Legislativo e pelas demais instituições da sociedade". Disponível em: https://www.congressonacional.leg.br/legislacao-e-publicacoes/glossario-orcamentario/-/orcamentario/termo/principio_orcamentario Acesso em: 5 jan. 2025.

Afirmativa I: errada. O princípio da totalidade ou unidade orçamentária "estabelece que toda a programação dos orçamentos fiscal, da seguridade social e de investimento deve estar contida na LOA, ou seja, em um único diploma legal, de forma a evidenciar a política econômica-financeira e o programa de trabalho do governo". Disponível em: https://www.congressonacional.leg.br/legislacao-e-publicacoes/glossario-orcamentario/-/orcamentario/termo/principio_da_unidade_orcamentaria Acesso em: 5 jan. 2025.

Afirmativa II: correta. O princípio da universalidade do orçamento é aquele segundo o qual "a LOA deve compreender todas as receitas e despesas orçamentárias de todos os Poderes, órgãos, entidades, fundos e fundações instituídas e mantidas pelo Poder Público".

II. O princípio da universalidade possibilita ao Legislativo conhecer a priori todas as receitas e despesas do governo, impedir ao Executivo a realização dessas sem prévia autorização parlamentar e conhecer o exato volume global das despesas projetadas pelo governo. Disponível em: https://www.congressonacional.leg.br/legislacao-e-publicacoes/glossario-orcamentario/-/orcamentario/lista/P Acesso em: 5 jan. 2025.

Afirmativa III: correta. Justamente em razão do enunciado da alternativa é que também compreenderá a LOA o orçamento de investimentos das empresas em que a União, direta ou indiretamente, detenha a maioria do capital social com direito a voto, como é o caso das Sociedades de Economia Mista.

Afirmativa IV: correta. O princípio do orçamento bruto é aquele "segundo o qual a LOA deve registrar as receitas e as despesas pelo valor total e bruto, sendo vedadas quaisquer deduções". (Disponível em: https://www.congressonacional.leg.br/legislacao-e-publicacoes/glossario-orcamentario/-/orcamentario/termo/principio_do_orcamento_bruto Acesso em: 5 jan. 2025)

Alternativa correta: letra "d".

18. (FGV – Auditor de Controle Externo – TCE – PI/2021) O aperfeiçoamento das práticas orçamentárias ao longo do tempo se refletiu, entre outros aspectos, na consolidação dos princípios orçamentários.

O princípio que tem como finalidade evitar a ocorrência de múltiplos orçamentos paralelos em um mesmo ente para um dado período é:

a) anualidade;

b) equilíbrio;

c) exclusividade;

d) legalidade;

e) unidade.

COMENTÁRIOS

✪ **Nota do autor:** conhecer os princípios orçamentários é essencial para o sucesso em concursos públicos já que, além de serem cobrados de forma direta em questões como esta, também são essenciais para a compreensão ampla do Direito Financeiro. A doutrina aponta, em geral, os seguintes princípios: a) Legalidade ou reserva legal; b) Unidade; c) Universalidade ou Totalidade; d) Orçamento-Bruto; e) Anualidade ou Periodicidade Orçamentária; f) Anterioridade ou Precedência Orçamentária; g) Exclusividade; h) Especialização, Especificação ou Discriminação; i) Não-Afetação ou Não-Vinculação de Receita; j) Proibição do Estorno de Verbas; k) Equilíbrio Orçamentário; l) Programação; m) Unidade de Tesouraria ou Unidade de Caixa; n) Transparência ou Publicidade (Vilela, Danilo Vieira. *Direito Financeiro.* Coleção Sinopses para Concursos. 3.ed. Salvador: Juspodivm, 2021. p. 39-61).

Alternativa "a": Alternativa incorreta. Segundo o princípio da anualidade ou da periodicidade orçamentária, o orçamento deve ter periodicidade anual, correspondendo, atualmente, ao ano civil, conforme previsão do art. 34 da lei nº 4.320/64.

Alternativa "b": Alternativa incorreta. O princípio do equilíbrio orçamentário estabelece que as despesas previstas na lei orçamentária não podem ser superiores às respectivas receitas.

Alternativa "c": Alternativa incorreta. Com base no princípio da exclusividade, o orçamento não poderá conter dispositivo estranho à previsão de receita e à fixação de despesa, salvo exceções previstas no texto constitucional e no art. 7º da lei nº 4.320/64. Nesse sentido, estabelece o §5º do art. 165 da CRFB/88, que "A lei orçamentária anual não conterá dispositivo estranho à previsão da receita e à fixação da despesa, não se incluindo na proibição a autorização para abertura de créditos suplementares e contratação de operações de crédito ainda que por antecipação de receita, nos termos da lei".

Alternativa "d": Alternativa incorreta. O princípio da legalidade impõe a exigência de que as finanças públicas sejam disciplinadas mediante lei em sentido formal, como é o caso da aprovação dos orçamentos (CRFB/88, art. 165) e da autorização de créditos suplementares e especiais.

Alternativa "e": Alternativa correta. O princípio da unidade estabelece que o orçamento deve ser uni, devendo cada ente federativo elaborar apenas um único orçamento, buscando-se, assim, evitar múltiplos orçamentos no âmbito de uma mesma pessoa jurídica, de forma a facilitar o controle da atividade financeira estatal. Nesse sentido: "A Lei de Orçamento conterá a discriminação da receita e da despesa de forma a evidenciar a política econômico-financeira e o programa de trabalho do Governo, obedecidos os princípios de unidade, universalidade e anualidade" (lei nº 4.320/64, art. 2º, caput).

Alternativa correta: letra "e".

2.4. LEIS ORÇAMENTÁRIAS (PPA, LDO E LOA)

19. (Cespe – Analista de Controle Externo – Direito – TCE – RJ/2021) Ainda acerca de aspectos do direito financeiro, julgue os próximos itens.

A lei de diretrizes orçamentárias deve dispor sobre o equilíbrio entre receitas e despesas.

COMENTÁRIOS

✪ **Nota do autor:** segundo disposição constitucional, "a lei de diretrizes orçamentárias compreenderá as metas e prioridades da administração pública federal, estabelecerá as diretrizes de política fiscal e respectivas metas, **em consonância com trajetória sustentável da dívida pública**, orientará a elaboração da lei orçamentária anual, disporá sobre as alterações na legislação tributária e estabelecerá a política de aplicação das agências financeiras oficiais de fomento" (Art. 165, §2º, com redação dada pela EC 109/2021). Já na Lei de Responsabilidade Fiscal (LC 101/2000), o tema foi abordado no art. 4º, ao prever que a LDO disporá, dentre outros, sobre **equilíbrio entre receitas e despesas** (LRF, art. 4º, I, a). **Item Certo**

20. CEBRASPE – 2024 – TCE/AC – Auditor de Controle Externo

Julgue o item seguinte, no que diz respeito ao sistema de planejamento e orçamento, ao plano plurianual, à lei de diretrizes orçamentárias, ao orçamento anual e aos créditos ordinários e adicionais.

Na lei orçamentária anual, os orçamentos fiscal, de investimento e da seguridade social terão, entre suas funções, a de reduzir as desigualdades inter-regionais, segundo critério populacional, quando forem compatibilizados com o plano plurianual e com a lei de diretrizes orçamentárias.

COMENTÁRIOS

✪ **Nota do autor:** item que exige do(a) candidato(a) a literalidade de dispositivos constitucionais. Assim, ele se apresenta quase totalmente correto. Contudo, ao final, se equivoca ao trazer a necessidade de compatibilidade com a lei de diretrizes orçamentárias, uma vez que a CRFB/88, em seu art. 165, §5º, exige tão-somente que seja compatível com o plano plurianual.

Item errado.

21. CEBRASPE – 2024 – TCE/AC – Auditor de Controle Externo

Julgue o item seguinte, no que diz respeito ao sistema de planejamento e orçamento, ao plano plurianual, à lei de diretrizes orçamentárias, ao orçamento anual e aos créditos ordinários e adicionais.

O plano plurianual estabelecerá, de forma regionalizada, as diretrizes, os objetivos e as metas da administração pública para as despesas de capital e outras delas decorrentes, bem como as diretrizes de política fiscal e respectivas metas, em consonância com a trajetória sustentável da dívida pública.

COMENTÁRIOS

✪ **Nota do autor:** o item mistura exigências do PPA com a LDO. Assim, segundo disposição constitucional, "a lei que instituir o PPA estabelecerá, de forma regionalizada, as diretrizes, objetivos e metas da administração pública federal para as despesas de capital e outras delas decorrentes e para as relativas aos programas de duração continuada" (art. 165, §1º). Já a LDO "compreenderá as metas e prioridades da administração pública federal, estabelecerá as diretrizes de política fiscal e respectivas metas, em consonância com a trajetória sustentável da dívida pública, orientará a elaboração da LOA, disporá sobre as alterações na legislação tributária e estabelecerá a política de aplicação das agências financeiras oficiais de fomento" (art. 165, §2º).

Item errado

22. CEBRASPE – 2024 – TCE/AC – Analista Ministerial

Em relação à Lei de Responsabilidade Fiscal (LRF) e ao entendimento jurisprudencial do STF a respeito do que ela dispõe, julgue o item a seguir.

A LRF inovou em relação à disciplina constitucional alusiva à lei de diretrizes orçamentárias (LDO) ao prever, como componente obrigatório dessa peça orçamentária, a anexação de metas fiscais que disponham sobre as metas anuais relativas a receitas, despesas, resultados nominal e primário, e acerca do montante da dívida pública, para o exercício a que se referir a LDO e para os dois seguintes.

COMENTÁRIOS

✪ **Nota do autor:** a Lei de Diretrizes Orçamentárias foi abordada na LRF em seu artigo 4º, cujo §1º estabelece que "integrará o projeto de lei de diretrizes orçamentárias Anexo de Metas Fiscais, em que serão estabelecidas metas anuais, em valores correntes e constantes, relativas a receitas, despesas, resultados nominal e primário e montante da dívida pública, para o exercício a que se referirem e para os dois seguintes".

Item certo

23. FGV – 2024 – TCE/PA – Auditor de Controle Externo

O modelo orçamentário brasileiro é definido na Constituição Federal de 1988 do Brasil. Compõe-se de três instrumentos: o Plano Plurianual – PPA, a Lei de Diretrizes Orçamentárias – LDO e a Lei Orçamentária Anual - LOA.

Art. 165. da Lei de iniciativa do Poder Executivo estabelecerão:

I. o plano plurianual;

II. as diretrizes orçamentárias;

III. os orçamentos anuais.

Fonte: Câmara dos Deputados. ORÇAMENTO DA UNIÃO. https://www2.camara.leg.br/orcamento-da-uniao/cidadao/entenda/cursopo/planejamento.

Relacione cada instrumento com sua respectiva característica:

1. PPA.
2. LDO.
3. LOA.

( ) Tem como função estabelecer as diretrizes, objetivos e metas de médio prazo da administração pública.

( ) Seu papel é ajustar as ações de governo às reais possibilidades de caixa do Tesouro Nacional e selecionar dentre os programas previamente definidos aqueles que terão prioridade na execução do orçamento.

( ) Permite avaliar as fontes de recursos públicos no universo dos contribuintes e, também, quem são os beneficiários desses recursos.

( ) É a peça de mais alta hierarquia dentre a tríade orçamentária, embora esta seja somente constituída de leis ordinárias.

Assinale a opção que indica a relação correta, na ordem apresentada.

a) 1 – 2 – 3 – 1.
b) 1 – 2 – 3 – 3.
c) 1 – 3 – 2 – 2.
d) 2 – 3 – 1 – 1.
e) 3 – 2 – 1 – 2.

COMENTÁRIOS

✪ **Nota do autor:** conforme o enunciado, os itens da presente questão foram extraídos, em sua literalidade, do site da Câmara dos Deputados, do texto de autoria de Vander Gontijo. No texto, que vale ser lido na íntegra por quem se prepara para concursos que exigem o Direito Financeiro, o autor destaca, a respeito do PPA, que: "O PPA, com vigência de quatro anos, tem como função estabelecer as diretrizes, objetivos e metas de médio prazo da administração pública". Ademais: "O PPA é peça de mais alta hierarquia dentre a tríade orçamentária, embora esta seja somente constituída de leis ordinárias". Já em relação à LDO o autor aponta que "Uma das principais funções da LDO é estabelecer parâmetros necessários à alocação dos recursos no orçamento anual, de forma a garantir, dentro do possível, a realização das metas e objetivos contemplados no PPA. É papel da LDO ajustar as ações de governo, previstas no PPA, às reais possibilidades de caixa do Tesouro Nacional e selecionar dentre os programas incluídos no PPA aqueles que terão prioridade na execução do orçamento subsequente". Por fim, quanto à LOA, o artigo aponta que "A lei orçamentária da União estima receitas e fixa as despesas para um exercício financeiro. De um lado, permite avaliar as fontes de recursos públicos no universo dos contribuintes e, de outro, quem são os beneficiários desses recursos". (Disponível em: https://www2.camara.leg.br/orcamento-da-uniao/cidadao/entenda/cursopo/planejamento#:~:text=Lei%20de%20Diretrizes%20Orçamentárias%20-%20LDO&text=É%20papel%20da%20LDO%20ajustar,165. Acesso em: 2 jan. 2025.

Alternativa correta: letra "a".

---

24. FCC – 2022 – TCE/GO – Analista de Controle Externo

No que se refere ao Projeto de Lei Orçamentária Anual referente ao exercício financeiro de 2023 de um ente público, a Constituição Federal de 1988 determina que

a) o projeto será acompanhado de demonstrativo que contempla as informações relativas às receitas e despesas totais e primárias, dívida pública consolidada e dívida consolidada líquida para o exercício financeiro de 2023.
b) as emendas individuais a esse projeto devem ser aprovadas no limite de 2,5% da receita corrente total arrecadada pelo ente no exercício financeiro de 2022.
c) as emendas individuais a esse projeto devem ser utilizadas para destinar recursos para ações e serviços de saúde, assistência social, educação e infraestrutura.
d) o projeto será acompanhado de demonstrativo regionalizado do efeito, sobre as receitas e despesas, decorrente de isenções, anistias, remissões, subsídios e benefícios de natureza financeira, tributária e creditícia.
e) o projeto será acompanhado de demonstrativo que informa os valores previstos de novas despesas obrigatórias de caráter continuado para o exercício financeiro de 2023, deduzindo-as da margem bruta de expansão.

COMENTÁRIOS

✪ **Nota do autor:** não foi cobrado na questão, mas vale lembrar que, dos 2% da receita corrente líquida do exercício anterior a que correspondem as emendas individuais ao projeto de LOA, 1,55% caberão às emendas de Deputados e 0,45% às de Senadores (CRFB/88, art. 166, §9º-A).

Alternativa "a": alternativa errada. Não há previsão de que tais itens sejam contemplados no projeto de Lei Orçamentária Anual.

Alternativa "b": alternativa errada. A CRFB/88 determina que as emendas individuais a esse projeto devem ser aprovadas no limite de 2,0% (e não 2,5%) da receita corrente total arrecadada pelo ente no exercício financeiro de 2022 (CRFB/88, art. 166, §9º).

Alternativa "c": alternativa errada. A Constituição não estabelece o destino total das emendas individuais; apenas determina que a metade delas seja destinada a ações e serviços públicos de saúde (CRFB/88, art. 166, §9º).

Alternativa "d": alternativa certa. Alternativa reproduz o disposto no §6º do art. 165 da CRFB/88, segundo o qual "o projeto de lei orçamentária será acompanhado de demonstrativo regionalizado do efeito, sobre as receitas e despesas, decorrente de isenções, anistias, remissões, subsídios e benefícios de natureza financeira, tributária e creditícia.

Alternativa "e": alternativa errada. Conforme LRF (Art. 5º, II), o projeto de LOA será acompanhado do documento a que se refere o §6º do art. 165 da Constituição (ver Comentários à alternativa anterior), bem como das medidas de compensação a renúncias de receita e ao aumento de despesas obrigatórias de caráter continuado. Nem a CRFB/88 e nem a LRF exigem que o projeto seja acompanhado de demonstrativo que informa os valores previstos de novas despesas obrigatórias de caráter continuado para o exercício financeiro de 2023, deduzindo-as da margem bruta de expansão.

Alternativa correta: letra "d".

25. (FGV – Auditor de Controle Externo – TCE – PI/2021) O processo orçamentário no Brasil tem como base diferentes instrumentos de planejamento concebidos para auxiliar na gestão equilibrada dos recursos públicos.

Um dos instrumentos de planejamento de maior complexidade técnica é a LDO, que tem, entre seus conteúdos, a proposição de:

a) condições para concessão de benefícios de natureza financeira, tributária e creditícia;

b) critérios de regionalização dos programas governamentais;

c) despesas relativas aos programas de duração continuada;

d) diretrizes para investimentos das empresas estatais;

e) disposições sobre equilíbrio entre receitas e despesas.

COMENTÁRIOS

Nota do autor: em 2021 a Emenda Constitucional nº 109 alterou o §2º do art. 165 da CRFB/88, cujo novo texto determina que "A lei de diretrizes orçamentárias compreenderá as metas e prioridades da administração pública federal, estabelecerá as diretrizes de política fiscal e respectivas metas, em consonância com trajetória sustentável da dívida pública, orientará a elaboração da lei orçamentária anual, disporá sobre as alterações na legislação tributária e estabelecerá a política de aplicação das agências financeiras oficiais de fomento".

Alternativa "a": alternativa errada, vez que as condições para concessão de benefícios de natureza financeira, tributária e creditícia deverão constar no projeto de LOA, e não na LDO (CRFB/88, art. 165, §6º).

Alternativa "b": o critério de regionalização dos programas governamentais é tema do plano plurianual e não da LDO (CRFB/88, art. 165, §1º). Alternativa incorreta.

Alternativa "c": é no plano plurianual e não na LDO que deverão constar, dentre outras, as despesas relativas aos programas de duração continuada (CRFB/88, art. 165, §1º). Alternativa incorreta.

Alternativa "d": as diretrizes para investimentos das empresas estatais devem constar na lei orçamentária anual (CRFB/88, art. 165, §5º, III) e não na LDO. Por isso, a alternativa está errada.

Alternativa "e": Alternativa correta. além das disposições constitucionais, a Lei de Diretrizes Orçamentárias também foi abordada pela Lei de Responsabilidade Fiscal (LC 101/2000) que, em seu art. 4º, I, estabelece que a LDO disporá também sobre: a) **equilíbrio entre receitas e despesas**; b) critérios e forma de limitação de empenho, a ser efetivada nas hipóteses previstas na alínea b do inciso II deste artigo e no inciso II do §1º do art. 31; e) normas relativas ao controle de custos e à avaliação dos resultados dos programas financiados com recursos dos orçamentos; f) demais condições e exigências para transferências de recursos a entidades públicas e privadas.

Alternativa correta: letra "e".

2.5. CICLO ORÇAMENTÁRIO

26. (Cespe – Analista de Controle Externo – Direito – TCE – RJ/2021) Com relação a aspectos constitucionais, legais, doutrinários e jurisprudenciais do direito financeiro, julgue os itens subsequentes.

Caso o Poder Executivo estadual discorde de proposta orçamentária encaminhada pelo Tribunal de Justiça do Estado do Rio de Janeiro que obedece aos limites estipulados na lei de diretrizes orçamentárias, o governador não poderá alterar essa proposta ao encaminhar o projeto de lei orçamentária anual à Assembleia Legislativa.

COMENTÁRIOS

✪ **Nota do autor:** o "Poder Judiciário goza de autonomia administrativa e financeira, o que abrange a competência dos tribunais para a elaboração de suas propostas orçamentárias dentro dos limites estipulado conjuntamente com os demais Poderes na lei de diretrizes orçamentárias (CRFB/88, art. 90, §1º), sob pena de inconstitucionalidade" (Vilela, Danilo Vieira. *Direito Financeiro*. Sinopses para concursos. v. 37. 3.ed. Salvador: Juspodivm, 2021. p. 109). Assim, o enunciado é correto, uma vez que o Executivo não pode alterar a proposta do Judiciário que esteja dentro dos limites estipulados na LDO. **Item Certo.**

27. FGV – 2024 – TCE/PA – Auditor de Controle Externo

O papel do Poder Legislativo no ciclo orçamentário não se restringe à apreciação e à aprovação das leis orçamentárias. Nesse sentido, avalie se as responsabilidades orçamentárias do Poder Legislativo incluem:

I. a avaliação da execução orçamentária, para fiscalizar os órgãos e entidades públicas, bem como da administração direta e indireta, ocorrendo principalmente com relação à aplicação de recursos, recebimento de valores e uso do patrimônio público;

II. a fiscalização e julgamento das contas da Administração Pública Federal; e

III. em situações excepcionais imprevistas ou urgentes, incluir créditos extraordinários, consignados por meio de medida provisória.

Está correto o que se afirma em

a) I, II e III.

b) I e II, apenas.

c) I e III, apenas.

d) II e III, apenas.

e) I, apenas.

COMENTÁRIOS

✪ **Nota do autor:** o ciclo orçamentário deve ser compreendido como a "sequência de fases ou etapas que compõe o processo orçamentário. De forma geral, o ciclo orçamentário é composto das seguintes fases: elaboração da proposta, apreciação legislativa, execução, controle e avaliação. Corresponde ao período de tempo em que se processam as atividades típicas do orçamento público, desde sua conceção até a avaliação final". (Disponível em https://www.congressonacional.leg.br/legislacao-e-publicacoes/glossario-orcamentario/-/orcamentario/lista/C. Acesso em: 1 jan. 2025)

Afirmativa I: correta. Segundo dispõe o art. 70, caput, da CRFB/88, "a fiscalização contábil, financeira, orçamentária, operacional e patrimonial da União e das entidades da administração direta e indireta, quanto à legalidade, legitimidade, economicidade, aplicação das subvenções e renúncia de receitas, será exercida pelo Congresso Nacional, mediante controle externo e pelo sistema de controle interno de cada Poder".

Afirmativa II: correta. É da competência exclusiva do Congresso Nacional (e não do TCU) julgar anualmente as contas prestadas pelo Presidente da República e apreciar os relatórios sobre a execução dos planos de governo (CRFB/88, art. 49, IX).

Afirmativa III: errada. Os créditos extraordinários são destinados a despesas urgentes e imprevisíveis, como as decorrentes de guerra, comoção interna ou calamidade pública. Na União, serão abertos por medida provisória. Já nos estados e municípios serão abertos por decreto do Poder Executivo, que deles dará imediato conhecimento ao Poder Legislativo.

Alternativa correta: letra "b".

28. FGV – 2024 – TCE/PA – Auditor de Controle Externo

A função legislativa serve como um meio eficaz para realizar mudanças sociais de forma pacífica e em conformidade com o direito, por meio da revisão, modificação e sanção de leis.

Com relação à elaboração de propostas orçamentárias, avalie as afirmativas a seguir.

I. O Projeto de Lei Orçamentária Anual (PLOA) é encaminhado ao Congresso Nacional até 31 de agosto, devendo ser devolvido para sanção até o encerramento da sessão legislativa.

II. A verificação da fidelidade funcional dos agentes da administração responsáveis por bens e valores públicos é parte integrante do controle da execução orçamentária.

III. A análise da conformidade legal dos atos que geram a arrecadação de receitas é parte integrante do controle da execução orçamentária.

Está correto o que se afirma em

a) I, apenas.

b) I e II, apenas.

c) I e III, apenas.

d) II e III, apenas.

e) I, II e III.

COMENTÁRIOS

✪ **Nota do autor:** segundo dispõe o art. 75 da lei nº 4.320/64, o controle de execução orçamentária compreenderá: I- a legalidade dos atos de que resultem a arrecadação da receita ou a realização da despesa, o nascimento ou a extinção de direitos e obrigações; II- a fidelidade funcional dos agentes da administração, responsáveis por bens e valores públicos; III- o cumprimento do programa de trabalho expresso em termos monetários e em termos de realização de obras e prestação de serviços.

Afirmativa I: correta. O PLOA deve ser encaminhado pelo Executivo ao Legislativo até quatro meses antes do encerramento do exercício financeiro, o que se dá em 31 de agosto e deve ser devolvido até o encerramento da sessão legislativa, em 22 de dezembro (ADCT, art. 35).

Afirmativa II: correta. Conforme apontado na nota ao autor, a verificação da fidelidade funcional dos agentes da administração responsáveis por bens e valores públicos é um dos aspectos compreendidos no controle da execução orçamentária, segundo disposição do art. 75 da lei nº 4.320/64.

Afirmativa III: correta. Assim como na afirmativa anterior, esta reproduz as disposições contidas no art. 75 da lei nº 4.320/64, ao cuidar do controle da execução orçamentária.

Alternativa correta: letra "e".

---

29. FGV – 2024 – TCE/PA – Auditor de Controle Externo

Na análise das matérias orçamentárias, os membros das casas legislativas desempenham uma ampla variedade de atividades, incluindo estudos detalhados, avaliações minuciosas, debates, consultas e a busca ativa por informações.

Assinale a condição em que emendas ao projeto de Lei Orçamentária Anual (LOA) ou aos projetos que o modifiquem podem ser aprovadas.

a) Sejam compatíveis com o plano plurianual ou com a lei de diretrizes orçamentárias.
b) Indiquem os recursos necessários provenientes de anulação de despesa de pessoal.
c) Anulem dotações que envolvam transferências tributárias intergovernamentais.
d) Indiquem os recursos necessários provenientes de anulação de serviço da dívida.
e) Sejam relacionadas com a correção de erros ou omissões.

COMENTÁRIOS

✪ **Nota do autor:** a própria Constituição da República fixou as regras para as emendas ao projeto de LOA. Assim, tais emendas apenas poderão ser aprovadas caso: I- sejam compatíveis com o PPA e com a LDO; II- indiquem os recursos necessários, admitidos apenas os provenientes de anulação de despesa, excluídas as que incidam sobre: a) dotações para pessoal e seus encargos; b) serviço da dívida; c) transferências tributárias constitucionais para Estados, Municípios e Distrito Federal; ou III- sejam relacionadas: a) com a correção de erros ou omissões; ou b) com os dispositivos do texto do projeto de lei (Art. 166, §3º).

Alternativa "a": alternativa errada. Eventuais emendas à LOA, devem ser, ao mesmo tempo compatíveis com o PPA E (não ou) com a LDO.

Alternativa "b": alternativa errada. Conforme previsão constitucional, a emenda deve, de fato, apontar os recursos necessários, admitidos apenas os provenientes de anulação de despesa, mas esta anulação não pode se dar sobre despesas de pessoal.

Alternativa "c": alternativa errada. Da mesma forma como na alternativa anterior, as transferências tributárias intergovernamentais não podem ser alcançadas na anulação de dotações para emendas ao projeto de LOA.

Alternativa "d": alternativa errada. O serviço da dívida é mais um dos pontos que não pode sofrer anulação de despesas para emendas ao projeto de LOA.

Alternativa "e": alternativa certa. Uma das possibilidades previstas no texto constitucional para emendas ao projeto de LOA é, justamente, a correção de erros ou omissões (art. 166, §3º, III, a).

Alternativa correta: letra "e".

---

30. FGV – 2024 – TCE/PA – Auditor de Controle Externo

De acordo com a Constituição Federal de 1988, leis de iniciativa do Poder Executivo estabelecerão o plano plurianual (PPA), as diretrizes orçamentárias (LDO) e os orçamentos anuais (LOA). Especificamente em relação à LDO, é correto afirmar que

a) o projeto da LDO conterá reserva de contingência, cuja forma de utilização e montante, definido com base na receita corrente líquida, serão estabelecidos na PPA, destinada ao atendimento de passivos contingentes e outros riscos e eventos fiscais imprevistos.
b) a LDO compreende as metas e prioridades da administração pública, inclusive as despesas de capital, para o exercício financeiro subsequente.
c) a lei que instituir a LDO estabelecerá, de forma regionalizada, as diretrizes, objetivos e metas da administração pública federal para as despesas de capital e outras delas decorrentes e para as relativas aos programas de duração continuada.

d) todas as despesas relativas à dívida pública, mobiliária ou contratual, e as receitas que as atenderão, constarão da LDO.

e) o projeto de LDO será acompanhado de demonstrativo regionalizado do efeito, sobre as receitas e despesas, decorrente de isenções, anistias, remissões, subsídios e benefícios de natureza financeira, tributária e creditícia.

COMENTÁRIOS

✪ **Nota do autor:** a presente questão merece crítica, uma vez que, mesmo tendo sido aplicada em 2024, considerou correta a disposição prevista na CRFB/88 antes da Emenda Constitucional nº 109, de 2021, que resultou na seguinte redação ao art. 165, §2º, que trata da LDO: " lei de diretrizes orçamentárias compreenderá as metas e prioridades da administração pública federal, estabelecerá as diretrizes de política fiscal e respectivas metas, em consonância com trajetória sustentável da dívida pública, orientará a elaboração da lei orçamentária anual, disporá sobre as alterações na legislação tributária e estabelecerá a política de aplicação das agências financeiras oficiais de fomento".

Alternativa "a": alternativa errada. A descrição do enunciado diz respeito à LOA, e não à LDO.

Alternativa "b": alternativa correta. A banca examinadora considerou correta esta alternativa, sem levar em consideração as alterações oriundas da EC 109/2021 (ver nota do autor). O texto original da Constituição, fundamento para que a alternativa fosse aceita como correta diz que "A lei de diretrizes orçamentárias compreenderá as metas e prioridades da administração pública federal, incluindo as despesas de capital para o exercício financeiro subsequente, orientará a elaboração da lei orçamentária anual, disporá sobre as alterações na legislação tributária e estabelecerá a política de aplicação das agências financeiras oficiais de fomento.

Alternativa "c": alternativa errada. A descrição do enunciado diz respeito ao PPA, e não à LDO.

Alternativa "d": alternativa errada. A descrição do enunciado diz respeito à LOA, e não à LDO.

Alternativa "e": alternativa errada. A descrição do enunciado diz respeito à LOA, e não à LDO.

Alternativa correta: letra "b".

---

31. FGV – 2024 – TCE/PA – Auditor de Controle Externo

Em relação aos ciclos orçamentários, considerando que as siglas PPA, LDO e LOA, sempre que utilizadas, se referem ao plano plurianual, à lei de diretrizes orçamentárias e à lei orçamentária anual, respectivamente, avalie se as afirmativas a seguir são verdadeiras (V) ou falsas (F).

( ) O ciclo orçamentário ampliado aborda, além das etapas relativas à LOA, também as etapas relacionadas ao PPA e LDO.

( ) Ao final de cada ano, as contas do governo federal são analisadas pelo Tribunal de Contas da União e depois submetidas ao Congresso Nacional.

( ) O ciclo orçamentário básico é composto das seguintes fases: elaboração da proposta e apreciação legislativa.

As afirmativas são, respectivamente,

a) F – V – F.

b) F – V – V.

c) V – F – F.

d) V – V – F.

e) V – F – V.

COMENTÁRIOS

✪ **Nota do autor:** apesar de, tradicionalmente, as provas de concursos públicos exigirem o ciclo orçamentário básico, recomenda-se ao (à) candidato (a) que fique atento ao chamado "ciclo orçamentário ampliado", uma vez que ele apresenta, de forma mais completa, as etapas de elaboração, apreciação, execução, controle e avaliação, de forma a destacar, claramente, os momentos que envolvem cada uma das três leis orçamentárias.

Afirmativa I: verdadeira. O chamado ciclo orçamentário ampliado comporta oito fases: "1) formulação do planejamento plurianual, pelo Executivo; 2) apreciação e adequação do plano, pelo Legislativo; 3) proposição de metas e prioridades para a administração e da política de alocação de recursos pelo Executivo; 4) apreciação e adequação da LDO, pelo Legislativo; 5) elaboração da proposta de orçamento, pelo Executivo; 6) apreciação, adequação e autorização legislativa; 7) execução dos orçamentos aprovados; 8) avaliação da execução e julgamento das contas" (Almeida, Ricardo Damasceno de; Lisboa, Marcelo Jucá. Direito Financeiro: lei 4.320/1964. Coleção leis especiais para concursos. 3.ed. Salvador: Juspodivm, 2017. p. 149)

Afirmativa II: verdadeira. Vale lembrar que a competência para julgar as contas prestadas pelo Presidente da República e apreciar os relatórios sobre a execução dos planos de governo é exclusiva do Congresso Nacional (CRFB/88, art. 49, IX). Por outro lado, compete ao TCU "apreciar as contas prestadas anualmente pelo Presidente da República, mediante parecer prévio que deverá ser elaborado em sessenta doas a contar de seu recebimento" (CRFB/88, art. 71, I).

Afirmativa III: falsa. O ciclo orçamentário básico é composto das seguintes fases: elaboração da proposta, apreciação legislativa, execução, controle e avaliação.

Alternativa correta: letra "d".

32. CONSULPAM - 2023 - TCM/PA - Auditor de Controle Externo

A respeito do ciclo orçamentário, assinale a alternativa CORRETA.

a) Encerra-se na execução.

b) Tem início antes do exercício financeiro a que se refere o orçamento.

c) Tem início com a aprovação da LOA.

d) Coincide com o exercício financeiro.

COMENTÁRIOS

✪ **Nota do autor**: o ciclo orçamentário pode ser compreendido como a sequência de fases ou etapas que compõe o processo orçamentário, abrangendo a elaboração da proposta, a apreciação legislativa, a execução e o controle e avaliação. Equivale, portanto, ao período de tempo em que se processam as atividades típicas do orçamento público, desde sua concepção até a avaliação final. (Disponível em: https://www.congressonacional.leg.br/legislacao-e-publicacoes/glossario-orcamentario/-/orcamentario/termo/ciclo_orcamentario#:~:text=Sequência%20de%20fases%20ou%20etapas,%2C%20execução%2C%20controle%20e%20avaliação. Acesso em: 4 jan. 2025.

Alternativa "a": alternativa errada. O ciclo orçamentário continua mesmo após a execução, uma vez que ainda abrange o controle e a avaliação.

Alternativa "b": alternativa correta. O ciclo orçamentário tem início com a formulação do planejamento plurianual, pelo Executivo, ou seja, bem antes do exercício financeiro a que se refere o orçamento.

Alternativa "c": alternativa errada. O ciclo se inicia com a formulação do PPA e não com a aprovação da LOA, como trouxe o enunciado da alternativa.

Alternativa "d": alternativa errada. Conforme apontado nas alternativas anteriores, o ciclo orçamentário começa antes e termina após o exercício financeiro.

Alternativa correta: letra "b".

33. COPEVE -UFAL - 2022 - TCE/AL - Agente Contabilista

A forma democrática e o aumento da cobrança da sociedade por decisões políticas acertadas e ações públicas e governamentais, capazes de gerar resultados que tenham eficácia, eficiência e efetividade é cada vez mais latente no Brasil.

Disponível em: <https://www.nucleodoconhecimento.com.br/contabilidade/planejamento-do-orcamento>. Acesso em: 08. ago. 2022.

Quanto ao ciclo orçamentário, assinale a alternativa correta.

a) O processo orçamentário como um todo é composto somente das etapas de elaboração/planejamento da proposta orçamentária; de discussão/estudo/aprovação da LOA; e de execução orçamentária e financeira.

b) As emendas ao PLOA ou aos projetos que o modifiquem somente podem ser aprovadas caso sejam compatíveis com o PPA e com a LDO, dentre outros requisitos, vedada a indicação futura dos recursos necessários.

c) As leis orçamentárias, que compõem o ciclo orçamentário, são de competência concorrente do Presidente da República, que as envia ao Congresso Nacional para discussão e aprovação.

d) Em homenagem ao princípio da anualidade, o ciclo orçamentário compreende um exercício financeiro que, conforme a Lei Federal nº 4.320, de 17 de março de 1964, coincide com o ano civil.

e) A proposta orçamentária elaborada pelo Poder Executivo contempla os demais Poderes da República e o Ministério Público, os quais não detêm autonomia para elaboração de propostas próprias.

COMENTÁRIOS

✪ **Nota do autor:** Para a elaboração da proposta orçamentária, cada Unidade Gestora (órgão investido na faculdade de gerir recursos orçamentários) elaborará a sua demanda individual, que será, a seguir, consolidada em um único projeto que será submetido ao Poder Legislativo (Vilela, Danilo Vieira. *Direito Financeiro.* Coleção Sinopses para concursos. v. 37. São Paulo: Juspodivm, 2024. p. 118).

Alternativa "a": alternativa errada por não mencionar a fase de avaliação do ciclo orçamentário que, numa perspectiva mais simples, é composto das seguintes etapas: elaboração da proposta, apreciação legislativa, execução, controle e avaliação.

Alternativa "b": alternativa correta, vez que se mostra compatível com as disposições do art. 166, §3º, I e II, da CRFB/88, segundo o qual "As emendas ao projeto de lei do orçamento anual ou aos projetos que o modifiquem somente podem ser aprovadas caso: I. sejam compatíveis com o plano plurianual e com a lei de diretrizes orçamentárias; II- indiquem os recursos necessários, admitidos apenas os provenientes de anulação de despesa [...]".

Alternativa "c": alternativa errada, já que, conforme o art. 165 da CRFB/88, as leis orçamentárias, que compõem o ciclo orçamentário, são de competência privativa (e não concorrente) do Presidente da República, que as envia ao Congresso Nacional para discussão e aprovação.

Alternativa "d": alternativa errada. O ciclo orçamentário, considerando-se desde a elaboração da proposta até a avaliação dos gastos extrapola, em muito, o ano civil.

Alternativa "e": alternativa errada. O fato de a proposta orçamentária ser elaborada pelo Poder Executivo em um único documento, contemplando os demais Poderes da República e o Ministério Público não lhes retira a autonomia para a elaboração de suas próprias propostas orçamentárias.

Alternativa correta: letra "b".

34. FCC – 2022 – TCE/GO – Analista de Controle Externo

No que concerne ao regramento de execução orçamentária, constitui exceção à regra geral que predica que os créditos vinculam-se ao exercício orçamentário em que foram autorizados:

a) aqueles destinados a despesas decorrentes de ações e metas que integram o Plano Plurianual.
b) os créditos especiais e extraordinários autorizados nos últimos quatro meses do exercício, reabertos nos limites de seus saldos e incorporados ao exercício subsequente.
c) as despesas de caráter continuado, que podem ser cobertas com créditos autorizados no exercício findo, independentemente da inscrição em restos a pagar.
d) aqueles gerados por operações de crédito, que subsistem até a liquidação integral do serviço da dívida.
e) os provenientes de alienação de ativos, cuja fonte corresponde a receita de capital que tem como contrapartida uma baixa patrimonial.

COMENTÁRIOS

✪ **Nota do autor:** a presente questão busca, em verdade, uma exceção ao princípio da anualidade orçamentária, o qual "estabelece que as autorizações de despesa valem para um período limitado, nos seguintes termos: para a LOA, é o exercício financeiro; para os créditos adicionais abertos, é até o final do exercício financeiro; e para os créditos reabertos, é até o final do exercício financeiro de reabertura". Disponível em: https://www.congressonacional.leg.br/legislacao-e-publicacoes/glossario-orcamentario/-/orcamentario/termo/principio_da_anualidade_orcamentaria Acesso em: 5 jan. 2025.

Alternativa "a": alternativa errada. Os créditos destinados a despesas decorrentes de ações e metas que integram o Plano Plurianual vinculam-se ao exercício orçamentário em que foram autorizados.

Alternativa "b": alternativa certa. Segundo disposição expressa do art. 167, §2º da CRFB/88, os créditos especiais e extraordinários terão vigência no exercício financeiro em que forem autorizados, salvo se o ato de autorização for promulgado nos últimos quatro meses daquele exercício, caso em que, reabertos nos limites de seus saldos, serão incorporados ao orçamento do exercício financeiro subsequente.

Alternativa "c": alternativa errada. As despesas de caráter continuado, que podem ser cobertas com créditos autorizados no exercício findo, independentemente da inscrição em restos a pagar vinculam-se ao exercício orçamentário em que foram autorizadas.

Alternativa "d": alternativa errada. Os créditos gerados por operações de crédito, que subsistem até a liquidação integral do serviço da dívida vinculam-se ao exercício orçamentário em que foram autorizados.

Alternativa "e": alternativa errada. Os créditos provenientes de alienação de ativos, cuja fonte corresponde a receita de capital que tem como contrapartida uma baixa patrimonial, vinculam-se ao exercício orçamentário em que foram autorizados.

Alternativa correta: letra "b".

35. (FGV – Auditor de Controle Externo – TCE – PI/2021) O Chefe do Poder Executivo do Estado Alfa encaminhou ao Poder Legislativo o projeto de lei orçamentária anual. Enquanto o projeto estava em discussão na Comissão competente da Assembleia Legislativa, o Governador do Estado propôs a modificação do projeto. Além disso, foram posteriormente apresentadas emendas, no âmbito da Comissão, nas quais era proposta a anulação de despesas relacionadas à amortização de empréstimos contraídos em exercícios pretéritos, com a sua redistribuição para outros programas orçamentários relacionados aos direitos sociais e que eram compatíveis com o plano plurianual.

À luz dessa narrativa e da sistemática constitucional, é correto afirmar que:

a) não há qualquer irregularidade na narrativa apresentada;
b) a única irregularidade existente é a proposta de anulação de dotações destinadas à amortização de empréstimos;
c) a única irregularidade existente é a proposta de modificação, pelo Governador do Estado, do projeto já apresentado;
d) tanto a proposta de modificação do projeto já apresentado como a de anulação das despesas indicadas são irregulares;

e) não há irregularidade na narrativa apresentada, desde que as ações estejam autorizadas na lei de diretrizes orçamentárias.

COMENTÁRIOS

✪ **Nota do autor:** diferentemente do que ocorria antes da Constituição de 1988, atualmente é possível aos parlamentares apresentarem emendas para alterar o projeto de lei orçamentária submetido pelo Poder Executivo. Contudo, tais emendas, disciplinadas pelo art. 166 da CRFB/88, sofrem limitações, sejam de ordem material, sejam formais.

Alternativa "a": alternativa errada uma vez que, conforme disposição expressa no texto constitucional, a emenda ao projeto de LOA não pode incidir sobre o serviço da dívida (Art. 166, §3º).

Alternativa "b": segundo disposição do §3º do art. 166 da CRFB/88, as emendas ao projeto de lei do orçamento anual ou aos projetos que modifiquem somente podem ser aprovados caso: I) sejam compatíveis com o plano plurianual e com a lei de diretrizes orçamentárias; II) indiquem os recursos necessários, admitidos apenas os provenientes de anulação de despesa, excluídas as que incidam sobre: a) dotações para pessoal e seus encargos; b) **serviço da dívida**; c) transferências tributárias constitucionais para Estados, Municípios e Distrito Federal; ou III) sejam relacionadas: a) com a correção de erros ou omissões; ou b) com os dispositivos do texto do projeto de lei. Considerando que o serviço da dívida corresponde o pagamento de amortizações e de encargos (juros e comissões) da dívida pública, a proposta de alteração não poderia abranger a anulação de dotações destinadas à amortização de empréstimos. Alternativa correta.

Alternativa "c": alternativa incorreta por ser incompatível com a disposição do §5º do art. 166 da CRFB/88, segundo o qual "O Presidente da República poderá enviar mensagem ao Congresso Nacional para propor modificação nos projetos a que se refere este artigo enquanto não iniciada a votação, na Comissão mista, da parte, cuja alteração é proposta". Ou seja, assim como acontece com o Presidente, o Governador do Estado pode propor modificações ao projeto já apresentado.

Alternativa "d": alternativa errada, uma vez que é possível ao Governador propor modificações ao projeto já enviado. Já a proposta a anulação de despesas relacionadas à amortização de empréstimos contraídos em exercícios pretéritos, é irregular, conforme disposição do §3º do art. 166 da CRFB/88.

Alternativa "e": alternativa errada pois, conforme analisado na alternativa "b", existe sim irregularidade na situação narrada no enunciado.

Alternativa correta: letra "b".

2.6. EMENDAS PARLAMENTARES

36. COPEVE -UFAL - 2022 - TCE/AL - Agente Contabilista

Quanto aos projetos de lei relativos ao plano plurianual, às diretrizes orçamentárias, ao orçamento anual e aos créditos adicionais, sabe-se que eles são apreciados pelas duas Casas do Congresso Nacional. Dadas as afirmativas sobre o assunto,

I. As emendas aos projetos serão apresentadas no Plenário das duas Casas do Congresso Nacional que, sobre elas, emitirá parecer, e apreciadas pela Comissão mista.

II. Os recursos que restaram sem despesas correspondentes, em razão de veto presidencial, por exemplo, poderão ser usados, conforme o caso, mediante créditos especiais ou suplementares, com prévia e específica autorização legislativa.

III. As emendas individuais ao projeto de lei orçamentária serão aprovadas observando o limite de 12% (doze inteiros por cento) da receita corrente líquida prevista no projeto encaminhado pelo Poder Executivo.

IV. Metade do percentual limite para aprovação de emendas individuais ao PLOA, tendo por base a receita corrente líquida prevista no projeto encaminhado pelo Poder Executivo, deve ser destinada a ações e serviços de educação.

verifica-se que está(ão) correta(s)

a) II, apenas.
b) I e III, apenas.
c) I e IV, apenas.
d) I, III e IV, apenas.
e) I, II, III e IV.

COMENTÁRIOS

✪ **Nota do autor:** o tema das emendas individuais tem proporcionado questões de alta complexidade em concursos públicos, não apenas por mudanças constantes no seu regime jurídico, mas, também, por polêmicas que fazem com que o tema esteja sempre noticiário jurídico, tais como o chamado "orçamento secreto" e as "emendas pix". A tendência para os próximos anos é que esse assunto seja ainda mais cobrado em provas e concursos em decorrência da aprovação, em 25 de novembro de 2024, da lei complementar nº 210, que dispõe sobre a proposição e a execução de emendas parlamentares na LOA.

Afirmativa I: errada. As emendas serão apresentadas na Comissão mista (e não no Plenário das duas Casas do Congresso Nacional), que sobre elas emitirá parecer, e apreciadas, na forma regimental, pelo Plenário das duas Casas do Congresso Nacional (CRFB/88, art. 166, §2º).

Afirmativa II: correta. Afirmativa de acordo com a previsão do art. 166, §8º, da CRFB/88, segundo o qual "os recursos que, em decorrência de veto, emenda ou rejeição do projeto de lei orçamentária anual, ficarem sem despesas correspondentes poderão ser utilizados, conforme o caso, mediante créditos especiais ou suplementares, com prévia e específica autorização legislativa".

Afirmativa III: errada. Alternativa errada. O percentual é de 2% e não 12% como trouxe a afirmativa (CRFB/88, art. 166, §9º com redação dada pela EC nº 126/2022).

Afirmativa IV: errada. Metade do percentual limite para aprovação de emendas individuais ao PLOA, tendo por base a receita corrente líquida prevista no projeto encaminhado pelo Poder Executivo, deve ser destinada a ações e serviços públicos de saúde, e não de educação como trouxe o enunciado.

Alternativa correta: letra "a".

37. FCC – 2022 – TCE/GO – Analista de Controle Externo

Uma dotação que tenha sido incluída na Lei Orçamentária Anual por emenda parlamentar individual impositiva

a) não será considerada para verificação do cumprimento do limite mínimo de despesas com saúde e educação ainda que os recursos correspondentes sejam aplicados em programação finalística nas referidas áreas.
b) não pode ser alcançada por limitação geral de empenho (contingenciamento), somente podendo ser cancelada por decreto do Chefe do Executivo.
c) poderá ensejar repasses diretamente a município para aplicação em programação finalística de sua competência, independentemente da celebração de convênio, mediante transferência especial.
d) integra o cômputo da despesa corrente líquida para todos os efeitos legais, exceto para a verificação do limite de gastos com pessoal do ente, eis que vedada aplicação em despesas de custeio em geral.
e) não poderá gerar restos a pagar, devendo a despesa ser integralmente executada e paga no exercício correspondente.

COMENTÁRIOS

✪ **Nota do autor:** sobre as emendas parlamentares impositivas, as principais disposições encontram-se no texto constitucional (arts. 166 e 166-A). Contudo, vale chamar a atenção para a entrada em vigor da Lei Complementar nº 210, de 25 de novembro de 2024 (posterior ao concurso em que foi cobrada esta questão), dispondo sobre a proposição e a execução de emendas parlamentares na lei orçamentária anual. Considerando a importância e as polêmicas em torno de tal tema, é certo que tal norma será cobrada nos próximos concursos.

Alternativa "a": alternativa errada. Conforme previsão do §10 do art. 166 da CRFB/88, "a execução do montante destinado a ações e serviços públicos de saúde previsto no §9º, inclusive custeio, será computada para fins do cumprimento do inciso I do §2º do art. 198, vedada a destinação para pagamento de pessoa ou encargos sociais.

Alternativa "b": alternativa errada. As emendas parlamentares individuais impositivas poderão ser alcançadas pela limitação geral de empenho, de forma a alcançar o cumprimento das metas. Destaque-se, ainda, as hipóteses de impedimentos de ordem técnica para a execução de tais emendas, previstas no art. 10 da LC 210/24.

Alternativa "c": alternativa certa. As emendas parlamentares individuais impositivas são de duas espécies: a transferência especial e a transferências com finalidade definida. A primeira delas os recursos serão repassados diretamente ao ente federado beneficiado, independentemente da celebração de convênio ou de instrumento congênere (CRFB/88, art. 166-A, §2º, I). Trata-se daquela modalidade que, na imprensa, foi chamada de "emenda PIX".

Alternativa "d": alternativa errada. Segundo disposição do art. 166-A, §1º, da CRFB/88, os recursos oriundos das emendas individuais impositivas não integrarão a receita do Estado, do Distrito Federal e dos Municípios para fins de repartição e para o cálculo dos limites da despesa com pessoal ativo e inativo, e de endividamento do ente federado, vedada, em qualquer caso, a aplicação de tais recursos no pagamento de: I- despesas com pessoal e encargos sociais relativas a ativos e inativos, e com pensionistas; e II- encargos referentes ao serviço da dívida.

Alternativa "e": alternativa errada. Não há vedação a que as emendas individuais impositivas gerem restos a pagar. Inclusive, este aspecto foi tratado no § 17 do art. 166 da CRFB/88.

Alternativa correta: letra "c".

38. FGV – 2022 – TCU – Auditor Federal de Controle Externo

Em certo ano, emendas parlamentares individuais ao projeto de lei orçamentária anual da União foram aprovadas no limite de 1,2% da receita corrente líquida prevista no projeto encaminhado pelo Poder Executivo, destinando-se a metade desse percentual a ações e serviços públicos de saúde. A execução orçamentária dessas emendas, no montante destinado à saúde, contemplou diversos programas, inclusive despesas de custeio na saúde e gastos com pagamento de pessoal dessa área. Porém, após iniciada a execução orçamentária, verificou-se que a reestimativa da receita e da despesa resultaria no não cumprimento da meta de resultado fiscal estabelecida na lei de diretrizes orçamentárias (LDO). Diante desse cenário e à luz do texto atual da Constituição da República de 1988, é correto afirmar que:

a) a execução orçamentária e financeira das programações decorrentes de tais emendas é discricionária;

b) os gastos em saúde decorrentes dessas emendas não podem ser aplicados em meras despesas de custeio de ações e serviços públicos de saúde;

c) **os gastos em saúde decorrentes dessas emendas, ainda que venham a ser proporcionalmente reduzidos, são computados para fins de cumprimento do percentual mínimo anual a ser aplicado pela União em ações e serviços públicos de saúde;**

d) havendo impedimentos de ordem técnica para cumprimento integral das programações orçamentárias decorrentes de tais emendas, estas deverão ser executadas em percentual de ao menos 25% do originalmente previsto;

e) verificado o provável descumprimento da meta de resultado fiscal estabelecida na LDO, as programações orçamentárias decorrentes de tais emendas não poderão ser reduzidas na mesma proporção da limitação incidente sobre o conjunto das demais despesas discricionárias.

COMENTÁRIOS

✪ **Nota do autor:** Cuidado! A presente questão encontra-se parcialmente desatualizada, uma vez que a EC 126/2022 elevou o percentual de 1,2% para 2% da receita corrente líquida a ser gasto com emendas individuais ao projeto de lei orçamentária. Ademais, em 2024 foi aprovada a LC 210, que dispõe sobre a proposição e a execução de emendas parlamentares na lei orçamentária anual. Apesar dessas atualizações, a questão poderia ser resolvida com conhecimentos das disposições constitucionais do art. 166, sobre tais emendas.

Alternativa "a": alternativa errada. A execução orçamentária e financeira das programações decorrentes das emendas parlamentares é obrigatória, segundo o art. 166, §11, da CRFB/88.

Alternativa "b": alternativa errada. O §10 do art. 166 da CRFB/88 ao tratar da execução do montante destinado a ações e serviços de saúde inclui o custeio.

Alternativa "c": alternativa certa. Conforme o §10 do art. 166 da CRFB/88, os gastos em saúde decorrentes dessas emendas, ainda que venham a ser proporcionalmente reduzidos, são computados para fins de cumprimento do percentual mínimo anual a ser aplicado pela União em ações e serviços públicos de saúde.

Alternativa "d": alternativa errada. Não há, no texto constitucional, qualquer disposição fixando um limite mínimo do originalmente previsto das emendas individuais a ser executado em caso de impedimentos de ordem técnica para cumprimento integral das programações orçamentárias decorrentes de tais emendas.

Alternativa "e": alternativa errada. Estabelece o §18 do art. 166 da CRFB/88, que " Se for verificado que a reestimativa da receita e da despesa poderá resultar no não cumprimento da meta de resultado fiscal estabelecida na lei de diretrizes orçamentárias, os montantes previstos nos §§ 11 e 12 deste artigo poderão ser reduzidos em até a mesma proporção da limitação incidente sobre o conjunto das demais despesas discricionárias".

Alternativa correta: letra "c".

2.7. CRÉDITOS ADICIONAIS

39. CONSULPAM - 2023 - TCM/PA - Auditor de Controle Externo

Os créditos adicionais, destinados a reforço de dotação orçamentárias, são classificados como:

a) Suplementares.

b) Especiais.

c) Extraordinários.

d) Globais.

COMENTÁRIOS

✪ **Nota do autor:** segundo disposição do art. 40 da lei nº 4.320/64, são créditos adicionais as autorizações de despesas não computadas ou insuficientemente dotadas na Lei de Orçamento. Podem ser suplementares, especiais ou extraordinários.

Alternativa "a": alternativa correta. Créditos adicionais suplementares são aqueles destinados a reforço de dotação orçamentária (lei nº 4.320/64, art. 41, I).

Alternativa "b": alternativa errada. Os créditos especiais são aqueles destinados a despesas para as quais não haja dotação orçamentária específica.

Alternativa "c": alternativa errada. Os créditos extraordinários são os destinados a despesas urgentes e imprevistas, em caso de guerra, comoção intestina ou calamidade pública.

Alternativa "d": alternativa errada. Não existe no Direito Financeiro brasileiro a previsão de créditos globais como modalidade de créditos adicionais.

Alternativa correta: letra "a".

40. FGV – 2022 – TCU – Auditor Federal de Controle Externo

Apesar dos esforços que têm aperfeiçoado o processo de planejamento orçamentário na administração pública brasileira, há previsão da realização de alterações orçamentárias ao longo do exercício financeiro. Tais alterações são limitadas, entre outros fatores, por imposições legais e restrições de recursos. Um desafio para o controle externo analisar o montante e o impacto da abertura de créditos adicionais no orçamento é a:

a) falta de controle da edição de medidas provisórias com abertura de créditos extraordinários;
b) impossibilidade de alterar um atributo de um crédito orçamentário, tal como modalidade de aplicação;
c) ocorrência de reabertura de créditos adicionais do exercício anterior no orçamento vigente;
d) **possibilidade de alterações orçamentárias não incluídas no limite de créditos suplementares;**
e) recorrência de situações emergenciais que flexibilizam as regras de alterações orçamentárias.

COMENTÁRIOS

✪ **Nota do autor:** a presente questão pode ser considerada a mais complexa desta disciplina no concurso do TCU de 2021, sobretudo pelo fato de seu enunciado exigir do candidato que apresentasse qual seria o "desafio" para o controle externo, ou seja, exigindo-se algo que não pode ser considerado tão objetivo quanto se espera de uma questão desta natureza.

Alternativa "a": alternativa errada. De fato, é possível a abertura de créditos extraordinários através de medidas provisórias. Contudo, não há que se falar em falta de controle na edição de medidas provisórias, uma vez que há todo um regramento sobre sua edição, previsto no art. 62 da CRFB/88.

Alternativa "b": alternativa errada. É possível a alteração dos atributos de um crédito orçamentário. Nesse sentido: "ressalte-se que, na União, as alterações dos atributos do crédito orçamentário, constantes da Lei Orçamentária da União, tais como modalidade de aplicação, identificador de resultado primário (RP), identificador de uso (IU) e fonte de recursos (FR) são denominadas "outras alterações orçamentárias" e são realizadas por meio de atos infra legais, observadas as autorizações constantes da Lei de Diretrizes Orçamentárias do exercício financeiro correspondente. (Brasil. Ministério da Fazenda. *Manual de Contabilidade aplicada ao setor público.* 11.ed. Brasília: 2024, p. 102).

Alternativa "c": alternativa errada. É admitida a reabertura de crédito especial ou extraordinário, qual seja, a "disponibilização de crédito especial ou extraordinário ao orçamento do exercício financeiro atual nos limites de seus saldos, caso o ato de autorização tenha sido promulgado nos últimos quatro meses do exercício anterior" (Disponível em: https://www.congressonacional.leg.br/legislacao-e-publicacoes/glossario-orcamentario/-/orcamentario/termo/reabertura_de_credito_especial_ou_extraordinario Acesso em: 7 fev. 2025). Entretanto, a banca examinadora da presente questão entendeu que essa reabertura não prejudica o controle, o que pode ser compreendido pelo fato de que, neste caso, será possível a identificação da fonte de abertura de tais créditos, bem como o exercício em que a autorização se deu.

Alternativa "d": alternativa certa. Apesar de a LOA poder conter limites para a abertura de créditos suplementares, isso não se aplica aos créditos especiais e nem aos extraordinários. Após recurso, a banca examinadora manteve esta alternativa como correta, apontando trechos do Manual de Contabilidade aplicada ao setor público. Assim: "A aprovação e a alteração da lei orçamentária elaborada até o nível de elemento de despesa evidenciar-se-ia mais burocrática e, consequentemente, menos eficiente, pois exigiria esforços de planejamento em um nível de detalhe que nem sempre se denota possível ser mantido. Por exemplo, se um ente tivesse no seu orçamento um gasto previsto no elemento 39 – Outros Serviços de Terceiros – Pessoa Jurídica e pudesse realizar esse serviço com uma pessoa física, por um preço inferior, uma alteração orçamentária por meio de lei demandaria tempo e esforço de vários órgãos, o que poderia levar em alguns casos, a contratação de um serviço mais caro. No entanto, sob o enfoque de resultado, mostra-se pouco relevante para a sociedade a forma em que foi contratado o serviço, se com pessoa física ou jurídica, de outra forma é relevante se o objetivo do gasto foi alcançado de modo eficiente." (p. 101)

Alternativa "e": alternativa errada. Não há que se falar em recorrência de situações que flexibilizam as regras de alterações orçamentárias, uma vez que as possibilidades de alteração constam tanto na Constituição Federal de 1988, quanto na lei nº 4.320/64, não sendo, como trouxe a alternativa, flexibilizadas com frequência.

Alternativa correta: letra "d".

41. FCC – 2022 – TCE/GO – Analista de Controle Externo

Suponha que o Estado tenha se defrontado com a materialização de circunstância indicada no Anexo de Riscos Fiscais que acompanhou a Lei de Diretrizes Orçamentárias (LDO), gerando a necessidade de fazer frente a despesa de grande monta e que não contou com dotação específica consignada na Lei Orçamentária Anual (LOA). Diante de tal cenário, afigura-se juridicamente viável

a) a utilização de receitas extraorçamentárias eventualmente disponíveis para cobertura da despesa não prevista na LOA, dispensando-se a abertura de dotação específica.
b) o cancelamento de empenhos em montante suficiente para remanejamento e abertura de crédito especial, observados os limites fixados no Anexo de Metas Fiscais que acompanha a LDO.
c) a abertura de crédito extraordinário, com a necessária autorização legislativa, caracterizando-se a materialização do risco fiscal como situação de emergência que justifica o manejo de tal medida.
d) a abertura de crédito adicional, por decreto, afastando-se a necessidade de lei autorizativa caso seja assegurada fonte de receita decorrente de superávit financeiro.
e) a utilização dos recursos provenientes da reserva de contingência, que correspondem a um percentual da receita corrente líquida, na forma fixada na LDO.

COMENTÁRIOS

✪ **Nota do autor:** são fontes para a abertura de créditos suplementares e especiais o superávit primário, excesso de arrecadação, anulação parcial ou total das dotações, operações de crédito (lei nº 4.320/64, art. 43), reserva de contingência (LRF, art. 5º, III) e recursos sem despesas correspondentes (CRFB/88, art. 166, §8º).

Alternativa "a": alternativa errada. Receitas extraorçamentárias abrangem os ingressos financeiros ou créditos de terceiros que não integram o orçamento público. São considerados meros movimentos de caixa, como, por exemplo, as operações de crédito por antecipação de receita, valores referentes à caução, fiança, depósitos em garantia e consignações em folha de pagamento. Nesse sentido, não se apresenta, juridicamente viáveis para o propósito apontado no enunciado da questão.

Alternativa "b": alternativa errada. O cancelamento de empenho, que se dá, em rega, diante de insuficiência de recursos financeiros, descumprimento do contrato por parte do credor ou por ter havido algum erro em sua emissão, não se aplica na hipótese trazida pelo enunciado.

Alternativa "c": alternativa errada. A materialização do risco fiscal não se enquadra nas hipóteses de emergência, previstas na lei nº 4.320/64, aptas a justificar a abertura de crédito extraordinário. Ademais, o crédito extraordinário poderia ser aberto por meio de medida provisória.

Alternativa "d": alternativa errada. O crédito suplementar, assim como o especial, deve ser autorizado por lei e abertos por decreto do Poder Executivo. Já os créditos extraordinários são abertos por meio de medida provisória.

Alternativa "e": alternativa correta. Segundo o art. 5º, III, da LRF, o projeto de LOA conterá reserva de contingência, cuja forma de utilização e montante, definido com base na receita corrente líquida, serão estabelecidos na LDO, destinada ao atendimento de passivos contingentes e outros riscos e eventos fiscais imprevistos, justamente a hipótese trazida no enunciado da questão.

Alternativa correta: letra "e".

---

42. (FGV – Auditor Técnico de Controle Externo – TCE – AM/2021) Num Estado cuja Constituição admite a espécie normativa Medida Provisória (MP), uma MP autorizou a abertura de créditos orçamentários adicionais para custeio do estabelecimento de uma nova autarquia estadual na área de preservação ambiental.

Diante desse cenário, trata-se da abertura de crédito orçamentário:

a) suplementar, que não pode ser aberto por meio de Medida Provisória;
b) especial, que não pode ser aberto por meio de Medida Provisória;
c) especial, que pode ser aberto por meio de Medida Provisória;
d) extraordinário, que pode ser aberto por meio de Medida Provisória;
e) extraordinário, que não pode ser aberto por meio de Medida Provisória.

COMENTÁRIOS

✪ **Nota do autor:** "durante a execução do orçamento, as dotações inicialmente aprovadas na LOA podem revelar-se insuficientes para realização dos programas de trabalho, ou pode ocorrer a necessidade de realização de despesa não autorizada inicialmente" VILELA, Danilo Vieira. *Direito Financeiro.* Sinopses para concursos. v. 37. 3.ed. Salvador: Juspodivm, 2021. P. 129). Por esse motivo, a lei nº 4.320/64 prevê os chamados **créditos adicionais, classificados em suplementares, especiais e extraordinários** (art. 41).

Alternativa "a": o crédito suplementar é aquele destinado a reforço de dotação orçamentária, o que não é o caso previsto no enunciado, tornando a alternativa incorreta, apesar de sua segunda parte estar certa, já que tais créditos não podem ser abertos por meio de Medida Provisória (CRFB/88, art. 167, V).

Alternativa "b": o crédito especial é aqueles destinado a despesas para as quais não haja dotação orçamentária, como é o caso do custeio do estabelecimento de uma nova autarquia estadual na área de preservação ambiental, conforme traz o enunciado. Por outro lado, também é correto afirmar que os créditos especiais não podem ser abertos por Medida Provisória (CRFB/88, art. 167, V), o que torna a presenta alternativa correta.

Alternativa "c": conforme apontado na análise da alternativa anterior, a hipótese narrada no enunciado cuida, de fato, da abertura de crédito especial. Contudo, este tipo de crédito adicional não pode ser aberto por meio de Medida Provisória (CRFB/88, art. 167, V). Com base nisso, a alternativa é errada.

Alternativa "d": o crédito extraordinário, por sua vez, é aquele destinado a despesas urgentes e imprevistas, em caso de guerra, comoção intestina ou calamidade pública. Por essa razão podem ser criados por Medida Provisória (CRFB/88, art. 167, §3º). Contudo, o caso narrado no enunciado, não traz uma despesa urgente ou imprevista, cuidando-se, portanto, de crédito especial.

Alternativa "e": alternativa completamente errada, uma vez que a hipótese do enunciado é de crédito especial e, por outro lado, o crédito extraordinário pode ser aberto por Medida Provisória (CRFB/88, art. 167, §3º), ao contrário do que traz a alternativa.

Alternativa correta: letra "b".

43. (FGV – Auditor de Controle Externo – TCE – PI/2021) Os créditos adicionais são alterações de despesa no orçamento ao longo de um exercício, que se efetivam pelo aumento nas dotações existentes ou pela criação de novas despesas. A utilização desse recurso precisa seguir uma série de regras, inclusive no que tange à vigência.

A vigência de um crédito adicional pode ser estendida para o exercício seguinte ao que foi aberto quando se tratar de crédito:

a) especial, aberto no último quadrimestre do exercício, no limite do saldo não empenhado;
b) extraordinário ou suplementar, aberto no último quadrimestre do exercício, com saldo não empenhado;
c) extraordinário, aberto em qualquer data do exercício, com saldo não empenhado;
d) suplementar ou especial, no limite do saldo não empenhado;
e) suplementar, com saldo não empenhado.

COMENTÁRIOS

✪ **Nota do autor:** a lei nº 4.320/64 conceitua os créditos adicionais como "as autorizações de despesa não computadas ou insuficientemente ditadas na Lei do Orçamento" (Art. 40), podendo ser suplementares, especiais ou extraordinários.

Alternativa "a": os créditos especiais são destinados a despesas para as quais não haja dotação orçamentária específica, devendo ser autorizados por lei. Os créditos especiais não poderão ter vigência além do exercício em que foram autorizados, salvo se o ato de autorização for promulgado nos últimos quatro meses, caso em que, reabertos nos limites de seus saldos, serão incorporados ao orçamento do exercício. Alternativa correta.

Alternativa "b": Alternativa incorreta. Os créditos suplementares terão vigência no exercício em que forem abertos. Já os extraordinários, quando autorizados no último quadrimestre, observarão a mesma sistemática dos créditos especiais, apontada na análise da alternativa "a".

Alternativa "c": os créditos extraordinários somente poderão ter sua vigência para além do exercício em que foram autorizados, caso o ato de autorização seja promulgado **nos últimos quatro meses**, caso em que, reabertos nos limites de seus saldos, serão incorporados ao orçamento do exercício financeiro subsequente. Alternativa incorreta.

Alternativa "d": os créditos suplementares não poderão ter vigência além do exercício em que foram autorizados. Alternativa incorreta.

Alternativa "e": os créditos suplementares não poderão ter vigência além do exercício em que foram autorizados. Alternativa incorreta.

Alternativa correta: letra "a".

3. DESPESAS PÚBLICAS

3.1. CLASSIFICAÇÃO DAS DESPESAS PÚBLICAS

44. (Cespe – Analista de Controle Externo – Direito – TCE – RJ/2021) Com relação a aspectos constitucionais, legais, doutrinários e jurisprudenciais do direito financeiro, julgue os itens subsequentes.

Na classificação da despesa quanto à categoria econômica, a aquisição de um equipamento é considerada despesa de capital, enquanto a manutenção desse mesmo equipamento é enquadrada como despesa corrente.

COMENTÁRIOS

✪ **Nota do autor**: "despesas de capital são gastos produtivos, por envolverem dispêndios que têm por escopo a aquisição ou construção de bens de capital que contribuam para a formação de novos bens. São, portanto, as que determinam uma modificação do patrimônio público através do seu crescimento, sendo, pois, economicamente produtivas [...]". Já as despesas correntes, por sua vez, são "gastos improdutivos, que não implicam aumento do patrimônio, ou seja, não enriquecem o patrimônio público e são necessárias à execução dos serviços públicos e à vida do Estado, sendo, assim, verdadeiras despesas operacionais e economicamente improdutivas" (ALMEIDA, Ricardo Damasceno de; LISBOA, Marcelo Jucá. *Direito* Financeiro: lei 4.320/1964. Coleção leis especiais para concursos. 3.ed. Salvador: Juspodivm, 2017, p. 121-125). Assim, conforme conceito doutrinário transcrito, é perfeitamente possível afirmar que a aquisição de um equipamento é considerada receita de capital, ao passo que a manutenção deste mesmo equipamento é despesa corrente. **Item Certo**

45. CONSULPAM – 2023 – TCM/PA – Auditor de Controle Externo

Assinale a alternativa que faz referência a um elemento de despesa do tipo Inversão Financeira.

a) Material de consumo.

b) Obras e instalações.

c) Arrendamento mercantil.

d) Aquisição de títulos de crédito.

COMENTÁRIOS

✪ **Nota do autor:** as inversões financeiras, segundo o Glossário de Termos Orçamentários do Congresso Nacional são "Grupo de Natureza de Despesa (GND 5) voltado à aquisição de imóveis ou bens de capital já em utilização; à aquisição de títulos representativos do capital de empresas ou entidades de qualquer espécie já constituídas, quando a operação não importe aumento do capital; e à constituição ou ao aumento do capital de empresas, além de outras despesas classificáveis nesse grupo". (Disponível em: https://www.congressonacional.leg.br/legislacao-e-publicacoes/glossario-orcamentario/-/orcamentario/lista/I Acesso em: 4 jan. 2025).

Alternativa "a": alternativa errada. As despesas com material de consumo são classificadas como despesas correntes na modalidade custeio (Lei nº 4.320/64, art. 13).

Alternativa "b": alternativa errada. As despesas com obras e instalações são classificadas como despesas de capital, na modalidade investimentos (Lei nº 4.320/64, art. 13).

Alternativa "c": alternativa errada. Um arrendamento mercantil não se afigura dentre as possibilidades de inversões financeiras.

Alternativa "d": alternativa correta. Segundo art. 12, §5º da lei nº 4.320/64, classificam-se como *inversões financeiras* as dotações destinadas a: I- aquisição de imóveis, ou bens de capital já em utilização; II- aquisição de títulos representativos do capital de empresas ou entidades de qualquer espécie, já constituídas, quando a operação não importe em aumento do capital; III- constituição ou aumento do capital de entidades ou empresas que visem a objetivos comerciais ou financeiros, inclusive operações bancárias ou de seguros.

Alternativa correta: letra "d".

46. CONSULPAM – 2023 – TCM/PA – Auditor de Controle Externo

É um agregador de elementos de despesa orçamentária com as mesmas características quanto ao objeto de gasto. Abrange elementos como Investimentos, Inversões Financeiras e Amortização da Dívida, entre outros.

O texto acima faz referência ao tipo de conceito orçamentário:

a) Elemento discricionário orçamentário.

b) Classificação por função.

c) Agregador monetário.

d) Grupo de Natureza da Despesa.

COMENTÁRIOS

✪ **Nota do autor:** a Portaria Interministerial nº 163/2001, que dispõe sobre normas gerais de consolidação das contas públicas no âmbito da União, Estados, Distrito Federal e Municípios, determina que a classificação da despesa, segundo sua natureza, compõe-se de: I- categoria econômica; II- grupo de natureza da despesa; e III- elemento da despesa (art. 3º). O mesmo dispositivo, em seu §2º aponta que "entende-se por grupos de natureza de despesa, a agregação de elementos de despesa que apresentam as mesmas características quanto ao objeto de gasto".

Alternativa "a": alternativa errada. O conceito trazido no enunciado da questão não se trata de elemento discricionário orçamentário, mas sim de Grupo de Natureza da Despesa.

Alternativa "b": alternativa errada. A classificação funcional não se confunde com o Grupo de natureza da despesa. Assim, a classificação funcional é a "classificação da despesa segundo as estruturas de funções e subfunções, que indicam as áreas de atuação do governo, como saúde, educação, transporte, entre outras. Essa classificação funciona como agregador dos gastos públicos por área de ação governamental, independentemente dos programas. O código da classificação funcional compõe-se de cinco algarismos, sendo os dois primeiros reservados à função e os três últimos à subfunção". (Disponível em: https://www.congressonacional.leg.br/legislacao-e-publicacoes/glossario-orcamentario/-/orcamentario/termo/classificacao_funcional Acesso em; 4 jan. 2025)

Alternativa "c": alternativa errada. O conceito trazido no enunciado da questão não se trata de agregador monetário, mas sim de Grupo de Natureza da Despesa.

Alternativa "d": alternativa correta. Conforme o Anexo II da Portaria Interministerial nº 163/2001 (mencionada na nota do autor) os grupos de natureza de despesa são: 1- Pessoal e encargos sociais; 2- Juros e encargos da dívida; 3- Outras despesas correntes; 4- Investimentos; 5- Inversões Financeiras; e 6- Amortização da dívida.

Alternativa correta: letra "d".

---

47. CONSULPAM – 2023 – TCM/PA – Auditor de Controle Externo

A respeito da Classificação Institucional da Despesa Pública, assinale a alternativa CORRETA.

a) Constitui órgão orçamentário o agrupamento de serviços subordinados ao mesmo órgão ou repartição a que serão consignadas dotações próprias.

b) As unidades orçamentárias correspondem a agrupamentos de órgãos orçamentários.

c) A classificação institucional reflete a estrutura de alocação dos créditos orçamentários e está estruturada em dois níveis hierárquicos: órgão orçamentário e unidade orçamentária.

d) As dotações são consignadas aos órgãos orçamentárias, responsáveis pela realização das ações.

COMENTÁRIOS

✪ **Nota do autor:** o tema abordado pela presente questão nem sempre consta em Manuais de Direito Financeiro ou AFO. Assim, para um aprofundamento sobre o assunto sugere-se um estudo de tópicos do Manual de Contabilidade Aplicada ao Setor Público, disponível para download gratuito no oficial do Tesouro Nacional. É de lá que extraímos as informações utilizadas nesta resposta sobre a classificação institucional da despesa pública, que, a qual "reflete a estrutura de alocação dos créditos orçamentários e está estruturada em dois níveis hierárquicos: órgão orçamentário e unidade orçamentária" (p. 77).

Alternativa "a": alternativa errada. Os órgãos orçamentários correspondem a agrupamentos de unidades orçamentárias. O conceito trazido pela alternativa diz respeito à unidade orçamentária.

Alternativa "b": alternativa errada. Constitui unidade orçamentária o agrupamento de serviços subordinados ao mesmo órgão ou repartição a que serão consignadas dotações próprias (lei nº 4.320/64, art. 14).

Alternativa "c": alternativa certa, conforme extraído do Manual de Contabilidade Aplicada ao Setor Público (p. 77).

Alternativa "d": alternativa errada. As dotações são consignadas às unidades orçamentárias, responsáveis pela realização das ações, e não aos órgãos orçamentários, como trouxe o enunciado.

Alternativa correta: letra "c".

---

48. FGV – 2022 – TCU – Auditor Federal de Controle Externo

A classificação da despesa pública é estruturada para atender às exigências de informação demandadas por todos os interessados nas questões de finanças públicas, tais como os poderes públicos, as organizações públicas e privadas e a sociedade em geral. A classificação da despesa por identificador de resultado primário é de caráter indicativo e tem como finalidade auxiliar a apuração do resultado primário, pelo confronto com as receitas primárias. Ao avaliar a meta de resultado primário e o resultado alcançado ao final de um exercício, deve-se considerar que:

a) é facultada a vinculação com a meta de resultado nominal;

b) as despesas discricionárias não devem afetar o resultado primário;

c) todas as despesas primárias devem ser incluídas na meta de resultado primário;

d) as despesas que devem ser incluídas no resultado primário são de caráter obrigatório;

e) há classificação específica para despesas decorrentes de emendas parlamentares impositivas.

COMENTÁRIOS

✪ **Nota do autor:** a classificação da despesa pública, segundo o Glossário de Termos Orçamentários, é o "agrupamento da despesa por categorias. Na esfera federal, de acordo com as definições estabelecidas na LDO, a despesa pública observa a seguinte classificação, nesta ordem: Institucional, Programática, Funcional, por Esfera, por GND, por RP, por MA, por ID uso e por fonte de recursos". (Disponível em: https://www.congressonacional.leg.br/legislacao-e-publicacoes/glossario-orcamentario/-/orcamentario/termo/classificacao_da_despesa_publica

Acesso em: 7 fev. 2025). Em relação à classificação por identificador de resultado primário, vale mencionar que: "Conforme esta classificação, as receitas do Governo Federal podem ser divididas em: a) *primárias* (P), quando seus valores são incluídos no cálculo do *resultado primário;* e b) *financeiras* (F), quando não são incluídas no citado cálculo. As receitas primárias referem-se, predominantemente, às receitas correntes que advêm dos tributos, das contribuições sociais, das concessões, dos dividendos recebidos pela União, da cota-parte das compensações financeiras, das decorrentes do próprio esforço de arrecadação das UOs, das provenientes de doações e convênios e outras também consideradas primárias. As receitas financeiras são geralmente adquiridas junto ao mercado financeiro, decorrentes da emissão de títulos, da contratação de operações de crédito por organismos oficiais, das aplicações financeiras da União, entre outras. Como regra geral, são aquelas que não alteram o endividamento líquido do Governo (setor público não financeiro), uma vez que criam uma obrigação ou extinguem um direito, ambos de natureza financeira, junto ao setor privado interno e/ou externo. A exceção a essa regra é a receita advinda dos juros de operações financeiras, que, apesar de contribuírem com a redução do endividamento líquido, também caracterizam-se como receita financeira". (Disponível em: https://www1.siop.planejamento.gov.br/mto/doku.php/mto2020:cap3#classificacao_por_identificador_de_resultado_primario. Acesso em: 7 fev. 2025)

Alternativa "a": alternativa errada. Não há que se falar em facultatividade na vinculação com a meta de resultado nominal, vez que o resultado primário é a diferença entre receitas primárias e despesas primárias, ao passo que o resultado nominal é a diferença entre as receitas totais (inclusive de aplicações financeiras) e as despesas totais. Assim, ambos estão, necessariamente, vinculados.

Alternativa "b": alternativa errada. A meta de resultado primário pode ser compreendida como o valor definido pela LDO para o resultado primário da LOA do ano seguinte e estimado para os dois anos subsequentes. Já o resultado primário, sendo a diferença entre as receitas primárias e as despesas primárias, é sim, afetado pelas despesas discricionárias.

Alternativa "c": alternativa errada. A presente questão foi aplicada em 2022. Entretanto, a LC 200/23 incluiu o §7º no art. 4º da LRF, dispondo que "A lei de diretrizes orçamentárias não poderá dispor sobre a exclusão de quaisquer despesas primárias da apuração da meta de resultado primário dos orçamentos fiscal e da seguridade social".

Alternativa "d": alternativa errada. Não necessariamente as despesas que devem ser incluídas no resultado primário são de caráter obrigatório, podendo ser, também, discricionárias.

Alternativa "e": alternativa certa. Segundo a lei nº 14.194/21, que dispõe sobre as diretrizes para a elaboração e a execução da Lei Orçamentária de 2022 (ano de aplicação desta questão), as despesas decorrentes de emendas parlamentares impositivas são classificadas como RP6 (art. 7º, §4º, c, I).

Alternativa correta: letra "e".

---

49. (FGV – Auditor de Controle Externo – TCE – PI/2021) Em decorrência da necessidade de controles que atendam a finalidades diversas, a despesa pública se sujeita a uma série de classificações. Em algumas dessas classificações, o detalhamento é dado em norma própria, e, em outras, fica a cargo de cada ente.

As classificações da despesa pública em que o ente tem liberdade de definir o detalhamento da despesa são:

a) funcional e institucional;

b) institucional e programática;

c) institucional e segundo a natureza;

d) segundo a natureza e funcional;

e) segundo a natureza e programática.

COMENTÁRIOS

✪ **Nota do autor:** os itens de discriminação da receita e da despesa são identificados por números de código decimal conforme previsão, atualmente, contida no Manual de Contabilidade aplicada ao Setor Público, material de leitura obrigatória para quem presta concursos que exigem esse tipo de conteúdo.

Alternativa "a": a classificação funcional "segrega as dotações orçamentárias em funções e subfunções, buscando responder basicamente a indagação 'em que área' de ação governamental a despesa será realizada. [...] Trata-se de uma classificação independente dos programas e de aplicação comum e obrigatória, no âmbito da União, dos Estados, do Distrito Federal e dos Municípios, o que permite a consolidação nacional dos gastos do setor público" (BRASIL. Ministério da Fazenda. *Manual de Contabilidade aplicada ao Setor Público.* 8.ed. Brasília, 2018. p. 72). Ou seja, **na classificação funcional há uma padronização entre os diferentes entes da federação**. Já a classificação institucional "reflete a estrutura de alocação dos créditos orçamentários e está estruturada em dois níveis hierárquicos: órgão orçamentário e unidade orçamentária [...]. Não há ato que a estabeleça, sendo definida no contexto da elaboração da lei orçamentária anual ou da abertura de crédito especial" (BRASIL. Ministério da Fazenda. *Manual de Contabilidade aplicada ao Setor Público.*

8.ed. Brasília, 2018. p. 71-72). Dessa forma, se depreende que, **neste caso, o ente tem liberdade de definir o detalhamento da despesa.**

Alternativa "b": no caso da classificação institucional, conforme demonstrado na análise da alternativa anterior, o ente tem liberdade de definir o detalhamento da despesa, mesma situação da classificação por estrutura programática, uma vez que, neste caso, "conforme estabelecido no art. 3º da Portaria MOG nº 42/1999, a União, os Estados, o Distrito Federal e os Municípios estabelecerão, em atos próprios, suas estruturas de programas, códigos de identificação, respeitados os conceitos e determinações nela contidos" (BRASIL. Ministério da Fazenda. *Manual de Contabilidade aplicada ao Setor Público*. 8.ed. Brasília, 2018. p. 74). Assim, a presente alternativa está correta.

Alternativa "c": no caso da classificação institucional, conforme demonstrado na análise da alternativa "a", o ente tem liberdade de definir o detalhamento da despesa, já a classificação da despesa orçamentária por natureza, compondo-se de: a) categoria econômica; b) grupo de natureza da despesa; e c) elemento de despesa, deve ser igualmente observada por todos os entes. Alternativa incorreta.

Alternativa "d": tanto na classificação segundo a natureza quanto funcional, o ente não tem liberdade de definir o detalhamento da despesa. Alternativa incorreta.

Alternativa "e": na classificação segundo a natureza o ente não tem liberdade de definir o detalhamento da despesa, o que é possível no caso da despesa programática. Alternativa incorreta.

Alternativa correta: letra "b".

3.2. EMPENHO

50. FGV - 2024 - TCE/PA - Auditor de Controle Externo

De acordo com a Lei Complementar nº 101/2000 (Lei de Responsabilidade Fiscal), o mecanismo segundo o qual se determina o contingenciamento da despesa quando a receita não se realizar exatamente como originariamente prevista denomina-se

a) abertura de crédito adicional.
b) reaplicação dos investimentos.
c) autorização de nova despesa.
d) avaliação orçamentária.
e) limitação de empenho.

COMENTÁRIOS

✪ **Nota do autor:** pelo Glossário de Termos Orçamentários do Congresso Nacional, a expressão "limitação de empenho e movimentação financeira" é identificada como o Procedimento que estabelece, por meio de decreto de programação orçamentária e financeira, o limite de dotação orçamentária disponível para empenho. Se verificado, ao final de um bimestre, que a realização da receita poderá não comportar o cumprimento das metas de resultado primário ou nominal, os Poderes, o Ministério Público e a Defensoria Pública promoverão por ato próprio e nos montantes necessários, nos trinta dias subsequentes, limitação de empenho e movimentação financeira por meio de um novo decreto de programação orçamentária e financeira". Disponível em: https://www.congressonacional.leg.br/legislacao-e-publicacoes/glossario-orcamentario/-/orcamentario/termo/limitacao_de_empenho_e_movimentacao_financeira Acesso em: 1 jan. 2025)

Alternativa "a": alternativa errada. A abertura de crédito adicional é o "ato que torna disponível crédito adicional aprovado por meio de lei ou medida provisória ou ainda por meio de ato infralegal, quando expressamente autorizado em norma com força de lei" (Disponível em: https://www.congressonacional.leg.br/legislacao-e-publicacoes/glossario-orcamentario/-/orcamentario/termo/abertura_de_credito_adicional. Acesso em: 1 jan. 2025)

Alternativa "b": alternativa errada. A expressão "reaplicação dos investimentos" não conta com previsão na Lei de Responsabilidade Fiscal.

Alternativa "c": alternativa errada. A autorização de despesa não tem relação com o contingenciamento da despesa quando a receita não se realizar exatamente como originariamente prevista. Trata-se, de "autorização legislativa para realizar despesa, concedida por meio da lei orçamentária ou de leis e medidas provisórias relativas a créditos adicionais" (Disponível em: https://www.congressonacional.leg.br/legislacao-e-publicacoes/glossario-orcamentario/-/orcamentario/termo/autorizacao_de_despesa Acesso em: 1 jan. 2025)

Alternativa "d": alternativa errada. A avaliação orçamentária nada mais é senão a avaliação do cumprimento das metas previstas na Lei Orçamentária Anual, bem como da execução dos programas de governo e dos orçamentos de cada um dos entes federativos. Não tem relação com a hipótese trazida pelo enunciado da questão.

Alternativa "e": alternativa correta. A Lei de Responsabilidade Fiscal (LC 101/2000) estabelece, em seu art. 9º, que "se verificado, ao final de um bimestre, que a realização da receita poderá não comportar o cumprimento das metas de resultado primário ou nominal estabelecidas no Anexo de Metas Fiscais, os Poderes e o Ministério Público promoverão, por ato próprio e nos montantes necessários, nos trinta dias subsequentes, limitação de empenho e movimentação financeira, segundo os critérios fixados pela lei de diretrizes orçamentárias".

Alternativa correta: letra "e".

51. (FGV – Auditor Técnico de Controle Externo – TCE – AM/2021) Ao final de um bimestre, percebeu-se que a realização da receita do Estado Alfa poderia não comportar o cumprimento das metas de resultado primário ou nominal, a ensejar a utilização do mecanismo de limitação de empenho e movimentação financeira.

A respeito desse cenário, é correto afirmar que:

a) as metas de resultado primário ou nominal estão estabelecidas no Anexo de Política Fiscal;

b) poderão ser limitadas as despesas destinadas ao pagamento do serviço da dívida;

c) o prazo para promover a limitação de empenho é de 45 dias contados a partir do final do bimestre;

d) não serão objeto de limitação as despesas relativas à inovação e ao desenvolvimento científico e tecnológico custeadas por fundo criado para tal finalidade;

e) no caso de restabelecimento da receita prevista, ainda que parcial, a recomposição das dotações cujos empenhos foram limitados dar-se-á a partir do primeiro mês do ano subsequente.

COMENTÁRIOS

✪ **Nota do autor:** mais uma vez a questão abrange alteração legislativa ocorrida pouco antes da realização do concurso. Trata-se, neste caso, da alteração promovida pela LC 177/2021, no §8º do art. 9º da Lei de Responsabilidade Fiscal, conforme apontado na análise da alternativa "d".

Fora esse aspecto da novidade legislativa, o enunciado da questão é quase uma reprodução do caput do art. 9º da LRF, segundo o qual: "se verificado, ao final de um bimestre, que a realização da receita poderá não comportar o cumprimento das metas de resultado primária ou nominal estabelecidas no Anexo de Metas Fiscais, os Poderes e o Ministério Público promoverão, por ato próprio e nos montantes necessários, **nos trinta dias subsequentes**, limitação de empenho e movimentação financeira, segundo critérios fixados pela lei de diretrizes orçamentárias".

Alternativa "a": alternativa errada, uma vez que "integrará o projeto de lei de diretrizes orçamentárias **Anexo de Metas Fiscais**, em que serão estabelecidas metas anuais, e valores correntes e constantes, relativa a receitas, despesas, **resultados nominal e primário** e montante da dívida pública, para o exercício a que se referirem e para os dois seguintes" (LRF, art. 4º, §1º).

Alternativa "b": o §2º do art. 9º da LRF especificou casos que não serão objeto de limitação de despesas, dentre os quais aquelas destinadas ao pagamento do serviço da dívida. Por isso, a alternativa está errada.

Alternativa "c": conforme transcrito na "nota do autor", o caput do art. 9º da Lei de Responsabilidade Fiscal determina que o prazo para promover a limitação de empenho é de trinta dias e não quarenta e cinco, como traz o enunciado da alternativa.

Alternativa "d": além da menção clara à impossibilidade de se limitar despesas com o serviço da dívida, conforme análise da alternativa "b", e as ressalvadas pela lei de diretrizes orçamentárias, a lei complementar nº 177/2021 incluiu no §2º do art. 9º da LRF a vedação à limitação de despesas relativas à inovação e ao desenvolvimento científico e tecnológico custeadas por fundo criado para tal finalidade. Assim, ao reproduzir o novo trecho da norma, a alternativa encontra-se correta.

Alternativa "e": alternativa incorreta, uma vez que no caso de restabelecimento da receita prevista, ainda que parcial, a recomposição das dotações cujos empenhos foram limitados dar-se-á de forma proporcional às reduções efetivadas, conforme disposição expressa do §1º do art. 9º da Lei de Responsabilidade Fiscal.

Alternativa correta: letra "d".

3.3. DESPESAS COM PESSOAL

52. CEBRASPE – 2024 – TCE/AC – Técnico de Controle Externo

Com base no disposto na LRF, julgue o seguinte item.

A criação de cargo, emprego ou função é uma das restrições previstas para o limite de alerta de gastos com pessoal.

COMENTÁRIOS

✪ **Nota do autor:** a hipótese trazida pelo item relaciona-se ao chamado "limite prudencial" e não ao "limite de alerta". O primeiro caso, previsto no art. 22 da Lei de Responsabilidade Fiscal, ocorre quando a despesa total com pessoal excede a 95% do limite, vedando-se ao Poder ou órgão que houver incorrido no excesso, dentre outras medidas, a criação de cargo, emprego ou função (inciso II). Já o limite de alerta, previsto no art. 59, §1º da LRF, ocorre quando o montante da despesa total com pessoal ultrapassar os 90% do limite, do que resultará um alerta emitido pelos Tribunais de Contas aos respectivos poderes ou órgãos.

Item errado.

53. CEBRASPE – 2024 – TCE/AC – Técnico de Controle Externo

Com base no disposto na LRF, julgue o seguinte item.

O tribunal de contas estadual, em atenção ao limite prudencial, emitirá comunicação ao gestor municipal caso a despesa total com pessoal atinja 90% do limite máximo, situação em que o município estará proibido de prover cargos públicos que resultem em aumento dessa despesa.

COMENTÁRIOS

✪ **Nota do autor:** item equivocado por confundir o limite prudencial com o limite de alerta. Atingindo-se 90% do limite máximo, os Tribunais de Contas alertarão os Poderes ou órgãos mas isto não significará a proibição de prover cargos públicos que resultem em aumento da despesa, o que somente ocorrerá no caso de se atingir os 95% do limite, através do chamado limite prudencial.

Item errado.

54. CEBRASPE – 2024 – TCE/AC – Técnico de Controle Externo

Com base no disposto na LRF, julgue o seguinte item.

Nos 180 dias anteriores ao final do mandato do chefe do Poder Executivo, não poderão ser praticados atos que resultem em aumento das despesas com pessoal.

COMENTÁRIOS

✪ **Nota do autor:** segundo o art. 21, II da Lei de Responsabilidade Fiscal, é nulo de pleno direito o ato de que resulte aumento da despesa com pessoal nos 180 (cento e oitenta) dias anteriores ao final do mandato do titular de Poder ou órgão.

Item certo

55. CEBRASPE – 2024 – TCE/AC – Técnico de Controle Externo

Com base no disposto na LRF, julgue o seguinte item.

Em municípios com população inferior a 50 mil habitantes, a aferição dos limites com pessoal poderá ser semestral, desde que tais limites não sejam ultrapassados.

COMENTÁRIOS

✪ **Nota do autor:** tem-se aqui um item bastante complexo, pois, ao contrário de reproduzir a literalidade de dispositivos legais, exige uma interpretação do art. 63 da Lei de Responsabilidade Fiscal. Nesse sentido, aquele artigo traz faculdades aos Municípios com população inferior a cinquenta mil habitantes, dentre as quais a possibilidade de optar por divulgar semestralmente o Relatório de Gestão Fiscal, que nada mais é um dos principais instrumentos de Transparência na Gestão Fiscal, no qual é conferida publicidade aos limites de gastos com pessoal. Observe-se, contudo, que, segundo o §2º do mesmo art. 63 da LRF, "se ultrapassados os limites relativos à despesa total com pessoal ou à dívida consolidada, enquanto perdurar esta situação, o Município ficará sujeito aos mesmos prazos de verificação e de retorno ao limite definidos para os demais entes".

Item certo

56. FGV – 2024 – TCE/PA – Auditor de Controle Externo

Em determinado exercício financeiro, foi detectado, ao fim do primeiro quadrimestre, que a despesa total com pessoal do Poder Executivo do Estado Alfa excedeu a 95% do limite estabelecido para a referida estrutura de poder. Por tal razão, o corpo técnico de uma Secretaria de Estado passou a sustentar que era vedada a progressão funcional dos servidores públicos que preenchessem os requisitos previstos em lei, enquanto perdurasse a não observância do limite vigente, o mesmo ocorrendo em relação à concessão de aumento remuneratório, ressalvada apenas a revisão geral anual. Ainda foi observado que o percentual excedente ao limite deveria ser eliminado nos dois quadrimestres seguintes, sendo pelo menos um terço no primeiro.

Ao tomar conhecimento das observações, o Secretário concluiu corretamente que, à luz da Lei Complementar nº 101/2000,

a) todas estão certas.
b) somente está errada a observação afeta à vedação à progressão funcional.
c) somente está errada a observação afeta à possibilidade de que seja realizada a revisão geral anual.
d) somente está errada a observação afeta ao prazo de eliminação do percentual excedente ao limite.
e) somente está errada a observação afeta ao montante do percentual excedente ao limite, a ser eliminado no primeiro quadrimestre.

COMENTÁRIOS

✪ **Nota do autor:** conforme o enunciado, o Estado Alfa, ao exceder os 95% do limite das despesas com pessoal, atingiu o chamado limite prudencial, diante do qual a LRF veda: I - concessão de vantagem, aumento, reajuste ou adequação de remuneração a qualquer título, salvo os derivados de sentença judicial ou de determinação legal ou contratual, ressalvada a revisão geral anual (art. 37, X, CRFB/88); II - criação de cargo, emprego ou função; III - alteração de estrutura de carreira que implique aumento de despesa; IV - provimento de cargo público, admissão ou contratação de pessoal a qualquer título, ressalvada a reposição decorrente de aposentadoria ou falecimento de servidores das áreas de educação, saúde e segurança; V - contratação de hora extra, salvo convocação extraordinária do Congresso Nacional e as situações previstas na lei de diretrizes orçamentárias. Ademais, o percentual excedente deverá ser eliminado nos quadrimestres seguintes, sendo pelo menos um terço no primeiro.

Alternativa "a": alternativa errada, uma vez que a LRF não prevê a vedação à progressão funcional dos servidores públicos que preenchessem os requisitos previstos em lei.

Alternativa "b": alternativa correta. Nesse sentido, vale destacar o entendimento do STF a respeito do tema: "A LC 101/2000 determina que seja verificado se a despesa de cada Poder ou órgão com pessoal - limite específico - se mantém inferior a 95% do seu limite; isso porque, em caso de excesso, há um conjunto de vedações que deve ser observado exclusivamente pelo Poder ou pelo órgão que houver incorrido no excesso, como visto no art. 22 da LC 101/2000. 4. O mesmo diploma legal não prevê vedação à progressão funcional do servidor público que atender aos requisitos legais para sua concessão, em caso de superação dos limites orçamentários previstos na Lei de Responsabilidade Fiscal, referentes a gastos com pessoal de ente público. Nos casos em que há comprovado excesso, se global ou específico, as condutas que são lícitas aos entes federativos estão expressamente delineadas. Ou seja, há comandos normativos claros e específicos de mecanismos de contenção de gasto com pessoal, os quais são taxativos, não havendo previsão legal de vedação à progressão funcional, que é direito subjetivo do servidor público quando os requisitos legais forem atendidos em sua plenitude [...]".

Alternativa "c": alternativa errada. Ademais, vale destacar que a ressalva quanto à possibilidade de revisão geral anual está prevista na LRF.

Alternativa "d": alternativa errada. Ademais, está certo o prazo, uma vez que o excedente terá de ser eliminado nos dois quadrimestres seguintes, sendo pelo menos um terço no primeiro, adotando-se, entre outras, as providências previstas no art. 169 da CRFB/88.

Alternativa "e": alternativa errada. O único ponto equivocado no enunciado da questão diz respeito à vedação à progressão funcional.

Alternativa correta: letra "b".

57. FCC – 2022 – TCE/GO – Analista de Controle Externo

Conforme previsão em legislação federal vigente, a despesa total com pessoal, por período de apuração em cada estado da Federação, não poderá exceder o limite de

a) 50% da receita corrente líquida, excluído o valor pago com inativos e pensionistas.
b) 60% da receita corrente líquida, incluindo o valor pago de indenização por demissão de servidores e empregados.
c) 50% da receita corrente líquida, incluindo o valor pago de indenização por demissão de servidores e empregados.
d) 60% da receita corrente líquida, excluído o valor pago de indenização por demissão de servidores e empregados.
e) 50% da receita corrente líquida, incluindo o valor pago com inativos e pensionistas.

COMENTÁRIOS

Nota do autor: segundo a Lei de Responsabilidade Fiscal, a despesa total com pessoal, em cada período de apuração e em cada ente da Federação, não poderá exceder os percentuais da receita corrente líquida, a seguir discriminados: I- União: 50%; II- Estados: 60%; III- Municípios 60% (art. 19).

Alternativa "a": alternativa errada. No caso de estado da Federação, o limite é de 60% da receita corrente líquida. Ademais, os valores pagos com inativos e pensionistas devem ser incluídos dentro desse limite, conforme entendimento do STF (ADC 69).

Alternativa "b": alternativa errada. O percentual de 60% está correto. No entanto o inciso I do §1º do art. 19 da LRF, expressamente exclui do cômputo as despesas de indenização por demissão de servidores ou empregados.

Alternativa "c": alternativa errada. O erro da alternativa alcança tanto o percentual quanto a inclusão do valor pago de indenização por demissão de servidores e empregados, conforme análise das alternativas anteriores.

Alternativa "d": alternativa certa. O percentual de 60% está de acordo com o teto constitucional, assim como a exclusão do cômputo do valor pago de indenização por demissão de servidores e empregados.

Alternativa "e": alternativa errada. Apesar de dever se incluir o valor pago com inativos e pensionistas, a alternativa se equivoca em relação ao percentual que, no caso de estados da Federação, é de 60%.

Alternativa correta: letra "d".

58. FGV – 2022 – TCU – Auditor Federal de Controle Externo

Ao final de um certo quadrimestre, verificou-se que a despesa total com pessoal de um determinado Tribunal Regional do Trabalho (TRT) alcançou 94,5% do limite de gastos com pessoal previsto na Lei de Responsabilidade Fiscal (LRF – LC nº 101/2000, Arts. 19 e 20). Diante desse fato, tendo-se atingido o percentual de 94,5% acima descrito:

a) fica vedada a criação de cargo, emprego ou função;
b) fica vedada a alteração de estrutura de carreira que implique aumento de despesa;
c) o percentual de 4,5% excedente a 90% terá de ser eliminado nos dois quadrimestres seguintes, sendo, pelo menos, um terço no primeiro;
d) o Tribunal de Contas da União (TCU) deverá alertar o referido TRT de que o montante da despesa total com pessoal ultrapassou 90% do limite;
e) fica vedada a concessão de vantagem, aumento, reajuste ou adequação de remuneração a qualquer título, salvo os derivados de sentença judicial ou de determinação legal ou contratual.

COMENTÁRIOS

✪ **Nota do autor:** sobre despesas com pessoal é importante destacar recente julgado do STF: "(...) conferir interpretação conforme a Constituição ao art. 8º, IV e V, da LC nº 159/2017, com a redação conferida pela LC nº 178/2021, para autorizar a reposição de cargos vagos pelos entes federados que aderirem ao Regime de Recuperação Fiscal instituído por aquele diploma normativo, desde que observados os requisitos legais pertinentes; e (ii) conferir interpretação conforme a Constituição ao art. 2º, § 4º, da LC nº 159/2017, com a redação conferida pela LC nº 178/2021, de modo a excluir da regra do teto de gastos os investimentos executados com recursos afetados aos fundos públicos especiais instituídos pelo Poder Judiciário, pelos Tribunais de Contas, pelo Ministério Público, pelas Defensorias Públicas e pelas Procuradorias-Gerais dos Estados e do Distrito Federal. (ADI 6.930, rel. min. Roberto Barroso, j. 3-7-2023).

Alternativa "a": alternativa errada. Esta medida seria cabível apenas no caso de o referido TRT exceder, em 95% o limite da despesa total com pessoal, o que significaria o limite prudencial, resultando na vedação à criação de cargo, emprego ou função (LRF, art. 22, parágrafo único, II).

Alternativa "b": alternativa errada. Assim como na alternativa anterior, essa medida é cabível nos casos em que é alcançado o limite prudencial (LRF, art. 22, parágrafo único, III) e não o limite de alerta, situação do enunciado.

Alternativa "c": alternativa errada. Quando ultrapassado o limite prudencial (95%) e não o limite de alerta, o excedente terá que ser eliminado nos dois quadrimestres seguintes, sendo pelo menos um terço no primeiro, adotando-se, dentre outras, as providências do art. 169 da CRFB/88.

Alternativa "d": alternativa certa. Ao ultrapassar os 90% do limite, o TRT alcançou o chamado "limite de alerta", de forma que o TCU deverá alertá-lo de sua situação, segundo disciplina do art. 59, §1º, da Lei de Responsabilidade Fiscal.

Alternativa "e": alternativa errada. Do mesmo modo que nas alternativas "a" e "b", a medida trazida por esta alternativa aplica-se ao limite prudencial (LRF, art. 22, parágrafo único, I).

Alternativa correta: letra "d".

59. (FGV – Auditor Técnico de Controle Externo – TCE – AM/2021) Ao analisar a observância do limite de despesa total com pessoal de certo Município, Auditor do TCE encontrou o seguinte quadro:

1. não se contabilizava como despesa de pessoal a parcela não paga da remuneração bruta dos servidores que ultrapassava o teto constitucional do Art. 37, XI, CRFB/1988;
2. os valores dos contratos de terceirização de mão de obra referentes à substituição de servidores e empregados públicos eram contabilizados como "Outras Despesas de Pessoal";
3. a despesa total com pessoal atingia o percentual de 59,5% da receita corrente líquida.

A esse respeito, é correto afirmar que:

a) os procedimentos previstos nos nºs 1, 2 e 3 acima estão corretos;
b) os procedimentos previstos nos nºs 2 e 3 acima estão corretos, mas o procedimento previsto no nº 1 está incorreto;
c) o procedimento previsto no nº 3 acima está correto, mas os procedimentos previstos nos nºs 1 e 2 estão incorretos;
d) os procedimentos previstos nos nºs 1 e 3 acima estão corretos, mas o previsto no nº 2 está incorreto;
e) os procedimentos previstos nos nºs 1, 2 e 3 acima estão incorretos.

COMENTÁRIOS

✪ **Nota do autor:** a questão exigiu do candidato um conhecimento detalhado do trecho da Lei de Responsabilidade Fiscal que trata das despesas com pessoal, em especial arts. 18 e 19, alterados pela Lei Complementar nº 178, de 2021.

Alternativa "a": o primeiro procedimento encontra-se de acordo com a previsão do §3º do art. 18 da LRF, segundo o qual, "para a apuração das despesas total com pessoal, será observada a remuneração bruta do servidor, sem qualquer dedução ou retenção, ressalvada a redução para atendimento ao disposto no art. 37, inciso XI, da Constituição Federal (teto remuneratório). Por sua vez, o segundo procedimento também está correto, uma vez que reproduz o conteúdo do §1º do mencionado art. 18, da LRF, que assim dispõe: "os valores dos contratos de terceirização de mão-de-obra que se referem à substituição de servidores e empregados públicos serão contabilizados como "Outras Despesas de Pessoal". Por fim, o terceiro procedimento também está de acordo com a previsão da LRF, que determina que a despesa total com pessoal, nos municípios não poderá exceder a 60% (sessenta por cento) da receita corrente líquida (LC 101/2000, art. 19). Dessa forma, é correto afirmar que todos os três procedimentos apontados no enunciado estão corretos.

Alternativa "b": conforme apontado na análise da alternativa "a", todos os procedimentos adotados estão corretos.

Alternativa "c": conforme apontado na análise da alternativa "a", todos os procedimentos adotados estão corretos.

Alternativa "d": conforme apontado na análise da alternativa "a", todos os procedimentos adotados estão corretos.

Alternativa "e": conforme apontado na análise da alternativa "a", todos os procedimentos adotados estão corretos.

Alternativa correta: letra "a".

3.4. RESTOS A PAGAR

60. CEBRASPE – 2024 – TCE/AC – Técnico de Controle Externo

Com base no disposto na LRF, julgue o seguinte item.

Os restos a pagar são aquelas despesas empenhadas e não pagas até o dia 31 de dezembro, distinguindo-se as despesas processadas e as não processadas.

COMENTÁRIOS

✪ **Nota do autor:** o item reproduz, na literalidade, o disposto no art. 36 da lei nº 4.320/64, qual seja: "consideram-se restos a pagar as despesas empenhadas mas não pagas até o dia 31 de dezembro distinguindo-se as processadas das não processadas".

Item certo.

61. COPEVE –UFAL – 2022 – TCE/AL – Agente Contabilista

Dadas as afirmativas sobre despesa pública,

I. Os Restos a Pagar, no ano de sua inscrição, são considerados despesas orçamentárias; porém, no ano do seu pagamento, são despesas extra-orçamentárias.

II. A Dívida Flutuante inclui os compromissos exigíveis em prazo menor que doze meses, compreendendo, dentre outros, os Restos a Pagar; tais compromissos não precisam de autorização orçamentária para o seu pagamento.

III. Os Restos a Pagar com prescrição interrompida não poderão ser pagos à conta de dotação destinada a atender Despesas de Exercícios Anteriores, visto que houve emissão de empenho no exercício financeiro a que pertence.

IV. Os Restos a Pagar inscritos na condição de não processados e que não forem liquidados serão bloqueados, sem exceção, pela Secretaria do Tesouro Nacional em 30 de junho do segundo ano subsequente ao de sua inscrição.

verifica-se que está(ão) correta(s)

a) III, apenas.

b) I e II, apenas.

c) III e IV, apenas.

d) I, II e IV, apenas.

e) I, II, III e IV.

COMENTÁRIOS

✪ **Nota do autor:** a questão exige conhecimentos bastante específicos sobre o regime jurídico dos chamados "restos a pagar", disponíveis no Decreto nº 93.872/86. Tal norma conceitua os restos a pagar com prescrição interrompida como a despesa cuja inscrição como restos a pagar tenha sido cancelada, mas ainda vigente o direito do credor (art. 22, §2º, b).

Afirmativa I: correta. Segundo dicção do art. 36 da lei nº 4.320/64, consideram-se restos a pagar as despesas empenhadas, mas não pagas até o dia 31 de dezembro, distinguindo-se as processadas e as não processadas. Os Restos a Pagar, no ano de sua inscrição, são considerados despesas orçamentárias; porém, no ano do seu pagamento, são despesas extraorçamentárias, uma vez que não pertencem àquele exercício financeiro por terem sido empenhadas no exercício anterior.

Afirmativa II: correta. A dívida flutuante corresponde às operações de crédito de curto prazo (até 12 meses) e compreende: I- os restos a pagar, excluídos os serviços da dívida; II- os serviços da dívida a pagar; III- os depósitos; e IV- os débitos de tesouraria (lei nº 4.320/64, art. 92). São compromissos cujo pagamento independe de autorização orçamentária.

Afirmativa III: errada. Este tema foi tratado no Decreto nº 93.872/86 que dispõe sobre a unificação dos recursos de caixa do Tesouro Nacional e consolida a legislação pertinente. Em seu art. 22 o mencionado Decreto estabelece que "as despesas de exercícios encerrados, para as quais o orçamento respectivo consignada crédito próprio com saldo suficiente para atende-las, que não se tenham processado na época própria, bem como os Restos a Pagar com prescrição interrompida, e os compromissos reconhecidos após o encerramento do exercício correspondente, poderão ser pagos à conta de dotação destinada a atender despesas de exercícios anteriores, respeitada a categoria econômica própria".

Afirmativa IV: errada. O texto da alternativa reproduz partes do art. 68, §2º do Decreto nº 93.872/86, contudo, tal dispositivo, ao contrário do que menciona o enunciado, comporta exceções. Assim, segundo o §3º daquele mesmo artigo, "não serão objeto de bloqueio os restos a pagar não processados relativos às despesas: I- do Ministério da Saúde; II- decorrentes de emendas individuais impositivas discriminadas com identificador de resultado primário 6, cujos empenhos tenham sido emitidos a partir do exercício financeiro de 2016; ou III- decorrentes de emendas de iniciativa de bancada de parlamentares de Estado ou do Distrito Federal impositivas discriminadas com identificador de resultado primário 7, cujos empenhos tenham sido emitidos a partir do exercício financeiro de 2020.

Alternativa correta: letra "b".

3.5. TRANSFERÊNCIAS VOLUNTÁRIAS

62. CEBRASPE – 2024 – TCE/AC – Técnico de Controle Externo

Em relação a aspectos referentes às licitações públicas, julgue o item seguinte.

A realização de um projeto público pode ocorrer por meio de convênio; os repasses de recursos correntes a título de cooperação serão considerados transferências voluntárias.

COMENTÁRIOS

✪ **Nota do autor:** a Lei de Responsabilidade Fiscal (LC 101/2000) conceitua a transferência voluntária como "a entrega de recursos correntes ou de capital a outro ente da Federação, a título de cooperação, auxílio ou assistência financeira, que não decorra de determinação constitucional, legal ou os destinados ao Sistema Único de Saúde" (art. 25, caput). Já os convênios são compreendidos como "ajustes formalizados entre entidades administrativas ou entre a Administração Pública e as entidades privadas sem fins lucrativos que têm por objeto a consecução de objetivos comuns e o atendimento do interesse público" (Oliveira, Rafael Carvalho Rezende. Curso de Direito Administrativo. 12.ed. Rio de Janeiro: Método, 2024. p. 548-549). Nesse sentido, é correto afirmar tanto que a realização de um projeto público pode ocorrer por meio de convênio, quanto que os repasses de recursos correntes a título de cooperação serão considerados transferências voluntárias.

Item certo

3.6. PRECATÓRIOS

63. (Cespe – Analista de Controle Externo – Direito – TCE – RJ/2021) Com relação a aspectos constitucionais, legais, doutrinários e jurisprudenciais do direito financeiro, julgue os itens subsequentes.

A Companhia Estadual de Águas e Esgotos do Rio de Janeiro (CEDAE), sociedade de economia mista prestadora de serviços públicos de saneamento em caráter não concorrencial no estado do Rio de Janeiro, é submetida ao regime de precatórios.

COMENTÁRIOS

✪ **Nota do autor:** segundo entendimento do STF, a Sociedade de Economia Mista prestadora de serviço público em caráter não concorrencial é submetida ao regime de precatórios. Nesse sentido: "1. Embora, em regra, as empresas estatais estejam submetidas ao regime das pessoas jurídicas de direito privado, a jurisprudência do Supremo Tribunal Federal é no sentido de que "entidade que presta serviços públicos essenciais de saneamento básico, sem que tenha ficado demonstrado nos autos se tratar de sociedade de economia mista ou empresa pública que competiria com pessoas jurídicas privadas ou que teria por objetivo primordial acumular patrimônio e distribuir lucros. Nessa hipótese, aplica-se o regime de precatórios" (RE 592.004, Rel. Min. Joaquim Barbosa). 2. **É aplicável às companhias estaduais de saneamento básico o regime de pagamento por precatório (art. 100 da Constituição), nas hipóteses em que o capital social seja majoritariamente público e o serviço seja prestado em regime de exclusividade e sem intuito de lucro.** 3. Provimento do agravo regimental e do recurso extraordinário. (RE 627242 AgR, Relator(a): Min. Marco Aurélio, Relator(a) p/ Acórdão: Min. Roberto Barroso, Primeira Turma, julgado em 02/05/2017, Processo Eletrônico DJe-110 DIVULG 24-05-2017 Public 25-05-2017). **Item Certo.**

64. (FGV – Auditor Técnico de Controle Externo – TCE – AM/2021) Considere um crédito decorrente de sentença que condenou o Estado Alfa a pagar atrasados de pensão por morte no valor de R$ 60.000,00 a José, de 55 anos; e outro crédito oriundo de sentença que condenou o mesmo Estado a pagar diferenças salariais à servidora estadual Maria, de 61 anos, no valor de R$ 90.000,00.

Observando que lei estadual fixa em R$ 20.000,00 o limite máximo para expedição de requisição de pequeno valor, é correto afirmar que:

a) Maria deverá receber seu valor integralmente com preferência sobre José;

b) José deverá receber seu valor integralmente com preferência sobre Maria;

c) Maria deverá receber R$ 60.000,00 com preferência sobre José, e os outros R$ 30.000,00 não têm preferência sobre o crédito de José;

d) José deverá receber R$ 40.000,00 com preferência sobre Maria, e os outros R$ 20.000,00 não têm preferência sobre o crédito de Maria;

e) não há qualquer preferência entre os créditos de ambos.

COMENTÁRIOS

✪ **Nota do autor:** a questão trata do regime constitucional de precatórios, disciplinado que tem como norma disciplinadora, além de dispositivos do ADCT, o art. 100 da CRFB, cujo caput determina que "os pagamentos devidos pelas Fazendas Públicas Federal, Estaduais, Distrital e Municipais, em virtude de sentença judiciária, far-se-ão exclusivamente na ordem cronológica de apresentação dos precatórios e à conta dos créditos respectivos, proibida a designação de casos ou de pessoas nas dotações orçamentárias e nos créditos adicionais abetos para este fim". Vale a pena ficar atento à decisão do STJ sobre o assunto: **"A preferência prevista no § 2º do art. 100 da Constituição Federal não pode ser reconhecida mais de uma vez em um mesmo precatório"**. AgInt no RMS 61.014-RO, Rel. Min. Benedito Gonçalves, Primeira Turma, por unanimidade, julgado em 20/04/2020, DJe 24/04/2020. (STJ, Informativo 670).

Alternativa "a": apesar de o §2º do art. 100 da CRFB/88 estabelecer um regime de pagamentos preferencial, dentre outros, para aqueles que tenham mais de 60 anos, essa preferência alcança, tão somente, os créditos até o triplo do valor das requisições de pequeno valor que, no caso do enunciado, alcançaria R$ 60 mil e não o valor integral do crédito de Maria.

Alternativa "b": não há na legislação constitucional ou infraconstitucional qualquer fundamento para que José tenha preferência no recebimento de seu crédito em relação a Maria, ao contrário, é ela que conta com preferência, conforme §2º do art. 100 da CRFB/88.

Alternativa "c": com o decorrer dos anos, uma série de Emendas Constitucionais vem alterando a previsão do art. 100, criando regimes transitórios e algumas preferências para o recebimento dos precatórios. Um deles é aquele inserido no §2º do art. 100, segundo o qual "os débitos de natureza alimentícia cujos titulares, originários ou por sucessão hereditária, **tenham 60 anos de idade,** ou sejam portadores de doença grave, ou pessoas com deficiência, assim definidos na forma da lei, serão pagos com preferência sobre todos os demais débitos, até o valor equivalente ao **triplo fixado** em lei para os fins do disposto no §3º deste artigo [Requisições de pequeno valor], admitido o fracionamento para essa finalidade, sendo que **o restante será pago na ordem cronológica de apresentação do precatório**". Assim, analisando-se a situação do enunciado, Maria conta com mais de 60 anos e o limite para RPV é de R$ 20 mil. Dessa forma, ela terá direito a receber, preferencialmente, até o triplo do valor do RPV, ou seja, R$ 60 mil e o restante (R$ 30 mil) não terá qualquer preferência sobre o crédito de José.

Alternativa "d": a alternativa inverte a situação constitucional, na medida em que é Maria quem conta com preferência em relação a José, para o recebimento de seus precatórios.

Alternativa "e": conforme apontado, o §2º do art. 100 da CRFB/88 traz critérios pelos quais se fixam preferências de alguns credores em relação a outros como, por exemplo, a idade superior a 60 anos, alcançando a situação de Maria.

Alternativa correta: letra "c".

4. RECEITAS PÚBLICAS

4.1. CLASSIFICAÇÃO DAS RECEITAS PÚBLICAS

65. (Cespe – Analista de Controle Externo – Direito – TCE – RJ/2021) Ainda acerca de aspectos do direito financeiro, julgue os próximos itens.

O ingresso de uma caução recebida pelo poder público como garantia a uma obrigação contratual deve ser contabilizado como receita orçamentária.

COMENTÁRIOS

✪ **Nota do autor:** as receitas podem ser orçamentárias ou extraorçamentárias. As primeiras são aquelas que decorrem da Lei Orçamentária, ao passo que as segundas decorrem de ingressos ou créditos de terceiros que não integram o orçamento, não dependendo, portanto, de autorização legal. Desta forma, são meros movimentos de caixa. Assim, uma caução, na medida em que não consta na lei orçamentária, deve ser considerada uma receita extraorçamentária. **Item Errado.**

66. CONSULPAM – 2023 – TCM/PA – Auditor de Controle Externo

O § 1º do art. 8º da Lei nº 4.320/1964 define que os itens da discriminação da receita, mencionados no art. 11 dessa lei, serão identificados por números de código decimal. Convencionou-se denominar este código de natureza de receita. A respeito do código de oito dígitos dessa classificação, assinale a alternativa que faz a CORRETA associação do dígito e a sua descrição.

a) A – Origem.

b) G – Tipo.

c) C – Espécie.

d) B – Categoria Econômica.

COMENTÁRIOS

✪ **Nota do autor:** a classificação por Natureza de Receita Orçamentária é composta por um código de oito dígitos numéricos, com a seguinte estrutura: "a" corresponde à categoria econômica da receita; "b" corresponde à origem da receita; "c" corresponde à espécie da receita; "d", "ee" e "f" correspondem aos desdobramentos para identificação de peculiaridades da receita; e "g" identifica o tipo de receita. (Secretaria do Tesouro Nacional. Manual de Contabilidade Aplicada ao Setor Público. 10. ed. Brasília, 2023, p. 40-41).

Alternativa "a": alternativa errada. A letra "a" corresponde à categoria econômica, então à origem da receita

Alternativa "b": alternativa errada. Conforme o atual modelo de discriminação da receita, este item pode ser considerado correto. Entretanto esse modelo passou por alterações que se tornaram obrigatórias apenas em 2023, de forma que esta alternativa quando da realização do concurso, foi considerado errado.

Alternativa "c": alternativa certa. A letra "c", de fato, corresponde à espécie da receita.

Alternativa "d": alternativa errada. A letra "b" corresponde à origem da receita e não à sua categoria econômica.

Alternativa correta: letra "c".

67. CONSULPAM – 2023 – TCM/PA – Auditor de Controle Externo

São arrecadadas dentro do exercício financeiro, aumentam as disponibilidades financeiras do Estado e constituem instrumento para financiar os objetivos definidos nos programas e ações orçamentárias, com vistas a satisfazer finalidades públicas.

O texto acima faz referência ao conceito de:

a) Receita Corrente.

b) Receita Ordinária.

c) Receita de Venda de Imóveis.

d) Receita de Capital.

COMENTÁRIOS

✪ **Nota do autor:** segundo o Glossário de Termos Orçamentários do Congresso Nacional, receitas correntes são as "receitas arrecadadas no exercício financeiro que aumentam as disponibilidades financeiras do Estado, em geral com efeito positivo sobre o patrimônio líquido. São exemplos de receitas correntes: a receita tributária, a receita de contribuições, a receita patrimonial, a receita agropecuária, a receita industrial, a receita de serviços e outras". Disponível em: https://www.congressonacional.leg.br/legislacao-e-publicacoes/glossario-orcamentario/-/orcamentario/termo/receita_corrente Acesso em: 4 jan. 2025.

Alternativa "a": alternativa correta, conforme conceito apresentado na nota do autor. Vale destacar que, segundo a lei nº 4.320/64, art. 11, §1º, são receitas correntes as receitas tributária, de contribuições, patrimonial, agropecuária, industrial, de serviços e outras e, ainda, as provenientes de recursos financeiros recebidos de outras pessoas de direito público ou privado, quando destinadas a atender despesas classificáveis em Despesas Correntes

Alternativa "b": alternativa errada. Receita ordinária é aquela que é arrecadada periodicamente em cada exercício financeiro. ex. arrecadação dos impostos pelos entes federativos, tal como o IPVA pelos Estados e o IPTU pelos Municípios.

Alternativa "c": alternativa errada. A receita decorrente da venda de um imóvel pode ser classificada como uma receita de capital, vez que se refere à venda de componentes do ativo financeiro do Estado.

Alternativa "d": alternativa errada. São Receitas de Capital as provenientes da realização de recursos financeiros oriundos de constituição de dívidas; da conversão, em espécie, de bens e direitos; os recursos recebidos de outras pessoas de direito público ou privado, destinados a atender despesas classificáveis em Despesas de Capital e, ainda, o *superavit* do Orçamento Corrente lei nº 4.320/64, art. 11, §2º).

Alternativa correta: letra "a".

68. CONSULPAM – 2023 – TCM/PA – Auditor de Controle Externo

A respeito das Receitas de Operações Intraorçamentárias, julgue os itens a seguir, assinalando V para verdadeiro e F para falso:

(__) Operações intraorçamentárias são aquelas realizadas entre órgãos e demais entidades da

Administração Pública integrantes do orçamento de investimento do mesmo ente federativo.

(__) Representam novas entradas de recursos nos cofres públicos do ente, se são movimentações de receitas entre seus órgãos.

(__) São a contrapartida das despesas classificadas na Modalidade de Aplicação "91 – Aplicação Direta Decorrente de Operação entre Órgãos, Fundos e Entidades Integrantes do Orçamento Fiscal e do Orçamento da Seguridade Social".

a) V-F-V.
b) F-F-V.
c) F-V-V.
d) V-V-F.

COMENTÁRIOS

✪ **Nota do autor:** Harrison Leite chama atenção ao tratar deste tema para o fato de que "Receita orçamentária se contrapõe à receita extraorçamentária e não à receita intraorçamentária. Esta se origina de operações com órgãos e entidades do mesmo orçamento, portanto, é receita orçamentária. São operações dentro da mesma esfera de governo, entre órgãos, fundos, autarquias, fundações, empresas estatais dependentes e entidades do orçamento fiscal e da seguridade social". (Manual de Direito Financeiro. 11.ed. São Paulo: Juspodivm, 2022. p. 345).

Item I: falso. Segundo o Manual Técnico de Orçamento (MTO), "Operações intraorçamentárias são aquelas realizadas entre os órgãos e demais entidades da Administração Pública integrantes dos Orçamentos Fiscal e da Seguridade Social do mesmo ente federativo. Não representam novas entradas de recursos nos cofres públicos do ente, mas apenas remanejamento de receitas entre seus órgãos" (Disponível em: https://www1.siop.planejamento.gov.br/mto/doku.php/mto:cap3#:~:text=Operações%20intraorçamentárias%20são%20aquelas%20realizadas,de%20receitas%20entre%20seus%20órgãos. Acesso em: 4 jan. 2025)

Item II: falso. Conforme apontado na análise da alternativa anterior, as receitas intraorçamentárias não representam novas entradas nos cofres públicos do ente.

Item III: verdadeiro. O próprio Manual Técnico de Orçamento aponta que "As receitas intraorçamentárias são contrapartida de despesas classificadas na modalidade de aplicação 91 – Aplicação Direta Decorrente de Operações entre Órgãos, Fundos e Entidades Integrantes do Orçamento Fiscal e do Orçamento da Seguridade Social, que, devidamente identificadas, evitam a dupla contagem na consolidação das contas governamentais.

Alternativa correta: letra "b".

69. COPEVE –UFAL – 2022 – TCE/AL – Agente Contabilista

Dadas as afirmativas sobre a receita pública,

I. Um hospital público resolve alugar um espaço para um particular explorar serviço de lanchonete. A renda obtida nesse aluguel é exemplo de receita de capital.
II. A venda de bens por parte de um hospital público gera receita de capital.
III. A receita proveniente da taxa de fiscalização da Agência Nacional de Águas é um exemplo de receita corrente.
IV. As receitas tributária, patrimonial, de serviços e industrial são exclusivamente de capital.

verifica-se que está(ão) correta(s)

a) IV, apenas.
b) I e IV, apenas.
c) II e III, apenas.
d) I, II e III, apenas.
e) I, II, III e IV.

COMENTÁRIOS

✪ **Nota do autor:** conforme disposição do art. 11 da lei nº 4.320/64, são receitas correntes as receitas tributária, de contribuições, patrimonial, agropecuária, industrial, de serviços e outras e, ainda, as provenientes de recursos financeiros recebidos de outras pessoas de direito público ou privado, quando destinadas a atender despesas classificáveis como Despesas Correntes (§1º). Já as receitas de capital são as provenientes da realização de recursos financeiros oriundos de constituição de dívidas; da conversão, em espécie, de bens e direitos; os recursos recebidos de outras pessoas de direito público ou privado, destinados a atender despesas classificáveis em Despesas de Capital e, ainda, o superávit do Orçamento Corrente.

Afirmativa I: errada. A receita obtida em um aluguel como trazido pelo enunciado, é uma receita patrimonial, portanto, receita corrente e não de capital.

Afirmativa II: correta. Tem-se nesta alternativa uma clara modalidade de receita de capital.

Afirmativa III: correta. Tem-se aqui uma modalidade de receita tributária, portanto, corrente.

Afirmativa IV: errada. Tais receitas são espécies de receitas correntes, e não de capital.

Alternativa correta: letra "c".

70. FGV – 2022 – TCU – Auditor Federal de Controle Externo

A Superintendência do Patrimônio da União no Estado Alfa teve que indicar a classificação de suas receitas referentes a foro e taxa de ocupação quanto a terrenos de marinha localizados no referido Estado, bem como a classificação da despesa para aquisição de imóvel tido como necessário para a execução de obra pública. Levando-se em consideração a classificação por natureza de cada uma dessas receitas e despesa públicas descritas no enunciado, à luz da Lei nº 4.320/1964, é correto afirmar que tais receitas:

a) de foro e de taxa de ocupação são classificadas como receitas tributárias, e a despesa com a aquisição imobiliária necessária à execução de obra pública, como inversão financeira;

b) de foro são classificadas como receitas patrimoniais, as de taxa de ocupação como receitas tributárias, e a despesa com a aquisição imobiliária necessária à execução de obra pública, como inversão financeira;

c) de foro são classificadas como receitas patrimoniais, as de taxa de ocupação como receitas tributárias, e a despesa com a aquisição imobiliária necessária à execução de obra pública, como investimento;

d) de foro e de taxa de ocupação são classificadas como receitas patrimoniais, e a despesa com a aquisição imobiliária necessária à execução de obra pública, como inversão financeira;

e) de foro e de taxa de ocupação são classificadas como receitas patrimoniais, e a despesa com a aquisição imobiliária necessária à execução de obra pública, como investimento.

COMENTÁRIOS

✪ **Nota do autor:** São tipos de receitas patrimoniais: taxa de ocupação, foro, laudêmio, multa de transferência, alienação, Dívida Ativa da União, Juros e Multas, Locação e Arrendamento. "Os usuários de imóveis da União regularmente inscritos na SPU sob o Regime de Ocupação devem pagar anualmente a Taxa de Ocupação. Trata-se de uma receita patrimonial que corresponde a 2% do valor do domínio pleno do terreno, excluídas as benfeitorias". Por outro lado, "os usuários de imóveis da União inscritos na SPR sob o Regime de Aforamento devem pagar anualmente o Foro. Trata-se de uma receita patrimonial que corresponde a 0,6% do valor do domínio pleno do terreno, excluídas as benfeitorias"(Disponível em: https://www.gov.br/gestao/pt-br/assuntos/patrimonio-da-uniao/receitas-patrimoniais Acesso e: 7 fev. 2025). Já os investimentos correspondem ao "Grupo de Natureza de Despesa (GND 4) voltado para planejamento e execução de obras, realização de programas especiais de trabalho, aquisição de instalações, equipamento e material permanente e constituição ou aumento de capital de empresas que não sejam de caráter comercial ou financeiro" (Disponível em: https://www.congressonacional.leg.br/legislacao-e-publicacoes/glossario-orcamentario/-/orcamentario/lista/I . Acesso em: 7 fev. 2025).

Alternativa "a": alternativa errada. As receitas de foro e de taxa de ocupação não podem ser classificadas como receitas tributárias uma vez que não representam ingressos provenientes da arrecadação de impostos, taxas ou contribuições de melhoria. Já a despesa com a aquisição imobiliária necessária à aquisição de obra pública trata-se de investimento e não inversão financeira pois não envolve a aquisição de bens de capital ou imóveis já em uso, ou constituição de capital de empresas.

Alternativa "b": alternativa errada. Tanto as receitas de foro quanto as de taxa de ocupação são classificadas como receitas patrimoniais, ao passo que a despesa com a aquisição imobiliária necessária à execução de obra pública, como investimento.

Alternativa "c": alternativa errada. É certo afirmar que as receitas de foro são receitas patrimoniais, bem como que a despesa com a aquisição imobiliária necessária à execução de obra pública, classifica-se como investimento. Contudo, a alternativa está errada ao apontar a receita de taxa de ocupação como receitas tributárias, uma vez que também são receitas patrimoniais.

Alternativa "d": alternativa errada. A primeira parte da alternativa está correta, vez que as receitas de foro e de taxa de ocupação são, de fato, receitas patrimoniais. Já a despesa com a aquisição imobiliária necessária à execução de obra pública, é modalidade de investimento, e não inversão financeira.

Alternativa "e": alternativa certa. De fato, conforme explicado na nota do autor, as receitas de foro e de taxa de ocupação são classificadas como receitas patrimoniais, ao passo que a despesa com a aquisição imobiliária necessária à execução de obra pública, classifica-se como investimento.

Alternativa correta: letra "e".

---

71. (FGV – Auditor Técnico de Controle Externo – TCE – AM/2021) A União todos os anos cobra, referente aos chamados "terrenos de marinha", valores de foro ou de taxa de ocupação. Não pagos espontaneamente tais valores pelos devedores, após o vencimento da obrigação, eles serão inscritos:

a) em Dívida Ativa Não Tributária da União, tanto no caso de valores de foro como de taxa de ocupação;

b) em Dívida Ativa Tributária da União, tanto no caso de valores de foro como de taxa de ocupação;

c) em registro próprio não componente da Dívida Ativa da União, mantido pela Secretaria de Patrimônio da União;

d) em Dívida Ativa Não Tributária da União, no caso de valores de foro, e em Dívida Ativa Tributária da União, no caso de valores de taxa de ocupação;

e) em Dívida Ativa Não Tributária da União, no caso de valores de taxa de ocupação, e em Dívida Ativa Tributária da União, no caso de valores de foro.

COMENTÁRIOS

✪ **Nota do autor:** os terrenos de marinha, bens dominicais da União, são todos os que, banhados pelas águas do mar ou dos rios navegáveis, vão até a distância de 15 braças craveiras (33 metros) para a parte da terra, contadas desde o ponto em que chega o preamar médio. (NOHARA, Irene Patrícia Diom. **Direito Administrativo.** 11.ed. São Paulo: atlas, 2022. p. 673-674).

Alternativa "a": o conceito de dívida ativa tributária e não tributária constam no art. 39, §2º da lei nº 4.320/64, segundo o qual "Dívida Ativa Tributária é o crédito da Fazenda Pública dessa natureza, proveniente de obrigação legal relativa a tributos e respectivos adicionais e multas, e **Dívida Ativa não Tributária** são os demais créditos da Fazenda Pública, tais como os provenientes de empréstimos compulsórios, contribuições estabelecidas em lei, multa de qualquer origem ou natureza, exceto as tributárias, **foros**, laudêmios, alugueis ou **taxas de ocupação**, custas processuais, preços de serviços prestados por estabelecimentos públicos, indenizações, reposições, restituições, alcances dos responsáveis definitivamente julgados, bem assim os créditos decorrentes de obrigações em moeda estrangeira, de sub-rogação de hipoteca, fiança, aval ou outra garantia, de contratos em geral ou de outras obrigações legais". Dessa forma, a presente alternativa encontra-se perfeitamente correta, ao afirmar que tanto os valores de foro quanto os de taxa de ocupação compõem a Dívida Ativa Não Tributária da União.

Alternativa "b": alternativa errada, uma vez que nem os valores de foro e nem da taxa de ocupação fazem parte da Dívida Ativa Tributária da União, mas sim, da não tributária.

Alternativa "c": alternativa errada, já que não pagos espontaneamente os valores referentes aos chamados "terrenos de marinha", valores de foro ou de taxa de ocupação pelos devedores, após o vencimento da obrigação, eles serão inscritos na Dívida Ativa não Tributária da União.

Alternativa "d": errada, pois ambos os casos trazidos pelo enunciado dizem respeito à Dívida Ativa não Tributária da União.

Alternativa "e": errada, pois ambos os casos trazidos pelo enunciado dizem respeito à Dívida Ativa não Tributária da União.

Alternativa correta: letra "a".

72. (FGV – Auditor de Controle Externo – TCE – PI/2021) A classificação da receita para apuração do resultado primário foi criada com o objetivo de identificar as receitas e as despesas que compõem o resultado primário do governo. No que tange às receitas, uma que NÃO deve ser incluída na apuração do resultado primário é a receita de:

a) contribuições sociais;

b) cota-parte das compensações financeiras;

c) dividendos recebidos;

d) emissão de títulos públicos;

e) doações e convênios.

COMENTÁRIOS

✪ **Nota do autor:** "As receitas do Governo Federal podem ser divididas entre primárias e financeiras. O primeiro grupo refere-se predominantemente a receitas correntes (exceto receitas de juros) e é composto daquelas que advêm dos **tributos, das contribuições sociais, das concessões, dos dividendos recebidos pela União, da cota-parte das compensações financeiras, das decorrentes do próprio esforço de arrecadação das unidades orçamentárias, das provenientes de doações e convênios e outras também consideradas primárias**. Além disso, há receitas de capital primárias, decorrentes da alienação de bens e transferências de capital. Já as receitas financeiras são aquelas que não contribuem para o resultado primário no exercício financeiro correspondente, uma vez que criam uma obrigação ou extinguem um direito, ambos de natureza financeira, junto ao setor privado interno e/ou externo, alterando concomitantemente o ativo e o passivo financeiros. São adquiridas junto ao mercado financeiro, decorrentes da **emissão de títulos**, da contratação de operações de crédito por organismos oficiais, das receitas de aplicações financeiras da União (juros recebidos, por exemplo), das privatizações, amortização de empréstimos concedidos e outras (BRASIL. Ministério da Fazenda. *Manual de Contabilidade aplicada ao Setor Público*. 8.ed. Brasília, 2018. p. 52-53)

Alternativa "a": as contribuições sociais geram receitas primárias ao estado. Por isso, a alternativa está errada.

Alternativa "b": conforme apontado na nota do autor, as receitas de cota-parte das compensações financeiras também são apontadas como receitas primárias. Alternativa incorreta.

Alternativa "c": os dividendos recebidos pela União podem ser classificados como receita primária. Alternativa incorreta.

Alternativa "d": a emissão de títulos públicos gera uma obrigação financeira para o Estado junto ao setor privado, classificando, portanto, como uma espécie de receitas financeiras e não primárias. Alternativa correta.

Alternativa "e": as receitas provenientes de doações e convênios são consideradas receitas primárias. Alternativa incorreta.

Alternativa correta: letra "d".

4.2. RENÚNCIA DE RECEITAS

73. FGV – 2024 – TCE/PA – Auditor de Controle Externo

Leia o fragmento a seguir.

A ______ é uma forma de concessão de benefícios fiscais, como isenções, reduções de alíquotas ou créditos presumidos, que resultam em uma diminuição da arrecadação prevista, devendo ser acompanhada de uma ______ indicando as medidas de compensação para evitar impactos negativos no equilíbrio orçamentário e financeiro, conforme estabelecido pela ______.

Assinale a opção cujos itens completam corretamente as lacunas do fragmento.

a) renúncia de receitas – justificativa técnica – Constituição Federal.
b) renúncia de receitas – estimativa de impacto orçamentário – Lei de Diretrizes Orçamentárias e Lei Orçamentária Anual.
c) renúncia de receitas – estimativa de impacto orçamentário – Lei de Responsabilidade Fiscal.
d) subvenção econômica – análise de viabilidade – Lei de Responsabilidade Fiscal.
e) isenção fiscal – declaração de objetivos – Plano Plurianual.

COMENTÁRIOS

✪ **Nota do autor:** a resposta desta questão passa pela compreensão das disposições contidas no art. 14 da Lei de Responsabilidade Fiscal, segundo o qual: "A concessão ou ampliação de incentivo ou benefício de natureza tributária da qual decorra **renúncia de receita** deverá estar **acompanhada de estimativa do impacto orçamentário-financeiro** no exercício em que deva iniciar sua vigência e nos dois seguintes, atender ao disposto na lei de diretrizes orçamentárias e a pelo menos uma das seguintes condições: I- demonstração pelo proponente de que a renúncia foi considerada na estimativa de receita da lei orçamentária, na forma do art. 12, e de que não afetará as metas de resultados fiscais previstas no anexo próprio da lei de diretrizes orçamentárias; II- estar acompanhada de medidas de compensação, no período mencionado no caput, por meio do aumento de receita, proveniente da elevação de alíquotas, ampliação da base de cálculo, majoração ou criação de tributo ou contribuição. §1º A renúncia compreende anistia, remissão, subsídio, crédito presumido, concessão de isenção em caráter não geral, alteração de alíquota ou modificação de base de cálculo que implique redução discriminada de tributos ou contribuições, e outros benefícios que correspondam a tratamento diferenciado. §2º Se o ato de concessão ou ampliação do incentivo ou benefício de que trata o caput deste artigo decorrer da condição contida no inciso II, o benefício só entrará em vigor quando implementadas as medidas referidas no mencionado inciso. [...].

Alternativa "a": alternativa errada. Apesar de iniciar, corretamente, apontando a renúncia de receitas como expressão para o preenchimento do primeiro espaço, a alternativa se equivoca ao apontar "justificativa técnica" e "Constituição Federal" no preenchimento dos demais espaços.

Alternativa "b": alternativa errada. Se a alternativa apontasse apenas a LDO para o preenchimento da lacuna, poderia gerar confusão e ser considerada correta. Contudo, ao colocar a LOA, torna-se, claramente, errada.

Alternativa "c": alternativa certa, conforme o art. 14 da LRF, transcrito na nota do autor.

Alternativa "d": alternativa errada. Vale destacar que "subvenção econômica" não pode ser confundida com renúncia de receitas, uma vez que aquela é a "transferência destinada a empresas públicas ou privadas de caráter industrial, comercial, agrícola ou pastoril para cobrir despesas de custeio das entidades beneficiadas". Disponível em: https://www.congressonacional.leg.br/legislacao-e-publicacoes/glossario-orcamentario/-/orcamentario/termo/subvencao_economica#:~:text=Transferência%20destinada%20a%20empresas%20públicas,de%20custeio%20das%20entidades%20beneficiadas. Acesso em: 2 jan. 2025.

Alternativa "e": alternativa errada. Conforme apontado na análise das alternativas anteriores, nenhum dos itens da presente alternativa mostra-se correto.

Alternativa correta: letra "c".

74. FCC – 2022 – TCE/GO – Analista de Controle Externo

Considere que o Estado tenha criado um programa de apoio a pequenos empreendedores, prevendo linhas de crédito para capital de giro oferecidas por instituições financeiras com juros abaixo daqueles ordinariamente praticados, subvencionados com recursos provenientes do orçamento estadual e repassados mediante convênio. A área de fiscalização do Tribunal apontou potencial ilegalidade no programa e nos convênios em face da não comprovação de medida compensatória de renúncia fiscal na forma requerida pela Lei de Responsabilidade Fiscal. Referido apontamento

a) não procede, pois se trata de subvenção econômica, que exige lei autorizativa específica e deve observar as regras próprias de geração de despesa pública, porém não caracteriza renúncia de receita fiscal.

b) procede, cabendo ao Estado comprovar a adoção de medidas de compensação do impacto do subsídio financeiro concedido, salvo se previsto em lei específica e atrelado a ação incluída no Plano Plurianual.

c) será procedente caso o impacto dos repasses orçamentários decorrentes do programa extrapole a margem de renúncia estabelecida no anexo correspondente que integra a Lei de Diretrizes Orçamentárias.

d) procede, desde que o programa vigore por mais de dois exercícios, configurando despesa de caráter continuado, a qual somente pode ser compensada por medidas de aumento de arrecadação.

e) não procede, cabendo, contudo, verificar a observância dos limites de endividamento do Estado, eis que a equalização de juros equipara-se a operação de crédito contratada pelo ente.

COMENTÁRIOS

✪ **Nota do autor:** segundo previsão do art. 14, §1º da LRF, a renúncia de receitas compreende anistia, remissão, subsídio, crédito presumido, concessão de isenção em caráter não geral, alteração de alíquota ou modificações de base de cálculo que implique redução discriminada de tributos ou contribuições, e outros benefícios que correspondam a tratamento diferenciado.

Alternativa "a": alternativa correta. A situação narrada no enunciado se refere a uma subvenção econômica, qual seja, aquela destinada a instituições públicas ou privadas de caráter industrial, comercial, agrícola ou pastoril. Assim, não há que se falar em medidas compensatórias, uma vez que a subvenção econômica não é caracterizada como renúncia de receita, por não constar no rol do §1º do art. 14 da LRF.

Alternativa "b": alternativa errada. A conduta da área de fiscalização do Tribunal não procede já que, conforme apontado na análise da alternativa anterior, não cabe ao Estado comprovar a adoção de qualquer medida de compensação, uma vez que não se trata de renúncia de receita.

Alternativa "c": alternativa errada, pois o programa criado pelo Estado não se caracteriza como renúncia de receita.

Alternativa "d": alternativa errada. Conforme demonstrado na análise das alternativas anteriores, a hipótese trazida no enunciado não exige medidas de compensação, por se tratar de subvenção econômica.

Alternativa "e": alternativa errada. Apesar de, de fato, a atitude do Tribunal não proceder, a parte final da alternativa encontra-se equivocada, uma vez que a equalização de juros não se equipara a operação de crédito contratada pelo ente.

Alternativa correta: letra "a".

---

75. FGV - 2022 - TCU - Auditor Federal de Controle Externo

Contando com a devida autorização por deliberação dos Estados e Distrito Federal mediante convênio do Conselho Nacional de Política Fazendária (Confaz), o Estado Alfa, por lei específica, concedeu isenção de Imposto sobre a Circulação de Mercadorias e Serviços (ICMS) a favorecer pessoas com deficiências que, comprovando sua situação perante o Fisco estadual, adquirissem automóveis adaptados. O Estado Alfa, para conceder a isenção, realizou a estimativa do impacto orçamentário-financeiro no exercício em que devia iniciar a vigência da isenção e no seguinte, atendeu ao disposto em sua lei de diretrizes orçamentárias (LDO) e demonstrou que a renúncia de receita foi considerada na estimativa de receita da lei orçamentária e que não afetaria as metas de resultados fiscais previstas no Anexo Estadual de Metas Fiscais. Diante desse cenário concreto, é correto afirmar que:

a) a estimativa do impacto orçamentário-financeiro deveria ter sido elaborada no âmbito do Confaz;

b) não se configura renúncia de receita, por se tratar de concessão de isenção em caráter geral;

c) a estimativa do impacto orçamentário-financeiro deveria ter sido elaborada considerando-se o exercício em que se inicia a vigência da isenção e os dois seguintes;

d) as reduções de alíquotas e isenções de ICMS constituem exceção à aplicação das normas da Lei de Responsabilidade Fiscal acerca de renúncia de receitas;

e) deveria estar presente necessariamente medida de compensação por meio do aumento de receita, proveniente da elevação de alíquotas, ampliação da base de cálculo, majoração ou criação de tributo ou contribuição.

COMENTÁRIOS

✪ **Nota do autor:** a renúncia de receita foi disciplinada pelo art. 14 da Lei de Responsabilidade Fiscal, segundo o qual: "a concessão ou ampliação de incentivo ou benefício de natureza tributária da qual decorra renúncia de receita deverá estar acompanhada de estimativa do impacto orçamentário-financeiro no exercício em que deva iniciar sua vigência e nos dois seguintes, atender ao disposto na lei de diretrizes orçamentárias e a pelo menos uma das seguintes condições: I- demonstração pelo proponente de que a renúncia foi considerada na estimativa de receita da lei orçamentária, na forma do art. 14, e de que não afetará as metas de resultados fiscais previstas no anexo próprio da lei de diretrizes orçamentárias; II- estar acompanhada de medidas de compensação, no período mencionado no caput, por meio do aumento de receita, proveniente da elevação de alíquotas, ampliação da base de cálculo, majoração ou criação de tributo ou contribuição".

Alternativa "a": alternativa errada. A estimativa do impacto orçamentário-financeiro deve ser elaborada pelo próprio estado Alfa, e não pelo Confaz.

Alternativa "b": alternativa errada. A situação narrada no enunciado configura-se como renúncia de receita e não como concessão de isenção em caráter geral. A própria LRF, em seu art. 14, §1º, determina que a "renúncia de receita compreende anistia, remissão, subsídio, crédito presumido, concessão de isenção em caráter não geral, alteração de alíquota ou modificação de base de cálculo que implique redução discriminada de tributos ou contribuições, e outros benefícios que correspondam a tratamento diferenciado".

Alternativa "c": alternativa certa. Alternativa em conformidade com o disposto no art. 14 da LRF, que tratou das renúncias de receitas.

Alternativa "d": alternativa errada. A redução de alíquotas e isenções de ICMS não figuram entre as exceções previstas no §3º do art. 14 da LRF, acerca da renúncia de receita.

Alternativa "e": alternativa errada. O art. 14 da LRF prevê uma das duas condições: medida de compensação por meio do aumento de receita, proveniente da elevação de alíquotas, ampliação da base de cálculo, majoração ou criação de tributo ou contribuição (como trouxe o enunciado da alternativa) OU demonstração pelo proponente de que a renúncia foi considerada na estimativa de receita da lei orçamentária, na forma do art. 14, e de que não afetará as metas de resultados fiscais previstas no anexo próprio da lei de diretrizes orçamentárias. Ou seja, a medida trazida pela alternativa é apenas uma das alternativas, e não, necessariamente, aquela a ser adotada.

Alternativa correta: letra "c"

---

76. (FGV – Auditor Técnico de Controle Externo – TCE – AM/2021) O Estado Alfa pretendia realizar transferências voluntárias de recursos financeiros ao Município Beta, mas verificou que este ainda não havia instituído taxa de coleta domiciliar de lixo, nem contribuição de iluminação pública para custeio dos respectivos serviços públicos efetivamente prestados pela municipalidade. Ademais, não havia instituído o IPTU, por ter uma diminuta área urbana. Ante tal constatação, o Estado Alfa impediu que os trâmites para tais transferências seguissem adiante. Diante desse cenário, o Estado poderia impedir tal transferência pela:

a) não instituição da taxa, da contribuição e do IPTU;
b) não instituição da taxa e da contribuição, mas não do IPTU;
c) não instituição do IPTU e da taxa, mas não da contribuição;
d) não instituição da taxa, mas não da contribuição e do IPTU;
e) não instituição do IPTU, mas não da taxa e da contribuição.

COMENTÁRIOS

✪ **Nota do autor:** a transferência voluntária foi conceituada pela LRF como "a entrega de recursos correntes ou de capital a outro ente da Federação, a título de cooperação, auxílio ou assistência financeira, que não decorra de determinação constitucional, legal ou os destinados ao Sistema Único de Saúde" (art. 25). Já o §1º do mesmo dispositivo traz as exigências para a realização de transferência voluntária, além daquelas estabelecidas na LDO.

Alternativa "a": conforme se depende da leitura do art. 11 da LRF, a não instituição de impostos por um município repercute na vedação a que receba transferências voluntárias. Mesma consequência não se vislumbra no caso de não instituição da taxa de coleta domiciliar de lixo, nem em relação à não instituição de contribuição de iluminação pública.

Alternativa "b": alternativa completamente equivocada, uma vez que a não instituição do IPTU pelo município resulta no não recebimento de transferências voluntárias (art. 11 LRF), consequência não admitida nos casos de não instituição de taxa ou de contribuição.

Alternativa "c": a não instituição da taxa não pode acarretar a vedação ao recebimento de transferências voluntárias. Assim, ao apontar a não instituição da taxa ao lado da não instituição do IPTU como razão para o não recebimento de transferências voluntárias, a alternativa torna-se incorreta.

Alternativa "d": segundo a CRFB/88, as taxas são instituídas "em razão do exercício do poder de polícia ou pela utilização, efetiva ou potencial, de serviços públicos específicos e divisíveis, prestados ao contribuinte ou postos a sua disposição" (art.

145, II). Entretanto, a não instituição de uma taxa de coleta domiciliar de lixo não pode ser motivo para que o município não receba transferências voluntárias do Estado.

Alternativa "e": o caput do art. 11 da Lei de Responsabilidade Fiscal determina que "constituem requisitos essenciais da responsabilidade na gestão fiscal a instituição, previsão e efetiva arrecadação de todos os tributos de competência constitucional do ente da Federação". Ademais, o parágrafo único do mesmo artigo veda a realização de transferências voluntárias para o ente que não observe o disposto no caput, no que se refere aos **impostos**. Ou seja, a não instituição do IPTU pelo município é uma justificativa para que o Estado impeça a realização de transferências voluntárias a ele.

Alternativa correta: letra "e".

77. (FGV – Auditor Técnico de Controle Externo – TCE – AM/2021) O Presidente da República, por Decreto, reduziu a zero a alíquota do Imposto sobre Produtos Industrializados (IPI) de certos eletrodomésticos, com vistas a estimular o consumo popular. Diante desse cenário, tal ato normativo:

a) deveria ser veiculado por lei específica, e não por decreto;
b) necessita estar acompanhado de estimativa do impacto orçamentário-financeiro para sua validade;
c) por se tratar de mecanismo de tributação extrafiscal, não necessita de medidas compensatórias desta queda de arrecadação de IPI;
d) deve estar acompanhado de medidas de compensação, por meio do aumento de receita, proveniente da elevação de alíquotas, ampliação da base de cálculo, majoração ou criação de tributo ou contribuição;
e) deve estar acompanhado de demonstração de que a renúncia foi considerada na estimativa de receita da lei orçamentária, e de que não afetará as metas de resultados fiscais previstas no anexo próprio da lei de diretrizes orçamentárias.

COMENTÁRIOS

✪ **Nota do autor:** a competência da União para a instituição de impostos foi prevista no art. 153 da Constituição da República, o que abrange impostos sobre: I- importação de produtos estrangeiros; II- exportação, para o exterior, de produtos nacionais ou nacionalizados; III- renda e proventos de qualquer natureza; **IV- produtos industrializados**; V- operações de crédito, câmbio e seguro, ou relativas a títulos ou valores mobiliários; VI- propriedade territorial rural; e VII- grandes fortunas, nos termos de lei complementar.

Alternativa "a": o §1º do art. 153 da CRFB/88 estabelece a desnecessidade de lei para a alteração da alíquota, dentre outros do Imposto sobre Produtos Industrializados. Nesse sentido: "é facultado ao Poder Executivo, atendidas as condições e os limites estabelecidos em lei, alterar as alíquotas dos impostos enumerados nos incisos I, II, IV e V". Assim, a redução da alíquota apontada no enunciado, não exige lei específica.

Alternativa "b": o art. 14 da LRF estabelece como regra a necessidade de estimativa do impacto orçamentário-financeiro para a validade das renúncias de receita. Contudo, o seu §3º afasta a aplicação desta necessidade, dentre outros, à alteração das alíquotas do Imposto sobre Produtos Industrializados. Por essa razão, a alternativa está errada.

Alternativa "c": o Imposto sobre Produtos Industrializados é um tributo extrafiscal, de natureza regulatória. Por esta razão a redução de suas alíquotas dispensa a apresentação de medidas de compensação, conforme previsão contida no §3º da Lei de Responsabilidade Fiscal (LC 101/2000). Alternativa correta.

Alternativa "d": a criação de medidas de compensação, por meio do aumento de receita, proveniente da elevação de alíquotas, ampliação da base de cálculo, majoração ou criação de tributo ou contribuição foi fixada, em regra, como para condição a renúncia de receitas prevista no art. 14, II da Lei de Responsabilidade Fiscal. Contudo, assim como apontado na análise da alternativa "b", essa hipótese não se aplica ao Imposto sobre Produtos Industrializados, por disposição expressa no §3º do mesmo artigo.

Alternativa "e": assim como na alternativa anterior ("d"), a presente alternativa traz uma condição prevista no inciso I do art. 14 da LRF para renúncia de receita. Contudo, apesar de ser regra geral, é afastada no caso do IPI conforme previsão expressamente contida no §3º do mesmo artigo.

Alternativa correta: letra "c".

5. CRÉDITO PÚBLICO E DÍVIDA PÚBLICA

78. (Cespe – Analista de Controle Externo – Direito – TCE – RJ/2021) Ainda acerca de aspectos do direito financeiro, julgue os próximos itens.

A dívida pública consolidada ou fundada inclui as operações em que o Estado contraia um empréstimo para a construção de uma obra e contrate um particular para a execução dessa mesma obra, desde que ambas as operações tenham amortização em prazo superior a doze meses.

COMENTÁRIOS

✪ **Nota do autor:** o conceito de dívida pública consolidada ou fundada pode ser encontrado no inciso I do art. 29 da Lei de responsabilidade Fiscal (LC 101/2000), qual seja, "montante total, apurado sem duplicidade, das obrigações financeiras do ente da Federação, assumidas em virtude de leis, contratos, convênios ou tratados e da realização de operações de crédito, para amortização em prazo superior a doze meses". Assim, o enunciado encontra-se correto. **Item Certo**

79. FGV – 2024 – TCE/PA – Auditor de Controle Externo

De acordo com a Lei Complementar nº 101/2000, a dívida pública mobiliária é a dívida pública representada por

a) títulos emitidos pela União, inclusive os do Banco Central do Brasil, Estados e Municípios.
b) títulos emitidos pelas empresas públicas pertencentes ao Governo Federal.
c) compromisso de adimplência de obrigação financeira ou contratual assumida por ente da Federação ou entidade a ele vinculada.
d) títulos de entidades particulares adquiridos pelo Banco Central do Brasil com o objetivo de gerar recursos para distribuição aos Estados e Municípios.
e) obrigações financeiras de longo prazo do ente da Federação, assumidas em virtude de leis, contratos, convênios ou tratados e da realização de operações de crédito.

COMENTÁRIOS

✪ **Nota do autor:** em relação à dívida pública mobiliária, vale destacar que o Banco Central do Brasil não pode mais emitir títulos de dívida pública, desde maio de 2002 e aqueles títulos que já haviam sido emitidos anteriormente a essa data, já foram resgatados.

Alternativa "a": alternativa correta. O artigo 29 da LRF traz uma série de definições de expressões utilizadas pela própria lei, dentre elas a de dívida pública mobiliária como a "dívida pública representada por títulos emitidos pela União, inclusive os do Banco Central do Brasil, Estados e Municípios" (art. 29, II).

Alternativa "b": alternativa errada. A dívida pública mobiliária é a dívida pública representada por

títulos emitidos pela União, inclusive os do Banco Central do Brasil, Estados e Municípios e não por títulos emitidos pelas empresas públicas pertencentes ao Governo Federal.

Alternativa "c": alternativa errada. O conceito trazido pelo enunciado diz respeito à concessão de garantia (LRF, art. 29, IV).

Alternativa "d": alternativa errada. Tais títulos não correspondem ao conceito de dívida pública mobiliária.

Alternativa "e": alternativa errada. O enunciado corresponde ao conceito de dívida pública consolidada ou fundada (LRF, art. 29, I).

Alternativa correta: letra "a".

80. FCC – 2022 – TCE/GO – Analista de Controle Externo

Suponha que determinado município tenha realizado operação de crédito por antecipação de receita orçamentária (ARO) e utilizado os recursos correspondentes para fazer frente à insuficiência de caixa verificada no exercício financeiro em curso, destinando o numerário obtido ao pagamento de folha de pessoal e outras despesas de custeio. No exercício seguinte, permanecendo as dificuldades de caixa, o município realizou outra operação de crédito na forma de ARO. Ao avaliar a legalidade das referidas operações, caberá ao Tribunal considerar

a) que apenas a primeira ARO poderá ser considerada legal, desde que autorizada por lei, sendo vedada a repetição de operação da mesma natureza em exercício subsequente ou no mesmo mandato do Chefe do Executivo.
b) a ilegalidade da primeira operação, eis que os recursos captados somente poderiam ser destinados a despesas de capital, sob pena de violação à denominada "regra de ouro".
c) a regularidade de ambas as operações, desde que observado o limite de endividamento do ente, fixado em resolução do Senado Federal, e desde que o montante captado seja incorporado ao saldo da dívida consolidada.
d) que a primeira operação deve ser liquidada até 10 de dezembro do exercício em que foi realizada e a segunda ARO estará vedada caso efetuada sem que a primeira tenha sido integralmente resgatada.
e) que ambas as operações serão ilegais caso realizadas no último quadrimestre do mandato do Chefe do Executivo, exceto se os recursos forem destinados para cobertura do déficit do regime de previdência dos servidores municipais.

COMENTÁRIOS

✪ **Nota do autor:** a operação de crédito por antecipação de receita orçamentária (ARO), foi disciplinada pelo art. 38 da Lei de Responsabilidade Fiscal. Assim, segundo tal dispositivo, tal operação destina-se a atender insuficiência de caixa durante o exercício financeiro e, além das exigências do art. 32, da LRF, deverá observar as seguintes: I- realizar-se-á somente a partir do décimo dia do início do exercício; II- deverá ser liquidada, com juros e outros encargos incidentes, até o dia dez de dezembro de cada ano; III- não será autorizada se forem cobrados outros encargos que não a taxa de juros da operação, obrigatoriamente prefixada ou indexada à taxa básica financeira, ou à que vier a esta substituir; IV- estará proibida: a) enquanto existir operação anterior da mesma natureza não integralmente resgatada; b) no último ano de mandato do Presidente, Governador ou Prefeito Municipal.

Alternativa "a": alternativa errada. Não existe vedação a que a ARO seja repetida em exercício subsequente, desde que aquela do exercício anterior tenha sido integralmente resgatada e que não se trate do último ano de mandato do chefe do Poder Executivo.

Alternativa "b": alternativa errada. A chamada "regra de ouro" encontra-se prevista no inciso III do art. 167 da CRFB/88, segundo o qual é vedada "a realização de operações de crédito que excedam o montante das despesas de capital, ressalvadas as autorizadas mediante créditos suplementares ou especiais com finalidade precisa, aprovados pelo Poder Legislativo por maioria absoluta". Não há, na LRF, qualquer vedação a que os recursos da ARO sejam destinados ao pagamento de folha de pessoal e outras despesas de custeio

Alternativa "c": alternativa errada. A dívida consolidada é aquela cuja amortização se dá em prazo superior a doze meses. A ARO, deverá ser liquidada, com juros e outros encargos incidentes, até o dia dez de dezembro de cada ano, não se classificando, portanto, como dívida consolidada.

Alternativa "d": alternativa correta, uma vez que mostra-se de acordo com as disposições da LRF transcritas na nota do autor.

Alternativa "e": alternativa errada. Apesar de ser uma consequência lógica, a lei não veda, expressamente, a realização da ARO no último quadrimestre, mas sim no último ano do mandato do Chefe do Executivo e não traz nenhuma exceção, tampouco no caso de recursos destinados para cobertura do déficit do regime de previdência dos servidores municipais.

Alternativa correta: letra "d".

---

81. (FGV – Auditor Técnico de Controle Externo – TCE – AM/2021) A dívida consolidada do Estado Alfa ultrapassou o limite estabelecido por Resolução do Senado Federal ao final de um certo quadrimestre.

Diante desse cenário, é correto afirmar que:

a) o excedente deve ser reduzido em pelo menos 40% no primeiro quadrimestre;
b) a dívida consolidada deverá ser reconduzida ao limite até o término dos três quadrimestres subsequentes;
c) o limite da dívida consolidada líquida dos Estados é de 1,2 vezes a receita corrente líquida;
d) após o final do segundo quadrimestre, perdurando o excesso, o Estado Alfa fica impedido de receber transferências voluntárias da União;
e) enquanto perdurar o excesso, o Estado Alfa estará proibido de realizar operação de crédito para pagamento de dívidas mobiliárias.

COMENTÁRIOS

✪ **Nota do autor:** o art. 31 da Lei de Responsabilidade Fiscal (LC 101/2000) tratou da recondução da dívida aos limites. Para tanto, determina que: "Se a dívida consolidada de um ente da Federação ultrapassar o respectivo limite ao final de um quadrimestre, deverá ser a ele reconduzida até o término dos três subsequentes, reduzindo o excedente em pelo menos 25% no primeiro".

Alternativa "a": alternativa equivocada, uma vez que, por expressa previsão do caput do art. 31 da LRF, a redução do excedente, na recondução da dívida aos limites, deve se dar em pelo menos 25% no primeiro quadrimestre, e não em 40% como trouxe o enunciado.

Alternativa "b": alternativa correta, por reproduzir, de maneira exata, o prazo previsto no caput do art. 31 da LRF para a recondução da dívida consolidada ao limite, qual seja, três quadrimestres subsequentes à constatação de que tal limite fora ultrapassado.

Alternativa "c": o limite da dívida consolidada líquida de estados e municípios foi fixado pela Resolução nº 40/2001, do Senado Federal. Assim, no caso dos Estados e do Distrito Federal, é de 2 vezes a receita corrente líquida. Já no caso dos municípios, será de 1,2 vezes esse montante. Assim, a alternativa está errada, por atribuir ao Estado o critério que a Resolução adota para os Municípios.

Alternativa "d": o §2º do art. 31 d LRF determina que "vencido o prazo para retorno da dívida ao limite, e enquanto perdurar o excesso, o ente ficará também impedido de receber transferências voluntárias da União ou do Estado". Ou seja, o não recebimento de transferências voluntárias se dará após vencido todo o prazo, e não após o final do segundo quadrimestre, conforme trouxe o enunciado da alternativa que, por isso, está errada.

Alternativa "e": o §1º do mencionado art. 31 da LRF traz vedações ao ente que houver incorrido no excesso apontado no caput do artigo. Uma delas, contida no inciso I, conforme texto que lhe foi atribuído pela LC 178/2021 é a realização de crédito interna ou externa, inclusive por antecipação de receita, **ressalvadas as para pagamento de dívidas mobiliárias**.

Alternativa correta: letra "b".

---

82. (FGV – Auditor de Controle Externo – TCE – PI/2021) Os entes públicos estão sujeitos a uma série de controles para auxiliar no equilíbrio da gestão fiscal, entre eles, destaca-se o limite de endividamento, fixado em percentual da Receita Corrente Líquida (RCL).

Se, ao final de um quadrimestre, o Estado apresentou uma RCL de R$ 9 bilhões, o limite máximo admitido do saldo de dívida consolidada líquida será de:

a) R$ 1,44 bilhão;

b) R$ 5,4 bilhões;

c) R$ 9 bilhões;

d) R$ 10,8 bilhões;

e) R$ 18 bilhões.

COMENTÁRIOS

✪ **Nota do autor**: segundo a Resolução nº 40/2001 do Senado Federal, a dívida consolidada líquida dos Estados e do Distrito Federal não poderá exceder a duas vezes a receita corrente líquida. No caso dos Municípios não poderá exceder a 1,2 vezes a receita corrente líquida.

Alternativa "a": alternativa incorreta, pois o valor não corresponde a duas vezes a receita corrente líquida trazida pelo enunciado (R$ 9 bilhões).

Alternativa "b": alternativa incorreta, pois o valor não corresponde a duas vezes a receita corrente líquida trazida pelo enunciado (R$ 9 bilhões).

Alternativa "c": alternativa incorreta, pois o valor não corresponde a duas vezes a receita corrente líquida trazida pelo enunciado (R$ 9 bilhões).

Alternativa "d": alternativa incorreta, pois o valor não corresponde a duas vezes a receita corrente líquida trazida pelo enunciado (R$ 9 bilhões).

Alternativa "e": considerando a Resolução nº 40/2001 do Senado Federal, a dívida consolidada líquida do Estado não poderá exceder a duas vezes a receita corrente líquida. Sendo esta de R$ 9 bilhões, a alternativa correta é aquela que traz o valor de R$ 18 bilhões.

Alternativa correta: letra "e".

---

83. (FGV – Auditor Técnico de Controle Externo – TCE – AM/2021) O Estado Alfa apurou que, em período de 12 meses, sua receita corrente foi de 10 bilhões de reais, e sua despesa corrente de 9,6 bilhões de reais. Tal Estado deseja contrair empréstimo com a União.

Diante desse cenário, o Estado poderá realizar sem que seja impedido de fazer tal empréstimo:

a) concessão ou ampliação de incentivo ou benefício de natureza tributária;

b) refinanciamento de dívidas que implique ampliação das despesas;

c) alteração de estrutura de carreira que implique aumento de despesa;

d) reposições decorrentes de vacâncias de cargos efetivos ou vitalícios;

e) criação de despesa obrigatória.

COMENTÁRIOS

✪ **Nota do autor:** mais uma questão que cobrou dos candidatos alterações bastante recentes na legislação, evidenciando a necessidade de se estar bastante atento às novidades legislativas. Neste caso, a questão exigia o conhecimento do teor do art. 164-A, incluído no texto constitucional com a Emenda Constitucional nº 109/2021, cujo caput determina: "Apurado que, no período de 12 meses, a relação entre despesas correntes e receitas correntes supera 95%, no âmbito dos Estados, do Distrito Federal e dos Municípios, é facultado aos Poderes Executivo, Legislativo e Judiciário, ao Ministério Público, ao Tribunal de Contas e à Defensoria Pública do ente, enquanto permanecer a situação, aplicar o mecanismo de ajuste fiscal de vedação da [...]"

Alternativa "a": a situação prevista no inciso X do art. 167-A da CRFB/88, é a "concessão ou ampliação de incentivo ou benefício de natureza tributária". Assim, a alternativa "a" está errada.

Alternativa "b": o inciso IX do mencionado art. 167-A traz a seguinte situação: "criação ou expansão de programas e linhas de financiamento, bem como remissão, renegociação ou **refinanciamento de dívidas que impliquem ampliação das despesas** com subsídios e subvenções", fazendo com que a alternativa "b" esteja errada.

Alternativa "c": assim como nas alternativas anteriores, tem-se aqui uma reprodução de um dos incisos do art. 167-A da CRFB/88. Assim, o inciso III traz a hipótese de "alteração de estrutura de carreira que implique em aumento de despesa".

Alternativa "d": alternativa correta, uma vez que o inciso IV do art. 167-A aponta a hipótese de admissão ou contratação de pessoal, a qualquer título, mas suas alíneas trazem uma série de ressalvas, dentre elas: "as reposições decorrentes de vacâncias de cargos efetivos ou vitalícios".

Alternativa "e": como nas demais alternativas, a criação de despesa obrigatória foi prevista no art. 167-A, inciso VII, fazendo com que a presente alternativa esteja incorreta.

Alternativa correta: letra "d".

Durante o exercício financeiro de 2017, um ente público estadual obteve as seguintes operações de crédito (enunciado das próximas duas questões):

I. Operação de crédito por antecipação da receita orçamentária no valor de R$ 9.000.000,00. A amortização do principal ocorreu no mês de setembro de 2017 e os juros incorridos no valor de R$ 270.000,00 foram pagos no exercício financeiro de 2017.
II. Operação de crédito, com prazo de 10 meses e constante na conta Previsão Inicial da Receita, no valor de R$ 2.000.000,00 para financiar a aquisição de um equipamento. A amortização do principal e o pagamento dos juros incorridos no valor de R$ 80.000,00 ocorreram no exercício financeiro de 2017.
III. Operação de crédito, com prazo de 10 anos e constante na conta Previsão Inicial da Receita, no valor de R$ 240.000.000,00 para financiar a construção de um hospital público. Não foram realizadas despesas orçamentárias referentes à amortização do principal e aos juros e encargos desta operação de crédito.

6. FISCALIZAÇÃO E CONTROLE

84. (Cespe – Analista de Controle Externo – Direito – TCE – RJ/2021) Com base na Lei Complementar n.° 159/2017, que versa sobre o regime de recuperação fiscal, julgue o item a seguir.

O plano de recuperação fiscal da unidade federativa que desejar aderir ao referido regime deverá ser aprovado por decreto expedido pelo respectivo governador.

COMENTÁRIOS

✪ **Nota do autor:** o Regime de Recuperação Fiscal dos Estados e do Distrito Federal foi instituído pela lei complementar nº 159/2017, devendo ser orientado pelos princípios "da sustentabilidade econômico-financeira, da equidade intergeracional, da transparência das contas públicas, da confiança nas demonstrações financeiras, da celeridade das decisões e da solidariedade entre os Poderes e os órgãos da administração pública" (LC 159, art. 1º, §1º). A LC 159 foi regulamentada pelo Decreto nº 10.681/2021 que fixa, dentre os requisitos para o pedido de adesão, a edição de **lei** que autoriza a adesão do Estado ao Regime de Recuperação Fiscal art. 3º, V). Assim, não basta a edição de decreto pelo governador, exigindo-se a edição de **lei** pela respectiva Assembleia Legislativa. **Item Errado.**

85. CEBRASPE – 2024 – TCE/AC – Técnico de Controle Externo

Em relação a aspectos referentes às licitações públicas, julgue o item seguinte.

O CADIN é uma ferramenta gerida pela Procuradoria-Geral da Fazenda Nacional e utilizada pelos bancos públicos e privados para verificar situações de inadimplência junto ao setor público federal.

COMENTÁRIOS

✪ **Nota do autor:** o CADIN - Cadastro Informativo de créditos não quitados do setor público federal é disciplinado pela lei nº 10.522/2002 e pela Portaria PGFN nº 819 de 27 de julho de 2023, alterada pela Portaria PGFN nº 1589, de 2024. Cuida-se de um banco de dados onde estão registrados os nomes de pessoas em débito para com órgãos e entidades federais, sendo gerido pela Procuradoria-Geral da Fazenda Nacional (lei nº 10.522/02, art. 3º) e podendo ser utilizado pelos bancos para verificar situações de inadimplência junto ao setor público federal.

Item certo.

86. CEBRASPE – 2024 – TCE/AC – Auditor de Controle Externo

Julgue o item seguinte, no que diz respeito ao sistema de planejamento e orçamento, ao plano plurianual, à lei de diretrizes orçamentárias, ao orçamento anual e aos créditos ordinários e adicionais.

Os órgãos setoriais e específicos ficam sujeitos à orientação normativa e à supervisão técnica do órgão central do sistema de planejamento e orçamento federal, sem prejuízo da subordinação ao órgão em cuja estrutura administrativa estiverem integrados.

COMENTÁRIOS

✪ **Nota do autor:** o presente item exige conhecimentos da lei nº 10.180 que organiza e disciplina os Sistemas de Planejamento e de Orçamento Federal, de Administração Financeira Federal, de Contabilidade Federal e de Controle Interno do Poder Executivo Federal. Como é uma norma pouco abordada pela doutrina, é importante que o(a) candidato(a) fique atento à sua presença no edital e, em caso positivo, que proceda a uma leitura detida e minuciosa de seus 41 artigos. O título III da mencionada lei, ao tratar do Sistema de Administração Financeira Federal, estabelece seu objetivo como sendo o equilíbrio financeiro do Governo Federal, dentro dos limites da receita e despesas públicas. No Capítulo II, ao disciplinar a organização e as competências de tal

Sistema, determina que ele é composto pela Secretaria do Tesouro Nacional (órgão central) e por órgãos setoriais, apontando-os como as unidades de programação financeira dos Ministérios, da Advocacia-Geral da União, da Vice-Presidência e da Casa Civil da Presidência da República. Tais órgãos setoriais, ficam sujeitos à orientação normativa e à supervisão técnica do órgão central do Sistema, sem prejuízo da subordinação ao órgão em cuja estrutura administrativa estiverem integrados.

Item certo.

87. CEBRASPE – 2024 – TCE/AC – Analista Ministerial

Julgue o item a seguir, no que concerne a crédito público, despesa pública e fiscalização financeira e orçamentária, com base na jurisprudência do STF e no disposto na Lei n.º 4.320/1964.

Segundo a jurisprudência do STF, é incompatível com a autonomia financeira dos entes federados, porquanto implica subordinação em relação à União, o encaminhamento, pelos entes subnacionais, das respectivas contas públicas ao Poder Executivo Federal.

COMENTÁRIOS

✪ **Nota do autor:** apesar do enunciado se referir à lei nº 4.320/64, é importante destacar a previsão do art. 51 da LRF, segundo o qual "o Poder Executivo da União promoverá, até o dia trinta de junho, a consolidação, nacional e por esfera de governo, das contas dos entes da Federação relativas ao exercício anterior, e a sua divulgação, inclusive por meio eletrônico de acesso público. Para tanto, os Estados e os Municípios encaminharão suas contas ao Poder Executivo da União até 30 de abril (art. 51, §1º). Na perspectiva jurisprudencial, vale mencionar a decisão do STF na ADI 2250, julgada em 2019, segundo o qual aquele Tribunal entendeu que "O art. 51 da LRF não veicula qualquer condicionamento material da autonomia financeira dos Entes federativos, mas de exigência de ordem formal, relacionada à prestação e posterior divulgação das contas públicas". Em relação, especificamente, à lei nº 4.320/64 vale mencionar o disposto nos arts. 111 e 112. Assim: "O Conselho Técnico de Economia e Finanças do Ministério da Fazenda, além de outras apurações, para fins estatísticos, de interesse nacional, organizará e publicará o balanço consolidado das contas da União, Estados, Municípios e Distrito Federal, suas autarquias e outras entidades, bem como um quadro estruturalmente idêntico, baseado em dados orçamentários" (art. 111, caput). Já o art. 112, caput, determina que "para cumprimento do disposto no artigo precedente, a União, os Estados, os Municípios e o Distrito Federal remeterão ao mencionado órgão, até 30 de abril, os orçamentos do exercício, e até 30 de junho, os balanços do exercício anterior".

Item errado

88. CEBRASPE – 2024 – TCE/AC – Analista Ministerial

Julgue o item a seguir, no que concerne a crédito público, despesa pública e fiscalização financeira e orçamentária, com base na jurisprudência do STF e no disposto na Lei n.º 4.320/1964.

É legítimo ao Poder Legislativo, no exercício do controle externo, apreciar as contas dos respectivos tribunais de contas, mesmo sendo estes últimos considerados órgãos auxiliares do referido poder.

COMENTÁRIOS

✪ **Nota do autor:** a própria CRFB/88, no §4º do art. 71 fixa que o TCU encaminhará ao Congresso Nacional, trimestral e anualmente, relatório de suas atividades. No mesmo sentido, o art. 90 da lei orgânica do TCU (lei nº 8) determina que "a fiscalização contábil, financeira, orçamentária, operacional e patrimonial do Tribunal de Contas da União será exercida pelo Congresso Nacional, na forma definida no seu regimento comum.

Item certo

89. CEBRASPE – 2024 – TCE/AC – Analista Ministerial

Com relação ao controle da atividade financeira do Estado e ao controle parlamentar, julgue o item seguinte.

A Controladoria-Geral da União, órgão central do sistema de controle interno do Poder Executivo federal, é responsável pela fiscalização da aplicação de recursos públicos federais repassados, por meio de convênios, aos municípios.

COMENTÁRIOS

✪ **Nota do autor:** "A Controladoria-Geral da união (CGU) é o órgão do governo federal responsável pela defesa do patrimônio público e pelo incremento da transparência na gestão, por meio de ações de controle interno, auditoria pública, correição, ouvidoria e prevenção e combate à corrupção. A CGU também exerce, como órgão central, a supervisão técnica dos órgãos que compõem o Sistema de Controle Interno, o Sistema de Correição (Siscor), o Sistema de Ouvidoria (SisOuv) e o Sistema de Integridade Pública (Sipef) do Poder Executivo federal, prestando a orientação normativa necessária" (Disponível em: https://www.gov.br/cgu/pt-br/acesso-a-informacao/institucional Acesso em: 1. jan. 2025). No mesmo sentido vale mencionar o entendimento do STF, segundo o qual "a Controladoria-Geral da

União pode fiscalizar a aplicação de verbas federais onde quer que elas estejam sendo aplicadas, mesmo que em outro ente federado às quais foram destinadas. A fiscalização exercida pela CGU é interna, pois feita exclusivamente sobre verbas provenientes do orçamento do Executivo" (RMS 25943/DF, rel. Min. Ricardo Lewandowski, j. 24.11.2010).

Item certo.

90. CEBRASPE - 2024 - TCE/AC - Analista Ministerial

Com relação ao controle da atividade financeira do Estado e ao controle parlamentar, julgue o item seguinte.

Para produzir prova no curso de suas investigações, a Controladoria-Geral da União pode valer-se de depoimento de ex-integrante do governo federal, bem como acessar os seus dados e seu depoimento colhidos em inquérito penal de outro procedimento contra o mesmo agente.

COMENTÁRIOS

✪ **Nota do autor:** o item diz respeito à possibilidade de utilização da chamada "prova emprestada". Sobre o tema é possível buscar uma solução tomando-se como base o seguinte entendimento do STF, adotado em caso que dizia respeito, justamente, à CGU: "Prova emprestada Penal. Interceptação telefônica. Documentos. Autorização judicial e produção para fim de investigação criminal. Suspeita de delitos cometidos por autoridades e agentes públicos. Dados obtidos em inquérito policial. Uso em procedimento administrativo disciplinar, contra outros servidores, cujos eventuais ilícitos administrativos teriam despontado à colheita dessa prova. Admissibilidade. Resposta afirmativa a questão de ordem. Inteligência do art. 5º, inc. XII, da CF, e do art. 1º da Lei federal nº 9.296/96. Precedentes. Voto vencido. Dados obtidos em interceptação de comunicações telefônicas, judicialmente autorizadas para produção de prova em investigação criminal ou em instrução processual penal, bem como documentos colhidos na mesma investigação, podem ser usados em procedimento administrativo disciplinar, contra a mesma ou as mesmas pessoas em relação às quais foram colhidos, ou contra outros servidores cujos supostos ilícitos teriam despontado à colheita dessas provas" (STF, Pet. 3683 QO/MG, rel, Min. Cezar Peluso, j. 13.08.2008).

Item certo.

7. LEI DE RESPONSABILIDADE FISCAL

91. CEBRASPE - 2024 - TCE/AC - Técnico de Controle Externo

A respeito da Lei de Responsabilidade Fiscal (LRF), julgue o item subsequente.

A referida lei disciplina exclusivamente os limites e condições para geração de despesas com pessoal.

COMENTÁRIOS

✪ **Nota do autor:** apesar de os limites e condições para a geração de despesas com pessoal representarem um dos pontos mais importantes da LRF e, consequentemente, mais cobrados em concursos públicos, não é o único tema disciplinado por aquela Lei Complementar. Ao contrário, a LRF estabelece normas de finanças públicas voltadas para a responsabilidade fiscal com amparo no Capítulo II do Título VI, da CRFB/88.

Item errado

92. CEBRASPE - 2024 - TCE/AC - Técnico de Controle Externo

A respeito da Lei de Responsabilidade Fiscal (LRF), julgue o item subsequente.

A LRF tem como objetivo secundário prevenir riscos e corrigir desvios capazes de afetar o equilíbrio das contas públicas.

COMENTÁRIOS

✪ **Nota do autor:** o item apresenta-se como equivocado ao apontar como secundário o principal objetivo da LRF. Assim, aquela lei complementar estabelece normas de finanças públicas voltadas para a responsabilidade na gestão fiscal, o que pressupõe a ação planejada e transparente, em que se previnem riscos e corrigem desvios capazes de afetar o equilíbrio das contas públicas, mediante o cumprimento de metas de resultados entre receitas e despesas e a obediência a limites e condições no que tange a renúncia de receita, geração de despesas com pessoal, da seguridade social e outras, dívidas consolidada e mobiliária, operações de crédito, inclusive por antecipação de receita, concessão de garantia e inscrição em Restos a Pagar (art. 1º, caput e §1º da LC 101/2000).

Item errado

93. CEBRASPE - 2024 - TCE/AC - Técnico de Controle Externo

A respeito da Lei de Responsabilidade Fiscal (LRF), julgue o item subsequente.

A LRF estabelece um conjunto de normas de finanças públicas voltadas para a responsabilidade da gestão fiscal.

COMENTÁRIOS

✪ **Nota do autor:** a Lei de Responsabilidade Fiscal (LC 101/2000) logo em seu art. 1º aponta que tal lei estabelece normas de finanças públicas voltadas para a responsabilidade na gestão fiscal, com amparo no Capítulo II, do Título VI da CRFB/88. O parágrafo primeiro do mesmo dispositivo esclarece que a responsabilidade na gestão fiscal pressupõe a ação planejada e transparente, em que se previnem riscos e corrigem desvios capazes de afetar o equilíbrio das contas públicas, mediante o cumprimento de metas de resultados entre receitas e despesas e a obediência a limites e condições no que tange a renúncia de receita, geração de despesas com pessoal, da seguridade social e outras, dívidas consolidada e mobiliária, operações de crédito, inclusive por antecipação de receita, concessão de garantia e inscrição em Restos a Pagar.

Item certo

94. CEBRASPE – 2024 – TCE/AC – Técnico de Controle Externo

A respeito da Lei de Responsabilidade Fiscal (LRF), julgue o item subsequente.

A LRF dita regras para final de mandato de modo a permitir a realização de operações de antecipação de receita orçamentária.

COMENTÁRIOS

✪ **Nota do autor:** é correto afirmar que, com o intuito de se garantir a responsabilidade nos gastos públicos, a Lei de Responsabilidade Fiscal dita regras para o final de mandato. Contudo, ao contrário do que traz o enunciado deste item, a LRF veda, expressamente, a realização de operação de crédito por antecipação de receita no último ano de mandato do Presidente, Governador ou Prefeito Municipal (art. 38, IV, b).

Item errado

95. CEBRASPE – 2024 – TCE/AC – Técnico de Controle Externo

A respeito da Lei de Responsabilidade Fiscal (LRF), julgue o item subsequente.

A LRF prescreve regras para o final de mandato, relativas a gastos com pessoal, que devem ser observadas pelos gestores públicos.

COMENTÁRIOS

✪ **Nota do autor:** a Lei de Responsabilidade Fiscal, em mais de uma passagem, prescreve regras para o final de mandato, relativas a gastos com pessoal, que devem ser observadas pelos gestores públicos. Dentre elas merecem destaque: a) Art. 21, II. É nulo de pleno direito: o ato de que resulte aumento da despesa com pessoal nos 180 dias anteriores ao final do mandato do titular de Poder ou órgão; b) Art. 38, II, que proíbe a operação de crédito por antecipação de receita orçamentária no último ano de mandato de Presidente, Governador ou Prefeito Municipal e c) Art. 42. É vedado ao titular de Poder ou órgão, nos últimos dois quadrimestres do seu mandato, contrair obrigação de despesa que não possa ser cumprida integralmente dentro dele, ou que tenha parcelas a serem pagas no exercício seguinte sem que haja suficiente disponibilidade de caixa para este efeito.

Item certo

96. FGV – 2024 – TCE/PA – Auditor de Controle Externo

A Lei de Responsabilidade Fiscal (LRF), promulgada em 2000, teve um impacto significativo nas finanças públicas dos governos federais, estaduais e municipais. Sobre o contexto e os impactos da LRF, avalie se as afirmativas a seguir são verdadeiras (V) ou falsas (F).

( ) A LRF estabeleceu limites para os gastos com pessoal nos três níveis de governo, promovendo maior controle sobre as despesas correntes.

( ) A LRF impôs a necessidade de apresentação de relatórios periódicos de gestão fiscal, aumentando a transparência e a responsabilidade na administração pública.

( ) A LRF permitiu que os estados e municípios contraíssem novas dívidas sem restrições, desde que destinadas a investimentos em infraestrutura.

As afirmativas são, respectivamente,

a) V – V – V.
b) V – V – F.
c) V – F – F.
d) F – F – V.
e) F – V – F.

COMENTÁRIOS

✪ **Nota do autor:** a Lei Complementar nº 101/2000, conhecida como Lei de Responsabilidade Fiscal estabelece normas de finanças públicas voltadas para a responsabilidade na gestão fiscal. É obrigatória para todos os entes federativos, caracterizando-se, portanto, como uma lei nacional.

Afirmativa I: verdadeira. De fato, um dos mais importantes avanços decorrentes da LRF consiste na fixação de limites para os gastos com pessoal nos três níveis de governo, promovendo maior controle sobre as despesas correntes. Assim, na Seção II, do seu Capítulo IV (Da Despesa Pública), a LRF disciplinou regras sobre as despesas com pessoal, aplicáveis a todos os entes federativos.

Afirmativa II: verdadeira. Em diversos dispositivos a LRF estabelece a necessidade e o procedimento para a apresentação de relatórios periódicos de gestão fiscal. Merece destaque seu art. 48 que, ao tratar da transparência da gestão fiscal, aponta como seus instrumentos, aos quais será dada ampla divulgação, inclusive em meios eletrônicos de acesso público: os planos, orçamentos e leis de diretrizes orçamentárias; as prestações de contas e o respectivo parecer prévio; o Relatório Resumido da Execução Orçamentária e o Relatório de Gestão Fiscal; e as versões simplificadas desses documentos. Observe-se, ainda, que o Relatório de Gestão Fiscal foi disciplinado pelos arts. 54 e 55 da LRF.

Afirmativa III: falsa. Um dos objetivos da LRF é, justamente, o de evitar que estados e municípios contraiam dívidas de maneira irrestrita, mesmo que sejam destinadas a investimentos em infraestrutura. Assim, em especial, os arts. 32 e 33 da Lei de Responsabilidade Fiscal, ao tratarem da contratação de operações de créditos, estabeleceu uma série de restrições ao endividamento público.

Alternativa correta: letra "b".

---

97. FGV – 2024 – TCE/PA – Auditor de Controle Externo

Segundo a Lei de Responsabilidade Fiscal (Lei Complementar nº 101/2000), o ente público deverá publicar o demonstrativo da projeção atuarial dos regimes próprios de previdência dos servidores públicos, como um anexo do seguinte instrumento jurídico:

a) jornal de grande circulação
b) lei de diretrizes orçamentárias.
c) lei de orçamento anual.
d) plano plurianual.
e) sítio eletrônico do ente público.

COMENTÁRIOS

✪ **Nota do autor:** a LRF, em seu art. 4º, tratou da Lei de Diretrizes Orçamentárias (LDO) estabelecendo que seu projeto será integrado pelo Anexo de Metas Fiscais em que serão estabelecidas metas anuais, em valores correntes e constantes, relativas a receitas, despesas, resultados nominal e primário e montante da dívida pública, para o exercício a que se referem e para os dois seguintes. Tal anexo conterá, ainda, dentre outros, a avaliação da situação financeira e atuarial dos regimes geral de previdência social e próprio dos servidores públicos e do Fundo de Amparo ao Trabalhador.

Alternativa "a": alternativa errada. Não existe, na LRF, previsão para que o item trazido no enunciado seja publicado em jornal de grande circulação.

Alternativa "b": alternativa correta, segundo disposição expressa do art. 4º, §2º, IV, a, da Lei de Responsabilidade Fiscal.

Alternativa "c": alternativa errada. Conforme apontado na nota do autor, o ente público deverá publicar o demonstrativo da projeção atuarial dos regimes próprios de previdência dos servidores públicos, como um anexo da LDO, e não da LOA, como trouxe esta alternativa.

Alternativa "d": alternativa errada. Conforme apontado na nota do autor, o ente público deverá publicar o demonstrativo da projeção atuarial dos regimes próprios de previdência dos servidores públicos, como um anexo da LDO, e não do PPA, como trouxe esta alternativa.

Alternativa "e": alternativa errada. Não existe, na LRF, previsão para que o item trazido no enunciado seja publicado no sítio eletrônico do ente público, mas sim no Anexo de Metas Fiscais da LDO.

Alternativa correta: letra "b".

---

98. FGV – 2024 – TCE/PA – Auditor de Controle Externo

De acordo com o previsto na Lei de Responsabilidade Fiscal (LRF), no que tange à execução orçamentária e ao cumprimento de metas é correto afirmar que

a) após a publicação do orçamento, o Poder Legislativo deve estabelecer a programação financeira e o cronograma de execução mensal de desembolso, nos termos que dispuser a lei de diretrizes orçamentárias.
b) anualmente deve-se analisar se a realização da receita não comporta o cumprimento das metas de resultado primário ou nominal.
c) podem ser objeto de limitação as despesas que constituam obrigações constitucionais e legais do ente, desde que devidamente justificada na lei orçamentária anual.
d) os recursos legalmente vinculados a finalidade específica serão utilizados exclusivamente para atender ao objeto de sua vinculação, ainda que em exercício diverso daquele em que ocorrer o ingresso.
e) o relatório resumido da execução orçamentária é facultativo e, quando publicado, deve atender ao princípio da transparência.

COMENTÁRIOS

✪ **Nota do autor:** a presente questão aborda diferentes tópicos referentes à chamada "avaliação orçamentária", a qual "consiste na avaliação do cumprimento das metas previstas no PPA e da execução dos programas de governo e dos orçamentos da União, abrangendo também a avaliação dos resultados, quanto à eficácia e eficiência, da gestão orçamentária, financeira e patrimonial nos órgãos e entidades da administração federal, bem como da aplicação de recursos públicos por entidades de direito privado". Disponível em: https://www.congressonacional.leg.br/legislacao-e-publicacoes/

glossario-orcamentario/-/orcamentario/termo/avaliacao_orcamentaria Acesso em: 3 jan. 2025.

Alternativa "a": alternativa errada. Segundo disposição do art. 8º da LRF, "até trinta dias após a publicação dos orçamentos, nos termos em que dispuser a lei de diretrizes orçamentárias e observado o disposto na alínea c do inciso I do art. 4º, o Poder Executivo estabelecerá a programação financeira e o cronograma de execução mensal de desembolso".

Alternativa "b": alternativa errada. A análise se a realização da receita não comporta o cumprimento das metas de resultado primário ou nominal deve se dar bimestralmente, e não anualmente como trouxe o enunciado da alternativa (LRF, art. L9º, caput)

Alternativa "c": alternativa errada. Segundo o art. 9º, §2º da LRF, "não serão objeto de limitação as despesas que constituam obrigações constitucionais e legais do ente, inclusive aquelas destinadas ao pagamento do serviço da dívida, as relativas à inovação e ao desenvolvimento científico e tecnológico custeadas por fundo criado para tal finalidade e as ressalvadas pela lei de diretrizes orçamentárias".

Alternativa "d": alternativa correta. O enunciado reproduz o conteúdo do parágrafo único do art. 8º da LRF, segundo o qual "os recursos legalmente vinculados a finalidade específica serão utilizados exclusivamente para atender ao objeto de sua vinculação, ainda que em exercício diverso daquele em que ocorrer o ingresso".

Alternativa "e": alternativa errada. O relatório resumido da execução orçamentária não é facultativo, mas obrigatório, abrangerá todos os Poderes e o Ministério Público e será publicado até trinta dias após o encerramento de cada bimestre.

Alternativa correta: letra "d".

99. CEBRASPE – 2024 – TCE/PR – Auditor de Controle Externo

Um município do estado do Paraná foi atingido por uma forte tempestade de granizo que destelhou casas, destruiu a cobertura de escolas e de prédios públicos e afetou sua infraestrutura de energia elétrica e de fornecimento de água potável. Diante dessa situação, a Assembleia Legislativa do Estado publicou decreto reconhecendo a calamidade pública naquele município. Considerando essa situação hipotética, assinale a opção correta, de acordo com a Lei de Responsabilidade Fiscal.

a) O município estará dispensado do atingimento dos resultados fiscais enquanto perdurar a calamidade pública, bem como do cumprimento dos requisitos para criar ação governamental que cause aumento de despesa pública, desde que ela seja destinada ao combate à calamidade pública.

b) O município estará dispensado do atingimento dos resultados fiscais enquanto perdurar a calamidade pública, mas não estará dispensado do cumprimento dos requisitos para criar ação governamental que cause aumento de despesa pública, ainda que ela seja destinada ao combate à calamidade pública.

c) A contagem dos prazos para atingimento dos limites de despesa com pessoal no município será suspensa, mas ele não estará dispensado do atingimento dos resultados fiscais, enquanto perdurar a calamidade pública.

d) A contagem dos prazos para atingimento dos limites de despesa com pessoal no município será suspensa, enquanto perdurar a calamidade pública, e ele estará dispensado do cumprimento dos requisitos para criar ação governamental que cause aumento de despesa pública, desde que ela seja destinada ao combate à calamidade pública.

e) O município não estará dispensado do atingimento dos resultados fiscais enquanto perdurar a calamidade pública, mas estará dispensado do cumprimento dos requisitos para criar ação governamental que cause aumento de despesa pública, desde que ela seja destinada ao combate à calamidade pública.

COMENTÁRIOS

✪ **Nota do autor:** a LRF tratou da calamidade pública no seu art. 65. Assim, em sua ocorrência, reconhecida **pelo Congresso Nacional, no caso da União, ou pelas assembleias legislativas, na hipótese de Estados e Municípios**, enquanto perdurar a situação: I- serão suspensas a contagem dos prazos e as disposições estabelecidas nos arts. 23, 31 e 70; II- serão dispensados o atingimento dos resultados fiscais e a limitação de empenho prevista no art. 9º. §1º Na ocorrência de calamidade pública **reconhecida pelo Congresso Nacional**, nos termos de decreto legislativo, em parte ou na integralidade do território nacional e enquanto perdurar a situação, além do previsto nos incisos I e II do caput: I- serão dispensados os limites, condições e demais restrições aplicáveis à União, aos Estados, ao Distrito Federal e aos Municípios, bem como sua verificação para: a) contratação e aditamento de operações de crédito; b) concessão de garantias; c) contratação entre entes da Federação; e d) recebimento de transferências voluntárias; II- serão dispensados os limites e afastadas as vedações e sanções previstas e decorrentes dos arts. 35, 37 e 42, bem como será dispensado o cumprimento do disposto no parágrafo único do art. 8º desta Lei Complementar, desde que os recursos arrecadados sejam destinados ao combate à calamidade pública; III- serão afastadas as condições e as vedações previstas nos arts. 14, 16 e 17 desta Lei

Complementar, desde que o incentivo ou benefício e a criação ou o aumento da despesa sejam destinados ao combate à calamidade pública [...]. A presente questão mostra-se bastante complexa, exigindo do(a) candidato (a) o reconhecimento das diferentes consequências de se ter o estado de calamidade pública reconhecido seja pela assembleia legislativa, seja pelo Congresso Nacional.

Alternativa "a": alternativa errada. De fato, município estará dispensado do atingimento dos resultados fiscais enquanto perdurar a calamidade pública. Contudo, como a calamidade pública foi reconhecida apenas pela assembleia legislativa estadual, não estará dispensado do cumprimento dos requisitos para criar ação governamental que cause aumento de despesa pública, desde que ela seja destinada ao combate à calamidade pública.

Alternativa "b": alternativa correta. Tendo o estado de calamidade pública sido reconhecido apenas pela assembleia legislativa e não pelo Congresso Nacional, o município estará dispensado do atingimento dos resultados fiscais enquanto perdurar a calamidade pública, mas não estará dispensado do cumprimento dos requisitos para criar ação governamental que cause aumento de despesa pública, ainda que ela seja destinada ao combate à calamidade pública

Alternativa "c": alternativa errada, uma vez que a contagem dos prazos para atingimento dos limites de despesa com pessoal será suspensa e, por outro lado, o município estará dispensado do atingimento dos resultados fiscais, enquanto perdurar a calamidade pública.

Alternativa "d": alternativa errada. A primeira parte está correta já que, de fato, a contagem dos prazos para atingimento dos limites de despesa com pessoal no município será suspensa, enquanto perdurar a calamidade pública. Por outro lado, não se aplica a dispensa do cumprimento dos requisitos para criar ação governamental que cause aumento de despesa pública, desde que ela seja destinada ao combate à calamidade pública, uma vez que o estado de calamidade pública foi reconhecido apenas pela assembleia legislativa e não pelo Congresso Nacional.

Alternativa "e": alternativa completamente equivocada, vez que o município estará dispensado do atingimento dos resultados fiscais enquanto perdurar a calamidade pública, mas não estará dispensado do cumprimento dos requisitos para criar ação governamental que cause aumento de despesa pública, desde que ela seja destinada ao combate à calamidade pública uma vez que o estado de calamidade pública foi reconhecido apenas pela assembleia legislativa e não pelo Congresso Nacional.

Alternativa correta: letra "b".

100. (FGV – Auditor de Controle Externo – TCE – PI/2021) Uma das contribuições da Lei de Responsabilidade Fiscal (LRF) para a gestão fiscal responsável foi a definição de instrumentos de transparência, aos quais deve ser dada ampla divulgação. Dentre as informações a seguir, considera-se facultativa sob a perspectiva da gestão fiscal:

a) lançamento e recebimento de receitas pelas unidades gestoras;

b) parecer prévio emitido pelo Tribunal de Contas;

c) prestação de contas anual do ente;

d) relatório de acompanhamento de obras em andamento;

e) relatório resumido da execução orçamentária.

COMENTÁRIOS

Nota do autor: a transparência da gestão fiscal foi abordada na Lei de Responsabilidade Fiscal em seu art. 48 e seguintes. Nesse sentido, "são instrumentos de transparência da gestão fiscal, aos quais será dada ampla divulgação, inclusive em meios eletrônicos de acesso público: os planos, orçamentos e leis de diretrizes orçamentárias, as prestações de contas e o respectivo parecer prévio; o Relatório Resumido da Execução Orçamentária e o Relatório de Gestão Fiscal; e as versões simplificadas desses documentos" (LRF, art. 48, *caput*).

Alternativa "a": segundo art. 48-A, II, da LRF, "os entes da federação disponibilizarão a qualquer pessoa física ou jurídica o acesso a informações referentes a: [...] quanto à receita: o lançamento e o recebimento de toda a receita das unidades gestoras, inclusive referente a recursos extraordinários. Alternativa incorreta.

Alternativa "b": conforme previsão do *caput* do art. 48 da LRF, o parecer prévio emitido pelo Tribunal de Contas também se caracteriza como instrumento a garantir a transparência na gestão fiscal. Alternativa incorreta.

Alternativa "c": conforme previsão do *caput* do art. 48 da LRF, a prestação de contas anual do ente também se caracteriza como instrumento a garantir a transparência na gestão fiscal. Alternativa incorreta.

Alternativa "d": o relatório de acompanhamento de obras em andamento não foi previsto na Lei de Responsabilidade Fiscal como instrumento obrigatório para proporcional a transparência na gestão fiscal. Alternativa correta.

Alternativa "e": a divulgação do Relatório Resumido da Execução Orçamentária foi expressamente mencionada no *caput* do art. 48 da LRF como forma de se garantir a transparência na gestão fiscal. Alternativa incorreta.

Alternativa correta: letra "d".

Direito Financeiro e Administração Financeira e Orçamentária

Danilo Vieira Vilela

✦ DICAS

ATIVIDADE FINANCEIRA DO ESTADO E DIREITO FINANCEIRO

- **Funções do Governo.** São três as funções clássicas do governo: estabilizadora, alocativa e distributiva:
- A **função estabilizadora:** tem por objetivo minimizar (estabilizar) as oscilações bruscas nos níveis de emprego, produção, renda e preços, decorrentes dos ciclos econômicos. Ou seja: o governo utiliza instrumentos de política fiscal (gastos públicos e política tributária) e de política monetária (oferta de moeda, nível de juros) para editar medidas de caráter anticíclico, estabilizando a economia.
- A **função alocativa:** utiliza uma parte dos recursos econômicos arrecadados para prover bens e serviços públicos, como saúde, transporte e outras atividades onde a intervenção do governo seja importante (infraestrutura, energia etc.).
- A **função distributiva:** busca melhorar a distribuição de renda, como o Programa Bolsa Família. Integra a função distributiva o investimento em regiões mais carentes do país, com o objetivo de diminuir as desigualdades regionais, redistribuindo a riqueza nacionalmente.
- **Finanças Públicas**: "conjunto de problemas da política econômica que envolve o uso de medidas de tributação e de dispêndios públicos" (Pacelli, Giovanni. AFO: Administração Financeira e Orçamentária. 6.ed. Salvador: Juspodivm, 2024, p. 50).
- **Direito Financeiro**: "sub-ramo do Direito Público que estuda as finanças do Estado em sua estreita relação com a sua atividade financeira. Ou seja, é o conjunto de regras e princípios que estuda a atividade financeira do Estado, compreendida esta como receita, despesa, orçamento e créditos públicos" (Leite, Harisson. Manual de Direito Financeiro. 11.ed. São Paulo: Juspodivm, 2022, p. 47).

- **Fonte principal do Direito Financeiro**: Constituição da República Federativa do Brasil, de 1988.
- **Cabe à lei complementar** (CRFB/88, art. 165, §9º): I - dispor sobre o exercício financeiro, a vigência, os prazos, a elaboração e a organização do plano plurianual, da lei de diretrizes orçamentárias e da lei orçamentária anual; II - estabelecer normas de gestão financeira e patrimonial da administração direta e indireta bem como condições para a instituição e funcionamento de fundos. III - dispor sobre critérios para a execução equitativa, além de procedimentos que serão adotados quando houver impedimentos legais e técnicos, cumprimento de restos a pagar e limitação das programações de caráter obrigatório, para a realização do disposto nos §§ 11 e 12 do art. 166.
- **Lei de Responsabilidade Fiscal** (Lei Complementar nº 101/2000) - norma criada para atender à disposição do art. 163, I da CRFB/88, segundo o qual: Lei complementar disporá sobre finanças públicas.
- CRFB/88, art. 163: **Lei complementar** disporá sobre: I - finanças públicas; II - dívida pública externa e interna, incluída a das autarquias, fundações e demais entidades controladas pelo Poder Público; III - concessão de garantias pelas entidades públicas; IV - emissão e resgate de títulos da dívida pública; V - fiscalização financeira da administração pública direta e indireta; VI - operações de câmbio realizadas por órgãos e entidades da União,

dos Estados, do Distrito Federal e dos Municípios; VII - compatibilização das funções das instituições oficiais de crédito da União, resguardadas as características e condições operacionais plenas das voltadas ao desenvolvimento regional. VIII - sustentabilidade da dívida, especificando: a) indicadores de sua apuração; b) níveis de compatibilidade dos resultados fiscais com a trajetória da dívida; c) trajetória de convergência do montante da dívida com os limites definidos em legislação; d) medidas de ajuste, suspensões e vedações; e) planejamento de alienação de ativos com vistas à redução do montante da dívida. Parágrafo único. A lei complementar de que trata o inciso VIII do caput deste artigo pode autorizar a aplicação das vedações previstas no art. 167-A desta Constituição

- A **lei nº 4.320/64** (lei ordinária) foi recepcionada pela CRFB/88 com **status de lei complementar** e só pode ser alterada ou revogada por outra lei complementar.
- Medidas provisórias são vedadas em relação a planos plurianuais, diretrizes orçamentárias, orçamento e créditos adicionais e suplementares (CRFB/88, art. 62, I, d). Contudo, são permitidas em caso de créditos extraordinários (CRFB/88, art. 167, §3º).

ORÇAMENTO PÚBLICO

- **Orçamento-programa Definições conforme Portaria 42/99 – MPOG.**

Termo	Conceito
Função	Maior nível de agregação das diversas áreas de despesa que competem ao setor público. A função "Encargos Especiais" engloba as despesas em relação às quais não se possa associar um bem ou serviço a ser gerado no processo produtivo corrente, tais como: dívidas, ressarcimentos, indenizações e outras afins, representando, portanto, uma agregação neutra.
Subfunção	Representa uma partição da função, visando agregar determinado subconjunto de despesa do setor público. Podem ser combinadas com funções diferentes daquelas a que estejam vinculadas.
Programa	Instrumento de organização da ação governamental visando à concretização dos objetivos pretendidos, sendo mensurado por indicadores estabelecidos no plano plurianual.
Projeto	Instrumento de programação para alcançar o objetivo de um programa, envolvendo um conjunto de operações, limitada no tempo, das quais resulta um produto que concorre para a expansão e aperfeiçoamento da ação de governo.
Atividade	Instrumento de programação para alcançar o objetivo de um programa, envolvendo um conjunto de operações que se realizam de modo contínuo e permanente, das quais resulta um produto necessário à manutenção da ação de governo.

Principais diferenças entre o orçamento tradicional e o orçamento-programa (GIACOMONI, James. Orçamento Público. 15.ed. São Paulo: Atlas, 2010. p. 170)

Orçamento tradicional	Orçamento-programa
1. O processo orçamentário é dissociado dos processos de planejamento e programação	1. O orçamento é o elo entre o planejamento e as funções executivas da organização
2. A alocação de recursos visa à aquisição de meios	2. A alocação de recursos visa à consecução de objetivos e metas
3. As decisões orçamentárias são tomadas tendo em vista as necessidades das unidades organizacionais	3. As decisões orçamentárias são tomadas com base em avaliações e análises técnicas das alternativas possíveis
4. Na elaboração do orçamento são consideradas as necessidades financeiras das unidades organizacionais	4. Na elaboração do orçamento são considerados todos os custos dos programas, inclusive os que extrapolam o exercício
5. A estrutura do orçamento dá ênfase aos aspectos contábeis de gestão;	5. A estrutura do orçamento está voltada para os aspectos administrativos e de planejamento
6. Principais critérios classificatórios: unidades administrativas e elementos	6. Principal critério de classificação: funcional-programático
7. Inexistem sistemas de acompanhamento e medição do trabalho, assim como dos resultados	7. Utilização sistemática de indicadores de medição do trabalho e dos resultados
8. O controle visa avaliar a honestidade dos agentes governamentais e a legalidade no cumprimento do orçamento	8. O controle visa avaliar a eficiência, a eficácia e a efetividade das ações governamentais

Princípios orçamentários

- **Princípio da Anterioridade ou Precedência Orçamentária**: O orçamento deve ser aprovado antes do início do exercício financeiro a que servirá (ADCT, art. 35, §2º, III).
- **Princípio da Anualidade ou Periodicidade Orçamentária**: O orçamento público deve ser elaborado para o período de um ano. No Brasil, ocorre a coincidência do orçamento com o ano civil (de 1º de janeiro a 31 de dezembro). (lei nº 4.320/64, art. 34).
- **Princípio da Economicidade:** Relaciona-se com o princípio da eficiência (Direito Administrativo), com base no qual as decisões sobre os gastos públicos devem levar em conta os custos e benefícios, bus-

cando-se o melhor resultado com o menor gasto possível.

- **Princípio do Equilíbrio Orçamentário:** Corolário da Lei de Responsabilidade Fiscal (LC 101/2000), afirma que a lei orçamentária deve buscar o equilíbrio financeiro entre a receita e a despesa.
- **Princípio da Especificação, Especialização ou Discriminação:** Estabelece que a receita e a despesa devem constar do orçamento com um nível suficiente de detalhamento. Ou seja: os valores não podem aparecer em bloco (orçamento genérico), mas necessitam ser adequadamente detalhados.
- **Princípio da Exclusividade**: As leis orçamentárias não conterão dispositivos estranhos à previsão da receita e à fixação da despesa, salvo exceções previstas no próprio texto constitucional (CRFB/88, art. 165, §8º).
- **Princípio da Legalidade:** Exige que as finanças públicas sejam disciplinadas mediante lei em sentido formal (CRFB/88, art. 165).
- **Princípio da Não afetação ou Não Vinculação de Receitas de Impostos**: Não pode ser criado imposto cuja receita seja vinculada a um fim específico, previamente estabelecido em lei. Evita-se, assim, o "engessamento" das verbas públicas. Cuidado: há exceções!
- **Princípio do Orçamento Bruto**: Todas as receitas e despesas constarão da Lei de Orçamento pelos seus totais, vedadas quaisquer deduções.
- **Princípio da Programação:** Relaciona-se à ideia de planejamento, de forma que os gastos públicos devem ser relacionados aos objetivos constitucionais (CRFB/88, art. 48, IV, 165, §§ 4º e 10).
- **Princípio da Proibição do Estorno de Verbas:** Veda a realocação dos recursos orçamentários (transposição, remanejamento ou transferência) de uma categoria de programação para outra ou de um órgão para outro, sem a prévia autorização do Poder Legislativo (CRFB/88, art. 167, VI e VIII). Atenção: exceção no art. 167, §5º da CRFB/88.
- **Princípio da Publicidade ou Transparência:** "A União, os Estados, o Distrito Federal e os Municípios disponibilizarão suas informações e dados contábeis, orçamentários e fiscais, conforme periodicidade, formato e sistema estabelecidos pelo órgão central de contabilidade da União, de forma a garantir a rastreabilidade, a comparabilidade e a publicidade dos dados coletados, os quais deverão ser divulgados em meio eletrônico de amplo acesso público" (CRFB/88, art. 163-A).
- **Princípio da Regionalização:** Segundo o artigo 165, § 7º da Constituição Federal, os orçamentos terão entre suas funções a de reduzir desigualdades inter-regionais, segundo critério populacional. Assim, a programação orçamentária, na medida do possível, deve ser regionalizada.
- **Princípio da Unidade ou Totalidade**: O orçamento de cada pessoa jurídica de direito público deve estar contido em um único documento, estruturado de modo uniforme, não sendo desejáveis orçamentos paralelos (deve haver um único orçamento, compreendendo o orçamento fiscal, o orçamento de investimento das estatais e o orçamento de seguridade social) (lei nº 4.320/64, art. 2º)
- **Princípio da Unidade de Tesouraria ou Unidade de Caixa:** Todo recurso arrecadado para o erário deve ser alocado em uma única conta, garantindo, assim, maior organicidade.
- **Princípio da Universalidade**: "Todas as receitas e despesas constarão da Lei de Orçamento pelos seus totais, vedadas quaisquer deduções" (lei nº 4.320/64, art. 6º).

Leis Orçamentárias (PPA, LDO e LOA)

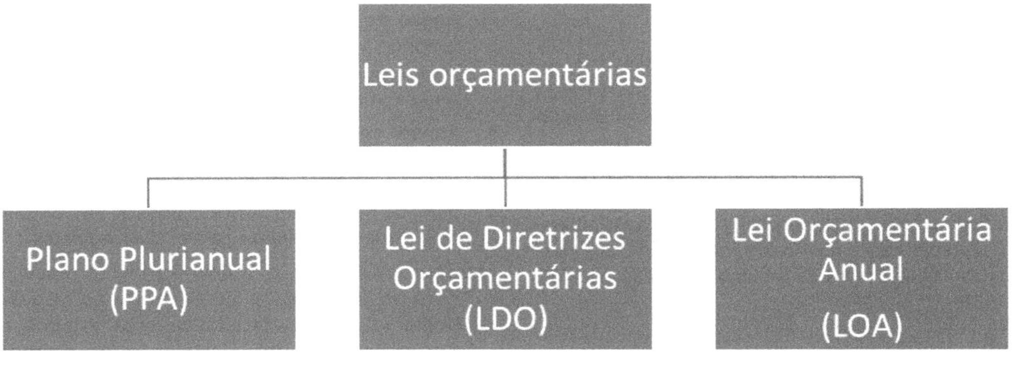

- **Orçamento:** "instrumento de planejamento de qualquer entidade, seja pública ou privada, e representa o fluxo previsto dos ingressos e das aplicações de recursos em determinado período". (Brasil. Ministério do Planejamento e Orçamento. Manual Técnico de Orçamento. 7.ed. Brasília, 2023, p. 16)
- A Lei Orçamentária Anual (LOA) existe desde a Constituição de 1824, contudo, este **formato tripartite**, contando com PPA, LDO e LOA é uma **novidade introduzida pela CRFB/1988**.
- Tanto o PPA quanto a LDO e a LOA têm **status de lei ordinária**, exigindo-se, portanto, a **maioria simples** do Poder Legislativo para sua aprovação. No âmbito federal, a maioria simples deve ser de cada uma das Casas (Senado Federal e Câmara dos Deputados). Entretanto, a votação deve se dar em uma sessão comum, na qual serão computados os votos separados de cada uma das casas.
- A **iniciativa** para a proposição de todas elas, é do **Poder Executivo** (CRFB/88, art. 165, I, II e III).
- **Plano Plurianual (PPA)**: a lei que o instituir estabelecerá, de forma **regionalizada**, as diretrizes, objetivos e metas da administração pública federal para as despesas de capital e outras delas decorrentes e para as relativas aos programas de duração continuada (CRFB/88, art. 165, §1º).
- **Vigência do Plano Plurianual: 4 anos** (até o final do primeiro exercício financeiro do mandato presidencial subsequente). Constituições estaduais e leis orgânicas municipais poderão estabelecer prazos diversos.
- Os planos e programas nacionais, regionais e setoriais previstos na Constituição serão elaborados em consonância com o plano plurianual e apreciados pelo Congresso Nacional (CRFB/88, art. 165, §4º).
- Nenhum investimento cuja execução ultrapasse um exercício financeiro poderá ser iniciado sem prévia inclusão no plano plurianual, ou sem lei que autorize a inclusão, sob pena de crime de responsabilidade.
- **Lei de Diretrizes Orçamentárias (LDO)**: compreenderá as metas e prioridades da administração pública federal, estabelecerá as diretrizes de política fiscal e respectivas metas, **em consonância com trajetória sustentável da dívida pública**, orientará a elaboração da lei orçamentária anual, disporá sobre as alterações na legislação tributária e estabelecerá a política de aplicação das agências financeiras oficiais de fomento (CRFB/88, art. 165, §2º).
- A LDO também deve fixar prazos par envio e limites das propostas orçamentárias dos poderes, do Ministério Público e das Defensorias Públicas da União e do Distrito Federal e dos Estados.
- A concessão de qualquer vantagem ou aumento de remuneração, a criação de cargos, empregos, funções ou alteração de estrutura de carreiras, bem como a admissão ou contratação de pessoal, a qualquer título, pelos órgãos e entidades da administração pública direta e indireta, inclusive fundações instituídas e mantidas pelo poder público só poderão ser feitas se houver autorização específica na lei de diretrizes orçamentárias, ressalvadas as empresas públicas e as sociedades de economia mista (CRFB/88, art. 169, §1º).
- Além das disposições constitucionais, a Lei de Diretrizes Orçamentárias também foi abordada pela LRF (LC 101/2000), segundo a qual, aquela disporá também sobre: a) equilíbrio entre receitas e despesas; b) critérios e forma de limitação de empenho, c) normas relativas ao controle de custos e à avaliação dos resultados dos programas financiados com recursos dos orçamentos, d) demais condições e exigências para transferências de recursos a entidades públicas e privadas (LRF, art. 4º).
- A LC 200/2023 (art. 2º), ao estabelecer o **"Novo Arcabouço Fiscal"**, determinou que a lei de diretrizes orçamentárias estabelecerá as diretrizes de política fiscal e as respectivas metas anuais de resultado primário do Governo Central, para o exercício a que se referir e para os três seguintes, **compatíveis com a trajetória sustentável da dívida pública**.

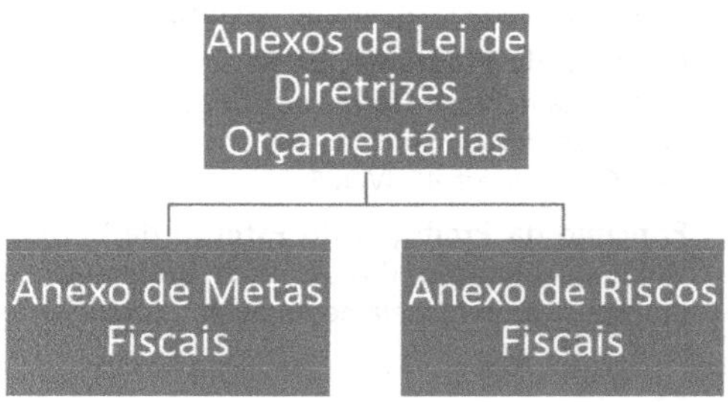

- **Anexo de Riscos Fiscais:** avaliação dos passivos contingentes e outros riscos capazes de afetar as contas públicas, informando as providências a serem tomadas, caso se concretizem.
- **Anexo de Metas Fiscais:** estabelecimento de metas anuais, em valores correntes e constantes, relativas a receitas, despesas, resultados nominal e primário e montante da dívida pública, para o exercício a que se referirem e para os dois seguintes.

Atenção: novidade da LC 200/2023 (Novo Arcabouço Fiscal ou Regime Fiscal Sustentável) - No caso da União (disposição facultativa para estados e municípios), o Anexo de Metas Fiscais do projeto de LDO conterá também: I - as metas anuais para o exercício a que se referir e para os 3 (três) seguintes, com o objetivo de garantir sustentabilidade à trajetória da dívida pública; II – o marco fiscal de médio prazo, com projeções para os principais agregados fiscais que compõem os cenários de referência, distinguindo-se as despesas primárias das financeiras e as obrigatórias daquelas discricionárias; III - o efeito esperado e a compatibilidade, no período de 10 (dez) anos, do cumprimento das metas de resultado primário sobre a trajetória de convergência da dívida pública, evidenciando o nível de resultados fiscais consistentes com a estabilização da Dívida Bruta do Governo Geral (DBGG) em relação ao Produto Interno Bruto (PIB); IV - os intervalos de tolerância para verificação do cumprimento das metas anuais de resultado primário, convertido em valores correntes, de menos 0,25 p.p. (vinte e cinco centésimos ponto percentual) e de mais 0,25 p.p. (vinte e cinco centésimos ponto percentual) do PIB previsto no respectivo projeto de lei de diretrizes orçamentárias; V - os limites e os parâmetros orçamentários dos Poderes e órgãos autônomos compatíveis com as disposições estabelecidas na lei complementar prevista no inciso VIII do caput do art. 163 da Constituição Federal e no art. 6º da Emenda Constitucional nº 126, de 21 de dezembro de 2022; VI – a estimativa do impacto fiscal, quando couber, das recomendações resultantes da avaliação das políticas públicas previstas no § 16 do art. 37 da Constituição Federal.

- A LDO não poderá dispor sobre a exclusão de quaisquer despesas primárias da apuração da meta de resultado primário dos orçamentos fiscal e da seguridade social (LRF, art. 4º, §7º).
- **Lei Orçamentária Anual (LOA):** "conterá a discriminação da receita e despesa de forma a evidenciar a política financeira e o programa de trabalho do Governo, obedecidos os **princípios da unidade, universalidade e anualidade**" (lei nº 4.320/64, art. 2º).

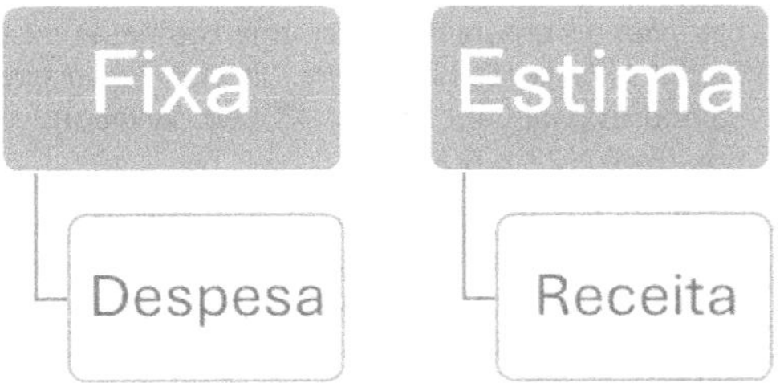

- O projeto de Lei Orçamentária Anual, deverá ser elaborado de forma compatível com o plano plurianual, com a lei de diretrizes orçamentárias e com as normas da Lei de Responsabilidade Fiscal.
- A LOA compreenderá: I. o **orçamento fiscal** referente aos Poderes da União, seus fundos, órgãos e entidades da administração direta e indireta, inclusive fundações instituídas e mantidas pelo Poder Público; II. O **orçamento de investimento das empresas** em que a União, direta ou indiretamente, detenha a maioria do capital social com direito a voto; III. O **orçamento da seguridade social**, abrangendo todas as entidades e órgãos a ela vinculados, da administração direta ou indireta, bem como os fundos e fundações instituídos e mantidos pelo Poder Público (CRFB/88, art. 165, §5º).
- O projeto de lei orçamentária anual será acompanhado de demonstrativo regionalizado do efeito sobre as receitas e despesas, decorrente de isenções, anistias, remissões, subsídios e benefícios de natureza financeira, tributária ou creditícia (CRFB/88, art. 165, §6º).
- O orçamento fiscal e o orçamento de investimentos, compatibilizados com o plano plurianual, terão entre suas funções a de reduzir as desigualdades inter-regionais, segundo critério populacional (CRFB/88, art. 165, §7º).
- Em relação aos investimentos ainda é importante destacar a disposição do §15 do art. 165 da CRFB/88, incluída pela EC 102/2019, segundo a qual "a União organizará e manterá registro centralizado de projetos de investimento contendo, por Estado ou Distrito Federal, pelo menos, análise de viabilidade, estimativas de custos e informações sobre a execução física e financeira".
- **A lei orçamentária anual não conterá dispositivo estranho à previsão da receita e à fixação da despesa, não se incluindo na proibição a autorização para abertura de créditos suplementares e contratação de operações de crédito, ainda que por antecipação de receita, nos termos da lei.** (CRFB/88, art. 165, §8º).
- Integrará a lei de diretrizes orçamentárias, para o exercício a que se refere e, pelo menos, para os 2 (dois) exercícios subsequentes, anexo com previsão de agregados fiscais e a proporção dos recursos para investimentos que serão alocados na lei orçamentária anual para a continuidade daqueles em andamento (CRFB/88, art. 165, §12).
- A lei orçamentária anual poderá conter previsões de despesas para exercícios seguintes, com a especificação dos investimentos plurianuais e daqueles em andamento (CRFB/88, art. 165, §14).
- Assim como o PPA e a LDO, a Lei Orçamentária Anual foi detalhada na Lei de Responsabilidade Fiscal que, em seu artigo 5º, inicia por determinar a necessária compatibilidade da LOA com as demais, concretizando a ideia do planejamento orçamentário. Além disso, deverá conter, em anexo, demonstrativo da compatibilidade da programação dos orçamentos com os objetivos e metas constantes

do Anexo de Metas Fiscais da LDO (LRF, art. 5º, I). Da mesma forma, a LOA deverá ser acompanhada do demonstrativo regionalizado do efeito, sobre as receitas e despesas, decorrente de isenções, anistias, remissões, subsídios e benefícios de natureza financeira, tributária e creditícia conforme previsto no §6º do art. 165 da CRFB/88 (LRF, art. 5º, I). (Vilela, Danilo Vieira. Direito Financeiro. Coleção Sinopses para Concursos. v. 37. 6.ed. Salvador: Juspodivm, 2024).

- O inciso III do art. 5º da LRF, por sua vez, prevê a necessidade de que a LOA contenha **reserva de contingência**, cuja forma de utilização e montante, definido com base na receita corrente líquida, serão estabelecidos na LDO, destinando-se ao atendimento de passivos contingentes e outros riscos e eventos fiscais imprevistos. (Vilela, Danilo Vieira. Direito Financeiro. Coleção Sinopses para Concursos. v. 37. 6.ed. Salvador: Juspodivm, 2024).
- O refinanciamento da dívida pública constará separadamente na lei orçamentária e nas de crédito adicional (LRF, art. 5º, §2º).
- A atualização monetária do principal da dívida mobiliária refinanciada não poderá superar a variação do índice de preços previsto na lei de diretrizes orçamentárias, ou em legislação específica (LRF, art. 5º, §3º).
- É vedado consignar na lei orçamentária crédito com finalidade imprecisa ou com dotação ilimitada (LRF, art. 5º, §4º).
- A lei orçamentária não consignará dotação para investimento com duração superior a um exercício financeiro que não esteja previsto no plano plurianual ou em lei que autorize a sua inclusão (LRF, art. 5º, §5º).
- **Integrarão as despesas da União**, e serão incluídas na lei orçamentária, **as do Banco Central do Brasil** relativas a pessoal e encargos sociais, custeio administrativo, inclusive os destinados a benefícios e assistência aos servidores, e a investimentos (LRF, art. 5º, §6º).
- Atenção: atualmente, a **LOA é compreendida como lei em sentido formal e material**, ao contrário da compreensão anterior de que seria, meramente, ato administrativo autorizativo. Nesse sentido, o STF já entendeu que "Leis orçamentárias que materializem atos de aplicação primária da Constituição Federal podem ser submetidas a controle de constitucionalidade em processos objetivos." (ADI 5449 MC-Ref, Rel. Min. Teori Zavascki, Tribunal Pleno, j. 10/03/2016).

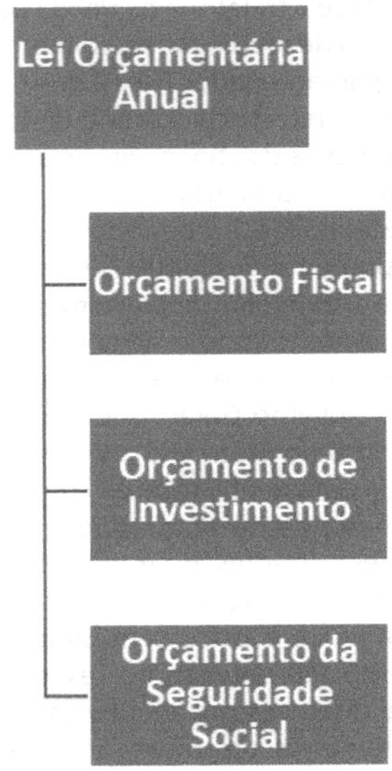

- Integrarão a Lei de Orçamento (art. 2º da lei 4.320/64): I. Sumário geral da receita por fontes e da despesa por funções do Governo; II. Quadro demonstrativo da Receita e Despesa segundo as categorias Econômicas; III. Quadro discriminativo da receita por fontes e respectiva legislação; IV. Quadro das dotações por órgãos do Governo e da Administração.
- No mais, acompanharão a Lei de Orçamento: I. Quadros demonstrativos da receita e planos de aplicação dos fundos especiais; II. Quadros demonstrativos da despesa; III. Quadro demonstrativo do programa anual de trabalho do Governo, em termos de realização de obras e de prestação de serviços.
- Além dessas disposições contidas na lei 4.320/64, merece destaque também o disposto no art. 184 §4º da CRFB/88, segundo o qual "o orçamento fixará anualmente o volume de títulos da dívida agrária, assim como o montante de recursos para atender ao programa de reforma agrária no exercício". (Vilela, Danilo Vieira. Direito Financeiro. Sinopses para Concursos. v. 37, 4.ed. Salvador: Juspodivm, 2022. p. 90)
- Segundo o art. 5º, II, da Lei 10.028/2000, constitui **infração administrativa** contra as leis de finanças públicas, propor lei de diretrizes orçamentárias anual que não contenha as metas fiscais na forma da lei.

Prazos

- Conforme o art. 165, §9º, I da CRFB/88, cabe a lei complementar da União "dispor sobre o exercício financeiro, a vigência, os prazos a elaboração e a organização do plano plurianual, da lei de diretrizes orçamentárias e da lei orçamentária anual". Contudo, esta Lei Complementar não existe, sendo aplicados os prazos do art. 35, §2º do ADCT. Desta forma, em observância às disposições sobre a competência em matéria de Direito Financeiro, os Estados poderiam criar prazos diferentes daqueles (CRFB/88, art. 24, II).

Projeto de lei	Prazo para que o Executivo encaminhe ao Legislativo	Prazo para que o Legislativo devolva ao Executivo
PPA	Até 4 meses antes do encerramento do primeiro exercício financeiro do mandato (31 de agosto)	Até o encerramento do segundo período da sessão legislativa (22 de dezembro)
LDO	Até 8 meses e meio antes do encerramento do exercício financeiro (15 de abril)	Até o final do 1º período legislativo (17 de julho)
LOA	Até 4 meses antes do encerramento do exercício financeiro (31 de agosto)	Até o encerramento da sessão legislativa (22 de dezembro)

Ciclo Orçamentário

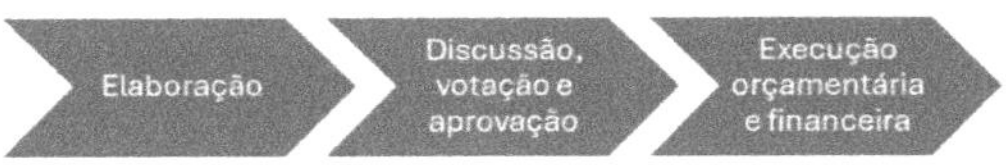

- **Ciclo orçamentário:** "sequência de fases ou etapas que compõe o processo orçamentário. De forma geral, o ciclo orçamentário é composto das seguintes fases: elaboração da proposta, apreciação legislativa, execução, controle e avaliação. Corresponde ao período de tempo em que se processam as atividades típicas do orçamento público, desde a sua concepção até a avaliação final" (Glossário de Termos Orçamentários do Congresso Nacional. Disponível em: https://www.congressonacional.leg.br/legislacao-e-publicacoes/glossario-orcamentario/-/orcamentario/termo/ciclo_orcamentario. Acesso em: 29 jan. 2024)
- **Proposta orçamentária**: iniciativa do Poder Executivo (indelegável) por se tratar de função de planejamento. A omissão pode representar crime de responsabilidade.
- Para a elaboração da proposta orçamentária, cada Unidade Gestora (órgão investido na faculdade de gerir recursos orçamentários) elaborará sua demanda individual, que será, a seguir, consolidada em um único projeto que será submetido ao Poder Legislativo (Vilela, Danilo Vieira. Direito Financeiro. Coleção Sinopses para Concursos. v. 37. 6.ed. Salvador: Juspodivm, 2024).
- Se tais unidades gestoras não encaminharem sua proposta dentro dos prazos estabelecidos na LDO, o Poder Executivo considerará fins de consolidação da proposta orçamentária anual, os valores aprovados na LOA vigente ajustados conforme limites da LDO.
- O Poder Executivo de cada ente colocará à disposição dos demais Poderes e do Ministério Púbico, no mínimo trinta dias antes do prazo final para encaminhamento de suas propostas orçamentárias, os estudos e as estimativas das receitas para o exercício subsequente, inclusive da correte líquida, e as respectivas memórias de cálculo (LRF, art. 12, §3º).
- **Elaboração orçamentária:** inicia-se com a apreciação, pelo Poder Legislativo, da proposta consolidada o que, no caso da União, dá-se mediante análise conjunta das duas Casas do Congresso Nacional, mas com apuração dos votos em separado, conforme previsão do Regimento do Congresso Nacional.
- No âmbito federal, a CRFB/88, em seu art. 166, previu a criação de uma **Comissão mista de Deputados e Senadores**, com as seguintes competências: I. examinar e emitir parecer sobre os projetos de leis orçamentárias e sobre as contas apresentadas anualmente pelo Presidente da República; II. Examinar e emitir parecer sobre os planos e programas nacionais, regionais e setoriais previstos na Constituição e exercer o acompanhamento e fiscalização orçamentária.
- A sessão legislativa não será interrompida sem a aprovação do projeto de lei de diretrizes orçamentárias (CRFB/88, art. 57, §2º).
- No âmbito da União, a prática recente vem sendo no sentido de que, enquanto não aprovada a LOA pelo Poder Legislativo, o Poder Executivo realiza a execução provisória de 1/12 do projeto de lei orçamentária que está em tramitação no Congresso Nacional, o que representa os chamados "**duodécimos**".
- **Execução Orçamentária**: "utilização dos créditos consignados no Orçamento Geral da União, visando à realização das ações atribuídas às unidades orçamentárias. Envolve três estágios da despesa: **empenho, liquidação e pagamento**" (Glossário de Termos Orçamentários do Congresso Nacional. Disponível em: https://www.congressonacional.leg.br/legislacao-e-publicacoes/glossario-orcamentario/-/orcamentario/termo/ciclo_orcamentario. Acesso em: 29 jan. 2024)
- **Empenho**: "Primeiro estágio da execução da despesa pública que se caracteriza pelo ato emanado de autoridade competente que compromete parcela de dotação orçamentária disponí-

vel. Funciona como garantia ao credor do ente público de que existe o crédito necessário para a liquidação de um compromisso assumido" Glossário de Termos Orçamentários do Congresso Nacional. Disponível em: https://www.congressonacional.leg.br/legislacao-e-publicacoes/glossario-orcamentario/-/orcamentario/termo/ciclo_orcamentario. Acesso em: 29 jan. 2024)

- **Liquidação**: "segundo estágio de execução da despesa pública, que consiste na verificação objetiva do cumprimento contratual, de onde nasce o direito adquirido pelo credor, tendo por base os títulos e documentos comprobatórios do respectivo crédito. Nesta etapa são realizados os atos de conferência do objeto contratado, que pode ser serviços prestados ou bens fornecidos ou entregues". (Glossário de Termos Orçamentários do Congresso Nacional. Disponível em: https://www.congressonacional.leg.br/legislacao-e-publicacoes/glossario-orcamentario/-/orcamentario/termo/ciclo_orcamentario. Acesso em: 29 jan. 2024)
- **Pagamento**: "Estágio da despesa pública em que a unidade estatal efetiva o pagamento ao ente responsável pela prestação do serviço ou fornecimento do bem, recebendo a devida quitação" (Glossário de Termos Orçamentários do Congresso Nacional. Disponível em: https://www.congressonacional.leg.br/legislacao-e-publicacoes/glossario-orcamentario/-/orcamentario/termo/ciclo_orcamentario. Acesso em: 29 jan. 2024).

Emendas Parlamentares

- **Emendas:** serão apresentadas na Comissão mista, que sobre elas emitirá parecer, e apreciadas, na forma regimental, pelo Plenário das duas Casas do Congresso Nacional.
- É importante destacar que as emendas ao projeto de lei do orçamento anual ou aos projetos que o modifiquem somente podem ser aprovadas caso sejam compatíveis com o plano plurianual e com a lei de diretrizes orçamentárias (CRFB/88, art. 166, §3º, I).
- Além disso, para que sejam aprovadas, as emendas devem indicar os recursos necessários, admitidos apenas os provenientes de anulação de despesa, excluídas as que incidam sobre: a) dotações para pessoal e seus encargos; b) serviço da dívida; e c) transferências tributárias constitucionais para Estados, Municípios e Distrito Federal (CRFB/88, art. 166, §3º, II).
- Por fim, as emendas somente poderão se relacionar com a correção de erros ou omissões; ou com dispositivos do texto do projeto de lei (CRFB/88, art. 166, §3º, III).
- Apesar da das disposições originais do texto constitucional, Emendas Constitucionais posteriores acabaram por criar outras possibilidades de emendas às leis orçamentárias.
- **Emendas individuais:** Emenda de autoria do parlamentar aos projetos de lei de matérias orçamentárias, de caráter impositivo. O número máximo de emendas individuais por parlamentar ao PLOA é definido pelo art. 49, parágrafo único, da RCN nº 1/2006, ao PLPPA, pelo art. 98, ao PLDO, pelo art. 88, e, ao Projeto de Crédito Adicional, pelo art. 108.
- As **emendas individuais** ao projeto de lei orçamentária serão aprovadas no limite de **2% (dois por cento) da receita corrente líquida** do exercício anterior ao do encaminhamento do projeto, observado que a metade desse percentual será destinada a ações e serviços públicos de saúde. Do limite a que se refere o § 9º deste artigo, 1,55% (um inteiro e cinquenta e cinco centésimos por cento) caberá às emendas de Deputados e 0,45% (quarenta e cinco centésimos por cento) às de Senadores. (CRFB/88, art. 166, §9º e 10).
- As Emendas Individuais impositivas apresentadas ao projeto de lei orçamentária anual poderão alocar recursos a Estados, ao Distrito Federal e a Municípios por meio de transferência especial ou transferência com finalidade definida.

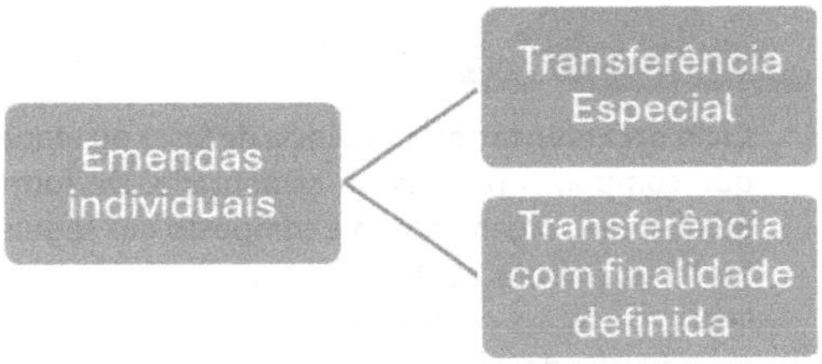

- **Transferência especial**: os recursos I) serão repassados diretamente ao ente federado beneficiado, independentemente de celebração de convênio ou de instrumento congênere; II) pertencerão ao ente federado no ato da efetiva transferência financeira; e III) serão aplicadas em programações finalísticas das áreas de competência do Poder Executivo do ente federado beneficiado (CRFB/88, Art. 166-A, §2º).
- **Transferência com finalidade definida**: os recursos serão I) vinculados à programação estabelecida na emenda parlamentar; e II) aplicados nas áreas de competência constitucional da União (CRFB/88, Art. 166-A, §4º).
- Os recursos transferidos a título de emendas individuais não integrarão a receita do Estado, do Distrito Federal e dos Municípios para fins de repartição e para o cálculo dos limites da despesa com pessoal ativo e inativo, e de endividamento do ente federado, **vedada**, em qualquer caso, a aplicação dos

recursos a que se refere o caput deste artigo no pagamento de: I - **despesas com pessoal e encargos sociais relativas a ativos e inativos, e com pensionistas; e II - encargos referentes ao serviço da dívida** (CRFB/88, Art. 166-A, §1º).

- **Emendas de bancada:** "Emenda coletiva de autoria das bancadas estaduais do Congresso Nacional relativa a matéria de interesse de cada Estado ou do Distrito Federal. O número máximo de emendas de bancada ao PLOA é definido pelo art. 47, §1º, I e II, da RCN nº 1/2006, ao PLPPA, pelo art. 97, II e, ao PLDO, pelo 87, II. As emendas de bancada são impositivas desde a promulgação da Emenda Constitucional nº 100/2019, limitadas a 1% da RCL". **Também contam com caráter impositivo, conforme o §12 do art. 166 da RFB/88.** (Glossário de Termos Orçamentários do Congresso Nacional. Disponível em: https://www.congressonacional.leg.br/legislacao-e-publicacoes/glossario-orcamentario/-/orcamentario/termo/ciclo_orcamentario. Acesso em: 29 jan. 2024)
- **Emendas de comissão permanente:** Emenda coletiva de autoria das comissões permanentes de cada uma das Casas do Congresso Nacional. O número máximo de emendas de comissão ao PLOA é definido pelo art. 44, §1º, da RCN nº 1/2006, ao PLPPA, pelo art. 97, I, e ao PLDO, pelo art. 87, I." **De caráter autorizativo**. (Glossário de Termos Orçamentários do Congresso Nacional. Disponível em: https://www.congressonacional.leg.br/legislacao-e-publicacoes/glossario-orcamentario/-/orcamentario/termo/ciclo_orcamentario. Acesso em: 29 jan. 2024)
- **Atenção! Emendas do Relator ou "Orçamento Secreto"**: "No mérito, por maioria, julgou procedentes os pedidos [...] para declarar **incompatíveis com a ordem constitucional brasileira as práticas orçamentárias viabilizadoras do chamado 'esquema do orçamento secreto', consistentes no uso indevido das emendas do Relator-Geral do orçamento para efeito de inclusão de novas despesas públicas ou programações no projeto de LOA da União**; declarar a inconstitucionalidade material do art. 4º do Ato Conjunto das Mesas da Câmara dos Deputados e do Senado Federal nº 1/2021 e do inteiro teor da Resolução Congresso Nacional nº 2/2021, conferir interpretação conforme as Leis Orçamentárias Anuais de 2021 e 2022 [...], vedando a utilização das despesas classificadas sob o indicador orçamentário RP9 para o propósito de atender às solicitações de despesas e indicações de beneficiários, realizadas por Deputados Federais e Senadores da República, relatores da Comissão Mista de Orçamento e quaisquer usuários externos não vinculados aos órgãos da Administração Pública Federal, independentemente de tal requisição ter sido formulada pelos sistemas formais ou por vias informais e ainda, cabendo aos Ministros de Estado, titulares das pastas beneficiadas com recursos consignados sob a rubrica RP9, orientarem a execução desses montantes em conformidade com os cronogramas e projetos existentes nas respectivas áreas, afastado o caráter vinculante das indicações formuladas pelo Relator-Geral do orçamento, nos moldes do art. 2º, §1º do Decreto 10.888/2021. Por fim, determinar a todas as unidades orçamentárias e órgãos da Administração Pública em geral, que realizaram empenho, liquidação e pagamento de despesas classificadas sob o indicador orçamentário RP9, nos exercícios financeiros de 2020 a 2022, a publicação dos dados referentes aos serviços, obras e compras realizadas com tais verbas públicas, assim como a identificação dos respectivos solicitadores e beneficiários, de modo acessível, claro e fidedigno, no prazo de 90 dias [...]" (ADPFs 850, 851, 854 e 1.014, Rel. Min. Rosa Weber. J. 19.12.2022).

ATENÇÃO!

Lei Complementar nº 210 de 25 de novembro de 2024 (Emendas parlamentares ao orçamento) (Vilela, Danilo Vieira. *Direito Financeiro.* Coleção Sinopses para Concursos. 7.ed. São Paulo: Juspodivm, 2025. p.81-87).

- LC 210/24 → imperativa para as leis orçamentárias previstas na CRFB/88, bem como para a interpretação e aplicação dos demais instrumentos normativos sobre a temática. (emendas individuais, de bancada e de comissões permanentes).
- **Emendas de bancada → somente poderão destinar recursos a projetos e ações estruturantes para a unidade da Federação representada pela bancada, vedada a individualização de ações e de projetos para atender a demandas ou a indicações de cada membro da bancada (art. 2º, caput).**
- **Projetos e as ações estruturantes** → é vedada a designação genérica de programação que possa resultar na execução de projetos de investimentos de obras por múltiplos entes ou entidade, ressalvados os projetos para região metropolitana ou região integrada de desenvolvimento, cujas emendas deverão identificar de forma precisa o seu objeto.
- Possível a destinação de recursos para outra unidade da Federação, desde que se trate de projetos de amplitude nacional.
- **Projetos de investimentos estruturantes (conceito)** → aqueles definidos na LDO ou que constem no registro centralizado de projeto de investimentos organizado pela União, o qual contém, por Estado ou Distrito Federal, pelo menos, análises de viabilidade, estimativas de custos e informa-

ções sobre a execução física e financeira. Para a sua promoção, compete à respectiva bancada estadual enviar ao Poder Executivo as informações de custo, objeto e a localização geográfica dos projetos e das ações (art. 2º, §8º).

- Demais ações e equipamentos públicos prioritários para a unidade da Federação representada pela bancada → I-) é vedada a apresentação de emendas cuja programação possa resultar, na execução, em transferências voluntárias, convênios ou similares para mais de um ente federativo ou entidade privada, ressalvadas as transferências para os fundos municipais de saúde; II-) é admitida a destinação de recursos para outra unidade da Federação, desde que se trate da matriz da entidade e que ela tenha sede em Estado diverso do Estado da bancada onde será realizada a aquisição de equipamentos ou a realização dos serviços.
- Casos em que a programação da emenda de bancada seja divisível, não pode cada parte independente ser inferior a 10% do valor da emenda, salvo para atendimento a ações e serviços públicos de saúde. Para tanto, a LC 210/24 considera como parte independente: I) a compra de equipamentos e material permanente por um mesmo ente federativo; II-) a compra de equipamentos e material permanente, desde que possa ser executada na mesma ação orçamentária; e III-) as despesas com custeio, desde que possam ser executadas na mesma ação orçamentária (art. 2º, §5º)
- Transparência → órgãos e unidades executoras de políticas públicas publicarão em portarias dos respectivos órgãos, até **30 de setembro** do exercício anterior ao que se refere a LOA: I-) os projetos de investimento, por Estado ou pelo Distrito Federal, com as estimativas de custos e informações sobre a execução física e financeira; II-) os critérios e as orientações para a execução dos projetos e das ações prioritárias, que deverão ser observadas em todas as programações discricionárias do Poder Executivo (art. 2º, §6º).
- Cada **bancada estadual** poderá apresentar e aprovar até oito emendas, vedando-se a individualização de emenda ou de programação para atender a demanda ou a indicação de cada membro da bancada (art. 3º, caput e §1º). Neste caso, as indicações serão de responsabilidade da bancada, mediante registro em ata, e deverão ser encaminhadas aos órgãos executores e publicadas pela Comissão Mista de Planos, Orçamentos Públicos e Fiscalização (CMO) (CRFB/88, art. 166, §1º).
- Não serão computadas no limite de oito emendas, aquelas, até o máximo de três emendas, que se destinem à continuidade de obras já iniciadas, até sua conclusão, desde que tenham objeto certo e determinado e constem do registro centralizado de projeto de investimentos organizado pela União.
- **Emendas de Comissão → somente poderão apresentar emendas as comissões permanentes da Câmara dos Deputados, do Senado Federal e do Congresso Nacional, observadas suas competências regimentais, para ações orçamentárias de interesse nacional ou regional (LC 210/24, art. 4º), sendo, no mínimo, 50% para ações e serviços públicos de saúde (art. 4º, §4º).**
- Deverão identificar de forma precisa o seu objeto, sendo proibida a designação genérica de programação que possa contemplar ações orçamentárias distintas.
- **Transparência**: prazo de **30 de setembro** do exercício anterior ao que se refere a LOA, para que os órgãos e unidades executoras de políticas públicas publiquem em portarias dos respectivos órgãos, os critérios e as orientações para a execução das programações de interesse nacional ou regional, que deverão ser observadas em todas as programações discricionárias do Poder Executivo, disposição inaplicável à LOA de 2024.
- **Rito:** I-) após a publicação da LOA, cada comissão receberá as propostas de indicação dos líderes partidários, ouvida a respectiva bancada partidária, as quais deverão ser deliberadas em até 15 dias; II-) aprovadas as indicações pelas comissões, seus presidentes as farão constar de atas, que serão publicadas e encaminhadas aos órgãos executores em até cinco dias (art. 5º).
- **Emendas individuais → todas as modalidades de emendas individuais ao projeto de lei orçamentária (transferência especial ou transferência com finalidade definida) estão sujeitas à disciplina da LC 210/24. Entretanto, o legislador disciplinou, de maneira mais detalhada, a primeira modalidade delas, que são conhecidas como "emendas PIX", quais sejam, aquelas cujos recursos serão repassados diretamente ao ente federado beneficiado, independentemente de celebração de convênio ou de instrumento congênere. Fixou-se, ainda, que as transferências especiais destinadas aos entes federativos em situação de calamidade ou de emergência reconhecida pelo Poder Executivo federal terão prioridade para execução.**
- Emendas individuais impositivas na modalidade transferência especial → o autor da emenda deverá informar o objeto e o valor da transferência no momento da indicação do ente beneficiado, com **destinação preferencial para obras inacabadas de sua autoria**. Os recursos da União repassados por meio de transferências especiais ficarão sujeitos à apreciação do Tribunal de Contas da União.

- O beneficiário das emendas individuais impositivas na modalidade transferência especial deverá indicar no sistema **Transferegov.br**, ou em outro que vier a substituí-lo, a agência bancária e a conta corrente específica em que serão depositados os recursos, para que seja realizado o depósito e possibilitada a movimentação do conjunto dos recursos. Ainda neste caso, o Poder Executivo do ente beneficiário de tais transferências deverá comunicar ao respectivo Poder Legislativo, ao Tribunal de Contas da União e aos tribunais de contas estaduais ou municipais, no prazo de trinta dias, o valor do recurso recebido, o respectivo plano de trabalho e o cronograma de execução, do que dará ampla publicidade (art. 8º).
- **Hipóteses taxativas de impedimentos de ordem técnica para execução de emendas parlamentares → art. 10, LC 210/24.** No caso de ser formalizada a identificação de algum desses impedimentos de ordem técnica, caberá ao órgão ou ente executor da emenda analisá-lo e determinar diligências com vistas a assegurar a execução da emenda parlamentar mediante a regularização do impedimento, sempre que possível.
- **Fixação de limites para as emendas parlamentares → considerando os princípios da separação de poderes e a responsabilidade fiscal, a LC 210/24 fixou regras para a delimitação dos limites para o crescimento das emendas parlamentares.**
- O limite fixado no art. 11 da LC 210/24 compreende todas as emendas parlamentares nos projetos de LOA em despesas primárias, ressalvadas as que sejam relacionadas com a correção de erros ou omissões ou ainda, aquelas previstas no §5º do art. 11 da LC 210.
- Para efeitos do limite previsto na LC 210/24, as emendas parlamentares em despesas discricionárias serão discriminadas na LOA com identificadores próprios, nos termos da LDO, vedada a realização de emendas em despesas discricionárias do Poder Executivo, ressalvadas aquelas relacionadas com a correção de erros ou omissões; ou com os dispositivos do texto do projeto de lei e as disposições do §5º do art. 11 da LC 210;
- **Limites fixados pela LC 210/24**
- **Exercício de 2025 → 2% da receita corrente líquida para emendas individuais e 1% para emendas de bancada adicionado o valor de R$ 11.500.000,00 (onze bilhões e quinhentos milhões de reais) para as emendas não impositivas (art. 11, §3º)**
- A partir do ano de 2026: I. ao limite do exercício imediatamente anterior para as emendas individuais e de bancada, atualizado pela correção do limite de despesa primária previsto no novo arcabouço fiscal (LC 200/23); e II. ao limite do exercício imediatamente anterior para as emendas não impositivas, atualizado pela variação acumulada do IPCA, publicado pelo IBGE, considerados os valores apurados no período de 12 meses encerrado em junho do exercício anterior àquele ao qual se refere a LOA.
- A LC 210/24 possibilita o contingenciamento de dotações de emendas parlamentares até a mesma proporção aplicada às demais despesas discricionárias, com vistas a atender ao disposto nas normas fiscais vigentes, observando-se, necessariamente, as prioridades elencadas pelo Poder Legislativo.
- Por fim, a LC 201/24 veda a imposição de regra, restrição ou impedimento às emendas parlamentares que não sejam aplicáveis às programações orçamentárias discricionárias do Poder Executivo (art. 14).

Créditos Adicionais (lei nº 4.320/64, art. 41)

Suplementares	Destinados a reforço de dotação orçamentária	Vigência no exercício em que forem abertos	Exigência de lei
Especiais	Destinados a despesas para as quais não haja dotação orçamentária	Vigência no exercício em que forem abertos, salvo se o ato de autorização for promulgado nos últimos 4 meses, caso em que, reabertos no limite dos seus saldos, serão incorporados ao orçamento do exercício.	Exigência de lei
Extraordinários	Destinados a despesas urgentes e imprevistas, em caso de guerra, comoção intestina ou calamidade pública	Vigência no exercício em que forem abertos, salvo se o ato de autorização for promulgado nos últimos 4 meses, caso em que, reabertos no limite dos seus saldos, serão incorporados ao orçamento do exercício.	Medida Provisória (na União)
Observação: CRFB/88, art. 167. São vedadas: V- a abertura de crédito **suplementar** ou **especial** sem prévia autorização legislativa e sem indicação dos recursos correspondentes. (Atenção: essa regra não se aplica aos créditos extraordinários).			

DESPESAS PÚBLICAS

- **Despesa Pública:** "conjunto de gastos realizados pelo Poder Público para a consecução de suas atividades principais, com o objetivo de financiar as ações do governo, sempre com foco na satisfação das necessidades públicas. É, assim, o desembolso realizado pelo Estado para atender os serviços públicos e os encargos assumidos no interesse geral da sociedade" (Leite, Harrisson. Manual de Direito Financeiro. 11.ed. São Paulo: Juspodivm, 2022, p. 446).

Espécies de Despesas Públicas	
Quanto à competência	Federais Estaduais Municipais Distritais
Quanto à periodicidade ou Regularidade	Despesas Ordinárias Despesas Extraordinárias Despesas Especiais
Quanto à natureza	Despesa Orçamentária Despesa Extraorçamentária
Quanto ao critério econômico	Despesa-compra, despesa real ou despesa de serviço Despesa transferência
Quanto à extensão ou ao ambiente	Despesa interna Despesa externa
Quanto à natureza legal	Despesas correntes Despesas de capital

Conceitos trazidos pelo Glossário de Termos Orçamentários do Congresso Nacional (Disponível em: https://www.congressonacional.leg.br/legislacao-e-publicacoes/glossario-orcamentario/-/orcamentario/lista/D. Acesso em: 1 fev. 2024).

- **Despesa corrente:** "Gastos de manutenção e funcionamento dos serviços públicos em geral que não contribuem, diretamente, para a formação ou aquisição de um bem de capital. São exemplos: vencimentos e encargos com pessoal, juros da dívida, compra de matérias-primas e bens de consumo, serviços de terceiros, manutenção de equipamentos, subvenções a entidades (para gastos de custeio) e transferência a entes públicos (para gastos de custeio)".

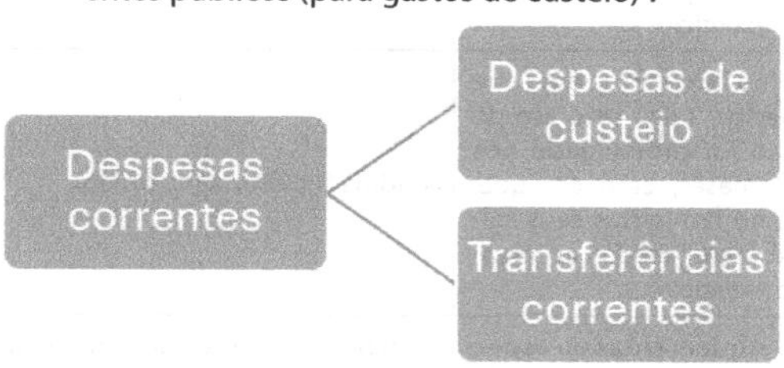

- **Despesa de Capital:** "Gastos para a produção ou geração de novos bens ou serviços que integrarão o patrimônio público, ou seja, que contribuem diretamente para a formação ou aquisição de um bem de capital. São exemplos: execução de obras e compra de instalações, equipamentos e títulos representativos do capital de empresas ou de entidades de qualquer natureza".

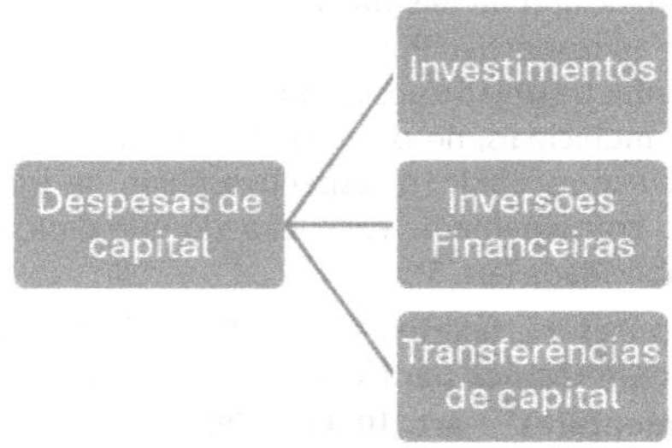

- **Despesa de Custeio:** "Gastos com manutenção de serviços anteriormente criados, inclusive os destinados a atender a obras de conservação e adaptação de bens imóveis".
- **Despesa de Exercícios Anteriores:** "Despesa de exercício encerrado, para a qual o orçamento respectivo consignava crédito próprio, com saldo suficiente para atendê-la, que não se tenha processado na época própria, bem como os restos a pagar com prescrição interrompida e os compromissos reconhecidos após o encerramento do exercício correspondente. Poderá ser paga à conta de dotação específica consignada no orçamento, discriminada por elementos, observada, sempre que possível, a ordem cronológica".
- **Despesa de Transferência Corrente:** "Dotação para despesas às quais não corresponda contraprestação direta em bens ou serviços, inclusive para contribuições e subvenções destinadas a atenderem à manutenção de outras entidades de direito público ou privado".
  - **Despesa discricionária:** "Despesa cuja execução está sujeita à avaliação de oportunidade pelo gestor".
  - **Despesa Extraorçamentária:** "Despesa que não precisa de autorização legislativa para ser realizada, ou seja, que não integra o orçamento público. São exemplos: devolução de caução, resgate de operações de crédito por antecipação de receita orçamentária e pagamento de restos a pagar".
  - **Despesa Obrigatória:** "Despesa que a União tem a obrigação legal ou contratual de realizar, ou seja, cuja execução é mandatória. Os maiores grupos de despesas obrigatórias são serviço da dívida, pessoal e encargos sociais e os benefícios da previdência social".

- **Despesa Obrigatória de Caráter Continuado:** "Despesa pública que depende de autorização legislativa para sua realização, por meio da LOA ou de Créditos Adicionais. É o conjunto de dispêndios realizados pelos entes públicos, tais como despesas de pessoal, de custeio e de manutenção e ampliação dos serviços públicos prestados à sociedade."

- **Despesa Orçamentária:** "Despesa pública que depende de autorização legislativa para sua realização, por meio da LOA ou de Créditos Adicionais. É o conjunto de dispêndios realizados pelos entes públicos, tais como despesas de pessoal, custeio, manutenção e ampliação dos serviços públicos prestados à sociedade".

Despesas correntes x Despesas de capital Lei nº 4.320/64, art. 13		
Despesas Correntes	Despesas de Custeio	• Pessoa Civil • Pessoal Militar • Material de Consumo • Serviços de Terceiros • Encargos Diversos
	Transferências Correntes	• Subvenções Sociais • Subvenções Econômicas • Inativos • Pensionistas • Salário Família e Abono Familiar • Juros da Dívida Pública • Contribuições de Previdência Social • Diversas Transferências Correntes.
Despesas de capital	Investimentos	• Obras Públicas • Serviços em Regime de Programação Especial • Equipamentos e Instalações • Material Permanente • Participação em Constituição ou Aumento de Capital de Empresas ou Entidades Industriais ou Agrícolas
	Inversões Financeiras	• Aquisição de Imóveis • Participação em Constituição ou Aumento de Capital de Empresas ou Entidades Comerciais ou Financeiras • Aquisição de Títulos Representativos de Capital de Empresa em Funcionamento • Constituição de Fundos Rotativos • Concessão de Empréstimos • Diversas Inversões Financeiras
	Transferências de Capital	• Amortização da Dívida Pública • Auxílios para Obras Públicas • Auxílios para Equipamentos e Instalações • Auxílios para Inversões Financeiras • Outras Contribuições.

- **Exercício Financeiro**: O exercício financeiro coincidirá com o ano civil. Pertencem ao exercício financeiro: as receitas nele arrecadadas e as despesas nele legalmente empenhadas (lei nº 4.320/64, arts. 34 e 35).

- **Brasil → Regime MISTO**

Lei nº 4.320/64, art. 35: Pertencem ao exercício financeiro: I - as **receitas** nele arrecadadas **→ Regime de Caixa;** II - as **despesas** nele legalmente empenhadas **→ Regime de Competência**

- Atenção: **"Regra de Ouro" das finanças públicas:** CRFB/88, art. 167. São vedados: III. a realização de operações de créditos que excedam o montante das despesas de capital, ressalvadas as autorizadas mediante créditos suplementares ou especiais com finalidade precisa, aprovados pelo Poder Legislativo por maioria absoluta;

Ação direta de inconstitucionalidade. Lei Complementar 101/2000. Lei de Responsabilidade Fiscal (LRF). (...) Ao prever limite textualmente diverso da regra do art. 167, III, da CF, o art. 12, § 2º, da LRF enseja interpretações distorcidas do teto a ser aplicado às receitas decorrentes de operações de crédito, pelo que a ação deve ser parcialmente provida, nesse ponto, para dar **interpretação conforme** ao dispositivo para o fim de explicitar que **a proibição não abrange operações de crédito autorizadas mediante créditos suplementares ou especiais com finalidade precisa, aprovados pelo Poder Legislativo por maioria absoluta.** (ADI 2.238, rel. min. Alexandre de Moraes, j. 24-6-2020, P, *DJE* de 15-9-2020).

Regime constitucional dos Precatórios

- Conceito: "**Precatório ou ofício precatório** é a solicitação que o juiz da execução faz ao presidente do tribunal respectivo para que ele requisite a verba necessária ao pagamento de credor de pessoa jurídica de direito público em face de decisão judicial transitada em julgado" (Oliveira, Régis Fernandes de. Curso de Direito Financeiro. 8.ed. São Paulo: Malheiros, 2019, p. 784).
- **Fundamento Constitucional** (precatórios comuns/sem preferência): CRFB/88, art. 100. Os pagamentos devidos pelas Fazendas Públicas Federal, Estaduais, Distrital e Municipais, **em virtude de sentença judiciária**, far-se-ão exclusivamente na **ordem cronológica** de apresentação dos precatórios e à conta dos créditos respectivos, proibida a designação de casos ou de pessoas nas dotações orçamentárias e nos créditos adicionais abertos para este fim.
- **Superpreferência**: CRFB/88, art. 100, §2º. Os débitos de **natureza alimentícia** cujos titulares, originários ou por sucessão hereditária, tenham **60 (sessenta) anos de idade**, ou sejam **portadores de doença grave**, ou **pessoas com deficiência**, assim definidos na forma da lei, serão pagos com preferência sobre todos os demais débitos, **até o valor equivalente ao triplo fixado em lei para as requisições de pequeno valor**, admitido o fracionamento para essa finalidade, sendo que o restante será pago na ordem cronológica de apresentação do precatório.
- **Preferência**: CRFB/88, art. 100, §1º. Os débitos de natureza alimentícia compreendem aqueles decorrentes de **salários, vencimentos, proventos, pensões e suas complementações, benefícios previdenciários e indenizações por morte ou por invalidez**, fundadas em responsabilidade civil, em virtude de sentença judicial transitada em julgado, e serão pagos com preferência sobre todos os demais débitos, exceto sobre aqueles com superpreferência.
- **Obrigatoriedade de previsão orçamentária:** CRFB/88, art. 100, §5º. É obrigatória a inclusão no orçamento das entidades de direito público de verba necessária ao pagamento de seus débitos oriundos de sentenças transitadas em julgado constantes de precatórios judiciários apresentados até **2 de abril**, fazendo-se o pagamento até o final do exercício seguinte, quando terão seus valores atualizados monetariamente. **(Atenção para essa data!!)**
- **Competência para determinar o pagamento:** Presidente do Tribunal que proferir a decisão exequenda (CRFB/88, art. 100, §6º).
- **Sanção em caso de preterimento do direito de precedência ou não alocação orçamentária suficiente:** Sequestro da quantia respectiva determinada pelo Presidente do Tribunal (CRFB/88, art. 100, §6º).
- **Responsabilidade do Presidente do Tribunal:** Se retardar ou tentar frustrar a liquidação regular de precatórios por ato omissivo ou comissivo incorrerá em crime de responsabilidade e responderá perante o CNJ (CRFB/88, art. 100, §7º).
- **Fracionamento de precatório:** Proibido, assim como a expedição de precatórios complementares ou suplementares (CRFB/88, art. 100, §8º).
- **Compensação de precatórios:** Sem que haja interrupção no pagamento do precatório e mediante comunicação da Fazenda Pública ao Tribunal, o valor correspondente aos eventuais débitos inscritos em dívida ativa contra o credor do requisitório e seus substituídos deverá ser depositado à conta do juízo responsável pela ação de cobrança, que decidirá pelo seu destino definitivo. (CRFB/88, art. 100, §9º).
- **Outras finalidades do precatório:** CRFB/88, art. 100, §11. I - quitação de débitos parcelados ou débitos inscritos em dívida ativa do ente federativo devedor, inclusive em transação resolutiva de litígio, e, subsidiariamente, débitos com a administração autárquica e fundacional do mesmo ente; II - compra de imóveis públicos de propriedade do mesmo ente disponibilizados para venda; III - pagamento de outorga de delegações de serviços públicos e demais espécies de concessão negocial promovidas pelo mesmo ente; IV - aquisição, inclusive minoritária, de participação societária, disponibilizada para venda, do respectivo ente federativo; ou V - compra de direitos, disponibilizados para cessão, do respectivo ente federativo, inclusive, no caso da União, da antecipação de valores a serem recebidos a título do excedente em óleo em contratos de partilha de petróleo.
- **Cessão de precatórios:** Possível – total ou parcialmente, independentemente da concordância do devedor. Contudo, ao cessionário não se aplicam

as regras de preferência ou superpreferência. Só produzirá efeitos após a comunicação, por meio de petição protocolizada, ao Tribunal de origem e ao ente federativo devedor. (CRFB/88, art. 100, §§ 13 e 14).

- **Amortização de dívidas via precatórios:** CRFB/88, art. 100, § 21. I - nos contratos de refinanciamento cujos créditos sejam detidos pelo ente federativo que figure como devedor na sentença de que trata o **caput** deste artigo; II - nos contratos em que houve prestação de garantia a outro ente federativo; III - nos parcelamentos de tributos ou de contribuições sociais; e IV - nas obrigações decorrentes do descumprimento de prestação de contas ou de desvio de recursos.
- **Critério para amortização de dívidas via precatórios:** CRFB/88, art. 100, § 22. I - nas obrigações vencidas, será imputada primeiramente às parcelas mais antigas; II - nas obrigações vincendas, reduzirá uniformemente o valor de cada parcela devida, mantida a duração original do respectivo contrato ou parcelamento.

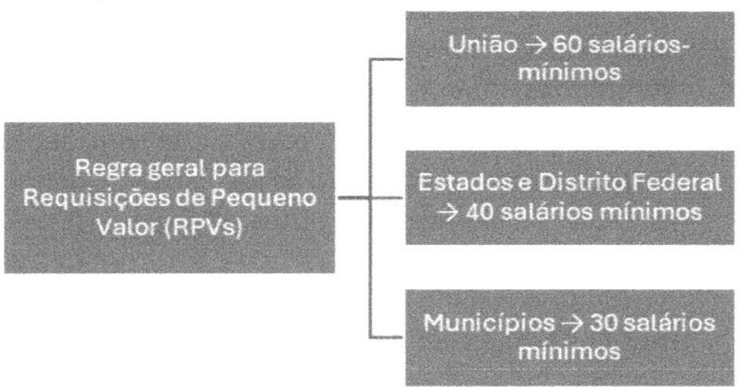

- **Observação:** leis próprias de cada ente federativo poderão fixar valores distintos, segundo as diferentes capacidades econômicas, sendo o mínimo igual ao valor do maior benefício do regime geral de previdência social (CRFB/88, art. 100, §4º).

RECEITAS PÚBLICAS

- **Receitas Públicas:** "ingressos de recursos financeiros nos cofres do Estado, que se desdobram em receitas orçamentárias, quando representam disponibilidades de recursos financeiros para o erário, e ingressos extraorçamentários, quando representam apenas entradas compensatórias". (Brasil. Ministério do Planejamento e Orçamento. Manual Técnico de Orçamento. 7.ed. Brasília, 2023, p. 16)
- **Receitas Públicas:** "entrada que, integrando-se no patrimônio público sem quaisquer reservas, condições ou correspondências no passivo, vem acrescer o seu vulto, como elemento novo e positivo" (Baleeiro, Aliomar. Uma introdução à Ciência das Finanças. 15.ed. Rio de Janeiro: Forense, 1998. p. 126)
- **Ingressos extraorçamentários**: "recursos financeiros que apresentam caráter temporário e não integram a LOA. O Estado é mero depositário desses recursos, que constituem passivos exigíveis e cujas restituições não se sujeitam à autorização legislativa. Exemplos: Depósitos em Caução, Fianças, Operações de Crédito por ARO, emissão de moeda e outras entradas compensatórias no ativo e passivo financeiros". (Brasil. Ministério do Planejamento e Orçamento. Manual Técnico de Orçamento. 7.ed. Brasília, 2023, p. 16)
- **Receitas Orçamentárias:** "disponibilidade de recursos que ingressam durante o exercício e constituem elemento novo para o patrimônio público. Instrumento pelo meio do qual se viabiliza a execução das políticas públicas, a receita orçamentária é fonte de recursos utilizada pelo Estado em programas e ações cuja finalidade é atender às necessidades públicas e demandas da sociedade". (Brasil. Ministério do Planejamento e Orçamento. Manual Técnico de Orçamento. 7.ed. Brasília, 2023, p. 17)

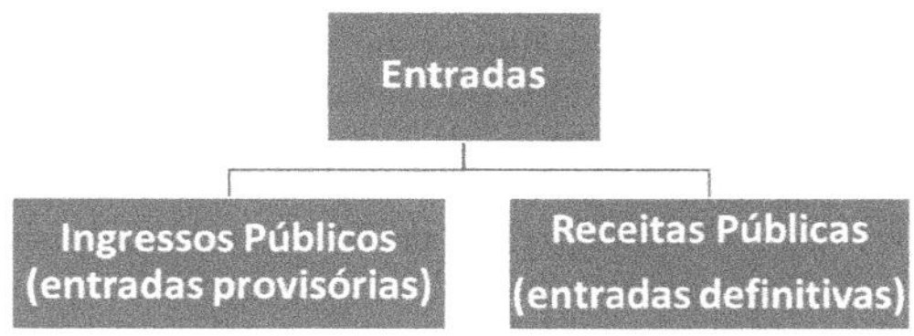

Classificações da receita orçamentária (Manual Técnico de Orçamento - MTO 2024)	
Natureza da receita	Receitas correntes Receitas de Capital
Indicador de resultado primário	Receitas primárias Receitas financeiras
Fonte/destinação de recursos	Destinação vinculada Destinação não vinculada (ou livre)
Esfera orçamentária	Receitas do Orçamento Fiscal Receitas do Orçamento da Seguridade Social Receitas do Orçamento de Investimento das Empresas Estatais

- Quanto à **categoria econômica**, as receitas podem ser correntes ou de capital.
- **Receitas correntes:** são aquelas que aumentam as disponibilidades financeiras do Estado, com efeito positivo sobre o patrimônio líquido, quais sejam, as receitas tributária, de contribuições, patrimonial, agropecuária, industrial, de serviços e outras e, ainda, as provenientes de recursos financeiros recebidos de outras pessoas de direito público ou privado, quando destinadas a atender despesas classificáveis em Despesas Correntes (lei nº 4.320/64, art. 11, §1º).

- **Receitas de capital:** aumentam as disponibilidades financeiras do Estado, mas não geram nenhum efeito sobre o patrimônio líquido. São elas: as provenientes da realização de recursos financeiros oriundos de constituição de dívidas; da conversão, em espécie, de bens e direitos; os recursos recebidos de outras pessoas de direito público ou privado, destinados a atender despesas classificáveis em Despesas de Capital e, ainda, o *superávit* do Orçamento Corrente (lei nº 4.320/64, art. 11, §2º).
  - Há que se destacar, ainda, as Receitas de Operações Intraorçamentárias, as quais não constituem novas categorias, mas tão-somente especificações das categorias já existentes (Receitas correntes e de capital).
  - Assim: "Operações intraorçamentárias são aquelas realizadas entre órgãos e demais entidades da Administração Pública integrantes dos Orçamentos Fiscal e da Seguridade Social do mesmo ente federativo. Não representam novas entradas de recursos nos cofres públicos do ente, mas apenas remanejamento de receitas entre seus órgãos" (Brasil, 2023, p. 21).
  - Já a classificação **quanto à origem**, nada mais é que um detalhamento das categorias econômicas Receitas Correntes e Receitas de Capital. Nesta classificação, o Manual Técnico de Orçamento (2023, p. 22-23) traz os seguintes códigos:

Categoria Econômica (1º dígito)	Origem (2º dígito)
1. Receitas Correntes 8. Receitas Correntes Intraorçamentárias	1. Impostos, Taxas e Contribuições de Melhoria 2. Contribuições 3. Receita Patrimonial 4. Receita Agropecuária 5. Receita Industrial 6. Receita de Serviços 7. Transferências correntes 9. Outras Receitas Correntes
2. Receitas de Capital 8. Receitas de Capital Intraorçamentárias	1. Operações de Crédito 2. Alienação de Bens 3. Amortização de Empréstimos 4. Transferências de Capital 9. Outras Receitas de Capital

- **Classificação conforme o indicador de resultado primário: receitas primárias**, quando seus valores são incluídos no cálculo do resultado primário; e **receitas financeiras**, quando não são incluídas naquele cálculo.
- "As **receitas primárias** referem-se, predominantemente, às receitas correntes que advêm dos tributos, das contribuições sociais, das concessões, dos dividendos recebidos pela União, da cota-parte das compensações financeiras, das decorrentes do próprio esforço de arrecadação das Unidades Orçamentárias (UOs), das provenientes de doações e convênios e outras também consideradas primárias" (Brasil, 2023, p. 27).
- "As **receitas financeiras** são geralmente adquiridas junto ao mercado financeiro, decorrentes da emissão de títulos, da contratação de operações de crédito por organismos oficiais, das aplicações financeiras da União, entre outras. Como regra geral, são aquelas que não alteram o endividamento líquido do Governo (setor público não financeiro), uma vez que criam uma obrigação ou extinguem um direito, ambos de natureza financeira, junto ao setor privado interno e/ou externo. A exceção a essa regra é a receita advinda dos juros de operações financeiras, que, apesar de contribuírem com a redução do endividamento líquido, também se caracterizam como receita financeira" (Brasil, 2023, p. 27)
- Na **classificação por fontes/destinação de recursos**, leva-se em consideração o destino dos recursos arrecadados, podendo haver tanto destinações **vinculadas**, quanto **não vinculadas**.
- **Destinação vinculada**: "processo de vinculação entre a origem e a aplicação de recursos, em atendimento às finalidades específicas estabelecidas pela norma. Há, ainda, ingressos de recursos em decorrência de convênios ou de contratos de empréstimos e de financiamentos. Esses recursos também são vinculados, pois foram obtidos com finalidade específica - e à realização dessa finalidade deverão ser direcionados" (Brasil, 2023, p. 28).
- **Destinação não vinculada (ou livre)**: "é o processo de alocação livre entre a origem e a aplicação de recursos, para atender a quaisquer finalidades". (Brasil, 2023, p. 28).
- **Atenção:** "O mecanismo constitucional da **Desvinculação de Receitas da União** (DRU) foi instituído – art. 76 do ADCT – para permitir que, originalmente, 20% (vinte por cento) das receitas vinculadas da União fossem destinadas de maneira flexível, propiciando uma alocação mais adequada de recursos orçamentários, além de não permitir que determinados itens de despesas fiquem com excesso de recursos vinculados, enquanto outras áreas apresentam carência de recursos, possibilitando, ao final, o financiamento de despesas incomprimíveis sem endividamento adicional da União. Já em 08 de setembro de 2016, através da EC nº 93, a DRU foi majorada para 30% e prorrogada até 31/12/2023, sendo estendido o mecanismo de desvinculação de receitas também para os Estados, para o Distrito Federal (DRE) e para os Municípios (DRM)" (Abraham, Marcus. *Curso de Direito Finan-*

ceiro Brasileiro. 7.ed. Rio de Janeiro: Forense, 2023, p. 82).

- A EC 135/2024 prorrogou novamente a **Desvinculação de Receitas da União** (DRU) desvinculando de órgão, fundo ou despesa, **até 31 de dezembro de 2032, 30% (trinta por cento)** da arrecadação da União relativa às contribuições sociais, sem prejuízo do pagamento das despesas do Regime Geral de Previdência Social, às contribuições de intervenção no domínio econômico, às taxas e às receitas patrimoniais, já instituídas ou que vierem a ser criadas até a referida data (ADCT, art. 76 com redação dada pela EC 135/2024).
- Por fim, **a classificação por esfera orçamentária** segue a previsão do §5º do art. 165 da CRFB/88, compreendendo as **receitas do orçamento fiscal, do orçamento da Seguridade Social e do orçamento de investimento das empresas estatais**.
- **Receitas do Orçamento Fiscal**: "referem-se às receitas arrecadadas pelos Poderes da União, seus órgãos, entidades, fundos e fundações, inclusive pelas empresas estatais dependentes, excluídas as receitas vinculadas à Seguridade Social e as receitas das Empresas Estatais não dependentes que compõe o Orçamento de Investimento" (Brasil, 2023, p. 30).
- **Receitas do Orçamento da Seguridade Social**: "as destinadas por lei à Seguridade Social; as contribuições sociais instituídas para financiamento das seguridade social; as receitas de todos os órgãos, entidades, fundos e fundações vinculados à Seguridade Social, ou seja, das áreas de Saúde, Previdência Social e Assistência Social; e as receitas cuja classificação orçamentária caracterizam-nas como originárias da prestação de serviços de saúde, independente das entidades a que pertençam" (Brasil, 2023, p. 30).
- **Receitas do Orçamento de Investimento das Empresas Estatais**: "referem-se aos recursos das empresas estatais não dependentes em que a União, direta ou indiretamente, detenha a maioria do capital social com direito a voto" (Brasil, 2023, p. 30).

Classificação Doutrinária das Receitas Públicas	
Quanto à competência do ente federativo	Receita pública federal Receita pública estadual Receita pública municipal Receita pública distrital
Quanto à regularidade ou periodicidade	Receitas Ordinárias Receitas Extraordinárias
Quanto à origem ou quanto à coercitividade	Receitas Originárias. Receitas Derivadas Receitas Transferidas

- **Receitas Ordinárias:** arrecadadas periodicamente em cada exercício financeiro. Ex. Arrecadação de IPTU pelos municípios.
- **Receitas Extraordinárias:** arrecadadas apenas em situações excepcionais, como guerra ou calamidade pública.
- **Receitas Originárias (de economia privada ou de Direito Privado):** resultantes da exploração do patrimônio do próprio Estado, mediante uma relação jurídica caracterizada pela bilateralidade, tratando-se, dessa forma, de uma receita voluntária e espontânea (cobrança de preço ou tarifa). Ex. Receitas decorrente de indenizações, doações, serviços e *royalties*.
- **Atenção:** "Não compete ao TCU dirimir controvérsia entre unidades da Federação instaurada em decorrência de ato do IBGE de demarcação de limites territoriais, com reflexos na distribuição dos recursos da compensação pela exploração econômica do petróleo e do gás natural (royalties), pois se trata de litígio que visa a satisfação de interesse subjetivo dos entes envolvidos, que deve ser solucionado no âmbito do Poder Judiciário". Acórdão 322/2023 Plenário (Representação, Relator Ministro Jorge Oliveira) (TCU, Boletim de Jurisprudência 437).
- **Receitas Derivadas: (de Economia Pública ou de Direito Público):** aquelas que o Estado obtém através de seu poder de império, ou seja, são arrecadadas de forma coercitiva dos administrados, observando-se a legalidade. Ex. Tributos e multas.
- **Cuidado!** Para o Direito Financeiro, os tributos podem ser de três espécies: a) **imposto –** "tributo cuja obrigação tem por fato gerador uma situação independente de qualquer atividade estatal específica, relativa ao contribuinte" (CTN, art. 16); b) **taxa** – "têm como fato gerador o exercício regular do poder de polícia, ou a utilização, efetiva ou potencial, de serviço público específico e divisível, prestado ao contribuinte ou posto à sua disposição" (CTN, art. 77); c) **contribuição de melhoria** – "instituída para fazer face ao custo de obras públicas de que decorra valorização imobiliária, tendo como limite total a despesa realizada e como limite individual o acréscimo de valor que da obra resultar para cada imóvel beneficiado" (CTN, art. 81).
- Na classificação das receitas quanto à origem, alguns autores ainda mencionam as **Receitas Transferidas**, quais seja, aquela "que ocorre quando os recursos são arrecadados pela pessoa jurídica competente para tanto, mas a ela não pertencem, devendo ser repassados a outras pessoas jurídicas menores. Pode ser tributária ou não tributária. Os arts. 157 a 162 da CF cuidam da repartição das receitas tributárias [...]. o §1º do art. 20 da CF, por sua vez, indica um tipo de receita transferida não

tributária: a participação no resultado da exploração de recursos minerais (*royalties*) (RAMOS FILHO, Carlos Alberto de Moraes. *Direito Financeiro e Econômico*. 5.ed. São Paulo: SaraivaJur, 2023, p. 134).

- **Etapas da Receita Orçamentária**: as etapas da receita seguem a ordem de ocorrência dos fenômenos econômicos. Assim, há uma fase de planejamento, que engloba a previsão e uma outra fase de execução, abrangendo o lançamento, a arrecadação e o recolhimento.

- **Previsão:** efetuar a previsão implica planejar e estimar a arrecadação das receitas que constará na proposta orçamentária, o que deve ser realizado em conformidade com as normas técnicas e legais aplicáveis. Nesse sentido o art. 12 da Lei de Responsabilidade Fiscal estabelece que: "as previsões de receita observarão as normas técnicas e legais, considerarão os efeitos das alterações na legislação, da variação do índice de preços, do crescimento econômico ou de qualquer outro fator relevante e serão acompanhadas de demonstrativo de sua evolução nos últimos três anos, da projeção para os dois seguintes àquele a que se referirem, e da metodologia de cálculo e premissas utilizadas".
- "A previsão de receitas é a etapa que antecede a fixação do montante de despesas que irá constar nas leis de orçamento, além de ser a base para se estimar as necessidades de financiamento do governo" (Brasil, 2023, p. 31)
- **Lançamento**: "O lançamento da receita é ato da repartição competente, que verifica a procedência do crédito fiscal e a pessoa que lhe é devedora e inscreve o débito nesta" (lei nº 4.320/64, art. 53).
- **Arrecadação:** "Consiste na fase que, antecedendo o recolhimento do tributo, o contribuinte ou o devedor liquida suas obrigações para com o Estado junto aos agentes arrecadadores, como os bancos e demais entidades autorizadas, tesourarias, coletorias ou postos fiscais". (Leite, Harisson. Manual de Direito Financeiro. 11.ed. São Paulo: Juspodivm, 2022. p. 364-365).
- **Recolhimento**: "É a fase de entrega dos valores arrecadados aos cofres do Governo" (Leite, Harisson. Manual de Direito Financeiro. 11.ed. São Paulo: Juspodivm, 2022. p. 365). Segundo o art. 56 da lei nº 4.320/64, "o recolhimento de todas as receitas far-se-á em estrita observância ao **princípio da unidade de tesouraria**, vedada qualquer fragmentação para criação de caixas especiais".
- **Operação de Crédito por Antecipação da Receita (ARO):** É uma operação de crédito prevista na Constituição e na Lei de Responsabilidade Fiscal, destinada à cobertura de insuficiências temporárias de caixa da União, estados e municípios, que devem quitar a operação até, no máximo, o dia 10 de dezembro do ano de contratação. São vedadas no último ano de exercício do mandato do prefeito, governador ou presidente. Não prevista na LOA → extraorçamentária

Casos em que se admite a vinculação de receitas	
Situação	**Fundamento constitucional**
Repartição constitucional de impostos	Arts. 158 e 159
Destinação de recursos para manutenção e desenvolvimento do ensino	Art. 212 e 212-A
Prestação de garantias às operações de crédito por antecipação de receita	Art. 165, §8º
Destinação de recursos para ações e serviços públicos de saúde	Art. 198, §2º
Destinação de recursos para a realização de atividades da administração tributária	Art. 37, XXII
Garantia, contragarantia à União e pagamento de débitos para com esta	Art. 167, §4º (EC 109/2021)
Vinculação pelos Estados e DF, de até 0,5% de sua receita tributária líquida a programa de apoio à inclusão e promoção social	Art. 204, parágrafo único
Vinculação pelos Estados e DF, de até 0,5% de sua receita tributária líquida a fundo estadual de fomento à cultura, para o financiamento de programas e projetos culturais	Art. 216, §6º

Crédito Público e Dívida Pública

O Novo Regime Fiscal Sustentável ou "Novo Arcabouço Fiscal" (LC 200/2023)

- 1º/01/2017 - 31/12/2023: esteve em vigor, no Brasil, o chamado "Novo Regime Fiscal" (EC 95/2016) caracterizado por ser um modelo de despesa pública, por isso chamado de "teto de gastos".
- Substituindo o modelo anterior, a LC 200/2023 instituiu um **regime fiscal sustentável**, chamado de "novo arcabouço fiscal" com o objetivo de garantir

a estabilidade macroeconômica do país e criar condições adequadas ao crescimento socioeconômico.

- O novo modelo **combina despesa, receita e resultado final**, e **não conta com um prazo de duração** previamente estabelecido. Por ter sido criado através de lei complementar, sujeita-se a alterações de forma mais simples que o modelo de teto de gastos, fixado por Emenda Constitucional e previsto para que durasse por 20 anos.
- O Novo Arcabouço Fiscal tem como objetivo a condução da política fiscal da União de modo a **manter a dívida pública em níveis sustentáveis**, prevenindo riscos e promovendo medidas de ajuste fiscal em caso de desvios, garantindo a solvência e a sustentabilidade intertemporal das contas públicas (LC 200/2023, art. 1º, §2º). Ou seja: a ideia não é acabar com a dívida pública, mas sim, mantê-la em níveis sustentáveis!
- A LC 200/2023 trouxe novas disposições sobre a lei de diretrizes orçamentárias, ao determinar que esta estabelecerá as diretrizes de política fiscal e as respectivas metas anuais de resultado primário do Governo Central, para o exercício a que se referir e para os três seguintes, compatíveis com a trajetória sustentável da dívida pública. Para tanto, considera-se compatível com a sustentabilidade da dívida pública o estabelecimento de **metas de resultados primários**, nos termos das leis de diretrizes orçamentárias, até a **estabilização da relação entre a Dívida Bruta do Governo Geral (DBGC) e o Produto Interno Bruto (PIB)**, conforme o Anexo de Metas Fiscais de que trata a LRF, cuja apuração será realizada pelo **Banco Central do Brasil**.
- Dessa forma, a elaboração e a aprovação do projeto de LOA e sua execução, deverão ser compatíveis com a obtenção da **meta de resultado primário estabelecida na LDO**, observados os intervalos de tolerância de que trata a LRF.
- Os arts. 3º ao 5º da LC 200/2023 fixaram a metodologia do Novo Arcabouço Fiscal, partindo-se do estabelecimento, para cada exercício a partir de 2024, de limites individualizados para o montante global das dotações orçamentárias relativas a despesas primárias: I- do Poder Executivo Federal; II- do Senado Federal, da Câmara dos Deputados e do TCU, no âmbito do Poder Legislativo; do Ministério Público da União e do Conselho Nacional do Ministério Público; e V- da Defensoria Pública da União (LC 200/2023, art. 3º, caput); elencando, ainda, os itens que não se incluem na base de cálculo de tais limites, dentre os quais se incluem os créditos extraordinários e as transferências constitucionais, dentre outros (LC 200/2023, art. 3º, §2º).
- A cada exercício, os limites individualizados serão corrigidos pela variação acumulada do Índice Nacional de Preços ao Consumidor Amplo (IPCA), considerados os valores apurados no período de doze meses encerrado e junho do exercício anterior ao que se refere a LOA, acrescido da variação real da despesa, calculada conforme art. 5º da LC 200/23. Assim, o resultado da diferença entre a correção calculada com base na variação acumulada do IPCA e o valor apurado em doze meses ao final do exercício poderá ser utilizado para ampliar o limite autorizado para o Poder Executivo na LOA, por meio de crédito, quando necessário à suplementação de despesas, nos termos da LDO e LOAs, observado que a ampliação não se incorporará à base de cálculo dos exercícios seguintes (LC 200/23, art. 4º).
- Se o resultado primário for cumprido, o crescimento real da despesa poderá alcançar os 70% da variação real da receita, observados os intervalos de tolerância da LEF. Por outro lado, caso a meta de resultado primário apurada no exercício anterior ao da elaboração da LOA não tenha sido cumprida, o crescimento real da despesa só poderá atingir 50% (LC 200/2023, art. 5º, I e II). Entretanto, **o crescimento real dos limites da despesa primária não será inferior a 0,6% ao ano nem superior a 2,5% ao ano** (LC 200/2023, art. 5º, §1º), além da correção pelo IPCA.
- A Lei Complementar nº 200, de 2023, ao fixar o Regime Fiscal Sustentável, incluiu, ainda, medidas de ajuste fiscal aplicáveis **caso o resultado primário do Governo Central apurado, relativo ao exercício anterior, seja menor que o limite inferior do intervalo de tolerância da meta da LRF**, sem prejuízo da aplicação da redução do limite, aplicam-se imediatamente, até a próxima apuração anual, as vedações previstas nos incisos II, III e VI a X do art. 167-A, da Constituição Federal.
- Observação: caso o resultado mencionado seja, pelo **segundo ano consecutivo**, menor que o limite inferior do intervalo de tolerância da meta, aplicam-se, imediatamente, enquanto perdurar o descumprimento, todas as vedações previstas no art. 167-A.
- Da mesma forma, quando verificado, relativamente ao exercício financeiro anterior, que, no âmbito das despesas sujeitas aos limites previstos no art. 3º da LC 200/23, a **proporção da despesa primária obrigatória em relação à despesa primária total foi superior a 95%,** serão aplicadas imediatamente as vedações previstas nos incisos I a IX do caput do art. 167-A da CRFB/88.
- Determina o art. 9º da LC 200/2023 que, caso o resultado primário do Governo Central apurado **exceda ao limite superior do intervalo de tolerância da LRF**, o Poder Executivo federal poderá ampliar as dotações orçamentárias, em valor equivalente a até **70%** do montante excedente, por meio de crédito adicional para: I.) investimentos, prioritaria-

mente para **obras inacabadas ou em andamento**; II.) para inversões financeiras previstas no inciso II do §1º do art. 10 desta Lei Complementar, quais sejam, destinadas a **programas habitacionais** que incluam em seus objetivos a provisão subsidiada ou financiada de unidades habitacionais novas ou usadas em áreas urbanas ou rurais.

- Entretanto, a própria LC 200/23 determinou que eventuais ampliações das dotações orçamentárias nos moldes do parágrafo anterior, **não poderão ultrapassar o montante de 0,25% do PIB do exercício anterior** (art. 9º, §3º).

  - Atenção: Conforme a nova redação do §4º do art. 9º da LRF, conferida pela LC 200/23, até o final dos meses de **maio, setembro e fevereiro**, o Ministro ou Secretário de Estado da Fazenda demonstrará e avaliará o cumprimento das **metas fiscais** de cada quadrimestre e a **trajetória da dívida**, em audiência pública na Comissão Mista Permanente de Senadores e Deputados (CRFB/88, art.166, §1º) ou conjunta com as comissões temáticas do Congresso Nacional ou equivalente nas Casas Legislativas estaduais e municipais.

LEI DE RESPONSABILIDADE FISCAL

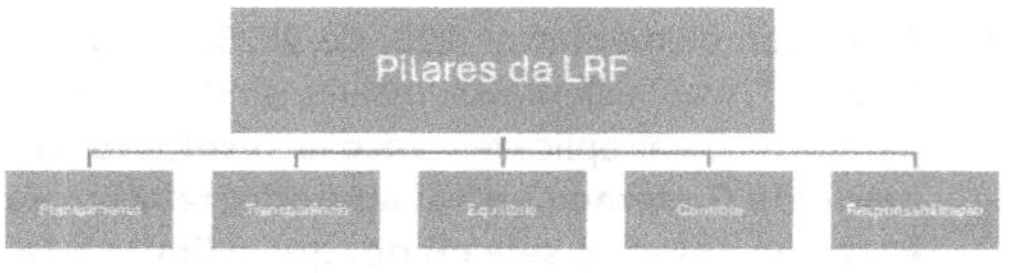

- **Empresa controlada: "**Sociedade cuja **maioria do capital social com direito a voto** pertença, direta ou indiretamente, a ente da Federação" (LRF, art. 2º, II).

- **Empresa estatal dependente: "**Empresa controlada que **receba do ente controlador recursos financeiros** para pagamento de despesas com pessoal ou de custeio em geral ou de capital, excluídos, no último caso, aqueles provenientes de aumento de participação acionária" (LRF, art. 2º, III).

Receita corrente líquida: "Somatório das receitas tributárias, de contribuições, patrimoniais, industriais, agropecuárias, de serviços, transferências correntes e outras receitas também correntes, deduzidos: a) na União, os valores transferidos aos Estados e Municípios por determinação constitucional ou legal, e as contribuições mencionadas na alínea a do inciso I e no inciso II do art. 195, e no art. 239 da Constituição; b) nos Estados, as parcelas entregues aos Municípios por determinação constitucional; c) na União, nos Estados e nos Municípios, a contribuição dos servidores para o custeio do seu sistema de previdência e assistência social e as receitas provenientes da compensação financeira citada no § 9º do art. 201 da Constituição" (LRF, art. 2º, IV).

- Sobre a receita pública, a LRF destaca que constituem requisitos essenciais da responsabilidade na gestão fiscal a instituição, previsão e efetiva arrecadação de **todos os tributos** da competência constitucional do ente da Federação, sendo **vedada a realização de transferências voluntárias** para o ente que não observe tal disposição, no que diz respeito aos **impostos** (LRF, art. 11).

- Sobre a **renúncia de receita**, o art. 14 da LRF estabelece que "a concessão ou ampliação de incentivo ou benefício de natureza tributária da qual decorra renúncia de receita deverá estar acompanhada de estimativa do impacto orçamentário-financeiro no exercício em que deva iniciar sua vigência e nos dois seguintes, atender ao disposto na lei de diretrizes orçamentárias e a peno menos uma das seguintes condições: I - **demonstração pelo proponente de que a renúncia foi considerada na estimativa de receita da lei orçamentária**, na forma do art. 12, e de que não afetará as metas de resultados fiscais previstas no anexo próprio da lei de diretrizes orçamentárias; II - estar **acompanhada de medidas de compensação**, no período mencionado no *caput*, por meio do aumento de receita, proveniente da elevação de alíquotas, ampliação da base de cálculo, majoração ou criação de tributo ou contribuição.

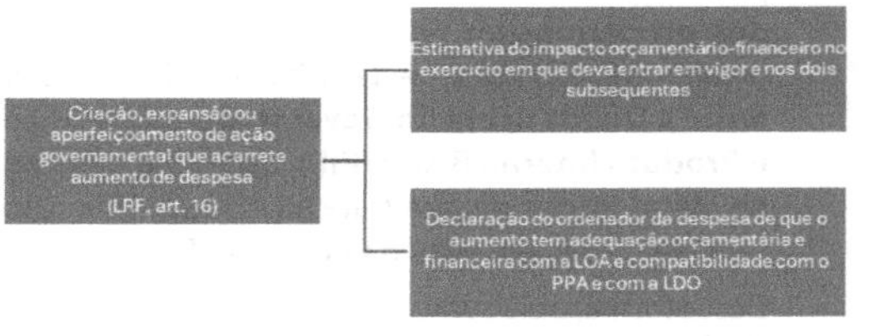

- Para fins da LRF, considera-se **adequada com a lei orçamentária anual**, a despesa objeto de dotação específica e suficiente, ou que esteja abrangida por crédito genérico, de forma que somadas todas as despesas da mesma espécie, realizadas e a realizar, previstas no programa de trabalho, não sejam ultrapassados os limites estabelecidos para o exercício (LRF, art. 16, §1º, I).

- Da mesma forma, considera-se **compatível com o plano plurianual e a lei de diretrizes orçamentárias**, a despesa que se conforme com as diretrizes, objetivos, prioridades e metas previstos nesses instrumentos e não infrinja qualquer de suas disposições (LRF, art. 16, §1º, II).

- Atenção: a LRF traz como **exceção** a despesa considerada irrelevante, nos termos do que dispuser a Lei de Diretrizes Orçamentárias.

- Em relação à despesa obrigatória de caráter continuado, a LRF conceituou-a como "a despesa corrente derivada de **lei, medida provisória ou ato administrativo normativo** que fixem para o ente a obrigação legal de sua execução por **um período superior a dois exercícios**" (LRF, art. 17)

- No caso da Despesa Obrigatória de Caráter Continuado (DOCC), os atos que as criar ou aumentar deverá ser instruído com a estimativa do impacto orçamentário-financeiro no exercício em que deva estrar em vigor e nos dois subsequentes (LRF, art. 16, I) e demonstrar a origem dos recursos para seu custeio.
- Tais disposições sobre a DOCC não se aplicam às despesas destinadas ao serviço da dívida nem ao reajustamento de remuneração de pessoal de que trata o inciso X do art. 37 da Constituição (LRF, art. 17, §6º).
- OBS: CRFB/88, art. 37, X - a remuneração dos servidores públicos e o subsídio de que trata o § 4º do art. 39 somente poderão ser fixados ou alterados por lei específica, observada a iniciativa privativa em cada caso, assegurada revisão geral anual, sempre na mesma data e sem distinção de índices.
  - Considera-se aumento de despesa a prorrogação daquela criada por prazo determinado (LRF, art. 17, §7º).

ATENÇÃO! Importante!

Despesas com pessoal

CRFB/88, Art. 169. A despesa com pessoal ativo e inativo e pensionistas da União, dos Estados, do Distrito Federal e dos Municípios não pode exceder os limites estabelecidos em lei complementar.

§ 1º A concessão de qualquer vantagem ou aumento de remuneração, a criação de cargos, empregos e funções ou alteração de estrutura de carreiras, bem como a admissão ou contratação de pessoal, a qualquer título, pelos órgãos e entidades da administração direta ou indireta, inclusive fundações instituídas e mantidas pelo poder público, só poderão ser feitas:

I - se houver prévia dotação orçamentária suficiente para atender às projeções de despesa de pessoal e aos acréscimos dela decorrentes

II - se houver autorização específica na lei de diretrizes orçamentárias, ressalvadas as empresas públicas e as sociedades de economia mista

§ 2º Decorrido o prazo estabelecido **na lei complementar** referida neste artigo para a adaptação aos parâmetros ali previstos, serão imediatamente suspensos todos os repasses de verbas federais ou estaduais aos Estados, ao Distrito Federal e aos Municípios que não observarem os referidos limites

§ 3º Para o cumprimento dos limites estabelecidos com base neste artigo, durante o prazo fixado na **lei complementar** referida no caput, a União, os Estados, o Distrito Federal e os Municípios adotarão as seguintes providências

I - redução em pelo menos vinte por cento das despesas com cargos em comissão e funções de confiança

II - exoneração dos servidores não estáveis

§ 4º Se as medidas adotadas com base no parágrafo anterior não forem suficientes para assegurar o cumprimento da determinação da lei complementar referida neste artigo, o servidor estável poderá perder o cargo, desde que ato normativo motivado de cada um dos Poderes especifique a atividade funcional, o órgão ou unidade administrativa objeto da redução de pessoal.

§ 5º O servidor que perder o cargo na forma do parágrafo anterior fará jus a indenização correspondente a um mês de remuneração por ano de serviço.

§ 6º O cargo objeto da redução prevista nos parágrafos anteriores será considerado extinto, vedada a criação de cargo, emprego ou função com atribuições iguais ou assemelhadas pelo prazo de quatro anos

§ 7º Lei federal disporá sobre as normas gerais a serem obedecidas na efetivação do disposto no § 4º.

- A lei complementar indicada pelo texto constitucional é, justamente, a LC 101/2000 (Lei de Responsabilidade Fiscal), que conceitua despesas com pessoal como "o somatório dos gastos do ente da Federação com os ativos, os inativos e os pensionistas, relativos a mandatos eletivos, cargos, funções ou empregos, civis, militares e de membros de Poder, com quaisquer espécies remuneratórias, tais como vencimentos e vantagens, fixas e variáveis, subsídios, proventos da aposentadoria, reformas e pensões, inclusive adicionais, gratificações, horas extras e vantagens pessoais de qualquer natureza, bem como encargos sociais e contribuições recolhidas pelo ente às entidades de previdência" (art. 18)
- A despesa total com pessoal será apurada somando-se a realizada no **mês em referência com as dos 11 imediatamente anteriores**, adotando-se o **regime de competência**, independentemente de empenho, observando-se a remuneração bruta do servidor, sem qualquer dedução ou retenção, ressalvada a redução para o atendimento do teto remuneratório, previsto no art. 37, IX, da CRFB/88.
  - Observação: "**Regime de competência** significa que, ainda que não efetivamente satisfeitos, serão considerados aqueles valores correspondentes a despesas que, embora ainda permaneçam (tais valores) na esfera de poder do ente estatal, serão objeto de futura liquidação, o que se verifica mediante o empenho (ato que cria para o Estado a obrigação de pagar, ainda que em momento ulterior)". (ALMEIDA; LISBOA, 2017, p. 167).

Limites para as despesas com pessoal - % da Receita Corrente Líquida	
União 50%	Poder Legislativo (inclusive Tribunal de Contas) – 2,5%
	Poder Judiciário – 6%
	Poder Executivo – 40,9% (3% para DF e ex-territórios e 37,9% para União)
	Ministério Público da União – 0,6%

Limites para as despesas com pessoal - % da Receita Corrente Líquida	
Estados 60%	Poder Legislativo (inclusive Tribunal de Contas) – 3%
	Poder Judiciário – 6%
	Poder Executivo – 49%
	Ministério Público Estadual – 2%
Municípios 60%	Poder Legislativo (inclusive Tribunal de Contas do Município) – 6%
	Poder Executivo – 54%

- **Limite prudencial:** LRF, art. 22, Parágrafo único. Se a despesa total com pessoal exceder a **95% (noventa e cinco por cento) do limite**, são **vedados** ao Poder ou órgão referido no art. 20 que houver incorrido no excesso: I - concessão de vantagem, aumento, reajuste ou adequação de remuneração a qualquer título, salvo os derivados de sentença judicial ou de determinação legal ou contratual, ressalvada a revisão prevista no inciso X do art. 37 da Constituição; II - criação de cargo, emprego ou função; III - alteração de estrutura de carreira que implique aumento de despesa; IV - provimento de cargo público, admissão ou contratação de pessoal a qualquer título, ressalvada a reposição decorrente de aposentadoria ou falecimento de servidores das áreas de educação, saúde e segurança; V - contratação de hora extra, salvo no caso do disposto no inciso II do § 6º do art. 57 da Constituição e as situações previstas na lei de diretrizes orçamentárias.
- Se a despesa total com pessoal, do Poder ou órgão referido no art. 20, **ultrapassar os limites** definidos no mesmo artigo, sem prejuízo das medidas previstas no art. 22, o percentual **excedente terá de ser eliminado nos dois quadrimestres seguintes**, sendo pelo menos um terço no primeiro, adotando-se, entre outras, as providências previstas nos §§ 3º e 4º do art. 169 da Constituição. (LRF, art. 23)
- No caso do inciso I do § 3º do art. 169 da Constituição, o objetivo poderá ser alcançado tanto pela extinção de cargos e funções quanto pela redução dos valores a eles atribuídos (LRF, art. 23, §1º).
- **CUIDADO!** - É facultada a redução temporária da jornada de trabalho com adequação dos vencimentos à nova carga horária (LEF, art. 23, §2º) - **ADI 2238 - INCONSTITUCIONAL (CRFB/88, art. 37, XV)**
- LRF, art. 23, §3º: Não alcançada a redução no prazo estabelecido e enquanto perdurar o excesso, o Poder ou órgão referido no art. 20 não poderá: I - receber transferências voluntárias; II - obter garantia, direta ou indireta, de outro ente; III - contratar operações de crédito, ressalvadas as destinadas ao pagamento da dívida mobiliária e as que visem à redução das despesas com pessoal.
- As restrições do § 3º aplicam-se **imediatamente se a despesa total com pessoal exceder o limite no primeiro quadrimestre do último ano do mandato dos titulares de Poder ou órgão** referidos no art. 20. (LRF, art. 23, §4º)
- LRF, art. 23, § 5º As restrições previstas no § 3º deste artigo não se aplicam ao Município em caso de queda de receita real superior a 10% (dez por cento), em comparação ao correspondente quadrimestre do exercício financeiro anterior, devido a I – diminuição das transferências recebidas do Fundo de Participação dos Municípios decorrente de concessão de isenções tributárias pela União; II – diminuição das receitas recebidas de royalties e participações especiais.
- LRF, art. 23, § 6º O disposto no § 5º deste artigo só se aplica caso a despesa total com pessoal do quadrimestre vigente não ultrapasse o limite percentual previsto no art. 19 desta Lei Complementar, considerada, para este cálculo, a receita corrente líquida do quadrimestre correspondente do ano anterior atualizada monetariamente.
- **Limite de alerta:** LRF, art. 59, § 1º Os Tribunais de Contas alertarão os Poderes ou órgãos referidos no art. 20 quando constatarem: II - que o montante da despesa total com pessoal ultrapassou **90% (noventa por cento) do limite**;

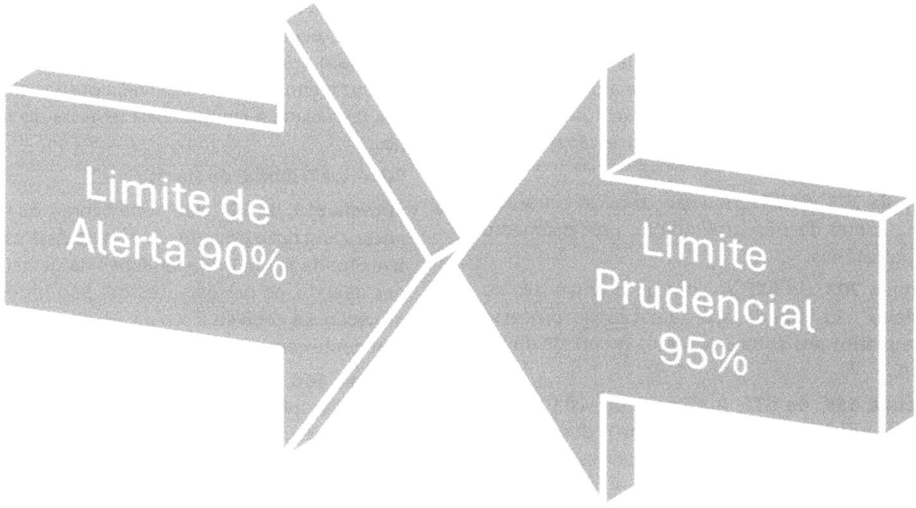

- **Transferências Voluntárias:** "entrega de recursos correntes ou de capital a outro ente da Federação, a título de cooperação ou assistência financeira, que não decorra de determinação constitucional, legal ou os destinados ao Sistema Único de Saúde." (LRF, art. 25)
- **Dívida pública consolidada ou fundada:** "montante total, apurado sem duplicidade, das obrigações financeiras do ente da Federação, assumidas em virtude de leis, contratos, convênios ou tratados e da realização de operações de crédito, para amortização em prazo superior a doze meses" (LRF, art. 29, I).
- **Dívida Pública Mobiliária:** "dívida pública representada por títulos emitidos pela União, inclusive os do Banco Central do Brasil, Estados e Municípios" (LRF, art. 29, II).
- **Operação de crédito:** "compromisso financeiro assumido em razão de mútuo, abertura de crédito, emissão e aceite de título, aquisição financiada de bens, recebimento antecipado de valores provenientes da venda a termo de bens e serviços, arrendamento mercantil e outras operações assemelhadas, inclusive com o uso de derivativos financeiros" (LRF, art. 29, III).
- **Concessão de garantia:** "compromisso de adimplência de obrigação financeira ou contratual assumida por ente da Federação ou entidade a ele vinculada" (LRF, art. 29, IV).
- **Refinanciamento da dívida mobiliária:** "emissão de títulos para pagamento do principal acrescido da atualização monetária" (LRF, art. 29, V).
- **Instrumentos de transparência da gestão fiscal**, aos quais será dada ampla divulgação: os planos, orçamentos e leis de diretrizes orçamentárias; as prestações de contas e o respectivo parecer prévio, o Relatório Resumido da Execução Orçamentária e o Relatório de Gestão Fiscal, e as versões simplificadas desses documentos.
- **Riscos Fiscais:** "possibilidade da ocorrência de eventos que venham a impactar negativamente as contas públicas, eventos estes resultantes da realização das ações previstas no programa de trabalho para o exercício ou decorrentes das metas de resultados, correspondendo, assim, aos riscos provenientes das obrigações financeiras do governo". (Brasil, Manual de Demonstrativos Fiscais, 2020. 10.ed.p. 39)
- **Metas Fiscais:** Representam os resultados a serem alcançados para variáveis fiscais visando atingir os objetivos desejados pelo ente da Federação quanto à trajetória de endividamento no médio prazo. Pelo princípio da gestão fiscal responsável, as metas representam a conexão entre o planejamento, a elaboração e a execução do orçamento. Esses parâmetros indicam os rumos da condução da política fiscal para os próximos exercícios e servem de indicadores para a promoção da limitação de empenho e de movimentação financeira. (Brasil, Manual de Demonstrativos Fiscais, 2020. 10.ed.p. 60)

✦ SÚMULAS RELACIONADAS A DIREITO FINANCEIRO

- **Supremo Tribunal Federal**

- **Súmula Vinculante 17**. Durante o período previsto no parágrafo 1º do artigo 100 da Constituição, não incidem juros de mora sobre os precatórios que nele sejam pagos.

- **Súmula Vinculante 3.** Nos processos perante o Tribunal de Contas da União asseguram-se o contraditório e a ampla defesa quando da decisão puder resultar anulação ou revogação de ato administrativo que beneficie o interessado, excetuada a apreciação da legalidade do ato de concessão inicial de aposentadoria, reforma e pensão.
- **Súmula 733, do STF.** Não cabe recurso extraordinário contra decisão proferida no processamento de precatórios.
- **Súmula 703, do STF.** A extinção do mandato do prefeito não impede a instauração de processo pela prática dos crimes previstos no art. 1º do Dl. 201/67.
- **Súmula 655, do STF.** A exceção prevista no art. 100, *caput*, da Constituição, em favor dos créditos de natureza alimentícia, não dispensa a expedição de precatório, limitando-se a isentá-los da observância da ordem cronológica dos precatórios decorrentes de condenações de outra natureza.
- **Súmula 653, do STF.** No Tribunal de Contas estadual, composto por sete conselheiros, quatro devem ser escolhidos pela Assembleia Legislativa e três pelo Chefe do Poder Executivo estadual, cabendo a este indicar um dentre auditores e outro dentre membros do Ministério Público, e um terceiro a sua livre escolha.
- **Súmula 647, do STF.** Compete privativamente à União legislar sobre vencimentos dos membros das polícias civil e militar do Distrito Federal.
- **Súmula 578, do STF.** Não podem os Estados, a título de ressarcimento de despesas, reduzir a parcela de 20% do produto da arrecadação do imposto de circulação de mercadorias, atribuída aos Municípios pelo art. 23, § 8º, da Constituição Federal.
- **Súmula 545, do STF.** Preços de serviços públicos e taxas não se confundem, porque estas, diferentemente daqueles, são compulsórias e têm sua cobrança condicionada à prévia autorização orçamentária, em relação à lei que as instituiu.
- **Súmula 347, do STF.** O Tribunal de Contas, no exercício de suas atribuições, pode apreciar a constitucionalidade das leis e dos atos do poder público.
- **Súmula 248, do STF.** É competente, originariamente, o Supremo Tribunal Federal, para mandado de segurança contra ato do Tribunal de Contas da União.
- **Súmula 66, do STF.** É legítima a cobrança do tributo que houver sido aumentado após o orçamento, mas antes do início do respectivo exercício financeiro.
- **Súmula 42, do STF.** É legítima a equiparação de juízes do Tribunal de Contas, em direitos e garantias, aos membros do Poder Judiciário.
- **Súmula 6, do STF.** A revogação ou anulação, pelo Poder Executivo, de aposentadoria, ou qualquer outro ato aprovado pelo Tribunal de Contas, não produz efeitos antes de aprovada por aquele Tribunal, ressalvada a competência revisora do Judiciário.

Superior Tribunal de Justiça

- **Súmula 615, do STJ.** Não pode ocorrer ou permanecer a inscrição do município em cadastros restritivos fundada em irregularidades na gestão anterior quando, na gestão sucessora, são tomadas as providências cabíveis à reparação dos danos eventualmente cometidos.
- **Súmula 566, do STJ.** Nos contratos bancários posteriores ao início da vigência da Resolução-CMN nº 3.518/2007, em 30/4/2008, pode ser cobrada a tarifa de cadastro no início do relacionamento entre o consumidor e a instituição financeira.
- **Súmula 565, do STJ.** A pactuação das tarifas de abertura de crédito (TAC) e de emissão de carnê (TEC), ou outra denominação para o mesmo fato gerador, é válida apenas nos contratos bancários anteriores ao início da vigência da Resolução-CMN nº 3.518/2007, em 30/4/2008.
- **Súmula 461, do STJ.** O contribuinte pode optar por receber, por meio de precatório ou por compensação, o indébito tributário certificado por sentença declaratória transitada em julgado.
- **Súmula 452, do STJ.** A extinção das ações de pequeno valor é faculdade da Administração Federal, vedada a atuação judicial de ofício.
- **Súmula 447, do STJ.** Os Estados e o Distrito Federal são partes legítimas na ação de restituição de imposto de renda retido na fonte proposta por seus servidores.
- **Súmula 406, do STJ.** A Fazenda Pública pode recusar a substituição do bem penhorado por precatório.
- **Súmula 311, do STJ.** Os atos do presidente do tribunal que disponham sobre processamento e pagamento de precatório não têm caráter jurisdicional.
- **Súmula 209, do STJ.** Compete à Justiça Estadual processar e julgar prefeito por desvio de verba transferida e incorporada ao patrimônio municipal.
- **Súmula 208, do STJ.** Compete à Justiça Federal processar e julgar prefeito municipal por desvio de verba sujeita a prestação de contas perante órgão federal.
- **Súmula 164, do STJ.** O prefeito municipal, após a extinção do mandato, continua sendo sujeito a processo por crime previsto no art. 1 do Dec. Lei 201, de 27/02/67.

- **Súmula 150, do STJ**. Compete à Justiça federal decidir sobre a existência de interesse jurídico que justifique a presença, no processo, da União, suas autarquias e empresas públicas.
- **Súmula 144, do STJ**. Os créditos de natureza alimentícia gozam de preferência, desvinculados os precatórios da ordem cronológica dos créditos de natureza diversa.

Informativos do Supremo Tribunal Federal

"A compensação dos débitos da Fazenda Pública inscritos em precatórios, prevista nos §§ 9º e 10 do art. 100 da Constituição Federal, incluídos pela EC nº 62/09, viola frontalmente o texto constitucional, pois obsta a efetividade da jurisdição (CRFB/88, art. 5º, XXXV), desrespeita a coisa julgada material (CRFB/88, art. 5º, XXXVI), vulnera a Separação dos Poderes (CRFB/88, art. 2º) e ofende a isonomia entre o Poder Público e o particular (CRFB/88, art. 5º, caput)." (RE 678.360/RS, rel. Min. Luiz Fux, j. 26.11.2024. STF, Info 1160).

"1. É vedada a expedição de precatórios complementares ou suplementares de valor pago, salvo nas hipóteses de erro material, inexatidão aritmética ou substituição de índices aplicáveis por força de alteração normativa; 2. A verificação de enquadramento nas hipóteses admitidas de complementação ou suplementação de precatório pressupõe o reexame de matéria fático-probatória." (ARE 1.491.413/SP, rel. Min. Presidente, j. 26.11.2024. STF, Info 1160).

"Lei estadual não pode assegurar autonomia orçamentária e financeira à Perícia Oficial de Natureza Criminal criada na estrutura da Polícia Civil correspondente". (ADI 4.354/DF, rel. Min. Dias Toffoli, j. 07.11.2024; ARE 1.454.560 AgR/MA, rel. Min. André Mendonça, j. 07.11.2024; ADI 7.627/RS, rel. Min. Cármen Lúcia, j. 07.11.2024. STF, Info 1158).

"É constitucional - e não ofende os arts. 73, § 4º, e 75, caput, da Constituição Federal, de observância obrigatória pelos estados-membros - norma de Regimento Interno de Tribunal de Contas estadual que impede auditor de votar nas eleições internas para a composição dos cargos diretivos do órgão, ainda que no exercício da substituição de ministro ou conselheiro titular". (ADI 6.054/AL, rel. Min. Gilmar Mendes, j. 25.10.2024. STF Info 1156).

"São formalmente inconstitucionais - pois violam a competência da União para legislar sobre direito civil e processual civil (CF/1988, art. 22, I), bem como sobre normas gerais de direito financeiro (CF/1988, art. 24, I) - normas estaduais que tratam da disponibilização, ao Poder Executivo, dos depósitos judiciais relativos a valores de tributos estaduais, inclusive seus acessórios, independentemente de qualquer formalidade". (ADI 2.647/PR, rel. Min. Nunes Marques, j. 8.10.2024. STF Info 1155).

"Durante o 'período de graça' (CF/1988, art. 100, § 5º), não incide a taxa SELIC aos valores inscritos em precatórios (EC nº 113/2021, art. 3º), de modo que o montante devido pela Fazenda Pública terá exclusivamente correção monetária". (RE 1.515.163/RS, relator Ministro Presidente, julgamento finalizado no Plenário Virtual em 11.10.2024. STF Info 1154).

"A iniciativa legislativa para definição de obrigações de pequeno valor para pagamento de condenação judicial não é reservada ao chefe do Poder Executivo." (RE 1.496.204/DF, rel. Min. Presidente, j. 04.10.2024. STF Info 1153).

"Os valores dos créditos tributários extintos que decorram de compensação ou de transação (CTN/1966, arts. 170 e 171) devem integrar o cálculo do percentual de transferência da quota pertencente às municipalidades sobre o produto da arrecadação do ICMS relativo à repartição constitucional das receitas tributárias, na medida em que é desnecessário, para esse cômputo, o efetivo recolhimento do imposto". (ADI 3.837/DF, rel. Min. Nunes Marques, j. 20.09.2024. STF Info 1151).

"É correta a interpretação conforme à Constituição no sentido de que o disposto no § 4º-A do art. 1º da LC 64/90 aplica-se apenas aos casos de julgamento de gestores públicos pelos Tribunais de Contas." (RE 1.459.224/SP, rel. Min. Gilmar Mendes, j. 13.09.2024. STF Info 1150).

"O art. 207 da Constituição exige que o regime financeiro-orçamentário aplicável às universidades públicas lhes assegure um espaço mínimo de autogestão. Tal diretriz pode ser concretizada inclusive, mas não obrigatoriamente, pelo repasse orçamentário na forma de duodécimos." (ADPF 474/RJ, rel. Min. Rosa Weber, redator do acórdão Min. Luís Roberto Barroso, j. 06.09.2024. STF Info 1149).

"É constitucional norma de Lei Orgânica de Tribunal de Contas estadual que veda a seus membros o exercício do comércio ou a participação em sociedade comercial, inclusive de economia mista, exceto como acionista ou quotista sem poder de voto ou participação majoritária. (ADI 3.815/PR, rel. Min. Dias Toffoli, redator do acórdão Min. Edson Fachin, j. 06.09.2024. STF, Info 1149).

"É constitucional - por não versar sobre matéria relativa à organização, à estrutura interna, ao funcionamento ou ao exercício do poder fiscalizatório dos Tribunais de Contas (CF/1988, arts. 73, 75 e 96, II) - lei estadual de iniciativa parlamentar que altera a destinação da receita arrecadada com a cobrança de multas aplicadas pela Corte de Contas local (recursos que são de titularidade da Fazenda estadual)". (ADI 6.557/MT, rel. Min. Cristiano Zanin, j. 16.08.2024. STF Info 1147).

"A execução de créditos individuais e divisíveis decorrentes de título judicial coletivo, promovida por substituto processual, não caracteriza o fracionamento de precatório vedado pelo § 8º do art. 100 da Constituição." (ARE 1.491.569/SP, rel. Min. Presidente, j. 23.08.2024. STF Info 1147).

"É inconstitucional, por violação aos arts. 130 e 75 da CF/1988, norma estadual que confere autonomia administrativa e orçamentária ao Ministério Público Estadual junto ao Tribunal de Contas, garantida a independência funcional de seus membros e os meios necessários para o desempenho da função". (ADI 5.254/PA, rel. Min. Luís Roberto Barroso, j. 21.08.2024. STF, Info 1147).

OBS: O Ministério Público junto ao Tribunal de Contas ("Ministério Público especial") encontra-se organicamente inserido na estrutura da respectiva Corte de Contas, motivo pelo qual não detém autonomia administrativa e orçamentária.

"Encontram-se presentes os requisitos para a concessão da medida cautelar, pois: (i) há plausibilidade jurídica no que se refere à alegada inexistência dos instrumentos de planejamento e inadequação de mecanismos de controle das transferências especiais ("emendas Pix"); e (ii) há perigo da demora na prestação jurisdicional, consubstanciado no risco de dano ao erário e à ordem constitucional, caso a realização das "emendas Pix" continue sem ferramentas e procedimentos que assegurem a transparência e a rastreabilidade dos dados" (CF/1988, art. 163-A). (ADI 7.688 MC-Ref/DF, rel. Min. Flávio Dino, j. 16.08.2024 (sexta-feira); ADI 7.695 MC-Ref/DF, rel. Min. Flávio Dino, j. 16.08.2024; ADI 7.697 MC-Ref/DF, rel. Min. Flávio Dino, j. 16.08.2024. STF, Info 1146).

"Quando não houver o pagamento das parcelas do precatório, podem incidir juros de mora durante o prazo de parcelamento estabelecido no art. 78 do Ato das Disposições Constitucionais Transitórias (ADCT), excluindo-se o "período de graça constitucional" (CF/1988, art. 100, § 5º)". (ARE 1.462.538 AgR/PR, rel. Min. Alexandre de Moraes, redator do acórdão Min. Luiz Fux, j. 06.08.2024. STF, Info 1145).

"1. É constitucional a criação de órgão para assessoramento e consultoria jurídica de Tribunal de Contas, podendo, todavia, realizar a representação judicial da Corte exclusivamente nos casos em que discutidas prerrogativas institucionais ou a autonomia do TCE. 2. É inconstitucional, por violação ao art. 37, II, da CF/1988, o aproveitamento de servidores titulares de cargos públicos diversos, por designação, para atuarem como advogados do Tribunal de Contas." (ADI 7.177/PR, rel. Min. Luís Roberto Barroso, j. 06.08.2024. STF, Info 1144).

"1. O Município prejudicado é o legitimado para a execução de crédito decorrente de multa aplicada por Tribunal de Contas estadual a agente público municipal, em razão de danos causados ao erário municipal. 2. Compete ao Estado-membro a execução de crédito decorrente de multas simples, aplicadas por Tribunais de Contas estaduais a agentes públicos municipais, em razão da inobservância das normas de Direito Financeiro ou, ainda, do descumprimento dos deveres de colaboração impostos, pela legislação, aos agentes públicos fiscalizados." (ADPF 1.011/PE, rel. Min. Gilmar Mendes, j. 28.06.2024. STF, Info 1143).

"O art. 4º da Emenda Constitucional 42/2003 validou os adicionais instituídos pelos Estados e pelo Distrito Federal para financiar os Fundos de Combate à Pobreza." (RE 592.152/SE, rel. Min. Cristiano Zanin, j. 10.06.2024. STF, Info 1140).

"É inconstitucional - por violar o princípio da separação dos Poderes (CF/1988, art. 2º), bem como por ofender os direitos fundamentais à propriedade (CF/1988, art. 5º, XXII e XXIV), à isonomia (CF/1988, art. 5º, caput), ao devido processo legal substantivo (CF/1988, art. 5º, LIV) e ao acesso à jurisdição (CF/1988, art. 5º, XXXV) - o regime excepcional de parcelamento de precatórios instituído pela EC nº 30/2000". (ADI 2.356/DF, rel. Min. Nunes Marques, j. 06.05.2024/ ADI 2.362/DF, rel. Min. Nunes Marques, j. 06.05.2024. STF, Info 1135).

"São inconstitucionais - por violarem os princípios republicano e democrático - normas estaduais (Constituição, lei e regimento interno) que permitem mais de uma reeleição consecutiva para o mesmo cargo diretivo do Tribunal de Contas local". (ADI 7.180/AP, rel. Min. Alexandre de Moraes, j. 19.04.2024. STF, Info 1133).

"A ausência de prévia estimativa de impacto financeiro e orçamentário na proposta legislativa que implique renúncia de receita tributária acarreta inconstitucionalidade formal, nos termos do art. 113 do ADCT, que é aplicável a todos os entes federativos". (RE 1.343.429/SP, rel. Min. Dias Toffoli, j. 08.04.2024. STF, Info 1131).

"É constitucional a autorização conferida ao Banco Central do Brasil (BCB), por lei federal, para adquirir papel-moeda e moeda metálica fabricados fora do País por fornecedor estrangeiro, com o objetivo de abastecer o meio circulante nacional". (ADI 6.936/DF, rel. Min. Dias Toffoli, j. 08.04.2024. STF, Info 1131).

"É inconstitucional - por afrontar os princípios da segurança jurídica e da proteção da confiança legítima - decisão normativa do Tribunal de Contas da União (TCU) que promove alteração dos coeficientes a serem utilizados no cálculo das cotas do Fundo de Participação dos Municípios (FPM) em desacordo com a regra prevista na Lei Complementar nº 165/2019". (ADPF 1.043/DF, rel. Min. Cristiano Zanin, j. 08.03.2024. STF, Info 1127).

"É constitucional a autorização ao Poder Executivo, por lei federal, para instituir produtos lotéricos cujo percentual da arrecadação será destinado ao Fundo Nacional de Saúde (FNS) e à Agência Brasileira de Promoção Internacional do Turismo (Embratur). (ADI 7.451/DF, rel. Min. Alexandre de Moraes, j. 08.03.2024. STF, Info 1127).

"Compete a cada ente federativo, segundo sua capacidade econômica, fixar o valor- teto das obrigações de pequeno valor decorrentes de sentenças judiciais para pagamento independentemente de precatórios, desde que o valor mínimo corresponda ao montante do maior benefício do Regime Geral de Previdência Social (CF/1988, art. 100, §§ 3º e 4º; e ADCT, art. 87). Contudo, lhes é vedado ampliar a dispensa de precatórios para hipóteses não previstas no texto constitucional, sob pena de ofensa ao princípio da isonomia, uma vez consideradas as situações não abarcadas pelo privilégio (CF/1988, art. 5º, caput)". (ADI 5.706/RN, rel. Min. Luiz Fux, j. 23.02.2024. STF, Info 1125).

"Encontram-se presentes os requisitos para a concessão da medida cautelar, pois: (i) há plausibilidade jurídica no que se refere ao direito alegado pelo requerente, tendo em vista que se encontra em consonância com a jurisprudência firmada por esta Corte quanto ao modelo de reprodução obrigatória, o qual enseja a necessidade de observância ao princípio da simetria que rege a organização dos entes estaduais (CF/1988, art. 25, caput); e (ii) há perigo da demora na prestação jurisdicional, decorrente da necessária adequação do Projeto de Lei Orçamentária Anual (LOA) local à nova redação da Constituição estadual e sua expressiva repercussão no âmbito da saúde pública. (ADI 7.493 MC-Ref/MT, rel. Min. Dias Toffoli, j. 20.02.2024, STF Info 1124)

"No âmbito da tomada de contas especial, é possível a condenação administrativa de Chefes dos Poderes Executivos municipais, estaduais e distrital pelos Tribunais de Contas, quando identificada a responsabilidade pessoal em face de irregularidades no cumprimento de convênios interfederativos de repasse de verbas, sem necessidade de posterior julgamento ou aprovação do ato pelo respectivo Poder Legislativo." (ARE 1.436.197/RO, rel. Ministro Luiz Fux, j. 18.12.2023. STF, Info 1121).

Informativos do Superior Tribunal de Justiça

Tribunal de contas Estadual. Anulação de ato do Procurador-Geral de Contas. Deliberação. Necessidade de participação do Ministério Público junto ao Tribunal de Contas. Ofensa aos Princípios do Contraditório e da Ampla Defesa. Ocorrência. É ilegal o ato praticado pelos Conselheiros do Tribunal de Contas Estadual que, durante Sessão Plenária Administrativa, sem a participação do Ministério Público de Contas, delibera sobre matérias relativas a atos praticados pelo Procurador-Geral do Ministério Público de Contas de Estado. (AgInt no RMS 50.353-MS, Rel. Min. Teodoro Silva Santos, j. em 16/9/2024. STJ, Info 832)

Processo em Tribunal de Contas Estadual. Relator vencido. Acórdão em matéria preliminar. Redistribuição do feito. Desnecessidade. Não há necessidade de redistribuição do feito nos casos em que o relator/conselheiro de Tribunal de Contas seja vencido em decisão colegiada de natureza interlocutória (preliminar), quando inexistente previsão específica. (RMS 68.561-PB, Rel. Min. Gurgel de Faria, Primeira Turma, j. 27/8/2024. STJ, Info 823).

Crime de responsabilidade. Membro de Tribunal de Contas Estadual. Competência do Superior Tribunal de Justiça. Súmula Vinculante n. 46. Competência privativa da União para definição dos crimes de responsabilidade. Crime de homicídio, tentado ou consumado. Analogia in malam

partem. Indeferimento da petição inicial. A competência do Superior Tribunal de Justiça para o processo e julgamento dos crimes de responsabilidade praticados por membros dos Tribunais de Contas dos Estados (art. 105,I, "a", da CF/1988) não abarca a suposta autoria intelectual de crime de homicídio, tentado ou consumado. (Processo em segredo de justiça, Rel. Min. Raul Araújo, Corte Especial, j. 21/8/2024. STJ, Info 822).

Tribunal de contas local. Competência. Determinação de ressarcimento ao erário e multa. Prefeito municipal. Ato irregular de gestão. Tema de Repercussão Geral do STF n. 1.287. Aplicação. Os Tribunais de Contas detêm competência para julgar atos praticados por prefeitos municipais na condição de ordenadores de despesas e, quando constatadas irregularidades ou ilegalidades, têm o poder-dever de aplicar sanções, no exercício das atribuições fiscalizatórias e sancionatórias. (RMS 13.499-CE, Rel. Min. Teodoro Silva Santos, Segunda Turma, j. 6/8/2024. STJ, Info 820).

Crime contra o Sistema Financeiro Nacional. Gestão Fraudulenta. Art. 4º, caput, da Lei n. 7.492/1986. Condenação de terceiro. Possibilidade, em tese. Aderência do acusado à conduta dos gestores fraudulentos. Insuficiência de provas. Condenação fundamentada em presunções. Descabimento. A condenação de terceiro pelo crime do art. 4º, caput, da Lei n. 7.492/1986 exige a demonstração concreta, por meio de elementos de provas, da ciência de que os atos para os quais estava concorrendo tinham por finalidade a gestão fraudulenta da instituição financeira. (REsp 2.116.936-BA, Rel. Min. Teodoro Silva Santos, Sexta Turma, j. 12/3/2024. STJ, Info 804).

Direito Penal

Juliano de Freitas Silva e
Marcilha de Queiroz Murad Freitas Silva

TABELA DE INCIDÊNCIA DE QUESTÕES

Distribuição das questões organizada por ordem didática de assuntos		
Assunto	**Número de Questões**	**Peso**
1. DA PARTE GERAL DO CÓDIGO PENAL	27	45,76%
2. DA PARTE ESPECIAL DO CÓDIGO PENAL	22	37,29%
3. DA LEGISLAÇÃO ESPECIAL	10	16,95%
Total	**59**	**100%**

Direito Penal

Juliano de Freitas Silva e
Marcilha de Queiroz Murad Freitas Silva

✦ QUESTÕES

1. DA PARTE GERAL DO CÓDIGO PENAL

01. CEBRASPE – 2024 – TCE/PR – Auditor de Controle Externo

Acerca de coação e obediência hierárquica, assinale a opção correta.

a) A coação à prática de crime doloso, seja ela moral ou física, exclui a culpabilidade do agente, que não deve ser punido pelo crime.

b) Tanto o agente que pratica crime doloso em decorrência de coação quanto aquele que o pratica em obediência a ordem de superior hierárquico agem sob a proteção de uma excludente de culpabilidade, independentemente das circunstâncias dos crimes.

c) O agente que pratica crime doloso em cumprimento a uma ordem de seu superior hierárquico não poderá ser responsabilizado pela conduta criminosa.

d) A coação à prática de crime doloso pode tanto excluir a culpabilidade do agente quanto servir para agravar a pena do coator.

e) A coação à prática de crime doloso só é reconhecida como excludente de culpabilidade se a ameaça envolver violência física.

COMENTÁRIOS

✪ **Nota do autor:** questão exige do candidato conhecimento acerca do artigo 22 do Código Penal que trata da coação irresistível e da obediência hierárquica.

Alternativa correta: letra "d": Segundo artigo 22 do Código Penal, se o fato é cometido sob coação irresistível ou em estrita obediência a ordem, não manifestamente ilegal, de superior hierárquico, só é punível o autor da coação ou da ordem. A coação irresistível e a obediência hierárquica são classificadas como causas de exclusão da culpabilidade, por inexigibilidade de conduta diversa.

As demais alternativas encontram-se incorretas

Alternativas "a" "b", "c", e "e": todas estão incorretas, porque não seguem os parâmetros definidos pelo artigo 22, do Código Penal.

02. CEBRASPE – 2024 – TCE/PR – Auditor de Controle Externo

Cada uma das opções a seguir apresenta uma situação hipotética seguida de uma assertiva a ser julgada a respeito de crimes dolosos e culposos. Assinale a opção que apresenta a assertiva correta.

a) Márcia agiu com intenção de causar um resultado, o que não ocorreu por circunstâncias alheias à sua vontade. Nesse caso, a conduta de Márcia é considerada culposa.

b) João agiu assumindo o risco de produzir um resultado criminoso, o que não aconteceu por circunstâncias alheias à sua vontade. Nesse caso, ele cometeu crime culposo.

c) Antônio, não desejando a ocorrência de um resultado, causou-o por negligência. Nessa hipótese, está caracterizada a conduta culposa, que só será punida se houver previsão legal específica.

d) Carlos, com intenção de lesionar a integridade física de Marcos, desferiu contra ele uma série de socos na cabeça, o que gerou traumatismo craniano e, alguns dias depois, a morte da vítima. Nessa situação, ele só responderá pelo resultado que agrava a pena se o houver causado dolosamente.

e) Gabriela agiu prevendo um resultado e assumiu o risco de produzi-lo. Nesse caso, o dolo de Gabriela é classificado como direto, pois houve a previsão do resultado danoso.

COMENTÁRIOS

✪ **Nota do autor:** questão exige do candidato conhecimento acerca do artigo 18 do Código Penal que trata do dolo e da culpa, classificados como elementos integrantes da conduta. Segundo o referido artigo, é doloso o crime quando o agente quis o resultado ou assumiu o risco de produzi-lo e culposo quando o agente deu causa ao resultado por imprudência, negligência ou imperícia.

Alternativa correta: letra "c": Aquele que não deseja a ocorrência do resultado, mas o causa, por negligência, pratica crime culposo, segundo hipótese definida no artigo 18, II, do Código Penal. No direito penal, o dolo é a regra e a culpa a exceção. Dessa forma, o crime culposo somente existe quando houver expressa previsão legal. É o que diz o parágrafo segundo do artigo 18: salvo os casos expressos em lei, ninguém pode ser punido por fato previsto como crime, senão quando o pratica dolosamente.

Alternativas "a" "b", "d", e "e": todas estão incorretas, porque não seguem os parâmetros definidos pelo artigo 18, do Código Penal.

03. CEBRASPE - 2024 - TCE/PR - Auditor de Controle Externo

Cada uma das opções a seguir apresenta uma situação hipotética seguida de uma assertiva a ser julgada a respeito de crime tentado e consumado. Assinale a opção que apresenta a assertiva correta.

a) Rodrigo adentrou um veículo de pessoa terceira que estava estacionado em via pública, com as portas destrancadas e com a chave na ignição, e deu partida no automóvel; no entanto, não conseguiu retirá-lo do local, pois visualizou uma viatura policial se aproximando. Nesse caso, uma vez que não houve qualquer prejuízo à vítima, não ficou configurada a tentativa.

b) Gustavo, após iniciar uma ação criminosa, desistiu de prosseguir na sua execução e impediu a produção do resultado de tal ação. Nesse caso, se denunciado, ele só responderá pelos atos até então praticados.

c) Ricardo, depois de subtrair bens de Bruno mediante o emprego de grave ameaça, reparou voluntariamente o dano causado à vítima, antes do recebimento da denúncia. Nessa situação, Ricardo deverá ser beneficiado com a causa de diminuição de pena do arrependimento posterior.

d) Rogério, valendo-se de um revólver com seis munições aptas para deflagração, desferiu um tiro contra Guilherme, que não foi atingido e sequer notou a ação criminosa. Nessa situação, como Rogério não esgotou todos os meios de execução do crime, ele não responderá pela tentativa.

e) Mário e Jorge, inimigos declarados, encontraram-se, em determinada situação, em uma rua deserta, onde o primeiro sacou um revólver e apertou diversas vezes o gatilho, sem perceber que a arma estava desmuniciada. Nesse caso, Mário deverá responder por crime tentado, haja vista a sua intenção de matar seu rival.

COMENTÁRIOS

✪ **Nota do autor:** trata-se de uma questão que se refere ao tema teoria geral do crime.

Alternativa correta: letra "b": Segundo o artigo 15 do Código Penal: o agente que, voluntariamente, desiste de prosseguir na execução ou impede que o resultado se produza, só responde pelos atos já praticados.

Alternativa "a": incorreta. Rodrigo somente não furtou o veículo por circunstâncias alheias à sua vontade, ou seja, responderá pela forma tentada, segundo artigo 14, II, do Código Penal.

Alternativa "c": incorreta. O arrependimento posterior somente reduzirá a pena nos crimes cometidos sem violência ou grave ameaça, conforme previsão no artigo 16 do Código Penal.

Alternativa "d": incorreta. O crime será tentado quando, iniciada a execução, o crime não se consuma por circunstâncias alheias à vontade do agente, segundo artigo 14, II, do Código Penal. A tentativa será punida, com a pena correspondente ao crime consumado, diminuída de um a dois terços, segundo parágrafo único do mesmo artigo.

Alternativa "e": incorreta. A hipótese narrada na assertiva trata-se de crime impossível, visto a inexistência de potencialidade lesiva da arma utilizada.

04. CEBRASPE - 2024 - TCE/PR - Auditor de Controle Externo

Em relação à aplicação da lei penal, assinale a opção correta.

a) Sentença penal estrangeira que obrigue o condenado a reparar o dano causado pela conduta pode ser homologada no Brasil, independentemente de pedido da parte interessada.

b) Para efeitos de aplicação da lei penal brasileira, as embarcações públicas são consideradas extensão do território nacional, desde que estejam em alto mar.

c) A pena cumprida no estrangeiro só gera efeitos naquela imposta no Brasil quando ambas forem da mesma natureza.

d) A lei excepcional, mesmo que cessadas as circunstâncias que a determinaram, aplica-se ao fato praticado durante sua vigência.

e) Não se aplica a lei brasileira a crime de genocídio praticado no estrangeiro, quando o agente for domiciliado no Brasil, caso ele tenha sido absolvido no exterior.

COMENTÁRIOS

✪ **Nota do autor:** trata-se de questão que se exige do candidato conhecimentos acerca da aplicação da lei penal.

Alternativa correta: letra "d". A assertiva correta encontra-se em consonância com o artigo 3º do Código Penal que determina que a lei excepcional ou temporária, embora decorrido o período de sua duração ou cessadas as circunstâncias que a determinaram, aplica-se ao fato praticado durante sua vigência.

Alternativa "a": incorreta. A homologação da sentença penal estrangeira que obrigar o condenado à reparação do dano, a restituições e a outros efeitos civis depende de pedido da parte interessada, conforme artigo 9º, I e parágrafo único do Código Penal.

Alternativa "b": incorreta. Os crimes praticados em aeronaves ou embarcações brasileiras, mercantes ou de propriedade privada, quando em território estrangeiro e aí não sejam julgados ficam sujeitos à lei brasileira, segundo artigo 7º, II, "c".

Alternativa "c": incorreta. A pena cumprida no estrangeiro atenua a pena imposta no Brasil pelo mesmo crime, quando diversas, ou nela é computada, quando idênticas, nos termos do artigo 8º do Código Penal.

Alternativa "e": incorreta. Ficam sujeitos à lei brasileira, embora cometidos no estrangeiro o crime de de genocídio, quando o agente for brasileiro ou domiciliado no Brasil.

05. FGV – 2024 – TCE/PA – Auditor de Controle Externo

Matheus viu sua namorada, Luísa, abraçando outro homem. Tomado por violenta paixão, diante do intenso ciúme que nutria por sua namorada, Matheus, com intenção de matar, efetuou disparos de arma de fogo contra Luísa.

Após efetuar dois disparos que não atingiram Luísa, embora houvesse outras munições disponíveis, Matheus se arrependeu, cessou os disparos e pediu que Luísa o perdoasse e não o abandonasse.

Nesse caso, o iter criminis

a) não se iniciou, pois Luísa não foi atingida.
b) se iniciou, porém, diante da interrupção, houve apenas tentativa.
c) se iniciou, porém, foi interrompido por desistência voluntária.
d) se iniciou, porém, trata-se de tentativa inidônea.
e) se iniciou, porém, foi interrompido por arrependimento eficaz.

COMENTÁRIOS

✪ **Nota do autor:** trata-se de questão que exige do candidato conhecimentos acerca do *iter criminis*, especialmente da desistência voluntária e do arrependimento eficaz, previstos no artigo 15 do Código Penal.

Alternativa correta: letra "c". O artigo 15 do Código Penal estabelece que o agente que, voluntariamente, desiste de prosseguir na execução responderá somente pelos atos já praticados. Matheus iniciou a fase de execução do crime, que não se consumou porque ele, voluntariamente, interrompeu seu ato, impedindo a consumação do delito.

Alternativa a: incorreta. Uma vez que Matheus efetuou os disparos com a intenção de matar, houve início do *iter criminis*.

Alternativa b: incorreta. Não se trata do caso de tentativa, pois esta se caracteriza pelo fato da consumação não ocorrer por circunstâncias alheias à vontade do agente, como previsto no artigo 14, II, do Código Penal, o que não se enquadra no enunciado da questão.

Alternativa d: incorreta. A tentativa inidônea está prevista no artigo 17 do Código Penal, o qual estabelece que não se pune a tentativa quando, por ineficácia absoluta do meio ou por absoluta impropriedade do objeto, é impossível consumar-se o crime.

Alternativa e: incorreta. Na hipótese do arrependimento eficaz, o agente inicia e concretiza os atos de execução. Porém, impede que o resultado ocorra.

06. FGV – 2024 – TCE/PA – Auditor de Controle Externo

Assinale a opção que contém, respectivamente, uma espécie de pena permitida e uma espécie de pena proibida, de forma expressa, pela Constituição Federal de 1988:

a) Privação de liberdade e de trabalhos forçados.
b) Multa e degredo.
c) Reparação do dano e banimento.
d) Trabalhos forçados e suspensão de direitos.
e) Prestação de contas e de caráter perpétuo.

COMENTÁRIOS

✪ **Nota do autor:** questão que exige do candidato conhecimentos acerca do artigo 5º, XLVI e XLVII, da Constituição Federal. Dispõe o inciso XLVI :

Alternativa correta: letra "a". A lei regulará a individualização da pena e adotará, entre outras, as seguintes: a) privação ou restrição da liberdade; b) perda de bens; c) multa; d) prestação social alternativa; e) suspensão ou interdição de direitos. Já o inciso XLVII estabelece que não haverá penas a) de morte, salvo em caso de guerra declarada, nos termos do art. 84, XIX; b) de caráter perpétuo; c) de trabalhos forçados; d) de banimento; e) cruéis;

Alternativas "b", c", "d" e "e": incorretas, pois não se harmonizam com os citados artigos.

07. FGV – 2024 – TCE/PA – Auditor de Controle Externo

Manoela, com intenção de matar, efetuou um disparo de arma de fogo em face de Júlio, no dia 01/06/2024. Júlio foi atingido, com gravidade, e foi levado ao hospital por terceiros, onde recebeu efetivo atendimento médico. Entretanto, por complicações decorrentes do projétil de arma de fogo, Júlio veio a falecer em 01/08/2024.

Em 10/07/2024 entrou em vigor norma penal que aumenta a pena dos crimes de homicídio praticados pelo emprego de arma de fogo, porém, a mesma lei criou uma causa de diminuição de pena aplicável, em tese, ao fato.

Observando a situação descrita, e considerando as disposições do Código Penal e a jurisprudência dos Tribunais Superiores acerca do tema, assinale a afirmativa correta.

a) Considera-se ocorrido o delito no dia 01/08/2024, de forma que a nova lei é inteiramente aplicável ao fato.

b) O delito ocorreu em 01/08/2024. Contudo, deve ser observada a ultratividade da lei penal mais benéfica à Manoela.

c) O delito ocorreu em 01/06/2024, porém, a nova lei retroage, apenas na parte que beneficia a acusada.

d) O delito ocorreu em 01/06/2024, porém, a nova lei só pode ser aplicada ao caso se inteiramente mais favorável à acusada.

e) O momento do crime se protrai entre a conduta e o resultado, de forma que qualquer alteração legislativa havida no período é inteiramente aplicável, ainda que prejudicial.

COMENTÁRIOS

✪ **Nota do autor:** essa questão exige do candidato conhecimentos acerca do tema aplicação da lei penal, especificamente acerca do tempo do crime previsto no artigo 4º do Código Penal.

Alternativa correta: letra "d". De fato, estabelece o artigo 4º do Código Penal que – Considera-se praticado o crime no momento da ação ou omissão, ainda que outro seja o momento do resultado. Desta forma, a legislação adotou a teoria da atividade, ou seja, o crime ocorre no momento da conduta, ou seja, será aplicada a lei em vigor no momento da atividade. A lei nova somente poderia ser aplicada se integralmente favorável ao réu,

Alternativas "a","b", "c" e "e": incorretas, pois não se harmonizam com o citado artigo.

08. CEBRASPE – 2023 – TCDF – Auditor de Controle Externo

Em relação à prescrição, julgue o próximo item.

Se o réu completar setenta anos de idade depois da sentença penal condenatória e antes da decisão que julgar embargos de declaração opostos em desfavor dela, não se aplicará a redução do prazo prescricional pela metade.

Assertiva incorreta. Conforme entendimento do E. STJ, extraído do julgamento dos EDcl no AgRg no REsp 1.877.388-CE " é cabivel a redução do prazo prescricional pela metade (art. 115 do CP) se, entre a sentença condenatória e o julgamento dos embargos de declaração, o réu atinge a idade superior a 70 anos, tendo em vista que a decisão que julga os embargos integra a própria sentença condenatória.".

09. CEBRASPE – 2023 – TCDF – Auditor de Controle Externo

À luz da legislação penal e da jurisprudência do Superior Tribunal de Justiça, julgue o item que se segue.

Suponha-se que, na ocasião de ato ilícito consistente na subtração de bem alheio, a vítima, portadora de doença cardíaca, tenha falecido devido ao estresse desencadeado pela violência empregada pelo agente do crime. Nessa situação, ainda que a doença cardíaca da vítima configure concausa preexistente relativamente independente, não se afasta o nexo de causalidade em relação ao resultado mais grave (morte), e o agente do crime deverá responder por latrocínio.

Assertiva correta: Segundo entendimento do STJ: "Habeas corpus. Latrocínio. Pleito desclassificatório. Não cabimento. Alegação de ausência de dolo. Resultado agravador que pode ser imputado a título de culpa. Laudo pericial. Livre convencimento motivado. Revolvimento do acervo probatório incabível na via eleita. Causa da morte. Infarto do miocárdio. Vítima que sofria de doença cardíaca. Concausa preexistente relativamente independente. Não afastamento do nexo causal. Pacientes que criaram risco juridicamente proibido e o concretizaram. Pena-base. Cometimento do delito durante cumprimento de pena por crime diverso. Fundamento adequado. Motivos do delito. Compra de droga. Motivação inidônea. Multirreincidência. Confissão. Compensação integral. Não cabimento. Ordem de habeas corpus concedida, em parte, apenas para reduzir as penas" (informativo 777 do stj, hc n. 704.718/sp, relatora ministra laurita vaz, sexta turma, julgado em 16/5/2023, dje de 23/5/2023).

10. FGV – 2022 – TCE/TO – Auditor de Controle Externo

A respeito das normas e princípios que regem a aplicação da lei penal no tempo e no espaço, é correto afirmar que:

a) admite-se sejam as normas penais incriminadoras criadas por lei, medida provisória ou decreto legislativo;

b) considera-se praticado o crime no momento de seu resultado, ainda que outro seja o momento da ação ou omissão;

c) aplica-se a lei penal incriminadora mais gravosa a fatos anteriores já decididos por sentença condenatória transitada em julgado;

d) aplicam-se as regras gerais do Código Penal aos crimes previstos em lei especial, se esta dispuser de maneira diversa;

e) aplica-se a lei penal temporária, embora decorrido o período de sua duração, aos fatos praticados durante a sua vigência.

COMENTÁRIOS

✪ **Nota do autor:** trata-se de questão que exige do candidato conhecimentos acerca da aplicação da lei penal no tempo e no espaço.

Alternativa correta: letra "e". Trata-se da regra prevista no artigo 3º do CP: "a lei excepcional ou temporária, embora decorrido o período de sua duração ou cessadas as circunstâncias que a determinaram, aplica-se ao fato praticado durante sua vigência".

Alternativa "a": incorreta. Normas penais incriminadoras só podem ser criadas por lei, em sentido estrito.

Alternativa "b": incorreta. Segundo o artigo 4º do Código Penal "considera-se praticado o crime no momento da ação ou omissão, ainda que outro seja o momento do resultado". Desta forma, a legislação adotou a teoria da atividade, ou seja, o crime ocorre no momento da conduta, ou seja, será aplicada a lei em vigor no momento da atividade.

Alternativa "c": incorreta. Segundo norma prevista no artigo2º do CP, "ninguém pode ser punido por fato que lei posterior deixa de considerar crime, cessando em virtude dela a execução e os efeitos penais da sentença condenatória. O parágrafo único do citado artigo prevê que "a lei posterior, que de qualquer modo favorecer o agente, aplica-se aos fatos anteriores, ainda que decididos por sentença condenatória transitada em julgado".

Alternativa "d": incorreta. Dispõe o art. 12 do CP que "as regras gerais deste Código aplicam-se aos fatos incriminados por lei especial, se esta não dispuser de modo diverso".

11. FGV – 2022 – TCE/TO – Auditor de Controle Externo

Em relação à prescrição como causa de extinção da punibilidade, é correto afirmar que:

a) os prazos prescricionais previstos para as penas privativas de liberdade não se aplicam às penas restritivas de direito;

b) o prazo prescricional começa a correr, antes de a sentença transitar em julgado, nos crimes permanentes, do dia em que cessou a permanência;

c) os prazos prescricionais se reduzem de 1/3 se o criminoso era, ao tempo do crime, maior de 70 anos;

d) o curso do prazo prescricional se interrompe pelo oferecimento da denúncia;

e) a prescrição da pena de multa ocorrerá em três anos quando a multa for a única pena cominada ou aplicada.

COMENTÁRIOS

✪ **Nota do autor:** trata-se de questão que exige do candidato conhecimentos do instituto da prescrição, mormente sobre o conteúdo do artigo 111 do CP que estabelece o termo inicial da prescrição antes de transitar em julgado a sentença final.

Alternativa correta: letra "b". Art. 111, III, do CP que "a prescrição, antes de transitar em julgado a sentença final, começa a correr nos crimes permanentes, do dia em que cessou a permanência".

Alternativa "a": incorreta. Estabelece o parágrafo único do artigo 109 do CP que "aplicam-se às penas restritivas de direito os mesmos prazos previstos para as privativas de liberdade".

Alternativa "c": incorreta. Estabelece o artigo 115 do CP que "são reduzidos de metade os prazos de prescrição quando o criminoso era, ao tempo do crime, menor de 21 (vinte e um) anos, ou, na data da sentença, maior de 70 (setenta) anos".

Alternativa "d": incorreta. Estabelece o artigo 117, I, do CP que "o curso da prescrição interrompe-se pelo recebimento da denúncia ou da queixa.

Alternativa "e": incorreta. Sobre a prescrição da pena de multa estabelece o artigo 114, I, do CP: "a prescrição da pena de multa ocorrerá em 2 (dois) anos, quando a multa for a única cominada ou aplicada".

12. FGV – 2022 – TCE/TO – Auditor de Controle Externo

No tocante à extinção da punibilidade penal, é correto afirmar que:

a) no crime de peculato culposo, a reparação do dano, se realizada após a sentença irrecorrível, acarreta a extinção da punibilidade;

b) nos crimes conexos, a extinção da punibilidade de um deles não impede, quanto aos outros, a agravação da pena resultante da conexão;

c) no crime de apropriação indébita previdenciária, extingue-se a punibilidade com o pagamento das contribuições devidas à previdência social, se realizado após o início da ação fiscal;

d) nos crimes contra a administração pública, estende-se o perdão judicial aos demais participantes do crime, em razão de se tratar de circunstância pessoal;

e) nos crimes contra a ordem tributária, o pagamento integral do tributo, após a sentença condenatória irrecorrível, implica extinção da punibilidade.

COMENTÁRIOS

✪ **Nota do autor:** trata-se que questão complexa que exige do candidato conhecimentos específicos acerca da extinção da punibilidade penal.

Alternativa correta: letra "b". De fato, conforme dispõe o artigo 108 do Código Penal: "a extinção da punibilidade de crime que é pressuposto, elemento constitutivo ou circunstância agravante de outro não se estende a este. Nos crimes conexos, a extinção da punibilidade de um deles não impede, quanto aos outros, a agravação da pena resultante da conexão".

Alternativa "a": incorreta. Conforme parágrafo 3º do artigo 312 do CP, no crime de peculato culposo, a reparação do dano, se precede à sentença irrecorrível, extingue a punibilidade; se lhe é posterior, reduz de metade a pena imposta.

Alternativa "c": incorreta. No crime de apropriação indébita previdenciária, segundo parágrafo 2º do artigo 168-A, "é extinta a punibilidade se o agente, espontaneamente, declara, confessa e efetua o pagamento das contribuições, importâncias ou valores e presta as informações devidas à previdência social, na forma definida em lei ou regulamento, antes do início da ação fiscal".

Alternativa "d": incorreta. O perdão judicial é uma forma de extinção de punibilidade prevista no artigo 107, IX, do CP . Contudo, por se tratar de circunstância pessoal, subjetiva do agente, não se comunica aos demais participantes do crime.

Alternativa "e": incorreta. Assertiva polêmica. Segundo entendimento do STJ, "o adimplemento do débito tributário, a qualquer tempo, até mesmo após o advento do trânsito em julgado da sentença penal condenatória, é causa de extinção da punibilidade do acusado". A Lei 10.684/03 estabelece que "extingue-se a punibilidade dos crimes referidos neste artigo quando a pessoa jurídica relacionada com o agente efetuar o pagamento integral dos débitos oriundos de tributos e contribuições sociais, inclusive acessórios", não existindo, dessa forma, marco temporal para a configuração da extinção da punibilidade indicada.

---

13. FGV – 2022 – TCE/TO – Analista Técnico

Em relação aos requisitos para o livramento condicional, é correto afirmar que:

a) a ausência de falta grave no período de doze meses é suficiente para satisfazer o requisito exigido para concessão do benefício;

b) faltas disciplinares ocorridas no período anterior a doze meses não podem ser consideradas pelo Juízo das Execuções Penais para aferir fundamentadamente o mérito do apenado;

c) faltas disciplinares ocorridas no período anterior a doze meses podem ser consideradas pelo Juízo das Execuções Penais para aferir fundamentadamente o mérito do apenado;

d) a ausência de falta grave no período de seis meses é suficiente para satisfazer o requisito exigido para concessão do benefício;

e) a demonstração da aptidão para prover a própria subsistência mediante qualquer atividade é suficiente para satisfazer o requisito exigido para concessão do benefício.

COMENTÁRIOS

✪ **Nota do autor:** a presente questão exige do candidato conhecimentos acerca dos requisitos para a concessão do livramento condicional, previstos no artigo 83 do Código Penal

Alternativa correta: letra "c". De fato, estabelece o artigo 83, III, "b" do CP, "o juiz poderá conceder livramento condicional ao condenado a pena privativa de liberdade igual ou superior a 2 (dois) anos, desde que comprovado (b) não cometimento de falta grave nos últimos 12 (doze) meses".

Alternativa "a": incorreta. Para a concessão do livramento condicional serão analisados requisitos objetivos e subjetivos do condenado, dentre os quais, está a falta grave. Assim, não é correto afirmar que somente "a ausência de falta grave no período de doze meses é suficiente para satisfazer o requisito exigido para concessão do benefício".

Alternativa "b": incorreta. Conforme visto no comentário anterior, o artigo 83 do Código Penal diz respeito à falta grave, previstas no artigo 50 da Lei de Execução Penais, e não à falta disciplinar (que pode ser leve, média ou grave, segundo artigo 49 da Lei de Execução Penal).

Alternativa "d": incorreta. Conforme previsão legal, o período mínimo é de 12 meses e não de 6 meses conforme constou na assertiva.

Alternativa "e": incorreta. Para a concessão do livramento condicional serão analisados requisitos objetivos e subjetivos do condenado, dentre os quais, está a falta grave. Assim, não é correto afirmar que "a demonstração da aptidão para prover a própria subsistência mediante qualquer atividade é suficiente para satisfazer o requisito exigido para concessão do benefício".

14. COPEVE-UFAL – 2022 – TCE/AL – Agente de Controle Externo

Quanto às jurisprudências do Supremo Tribunal Federal e do Superior Tribunal de Justiça em matéria de prescrição penal, assinale a alternativa correta.

a) O acórdão confirmatório da sentença condenatória não é marco interruptivo do prazo prescricional.
b) Na falsidade ideológica, o termo inicial da contagem do prazo da prescrição da pretensão punitiva é o momento da reiteração de seus efeitos.
c) O Supremo Tribunal Federal admite a denominada prescrição em perspectiva, haja vista a existência de previsão legal do instituto.
d) Ocorrida a prescrição da pretensão punitiva de crime de responsabilidade de prefeito municipal, ainda assim podem ser aplicadas as sanções de perda de cargo e de inabilitação para o exercício de cargo ou função pública.
e) No caso de crimes conexos que sejam objeto do mesmo processo, havendo sentença condenatória para um dos crimes e acórdão condenatório para o outro delito, tem-se que a prescrição da pretensão punitiva de ambos é interrompida a cada provimento jurisdicional.

COMENTÁRIOS

✪ Nota do autor: questão complexa que exige do candidato o conhecimento de precedentes aplicáveis ao tema prescrição penal.

Alternativa correta: letra "e". "O termo inicial do prazo prescricional da pretensão punitiva do crime previsto no art. 2º, I, da Lei 8.137/1990 ("fazer declaração falsa ou omitir declaração sobre rendas, bens ou fatos, ou empregar outra fraude, para eximir-se, total ou parcialmente, de pagamento de tributo") é a data em que a fraude é perpetrada, e não a data em que ela é descoberta. Isso porque o referido tipo tem natureza de crime formal, instantâneo, sendo suficiente a conduta instrumental, haja vista não ser necessária a efetiva supressão ou redução do tributo para a sua consumação, bastando o emprego da fraude. Assim, o fato de a fraude ter sido empregada em momento determinado, ainda que irradie efeitos até ser descoberta, não revela conduta permanente, mas sim, crime instantâneo de efeitos permanentes – os quais perduraram até a descoberta do engodo. Precedente citado do STJ: RHC 9.625-CE, Sexta Turma, DJ 27/8/2001. Precedente citado do STF: RHC 90.532 ED, Tribunal Pleno, DJe 5/11/2009. RHC 36.024-ES, Rel. Min. Reynaldo Soares da Fonseca, julgado em 25/8/2015, DJe 1º/9/2015", conforme informativo 568 do STJ.

Alternativa "a": incorreta. Conforme previsão no artigo 117, IV do CP a publicação da sentença ou do acórdão condenatório irrecorríveis interrompe o curso prescricional. Neste sentido também é o entendimento do E. STJ: "o curso da prescrição é interrompido, entre outros fatos, pela publicação da sentença ou do acórdão condenatórios recorríveis", conforme julgamento do o REsp 1.930.130/MG.

Alternativa "b": incorreta. Conforme entendimento do E. STJ na Revisão Crimina 5.233-DF, Rel. Min. Reynaldo Soares da Fonseca, Terceira Seção, por unanimidade (Informativo n. 672 do STJ) "na falsidade ideológica, o termo inicial da contagem do prazo da prescrição da pretensão punitiva é o momento da consumação do delito e não o da eventual reiteração de seus efeitos".

Alternativa "c": incorreta. A súmula 438 do E. STJ determina que "é inadmissível a extinção da punibilidade pela prescrição da pretensão punitiva com fundamento em pena hipotética, independentemente da existência ou sorte do processo penal.

Alternativa "d": incorreta. "1. A Quinta Turma do STJ, no julgamento do RESP n. 1.326.452/PR, modificou seu entendimento, acompanhando a posição já firmada pela Sexta Turma, no sentido de que as penas de perda do cargo e de inabilitação para o exercício de cargo ou função pública, eletivo ou de nomeação, têm a sua incidência condicionada à condenação definitiva pela prática dos crimes previstos no Decreto-Lei n. 201/1967, razão pela qual a extinção da pretensão punitiva com relação à aplicação da pena privativa de liberdade impede a aplicação da pena acessória. 2. Agravo regimental a que se nega provimento".(AgRg no REsp 1381728 / SC, Relator Ministro Marco Aurélio Bellizze, 5º Turma, STJ).

15. (Cespe – Analista de Controle Externo – Direito – TCE – RJ/2021) Considerando aspectos gerais do direito penal brasileiro, julgue os itens subsecutivos.

Caracteriza o arrependimento eficaz aquele no qual o agente, voluntariamente, repara o dano ou restitui a coisa até o recebimento da denúncia.

- CERTO
- ERRADO

COMENTÁRIOS

✪ Notas do autor: para responder corretamente a presente questão o candidato deveria diferenciar os institutos da desistência voluntária e arrependimento eficaz.

A desistência voluntária encontra-se prevista no artigo 15, do Código Penal, que estabelece: "o agente que, voluntariamente, desiste de prosseguir *na execução ou impede que o resultado se produza*, só responde pelos atos já praticados" O **arrependimento posterior** está disciplinado pelo artigo 16, do mesmo código: "nos crimes cometidos sem violência ou grave ameaça à pessoa, reparado o dano ou restituída a coisa, até o recebimento da denúncia ou da queixa, por ato voluntário do agente, a pena será reduzida de 1 (um) a 2/3 (dois terços)". Desta forma, está incorreta assertiva, uma vez que se refere ao **arrependimento posterior. ERRADO.**

---

16. (Cespe – Analista de Controle Externo – Direito – TCE – RJ/2021) Não cabe ação penal privada subsidiária da pública se o Ministério Público, em vez de oferecer denúncia, promover o arquivamento do inquérito policial dentro do prazo legal.

- CERTO
- ERRADO

COMENTÁRIOS

A assertiva encontra-se correta. Conforme nova redação do artigo 28 do Código de Processo Penal, alterado pela Lei 13.964/22019, ordenado o arquivamento do inquérito policial ou de quaisquer elementos informativos da mesma natureza, o órgão do Ministério Público comunicará à vítima, ao investigado e à autoridade policial e encaminhará os autos para a instância de revisão ministerial para fins de homologação, na forma da lei. O § 1º do mencionado artigo afirma que se a vítima, ou seu representante legal, não concordar com o arquivamento do inquérito policial, poderá, no prazo de 30 (trinta) dias do recebimento da comunicação, submeter a matéria à **revisão** da instância competente do órgão ministerial, conforme dispuser a respectiva lei orgânica. Assim, neste caso, não se admite a ação penal privada subsidiária da pública. **CERTO**

---

17. (Cespe – Analista de Controle Externo – Direito – TCE – MG/2018) Conforme o direito penal brasileiro, o princípio da reserva legal

a) admite excepcionalmente que medidas provisórias disponham sobre tipos penais.

b) é um desdobramento do princípio da pessoalidade.

c) permite que o Estado puna somente o agente imputável, penalmente capaz.

d) não incide nas contravenções penais.

e) estabelece que normas penais incriminadoras sejam criadas somente mediante lei.

COMENTÁRIOS

✪ **Notas do autor:** a presente questão foi ANULADA pela banca examinadora.

Alternativa "a": Conforme previsto no artigo 62, § 1, "b" é vedada a edição de medidas provisórias direito penal, processual penal e processual civil. A referida vedação foi inserida no texto constitucional por meio da Emenda Constitucional nº 32. A doutrina e a jurisprudência majoritárias já haviam se posicionado no sentido de que medidas provisórias em matéria penal seriam uma ofensa ao princípio da reserva legal, que determina que somente a lei é o instrumento adequado para definir crimes e suas penas. Porém, o STF, antes da edição da referida emenda, já havia se posicionado sobre a possibilidade de edição de medidas provisórias sobre matérias penais, desde que não incriminadoras, ou seja, benéficas ao réu.

Alternativa "b". O princípio da impessoalidade, previsto no art. 5º, XLV, da CF, define que nenhuma pena passará da pessoa do condenado, podendo a obrigação de reparar o dano e a decretação do perdimento de bens ser, nos termos da lei, estendidas aos sucessores e contra eles executadas, até o limite do valor do patrimônio transferido.

Alternativa "c": O artigo 27 do Código Penal determina que os menores de 18 (dezoito) anos são penalmente inimputáveis, ficando sujeitos às normas estabelecidas na legislação especial. Essa afirmação também está expressa no artigo 228 da CF.

Alternativa "d". A afirmação inserida neste tópico é incorreta. O princípio da reserva legal incide sobre crimes e contravenções penais.

Alternativa "e". Segundo o princípio da reserva legal, a regulamentação dos delitos, bem como das penalidades a eles aplicadas, deverá ser realizada por lei.

---

18. (Cespe – Analista de Controle Externo – Direito – TCE – MG/2018) São causas excludentes de ilicitude

a) a embriaguez e a menoridade.

b) o estrito cumprimento do dever legal e o exercício regular do direito.

c) a prescrição e o estado de necessidade.

d) o perdão judicial e a legítima defesa.

e) o estado de necessidade e a anistia.

COMENTÁRIOS

✪ **Notas do autor:** a presente questão exige do candidato conhecimentos acerca das excludentes de ilicitude, previstas no artigo 23 do Código Penal.

Alternativa "a": incorreta. A embriaguez, fortuita e involuntária e a menoridade são causas de exclusão da imputabilidade.

Alternativa "b": correta. Conforme previsão no artigo 23 do Código Penal, não há crime quando o fato é praticado em estado de necessidade, a legítima defesa e em estrito cumprimento de dever legal ou no exercício regular de direito.

Alternativa "c": incorreta. A prescrição extingue a punibilidade (art. 107, IV, CP).

Alternativa "d": incorreta. O perdão judicial extingue a punibilidade (art. 107, IX, CP).

Alternativa "e": incorreta. A anistia extingue a punibilidade (art. 107, II, CP).

Alternativa correta: letra "b".

---

19. (CESPE – Auditor TCU – 2015) No que se refere aos princípios do direito penal e às causas de exclusão da ilicitude, julgue os próximos itens.

No que diz respeito às causas de exclusão da ilicitude, é possível alegar legítima defesa contra quem pratica conduta acobertada por uma dirimente de culpabilidade, como, por exemplo, coação moral irresistível.

COMENTÁRIOS

✪ **Notas do autor:** trata-se de assertiva que exige dos candidatos conhecimentos sobre os artigos 23 e 25 do Código Penal.

O artigo 23, II, do Código Penal, estabelece que "não há crime quando o agente pratica o fato em legítima defesa". A legítima defesa é definida pelo artigo 25, do citado código: "entende-se em legítima defesa quem, usando moderadamente dos meios necessários, repele injusta agressão, atual ou iminente, a direito seu ou de outrem". A excludente de culpabilidade prevista no artigo 22, do CP (se o fato é cometido sob coação irresistível ou em estrita obediência a ordem, não manifestamente ilegal, de superior hierárquico, só é punível o autor da coação ou da ordem), não altera o caráter injusto da agressão sofrida. Logo, é possível alegar legítima defesa contra quem pratica conduta acobertada por uma dirimente de culpabilidade. **CERTO**

Em consequência da fragmentaridade do direito penal, ainda que haja outras formas de sanção ou outros meios de controle social para a tutela de determinado bem jurídico, a criminalização, pelo direito penal, de condutas que invistam contra esse bem será adequada e recomendável.

COMENTÁRIOS

✪ **Nota do autor:** trata-se de assertiva que exige do candidato conhecimento sobre a definição do princípio da fragmentaridade do direito penal

Segundo o princípio da fragmentaridade, o direito penal consiste na *ultima ratio* do Estado, ou seja, somente deverá ser utilizado pelo Estado para tutelar o bem jurídico quando os demais ramos do direito se mostrarem ineficientes. Dessa forma, deverão ser tutelados pelo direito penal os bens jurídicos de maior importância e relevância (subsidiariedade). **ERRADO**

---

20. (CESPE – Auditor TCU – 2015) Julgue o item seguinte, que trata de imputabilidade penal.

Situação hipotética: Cléber, com trinta e quatro anos de idade, pretendia matar, durante uma festa, seu desafeto, Sérgio, atual namorado de sua ex-noiva. Sem coragem para realizar a conduta delituosa, Cléber bebeu grandes doses de vodca e, embriagado, desferiu várias facadas contra Sérgio, que faleceu em decorrência dos ferimentos provocados pelas facadas. Assertiva: nessa situação, configura-se embriaguez voluntária dolosa, o que permite ao juiz reduzir a pena imputada a Cléber, uma vez que ele não tinha plena capacidade de entender o caráter ilícito de seus atos no momento em que esfaqueou Sérgio.

COMENTÁRIOS

✪ **Nota do autor:** Trata-se de questão que exige do candidato conhecimentos acerca do artigo 61 do Código Penal.

Conforme estabelece o artigo 61, do Código Penal: "são circunstâncias que sempre agravam a pena, quando não constituem ou qualificam o crime: l) em estado de embriaguez preordenada". Como afirmado na questão, Cléber se embriagou dolosamente, caracterizando, dessa forma, a agravante. **ERRADO**

JULGUE OS ITENS A SEGUIR ELENCADOS, QUE TRATAM DA LEI PENAL NO TEMPO E NO ESPAÇO.

✪ **Nota do autor:** a correta resolução das assertivas abaixo elencadas exige do candidato conhecimento sobre o tema "da aplicação da lei penal", previsto nos artigos 1º a 10, do Código Penal.

---

21. (CESPE/Unb – TCU – Auditor Federal de Controle Externo/2013) Segundo a atual redação do Código Penal Brasileiro, os crimes cometidos no estrangeiro são puníveis segundo a lei brasileira se praticados contra a administração pública quando o agente delituoso estiver a serviço do governo brasileiro, salvo se já absolvido pela justiça no exterior com relação àqueles mesmos atos delituosos.

COMENTÁRIOS

Conforme previsto no artigo 7º, do CP, ficam sujeitos à lei brasileira, embora cometidos no estrangeiro, os crimes contra a administração pública, por quem está a seu serviço. Neste caso, o agente é punido segundo a lei brasileira, ainda que absolvido ou condenado no estrangeiro, conforme previsto no parágrafo primeiro do citado artigo. **ERRADO**

22. (CESPE/Unb - TCU - Auditor Federal de Controle Externo/2013) Segundo a norma penal vigente, aplica-se a lei brasileira ao crime cometido em embarcações brasileiras, sendo elas de natureza pública ou privada, salvo se essas embarcações não se encontrarem em águas internacionais.

COMENTÁRIOS

Para os efeitos penais, consideram-se como extensão do território nacional as embarcações e aeronaves brasileiras, de natureza pública ou a serviço do governo brasileiro **onde quer que se encontrem** (grifo nosso), bem como as aeronaves e as embarcações brasileiras, mercantes ou de propriedade privada, que se achem, respectivamente, no espaço aéreo correspondente ou em alto-mar, conforme previsto no parágrafo primeiro, do artigo 5º, do CP. **ERRADO**

23. (CESPE/Unb - TCU - Auditor Federal de Controle Externo/2013) Segundo a Lei n.º 8666/1993, será punido o servidor público que admitir a licitação ou celebrar contrato com empresa ou profissional declarados inidôneos; porém, não será punível o profissional declarado inidôneo que contratar com a administração pública, uma vez que a prévia verificação de inidoneidade deverá ser realizada necessariamente por todos os órgãos públicos.

COMENTÁRIOS

Os tipos penais previstos na Lei 8666/93 foram expressamente revogados pela Lei 14133/21, a qual transferiu para o Código Penal os crimes em licitações e contratos administrativos. Dessa forma, a assertiva narrada na presente questão encontra-se incorreta. O crime de contratação inidônea, previsto no artigo 337-M, do Código Penal e consiste e admitir à licitação empresa ou profissional declarado inidôneo, cuja pena é de reclusão, de 1 (um) ano a 3 (três) anos, e multa. O § 1º do mencionado artigo estipula que aquele que celebrar contrato com empresa ou profissional declarado inidôneo está sujeito à pena de reclusão, de 3 (três) anos a 6 (seis) anos, e multa. Já o § 2º que estabelece: na mesma pena do *caput* aquele que, declarado inidôneo, venha a participar de licitação e, na mesma pena do § 1º deste artigo, aquele que, declarado inidôneo, venha a contratar com a Administração Pública. **ERRADO**.

24. (CESPE/Unb - TCU - Auditor Federal de Controle Externo/2013) Um crime é enquadrado na modalidade de delito tentado quando, ultrapassada a fase de sua cogitação, inicia-se, de imediato, a fase dos respectivos atos preparatórios, tais como a aquisição de arma de fogo para a prática de planejado homicídio.

COMENTÁRIOS

Conforme previsto no artigo 14, II, do CP, diz se que o crime é tentado quando, iniciada a execução, não se consuma por circunstâncias alheias à vontade do agente. **ERRADO**

25. (CESPE/Unb - TCU - Auditor Federal de Controle Externo/2013) Na redação atual do Código Penal Brasileiro, o ajuste, a determinação ou instigação e o auxílio, salvo disposição expressa de lei em contrário, não são puníveis se, pelo menos, o delito não é tentado.

COMENTÁRIOS

Conforme previsto no art. 31, do CP, "o ajuste, a determinação ou instigação e o auxílio, salvo disposição expressa em contrário, não são puníveis, se o crime não chega, pelo menos, a ser tentado". **CERTO**

26. (CESPE/Unb - TCU - Auditor Federal de Controle Externo/2013) Os crimes previstos na Lei nº 8666/1993 somente são puníveis quando o agente delituoso os pratica com dolo, seja esse direto, indireto ou eventual.

COMENTÁRIOS

Os crimes contra a licitação e contratos administrativos, previstos nos artigos 337-E a 337-P do Código Penal, são punidos tão somente na forma dolosa.. **CERTO**

27. (FGV, TCE-BA, ANALISTA DE CONTROLE EXTERNO/2013) A doutrina majoritária brasileira reconhece como elementos do crime a tipicidade, a ilicitude e a culpabilidade. Sobre estes elementos, assinale a assertiva incorreta.

a) O Superior Tribunal de Justiça reconhece que a falta de tipicidade material pode, por si só, tornar o fato atípico.
b) A legítima defesa, o estado de necessidade, a obediência hierárquica e o exercício regular do direito são causas excludentes da ilicitude ou antijuridicidade.
c) O agente, em qualquer das hipóteses de exclusão da ilicitude, responderá pelo excesso doloso ou culposo.

d) O pai que protege a integridade física de seu filho do ataque de um animal está amparado pela excludente da ilicitude do estado de necessidade.

e) A embriaguez voluntária e até mesmo a culposa não excluem a imputabilidade penal.

COMENTÁRIOS

✪ **Nota do autor:** As excludentes de ilicitude (antijuridicidade) estão previstas no artigo 23, do CP, que determina que não há crime quando o agente pratica o fato em estado de necessidade, legítima defesa, estrito cumprimento do dever legal ou no exercício regular de direito. Observe que a banca exige que o candidato assinale a alternativa incorreta.

Alternativa "a": correta. De fato, o STJ reconhece que a falta de tipicidade material pode tornar o fato atípico. Neste sentido: HABEAS CORPUS. FURTO. AUSÊNCIA DE TIPICIDADE MATERIAL. INEXPRESSIVA LESÃO AO BEM JURÍDICO TUTELADO. APLICAÇÃO DO PRINCÍPIO DA INSIGNIFICÂNCIA. 1. A intervenção do Direito Penal apenas se justifica quando o bem jurídico tutelado tenha sido exposto a um dano com relevante lesividade. Inocorrência de tipicidade material, mas apenas a formal quando a conduta não possui relevância jurídica, afastando-se, por consequência, a ingerência da tutela penal, em face do postulado da intervenção mínima. É o chamado princípio da insignificância. STJ – HABEAS CORPUS HC 234674 MG 2012/0040126-9, publicado em 09.10.2012.

Alternativa "b": incorreta. A obediência hierárquica não é definida como causa excludente de ilicitude ou antijuridicidade, mas sim como excludente de culpabilidade.

Alternativa "c": correta. Conforme previsto no parágrafo único do artigo 23, do CP, o agente que, em qualquer das hipóteses previstas para a exclusão de ilicitude, responderá pelo excesso culposo ou doloso.

Alternativa "d": correta. De fato, o pai que protege a integridade física de seu filho do ataque de um animal, age em estado de necessidade, conforme preceitua o artigo 24 do CP: "considera-se em estado de necessidade quem pratica o fato para salvar de perigo atual, que não provocou por sua vontade, nem podia de outro modo evitar, direito próprio ou alheio, cujo sacrifício, nas circunstâncias, não era razoável exigir-se".

Alternativa "e": correta: O artigo 28, II, do CP, determina que não excluem a imputabilidade penal: II – a embriaguez, voluntária ou culposa, pelo álcool ou substância de efeitos análogos.

Alternativa incorreta: letra "b".

2. DA PARTE ESPECIAL DO CÓDIGO PENAL

2.1. DOS CRIMES CONTRA A FÉ PÚBLICA

28. CEBRASPE – 2023 – TCE/MS – Procurador

Em relação ao crime de falsidade ideológica, assinale a opção correta.

a) O delito de falsidade ideológica envolve a utilização de documentos materialmente modificados.

b) A configuração do delito de falsidade ideológica exige a comprovação da intenção de prejudicar terceiros.

c) A pena é aumentada caso o agente da falsificação seja funcionário público, desde que este pratique a conduta prevalecendo-se do cargo, independentemente da natureza pública ou particular do documento.

d) A omissão de declaração que deveria constar de documento público ou particular não caracteriza o crime de falsidade ideológica.

e) Independentemente da natureza pública ou particular do documento, a conduta recebe idêntica punição.

COMENTÁRIOS

Alternativa correta: letra "c": de fato, o artigo 299, do Código Penal, define como falsidade ideológica a conduta de "omitir, em documento público ou particular, declaração que dele devia constar, ou nele inserir ou fazer inserir declaração falsa ou diversa da que devia ser escrita, com o fim de prejudicar direito, criar obrigação ou alterar a verdade sobre fato juridicamente relevante". Estabelece o parágrafo único do mencionado artigo que se o agente é funcionário público, e comete o crime prevalecendo-se do cargo, ou se a falsificação ou alteração é de assentamento de registro civil, aumenta-se a pena de sexta parte.

Alternativa "a": incorreta. O delito de falsidade ideológica envolve omissão, declaração ou inserção de declaração falsa, ou seja, a alteração de informações.

Alternativa "b": incorreta. Sendo o crime de falsidade ideológica formal, ele se consuma, independente a comprovação da intenção do agente.

Alternativa "d": incorreta. Conforme o artigo 299, do Código Penal, a falsidade ideológica também se configura pela conduta de "omitir", em documento público ou particular, declaração que dele devia constar.

Alternativa "e": incorreta. Considerando a natureza do documento, público ou particular, a pena é diversa: "pena – reclusão, de um a cinco anos, e multa, se o documento é público, e reclusão de um a três anos, e multa, de quinhentos mil réis a cinco contos de réis, se o documento é particular".

29. (Cespe – Analista de Controle Externo – Direito – TCE – RJ/2021 Nos crimes de falsidade documental, a prescrição só começa a correr na data em que o fato tenha-se tornado conhecido.

- CERTO
- ERRADO

Essa assertiva versa o tema crimes contra a fé pública, tema extremamente recorrente nos concursos públicos, exigindo do candidato conhecimentos sobre os crimes de falsidade documental. Considera-se consumado o crime com a falsificação ou alteração do documento público, independente da ocorrência de outro resultado. Neste sentido: 2. A falsidade ideológica é crime formal e instantâneo, cujos efeitos podem vir a se protrair no tempo. A despeito dos efeitos que possam, ou não, vir a gerar, ela se consuma no momento em que é praticada a conduta. Precedentes.n3. Diante desse contexto, o termo inicial da contagem do prazo da prescrição da pretensão punitiva é o momento da consumação do delito, e não da eventual reiteração de seus efeitos. Neste sentido, RvCr 5.233/DF, Rel. Ministro REYNALDO SOARES DA FONSECA, TERCEIRA SEÇÃO, julgado em 13/05/2020, DJe 25/05/2020). **ERRADO**.

30. (CESPE – Auditor TCU – 2015) Em relação aos crimes contra a fé pública, contra o patrimônio e contra a administração pública, julgue os itens subsecutivos.

O réu primário, cujo crime tenha sido o de adquirir ou receber coisa que, por sua natureza ou pela desproporção entre seu valor e preço, ele presumia ter sido obtida por meio criminoso, poderá receber o perdão judicial, caso o juiz considere, conforme as circunstâncias, ser adequada tal medida.

COMENTÁRIOS

✪ **Nota do autor:** trata-se de questão que exige do candidato conhecimentos sobre os crimes contra a fé pública, em especial acerca o artigo 180, do Código Penal.

O crime de receptação está previsto no artigo 180, do Código Penal: "adquirir, receber, transportar, conduzir ou ocultar, em proveito próprio ou alheio, coisa que sabe ser produto de crime, ou influir para que terceiro, de boa-fé, a adquira, receba ou oculte". O parágrafo terceiro do referido artigo prevê o crime de receptação culposa: "adquirir ou receber coisa que, por sua natureza ou pela desproporção entre o valor e o preço, ou pela condição de quem a oferece, deve presumir-se obtida por meio criminoso". Nesse caso, conforme previsto no § 5º, se o criminoso é primário, pode o juiz, tendo em consideração as circunstâncias, deixar de aplicar a pena. **CERTO**

Situação hipotética: com o intuito de viajar para o exterior, Pedro, que não possui passaporte, usou como seu o documento de Paulo, seu irmão — com quem se parece muito —, tendo-o apresentado, sem adulterações, para os agentes da companhia aérea e da Polícia Federal no aeroporto. Pedro e Paulo têm mais de dezoito anos de idade. Assertiva: nessa situação, de acordo com o Código Penal, Pedro cometeu o crime de falsidade ideológica.

Na verdade, Pedro cometeu o crime de falsa identidade, previsto no artigo 308, do Código Penal: "usar, como próprio, passaporte, título de eleitor, caderneta de reservista ou qualquer documento de identidade alheia ou ceder a outrem, para que dele se utilize documento dessa natureza, próprio ou de terceiro", cuja pena é detenção, de quatro meses a dois anos, e multa, se o fato não constitui elemento de crime mais grave. **ERRADO**

2.2. DOS CRIMES CONTRA O PATRIMÔNIO

31. FGV – 2022 – TCE/TO – Analista Técnico

A respeito do momento consumativo nos crimes patrimoniais, segundo o entendimento predominante nos Tribunais Superiores, é correto afirmar que se considera:

a) tentado o crime de furto se a coisa vem a ser destruída pelo criminoso quando da subtração da res furtiva;
b) consumado o crime de estelionato com o emprego efetivo da fraude ou ardil idôneos a enganar a vítima;
c) consumado o crime de roubo impróprio no momento da subtração e consequente posse da coisa subtraída pelo agente
d) tentado o crime de extorsão se, apesar do constrangimento, a indevida vantagem econômica não vem a ser obtida pelo agente;
e) consumado o crime de furto se o agente detém a posse de fato da res furtiva, ainda que por breve espaço de tempo e seguida de perseguição ao agente.

COMENTÁRIOS

✪ **Nota do autor:** trata-se de questão que exige do candidato conhecimentos acerca do momento da consumação dos crimes patrimoniais.

Alternativa correta: letra "e". O roubo se consuma quando agente se torna possuidor da coisa roubada, mediante grave ameaça ou violência. A posse tranquila do bem é elemento desnecessário. Ou seja, independe da posse mansa e pacífica da"res furtiva". Neste sentido, inclusive, Súmula 582 do

STJ: "Consuma-se o crime de roubo com a inversão da posse do bem, mediante emprego de violência ou grave ameaça, ainda que por breve tempo e em seguida a perseguição imediata ao agente e recuperação da coisa roubada, sendo prescindível a posse mansa e pacífica ou desvigiada".

Alternativa "a": incorreta. O crime tentado é aquele no qual o autor inicia a execução, mas não conclui o delito por circunstâncias alheias à sua vontade (art. 14 do CP).

Alternativa "b": incorreta. O crime de estelionato está previstos no artigo 171 do CP e consiste em obter, para si ou para outrem, vantagem ilícita, em prejuízo alheio, induzindo ou mantendo alguém em erro, mediante artifício, ardil, ou qualquer outro meio fraudulento". É um crime material, cuja consumação ocorre com a obtenção da vantagem ilícita.

Alternativa "c": incorreta. O roubo impróprio se consuma no momento em que o agente emprega a violência ou a grave ameaça com o intuito de assegurar a posse da "res furtiva".

Alternativa "d": incorreta. Súmula 96 do STJ:" o crime de extorsão é consumado quando há o constrangimento da vítima, independentemente da obtenção da vantagem indevida".

2.3. DOS CRIMES CONTRA A ADMINISTRAÇÃO PÚBLICA

32. CEBRASPE – 2024 – TCE/PR – Auditor de Controle Externo

Considerando o disposto no Código Penal sobre os crimes contra a administração pública, assinale a opção correta.

a) A configuração do crime de corrupção ativa exige que a oferta ou promessa de vantagem indevida seja acompanhada da prática efetiva do ato de ofício pelo funcionário público.

b) O servidor que abandonar o cargo público fora dos casos previstos em lei terá praticado crime contra a administração pública, sendo o crime qualificado se o fato ocorrer em local compreendido na faixa de fronteira.

c) A solicitação de vantagem indevida por funcionário público, ainda que não efetivada a vantagem, configura crime de corrupção ativa.

d) Para a caracterização do crime de peculato-desvio, é necessário apenas que o funcionário público tenha a posse do bem público em razão do cargo, sendo irrelevante que ele efetivamente desvie o bem para benefício próprio ou de terceiro.

e) No crime de concussão, a vantagem indevida deve ser exigida pelo funcionário público em proveito próprio, não se configurando o crime se a exigência for feita por terceiro em nome do funcionário.

COMENTÁRIOS

✪ **Nota do autor:** questão que aborda conhecimentos sobre crimes contra a administração pública.

Alternativa correta: letra "b": O crime de abandono de função está descrito no artigo 323 do Código Penal que dispõe: abandonar cargo público, fora dos casos permitidos em lei: Pena – detenção, de quinze dias a um mês, ou multa. § 1º – Se do fato resulta prejuízo público: Pena – detenção, de três meses a um ano, e multa.

Alternativa "a": incorreta: o crime de corrupção ativa está tipificado no artigo 333, do Código Penal e consiste em "oferecer ou prometer vantagem indevida a funcionário público, para determiná-lo a praticar, omitir ou retardar ato de ofício", cuja caracterização se dá com a oferta da vantagem, sem a necessidade da prática efetiva do ato pelo funcionário público.

Alternativa "c": incorreta: O crime de corrupção ativa pode ser praticado por qualquer pessoa e consiste, conforme previsão do *caput* do artigo 333, do CP, em "oferecer ou prometer vantagem indevida a funcionário público, para determiná-lo a praticar, omitir ou retardar ato de ofício", hipótese em que sua consumação independe da ocorrência de qualquer resultado.

Alternativa "d": incorreta: crime de peculato está previsto no artigo 312, do Código Penal e consiste em apropriar-se o funcionário público de dinheiro, valor ou qualquer outro bem móvel, público ou particular, de que tem a posse em razão do cargo, ou desviá-lo (modalidade desvio), em proveito próprio ou alheio e se consuma no momento em que o funcionário público desvia o valor.

Alternativa "e": incorreta: crime de concussão, previsto no artigo 316, do Código Penal, consiste em exigir, para si ou para outrem, direta ou indiretamente, ainda que fora da função, ou antes de assumi-la, mas em razão dela, vantagem indevida.

33. FGV – 2024 – TCE/PA – Auditor de Controle Externo

Conforme definição da Transparência Internacional, corrupção é o abuso do poder confiado para ganhos privados.

As opções a seguir apresentam condutas que fazem parte do gênero corrupção, com exceção de uma. Assinale-a.

a) Concussão, peculato e elisão fiscal.

b) Crimes de responsabilidade, tráfico de influência e advocacia administrativa.

c) Condescendência criminosa, inserção de dados falsos em sistemas de informação e violação de sigilo funcional.
d) Prevaricação, facilitação de contrabando ou descaminho, emprego irregular de verbas ou rendas públicas.
e) Peculato, Prevaricação e condescendência criminosa

COMENTÁRIOS

✪ **Nota do autor:** trata-se de questão que se exige do candidato conhecimentos acerca do conceito de administração pública e dos crimes praticados por agente públicos.

Alternativa correta: letra "a". De fato, os crimes de concussão e peculato são crimes praticados por funcionários públicos. Porém, elisão fiscal trata-se de um planejamento, de uma manobra que tem como finalidade a redução da carga tributária, não sendo, dessa forma, crime praticado por funcionário público.

Alternativas "b", "c", "d" e "e": todas estão incorretas, porque todas as condutas se referem a crimes praticados por funcionário público.

34. FGV – 2024 – TCE/PA – Auditor de Controle Externo

Acerca dos crimes contra a administração pública, assinale a afirmativa correta.

a) O peculato culposo ocorre quando, por negligência, imprudência ou imperícia, o servidor público se apropria de bem de que teve a posse em razão de sua função.
b) O crime de peculato exige a apropriação, para si ou para outrem, de bem público, o reemprego do bem ou valor em finalidade pública diversa configura fato atípico, ainda que o agente obtenha, com essa conduta, alguma vantagem.
c) No peculato doloso, a reparação integral do dano até a sentença extingue a punibilidade, se lhe é posterior, reduz de metade a pena imposta.
d) O agente que, mediante erro de outrem, se apropria de dinheiro ou utilidade que tenha recebido no exercício do cargo, responde por peculato mediante erro de outrem.
e) Ao delito de peculato é aplicável o princípio da insignificância, desde que presentes os requisitos, tais como mínima ofensividade da conduta e reduzido grau de reprovabilidade do comportamento.

COMENTÁRIOS

✪ **Nota do autor:** trata-se de questão que aborda os crimes contra a administração pública, em especial sobre a correta definição do crime de peculato mediante erro de outrem, previsto no artigo 312 do Código Penal.

Alternativa correta: letra "d". De fato, o crime de peculato mediante erro de outrem está previsto no artigo 313 do Código Penal e consiste em apropriar-se de dinheiro ou qualquer utilidade que, no exercício do cargo, recebeu por erro de outrem, cuja pena é reclusão, de um a quatro anos, e multa.

Alternativa a: incorreta. O peculato culposo ocorre quando o funcionário concorre culposamente para o crime de outrem e está previsto no artigo 312, parágrafo segundo do Código Penal.

Alternativa b: incorreta. O crime de peculato consiste em apropriar-se o funcionário público de dinheiro, valor ou qualquer outro bem móvel, público ou particular, de que tem a posse em razão do cargo, ou desviá-lo, em proveito próprio ou alheio. O reemprego do bem ou valor em outra finalidade pública não afasta a tipicidade da conduta.

Alternativa c: incorreta. No peculato culposo, a reparação do dano, se precede à sentença irrecorrível, extingue a punibilidade; se lhe é posterior, reduz de metade a pena imposta conforme artigo 312, parágrafo terceiro do Código Penal.

Alternativa "e": incorreta. Embora a existência de entendimentos divergentes, não se aplica o princípio da insignificância em crimes contra a administração pública, segundo Súmula 599 do STJ.

35. CEBRASPE – 2023 – TCDF – Auditor de Controle Externo

A respeito dos crimes contra a administração pública, julgue o item a seguir.

Nos casos de condenação por crime contra a administração pública, a progressão do regime de cumprimento de pena fica condicionada à reparação do dano ou à devolução do produto do crime.

Assertiva correta. De falto, dispõe o artigo 33, parágrafo 4º do Código Penal, "o condenado por crime contra a administração pública terá a progressão de regime do cumprimento da pena condicionada à reparação do dano que causou, ou à devolução do produto do ilícito praticado, com os acréscimos legais".

36. CEBRASPE – 2023 – TCDF – Auditor de Controle Externo

A respeito dos crimes contra a administração pública, julgue o item a seguir.

O pagamento irregular de fatura em contrato administrativo, com preterição da ordem cronológica de exigibilidade, configura ilícito administrativo que enseja a responsabilização disciplinar do agente público que o praticou, mas não constitui infração penal, por força da vedação à analogia in malam partem.

Assertiva incorreta. Encontra-se incorreta uma vez que o artigo 337, H, do Código Penal define o crime de modificação ou pagamento irregular em contrato administrativo, o qual consiste em admitir," possibilitar ou dar causa a qualquer modificação ou vantagem, inclusive prorrogação contratual, em favor do contratado, durante a execução dos contratos celebrados com a Administração Pública, sem autorização em lei, no edital da licitação ou nos respectivos instrumentos contratuais, ou, ainda, pagar fatura com preterição da ordem cronológica de sua exigibilidade".

37. (Cespe – Analista de Controle Externo – Direito – TCE – RJ/2021) Com relação aos crimes contra a administração pública, julgue os itens subsequentes.

A causa de aumento de pena incidente sobre agente de crime contra a administração pública que seja ocupante de cargo em comissão ou de função de direção ou assessoramento de órgão da administração direta é aplicável também ao chefe do Poder Executivo, detentor de mandato eletivo.

- CERTO
- ERRADO

O *caput* do artigo 327, do Código Penal, traz **o conceito de funcionário público**, para fins penais: "considera-se funcionário público, para os efeitos penais, quem, embora transitoriamente ou sem remuneração, exerce cargo, emprego ou função pública". O parágrafo primeiro equipara ao funcionário público "quem exerce cargo, emprego ou função em entidade paraestatal, e quem trabalha para empresa prestadora de serviço contratada ou conveniada para a execução de atividade típica da Administração Pública". O parágrafo segundo determina que "a pena será aumentada da terça parte quando os autores dos crimes contra a administração pública forem ocupantes de cargos em comissão ou de função de direção ou assessoramento de órgão da administração direta, sociedade de economia mista, empresa pública ou fundação instituída pelo poder público".

Sobre a possibilidade de aplicação da causa de aumento de pena ao chefe do Poder Executivo: "Peculato praticado por agente público graduado (Governador de Estado). Condenação. 3. Legalidade da dosimetria da pena aplicada. 3.1. Fixação da pena-base acima do mínimo legal em virtude da existência de circunstâncias judiciais desfavoráveis: culpabilidade, motivos, circunstâncias e consequências do crime. 3.2. Causa de aumento de pena prevista no § 2º do art. 327 do Código Penal que se aplica aos detentores de mandato eletivo. Precedentes" (STF, 2ª T., HC 130389, 20/09/2016, 2º Turma, Relator Ministro Gilmar Mendes). **CERTO**.

O crime de concussão se consuma com a obtenção da vantagem indevida pelo servidor público.

- CERTO
- ERRADO

A assertiva encontra-se incorreta. Nos termos do artigo 316, do CP, configura-se o **crime de concussão** quando se exige, para si ou para outrem, direta ou indiretamente, ainda que fora da função, ou antes de assumi-la, mas em razão dela, vantagem indevida. É crime formal, que se consuma com a simples exigência da vantagem indevida, independentemente de seu recebimento. **ERRADO**.

Servidor público que, violando dever funcional, facilite a prática de contrabando responderá como partícipe pela prática desse crime.

- CERTO
- ERRADO

A assertiva encontra-se incorreta. Conforme disposto no artigo 318 do Código Penal, o servidor público que facilitar, com infração de dever funcional, a prática de contrabando ou descaminho, cometerá **crime de facilitação de contrabando ou descaminho**. **ERRADO**.

A oposição manifestada pelo indivíduo, mediante resistência passiva, sem o uso da violência, contra ordem emanada por autoridades policiais que pretendessem levá-lo à delegacia, sem que houvesse flagrante, é suficiente para caracterizar o delito de resistência.

- CERTO
- ERRADO

A assertiva encontra-se incorreta. Dispõe o artigo 329 que o **crime de resistência** consiste em opor-se à execução de ato legal, mediante violência ou ameaça a funcionário competente para executá-lo ou a quem lhe esteja prestando auxílio. **ERRADO**.

O tipo penal do crime de desacato é imputável a servidor público no exercício de suas funções.

- CERTO
- ERRADO

A assertiva encontra-se correta. O **crime de desacato**, previsto no artigo 331, do Código Penal, é definido como "desacatar funcionário público no exercício da função ou em razão dela". Trata-se de crime contra a administração pública. **CERTO**.

38. (FGV – Auditor Técnico de Controle Externo – TCE – AM/2021) Desejando apropriar-se de dinheiro público, Caio, funcionário concursado da Prefeitura de Manaus, elabora o seguinte plano criminoso: (1) valendo-se de seu cargo e função na secretaria de fazenda daquele município, Caio cadastra a conta-corrente da empresa de seu cunhado Tício como sendo uma das contas de uma das empresas que vencera uma licitação para execução de serviços à prefeitura; (2) ao realizar a autorização para pagamento dessa empresa, Caio destina apenas corrente da empresa de seu cunhado; (3) Tício, por sua vez, saca os valores, dividindo-os com Caio na proporção de 50% para cada um; (4) Mévio, também funcionário concursado da prefeitura e trabalhando na mesma secretaria, cuja responsabilidade é conferir os pagamentos autorizados 95% dos valores à conta-corrente da empresa regularmente contratada e 5% para a conta por Caio antes da liberação, deixa, por negligência, de fazer a conferência, de modo que o desvio ocorre.

A responsabilidade penal de Caio, Tício e Mévio, respectivamente, se configura como:

a) peculato doloso, estelionato qualificado, peculato culposo;
b) peculato doloso, peculato doloso, peculato culposo;
c) peculato culposo, peculato doloso, nenhum crime;
d) peculato doloso, peculato doloso, nenhum crime;
e) estelionato qualificado, estelionato qualificado, nenhum crime.

COMENTÁRIOS

✪ **Notas do autor:** trata-se de questão que aborda os crimes contra a administração pública e exige do candidato conhecimento quanto o conteúdo do artigo 312, do Código Penal, que define o crime de peculato, que consiste em "apropriar-se o funcionário público de dinheiro, valor ou qualquer outro bem móvel, público ou particular, de que tem a posse em razão do cargo, ou desviá-lo, em proveito próprio ou alheio".

Alternativa correta: letra "b": está certa, porque Caio, na condição de funcionário público, desejando, apropriou-se de dinheiro, do qual tinha a posse em razão do cargo, praticando dessa forma o crime de peculato doloso, previsto no artigo 312, do Código Penal. O cunhado de Caio, Tício, ciente da condição do mesmo enquanto funcionário público, concorreu para a prática do crime de peculato, e, em razão do artigo 30, do Código Penal (comunicam-se as circunstâncias pessoais quando elementares do crime), também responderá pelo crime de peculato doloso. Já Mévio ao agir por negligência, pratica o crime de peculato culposo, previsto no § 2º do artigo 312 do Código Penal.

Alternativas "a", "c", "d" "e": estão incorretas, porque não respondem ao caso prático do enunciado e trazem conceitos que não se aplicam.

Alternativa correta: letra "b".

---

39. (FGV – Auditor Técnico de Controle Externo – TCE – AM/2021) Relativamente ao tema dos crimes contra a administração pública, especificamente quanto ao conceito penal de funcionário público, é correto afirmar que:

a) o funcionário público, para os efeitos penais, é todo aquele que exerce cargo, emprego ou função pública, desde que de forma remunerada;
b) a pessoa que exerce cargo, emprego ou função em entidade paraestatal não pode ser equiparada a funcionário público para fins penais;
c) se o funcionário público for ocupante de cargo em comissão, a pena pelo crime funcional será aumentada da terça parte;
d) a pessoa que trabalha para empresa prestadora de serviço contratada ou conveniada para a execução de atividade típica da Administração Pública.não pode ser equiparada a funcionário público para fins penais;
e) o particular que atua em coautoria ou participação com o funcionário público na prática do crime funcional não responde pelos crimes de funcionário público, mesmo que tenha conhecimento da qualidade funcional de seu comparsa.

COMENTÁRIOS

✪ **Notas do autor:** questão que aborda o conceito de funcionário público para fins penais, inserido no artigo 327, do Código Penal, o qual estabelece que considera-se funcionário público, para os efeitos penais, quem, embora transitoriamente ou sem remuneração, exerce cargo, emprego ou função pública.

Alternativa "a": opção incorreta, uma vez que o artigo 327 considera que, para efeitos penais, é funcionário público, quem exerce cargo, emprego ou função pública, remunerado ou não.

Alternativas "b" e "d": incorretas. O parágrafo primeiro do artigo 337 do Código Penal estabelece o conceito de funcionário público por equiparação: "equipara-se a funcionário público quem exerce cargo, emprego ou função em entidade paraestatal, e quem trabalha para empresa prestadora de serviço contratada ou conveniada para a execução de atividade típica da Administração Pública.

Alternativa "c": correta. O parágrafo 2º do artigo 327 do Código Penal estabelece que a pena será aumentada da terça parte quando os autores dos crimes previstos neste Capítulo forem ocupantes de cargos em comissão ou de função de direção ou assessoramento de órgão da administração direta, sociedade de economia mista, empresa pública ou fundação instituída pelo poder público.

Alternativa "e": incorreta. As elementares do crime funcional se comunicam ao particular que conhece a condição de funcionário público de seu comparsa.

Alternativa correta: letra "c".

40. (Cespe – Analista de Controle Externo – Direito – TCE – RJ/2021) No que se refere aos crimes em espécie, julgue os itens que se seguem.

Indivíduo que patrocine diretamente interesse privado na administração pública, dando causa à instauração de licitação, cuja invalidação seja decretada pelo Poder Judiciário, responderá pelo crime de advocacia administrativa, previsto no Código Penal.

- CERTO
- ERRADO

A assertiva encontra-se incorreta. Nesta questão, o examinador exige do candidato a diferenciação entre os **crimes de advocacia administrativa**, definido no artigo 321 do Código Penal (patrocinar, direta ou indiretamente, interesse privado perante a administração pública, valendo-se da qualidade de funcionário) e o crime de o crime de patrocínio de contratação indevida, definido no artigo 337-G do Código Penal, incluído pela Lei 14.133/2021. A conduta descrita na assertiva se refere ao o crime de o **crime de patrocínio de contratação indevida**, o qual consiste em patrocinar, direta ou indiretamente, interesse privado perante a Administração Pública, dando causa à instauração de licitação ou à celebração de contrato cuja invalidação vier a ser decretada pelo Poder Judiciário. **ERRADO**.

No crime de falsidade ideológica, a forma material do documento é inalterada, sendo falso apenas o conteúdo nele inserido.

- CERTO
- ERRADO

A assertiva encontra-se correta. De fato, o artigo 299, do Código Penal, define **como falsidade ideológica**: "omitir, em documento público ou particular, declaração que dele devia constar, ou nele inserir ou fazer inserir declaração falsa ou diversa da que devia ser escrita, com o fim de prejudicar direito, criar obrigação ou alterar a verdade sobre fato juridicamente relevante". Incrimina-se a falsidade ideológica de conteúdo e não a falsidade material. A consumação ocorre com a efetiva inserção da declaração falsa sobre a identidade do condutor do veículo. Inexiste forma culposa. **CERTO**.

Chefe do Ministério Público estadual que ordenar aumento de despesa total com pessoal nos últimos sessenta dias do seu mandato poderá responder como sujeito ativo do crime de aumento de despesa total com pessoal.

- CERTO
- ERRADO

A assertiva encontra-se correta.O artigo 359-G, do Código Penal define o crime de **aumento de despesa total com pessoal no último ano do mandato ou legislatura**, o qual consiste em ordenar, autorizar ou executar ato que acarrete aumento de despesa total com pessoal, nos cento e oitenta dias anteriores ao final do mandato ou da legislatura. O Ministério Público estadual é administrado pelo Procurador-Geral de Justiça, eleito a cada dois anos mediante voto direto dos Promotores e Procuradores de Justiça. Os três mais votados irão compor a lista tríplice, da qual um nome será nomeado Governador do Estado. **CERTO**.

O agente que se tenha apropriado de valor inferior a um salário mínimo ao praticar o crime de peculato poderá ser beneficiado, pelo juiz, com a aplicação do princípio da insignificância.

- CERTO
- ERRADO

O crime de **peculato** está previsto no artigo 312, do Código Penal e consiste em apropriar-se o funcionário público de dinheiro, valor ou qualquer outro bem móvel, público ou particular, de que tem a posse em razão do cargo, ou desviá-lo, em proveito próprio ou alheio.

O enunciado da questão é polêmico.A banca examinadora, ao mencionar "apropriação de valor inferior a um salário mínimo", exige do candidato conhecimentos sobre a aplicabilidade, ou não, do princípio da insignificância nos crimes contra a administração pública, tema este divergente na jurisprudência dos tribunais. Segundo o entendimento do STJ, Súmula, 599, a assertiva estaria incorreta, "o princípio da insignificância é inaplicável aos crimes contra a administração pública. Contudo, o E. STF, já se posicionou de forma contrária e autorizou a aplicação do princípio da insignificância nos crimes de pequeno valor (HC 107.370/SP, rel. Min. Gilmar Mendes, Dje 22/06/2011; HC 112.388/SP, rel. Min. Ricardo Lewandowski, Dje 14/09/2012). **ERRADO**.

41. (Cespe – Analista de Controle Externo – Direito – TCE – MG/2018) Por estar em dificuldades financeiras, José passou a realizar falsificações em cédulas de dinheiro verdadeiras, alterando-as para que parecessem ser de um valor mais alto. Dessa forma, enganou o feirante Pedro, tendo-lhe entregado notas falsificadas. Ao perceber o prejuízo, Pedro tentou repassar a nota a João, que, por trabalhar na casa da moeda, descobriu a falsificação. João comunicou o fato à polícia, que, após diligências, identificou José como o autor da falsificação.

A respeito dessa situação hipotética, assinale opção correta.

a) Ao caso poderá ser aplicado o princípio da insignificância, se verificado que a quantidade de cédulas de dinheiro repassadas havia sido muito pequena.

b) Pedro não cometeu crime, pois não consumou o repasse das notas falsificadas.

c) José não cometeu crime, porque a sua dificuldade financeira é causa excludente de culpabilidade.

d) Pedro não cometeu crime, uma vez que não produziu as notas falsificadas.

e) José será processado pela justiça estadual caso se identifique que a falsificação das cédulas tenha sido grosseira.

COMENTÁRIOS

Notas do autor: a questão acima exige do candidato conhecimentos acerca do crime de moeda falsa, previsto no artigo 289 do Código Penal, que consiste em falsificar, fabricando-a ou alterando-a, moeda metálica ou papel-moeda de curso legal no país ou no estrangeiro.

Alternativa "a": incorreta. A banca examinadora para considerar incorreta a presente alternativa levou em consideração o posicionamento do STJ que afirma não se aplicar o princípio da insignificância quando se tratar de crime contra a fé pública.

Alternativa "b": incorreta. Para a consumação do crime de moeda falsa não se exige que o réu obtenha algum proveito econômico, bastando a simples guarda da nota não verdadeira.

Alternativa "c": incorreta. A alegação de estado de necessidade (dificuldades financeiras) não é causa de excludente de ilicitude.

Alternativa "d": incorreta. Pedro cometeu crime de moeda falsa, na sua forma privilegiada, conforme previsão no § 2º, do artigo 289, do Código Penal: quem, tendo recebido de boa-fé, como verdadeira, moeda falsa ou alterada, a restitui à circulação, depois de conhecer a falsidade, é punido com detenção, de seis meses a dois anos, e multa.

Alternativa "e": correta. Conforme Súmula 73 do STJ: utilização de papel moeda grosseiramente falsificado configura, em tese, o crime de estelionato, da competência da Justiça Estadual.

Alternativa correta: letra "e".

---

42. (Cespe – Analista de Controle Externo – Direito – TCE – MG/2018) Sebastião, motorista de uma repartição pública, costumava usar o carro oficial para realizar transporte particular de passageiros enquanto seu serviço não era requisitado na repartição. Colegas e o superior hierárquico de Sebastião tinham conhecimento dessa conduta, mas nada faziam para coibi-la, por entenderem que essa atividade não atrapalhava a execução do serviço na repartição pública. Em certa ocasião, no entanto, a conduta de Sebastião efetivamente gerou prejuízos, e ele foi processado.

A respeito dessa situação hipotética, assinale a opção correta.

a) Caso Sebastião restitua a gasolina utilizada e indenize o Estado pelos danos causados, a punibilidade contra ele poderá ser extinta, mesmo após trânsito em julgado.

b) O superior hierárquico de Sebastião não cometeu crime.

c) A conduta de Sebastião foi atípica em razão do princípio da adequação social.

d) O crime cometido por Sebastião será processado mediante ação penal pública incondicionada.

e) Sebastião cometeu crime de prevaricação.

COMENTÁRIOS

Nota do autor: a questão acima exige do candidato conhecimentos acerca do crime de peculato, previsto no artigo 312 do Código Penal, que consiste em apropriar-se o funcionário público de dinheiro, valor ou qualquer outro bem móvel, público ou particular, de que tem a posse em razão do cargo, ou desviá-lo, em proveito próprio ou alheio.

Alternativa "a": incorreta. Sebastião cometeu crime de peculato doloso. Neste caso, o ressarcimento do dano não extingue a punibilidade. Conforme previsão do parágrafo terceiro do artigo 312, no peculato culposo, a reparação do dano, se precede à sentença irrecorrível, extingue a punibilidade; se lhe é posterior, reduz de metade a pena imposta.

Alternativa "b": incorreta. O superior de Sebastião cometeu o crime de condescendência criminosa, que consiste em deixar o funcionário, por indulgência, de responsabilizar subordinado que cometeu infração no exercício do cargo ou, quando lhe falte competência, não levar o fato ao conhecimento da autoridade competente.

Alternativa "c": incorreta. A conduta de Sebastião foi típica, definida como crime de peculato, prevista no caput do artigo 312 do CP, que consiste em apropriar-se o funcionário público de dinheiro, valor ou qualquer outro bem móvel, público ou particular, de que tem a posse em razão do cargo, ou desviá-lo, em proveito próprio ou alheio.

Alternativa "d": correta. No crime de peculato, a ação penal é pública incondicionada.

Alternativa "e": incorreta. A conduta de Sebastião não se enquadra no crime de prevaricação, que consiste em retardar ou deixar de praticar, indevidamente, ato de ofício, ou praticá-lo contra disposição expressa de lei, para satisfazer interesse ou sentimento pessoal, conforme artigo 319 do CP.

Alternativa correta: letra "d".

43. (CESPE – Auditor TCE-PA – 2016) Com base no Código Penal e na jurisprudência dos tribunais superiores, julgue os itens a seguir, a respeito dos crimes contra a administração pública.

COMENTÁRIOS

✪ Nota do autor: trata-se de questão que exige do candidato conhecimentos acerca dos crimes contra a administração pública.

43.01. O agente público que ordena despesa para utilizar-se ilegalmente de passagens aéreas e diárias pagas pelos cofres públicos comete o crime de prevaricação.

COMENTÁRIOS

Não se trata de crime de prevaricação, mas sim de ordenação de despesa não autorizada, previsto no artigo 359-D, do Código Penal: "ordenar despesa não autorizada por lei". **ERRADO**

43.02. O crime de ordenação de despesa não autorizada é de natureza material, consumando-se no momento em que a despesa é efetuada.

COMENTÁRIOS

Trata-se de crime formal, que se consuma com a ordenação da despesa não autorizada em lei, independente da ocorrência de qualquer resultado. **ERRADO**

43.03. O agente público que ordena despesa sem o conhecimento de que tal despesa não era autorizada por lei incide em erro de proibição.

COMENTÁRIOS

O agente que ordena despesa, sem o conhecimento de que tal despesa não era autorizada por lei, incide em erro de tipo, na medida em que a autorização legal de despesa é elemento do tipo. O artigo 20, do Código Penal, estabelece que o erro sobre elemento constitutivo do tipo legal de crime exclui o dolo, mas permite a punição por crime culposo, se previsto em lei. **ERRADO**

2.4. DOS CRIMES CONTRA A PAZ PÚBLICA

44. FGV – 2022 – TCE/TO – Auditor de Controle Externo

Renato, Ricardo e Roberto, policiais civis lotados na Secretaria Municipal de Segurança Pública de determinado Município, associaram-se, entre si, com perfeita divisão de tarefas, para a prática de vários crimes de extorsão, de concussão e de corrupção, utilizando-se, para a prática de alguns delitos, das armas de fogo que possuíam em razão de suas funções. Os três foram presos em flagrante quando do cometimento de um delito de corrupção, para a consecução do qual não se utilizaram das referidas armas de fogo. Além de responderem pelo crime de corrupção, o fato de terem se associado para a prática de crimes corresponde à figura típica de crime de:

a) associação criminosa, com a incidência da majorante relativa ao fato de os agentes serem servidores públicos;
b) constituição de milícia privada, não incidindo a majorante do emprego de arma de fogo;
c) associação criminosa, com incidência da causa de aumento de pena em razão de a associação ser armada;
d) constituir e integrar organização criminosa armada, não incidindo a majorante do emprego de arma de fogo;
e) constituir e integrar organização criminosa armada, com incidência da majorante pelo fato de os agentes serem servidores públicos.

COMENTÁRIOS

✪ Nota do autor: trata-se de questão que exige do candidato conhecimentos acerca do crime de associação criminosa, previsto no artigo 288 do Código Penal.

Alternativa correta: letra "c". Segundo artigo 288 do CP, o crime de associação criminosa consiste em "associarem-se 3 (três) ou mais pessoas, para o fim específico de cometer crimes", cuja pena é reclusão, de 1 (um) a 3 (três) anos. O parágrafo único do citado artigo estabelece que "a pena aumenta-se até a metade se a associação é armada ou se houver a participação de criança ou adolescente". Assim a conduta descrita no enunciado consiste, exatamente, em – associação criminosa, com incidência da causa de aumento de pena em razão de a associação ser armada.

Alternativas "a", "b", "d" e "e": incorretas, pois não se harmonizam com o citado artigo.

2.5. DOS CRIMES EM LICITAÇÕES E CONTRATOS ADMINISTRATIVOS

45. FGV – 2022 – TCE/TO – Auditor de Controle Externo

A prefeita Rebeca, juntamente com a secretária municipal Raquel, em perfeita comunhão de ações e desígnios, com vistas a direcionarem determinado procedimento licitatório à empresa de Renato, empresário e parente em comum de ambas, ofereceram vantagem econômica consistente em R$ 50.000,00 à licitante e empresária Sofia para que esta desistisse da licitação. Sofia desistiu em razão de ter aceitado o referido valor, sendo o certame licitatório vencido pela empresa de Renato.

Sob o prisma penal, é correto afirmar, em relação às condutas de Rebeca, Raquel e Sofia, que:

a) Rebeca e Raquel cometeram o crime de corrupção ativa, e Sofia, o de corrupção passiva;
b) Rebeca e Raquel cometeram o crime de afastamento de licitante, e Sofia, o de corrupção ativa;
c) Rebeca e Raquel cometeram o crime de afastamento de licitante, e a conduta de Sofia é penalmente atípica;
d) Rebeca e Raquel cometeram o crime de afastamento de licitante, e Sofia, o de corrupção passiva;
e) Rebeca e Raquel cometeram o crime de afastamento de licitante, e Sofia incorre nas mesmas penas do crime de afastamento de licitante.

COMENTÁRIOS

Nota do autor: Trata-se de questão que exige do candidato conhecimentos acerca do crime de afastamento de licitante, previsto no artigo 337 K, do Código Penal.

Alternativa correta: letra "e". De fato, a conduta praticada por Rebeca e Raquel é típica e se enquadra no crime de afastamento de licitante, previsto no artigo 337-K do CP: comete o crime de afastamento de licitante aquele que "afastar ou tentar afastar licitante por meio de violência, grave ameaça, fraude ou oferecimento de vantagem de qualquer tipo". A pena do referido crime é reclusão, de 3 (três) anos a 5 (cinco) anos, e multa, além da pena correspondente à violência. Segundo parágrafo único do citado artigo, "incorre na mesma pena quem se abstém ou desiste de licitar em razão de vantagem oferecida".

Alternativas "a", "b", "c" e "e": incorretas, pois não se harmonizam com o citado artigo.

46. COPEVE-UFAL – 2022 –TCE/AL – Agente de Controle Externo

Dadas as afirmativas a respeito dos crimes contra as finanças públicas e em licitações e contratos administrativos,

I. Comete o crime de perturbação de processo licitatório aquele que afastar ou tentar afastar licitante por meio de violência, grave ameaça, fraude ou oferecimento de vantagem de qualquer tipo.
II. Comete o crime de ordenação de despesa não autorizada aquele que ordenar, autorizar ou executar ato que acarrete aumento de despesa total com pessoal, nos cento e oitenta dias anteriores ao final do mandato ou da legislatura.
III. Comete o crime de assunção de obrigação no último ano do mandato ou legislatura aquele que ordenar ou autorizar a assunção de obrigação, nos dois últimos quadrimestres do último ano do mandato ou legislatura, cuja despesa não possa ser paga no mesmo exercício financeiro ou, caso reste parcela a ser paga no exercício seguinte, que não tenha contrapartida suficiente de disponibilidade de caixa.
IV. Comete o crime de patrocínio de contratação indevida aquele que admitir, possibilitar ou dar causa a qualquer modificação ou vantagem, inclusive prorrogação contratual, em favor do contratado, durante a execução dos contratos celebrados com a Administração Pública, sem autorização em lei, no edital da licitação ou nos respectivos instrumentos contratuais, ou, ainda, pagar fatura com preterição da ordem cronológica de sua exigibilidade.

verifica-se que está(ão) correta(s)

a) III, apenas.
b) I e III, apenas.
c) II e IV, apenas.
d) I, II e IV, apenas.
e) I, II, III e IV.

COMENTÁRIOS

Alternativa correta: letra "a"

Assertiva I: incorreta. Segundo artigo 337, I do CP, comete o crime de perturbação de processo licitatório quem impedir, perturbar ou fraudar a realização de qualquer ato de processo licitatório.

Assertiva II: incorreta. Segundo artigo 359, D, CP, comete crime de ordenação de despesa não autorizada quem ordenar despesa não autorizada por lei.

Assertiva III: correta. De fato, segundo artigo 359-C, do CP, comete o crime de assunção de obrigação no último ano do mandato ou legislatura quem "ordenar ou autorizar a assunção de obrigação, nos dois últimos quadrimestres do último ano do mandato ou legislatura, cuja despesa não possa ser paga no mesmo exercício financeiro ou, caso reste parcela a ser paga no exercício seguinte, que não tenha contrapartida suficiente de disponibilidade de caixa".

Assertiva IV: incorreta. Segundo artigo 337-G do CP comete crime de patrocínio de contratação indevida quem "patrocinar, direta ou indiretamente, interesse privado perante a Administração Pública, dando causa à instauração de licitação ou à celebração de contrato cuja invalidação vier a ser decretada pelo Poder Judiciário".

47. (FGV – Auditor Técnico de Controle Externo – TCE – AM/2021) Caio e Tício são sócios e únicos diretores responsáveis por uma empresa de construção. Desejosos de participar de uma licitação para a construção de uma escola pública e movidos pelo interesse de executar uma obra impecável, apresentam uma proposta 15% mais barata do que os valores normalmente contratados com o setor público para obras semelhantes. Contudo, considerando que o edital exigia que a empresa contratada não tivesse sido declarada inidônea – requisito que a empresa de Caio e Tício não possuía – os sócios decidem forjar um documento simulando que a declaração de inidoneidade de sua empresa fora anulada judicialmente. Ao final do processo licitatório, a empresa de Caio e Tício é selecionada e a obra é executada pelo valor previsto. Seis meses depois de entregue a obra, contudo, a falsificação é descoberta. Nesse caso, a responsabilidade penal de Caio e Tício corresponde a:

a) crime de inserção de dados falsos em sistema de informações (Art. 313-A, do Código Penal);
b) crime de contratação inidônea (Art. 337-M, do Código Penal);
c) crime de corrupção (Art. 317, do Código Penal);
d) crime de fraude em licitação ou contrato (Art. 337-L, do Código Penal);
e) nenhum crime, pois a obra foi realizada e não houve prejuízo à Administração Pública.

COMENTÁRIOS

✪ **Nota do autor:** trata-se de questão que aborda o tema dos crimes contra a licitação e contratos administrativos e exige do candidato conhecimento quanto o conteúdo do artigo 337-M, do Código Penal

Alternativa "a": incorreta. O crime de inserção de dados falsos em sistemas de informações, previsto no artigo 313-A consiste me inserir ou facilitar, o funcionário autorizado, a inserção de dados falsos, alterar ou excluir indevidamente dados corretos nos sistemas informatizados ou bancos de dados da Administração Pública com o fim de obter vantagem indevida para si ou para outrem ou para causar dano.

Alternativa "b": correta. O crime de contratação inidônea está previsto no artigo 337-M, do Código Penal e consiste e admitir à licitação empresa ou profissional declarado inidôneo, cuja pena é de reclusão, de 1 (um) ano a 3 (três) anos, e multa. O § 1º do mencionado artigo estipula que aquele que celebrar contrato com empresa ou profissional declarado inidôneo está sujeito à pena de reclusão, de 3 (três) anos a 6 (seis) anos, e multa. A conduta descrita na presente questão encontra-se descrita no § 2º que estabelece: na mesma pena do caput aquele que, declarado inidôneo, venha a participar de licitação e, na mesma pena do § 1º deste artigo, aquele que, declarado inidôneo, venha a contratar com a Administração Pública.

Alternativa "c": incorreta. O crime de corrupção passiva está definido no artigo 317, do CP: "solicitar ou receber, para si ou para outrem, direta ou indiretamente, ainda que fora da função ou antes de assumi-la, mas em razão dela, vantagem indevida, ou aceitar promessa de tal vantagem".

Alternativa "d": incorreta. O crime de fraude em licitação ou contrato, previsto no art. 337-L, do Código Penal, consiste em fraudar, em prejuízo da Administração Pública, licitação ou contrato dela decorrente, mediante: I – entrega de mercadoria ou prestação de serviços com qualidade ou em quantidade diversas das previstas no edital ou nos instrumentos contratuais; II – fornecimento, como verdadeira ou perfeita, de mercadoria falsificada, deteriorada, inservível para consumo ou com prazo de validade vencido, III – entrega de uma mercadoria por outra; IValteração da substância, qualidade ou quantidade da mercadoria ou do serviço fornecido; V – qualquer meio fraudulento que torne injustamente mais onerosa para a Administração Pública a proposta ou a execução do contrato. A pena aplicada é a reclusão, de 4 (quatro) anos a 8 (oito) anos, e multa.

Alternativa "e": incorreta. Caio e Tício cometeram o crime de contratação inidônea está previsto no artigo 337-M, do Código Penal.

Alternativa correta: letra "b".

2.6. DOS CRIMES CONTRA AS FINANÇAS PÚBLICAS

48. CEBRASPE – 2023 – TCDF – Auditor de Controle Externo

À luz da legislação penal e da jurisprudência do Superior Tribunal de Justiça, julgue o item que se segue.

A condenação pelo crime de assunção de obrigação no último ano do mandato ou da legislatura prescinde da especificação das despesas que foram contraídas e que não puderam ser pagas no mesmo exercício financeiro ou no seguinte, bastando análise global das despesas, considerada a iliquidez total do caixa. – ERRADO.

COMENTÁRIOS

Assertiva incorreta. O crime de assunção de obrigação no último ano do mandato ou legislatura está previsto no artigo 359-C do Código Penal e consiste em "ordenar ou autorizar a assunção de obrigação, nos dois últimos quadrimestres do último ano do mandato ou legislatura, cuja despesa não possa ser paga no mesmo exercício financeiro ou, caso reste parcela a ser paga no exercício seguinte, que não tenha contrapartida suficiente de disponibilidade de caixa". Segundo entendimento da 6º Turma do STJ, no julgamento do HC 723.644, a configuração do delito exige a especificação das obrigações assumidas.

49. (FGV – Auditor Técnico de Controle Externo – TCE – AM/2021) Mévio é prefeito de um pequeno município, sempre muito preocupado com o bem-estar dos cidadãos de sua cidade. Diante da proximidade do final de seu segundo mandato – faltando seis meses para terminar – e decidido a não disputar nenhum cargo eletivo, Mévio resolve tomar uma medida impopular, mas extremamente necessária: a construção de uma rede de esgoto sanitário no bairro mais pobre do município. Mévio sabia que a despesa total da obra não poderia ser paga no mesmo exercício financeiro e que as parcelas restantes não possuíam contrapartida suficiente de disponibilidade de caixa, mas, mesmo assim, ordenou a despesa, pois sabia que tal medida jamais seria tomada por outro político, uma vez que não reverteria em votos nem apoio político.

Nesse caso, é correto afirmar que Mévio:

a) praticou crimes contra as finanças públicas (Capítulo IV do Título XI do Código Penal);
b) praticou crimes contra a administração pública em geral (Capítulo I do Título XI do Código Penal);
c) praticou crimes contra a administração da justiça (Capítulo III do Título XI do Código Penal);
d) praticou crimes contra a administração pública estrangeira (Capítulo II-A do Título XI do Código Penal);
e) não praticou nenhum crime.

COMENTÁRIOS

✪ **Notas do autor:** a presente questão exige do candidato conhecimentos sobre os crimes contra as finanças públicas, definidos pelo Código Penal, nos artigos 359-A a 359-H.

Alternativa "a": correta. A conduta praticada por Mévio encontra-se descrita no artigo 359-C do Código Penal, que define o crime de assunção de obrigação no último ano do mandato ou legislatura, que consiste em Ordenar ou autorizar a assunção de obrigação, nos dois últimos quadrimestres do último ano do mandato ou legislatura, cuja despesa não possa ser paga no mesmo exercício financeiro ou, caso reste parcela a ser paga no exercício seguinte, que não tenha contrapartida suficiente de disponibilidade de caixa.

Alternativas "b", "c", "d" e "e" estão incorretas porque não respondem o caso prático do enunciado e trazem conceitos que não se aplicam.

Alternativa correta: letra "a".

3. DA LEGISLAÇÃO ESPECIAL

50. FGV – 2024 – TCE/PA – Auditor de Controle Externo

Em decorrência de determinada conduta realizada no exercício de suas atribuições como servidora pública do Estado do Pará, Jasmine está respondendo por crime de abuso de autoridade na esfera penal, e tomou ciência de que será instaurado um processo administrativo-disciplinar pelos mesmos fatos.

Diante dessa situação hipotética, acerca das esferas de responsabilização mencionadas, à luz do disposto na Lei nº 13.869/2019, é correto afirmar que

a) nenhuma decisão penal absolutória pode fazer coisa julgada em âmbito administrativo-disciplinar, considerando a independência das esferas de responsabilização.
b) as penas previstas na lei de abuso de autoridade abarcam as sanções administrativas, impedindo a instauração do processo administrativo-disciplinar, inexistindo independência entre tais esferas de responsabilização.
c) as questões que venham a ser decidas pelo Juízo criminal quanto à negativa de autoria não podem mais ser questionadas em âmbito administrativo-disciplinar, apesar da independência das esferas de responsabilização.
d) não há independência entre as esferas de responsabilização, de modo que qualquer decisão absolutória penal, ainda que por ausência de provas, repercute na esfera administrativo-disciplinar.
e) apenas pode refletir ou fazer coisa julgada no processo administrativo-disciplinar a decisão penal absolutória que reconheça a inexistência do fato, diante da independência das esferas de responsabilização.

COMENTÁRIOS

✪ **Nota do autor:** trata-se de questão que exige do candidato conhecimentos acerca da Lei de abuso de autoridade, Lei nº 13.869/2019.

Alternativa correta: letra "c". De fato, dispõe o artigo 7º da Lei 13.869/2019 que as responsabilidades civil e administrativa são independentes da criminal, não se podendo mais questionar sobre a existência ou a autoria do fato quando essas questões tenham sido decididas no juízo criminal. Dispõe também o artigo 8º que faz coisa julgada em âmbito cível, assim como no administrativo-disciplinar, a sentença penal que reconhecer ter sido o ato praticado em estado de necessidade, em legítima defesa, em estrito cumprimento de dever legal ou no exercício regular de direito.

Alternativas "a", b", "d" e "e": incorretas, pois não se harmonizam com os citados artigos da Lei nº 13.869/2019.

51. FGV – 2024 – TCE/PA – Auditor de Controle Externo

Com relação aos crimes contra a ordem tributária, avalie se as afirmativas a seguir são verdadeiras (V) ou falsas (F)

( ) Para ser tipificado o crime de sonegação fiscal, caracterizado pela omissão de informação com o intuito de redução de tributo, é necessário o prévio lançamento definitivo do tributo.

( ) Ao tipificar como ilícito penal a conduta de deixar de recolher tributo ou contribuição social, descontado ou cobrado, no prazo legal, o legislador acabou por violar a CRFB/88, pois acabou por instituir prisão civil por dívida.

( ) A incidência do princípio da insignificância, nos crimes contra a ordem tributária, deve ser realizada considerando o montante total objeto da constituição definitiva do crédito tributária, excluindo juros e multa, sendo irrelevante o fato da conduta criminosa ter sido praticada em continuidade delitiva.

A As afirmativas são, respectivamente,

a) V – V – F.
b) V – F – V.
c) F – F – V.
d) F – V – F.
e) F – V – V.

COMENTÁRIOS

✪ **Nota do autor:** trata-se de questão que exige conhecimentos acerca dos crimes contra ordem tributária, previstos na Lei 8.137/90.

Item I: **verdadeiro**. Súmula Vinculante n. 24: Não se tipifica crime material contra a ordem tributária, previsto no art. 1º, incisos I a IV, da Lei 8.137/1990, antes do lançamento definitivo do tributo.

Item II: **falso**. A conduta de deixar de recolher, no prazo legal, valor de tributo ou de contribuição social, descontado ou cobrado, na qualidade de sujeito passivo de obrigação e que deveria recolher aos cofres públicos constitui crime previsto na Lei 8.137/90.

Item III: **verdadeiro**. O princípio da insignificância, de fato, é aplicado em crimes contra a ordem tributária e leva em conta o valor do tributo devido, excluindo-se seus acessórios. A continuidade delitiva é irrelevante para a aplicação do princípio.

Alternativa correta: letra "b".

52. CEBRASPE – 2023 – TCDF – Auditor de Controle Externo

Em relação à prescrição, julgue o próximo item.

Conforme o entendimento do Supremo Tribunal Federal, o termo inicial da contagem do prazo da prescrição da pretensão executória, para ambas as partes, é o trânsito em julgado.

Assertiva correta. De fato, conforme entendimento do STF, o trânsito em julgado para ambas as partes é condição para a execução da pena. Isso se deve à prevalência do princípio da presunção de inocência, previsto no artigo art. 5º, inciso LVII, da Constituição Federa. Segundo o voto do Ministro Dias Tófolli, nas ADC 43, 44 e 54, "a expressão para a acusação, contida no inciso I do artigo 112 do Código Penal, é incompatível com a Constituição Federal, e o dispositivo deve ser interpretado em harmonia com o atual entendimento do STF.

53. CEBRASPE – 2023 – TCDF – Auditor de Controle Externo

À luz da legislação penal e da jurisprudência do Superior Tribunal de Justiça, julgue o item que se segue.

No crime de injúria praticado via Internet por meio de mensagens privadas a cujo conteúdo somente o autor e o destinatário tenham acesso, a consumação ocorre no local em que a vítima tomou conhecimento do conteúdo ofensivo.

Assertiva correta. De fato, segundo entendimento do STJ, CONFLITO DE COMPETÊNCIA Nº 184.269 – PB 2021/0363685-3, cuja relatora é a Ministra Laurita Vaz, o crime de injúria praticado na internet, através de mensagem privada vista unicamente pelo remetente e pelo destinatário, consuma-se no local em que a vítima toma conhecimento do conteúdo delituoso.

54. FGV – 2022 – TCE/TO – Auditor de Controle Externo

Relativamente às condutas que caracterizam o crime de lavagem de dinheiro previsto na Lei nº 9.613/1998, é correto afirmar que:

a) a infração penal antecedente deve ser crime punido com reclusão e gerar proveito econômico àquele que pratica o crime de lavagem;

b) não se punem as formas tentadas das condutas que consubstanciam o crime de lavagem de dinheiro;

c) a pena será aumentada de 1/3 a 2/3 se o crime for cometido por intermédio de organização criminosa;

d) não se pune a dissimulação de valores provenientes de infração penal quando são convertidos em ativos lícitos;

e) extinta a punibilidade da infração penal antecedente, deixa de ser punível o crime de lavagem de dinheiro.

COMENTÁRIOS

✪ **Nota do autor:** trata-se de questão que exige do candidato conhecimentos acerca da Lei sobre os crimes de lavagem de dinheiro, Lei nº 9.613/1998, com as alterações dadas pela Lei 14.478/2022.

Alternativa correta: letra "c". Segundo parágrafo quarto do artigo 1º, "a pena será aumentada de 1/3 (um terço) a 2/3 (dois terços) se os crimes definidos nesta Lei forem cometidos de forma reiterada, por intermédio de organização criminosa ou por meio da utilização de ativo virtual".

Alternativa "a": incorreta. Incorreta porque o dispositivo citado não menciona que a infração penal antecedente deve ser punida com reclusão e gerar proveito econômico a quem pratica o crime de lavagem de dinheiro.

Alternativa "b": incorreta. A Lei 9.613/1998 estabelece que "a tentativa é punida nos termos do parágrafo único do art. 14 do Código Penal".

Alternativa "d": incorreta. Conforme previsto no artigo 1º da referida lei, o crime de lavagem de dinheiro é definido como "ocultar ou dissimular a natureza, origem, localização, disposição, movimentação ou propriedade de bens, direitos ou valores provenientes, direta ou indiretamente, de infração penal".

Alternativa "e": incorreta. Estabelece o artigo 2º, parágrafo 1º que a "denúncia será instruída com indícios suficientes da existência da infração penal antecedente, sendo puníveis os fatos previstos nesta Lei, ainda que desconhecido ou isento de pena o autor, ou extinta a punibilidade da infração penal antecedente"

55. (FGV – Auditor Técnico de Controle Externo – TCE – AM/2021) Constitui um crime de responsabilidade:

a) realizar operação financeira sem observância das normas legais e regulamentares ou aceitar garantia insuficiente ou inidônea;

b) patrocinar, direta ou indiretamente, interesse privado perante a Administração Pública, dando causa à instauração de licitação ou à celebração de contrato cuja invalidação venha a ser decretada pelo Poder Judiciário;

c) deixar de promover ou de ordenar, na forma da lei, o cancelamento, a amortização ou a constituição de reserva para anular os efeitos de operação de crédito realizada com inobservância de limite, condição ou montante estabelecido em lei;

d) permitir ou concorrer para que pessoa física ou jurídica privada utilize bens, rendas, verbas ou valores públicos transferidos pela Administração Pública à entidade privada mediante celebração de parcerias, sem a observância das formalidades legais ou regulamentares aplicáveis à espécie;

e) admitir, possibilitar ou dar causa a qualquer modificação ou vantagem, inclusive prorrogação contratual, em favor do contratado, durante a execução dos contratos celebrados com a Administração Pública, sem autorização em lei, no edital da licitação ou nos respectivos instrumentos contratuais, ou, ainda, pagar fatura com preterição da ordem cronológica de sua exigibilidade.

COMENTÁRIOS

Alternativa "a": incorreta. Realizar operação financeira sem observância das normas legais e regulamentares ou aceitar garantia insuficiente ou inidônea trata-se de ato de improbidade administrativa que causa prejuízo ao erário (Lei 8.429/92).

Alternativa "b": incorreta. Patrocinar, direta ou indiretamente, interesse privado perante a Administração Pública, dando causa à instauração de licitação ou à celebração de contrato cuja invalidação venha a ser decretada pelo Poder Judiciário trata-se de crime de patrocínio de contratação indevida, previsto no artigo 337-G do Código Penal.

Alternativa "c": Conforme artigo 1º do Decreto 201, de 27 de janeiro de 1971, alterado pela Lei 10.028/2020, são crimes de responsabilidade dos Prefeitos Municipal, sujeitos ao julgamento do Poder Judiciário, independentemente do pronunciamento da Câmara dos Vereadores: XXIII: deixar de promover ou de ordenar, na forma da lei, o cancelamento, a amortização ou a constituição de reserva para anular os efeitos de operação de crédito realizada com inobservância de limite, condição ou montante estabelecido em lei.

Alternativa "d": incorreta. Permitir ou concorrer para que pessoa física ou jurídica privada utilize bens, rendas, verbas ou valores públicos transferidos pela Administração Pública à entidade privada mediante celebração de parcerias, sem a observância das formalidades legais ou regulamentares aplicáveis à espécie encontra-se no rol de atos de improbidade administrativa que causa prejuízo ao erário (Lei 8.429/92).

Alternativa "e": incorreta. Admitir, possibilitar ou dar causa a qualquer modificação ou vantagem, inclusive prorrogação contratual, em favor do contratado, durante a execução dos contratos celebrados com a Administração Pública, sem autorização em lei, no edital da licitação ou nos respectivos instrumentos contratuais, ou, ainda, pagar fatura com preterição da ordem cronológica de sua exigibilidade trata-se de crime de modificação ou pagamento irregular de contrato administrativo, previsto no artigo 337-H do Código Penal.

Alternativa correta: letra "c".

---

56. (Cespe – Analista de Controle Externo – Direito – TCE – MG/2018) Lucrécio, policial civil, dirigia embriagado, quando foi parado por dois agentes de trânsito, Jonas e Maurício. O policial apresentou os documentos solicitados pelos agentes, mas se recusou a realizar o teste do bafômetro. Depois de observarem que no veículo havia várias garrafas vazias e que Lucrécio apresentava discurso desconexo, forte cheiro de álcool e voz embargada, Jonas e Maurício chamaram o guincho. Lucrécio, alegando que os agentes não tinham competência contra um policial, acionou Carlos, delegado do seu distrito, que chegou ao local e tentou dialogar com os agentes, a fim de coibi-los de aplicar as penalidades. Em razão da resistência dos agentes de trânsito, Carlos acionou policiais militares, que conduziram Jonas e Maurício à delegacia, mantiveram-nos detidos por algumas horas e, em seguida, os liberaram.

A respeito dessa situação hipotética, assinale a opção correta.

a) Jonas e Maurício cometeram crime de usurpação de função pública, por terem tentado atuar contra um policial.

b) Os policiais militares cometeram abuso de autoridade em concurso de pessoas com Carlos.

c) Ao terem chamado o guincho, Jonas e Maurício cometeram conduta excessiva que configura crime de abuso de autoridade.

d) Lucrécio cometeu crime de desobediência ao se recusar a realizar o teste do bafômetro.

e) Carlos e os policiais militares impediram os agentes de trânsito de cometer crime de abuso de autoridade.

COMENTÁRIOS

✪ **Notas do autor:** a presente questão exige do candidato conhecimentos acerca do crime de abuso de autoridade, previsto na Lei 4.898/65.

Alternativa "a": incorreta. A conduta dos agentes de trânsito narrada na questão acima é condizente com o que está disciplinado no Código de Trânsito Brasileiro. Assim, não há que se falar em prática de crime de usurpação de função pública.

Alternativa "b": correta. Os policiais militares, em concurso com Carlos, cometeram crime de abuso de autoridade, conforme previsão no artigo 4º, "a", da Lei 4898/65, o qual estabelece que constitui também abuso de autoridade: a) ordenar ou executar medida privativa da liberdade individual, sem as formalidades legais ou com abuso de poder.

Alternativa "c": incorreta. Os agentes de trânsito não cometeram conduta excessiva uma vez que, dentro da esfera de sua circunscrição, podem promover a retenção do veículo até a apresentação de outro condutor habilitado.

Alternativa "d": incorreta. Lucrécio não cometeu crime de desobediência, uma vez que, amparado pelo princípio da não autoincriminação, não está obrigado a produzir prova contra si.

Alternativa correta: letra "b".

---

57. (Vunesp – Agente de Fiscalização – TCE – SP/2017) Assinale a alternativa que contenha apenas crimes descritos no Código Penal contra as finanças públicas.

a) Contratação de operação de crédito, ordenação de despesa não autorizada e não cancelamento de restos a pagar.

b) Oferta pública ou colocação de títulos no mercado, moeda falsa e prestação de garantia graciosa.

c) Inserção de dados falsos em sistema de informações, assunção de obrigação no último ano do mandato ou legislatura e emprego irregular de verbas ou rendas públicas.

d) Não cancelamento de restos a pagar, extravio, sonegação ou inutilização de livro ou documento e emprego irregular de verbas ou rendas públicas.

e) Inserção de dados falsos em sistema de informações, sonegação ou inutilização de livro ou documento e contratação de operação de crédito.

COMENTÁRIOS

✪ **Notas do autor:** a presente questão exige do candidato conhecimentos sobre os crimes contra as finanças públicas, definidos pelo Código Penal, nos artigos 359-A a 359-H.

Alternativa "a": correta. O crime de contratação de operação de crédito está definido no artigo 359-A; o crime de ordenação de despesa não autorizada está definido no artigo 359-D e o crime de não cancelamento de restos a pagar está definido no artigo 359-F. Todos são classificados como crimes contra as finanças públicas, previstos no Código Penal.

Alternativa "b": incorreta. O crime de moeda falsa classificado como crime contra a fé pública consistente em fabricar ou alterar peça metálica ou papel-moeda de curso legal no país ou no estrangeiro.

Alternativa "c": incorreta. O crime de inserção de dados falsos em sistema de informações, definido no art. 313-A, do CP, consiste em inserir ou facilitar, o funcionário autorizado, a inserção de dados falsos, alterar ou excluir indevidamente dados corretos nos sistemas informatizados ou bancos de dados da Administração Pública com o fim de obter vantagem indevida para si ou para outrem ou para causar dano, trata-se de crime praticado por funcionário público, contra a administração em geral.

Alternativa "d": incorreta. O crime de extravio, sonegação ou inutilização de livro ou documento, previsto no art. 314, do CP, consiste em extraviar livro oficial ou qualquer documento, de que tem a guarda em razão do cargo; sonegá-lo ou inutilizá-lo, total ou parcialmente e é classificado como crime praticado por funcionário público, contra a administração em geral.

Alternativa "e": incorreta. O crime de inserção de dados falsos em sistema de informações e o crime de extravio, sonegação ou inutilização de livro ou documento são crimes praticados por funcionário público, contra a administração em geral.

Alternativa correta: letra "a".

---

58. (Vunesp – Agente de Fiscalização – TCE – SP/2017) Nos termos da Lei Federal no 9.613/1998 (alterada pela Lei Federal no 12.683/2012), que dispõe sobre os crimes de "lavagem" ou ocultação de bens, direitos e valores, é correto afirmar que

a) a Secretaria da Receita Federal do Brasil conservará os dados fiscais dos contribuintes pelo prazo mínimo de 15 (quinze) anos, contados a partir do início do exercício seguinte ao da declaração de renda respectiva ou ao do pagamento do tributo.

b) em caso de indiciamento de servidor público, este será afastado, percebendo remuneração proporcional ao tempo de serviço, até que o juiz competente autorize, em decisão fundamentada, o seu retorno.

c) em caso de indiciamento de servidor público, este será afastado, sem prejuízo de remuneração e demais direitos previstos em lei, até que o juiz competente autorize, em decisão fundamentada, o seu retorno.

d) a Secretaria da Receita Federal do Brasil conservará os dados fiscais dos contribuintes pelo prazo mínimo de 20 (vinte) anos, contados a partir do início do exercício seguinte ao da declaração de renda respectiva ou ao do pagamento do tributo.

e) em caso de indiciamento de servidor público, este será afastado, sem direito à remuneração e demais direitos previstos em lei, até que o juiz competente autorize, em decisão fundamentada, o seu retorno.

COMENTÁRIOS

✪ **Notas do autor:** a presente questão exige do candidato conhecimentos sobre a Lei 9.613/98, a que dispõe sobre crime de lavagem de dinheiro.

Alternativa "a": incorreta. Conforme art. 17-E, da mencionada lei, a Secretaria da Receita Federal do Brasil conservará os dados fiscais dos contribuintes pelo prazo mínimo de 5 (cinco) anos, contados a partir do início do exercício seguinte ao da declaração de renda respectiva ou ao do pagamento do tributo.

Alternativa "b": incorreta. Prevê o art. 17-D que em caso de indiciamento de servidor público, este será afastado, sem prejuízo de remuneração e demais direitos previstos em lei, até que o juiz competente autorize, em decisão fundamentada, o seu retorno.

Alternativa "c": correta. Conforme já mencionado, o art. 17-D determina que em caso de indiciamento de servidor público, este será afastado, sem prejuízo de remuneração e demais direitos previstos em lei, até que o juiz competente autorize, em decisão fundamentada, o seu retorno.

Alternativa "d": incorreta. Conforme já mencionado, o art. 17-E, da mencionada lei, a Secretaria da Receita Federal do Brasil conservará os dados fiscais dos contribuintes pelo prazo mínimo de 5 (cinco) anos, contados a partir do início do exercício seguinte ao da declaração de renda respectiva ou ao do pagamento do tributo.

Alternativa "e": incorreta. Conforme já mencionado, o art. 17-D determina que em caso de indiciamento de servidor público, este será afastado, sem prejuízo de remuneração e demais direitos previstos em lei, até que o juiz competente autorize, em decisão fundamentada, o seu retorno.

Alternativa correta: letra "c".

---

59. (CESPE – Auditor TCE-PA – 2016) Com base no disposto na Lei n.º 1.079/1950, no Decreto-Lei n. 201/1967 e na jurisprudência dos tribunais superiores, julgue os seguintes itens.

59.01. É coautor de crime de responsabilidade praticado por prefeitos o vereador que se utiliza indevidamente de veículo do município cedido pelo prefeito e se envolve em sinistro, causando considerável prejuízo ao erário público.

COMENTÁRIOS

Art. 1º do Decreto Lei 201/67: São crimes de responsabilidade dos Prefeitos Municipais, sujeitos ao julgamento do Poder Judiciário, independentemente do pronunciamento da Câmara dos Vereadores: II – utilizar-se, indevidamente, em proveito próprio ou alheio, de bens, rendas ou serviços públicos. Trata-se de crime próprio que somente pode ser praticado pelo prefeito ou por quem, ainda que transitoriamente, esteja na função de chefe do executivo municipal. **ERRADO**

59.02. O cometimento de crime de responsabilidade de prefeito consistente em deixar de cumprir ordem judicial individualizada e diretamente a ele dirigida depende da presença de dolo preordenado revelador de desprezo institucional para com a administração da justiça.

COMENTÁRIOS

Todos os crimes definidos no Decreto-Lei n. 201/1967 são dolosos. **CERTO**

Inexiste crime de responsabilidade se o acusado, no momento do oferecimento da denúncia, não mais exerce o cargo que exercia quando cometeu ilícito previsto na Lei nº 1.079/1950, mesmo que permaneça no exercício de outra função pública.

COMENTÁRIOS

Conforme definido no artigo 15, da Lei 1.079/1950, "a denúncia só poderá ser recebida enquanto o denunciado não tiver, por qualquer motivo, deixado definitivamente o cargo". **CERTO**

Direito Penal

Juliano de Freitas Silva e
Marcilha de Queiroz Murad Freitas Silva

✦ DICAS

1. PRINCÍPIOS CONSTITUCIONAIS DO DIREITO PENAL

1.1. PRINCÍPIO DA LEGALIDADE E RESERVA LEGAL (CF/88, ART. 5°, XXXIX)

Segundo o princípio da legalidade, inexiste crime sem lei anterior que o defina, bem como não há pena sem prévia cominação legal. Desta forma, uma conduta somente será caracterizada como crime, com a eventual aplicação de uma pena, se, previamente, existir uma lei incriminadora àquele comportamento. Assim, vislumbra-se ser fundamental que a lei penal incriminadora seja anterior à prática do punível, na medida em que esta não irá retroagir para prejudicar o agente. Aqui vale destacar o teor da Súmula 711 do STF: a lei penal mais grave aplica-se ao crime continuado ou ao crime permanente, se a sua vigência é anterior à cessação da continuidade ou da permanência.

O princípio da legalidade não se confunde com o da reserva legal, o qual determina que somente a lei em sentido formal estará apta para definir crimes.

Conforme previsto no artigo 62, § 1, "b" é vedada a edição de medidas provisórias direito penal, processual penal e processual civil. A referida vedação foi inserida no texto constitucional por meio da Emenda Constitucional nº 32. A doutrina e a jurisprudência majoritária já haviam se posicionado de que medidas provisórias em matéria penal seria uma ofensa ao princípio da reserva legal, que determina que somente a lei é a medida correta para definir os crimes e suas penas. Porém, o STF, antes da edição da referida emenda, já havia se posicionado sobre a possibilidade de edição de medidas provisórias sobre matérias penais, desde que não incriminadoras, ou seja, benéficas ao réu.

1.2. PRINCÍPIO DA IRRETROATIVIDADE DA LEI PENAL (CF/88, ART. 5°, XL)

Segundo a regra expressa no artigo 5º, XL, da Constituição Federal, "a lei penal não retroagirá, salvo para beneficiar o réu". Neste sentido, a lei, quando maléfica à condição do réu, deverá produzir seus efeitos para o futuro, não estando apta a ser aplicada aos fatos anteriores à sua edição.

1.3. PRINCÍPIO DA INSIGNIFICÂNCIA

O princípio da insignificância, também chamado de crime de bagatela, leva em consideração a relevância da ofensa ao bem jurídico tutelado pelo direito penal, evitando, desta forma, que condutas sem relevância social sejam punidas pelo direito.

Para melhor fixação do tema:

> *"DIREITO PENAL. HABEAS CORPUS. CRIME DE FURTO. PRINCÍPIO DA INSIGNIFICÂNCIA. ANTECEDENTES CRIMINAIS. ORDEM CONCEDIDA. 1. A questão de direito tratada neste writ, consoante a tese exposta pela impetrante na petição inicial, é a suposta atipicidade da conduta realizada pelo paciente com base no princípio da insignificância. 2. Considero, na linha do pensamento jurisprudencial mais atualizado que, não ocorrendo ofensa ao bem jurídico tutelado pela norma penal, por ser mínima (ou nenhuma) a lesão, há de ser reconhecida a excludente de atipicidade representada pela aplicação do princípio da insignificância. O comportamento passa a ser considerado irrelevante sob a perspectiva do Direito Penal diante da ausência de ofensa ao bem jurídico protegido. 3. Como já analisou o Min. Celso de Mello, o princípio da insignificância tem como vetores a mínima ofensividade da conduta do agente, a nenhuma periculosidade social da ação, o reduzido grau de reprovabilidade do comportamento e a inexpressividade da lesão jurídica provocada (HC 84.412/SP). 4. No presente caso, considero que tais vetores se fazem simultaneamente presentes. Consoante o critério da tipicidade material (e não apenas formal), excluem-se os fatos e comportamentos reconhecidos como de bagatela, nos quais têm perfeita aplicação o princípio da insignificância. O critério da tipicidade material deverá levar em consideração a importância do bem jurídico possivelmente atingido no caso concreto. 5. Não há que se ponderar o aspecto subjetivo para a configuração do princípio da insignificância. Precedentes. 6. Habeas Corpus concedido." (STF, HC102080 / MS. Rel. Ministra ELLEN GRACIE. PP-00162, julgado em 05.10.2010, divulg. 22.10.2010. Segunda turma).*

1.4. PRINCÍPIO DA INTERVENÇÃO MÍNIMA

O Direito Penal deve ser apresentado como a *ultima ratio*, ou seja, a conduta somente deverá constituir um fato típico quando necessário e indispensável à proteção do bem jurídico violado. O Estado atuará tão somente na presença de um fato típico. E o Direito Penal é o ramo do direito que deve intervir menos na vida em sociedade, agindo somente quando falharem as demais formas de proteção ao bem jurídico tutelado.

Elucidando o referido tema:

> *STJ – RECURSO ESPECIAL REsp 1228545 RS 2011/0013879-5 (STJ)Data de publicação: 29/04/2013, Ementa: ESTATUTO DO DESARMAMENTO. TRANSPORTE DE MUNIÇÃO PARA SER USADA EM ESPINGARDA CALIBRE 12, DEVIDAMENTE LEGALIZADA E REGISTRADA NO SISTEMA DE ARMAS. PRINCÍPIO DA INTERVENÇÃO MÍNIMA. 1. Esta Corte consolidou o entendimento de que para a caracterização do delito previsto no artigo 14, da Lei nº 10.826 /03, é irrelevante se a munição possui ou não potencia-*

lidade lesiva, por se tratar de delito de perigo abstrato, pouco importando se estava acompanhada de arma de fogo para a sua efetiva utilização. 2. O Direito Penal somente deve se preocupar com os bens jurídicos mais importantes e necessários à vida em sociedade, interferindo o menos possível na vida do cidadão. É a última entre todas as medidas protetoras a ser considerada, devendo ser as perturbações mais leves objeto de outros ramos do Direito. 3. Na hipótese dos autos, verifico que a arma para a qual se destinava a munição era devidamente registrada em nome do recorrido no Sistema de Armas não sendo razoável punir o transporte da munição destinada ao seu uso. 4. Recurso especial a que se nega provimento. Encontrado em: 29/04/2013 – 29/4/2013 RECURSO ESPECIAL REsp 1228545 RS 2011/0013879-5 (STJ) Ministro OG FERNANDES.

1.5. PRINCÍPIO DA PROPORCIONALIDADE

O Princípio da Proporcionalidade define que as penas devem ser proporcionais aos delitos praticados pelo agente, sendo, desta forma, uma decorrência lógica da exigência de respeito à dignidade da pessoa humana. Neste sentido é o entendimento do E. STJ:

HABEAS CORPUS. CONDUÇÃO DE VEÍCULO AUTOMOTOR SOB A INFLUÊNCIA DE ÁLCOOL. SUSPENSÃO CONDICIONAL DO PROCESSO. PRESTAÇÃO PECUNIÁRIA DESTINADA A INSTITUIÇÃO BENEFICIENTE. LEGALIDADE. ORDEM DENEGADA. I. O instituto da suspensão condicional do processo constitui medida de despenalização que incide se o denunciado aceita submeter-se ao cumprimento de condições previamente estabelecidas em lei, ou outras que porventura o julgador repute adequadas aos fatos e à sua situação pessoal. II. Ausência de ilegalidade na imposição de condição facultativa ao sursis, consubstanciada na doação de um salário mínimo a instituição beneficente, eis que guarda a mesma natureza da fixação de cestas básicas a serem doadas a entidades carentes, observados os princípios da adequação e da proporcionalidade. III. Ordem denegada (HC 201103022928, HC – HABEAS CORPUS – 228405, Relator: Ministro GILSON DIPP, QUINTA TURMA, DJE DATA:28/02/2012 DTPB:

2. APLICAÇÃO DA LEI PENAL

2.1. ANTERIORIDADE DA LEI

O art. 1º, do Código Penal, define que não há crime sem lei anterior que o defina. Estabelece também que não há pena sem prévia cominação legal.

2.2. LEI PENAL NO TEMPO

O artigo 2º, do Código Penal, estabelece que "ninguém será punido por fato que lei posterior deixa de considerar crime, cessando em virtude dela a execução e os efeitos penais da sentença condenatória". Neste sentido, via de regra, aos fatos será aplicada a lei que está em vigência – *tempus regit actum*.

Dispõe o parágrafo único, do artigo 2º, do CP: "a lei posterior, que de qualquer modo favorecer o agente, aplica-se aos fatos anteriores, ainda que decididos por sentença condenatória transitada em julgado". Desta forma, conclui-se que: a) aplica-se ao fato típico, a lei penal que se encontra em vigor – *tempus regit actum*; b) a lei penal benigna retroagirá para beneficiar o réu, apresentando, desta forma, o fenômeno da retroatividade (efeitos ao passado) e da ultra-atividade (eficácia de uma lei, mesmo após a cessação de sua vigência, por ser mais benéfica que a lei que se encontra em vigor, ou seja, do ponto de vista da sentença, eficácia projetada para o futuro).

2.3. LEI EXCEPCIONAL OU TEMPORÁRIA

Leis excepcionais ou temporárias são aquelas que possuem vigência por um determinado período de tempo e possuem a finalidade de regulamentar situações extraordinárias e transitórias. As leis temporárias se caracterizam pela autorrevogação. Ex.: uma lei feita para durar três meses. A Lei excepcional irá perdurar enquanto persistir a situação anormal que a originou. Ex.: calamidade pública. Segundo determina o artigo 3º, do CP, embora decorrido o período de sua duração ou cessadas as circunstâncias que a determinaram, aplica-se ao fato praticado durante sua vigência.

2.4. TEMPO DO CRIME

O artigo 4º, do Código Penal, dispõe que se "considera praticado o crime no momento da ação ou omissão, ainda que outro seja o momento do resultado". O Código Penal adotou a teoria da atividade.

2.5. TERRITORIALIDADE

Conforme preceitua o artigo 5º, do Código Penal, foi acolhido o princípio da territorialidade relativa, temperada ou mitigada, uma vez que se aplica a lei brasileira, sem prejuízo de convenções, tratados e regras de direito internacional, ao crime cometido no território nacional.

Conforme previsão no artigo 5º, § 1º, do Código Penal, para os efeitos penais, consideram-se como extensão do território nacional as embarcações e aeronaves brasileiras, de natureza pública ou a serviço do governo brasileiro onde quer que se encontrem, bem como as aeronaves e as embarcações brasileiras, mercantes ou de propriedade privada, que se achem, respectivamente, no espaço aéreo correspondente ou em alto-mar. O parágrafo 2º, do mesmo artigo, determina que também é aplicável a lei brasileira aos crimes praticados a bordo de aeronaves ou embarcações estrangeiras de propriedade privada, achando-se aquelas em pouso no território nacional ou em voo no espaço aéreo correspondente e estas em porto ou mar territorial do Brasil.

2.6. LUGAR DO CRIME

O artigo 6º, do Código Penal, considera que "o crime é praticado no lugar em que ocorreu a ação ou omissão, no todo ou em parte, bem como onde se produziu ou deveria produzir-se o resultado". Assim, a teoria adotada pelo Código Penal foi da ubiquidade ou mista.

2.7. EXTRATERRITORIALIDADE

Conforme previsão no artigo 7º, do CP, ficam sujeitos à lei brasileira, embora cometidos no estrangeiro:

I – os crimes:

a) contra a vida ou a liberdade do Presidente da República. Consiste no princípio real, da proteção de interesses ou defesa;

b) contra o patrimônio ou a fé pública da União, do Distrito Federal, de Estado, de Território, de Município, de empresa pública, sociedade de economia mista, autarquia ou fundação instituída pelo Poder Público. Refere-se ao princípio real, da proteção de interesses ou defesa;

c) contra a administração pública, por quem está a seu serviço. Trata-se do princípio real, da proteção de interesses ou defesa;

d) de genocídio, quando o agente for brasileiro ou domiciliado no Brasil. Trata-se do princípio da universalidade, da justiça penal universal ou cosmopolita.

II – os crimes:

a) que, por tratado ou convenção, o Brasil se obrigou a reprimir. Diz respeito ao princípio da universalidade, da justiça penal universal ou cosmopolita;

b) praticados por brasileiro. Refere-se ao princípio da personalidade ou nacionalidade;

c) praticados em aeronaves ou embarcações brasileiras, mercantes ou de propriedade privada, quando em território estrangeiro e aí não sejam julgados. Trata-se do princípio da representação ou da bandeira.

Segundo o princípio da personalidade ou nacionalidade a lei brasileira também será aplicada ao crime cometido por estrangeiro contra brasileiro fora do Brasil, se reunidas as condições exigidas por lei.

Extraterritorialidade Incondicionada: independentemente de qualquer condição, a legislação penal brasileira será aplicada, em razão da gravidade que apresentam, conforme determina o § 1º, do artigo 7º, do Código Penal: "nos casos do inciso I, o agente é punido segundo a lei brasileira, ainda que absolvido ou condenado no estrangeiro." Será aplicada nos seguintes casos:

a) crimes contra a vida ou a liberdade do Presidente da República;

b) crimes contra o patrimônio ou a fé pública da União, do Distrito Federal, de Estado, de Território, de Município, de empresa pública, sociedade de economia mista, autarquia ou fundação instituída pelo Poder Público;

c) crimes contra a administração pública, por quem está a seu serviço;

d) crime de genocídio, quando o agente for brasileiro ou domiciliado no Brasil.

Extraterritorialidade condicionada: neste caso, a lei penal brasileira tão somente será aplicada uma vez reunidas as condições previstas no parágrafo terceiro do artigo 7º, do CP. Será aplicada nas hipóteses:

a) que, por tratado ou convenção, o Brasil se obrigou a reprimir;

b) praticados por brasileiro;

c) praticados em aeronaves ou embarcações brasileiras, mercantes ou de propriedade privada, quando em território estrangeiro e aí não sejam julgados.

A extraterritorialidade condicionada depende dos seguintes requisitos previstos no § 2º do artigo 7º, do Código Penal:

a) entrar o agente no território nacional (condição de procedibilidade);

b) ser o fato punível também no país em que foi praticado (condição objetiva de punibilidade);

c) estar o crime incluído entre aqueles pelos quais a lei brasileira autoriza a extradição (condição objetiva de punibilidade);

d) não ter sido o agente absolvido no estrangeiro ou não ter aí cumprido a pena (condição objetiva de punibilidade);

e) não ter sido o agente perdoado no estrangeiro ou, por outro motivo, não estar extinta a punibilidade, segundo a lei mais favorável (condição objetiva de punibilidade).

2.8. PENA CUMPRIDA NO ESTRANGEIRO

O artigo 8º, do CP, determina que "a pena cumprida no estrangeiro atenua a pena imposta no Brasil pelo mesmo crime, quando diversas, ou nela é computada, quando idênticas". Trata-se de uma forma de compensação das penas no regime de seu cumprimento.

2.9. EFICÁCIA DE SENTENÇA ESTRANGEIRA

O artigo 9º, do CP, estabelece que a sentença penal estrangeira, para produzir seus efeitos no Brasil, deverá ser homologada, para: I – obrigar o condenado à reparação do dano, a restituições e a outros efeitos civis; II – sujeitar do condenado à medida de segurança. O parágrafo único, do referido artigo, estabelece que "a homologação depende: a) para os efeitos previstos no inciso I, de pedido da parte interessada; b) para os outros efeitos, da existência de tratado de extradição com o país de cuja autoridade judiciária emanou a sentença, ou, na falta de tratado, de requisição do Ministro da Justiça". A homologação é realizada pelo STJ, nos termos do artigo 105, I, da Constituição Federal.

2.10. CONTAGEM DE PRAZO

Segundo prescreve o artigo 10, do Código Penal, "o dia do começo inclui-se no cômputo do prazo". "Contam-se os dias, os meses e os anos pelo calendário comum". E o artigo 11, do CP, determina que "serão desprezadas, nas penas privativas de liberdade e nas restritivas de direitos, as frações de dia, e, na pena de multa, as frações de cruzeiro, ou seja, os centavos serão desconsiderados".

3. CRIME

Conceito analítico: crime é fato típico e antijurídico (teoria bipartida ou dicotômica). Culpabilidade é pressuposto de aplicação de pena. Já para a teoria tripartida ou tricotômica, crime é fato típico, antijurídico e culpável, sendo a culpabilidade um dos elementos constitutivos do crime. A corrente tripartida é a predominante; a bipartida é a adotada nos principais conceitos do Código Penal.

Sujeito ativo: aquele que pratica a conduta definida como crime. Em regra, somente o ser humano, maior de 18 anos, pode cometer crimes. Contudo, atualmente, a pessoa jurídica também pode ser responsabilizada penalmente pela prática de crimes ambientais, com fundamento na Lei 9.605/98.

Sujeito passivo: quem sofre as consequências da ação delituosa, ou seja, o titular o bem jurídico penalmente protegido.

Objeto do crime: a) objeto material pessoa ou coisa sobre a qual incide a ação típica; b) objeto jurídico: bem jurídico tutelado pela norma penal incriminadora. Ex. a Administração Pública, no crime de peculato; o patrimônio, no crime de furto.

Fato típico: elementos: a) conduta humana dolosa ou culposa; b) resultado; c) nexo de causalidade entre a conduta e o resultado: d) tipicidade. A conduta, ou seja, o comportamento humano, poderá se dar através de uma ação ou uma omissão. A omissão será penalmente relevante quando aquele que se omite podia ou deveria agir para evitar o resultado. Os crimes omissivos puros ou próprios são aqueles em que a norma penal descreve um não fazer e independem de qualquer outra consequência, como ocorre no caso do artigo 135, do Código Penal: omissão de socorro. Os crimes omissivos impróprios, impuros ou comissivos por omissão são aqueles cuja conduta é uma ação positiva, porém são praticados por meio de uma abstenção do agente, que tem o dever de evitar o resultado, como, por exemplo, da mãe que priva o filho de alimento para matá-lo.

O artigo 14, do Código Penal, estabelece que o crime poderá ser: a) consumado, quando nele se reúnem todos os elementos de sua definição legal; ou tentado, quando, iniciada a execução, não se consuma por circunstâncias alheias à vontade do agente. O *iter criminis* é formado por quatro fases distintas: a) cogitação; b) atos preparatórios; c) execução; d) consumação. Para se configurar a tentativa, é necessário o início dos atos de execução, não se punindo a cogitação e os atos preparatórios (teoria objetiva). São elementos da tentativa: a) ação; b) interrupção da execução por circunstâncias alheias à vontade do agente; c) dolo. Não admitem tentativa, segundo André Estefam e Victor Eduardo Rios Gonçalves (Direito Penal Esquematizado: parte geral. 2º ed., São Paulo: Saraiva, 2013) : a) crimes culposos (aqueles que, por sua natureza, o agente não quer o resultado, sendo, desta forma incompatível com a forma tentada); b) crimes preterdolosos (há dolo no comportamento antecedente e culpa no resultado agravado, não cabendo a tentativa porque o resultado mais gravoso é decorrente de uma negligência, imprudência ou imperícia; c) crimes unissubisistentes (são aqueles cuja ação é definida por um só ato); d) crimes omissivos puros (aqueles cujo tipo penal descreve uma omissão, como no caso do crime de omissão de socorro, previsto no artigo 135, do CP); e) contravenções (não se pune a tentativa, conforme previsão do artigo 4º, da Lei de Contravenções Penais f) crimes cuja tipicidade está condicionada à existência de um resultado (ex. art. 122, CP); g) crimes permanentes de forma exclusivamente omissiva (são os crimes praticados de forma exclusivamente omissiva, cuja consumação de prolonga no tempo, o que ocorre no artigo 148, do CP, na forma omissiva); h) crimes de atentado ou de empreendimento (pune-se a tentativa com a pena do crime consumado).

O nexo de causalidade é a ligação existente entre a conduta e o resultado. Segundo a teoria da equivalência dos antecedentes, também denominada de *conditio sine qua non*, prevista no artigo 13, do Código Penal, considera-se "causa a ação ou omissão sem a qual o resultado não teria ocorrido". Contudo, dispõe o parágrafo primeiro do referido artigo, que "a superveniência de causa relativamente independente exclui a imputação quando, por si só, produziu o resultado e os fatos anteriores serão imputados a quem os praticou".

O artigo 15, do Código Penal, estabelece que o agente que, voluntariamente, desiste de prosseguir na execução ou impede que o resultado se produza, só responde pelos atos já praticados. Se o agente não praticou todo o *iter criminis* e, de forma voluntária e efetiva, evitou a consumação do delito, configura-se a desistência voluntária. O sujeito somente responderá pelos atos que já praticou.

O artigo 16, do Código Penal, trata do arrependimento posterior: "Nos crimes cometidos sem violência ou grave ameaça à pessoa, reparado o dano ou restituída a coisa, até o recebimento da denúncia ou da queixa, por ato voluntário do agente, a pena será reduzida de um a dois terços". Trata-se de uma atitude do agente que ocorre após a consumação do delito e se constitui numa causa obrigatória de diminuição de pena.

4. IMPUTABILIDADE PENAL

O artigo 26, do Código Penal, estabelece que "é isento de pena o agente que, por doença mental ou desenvolvimento mental incompleto ou retardado, era, ao tempo da ação ou da omissão, inteiramente incapaz de entender o caráter ilícito do fato ou de determinar-se de acordo com esse entendimento". Segundo Jurisprudência do STJ, vigora o critério biopsicológico normativo. Assim, é necessário verificar se o agente era mentalmente são, bem como se o transtorno existente afetou a capacidade de compreender o caráter ilícito do fato ou de determinar-se segundo esse conhecimento (HC 33.401, RJ, 5º T., Félix Fischer, 28.09.2004).

Já o artigo 27, do CP, determina que os menores de 18 (dezoito) anos são penalmente inimputáveis, ficando sujeitos às normas estabelecidas na legislação especial. Nesta hipótese, adotou-se o critério biológico.

A emoção ou a paixão, bem como a embriaguez, voluntária ou culposa, pelo álcool ou substância de efeitos análogos, não excluem a imputabilidade penal, conforme estabelecido no artigo 28, do Código Penal. Contudo, nos termos do parágrafo primeiro, do referido artigo, "é isento de pena o agente que, por embriaguez completa, proveniente de caso fortuito ou força maior, era, ao tempo da ação ou da omissão, inteiramente incapaz de entender o caráter ilícito do fato ou de determinar-se de acordo com esse entendimento". Ainda dispõe o parágrafo segundo do artigo 28 do CP: "a pena pode ser reduzida de um a dois terços, se o agente, por embriaguez, proveniente de caso fortuito ou força maior, não possuía, ao tempo da ação ou da omissão, a plena capacidade de entender o caráter ilícito do fato ou de determinar-se de acordo com esse entendimento".

5. CONCURSO DE PESSOAS

O art. 29, do Código Penal, determina que "quem, de qualquer modo, concorre para o crime, incide nas penas a este cominadas, na medida de sua culpabilidade". Assim, verifica-se que foi adotada pelo ordenamento jurídico a teoria monista ou unitária, como via de regra. O § 1º do referido artigo, determina que "se a participação for de menor importância, a pena pode ser diminuída de um sexto a um terço". Já o § 2º esclarece que "se algum dos concorrentes quis participar de crime menos grave, ser-lhe-á aplicada a pena deste; essa pena será aumentada até metade, na hipótese de ter sido previsível o resultado mais grave".

Requisitos para a configuração do concurso de pessoas: a) pluralidade de agentes e de condutas; b) relevância causal de cada conduta; c) liame subjetivo ou normativo entre as pessoas; d) identidade de infração penal.

Segundo o art. 30, do CP, as circunstâncias e as condições de caráter pessoal não se comunicam, ou seja, não se transmitem aos coautores ou partícipes, salvo quando elementares do crime. Condição de caráter pessoal é aquela que diz respeito unicamente à pessoa que praticou o delito, como, por exemplo, ser menor de 21 anos. Neste caso, trata-se de circunstância incomunicável.

Elementar do crime é a característica que integra a figura típica, como por exemplo, ser funcionário público é elementar no crime de peculato (art. 312, do CP). Neste caso, havendo conhecimento, por parte do coautor da condição de funcionário público, haverá a comunicabilidade.

O artigo 31, do CP, prevê um caso de impunibilidade, na medida em que estabelece que "o ajuste, a determinação ou instigação e o auxílio, salvo disposição expressa em contrário, não são puníveis, se o crime não chega, pelo menos, a ser tentado".

6. EXTINÇÃO DA PUNIBILIDADE

Nos termos do artigo 107, do CP, extingue-se a punibilidade:

a) pela morte do agente;
b) pela anistia, graça ou indulto;
c) pela retroatividade de lei que não mais considera o fato como criminoso;
d) pela prescrição, decadência ou perempção;
e) pela renúncia do direito de queixa ou pelo perdão aceito, nos crimes de ação privada;
f) pela retratação do agente, nos casos em que a lei a admite;
g) pelo perdão judicial, nos casos previstos em lei.

O rol do artigo 107 é exemplificativo, uma vez que há outras hipóteses de extinção de punibilidade previstas no Código Penal e em leis especiais. Dentre outras causas de extinção da punibilidade podemos citar: a) o ressarcimento do dano, no crime de peculato culposo, conforme previsão do artigo 312, parágrafo terceiro, do Código Penal; b) o pagamento do tributo, antes do oferecimento da denúncia, nos crimes de sonegação fiscal, conforme previsão do artigo 34, da Lei 9.249/95. Também conforme previsão no parágrafo segundo, artigo 9º, da Lei 10.684/2003, extingue-se a punibilidade dos crimes previstos nos artigos 1º e 2º da Lei 8.137/90 e nos artigos 168-A e 337-A do Código Penal quando a pessoa jurídica relacionada ao agente dos referidos crimes efetuar o pagamento integral dos tributos e contribuições sociais, inclusive acessórios.

7. CRIMES CONTRA A FÉ PÚBLICA

Falsidade ideológica – artigo 299, do Código Penal: a objetividade jurídica deste crime é a proteção à fé pública. O sujeito ativo pode ser qualquer pessoa. Se o crime é cometido por funcionário público, prevalecendo-se do cargo, ou se a falsificação ou alteração é de assentamento de registro civil, aumenta-se a pena de sexta parte. São condutas típicas do delito de falsificação ideológica: a) omitir, em documento público ou particular, declaração falsa ou diversa que dele devia constar; b) inserir, em documento público ou particular, declaração falsa ou diversa que dele devia ser escrita; c) fazer inserir, em documento público ou particular, declaração falsa ou diversa que dele devia ser escrita. O elemento subjetivo do tipo é o dolo. Contudo, exige também a presença outro elemento subjetivo específico: prejudicar direito, criar obrigação ou alterar a verdade sobre fato juridicamente relevante. É crime formal, que independe da ocorrência que qualquer resultado para sua consumação.

8. CRIMES CONTRA A ADMINISTRAÇÃO PÚBLICA

8.1. PECULATO – ARTIGO 312, DO CÓDIGO PENAL

A objetividade jurídica deste crime é a tutela da Administração Pública e do patrimônio público. Trata-se de crime próprio, que somente pode ser praticado por funcionário público, embora o particular, que de qualquer modo, concorrer para a prática delitiva, estará incurso nas penas do artigo 312, do CP, por força do artigo 30, do citado código – a condição pessoal do agente se comunica ao coautor por ser elementar do crime. São duas as condutas típicas: apropriar (peculato apropriação) e desviar (peculato desvio). Admite a tentativa. O artigo 312, parágrafo primeiro, define o delito classificado pela doutrina como peculato-furto ou peculato impróprio: aplica-se a mesma pena, se o funcionário público, embora não tendo a posse do dinheiro, valor ou bem, o subtrai, ou concorre para que seja subtraído, em proveito próprio ou alheio, valendo-se de facilidade que lhe proporciona a qualidade de funcionário. No peculato-furto ou impróprio, o agente subtrai a coisa ou concorre para a subtração valendo-se da facilidade proporcionada pela qualidade de funcionário público (elemento normativo do tipo). O peculato culposo está previsto no parágrafo segundo, do artigo 312, do CP: "se o funcionário concorre culposamente para o crime de outrem: Pena – detenção de 3 (três) meses a 1 (um) ano". A reparação do dano, no peculato culposo, antes do trânsito em julgado da sentença condenatória, é causa de extinção da punibilidade; posteriormente, trata-se de causa de redução de pena, conforme previsão legal.

8.2. INSERÇÃO DE DADOS FALSOS EM SISTEMA DE INFORMAÇÕES

O referido crime foi incluído pela Lei 9.983/2000, a qual inseriu no Código Penal o art. 313-A. Consiste em inserir ou facilitar, o funcionário autorizado, a inserção de dados falsos, alterar ou excluir indevidamente dados corretos nos sistemas informatizados ou bancos de dados da Administração Pública com o fim de obter vantagem indevida para si ou para outrem ou para causar dano, cuja pena é de reclusão, de 2 (dois) a 12 (doze) anos, e multa. Trata-se de crimes contra a Administração Pública, praticado por funcionário público, contra a Administração em Geral, cujo objetivo é resguardar a probidade administrativa. A condição de funcionário público é elemento constitutivo do tipo penal. Assim, admite-se a participação de particular, na condição de coautor, por força do artigo 30 do CP.

8.3. MODIFICAÇÃO OU ALTERAÇÃO NÃO AUTORIZADA DE SISTEMA DE INFORMAÇÕES

O referido crime foi incluído pela Lei 9.983/2000, a qual inseriu no Código Penal o art. 313-B. Consiste em modificar ou alterar, o funcionário, sistema de informações ou programa de informática sem autorização ou solicitação de autoridade competente, cuja pena é detenção, de 3 (três) meses a 2 (dois) anos, e multa. Dispõe o parágrafo único, do mencionado artigo que as penas serão aumentadas de um terço até a metade se da modificação ou alteração resulta dano para a Administração Pública ou para o administrado.

8.4. CONCUSSÃO E EXCESSO DE EXAÇÃO – ARTIGO 316 DO CÓDIGO PENAL

A objetividade jurídica é a tutela da Administração Pública. Trata-se de crime próprio, que somente pode ser praticado por funcionário público ainda que fora da função ou antes de assumi-la, conforme previsão legal. A conduta vem descrita no verbo exigir. É crime formal, que se consuma com a simples exigência da vantagem indevida, independentemente de seu recebimento. O parágrafo primeiro, do artigo 316, do CP, define o crime de **excesso de exação** como sendo a conduta do funcionário que exige tributo ou contribuição social que sabe ou deveria saber indevido, ou, quando devido, emprega na cobrança meio vexatório ou gravoso, que a lei não autoriza. Quando o funcionário público desvia, em proveito próprio ou de outrem, o que recebeu indevidamente para recolher aos cofres públicos, comete **crime de excesso de exação qualificada**, cuja pena é reclusão, de 2 (dois) a 12 (doze) anos, e multa.

8.5. CORRUPÇÃO PASSIVA – ARTIGO 317 DO CÓDIGO PENAL

Trata-se de crime próprio, praticado por funcionário público. Está definido no artigo 317, do CP: "solicitar ou receber, para si ou para outrem, direta ou indiretamente, ainda que fora da função ou antes de assumi-la, mas em razão dela, vantagem indevida, ou aceitar promessa de tal vantagem".

A conduta vem expressa nos verbos solicitar ou receber, e ainda aceitar, vantagem indevida. O elemento subjetivo é o dolo. Trata-se de crime formal que não exige resultado para se consumar, ou seja, se consuma no momento em que a solicitação chega ao conhecimento de terceiro ou que o funcionário recebe a vantagem ou aceita a promessa de sua entrega.

8.6. PREVARICAÇÃO – ARTIGO 319, DO CÓDIGO PENAL

A prevaricação consiste em retardar ou deixar de praticar, indevidamente, ato de ofício, ou praticá-lo contra disposição expressa de lei, para satisfazer interesse ou sentimento pessoal. O sujeito ativo é o funcionário público, sendo crime próprio. Também é crime formal que não exige a ocorrência de nenhum resultado para a sua consumação.

8.7. CONCEITO DE FUNCIONÁRIO PÚBLICO PARA FINS PENAIS

O *caput* do artigo 327, do Código Penal, traz o conceito de funcionário público, para fins penais: "considera-se funcionário público, para os efeitos penais, quem, embora transitoriamente ou sem remuneração, exerce cargo, emprego ou função pública". O parágrafo primeiro equipara ao funcionário público "quem exerce cargo, emprego ou função em entidade paraestatal, e quem trabalha para empresa prestadora de serviço contratada ou conveniada para a execução de atividade típica da Administração Pública". O parágrafo segundo determina que "a pena será aumentada da terça parte quando os autores dos crimes contra a Administração Pública forem ocupantes de cargos em comissão ou de função de direção ou assessoramento de órgão da administração direta, sociedade de economia mista, empresa pública ou fundação instituída pelo poder público".

8.8. CORRUPÇÃO ATIVA – ARTIGO 333, DO CÓDIGO PENAL

O crime de corrupção ativa pode ser praticado por qualquer pessoa e consiste, conforme previsão do *caput* do artigo 333, do CP, em "oferecer ou prometer vantagem indevida a funcionário público, para determiná-lo a praticar, omitir ou retardar ato de ofício", hipótese em que sua consumação independe da ocorrência de qualquer resultado. Trata-se de um crime praticado por particular contra a administração em geral. A pena do crime em questão, conforme previsão no parágrafo único, do artigo 333, do CP "é aumentada de 1/3, se, em razão da vantagem ou promessa, o funcionário retarda ou omite ato de ofício, ou o pratica infringindo dever funcional". Inexiste a forma culposa para o crime em questão.

9. CRIMES CONTRA A ORDEM TRIBUTÁRIA (LEI Nº 8.137/90 E ALTERAÇÕES)

Os crimes contra a ordem tributária praticados por particulares estão previstos nos artigos 1º e 2º da Lei 8.137/90. Os crimes funcionais contra a ordem tributária são aqueles que somente podem ser praticados por funcionário público, e estão previstos no artigo 3º, da Lei 8.137/90. No artigo 4º, estão previstos os crimes contra a ordem econômica e no artigo 7º, os contra as relações de consumo.

Conforme previsão no parágrafo único, do artigo 16, nos crimes cometidos em quadrilha ou coautoria, o coautor ou partícipe que através de confissão espontânea revelar à autoridade policial ou judicial toda a trama delituosa terá a sua pena reduzida de um a dois terços.

A competência para processar e julgar os crimes contra a ordem tributária dependerá da competência tributária. Desta forma, se o tributo envolvido for o ICMS, competirá à Justiça Estadual processar e julgar a ação referente aos crimes contra a ordem tributária; sendo IR, competirá à Justiça Federal. Havendo conexão entre delitos de competência da Justiça Federal e Estadual, prevalecerá a Justiça Federal, por força da Súmula 122, do STJ: "compete à Justiça Federal o processo e julgamento unificado dos crimes conexos de competência federal e estadual, não se aplicando a regra do Art. 78, II, "a", do Código de Processo Penal".

Também é importante mencionar o conteúdo da Súmula Vinculante 24, do STF: "não se tipifica crime material contra a ordem tributária, previsto no art. 1º, incisos I a IV, da Lei nº 8.137/90, antes do lançamento definitivo do tributo". Neste sentido, "a representação fiscal para fins penais relativa aos crimes contra a ordem tributária previstos no artigo 1º e 2º da Lei 8137/90, bem como os crimes contra a previdência social (artigos 168-A e 337-A do CP), será encaminhada ao Ministério Público depois de proferida a decisão final na esfera administrativa sobre a exigência fiscal do crédito tributário correspondente", conforme previsão na Lei 12.350/2010 que alterou o *caput* do artigo 83, da Lei 9.430/96.

10. CRIMES CONTRA O SISTEMA FINANCEIRO (LEI Nº 7.492/86)

Os crimes contra o sistema financeiro estão disciplinados na Lei 7.492/86. Segundo o artigo 1º, "considera-se instituição financeira, a pessoa jurídica de direito público ou privado, que tenha como atividade principal ou acessória, cumulativamente ou não, a captação, intermediação ou aplicação de recursos financeiros de terceiros, em moeda nacional ou estrangeira, ou a custódia, emissão, distribuição, negociação, intermediação ou administração de valores mobiliários". Serão equiparadas à instituição financeira: "a) a pessoa jurídica que capte ou administre seguros, câmbio, consórcio, capitalização ou qualquer tipo de poupança, ou recursos de terceiros; b) a pessoa natural que exerça quaisquer das atividades referidas neste artigo, ainda que de forma eventual". Determina o artigo 25 que são penalmente responsáveis, o controlador e os administradores de instituição financeira, assim considerados os diretores, gerentes. A ação penal para apuração dos crimes contra o sistema financeiro nacional será promovida pelo Ministério Público Federal, perante a Justiça Federal.

✦ SÚMULAS

1. PENA

1.1. APLICAÇÃO DA LEI PENAL

- **Sum 711, do STF.** "A lei penal mais grave aplica-se ao crime continuado ou ao crime permanente, se a sua vigência é anterior à cessação da continuidade ou da permanência".

1.2. EXECUÇÃO PENAL

- **Sum Vinculante 9.** "O disposto no artigo 127 da Lei nº 7.210/1984 (Lei de Execução Penal) foi recebido pela ordem constitucional vigente, e não se lhe aplica o limite temporal previsto no caput do artigo 58".

- **Sum 611, do STF.** "Transitada em julgado a sentença condenatória, compete ao juízo das execuções a aplicação de lei mais benigna".
- **Sum 715, do STF.** "A pena unificada para atender ao limite de trinta anos de cumprimento, determinado pelo art. 75 do Código Penal, não é considerada para a concessão de outros benefícios, como o livramento condicional ou regime mais favorável de execução".
- **Sum 74, do STJ.** "Para efeitos penais, o reconhecimento da menoridade do réu requer prova por documento hábil".
- **Sum 171, do STJ**. "Cominadas cumulativamente, em lei especial, penas privativa de liberdade e pecuniária, é defeso a substituição da prisão por multa".
- **Sum 231, do STJ**. "A incidência da circunstância atenuante não pode conduzir à redução da pena abaixo do mínimo legal".
- **Sum 241, do STJ**. "A reincidência penal não pode ser considerada como circunstância agravante e, simultaneamente, como circunstância judicial".
- **Sum 269, do STJ.** "É admissível a adoção do regime prisional semiaberto aos reincidentes condenados a pena igual ou inferior a quatro anos se favoráveis as circunstâncias judiciais".
- **Sum 440, do STJ.** "Fixada a pena-base no mínimo legal, é vedado o estabelecimento de regime prisional mais gravoso do que o cabível em razão da sanção imposta, com base apenas na gravidade abstrata do delito".
- **Sum 442, do STJ.** "É inadmissível aplicar, no furto qualificado, pelo concurso de agentes, a majorante do roubo".
- **Sum 443, do STJ.** "O aumento na terceira fase de aplicação da pena no crime de roubo circunstanciado exige fundamentação concreta, não sendo suficiente para a sua exasperação a mera indicação do número de majorantes".
- **Sum 444, do STJ.** "É vedada a utilização de inquéritos policiais e ações penais em curso para agravar a pena-base".
- **Sum 493, do STJ.** "É inadmissível a fixação de pena substitutiva (art. 44 do CP) como condição especial ao regime aberto".
- **Sum 501, do STJ.** "É cabível a aplicação retroativa da Lei 11.343/06, desde que o resultado da incidência das suas disposições, na íntegra, seja mais favorável ao réu do que o advindo da aplicação da Lei 6.368/76, sendo vedada a combinação de leis".

1.3. REGIME DE CUMPRIMENTO DA PENA

- **Súmula 643, do STJ:** "A execução da pena restritiva de direitos depende do trânsito em julgado da condenação".
- **Súmula 644, do STJ:** "O núcleo de prática jurídica deve apresentar o instrumento de mandato quando constituído pelo réu hipossuficiente, salvo nas hipóteses em que é nomeado pelo juízo".
- **Sum Vinculante 26.** Para efeito de progressão de regime no cumprimento de pena por crime hediondo, ou equiparado, o juízo da execução observará a inconstitucionalidade do art. 2º da Lei nº 8.072, de 25 de julho de 1990, sem prejuízo de avaliar se o condenado preenche, ou não, os requisitos objetivos e subjetivos do benefício, podendo determinar, para tal fim, de modo fundamentado, a realização de exame criminológico.
- **Sum 716, do STF.** Admite-se a progressão de regime de cumprimento da pena ou a aplicação imediata de regime menos severo nela determinada, antes do trânsito em julgado da sentença condenatória.
- **Sum 717, do STF.** Não impede a progressão de regime de execução da pena, fixada em sentença não transitada em julgado, o fato de o réu se encontrar em prisão especial.
- **Sum 718, do STF.** A opinião do julgador sobre a gravidade em abstrato do crime não constitui motivação idônea para a imposição de regime mais severo do que o permitido segundo a pena aplicada.
- **Sum 719, do STF.** A imposição do regime de cumprimento mais severo do que a pena aplicada permitir exige motivação idônea.

1.4. "SURSIS"

- **Sum 499, do STF.** Não obsta a concessão do "sursis" condenação anterior a pena de multa.

2. PRESCRIÇÃO PENAL

- **Sum 146, do STF.** A prescrição da ação penal regula-se pela pena concretizada na sentença, quando não há recurso da acusação.
- **Sum 497, do STF.** Quando se tratar de crime continuado, a prescrição regula-se pela pena imposta na sentença, não se computando o acréscimo decorrente da continuação.
- **Sum 592, do STF.** Nos crimes falimentares, aplicam-se as causas interruptivas da prescrição, previstas no Código Penal.

3. TIPIFICAÇÃO PENAL

- **Sum Vinculante 24.** Não se tipifica crime material contra a ordem tributária, previsto no art. 1º, incisos I a IV, da Lei nº 8.137/90, antes do lançamento definitivo do tributo.
- **Sum 145, do STF.** Não há crime, quando a preparação do flagrante pela polícia torna impossível a sua consumação.
- **Sum 246, do STF.** Comprovado não ter havido fraude, não se configura o crime de emissão de cheque sem fundos.

- **Sum 610, do STF.** Há crime de latrocínio, quando o homicídio se consuma, ainda que não se realize o agente a subtração de bens da vítima.
- **Sum 720, do STF.** O art. 309 do Código de Trânsito Brasileiro, que reclama decorra do fato perigo de dano, derrogou o art. 32 da Lei das Contravenções Penais no tocante à direção sem habilitação em vias terrestres.
- **Sum 17, do STJ.** Quando o falso se exaure no estelionato, sem mais potencialidade lesiva, é por este absorvido.
- **Sum 24, do STJ.** Aplica-se ao crime de estelionato em que figure como vítima entidade autárquica da Previdência Social a qualificadora do § 3º do art. 171 do Código Penal.
- **Sum 51, do STJ.** A punição do intermediador, no jogo do bicho, independe da identificação do "apostador" ou do "banqueiro".
- **Sum 73, do STJ.** A utilização de papel moeda grosseiramente falsificado configura, em tese, o crime de estelionato, da competência da justiça estadual.
- **Sum 96, do STJ.** O crime de extorsão consuma-se independentemente da obtenção da vantagem indevida.
- **Sum 500, do STJ.** A configuração do crime previsto no artigo 244-B do Estatuto da Criança e do Adolescente independe da prova da efetiva corrupção do menor, por se tratar de delito formal.
- **Sum 502, do STJ.** Presentes a materialidade e a autoria, afigura-se típica, em relação ao crime previsto no artigo 184, parágrafo 2º, do Código Penal, a conduta de expor à venda CDs e DVDs piratas.

4. EXTINÇÃO DA PUNIBILIDADE

- **Sum 18, do STJ.** A sentença concessiva do perdão judicial é declaratória da extinção da punibilidade, não subsistindo qualquer efeito condenatório.
- **Sum 438, do STJ.** É inadmissível a extinção da punibilidade pela prescrição da pretensão punitiva com fundamento em pena hipotética, independentemente da existência ou sorte do processo penal.

5. PRESCRIÇÃO

- **Sum 191, do STJ.** A pronúncia é causa interruptiva da prescrição, ainda que o Tribunal do Júri venha a desclassificar o crime.
- **Sum 220, do STJ.** A reincidência não influi no prazo da prescrição da pretensão punitiva.
- **Sum 338, do STJ.** A prescrição penal é aplicável nas medidas socioeducativas.
- **Sum 415, do STJ.** O período de suspensão do prazo prescricional é regulado pelo máximo da pena cominada.

Direito Processual Civil

Gustavo Henrique Schneider Nunes

TABELA DE INCIDÊNCIA DE QUESTÕES

Distribuição das questões organizada por ordem didática de assuntos		
Assunto	**Número de Questões**	**Peso**
1. PRINCÍPIOS CONSTITUCIONAIS PROCESSUAIS CIVIS	3	3,37%
2. ATOS PROCESSUAIS	4	4,49%
3. AÇÃO	3	3,37%
4. INTERVENÇÃO DE TERCEIROS	3	3,37%
5. NULIDADES	2	2,25%
6. ATOS JUDICIAIS	4	4,49%
7. DOS PRAZOS	3	3,37%
8. PETIÇÃO INICIAL	1	1,12%
9. COISA JULGADA	4	4,49%
10. RECURSOS	12	13,48%
11. MANDADO DE SEGURANÇA, AÇÃO POPULAR E AÇÃO CIVIL PÚBLICA	10	11,24%
12. EXECUÇÃO	6	6,74%
13. COOPERAÇÃO INTERNACIONAL	1	1,12%
14. COMPETÊNCIA	3	3,37%
15. LITISCONSÓRCIO	1	1,12%
16. IMPEDIMENTO E SUSPEIÇÃO	4	4,49%
17. NEGÓCIO JURÍDICO PROCESSUAL	1	1,12%
18. MINISTÉRIO PÚBLICO	1	1,12%
19. CARTA PRECATÓRIA	1	1,12%
20. CITAÇÃO	1	1,12%
21. TUTELA PROVISÓRIA	6	6,74%
22. SUSPENSÃO DO PROCESSO	2	2,25%
23. IMPROCEDÊNCIA LIMINAR DO PEDIDO	1	1,12%
24. CONCILIAÇÃO E MEDIAÇÃO	3	3,37%
25. CONTESTAÇÃO	2	2,25%
26. PROVA	4	4,49%
27. AUDIÊNCIA DE INSTRUÇÃO	1	1,12%
28. PRECEDENTE JUDICIAL	1	1,12%
29. AÇÃO RESCISÓRIA	1	1,12%
Total	**89**	**100%**

Direito Processual Civil

Gustavo Henrique Schneider Nunes

✦ QUESTÕES

1. PRINCÍPIOS CONSTITUCIONAIS PROCESSUAIS CIVIS

01. CEBRASPE – 2024 – TCE/AC – Analista Ministerial

Com base nas disposições do Código de Processo Civil sobre audiência de instrução e julgamento, julgue o item seguinte.

Se houver ocorrido previamente tentativa de solução consensual de conflitos, como mediação ou arbitragem, o juiz estará dispensado de tentar conciliar as partes no decorrer da audiência de instrução.

COMENTÁRIOS

✪ **Nota do autor:** Está ERRADO. O Estado-juiz, sempre que possível, deve promover a solução pacífica dos conflitos, inclusive no curso do processo judicial (art. 3º, 2º e 3º, do CPC). Segundo o art. 139, V, do CPC, "o juiz dirigirá o processo conforme as disposições deste Código, incumbindo-lhe: promover, a qualquer tempo, a autocomposição, preferencialmente com auxílio de conciliadores e mediadores judiciais". À luz do sistema multiportas, tem-se verificado uma verdadeira "inversão de posições em relação à ordem de preferência de utilização desses métodos, porque o uso do processo judicial, sempre que possível, há de ser subsidiário, seja porque pode haver outro método capaz de tutelar o direito de maneira mais adequada, seja porque ao agir assim busca-se evitar a sobrecarga do sistema judicial, comprometedora tanto da efetividade quanto da celeridade da prestação jurisprudencial" (NUNES, Gustavo Henrique Schneider. *Arbitragem Coletiva e o Controle da Representatividade Adequada*. Londrina: Thoth, 2024, p. 150-151). Além disso, cabe ressaltar que "não cabe ao Poder Judiciário analisar esse tipo de questão antes de a jurisdição arbitral já ter sido prestada, em consideração ao princípio da competência-competência. Cabe aos árbitros enfrentar todas as questões relacionadas ao exercício de sua jurisdição, ante a renúncia ao processo estatal, realizando, pois, o controle de sua própria atividade" (NUNES, Gustavo Henrique Schneider. *Arbitragem Coletiva e o Controle da Representatividade Adequada.* Londrina: Thoth, 2024, p. 204).

02. CEBRASPE – 2024 – TCE/AC – Analista Administrativo

Ana, proprietária de uma empresa de fornecimento de materiais hospitalares, firmou um contrato com a prefeitura de São José para fornecer insumos médicos a diversos hospitais municipais. Durante a execução do contrato, o tribunal de contas do estado (TCE) identificou possíveis irregularidades nos preços dos insumos e recomendou à prefeitura que suspendesse os pagamentos até a conclusão da investigação. Conforme recomendação do tribunal, a prefeitura suspendeu os pagamentos à empresa de Ana. Esta, alegando que a suspensão dos pagamentos comprometeria a continuidade do fornecimento dos insumos e prejudicaria o atendimento médico em diversos hospitais do município, ingressou com uma ação judicial, com pedido de tutela de urgência, para que os pagamentos fossem retomados imediatamente. A recomendação de suspensão dada pelo TCE não obsta eventual concessão de tutela de urgência contra o município de São José para a retomada dos pagamentos suspensos.

COMENTÁRIOS

✪ **Nota do autor:** Está CERTO. Partindo-se da premissa de que as recomendações do TCE não têm caráter vinculante, o juiz possui a viabilidade de conceder a tutela de urgência, conforme o caso concreto e o preenchimento dos requisitos legais. O STJ já teve oportunidade de assim decidir: "O mister desempenhado pelos Tribunais de Contas, no sentido de auxiliar os respectivos Poderes Legislativos em fiscalizar, encerra decisões de cunho técnico-administrativo e suas decisões não fazem coisa julgada, justamente por não praticarem atividade judicante. Logo, sua atuação não vincula o funcionamento do Poder Judiciário, o qual pode, inclusive, revisar as suas decisões por força Princípio Constitucional da Inafastabilidade do Controle Jurisdicional (art. 5º, XXXV, da Constituição)" (STJ, 1ª Turma, RESP 1.032.732/CD, Rel. Min. Benedito Gonçalves, DJ 25.08.2015, DJe 08.09.2015).

03. (CESPE/Unb – TCU – Auditor Federal de Controle Externo/2013) No que se refere aos princípios constitucionais do processo civil, julgue os itens seguintes.

03.01. I Considere que, ao apreciar determinada ação judicial, o magistrado tenha declarado, de ofício, a ocorrência de prescrição, sem abrir prazo para que a parte interessada se manifestasse sobre esse aspecto. Nessa situação, o magistrado agiu corretamente, pois o reconhecimento de questões de ordem pública de ofício pelo magistrado dispensa, em caráter absoluto, a observância do princípio do contraditório.

COMENTÁRIOS

✪ **Nota do autor:** recomenda-se a leitura do art. 10 do Novo Código de Processo Civil.

Tradicionalmente, o contraditório era compreendido como a obrigatoriedade de informar a parte adversária acerca do ato ou termo processual acrescida da possibilidade de reação. Vê-se, assim, que a informação é indispensável e a reação é facultativa. Porém, nos dias atuais, por influência do dever de colaboração, o contraditório teve seu âmbito de atuação ampliado, deixando de resumir-se ao binômio informação-reação, para converter-se no trinômio informação-reação-diálogo, a fim de garantir às partes a possibilidade de participarem efetivamente do processo. Na esteira dessas considerações, há que se (*re*)dimensionar o sentido e alcance do princípio do contraditório, à luz das disposições contidas no CPC vigente que o racionalizam, para considerar dois pontos indispensáveis: a) o poder de influência exercido pelas partes como condição de possibilidade para a prolação de decisões judiciais; b) a proibição das decisões surpresa. De acordo com a previsão contida no art. 10 do CPC, "o juiz não pode decidir, em grau algum de jurisdição, com base em fundamento a respeito do qual não se tenha dado às partes oportunidade de se manifestar, ainda que se trate de matéria sobre a qual deva decidir de ofício". **ERRADO**

03.02. II. São nulos, por violarem o princípio do juiz natural, os atos decisórios proferidos por órgãos colegiados compostos, em sua maioria, por juízes de primeiro grau convocados regularmente.

COMENTÁRIOS

✪ ½ **Nota do autor:** para responder a questão, o candidato necessita estar atento à jurisprudência das Cortes Superiores.

O princípio do juiz natural tem a finalidade de impedir a ocorrência do denominado tribunal ou juízo de exceção, de modo que a competência do tribunal ou juízo não venha a ser realizada por lei somente após a ocorrência do fato. Busca-se evitar que determinado tribunal ou juízo ou seus integrantes sejam especificamente indicados para o processamento e julgamento de determinada causa. Há estrita relação com a imparcialidade do órgão julgador. Com efeito, a convocação de juiz de primeira instância para atuar em segunda instância em caráter de substituição e de forma temporária não viola o princípio do juiz natural, desde que as normas atinentes à competência se encontrarem previstas na Constituição Federal, na legislação infraconstitucional e também nas normas de organização judiciária, e, além disso, a atuação do juiz de primeira instância, nesses casos, não esteja dirigida a um ou alguns casos em particular. Segundo o STF (HC 100.706), tal situação é constitucional, ainda que o recurso tenha sido analisado por câmara composta majoritariamente por juízes convocados (HC 100706). Em sentido contrário, posicionou-se o STJ, quando do julgamento do HC 72.941, entendendo ser nulo o julgamento realizado por câmara composta majoritariamente por juízes convocados. **ERRADO**

03.03. III. De acordo com a jurisprudência do STJ, embora o princípio do juiz natural seja considerado uma garantia constitucional, é admitida a sua flexibilização para conferir maior agilidade na prestação jurisdicional.

COMENTÁRIOS

✪ **Nota do autor:** para responder a questão, o candidato necessita estar atento à jurisprudência das Cortes Superiores, sobretudo do STJ.

Tal possibilidade faz-se presente, em especial, na relativização do princípio da identidade física do juiz, decorrente do princípio do juiz natural. Embora haja previsão legal sustentando que o juiz que encerrar a instrução deve proferir a sentença, tal dever resta ressalvado pelas hipóteses em que estiver convocado, licenciado, afastado, promovido ou aposentado (art. 132, *caput*, CPC/73). A justificativa, para tanto, é a de que a decisão judicial possuirá maior grau de qualidade se restar por privilegiada a atuação do julgador que manteve contato direto com a produção da prova oral. Nesse sentido tem se posicionado a jurisprudência do STJ: "Civil e Processual. Negativa de prestação jurisdicional. Inocorrência. Embargos declaratórios. Nulidade.

Inocorrência. Audiência de instrução presidida por juiz titular. Ingresso em férias. Sentença proferida por outro magistrado, em substituição. Possibilidade. Violação ao princípio da identidade física do juiz não caracterizada. CPC, art. 132. Danos estéticos e morais. Matéria de fato. Reexame. Impossibilidade. Súmula nº 7, STJ. *Quantum* indenizatório. Ausência de abuso. I – Não há violação ao artigo 535 do CPC quando o acórdão recorrido dirime de forma expressa, congruente e motivada, as questões suscitadas nas razões recursais. II – *Entre as exceções à aplicação do princípio da identidade física do juiz, previstas no artigo 132 do CPC, insere-se o afastamento por motivo de férias, período em que é possível ao substituto proferir sentença, ainda que colhida prova oral em audiência de instrução e julgamento pelo magistrado originário, que a presidiu.* III- Implica em reexame fático, obstado pela Súmula nº 7 do STJ, a reapreciação da prova interpretada pelas instâncias ordinárias. (...). V- Recurso especial conhecido em parte e, nessa extensão, improvido". (STJ – d 995.316 – (2007/0237649-8) – 4ª T. – Rel. Min. Aldir Passarinho Junior – DJe 01.12.2010 – p. 1740). No mesmo diapasão, mas enfatizando que a parte interessada deve arguir e demonstrar o prejuízo sofrido na primeira oportunidade subsequente que tiver para falar nos autos, sob pena de preclusão: "Processual civil. Multa do art. 538 do CPC. Caráter protelatório. Princípio do juiz natural. Flexibilização. Possibilidade. 1- A multa prevista no artigo 538, parágrafo único, do CPC deve ser mantida na hipótese em que tenha sido demonstrado, na instância ordinária, o caráter protelatório dos embargos de declaração. 2- *No intuito de se conferir maior efetividade e agilidade à prestação jurisdicional, é possível a flexibilização do princípio da identidade física do juiz e do princípio do juiz natural.* 3- Agravo regimental desprovido". (STJ – c-AI 1.159.240 – (2009/0016792-4) – 4ª T. – Rel. Min. João Otávio de Noronha – DJe 15/08/2011 – p. 858). **CERTO**

03.04. IV. Considere que em determinado processo judicial o magistrado tenha constatado a ocorrência de infração ao devido processo legal, mas que não tenha declarado sua nulidade, diante da ausência de comprovação do correspondente prejuízo. Nessa situação, o magistrado agiu corretamente, visto que a jurisprudência do STJ admite a preservação de processo judicial, quando não comprovado o prejuízo decorrente da ofensa ao devido processo legal.

COMENTÁRIOS

✪ **Nota do autor:** trata-se de questão que exige conhecimento dogmático a respeito do direito fundamental ao devido processo legal e também do posicionamento jurisprudencial do STJ.

O art. 5º, inciso LIV, da CF/88, assegura que "ninguém será privado da liberdade ou de seus bens sem o devido processo legal". Trata-se de um superprincípio, que, por força de seu conteúdo, dele decorrem todos os demais direitos fundamentais processuais civis, como o contraditório, a ampla defesa, a publicidade, a motivação das decisões judiciais, a duração razoável do processo, o juiz natural etc. Desse modo, apenas se admite a produção de resultados úteis, por meio do processo, se este estiver de acordo com o devido processo legal. Se um processo tramitar em desconformidade com o devido processo legal, pode até ser que se chegue à obtenção de resultados úteis, mas não haverá que se falar em outra coisa senão num "simulacro de processo", desprovido de qualquer legitimidade democrática. Em outras palavras: o processo, para ser justo, terá que consagrar, no plano procedimental, o respeito a todos os princípios processuais constitucionais decorrentes do devido processo legal. Contudo, como não há direito absoluto, por maior que seja a sua fundamentalidade, o STJ tem decidido pelo não reconhecimento de nulidade em razão de inobservância ao devido processo legal, se, a despeito de não se ter respeitado a forma, ter-se atingido a finalidade do ato e não tiver havido prejuízo processual demonstrado. Por exemplo: embora a citação seja um pressuposto processual de existência, a sua ausência será relativizada, na hipótese de o réu comparecer espontaneamente para supri-la. Ou ainda: não será reconhecida a nulidade processual pela não inclusão de eventual litisconsorte necessário-unitário no polo passivo da demanda, se o pedido foi improcedente em relação ao outro litisconsorte. Primeiro, porque, este último não tem legitimidade para requerer a nulidade pela não inclusão daquele, por não poder formular em nome próprio pedido acerca da nulidade do feito em razão da revelia. Ao depois porque não se deve decretar a nulidade em favor da parte a quem aproveita a nulidade se puder concluir sobre o mérito em seu benefício (STJ, 1ª Turma, RESP nº 493.736/SP, rel. Min. Luiz Fux, j. 01.04.2004, DJ 31.05.2004, p. 183). Por fim: a não intimação do Ministério Público nos casos em que sua participação é obrigatória acarretará a nulidade do processo a partir do momento em que devia ser intimado. Entretanto, somente será reconhecida a nulidade se não for possível decidir a causa a favor de quem a intervenção do Ministério Público se destinava, pois não há nulidade sem prejuízo (STJ, 5ª Turma, RESP 645.414/MS, rel.ª Min. Laurita Vaz, j. 03.11.2009). **CERTO**

2. ATOS PROCESSUAIS

04. CEBRASPE – 2023 – TCE/RJ – Procurador

Julgue o item seguinte, referentes a normas processuais, jurisdição e competência, atos processuais, deveres das partes e tutela provisória no processo civil.

O Código de Processo Civil (CPC) mitiga expressamente a incidência do princípio da publicidade ao dispensar a publicação de despachos e exigir essa formalidade apenas para atos de conteúdo decisório.

COMENTÁRIOS

✪ **Nota do autor:** Está ERRADO. O art. 205, § 3º, do CPC, prevê que "os despachos, as decisões interlocutórias, o dispositivo das sentenças e a ementa dos acórdãos serão publicados no Diário de Justiça Eletrônico". Se houver duplicidade de intimações, no DOE e no portal eletrônico, deve prevalecer esta última em razão da especialidade prevista nos art. 4º e 5º da Lei nº 11.419/2006, conforme já decidido pelo STJ: ""1. A Lei 11.419/2006 – Lei do Processo Judicial Eletrônico – prevê dois tipos de intimações criados para atender à evolução do sistema de informatização dos processos judiciais. A primeira intimação, tratada no art. 4º, de caráter geral, é realizada por publicação no Diário da Justiça Eletrônico; e a segunda, referida no art. 5º, de índole especial, é feita pelo Portal Eletrônico, no qual os advogados previamente se cadastram nos sistemas eletrônicos dos Tribunais para receber a comunicação dos atos processuais. 2. Embora não haja antinomia entre as duas formas de intimação previstas na Lei, ambas aptas a ensejar a válida intimação das partes e de seus advogados, não se pode perder de vista que, caso aconteçam em duplicidade e em diferentes datas, deve ser garantida aos intimados a previsibilidade e segurança objetivas acerca de qual delas deve prevalecer, evitando-se confusão e incerteza na contagem dos prazos processuais peremptórios. 3. Assim, há de prevalecer a intimação prevista no art. 5º da Lei do Processo Eletrônico, à qual o § 6º do art. 5º atribui status de intimação pessoal, por ser forma especial sobre a genérica, privilegiando-se a boa-fé processual e a confiança dos operadores jurídicos nos sistemas informatizados de processo eletrônico, bem como garantindo-se a credibilidade e eficiência desses sistemas. Caso preponderasse a intimação por forma geral sobre a de feitio especial, quando aquela fosse primeiramente publicada, é evidente que o advogado cadastrado perderia o prazo para falar nos autos ou praticar o ato, pois, confiando no sistema, aguardaria aquela intimação específica posterior" (STJ, Corte Especial, EAREsp 1663952/RJ, Rel. Min. Raul Araújo, DJ 19.05.2021, DJe 09.06.2021).

05. VUNESP – 2023 – TCM/SP – Auditor de Controle Externo

José solicitou ao juiz a expedição de certidão de dispositivo da sentença do processo judicial do divórcio de Paulo, alegando ser credor deste. Pode-se corretamente afirmar que:

a) o processo judicial de divórcio é público, razão pela qual o pedido deve ser deferido.
b) o pedido de José não pode ser atendido, pois o processo judicial de divórcio corre em segredo de justiça, não podendo, salvo para os familiares das partes, serem expedidas certidões.
c) se José comprovar interesse jurídico, por ser credor de Paulo, pode ter seu pedido atendido.
d) deve o juiz previamente ouvir Paulo, pois somente com a concordância deste o pedido de José pode ser atendido.
e) deve o pedido ser indeferido, tendo em vista que o processo pode ser acessado de forma eletrônica pelo site do Tribunal, mediante prévio cadastro.

COMENTÁRIOS

Alternativa A: por se tratar de divórcio, o processo deve tramitar em segredo de justiça, em conformidade com o art. 189, II, do CPC: "Os atos processuais são públicos, todavia tramitam em segredo de justiça os processos: que versem sobre casamento, separação de corpos, divórcio, separação, união estável, filiação, alimentos e guarda de crianças e adolescentes".

Alternativa B: não se estende aos familiares, como dispõe o art. 189, § 1º, do CPC: "o direito de consultar os autos de processo que tramite em segredo de justiça e de pedir certidões de seus atos é restrito às partes e aos seus procuradores".

Alternativa C: está correto. Segundo o art. 189, § 2º, do CPC, "O terceiro que demonstrar interesse jurídico pode requerer ao juiz certidão do dispositivo da sentença, bem como de inventário e de partilha resultantes de divórcio ou separação".

Alternativa D: veja os comentários feitos na alternativa "c".

Alternativa E: veja os comentários feitos na alternativa "c".

Alternativa correta: letra "c".

06. (Cespe – Analista de Controle Externo – Direito – TCE – RJ/2021) À luz das regras do direito processual civil acerca dos atos processuais, dos elementos da ação, da intervenção de terceiros e do procedimento comum, julgue os itens a seguir.

Em instância extraordinária, o tribunal deve julgar como extemporâneo o recurso interposto pela parte antes de ser intimado da decisão impugnada.

- CERTO
- ERRADO

COMENTÁRIOS

✪ **Nota do autor:** a questão está ERRADA. Esse entendimento era adotado, de forma majoritária, pelos tribunais brasileiros (conferir: STJ, 6ª Turma, REsp 438.097/GO, Rel. min. Hamilton Carvalhido, *DJ* 20.10.2003). Porém na atualidade, vige a regra prevista no art. 218, § 4º, do CPC: "Será considerado tempestivo o ato praticado antes do termo inicial do prazo".

O ordenamento processual civil brasileiro adota, quanto à causa de pedir, a teoria da substanciação, portanto, ainda que o autor indique as consequências jurídicas que pretende extrair dos fatos descritos em sua petição inicial, o juiz não está vinculado à pretensão autoral referente a essas consequências.

- CERTO
- ERRADO

COMENTÁRIOS

✪ **Nota do autor:** A questão está CERTA. O CPC adotou, realmente, a teoria da substanciação da causa de pedir, "segundo a qual se exige do demandante indicar, na petição inicial, qual o fato jurídico e qual a relação jurídica dele decorrente" (DIDIER JR, Fredie. **Curso de Direito Processual Civil.** 17ª ed. Salvador: Juspodivm, 2015, vol. 1, p. 552). Ocorre que o juiz fica vinculado aos fatos apresentados pelo demandante, não às consequências indicadas. Logo, não se tem por alterada a causa de pedir quando o julgador der ao fato narrado pelo demandante enquadramento jurídico distinto e considerado mais adequado (*iura novit curia*), devendo ater-se apenas ao respeito que deve ter ao contraditório.

O Código de Processo Civil estabelece previsão de negócio processual típico sobre o ônus da prova, o qual poderá ser realizado pelas partes antes ou durante o processo judicial.

- CERTO
- ERRADO

COMENTÁRIOS

✪ **Nota do autor:** a questão está CERTA. A convenção das partes acerca do ônus da prova é modalidade de negócio processual típico, porque se encontra expressamente previsto em lei (art. 373, § 3º, do CPC), podendo ocorrer antes ou durante o processo (art. 373, § 4º, do CPC). Apenas não será cabível quando a distribuição do ônus da prova quando recair sobre direito indisponível da parte ou quando tornar impossível ou excessivamente difícil a uma parte o exercício do direito

O assistente litisconsorcial é aquele que possui interesse jurídico em ingressar no feito, enquanto o interesse que legitima a participação do assistente simples é meramente econômico.

- CERTO
- ERRADO

COMENTÁRIOS

✪ **Nota do autor:** a questão está ERRADA. Trata-se, a assistência, de modalidade de intervenção de terceiro *ad coadjunadum*, que, segundo se depreende do art. 119, *caput*, do CPC, será admitida quando existir processo pendente e houver por parte do assistente interesse jurídico – e não meramente econômico – na disputa.

A alegação de ilegitimidade passiva deduzida pelo réu em sua contestação possibilita que o autor realize, no prazo legal e após manifestação do juiz, a alteração da petição inicial para substituição do polo passivo.

- CERTO
- ERRADO

COMENTÁRIOS

✪ **Nota do autor:** a questão está CERTA. O art. 317 do CPC prevê que "antes de proferir decisão sem resolução do mérito, o juiz deverá conceder à parte oportunidade para, se possível, corrigir o vício". Nessa esteira, existe a possibilidade do autor corrigir o vício processual com a substituição do réu, sendo específico, em relação ao tema, o art. 338, *caput*, do CPC, *in verbis*: "Alegando o réu, na contestação, ser parte ilegítima ou não ser o responsável pelo prejuízo invocado, o juiz facultará ao autor, em 15 (quinze) dias, a alteração da petição inicial para substituição do réu". E mais: de acordo com o parágrafo único deste mesmo dispositivo legal, "realizada a substituição, o autor reembolsará as despesas e pagará os honorários ao procurador do réu excluído, que serão fixados entre três e cinco por cento do valor da causa ou, sendo este irrisório, nos termos do art. 85, § 8º".

07. (CESPE – Auditor TCE-PA – 2016) No que diz respeito às normas processuais, aos atos e negócios processuais e aos honorários de sucumbência, julgue os itens que se seguem, com base no disposto no novo Código de Processo Civil.

As partes capazes podem, antes ou durante o processo, convencionar sobre os seus ônus, poderes, faculdades e deveres processuais, sendo sempre indispensável a homologação judicial para a validade do acordo processual.

Em observância ao princípio da primazia da decisão de mérito, o magistrado deve conceder à parte oportunidade para, se possível, corrigir vício processual antes de proferir sentença terminativa.

No que se refere à comunicação dos atos processuais, aplica-se às entidades da administração pública direta e indireta a obrigatoriedade de manter cadastro nos sistemas de processo em autos eletrônicos, para o recebimento de citações e intimações, que serão preferencialmente realizadas por meio eletrônico. CERTO

A nulidade decorrente da falta de intervenção do Ministério Público como fiscal da ordem jurídica nos processos em que deveria atuar como tal somente pode ser decretada após a manifestação do membro do Ministério Público sobre a existência ou inexistência de prejuízo.

COMENTÁRIOS

✪ **Nota do autor:** a questão exige conhecimento de temas múltiplos de processo civil, sendo exigível do candidato a leitura do Código de Processo Civil, que positivou posicionamentos doutrinários e jurisprudenciais majoritários.

Em relação aos negócios jurídicos, estruturados a partir do princípio do respeito ao autorregramento da vontade no processo, a regra é a de que "Os atos das partes consistentes em declarações unilaterais ou bilaterais de vontade produzem imediatamente a constituição, modificação ou extinção de direitos processuais" (art. 200, *caput*, do CPC). Segundo a doutrina especializada, "Os atos processuais das partes, via de regra, prescindem da chancela jurisdicional para produzir seus efeitos. A lei processual estatui a necessidade de homologação para que alguns negócios processuais possam produzir eficácia, como, por exemplo, a desistência do processo, a autocomposição e o saneamento consensual (arts. 334, § 11, 357, § 2º, 485, VIII e 487, III). De toda forma, o negócio processual tem existência e validez antes da homologação, somente sua eficácia fica subordinada ao carimbo jurisdicional. Porém, tal não implica retirar do juiz o controle dos atos das partes, de sua liceidade, mormente dos negócios processuais, como é indicativo seguro o art. 190, parágrafo único, do Código. Agora, esse potencial controle sobre a juridicidade do negócio jurídico não coarcta sua eficácia imediata" (DIDIER JR., Fredie. Art. 200. In: STRECK, Lenio Luiz; NUNES, Dierle; CUNHA, Leonardo (orgs.). *Comentários ao Código de Processo Civil*. São Paulo: Saraiva, 2016, p. 319). **ERRADO**

De acordo com o art. 317 do CPC, "Antes de proferir decisão sem resolução do mérito, o juiz deverá conceder à parte oportunidade para, se possível, corrigir o vício". **CERTO**

O enunciado encontra ressonância nos § § 1º e 2º do art. 246, *in verbis*: "§ 1º. Com exceção das microempresas e das empresas de pequeno porte, as empresas públicas e privadas são obrigadas a manter cadastro nos sistemas de processo em autos eletrônicos, para efeito de recebimento de citações e intimações, as quais serão efetuadas preferencialmente por esse meio". "§ 2º. O disposto no § 1º aplica-se à União, aos Estados, ao Distrito Federal, aos Municípios e às entidades da administração indireta". **CERTO**

Conforme disciplinado no art. 279 do CPC, o processo será eivado de nulidade quando o membro do Ministério Público não for intimado a acompanhar o feito em que, necessariamente, na qualidade de fiscal da ordem jurídica, deveria intervir. Nesse caso, o juiz invalidará aos atos processuais praticados a partir do momento em que ele deveria ter sido intimado. No entanto, a nulidade não pode ser declarada imediatamente, mas tão somente após a intimação do Ministério Público, que se manifestará sobre a existência ou a inexistência de prejuízo advindo da ausência de sua manifestação. **CERTO**

3. AÇÃO

08. VUNESP – 2023 – TCM/SP – Auditor de Controle Externo

Para demandar, deve a parte ter capacidade processual e capacidade postulatória. A respeito do tema, assinale a alternativa correta.

a) A procuração para o foro em geral habilita o advogado para a prática do ato de firmar compromisso e assinar declaração de hipossuficiência.

b) Os Procuradores do Estado devem provar sua capacidade postulatória apresentando em juízo a respectiva procuração para a prática de atos processuais.

c) Verificada a irregularidade da representação da parte na fase recursal, o processo será extinto, sem resolução do mérito.

d) Não se admite a correção de vício de incapacidade processual no âmbito dos tribunais superiores.

e) Os Estados poderão ajustar compromisso recíproco para a prática de ato processual por seus procuradores em favor de outro ente federado, mediante convênio firmado pelas respectivas procuradorias.

COMENTÁRIOS

Alternativa A: não: "Art. 105, *caput*. do CPC. A procuração geral para o foro, outorgada por instrumento público ou particular assinado pela parte, habilita o advogado a praticar todos os atos do processo, exceto receber citação, confessar, reconhecer a procedência do pedido, transigir, desistir, renunciar ao direito sobre o qual se funda a ação, receber, dar quitação, firmar compromisso e assinar declaração de hipossuficiência econômica, que devem constar de cláusula específica".

Alternativa B: não: "Segundo a jurisprudência do Superior Tribunal de Justiça, a representação processual dos entes públicos independe de instrumento de mandato, desde que seus procuradores estejam investidos na condição de servidores públicos, por se presumir conhecido o mandato pelo seu título de nomeação ao cargo" (STJ, 2ª Turma, AgInt no REsp 1888715/AM, Rel. Min. Herman Benjamin, DJ 24.02.2021, DJe 01.03.2021).

Alternativa C: não: "Art. 76 do CPC. Verificada a incapacidade processual ou a irregularidade da representação da parte, o juiz suspenderá o processo e designará prazo razoável para que seja sanado o vício. § 1º Descumprida a determinação, caso o processo esteja na instância originária: I – o processo será extinto, se a providência couber ao autor; II – o réu será considerado revel, se a providência lhe couber; III – o terceiro será considerado revel ou excluído do processo, dependendo do polo em que se encontre".

Alternativa D: não. "Art. 76, § 2º, do CPC. Descumprida a determinação em fase recursal perante tribunal de justiça, tribunal regional federal ou tribunal superior, o relator: I – não conhecerá do recurso, se a providência couber ao recorrente; II – determinará o desentranhamento das contrarrazões, se a providência couber ao recorrido".

Alternativa E: sim: encontra-se em conformidade com o art. 75, § 4º, do CPC.

Alternativa correta: letra "e".

---

09. CEBRASPE – 2022 – TCE/SC – Auditor Fiscal de Controle Externo

Julgue o item a seguir, referentes ao direito processual civil.

A natureza jurídica da ação é definida pelo pedido e pela causa de pedir, não tendo relevância o nomen iuris dado pela parte autora.

COMENTÁRIOS

✪ **Nota do autor:** Está CORRETO. De fato, a nomenclatura atribuída é irrelevante para definir a natureza jurídica da ação e vincular a atividade jurisdicional, pois o que é essencial é a definição do pedido e da causa de pedir, de modo que *iura novit curia* (o juiz é quem conhece o direito) e *da minhi factum dabo tibi ius* (dá-me os fatos que te darei o direito), bem como, se necessário, o procedimento pode ser adaptado pelo juízo, se assim puder conferir maior efetividade à tutela jurisdicional.

---

10. (FCC – TCE/SP – Auditor/2013) Com relação à Ação, a teoria segundo a qual a ação seria uma qualidade de todo direito ou o próprio direito reagindo a uma violação é a

a) imanentista.
b) do direito concreto à tutela jurídica.
c) do direito abstrato de agir.
d) do direito de fazer agir do Estado.
d) do direito subjetivo instrumental próprio.

COMENTÁRIOS

✪ **Nota do autor:** a questão exige conhecimentos bem sedimentados de Teoria Geral do Processo.

Alternativa "a": de acordo com a célebre definição de Celso, a ação seria o direito de pedir em juízo o que é devido, por considerar que ela seria uma qualidade advinda de todo direito material. Para a teoria imanentista, não há ação sem direito nem direito sem ação e, além disso, toda a ação segue a natureza do direito.

Alternativa "b": o enunciado não corresponde à teoria da ação como direito concreto, criada por Wach, porque, nesta, se de um lado o direito de ação é um direito exercido pelo indivíduo contra o Estado, que só existiria quando a sentença fosse favorável, de outro, é um direito também exercido contra o adversário, que se submeterá aos efeitos da decisão judicial. Como decorrência dessa teoria, surge a chamada teoria do direito potestativo, desenvolvida, na Itália, por Giuseppe Chiovenda, ao defender a tese de que a ação não era um direito exercido contra o Estado, mas contra o réu, que estaria em estado de sujeição à sentença favorável e à atuação concreta da vontade da lei.

Alternativa "c": a teoria abstrata da ação (Degenkolb e Plósz) reconhece a autonomia entre o direito material e o direito processual, tal como apregoado pela primeira vez na teoria concreta da ação, mas destaca que o direito de ação não depende da existência do direito material invocado pela parte, podendo esta ser ajuizada pela suficiente menção de que o autor é detentor de um interesse protegido em abstrato pelo direito. De tal modo, a decisão judicial poderá ser-lhe favorável ou desfavorável.

Alternativa "d": Pikelis intensifica o direito subjetivo contido na ação, referente ao direito de fazer agir do Estado, e considera que outros direitos sejam meros reflexos desse único direito subjetivo.

Alternativa "e": para Liebman, a ação é um direito subjetivo instrumental, que não se confunde com o direito material e pode existir de forma autônoma e independente. Porém, o autor só terá direito a um julgamento de mérito, seja por meio de uma sentença favorável ou desfavorável, se restarem configuradas as denominadas condições da ação (possibilidade jurídica do pedido, interesse processual e legitimidade para agir). Registre-se, porém, que na realidade do CPC vigente, a possibilidade jurídica do pedido não mais se apresenta como uma condição da ação, pois nos termos do art. 17 "para postular ação em juízo é necessário ter interesse e legitimidade". Inclusive, o atual CPC regula o interesse processual e a legitimidade para agir como requisitos de admissibilidade do processo e não mais como condições da ação. "Subsumem-se, então, à tradicional e consagrada categoria dos 'pressupostos processuais', guarda-chuva que abrange 'todos' os requisitos de admissibilidade de um processo" (DIDIER JR., Fredie. **Curso de Direito Processual Civil.** 17ed. Salvador: Juspodivm, 2015, vol. 1, p. 342).

Alternativa correta: letra "a".

4. INTERVENÇÃO DE TERCEIROS

11. CONSULPAM - 2023 - TCM/PA - Conselheiro

Levando-se em consideração o teor do Código de Processo Civil brasileiro (Lei n.º 13.105/2015) a respeito da intervenção de terceiros, assinale a alternativa CORRETA.

a) A assistência simples obsta a que a parte principal reconheça a procedência do pedido.

b) A assistência será admitida em qualquer procedimento e em todos os graus de jurisdição, recebendo o assistente o processo no estado em que se encontre.

c) Feita a denunciação pelo autor, o denunciado não poderá acrescentar novos argumentos à petição inicial.

d) Admite-se sucessivas denunciações da lide.

COMENTÁRIOS

Alternativa A: não é isso. O art. 122 do CPC prevê situação inversa: "A assistência simples não obsta a que a parte principal reconheça a procedência do pedido, desista da ação, renuncie ao direito sobre o que se funda a ação ou transija sobre direitos controvertidos".

Alternativa B: está correta. Dispõe o art. 119, parágrafo único, do CPC: "A assistência será admitida em qualquer procedimento e em todos os graus de jurisdição, recebendo o assistente o processo no estado em que se encontre".

Alternativa C: está incorreta, pois contraria o art. 127 do CPC: "Feita a denunciação pelo autor, o denunciado poderá assumir a posição de litisconsorte do denunciante e acrescentar novos argumentos à petição inicial, procedendo-se em seguida à citação do réu".

Alternativa D: está incorreta. O art. 125, § 2º, do CPC, assim estabelece: "Admite-se uma única denunciação sucessiva, promovida pelo denunciado, contra seu antecessor imediato na cadeia dominial ou quem seja responsável por indenizá-lo, não podendo o denunciado sucessivo promover nova denunciação, hipótese em que eventual direito de regresso será exercido por ação autônoma".

Alternativa correta: letra "b".

12. CEBRASPE - 2022 - TCE/SC - Auditor Fiscal de Controle Externo

Julgue o item a seguir, referentes ao direito processual civil.

O ingresso de terceiro nos autos como assistente simples pode ser justificado pela presença de interesse econômico, moral, jurídico ou corporativo.

COMENTÁRIOS

✪ **Nota do autor:** Está ERRADO, pois apenas o interesse jurídico é que justifica o ingresso de terceiro nos autos. Como dispõe o art. 119, *caput*, do CPC, "pendendo causa entre 2 (duas) ou mais pessoas, o terceiro juridicamente interessado em que a sentença seja favorável a uma delas poderá intervir no processo para assisti-la". Nesse sentido: "PROCESSUAL CIVIL. AGRAVO INTERNO NO RECURSO ESPECIAL. 1. A jurisprudência desta Corte é firme no sentido de que, para o ingresso de terceiro nos autos como assistente simples, faz-se necessária a presença de interesse jurídico, configurado na demonstração da existência de relação jurídica integrada pelo assistente que será diretamente atingida pelo provimento jurisdicional, não bastando o mero interesse econômico, moral ou corporativo. Precedente: RCD nos EREsp 448442/MS, Rel. Min. Benedito Gonçalves, Primeira Seção, DJe 22/06/2018. 2. Agravo interno não provido" (STJ, 1ª Turma, AgInt no REsp 1739492/RS, Rel. Min. Benedito Gonçalves, DJ 25.11.2019, DJe 27.11.2019).

13. (CESPE - Analista de Controle Externo - Direito - TCE - MG/2018) Em um processo judicial, o autor pleiteou a um dos devedores o pagamento da dívida comum. Em resposta, o réu requereu ao juiz que este determinasse a citação dos demais devedores para integrarem a lide.

Nessa situação hipotética, o réu requereu

a) a assistência litisconsorcial.

b) a inclusão de *amicus curiae.*

c) a denunciação da lide.

d) o chamamento ao processo.

e) a assistência simples.

COMENTÁRIOS

✪ **Nota do autor:** a resolução da questão exige o conhecimento atualizado da legislação, bem como noções sobre intervenção de terceiros.

Alternativa "a": na assistência litisconsorcial (art. 124, CPC), o terceiro intervém no processo alegando a existência de um interesse jurídico imediato na causa, a ponto de a sentença influir na relação jurídica existente entre ele e o adversário do assistido.

Alternativa "b": a participação do *amicus curiae* ocorre por meio da intervenção espontânea de terceiro com o propósito de contribuir para o aprimoramento da decisão judicial.

Alternativa "c": a finalidade da denunciação da lide é permitir que uma das partes traga ao processo um terceiro que tenha a responsabilidade de ressarci-la dos prejuízos que vier a obter em decorrência do resultado final deste mesmo processo. De acordo com o art. 125, a denunciação da lide é admitida nos seguintes casos: "I – ao alienante imediato, no processo relativo à coisa cujo domínio foi transferido ao denunciante, a fim de que possa exercer os direitos que da evicção lhe resultam; II – àquele que estiver obrigado, por lei ou pelo contrato, a indenizar, em ação regressiva, o prejuízo de quem for vencido no processo".

Alternativa "d": o artigo 130, III, do CPC, bem soluciona a questão, ao prever que "É admissível o chamamento ao processo, requerido pelo réu: III – dos demais devedores solidários, quando o credor exigir de um ou de alguns o pagamento da dívida comum".

Alternativa "e": no caso de assistência simples, haverá a participação do terceiro quando este possuir interesse jurídico na solução da demanda, de modo a buscar sempre a vitória do assistido, haja vista que "atuará como auxiliar da parte principal" (art. 121, CPC). O interesse que o assistente possui é diferente daquele processualmente controvertido entre autor e réu, mas que pode ser afetado pela decisão judicial.

Alternativa correta: letra "e".

5. NULIDADES

14. CEBRASPE – 2022 – TCE/SC – Auditor Fiscal de Controle Externo

Julgue o item a seguir, referentes ao direito processual civil.

A nulidade dos atos deve ser alegada na primeira oportunidade em que couber à parte falar nos autos, sob pena de preclusão.

COMENTÁRIOS

✪ **Nota do autor:** Está CORRETO. "Art. 278 do CPC. A nulidade dos atos deve ser alegada na primeira oportunidade em que couber à parte falar nos autos, sob pena de preclusão. Parágrafo único. Não se aplica o disposto no caput às nulidades que o juiz deva decretar de ofício, nem prevalece a preclusão provando a parte legítimo impedimento".

15. (FGV – Auditor Técnico de Controle Externo – TCE – AM/2021) O juiz determinou ao autor que retificasse uma nulidade existente no feito. Não sendo sanado o vício, e verificando que a decretação dessa nulidade aproveitaria ao réu, o juiz não a pronunciou nem mandou o autor suprir-lhe a falta, julgando desde logo improcedente o pedido, por verificar que o direito alegado não assistia ao demandante. Nesse cenário, é possível afirmar que o juiz agiu:

a) de forma incorreta, vez que deveria extinguir o feito sem resolução do mérito;
b) corretamente, por força dos princípios da boa-fé subjetiva e da cooperação;
c) corretamente, por força do princípio da primazia da resolução do mérito;
d) de forma incorreta, vez que deveria exigir do autor que repetisse o ato;
e) de forma incorreta, vez que deveria prosseguir com o processo e tratar o autor como revel.

COMENTÁRIOS

✪ **Nota do autor:** a resolução da questão exige estudo da legislação seca, no caso, do CPC.

Alternativa "a": em regra, ao constatar a existência de uma nulidade sanável, o juiz deve procurar "salvar o processo", determinado, se for o caso, alguma medida a ser realizada pela parte, dentro do prazo estabelecido, sob pena de extinção do processo sem resolução do mérito. Todavia, mesmo sem ter sido sanado o vício, o juiz, nesse caso, agiu corretamente, à luz do princípio da primazia da resolução do mérito, previsto no art. 282, § 2º, do CPC: "quando puder decidir o mérito a favor da parte a quem aproveite a decretação da nulidade, o juiz não a pronunciará nem mandará repetir o ato ou suprir-lhe a falta". Isso ocorre porque é sempre mais vantajoso para a parte valer-se de uma sentença de mérito favorável do que obter um provimento que apenas reconheça a nulidade de um ato processual.

Alternativa "b": ver o comentário feito à alternativa "a".

Alternativa "c": ver o comentário feito à alternativa "a".

Alternativa "d": ver o comentário feito à alternativa "a".

Alternativa "e": ver o comentário feito à alternativa "a".

Alternativa correta: letra "c".

6. ATOS JUDICIAIS

16. CONSULPAM – 2023 – TCM/PA – Conselheiro

Segundo o disposto no Código de Processo Civil brasileiro (Lei n.º 13.105/2015) a respeito da sentença e da coisa julgada, assinale a alternativa na qual NÃO consta hipótese de resolução de mérito.

a) Quando o juiz homologar a transação.

b) Quando o juiz decidir sobre a ocorrência de prescrição.

c) Quando o juiz reconhecer a existência de coisa julgada.

d) Quando o juiz rejeitar o pedido formulado na reconvenção.

COMENTÁRIOS

Alternativa A: consta: art. 487, III, *b*, do CPC.

Alternativa B: consta: art. 487, II, do CPC.

Alternativa C: não consta: art. 485, V, do CPC.

Alternativa D: consta: art. 487, I, do CPC.

Alternativa correta: letra "c".

17. COPEVE-UFAL – 2022 – TCE/AL – Agente de Controle Externo

Dadas as afirmativas relativas à sentença,

I. Se o autor der causa, por duas vezes, a sentença fundada em abandono da causa, não poderá propor nova ação contra o réu com o mesmo objeto, ficando-lhe ressalvada, entretanto, a possibilidade de alegar em defesa o seu direito.

II. Se consolida a decisão surpresa quando o magistrado, diante dos limites da causa de pedir, do pedido e do substrato fático delineado nos autos, realiza a tipificação jurídica da pretensão no ordenamento jurídico posto, aplicando a lei adequada à solução do conflito, quando as partes não a tenham invocado (iura novit curia) e sem a oitiva delas, podendo se dizer surpreendida com a sua aplicação, resultando em nulidade.

III. É vedado ao juiz proferir decisão de natureza diversa da pedida, bem como condenar a parte em quantidade superior ou em objeto diverso do que lhe foi demandado, observando-se que a decisão deve ser certa, ainda que resolva relação jurídica condicional.

IV. Segundo entendimento do STJ, o julgamento não se mostra extra petita quando o juiz promove uma interpretação lógico-sistemática dos pedidos deduzidos, ainda que não expressamente formulados pela parte, não gerando nulidade processual.

verifica-se que estão corretas apenas

a) I e II.

b) I e III.

c) III e IV.

d) I, II e IV.

e) II, III e IV.

COMENTÁRIOS

Alternativa A: o item I está errado, porque ao invés de 2 duas vezes, o art. 486, *caput*, do CPC, refere-se a 3 vezes. O item II também está errado, uma vez que a regra é o contraditório prévio, salvo as hipóteses do art. 9º, parágrafo único, CPC, sendo garantido às partes a participação com influência e a vedação à decisão surpresa, como disposto no art. 10 do CPC: "o juiz não pode decidir, em grau algum de jurisdição, com base em fundamento a respeito do qual não se tenha dado às partes oportunidade de manifestar, ainda que se trate de matéria sobre a qual deva decidir de ofício".

Alternativa B: quanto ao item I, ver comentário feito na alternativa "a". Já o item III está correto, posto que em respeito ao princípio da correlação (ou adstrição), previsto no art. 492 do CPC.

Alternativa C: o item III está correto, conforme comentário feito na alternativa "b". Da mesma forma, está correto o item IV, segundo jurisprudência do STJ: "6. Segundo a jurisprudência do STJ, "não há que falar em julgamento extra petita quando o órgão julgador não afronta os limites objetivos da pretensão inicial, tampouco concede providência jurisdicional diversa da requerida, respeitando o princípio da congruência" (REsp n. 1.550.255/RJ, Relator para o Acórdão Ministro RICARDO VILLAS BÔAS CUEVA, TERCEIRA TURMA, julgado em 27/10/2015, DJe 13/11/2015). 7. Além disso, inexiste julgamento extra petita em virtude da interpretação lógico-sistemática do pedido. 8. No caso, as instâncias de origem responsabilizaram solidariamente a agravante pela reparação material pretendida pela adquirente, atentas aos fatos descritos na exordial, assim como aos limites da causa de pedir e do pedido e a partir da interpretação lógico-sistemática da exordial, concluindo ser a empresa integrante da cadeia de fornecimento, o que não configura julgamento extra petita. 9. De acordo com a jurisprudência do STJ, "não se configura julgamento extra petita quando o julgador, adstrito às circunstâncias fáticas e ao pedido constante nos autos, procede à subsunção normativa com amparo em fundamentos jurídicos diversos dos suscitados pelas partes" (AgInt no REsp n. 1.795.148/MT, Relator Ministro MARCO BUZZI, QUARTA TURMA, julgado em 19/11/2019, DJe 22/11/2019), o que ocorreu" (STJ, 4ª Turma, AgInt no AREsp 1692558/AL, Rel. Min. Antonio Carlos Ferreira, DJ 23.11.2020, DJe 30.11.2020).

Alternativa D: ver os comentários feitos nas alternativas "a" e "c".

Alternativa E: ver os comentários feitos nas alternativas "a", "b" e "c".

Alternativa correta: letra "c".

18. FGV – 2022 – TCU – Auditor Federal de Controle Externo

Em razão de duas atividades fiscalizatórias independentes realizadas pelo Tribunal de Contas em relação à atuação de determinado gestor, este acabou por ser sancionado com duas penas de multa, uma para cada infração apurada e constatada pela Corte de Contas. Irresignado, o gestor ajuizou ação de procedimento comum, formulando pedidos de invalidação de ambos os atos sancionatórios, por reputar o primeiro desproporcionalmente gravoso, e o segundo, nulo por não lhe ter sido oportunizado o exercício do direito de defesa. Proferido o juízo positivo de admissibilidade da demanda, e vindo aos autos a contestação, o órgão judicial reconheceu a prescrição em relação ao primeiro pedido, determinando o prosseguimento do feito, rumo à fase da instrução probatória, em relação ao segundo pedido.

No tocante ao provimento jurisdicional que reconheceu a prescrição, é correto afirmar que se trata de:

a) decisão interlocutória, a qual, preclusas as vias impugnativas, dará azo à formação de coisa julgada formal;
b) sentença, a qual, preclusas as vias impugnativas, dará azo à formação de coisa julgada formal;
c) decisão interlocutória, a qual, preclusas as vias impugnativas, dará azo à formação de coisa julgada material;
d) sentença, a qual, preclusas as vias impugnativas, dará azo à formação de coisa julgada material;
e) despacho, o qual dará azo à formação de coisa julgada formal.

COMENTÁRIOS

Alternativa A: trata-se de decisão interlocutória, mas que, por referir-se à prescrição, encontra-se apta a formar coisa julgada material e não formal como mencionado. Segundo o art. 487, II, do CPC, "haverá resolução de mérito quando o juiz: decidir, de ofício ou a requerimento, sobre a ocorrência de decadência ou prescrição".

Alternativa B: a decisão preferida não se adequa à sentença, nos termos do art. 203, § 1º, do CPC: "Ressalvadas as disposições expressas dos procedimentos especiais, sentença é o pronunciamento por meio do qual o juiz, com fundamento nos arts. 485 e 487 , põe fim à fase cognitiva do procedimento comum, bem como extingue a execução". Não houve, no caso, encerramento à fase cognitiva do procedimento, uma vez que a decisão que declarou a prescrição atingiu apenas um dos pedidos formulados, estando correta a determinação de prosseguimento do feito em relação ao outro pedido.

Alternativa C: exatamente isso, considerando que, como visto nos comentários feitos na alternativa "a", a hipótese cuida de decisão interlocutória sobre prescrição, e, por via de consequência, envolve a análise do mérito. Houve julgamento antecipado parcial do mérito, cuja decisão é agravável por instrumento, nos termos do art. 356, § 5º, do CPC. Segundo Cássio Scarpinella Bueno, "mão obstante o silêncio sobre a natureza jurídica da referida decisão, contudo, trata-se de decisão 'interlocutória' e de 'mérito'. Menos pelo que é possível extrair do § 5º do art. 356, que, no particular, limita-se a indicar o recurso cabível, mais por causa do 'sistema processual civil', cujos §§ 1º e 2º do art. 203 conduzem, com segurança, a esta conclusão. De acordo com aqueles dispositivos – e eles merecem ser interpretados em conjunto para o que interessa à presente discussão – decisão interlocutória é todo pronunciamento judicial que 'não' põe fim à fase cognitiva do procedimento comum, precisamente o caso. O inciso II do art. 1.015, coerente e pertinentemente, refere-se à recorribilidade 'imediata' das decisões interlocutórias de 'mérito' sem indicar, contudo, expressamente a hipótese do art. 5º do art. 356, o que, pelo que acabou de se evidenciar, é de todo indiferente" (BUENO, Cássio Scarpinella. *Manual de Direito Processual Civil.* 2ª ed. São Paulo: Saraiva, 2016, p. 334).

Alternativa D: veja os comentários feitos nas alternativas "a", "b" e "c".

Alternativa E: veja os comentários feitos nas alternativas "a", "b" e "c".

Alternativa correta: letra "c".

19. (FGV – Auditor Técnico de Controle Externo – TCE – AM/2021) Uma vez proposta por particular demanda em face da Fazenda Pública, estando a sua pretensão já prescrita, é correto afirmar que:

a) o juiz, acolhendo a arguição de prescrição formulada pela parte ré, julgará extinto o feito sem resolução do mérito;
b) deixando o demandado de suscitar a prescrição em sua contestação, o juiz não poderá reconhecê-la de ofício;
c) a interrupção da prescrição não retroagirá à data da propositura da ação, ainda que o autor adote tempestivamente as medidas aptas a viabilizar a citação;
d) sendo a prescrição arguida na contestação, o juiz só poderá pronunciá-la depois de conceder ao autor a oportunidade de se manifestar a seu respeito;
e) vislumbrando a possibilidade de configuração da prescrição, o juiz deverá suspender o feito, a fim de que a matéria seja suscitada e debatida pelas partes em ação autônoma.

COMENTÁRIOS

✪ **Nota do autor:** a resolução da questão exige estudo da legislação seca, no caso, do CPC.

Alternativa "a": a prescrição é causa de extinção do processo com resolução do mérito (art. 487, II, do CPC).

Alternativa "b": a prescrição é matéria de ordem pública e, assim, pode ser conhecida de ofício pelo juiz, *em qualquer tempo ou grau de jurisdição*. Veja, por exemplo, a hipótese do art. 332, § 1º, do CPC, situada antes da citação do réu: "O juiz também poderá julgar liminarmente improcedente o pedido se verificar, desde logo, a ocorrência de decadência ou de prescrição". Além disso, art. 487, parágrafo único, do CPC, dispõe que "ressalvada a hipótese do § 1º do art. 332, a prescrição e a decadência não serão reconhecidas sem que antes seja dada às partes oportunidade de manifestar-se". Entretanto, ainda mesmo em relação à primeira hipótese, torna-se importante observar a advertência feita pela doutrina: "Segundo pensamos, o juiz deve ouvir o demandante, antes de julgar liminarmente improcedente o pedido em razão da decadência ou da prescrição (cf. a respeito, comentário ao art. 10 do CPC/2015, que expressamente positivou o princípio que veda a prolação de decisão com surpresa para as partes" (MEDINA, José Miguel Garcia. **Novo Código de Processo Civil Comentado.** 4ª ed. São Paulo: Revista dos Tribunais, 2016, p. 584).

Alternativa "c": como estabelece o art. 240, § 1º, do CPC, "a interrupção da prescrição, operada pelo despacho que ordena a citação, ainda que proferido por juízo incompetente, retroagirá à data da propositura da ação".

Alternativa "d": sim, em conformidade com o que foi mencionado nos Comentários à alternativa "b".

Alternativa "e": não, deverá agir nos termos do art. 487, II e parágrafo único, do CPC, conforme comentário feito na alternativa "b".

Alternativa correta: letra "d".

7. DOS PRAZOS

20. VUNESP – 2023 – TCM/SP – Auditor de Controle Externo

Acerca dos prazos, pode-se corretamente afirmar que:

a) quando a lei for omissa, o juiz determinará os prazos, em período não superior a 30 dias, em consideração ao número de litigantes e tempo provável de duração do processo.

b) quando a lei ou o juiz não determinar prazo, as intimações somente obrigarão a comparecimento após decorridas 24 (vinte e quatro) horas.

c) inexistindo preceito legal ou prazo determinado pelo juiz, será de 8 (oito) dias o prazo para a prática de ato processual a cargo da parte.

d) será considerado tempestivo o ato praticado antes do termo inicial do prazo.

e) na contagem, em dias, de prazo processual ou de direito material estabelecido por lei ou pelo juiz, computar-se-ão somente os dias úteis.

COMENTÁRIOS

Alternativa A: segundo o art. 218, § 1º, do CPC, "quando a lei for omissa, o juiz determinará os prazos em consideração à complexidade do ato".

Alternativa B: conforme o art. 218, § 2, do CPC, "quando a lei ou o juiz não determinar prazo, as intimações somente obrigarão a comparecimento após decorridas 48 (quarenta e oito) horas".

Alternativa C: de acordo com o art. 218, § 3º, do CPC, "inexistindo preceito legal ou prazo determinado pelo juiz, será de 5 (cinco) dias o prazo para a prática de ato processual a cargo da parte".

Alternativa D: está correta. Trata-se da redação do art. 218, § 4º, do CPC.

Alternativa E: isso não se aplica só em relação aos prazos processuais. A conferir: "Art. 219. Na contagem de prazo em dias, estabelecido por lei ou pelo juiz, computar-se-ão somente os dias úteis. Parágrafo único. O disposto neste artigo aplica-se somente aos prazos processuais".

Alternativa correta: letra d.

21. CEBRASPE – 2023 – TCE/RJ – Procurador

Julgue o item seguinte, referentes a normas processuais, jurisdição e competência, atos processuais, deveres das partes e tutela provisória no processo civil.

Em consonância com o princípio da isonomia, a regra processual que assegura prazos em dobro para manifestações processuais da fazenda pública se aplica ao Estado estrangeiro que estiver em juízo em órgão do Poder Judiciário brasileiro. – ERRADO.

COMENTÁRIOS

✪ **Nota do autor:** o item está errado. Todos que possuem a prerrogativa do prazo em dobro encontram-se elencados no art. 183 do CPC: "A União, os Estados, o Distrito Federal, os Municípios e suas respectivas autarquias e fundações de direito público gozarão de prazo em dobro para todas as suas manifestações processuais, cuja contagem terá início a partir da intimação pessoal". Logo, por falta de previsão legal, o Estado estrangeiro não será contemplado com prazo em dobro. Nesse sentido: "PROCESSUAL CIVIL. CONTESTAÇÃO. PRAZO EM QUÁDRUPLO PARA CONTESTAR E EM DOBRO PARA RECORRER. ESTADO ESTRANGEIRO. CPC, ARTIGO 188. INAPLICAÇÃO. I – O prazo em quádruplo para contestar e em dobro para recorrer, previsto no artigo 188 do CPC, não se aplica ao Estado estrangeiro. II – Agravo de instrumento desprovido" (STJ, 3ª Turma, Ag 297723/SP, Rel. Min. Antônio de Pádua Ribeiro, DJ 08.06.2000, DJe 14.08.2000).

22. (Cespe – Analista de Controle Externo – Direito – TCE – RJ/2021) À luz das regras do direito processual civil acerca dos atos processuais, dos elementos da ação, da intervenção de terceiros e do procedimento comum, julgue os itens a seguir.

Em instância extraordinária, o tribunal deve julgar como extemporâneo o recurso interposto pela parte antes de ser intimado da decisão impugnada.

- CERTO
- ERRADO

COMENTÁRIOS

✪ ½ **Nota do autor:** a questão está ERRADA. Esse entendimento era adotado, de forma majoritária, pelos tribunais brasileiros (conferir: STJ, 6ª Turma, REsp 438.097/GO, Rel. min. Hamilton Carvalhido, *DJ* 20.10.2003). Porém na atualidade, vige a regra prevista no art. 218, § 4º, do CPC: "Será considerado tempestivo o ato praticado antes do termo inicial do prazo".

8. PETIÇÃO INICIAL

23. FGV – 2022 – TCE/TO – Analista Técnico

Ao analisar uma petição inicial, o juiz percebeu que o autor atribuiu um valor da causa somando o valor do pedido subsidiário com o do pedido principal. Assim, sem integrar o réu ao processo, corrigiu, de ofício, o valor atribuído à causa, para estabelecer que este deveria ser apenas o valor do pedido principal.

Diante desse cenário, o juiz agiu de forma:

a) incorreta, pois o controle do valor atribuído à causa dependerá de provocação da parte ré;

b) correta, pois ele pode controlar, ex officio, o valor atribuído à causa nas hipóteses legais;

c) incorreta, uma vez que, na cumulação de pedidos, o valor da causa corresponde à soma de todos os pedidos;

d) correta, pois a atribuição do valor da causa deveria ser o pedido de maior valor;

e) incorreta, uma vez que o autor pode fixar livremente o valor da causa.

COMENTÁRIOS

Alternativa A: ver comentário feito na alternativa "b".

Alternativa B: está correto. De acordo com o art. 292, § 3º, do CPC, "o juiz corrigirá, de ofício e por arbitramento, o valor da causa quando verificar que não corresponde ao conteúdo patrimonial em discussão ou ao proveito econômico perseguido pelo autor, caso em que se procederá ao recolhimento das custas correspondentes". No caso, ter presente que "é possível que os pedidos sejam cumulados de modo que o juiz apenas apreciará o pedido subsequente na hipótese de o pedido antecedente ter sido julgado improcedente. Trata-se de cumulação imprópria de pedidos, em que o autor pretende o acolhimento de apenas um deles, mas se formula de modo que o juiz apenas acolha um na hipótese de rejeição de outro(s) (ex.: pede-se a extinção do contrato; não sendo acolhido, o autor se satisfaz com o reajuste das prestações). Nesses casos, o valor da causa será fixado com base no pedido principal, que é o formulado em primeiro lugar, sendo o da preferência do autor" (MIRANDA, Daniel. Art. 292. In: STRECK, Lenio Luiz; NUNES, Dierle; CUNHA, Leonardo (orgs.). *Comentários ao Código de Processo Civil.* São Paulo: Saraiva: 2016, p. 395-396).

Alternativa C: ver comentário feito na alternativa "b".

Alternativa D: ver comentário feito na alternativa "b".

Alternativa E: ver comentário feito na alternativa "b".

Alternativa correta: letra "b".

9. COISA JULGADA

24. CEBRASPE – 2024 – TCE/AC – Analista Ministerial

Maria moveu uma ação contra a empresa X para obter indenização por danos morais, sob a alegação de que fora demitida de maneira discriminatória. Ao final do processo, houve sentença favorável a Maria, tendo X sido condenada ao pagamento de indenização. A empresa não recorreu da sentença, que transitou em julgado.

Dois anos depois, Maria moveu uma nova ação contra a empresa X, dessa vez em busca de indenização por danos materiais, sob o argumento de que a referida demissão discriminatória lhe causara prejuízos financeiros adicionais. A empresa X, por sua vez, recorreu, alegando que a nova ação seria incabível, pois os fatos relacionados à demissão já haviam sido julgados na primeira ação.

A respeito desse caso hipotético, julgue o item que se segue.

A sentença transitada em julgado na primeira ação de Maria contra a empresa X não prejudica terceiros que venham a demandar sobre a mesma questão.

COMENTÁRIOS

✪ **Nota do autor:** Está CERTO, pois em conformidade com o art. 506 do CPC: "A sentença faz coisa julgada às partes entre as quais é dada, não prejudicando terceiros". Desse modo, constata-se que terceiros podem se aproveitar da coisa julgada, mas esta não terá aplicação sobre eles quando for para prejudicá-los. Portanto, os limites subjetivos da coisa julgada atingem apenas as partes e os seus sucessores e os substituídos processuais.

25. CEBRASPE – 2022 – TCE/SC – Auditor Fiscal de Controle Externo

Considerando as normas e a jurisprudência dos tribunais superiores acerca de matérias do direito processual civil, julgue o item a seguir.

Não obstante a coisa julgada material seja formada pelo dispositivo da sentença, o pedido e a causa de pedir, tais quais expressos na petição inicial e adotados na fundamentação do decisum, integram a res judicata e atuam como delimitadores do conteúdo e da extensão da parte dispositiva da sentença.

COMENTÁRIOS

✪ **Nota do autor:** Está correto e se coaduna com a jurisprudência do STJ: "2. A eficácia preclusiva da coisa julgada material alcança o dispositivo da sentença quanto ao pedido e a causa de pedir, como expressos na petição inicial e adotados na fundamentação do decisum. 3. Deveras, integram a res judicata, uma vez que atuam como delimitadores do conteúdo e da extensão da parte dispositiva da sentença. Dessa forma, enquanto perdurar a situação fático-jurídica descrita na causa de pedir, aquele comando normativo emanado na sentença, desde que esta transite em julgado, continuará sendo aplicado, protraindo-se no tempo, salvo a superveniência de outra norma em sentido diverso. 4. A doutrina do tema é cediça no sentido de que (escólio de Rubens Gomes de Souza, Coisa Julgada, In Repertório enciclopédico do direito brasileiro, RJ, Ed. Borsoi, p. 298): '(...) a solução exata estaria em distinguir, em cada caso julgado, entre as decisões que tenham pronunciado sobre os elementos permanentes e imutáveis da relação jurídica, como a constitucionalidade ou inconstitucionalidade do tributo, a sua incidência ou não-incidência na hipótese materialmente considerada, a existência ou inexistência de isenção legal ou contratual e o seu alcance, a vigência da lei tributária substantiva ou a sua revogação, etc. – e as que se tenham pronunciado sobre elementos temporários ou mutáveis da relação jurídica, como a avaliação de bens, as condições personalíssimas do contribuinte em seus reflexos tributários, e outras da mesma natureza; à coisa julgada das decisões do primeiro tipo há que se atribuir uma eficácia permanente; e às segundas, uma eficácia circunscrita ao caso específico em que foram proferidas'. 5. Os limites da coisa julgada, sob esse enfoque, devem ser compreendidos sempre em relação ao objeto do processo – causa de pedir e pedido – que, fundando-se em elementos permanentes e imutáveis da relação jurídica de direito tributário material, faz com que a autoridade dos efeitos da coisa julgada seja estendida aos eventos vindouros, perdurando no tempo enquanto se mantiverem inalterados o direito e o suporte fático sobre os quais foi estabelecido o juízo de certeza" (STJ, 1ª Turma, REsp 875635/MG, Rel. Min. Luiz Fux, DJ 16.10.2008, DJ2 03.11.2008).

26. (FGV – Auditor Federal de Controle Externo – TCU/2022) Em razão de duas atividades fiscalizatórias independentes realizadas pelo Tribunal de Contas em relação à atuação de determinado gestor, este acabou por ser sancionado com duas penas de multa, uma para cada infração apurada e constatada pela Corte de Contas.

Irresignado, o gestor ajuizou ação de procedimento comum, formulando pedidos de invalidação de ambos os atos sancionatórios, por reputar o primeiro desproporcionalmente gravoso, e o segundo, nulo por não lhe ter sido oportunizado o exercício do direito de defesa.

Proferido o juízo positivo de admissibilidade da demanda, e vindo aos autos a contestação, o órgão judicial reconheceu a prescrição em relação ao primeiro pedido, determinando o prosseguimento do feito, rumo à fase da instrução probatória, em relação ao segundo pedido.

No tocante ao provimento jurisdicional que reconheceu a prescrição, é correto afirmar que se trata de:

a) decisão interlocutória, a qual, preclusas as vias impugnativas, dará azo à formação de coisa julgada formal;
b) sentença, a qual, preclusas as vias impugnativas, dará azo à formação de coisa julgada formal;
c) decisão interlocutória, a qual, preclusas as vias impugnativas, dará azo à formação de coisa julgada material;
d) sentença, a qual, preclusas as vias impugnativas, dará azo à formação de coisa julgada material;
e) despacho, o qual dará azo à formação de coisa julgada formal.

COMENTÁRIOS

✪ **Nota do autor:** exige-se conhecimento doutrinário e jurisprudencial, sobretudo a respeito dos atos judiciais, dos recursos em espécie e da coisa julgada, além de leitura da legislação "seca", no caso, do CPC.

Alternativa "a": ver comentário feito à alternativa "c".

Alternativa "b": ver comentário feito à alternativa "c".

Alternativa "c": é firme a jurisprudência do STJ no sentido de reconhecer que "a decisão interlocutória que versa sobre prescrição ou decadência, seja para acolhê-la, seja para afastá-la, versa sobre o mérito do processo e deve ser impugnada de imediato por agravo de instrumento com base no art. 1.015, II, do CPC/15, sob pena de formação de coisa julgada sobre a questão" (STJ, 3ª Turma, REsp 1.933.685/SP, Rel.ª Min.ª Nancy Andrighi, *DJ* 15.03.22). Assim também é o teor do Enunciado 611 do Fórum Permanente de Processualistas Civis – FPPC: "na hipótese de decisão parcial com fundamento no art. 485 ou no art. 487, as questões exclusivamente a ela relacionadas e resolvidas anteriormente, quando não recorríveis de imediato, devem ser impugnadas em preliminar do agravo de instrumento ou nas contrarrazões".

Alternativa "d": ver comentário feito à alternativa "c".

Alternativa "e": ver comentário feito à alternativa "c".

Alternativa correta: letra "c".

27. (FGV – Auditor Federal de Controle Externo – TCU/2022) Determinado gestor ajuizou mandado de segurança para ver anulado o ato sancionatório editado em seu desfavor pelo Tribunal de Contas.

Praticados todos os atos do procedimento da ação mandamental, o juiz da causa, entendendo que não assistia ao impetrante o direito afirmado em sua petição inicial, julgou improcedente o seu pedido, em decisão que, à míngua de interposição de recurso, transitou em julgado.

Um mês depois, o mesmo gestor ajuizou ação pelo procedimento comum, na qual, com base nos fatos narrados na inicial do mandado de segurança, formulou o mesmo pedido de anulação do ato da Corte de Contas.

Tendo sido informada, na peça contestatória, a precedente tramitação do mandado de segurança, o juiz da nova causa, após o oferecimento da réplica autoral, deve:

a) julgar extinto o feito, sem resolução do mérito, em razão da falta de interesse de agir;
b) julgar extinto o feito, sem resolução do mérito, em razão da coisa julgada;
c) julgar extinto o feito, sem resolução do mérito, em razão da litispendência;
d) declarar saneado o feito, determinando o seu prosseguimento, rumo à fase da instrução probatória;
e) determinar a reunião de ambos os feitos.

COMENTÁRIOS

✪ **Nota do autor:** para a resolução da questão exige-se conhecimento da legislação "seca", no caso, tanto o CPC quanto, especialmente, a Lei 12.016/2009 (Lei do Mandado de Segurança).

Alternativa "a": ver comentário feito à alternativa "b".

Alternativa "b": se o processo do mandado de segurança tivesse sido extinto sem resolução do mérito, seria admissível o posterior ajuizamento de ação pelo procedimento comum. Entretanto, o caso em análise se refere à improcedência do pedido do âmbito do mandado de segurança e a consequente trânsito em julgado de tal decisão. Logo, por conta da deflagrada a ocorrência de coisa julgada, tem-se a extinção do novo processo que cuida dos mesmos elementos da ação (partes, causa de pedir e pedido), sem resolução do mérito, nos termos do art. 485, V, do CPC. A coisa julgada acarreta a imutabilidade do conteúdo decisório presente na sentença e, assim, busca impedir a eternização do litígio e, ao mesmo tempo, tutelar a segurança jurídica. Dois dispositivos contidos na Lei 12.016/2009 são fundamentais para a adequada resolução da questão: "Art. 6º, § 6º: o pedido de mandado de segurança poderá ser renovado dentro do prazo decadencial, se a decisão denegatória não lhe houver apreciado o mérito"; "Art. 19: a sentença ou o acórdão que denegar mandado de segurança, sem decidir o mérito, não impedirá que o requerente, por ação própria, pleiteie os seus direitos e os respectivos efeitos patrimoniais".

Alternativa "c": ver comentário feito à alternativa "b".

Alternativa "d": ver comentário feito à alternativa "b".

Alternativa "e": ver comentário feito à alternativa "b".

Alternativa correta: letra "b".

10. RECURSOS

28. CEBRASPE – 2024 – TCE/AC – Auditor de Controle Externo

João, insatisfeito com a sentença do juiz de primeira instância que negou seu pedido de rescisão contratual contra determinada construtora, decidiu recorrer por meio de recurso de apelação. Durante o processo, o advogado de João deixou de comprovar o preparo no ato de interposição do recurso, sob o argumento de que houvera erro no preenchimento da guia de custas. Além disso, Maria, uma vizinha de João, que também se sentiu prejudicada pela decisão do juiz, pretende recorrer como terceira prejudicada, ainda que não tenha sido citada na sentença. Considerando a situação hipotética precedente, julgue o item a seguir.

A construtora poderá aderir ao recurso de João por meio de recurso adesivo.

COMENTÁRIOS

✪ **Nota do autor:** Está CERTO, pois sendo autor e réu vencidos, ao recurso de qualquer um deles poderá aderir a outra parte (art. 997, § 1º, do CPC), ressaltando, porém, em conformidade com o art. 997, § 2º, do CPC, "o recurso adesivo fica subordinado ao recurso independente, sendo-lhe aplicáveis as mesmas regras deste quanto aos requisitos de admissibilidade e julgamento no tribunal, salvo disposição legal diversa, observado, ainda, o seguinte: I – será dirigido ao órgão perante o qual o recurso independente fora interposto, no prazo de que a parte dispõe para responder; II – será admissível na apelação, no recurso extraordinário e no recurso especial; III – não será conhecido, se houver desistência do recurso principal ou se for ele considerado inadmissível".

29. CEBRASPE – 2024 – TCE/AC – Auditor de Controle Externo

João, insatisfeito com a sentença do juiz de primeira instância que negou seu pedido de rescisão contratual contra determinada construtora, decidiu recorrer por meio de recurso de apelação. Durante o processo, o advogado de João deixou de comprovar o preparo no ato de interposição do recurso, sob o argumento de que houvera erro no preenchimento da guia de custas. Além disso, Maria, uma vizinha de João, que também se sentiu prejudicada pela decisão do juiz, pretende recorrer como terceira prejudicada, ainda que não tenha sido citada na sentença. Considerando a situação hipotética precedente, julgue o item a seguir.

O recurso de João poderá ser considerado válido mesmo sem a comprovação do preparo no ato de interposição, se for provado o alegado erro no preenchimento da guia de custas.

COMENTÁRIOS

✪ **Nota do autor:** Está CERTO. De acordo com o art. 1.007, § 7º, do CPC, "o equívoco no preenchimento da guia de custas não implicará a aplicação da pena de deserção, cabendo ao relator, na hipótese de dúvida quanto ao recolhimento, intimar o recorrente para sanar o vício no prazo de 5 (cinco) dias".

30. CEBRASPE – 2024 – TCE/AC – Auditor de Controle Externo

João, insatisfeito com a sentença do juiz de primeira instância que negou seu pedido de rescisão contratual contra determinada construtora, decidiu recorrer por meio de recurso de apelação. Durante o processo, o advogado de João deixou de comprovar o preparo no ato de interposição do recurso, sob o argumento de que houvera erro no preenchimento da guia de custas. Além disso, Maria, uma vizinha de João, que também se sentiu prejudicada pela decisão do juiz, pretende recorrer como terceira prejudicada, ainda que não tenha sido citada na sentença. Considerando a situação hipotética precedente, julgue o item a seguir.

Maria não pode interpor recurso como terceira prejudicada, pois não foi mencionada na sentença.

COMENTÁRIOS

✪ **Nota do autor:** Está ERADO. Segundo o art. 996, "o recurso pode ser interposto pela parte vencida, pelo terceiro prejudicado e pelo Ministério Público, como parte ou como fiscal da ordem jurídica", sendo que, conforme dispõe o parágrafo único, "cumpre ao terceiro demonstrar a possibilidade de a decisão sobre a relação jurídica submetida à apreciação judicial atingir direito de que se afirme titular ou que possa discutir em juízo como substituto processual".

31. FGV – 2024 – TCE/PA – Auditor de Controle Externo

Ana ajuizou ação em face de Karina. Na petição inicial, a autora formulou requerimento de concessão do benefício da gratuidade de justiça e de tutela provisória de urgência, ambos deferidos.

Em sede de contestação, Karina pugnou a revogação do benefício da gratuidade de justiça, bem como da tutela provisória de urgência. Os dois pedidos foram indeferidos pelo juízo de primeira instância e não houve a interposição de recurso em face da mencionada decisão.

Já em sentença, o juiz julgou procedente o pedido, confirmando a tutela provisória anteriormente deferida. Com base nesse caso, assinale a afirmativa correta.

a) Eventual recurso de apelação interposto por Karina terá efeito suspensivo automático decorrente do Código de Processo Civil.
b) A concessão do benefício da gratuidade de justiça em favor de Ana poderá ser impugnada em preliminar de apelação interposta por Karina.
c) Tanto a concessão do benefício da gratuidade de justiça como o deferimento da tutela provisória

podem ser impugnados por meio de preliminar de apelação.

d) Caso interponha recurso de apelação, Ana poderá requerer a concessão de efeito suspensivo ao recurso, o qual será dirigido ao juízo que proferiu a sentença.

e) Diante da ausência de interposição de recurso em face da decisão concessiva da gratuidade de justiça e de tutela provisória de urgência, as matérias se tornaram preclusas.

COMENTÁRIOS

Alternativa A: em regra, o recurso de apelação é dotado do efeito suspensivo, porém, na presente situação, será recebido apenas no efeito devolutivo, uma vez que, segundo o art. 1.012, § 1º, V, do CPC, já "começa a produzir efeitos imediatamente após a sua publicação a sentença que: confirma, concede ou revoga tutela provisória".

Alternativa B: a alternativa está correta. De acordo com o art. 101, *caput*, do CPC, "Contra a decisão que indeferir a gratuidade ou a que acolher pedido de sua revogação caberá agravo de instrumento, exceto quando a questão for resolvida na sentença, contra a qual caberá apelação".

Alternativa C: a alternativa está incorreta, porque o art. 101, *caput*, do CPC, fala que "contra a decisão que indeferir a gratuidade ou a que acolher pedido de sua revogação caberá agravo de instrumento", não fazendo nenhuma menção à concessão do respectivo benefício.

Alternativa D: a alternativa está errada, porque o pedido foi direcionado para órgão diverso daquele autorizado em lei. O art. 1.009, § 2º, do CPC, prevê que: "O pedido de concessão de efeito suspensivo nas hipóteses do § 1º poderá ser formulado por requerimento dirigido ao: I – tribunal, no período compreendido entre a interposição da apelação e sua distribuição, ficando o relator designado para seu exame prevento para julgá-la; II – relator, se já distribuída a apelação".

Alternativa E: a alternativa está errada. Aplica-se o art. 1.009, § 1º, do CPC: "As questões resolvidas na fase de conhecimento, se a decisão a seu respeito não comportar agravo de instrumento, não são cobertas pela preclusão e devem ser suscitadas em preliminar de apelação, eventualmente interposta contra a decisão final, ou nas contrarrazões".

Alternativa correta: letra "b".

32. VUNESP – 2023 – TCM/SP – Auditor de Controle Externo

A técnica do julgamento ampliado aplica-se ao julgamento não unânime

a) do agravo de instrumento, quando houver reforma da decisão que julgar parcialmente o mérito.

b) proferido, nos tribunais, pelo plenário ou pela corte especial.

c) da remessa necessária.

d) do incidente de assunção de competência e ao de resolução de demandas repetitivas.

e) da ação rescisória, quando o resultado for a manutenção da sentença, devendo, nesse caso, seu prosseguimento ocorrer em órgão de maior composição previsto no regimento interno.

COMENTÁRIOS

Alternativa A: a alternativa encontra correspondência legal no art. 942, § 3ª, II, do CPC.

Alternativa B: inadmissível: art. 942, § 4º, III, do CPC.

Alternativa C: inadmissível: art. 942, § 4º, II, do CPC.

Alternativa D: inadmissível: art. 942, § 4º, I, do CPC.

Alternativa E: inadmissível, posto que cabível apenas o resultado for a rescisão da sentença e não a manutenção da sentença: art. 942, § 3º. I, do CPC.

Alternativa correta: letra "a".

33. FGV – 2023 – TCE/ES – Conselheiro

Aldo propôs ação pauliana exclusivamente em face de Leonel, sustentando que este doou imóvel para Isolda, em momento no qual sua insolvência era notória.

Aduz que, enquanto credor de Leonel, viu esvaziada a possibilidade de penhorar o bem, de modo a satisfazer o crédito de que é titular, visto que o imóvel é o único bem penhorável pertencente a Aldo. Requereu a anulação da doação, bem como indenização por danos morais.

O juízo julgou parcialmente procedente o pedido, anulando a doação, bem como determinou ao Cartório de Registro de Imóveis da respectiva circunscrição que procedesse ao cancelamento do registro junto à matrícula do imóvel, restituindo-se sua propriedade para Aldo. O pedido de indenização foi julgado improcedente.

A respeito do caso acima, é correto afirmar que:

a) caso Leonel interponha recurso de apelação pugnando pela reforma da sentença, Aldo poderá aderir ao seu recurso, o qual deverá ser admitido ainda que Aldo tenha interposto recurso de apelação autônomo;

b) constatada a insuficiência do valor do preparo de eventual recurso de apelação, o recorrente será intimado, na pessoa de seu advogado, a supri-la, no prazo de dez dias, sob pena de deserção;

c) Isolda possui legitimidade e interesse para interpor apelação em face da sentença, por ostentar a qualidade de terceira prejudicada pelo teor da mencionada decisão;

d) interposto recurso de apelação por qualquer das partes, eventual desistência dependerá de concordância da parte adversa, diante do direito à primazia da resolução do mérito;

e) eventual recurso deverá ser interposto no prazo de quinze dias, ressalvados os embargos de declaração, cuja oposição poderá ser realizada no prazo de dez dias.

COMENTÁRIOS

Alternativa A: a parte que já interpôs recurso de apelação autônomo não poderá valer-se do recurso adesivo. Segundo o art. 997, § 1º, do CPC, "sendo vencidos autor e réu, ao recurso interposto por qualquer deles poderá aderir o outro".

Alternativa B: não, nos termos do art. 1.007, § 2º, do CPC: "A insuficiência no valor do preparo, inclusive porte de remessa e de retorno, implicará deserção se o recorrente, intimado na pessoa de seu advogado, não vier a supri-lo no prazo de 5 (cinco) dias".

Alternativa C: sim, de acordo com o art. 996 do CPC: "O recurso pode ser interposto pela parte vencida, pelo terceiro prejudicado e pelo Ministério Público, como parte ou como fiscal da ordem jurídica. Parágrafo único. Cumpre ao terceiro demonstrar a possibilidade de a decisão sobre a relação jurídica submetida à apreciação judicial atingir direito de que se afirme titular ou que possa discutir em juízo como substituto processual".

Alternativa D: não, nos termos do art. 998 do CPC: "Art. 998. O recorrente poderá, a qualquer tempo, sem a anuência do recorrido ou dos litisconsortes, desistir do recurso. Parágrafo único. A desistência do recurso não impede a análise de questão cuja repercussão geral já tenha sido reconhecida e daquela objeto de julgamento de recursos extraordinários ou especiais repetitivos".

Alternativa E: não, segundo o art. 1.023 do CPC, "os embargos serão opostos, no prazo de 5 (cinco) dias, em petição dirigida ao juiz, com indicação do erro, obscuridade, contradição ou omissão, e não se sujeitam a preparo".

Alternativa correta: letra "c".

34. FGV – 2023 – TCE/ES – Conselheiro

Maria é professora aposentada do Estado do Espírito Santo. Seu ato de concessão de aposentadoria foi declarado ilegal pelo TCE/ES, ante a ausência de comprovação dos requisitos para percepção de gratificação percebida exclusivamente por profissionais no exercício de funções privativas de magistério, a qual foi incluída em seus proventos.

O secretário de Estado de Educação, atendendo à determinação exarada pelo presidente do Tribunal após a recusa de registro, suspendeu o pagamento dos proventos de Maria, bem como editou novo ato de fixação de proventos, com redução significativa do valor nominal, em razão da supressão da gratificação.

Inconformada, Maria impetrou mandado de segurança indicando o secretário de Estado de Educação como autoridade coatora perante o Tribunal de Justiça, requerendo a declaração de nulidade do novo ato de aposentadoria, bem como concessão da ordem para restabelecimento dos proventos ao patamar pago anteriormente à recusa de registro.

A respeito do caso acima, é correto afirmar que:

a) na hipótese, é vedado ao relator conceder medida liminar para restabelecer o pagamento dos proventos de Maria ao montante anteriormente pago, visto que é vedada a concessão de liminar para pagamento de qualquer natureza;

b) a teoria da encampação é inaplicável na hipótese descrita, para que eventuais informações do secretário de Estado de Educação fossem recebidas e posteriormente apreciado o mérito do mandado de segurança;

c) conforme entendimento pacífico firmado pelo Supremo Tribunal Federal, o Ministério Público Especial junto ao TCE/ES possui legitimidade ativa para impetração de mandado de segurança em face de eventual novo ato de concessão de aposentadoria de Maria, desde que a autoridade coatora indicada seja parte do Tribunal de Contas;

d) eventual interposição de recurso especial por Maria em face da decisão de denegação da segurança não impedirá o seu recebimento como recurso ordinário, ante a fungibilidade recursal e a inexistência de erro grosseiro no caso;

e) controvérsia sobre a constitucionalidade da gratificação percebida por Maria faz com que a pretensão precise ser remetida às instâncias ordinárias, afastando o cabimento de mandado de segurança, ainda que preenchidos os requisitos para a concessão da ordem.

COMENTÁRIOS

Alternativa A: o art. 932, II, do CPC, dispõe que "incumbe ao relator: apreciar o pedido de tutela provisória nos recursos e nos processos de competência originária do Tribunal", sendo que a liminar concedida em sede de tutela provisória de urgência ou de evidência) pode versar sobre qualquer espécie de obrigação (fazer, não fazer, entrega de coisa ou pagamento de quantia), desde que preenchidos os requisitos legais. Mas especificamente à tutela provisória contra a Fazenda Pública, o art. 1.059 do CPC, dispõe que "aplica-se o disposto nos arts. 1º a 4º, da Lei 8.437, de 30.06.1992, e no art. 7º, da Lei 12.016, de 07.08.2009". José Miguel Garcia Medina, à luz da jurisprudência, assim pontuou: "O art. 1.059 do CPC/2015 reproduz, em parte, o que dispõe a Lei 9.494, quanto a restrições a concessão de tutela antecipada contra a Fazenda Pública. Decidiu o STF que tais restrições, desde que fundada no critério da razoabilidade, não violam o art. 5º, XXXV, da CF/1988 (STF, ADC 4, Pleno, rel. p/ ac. Min. Celso de Mello, j. 01.10.2008). Tais vedações, no entanto, devem ser interpretadas restritivamente. Nesse sentido, decidiu-se, p. ex., que 'inexiste óbice à antecipação de tutela. A vedação contida na Lei 9.494/1997, a qual deve ser interpretada restritivamente, não abrange o restabelecimento de vantagens' (STJ, AgRg no AREsp 548.441/RJ, Rel. Ministro Mauro Campbell Marques, 2ª T., j. 18.09.2014)" (MEDINA, José Miguel Garcia. *Novo Código de Processo Civil Comentado.* 4º ed. São Paulo: Revista dos Tribunais, 2016, p. 1.603-1.604). Logo, tem-se como admissível a concessão de medida liminar pelo relator para restabelecer o pagamento dos proventos de Maria ao montante anteriormente pago.

Alternativa B: está correto, porque não se adequada aos requisitos previstos na Súmula 628 do STJ, que cuida da teoria da encampação: "A teoria da encampação é aplicada no mandado de segurança quando presentes, cumulativamente, os seguintes requisitos: a) existência de vínculo hierárquico entre a autoridade que prestou informações e a que ordenou a prática do ato impugnado; b) manifestação a respeito do mérito nas informações prestadas; e c) ausência de modificação de competência estabelecida na Constituição Federal". Percebe-se, assim, que só haveria que se falar na aplicação da teoria da encampação se houvesse vínculo hierárquico entre o Secretário da Educação e o TCE/ES.

Alternativa C: não: "O Ministério Público de Contas não tem legitimidade para impetrar mandado de segurança em face de acórdão do Tribunal de Contas perante o qual atua" (STF, Plenário virtual, RE 1178617, Repercussão Geral, Tema 1044, Rel. Min. Alexandre de Moraes, DJ 25/04/2019, DJe 07.05.2019).

Alternativa D: o STJ entende que não há dúvida objetiva entre essas espécies recursais e, por conta disso, não permite a aplicação do princípio da fungibilidade. Nesse sentido: "PROCESSUAL CIVIL. ADMINISTRATIVO. DIREITO DA EDUCAÇÃO. RECURSO ORDINÁRIO. APELAÇÃO EM MANDADO DE SEGURANÇA. FUNGIBILIDADE. RECURSO ESPECIAL. DESCABIMENTO. AGRAVO INTERNO. MULTA. 1. O recurso ordinário a esta Corte manejado contra apelação em mandado de segurança é descabido. 2. Inexiste fungibilidade recursal entre as vias ordinária e especial, ante a ausência de dúvida objetiva patente sobre as hipóteses de cabimento das espécies recursais. 3. A tática confessadamente deliberada de manejar-se o recurso ordinário com o intuito de afastar a incidência da Súmula n. 7/STJ ("A pretensão de simples reexame de prova não enseja recurso especial.") revela-se particularmente afrontosa ao Poder Judiciário. A competência desta (e de outras) Cortes se afirma pelo ordenamento constitucional e suas derivações, não pela estratégia processual articulada pelas partes. 4. Ainda que se admitisse a descabida fungibilidade, por obviedade lógica, a análise do recurso sob a via especial esbarraria, nos termos da própria agravante, no óbice de que tentou se esquivar, resultando igualmente no não conhecimento da pretensão. 5. A circunstância enseja a aplicação da multa do art. 1.021, § 4º, do CPC/15, na medida em que as razões recursais são inexoravelmente impassíveis de acolhimento, por patentemente infundadas, revelando-se evidente abuso do direito de recorrer. 6. Agravo interno a que se nega provimento, com imposição de multa de 1% do valor atualizado da causa" (STJ, 2ª Turma, AgInt no RMS 66905/SP, Rel. Min. Og Fernandes, DJ 22.03.2022, DJe 05.04.2022).

Alternativa E: o STF decidiu pela possibilidade: "RECURSO EXTRAORDINÁRIO COM REPERCUSSÃO GERAL. CONSTITUCIONAL E ADMINISTRATIVO. EMPREGADO DE SOCIEDADE DE ECONOMIA MISTA. EMENDA CONSTITUCIONAL N. 55/2017 DO ESTADO DO AMAPÁ. TRANSPOSIÇÃO OU APROVEITAMENTO NO QUADRO DE PESSOAL DA ADMINISTRAÇÃO PÚBLICA ESTADUAL MEDIANTE TERMO DE OPÇÃO. INCONSTITUCIONALIDADE. AUSÊNCIA DE CONCURSO PÚBLICO. ENUNCIADO VINCULANTE N. 43 DA SÚMULA. 1. Reconhecida a repercussão geral de questão constitucional, não há falar em desistência de recurso ou de ação (RE 693.456 RG). 2. Nos termos da Constituição (art. 37, II), "a investidura em cargo ou emprego público depende de aprovação prévia em concurso público de provas ou de provas e títulos, de acordo com a natureza e a complexidade do cargo ou emprego, na forma prevista em lei, ressalvadas as nomeações para cargo em comissão declarado em lei de livre nomeação e exoneração". 3. Está em desacordo com o princípio do concurso público norma que autoriza transposição, absorção ou aproveitamento de servidor em outro órgão ou entidade da Administração Pública direta, autárquica ou fundacional, sem a prévia aprovação em concurso público. 4. Sendo a declaração de inconstitucionalidade causa de pedir em vez de pedido formulado em mandado de segurança, inexiste obstáculo à declaração incidental da inconstitucionalidade da Emenda Constitucional n. 55/2017, que acrescentou o art. 65-A à Constituição do Estado do Amapá. 5. Recurso extraordinário interposto pelo Estado do Amapá a que se dá provimento para declarar, incidentalmente, inconstitucionais o art. 65-A da Constituição do Amapá e, por arrastamento, a Lei n. 2.281/2017 e o Decreto n. 286/2018 do mesmo Estado, reformando, em consequência, o acórdão recorrido, para denegar a ordem mandamental. 6. O Plenário adotou a seguinte tese: 'É inconstitucional dispositivo de Constituição estadual que permite transposição, absorção ou aproveitamento de empregado público no quadro estatutário da Administração Pública estadual sem prévia aprovação em concurso público, nos termos do art. 37, II, da Constituição Federal'" (STF, Pleno, RE 1.232.885, Repercussão Geral, Tema 1128, Rel. Min. Nunes Marques, DJ 13.04.2023, DJe 02.05.2023).

Alternativa correta: letra "b".

35. CEBRASPE – 2023 – TCE/RJ – Procurador

Considerando a atuação dos litisconsortes, do juiz e do MP, bem como as provas, os processos nos tribunais e os meios de impugnação das decisões judiciais no processo civil, julgue o item a seguir.

Prevista para os resultados de julgamentos não unânimes nos tribunais, a técnica de ampliação do colegiado, com a convocação de novos julgadores em número suficiente para garantir a possibilidade de inversão do resultado inicial, aplica-se ao julgamento de incidente de resolução de demandas repetitivas.

COMENTÁRIOS

✪ **Nota do autor:** Está ERRADO. Há previsão legal estipulando expressamente que a técnica de ampliação do colegiado não se aplica ao incidente de resolução de demandas repetitivas (art. 942, § 4º, II, do CPC).

36. CEBRASPE – 2023 – TCE/RJ – Procurador

Considerando a atuação dos litisconsortes, do juiz e do MP, bem como as provas, os processos nos tribunais e os meios de impugnação das decisões judiciais no processo civil, julgue o item a seguir.

O magistrado deve dar às partes a possibilidade de prévia manifestação antes de proceder à extinção do cumprimento de sentença em decorrência do reconhecimento da prescrição intercorrente.

COMENTÁRIOS

✪ **Nota do autor:** Está CERTO, posto que de acordo com o art. 921, § 5º, do CPC: "O juiz, depois de ouvidas as partes, no prazo de 15 (quinze) dias, poderá, de ofício, reconhecer a prescrição no curso do processo e extingui-lo, sem ônus para as partes".

37. CEBRASPE – 2023 – TCE/RJ – Procurador

Considerando a atuação dos litisconsortes, do juiz e do MP, bem como as provas, os processos nos tribunais e os meios de impugnação das decisões judiciais no processo civil, julgue o item a seguir.

Devido ao denominado efeito regressivo do recurso interposto contra sua decisão, o magistrado está autorizado a exercer juízo de retratação de sentença terminativa, mesmo que constate ser intempestiva a apelação.

COMENTÁRIOS

✪ **Nota do autor:** Está ERRADO. Se a apelação é intempestiva, já se operou o trânsito em julgado. Caso a apelação fosse tempestiva, diante da sentença terminativa, aí sim seria oportunizado o juízo de retratação (art. 485, § 7º, do CPC).

38. FGV – 2022 – TCE/TO – Analista Técnico

Proferida sentença que condenou Caio a pagar a Tício determinada soma em dinheiro, o réu interpôs recurso de apelação, cuja intempestividade foi certificada pela serventia.

Na sequência, o juiz da causa declarou inadmissível a apelação, decisão da qual foi intimado Caio, por meio de seu advogado.

Para se insurgir contra a decisão que obstou ao seguimento de seu apelo, deverá Caio, no prazo recursal, manejar:

a) recurso especial;
b) reclamação;
c) mandado de segurança;
d) um segundo recurso de apelação;
e) impugnação ao cumprimento de sentença.

COMENTÁRIOS

Alternativa A: está errado, pois não se causa decidida em única ou última instância pelos Tribunais Regionais Federais ou pelos Tribunais dos Estados, do Distrito Federal e Territórios, no casos em que a decisão recorrida: "a) contrariar tratado ou lei federal, ou negar-lhes vigência; b) julgar válida lei ou ato de governo local contestado em face de lei federal; b) julgar válido ato de governo local contestado em face de lei federal; c) der a lei federal interpretação divergente da que lhe haja atribuído outro tribunal" (art. 105, III, da CF).

Alternativa B: está correto. O juízo de admissibilidade da apelação deve ser feito pelo juízo *ad quem* (art. 1.010, § 3º, do CPC), e cabe reclamação com o propósito de preservar a competência do tribunal (art. 988, I, do CPC).

Alternativa C: está errado. "O mandado de segurança contra ato judicial é medida excepcional, cabível somente em situações nas quais se pode verificar, de plano, ato judicial eivado de ilegalidade, teratologia ou abuso de poder, que importem ao paciente irreparável lesão ao seu direito líquido e certo" (STJ, Corte Especial, AgInt no MS 24.788/DF, Rel. Min. Francisco Falcão, DJ 05/06/2019, DJe 12/06/2019). No caso, entretanto, a reclamação é a medida adequada, havendo previsão legal específica para tanto,

Alternativa D: está errado. É totalmente inviável uma espécie de "apelação" da decisão da apelação.

Alternativa E: está errado. A questão sequer fala que foi iniciada a fase de cumprimento de sentença.

Alternativa correta: letra "b".

---

39. (Cespe – Analista de Controle Externo – Direito – TCE – RJ/2021) De acordo com a jurisprudência do STJ sobre a atuação dos sujeitos do processo civil, as normas processuais civis, os processos nos tribunais e os meios de impugnação das decisões judiciais, julgue os itens que se seguem.

No processo de execução, assim como nas fases de liquidação e de cumprimento de sentença, vigora regime processual que possibilita a ampla recorribilidade das decisões interlocutórias, por meio de agravo de instrumento.

- CERTO
- ERRADO

COMENTÁRIOS

✪ **Nota do autor:** a questão está CERTA. Caberá agravo de instrumento contra as decisões interlocutórias – independentemente do seu conteúdo – proferidas na fase de liquidação de sentença ou cumprimento de sentença, no processo de execução e no processo de inventário, segundo previsto no art. 1015, parágrafo único do CPC. "No primeiro caso, a justificativa do cabimento do agravo está em que inexiste previsão de apelação no procedimento que visa à liquidação. No segundo e no terceiro, a apelação, embora possa ter lugar, não é usual – em outras palavras, não é um ato necessário do procedimento, salvo para nele colocar fim. O quarto caso justifica-se pela necessidade de imediata revisão das decisões interlocutórias em inúmeras situações que envolvem o processo de inventário" (MARINONI, Luiz Guilherme; ARENHART, Sérgio Cruz; e MITIDIERO, Daniel. *Novo Código de Processo Civil Comentado.* 3ª ed. São Paulo: Revista dos Tribunais, 2016, p. 1091-1092. Nesses casos, não se aplica o regramento previsto no *caput* do art. 1015, que prevê um rol taxativo acerca das hipóteses de cabimento do agravo de instrumento, embora o STJ tenha mitigado esse entendimento, para fixar a tese de essa modalidade recursal é cabível, mesmo quando não há previsão expressa, desde que seja verificada a urgência decorrente da inutilidade do julgamento da questão no recurso de apelação" (STJ, Corte Especial, REsp Repetitivo 1.704.520/MT, Relª Min.ª Nancy Andrighi, *DJ* 05.12.2018).

O exame originário de incidente de resolução de demandas repetitivas compete exclusivamente a tribunal de justiça ou a tribunal regional, sendo inviável, em qualquer hipótese, a instauração do incidente, de forma direta, no STJ.

- CERTO
- ERRADO

COMENTÁRIOS

✪ **Nota do autor:** a questão está ERRADA. O incidente de resolução de demandas repetitivas deva ser suscitado perante tribunal de justiça ou tribunal regional. Perante os Tribunais Superiores (STJ e STF), a técnica de julgamento de casos repetitivos ocorre por meio de recursos especiais e extraordinários repetitivos. Entretanto, inexiste óbice que inviabilize a instauração de IRDR em Tribunais Superiores. "Imagine-se, por exemplo, o ajuizamento de múltiplos conflitos de competência entre diversos juízes estatais e do trabalho que digam respeito a questões relacionadas com processos de recuperação judicial. É possível instaurar um IRDR, selecionando dois ou mais deles, com o sobrestamento dos demais, para que seja discutida e definida a questão, com a fixação da tese a ser seguida obrigatoriamente em todo o território nacional. Não há qualquer vedação ao ajuizamento de um IRDR em tal hipótese aventada" (DIDIER JR., Fredie; CUNHA, Leonardo Carneiro da. *Curso de Direito Processual Civil.* 13ª ed. Salvador: Juspodivm, 2016, vol. 3, p. 631).

A lei aplicável para a fixação do regime jurídico referente a verba honorária de sucumbência em primeiro grau é aquela vigente na data da sentença que impõe honorários sucumbenciais, sendo irrelevante, para essa finalidade, a identificação de eventual norma que vigorasse na data do ajuizamento da ação.

- CERTO
- ERRADO

COMENTÁRIOS

✪ **Nota do autor:** a questão está CERTA. O enunciado está em consonância com o entendimento adotado pelo STJ, ao apregoar que "o marco temporal a ser utilizado para determinar o regramento jurídico aplicável para fixar os honorários advocatícios é a data da prolação da sentença". (STJ, 1ª Turma, AgInt no REsp 1.939.968/RJ, Rel.ª Min.ª Regina Helena Costa, *DJ* 14.03.2022).

Tribunal de contas possui legitimidade para figurar no polo passivo de demanda movida por seus servidores que pleiteiem reajustamento salarial.

- CERTO
- ERRADO

COMENTÁRIOS

✪ **Nota do autor:** a questão está ERRADA. De acordo com o STJ, "os Tribunais Federais, Estaduais ou de Contas, por integrarem a Administração Pública Direta e por não possuírem personalidade jurídica, mas, apenas, judiciária, somente poderão estar em Juízo, excepcionalmente, para a defesa das prerrogativas institucionais, concernentes à sua organização e ao seu funcionamento, circunstâncias que, ressalte-se, não se verificam nos vertentes autos, na medida em que a controvérsia do debate diz respeito com valores relativos ao pagamento de servidores de Tribunal de Justiça" (STJ, 6ª Turma, AgRg no REsp 700.136/AP, Rel. Min. Og Fernandes, *DJ* 24.08.2010). Mais especificamente: "Tratando-se de ação em que servidores públicos pleiteiam reajuste salarial, a legitimidade passiva é do respectivo ente a que pertente o Tribunal de Contas, uma vez que referido órgão só possui legitimidade jurídica nas demandas relativas à defesa de direitos institucionais, concernentes à sua organização e funcionamento" (STJ, 5ª Turma, AGRg no Ag 806.802/AP, Rel. Min. Arnaldo Esteves Lima, *DJ* 21.05.2007).

11. MANDADO DE SEGURANÇA, AÇÃO POPULAR E AÇÃO CIVIL PÚBLICA

40. CONSULPAM – 2023 – TCM/PA – Auditor de Controle Externo

Sobre a regulação da Ação Popular, assinale alternativa CORRETA.

a) Na defesa do patrimônio público, não caberá a suspensão liminar do ato lesivo impugnado.

b) É facultado a qualquer cidadão se habilitar como litisconsorte ou assistente do autor da ação popular.

c) A ação popular prescreve em 10 (dez) anos.

d) Se, no curso da ação, ficar provada a infringência da lei penal ou a prática de falta disciplinar a que a lei comine a pena de demissão ou a de rescisão de contrato de trabalho, o juiz prevento pela Ação Popular será responsável pelo julgamento, em supressão a instância administrativa.

COMENTÁRIOS

Alternativa A: é exatamente o contrário do que está previsto na alternativa, segundo o que dispor o art. 5º, § 4º, da Lei nº 4.7171965: "Na defesa do patrimônio público caberá a suspensão liminar do ato lesivo impugnado".

Alternativa B: é o que consta no art. 6º, § 5º, da Lei nº 4.717/1965: "É facultado a qualquer cidadão habilitar-se como litisconsorte ou assistente do autor da ação popular".

Alternativa C: o prazo prescricional é de 5 anos (art. 21 da Lei nº 4.717/1965).

Alternativa D: está errada. Segundo o art. 15 da Lei nº 4.717/1965, "se, no curso da ação, ficar provada a infringência da lei penal ou a prática de falta disciplinar a que a lei comine a pena de demissão ou a de rescisão de contrato de trabalho, o juiz, "ex-officio", determinará a remessa de cópia autenticada das peças necessárias às autoridades ou aos administradores a quem competir aplicar a sanção".

Alternativa correta: letra "b".

41. FGV – 2023 – TCE/ES – Auditor de Controle Externo

No julgamento de uma ação civil pública, o juiz considerou insuficiente o conjunto probatório produzido pela parte autora e julgou improcedente o pedido. Irresignado com o conteúdo da sentença, apenas o réu recorreu e sustentou que a improcedência deveria se pautar na inexistência do direito afirmado na petição inicial, e não pela questão probatória. Nesse sentido, é correto afirmar que:

a) há interesse recursal do réu em impugnar o fundamento da decisão;

b) não há interesse recursal do réu, uma vez que o pedido foi julgado improcedente;

c) o recurso não deve ser admitido, uma vez que inexiste legitimidade recursal;

d) o recurso não deve ser admitido, uma vez que o interesse recursal só surgiria se houvesse também recurso do autor;

e) há interesse recursal do réu, uma vez que se trata de questão prejudicial incidental.

COMENTÁRIOS

Alternativa A: de acordo com o art. 16 da Lei nº7.347/85, "a sentença civil fará coisa julgada erga omnes, nos limites da competência territorial do órgão prolator, exceto se o pedido for julgado improcedente por insuficiência de provas, hipótese em que qualquer legitimado poderá intentar outra ação com idêntico fundamento, valendo-se de nova prova". Portanto, o réu tem interesse recursal, porque o que ele pretende é a formação da coisa julgada material, de modo a impedir que o autor tenha a possibilidade de valer-se de prova nova no futuro para repropor a ação civil pública.

Alternativa B: veja o comentário feito na alternativa "a".

Alternativa C: veja o comentário feito na alternativa "a"., e, em complemento, note que o recurso se mostra útil para gerar uma situação mais vantajosa ao recorrente do que aquela produzida pela decisão impugnada. Assim, a legitimidade recursal é inconteste.

Alternativa D: não, trata-se aqui de autonomia recursal a ser exercida por parte de quem teve algum prejuízo decorrente da decisão judicial.

Alternativa E: veja comentários feitos nas alternativas "a" e "b".

Alternativa correta: letra "a".

42. CEBRASPE – 2023 – TCE/RJ – Procurador

Julgue o próximo item, referentes aos procedimentos especiais previstos no CPC, ao mandado de segurança, à ação civil pública e à ação de improbidade administrativa.

Caso sejam oferecidos embargos parciais pela fazenda pública estadual em ação monitória ajuizada por particular para cobrança de suposta dívida no valor de duzentos mil reais, haverá formação de título executivo judicial referente à parte incontroversa.

COMENTÁRIOS

✪ **Nota do autor:** Está CERTO. O art. 702, § 7º, do CPC, assim prescreve: "A critério do juiz, os embargos serão autuados em apartado, se parciais, constituindo-se de pleno direito o título executivo judicial em relação à parcela incontroversa". Segundo a doutrina, "O réu, nos embargos à ação monitória, pode impugnar apenas parcela da pretensão do autor. Ocorrendo a impugnação apenas parcial, acredita-se que é possível ao autor formular o pedido de cumprimento de sentença em relação à parcela não embargada, que é incontroversa, tudo nos termos do § 7.o do art. 702 c/c o § 4.o do art. 356. No ponto, a suspensão da eficácia de decisão (art. 702, § 4.o) de deferimento da expedição do mandado monitório será" parcial. Atingirá apenas a parcela do pedido objeto de impugnação pelo réu, por meio de embargos à ação monitória. Neste caso, em relação à parcela incontroversa, o título executivo será" a decisão que deferir a expedição do mandado monitório (art. 702, § 7.o, c/c art. 356, §§ 2.o e 3.o). Isto significa que o alcance da suspensão a que se refere o § 4.o do art. 702 dependerá do conteúdo dos embargos à ação monitória" (CAMARGO, Luiz Henrique Volpe. Art. 489. In: STRECK, Lenio Luiz; NUNES, Dierle; CUNHA, Leonardo (orgs.). *Comentários ao Código de Processo Civil*. 2ª ed. São Paulo: Saraiva, 2017, p. 981).

43. CEBRASPE – 2023 – TCE/RJ – Procurador

Julgue o próximo item, referentes aos procedimentos especiais previstos no CPC, ao mandado de segurança, à ação civil pública e à ação de improbidade administrativa.

A pessoa jurídica de direito público legitimada a ajuizar ação civil pública está legalmente autorizada a firmar compromisso de ajustamento de conduta com os responsáveis pela lesão a direito coletivo.

COMENTÁRIOS

✪ **Nota do autor:** Está CORRETO, nos moldes do art. 5º, § 6º, da Lei nº 7.347/1985: "Os órgãos públicos legitimados poderão tomar dos interessados compromisso de ajustamento de sua conduta às exigências legais, mediante cominações, que terá eficácia de título executivo extrajudicial".

44. CEBRASPE – 2023 – TCE/RJ – Procurador

Julgue o próximo item, referentes aos procedimentos especiais previstos no CPC, ao mandado de segurança, à ação civil pública e à ação de improbidade administrativa.

Conforme a jurisprudência do STJ, o prazo decadencial para a impetração de mandado de segurança no qual se discute a eliminação de candidato de concurso público com base em regra do edital se inicia apenas a partir do momento em que o candidato toma ciência do ato administrativo concreto que o eliminou, e não a partir da publicação do edital de abertura do certame público.

COMENTÁRIOS

✪ **Nota do autor:** Está CERTO. Segundo o art. 23 da Lei nº 12.016/2009, "o direito de requerer mandado de segurança extinguir-se-á decorridos 120 (cento e vinte) dias, contados da ciência, pelo interessado, do ato impugnado". E, em particular, a jurisprudência do STJ se firmou nesse mesmo sentido: "EMBARGOS DE DIVERGÊNCIA – CONCURSO PÚBLICO – MANDADO DE SEGURANÇA – PRAZO DECADENCIAL – TERMO A QUO – ACOLHIMENTO DA DIVERGÊNCIA. 1. O termo a quo do prazo decadencial para a impetração de mandado de segurança em que se impugna regra prevista no edital de concurso público, conta-se a partir do momento em que o candidato toma ciência do ato administrativo que, fundado em regra editalícia, determina a sua eliminação do certame. Precedentes. (EREsp 1.266.278/MS, Relatora Ministra ELIANA CALMON, CORTE ESPECIAL, DJe 10/05/2013) e não a partir da data do edital, como julgado pelo Acórdão ora Embargado. 2. Embargos de Divergência acolhidos, prejudicada a remessa à 3ª Seção" (STJ, Corte Especial, EREsp 1124254/PI, Rel. Min. Sidnei Beneti, DJ 01.07.2014, DJe 12.08.2014).

45. CEBRASPE – 2022 – TCE/SC – Auditor Fiscal de Controle Externo

Considerando as normas e a jurisprudência dos tribunais superiores acerca de matérias do direito processual civil, julgue o item a seguir.

Ação popular não poderá ser ajuizada contra agentes públicos, ainda que eles tenham autorizado, aprovado, ratificado ou praticado o ato impugnado.

COMENTÁRIOS

✪ **Nota do autor:** Está ERRADO. "Art. 6º da Lei nº 4.717/1964. A ação será proposta contra as pessoas públicas ou privadas e as entidades referidas no art. 1º, contra as autoridades, funcionários ou administradores que houverem autorizado, aprovado, ratificado ou praticado o ato impugnado, ou que, por omissas, tiverem dado oportunidade à lesão, e contra os beneficiários diretos do mesmo. § 1º Se não houver benefício direto do ato lesivo, ou se for ele indeterminado ou desconhecido, a ação será proposta somente contra as outras pessoas indicadas neste artigo".

46. FGV – 2022 – TCU – Auditor Federal de Controle Externo

Determinado gestor ajuizou mandado de segurança para ver anulado o ato sancionatório editado em seu desfavor pelo Tribunal de Contas. Praticados todos os atos do procedimento da ação mandamental, o juiz da causa, entendendo que não assistia ao impetrante o direito afirmado em sua petição inicial, julgou improcedente o seu pedido, em decisão que, à míngua de interposição de recurso, transitou em julgado. Um mês depois, o mesmo gestor ajuizou ação pelo procedimento comum, na qual, com base nos fatos narrados na inicial do mandado de segurança, formulou o mesmo pedido de anulação do ato da Corte de Contas.

Tendo sido informada, na peça contestatória, a precedente tramitação do mandado de segurança, o juiz da nova causa, após o oferecimento da réplica autoral, deve:

a) julgar extinto o feito, sem resolução do mérito, em razão da falta de interesse de agir;
b) julgar extinto o feito, sem resolução do mérito, em razão da coisa julgada;
c) julgar extinto o feito, sem resolução do mérito, em razão da litispendência;
d) declarar saneado o feito, determinando o seu prosseguimento, rumo à fase da instrução probatória;
e) determinar a reunião de ambos os feitos.

COMENTÁRIOS

Alternativa A: veja o comentário feita na alternativa "b".

Alternativa B: está correto. Como a decisão proferida no procedimento do mandado de segurança foi de mérito, o ajuizamento de nova ação para discutir os mesmos fatos resta inviabilizada pela ocorrência da coisa julgada. Situação diversa seria se tal decisão não tivesse sido de mérito. Veja o teor da Súmula 304 do STJ: "Decisão denegatória de mandado de segurança, não fazendo coisa julgada contra o impetrante, não impede o uso da ação própria". Veja, ainda: "Impende destacar, finalmente, consoante reconhece esta Corte Suprema (RTJ 126/945 – RTJ 177/774-775, v.g.), que a extinção do processo mandamental, sem resolução de mérito (como sucede na espécie), não afeta nem compromete o direito material eventualmente titularizado pelo autor da ação mandamental, a quem fica assegurado, por isso mesmo, o acesso às vias ordinárias (...) Essa orientação nada mais traduz senão diretriz consolidada na Súmula 304/STF, no sentido de que a decisão denegatória proferida em mandado de segurança, desde que não importe em resolução do mérito, não impede que o impetrante venha a postular, por ação própria, o direito por ele vindicado (...)" (STF, 2ª Turma, RMS 29.193 AgR, Rel. Min. Celso de Mello, DJ 28.10.2014, DJe 25.11.2014).

Alternativa C: veja o comentário feita na alternativa "b".

Alternativa D: veja o comentário feita na alternativa "b".

Alternativa E: veja o comentário feita na alternativa "b".

Alternativa correta: letra "b".

47. (Cespe – Analista de Controle Externo – Direito – TCE – RJ/2021) Julgue os itens subsequentes, acerca de ação civil pública, ação de improbidade administrativa e mandado de segurança.

Todas as entidades públicas e privadas com legitimidade para a propositura de ação civil pública poderão tomar, dos responsáveis por lesão a direito coletivo, compromisso de ajustamento de sua conduta às exigências legais, caso em que o respectivo termo, devidamente assinado pelas partes, terá eficácia de título executivo extrajudicial.

- CERTO
- ERRADO

COMENTÁRIOS

✪ **Nota do autor:** a questão está ERRADA. Segundo o art. 5º, § 6º, da Lei 7.347/1985 (Lei da Ação Civil Pública), apenas os órgãos públicos legitimados para o ajuizamento da ação civil pública poderão tomar dos interessados compromisso de ajustamento de conduta, o qual terá eficácia de título executivo extrajudicial.

De acordo com a jurisprudência do STJ, constatado ato de improbidade que cause lesão ao patrimônio público ou enseje enriquecimento ilícito, a decretação da indisponibilidade de bens em ação de improbidade administrativa prescinde da demonstração de que o réu esteja dilapidando o seu patrimônio ou que esteja na iminência de fazê-lo.

- CERTO
- ERRADO

COMENTÁRIOS

✪ **Nota do autor:** na época em que a questão foi elaborada, a afirmação estava CERTA, com fundamento no precedente firmado pelo STJ no julgamento do REsp Repetitivo 1.366.721/BA. É preciso estar atento, porém, a Lei 8.429/1992 (Lei de Improbidade Administrativa) foi alterada pela Lei 14.230, de 25 de outubro de 2021, inclusive em relação aos requisitos necessários para a concessão da tutela provisória de urgência cautelar de indisponibilidade de bens, conforme se verifica da atual redação atribuída ao art. 16, § 3º. A conferir: "O pedido de indisponibilidade de bens a que se refere o caput deste artigo será deferido mediante a demonstração no caso concreto de perigo de dano irreparável ou de risco ao resultado útil do processo, desde que o juiz se convenção da probabilidade da ocorrência dos atos descritos na petição inicial com fundamento nos respectivos elementos de instrução, após a oitiva do réu em 5 (cinco) dias".

Situação hipotética: Um servidor público do estado do Rio de Janeiro impetrou mandado de segurança com a finalidade de impugnar regra presente em portaria da administração pública estadual que, segundo alegado, havia ferido direito adquirido do servidor. Após o despacho de recebimento da petição inicial, outro servidor, pertencente à mesma carreira do impetrante, requereu ingresso no processo como litisconsorte ativo, fundamentando seu requerimento em afinidade de questão por ponto comum de direito. Assertiva: De acordo com a legislação que trata do procedimento aplicável a essa hipótese, o magistrado deve deferir o requerimento de ingresso do litisconsorte ativo superveniente.

- CERTO
- ERRADO

COMENTÁRIOS

✪ **Nota do autor:** a questão está ERRADA. Admite-se a formação de litisconsórcio ativo superveniente à impetração do mandado de segurança, mas não após o despacho da petição inicial, como prevê o art. 10, § 2º, da Lei 12.016/2009 (Lei do Mandado de Segurança).

48. (FGV – Auditor Técnico de Controle Externo – TCE – AM/2021) No que se refere ao mandado de segurança, é correto afirmar que:

* a) a autoridade impetrada tem legitimidade para interpor recursos;

b) o acórdão confirmatório da sentença concessiva da ordem pode ser impugnado por recurso ordinário;

c) a execução da sentença concessiva da segurança pode abarcar verbas vencidas antes da data da impetração;

d) a sentença concessiva da ordem não está sujeita ao duplo grau de jurisdição obrigatório;

e) o procedimento da ação mandamental não comporta a concessão de tutela provisória de urgência.

COMENTÁRIOS

✪ **Notas do autor:** a resolução exige conhecimento da legislação e da jurisprudência, sobretudo do STJ.

Alternativa "a": segundo o art. 14, § 2º, da Lei 12.016/2009 (Lei do Mandado de Segurança), "estende-se à autoridade coatora o direito de recorrer".

Alternativa "b": o recurso cabível para impugnar acórdão denegatório de mandado de segurança é o ordinário, nos termos do art. 105, II, *b*, da CF/1988.

Alternativa "c": é do entendimento do STJ que "os efeitos financeiros, por ocasião da concessão de segurança, devem retroagir à data de sua impetração, por ocasião da concessão da segurança, devendo os valores pretéritos ser cobrados em ação própria" (STJ, 1ª Seção, EDcl no MS 21.822/DF, Rel. Min. Og Fernandes, *DJ* 23.08.2017).

Alternativa "d": de acordo com o art. 14, § 1º, da Lei 12.016/2009 (Lei do Mandado de Seguran**ça), "concedida a segurança, a sentença estará sujeita obrigatoriamente ao duplo grau de jurisdição".**

Alternativa "e": segundo o art. 7º, III, da Lei 12.016/2009 (lei do Mandado de Segurança), "ao despachar a petição inicial, o juiz ordenará que se suspenda o ato que deu motivo ao pedido, quando houver fundamento relevante e do ato impugnado puder resultar a ineficácia da medida, caso seja finalmente deferida, sendo facultado exigir do impetrante caução, fiança ou depósito, com o objetivo de assegurar o ressarcimento à pessoa jurídica". Observa-se, assim, que se está diante de tutela provisória de urgência específica, cuja concessão da liminar está condicionada ao preenchimento da relevância do fundamento e do risco de ineficácia do provimento final. "Na realidade, tais condições nada mais são do que outra forma de apresentar as noções de 'fumus boni iuris' e de 'periculum in mora', respectivamente. Exige-se, portanto, que o autor indique a plausibilidade das suas afirmações e a existência de risco de que seu direito possa vir a perecer (ou a tornar-se inútil), se não outorgada a proteção liminar"

(MARINONI, Luiz Guilherme; ARENHART, Sérgio Cruz; MITIDIERO, Daniel. **Novo Curso de Processo Civil. 2ª ed. São Paulo: Revista dos Tribunais, 2016, vol. 3, p. 368).**

Alternativa correta: letra "a".

49. (FGV – Auditor Técnico de Controle Externo – TCE – AM/2021) No que concerne à ação popular, é correto afirmar que:

a) as associações constituídas há pelo menos um ano têm legitimidade para intentá-la;

b) a pessoa jurídica cujo ato seja impugnado pode deixar de contestar e associar-se em litisconsórcio com o autor popular;

c) não podem ser litisconsortes passivos os beneficiários diretos do ato impugnado, que devem ser processados em ação posterior;

d) se o autor desistir da ação, não sendo o prosseguimento do feito promovido por outro cidadão, não poderá o Ministério Público assumir o polo ativo da demanda;

e) julgado improcedente o pedido por insuficiência de provas, a demanda não poderá ser novamente proposta, em razão da coisa julgada material formada.

COMENTÁRIOS

✪ **Notas do autor:** a resolução da questão exige conhecimento da legislação específica.

Alternativa "a": quem possui legitimidade para ajuizar a ação popular é apenas o cidadão, em conformidade com o art. 1º da Lei 4.717/1965 (Lei da Ação Popular) e com o art. 5º, LXXIII, da CF/1988. Além disso, a Súmula 365 do STF é expressa ao dizer que "pessoa jurídica não tem legitimidade para propor ação popular".

Alternativa "b": como prevê o art. 6º, § 3º, da Lei 4.717/1965 (Lei da Ação Popular), "a pessoa jurídica de direito público ou de direito privado, cujo ato seja objeto de impugnação, poderá abster-se de contestar o pedido, ou poderá atuar ao lado do autor, desde que isso se afigure útil ao interesse público, a juízo do respectivo representante legal ou dirigente".

Alternativa "c": o art. 6º, *caput*, da Lei 4.717/1965 (Lei da Ação Popular), prevê que "a ação será proposta contra as pessoas públicas ou privadas e as entidades referidas no art. 1º, contra as autoridades, funcionário ou administradores que houverem autorizado, aprovado, ratificado ou praticado o ato impugnado, ou que, por omissas, tiverem dado oportunidade à lesão, e contra os beneficiários diretos do mesmo".

Alternativa "d": nos termos do art. 9º da Lei 4.717/1965 (Lei da Ação Popular), "se o autor desistir da ação ou der motivo à absolvição da instância, serão publicados editais nos prazos e condições previstos no art. 7º, inciso II, ficando assegurado a qualquer cidadão, bem como ao representante do Ministério Público, dentro do prazo de 90 (noventa) dias da última publicação feita, promover o prosseguimento da ação".

Alternativa "e": o art. 18 da Lei 4.717/1965 (Lei da Ação Popular) dispõe que "a sentença terá eficácia de coisa julgada oponível 'erga omnes', exceto no caso de haver sido a ação julgada improcedente por deficiência de prova; neste caso, qualquer cidadão poderá intentar outra ação com idêntico fundamento, valendo-se de nova prova".

Alternativa correta: letra "b".

12. EXECUÇÃO

50. VUNESP – 2023 – TCM/SP – Auditor de Controle Externo

No cumprimento de sentença que reconheça a exigibilidade de obrigação de pagar quantia certa pela Fazenda Pública,

a) o exequente não é obrigado a apresentar demonstrativo discriminado e atualizado do cálculo.

b) se promovido por mais de um exequente, poderá ser apresentado um único demonstrativo de cálculo para todos os litisconsortes.

c) não ocorrendo o pagamento no prazo legal, o débito será acrescido de multa de dez por cento e, também, de honorários de advogado de dez por cento.

d) em se tratando de litisconsórcio facultativo multitudinário, poderá ser requerida a limitação do número de exequentes, quando este comprometer ou dificultar o cumprimento da sentença.

e) a intimação para apresentar impugnação ao cumprimento de sentença deverá ser feita na pessoa do representante judicial da Fazenda Pública, por meio de publicação no diário oficial.

COMENTÁRIOS

Alternativa A: deve apresentar: "Art. 534. No cumprimento de sentença que impuser à Fazenda Pública o dever de pagar quantia certa, o exequente apresentará demonstrativo discriminado e atualizado do crédito contendo: I – o nome completo e o número de inscrição no Cadastro de Pessoas Físicas ou no Cadastro Nacional da Pessoa Jurídica do exequente; II – o índice de correção monetária adotado; III – os juros aplicados e as respectivas taxas; IV – o termo inicial e o termo final dos juros e da correção monetária utilizados; V – a periodicidade da capitalização dos juros, se for o caso;

VI – a especificação dos eventuais descontos obrigatórios realizados".

Alternativa B: não: "Art. 534, § 1º, do CPC. Havendo pluralidade de exequentes, cada um deverá apresentar o seu próprio demonstrativo, aplicando-se à hipótese, se for o caso, o disposto nos §§ 1º e 2º do art. 113".

Alternativa C: não. "Art. 534, § 2º, do CPC. § 2º A multa prevista no § 1º do art. 523 não se aplica à Fazenda Pública".

Alternativa D: sim, conforme disposto no art. 534, § 1º, do CPC, acima transcrito, cumulado com o art. 113, § 1º, do CPC, o qual dispõe que "o juiz poderá limitar o litisconsórcio facultativo quanto ao número de litigantes na fase de conhecimento, na liquidação de sentença ou na execução, quando este comprometer a rápida solução do litígio ou dificultar a defesa ou o cumprimento da sentença".

Alternativa E: a intimação do representante legal da Fazenda Pública pode ser feita de mais de uma forma, de acordo com o art. 535, *caput*, do CPC: "Art. 535. A Fazenda Pública será intimada na pessoa de seu representante judicial, por carga, remessa ou meio eletrônico, para, querendo, no prazo de 30 (trinta) dias e nos próprios autos, impugnar a execução (...)".

Alternativa correta: letra "d".

51. CEBRASPE – 2023 – TCE/RJ – Procurador

O TCE/RJ, em determinado procedimento de sua competência, após constatar efetivo prejuízo ao erário de determinado município, aplicou multa ao agente público municipal responsável pela ilicitude.

Considerando a situação hipotética apresentada, julgue o item que se segue.

A multa aplicada pelo TCE/RJ tem natureza de título executivo judicial, sendo, portanto, dotada dos atributos de certeza, liquidez e exigibilidade, a dar ensejo à execução civil.

COMENTÁRIOS

✪ **Nota do autor:** Está ERRADO. Embora o art. 71, § 3º, da CF, estabeleça que "as decisões do Tribunal de que resulte imputação de débito ou multa terão eficácia de título executivo", porém não judicial e sim extrajudicial, pelo fato de não integrarem o Poder Judiciário e por inexistir previsão legal expressa conferindo tal natureza, a exemplo do que ocorre, por exemplo, com a sentença arbitral (art. 515, VII, do CPC; art. 31 da Lei nº 9.307/1996). Nesse sentido: STF, RE 525663/AC, Rel. Min. Dias Toffoli, DJe 17.02.2011).

52. COPEVE-UFAL – 2022 – TCE/AL – Agente de Controle Externo

Dadas as afirmativas relativas à liquidação e cumprimento de sentença,

I. Na liquidação por arbitramento, o juiz intimará as partes para a apresentação de pareceres ou documentos elucidativos, no prazo que fixar, e, caso não possa decidir de plano, nomeará perito, observando-se, no que couber, o procedimento da prova pericial.
II. A certidão de teor da decisão deverá ser fornecida no prazo de 5 (cinco) dias e indicará o nome e a qualificação do exequente e do executado, o número do processo, o valor da dívida e a data de decurso do prazo para pagamento voluntário.
III. A autocomposição judicial poderá envolver sujeito estranho ao processo e versar sobre relação jurídica que tenha sido deduzida em juízo.
IV. A liquidação poderá ser realizada na pendência de recurso, processando-se em autos apartados no juízo de origem, cumprindo ao liquidante instruir o pedido com cópias das peças processuais pertinentes.

verifica-se que está(ão) correta(s)

a) I, apenas.
b) I e IV, apenas.
c) II e III, apenas.
d) II, III e IV, apenas.
e) I, II, III e IV.

COMENTÁRIOS

Alternativa A: o item I está correto, segundo a redação do art. 510 do CPC, porém não é o único.

Alternativa B: o item I está correto, segundo a redação do art. 510 do CPC, e o item IV também, posto que em consonância com o art. 512 do CPC.

Alternativa C: o item II está errado, porque o prazo o fornecimento da certidão de teor da decisão é de 3 e não de 5 dias. Já o item III está errado porque a autocomposição judicial poderá versar sobre relação jurídica que não tenha sido deduzida em juízo (art. 515, § 2º, do CPC).

Alternativa D: ver os comentários feitos nas alternativas "b" e "c".

Alternativa E: ver os comentários feitos nas alternativas "a", "b" e "c".

Alternativa correta: letra "b".

53. FGV – 2022 – TCE/TO – Analista Técnico

No que concerne aos embargos à execução deflagrada em face de um particular, de acordo com o Código de Processo Civil, é correto afirmar que:

a) deverão ser ofertados no prazo de dez dias, contado da juntada aos autos do mandado de citação do executado;

b) quando manifestamente protelatórios, o seu oferecimento não configura conduta atentatória à dignidade da justiça;

c) além das condições genéricas do direito de ação, exige-se, como condição de sua procedibilidade, a garantia do juízo;

d) transitada em julgado a sentença que os acolhe, estará ela acobertada pelo manto da coisa julgada material;

e) o executado não poderá alegar, em sua petição inicial, a inexequibilidade do título em que se baseou a execução.

COMENTÁRIOS

Alternativa A: está errada. Segundo o art. 915, *caput*, do CPC, "os embargos serão oferecidos no prazo de 15 (quinze) dias, contado, conforme o caso, na forma do art. 231".

Alternativa B: está errada. De acordo com o art. 918, parágrafo único, do CPC, "considera-se conduta atentatória à dignidade da justiça o oferecimento de embargos manifestamente protelatórios".

Alternativa C: está errada. Como dispõe o art. 914, *caput*, do CPC, "o executado, independentemente de penhora, depósito ou caução, poderá se opor à execução por meio de embargos". No entanto, caso o embargante pretenda obter efeito suspensivo, deverá demonstrar o preenchimento dos requisitos para a concessão da tutela provisória e garantir a execução por penhora, depósito ou caução suficientes (art. 919, § 1º, do CPC).

Alternativa D: está correta. Como os embargos à execução têm natureza de ação autônoma, o trânsito em julgado da sentença forma coisa julgada material.

Alternativa E: está errada. Dispõe o art. 917, I, do CPC: "Nos embargos à execução, o executado poderá alegar: inexequibilidade do título ou inexigibilidade da obrigação".

Alternativa correta: letra "d".

54. CEBRASPE – 2022 – TCE/SC – Auditor Fiscal de Controle Externo

Considerando as normas e a jurisprudência dos tribunais superiores acerca de matérias do direito processual civil, julgue o item a seguir.

A decisão que resolve a impugnação ao cumprimento de sentença sem pôr fim à execução desafia o recurso de apelação.

COMENTÁRIOS

✪ **Nota do autor:** Está ERRADO. Como a decisão proferida não extinguiu a fase de cumprimento de sentença, a natureza jurídica da decisão impugnada é de decisão interlocutória e, por via consequência, desafiável por agravo de instrumento. Somente a sentença que extinguir a execução é impugnável por apelação. Nesse sentido: "IV – A jurisprudência do Superior Tribunal de Justiça é no sentido de que, sob a égide do Novo Código de Processo Civil, a apelação é o recurso cabível contra decisão que acolhe impugnação do cumprimento de sentença e extingue a execução. Ainda, o agravo de instrumento é o recurso cabível contra as decisões que acolhem parcialmente a impugnação ou lhe negam provimento, por não acarretarem a extinção da fase executiva em andamento, portanto, com natureza jurídica de decisão interlocutória. A inobservância desta sistemática caracteriza erro grosseiro, vedada a aplicação do princípio da fungibilidade recursal, cabível apenas na hipótese de dúvida objetiva (STJ, 2ª Turma, RESP 1.947.309/BA, Rel. Min. Francisco Falcão, DJ 07.02.2023, DJe 10.02.2023).

55. (FGV – Auditor Técnico de Controle Externo – TCE – AM/2021) No caso de condenação em quantia certa, o cumprimento definitivo da sentença far-se-á a requerimento do exequente, sendo o executado intimado para pagar o débito ou, após esse prazo, se quiser, oferecer sua impugnação. Nesse cenário, é correto afirmar que os referidos prazos são de:

a) dez dias para pagar e mais quinze dias para oferecer a impugnação;

b) dez dias para pagar e mais trinta dias para oferecer a impugnação;

c) cinco dias para pagar e mais quinze dias para oferecer a impugnação;

d) cinco dias para pagar e mais cinco dias para oferecer a impugnação;

e) quinze dias para pagar e mais quinze dias para oferecer a impugnação.

COMENTÁRIOS

✪ **Nota do autor:** a resolução da questão exige estudo da legislação "seca", no caso, do CPC.

Alternativa "a": segundo o art. 523, *caput*, do CPC, "no caso de condenação em quantia certa, ou já fixada em liquidação, e no caso de decisão sobre parcela incontroversa, o cumprimento definitivo da sentença far-se-á a requerimento do exequente, sendo o executado intimado para pagar o débito, no prazo de 15 (quinze) dias, acrescido de custas, se houver". Além disso, em relação à impugnação, o art. 525, *caput*, do CPC, dispõe que "transcorrido o prazo previsto no art. 523 sem o pagamento voluntário, inicia-se o prazo de 15 (quinze) dias para que o executado, independentemente de penhora ou nova intimação, apresente, nos próprios autos, sua impugnação".

Alternativa "b": ver o comentário feito à alternativa "a".

Alternativa "c": ver o comentário feito à alternativa "a".

Alternativa "d": ver o comentário feito à alternativa "a".

Alternativa "e": ver o comentário feito à alternativa "a".

Alternativa correta: letra "e".

13. COOPERAÇÃO INTERNACIONAL

56. CONSULPAM – 2023 – TCM/PA – Conselheiro

Consoante os mandamentos do vigente Código de Processo Civil brasileiro (Lei n.º 13.105/2015), assinale a alternativa CORRETA.

a) Os juízes e os tribunais atenderão, obrigatoriamente, à ordem cronológica de conclusão para proferir sentença ou acórdão.

b) A pendência de causa perante a jurisdição brasileira impede a homologação de sentença judicial estrangeira quando exigida para produzir efeitos no Brasil.

c) Cabe auxílio direto quando a medida decorrer diretamente de decisão de autoridade jurisdicional estrangeira a ser submetida a juízo de delibação no Brasil.

d) Em qualquer hipótese, é vedada a revisão do mérito do pronunciamento judicial estrangeiro pela autoridade judiciária brasileira.

COMENTÁRIOS

Alternativa A: há exceções previstas no art. 12, § 2º, do CPC: "Estão excluídos da regra do caput: I – as sentenças proferidas em audiência, homologatórias de acordo ou de improcedência liminar do pedido; II – o julgamento de processos em bloco para aplicação de tese jurídica firmada em julgamento de casos repetitivos; III – o julgamento de recursos repetitivos ou de incidente de resolução de demandas repetitivas; IV – as decisões proferidas com base nos arts. 485 e 932; V – o julgamento de embargos de declaração; VI – o julgamento de agravo interno; VII – as preferências legais e as metas estabelecidas pelo Conselho Nacional de Justiça; VIII – os processos criminais, nos órgãos jurisdicionais que tenham competência penal; IX – a causa que exija urgência no julgamento, assim reconhecida por decisão fundamentada".

Alternativa B: é o oposto: "Art. 24, parágrafo único, do CPC. A pendência de causa perante a jurisdição brasileira não impede a homologação de sentença judicial estrangeira quando exigida para produzir efeitos no Brasil".

Alternativa C: é o oposto: "Art. 28 do CPC. Cabe auxílio direto quando a medida não decorrer diretamente de decisão de autoridade jurisdicional estrangeira a ser submetida a juízo de delibação no Brasil".

Alternativa D: está correta. Trata-se da redação do art. 36, § 2, do CPC.

Alternativa correta: letra "d".

14. COMPETÊNCIA

57. FGV – 2023 – TCE/ES – Auditor de Controle Externo

Determinado gestor ajuizou ação, pelo procedimento comum, para obter a invalidação de sanção que lhe havia sido aplicada pelo Tribunal de Contas do Estado. A petição inicial da demanda foi distribuída ao Juízo X, com competência fazendária, no dia 05 de setembro de 2022, tendo o juiz, em 14 de setembro, determinado a citação do réu, a qual ocorreu, de forma válida, em 04 de outubro. Por sua vez, a Corte de Contas intentou demanda para cobrar o valor da multa que havia imposto ao gestor, tendo a sua petição inicial sido distribuída no dia 08 de setembro de 2022 ao Juízo Y, também dotado de competência em matéria fazendária. Apreciando a peça exordial, o Juízo Y, no dia 12 de setembro, determinou a citação do demandado, efetivando-se validamente o ato citatório em 28 de setembro. Nesse cenário, é correto afirmar que:

a) ambos os feitos devem ser reunidos em razão do vínculo da conexão, estando prevento para processá-los e julgá-los o Juízo X;

b) ambos os feitos devem ser reunidos em razão do vínculo da continência, estando prevento para processá-los e julgá-los o Juízo X;

c) ambos os feitos devem ser reunidos em razão do vínculo da conexão, estando prevento para processá-los e julgá-los o Juízo Y;

d) ambos os feitos devem ser reunidos em razão do vínculo da continência, estando prevento para processá-los e julgá-los o Juízo Y;

e) não há causa que dê azo à reunião dos feitos, devendo cada um tramitar perante o juízo ao qual a respectiva petição inicial foi distribuída.

COMENTÁRIOS

Alternativa A: está caracterizada a conexão, nos termos do art. 55, *caput*, do CPC: "Reputam-se conexas 2 (duas) ou mais ações quando lhes for comum o pedido ou a causa de pedir". A consequência disso é a reunião dos processos, para evitar a prolação de decisões conflitantes, bem como otimizar a economia processual, desde que em um desses processos ainda não se tenha proferido sentença (art. 155, § 1º, do CPC). O Juízo X é quem deve processar e julgar ambos os feitos, tendo em vista que "o registro ou a distribuição da petição inicial torno prevento o juízo" (art. 59 do CPC).

Alternativa B: não é o caso. O pedido de uma ação não é mais amplo do que o da outra e, por isso, *não o engloba. Veja: "Art. 56 do CPC. Dá-se a conti*nência entre 2 (duas) ou mais ações quando houver identidade quanto às partes e à causa de pedir, mas o pedido de uma, por ser mais amplo, abrange o das demais".

Alternativa C: veja o comentário feito na alternativa "a".

Alternativa D: veja os comentários feitos nas alternativas "a" e "b".

Alternativa E: veja o comentário feito na alternativa "a".

Alternativa correta: letra "a".

58. CEBRASPE - 2023 - TCE/RJ - Procurador

Julgue o item seguinte, referentes a normas processuais, jurisdição e competência, atos processuais, deveres das partes e tutela provisória no processo civil.

Embora os tribunais estejam autorizados a designar, por ato normativo próprio, varas e câmaras especializadas por matéria, o entendimento da jurisprudência dominante do STJ é o de que esse poder não pode ser usado para alterar ou restringir normas de competência territorial fixadas na lei processual.

COMENTÁRIOS

✪ **Nota do autor:** Está CERTO, por estar em consonância com a Súmula 206 do STJ: "A existência de vara privativa, instituída por lei estadual, não altera a competência territorial resultante das leis de processo".

59. CEBRASPE - 2022 - TCE/SC - Auditor Fiscal de Controle Externo

Julgue o item a seguir, referentes ao direito processual civil.

Os procuradores municipais e os estaduais têm legitimidade exclusiva para representar em juízo, ativa e passivamente, seu município e seu estado, respectivamente.

COMENTÁRIOS

✪ **Nota do autor:** Está ERRADO. "Art. 75. Serão representados em juízo, ativa e passivamente: II - o Estado e o Distrito Federal, por seus procuradores; III - o Município, por seu prefeito, procurador ou Associação de Representação de Municípios, quando expressamente autorizada". Isso significa que, em relação à representação do município em juízo, ativa e passivamente, não se trata de legitimidade exclusiva de seu procurador, porque, como descrito no artigo de lei acima, tal atribuição também pode recair sobre o prefeito ou Associação de Representação de Municípios, quando houver expressa autorização.

15. LITISCONSÓRCIO

60. FGV - 2023 - TCE/ES - Auditor de Controle Externo

Apreciando o ato concessório de aposentadoria de determinado servidor público municipal, o Tribunal de Contas do Estado concluiu pela existência de óbice ao seu registro, consubstanciado na ilegalidade da incorporação de determinada gratificação aos proventos a princípio fixados. Devidamente cientificado da deliberação da Corte de Contas, o ente político municipal procedeu à retificação do ato de concessão da aposentadoria. Irresignado, o servidor ajuizou mandado de segurança, pleiteando a anulação do ato de retificação de seus proventos de aposentadoria, tendo incluído no polo passivo apenas o Município a cujos quadros funcionais pertencia. Tomando contato com a petição inicial do mandamus, o juiz da causa, partindo da premissa de que se estava diante de um ato administrativo complexo, para cujo aperfeiçoamento concorreram as manifestações do ente municipal e do Tribunal de Contas, deve:

a) concluir pela não configuração de qualquer modalidade de litisconsórcio passivo e proceder ao juízo positivo de admissibilidade da ação;
b) concluir pela configuração de um litisconsórcio passivo facultativo e proceder ao juízo positivo de admissibilidade da ação;
c) concluir pela configuração de um litisconsórcio passivo necessário e proceder ao juízo positivo de admissibilidade da ação, determinando a notificação da autoridade municipal e da Corte de Contas para prestarem informações;
d) concluir pela configuração de um litisconsórcio passivo necessário e indeferir a petição inicial, em razão de sua não observância, pelo impetrante;
e) concluir pela configuração de um litisconsórcio passivo necessário e determinar a intimação do impetrante para emendar a petição inicial, incluindo o litisconsorte faltante.

COMENTÁRIOS

Alternativa A: confira o comentário feito à alternativa "e".

Alternativa B: confira o comentário feito à alternativa "e".

Alternativa C: confira o comentário feito à alternativa "e".

Alternativa D: confira o comentário feito à alternativa "e".

Alternativa E: por tratar-se de ato administrativo complexo, os dois órgãos que participaram de sua formação devem integrar o polo passivo do mandado de segurança, uma vez que ambos serão afetados. Portanto, agiu corretamente o juiz ao determinar a emenda da inicial com a inclusão do litisconsorte necessário faltante, considerando-se que não haverá alteração de competência. Nessa esteira, aplica-se o art. 115, parágrafo único, do CPC: "Nos casos de litisconsórcio passivo necessário, o juiz determinará ao autor que requeira a citação de todos que devam ser litisconsortes, dentro do prazo que assinar, sob pena de extinção do processo". Inclusive, a respeito do assunto, tem-se também a Súmula 631 do STF: "Extingue-se o processo de mandado de segurança se o impetrante não promove, no prazo assinado, a citação do litisconsorte passivo necessário".

Alternativa correta: letra "e".

16. IMPEDIMENTO E SUSPEIÇÃO

61. CEBRASPE - 2024 - TCE/AC - Auditor de Controle Externo

Em ação judicial que envolvia uma disputa contratual entre uma empresa de tecnologia e determinado município, descobriu-se que o juiz responsável pelo caso é sócio de uma empresa que mantém contratos regulares com esse município. Além disso, o advogado da empresa de tecnologia alegou que o juiz havia recebido presentes do prefeito do município em ocasiões anteriores. Com base nessa situação hipotética, julgue o item a seguir.

O referido juiz está impedido de atuar no caso devido à sua condição de sócio em empresa que mantém contratos regulares com o município.

COMENTÁRIOS

✪ **Nota do autor:** Está CERTO, pois como dispõe o art. 144, IV, do CPC, o juiz está impedido "quando for parte no processo ele próprio, seu cônjuge ou companheiro, ou parente, consanguíneo ou afim, em linha reta ou colateral, até o terceiro grau, inclusive".

62. CEBRASPE - 2024 - TCE/AC - Auditor de Controle Externo

Em ação judicial que envolvia uma disputa contratual entre uma empresa de tecnologia e determinado município, descobriu-se que o juiz responsável pelo caso é sócio de uma empresa que mantém contratos regulares com esse município. Além disso, o advogado da empresa de tecnologia alegou que o juiz havia recebido presentes do prefeito do município em ocasiões anteriores. Com base nessa situação hipotética, julgue o item a seguir.

O fato de o juiz ter recebido presentes do prefeito do município não constitui causa de sua suspeição para o julgamento do feito.

COMENTÁRIOS

✪ **Nota do autor:** Está ERRADO, porque contraria a disposição do art. 145, II, do CPC, que prevê a suspeição do juiz "que receber presentes de pessoas que tiverem interesse na causa antes ou depois de iniciado o processo, que aconselhar alguma das partes acerca do objeto da causa ou que subministrar meios para atender às despesas do litígio".

63. CONSULPAM - 2023 - TCM/PA - Conselheiro

Conforme os dizeres do Código de Processo Civil brasileiro (Lei n.º 13.105/2015), haverá impedimento do juiz.

a) Quando for sócio de pessoa jurídica parte no processo.
b) Quando qualquer das partes for sua credora ou devedora.
c) Interessado no julgamento do processo em favor de qualquer das partes.
d) Que receber presentes de pessoas que tiverem interesse na causa.

COMENTÁRIOS

Alternativa A: sim: art. 144, V, do CPC.

Alternativa B: não: art. 145, III, do CPC.

Alternativa C: não: art. 145, IV, do CPC.

Alternativa D: não: art. 145, II, do CPC.

Alternativa correta: letra "a".

64. CEBRASPE - 2023 - TCE/RJ - Procurador

Considerando a atuação dos litisconsortes, do juiz e do MP, bem como as provas, os processos nos tribunais e os meios de impugnação das decisões judiciais no processo civil, julgue o item a seguir.

A parte interessada deve alegar o impedimento ou a suspeição do membro do MP na primeira oportunidade que tiver de falar nos autos, podendo justificar sua arguição utilizando os mesmos motivos de impedimento e suspeição previstos, no CPC, para o juiz.

COMENTÁRIOS

✪ **Nota do autor:** Está CERTO. Tendo em vista que se aplicam os motivos de impedimento ou suspeição aos membros do Ministério Público (art. 148,

I, do CPC), torna-se necessário observar que "a parte interessada deverá arguir o impedimento ou a suspeição, em petição fundamentada e devidamente instruída, na primeira oportunidade em que lhe couber falar nos autos" (art. 148, § 1º, do CPC).

17. NEGÓCIO JURÍDICO PROCESSUAL

65. FGV – 2022 – TCE/TO – Analista Técnico

Em um contrato celebrado por duas pessoas jurídicas de grande porte, foi ajustada uma cláusula estabelecendo um negócio processual em caráter pré-processual, no sentido de que, em eventual futuro processo judicial entre os contratantes, as partes se comprometiam a não produzir prova testemunhal. Todavia, posteriormente, uma das empresas referidas ajuizou uma demanda em face da outra e requereu a produção de prova testemunhal. A ré não se insurgiu contra esse requerimento, mas apenas afirmou que pretendia produzir prova documental.

Partindo-se da premissa de que o referido negócio processual é válido, é correto afirmar que a referida prova testemunhal:

a) poderá ser produzida, pois a inércia da parte ré em arguir a referida cláusula configura a extinção do negócio processual;
b) não poderá ser produzida, uma vez que o contrato é válido e vincula as partes e o juiz no processo;
c) não poderá ser produzida, pois a parte ré somente protestou pela prova documental;
d) poderá ser produzida, pois o juiz não está vinculado aos negócios processuais estabelecidos pelas partes;
e) não poderá ser produzida, uma vez que já haverá produção de prova documental.

COMENTÁRIOS

Alternativa A: está correto, conforme o magistério de Fredie Didier Jr.: "O inadimplemento da prestação de um negócio processual celebrado pelas partes é fato que tem de ser alegado pela parte adversária: caso não o faça no primeiro momento que lhe couber falar, considera-se que houve novação tácita e, assim, preclusão do direito de alegar o inadimplemento. 'Não pode o juiz de ofício, conhecer do inadimplemento do negócio processual, salvo se houver expressa autorização negocial (no próprio negócio as partes aceitam o conhecimento de ofício do inadimplemento) ou legislativa nesse sentido'. Essa é a regra geral que se extrai do sistema, a partir de outras regras previstas para negócios típicos: a não alegação do foro de eleição, pelo réu, que significa revogação tácita dessa cláusula contratual (art. 65, CPC); a não alegação da convenção de arbitragem implica renúncia tácita estatal (art. 337, § 6º, CPC)" (DIDIER JR., Fredie. *Curso de Direito Processual Civil*. 17ª ed. Salvador: Juspodivm, 2015, vol. 1, p. 391).

Alternativa B: apesar da validade contratual, a falta de alegação sobre o inadimplemento gera consequências, como se pode ver do comentário feito na alternativa "a".

Alternativa C: a falta de alegação específica sobre o inadimplemento gera consequências, como se pode ver do comentário feito na alternativa "a".

Alternativa D: pode ser produzida, mas não por conta do argumento apresentada na alternativa, pois "embora o negócio jurídico processual possa ter sua validade controlada pelo magistrado, este só poderá recusar-lhe aplicação nas hipóteses do art. 190, parágrafo único, do CPC/2015" (TJDFT, 7ª Turma, Acórdão 984997, 20160020474032AGI, Rel. Des. Fábio Eduardo Marques, DJ 30.11.2016, DJe 5.12.2016).

Alternativa E: ver o comentário feito na alternativa "a".

Alternativa correta: letra "a".

18. MINISTÉRIO PÚBLICO

66. COPEVE-UFAL – 2022 – TCE/AL – Agente de Controle Externo

Quanto ao Ministério Público, dadas as afirmativas,

I. O Ministério Público estadual não possui legitimidade recursal para atuar como parte no Superior Tribunal de Justiça nas ações de improbidade administrativa, porque a atuação recursal normativa naquela instância superior compete ao Ministério Público Federal.
II. O Ministério Público é parte legítima para recorrer da decisão que fixa os honorários do administrador na recuperação judicial.
III. O Ministério Público tem legitimidade ativa para propor ação civil pública e ação coletiva com o propósito de velar por direitos difusos e, também, individuais homogêneos dos consumidores, ainda que disponíveis.

verifica-se que está(ão) correta(s)

a) I, apenas.
b) III, apenas.
c) I e II, apenas.
d) II e III, apenas.
e) I, II e III.

COMENTÁRIOS

Alternativa A: o item I está errado. Segundo decidido pelo STF, "Os Ministérios Públicos dos Estados e do Distrito Federal têm legitimidade para propor e atuar em recursos e meios de impugnação de decisões judiciais em trâmite no STF e no STJ, oriundos de processos de sua atribuição, sem prejuízo da atuação do Ministério Público Federal" (STF, Plenário Virtual RE 985392/RS (repercussão geral), Rel. Min. Gilmar Mendes, DJ 26/05/2017).

Alternativa B: o item III está correto, mas não é o único. Nesse sentido: "RECURSO ESPECIAL. PROCESSUAL CIVIL. AÇÃO CIVIL PÚBLICA. AGRAVO DE INSTRUMENTO. LEGITIMIDADE DO MINISTÉRIO PÚBLICO PARA A DEFESA DE INTERESSES INDIVIDUAIS HOMOGÊNEOS DE CONSUMIDORES, AINDA QUE DISPONÍVEIS. LITISCONSÓRCIO FACULTATIVO ENTRE MINISTÉRIO PÚBLICO ESTADUAL E FEDERAL. AMPARO LEGAL: § 5º DO ART. 5º DA LEI N. 7.347/1985, EM VIGOR. IMPOSSIBILIDADE DO LITISCONSÓRCIO NO CASO. 1. O Ministério Público tem legitimidade ativa para a propositura de ação civil pública destinada à defesa de direitos individuais homogêneos de consumidores, ainda que disponíveis, pois se está diante de legitimação voltada à promoção de valores e objetivos definidos pelo próprio Estado. 2. A tutela efetiva de consumidores possui relevância social que emana da própria Constituição Federal (arts. 5º, XXXII, e 170, V). 3. O veto presidencial ao parágrafo único do art. 92 do Código de Defesa do Consumidor não atingiu o § 5º do art. 5º da Lei da Ação Civil Pública, inserido por força do art. 113 do CDC, que não foi vetado. 4. A possibilidade, em tese, de atuação do Ministério Público Estadual e do Federal em litisconsórcio facultativo não dispensa a conjugação de interesses afetos a cada um, a serem tutelados por meio da ação civil pública. A defesa dos interesses dos consumidores é atribuição comum a ambos os órgãos ministeriais, o que torna injustificável o litisconsórcio ante a unicidade do Ministério Público, cuja atuação deve pautar-se pela racionalização dos serviços prestados à comunidade. 5. Recurso especial conhecido e parcialmente provido" (STJ, 3ª Turma, REsp 1254428/MG, Rel. Min. João Otávio de Noronha, DJ 02.06.2016). Observe, ainda, a Súmula 601 do STF, a qual preceitua que "o Ministério Público tem legitimidade ativa para atuar na defesa de direitos difusos, coletivos e individuais homogêneos dos consumidores, ainda que decorrentes da prestação de serviço público".

Alternativa C: o item I está correto, como abordado na alternativa "a". Do mesmo modo, o item II também está correto, porque em consonância a jurisprudência do STJ: "RECURSO ESPECIAL. RECUPERAÇÃO JUDICIAL. NEGATIVA E PRESTAÇÃO JURISDICIONAL. INOCORRÊNCIA. ADMINISTRADOR. HONORÁRIOS. FIXAÇÃO EM PATAMAR DE 5% SOBRE OS CRÉDITOS CONCURSAIS. IRRESIGNAÇÃO MANIFESTADA PELO MINISTÉRIO PÚBLICO. LEGITIMIDADE RECURSAL CONFIGURADA. 1. Ação ajuizada em 23/4/2018. Recurso especial interposto em 14/6/2019. Autos conclusos à Relatora em 25/8/2020. 2. O propósito recursal é definir (i) se houve negativa de prestação jurisdicional e (ii) se o Ministério Público é parte legítima para recorrer da decisão declaratória do pedido de processamento da recuperação judicial, fixa os honorários do administrador judicial no patamar máximo. 3. O acórdão recorrido adotou fundamentação suficiente à solução da controvérsia, não se vislumbrando, nele, qualquer dos vícios elencados no art. 1.022 do CPC/15. 4. O texto normativo que resultou na atual Lei de Falência e Recuperação de Empresas saiu do Congresso Nacional com uma roupagem que exigia do Ministério Público atuação em todas as fases dos processos de recuperação judicial e de falência. Essas amplas e genéricas hipóteses de intervenção originalmente previstas foram restringidas pela Presidência da República, mas nem por isso reduziu-se a importância do papel da instituição na tramitação dessas ações, haja vista ter-se franqueado ao MP a possibilidade de "requerer o que entender de direito". 5. A interpretação conjunta da regra do art. 52, V, da LFRE – que determina a intimação do Ministério Público acerca da decisão que defere o processamento da recuperação judicial – e daquela constante no art. 179, II, do CPC/15 – que autoriza, expressamente, a interposição de recurso pelo órgão ministerial quando a este incumbir intervir como fiscal da ordem jurídica – evidencia a legitimidade recursal do Parquet na hipótese concreta. 6. Ademais, verifica-se estar plenamente justificada a interposição do recurso pelo MP como decorrência de sua atuação como fiscal da ordem jurídica, pois é seu papel institucional zelar, em nome do interesse público (função social da empresa), para que não sejam constituídos créditos capazes de inviabilizar a consecução do plano de soerguimento. RECURSO ESPECIAL NÃO PROVIDO, SEM MAJORAÇÃO DE HONORÁRIOS" (STJ, 3ª Turma, REsp 1.884.860-RJ, Rel.ª Min.ª Nancy Andrighi, DJ 20.10.2020).

Alternativa D: veja os comentários feitos nas alternativas "a", "b" e "c".

Alternativa E: veja os comentários feitos nas alternativas "a", "b" e "c".

Alternativa correta: letra "d".

19. CARTA PRECATÓRIA

67. VUNESP – 2023 – TCM/SP – Auditor de Controle Externo

A carta expedida pelo tribunal para juízo a ele vinculado, para a realização de ato fora dos limites territoriais do local de sua sede denomina-se

a) carta precatória.
b) carta de ordem.
c) carta rogatória.

d) carta arbitral.

e) carta registrada.

COMENTÁRIOS

Alternativa A: segundo o art. 237, § III, do CPC, a carta precatória será expedida "para que órgão jurisdicional brasileiro pratique ou determine o cumprimento, na área de sua competência territorial, de ato relativo a pedido de cooperação judiciária formulado por órgão jurisdicional de competência territorial diversa".

Alternativa B: está correta, em conformidade com o art. 126, § 2º, do CPC. Isso significa que, por meio da carta de ordem uma autoridade judiciária hierarquicamente superior determina que outra venha a praticar determinado ato processual indispensável para a continuidade do processo que tramita perante ela.

Alternativa C: como previsto no art. 237, II, do CPC, a carta rogatória será expedida "para que órgão jurisdicional estrangeiro pratique ato de cooperação jurídica internacional, relativo a processo em curso perante órgão jurisdicional brasileiro".

Alternativa D: segundo o art. 237, IV, do CPC, a carta arbitral será expedida "para que órgão do Poder Judiciário pratique ou determine o cumprimento, na área de sua competência territorial, de ato objeto de pedido de cooperação judiciária formulado por juízo arbitral, inclusive os que importem efetivação de tutela provisória".

Alternativa E: será expedida no caso de citação pelo correio. De acordo com o art. 248, § 1º, do CPC, "A carta será registrada para entrega ao citando, exigindo-lhe o carteiro, ao fazer a entrega, que assine o recibo". A Súmula 429 do STJ, estabelece que "a citação postal, quando autorizada por lei, exige o aviso de recebimento".

Alternativa correta: letra "b".

20. CITAÇÃO

68. FGV – 2022 – TCE/TO – Analista Técnico

Feita a citação por meio eletrônico, no endereço previamente indicado pelo citando nos cadastros do Poder Judiciário, acompanhada das orientações para a realização da confirmação de recebimento e de código identificador, o prazo de resposta começa a fluir no:

a) dia útil seguinte à confirmação do recebimento da citação;

b) dia útil seguinte ao fim da dilação assinada pelo juiz;

c) dia útil seguinte à juntada aos autos da confirmação do recebimento da citação;

d) segundo dia útil seguinte à confirmação do recebimento da citação;

e) quinto dia útil seguinte à confirmação do recebimento da citação.

COMENTÁRIOS

Alternativa A: ver comentário feito na alternativa "e".

Alternativa B: ver comentário feito na alternativa "e".

Alternativa C: ver comentário feito na alternativa "e".

Alternativa D: ver comentário feito na alternativa "e".

Alternativa E: está correta, conforme o art. 231, IX, do CPC, incluído pela Lei 14.195/2021: "Salvo disposição em sentido diverso, considera-se dia do começo do prazo: IX – o quinto dia útil seguinte à confirmação, na forma prevista na mensagem de citação, do recebimento da citação realizada por meio eletrônico".

Alternativa correta: letra "e".

21. TUTELA PROVISÓRIA

69. CEBRASPE – 2024 – TCE/AC – Analista Ministerial

Ana, proprietária de uma empresa de fornecimento de materiais hospitalares, firmou um contrato com a prefeitura de São José para fornecer insumos médicos a diversos hospitais municipais. Durante a execução do contrato, o tribunal de contas do estado (TCE) identificou possíveis irregularidades nos preços dos insumos e recomendou à prefeitura que suspendesse os pagamentos até a conclusão da investigação. Conforme recomendação do tribunal, a prefeitura suspendeu os pagamentos à empresa de Ana. Esta, alegando que a suspensão dos pagamentos comprometeria a continuidade do fornecimento dos insumos e prejudicaria o atendimento médico em diversos hospitais do município, ingressou com uma ação judicial, com pedido de tutela de urgência, para que os pagamentos fossem retomados imediatamente. O juiz pode exigir caução real ou fidejussória idônea para ressarcir os danos que a prefeitura possa vir a sofrer em caso de concessão da tutela de urgência.

COMENTÁRIOS

✪ **Nota do autor:** Está CERTO. Como a tutela provisória de urgência é concedida em sede de cognição sumária, sempre existe uma certa margem de risco em jogo, e, por isso, conforme as circunstâncias do caso concreto, pode sim o juiz exigir a caução como forma de proteger a segurança a segurança jurídica. O art. 300, § 1º, do CPC, assim dispõe: "Para a concessão da tutela de urgência, o juiz pode, conforme o caso, exigir caução real ou fidejussória idônea para ressarcir os danos que a outra parte possa vir a sofrer, podendo a caução ser dispensada se a parte economicamente hipossuficiente não puder oferecê-la".

70. CEBRASPE – 2024 – TCE/AC – Auditor de Controle Externo

Ana, proprietária de uma empresa de fornecimento de materiais hospitalares, firmou um contrato com a prefeitura de São José para fornecer insumos médicos a diversos hospitais municipais. Durante a execução do contrato, o tribunal de contas do estado (TCE) identificou possíveis irregularidades nos preços dos insumos e recomendou à prefeitura que suspendesse os pagamentos até a conclusão da investigação. Conforme recomendação do tribunal, a prefeitura suspendeu os pagamentos à empresa de Ana. Esta, alegando que a suspensão dos pagamentos comprometeria a continuidade do fornecimento dos insumos e prejudicaria o atendimento médico em diversos hospitais do município, ingressou com uma ação judicial, com pedido de tutela de urgência, para que os pagamentos fossem retomados imediatamente. Tutela de urgência de natureza antecipada, se tivesse sido requerida, poderia ser concedida mesmo que houvesse perigo de irreversibilidade dos efeitos da decisão.

COMENTÁRIOS

✪ **Nota do autor:** Está ERRADO O art. 300, § 3º, do CPC, assim dispõe: "A tutela de urgência de natureza antecipada não será concedida quando houver perigo de irreversibilidade dos efeitos da decisão". Embora seja necessário destacar que "não é absoluta a regra que proíbe tutela provisória com efeitos irreversíveis", na esteira do que prevê o Enunciado 419, do FPPC. Nesse sentido, são s apontamentos doutrinários de Eduardo José da Fonseca Costa: "para o juiz poder flexibilizar o rigor do § 3º ao art. 300, cabe-lhe aferir o grau de proporcionalidade entre dois 'riscos': os decorrentes do deferimento e os consequentes do indeferimento da tutela. Se, no mesmo caso, o indeferimento da tutela gerar risco de dano irreversível ao direito do autor e o seu deferimento gerar perigo de irreversibilidade a uma posição 'in natura' da situação fática anterior, deverá o juiz 'sacrificar' o direito 'improvável': não há sentido em sacrificar-se o direito provável ameaçado de dano iminente em nome de uma possível, mas improvável, situação de irreversibilidade. Em contrapartida, se além da bilateralidade do risco de dano irreparável houver equivalência entre os índices de probabilidade dos direitos que se encontram em conflito, deverá o juiz 'sacrificar' os interesses de 'menor relevância' para o ordenamento jurídico" (COSTA, Eduardo José da Fonseca. Art. 300. In: STRECK, Lenio Luiz; NUNES, Dierle; CUNHA, Leonardo (orgs.). *Comentários ao Código de Processo Civil*. São Paulo: Saraiva, 2016, p. 414).

71. CONSULPAM – 2023 – TCM/PA – Auditor de Controle Externo

Analisando sob a ótica do Código de Processo Civil brasileiro, assinale a alternativa que versa CORRETAMENTE sobre a temática da tutela provisória.

a) A tutela de urgência pode ser categorizada como provisória ou cautelar.
b) Cessando a eficácia da tutela cautelar, a parte pode renovar o pedido apresentado ao juízo inicialmente com os mesmos fundamentos.
c) A decisão que concede a tutela antecipada em caso que não houve interposição de recurso se tornará estável e fará coisa julgada.
d) A tutela da evidência será concedida, independentemente da demonstração de perigo de dano ou de risco ao resultado útil do processo, desde que observadas as hipóteses contidas no CPC.

COMENTÁRIOS

Alternativa A: está errada a alternativa, porque a tutela provisória de urgência pode ser categorizada como satisfativa ou cautelar.

Alternativa B: é o oposto do que consta na alternativa. Segundo o art. 309, parágrafo único, do CPC, "se por qualquer motivo cessar a eficácia da tutela cautelar, é vedado à parte renovar o pedido, salvo sob novo fundamento".

Alternativa C: está incorreta. Alude o art. 304, § 6º, do CPC, que "a decisão que concede a tutela não fará coisa julgada, mas a estabilidade dos respectivos efeitos só será afastada por decisão que a revir, reformar ou invalidar, proferida em ação ajuizada por uma das partes, nos termos do § 2º deste artigo".

Alternativa D: a alternativa está correta. A conferir o art. 311 do CPC: "A tutela da evidência será concedida, independentemente da demonstração de perigo de dano ou de risco ao resultado útil do processo, quando: I – ficar caracterizado o abuso do direito de defesa ou o manifesto propósito protelatório da parte; II – as alegações de fato puderem ser comprovadas apenas documentalmente e houver tese firmada em julgamento de casos repetitivos ou em súmula vinculante; III – se tratar de pedido reipersecutório fundado em prova documental adequada do contrato de depósito, caso em que será decretada a ordem de entrega do objeto custodiado, sob cominação de multa; IV – a petição inicial for instruída com prova documental suficiente dos fatos constitutivos do direito do autor, a que o réu não oponha prova capaz de gerar dúvida razoável. Parágrafo único. Nas hipóteses dos incisos II e III, o juiz poderá decidir liminarmente".

Alternativa correta: letra "d".

72. CEBRASPE - 2023 - TCE/RJ - Procurador

Julgue o item seguinte, referentes a normas processuais, jurisdição e competência, atos processuais, deveres das partes e tutela provisória no processo civil.

A legislação processual autoriza o ajuizamento de ação rescisória no prazo de dois anos para revisar decisão estabilizada por tutela provisória antecipada antecedente que tenha atingido essa situação processual devido à não interposição de recurso pela parte interessada no momento oportuno.

COMENTÁRIOS

✪ **Nota do autor:** Está ERRADO. O direito de rever, reformar ou invalidar a tutela antecipada estabilizada, extingue-se após 2 anos, contados da ciência da decisão que extinguiu o processo (art. 304, § 5º, do CPC), mas isso não poderá ser feito por meio de ação rescisória, por conta da inexistência de coisa julgada material. Segundo o art. 304, § 6º, do CPC, "a decisão que concede a tutela não fará coisa julgada, mas a estabilidade dos respectivos efeitos só será afastada por decisão que a revir, reformar ou invalidar, proferida em ação ajuizada por uma das partes, nos termos do § 2º deste artigo". "A ultratividade dos efeitos da tutela antecipada estabilizada, assim, perdura, apenas, enquanto não for proferida sentença fundada em cognição exauriente, em ação futura ajuizada por uma das partes. Nessa medida, portanto, a tutela antecipada cujos efeitos foram estabilizados continua a ser provisória, pois nada impede que os reflexos dessa decisão sejam revisados em outra ação, inclusive para afirmar, em cognição profunda e exauriente, que a tutela provisória não deveria ter sido deferida (v.g., determinado o fim de um tratamento médico deferido antecipadamente, ou a cessação da obrigação de não fazer consistente na não exploração de determinada atividade econômica)" (GAJARDONI, Fernando da Fonseca *et al. Comentários ao Código de Processo Civil.* 5ª ed. Rio de Janeiro: Forense, 2022, p. 465).

73. COPEVE-UFAL - 2022 - TCE/AL - Agente de Controle Externo

Acerca da Tutela Provisória, Tutela de Urgência e Intervenção de Terceiros, dadas as afirmativas,

I. Para a concessão da tutela de urgência, o juiz pode, conforme o caso, exigir caução real ou fidejussória idônea para ressarcir os danos que a outra parte possa vir a sofrer, podendo a caução ser dispensada se a parte economicamente hipossuficiente não puder oferecê-la.

II. A tutela provisória conserva sua eficácia na pendência do processo, mas pode, a qualquer tempo, ser revogada ou modificada. E, salvo decisão judicial em contrário, a tutela provisória conservará a eficácia durante o período de suspensão do processo.

III. Não havendo impugnação no prazo de 15 (quinze) dias, o pedido do assistente será deferido, salvo se for caso de rejeição liminar. E se qualquer parte alegar que falta ao requerente interesse jurídico para intervir, o juiz decidirá o incidente, sem suspensão do processo.

verifica-se que está(ão) correta(s)

a) I, apenas.

b) III, apenas.

c) I e II, apenas.

d) II e III, apenas.

e) I, II e III.

COMENTÁRIOS

Alternativa A: o item I está correto, pois encontra-se de acordo com o art. 300, § 1º, do CPC, porém não é o único.

Alternativa B: o item III está correto, de acordo com o art. 120, do CPC, porém não é o único.

Alternativa C: o item I está correto, pois encontra-se de acordo com o art. 300, § 1º, do CPC, e o item II também está correto, eis que em conformidade com o art. 296 do CPC, mas não são os únicos.

Alternativa D: ver os comentários feitos nas alternativas "b" e "c".

Alternativa E: todos os itens estão corretos, nos termos dos comentários feitos nas alternativas acima.

Alternativa correta: letra "e".

74. FGV - 2022 - TCE/TO - Analista Técnico

Em determinado processo, a parte autora logrou comprovar, mediante robusta prova documental que instruiu a petição inicial, os fatos constitutivos de seu alegado direito subjetivo, além de demonstrar a existência de enunciado de súmula vinculante em abono aos argumentos jurídicos que sustentava.

Invocando esse contexto, o demandante requereu, antes mesmo da citação do réu, a concessão de tutela provisória que lhe permitisse exercer, de imediato, o direito que afirmava titularizar, o que foi deferido pelo juiz da causa.

No tocante a essa tutela provisória, é correto afirmar que se trata de:

a) tutela de urgência cautelar, concedida em decisão impugnável por agravo de instrumento;

b) tutela antecipada de urgência, concedida em decisão impugnável por agravo de instrumento;

c) tutela da evidência, de natureza satisfativa, concedida em decisão impugnável por agravo de instrumento;

d) tutela de urgência cautelar, concedida em decisão impugnável por apelação;

e) tutela antecipada de urgência, concedida em decisão impugnável por apelação.

COMENTÁRIOS

Alternativa A: não, pois não se referiu ao perigo de dano e os requisitos são todos inerentes à tutela de evidência, conforme tratado no comentário feito na alternativa "c".

Alternativa B: veja comentário feito na alternativa "a".

Alternativa C: está correta. Aplica-se, no caso, o art. 311, II, do CPC: "A tutela da evidência será concedida, independentemente da demonstração de perigo de dano ou de risco ao resultado útil do processo, quando: as alegações de fato puderem ser comprovadas apenas documentalmente e houver tese firmada em julgamento de casos repetitivos ou em súmula vinculante". Neste caso, o parágrafo único do dispositivo legal em tela, autoriza que o juiz decida liminarmente, e, ante esta decisão, a parte prejudica pode valer-se de agravo de instrumento para impugná-la (art. 1.015, I, do CPC).

Alternativa D: não, pois não se referiu ao perigo de dano e os requisitos são todos inerentes à tutela de evidência, conforme tratado no comentário feito na alternativa "c".

Alternativa E: não, pois não se referiu ao perigo de dano e os requisitos são todos inerentes à tutela de evidência, conforme tratado no comentário feito na alternativa "c".

Alternativa correta: letra "c".

22. SUSPENSÃO DO PROCESSO

75. VUNESP – 2023 – TCM/SP – Auditor de Controle Externo

A única advogada que patrocinava a causa representando uma das partes da relação processual obteve a concessão de adoção de uma criança. Em razão disso, requereu a suspensão do processo em que atuava, apresentando termo judicial de concessão da adoção e prova da notificação do seu cliente. O juiz deverá

a) indeferir o pedido, tendo em vista que não há amparo legal a ele, devendo a advogada, se desejar e tiver poderes para tanto, substabelecer o seu mandato.

b) suspender o processo por 30 trinta dias, contados da data de concessão por adoção, tendo em vista que o pedido de suspensão atendeu aos requisitos legais.

c) ouvir a outra parte da relação processual e, caso esta concorde, poderá suspender o processo por até 60 dias.

d) exigir da advogada a prova acerca da impossibilidade de continuar o patrocínio da causa, podendo suspender o processo por até 15 dias.

e) intimar pessoalmente a parte para que constitua novo advogado, sob pena de extinção do feito sem julgamento do mérito por defeito de representação.

COMENTÁRIOS

Alternativa A: veja os comentários feitos na alternativa "b".

Alternativa B: de acordo com o art. 313, IX, do CPC, "suspende-se o processo: pelo parto ou pela concessão de adoção, quando a advogada responsável pelo processo constituir a única patrona da causa", sendo que, nesse caso, "o período de suspensão será de 30 (trinta) dias, contado a partir da data do parto ou da concessão da adoção, mediante apresentação de certidão de nascimento ou documento similar que comprove a realização do parto, ou de termo judicial que tenha concedido a adoção, desde que haja notificação ao cliente" (art. 313, § 6º, do CPC). Além disso, deve-se atentar para a previsão contida no art. 7º-A, IV, da Lei nº 8.906/1994 (Estatuto da Advocacia e a OAB): "São direitos da advogada: adotante ou que der à luz, suspensão de prazos processuais quando for a única patrona da causa, desde que haja notificação por escrito ao cliente".

Alternativa C: veja os comentários feitos na alternativa "b".

Alternativa D: veja os comentários feitos na alternativa "b".

Alternativa E: veja os comentários feitos na alternativa "b".

Alternativa correta: letra "b".

76. FGV – 2022 – TCE/TO – Analista Técnico

Determinado gestor, em razão da apuração, pelo Tribunal de Contas do Estado, do cometimento de irregularidades à época em que exercia cargo público, foi sancionado com multa, cujo valor pagou.

Contudo, entendendo, posteriormente, que a sanção pecuniária imposta em seu desfavor havia sido ilegal, ajuizou o gestor ação de procedimento comum, pleiteando a restituição do valor que pagara a tal título, bem como a reparação dos danos morais que alegou ter sofrido.

Proferido o juízo positivo de admissibilidade da demanda e efetivada a citação da parte ré, logo após a protocolização da peça contestatória, veio *aos autos a notícia do falecimento do* autor, acompanhada da respectiva certidão de óbito.

Nesse cenário, deverá o juiz da causa:

a) extinguir o feito, sem resolução do mérito, em razão da perda superveniente do interesse de agir;
b) extinguir o feito, sem resolução do mérito, em razão da intransmissibilidade do direito material;
c) extinguir o feito, com resolução do mérito, julgando improcedente o pleito autoral;
d) suspender o feito, determinando a intimação dos interessados para que requeiram a substituição processual;
e) suspender o feito, determinando a intimação dos interessados para que requeiram a sucessão processual.

COMENTÁRIOS

Alternativa A: ver o comentário feito na alternativa "e".

Alternativa B: ver o comentário feito na alternativa "e".

Alternativa C: ver o comentário feito na alternativa "e".

Alternativa D: está incorreto. Não se trata de hipótese de substituição, mas sim de sucessão. Substituição processual ocorrer quando alguém, em nome próprio, postula em juízo direito alheio, estando autorizando por lei, como o Ministério Público na Ação Civil Pública ou o cidadão na Ação Popular.

Alternativa E: está correto. A morte do autor é causa de suspensão processo (art. 313, I, do CPC), a fim de que seja oportunizada a regular sucessão pelo seu espólio ou pelos seus sucessores (art. 110 do CPC).

Alternativa correta: letra "e".

23. IMPROCEDÊNCIA LIMINAR DO PEDIDO

77. CEBRASPE – 2023 – TCE/MS – Procurador

Pedro ajuizou ação de cobrança contra Luísa. Na análise da petição inicial, o juiz competente, ao concluir que o caso prescindia de fase instrutória, decidiu liminarmente, sem citar Luísa, pela improcedência do pedido de Pedro, por contrariedade a enunciado de súmula do tribunal de justiça relativo a direito local.

Considerando a situação hipotética apresentada e as normas processuais vigentes, assinale a opção correta.

a) A contrariedade a enunciado de súmula do tribunal de justiça sobre direito local não é hipótese de julgamento liminar de improcedência.
b) Pedro poderá interpor agravo de instrumento contra a decisão proferida em seu desfavor.
c) O reconhecimento da prescrição e da decadência para fins de julgamento liminar de improcedência exige que seja feita a prévia citação do réu.
d) Pedro poderá interpor apelação contra a decisão proferida em seu desfavor, devendo o recurso ser distribuído diretamente a um relator do tribunal, que será responsável por intimar a parte contrária a apresentar contrarrazões no prazo de quinze dias.
e) Além do caso narrado, também é cabível julgamento liminar de improcedência em demandas cujo pedido contrarie entendimento firmado em assunção de competência.

COMENTÁRIOS

Alternativa A: trata-se sim de hipótese de improcedência liminar do pedido: art. 332, IV, do CPC.

Alternativa B: é apelação o recurso cabível contra a decisão que julgou pela improcedência liminar do pedido: art. 332, §§ 2º e 3º, do CPC.

Alternativa C: nesses casos, o réu será intimado – e não citado – do trânsito em julgado da sentença: art. 332, § 1º, do CPC.

Alternativa D: por oportunizar o juízo de retratação por parte do juiz sentenciante, o procedimento deve obedecer ao art. 332, § 4º, do CPC, observando para a citação do réu ao invés de intimação, a conferir: "Se houver retratação, o juiz determinará o prosseguimento do processo, com a citação do réu, e, se não houver retratação, determinará a citação do réu para apresentar contrarrazões, no prazo de 15 (quinze) dias".

Alternativa E: a alternativa está correta, pois se encontra em consonância com o art. 332, III, do CPC.

Alternativa correta: letra "e".

24. CONCILIAÇÃO E MEDIAÇÃO

78. CEBRASPE – 2024 – TCE/AC – Analista Ministerial

Acerca das disposições processuais sobre audiência de conciliação ou mediação, julgue o item subsequente

O juiz poderá designar até duas sessões destinadas à conciliação ou mediação, não podendo a data da segunda sessão exceder a dois meses da data de realização da primeira.

COMENTÁRIOS

✪ **Nota do autor:** Está ERRADO. Não está o juiz limitado a designar apenas duas sessões destinadas à conciliação ou mediação, porque, em realidade, poderá designar quantas audiências se fizerem necessárias para este fim, conforme prevê o art. 334, § 2º, do CPC: "Poderá haver mais de uma sessão destinada à conciliação e à mediação, não podendo exceder a 2 (dois) meses da data de realização da primeira sessão, desde que necessárias à composição das partes". Para Daniel Amorim Assumpção Neves, "só se justifica a designação de nova sessão se houver perspectiva de solução consensual diante do que ocorreu na sessão anterior. Cabe, portanto, ao conciliador ou mediador aferir essa possibilidade, designando uma nova sessão se existir uma chance real de que nessa nova oportunidade as partes finalmente cheguem à solução consensual" (NEVES, Daniel. Amorim Assumpção. *Manual de Direito Processual Civil*. 8ª ed. Salvador: Juspodivm, 2016, p. 571). Porém, de acordo com o Enunciado nº 577 do FPPC: "a realização de sessões adicionais de conciliação ou mediação depende da concordância de ambas as partes".

79. CEBRASPE – 2024 – TCE/AC – Auditor de Controle Externo

Acerca das disposições processuais sobre audiência de conciliação ou mediação, julgue o item subsequente.

Audiência de conciliação ou mediação não pode ser realizada exclusivamente por meio eletrônico.

COMENTÁRIOS

✪ **Nota do autor:** Está ERRADO. Como estabelece o art. 344, § 7º, do CPC, "a audiência de conciliação ou mediação pode realizar-se por meio eletrônico, nos termos da lei", notadamente porque a realização da audiência neste formato não acarretará prejuízo, facilitará o acesso à justiça e ainda gerará economia de tempo e de dinheiro.

80. CEBRASPE – 2024 – TCE/AC – Auditor de Controle Externo

Acerca das disposições processuais sobre audiência de conciliação ou mediação, julgue o item subsequente.

A ausência injustificada do réu à audiência de conciliação é considerada ato atentatório à dignidade da justiça e será sancionada com multa de até dois por cento da vantagem econômica pretendida ou do valor da causa, revertida em favor da parte autora.

COMENTÁRIOS

✪ **Nota do autor:** Está ERRADO, porque o valor da multa não será revertido para a parte autora, mas sim para o Estado ou para a União, a depender do fato do processo tramitar perante a Justiça Estadual ou a Justiça Federal. A redação do art. 334, § 8º, do CPC, é clara nesse sentido: "O não comparecimento injustificado do autor ou do réu à audiência de conciliação é considerado ato atentatório à dignidade da justiça e será sancionado com multa de até dois por cento da vantagem econômica pretendida ou do valor da causa, revertida em favor da União ou do Estado".

25. CONTESTAÇÃO

81. CEBRASPE – 2024 – TCE/AC – Analista Ministerial

Maria moveu uma ação contra a empresa X para obter indenização por danos morais, sob a alegação de que fora demitida de maneira discriminatória. Ao final do processo, houve sentença favorável a Maria, tendo X sido condenada ao pagamento de indenização. A empresa não recorreu da sentença, que transitou em julgado.

Dois anos depois, Maria moveu uma nova ação contra a empresa X, dessa vez em busca de indenização por danos materiais, sob o argumento de que a referida demissão discriminatória lhe causara prejuízos financeiros adicionais. A empresa X, por sua vez, recorreu, alegando que a nova ação seria incabível, pois os fatos relacionados à demissão já haviam sido julgados na primeira ação.

A respeito desse caso hipotético, julgue o item que se segue.

A nova ação de Maria é incabível devido à coisa julgada.

COMENTÁRIOS

✪ **Nota do autor:** Está ERRADO. Para duas ações serem consideradas idênticas, elas devem ter as mesmas partes, a mesma causa de pedir e o mesmo pedido (art. 337, § 2º, do CPC). Logo, a tese defensiva utilizada pela empresa X não procede, porque o pedido formulado na segunda ação (dano material) é diferente do pedido deduzido na primeira ação (da moral), não tendo sido, dessa maneira, decidido por decisão transitada em julgado (art. 337, § 4º, do CPC).

82. COPEVE-UFAL – 2022 – TCE/AL – Agente de Controle Externo

A respeito da Contestação, Reconvenção e Revelia, constantes no CPC/2015, dadas as afirmativas,

I. A reconvenção pode ser proposta contra o autor e terceiro, e pelo réu em litisconsórcio com terceiro. O réu pode propor reconvenção independentemente de oferecer contestação. E a desistência da ação ou a ocorrência de causa extintiva que impeça o exame de seu mérito obsta o prosseguimento do processo quanto à reconvenção, porque está ligada ao objeto da ação principal.

II. Se o autor for substituto processual, o reconvinte deverá afirmar ser titular de direito em face do substituído, e a reconvenção deverá ser proposta em face do autor, também na qualidade de substituto processual.

III. Os prazos contra o revel que não tenha patrono nos autos fluirão da data de publicação do ato decisório no órgão oficial. Sendo que o revel poderá intervir no processo em qualquer fase, recebendo-o no estado em que se encontrar.

IV. O ônus da impugnação especificada dos fatos não se aplica ao defensor público, ao advogado dativo, ao curador especial e ao ministério público, quando na defesa de interesses envolvendo menores.

verifica-se que está(ão) correta(s)

a) II, apenas.

b) I e IV, apenas.

c) II e III, apenas.

d) I, III e IV, apenas.

e) I, II, III e IV.

COMENTÁRIOS

Alternativa A: O item II está correto, mas, além dele, o item III também está. Portanto, veja os comentários feitos na alternativa "c".

Alternativa B: Ambos os itens estão incorretos. Primeiramente, em relação ao item I, vale observar que, sim, "a reconvenção pode ser proposta contra autor e terceiro" (art. 343, § 3º, do CPC) e "pode ser proposta pelo réu em litisconsórcio com terceiro" (art. 343, § 4º, do CPC). Porém, em relação ao restante, há previsão exatamente do oposto no art. 343, § 2º, do CPC, a conferir: "A desistência da ação ou a ocorrência de causa extintiva que impeça o exame de seu mérito não obsta ao prosseguimento do processo quanto à reconvenção". Inexiste este óbice porque a ação e a reconvenção são duas demandas autônomas. Por outro lado, dando sequência à análise do item IV, o erro está na menção feita ao Ministério Público. Segundo o art. 341, parágrafo único, do CPC, "o ônus da impugnação especificada dos fatos não se aplica ao defensor público, ao advogado dativo e ao curador especial".

Alternativa C: ambos os itens estão corretos. O primeiro, porque o art. 343, § 5º, do CPC, dispõe que "se o autor for substituto processual, o reconvinte deverá afirmar ser titular de seu direito em face do substituído, e a reconvenção deverá ser proposta em face do autor, também na qualidade substituto processual". O segundo, encontra conformidade com o art. 346 do CPC: "Os prazos contra o revel que não tenha patrono nos autos fluirão da data da publicação do ato decisório no órgão oficial. Parágrafo único. O revel poderá intervir no processo em qualquer fase, recebendo-o no estado em que se encontrar". Segundo ressalta a doutrina especializada, "importante notar que para a geração desse efeito – dispensa de intimação – não basta que o réu seja revel, sendo também indispensável que não esteja representado por patrono nos autos" (NEVES, Daniel Amorim Assumpção. *Manual de Direito Processual Civil*. 8ª ed. Salvador: Juspodivm, 2916, p. 610). Se o réu revel tiver advogado constituído nos autos, este deverá ser intimado de todos os atos processuais.

Alternativa D: apenas o item III está correto. Ver comentário feito na alternativa "c".

Alternativa E: apenas os itens II e III estão corretos. Ver comentário feito na alternativa "c".

Alternativa correta: letra "c".

26. PROVA

83. CEBRASPE – 2024 – TCE/AC – Analista Ministerial

Julgue o item subsequente, considerando as disposições do Código de Processo Civil relativas a prova.

Admite-se convenção das partes sobre a distribuição diversa do ônus da prova, ainda que este recaia sobre um direito indisponível das partes.

COMENTÁRIOS

✪ **Nota do autor:** O item em análise está ERRADO, pois choca-se com a redação do art. 373, § 3º, I, do CPC: "A distribuição diversa do ônus da prova também pode ocorrer por convenção das partes, salvo quando: recair sobre direito indisponível da parte". É de se destacar "que a previsão não impede a inversão convencional nos processos que tratam de direitos indisponíveis, mas tão somente a inversão nesses casos contra o titular do direito em questão. Assim, por exemplo, é possível negócio probatório que envolva direitos dos consumidores e não incida na vedação do art. 51, VI, do CDC nem no inciso I do § 3º do art. 373, caso ele seja favorável ao consumidor" (MACÊDO, Lucas Buril de; PEIXOTO, Ravi. Art. 373. In: STRECK, Lenio Luiz; NUNES, Dierle; CUNHA, Leonardo (orgs.). *Comentários ao Código de Processo Civil*. São Paulo: Saraiva, 2016, p. 559).

84. CEBRASPE – 2024 – TCE/AC – Auditor de Controle Externo

Julgue o item subsequente, considerando as disposições do Código de Processo Civil relativas a prova.

A presunção de legitimidade e a eficácia das provas requeridas pelos órgãos ou instituições estatais são superiores às das provas produzidas pelos particulares.

COMENTÁRIOS

✪ **Nota do autor:** Está ERRADO. A presunção de veracidade dos atos administrativos não tem força o bastante para conferir maior valor probatório às provas requeridas ou produzidas por órgãos estatais. Aplica-se, no caso, tanto o princípio da igualdade quanto o princípio do livre convencimento motivado, este previsto no art. 371 do CPC, o qual dispõe que "o juiz apreciará a prova constante dos autos, independentemente do sujeito que a tiver promovido, e indicará na decisão as razões da formação de seu convencimento".

85. CEBRASPE – 2024 – TCE/AC – Auditor de Controle Externo

Julgue o item subsequente, considerando as disposições do Código de Processo Civil relativas a prova.

Não dependem de prova os fatos em cujo favor milita presunção legal de existência ou de veracidade.

COMENTÁRIOS

✪ **Nota do autor:** Está CERTO, porque encontra expressa correspondência legal no art. 374, IV, do CPC, ao prever que "não dependem de provas os fatos: em cujo favor milita presunção legal de existência ou de veracidade".

86. CEBRASPE – 2023 – TCE/RJ – Procurador

Considerando a atuação dos litisconsortes, do juiz e do MP, bem como as provas, os processos nos tribunais e os meios de impugnação das decisões judiciais no processo civil, julgue o item a seguir.

Considere que, na instrução de determinado processo judicial, o autor tenha requerido a exibição de um documento que estaria em posse do réu, sob pena de multa. Nessa situação, de acordo com o STJ, somente após tentativa de busca e apreensão, ou da adoção de outra medida coercitiva, o magistrado poderá determinar a imposição de astreintes, sendo, ainda, necessário que, após contraditório prévio, o magistrado considere provável a existência da relação jurídica entre as partes e do documento que se pretende ver exibido.

COMENTÁRIOS

✪ **Nota do autor:** Está CERTO. Segundo o STJ, em sede de recurso especial repetitivo, "desde que prováveis a existência da relação jurídica entre as partes e de documento ou coisa que se pretende seja exibido, apurada em contraditório prévio, poderá o juiz, após tentativa de busca e apreensão ou outra medida coercitiva, determinar sua exibição sob pena de multa com base no art. 400, parágrafo único, do CPC/2015" (STJ, 2ª Seção, REsp 1.777.553/SP, Tema 1000, Rel. Min. Paulo de Tarso Sanseverino, DJ 26.05.2021, DJe 01.07.2021).

27. AUDIÊNCIA DE INSTRUÇÃO

87. CEBRASPE – 2024 – TCE/AC – Auditor de Controle Externo

Com base nas disposições do Código de Processo Civil sobre audiência de instrução e julgamento, julgue o item seguinte.

O juiz poderá dispensar a produção das provas requeridas pela parte cujo advogado não tenha comparecido à audiência de instrução, não se aplicando tal regra quando a ausência for do representante do Ministério Público ou da Defensoria Pública.

COMENTÁRIOS

✪ **Nota do autor:** Está ERRADO. Aplica-se o art. 362, § 2º, do CPC: "O juiz poderá dispensar a produção das provas requeridas pela parte cujo advogado não tenha comparecido à audiência de instrução, não se aplicando tal regra quando a ausência for do representante do Ministério Público ou da Defensoria Pública". Marinoni, Arenhart e Mitidiero, porém, chamam atenção para o seguinte ponto: "Tendo dúvida a respeito do contexto fático, contudo, não pode o juiz dispensar a produção das provas requeridas pela parte pelo simples motivo de seu advogado ou defensor não ter comparecido à audiência. Nesse caso, tendo em conta o interesse do Estado na prolação de uma decisão judicial justa, tem o juiz de proceder à colheita da prova requerida pela parte, ainda que o seu advogado, defensor ou o Ministério Público não se encontre em audiência" (MARINONI, Luiz Guilherme; ARENHART, Sérgio Cruz; MITIDIERO, Daniel. *Novo Código de Processo Civil Comentado.* 3ª ed. São Paulo: Revista dos Tribunais, 2016, p. 474).

28. PRECEDENTE JUDICIAL

88. VUNESP – 2023 – TCM/SP – Auditor de Controle Externo

O Código de Processo Civil instituiu um microssistema legal de observância e respeito aos precedentes judiciais, sendo correto afirmar:

a) é cabível julgar liminarmente improcedente o pedido que contrariar entendimento dominante do Supremo Tribunal Federal.
b) é possível a modulação de efeitos das decisões dos tribunais superiores quando houver alteração da orientação jurisprudencial via recurso repetitivo representativo de controvérsia.
c) os enunciados de súmulas do Supremo Tribunal Federal em matéria constitucional e infraconstitucional são de observância obrigatória pelos juízes.
d) é possível julgar liminarmente procedente a demanda quando o pedido estiver de acordo com súmula de tribunal de justiça sobre direito local.
e) É admissível a assunção de competência quando o julgamento do recurso envolver relevante questão de fato, com grande repercussão social.

COMENTÁRIOS

Alternativa A: entendimento jurisprudencial dominante do Supremo Tribunal Federal não constitui precedente vinculante, a não ser que sejam convertidos em enunciados de súmula. O art. 927, I a V, do CPC, traz as hipóteses de precedentes formalmente vinculantes, que juízes e tribunais deverão observar. São eles: Art. 927. Os juízes e os tribunais observarão: as decisões do Supremo Tribunal Federal em controle concentrado de constitucionalidade; os enunciados de súmula vinculante; os acórdãos em incidente de assunção de competência ou de resolução de demandas repetitivas e em julgamento de recursos extraordinário e especial repetitivos; os enunciados das súmulas do Supremo Tribunal Federal em matéria constitucional e do Superior Tribunal de Justiça em matéria infraconstitucional; a orientação do plenário ou do órgão especial aos quais estiverem vinculados".

Alternativa B: é nesse sentido o teor do art. 927, § 3º, do CPC: "Na hipótese de alteração de jurisprudência dominante do Supremo Tribunal Federal e dos tribunais superiores ou daquela oriunda de julgamento de casos repetitivos, pode haver modulação dos efeitos da alteração no interesse social e no da segurança jurídica". Sobre o tema, tem-se por importante o Enunciado nº 55 do FPPC: "Pelos pressupostos do § 3º do art. 927, a modificação do precedente tem, como regra, eficácia temporal prospectiva. No entanto, pode haver modulação temporal, no caso concreto".

Alternativa C: somente são de observância obrigatória os enunciados de súmulas do STF em matéria constitucional. Em matéria infraconstitucional, devem ser observados os enunciados de súmula do STJ (art. 927, IV, do CPC).

Alternativa D: isso somente poderá ocorrer quando o pedido contrariar súmula de tribunal de justiça sobre direito local, dentre outras hipóteses. "Nas causas que dispensem a fase instrutória, o juiz, independentemente da citação do réu, julgará liminarmente improcedente o pedido que contrariar: I – enunciado de súmula do Supremo Tribunal Federal ou do Superior Tribunal de Justiça; II – acórdão proferido pelo Supremo Tribunal Federal ou pelo Superior Tribunal de Justiça em julgamento de recursos repetitivos; III – entendimento firmado em incidente de resolução de demandas repetitivas ou de assunção de competência; IV – enunciado de súmula de tribunal de justiça sobre direito local. § 1º O juiz também poderá julgar liminarmente improcedente o pedido se verificar, desde logo, a ocorrência de decadência ou de prescrição".

Alternativa E: o julgamento do recurso deve envolver relevante questão de direito e não de fato. A conferir: "Art. 947. É admissível a assunção de competência quando o julgamento de recurso, de remessa necessária ou de processo de competência originária envolver relevante questão de direito, com grande repercussão social, sem repetição em múltiplos processos".

Alternativa correta: letra "b".

29. AÇÃO RESCISÓRIA

89. FGV – 2022 – TCE/TO – Analista Técnico

Em um determinado processo em cujo polo passivo figura pessoa incapaz, o juiz da causa, que ali já havia atuado como membro do Ministério Público, acabou por proferir sentença, condenando o réu a pagar certa soma em dinheiro ao autor.

Embora regularmente intimados da sentença condenatória, nem o demandado nem o órgão ministerial interpuseram recurso de apelação, assim advindo o seu trânsito em julgado.

No que se refere àquela sentença, é correto afirmar que é ela impugnável por:

a) ação rescisória;
b) querela nullitatis;
c) objeção de pré-executividade;
d) agravo de instrumento;
e) recurso extraordinário.

COMENTÁRIOS

Alternativa A: está correta. Trata-se de hipótese de impedimento do juiz, de acordo com o art. 144, I, do CPC: "Há impedimento do juiz, sendo-lhe vedado exercer suas funções no processo: em que interveio como mandatário da parte, oficiou como perito, funcionou como membro do Ministério Público ou prestou depoimento como testemunha". Por conta disso, impedimento, somado à coisa julgada, a sentença deverá ser impugnada por meio de ação rescisória, como preceitua o art. 966, II, do CPC: "A decisão de mérito, transitada em julgado, pode ser rescindida quando: for proferida por juiz impedido ou por juízo absolutamente incompetente". Isso porque a imparcialidade do órgão julgador é uma garantia do Estado Democrático de Direito e inerente ao devido processo legal.

Alternativa B: está incorreta. A ação de querala nullitatis insanabilis, mais conhecida como ação declaratória de nulidade ou inexistência de ato processual, tem cabimento quando houver ausência de pressupostos processuais de existência, a exemplo da ausência ou defeito de citação (STJ, 4ª Turma, Rel. Min. Raul Araújo, REsp 1.252.902/SP, DJ 04.10.2011, DJe 24.10.2011).

Alternativa C: está incorreta. Não se cuida de meio de defesa para impugnar sentença acobertada pela coisa julgada, mas para arguir violação à matéria de ordem pública, cognoscível de ofício pelo juiz em execução ou cumprimento de sentença.

Alternativa D: não se presta a impugnar sentença acobertada pela coisa julgada.

Alternativa E: não se presta a impugnar sentença acobertada pela coisa julgada.

Alternativa correta: letra "a".

Direito Processual Civil

Gustavo Henrique Schneider Nunes

✦ DICAS

1. NOTA INTRODUTÓRIA

Ao perceber a forte tendência das questões formuladas nos concursos para os diversos cargos para ingresso ao Tribunal de Contas serem de Teoria Geral do Processo, sobretudo atinentes aos princípios constitucionais processuais civis, as "dicas" a seguir apresentadas não fugirão a essa temática, sem que haja qualquer pretensão de esgotar a abordagem do assunto, que, pelas características da presente obra, exige-se a busca de um maior aprofundamento em sede de doutrina especializada.

Além disso, o autor aposta na abordagem de temas relacionados à Teoria Geral dos Recursos, firme na expectativa de que sejam produzidos resultados positivos ao leitor.

2. ALGUNS PRINCÍPIOS PROCESSUAIS CIVIS PREVISTOS NA CONSTITUIÇÃO FEDERAL

2.1. PRINCÍPIO DO DEVIDO PROCESSO LEGAL

A origem do devido processo legal remonta à Magna Carta de João Sem Terra, datada de 1215, de vital importância ao direito anglo-saxão.

Posteriormente, foi previsto no art. XI, nº 1, da Declaração Universal dos Direitos do Homem, que o garantiu ao estabelecer que "todo homem acusado de um ato delituoso tem o direito de ser presumido inocente até que a sua culpabilidade tenha sido provada de acordo com a lei, em julgamento público no qual lhe tenham sido asseguradas todas as garantias necessárias à sua defesa".

Só com a promulgação da Constituição Federal de 1988 é que fez pela primeira vez referência expressa ao devido processo legal no Brasil, ao prever no art. 5º, LIV, que "ninguém será privado da liberdade ou de seus bens sem o devido processo legal".

Por força de seu conteúdo, a doutrina assevera, com razão, que dele decorrem todos os demais princípios processuais fundamentais, como o contraditório, a ampla defesa, a publicidade, a motivação das decisões judiciais, a duração razoável do processo, a proporcionalidade etc.

Daí o devido processo legal estar comprometido com a ideia de processo justo.

Tanto é assim que se o constituinte de 1988 tivesse optado por prever apenas o princípio do devido processo legal, não se fazendo qualquer espécie de menção aos demais princípios igualmente fundamentais, o certo é que não se poderia negar que estes ainda assim continuariam a existir no plano do ordenamento jurídico pátrio por decorrerem do primeiro.

Desse modo, apenas se admite a produção de resultados úteis, por meio do processo, se este estiver de acordo com o devido processo legal. Se um processo tramitar em desconformidade com o devido processo legal, pode até ser que se chegue à obtenção de resultados úteis, mas não haverá que se falar em outra coisa senão num "simulacro de processo", desprovido de qualquer legitimidade democrática. Para ser justo, o processo terá que consagrar, no plano procedimental, o respeito a todos os princípios processuais constitucionais decorrentes do devido processo legal.

O devido processo legal trata-se de um superprincípio, que, ante sua expressiva dimensão, pode ser analisado sob dois prismas distintos: o devido processo legal formal (*procedural due process*) e o devido processo legal substantivo ou material (*substantive due process*).

Percebe-se, assim, que ele não se confunde com a observância estrita da lei, de forma a se confundir com o princípio da legalidade, nem mesmo pode ser considerado como a mera preservação do rito. O princípio é produto da história, da razão, do fluxo de decisões passadas e da inabalável confiança na força da fé democrática. Devido processo legal não é um instrumento mecânico. Não é um padrão. É um processo de adaptação que envolve o exercício do julgamento por aqueles a quem a Constituição confiou o desdobramento deste processo.

Além de sua aplicação no processo judicial e no procedimento administrativo – sem nunca desprezar o conjunto de princípios-garantias que a ele são inerentes –, destina-se, ainda, a limitar o poder de legislar da Administração Pública e a garantir o respeito dos direitos fundamentais nas relações jurídicas privadas, levando-se em conta a razoabilidade.

Nos dias de hoje, o devido processo legal encontra-se adaptado à instrumentalidade e, por isso, preocupa-se com a adequação substantiva do direito em debate, com a dignidade das partes, com preocupações não só individualistas e particulares, mas coletivas e difusas, e com a efetiva igualização das partes no debate judicial.

2.2. PRINCÍPIO DO ACESSO À JUSTIÇA

A realização do acesso à justiça consiste em algo indispensável para a perfeita configuração de Estado, porque se de um lado o Estado proibiu a autotutela, de outro se tornou obrigado a viabilizar o acesso à justiça, que, como é sabido, possui diversos obstáculos a serem superados, ante a assertiva de que possuir direitos e não ter meios de efetivamente tutelá-los no plano concreto significa a mesma coisa de não os possuir.

Não se pode olvidar que o acesso à justiça não se resume à possibilidade de o jurisdicionado ir a juízo e nem ao fato de o Poder Judiciário proferir uma decisão meramente declaratória (*lato sensu*). Tal como previsto no art. 5º, inciso XXXV, da Constituição Federal, deve proporcionar a prestação de uma tutela jurisdicional adequada, tempestiva e efetiva.

2.2.1. A REPRESENTAÇÃO LEGAL DO POBRE

De pronto, importa esclarecer que não é apenas a pobreza material, considerada aquela que impede o cidadão de gozar a vida com o mínimo de dignidade, que dificulta o acesso à justiça. A pobreza cultural também presta o mesmo desserviço, senão ainda com maior intensidade.

Pelo fato de o Estado mostrar-se criminosamente omisso em relação ao dever de prestar um serviço educacional de qualidade, os cidadãos desprovidos de riqueza, via de regra, deixam de ter sequer conhecimento dos direitos e deveres que têm e isso representa um forte obstáculo ao acesso à justiça.

Por isso, os serviços prestados pela Defensoria Pública e pelos convênios de assistência judiciária gratuita, embora devam ser aperfeiçoados se revestem talvez no único meio capaz de proporcionar o acesso de cidadãos pobres à justiça e, consequentemente, possibilitar a efetivação da tutela de seus direitos.

2.2.2. A PROTEÇÃO DOS INTERESSES DIFUSOS

Em relação à proteção dispensada aos direitos difusos, assevera-se que o individualismo influenciou a elaboração das normas de direito privado e com isso fomentou um processo civil disperso à defesa dos interesses coletivos. Apenas com o evoluir da sociedade e o surgimento de direitos supraindividuais, é que se atentou para o fato de que as técnicas processuais existentes não eram aptas a resolver as novas questões levadas à apreciação do Poder Judiciário. Percebeu-se, enfim, que em uma sociedade de massa, "o indivíduo mostra-se simplesmente incapaz de se proteger por si mesmo de forma adequada", porque se passou a considerar que "o indivíduo isolado é desarmado" (CAPPELLETTI, Mauro. **Juízes legisladores?** Trad. Carlos Alberto Alvaro de Oliveira. Porto Alegre: Sergio Antonio Fabris Editor, 1993, p. 59).

As instituições brasileiras precisam se preparar para enfrentar as transformações sociais, tendo em vista que o distanciamento existente entre as instituições e essas transformações sociais faz com que a realização concreta dos direitos previstos na Constituição Federal torne-se inviável.

Assim, a respeito da proteção dos direitos difusos, melhora significativa houve no ordenamento jurídico, a partir da promulgação da Constituição Federal de 1998, haja vista que ela os normatizou adequadamente. Inclusive, no tocante aos direitos ambientais, o art. 225 prevê o dever de o Estado garanti-lo, de maneira ecologicamente equilibrada, para as presentes e futuras gerações, o que consiste num extraordinário avanço e reflete, sobretudo, a superação da ideologia individualista, pois reflete um ideal árduo e difícil de ser alcançado, mas que demonstra o esgotamento de um individualismo que se manteve à tona no decorrer dos últimos tempos.

No âmbito da legislação infraconstitucional, existem, da mesma forma, mecanismos legais aptos para tutelar esses direitos. A ação popular, a ação civil pública e o mandado de segurança coletivo são bons exemplos disso.

A legitimação ativa para essas ações é conferida ora aos cidadãos (ação popular, p. ex.), ora a aos grupos representativos da sociedade civil (associações) ora às instituições oficiais (Ministério Público, p. ex.). Para que tudo pudesse funcionar com adequação, tornou-se necessária uma transformação do papel do juiz e de alguns conceitos processuais básicos, como a citação, o direito de ser ouvido e a coisa julgada.

2.2.3. O AMPLO ACESSO À JUSTIÇA

O denominado amplo acesso à justiça possibilita uma representação judicial adequada e exige que se tenham mecanismos procedimentais que os tornem exequíveis, porque os procedimentos influem decisivamente na tutela que se deve dar aos direitos substanciais, ou, em outras palavras, são eles, os procedimentos, que possibilitam a efetivação dos direitos substanciais.

Nas palavras de Cappelletti, "Essa 'terceira onda' da reforma inclui a advocacia, judicial ou extrajudicial, seja por meio de advogados particulares ou públicos, 'mas vai além'. Ela centra sua atenção no conjunto geral de instituições e mecanismos, pessoas e procedimentos utilizados para processar e mesmo prevenir disputas nas sociedades modernas. Nós o denominamos 'o enfoque do acesso à justiça' por sua abrangência. Seu método não consiste em abandonar as técnicas das duas primeiras ondas da reforma, mas em tratá-las como apenas algumas de uma série de possibilidades para melhorar o acesso" (CAPPELLETTI, Mauro; GARTH, Bryant. **Acesso à Justiça.** Porto Alegre: SAFE, 1988, pp. 67-68).

Para isso, a burocracia, entendida como uma forma de dominação, presente nas estruturas do Poder Judiciário deve ser combatida, por meio das seguintes propostas: a primeira trata da necessidade de o julgador ter uma autuação mais humana e mais próxima às partes para acolher os cidadãos pobres que se socorrem do Poder Judiciário, a fim proteger seus interesses de maneira justa; a segunda, diz respeito à simplificação dos procedimentos e dos atos judiciais e, de certa maneira, da linguagem que cuida do próprio direito material.

O forte apego ao formalismo decorre do processo de colonização por que passou o Brasil e, nesse aspecto, fez com que o procedimento oral fosse quase que completamente desprestigiado. Mas a sua existência "justifica-se" pela busca incessante da certeza, já que de acordo com a visão tradicional, ao magistrado só é dado proferir julgamento definitivo, a respeito do mérito, quando seu espírito estiver isento de dúvida. Alcançada a certeza, a segurança jurídica será privilegiada.

Isso, inequivocamente, afasta os cidadãos do Poder Judiciário, na medida em que eles não estão dispostos a cultivarem uma demanda que demorará vários anos, sem saber se no final atingirão o resultado esperado.

Certas situações da vida não admitem o decorrer de lapso temporal. Nesses casos, o proferimento de uma tutela jurisdicional intempestiva, tornará o direito do autor que tem razão desprovido de qualquer utilidade no plano da realidade extra-autos.

Precisa-se, portanto, fazer com que os magistrados (bem como os advogados, promotores etc.) desçam ao mesmo pé de igualdade das partes e que apresentem uma atitude muito mais participativa, porque não mais se admite qualquer tipo de afeição à neutralidade e ao entendimento anacrônico de que o propósito da jurisdição é declarar a vontade da lei ao caso concreto.

Além disso, os operadores do Direito precisam aprender a trabalhar com o conceito de verossimilhança, sob pena de haver, em última hipótese, denegação de justiça. A ausência de efetividade da tutela jurisdicional, proporcionada pela burocratização do Poder Judiciário, afugenta o jurisdicionado de levar sua pretensão a juízo.

O processo é composto de muito papel, de muitas solenidades, de muitas desnecessidades e de pouco contato das partes com o magistrado. A vultuosa arquitetura dos tribunais, próxima à das catedrais, bem como as vestes e a linguagem forense, operam negativamente em relação à efetivação do acesso à justiça.

Aliás, a linguagem jurídica (o "juridiquês") é marcada pela rigidez das regras e da adoção de expressões difíceis de serem entendidas até mesmo por aqueles que estão acostumados a participar das lides forenses. Isso dificulta a sua compreensão pelos cidadãos inseridos em outras áreas do conhecimento, precisando, dessa forma, ser modificada o mais brevemente possível. O cidadão pobre (econômica e culturalmente), vê nessa linguagem rebuscada e arcaica um obstáculo intransponível ao acesso à justiça.

Outro ponto importante a destacar é a opção dos meios alternativos de resolução de conflito, como a arbitragem, a mediação e conciliação – sobre esses dois últimos meios, há, no Novo Código de Processo Civil, previsão quanto à audiência de conciliação ou de mediação, tratada no art. 334.

2.3. PRINCÍPIO DA EFETIVIDADE

Em busca de se empreender uma maior efetividade jurisdicional, o legislador tem buscado criar procedimentos adequados à tutela dos direitos. Algumas vezes colhe bons frutos (como com a instituição da tutela antecipada) outras não (como a eliminação irrefletida de certos recursos).

Quem se socorre do Poder Judiciário, por força do art. 5º, XXXV, da CF, não pretende apenas o reconhecimento do seu direito, a não ser que a sua pretensão seja plenamente satisfeita com a mera prolação de um provimento desse jaez, como sói ocorrer com as sentenças declaratória e constitutiva.

Nessa perspectiva, a efetividade da tutela jurisdicional somente ocorrerá se a satisfação concreta do direito material se der dentro de um decurso razoável de tempo. É por meio do direito à efetividade que se possibilita o surgimento de um processo civil de resultados; o fortalecimento dos poderes dos juízes; a implantação de técnicas de aceleração da prestação da tutela jurisdicional; a implantação de técnicas de compatibilização entre a cognição judicial e as diversas situações de direito material para melhor realizá-lo; e a ampliação à legitimidade ativa para a tutela dos diretos e interesses coletivos.

Essa efetividade consiste na aptidão de produzir os resultados que dela é normal se esperar. São as legítimas expectativas que o jurisdicionado deposita na obtenção de resultados justos e úteis por meio da via processual.

José Carlos Barbosa Moreira (Efetividade do Processo e Técnica Processual. **Revista Forense,** nº 329, p. 97) apresenta um "programa básico" em prol da efetividade: "(a) o processo deve dispor de instrumentos de tutela adequados, na medida do possível, a todos os direitos (e outras posições jurídicas de vantagem) contemplados no ordenamento, quer resultem de expressa previsão normativa, quer possam se inferir do sistema; (b) esses instrumentos devem ser praticamente utilizáveis, ao menos em princípio, sejam quais forem os supostos titulares dos direitos de cuja preservação ou reintegração se cogita, inclusive quando indeterminado ou indeterminável o círculo dos eventuais sujeitos; (c) impende assegurar condições propícias à exata e completa reconstituição dos fatos relevantes, a fim de que o convencimento do julgador corresponda, tanto quanto puder, à realidade; (d) em toda a extensão da possibilidade prática, o resultado do processo há de ser tal que assegure à parte vitoriosa o gozo pleno da específica utilidade a que faz jus segundo o ordenamento; (e) cumpre que se possa atingir semelhante resultado com o mínimo de dispêndio de tempo e energias".

Porém, como observa o ilustre processualista (BARBOSA MOREIRA, José Carlos. Efetividade do Processo e Técnica Processual. **Revista Forense,** nº 329, p. 97), devem ser tomados certos cuidados no tocante ao pensamento que norteia a efetividade. Para tanto, adverte: "(a) não se pode cair na tentação de arvorar a efetividade como um valor absoluto, o que poderia abdicar na falsa perspectiva de que nada importaria mais senão tornar mais efetivo o processo, nenhum preço seria mais excessivo para garantir o acesso a tal meta; (b) que não se pode romper o equilíbrio do sistema, hipertrofiando uma peça em detrimento das restantes; (c) que não se pode desvalorizar o passado próximo, renegando a técnica e o trabalho que nos trouxe até os dias atuais".

2.4. PRINCÍPIO DA RAZOÁVEL DURAÇÃO DO PROCESSO

A doutrina tradicional, influenciada pelo liberalismo jurídico, considerava o tempo como um elemento acidental da relação jurídica processual, ou seja, o fator temporal tratava-se de uma questão estranha ao conhecimento científico. Entendia-se que o tempo era algo irrelevante e desprovido de importância no "mundo do processo", o que não encontra mais acolhida no Estado contemporâneo.

A Convenção Europeia para a Salvaguarda dos Direitos do Homem e das Liberdades Fundamentais, dele cuidou nos artigos 6º e 50, e, dessa forma, pretendeu coibir o excesso de tempo contido na tramitação de uma relação processual. Um processo que perdura longos e anos coloca em risco o objetivo de garantir-se o seu resultado útil.

Foi por ofensa a essas previsões que a Corte Europeia dos Direitos do Homem, condenou o Estado italiano "a indenizar uma litigante nos tribunais daquele país pelo dano moral 'derivante do estado de prolongada ansiedade pelo êxito da demanda'" (CRUZ E TUCCI, José Rogério. **Tempo e processo.** São Paulo: Revista dos Tribunais, 1998, p. 60.).

A Convenção Americana de Direitos Humanos, assinada em São José, capital da Costa Rica, aos 22 de novembro de 1969, no seu art. 8º, 1, foi expressa ao prever o direito a razoável duração do processo que, apesar de não ter sido originalmente recepcionada pela Constituição Federal de 1988, foi alçada à condição de direito fundamental, em razão de o Brasil ter sido signatário desta Convenção e do fato de o art. 5º, § 2º, da Constituição Federal, estabelecer que "Os direitos e garantias expressos nesta Constituição não excluem outros decorrentes do regime e dos princípios por ela adotados, ou dos tratados internacionais em que a República Federativa do Brasil seja parte".

Não obstante isso, a duração razoável do processo trata-se de um direito já absorvido pelo devido processo legal, previsto no art. 5º, inciso LIV, da CF, mas que foi especificamente tratado na Emenda Constitucional nº 45, de 8 de dezembro de 2004, que houve por acrescentar o inciso LXXVIII ao art. 5º, deixando consignado que "a todos, no âmbito judicial e administrativo, são assegurados a duração razoável do processo e os meios que garantam a celeridade de sua tramitação".

Além de incidir sobre o Executivo e o Legislativo, esse direito fundamental também recai sobre o Judiciário, na medida em que o obriga a organizar adequadamente a distribuição da justiça, a equipar de modo efetivo os órgãos judiciários, a adotar técnicas processuais idealizadas para a prestação de uma tutela jurisdicional tempestiva, além de impedir a ocorrência de atos omissos ou comissivos que venham a retardar o trâmite processual de forma injustificada.

Trata-se o art. 5º, inciso LXXVIII, da CF, de norma de conteúdo autoaplicável, embora prevaleça o entendimento de que seja programática. De todo modo, o certo é que se deve dela extrair ao menos a existência de um dever de indenizar nos casos em que não seja observada.

Para tanto, seguindo esta linha de argumentação, importa destacar quais critérios podem ser levados em conta para aferir-se, no caso concreto, se o processo teve ou não duração razoável, a conferir: a) complexidade do caso; b) comportamento das partes; c) comportamento dos juízes, dos auxiliares e da jurisdição interna de cada país.

2.5. PRINCÍPIO DO CONTRADITÓRIO

O contraditório assenta-se em dois fundamentos: o lógico e o político. A bilateralidade da ação que proporciona a bilateralidade do processo é o fundamento lógico. O fundamento político consubstancia-se na assertiva de que ninguém pode ser julgado sem ser anteriormente ouvido a respeito daquilo que contra si é imputado.

Se em todo processo de jurisdição contenciosa deve haver pelo menos dois litigantes – autor e réu –, somente pela parcialidade do que foi por eles argumentado e produzido é que o juiz terá condições de resolver com justiça o caso que lhe foi apresentado. É certo que cada um desses litigantes age no processo com o intuito de atender o próprio interesse, mas, no fundo, ambos são colaboradores necessários do juiz, na formação de um processo dialético, que culminará na justa eliminação do conflito do qual fazem parte.

O processo inicia-se por vontade das partes, mas desenvolve-se por impulso empregado pelo juiz, sendo que este, para julgar a lide terá que se valer dos conhecimentos que veio a adquirir por força das alegações e das provas apresentadas pelas partes, não sendo permitido formar seu convencimento com base em fatos que eventualmente tenha tido conhecimento fora dos autos do processo.

Dessa maneira, as partes traçam suas estratégias de atuação, analisando as alegações que se mostram pertinentes para o sucesso da causa, bem como quais meios de prova (testemunhal, pericial, documental etc.) podem ser produzidos para amparar suas respectivas pretensões deduzidas em juízo. Daí falar, a doutrina tradicional (Calamandrei), no *processo como jogo*, "sendo usual apontá-lo como a dinâmica do entrechoque entre uma 'tese' sustentada pelo autor e uma 'antítese' trazida pelo réu, ambas à espera da 'síntese' que virá do juiz" (DINAMARCO, Cândido Rangel. **Instituições de Direito Processual Civil.** 6ª ed. São Paulo: Malheiros, 2009, v. 1, p. 221.).

O exercício jurisdicional só será legítimo quando preparado por atos idôneos segundo a Constituição Federal e as leis infraconstitucionais, com a efetiva participação dos sujeitos interessados. No Estado Democrático de Direito, busca-se a *legitimação pelo procedi-*

mento, ou, no ponto, a legitimação pelo contraditório, até mesmo porque o contraditório acarreta uma importante limitação à atuação do juiz.

O princípio do contraditório oportuniza aos litigantes tecer considerações sobre as alegações da parte adversária e também de produzir a prova que dá sustentação ao seu discurso, sob pena de cometer-se cerceamento de defesa, à semelhança do que se passa quando se cientifica a parte adversária, mas não lhe permite, por exemplo, a produção da contraprova.

Tradicionalmente, o contraditório é compreendido como a obrigatoriedade de informar a parte adversária acerca do ato ou termo processual acrescida pela possibilidade de reação. Vê-se, assim, que a informação é indispensável e a reação é facultativa. Porém, nos dias atuais, por força do dever de colaboração, o contraditório adquiriu maior amplitude para incluir em seu âmbito o diálogo, para que, com isso, possa-se garantir a efetiva participação das partes no processo.

Há que se (*re*)dimensionar o sentido e alcance do princípio do contraditório, à luz das disposições contidas no NCPC que o racionalizam, para considerar dois pontos indispensáveis: a) o da influência exercida pelas partes quando da prolação de suas decisões; b) o da proibição das decisões surpresa.

Nesse sentido, prevê o art. 10 do NCPC: "O juiz não pode decidir em grau algum de jurisdição, com base em fundamento a respeito do qual não se tenha dado às partes oportunidade de se manifestar, ainda que se trate de matéria sobre a qual deva decidir de ofício".

2.6. PRINCÍPIO DA MOTIVAÇÃO DAS DECISÕES JUDICIAIS

Ante o direito fundamental à motivação das decisões judiciais, previsto no artigo 93, inciso IX, da Constituição Federal, cabe ao juiz exteriorizar, de modo fundamentado, os motivos pelos quais decidiu desta ou daquela maneira, para, somente assim, a decisão judicial ser considerada válida no Estado Democrático de Direito.

A motivação das decisões assegura a independência e a imparcialidade do juiz, eis que ao ter que apresentar as razões da decisão estimula-se a imparcialidade e o exercício da função judiciária impedindo as escolhas subjetivas ou resultados que possam ser frutos decorrentes de pressões externas.

É pelo exame detido da motivação que se pode constatar a existência de uma coincidência total ou parcial entre as razões declaradas e os motivos reais que não foram expressamente justificados, ou seja, é por intermédio da motivação que se tem a possibilidade de conhecer a própria orientação subjetiva que presidiu a escolha entre as diferentes alternativas possíveis.

Trata-se de um direito fundamental processual civil que, infelizmente, na prática, não é levado a sério e isso é pernicioso porque pode acarretar inúmeras mazelas, como, por exemplo, o comprometimento de legitimidade democrática das decisões judiciais, a ocorrência de acenos arbitrários, o aumento no número de recursos interpostos, a morosidade processual e a ausência de efetividade da tutela jurisdicional.

Por isso, diante desse problema que parece ser de ordem cultural, veio em boa hora a criação de critério que hão de ser observados quando da motivação das decisões judiciais, nos moldes preceituados no art. 489, § 1º, do NCPC: "Não será considerada fundamentada qualquer decisão judicial, seja ela interlocutória, sentença ou acórdão que: I – se limitar à indicação, à reprodução ou à paráfrase de ato normativo, sem explicar sua relação com a causa ou questão decidida; II – empregar conceitos jurídicos indeterminados, sem explicar o motivo concreto de sua incidência no caso; III – invocar motivos que se prestariam a justificar qualquer outra decisão; IV – não enfrentar todos os argumentos deduzidos no processo capazes de, em tese, infirmar a conclusão adotada pelo legislador; V – se limitar a invocar precedente ou enunciado de súmula, sem identificar seus fundamentos determinantes nem demonstrar que o caso sob julgamento se ajusta àqueles fundamentos; VI – deixar de seguir enunciado de súmula, jurisprudência ou precedente invocado pela parte, sem demonstrar a existência de distinção no caso em julgamento ou a superação do entendimento".

2.7. PRINCÍPIO DA PUBLICIDADE

A publicidade dos atos e atividades judiciais, verdadeira projeção da garantia ao direito à informação (art. 5º, XIV, da CF), encontra-se prevista no art. 5º, LX, c.c art. 37, *caput*, c.c art. 93, IX, todos da CF, deixando evidenciado que, num regime democrático, não se tolera o poder que se projeta ou que se opera misteriosamente, de modo arbitrário, longe do campo de visão dos interessados (partes e sociedade).

Qualquer cidadão tem a possibilidade de ir ao fórum e acompanhar a realização de atos de qualquer processo, como, por exemplo, o interrogatório, a oitiva de testemunhas e os debates travados entre as partes. Trata-se de verdadeiro controle externo da atividade jurisdicional, tão necessário para a sustentabilidade do regime democrático.

Contudo, a publicidade dos atos processuais pode sofrer restrições para resguardar a intimidade e o interesse social.

Os atos processuais são públicos, admitindo, todavia, a tramitação de processos em segredo de justiça, a fazer com que a publicidade seja conferida apenas às partes, a seus patronos, ao Ministério Público (se obrigatória a sua atuação) e ao próprio juiz e serventuários, nos casos em que o exigir o interesse público ou social e que versarem sobre casamento, separação de corpos, divórcio, separação, união estável e guarda de crianças e adolescentes (art. 155 do CPC/73, e art. 189 do NCPC).

Por fim, importa registrar importante inovação consubstanciada no art. 12 do NCPC, ao estabelecer que as sentenças e os acórdãos devam obedecer à ordem cronológica de conclusão.

Trata-se de disposição que, a um só tempo, além ser verificada como manifestação do princípio da publicidade, eis que transfere maior grau de previsibilidade e segurança sobre o modo como é exercida a atividade jurisdicional – veja que a lista de processos aptos a julgamento há de estar permanentemente à disposição para consulta pública em cartório e na rede mundial de computadores –, guarda também sintonia com a isonomia processual (art. 7º do NCPC), ao evitar que sejam dados tratamentos distintos e injustificáveis entre processos que tramitem perante o mesmo órgão jurisdicional, o que ofenderia, ainda, o princípio da impessoalidade.

Entretanto, essa regra não é inflexível, de modo a proporcionar prejuízos à prestação jurisdicional, porque, as exceções previstas no parágrafo segundo do dispositivo em análise são suficientes para que ocorram significativos avanços. Ou seja, estão excluídos da ordem cronológica de conclusão: "I – as sentenças proferidas em audiência, homologatórias de acordo ou de improcedência liminar do pedido; II – o julgamento de processos em bloco para aplicação de tese jurídica firmada em julgamento de casos repetitivos; III – o julgamento de recursos repetitivos ou de incidente de resolução de demandas repetitivas; IV – as decisões proferidas com base nos arts. 485 e 932; V – o julgamento de embargos de declaração; VI – o julgamento de agravo interno; VII – as preferências legais e as metas estabelecidas pelo Conselho Nacional de Justiça; VIII – os processos criminais, nos órgãos jurisdicionais que tenham correspondência penal".

3. TEORIA GERAL DOS RECURSOS

3.1. PRINCÍPIOS RECURSAIS

3.1.1. PRINCÍPIO DO DUPLO GRAU DE JURISDIÇÃO

Não está expressamente previsto na CF, mas decorre do princípio do devido processo legal (art. 5º, IV). A previsão é implícita e decorre do fato de a CF ter mencionado a existência de tribunais (art. 92 e ss). Só é obrigatório no processo penal, nos termos do art. 8º, II, *h*, da Convenção Americana de Direitos Humanos (Pacto de São José da Costa Rica).

Sua finalidade consiste na possibilidade de provocar o reexame da decisão impugnada, por órgão geralmente de hierarquia superior. Diz-se "geralmente", pois há situações em que a reanálise é feita por órgão de idêntica hierarquia ao órgão que proferiu a decisão recorrida. Exemplos: a) embargos de declaração; b) recurso inominado no juizado especial cível.

O duplo grau de jurisdição será obrigatório, não produzindo efeito senão depois de confirmada pelo tribunal a sentença proferida em desfavor da Fazenda Pública (União, Estados, Distrito Federal, Municípios, suas respectivas autarquias e fundações de direito público) ou que julgar procedentes, no todo ou em parte, os embargos à execução fiscal (art. 475, I e II, do CPC/73, e art. 496, I e II, do NCPC).

Atente-se para o fato de que a Súmula 45 do STJ impede que o tribunal, no reexame necessário, agrave a condenação imposta a Fazenda Pública.

3.1.2. PRINCÍPIO DA TAXATIVIDADE

São admitidos apenas os recursos previstos no CPC (art. 496 do CPC/73, e art. 966 do NCPC) ou em leis extravagantes, de modo que o rol é exaustivo. Não estão compreendidos neste rol a correição parcial, a remessa necessária e o pedido de reconsideração nem as ações autônomas de impugnação de ato judicial decisório. Com base no NCPC, vê-se que não há mais os seguintes recursos: agravo retido e embargos infringentes.

3.1.3. PRINCÍPIO DA SINGULARIDADE (UNIRRECORRIBILIDADE)

Só é cabível um tipo de recurso para cada decisão judicial. Porém, nada impede que as partes possam interpor cada uma um recurso da mesma decisão, no caso de sucumbência recíproca.

Exceção ao princípio da singularidade recursal: possibilidade de interposição de recursos extraordinário e especial quando a decisão impugnada violar, simultaneamente, norma constitucional e federal.

No passado, parte da doutrina entendia que também havia exceção na hipótese de o vencido interpor embargos infringentes da parte não unânime e recurso especial e/ou extraordinário da parte unânime do acórdão hostilizado.

No entanto, a celeuma acabou diante da redação do art. 498 do CPC (sem correspondência no NCPC). De acordo com a nova regra, aplica-se o seguinte: a) opostos os embargos infringentes, não se fala mais em recursos simultâneos; primeiro analisa-se o recurso de embargos; depois, intimadas as partes do julgamento, passa-se a contar i prazo para o recurso especial e/ou extraordinário; b) na hipótese do prazo do recurso de embargos decorrer *in albis*, na forma do parágrafo único, passa-se a computar o prazo do recurso especial e/ou extraordinário a partir do trânsito em julgado da decisão quanto à parte divergente do julgado.

3.1.4. PRINCÍPIO DA FUNGIBILIDADE

O recurso equivocadamente interposto será recebido como se adequado fosse, desde que presentes os requisitos previstos no art. 810 do CPC/39: a) ausência de má-fé do recorrente; b) inexistência de erro grosseiro; c) interposição do recurso em tempo útil para o recurso adequado, ou seja, o recurso deve ser interposto dentro do menor prazo quando os prazos de cada um forem diferentes. Exemplo: discussão a respeito de qual o recurso cabível para impugnar a tutela antecipada concedida na sentença (agravo ou apelação).

3.1.5. PRINCÍPIO DA PROIBIÇÃO DA *REFORMATIO IN PEJUS*

O resultado do recurso não pode piorar a situação do recorrente; ou a mantém como está ou a melhora. A proibição da *reformatio in pejus* decorre do princípio da correlação (adstrição ou congruência), uma vez que é o pedido formulado pelo autor que limita a atividade jurisdicional (arts. 2º, 128 e 460 do CPC/73, e arts. 2º, 141 e 492 do NCPC).

A utilização do recurso para piorar a situação do recorrente importa decidir *extra* ou *ultra petita* e ainda acarreta violação à coisa julgada ou à preclusão, em relação àquilo que se tornou definitivo para a parte que não recorreu.

Há, contudo, exceção ao princípio em comento: admite-se a piora da situação do recorrente quando o órgão *ad quem* apreciar matéria de ordem pública, a qual pode ser apreciada de ofício pelo juízo, salvo nas hipóteses de compromisso arbitral e de incompetência relativa (art. 301, § 4º, do CPC/73, e art. 340, § 5º, do NCPC).

3.2. REQUISITOS DE ADMISSIBILIDADE DOS RECURSOS

3.2.1. CABIMENTO

O recurso escolhido pelo recorrente deve ser aquele considerado adequado à obtenção do resultado pretendido. Deve-se analisar se há relação de adequação entre a decisão impugnada e o recurso interposto.

3.2.2. INTERESSE RECURSAL

O interesse recursal pressupõe a utilidade e a necessidade do recurso. A utilidade do recurso é aferida quando a decisão tiver causado prejuízo jurídico ao litigante, ou pelo menos, não tiver acolhido plenamente o seu pedido. O recurso deve ser verificado como meio útil quando for apto a gerar uma situação mais vantajosa ao recorrente do que aquela gerada pela decisão impugnada.

Excepcionalmente, a existência do interesse em recorrer pode ser verificada de modo diverso, sem que seja preciso apontar a existência de prejuízo. É o que ocorre no caso do embargante que requer a declaração do julgado. Ainda que vencedor, na totalidade, o interesse do embargante encontra-se manifesto, "porque não se trata de um recurso de reforma ou invalidação, mas de aperfeiçoamento do julgado, e ambas as partes, indistintamente, têm direito a uma decisão clara, precisa e completa" (THEODORO JÚNIOR, Humberto. **Curso de Direito Processual Civil.** 54ed. Rio de Janeiro: Forense, 2013, p. 611).

O demandante que alega vários fundamentos para a procedência do seu pedido não tem interesse em recorrer para que o órgão recursal venha apenas a acolher tese jurídica diversa daquela acolhida pelo órgão julgador de primeiro grau de jurisdição.

Por fim, importa registrar que o recurso será útil quando não existir outro modo mais eficaz de a parte sucumbente combater a decisão judicial.

3.2.3. LEGITIMIDADE PARA RECORRER

Possuem legitimidade para recorrer (art. 499 do CPC/73, e art. 996 do NCPC): a) as partes do processo: autor, réu, litisconsorte, opoente, chamado ao processo, litisdenunciado e assistente litisconsorcial; b) o Ministério Público, seja na condição de parte ou de fiscal da lei; c) o terceiro juridicamente prejudicado, considerado aquele que poderia ter intervindo no processo como assistente simples ou litisconsorcial.

3.2.4. INEXISTÊNCIA DE FATO IMPEDITIVO OU EXTINTIVO DO PODER DE RECORRER

A desistência (art. 501 do CPC/73, e art. 998 do NCPC) pressupõe que a parte já tenha interposto o recurso e pode ser feita a qualquer tempo, até o momento anterior ao julgamento do recurso. A desistência pode ser expressa ou tácita. A desistência não depende da anuência do recorrido nem dos litisconsortes, produzindo os seus efeitos desde logo, independentemente de homologação judicial. Para comunicar a desistência, o advogado necessita ter procuração que lhe atribua poderes especiais.

A renúncia (art. 502 do CPC/73, e art. 999 do NCPC), por outro lado, pressupõe a não interposição do recurso. Produz seus efeitos desde logo, independentemente de homologação judicial e não depende da concordância da parte adversária. O advogado que a comunicar precisa ter poderes especiais.

Já a aceitação (art. 503 do CPC/73, e art. 1000 do NCPC), ocorre quando a parte pratica ato incompatível com a vontade de recorrer, sem fazer qualquer ressalva. Há a caracterização do fenômeno da preclusão lógica. Não depende de aceitação da parte adversária. A aceitação pode ser tácita ou expressa. Exemplos de aceitação tática: a) o depósito, pelo réu, do valor da condenação; e b) a desocupação do imóvel, em razão do despejo. No caso da aceitação expressa, exige-se que o advogado tenha poderes especiais para tanto.

3.2.5. TEMPESTIVIDADE

Serão computados prazos especiais nos seguintes casos: a) quando a parte vencida for Fazenda Pública (União, Estados, Distrito Federal, Municípios, autarquias e fundações públicas) ou Ministério Público, computar-se-á em dobro o prazo para recorrer (art. 188 do CPC), sendo que para a apresentação de contrarrazões o prazo será simples. O benefício de concessão de prazo especial ao Ministério Público deve prevalecer seja quando atuar como parte seja quando atuar na qualidade de fiscal da lei; b) quando os litisconsortes tiverem diferentes procuradores, também haverá a contagem do prazo em dobro para recorrer, independentemente de requerimento (art. 191 do CPC/73, e art. 229 do NCPC), desde que o processo não seja eletrônico. No entanto, o prazo será simples na hipótese de apenas um litisconsorte tiver sofrido prejuízo ante a prolação da decisão, a teor do que dispõe a Súmula 641 do STF; c) quando a ação envolver beneficiário da assistência judiciária, o Defensor Público, ou quem exerça cargo equivalente, do mesmo modo, terá o prazo em dobro para recorrer (art. 5º, § 5º, da Lei nº 1.060/50).

De acordo com o NCPC, "excetuados os embargos de declaração, o prazo para interpor os recursos e para responder-lhes é de 15 dias" (art. 1003, § 5º), "será considerado tempestivo o ato praticado antes do termo inicial do prazo" (art. 218, § 4º) e "na contagem dos prazos em dias, estabelecido por lei ou pelo juiz, computar-se-ão somente os dias úteis" (art. 219, *caput*).

3.2.6. REGULARIDADE FORMAL

Cada espécie recursal deve respeitar aos requisitos formais estabelecidos em lei federal, sendo a seguir apresentados aqueles considerados de ordem geral: a) devem ser endereçados por meio de petição escrita ao juízo *a quo*, com exceção do agravo de instrumento, que deve ser interposto diretamente perante o tribunal (juízo *ad quem*), e do agravo retido interposto oralmente para desafiar as decisões interlocutórias proferidas em audiência de instrução e julgamento (hipótese essa não mais prevista no NCPC); b) a petição do recurso deve ser acompanhada das razões do inconformismo e do pedido de nova decisão; c) o recurso, por ser extensão do direito de ação, deve expressar quem são as partes, os motivos do inconformismo (a causa de pedir) e o pedido de nova decisão; d) em relação às partes, estas devem ser qualificadas (caso ainda não tenham sido anteriormente), o recorrente deve demonstrar o prejuízo suportado pela decisão judicial e a necessidade de submeter o recurso à apreciação do órgão recursal.

3.2.7. PREPARO

Refere-se ao pagamento prévio das custas referentes ao processamento do recurso, aí se incluindo o porte de remessa e de retorno (Súmula 187 do STJ e art. 1007, *caput*, do NCPC), sendo estes dispensados no processo em autos eletrônicos (art. 1007, § 3º, do NCPC). Quando exigido deve ser demonstrado no momento da interposição do recurso, por meio da juntada do comprovante de recolhimento, sob pena de preclusão consumativa.

Não se exige preparo nem recolhimento do porte de remessa e de retorno, no caso de recursos interpostos pelo Ministério Público, pela União, pelo Distrito Federal, pelos Estados, pelos Municípios, e respectivas autarquias, e pelos que gozam de isenção legal (art. 511, § 1º, do CPC/73, e art. 1007, § 1º, do NCPC).

Se o valor do preparo for insuficiente, o recorrente deve ser intimado na pessoa de seu advogado para, no prazo de 5 dias, complementá-lo, sob pena de deserção (art. 511, § 2º, do CPC/73, e art. 1007, § 2º, do NCPC), o que vai de encontro à ideia de colaboração.

É interessante notar que o equívoco no preenchimento da guia das custas não poderá mais embasar o entendimento de deserção, pois, na realidade do NCPC, caberá ao relator, na hipótese de dúvida quanto ao recolhimento, intimar o recorrente para sanar o vício no prazo de 05 dias (art. 1007, § 7º, do NCPC).

4. INDISPONIBILIDADE DE BENS NA LEI DE IMPROBIDADE ADMINISTRATIVA

Antes da Lei 14.230, de 25 de outubro de 2021, para a concessão de tutela provisória cautelar de indisponibilidade de bens, *inaudita altera pars*, no âmbito de Ação Civil Pública por Improbidade Administrativa, bastava ao Requerente demonstrar o preenchimento do *fumus boni iuris*, na medida em que, de acordo com Recurso Especial Repetitivo 1.366.721/BA, precedente representativo da controvérsia, o *periculum in mora* era presumido, ou seja, não precisava haver elementos tendentes a comprovar a existência concreta de dilapidação, desvio ou ocultação de bens, a ponto de frustrar futura e eventual necessidade de reparação de dano ao erário.

Entretanto, com base na supracitada lei nova, reformadora da Lei 8.429/1992, foram realizadas significativas alterações, inclusive uma de cunho processual que se refere exatamente pertinentes à tutela cautelar de indisponibilidade de bens e sua amplitude.

A novel redação passou a assim dispor: "O pedido de indisponibilidade de bens a que se refere o caput deste artigo apenas será deferido mediante a demonstração no caso concreto de perigo de dano irreparável ou de difícil reparação ou de risco ao resultado útil do processo, desde que o juiz se convença da probabilidade da ocorrência dos atos descritos de instrução, após a oitiva do réu em 5 (cinco) dias".

Na prática, essa alteração legislativa revogou o REsp Repetitivo nº 1.366.721/BA, pois abandonou-se a ideia de perigo de dano abstrato e presumido, para adotar o entendimento de que tal requisito precisa ser concretamente demonstrado, e, além disso, antes da análise do pedido de tutela cautelar, deve o juiz oportunizar o contraditório prévio, em 5 dias.

O fato de existir um precedente formalmente vinculante regulamentando o assunto não significa o engessamento do direito. Há técnicas que permitem a dinamicidade da aplicação do precedente e, dentre elas, a mais importante, destaca-se o *overruling*, a qual, no caso, operou-se porque ocorreu a superação de um entendimento anterior sobre o mesmo objeto (REsp Repetitivo nº 1.366.721/BA), ao verificar sua incoerência com a realidade jurídica atual (art. 16, § 3º, da LIA).

É certo, que, em regra, somente a Corte que formou o precedente ou a Corte a ela hierarquicamente superior é que podem superá-lo. Mas, aqui, a superação não ocorreu pela atuação do Poder Judiciário, mas sim do Poder Legislativo, pela alteração do texto normativo.

A respeito tema, pertinente são as palavras advindas da doutrina especializada (PEIXOTO, Ravi. Superação do Precedente e Segurança Jurídica. 4ª ed. Salvador:

Juspodivm, 2019, p. 253-254): "De fato, em tal situação não há propriamente modificação de um posicionamento da Corte em questão, já que essa mudança ocorreu por um fator completamente externo e que, por si só, tem a possibilidade de fazê-lo. Se um precedente do STJ em matéria infraconstitucional é revogado por uma lei infraconstitucional ou um precedente do STF em matéria constitucional é revogado por uma nova emenda constitucional 'qualquer juiz passa a aplicar o novo texto normativo. A revogação é imediata, salvo se reconhecida alguma inconstitucionalidade".

Em realidade, o que essa alteração fez foi ajustar o pedido de indisponibilidade de bens da Lei de Improbidade Administrativa à sistemática da tutela provisória prevista no CPC/15, nos termos do art. 16, § 8º, e em consonância ao que tivemos oportunidade de sustentar em outra oportunidade (FERREIRA, Olavo Augusto Vianna Alves; NUNES, Gustavo Henrique Schneider. Ativismo Judicial, Indisponibilidade de Bens e Ação de Improbidade Administrativa. **Revista de Processo.** São Paulo: Revista dos Tribunais, vol. 315, 2021, p. 246), ao considerar que a concessão da tutela provisória apenas se torna possível de duas maneiras, sempre mediante decisão judicial devidamente fundamentada: "a primeira, por meio de tutela cautelar, com a demonstração do *fumus boni iuris* e do *periculum in mora* em concreto; a segunda, pela utilização da tutela de evidência, desde que, também em concreto, seja necessariamente baseada em uma das hipóteses elencadas no art. 311, *caput*".

Nesse sentido, posicionou-se a Colenda Oitava Câmara de Direito Público do Egrégio Tribunal de Justiça de São Paulo, no recentíssimo Agravo Interno nº 2112266-61.2021.8.26.0000/50000, de relatoria do Ilustre Desembargador Leonel Costa, aos 20 de janeiro último: "[...] INDISPONIBILIDADE DE BENS – TUTELA DE URGÊNCIA – DEMONSTRAÇÃO DO FUMUS BONI IURIS E DO PERICULUM IN MORA – A novel legislação abandonou a jurisprudência, outrora veiculada pelo C. STJ, a qual tratava a medida de indisponibilidade de bens como tutela da evidência ao não exigir a prova da urgência. A nova lei deixa explícito que para que seja decretada a medida de indisponibilidade de bens deve haver a demonstração no caso concreto de perigo de dano irreparável ou de risco ao resultado útil do processo, desde que o juiz se convença da probabilidade da ocorrência dos atos descritos na petição inicial com fundamento nos respectivos elementos de instrução. Inteligência do art. 16, § 3º, da LIA. Inclusive, o § 8º, do mesmo dispositivo, aponta que deve ser aplicada à medida de indisponibilidade de bens, no que couber, a disciplina da tutela provisória de urgência. Assim, é indispensável para que haja o bloqueio de bens regulado pela Lei 8429/92 (LIA) a configuração não somente do fumus boni iuris, mas também do periculum in mora".

À vista disso, tratando-se o art. 16, § 3º, da Lei de Improbidade Administrativa, alterado pela Lei nº 14.230/2021, de um fato jurídico superveniente (arts. 493 e 933 do CPC) e que a tutela provisória pode ser revogada ou alterada a qualquer tempo (art. 296 do CPC), cabe a seguinte indagação: a lei nova, em seus aspectos processuais, pode ser aplicada a um processo em curso, com o propósito de revogar a indisponibilidade de bens?

A resposta há de ser seguramente positiva, em razão da aplicabilidade imediata da lei processual (*tempus regit actum*), de forma a atingir todos os atos ainda não realizados.

A única ressalva que deve ser feita diz respeito à preservação dos atos processuais já realizados, porque a aplicação da nova lei processual não pode ser retroativa.

Portanto, tem-se por viável a revogação da decisão judicial que tenha determinado a indisponibilidade de bens apenas com base na demonstração exclusiva do *fumus boni iuris*, eis que, os aspectos processuais da nova lei, que possuem aplicabilidade imediata, exigem a ocorrência de concreta possibilidade de dilapidação, desvio ou ocultação.

✦ SÚMULAS APLICÁVEIS

✦ STJ

1. AÇÕES

1.1. AÇÃO DECLARATÓRIA

- STJ 181. É admissível ação declaratória, visando a obter certeza quanto à exata interpretação de cláusula contratual.
- STJ 242. Cabe ação declaratória para reconhecimento de tempo de serviço para fins previdenciários.

1.2. AÇÃO DE EXIBIÇÃO DE DOCUMENTOS

- STJ 372. Na ação de exibição de documentos, não cabe a aplicação de multa cominatória.
- STJ 389. A comprovação do pagamento do "custo do serviço" referente ao fornecimento de certidão de assentamentos constantes dos livros da companhia é requisito de procedibilidade da ação de exibição de documentos ajuizada em face da sociedade anônima.

1.3. AÇÃO DE PRESTAÇÃO DE CONTAS

- STJ 259. A ação de prestação de contas pode ser proposta pelo titular de conta corrente bancária.

1.4. AÇÃO MONITÓRIA

- STJ 247. O contrato de abertura de crédito em conta corrente, acompanhado do demonstrativo de débito, constitui documento hábil para o ajuizamento da ação monitória.
- STJ 282. Cabe a citação por edital em ação monitória.
- STJ 292. A reconvenção é cabível na ação monitória, após a conversão do procedimento em ordinário.

- STJ 299. É admissível a ação monitória fundada em cheque prescrito.
- STJ 339. É cabível ação monitória contra a Fazenda Pública.
- STJ 384. Cabe ação monitória para haver saldo remanescente oriundo de venda extrajudicial de bem alienado fiduciariamente em garantia.

1.5. AÇÃO RESCISÓRIA

- STJ 401. O prazo decadencial da ação rescisória só se inicia quando não for cabível qualquer recurso do último pronunciamento judicial.

2. CITAÇÃO

- STJ 106. Proposta a ação no prazo fixado para o seu exercício, a demora na citação, por motivos inerentes ao mecanismo da Justiça, não justifica o acolhimento da arguição de prescrição ou decadência.
- STJ 429. A citação postal, quando autorizada por lei, exige o aviso de recebimento.

3. COMPETÊNCIA

3.1. COMPETÊNCIA ORIGINÁRIA DO STJ

- STJ 41. O Superior Tribunal de Justiça não tem competência para processar e julgar, originariamente, mandado de segurança contra ato de outros tribunais ou dos respectivos órgãos.
- STJ 177. O Superior Tribunal de Justiça é incompetente para processar e julgar, originariamente, mandado de segurança contra ato de órgão colegiado presidido por ministro de Estado.

3.2. INTERVENÇÃO DA UNIÃO

- STJ 11. A presença da União ou de qualquer de seus entes, na ação de usucapião especial, não afasta a competência do foro da situação do imóvel.
- STJ 150. Compete à justiça federal decidir sobre a existência de interesse jurídico que justifique a presença, no processo, da União, suas autarquias ou empresas públicas.
- STJ 224. Excluído do feito o ente federal cuja presença levara o juiz estadual a declinar da competência, deve o juiz federal restituir os autos e não suscitar conflito.
- STJ 254. A decisão do juízo federal que exclui da relação processual ente federal não pode ser reexaminada no juízo estadual.
- STJ 270. O protesto pela preferência de crédito, apresentado por ente federal em execução que tramita na justiça estadual, não desloca a competência para a justiça federal.
- STJ 365. A intervenção da União como sucessora da Rede Ferroviária Federal S/A (RFFSA) desloca a competência para a justiça federal ainda que a sentença tenha sido proferida por juízo estadual.

3.3. JUSTIÇA ESTADUAL

- STJ 34. Compete à justiça estadual processar e julgar causa relativa a mensalidade escolar, cobrada por estabelecimento particular de ensino.
- STJ 42. Compete à justiça comum estadual processar e julgar as causas cíveis em que é parte sociedade de economia mista e os crimes praticados em seu detrimento.
- STJ 55. Tribunal regional federal não é competente para julgar recurso de decisão proferida por juiz estadual não investido de jurisdição federal.
- STJ 238. A avaliação da indenização devida ao proprietário do solo, em razão de alvará de pesquisa mineral, é processada no juízo estadual da situação do imóvel.
- STJ 363. Compete à justiça estadual processar e julgar a ação de cobrança ajuizada por profissional liberal contra cliente.
- STJ 368. Compete à justiça comum estadual processar e julgar os pedidos de retificação de dados cadastrais da justiça eleitoral.

3.4. JUSTIÇA FEDERAL

- STJ 3. Compete ao tribunal regional federal dirimir conflito de competência verificado, na respectiva região, entre juiz federal e juiz estadual investido de jurisdição federal.
- STJ 32. Compete à justiça federal processar justificações judiciais destinadas a instruir pedidos perante entidades que nela têm exclusividade de foro, ressalvada a aplicação do art. 15, II, da Lei 5010/1966.
- STJ 66. Compete à justiça federal processar e julgar execução fiscal promovida por conselho de fiscalização profissional.
- STJ 324. Compete à justiça federal processar e julgar ações de que participa a Fundação Habitacional do Exército, equiparada à entidade autárquica federal, supervisionada pelo Ministério do Exército.
- STJ 349. Compete à justiça federal ou aos juízes com competência delegada o julgamento das execuções fiscais de contribuições devidas pelo empregador ao FGTS.
- STJ 428. Compete ao tribunal regional federal decidir os conflitos de competência entre juizado especial federal e juízo federal da mesma seção judiciária.

3.5. OUTROS

- STJ 1. O foro do domicílio ou da residência do alimentando é o competente para a ação de investigação de paternidade, quando cumulada com a de alimentos.

- STJ 33. A incompetência relativa não pode ser declarada de ofício.
- STJ 58. Proposta a execução fiscal, a posterior mudança de domicílio do executado não desloca a competência já fixada.
- STJ 59. Não há conflito de competência se já existe sentença com trânsito em julgado, proferida por um dos juízos conflitantes.
- STJ 206. A existência de vara privativa, instituída por lei estadual, não altera a competência territorial resultante das leis de processo.
- STJ 235. A conexão não determina a reunião dos processos, se um deles já foi julgado.
- STJ 374. Compete à justiça eleitoral processar e julgar a ação para anular débito decorrente de multa eleitoral.

4. EXECUÇÃO

4.1. EMBARGOS

- STJ 46. Na execução por carta, os embargos do devedor serão decididos no juízo deprecante, salvo se versarem unicamente vícios ou defeitos da penhora, avaliação ou alienação dos bens.
- STJ 84. É admissível a oposição de embargos de terceiro fundados em alegação de posse advinda do compromisso de compra e venda de imóvel, ainda que desprovido do registro.
- STJ 134. Embora intimado da penhora em imóvel do casal, o cônjuge do executado pode opor embargos de terceiro para defesa de sua meação.
- STJ 195. Em embargos de terceiro não se anula ato jurídico, por fraude contra credores.
- STJ 196. Ao executado que, citado por edital ou por hora certa, permanecer revel, será nomeado curador especial, com legitimidade para apresentação de embargos.
- STJ 303. Em embargos de terceiro, quem deu causa à constrição indevida deve arcar com os honorários advocatícios.
- STJ 345. São devidos honorários advocatícios pela Fazenda Pública nas execuções individuais de sentença proferida em ações coletivas, ainda que não embargadas.
- STJ 487. O parágrafo único do art. 741 do CPC não se aplica às sentenças transitadas em julgado em data anterior à da sua vigência.

4.2. PENHORA

- STJ 205. A Lei 8.009/1990 aplica-se à penhora realizada antes de sua vigência.
- STJ 319. O encargo de depositário de bens penhorados pode ser expressamente recusado.
- STJ 328. Na execução contra instituição financeira, é penhorável o numerário disponível, excluídas as reservas bancárias mantidas no Banco Central.
- STJ 364. O conceito de impenhorabilidade de bem de família abrange também o imóvel pertencente a pessoas solteiras, separadas e viúvas.
- STJ 417. Na execução civil, a penhora de dinheiro na ordem de nomeação de bens não tem caráter absoluto.
- STJ 486. É impenhorável o único imóvel residencial do devedor que esteja locado a terceiros, desde que a renda obtida com a locação seja revertida para a subsistência ou a moradia da sua família.
- STJ 497. Os créditos das autarquias federais preferem aos créditos da fazenda estadual desde que coexistam penhoras sobre o mesmo bem.

4.3. TÍTULO EXECUTIVO

- STJ 27. Pode a execução fundar-se em mais de um título extrajudicial relativos ao mesmo negócio.
- STJ 233. O contrato de abertura de crédito, ainda que acompanhado de extrato da conta corrente, não é título executivo.
- STJ 279. É cabível execução por título extrajudicial contra a Fazenda Pública.
- STJ 300. O instrumento de confissão de dívida, ainda que originário de contrato de abertura de crédito, constitui título executivo.

4.4. PRISÃO CIVIL

- STJ 309. O débito alimentar que autoriza a prisão civil do alimentante é o que compreende as três prestações anteriores ao ajuizamento da execução e as que se vencerem no curso do processo.

4.5. OUTROS

- STJ 239. O direito à adjudicação compulsória não se condiciona ao registro do compromisso de compra e venda no cartório de imóveis.
- STJ 268. O fiador que não integrou a relação processual na ação de despejo não responde pela execução do julgado.
- STJ 375. O reconhecimento da fraude à execução depende do registro da penhora do bem alienado ou da prova de má-fé do terceiro adquirente.
- STJ 410. A prévia intimação pessoal do devedor constitui condição necessária para a cobrança de multa pelo descumprimento de obrigação de fazer ou não fazer.
- STJ 452. A extinção das ações de pequeno valor é faculdade da Administração Federal, vedada a atuação judicial de ofício.
- STJ 478. Na execução de crédito relativo a cotas condominiais, este tem preferência sobre o hipotecário.

5. EXECUÇÃO FISCAL

5.1. COMPETÊNCIA

- STJ 58. Proposta a execução fiscal, a posterior mudança de domicílio do executado não desloca a competência já fixada.
- STJ 66. Compete à justiça federal processar e julgar execução fiscal promovida por conselho de fiscalização profissional.
- STJ 349. Compete à justiça federal ou aos juízes com competência delegada o julgamento das execuções fiscais de contribuições devidas pelo empregador ao FGTS.

5.2. DESPESAS PROCESSUAIS

- STJ 153. A desistência da execução fiscal, após o oferecimento dos embargos, não exime o exequente dos encargos da sucumbência.
- STJ 190. Na execução fiscal, processada perante a justiça estadual, cumpre à Fazenda Pública antecipar o numerário destinado ao custeio das despesas com o transporte dos oficiais de justiça.
- STJ 400. O encargo de 20% previsto no DL nº 1.025/1969 é exigível na execução fiscal proposta contra a massa falida.

5.3. EMBARGOS

- STJ 392. A Fazenda Pública pode substituir a certidão de dívida ativa (CDA) até a prolação da sentença de embargos, quando se tratar de correção de erro material ou formal, vedada a modificação do sujeito passivo da execução.
- STJ 394. É admissível, em embargos à execução, compensar os valores de imposto de renda retidos indevidamente na fonte com os valores restituídos apurados na declaração anual.

5.4. PRESCRIÇÃO INTERCORRENTE

- STJ 314. Em execução fiscal, não localizados bens penhoráveis, suspende-se o processo por um ano, findo o qual se inicia o prazo da prescrição quinquenal intercorrente.
- STJ 409. Em execução fiscal, a prescrição ocorrida antes da propositura da ação pode ser decretada de ofício (art. 219, § 5º, do CPC).

5.5. LEILÃO

- STJ 121. Na execução fiscal, o devedor deverá ser intimado, pessoalmente, do dia e hora da realização do leilão.
- STJ 128. Na execução fiscal, haverá segundo leilão se, no primeiro, não houver lanço superior à avaliação.

5.6. RESPONSABILIDADE TRIBUTÁRIA

- STJ 251. A meação só responde pelo ato ilícito quando o credor, na execução fiscal, provar que o enriquecimento dele resultante aproveitou ao casal.
- STJ 314. Em execução fiscal, não localizados bens penhoráveis, suspende-se o processo por um ano, findo o qual se inicia o prazo da prescrição quinquenal intercorrente.
- STJ 430. O inadimplemento da obrigação tributária pela sociedade não gera, por si só, a responsabilidade solidária do sócio-gerente.
- STJ 435. Presume-se dissolvida irregularmente a empresa que deixar de funcionar no seu domicílio fiscal, sem comunicação aos órgãos competentes, legitimando o redirecionamento da execução fiscal para o sócio-gerente.

5.7. OUTROS

- STJ 139. Cabe à Procuradoria da Fazenda Nacional propor execução fiscal para cobrança de crédito relativo ao ITR.
- STJ 189. É desnecessária a intervenção do Ministério Público nas execuções fiscais.
- STJ 251. A meação só responde pelo ato ilícito quando o credor, na execução fiscal, provar que o enriquecimento dele resultante aproveitou ao casal.
- STJ 393. A exceção de pré-executividade é admissível na execução fiscal relativamente às matérias conhecíveis de ofício que não demandem dilação probatória.
- STJ 406. A Fazenda Pública pode recusar a substituição do bem penhorado por precatório.
- STJ 414. A citação por edital na execução fiscal é cabível quando frustradas as demais modalidades.
- STJ 451. É legítima a penhora da sede do estabelecimento comercial.

6. EXTINÇÃO DO PROCESSO

- STJ 240. A extinção do processo, por abandono da causa pelo autor, depende de requerimento do réu.
- STJ 482. A falta de ajuizamento da ação principal no prazo do art. 806 do CPC acarreta a perda da eficácia da liminar deferida e a extinção do processo cautelar.

7. HONORÁRIOS

7.1. HONORÁRIOS ADVOCATÍCIOS

- STJ 14. Arbitrados os honorários advocatícios em percentual sobre o valor da causa, a correção monetária incide a partir do respectivo ajuizamento.

- STJ 105. Na ação de mandado de segurança, não se admite condenação em honorários advocatícios.
- STJ 131. Nas ações de desapropriação incluem-se no cálculo da verba advocatícia as parcelas relativas aos juros compensatórios e moratórios, devidamente corrigidas.
- STJ 141. Os honorários de advogado em desapropriação direta são calculados sobre a diferença entre a indenização e a oferta, corrigidas monetariamente.
- STJ 201. Os honorários advocatícios não podem ser fixados em salários-mínimos.
- STJ 303. Em embargos de terceiro, quem deu causa à constrição indevida deve arcar com os honorários advocatícios.
- STJ 306. Os honorários advocatícios devem ser compensados quando houver sucumbência recíproca, assegurado o direito autônomo do advogado à execução do saldo sem excluir a legitimidade da própria parte.
- STJ 325. A remessa oficial devolve ao tribunal o reexame de todas as parcelas da condenação suportadas pela Fazenda Pública, inclusive dos honorários de advogado.
- STJ 345. São devidos honorários advocatícios pela Fazenda Pública nas execuções individuais de sentença proferida em ações coletivas, ainda que não embargadas.
- STJ 421. Os honorários advocatícios não são devidos à Defensoria Pública quando ela atua contra a pessoa jurídica de direito público à qual pertença.
- STJ 453. Os honorários sucumbenciais, quando omitidos em decisão transitada em julgado, não podem ser cobrados em execução ou em ação própria.
- STJ 488. O § 2º do art. 6º da Lei n. 9.469/1997, que obriga à repartição dos honorários advocatícios, é inaplicável a acordos ou transações celebrados em data anterior à sua vigência.

7.2. HONORÁRIOS PERICIAIS

- STJ 232. A Fazenda Pública, quando parte no processo, fica sujeita à exigência do depósito prévio dos honorários do perito.

8. JUSTIÇA GRATUITA

- STJ 481. Faz jus ao benefício da justiça gratuita a pessoa jurídica com ou sem fins lucrativos que demonstrar sua impossibilidade de arcar com os encargos processuais.

9. LIQUIDAÇÃO DE SENTENÇA

- STJ 313. Em ação de indenização, procedente o pedido, é necessária a constituição de capital ou caução fidejussória para a garantia de pagamento da pensão, independentemente da situação financeira do demandado.
- STJ 344. A liquidação por forma diversa da estabelecida na sentença não ofende a coisa julgada.

10. PRAZOS

- STJ 117. A inobservância do prazo de 48 horas, entre a publicação de pauta e o julgamento sem a presença das partes, acarreta nulidade.

11. RECURSOS

11.1. AGRAVO

- STJ 118. O agravo de instrumento é o recurso cabível da decisão que homologa a atualização do cálculo da liquidação.
- STJ 182. É inviável o agravo do art. 545 do CPC que deixa de atacar especificamente os fundamentos da decisão agravada.
- STJ 223. A certidão de intimação do acórdão recorrido constitui peça obrigatória do instrumento de agravo.

11.2. APELAÇÃO

- STJ 331. A apelação interposta contra sentença que julga embargos à arrematação tem efeito meramente devolutivo.

11.3. EMBARGOS DE DECLARAÇÃO

- STJ 98. Embargos de declaração manifestados com notório propósito de prequestionamento não têm caráter protelatório.
- STJ 211. Inadmissível recurso especial quanto à questão que, a despeito da oposição de embargos declaratórios, não foi apreciada pelo tribunal "a quo".

11.4. EMBARGOS DE DIVERGÊNCIA

- STJ 158. Não se presta a justificar embargos de divergência o dissídio com acórdão de turma ou seção que não mais tenha competência para a matéria neles versada.
- STJ 168. Não cabem embargos de divergência, quando a jurisprudência do Tribunal se firmou no mesmo sentido do acórdão embargado.
- STJ 315. Não cabem embargos de divergência no âmbito do agravo de instrumento que não admite recurso especial.
- STJ 316. Cabem embargos de divergência contra acórdão que, em agravo regimental, decide recurso especial.
- STJ 420. Incabível, em embargos de divergência, discutir o valor de indenização por danos morais.

11.5. EMBARGOS INFRINGENTES

- STJ 88. São admissíveis embargos infringentes em processo falimentar.
- STJ 169. São inadmissíveis embargos infringentes no processo de mandado de segurança.
- STJ 255. Cabem embargos infringentes contra acórdão, proferido por maioria, em agravo retido, quando se tratar de matéria de mérito.
- STJ 390. Nas decisões por maioria, em reexame necessário, não se admitem embargos infringentes.

11.6. INTERESSE RECURSAL

- STJ 318. Formulado pedido certo e determinado, somente o autor tem interesse recursal em arguir o vício da sentença ilíquida.

11.7. MINISTÉRIO PÚBLICO

- STJ 99. O Ministério Público tem legitimidade para recorrer no processo em que oficiou como fiscal da lei, ainda que não haja recurso da parte.
- STJ 116. A Fazenda Pública e o Ministério Público têm prazo em dobro para interpor agravo regimental no Superior Tribunal de Justiça.

11.8. PREPARO

- STJ 187. É deserto o recurso interposto para o Superior Tribunal de Justiça, quando o recorrente não recolhe, na origem, a importância das despesas de remessa e retorno dos autos.
- STJ 483. O INSS não está obrigado a efetuar depósito prévio do preparo por gozar das prerrogativas e privilégios da Fazenda Pública.
- STJ 484. Admite-se que o preparo seja efetuado no primeiro dia útil subsequente, quando a interposição do recurso ocorrer após o encerramento do expediente bancário.

11.9. PROCURAÇÃO

- STJ 115. Na instância especial é inexistente recurso interposto por advogado sem procuração nos autos.

11.10. RECURSO ESPECIAL

- STJ 5. A simples interpretação de cláusula contratual não enseja recurso especial.
- STJ 7. A pretensão de simples reexame de prova não enseja recurso especial.
- STJ 86. Cabe recurso especial contra acórdão proferido no julgamento de agravo de instrumento.
- STJ 123. A decisão que admite, ou não, o recurso especial deve ser fundamentada com o exame dos seus pressupostos gerais e constitucionais.
- STJ 126. É inadmissível recurso especial, quando o acórdão recorrido assenta em fundamentos constitucional e infraconstitucional, qualquer deles suficiente, por si só, para mantê-lo, e a parte vencida não manifesta recurso extraordinário.
- STJ 203. Não cabe recurso especial contra decisão proferida por órgão de segundo grau dos juizados especiais.
- STJ 207. É inadmissível recurso especial quando cabíveis embargos infringentes contra o acórdão proferido no tribunal de origem.
- STJ 418. É inadmissível o recurso especial interposto antes da publicação do acórdão dos embargos de declaração, sem posterior ratificação.

11.11. RECURSO ESPECIAL – DIVERGÊNCIA JURISPRUDENCIAL

- STJ 13. A divergência entre julgados do mesmo tribunal não enseja recurso especial.
- STJ 83. Não se conhece do recurso especial pela divergência, quando a orientação do tribunal se firmou no mesmo sentido da decisão recorrida.

11.12. RECURSO ESPECIAL – PREQUESTIONAMENTO

- STJ 98. Embargos de declaração manifestados com notório propósito de prequestionamento não têm caráter protelatório.
- STJ 211. Inadmissível recurso especial quanto à questão que, a despeito da oposição de embargos declaratórios, não foi apreciada pelo tribunal "a quo".
- STJ 320. A questão federal somente ventilada no voto vencido não atende ao requisito do prequestionamento.

11.13. TEMPESTIVIDADE

- STJ 216. A tempestividade de recurso interposto no Superior Tribunal de Justiça é aferida pelo registro no protocolo da secretaria e não pela data da entrega na agência do correio.

12. REEXAME NECESSÁRIO

- STJ 45. No reexame necessário, é defeso ao tribunal agravar a condenação imposta a Fazenda Pública.
- STJ 253. O art. 557 do CPC, que autoriza o relator a decidir o recurso, alcança o reexame necessário.
- STJ 325. A remessa oficial devolve ao tribunal o reexame de todas as parcelas da condenação suportadas pela Fazenda Pública, inclusive dos honorários de advogado.
- STJ 490. A dispensa de reexame necessário, quando o valor da condenação ou do direito controvertido for inferior a sessenta salários mínimos, não se aplica a sentenças ilíquidas.

13. SUCUMBÊNCIA

- STJ 306. Os honorários advocatícios devem ser compensados quando houver sucumbência recíproca, assegurado o direito autônomo do advogado à execução do saldo sem excluir a legitimidade da própria parte.
- STJ 326. Na ação de indenização por dano moral, a condenação em montante inferior ao postulado na inicial não implica sucumbência recíproca.
- STJ 462. Nas ações em que representa o FGTS, a CEF, quando sucumbente, não está isenta de reembolsar as custas antecipadas pela parte vencedora.

✦ STF

1. AÇÕES

1.1. AÇÃO DIRETA DE INCONSTITUCIONALIDADE

- STF 360. Não há prazo de decadência para a representação de inconstitucionalidade prevista no art. 8º, parágrafo único, da Constituição Federal.
- STF 614. Somente o Procurador-Geral da Justiça tem legitimidade para propor ação direta interventiva por inconstitucionalidade de lei municipal.
- STF 642. Não cabe ação direta de inconstitucionalidade de lei do Distrito Federal derivada da sua competência legislativa municipal.
- STF 729. A decisão na Ação Direta de Constitucionalidade nº 4 não se aplica à antecipação de tutela em causa de natureza previdenciária.

1.2. AÇÃO POPULAR

- STF 365. Pessoa jurídica não tem legitimidade para propor ação popular.

1.3. AÇÃO RESCISÓRIA

- STF 249. É competente o Supremo Tribunal Federal para a ação rescisória quando, embora não tendo conhecido do recurso extraordinário, ou havendo negado provimento ao agravo, tiver apreciado a questão federal controvertida.
- STF 252. Na ação rescisória, não estão impedidos juízes que participaram do julgamento rescindendo.
- STF 264. Verifica-se a prescrição intercorrente pela paralisação da ação rescisória por mais de cinco anos.
- STF 343. Não cabe ação rescisória por ofensa a literal dispositivo de lei, quando a decisão rescindenda se tiver baseado em texto legal de interpretação controvertida nos tribunais.
- STF 514. Admite-se ação rescisória contra sentença transitada em julgado, ainda que contra ela não se tenha esgotado todos os recursos.
- STF 515. A competência para a ação rescisória não é do Supremo Tribunal Federal, quando a questão federal, apreciada no recurso extraordinário ou no agravo de instrumento, seja diversa da que foi suscitada no pedido rescisório.

2. CITAÇÃO E INTIMAÇÃO

- STF 310. Quando a intimação tiver lugar na sexta-feira, ou a publicação com efeito de intimação for feita nesse dia, o prazo judicial terá início na segunda-feira imediata, salvo se não houver expediente, caso em que começará no primeiro dia útil que se seguir.
- STF 391. O confinante certo deve ser citado pessoalmente para a ação de usucapião.

3. COMPETÊNCIA

3.1. COMPETÊNCIA DA JUSTIÇA ESTADUAL

- STF Vinculante 27. Compete à justiça estadual julgar causas entre consumidor e concessionária de serviço público de telefonia, quando a Anatel não seja litisconsorte passiva necessária, assistente, nem opoente.
- STF 516. O Serviço Social da Indústria (SESI) está sujeito à jurisdição da justiça estadual.

3.2. COMPETÊNCIA DA JUSTIÇA FEDERAL

- STF 689. O segurado pode ajuizar ação contra a instituição previdenciária perante o juízo federal do seu domicílio ou nas varas federais da capital do Estado-membro.

3.3. COMPETÊNCIA ORIGINÁRIA DO STF

- STF 503. A dúvida, suscitada por particular, sobre o direito de tributar, manifestado por dois Estados, não configura litígio da competência originária do Supremo Tribunal Federal.
- STF 731. Para fim da competência originária do Supremo Tribunal Federal, é de interesse geral da magistratura a questão de saber se, em face da Loman, os juízes têm direito à licença-prêmio.

3.4. COMPETÊNCIA TERRITORIAL

- STF 363. A pessoa jurídica de direito privado pode ser demandada no domicílio da agência, ou estabelecimento, em que se praticou o ato.

3.5. ELEIÇÃO DE FORO

- STF 335. É válida a cláusula de eleição do foro para os processos oriundos do contrato.

3.6. INTERVENÇÃO DA UNIÃO

- STF 517. As sociedades de economia mista só têm foro na justiça federal, quando a União intervém como assistente ou opoente.

3.7. SOCIEDADES DE ECONOMIA MISTA

- STF 251. Responde a Rede Ferroviária Federal S.A. perante o foro comum e não perante o juízo especial da Fazenda Nacional, a menos que a União intervenha na causa.
- STF 508. Compete à justiça estadual, em ambas as instâncias, processar e julgar as causas em que for parte o Banco do Brasil, S.A.
- STF 517. As sociedades de economia mista só têm foro na justiça federal, quando a União intervém como assistente ou opoente.
- STF 556. É competente a justiça comum para julgar as causas em que é parte sociedade de economia mista.

4. EXECUÇÃO FISCAL

- STF 507. A ampliação dos prazos a que se refere o artigo 32 do Código de Processo Civil aplica-se aos executivos fiscais.
- STF 519. Aplica-se aos executivos fiscais o princípio da sucumbência a que se refere o art. 64 do Código de Processo Civil.

5. EXTINÇÃO DO PROCESSO

- STF 216. Para decretação da absolvição de instância pela paralisação do processo por mais de trinta dias, é necessário que o autor, previamente intimado, não promova o andamento da causa.

6. HONORÁRIOS ADVOCATÍCIOS

- STF 256. É dispensável pedido expresso para condenação do réu em honorários, com fundamento nos arts. 63 ou 64 do Código de Processo Civil.
- STF 257. São cabíveis honorários de advogado na ação regressiva do segurador contra o causador do dano.
- STF 450. São devidos honorários de advogado sempre que vencedor o beneficiário de justiça gratuita.
- STF 512. Não cabe condenação em honorários de advogado na ação de mandado de segurança.
- STF 616. É permitida a cumulação da multa contratual com os honorários de advogado, após o advento do Código de Processo Civil vigente.
- STF 617. A base de cálculo dos honorários de advogado em desapropriação é a diferença entre a oferta e a indenização, corrigidas ambas monetariamente.

7. LIMINARES

- STF 262. Não cabe medida possessória liminar para liberação alfandegária de automóvel.

8. PRECLUSÃO

- STF 424. Transita em julgado o despacho saneador de que não houve recurso, excluídas as questões deixadas, explícita ou implicitamente, para a sentença.

9. PROCURADOR

- STF 644. Ao titular do cargo de procurador de autarquia não se exige a apresentação de instrumento de mandato para representá-la em juízo.

10. PROVAS

- STF 259. Para produzir efeito em juízo não é necessária a inscrição, no registro público, de documentos de procedência estrangeira, autenticados por via consular.
- STF 261. Para a ação de indenização, em caso de avaria, é dispensável que a vistoria se faça judicialmente.

11. RECLAMAÇÃO CONSTITUCIONAL

- STF 734. Não cabe reclamação quando já houver transitado em julgado o ato judicial que se alega tenha desrespeitado decisão do Supremo Tribunal Federal.

12. RECONVENÇÃO

- STF 258. É admissível reconvenção em ação declaratória.

13. RECURSOS

13.1. AGRAVO

- STF 289. O provimento do agravo, por uma das turmas do Supremo Tribunal Federal, ainda que sem ressalva, não prejudica a questão do cabimento do recurso extraordinário.
- STF 425. O agravo despachado no prazo legal não fica prejudicado pela demora da juntada, por culpa do cartório; nem o agravo entregue em cartório no prazo legal, embora despachado tardiamente.
- STF 727. Não pode o magistrado deixar de encaminhar ao Supremo Tribunal Federal o agravo de instrumento interposto da decisão que não admite recurso extraordinário, ainda que referente a causa instaurada no âmbito dos juizados especiais

13.2. APELAÇÃO

- STF 320. A apelação despachada pelo juiz no prazo legal não fica prejudicada pela demora da juntada, por culpa do cartório.
- STF 428. Não fica prejudicada a apelação entregue em cartório no prazo legal, embora despachada tardiamente.

13.3. EMBARGOS DE DECLARAÇÃO

- STF 317. São improcedentes os embargos declaratórios, quando não pedida a declaração do julgado anterior, em que se verificou a omissão.

13.4. EMBARGOS INFRINGENTES

- STF 293. São inadmissíveis embargos infringentes contra decisão em matéria constitucional submetida ao plenário dos tribunais.
- STF 294. São inadmissíveis embargos infringentes contra decisão do Supremo Tribunal Federal em mandado de segurança.
- STF 295. São inadmissíveis embargos infringentes contra decisão unânime do Supremo Tribunal Federal em ação rescisória.
- STF 296. São inadmissíveis embargos infringentes sobre matéria não ventilada, pela turma, no julgamento do recurso extraordinário.
- STF 355. Em caso de embargos infringentes parciais, é tardio o recurso extraordinário interposto após o julgamento dos embargos, quanto à parte da decisão embargada que não fora por eles abrangida.
- STF 368. Não há embargos infringentes no processo de reclamação.
- STF 455. Da decisão que se seguir ao julgamento de constitucionalidade pelo Tribunal Pleno, são inadmissíveis embargos infringentes quanto à matéria constitucional.
- STF 597. Não cabem embargos infringentes de acórdão que, em mandado de segurança decidiu, por maioria de votos, a apelação.

13.5. PRAZOS

- STF 320. A apelação despachada pelo juiz no prazo legal não fica prejudicada pela demora da juntada, por culpa do cartório.
- STF 322. Não terá seguimento pedido ou recurso dirigido ao Supremo Tribunal Federal, quando manifestamente incabível, ou apresentando fora do prazo, ou quando for evidente a incompetência do Tribunal.
- STF 392. O prazo para recorrer de acórdão concessivo de segurança conta-se da publicação oficial de suas conclusões, e não da anterior ciência à autoridade para cumprimento da decisão.
- STF 425. O agravo despachado no prazo legal não fica prejudicado pela demora da juntada, por culpa do cartório; nem o agravo entregue em cartório no prazo legal, embora despachado tardiamente.
- STF 428. Não fica prejudicada a apelação entregue em cartório no prazo legal, embora despachada tardiamente.
- STF 641. Não se conta em dobro o prazo para recorrer, quando só um dos litisconsortes haja sucumbido.

13.6. RECURSO EXTRAORDINÁRIO

13.6.1. ADMISSIBILIDADE – VÁRIOS FUNDAMENTOS

- STF 283. É inadmissível o recurso extraordinário, quando a decisão recorrida assenta em mais de um fundamento suficiente e o recurso não abrange todos eles.
- STF 292. Interposto o recurso extraordinário por mais de um dos fundamentos indicados no art. 101, III, da Constituição, a admissão apenas por um deles não prejudica o seu conhecimento por qualquer dos outros.
- STF 528. Se a decisão contiver partes autônomas, a admissão parcial, pelo presidente do tribunal "a quo", de recurso extraordinário que, sobre qualquer delas se manifestar, não limitará a apreciação de todas pelo Supremo Tribunal Federal, independentemente de interposição de agravo de instrumento.

13.6.2. FUNGIBILIDADE

- STF 272. Não se admite como ordinário recurso extraordinário de decisão denegatória de mandado de segurança.

13.6.3. HIPÓTESES DE CABIMENTO

- STF 279. Para simples reexame de prova não cabe recurso extraordinário.
- STF 280. Por ofensa a direito local não cabe recurso extraordinário.
- STF 281. É inadmissível o recurso extraordinário, quando couber, na justiça de origem, recurso ordinário da decisão impugnada.
- STF 389. Salvo limite legal, a fixação de honorários de advogado, em complemento da condenação, depende das circunstâncias da causa, não dando lugar a recurso extraordinário.
- STF 399. Não cabe recurso extraordinário, por violação de lei federal, quando a ofensa alegada for a regimento de tribunal.
- STF 400. Decisão que deu razoável interpretação à lei, ainda que não seja a melhor, não autoriza recurso extraordinário pela letra a do art. 101, III, da Constituição Federal.
- STF 454. Simples interpretação de cláusulas contratuais não dá lugar a recurso extraordinário.
- STF 505. Salvo quando contrariarem a Constituição, não cabe recurso para o Supremo Tribunal Federal, de quaisquer decisões da Justiça do Trabalho, inclusive dos presidentes de seus tribunais.
- STF 513. A decisão que enseja a interposição de recurso ordinário ou extraordinário não é a do plenário, que resolve o incidente de inconstitucionalidade, mas a do órgão (câmaras, grupos ou turmas) que completa o julgamento do feito.

- STF 636. Não cabe recurso extraordinário por contrariedade ao princípio constitucional da legalidade, quando a sua verificação pressuponha rever a interpretação dada a normas infraconstitucionais pela decisão recorrida.
- STF 637. Não cabe recurso extraordinário contra acórdão de tribunal de justiça que defere pedido de intervenção estadual em município.
- STF 638. A controvérsia sobre a incidência, ou não, de correção monetária em operações de crédito rural é de natureza infraconstitucional, não viabilizando recurso extraordinário.
- STF 640. É cabível recurso extraordinário contra decisão proferida por juiz de primeiro grau nas causas de alçada, ou por turma recursal de juizado especial cível e criminal.
- STF 733. Não cabe recurso extraordinário contra decisão proferida no processamento de precatórios.
- STF 735. Não cabe recurso extraordinário contra acórdão que defere medida liminar.

13.6.4. MEDIDA CAUTELAR EM RECURSO EXTRAORDINÁRIO

- STF 634. Não compete ao Supremo Tribunal Federal conceder medida cautelar para dar efeito suspensivo a recurso extraordinário que ainda não foi objeto de juízo de admissibilidade na origem.
- STF 635. Cabe ao presidente do tribunal de origem decidir o pedido de medida cautelar em recurso extraordinário ainda pendente do seu juízo de admissibilidade.

13.6.5. PRAZO

- STF 728. É de três dias o prazo para a interposição de recurso extraordinário contra decisão do Tribunal Superior Eleitoral, contado, quando for o caso, a partir da publicação do acórdão, na própria sessão de julgamento, nos termos do art. 12 da Lei 6.055/74, que não foi revogado pela Lei 8.950/94

13.6.6. PREQUESTIONAMENTO

- STF 282. É inadmissível o recurso extraordinário, quando não ventilada, na decisão recorrida, a questão federal suscitada.
- STF 356. O ponto omisso da decisão, sobre o qual não foram opostos embargos declaratórios, não pode ser objeto de recurso extraordinário, por faltar o requisito do prequestionamento.

13.6.7. REQUISITOS FORMAIS

- STF 284. É inadmissível o recurso extraordinário, quando a deficiência na sua fundamentação não permitir a exata compreensão da controvérsia.
- STF 287. Nega-se provimento do agravo quando a deficiência na sua fundamentação, ou na do recurso extraordinário, não permitir a exata compreensão da controvérsia.
- STF 639. Aplica-se a Súmula 288 quando não constarem do traslado do agravo de instrumento as cópias das peças necessárias à verificação da tempestividade do recurso extraordinário não admitido pela decisão agravada.

13.6.8. OUTROS

- STF 456. O Supremo Tribunal Federal, conhecendo do recurso extraordinário, julgará a causa, aplicando o direito à espécie.

14. REGIMENTO INTERNO DO STF

14.1. EMBARGOS DE DIVERGÊNCIA

- STF 247. O relator não admitirá os embargos da Lei 623, de 19.2.49, nem deles conhecerá o Supremo Tribunal Federal, quando houver jurisprudência firme do Plenário no mesmo sentido da decisão embargada.
- STF 290. Nos embargos da Lei 623, de 19.02.1949, a prova de divergência far-se-á por certidão, ou mediante indicação do "Diário da Justiça" ou de repertório de jurisprudência autorizado, que a tenha publicado, com a transcrição do trecho que configure a divergência, mencionadas as circunstâncias que identifiquem ou assemelhem os casos confrontados.
- STF 300. São incabíveis os embargos da Lei 623, de 19.02.1949, contra provimento de agravo para subida de recurso extraordinário.
- STF 353. São incabíveis os embargos da Lei 623, de 19.02.49, com fundamento em divergência entre decisões da mesma Turma do Supremo Tribunal Federal.
- STF 598. Nos embargos de divergência não servem como padrão de discordância os mesmos paradigmas invocados para demonstrá-la mas repelidos como não dissidentes no julgamento do recurso extraordinário.

14.2. EMENDAS AO REGIMENTO

- STF 325. As emendas ao Regimento do Supremo Tribunal Federal, sobre julgamento de questão constitucional, aplicam-se aos pedidos ajuizados e aos recursos interpostos anteriormente à sua aprovação.

14.3. IMPEDIMENTOS

- STF 72. No julgamento de questão constitucional, vinculada a decisão do Tribunal Superior Eleitoral, não estão impedidos os ministros do Supremo Tribunal Federal que ali tenham funcionado no mesmo processo, ou no processo originário.

15. REMESSA NECESSÁRIA

- STF 423. Não transita em julgado a sentença por haver omitido o recurso "ex-oficio", que se considera interposto "ex-lege".

16. RESERVA DE PLENÁRIO

- STF Vinculante 10. Viola a cláusula de reserva de plenário (CF, art. 97) a decisão de órgão fracionário de tribunal que, embora não declare expressamente a inconstitucionalidade de lei ou ato normativo do Poder Público, afasta a sua incidência no todo ou em parte.

17. REVELIA

- STF 231. O revel, em processo civil, pode produzir provas, desde que compareça em tempo oportuno.

18. VALOR DA CAUSA

- STF 449. O valor da causa, na consignatória de aluguel, corresponde a uma anuidade.

Direito Tributário

Alan Martins e
Dimas Yamada Scardoelli

TABELA DE INCIDÊNCIA DE QUESTÕES

Distribuição das questões organizada por ordem didática de assuntos		
Assunto	**Número de Questões**	**Peso**
1. TRIBUTOS E SUAS ESPÉCIES	16	20,00%
2. LIMITAÇÕES CONSTITUCIONAIS AO PODER DE TRIBUTAR	16	20,00%
3. COMPETÊNCIA TRIBUTÁRIA E REPARTIÇÃO DAS RECEITAS TRIBUTÁRIAS	12	15,00%
4. LEGISLAÇÃO TRIBUTÁRIA	7	8,75%
5. OBRIGAÇÃO TRIBUTÁRIA E FATO GERADOR	6	7,50%
6. SUJEITOS (ATIVO E PASSIVO), RESPONSABILIDADE, CAPACIDADE E DOMICÍLIO TRIBUTÁRIO	6	7,50%
7. CRÉDITO TRIBUTÁRIO: CONSTITUIÇÃO (LANÇAMENTO), GARANTIAS, PRIVILÉGIOS E SUSPENSÃO DA EXIGIBILIDADE	6	7,50%
8. EXTINÇÃO E EXCLUSÃO DO CRÉDITO TRIBUTÁRIO	6	7,50%
9. ADMINISTRAÇÃO TRIBUTÁRIA (FISCALIZAÇÃO, DÍVIDA ATIVA E CERTIDÕES), PROCESSO TRIBUTÁRIO (ADMINISTRATIVO E JUDICIAL) E DIREITO PENAL TRIBUTÁRIO	10	12,50%
Total	**85**	**100%**

Direito Tributário

Alan Martins e
Dimas Yamada Scardoelli

✦ QUESTÕES

1. TRIBUTOS E SUAS ESPÉCIES

- CF, Título VI, Capítulo I e artigos 52, 62, 161, 177, 182 e 195;
- CTN, artigos 1º a 8º, 14, 16, 19 a 59, 63 a 67, 77 a 82 e Livro Segundo;
- Leis Complementares 24/75, 87/96, 101/00, 104/01, 105/01, 116/06 e 123/06;

01. FGV – 2024 – TCE/PA – Auditor de Controle Externo

Determinado Estado da Federação instituiu a taxa de prevenção e combate a incêndio.

Sobre o tema, assinale a afirmativa correta.

a) A taxa é constitucional, pois trata-se de taxa de serviço, cobrado pela utilização potencial do serviço de extinção de incêndio.

b) Trata-se de taxa cobrada em razão do exercício do poder de polícia, sendo inconstitucional, pois a segurança pública é dever dos Municípios da Federação.

c) A taxa é inconstitucional, pois a segurança pública é serviço público geral e indivisível e somente pode ser remunerada através de imposto.

d) A taxa é constitucional, cobrada em razão do exercício do poder de polícia.

e) A taxa é inconstitucional, pois possui base de cálculo idêntica a outro imposto.

COMENTÁRIOS

✪ **Nota dos autores:** o STF fixou a tese do tema 16 de repercussão geral nos seguintes termos: "a segurança pública, presentes a prevenção e o combate a incêndios, faz-se, no campo da atividade precípua, pela unidade da Federação, e, porque serviço essencial, tem como a viabilizá-la a arrecadação de impostos, não cabendo ao Município a criação de taxa para tal fim". Observa-se que a referida tese se refere à inconstitucionalidade de taxas municipais relativas à prevenção e combate a incêndio. É importante ressaltar que está em discussão no STF a constitucionalidade das taxas de prevenção e combate a incêndios, busca, salvamento e resgate instituídas por Estados (como é o caso do enunciado dessa questão), que teve a repercussão geral reconhecida (tema 1.282, RE 1417155). Tem-se que a banca examinadora considerou o entendimento do precedente aplicável especificamente às taxas municipais de prevenção e combate a incêndio.

a) e d) De acordo com o entendimento esposado na tese do tema 16 de repercussão geral, a referida taxa é inconstitucional, o que deixa tais alternativas de pronto incorretas.

b) Embora a aludida taxa seja inconstitucional, o fundamento de sua inconstitucionalidade não reside na sua cobrança decorrer do exercício do poder de polícia, o que deixa a alternativa incorreta.

c) **Alternativa correta.** Em consonância com o teor da tese do tema 16 de repercussão geral, pelo fato de a segurança pública ser um serviço geral e essencial, não cabe ser remunerado por taxa, mas sim por imposto.

e) Embora a aludida taxa seja inconstitucional, o fundamento de sua inconstitucionalidade não reside na identidade de sua base de cálculo em relação a um imposto, o que deixa a alternativa incorreta.

Gabarito: letra "c"

02. FGV – 2024 – TCE/PA – Auditor de Controle Externo

A Reforma Tributária, estabelecida pela Emenda Constitucional nº 132, de 2023, em relação ao imposto sobre transmissão causa mortis e doação, de quaisquer bens ou direitos (ITCMD), tem expressa previsão de que o ITCMD

a) não será progressivo.

b) incidirá sobre as transmissões e as doações para as instituições sem fins lucrativos.

c) somente está sujeito ao princípio da anterioridade nonagesimal, constituindo exceção ao princípio da anterioridade anual.

d) relativamente a bens móveis, títulos e créditos, compete ao Estado onde era domiciliado o herdeiro, ou tiver domicílio o donatário.

e) será devido ao Estado onde tiver domicílio o donatário, se o doador tiver domicílio ou residência no exterior, até que sobrevenha lei complementar sobre o tema.

COMENTÁRIOS

✪ **Nota dos autores:** A Emenda Constitucional nº132/2023 alterou o Sistema Tributário Nacional e ficou conhecida como a "Reforma Tributária". Foram promovidas algumas alterações constitucionais em relação ao ITCMD. Houve mudança da competência tributária nas transmissões causa mortis de bens móveis, títulos e créditos, cabendo agora ao "Estado onde era domiciliado o de cujus, ou tiver domicílio o doador, ou ao Distrito Federal" (CF, art. 155, §1º, II). Ainda, a progressividade passou a ser expressa no texto constitucional, "em razão do valor do quinhão, do legado ou da doação" (CF, art. 155, §1º, VI). Foi inserida uma nova imunidade específica aplicável ao ITCMD, que "não incidirá sobre as transmissões e as doações para as instituições sem fins lucrativos com finalidade de relevância pública e social, inclusive as organizações assistenciais e beneficentes de entidades religiosas e institutos científicos e tecnológicos, e por elas realizadas na consecução dos seus objetivos sociais, observadas as condições estabelecidas em lei complementar" (CF, art. 155, §1º, VII). Por fim, foram estabelecidos critérios transitórios nas transmissões causa mortis ou por doação com elementos de conexão com o exterior, enquanto não promulgada a lei complementar com essa disciplina, "I – relativamente a bens imóveis e respectivos direitos, ao Estado da situação do bem, ou ao Distrito Federal; II – se o doador tiver domicílio ou residência no exterior: a) ao Estado onde tiver domicílio o donatário ou ao Distrito Federal; b) se o donatário tiver domicílio ou residir no exterior, ao Estado em que se encontrar o bem ou ao Distrito Federal; III – relativamente aos bens do de cujus, ainda que situados no exterior, ao Estado onde era domiciliado, ou, se domiciliado ou residente no exterior, onde tiver domicílio o sucessor ou legatário, ou ao Distrito Federal" (EC 132/2023, art. 16).

a) Ao contrário do que constou, agora a progressividade aplicável ao ITCMD restou expressa no texto constitucional (CF, art. 155, §1º, VI), como bem reproduzida na nota dos autores.

b) Ao contrário do que constou, foi introduzida uma nova imunidade tributária específica em relação ao ITCMD, que não incidirá nas transmissões de bens e direitos para instituições sem fins lucrativos com finalidade de relevância pública e social, como bem reproduzida na nota dos autores.

c) Na verdade, o ITCMD, mesmo após a Reforma Tributária, continua sujeito ao Princípio da Anterioridade, em sua dupla vertente (anual e nonagesimal), uma vez que a EC 132/2023 não alterou a redação do §1º do artigo 150 da CF/88.

d) Ao contrário do que constou, a competência tributária nas transmissões causa mortis de bens móveis, títulos e créditos, restou agora fixada para o Estado onde era domiciliado o *de cujus*, ou tiver domicílio o doador, ou ao Distrito Federal (CF, art. 155, §1º, II), como bem reproduzida na nota dos autores.

e) **Alternativa correta.** Exatamente como constou e nos termos do artigo 16 da EC 132/2023 reproduzido na nota dos autores, dentre os critérios transitórios nas transmissões *causa mortis* ou por doação com elementos de conexão com o exterior, enquanto não promulgada a lei complementar com essa disciplina, se o doador tiver domicílio ou residência no exterior, o ITCMD será devido onde tiver domicílio o donatário ou ao Distrito Federal.

Gabarito: letra "e"

---

03. FGV – 2024 – TCE/PA – Auditor de Controle Externo

A base de cálculo do Imposto sobre Operações Relativas à Circulação de Mercadorias e Serviços – ICMS é definida pela Constituição Federal como o valor da operação da circulação de mercadorias.

De acordo com a jurisprudência sobre o assunto, avalie as afirmativas a seguir são verdadeiras (V) ou falsas (F).

( ) Compõe a base de cálculo do ICMS o valor do próprio ICMS incidente.

( ) A fixação da base de cálculo do ICMS por pauta fiscal é incompatível com o sistema de substituição tributária.

( ) A demanda de potência elétrica não é passível, por si só, de tributação via ICMS, porquanto somente integram a base de cálculo desse imposto os valores referentes àquelas operações em que haja efetivo consumo de energia elétrica pelo consumidor.

As afirmativas são, respectivamente,

a) V – V – F.

b) V – F – V.

c) F – V – V.

d) F – F – V.

e) F – V – F.

COMENTÁRIOS

✪ **Nota dos autores:** atenção para a exigência da banca examinadora no sentido de que as afirmativas da questão devem ser analisadas à luz da jurisprudência, o que ressalta a importância do estudo das súmulas, das teses dos temas de recursos repetitivos e de repercussão geral, bem como o acompanhamento sistemático dos informativos dos Tribunais Superiores.

Primeira afirmativa: verdadeira, haja vista que condizente com o teor da primeira parte da tese do tema 214 de repercussão geral ("I – É constitucional a inclusão do valor do Imposto sobre Circulação de Mercadorias e Serviços – ICMS na sua própria base de cálculo").

Segunda afirmativa: falsa, uma vez que o STF inclusive apregoou o direito ao ressarcimento do ICMS pago a maior no regime de substituição tributária para a frente se a **base de cálculo efetiva da operação for inferior à presumida**, nos termos da tese do tema 201 de repercussão geral.

Terceira afirmativa: verdadeira, haja vista que condizente com o teor da tese do tema 176 de repercussão geral ("a demanda de potência elétrica não é passível, por si só, de tributação via ICMS, porquanto somente integram a base de cálculo desse imposto os valores referentes àquelas operações em que haja efetivo consumo de energia elétrica pelo consumidor").

Gabarito: letra "b" (V-F-V)

04. FGV – 2024 – TCE/PA – Auditor de Controle Externo

De acordo com a definição de tributo contida no CTN e a jurisprudência sobre o tema, está correto afirmar que tem natureza jurídica de tributo

a) a compensação financeira pela exploração de recursos minerais.

b) a taxa de ocupação de terreno de marinha.

c) a multa decorrente de infração de trânsito.

d) o Fundo de Saúde do Exército (FUSEX).

e) a contribuição ao FGTS.

COMENTÁRIOS

✪ **Nota dos autores:** o artigo 3º do CTN apresenta o conceito legal de tributo ("tributo é toda prestação pecuniária compulsória, em moeda ou cujo valor nela se possa exprimir, que não constitua sanção de ato ilícito, instituída em lei e cobrada mediante atividade administrativa plenamente vinculada"). Portanto, as exações que deixem de apresentar ao menos uma das características do referido artigo 3º do CTN, não têm natureza jurídica de tributo.

a) "Os *royalties* são receitas originárias da União, tendo em vista a propriedade federal dos recursos minerais, e obrigatoriamente transferidas aos Estados e Municípios" (ADI 4.846). Logo, a compensação financeira pela exploração de recursos minerais (CFEM) é receita pública não tributária.

b) Há entendimentos dos TRFs de que a taxa de ocupação de terrenos de marinha não é tributo ("A taxa de ocupação prevista nos artigos 127 a 133 do Decreto-lei 9760/46 é remuneração pelo uso da coisa, no caso, terreno de marinha, sendo fruto do poder negocial da União Federal com o particular. Descaracterizada a sua natureza tributária, não se aplicam à tese de ocupação, os princípios de direito tributário", TRF 4ª Região, AC 9504435076).

c) A multa decorrente de infração de trânsito é uma sanção por um ato ilícito. Portanto, como na definição legal de tributo exposta na nota dos autores restou claro que uma das características do tributo é que não constitua sanção por ato ilícito, tem-se que a multa de trânsito não é tributo.

d) **Alternativa correta.** A contribuição ao fundo de saúde do Exército (FUSEX) tem como finalidade o custeio da assistência médico-hospitalar dos militares e atualmente está atualmente prevista na Lei 13.954/2019. Os precedentes do STF sempre a trataram como tributo (RE 480254 AgR, AI 720221 AgR, RE 1210354 ED, entre outros)

e) o Supremo Tribunal Federal já assentou o entendimento de que o Fundo de Garantia por Tempo de Serviço (FGTS) não possui natureza tributária ou previdenciária. Tal posicionamento foi reafirmado pelo Plenário do STF no julgamento do ARE nº709.212/DF.

Gabarito: letra "d"

05. FGV – 2024 – TCE/PA – Auditor de Controle Externo

Em razão de uma grave crise na economia, o que gerou comprometimento na prestação de serviços de caráter essencial, prestados indiretamente pela União, mediante concessão, foram iniciados debates, no âmbito da Câmara dos Deputados, para a instituição de um empréstimo compulsório, cujas receitas seriam direcionadas ao referido serviço.

Em relação à exigibilidade desse tributo, concluiu-se corretamente que

a) devem ser observados os princípios da anterioridade e da anterioridade nonagesimal, e o tributo deve ser instituído mediante lei ordinária.

b) não devem ser observados os princípios da anterioridade e da anterioridade nonagesimal, e o tributo deve ser instituído mediante lei complementar.

c) deve ser observado o princípio da anterioridade, não o da anterioridade nonagesimal, e o tributo deve ser instituído mediante lei complementar.

d) deve ser observado o princípio da anterioridade, não o da anterioridade nonagesimal, e o tributo pode ser instituído mediante lei ordinária ou lei complementar.

e) somente não devem ser observados os princípios da anterioridade e da anterioridade nonagesimal se o tributo for instituído mediante emenda constitucional.

COMENTÁRIOS

✪ **Nota dos autores:** nos termos do artigo 148, da CF o empréstimo compulsório poderá ser instituído pela União Federal, mediante lei complementar, nas seguintes hipóteses: Inciso I: para atender às despesas extraordinárias decorrentes de calamidade pública, de guerra externa ou sua iminência. Inciso II: no caso de investimento público de caráter urgente e de relevante interesse nacional, observado o disposto no art. 150, III, "b" (Princípio da Anterioridade na sua vertente anual ou do exercício).

Alternativas a), d) e e) Como a instituição de empréstimos compulsórios está reservada pela CF/88 à lei complementar (artigo 148), tais alternativas encontram-se, de pronto, incorretas, por preverem a possibilidade de instituição por outros tipos normativos (respectivamente, lei ordinária, lei ordinária e emenda constitucional).

b) **Alternativa correta.** Ao enquadrar a situação narrada no enunciado como uma calamidade pública, essa hipótese de instituição de empréstimo compulsório está prevista no inciso I do artigo 148 da CF/88, considerada pelo texto constitucional como exceção ao Princípio da Anterioridade, em sua dupla vertente, anual e nonogesimal, nos termos do artigo 150, §1º da CF/88.

c) O equívoco dessa alternativa está na exigência de observância do Princípio da Anterioridade (do exercício), uma vez que, segundo o artigo 150, §1º da CF/88, ambas as vertentes desse princípio tributário são excepcionalizados no caso de instituição de empréstimos compulsórios para fazer frente a situação de calamidade pública.

Gabarito: letra "b"

06. CEBRASPE - 2023 - TCE/MS - Procurador

Com base na CF e na jurisprudência do STF, julgue os itens seguintes, relativos ao ICMS.

I A seletividade do ICMS, assim como a do IPI, possui caráter obrigatório, devendo o legislador utilizá-la na elaboração das alíquotas.

II O ICMS pode ser cobrado em decorrência de contrato de leasing financeiro, considerada a caracterização de circulação de mercadorias.

III O ICMS não incide sobre a venda de veículos salvados de sinistros, visto que essas vendas integram a própria operação de seguro, constituindo recuperação de receitas e não atividade mercantil.

IV A imunidade das operações de exportação, considerado o ICMS, alcança as etapas anteriores à exportação no que se refere à cadeia produtiva.

Assinale a opção correta.

a) Nenhum item está certo.

b) Apenas o item I está certo.

c) Apenas o item II está certo.

d) Apenas o item III está certo.

e) Todos os itens estão certos.

COMENTÁRIOS

✪ **Nota dos autores:** a exigência do enunciado acerca de conhecimentos jurisprudenciais, reforça a necessidade de estudos nesse sentido, de forma que é sugerido o acompanhamento dos informativos dos Tribunais Superiores e o estudo de suas súmulas de jurisprudência, súmulas vinculantes (STF), teses de temas de recursos repetitivos (STJ) e de repercussão geral (STF), dentre outros julgados.

Item I: pelo Princípio da Seletividade, a carga tributária tem a sua graduação pautada pela essencialidade do produto, de forma que quão mais necessário, menor a tributação e, ao contrário, se supérfluo, uma tributação maior é de rigor. A leitura do texto constitucional coloca tal princípio como obrigatório para o IPI (CF, art. 153, §3º, I – [o IPI] será seletivo em função da essencialidade do produto) e facultativo para o ICMS (CF, art. 155, §2º, III – [o ICMS] poderá ser seletivo, em função da essencialidade das mercadorias e dos serviços). Assim, o texto do item está errado pelo fato de colocar a seletividade como obrigatória para ambos (IPI e ICMS).

Item II: a tese do tema 125 de repercussão geral estipula a incidência do ISS sobre a operação de *leasing* financeiro ("é constitucional a incidência do Imposto sobre Serviços de Qualquer Natureza – ISS sobre as operações de arrendamento mercantil – *leasing* financeiro"). Dessa forma, o item está errado por prever a incidência do ICMS na hipótese.

Item III: está condizente com o teor da súmula vinculante 32 e com o decidido na ADI 1.648. A súmula vinculante 32 prevê que "o ICMS não incide sobre alienação de salvados de sinistro pelas seguradoras". Ainda, na ADI 1.648 restou decidido que "a alienação de salvados configura atividade integrante das operações de seguros e não tem natureza de circulação de mercadoria para fins de incidência do ICMS".

Item IV: a tese do tema 475 de repercussão geral estipula o contrário do que constou na redação desse item, o que o deixa errado ("a imunidade a que se refere o art. 155, § 2º, X, "a", da CF não alcança operações ou prestações anteriores à operação de exportação").

Gabarito: letra "d"

07. CEBRASPE – 2023 – TCE/MS – Procurador

À luz da CF e da jurisprudência do Supremo Tribunal Federal (STF), assinale a opção em que é corretamente indicada a taxa passível de ser cobrada pelos estados.

a) taxa de esgoto
b) taxa de iluminação pública
c) taxa de fiscalização do funcionamento de torres e antenas de transmissão
d) taxa de fiscalização das atividades de pesquisa, lavra, exploração e aproveitamento de recursos minerários
e) taxa a ser satisfeita por sociedade seguradora, em decorrência de atendimento, no âmbito do Sistema Único de Saúde (SUS), de vítima de sinistro coberto pelo seguro obrigatório de danos pessoais causados por veículos automotores de vias terrestres (DPVAT)

COMENTÁRIOS

✪ **Nota dos autores:** de acordo com o artigo 145, inciso II, da CF/88, a espécie tributária "taxa" está sujeita à competência tributária concorrente, ou seja, "a União, os Estados, o Distrito Federal e os Municípios poderão instituir [...] taxas, em razão do exercício do poder de polícia ou pela utilização, efetiva ou potencial, de serviços públicos específicos e divisíveis, prestados ao contribuinte ou postos a sua disposição". É importante atentar para a exigência da banca examinadora, no sentido de apontar uma taxa passível de ser cobrada pelo Estado, segundo os parâmetros constitucionais e jurisprudenciais.

a) O serviço público de água e esgoto é geralmente prestado por concessionárias e a sua contraprestação, segundo a jurisprudência dos tribunais superiores, não tem natureza jurídica de taxa, mas sim de tarifa ou preço público (STF, Ag. Reg. no RE 1.283.445). Logo, como o referido serviço não é remunerado por taxa de competência dos Estados, a alternativa está errada.
b) A súmula vinculante 41 estipula que "o serviço de iluminação pública não pode ser remunerado mediante taxa". De acordo com o artigo 149-A da CF/88, tal serviço poderá ser custeado por contribuição, de competência tributária dos Municípios e do Distrito Federal. Logo, como o referido serviço não é remunerado por taxa de competência dos Estados, a alternativa está errada.
c) A tese do tema 919 de repercussão geral prevê que tal taxa é de competência privativa da União, o que deixa a alternativa errada ("a instituição de taxa de fiscalização do funcionamento de torres e antenas de transmissão e recepção de dados e voz é de competência privativa da União, nos termos do art. 22, IV, da Constituição Federal, não competindo aos Municípios instituir referida taxa").
d) **Alternativa correta.** O STF, ao julgar as Ações Diretas de Inconstitucionalidade (ADIs) 4785, 4786 e 4787, entendeu que são válidas as leis estaduais que instituíram taxas de controle, monitoramento e fiscalização das atividades de pesquisa, lavra, exploração e aproveitamento de recursos minerários (TFRM). Nos julgamentos prevaleceu o entendimento de que os Estados têm competência para instituir taxas de forma a efetivar a atividade de fiscalização (poder de polícia) e de que a base de cálculo fixada obedece ao princípio constitucional da proporcionalidade.
e) O STF entendeu, ao julgar a ADI 3.281, que "conflita com a Constituição Federal a criação, pelo Estado, de taxa a ser satisfeita por sociedade seguradora, tendo em conta atendimento, no âmbito do SUS, de vítima de sinistro coberto pelo DPVAT". Assim, diante desse precedente do STF, a alternativa está errada.

Gabarito: letra "d"

08. CEBRASPE – 2023 – TCE/RJ – Procurador

Em relação às fontes do direito tributário, ao crédito tributário e à legislação e às obrigações tributárias, julgue o item subsequente.

O ouro, quando definido em lei como ativo financeiro ou instrumento cambial, não se sujeita à cobrança do imposto sobre operações relativas à circulação de mercadorias e sobre prestações de serviços de transporte interestadual e intermunicipal e de comunicação (ICMS), pois, nesse caso, sobre ele incide exclusivamente o IOF.

COMENTÁRIOS

✪ **Nota dos autores:** o ouro, quando definido em lei como ativo financeiro ou instrumento cambial, sujeita-se exclusivamente à incidência das operações de crédito, câmbio e seguro, ou relativas a títulos ou valores mobiliários – IOF. É o que dispõe o artigo 153, § 5º, da CF, que, ao restringir à incidência do IOF, constitui, a contrario sensu, norma de imunidade relativa ao ICMS e ao IPI, impostos que incidem sobre o ouro apenas quando mercadoria ou produto industrializado.

Certo. Como bem-visto na nota dos autores, o ouro, quando definido em lei como ativo financeiro ou instrumento cambial, está sujeito à incidência apenas do IOF (CF, art. 153, §5º)

09. CEBRASPE – 2023 – TCE/RJ – Procurador

Com base nos dispositivos da Constituição Federal de 1988 reunidos no título que trata da tributação e do orçamento, julgue o item a seguir.

As taxas extraordinárias em virtude de iminência de guerra poderão ter a mesma base de cálculo dos impostos e serem cobradas exclusivamente pela União.

COMENTÁRIOS

✪ Nota dos autores: o artigo 154, inciso II, da CF/88 estabelece que a "União poderá instituir na iminência ou no caso de guerra externa, impostos extraordinários, compreendidos ou não em sua competência tributária, os quais serão suprimidos, gradativamente, cessadas as causas de sua criação".

Errado. De acordo com o artigo 154, inciso II, da CF/88, reproduzido na nota dos autores, a iminência de guerra externa pode suscitar a instituição de impostos extraordinários pela União, e não de taxas extraordinárias, motivo pelo qual o item está errado.

10. (Cespe – Analista de Controle Externo – Direito – TCE – RJ/2021) Acerca do Sistema Tributário Nacional, julgue os itens que se seguem.

A contribuição financeira devida pela exploração de recursos minerais é receita pública originária dos entes públicos e não está submetida ao regime jurídico tributário.

COMENTÁRIOS

✪ Nota dos autores: o item aborda o tema royalties do petróleo, assim entendidos como "uma compensação financeira devida à União, aos Estados, ao DF e aos Municípios beneficiários pelas empresas que produzem petróleo e gás natural no território brasileiro: uma remuneração à sociedade pela exploração desses recursos não renováveis" (https://www.gov.br/anp/pt-br/assuntos/royalties-e-outras-participacoes/royalties, acesso em: 05 de fev. de 2022).

Certo. O item está em consonância com o decidido na ADI 4846, com destaque para as seguintes passagens: "1. Os royalties possuem natureza jurídica de receita transferida não tributária de cunho originário emanada da exploração econômica do patrimônio público, afastada sua caracterização seja como tributo, seja como indenização. Precedente: RE 228.800, de relatoria do Ministro Sepúlveda Pertence, Primeira Turma, DJ 16.11.2011. 2. Os royalties são receitas originárias da União, tendo em vista a propriedade federal dos recursos minerais, e obrigatoriamente transferidas aos Estados e Municípios".

11. (Cespe – Analista de Controle Externo – Direito – TCE – RJ/2021) Em operação de fornecimento de bens entre consumidor final não contribuinte localizado no Rio de Janeiro e estabelecimento fornecedor localizado no Espírito Santo, será devido o ICMS integralmente ao estado do Rio de Janeiro, com base apenas na alíquota interna desse estado.

COMENTÁRIOS

✪ Nota dos autores: é importante destacar que, em relação às operações e prestações que destinem bens e serviços a consumidor final contribuinte ou não do ICMS, localizado em outro Estado, consoante nova sistemática implementada pela EC 87/2015, adotar-se-á a alíquota interestadual e caberá ao Estado de localização do destinatário o imposto correspondente à diferença entre a alíquota interna do Estado destinatário. Esse diferencial de alíquota é comumente conhecido como DIFAL.

Errado. No caso em foco, ao Estado do Rio de Janeiro será devido apenas o montante de ICMS correspondente ao diferencial de alíquota entre a interna aplicada no Estado de destino (RJ) e a interestadual. O Estado de origem (ES) ficará com a arrecadação do ICMS correspondente à alíquota interestadual.

12. (Cespe – Analista de Controle Externo – Direito – TCE – RJ/2021) Viola a Constituição Federal de 1988 a cobrança de ICMS sobre serviços de fornecimento de água potável por empresas concessionárias de serviço público.

COMENTÁRIOS

✪ Nota dos autores: o STF fixou a tese de repercussão geral relativa ao tema 326 com a seguinte redação: "O ICMS não incide sobre o fornecimento de água tratada por concessionária de serviço público, dado que esse serviço não caracteriza uma operação de circulação de mercadoria".

Certo. Há expresso reconhecimento do STF acerca da não incidência de ICMS na hipótese (como visto na nota dos autores). A água tratada fornecida pelo empresas concessionárias de serviço público, conhecida como "água encanada", não é uma mercadoria, mas sim um bem público, daí porque a incidência de ICMS ensejaria a violação da Constituição Federal de 1988.

13. (Cespe – Analista de Controle Externo – Direito – TCE – RJ/2021) O serviço público de coleta domiciliar de lixo pode ser financiado pela cobrança de taxa.

COMENTÁRIOS

✪ **Nota dos autores:** mais um item cuja resolução reporta ao conhecimento da jurisprudência dos tribunais superiores, dessa vez uma Súmula Vinculante.

Certo. O item está certo pois está em consonância com o teor da Súmula Vinculante 19, segundo a qual "A taxa cobrada exclusivamente em razão dos serviços públicos de coleta, remoção e tratamento ou destinação de lixo ou resíduos provenientes de imóveis, não viola o artigo 145, II, da Constituição Federal".

14. (**Cespe – Analista de Controle Externo – Direito – TCE – RJ/2021**) É compatível com a Constituição Federal de 1988 a cobrança de taxa municipal em virtude do serviço de combate a incêndios prestado pelo Corpo de Bombeiros Militar.

COMENTÁRIOS

✪ **Nota dos autores:** "A segurança pública, presentes a prevenção e o combate a incêndios, faz-se, no campo da atividade precípua, pela unidade da Federação, e, porque serviço essencial, tem como a viabilizá-la a arrecadação de impostos, não cabendo ao Município a criação de taxa para tal fim" (Tese do tema 16 de Repercussão Geral).

Errado. Na verdade, uma eventual taxa de segurança contra incêndio teria como fato gerador a prestação de atividade essencial geral e indivisível pelo corpo de bombeiros, além de apresentar utilidade genérica, o que tornaria inconstitucional o seu dispositivo normativo instituidor. Tal serviço público deve ser custeado pela receita dos impostos.

15. (Cespe – Analista de Controle Externo – Direito – TCE – RJ/2021) Os serviços de registros públicos, cartorários e notariais, por consistirem em serviços delegados do poder público, não ensejam a incidência do imposto sobre serviços de qualquer natureza (ISS).

COMENTÁRIOS

✪ **Nota dos autores:** as pessoas que exercem atividade notarial não são imunes à tributação, porquanto a circunstância de desenvolverem os respectivos serviços com intuito lucrativo invoca a exceção prevista no artigo 150, § 3º da Constituição. O recebimento de remuneração pela prestação dos serviços confirma, ainda, capacidade contributiva. A imunidade recíproca é uma garantia ou prerrogativa imediata de entidades políticas federativas, e não de particulares que executem, com inequívoco intuito lucrativo, serviços públicos mediante concessão ou delegação, devidamente remunerados. Não há diferenciação que justifique a tributação dos serviços públicos concedidos e a não-tributação das atividades delegadas (ADI 3089).

Errado. Há a incidência de ISS sobre os serviços notariais, conforme previsão na lista anexa à LC 116/2003, em seu item 21.01, cuja constitucionalidade foi confirmada pelo STF no julgamento da ADI 3089, cuja ementa foi parcialmente reproduzida na nota dos autores.

16. (Cespe – Analista de Controle Externo – Direito – TCE – MG/2018) Acerca da natureza jurídica das exações, as cobranças de valores para sepultamento em cemitério municipal e para distribuição estadual de gás natural têm natureza jurídica

a) decorrente de contrato administrativo e de regime jurídico de direito público, respectivamente.
b) compulsória e decorrente de serviço público não essencial, respectivamente.
c) tributária e de preço público de cobrança compulsória, respectivamente.
d) facultativa e compulsória, respectivamente.
e) compulsória em ambos os casos, porque essas cobranças decorrem de serviços públicos essenciais.

COMENTÁRIOS

✪ **Nota dos autores:** a primeira exação é remunerada por taxa (taxa de sepultamento) e a segunda por tarifa (tarifa de gás natural). O quadro a seguir é relevantíssimo para o estudo da distinção entre taxa e tarifa/preço público e para fundamentar os Comentários a seguir:

CRITÉRIOS	TAXA	PREÇO PÚBLICO / TARIFA
Regime	Direito Público (tributário)	Direito Privado (consumidor – contratual)
Natureza Jurídica	Tributária (espécie tributária, artigo 145, inciso II, CF/88, portanto, deve respeito aos princípios tributários)	Contratual (Estado prestador de serviço como se fora um particular ou o particular sob delegação do Estado – concessões, permissões, etc.)
Tipo de receita pública	Receita derivada	Receita originária
Serviços Públicos	Específicos e divisíveis, de uso efetivo ou potencial	Específicos e divisíveis, apenas de uso efetivo

Tipos de serviços públicos	a) Propriamente estatais e ínsitos à soberania do Estado (exemplo: concessão de passaporte) e; b) Essenciais ao interesse público	a) Não essenciais ao interesse público (exemplos: telefonia, gás, energia elétrica e outros sujeitos à concessão ou permissão pelo ente estatal) e; b) Em regra, serviços delegáveis
Cobrança	Compulsória (característica tributária, cobrada no caso de utilização do serviço público e mesmo no caso de o serviço público ter sido colocado à disposição e não necessariamente utilizado)	Voluntária (apenas no uso do serviço público)
Dívida Ativa	Créditos oriundos do não pagamento são inscritos na Dívida Ativa tributária	Créditos oriundos do não pagamento são inscritos na Dívida Ativa não tributária
Repetição de indébito	Ação de repetição de indébito sujeita-se ao prazo previsto no CTN	Ação de repetição de indébito sujeita-se ao prazo prescricional estabelecido no Código Civil (Súmula 412 do STJ)
Decorre de (segundo Súmula 545 do STF)	Lei (cobrança condicionada à prévia autorização orçamentária)	Contrato (vontade das partes)
Prescrição	Quinquenal, regida pelo Direito Público (Código Tributário Nacional)	Decenal, regida pelo Direito Privado (Código Civil). Conforme REsp 1117903
Embora superado o Princípio da Anualidade (exigência de prévia previsão orçamentária), o STF não revogou a Súmula 545 e algumas bancas examinadoras continuam cobrando o seu texto literal e integral ("Preços de serviços públicos e taxas não se confundem, porque estas, diferentemente daqueles, são compulsórias e têm sua cobrança condicionada à prévia autorização orçamentária, em relação à lei que as instituiu").		

Alternativa "a": incorreta, pois a taxa de sepultamento decorre de lei e a tarifa de gás submete-se ao regime jurídico de direito privado (consumidor--contratual).

Alternativa "b": correta, pois a taxa de sepultamento tem cobrança compulsória (natureza tributária de taxa) e a tarifa de gás decorre de serviço público não essencial.

Alternativa "c": incorreta, pois embora a taxa de sepultamento tenha natureza jurídica de tributo, a tarifa de gás não se sujeita à cobrança compulsória, mas sim voluntária, apenas com o uso do serviço público.

Alternativa "d": incorreta, pois a taxa de sepultamento tem cobrança compulsória e a tarifa de gás tem cobrança voluntária, apenas com o uso do serviço público.

Alternativa "e": incorreta, pois apenas a cobrança da taxa de sepultamento é compulsória e decorre de serviço público essencial, ao passo que a tarifa de gás tem cobrança voluntária, apenas com o uso do serviço público, tido como não essencial ao interesse público.

Alternativa correta: letra "b".

2. LIMITAÇÕES CONSTITUCIONAIS AO PODER DE TRIBUTAR

- CF, Título VI, Capítulo I e artigos 52, 62, 161, 177, 182 e 195;
- CTN, artigos 1º a 8º, 14, 16, 19 a 59, 63 a 67, 77 a 82 e Livro Segundo;
- Leis Complementares 24/75, 87/96, 101/00, 104/01, 105/01, 116/06 e 123/06;
- Lei de Introdução às Normas do Direito Brasileiro – Decreto-lei 4.657/42;

17. FGV – 2024 – TCE/PA – Auditor de Controle Externo

Avalie, de acordo com a jurisprudência, se a análise da vedação ao confisco deve apurar se o aumento de carga tributária:

I. é necessário para fazer frente ao custeio das despesas do respectivo regime;

II. importou em comprometimento do patrimônio e renda do contribuinte, incompatível com o atendimento das necessidades primordiais a uma vida com dignidade;

III. precede de estudo atuarial específico à edição de lei que aumente o tributo.

Está correto o que se afirma em

a) II, apenas.
b) I e II, apenas.
c) II e III, apenas.
d) I e III, apenas.
e) I, II e III.

COMENTÁRIOS

✪ **Nota dos autores:** a tese do tema 933 de repercussão geral estipula que "1. A ausência de estudo atuarial específico e prévio à edição de lei que aumente a contribuição previdenciária dos servidores públicos não implica vício de inconstitucionalidade, mas mera irregularidade que pode ser sanada pela demonstração do déficit financeiro ou atuarial que justificava a medida. 2. A majoração da alíquota da contribuição previdenciária do servidor público para 13,25% não afronta os princípios da razoabilidade e da vedação ao confisco".

Itens I e II: no julgamento do *leading case* do referido tema 933 de repercussão geral (RE 875.958), o STF previu que a constatação de ofensa aos princípios da razoabilidade/proporcionalidade e da vedação ao confisco pressupõe uma avaliação caso a caso, voltada a apurar se (a) o aumento da carga tributária se deu na exata medida necessária para fazer frente às despesas (vedação ao excesso) e se (b) a tributação importou comprometimento do patrimônio e da renda do contribuinte em patamar incompatível com o atendimento de necessidades primordiais a uma vida com dignidade. Portanto, tais itens estão condizentes com a jurisprudência.

Item III: de acordo com o tópico 1 da tese do tema 933 do STF a ausência de estudo atuarial específico e prévio à edição de lei que aumente a contribuição previdenciária dos servidores públicos não implica vício de inconstitucionalidade. Logo, o item III está errado, por estipular a sua imprescindibilidade prévia.

Gabarito: letra "b"

18. FGV – 2024 – TCE/PA – Auditor de Controle Externo

A segurança jurídica, no âmbito do direito tributário, é garantida pelos princípios da

a) legalidade e da anterioridade tributária.
b) irretroatividade e da capacidade contributiva.
c) capacidade contributiva e da vedação ao confisco.
d) legalidade e da capacidade contributiva.
e) anterioridade tributária e da uniformidade geográfica.

COMENTÁRIOS

✪ **Nota dos autores:** o tema segurança jurídica no Direito Tributário é mais afeito à doutrina. Nesse sentido, a saudosa banca examinadora ESAF já propugnou como verdadeira a seguinte assertiva em relação ao ideário de segurança jurídica segundo a doutrina tributária: "Certeza do direito, segundo a qual a instituição e a majoração de tributos obedecem aos postulados da legalidade, da irretroatividade e das anterioridades de exercício e nonagesimais mínima e especial, demonstrando a garantia adicional que representam para o contribuinte se comparadas ao princípio geral da legalidade e às garantias de proteção ao direito adquirido, ato jurídico perfeito e coisa julgada" (Concurso de Auditor Fiscal da Receita Federal do Brasil de 2012).

a) **Alternativa correta.** Tanto o Princípio da Legalidade Tributária como o Princípio da Anterioridade estão diretamente relacionados à segurança jurídica, postulada pela certeza do direito, no sentido de sua previsibilidade.

b) Embora o Princípio da Irretroatividade também seja garantidor da segurança jurídica (segundo a linha doutrinária exposta na nota dos autores), o Princípio da Capacidade Contributiva (pelo qual "sempre que possível, os impostos terão caráter pessoal e serão graduados segundo a capacidade econômica do contribuinte") está mais afeito à questão da justiça fiscal, na medida em que se relaciona com o dimensionamento da carga tributária.

c) Ambos os princípios relacionados nessa alternativa (capacidade contributiva e não confisco) tem sua vocação voltada para a justiça fiscal, recentemente positivada no texto constitucional pela Reforma Tributária (CF, art. 145, §3º), uma vez que se referem diretamente com os limites da mensuração da carga tributária.

d) Embora o Princípio da Legalidade Tributária seja garantidor da segurança jurídica (segundo a linha doutrinária exposta na nota dos autores), o Princípio da Capacidade Contributiva (pelo qual "sempre que possível, os impostos terão caráter pessoal e serão graduados segundo a capacidade econômica do contribuinte") está mais afeito à questão da justiça fiscal, na medida em que se relaciona com o dimensionamento da carga tributária.

e) Embora o Princípio da Anterioridade Tributária seja garantidor da segurança jurídica (segundo a linha doutrinária exposta na nota dos autores), o Princípio da Uniformidade Geográfica (pelo qual é vedado à União "instituir tributo que não seja uniforme em todo o território nacional ou que implique distinção ou preferência em relação a

Estado, ao Distrito Federal ou a Município, em detrimento de outro, admitida a concessão de incentivos fiscais destinados a promover o equilíbrio do desenvolvimento sócio-econômico entre as diferentes regiões do País") está mais afeito aos objetivos constitucionais do desenvolvimento nacional e da redução das desigualdades regionais.

Gabarito: alternativa "a"

19. FGV – 2024 – TCE/PA – Auditor de Controle Externo

Em relação ao princípio da legalidade tributária, considerando a jurisprudência sobre o tema, analise as afirmativas a seguir:

I. A definição de prazo para recolhimento de tributo pode ser delegada por lei a regulamento, não se incluindo entre as matérias sujeitas à reserva legal.

II. Viola o princípio da legalidade a flexibilização constante da lei que dispõe sobre o PIS e a COFINS-Importação, no que permitiu ao Poder Executivo, prevendo as condições e fixando os tetos, reduzir e restabelecer as alíquotas da contribuição ao PIS e da COFINS incidentes sobre as receitas financeiras auferidas por pessoas jurídicas sujeitas ao regime não cumulativo.

III. Não viola a legalidade tributária a lei que, prescrevendo o teto, possibilita o ato normativo infralegal fixar o valor de taxa em proporção razoável com os custos da atuação estatal.

Está correto o que se afirma em

a) I, II e III.
b) I e II, apenas.
c) I e III, apenas.
d) II e III, apenas.
e) II, apenas.

COMENTÁRIOS

✪ **Nota dos autores:**

Item I: há diversos precedentes na jurisprudência dos tribunais superiores no sentido de que não se compreende no campo reservado à lei a definição de vencimento das obrigações tributárias, pois o prazo de recolhimento de imposto não está previsto nas hipóteses taxativamente elencadas no artigo 97 do CTN (princípio da tipicidade cerrada). São os casos, por exemplo, dos Recursos Especiais 34.376-1/SP, 55.207-9/SP.

Item II: a redação do item contraria a tese do tema 939 de repercussão geral ("É constitucional a flexibilização da legalidade tributária constante do § 2º do art. 27 da Lei nº 10.865/04, no que permitiu ao Poder Executivo, prevendo as condições e fixando os tetos, reduzir e restabelecer as alíquotas da contribuição ao PIS e da COFINS incidentes sobre as receitas financeiras auferidas por pessoas jurídicas sujeitas ao regime não cumulativo, estando presente o desenvolvimento de função extrafiscal").

Item III: a redação do item está condizente com a tese do tema 829 de repercussão geral ("Não viola a legalidade tributária a lei que, prescrevendo o teto, possibilita o ato normativo infralegal fixar o valor de taxa em proporção razoável com os custos da atuação estatal, valor esse que não pode ser atualizado por ato do próprio conselho de fiscalização em percentual superior aos índices de correção monetária legalmente previstos").

Gabarito: letra "c"

20. CEBRASPE – 2023 – TCE/MS – Procurador

Considerando o princípio da não surpresa, à luz da Constituição Federal de 1988 (CF), assinale a opção em que são corretamente indicados os impostos que se submetem tanto à anterioridade anual quanto à nonagesimal.

a) imposto sobre circulação de mercadorias e serviços (ICMS) e imposto sobre serviços de qualquer natureza (ISS)
b) imposto sobre produtos industrializados (IPI) e imposto sobre renda e proventos de qualquer natureza (IR)
c) imposto sobre exportação, para o exterior, de produtos nacionais ou nacionalizados (IE) e imposto sobre circulação de mercadorias e serviços (ICMS)
d) imposto sobre importação de produtos estrangeiros (II) e imposto sobre serviços de qualquer natureza (ISS)
e) imposto sobre transmissão causa mortis e doação, de quaisquer bens ou direitos (ITCMD) e imposto sobre renda e proventos de qualquer natureza (IR)

COMENTÁRIOS

✪ **Nota dos autores:** o princípio da anterioridade apresenta duas vertentes (anual e nonagesimal). Pelo princípio da anterioridade anual ou do exercício (CF, art. 150, III, "b"), é vedado aos entes federativos cobrar tributos no mesmo exercício financeiro em que haja sido publicada a lei que os instituiu ou aumentou. Já a anterioridade nonagesimal ou noventena, implementada na CF/88 pela EC 42/2003, é consagrada no artigo 150, inciso III, alínea "c" da CF/88, que estabelece ser vedado às pessoas políticas cobrar tributos antes de decorridos noventa dias da data em que haja sido publicada a lei que os instituiu ou aumentou, observada ainda a anterioridade geral do exercício (CF, art. 150, III, "b"). Por razões fiscais e extrafiscais, os preceitos sofrem amenizações correspondentes às exceções veiculadas na própria Constituição. As exceções ao princípio da anterioridade anual (CF, art. 150, III, "b") e nonagesimal (CF, art. 150, III, "c"), previstas nos artigos 150, § 1º, 155, §4º, inciso IV, alínea "c", 177, §4º, inciso I, alínea "b" e 195, §6º podem ser visualizadas no quadro abaixo. Os tributos em negrito são aqueles que não são exceções comuns às duas vertentes do princípio.

REGRA	EXCEÇÕES
anterioridade anual	II, IE, **IPI**, IOF, empréstimo compulsório do art. 148, inciso I da CF e imposto extraordinário de guerra, **ICMF-combustível monofásico, CIDE-combustível e contribuições para a seguridade social**.
anterioridade nonagesimal	II, IE, **IR**, IOF, empréstimo compulsório do art. 148, inciso I da CF, imposto extraordinário de guerra e **fixação de base de cálculo de IPVA e IPTU**.

a) **Alternativa correta**. Como visto na nota dos autores, nem o ICMS, tampouco o ISS, estão entre as exceções constituições à aplicação do Princípio da Anterioridade.

b) O IPI não se sujeita ao Princípio da Anterioridade na sua vertente anual e o IR não se sujeita à vertente nonagesimal do mesmo princípio.

c) Embora seja de rigor a aplicação ao ICMS do Princípio da Anterioridade, tanto anual como nonagesimal, o IE, por sua vez, encontra-se excepcionado a tal princípio em sua dupla vertente.

d) Embora seja de rigor a aplicação ao ISS do Princípio da Anterioridade, tanto anual como nonagesimal, o II, por sua vez, encontra-se excepcionado a tal princípio em sua dupla vertente.

e) Embora seja de rigor a aplicação ao ITCMD do Princípio da Anterioridade, tanto anual como nonagesimal, o IR, por sua vez, encontra-se excepcionado a tal princípio em sua vertente nonagesimal, devendo observar, portanto, o Princípio da Anterioridade do exercício.

Gabarito: letra "a"

21. CEBRASPE – 2023 – TCE/MS – Procurador

Acerca das limitações constitucionais ao poder de tributar, observada a jurisprudência do STF, assinale a opção correta.

a) A sociedade de economia mista, cuja participação acionária é negociada em bolsas de valores, mesmo que, inequivocamente, voltada à remuneração do capital de seus controladores ou acionistas, está abrangida pela regra de imunidade tributária recíproca.

b) As empresas públicas e as sociedades de economia mista delegatárias de serviços públicos essenciais e que não distribuam lucros a acionistas privados nem ofereçam risco ao equilíbrio concorrencial estão abrangidas pela imunidade tributária recíproca, independentemente de cobrança de tarifa como contraprestação do serviço.

c) A instituição do adicional de alíquota do imposto sobre circulação de mercadorias e serviços (ICMS) destinado aos fundos estaduais de combate à pobreza, haja vista a autorização constitucional e a finalidade a que se destina, não está sujeita ao princípio da anterioridade.

d) A imunidade tributária dos livros, jornais, periódicos e papéis destinados a sua impressão não abrange os chamados livros eletrônicos (e-book), nem os audiolivros, uma vez que o texto constitucional restringiu o benefício aos livros cujo suporte físico seja tangível.

e) A lei complementar que posterga o início do direito do contribuinte do imposto sobre circulação de mercadorias e serviços (ICMS) de usufruir de novas hipóteses de creditamento, por implicar aumento indireto de tributo, está sujeita ao princípio da anterioridade anual e nonagesimal.

COMENTÁRIOS

✪ **Nota dos autores:** mais uma questão em que a banca examinadora exige o conhecimento jurisprudencial. Nesse sentido, é importante o estudo das súmulas vinculantes, das súmulas de jurisprudência, das teses de repercussão geral e de recursos repetitivos, além do acompanhamento dos informativos divulgados pelos Tribunais Superiores.

a) A alternativa contraria a tese do tema 508 de repercussão geral, o que a deixa errada ("sociedade de economia mista, cuja participação acionária é negociada em Bolsas de Valores, e que, inequivocamente, está voltada à remuneração do capital de seus controladores ou acionistas, **não está abrangida pela regra de imunidade tributária** prevista no art. 150, VI, 'a', da Constituição, unicamente em razão das atividades desempenhadas").

b) **Alternativa correta**. A alternativa reproduz o tema 1140 de repercussão geral e, portanto, deve ser assinalada ("as empresas públicas e as sociedades de economia mista delegatárias de serviços públicos essenciais, que não distribuam lucros a acionistas privados nem ofereçam risco ao equilíbrio concorrencial, são beneficiárias da imunidade tributária recíproca prevista no artigo

150, VI, a, da Constituição Federal, independentemente de cobrança de tarifa como contraprestação do serviço").

c) A tese do tema 1305 de repercussão geral apregoa que "o art. 4º da Emenda Constitucional 42/2003 validou os adicionais instituídos pelos Estados e pelo Distrito Federal para financiar os Fundos de Combate à Pobreza". Por sua vez, no julgamento da ADI 5.733, o STF apregoou que "a instituição do adicional de alíquota de ICMS, facultada pelo art. 82, § 1º, do ADCT, **não configura hipótese de relativização do referido princípio** [da anterioridade]". Logo, tal adicional de ICMS está sujeito ao Princípio da Anterioridade, o que deixa a alternativa errada.

d) A alternativa contraria o teor da súmula vinculante 57, que estende a aplicação da imunidade cultural aos *e-books,* o que a deixa errada ["A **imunidade tributária constante** do art. 150, VI, d, da CF/88 **aplica-se** à importação e comercialização, no mercado interno, do **livro eletrônico (e-book)** e dos suportes exclusivamente utilizados para fixá-los, como leitores de livros eletrônicos (e-readers), ainda que possuam funcionalidades acessórias"].

e) A alternativa contraria a tese do tema 382 de repercussão geral, o que a deixa errada ("a postergação do direito do contribuinte do ICMS de usufruir de novas hipóteses de creditamento, por não representar aumento do tributo, **não se sujeita à anterioridade nonagesimal** prevista no art. 150, III, c, da Constituição").

Gabarito: letra "b"

---

22. CONSULPAM – 2023 – TCM/PA – Auditor de Controle Externo

Com relação ao Sistema Tributário Nacional e as limitações do Estado em relação ao poder de tributar, assinale a alternativa INCORRETA.

a) É vedado cobrar imposto sobre templos de qualquer culto.

b) É vedado cobrar imposto sobre o patrimônio, a renda ou serviços dos partidos políticos.

c) É permitido à União instituir tributo que não seja uniforme em todo o território nacional, conforme distinções regionais.

d) É permitido aos serviços próprios e os inerentes objetivos da União, Estados, Distrito Federal e Municípios não terem cobrança de impostos sobre seus patrimônios, rendas ou serviços uns dos outros.

COMENTÁRIOS

Nota dos autores: atenção que para esta questão a exigência do examinador foi de que o candidato assinalasse a assertiva incorreta.

a) Trata-se de uma imunidade tributária conhecida como imunidade religiosa e está prevista no artigo 150, inciso VI, alínea "b" da CF/88.

b) Trata-se de uma imunidade tributária prevista no artigo 150, inciso VI, alínea "c" da CF/88, que alberga não somente os partidos políticos, mas também suas fundações, as entidades sindicais dos trabalhadores, as instituições de educação e de assistência social, sem fins lucrativos, atendidos os requisitos da lei.

c) Ao contrário do que constou, é vedado à União "instituir tributo que não seja uniforme em todo o território nacional ou que implique distinção ou preferência em relação a Estado, ao Distrito Federal ou a Município, em detrimento de outro, admitida a concessão de incentivos fiscais destinados a promover o equilíbrio do desenvolvimento sócio-econômico entre as diferentes regiões do País" (CF, art. 151, I).

d) Trata-se de uma imunidade tributária conhecida como imunidade recíproca e está prevista no artigo 150, inciso VI, alínea "a" da CF/88.

Gabarito: letra "c"

---

23. CONSULPAM – 2023 – TCM/PA – Auditor de Controle Externo

A vedação constitucional a respeito da instituição de impostos sobre patrimônio, renda e serviços entre os entes federativos, extensível, inclusive às autarquias, é classificada como:

a) Prescrição tributária.

b) Decadência tributária.

c) Imunidade tributária.

d) Isenção tributária.

COMENTÁRIOS

✪ **Nota dos autores:** a imunidade é uma exoneração tributária prevista na Constituição Federal, mediante normas que estabelecem situações em que é vedado às pessoas políticas exercerem suas competências tributárias. Imunidades constituem, outrossim, limitações constitucionais ao poder de tributar, embora possam ser vistas também como direito subjetivo do cidadão de não ser tributado nas situações constitucionalmente previstas.

a) e b) A prescrição e a decadência tributárias são hipóteses de extinção do crédito tributário previstas no artigo 156, inciso V, do CTN. A distinção básica entre decadência e prescrição está no fato de que o que decai é o direito da Fazenda Pública (de homologar o lançamento ou de constituir o crédito tributário de ofício) e o que prescreve é a ação de cobrança do tributo (execução fiscal).

c) **Alternativa correta.** A exoneração tributária prevista no texto constitucional é uma imunidade tributária. O enunciado da questão se refere à chamada "imunidade recíproca", prevista no artigo 150, inciso VI, alínea "a" da CF/88.

d) A isenção é hipótese de exclusão do crédito tributário (CTN, art. 175, I) que consiste na dispensa legal do pagamento do tributo (CTN, arts. 176 a 179). Portanto, na isenção, a pessoa política exerce a competência tributária instituindo o tributo, mas estabelece algumas situações, pessoas ou bens não alcançados pela regra de tributação em face da dispensa legal do pagamento do tributo.

Gabarito: letra "c"

24. CEBRASPE – 2023 – TCE/RJ – Procurador

Quanto ao crédito, à imunidade e ao lançamento tributários, julgue o próximo item.

Uma das espécies de imunidade tributária é o direito de todos os contribuintes à obtenção de certidões em repartições públicas, para defesa de direitos e esclarecimento de situações de interesse pessoal, sem que haja o pagamento de taxas.

COMENTÁRIOS

✪ **Nota dos autores:** a imunidade no âmbito do Direito Tributário é entendida como uma exoneração tributária prevista no texto constitucional.

Certo. No rol do artigo 5º da CF/88, que elenca os direitos e garantias fundamentais, está o inciso XXXIV, que assegura a todos "**independentemente do pagamento de taxas:** a) o direito de petição aos Poderes Públicos em defesa de direitos ou contra ilegalidade ou abuso de poder; b) a obtenção de certidões em repartições públicas, para defesa de direitos e esclarecimento de situações de interesse pessoal". Trata-se, como visto na nota dos autores, de uma exoneração tributária prevista no texto constitucional, portanto, uma imunidade tributária aplicável às taxas.

25. CEBRASPE – 2023 – TCE/RJ – Procurador

Em relação às fontes do direito tributário, ao crédito tributário e à legislação e às obrigações tributárias, julgue o item subsequente.

Ato com força de lei material, emitido pelo Poder Executivo federal, que instituir imposto sobre produtos industrializados só produzirá efeitos no exercício financeiro seguinte se houver sido convertido em lei até o último dia do ano em que foi editado.

COMENTÁRIOS

✪ **Nota dos autores:** o ato com força de lei material emitido pelo Poder Executivo federal é a medida provisória, disciplinada no artigo 62 da CF/88.

Errado. O §2º do artigo 62 da CF/88 prevê que "medida provisória que implique instituição ou majoração de impostos, **exceto** os previstos nos arts. 153, I, II, IV [IPI], V, e 154, II, só produzirá efeitos no exercício financeiro seguinte se houver sido convertida em lei até o último dia daquele em que foi editada". Observe que, como regra geral, a instituição de imposto por medida provisória só produzirá efeitos no exercício financeiro seguinte se houver sido convertida em lei até o último dia daquele ano em que foi editada. Entretanto, o próprio §2º estipula algumas exceções, entre elas a instituição ou majoração do IPI, imposto de competência federal previsto no artigo 153, inciso IV, da CF/88. Portanto, na hipótese de medida provisória que tenha instituído o IPI fundamentará a sua cobrança enquanto durar a sua vigência, mesmo que não tenha sido convertida em lei até o último dia do ano de sua edição.

26. CEBRASPE – 2023 – TCE/RJ – Procurador

Com base nos dispositivos da Constituição Federal de 1988 reunidos no título que trata da tributação e do orçamento, julgue o item a seguir.

A União, os estados, o Distrito Federal e os municípios graduam as contribuições de melhoria, assim como as contribuições sociais, de acordo com a capacidade contributiva de cada contribuinte.

COMENTÁRIOS

✪ **Nota dos autores:** o Princípio da Capacidade Contributiva é previsto na primeira parte do parágrafo primeiro do artigo 145 da CF/88, pelo qual "sempre que possível, **os impostos** terão caráter pessoal e serão graduados segundo a capacidade econômica do contribuinte".

Errado. Na literalidade do texto constitucional, o Princípio da Capacidade Contributiva é aplicável apenas à espécie tributária "imposto", e não às demais espécies, tais como as "contribuições de melhorias" e as "contribuições sociais", motivo pelo qual o item foi considerado errado pela banca examinadora.

27. CEBRASPE – 2023 – TCE/RJ – Procurador

Com base nos dispositivos da Constituição Federal de 1988 reunidos no título que trata da tributação e do orçamento, julgue o item a seguir.

As contribuições sociais criadas para o financiamento da seguridade social, quando forem modificadas por lei, deverão observar o princípio da anterioridade nonagesimal, não sendo aplicado a elas o princípio da anterioridade anual.

COMENTÁRIOS

✪ **Nota dos autores:** o parágrafo sexto do artigo 195 da CF/88 prevê que as contribuições sociais para financiamento da Seguridade Social "somente poderão ser exigidas após decorridos noventa dias da data da publicação da lei que as houver instituído ou modificado, não se lhes aplicando o disposto no art. 150, III, b".

Certo. O referido dispositivo constitucional apregoa que as contribuições sociais destinadas ao financiamento da Seguridade Social devem respeito ao Princípio da Anterioridade apenas e tão somente na sua vertente nonagesimal.

---

28. CEBRASPE – 2023 – TCE/RJ – Procurador

Com base nos dispositivos da Constituição Federal de 1988 reunidos no título que trata da tributação e do orçamento, julgue o item a seguir.

No caso de suas alíquotas serem aumentadas por ato do Poder Executivo, o imposto sobre operações financeiras (IOF), o imposto sobre importação (II) e o imposto sobre exportação (IE) deverão respeitar o princípio da anterioridade.

COMENTÁRIOS

✪ **Nota dos autores:** diante de seu caráter extrafiscal, ou seja, por não possuírem a finalidade precípua de arrecadar recursos aos cofres públicos, mas sim serem utilizados como instrumento regulatório, de intervenção estatal no contexto socioeconômico, os três impostos referidos no item (IOF, II e IE) sujeitam-se a amenizações ao Princípio da Legalidade (uma vez que suas alíquotas podem ser alteradas por ato do Poder Executivo, não demandando lei em sentido estrito), bem como são exceções ao Princípio da Anterioridade Tributária em sua dupla vertente, anual e nonagesimal.

Errado. Diante da previsão constitucional contida no artigo 150, §1º, os três impostos em questão (IOF, II e IE) são exceções ao Princípio da Anterioridade (anual e nonagesimal), já que se revestem da finalidade extrafiscal, como bem detalhado na nota dos autores.

---

29. CEBRASPE – 2023 – TCE/RJ – Procurador

A respeito do sistema tributário nacional, julgue o item a seguir.

É vedado ao estado do Rio de Janeiro firmar com a União renegociação de débito tributário que contenha cláusula para autorizar a dedução dos valores devidos dos montantes a serem repassados que estejam relacionados às respectivas cotas nos Fundos de Participação.

COMENTÁRIOS

✪ **Nota dos autores:** o artigo 160 da CF estipula que "é vedada a retenção ou qualquer restrição à entrega e ao emprego dos recursos atribuídos, nesta seção [Da repartição das receitas tributárias], aos Estados, ao Distrito Federal e aos Municípios, neles compreendidos adicionais e acréscimos relativos a impostos". Por sua vez, o seu parágrafo segundo, incluído pela EC 113/2021, prevê que "os contratos, os acordos, os ajustes, os convênios, os parcelamentos ou **as renegociações de débitos** de qualquer espécie, **inclusive tributários**, firmados pela **União com os entes federativos conterão cláusulas para autorizar a dedução** dos valores devidos dos montantes a serem repassados relacionados às respectivas cotas nos Fundos de Participação ou aos precatórios federais".

Errado. Ao contrário do que constou, as renegociações de débitos tributários entre a União e o Estado do Rio de Janeiro conterão sim cláusulas para autorizar a dedução de valores devidos dos montantes a serem repassados.

---

30. CONSULPAM – 2023 – TCM/PA – Técnico de Controle Externo

Tendo em vista as disposições tributárias constantes em nossa Constituição Federal de 1988, assinale a alternativa CORRETA.

a) Redução de base de cálculo, concessão de crédito presumido, anistia ou remissão, relativas a contribuições, poderão ser concedidas mediante decreto.

b) É vedado à União tributar a renda das obrigações da dívida pública dos Municípios.

c) Poderá ser atribuída ao sujeito passivo de obrigação tributária a condição de responsável pelo pagamento de imposto cujo fato gerador deva ocorrer posteriormente, vedada a restituição da quantia paga, caso não se realize o fato gerador presumido.

d) Os Estados poderão estabelecer diferença tributária entre bens e serviços, de qualquer natureza, em razão de sua procedência ou destino.

COMENTÁRIOS

✪ **Nota dos autores:** em regra, "qualquer subsídio ou isenção, redução de base de cálculo, concessão de crédito presumido, anistia ou remissão, relativos a impostos, taxas ou contribuições, só poderá ser concedido mediante lei específica, federal, estadual ou municipal, que regule exclusivamente as matérias acima enumeradas ou o correspondente tributo ou contribuição [...]" (CF, art. 150, §6º). Entretanto, o citado dispositivo ressalva expressamente o caso do ICMS, que, segundo o artigo 155, §2º, inciso XII, alínea "g", da CF, cabe à lei complementar "regular a forma como, mediante deliberação dos Estados e do Distrito Federal, isenções, incentivos e benefícios fiscais serão concedidos ou revogados". A Lei Complementar em questão é a 24/75 (recepcionada pela CF/88), que apregoa que os benefícios fiscais concernentes ao ICMS serão concedidos ou revogados nos termos de convênios celebrados e ratificados pelos Estados e pelo Distrito Federal.

a) De acordo com o artigo 150, §6º, da CF/88, em regra, "qualquer subsídio ou isenção, redução de base de cálculo, concessão de crédito presumido, anistia ou remissão, relativos a impostos, taxas ou contribuições, só poderá ser concedido mediante lei específica, federal, estadual ou municipal, que regule exclusivamente as matérias acima enumeradas ou o correspondente tributo ou contribuição (...)". Portanto, a alternativa está errada, já que previu a possibilidade da disciplina desses assuntos por decreto, quando a lei específica é de rigor.

b) **Alternativa correta.** O artigo 151, inciso II, da CF/88 prevê que é vedado à União "tributar a renda das obrigações da dívida pública dos Estados, do Distrito Federal e dos Municípios, bem como a remuneração e os proventos dos respectivos agentes públicos, em níveis superiores aos que fixar para suas obrigações e para seus agentes". Logo, a alternativa está correta por estar em sintonia com o referido dispositivo constitucional.

c) Na verdade, ao prever a substituição tributária no artigo 150, §7º, da CF/88, o texto constitucional estipula que "a lei poderá atribuir a sujeito passivo de obrigação tributária a condição de responsável pelo pagamento de imposto ou contribuição, cujo fato gerador deva ocorrer posteriormente, assegurada a imediata e preferencial restituição da quantia paga, caso não se realize o fato gerador presumido". Nesse sentido, é garantida constitucionalmente a restituição da quantia paga, na hipótese de não realização do fato gerador presumido, o que deixa a alternativa errada.

d) Ao contrário do que constou, "é vedado aos Estados, ao Distrito Federal e aos Municípios estabelecer diferença tributária entre bens e serviços, de qualquer natureza, em razão de sua procedência ou destino" (CF, art. 152).

Gabarito: letra "b"

---

31. (CESPE – Auditor TCE-PA – 2016) Em relação às limitações constitucionais ao poder de tributar e à atual jurisprudência do Supremo Tribunal Federal, julgue os itens seguintes.

Qualificado como garantia individual do contribuinte e, por conseguinte, como cláusula pétrea da Constituição Federal de 1988, o princípio da anterioridade não se aplica à norma jurídica que altera o prazo de recolhimento da obrigação tributária.

COMENTÁRIOS

✪ **Nota dos autores:** a importância do estudo da jurisprudência dos tribunais superiores é ressaltada no próprio enunciado.

A fixação do prazo de recolhimento de tributo não é matéria subordinada ao princípio da anterioridade. Nesse sentido, tem-se a Súmula Vinculante 50 (anterior Súmula 669 do STF): "Norma legal que altera o prazo de recolhimento da obrigação tributária não se sujeita ao princípio da anterioridade". Portanto, não fere o princípio da anterioridade a vigência imediata dos novos prazos de recolhimento. **CERTO**

---

32. (CESPE – Auditor TCE-PA – 2016) Em relação às limitações constitucionais ao poder de tributar e à atual jurisprudência do Supremo Tribunal Federal, julgue os itens seguintes.

A imunidade das entidades de assistência social sem fins lucrativos abrange seu patrimônio, sua renda e seus serviços. Assim, não incide o imposto sobre a propriedade predial e territorial urbana sobre imóvel de sua propriedade alugado a terceiros, ainda que os aluguéis não sejam revertidos a sua finalidade essencial.

COMENTÁRIOS

✪ **Nota dos autores:** a questão exige conhecimentos sobre as posições jurisprudenciais atuais dos Tribunais Superiores (no caso o STF), motivo pelo qual é importante o estudo das súmulas e dos informativos periodicamente disponibilizados pelos referidos tribunais.

A Súmula Vinculante 52 (anterior Súmula 724 do STF) estabelece que "ainda quando alugado a terceiros, permanece imune ao IPTU o imóvel pertencente a qualquer das entidades referidas pelo art. 150, VI, c, da CF, **desde que** o valor dos aluguéis seja aplicado nas atividades para as quais tais entidades foram constituídas". Observe que para fazer jus à imunidade, é de rigor que os aluguéis sejam aplicados às finalidades essenciais das citadas entidades. **ERRADO**

3. COMPETÊNCIA TRIBUTÁRIA E REPARTIÇÃO DAS RECEITAS TRIBUTÁRIAS

- CF, Título VI, Capítulo I e artigos 52, 62, 161, 177, 182 e 195;
- CTN, artigos 1º a 8º, 14, 16, 19 a 59, 63 a 67, 77 a 82 e Livro Segundo;
- Leis Complementares 24/75, 87/96, 101/00, 104/01, 105/01, 116/06 e 123/06;
- Lei de Introdução às Normas do Direito Brasileiro – Decreto-lei 4.657/42;

---

33. CONSULPAM – 2023 – TCM/PA – Técnico de Controle Externo

O Pará, como estado pertencente ao pacto federativo brasileiro, nos termos do Sistema Tributário

Nacional, NÃO possui competência para instituir o tributo abaixo. Assinale-o.

a) Impostos.

b) Empréstimo compulsório.

c) Taxa.

d) Contribuição de melhoria.

COMENTÁRIOS

✪ **Nota dos autores:** nos termos do artigo 148, da CF o empréstimo compulsório poderá ser instituído nas seguintes hipóteses: Inciso I: para atender às despesas extraordinárias decorrentes de calamidade pública, de guerra externa ou sua iminência. Inciso II: no caso de investimento público de caráter urgente e de relevante interesse nacional. Características: restituibilidade, caráter não vinculado e destinação específica do produto da arrecadação.

a) A competência tributária para o Pará instituir impostos está prevista no artigo 155 da CF/88.

b) **Alternativa correta.** A competência tributária para a instituição de empréstimos compulsórios é privativa da União, nos termos do artigo 148 da CF/88. Logo, o Pará não detém tal competência.

c) A competência tributária para o Pará instituir taxas está prevista no artigo 145, inciso II, da CF/88.

d) A competência tributária para o Pará instituir contribuições de melhoria está prevista no artigo 145, inciso III, da CF/88.

Gabarito: letra "b"

---

34. FGV – 2024 – TCE/PA – Auditor de Controle Externo

De acordo com a Constituição Federal de 1988 (CRFB/88), pertencem aos Municípios

a) cinquenta por cento do produto da arrecadação do imposto da União sobre renda e proventos de qualquer natureza, incidente na fonte sobre rendimentos pagos, a qualquer título, por eles, suas autarquias e pelas fundações que instituírem e mantiverem.

b) cinquenta por cento do produto da arrecadação do imposto do Estado sobre a propriedade de veículos automotores licenciados em seus territórios.

c) cem por cento do produto da arrecadação do imposto da União sobre a propriedade territorial rural, relativamente aos imóveis neles situados.

d) vinte por cento do produto da arrecadação do imposto que a União instituir no exercício da competência que lhe é atribuída pelo Art. 154, I, CRFB/88 (impostos não-cumulativos e que não tenham fato gerador ou base de cálculo próprios dos discriminados na Constituição).

e) cem por cento do produto da arrecadação de empréstimos compulsórios instituídos para atender despesas extraordinárias, decorrentes de calamidade pública ocorridas em seus territórios.

COMENTÁRIOS

✪ **Nota dos autores:** em nome do equilíbrio federativo, além da divisão das competências tributárias entre União, Estados, Distrito Federal e Municípios, a CF/88 também estabelece a repartição das receitas tributárias entre essas pessoas políticas (artigos 157 a 162).

a) Na verdade, a repartição de receitas de que trata tal alternativa é na ordem de 100% (totalidade), nos termos do artigo 158, inciso I, da CF/88.

b) **Alternativa correta**. O percentual de repartição da receita de IPVA é mesmo de 50% nos termos do artigo 157, inciso III, da CF/88.

c) Na verdade, em regra, a repartição de receitas do ITR é na ordem de 50%, nos termos do artigo 158, inciso II, da CF/88. Tal repasse poderá chegar à 100% (totalidade), caso o Município faça a opção por fiscalizar e cobrar o ITR, desde que não implique redução do imposto ou qualquer outra forma de renúncia fiscal (CF, art. 153, §4º, III).

d) Na verdade, o repasse de receitas tributárias do imposto de que trata a alternativa é destinada aos Estados e ao Distrito Federal, e não aos Municípios (CF, art. 157, II).

e) As receitas tributárias oriundas da arrecadação de empréstimos compulsórios não estão sujeitas à repartição, por ausência de disposição constitucional.

Gabarito: letra "b"

---

35. CEBRASPE – 2023 – TCE/MS – Procurador

Com o intuito de exaurir as competências tributárias previstas no texto constitucional, no exercício da competência supletiva ante a inexistência de lei complementar que verse sobre normas gerais, os estados podem editar leis estaduais, instituindo

I imposto sobre a propriedade de veículos automotores (IPVA).

II ITCMD, no caso de doação em que o doador tiver domicílio ou residência no exterior.

III ICMS, no caso de importação de mercadoria por pessoa física.

Assinale a opção correta.

a) Apenas o item I está certo.

b) Apenas o item II está certo.
c) Apenas os itens I e III estão certos.
d) Apenas os itens II e III estão certos.
e) Todos os itens estão certos.

COMENTÁRIOS

✪ **Nota dos autores:** a competência da União para estabelecer normas gerais em matéria tributária se encontra prevista no artigo 24, §1º, da CF/88. Porém, tal competência da União não exclui a competência suplementar dos Estados, uma vez que, inexistindo lei federal sobre normas gerais, os Estados exercerão a competência legislativa plena, para atender as suas peculiaridades (CF, art. 24, §§2º e 3º). Nesse caso, a superveniência de lei federal sobre normas gerais suspende a eficácia da lei estadual, no que lhe for contrário (CF, art. 24, §4º), lembrando que, em matéria tributária, as normas gerais estão reservadas à lei complementar e possuem caráter nacional (CF, art. 146, III). O STF, ao julgar a ADI 3.098, especificou que o "art. 24 da CF compreende competência estadual concorrente não cumulativa ou suplementar (art. 24, §2º) e competência estadual concorrente cumulativa (art. 24, §3º). Na primeira hipótese, existente a lei federal de normas gerais (art. 24, §1º), poderão os Estados e o Distrito Federal, no uso da competência suplementar, preencher os vazios da lei federal de normas gerais, a fim de afeiçoá-la às peculiaridades locais (art. 24, §2º); na segunda hipótese, poderão os Estados e o Distrito Federal, inexistente a lei federal de normas gerais, exercer a competência legislativa plena "para atender a suas peculiaridades" (art. 24, §3º). Sobrevindo a lei federal de normas gerais, suspende esta a eficácia da lei estadual, no que lhe for contrário (art. 24, §4º)".

Item I: em precedente do STF, restou consignado que "os Estados-membros estão legitimados a editar normas gerais referentes ao IPVA, no exercício da competência concorrente prevista no art. 24, § 3º, da Constituição do Brasil" (RE 414.259). Portanto, aliado ao explanado na nota dos autores, o IPVA pode ser instituído por lei estadual, mesmo inexistente a lei complementar de caráter nacional que lhe trace as normas gerais.

Item II: a tese do tema 825 de repercussão geral prevê que "**é vedado aos estados** e ao Distrito Federal instituir o ITCMD nas hipóteses referidas no art. 155, § 1º, III, da Constituição Federal sem a intervenção da lei complementar exigida pelo referido dispositivo constitucional". Vale ressaltar que a Emenda Constitucional 132/2023 ("Reforma Tributária"), em seu artigo 16, regulou a competência tributária para o ITCMD vinculado a situações envolvendo o exterior, até que a lei complementar seja promulgada.

Item III: a Lei Complementar 114/2002 alterou a Lei Kandir (LC 87/96) para prever a incidência do ICMS na importação de mercadoria também por pessoa física. Portanto, o item está errado, na medida que o enunciado se refere à edição de leis estaduais diante da ausência de lei complementar, quando, no caso do ICMS, há sim lei complementar vigente. Vale ressaltar também a tese do tema 1094 de repercussão geral, pela qual "I – Após a Emenda Constitucional 33/2001, é constitucional a incidência de ICMS sobre operações de importação efetuadas por pessoa, física ou jurídica, que não se dedica habitualmente ao comércio ou à prestação de serviços, devendo tal tributação estar prevista em lei complementar federal. II – As leis estaduais editadas após a EC 33/2001 e antes da entrada em vigor da Lei Complementar 114/2002, com o propósito de impor o ICMS sobre a referida operação, são válidas, mas produzem efeitos somente a partir da vigência da LC 114/2002".

Gabarito: letra "a"

---

36. CONSULPAM – 2023 – TCM/PA – Auditor de Controle Externo

Sobre o Sistema Tributário Nacional, conforme previsto na Constituição Federal, assinale a alternativa CORRETA.

a) Competem à União, em Território Federal, os impostos estaduais e, se o Território não for dividido em Municípios, cumulativamente, os impostos municipais; ao Distrito Federal cabem os impostos municipais.
b) Competem à União instituir impostos sobre operações relativas à prestação de serviços de comunicação.
c) Competem aos Estados instituir impostos sobre serviços de qualquer natureza, desde que definidos em Lei complementar.
d) Pertencem aos Estados vinte e cinco por cento do produto da arrecadação dos impostos Municipais sobre operações relativas à circulação de mercadorias e sobre prestações de serviços de transporte interestadual e intermunicipal.

✪ **Nota dos autores:** o artigo 147 da CF/88 estipula que "competem à União, em Território Federal, os impostos estaduais e, se o Território não for dividido em Municípios, cumulativamente, os impostos municipais; ao Distrito Federal cabem os impostos municipais".

a) **Alternativa correta**. Trata-se da reprodução na íntegra do teor do artigo 147 da CF/88 (vide nota dos autores).
b) Extrai-se do entendimento do teor do artigo 155, inciso II, da CF/88, que o imposto que incide sobre as prestações de serviços de comunicação é o ICMS, cuja competência tributária é privativa

dos Estados e do Distrito Federal (e não da União, como erroneamente constou).

c) Extrai-se do entendimento do teor do artigo 156, inciso III, da CF/88, que o imposto que incide sobre serviços de qualquer natureza é o ISS, cuja competência tributária é privativa dos Municípios (e não dos Estados, como erroneamente constou).

d) Extrai-se do entendimento do teor do artigo 155, inciso II, da CF/88, que o imposto que incide sobre as operações relativas à circulação de mercadorias e sobre prestações de serviços de transporte interestadual e intermunicipal é o ICMS, cuja competência tributária é privativa dos Estados e do Distrito Federal (e não dos Municípios, como erroneamente constou).

Gabarito: letra "a"

---

37. CEBRASPE - 2023 - TCE/RJ - Procurador

No que diz respeito à competência tributária, julgue o item seguinte.

As entidades privadas de serviço social e de formação profissional vinculadas ao sistema sindical têm capacidade tributária ativa para cobrar contribuições dos seus contribuintes.

COMENTÁRIOS

Nota dos autores: embora a competência tributária seja absolutamente indelegável, a capacidade tributária ativa, entendida como as prerrogativas de arrecadar ou fiscalizar tributos, é delegável, ou seja, pode ser conferida por uma pessoa jurídica de direito público a outra (CTN, art. 7º).

Certo. O parágrafo terceiro do artigo 7º do CTN estipula que "não constitui delegação de competência o cometimento, a pessoas de direito privado, do encargo ou da função de arrecadar tributos".

---

38. CEBRASPE - 2023 - TCE/RJ - Procurador

No que diz respeito à competência tributária, julgue o item seguinte.

Em virtude da competência residual atribuída à União pela Constituição Federal de 1988, o imposto sobre grandes fortunas ainda carece de regulamentação por meio de lei complementar.

COMENTÁRIOS

Nota dos autores: a competência residual para instituição de impostos não previstos na CF/88 é exclusiva da União, requer lei complementar e tais impostos deverão ser não-cumulativos, além de não apresentarem fato gerador ou base de cálculo próprios dos discriminados na Carta Constitucional (CF, art. 154, I).

Errado. O imposto sobre grandes fortunas – IGF é de competência tributária da União, nos termos do artigo 153, inciso VII, da CF/88. Essa competência é privativa da União, embora o referido imposto ainda não tenha sido instituído, não se tratando, portanto, da competência residual. Ainda, a instituição do IGF está reservada à lei complementar (CF, art. 153, VII).

---

39. CEBRASPE - 2023 - TCE/RJ - Procurador

No que diz respeito à competência tributária, julgue o item seguinte.

As funções de arrecadar ou fiscalizar tributos e de executar leis, serviços, atos ou decisões administrativas em matéria tributária são delegáveis a uma pessoa jurídica de direito privado, desde que o ente público renuncie expressamente a esta função nos termos do Código Tributário Nacional, porém tal atribuição pode ser revogada a qualquer momento por quem a conceder.

COMENTÁRIOS

Nota dos autores: o artigo 7º do CTN prevê que a "a competência tributária é indelegável, salvo atribuição das funções de arrecadar ou fiscalizar tributos, ou de executar leis, serviços, atos ou decisões administrativas em matéria tributária, conferida por uma pessoa jurídica de direito público a outra (...)"

Errado. De acordo com o *caput* do artigo 7º do CTN reproduzido na nota dos autores, a delegação de tais atribuições só é permitida a outra pessoa jurídica de direito público, e não de direito privado, como erroneamente constou.

---

40. CEBRASPE - 2023 - TCE/RJ - Procurador

No que diz respeito à competência tributária, julgue o item seguinte.

No caso da competência cumulativa, a União tem a competência tributária para cobrar os impostos estaduais e, se o território não for dividido em municípios, os impostos municipais.

COMENTÁRIOS

Nota dos autores: o artigo 147 da CF/88 prevê que "competem à União, em Território Federal, os impostos estaduais e, se o Território não for dividido em Municípios, cumulativamente, os impostos municipais; ao Distrito Federal cabem os impostos municipais".

Certo. O item é condizente com o teor da primeira parte do artigo 147 da CF/88, reproduzido na nota dos autores.

---

41. CEBRASPE - 2023 - TCE/RJ - Procurador

No que diz respeito à competência tributária, julgue o item seguinte.

Os municípios não têm competência concorrente para legislar sobre matéria tributária, porque somente legislam sobre matéria de interesse local, podendo, ainda, suplementar as legislações federal e estadual no que couber.

COMENTÁRIOS

✪ **Nota dos autores:** o artigo 30 e incisos I e II da CF/88 estipulam que "compete aos Municípios: I – legislar sobre assuntos de interesse local; II – suplementar a legislação federal e a estadual no que couber".

Certo. De acordo com o teor do artigo 24, inciso I, da CF/88, a competência para legislar sobre Direito Tributário é concorrente entre a União, os Estados e o Distrito Federal, não havendo previsão de participação dos Municípios nesse sentido. De outro lado, nos termos dos incisos I e II do artigo 30 da CF/88, reproduzido na nota dos autores, os Municípios tem competência para legislar sobre assuntos de interesse local, bem como para suplementar a legislação federal e estadual no que couber.

42. FCC – 2022 – TCE/GO – Analista de Controle Externo

Considere que o Estado de Goiás pretenda alterar a regra vigente para repartição, entre os municípios, do produto da participação municipal nas receitas provenientes da arrecadação de ICMS. À luz das disposições constitucionais aplicáveis à matéria, tal desiderato

a) depende de aprovação de emenda à Constituição, descabendo dispor, por norma infraconstitucional, acerca de rateio do produto destinado aos municípios, que deve observar a regra de proporcionalidade em relação ao quociente populacional.

b) pode ser alcançado com a edição de lei complementar estadual, que deve, contudo, destinar 25% do produto da arrecadação à equalização de desigualdades regionais, privilegiando municípios com menores índices de desenvolvimento socioeconômico.

c) afigura-se inviável até 2028, que é o ano previsto pela Constituição Federal para revisão dos percentuais estabelecidos, a partir da nova verificação de indicadores populacionais e socioeconômicos.

d) pode ser alcançado com a reclassificação, por ato do Chefe do Executivo, dos municípios de acordo com a ponderação de valor adicionado nas operações e os demais critérios demográficos e econômicos previstos na Constituição.

e) afigura-se possível em relação a 35% do referido produto, mediante lei estadual, observada a distribuição de, no mínimo, 10 pontos percentuais com base em indicadores de melhoria nos resultados de aprendizagem e de aumento da equidade, considerado o nível socioeconômico dos educandos.

COMENTÁRIOS

✪ **Nota dos autores:** e Em geral, o ente tributante que institui e arrecada determinado tributo fica com o produto de sua arrecadação. Entretanto, com fundamento no pacto federativo, a CF traz uma série de situações em que o ente tributante que institui e arrecada o tributo deve repassar parte do numerário arrecadado a outro, que são as chamadas repartições de receitas tributárias e estão disciplinadas entre os artigos 157 e 162 do texto constitucional. De acordo com o artigo 158, inciso IV, alínea "a" da CF, pertencem aos Municípios 25% do produto da arrecadação estadual com o ICMS. O parágrafo primeiro do mesmo artigo estipula os critérios de repartição, sendo 65% no mínimo, na proporção do valor adicionado nas operações relativas à circulação de mercadorias e nas prestações de serviços, realizadas nos respectivos territórios municipais (inciso I) e até 35% de acordo com o que dispuser lei estadual, observada, obrigatoriamente, a distribuição de, no mínimo, 10% com base em indicadores de melhoria nos resultados de aprendizagem e de aumento da equidade, considerado o nível socioeconômico dos educando (inciso II).

a) Diferentemente do que constou, como bem-visto na nota dos autores, não é necessária a aprovação de uma emenda constitucional para alterar a regra vigente no Estado de Goiás para repartição, cabendo dispor por norma infraconstitucional (lei estadual) de até 35% do peso do índice de repartição.

b) Inexiste a reserva constitucional para que tal assunto seja disciplinado por lei complementar estadual. Outro equívoco da alternativa diz respeito à obrigatoriedade de destinação de 25% do produto da arrecadação à equalização de desigualdades regionais, que, como visto na nota dos autores, também é inexistente.

c) Não há no texto constitucional uma previsão para revisão dos percentuais dos critérios de repartição do ICMS, motivo pelo qual a alternativa está errada.

d) Não há previsão constitucional para alteração, por ato do Chefe do Poder Executivo, do índice de participação dos Municípios na repartição da arrecadação do ICMS, o que já deixa a alternativa errada.

e) **Alternativa correta**. O texto da alternativa é condizente com o teor do artigo 158, §1º, inciso II, da CF, na redação dada pela Emenda Constitucional 108/2020 e reproduzido na nota dos autores.

Gabarito: letra "e"

43. (Cespe – Analista de Controle Externo – Direito – TCE – MG/2018) Um estado da Federação atribuiu a função de arrecadar tributos de sua competência a ente privado.

Considerando-se essa situação hipotética bem como a doutrina e o Código Tributário Nacional (CTN), é correto afirmar que o tribunal de contas local deverá julgar que o referido ato foi

a) legal, porque se admite a transferência da atribuição de arrecadar para entidade privada.
b) ilegal, mas a revogação do ato só poderá ser realizada bilateralmente para garantir a segurança jurídica.
c) ilegal, porque é vedada a delegação de competência tributária.
d) legal, porque o ente privado passou a ser sujeito ativo direto.
e) legal, porque o ente privado pode deter competência tributária.

COMENTÁRIOS

✪ Nota dos autores: embora a competência tributária seja absolutamente indelegável, a capacidade tributária ativa, entendida como as prerrogativas de arrecadar ou fiscalizar tributos, é delegável, ou seja, pode ser conferida por uma pessoa jurídica de direito público a outra (CTN, art. 7º).

Alternativa "a": correta, uma vez que, nos termos do artigo 7º, §3º do CTN, "não constitui delegação de competência o cometimento, a pessoas de direito privado, do encargo ou da função de arrecadar tributos". Esse dispositivo ampara, por exemplo, a arrecadação tributária por instituições financeiras privadas (os tributos em geral são recolhidos na rede bancária, que possui além de bancos públicos, bancos privados, e isso **não** implica em delegação da capacidade tributária ativa por pessoa jurídica de direito público para pessoa jurídica de direito privado).

Alternativas "b" e "c": incorretas, por apregoarem o ato como sendo ilegal, quando, ao contrário, como bem asseverado nos Comentários à alternativa "a", o ato foi legal, com fundamento no artigo 7º, §3º do CTN, retro reproduzido.

Alternativas "d" e "e": incorretas, uma vez que, inobstante corroborarem acertadamente quanto à legalidade do ato, equivocam-se quanto ao fundamento, pois o cometimento, a pessoas de direito privado, do encargo ou da função de arrecadar tributos, não constitui delegação de competência, tampouco transforma a pessoa jurídica de direito privado em sujeito ativo direto, já que este é sempre a pessoa jurídica de direito público, titular da competência para exigir o cumprimento da obrigação tributária (CTN, art. 119).

Alternativa correta: letra "a".

44. (CESPE – Auditor TCE-PA – 2016) Em uma federação como a brasileira, em que mesmo os municípios têm esfera própria de atribuições exercidas com autonomia, a Constituição trata do provimento de recursos aos vários entes políticos – no caso brasileiro, a União, os estados, o Distrito Federal e os municípios –, a fim de que cada qual possa atender aos respectivos dispêndios. Luciano Amaro. Direito tributário brasileiro. 21.ª ed. São Paulo: Saraiva, 2016, p. 115 (com adaptações).

Tendo como referência inicial o texto apresentado, julgue os itens a seguir, em relação à discriminação constitucional de rendas.

A instituição, pela União, da Contribuição Provisória sobre Movimentação Financeira (CPMF) decorre do exercício de sua competência residual. Para a sua instituição, exige-se a edição de emenda constitucional, uma vez que a hipótese de incidência desse tipo de contribuição não encontra previsão na Constituição Federal de 1988.

COMENTÁRIOS

✪ Nota dos autores: a CPMF foi uma contribuição provisória que, por força dos artigos 74 e 75 do ADCT da CF/88, durante vários anos, incidiu sobre movimentação ou transmissão de valores e de créditos e direitos de natureza financeira, destinando-se o produto da sua arrecadação ao financiamento de ações e serviços de saúde.

O artigo 195, §4º, da CF/88 disciplina a competência residual da União para a instituição de novas contribuições sociais para a seguridade social ("a lei poderá instituir outras fontes destinadas a garantir a manutenção ou expansão da seguridade social, obedecido ao disposto no art. 154, I"). Observe que o dispositivo normativo reproduzido apregoa a obediência ao artigo 154, inciso I, da Carta Constitucional, pelo qual a União poderá instituir "mediante lei complementar, impostos não previstos no artigo anterior, desde que sejam não cumulativos e não tenham fato gerador ou base de cálculo próprios dos discriminados nesta Constituição". Portanto, ao analisar a questão sob o ângulo da competência residual, uma nova contribuição social deve ser instituída por lei complementar, ser não cumulativa e não ter fato gerador ou base de cálculo próprios dos impostos previstos na CF/88. Por essa ótica, o item está errado ao apregoar a exigência de emenda constitucional. Agora, cabe a análise histórica da CPMF, cuja competência foi outorgada à União pela EC 12/96 ao introduzir o artigo 74 nos Atos das Disposições Constitucionais Transitórias, cujo parágrafo segundo explicitou a não aplicação à CPMF do teor do artigo 154, inciso I da CF/88, de maneira que a sua instituição por lei ordinária, com cumulatividade e com fato gerador inserido nos fatos geradores do IOF deixaram de ser obstáculos (a Lei 9.311/96 instituiu a CPMF). A EC 37/2002, que introduziu o artigo 84 aos ADCT, prorrogou a cobrança da CPMF até 31/12/2004. De lá até o momento da diagramação deste livro, não houve a edição de outra emenda constitucional prorrogando novamente a cobrança da CPMF. Logo, por esse enfoque histórico, a CPMF não estaria na competência residual da União, mas sim na competência privativa transitória (ADCT, art. 74), o que demandaria uma emenda constitucional para eventual nova prorrogação de sua cobrança, com consequente prorrogação da vigência da Lei ordinária 9.311/96. Daí porque também sob esse aspecto o item está errado (a competência da União não seria residual e a emenda constitucional tem o papel de prorrogar a cobrança e a vigência da lei instituidora, e não instituir a CPMF propriamente dito). **ERRADO**

O produto arrecadado pela União proveniente do imposto de renda é partilhado com os estados e municípios de forma indireta, por meio da instituição de fundos, qualificando-se como direito subjetivo dos entes federativos beneficiados.

COMENTÁRIOS

✪ **Nota dos autores:** a doutrina comumente classifica a repartição das receitas em direta e indireta. Entende-se a repartição direta como aquela que não perpassa por nenhum fundo ou por nenhuma intermediação, para onde os recursos vão e de lá são retornados aos entes federativos. Esse tipo de repetição não conta com a interferência de qualquer índice de forma a distribuir um valor maior a quem mais necessita e menor a quem menos necessita. Parte, portanto, de critérios meramente percentuais sem atentar a qualquer variação em virtude da maior ou menor necessidade do destinatário de recurso. A repartição indireta, por sua vez, demanda sempre que, ao ser repassado o recurso, analise-se alguns critérios, como o índice de produtividade, como se dá com parte do índice do ICMS, como o número de alunos matriculados, como se dá com o FUNDEB, como o Índice de Desenvolvimento Humano, como se dá para o FPM e o FPE, além do número populacional, dentre outros. Assim, a repartição indireta, na maioria das vezes, se dá por intermédio de um Fundo, que é uma mera individualização contábil destinando recursos a fins específicos, com o fim de organizar e permitir a repartição, na conformidade dos critérios estabelecidos. (In: LEITE, Harrison. *Manual de Direito Financeiro*. Salvador: Juspodivm, 2012, p. 151).

O imposto de renda é federal, portanto, está na competência tributária privativa da União. Tal imposto se sujeita às normas constitucionais de repartição de suas receitas tributárias. Essa repartição se dá de forma direta e também indireta (motivo pelo qual o item está errado, pois restringiu a partilha à modalidade indireta). A diferença entre repartição direta e indireta está na nota dos autores. A repartição direta tem previsão nos artigo 157, inciso I ("pertencem aos Estados e ao Distrito Federal o produto da arrecadação do imposto da União sobre renda e proventos de qualquer natureza, incidente na fonte, sobre rendimentos pagos, a qualquer título, por eles, suas autarquias e pelas fundações que instituírem e mantiverem") e 158, inciso I, ambos da CF/88 ("pertencem aos Municípios o produto da arrecadação do imposto da União sobre renda e proventos de qualquer natureza, incidente na fonte, sobre rendimentos pagos, a qualquer título, por eles, suas autarquias e pelas fundações que instituírem e mantiverem"). A repartição indireta do imposto de renda tem previsão no artigo 159, inciso I da CF/88 ("a União entregará do produto da arrecadação dos impostos sobre renda e proventos de qualquer natureza e sobre produtos industrializados, 50%, na seguinte forma: a) vinte e um inteiros e cinco décimos por cento ao Fundo de Participação dos Estados e do Distrito Federal; b) vinte e dois inteiros e cinco décimos por cento ao Fundo de Participação dos Municípios; c) três por cento, para aplicação em programas de financiamento ao setor produtivo das Regiões Norte, Nordeste e Centro-Oeste, através de suas instituições financeiras de caráter regional, de acordo com os planos regionais de desenvolvimento, ficando assegurada ao semiárido do Nordeste a metade dos recursos destinados à Região, na forma que a lei estabelecer; d) um por cento ao Fundo de Participação dos Municípios, que será entregue no primeiro decêndio do mês de dezembro de cada ano; e) um por cento ao Fundo de Participação dos Municípios, que será entregue no primeiro decêndio do mês de julho de cada ano; f) um por cento ao Fundo de Participação dos Municípios, que será entregue no primeiro decêndio do mês de setembro de cada ano"). **ERRADO**

A Constituição Federal de 1988 adotou o modelo de federalismo cooperativo, de modo que a autonomia financeira dos entes federativos é assegurada pela atribuição de competências tributárias e participação nas receitas tributárias arrecadadas de tributos de competência de outros entes.

COMENTÁRIOS

✪ **Nota dos autores:** "os tributos cuja receita seja distribuída, no todo ou em parte, a outras pessoas jurídicas de direito público pertencerá à competência legislativa daquela a que tenham sido atribuídos" (CTN, art. 6º). Em geral, o ente tributante que institui e arrecada determinado tributo fica com o produto de sua arrecadação. Entretanto, com fundamento no pacto federativo, a CF traz uma série de situações em que o ente tributante que institui e arrecada o tributo deve repassar parte do numerário arrecadado a outro, que são as chamadas repartições de receitas tributárias e estão disciplinadas entre os artigos 157 e 162 do texto constitucional. Portanto, as regras de repartição de receitas tributárias não constituem delegação da competência tributária.

A competência tributária (privativa, concorrente e compartilhada) permite aos entes federativos tributantes a arrecadação própria. Por sua vez, as normas constitucionais de repartição de receitas tributárias ensejam a participação recíproca dos entes em suas arrecadações tributárias. Nas palavras de José Afonso da Silva, "essa cooperação financeira entre as entidades autônomas da Federação, chamada *federalismo cooperativo*, integra a fisionomia do federalismo contemporâneo" (*Curso de Direito Constitucional positivo*. São Paulo: Malheiros, 2003, p. 707). Portanto, a competência tributária ao lado das repartições de receitas enseja a atuação conjunta e equilibrada dos entes federativos em vistas ao desenvolvimento, motivo pelo qual o item está correto. **CERTO**

4. LEGISLAÇÃO TRIBUTÁRIA

- CF, Título VI, Capítulo I e artigos 52, 62, 161, 177, 182 e 195;
- CTN, artigos 1º a 8º, 14, 16, 19 a 59, 63 a 67, 77 a 82 e Livro Segundo;
- Leis Complementares 24/75, 87/96, 101/00, 104/01, 105/01, 116/06 e 123/06;
- Lei de Introdução às Normas do Direito Brasileiro – Decreto-lei 4.657/42;

45. CEBRASPE – 2023 – TCE/MS – Procurador

Com base no Código Tributário Nacional (CTN), na CF e na jurisprudência dos tribunais superiores, assinale a opção correta a respeito da legislação tributária.

a) A legislação tributária compreende apenas as leis, os tratados e as convenções internacionais, os decretos e as normas complementares que versarem, exclusivamente, sobre tributos e relações jurídicas a eles pertinentes.

b) O princípio da legalidade deve ser observado linearmente na fixação das alíquotas de todos os tributos, não havendo exceção que justifique a disciplina via decreto do Poder Executivo.

c) A fixação da alíquota e a definição da base de cálculo do tributo, assim como a atualização monetária desta última, somente poderão ser realizadas por meio de lei.

d) A iniciativa legislativa que verse sobre matéria tributária, incluindo-se a revogação de benefício fiscal, pode ser formalizada tanto por meio do Poder Legislativo quanto por meio do Poder Executivo, comportando, neste último caso, a utilização de medida provisória.

e) A dispensa de penalidade decorrente do não cumprimento de obrigação tributária pode ser veiculada tanto em lei quanto em normas complementares.

COMENTÁRIOS

Nota dos autores: a expressão "legislação tributária" é definida no artigo 96 do CTN e "compreende as leis, os tratados e as convenções internacionais, os decretos e as normas complementares que versem, no todo ou em parte, sobre tributos e relações jurídicas a eles pertinentes". Já a expressão "normas complementares" (à legislação tributária) é definida no artigo 100 do CTN e compreende "os atos normativos expedidos pelas autoridades administrativas, as decisões dos órgãos singulares ou coletivos de jurisdição administrativa, a que a lei atribua eficácia normativa, as práticas reiteradamente observadas pelas autoridades administrativas e os convênios que entre si celebrem a União, os Estados, o Distrito Federal e os Municípios".

a) Para integrarem a ideia de "legislação tributária", as espécies normativas citadas na alternativa não precisam versar exclusivamente sobre tributos e relações tributárias, podendo, como visto na nota dos autores, versarem em parte sobre tais temáticas.

b) o Princípio da Legalidade Tributária apresenta mitigações. Excepcionalmente, é possível a alteração de carga tributária por ato do Poder Executivo, o que decorre de amenizações ao princípio da legalidade previstas na Constituição, relativas a tributos já antes instituídos por lei. São elas: (i) a alteração de alíquotas dos seguintes impostos extrafiscais: Imposto de Importação, Imposto de Exportação, Imposto Sobre Produtos Industrializados e Imposto sobre Operações Financeiras (CF, art. 153, § 1º); (ii) redução e restabelecimento da CIDE-combustível (CF, art. 177, § 4º, I, "b") e do ICMS-combustível monofásico (CF, art. 155, § 4º, IV, "c"). Portanto, a majoração de tributos por decreto ou outro ato normativo do Poder Executivo constitui uma exceção e não uma regra. E, nesse ponto, cabe acrescentar que essa faculdade dos entes federativos não é incondicional, dependendo de que sejam atendidas as condições e os limites estabelecidos em lei (CF, art. 153, § 1º).

c) Embora a fixação da alíquota e a definição da base de cálculo do tributo sejam, em regra, assuntos reservados à lei (princípio da tipicidade cerrada), a atualização do valor monetário da respectiva base de cálculo não constitui majoração de tributo e, assim, não demanda necessariamente a promulgação de uma lei (CTN, art. 97, §2º).

d) **Alternativa correta**. O tema 682 de repercussão geral apresenta a seguinte tese: "inexiste, na Constituição Federal de 1988, reserva de iniciativa para leis de natureza tributária, inclusive para as que concedem renúncia fiscal". Logo, diante da inexistência de reserva de iniciativa, os projetos de lei podem, de fato, ser propostos tanto por meio do Poder Legislativo quanto por meio do Poder Executivo. Como a revogação de benefício fiscal não é um assunto reservado à lei complementar, essa matéria pode vir a ser disciplinada por medida provisória (CF, art. 62, §1º, III).

e) De acordo com o artigo 97, inciso VI, do CTN, somente a lei pode estabelecer a "dispensa ou redução de penalidades". Logo, não cabe às normas complementares tal mister, o que deixa a alternativa errada.

Gabarito: letra "d"

---

46. CONSULPAM – 2023 – TCM/PA – Conselheiro

Concernente aos preceitos da Lei Complementar n.º 123/2006, assinale a alternativa CORRETA dentre os abaixo perfilados.

a) No Simples Nacional, é permitida a compensação tão somente de créditos para extinção de débitos para com o mesmo ente federado e relativos ao mesmo tributo.

b) É permitido o aproveitamento de créditos não apurados no Simples Nacional, inclusive de natureza não tributária, para extinção de débitos do Simples Nacional.

c) É admitida a cessão de créditos para extinção de débitos no Simples Nacional.

d) Na hipótese de a microempresa possuir filiais, o recolhimento dos tributos do Simples Nacional dar-se-á por intermédio de cada filial.

COMENTÁRIOS

✪ **Nota dos autores:** o Regime Especial Unificado de Arrecadação de Tributos e Contribuições devidos pelas Microempresas e Empresas de Pequeno Porte – Simples Nacional foi disciplinado pela LC 123/2006. O artigo 21 que trata do "recolhimento dos tributos devidos" na sistemática do Simples Nacional traz uma série de disciplinas quanto aos créditos.

a) **Alternativa correta**. É a reprodução *ipsis literis* do §11 do artigo 21 da LC 123/2006.

b) Ao contrário do que constou, é vedado o aproveitamento de créditos não apurados no Simples Nacional, inclusive de natureza não tributária, para extinção de débitos do Simples Nacional (LC 123/2006, art. 21, §9º).

c) Ao contrário do que constou, é vedada a cessão de créditos para extinção de débitos no Simples Nacional (LC 123/2006, art. 21, §13).

d) Diferente do que constou, na hipótese de a microempresa ou a empresa de pequeno porte possuir filiais, o recolhimento dos tributos do Simples Nacional dar-se-á por intermédio da matriz (LC 123/2006, art. 21, §1º).

Gabarito: letra "a"

---

47. CEBRASPE – 2023 – TCE/RJ – Procurador

Quanto ao crédito, à imunidade e ao lançamento tributários, julgue o próximo item.

Na aplicação da integração da legislação tributária, quando houver ausência de disposição expressa na lei, a autoridade fiscal poderá aplicar a equidade, de modo a resultar em desobrigação de pagamento de obrigação principal.

COMENTÁRIOS

✪ **Nota dos autores:** no caso da integração da norma tributária, o artigo 108 do CTN prevê a utilização, sucessivamente, dos seguintes critérios de integração: 1º) analogia; 2º) princípios gerais de direito tributário; 3º) princípios gerais de direito público; 4º) equidade. Como se vê, a autoridade competente deverá seguir na ordem (sucessivamente) um a um dos critérios do artigo 108 do CTN.

Errado. Nos termos do § 2º do artigo 108 do CTN, quanto à equidade, que pode ser entendida como "senso de Justiça" ou uma atenuação do rigor da norma escrita ao aplicá-la aos casos concretos, ela não poderá levar à dispensa do pagamento de tributo devido, o que deixa o item errado.

---

48. CEBRASPE – 2023 – TCE/RJ – Procurador

Em relação às fontes do direito tributário, ao crédito tributário e à legislação e às obrigações tributárias, julgue o item subsequente.

Cabe a lei complementar definir as alíquotas mínimas e máximas do imposto sobre serviços de qualquer natureza (ISSQN), bem como excluir da incidência desse tributo as exportações de serviços para o exterior.

COMENTÁRIOS

✪ **Nota dos autores:** o §3º do artigo 156 da CF/88 reserva à lei complementar, em matéria de ISSQN, três disciplinas (incisos I, II e III), quais sejam, a fixação de suas alíquotas máximas e mínimas, a exclusão da sua incidência exportações de serviços para o exterior e a regulamentação da forma e das condições como isenções, incentivos e benefícios fiscais serão concedidos e revogados.

Certo. O item contempla os conteúdos dos incisos I e II do §3º do artigo 156 da CF/88. É a Lei Complementar 116/2003 (e alterações posteriores) que exerceu esse papel.

---

49. CEBRASPE - 2023 - TCE/RJ - Procurador

Em relação às fontes do direito tributário, ao crédito tributário e à legislação e às obrigações tributárias, julgue o item subsequente.

Os tratados internacionais em matéria tributária, uma vez incorporados ao direito interno brasileiro, encontram-se, em regra, na mesma hierarquia das leis ordinárias, prevalecendo sobre a legislação interna infraconstitucional editada antes ou depois deles.

COMENTÁRIOS

✪ **Nota dos autores:** o artigo 98 do CTN estipula que "os tratados e as convenções internacionais revogam ou modificam a legislação tributária interna, e serão observados pela que lhes sobrevenha". Por sua vez, o STF já decidiu que "os tratados ou convenções internacionais, uma vez incorporados ao direito interno, situam-se nos mesmos planos de validade, de eficácia e de autoridade em que se posicionam as leis ordinárias, havendo, por consequência, entre estas e os atos de direito internacional público, mera relação de paridade normativa" (ADI 1.480).

Certo. O item se refere aos tratados internacionais em matéria tributária já incorporados ao direito interno brasileiro, o que faz prevalecer o entendimento do STF explicitado na nota dos autores, o que faz do item uma afirmação correta.

---

50. CEBRASPE - 2023 - TCE/RJ - Procurador

No que diz respeito à competência tributária, julgue o item seguinte.

O Poder Executivo federal, por deter o poder central, pode publicar ato com força de lei material para estabelecer normas gerais de direito tributário.

COMENTÁRIOS

✪ **Nota dos autores:** ao se referir a ato do Poder Executivo federal com força de lei material, o instrumento normativo referido é a medida provisória. O assunto "medida provisória" em matéria tributária vez ou outra permeia as provas de concursos públicos. O artigo 62 da CF/88 disciplina o tema. Possui doze parágrafos, todos incluídos pela Emenda Constitucional 32/2001. A nova redação dada ao citado artigo pela referida emenda extirpou uma das principais dúvidas que pairava sobre o tema, qual seja, o cabimento ou não da medida provisória como norma instituidora de tributos. Atualmente, o seu parágrafo segundo especifica o cabimento da medida provisória na função de instituir e majorar impostos.

Errado. É vedada a edição de medidas provisórias sobre matéria reservada a lei complementar (CF, art. 62, §1º, III). E o estabelecimento de normas gerais de direito tributário é uma matéria reservada a lei complementar, nos termos do artigo 146, inciso III, da CF.

---

51. (PUC/PR - TCE/MS - Auditor/2013) Relativamente às fontes do Direito Tributário, é

CORRETO afirmar que:

a) Medida provisória pode dispor sobre conflitos de competência, em matéria tributária, entre a União e os Municípios.
b) A medida provisória que aumentar a alíquota do imposto territorial rural (ITR) só produzirá efeitos no exercício financeiro seguinte se houver sido convertida em lei até o último dia daquele em que foi editada.
c) Em matéria tributária, de acordo com a Constituição Federal, compete à lei complementar instituir as limitações constitucionais ao poder de tributar.
d) Dada a urgência, a União pode, mediante medida provisória, instituir empréstimos compulsórios para atender a despesas extraordinárias decorrentes de guerra externa ou sua iminência. Entretanto, no caso de despesas extraordinárias decorrentes de calamidade pública, o veículo normativo exigido pela Constituição Federal é a lei complementar.
e) Relativamente ao ICMS, pode a lei ordinária definir seus contribuintes, dispor sobre substituição tributária e disciplinar o regime de compensação do imposto.

COMENTÁRIOS

✪ **Nota dos autores:** o assunto "medida provisória" em matéria tributária vez ou outra permeia as provas de concursos públicos. O artigo 62 da CF/88 disciplina o tema. Possui doze parágrafos, todos incluídos pela Emenda Constitucional 32/2001. A nova redação dada ao citado artigo pela referida emenda extirpou uma das principais dúvidas que pairava sobre o tema, qual seja, o cabimento ou não da medida provisória como norma instituidora de tributos. Atualmente, o seu parágrafo segundo especifica o cabimento da medida provisória na função de instituir e majorar impostos. Maiores detalhes nos Comentários a seguir.

Alternativa "a": incorreta. A disposição normativa sobre conflitos de competência em matéria tributária está reservada à lei complementar (CF, art.

146, I). Porém, nos termos do artigo 62, § 1°, inciso III, da CF/88, é vedada a edição de medida provisória quanto a matérias reservadas à lei complementar. Portanto, é incorreto afirmar que medida provisória pode dispor sobre conflitos de competência, em matéria tributária, entre a União e os Municípios.

Alternativa "b": dispõe o § 2º, do art. 62, da Constituição Federal, que medida provisória que implique instituição ou majoração de impostos (dentre eles o ITR), exceto os impostos de importação, exportação, sobre operações de câmbio, crédito, seguro e valores mobiliários, produtos industrializados e extraordinário, só produzirá efeitos no exercício financeiro seguinte, se houver sido convertida em lei até o último dia daquele em que foi editada.

Alternativa "c": incorreta. O texto dessa alternativa apresenta uma sutileza, capaz de levar o candidato a erro. Segundo a CF/88 (artigo 146, inciso II), cabe à lei complementar **regular** as limitações constitucionais ao poder de tributar. Observe que, no texto da alternativa, constou o verbo **instituir**. Na verdade, regular não é sinônimo de instituir. A própria CF/88 é que instituiu as limitações constitucionais ao poder de tributar (princípios e imunidades tributárias), cabendo à lei complementar regulá-las. Em suma, instituir as limitações constitucionais ao poder de tributar é papel da CF e não de lei complementar.

Alternativa "d": incorreta. O empréstimo compulsório constitui espécie tributária de competência exclusiva da União, a ser exercida sempre mediante lei complementar (CF, art. 148). Assim, nos termos do artigo 62, § 1°, inciso III, da CF/88, é vedada a edição de medida provisória quanto a matérias reservadas à lei complementar. Portanto, é incorreto afirmar que a União poderia instituir empréstimo compulsório por medida provisória.

Alternativa "e": incorreta. A definição dos contribuintes do ICMS e as disposições sobre substituição tributária e regimes de compensação são matérias reservadas à lei complementar (e não à lei ordinária), com fundamento no artigo 155, §2º, inciso XII, alíneas "a", "b" e "c" da CF/88.

Alternativa correta: letra "b".

5. OBRIGAÇÃO TRIBUTÁRIA E FATO GERADOR

- CF, Título VI, Capítulo I e artigos 52, 62, 161, 177, 182 e 195;
- CTN, artigos 1º a 8º, 14, 16, 19 a 59, 63 a 67, 77 a 82 e Livro Segundo;
- Leis Complementares 24/75, 87/96, 101/00, 104/01, 105/01, 116/06 e 123/06;
- Lei de Introdução às Normas do Direito Brasileiro – Decreto-lei 4.657/42;

52. FGV – 2024 – TCE/PA – Auditor de Controle Externo

Considerando que João é traficante internacional e tem, por conta da sua atividade ilícita, renda vultosa que é subtraída de sua declaração de imposto sobre a renda.

Sobre o caso descrito, é correto afirmar que

a) A definição do fato gerador deve ser interpretada considerando a validade jurídica atos praticados pelo João. Portanto, não incide imposto sobre a renda sobre os resultados econômicos decorrentes do tráfico de drogas.

b) Não é importante o caráter ilícito da atividade para fins de incidência do imposto sobre a renda, conforme estabelece o princípio do non olet. No entanto, não ocorreu, no caso descrito, o fato gerador do imposto.

c) A renda obtida pelo tráfico de drogas deve ser tributada, pois o que se tributa é o aumento patrimonial e não o próprio tráfico, sendo desimportante o caráter ilícito da atividade de João.

d) Trata-se de exoneração tributária dos resultados econômicos de fatos criminosos, pois o ato criminoso é punível, tão somente, na esfera criminal – crimes contra a ordem tributária.

e) A renda obtida pelo tráfico de drogas somente pode ser tributada se a fiscalização demonstrar a ilicitude penal da renda.

COMENTÁRIOS

✪ **Nota dos autores:** nos termos do artigo 118 do CTN, deve-se interpretar a definição legal do fato gerador independentemente da validade jurídica, natureza do objeto ou efeitos dos atos praticados (inciso I) ou dos fatos ocorridos (inciso II). Diante dessa regra, não obstante a previsão legal do fato gerador seja sempre de fatos lícitos, consideram-se válidos fatos geradores relacionados a atividades ilícitas, tais como o IPTU do imóvel onde funciona uma banca de "jogo de bicho" ou a renda obtida por um membro do crime organizado. Trata-se da aplicação do princípio do *non olet* ("o dinheiro não tem cheiro"). Em outras palavras, é possível a incidência de tributação sobre valores arrecadados em virtude de atividade ilícita, consoante o artigo 118 do CTN. Seria contraditório o não pagamento do imposto proveniente de ato ilegal, pois haveria locupletamento da própria torpeza em detrimento do interesse público da satisfação das necessidades coletivas, a qual se daria por meio da exação tributária (HC 94240, Rel. Min. Dias Toffoli, 23.8.2011. 1ª T, Info 637).

a) Ao contrário do que constou, nos termos do artigo 118, inciso I, do CTN, "a definição legal do fato gerador é interpretada **abstraindo-se** da validade jurídica dos atos efetivamente praticados pelos contribuintes, responsáveis, ou terceiros, bem como da natureza do seu objeto ou dos seus efeitos".

b) Embora o primeiro período da alternativa esteja correto, condizente com o princípio do *non olet* esmiuçado na nota dos autores, o erro revela-se na última parte de seu texto, uma vez que, diversamente do que constou, o acréscimo patrimonial de João revela-se fato gerador do imposto de renda, nos termos do artigo 43 do CTN.

c) **Alternativa correta.** A verdade é que João obteve um acréscimo patrimonial, que é fato gerador do imposto de renda (CTN, art. 43). Nesse sentido, a tributação é de rigor, inobstante a forma como obteve tal acréscimo patrimonial. Esse raciocínio é extraído da interpretação do artigo 118 do CTN, detalhado na nota dos autores, que prestigia o princípio do *non olet*, também esmiuçado na referida nota.

d) No campo tributário, as infrações podem ser distinguidas segundo o caráter administrativo e/ou penal. Nesse sentido, há infrações meramente administrativas, infrações que constituem crimes (penais) e aquelas que configuram condutas punidas tanto pela legislação tributária como pela legislação penal (administrativas e penais). A Súmula Vinculante 24, por exemplo, estipula que "não se tipifica crime material contra a ordem tributária, previstos no artigo 1°, incisos I a IV, da Lei 8.137/90, antes do lançamento definitivo do tributo", de forma a deixar claro que o momento de perquirição penal tem início somente após a constituição definitiva do crédito tributário pelo lançamento, lembrando, ainda, que, segundo o artigo 142 do CTN, ao elencar os requisitos do lançamento, coloca expressamente a propositura da "aplicação da penalidade cabível". Logo, a atividade de João é passível de tributação pelo imposto de renda (com imputação da multa tributária punitiva quando da constituição do crédito tributário) segundo o Direito Tributário, além de ser uma conduta considerada crime para o Direito Penal.

e) Na verdade, a fiscalização tributária está restrita à comprovação da ocorrência do fato gerador do imposto de renda previsto no artigo 43 do CTN, uma vez que sua atuação tem como baliza a legislação tributária, sendo a constituição do crédito tributário pelo lançamento de competência exclusiva das autoridades administrativas fiscais (CTN, art. 142).

Gabarito: letra "c"

53. CEBRASPE – 2022 – TCE/SC – Auditor Fiscal de Controle Externo

Julgue o item a seguir, considerando a hipótese de que contribuinte de ICMS do estado de Santa Catarina tenha decidido mudar a sede de seu estabelecimento com o objetivo de tornar a tributação menos onerosa para si.

Trata-se de hipótese de evasão fiscal lícita.

COMENTÁRIOS

✪ **Nota dos autores:** na temática "planejamento tributário" três institutos jurídicos ganham relevo: a elisão, a evasão e elusão fiscal. Considerado um planejamento tributário lícito, a elisão fiscal contempla todas as estratégias tributárias que visam reduzir ou postergar o pagamento de tributos e que estejam dentro das balizas previstas no ordenamento jurídico, com destaque para as opções fiscais, tais como a escolha de regimes tributários facultados pela legislação (por exemplo, o regime do imposto de renda pelo lucro real ou lucro presumido, cuja opção cabe a algumas pessoas jurídicas). Por sua vez, as estratégias tributárias que também têm o intuito de reduzir ou postergar o pagamento de tributos, mas que se valem de meios ilícitos (que infringem a legislação tributária), são consideradas evasões fiscais (por exemplo, a redução do faturamento oficial de uma pessoa jurídica por meio de vendas de mercadorias sem as respectivas emissões de documentos fiscais, culminando em menor recolhimento do ICMS e de IRPJ). Por fim, a elusão fiscal, também conhecida como elisão ineficaz ou abusiva, é também uma estratégia tributária para reduzir ou postergar o pagamento de tributo, por meio de dissimulação de negócios jurídicos, cuja finalidade é camuflar a ocorrência de fatos geradores tributários, valendo-se de um abuso de forma, o que dá uma aparência de licitude para um negócio artificial na sua essência (por exemplo, no intuito de não pagar o ITBI devido na transmissão onerosa de um imóvel da pessoa física A para a B, ambas constituem uma pessoa jurídica – em que A integraliza o capital com o imóvel e B com moeda corrente – e se valem da imunidade do ITBI na integralização de capital prevista no artigo 156, §2º, inciso I, da CF, para, tempos depois, extinguirem-na, restando ao final, o imóvel para a pessoa física B e o dinheiro com a pessoa física A).

Errado. Como visto na nota dos autores, a evasão fiscal é uma espécie de planejamento tributário ilícito (e não lícito, como erroneamente constou).

54. CEBRASPE – 2022 – TCE/SC – Auditor Fiscal de Controle Externo

Julgue o item a seguir, considerando a hipótese de que contribuinte de ICMS do estado de Santa Catarina tenha decidido mudar a sede de seu estabelecimento com o objetivo de tornar a tributação menos onerosa para si.

A situação tributária menos onerosa abarcará os fatos geradores anteriores à mudança de sede do estabelecimento.

COMENTÁRIOS

✪ **Nota dos autores:** vide última nota dos autores.

Errado. O lançamento tributário reporta-se à data da ocorrência do fato gerador e rege-se pela lei então vigente, ainda que posteriormente modificada ou revogada (CTN, art. 144). Logo, a nova tributação menos onerosa somente ocorrerá a partir da mudança da sede do estabelecimento, com os fatos geradores ocorridos a partir de então.

55. CEBRASPE – 2022 – TCE/SC – Auditor Fiscal de Controle Externo

Julgue o item a seguir, considerando a hipótese de que contribuinte de ICMS do estado de Santa Catarina tenha decidido mudar a sede de seu estabelecimento com o objetivo de tornar a tributação menos onerosa para si.

Caso o contribuinte faça tal mudança mediante meios lícitos, ela será considerada planejamento tributário ou elisão fiscal eficaz e regular.

COMENTÁRIOS

✪ **Nota dos autores:** vide penúltima nota dos autores.

Certo. De fato, a elisão fiscal contempla todas as estratégias tributárias que visam reduzir ou postergar o pagamento de tributos e que estejam dentro das balizas previstas no ordenamento jurídico. Portanto, a elisão fiscal é um planejamento tributário lícito.

56. (Cespe – Analista de Controle Externo – Direito – TCE – MG/2018) Um auditor de contas verificou que determinados municípios estavam deixando de auferir receita de ITBI em operações nas quais imóveis eram incorporados ao patrimônio de pessoas jurídicas, mas para uso próprio de particulares, o que ocorria com a finalidade de dissimular a ocorrência do fato gerador do tributo.

Nessa situação hipotética, de acordo com o CTN,

a) não será possível realizar a exação do ITBI, haja vista a inocorrência do fato gerador.

b) somente decisão judicial poderá desconsiderar o negócio jurídico e determinar a exação tributária.

c) a decisão judicial não poderá desconsiderar o referido negócio jurídico em respeito ao ato jurídico perfeito.

d) a autoridade administrativa poderá desconsiderar o referido negócio jurídico e realizar a exação tributária.

e) não há previsão legal para a autoridade administrativa desconsiderar o negócio jurídico realizado.

COMENTÁRIOS

✪ **Nota dos autores:** a norma antielisão, como é popularmente conhecido o parágrafo único do artigo 116 do CTN, estabelece que a "autoridade administrativa poderá desconsiderar atos ou negócios jurídicos praticados com a finalidade de dissimular a ocorrência do fato gerador do tributo ou a natureza dos elementos constitutivos da obrigação tributária, observados os procedimentos a serem estabelecidos em lei ordinária".

Alternativa "a": incorreta, pois o negócio jurídico relatado no enunciado (incorporação de imóveis ao patrimônio de pessoas jurídicas – que a princípio seria imune de ITBI) teve o condão de dissimular a ocorrência do fato gerador do ITBI, uma vez que, os imóveis tinham de fato uso próprio por particulares. Nesse sentido, o negócio jurídico poderá ser desconsiderado pela autoridade administrativa com vistas à exigência do ITBI, com fundamento no parágrafo único do artigo 116 do CTN reproduzido na nota dos autores.

Alternativas "b" e "c": incorretas, pois a norma antielisão reproduzida na nota dos autores não suscita a necessidade de ordem judicial, tampouco considera atos jurídicos perfeito aqueles praticados com a finalidade de dissimular a ocorrência do fato gerador do tributo.

Alternativa "d": correta, com fundamento na norma antielisão reproduzida na nota dos autores.

Alternativa "e": incorreta, haja vista o teor do parágrafo único do artigo 116 do CTN reproduzido na nota dos autores.

Alternativa correta: letra "d".

57. (CESPE/Unb – TCE/ES – Analista Administrativo – Direito /2013) Considere que a secretaria de fazenda estadual tenha exigido que todos os contribuintes de ICMS tivessem emissores de cupom fiscal em seus estabelecimentos. Durante a fiscalização do cumprimento dessa determinação, vários estabelecimentos foram multados. Com base nessa situação hipotética, assinale a opção correta acerca de obrigação tributária.

a) A multa é obrigação principal apenas quando não paga pelo contribuinte.

b) A obrigação principal sempre está vinculada a uma prestação positiva ou negativa por parte do contribuinte.

c) A multa é uma obrigação acessória.

d) A obrigação do contribuinte de ter a máquina de cupom fiscal é obrigação tributária principal.

e) A multa como penalidade pecuniária é considerada obrigação principal.

COMENTÁRIOS

✪ **Nota dos autores:** as obrigações são classificadas quanto à natureza em (i) obrigações de dar; (ii) de fazer ou (iii) de não fazer. A obrigação tributária é classificada como principal e acessória. A principal surge com a ocorrência do fato gerador, tem por objeto o pagamento de tributo ou penalidade pecuniária e extingue-se juntamente com o crédito dela decorrente (CTN, art. 113, § 1º), ou seja, possui natureza de dar (pagar tributo). Já a acessória decorre da legislação tributária e tem por objeto as prestações, positivas ou negativas, nela previstas no interesse da arrecadação ou da fiscalização dos tributos (CTN, art. 113, § 2º), ou seja, possui natureza de fazer (prestações positivas) ou não fazer (prestações negativas). Exemplo: recolher o IRPF é o objeto da obrigação tributária principal e apresentar a declaração de ajuste anual de Imposto de Renda da pessoa física é uma obrigação tributária acessória.

Alternativas "a" e "c": incorretas. Como visto nos Comentários à alternativa "e", segundo o artigo 113, § 3º do CTN, a obrigação acessória, pelo simples fato da sua inobservância, converte-se em obrigação principal relativamente à penalidade pecuniária, ou seja, uma obrigação tributária acessória (como por exemplo a exigência de utilização de emissores de cupons fiscais pelo estabelecimento), caso não observada/adimplida (o contribuinte deixou de atende-la no prazo), transforma-se em principal (obrigação de dar), culminando na exigência da penalidade pecuniária (pagar a multa). Logo, no caso em análise, a multa é uma obrigação tributária principal, decorrente do descumprimento da obrigação acessória de instalar aparelhos emissores de cupons fiscais.

Alternativa "b": incorreta. Como visto na nota dos autores, é a obrigação tributária acessória (e não a principal) que está vinculada a uma prestação positiva ou negativa por parte do contribuinte.

Alternativa "d": incorreta. A obrigação do contribuinte de ter a máquina de cupom fiscal não é obrigação tributária principal, mas sim acessória, haja vista que consiste numa prestação positiva prevista na legislação tributária, de interesse da arrecadação e da fiscalização de tributos.

Alternativa "e": segundo o artigo 113, § 3º do CTN, a obrigação acessória, pelo simples fato da sua inobservância, converte-se em obrigação principal relativamente à penalidade pecuniária. Assim, a multa como penalidade pecuniária (sanção pelo descumprimento da obrigação tributária acessória de obrigatoriedade de adoção de equipamento emissor de cupom fiscal) é de fato uma obrigação tributária principal.

Alternativa correta: letra "e".

6. SUJEITOS (ATIVO E PASSIVO), RESPONSABILIDADE, CAPACIDADE E DOMICÍLIO TRIBUTÁRIO

- CF, Título VI, Capítulo I e artigos 52, 62, 161, 177, 182 e 195;
- CTN, artigos 1º a 8º, 14, 16, 19 a 59, 63 a 67, 77 a 82 e Livro Segundo;
- Leis Complementares 24/75, 87/96, 101/00, 104/01, 105/01, 116/06 e 123/06;
- Lei de Introdução às Normas do Direito Brasileiro – Decreto-lei 4.657/42;
- Lei de Falências – 11.101/2005;

58. FGV – 2024 – TCE/PA – Auditor de Controle Externo

Considere a seguinte situação hipotética:

Maria e José eram sócios-administradores da pessoa jurídica XYZ Ltda.

Em 2022, Maria alienou regularmente a totalidade de suas quotas a João, e se retirou da administração da sociedade. João e José passaram a ser os únicos administradores da pessoa jurídica XYZ Ltda. desde então.

Em 2023, a fazenda estadual ajuizou execução fiscal em face da pessoa jurídica XYZ Ltda., visando à cobrança de ICMS de 2021 a 2022, quando Maria e José eram administradores da empresa.

Como o oficial de justiça não conseguiu citar a empresa executada, pois não estava mais funcionando no local de domicílio fiscal informado às autoridades públicas, foi deferida a inclusão no polo passivo da execução de Maria, José e João.

Sobre o caso, a jurisprudência e a legislação em vigor atribuem a responsabilidade tributária a

a) João, Maria e José.

b) Maria e José, apenas.

c) José, apenas.

d) José e João, apenas.

e) Maria e João, apenas.

COMENTÁRIOS

✪ **Nota dos autores:** o STJ consolidou que a dissolução irregular de sociedade acarreta a responsabilidade pessoal do sócio-gerente pelos débitos da empresa, implicando no redirecionamento da execução fiscal a ele. É o caso da Súmula 435 do STJ ("Presume-se dissolvida irregularmente a empresa que deixar de funcionar no seu domicílio fiscal, sem comunicação aos órgãos competentes, legitimando o redirecionamento da execução fiscal para o sócio-gerente"). Cabe ressaltar, ainda, que "o redirecionamento da execução fiscal aos sócios-gerentes, no caso de dissolução irregular da sociedade empresária, necessita da verificação de 'quem ocupava o posto de gerente no momento da dissolução' e da verificação de que aquele responsável pela dissolução tenha sido também, simultaneamente, o detentor da gerência na oportunidade do vencimento do tributo" (STJ, EDcl no AgRg no Resp 1.153.339 – SP).

d) **Alternativa correta**. A responsabilidade tributária pode ser atribuída apenas a José e a João, pois ambos eram sócios-administradores quando se manifestou a presumida dissolução irregular da pessoa jurídica XYZ Ltda (Súmula 435 do STJ), bem como ambos detinham a gerência na oportunidade do vencimento do tributo (2022).

Demais alternativas) As demais alternativas estão incorretas por apresentarem arranjos para a responsabilidade tributária diversos ao de José e João, única combinação condizente com a jurisprudência dos tribunais superiores exposta na nota dos autores.

Gabarito: letra "d"

59. FGV – 2024 – TCE/PA – Auditor de Controle Externo

Considere a seguinte situação hipotética: a Fazenda Pública do Estado X ajuíza execução fiscal em face da pessoa jurídica Y, em razão do não pagamento de IPVA de veículos de sua propriedade, e de seu administrador João, por ter agido com excesso de poderes.

No caso descrito, a Fazenda Pública do Estado X, a pessoa jurídica Y e João são, na relação jurídico-tributária, respectivamente,

a) sujeito passivo, sujeito ativo contribuinte e sujeito ativo responsável tributário.
b) sujeito ativo, sujeito passivo responsável tributário e sujeito passivo contribuinte.
c) sujeito ativo, sujeito passivo responsável tributário solidário e sujeito passivo responsável subsidiário.
d) sujeito ativo, sujeito passivo contribuinte e sujeito passivo responsável tributário.
e) sujeito passivo, sujeito ativo responsável tributário e sujeito ativo contribuinte.

COMENTÁRIOS

✪ **Nota dos autores:** o sujeito ativo da relação tributária é a pessoa política titular da competência para exigir o cumprimento da obrigação tributária (CTN, art. 119), ou seja, é o credor com capacidade para constituir o crédito tributário, promover sua inscrição em dívida ativa e ajuizar a respectiva execução fiscal. A sujeição passiva está disciplinada no artigo 121 do CTN. O sujeito passivo da obrigação principal é a pessoa obrigada ao pagamento do tributo ou da penalidade pecuniária e diz-se contribuinte ou responsável. O contribuinte tem relação pessoal e direta com a situação que constitua o fato gerador. Já o responsável, que não se reveste da situação de contribuinte, tem a obrigação decorrente de disposição expressa em lei.

d) **Alternativa correta.** De acordo com os fundamentos detalhados na nota dos autores, a Fazenda Pública do Estado X é considerada sujeito ativo na relação jurídico-tributária, figurando como credora, haja vista que é a titular da competência para exigência do IPVA (CTN, art. 119). Por sua vez, a pessoa jurídica Y é contribuinte do IPVA, uma vez que, por ser proprietária dos veículos, mantém relação pessoal e direta com a situação que constitui o fato gerador do IPVA, qual seja, a propriedade de veículos automotores (CTN, art. 121, parágrafo único, I). Por fim, ainda na sujeição passiva, João se reveste da figura de responsável tributário, diante da expressa previsão legal nesse sentido, a saber, o artigo 135, inciso III, do CTN, que apregoa que "são pessoalmente responsáveis pelos créditos correspondentes a obrigações tributárias resultantes de atos praticados com **excesso de poderes** ou infração de lei, contrato social ou estatutos, os diretores, **gerentes** ou representantes de pessoas jurídicas de direito privado".

Demais alternativas) As demais alternativas estão incorretas por subverterem a respectiva ordem das sujeições relativas à Fazenda Pública do Estado X, à pessoa jurídica Y e ao João, devendo prevalecer aquela expressa na alternativa "d" (sujeito ativo, sujeito passivo contribuinte e sujeito passivo responsável tributário).

Gabarito: letra "d"

60. FGV – 2024 – TCE/PA – Auditor de Controle Externo

João é sócio e administrador da pessoa jurídica ABC Ltda.

A fazenda pública, ao verificar que a referida pessoa jurídica deixou de pagar o tributo no prazo legal, ajuizou execução fiscal em face da pessoa jurídica. Na tentativa de citação, verificou-se que a pessoa jurídica não estava funcionando no local de seu domicílio fiscal, sem comunicação aos órgãos competentes.

Sobre a hipótese, é correto afirmar que

a) João não pode responder pessoalmente pelo crédito tributário, pois não é diretor ou gerente da pessoa jurídica.
b) João pode responder pessoalmente pelo crédito tributário, pois o mero inadimplemento da obrigação tributária pelo contribuinte gera, por si só, a responsabilidade do sócio administrador.

c) João não pode responder pessoalmente pelo crédito tributário, pois não houve violação ao contrato social da pessoa jurídica.

d) João pode responder pessoalmente pelo crédito tributário, visto que restou presumida a dissolução irregular da pessoa jurídica.

e) João somente pode responder pessoalmente pelo crédito tributário se a fazenda pública demonstrar que ele agiu com excesso de poderes.

COMENTÁRIOS

✪ **Nota dos autores:** a resolução da questão demanda o conhecimento do teor da Súmula 435 do STJ ("Presume-se dissolvida irregularmente a empresa que deixar de funcionar no seu domicílio fiscal, sem comunicação aos órgãos competentes, legitimando o redirecionamento da execução fiscal para o sócio-gerente"), denotando a importância do estudo jurisprudencial no Direito Tributário.

a) Ao contrário do que constou, segundo o enunciado, João é sim sócio e administrador da pessoa jurídica ABC Ltda e, diante da dissolução irregular nos termos da Súmula 435 do STJ reproduzida na nota dos autores, existe sim a possiblidade de responder pelo crédito tributário em questão.

b) Na verdade, a situação relatada no enunciado não é de mero inadimplemento de obrigação tributária, mas sim de presunção de dissolução irregular da sociedade, nos termos da Súmula 435 do STJ reproduzida na nota dos autores.

c) Os dois períodos da alternativa padecem de equívocos, pois João pode sim responder pessoalmente pelo crédito tributário e, ainda, pelo fato de que a situação narrada no enunciado não se configurar violação ao contrato social. Nos termos da Súmula 435 do STJ reproduzida na nota dos autores, ocorreu a presunção de dissolução irregular da sociedade, o que leva à possibilidade de redirecionamento da execução fiscal ao sócio-gerente.

d) **Alternativa correta**. É a única condizente com o teor da Súmula 435 do STJ reproduzida na nota dos autores. Assim, como a pessoa jurídica ABC Ltda deixou de funcionar no local de seu domicílio fiscal sem a respectiva comunicação aos órgãos competentes, a construção jurisprudencial é no sentido de presumir a sua dissolução irregular, o que legitima o redirecionamento da execução fiscal para o seu sócio-administrador, no caso o João.

e) O ato gerencial com excesso de poderes não é a única hipótese a suscitar a responsabilidade pessoal do sócio-gerente, tanto à luz do artigo 135 do CTN, como no que apregoa a jurisprudência dos tribunais superiores, a exemplo da Súmula 435 do STJ reproduzida na nota dos autores.

Gabarito: letra "d"

---

61. CEBRASPE – 2022 – TCE/SC – Auditor Fiscal de Controle Externo

Supondo que duas empresas contribuintes sediadas no estado de Santa Catarina possuam interesse comum em situação que constitui fato gerador de obrigação principal, julgue o item a seguir.

Nessa situação, dada a natureza da responsabilidade, não se comporta o benefício de ordem.

COMENTÁRIOS

✪ **Nota dos autores:** na responsabilidade solidária, a dívida tributária pode ser exigida tanto do "contribuinte" como do "responsável", independentemente da existência de uma ordem de cobrança a ser seguida pelo credor (Fazenda Pública). Noutras palavras, a solidariedade não comporta benefício de ordem (CTN, art. 124, parágrafo único). As hipóteses de responsabilidade solidária devem ser compreendidas à luz das normas gerais sobre solidariedade tributária, veiculadas nos artigos 124 e 125 do CTN.

Certo. De acordo com o artigo 124, parágrafo único, do CTN, "a solidariedade referida neste artigo não comporta benefício de ordem".

---

62. CEBRASPE – 2022 – TCE/SC – Auditor Fiscal de Controle Externo

Supondo que duas empresas contribuintes sediadas no estado de Santa Catarina possuam interesse comum em situação que constitui fato gerador de obrigação principal, julgue o item a seguir.

As empresas são solidariamente obrigadas.

COMENTÁRIOS

✪ **Nota dos autores:** na responsabilidade solidária, a dívida tributária pode ser exigida tanto do "contribuinte" como do "responsável", independentemente da existência de uma ordem de cobrança a ser seguida pelo credor (Fazenda Pública). Noutras palavras, a solidariedade não comporta benefício de ordem (CTN, art. 124, parágrafo único). As hipóteses de responsabilidade solidária devem ser compreendidas à luz das normas gerais sobre solidariedade tributária, veiculadas nos artigos 124 e 125 do CTN.

Certo. De acordo com o artigo 124, inciso I, do CTN, "são solidariamente obrigadas as pessoas que tenham interesse comum na situação que constitua o fato gerador da obrigação principal".

---

63. (Cespe – Analista de Controle Externo – Direito – TCE – MG/2018) O Tribunal de Contas do Estado verificou que determinado estado da Federação deixou de recolher imposto sobre doação a filhos menores, embora a legislação considere o donatário como contribuinte.

Nessa situação hipotética, os pais

a) terão responsabilidade pessoal.

b) terão responsabilidade por substituição.

c) terão responsabilidade solidária.

d) não serão responsáveis tributários.

e) terão responsabilidade subsidiária.

COMENTÁRIOS

✪ **Nota dos autores:** a responsabilidade de terceiros está disciplinada nos artigos 134 e 135 do CTN. No caso do artigo 134 do CTN, a responsabilidade independe de uma conduta irregular por parte dos responsáveis, que são: **I – os pais, pelos tributos devidos por seus filhos menores**; II – os tutores e curadores, pelos tributos devidos por seus tutelados ou curatelados; III – os administradores de bens de terceiros, pelos tributos devidos por estes; IV – o inventariante, pelos tributos devidos pelo espólio; V – o síndico e o comissário, pelos tributos devidos pela massa falida ou pelo concordatário; VI – os tabeliães, escrivães e demais serventuários de ofício, pelos tributos devidos sobre os atos praticados por eles, ou perante eles, em razão do seu ofício; VII – os sócios, no caso de liquidação de sociedade de pessoas. Já o artigo 135 do CTN estipula que "são pessoalmente responsáveis pelos créditos correspondentes a obrigações tributárias resultantes de atos praticados com excesso de poderes ou infração de lei, contrato social ou estatutos: I – as pessoas referidas no artigo anterior; II – os mandatários, prepostos e empregados; III – os diretores, gerentes ou representantes de pessoas jurídicas de direito privado.

Alternativa "a": incorreta, pois a responsabilidade é solidária (e não pessoal), como bem detalhado nos Comentários à alternativa "c".

Alternativa "b": incorreta, pois a responsabilidade é solidária (e não por substituição), como bem detalhado nos Comentários à alternativa "c".

Alternativa "c": correta, ao se considerar a redação literal do artigo 134, inciso III, do CTN, segundo o qual "nos casos de impossibilidade de exigência do cumprimento da obrigação principal pelo contribuinte, **respondem solidariamente** com este nos atos em que intervierem ou pelas omissões de que forem responsáveis **os pais, pelos tributos devidos por seus filhos menores**". Foi nesse sentido o gabarito oficial, mas, como será demonstrado nos Comentários à alternativa "e", a questão poderia ter sido anulada ou, no mínimo, consideradas as alternativas "c" e "e" corretas.

Alternativa "d": incorreta, pois como visto nos Comentários à alternativa "c" os pais serão responsáveis solidários.

Alternativa "e": embora a banca tenha considerado a alternativa incorreta, se levadas em consideração a visão doutrinária e a jurisprudência do STJ, a alternativa poderia ter sido considerada correta e, portanto, anulada a questão ou consideradas duas alternativas corretas ("c" e "e"). O citado entendimento doutrinário é de que o termo **solidariamente,** na verdade, deve ser entendido como **subsidiariamente,** já que os terceiros somente serão responsabilizados na "impossibilidade de exigência do cumprimento da obrigação principal pelo contribuinte". Há, portanto, um nítido benefício de ordem. Na mesma linha, pode-se citar a jurisprudência do STJ: "Flagrante ausência de tecnicidade legislativa se verifica no art. 134, do CTN, em que se indica hipótese de responsabilidade solidária 'nos casos de impossibilidade de exigência do cumprimento da obrigação principal pelo contribuinte', uma vez cediço que o instituto da solidariedade não se coaduna com o benefício de ordem ou de excussão. Em verdade, o aludido preceito normativo cuida de responsabilidade subsidiária". (EREsp 446.955/SC). Observe que o enunciado da questão não faz menção ao texto literal do CTN, à doutrina ou à jurisprudência, de modo que, pode-se considerar corretas tanto a alternativa "c" (segundo a literalidade do CTN), quanto à alternativa "e" (conforme doutrina e jurisprudência).

Alternativa correta: letra "c".

7. CRÉDITO TRIBUTÁRIO: CONSTITUIÇÃO (LANÇAMENTO), GARANTIAS, PRIVILÉGIOS E SUSPENSÃO DA EXIGIBILIDADE

- CF, Título VI, Capítulo I e artigos 52, 62, 161, 177, 182 e 195;
- CTN, artigos 1º a 8º, 14, 16, 19 a 59, 63 a 67, 77 a 82 e Livro Segundo;
- Leis Complementares 24/75, 87/96, 101/00, 104/01, 105/01, 116/06 e 123/06;
- Lei de Introdução às Normas do Direito Brasileiro – Decreto-lei 4.657/42;
- Lei de Falências – 11.101/2005;
- Lei de Execuções Fiscais – 6.830/80;
- Decreto 70.235/72 (Processo Administrativo Fiscal Federal).

64. FGV – 2024 – TCE/PA – Auditor de Controle Externo

Considere-se a seguinte situação hipotética: a pessoa jurídica X foi notificada, pessoalmente, da lavratura de um auto de infração de ICMS devido ao Estado do Pará.

Nesse caso, caso discorde da lavratura do auto de infração, considerando que o crédito tributário não é devido, a pessoa jurídica X, no procedimento administrativo tributário, pode

a) realizar o pagamento do tributo, visando exclusão *do crédito tributário*.
b) realizar o parcelamento do tributo, a qualquer momento, para extinguir o crédito tributário.
c) apresentar impugnação ao auto de infração que irá suspender a exigibilidade do crédito tributário.
d) aguardar a constituição definitiva do crédito tributário para, posteriormente, apresentar impugnação.
e) impetrar mandado de segurança administrativo, no prazo de 120 dias da notificação do sujeito passivo.

COMENTÁRIOS

✪ **Nota dos autores:** as seis causas de suspensão da exigibilidade do crédito tributário estão elencadas no artigo 151 do CTN (moratória; depósito do montante integral; as defesas e recursos nos processos administrativos; concessão de medida liminar em mandado de segurança; concessão de medida liminar ou tutela antecipada em outras ações judiciais e parcelamento). Por exigibilidade entende-se a possibilidade de cobrar o crédito tributário no Poder Judiciário, via execução fiscal. A exigibilidade advém da constituição definitiva do crédito tributário pelo lançamento e requer ainda a sua inscrição em dívida ativa.

a) O pagamento do tributo é uma causa de extinção do crédito tributário (CTN, art. 156, I) e não de exclusão, como erroneamente constou.
b) O parcelamento do tributo é uma causa de suspensão de exigibilidade (CTN, art. 151, VI) e não de extinção, como erroneamente constou.
c) **Alternativa correta.** Condizente com a explicação constante na nota dos autores, a impugnação ao auto de infração no processo administrativo fiscal tem o condão de suspender a exigibilidade do crédito tributário (CTN, art. 151, III).
d) A constituição definitiva do crédito tributário ocorre com a decisão administrativa irreformável, assim entendida a definitiva na órbita administrativa, de maneira que é incabível, portanto, impugnação administrativa após a sua ocorrência.
e) O mandado de segurança é uma ação judicial, disciplinada pela Lei 12.0146/2009. Logo, não é um procedimento administrativo, como erroneamente constou.

Gabarito: letra "c"

65. FGV – 2024 – TCE/PA – Auditor de Controle Externo

Cm base na legislação e na jurisprudência sobre a modalidade de lançamento do crédito tributário referente ao IPTU, assinale a afirmativa correta.

a) O IPTU é um tributo sujeito ao lançamento por homologação, devendo o contribuinte apresentar os valores devidos ao fisco municipal.
b) O IPTU é um tributo sujeito ao lançamento ofício, sendo o contribuinte notificado pelo envio do carnê ao seu endereço.
c) O lançamento do IPTU se dá por declaração, sendo responsabilidade do contribuinte declarar os elementos quantitativos do fato gerador.
d) O lançamento do IPTU se dá por autodeclaração, devendo o fisco municipal conferir os dados e lançar o crédito.
e) O IPTU é um tributo sujeito ao lançamento misto, cabendo ao contribuinte declarar os elementos e ao fisco municipal homologar o lançamento.

COMENTÁRIOS

✪ **Nota dos autores:** no IPTU, a modalidade de lançamento comumente utilizada é o lançamento direto ou de ofício, condizente com o teor da Súmula 397 do STJ, segundo a qual "o contribuinte do IPTU é notificado do lançamento pelo envio do carnê ao seu endereço". O lançamento de ofício, também chamado pela doutrina de lançamento direto, tem lugar sempre que a lei determinar à autoridade administrativa tributária promova o lançamento sem nenhuma participação do sujeito passivo (CTN, art. 149, I).

a), c), d) e e) Como visto na nota dos autores, a modalidade de lançamento comumente utilizada no IPTU é o lançamento direto ou de ofício, e não por homologação, por declaração (ou misto) ou por autodeclaração, como erroneamente constou.

b) **Alternativa correta**. Exatamente como apresentado na nota dos autores, o texto da alternativa está de acordo com o teor da Súmula 397 do STJ, que prevê que a notificação do lançamento direto do IPTU ocorre pelo envio do carnê ao endereço do contribuinte.

Gabarito: letra "b"

66. CONSULPAM – 2023 – TCM/PA – Conselheiro

Consoante os dizeres da Lei n.º 5.172/1966 (Código Tributário nacional) sobre a suspensão do crédito tributário, assinale a alternativa CORRETA.

a) A suspensão da exigibilidade do crédito tributário dispensa o cumprimento das obrigações acessórias dependentes da obrigação principal cujo crédito seja suspenso.

b) A moratória pode ser concedida apenas em caráter geral.

c) A concessão da moratória em caráter individual gera direito adquirido.

d) Lei específica disporá sobre as condições de parcelamento dos créditos tributários do devedor em recuperação judicial.

COMENTÁRIOS

✪ **Nota dos autores:** as seis causas de suspensão da exigibilidade do crédito tributário estão elencadas no artigo 151 do CTN (moratória; depósito do montante integral; as defesas e recursos nos processos administrativos; concessão de medida liminar em mandado de segurança; concessão de medida liminar ou tutela antecipada em outras ações judiciais e parcelamento). Por exigibilidade entende-se a possibilidade de cobrar o crédito tributário no Poder Judiciário, via execução fiscal. A exigibilidade advém da constituição definitiva do crédito tributário pelo lançamento e requer ainda a sua inscrição em dívida ativa.

a) Ao contrário do que constou, o parágrafo único do artigo 151 do CTN prevê que as hipóteses de suspensão da exigibilidade não dispensam o cumprimento das obrigações acessórias relativas à obrigação principal cujo crédito esteja suspenso.

b) Além da moratória concedida em caráter geral, ela também pode ser concedida em caráter individual (por despacho da autoridade administrativa, desde que autorizada por lei), nos termos do artigo 152, inciso II, do CTN.

c) Na verdade, a concessão da moratória em caráter individual não gera direito adquirido e será revogada de ofício, sempre que se apure que o beneficiado não satisfazia ou deixou de satisfazer as condições ou não cumprira ou deixou de cumprir os requisitos para a concessão do favor, cobrando-se o crédito acrescido de juros de mora (CTN, art. 155).

d) **Alternativa correta**. Trata-se do inteiro teor do §3º do artigo 155-A do CTN ("lei específica disporá sobre as condições de parcelamento dos créditos tributários do devedor em recuperação judicial").

Gabarito: letra "d"

---

67. CEBRASPE – 2023 – TCE/RJ – Procurador

Quanto ao crédito, à imunidade e ao lançamento tributários, julgue o próximo item.

Quando o contribuinte não colaborar com a autoridade fiscal no fornecimento dos dados aptos à fiscalização tributária, o agente público deverá efetuar o lançamento por arbitramento, que não pode ser enquadrado como uma das espécies de modalidade de lançamento.

COMENTÁRIOS

✪ **Nota dos autores:** o crédito tributário é constituído pelo lançamento, como bem apregoa o artigo 142 do CTN. São três as modalidades de lançamento: (i) por declaração; (ii) de ofício, também chamado de direto e; (iii) por homologação. Na primeira modalidade de lançamento (por declaração ou misto) o sujeito passivo presta declaração com informações sobre matéria de fato, indispensáveis à sua efetivação (CTN, art. 147). A segunda modalidade (direto ou de ofício) é aquela em que é efetuado e revisto de ofício pela autoridade administrativa, nas hipóteses de cabimento elencadas no artigo 149 do CTN. A terceira modalidade (homologação) ocorre quanto aos tributos cuja legislação atribua ao sujeito passivo o dever de antecipar o pagamento sem prévio exame da autoridade administrativa.

Certo. O artigo 148 do CTN estipula que "quando o cálculo do tributo tenha por base, ou tome em consideração, o valor ou o preço de bens, direitos, serviços ou atos jurídicos, a autoridade lançadora, mediante processo regular, arbitrará aquele valor ou preço, sempre que sejam omissos ou não mereçam fé as declarações ou os esclarecimentos prestados, ou os documentos expedidos pelo sujeito passivo ou pelo terceiro legalmente obrigado, ressalvada, em caso de contestação, avaliação contraditória, administrativa ou judicial". Geralmente, o arbitramento é utilizado pela autoridade administrativa no contexto do lançamento na sua modalidade de ofício. Aliás, como visto na nota dos autores, arbitramento não é uma modalidade de lançamento tributário.

---

68. (Cespe – Analista de Controle Externo – Direito – TCE – RJ/2021) Maurício recebeu em sua residência o carnê do IPVA do exercício de 2015, em 5 de janeiro daquele ano. A notificação foi acompanhada de opção de pagamento à vista, com vencimento em 26 de janeiro de 2015. Caso Maurício não realizasse o pagamento nesta data, seria automaticamente incluído na opção de parcelamento, com vencimento da primeira parcela em 26 de fevereiro de 2015 e das demais no mesmo dia dos cinco meses subsequentes, independentemente de sua anuência. Maurício não realizou o pagamento à vista nem o parcelado. Ao tentar vender seu veículo em 2020, identificou o débito e pagou as parcelas vencidas do IPVA de 2015, acrescidas de juros e multa, em 17 de fevereiro de 2020.

A respeito dessa situação hipotética, julgue os itens a seguir.

O envio do carnê de IPVA com instruções para efetivação do pagamento consiste em lançamento de ofício e constitui o crédito tributário.

COMENTÁRIOS

✪ **Nota dos autores:** o item explora o conhecimento de súmula do STJ, o que ressalta a importância do estudo da jurisprudência dos tribunais superiores.

Certo. A Súmula 397 do STJ fundamenta a correção do item ("O contribuinte do IPTU é notificado do lançamento pelo envio do carnê ao seu endereço").

---

69. (CESPE - Auditor TCE-SC - 2015) Autoridade fiscal de determinado município foi denunciada no tribunal de contas do estado (TCE) por ter emitido certidão positiva com efeitos de negativa para uma empresa que detinha débitos de imposto sobre serviços de qualquer natureza (ISS) com o município. Na denúncia, constava que a certidão havia sido expedida durante o período em que era analisado, em processo administrativo tributário, o recurso interposto pela empresa contra a decisão em primeira instância, que havia julgado improcedente a impugnação do contribuinte e concluído pela subsistência do auto de infração, dada a existência de débito da empresa.

A esse respeito, dispõe o Código Tributário Nacional (CTN):

> *Art. 205. A lei poderá exigir que a prova da quitação de determinado tributo, quando exigível, seja feita por certidão negativa, expedida à vista de requerimento do interessado, que contenha todas as informações necessárias à identificação de sua pessoa, domicílio fiscal e ramo de negócio ou atividade e indique o período a que se refere o pedido.*
>
> *Parágrafo único. A certidão negativa será sempre expedida nos termos em que tenha sido requerida e será fornecida dentro de dez dias da data da entrada do requerimento na repartição.*
>
> *Art. 206. Tem os mesmos efeitos previstos no artigo anterior a certidão de que conste a existência de créditos não vencidos, em curso de cobrança executiva em que tenha sido efetivada a penhora, ou cuja exigibilidade esteja suspensa.*

Considerando essa situação hipotética e os artigos do CTN apresentados, julgue os itens a seguir.

Na situação em apreço, a constituição do crédito tributário já havia ocorrido com o lançamento, ou seja, em ato anterior ao julgamento da impugnação do contribuinte.

COMENTÁRIOS

✪ **Nota dos autores:** a lavratura do auto de infração e imposição de multa (AIIM) consiste no lançamento tributário de ofício, que constitui o crédito tributário (CTN, art. 142).

A partir da impugnação administrativa apresentada pelo contribuinte contra o auto de infração, nos termos das leis reguladoras do processo tributário administrativo, inicia-se o chamado "contencioso administrativo". A impugnação administrativa do contribuinte suspende a exigibilidade do crédito tributário constituído pelo lançamento (CTN, art. 151, III) e a decisão final proferida no processo administrativo fiscal ou tributário (PAF ou PAT) pode extinguir o crédito tributário se favorável ao contribuinte (CTN, art. 156, IX) ou constituir definitivamente do crédito tributário se favorável à Fazenda Pública, iniciando o prazo prescricional para a execução fiscal (CTN, art. 174). Logo, a assertiva está correta, pois o lançamento sempre ocorre antes do julgamento da impugnação do contribuinte. **CERTO**

8. EXTINÇÃO E EXCLUSÃO DO CRÉDITO TRIBUTÁRIO

- CF, Título VI, Capítulo I e artigos 52, 62, 161, 177, 182 e 195;
- CTN, artigos 1º a 8º, 14, 16, 19 a 59, 63 a 67, 77 a 82 e Livro Segundo;
- Leis Complementares 24/75, 87/96, 101/00, 104/01, 105/01, 116/06 e 123/06;
- Lei de Introdução às Normas do Direito Brasileiro – Decreto-lei 4.657/42;
- Lei de Falências – 11.101/2005;
- Lei de Execuções Fiscais – 6.830/80;
- Decreto 70.235/72 (Processo Administrativo Fiscal Federal).

---

70. CEBRASPE – 2024 – TCE/PR – Auditor de Controle Externo

Em relação às limitações ao poder de tributar, conforme a disciplina da CF e a jurisprudência do STF, julgue os itens a seguir.

I Empresas públicas e sociedades de economia mista não são aptas ao reconhecimento do beneplácito da imunidade tributária recíproca, uma vez que esta prerrogativa se limita aos entes públicos.

II A implementação da cobrança antecipada do imposto sobre circulação de mercadorias e serviços (ICMS) no regime de substituição tributária deve observar as anterioridades geral e nonagesimal.

III A isenção de tributos estaduais prevista em lei complementar nacional que dispõe sobre normas gerais tributárias não encontra óbice na vedação às isenções heterônomas.

Assinale a opção correta.

a) Apenas o item I está certo.

b) Apenas o item II está certo.

c) Apenas os itens I e III estão certos.

d) Apenas os itens II e III estão certos.

e) Todos os itens estão certos.

COMENTÁRIOS

✪ **Nota dos autores:** o artigo 150, §7º da CF/88 veicula a norma que autoriza a lei a instituir o regime da substituição tributária, isto é, atribuir a sujeito passivo de obrigação tributária a condição de responsável pelo pagamento de imposto ou contribuição, cujo fato gerador deva ocorrer posteriormente ("A lei poderá atribuir a sujeito passivo de obrigação tributária a condição de responsável pelo pagamento de imposto ou contribuição, cujo fato gerador deva ocorrer posteriormente, assegurada a imediata e preferencial restituição da quantia paga, caso não se realize o fato gerador presumido").

I) A tese do tema 1.140 de repercussão geral estipula que "as empresas públicas e as sociedades de economia mista delegatárias de serviços públicos essenciais, que não distribuam lucros a acionistas privados nem ofereçam risco ao equilíbrio concorrencial, são beneficiárias da imunidade tributária recíproca prevista no artigo 150, VI, a, da Constituição Federal, independentemente de cobrança de tarifa como contraprestação do serviço". O item afronta tal tese, ao prever a inaplicabilidade da imunidade recíproca para as empresas públicas e as sociedades de economia mista.

II) O Supremo Tribunal Federal, em diversas oportunidades, asseverou que "está sujeita às anterioridades geral e nonagesimal a majoração indireta do ICMS provocada pela instituição da substituição tributária" (ADI 6144).

III) O Supremo Tribunal Federal, em diversas oportunidades, asseverou que "em se tratando de norma de *status* de Lei Complementar, tem vigência sobre todo território nacional, não havendo que se falar em isenção heterônoma na espécie [...] vale dizer, a isenção prevista na lei complementar que dispõe sobre normas gerais não encontra óbice na vedação às isenções heterônoma" (RE 600.192).

Gabarito: letra "d"

71. FGV - 2024 - TCE/PA - Auditor de Controle Externo

João é proprietário de um carro e foi notificado, em janeiro do corrente ano, do lançamento do IPVA do exercício, para recolhimento do tributo por meio de carnê de pagamento.

Sobre o caso descrito, assinale a afirmativa correta

a) Trata-se de imposto sujeito à lançamento por homologação e sua constituição definitiva ocorre com a notificação do contribuinte, iniciando-se o prazo prescricional para a execução fiscal no dia seguinte à data estipulada para o vencimento da exação.

b) Trata-se de imposto sujeito a lançamento de ofício e sua constituição definitiva ocorre com a notificação do contribuinte, iniciando-se o prazo prescricional para a execução fiscal no dia seguinte à data estipulada para o vencimento da exação.

c) Trata-se de imposto sujeito à lançamento de ofício. Caso o contribuinte não realize o pagamento do tributo até o vencimento, cabe ao Estado realizar novo lançamento, inserindo os consectários legais decorrentes da mora.

d) Trata-se de imposto sujeito à lançamento de ofício e sua constituição definitiva ocorre no início de cada ano fiscal, iniciando-se dali o prazo prescricional para a execução fiscal.

e) Trata-se de imposto sujeito à lançamento por homologação e sua constituição definitiva ocorre no primeiro dia útil seguinte à ocorrência do fato gerador.

COMENTÁRIOS

✪ **Nota dos autores:** a tese do tema 903 de recursos repetitivos (STJ) prevê que "a notificação do contribuinte para o recolhimento do IPVA perfectibiliza a constituição definitiva do crédito tributário, iniciando-se o prazo prescricional para a execução fiscal no dia seguinte à data estipulada para o vencimento da exação".

a) O equívoco da alternativa está na modalidade de lançamento a que se sujeita o IPVA, que não é por homologação, mas sim direito, também conhecido como de ofício, previsto no artigo 149 do CTN, que é efetivado diretamente pela autoridade administrativa, independentemente de qualquer informação ou ato do sujeito passivo ou de terceiros.

b) **Alternativa correta**. A alternativa contempla a correta modalidade de lançamento tributário para o IPVA (de ofício), bem como acerta no termo *a quo* do prazo prescricional, em perfeita sintonia com o tema 903 de recurso repetitivo, cuja tese foi reproduzida na nota dos autores.

c) O artigo 161 do CTN dispõe que o crédito tributário não integralmente pago no vencimento é acrescido de juros de mora, seja qual for o motivo determinante da falta, sem prejuízo da imposição das penalidades cabíveis e da aplicação de quaisquer medidas de garantia previstas no próprio CTN ou em outra lei tributária. Portanto, não há a previsão legal de novo lançamento para os casos de atraso de pagamento, o que deixa a alternativa errada.

d) Na verdade, inicia-se o prazo prescricional para a execução fiscal do IPVA no dia seguinte à data estipulada para o vencimento da exação, isso de acordo com a tese do tema 903 de recurso repetitivo.

e) O IPVA é lançado de ofício no início de cada exercício (CTN, art. 142), e não por homologação, como erroneamente constou. Ademais, é constituído definitivamente com a cientificação do contribuinte para o recolhimento da exação, a qual pode ser realizada por qualquer meio idôneo, como o envio de carnê ou a publicação de calendário de pagamento, com instruções para a sua efetivação (STJ, REsp 1320825/RJ)

Gabarito: letra "b"

---

72. CONSULPAM – 2023 – TCM/PA – Auditor de Controle Externo

Sobre a temática do crédito tributário e seus respectivos conceitos-chave, promova a análise de quais itens são Verdadeiros (V) ou Falsos (F) e assinale, a alternativa que representa a ordem CORRETA das respostas em relação aos seus enunciados.

(__) Isenção: abrange, exclusivamente, as infrações cometidas anteriormente à vigência da lei que a concede.

(__) Anistia: quando não concedida em caráter geral, é efetivada, em cada caso, por despacho da autoridade administrativa, em requerimento com a qual o interessado faça prova do preenchimento das condições e do cumprimento dos requisitos previstos em lei para sua concessão.

(__) Imunidade: condição tributária constitucional aplicada, entre outras situações, aos fonogramas e videofonogramas musicais produzidos no Brasil contendo obras musicais ou literomusicais de autores brasileiros e/ou obras em geral interpretadas por artistas brasileiros bem como os suportes materiais ou arquivos digitais que os contenham, salvo na etapa de replicação industrial de mídias ópticas de leitura a laser.

a) V – V – F.
b) V – V – V.
c) F – V – V.
d) F – V – F.

COMENTÁRIOS

✪ **Nota dos autores:** a imunidade é uma exoneração tributária prevista na Constituição Federal, mediante normas que estabelecem situações em que é vedado às pessoas políticas exercerem suas competências tributárias. Imunidades constituem, outrossim, limitações constitucionais ao poder de tributar, embora possam ser vistas também como direito subjetivo do cidadão de não ser tributado nas situações constitucionalmente previstas.

Item I: falso. O estudo do tema "exclusão do crédito tributário" consiste, basicamente, em conhecer os contornos normativos (artigos 175 a 182 do CTN) e jurisprudenciais de dois institutos jurídicos, a isenção e a anistia. Enquanto a isenção implica a exclusão ou dispensa do tributo e alcança somente fatos geradores ocorridos após a lei, a anistia implica a exclusão ou dispensa da multa e alcança somente fatos geradores ocorridos antes da lei. O item está errado pois se refere, na verdade, à anistia.

Item II: verdadeiro. De fato, a anistia, quando não concedida em caráter geral, é efetivada, em cada caso, por despacho da autoridade administrativa, em requerimento com a qual o interessado faça prova do preenchimento das condições e do cumprimento dos requisitos previstos em lei para sua concessão (CTN, art. 182).

Item III: verdadeiro. O item está escorado na imunidade tributária musical prevista no artigo 150, inciso VI, alínea "e" da CF/88, pelo qual é vedado aos entes federativos instituir impostos sobre "fonogramas e videofonogramas musicais produzidos no Brasil contendo obras musicais ou literomusicais de autores brasileiros e/ou obras em geral interpretadas por artistas brasileiros bem como os suportes materiais ou arquivos digitais que os contenham, salvo na etapa de replicação industrial de mídias ópticas de leitura a laser".

Gabarito: letra "c"

---

73. CEBRASPE – 2023 – TCE/RJ – Procurador

Em relação às fontes do direito tributário, ao crédito tributário e à legislação e às obrigações tributárias, julgue o item subsequente.

A dação em pagamento de bens móveis é uma modalidade de extinção do crédito tributário expressamente prevista no Código Tributário Nacional.

COMENTÁRIOS

✪ **Nota dos autores:** o artigo 156 do CTN, em seus onze incisos, prevê doze hipóteses de extinção do crédito tributário.

Errado. Tem o condão de extinguir o crédito tributário apenas a dação em pagamento de bens imóveis, constituindo, assim, na aceitação, pela Fazenda Pública, de um imóvel, como forma de extinguir o crédito tributário devido pelo sujeito passivo, respeitando-se a forma e as condições estabelecidas em lei (CTN, art. 156, XI). Tal inciso foi incluído pela Lei Complementar 104/2011 no CTN como hipótese de extinção do crédito tributário.

74. CEBRASPE – 2022 – TCE/SC – Auditor Fiscal de Controle Externo

Supondo que duas empresas contribuintes sediadas no estado de Santa Catarina possuam interesse comum em situação que constitui fato gerador de obrigação principal, julgue o item a seguir.

Eventual interrupção da prescrição em relação a uma das empresas poderá favorecer a outra, mas nunca prejudicá-la.

COMENTÁRIOS

✪ **Nota dos autores:** na responsabilidade solidária, a dívida tributária pode ser exigida tanto do "contribuinte" como do "responsável", independentemente da existência de uma ordem de cobrança a ser seguida pelo credor (Fazenda Pública). Noutras palavras, a solidariedade não comporta benefício de ordem (CTN, art. 124, parágrafo único). As hipóteses de responsabilidade solidária devem ser compreendidas à luz das normas gerais sobre solidariedade tributária, veiculadas nos artigos 124 e 125 do CTN.

Errado. De acordo com o artigo 125, inciso III, do CTN, "a interrupção da prescrição, em favor ou contra um dos obrigados, favorece ou **prejudica** aos demais".

75. (Cespe – Analista de Controle Externo – Direito – TCE – RJ/2021) Maurício recebeu em sua residência o carnê do IPVA do exercício de 2015, em 5 de janeiro daquele ano. A notificação foi acompanhada de opção de pagamento à vista, com vencimento em 26 de janeiro de 2015. Caso Maurício não realizasse o pagamento nesta data, seria automaticamente incluído na opção de parcelamento, com vencimento da primeira parcela em 26 de fevereiro de 2015 e das demais no mesmo dia dos cinco meses subsequentes, independentemente de sua anuência. Maurício não realizou o pagamento à vista nem o parcelado. Ao tentar vender seu veículo em 2020, identificou o débito e pagou as parcelas vencidas do IPVA de 2015, acrescidas de juros e multa, em 17 de fevereiro de 2020.

A respeito dessa situação hipotética, julgue os itens a seguir.

O pagamento foi devido, pois o parcelamento de ofício é meio apto a interromper e suspender o curso da prescrição do crédito tributário.

COMENTÁRIOS

✪ **Nota dos autores:** o item deve ser analisado sob dois prismas, o primeiro quanto a ser devido (ou não) o pagamento efetuado e o segundo quanto a ser o parcelamento de ofício um meio apto capaz de interromper e suspender a prescrição tributária. O STJ firmou a tese do tema repetitivo 980 (recursos especiais 1658517/PA e 1641011/PA) com o seguinte teor: "(i) O termo inicial do prazo prescricional da cobrança judicial do Imposto Predial e Territorial Urbano – IPTU inicia-se no dia seguinte à data estipulada para o vencimento da exação; (ii) o parcelamento de ofício da dívida tributária não configura causa interruptiva da contagem da prescrição, uma vez que o contribuinte não anuiu". Ainda, o primeiro tópico da citada tese ensejou a referência sumular 397 ("O contribuinte do IPTU é notificado do lançamento pelo envio do carnê ao seu endereço") e mais recentemente o STJ enunciou o teor da Súmula 653, segundo a qual "O pedido de parcelamento fiscal, ainda que indeferido, interrompe o prazo prescricional, pois caracteriza confissão extrajudicial do débito". O STJ também firmou a tese do tema repetitivo 903, com o seguinte teor: "A notificação do contribuinte para o recolhimento do IPVA perfectibiliza a constituição definitiva do crédito tributário, iniciando-se o prazo prescricional para a execução fiscal no dia seguinte à data estipulada para o vencimento da exação".

Errado. Como o contribuinte Maurício foi regularmente notificado do lançamento do IPVA/2015, haja vista que o carnê foi enviado ao seu endereço residencial pela municipalidade, o termo inicial da pretensão executória iniciou a partir da data seguinte (27/01/2015) à fixada como a de vencimento (26/01/2015). Considerando que o parcelamento de ofício do IPVA/2015 não interrompe a prescrição, diante da ausência de anuência por parte do contribuinte Maurício (como visto na nota dos autores), tem-se que em 27/01/2020 se operou a prescrição tributária (5 anos após a data de vencimento), hipótese de extinção do referido crédito tributário (CTN, art. 151, V). O fato de o contribuinte Maurício ter realizado o pagamento do IPVA/2015 em 17/02/2020, após, portanto, ter sido consumada a prescrição tributária (27/01/2020), o torna indevido. Em suma, os dois períodos do item estão errados, pois o pagamento foi indevido (realizado após a prescrição) e o parcelamento de ofício não tem o condão de interromper a prescrição tributária.

No caso apresentado, o prazo prescricional para a cobrança do crédito tributário iniciou-se em 6 de janeiro de 2015.

COMENTÁRIOS

✪ **Nota dos autores:** a análise do item gravita em torno da parte final da tese do tema repetitivo 903 firmado pelo STJ, com o seguinte teor: "A notificação do contribuinte para o recolhimento do IPVA perfectibiliza a constituição definitiva do crédito tributário, iniciando-se o prazo prescricional para a execução fiscal no dia seguinte à data estipulada para o vencimento da exação".

Errado. Como a data estipulada para o vencimento do IPVA/2015 foi 26/01/2017, o termo inicial da contagem do prazo prescricional deu-se no dia seguinte, ou seja 27/01/2017 (e não em 06/01/2015, como indevidamente constou).

9. ADMINISTRAÇÃO TRIBUTÁRIA (FISCALIZAÇÃO, DÍVIDA ATIVA E CERTIDÕES), PROCESSO TRIBUTÁRIO (ADMINISTRATIVO E JUDICIAL) E DIREITO PENAL TRIBUTÁRIO

- CF, Título VI, Capítulo I e artigos 52, 62, 161, 177, 182 e 195;
- CTN, artigos 1º a 8º, 14, 16, 19 a 59, 63 a 67, 77 a 82 e Livro Segundo;
- Leis Complementares 24/75, 87/96, 101/00, 104/01, 105/01, 116/06 e 123/06;
- Lei de Introdução às Normas do Direito Brasileiro – Decreto-lei 4.657/42;
- Lei de Falências – 11.101/2005;
- Lei de Execuções Fiscais – 6.830/80;
- Lei de Crimes contra a Ordem Tributária – 8.137/90;
- Lei da Medida Cautelar Fiscal – 8.397/92;
- Lei do Mandado de Segurança – 12.016/2009;
- CPC, art. 585, VII;
- CP, art. 168-A;
- Decreto 70.235/72 (Processo Administrativo Fiscal Federal).

76. FGV – 2024 – TCE/PA – Auditor de Controle Externo

Revela-se ilegal a recusa da autoridade impetrada em expedir certidão negativa de débito (CND) ou de certidão positiva com efeitos de negativa (CPEN) quando a autoridade tributária verifica a ocorrência de

a) tributo sujeito a lançamento por homologação, enquanto este não se efetivar.

b) de pagamento a menor, em virtude da existência de divergências entre os valores declarados na Guia de Recolhimento do FGTS e Informações à Previdência Social (GFIP) e os valores efetivamente recolhidos mediante guia de pagamento (GP).

c) débito tributário declarado e não pago pelo contribuinte.

d) recurso administrativo pendente de julgamento, interposto em face de indeferimento de pedido de compensação.

e) descumprimento de obrigação acessória de informar, mensalmente, ao INSS, dados relacionados aos fatos geradores da contribuição previdenciária.

COMENTÁRIOS

✪ **Nota dos autores:** além da Certidão Negativa de Débitos (CND), prevista no artigo 205 do CTN, e da Certidão Positiva de Débitos (CPD), expedida na comprovada existência de débitos fiscais, o contribuinte tem direito à obtenção de Certidão Positiva com Efeitos de Negativa (CPD-EN), prevista no artigo 206 do CTN, nos seguintes termos: "Tem os mesmos efeitos previstos no artigo anterior a certidão de que conste a existência de créditos não vencidos, em curso de cobrança executiva em que tenha sido efetivada a penhora, ou cuja exigibilidade esteja suspensa".

a) **Alternativa correta.** O crédito tributário é constituído pelo lançamento (CTN, art. 142). Dentre as modalidades de lançamento tributário está aquela por homologação, que ocorre quanto aos tributos cuja legislação atribua ao sujeito passivo o dever de antecipar o pagamento sem prévio exame da autoridade administrativa (CTN, art. 150). Nesse sentido, enquanto não se efetivar o lançamento tributário por homologação, não há crédito tributário constituído, inexistindo qualquer débito formal do sujeito passivo para com a Fazenda Pública, de maneira que a expedição de CND é de rigor.

b) e c) A existência de um débito fiscal declarado e pago a menor ou não pago, não enseja a expedição de CND (pois há um débito fiscal), tampouco capaz de suscitar a CPEN (pois não se trata de débito vincendo, ou de débito cobrado judicialmente com efetivação da penhora, ou de causa de suspensão da exigibilidade cuja lista está no artigo 151 do CTN). Vale ressaltar, ainda, o teor da súmula 446 do STJ, pela qual "declarado e não pago o débito tributário pelo contribuinte, é legítima a recusa de expedição de certidão negativa ou positiva com efeito de negativa".

d) O recurso administrativo que enseja a suspensão da exigibilidade do crédito tributário (CTN, art. 151, III) e, por consequência, que suscita a expedição de CPEN (CTN, art. 206) é aquele interposto nos termos das leis reguladoras do processo administrativo tributário ou fiscal, que evidencia uma insurgência do contribuinte face a um crédito tributário constituído pela Fazenda Pública, cujo amparo constitucional é evidenciado pela ampla defesa e contraditório. Assim, o recurso administrativo interposto contra uma decisão de indeferimento de uma compensação tributária – que é uma hipótese de extinção do crédito tributário (CTN, art. 156, II) – não tem o condão de suspender a exigibilidade de um crédito tributário constituído, o que deixa a alternativa errada.

e) Segundo o artigo 113, § 3º do CTN, a obrigação acessória, pelo simples fato da sua inobservância, converte-se em obrigação principal relativamente à penalidade pecuniária. Assim, a multa como penalidade pecuniária (por exemplo, sanção pelo descumprimento da obrigação tributária acessória de obrigatoriedade de informar, mensalmente, ao INSS, dados relacionados aos fatos geradores da contribuição previdenciária) é de fato uma obrigação tributária principal, da qual decorrerá o crédito tributário, a partir do qual na cabe CND ou CPEN.

Gabarito: letra "a"

77. CEBRASPE – 2024 – TCE/PR – Auditor de Controle Externo

O TCE/PR formalizou, perante o fisco do Paraná, a requisição de informações relativas às inscrições de municípios paranaenses no âmbito da dívida ativa da fazenda pública do Paraná, bem como de informações sobre parcelamentos de determinados contribuintes e informações sobre benefícios fiscais concedidos a determinadas empresas.

Acerca da situação hipotética precedente, assinale a opção correta, relativa a sigilo fiscal, em conformidade com o CTN e a jurisprudência do STF.

a) O TCE/PR não tem competência para requisitar as informações solicitadas, uma vez que não lhe foi atribuída pelo ordenamento jurídico a prerrogativa de quebra de sigilo fiscal.

b) O TCE/PR somente poderá ter acesso às informações relativas às inscrições de dívida ativa dos municípios paranaenses, uma vez que o direito ao sigilo fiscal desses entes é flexibilizado em razão da natureza pública que lhes é inerente.

c) O TCE/PR tem legitimidade para a quebra de sigilo fiscal, de forma que poderá ter acesso a todos os dados requeridos, desde que o sigilo seja precedido da instauração de processo administrativo.

d) O TCE/PR, embora não tenha legitimidade para a quebra de sigilo fiscal, poderá ter acesso aos dados solicitados, exceto àqueles relativos aos benefícios fiscais concedidos às empresas, pois ausente permissão legal nesse sentido.

e) O TCE/PR, embora não tenha legitimidade para a quebra de sigilo fiscal, poderá ter acesso aos dados solicitados, uma vez que é autorizado pelo CTN o acesso a todas essas informações.

COMENTÁRIOS

✪ **Nota dos autores:** em regra, a Fazenda Pública e seus servidores estão proibidos de divulgar qualquer informação obtida no desenvolvimento dos trabalhos próprios da fiscalização tributária, que se refira aos sujeitos passivos (contribuintes e responsáveis) ou a terceiros que com estes se relacionam, seja em relação à situação econômica ou financeira, seja no tocante à natureza e ao estado de seus negócios ou atividades. Trata-se do chamado "sigilo fiscal" (CTN, art. 198, *caput*). O próprio CTN traz uma série de exceções ao sigilo fiscal, cujas respectivas ocorrências não são consideradas "quebras de sigilo". Dentre tais exceções encontram-se, por exemplo, aquelas previstas no § 3º do artigo 198, quais sejam, a autorização de divulgação de informações pelo Fisco relativas a: (i) representações fiscais para fins penais; (ii) inscrições na dívida ativa da Fazenda Pública; (iii) parcelamento ou moratória e (iv) incentivo, renúncia, benefício ou imunidade de natureza tributária cujo beneficiário seja pessoa jurídica. Portanto, as informações a que se refere o enunciado da questão (inscrições em dívida ativa, parcelamentos tributários e benefícios fiscais) não estão reservadas ao sigilo fiscal.

a) Ao contrário do que constou, o TCE/PR poderá não somente requisitar, mas também ter acesso aos dados solicitados, por serem exceções ao dever de sigilo fiscal previstas no CTN (como bem-visto na nota dos autores). É importante ressaltar que o dever de sigilo fiscal cabe à Fazenda Pública e seus servidores (CTN, art. 198), já que tais informações fiscais estão ao alcance, a princípio, das Administrações Tributárias, não cabendo ao TCE/PR tal dever.

b) Das informações previstas no enunciado, além das inscrições em dívida ativa, também os parcelamentos tributários e os benefícios fiscais estão dentre aquelas cuja divulgação é permitida pelo artigo 198, §3º do CTN. Ao restringir tal permissão às informações relativas a inscrições de dívida ativa dos municípios paranaenses, a alternativa ficou errada.

c) Como já asseverado nos comentários à alternativa "a", o dever de sigilo fiscal cabe à Fazenda Pública e seus servidores (CTN, art. 198), de forma que uma eventual "quebra" desse sigilo será de responsabilidade da Administração Tributária. O acesso pelo TCE/PR aos dados por ele requeridos não decorrem de sua legitimidade para quebrar o sigilo fiscal, mas sim da previsão legal que autoriza a divulgação de tais dados pela Fazenda Pública.

d) Das informações previstas no enunciado, além das inscrições em dívida ativa e dos benefícios fiscais, também os parcelamentos tributários estão dentre aquelas cuja divulgação é permitida pelo artigo 198, §3º do CTN.

e) **Alternativa correta.** De fato, como já observado nos comentários às alternativas "a" e "c", o dever de sigilo fiscal cabe à Fazenda Pública e seus servidores (CTN, art. 198), já que tais informações fiscais estão ao alcance, a princípio, das Administrações Tributárias, não cabendo ao TCE/PR tal dever, tampouco existe a possibilidade de quebrá-lo. Por sua vez, o TCE/PR poderá ter acesso aos dados solicitados, uma vez que é autorizado pelo CTN o acesso a todas essas informações, nos termos do seu artigo 198, §3º.

Gabarito: letra "e"

78. FGV – 2024 – TCE/PA – Auditor de Controle Externo

Em relação à fiscalização tributária, analise as afirmativas a seguir.

I. A obrigatoriedade de conservação e exibição de livros de apuração do imposto se perdura enquanto não extinto o crédito tributário decorrente das operações a que se refira.

II. Os bancos não são obrigados a prestar à fiscalização todas as informações de que disponham sobre os bens, negócios ou atividades de terceiros, pois o sigilo bancário é um direito fundamental e, sua quebra, prescinde de decisão judicial.

III. É vedada a divulgação de informações relativas a inscrições na Dívida Ativa da Fazenda Pública, sob pena de violação do sigilo fiscal.

Está correto o que se afirma em

a) I, apenas.

b) I e II, apenas.

c) I e III, apenas.

d) II e III, apenas.

e) I, II e III.

COMENTÁRIOS

✪ **Nota dos autores:** a questão refere-se à temática fiscalização (tributária), cujo delineamento normativo principal encontra-se entre os artigos 194 e 200 do CTN, que devem ser interpretados à luz dos ditames constitucionais.

Item I: está condizente com o teor do parágrafo único do artigo 195 do CTN, que estipula que "os livros obrigatórios de escrituração comercial e fiscal e os comprovantes dos lançamentos neles efetuados serão conservados até que ocorra a prescrição dos créditos tributários decorrentes das operações a que se refiram".

Item II: os bancos e as demais instituições financeiras, mediante intimação escrita, são obrigados a prestar à autoridade administrativa todas as informações de que disponham com relação aos bens, negócios ou atividades de terceiros (CTN, art. 197). Inclusive, segundo o artigo 6º da Lei Complementar 105/2001, não é exigida autorização judicial para que os fazendários tenham acesso aos dados bancários dos contribuintes. De acordo com o teor desse dispositivo normativo, "as autoridades e os agentes fiscais tributários da União, dos Estados, do Distrito Federal e dos Municípios somente poderão examinar documentos, livros e registros de instituições financeiras, inclusive os referentes a contas de depósitos e aplicações financeiras, quando houver processo administrativo instaurado ou procedimento fiscal em curso e tais exames sejam considerados indispensáveis pela autoridade administrativa competente". Importante destacar que, segundo tal norma, são dois os requisitos essenciais para que os agentes fiscais tenham acesso aos dados bancários: (i) a existência de processo administrativo instaurado ou procedimento fiscal em curso e (ii) que os exames dos dados bancários sejam considerados imprescindíveis pela autoridade administrativa competente. É relevante obtemperar que o Plenário do Supremo Tribunal Federal (STF) concluiu o julgamento conjunto de cinco processos que questionavam esse dispositivo da Lei Complementar 105/2001 e, por maioria de votos (9 a 2), prevaleceu o entendimento de que a norma não resulta em quebra de sigilo bancário, mas sim em transferência de sigilo da órbita bancária para a fiscal, ambas protegidas contra o acesso de terceiros. A transferência de informações é feita dos bancos ao Fisco, que tem o dever de preservar o sigilo dos dados, portanto não há ofensa à Constituição Federal (ADIs 2390, 2386, 2397 e 2859).

Item III: a divulgação de informações relativas a inscrições na Dívida Ativa da Fazenda Pública é uma exceção ao dever de sigilo fiscal prevista no artigo 198, §3º, inciso II, do CTN, ou seja, não há vedação legal nesse sentido.

Gabarito: letra "a"

79. FGV – 2024 – TCE/PA – Auditor de Controle Externo

A base constitucional para o sigilo fiscal está na preservação da intimidade e da vida privada e inviolabilidade da correspondência.

Assinale a situação em que o legislador ou a jurisprudência dos Tribunais Superiores entende que há violação ao sigilo fiscal.

a) Translado do dever de sigilo da esfera bancária para a fiscal, previsto em lei, sem a necessidade de decisão judicial.

b) Inclusão de dados das pessoas físicas e jurídicas responsáveis pelos créditos inadimplidos no Cadastro Informativo dos Créditos não Quitados de Órgão e Entidades Federais – CADIN.

c) Divulgação, pela fazenda pública, de informações obtidas em razão de ofício sobre a situação financeira do sujeito passivo e sobre a natureza e o estado de seus negócios.

d) Divulgação de informações relativas a representações fiscais para fins penais.

e) Divulgação de informações relativas a inscrições na Dívida Ativa da Fazenda Pública.

COMENTÁRIOS

✪ **Nota dos autores:** em regra, a Fazenda Pública e seus servidores estão proibidos de divulgar qualquer informação obtida no desenvolvimento dos trabalhos próprios da fiscalização tributária, que se refira aos sujeitos passivos (contribuintes e responsáveis) ou a terceiros que com estes se relacionam, seja em relação à situação econômica ou financeira, seja no tocante à natureza e ao estado de seus negócios ou atividades. Trata-se do chamado "sigilo fiscal" (CTN, art. 198, *caput*). O próprio CTN traz uma série de exceções ao sigilo fiscal, cujas respectivas ocorrências não são consideradas "quebras de sigilo". Dentre tais exceções encontram-se, por exemplo, aquelas previstas no § 3º do artigo 198, quais sejam, a autorização de divulgação de informações pelo Fisco relativas a: (i) representações fiscais para fins penais; (ii) inscrições na dívida ativa da Fazenda Pública; (iii) parcelamento ou moratória e (iv) incentivo, renúncia, benefício ou imunidade de natureza tributária cujo beneficiário seja pessoa jurídica.

a) Ao contrário do que constou, o translado do dever de sigilo da esfera bancária para a fiscal, previsto em lei, sem a necessidade de decisão judicial, não é considerado violação do sigilo fiscal, de acordo com o parágrafo único do artigo 6º da LC 105/2001, e como bem decidido nas ADIs 2.386, 2.397 e 2.859 e no Recurso Extraordinário 601.314.

b) A inclusão de dados das pessoas físicas e jurídicas responsáveis pelos créditos inadimplidos no Cadastro Informativo dos Créditos não Quitados de Órgão e Entidades Federais – CADIN é disciplinada pela Lei 10.522/2002, portanto, com amparo no ordenamento jurídico.

c) **Alternativa correta.** De fato, a divulgação, pela Fazenda Pública, de informações obtidas em razão de ofício sobre a situação financeira do sujeito passivo e sobre a natureza e o estado de seus negócios, é considerada uma violação ao dever de sigilo fiscal, prevista no *caput* do artigo 198 do CTN.

d) Ao contrário do que constou, a divulgação de informações relativas a representações fiscais para fins penais não é considerada violação do sigilo fiscal, nos termos do artigo 198, §3º, inciso I, do CTN.

e) Ao contrário do que constou, a divulgação de informações relativas a inscrições na Dívida Ativa da Fazenda Pública não é considerada violação do sigilo fiscal, nos termos do artigo 198, §3º, inciso II, do CTN.

Gabarito: letra "c"

80. CEBRASPE – 2023 – TCE/MS – Procurador

Determinado estado da Federação, visando construir ponte para ligar municípios vizinhos dentro do respectivo território, formalizou incentivo fiscal para empresas construtoras que lograssem êxito no certame licitatório. Entretanto, surgiram indícios da prática de ilicitudes no tocante à concessão desses benefícios fiscais. O tribunal de contas daquele estado, no exercício da atividade de controle externo da administração pública, requisitou diretamente às instituições financeiras informações relativas às transações bancárias realizadas pela construtora vencedora do certame licitatório. De posse dessas informações, o tribunal de contas aplicou multas e penalidades aos agentes públicos e provados envolvidos. O fisco estadual, ao tomar conhecimento dos indícios de irregularidades, requisitou diretamente às instituições financeiras as informações bancárias da empresa construtora. Verificando o indício de crimes e após a conclusão do processo administrativo relativo aos tributos que deixaram de ser pagos, o fisco encaminhou os autos ao Ministério Público.

A respeito da situação hipotética narrada, assinale a opção correta.

a) O fisco, assim como o tribunal de contas, não poderia ter requisitado diretamente às instituições financeiras as informações bancárias da empresa investigada.

b) As multas aplicadas pelo tribunal de contas são ilegítimas, porquanto decorreram de irregular quebra de sigilo bancário, uma vez que o procedimento não pode ser realizado diretamente pela corte de contas.

c) Tanto o tribunal de contas quanto o fisco praticaram condutas legítimas, porquanto ambos dispõem de prerrogativa atinente à quebra de sigilo bancário.

d) Diferentemente do tribunal de contas, o fisco não poderia ter requisitado diretamente às instituições financeiras as informações bancárias da empresa investigada.

e) O fisco realizou conduta irregular ao encaminhar diretamente o processo administrativo ao Ministério Público.

COMENTÁRIOS

✪ **Nota dos autores:** em algumas situações, a investigação da fraude fiscal pelo Fisco demanda a análise da movimentação bancária (contas correntes e aplicações). Atualmente, esse acesso, sob a temática de "sigilo bancário", está disciplinado pelo artigo 6º da LC 105/2001, segundo o qual "**as autoridades e os agentes fiscais tributários** da União, dos Estados, do Distrito Federal e dos Municípios somente poderão examinar documentos, livros e registros de instituições financeiras, inclusive os referentes a contas de depósitos e aplicações financeiras, quando houver processo administrativo instaurado ou procedimento fiscal em curso e tais exames sejam considerados indispensáveis pela autoridade administrativa competente". O seu parágrafo único, por sua vez, estipula que "o resultado dos exames, as informações e os documentos a que se refere este artigo serão conservados em sigilo, observada a legislação tributária". É importante destacar que o artigo reproduzido teve, durante muito tempo, a sua constitucionalidade questionada no STF. Contudo, em uma decisão histórica e de extrema importância para o exercício do poder de fiscalização pelas administrações tributárias, no julgamento conjunto das ADIs 2.386, 2.397 e 2.859 e do Recurso Extraordinário 601.314, o Supremo decidiu ser constitucional a Lei complementar 105/2001, ficando consolidado o entendimento que é permitido aos órgãos de administração tributária requisitar informações bancárias de contribuintes sem autorização judicial, em síntese, pelos seguintes argumentos: 1) Não há propriamente "quebra de sigilo", mas sim "transferência de sigilo", na medida em que as autoridades tributárias deverão preservar a confidencialidade das informações recebidas, observadas as regras que protegem o sigilo fiscal; 2) A preservação do sigilo dos dados bancários obtidos garantirá a proteção à intimidade do correntista-contribuinte; 3) O acesso aos dados bancários pressupõe a existência de processo administrativo ou procedimento fiscal com todas as garantias que permitem o controle sobre os atos da Administração e; 4) A obtenção de informações depende da existência legislação estadual ou municipal regulamentadora nos moldes da já existente no plano federal.

a) Na verdade, apenas o tribunal de contas não poderia ter requisitado diretamente às instituições financeiras as informações bancárias da empresa investigada, uma vez que, como visto na nota dos autores, ao Fisco cabe tal prerrogativa, nos termos do artigo 6º da LC 105/2001, cuja constitucionalidade foi confirmada pelo STF.

b) **Alternativa correta**. De fato, como o artigo 6º da LC 105/2001 restringe a competência de examinar os dados e movimentações bancárias às **autoridades e aos agentes fiscais tributários**, a obtenção de tais dados pelo tribunal de contas e a consequente imposição sancionatória (multa) por ele aplicada estão irregulares.

c) Apenas o fisco praticou conduta legítima, porquanto somente ele (e não o tribunal de contas) dispõe de prerrogativa atinente à quebra de sigilo bancário (artigo 6º da LC 105/2001).

d) Nos termos do artigo 6º da LC 105/2001, apenas o fisco poderia ter requisitado diretamente às instituições financeiras as informações bancárias da empresa investigada, e não o tribunal de contas.

e) Não houve conduta irregular do fisco ao elaborar a representação fiscal para fins criminais ao Ministério Público, com o encaminhamento do processo administrativo. Inclusive, condizente com o exposto no enunciado, o encaminhamento do processo administrativo se deu apenas após a sua conclusão, ou seja, após a constituição definitiva do crédito tributário, o que está em perfeita sintonia com o teor da Súmula Vinculante 24, cuja redação prevê que "não se tipifica crime material contra a ordem tributária, previsto no art. 1º, incisos I a IV, da Lei 8.137/1990, antes do lançamento definitivo do tributo".

Gabarito: letra "b"

81. CEBRASPE – 2023 – TCE/MS – Procurador

João, dois anos e seis meses após o pagamento de determinado imposto, formalizou pedido administrativo de restituição daquele valor vertido aos cofres públicos, por considerá-lo indevido. O pedido administrativo foi indeferido. Três anos depois, João, inconformado, buscou judicialmente a anulação dessa última decisão para tentar reaver aqueles valores.

Considerando a situação hipotética apresentada, assinale a opção correta.

a) O pedido administrativo formalizado por João é extemporâneo, visto que foi ultrapassado o prazo prescricional de dois anos para pedir a restituição administrativa em face de pagamento indevido.

b) O prazo para João formalizar judicialmente a repetição de indébito prescreveu, porque superado o prazo prescricional de três anos do pagamento indevido.

c) O prazo prescricional para pedir administrativamente a restituição de indébito foi observado, mas, no caso de ação judicial, após o indeferimento administrativo, o prazo é reduzido à metade, o que não foi observado por João.

d) Os prazos administrativo e judicial para pleitear a repetição de indébito foram devidamente observados por João, que poderá alcançar êxito na demanda.

e) O prazo para João buscar judicialmente a restituição dos valores, via ação anulatória da decisão administrativa, prescreveu, porque foram ultrapassados os dois anos contados da decisão administrativa que denegou a restituição.

COMENTÁRIOS

Nota dos autores: segundo o artigo 169 do CTN, "prescreve em dois anos a ação anulatória da decisão administrativa que denegar a restituição". O seu parágrafo único, por sua vez, prevê que "o prazo de prescrição é interrompido pelo início da ação judicial, recomeçando o seu curso, por metade, a partir da data da intimação validamente feita ao representante judicial da Fazenda Pública interessada".

a) Ao contrário do que constou, o pedido administrativo de João foi tempestivo, uma vez que formalizado dentro do prazo quinquenal para tal, previsto no artigo 168 do CTN.

b) Embora o prazo para João formalizar judicialmente a repetição de indébito tenha de fato prescrito, a contagem indicada na alternativa está equivocada, pois, na verdade, a prescrição se deu em virtude de ter superado cinco anos da extinção do crédito tributário pelo pagamento.

c) O equívoco da alternativa está no prazo prescricional para a ação judicial anulatória da decisão administrativa que denegou a restituição, que, na verdade, segundo o artigo 169 do CTN reproduzido na nota dos autores, é de dois anos, e não de metade do prazo quinquenal para pleitear a repetição de indébito, como erroneamente constou.

d) Embora o prazo administrativo de cinco anos para pleitear a restituição do indébito tenha sido devidamente observado por João (CTN, art. 168), o prazo judicial de dois anos para anular a decisão administrativa que denegou a restituição não o foi (CTN, art. 169), uma vez que a ação foi formalizada depois de três anos.

e) **Alternativa correta.** O texto da alternativa está condizente com o entendimento do teor do artigo 169 do CTN reproduzido na nota dos autores.

Gabarito: letra "e"

82. CEBRASPE – 2023 – TCE/MS – Procurador

Assinale a opção em que é corretamente indicado o expediente apto a, isoladamente, impedir ou excluir a inscrição do contribuinte no cadastro informativo de créditos não quitados do setor público federal (CADIN).

a) fiança bancária
b) penhora sobre direitos e ações
c) seguro-garantia
d) penhora sobre imóveis
e) tutela judicial antecipatória

COMENTÁRIOS

✪ **Nota dos autores:** o cadastro informativo de créditos não quitados do setor público federal (Cadin) é disciplinado pela Lei 10.522/2002, cujo artigo 7º estipula que "será suspenso o registro no Cadin quando o devedor comprove que: I – tenha ajuizado ação, com o objetivo de discutir a natureza da obrigação ou o seu valor, com o oferecimento de garantia idônea e suficiente ao Juízo, na forma da lei; II – esteja suspensa a exigibilidade do crédito objeto do registro, nos termos da lei.

e) **Alternativa correta.** A tutela judicial antecipatória é a única das alternativas que se constitui em uma causa de suspensão da exigibilidade do crédito tributário (CTN, art. 151, V), com o condão, portanto, nos termos do artigo 7º, inciso II, da Lei 10.522/2002, reproduzido na nota dos autores, de suspender o registro no CADIN de forma isolada, como exige a questão.

Demais alternativas) Não são causas de suspensão da exigibilidade do crédito tributário (CTN, art. 151) e, assim, não são capazes, isoladamente, de suspender o registro no CADIN, nos termos do artigo 7º da Lei 10.522/2002 reproduzido na nota dos autores.

Gabarito: letra "e"

83. CONSULPAM – 2023 – TCM/PA – Conselheiro

De acordo com o teor da Lei n.º 5.172/1966 (Código Tributário nacional) acerca das certidões negativas, assinale a alternativa CORRETA.

a) A certidão negativa será fornecida dentro de 15 (quinze) dias da data da entrada do requerimento na repartição.

b) A certidão negativa expedida com dolo ou fraude, que contenha erro contra a Fazenda Pública, responsabiliza pessoalmente o funcionário que a expedir, pelo crédito tributário, mas não pelos juros de mora acrescidos.

c) A certidão negativa será sempre expedida nos termos em que tenha sido requerida.

d) A lei poderá exigir que a prova da quitação de determinado tributo, quando exigível, seja feita por certidão negativa, expedida de ofício pela autoridade pública.

COMENTÁRIOS

✪ **Nota dos autores:** as certidões enquanto documentos emitidos pela Fazenda Pública para comprovar a situação de (in)adimplência do contribuinte são de três espécies: (i) Certidão Negativa de Débitos Fiscais – CND, que comprova a inexistência de débitos fiscais; (ii) Certidão Positiva de Débitos Fiscais, que, ao contrário, comprova a existência de débitos fiscais e (iii) Certidão Positiva de Débitos Fiscais, com Efeitos de Negativa – CPD-EN, segundo a qual o contribuinte possui débitos fiscais, porém servirá para os mesmos fins típicos da certidão negativa (como o próprio nome diz, tem os "mesmos efeitos" da negativa). A certidão positiva com efeitos de negativa – CPD-EN deve ser emitida diante das hipóteses ensejadoras de sua emissão previstas no artigo 206 do CTN, a saber: (i) a existência de débitos fiscais ainda não vencidos (ainda no prazo para pagamento); (ii) a existência de débitos fiscais em curso de cobrança executiva em que tenha sido efetivada a penhora; e (iii) a existência de débitos fiscais cuja exigibilidade esteja suspensa, nos termos do artigo 151 do CTN, a saber: (a) moratória; (b) depósito do montante integral; (c) defesas e recursos no âmbito do processo administrativo fiscal; (d) liminar em mandado de segurança; (e) liminar ou tutela antecipada em outras espécies de ações judiciais; e (f) parcelamento.

a) O prazo correto é de 10 (dez) dias contados da data da entrada do requerimento na repartição (CTN, art. 205, parágrafo único).

b) Os juros de mora acrescidos também estão contemplados na responsabilização a que alude o texto dessa alternativa (CTN, art. 208).

c) **Alternativa correta.** É a reprodução exata da primeira parte da redação do parágrafo único do artigo 205 do CTN.

d) Na verdade, a certidão negativa será expedida à vista de requerimento do interessado, e não de ofício pela autoridade pública, como erroneamente constou (CTN, art. 205).

Gabarito: letra "c"

84. (Cespe – Analista de Controle Externo – Direito – TCE – RJ/2021) Maurício recebeu em sua residência o carnê do IPVA do exercício de 2015, em 5 de janeiro daquele ano. A notificação foi acompanhada de opção de pagamento à vista, com vencimento em 26 de janeiro de 2015. Caso Maurício não realizasse o pagamento nesta data, seria automaticamente incluído na opção de parcelamento, com vencimento da primeira parcela em 26 de fevereiro de 2015 e das demais no mesmo dia dos cinco meses subsequentes, independentemente de sua anuência. Maurício não realizou o pagamento à vista nem o parcelado. Ao tentar vender seu veículo em 2020, identificou o débito e pagou as parcelas vencidas do IPVA de 2015, acrescidas de juros e multa, em 17 de fevereiro de 2020.

A respeito dessa situação hipotética, julgue os itens a seguir.

Caso Maurício realize pedido administrativo de restituição do IPVA pago, não será interrompido o prazo prescricional para eventual ação judicial com a mesma finalidade.

COMENTÁRIOS

✪ **Nota dos autores:** trata-se de outro item cuja análise demanda conhecimento jurisprudencial. Dessa vez, é invocado o teor da Súmula 625 do STJ ("O pedido administrativo de compensação ou de restituição não interrompe o prazo prescricional para a ação de repetição de indébito tributário de que trata o art. 168 do CTN nem o da execução de título judicial contra a Fazenda Pública").

Certo. O item está correto conforme entendimento esposado na Súmula 625 do STJ, que foi reproduzida integralmente na nota dos autores.

85. (Cespe – Analista de Controle Externo – Direito – TCE – MG/2018) O estado de Minas Gerais poderá expedir certidão positiva de débito com efeitos de negativa no caso de

a) haver anistia e isenção.
b) haver créditos não vencidos e parcelamento.
c) haver créditos vencidos e estar em curso execução fiscal em que tenha sido efetivada a penhora.
d) haver moratória revogada e créditos não vencidos.
e) estar em curso execução fiscal em que tenha sido efetivada a penhora e haver remissão.

COMENTÁRIOS

✪ **Nota dos autores:** as certidões enquanto documentos emitidos pela Fazenda Pública para comprovar a situação de (in)adimplência do contribuinte são de três espécies: (i) Certidão Negativa de Débitos Fiscais – CND, que comprova a inexistência de débitos fiscais; (ii) Certidão Positiva de Débitos Fiscais, que, ao contrário, comprova a existência de débitos fiscais e (iii) Certidão Positiva de Débitos Fiscais, com Efeitos de Negativa – CPD-EN, segundo a qual o contribuinte possui débitos fiscais, porém servirá para os mesmos fins típicos da certidão negativa (como o próprio nome diz, tem os "mesmos efeitos" da negativa). A certidão positiva com efeitos de negativa – CPD-EN deve ser emitida diante das hipóteses ensejadoras de sua emissão previstas no artigo 206 do CTN, a saber: (i) a existência de débitos fiscais ainda não vencidos (ainda no prazo para pagamento); (ii) a existência de débitos fiscais em curso de cobrança executiva em que tenha sido efetivada a penhora; e (iii) a existência de débitos fiscais cuja exigibilidade esteja suspensa, nos termos do artigo 151 do CTN, a saber: (a) moratória; (b) depósito do montante integral; (c) defesas e recursos no âmbito do processo administrativo fiscal; (d) liminar em mandado de segurança; (e) liminar ou tutela antecipada em outras espécies de ações judiciais; e (f) parcelamento.

Alternativa "a": incorreta, pois as hipóteses de exclusão de crédito tributário (anistia e isenção) não estão entre as ensejadoras de emissão da CPD-EN nos termos do artigo 206 do CTN, mencionado na nota dos autores.

Alternativa "b": correta, uma vez que o crédito tributário vincendo e o que está com a exigibilidade suspensa em virtude de parcelamento ensejam a emissão de CPD-EN, nos termos do artigo 206 do CTN, mencionado na nota dos autores.

Alternativa "c": incorreta, pois embora os créditos tributários em curso de cobrança executiva em que tenha sido efetivada a penhora ensejem a emissão de CPD-EN, os créditos tributários vencidos, por sua vez, implicam na emissão de Certidão Positiva de Débitos Fiscais.

Alternativa "d": incorreta, pois embora os créditos tributários não vencidos (ou vincendos) ensejem a emissão de CPD-EN, a moratória revogada não tem o condão de suspender a exigibilidade do crédito tributário, de maneira que nesta hipótese é de rigor a emissão de Certidão Positiva de Débitos Fiscais.

Alternativa "e": incorreta, pois embora os créditos tributários em curso de cobrança executiva em que tenha sido efetivada a penhora ensejem a emissão de CPD-EN, os débitos fiscais remitidos estão extintos, ensejando a emissão de CND.

Alternativa correta: letra "b".

Direito Tributário

Alan Martins e Dimas Yamada Scardoelli

+ DICAS

1. TRIBUTO E SUAS ESPÉCIES

- **Tributo** é toda prestação pecuniária compulsória, em moeda ou cujo valor nela se possa exprimir, que não constitua sanção de ato ilícito, instituída em lei e cobrada mediante atividade administrativa plenamente vinculada (CTN, art. 3º).
- **Prestação pecuniária:** em dinheiro.
- **Compulsória:** cumprir a obrigação tributária é um dever do contribuinte e não uma faculdade.
- **Em moeda ou cujo valor nela se possa exprimir:** a expressão "em moeda", além de dar ênfase ao caráter pecuniário do tributo, também respalda a expressão alternativa "ou cujo valor nela se possa exprimir", cuja coerência ficou mais clara a partir do advento da Lei complementar 104/2001, que introduziu o inciso XI ao artigo 156 do CTN, prevendo a dação em pagamento em bens imóveis como hipótese de extinção do crédito tributário, na forma e condições estabelecidas em lei.
- **Que não constitua sanção de ato ilícito:** serve para **distinguir tributo de multa**, deixando claro que a hipótese legal de incidência do tributo não é uma infração, nem sua consequência jurídica uma penalidade. É diferente da multa, que sempre constitui a sanção de um ato ilícito, como ocorre nas multas por infração às legislações de trânsito, ambiental, sanitária etc. Com base nesse aspecto conceitual o STF julgou indevido um acréscimo de 200% ao IPTU estabelecido por uma lei municipal sobre imóveis onde houvesse construções irregulares, entendo que o acréscimo configurava sanção a ato ilícito (RE 104.817 / SP).
- **Instituída em lei:** condiz com o princípio da legalidade tributária (CF, art. 150, I), segundo o qual é vedada a instituição ou majoração de tributos sem previsão legal do seu fato gerador.
- **Cobrada mediante atividade administrativa plenamente vinculada:** por ser uma prestação compulsória instituída em lei, a autoridade administrativa fica vinculada à exigência do tributo, até porque tem o dever de exercer as competências que lhe são atribuídas por lei. Não há discricionariedade, isto é, juízo de conveniência e oportunidade, por parte da referida autoridade.
- **Denominação e destino do produto de arrecadação:** segundo o texto literal, que é o cobrado na maioria das questões de concursos públicos, o artigo 4º se estrutura da seguinte forma:

Fatores para determinar natureza jurídica do tributo	Relevante	Irrelevante
CTN, art. 4º, *caput*	Fato gerador da respectiva obrigação	
CTN, art. 4º, inciso I		denominação e demais características formais adotadas pela lei
CTN, art. 4º, inciso II		aplicação financeira do produto da arrecadação

- **Critérios constitucionais para determinação da natureza jurídica do tributo:** três critérios são apresentados no quadro a seguir:

Nome	Critério	Tributos
Critério material da hipótese de incidência	Tributos vinculados	taxas e contribuições de melhoria
	Tributos não vinculados	impostos, contribuições e empréstimos compulsórios
Critério da destinação específica do produto da arrecadação	Tributos **com** destinação específica	taxas, contribuições de melhoria, contribuições e empréstimo compulsório
	Tributos **sem** destinação específica	impostos
Critério da restituibilidade do valor arrecadado	Restituibilidade	empréstimo compulsório
	Não Restituibilidade	impostos, taxas, contribuições de melhoria e contribuições

- **Espécies tributárias no CTN:** impostos, taxas e contribuições de melhoria.
- **Espécies tributárias na CF/88:** impostos, taxas, contribuições de melhoria, contribuições e empréstimos compulsórios.
- **Imposto:** tributo cuja obrigação tem por fato gerador uma situação independente de qualquer atividade estatal específica relativa ao contribuinte (CTN, art. 16). **Características:** não vinculado, incidência sobre fatos

signo-presuntivos de riqueza, ausência de destinação específica do produto da arrecadação.

- **Taxa:** tem como possíveis fatos geradores: 1) o exercício regular do poder de polícia; 2) a utilização, efetiva ou potencial, de serviços públicos específicos e divisíveis, prestados ao contribuinte ou postos à sua disposição (CTN, art. 77). **Características:** vinculado, contraprestacional, destinação específica do produto da arrecadação, **não** poderão ter base de cálculo própria de impostos (CF, art. 145, §2º), distinguem-se de preço público ou tarifa.
- "É constitucional a adoção, no cálculo do valor de **taxa**, de um ou mais elementos da base de cálculo própria de determinado imposto, desde que não haja integral identidade entre uma base e outra" (Súmula Vinculante 29).
- A taxa de polícia (de fiscalização) é cobrada quando há o exercício do poder de polícia, também chamado de poder de fiscalização.
- A taxa de serviço é cabível toda vez que o Estado, diretamente, presta serviço público específico e divisível ao contribuinte. Assim, se o serviço é genérico e indivisível, sua remuneração se dá através dos impostos. Se é específico e divisível, pelo princípio da justiça fiscal, seu pagamento deve ser cobrado apenas dos que recebem o serviço, situação em que se cobra a taxa.
- A taxa, também, não é sinônimo de tarifa ou de preço público, como bem se verifica pela análise comparativa dos institutos no seguinte quadro:

CRITÉRIOS	TAXA	PREÇO PÚBLICO / TARIFA
Regime	Direito Público (tributário)	Direito Privado (consumidor - contratual)
Natureza Jurídica	Tributária (espécie tributária, artigo 145, inciso II, CF/88, portanto, deve respeito aos princípios tributários)	Contratual (Estado prestador de serviço como se fora um particular ou o particular sob delegação do Estado - concessões, permissões, etc.)
Tipo de receita pública	Receita derivada	Receita originária
Serviços Públicos	Específicos e divisíveis, de uso efetivo ou potencial	Específicos e divisíveis, apenas de uso efetivo
Tipos de serviços públicos	A) Propriamente estatais e ínsitos à soberania do Estado (exemplo: concessão de passaporte) e; B) Essenciais ao interesse público	A) Não essenciais ao interesse público (exemplos: telefonia, gás, energia elétrica e outros sujeitos à concessão ou permissão pelo ente estatal) e; B) Em regra, serviços delegáveis

CRITÉRIOS	TAXA	PREÇO PÚBLICO / TARIFA
Cobrança	Compulsória (característica tributária, cobrada no caso de utilização do serviço público e mesmo no caso de o serviço público ter sido colocado à disposição e não necessariamente utilizado)	Voluntária (apenas no uso do serviço público)
Dívida Ativa	Créditos oriundos do não pagamento são inscritos na Dívida Ativa tributária	Créditos oriundos do não pagamento são inscritos na Dívida Ativa não tributária
Repetição de indébito	Ação de repetição de indébito sujeita-se ao prazo previsto no CTN	Ação de repetição de indébito sujeita-se ao prazo prescricional estabelecido no Código Civil (Súmula 412 do STJ)
Decorre de (segundo Súmula 545 do STF)	Lei	Contrato (vontade das partes)
Prescrição	Quinquenal, regida pelo Direito Público (Código Tributário Nacional)	Decenal, regida pelo Direito Privado (Código Civil). Conforme REsp 1117903

- Embora superado o **Princípio da Anualidade** (exigência de prévia previsão orçamentária), o STF não revogou a Súmula 545 e algumas bancas examinadoras continuam cobrando o seu texto literal e integral[1].
- A natureza jurídica do **pedágio** sempre gerou muita polêmica. Porém, recentemente, **o Supremo Tribunal Federal pronunciou-se pela natureza de tarifa ou preço público do pedágio, haja vista não gozar da compulsoriedade, característica essencial das taxas** (STF - ADI 800/RS, rel. Min. Teori Zavascki, 11.6.2014).
- **Contribuição de melhoria:** tem por fato gerador a valorização imobiliária decorrente de uma obra pública (CF, art. 145, III c/c CTN, art. 81). Tributo vinculado cujo objetivo é fazer frente ao custo da obra pública.
- **Contribuições:** quase sempre de competência da União, as contribuições, de maneira geral, possuem

1. Súmula 545 do STF: "Preços de serviços públicos e taxas não se confundem, porque estas, diferentemente daqueles, são compulsórias e têm sua cobrança condicionada à prévia autorização orçamentária, em relação à lei que as instituiu".

finalidades constitucionalmente previstas. Daí a existência de contribuições de variadas naturezas, tais como as de seguridade social, intervenção no domínio econômico, iluminação pública etc. Na classificação **são contribuições sociais** as de **seguridade social** (CF, art. 195) e o **salário educação** (CF, art. 212, § 5º). Todas as demais podem ser consideradas **contribuições especiais**, cabendo mencionar nessa categoria as de **intervenção no domínio econômico** e de **interesse de categorias profissionais ou econômicas** (CF, art. 149), mais a Contribuição para **iluminação pública** (CF, art. 149-A), posteriormente implementada pela Emenda Constitucional 39/2002 e as contribuições para o **Programa de Integração Social – PIS** (CF, art. 239) e para o **Sistema "S"** (CF, art. 240).

- Entre essas contribuições, não há dúvida de que as **Contribuições para a Seguridade Social** são as de finalidade social mais ampla, pois custeiam o sistema público que abrange Saúde, Previdência e Assistência Social. Previstas no artigo 195, incisos I a V, da CF, compreendem as contribuições sociais: I – do empregador, da empresa e da entidade a ela equiparada na forma da lei, incidentes sobre: a) a **folha de salários e demais rendimentos do trabalho** pagos ou creditados, a qualquer título, à pessoa física que lhe preste serviço, mesmo sem vínculo empregatício (CPP – Contribuição Previdenciária Patronal); b) a **receita** ou o **faturamento** (COFINS); c) o **lucro** (CSLL – Contribuição Social sobre o Lucro Líquido); II – do **trabalhador e dos demais segurados** da previdência social (CP – Contribuição Previdenciária, devida por empregados, autônomos e facultativos), **não incidindo** contribuição sobre aposentadoria e pensão concedidas pelo regime geral de previdência social de que trata o art. 201; III – sobre a receita de **concursos de prognósticos** (loterias); IV – do **importador** de bens ou serviços do exterior, ou de quem a lei a ele equiparar e; V – sobre bens e serviços, nos termos de lei complementar (inserida no texto constitucional pela Emenda Constitucional 132/2023, que se refere à chamada "Reforma Tributária").
- Por serem destinadas ao custeio de atividades de entidades paraestatais, as contribuições de interesse das categorias econômicas e profissionais são classificadas como parafiscais. A parafiscalidade é uma característica de tributos instituídos pelas pessoas políticas com delegação da capacidade tributária ativa a terceiros. Isso ocorre em relação a várias contribuições sociais, como devidas ao Sistema "S", em que serviços sociais arrecadam e fiscalizam tributos instituídos pela União.
- Com a Reforma Trabalhista aprovada em 2017, a CLT, lei instituidora da contribuição sindical, passou a estabelecer no seu artigo 578 que: "As contribuições devidas aos sindicatos pelos participantes das categorias econômicas ou profissionais ou das profissões liberais representadas pelas referidas entidades serão, sob a denominação de contribuição sindical, pagas, recolhidas e aplicadas na forma estabelecida neste Capítulo, desde que prévia e expressamente autorizadas." E, com isso, o desconto da contribuição em relação a trabalhadores e o pagamento por parte dos empregadores e profissionais liberais passa a ter caráter facultativo (CLT, arts. 579/587).
- Com a alteração promovida, a contribuição sindical deixa de ter caráter tributário, uma vez perder uma característica essencial do conceito de tributo estabelecido no artigo 3º do CTN, que é a natureza compulsória. Em outras palavras, tornando-se facultativa, a contribuição sindical passa a ter natureza trabalhista e ser objeto do direito coletivo do trabalho. Exatamente como ocorre com as outras cobranças sindicais facultativas, tais como as contribuições confederativa e assistencial, bem como as taxas associativas (Súmula Vinculante 40).
- De qualquer forma, permanece vigente a competência da União para instituição de contribuições de interesse de categorias profissionais, estabelecida no artigo 149 da CF/88. Consequentemente, a contribuição sindical poderá retomar a sua natureza tributária caso a sua obrigatoriedade, futuramente, venha a ser restabelecida em lei, por exemplo, por uma eventual nova alteração da CLT.
- **Empréstimo compulsório:** nos termos do artigo 148, da CF o empréstimo compulsório poderá ser instituído nas seguintes hipóteses: **Inciso I:** para atender às despesas extraordinárias decorrentes de calamidade pública, de guerra externa ou sua iminência. **Inciso II:** no caso de investimento público de caráter urgente e de relevante interesse nacional. **Características:** restituibilidade, caráter não vinculado e destinação específica do produto da arrecadação.

- Impostos:

IMPOSTOS FEDERAIS (CF, arts. 153 e 154)	IMPOSTOS ESTADUAIS/DF (CF, art. 155)	IMPOSTOS MUNICIPAIS/DF (CF, art. 156)	IMPOSTO DE COMPETÊNCIA COMPARTILHADA – ESTADOS, DF E MUNICÍPIOS (CF, art. 156-A)
Imposto sobre importação de produtos estrangeiros – II	Imposto sobre transmissão "causa mortis" e doação de quaisquer bens ou direitos – ITCMD	Imposto sobre a propriedade predial e territorial urbana – IPTU	Imposto sobre bens e serviços (IBS)
Imposto sobre exportação, para o exterior, de produtos nacionais ou nacionalizados – IE	Imposto sobre operações relativas a circulação de mercadorias e sobre prestações de serviços de transporte interestadual e intermunicipal e de comunicação, ainda que as operações e as prestações se iniciem no exterior – ICMS	Imposto sobre a transmissão "inter vivos", a qualquer título, por ato oneroso, de bens imóveis, por natureza ou acessão física, e de direitos reais sobre imóveis, exceto os de garantia, bem como cessão de direitos a sua aquisição – ITBI ou ITIV	
Imposto sobre a renda e proventos de qualquer natureza – IR	Imposto sobre a propriedade de veículos automotores – IPVA	Imposto sobre serviços de qualquer natureza serviços de qualquer natureza, não compreendidos no art. 155, II, definidos em lei complementar – ISS ou ISSQN	
Imposto sobre produtos industrializados – IPI	–	–	
Imposto sobre operações de crédito, câmbio e seguro, ou relativas a títulos ou valores mobiliários – IOF	–	–	
Imposto sobre a propriedade territorial rural – ITR	–	–	
Imposto sobre grandes fortunas	–	–	
Imposto sobre produção, extração, comercialização ou importação de bens e serviços prejudiciais à saúde ou ao meio ambiente, nos termos de lei complementar – IS (Imposto seletivo)			
Impostos residuais	–	–	
Impostos extraordinários	–	–	

- Por fim, também é curioso anotar que, no caso de guerra externa ou sua iminência, a CF conferiu competência à União para a instituição de dois tributos específicos para fazer frente aos custos do evento, que são o **empréstimo compulsório** (CF, art. 148, I) e o **imposto extraordinário de guerra** (CF, art. 154, II). Outro fato interessante é que esse último foge à regra de que não há destinação específica do produto da arrecadação de impostos.
- **Impostos Extraordinários de Guerra:** também de **competência da União**, previstos no artigo 154, inciso II, da CF, pressupõem a **iminência ou ocorrência de guerra externa**. Anote-se que esses impostos extraordinários **podem ou não estar compreendidos na competência tributária da União**. Eis, aliás, a única e excepcional hipótese em que a competência de um ente federativo pode ser exercida por outro, pois, como regra, a União não tem competência para legislar sobre impostos estaduais e municipais, sob pena de quebra do pacto federativo. Há, inclusive, proibição expressa no artigo 151, inciso III, da CF.
- Os impostos extraordinários, instituídos pela iminência ou no caso de guerra externa, serão

suprimidos, gradativamente, cessadas as causas de sua criação (CF, art. 154, II).

- Por fim, a partir do estudo dos tributos, segue um quadro sistemático de classificações doutrinárias. Nas obras em geral, as classificações costumam vir com abordagem conceitual dos temas. Entretanto, por questão didática, optou-se por deixar para o final deste capítulo, após o leitor estar mais habituado com os pressupostos teóricos que justificam a classificação.

CRITÉRIO	CLASSIFICAÇÃO	EXPLICAÇÃO
Competência	Federais, estaduais e municipais	Tributo **federal** é o de competência para instituição da União. Tributo **estadual** é o de competência dos Estados e do Distrito Federal. Tributo **municipal** é o de competência dos Municípios e do Distrito Federal.
Competência (2)	Privativa, concorrente, compartilhada e residual	Tributos de **competência privativa** são aqueles cuja instituição cabe exclusivamente a um ente federativo (exemplo, os impostos federais, que cabem privativamente à União). Tributos de **competência concorrente** são aqueles cuja instituição cabe comumente a todos os entes federativos (exemplos, as taxas e as contribuições de melhoria). Tributo de **competência compartilhada** é aquele cuja instituição cabe ao conjunto de mais de um ente federativo (exemplo, o IBS, introduzido pela Reforma Tributária, à cargo compartilhado dos Estados, do DF e dos Municípios). Tributos de **competência residual** são novos tributos que a CF admite que sejam instituídos mediante a observância de pressupostos especiais (exemplos, novos impostos e novas contribuições sociais a cargo exclusivo da União).
Finalidade	Fiscal e extrafiscal	Tributo **fiscal** tem escopo exclusivo de arrecadar recursos para os cofres públicos e tributo **extrafiscal** não tem como finalidade precípua a arrecadação de recursos, mas sim a utilização como instrumento estatal de intervenção na ordem socioeconômica – caráter regulatório.

CRITÉRIO	CLASSIFICAÇÃO	EXPLICAÇÃO
Natureza econômica do FG	Comércio exterior, patrimônio-renda e circulação-produção	É a classificação constante do CTN: **Comércio Exterior:** II e IE **Patrimônio-Renda:** ITR, IPTU, ITBI, IR **Circulação-produção:** IPI, ICMS, IBS e IS
Hipótese de incidência	Vinculado e não vinculado	Tributos **vinculados** são aqueles em que há uma atividade específica realizada pelo sujeito ativo em relação ao sujeito passivo (exemplos, as taxas e as contribuições de melhoria). Tributos **não vinculados** são aqueles em que não há necessidade de uma atividade específica do sujeito ativo para com o sujeito passivo (exemplo, os impostos).
Hipótese de incidência (2)	Reais e Pessoais	Tributos **reais** incidem sobre coisas (exemplos: IPVA, ITR, IPTU). Tributos **pessoais** incidem de forma subjetiva, pois consideram os aspectos particulares dos contribuintes (exemplo, o IR).
Repercussão do ônus financeiro	Direto e indireto	Tributo **indireto** permite a repercussão do ônus financeiro para o próximo elo da cadeia produtiva (exemplo, o ICMS). Tributo **direto** é aquele que não permite a referida repercussão (exemplo, o IR).

2. LIMITAÇÕES CONSTITUCIONAIS AO PODER DE TRIBUTAR

- **Sistema tributário nacional:** corresponde ao capítulo I do título VI da CF. Fundamentalmente, abrange as **competências tributárias**, as **limitações ao poder de tributar** e as **repartições das receitas tributárias**.
- **Objetivos do sistema tributário:** por meio das **competências** atribuem-se parcelas do poder de tributar a cada uma das pessoas políticas (União, Estados, Distrito Federal e Municípios). Já as **limitações ao poder de tributar** são estabelecidas na Constituição justamente para impor freios ao exercício das competências, evitando abusos por parte dos entes tributantes. Compreendem os **princípios** e as **imunidades**. Por fim, as **repartições das receitas tributárias** constituem normas que obrigam as pessoas políticas a partilharem com outras os resultados de suas arrecadações de tributos.

- **Princípios:** são veiculados na CF os **princípios constitucionais tributários gerais**, aplicáveis aos tributos em geral, e os **princípios constitucionais tributários específicos**, que dizem respeito a tributos determinados.
- **Princípio da legalidade (CF, art. 150, I):** é vedada a exigência ou aumento de tributo sem que lei o estabeleça. Em regra, cumpre-se o princípio da legalidade pela instituição ou majoração de tributo por lei ordinária. Contudo, o quadro a seguir aponta: 1º) 4 exceções constitucionais relativas a tributos que só podem ser instituídos por lei complementar; 2º) **amenizações ao princípio**, também previstas na Constituição, relativas a tributos já antes instituídos por lei. Veja-se:

Regra	Exceções / mitigações		
Lei ordinária	**Exceções: Lei complementar**	**Mitigações: Admitem alteração de alíquota por ato do Poder Executivo**	**Mitigações: Admitem redução e restabelecimento de alíquotas por ato do Poder Executivo**
	IGF IBS Imposto Seletivo (IS) CBS Empréstimo compulsório Impostos residuais Contribuições residuais	II IE IPI IOF	CIDE - Combustível ICMS - Combustível monofásico

- **Não se considera majoração de tributo a atualização do valor monetário da respectiva base de cálculo** (CTN, art. 97, § 2º), mas **depende de lei** qualquer **alteração da base de cálculo que importe em tornar o tributo mais oneroso** (CF, art. 97, § 1º).
- **Princípio da isonomia (CF, art. 150, II):** é vedado aos entes federativos instituir tratamento desigual entre contribuintes que se encontrem em situação equivalente, proibida qualquer distinção em razão de ocupação profissional ou função por eles exercida, independentemente da denominação jurídica dos rendimentos, títulos ou direitos.
- **Princípio da capacidade contributiva (CF, art. 145, § 1º):** sempre que possível, os impostos terão caráter pessoal e serão graduados segundo a capacidade econômica do contribuinte (CF, art. 145, § 1º).
- Relaciona-se a esse preceito o **princípio da progressividade**, tipicamente vinculado aos impostos de caráter pessoal. Tanto que, nos termos da **Súmula 656 do STF**, é "inconstitucional a lei que estabelece alíquotas progressivas para o imposto de transmissão *inter vivos* de bens imóveis – ITBI com base no valor venal do imóvel". Fundamento da súmula é que se trata de um imposto de caráter real (objetivo e não pessoal). Porém, o próprio STF, na decisão do **RE 562045/RS**, posicionou-se de maneira distinta quanto ao **ITCMD**, ao permitir a sua **progressividade, mesmo em se tratando de um imposto real**. Desta feita o fundamento utilizado pelo Supremo diz respeito à técnica de progressividade e mensuração da capacidade contributiva, que leva em conta o valor dos quinhões recebidos pelos herdeiros. A progressividade do ITCMD foi agora expressamente prevista no texto constitucional com a Reforma Tributária.
- **Princípio da irretroatividade da norma tributária (CF, art. 150, III, "a"):** a lei tributária não retroagirá para atingir fatos geradores ocorridos anteriormente à sua vigência. **Exceções** à regra da irretroatividade estão previstas no artigo 106 do CTN e a maioria delas diz respeito **a atos ou fatos pretéritos não julgados definitivamente, em matéria de infrações e penalidades para beneficiar o infrator** (CTN, art. 106, II). Essa **retroatividade *in bonam partem*** verifica-se nos casos em que a lei nova: i) deixe de definir o ato ou fato como infração ou de tratá-lo como contrário a qualquer exigência de ação ou omissão, desde que não tenha sido fraudulento e não tenha implicado em falta de pagamento de tributo (extinção da infração/alíneas "a" e "b"); ii) quando passe a cominar penalidade menos severa que a prevista na lei vigente ao tempo da sua prática (redução da penalidade/alínea "c"). Além disso, podem ser aplicadas imediatamente as **leis que sejam expressamente interpretativas** (CTN, art. 106, I).
- **Princípio da anterioridade (CF, art. 150, III, "b" e "c"):** está positivado na ordem constitucional em duas vertentes. São elas: **anterioridade do exercício ou anual** (alínea "b"), segundo a qual é vedado aos entes federativos cobrar tributos no mesmo exercício financeiro em que haja sido publicada a lei que os instituiu ou aumentou; **anterioridade nonagesimal** (alínea "c"), implementada pela Emenda Constitucional 42/2003, segundo a qual também é vedado aos entes tributantes cobrar tributos antes de decorridos noventa dias da data em que haja sido publicada a lei que os instituiu ou aumentou. Como regra, os dois princípios se aplicam cumulativamente. Mas há exceções, conforme apresentado no quadro a seguir, onde as exceções comuns às duas vertentes estão grafadas em negrito:

REGRA	EXCEÇÕES
Anterioridade anual	**II, IE,** IPI, **IOF, empréstimo compulsório do art. 148, inciso I da CF e imposto extraordinário de guerra,** ICMS-combustível e CIDE-combustível monofásico e contribuições sociais para custeio da seguridade social
Anterioridade nonagesimal	**II, IE,** IR, **IOF, empréstimo compulsório do art. 148, inciso I da CF, imposto extraordinário de guerra** e fixação de base de cálculo de IPVA e IPTU

- **Princípio do não confisco (CF, art. 150, IV):** constitui vedação à instituição de tributos que não sejam razoáveis, que tenham carga tributária desproporcional e excessiva.
- O conceito de confisco é indeterminado e deve ser analisado a cada caso concreto, no que se recomenda a utilização de critérios de razoabilidade e proporcionalidade (STF – ADIN 551/RJ), sendo "cabível, em sede de controle normativo abstrato, a possibilidade de o Supremo Tribunal Federal examinar se determinado tributo ofende, ou não, o princípio constitucional da não confiscatoriedade" (STF – ADI 1.075-MC).
- Não é o percentual da alíquota do tributo que faz ensejar um eventual caráter confiscatório, mas a caracterização do efeito confiscatório pressupõe a análise de dados concretos e de peculiaridades de cada operação ou situação, tomando-se em conta custos, carga tributária global, margens de lucro e condições pontuais do mercado e de conjuntura social e econômica (STF – RE 448.432-AgR).
- O princípio da vedação ao efeito de confisco aplica-se às multas (STF – RE 523.471-AgR).
- **Princípio da liberdade de tráfego (CF, art. 150, V):** é vedado estabelecer limitações ao tráfego de pessoas ou bens, por meio de tributos interestaduais ou intermunicipais, **ressalvada** a cobrança de pedágio pela utilização de vias conservadas pelo Poder Público.
- **Princípios da uniformidade geográfica e da não diferenciação (CF, art. 151, I):** é vedado à União instituir tributo que não seja uniforme em todo o território nacional **ou** que implique distinção ou preferência em relação a Estado, ao Distrito Federal ou a Município, em detrimento de outro. Como exceção a esse princípio, admite-se a concessão de incentivos fiscais destinados a promover o equilíbrio do desenvolvimento socioeconômico entre as diferentes regiões do País.
- **Princípios específicos:** por exemplo, a **progressividade** do IPTU, **fiscal** (em razão do valor) e **extrafiscal** (no tempo, visando ao cumprimento da função social do imóvel), **não cumulatividade** (direito a compensar o imposto cobrado em operações anteriores para evitar a tributação "em cascata") e **seletividade** (graduação da carga tributária segundo a essencialidade dos produtos), esses dois últimos aplicáveis ao ICMS (facultativa) e ao IPI (obrigatória).
- **Imunidades tributárias:** são exonerações tributárias previstas na Constituição Federal, mediante normas que estabelecem situações em que é vedado às pessoas políticas exercerem suas competências tributárias. Também podem ser vistas como **direito subjetivo do cidadão de não ser tributado** nas situações constitucionalmente previstas.
- **Imunidade e isenções:** também é fundamental saber distinguir as imunidades de outras exonerações tributárias, a começar pela isenção. Enquanto a **imunidade tributária**, como já visto, constitui limitação de competência estabelecida em normas constitucionais, a **isenção** é uma hipótese legal de exclusão do crédito tributário (CTN, art. 175, I), isto é, uma dispensa legal do pagamento do tributo. Portanto, na isenção, a pessoa política exerce a competência tributária instituindo o tributo, mas estabelece algumas situações, pessoas ou bens não alcançados pela regra de tributação, diferente da imunidade, em que o exercício da competência tributária fica vedado.
- **Remissões e isenções:** qualquer subsídio ou isenção, redução de base de cálculo, concessão de crédito presumido, anistia ou remissão, relativos a impostos, taxas ou contribuições, só poderá ser concedido mediante **lei específica**, federal, estadual ou municipal, que regule exclusivamente as matérias acima enumeradas ou o correspondente tributo ou contribuição, sem prejuízo do disposto no art. 155, § 2.º, XII, "g" (CF, art. 150, § 6º).
- Na **imunidade subjetiva**, o ente federativo não tem o direito ao exercício da competência para tributar determinadas pessoas, como é o caso da imunidade dos templos de qualquer culto (CF, art. 150, VI, "b"). Já na **imunidade objetiva**, a vedação atinge o objeto da tributação, como ocorre na imunidade do livro (CF, art. 150, VI, "d").
- Além das imunidades tributárias **gerais**, estabelecidas no artigo 150, inciso VI, da CF, a Constituição também contempla as chamadas imunidades **específicas**, correspondentes a todas aquelas aplicáveis a tributos determinados, como são a imunidade das taxas (CF, art. 5º, XXXIV) e a imunidade do ICMS nas operações de exportação (CF, art. 155, § 2º, X, "a"), entre outras.
- **Imunidade recíproca:** vedação de que União, Estados, Distrito Federal e Municípios instituam **impostos** sobre patrimônio, renda e serviços uns dos outros (CF, art. 150, VI, "a"). É **extensiva às autarquias**

e às fundações instituídas e mantidas pelo Poder Público e à empresa pública prestadora de serviço postal, no que se refere ao **patrimônio, à renda e aos serviços, vinculados às suas finalidades essenciais ou às delas decorrentes** (CF, art. 150, § 2º). Por outro lado, conforme norma expressa veiculada no § 3º do artigo 150 da CF, **não** se aplica aos serviços relacionados com exploração de atividades econômicas regidas pelas normas aplicáveis a empreendimentos privados, ou em que haja contraprestação ou pagamento de preços ou tarifas pelo usuário.

- **Imunidade dos templos:** nos termos do artigo 150, inciso VI, alínea "b" c/c § 4º, da CF, a imunidade dos templos de qualquer culto e entidades religiosas, inclusive suas organizações assistenciais e beneficentes, compreende os **impostos** sobre o patrimônio, a renda e os serviços relacionados com as finalidades essenciais das referidas entidades (CF, art. 150, § 4º).
- **A imunidade religiosa abrange** não somente os prédios destinados ao culto, como também o IPTU sobre imóveis de propriedade de cultos religiosos que se encontrarem alugados, quando a renda decorrente da locação tiver aplicação relacionada com as finalidades essenciais das entidades (STF – AI 690.712-AgR). Por outro lado, no que diz respeito ao Imposto Sobre Transmissão Onerosa de Bens Imóveis – ITBI, de competência do Município, a Emenda Constitucional nº 116/2022, incluiu um § 1º-A no artigo 156 para estabelecer que o mesmo não incide sobre templos de qualquer culto, ainda que as entidades religiosas sejam apenas locatárias do bem imóvel.
- **Imunidade dos partidos políticos, entidades sindicais, de educação e de assistência social:** segundo a norma do artigo 150, inciso VI, alínea "c", da CF, são imunes a **impostos** sobre patrimônio, renda ou serviços: os partidos políticos, inclusive suas fundações; as entidades sindicais dos trabalhadores; instituições de educação e de assistência social, sem fins lucrativos. Em todos os casos, a Constituição exige que sejam atendidos os requisitos de lei, razão pela qual são chamadas de **imunidades não autoaplicáveis**. Esses requisitos devem ser estabelecidos em lei complementar, sob o fundamento de que cabe à lei complementar regular limitações constitucionais ao poder de tributar (CF, art. 146, II), como é o caso das imunidades (ADI 566622 e ADIs 2028, 2036, 2228 e 2621).
- **Súmula Vinculante nº 52**: ainda quando alugado a terceiros, permanece imune ao IPTU o imóvel pertencente a qualquer das entidades referidas pelo art. 150, VI, "c", da Constituição Federal, desde que o valor dos aluguéis seja aplicado nas atividades para as quais tais entidades foram constituídas.
- **Imunidades dos livros:** de acordo com a redação da alínea "d" do inciso VI do artigo 150 da CF, são imunes a impostos os livros, jornais, periódicos e o papel destinado à sua impressão. Essa imunidade refere-se **apenas** a **impostos**, não se aplicando a outras espécies de tributos.
- A imunidade em questão tem caráter objetivo e incide diretamente sobre o livro, o jornal, o periódico e o papel destinado à impressão. Não se estende ao patrimônio das pessoas jurídicas empreendedoras de negócios relativos a esses bens de valor cultural devendo ser interpretada restritivamente sob esse aspecto, não abrangendo os serviços prestados por empresas que fazem a distribuição, o transporte ou a entrega de livros, jornais, periódicos e do papel destinado a sua impressão (STF – RE 630.462-AgR – 2ª. Turma – Rel. Min. Ayres Brito – julg. 07/02/2012).
- "A imunidade tributária constante do artigo 150, VI, d, da Constituição Federal, aplica-se ao livro eletrônico (e-book), inclusive aos suportes exclusivamente utilizados para fixá-lo" (STF, RE 330817 – com repercussão geral reconhecida). "A imunidade tributária da alínea "d" do inciso VI do artigo 150 da Constituição Federal alcança componentes eletrônicos destinados exclusivamente a integrar unidades didáticas com fascículos" (STF, RE 595676 – com repercussão geral reconhecida). Recentemente, foi publicada a Súmula Vinculante 57, com o seguinte teor "a imunidade tributária constante do art. 150, VI, d, da CF/88 aplica-se à importação e comercialização, no mercado interno, do livro eletrônico (e-book) e dos suportes exclusivamente utilizados para fixá-los, como leitores de livros eletrônicos (e-readers), ainda que possuam funcionalidades acessórias".
- **Imunidade musical:** alínea "e" do inciso VI do artigo 150 da CF, incluída pela Emenda Constitucional 75/2013, relativa a fonogramas e videofonogramas musicais produzidos no Brasil contendo obras musicais ou literomusicais de autores brasileiros e/ou obras em geral interpretadas por artistas brasileiros bem como os suportes materiais ou arquivos digitais que os contenham, **salvo** na etapa de replicação industrial de mídias ópticas de leitura a laser.
- Portanto, pode-se afirmar que a **imunidade** abrange todas as etapas de **produção e comercialização das obras audiovisuais** contempladas no artigo 150, inciso VI, alínea "e", da CF, e respectivos suportes materiais, com **exceção** da etapa de **replicação industrial de mídias ópticas de leitura a laser.** Para melhor compreensão, cumpre dizer que a produção de fonogramas e videogramas tem início nos estúdios das gravadoras, onde se dá a gravação de sons (fonografias) e imagens (cinematografias), inclusive trucagem, dublagem, mixagem e congêneres, etapa sujeita ao **ISSQN**, nos termos dos **itens 13.02 e 13.03 da Lista de Serviços Anexa à Lei Complementar 116/2003**, e **agora imune** nas hipóteses do artigo 150, inciso VI, alínea "e", da CF. O resultado é a obtenção

da matriz da obra, que a norma constitucional trata por fonograma, tal como o CD de um sambista, ou videofonograma, a exemplo do DVD do show ao vivo de uma dupla sertaneja, hipótese em que a atividade de estúdio é precedida pelos serviços de captação de imagens e sons durante o evento escolhido para gravação do show.

- Tese do Tema 1083 de Repercussão Geral (STF): "A imunidade tributária prevista no art. 150, inciso VI, alínea e, da Constituição Federal não se aplica às importações de suportes materiais produzidos fora do Brasil, ainda que contenham obra musical de artista brasileiro".
- Além das imunidades tributárias gerais do artigo 150, inciso VI, da CF, a Constituição também contempla as chamadas **imunidades específicas**, correspondentes a todas aquelas aplicáveis a tributos determinados.
- Confira no quadro abaixo as diversas imunidades específicas previstas na Constituição:

CF	TRIBUTO (imune)	IMUNIDADE SOBRE
Art. 184, § 5º	ITBI	As operações de transferência de imóveis desapropriados para fins de reforma agrária.
Art. 5º, XXXIV, "a" e "b"	TAXAS	Direito de petição aos Poderes Públicos (defesa de direito ou contra ilegalidade ou abuso de poder); Obtenção de certidões em repartições públicas (defesa de direito e esclarecimento de situações de interesse pessoal).
Art. 149, § 2º, I	Contribuições sociais e CIDEs	Receitas decorrentes de exportação.
Art. 153, § 3º, III	IPI	Produtos industrializados destinados ao exterior.
Art. 153, § 4º, II	ITR	Pequenas glebas rurais, definidas em lei, quando as explore o proprietário que não possua outro imóvel.
Art. 156, § 2º, I	ITBI	Transmissão de bens ou direitos incorporados ao patrimônio de pessoa jurídica em realização de capital, nem sobre a transmissão de bens ou direitos decorrente de fusão, incorporação, cisão ou extinção de pessoa jurídica, salvo se, nesses casos, a atividade preponderante do adquirente for a compra e venda desses bens ou direitos, locação de bens imóveis ou arrendamento mercantil.

CF	TRIBUTO (imune)	IMUNIDADE SOBRE
Art. 155, § 2º, X, "a" a "d"	ICMS	Operações que destinem mercadorias para o exterior, nem sobre serviços prestados a destinatários no exterior, assegurada a manutenção e o aproveitamento do montante do imposto cobrado nas operações e prestações anteriores;
Art. 155, § 2º, X, "a" a "d"	ICMS	Operações que destinem a outros Estados petróleo, inclusive lubrificantes, combustíveis líquidos e gasosos dele derivados, e energia elétrica; O ouro, nas hipóteses definidas no art. 153, § 5º (ou seja, quando for ativo financeiro ou instrumento cambial); As prestações de serviço de comunicação nas modalidades de radiodifusão sonora e de sons e imagens de recepção livre e gratuita.
Art. 195, II	Contribuição social do trabalhador e demais segurados do INSS	Aposentadoria e pensão concedidas pelo regime geral de previdência social.
Art. 155, § 3º	Todos os impostos, exceto ICMS, II, IE e IBS	Operações relativas a energia elétrica e serviços de telecomunicações.
Art. 155, § 3º	Todos os impostos, exceto ICMS, II, IE, IBS e IS	Operações relativas a derivados de petróleo, combustíveis e minerais do País
Art. 156, II, *in fine*	ITBI	Direitos reais de garantia sobre os imóveis (hipoteca e anticrese).
Art. 195, § 7º	Contribuições para a seguridade social	As entidades beneficentes de assistência social que atendam às exigências estabelecidas em lei
Art. 153, §6º, I	Imposto Seletivo	Não incidirá sobre as exportações nem sobre as operações com energia elétrica e com telecomunicações

CF	TRIBUTO (imune)	IMUNIDADE SOBRE
Art. 155, §1º, V e VII	ITCMD	Não incidirá sobre as doações destinadas, no âmbito do Poder Executivo da União, a projetos socioambientais ou destinados a mitigar os efeitos das mudanças climáticas e às instituições federais de ensino. Não incidirá sobre as transmissões e as doações para as instituições sem fins lucrativos com finalidade de relevância pública e social, inclusive as organizações assistenciais e beneficentes de entidades religiosas e institutos científicos e tecnológicos, e por elas realizadas na consecução dos seus objetivos sociais, observadas as condições estabelecidas em lei complementar
Art. 155, §6º, III	IPVA	Aeronaves agrícolas e de operador certificado para prestar serviços aéreos a terceiros; Embarcações de pessoa jurídica que detenha outorga para prestar serviços de transporte aquaviário ou de pessoa física ou jurídica que pratique pesca industrial, artesanal, científica ou de subsistência; Plataformas suscetíveis de se locomoverem na água por meios próprios, inclusive aquelas cuja finalidade principal seja a exploração de atividades econômicas em águas territoriais e na zona econômica exclusiva e embarcações que tenham essa mesma finalidade principal; Tratores e máquinas agrícolas
Art. 156, §1º-A	IPTU	Não incide sobre templos de qualquer culto, ainda que as entidades abrangidas pela imunidade sejam apenas locatárias do bem imóvel
Art. 156-A, §1º, III e XI e art. 149-B, II	IBS e CBS	Não incidirá sobre as exportações, assegurados ao exportador a manutenção e o aproveitamento dos créditos relativos às operações nas quais seja adquirente de bem material ou imaterial, inclusive direitos, ou serviço. Não incidirá nas prestações de serviço de comunicação nas modalidades de radiodifusão sonora e de sons e imagens de recepção livre e gratuita

- Destaque para a imunidade das entidades beneficentes de assistência social às contribuições para a seguridade social, que constitui previsão expressa do artigo 195, § 7º da CF. Embora o dispositivo em questão utilize a expressão "isentas" ao invés de "imunes", por se tratar de uma exoneração tributária veiculada na Constituição Federal, a mesma possui natureza de imunidade.
- Sobre essa imunidade, cabe ressaltar que, segundo a norma do artigo 195, § 7º, da CF, são isentas de **contribuição para a seguridade social** as entidades beneficentes de assistência social que atendam às exigências estabelecidas em lei. "Os requisitos para o gozo de imunidade hão de estar previstos em lei complementar" (RE 566622 e ADIs 2028, 2036, 2228 e 2621 – com repercussão geral reconhecida).

3. COMPETÊNCIA TRIBUTÁRIA E REPARTIÇÃO DE RECEITAS TRIBUTÁRIAS

- **Competência tributária:** é o poder de tributar conferido pela Constituição Federal a um ente federativo. Ao estabelecer as competências tributárias, a Constituição o faz com exclusividade a determinado ente federativo (**competências privativas**), ou então, a todos os entes federativos concomitantemente (**competências concorrentes**). Pertencem ao campo das competências privativas os impostos (federais, estaduais e municipais), o empréstimo compulsório (União) e as contribuições sociais e especiais (União, via de regra). Ao campo das competências concorrentes, pertencem as taxas e contribuições de melhoria. A Reforma Tributária trouxe a **competência compartilhada** para instituição do IBS, entre Estados, DF e Municípios.
- **Competência tributária plena:** a competência tributária para instituição de tributos é plena, isto é, compreende também a atribuição de legislar a respeito dos mesmos.
- **Competências residuais:** são deferidas apenas à União para instituir impostos (CF, art. 154, I) e contribuições que constituam outras fontes de custeio da seguridade social (CF, art. 195, § 4º) nos seguintes termos: mediante lei complementar; diferentes dos(as) já previstos(as) nos artigos 153 (impostos) e 195 (contribuições para custeio da seguridade social) da CF; – não cumulativos(as); – que não tenham fato gerador ou base de cálculo próprios(as) dos(as) já discriminados(as) na Constituição.
- **Competência extraordinária:** da União para instituição de impostos extraordinários de guerra, previstos no artigo 154, inciso II, da CF, compreendidos ou não na competência tributária da União.
- **Indelegabilidade de competência e capacidade tributária ativa:** a competência tributária é indelegável, porém, a capacidade tributária ativa, assim compreendidas as funções de arrecadar ou

fiscalizar tributos, ou de executar leis, serviços, atos ou decisões administrativas em matéria tributária, pode ser delegada por uma pessoa jurídica de direito público a outra (CTN, art. 7º).

- Segue um quadro das competências tributárias privativas e concorrentes estabelecidas na Constituição:

Tributo	Competência
Empréstimos compulsórios (CF, art. 148)	União
Contribuições sociais, de intervenção no domínio econômico (CIDE) e de interesse das categorias profissionais ou econômicas (CF, art. 149)	
Imposto sobre importação de produtos estrangeiros – II (CF art. 153, I)	
Imposto sobre exportação, para o exterior, de produtos nacionais ou nacionalizados – IE (CF art. 153, II)	
Imposto sobre renda e proventos de qualquer natureza – IR (CF art. 153, III)	
Imposto sobre produtos industrializados – IPI (CF art. 153, IV)	
Imposto sobre operações de crédito, câmbio e seguro, ou relativas a títulos ou valores mobiliários – IOF (CF art. 153, V)	
Imposto sobre propriedade territorial rural – ITR (CF art. 153, VI)	
Imposto sobre grandes fortunas, nos termos de lei complementar – IGF (CF art. 153, VII)	
Imposto sobre produção, extração, comercialização ou importação de bens e serviços prejudiciais à saúde ou ao meio ambiente, nos termos de lei complementar – IS (Imposto seletivo)	
Imposto extraordinário na iminência ou no caso de guerra externa (CF, art. 154, II)	
Contribuições sociais de custeio da seguridade social (CF, art. 195), incluindo a nova CBS.	
Contribuição para custeio da previdência dos servidores públicos federais (CF, art. 40)	
Imposto sobre transmissão *causa mortis* e doação, de quaisquer bens ou direitos – ITCMD (CF, art. 155, I)	Estados e Distrito Federal
Imposto sobre operações relativas à circulação de mercadorias e sobre prestações de serviços de transporte interestadual e intermunicipal e de comunicação, ainda que as operações e as prestações se iniciem no exterior – ICMS (CF, art. 155, II)	
Imposto sobre propriedade de veículos automotores – IPVA (CF, art. 155, III)	
Contribuição para custeio da previdência dos servidores públicos estaduais e do Distrito Federal (CF, art. 149, § 1º)	
Imposto sobre propriedade predial e territorial urbana – IPTU (CF, art. 156, I)	Municípios e Distrito Federal
Imposto sobre transmissão *inter vivos*, a qualquer título, por ato oneroso, de bens imóveis, por natureza ou acessão física, e de direitos reais sobre imóveis, exceto os de garantia, bem como cessão de direitos a sua aquisição – ITBI (CF, art. 156, II)	
Imposto sobre serviços de qualquer natureza, não compreendidos no art. 155, II, definidos em lei complementar – ISSQN (CF, art. 156).	
Contribuição para custeio da previdência dos servidores públicos municipais (CF, art. 149, § 1º)	
Contribuição para custeio, expansão e melhoria do serviço de iluminação pública e de sistemas de monitoramento para segurança e preservação de logradouros públicos (CF, art. 149-A) (CF, art. 149-A)	Municípios e Distrito Federal
Demais contribuições previstas na CF (por exemplo, arts. 212, 239 e 240)	União
Em território Federal, os impostos estaduais e, se o Território não for dividido em Municípios, cumulativamente, os impostos municipais (CF, art. 147)	União
Taxas em razão do exercício regular do poder de polícia ou pela prestação ou disponibilização de serviços públicos específicos e divisíveis (CF, art. 145, II)	Concorrente
Contribuições de melhoria (CF, art. 145, III)	
Imposto sobre bens e serviços – IBS	Compartilhada entre Estados, DF e Municípios

- Como se observa no quadro apresentado, além dos impostos estaduais (CF, art. 155) e dos tributos de competência concorrente da União, dos Estados, do Distrito Federal e dos Municípios (CF, arts. 145, II e III), cabem ao Distrito Federal os impostos municipais (CF, art. 147, *in fine*), além de ser titular da competência compartilhada para instituição do IBS (CF, art. 156-A).
- Muito embora, atualmente, não exista nenhum Território Federal, costuma-se exigir em concursos públicos outra competência conferida à União pela Constituição Federal. É que nos termos da primeira parte do artigo 147 da CF, em relação a Território Federal, competem os impostos estaduais e, se o Território não for dividido em Municípios, cumulativamente, os impostos municipais.
- Outro ponto de destaque é que **não** pertence à União a competência para instituir contribuição previdenciária dos servidores dos Estados, do Distrito Federal e dos Municípios. Essa competência é atribuída aos próprios Estados, Distrito Federal e Municípios e a alíquota das contribuições estaduais

e municipais **não serão inferiores** à da contribuição dos servidores titulares de cargos efetivos da União (CF, art. 149, § 1º).

- **Repartição das receitas tributárias:** em geral, a pessoa política que institui e arrecada determinado tributo fica com o produto de sua arrecadação. Entretanto, com fundamento no pacto federativo, a CF/88 traz uma série de situações em que o ente tributante deve repassar parte do numerário arrecadado a outro. São as chamadas repartições de receitas tributárias e estão disciplinadas entre os artigos 157 e 162 do texto constitucional.

Confira, no quadro a seguir, didaticamente elaborado (*in:* MARTINS, Alan; SCARDOELLI, Dimas Yamada. *Direito Tributário – curso rápido e didático para estudos e revisões.* Leme: Editora JH Mizuno, 2012, página 64), as regras constitucionais sobre partilha da arrecadação tributária, previstas principalmente entre os artigos 157 e 159 da CF:

Tributo	União	Est./ DF	Mun	Outros	%	CF/88	Observações constitucionais (CF/88)
IR – retido na fonte	O	D	–	–	100	157, I	Pagamentos efetuados pelos Estados.
Imposto Residual	O	D	–	–	20	157, II	Ver art. 154, I.
IR – retido na fonte	O	–	D	–	100	158, I	Pagamentos efetuados pelos Municípios.
ITR	O	–	D	–	50	158, II	Imóveis rurais situados nos Municípios. O repasse pode chegar a 100%, nos termos do art. 153, § 4º, III.
IPVA	–	O	D	–	50	158, III	Critério: local do licenciamento para veículos terrestres e domicílio do proprietário para os veículos aquáticos e aéreos.
ICMS	–	O	D	–	25	158, IV, "a"	Critério: índice de participação. Ver parágrafo primeiro do art. 158 (principal variável: valor adicionado).
IBS	-	O	O e D	-	25	158, IV, "b"	Critério: índice de participação. Ver parágrafo segundo do art. 158 (principal variável: população).
IR/IPI/IS	O			D	50	159, I	Outros: Fundos de Participações dos Estados (21,5%) e dos Municípios (22,5%), Programas de Financiamento regiões N, NE e CO (3%) e, novamente, Fundo de Participação dos Municípios para entrega no primeiro decêndio do mês de dezembro de cada ano (1%) no primeiro decêndio do mês de julho de cada ano (1%) e no primeiro decêndio do mês de setembro de cada ano (1%)
IPI/IS	O	D	–	–	10	159, II	Proporcional às exportações de produtos industrializados. Do valor recebido pelos Estados/DF (nunca superior a 20%), serão entregues 25% do IPI aos Municípios pelo critério idêntico ao ICMS e 25% do IS aos Municípios pelo critério idêntico ao IBS.
CIDE combust.	O	D	–	–	29	159, III	Os Estados e o DF destinarão 25% do valor recebido aos Municípios.
IOF ouro	O	D	–	–	30	153, § 5º, I	Ouro como ativo financeiro ou instrumento cambial. Critério: origem
IOF ouro	O	–	D	–	70	153, § 5º, II	Ouro como ativo financeiro ou instrumento cambial. Critério: origem

Legenda:
O = origem (ente que detém a competência tributária).
D = destino (ente que recebe o repasse da receita).
% = percentual de receita repassada.

4. LEGISLAÇÃO TRIBUTÁRIA

- **Legislação tributária:** dispõe o artigo 96 do CTN que a expressão "legislação tributária" compreende o conjunto de normas que versem, **no todo ou em parte**, sobre **tributos** e relações jurídicas a ele pertinentes (CTN, art. 96). Essas normas são: (i) as leis; (ii) os tratados e as convenções internacionais; (iii) os decretos e (iv) as normas complementares da legislação tributária.
- **Leis complementares:** são aprovadas por **maioria absoluta**, ou seja, por metade mais um dos membros da casa legislativa (CF, art. 69). De acordo com o contexto da previsão constitucional, a lei complementar aprovada pelo Congresso Nacional poderá ter caráter **federal** (aplicável apenas no âmbito da União) ou **nacional** (aplicável a todos os entes da Federação, a todos os Estados ou a todos os Municípios). São de **caráter federal** as leis complementares exigidas para instituição de alguns tributos de competência da União, quais sejam: imposto sobre grandes fortunas (CF, art. 153, VII), imposto seletivo (CF, art. 153, VIII), empréstimos compulsórios (CF, art. 148), impostos de competência residual da União (CF, art. 154, I) e contribuições sociais para custeio da seguridade social de competência residual da União (CF, art. 195, § 4º c/c art. 154, I). Já as **leis complementares de caráter nacional** são mais numerosas, no que se destaca o **artigo 146, do CTN**, segundo qual incumbe à lei complementar: **I – dispor sobre conflitos de competência**, em matéria tributária, entre a União, os Estados, o Distrito Federal e os Municípios; **II – regular as limitações constitucionais ao poder de tributar**; **III – estabelecer normas gerais em matéria de legislação tributária**, especialmente sobre: **a)** definição de tributos e de suas espécies, bem como, em relação aos impostos discriminados nesta Constituição, a dos respectivos fatos geradores, bases de cálculo e contribuintes; **b)** obrigação, lançamento, crédito, prescrição e decadência tributários; **c)** adequado tratamento tributário ao ato cooperativo praticado pelas sociedades cooperativas; **d)** definição de tratamento diferenciado e favorecido para as microempresas e para as empresas de pequeno porte.
- O Código Tributário Nacional – CTN, lei formalmente **ordinária** (Lei 5.172/66), foi recepcionado pela CF/88 como lei **complementar** (ADCT, art. 34, § 5º), haja vista regular limitações ao poder de tributar e estabelecer normas gerais de direito tributário, matérias reservadas à lei complementar pelo artigo 146, incisos II e III.
- Consequentemente, qualquer alteração do CTN sempre deverá ocorrer por meio de **lei complementar**.
- O **Livro Segundo do CTN** é intitulado **Normas Gerais de Direito Tributário** e inicia-se a partir do seu artigo 96. É subdividido em quatro títulos (I – Legislação Tributária; II – Obrigação Tributária; III – Crédito Tributário e; IV – Administração Tributária).
- Um exemplo jurisprudencial dessa competência suplementar do Estados e do Distrito Federal decorre da ADI 2298, em que o Supremo Tribunal Federal decidiu que o fato de não haver lei complementar federal (nacional) para dispor sobre as normas gerais relativas ao IPVA **não** impede que os Estados e o Distrito Federal exerçam a competência legislativa plena, instituindo e exigindo a exação, nos termos do artigo 24, § 3º da CF.
- **Leis ordinárias:** aprovadas por **maioria simples**, isto é, por metade mais um dos presentes à votação. Toda matéria que depende de lei, como regra, deve ser regida por lei ordinária. São os casos da instituição ou majoração de tributos (CF, art. 150, I) e da imposição de sujeição passiva por substituição tributária (CF, art. 150, § 7º). Além disso, o artigo 97 do CTN veicula no âmbito infraconstitucional o princípio da legalidade tributária, estabelecendo que **somente a lei poderá** dispor sobre: I – a instituição de tributos, ou a sua extinção; II – a majoração de tributos, ou sua redução, salvo exceções; III – a definição do fato gerador da obrigação tributária principal, salvo exceções, e do seu sujeito passivo; IV – a fixação de alíquota do tributo e da sua base de cálculo, salvo exceções; V – a cominação de penalidades para as ações ou omissões contrárias a seus dispositivos, ou para outras infrações nela definidas; VI – as hipóteses de exclusão, suspensão e extinção de créditos tributários, ou de dispensa ou redução de penalidades.
- Em razão desse **quórum de aprovação**, parte da doutrina defende a superioridade hierárquica das leis complementares em relação às leis ordinárias (aprovadas por maioria simples). Outra corrente defende uma hierarquia tão somente material, na medida em que a Constituição Federal reserva algumas matérias a serem tratadas exclusivamente por lei complementar.
- **Medida provisória**: a medida provisória que implicar na instituição ou majoração de **impostos** só produzirá efeitos no exercício financeiro seguinte (**anterioridade**) se houver sido convertida em lei até o último dia daquele em que foi editada (**legalidade**). São **exceções** a essa regra os impostos previstos nos artigos 153, incisos I, II, IV, V e 154, inciso II, da CF. Outro ponto importante é que a **medida provisória não pode versar sobre matérias reservadas à lei complementar** (CF, art. 62, § 1º, III). Dessa forma, por exemplo, não pode ser

editada medida provisória que tenha por condão estabelecer normas gerais sobre definição de base de cálculo de um imposto, pois se trata de matéria reservada à lei complementar, segundo o artigo 146, inciso III, alínea "a", da CF.

- **Decretos:** o Chefe do Poder Executivo (Presidente da República, Governador de Estado e Prefeito Municipal) tem a competência para expedir decretos, cujo conteúdo e o seu alcance restringem-se aos das leis em função das quais sejam expedidos (CTN, art. 99). Os regulamentos dos impostos são aprovados por decretos do Poder Executivo.
- **Tratados e convenções internacionais:** Nos termos do artigo 98 do CTN, são fontes formais primárias do Direito Tributário. Revogam ou modificam a legislação tributária interna, e serão observados pela que lhes sobrevenha. Porém, para que produzam esse efeito, esses tratados necessitam ser internalizados, isto é, transpostos para a legislação interna, conforme consagrado na jurisprudência do STF (CR 8279 AgR).

  A competência para resolver definitivamente sobre internalização desses diplomas normativos é exclusiva do Congresso Nacional (CF, art. 49, I). Logo, o instrumento normativo hábil é o decreto legislativo que, nos termos do artigo 109, inciso II do Regimento Interno da Câmara dos Deputados e do artigo 213, II do Regimento Interno do Senado Federal, é o veículo normativo destinado a matérias de competência exclusiva do Congresso Nacional, isto é, aquelas que independem de sanção do Presidente da República. Além disso, o artigo 172, inciso II, alínea "c" do Regimento Interno do Senado Federal também faz expressa menção ao decreto legislativo referente a tratado, convênio ou acordo internacional.
- **Normas complementares da legislação tributária:** são "normas complementares" à legislação tributária, isto é, das leis, das convenções internacionais e dos decretos: (a) os atos normativos expedidos pelas autoridades administrativas, tais como portarias, resoluções, instruções normativas etc.; (b) as decisões administrativas de eficácia normativa; (c) as práticas reiteradamente observadas pelas autoridades administrativas ("costumes") e (d) os convênios que entre si celebram os entes federativos tributantes (CTN, art. 100).
- **Resoluções do Senado:** também possuem importância ímpar em matéria de tributos estaduais, sendo o veículo competente para fixação de alíquotas máximas de ITCMD (CF, art. 155, § 1º, IV), mínimas de IPVA (CF, art. 155, §6º, I) e de alíquotas de ICMS nas hipóteses dos incisos IV e V do § 2º do art. 155 da CF.
- **Vigência da norma tributária:** força de uma norma jurídica para regular condutas dentro de limites de **tempo** e **espaço** estabelecidos na ordem de direito positivo. No que se refere à **vigência no tempo**, além de disciplinar o início da vigência das normas complementares, o CTN mostra-se sintonizado com o princípio da anterioridade tributária. Já a **vigência no espaço** está estritamente ligada à respectiva fonte de produção (as leis podem ser classificadas em **municipais**, **estaduais**, **federais** e **nacionais**).
- **Aplicação:** a legislação tributária aplica-se imediatamente aos **fatos geradores futuros** (que estão por acontecer) **e aos pendentes**, assim entendidos aqueles cuja ocorrência tenha tido início, mas não esteja completa (CTN, art. 105). **Amenizações à regra da irretroatividade** estão previstas no artigo 106 do CTN, quais seja: normas expressamente interpretativas (CTN, art. 106, I) e atos ou fatos pretéritos não julgados definitivamente, em matéria de infrações e penalidades para beneficiar o infrator (CTN, art. 106, II).
- **Interpretação:** raciocínio lógico-jurídico desenvolvido para compreensão do conteúdo e alcance de uma norma jurídica ou de um conjunto dessas normas, visando à correta aplicação da legislação. Em matéria tributária, os artigos 109 a 112 do CTN estabelecem inúmeras regras de interpretação. Os artigos 109 e 110 versam sobre a utilização de conceitos e princípios de direito privado, o artigo 111 sobre a intepretação literal da norma tributária e o artigo 112 sobre *in dubio pro contribuinte* em matéria de infrações e penalidades.
- **Integração:** é colmatar lacunas, suprir as omissões da ordem jurídica, de acordo com preceitos extraídos do próprio sistema normativo. Em matéria tributária, a integração normativa é regida pelo artigo 108 do CTN, que prevê a utilização, **sucessivamente**, dos seguintes critérios de integração: 1º) analogia; 2º) princípios gerais de direito tributário; 3º) princípios gerais de direito público; 4º) equidade. **Exceções:** o emprego da analogia não poderá resultar na exigência de tributo não previsto em lei (CTN, art. 108, § 1º); a equidade não poderá levar à dispensa do pagamento de tributo devido (CTN, art. 108, § 2º).

5. OBRIGAÇÃO TRIBUTÁRIA E FATO GERADOR

- **Obrigação tributária:** é **principal** ou **acessória** (CTN, art. 113).
- **Obrigação principal:** surge com a ocorrência do fato gerador, tem por objetivo o pagamento de tributo ou penalidade pecuniária e extingue-se juntamente com o crédito dela decorrente (CTN, art. 113, §1º).
- **Obrigação tributária acessória:** consubstancia-se em prestações positivas ou negativas previstas na legislação tributária no interesse da arrecadação e da fiscalização (CTN, art. 113, § 2º). A inobservância de obrigação acessória enseja a sua conversão em

obrigação principal relativamente à penalidade pecuniária (CF, 113, § 3º), ou seja, a multa aplicada por descumprimento de obrigação acessória recebe o tratamento de uma obrigação tributária principal.

- O montante da obrigação tributária (**dívida tributária**) é o aspecto quantitativo da norma tributária impositiva, que pode ser um valor fixo, um percentual (**alíquota**) incidente sobre determinada grandeza (**base de cálculo**) ou até mesmo a lei pode utilizar-se do enquadramento em tabelas.
- Em diversos dispositivos constitucionais há menção a vários aspectos relativos às alíquotas aplicáveis aos impostos, conforme o quadro a seguir (rol exemplificativo):

Tributo	Alíquota	Competência/Observação
IOF (ouro)	Mínima	1%
ITCMD	Máxima	Senado Federal
ICMS (operações internas)	Mínima	Senado Federal (resolução de iniciativa de um terço dos senadores e aprovada por maioria absoluta)
ICMS (operações internas)	Máxima	Senado Federal (resolução de iniciativa da maioria absoluta e aprovada por 2/3 dos senadores)
ICMS (operações internas)	Deve ser maior do que a	Alíquota interestadual
ICMS (operações interestaduais)	a ser fixada pelo	Senado Federal (resolução de iniciativa do Presidente da República ou de um terço dos senadores)
IPVA	Mínima	Senado Federal
ISS	Mínimas/Máximas	Lei Complementar
ISS	Mínima	2% (art. 88 ADCT, enquanto a lei complementar não disciplinar o assunto, exceto para os serviços de construção civil, demolição e reforma de edifícios e congêneres)

- No Direito Tributário, a expressão **fato gerador** é ambígua, haja vista que contempla ora a descrição legal (significando a **hipótese de incidência**), ora o fato concreto (significando o **fato jurídico-tributário**), cuja subsunção deste àquela dá origem à obrigação tributária.
- De acordo com o artigo 114 do CTN, "fato gerador da obrigação principal é a situação definida em lei como necessária e suficiente à sua ocorrência", ou seja, a partir da subsunção do fato (fato gerador concreto ou fato jurídico-tributário) à norma (fato gerador abstrato ou **hipótese de incidência**), nasce a obrigação tributária ou, noutras palavras, constitui-se a **relação jurídica tributária** (vínculo entre devedor e credor tributários).
- **Momento da ocorrência do fato gerador**: tratando-se de **situação de fato**, considera ocorrido o fato gerador desde o momento em que se verifiquem as circunstâncias materiais necessárias a que produza os efeitos que normalmente lhe são próprios (CTN, art. 116, I); se for uma **situação jurídica**, considera-se ocorrido desde o momento em que a situação jurídica estiver definitivamente constituída (CTN, art. 116, II).
- **Fato gerador condicional:** nos termos do artigo 117 do CTN ocorre, **na condição suspensiva**, desde o momento de sua implementação; **na condição resolutória**, desde o momento da prática do ato ou da celebração do negócio.
- **Interpretação do fato gerador:** a definição legal do fato gerador independe da validade jurídica, natureza do objeto ou efeitos dos atos praticados (CTN, art. 118, I) ou dos fatos ocorridos (CTN, art. 118, II).
- Diante dessa regra hermenêutica, consideram-se válidos fatos geradores relacionados a atividades ilícitas, tais como o IPTU do imóvel onde funciona uma banca de jogo de bicho ou a renda obtida por um membro de crime organizado. Trata-se da aplicação do princípio do *non olet* ("o dinheiro não tem cheiro"), que leva à interpretação objetiva dos fatos geradores, preconizada no artigo 118 do CTN.
- **Norma geral antielisão:** a autoridade administrativa poderá desconsiderar atos ou negócios jurídicos praticados com a finalidade de dissimular a ocorrência do fato gerador do tributo ou a natureza dos elementos constitutivos da

obrigação tributária, observados os procedimentos a serem estabelecidos em lei ordinária (CTN, art. 116, parágrafo único).

6. SUJEITOS (ATIVO E PASSIVO), RESPONSABILIDADE, CAPACIDADE E DOMICÍLIO TRIBUTÁRIO

- **Sujeito ativo:** pessoa política titular da competência para exigir o cumprimento da obrigação tributária (CTN, art. 119).
- **Sujeito Passivo:** é o devedor da relação tributária, isto é, aquele obrigado ao pagamento do tributo ou da penalidade pecuniária. Como dispõe o artigo 121, parágrafo único do CTN, o sujeito passivo pode ser: I – o **contribuinte** (alguém com relação pessoal e direta com a situação que constitua o respectivo fato gerador)**; II** – o **responsável** (aquele que, não se revestindo da condição de contribuinte, sua obrigação decorra de expressa disposição legal).
- **Sujeito passivo da obrigação acessória:** é a pessoa obrigada às prestações que constituam o seu objeto (CTN, art. 122).
- **Convenções entre particulares:** eventual acordo entre particulares com relação à responsabilidade pelo pagamento de tributos, salvo disposição de lei em contrário, não pode ser oposto à Fazenda Pública no intuito de modificar a definição legal do sujeito passivo da obrigação tributária correspondente (CTN, art. 123).
- **Solidariedade tributária:** é a modalidade de sujeição passiva em que a responsabilidade pelo cumprimento da obrigação principal pode ser atribuída a um ou mais devedores ao mesmo tempo e sem benefício de ordem. Atinge as **pessoas que tenham interesse comum na situação que constitua o fato gerador da obrigação tributária principal (CTN, art. 124, I),** bem como **aquelas pessoas expressamente designadas em lei (CTN, art. 124, II)**. Na solidariedade, o pagamento efetuado por um dos obrigados aproveita aos demais, a isenção ou remissão de crédito tributário exonera todos os obrigados (exceto se for outorgada pessoalmente a um deles, subsistindo a solidariedade quanto aos demais sobre o saldo) e a interrupção da prescrição em favor ou contra um dos obrigados, favorece ou prejudica aos demais (CTN, art. 125).
- **Capacidade tributária passiva:** independe da capacidade civil da pessoa física ou do fato de se achar sujeita a medidas que importam em privação ou limitação do exercício de atividades civis, comerciais, profissionais ou da administração de seus bens ou negócios (CTN, art. 126).
- **Eleição de domicílio e recusa de domicílio eleito:** todo sujeito passivo (contribuinte ou responsável) tem um domicílio tributário, como regra, o domicílio que eleger (CTN, art. 127). Porém, o domicílio eleito pelo sujeito passivo poderá ser recusado pela autoridade fazendária quando impossibilitar ou dificultar a arrecadação dos tributos (CTN, art. 127, § 2º).
- **Ausência de eleição de domicílio:** hipótese suprida pelas regras do artigo 127 do CTN. No caso de pessoa física, o domicílio será a residência habitual do contribuinte, ou então, se a residência for incerta ou desconhecida, o centro habitual de suas atividades (inciso I). Na mesma linha, não havendo eleição de domicílio fiscal, será considerado como tal o local da sede da pessoa jurídica de Direito Privado (inciso II) ou da repartição da pessoa jurídica de Direito Público (inciso III).
- **Regra supletiva:** não sendo possível a aplicação das regras acima, o domicílio tributário será o lugar da situação dos bens ou da ocorrência dos atos ou fatos que derem origem à obrigação tributária (CTN, art. 127, § 1º).
- A expressão responsabilidade tributária e o termo responsável são importantíssimos para o Direito Tributário, uma vez que, em linhas gerais, implicam na submissão de determinada pessoa a arcar com o débito fiscal.
- À condição de sujeito passivo do responsável, dá-se o nome de responsabilidade tributária, tema exaustivamente explorado em concursos públicos. Para desenvolvê-lo, é importante estabelecer uma sistematização das normas de responsabilidade tributária no CTN, podendo-se partir da classificação que subdivide a responsabilidade tributária em responsabilidade por substituição (CTN, art. 128) e responsabilidade por transferência, esta última compreendendo as seguintes subespécies de responsabilidades: por sucessão, de terceiros e por infrações.
- **Responsável tributário:** deve ser uma terceira pessoa vinculada ao fato gerador da respectiva obrigação, excluindo a responsabilidade do contribuinte ou atribuindo-a a este em caráter supletivo do cumprimento total ou parcial da referida obrigação (CTN, art. 128).

Responsabilidade Solidária	Responsabilidade Subsidiária	Responsabilidade pessoal
A dívida tributária pode ser exigida tanto do "contribuinte" como do "responsável", ou de dois contribuintes, sem benefício de ordem.	Responsabilidade decorre da impossibilidade de exigência da obrigação junto ao "contribuinte".	Diretamente da pessoa indicada como responsável tributária, independente da responsabilidade do contribuinte

- **Responsabilidade por substituição tributária:** a lei poderá atribuir a sujeito passivo de obrigação tributária a condição de responsável pelo pagamento de imposto ou contribuição, cujo fato gerador deva ocorrer posteriormente (CF, art. 150, § 7º c/c CTN, art. 128), assegurada a imediata e preferencial restituição da quantia paga, caso não se realize o fato gerador presumido.
- **Finalidades da substituição tributária:** facilitar arrecadação e fiscalização.
- "É devida a restituição da diferença do ICMS pago a mais no regime de substituição tributária para a frente se a base de cálculo efetiva da operação for inferior à presumida" (Tese do Tema 201 de Repercussão Geral).
- **Retenção na fonte:** a lei pode atribuir à fonte pagadora da renda ou dos proventos tributáveis a condição de responsável pelo imposto cuja retenção e recolhimento lhe caibam (CTN, art. 45).
- **Responsabilidade dos sucessores:** encontra-se disciplinada entre os artigos 129 a 133 do CTN. Aplica-se por igual aos créditos tributários definitivamente constituídos ou em curso de constituição à data dos atos nela referidos e aos constituídos posteriormente aos mesmos atos, desde que relativos a obrigações tributárias surgidas até a referida data.

Responsabilidade dos Sucessores	
Aplica-se por igual aos créditos tributários definitivamente constituídos ou em curso de constituição à data dos atos nela referidos e aos constituídos posteriormente aos mesmos atos, desde que relativos a obrigações tributárias surgidas até a referida data.	
Tributos "propter rem" (imóveis) – CTN, art. 130	Sub-rogam-se na pessoa dos respectivos adquirentes, **salvo quando conste do título a prova de sua quitação.**
Aquisição de imóvel em hasta pública – CTN, art. 130, parágrafo único	A sub-rogação dos tributos "propter rem" ocorre sobre o respectivo preço.
Responsabilidade pessoal – CTN, art. 131, I	do adquirente ou remitente, pelos tributos relativos aos bens adquiridos ou remidos.
Responsabilidade pessoal – CTN, art. 131, II	do sucessor a qualquer título e o cônjuge meeiro, pelos tributos devidos pelo de cujus até a data da partilha ou adjudicação, limitada esta responsabilidade ao montante do quinhão do legado ou da meação.

Responsabilidade dos Sucessores	
Responsabilidade pessoal – CTN, art. 131, III	do espólio, pelos tributos devidos pelo de cujus até a data da abertura da sucessão.
Pessoa jurídica de direito privado que resultar de fusão, transformação ou incorporação – CTN, art. 132	é responsável pelos tributos devidos até a data do ato pelas pessoas jurídicas de direito privado fusionadas, transformadas ou incorporadas.
Extinção de pessoa jurídica de direito privado – CTN, art. 132, parágrafo único	quando a exploração da respectiva atividade seja continuada por qualquer sócio remanescente, ou seu espólio, sob a mesma ou outra razão social, ou sob firma individual, estes são responsáveis.
Pessoa natural ou jurídica que adquire de outra um estabelecimento (fundo de comércio) – CTN, art. 133	Responde pelos tributos, relativos ao fundo ou estabelecimento adquirido, devidos até a data do ato: I – **integralmente**, se o alienante cessar a exploração do comércio, indústria ou atividade; II – **subsidiariamente** com o alienante, se este prosseguir na exploração ou iniciar dentro de seis meses a contar da data da alienação, nova atividade no mesmo ou em outro ramo de comércio, indústria ou profissão.
Pessoa natural ou jurídica que adquire estabelecimento (fundo de comércio) de outra em processo de falência; ou adquire filial ou unidade produtiva isolada, em processo de recuperação judicial – CTN, art. 133, §§ 1º e 2º	Não responde pelos tributos, quer integral, quer subsidiariamente, exceto quando o adquirente for: I – sócio da sociedade falida ou em recuperação judicial, ou sociedade controlada pelo devedor falido ou em recuperação judicial; II – parente, em linha reta ou colateral até o 4º (quarto) grau, consanguíneo ou afim, do devedor falido ou em recuperação judicial ou de qualquer de seus sócios; ou III – identificado como agente do falido ou do devedor em recuperação judicial com o objetivo de fraudar a sucessão tributária.

- **Responsabilidade de terceiros:** está disciplinada nos artigos 134 e 135 do CTN.
- **Responsabilidade de terceiros com atuação regular:** nos casos de impossibilidade de exigência do cumprimento da obrigação principal pelo contribuinte, respondem **solidariamente** com este nos atos em que intervierem ou pelas omissões de que forem responsáveis (CTN, art. 134).
- **Responsabilidade de terceiros com atuação irregular:** as pessoas do artigo 135 do CTN são **pessoalmente** responsáveis pelos créditos correspondentes a obrigações tributárias resultantes de **atos praticados com excesso de poder, ou infração à lei, estatuto ou contrato social**.

Responsabilidade de Terceiros		
Nos casos de impossibilidade de exigência do cumprimento da obrigação principal pelo contribuinte, respondem solidariamente com este nos atos em que intervierem ou pelas omissões de que forem responsáveis. O disposto neste artigo só se aplica, em matéria de penalidades, às de caráter moratório (art. 134, parágrafo único).		
Contribuinte, tributos devidos pelos:	**Terceiro Responsável**	**CTN, artigo 134, inciso:**
Filhos menores	Pais	I
Tutelados e curatelados	Tutores e curadores	II
Terceiros	Administradores de bens de terceiros	III
Espólio	Inventariante	IV
Massa falida ou concordatário	Síndico e comissário (atualmente "administrador judicial")	V
Atos praticados por tabeliães, escrivães e demais serventuários de ofício, ou perante eles, em razão do seu ofício	os tabeliães, escrivães e demais serventuários de ofício	VI
Liquidação de sociedade de pessoas	Sócios	VII

Todas estas pessoas elencadas na coluna "terceiro responsável"	+	Os mandatários, prepostos e empregados	+	Os diretores, gerentes ou representantes de pessoas jurídicas de direito privado

São pessoalmente responsáveis pelos créditos correspondentes a obrigações tributárias resultantes de atos praticados:	
Com excesso de poderes ou	Infração de lei, contrato social ou estatutos

- **Responsabilidade por infrações:** está disciplinada nos artigos 136 a 138 do CTN. Salvo disposição de lei em contrário, a responsabilidade por infrações da legislação tributária independe **da intenção do agente** ou do responsável e da efetividade, natureza e extensão dos efeitos do ato (CTN, art. 136). O artigo 137 trata da responsabilidade pessoal do agente nas infrações tipificadas por lei como crimes ou contravenções ou relacionadas a dolo específico.
- **Denúncia espontânea:** a responsabilidade é excluída pela denúncia espontânea da infração, acompanhada, se for o caso, do pagamento do tributo devido e dos juros de mora, ou do depósito da importância arbitrada pela autoridade administrativa, quando o montante do tributo dependa de apuração (CTN, art.138). No entanto, "não se considera espontânea a denúncia apresentada após o início de qualquer procedimento administrativo ou medida de fiscalização, relacionados com a infração" (CTN, art. 138, parágrafo único).

7. CRÉDITO TRIBUTÁRIO: CONSTITUIÇÃO (LANÇAMENTO) GARANTIAS, PRIVILÉGIOS E SUSPENSÃO DA EXIGIBILIDADE

- **Crédito tributário:** direito subjetivo da Fazenda Pública ao objeto da obrigação tributária, o crédito tributário, para ser exigido, deve ser formalizado por meio do lançamento.
- O crédito tributário decorre da obrigação principal e tem a mesma natureza desta (CTN, art. 139), de modo que, a exemplo da obrigação tributária, o crédito tributário constitui o direito subjetivo da Fazenda Pública exigir a prestação tributária do contribuinte ou responsável.

- Logo, também, crédito tributário não é sinônimo de obrigação tributária. Aliás, segundo o artigo 140 do CTN, "as circunstâncias que modificam o crédito tributário, sua extensão ou seus efeitos, ou as garantias ou os privilégios a ele atribuídos, ou que excluem sua exigibilidade não afetam a obrigação tributária que lhe deu origem".
- O crédito tributário é constituído pelo **lançamento tributário**.
- **Conceito de lançamento:** compete privativamente à autoridade administrativa constituir o crédito tributário pelo **lançamento**, assim entendido o procedimento administrativo tendente a verificar a ocorrência do fato gerador da obrigação correspondente, determinar a matéria tributável, calcular o montante do tributo devido, identificar o sujeito passivo e, sendo caso, propor a aplicação da penalidade cabível (CTN, art. 142).
- **Natureza do lançamento:** possui natureza constitutiva do crédito tributário e eficácia declaratória da obrigação tributária (CTN, art. 142).
- **Natureza vinculada e obrigatória: a** atividade administrativa de lançamento é vinculada e obrigatória, sob pena de responsabilidade funcional (CTN, art. 142, parágrafo único).
- **Lançamento em moeda estrangeira: s**alvo disposição de lei em contrário, quando o valor tributário esteja expresso em moeda estrangeira, no lançamento far-se-á sua conversão em moeda nacional ao câmbio do dia da ocorrência do fato gerador da obrigação (CTN, art. 143).
- **Modalidades de lançamento:** lançamento de ofício, lançamento por declaração e lançamento por homologação (classificação de acordo com o grau de participação do fisco).
- **Lançamento por declaração (CTN, art. 147):** efetivado pela autoridade administrativa (agente do órgão fazendário) a partir de informações imprescindíveis, declaradas pelo sujeito passivo ou por terceiro (grau médio de participação).
- **Lançamento de ofício (CTN, art. 149):** efetivado diretamente pela autoridade administrativa, independentemente de qualquer informação ou ato do sujeito passivo ou de terceiro (grau máximo de participação).
- **Lançamento por homologação ou autolançamento (CTN, art. 150):** o sujeito passivo antecipa o pagamento sem prévia análise da autoridade administrativa (grau mínimo de participação). A homologação pela autoridade administrativa pode ser expressa ou tácita (mais comum, pelo decurso de tempo).
- **Revisão do lançamento:** após devidamente notificado ao sujeito passivo, o lançamento só poderá ser alterado por: I – impugnação do próprio sujeito passivo; II – recurso de ofício; III – iniciativa de ofício da autoridade administrativa, nos casos previstos no artigo 149 (CTN, art. 145).
- **Hipóteses em que o lançamento é efetuado ou revisto de ofício:** I – quando a lei assim o determine; II – quando a declaração não seja prestada, por quem de direito, no prazo e na forma da legislação tributária; III – quando a pessoa legalmente obrigada, embora tenha prestado declaração nos termos do inciso anterior, deixe de atender, no prazo e na forma da legislação tributária, a pedido de esclarecimento formulado pela autoridade administrativa, recuse-se a prestá-lo ou não o preste satisfatoriamente, a juízo daquela autoridade; IV – quando se comprove falsidade, erro ou omissão quanto a qualquer elemento definido na legislação tributária como sendo de declaração obrigatória; V – quando se comprove omissão ou inexatidão, por parte da pessoa legalmente obrigada, no exercício da atividade a que se refere o artigo seguinte; VI – quando se comprove ação ou omissão do sujeito passivo, ou de terceiro legalmente obrigado, que dê lugar à aplicação de penalidade pecuniária; VII – quando se comprove que o sujeito passivo, ou terceiro em benefício daquele, agiu com dolo, fraude ou simulação; VIII – quando deva ser apreciado fato não conhecido ou não provado por ocasião do lançamento anterior; IX – quando se comprove que, no lançamento anterior, ocorreu fraude ou falta funcional da autoridade que o efetuou, ou omissão, pela mesma autoridade, de ato ou formalidade especial (CTN, art. 149).
- **Limite temporal para revisão do lançamento:** a revisão do lançamento só pode ser iniciada enquanto não extinto o direito da Fazenda Pública (CTN, art. 149, parágrafo único).
- **Lançamento no tempo:** coerente com o princípio da irretroatividade da norma tributária, o lançamento reporta-se à data da ocorrência do fato gerador da obrigação e rege-se pela lei então vigente, ainda que posteriormente modificada ou revogada (CTN, art. 144). Na verdade, o **lançamento tributário tem efeitos *ex tunc***. A expressão latina *ex tunc* pode ser traduzida como **desde a época**. Ao dizer que o lançamento tributário é *ex tunc* significa que seus efeitos retroagem à época da ocorrência do fato gerador (fato jurídico-tributário).
- Aplica-se ao lançamento a legislação que, posteriormente à ocorrência do fato gerador da obrigação, tenha instituído novos critérios de apuração ou processos de fiscalização, ampliado os poderes de investigação das autoridades administrativas, ou outorgado ao crédito maiores garantias ou privilégios, exceto, neste último caso, para o efeito de atribuir responsabilidade tributária a terceiros (art. 144, § 1º). O disposto no artigo 144 não se aplica aos impostos lançados por períodos certos de tempo, desde que a respectiva lei fixe

expressamente a data em que o fato gerador se considera ocorrido (art. 144, § 2º). A modificação introduzida, de ofício ou em consequência de decisão administrativa ou judicial, nos critérios jurídicos adotados pela autoridade administrativa no exercício do lançamento somente pode ser efetivada, em relação a um mesmo sujeito passivo, quanto a fato gerador ocorrido posteriormente à sua introdução (CTN, art. 146).

Quadro sinóptico sobre o lançamento tributário:

Natureza	Constitutiva do crédito tributário
Em relação à obrigação tributária	Viés declaratório da obrigação tributária
Efeitos	"ex tunc" (seus efeitos retroagem à época da ocorrência do fato gerador)
Competência	Privativa da autoridade administrativa
Deve conter	a) A verificação da ocorrência do fato gerador da obrigação tributária; b) A determinação da matéria tributável; c) O cálculo do montante do tributo devido; d) A identificação do sujeito passivo; e) A aplicação da penalidade cabível (se for o caso).

- **Suspensão da exigibilidade do crédito tributário:** a suspensão da exigibilidade do crédito tributário na via judicial impede o Fisco de praticar qualquer ato contra o contribuinte visando à cobrança de seu crédito, tais como inscrição em dívida, execução e penhora, mas não impossibilita a Fazenda de proceder à regular constituição do crédito tributário para prevenir a decadência do direito de lançar (STJ, REsp 260.040).
- **Causas de suspensão da exigibilidade do crédito tributário**: impedem o ajuizamento da execução fiscal. E, logicamente, se a causa de suspensão se apresentar posteriormente ao ajuizamento da execução fiscal, esta deverá ficar sobrestada até que o motivo da suspensão cesse.
- As **hipóteses de suspensão da exigibilidade** do crédito tributário estão previstas no **artigo 151 do CTN**, conforme sintetizado no quadro abaixo:

Art. 151 CTN Inciso:	Hipóteses	Resumo
I	**Moratória**	Postergação do momento do pagamento do crédito tributário
II	**Depósito de seu montante integral**	Depósito, pelo contribuinte, do valor do crédito tributário discutido
III	**Defesas e recursos no âmbito do processo administrativo fiscal (PAF)**	Atos de defesa do contribuinte face ao lançamento de ofício, conforme previsão nas leis que regem o PAF
IV	**Liminar em mandado de segurança**	Ordem judicial concedida no início do procedimento do mandado de segurança, em geral, sem ouvir a parte contrária
V	**Liminar/tutela antecipada em outras espécies de ações judiciais**	Ordem judicial concedida no início da ação, em geral, sem ouvir a parte contrária
VI	**Parcelamento**	Acordo de quitação em parcelas de um crédito tributário reconhecido e confessado pelo contribuinte, conforme diretrizes fixadas em lei

- A suspensão da exigibilidade **não** dispensa o cumprimento das obrigações acessórias dependentes da obrigação principal cujo crédito seja suspenso (CTN, art. 151, parágrafo único).
- **Juros no parcelamento:** salvo disposição de lei em contrário, o parcelamento do crédito tributário não exclui a incidência de juros e multas (CTN, art. 155-A, § 1º).
- **Juros nas liminares:** dependerá da sentença ou acórdão transitado em julgado; em caso de procedência da ação e manutenção da liminar, o crédito tributário será extinto (CTN, art. 156, X); mas se a liminar for revogada e a ação julgada improcedente, o crédito tributário poderá ser exigido acrescido de todos os consectários da mora.
- As **garantias e os privilégios do crédito tributário** estão disciplinados no CTN (artigos 183 a 193).
- As **garantias** são instrumentos de que dispõe o Poder Público para assegurar o seu direito de receber o crédito tributário, impelindo o sujeito passivo a extingui-lo (principalmente pelo pagamento).

Os **privilégios** são preferências gozadas pelo crédito tributário em comparação com créditos de demais naturezas jurídicas.

- O quadro a seguir sistematiza as **garantias** previstas no CTN:

Responsabilidade patrimonial:	Sem prejuízo dos privilégios especiais sobre determinados bens, responde pelo pagamento do crédito tributário a totalidade dos bens e das rendas, de qualquer origem ou natureza, do sujeito passivo, seu espólio ou sua massa falida, inclusive os gravados por ônus real ou cláusula de inalienabilidade ou impenhorabilidade, seja qual for a data da constituição do ônus ou da cláusula, excetuados unicamente os bens e rendas que a lei declare absolutamente impenhoráveis.
Presunção de Fraude:	Presume-se fraudulenta a alienação ou oneração de bens ou rendas, ou seu começo, por sujeito passivo em débito para com a Fazenda Pública, por crédito tributário regularmente inscrito como dívida ativa.
Não aplicação da presunção de fraude:	Na hipótese de o devedor ter reservado bens ou rendas suficientes para o total pagamento da dívida inscrita.
Determinação judicial de indisponibilidade de bens e direitos do devedor:	Na hipótese de o devedor tributário, devidamente citado, não pagar nem apresentar bens à penhora no prazo legal e não forem encontrados bens penhoráveis. A decisão será comunicada aos órgãos e entidades que promovem registros de transferência de bens, especialmente ao registro público de imóveis e às autoridades supervisoras do mercado bancário e do mercado de capitais, a fim de que, no âmbito de suas atribuições, façam cumprir a ordem judicial.
Limite da indisponibilidade:	Valor total exigível, devendo o juiz determinar o imediato levantamento da indisponibilidade dos bens ou valores que excederem esse limite.
Prova de tributos quitados:	Salvo quando expressamente autorizado por lei, nenhum departamento da administração pública da União, dos Estados, do Distrito Federal, ou dos Municípios, ou sua autarquia, celebrará contrato ou aceitará proposta em concorrência pública sem que o contratante ou proponente faça prova da quitação de todos os tributos devidos à Fazenda Pública interessada, relativos à atividade em cujo exercício contrata ou concorre.

Em linhas gerais (exceto no caso de falência) o crédito tributário tem as **seguintes preferências**:

- O crédito tributário prefere a qualquer outro, seja qual for sua natureza.
- O crédito tributário prefere a qualquer outro, seja qual for o tempo de sua constituição.
- Há duas ressalvas: os créditos decorrentes da (1) legislação do trabalho ou do (2) acidente de trabalho.
- A sua cobrança judicial não é sujeita a (1) concurso de credores ou (2) habilitação em falência, recuperação judicial, concordata, inventário ou arrolamento.

8. EXTINÇÃO E EXCLUSÃO DO CRÉDITO TRIBUTÁRIO

- Da mesma forma que decorre da obrigação principal (CTN, art. 139), o crédito tributário desaparece juntamente com o vínculo obrigacional, diante de acontecimentos previstos como **hipóteses de extinção no artigo 156 do CTN**, sinteticamente apresentadas no quadro abaixo:

Art. 156 CTN inciso	Hipóteses	Resumo
I	**Pagamento**	Adimplemento voluntário pelo sujeito passivo com entrega de pecúnia, em geral via rede bancária
II	**Compensação**	Os polos da relação jurídica são, ao mesmo tempo, devedores e credores reciprocamente
III	**Remissão**	Perdão legal do crédito tributário existente
IV	**Transação**	Concessões mútuas (devedor e credor tributários) que importem em terminação de litígio

Art. 156 CTN inciso	Hipóteses	Resumo
V	**Prescrição**	Perda pelo decurso de prazo, por parte do sujeito ativo, do direito de promover a execução fiscal face ao sujeito passivo
V	**Decadência**	Perda pelo decurso de prazo, por parte do sujeito ativo, do direito de constituir o crédito tributário
VI	**Conversão de depósito em renda**	Transformação do depósito feito pelo sujeito passivo em renda para sujeito ativo
VII	**Pagamento antecipado e homologação de lançamento**	Pagamento realizado pelo sujeito passivo a partir da apuração feita por ele próprio, sem participação do fisco num primeiro momento (por isso o pagamento é tido por antecipado), sendo que a homologação fiscal pode ser expressa ou tácita (decurso de prazo)
VIII	**Consignação em pagamento**	Diante de obstáculo ao pagamento criado pelo sujeito ativo (hipóteses do artigo 164 do CTN), o sujeito passivo ingressa com a ação para consignar o crédito tributário em pagamento (depositando-o)
IX	**Decisão administrativa irreformável**	Decisão administrativa favorável ao sujeito passivo sobre a qual não caiba mais recurso
X	**Decisão judicial transitada em julgado**	Decisão judicial favorável ao sujeito passivo sobre a qual não caiba mais recurso
XI	**Dação em pagamento de bens imóveis**	Espontâneo oferecimento de bens imóveis pelo devedor (ao invés de pecúnia), ao credor, como forma de extinguir a dívida

- Os juros de mora são calculados à taxa de 1% (um por cento) ao mês, salvo se a lei dispuser de modo diverso (CNT, art. 161, § 2º).
- Os institutos da decadência e da prescrição merecem destaque especial. Ambos são hipóteses de extinção do crédito tributário (CTN, art. 156, V).
- O **artigo 173 do CTN** dispõe sobre a **decadência** do direito de o fisco constituir o crédito tributário pelo **lançamento de ofício**. Assim, embora a decadência esteja no rol das hipóteses de extinção do crédito tributário, fato é que, vindo a ocorrer, a Fazenda fica mesmo é legalmente impedida de constitui-lo.
- O prazo de decadência aplicável ao lançamento de ofício, fixado pelo artigo 173 do CTN, é de **5 (cinco) anos contados**: **I** – do **primeiro dia do exercício seguinte** àquele em que o lançamento poderia ter sido efetuado; **II** – da data em que se tornar definitiva a decisão que houver anulado, por **vício formal**, o lançamento anteriormente efetuado.
- Nos tributos sujeitos ao **lançamento por homologação**, o prazo de decadência também é de **5 (cinco) anos, contados** da ocorrência **do fato gerador** (CTN, art. 150, § 4º). Como se trata de um autolançamento, não se refere a um prazo para o fisco constituir o crédito tributário, mas sim para promover a homologação da atividade do sujeito passivo, o que **se confunde com** o período de 5 (cinco) anos para **homologação tácita** previsto no artigo 150, § 4º do CTN.
- Todavia, como expressamente ressalva o próprio artigo 150, § 4º do CTN, o prazo de homologação **não se aplica em situações nas quais houver prova de dolo, fraude ou simulação.** Nesses casos, torna-se necessário o chamado lançamento de ofício substitutivo e o **prazo decadencial aplicável passa a ser o do artigo 173, inciso I**, próprio do lançamento de ofício. O mesmo ocorre em outras situações decorrentes da interpretação do STJ acerca dessas normas de decadência (REsp 973.733/SC e REsp 979.228/RS), de modo que, em síntese, nos tributos sujeitos ao lançamento por homologação, a decadência é definida nos seguintes termos:
- **Regra Geral:** art. 150, §4º do CTN, cinco anos contados da ocorrência do fato gerador.
- **Aplicação do artigo 173, inciso I, do CTN**, cinco anos contados a partir do primeiro dia do exercício seguinte àquele em que o lançamento poderia ter sido efetuado, nas seguintes hipóteses: a) quando houver dolo, fraude ou simulação na atividade do sujeito passivo, decorrente de exceção expressa no artigo 150, §4º; b) quando houver falta de antecipação do pagamento ou crédito indevido, conforme jurisprudência do STJ.
- A **ação para a cobrança do crédito tributário**, isto é, a **execução fiscal** (Lei 6.830/80), **prescreve** em **5 (cinco) anos, contados da constituição definitiva** (CTN, art. 174). A prescrição também extingue o crédito tributário (CTN, art. 156, V).

O STJ considera que, no caso de execuções fiscais de dívida ativa tributária, a prescrição deva ser regulada pelo CTN (recepcionado pela Carta Constitucional de 1988 como lei complementar) e não pela LEF (lei ordinária), já que o artigo 146, inciso III, alínea "b", da CF reserva à lei complementar a disciplina da prescrição tributária. Veja a seguinte ementa:

"TRIBUTÁRIO. AGRAVO REGIMENTAL. EXECUÇÃO FISCAL. PRESCRIÇÃO. AUSÊNCIA DE CITAÇÃO. Não INTERRUPÇÃO DO PRAZO PRESCRICIONAL. ART. 174 DO CTN. PREVALÊNCIA SOBRE O ART. 2°, § 3°, DA LEI 6.830/1980. 1. A suspensão do lapso prescricional de 180 (cento e oitenta) dias prevista no art. 2°, § 3°, da Lei 6.830 somente é aplicável às dívidas de natureza não tributária. Em hipóteses como a dos autos, em que se trata de execução de crédito relativo a Imposto de Renda, a matéria é regulada pelo art. 174 do Código Tributário Nacional. 2. Agravo Regimental não provido" (STJ – AgRg no Ag 1054859/SP).

No julgamento do Tema de Repercussão Geral nº 390 foi fixada a seguinte tese: "É constitucional o art. 40 da Lei nº 6.830/1980 (Lei de Execuções Fiscais – LEF), tendo natureza processual o prazo de 1 (um) ano de suspensão da execução fiscal. Após o decurso desse prazo, inicia-se automaticamente a contagem do prazo prescricional tributário de 5 (cinco) anos". Na ementa do acórdão que constitui o leading case desse tema, consta a explicação da razão pela qual, no caso de prescrição intercorrente, não existe ofensa ao artigo 146 do CTN que foi citada na dica anterior: "O art. 40 desse diploma não afronta o art. 146, III, b, da CF/1988, pois o legislador ordinário se limitou a transpor o modelo estabelecido pelo art. 174 do CTN, adaptando-o às particularidades da prescrição intercorrente".

- A **prescrição será interrompida** por um dos **seguintes atos**: **I** – pelo **despacho** do juiz **que ordenar a citação** em execução fiscal (redação dada pela LC 118/2003); **II** – pelo protesto judicial ou extrajudicial; **III** – por qualquer ato judicial que constitua em mora o devedor; **IV** – por qualquer ato inequívoco, ainda que extrajudicial, que importe em reconhecimento do débito pelo devedor (CTN, art. 174, parágrafo único). Muito cuidado que, em concursos públicos, os examinadores costumam substituir o verbo "interromper" por "suspender" quando se referem ao artigo 174, parágrafo único, do CTN, o que está errado, pois, nas referidas hipóteses, a prescrição é interrompida e não suspensa.
- Como se vê, no parágrafo único do artigo 174, o CTN elenca apenas hipóteses de interrupção da prescrição, não trazendo nenhuma hipótese de suspensão do prazo prescricional. Porém, embora não exista no CTN previsão para a suspensão da prescrição, cuidando-se de tributo definitivamente lançado, **suspensa a exigibilidade do crédito tributário**, por viés lógico de consequência, **suspende-se também a prescrição** (STJ – RESP 267437-MG, 2ª. T., Relª. Minª. Eliana Calmon – DJU 17.06.2002).
- **Exclusão do crédito tributário:** expressão objeto de muitas críticas da doutrina, a exclusão do crédito tributário é regida essencialmente pelos artigos 175 a 182 do CTN.
- **Hipóteses previstas no CTN:** isenção e anistia, resumidas no quadro abaixo:

Isenção	Anistia
Implica a exclusão ou dispensa do tributo	Implica a exclusão ou dispensa da multa
Alcança somente fatos geradores ocorridos após a lei	Alcança somente fatos geradores ocorridos antes da lei

- Ambas dependem de **expressa previsão legal**, como consequência do princípio da legalidade (CF, art. 150, I) e reserva do artigo 97, inciso VI, do CTN, demandando, por essa razão, uma interpretação literal da norma instituidora do benefício (CTN, art. 111, I e II).
- Sob a ótica do CTN, a isenção constitui uma dispensa legal do pagamento do tributo, pois, exclui o crédito tributário, ou seja, há a obrigação tributária decorrente da incidência do tributo, entretanto, a constituição do crédito tributário fica inviabilizada pela norma de isenção.
- Salvo previsão legal em contrário, não dispensam o contribuinte beneficiado de cumprir com as obrigações tributárias acessórias (CTN, art. 175, parágrafo único).
- **Isenção heterônoma**: aquela concedida por ente federativo tributante diferente daquele que teria por regra competência para instituí-la. O artigo 151, inciso III, da CF proibiu tal tipo de isenção ao vedar à União instituir isenções de tributos da competência dos Estados, do Distrito Federal ou dos Municípios. Entretanto, no texto constitucional, constata-se como exceção a essa regra a possibilidade de exclusão do ISS incidente sobre exportações de serviços, pela União, via lei complementar (CF, art. 156, §3º, II).

9. ADMINISTRAÇÃO TRIBUTÁRIA (FISCALIZAÇÃO, DÍVIDA ATIVA E CERTIDÕES), PROCESSO TRIBUTÁRIO E DIREITO PENAL TRIBUTÁRIO

O estudo da **Administração Tributária** é dividido em três temas principais: Fiscalização (CTN, arts. 194 a 200); Dívida Ativa (CTN, arts. 201 a 204) e Certidões Negativas (CTN, arts. 205 a 208).

- O quadro abaixo reflete os **principais aspectos da fiscalização** no CTN e na CF:

Tópicos	Considerações
Primazia Constitucional (CF, art. 37, incisos XVIII e XXII)	Art. 37. A administração pública direta e indireta (...): XVIII – **a administração fazendária** e seus servidores fiscais terão, dentro de suas áreas de competência e jurisdição, **precedência sobre os demais setores administrativos**, na forma da lei; XXII – **as administrações tributárias** da União, dos Estados, do Distrito Federal e dos Municípios, atividades essenciais ao funcionamento do Estado, exercidas por servidores de carreiras específicas, **terão recursos prioritários para a realização de suas atividades e atuarão de forma integrada**, inclusive com o compartilhamento de cadastros e de informações fiscais, na forma da lei ou convênio.
Respeito aos Direitos e Garantias Fundamentais (CF, art. 145, §1º)	§ 1º – Sempre que possível, os impostos terão caráter pessoal e serão graduados segundo a capacidade econômica do contribuinte, **facultado à administração tributária**, especialmente para conferir efetividade a esses objetivos, identificar, **respeitados os direitos individuais e nos termos da lei**, o patrimônio, os rendimentos e as atividades econômicas do contribuinte
Autoexecutoriedade (CTN, art. 195)	Art. 195. Para os efeitos da legislação tributária, não têm aplicação quaisquer disposições legais excludentes ou limitativas do direito de examinar mercadorias, livros, arquivos, documentos, papéis e efeitos comerciais ou fiscais, dos comerciantes industriais ou produtores, ou da obrigação destes de exibi-los. **Noutras palavras:** Contribuinte (demais fiscalizados): dever de exibir; Fisco: direito de examinar; O quê? Mercadorias, livros, arquivos, documentos, papéis de trabalho.
Quem está sujeito a ser fiscalizado? (CTN, art. 194, parágrafo único)	Pessoas naturais ou jurídicas, contribuintes ou não, inclusive às que gozem de imunidade tributária ou de isenção de caráter pessoal.
Início da Fiscalização (CTN, art. 196)	Deve ser documentado. Atualmente tem-se o mandado de procedimento fiscal (federal), as ordens de serviço fiscal (estadual – SP) e os termos de início de fiscalização (municipais). A partir do início da fiscalização não cabe mais o instituto da denúncia espontânea previsto no artigo 138 do CTN.

Tópicos	Considerações
Uso de força policial (CTN, art. 200)	Os fiscais poderão requerer o auxílio de força policial quando vítimas de embaraço ou desacato no exercício de suas funções, ou quando necessário à efetivação dê medida prevista na legislação tributária, ainda que não se configure fato definido em lei como crime ou contravenção.
Sigilo Fiscal (CTN, art. 198, *caput*)	Art. 198. Sem prejuízo do disposto na legislação criminal, é vedada a divulgação, por parte da Fazenda Pública ou de seus servidores, de informação obtida em razão do ofício sobre a situação econômica ou financeira do sujeito passivo ou de terceiros e sobre a natureza e o estado de seus negócios ou atividades.
Exceções ao Sigilo Fiscal (CTN, art. 198, §§1º e 3º e 199)	Não são considerados "quebra" do sigilo fiscal: a) Atendimento pelo Fisco de requisição de autoridade judiciária no interesse da justiça; b) Atendimento pelo Fisco de solicitações de autoridade administrativa no interesse da Administração Pública, desde que seja comprovada a instauração regular de processo administrativo, no órgão ou na entidade respectiva, com o objetivo de investigar o sujeito passivo a que se refere a informação, por prática de infração administrativa. c) Divulgação, pelo Fisco, de informações relativas a representações fiscais para fins penais. d) Divulgação, pelo Fisco, de informações relativas a inscrições na Dívida Ativa da Fazenda Pública. e) Divulgação, pelo Fisco, de informações relativas a parcelamento ou moratória. f) Troca de informações entre os Fiscos (Federal, Estaduais e Municipais), por lei ou convênio. g) Troca de informações entre o Fisco Federal e os estados estrangeiros, na forma estabelecida em tratados, acordos ou convênios no interesse da arrecadação e da fiscalização de tributos. h) Divulgação, pelo Fisco, de informações relativas a incentivo, renúncia, benefício ou imunidade de natureza tributária cujo beneficiário seja pessoa jurídica.
Sanções Políticas (Súmulas do STF)	**Súmula 70:** "É inadmissível a interdição de estabelecimento como meio coercitivo para cobrança de tributo". **Súmula 323**: "É inadmissível a apreensão de mercadorias como meio coercitivo para pagamento de tributos".

Tópicos	Considerações
Sanções Políticas (Súmulas do STF)	**Súmula 547:** "Não é lícito à autoridade proibir que o contribuinte em débito adquira estampilhas, despache mercadorias nas alfândegas e exerça suas atividades profissionais".
Prestação de informações (CTN, arts. 197 e 198, §§ 4º e 5º)	Art. 197. Mediante intimação escrita, são obrigados a prestar à autoridade administrativa todas as informações de que disponham com relação aos bens, negócios ou atividades de terceiros: I – os tabeliães, escrivães e demais serventuários de ofício; II – os bancos, casas bancárias, Caixas Econômicas e demais instituições financeiras; III – as empresas de administração de bens; IV – os corretores, leiloeiros e despachantes oficiais; V – os inventariantes; VI – os síndicos, comissários e liquidatários; VII – quaisquer outras entidades ou pessoas que a lei designe, em razão de seu cargo, ofício, função, ministério, atividade ou profissão. Parágrafo único. A obrigação prevista neste artigo não abrange a prestação de informações quanto a fatos sobre os quais o informante esteja legalmente obrigado a observar segredo em razão de cargo, ofício, função, ministério, atividade ou profissão. i) A administração tributária poderá requisitar informações cadastrais e patrimoniais de sujeito passivo de crédito tributário a órgãos ou entidades, públicos ou privados, que, inclusive por obrigação legal, operem cadastros e registros ou controlem operações de bens e direitos. ii Os órgãos e as entidades da administração pública direta e indireta de qualquer dos Poderes colaborarão com a administração tributária visando ao compartilhamento de bases de dados de natureza cadastral e patrimonial de seus administrados e supervisionados.

- **Dívida ativa tributária** é um crédito público, valor que a Fazenda Pública tem para receber de terceiros, proveniente do crédito tributário, regularmente inscrito na repartição pública competente depois de esgotado o prazo fixado, para pagamento, pela lei ou por decisão final proferida em processo regular.
- O débito fiscal regularmente inscrito em dívida ativa **goza de presunção relativa de liquidez e certeza** e tem efeito de prova pré-constituída.
- A **inscrição de um débito fiscal na dívida ativa** é um ato administrativo de cadastro próprio da Fazenda Pública (que se constitui no ato de controle administrativo da legalidade). Dele se extrai uma certidão, com os mesmos termos, denominada de CDA – Certidão de Dívida Ativa (CPC, art. 784, inciso IX), que tem natureza de título executivo extrajudicial, ou seja, é imprescindível para a cobrança judicial do crédito pela referida Fazenda Pública, através da Execução Fiscal, disciplinada pela Lei 6.830/80 (LEF – Lei de Execuções Fiscais). Aliás, a petição inicial da execução fiscal e a Certidão de Dívida Ativa poderão constituir um único documento, preparado inclusive por processo eletrônico.
- Os **requisitos obrigatórios do termo de inscrição em dívida ativa** estão previstos no CTN (art. 202) e na LEF (art. 2º, §5º):

Requisitos obrigatórios do termo de inscrição em dívida ativa	
Segundo o CTN (art. 202):	**Segundo a LEF (art. 2º, §5º):**
I – o nome do devedor e, sendo caso, o dos corresponsáveis, bem como, sempre que possível, o domicílio ou a residência de um e de outros;	I – o nome do devedor, dos corresponsáveis e, sempre que conhecido, o domicílio ou residência de um e de outros;
II – a quantia devida e a maneira de calcular os juros de mora acrescidos;	II – o valor originário da dívida, bem como o termo inicial e a forma de calcular os juros de mora e demais encargos previstos em lei ou contrato;
III – a origem e natureza do crédito, mencionada especificamente a disposição da lei em que seja fundado;	III – a origem, a natureza e o fundamento legal ou contratual da dívida;
IV – a data em que foi inscrita;	IV – a indicação, se for o caso, de estar a dívida sujeita à atualização monetária, bem como o respectivo fundamento legal e o termo inicial para o cálculo;
V – sendo o caso, o número do processo administrativo de que se originar o crédito.	V – a data e o número da inscrição, no Registro de Dívida Ativa; e
Parágrafo único. A certidão conterá, além dos requisitos deste artigo, a indicação do livro e da folha da inscrição.	VI – o número do processo administrativo ou do auto de infração, se neles estiver apurado o valor da dívida.

- Em diversas ocasiões exige-se do contribuinte a prova de quitação de tributos. Tal prova é materializada pela **certidão negativa**, "expedida à vista de requerimento do interessado, que contenha todas as informações necessárias à identificação de sua pessoa, domicílio fiscal e ramo de negócio ou atividade e indique o período a que se refere o pedido (CTN, art. 205)".

- São **três as espécies de certidões**, conforme detalhes no quadro a seguir:

Abreviatura	Nome	Característica
CND	**C**ertidão **N**egativa de **D**ébitos	Comprova a **inexistência** de débitos fiscais em nome do contribuinte em relação à Fazenda Pública que emite a certidão
CPD	**C**ertidão **P**ositiva de **D**ébitos	Comprova a **existência** de débitos fiscais em nome do contribuinte em relação à Fazenda Pública que emite a certidão
CPD-EN	**C**ertidão **P**ositiva de **D**ébitos, com **E**feitos de **N**egativa	Comprova a **existência** de débitos fiscais em nome do contribuinte em relação à Fazenda Pública que emite a certidão, **porém**, poderá ser utilizada pelo contribuinte para os mesmos fins que seria utilizada a CND

O contribuinte faz jus à CPD-EN caso apresente:	***Débitos fiscais vincendos*** (ou seja, que ainda estão no prazo para pagamento)
O contribuinte faz jus à CPD-EN caso apresente:	***Débitos fiscais em curso de cobrança executiva em que tenha sido efetivada a penhora*** (hipótese de garantia à execução fiscal)
	Débitos fiscais cuja exigibilidade esteja suspensa nos termos do artigo 151 do CTN. São causas de suspensão da exigibilidade: a) Moratória; b) Depósito do montante integral; c) Defesas e recursos no âmbito do processo administrativo fiscal; d) Concessão de liminar em mandado de segurança; e) Concessão de liminar ou antecipação de tutela em outas espécies de ação judicial; f) Parcelamento.

MEDIDA CAUTELAR FISCAL

- Com o **objetivo de prevenir os direitos de credor da Fazenda Pública em face de atos de dilapidação patrimonial por parte do devedor** do crédito tributário, a **Lei 8.397/92** instituiu a chamada medida cautelar fiscal.
- Ação exacional cujo procedimento poderá ser **instaurado, como regra, após a constituição do crédito** pela Fazenda Pública, inclusive no curso da Execução Fiscal (Lei 8.397/92, art. 1º), **em uma única situação excepcional, poderá ser ajuizada antes mesmo da constituição do crédito tributário**. Diz respeito à hipótese do artigo 2º, inciso V da Lei 8.397/92, isto é, quando o **contribuinte, notificado** pela Fazenda Pública **para** que proceda ao **recolhimento** do crédito fiscal, **puser ou tentar por seus bens em nome de terceiros** (art. 1º, parágrafo único).
- São **hipóteses de cabimento** da medida cautelar fiscal aquelas em que o devedor: I – sem domicílio certo, intenta ausentar-se ou alienar bens que possui ou deixa de pagar a obrigação no prazo fixado; II – tendo domicílio certo, ausenta-se ou tenta se ausentar, visando a elidir o adimplemento da obrigação; III – caindo em insolvência, aliena ou tenta alienar bens; IV – contrai ou tenta contrair dívidas que comprometam a liquidez do seu patrimônio; V – notificado pela Fazenda Pública para que proceda ao recolhimento do crédito fiscal: a) deixa de pagá-lo no prazo legal, salvo se suspensa sua exigibilidade; b) põe ou tenta por seus bens em nome de terceiros; VI – possui débitos, inscritos ou não em Dívida Ativa, que somados ultrapassem trinta por cento do seu patrimônio conhecido; VII – aliena bens ou direitos sem proceder à devida comunicação ao órgão da Fazenda Pública competente, quando exigível em virtude de lei; VIII – tem sua inscrição no cadastro de contribuintes declarada inapta, pelo órgão fazendário; IX – pratica outros atos que dificultem ou impeçam a satisfação do crédito (Lei 8.397/92, art. 2º).
- Além disso, são **condições específicas** da ação e requisitos para concessão da medida cautelar fiscal: I – **prova literal da constituição do crédito fiscal**; II – **prova documental de alguma das hipóteses de cabimento** (Lei 8.397/92, art. 3º).
- Quanto aos **efeitos**, a decretação da medida cautelar fiscal produzirá, de imediato, a **indisponibilidade dos bens do requerido, até o limite da satisfação da obrigação** (Lei 8.397/92, art. 4º). Na hipótese de pessoa jurídica, a indisponibilidade recairá somente sobre os bens do ativo permanente. Pode, ainda, ser estendida aos bens do acionista controlador e aos dos que em razão do contrato social ou estatuto tenham poderes para fazer a empresa cumprir suas obrigações fiscais, ao tempo: a) do fato gerador, nos casos de lançamento de ofício; b) do inadimplemento da obrigação fiscal, nos demais casos (Lei 8.397/92, art. 4º, § 1º).
- Como típico das ações cautelares, o procedimento **admite a concessão de liminar *inaudita altera pars***, ou seja, sem oitiva da parte contrária. Assim, nos termos do artigo 7º da Lei 8.397/92, o Juiz concederá liminarmente a medida cautelar fiscal, dispensada a Fazenda Pública de justificação prévia e

de prestação de caução. Por se tratar de uma decisão interlocutória (resolve um incidente processual sem colocar fim ao processo, que prossegue até final sentença), **do despacho** que conceder liminarmente a medida cautelar **caberá** como recurso o **agravo de instrumento** (art. 7º, parágrafo único).

- Por outro lado, seja qual for a hipótese ou circunstância em que concedida, **a medida cautelar pode, a qualquer tempo, ser revogada ou modificada** (Lei 8.397/92, art. 12, *in fine*), além do que **cessa a sua eficácia**, não só na hipótese de **ausência de propositura da Execução Fiscal em sessenta dias (art. 13, I)**, como também nos seguintes casos: **se não for executada dentro de trinta dias**; **se for julgada extinta a Execução Fiscal**; **se o requerido promover a quitação do débito** que está sendo executado (art. 13, II, III e IV).
- Finalmente, **da sentença** que decretar a medida cautelar fiscal **caberá apelação**, sem efeito suspensivo, salvo se o requerido oferecer garantia (Lei 8.397/92, art. 17 c/c art. 10).

EXECUÇÃO FISCAL

- A execução judicial para cobrança da Dívida Ativa da União, dos Estados, do Distrito Federal, dos Municípios e respectivas autarquias, denominada Execução Fiscal, é **regida pela Lei 6.830/80** e, **subsidiariamente**, pelo **Código de Processo Civil – CPC/2015**.
- A **Lei 6.830/80 rege** não apenas a **cobrança da Dívida Ativa tributária**, como também da **não tributária** e abrange atualização monetária, juros e multa de mora e demais encargos previstos em lei ou contrato (art. 2º, § 2º). Aplica-se à Dívida Ativa da Fazenda Pública de natureza não tributária o disposto nos artigos 186 e 188 a 192 do Código Tributário Nacional, normas que se referem a preferências do crédito tributário (art. 4º, § 4º).
- **Até a decisão de primeira instância**, a Certidão de Dívida Ativa **poderá ser emendada ou substituída**, assegurada ao executado a **devolução do prazo para embargos** (art. 2º, § 8º).
- A **Dívida Ativa regularmente inscrita** goza da **presunção de certeza e liquidez** (art. 3º). Mas essa **presunção é relativa** e pode ser ilidida por prova inequívoca, a cargo do executado ou de terceiro, a quem aproveite (art. 3º).
- No âmbito da Execução Fiscal, podem figurar como **executados**: I – o devedor; II – o fiador; III – o espólio; IV – a massa; V – o responsável, nos termos da lei, por dívidas, tributárias ou não, de pessoas físicas ou pessoas jurídicas de direito privado; e VI – os sucessores a qualquer título (art. 4º).
- A **competência para processar e julgar a execução** da Dívida Ativa da Fazenda Pública **exclui a de qualquer outro Juízo**, inclusive o da falência, da concordata, da liquidação, da insolvência ou do inventário (art. 5º).
- A **petição inicial**, distinto do que prevê o artigo 319 do CPC/2015, **indicará apenas:** I – o Juiz a quem é dirigida; II – o pedido; e III – o requerimento para a citação (art. 6º). **Será instruída com a CDA**, que dela fará parte integrante, como se estivesse transcrita (art. 6º, § 1º). A **petição inicial e a Certidão de Dívida Ativa poderão constituir um único documento**, preparado inclusive por processo eletrônico (art. 6º, § 2º).
- O despacho do Juiz que deferir a inicial importa em **ordem para**: I – **citação**, pelas sucessivas modalidades previstas no artigo 8º; II – **penhora**, se não for paga a dívida, nem garantida a execução, por meio de depósito, fiança ou seguro garantia; III – **arresto**, se o executado não tiver domicílio ou dele se ocultar; IV – **registro da penhora ou do arresto**, independentemente do pagamento de custas ou outras despesas; V – **avaliação** dos bens penhorados ou arrestados (art. 7º).
- O executado será citado para, no prazo de 5 (cinco) dias, pagar a dívida com os juros e multa de mora e encargos indicados na CDA, ou garantir a execução (art. 8º). A citação será, em regra, pelo correio, considerando-se feita na data da entrega da carta no endereço do executado, ou, se a data for omitida, no aviso de recepção, 10 (dez) dias após a entrega da carta à agência postal (art. 8º, I e II). Se o aviso de recepção não retornar no prazo de 15 (quinze) dias da entrega da carta à agência postal, a citação será feita por Oficial de Justiça ou por edital (art. 8º, III).
- Em **garantia da execução**, pelo valor da dívida, juros e multa de mora e encargos indicados na Certidão de Dívida Ativa, o executado poderá: I – efetuar **depósito em dinheiro**, à ordem do Juízo em estabelecimento oficial de crédito, que assegure atualização monetária; II – oferecer fiança bancária ou seguro garantia; III – **nomear bens à penhora**, observada a **ordem do artigo 11**; ou IV – **indicar à penhora bens oferecidos por terceiros e aceitos pela Fazenda Pública** (art. 9º).
- No que tange à **ordem de penhora ou arresto de bens**, nos termos do artigo 11 da Lei 6.830/80, é a seguinte: I – dinheiro; II – título da dívida pública, bem como título de crédito, que tenham cotação em bolsa; III – pedras e metais preciosos; IV – imóveis; V – navios e aeronaves; VI – veículos; VII – móveis ou semoventes; e VIII – direitos e ações.
- **Excepcionalmente**, a **penhora poderá recair sobre estabelecimento** comercial, industrial ou agrícola, bem como em plantações ou edifícios em construção (art. 11, § 1º).
- O artigo 15 trata da **substituição da penhora**, que poderá ser deferida pelo Juiz ao executado ou à Fazenda Pública, mas em amplitudes diferentes, quais sejam: I – **ao executado**, a substituição da penhora por depósito em dinheiro, fiança bancária ou seguro garantia; e II – **à Fazenda Pública**, a substituição dos bens penhorados **por outros,**

independentemente da ordem do artigo 11, bem como o **reforço da penhora insuficiente**.

- O prosseguimento da execução dá-se com a fase de satisfação do credor (Fazenda Pública), por meio de execução da garantia.
- Pode, também, haver a **alienação antecipada dos bens penhorados**, hipótese em que o produto será depositado em garantia da execução (art. 21).
- Não havendo alienação antecipada, nem ocorrendo pagamento ou remissão do bem penhorado, a próxima etapa será levá-lo à arrematação, que será precedida de edital, afixado no local de costume, na sede do Juízo, e publicado em resumo, uma só vez, gratuitamente, como expediente judiciário, no órgão oficial (art. 22).
- A **alienação** de quaisquer bens penhorados **será feita em leilão público**, no lugar designado pelo Juiz (art. 23). O prazo entre as datas de publicação do edital e do leilão não poderá ser superior a 30 (trinta), nem inferior a 10 (dez) dias (art. 22, § 1º). Sobre a realização desse leilão, o representante judicial da Fazenda Pública será intimado, pessoalmente, com a mesma antecedência, ou seja, mínima de 10 (dez) dias e máxima de 30 (trinta) dias (art. 22, § 1º). Aliás, na execução fiscal, qualquer intimação ao representante judicial da Fazenda Pública será feita pessoalmente (art. 25), o que pode ocorrer mediante vista dos autos, com imediata remessa a esse representante, pelo cartório ou secretaria (art. 25, parágrafo único).
- A Fazenda Pública e o executado poderão requerer que os bens sejam leiloados englobadamente ou em lotes que indicarem (art. 23, § 1º). Quanto à comissão do leiloeiro e demais despesas indicadas no edital, ao contrário do que se pode pensar, não pertencem ao executado, cabendo seu pagamento ao arrematante (art. 23, § 2º).
- **A Fazenda Pública poderá adjudicar os bens penhorados antes ou depois do leilão**, isto é, adquirir os bens penhorados em pagamento ou abatimento da dívida.

EXCEÇÃO DE PRÉ-EXECUTIVIDADE

- A exceção de pré-executividade é admissível na execução fiscal relativamente às **matérias conhecíveis de ofício** que **não** demandem **dilação probatória** (Súmula 393 do STJ), tais como a nulidade da citação, a prescrição (STJ, REsp 1136144/RJ), a execução desacompanhada de título executivo e outras nulidades processuais, a inconstitucionalidade da norma em que tenha se fundamentado o lançamento, o pagamento, a compensação e outras hipóteses de extinção do crédito tributário.

EMBARGOS À EXECUÇÃO FISCAL

- **Garantido o juízo**, o executado oferecerá **embargos**, no **prazo de 30 (trinta) dias**, contados: I – **do depósito**; II – **da juntada da prova da** fiança bancária ou seguro garantia; III – **da intimação da penhora** (Lei 6.830/80, art. 16).
- O termo *a quo* (**termo inicial**) para opor embargos à execução fiscal é a **data da efetiva intimação da penhora**, não se aplicando a regra geral de contagem de prazos do CPC, que seria a partir da juntada do mandado de intimação aos autos.
- No prazo dos embargos, o **executado deverá alegar toda matéria útil à defesa**, requerer provas e juntar aos autos os documentos e rol de testemunhas, até três, ou, a critério do juiz, até o dobro desse limite (Lei 6.830/80, art. 16, § 2º). Portanto, o objeto dos embargos é bem amplo, assim como a possibilidade de dilação probatória.
- Recebidos os embargos, o **Juiz mandará intimar a Fazenda para impugná-los no prazo de 30 (trinta) dias**, designando, em seguida, audiência de instrução e julgamento (Lei 6.830/80, art. 17). Mas, não se realizará audiência se os embargos versarem sobre matéria de direito, ou, sendo de direito e de fato, a prova for exclusivamente documental, caso em que o Juiz proferirá a sentença no prazo de 30 (trinta) dias (Lei 6.830/80, art. 17, parágrafo único).

	Garantia do juízo	**Matérias**	**Dilação probatória**
Embargos à execução	Pressu-posto necessário	Alegar toda matéria útil à defesa	Possibili-dade
Exceção de pré-executi-vidade	Independe de garan-tia do juízo	Matérias conhecíveis de ofício que não deman-dem dilação probatória	Impossibili-dade

MANDADO DE SEGURANÇA

- Disciplinado no plano infraconstitucional pela **Lei 12.016/2009**, o mandado de segurança constitui garantia constitucional para proteger **direito líquido e certo**, não amparado por *habeas corpus* e *habeas data*, quando o responsável pela **ilegalidade ou abuso de poder** for autoridade pública ou agente de pessoa jurídica no exercício de atribuições do Poder Público (CF, art. 5º, LXIX).
- O exercício do direito à impetração de mandado de segurança submete-se ao **prazo decadencial de 120 (cento e vinte) dias**, que são **contados da ciência do ato coator** (Lei 12.016/2009, art. 3º, parágrafo único c/c art. 23).
- No que concerne à **legitimidade ativa**, o mandado de segurança poderá ser impetrado por qualquer **pessoa física ou jurídica** que sofrer violação (**via repressiva**) ou houver justo receio de sofrê-la (**via preventiva**) por parte de autoridade.
- Em matéria tributária não é diferente, podendo ser impetrado pelo contribuinte **mandado de**

segurança repressivo, em face da **ilegalidade do lançamento** constitutivo do crédito tributário, ou **mandado de segurança preventivo**, se houver **justo receio de sofrer o lançamento ilegal** por parte da autoridade administrativa tributária.

- Parte legítima para figurar no **polo passivo** da ação é a própria **autoridade coatora**, isto é, aquela responsável pela prática do ato impugnado ou em relação à qual se tem o receio que venha a praticá-lo.
- Ao despachar a inicial, o juiz ordenará: I – que se notifique o coator do conteúdo da petição inicial, enviando-lhe a segunda via apresentada com as cópias dos documentos, a fim de que, no prazo de 10 (dez) dias, preste as informações; II – que se dê ciência do feito ao órgão de representação judicial da pessoa jurídica interessada, enviando-lhe cópia da inicial sem documentos, para que, querendo, ingresse no feito (Lei 12.106/2009, art. 7º).
- Também com o despacho inicial, o **juiz poderá conceder liminar**, sem oitiva da parte contrária, determinando que se suspenda o ato que deu motivo ao pedido, **quando houver fundamento relevante e do ato impugnado puder resultar a ineficácia da medida**, caso seja finalmente deferida, sendo facultado exigir do impetrante caução, fiança ou depósito, com o objetivo de assegurar o ressarcimento à pessoa jurídica (art. 7º, III). Em matéria tributária, essa liminar tem por **efeito suspender a exigibilidade do crédito tributário** (CTN, art. 151, IV).
- Portanto, a concessão de liminar em mandado de segurança consistirá em uma ordem para suspensão do ato coator, que poderá ser concedida quando presentes os pressupostos legais **cumulativos**, quais sejam:

Fundamento relevante	+	Risco do ato impugnado resultar na ineficácia da medida

- Por ter caráter interlocutório, a **decisão** do juiz de primeiro grau **que conceder ou denegar a liminar** desafiará como recurso o **agravo de instrumento** (art. 7º, § 1º), que seguirá os trâmites do CPC.
- Ainda sobre a liminar, **não será concedida medida liminar que tenha por objeto a compensação de créditos tributários**, a entrega de mercadorias e bens provenientes do exterior, a reclassificação ou equiparação de servidores públicos e a concessão de aumento ou a extensão de vantagens ou pagamento de qualquer natureza (art. 7º, § 2º).
- Além disso, a **liminar** em mandado de segurança **pode ser revogada ou cassada. Se isso não ocorrer, seus efeitos persistirão até a prolação da sentença** (art. 7º, § 3º).
- Como consequência de ser uma medida judicial contra a violação a direito líquido e certo, conforme consagrado na **Súmula 266 do STF, não cabe mandado de segurança contra lei em tese**.
- Sobre esse aspecto, cabem duas observações fundamentais:
- A primeira é de que se compreende por "lei em tese" todo e qualquer ato de caráter normativo, isto é, aquele que veicule normas gerais e abstratas. Portanto, não é lei em sentido estrito (lei ordinária, lei complementar), mas lei em sentido lato, abrangendo também outros atos normativos como medidas provisórias, decretos, portarias, resoluções, instruções normativas etc.
- A segunda é de que o entendimento da Súmula 266 não se estende à pessoa que sofrer os efeitos concretos e abusivos da norma jurídica ilegal, ou mesmo inconstitucional, podendo essa pessoa se insurgir contra o ato ou ameaça de ato que concretizar o comando geral e abstrato da norma, ainda que o fundamento seja a ilegalidade ou inconstitucionalidade da norma (STJ – AGRESP. 105249 – PE – 2ª T. – REL. MIN. PAULO GALLOTTI – DJU 08.04.2002 E MS 5205 – DF – 1ª S. – RELª MINª LAURITA VAZ – DJU 18.02.2002 – P. 00220).
- E, também como consequência de ser uma medida judicial contra a violação a direito líquido e certo, a **impetração** de mandado de segurança **depende de prova pré-constituída**, devendo a petição inicial vir instruída com documentos suficientes à comprovação do direito e de sua respectiva violação. Logicamente, o procedimento **não comporta dilação probatória**, devendo a parte optar por ação anulatória ou declaratória, caso necessite, para provar suas alegações, de audiência, depoimento pessoal, testemunhas, perícias, vistorias etc.

AÇÃO DECLARATÓRIA E AÇÃO ANULATÓRIA

- Ações de iniciativa do contribuinte que tramitam pelo **procedimento comum** do processo civil brasileiro, a **ação anulatória de débito fiscal** e a **ação declaratória de inexistência de relação jurídico-tributária** distinguem-se em relação a vários aspectos.
- O fundamento processual da **ação anulatória** é o **artigo 38 da Lei de Execução Fiscal – Lei 6.830/80**. Já a **ação declaratória** fundamenta-se no **artigo 19 do Código de Processo Civil – CPC/2015**, segundo o qual o interesse do autor pode limitar-se à declaração: I – da existência, da inexistência ou do modo de ser de uma relação jurídica; II – da autenticidade ou da falsidade de documento.
- Quanto ao **objeto da pretensão**, enquanto a pretensão da **ação anulatória** é a **desconstituição do crédito tributário** que já foi objeto de lançamento, constituindo a sentença de procedência causa de extinção do crédito tributário

(CTN, art. 156, X), a pretensão da **ação declaratória** é a **declaração de inexistência de relação jurídico-tributária** que possa fundamentar o lançamento. Consequentemente, também, são ações ajuizadas em momentos distintos, na medida em que a **ação anulatória** de débito fiscal pressupõe que o **crédito tributário** já tenha sido **constituído** pelo lançamento, ao passo que a **ação declaratória** de inexistência da relação jurídico-tributária **antecede** o ato-procedimento de **constituição do crédito tributário**.

- Pela mesma linha de raciocínio as duas ações também se distinguem quanto às respectivas naturezas. Enquanto a **ação anulatória** de débito fiscal possui natureza **constitutivo-negativa**, a **declaratória** de inexistência de relação jurídico-tributária, como o próprio nome diz, tem a **natureza declaratória**.
- Com base em todas essas informações, é possível traçar o seguinte quadro comparativo entre as duas ações, certamente, de grande valia para a compreensão dessas figuras processuais antiexacionais:

	Ação anulatória	**Ação declaratória**
Rito processual	Procedimento comum	Procedimento comum
Fundamento processual	Lei 6.830/80, art. 38	CPC, art. 19
Objeto da pretensão	Desconstituição do crédito tributário	Declaração de inexistência da relação jurídico-tributária
Natureza da ação	Constitutivo-negativa	Declaratória
Momento	Após a constituição do crédito tributário pelo lançamento	Anterior ao lançamento
Prerrogativas da Fazenda	Remessa necessária e prazos especiais	Remessa necessária e prazos especiais
Antecipação de tutela	Cabimento	Cabimento
Efeitos da sentença	Coisa julgada material com natureza dúplice	Coisa julgada material com natureza dúplice

- **Prazo em dobro e intimações da Fazenda Pública:** a União, os Estados, o Distrito Federal, os Municípios e suas respectivas autarquias e fundações de direito público gozarão de prazo em dobro para todas as suas manifestações processuais, cuja contagem terá início a partir da intimação pessoal (CPC/2015, art. 183). A intimação pessoal far-se-á por carga, remessa ou meio eletrônico (art. 183, § 1º) e não se aplica o benefício da contagem em dobro quando a lei estabelecer, de forma expressa, prazo próprio para o ente público (art. 183, § 2º).

AÇÃO CONSIGNATÓRIA

- A importância do crédito tributário pode ser consignada judicialmente pelo sujeito passivo nas hipóteses do artigo 164 do CTN. Para tanto, é necessário o ajuizamento da chamada ação de consignação em pagamento. ***Art. 164.*** *A importância de crédito tributário pode ser consignada judicialmente pelo sujeito passivo, nos casos:* ***I*** *– de recusa de recebimento, ou subordinação deste ao pagamento de outro tributo ou de penalidade, ou ao cumprimento de obrigação acessória;* ***II*** *– de subordinação do recebimento ao cumprimento de exigências administrativas sem fundamento legal;* ***III*** *– de exigência, por mais de uma pessoa jurídica de direito público, de tributo idêntico sobre um mesmo fato gerador.*
- Importante recordar que a **consignação só pode versar sobre o crédito que o consignante se propõe a pagar** (CTN, art. 164, § 1º). Quer dizer que, em matéria tributária, a **ação não pode ser ajuizada para discutir a validade ou o valor do tributo**. Nesses casos, a opção do contribuinte deve ser por outra ação (v.g. ação anulatória) e pelo depósito do montante integral para suspender a exigibilidade do crédito, se assim o desejar.
- A ação de consignação em pagamento não é uma via adequada para forçar a concessão de parcelamento e discutir a exigibilidade e a extensão do crédito tributário. Diversamente, sua finalidade é a desoneração do devedor mediante o depósito do valor correspondente ao crédito. (STJ – AgRg no REsp 1.270.034-RS, 2ª Turma, Min. Mauro Campbell Marques, julgado em 23/10/2012).
- Julgada **procedente a consignação**, o **pagamento se reputa efetuado e a importância consignada é convertida em renda**; julgada **improcedente a consignação**, no todo ou em parte, **cobra-se o crédito** acrescido de juros de mora, sem prejuízo das penalidades cabíveis (CTN, art. 164, § 2º).

AÇÃO DE REPETIÇÃO DO INDÉBITO

- Repetição de indébito tributário é a ação antiexacional por meio da qual o sujeito passivo pleiteia a **restituição do pagamento indevido** ou em quantia superior à exigida em face da legislação tributária aplicável (CTN, art. 165).
- **Pagamento indevido:** conforme o artigo 165, inciso I do CTN, em caso de cobrança ou pagamento espontâneo de tributo indevido ou maior que o devido **em face da legislação tributária aplicável,**

ou da natureza ou circunstâncias materiais do fato gerador efetivamente ocorrido, o sujeito passivo tem direito, independentemente de prévio protesto, à restituição total **(quando indevido)** ou parcial **(quando pago a maior).** Também há direito à restituição nas hipóteses de erro na identificação do sujeito passivo, na determinação da alíquota aplicável, no cálculo do montante do débito ou conferência de qualquer documento relativo ao pagamento (CTN, art. 165, II) e de reforma, anulação, revogação ou rescisão de decisão condenatória que determinava o pagamento (CTN, art. 165, III).

- **Restituição de tributos indiretos:** por comportarem, em razão da respectiva natureza, transferência do respectivo encargo financeiro, somente será feita a quem prove haver assumido referido encargo, ou, no caso de tê-lo transferido a terceiro, estar por este expressamente autorizado a recebê-la (CTN, art. 166). Em outras palavras, para que haja restituição de um tributo indireto, o contribuinte (de direito) deve comprovar que não transferiu o encargo financeiro ao adquirente (contribuinte de fato) ou, caso tenha transferido, deve ter uma expressa autorização deste para tal (CTN, art. 166).
- **Prescrição:** prazos (5 anos como regra e 2 anos na hipótese do artigo 165, III do CTN), interrupção (pelo início da ação judicial) e reinício da contagem (pela metade) são matérias regidas pelos artigos 168 e 169 do CTN.

DIREITO PENAL TRIBUTÁRIO

No Brasil "sonegar é crime". Desde a Lei nº 4.729/65, a sonegação é tipificada como crime no ordenamento jurídico pátrio. Atualmente, a Lei nº 8.137/90, que definiu os crimes contra a ordem tributária, não mais menciona o termo sonegação, mas contempla todas as condutas outrora contempladas na lei anterior.

- Os dois primeiros artigos da Lei 8.137/90 que tratam de tais crimes:

> *Art. 1º. Constitui crime contra a ordem tributária suprimir ou reduzir tributo, ou contribuição social e qualquer acessório, mediante as seguintes condutas:*
>
> *I – omitir informação, ou prestar declaração falsa às autoridades fazendárias;*
>
> *II – fraudar a fiscalização tributária, inserindo elementos inexatos, ou omitindo operação de qualquer natureza, em documento ou livro exigido pela lei fiscal;*
>
> *III – falsificar ou alterar nota fiscal, fatura, duplicata, nota de venda, ou qualquer outro documento relativo à operação tributável;*
>
> *IV – elaborar, distribuir, fornecer, emitir ou utilizar documento que saiba ou deva saber falso ou inexato;*
>
> *V – negar ou deixar de fornecer, quando obrigatório, nota fiscal ou documento equivalente, relativa a venda de mercadoria ou prestação de serviço, efetivamente realizada, ou fornecê-la em desacordo com a legislação.*
>
> *Pena – reclusão de 2 (dois) a 5 (cinco) anos, e multa.*
>
> *Parágrafo único. A falta de atendimento da exigência da autoridade, no prazo de 10 (dez) dias, que poderá ser convertido em horas em razão da maior ou menor complexidade da matéria ou da dificuldade quanto ao atendimento da exigência, caracteriza a infração prevista no inciso V.*
>
> *Art. 2º. Constitui crime da mesma natureza:*
>
> *I – fazer declaração falsa ou omitir declaração sobre rendas, bens ou fatos, ou empregar outra fraude, para eximir-se, total ou parcialmente, de pagamento de tributo;*
>
> *II – deixar de recolher, no prazo legal, valor de tributo ou de contribuição social, descontado ou cobrado, na qualidade de sujeito passivo de obrigação e que deveria recolher aos cofres públicos;*
>
> *III – exigir, pagar ou receber, para si ou para o contribuinte beneficiário, qualquer percentagem sobre a parcela dedutível ou deduzida de imposto ou de contribuição como incentivo fiscal;*
>
> *IV – deixar de aplicar, ou aplicar em desacordo com o estatuído, incentivo fiscal ou parcelas de imposto liberadas por órgão ou entidade de desenvolvimento;*
>
> *V – utilizar ou divulgar programa de processamento de dados que permita ao sujeito passivo da obrigação tributária possuir informação contábil diversa daquela que é, por lei, fornecida à Fazenda Pública.*
>
> *Pena – detenção, de 6 (seis) meses a 2 (dois) anos, e multa.*

- Importante diferençar os delitos tributários dos artigos 1º e 2º da Lei 8.137/90 que definem os crimes contra a ordem tributária, econômica e contra as relações de consumo. O delito previsto no artigo 2º é espécie de crime formal, pois independe da consumação do resultado naturalístico correspondente à aferição de vantagem ilícita em desfavor do Fisco. Segundo entendimento do STF, nos crimes formais é desnecessário a conclusão do procedimento administrativo para a persecução penal, ou seja, é dispensável encerrar a fase administrativa para configurar a justa causa legitimadora da persecução (STF, Tribunal Pleno, RHC 90532 ED – CE, Rel. Min. Joaquim Barbosa, julgamento em 23.09.2009, DJe 208, publicado em 06.11.2009). Por outro lado, o disposto no artigo 1º, incisos I a IV, da Lei 8.137/90 estabelece como requisito fundamental para a adequação típica a ocorrência efetiva da redução de tributo pelas condutas descritas no tipo, ou seja, por se tratar de crime material se faz imprescindível o encerramento do procedimento administrativo para posterior persecução penal. Nesse sentido: "É pacífica a jurisprudência do Supremo Tribunal Federal quanto à necessidade do exaurimento da via administrativa para a validade da ação penal, instaurada para apurar infração aos incisos I a IV do art. 1º da Lei 8.137/1990. (Precedentes: HC 81.611, da relatoria do ministro Sepúlveda Pertence) (Plenário)". Corroborando o exposto, o enunciado da Súmula Vinculante nº 24 prescreve: "Não se tipifica crime material contra a ordem tributária, previsto no art. 1º, incisos I a IV, da Lei nº 8.137/90, antes do lançamento definitivo do tributo".

- A discussão sobre a necessidade de se aguardar o final do processo administrativo antes de se intentar a ação penal, nos casos em que a acusação versa sobre ilícitos tributários que já, há muito, habita o mundo jurídico, passou a ser mais frequente com a edição da Lei 9.430/90. Seu art. 83 dispõe que: "A representação fiscal para fins penais relativa aos crimes contra a ordem tributária definidos nos arts. 1º e 2º da Lei 8.137, de 27 de dezembro de 1990, será encaminhada ao Ministério Público, após proferida decisão final, na esfera administrativa, sobre a exigência fiscal do crédito tributário correspondente". Sobre o tema, o Supremo teve ocasião de se manifestar em algumas ocasiões. Inicialmente, ao julgar a ADin 1.571, de relatoria do Min. Néri da Silveira, em 20.03.97, o Plenário do Supremo Tribunal Federal proclamou que o dispositivo supratranscrito não estipulou uma condição de procedibilidade da ação penal por delito tributário, bem como que o Ministério Público não se encontra impedido de agir antes da decisão final no procedimento administrativo. Todavia, mais recentemente, ao julgar o HC 81.321-6 – SP, HC 81.611 – DF, RHC 82.390 – SP e HC 83.414-1 – RS o STF entendeu que a propositura da ação penal não pode se dar antes de esgotada a via administrativa, seja pela ausência de condição objetiva de punibilidade (HC 81.611) ou pela tese da atipicidade do fato (HC 83.414).

- Segundo o STJ "A constituição definitiva do crédito tributário é elemento imprescindível para o desencadeamento da persecução penal fiscal. *In casu*, tendo sido instaurado procedimento investigatório ministerial, anteriormente ao término da apuração administrativo-tributária, mas sobrevindo a constituição definitiva do crédito antes do nascimento do respectivo inquérito policial, não há falar em nulidade". (HC 106064/MA, Rel. Ministra MARIA THEREZA DE ASSIS MOURA, SEXTA TURMA, julgado em 11/10/2011, DJe 03/11/2011).

- A primeira legislação a prever expressamente a extinção da punibilidade para o caso de parcelamento veio a lume no ano de 2000 (Lei 9.964/2000 – REFIS). Esta, no seu artigo 15 dispunha que: "Art. 15. É suspensa a pretensão punitiva do Estado, referente aos crimes previstos nos arts. 1º e 2º da Lei nº 8.137, de 27 de dezembro de 1990, e no art. 95 da Lei nº 8.212, de 24 de julho de 1991, durante o período em que a pessoa jurídica relacionada com o agente dos aludidos crimes estiver incluída no REFIS, desde que a inclusão no referido Programa tenha ocorrido antes do recebimento da denúncia criminal. (...) § 3º. Extingue-se a punibilidade dos crimes referidos neste artigo quando a pessoa jurídica relacionada com o agente efetuar o pagamento integral dos débitos oriundos de tributos e contribuições sociais, inclusive acessórios, que tiverem sido objeto de concessão de parcelamento antes do recebimento da denúncia criminal." Três anos depois, outra norma é elaborada (Lei 10.684/2003 – PAES), ocasião em que o tema foi, novamente, tratado, porém com uma sutil alteração, conforme dispõe o seu art. 9º: "Art. 9º: É suspensa a pretensão punitiva do Estado, referente aos crimes previstos nos arts. 1º e 2º da Lei 8.137, de 27 de dezembro de 1990, e nos arts. 168A e 337A do Decreto-Lei nº 2.848, de 7 de dezembro de 1940 – Código Penal, durante o período em que a pessoa jurídica relacionada com o agente dos aludidos crimes estiver incluída no regime de parcelamento (...) § 2º Extingue-se a punibilidade dos crimes referidos neste artigo quando a pessoa jurídica relacionada com o agente efetuar o pagamento integral dos débitos oriundos de tributos e contribuições sociais, inclusive acessórios". Assim, como se pode perceber, diferentemente do que ocorria em relação à Lei anterior, na nova, a suspensão da pretensão punitiva alcança processos criminais já iniciados, ou seja, mesmo após a denúncia, suprimindo, assim, o requisito temporal.

- Enquanto parcela da doutrina manifesta-se no sentido de que a incidência da referida norma seria restrita ao programa de parcelamento, o Supremo Tribunal Federal vem decidindo pela sua aplicação até mesmo retroativa, para reconhecer que o pagamento do tributo, a qualquer tempo, ainda que após o recebimento da denúncia, extingue a punibilidade (HC 81929 – RJ).

- A Lei 9.983/2000 introduziu no Código Penal (CP) o art. 168-A, que trata da tipificação do crime de apropriação indébita previdenciária. Eis o seu teor:

> *Art. 168-A. Deixar de repassar à previdência social as contribuições recolhidas dos contribuintes, no prazo e forma legal ou convencional:*
>
> *Pena – reclusão, de 2 (dois) a 5 (cinco) anos, e multa.*
>
> *§ 1º Nas mesmas penas incorre quem deixar de:*
>
> *I – recolher, no prazo legal, contribuição ou outra importância destinada à previdência social que tenha sido descontada de pagamento efetuado a segurados, a terceiros ou arrecadada do público;*
>
> *II – recolher contribuições devidas à previdência social que tenham integrado despesas contábeis ou custos relativos à venda de produtos ou à prestação de serviços;*
>
> *III – pagar benefício devido a segurado, quando as respectivas cotas ou valores já tiverem sido reembolsados à empresa pela previdência social.*
>
> *§ 2º É extinta a punibilidade se o agente, espontaneamente, declara, confessa e efetua o pagamento das*

contribuições, importâncias ou valores e presta as informações devidas à previdência social, na forma definida em lei ou regulamento, antes do início da ação fiscal.

§ 3º É facultado ao juiz deixar de aplicar a pena ou aplicar somente a de multa se o agente for primário e de bons antecedentes, desde que:

I – tenha promovido, após o início da ação fiscal e antes de oferecida a denúncia, o pagamento da contribuição social previdenciária, inclusive acessórios; ou

II – o valor das contribuições devidas, inclusive acessórios, seja igual ou inferior àquele estabelecido pela previdência social, administrativamente, como sendo o mínimo para o ajuizamento de suas execuções fiscais.

§ 4º A faculdade prevista no § 3º deste artigo não se aplica aos casos de parcelamento de contribuições cujo valor, inclusive dos acessórios, seja superior àquele estabelecido, administrativamente, como-sendo o mínimo para o ajuizamento de suas execuções fiscais.

- O artigo 168-A do CP apresenta como bem jurídico relevante tutelado a Seguridade Social, em seu aspecto de arrecadação tributária e, em específico, a previdenciária. Há forte divergência doutrinária em relação à classificação do delito em comento, especialmente no que se refere à natureza da conduta (puramente omissivo ou omissivo impróprio), ao resultado (formal ou material) e ao elemento subjetivo do injusto. Defende-se que se trata de delito comissivo por omissão, material (a consumação do delito ocorre no dia seguinte ao término do prazo fixado legalmente para o recolhimento, quando restar comprovada a efetiva arrecadação anterior das quantias devidas), sendo possível, em tese, a tentativa. Somente as condutas dolosas são puníveis, por ausência de previsão expressa de punição a título de culpa, nos termos do que determina o parágrafo único do artigo 18 do Código Penal. Em que pese a existência de posicionamentos doutrinários e jurisprudenciais contrários, tem-se que a configuração delitiva exige a presença de especial finalidade de sonegar e/ou fraudar os cofres previdenciários (dolo específico).

- Pelo princípio da consunção (absorção ou *lex consumens derrogat legi consumptae*) o conteúdo de um tipo penal consome integralmente o conteúdo do outro tipo penal, em outros termos, o tipo consumido constitui meio regular para o tipo consumidor.

- O concurso material se caracteriza pela multiplicidade de ações e crimes, ou seja, sempre há desígnios autônomos. O concurso formal de crimes é hipótese em que mediante uma ação o agente comete mais de um crime (art. 70, CP). Na espécie concurso formal heterogêneo, embora a conduta se desdobre em uma única ação, o agente deseja os dois resultados, tem desígnios autônomos (art. 70, in fine, CP).

- Em um caso apreciado pelo STJ foi dito que "mesmo que o tributo seja pago, ou que haja a extinção da punibilidade do contribuinte, remanesce a responsabilidade penal do funcionário público, já que os crimes previstos no artigo 3º da Lei 8.137/1990 não ofendem apenas a ordem tributária, mas também a moralidade administrativa, constituindo verdadeiros delitos contra a Administração Pública previstos em legislação especial". (STJ, T5, HC 137462 / RJ, Rel. Min. Jorge Mussi j. 17.11.2011, DJe 19/12/2011).

- "IV – Em princípio, o crime de sonegação fiscal e os de falsidade ideológica e uso de documento falso apresentam existências autônomas, ainda que, ocasionalmente, se possa reconhecer a ocorrência somente do crime contra a ordem tributária. V – Os delitos constantes dos art. 299 e 304 do CP, somente são absorvidos pelo crime de sonegação fiscal, se o falso teve como finalidade a sonegação, constituindo, em regra, meio necessário para a sua consumação. (Precedentes desta Corte e do Pretório Excelso). VI – Na hipótese, os crimes de falsidade ideológica e uso de documento falso estão indissociavelmente ligados a descrição de um potencial crime contra a ordem tributária, razão pela qual são por ele absorvidos (HC 84345/PR FALSIDADE – SONEGAÇÃO FISCAL – ABSORÇÃOSTJ – RHC 14635 – PR, RESP 503368 – PR, RHC 15239).

- É aplicável o princípio da insignificância aos crimes contra a ordem tributária. Nesse sentido é o entendimento do STJ: "A Terceira Seção deste Superior Tribunal de Justiça, apreciando a questão da aplicação do princípio da insignificância ao crime de descaminho, no julgamento do Recurso Especial Representativo de Controvérsia nº 1.112.748/TO, sedimentou o entendimento segundo o qual somente é cabível o reconhecimento do delito de bagatela aos débitos tributários que não ultrapassem o teto de R$ 10.000,00 (dez mil reais), em conformidade com o art. 20 da Lei nº 10.522/02.(...) (AgRg no AREsp 242.049/PR, Rel. Ministra REGINA HELENA COSTA, QUINTA TURMA, julgado em 10/12/2013, DJe 13/12/2013)

- Segundo o STJ: "Nos crimes de autoria coletiva, embora a vestibular acusatória não possa ser de todo genérica, é válida quando, apesar de não descrever minuciosamente as atuações individuais dos acusados, demonstra um liame entre o agir dos pacientes e a suposta prática delituosa, estabelecendo a plausibilidade da imputação e possibilitando o exercício da ampla defesa, caso em que se entende preenchidos os requisitos do artigo 41 do Código de Processo Penal". (STJ, T5, HC 137462 / RJ, Rel. Min. Jorge Mussi j. 17.11.2011, DJe 19/12/2011)

10. REFORMA TRIBUTÁRIA (EMENDA CONSTITUCIONAL Nº 132/2023)

Emenda Constitucional nº132/2023: alterou o Sistema Tributário Nacional e ficou conhecida como a "Reforma Tributária".

Foco da Reforma Tributária: em linhas gerais, o foco referiu-se à tributação incidente sobre o consumo. Foi previsto no texto constitucional a possibilidade de instituição de um tributo federal – a Contribuição sobre Bens e Serviços (CBS) – e um tributo compartilhado por Estados, Distrito Federal e Municípios – o Imposto sobre Bens e Serviços (IBS), que abarcarão, ao longo do tempo, cinco tributos: a contribuição para o PIS, a Cofins, o ICMS, o ISS e o IPI (único desses que não será extinto). Esses novos tributos (IBS e CBS) apresentam as características de um imposto sobre valor agregado (IVA), utilizado em muitos países, com não-cumulatividade plena e enfoque no destino, a busca por uniformização de alíquotas e a exoneração de exportações. Foi também prevista a possibilidade de instituição de um Imposto Seletivo (IS), de natureza extrafiscal para desestimular o consumo de bens e serviços danosos à saúde ou ao meio ambiente.

Novos princípios tributários: "O Sistema Tributário Nacional deve observar os princípios da simplicidade, da transparência, da justiça tributária, da cooperação e da defesa do meio ambiente" (CF, art. 145, §3º).

Diretriz para a legislação tributária: "As alterações na legislação tributária buscarão atenuar efeitos regressivos" (CF, art. 145, §4º).

Imunidade Religiosa: houve ampliação de sua abrangência, na medida em que antes era vedado aos entes federativos tributantes instituir impostos sobre templos de qualquer culto e, agora, a vedação alberga também as "entidades religiosas e templos de qualquer culto, inclusive suas organizações assistenciais e beneficentes" (CF, art. 150, VI, "b").

Imunidade Recíproca: houve ampliação de sua abrangência em relação à administração pública indireta, antes restrita às autarquias e às fundações instituídas e mantidas pelo poder público, e agora abarcando a empresa pública prestadora de serviço postal, sempre no que se refere ao patrimônio, à renda e aos serviços vinculados a suas finalidades essenciais ou às delas decorrentes (CF, art. 150, §2º).

CIDE-Combustíveis: foi inserida uma nova possibilidade de destinação dos recursos arrecadados com a CIDE-combustíveis, qual seja, "pagamento de subsídios a tarifas de transporte público coletivo de passageiros" (CF, art. 177, §4º, alínea "d").

COSIP: houve expansão da finalidade constitucional e, por consequência, da possibilidade de utilização dos recursos arrecadados com a COSIP, não mais se restringindo ao custeio do serviço de iluminação pública, contemplando, também, a sua expansão e melhoria, bem como os sistemas de monitoramento para segurança e preservação de logradouros públicos (CF, art. 149-A, *caput*).

IPTU: poderá "ter sua base de cálculo atualizada pelo Poder Executivo, conforme critérios estabelecidos em lei municipal" (CF, art. 156, §1º, III).

IPVA: agora poderá ter alíquotas diferenciadas não só em função do tipo e da utilização do veículo, mas também em virtude do valor e do impacto ambiental (CF, art. 155, §6º, II). Houve também o alargamento de sua base de incidência para além da propriedade de veículos automotores terrestres, contemplando também as aeronaves e embarcações (CF, art. 155, §6º, III). Sobre esse alargamento (veículos aquáticos e aéreos), a repartição da receita tributária de 50% com os Municípios tem como critério o território em que os proprietários sejam domiciliados. Por fim, houve inserção de algumas imunidades específicas, tais como "aeronaves agrícolas e de operador certificado para prestar serviços aéreos a terceiros; embarcações de pessoa jurídica que detenha outorga para prestar serviços de transporte aquaviário ou de pessoa física ou jurídica que pratique pesca industrial, artesanal, científica ou de subsistência; plataformas suscetíveis de se locomoverem na água por meios próprios, inclusive aquelas cuja finalidade principal seja a exploração de atividades econômicas em águas territoriais e na zona econômica exclusiva e embarcações que tenham essa mesma finalidade principal e; tratores e máquinas agrícolas.

ITCMD: houve alteração da competência tributária nas transmissões *causa mortis* de bens móveis, títulos e créditos, cabendo agora ao "Estado onde era domiciliado o *de cujus*, ou tiver domicílio o doador, ou ao Distrito Federal" (CF, art. 155, §1º, II). Ainda, a progressividade passou a ser expressa no texto constitucional, "em razão do valor do quinhão, do legado ou da doação" (CF, art. 155, §1º, VI). Foi inserida uma nova imunidade específica aplicável ao ITCMD, que "não incidirá sobre as transmissões e as doações para as instituições sem fins lucrativos com finalidade de relevância pública e social, inclusive as organizações assistenciais e beneficentes de entidades religiosas e institutos científicos e tecnológicos, e por elas realizadas na consecução dos seus objetivos sociais, observadas as condições estabelecidas em lei complementar" (CF, art. 155, §1º, VII). Por fim, foram estabelecidos critérios transitórios nas transmissões *causa mortis* ou por doação com elementos de conexão com o exterior, enquanto não promulgada a lei complementar com essa disciplina, ""I – relativamente a bens imóveis e respectivos direitos, ao Estado da situação do bem, ou ao Distrito Federal; II – se o doador tiver domicílio ou residência no exterior: a) ao Estado onde tiver domicílio o donatário ou ao Distrito Federal; b) se o donatário tiver domicílio ou residir no exterior, ao Estado em que se encontrar o bem ou ao Distrito Federal; III – relativamente aos bens do de cujus, ainda que situados no exterior, ao Estado onde era domiciliado, ou, se domiciliado ou residente no exterior, onde tiver domicílio o sucessor ou legatário, ou ao Distrito Federal" (EC 132/2023, art. 16).

Imposto Seletivo (IS): de competência federal, refere-se ao imposto sobre "produção, extração, comercialização ou importação de bens e serviços prejudiciais à saúde ou ao meio ambiente, nos termos de lei complementar" (CF, art. 153, VIII). Características: não incidirá sobre as exportações nem sobre as operações com energia elétrica e com telecomunicações; incidirá uma única vez sobre o bem ou serviço; não integrará sua própria base de cálculo; integrará a base de cálculo dos seguintes tributos: ICMS, ISS, IBS e CBS; poderá ter o mesmo fato gerador e base de cálculo de outros tributos; terá suas alíquotas fixadas em lei ordinária, podendo ser específicas (unidade de medida adotada ou *ad valorem*); na extração, o imposto será cobrado independentemente da destinação, caso em que a alíquota máxima corresponderá a 1% do valor de mercado do produto (CF, art. 153, §6º).

Imposto sobre bens e serviços (IBS): a instituição está reservada à lei complementar, com competência tributária compartilhada entre Estados, Distrito Federal e Municípios, informado pelo princípio da neutralidade (CF, art. 156-A).

IBS (incidência): incidirá sobre operações com bens materiais ou imateriais, inclusive direitos, ou com serviços e, também, sobre a importação de bens materiais ou imateriais, inclusive direitos, ou de serviços realizada por pessoa física ou jurídica, ainda que não seja sujeito passivo habitual do imposto, qualquer que seja a sua finalidade.

IBS (imunidades): não incidirá sobre as exportações, assegurados ao exportador a manutenção e o aproveitamento dos créditos relativos às operações nas quais seja adquirente de bem material ou imaterial, inclusive direitos, ou serviço. Também não incidirá nas prestações de serviço de comunicação nas modalidades de radiodifusão sonora e de sons e imagens de recepção livre e gratuita.

IBS (legislação e alíquota): a legislação será única e uniforme em todo o território nacional, ressalvado que cada ente federativo fixará sua alíquota própria por lei específica. Já a alíquota será fixada pelo ente federativo e será a mesma para todas as operações com bens materiais ou imateriais, inclusive direitos, ou com serviços, ressalvadas as hipóteses previstas na Constituição.

IBS (cobrança, não-cumulatividade e cálculo): a cobrança contemplará o somatório das alíquotas do Estado e do Município de destino da operação. Pela não-cumulatividade será compensado o IBS devido com o montante cobrado sobre todas as operações nas quais seja adquirente de bem material ou imaterial, inclusive direito, ou de serviço, excetuadas exclusivamente as consideradas de uso ou consumo pessoal especificadas em lei complementar e as hipóteses previstas na Constituição. Nos casos de isenção e de imunidade, conforme a não-cumulatividade, não implicará crédito para compensação com o montante devido nas operações seguintes e acarretará a anulação do crédito relativo às operações anteriores, salvo, na hipótese da imunidade, quando determinado em contrário em lei complementar. O seu cálculo será "por fora", uma vez que não integrará sua própria base de cálculo nem a dos seguintes tributos: IS, Cofins, CBS e PIS.

IBS (assuntos a serem disciplinados por lei complementar): regras para a distribuição do produto da arrecadação; regime de compensação; forma e prazo para ressarcimento de créditos acumulados; critérios para a definição do destino da operação; forma de desoneração da aquisição de bens de capital; diferimento e desoneração aplicáveis aos regimes aduaneiros especiais e às zonas de processamento de exportação; processo administrativo fiscal; hipóteses de devolução do imposto a pessoas físicas e; critérios para as obrigações tributárias acessórias.

IBS (regimes específicos de tributação por LC): combustíveis e lubrificantes sobre os quais o imposto incidirá uma única vez; serviços financeiros, operações com bens imóveis, planos de assistência à saúde e concursos de prognósticos; sociedades cooperativas, que será optativo; serviços de hotelaria, parques de diversão e parques temáticos, agências de viagens e de turismo, bares e restaurantes, atividade esportiva desenvolvida por Sociedade Anônima do Futebol e aviação regional; operações alcançadas por tratado ou convenção internacional e; serviços de transporte coletivo de passageiros rodoviário intermunicipal e interestadual, ferroviário e hidroviário.

IBS (Comitê Gestor – CG): os Estados, o Distrito Federal e os Municípios exercerão de forma integrada, exclusivamente por meio do Comitê Gestor do IBS (CG), nos termos e limites estabelecidos na Constituição e em lei complementar, as competências administrativas relativas ao IBS. O CG terá natureza de entidade pública sob regime especial, além de independência técnica, administrativa, orçamentária e financeira.

Contribuição social sobre bens e serviços (CBS): a instituição está reservada à mesma lei complementar que instituir o IBS, com competência tributária da União, podendo ter sua alíquota fixada em lei ordinária, além de apresentar o cálculo "por fora", que não integrará sua própria base de cálculo nem a dos seguintes tributos: IS, IBS, Cofins e PIS.

IBS e CBS (regras de observância comum): fatos geradores, bases de cálculo, hipóteses de não incidência e sujeitos passivos; imunidades; regimes específicos, diferenciados ou favorecidos de tributação; regras de não cumulatividade e de creditamento (CF, art. 149-B).

IBS e CBS (regimes diferenciados de tributação por lei complementar, com redução de 60% das alíquotas): serviços de educação; serviços de saúde; dispositivos médicos; dispositivos de acessibilidade para pessoas com deficiência; medicamentos; produtos de cuidados básicos à saúde menstrual; serviços de transporte público coletivo de passageiros rodoviário e metroviário de caráter urbano, semiurbano e metropolitano; alimentos destinados ao consumo humano; produtos de higiene pessoal e limpeza consumidos por famílias de baixa renda; produtos agropecuários, aquícolas, pesqueiros, florestais e extrativistas vegetais in natura; insumos agropecuários e aquícolas; produções artísticas, culturais, de eventos, jornalísticas e audiovisuais nacionais, atividades desportivas e comunicação institucional; bens e serviços relacionados a soberania e segurança nacional, segurança da informação e segurança cibernética.

IBS e CBS (regimes diferenciados de tributação por lei complementar, com isenção e redução em 100% das alíquotas): isenção de serviços de transporte público coletivo de passageiros rodoviário e metroviário de caráter urbano, semiurbano e metropolitano. Já redução em 100% das alíquotas para: dispositivos de acessibilidade para pessoas com deficiência; medicamentos; produtos de cuidados básicos à saúde menstrual; produtos hortícolas, frutas e ovos; serviços prestados por Instituição Científica, Tecnológica e de Inovação (ICT) sem fins lucrativos; automóveis de passageiros, conforme critérios e requisitos estabelecidos em lei complementar, quando adquiridos por pessoas com deficiência e pessoas com transtorno do espectro autista, diretamente ou por intermédio de seu representante legal ou por motoristas profissionais, nos termos de lei complementar, que destinem o automóvel à utilização na categoria de aluguel (táxi).

IBS e CBS (regimes diferenciados de tributação por lei complementar, com isenção ou redução em 100% das alíquotas): para atividades de reabilitação urbana de zonas históricas e de áreas críticas de recuperação e reconversão urbanística.

IBS e CBS (regimes diferenciados de tributação por lei complementar, com redução em 30% das alíquotas): na prestação de serviços de profissão intelectual, de natureza científica, literária ou artística, desde que sejam submetidas a fiscalização por conselho profissional.

CBS (regimes diferenciados de tributação por lei complementar, com redução em 100% da alíquota): para serviços de educação de ensino superior nos termos do Programa Universidade para Todos (Prouni).

IBS e CBS (Cesta Básica Nacional de Alimentos): a lei complementar definirá os produtos destinados à alimentação humana que comporão a Cesta Básica Nacional de Alimentos, sobre os quais as alíquotas do IBS e da CBS serão reduzidas a zero. A Cesta Básica Nacional de Alimentos considerará a diversidade regional e cultural da alimentação do País e garantirá a alimentação saudável e nutricionalmente adequada.

A cronologia da transição: em 2026 o IBS terá alíquota de 0,1% e a CBS de 0,9%. A partir de 2027 haverá a cobrança da CBS e do IS; a extinção da Cofins e do PIS (desde que instituída a CBS) e; o IPI terá redução das alíquotas a zero (exceto em relação aos produtos que tenham industrialização incentivada na ZFM e não incidirá juntamente com o IS). Em 2027 e 2028 o IBS terá alíquota estadual de 0,05% e alíquota municipal de 0,05%, ao passo que a CBS será reduzida em 0,1%. De 2029 a 2032 as alíquotas do ICMS e do ISS terão as seguintes proporções de suas legislações: 9/10 em 2029; 8/10 em 2030; 7/10 em 2031 e; 6/10 em 2032. A partir de 2033 haverá a extinção do ICMS e do ISS.

Lei Complementar 214/2025: trata-se da primeira lei complementar que regulamenta pontos importantes da Reforma Tributária, pois que instituiu o Imposto sobre Bens e Serviços (IBS), a Contribuição Social sobre Bens e Serviços (CBS) e o Imposto Seletivo (IS) e criou o Comitê Gestor do IBS.

✦ SÚMULAS APLICÁVEIS

◉ STF

TRIBUTOS E SUAS ESPÉCIES

Súmula vinculante 12: "A cobrança de taxa de matrícula nas universidades públicas viola o disposto no art. 206, IV, da Constituição Federal".

Súmula vinculante 19: "A taxa cobrada exclusivamente em razão dos serviços públicos de coleta, remoção e tratamento ou destinação de lixo ou resíduos provenientes de imóveis, não viola o artigo 145, II da Constituição Federal".

Súmula vinculante 29: "É constitucional a adoção, no cálculo do valor de taxa, de um ou mais elementos da base de cálculo própria de determinado imposto, desde que não haja integral identidade entre uma base e outra".

Súmula vinculante 31: "É inconstitucional a incidência do Imposto sobre Serviços de Qualquer Natureza – ISS sobre operações de locação de bens móveis".

Súmula vinculante 32: "O ICMS não incide sobre a alienação de salvados de sinistros pelas seguradoras".

Súmula vinculante 40: "A contribuição confederativa de que trata o art. 8º, IV, da constituição federal, só é exigível dos filiados ao sindicato respectivo".

Súmula vinculante 41: "O serviço de iluminação pública não pode ser remunerado mediante taxa".

Súmula vinculante 48: "Na entrada de mercadoria importada do exterior, é legítima a cobrança do ICMS por ocasião do desembaraço aduaneiro".

Súmula 75 STF: "Sendo vendedora uma autarquia, a sua imunidade fiscal não compreende o imposto de transmissão *inter vivos*, que é encargo do comprador".

Súmula 93 STF: "Não está isenta do imposto de renda a atividade profissional do arquiteto".

Súmula 112 STF: "O imposto de transmissão causa mortis é devido pela alíquota vigente ao tempo da abertura da sucessão".

Súmula 113 STF: "O imposto de transmissão causa mortis é calculado sobre o valor dos bens na data da avaliação".

Súmula 114 STF: "O imposto de transmissão causa mortis não é exigível antes da homologação do cálculo".

Súmula 115 STF: "Sobre os honorários do advogado contratado pelo inventariante, com a homologação do juiz, não incide o imposto de transmissão *causa mortis*".

Súmula 241 STF: "A contribuição previdenciária incide sobre o abono incorporado ao salário".

Súmula 331 STF: "É legítima a incidência do imposto de transmissão causa mortis no inventário por morte presumida".

Súmula 539 STF: "É constitucional a lei do município que reduz o imposto predial urbano sobre imóvel ocupado pela residência do proprietário, que não possua outro".

Súmula 545 STF: "Preços de serviços públicos e taxas não se confundem, porque estas, diferentemente daqueles, são compulsórias e têm sua cobrança condicionada à prévia autorização orçamentária, em relação à lei que as instituiu".

Súmula 573 STF: "Não constitui fato gerador do imposto de circulação de mercadorias a saída física de máquinas, utensílios e implementos a título de comodato".

Súmula 575 STF: "À mercadoria importada de país signatário do GATT, ou membro da ALALC, estende-se a isenção do imposto sobre circulação de mercadorias concedida a similar nacional".

Súmula 583 STF: "Promitente-comprador de imóvel residencial transcrito em nome de autarquia é contribuinte do imposto predial territorial urbano".

Súmula 586 STF: "Incide imposto de renda sobre os juros remetidos para o exterior, com base em contrato de mútuo".

Súmula 587 STF: "Incide imposto de renda sobre o pagamento de serviços técnicos contratados no exterior e prestados no Brasil".

Súmula 588 STF: "O imposto sobre serviços não incide sobre os depósitos, as comissões e taxas de desconto, cobrados pelos estabelecimentos bancários".

Súmula 589 STF: "É inconstitucional a fixação de adicional progressivo do imposto predial e territorial urbano em função do número de imóveis do contribuinte".

Súmula 590 STF: "Calcula-se o imposto de transmissão "causa mortis" sobre o saldo credor da promessa de compra e venda de imóvel, no momento da abertura da sucessão do promitente vendedor".

Súmula 591 STF: "A imunidade ou a isenção tributária do comprador não se estende ao produtor, contribuinte do imposto sobre produtos industrializados".

Súmula 595 STF: "É inconstitucional a taxa municipal de conservação de estradas de rodagem cuja base de cálculo seja idêntica à do imposto territorial rural".

Súmula 656 STF: "É inconstitucional a lei que estabelece alíquotas progressivas para o imposto de transmissão *inter vivos* de bens imóveis – ITBI com base no valor venal do imóvel".

Súmula 659 STF: "É legítima a cobrança da Cofins, do PIS e do Finsocial sobre as operações relativas a energia elétrica, serviços de telecomunicações, derivados de petróleo, combustíveis e minerais do país".

Súmula 660 STF: "Não incide ICMS na importação de bens por pessoa física ou jurídica que não seja contribuinte do imposto".

Súmula 662 STF: "É legítima a incidência do ICMS na comercialização de exemplares de obras cinematográficas, gravados em fitas de videocassete".

Súmula 663 STF: "Os §§ 1° e 3° do art. 9° do DL 406/68 foram recebidos pela Constituição".

Súmula 664 STF: "É inconstitucional o inciso V do art. 1° da Lei 8.033/90, que instituiu a incidência do imposto nas operações de crédito, câmbio e seguros – IOF sobre saques efetuados em caderneta de poupança".

Súmula 665 STF: "É constitucional a taxa de fiscalização dos mercados de títulos e valores mobiliários instituída pela Lei 7.940/89".

Súmula 667 STF: "Viola a garantia constitucional de acesso à jurisdição a taxa judiciária calculada sem limite sobre o valor da causa".

Súmula 668 STF: "É inconstitucional a lei municipal que tenha estabelecido, antes da Emenda Constitucional 29/2000, alíquotas progressivas para o IPTU, salvo se destinada a assegurar o cumprimento da função social da propriedade urbana".

Súmula 732 STF: "É constitucional a cobrança da contribuição do salário-educação, seja sob a Carta de 1969, seja sob a CF/1988, e no regime da Lei 9.424/96".

LIMITAÇÕES CONSTITUCIONAIS AO PODER DE TRIBUTAR

Súmula vinculante 58: "Inexiste direito a crédito presumido de IPI relativamente à entrada de insumos isentos, sujeitos à alíquota zero ou não tributáveis, o que não contraria o princípio da não cumulatividade".

Súmula Vinculante 57: "A imunidade tributária constante do art. 150, VI, d, da CF/88 aplica-se à importação e comercialização, no mercado interno, do livro eletrônico (e-book) e dos suportes exclusivamente utilizados para fixá-los, como leitores de livros eletrônicos (e-readers), ainda que possuam funcionalidades acessórias".

Súmula vinculante 50: "Norma legal que altera o prazo de recolhimento da obrigação tributária não se sujeita ao princípio da anterioridade".

Súmula vinculante 52: "Ainda quando alugado a terceiros, permanece imune ao IPTU o imóvel pertencente a qualquer das entidades referidas pelo art. 150, VI, "c", da Constituição, desde que o valor dos aluguéis seja aplicado nas atividades essenciais de tais entidades".

Súmula 69 STF: "A Constituição Estadual não pode estabelecer limite para o aumento de tributos municipais".

Súmula 75 STF: "Sendo vendedora uma autarquia, a sua imunidade fiscal não compreende o imposto de transmissão *inter vivos*, que é encargo do comprador".

Súmula 239 STF: "Decisão que declara indevida a cobrança do imposto em determinado exercício não faz coisa julgada em relação aos posteriores".

Súmula 324 STF: "A imunidade do art. 31, V, da Constituição Federal não compreende as taxas".

Súmula 336 STF: "A imunidade da autarquia financiadora, quanto ao contrato de financiamento, não se estende à compra e venda entre particulares, embora constantes os dois atos de um só instrumento".

Súmula 591 STF: "A imunidade ou a isenção tributária do comprador não se estende ao produtor, contribuinte do imposto sobre produtos industrializados".

Súmula 657 STF: "A imunidade prevista no art. 150, VI, "d" da CF abrange os filmes e papéis fotográficos necessários à publicação de jornais e periódicos".

Súmula 667 STF: "Viola a garantia constitucional de acesso à jurisdição a taxa judiciária calculada sem limite sobre o valor da causa".

Súmula 730 STF: "A imunidade tributária conferida a instituições de assistência social sem fins lucrativos pelo art. 150, VI, c, da Constituição, somente alcança as entidades fechadas de previdência social privada se não houver contribuição dos beneficiários".

LEGISLAÇÃO TRIBUTÁRIA

Súmula vinculante 50: "Norma legal que altera o prazo de recolhimento da obrigação tributária não se sujeita ao princípio da anterioridade".

Súmula 112 STF: "O imposto de transmissão causa mortis é devido pela alíquota vigente ao tempo da abertura da sucessão".

CRÉDITO TRIBUTÁRIO (LANÇAMENTO, GARANTIAS, PRIVILÉGIOS, SUSPENSÃO)

Súmula vinculante 62: "É legítima a revogação da isenção estabelecida no art. 6º, II, da Lei Complementar 70/1991 pelo art. 56 da Lei 9.430/1996, dado que a LC 70/1991 é apenas formalmente complementar, mas materialmente ordinária com relação aos dispositivos concernentes à contribuição social por ela instituída".

Súmula vinculante 21: "É inconstitucional a exigência de depósito ou arrolamento prévios de dinheiro ou bens para admissibilidade de recursos administrativos".

Súmula 626 STF: "A suspensão da liminar em mandado de segurança, salvo determinação em contrário da decisão que a deferir, vigorará até o trânsito em julgado da decisão definitiva de concessão da segurança ou, havendo recurso, até a sua manutenção pelo Supremo Tribunal Federal, desde que o objeto da liminar deferida coincida, total ou parcialmente, com o da impetração".

ADMINISTRAÇÃO TRIBUTÁRIA (FISCALIZAÇÃO, CERTIDÕES, DÍVIDA ATIVA)

Súmula 70 STF: "É inadmissível a interdição de estabelecimento como meio coercitivo para cobrança de tributo".

Súmula 323 STF: "É inadmissível a apreensão de mercadorias como meio coercitivo para pagamento de tributos".

Súmula 439 STF: "Estão sujeitos à fiscalização tributária ou previdenciária quaisquer livros comerciais, limitado o exame aos pontos objeto da investigação".

Súmula 542 STF: "Não é inconstitucional a multa instituída pelo Estado-membro, como sanção pelo retardamento do início ou da ultimação do inventário".

Súmula 547 STF: "Não é lícito à autoridade proibir que o contribuinte em débito adquira estampilhas, despache mercadorias nas alfândegas e exerça suas atividades profissionais".

PROCESSO TRIBUTÁRIO (ADMINISTRATIVO E JUDICIAL) E DIREITO PENAL TRIBUTÁRIO

Súmula vinculante 24: "não se tipifica crime material contra a ordem tributária, previstos no artigo 1°, incisos I a IV, da Lei 8.137/90, antes do lançamento definitivo do tributo".

Súmula vinculante 28: "É inconstitucional a exigência de depósito prévio como requisito de admissibilidade de ação judicial na qual se pretenda discutir a exigibilidade do crédito tributário".

Súmula vinculante 53: "A competência da Justiça do Trabalho prevista no art. 114, VIII, da Constituição Federal alcança a execução de ofício das contribuições previdenciárias relativas ao objeto da condenação constante das sentenças que proferir e acordos por ela homologados".

Súmula 71 STF: "Embora pago indevidamente, não cabe restituição de tributo indireto".

Súmula 101 STF: "O mandado de segurança não substitui a ação popular".

Súmula 248 STF: "É competente, originariamente, o Supremo Tribunal Federal, para mandado de segurança contra ato do Tribunal de Contas da União".

Súmula 266 STF: "Não cabe mandado de segurança contra lei em tese".

Súmula 267 STF: "Não cabe mandado de segurança contra ato judicial passível de recurso ou correição".

Súmula 268 STF: "Não cabe mandado de segurança contra decisão judicial com trânsito em julgado".

Súmula 269 STF: "O mandado de segurança não é substitutivo de ação de cobrança".

Súmula 270 STF: "Não cabe mandado de segurança para impugnar enquadramento da L. 3.780, de 12.7.60, que envolva exame de prova ou de situação funcional complexa".

Súmula 271 STF: "Concessão de mandado de segurança não produz efeitos patrimoniais em relação a período pretérito, os quais devem ser reclamados administrativamente ou pela via judicial própria".

Súmula 272 STF: "Não se admite como ordinário recurso extraordinário de decisão denegatória de mandado de segurança".

Súmula 304 STF: "Decisão denegatória de mandado de segurança, não fazendo coisa julgada contra o impetrante, não impede o uso da ação própria".

Súmula 330 STF: "O Supremo Tribunal Federal não é competente para conhecer de mandado de segurança contra atos dos Tribunais de Justiça dos Estados".

Súmula 392 STF: "O prazo para recorrer de acórdão concessivo de segurança conta-se da publicação oficial de suas conclusões, e não da anterior ciência à autoridade para cumprimento da decisão".

Súmula 405 STF: "Denegado o mandado de segurança pela sentença, ou no julgamento do agravo, dela interposto, fica sem efeito a liminar concedida, retroagindo os efeitos da decisão contrária".

Súmula 429 STF: "A existência de recurso administrativo com efeito suspensivo não impede o uso do mandado de segurança contra omissão da autoridade".

Súmula 430 STF: "Pedido de reconsideração na via administrativa não interrompe o prazo para o mandado de segurança".

Súmula 433 STF: "É competente o Tribunal Regional do Trabalho para julgar mandado de segurança contra ato de seu presidente em execução de sentença trabalhista".

Súmula 506 STF: "O agravo a que se refere o art. 4º da Lei nº 4.348, de 26.6.64, cabe, somente, do despacho do Presidente do Supremo Tribunal Federal que defere a suspensão da liminar, em mandado de segurança; não do que a denega".

Súmula 507 STF: "A ampliação dos prazos a que se refere o art. 32 do Código de Processo Civil aplica-se aos executivos fiscais".

Súmula 510 STF: "Praticado o ato por autoridade, no exercício de competência delegada, contra ela cabe o mandado de segurança ou a medida judicial".

Súmula 512 STF: "Não cabe condenação em honorários de advogado na ação de mandado de segurança".

Súmula 519 STF: "Aplica-se aos executivos fiscais o princípio da sucumbência a que se refere o art. 64 do Código de Processo Civil".

Súmula 546 STF: "Cabe a restituição do tributo pago indevidamente, quando reconhecido por decisão, que o contribuinte de jure não recuperou do contribuinte de facto o quantum respectivo".

Súmula 597 STF: "Não cabem embargos infringentes de acórdão que, em mandado de segurança decidiu, por maioria de votos, a apelação".

Súmula 623 STF: "Não gera por si só a competência originária do Supremo Tribunal Federal para conhecer do mandado de segurança com base no art. 102, I, "n", da Constituição, dirigir-se o pedido contra deliberação administrativa do tribunal de origem, da qual haja participado a maioria ou a totalidade de seus membros".

Súmula 624 STF: "Não compete ao Supremo Tribunal Federal conhecer originariamente de mandado de segurança contra atos de outros tribunais".

Súmula 625 STF: "Controvérsia sobre matéria de direito não impede concessão de mandado de segurança".

Súmula 626 STF: "A suspensão da liminar em mandado de segurança, salvo determinação em contrário da decisão que a deferir, vigorará até o trânsito em julgado da decisão definitiva de concessão da segurança ou, havendo recurso, até a sua manutenção pelo Supremo Tribunal Federal, desde que o objeto da liminar deferida coincida, total ou parcialmente, com o da impetração".

Súmula 627 STF: "No mandado de segurança contra a nomeação de magistrado da competência do Presidente da República, este é considerado autoridade coatora, ainda que o fundamento da impetração seja nulidade ocorrida em fase anterior do procedimento".

Súmula 629 STF: "A impetração de mandado de segurança coletivo por entidade de classe em favor dos associados independe da autorização destes".

Súmula 630 STF: "A entidade de classe tem legitimação para o mandado de segurança ainda quando a pretensão veiculada interesse apenas a uma parte da respectiva categoria".

Súmula 631 STF: "Extingue-se o processo de mandado de segurança se o impetrante não promove, no prazo assinado, a citação do litisconsorte passivo necessário".

Súmula 632 STF: "É constitucional lei que fixa o prazo de decadência para a impetração de mandado de segurança".

Súmula 701 STF: "No mandado de segurança impetrado pelo ministério público contra decisão proferida em processo penal, é obrigatória a citação do réu como litisconsorte passivo".

◉ STJ

TRIBUTOS E SUAS ESPÉCIES

Súmula 20 STJ: "A mercadoria importada de país signatário do GATT é isenta do ICM, quando contemplado com esse favor o similar nacional".

Súmula 95 STJ: "A redução da alíquota do imposto sobre produtos industrializados ou do imposto de importação não implica redução do ICMS".

Súmula 125 STJ: "O pagamento de férias não gozadas por necessidade do serviço não está sujeito à incidência do imposto de renda".

Súmula 135 STJ: "O ICMS não incide na gravação e distribuição de filmes e videoteipes".

Súmula 136 STJ: "O pagamento de licença-prêmio não gozada por necessidade do serviço não está sujeito ao imposto de renda".

Súmula 138 STJ: "O ISS incide na operação de arrendamento mercantil de coisas móveis".

Súmula 155 STJ: "O ICMS incide na importação de aeronave, por pessoa física, para uso próprio".

Súmula 156 STJ: "A prestação de serviço de composição gráfica, personalizada e sob encomenda, ainda que envolva fornecimento de mercadorias, está sujeita, apenas, ao ISS".

Súmula 160 STJ: "É defeso, ao Município, atualizar o IPTU, mediante decreto, em percentual superior ao índice oficial de correção monetária".

Súmula 163 STJ: "O fornecimento de mercadorias com a simultânea prestação de serviços em bares, restaurantes e estabelecimentos similares constitui fato gerador do ICMS a incidir sobre o valor total da operação".

Súmula 166 STJ: "Não constitui fato gerador do ICMS o simples deslocamento de mercadoria de um para outro estabelecimento do mesmo contribuinte".

Súmula 167 STJ: "O fornecimento de concreto, por empreitada, para construção civil, preparado no trajeto até a obra em betoneiras acopladas a caminhões, é prestação de serviço, sujeitando-se apenas à incidência do ISS".

Súmula 178 STJ: "O INSS não goza de isenção do pagamento de custas e emolumentos, nas ações acidentárias e de benefícios, propostas na justiça estadual".

Súmula 185 STJ: "Nos depósitos judiciais, não incide o imposto sobre operações financeiras".

Súmula 198 STJ: "Na importação de veículo por pessoa física, destinado a uso próprio, incide o ICMS".

Súmula 215 STJ: "A indenização recebida pela adesão a programa de incentivo à demissão voluntária não está sujeita à incidência do imposto de renda".

Súmula 237 STJ: "Nas operações com cartão de crédito, os encargos relativos ao financiamento não são considerados no cálculo do ICMS".

Súmula 262 STJ: "Incide o imposto de renda sobre o resultado das aplicações financeiras realizadas pelas cooperativas".

Súmula 274 STJ: "O ISS incide sobre o valor dos serviços de assistência médica, incluindo-se neles as refeições, os medicamentos e as diárias hospitalares".

Súmula 334 STJ: "O ICMS não incide no serviço dos provedores de acesso à internet".

Súmula 350 STJ: "O ICMS não incide sobre o serviço de habilitação de telefone celular".

Súmula 351 STJ: "A alíquota de contribuição para o Seguro de Acidente do Trabalho (SAT) é aferida pelo grau de risco desenvolvido em cada empresa, individualizada pelo seu CNPJ, ou pelo grau de risco da atividade preponderante quando houver apenas um registro".

Súmula 386 STJ: "São isentas de imposto de renda as indenizações de férias proporcionais e o respectivo adicional".

Súmula 391 STJ: "O ICMS incide sobre o valor da tarifa de energia elétrica correspondente à demanda de potência efetivamente utilizada".

Súmula 395 STJ: "O ICMS incide sobre o valor da venda a prazo constante da nota fiscal".

Súmula 396 STJ: "A Confederação Nacional da Agricultura tem legitimidade ativa para a cobrança da contribuição sindical rural".

Súmula 397 STJ: "O contribuinte do IPTU é notificado do lançamento pelo envio do carnê ao seu endereço".

Súmula 399 STJ: "Cabe à legislação municipal estabelecer o sujeito passivo do IPTU".

Súmula 407 STJ: "É legítima a cobrança da tarifa de água fixada de acordo com as categorias de usuários e as faixas de consumo".

Súmula 411 STJ: "É devida a correção monetária ao creditamento do IPI quando há oposição ao seu aproveitamento decorrentes de resistência ilegítima do Fisco".

Súmula 412 STJ: "A ação de repetição de indébito de tarifas de água e esgoto sujeita-se ao prazo prescricional estabelecido no Código Civil".

Súmula 423 STJ: "A Contribuição para Financiamento da Seguridade Social – Cofins incide sobre as receitas provenientes das operações de locação de bens móveis".

Súmula 424 STJ: "É legítima a incidência de ISS sobre os serviços bancários congêneres da lista anexa ao DL n° 406/1968 e à LC 56/1987".

Súmula 425 STJ: "A retenção da contribuição para a seguridade social pelo tomador do serviço não se aplica às empresas optantes pelo Simples".

Súmula 433 STJ: "O produto semielaborado, para fins de incidência de ICMS, é aquele que preenche cumulativamente os três requisitos do art. 1° da Lei Complementar 65/1991".

Súmula 447 STJ: "Os Estados e o Distrito Federal são partes legítimas na ação de restituição de imposto de renda retido na fonte proposta por seus servidores".

Súmula 448 STJ: "A opção pelo Simples de estabelecimentos dedicados às atividades de creche, pré-escola e ensino fundamental é admitida somente a partir de 24.10.2000, data de vigência da Lei nº 10.034/2000".

Súmula 457 STJ: "Os descontos incondicionais nas operações mercantis não se incluem na base de cálculo do ICMS".

Súmula 458 STJ: "A contribuição previdenciária incide sobre a comissão paga ao corretor de seguros".

Súmula 463 STJ: "Incide imposto de renda sobre os valores percebidos a título de indenização por horas extraordinárias trabalhadas, ainda que decorrentes de acordo coletivo".

Súmula 468 STJ: "A base de cálculo do PIS, até a edição da MP n. 1.212/1995, era o faturamento ocorrido no sexto mês anterior ao do fato gerador".

Súmula 494 STJ: "O benefício fiscal do ressarcimento do crédito presumido do IPI relativo às exportações incide mesmo quando as matérias-primas ou os insumos sejam adquiridos de pessoa física ou jurídica não contribuinte do PIS/PASEP".

Súmula 495 STJ: "A aquisição de bens integrantes do ativo permanente da empresa não gera direito a creditamento de IPI".

Súmula 498 STJ: "Não incide imposto de renda sobre a indenização por danos morais".

Súmula 499 STJ: "As empresas prestadoras de serviços estão sujeitas às contribuições ao Sesc e Senac, salvo se integradas noutro serviço social".

Súmula 508 STJ: "A isenção da COFINS concedida pelo art. 6º, II, da LC nº70/1991 às sociedades civis de prestação de serviços profissionais foi revogada pelo art. 56 da Lei n. 9.430/1996".

Súmula 516 STJ: "A contribuição de intervenção no domínio econômico para o Incra (Decreto-Lei n. 1.110/1970), devida por empregadores rurais e urbanos, não foi extinta pelas Leis ns. 7.787/1989, 8.212/1991 e 8.213/1991, não podendo ser compensada com a contribuição ao INSS".

Súmula 524 STJ: "No tocante à base de cálculo, o ISSQN incide apenas sobre a taxa de agenciamento quando o serviço prestado por sociedade empresária de trabalho temporário for de intermediação, devendo, entretanto, englobar também os valores dos salários e encargos sociais dos trabalhadores por ela contratados nas hipóteses de fornecimento de mão de obra".

Súmula 553 STJ: "Nos casos de empréstimo compulsório sobre o consumo de energia elétrica, é competente a Justiça estadual para o julgamento de demanda proposta exclusivamente contra a Eletrobrás. Requerida a intervenção da União no feito após a prolação de sentença pelo juízo estadual, os autos devem ser remetidos ao Tribunal Regional Federal competente para o julgamento da apelação se deferida a intervenção".

Súmula 556 STJ: "É indevida a incidência de imposto de renda sobre o valor da complementação de aposentadoria pago por entidade de previdência privada e em relação ao resgate de contribuições recolhidas para referidas entidades patrocinadoras no período de 1º/1/1989 a 31/12/1995, em razão da isenção concedida pelo art. 6º, VII, b, da Lei n. 7.713/1988, na redação anterior à que lhe foi dada pela Lei n. 9.250/1995".

Súmula 584 STJ: "As sociedades corretoras de seguros, que não se confundem com as sociedades de valores mobiliários ou com os agentes autônomos de seguro privado, estão fora do rol de entidades constantes do art. 22, § 1º, da Lei n. 8.212/1991, não se sujeitando à majoração da alíquota da Cofins prevista no art. 18 da Lei n. 10.684/2003".

Súmula 590 STJ: "Constitui acréscimo patrimonial a atrair a incidência do imposto de renda, em caso de liquidação de entidade de previdência privada, a quantia que couber a cada participante, por rateio do patrimônio, superior ao valor das respectivas contribuições à entidade em liquidação, devidamente atualizadas e corrigida".

Súmula 626 do STJ: "A incidência do IPTU sobre imóvel situado em área considerada pela lei local como urbanizável ou de expansão urbana não está condicionada à existência dos melhoramentos elencados no art. 32, § 1º, do CTN".

Súmula 640 do STJ: "O benefício fiscal que trata do Regime Especial de Reintegração de Valores Tributários para as Empresas Exportadoras (REINTEGRA) alcança as operações de venda de mercadorias de origem nacional para a Zona Franca de Manaus, para consumo, industrialização ou reexportação para o estrangeiro".

Súmula 649 do STJ: "Não incide ICMS sobre o serviço de transporte interestadual de mercadorias destinadas ao exterior".

Súmula 671 do STJ: "Não incide o IPI quando sobrevém furto ou roubo do produto industrializado após sua saída do estabelecimento industrial ou equiparado e antes de sua entrega ao adquirente".

LIMITAÇÕES CONSTITUCIONAIS AO PODER DE TRIBUTAR

Súmula 352 STJ: "A obtenção ou a renovação do Certificado de Entidade Beneficente de Assistência Social (Cebas) não exime a entidade do cumprimento dos requisitos legais supervenientes".

Súmula 399 STJ: "Cabe à legislação municipal estabelecer o sujeito passivo do IPTU".

Súmula 612 STJ: "O certificado de entidade beneficente de assistência social (CEBAS), no prazo de sua validade, possui natureza declaratória para fins tributários, retroagindo seus efeitos à data em que demonstrado o cumprimento dos requisitos estabelecidos por lei complementar para a fruição da imunidade".

SUJEITOS, RESPONSABILIDADE, CAPACIDADE E DOMICÍLIO

Súmula 360 STJ: "O benefício da denúncia espontânea não se aplica aos tributos sujeitos a lançamento por homologação regularmente declarados, mas pagos a destempo".

Súmula 399 STJ: "Cabe à legislação municipal estabelecer o sujeito passivo do IPTU".

Súmula 430 STJ: "O inadimplemento da obrigação tributária pela sociedade não gera, por si só, a responsabilidade solidária do sócio-gerente".

Súmula 435 STJ: "Presume-se dissolvida irregularmente a empresa que deixar de funcionar no seu domicílio fiscal, sem comunicação aos órgãos competentes, legitimando o redirecionamento da execução fiscal para o sócio-gerente".

Súmula 509 STJ: "É lícito ao comerciante de boa-fé aproveitar os créditos de ICMS decorrentes de nota fiscal posteriormente declarada inidônea, quando demonstrada a veracidade da compra e venda".

Súmula 554 STJ: "Na hipótese de sucessão empresarial, a responsabilidade da sucessora abrange não apenas os tributos devidos pela sucedida, mas também as multas moratórias ou punitivas referentes a fatos geradores ocorridos até a data da sucessão".

Súmula 585 STJ: "A responsabilidade solidária do ex-proprietário, prevista no art. 134 do Código de Trânsito Brasileiro – CTB, não abrange o IPVA incidente sobre o veículo automotor, no que se refere ao período posterior à sua alienação".

Súmula 654 STJ: "A tabela de preços máximos ao consumidor (PMC) publicada pela ABCFarma, adotada pelo Fisco para a fixação da base de cálculo do ICMS na sistemática da substituição tributária, não se aplica aos medicamentos destinados exclusivamente para uso de hospitais e clínicas".

CRÉDITO TRIBUTÁRIO (LANÇAMENTO, GARANTIAS, PRIVILÉGIOS, SUSPENSÃO)

Súmula 112 STJ: "O depósito somente suspende a exigibilidade do crédito tributário se for integral e em dinheiro".

Súmula 212 STJ: "A compensação de créditos tributários não pode ser deferida em ação cautelar ou por medida liminar cautelar ou antecipatória".

Súmula 355 STJ: "É válida a notificação do ato de exclusão do programa de recuperação fiscal do Refis pelo Diário Oficial ou pela Internet".

Súmula 373 STJ: "É ilegítima a exigência de depósito prévio para admissibilidade de recurso administrativo".

Súmula 397 STJ: "O contribuinte do IPTU é notificado do lançamento pelo envio do carnê ao seu endereço".

Súmula 436 STJ: "A entrega de declaração pelo contribuinte reconhecendo débito fiscal constitui o crédito tributário, dispensada qualquer outra providência por parte do fisco".

Súmula 437 STJ: "A suspensão da exigibilidade do crédito tributário superior a quinhentos mil reais para opção pelo Refis pressupõe a homologação expressa do comitê gestor e a constituição de garantia por meio do arrolamento de bens".

Súmula 560 STJ: "A decretação da indisponibilidade de bens e direitos, na forma do art. 185-A do CTN, pressupõe o exaurimento das diligências na busca por bens penhoráveis, o qual fica caracterizado quando infrutíferos o pedido de constrição sobre ativos financeiros e a expedição de ofícios aos registros públicos do domicílio do executado, ao Denatran ou Detran".

Súmula 653 STJ: "O pedido de parcelamento fiscal, ainda que indeferido, interrompe o prazo prescricional, pois caracteriza confissão extrajudicial do débito".

Súmula 673 STJ: "A comprovação da regular notificação do executado para o pagamento da dívida de anuidade de conselhos de classe ou, em caso de recurso, o esgotamento das instâncias administrativas são requisitos indispensáveis à constituição e execução do crédito".

EXTINÇÃO E EXCLUSÃO DO CRÉDITO TRIBUTÁRIO

Súmula 20 STJ: "A mercadoria importada de país signatário do GATT é isenta do ICM, quando contemplado com esse favor o similar nacional".

Súmula 162 STJ: "Na repetição de indébito tributário, a correção monetária incide a partir do pagamento indevido".

Súmula 188 STJ: "Os juros moratórios, na repetição do indébito tributário, são devidos a partir do trânsito em julgado da sentença".

Súmula 212 STJ: "A compensação de créditos tributários não pode ser deferida em ação cautelar ou por medida liminar cautelar ou antecipatória".

Súmula 213 STJ: "O mandado de segurança constitui ação adequada para a declaração do direito à compensação tributária".

Súmula 314 STJ: "Em execução fiscal, não localizados bens penhoráveis, suspende-se o processo por um ano, findo o qual se inicia o prazo da prescrição quinquenal intercorrente".

Súmula 409 STJ: "Em execução fiscal, a prescrição ocorrida antes da propositura da ação pode ser decretada de ofício (art. 219, § 5º, do CPC)".

Súmula 460 STJ: "É incabível o mandado de segurança para convalidar a compensação tributária realizada pelo contribuinte".

Súmula 461 STJ: "O contribuinte pode optar por receber, por meio de precatório ou por compensação, o indébito tributário certificado por sentença declaratória transitada em julgado".

Súmula 464 STJ: "A regra de imputação de pagamentos estabelecida no art. 354 do Código Civil não se aplica às hipóteses de compensação tributária".

Súmula 523 STJ: "A taxa de juros de mora incidente na repetição de indébito de tributos estaduais deve corresponder à utilizada para cobrança do tributo pago em atraso, sendo legítima a incidência da taxa Selic, em ambas as hipóteses, quando prevista na legislação local, vedada sua cumulação com quaisquer outros índices".

Súmula 555 STJ: "Quando não houver declaração do débito, o prazo decadencial quinquenal para o Fisco constituir o crédito tributário conta-se exclusivamente na forma do art. 173, I, do CTN, nos casos em que a legislação atribui ao sujeito passivo o dever de antecipar o pagamento sem prévio exame da autoridade administrativa".

Súmula 598 STJ: "É desnecessária a apresentação de laudo médico oficial para o reconhecimento judicial da isenção do imposto de renda, desde que o magistrado entenda suficientemente demonstrada a doença grave por outros meios de prova".

Súmula 622 do STJ: "A notificação do auto de infração faz cessar a contagem da decadência para a constituição do crédito tributário; exaurida a instância administrativa com o decurso do prazo para a impugnação ou com a notificação de seu julgamento definitivo e esgotado o prazo concedido pela Administração para o pagamento voluntário, inicia-se o prazo prescricional para a cobrança judicial".

Súmula 627 do STJ: "O contribuinte faz jus à concessão ou à manutenção da isenção do imposto de renda, não se lhe exigindo a demonstração da contemporaneidade dos sintomas da doença nem da recidiva da enfermidade".

ADMINISTRAÇÃO TRIBUTÁRIA (FISCALIZAÇÃO, CERTIDÕES, DÍVIDA ATIVA)

Súmula 392 STJ: "A Fazenda Pública pode substituir a certidão de dívida ativa (CDA) até a prolação da sentença de embargos, quando se tratar de correção de erro material ou formal, vedada a modificação do sujeito passivo da execução".

Súmula 446 STJ: "Declarado e não pago o débito tributário pelo contribuinte, é legítima a recusa de expedição de certidão negativa ou positiva com efeito de negativa".

Súmula 569 STJ: "Na importação, é indevida a exigência de nova certidão negativa de débito no desembaraço aduaneiro, se já apresentada a comprovação da quitação de tributos federais quando da concessão do benefício relativo ao regime de drawback".

PROCESSO TRIBUTÁRIO (ADMINISTRATIVO E JUDICIAL) E DIREITO PENAL TRIBUTÁRIO

Súmula 41 STJ: "O Superior Tribunal de Justiça não tem competência para processar e julgar, originariamente, mandado de segurança contra ato de outros tribunais ou dos respectivos órgãos".

Súmula 58 STJ: "Proposta a execução fiscal, a posterior mudança de domicílio do executado não desloca a competência já fixada".

Súmula 66 STJ: "Compete à Justiça Federal processar e julgar execução fiscal promovida por conselho de fiscalização profissional".

Súmula 105 STJ: "Na ação de mandado de segurança não se admite condenação em honorários advocatícios".

Súmula 121 STJ: "Na execução fiscal o devedor deverá ser intimado, pessoalmente, do dia e hora da realização do leilão".

Súmula 128 STJ: "Na execução fiscal haverá segundo leilão, se no primeiro não houver lanço superior a avaliação".

Súmula 139 STJ: "Cabe à Procuradoria da Fazenda Nacional propor execução fiscal para cobrança de crédito relativo ao ITR".

Súmula 153 STJ: "A desistência da execução fiscal, após o oferecimento dos embargos, não exime o exequente dos encargos da sucumbência".

Súmula 162 STJ: "Na repetição de indébito tributário, a correção monetária incide a partir do pagamento indevido".

Súmula 169 STJ: "São inadmissíveis embargos infringentes no processo de mandado de segurança".

Súmula 177 STJ: "o Superior Tribunal de Justiça é incompetente para processar e julgar, originariamente, mandado de segurança contra ato de órgão colegiado presidido por ministro de estado".

Súmula 188 STJ: "Os juros moratórios, na repetição do indébito tributário, são devidos a partir do trânsito em julgado da sentença".

Súmula 189 STJ: "É desnecessária a intervenção do ministério público nas execuções fiscais".

Súmula 190 STJ: "Na execução fiscal, processada perante a Justiça Estadual, cumpre à Fazenda Pública antecipar o numerário destinado ao custeio das despesas com o transporte dos oficiais de justiça".

Súmula 202 STJ: "A impetração de segurança por terceiro, contra ato judicial, não se condiciona a interposição de recurso".

Súmula 212 STJ: "A compensação de créditos tributários não pode ser deferida em ação cautelar ou por medida liminar cautelar ou antecipatória".

Súmula 213 STJ: "O mandado de segurança constitui ação adequada para a declaração do direito à compensação tributária".

Súmula 251 STJ: "A meação só responde pelo ato ilícito quando o credor, na execução fiscal, provar que o enriquecimento dele resultante aproveitou ao casal".

Súmula 314 STJ: "Em execução fiscal, não localizados bens penhoráveis, suspende-se o processo por um ano, findo o qual se inicia o prazo da prescrição quinquenal intercorrente".

Súmula 333 STJ: "Cabe mandado de segurança contra ato praticado em licitação promovida por sociedade de economia mista ou empresa pública".

Súmula 392 STJ: "A Fazenda Pública pode substituir a certidão de dívida ativa (CDA) até a prolação da sentença de embargos, quando se tratar de correção de erro material ou formal, vedada a modificação do sujeito passivo da execução".

Súmula 393 STJ: "A exceção de pré-executividade é admissível na execução fiscal relativamente às matérias conhecíveis de ofício que não demandem dilação probatória".

Súmula 394 STJ: "É admissível, em embargos à execução, compensar os valores de imposto de renda retidos indevidamente na fonte com os valores restituídos apurados na declaração anual".

Súmula 400 STJ: "O encargo de 20% previsto no DL n. 1.025/1969 é exigível na execução fiscal proposta contra a massa falida".

Súmula 406 STJ: "A Fazenda Pública pode recusar a substituição do bem penhorado por precatório".

Súmula 409 STJ: "Em execução fiscal, a prescrição ocorrida antes da propositura da ação pode ser decretada de ofício (art. 219, § 5°, do CPC)".

Súmula 414 STJ: "A citação por edital na execução fiscal é cabível quando frustradas as demais modalidades".

Súmula 435 STJ: "Presume-se dissolvida irregularmente a empresa que deixar de funcionar no seu domicílio fiscal, sem comunicação aos órgãos competentes, legitimando o redirecionamento da execução fiscal para o sócio-gerente".

Súmula 451 STJ: "É legítima a penhora da sede do estabelecimento comercial".

Súmula 452 STJ: "A extinção das ações de pequeno valor é faculdade da Administração Federal, vedada a atuação judicial de ofício".

Súmula 460 STJ: "É incabível o mandado de segurança para convalidar a compensação tributária realizada pelo contribuinte".

Súmula 515 STJ: "A reunião de execuções fiscais contra o mesmo devedor constitui faculdade do Juiz".

Súmula 521 STJ: "A legitimidade para a execução fiscal de multa pendente de pagamento imposta em sentença condenatória é exclusiva da Procuradoria da Fazenda Pública".

Súmula 523 STJ: "A taxa de juros de mora incidente na repetição de indébito de tributos estaduais deve corresponder à utilizada para cobrança do tributo pago em atraso, sendo legítima a incidência da taxa Selic, em ambas as hipóteses, quando prevista na legislação local, vedada sua cumulação com quaisquer outros índices".

Súmula 558 STJ: "Em ações de execução fiscal, a petição inicial não pode ser indeferida sob o argumento da falta de indicação do CPF e/ou RG ou CNPJ da parte executada".

Súmula 559 STJ: "Em ações de execução fiscal, é desnecessária a instrução da petição inicial com o demonstrativo de cálculo do débito, por tratar-se de requisito não previsto no art. 6º da Lei n. 6.830/1980".

Súmula 583 STJ: "O arquivamento provisório previsto no art. 20 da Lei n. 10.522/2002, dirigido aos débitos inscritos como dívida ativa da União pela Procuradoria-Geral da Fazenda Nacional ou por ela cobrados, não se aplica às execuções fiscais movidas pelos conselhos de fiscalização profissional ou pelas autarquias federais".

Súmula 614 STJ: "O locatário não possui legitimidade ativa para discutir a relação jurídico-tributária de IPTU e de taxas referentes ao imóvel alugado nem para repetir indébito desses tributos".

Súmula 625 do STJ: "O pedido administrativo de compensação ou de restituição não interrompe o prazo prescricional para a ação de repetição de indébito tributário de que trata o art. 168 do CTN nem o da execução de título judicial contra a Fazenda Pública".

Súmula 658 do STJ: "O crime de apropriação indébita tributária pode ocorrer tanto em operações próprias, como em razão de substituição tributária".

Súmula 666 do STJ: "A legitimidade passiva, em demandas que visam à restituição de contribuições de terceiros, está vinculada à capacidade tributária ativa; assim, nas hipóteses em que as entidades terceiras são meras destinatárias das contribuições, não possuem elas legitimidade ad causam para figurar no polo passivo, juntamente com a União".

◉ CARF

TRIBUTOS E SUAS ESPÉCIES

Súmula 3 CARF: "Para a determinação da base de cálculo do Imposto de Renda das Pessoas Jurídicas e da Contribuição Social sobre o Lucro, a partir do ano-calendário de 1995, o lucro líquido ajustado poderá ser reduzido em, no máximo, trinta por cento, tanto em razão da compensação de prejuízo, como em razão da compensação da base de cálculo negativa".

Súmula 13 CARF: "Menor pobre que o sujeito passivo crie e eduque pode ser considerado dependente na Declaração do Imposto de Renda da Pessoa Física, desde que o declarante detenha a guarda judicial".

Súmula 15 CARF: "A base de cálculo do PIS, prevista no artigo 6º da Lei Complementar nº 7, de 1970, é o faturamento do sexto mês anterior, sem correção monetária".

Súmula 16 CARF: "O direito ao aproveitamento dos créditos de IPI decorrentes da aquisição de matérias-primas, produtos intermediários e material de embalagem utilizados na fabricação de produtos cuja saída seja com isenção ou alíquota zero, nos termos do art. 11 da Lei nº 9.779, de 1999, alcança, exclusivamente, os insumos recebidos pelo estabelecimento do contribuinte a partir de 1º de janeiro de 1999".

Súmula 18 CARF: "A aquisição de matérias-primas, produtos intermediários e material de embalagem tributados à alíquota zero não gera crédito de IPI".

Súmula 19 CARF: "Não integram a base de cálculo do crédito presumido da Lei nº 9.363, de 1996, as aquisições de combustíveis e energia elétrica uma vez que não são consumidos em contato direto com o produto, não se enquadrando nos conceitos de matéria-prima ou produto intermediário".

Súmula 20 CARF: "Não há direito aos créditos de IPI em relação às aquisições de insumos aplicados na fabricação de produtos classificados na TIPI como NT".

Súmula 36 CARF: "A inobservância do limite legal de trinta por cento para compensação de prejuízos fiscais ou bases negativas da CSLL, quando comprovado pelo sujeito passivo que o tributo que deixou de ser pago em razão dessas compensações o foi em período posterior, caracteriza postergação do pagamento do IRPJ ou da CSLL, o que implica em excluir da exigência a parcela paga posteriormente".

Súmula 40 CARF: "A apresentação de recibo emitido por profissional para o qual haja Súmula Administrativa de Documentação Tributariamente Ineficaz, desacompanhado de elementos de prova da efetividade dos serviços e do correspondente pagamento, impede a dedução a título de despesas médicas e enseja a qualificação da multa de ofício".

Súmula 42 CARF: "Não incide o imposto sobre a renda das pessoas físicas sobre os valores recebidos a título de indenização por desapropriação".

Súmula 43 CARF: "Os proventos de aposentadoria, reforma ou reserva remunerada, motivadas por acidente em serviço e os percebidos por portador de moléstia profissional ou grave, ainda que contraída após a aposentadoria, reforma ou reserva remunerada, são isentos do imposto de renda".

Súmula 45 CARF: "O Imposto sobre a Propriedade Territorial Rural não incide sobre áreas alagadas para fins de constituição de reservatório de usinas hidroelétricas".

Súmula 62 CARF: "A base de cálculo das contribuições previdenciárias será o valor total fixado na sentença ou acordo trabalhista homologado, quando as parcelas legais de incidência não estiverem discriminadas".

Súmula 63 CARF: "Para gozo da isenção do imposto de renda da pessoa física pelos portadores de moléstia grave, os rendimentos devem ser provenientes de aposentadoria, reforma, reserva remunerada ou pensão e a moléstia deve ser devidamente comprovada por laudo pericial emitido por serviço médico oficial da União, dos Estados, do Distrito Federal ou dos Municípios".

Súmula 64 CARF: "Não incidem contribuições previdenciárias sobre as verbas concedidas aos segurados empregados a título de auxílio-creche, na forma do artigo 7o, inciso XXV, da Constituição Federal, em face de sua natureza indenizatória".

Súmula 68 CARF: "A Lei n° 8.852, de 1994, não outorga isenção nem enumera hipóteses de não incidência de Imposto sobre a Renda da Pessoa Física".

Súmula 70 CARF: "É imune ao ITR o imóvel pertencente às entidades indicadas no artigo 150, VI, "c", da Constituição, que se encontra arrendado, desde que a receita assim obtida seja aplicada nas atividades essenciais da entidade".

Súmula 79 CARF: "A partir da vigência da Lei no 9.249, de 1995, a dedução de contraprestações de arrendamento mercantil exige a comprovação da necessidade de utilização dos bens arrendados para produção ou comercialização de bens e serviços".

Súmula 80 CARF: "Na apuração do IRPJ, a pessoa jurídica poderá deduzir do imposto devido o valor do imposto de renda retido na fonte, desde que comprovada a retenção e o cômputo das receitas correspondentes na base de cálculo do imposto".

Súmula 83 CARF: "O resultado positivo obtido pelas sociedades cooperativas nas operações realizadas com seus cooperados não integra a base de cálculo da Contribuição Social sobre o Lucro Líquido – CSLL, mesmo antes da vigência do art. 39 da Lei no 10.865, de 2004".

Súmula 85 CARF: "Na revenda de veículos automotores usados, de que trata o art. 5o da Lei no 9.716, de 26 de novembro de 1998, aplica-se o coeficiente de determinação do lucro presumido de 32% (trinta e dois por cento) sobre a receita bruta, correspondente à diferença entre o valor de aquisição e o de revenda desses veículos".

Súmula 87 CARF: "O imposto de renda não incide sobre as verbas recebidas regularmente por parlamentares a título de auxílio de gabinete e hospedagem, exceto quando a fiscalização apurar a utilização dos recursos em benefício próprio não relacionado à atividade legislativa".

Súmula 89 CARF: "A contribuição social previdenciária não incide sobre valores pagos a título de vale-transporte, mesmo que em pecúnia".

Súmula 94 CARF: "Os lucros auferidos no exterior por filial, sucursal, controlada ou coligada serão convertidos em reais pela taxa de câmbio, para venda, do dia das demonstrações financeiras em que tenham sido apurados tais lucros, inclusive a partir da vigência da MP nº 2.158-35, de 2001".

Súmula 95 CARF: "A presunção de omissão de receitas caracterizada pelo fornecimento de recursos de caixa à sociedade por administradores, sócios de sociedades de pessoas, ou pelo administrador da companhia, somente é elidida com a demonstração cumulativa da origem e da efetividade da entrega dos recursos".

Súmula 115 CARF: "A sistemática de cálculo do "Método do Preço de Revenda menos Lucro com margem de lucro de sessenta por cento (PRL 60)" prevista na IN SRF nº 243/2002, não afronta o disposto no art. 18, II, da Lei nº 9.430/1996, com a redação dada pela Lei nº 9.959/2000".

Súmula 117 CARF: "A indedutibilidade de despesas com royalties prevista no art. 71, parágrafo único, "d", da Lei nº 4.506/1964, não é aplicável à apuração da CSLL".

Súmula 118 CARF: "Caracteriza ganho tributável por pessoa jurídica domiciliada no país a diferença positiva entre o valor das ações ou quotas de capital recebidas em razão da transferência do patrimônio de entidade sem fins lucrativos para entidade empresarial e o valor despendido na aquisição de título patrimonial".

Súmula 122 CARF: "A averbação da Área de Reserva Legal (ARL) na matrícula do imóvel em data anterior ao fato gerador supre a eventual falta de apresentação do Ato Declaratório Ambiental (ADA)".

Súmula 124 CARF: "A produção e a exportação de produtos classificados na Tabela de Incidência do IPI (TIPI) como "não tributados" não geram direito ao crédito presumido de IPI de que trata o art. 1º da Lei nº 9.363/1996".

Súmula 125 CARF: "No ressarcimento da COFINS e da contribuição para o PIS não cumulativas não incide correção monetária ou juros, nos termos dos arts. 13 e 15, VI, da Lei nº 10.833/2003".

Súmula 127 CARF: "A incidência da Contribuição de Intervenção no Domínio Econômico (CIDE) na contratação de serviços técnicos prestados por residentes ou domiciliados no exterior prescinde da ocorrência de transferência de tecnologia".

Súmula 128 CARF: "No cálculo do crédito presumido de IPI, de que tratam a Lei nº 9.363/1996 e a Portaria MF nº 38/1997, as receitas de exportação de produtos não industrializados pelo contribuinte incluem-se na composição tanto da Receita de Exportação (RE), quanto da Receita Operacional Bruta (ROB), refletindo nos dois lados do coeficiente de exportação (numerador e denominador)".

Súmula CARF nº 139 Os descontos e abatimentos, concedidos por instituição financeira na renegociação de créditos com seus clientes, constituem despesas operacionais dedutíveis do lucro real e da base de cálculo da CSLL, não se aplicando a essa circunstância as disposições dos artigos 9º a 12 da Lei nº 9.430/1996.

Súmula CARF nº 143 A prova do imposto de renda retido na fonte deduzido pelo beneficiário na apuração do imposto de renda devido não se faz exclusivamente por meio do comprovante de retenção emitido em seu nome pela fonte pagadora dos rendimentos.

Súmula CARF nº 146 A variação cambial ativa resultante de investimento no exterior avaliado pelo método da equivalência patrimonial não é tributável pelo IRPJ e CSLL.

Súmula CARF nº 153 As receitas decorrentes das vendas de produtos efetuadas para estabelecimentos situados na Zona Franca de Manaus equiparam-se às receitas de exportação, não se sujeitando, portanto, à incidência das contribuições para o PIS/Pasep e para a COFINS.

Súmula CARF nº 188 É permitido o aproveitamento de créditos sobre as despesas com serviços de fretes na aquisição de insumos não onerados pela Contribuição para o PIS/Pasep e pela Cofins não cumulativas, desde que tais serviços, registrados de forma autônoma em relação aos insumos adquiridos, tenham sido efetivamente tributados pelas referidas contribuições.

Súmula CARF nº 189 Os gastos com insumos da fase agrícola, denominados de "insumos do insumo", permitem o direito ao crédito relativo à Contribuição para o PIS/Pasep e à Cofins não cumulativas.

Súmula CARF nº 190 Para fins do disposto no art. 3º, IV, da Lei nº 10.637/2002 e no art. 3º, IV, da Lei nº 10.833/2003, os dispêndios com locação de veículos de transporte de carga ou de passageiros não geram créditos de Contribuição para o PIS/Pasep e da Cofins não cumulativas.

Súmula CARF nº 191 É possível a utilização, para formação de saldo negativo de IRPJ, das retenções na fonte correspondentes às receitas financeiras cuja tributação tenha sido diferida por se encontrar a pessoa jurídica em fase pré-operacional.

Súmula CARF nº 194 Para fins de incidência de contribuições previdenciárias, os escreventes e auxiliares de cartórios filiam-se ao Regime Geral de Previdência Social (RGPS), ainda que tenham sido admitidos antes de 21/11/1994.

Súmula CARF nº 195 Os valores pagos aos diretores não empregados a título de participação nos lucros ou nos resultados estão sujeitos à incidência de contribuições previdenciárias.

Súmula CARF nº 197 Os valores recebidos a título de diferenças ocorridas na conversão da remuneração de Cruzeiro Real para a Unidade Real de Valor - URV são de natureza salarial, razão pela qual estão sujeitos à incidência de IRPF nos termos do art. 43 do CTN.

Súmula CARF nº 198 Não incide imposto de renda sobre os juros de mora devidos pelo atraso no pagamento de remuneração por exercício de emprego, cargo ou função.

Súmula CARF nº 200 Incabível a manutenção do arbitramento com base no SIPT, quando o VTN é apurado sem levar em conta a aptidão agrícola do imóvel. Rejeitado o valor arbitrado, e tendo o contribuinte reconhecido um VTN maior do que o declarado na DITR, deve-se adotar tal valor.

Súmula CARF nº 205 Os valores pagos a título de auxílio-alimentação em pecúnia compõem a base de cálculo das contribuições previdenciárias e das devidas a outras entidades e fundos.

Súmula CARF nº 208 Não incide contribuição previdenciária sobre os valores repassados pelas operadoras de planos de saúde intermediárias na remuneração aos profissionais de saúde credenciados que prestam serviços aos pacientes beneficiários do plano.

Súmula CARF nº 211 A contribuição previdenciária incide sobre as importâncias pagas aos segurados empregados a título de auxílio-educação, bolsas de estudo e congêneres, concedidos a seus dependentes antes da vigência da Lei nº 12.513/2011.

Súmula CARF nº 213 O auxílio-alimentação pago in natura ou na forma de tíquete ou congêneres não integra a base de cálculo das contribuições previdenciárias, independentemente de o sujeito passivo estar inscrito no PAT.

Súmula CARF nº 214 A pensão paga por mera liberalidade a maiores de vinte e quatro anos, ainda que em razão de acordo homologado judicialmente ou por escritura púbica, não é dedutível na apuração do Imposto de Renda Pessoa Física (IRPF).

Súmula CARF nº 217 Os gastos com fretes relativos ao transporte de produtos acabados entre estabelecimentos da empresa não geram créditos de Contribuição para o PIS/Pasep e de Cofins não cumulativas.

LEGISLAÇÃO TRIBUTÁRIA

Súmula 22 CARF (Revisada): "É nulo o ato declaratório de exclusão do Simples Federal, instituído pela Lei nº 9.317/1996, que se limite a consignar a existência de pendências perante a Dívida Ativa da União ou do INSS, sem a indicação dos débitos inscritos cuja exigibilidade não esteja suspensa".

Súmula CARF nº 134 A simples existência, no contrato social, de atividade vedada ao Simples Federal não resulta na exclusão do contribuinte, sendo necessário que a fiscalização comprove a efetiva execução de tal atividade.

Súmula CARF nº 136 Os ajustes decorrentes de superveniências e insuficiências de depreciação, contabilizados pelas instituições arrendadoras em obediência às normas do Banco Central do Brasil, não causam efeitos tributários para a CSLL, devendo ser neutralizados extracontabilmente mediante exclusão das receitas ou adição das despesas correspondentes na apuração da base de cálculo da contribuição.

Súmula CARF nº 137 Os resultados positivos decorrentes da avaliação de investimentos pelo método da Equivalência Patrimonial não integram a base de cálculo do IRPJ ou da CSLL na sistemática do lucro presumido.

Súmula CARF nº 140 Aplica-se retroativamente o disposto no art. 11 da Lei nº 13.202, de 2015, no sentido de que os acordos e convenções internacionais celebrados pelo Governo da República Federativa do Brasil para evitar dupla tributação da renda abrangem a CSLL.

Súmula CARF nº 141 As aplicações financeiras realizadas por cooperativas de crédito constituem atos cooperativos, o que afasta a incidência de IRPJ e CSLL sobre os respectivos resultados.

Súmula CARF nº 142 Até 31.12.2008 são enquadradas como serviços hospitalares todas as atividades tipicamente promovidas em hospitais, voltadas diretamente à promoção da saúde, mesmo eventualmente prestadas por outras pessoas jurídicas, excluindo-se as simples consultas médicas.

Súmula CARF nº 149 Não integra o salário de contribuição a bolsa de estudos de graduação ou de pós-graduação concedida aos empregados, em período anterior à vigência da Lei nº 12.513, de 2011, nos casos em que o lançamento aponta como único motivo para exigir a contribuição previdenciária o fato desse auxílio se referir a educação de ensino superior.

Súmula CARF nº 151 Aplica-se retroativamente o inciso II do § 4º do art. 1º da Lei 11.945/2009, referente a multa pela falta ou atraso na apresentação da "DIF Papel Imune" devendo ser cominada em valor único por declaração não apresentada no prazo trimestral, e não mais por mês calendário, conforme anteriormente estabelecido no art. 57 da MP nº 2.158-35/ 2001, consagrando-se a retroatividade benéfica nos termos do art. 106, do Código Tributário Nacional.

Súmula CARF nº 155 A multa prevista no art. 33 da Lei nº 11.488/07 não se confunde com a pena de perdimento do art. 23, inciso V, do Decreto Lei nº 1.455/76, o que afasta a aplicação da retroatividade benigna definida no art. 106, II, "c", do Código Tributário Nacional.

Súmula CARF nº 157 O percentual da alíquota do crédito presumido das agroindústrias de produtos de origem animal ou vegetal, previsto no art. 8º da Lei nº 10.925/2004, será determinado com base na natureza da mercadoria produzida ou comercializada pela referida agroindústria, e não em função da origem do insumo que aplicou para obtê-lo.

Súmula CARF nº 158 O Imposto de Renda Retido na Fonte – IRRF incidente sobre valores pagos, creditados, entregues, empregados ou remetidos, a cada mês, a residentes ou domiciliados no exterior, a título de remuneração pelas obrigações contraídas, compõe a base de cálculo da Contribuição de Intervenção no Domínio Econômico – CIDE de que trata a Lei nº 10.168/2000, ainda que a fonte pagadora assuma o ônus financeiro do imposto retido.

Súmula CARF nº 167 O art. 76, inciso II, alínea "a" da Lei nº 4.502, de 1964, deve ser interpretado em conformidade com o art. 100, inciso II do CTN, e, inexistindo lei que atribua eficácia normativa a decisões proferidas no âmbito do processo administrativo fiscal federal, a observância destas pelo sujeito passivo não exclui a aplicação de penalidades. (Vinculante, conforme Portaria ME nº 12.975, de 10/11/2021, DOU de 11/11/2021).

Súmula CARF nº 182 O seguro de vida em grupo contratado pelo empregador em favor do grupo de empregados, sem que haja a individualização do montante que beneficia a cada um deles, não se inclui no conceito de remuneração, não estando sujeito à incidência de contribuições previdenciárias, ainda que o benefício não esteja previsto em acordo ou convenção coletiva de trabalho.

Súmula CARF nº 183 O valor das aquisições de matérias-primas, produtos intermediários, materiais de embalagem, energia elétrica e combustíveis, empregados em atividades anteriores à fase industrial do processo produtivo, não deve ser incluído na base de cálculo do crédito presumido do IPI, de que tratam as Leis nºs 9.363/96 e 10.276/01. (Vinculante, conforme Portaria ME nº 12.975, de 10/11/2021, DOU de 11/11/2021).

OBRIGAÇÃO TRIBUTÁRIA E FATO GERADOR

Súmula 38 CARF: "O fato gerador do Imposto sobre a Renda da Pessoa Física, relativo à omissão de rendimentos apurada a partir de depósitos bancários de origem não comprovada, ocorre no dia 31 de dezembro do ano-calendário".

Súmula 44 CARF: "Descabe a aplicação da multa por falta ou atraso na entrega da Declaração de Ajuste Anual do Imposto de Renda das Pessoas Físicas, quando o sócio ou titular de pessoa jurídica inapta não se enquadre nas demais hipóteses de obrigatoriedade de apresentação dessa declaração".

Súmula 119 CARF: "No caso de multas por descumprimento de obrigação principal e por descumprimento de obrigação acessória pela falta de declaração em GFIP, associadas e exigidas em lançamentos de ofício referentes a fatos geradores anteriores à vigência da MP n° 449/2008, convertida na Lei n° 11.941/2009, a retroatividade benigna deve ser aferida mediante a comparação entre a soma das penalidades pelo descumprimento das obrigações principal e acessória, aplicáveis à época dos fatos geradores, com a multa de ofício de 75%, prevista no art. 44 da Lei n° 9.430/1996".

Súmula CARF nº 196 No caso de multas por descumprimento de obrigação principal, bem como de obrigação acessória pela falta de declaração em GFIP, referentes a fatos geradores anteriores à vigência da Medida Provisória nº 449/2008, a retroatividade benigna deve ser aferida da seguinte forma: (i) em relação à obrigação principal, os valores lançados sob amparo da antiga redação do art. 35 da Lei nº 8.212/1991 deverão ser comparados com o que seria devido nos termos da nova redação dada ao mesmo art. 35 pela Medida Provisória nº 449/2008, sendo a multa limitada a 20%; e (ii) em relação à multa por descumprimento de obrigação acessória, os valores lançados nos termos do art. 32, IV, §§ 4º e 5º, da Lei nº 8.212/1991, de forma isolada ou não, deverão ser comparados com o que seria devido nos termos do que dispõe o art. 32-A da mesma Lei nº 8.212/1991.

SUJEITOS, RESPONSABILIDADE, CAPACIDADE E DOMICÍLIO

Súmula 4 CARF: "A partir de 1º de abril de 1995, os juros moratórios incidentes sobre débitos tributários administrados pela Secretaria da Receita Federal são devidos, no período de inadimplência, à taxa referencial do Sistema Especial de Liquidação e Custódia – SELIC para títulos federais".

Súmula 9 CARF: "É válida a ciência da notificação por via postal realizada no domicílio fiscal eleito pelo contribuinte, confirmada com a assinatura do recebedor da correspondência, ainda que este não seja o representante legal do destinatário".

Súmula 14 CARF: "A simples apuração de omissão de receita ou de rendimentos, por si só, não autoriza a qualificação da multa de ofício, sendo necessária a comprovação do evidente intuito de fraude do sujeito passivo".

Súmula 25 CARF: "A presunção legal de omissão de receita ou de rendimentos, por si só, não autoriza a qualificação da multa de ofício, sendo necessária a comprovação de uma das hipóteses dos arts. 71, 72 e 73 da Lei n° 4.502/64".

Súmula 27 CARF: "É valido o lançamento formalizado por Auditor-Fiscal da Receita Federal do Brasil de jurisdição diversa da do domicílio tributário do sujeito passivo".

Súmula 49 CARF: "A denúncia espontânea (art. 138 do Código Tributário Nacional) não alcança a penalidade decorrente do atraso na entrega de declaração".

Súmula 65 CARF: "Inaplicável a responsabilidade pessoal do dirigente de órgão público pelo descumprimento de obrigações acessórias, no âmbito previdenciário, constatadas na pessoa jurídica de direito público que dirige".

Súmula 66 CARF: "Os Órgãos da Administração Pública não respondem solidariamente por créditos previdenciários das empresas contratadas para prestação de serviços de construção civil, reforma e acréscimo, desde que a empresa construtora tenha assumido a responsabilidade direta e total pela obra ou repasse o contrato integralmente".

Súmula 69 CARF: "A falta de apresentação da declaração de rendimentos ou a sua apresentação fora do prazo fixado sujeitará a pessoa física à multa de um por cento ao mês ou fração, limitada a vinte por cento, sobre o Imposto de Renda devido, ainda que integralmente pago, respeitado o valor mínimo".

Súmula 71 CARF: "Todos os arrolados como responsáveis tributários na autuação são parte legítima para impugnar e recorrer acerca da exigência do crédito tributário e do respectivo vínculo de responsabilidade".

Súmula 75 CARF: "A recuperação da espontaneidade do sujeito passivo em razão da inoperância da autoridade fiscal por prazo superior a sessenta dias aplica-se retroativamente, alcançando os atos por ele praticados no decurso desse prazo".

Súmula 88 CARF: "A Relação de Co-Responsáveis – CORESP", o "Relatório de Representantes Legais – RepLeg" e a "Relação de Vínculos – VÍNCULOS", anexos a auto de infração previdenciário lavrado unicamente contra pessoa jurídica, não atribuem responsabilidade tributária às pessoas ali indicadas nem comportam discussão no âmbito do contencioso administrativo fiscal federal, tendo finalidade meramente informativa".

Súmula 90 CARF: "Caracteriza infração às medidas de controle fiscal a posse e circulação de fumo, charuto, cigarrilha e cigarro de procedência estrangeira, sem documentação comprobatória da importação regular, sendo irrelevante, para tipificar a infração, a propriedade da mercadoria".

Súmula 93 CARF: "A falta de transcrição dos balanços ou balancetes de suspensão ou redução no Livro Diário não justifica a cobrança da multa isolada prevista no art. 44 da Lei nº 9.430, de 27 de dezembro de 1996, quando o sujeito passivo apresenta escrituração contábil e fiscal suficiente para comprovar a suspensão ou redução da estimativa".

Súmula 96 CARF: "A falta de apresentação de livros e documentos da escrituração não justifica, por si só, o agravamento da multa de ofício, quando essa omissão motivou o arbitramento dos lucros".

Súmula 102 CARF: "É válida a decisão proferida por Delegacia da Receita Federal de Julgamento – DRJ de localidade diversa do domicílio fiscal do sujeito passivo".

Súmula 105 CARF: "A multa isolada por falta de recolhimento de estimativas, lançada com fundamento no art. 44 § 1º, inciso IV da Lei nº 9.430, de 1996, não pode ser exigida ao mesmo tempo da multa de ofício por falta de pagamento de IRPJ e CSLL apurado no ajuste anual, devendo subsistir a multa de ofício".

Súmula 113 CARF: "A responsabilidade tributária do sucessor abrange, além dos tributos devidos pelo sucedido, as multas moratórias ou punitivas, desde que seu fato gerador tenha ocorrido até a data da sucessão, independentemente de esse crédito ser formalizado, por meio de lançamento de ofício, antes ou depois do evento sucessório".

Súmula 126 CARF: "A denúncia espontânea não alcança as penalidades infligidas pelo descumprimento dos deveres instrumentais decorrentes da inobservância dos prazos fixados pela Secretaria da Receita Federal do Brasil para prestação de informações à administração aduaneira, mesmo após o advento da nova redação do art. 102 do DL nº 37/1966, dada pelo art. 40 da Lei nº 12.350/2010".

Súmula CARF nº 130 A atribuição de responsabilidade a terceiros com fundamento no art. 135, inciso III, do CTN não exclui a pessoa jurídica do pólo passivo da obrigação tributária.

Súmula CARF nº 150 A inconstitucionalidade declarada por meio do RE 363.852/MG não alcança os lançamentos de subrogação da pessoa jurídica nas obrigações do produtor rural pessoa física que tenham como fundamento a Lei nº 10.256, de 2001.

Súmula CARF nº 172 A pessoa indicada no lançamento na qualidade de contribuinte não possui legitimidade para questionar a responsabilidade imputada a terceiros pelo crédito tributário lançado. (Vinculante, conforme Portaria ME nº 12.975, de 10/11/2021, DOU de 11/11/2021).

Súmula CARF nº 176 O imposto de renda pago por sócio pessoa física, em tributação definitiva de ganho de capital, pode ser deduzido do imposto de renda exigido de pessoa jurídica em razão da requalificação da sujeição passiva na tributação da mesma operação de alienação de bens ou direitos. (Vinculante, conforme Portaria ME nº 12.975, de 10/11/2021, DOU de 11/11/2021).

Súmula CARF nº 185 O Agente Marítimo, enquanto representante do transportador estrangeiro no País, é sujeito passivo da multa descrita no artigo 107 inciso IV alínea "e" do Decreto-Lei 37/66. (Vinculante, conforme Portaria ME nº 12.975, de 10/11/2021, DOU de 11/11/2021).

Súmula CARF nº 187 O agente de carga responde pela multa prevista no art. 107, IV, "e" do DL nº 37, de 1966, quando descumpre o prazo estabelecido pela Receita Federal para prestar informação sobre a desconsolidação da carga. (Vinculante, conforme Portaria ME nº 12.975, de 10/11/2021, DOU de 11/11/2021).

Súmula CARF 203 A compensação não equivale a pagamento para fins de aplicação do art. 138 do Código Tributário Nacional, que trata de denúncia espontânea.

Súmula CARF 209 As contribuições previdenciárias podem ser exigidas do tomador de serviços, ainda que sem apuração prévia no prestador, no caso de prestação de serviços executados mediante cessão de mão de obra, cabendo ao tomador de serviços, na qualidade de responsável solidário, comprovar o efetivo recolhimento.

Súmula CARF 210 As empresas que integram grupo econômico de qualquer natureza respondem solidariamente pelo cumprimento das obrigações previstas na legislação previdenciária, nos termos do art. 30, inciso IX, da Lei nº 8.212/1991, c/c o art. 124, inciso II, do CTN, sem necessidade de o fisco demonstrar o interesse comum a que alude o art. 124, inciso I, do CTN.

CRÉDITO TRIBUTÁRIO (LANÇAMENTO, GARANTIAS, PRIVILÉGIOS, SUSPENSÃO)

Súmula 2 CARF: "O CARF não é competente para se pronunciar sobre a inconstitucionalidade de lei tributária".

Súmula 5 CARF: "São devidos juros de mora sobre o crédito tributário não integralmente pago no vencimento, ainda que suspensa sua exigibilidade, salvo quando existir depósito no montante integral".

Súmula 6 CARF: "É legítima a lavratura de auto de infração no local em que foi constatada a infração, ainda que fora do estabelecimento do contribuinte".

Súmula 7 CARF: "A ausência da indicação da data e da hora de lavratura do auto de infração não invalida o lançamento de ofício quando suprida pela data da ciência".

Súmula 8 CARF: "O Auditor Fiscal da Receita Federal é competente para proceder ao exame da escrita fiscal da pessoa jurídica, não lhe sendo exigida a habilitação profissional de contador".

Súmula 10 CARF (Revisada): "Para fins de contagem do prazo decadencial para a constituição de crédito tributário relativo a lucro inflacionário diferido, deve-se levar em conta o período de apuração de sua efetiva realização ou o período em que, em face da legislação, deveria ter sido realizado, ainda que em percentuais mínimos".

Súmula 12 CARF: "Constatada a omissão de rendimentos sujeitos à incidência do imposto de renda na declaração de ajuste anual, é legítima a constituição do crédito tributário na pessoa física do beneficiário, ainda que a fonte pagadora não tenha procedido à respectiva retenção".

Súmula 21 CARF: "É nula, por vício formal, a notificação de lançamento que não contenha a identificação da autoridade que a expediu".

Súmula 46 CARF: "O lançamento de ofício pode ser realizado sem prévia intimação ao sujeito passivo, nos casos em que o Fisco dispuser de elementos suficientes à constituição do crédito tributário".

Súmula 48 CARF: "A suspensão da exigibilidade do crédito tributário por força de medida judicial não impede a lavratura de auto de infração".

Súmula 50 CARF: "É cabível a exigência de multa de ofício se a decisão judicial que suspendia a exigibilidade do crédito tributário perdeu os efeitos antes da lavratura do auto de infração".

Súmula 58 CARF (Revisada): "No regime do Lucro Real, as variações monetárias ativas decorrentes de depósitos judiciais com a finalidade de suspender a exigibilidade do crédito tributário devem compor o resultado do exercício, segundo o regime de competência, salvo se demonstrado que as variações monetárias passivas incidentes sobre o tributo objeto dos depósitos não foram computadas na apuração desse resultado".

Súmula 59 CARF: "A tributação do lucro na sistemática do lucro arbitrado não é invalidada pela apresentação, posterior ao lançamento, de livros e documentos imprescindíveis para a apuração do crédito tributário que, após regular intimação, deixaram de ser exibidos durante o procedimento fiscal".

Súmula 67 CARF (Revisada): "Em apuração de acréscimo patrimonial a descoberto a partir de fluxo de caixa que confronta origens e aplicações de recursos, os saques ou transferências bancárias, registrados em extratos bancários, quando não comprovada a destinação, efetividade da despesa, aplicação ou consumo, não podem lastrear lançamento fiscal".

Súmula 73 CARF: "Erro no preenchimento da declaração de ajuste do imposto de renda, causado por informações erradas, prestadas pela fonte pagadora, não autoriza o lançamento de multa de ofício".

Súmula 78 CARF: "A fixação do termo inicial da contagem do prazo decadencial, na hipótese de lançamento sobre lucros disponibilizados no exterior, deve levar em consideração a data em que se considera ocorrida a disponibilização, e não a data do auferimento dos lucros pela empresa sediada no exterior".

Súmula 82 CARF: "Após o encerramento do ano-calendário, é incabível lançamento de ofício de IRPJ ou CSLL para exigir estimativas não recolhidas".

Súmula 86 CARF: É vedada a retificação da Declaração de Ajuste Anual do Imposto sobre a Renda da Pessoa Física que tenha por objeto a troca de forma de tributação dos rendimentos após o prazo previsto para a sua entrega.

Súmula 92 CARF: A DIPJ, desde a sua instituição, não constitui confissão de dívida, nem instrumento hábil e suficiente para a exigência de crédito tributário nela informado.

Súmula 97 CARF: O arbitramento do lucro em procedimento de ofício pode ser efetuado mediante a utilização de qualquer uma das alternativas de cálculo enumeradas no art. 51 da Lei nº 8.981, de 20 de janeiro de 1995, quando não conhecida a receita bruta.

Súmula 103 CARF: Para fins de conhecimento de recurso de ofício, aplica-se o limite de alçada vigente na data de sua apreciação em segunda instância.

Súmula 112 CARF: "É nulo, por erro na identificação do sujeito passivo, o lançamento formalizado contra pessoa jurídica extinta por liquidação voluntária ocorrida e comunicada ao Fisco Federal antes da lavratura do auto de infração".

Súmula CARF nº 131 Inexiste vedação legal à aplicação de multa de ofício na constituição de crédito tributário em face de entidade submetida ao regime de liquidação extrajudicial.

Súmula CARF nº 132 No caso de lançamento de ofício sobre débito objeto de depósito judicial em montante parcial, a incidência de multa de ofício e de juros de mora atinge apenas o montante da dívida não abrangida pelo depósito.

Súmula CARF nº 144 A presunção legal de omissão de receitas com base na manutenção, no passivo, de obrigações cuja exigibilidade não seja comprovada ("passivo não comprovado"), caracteriza-se no momento do registro contábil do passivo, tributando-se a irregularidade no período de apuração correspondente.

Súmula CARF nº 147 Somente com a edição da Medida Provisória nº 351/2007, convertida na Lei nº 11.488/2007, que alterou a redação do art. 44 da Lei nº 9.430/1996, passou a existir a previsão específica de incidência da multa isolada na hipótese de falta de pagamento do carnê-leão (50%), sem prejuízo da penalidade simultânea pelo lançamento de ofício do respectivo rendimento no ajuste anual (75%).

Súmula CARF nº 159 Não é necessária a realização de lançamento para glosa de ressarcimento de PIS/Pasep e Cofins não cumulativos, ainda que os ajustes se verifiquem na base de cálculo das contribuições.

Súmula CARF nº 165 Não é nulo o lançamento de ofício referente a crédito tributário depositado judicialmente, realizado para fins de prevenção da decadência, com reconhecimento da suspensão de sua exigibilidade e sem a aplicação de penalidade ao sujeito passivo. (Vinculante, conforme Portaria ME nº 12.975, de 10/11/2021, DOU de 11/11/2021).

Súmula CARF nº 166 Inexiste vedação legal à aplicação de juros de mora na constituição de crédito tributário em face de entidade submetida ao regime de liquidação extrajudicial. (Vinculante, conforme Portaria ME nº 12.975, de 10/11/2021, DOU de 11/11/2021).

Súmula CARF nº 170 A homologação tácita não se aplica a pedido de compensação de débito de um sujeito passivo com crédito de outro. (Vinculante, conforme Portaria ME nº 12.975, de 10/11/2021, DOU de 11/11/2021).

Súmula CARF nº 171 Irregularidade na emissão, alteração ou prorrogação do MPF não acarreta a nulidade do lançamento. (Vinculante, conforme Portaria ME nº 12.975, de 10/11/2021, DOU de 11/11/2021).

Súmula CARF nº 177 Estimativas compensadas e confessadas mediante Declaração de Compensação (DCOMP) integram o saldo negativo de IRPJ ou CSLL ainda que não homologadas ou pendentes de homologação. (Vinculante, conforme Portaria ME nº 12.975, de 10/11/2021, DOU de 11/11/2021).

Súmula CARF nº 181 No âmbito das contribuições previdenciárias, é incabível lançamento por descumprimento de obrigação acessória, relacionada à apresentação de informações e documentos exigidos, ainda que em meio digital, com fulcro no caput e parágrafos dos artigos 11 e 12, da Lei nº 8.218, de 1991.

Súmula CARF nº 193 Os tributos discutidos judicialmente, cuja exigibilidade estiver suspensa nos termos do art. 151 do CTN, são indedutíveis para efeito de determinar a base de cálculo da CSLL.

Súmula CARF nº 202 O prazo para homologação tácita da compensação declarada pelo sujeito passivo conta-se da data da entrega da Declaração de Compensação (DCOMP) ou da data do pedido de compensação convertido em DCOMP, mesmo quando anteriores a 31/10/2003.

Súmula CARF nº 204 Enquanto não transcorrido o prazo de homologação tácita da Declaração de Compensação (DCOMP), pode o Fisco confirmar os requisitos legais de dedução de retenções na fonte e estimativas mensais na apuração de saldo negativo de IRPJ e CSLL.

Súmula CARF nº 207 As contribuições previdenciárias, referentes à parte dos segurados, pagas por pessoa jurídica interposta em relação a seus sócios, cujas contratações tenham sido reclassificadas como relação de emprego em empresa diversa, podem ser deduzidas do valor lançado no auto de infração.

Súmula CARF nº 215 A entrega intempestiva da Declaração do Imposto sobre a Propriedade Territorial Rural (DITR), antes de iniciado o procedimento fiscal, enseja o lançamento da multa por atraso calculada apenas com base no imposto apurado pelo sujeito passivo na DITR, ainda que sobrevenha lançamento de ofício.

Súmula CARF nº 216 O desembaraço aduaneiro não é instituto homologatório do lançamento e a realização do procedimento de "revisão aduaneira", com fundamento no art. 54 do Decreto-Lei nº 37/1966, não implica "mudança de critério jurídico" vedada pelo art. 146 do CTN, qualquer que seja o canal de conferência aduaneira.

EXTINÇÃO E EXCLUSÃO DO CRÉDITO TRIBUTÁRIO

Súmula 11 CARF: "Não se aplica a prescrição intercorrente no processo administrativo fiscal".

Súmula 17 CARF: "Não cabe a exigência de multa de ofício nos lançamentos efetuados para prevenir a decadência, quando a exigibilidade estiver suspensa na forma dos incisos IV ou V do art. 151 do CTN e a suspensão do débito tenha ocorrido antes do início de qualquer procedimento de ofício a ele relativo".

Súmula 37 CARF (Revisada): "Para fins de deferimento do Pedido de Revisão de Ordem de Incentivos Fiscais (PERC), a exigência de comprovação de regularidade fiscal deve se ater aos débitos existentes até a data de entrega da Declaração de Rendimentos da Pessoa Jurídica na qual se deu a opção pelo incentivo, admitindo-se a prova da regularidade em qualquer momento do processo administrativo, independentemente da época em que tenha ocorrido a regularização, e inclusive mediante apresentação de certidão de regularidade posterior à data da opção".

Súmula 68 CARF: "A Lei nº 8.852, de 1994, não outorga isenção nem enumera hipóteses de não incidência de Imposto sobre a Renda da Pessoa Física".

Súmula 72 CARF: "Caracterizada a ocorrência de dolo, fraude ou simulação, a contagem do prazo decadencial rege-se pelo art. 173, inciso I, do CTN".

Súmula 84 CARF (Revisada): "É possível a caracterização de indébito, para fins de restituição ou compensação, na data do recolhimento de estimativa".

Súmula 91 CARF: "Ao pedido de restituição pleiteado administrativamente antes de 9 de junho de 2005, no caso de tributo sujeito a lançamento por homologação, aplica-se o prazo prescricional de 10 (dez) anos, contado do fato gerador".

Súmula 99 CARF: "Para fins de aplicação da regra decadencial prevista no art. 150, § 4º, do CTN, para as contribuições previdenciárias, caracteriza pagamento antecipado o recolhimento, ainda que parcial, do valor considerado como devido pelo contribuinte na competência do fato gerador a que se referir a autuação, mesmo que não tenha sido incluída, na base de cálculo deste recolhimento, parcela relativa a rubrica especificamente exigida no auto de infração".

Súmula 100 CARF: "O Auditor-Fiscal da Receita Federal do Brasil tem competência para fiscalizar o cumprimento dos requisitos do regime de drawback na modalidade suspensão, aí compreendidos o lançamento do crédito tributário, sua exclusão em razão do reconhecimento de benefício, e a verificação, a qualquer tempo, da regular observação, pela importadora, das condições fixadas na legislação pertinente".

Súmula 101 CARF: "Na hipótese de aplicação do art. 173, inciso I, do CTN, o termo inicial do prazo decadencial é o primeiro dia do exercício seguinte àquele em que o lançamento poderia ter sido efetuado".

Súmula 104 CARF: "Lançamento de multa isolada por falta ou insuficiência de recolhimento de estimativa de IRPJ ou de CSLL submete-se ao prazo decadencial previsto no art. 173, inciso I, do CTN".

Súmula 106 CARF: "Caracterizada a ocorrência de apropriação indébita de contribuições previdenciárias descontadas de segurados empregados e/ou contribuintes individuais, a contagem do prazo decadencial rege-se pelo art. 173, inciso I, do CTN".

Súmula 107 CARF: "A receita da atividade própria, objeto da isenção da Cofins prevista no art. 14, X, c/c art. 13, III, da MP nº 2.158-35, de 2001, alcança as receitas obtidas em contraprestação de serviços educacionais prestados pelas entidades de educação sem fins lucrativos a que se refere o art. 12 da Lei nº 9.532, de 1997".

Súmula 114 CARF: "O Imposto de Renda incidente na fonte sobre pagamento a beneficiário não identificado, ou sem comprovação da operação ou da causa, submete-se ao prazo decadencial previsto no art. 173, I, do CTN".

Súmula 116 CARF: "Para fins de contagem do prazo decadencial para a constituição de crédito tributário relativo a glosa de amortização de ágio na forma dos arts. 7º e 8º da Lei nº 9.532/1997, deve-se levar em conta o período de sua repercussão na apuração do tributo em cobrança".

Súmula CARF nº 135 A antecipação do recolhimento do IRPJ e da CSLL, por meio de estimativas mensais, caracteriza pagamento apto a atrair a aplicação da regra decadencial prevista no art. 150, §4º do CTN.

Súmula CARF nº 138 Imposto de renda retido na fonte incidente sobre receitas auferidas por pessoa jurídica, sujeitas a apuração trimestral ou anual, caracteriza pagamento apto a atrair a aplicação da regra decadencial prevista no art. 150, §4º do CTN.

Súmula CARF nº 145 A partir da 01/10/2002, a compensação de crédito de saldo negativo de IRPJ ou CSLL, ainda que com tributo de mesma espécie, deve ser promovida mediante apresentação de Declaração de Compensação - DCOMP.

Súmula CARF nº 148 No caso de multa por descumprimento de obrigação acessória previdenciária, a aferição da decadência tem sempre como base o art. 173, I, do CTN, ainda que se verifique pagamento antecipado da obrigação principal correlata ou esta tenha sido fulminada pela decadência com base no art. 150, § 4º, do CTN.

Súmula CARF nº 156 No regime de drawback, modalidade suspensão, o termo inicial para contagem do prazo quinquenal de decadência do direito de lançar os tributos suspensos é o primeiro dia do exercício seguinte ao encerramento do prazo de trinta dias posteriores à data limite para a realização das exportações compromissadas, nos termos do art. 173, I, do CTN.

Súmula CARF nº 174 Lançamento de multa por descumprimento de obrigação acessória submete-se ao prazo decadencial previsto no art. 173, inciso I, do CTN. (Vinculante, conforme Portaria ME nº 12.975, de 10/11/2021, DOU de 11/11/2021).

Súmula CARF nº 179 É vedada a compensação, pela pessoa jurídica sucessora, de bases de cálculo negativas de CSLL acumuladas por pessoa jurídica sucedida, mesmo antes da vigência da Medida Provisória nº 1.858-6, de 1999. (Vinculante, conforme Portaria ME nº 12.975, de 10/11/2021, DOU de 11/11/2021).

Súmula CARF nº 184 O prazo decadencial para aplicação de penalidade por infração aduaneira é de 5 (cinco) anos contados da data da infração, nos termos dos artigos 138 e 139, ambos do Decreto-Lei n.º 37/66 e do artigo 753 do Decreto n.º 6.759/2009. (Vinculante, conforme Portaria ME nº 12.975, de 10/11/2021, DOU de 11/11/2021).

Súmula CARF nº 201 São isentos do imposto de renda os rendimentos do trabalho recebidos por técnicos a serviço das Nações Unidas, de seus programas ou de suas Agências Especializadas expressamente enumeradas no Decreto nº 59.308/1966, abrangidos por acordo de assistência técnica que atribua os benefícios fiscais decorrentes da Convenção sobre Privilégios e Imunidades das Nações Unidas, promulgada pelo Decreto nº 27.784/1950, contratados no Brasil por período pré-fixado ou por empreitada, para atuar como consultores.

Súmula CARF nº 206 A compensação de valores discutidos em ações judiciais antes do trânsito em julgado, efetuada em inobservância a decisão judicial e ao art. 170-A do CTN, configura hipótese de aplicação da multa isolada em dobro, prevista no § 10 do art. 89 da Lei nº 8.212/1991.

ADMINISTRAÇÃO TRIBUTÁRIA (FISCALIZAÇÃO, CERTIDÕES, DÍVIDA ATIVA)

Súmula 26 CARF: "A presunção estabelecida no art. 42 da Lei nº 9.430/96 dispensa o Fisco de comprovar o consumo da renda representada pelos depósitos bancários sem origem comprovada".

Súmula 29 CARF (Revisada): "Os co-titulares da conta bancária que apresentem declaração de rendimentos em separado devem ser intimados para comprovar a origem dos depósitos nela efetuados, na fase que precede à lavratura do auto de infração com base na presunção legal de omissão de receitas ou rendimentos, sob pena de exclusão, da base de cálculo do lançamento, dos valores referentes às contas conjuntas em relação às quais não se intimou todos os co-titulares".

Súmula 30 CARF: "Na tributação da omissão de rendimentos ou receitas caracterizada por depósitos bancários com origem não comprovada, os depósitos de um mês não servem para comprovar a origem de depósitos havidos em meses subsequentes".

Súmula 31 CARF: "Descabe a cobrança de multa de ofício isolada exigida sobre os valores de tributos recolhidos extemporaneamente, sem o acréscimo da multa de mora, antes do início do procedimento fiscal".

Súmula 32 CARF: "A titularidade dos depósitos bancários pertence às pessoas indicadas nos dados cadastrais, salvo quando comprovado com documentação hábil e idônea o uso da conta por terceiros".

Súmula 33 CARF: "A declaração entregue após o início do procedimento fiscal não produz quaisquer efeitos sobre o lançamento de ofício".

Súmula 34 CARF: "Nos lançamentos em que se apura omissão de receita ou rendimentos, decorrente de depósitos bancários de origem não comprovada, é cabível a qualificação da multa de ofício, quando constatada a movimentação de recursos em contas bancárias de interpostas pessoas".

Súmula 35 CARF: "O art. 11, § 3º, da Lei 9.311/96, com a redação dada pela Lei 10.174/2001, que autoriza o uso de informações da CPMF para a constituição do crédito tributário de outros tributos, aplica-se retroativamente".

Súmula 111 CARF: "O Mandado de Procedimento Fiscal supre a autorização, prevista no art. 906 do Decreto nº 3.000/1999, para reexame de período anteriormente fiscalizado".

Súmula 120 CARF: "Não é válida a intimação para comprovar a origem de depósitos bancários em cumprimento ao art. 42 da Lei nº 9.430/1996, quando dirigida ao espólio, relativamente aos fatos geradores ocorridos antes do falecimento do titular da conta bancária".

Súmula 121 CARF: "A isenção do imposto de renda prevista no art. 6º, XIV, da Lei nº 7.713/1988, referente à cegueira, inclui a cegueira monocular".

Súmula 123 CARF: "Imposto de renda retido na fonte relativo a rendimentos sujeitos a ajuste anual caracteriza pagamento apto a atrair a aplicação da regra decadencial prevista no art. 150, § 4º, do CTN".

Súmula 212 CARF: "A apresentação de requerimento junto à Administração Tributária é requisito indispensável à fruição do benefício de desoneração das contribuições previdenciárias, para fatos geradores ocorridos sob a égide do art. 55, §1º, da Lei nº 8.212/1991, por se caracterizar aspecto procedimental referente à fiscalização e ao controle administrativo".

PROCESSO TRIBUTÁRIO (ADMINISTRATIVO E JUDICIAL) E DIREITO PENAL TRIBUTÁRIO

Súmula 1 CARF: "Importa renúncia às instâncias administrativas a propositura pelo sujeito passivo de ação judicial por qualquer modalidade processual, antes ou depois do lançamento de ofício, com o mesmo objeto do processo administrativo, sendo cabível apenas a apreciação, pelo órgão de julgamento administrativo, de matéria distinta da constante do processo judicial".

Súmula 2 CARF: "O CARF não é competente para se pronunciar sobre a inconstitucionalidade de lei tributária".

Súmula 11 CARF: "Não se aplica a prescrição intercorrente no processo administrativo fiscal".

Súmula 28 CARF: "O CARF não é competente para se pronunciar sobre controvérsias referentes a Processo Administrativo de Representação Fiscal para Fins Penais".

Súmula 103 CARF: Para fins de conhecimento de recurso de ofício, aplica-se o limite de alçada vigente na data de sua apreciação em segunda instância.

Súmula 84 CARF: "Pagamento indevido ou a maior a título de estimativa caracteriza indébito na data de seu recolhimento, sendo passível de restituição ou compensação".

Súmula 106 CARF: "Caracterizada a ocorrência de apropriação indébita de contribuições previdenciárias descontadas de segurados empregados e/ou contribuintes individuais, a contagem do prazo decadencial rege-se pelo art. 173, inciso I, do CTN".

Súmula 108 CARF: "Incidem juros moratórios, calculados à taxa referencial do Sistema Especial de Liquidação e Custódia (SELIC), sobre o valor correspondente à multa de ofício".

Súmula 109 CARF: "O órgão julgador administrativo não é competente para se pronunciar sobre controvérsias referentes a arrolamento de bens".

Súmula 110 CARF: "No processo administrativo fiscal, é incabível a intimação dirigida ao endereço de advogado do sujeito passivo".

Súmula CARF nº 129: Constatada irregularidade na representação processual, o sujeito passivo deve ser intimado a sanar o defeito antes da decisão acerca do conhecimento do recurso administrativo.

Súmula CARF nº 133: A falta de atendimento a intimação para prestar esclarecimentos não justifica, por si só, o agravamento da multa de ofício, quando essa conduta motivou presunção de omissão de receitas ou de rendimentos.

Súmula CARF nº 152: Os créditos relativos a tributos administrados pela Receita Federal do Brasil (RFB), reconhecidos por sentença judicial transitada em julgado que tenha permitido apenas a compensação com débitos de tributos da mesma espécie, podem ser compensados com débitos próprios relativos a quaisquer tributos administrados pela Receita Federal do Brasil, observada a legislação vigente por ocasião de sua realização.

Súmula CARF nº 154: Constatada a oposição ilegítima ao ressarcimento de crédito presumido do IPI, a correção monetária, pela taxa Selic, deve ser contada a partir do encerramento do prazo de 360 dias para a análise do pedido do contribuinte, conforme o art. 24 da Lei nº 11.457/07.

Súmula CARF nº 160: A aplicação da multa substitutiva do perdimento a que se refere o § 3º do art. 23 do Decreto-lei nº 1.455, de 1976 independe da comprovação de prejuízo ao recolhimento de tributos ou contribuições.

Súmula CARF nº 161: O erro de indicação, na Declaração de Importação, da classificação da mercadoria na Nomenclatura Comum do Mercosul, por si só, enseja a aplicação da multa de 1%, prevista no art. 84, I da MP nº 2.158-35, de 2001, ainda que órgão julgador conclua que a classificação indicada no lançamento de ofício seria igualmente incorreta.

Súmula CARF nº 162: O direito ao contraditório e à ampla defesa somente se instaura com a apresentação de impugnação ao lançamento. (Vinculante, conforme Portaria ME nº 12.975, de 10/11/2021, DOU de 11/11/2021).

Súmula CARF nº 163: O indeferimento fundamentado de requerimento de diligência ou perícia não configura cerceamento do direito de defesa, sendo facultado ao órgão julgador indeferir aquelas que considerar prescindíveis ou impraticáveis. (Vinculante, conforme Portaria ME nº 12.975, de 10/11/2021, DOU de 11/11/2021).

Súmula CARF nº 164: A retificação de DCTF após a ciência do despacho decisório que indeferiu o pedido de restituição ou que não homologou a declaração de compensação é insuficiente para a comprovação do crédito, sendo indispensável a comprovação do erro em que se fundamenta a retificação. (Vinculante, conforme Portaria ME nº 12.975, de 10/11/2021, DOU de 11/11/2021).

Súmula CARF nº 168: Mesmo após a ciência do despacho decisório, a comprovação de inexatidão material no preenchimento da DCOMP permite retomar a análise do direito creditório.

Súmula CARF nº 169: O art. 24 do decreto-lei nº 4.657, de 1942 (LINDB), incluído pela lei nº 13.655, de 2018, não se aplica ao processo administrativo fiscal. (Vinculante, conforme Portaria ME nº 12.975, de 10/11/2021, DOU de 11/11/2021).

Súmula CARF nº 173: A intimação por edital realizada a partir da vigência da Lei nº 11.196, de 2005, é válida quando houver demonstração de que foi improfícua a intimação por qualquer um dos meios ordinários (pessoal, postal ou eletrônico) ou quando, após a vigência da Medida Provisória nº 449, de 2008, convertida na Lei nº 11.941, de 2009, o sujeito passivo tiver sua inscrição declarada inapta perante o cadastro fiscal.

Súmula CARF nº 175: É possível a análise de indébito correspondente a tributos incidentes sobre o lucro sob a natureza de saldo negativo se o sujeito passivo demonstrar, mesmo depois do despacho decisório de não homologação, que errou ao preencher a Declaração de Compensação – DCOMP e informou como crédito pagamento indevido ou a maior de estimativa integrante daquele saldo negativo. (Vinculante, conforme Portaria ME nº 12.975, de 10/11/2021, DOU de 11/11/2021).

Súmula CARF nº 178: A inexistência de tributo apurado ao final do ano-calendário não impede a aplicação de multa isolada por falta de recolhimento de estimativa na forma autorizada desde a redação original do art. 44 da Lei nº 9.430, de 1996. (Vinculante, conforme Portaria ME nº 12.975, de 10/11/2021, DOU de 11/11/2021).

Súmula CARF nº 180: Para fins de comprovação de despesas médicas, a apresentação de recibos não exclui a possibilidade de exigência de elementos comprobatórios adicionais. (Vinculante, conforme Portaria ME nº 12.975, de 10/11/2021, DOU de 11/11/2021).

Súmula CARF nº 186: A retificação de informações tempestivamente prestadas não configura a infração descrita no artigo 107, inciso IV, alínea "e" do Decreto-Lei nº 37/66. (Vinculante, conforme Portaria ME nº 12.975, de 10/11/2021, DOU de 11/11/2021).

Súmula CARF nº 192 É defeso à autoridade julgadora alterar o regime de apuração adotado no lançamento do IRPJ e da CSLL, de lucro real para lucro arbitrado, quando configurada hipótese legal de arbitramento do lucro.

◉ TIT/SP

TRIBUTOS E SUAS ESPÉCIES

Súmula 03/2003 TIT/SP: "Não é admissível a correção monetária de saldos credores do ICMS, tampouco a correção monetária de créditos extemporâneos do ICMS".

Súmula 07/2005 TIT/SP: "Até a vigência da Emenda Constitucional nº 33/2001, não incide o ICMS na importação de bens por pessoa física ou jurídica que não seja contribuinte do imposto".

LEGISLAÇÃO TRIBUTÁRIA

Súmula 06/2003 TIT/SP: "A redução ou a relevação da multa, em decisão proferida por qualquer das Câmaras do Tribunal de Impostos e Taxas, por não caracterizar hipótese de divergência ou dissídio de interpretação da legislação, não viabiliza a interposição de recurso especial".

CRÉDITO TRIBUTÁRIO (LANÇAMENTO, GARANTIAS, PRIVILÉGIOS, SUSPENSÃO)

Súmula 02/2003 TIT/SP: "É legítima a utilização da Unidade Fiscal do Estado de São Paulo – UFESP como índice de correção monetária do crédito tributário".

Súmula 08/2005 TIT/SP: "É legítima a aplicação aos débitos fiscais estaduais da taxa de juros de mora equivalente, ao mês, à taxa referencial do Sistema Especial de Liquidação e de Custódia – SELIC, conforme previsão legal".

Súmula 10/2017 TIT/SP (revisada em 09/06/2022): "Os juros de mora aplicáveis ao montante de imposto e multa exigidos em autos de infração estão limitados à taxa referencial do Sistema Especial de Liquidação e de Custódia – SELIC incidente na cobrança dos tributos federais".

Súmula 14/2018 TIT/SP: "A lavratura de Auto de Infração sem a incidência de penalidades necessariamente depende do prévio depósito judicial do montante integral do crédito tributário, nos termos do §3º, do artigo 30, da Lei n. 13.457/2009".

EXTINÇÃO E EXCLUSÃO DO CRÉDITO TRIBUTÁRIO

Súmula 04/2003 TIT/SP: "Não é admissível a prescrição intercorrente no processo administrativo tributário".

Súmula 09/2017 TIT/SP: "Nas autuações originadas da escrituração de créditos indevidos de ICMS, aplica-se a regra decadencial disposta no art. 173, inciso I, do Código Tributário Nacional".

Súmula 11/2017 TIT/SP: "Na hipótese de transferência interestadual de mercadorias entre estabelecimentos do mesmo titular, é legítima a glosa da parcela dos créditos de ICMS relativa a benefícios fiscais concedidos irregularmente pelo Estado de origem, sem prévia autorização do CONFAZ, consoante o disposto no artigo 155, §2º, inciso XII, alínea "g", da Constituição Federal, bem como no §3º, do artigo 36, da Lei nº 6.374/89".

Súmula 12/2017 TIT/SP: "É vedado o aproveitamento integral do crédito do ICMS referente à entrada de mercadoria cuja saída subsequente é beneficiada com redução da base de cálculo do imposto".

Súmula 15/2020 TIT/SP: "Nas autuações originadas da falta de pagamento de imposto apurada por levantamento fiscal, nos termos do artigo 509 do RICMS/00, aplica-se a regra decadencial do artigo 173, inciso I, do CTN, devendo ser considerado o termo inicial da contagem do prazo decadencial de cinco anos o 1º dia do segundo exercício após aquele objeto do levantamento fiscal".

Economia e Regulação

Felipe Viana de Paula

TABELA DE INCIDÊNCIA DE QUESTÕES

Distribuição das questões organizada por ordem didática de assuntos		
Assunto	**Número de Questões**	**Peso**
1. MACROECONOMIA	37	51,39%
2. MICROECONOMIA	10	13,89%
3. FALHAS DE MERCADO	2	2,78%
4. ECONOMIA DO SETOR PÚBLICO	10	13,89%
5. TEORIA DA REGULAÇÃO	6	8,33%
6. ECONOMIA BRASILEIRA	7	9,72%
Total	**72**	**100%**

Economia e Regulação

Felipe Viana de Paula

✦ QUESTÕES

1. MACROECONOMIA

1.1. O SISTEMA DE CONTAS NACIONAIS E IDENTIDADES MACROECONÔMICAS FUNDAMENTAIS

- Identidades fundamentais
- Formas de mensuração do produto e da renda nacional
- Produto nominal x produto real. Números índices

01. (FGV – Auditor de Controle Externo TCE-PA/2024) Sobre as identidades macroeconômicas, avalie as seguintes afirmativas:

I. A identidade da renda nacional em uma economia aberta diz que o Produto Interno Bruto (PIB) é igual à soma do consumo (C), investimento (I), gastos do governo (G) e exportações líquidas (X – M).

II. A identidade do Produto Nacional Bruto (PNB) ajusta o PIB, subtraindo os pagamentos de fatores de produção externos utilizados internamente e adicionando os recebimentos do exterior por fatores de produção nacionais empregados em outros países.

III. O Produto Interno Bruto (PIB) pode ser calculado tanto pela ótica da produção quanto pela ótica da renda e da despesa, sendo que todos devem resultar no mesmo valor.

IV. A renda disponível das famílias é calculada como a renda nacional menos os impostos diretos pagos pelas famílias mais as transferências recebidas do governo.

Está correto o que se afirma em

a) I e III, apenas.

b) I, II e III, apenas.

c) II e IV, apenas.

d) I, II e IV, apenas.

e) I, II, III e IV.

COMENTÁRIOS

Analisando os itens:

I. Correto. De fato, a identidade que representa o PIB (Y) é a descrita no enunciado:

$Y = C + I + G + (X - M)$

II. Correto. PNB (Produto Nacional Bruto) = PIB – RLEE, sendo que RLEE equivale à diferença entre o que é pago por fatores de produção externos utilizados internamente e o que é recebido do exterior por fatores de produção nacionais empregados no estrangeiro.

III. Correto. Define-se Produto Interno Bruto (PIB) a soma de todos os bens e serviços finais produzidos em uma economia durante determinado período de tempo. Já a renda agregada equivale à remuneração dos fatores de produção na economia: salários (remuneração do fator trabalho), juros (remuneração do dinheiro), lucros (remuneração do risco) e aluguéis (remuneração do capital):

Renda Agregada = salários + juros + aluguéis + lucros

Existe ainda o conceito de despesa agregada, que diz respeito às possíveis destinações do produto. Os três conceitos anteriormente descritos são equivalentes. Vejamos o porquê.

As empresas produzem os bens e serviços utilizando-se dos fatores de produção que as famílias possuem (a força de trabalho, dinheiro, prédios que servem de instalações para as empresas). O fornecimento desses fatores de produção pelas famílias é remunerado, ou seja: o trabalhador recebe salário em troca da sua mão de obra, o dono das instalações recebe o aluguel, o emprestador do dinheiro recebe os juros, etc.

A soma de todas as remunerações é a renda agregada, que é gasta pelas famílias na compra dos bens e serviços produzidos pelas empresas. O gasto de toda economia na aquisição do produto agregado nada mais é do que a despesa agregada. Esse processo é conhecido como fluxo circular de renda e estabelece a identidade macroeconômica básica:

Produto Agregado	=	Despesa Agregada	=	Renda Agregada
(valor da produção final)		*(despesa com o produto)*		*(salários + lucros + juros + aluguéis)*

IV. Correto. A Renda Nacional é igual ao Produto Nacional Líquido a custo de fatores. Note, portanto, que foram expurgados do PIB os impostos indiretos e a depreciação, sendo somados os subsídios. Para se chegar à Renda Disponível (Y_d), devemos ainda subtrair os impostos diretos pagos pelas famílias e somar as transferências do governo ao setor privado, conforme a seguinte identidade:

$Y_d = Y - T + R$, em que Y é renda nacional, T são os impostos e R, as transferências do governo.

Alternativa correta: letra "e".

---

02. (VUNESP -- Auditor de Controle Externo - TCM-SP/2023) Caso o valor do Produto Nacional Bruto de um país apresente um valor maior que o Produto Interno Bruto será resultado de uma

a) renda líquida enviada para o exterior > 0.

b) renda líquida enviada para o exterior < 0.

c) renda líquida enviada para o exterior = 0.

d) produção inferior aos valores de impostos e subsídios.

e) transferência líquida de recursos > 0.

COMENTÁRIOS

Alternativa "a": O Produto Nacional Bruto é igual ao Produto Interno Bruto menos a Renda Líquida Enviada ao Exterior: PNB = PIB – RLEE.

Perceba pela relação que, quando RLEE > 0, o PNB é menor que o PIB → PNB < PIB. Portanto, errado.

Alternativa "b": Certo. Se RLEE < 0, então PNB > PIB (RLEE assume sinal positivo).

Alternativa "c": Errado. Se RLEE = 0, então PNB = PIB.

Alternativa "d": A produção inferior aos valores de impostos e subsídios não faz parte da identidade que compara ambos os agregados.

Alternativa "e": A transferência líquida de recursos ao exterior (X – M) faz parte de ambos os conceitos de PIB expostos no enunciado e, portanto, não faz com que um deles seja maior que o outro. Errado.

Alternativa correta: letra "b".

---

03. (CEBRASPE – Técnico de Controle Externo – TCE-AC/2024) Considere que, no decorrer de um ano, haja uma inflação i, tal que o poder de compra de uma nota de 100 reais (não aplicados, isto é, sujeitos à depreciação da inflação) caia, nesse período, para 100/(1 + i). Considere, ainda, que, se os 100 reais forem aplicados, nesse período, em uma aplicação com rendimento nominal r, então seu poder de compra será de 100 × (1 + r)/(1 + i).

Com base nessas considerações, julgue o item seguinte.

A taxa de ganho real da referida aplicação no período será igual a (1 + r)/(1 + i) – 1.

COMENTÁRIOS

A taxa de ganho real é o retorno em termos de poder de compra de uma aplicação. Assim sendo, ela corresponde ao rendimento nominal descontado da inflação. Podemos expressá-la da seguinte forma: (1 + r)/(1 + i) – 1.

Certo.

1.2. BALANÇO DE PAGAMENTOS

---

04. (VUNESP -- Auditor de Controle Externo – TCM-SP/2023) Considere uma economia que apresente os seguintes valores para alguns dos agregados macroeconômicos:

Produto Interno Bruto a preço de mercado = \$750

Impostos Indiretos = \$60

Depreciação = \$25

Subsídio = \$11

Renda Líquida Enviada ao Exterior = \$75

O Produto Interno Líquido a custo de fatores é

a) \$550.

b) \$665.

c) \$676.

d) \$690.

e) \$775.

COMENTÁRIOS

Sendo PIL_{cf} = Produto Interno Bruto a custo de fatores e PIB_{pm} = Produto Interno Bruto a preço de mercado, temos que:

$PIL_{cf} = PIB_{pm}$ – impostos indiretos + subsídios – depreciação

$PIL_{cf} = 750 - 60 + 11 - 25$

$PIL_{cf} = 676$

Alternativa correta: letra "c".

---

05. (VUNESP -- Auditor de Controle Externo – TCM-SP/2023) Sabendo que a economia de um país apresentou os resultados a seguir, nas suas contas externas:

1) exportação de mercadorias (FOB) à vista = $2.000
2) amortizações pagas = $750
3) lucros remetidos para o exterior = $100
4) importação de mercadorias (FOB) à vista = $1.400
5) empréstimos obtidos junto ao FMI = $170
6) fretes e seguros pagos = $100
7) juros pagos = $270
8) investimentos no país feitos por empresas do exterior = $300
9) venda de ouro monetário = $20
10) erros e omissões = $0
11) saldo em transações correntes = $260

É correto afirmar que o saldo na conta transferências unilaterais foi de

a) –$90.
b) –$95.
c) $110.
d) $130.
e) $190.

COMENTÁRIOS

O examinador solicita o valor das transferências unilaterais, conta que atualmente é denominada **renda secundária**.

Sabe-se que o saldo em transações correntes é obtido da seguinte forma:

(+) Balança comercial

(+) Serviços

(+) Renda Primária

(+) Renda Secundária

(=) Transações Correntes

Como o saldo em transações correntes foi fornecido no enunciado, basta calcularmos cada conta até encontrar o valor da renda secundária, que é o valor que está faltando. Note que diversos itens foram fornecidos apenas para confundir o candidato e não serão usados.

Balança Comercial = exportação de mercadorias (FOB) – importação de mercadorias (FOB)

Balança Comercial = 2.000 – 1.400

Balança Comercial = 600

Serviços = – fretes e seguros

Serviços = – 100

Renda Primária = – (lucros remetidos para o exterior – juros pagos)

Renda Primária = – 100 – 270

Renda Primária = – 370

Agora, só falta o valor da renda secundária.

(+) 600

(–) 100

(–) 370

(+) Renda Secundária

(=) 260

Renda Secundária = 260 + 370 + 100 – 600

Renda Secundária = 130

Assim, o saldo na conta de renda secundária, antiga "transferências unilaterais", foi de $ 130.

Alternativa correta: letra "d".

---

06. (FGV – Auditor de Controle Externo – TCE-TO/2022) De acordo com as orientações trazidas na sexta edição do Manual do Balanço de Pagamentos do Fundo Monetário Internacional (BPM6), a aquisição, por residente do Brasil, de um bem de um residente dos Estados Unidos da América e revenda do mesmo bem para um residente da França, sem que o bem transite pelo território brasileiro, deve ser registrada na:

a) balança comercial;
b) balança de serviços;
c) renda primária;
d) renda secundária;
e) conta capital.

COMENTÁRIOS

Alternativa "a": Esse tipo de operação é conhecido como *merchanting* ou "triangulação". Como se refere a transferência de um bem entre residentes e não residentes do Brasil, ela é registrada na balança comercial, mesmo que o bem não tenha transitado pelo território brasileiro. Isso porque a referida transação é registrada no momento em que ocorre a transferência de propriedade do bem, e não quando ocorre sua circulação física. A balança comercial contempla, basicamente, as exportações e as importações de bens. Para fins de registro das estatísticas de setor externo, define-se como bens os itens físicos produzidos sobre os quais podem se estabelecer direitos de propriedade e cuja propriedade pode ser transferida de uma unidade institucional para outra através de transações. É a alternativa correta.

Alternativa "b": A balança de serviços, como o próprio nome diz, registra as transações envolvendo serviços. São exemplos de serviços registrados nessa conta os serviços de manufatura prestado a terceiros, serviços de manutenção e reparo, serviços de transporte, viagens, construção, seguros, entre outros. Como o enunciado fala de uma transação envolvendo bens, o seu registro é na balança comercial e, portanto, a alternativa está errada.

Alternativa "c": A conta de renda primária contempla a renda vinculada ao processo de produção e à propriedade de ativos financeiros e outros ativos não produzidos. Entram nessa conta a remuneração de empregados, os juros, dividendos, lucros reinvestidos, etc.

Alternativa "d": A conta de renda secundária (anterior "transferências unilaterais") apresenta as transferências correntes entre residentes e não residentes. As transferências correspondem a provisão de um bem, serviço, ativo financeiro ou outro ativo não produzido, de uma unidade institucional para outra, sem obter em troca um item de valor econômico. É o caso das doações. Errado.

Alternativa "e": Por fim, a conta capital abrange as transações envolvendo compra e venda de ativos não financeiros não produzidos, e transferências de capital. Portanto, não diz respeito à operação descrita no enunciado.

Alternativa correta: letra "a".

1.3. AS CONTAS DO SISTEMA FINANCEIRO E O MULTIPLICADOR DOS MEIOS DE PAGAMENTO

- Criação e destruição de moeda
- Sistema financeiro nacional

07. (CEBRASPE - Técnico de Controle Externo - TCE-PR/2024) Considere uma situação em que o papel moeda em poder do público (PMPP) equivalha a 100 unidades monetárias, os depósitos à vista em bancos comerciais (DVBC) representem 900 unidades monetárias e as reservas bancárias somem 100 unidades monetárias. Nessa situação, o multiplicador monetário vale

a) 3.

b) 5.

c) 8.

d) 10.

e) 12.

COMENTÁRIOS

O multiplicador monetário (m) é dado pela razão entre os meios de pagamento (M) e a base monetária (B):

$$m = \frac{M}{B}$$

Os meios de pagamento (M) equivalem a:

M = PMPP + DVBC

Em que DVBC são os depósitos à vista.

De acordo com os valores fornecidos no enunciado, M é igual a:

M = 100 + 900

M = 1.000

Já a base monetária (B) é dada por:

B = PMPP + R1+ R2 + R3

onde:

PMPP = papel moeda em poder do público

R1 = reservas compulsórias no Banco Central;

R2 = reservas voluntárias no Banco Central;

R3 = reservas em dinheiro (caixa dos bancos comerciais).

O valor das reservas bancárias, no agregado (R1 + R2 + R3), foi fornecido no enunciado, e é igual a 100. Então, base monetária é igual:

B = 100 + 100

B = 200

Agora é possível encontrar o valor do multiplicador (m):

$$m = \frac{1.000}{200} = 5$$

Alternativa correta: letra "b".

08. (CEBRASPE - Técnico de Controle Externo - TCE-PR/2024) No que concerne ao papel e ao funcionamento dos bancos centrais em perspectiva histórica, assinale a opção correta

a) A Casa da Moeda do Brasil (CMB) exerce a função de monopolista da base monetária.

b) A independência dos bancos centrais foi pré-requisito para a entrada dos países na União Europeia (EU).

c) O Banco Central da Inglaterra (BoE) foi criado para ser o banqueiro do governo inglês e foi transformado em autoridade monetária devido à sua atuação comercial.

d) Com a criação formal do Banco Central do Brasil, em 1964, a conta movimento impediu o Banco do Brasil de emitir moeda.

e) No Brasil, com a criação da Superintendência da Moeda e do Crédito (SUMOC), o Banco do Brasil perdeu completamente suas funções de banco central.

COMENTÁRIOS

Alternativa "a": Errado. A Casa da Moeda exerce o monopólio da impressão de cédulas e cunhagem de moedas de circulação de Real e não da base monetária.

Alternativa "b": Correto. A necessidade de assegurar a independência dos bancos centrais nacionais foi um aspecto fundamental para o sucesso da integração monetária dos países europeus. Dessa forma, os governos se comprometeram a não intervir nas atividades das autoridades monetárias.

Alternativa "c": Errado. O Banco Central da Inglaterra (BoE) foi criado com o propósito de financiar o governo inglês. Com o tempo, foi assumindo novas funções típicas de um banco central moderno, como a de banqueiro do governo, emissor de moeda, banqueiro dos bancos e emprestador em última instância, motivo pelo qual foi estatizado na década de 1940.

Alternativa "d": Errado. Somente em 1986 foi a extinta a conta movimento, que permitia a emissão de moeda pelo Banco do Brasil.

Alternativa "e": Na verdade, com a criação da Superintendência da Moeda e do Crédito (SUMOC), em 1945, o Banco do Brasil manteve ainda certas atribuições de banco central, como o monopólio do controle cambial e a competência de emitir moeda.

Alternativa correta: letra "b".

---

09. (VUNESP -- Auditor de Controle Externo – TCM-SP/2023) São considerados fatores determinantes na expansão da base monetária:

a) venda de títulos públicos e expansão da taxa de redesconto.

b) venda de títulos públicos e expansão das reservas cambiais.

c) compra de títulos públicos em poder do público e expansão das reservas cambiais.

d) compra de títulos públicos em poder do público e redução das reservas cambiais.

e) venda de títulos públicos e redução do compulsório sobre depósitos à vista.

COMENTÁRIOS

Alternativa "a": Ao vender de títulos públicos, o banco central recebe em troca, obviamente, dinheiro. Uma vez que esse dinheiro deixa as mãos do público e passa para a autoridade monetária, a quantidade de moeda disponível na economia diminui. Portanto, a venda de títulos públicos é fator determinante para a contração da base monetária, e não para sua expansão. Já o aumento da taxa de redesconto também age de forma contrária à expansão monetária, ao tornar mais caro o empréstimo do banco central para os bancos comerciais e desestimular a concessão de crédito. Errado.

Alternativa "b": Conforme já discutido, a venda de títulos públicos contrai a oferta de moeda, o que já invalidada a alternativa. Entretanto, cabe dizer que a expansão das reservas cambiais do país amplia a base monetária, uma vez que a moeda estrangeira adquirida pela autoridade é trocada por moeda doméstica. Errado.

Alternativa "c": Sabendo-se que a venda de títulos públicos reduz a base monetária, é fácil deduzir que a compra de títulos em poder do público expande a oferta de moeda, uma vez que o banco central utiliza-se dos recursos monetários que dispõe para adquiri-los, injetando dinheiro na economia. Com relação à reservas cambiais, já foi explicado que seu aumento ocasiona expansão da base monetária. Portanto, alternativa correta.

Alternativa "d": Errado. Embora a compra de títulos públicos em poder do público amplie a base monetária, a redução das reservas cambiais causa a sua contração.

Alternativa "e": De fato, a redução do compulsório sobre depósitos à vista estimula a concessão do crédito e aumenta a base monetária. Já vimos que a venda de títulos públicos, porém, não é fator de expansão da oferta de moeda.

Alternativa correta: letra "c".

---

10. (VUNESP -- Auditor de Controle Externo – TCM-SP/2023) O impacto de um aumento da base monetária sobre o volume de meios de pagamento será tanto maior quanto

a) menor for a relação encaixe/depósitos à vista dos bancos.

b) maior for a relação encaixe/depósitos à vista dos bancos.

c) menor for a proporção dos meios de pagamento mantidos sob a forma de depósitos à vista nos bancos.

d) maior for a taxa de juros do mercado de capitais.

e) maior for a taxa dos depósitos compulsórios dos bancos comerciais junto ao Banco Central.

COMENTÁRIOS

Alternativa "a": O impacto de um aumento da base monetária sobre o volume de meios de pagamento vai ser maior quanto maior for o tamanho do multiplicador da base monetária. Sabendo-se que a fórmula do multiplicador é dada por:

$$m = \frac{1}{1 - d(1 - R)}$$

em que:

m = multiplicador dos meios de pagamentos em relação à base monetária

d: depósitos à vista nos bancos comerciais/meios de pagamentos

R: encaixe total dos bancos comerciais/depósitos à vista nos bancos comerciais

e que o encaixe total dos bancos comerciais inclui reservas em dinheiro e seus depósitos compulsórios e voluntários junto ao banco central. Então, percebe-se que quanto menor for o componente R (menor for a relação encaixe/depósitos à vista dos bancos), menor o denominador e maior o valor do multiplicador dos meios de pagamento. Portanto, alternativa correta.

Alternativa "b": Errado. Já foi explicado que R tem relação inversa com o multiplicador.

Alternativa "c": Quanto menor for a proporção dos meios de pagamento mantida sob a forma de depósitos à vista nos bancos, menor o valor de d. Isso faz com que o denominador da fórmula aumente e o valor do multiplicador diminua. Memorize o seguinte, baseado nas respostas dadas até agora: quanto maior a proporção de depósitos à vista os bancos comerciais junto aos bancos comerciais, mais estes terão recursos para emprestar e, em consequência, maior será a criação de meios de pagamento. Errado.

Alternativa "d": A taxa de juros do mercado de capitais não faz parte do multiplicador e, portanto, não altera o impacto da mudança da base monetária sobre os meios de pagamento. Errado.

Alternativa "e": Quanto maior for a taxa dos depósitos compulsórios dos bancos comerciais junto ao banco central, maior o componente R e menor o multiplicador. Portanto, errado.

Alternativa correta: letra "a".

11. (VUNESP – Auditor de Controle Externo – TCM-SP/2023) A taxa de reservas compulsórias junto aos bancos comerciais

a) tem uma relação direta com o volume do agregado monetário M2.

b) tem uma relação direta com o agregado monetário M4.

c) tem uma relação inversa com o volume do agregado monetário M1.

d) altera a proporção do papel-moeda mantido em poder do público.

e) não interfere no volume de meios de pagamento em qualquer dos seus conceitos.

COMENTÁRIOS

Alternativa "a": O M2 equivale ao M1 mais os depósitos especiais remunerados, os depósitos de poupança e os títulos emitidos por instituições depositárias. As reservas compulsórias, que são aquelas recolhidas pelos bancos comerciais junto ao banco central como proporção dos depósitos à vista, têm uma relação inversa com os meios de pagamento M1, isto é, quanto maior a taxa de reservas compulsórias, menor a criação do M1. Portanto, errado.

Alternativa "b": Da mesma forma que o M2, o agregado monetário M4 engloba o M1. Portanto, também possui uma relação inversa à taxa de reservas compulsórias.

Alternativa "c": É alternativa correta. O M1 é dado por:

M1 = Papel-Moeda em Poder do Público (PP) + Depósitos a Vista (DV)

Assim, um aumento dos depósitos junto ao banco central via compulsório reduz o volume de recursos disponíveis para os bancos comerciais emprestarem, afetando negativamente o M1.

Alternativa "d": Os depósitos compulsórios são uma proporção dos depósitos à vista. Apesar de afetarem o multiplicador de meios de pagamento, em um primeiro momento eles não alteram a proporção do papel-moeda mantido em poder do público, mas apenas reduz o dinheiro disponível para empréstimo. Errado.

Alternativa "e": Errado. Conforme já visto, a taxa de compulsório afeta negativamente o volume de meios de pagamento, tanto o M1, quanto M2, M3 e M4, pois esses últimos englobam o primeiro.

Alternativa correta: letra "c".

12. (FGV – Auditor de Controle Externo – TCE-TO/2022) Seja o seguinte balancete simplificado do Banco Central, apresentado em unidades monetárias.

Ativo		Passivo	
Reservas Internacionais	320	Papel-moeda emitido	1.000
Empréstimos ao Tesouro Nacional	500	Reservas Bancárias Compulsórias	100
Títulos Públicos Federais	400	Depósitos do Tesouro Nacional	220
Caixa	100		
Total	1.320	Total	1.320

Considere ainda que os bancos comerciais conjuntamente possuam em caixa (moeda corrente) o total de 100 unidades monetárias e que a relação encaixes bancários/depósitos à vista é de 20%.

Com base nessas informações, o valor do multiplicador monetário é igual a:

a) 1,0;

b) 1,3;

c) 1,8;

d) 2,0;

e) 2,2.

COMENTÁRIOS

A fórmula do multiplicador monetário (m) é dada pela razão dos meios de pagamento (M) pela base monetária (B):

$$m = \frac{M}{B}$$

A base monetária (B) equivale a:

B = PMPP + R1+ R2 + R3

onde:

PMPP = Papel-moeda com o público

R1 = reservas compulsórias no Banco Central;

R2 = reservas voluntárias no Banco Central;

R3 = reservas em dinheiro (caixa dos bancos comerciais).

O valor das reservas foi dado: R1 = 100, R2 = 0 e R3 = 100

Precisamos encontrar o valor do PMPP

O PMPP é o Papel-moeda emitido – Caixa do Banco Central – Caixa dos Bancos Comerciais

PMPP = 1.000 – 100 – 100

PMPP = 800

Como a base monetária é igual a PMPP + R1+ R2 + R3, então:

B = PMPP + R1+ R2 + R3 → B = 800 + 100+ 0 + 100

B = 1.000

Agora precisamos encontrar os meios de pagamento (M), que é dado por:

M = PMPP + DV

Em que DV são os depósitos à vista.

No enunciado foi fornecido o valor dos encaixes bancários/depósitos à vista (r), que é igual a 20%.

Como os encaixes bancários (ou reservas bancárias) equivalem a R1+ R2 + R3, nós sabemos que ela eles somam 200, conforme já calculado. Como eles equivalem a 20% dos depósitos à vista, para encontrarmos o último devemos usar a fórmula simples:

0,2 = 200/ DV

DV = 1.000

Agora podemos encontrar o valor de M:

M = PMPP + DV

M = 800 + 1.000

M = 1.800

Lembrando que B = 1.000, encontramos, finalmente, o valor do multiplicador (m):

$$m = \frac{1.000}{1.800} = 1,8$$

Alternativa correta: letra "c".

1.4. O MODELO KEYNESIANO BÁSICO E O MODELO IS/LM

- O multiplicador e o papel dos gastos do governo
- O modelo IS/LM
- Impactos das políticas monetária e fiscal

Texto 3A4

Determinada economia é descrita pelo sistema de equações apresentado a seguir, em que C representa os gastos de consumo, G, o gasto do governo, I, o investimento, r, a taxa real de juros, X, o quantum exportado, M, o quantum importado, ε, a taxa real de câmbio, Y, a renda doméstica, e Y*, a renda do resto do mundo.

Y = C + I + G + X – M

C = 200 + 0,7Y

I = 600 – 3.200r + 0,1Y

G = 1.200

X = 150 + 0,2Y* + 70ε

M = 0,1Y – 60ε

ε = 1,8

Y* = 1.200

13. (CEBRASPE – Auditor de Controle Externo – TCE-PR/2024) Acerca da economia hipotética descrita no texto 3A4, e correto concluir que, se r = 16%, então a renda de equilíbrio será igual a

a) 5.040.

b) 6.040.

c) 7.040.

d) 8.040.

e) 9.040.

COMENTÁRIOS

A renda de equilíbrio é obtida através da identidade macroeconômica: Y = C + I + G + X – M

Seu valor pode ser encontrado ao se substituir cada componente dessa identidade pelas suas respectivas equações, equações essas que foram fornecidas no enunciado. Fazendo tal procedimento, obtemos a seguinte fórmula:

Y = 200 + 0,7Y + 600 – 3.200r + 0,1Y + 1.200 + 150 + 0,2 · 1.200 + 1,8 · 70 – (0,1Y – 1,8 · 60)

Calculando os valores da fórmula acima, ficamos com:

0,3Y = 2408 – 3.200r

Sendo r = 16% ou 0,16, o substituímos na equação acima para obtermos a renda de equilíbrio (Y):

0,3Y = 2624 – 0,16 · 3.200

0,3Y = 2212

Y = 7.040

Alternativa correta: letra "c".

14. (CEBRASPE – Auditor de Controle Externo – TCE-PR/2024) O saldo da balança comercial da economia descrita no texto 3A4 indica

a) déficit de 40 unidades monetárias.
b) déficit de 80 unidades monetárias.
c) superavit de 40 unidades monetárias.
d) superavit de 80 unidades monetárias.
e) equilíbrio na balança comercial.

COMENTÁRIOS

Com base nos dados do texto 3A4, a única forma de se calcular a balança comercial é assumindo que seu valor é dado pela fórmula: BC = X – M

Assim, substituindo os dados fornecidos, temos:

$BC = 150 + 0{,}2Y^* + 70\varepsilon - (0{,}1Y - 60\varepsilon)$

$BC = 150 + 0{,}2 \cdot 1.200 + 1{,}8 \cdot 70 - (0{,}1 \cdot 7.040 - 1{,}8 \cdot 60)$

$BC = 150 + 240 + 1{,}8 \cdot 130 - 704$

$BC = 624 - 704$

$BC = -80$

Alternativa correta: letra "b".

15. (CEBRASPE – Técnico de Controle Externo – TCE-PR/2024) No que se refere à teoria geral do emprego, do juro e da moeda, de Keynes, assinale a opção correta.

a) A decisão de poupança envolve o dilema de consumir hoje ou em uma data futura.
b) A taxa de juros mensura a produtividade marginal do capital.
c) A elasticidade de produção da moeda é positiva e fundamental para a definição do princípio da demanda efetiva.
d) Keynes se opôs à agregação do produto em virtude de essa medida ser não homogênea; no entanto, ele acreditava que as unidades de trabalho poderiam ser agregadas por intermédio da ponderação da produtividade marginal do trabalho.
e) A teoria de Keynes advém de uma tradição walrasiana de análise do equilíbrio.

COMENTÁRIOS

✪ **Nota do Autor:** Esta questão aborda temas específicos da obra "Teoria geral do emprego, do juro e da moeda", de Keynes e, por isso, eles são raramente cobrados em concursos públicos.

Alternativa "a": Errado. A decisão de poupar ou consumir hoje, levando em conta o futuro, refere-se ao modelo de escolha intertemporal de Irving Fisher, e não de Keynes. Para este, a poupança significa o excedente do rendimento sobre os gastos de consumo, ou seja, é a parte da renda que não é consumida. Assim, a poupança depende da renda.

Alternativa "b": Errado. Para Keynes, a taxa de juros é um fenômeno monetário, não determinando o valor da produtividade marginal do capital. Keynes, na realidade, usa o termo eficiência marginal do capital, que é a taxa de desconto que iguala o valor presente do fluxo de anuidades das receitas esperadas desse capital, durante toda a sua existência, ao custo do investimento.

Alternativa "c": Errado. A elasticidade de produção da moeda, tanto no longo prazo quanto no curto prazo, é zero ou próxima de zero, uma vez que a moeda não pode ser produzida pelas empresas privadas através do trabalho. Portanto, não é sua elasticidade de produção positiva que contribui para o princípio da demanda efetiva.

Alternativa "d": Keynes argumenta que a agregação do produto só faria sentido para uma empresa ou indústria isolada que efetuasse a produção de artigos homogêneos. No caso da soma das atividades de todas as empresas, em razão da diversidade de bens produzidos, a mensuração do nível de produção seria inexata, motivo pelo qual ele opta por medir as mudanças da produção corrente adotando-se como referência a número de horas de trabalho pagas e aplicadas ao equipamento existente, ponderando as horas de trabalho qualificado de acordo com sua remuneração. Assim, essa é a alternativa correta.

Alternativa "e": Errado. Walras desenvolveu o modelo de equilíbrio geral fundado em conceitos de microeconomia, partindo da análise dos mercados e agentes individuais. Já a obra de Keynes parte dos conceitos agregados em sua análise, conceitos esses posteriormente denominados agregados macroeconômicos. O autor, portanto, não teve influência do modelo walrasiano em sua teoria.

Alternativa correta: letra "d".

16. (FGV – Auditor de Controle Externo TCE-PA/2024) Considere o gráfico a seguir, referente ao modelo IS-LM.

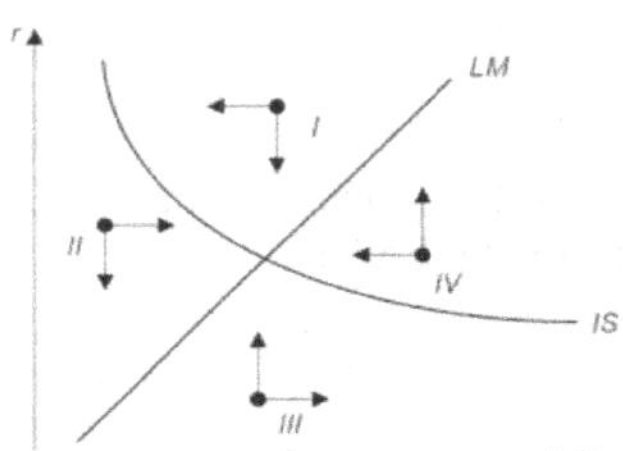

Fonte: Lopes e Vasconcellos. Manual de Macroeconomia. USP.

Considere as seguintes siglas:

EOB: excesso de oferta de bens;

EOM: excesso de oferta de moeda;

EDB: excesso de demanda por bens;

EDM: excesso de demanda de moeda.

Assinale a opção que indica uma correspondência correta entre essas siglas e suas respectivas regiões.

A) I: EOM e EOB.

B) I: EOM e EDB.

C) II: EDM e EOB.

D) III: EDM e EOB.

E) IV: EOM e EDB.

COMENTÁRIOS

Alternativa "a": A região I situa-se à direita da curva IS e à esquerda da curva LM. Pontos à direita (e acima) da curva IS correspondem a situações de excesso de oferta de bens porque os juros estão muito altos, fazendo com que o investimento fique baixo e afete negativamente a demanda agregada, que não esgotará a produção. Já na região esquerda à LM (e acima), os juros altos fazem com que haja uma procura maior por títulos do que por moeda corrente. Como a oferta de moeda é dada, ela supera sua demanda. Portanto, na região I há tanto excesso de oferta de bens como excesso de oferta de moeda (EOM e EOB). É o gabarito.

Alternativa "b": Conforme explicado na alternativa anterior, na região I ocorre tanto excesso de oferta de moeda quando excesso de oferta de bens, o que invalida a assertiva.

Alternativa "c": A região II está à esquerda da curva LM, o que corresponde a uma situação de taxa de juros acima do equilíbrio e excesso de oferta de moeda, fato que já torna a alternativa incorreta. Uma dica para memorizar os conceitos é lembrar que toda a região que está acima das curvas corresponde a **excesso de oferta** (tudo que é demais, sobra), ou de bens, ou de moeda.

Alternativa "d": Na região III, de fato há excesso de demanda por moeda, visto que os juros estão abaixo do equilíbrio e as pessoas não possuem estímulos para adquirirem títulos. Entretanto, também ocorre excesso de demanda por bens, pois os juros baixos permitem um maior nível de investimento. Errado.

Alternativa "e": A região IV está à direita de ambas as curvas. Portanto, os juros estão baixos o bastante para ocasionar um excesso de demanda tanto por bens quanto por moeda. Alternativa também errada.

Alternativa correta: letra "a".

---

17. (CEBRASPE – Técnico de Controle Externo – TCE-PR/2024) Assinale a opção correta no que diz respeito ao modelo keynesiano na situação de armadilha da liquidez.

a) A elasticidade-preço da demanda por títulos se aproxima de zero.

b) Na armadilha da liquidez, a curva IS é horizontal.

c) Em armadilha da liquidez, a política de redução da taxa de juros deverá ser utilizada para estimular a economia.

d) A inclinação da curva IS é uma função diretamente proporcional à propensão marginal a consumir.

e) Em armadilha da liquidez, a elasticidade da demanda por moeda é nula.

COMENTÁRIOS

Alternativa "a": Na presença da armadilha da liquidez, as taxas de juros são tão baixas que o público prefere a liquidez, ou seja, diante de qualquer elevação da oferta monetária os indivíduos optam por reter moeda em vez de adquirir títulos públicos. Nessa situação, a demanda por moeda é infinitamente elástica em relação à taxa de juros e, em compensação, a elasticidade-preço da demanda por títulos é próxima de zero.

Alternativa "b": Errado. A armadilha da liquidez refere-se ao mercado monetário e, portanto, à curva LM, e não à IS. Como, nessa situação, a elasticidade da demanda de moeda em relação à taxa de juros é infinita, a curva LM é horizontal.

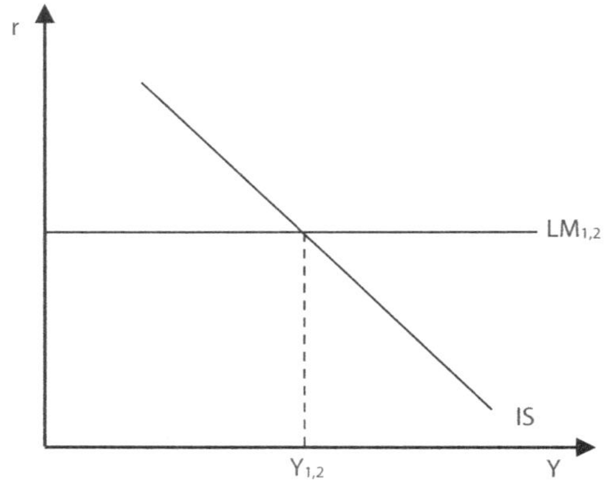

Alternativa "c": Na presença da armadilha, a política monetária convencional não tem eficácia.

Alternativa "d": Errado. Quanto maior a propensão marginal a consumir, mais horizontal é a IS (menos inclinada). Portanto, a inclinação da curva IS é uma função inversamente proporcional à propensão marginal a consumir.

Alternativa "e": Na verdade, em armadilha da liquidez a elasticidade da demanda por moeda é infinita, de modo que o público irá reter qualquer quantidade de moeda que lhe for oferecida.

Alternativa correta: letra "a".

18. (FGV – Auditor de Controle Externo – TCE-TO/2022) Com base no modelo IS-LM para uma economia fechada, é correto afirmar que:

a) na denominada armadilha da liquidez, a intervenção da autoridade monetária via operação de mercado aberto tem o potencial de reduzir a taxa de juros;

b) na denominada armadilha da liquidez, verifica-se o fenômeno deslocamento total (crowding out total) em resposta a uma elevação do déficit público via política de gastos;

c) como forma de preservar o nível de produto, em resposta a uma política fiscal contracionista, a autoridade monetária pode estimular a economia via redução da alíquota de depósito compulsório;

d) a maior eficácia da política monetária em relação à política fiscal independe da sensibilidade do investimento em relação à taxa de juros, mas depende da sensibilidade da demanda por moeda em relação à taxa de juros;

e) se o objetivo da autoridade monetária é com a estabilidade do produto, em resposta a um aumento de gastos públicos, o Banco Central utiliza como instrumento de política monetária a compra de títulos no mercado aberto.

COMENTÁRIOS

Alternativa "a": No caso da armadilha da liquidez, a demanda por moeda é infinitamente elástica em relação à taxa de juros. Por esse motivo, qualquer elevação da oferta monetária é retida pelo público. Assim sendo, políticas monetárias como as realizadas através de operações de mercado aberto, pelas quais a autoridade monetária compra ou vende títulos em troca de moeda, alterando, portanto, o estoque monetário, são totalmente inócuas, não alterando a taxa de juros ou a renda. Assim, alternativa errada.

Alternativa "b": O efeito *crowding out* ocorre, na verdade, no caso clássico. Nele a elasticidade da demanda de moeda em relação à taxa de juros é zero e, em consequência, a LM é vertical (e não horizontal como na armadilha da liquidez). Na presença do caso clássico, uma elevação do déficit público via política de gastos não leva a qualquer alteração da renda, ocasionando apenas uma redução no investimento privado (provocado pelo aumento da taxa de juros) na mesma magnitude do aumento do déficit do governo. Como os gastos privados são "deslocados" pelos gastos públicos, dá-se o nome a esse efeito de *crowding out* (deslocamento)

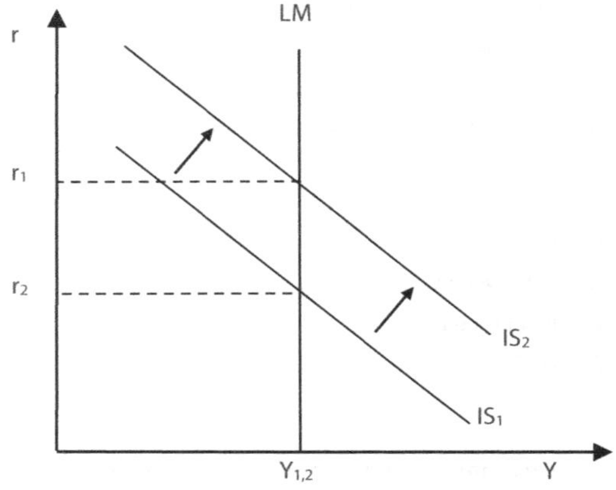

Alternativa "c": A adoção de uma política fiscal contracionista desloca a IS para a esquerda, levando a economia até o ponto A, onde os juros e a renda são menores que os da situação inicial. Caso a autoridade monetária reduza a alíquota de depósito compulsório, ocorrerá uma expansão dos meios de pagamento, ocasionando o deslocamento da LM para a direita. Assim, a economia retornará ao nível de produto inicial. A única diferença é a taxa de juros menor. Portanto, a alternativa está correta.

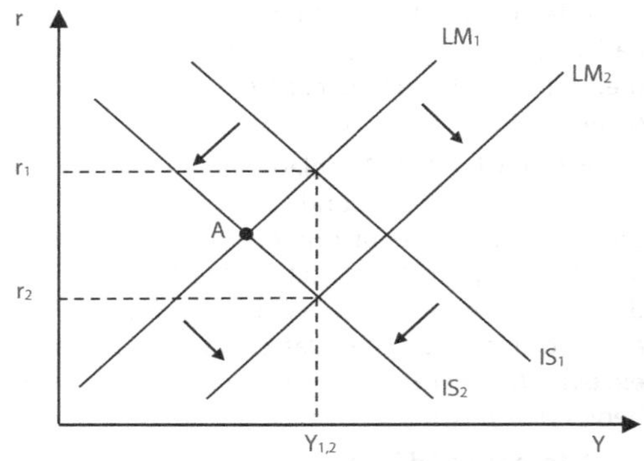

Alternativa "d": Errado. A política monetária será mais eficaz quanto mais inclinada for a LM (mais vertical) e quanto menos inclinada for a IS (mais horizontal). Sabe-se que a IS é mais horizontal quanto maior for a sensibilidade do investimento em relação à taxa de juros, fato que invalida a questão.

Alternativa "e": Como o aumento de gastos públicos desloca a IS para a direita, expandindo o produto da economia, a resposta da autoridade monetária para retornar ao nível de produto anterior seria através de uma política monetária contracionista, que deslocasse a LM para a esquerda. A compra de títulos no mercado aberto aumenta a base monetária, então vai na contramão do objetivo dessa autoridade. O correto seria vender títulos e enxugar a oferta de moeda. Portanto, alternativa errada.

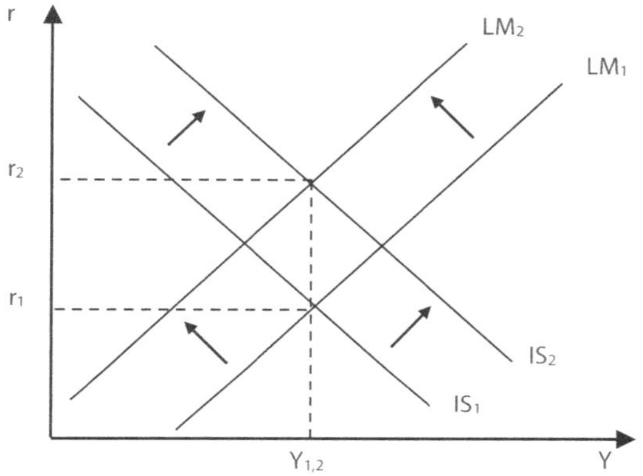

Alternativa correta: letra "c".

19. (FGV – Auditor de Controle Externo TCE-PA/2024) Leia o fragmento a seguir:

Outra importante contribuição para o entendimento da decisão de investir deve-se a James Tobin, que desenvolveu, a partir do final dos anos 60, a conhecida Teoria q. Segundo essa teoria, as empresas, em suas decisões de investimento, levam em consideração a razão entre o _______, avaliado pelo _______, e o _______. Essa razão é denominada "variável q". Segundo a análise de Tobin, o investimento depende de q ser maior ou menor do que a unidade. Se q > 1, vale a pena investir".

Assinale a opção cujos itens completam corretamente as lacunas do fragmento.

a) mercado de ações – valor de mercado do capital instalado – custo de reposição do capital instalado.
b) custo de reposição do capital instalado – mercado de ações – valor de mercado do capital instalado.
c) valor de mercado do capital instalado – valor da empresa no mercado de ações – custo de reposição do capital instalado.
d) valor de mercado do capital instalado – mercado de ações – custo de reposição do capital instalado.
e) valor de mercado do capital instalado – custo de reposição do capital instalado – valor da empresa no mercado de ações.

COMENTÁRIOS

Nota do Autor: o enunciado refere-se a um trecho extraído do LOPES, L. M.; VASCONCELLOS, M. A. S. Manual de Macroeconomia Básico e Intermediário. São Paulo: Atlas, 2000, que diz o seguinte, *in verbis*:

> *"Segundo essa teoria, as empresas, em suas decisões de investimento, levam em consideração a razão entre o valor de mercado do capital instalado, avaliado pelo mercado de ações, pelo custo de reposição do capital instalado. Essa razão é denominada "variável q". Se o valor da empresa avaliado pelo mercado acionário for igual ao custo de reposição de seu capital instalado, temos que q = 1. Se q > 1, o mercado acionário está valorizando a empresa mais do que ela vale em termos de reposição do capital instalado.*
>
> *Segundo a análise de Tobin, o investimento depende de q ser maior ou menor do que a unidade. Se q > 1, vale a pena investir, pois a valorização da empresa no mercado mais do que compensa o custo de se aumentar o estoque de capital. De forma análoga, se q < 1, não haverá incentivos ao investimento."*

Alternativas "a", "b", "c" e "e": Erradas.

Alternativa "d": Certa. Conforme pode ser visto no texto, as palavras que preenchem al lacunas são: valor de mercado do capital instalado – mercado de ações – custo de reposição do capital instalado. O texto explica detalhadamente como funciona a Teoria q de Tobin. Como exemplo, temos um exercício da FGV de 2013, que relata a seguinte situação referente ao q de Tobin: *"Uma empresa aérea avalia a compra de uma nova aeronave avaliada em R$8 milhões. Ela estima que o valor de mercado da empresa na bolsa de valores será elevado em R$ 10 milhões. A empresa decide adquirir a aeronave".*

Alternativa correta: letra "d".

20. (VUNESP –– Auditor de Controle Externo – TCM-SP/2023) De acordo com as ideias keynesianas, o governo aumentou seus gastos em $100 milhões sabendo que a propensão a consumir da população corresponde ao índice de 0,75. O aumento esperado na renda local será de

a) $150 milhões.
b) $160 milhões.
c) $250 milhões.
d) $350 milhões.
e) $400 milhões.

COMENTÁRIOS

O multiplicador de gastos autônomos é dado por:

$$m = \frac{1}{(1 - c)}$$

em que "c" a propensão marginal a consumir.

Assim, um aumento de gastos da ordem de $100 milhões gera uma variação na renda (ΔY) de:

$$\Delta Y = 100 \cdot \frac{1}{(1-0{,}75)} \rightarrow \Delta Y = 100 \cdot \frac{1}{(0{,}25)} \rightarrow \Delta Y = 100 \cdot 4 \rightarrow \mathbf{\Delta Y = 400}$$

Alternativa correta: letra "e".

---

21. (VUNESP – Auditor de Controle Externo – TCM-SP/2023) Com base nas informações que se seguem, pertinentes a uma economia fechada com nível geral de preços constantes, responda:

C = 190 + 0,5 (Y – T)

T = 230

I = 100 – 5i

G = 320

L = 0,50Y – 4i

M = 400

P = 1 (constante)

A renda em R$ e a taxa de juros de equilíbrio dessa economia serão, respectivamente:

a) 884,44 e 10,55%

b) 1.320,12 e 12,32%

c) 1.921,00 e 17,30%

d) 872,03 e 17,30%

e) 672,92 e 15,44%

COMENTÁRIOS

A questão solicita a renda e a taxa de juros que permitem o equilíbrio simultâneo no mercado de bens e monetário.

Perceba que o componente M informado no enunciado é a oferta de moeda nominal, e não exportações, até porque a economia é fechada.

O equilíbrio no mercado de bens é dado por:

Y = C + I + G

Substituindo os dados do enunciado, temos:

190 + 0,5(Y – 230) + 100 – 5i + 320 = Y

Y = 990 – 10i à equilíbrio no mercado de bens.

Já o equilíbrio no mercado monetário é expresso por:

400 = 0,5Y – 4i

Rearranjando os termos para isolar Y, ficamos com:

400 = 0,5Y – 4i

Y = 800 + 8i à equilíbrio no mercado monetário.

Igualando ambas as expressões encontradas, obtemos:

990 – 10i = 800 + 8i

18i = 190

i = 10,55

Portanto, a taxa de juros de equilíbrio é igual a 10,55%.

Para se encontrar a renda de equilíbrio, basta substituirmos "i" em qualquer uma das duas equações (equilíbrio no mercado de bens ou equilíbrio no mercado monetário). Optamos pela equação do mercado monetário:

Y = 800 + 8i à Y = 800 + 8·10,55

Y = 884,4

Alternativa correta: letra "a".

Com base nas hipóteses do modelo keynesiano básico e, especificamente, da cruz keynesiana, julgue os próximos itens.

---

22. (CESPE/Unb – Auditor TCU – 2015) De acordo com a cruz keynesiana, o equilíbrio é representado pelo ponto em que a renda se iguala à despesa planejada.

COMENTÁRIOS

A cruz keynesiana é um modelo de determinação da renda que representa o equilíbrio no mercado de bens. É reproduzido graficamente com a despesa planejada no eixo da ordenadas, e a renda no eixo das abcissas.

A despesa planejada (E) representa os valores que as empresas, famílias e governo estão dispostos a gastar na aquisição de bens e serviços. E = C + G + I

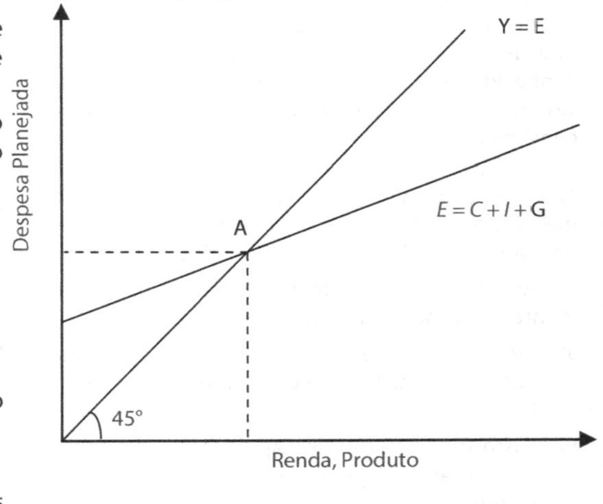

"A" é o ponto de equilíbrio do mercado, onde a renda é igual à despesa planejada.

Certo.

---

23. (CESPE/Unb – Auditor TCU – 2015) Quando resulta especificamente do aumento nos gastos do governo, a elevação na renda agregada da economia é maior que a variação dos gastos governamentais positiva.

COMENTÁRIOS

Um aumento nos gastos do governo faz com que a despesa planejada cresça para qualquer nível de renda. Assim, uma variação ΔG nos gastos do governo desloca a curva de despesa planejada do ponto A para o ponto B, onde está localizado o novo equilíbrio da economia, conforme pode ser visto abaixo.

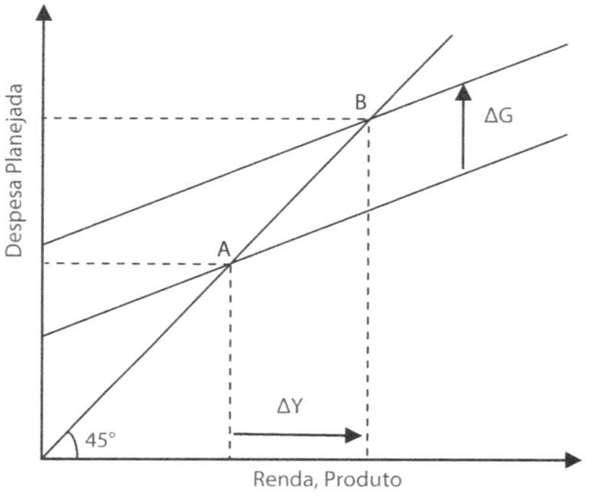

Perceba, pelo gráfico acima, que um aumento das despesas governamentais ocasionou um aumento ainda maior na renda, isto é, ΔY > ΔG. Isso ocorre porque o aumento da renda influi positivamente no consumo. O aumento do último, por sua vez, gera um crescimento da renda que impacta novamente no nível de consumo, e assim sucessivamente.

Esse processo é explicado pelo multiplicador de gastos, que faz com que uma variação positiva nos gastos autônomos (incluindo os gastos do governo) acarrete uma variação na renda agregada superior à variação inicial nos gastos. O multiplicador é dado por:

ENTRA FÓRMULA , em que *c* é a propensão marginal a consumir, que varia de 0 a 1.

Como $0 < c < 1$, o denominador do lado direito da igualdade é sempre menor que 1, fazendo com que o multiplicador dos gastos do governo ENTRA FÓRMULA seja maior que a unidade.

Certo.

1.5. ECONOMIA ABERTA

- Regimes Cambiais
- O Modelo IS-LM-BP
- Política monetária e fiscal numa economia aberta
- Políticas macroeconômicas em diferentes regimes cambiais

24. (CEBRASPE – Técnico de Controle Externo – TCE-PR/2024) No contexto do modelo keynesiano com taxa de câmbio flutuante e plena mobilidade de capitais,

I. a política fiscal é totalmente eficaz para alterar o nível de renda doméstica.

II. a política monetária é mais eficaz que a política fiscal para estabilizar a economia.

III. o aumento da taxa de juros doméstica atrai fluxos de capital estrangeiro, o que leva à apreciação da moeda doméstica.

IV. o aumento dos gastos governamentais leva a uma depreciação da taxa de câmbio.

Estão certos apenas os itens

a) I e III.

b) II e III.

c) II e IV.

d) I, II e IV.

e) I, III e IV.

COMENTÁRIOS

I. Errado. No regime de câmbio flutuante com plena mobilidade de capitais, a política fiscal não é capaz de alterar a renda de equilíbrio da economia. Considere um aumento dos gastos do governo, por exemplo. Tal política desloca, em um primeiro momento, a IS para direita, o que acarreta o aumento da taxa de juros. Esse aumento atrai moeda estrangeira para o país, valorizando o câmbio. O câmbio valorizado prejudica as exportações e, em consequência, o saldo das transações correntes (X – M), fazendo com que a IS recue até o ponto inicial. Perceba, portanto, que a renda doméstica ficou inalterada.

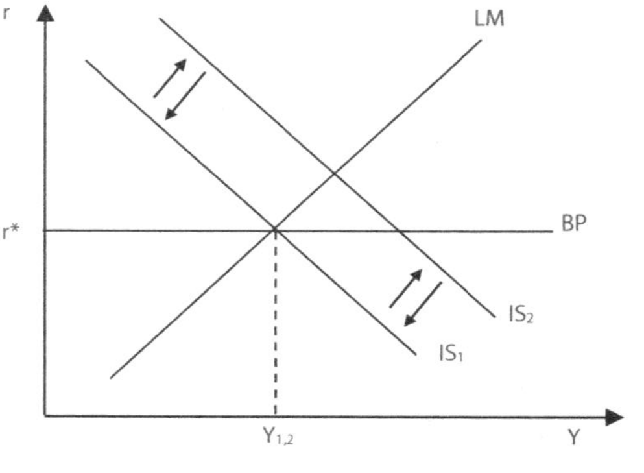

II. Certa. A política monetária, por outro lado, é totalmente eficaz nesse cenário. A LM desloca-se para a direita, fazendo com que a taxa de juros doméstica diminua para um nível inferior aos juros internacionais. Em consequência, ocorre uma fuga de capitais, o que gera a depreciação da moeda local. Tal fato promove a melhoria do saldo das transações correntes (X – M), ao tornar os produtos importados mais caros e baratear os produtos nacionais no exterior, deslocamento da IS para direita. Na situação final, há uma expansão da renda doméstica (Y_2)

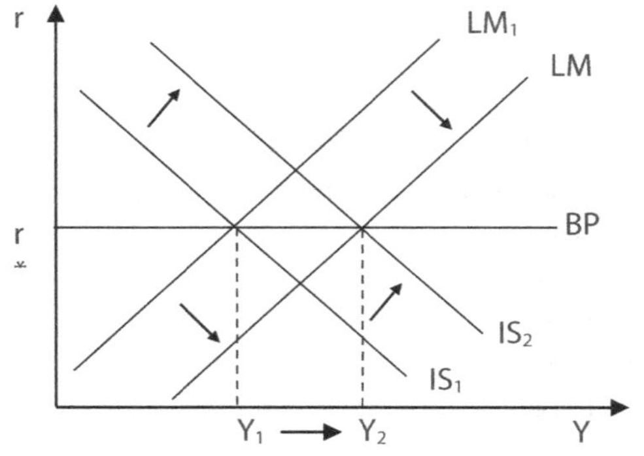

III. Certa. O aumento da taxa de juros gera um diferencial positivo entre as taxas de juros interna e externa, atraindo capital estrangeiro em busca de maiores retornos financeiros. Em consequência, há um aumento na demanda de moeda nacional, o que ocasiona a sua valorização.

IV. Errado. Conforme explicado na correção do item I, o aumento dos gastos governamentais, em uma economia com essas características, leva a uma valorização da taxa de câmbio.

Alternativa correta: letra "b".

25. (VUNESP – Auditor de Controle Externo – TCM-SP/2023) Em uma economia aberta, com taxa de câmbio flutuante e perfeita mobilidade de capitais, o Banco Central do país β resolve adotar uma política monetária expansionista comprando títulos do tesouro em poder do público. Com base no modelo IS-LM, tal ajuste irá provocar

a) um saldo da balança comercial menor, se comparado com o valor antes da implantação da política monetária.
b) uma nova renda de equilíbrio, maior que a situação anterior.
c) um deslocamento para esquerda da função IS.
d) uma diminuição das reservas internacionais.
e) uma elevação da taxa de juros doméstica.

COMENTÁRIOS

Alternativa "a": A adoção de uma política monetária expansionista em uma economia com as características do enunciado desloca a LM para a direita, em uma área em que a taxa de juros doméstica é inferior à internacional. Tal fato ocasiona uma fuga de capitais e maior demanda por moeda estrangeira, provocando a desvalorização da moeda local. Essa desvalorização estimula uma melhora do saldo da balança comercial, por encarecer os produtos importados e baratear os produtos nacionais no exterior. Essa variação positiva em (X – M) promove o deslocamento da IS para direita, conforme figura abaixo. Portanto, errado.

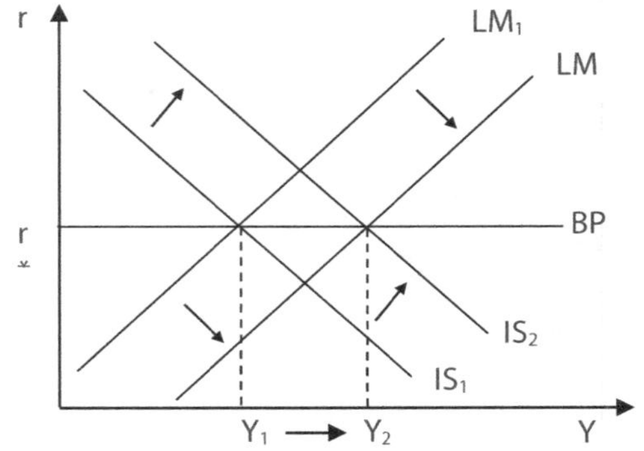

Alternativa "b": Certo. Conforme pode ser visto pelo gráfico exposto na explicação do item anterior, uma política monetária expansionista desloca a LM para a direita, ocasionando a redução da taxa de juros doméstica. Em uma economia aberta com câmbio flutuante e perfeita mobilidade de capitais, a diminuição dos juros ocasiona uma fuga de divisas para o exterior, desvalorizando a moeda nacional e contribuindo para a ampliação das exportações. Assim, a IS desloca-se para a direita até onde interceptará a LM ao nível da taxa de juros internacional, provocando a expansão da renda.

Alternativa "c": Errado. Tendo em vista a melhora no saldo da balança comercial, a função IS desloca-se para a direita, de acordo com o mostrado no gráfico acima.

Alternativa "d": Na verdade, ocorre uma diminuição das reservas internacionais. Errado.

Alternativa "e": Em uma economia aberta e com perfeita mobilidade de capitais, a balança de pagamentos só pode estar em equilíbrio quando a taxa de juros interna é igual a taxa de juros internacional: $r = r^*$. Portanto, no equilíbrio, a taxa de juros doméstica retornará ao seu valor inicial, qual seja, ao nível da taxa de juros internacional. Errado.

Alternativa correta: letra "b".

26. (FGV – Auditor de Controle Externo – TCE-TO/2022) Considerando o modelo IS-LM-BP com perfeita mobilidade de capitais e uma economia de pequeno porte, é correto afirmar que:

a) sob o regime de câmbio flutuante, uma política de elevação de tarifas à importação aumenta o produto porque a curva LM se desloca para a direita;

b) sob o regime de câmbio fixo, a implantação de quotas à importação é ineficaz porque, apesar de a curva IS se deslocar para a direita, a curva LM se desloca para a esquerda, na mesma proporção;

c) sob o regime de câmbio fixo, a política fiscal expansionista gera um efeito deslocamento (*crowding out*) total porque a autoridade monetária deve acomodar a saída de divisas via compra de moeda doméstica;

d) a política monetária contracionista sob um regime de câmbio flutuante resultará em uma apreciação da taxa de câmbio nominal e em uma redução do produto;

e) uma política fiscal contracionista sob um regime de câmbio fixo resultará em uma depreciação da taxa de câmbio nominal e um aumento do produto se a curva BP for mais inclinada que a curva LM.

COMENTÁRIOS

Alternativa "a": Errado. Uma política de elevação de tarifas à importação prejudica a aquisição de bens estrangeiros pelos residentes dessa economia, gerando uma melhora no saldo das transações correntes (X – M). Esse fato ocasiona o deslocamento da IS para a direita, colocando a economia em uma região em que a taxa de juros doméstica é maior que a internacional. Há uma atração de moeda estrangeira para o país, valorizando o câmbio. O câmbio valorizado prejudica as exportações, fazendo com que a IS recue até o ponto inicial. Perceba, portanto, que a renda ficou inalterada.

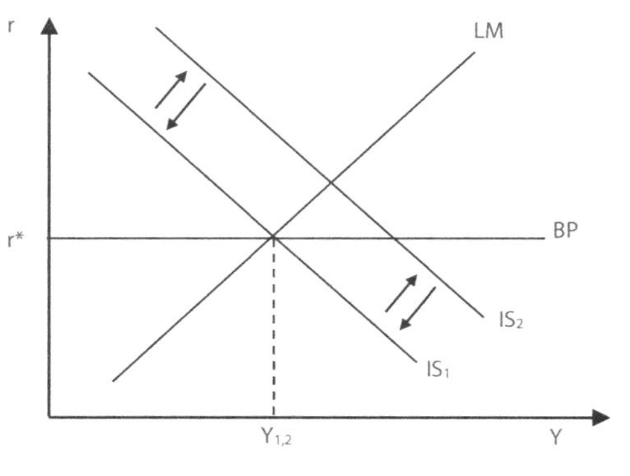

Alternativa "b": A implantação de quotas à importação tem o mesmo efeito da imposição de uma tarifa, ou seja, dificulta a importação de bens, melhorando o saldo das transações correntes. Assim, há um deslocamento da curva IS para a direita, aumentando a taxa de juros para um nível acima da taxa de juros internacional. Esse aumento dos juros atrai moeda estrangeira para o país, o que pressiona o câmbio, forçando o banco central a comprar moeda estrangeira e expandir a base monetária, deslocando a LM para direita, e não para a esquerda. Há, ao final, aumento da renda, mostrando que a implantação de quotas à importação é eficaz. Alternativa errada, portanto.

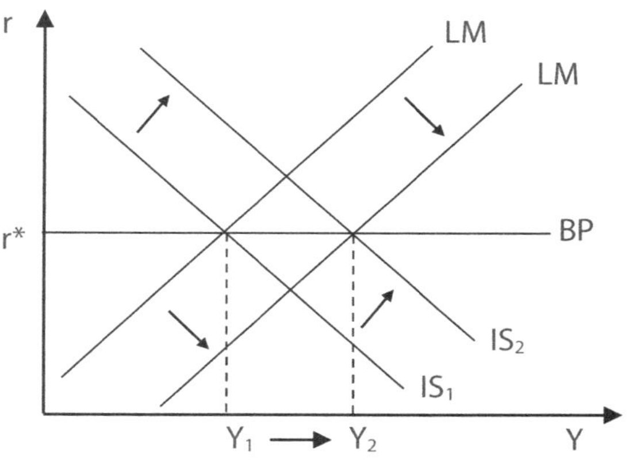

Alternativa "c": Uma política fiscal expansionista em uma economia com perfeita mobilidade de capitais (BP horizontal) e câmbio fixo tem o mesmo efeito que o mostrado na explicação da alternativa anterior. A IS desloca-se para direita, o que aumenta a taxa de juros doméstica. Esse aumento da taxa de juros provoca entrada de divisas no país, fazendo com que a autoridade monetária adquira moeda estrangeira, expandindo a base monetária e deslocando a LM para a direita. Há, ao final, aumento da renda, sem alteração do nível da taxa de juros. Errado.

Alternativa "d": Correto. Em uma economia com perfeita mobilidade de capitais externos e sob um regime de câmbio flutuante, a adoção de uma política monetária contracionista desloca a LM para a esquerda, aumentando a taxa de juros doméstica. Esse aumento ocasiona uma atração de divisas para o país, provocando uma apreciação da taxa de câmbio que, por sua vez, prejudica o saldo das transações correntes. Assim, ocorre um deslocamento da IS para a esquerda, levando a economia a uma situação de redução do produto.

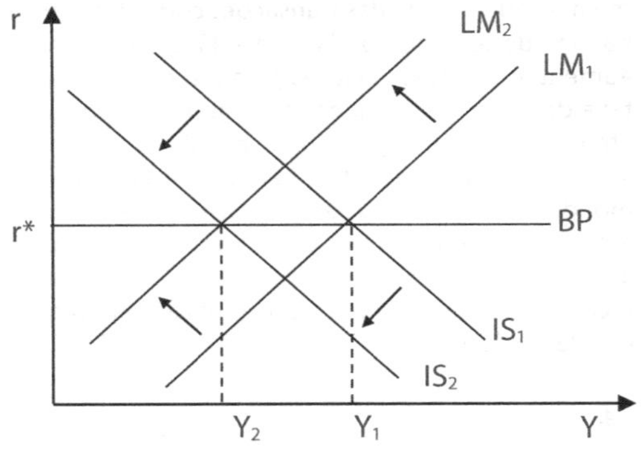

Alternativa "e": Uma política fiscal contracionista desloca a IS para a esquerda, para uma situação na qual a taxa de juros é mais baixa que a internacional e que há piora no nível de renda (ponto 1 para ponto 2). A contração da renda prejudica as importações, o que gera uma melhora no saldo em transações correntes (X – M). Essa melhora supera a deterioração da conta de capital advinda da redução da taxa de juros, o que implica superávit no Balanço de Pagamentos. Sob um regime de câmbio fixo, a autoridade monetária deverá adquirir moeda estrangeira para manter o câmbio inalterado, o que provocará uma expansão da oferta de moeda e, em consequência, o deslocamento da curva LM para a direita. No equilíbrio final, há uma redução do produto da economia. Como o câmbio é fixo, ele não se altera, nem mesmo em termos nominais, uma vez que o modelo IS-LM tradicional considera o nível de preços constante. Alternativa errada.

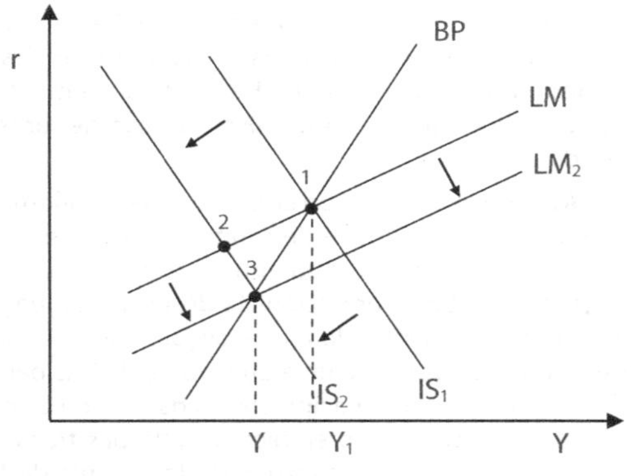

Alternativa correta: letra "d".

27. (FGV – Auditor Federal de Controle Externo – TCU/2022) Considere uma economia aberta sob regime de câmbio fixo e com relativa mobilidade de capitais (curva BP menos inclinada que a curva LM), inicialmente em equilíbrio interno e externo, e com orçamento equilibrado. Com base no modelo IS/LM/BP, é correto afirmar, em relação às consequências da adoção de diferentes políticas macroeconômicas, que, coeteris paribus:

a) a ocorrência de esforço fiscal que reduza a necessidade de financiamento do setor público é ineficaz porque a intervenção cambial não esterilizada expande a base monetária e aumenta o déficit primário;
b) a política fiscal expansionista tende a provocar acúmulo de reservas internacionais, diminuição do passivo monetário do Banco Central e aumento da taxa de juros interna, elevando a relação dívida bruta/PIB;
c) a política fiscal contracionista, acompanhada de intervenções cambiais esterilizadas, mantém um déficit no balanço de pagamentos e permite o controle simultâneo da taxa de juros e da taxa de câmbio, enquanto durar o estoque de reservas internacionais;
d) as políticas monetária e fiscal são cada vez menos eficazes à medida que o fluxo de capitais é mais sensível ao diferencial de taxa de juros, pois a paridade descoberta da taxa de juros é válida, ocorrendo o ajustamento monetário automático;
e) a desoneração tributária não acompanhada de medidas de compensação acarreta a formação de déficits gêmeos e a redução do passivo monetário do Banco Central, se a intervenção cambial vier acompanhada de uma expansão do crédito doméstico.

COMENTÁRIOS

Alternativa "a": A ocorrência de esforço fiscal que reduza a necessidade de financiamento do setor público deve ser interpretada como uma política fiscal contracionista. Nesse caso, a IS desloca-se para a esquerda, para uma região em que existe fuga de divisas e pressão para desvalorização cambial. Assim, a fim de manter o câmbio fixo, o banco central deve intervir nesse mercado vendendo moeda estrangeira, o que faz com que a base monetária se contraia, ao contrário do que diz o enunciado. A LM desloca-se para a esquerda até um novo equilíbrio e, portanto, o esforço fiscal empreendido pelo governo tem como consequência a diminuição do produto (ou seja, não é ineficaz). No que tange ao termo "intervenção cambial não esterilizada", ele será discutido no item "c". Já no que diz respeito ao déficit primário, não há como se afirmar que ele aumenta. Alternativa errada.

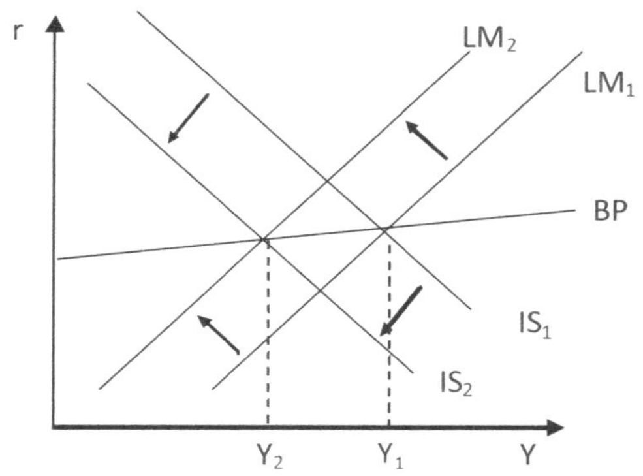

Alternativa "b": Errado. A realização de uma política fiscal expansionista desloca a IS para a direita, fazendo com que haja entrada de divisas no país. Em consequência, há, de fato, acúmulo de reservas internacionais, mas como o banco central entrega Reais ao público em troca de dólares, ocorre um aumento da base monetária e, portanto, do passivo monetário do banco central. Os juros se elevam no novo equilíbrio, mas nada se pode inferir em relação à dívida bruta/PIB.

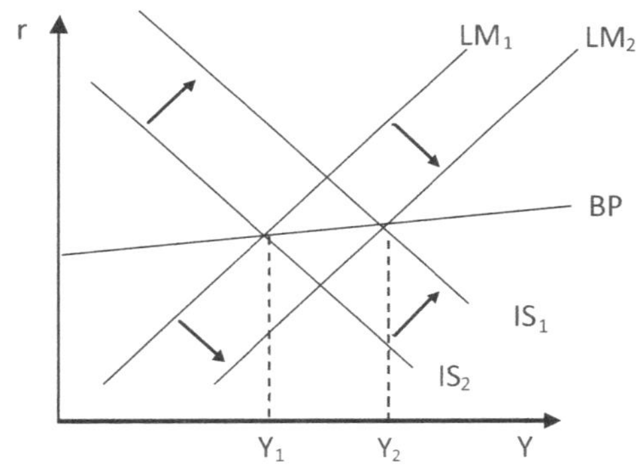

Alternativa "c": Correta. Em primeiro lugar, vamos esclarecer o que é intervenção cambial esterilizada. Quando o banco central compra ou vende divisas no mercado cambial, a base monetária inevitavelmente se altera, para mais ou para menos. A fim de manter a base monetária constante, o banco central pode recorrer à esterilização, emitindo ou comprando títulos no mercado aberto para neutralizar o efeito da intervenção cambial na oferta de moeda local. Dessa forma, a autoridade monetária pode intervir no mercado de câmbio sem perder o controle da política monetária doméstica e da taxa de câmbio. No caso em questão, a política fiscal contracionista coloca o país em uma situação deficitária, exigindo a venda de moeda estrangeira para manutenção do câmbio fixo. A venda de divisas enxuga a base monetária, fato que pode ser compensado com a compra de títulos no mercado aberto (esterilização). Percebe-se, portanto, que essa operação torna "estéril" a intervenção cambial sobre a base monetária. Como a base monetária não se altera, a LM também não se desloca.

Quando o governo lança mão da esterilização, é possível que a economia fique no ponto A (figura abaixo) por certo período de tempo, sustentando déficits externos. Entretanto, como o país precisa se desfazer de suas reservas de maneira recorrente, essa política só é factível enquanto durar o estoque de divisas.

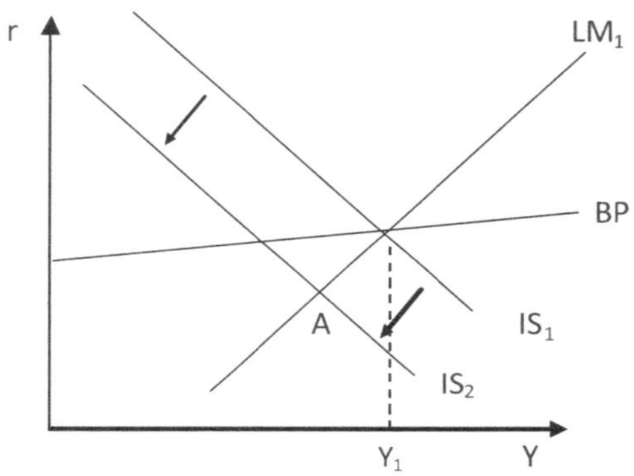

Alternativa "d": Errado. Em uma economia com câmbio fixo, somente a política monetária torna-se cada vez mais ineficaz à medida que o fluxo de capitais fica mais sensível ao diferencial de taxa de juros (BP mais horizontal). No caso da política fiscal, a BP menos inclinada potencializa os efeitos da mesma sobre a renda.

Alternativa "e": Quando o governo pratica uma desoneração tributária não acompanhada de medidas de compensação, ele está executando uma política fiscal expansionista, o que origina uma situação similar à discutida na alternativa "b" acima. Como não sabemos se a desoneração fiscal descrita na assertiva foi suficiente para gerar um déficit público, não há como se afirmar que houve a formação de déficits gêmeos. Ademais, conforme já visto acima, a aquisição de divisas pelo banco central aumenta seu passivo monetário, ainda que a intervenção cambial venha acompanhada de uma expansão do crédito doméstico, o que só reforçaria o deslocamento da IS para direita.

Alternativa correta: letra "c".

---

28. (VUNESP – Auditor de Controle Externo – TCM-SP/2023) Suponha que a inflação do dólar americano em 20x5 tenha sido de 1,53% e a taxa de câmbio no Brasil igual a US$1.00 = R$ 4,30. Qual foi a inflação brasileira em 20x5 que permitiu o Banco Central fixar o câmbio a R$ 4,40 no início de 20x6 e garantir a paridade de compra frente ao dólar?

a) 2,12%

b) 2,80%

c) 2,85%

d) 3,85%

e) 3,9%

COMENTÁRIOS

A taxa de inflação interna (π) pode ser encontrada através da expressão da versão relativa da paridade do poder de compra, na qual π^* é a taxa de inflação externa, *E*, a taxa de câmbio e ΔE a sua variação que, no caso, foi de R$ 0,10 (R$ 4,40 – R$ 4,30):

$$(1 + \frac{\Delta E}{E}) = \frac{(1 + \pi)}{(1 + \pi^*)}$$

Substituindo os valores:

$1 + 0{,}1/4{,}30 = (1 + \pi)/ (1 + 1{,}53\%)$

$1{,}0233 \cdot 1{,}0153 = 1 + \pi$

$\pi\pi = 1{,}0389 - 1$

$\pi\pi = 0{,}389$, que é aproximadamente 3,9%, que é valor referente à alternativa e.

Alternativa correta: letra "e".

---

29. (VUNESP -- Auditor de Controle Externo – TCM-SP/2023) A remessa de moeda de um mercado para outro com a intenção de obter vantagens de diferenças de preços é denominado de

a) *clearing.*

b) operação *swap.*

c) arbitragem.

d) especulação cambial.

e) liquidação cambial.

COMENTÁRIOS

Alternativa "a": *Clearing* consiste em um serviço de compensação e liquidação de ordens de compra e venda de ativos no mercado financeiro. Portanto, alternativa errada.

Alternativa "b": O *swap* é uma operação financeira que consiste na troca, entre duas partes, da rentabilidade dos ativos. Uma das operações *swap* mais conhecidas é o *swap* cambial, na qual o banco central paga aos investidores a variação da taxa de câmbio e recebe em troca os juros do período. Errado.

Alternativa "c": Correto. A arbitragem consiste em comprar mercadorias, inclusive moeda estrangeira, em um mercado e vendê-las em outro por um preço maior. Quando um agente econômico remete moeda de um mercado para outro com a intenção de obter vantagens de diferenças de preços dessa moeda nesses dois mercados, ele está atuando por meio da arbitragem.

Alternativa "d": Errado. A especulação cambial está relacionada à aquisição ou venda de moeda estrangeira não para utilizá-la como meio de troca, *mas com o intuito de obter lucros com as alterações* no valor dessa moeda. Perceba que o ganho não depende da diferença do valor da moeda entre dois mercados, mas da diferença do valor da moeda no momento atual e em um momento futuro.

Alternativa "e": Errado. A liquidação cambial refere-se à entrega de ambas as moedas objeto da contratação, nacional e estrangeira, ou de títulos que as representem.

Alternativa correta: letra "c".

---

30. (FGV – Auditor de Controle Externo – TCE-TO/2022) Com base nos diferentes regimes de taxas de câmbio e na política macroeconômica em uma economia aberta, é correto afirmar que:

a) de acordo com a teoria da paridade do poder de compra e em regime de câmbio fixo, a taxa de juros deve ser igual ao diferencial entre a taxa de inflação doméstica e externa;

b) de acordo com a teoria da paridade do poder de compra e em regime de câmbio flutuante, a taxa de juros deve ser igual ao diferencial entre a taxa de inflação interna e externa;

c) se em um país, em certo momento, identifica-se que há um diferencial positivo entre a taxa de inflação doméstica e a taxa de inflação externa, o país apresentará uma valorização cambial;

d) considerando perfeita mobilidade de capitais, a denominada trindade impossível refere-se ao fato de um país não poder ao mesmo tempo adotar um regime de câmbio fixo e ter autonomia monetária;

e) se a taxa de inflação no Brasil é de 12% ao ano, enquanto a taxa de inflação nos EUA é de 7% ao ano, de acordo com a paridade do poder de compra (PPC) relativa, a taxa de câmbio real é aproximadamente igual a 1,43.

COMENTÁRIOS

Alternativa "a": Errado. De acordo com a teoria da paridade do poder de compra, se a taxa de inflação interna de um país (π) é maior que a taxa de inflação externa (π^*), então deverá haver uma desvalorização cambial (aumento da taxa de câmbio *E*) para manter a taxa de câmbio real constante. Perceba que não há qualquer referência às taxas de juros. Essas, por sua vez, são abordadas em outra teoria, a da paridade descoberta de juros, que preceitua que, em um regime de câmbio fixo, as taxas de juros interna e externa devem ser iguais: $i = i^*$.

Alternativa "b": Conforme explicado no item anterior, a teoria da paridade do poder de compra não engloba os juros. Já a paridade descoberta de juros afirma que o diferencial entre a taxa de juros doméstica e a taxa de juros internacional corresponde à expectativa de depreciação cambial. Errado.

Alternativa "c": Errado. Se a taxa de inflação interna de um país (π) é maior que a taxa de inflação externa (π^*), então deverá haver uma desvalorização cambial (aumento da taxa de câmbio E) para manter a taxa de câmbio real constante. Isso pode ser visto através da versão relativa da paridade do poder de compra, expressa pela relação abaixo:

$$\left(1 + \frac{\Delta E}{E}\right) = \frac{(1 + \pi)}{(1 + \pi^*)}$$

Alternativa "d": A trindade impossível, também conhecida como trilema de Mundell-Fleming, refere-se à impossibilidade de um país conciliar, ao mesmo tempo, regime de câmbio fixo, plena mobilidade de capitais e uma política monetária independente.

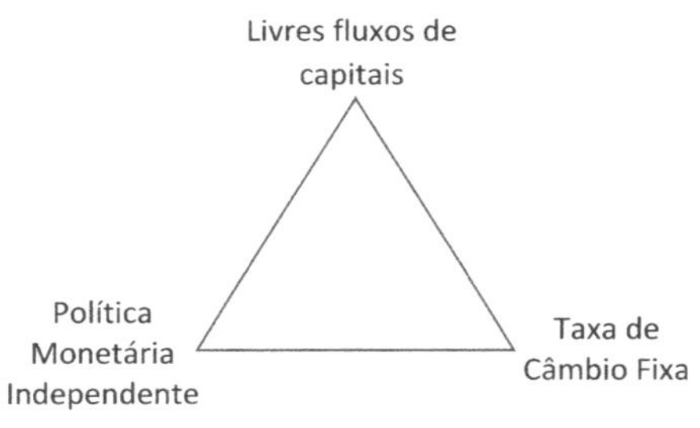

Dessas três políticas, só é possível a escolha de duas simultaneamente. Assim, o país deve escolher um lado do triângulo. É o gabarito.

Alternativa "e": Usamos a expressão da versão relativa da paridade do poder de compra para chegar ao valor da taxa de câmbio real:

$$\frac{\Delta E}{E} = \frac{1 + 0{,}12}{1 + 0{,}07} = \frac{\Delta E}{E} = 1{,}0467$$

Nesse caso, o valor da taxa de câmbio real seria 1,0467 e não 1,43 indicado na assertiva. Portanto, ela está errada.

Alternativa correta: letra "d".

---

31. (FGV – Auditor de Controle Externo – TCE-TO/2022) Considere que a taxa de juros no Brasil é igual a 13,75% ao ano, que a taxa de juros nos Estados Unidos é igual a 2,25% ao ano e que a taxa de câmbio corrente real (R$) por dólares (US$) é igual a 5,00 R$/US$.

Diante dessas informações e com base na paridade descoberta da taxa de juros, é correto afirmar que a expectativa para o valor da taxa de câmbio real (R$) por dólares (US$) para um ano será aproximadamente igual a:

a) 4,15 R$/US$;

b) 4,50 R$/US$;

c) 4,70 R$/US$;

d) 5,18 R$/US$;

e) 5,58 R$/US$.

COMENTÁRIOS

A questão aborda a paridade descoberta da taxa de juros, que prescreve que o diferencial entre a taxa de juros doméstica e a taxa de juros internacional corresponde à expectativa de desvalorização da taxa de câmbio doméstica:

$$(1 + i_t) = (1 + i_t^*)\left(\frac{E_{t+1}^e}{E_t}\right)$$

Sendo E_{t+1}^e a expectativa para o valor da taxa de câmbio.

Para se chegar ao gabarito questão, o examinador considerou a fórmula acima alterada, com E_{t+1}^e no denominador em vez do numerador, conforme será exposto a seguir. Isso porque ele se baseou em BLANCHARD, Olivier J. Macroeconomia. 7a edição, 2017. pág. 466, que considera a taxa de câmbio da ótica americana, a qual é expressa pela convenção do certo (uma redução do câmbio significa desvalorização da moeda). Por isso, na nossa visão, ele se equivocou e a questão deveria ter sido anulada ou ter seu gabarito alterado. Vejamos como resolvê-la com base no entendimento da banca.

Dada a fórmula da paridade descoberta da taxa de juros para os EUA:

$$(1 + i_t) = (1 + i_t^*)\left(\frac{E_t}{E_{t+1}^e}\right)$$

Substituímos os valores na fórmula acima:

$1 + 0{,}1375 = (1 + 0{,}0225) \cdot (5/E_{t+1}^e)$

$5 \cdot (1{,}0225/1{,}1375) = E_{t+1}^e$

$E_{t+1}^e = 4{,}495$, equivalente à letra b, que é o gabarito.

Agora, resolvendo pelo modo que julgamos correto, é só inverter o termo (1,0225/1,1375) por (1,1375/1,0225), o que daria uma expectativa de desvalorização da taxa de câmbio de:

5 · (1,1375/1,0225) = R$/US$ 5,562, valor próximo da letra "e".

Gabarito oficial: letra "b".

---

32. (FGV – Auditor de Controle Externo – TCE-TO/2022) Sob o regime de câmbio fixo, quando a autoridade monetária compra/vende reservas internacionais em troca de venda/compra de moeda doméstica, ao mesmo tempo que realiza uma operação de mercado aberto para manter a base monetária inalterada, estamos diante da:

a) intervenção cambial esterilizada;
b) monetização da dívida externa;
c) ocorrência de déficits gêmeos;
d) redução do passivo monetário;
e) ocorrência de dolarização e de crise cambial.

COMENTÁRIOS

Alternativa "a": Quando o banco central compra ou vende divisas no mercado cambial, a base monetária inevitavelmente se altera, para mais ou para menos. A fim de manter a base monetária constante, o banco central pode recorrer à esterilização, emitindo ou comprando títulos no mercado aberto para neutralizar o efeito da intervenção cambial na oferta de moeda local. Imagine, por exemplo, que o banco central efetue a venda de moeda estrangeira para manutenção do câmbio fixo. A venda de moeda estrangeria ocorre em troca de moeda doméstica. Ao adquirir moeda nacional, o banco central reduz a base monetária. A fim de mantê-la inalterada, a autoridade monetária efetua a compra de títulos no mercado aberto. Percebe-se, portanto, que essa operação torna "estéril" a intervenção cambial sobre a base monetária. A intervenção cambial esterilizada é importante porque permite que a autoridade monetária atue sobre o mercado de câmbio sem perder o controle da política monetária doméstica e da taxa de câmbio. Alternativa correta.

Alternativa "b": Monetização do déficit ocorre quando o governo financia o déficit público através da emissão de moeda. Não é o caso. Errado.

Alternativa "c": Errado. Os chamados déficits gêmeos ocorrem quando a ocorrência de déficit orçamentário público leva à formação de déficit nas transações correntes do Balanço de Pagamentos.

Alternativa "d": O passivo monetário do banco central corresponde à base monetária. Se a base monetária permanece constante, então o passivo também não se altera. Errado.

Alternativa "e": Crise cambial refere-se a uma desvalorização cambial acentuada e abrupta, enquanto a dolarização ocorre quando a moeda doméstica de um país é substituída pelo dólar nas transações econômicas do dia a dia.

Alternativa correta: letra "a".

1.6. CRESCIMENTO

- Modelo de crescimento de Solow
- Modelo de Crescimento Endógeno

33. (FGV – Auditor de Controle Externo TCE-PA/2024) Considere uma economia descrita pelo modelo de crescimento de Solow com progresso tecnológico exógeno.

Suponha que a função de produção seja $Y=K^{\alpha}(AL)^{1-\alpha}$, em que Y é a produção, K é o capital, A é o nível de tecnologia, L é o trabalho e α é a elasticidade do capital. Considere que inicialmente a economia está em seu estado estacionário.

Uma combinação de um aumento na taxa de poupança (s) e uma redução na taxa de depreciação (δ) influencia a economia no longo prazo resultando em

a) aumento do nível de produção por unidade de trabalho efetivo, mas a taxa de crescimento de longo prazo da produção total não muda.
b) aumento do nível de produção por unidade de trabalho efetivo e da taxa de crescimento de longo prazo da produção total.
c) diminuição do nível de produção por unidade de trabalho efetivo, mas a taxa de crescimento de longo prazo da produção total aumenta.
d) nenhuma mudança no nível de produção por unidade de trabalho efetivo, mas a taxa de crescimento de longo prazo da produção total aumenta.
e) nenhuma mudança no nível de produção por unidade de trabalho efetivo e na taxa de crescimento de longo prazo da produção total.

COMENTÁRIOS

Alternativa "a": O resultado da variação da poupança e da depreciação pode ser visto através do gráfico abaixo. Partindo do estado estacionário representado por E_1, um aumento da poupança de s_1 para s_2 resulta em um montante de investimento mais alto para qualquer nível do estoque de capital. Assim, esse crescimento rotaciona em sentido anti-horário a curva que representa a função *sf*(*k*). Por outro lado, a redução da depreciação, de d_1 para d_2, rotaciona a curva (d + n + g)k no sentido horário. A intersecção de ambas as curvas ocorre em E_2, um novo estado estacionário em que o capital por trabalhador efetivo é maior e, em consequência, a produção por unidade de trabalho efetivo também. Esse crescimento, porém, só ocorre na passagem de um estado estacionário para outro, não se sustentando ao longo do tempo. Somente o progresso tecnológico permite o crescimento sustentável da produção. A alternativa é a correta.

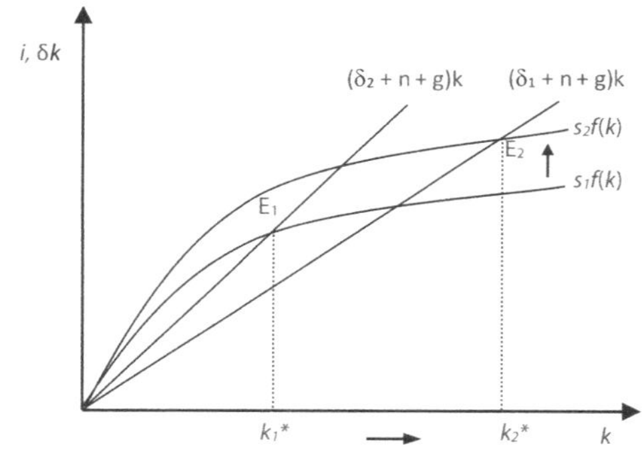

Alternativa "b": Errado. Conforme explicado no item anterior, o aumento na taxa de poupança e uma redução na taxa de depreciação não conduz ao crescimento de longo prazo da produção total.

Alternativa "c": A alteração da poupança e da depreciação nos moldes do enunciado aumentam o nível de produção por unidade de trabalho efetivo. Errado.

Alternativa "d" e "e": Alterações na taxa da poupança e depreciação alteram o nível de produção por unidade de trabalho efetivo. Erradas.

Alternativa correta: letra "a".

34. (CEBRASPE – Técnico de Controle Externo – TCE-PR/2024) O modelo macroeconômico de crescimento seminal de Paul Romer, publicado em 1986 e intitulado *Increasing Returns and Long-run Growth*, revolucionou a teoria econômica ao incorporar fatores como inovação tecnológica e capital humano como motores internos do crescimento econômico. Sobre esse modelo, assinale a opção correta.

a) O modelo prevê que, na ausência de inovação, o crescimento econômico se mantém estável devido à acumulação de capital físico.

b) O modelo sugere que os retornos crescentes à escala são limitados pelo nível de tecnologia existente.

c) A acumulação de capital físico é o único motor do crescimento econômico de longo prazo.

d) O modelo assume que o progresso tecnológico é um fator exógeno que não pode ser influenciado por atividades econômicas internas.

e) A acumulação de conhecimento gera externalidades positivas que beneficiam toda a economia.

COMENTÁRIOS

✪ **Nota do autor:** O modelo macroeconômico de crescimento Romer (1986) é um modelo inserido na teoria do crescimento endógeno e tem como principais características:

- O estoque de conhecimento é considerado um insumo de produção;
- As ideias (conhecimento) são consideradas bens não-rivais e parcialmente excludentes;
- As mudanças tecnológicas são endógenas;
- Existem retornos crescentes de escala;
- A criação de conhecimento novo gera externalidades positivas ao melhorar o estoque público de conhecimento.

Alternativa "a": Errado. No modelo de Romer, que admite que as mudanças tecnológicas são endógenas, se não houver progresso tecnológico não há crescimento. Note que ausência de crescimento é diferente de crescimento estável.

Alternativa "b": Os retornos crescentes à escala são um pressuposto da função de produção no modelo de Romer. Nessa função, os insumos são o estoque de capital, trabalho e o estoque de conhecimento. O entendimento de que o conhecimento é um bem não-rival implica a presença de retornos crescentes. Nesse contexto, o nível de tecnologia existente não tem o condão de limitar as economias de escala. Errado.

Alternativa "c": Errado. Apenas através da acumulação de capital físico (máquinas, equipamentos) não é possível alcançar crescimento econômico de longo prazo.

Alternativa "d": Ao contrário. O modelo assume que o progresso tecnológico é um fator endógeno.

Alternativa "e": Um dos elementos do modelo de Romer é a presença de externalidades. Considera-se que a criação de novo conhecimento por uma firma gera externalidades positivas sobre as possibilidades de produção de outras firmas, uma vez que o conhecimento não pode ser perfeitamente patenteado ou mantido em segredo. Trata-se do efeito transbordamento, que gera efeitos positivos para toda a economia.

Alternativa correta: letra "e".

1.7. SALÁRIOS, INFLAÇÃO E DESEMPREGO

- Relação entre taxa de inflação e taxa de desemprego
- Determinação do nível de preços
- A curva de Phillips

35. (VUNESP – Auditor de Controle Externo – TCM-SP/2023) No longo prazo, a curva de Phillips é vertical por que

a) desaparece o *trade-off* entre inflação e desemprego.

b) o desemprego passa a ser estrutural na economia.

c) as taxas de inflação assumem um caráter inercial.
d) a taxa de desemprego é igual a zero.
e) quanto maior a inflação, menor a taxa de desemprego.

COMENTÁRIOS

Alternativa "a": A curva de Phillips estabelece uma relação inversa entre taxas de inflação e desemprego no curto prazo. No longo prazo, entretanto, a economia se encontrará em uma situação de taxa natural de desemprego e qualquer tentativa de reduzi-la apenas gerará aumento de preços. A curva de Phillips de longo prazo é, portanto, vertical. Alternativa correta.

Alternativa "b": No longo prazo, o desemprego não passa a ser estrutural na economia, mas permanece no seu nível natural. Errado.

Alternativa "c": Errado. As taxas de inflação assumem um caráter inercial em um caso especial da curva de Phillips, a sua versão com expectativas adaptativas. Nela, os agentes corrigem suas expectativas em relação ao valor esperado da inflação, conforme os erros cometidos no passado. Nesse caso, a inflação inercial ocorre mesmo no curto prazo.

Alternativa "d": No longo prazo, a taxa de desemprego não é igual a zero, mas atinge o seu nível natural. O valor dessa taxa natural vai depender da economia e do tempo em que foi analisada. Errado.

Alternativa "e": Errado. Esse *trade-off* entre inflação e desemprego, ou seja, a diminuição do desemprego só ocorre às custas de mais inflação, só ocorre no curto prazo. Conforme já visto, no longo prazo essa relação inversa desaparece.

Alternativa correta: letra "a".

36. (FGV – Auditor de Controle Externo – TCE-TO/2022) De acordo com as diferentes teorias referentes à curva de Phillips, é correto afirmar que:

a) não existe versão que descreva uma situação em que assumimos a inflação como inercial;
b) a denominada versão tradicional indica que não há *trade-off* de longo prazo entre inflação e desemprego;
c) a denominada versão aceleracionista supõe a existência de ilusão monetária por parte dos trabalhadores;
d) na denominada versão com expectativas racionais, o aumento antecipado na taxa de inflação provoca a redução na taxa de desemprego no curto prazo;
e) no curto prazo, caso haja um aumento na expectativa de inflação por parte dos agentes econômicos, a inflação corrente aumenta, mas o desemprego permanece inalterado.

COMENTÁRIOS

Alternativa "a": Errado. Existe a versão da curva de Phillips com expectativas adaptativas, que preceitua que as expectativas dos indivíduos são formadas com base na inflação passada. Assim, a inflação tende a se perpetuar ao longo do tempo porque a inflação passada influencia as expectativas de inflação futura, ocorrendo o que é conhecido como inércia inflacionária.

Alternativa "b": De fato, não há *trade-off* entre inflação e desemprego no longo prazo. Nesse horizonte de tempo, a taxa de expansão monetária não é capaz de afetar as variáveis reais, como o nível de desemprego. Apesar de a alternativa estar correta, não é o gabarito da questão na visão da banca.

Alternativa "c": A versão Friedman-Phelps da curva de Phillips, conhecida como versão aceleracionista, indica que existe ilusão monetária por parte dos trabalhadores. Admitida essa hipótese, em um cenário de aumento generalizado dos preços, os trabalhadores acreditam que a alta dos salários nominais são, na verdade, elevação dos salários reais. Em consequência, aumentam a oferta de mão de obra. Os empresários, por outro lado, percebem que aumentos dos salários nominais acompanhados de elevação relativamente maior do nível de preços reduzem os salários reais e, por esse motivo, demandam mais mão-de-obra. A junção de ambas as perspectivas culmina com a redução da taxa do desemprego. A alternativa está correta.

Alternativa "d": Sob a hipótese de expectativas racionais, as previsões dos agentes não contêm erros sistemáticos e, em consequência, alterações na taxa de inflação não afetam o nível de desemprego nem mesmo no curto prazo. A curva de Phillips, nesse caso, é vertical. Errado.

Alternativa "e": Um aumento na expectativa de inflação por parte dos agentes econômicos ocasiona um aumento da inflação efetiva, uma vez que a expectativa de preços mais altos pressiona positivamente os salários nominais, cujo aumento é repassado aos preços. Se há aumento da inflação, então o desemprego se reduz, obedecendo ao *trade-off* proposto pela curva de Phillips. Errado.

Alternativa correta: letra "c".

37. (FGV – Auditor de Controle Externo – TCE-TO/2022) Considere uma economia descrita pelas equações a seguir.

Equação (I): $g_{y_t} = g_{m_t} - \pi_t$
Equação (II): $\pi_t = \pi^e - (u_t - 0{,}04)$
Equação (III): $u_t = u_{t-1} - 0{,}2(g_{y_t} - 0{,}03)$

Onde π_t é a taxa de inflação no período t, g_{mt} é a taxa de crescimento da oferta de moeda no período t, g_{yt} é a taxa de crescimento do PIB real no período t, u_t é a taxa de desemprego no período t, e π^e é a expectativa de inflação formada no período t. Diante desse contexto, é correto afirmar que:

a) a equação (I) é denominada lei de Okun;

b) a taxa natural de desemprego é igual a 3%;

c) quando $\pi^e = \pi_{t-1}$, os agentes econômicos possuem expectativas racionais, mas não adaptativas;

d) a equação (II) descreve uma curva de Phillips que apresenta dois componentes: choques de oferta e desemprego cíclico;

e) se a economia se encontra no pleno emprego e $\pi^e = \pi_{t-1} = 7\%$, então a taxa de crescimento da oferta de moeda é igual a 10%.

COMENTÁRIOS

Alternativa "a": A equação (I) representa a demanda agregada, mostrando a relação negativa entre a taxa de aumento dos preços (inflação) e a taxa de crescimento do PIB. A relação inversa entre eles ocorre porque, quando há um alto nível de inflação, a autoridade monetária age aumentando as taxas de juros e, em consequência, a demanda por bens e serviços é reduzida. Errado.

Alternativa "b": A equação (II) refere-se à curva de Phillips, sendo que a inflação no período t é função da expectativa de inflação menos a diferença entre a taxa de desemprego efetiva e a taxa de desemprego natural. Analisando-se a equação, percebe-se que a taxa de desemprego natural é 0,04, ou 4%. Errado.

Alternativa "c": Se a expectativa da inflação (π^e) baseia-se na inflação passada (π_{t-1}), então os agentes econômicos possuem expectativas adaptativas. Errado.

Alternativa "d": Errado. Conforme explicado na correção da alternativa "b", a equação (II) descreve uma curva de Phillips na qual a inflação presente depende da inflação expectativa de inflação menos a diferença entre a taxa de desemprego efetiva e a taxa de desemprego natural. A equação não engloba choques de oferta, muito menos desemprego cíclico.

Alternativa "e": Em uma situação de pleno emprego, o desemprego efetivo é igual à taxa natural de desemprego, ou seja, $\mu_t = 0,04$. Também sabemos que $\pi^e = \pi_{t-1} = 0,07$. Dessa forma, a equação (II) fica da seguinte forma:

$\pi_t = 0,07 - (0,04 - 0,04)$ à $\pi_t = 0,07$

Perceba que a inflação corrente é igual ao valor da expectativa de inflação que, por sua vez, é o valor da inflação do período anterior.

Através da equação (III) encontramos o valor do crescimento do produto (g_{yt})

$\mu\mu_t = \mu\mu_{t-1} - 0,2(g_{yt} - 0,03)$

Como a economia opera em pleno emprego e a inflação se manteve constante nos dois períodos, então $\mu\mu_t - \mu\mu_{t-1} = 0$:

$0 = -0,2(g_{yt} - 0,03)$

$g_{yt} = 0,03$

Agora, substituímos $g_{yt} = 0,03$ e $\pi_t = 0,07$ na equação de demanda:

$g_{yt} = g_{mt} - \pi\pi_t$

$0,03 = g_{mt} - 0,07$

$g_{mt} = 0,10$ ou 10%

Portanto, alternativa correta.

Alternativa correta: letra "e".

2. MICROECONOMIA

2.1. INTRODUÇÃO GERAL AOS PROBLEMAS ECONÔMICOS

- Escassez e escolha
- Custo de oportunidade
- Curva de possibilidades de produção

38. (VUNESP -- Auditor de Controle Externo – TCM-SP/2023) Com base na curva de possibilidade de produção representada na figura a seguir, é correto afirmar que

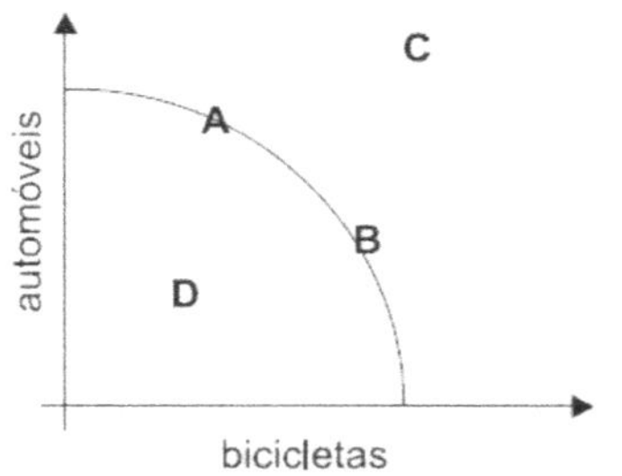

a) os dois bens, automóveis e bicicletas, só podem ser produzidos com eficiência no ponto C.

b) em decorrência do avanço tecnológico, haverá sempre um deslocamento do ponto A para o ponto B, e vice-versa.

c) a curva de possibilidade de produção é convexa devido a escassez dos recursos disponíveis.

d) a curva que liga os pontos A e B representa a utilização ótima dos fatores produtivos existentes.

e) o custo de oportunidade de produção no ponto D é igual a 1.

COMENTÁRIOS

Alternativa "a": A curva de possibilidades de produção, também chamada de fronteira de possibilidades de produção, mostra as diversas combinações de produtos que uma economia é capaz de produzir dada uma quantidade fixa de fatores de produção e supondo que não haja inovações tecnológicas. Nessas condições, os pontos que são possíveis de serem atingidos são aqueles situados sobre a curva, na fronteira (nos quais há pleno emprego dos fatores de produção e onde só é possível aumentar a produção de um bem à custa da redução da produção de outro bem), e aqueles situados dentro da fronteira, onde não há utilização plena dos recursos disponíveis. Pontos fora da fronteira, ou seja, à direita da curva, como o ponto C, são inatingíveis no curto prazo, só podendo ser alcançados caso haja aumento dos fatores produtivos ou inovação tecnológica. Portanto, alternativa está errada, pois o ponto C não pode ser atingido dados os fatores produtivos existentes nessa economia.

Alternativa "b": Errado. Se houver avanço tecnológico, a curva de possibilidade de produção desloca-se para direita, afastando-se da origem dos eixos. Nessa situação, não haverá sempre um deslocamento do ponto A para o ponto B, mas pontos mais distantes da origem dos eixos poderão ser atingidos.

Alternativa "c": Conforme pode ser observado pelo gráfico, a curva de possibilidade de produção é côncava em relação à origem, e não convexa. Errado.

Alternativa "d": Certo. Os pontos situados sobre a curva de possibilidades de produção equivalem à máxima utilização da capacidade produtiva e representam níveis de eficiência econômica. Todos os pontos da fronteira, como os pontos A e B e a curva delimitada por eles, referem-se à utilização ótima dos fatores produtivos existentes.

Alternativa "e": Como não há emprego pleno dos fatores de produção no ponto D, não é preciso se abrir mão da produção de um bem para a produção de outro. Por esse motivo, o custo de oportunidade nesse ponto é igual a zero.

Alternativa correta: letra "d".

2.2. TEORIA DO CONSUMIDOR

- Curvas de indiferença
- Equilíbrio do consumidor
- Efeitos preço, renda e substituição
- Determinação das curvas de procura
- Elasticidade da procura

39. (FGV – Auditor de Controle Externo TCE-PA/2024) Em relação à Teoria do Consumidor, avalie as afirmativas a seguir.

I. O consumidor busca maximizar sua utilidade, sujeita à restrição orçamentária.

II. A curva de indiferença representa todas as combinações de bens que proporcionam ao consumidor o mesmo nível de satisfação.

III. Em um ponto de tangência entre a linha de restrição orçamentária e a curva de indiferença, o consumidor pode encontrar a solução de maximização de utilidade, exceto em casos de soluções de canto.

IV. O efeito substituição ocorre quando a variação no preço de um bem altera a quantidade demandada desse bem, mantendo constante o nível de utilidade.

V. A função de utilidade ordinal mede a utilidade em termos absolutos, permitindo comparações quantitativas entre diferentes cestas de bens.

Está correto o que se afirma em

a) I, II e III, apenas.
b) I, II, III e IV, apenas.
c) II, IV e V, apenas.
d) I, III e V, apenas.
e) I, II, III, IV e V.

COMENTÁRIOS

Vamos analisar os itens:

I – Correto. O consumidor objetiva maximizar a sua utilidade considerando o orçamento limitado que dispõe.

II – Correto. As curvas de indiferença indicam todas as combinações de bens que geram a mesma utilidade para os consumidores.

III – Correto. No ponto ótimo da escolha do consumidor, a inclinação da curva de indiferença é igual à inclinação da restrição orçamentária. Nessa escolha, a curva de indiferença tangencia a reta orçamentária. Porém, essa regra é violada no caso das soluções de canto, que ocorre quando uma das mercadorias não é consumida. Nesse caso, no ponto em que há maximização da satisfação do consumidor, as inclinações da curva de indiferença e da restrição orçamentária são diferentes.

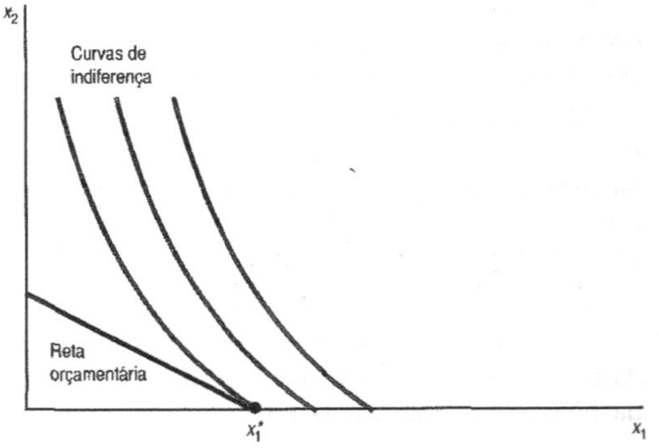

IV – Correto. Quando ocorre a alteração do preço de um bem, o consumidor substitui o consumo do bem relativamente mais caro pelo que se tornou relativamente mais barato. Essa resposta à variação dos preços relativos dos bens é conhecida como efeito substituição. Essa substituição ocorre ao longo da curva de indiferença, ou seja, mantendo-se constante o nível de utilidade.

V – Errado. A função de utilidade cardinal, e não ordinal, mede a utilidade em termos absolutos, permitindo comparações quantitativas entre diferentes cestas de bens. No caso da utilidade ordinal, a grandeza da utilidade não tem relevância. A ideia é apenas ordenar as cestas com base nas preferências.

Alternativa correta: letra "b".

40. (FGV – Auditor de Controle Externo – TCE-TO/2022) Considere uma economia composta por somente dois bens, 1 e 2, cujas quantidades consumidas são, respectivamente, *A* e *B*. Assuma também que em dezembro de 2021 os preços dos bens 1 e 2 sejam, respectivamente, *p* e *q*, e o consumidor possua renda *M*. Suponha que, em janeiro de 2022, o preço do bem 1 sofra um aumento de 80%, o preço do bem 2 sofra um aumento de 40% e a renda do consumidor dobre de valor.

Ao determinar a escolha ótima dos bens 1 e 2, em janeiro de 2022, o consumidor se defronta com a seguinte restrição orçamentária:

a) $0{,}2pA + 0{,}6qB \leq 2M$

b) $0{,}8pA + 0{,}4qB \leq M$

c) $0{,}8pA + 0{,}4qB = 2M$

d) $0{,}9pA + 0{,}7qB \leq M$

e)) $0{,}9pA + 0{,}7qB = 2M$

COMENTÁRIOS

Como o preço do bem 1 (p) aumentou 80%, ele deve ser multiplicado por 1,8. Já o preço do bem 2 (q) será multiplicado por 1,4, uma vez que aumentou 40%. A renda (M) dobrou, motivo pelo qual a multiplicamos por 2. Assim, ficamos com a seguinte restrição orçamentária:

$1{,}8pA + 1{,}4qB \leq 2M$

A fim de isolar M, dividimos a fórmula por 2:

$0{,}9pA + 0{,}7qB \leq M$

Em que o sinal de ≤ significa que o consumidor pode gastar toda sua renda ou não, já que a renda aumentou proporcionalmente mais que os preços dos produtos.

Alternativa correta: letra "d".

41. (VUNESP –– Auditor de Controle Externo – TCM-SP/2023) Segundo os fundamentos da microeconomia, é correto afirmar que

a) a elasticidade-preço da demanda de um bem se for superior a 1, a receita total aumenta quando o seu preço se eleva.

b) o módulo da elasticidade-preço da demanda de um bem se for igual a 1, a receita total reduz quando o seu preço diminui.

c) bens que têm menor participação no orçamento do indivíduo, quando sofrem alterações de preços, são perfeitamente substituídos por bens de preço menor.

d) o módulo da elasticidade-preço da demanda de um bem se for inferior a 1, trata-se de demanda-preço inelástica.

e) quanto mais essencial for um bem, maior será a elasticidade-preço da demanda.

COMENTÁRIOS

Alternativa "a": Se a elasticidade-preço da demanda de um bem for superior a 1, a receita total diminui, em vez de aumentar, quando o seu preço se eleva. Sabe-se que elasticidade-preço da demanda mede a variação percentual da quantidade demandada (q) de um bem, em consequência de uma variação percentual do seu preço (p). Também é sabido que a receita total (R) é dada por: $R = p \cdot q$

Se um bem apresentar demanda elástica, isso quer dizer que uma variação percentual positiva em p (Δp) vai ocasionar uma variação negativa em q (∇q) em percentual maior. Pela fórmula, é fácil perceber que a variação de R necessariamente será negativa, uma vez que ∇q mais que compensa Δp:

$\Delta p \cdot \nabla q = \nabla R$, em que $\nabla > \Delta$ em modulo.

A regra geral é, com um aumento do preço do bem x, se: (i) a demanda for elástica, o gasto total com o bem diminui; (ii) a demanda for unitária, o gasto total com o bem não se altera; (iii) a demanda for inelástica, o gasto total com o bem aumenta.

Elasticidade preço e gasto do consumidor/ Receita do produtor		
Demanda	**Gasto/Receita após elevação do preço**	**Gasto/Receita após redução do preço**
Inelástica	Aumenta	Diminui
Unitária	Permanece constante	Permanece constante
Elástica	Diminui	Aumenta

Alternativa errada, portanto.

Alternativa "b": Conforme já foi explicado, quando o bem possui demanda unitária, ou seja, igual a 1, a receita total quando o seu preço diminui se mantém constante.

Alternativa "c": Bens que têm menor participação o orçamento do indivíduo, quando sofrem alterações de preços, em geral, não são substituídos, pois a alteração de seus preços é pequena em termos absolutos. Imagine um lápis, por exemplo, que teve seu valor aumentado de R$ 1,00 para 1,20, ou seja, um acréscimo de 20%. Apesar de o aumento ser grande percentualmente, o valor absoluto acrescido é irrisório em relação ao orçamento do indivíduo, que terá pouco incentivo em substituir o seu consumo. Errado.

Alternativa "d": De fato, quando o módulo da elasticidade-preço da demanda de um bem é inferior a 1, o bem apresenta demanda-preço inelástica. É o gabarito.

Alternativa "e": Quanto mais essencial for um bem, menor será a elasticidade-preço da demanda, pois será mais difícil para o consumidor substituí-lo por outro.

Alternativa correta: letra "d".

2.3. INCERTEZA

- Utilidade esperada
- Aversão e risco

42. (CEBRASPE – Técnico de Controle Externo – TCE-PR/2024) Considerando a teoria de escolha sob incerteza, avalie se as afirmativas a seguir são verdadeiras (V) ou falsas (F).

( ) Uma função de utilidade estritamente côncava implica que o indivíduo é neutro ao risco.

( ) O prêmio do risco de uma loteria monetária é a diferença entre o valor esperado dessa loteria e seu equivalente de certeza.

( ) Suponha uma função utilidade Von Neumann--Morgenstern dada por U(w) $=\sqrt{w}\sqrt{w}$, em que w é o nível de riqueza. Suponha uma loteria em que pague 0 com 50% de chance e pague 100 com 50% de chance. Portanto, o equivalente de certeza é igual a 25.

As afirmativas são, respectivamente,

a) V – V – V.

b) V – F – F.

c) V – F – V.

d) F – V – V.

e) F – V – F.

COMENTÁRIOS

Vamos analisar os itens:

I – Falso. Se a função de utilidade é estritamente côncava, então a utilidade marginal do indivíduo diminui à medida que sua renda (riqueza) aumenta. Assim, ele avesso ao risco.

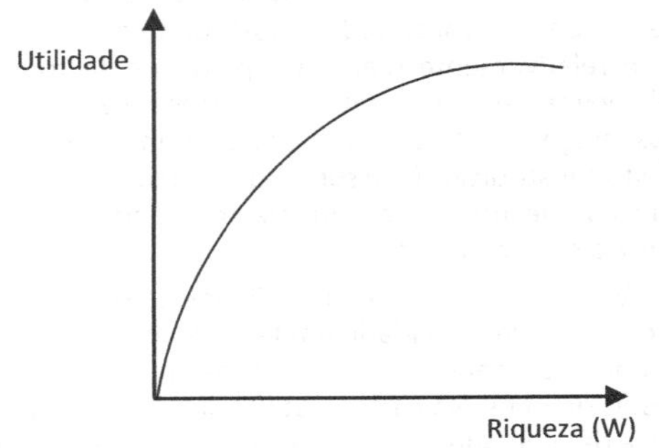

No caso de um indivíduo neutro ao risco, a função utilidade seria uma reta.

II – Verdadeiro. O prêmio de risco é a soma máxima em dinheiro que um indivíduo com aversão ao risco pagaria para se abster de assumir determinado risco. Ele corresponde ao valor esperado da riqueza (E(W)) menos seu equivalente certeza (EC).

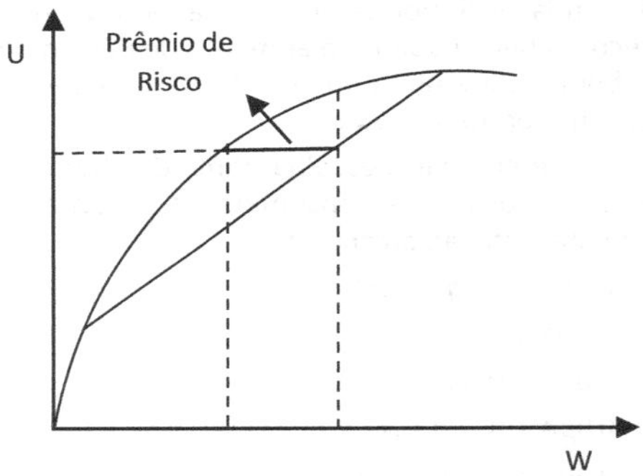

III – Verdadeiro. São dois os resultados possíveis da loteria: o apostador tem 50% de chance de acabar com a renda 0 e 50% de chance de obter renda de 100. Utilizando a utilidade Von-Neumann Morgenstern, vamos calcular a utilidade esperada dessa loteria:

U(E) = (1/2) · $\sqrt{0}\sqrt{0}$ + (1/2) · $\sqrt{100}\sqrt{100}$ = 1/2 · 10 = 5

Agora fazemos o caminho inverso. A partir da utilidade esperada encontrada, vamos descobrir qual riqueza certa deixa o apostador com esse mesmo nível de utilidade:

$\sqrt{w}\sqrt{w} = 5$

W = 25

Esse é o equivalente riqueza.

Alternativa correta: letra "d".

2.4. ESTRUTURAS DE MERCADO

- Concorrência perfeita e concorrência monopolística
- Oligopólio
- Monopólio

43. (FGV – Auditor de Controle Externo TCE--PA/2024) Uma firma opera em um mercado perfeitamente competitivo. Sobre as decisões de produção e estratégias da firma em diferentes horizontes de tempo (curto e longo prazo), analise os seguintes cenários:

Cenário 1: Uma firma está operando no curto prazo e está enfrentando custos variáveis altos devido a uma inesperada elevação no preço das matérias-primas. Apesar disso, a firma ainda consegue cobrir seus custos variáveis, mas não seus custos fixos. O que a firma deve considerar ao decidir continuar operando ou fechar temporariamente?

Cenário 2: Em um cenário de longo prazo, várias firmas entram no mercado devido a lucros econômicos positivos. Com o tempo, a entrada de novas firmas afeta o preço do produto no mercado. Qual ajuste ocorre no mercado de longo prazo e como isso impacta as decisões de saída ou permanência das firmas?

Cenário 3: Uma firma inovadora descobre uma nova tecnologia que reduz significativamente os custos de produção. No curto prazo, essa firma adquire uma vantagem competitiva. Como a difusão dessa tecnologia no mercado afeta a estrutura do mercado no longo prazo e o lucro econômico da firma?

Assinale a opção que responde corretamente às perguntas apresentadas em cada cenário, respectivamente.

a) Cenário 1: No curto prazo, a firma deve continuar operando se a receita total cobre os custos variáveis, pois isso minimiza as perdas. Cenário 2: No longo prazo, a entrada de novas firmas devido aos lucros positivos reduz os preços até que os lucros econômicos sejam eliminados, resultando em lucro normal para todas as firmas. Cenário 3: A difusão de nova tecnologia no longo prazo reduz os custos de produção em todo o mercado, eliminando a vantagem competitiva inicial e normalizando os lucros.

b) Cenário 1: No curto prazo, a firma deve fechar temporariamente se a receita total não cobre os custos variáveis, para evitar perdas adicionais. Cenário 2: No longo prazo, a saída de firmas do mercado devido a prejuízos econômicos aumenta os preços, restabelecendo o equilíbrio de lucro normal. Cenário 3: A introdução de nova tecnologia no longo prazo cria um mercado monopolista temporário, mas eventualmente, todas as firmas adotam a tecnologia, retornando a um mercado perfeitamente competitivo com lucros normais.

c) Cenário 1: No curto prazo, a firma deve continuar operando se a receita total cobre os custos fixos, pois isso indica que está cobrindo todos os custos de produção. Cenário 2: No longo prazo, a entrada de novas firmas aumenta a concorrência, elevando os custos até que as firmas menos eficientes saiam do mercado. Cenário 3: A difusão de nova tecnologia no longo prazo cria uma barreira de entrada, mantendo a firma inovadora com lucros econômicos positivos.

d) Cenário 1: No curto prazo, a firma deve fechar temporariamente se a receita total cobre apenas os custos variáveis, pois ainda haverá prejuízo. Cenário 2: No longo prazo, a entrada de novas firmas mantém os preços estáveis, resultando em lucros normais apenas para as firmas mais eficientes. Cenário 3: A nova tecnologia, quando adotada por todas as firmas, cria uma nova curva de oferta mais baixa, mantendo a estrutura de mercado competitiva.

e) Cenário 1: No curto prazo, a firma deve continuar operando se a receita total cobre os custos variáveis e fixos, pois isso garante a sobrevivência da firma. Cenário 2: No longo prazo, a entrada e saída de firmas não afetam o preço de mercado devido à presença de economias de escala. Cenário 3: A difusão de nova tecnologia inicialmente aumenta os lucros econômicos, mas a competição eventual reduz esses lucros a níveis normais.

COMENTÁRIOS

Alternativa "a": Cenário 1: Em um mercado competitivo, no curto prazo, as firmas devem encerrar suas atividades se o preço for inferior aos custos variáveis médios. Caso isso não ocorra, elas podem continuar operando. Isso equivale a dizer que, se a receita total cobrir os custos variáveis, a firma não precisa encerrar as atividades (apenas houve a multiplicação dos preços e custos pela quantidade). Cenário 2: No longo prazo, eventuais lucros positivos atraem novas firmas (não há barreiras a entradas) em um movimento que se encerra em um equilíbrio em que os preços ocasionam lucros iguais a zero. Cenário 3: Está correto, pois a nova tecnologia é difundida para toda a economia no longo prazo, reduzindo os custos de produção em todo o mercado e levando os lucros a zero. É o gabarito.

Alternativa "b": Cenário 1: Essa parte está correta, visto que, no curto prazo, a firma deve fechar se a receita total não cobrir os custos variáveis; Cenário 2: Certo. No longo prazo, como há livre entrada e saída de firmas, haverá movimentos até que os preços se fixem em uma situação de lucro normal. Cenário 3: Nesse ponto é abordada a Teoria de Schumpeter, que preceitua que a inovação gera monopólio temporário, que desaparece com a difusão da inovação entre todas as demais firmas. A banca considerou incorreta essa afirmação, talvez por não se tratar de uma abordagem neoclássica.

Alternativa "c": Cenário 1: Quando a receita total supera os custos fixos, não há garantia de que todos os custos de produção estão sendo cobertos, pois ainda há os custos variáveis. Cenário 2: Errado. No longo prazo, a entrada de novas firmas aumenta a concorrência e aumenta a produção, o que reduz os preços. Cenário 3: Conforme já visto, a nova tecnologia é difundida e faz com que as empresas aufiram lucro zero.

Alternativa "d": Cenário 1: Errado. Mesmo havendo prejuízo, ainda é melhor produzir algo do que produzir zero. Cenário 2: Errado. No longo prazo, a entrada de novas firmas resulta em lucros normais para todas as firmas. Cenário 3: Já explicado nos itens anteriores.

Alternativa "d": Todos os cenários estão errados, conforme visto através dos itens anteriores.

Alternativa correta: letra "a".

---

44. (CEBRASPE – Auditor de Controle Externo – TCDF/2023) Considere-se um monopolista, cujas funções demanda e custo total são, respectivamente,

$P = 3.000 - 5Q$

$CT = 200 + 10Q^2$,

em que P representa o preço do produto, Q, a quantidade disponível desse produto e CT, o custo total do produto.

Com relação a esse modelo, julgue o item que se segue.

Ao nível de máximo lucro, o preço e as quantidades de equilíbrio serão, respectivamente, 100 e 250 unidades.

COMENTÁRIOS

A maximização do lucro ocorre no ponto em que o custo marginal é igual à receita marginal (CMg = RMg).

O aluno pode encontrar a RMg multiplicando a função demanda por Q, e depois obter sua derivada (RT'), ou recordar que, em um monopólio com demanda linear, a RMg equivale à função demanda com o dobro da inclinação:

Assim, se a demanda é dada por: P = 3.000 – 5Q, então: **RMg = 3.000 – 10Q**.

Caso opte pelo caminho mais longo:

$RT = Q(3.000 - 5Q)$

$RT = 3.000Q - 5Q^2$

$RT' = RMg = 3.000 - 10Q$

Sabendo-se que o custo marginal (CMg) é a derivada do custo total (CT'):

$CT = 200 + 10Q^2$

$CT' = CMg = 20Q$

Sob condição de equilíbrio (CMg = RMg):

$20Q = 3.000 - 10Q$

$30Q = 3.000$

$Q = 100$, valor que já invalida a questão.

De qualquer forma, vamos encontrar o preço através da substituição do valor de Q na função de demanda.

$P = 3.000 - 5Q$

$P = 3.000 - 5 \cdot 100$

$P = 2.500$

Portanto, ao nível de máximo lucro, o preço e as quantidades de equilíbrio serão, respectivamente, 2.500 e 100 unidades.

Errado.

---

45. (CEBRASPE – Auditor de Controle Externo – TCDF/2023) O lucro máximo será de 149.800 unidades monetárias.

COMENTÁRIOS

Basta utilizarmos os resultados do item anterior e encontrar: Lucro = RT – CT

$Lucro = 3.000Q - 5Q^2 - (200 + 10Q^2)$

$Lucro = -15Q^2 - 3.000Q - 200$

$Lucro = -15(100)^2 - 3.000(100) - 200 = 149.800$

Certo.

---

46. (FGV – Auditor Federal de Controle Externo – TCU/2022) Em uma indústria perfeitamente competitiva, sem barreiras à entrada e à saída, e com potenciais entrantes, cada firma tem uma estrutura de custos idêntica, não afetada pela entrada de novas firmas, e igual a $c(q) = 75 + q + 3q^2$, para $q > 0$ e $c(0) = 0$, onde q é a quantidade produzida por cada firma. A demanda inversa de mercado é dada por $p(Q) = 141 — 0,5Q$, em que é a quantidade demandada e o preço. Então:

a) o preço de equilíbrio é igual a 15;

b) cada firma oferta duas unidades no longo prazo;

c) a curva de oferta de longo prazo da indústria será igual a $p(Q) = 6Q + 1$

d) caso a demanda inversa de mercado se altere para $p(Q) = 161 - 0,5Q$, oito firmas entram na indústria no novo equilíbrio de longo prazo;

e) caso o governo decida instituir um imposto de três unidades monetárias por unidade vendida, o impacto tributário recai totalmente nos consumidores e a perda de peso morto da economia no longo prazo é igual a 18.

COMENTÁRIOS

✪ **Nota do autor:** Muito cuidado nessa questão! Sabemos que a maximização do lucro da firma em um mercado perfeitamente competitivo ocorre no ponto em que o custo marginal é igual ao preço (CMg = P). Nesse caso em específico, o preço foi dado em função da quantidade produzida pela indústria ("Q" maiúsculo), ou seja, da soma da produção de todas as firmas, enquanto o custo refere-se a cada firma individualmente ("q" minúsculo). Portanto, atente-se que a solução não poderá ser alcançada apenas igualando-se a demanda inversa com o custo marginal!

Para resolver esse exercício, precisamos lembrar que, em uma indústria perfeitamente competitiva (concorrência perfeita), as empresas auferem lucro zero no longo prazo. Portanto, nesse horizonte de tempo, o equilíbrio ocorre onde o custo marginal (CMg) é igual ao custo médio (CMe). Assim, para acharmos o equilíbrio, primeiro precisamos obter o custo marginal derivando a função custo:

$c' = 1 + 6q$

e depois igualá-lo ao custo médio, que nada mais é que a função custo dividida por q:

$CMe = 75/q + 1 + 3q$

Assim, ficamos com:

$1 + 6q = 75/q + 1 + 3q$

Resolvendo a equação:

$6q - 3q = 1 - 1 + 75/q \rightarrow 3q = 75/q \rightarrow 3q^2 = 75 \rightarrow q^2 = 25$

$q = 5$

Portanto, no equilíbrio de longo prazo, cada firma **produz 5 unidades**.

Com o valor da quantidade produzida por cada firma conhecido, podemos encontrar o preço de mercado e o número de empresas nessa indústria.

Lembrando que o custo marginal é igual ao preço, temos que:

$P = 1 + 6q$. Como $q = 5$, então $P = 1 + 6 \cdot 5 = 31$.

Assim, **o preço de equilíbrio é igual a 31**.

Substituindo o preço na função de demanda inversa, podemos encontrar a quantidade produzida pela indústria e, posteriormente, o número de empresas do setor:

$141 — 0{,}5Q = 31$

$0{,}5Q = 110$

$Q = 220$

Ou seja, toda a indústria oferta 220 unidades no equilíbrio de longo prazo, enquanto cada firma oferta 5 unidades. Assim, podemos concluir que **o número de firmas nessa indústria é de 200/5 = 44.**

Caso a demanda inversa de mercado se altere para p (Q) = 161 – 0,5Q, o equilíbrio ficará da seguinte forma:

$161 - 0{,}5Q = 31$

$0{,}5Q = 130$

$Q = 260$

A quantidade de firmas aumentará para 52 (260/5).

Tendo em vista todas as respostas encontradas acima, partimos para a análise das alternativas:

Alternativa "a": Errado, pois, como vimos, o preço de equilíbrio é igual a 31 e não 15.

Alternativa "b": No longo prazo, cada firma oferta 5 (cinco) unidades. Portanto, alternativa errada.

Alternativa "c": O examinador quis confundir o candidato, colocando a curva de oferta da firma individual como se fosse a de mercado. Para cada firma, a oferta é dada pela porção da curva de custo marginal acima do custo médio mínimo. Assim, a curva de oferta individual é dada por 1 + 6q, para $q \geq 5$ (quantidade encontrada igualando-se CMg ao CMe, lembrando que a curva de CMg cruza a curva de CMe no ponto mínimo da última). Já a curva de oferta de longo prazo do mercado não é dada pela curva de custo marginal.

Alternativa "d": Conforme visto acima, quando a demanda inversa de mercado se altera para p (Q) = 161 – 0,5Q, o número de firmas da indústria passa de 44 para 52, ou seja, **oito firmas entram nesse mercado**. Portanto, alternativa correta.

Alternativa "e": Como não temos a curva de oferta de longo prazo, pois não há informações para obter o seu formato (no longo prazo, a curva de oferta de uma indústria é diferente da sua curva de custo marginal), não há como afirmar o que se diz na assertiva.

Alternativa correta: letra "d".

---

47. (FGV – Auditor Federal de Controle Externo – TCU/2022) Em relação às consequências das decisões das firmas sobre preços e quantidades em estruturas de mercado de concorrência imperfeita, é correto afirmar que:

a) a firma seguidora em um duopólio de Stackelberg obtém lucro superior ao que obteria em um duopólio de Cournot, porque possui vantagem informacional ao reagir sequencialmente à decisão de produção da firma líder;

b) a ocorrência do paradoxo de Bertrand em mercados oligopolizados pressupõe que haja restrição individual de capacidade produtiva para atender a demanda de mercado e que as firmas produzam produtos diferenciados;

c) a regulação de preços pelo custo marginal que busca a solução competitiva no monopólio natural, em mercados incontestáveis e sem produtos substitutos, é uma solução intermediária entre a determinação de preços pela regra do markup e a solução socialmente eficiente;

d) a regulação em mercados monopolisticamente competitivos pode ser dispensada quando nenhuma firma tem substancial poder de mercado e os ganhos advindos da valorização dos consumidores pela diversidade de marcas e produtos tendem a superar o custo social;

e) quando o monopolista não é capaz de estimar as curvas de demanda dos consumidores individuais ou de grupos de consumidores distintos, o mecanismo mais eficaz de captura dos excedentes dos consumidores é o incentivo à autosseleção (*self selection*) por meio da prática de discriminação de preços de terceiro grau, tal como a tarifação em duas partes.

COMENTÁRIOS

Alternativa "a": Errado. Somente a firma líder no modelo de Stackelberg pode obter o lucro maior do que obteria no modelo de Cournot. A empresa seguidora, por escolher sua produção depois da empresa líder, fica em desvantagem, e não em vantagem como afirmado no enunciado.

Alternativa "b": Errado. A ocorrência do paradoxo de Bertrand pressupõe que as firmas produzam um bem homogêneo. Nesse modelo de oligopólio, apesar de as empresas possuírem poder de mercado e poderem cobrar preços acima do custo marginal, elas optam por se comportar como se estivessem em um mercado competitivo, fixando seus preços ao nível dos seus custos marginais. Por isso que o resultado no modelo de Bertrand é conhecido como paradoxo. Se os bens fossem diferenciados, seria possível o estabelecimento de preços diferentes entre as firmas e o paradoxo não se observaria.

Alternativa "c": Errado. Um monopólio natural não pode ter seus preços regulados pelo custo marginal porque a empresa monopolista apresenta custos marginais menores que os custos médios para qualquer nível de produção. Ou seja: caso os preços fossem fixados ao nível do custo marginal, eles não cobririam o custo médio da firma e esta permaneceria em constante prejuízo, tendo de encerrar suas atividades. Ressalta-se que os mercados contestáveis são aqueles em que ocorrem pressões concorrenciais advindas de firmas que potencialmente poderiam entrar nesse mercado.

Alternativa "d": Correto. Os mercados monopolisticamente competitivos não são economicamente eficientes como os mercados de concorrência perfeita, uma vez que as firmas possuem poder de monopólio, ainda que reduzido. Sendo assim, para se avaliar se esse mercado deve ser regulado, as ineficiências por ele geradas devem ser confrontadas com os ganhos dos consumidores provenientes da diversidade de produtos. Se os ganhos advindos da valorização dos consumidores pela diversidade de marcas e produtos superarem o custo social relacionado à ineficiência, a regulação pode ser dispensada.

Alternativa "e": Na discriminação de preço de terceiro grau, os consumidores são divididos em dois ou mais grupos, de forma que o grupo com demanda mais elástica paga um preço pelo bem menor do que aquele que o grupo com demanda menos elástica paga.. Já a tarifa em duas partes diz respeito a outro recurso para captação do excedente do consumidor. Nesse caso, os consumidores pagam uma taxa de "entrada", e depois pagam uma taxa adicional para cada unidade de produto que pretendam consumir. Tem como exemplo clássico o parque de diversões. Portanto, trata-se de duas formas distintas de se captar o excedente do consumidor e não se confundem.

Alternativa correta: letra "d".

3. FALHAS DE MERCADO

- Externalidades
- Bens públicos
- Assimetria de informação (seleção adversa e perigo moral)

48. (CESPE – Auditor TCU/ 2015) Acerca dos conceitos de falhas de mercado e sua relação com a eficiência econômica e da formação de estruturas de mercado, julgue os seguintes itens.

48.01. Do ponto de vista microeconômico, o resultado economicamente eficiente obtido a partir de um sistema competitivo, sob a análise de equilíbrio geral, ocorre quando há falhas de mercado.

COMENTÁRIOS

As falhas de mercado são situações que fazem com que um mercado, por si só, não seja capaz de assegurar a alocação eficiente de recursos. Tais circunstâncias podem ocorrer por diversos motivos, entre outros: a existência de bens públicos, a presença de externalidade, a existência de monopólios naturais, existência de informações assimétricas, etc. Portanto, a assertiva está errada, visto que as falhas de mercado impedem que o resultado economicamente eficiente obtido a partir de um sistema competitivo seja atingido.

Errado.

48.02. Em geral, o princípio da não exclusão no consumo de bens públicos torna a solução de mercado eficiente para garantir a necessária oferta desses bens à sociedade.

COMENTÁRIOS

Os bens públicos se caracterizam por serem não excludentes e não rivais. Pensemos na iluminação pública, que é um caso clássico de bem público. Nenhum indivíduo pode ser privado de seu uso. Basta sair em uma rua que seja iluminada que ele já estará usufruindo o bem. Portanto, é um bem não excludente (princípio da não exclusão). Além disso, o fato de um indivíduo ser iluminado não impede outro indivíduo de também ser. Dessa forma, diz-se que é um bem não rival ou indivisível. Em suma, o bem não rival diz respeito àquele cujo uso por um indivíduo não prejudica seu uso pelos demais. O princípio da não exclusão não torna a solução de mercado eficiente. Conforme já exposto anteriormente, os bens públicos consistem em importantes causas de falhas de mercado e, portanto, impedem que o resultado seja economicamente eficiente.

Errado.

49. (CESPE/Unb – TCU – Auditor Federal de Controle Externo/2013) Julgue os itens a seguir.

A condição para o problema de *moral hazard* (risco moral) existe quando a ação do agente não é verificável ou controlável.

COMENTÁRIOS

Uma situação de risco moral ocorre quando o agente altera seu comportamento em virtude de estar segurado. Ele passa a tomar menos cuidado com o bem segurado do que tomava antes de fazer o seguro. Como as seguradoras raramente conseguem monitorar o comportamento dos seus clientes, muito provavelmente ela terá mais gastos do que o previsto. Por isso, caso o comportamento do agente, no caso, o cliente, fosse observável ou controlável, não haveria problema, uma vez que as companhias de seguros poderiam estabelecer com mais precisão os seus preços.

Certo.

4. ECONOMIA DO SETOR PÚBLICO

- O Setor Público no Brasil e seu financiamento
- O Estado e as funções econômicas governamentais
- Equidade e Eficiência
- Tributação e eficiência, o peso morto da tributação
- Contabilidade fiscal: NFSP, resultados nominal, operacional e primário. Dívida pública

50. (CEBRASPE – Auditor de Controle Externo – TCE-PR/2024) A função econômica do governo caracterizada por promover a intervenção para corrigir falhas de mercado e garantir a provisão eficiente de bens e serviços é a função

a) financeira.

b) empresarial.

c) distributiva.

d) estabilizadora.

e) alocativa.

COMENTÁRIOS

✪ **Nota do autor:** De acordo com teoria das finanças públicas, o Estado desempenha três funções primordiais: a função alocativa, a função distributiva e a função estabilizadora. Ainda, em visão mais moderna, podemos dizer que ele apresenta uma função adicional relacionada à função alocativa, que é a reguladora. A função alocativa associa-se ao fornecimento de bens públicos para a sociedade, em virtude das limitações do mercado que o impedem de disponibilizar alguns bens de maneira satisfatória do ponto de vista da eficiência econômica. A função estabilizadora diz respeito à intervenção do governo na economia visando ao alcance de um alto nível de emprego, estabilidade do nível de preços e crescimento econômico. A função distributiva está associada ao objetivo de se buscar a promoção de uma distribuição de renda considerada justa pela sociedade. Para atingir esse objetivo, o governo dispõe, sobretudo, do mecanismo de tributação, da utilização de subsídios e de transferências.

Alternativa "a": Perceba, pela explicação acima, que o governo não desempenha uma intitulada função financeira. Alternativa errada, portanto.

Alternativa "b": Errado. Conforme depreende-se do item anterior, o governo não desempenha uma função denominada empresarial. Apesar de atuar, muitas vezes, como empresário, a função que o Estado desempenha quando realiza essa atividade tem outra denominação, como veremos à frente.

Alternativa "c": Errado. Através da função distributiva, o governo busca promover uma distribuição de renda mais equitativa entre os cidadãos, com o emprego de mecanismos como transferências diretas, cobrança de impostos e concessão de subsídios.

Alternativa "d": Errado A função estabilizadora do governo diz respeito ao uso das políticas fiscal e monetária buscando um alto nível de emprego, a estabilidade dos preços e a obtenção de uma taxa apropriada de crescimento econômico.

Alternativa "e": Certo. O governo, através da sua função alocativa, realiza intervenções na economia para garantir a provisão de bens e serviços públicos que não seriam oferecidos pelo mercado privado ou que seriam ofertados em condições ineficientes.

Alternativa correta: letra "e".

51. (FGV – Auditor de Controle Externo TCE-PA/2024) Essencialmente, os Governos Federal, Estaduais e Municipais desempenham três funções econômicas clássicas, que refletem no orçamento público.

Em relação à função alocativa do governo, assinale a afirmativa correta.

a) A função alocativa tem como objetivo o controle da inflação, proporcionando crescimento da economia e baixo índice de desemprego.

b) Um dos papéis do governo na função alocativa é reduzir a desigualdade de renda, através da realização de subsídios e transferências.

c) A função alocativa está ligada à intervenção do Estado na economia, alterando o comportamento dos níveis de emprego.

d) A função alocativa é a política que interfere diretamente na divisão do produto entre o consumo e acumulação.

e) Na função alocativa, o governo atua no fornecimento ou regulação de bens públicos, como saúde e educação, complementando a ação do mercado.

COMENTÁRIOS

Alternativa "a": Errado. A assertiva descreve a função estabilizadora.

Alternativa "b": Errado. O item refere-se à função distributiva.

Alternativa "c": Errado. No exercício da função alocativa, o governo objetiva o fornecimento de bens públicos para a sociedade.

Alternativa "d": Errado. A função alocativa não interfere diretamente na divisão do produto entre o consumo e acumulação, mas na provisão de bens e alocação de recursos.

Alternativa "e": Exato. Através da função alocativa, o governo realiza a provisão de bens públicos, em complemento à ação do mercado.

Alternativa correta: letra "e".

52. (FGV – Auditor Federal de Controle Externo – TCU/ 2022) A Empresa Brasileira de Correios e Telégrafos (EBCT) é considerada pelo Supremo Tribunal Federal (STF) como imune ao pagamento de impostos mesmo quanto às atividades em que atua em regime de livre concorrência. A razão dada pelo STF é a de que a EBCT oferta o serviço público de entrega de correspondência em localidades distantes a preço módico, serviço que não seria oferecido adequadamente (a não ser por alto custo) pelo sistema de mercado. Assim, as atividades mais rentáveis da EBCT estariam também imunes para auxiliar no custeio das operações de entrega de correspondência em locais pouco habitados e de difícil acesso.

À luz das nomenclaturas cunhadas na teoria das funções de Governo, o fenômeno descrito no enunciado expressa a função:

a) distribucionista do Estado;

b) estabilizadora do Estado;

c) alocativa do Estado;

d) progressiva do Estado;

e) referencial do Estado.

COMENTÁRIOS

Alternativa "a": Errado. Não existe uma função distribucionista do Estado, mas sim distributiva. De qualquer forma, mesmo a função distributiva, que se associa a uma distribuição de renda considerada justa pela sociedade, não tem relação com o enunciado.

Alternativa "b": A função estabilizadora relaciona-se a políticas que busquem o crescimento econômico, estabilização do nível de preços e redução do nível de desemprego, e não à oferta de serviço público conforme expõe o enunciado. Portanto, a alternativa está errada.

Alternativa "c": Certo. Ao prover bens e serviços públicos, o governo trabalha na execução de sua função alocativa. Perceba que, quando a ECT oferta o serviço público de entrega de correspondência em localidades distantes a preço módico, ela evita que grande parte da população seja excluída do consumo do serviço de correspondência, o que provavelmente ocorreria caso o mercado determinasse o preço desses serviços.

Alternativa "d" e "e": No que diz respeito à teoria das finanças públicas, não existem as funções progressiva ou referencial do Estado.

Alternativa correta: letra "c"

53. (CEBRASPE – Técnico de Controle Externo – TCE-PR/2024) Quando utiliza políticas e estratégias para estabilizar a economia, controlando a inflação e o desemprego e promovendo um ambiente econômico previsível e estável, o Estado visa principalmente à

a) regulação e supervisão de mercados.

b) intervenção estatal ativa.

c) redistribuição de renda.

d) estabilidade macroeconômica.

e) promoção da inovação tecnológica.

COMENTÁRIOS

Alternativa "a": Errado. O Estado, através da regulação, objetiva zelar pelos interesses dos usuários e pela eficiência na prestação de serviços públicos.

Alternativa "b": Errado. Na verdade, quando o governo utiliza políticas e estratégias para estabilizar a economia, ele já está intervindo. Perceba que a intervenção é o "meio" e não a finalidade dessas políticas. Portanto, alternativa errada.

Alternativa "c": As políticas de redistribuição de renda relacionam-se ao uso de instrumentos como as transferências, os impostos e os subsídios, com objetivo de promover uma distribuição de renda considerada justa pela sociedade. Percebe-se, dessa forma, que a assertiva está errada.

Alternativa "d": Quando o governo utiliza políticas e estratégias para estabilizar a economia, controlando a inflação e o desemprego e promovendo um ambiente econômico previsível e estável, ele está exercendo a sua função estabilizadora. É a alternativa correta.

Alternativa "e": Errado. A promoção de inovações tecnológicas pelos agentes de mercado pode até ser facilitada pela estabilização da economia, mas não é consequência direta dessa política.

Alternativa correta: letra "d".

---

54. (CEBRASPE – Técnico de Controle Externo – TCE-PR/2024) A corrente de pensamento econômico que preconiza a atuação do Estado como agente de planejamento e coordenação para superar os obstáculos estruturais ao desenvolvimento defende que o Estado

a) seja mínimo.

b) desempenhe o papel de gestor.

c) atue sobre a economia.

d) apoie a iniciativa privada nas funções de Estado.

e) apoie um banco central autônomo.

COMENTÁRIOS

Alternativa "a": A corrente de pensamento que defende o Estado mínimo advoga que o governo não intervenha nas relações econômicas, focando-se apenas em atividades como a proteção dos direitos à vida, liberdade, propriedade e garanta a aplicação dos contratos. Portanto, errado.

Alternativa "b": Errado. De acordo com a referida corrente de pensamento, que se assimila ao desenvolvimentismo, o Estado não precisa necessariamente desempenhar o papel de gestor.

Alternativa "c": Certo. O enunciado refere-se à teoria desenvolvimentista, que defende o planejamento do desenvolvimento com a presença do Estado na sua condução.

Alternativa "d": Errado. Nem mesmo as teorias ortodoxas de economia defendem que a iniciativa privada desempenhe as funções de Estado.

Alternativa "e": Errado. O estabelecimento de um banco central autônomo não é uma das condições para o sucesso da economia na referida corrente de pensamento.

Alternativa correta: letra "d".

---

55. (FGV – Auditor de Controle Externo TCE-PA/2024) A respeito das políticas de estabilização econômica, avalie as afirmativas a seguir.

I. O regime de metas de inflação é uma estratégia em que o Banco Central ajusta a política monetária para manter a inflação em um nível pré-determinado.

II. O déficit público refere-se ao excesso de despesas sobre receitas correntes do governo em um dado período.

III. Senhoriagem é a receita obtida pelo governo por intermédio da emissão de moeda, especialmente em contextos de alta inflação.

IV. A indexação é um mecanismo de ajuste automático dos valores monetários, como salários e contratos, para neutralizar os efeitos da inflação.

V. A política monetária restritiva, ao aumentar a taxa de juros, tende a diminuir a inflação ao encarecer o crédito e reduzir o consumo.

Está correto apenas o que se afirma em

a) I, III e V.

b) II e IV.

c) I, II e III.

d) I, IV e V.

e) III e V.

COMENTÁRIOS

Vamos analisar os itens:

I – Correto. No regime de metas de inflação, o banco central atua para que a inflação efetiva esteja em linha com a meta pré-estabelecida. Em suma, a meta para a inflação para o ano é definida e anunciada ao público, sendo que o banco central deve adotar medidas para alcançá-la.

II – Incorreto. Déficit público não engloba só as despesas correntes do governo, mas também as despesas de capital.

III – Correto. Senhoriagem é a receita obtida pelo governo por intermédio da emissão de moeda, especialmente em contextos de alta inflação.

IV – Incorreto. A indexação é, de fato, um mecanismo de ajuste automático dos valores monetários, como salários e contratos. Entretanto, ela não é capaz de neutralizar os efeitos da inflação, mas apenas amenizá-los, já que há uma defasagem entre a aplicação da correção e o índice de preço apurado (geralmente o contrato é reajustado com base na inflação do período anterior).

V – Correto. É esse o objetivo de política monetária restritiva com aumento de juros: deixar os empréstimos mais caros, fazendo com que a demanda por crédito se reduza e haja menor consumo, de modo a conter a pressão inflacionária.

Alternativa correta: letra "a".

---

56. (FGV – Auditor de Controle Externo – TCE-TO/2022) Acerca das consequências do comércio exterior e das relações econômicas entre países, para o país doméstico, a imposição de tarifas à importação sobre um bem acarreta:

a) aumento do bem-estar social;

b) diminuição no excedente do produtor;

c) diminuição no excedente do consumidor;

d) os mesmos efeitos tributários da imposição de cotas à importação;

e) perda nos termos de troca, pois a tarifa reduz os preços das exportações.

COMENTÁRIOS

Alternativa "a": Suponha uma situação em que os preços internacionais (p_{int}) são inferiores aos preços domésticos (p_0). Na ausência de tarifas de importação, os consumidores do mercado interno sentem-se estimulados a adquirir o produto importado. Dessa forma, em função da concorrência, o preço interno iguala-se ao preço mundial. A esse preço, a produção interna cai para Q_s, enquanto que o consumo interno aumenta para Q_d. A quantidade importada passa a ser a diferença entre o consumo interno e a produção interna, $Q_d - Q_s$.

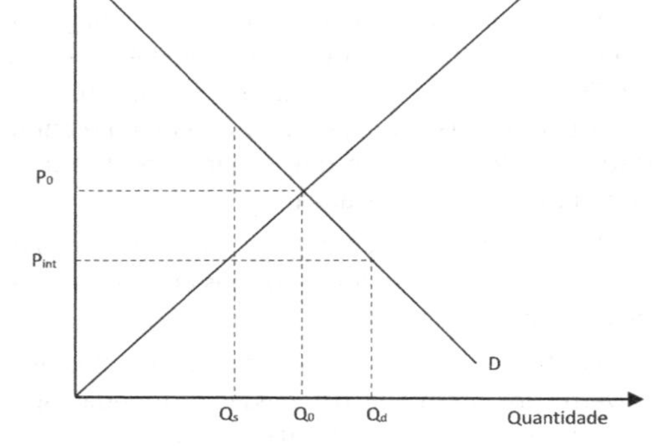

Agora, imagine a imposição de uma tarifa de importação (T) sobre o referido bem. Com a nova tarifa, preço internacional sobe de p_{int} para p_{int} + T, fazendo com que o mercado se encontre em equilíbrio nesse novo nível de preços.

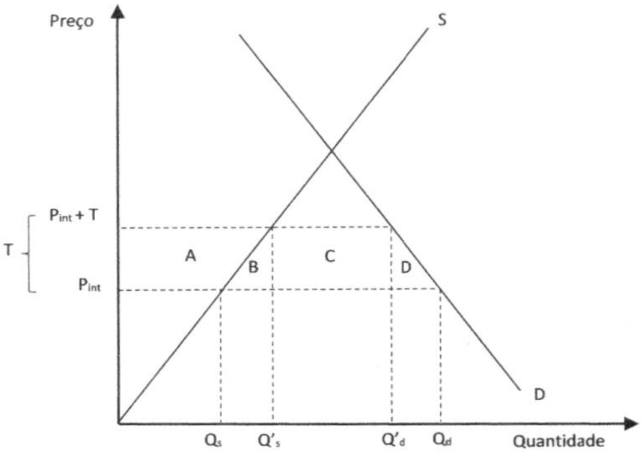

A tarifa de importação ocasiona uma variação do excedente do consumidor, expressa pela equação:

$\Delta EC = - A - B - C - D$ (portanto, a variação é negativa, indicando que houve uma perda).

Já o ganho do excedente do produtor é dado por:

$\Delta EP = A$

Sendo $Q'_d - Q'_s$ as importações após a alíquota, o valor arrecadado pelo governo é $(Q'_d - Q'_s) \cdot T$ e equivale à área C do gráfico acima.

Assim a perda interna líquida é, portanto, B + D. Ou seja, a perda dos consumidores menos o ganho do produtor e do governo.

Percebe-se, portanto, que não há aumento do bem-estar social, mas uma perda representada pela soma dos triângulos B e D do gráfico. Alternativa errada.

Alternativa "b": Há um aumento no excedente do produtor representado pelo triângulo A. Esse aumento decorre da possibilidade de o produtor aumentar seus preços na mesma magnitude da nova tarifa de importação. Errado.

Alternativa "c": Exato. Conforme já explicado, a imposição da tarifa de importação gera uma perda do excedente do consumidor representada pela soma: A + B + C + D. É a resposta.

Alternativa "d": No caso da imposição de cotas à importação, não haveria arrecadação do governo. Isso faria com a perda de bem-estar social fosse ainda maior, pois incluiria a área C representada no gráfico.

Alternativa "e": A presente análise foca-se apenas nas importações. De qualquer forma, a tarifa não reduz os preços das exportações domésticas. Errado.

Alternativa correta: letra "c".

57. (VUNESP – Auditor de Controle Externo – TCM-SP/2023) Quando os gastos do governo superam as receitas, configura-se um déficit público. O déficit nominal é uma das definições utilizadas, que significa

a) o excesso das despesas correntes sobre as receitas correntes do governo, exceto os juros das dívidas interna e externa.

b) o excesso das despesas correntes e de capital sobre as receitas correntes do governo, mais os juros sobre a dívida interna e externa.

c) o excesso das despesas correntes e de capital sobre o total das receitas do governo, exceto os juros e a correção monetária sobre as dívidas interna e externa.

d) o excesso das despesas correntes sobre o total das receitas correntes.

e) o excesso das despesas correntes e de capital sobre as receitas correntes do governo, mais os juros e a correção monetária sobre as dívidas interna e externa.

COMENTÁRIOS

Alternativa "a": Errado. O resultado do governo no conceito nominal não exclui os juros das dívidas interna e externa. Além disso, ainda inclui as despesas de capital e a correção monetária sobre as dívidas interna e externa.

Alternativa "b": O enunciado refere-se ao déficit público no conceito operacional, pois não inclui a correção monetária sobre as dívidas interna e externa. Errado.

Alternativa "c": Esse é o conceito primário do déficit público, pois leva em conta apenas o excesso das despesas correntes e de capital sobre o total das receitas do governo, sem considerar os juros e a correção monetária sobre as dívidas interna e externa. Portanto, errado.

Alternativa "d": O excesso das despesas correntes sobre o total das receitas correntes refere-se à poupança em conta corrente do governo, pois não inclui as despesas de capital, nem juros ou correção monetária. Errado.

Alternativa "e": Certo. O déficit público no seu conceito nominal diz respeito às despesas correntes e de capital sobre as receitas correntes do governo, mais os juros e a correção monetária sobre as dívidas interna e externa.

Alternativa correta: letra "e".

58. (VUNESP – Auditor de Controle Externo – TCM-SP/2023) Conforme a taxa de inflação e o momento no qual os impostos são arrecadados, a arrecadação do governo irá sofrer uma queda, em termos reais. Trata-se do conceito denominado

a) índice de preços de Paasche.

b) índice de preços de Laspeyres.

c) conceito Mundell-Fleming.

d) efeito Tanzi.

e) efeito Ponzi.

COMENTÁRIOS

Alternativa "a": O índice de preços de Paasche, conforme o nome diz, é um índice de preços calculado através da média harmônica dos preços relativos ponderados pela participação do produto na despesa no período atual. Errado.

Alternativa "b": Também é um índice preços, mas, diferentemente do índice de Paasche, leva em conta a participação do produto na despesa no período base. Errado.

Alternativa "c": Na verdade, o nome correto é modelo Mundell-Fleming, que se refere ao modelo IS-LM para uma economia aberta. Portanto, errado.

Alternativa "d": Certo. O efeito Tanzi, também conhecido como efeito Olivera-Tanzi, refere-se ao impacto negativo da inflação no valor real das receitas tributárias. Esse impacto decorre da defasagem entre o fato gerador do imposto e seu efetivo recolhimento. Imagine, por exemplo, um imposto sobre vendas que deva ser recolhido até o dia 20 do mês seguinte ao mês em que ele foi gerado. Se uma venda ocorrer no início do mês, isto é, o fato gerador desse imposto, demorará quase 50 dias para ele ser pago. Nesse ínterim, a inflação corrói o valor da moeda, fazendo com que o imposto arrecadado valha bem menos em termos reais na data de pagamento que na data do fato gerador, prejudicando as receitas do governo.

Alternativa "e": Errado. O efeito Ponzi diz respeito a uma situação em que o devedor, para pagar as dívidas contraídas no passado, precisa necessariamente fazer novas dívidas no presente.

Alternativa correta: letra "d".

59. (FGV – Auditor de Controle Externo – TCE-TO/2022) Supondo a validade da restrição orçamentária intertemporal do governo, a ocorrência de déficit público provocado pela elevação de impostos não tem qualquer papel sobre a atividade econômica.

Esse fato é conhecido como:

a) curva de Laffer;

b) efeito Patinkin;

c) senhoriagem;

d) equivalência ricardiana;

e) neutralidade monetária.

COMENTÁRIOS

✪ **Nota do autor:** Na verdade, o examinador se equivocou ao citar a "ocorrência de déficit público provocado pela elevação de impostos". O correto seria se referir ao corte de impostos.

Alternativa "a": A curva de Laffer é uma representação gráfica que mostra os efeitos do aumento das alíquotas de impostos sobre a arrecadação tributária do governo. Não tem a ver com o enunciado da questão. Assim, a alternativa está errada.

Alternativa "b": O efeito Patinkin diz respeito a uma redução do déficit público real em um cenário de inflação, fato que é possível desde que o governo adie suas despesas e postergue aumentos de salários. Perceba que ele é o contrário do efeito Oliveira-Tanzi, pois o governo beneficia-se da inflação para melhorar o déficit público. Por esse motivo, também é conhecido como efeito Tanzi às avessas. Errado.

Alternativa "c": A senhoriagem é o financiamento das despesas do governo por meio de emissão de moeda. Errado.

Alternativa "d": De acordo com a chamada equivalência ricardiana, ampliações do déficit público **através da redução de impostos** não geram um impacto positivo sobre o produto, pois os agentes pressupõem que essa dívida deverá ser paga no futuro com a cobrança de mais impostos e, por isso, economizam essa renda extra (imaginando-se uma redução de impostos) aumentando o nível de poupança atual. Dessa forma, a função demanda agregada ficaria inalterada. É a alternativa correta.

Alternativa "e": A neutralidade monetária refere-se ao fato de que alterações na oferta monetária não podem afetar as variáveis reais da economia, como a renda, o nível de desemprego, os salários reais, entre outros. Errado.

Alternativa correta: letra "d".

5. TEORIA DA REGULAÇÃO

- Teoria econômica de indústrias reguladas
- Conceitos de regulação, desregulação e re-regulação.
- Regulação e formação de preços para estruturas de mercado de concorrência imperfeita.
- Conceitos básicos sobre regimes tarifários
- Tarifação por custo de serviço e por preço teto
- Regulação por incentivos e regulação para competição

60. (CEBRASPE – Auditor de Controle Externo – TCE-PR/2024) Desregulação é o processo de

a) supervisão sem fiscalização, sendo uma das principais atividades das agências reguladoras.

b) orientação que se refere a um conjunto de regras e normas estabelecidas pelo Estado, para controlar e orientar o comportamento de consumidores em determinados setores da economia.

c) interação entre as agências reguladoras e o CADE, sendo essencial para garantir a efetividade das políticas de regulação e defesa da concorrência.

d) redução ou eliminação de normas governamentais em um setor econômico, com o objetivo de aumentar a eficiência econômica, reduzir custos para as empresas e promover a inovação e a concorrência.

e) reintrodução ou modificação de regulamentações em resposta a falhas de mercado, crises econômicas ou mudanças nas prioridades políticas e sociais.

COMENTÁRIOS

Alternativa "a": Errado. A desregulação pressupõe a restrição das atividades das agências reguladoras em relação às atividades das empresas. Assim, não há de ser falar em supervisão por essas autarquias.

Alternativa "b": Errado. Esse processo refere-se, na verdade, à regulação.

Alternativa "c": Errado. Conforme já explicado, há um afastamento do Estado no processo de desregulação. Assim, a interação entre as agências reguladoras e o CADE não tem relação com o referido processo.

Alternativa "d": Correto. A desregulação está relacionada à redução do papel do Estado na economia, a fim de produzir uma competição mais acentuada nas empresas, com aumento de eficiência econômica e redução de custos. Perceba que a diferença básica entre regulação e desregulação é que o primeiro exige mais Estado, enquanto o último refere-se ao afastamento do Estado das atividades empresariais.

Alternativa "e": A reintrodução ou modificação de regulamentações diz respeito à re-regulação.

Alternativa correta: letra "d".

61. (CEBRASPE – Auditor de Controle Externo – TCE-PR/2024) O conjunto de regras e normas estabelecido pelo governo para controlar e orientar o comportamento de empresas e indivíduos em determinados setores da economia, podendo ter vários objetivos, como proteger os consumidores, garantir a qualidade dos serviços, promover a concorrência e evitar abusos de poder econômico, é característico da

a) cooperação.

b) interação entre reguladores.

c) regulação.

d) desregulação.

e) reregulação.

COMENTÁRIOS

Alternativa "a": Errado. A cooperação acontece por meio de convênio, quando ocorre a descentralização pela União para os Estados e para o Distrito Federal, da execução das atividades complementares de regulação, controle e fiscalização de determinados setores da economia.

Alternativa "b": Errado. A interação entre reguladores pode dizer respeito à troca de informações e experiências entre si, ou mesmo à possibilidade de duas ou mais agências reguladoras editarem atos normativos conjuntos.

Alternativa "c": O enunciado descreve a regulação, processo através do qual o governo fixa regras disciplinadoras da ordem econômica visando a proteger os consumidores, o meio ambiente, prevenir práticas anticompetitivas e aumentar a concorrência. Por meio da regulação o Estado desempenha sua função reguladora, cujo objetivo é zelar pelos interesses dos usuários e pela eficiência na prestação de serviços públicos. É o nosso gabarito.

Alternativa "d": A desregulação refere-se à redução ou eliminação de normas governamentais em um setor econômico. É o afastamento do Estado das relações econômicas.

Alternativa "e": A re-regulação é a introdução de novas regras regulatórias em uma área que já havia sido previamente desregulada. Portanto, errado.

Alternativa correta: letra "c".

62. (CEBRASPE – Auditor de Controle Externo – TCE-PR/2024) Assinale a opção que indica a instituição de Estado cuja principal função é garantir a livre concorrência no mercado brasileiro, prevenindo e reprimindo abusos do poder econômico que possam prejudicar a concorrência.

a) Conselho Administrativo de Defesa Econômica (CADE)

b) Casa da Moeda

c) Comissão de Valores Mobiliários (CVM)

d) Banco Central do Brasil

e) Caixa Econômica Federal

COMENTÁRIOS

Alternativa "a": O Conselho Administrativo de Defesa Econômica (CADE) é uma autarquia federal, sendo a instituição pública que atua para zelar pela livre concorrência no mercado, prevenindo e reprimindo as infrações contra a ordem econômica baseada na liberdade de iniciativa e livre concorrência. Portanto, é a alternativa correta.

Alternativa "b": A Casa da Moeda é a empresa pública nacional responsável pela impressão das cédulas do meio circulante nacional e cunhagem de moedas de circulação. A empresa também fabrica moedas e medalhas comemorativas, além de produzir passaportes, selos fiscais, selos postais, diplomas, carteiras, entre outros. Não tem, em consequência, função de defesa da concorrência. Errado.

Alternativa "c": Errado. A Comissão de Valores Mobiliários (CVM), na verdade, é o órgão responsável pela fiscalização, normatização, disciplina e desenvolvimento do mercado de valores mobiliários no Brasil, como os mercados de ações e debêntures.

Alternativa "d": O Banco Central do Brasil tem diversas funções, das quais não se inclui a defesa da concorrência. São elas: banco dos bancos, depositário das reservas internacionais do país, banqueiro do governo (Tesouro Nacional); e emissor de papel-moeda. Portanto, errado.

Alternativa "e": A Caixa Econômica Federal – CEF é uma instituição financeira sob a forma de empresa pública. Obviamente, não tem como função garantir a livre concorrência. Errado.

Alternativa correta: letra "a".

63. (FGV – Auditor Federal de Controle Externo – TCU/2022) Ao determinar o modelo regulatório mais adequado, uma restrição surge quando as firmas a serem reguladas declaram custos excessivos não observáveis pelo regulador com o objetivo de obter preços regulados maiores do que seus custos reais, ou quando o regulador pode subestimar os custos reais das firmas ou calcular equivocadamente a elasticidade-preço da demanda por seus produtos. Nesse caso, o regulador está diante do(a):

a) desregulação, em que o regulador mantém seu controle pelas atividades da firma;

b) presença de externalidades, em que o regulador deve implementar um imposto pigouviano sobre a produção da firma;

c) problema de perigo moral (*moral hazard*), em que o regulador evitaria assegurar a recuperação dos custos e fornecer renda informacional;

d) provisão ineficiente de um bem público, em que a implementação prática da solução de Lindahl pelo regulador impede a existência de caronas;

e) problema da seleção adversa, em que o regulador precisa desenhar mecanismos para que as firmas revelem informações sobre suas estruturas de custos.

COMENTÁRIOS

Alternativa "a": o regulador não está diante de uma desregulação, mas de um problema de assimetria de informação. Ressalta-se ainda que a desregulação seria o oposto de o governo controlar as atividades da firma, ou seja, o complemento da assertiva é totalmente incoerente.

Alternativa "b": O imposto pigouviano tem o objetivo de internalizar os custos de produção de externalidades negativas, o que não é o caso. Portanto, a alternativa está errada.

Alternativa "c": O problema do perigo (risco) moral (*moral hazard*) refere-se a um comportamento oportunista que é adotado pelo agente após o estabelecimento da regulação. Não se relaciona ao caso em questão, uma vez que preços regulados são estabelecidos a partir dos custos já incorridos pela firma. Assim, a estrutura de custos da firma não é observável mesmo no momento de se determinar o modelo regulatório. Trata-se, portanto, de uma situação *ex ante*, que diz respeito ao problema da seleção adversa.

Alternativa "d": Errado. A solução de Lindahl refere-se ao fornecimento eficiente de bens públicos, situação que não tem a ver com o caso em questão. De acordo com a referida teoria, a soma das contribuições tributárias dos membros da comunidade deve ser igual ao custo marginal social do bem público.

Alternativa "e": Certo. O regulador está diante do problema da seleção adversa, situação na qual ele não é capaz de obter o mesmo nível de informações que as firmas reguladas. Por isso, essa situação é muitas vezes chamada de problema da informação oculta. Assim, o regulador precisa lançar mão de meios que permitam desvendar a estrutura de custos das empresas reguladas.

Alternativa correta: letra "e"

---

64. (CESPE/Unb –Auditor TCU /2015) Julgue os itens que se seguem, relativos à regulação, à formação de preços e à tarifação.

Caso, ao escolher um método de tarifação, a agência responsável por regular um setor com a existência de monopólio natural opte por compensar a firma pelos custos incorridos no provimento do serviço, essa escolha da agência será coerente com a regulação por incentivos.

COMENTÁRIOS

A tarifação pelo custo do serviço pressupõe que os preços devam ser grandes o suficiente para remunerar os custos totais e ainda proporcionar uma margem que garanta uma taxa interna de retorno atrativa para o investidor. Um dos principais problemas decorrentes da utilização desse método, é que ele não cria incentivos para a firma minimizar custos e, dessa forma, gera ineficiência produtiva em virtude da remuneração garantida ao produtor. Os consumidores saem prejudicados com o repasse dos custos dos investimentos desnecessários. Assim, a tarifação pelo custo não é coerente com a regulação por incentivos, que busca a redução dos custos e das tarifas ao se basear na remuneração pela eficiência.

Errado.

---

65. (CESPE/Unb – TCU – Auditor Federal de Controle Externo/2013) No que concerne à teoria da regulação, julgue os itens a seguir.

65.01. Um mercado relevante do ponto de vista da necessidade de imposição tarifária por parte do órgão regulador é aquele com alta e positiva elasticidade-preço cruzada da demanda.

COMENTÁRIOS

Mercado relevante é um conceito relacionado à análise da defesa da concorrência, que significa o menor conjunto de produtos e menor área geográfica na qual é possível uma firma supostamente monopolista aumentar de maneira significativa e permanente seus preços. Portanto, para que isso seja possível, a firma deve ter poder de mercado e seus produtos devem possuir baixo grau de substituição. Não é o caso de um mercado cujo bem comercializado apresenta alta e positiva elasticidade-preço cruzada, pois nele há elevada substitubilidade entre os bens e, portanto, alto nível concorrencial.

Errado.

65.02. A regulação por taxa interna de retorno é a que garante o maior incentivo em termos de busca de produtividade e eficiência por parte do concessionário.

COMENTÁRIOS

A regulação por taxa interna de retorno é um tipo de regime que requer que os preços dos serviços sejam fixados de tal forma que a receita do concessionário remunere seus custos fixos e custos variáveis e contenha uma margem equivalente à taxa interna de retorno (TIR) do investidor. Esse regime tarifário não garante grandes incentivos ao aumento de eficiência justamente porque já existe uma margem pré-fixada para garantir a TIR, independente da redução dos custos da firma.

Errado.

6. ECONOMIA BRASILEIRA

- Os planos de desenvolvimento desde a segunda metade do século XX
- O Papel do Estado na industrialização
- Principais características e os resultados dos planos de estabilização a partir da década de 80
- Indicadores do desenvolvimento econômico e social brasileiro contemporâneo

---

66. (VUNESP – Auditor de Controle Externo – TCM-SP/2023) No período do Plano de Metas (1956-60), ocorreram transformações estruturais na economia brasileira, concomitante às taxas médias anuais de 8% de crescimento. Um dos fatores determinantes, mas não decisivo, que potencializou o crescimento econômico foi

a) a aplicação de políticas ortodoxas de combate à inflação, durante o período.

b) a realização de reformas administrativas e tributárias no biênio 1957-58.

c) a elevação da produção e comercialização de petróleo, executada pela Petrobras.

d) a valorização do preço internacional do café ao longo da década de 50.

e) a promulgação da instrução no 113 da SUMOC em janeiro de 1955, durante o Governo Café Filho.

COMENTÁRIOS

Alternativa "a": Não houve aplicação de políticas monetárias ortodoxas de combate à inflação no período. Ao contrário, no governo JK as políticas monetárias foram passivas, subordinadas à estratégia desenvolvimentista, com a utilização, inclusive, de financiamento inflacionário. Errado.

Alternativa "b": O biênio 1957-58 não contou com a realização de reformas administrativas e tributárias. Houve, de fato, uma alteração da tributação denominada "Reforma da Tarifa das Alfândegas", que estabeleceu novas regras para a entrada de mercadorias estrangeiras no país, em 1957. Tal mudança, contudo, concentrou-se nas importações, de forma que a estrutura tributária brasileira manteve-se inalterada.

Alternativa "c": Errado. A Petrobras foi criada em 1953 e, no período JK, ainda estava na sua fase inicial. Embora tivesse apresentado aumento da produção e refino no período, não se constituiu em fator determinante para o crescimento econômico.

Alternativa "d": Errado. A produção de café ao longo da década de 50 não ajudou o crescimento nacional, visto que seus preços declinariam de 1955 em diante, retornando ao nível de 1949-1952.

Alternativa "e": Certo. A instrução no 113 da SUMOC permitiu que as empresas sediadas no país importassem máquinas e equipamentos sem cobertura cambial, ou seja, sem utilização de moeda estrangeira, o que favoreceu o ingresso de investimentos diretos externos no Brasil. Dessa forma, a medida funcionou como um importante instrumento de política de desenvolvimento econômico ao ampliar as possibilidades de investimento em um contexto de escassez cambial.

Alternativa correta: letra "e".

67. (VUNESP – Auditor de Controle Externo – TCM-SP/2023) Pode(m) ser associado(a)(s) ao chamado "milagre econômico brasileiro" (1968/73)

a) a adoção de sistemas cambiais de minidesvalorizações.

b) os economistas da escola cepalina (Comissão Econômica da América Latina) e o respectivo diagnóstico sobre as causas da inflação.

c) o congelamento de preços e a mudança de moeda (cruzeiro) para combater a inflação.

d) a elevação do salário-mínimo como política indutiva ao consumo doméstico e, por sua vez, ao aumento da demanda agregada.

e) a criação simultânea do BNDE e do Banco Central.

COMENTÁRIOS

Alternativa "a": O regime cambial do *crawling peg* foi adotado em 1968. Consistia-se em um sistema de minidesvalorizações cambiais em resposta à inflação, o que impedia a defasagem do câmbio. Por esse motivo, o sistema contribuiu para o aumento das exportações brasileiras durante o milagre econômico. A alternativa está correta.

Alternativa "b": Um dos fatores associados ao milagre econômico foi o correto diagnóstico das causas da inflação, que estava se manifestando através dos custos. A escola cepalina, por outro lado, defendia a existência de uma inflação estrutural. Errado.

Alternativa "c": Durante o período, houve controles diretos dos preços dos insumos e de produtos selecionados, por meio da subordinação dos reajustes por parte das empresas à prévia análise e avaliação do governo. Entretanto, não houve congelamento. O Cruzeiro, de fato, substituiu o Cruzeiro Novo como unidade monetária brasileira, mas sem efeitos econômicos, uma vez que foi mantida a equivalência de valores entre as duas moedas. Errado.

Alternativa "d": Errado. Durante o período adotou-se um controle dos níveis salariais, o que impactou na contenção do valor real do salário-mínimo mesmo em um cenário de forte crescimento da economia e da produtividade do trabalho. Assim, o incremento da demanda foi garantido por uma elevada taxa de expansão do crédito total.

Alternativa "e": O BNDE foi criado mais de 15 anos antes do período do milagre, em 1952, enquanto que o Banco Central do Brasil foi criado no fim de 1964. Portanto, alternativa

68. (FGV – Auditor de Controle Externo TCE-PA/2024) A política econômica do governo Geisel (1974-1979) foi caracterizada por um esforço de continuidade do crescimento econômico iniciado no período do "milagre econômico".

As opções a seguir apresentam características dessa política econômica, à exceção de uma. Assinale-a.

a) A expansão do setor estatal por meio de investimentos em infraestrutura e energia.

b) O aumento das importações de bens de capital para modernizar a indústria nacional.

c) O estabelecimento do II Plano Nacional de Desenvolvimento (II PND) visando à diversificação industrial.

d) A adoção de políticas de austeridade fiscal e controle rigoroso da inflação.

e) A busca por financiamento externo para sustentar os investimentos planejados.

COMENTÁRIOS

Alternativa "a": Foi adotada uma política de expansão dos investimentos das estatais, ao se focar os pontos de estrangulamento como infraestrutura e energia. Certo.

Alternativa "b": A estrutura produtiva da economia brasileira a partir do "milagre" passou a apresentar uma capacidade de produção permanentemente ampliada no setor de bens de consumo duráveis. Esse cenário criava uma demanda por bens de capital e petróleo que não podia ser atendida pela economia doméstica, motivo pelo qual o crescimento da economia tornou-se mais dependente da capacidade de importar esses bens. Contudo, segundo Carneiro Netto, Dionísio Dias, em "A ordem do progresso. Cem anos de política econômica republicana, 1889-1989", *"os resultados da substituição de importações contribuíram ainda para internalizar as despesas de investimento. A participação das importações de bens de capital no total da despesa com máquinas e equipamentos decresceu de 25,6% em 1972 para 9%, 10 anos depois. O dispêndio em divisas com bens de capital ficou virtualmente constante em termos nominais até o final da década (...)"*. Ou seja, o autor afirma que houve uma manutenção dos gastos com importação de bens de capital. Ainda assim, a banca considerou a alternativa correta.

Alternativa "c": Uma das marcas do governo Geisel no âmbito econômico foi o lançamento do II Plano Nacional de Desenvolvimento (II PND), programa de reformas e investimentos que tinha seus esforços canalizados para três direções fundamentais: a substituição de importações, a elevação das exportações e a ampliação do mercado consumidor. Certo.

Alternativa "d": Apesar de o início do governo ser caracterizado por medidas de restrição monetária, o aumento das reservas internacionais e dos empréstimos do Banco do Brasil impediram que o controle monetário pretendido fosse efetivado. Portanto, não houve austeridade fiscal no período, o que torna a assertiva errada.

Alternativa "e": Correto. Havia abundância de recursos externos a baixo custo, consubstanciados principalmente nos chamados petrodólares, o que facilitou o financiamento externo dos projetos do II PND.

Alternativa correta: letra "d".

---

69. (FGV – Auditor de Controle Externo TCE-PA/2024) A crise dos anos 1980 foi marcada por uma elevada inflação e por diversas tentativas de estabilização econômica. No governo Sarney (1985-1990), uma das principais tentativas de combate à inflação foi o Plano Cruzado. Das ações a seguir, assinale a que não foi uma característica do Plano Cruzado.

a) Congelamento de preços e salários.

b) Substituição do cruzeiro pelo cruzado como moeda nacional.

c) Criação do gatilho salarial para reajustar automaticamente os salários com a inflação.

d) Liberalização das importações para aumentar a concorrência interna.

e) Controle rigoroso da emissão monetária para reduzir a base inflacionária.

COMENTÁRIOS

Alternativa "a": O Plano Cruzado de 1986 foi concebido com base no diagnóstico de predominância da inflação inercial e necessidade de desindexação da economia. O plano utilizou como instrumentos de combate à inflação, principalmente, o congelamento de preços e das taxas de câmbio. Ressalta-se que embora estivesse previsto o congelamento de salários, tal fato efetivamente não ocorreu. De qualquer forma, a banca considerou a alternativa correta.

Alternativa "b": Certo. Conforme o próprio nome diz, o Plano Cruzado teve como consequência a mudança da moeda, de Cruzeiro para Cruzado. A nova unidade monetária valia um mil cruzeiros, ou seja, foram cortados três zeros da moeda.

Alternativa "c": A fim de proteger os trabalhadores em caso de aceleração da inflação, foi introduzido o "gatilho salarial", que seria acionado quando a inflação acumulasse 20%. Certo.

Alternativa "d": A abertura comercial só chegaria no governo seguinte, com as medidas adotadas pelo presidente Collor. Portanto, alternativa errada. É o gabarito!

Alternativa "e": A política monetária do Plano Cruzado era conhecida como política "acomodatícia", ou seja, a ideia era de que ela acompanhasse a demanda crescente por moeda após a estabilização, mas sem gerar pressões inflacionárias. Ou seja, houve um controle do crescimento da base monetária. Certo.

Alternativa correta: letra "d".

70. (FGV – Auditor de Controle Externo TCE-PA/2024) As reformas estruturais da década de 1990 no Brasil foram marcadas por medidas de abertura econômica, privatizações e reforma do Estado. Durante o governo de Fernando Henrique Cardoso (1995-2002), uma das principais ações foi a privatização de empresas estatais.

As opções a seguir apresentam ações características desse período, à exceção de uma. Assinale-a.

a) Privatização de empresas do setor de telecomunicações.
b) Abertura do mercado brasileiro ao comércio exterior, reduzindo barreiras tarifárias.
c) Manutenção do controle estatal sobre todas as empresas do setor de energia elétrica.
d) Implementação de medidas de reformas administrativa e previdenciária.
e) Criação de agências reguladoras para supervisionar os setores privatizados.

COMENTÁRIOS

Alternativa "a": Uma das marcas dos oito anos de gestão de Fernando Henrique Cardoso (FHC) na presidência foram as privatizações, que permitiram a transferência para o setor privado de empresas deficitárias ou empresas superavitárias com níveis inadequados de investimento. Com a desestatização, os gastos atrelados a essas empresas deixaram de pressionar as contas públicas. No que tange às empresas do setor de telecomunicações, o governo FHC promoveu, em 1998, a privatização da Telebrás. Percebe-se, portanto, que a assertiva está correta.

Alternativa "b": Certo. A abertura comercial iniciada no governo Collor teve continuidade com FHC. Tal abertura, calcada na política de redução das tarifas alfandegárias, colaborou para a manutenção da estabilidade dos preços, ao permitir a competição dos produtos domésticos com os importados e, em consequência, determinar o enfraquecimento do poder de mercado de grupos nacionais. Ao mesmo tempo, a abertura comercial induziu a modernização do parque industrial nacional, que precisava aumentar sua eficiência para fazer frente à concorrência internacional.

Alternativa "c": Errado. No período FHC, houve transferência gradual para o setor privado do controle das empresas do setor de energia elétrica, sobretudo no setor de distribuição. Empresas estatais como a Light, Escelsa e Eletrosul foram privatizadas através do Programa Nacional de Desestatização. É o gabarito.

Alternativa "d": O governo FHC conduziu a reforma administrativa através do Ministério da Administração Federal e Reforma do Estado (MARE). Uma conquista importante do referido ministério foi a aprovação da emenda constitucional da reforma administrativa, nº 19, de 1998, que estabeleceu, entre outros, o teto remuneratório do funcionalismo e a possibilidade de contração de servidores através da CLT. Já através da reforma previdenciária, foi instituída cláusula de idades mínimas para a aposentadoria de servidores públicos, além de ter sido criado o fator previdenciário, fórmula que considera o tempo de contribuição, a alíquota e a expectativa de sobrevida do segurado no momento da aposentadoria. Certo.

Alternativa "e": Uma das características do governo FHC foi a criação de agências reguladoras com o objetivo de fiscalizar e disciplinar os serviços públicos recém-privatizados. Certo.

71. (FGV – Auditor de Controle Externo TCE-PA/2024) A partir de 1995, a distribuição de renda e a pobreza no Brasil passaram por diversas mudanças devido a políticas econômicas e sociais implementadas pelos governos.

Avalie se as seguintes afirmativas sobre as causas e consequências da evolução da distribuição de renda e da pobreza no Brasil entre 1995 e 2010 são falsas (F) ou verdadeiras (V).

( ) A estabilização econômica promovida pelo Plano Real contribuiu para a redução da pobreza ao controlar a inflação e melhorar o poder de compra da população.

( ) A implementação de programas de transferência de renda, como o Bolsa Família, teve um impacto significativo na redução da pobreza e da desigualdade de renda durante esse período.

( ) A alta taxa de crescimento econômico ao longo de todo o período foi um fator importante para a melhoria na distribuição de renda e redução da pobreza.

As afirmativas são, respectivamente,

a) V – V – V.
b) V – V – F.
c) V – F – V.
d) F – V – V.
e) F – F – F.

COMENTÁRIOS

Vamos à análise das alternativas:

I – Verdadeiro. O Plano Real permitiu a estabilização monetária, expurgando da economia brasileira a hiperinflação que a sociedade convivia desde a década de 80. A partir da estabilização monetária, o país observou uma melhora importante em diversos indicadores sociais e de equidade, sendo que a distância entre os mais ricos e os mais pobres apresentou uma forte redução ao longo da primeira década do século XXI.

II – Verdadeiro. O Programa Bolsa Família explica em grande medida a redução da pobreza e da desigualdade de renda experimentada na década de 2000 – 2010.

III – Falso. Não houve alta taxa de crescimento econômico ao longo de todo o período (1995 – 2010). No biênio 98-99, por exemplo, houve um crescimento médio de 0,15%, enquanto o PIB de 2009 foi negativo.

---

72. (FGV - Auditor de Controle Externo TCE-PA/2024) A economia brasileira no primeiro mandato do governo Lula (2003-2006) enfrentou diversos desafios e alcançou conquistas importantes.

Das ações a seguir, uma que foi uma característica marcante desse período foi

a) a implementação de um rígido controle de preços para combater a inflação.

b) a adoção de uma política fiscal expansionista, aumentando significativamente o déficit público.

c) a criação do programa Bolsa Família, que unificou e expandiu programas de transferência de renda.

d) a privatização de grandes empresas estatais para atrair investimento estrangeiro.

e) a manutenção de uma taxa de câmbio fixa para estabilizar a moeda.

COMENTÁRIOS

Alternativa "a": Políticas de controle rígido de preços foram características dos programas adotados na década de 80, sob o governo do Sarney. Não houve controle de preços no governo Lula. Errado.

Alternativa "b": O governo Lula não adotou uma política fiscal expansionista. No seu primeiro mandato, a relação dívida pública/PIB apresentou queda em relação a 2002, ao passo que as contas públicas apresentaram superávit primário médio de 4% a 5% do PIB durante 2003-2006. Errado.

Alternativa "c": Um dos marcos do governo Lula foi a criação do Programa Bolsa Família, em 2004, que unificou cinco programas federais de transferência de renda pré-existentes (Bolsa Escola, Bolsa Alimentação, Auxílio Gás, Cartão Alimentação e Erradicação do Trabalho Infantil). O programa colaborou para o aumento da renda da camada mais pobre da população. Certo.

Alternativa "d": Errado. A privatização de grandes empresas estatais para atrair investimento estrangeiro foi característica do governo FHC.

Alternativa "e": Desde 1999 o Brasil adota o regime de câmbio flutuante, fato que não foi mudado durante o governo Lula. Errado.

Economia e Regulação

Felipe Viana de Paula

+ DICAS

1. O SISTEMA DE CONTAS NACIONAIS E AS IDENTIDADES MACROECONÔMICAS FUNDAMENTAIS

- PIB: é a soma de todos os bens e serviços finais produzidos na economia durante determinado período de tempo. Exclui-se, portanto, a produção de produtos intermediários.
- PIB Nominal: medida do PIB a preços correntes. Sua variação representa o crescimento do volume da produção e também o aumento dos preços.
- PIB Real: medida do PIB a preços constantes, ou seja, retira-se o efeito da variação dos preços sobre o produto. Utiliza-se um ano como referência, a partir do qual calcula-se apenas a variação da produção real de um país.
- Deflator implícito do PIB: corresponde à razão entre o PIB nominal e o PIB real, multiplicada por 100 =
- (PIB Nominal / PIB Real) x 100
- FBKF + ΔEstoques = $I_{privado} + I_{público} = I$
- PIB = C + I + G + X – M
- PIB_{pm}= Produto Interno Bruto a preços de mercado
- PIB_{cf} = Produto Interno Bruto a custo de fatores = PIB_{pm} – impostos indiretos + subsídios
- PIL_{cf} = Produto Interno Líquido a custo de fatores = PIB_{cf} – depreciação
- PNB_{pm}= PIB_{pm} – RLEEProdução total + Impostos indiretos – $C_{intermediário}$ = Y
- Y_d (Renda Disponível) à $Y_d = Y – T + R$, em que Y é renda nacional (total), T impostos e R, a transferências do governo.

2. BALANÇO DE PAGAMENTOS

- TC = X – M – RLEE
- PNB_{pm}= PIB_{pm} – RLEE
- $S_{externa}$ = – TC

2.1. AS CONTAS DO SISTEMA FINANCEIRO E O MULTIPLICADOR DOS MEIOS DE PAGAMENTO

✓ A fórmula do multiplicador dos meios de pagamento é:

✓ $m = \frac{M}{B}$ ou $m = \frac{1}{1 - d(1 - R)}$

✓ c + d = 1

✓ d↑ → m↑

✓ R↓ → m↑

✓ c↑ → m↓

✓ a base monetária (B) é dada por:

B = PMPP + R1+ R2 + R3

onde:

PMPP = papel moeda em poder do público

R1 = reservas compulsórias no Banco Central;

R2 = reservas voluntárias no Banco Central;

R3 = reservas em dinheiro (caixa dos bancos comerciais).

- No Brasil, os agregados monetários são:

  M1 = Papel-Moeda em Poder do Público (PMPP) + Depósitos à Vista (DV)

  M2 = M1 + depósitos especiais remunerados + depósitos de poupança + títulos emitidos por instituições depositárias

  M3 = M2 + quotas de fundos de renda fixa + operações compromissadas registradas no Selic

  M4 = M3 + Títulos Públicos de alta liquidez
- As principais relações dos agregados são:

  Papel-moeda em circulação = Papel-moeda emitido – Caixa das Autoridades Monetárias

  Papel-moeda em poder do público = Papel-moeda em circulação – Caixa dos Bancos Comerciais

3. MACROECONOMIA KEYNESIANA E O MODELO IS-LM

- O multiplicador é igual a:

$$k = \frac{1}{1-c}$$

- O modelo keynesiano de determinação da renda é:

  Y = 1 / (1 – c) . (C + I + G + X – M)

  onde c é a propensão marginal a consumir
- O multiplicador keynesiano com governo é dado por:

$$Y = \frac{1}{1-c(1-t)}C(C+1+G)$$

- Quanto maior a elasticidade do investimento em relação à taxa de juros, mais horizontal será a curva IS, isto é, menor será sua inclinação.

- Quanto maior a propensão marginal a consumir, mais elevado é o multiplicador. Assim, maior será o impacto sobre a renda de variações nas taxas de juros, ou seja, menor será a inclinação da IS (mais horizontal).
- **Quanto maior a sensibilidade da demanda por moeda em relação à taxa de juros, menos inclinada será a curva LM.**
- Na armadilha da liquidez a LM é horizontal. A política fiscal tem sua eficácia máxima.
- No caso clássico, a LM é vertical. A política fiscal é ineficaz, só aumentando os juros e deslocando o investimento privado, efeito conhecido como *"crowding out"*.
- Excluindo-se os casos extremos, uma política fiscal expansionista eleva a renda e os juros.
- Já uma política monetária expansionista, sem os casos extremos, aumenta a renda e reduz os juros.
- Políticas contracionistas têm efeitos contrários às expansionistas.
- A demanda por moeda tem relação direta com a renda e inversa com a taxa de juros.

4. ECONOMIA ABERTA

- O multiplicador keynesiano em uma economia aberta é dado por:

$$Y = \frac{1}{1-c(1-t)+m} C(C+1+G+X)$$

- A trindade impossível refere-se à impossibilidade de um país conciliar, ao mesmo tempo, regime de câmbio fixo, plena mobilidade de capitais e uma política monetária independente.

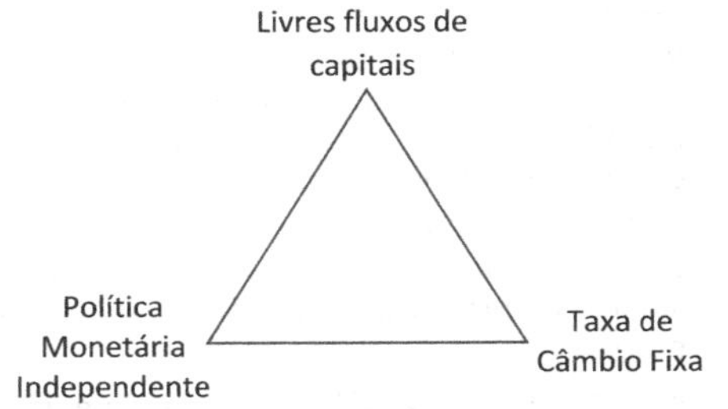

Dessas três políticas, só é possível a escolha de duas simultaneamente. Assim, o país deve escolher um lado do triângulo

Quadro Resumo dos efeitos das políticas no modelo IS-LM-BP

		Política monetária expansionista	**Política fiscal expansionista**
Sem mobilidade de capital	**Regime de câmbio fixo**	Nível de renda e taxa de juros constantes	Nível de renda constante e elevação da taxa de juros
	Regime de câmbio flexível	Aumento do nível de renda	Aumento do nível de renda e da taxa de juros
Perfeita mobilidade de capital (economia pequena)	**Regime de câmbio fixo**	Nível de renda e taxa de juros constante	Elevação do nível de renda e taxa de juros constante
	Regime de câmbio flexível	Elevação do nível de renda e taxa de juros constante	Nível de renda e taxa de juros permanecem as mesmas

5. CRESCIMENTO

- **O modelo de Solow preceitua que aumentos no estoque de capital dependem do investimento subtraído da depreciação:**

  $Dk = i - \delta k$

- **No estado estacionário a depreciação é igual ao investimento**: $i = \delta k$

  A "Regra de Ouro" é o estado de equilíbrio de longo prazo no qual os indivíduos atingem o maior consumo possível.

  Para encontrarmos o consumo na "Regra de Ouro" devemos igualar o produto marginal do capital à depreciação, PMgk = δ

  O estado estacionário representa o equilíbrio estável, no qual não há crescimento do produto por trabalhador.

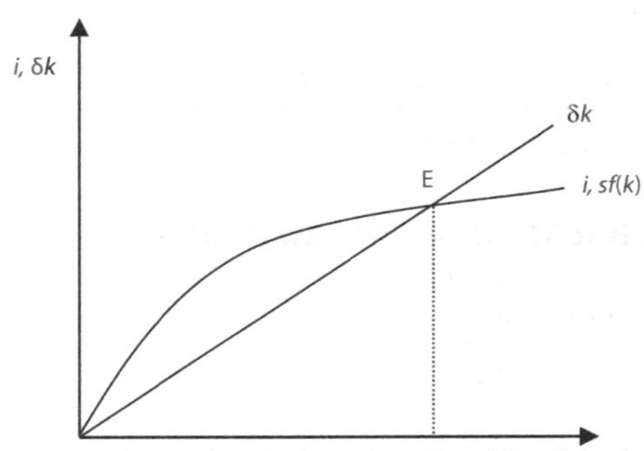

Somente o progresso tecnológico pode explicar o crescimento do produto por trabalhador ao longo do tempo.

6. SALÁRIOS, INFLAÇÃO E DESEMPREGO

- A curva de Phillips estabelece um *trade-off* entre inflação e desemprego;

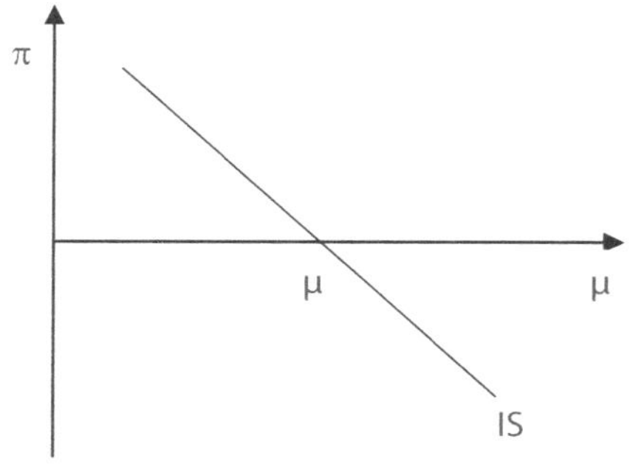

- **No longo prazo a curva de Phillips vertical, com a economia em uma situação de taxa natural de desemprego;**
- **Choques de oferta deslocam a curva de Phillips para direita;**
- **Em um modelo com expectativas racionais, não existe trade-off entre inflação e desemprego no curto prazo. A curva de Phillips é vertical.**

7. MICROECONOMIA

7.1. TEORIA DO CONSUMIDOR

- As curvas de indiferença representam todas as combinações de cestas de mercado que deixam o consumidor com o mesmo nível de satisfação. São representadas pelo seguinte gráfico:

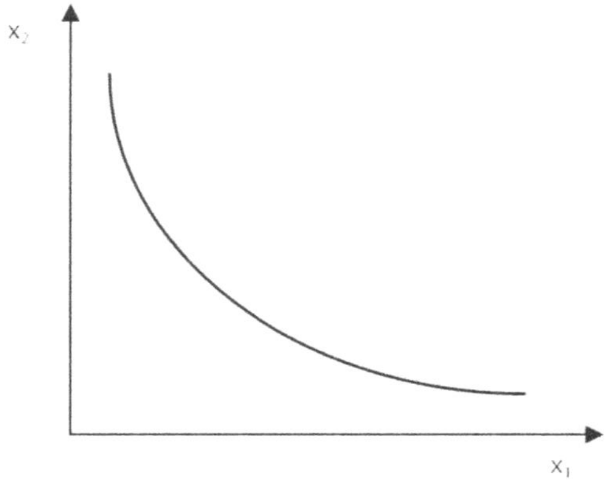

- As curvas de indiferença são contínuas, ou seja, elas não apresentam falhas. Ligando um ponto de qualquer eixo à curva, encontra-se uma cesta de bens.
- As curvas de indiferença são densas. Significa que em todo o espaço do gráfico de dois bens há infinitas curvas de indiferença.
- As curvas de indiferença mais altas são preferíveis. Quanto mais distante da origem dos eixos das abcissas e das ordenadas estiver uma curva de indiferença, maior será o grau de satisfação do consumidor.
- As curvas de indiferença são negativamente inclinadas. Uma curva de indiferença com inclinação positiva não poderia existir, pois sua existência violaria o princípio da monotocidade, que diz que mais bens é melhor que menos.
- As curvas de indiferença nunca se cruzam. O princípio da transitividade impede que duas curvas de indiferença se interceptem.
- As curvas de indiferença são convexas em relação à origem. As curvas de indiferença possuem concavidade voltada para cima.
- Entende-se por transitividade o princípio que afirma que se o consumidor prefere a cesta de consumo A à cesta de consumo B e a cesta B, à cesta C, então, ele preferirá a cesta A em relação à cesta C.
- A inclinação da reta orçamentária, em módulo, é exatamente igual à taxa marginal de substituição de um bem por outro no ponto correspondente à cesta ótima do consumidor.
- O aumento do preço de um bem Z, substituto de X, desloca a curva de demanda de X para a direita. A elasticidade-cruzada da demanda do bem X em relação ao preço do bem Z é positiva.
- O aumento no preço do bem Y, complementar de X, deslocará a curva de demanda de X para a esquerda. A elasticidade-cruzada da demanda do bem X em relação ao preço do bem Y é negativa.
- Bens normais têm a demanda aumentada com acréscimos de renda.
- Um bem é dito inferior quando sua demanda cai ao se elevar a renda. O efeito-renda atua em sentido contrário ao efeito substituição.
- Bens de Giffen tem a curva de demanda positivamente inclinada. O efeito-renda, nesse caso, é maior que o efeito substituição e tem sentido oposto deste. Todo bem de Giffen é bem inferior e nem todo bem inferior é bem de Giffen.
- A curva de oferta de um bem X, caso seja representada por uma reta que passa pela origem dos eixos cartesianos, terá elasticidade-preço constante e unitária.
- Bens com demanda inelástica tendem a ter menos bens substitutos.

7.2. TEORIA DA PRODUÇÃO

- A firma vai escolher a quantidade de insumos que minimiza os custos de produção, dada a isoquanta, no ponto que atende a seguinte igualdade:

$$\frac{PMg_L}{PMg_K} = \frac{w}{r}$$

Em que PMgL e PMgK são os produtos marginais dos fatores de produção, capital e trabalho, e w e r equivalem aos custos de cada fator de produção.

- As curvas de custos também são relacionadas.
- O custo médio (CMe) é decrescente quando o custo marginal (CMg) é menor do que ele e é crescente quando o custo marginal é maior que ele. No ponto mínimo do custo médio, CMe= CMg.
- O mesmo ocorre com o custo variável médio (CVMe). Quando CVMe > CMg, CVMe é decrescente, e quando CVMe < CMg, CVMe é crescente. Quando CVMe = CMg, CVMe é mínimo.

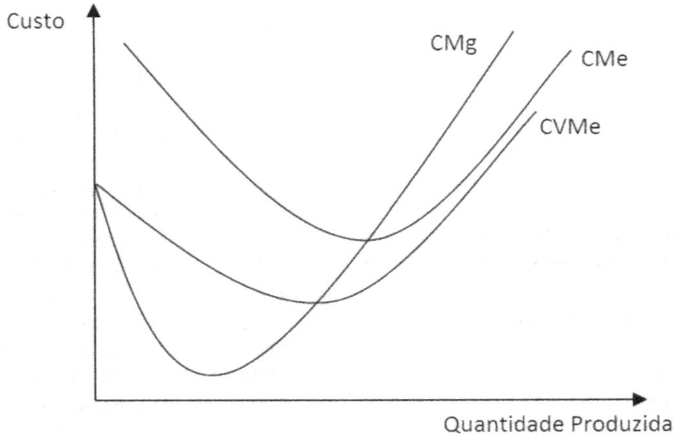

- A condição de maximização de lucros em qualquer mercado requer que: CMg = RMg. Entretanto, somente na competição perfeita o custo marginal e a receita marginal também são iguais aos preços. Nos outros tipos de mercado, concorrência monopolística, monopólio e oligopólio, os preços são fixados acima do CMg, no curto prazo.

7.3 ESTRUTURAS DE MERCADO

- Em qualquer mercado, seja concorrência perfeita, concorrência monopolística, oligopólio ou monopólio, a maximização do lucro da firma ocorre no ponto onde o custo marginal se igual à receita marginal: CMg = RMg.
- Na concorrência monopolística, o lucro da firma no longo prazo é igual zero, assim como ocorre na concorrência perfeita.
- Como no monopólio há poder de mercado, a quantidade produzida é inferior à competição perfeita, e o preço é fixado acima do custo marginal.
- No monopólio não existe curva de oferta.

7.4. FALHAS DE MERCADO

- Externalidades são falhas de mercado que ocorrem quando ações de um indivíduo ou de uma empresa afetam de maneira direta ou indireta outras partes da economia, sendo que o autor dessas ações não paga nem recebe nenhuma compensação pelo impacto gerado.
- As externalidades negativas surgem quando o comportamento de uma das partes gera custos a outra, prejudicando-a.
- Na existência de externalidades negativas, o custo da produção do bem gerador da externalidade é maior para sociedade do que para a empresa produtora. A empresa geradora da externalidade produz acima da quantidade ótima.
- As externalidades positivas ocorrem quando a ação de uma das partes beneficia outra.
- Na ocorrência de externalidade positivas, a produção do bem gera um benefício maior para a sociedade que para o produtor. Como o produtor só leva em consideração o benefício privado no momento da produção, a quantidade disponibilizada ao mercado é inferior à quantidade socialmente ótima.
- Bens rivais ou 'disputáveis' são bens cujo consumo por um indivíduo causa a indisponibilidade do bem para os demais.
- Bens excludentes são aqueles que as pessoas podem ser impedidas de consumir.
- Os bens públicos são bens não-excludentes e não-rivais.
- Os recursos comuns são rivais e não-excludentes. Ninguém pode ser excluído do seu consumo, que é gratuito.
- Com base nos critérios de rivalidade e exclusibilidade, os bens são classificados em quatro tipos: Bens privados, Recursos Comuns, Monopólio Natural e Bens Públicos.

	Rival	Não rival
Excludente	Bens Privados	Monopólios Naturais
Não-excludente	Recursos Comuns	Bens Públicos

- Os bens meritórios, também conhecidos como semi-públicos, são um caso intermediário entre o bem público e o privado. São bens excludentes e que podem ser fornecidos pelo setor privado, mas que por gerarem grandes externalidades positivas, são disponibilizados, em parte ou integralmente, pelo setor público. A educação e saúde são exemplos.
- Seleção adversa diz respeito a uma situação em que há informação imperfeita referente às características do que está sendo comercializado. Isso faz com que os compradores selecionem de maneira equivocada os bens do mercado.
- O mercado de carros usados é o exemplo mais emblemático de seleção adversa. Nesse mercado, os vendedores têm mais conhecimento sobre os veículos vendidos do que os compradores.
- A seleção adversa se manifesta anteriormente à ocorrência da transação.
- O risco moral (*moral hazard*) envolve uma situação na qual o agente altera seu comportamento em virtude de estar segurado. Se ele não estivesse segurado, tomaria mais precauções para evitar um sinistro.
- O pagamento de franquia é uma das formas que as seguradoras utilizam para tentar reduzir o risco moral.

8. ECONOMIA DO SETOR PÚBLICO

- A função alocativa associa-se ao fornecimento de bens públicos para a sociedade, em virtude das limitações do mercado que o impedem de disponibilizar alguns bens de maneira satisfatória do ponto de vista da eficiência econômica.
- A função estabilizadora diz respeito à intervenção do governo na economia visando ao alcance de um alto nível de emprego, estabilidade do nível de preços e crescimento econômico.
- A função distributiva está associada ao objetivo de se buscar a promoção de uma distribuição de renda considerada justa pela sociedade.
- Por princípio do benefício entende-se que o contribuinte deve contribuir com uma quantia proporcional aos benefícios recebidos por ele do setor público;
- O princípio da habilidade de pagamento diz que a taxação deve ser executada de acordo com a capacidade econômica do contribuinte;
- O repasse do imposto depende das elasticidades-preço da oferta e da demanda;
- Quanto maior a elasticidade-preço da demanda do bem, menos o imposto recairá sobre os consumidores;
- Quanto maior a elasticidade-preço da oferta do bem, mais facilmente o produtor conseguirá transferir o sacrifício fiscal para o consumidor;
- O imposto específico é uma taxa fixa cobrada por cada unidade vendida do bem;
- O imposto *ad valorem* é um percentual do valor do bem;
- O efeito do imposto na economia é o mesmo, independente se ele é aplicado sobre os produtores ou sobre os consumidores;
- A aplicação do imposto sobre os consumidores desloca a demanda para baixo;
- A aplicação do imposto sobre os produtores desloca a oferta para cima;
- Os impostos diretos associam-se à capacidade de pagamento do contribuinte uma vez que incidem sobre cada indivíduo, geralmente sobre a renda;
- Os impostos indiretos incidem sobre atividades ou objetos;
- Impostos progressivos são aqueles que retiram uma proporção maior da renda dos contribuintes mais ricos em comparação aos mais pobres;
- Impostos regressivos oneram proporcionalmente mais as camadas de mais baixa renda;

9. ECONOMIA DA REGULAÇÃO

- O Estado intervém na economia através da regulação visando prevenir e sancionar práticas abusivas em relação à concorrência.
- A tarifação pelo custo do serviço, também conhecida como regulação da taxa interna de retorno, é geralmente utilizada na regulação dos setores sob monopólio natural. Esse tipo de regime tarifário requer que os preços sejam fixados de forma que o concessionário tenha uma taxa interna de retorno atrativa após o pagamento de todos os custos de produção.
- Os monopólios naturais, além de se referirem a um único produtor no mercado, têm a característica de possuir economias crescentes de escala.
- A regulação do mercado exercida pelas agências reguladoras é importante para evitar os abusos resultantes da atuação dos monopólios naturais.

10. ECONOMIA BRASILEIRA

Período do "milagre econômico"

- Plano de Ação Econômica do Governo (PAEG) tinha como principal meta o combate à inflação.
- Estabelecia outros objetivos: retomar o desenvolvimento através do aumento do investimento; atenuar os desníveis regionais; corrigir os déficits do Balanço de Pagamentos.
- A reforma financeira criou o Conselho Monetário Nacional (CMN) e o Banco Central do Brasil, além

do Banco Nacional de Habitação (BNH) e do Sistema Nacional de Habitação (SNH). No mesmo período foi instituído o FGTS.

- A reforma tributária criou o sistema tributário cuja base ainda continua vigente.
- O milagre econômico caracterizou-se por um forte crescimento do PIB em um cenário de crescimento do comércio mundial.
- A economia aumentou a abertura econômica, de modo que tanto as exportações quanto as importações, sobretudo de bens de capital, aumentaram.
- Os pontos problemáticos dessa fase dizem respeito ao aumento da concentração de renda com estagnação do salário mínimo real e aumento da dívida externa bruta.

II PND

- O período do II PND diferencia-se do período do "milagre brasileiro (1968-73)" porque buscou uma estratégia de crescimento aliada a uma mudança na estrutura produtiva nacional.
- O II PND caracterizou-se pelo crescimento com endividamento, possibilitada pela elevada disponibilidade de financiamento externo.
- O plano se configurou como uma mudança no padrão de crescimento, passando a ter como foco o crescimento dos setores de bens de capital e de insumos básicos.

A crise da dívida da década de 80

- A eclosão de mais uma crise do petróleo, aliada ao aumento dos juros internacionais e da recessão mundial foram ingredientes que contribuíram para a ocorrência da crise da dívida.
- A declaração da moratória mexicana prejudicou ainda mais o acesso ao crédito externo pelo país, que teve que recorrer ao FMI.
- O ajuste externo de 1984 foi conseguido com ajuda da recuperação da demanda por exportações e da maturação das medidas econômicas implantadas no IIPND.
- Os 3 principais planos econômicos adotados durante o governo Sarney foram: Plano Cruzado (1986), o Plano Bresser (1987) e Plano Verão (1989), com diagnostico de predominância da inflação inercial e necessidade de desindexação da economia.

A economia da década de 90

- O plano real foi introduzido em 1994 e obteve êxito no controle da inflação.
- A abertura econômica teve papel importante no controle dos preços dos *tradables*.
- A partir do governo FHC, o Estado começa a alterar seu papel na economia de Estado-empresário para um Estado mais regulador e fiscal.
- Impostos regressivos oneram proporcionalmente mais as camadas de mais baixa renda.

Contabilidade Aplicada ao Setor Público

Prof. Dr. Giovanni Pacelli

TABELA DE INCIDÊNCIA DE QUESTÕES

Distribuição das questões organizada por ordem didática de assuntos		
Assunto	**Número de Questões**	**Peso**
1. CAMPO DE APLICAÇÃO (NBCT SP ESTRUTURA CONCEITUAL)	3	3,85%
2. BENS PÚBLICOS	1	1,28%
3. RECEITA E DESPESA PÚBLICA. EXECUÇÃO ORÇAMENTÁRIA E FINANCEIRA.	11	14,10%
4. RESTOS A PAGAR	2	2,56%
5. ESCRITURAÇÃO CONTÁBIL. VARIAÇÕES PATRIMONIAIS QUALITATIVAS E QUANTITATIVAS	3	3,85%
6. PLANO DE CONTAS APLICADO AO SETOR PÚBLICO, REGISTROS CONTÁBEIS DE OPERAÇÕES TÍPICAS DO SETOR PÚBLICO, REGIMES CONTÁBEIS	12	15,38%
7. CARACTERÍSTICAS DAS INFORMAÇÕES CONTÁBEIS	2	2,56%
8. DEMONSTRAÇÕES CONTÁBEIS	21	26,92%
9. AVALIAÇÃO PATRIMONIAL	12	15,38%
10. CUSTOS NO SETOR PÚBLICO	5	6,41%
11. DEMONSTRATIVOS FISCAIS	6	7,69%
Total	**78**	**100%**

Contabilidade Aplicada ao Setor Público

Prof. Dr. Giovanni Pacelli

✦ QUESTÕES

1. CAMPO DE APLICAÇÃO (NBCT SP ESTRUTURA CONCEITUAL)

01. (FGV – 2022 – TCE/TO – Analista Técnico)

Apesar dos esforços para tornar as demonstrações contábeis mais compreensíveis, é necessário um conhecimento razoável para o seu entendimento. Para auxiliar os usuários a contextualizar, compreender e interpretar a informação apresentada nas demonstrações contábeis, os RCPGs também podem fornecer informações financeiras e não financeiras.

Tais informações podem ser exemplificadas por:

a) detalhamento dos contratos celebrados ao longo do exercício financeiro;
b) estatísticas relacionadas aos pedidos de acesso à informação atendidos;
c) relatório analítico bimestral das fontes de receitas arrecadadas;
d) resultados das atividades de prestação de serviços durante o exercício;
e) sumário executivo das alterações em leis e normas que impactaram a entidade no exercício.

COMENTÁRIOS

Questão copia e cola da NBCTSP 00, conforme o item 2.11:

Para fins de prestação de contas e responsabilização (accountability) e tomada de decisão, os usuários de serviço e os provedores de recursos **necessitam de informações que possam dar suporte às avaliações de questões como**:

(a) **o desempenho da entidade durante o exercício como, por exemplo, em**: (i) **satisfazer a sua prestação de serviços e outros objetivos operacionais e financeiros**; (ii) administrar os recursos pelos quais é responsável; e (iii) estar em conformidade com a legislação, regramentos orçamentários ou com os pronunciamentos de outro órgão ou entidade que regulamente a captação e a utilização dos recursos;

(b) a liquidez (por exemplo, a capacidade de satisfazer as obrigações atuais) e a solvência (por exemplo, a capacidade de satisfazer as obrigações em longo prazo) da entidade;

(c) a sustentabilidade da prestação de serviços pela entidade e de outras operações em longo prazo, e as mudanças decorrentes como resultado das atividades da entidade durante o exercício, incluindo, por exemplo: (i) a capacidade de a entidade de continuar a financiar as suas atividades para satisfazer aos seus objetivos operacionais em futuro (a sua capacidade financeira), inclusive as fontes prováveis de financiamento e a extensão na qual a entidade depende de tais fontes e, portanto, é vulnerável ao financiamento ou a pressões por demandas que estariam fora do seu controle; e (ii) os recursos físicos e outros disponíveis atualmente para dar suporte à prestação de serviços no futuro (a sua capacidade operacional); e

(d) a capacidade da entidade de se adaptar a novas situações, devido a mudanças demográficas ou nas condições econômicas nacionais ou globais que provavelmente irão impactar a natureza ou a composição das atividades que realiza ou os serviços que são prestados.

Gabarito: D

02. (FGV – 2022 – TCE/TO – Analista Técnico)

Os Relatórios Contábeis de Propósito Geral (RCPG) das entidades do setor público compreendem múltiplos relatórios que são os componentes centrais da transparência da informação contábil dos governos e contribuem para aprimorá-la.

Em decorrência da natureza geral do propósito da sua elaboração, os RCPGs têm usuários primários, que podem ser exemplifcados por:

a) entidades de fomento e membros do Poder Legislativo;

b) órgãos centrais de orçamento e controle;

c) provedores de recursos e agências reguladoras;

d) usuários da Lei de Acesso à Informação;

e) usuários dos serviços e seus representantes.

COMENTÁRIOS

O quadro a seguir auxilia na resolução da questão:

Quadro 1: Exemplos de usuários das informações contábeis no setor público

Usuários primários	– **Cidadãos recebem os serviços do governo e de outras entidades do setor público e proveem parte dos recursos para esse fim.** – **Os membros do poder Legislativo.**
Usuários não primários	– Responsáveis pelas estatísticas de finanças públicas, os analistas, a mídia, os consultores financeiros, os grupos de interesse público ou privado. – Agências reguladoras e supervisoras, entidades de auditoria, comissões do poder Legislativo ou de outro órgão do governo, órgãos centrais de orçamento e controle, agências de classificação de risco e, em alguns casos, entidades emprestadoras de recursos e de fomento

Gabarito: E

03. (CONSULPAM – 2023 – TCM/PA – Técnico de Controle Externo)

A contabilidade pública se aplica a todas as entidades de direito público interno, por isso, é considerada um dos ramos mais complexos da ciência contábil. A respeito do assunto, assinale a alternativa CORRETA.

a) Os serviços sociais são conhecidos como Sistema S (Sebrae, Senai, Sesi, Sesc, Sest, etc.) e são pessoas jurídicas de direito privado. Por conta disso, não utilizam os princípios da Contabilidade Aplicada ao Setor Público.

b) Eventualmente, uma empresa pública é classificada como independente. Nesse caso, passa a utilizar a contabilidade aplicada ao setor público.

c) Uma empresa é chamada de dependente quando é controlada e recebe do ente controlador recursos financeiros para pagamento de despesas com pessoal, de custeio em geral ou de capital, inclusive aqueles provenientes de aumento de participação acionária.

d) A contabilidade pública se aplica à União, aos estados, ao Distrito Federal e aos municípios. Uma metodologia foi desenvolvida especialmente para ela. Essa metodologia utiliza contas escrituradas segundo normas específicas que constituem o sistema contábil público.

COMENTÁRIOS

a) Os serviços sociais são conhecidos como Sistema S (Sebrae, Senai, Sesi, Sesc, Sest, etc.) e são pessoas jurídicas de direito privado. Por conta disso, não utilizam os princípios da Contabilidade Aplicada ao Setor Público. **Errado, o sistema S deve utilizar tanto a estrutura conceitual do CFC, quanto o MCASP da STN.**

b) Eventualmente, uma empresa pública é classificada como independente. Nesse caso, passa a utilizar a contabilidade aplicada ao setor público. **Errado, se fosse uma empresa estatal dependente ela passaria a suar simultaneamente a contabilidade aplicada ao setor público e contabilidade societária.**

c) Uma empresa é chamada de dependente quando é controlada e recebe do ente controlador recursos financeiros para pagamento de despesas com pessoal, de custeio em geral ou de capital, INCLUSIVE aqueles provenientes de aumento de participação acionária. **Errado, uma empresa é chamada de dependente quando é controlada e recebe do ente controlador recursos financeiros para pagamento de despesas com pessoal, de custeio em geral ou de capital, EXCLUINDO aqueles provenientes de aumento de participação acionária.**

d) Gabarito.

Gabarito: D

2. BENS PÚBLICOS

04. (CONSULPAM – 2023 – TCM/PA – Técnico de Controle Externo)

A respeito do patrimônio público e os tipos de bens públicos, faça a correta associação.

(1) Bens de uso especial. (2)Bens dominicais. (3) Bens de uso comum.

(__)Terras devolutas, prédios desativados, terrenos da marinha, títulos da dívida pública. (__)Edifícios das repartições públicas, terrenos aplicados ao serviço público, veículos. (__)Rios, mares, estradas, ruas, praças.

Assinale a alternativa CORRETA quanto à ordem da associação.

a) 2-3-1.

b) 2-1-3.

c) 3-1-2.

d) 3-2-1.

COMENTÁRIOS

O quadro a seguir ajudará na análise da questão.

Quadro 2: Tipos de bens imóveis

Tipo	Descrição
Uso Comum	Podem ser entendidos como os de domínio público, construídos ou não por pessoas jurídicas de direito público.
	Exemplos: estradas, ruas, praças, rios e mares;
Especial	Compreendem os bens, tais como edifícios ou terrenos, **destinados a serviço ou estabelecimento da administração federal, estadual ou municipal**, inclusive os de suas autarquias e fundações públicas,
	Exemplos: como imóveis residenciais, terrenos, glebas, aquartelamento, aeroportos, açudes, fazendas, museus, hospitais, hotéis dentre outros.
Dominial	Compreendem **os bens que constituem o patrimônio das pessoas jurídicas de direito público, como objeto de direito pessoal, ou real, de cada uma dessas entidades**. Compreende ainda, não dispondo a lei em contrário, os bens pertencentes às pessoas jurídicas de direito público a que se tenha dado estrutura de direito privado.
	Exemplos: como apartamentos, armazéns, casas, glebas, terrenos, lojas, bens destinados a reforma agrária, bens imóveis a alienar dentre outros

Logo:

Terras devolutas, prédios desativados, terrenos da marinha, títulos da dívida pública: **bens dominiais**.

Edifícios das repartições públicas, terrenos aplicados ao serviço público, veículos: **bens especiais**.

Rios, mares, estradas, ruas, praças: **bens de uso comum**.

Sequência correta: 2-1-3

Gabarito: B

3. RECEITA E DESPESA PÚBLICA. EXECUÇÃO ORÇAMENTÁRIA E FINANCEIRA

05. (CEBRASPE – 2024 – TCE/AC – Auditor de Controle Externo) No que tange à receita pública, julgue o item subsequente.

Receitas correntes contribuem para o aumento do saldo patrimonial do ente federativo, tal como ocorre no âmbito das receitas tributárias e de contribuições, independentemente de serem resultantes do recebimento de dívida ativa.

COMENTÁRIOS

O recebimento da dívida ativa é um fato permutativo, logo não gera aumento do saldo patrimonial.

ERRADO

06. (CEBRASPE – 2024 – TCE/PR – Auditor de Controle Externo)

Considerando-se que a lei de diretrizes orçamentárias de determinado ente federativo não traga qualquer ressalva diversa da Lei Complementar n.º 101/2000 (Lei de Responsabilidade Fiscal – LRF), se o ente em questão tiver necessidade de realizar limitação de empenho e pagamento durante o exercício financeiro, essa limitação poderá recair sobre despesas

a) com realização de novas obras de recapeamento de rodovias.
b) relativas à inovação e ao desenvolvimento científico e tecnológico custeadas por fundo criado para tal finalidade.
c) com pessoal.
d) com pagamento de benefícios da previdência social.
e) relativas ao pagamento do serviço da dívida.

COMENTÁRIOS

De acordo com o art. 9º da LRF, não podem sofrer contigenciamento os seguintes grupos de despesas:

1. Obrigações constitucionais ou legais (ex. folha de pagamento, benefícios da previdência social);
2. Serviço da dívida (ex. amortização da dívida e juros);
3. Despesas relativas à inovação e ao desenvolvimento científico e tecnológico custeadas por fundo criado para tal finalidade
4. Outras despesas selecionadas pela LDO (ex. despesas cuja fonte seja convênios ou doações).

Gabarito: A

07. (CEBRASPE – 2024 – TCE/PR – Auditor de Controle Externo)

Em determinado exercício financeiro, um estado da Federação necessita abrir crédito adicional para reforço de dotação orçamentária. A seguir, são apresentados dados relativos a esse estado.

- superávit apurado no balanço financeiro do exercício anterior: R$ 10.000.000
- excesso de arrecadação apurado no balanço orçamentário do exercício anterior: R$ 5.000.000
- dotações orçamentárias anuladas e não comprometidas: R$ 20.000.000

- operações de crédito por antecipação de receita realizadas no exercício: R$ 5.000.000
- valores inscritos em dívida ativa que foram recebidos no exercício: R$ 30.000.000

Com base nessas informações e nas disposições da Lei n.º 4.320/1964, o valor total disponível para a abertura do crédito adicional em apreço é de

a) R$ 5.000.000.
b) R$ 10.000.000.
c) R$ 20.000.000.
d) R$ 25.000.000.
e) R$ 30.000.000.

COMENTÁRIOS

Fontes disponíveis:

-Dotações orçamentárias anuladas e não comprometidas: R$ 20.000.000

Dados inúteis utilizados para confundir	Possível correção
Superávit apurado no balanço financeiro do exercício anterior: R$ 10.000.000	Superávit apurado no balanço **patrimonial** do exercício anterior
Excesso de arrecadação apurado no balanço orçamentário do exercício **anterior**: R$ 5.000.000	Excesso de arrecadação apurado no balanço orçamentário do exercício **atual**
Operações de crédito por antecipação de receita realizadas no exercício: R$ 5.000.000	Operações **de crédito: novas**
Valores inscritos em dívida ativa que foram recebidos no exercício: R$ 30.000.000	Esse valor já está embutido no potencial excesso de arrecadação.

Questão difícil, pois só havia 1 dado útil. Os demais foram inúteis.

Gabarito: C

08. (CEBRASPE - 2024 - TCE/PR - Auditor de Controle Externo)

São etapas da despesa orçamentária

a) fixação e empenho.
b) planejamento e liquidação.
c) planejamento e execução.
d) fixação e execução.
e) empenho e liquidação.

COMENTÁRIOS

Não confundir etapa com estágio.

Etapa	Estágio
Planejamento	Fixação Movimentação de Crédito Programação Orçamentária Licitação
Execução	Empenho Liquidação Pagamento

Logo, tem-se apenas 2 etapas.

Gabarito: C

09. (CONSULPAM - 2023 - TCM/PA - Técnico de Controle Externo)

Podem ser classificadas como receitas de capital a(s):

a) Operações de crédito e alienação de bens.
b) Receita agropecuária e operações de crédito.
c) Receita tributária e alienação de bens.
d) Amortização e receita patrimonial.

COMENTÁRIOS

a) Operações de crédito e alienação de bens. **Gabarito: ambas são receitas de capital**.
b) Receita agropecuária e operações de crédito. **Errado: receita agropecuária é receita corrente.**
c) Receita tributária e alienação de bens. **Errado: receita tributária é receita corrente.**
d) Amortização e receita patrimonial. **Errado: receita patrimonial é receita corrente.**

Gabarito: A

10. (COPEVE-UFAL - 2022 - TCE/AL - Agente de Controle Externo)

Dadas as transações realizadas por determinada entidade pública durante o exercício de 2021,

- despesa com pessoal: R$ 100.000,00;
- despesa com a construção de um hospital público: R$ 250.000,00;
- despesa com aquisição de dois veículos: R$ 150.000,00;
- despesa com coleta de lixo: R$ 200.000,00;
- despesa com locação de imóvel: R$ 20.000,00.

qual alternativa descreve a soma do total das despesas correntes e das não efetivas, respectivamente?

a) R$ 300.000,00 e R$ 420.000,00.
b) R$ 320.000,00 e R$ 400.000,00.
c) R$ 320.000,00 e R$ 420.000,00.

d) R$ 470.000,00 e R$ 400.000,00.

e) R$ 700.000,00 e R$ 370.000,00.

COMENTÁRIOS

Despesas correntes	• despesa com pessoal: R$ 100.000,00. • despesa com coleta de lixo: R$ 200.000,00. • despesa com locação de imóvel: R$ 20.000,00. • **Total: R$ 320.000**
Despesas não efetivas	• despesa com a construção de um hospital público: R$ 250.000,00; • despesa com aquisição de dois veículos: R$ 150.000,00; • **Total: R$ 400.000**

Gabarito: B

11. (FGV – 2023 – TCE/ES – Conselheiro)

A limitação de empenho e movimentação financeira consiste em um mecanismo disposto na Lei de Responsabilidade Fiscal (LRF) com o objetivo de auxiliar no cumprimento das metas fiscais ao longo do exercício financeiro.

Para que um ente público esteja em consonância com as disposições da LRF acerca desse mecanismo, deve observar que:

a) a limitação de empenho é prerrogativa exclusiva do Poder Executivo;

b) a recomposição das dotações cujos empenhos foram limitados é vedada no último quadrimestre do exercício;

c) a verificação da compatibilidade da arrecadação de receitas com as metas de resultado primário e nominal é bimestral;

d) as despesas que têm aplicação mínima por disposição constitucional não se sujeitam à limitação de empenho;

e) os critérios para limitação de empenho e movimentação financeira são fixados na Lei Orçamentária Anual.

COMENTÁRIOS

a) **Errado**, pois a limitação de empenho é de responsabilidade de cada Poder.

b) **Errado**, pois a recomposição das dotações cujos empenhos foram limitados ocorre a qualquer momento desde que haja recomposição da arrecadação.

c) **Gabarito**.

d) **Errado**, pois pode-se limitar despesas em educação e saúde.

e) **Errado**, pois os critérios para limitação de empenho e movimentação financeira são fixados na Lei de Diretrizes Orçamentárias.

Gabarito: C

12. (CONSULPAM – 2023 – TCM/PA – Técnico de Controle Externo)

A amortização de juros de dívida que a União Federal eventualmente tenha efetuado a alguma instituição financeira será classificada, em consonância com a Lei nº 4.320/64, como:

a) Transferência corrente.

b) Investimento.

c) Despesa de custeio.

d) Transferência de capital.

COMENTÁRIOS

Essa prova cobrou a classificação da Lei nº 4.320/64:

Quadro 3: Classificação da Despesa conforme a Lei 4.320/1964

Despesa Corrente	**Despesas de Custeio**	Pessoal Civil, Pessoal Militar, Material de Consumo, Serviços de Terceiros, Encargos Diversos.
	Transferências Correntes	Subvenções Sociais, Subvenções Econômicas, Inativos, Pensionistas, Salário Família e Abono Familiar, **Juros da Dívida Pública**, Contribuições de Previdência Social, Diversas Transferências Correntes.
Despesa de Capital	**Investimentos**	Obras Públicas, Serviços em Regime de Programação Especial, Equipamentos e Instalações, Material Permanente, Participação em Constituição ou Aumento de Capital de Empresas ou Entidades Industriais ou Agrícolas.
	Inversões Financeiras	Aquisição de Imóveis, Participação em Constituição ou Aumento de Capital de Empresas ou Entidades Comerciais ou Financeiras, Aquisição de Títulos Representativos de Capital de Empresa em Funcionamento, Constituição de Fundos Rotativos, Concessão de Empréstimos, Diversas Inversões Financeiras.
	Transferências de Capital	Amortização da Dívida Pública, Auxílios para Obras Públicas, Auxílios para Equipamentos e Instalações, Auxílios para Inversões Financeiras, Outras Contribuições.

Juros de dívida que a União Federal seria Transferências Correntes.

Gabarito: A

13. (CONSULPAM – 2023 – TCM/PA – Auditor de Controle Externo)

Em setembro do ano X1, uma secretaria estadual anulou uma despesa empenhada em julho de X1 para aquisição de cadeiras plásticas para atendimento ao público, no valor de R$ 5.000,00. Sabendo que a despesa não foi liquidada e que o fornecedor do produto não entregará o pedido, o valor de R$ 5.000,00 deverá ser:

a) Considerado como receita de capital em X2.
b) Considerado como receita corrente em X2.
c) Revertido à dotação de despesas em X1.
d) Considerado como receita de capital em X1.

COMENTÁRIOS

Com o cancelamento do empenho será revertido à dotação de despesas em X1.

Gabarito: C

14. (VUNESP – 2023 – TCM/SP – Auditor de Controle Externo)

A respeito das etapas da receita orçamentária, o ato da repartição competente da receita, que verifica a procedência do crédito fiscal e a pessoa que lhe é devedora e inscreve o débito desta, é denominado de

a) Classificação.
b) Arrecadação.
c) Lançamento.
d) Previsão.
e) Atribuição.

COMENTÁRIOS

Esse seria o estágio do lançamento. Sem comentários adicionais.

Gabarito: C

4. RESTOS A PAGAR

15. (CEBRASPE – 2024 – TCE/PR – Auditor de Controle Externo)

De acordo com o MCASP 10.ª edição, devem ser inscritas em restos a pagar não processados as despesas empenhadas e não liquidadas até 31 de dezembro do respectivo exercício, desde que

a) o saldo da dotação orçamentária inicial não tenha sido suficiente para a execução integral das despesas.
b) o prazo para a conclusão da licitação ainda não tenha se esgotado.
c) a lei orçamentária anual aprovada para o exercício seguinte tenha previsto dotação orçamentária para o mesmo fim.
d) o prazo para o cumprimento da obrigação assumida pelo credor esteja vigente.
e) tenha havido excesso de arrecadação no exercício.

COMENTÁRIOS

No âmbito federal, existem 5 situações que permitem a inscrição em Restos a Pagar.

Quadro 4: Condições para inscrição de restos a pagar não processados

Condição para se inscrever restos a pagar não processados (basta atender uma delas).	Exemplo
1. Vigente o prazo para cumprimento da obrigação assumida pelo credor, nele estabelecida.	A licitação foi concluída em 30/11/2024, e o contrato dispunha que a entrega do material ou prestação de serviço poderia ocorrer até 30/03/2025.
2. Vigente o prazo para cumprimento da obrigação assumida pelo credor, mas esteja em curso a liquidação da despesa.	A nota fiscal foi entregue, mas o gestor público ainda não conseguiu dar o ateste.
3. Vigente o prazo para cumprimento da obrigação assumida pelo credor, mas seja de interesse da Administração exigir o cumprimento da obrigação assumida pelo credor.	Poder discricionário do ordenador de despesas.
4. Se destinar a atender transferências a instituições públicas ou privadas	Despesas relacionadas a transferências constitucionais, legais ou voluntárias (convênios ou contratos de repasse).
5. Corresponder a compromissos assumido no exterior.	Obrigações com organismos estrangeiros: ONU, BID, Banco Mundial.

Observa-se que a apenas a opção D consta no quadro 4: 1º caso.

Gabarito: D

16. (FGV – 2023 – TCE/ES – Conselheiro)

No dia 03/08/20x2, um ente público abriu um crédito adicional no valor de R$ 100.000,00 para suplementar despesas correntes na área de saúde, cuja fonte de recurso foi a anulação de parte da dotação de outra programação de despesa. No dia 13/09/20x2 foi realizado um empenho no valor de R$ 81.000,00, sendo liquidado integralmente no dia 30/10/20x2.

Em 02/12/20x2, 50% do valor liquidado foi pago.

Considerando que todas as informações se referem ao crédito adicional aberto em 03/08/20x2 e que não houve outros atos de execução orçamentária, com o encerramento do exercício:

a) o saldo da dotação deverá ser transferido para o exercício seguinte para a mesma programação de despesa;
b) o saldo da dotação não está sujeito à limitação de empenho e movimentação financeira;
c) o valor de R$ 40.500,00 afetará o cálculo do superávit financeiro do exercício;
d) R$ 19.000,00 de créditos orçamentários poderão ser alocados em outras áreas no exercício seguinte;
e) R$ 40.500,00 não poderão ser inscritos em restos a pagar por insuficiência financeira.

COMENTÁRIOS

Análise do ocorrido em X2:

Crédito disponível após o empenho: R$ 19.000.

Crédito empenhado e liquidado após o pagamento: R$ 40.500.

Crédito Pago: R$ 40.500.

Vamos analisar as opções.

a) Errado, pois o valor de R$ 19.000,00 será perdido.
b) Errado, pois o saldo da dotação está sujeito à limitação de empenho e movimentação financeira.
C – Gabarito. O valor de R$ 40.500,00 afetará o cálculo do superávit financeiro do exercício, pois será inscrito RP processo nesse valor no passivo financeiro.
d) Errado, pois o valor de R$ 19.000,00 será perdido.
e) Errado, pois devem ser inscritos R$ 40.500 em restos a pagar processados.

Gabarito: C

17. (CONSULPAM – 2023 – TCM/PA – Auditor de Controle Externo)

Uma determinada autarquia emitiu nota de empenho com o objetivo de contabilizar a despesa com serviços gerais da entidade no ano X1. Por insuficiência de recursos financeiros, os serviços prestados referentes aos meses de novembro e dezembro do ano em questão não foram pagos no próprio exercício. Sob o aspecto orçamentário, de acordo com a Lei Federal nº 4.320/1964, deve a entidade:

a) Cancelar a despesa não paga no exercício X1 e emitir novo empenho no exercício de X2.
b) Cancelar a despesa não paga no exercício de X1 e inscrever o valor em Restos a Pagar.
c) Reconhecer a despesa no exercício de X1 e inscrever o valor não pago em Restos a Pagar.
d) Estornar a despesa não paga no exercício de X1 e contabilizá-la no exercício em que for liquidada e paga.

COMENTÁRIOS

A despesa orçamentária é reconhecida no ano do empenho, logo foi X1.

Como não foi paga, deve ser inscrita em Restos a Pagar.

Gabarito: C

5. ESCRITURAÇÃO CONTÁBIL. VARIAÇÕES PATRIMONIAIS QUALITATIVAS E QUANTITATIVAS

18. (CEBRASPE – 2024 – TCE/AC – Auditor de Controle Externo) A execução da despesa pública é objeto de diversos controles que visam assegurar o cumprimento dos princípios norteadores da ação governamental. A esse respeito, julgue o próximo item.

Tanto as despesas que geram fatos modificativos quanto as que geram fatos permutativos devem ter registro como variação patrimonial diminutiva, conforme grupos da classe 3 do PCASP.

COMENTÁRIOS

Apenas as despesas efetivas (reduzem o Patrimônio Líquido – PL e são fatos modificativos diminutivos) e utilizam grupos da classe 3 do PCASP, enquanto as despesas não efetivas (não afetam o PL e são fatos permutativos) não utilizam a classe 3.

ERRADO

19. CONSULPAM – 2023 – TCM/PA – Técnico de Controle Externo

O Sistema Contábil é a estrutura de informações para identificação, mensuração, avaliação, registro, controle e evidenciação dos atos e dos fatos da gestão do patrimônio público, com o objetivo de orientar o processo de decisão, a prestação de contas e a instrumentalização do controle social. Esse sistema é organizado em subsistemas de informações, que oferecem produtos diferentes em razão das especificidades demandadas pelos usuários e facilitam a extração de informações.

Assinale a alternativa que contém uma informação que pertença ao subsistema de informações patrimoniais.

a) Orçamento.
b) Resultado orçamentário.
c) Resultado nominal.
d) Programação e execução orçamentária.

COMENTÁRIOS

O quadro a seguir ajudará na análise da questão.

Quadro 5: subsistemas e natureza das contas

Subsistema (natureza)	Conceito	Subsidia a Administração Pública com informações sobre
Orçamentário (orçamentária)	Registra, processa e evidencia os **ATOS E OS FATOS** relacionados ao planejamento e à execução orçamentária.	-Orçamento; -Programação e execução orçamentária; -Alterações orçamentárias; -Resultado orçamentário.
Patrimonial (patrimonial)	Registra, processa e evidencia os **FATOS financeiros e não financeiros relacionados** com as variações qualitativas e quantitativas do patrimônio público.	- Alterações nos elementos patrimoniais; - Resultado econômico; - **Resultado nominal**.
Compensação (controle)	Registra, processa e evidencia os **ATOS de gestão** cujos efeitos possam produzir modificações no patrimônio da entidade do setor público, bem como aqueles com funções específicas de controle.	-Alterações potenciais nos elementos patrimoniais; -Acordos, garantias e responsabilidades.
Custos (controle)	**Registra, processa e evidencia os custos dos bens e serviços**, produzidos e ofertados à sociedade pela entidade pública.	- Custos dos programas, dos projetos e das atividades desenvolvidas; - Bom uso dos recursos públicos; -Custos das unidades contábeis

Gabarito: C

20. (CONSULPAM – 2023 – TCM/PA – Técnico de Controle Externo)

As variações patrimoniais são transações que promovem alterações nos elementos patrimoniais das entidades do setor público. Portanto, a contratação de operações de crédito é classificada como:

a) Variação quantitativa diminutiva.
b) Variação quantitativa aumentativa.
c) Variação qualitativa.
d) Variação mista.

COMENTÁRIOS

A contratação de operações de crédito de uma variação qualitativa.

Gabarito: C

6. PLANO DE CONTAS APLICADO AO SETOR PÚBLICO, REGISTROS CONTÁBEIS DE OPERAÇÕES TÍPICAS DO SETOR PÚBLICO, REGIMES CONTÁBEIS

21. (CEBRASPE – 2024 – TCE/AC – Auditor de Controle Externo)

Considerando as disposições do MCASP relativas à elaboração das demonstrações contábeis das entidades públicas, julgue o item seguinte.

As informações para a elaboração do balanço orçamentário têm origem nos saldos das contas do grupo 2 (Realização da Receita e Execução da Despesa) que integram a classe 6 (Execução do Orçamento) do PCASP.

COMENTÁRIOS

A banca utilizou o nome da classe (1º nível) no grupo (2º nível). A classe 6 do PCASP se denomina: controle da execução do planejamento e orçamento, enquanto o grupo 6.2 de denomina: execução do orçamento.

ERRADO

22. (CEBRASPE – 2024 – TCE/AC – Auditor de Controle Externo)

Com base nas disposições do Manual de Contabilidade Aplicada ao Setor Público (MCASP) para a aplicação do Plano de Contas Aplicado ao Setor Público (PCASP), julgue o item a seguir.

Lançamentos de natureza patrimonial apenas debitam e creditam contas das classes 1, 2, 3 e 4, de modo que não é permitido um lançamento na conta Clientes (classe 1) em contrapartida à conta Receita Realizada (classe 6).

COMENTÁRIOS

Perfeita a assertiva. Pelas regras de integridade do PCASP os lançamentos de débito e créditos devem ocorrer na mesma natureza do PCASP. Isso não impede de um único evento envolver todas as três naturezas (patrimonial: classes 1, 2, 3 e 4, orçamentária: classes 5 e 6 e de controle: classes 7 e 8) simultaneamente.

CERTO

23. (CEBRASPE – 2024 – TCE/AC – Auditor de Controle Externo)

Com base nas disposições do Manual de Contabilidade Aplicada ao Setor Público (MCASP) para a aplicação do Plano de Contas Aplicado ao Setor Público (PCASP), julgue o item a seguir.

Para realizar o lançamento da previsão de uma receita orçamentária, o débito e o crédito envolverão duas contas da classe 6. –

COMENTÁRIOS

Neste caso da previsão da receita se utilizam as classes 5 e 6, respectivamente os grupos 5.2 e 6.2.

D: 5.2.X.X.X.XX.XX Previsão Inicial da Receita

C: 6.2.X.X.X.XX.XX Receita a Realizar

ERRADO

24. (CEBRASPE – 2024 – TCE/PR – Auditor de Controle Externo)

A respeito da correspondência entre as contas do Plano de Contas Aplicado ao Setor Público (PCASP), assinale a opção correta.

a) As contas da Classe 4 – Variação Patrimonial Aumentativa podem ter como contrapartida as contas da Classe 5 – Controles da Aprovação do Planejamento e Orçamento.
b) As contas da Classe 5 – Controles da Aprovação do Planejamento e Orçamento podem ter como contrapartida as contas da Classe 7 – Controles Devedores.
c) As contas da Classe 1 – Ativo podem ter como contrapartida as contas da Classe 4 – Variação Patrimonial Aumentativa.
d) As contas da Classe 2 – Passivo e Patrimônio Público podem ter como contrapartida as contas da Classe 8 – Controles Credores.
e) As contas da Classe 3 – Variação Patrimonial Diminutiva podem ter como contrapartida as contas da Classe 6 – Controles da Execução do Planejamento e Orçamento.

COMENTÁRIOS

Pelas regras de integridade do PCASP os lançamentos de débito e créditos devem ocorrer na mesma natureza do PCASP. Isso não impede de um único evento envolver todas as três naturezas (patrimonial: classes 1, 2, 3 e 4, orçamentária: classes 5 e 6 e de controle: classes 7 e 8) simultaneamente. Assim:

a) As contas da Classe 4 – Variação Patrimonial Aumentativa **não podem** ter como contrapartida as contas da Classe 5 – Controles da Aprovação do Planejamento e Orçamento.
b) As contas da Classe 5 – Controles da Aprovação do Planejamento e Orçamento **não podem** ter como contrapartida as contas da Classe 7 – Controles Devedores.
c) Gabarito.
d) As contas da Classe 2 – Passivo e Patrimônio Público **não podem** ter como contrapartida as contas da Classe 8 – Controles Credores.
e) As contas da Classe 3 – Variação Patrimonial Diminutiva **não podem** ter como contrapartida as contas da Classe 6 – Controles da Execução do Planejamento e Orçamento.

Gabarito: C

25. (CEBRASPE – 2024 – TCE/PR – Auditor de Controle Externo)

Na previsão da receita de uma entidade do setor público, foi estimada a arrecadação do imposto sobre propriedade predial e territorial urbana (IPTU), cujo fato gerador ocorrerá no mês de janeiro e cujo recebimento em cota única ocorrerá no mês de abril do mesmo ano.

Considerando-se a situação apresentada no texto 2A3, é correto afirmar que o registro do direito a receber deve acontecer

a) quando da elaboração dos relatórios exigidos pela Lei de Responsabilidade Fiscal.
b) no encerramento do exercício, por ocasião da elaboração do balanço orçamentário.
c) no momento da previsão da receita na lei orçamentária anual.
d) no momento da arrecadação da receita, no mês de abril.
e) no momento do lançamento da receita, na ocorrência do seu fato gerador.

COMENTÁRIOS

O direito a receber deve acontecer no registro do fato gerado em janeiro: estágio do lançamento da receita.

Gabarito: E

26. (CEBRASPE - 2024 - TCE/PR - Auditor de Controle Externo)

Na previsão da receita de uma entidade do setor público, foi estimada a arrecadação do imposto sobre propriedade predial e territorial urbana (IPTU), cujo fato gerador ocorrerá no mês de janeiro e cujo recebimento em cota única ocorrerá no mês de abril do mesmo ano.

A receita orçamentária do imposto de que trata o texto deve ser realizada

a) no encerramento do exercício, por ocasião da elaboração do balanço orçamentário.
b) quando da elaboração dos relatórios exigidos pela Lei de Responsabilidade Fiscal.
c) no momento da sua arrecadação, no mês de abril.
d) no momento da sua previsão na lei orçamentária anual.
e) no momento do seu lançamento, na ocorrência de seu fato gerador.

COMENTÁRIOS

A receita orçamentária (independente da classificação) para fins orçamentários sempre será registrada na arrecadação.

Gabarito: C

27. (CEBRASPE - 2024 - TCE/PR - Auditor de Controle Externo) Considere que determinada entidade governamental tenha apropriado a folha de despesas de pessoal do mês corrente, cujo pagamento se dará no mês seguinte. Nesse caso, o registro da variação patrimonial diminutiva deve acontecer

a) quando houver o pagamento da folha.
b) no encerramento do exercício financeiro.
c) no momento da fixação da despesa na lei orçamentária anual.
d) no momento em que a despesa foi empenhada.
e) no mês em que a força de trabalho foi utilizada e a folha foi apropriada.

COMENTÁRIOS

Para fins patrimoniais, a VPD – variação patrimonial diminutiva ocorre no mês em tenha apropriado a folha de despesas de pessoal, independente da execução orçamentária: empenho, liquidação ou pagamento.

Gabarito: E

28. (CEBRASPE - 2023 - TCDF - Auditor de Controle Externo)

Em relação às regras de integridade do plano de contas aplicado ao setor público, julgue o item subsequente.

É permitido um lançamento na conta créditos tributários a receber (classe 1 – ativo) em contrapartida à conta receita de impostos (classe 4 – variação patrimonial aumentativa).

COMENTÁRIOS

Pelas regras de integridade do PCASP os lançamentos de débito e créditos devem ocorrer na mesma natureza do PCASP. Isso não impede de um único evento envolver todas as três naturezas (patrimonial: classes 1, 2, 3 e 4, orçamentária: classes 5 e 6 e de controle: classes 7 e 8) simultaneamente.

Gabarito: CERTO

29. (CEBRASPE - 2023 - TCDF - Auditor de Controle Externo)

Em relação às regras de integridade do plano de contas aplicado ao setor público, julgue o item subsequente.

Nos lançamentos de controles de atos potenciais, apenas podem ser debitadas e creditadas contas correspondentes às classes 7 – controles devedores e 8 – controles credores.

COMENTÁRIOS

Pelas regras de integridade do PCASP os lançamentos de débito e créditos devem ocorrer na mesma natureza do PCASP. Isso não impede de um único evento envolver todas as três naturezas (patrimonial: classes 1, 2, 3 e 4, orçamentária: classes 5 e 6 e de controle: classes 7 e 8) simultaneamente.

Gabarito: CERTO

30. (FGV - 2023 - TCE/BA - Auditor de Controle Externo)

A consolidação das contas públicas nos diversos níveis de governo de forma adequada é possível graças a um mecanismo criado pelo PCASP para a segregação dos valores das transações que serão incluídas ou excluídas na consolidação.

Uma operação em que o ativo, o passivo, a VPA e a VPD deverão ser incluídos na consolidação do ente e excluídos na consolidação nacional refere-se à:

a) contribuição patronal de um Estado da federação ao Regime Próprio de Previdência Social (RPPS);
b) contribuição patronal de um Estado da federação para o Regime Geral de Previdência Social (RGPS);
c) doação de bem imóvel a um Estado da federação pela União;
d) prestação de serviços a um Estado da federação por empresa privada;
e) transferência de bem imóvel pela Secretaria de Fazenda à Assembleia Legislativa do mesmo Estado.

COMENTÁRIOS

Independente de gerar VPA e VPD, para ser excluído na consolidação nacional, **deve ocorrer**: **(i)** transação entre: União e Estados, União e Municípios, Estados e Municípios, Estados distintos, Municípios distintos; **(ii)** execução do orçamento por parte de ambos os envolvidos.

Figura 1: Possíveis combinações no 5º nível em operações entre entidades do orçamento fiscal e seguridade social

Combinações
União (4) com Estado (3) e vice-versa
União (5) com Município (3) e vice-versa
Estado (5) com Município (4) e vice-versa
Estado (4) com Estado distinto (4) e vice-versa
Município (5) com Município distinto (5) e vice-versa

Os casos que não se enquadrarem nas Figuras 5 a 8 devem utilizar o código 1.

a) contribuição patronal de um Estado da federação ao Regime Próprio de Previdência Social (RPPS): **está errada, pois nesse caso a transação ocorre dentro do mesmo município: utiliza o código 2 no subtítulo das contas patrimoniais.**

b) contribuição patronal de um Estado da federação para o Regime Geral de Previdência Social (RGPS): gabarito.

Estado que recolhe a contribuição patronal do Regime Geral	RPGS da União que arrecada a contribuição patronal do Regime Geral
Contas de natureza patrimonial na liquidação: D: 3.1.2.2.**3**.XX.XX – VPD – Encargos Patronais RPGS C: 2.1.1.4.**3**.XX.XX – Encargos Sociais a Pagar – Contribuição Patronal a recolher – F O código 3 no subtítulo indica que foi feita uma transação com a União.	**Contas de natureza patrimonial na arrecadação:** D: 1.1.1.1.**4**.XX.XX – Caixa C: 4.2.1.2.**4**.XX.XX – VPA – Contribuições Sociais – RPGS O código 4 no subtítulo indica que foi feita uma transação com um Estado.

c) doação de bem imóvel a um Estado da federação pela União: **está errada, pois nesse caso não envolve execução orçamentária.**

d) prestação de serviços a um Estado da federação por empresa privada: **está errada, pois nesse caso não envolve entidade pertencente ao orçamento fiscal e seguridade social.**

e) transferência de bem imóvel pela Secretaria de Fazenda à Assembleia Legislativa do mesmo Estado: **está errada, pois nesse caso não envolve execução orçamentária.**

Gabarito: B

31. (FGV – 2022 – TCE/TO – Analista Técnico)

A operacionalização do Plano de Contas Aplicado ao Setor Público (PCASP) pelas entidades públicas requer atenção a alguns requisitos, entre eles, os atributos da conta contábil. Estes são características que distinguem contas do plano de contas, conforme sua natureza e objetivos.

Embora alguns atributos possam ser decorrentes de imposição legal, o Manual de Contabilidade Aplicada ao Setor Público (MCASP) orienta que poderão ser criados outros, de acordo com as necessidades do ente para o atendimento das normas vigentes, a exemplo dos relacionados a:

a) execução de restos a pagar;
b) impacto na situação patrimonial;
c) indicador do superávit financeiro;
d) indicador do superávit primário;
e) vinculação orçamentária.

COMENTÁRIOS

No Plano de Contas Aplicado ao Setor Público (PCASP) existem 2 atributos adicionais para a conta contábil. O primeiro seria indicador do superávit financeiro e o segundo o de dívida consolidada.

Gabarito: D

32. (FGV – 2022 – TCE/TO – Analista Técnico) Um procedimento comum para fins de encerramento do exercício financeiro é a inscrição de despesas empenhadas e não pagas em Restos a Pagar, comprovadas as condições necessárias. No caso de uma despesa empenhada cujo fato gerador da obrigação tenha ocorrido antes do término do exercício em curso, porém sem que se tenha procedido o estágio da liquidação, o registro deve se dar por meio de um lançamento a débito na conta 6.2.2.1.3.02.xx Crédito empenhado em liquidação, com contrapartida em:

a) 2.1.x.x.x.xx.xx Passivo circulante (F);
b) 3.x.x.x.x.xx.xx Variações Patrimoniais Diminutivas;
c) 5.3.1.7.x.xx.xx RP não processados – inscrição no exercício;
d) 6.3.1.1.x.xx.xx RP não processados a liquidar;
e) 6.2.2.1.3.06.xx Empenhos em liquidação inscritos em restos a pagar não processados.

COMENTÁRIOS

Quando uma despesa empenhada cujo fato gerador da obrigação tenha ocorrido antes do término do exercício em curso, porém sem que se tenha procedido o estágio da liquidação, **deve-se utilizar a conta em liquidação**.

A única opção que contém o termo em liquidação é a opção E.

Gabarito: E

7. CARACTERÍSTICAS DAS INFORMAÇÕES CONTÁBEIS

33. (CEBRASPE - 2023 - TCDF - Auditor de Controle Externo)

Com base na NBC TSP — Estrutura Conceitual, julgue o próximo item, referentes às restrições das informações incluídas nos relatórios contábeis de produção geral das entidades do setor público.

Uma informação contábil se torna material quando é possível se determinar quantitativamente seu efeito sobre as contas públicas.

COMENTÁRIOS

Conforme o item 3.32 da NBC TSP — Estrutura Conceitual, a informação é material se a sua omissão ou distorção puder influenciar o cumprimento do dever de prestação de contas e responsabilização (accountability), ou as decisões que os usuários tomam com base nos RCPGs elaborados para aquele exercício. **A materialidade depende tanto da natureza quanto do montante** do item analisado dentro das particularidades de cada entidade. Os RCPGs podem englobar informação qualitativa e quantitativa acerca do cumprimento da prestação de serviços durante o período de referência e das expectativas sobre a prestação de serviço e o desempenho no futuro. **Consequentemente, não é possível especificar um limite quantitativo uniforme no qual determinada informação se torna material.**

Ou seja, a informação pode ser material considerando a natureza independente do montante quantitativo.

Gabarito: ERRADO

34. (CEBRASPE - 2023 - TCDF - Auditor de Controle Externo)

Com base na NBC TSP — Estrutura Conceitual, julgue o próximo item, referentes às restrições das informações incluídas nos relatórios contábeis de produção geral das entidades do setor público.

É questão de julgamento profissional a definição da importância relativa das características qualitativas da informação contábil em cada situação.

COMENTÁRIOS

Conforme o item 3.35 da NBC TSP — Estrutura Conceitual, a informação contábil impõe custos, e seus benefícios devem justificá-los. Avaliar se os benefícios da informação justificam seus custos é, com frequência, uma questão de julgamento de valor, pois não é possível identificar todos os custos e todos os benefícios da informação incluída nos RCPGs.

Gabarito: CERTO

8. DEMONSTRAÇÕES CONTÁBEIS

35. (CEBRASPE - 2024 - TCE/AC - Auditor de Controle Externo) Considerando as disposições do MCASP relativas à elaboração das demonstrações contábeis das entidades públicas, julgue o item seguinte.

A despeito do princípio do orçamento bruto, no quadro principal do balanço orçamentário, as receitas deverão ser informadas pelos valores líquidos das respectivas deduções, tais como restituições, descontos, retificações e repartições de receita tributária.

COMENTÁRIOS

De fato, ao calcular a receita arrecadada das demonstrações (tanto no Balanço Orçamentário, quanto no Balanço Financeiro, quanto na Demonstração dos Fluxos de Caixa) deve-se reduzir as deduções da receita. Esse procedimento não fere o princípio do orçamento bruto.

CERTO

36. (CEBRASPE - 2024 - TCE/PR - Auditor de Controle Externo)

Quanto à origem e à destinação, a segregação de receitas e despesas orçamentárias em recursos não vinculados, recursos vinculados (exceto ao RPPS) e recursos vinculados ao RPPS deve ocorrer

a) no balanço financeiro.
b) na demonstração dos fluxos de caixa.
c) no balanço orçamentário.
d) na demonstração das variações patrimoniais.
e) no balanço patrimonial.

COMENTÁRIOS

Das 5 demonstrações contábeis na questão, Balanço Patrimonial e Demonstração das Variações Patrimoniais não evidenciam receita, nem despesas.

Das 3 que sobraram, **apenas** o Balanço Financeiro utiliza a classificação por fonte citada no comando na questão. O Balanço Orçamentário utiliza a classificação quanto à natureza e a Demonstração dos Fluxos de Caixa usa uma variação da classificação quanto à natureza.

Gabarito: A

37. (CEBRASPE – 2024 – TCE/PR – Auditor de Controle Externo)

A seguir, são apresentadas informações, com os valores em milhares de reais, a respeito da execução orçamentária e financeira de uma entidade do setor público durante determinado exercício financeiro já encerrado.

receita prevista	150
receita lançada	120
receita arrecadada	100
despesa fixada	150
despesa empenhada	140
despenha liquidada	120
despesa paga	100

Com base nos valores apresentados, é correto afirmar que o resultado orçamentário do exercício apurado no balanço orçamentário da entidade é

a) deficitário em 40 mil.

b) deficitário em 20 mil.

c) nulo.

d) superavitário em 10 mil.

e) superavitário em 20 mil.

COMENTÁRIOS

O resultado orçamentário do Balanço Orçamentário utiliza a seguinte fórmula:

Receita Arrecadada – Despesa Empenhada à 100.000 – 140.000 à Déficit de 40 mil.

Gabarito: A

38. (FGV – 2024 – TCE/PA – Auditor de Controle Externo)

De acordo com o Manual de Contabilidade Aplicada ao Setor Público (MCASP), a fim de facilitar a compreensão e a comparação das demonstrações contábeis aplicadas ao setor público com as de outras entidades, é sugerido que as notas explicativas sejam apresentadas em determinada ordem. Deste modo, devem ser apresentados em Informações Gerais

a) os ajustes decorrentes de omissões e erros de registro.

b) a natureza das operações e as principais atividades da entidade.

c) as bases de mensuração utilizadas e as políticas contábeis alteradas.

d) os passivos contingentes e compromissos contratuais não reconhecidos.

e) os julgamentos pela aplicação das políticas contábeis e as normas utilizadas.

COMENTÁRIOS

A fim de facilitar a compreensão e a comparação das DCASP com as de outras entidades, sugere-se que as notas explicativas sejam apresentadas na seguinte ordem:

<table>
<tr><td>a. Informações gerais:</td><td>i. Natureza jurídica da entidade. ii. Domicílio da entidade. iii. Natureza das operações e principais atividades da entidade. iv. Declaração de conformidade com a legislação e com as normas de contabilidade aplicáveis.</td></tr>
<tr><td>b. Resumo das políticas contábeis significativas, por exemplo:</td><td>i. Bases de mensuração utilizadas, por exemplo: custo histórico, valor realizável líquido, valor justo ou valor recuperável. ii. Novas normas e políticas contábeis alteradas. iii. Julgamentos pela aplicação das políticas contábeis.</td></tr>
<tr><td colspan="2">c. Informações de suporte e detalhamento de itens apresentados nas demonstrações contábeis pela ordem em que cada demonstração e cada rubrica sejam apresentadas.</td></tr>
<tr><td>d. Outras informações relevantes, por exemplo:</td><td>i. Passivos contingentes e compromissos contratuais não reconhecidos; ii. Divulgações não financeiras, tais como: os objetivos e políticas de gestão do risco financeiro da entidade; pressupostos das estimativas; iii. Reconhecimento de inconformidades que podem afetar a compreensão do usuário sobre o desempenho e o direcionamento das operações da entidade no futuro; iv. Ajustes decorrentes de omissões e erros de registro.</td></tr>
</table>

Gabarito: B

39. (FGV – 2024 – TCE/PA – Auditor de Controle Externo)

Em uma entidade do setor público, no Quadro das Contas de Compensação no Balanço Patrimonial, são considerados atos potenciais ativos, de acordo com o Manual de Contabilidade Aplicada ao Setor Público (MCASP):

a) garantias e contragarantias recebidas.

b) obrigações conveniadas e contratuais.

c) demandas judiciais e contas a pagar.

d) variações patrimoniais diminutivas pagas antecipadamente.

e) variações patrimoniais aumentativas recebidas antecipadamente.

COMENTÁRIOS

a) **gabarito**.

b) obrigações conveniadas e contratuais: **atos potenciais passivos**.

c) demandas judiciais e contas a pagar: **passivos**.

d) variações patrimoniais diminutivas pagas antecipadamente: **ativos**.

e) variações patrimoniais aumentativas recebidas antecipadamente: **passivos**.

Gabarito: A

---

40. (FGV – 2024 – TCE/PA – Auditor de Controle Externo)

O Balanço Financeiro de uma entidade do setor público apresentava os seguintes saldos:

- Saldo para o Exercício seguinte: R$300.000.
- Resultado Financeiro do Exercício: R$120.000.

Pode-se afirmar que, o saldo do exercício anterior era de

a) R$120.000.

b) R$180.000.

c) R$210.000.

d) R$420.000.

e) R$480.000.

COMENTÁRIOS

O resultado financeiro do exercício (RFE) do Balanço Financeiro possui a seguinte fórmula:

RFE = Saldo Final – Saldo Inicial à 120.000 = 300.000 – Saldo Inicial à Saldo Inicial = 180.000.

Gabarito: B

---

41. (FGV – 2024 – TCE/GO – Analista de Controle Externo)

Em relação à apresentação e divulgação de Informação Orçamentária nas Demonstrações Contábeis, de acordo com a NBC TSP 13- Apresentação de Informação Orçamentária nas Demonstrações Contábeis, assinale V para a alternativa verdadeira e F para a falsa.

( ) A entidade deve apresentar a comparação do orçamento com os valores realizados por meio de colunas adicionais nas demonstrações contábeis somente quando as demonstrações e o orçamento são elaborados em base comparável.

( ) Quando o orçamento e as demonstrações contábeis não são elaborados em base comparável, não deve haver apresentação e divulgação e o fato deve ser aclarado em nota explicativa.

( ) Quando os orçamentos são elaborados com base no regime de competência e abrangem todas as demonstrações contábeis, colunas adicionais de orçamento podem ser adicionadas a todas as demonstrações contábeis exigidas pelas normas contábeis.

As afirmativas são, respectivamente,

a) V – V – V.

b) V – V – F.

c) V – F – V.

d) F – V – V.

e) V – F – F.

COMENTÁRIOS

A entidade deve apresentar a comparação do orçamento com os valores realizados por meio de colunas adicionais nas demonstrações contábeis somente quando as demonstrações e o orçamento são elaborados em base comparável. **Assertiva correta, sem comentários adicionais.**

Quando o orçamento e as demonstrações contábeis não são elaborados em base comparável, não deve haver apresentação e divulgação e o fato deve ser aclarado em nota explicativa. **Assertiva incorreta, neste caso deve haver apresentação e divulgação e o fato deve ser aclarado em nota explicativa.**

Quando os orçamentos são elaborados com base no regime de competência e abrangem todas as demonstrações contábeis, colunas adicionais de orçamento podem ser adicionadas a todas as demonstrações contábeis exigidas pelas normas contábeis. **Assertiva correta, sem comentários adicionais.**

Gabarito: C

---

42. (FGV – 2024 – TCE/GO – Analista de Controle Externo)

De acordo com a NBC TSP 11- Apresentação das Demonstrações Contábeis, normalmente, todos os itens de receita e de despesa reconhecidos no período contábil são incluídos no resultado. Porém, em algumas circunstâncias, itens específicos podem ser excluídos do resultado do período corrente. Entre esses itens estão ganhos e perdas específicos provenientes

a) dos procedimentos aplicáveis relativos à correção de erros, quando aplicável.

b) de entidades coligadas e controladas que não envolvem caixa, da entidade que tem esse tipo de investimento.

c) dos efeitos das mudanças nas estimativas contábeis e nas políticas contábeis, quando aplicável.

d) da venda de ativos imobilizados ou intangíveis, que não eram utilizados na atividade fim da entidade.

e) da conversão das demonstrações contábeis das operações no exterior da entidade que tenha operação no exterior.

COMENTÁRIOS

De acordo com a NBC TSP 11, Outras normas tratam de itens que podem atender às definições de receita e de despesa estabelecidas nesta norma, **mas que são geralmente excluídos do resultado**.

Exemplos incluem:

(a) resultados positivos de reavaliação (ver NBC TSP 07);

(b) ganhos e perdas específicos provenientes da conversão das demonstrações contábeis das operações no exterior da entidade que tenha operação no exterior; e

(c) ganhos e perdas de remensuração de ativos financeiros classificados como disponíveis para venda.

Gabarito: E

43. (FGV – 2024 – TCE/GO – Analista de Controle Externo)

De acordo com a NBC Estrutura Conceitual-Estrutura Conceitual para Elaboração e Divulgação de Informação Contábil de Propósito Geral pelas Entidades do Setor Público, no Relatório Contábil de Propósito Geral das Entidades do Setor Público, a informação é selecionada para exposição ou para evidenciação. Em relação à informação evidenciada nas notas explicativas às demonstrações contábeis, analise as afirmativas a seguir:

I. É necessária para a compreensão dos usuários das demonstrações contábeis;

II. Fornece informação que apresenta as demonstrações contábeis no contexto da entidade e o seu ambiente operacional;

III. É complementar à informação exposta nas demonstrações contábeis, de modo que não tem relação com ela.

Está correto o que se afirma em

a) I, somente.

b) I e II, somente.

c) I e III, somente.

d) II e III, somente.

e) I, II e III.

COMENTÁRIOS

Notas explicativas são informações adicionais às apresentadas nos quadros das DCASP e são consideradas parte integrante das demonstrações contábeis. Seu objetivo é facilitar a compreensão das demonstrações contábeis a seus diversos usuários. Portanto, devem ser claras, sintéticas e objetivas. Englobam informações de qualquer natureza exigidas pela lei, pelas normas contábeis e outras informações relevantes não suficientemente evidenciadas ou que não constam nas demonstrações.

A seguir conta a análise de cada assertiva:

- É necessária para a compreensão dos usuários das demonstrações contábeis. **Assertiva correta, sem comentários adicionais.**
- Fornece informação que apresenta as demonstrações contábeis no contexto da entidade e o seu ambiente operacional. **Assertiva correta, sem comentários adicionais.**
- É complementar à informação exposta nas demonstrações contábeis, de modo que não tem relação com ela. **Assertiva incorreta, pois é complementar à informação exposta nas demonstrações contábeis, de modo que tem relação com ela.**

Gabarito: B

44. (CEBRASPE – 2023 – TCDF – Auditor de Controle Externo)

Determinada entidade do setor público registrou, no primeiro exercício financeiro, já encerrado, as seguintes transações contábeis.

I Aprovação da Lei Orçamentária Anual no valor de R$ 200 mil reais, sendo 50% na categoria econômica corrente e 50% na categoria econômica de capital, tanto para as receitas orçamentárias quanto para as despesas orçamentárias.

II Lançamento de impostos no valor de R$ 100 mil, sendo arrecadado 80% desse valor.

III Empenho e liquidação de despesas de custeio no valor de R$ 100 mil, com inscrição de R$ 20 mil em restos a pagar processados.

IV Recebimento de imóvel em doação no valor de R$ 150 mil.

Considerando a situação hipotética apresentada, julgue o item subsequente, relativos às informações constantes nas demonstrações contábeis dessa entidade ao final do período apurado.

O resultado orçamentário do exercício apurado no balanço orçamentário foi nulo.

COMENTÁRIOS

Nesse tipo de questão, deve-se identificar os eventos associados ao comando.

No caso somente interessa o que pode afetar o **resultado orçamentário: receita arrecadada – despesa empenha**.

Receita Arrecadada	Despesa Empenhada
Lançamento de impostos no valor de R$ 100 mil, sendo arrecadado 80% desse valor à **Arrecadação de 80.000.**	Empenho e liquidação de despesas de custeio no **valor de R$ 100 mil**.

Logo, o resultado orçamentário foi deficitário em R$ 20.000.

Gabarito: ERRADO

---

45. (CEBRASPE – 2023 – TCDF – Auditor de Controle Externo)

Determinada entidade do setor público registrou, no primeiro exercício financeiro, já encerrado, as seguintes transações contábeis.

I Aprovação da Lei Orçamentária Anual no valor de R$ 200 mil reais, sendo 50% na categoria econômica corrente e 50% na categoria econômica de capital, tanto para as receitas orçamentárias quanto para as despesas orçamentárias.

II Lançamento de impostos no valor de R$ 100 mil, sendo arrecadado 80% desse valor.

III Empenho e liquidação de despesas de custeio no valor de R$ 100 mil, com inscrição de R$ 20 mil em restos a pagar processados.

IV Recebimento de imóvel em doação no valor de R$ 150 mil.

Considerando a situação hipotética apresentada, julgue o item subsequente, relativos às informações constantes nas demonstrações contábeis dessa entidade ao final do período apurado.

O resultado patrimonial do período apurado na demonstração das variações patrimoniais foi deficitário em R$ 20 mil.

COMENTÁRIOS

Nesse tipo de questão, deve-se identificar os eventos associados ao comando.

No caso somente interessa o que pode afetar o **resultado patrimonial: VPA (variações patrimoniais aumentativas) – VPD (variações patrimoniais diminutivas)**.

VPA	VPD
Lançamento de impostos no valor de R$ 100 mil. Recebimento de imóvel em doação no valor de R$ 150 mil.	Liquidação de despesas de custeio no valor de R$ 100 mil.

Logo, o resultado patrimonial foi superavitário em R$ 150.000 (250 mil – 100 mil).

Gabarito: ERRADO

---

46. (FGV – 2023 – TCE/BA – Auditor de Controle Externo)

Na estrutura de apresentação do Balanço Patrimonial disposta no Manual de Contabilidade Aplicada ao Setor Público (MCASP), o pagamento de um dispêndio extraorçamentário, a exemplo de valores de terceiros de que o ente público for fiel depositário:

a) deve ser divulgado somente em notas explicativas, se relevante;

b) não afeta itens do balanço, por não ter impacto patrimonial;

c) reduz o saldo do passivo circulante no período de apuração;

d) representa fluxo de caixa de atividades de financiamento;

e) tem registros circunscritos às contas de natureza de controle.

COMENTÁRIOS

O pagamento de um depósito de terceiros gera nas contas de natureza patrimonial o seguinte registro:

D: 2.1.8.8.1.00.00 – Valores Restituíveis

C: 1.1.1.1.1.00.00 – Caixa

Considerando a operação anterior, segue a análise das alternativas:

a) deve ser divulgado somente em notas explicativas, se relevante: **errado, pois afetará o balanço patrimonial.**

b) não afeta itens do balanço, por não ter impacto patrimonial: **errado, pois afetará o balanço patrimonial.**

c) reduz o saldo do passivo circulante no período de apuração: **gabarito. Reduz o saldo do Passivo circulante.**

d) representa fluxo de caixa de atividades de financiamento: **errado, atualmente seria fluxo das atividades operacionais.**

e) tem registros circunscritos às contas de natureza de controle: **errado, pois envolve contas patrimoniais e de controle (D: 7.2.1X.X.XX.XX – Controle da Disponibilidade de Recursos e C: Disponibilidade por Destinação de Recursos comprometida por liquidação e valores restituíveis).**

Gabarito: C

47. (FGV – 2023 – TCE/ES – Conselheiro)

O Balanço Patrimonial (BP), conforme previsto na Lei nº 4.320/1964, demonstrará os saldos de ativos e passivos financeiros e permanentes, bem como as contas de compensação. Ao tratar do BP, a NBC TSP 11 e o MCASP trazem uma lista de itens que, devido à sua natureza ou função, devem ser apresentados de forma individualizada. Um desses itens se relaciona às contas adicionais que sejam relevantes para o entendimento da posição financeira e patrimonial da entidade. Ao julgar a adequação da apresentação de contas adicionais separadamente, uma entidade deve se basear, entre outros fatores, na avaliação:

I. da função dos ativos na entidade;

II. das fontes de financiamento dos ativos;

III. do montante e do prazo de exigibilidade dos passivos;

IV. dos riscos associados a ativos e passivos.

Está correto somente o que se afirma em:

a) I e II;

b) I e III;

c) II e III;

d) II e IV;

e) III e IV.

COMENTÁRIOS

A NBC TSP 11 apresenta uma lista de itens que devem ser apresentados de forma individualizada no balanço patrimonial devido à sua natureza ou função, sem, entretanto, determinar a ordem ou formato de apresentação. Tal dispositivo deverá ser observado pelo PCASP, sempre que possível. Além disto, a norma traz alguns dispositivos a serem observados para criação de outras contas, os quais são replicados abaixo e deverão ser observados pelos entes no detalhamento de seus planos de contas, bem como na apresentação de seu balanço:

- Contas adicionais, cabeçalhos e subtotais devem ser apresentados no balanço patrimonial sempre que tais apresentações sejam relevantes para o entendimento da posição financeira e patrimonial da entidade;
- contas do balanço patrimonial devem ser incluídas sempre que o tamanho, natureza ou função de item ou agregação de itens similares apresentados separadamente seja relevante na compreensão da posição financeira da entidade; e
- a nomenclatura de contas utilizadas, sua ordem de apresentação e as agregações de itens semelhantes podem ser modificadas de acordo com a natureza da entidade e de suas transações, no sentido de fornecer informação que seja relevante para a compreensão da situação patrimonial da entidade.
- **A entidade deve julgar a adequação da apresentação de contas adicionais SEPARADAMENTE com base na avaliação: i. da natureza e liquidez dos ativos;**

ii. da função dos ativos na entidade; e iii. dos montantes, natureza e prazo dos passivos.

- a utilização de distintos critérios de mensuração de classes diferentes de ativos sugere que suas naturezas ou funções são distintas e, portanto, devam ser apresentadas em contas separadas. É o caso, por exemplo, de diferentes classes de imobilizado, que podem ser reconhecidas ao custo ou pelo valor de reavaliação

As fontes de financiamento dos ativos e os riscos associados a ativos e passivos não constam na lista.

Gabarito: B

48. (FGV – 2023 – TCE/ES – Conselheiro)

O Balanço Orçamentário, conforme previsto na Lei nº 4.320/1964, demonstrará as receitas e despesas previstas em confronto com as realizadas. Esse demonstrativo atende a NBC TSP 13 – Apresentação de Informação Orçamentária nas Demonstrações Contábeis e tem sua estrutura atualizada pelas disposições do Manual de Contabilidade Aplicada ao Setor Público (MCASP).

A partir dessas disposições, na apresentação do quadro principal do Balanço Orçamentário:

a) as despesas constarão a partir dos desdobramentos da classificação programática;

b) as despesas podem ser atualizadas somente nos casos previstos na LDO;

c) as receitas deverão ser informadas pelos valores líquidos das respectivas deduções;

d) as receitas serão classificadas de acordo com os grupos de contas da classe 3;

e) os restos a pagar serão identificados de acordo com as respectivas fases de execução.

COMENTÁRIOS

a) Errado, pois as despesas constarão a partir dos desdobramentos da classificação quanto à natureza.

b) Errado, pois as despesas podem ser atualizadas dentre outros casos na abertura de créditos adicionais.

C Gabarito.

d) Errado, pois as receitas serão classificadas de acordo com a classificação quanto à natureza.

e) Errado, pois os restos a pagar não constam no Quadro principal, apenas nos quadros auxiliares.

Gabarito: C

49. (CONSULPAM – 2023 – TCM/PA – Técnico de Controle Externo)

Considere os dados a seguir extraídos das informações contábeis de um determinado ente federativo no ano de 2022.

– Receita Arrecadada: R$ 4.000,00. – Despesa Empenhada: R$ 2.000,00. – Despesa Liquidada: R$ 1.180,00. – Inscrição de Restos a Pagar referentes a 2022: R$ 590,00. – Recebimento de Depósito Caução: R$ 14.000,00. – Pagamento de Restos a Pagar: R$ 20.000,00.

Assinale a alternativa que indica CORRETAMENTE o resultado financeiro de 2022.

a) R$ 35.410,00, positivo.
b) R$ 4.590,00, negativo
c) R$ 3.954,00, positivo.
d) R$ 3.410,00, negativo.

COMENTÁRIOS

Ingressos	Receita Arrecadada: R$ 4.000 Inscrição de Restos a Pagar referentes a 2022: R$ 590 Recebimento de Depósito Caução: R$ 14.000 **Total = R$ 18.590**
– Dispêndios	Despesa Empenhada: R$ 2.000 Pagamento de Restos a Pagar: R$ 20.000 **Total = R$ 22.000**
= Resultado Financeiro do Exercício	**Deficitário = R$ 3.410.**

Gabarito: D

50. (CONSULPAM – 2023 – TCM/PA – Técnico de Controle Externo)

A conta que compreende as dívidas fundadas e outras que dependem de autorização legislativa para amortização ou resgate, nos termos do Art. 105, § 4º, da Lei nº 4.320/1964, é o:

a) Passivo permanente.
b) Passivo financeiro.
c) Ativo permanente.
d) Ativo financeiro.

COMENTÁRIOS

Quadro 6: Conceitos dos componentes do Balanço Patrimonial visão 4.320/1964

Componente	Conceito
Ativo Financeiro	Compreende os créditos e valores realizáveis **independentemente de autorização orçamentária** e os valores numerários.[1]
Ativo Permanente	Compreende os bens, créditos e valores, cuja mobilização ou alienação **dependa de autorização legislativa**.[2]
Passivo Financeiro	**Compreende as dívidas fundadas** e outros pagamentos que **independam de autorização orçamentária**.[3]
Passivo Permanente	Compreende as dívidas fundadas e outras que **dependam de autorização legislativa para amortização ou resgate**.[4]
Contas de compensação	Destinadas ao registro dos bens, valores, obrigações e das situações não compreendidas itens anteriores que, ***imediata ou indiretamente***, possam vir a afetar o patrimônio.[5]

Gabarito: A

51. (CONSULPAM – 2023 – TCM/PA – Técnico de Controle Externo)

Compõe o Balanço Orçamentário das entidades públicas todos os quadros abaixo, EXCETO:

a) Quadro das Contas de Compensação.
b) Quadro da Execução dos Restos a Pagar não processados.
c) Quadro da Execução dos Restos a Pagar processados.
d) Quadro principal.

1. §1º do art. 101º da lei 4320/1964.
2. §2º do art. 101º da lei 4320/1964.
3. §3º do art. 101º da lei 4320/1964.
4. §4º do art. 101º da lei 4320/1964.
5. §5º do art. 101º da lei 4320/1964.

COMENTÁRIOS

Quadro das Contas de Compensação é típico e exclusivo dos quadros anexos do Balanço Patrimonial.

Gabarito: A

52. (FGV – 2022 – TCE/TO – Analista Técnico)

Na elaboração das demonstrações contábeis são utilizadas diferentes classes de contas definidas no Plano de Contas Aplicado ao Setor Público (PCASP).

Para a elaboração da Demonstração das Variações Patrimoniais (DVP), a entidade deve usar as classes de contas relativas a:

a) atos potenciais ativos e passivos;

b) fatos permutativos e modificativos;

c) superveniências e insubsistências ativas e passivas;

d) variações patrimoniais aumentativas e diminutivas;

e) variações decorrentes e independentes da execução orçamentária.

COMENTÁRIOS

A DVP é elaborada confrontando a classe 4 (VPA) com a classe 3 (VPD) a fim de obter o resultado patrimonial.

Gabarito: D

53. (FGV – 2022 – TCE/TO – Analista Técnico)

Ao elaborar a Demonstração dos Fluxos de Caixa de uma entidade pública a partir das disposições do Manual de Contabilidade Aplicada ao Setor Público (MCASP), o servidor responsável pelo setor de contabilidade deve atentar que, no detalhamento dos fluxos de caixa das atividades operacionais, os ingressos devem ser apresentados:

a) conforme a vinculação orçamentária;

b) conforme o impacto na situação líquida patrimonial;

c) de acordo com a categoria econômica da receita;

d) de acordo com a origem das receitas;

e) quanto ao impacto na apuração do resultado primário.

COMENTÁRIOS

No fluxo das atividades operacionais, os recebimentos são apresentados de acordo com a origem das receitas.

Gabarito: D

54. (FGV – 2022 – TCE/TO – Analista Técnico)

As demonstrações contábeis aplicadas ao setor público possuem uma estrutura que colabora para o atingimento dos seus objetivos de fornecer informações sobre a situação patrimonial, sobre o desempenho e sobre os fluxos de caixa.

Quando uma entidade pública apresenta valores atípicos de transações extraorçamentárias, o detalhamento dos ingressos e desembolsos dessa natureza de recurso pode ser analisado a partir do(a):

a) balanço financeiro;

b) demonstração dos fluxos de caixa;

c) demonstrativo da disponibilidade de caixa;

d) demonstrativo da origem e aplicação de recursos;

e) programação financeira e cronograma de desembolso.

COMENTÁRIOS

Apenas as opções A e B indicam demonstrações contábeis. As demais não contêm demonstrações contábeis. Contudo, apenas o Balanço Financeiro contém todas os ingressos e dispêndios extraorçamentários.

Gabarito: A

55. (FGV – 2022 – TCE/TO – Analista Técnico) A NBC TSP 13 – Apresentação de Informação Orçamentária nas Demonstrações Contábeis é uma norma de referência para que as entidades públicas evidenciem a comparação dos valores orçados com os valores realizados decorrentes da execução do orçamento. Para que uma entidade se adeque às disposições dessa norma, deve atentar que:

a) a comparação dos valores orçados com os realizados deve ser sempre apresentada no regime de caixa;

b) a informação contábil detalhada incluída nos orçamentos aprovados não deve ser agregada, sem exceções;

c) a informação sobre o desempenho dos serviços prestados não deve ser incluída nas demonstrações contábeis, mas em documentos adicionais;

d) o orçamento original não deve incluir dotações residuais advindas de anos anteriores;

e) os comparativos entre os valores orçados e realizados do orçamento devem ter sempre por base o orçamento original.

COMENTÁRIOS

a) Errado, pois a comparação dos valores orçados com os realizados **deve ser apresentada no mesmo regime (regime de competência, de caixa ou outro)**, no mesmo critério de classificação para as mesmas entidades e no período a que se refere o orçamento aprovado.

b) Errado, pois em alguns casos, **a informação contábil detalhada incluída nos orçamentos aprovados pode ser agregada** com a finalidade de apresentação nas demonstrações contábeis em conformidade com as exigências desta norma. Essa agregação pode ser necessária para evitar o excesso de informação e para refletir os níveis relevantes de supervisão do Legislativo ou de outra autoridade com prerrogativa semelhante.

c) **Gabarito**. A informação orçamentária adicional, incluindo informação sobre o desempenho dos serviços prestados, **deve ser apresentada em outros documentos que não correspondam às demonstrações contábeis.**

d) Errado, pois a entidade deve apresentar explicação se as alterações entre o orçamento original e o orçamento final ocorreram em consequência das alterações do orçamento ou de outros fatores, da seguinte forma: (a) por meio da divulgação em notas explicativas às demonstrações contábeis; ou (b) em relatório emitido anteriormente, simultaneamente, ou em conjunto com as demonstrações contábeis, sobre o qual referência cruzada deve ser incluída nas notas explicativas às demonstrações.

e) Errado, poisa comparação dos valores realizados com os orçados deve apresentar separadamente para cada nível de supervisão: (a) **os valores referentes aos orçamentos ORIGINAL e FINAL**; (b) os valores realizados em base comparável; e (c) por intermédio de divulgação em nota, a explicação das diferenças materiais entre o orçamento pelo qual a entidade é responsável e os valores realizados, a menos que tal explicação seja incluída em outros documentos públicos emitidos em conjunto com as demonstrações contábeis, e a referência cruzada sobre esses documentos seja apresentada nas notas explicativas.

Gabarito: C

9. AVALIAÇÃO PATRIMONIAL

56. (CEBRASPE - 2024 - TCE/PR - Auditor de Controle Externo)

Uma entidade governamental detectou que, devido a um erro no sistema de cobrança, um tributo pode ter sido cobrado indevidamente de determinados contribuintes, sendo necessário fazer a restituição. Caso se identifique que a totalidade dos valores cobrados deverá ser restituída, o desembolso esperado será de R$ 1 milhão; caso se identifique que o erro resultou apenas em uma cobrança a maior do tributo, o desembolso esperado será de R$ 500 mil; e, finalmente, caso se identifique que o erro no sistema não afetou a cobrança do tributo, não haverá valor a restituir.

Nessa situação hipotética, caso se estime que 20% dos contribuintes tenham sido indevidamente tributados, 10% tenham sido tributados a maior e 70% não tenham sido afetados, então o valor esperado para a provisão com as restituições será de

a) R$ 300 mil.

b) R$ 250 mil.

c) R$ 200 mil.

d) R$ 50 mil.

e) R$ 0,00.

COMENTÁRIOS

Neste caso utilizando o método do valor esperado ter-se-ia:

(20% x 1.000.000) + (10% x 500.000) + (70% x 0) = 200.000 + 50.000 + 0 = 250.000.

Gabarito: B

57. (CEBRASPE - 2024 - TCE/PR - Auditor de Controle Externo)

Considere que determinada entidade governamental, ao constatar que o valor contábil de um bem imobilizado estava superior ao seu valor recuperável, tenha registrado a redução ao valor recuperável do ativo. Nesse caso, no lançamento contábil, deve ser

a) debitada uma conta redutora no ativo e creditada uma conta de patrimônio líquido.

b) debitada uma conta redutora no ativo e creditada uma conta de variação patrimonial diminutiva.

c) debitada uma conta de variação patrimonial diminutiva e creditada uma conta de patrimônio líquido.

d) debitada uma conta de variação patrimonial diminutiva e creditada uma conta redutora no ativo.

e) debitada uma conta de patrimônio líquido e creditada uma conta redutora no ativo.

COMENTÁRIOS

O registro de um impairment sobre um imobilizado seria:

D: 3.6.1.5.1.00.00 Redução a valor recuperável de imobilizado

C: 1.2.3.9.1.00.00 (-) Redução ao valor recuperável de imobilizado

Gabarito: D

58. (FGV - 2024 - TCE/GO - Analista de Controle Externo)

Na classificação da despesa com aquisição de material, devem ser adotados alguns parâmetros que distinguem o material permanente do material de consumo. Assinale a opção que indica o Critério da Transformabilidade.

a) se em uso normal perde ou tem reduzidas as suas condições de funcionamento, no prazo máximo de dois anos.

b) se sua estrutura for quebradiça, deformável ou danificável.

c) se está sujeito a modificações químicas ou físicas.
d) se está destinado à incorporação a outro bem.
e) se foi adquirido para fim de transformação.

COMENTÁRIOS

Quadro 7: Critérios excludentes de material permanente[6]

Critério	Parâmetro utilizado	Exemplo
Critério da Durabilidade	Se em uso normal perde ou tem reduzida as suas condições de funcionamento, no prazo máximo de dois anos.	Lápis, caneta
Critério da Perecibilidade	Se está sujeito a modificações (químicas ou físicas) ou se deteriora ou perde sua característica pelo uso normal.	Gêneros alimentícios
Critério da Fragilidade	Se sua estrutura for quebradiça, deformável ou danificável, caracterizando sua irrecuperabilidade e perda de sua identidade ou funcionalidade.	Pendrive
Critério da Transformabilidade	Se for adquirido para fim de transformação.	Aço como matéria-prima para fabricação de armários.
Critério da Incorporabilidade	Se está destinado à incorporação a outro bem, e não pode ser retirado sem prejuízo das características físicas e funcionais do principal. Pode ser utilizado para a constituição de novos bens, melhoria ou adições complementares de bens em utilização (sendo classificado como 4.4.90.30), ou para a reposição de peças para manutenção do seu uso normal que contenham a mesma configuração (sendo classificado como 3.3.90.30).	Peças de veículos

Gabarito: E

6. Art. 3º da Portaria STN 448/2002.

59. (CEBRASPE – 2023 – TCDF – Auditor de Controle Externo)

Julgue o item a seguir, referentes aos procedimentos de reavaliação e redução ao valor recuperável aplicados aos ativos do setor público.

O valor recuperável é o maior montante entre o valor histórico das despesas de venda do ativo e o seu valor justo.

COMENTÁRIOS

O valor recuperável é o maior montante entre o **valor em uso e o valor justo líquido das despesas de venda do ativo**.

Gabarito: ERRADO

60. (CEBRASPE – 2023 – TCDF – Auditor de Controle Externo)

Julgue o item a seguir, referentes aos procedimentos de reavaliação e redução ao valor recuperável aplicados aos ativos do setor público.

O registro contábil da reavaliação pode ensejar aumentos ou diminuições de valores contábeis de ativos.

COMENTÁRIOS

Diferente da depreciação e do impairment(redução ao valor recuperável) que sempre reduzem o valor do ativo, a reavaliação pode ensejar aumento ou diminuição. De acordo com o MCASP, o modelo de reavaliação pode ser aplicado para o imobilizado e para o intangível.

Gabarito: CERTO

61. (FGV – 2023 – TCE/BA – Auditor de Controle Externo)

À luz das regras de integridade do Plano de Contas Aplicado ao Setor Público (PCASP), o lançamento contábil da redução ao valor recuperável de um ativo:

a) depende da forma de apuração do valor recuperável do ativo;
b) depende se a entidade adota o modelo de custo ou o de reavaliação;
c) depende se se refere a um ativo gerador de caixa ou não;
d) envolve contas do sistema financeiro e patrimonial;
e) envolve unicamente contas de natureza patrimonial.

COMENTÁRIOS

O registro de um impairment sobre um imobilizado seria:

D: 3.6.1.5.1.00.00 Redução a valor recuperável de imobilizado

C: 1.2.3.9.1.00.00 (-) Redução ao valor recuperável de imobilizado

Vamos aos comentários:

a) depende da forma de apuração do valor recuperável do ativo: **Errado, pois a forma de apuração é pré definida: comparação entre o valor contábil e o valor recuperável.**

b) depende se a entidade adota o modelo de custo ou o de reavaliação: **Este professor discorda desse gabarito, pois o próprio MCASP exclui da aplicação do valor recuperável: imóveis e intangíveis que estão submetidos ao modelo de reavaliação[7].**

c) depende se se refere a um ativo gerador de caixa ou não: **Errado, pois a forma de apuração in**depende se se refere a um ativo gerador de caixa ou não.

d) envolve contas do sistema financeiro e patrimonial: **Errado, não existe mais sistema financeiro.**

e) envolve unicamente contas de natureza patrimonial: **Gabarito**.

Gabarito: E

62. (FGV – 2023 – TCE/BA – Auditor de Controle Externo)

Uma entidade pública adota a política de reavaliação de ativos, conforme disposições do Manual de Contabilidade Aplicada ao Setor Público (MCASP). Ao final de um dado exercício, a entidade detinha um ativo cujo valor da depreciação anual incidente sobre o ativo reavaliado era de R$ 230,00. Caso não tivesse passado pelo processo de reavaliação, a depreciação incidente sobre o ativo, com base em seu custo histórico, seria no valor de R$ 160,00.

A partir dessas informações, os registros contábeis da entidade devem evidenciar um(a):

a) acréscimo de R$ 70,00 nas despesas independentes da execução orçamentária;

b) acréscimo na depreciação acumulada de R$ 160,00;

c) redução na reserva de reavaliação de R$ 70,00;

d) variação na reserva de reavaliação de R$ 230,00;

e) variação patrimonial diminutiva de R$ 230,00.

COMENTÁRIOS

Existem 3 formas de reduzir a reserva de reavaliação: (i) desreconhecimento do ativo; (ii) depreciação do ativo reavaliado; (iii) nova reavaliação gerando efeito adverso sobre o mesmo grupo de ativos.

A questão trata da situação 2. Neste caso, em função do novo valor positivo do ativo, a base para depreciação aumentou. Em função desse aumento, a depreciação ao invés de 160 é de 230. Logo, dos 230: 160 irá para a DVP (grupo 3.3 do PCASP) e 70 irá reduzir a reserva de reavaliação.

Gabarito: C

63. (FGV – 2023 – TCE/BA – Auditor de Controle Externo)

Ao fazer o registro contábil de um passivo, a exemplo da contratação de uma operação de crédito, é comum a adoção do custo histórico como base para reconhecimento inicial.

Ao tratar da mensuração de passivos, a NBC TSP Estrutura Conceitual dispõe que, quando o valor temporal do passivo for material, por exemplo, quando o prazo de vencimento for significativo, a entidade deve:

a) adotar o custo de liberação ou o preço presumido, conforme critério de relevância;

b) aplicar a base do custo de cumprimento da obrigação;

c) apresentar o respectivo valor de mercado, como informação adicional em notas explicativas;

d) apurar o valor total a ser desembolsado no reconhecimento inicial;

e) evidenciar o montante do pagamento futuro descontado.

COMENTÁRIOS

Quando o valor temporal do passivo for material, por exemplo, quando o prazo de vencimento for significativo, a entidade deve evidenciar o montante do pagamento futuro descontado. Seria um ajuste a valor presente.

Gabarito: E

64. (FGV – 2022 – TCE/TO – Analista Técnico)

Texto 1: Uma entidade pública adquiriu um equipamento em 01/07/20x0 para uso em uma unidade de saúde. O valor do equipamento foi de R$ 345.000,00, para pagamento em três parcelas vencíveis em 60, 90 e 120 dias, respectivamente. O valor do

---

7. Para esta edição do manual (MCASP 11ª Edição), os procedimentos contábeis aqui descritos devem ser aplicados para a contabilização da redução ao valor recuperável de ativos (geradores ou não geradores de caixa), exceto:

[...]

e. Ativo imobilizado (gerador ou não gerador de caixa) mensurado pelo valor de REAVALIAÇÃO;

f. Ativos intangíveis (geradores ou não de caixa) mensurados pelo valor de REAVALIAÇÃO;

equipamento à vista seria de R$ 300.000,00. A entidade adota a política de depreciação pelo método das cotas constantes e estimou uma vida útil de doze anos para o equipamento, com valor residual de R$ 15.000,00.

A partir das informações do texto 1 e das disposições do MCASP acerca de Procedimentos Contábeis Patrimoniais, o valor da cota anual de depreciação do equipamento equivale a:

a) R$ 23.750,00;

b) R$ 25.000,00;

c) R$ 26.875,00;

d) R$ 27.500,00;

e) R$ 28.750,00.

COMENTÁRIOS

O valor do ativo a ser considerando no reconhecimento inicial é de R$ 300.000 e não pelo valor a prazo de R$ 345.000.

Valor depreciável/ano = (300.000-15.000)/12 = R$ 23.750,00.

Gabarito: A

---

65. (FGV – 2022 – TCE/TO – Analista Técnico) Considerando-se as informações do texto 1 e que oito anos após o início do uso do equipamento, com base em relatórios internos, a entidade avaliou que ele estava em condições de ser usado por mais seis anos, com base nos Procedimentos Contábeis Patrimoniais dispostos no MCASP, a entidade deverá:

a) adotar as recomendações para retificação de erro, pelo equívoco no cálculo da estimativa de vida útil;

b) ajustar suas demonstrações contábeis do exercício anterior, por se tratar de um evento subsequente;

c) alterar o método de depreciação para gerar informação mais fidedigna quanto à redução da capacidade do equipamento;

d) reapresentar suas demonstrações contábeis do período mais antigo praticável, por se tratar de mudança de política contábil;

e) tratar o efeito da mudança de estimativa de vida útil do equipamento prospectivamente.

COMENTÁRIOS

O equipamento possuía uma vida útil de 12 anos, e foi utilizado 8. Após 8 anos, avaliou-se que ele estava em condições de ser usado por mais seis anos, ou seja, um aumento de 2 anos adicionados aos 4 remanescentes.

Essa situação caracteriza uma mudança de estimativa e deve ser aplicada de forma prospectiva.

Gabarito: E

---

66. (VUNESP – 2023 – TCM/SP – Auditor de Controle Externo)

Assinale alternativa correta, relacionada a estoques, conforme norma brasileira de contabilidade aplicada ao setor público

a) O valor anormal de desperdício de materiais, mão de obra ou outros insumos de produção deve ser reconhecido no valor do custo do produto, todavia, identificado.

b) O custo de aquisição dos estoques compreende o preço de compra, os impostos de importação e outros tributos (exceto os recuperáveis no Fisco), bem como os custos de transporte, seguro, manuseio e outros diretamente atribuíveis.

c) Os estoques de produtos de uma entidade industrial devem ser mensurados pelo valor de custo ou pelo valor realizável líquido, dos dois o maior.

d) Os custos de transformação de estoques em elaboração para estoques de produtos acabados são incorridos principalmente no ambiente de produção e de apoio administrativo e de vendas.

e) Quando os estoques tiverem sido adquiridos por meio de transação sem contraprestação, o custo deve ser mensurado pelo seu custo histórico corrente na data da sua aquisição.

COMENTÁRIOS

Seguem 2 quadros que serão úteis na análise da questão.

Quadro 8: Composição do custo dos Estoques (aquisição separada e geração interna)

Dentro do Estoque	Fora do Estoque
Exemplos de Custos de Aquisição: a. O preço de compra; b. Os impostos de importação e outros tributos **não recuperáveis**; c. Frete (transporte); d. Seguro; e. Manuseio; e f. Outros diretamente atribuíveis à aquisição de produtos acabados, materiais e suprimentos. **O custo de transformação inclui** aqueles relacionados com as unidades produzidas ou com as linhas de produção, tais como:	**Exemplos de despesas excluídas do valor do estoque** e reconhecidos como **variações patrimoniais diminutivas** do período em que são incorridos: a. Valor anormal de desperdício de materiais, mão-de-obra ou outros insumos de produção; b. Despesa de armazenamento, a menos que sejam necessárias ao processo produtivo, como entre uma ou outra fase de produção; c. Despesa administrativas que não contribuem para trazer os estoques ao seu local e condição atuais; e

Dentro do Estoque	Fora do Estoque
a. Mão-de-obra direta; b. Alocação sistemática de custos indiretos de produção, variáveis e fixos, que sejam incorridos para transformar os materiais em produtos acabados.	d. Despesa de comercialização.

Quadro 9: Formas de mensurar os tipos de Estoques

Tipo de Estoque	Método	Exemplos
Bens de Almoxarifado	Média Ponderada	Material de escritório, material de limpeza.
Obtidos por meio de transação sem contraprestação	Valor justo na data de obtenção	Material de consumo doado ou apreendido de terceiros.
Estoques mantidos para distribuição gratuita ou de valor irrisório ou consumo no processo de produção de bens a serem distribuídos gratuitamente ou por valor irrisório.	Custo histórico ou pelo custo corrente de reposição, dos dois o menor	Vacinas, medicamentos.
Demais casos: regra geral	Custo histórico ou pelo valor realizável líquido, dos dois o menor	Material de construção para obras.

a) Errado, pois o valor anormal de desperdício de materiais, mão de obra ou outros insumos de produção **devem ser excluídos**.

b) Gabarito.

c) Errado, pois os estoques de produtos de uma entidade industrial devem ser mensurados pelo valor de custo ou pelo valor realizável líquido, **dos dois o menor**.

d) Errado, pois os custos de transformação de estoques em elaboração para estoques de produtos acabados são incorridos principalmente no **ambiente de produção** e **não no ambiente** de apoio administrativo e de vendas.

e) Errado, pois quando os estoques tiverem sido adquiridos por meio de transação sem contraprestação, o custo deve ser mensurado **pelo valor justo na data da sua obtenção**.

Gabarito: B

67. (CONSULPAM - 2023 - TCM/PA - Técnico de Controle Externo)

O reconhecimento de passivos contingentes pela contabilidade gera lançamentos contábeis em contas de natureza:

a) De controle, somente.

b) Patrimonial, somente.

c) Patrimonial e de controle.

d) De controle e orçamentária.

COMENTÁRIOS

Passivos contingente sempre devem ser registrados em contas de controle.

Gabarito: A

10. CUSTOS NO SETOR PÚBLICO

68. CEBRASPE - 2024 - TCE/AC - Auditor de Controle Externo)

Uma entidade pública elegeu como uma das suas metas estratégicas a adoção de um sistema de informação de custos que subsidiasse a gestão da entidade na tomada de decisões. A entidade adotou o arcabouço da NBC TSP 34 – Custos no Setor Público.

Tendo a situação hipotética apresentada como referência inicial, julgue o item a seguir.

No estágio inicial de um modelo de gerenciamento de custos com menor grau de maturidade, recomenda-se que a entidade utilize o custeio baseado em atividades, com a identificação de direcionadores de custos.

COMENTÁRIOS

Em modelo de gerenciamento de custos com menor grau de maturidade, recomenda-se que a entidade utilize o custeio direto, pois nesse caso não será necessário aplicar critérios de rateio.

ERRADO

69. (CEBRASPE - 2024 - TCE/AC - Auditor de Controle Externo)

Uma entidade pública elegeu como uma das suas metas estratégicas a adoção de um sistema de informação de custos que subsidiasse a gestão da entidade na tomada de decisões. A entidade adotou o arcabouço da NBC TSP 34 – Custos no Setor Público.

Tendo a situação hipotética apresentada como referência inicial, julgue o item a seguir.

Os objetos de custos podem ser finais ou intermediários, e os projetos que representam o esforço para o alcance da missão institucional exemplificam um objeto de custo intermediário.

COMENTÁRIOS

Segundo o Manual do Processo Gerenciar Custos do Governo Federal (2022):

Objeto de custo: é a unidade para a qual se deseja identificar, mensurar e avaliar os custos. O conceito de objeto de custo é amplo, podendo ser considerado como tal qualquer item no qual os custos conseguem ser identificados e que tem relevância para a gestão. A quantidade de objetos de custos influencia o nível de granularidade e de complexidade do modelo de gerenciamento de custos. São classificados em objeto de custo final e objeto de custo intermediário.

Os objetos de custos finais: são os bens e serviços entregues à sociedade, podendo fazer referência a qualquer entrega que satisfaça uma necessidade, associada à geração do valor público.

Os objetos de custos intermediários: são aqueles objetos cujos custos, sendo ou não atribuídos aos objetos de custos finais, são de interesse da entidade por representarem informações úteis para a gestão.

CERTO

70. (CEBRASPE – 2024 – TCE/PR – Auditor de Controle Externo)

No que se refere ao ambiente da informação de custos no setor público, é correto afirmar que o custo do período deve ser apurado pelo regime

a) de competência, independentemente da execução orçamentária.

b) de competência modificado, concomitantemente com a execução orçamentária.

c) de caixa, concomitantemente com a execução orçamentária.

d) misto, antes da execução orçamentária.

e) de caixa modificado, após a execução orçamentária.

COMENTÁRIOS

No ambiente da informação de custos no setor público, o custo do período deve ser apurado pelo regime de competência, independentemente da execução orçamentária.

Gabarito: A

71. (FGV – 2024 – TCE/PA – Auditor de Controle Externo)

Um hospital universitário utiliza força de trabalho de estudantes. Deste modo, o hospital não é o responsável pelo desembolso, no entanto, tem benefícios dele. Assinale a opção que indica a atribuição dos custos de recursos que não geram desembolsos, de acordo com a NBC TSP 34 – Custos no Setor Público

a) os recursos consumidos devem ser atribuídos aos objetos de custos, de modo a tornar o processo mais simples e rápido.

b) os recursos consumidos devem ser atribuídos aos objetos de custos, de modo a representar com fidedignidade o custo dos recursos consumidos.

c) os recursos consumidos não devem ser atribuídos aos objetos de custos, de modo a quantificar o montante efetivamente dispendido.

d) os recursos consumidos não devem ser atribuídos aos objetos de custos, de modo a diferenciar entre recursos que geram e os que não geram desembolso.

e) os recursos consumidos devem ser atribuídos aos objetos de custos, uma vez que os custos para segregar os recursos que geram dos que não geram desembolsos são maiores do que os benefícios.

COMENTÁRIOS

Recursos são os insumos à disposição da entidade, que, quando consumidos ou utilizados para a obtenção de bens e serviços, correspondem aos custos. A forma física não é uma condição necessária para um recurso, podendo ser considerado qualquer insumo disposto para o processo produtivo. Por exemplo, força de trabalho, serviços de terceiros, materiais diretos e de consumo, equipamentos de informática, recursos financeiros, que têm no orçamento público sua principal fonte de financiamento. Na terminologia contábil, recursos consumidos equivalem a elementos de custos.

O custo do período será apurado pelo regime de competência, independentemente da execução orçamentária. Os recursos consumidos podem ser decorrentes diretamente do orçamento como, por exemplo, a execução de despesa orçamentária, em que o fato gerador coincide com o momento da liquidação (material de consumo imediato, prestação de serviços); ou podem advir da execução não orçamentária, ou seja, o fato gerador ocorre em momento distinto da liquidação (apropriação mensal do 13º salário, depreciação, consumo de material em estoque). O que determina o custo do período é o momento do consumo, que equivale ao fato gerador contábil.

Os custos dos recursos consumidos pelos centros de responsabilidade devem ser identificados e acumulados pelo tipo ou natureza de recurso. As entregas produzidas por centros de responsabilidade devem ser acumuladas e, se factível, mensuradas em unidades. Os custos dos recursos que direta ou indiretamente contribuem com a produção devem ser atribuídos por meio de método de custeio que seja o mais apropriado ao ambiente operacional dos centros e deve ser aplicado consistentemente.

Os recursos consumidos devem ser atribuídos ao custo dos bens e serviços gerados, mesmo que a unidade organizacional que se beneficie do consumo não seja a responsável pelo desembolso, parcial ou integral, decorrente da aquisição. A atribuição desses custos tem o intuito de representar com fidedignidade o custo total das atividades, contemplando os recursos efetivamente consumidos, independentemente de ter havido ou não desembolso. Por exemplo, doações, força de trabalho de estudantes (no caso de hospitais universitários), servidores ou prédios cedidos.

Gabarito: B

72. (FGV – 2024 – TCE/PA – Auditor de Controle Externo)

De acordo com a NBC TSP 34– Custos no Setor Público, no processo de desenvolvimento de modelos de gerenciamento de custos, é recomendável a observância de diretrizes que representam etapas a serem percorridas pela entidade. Nesse sentido, a etapa cujo objetivo é identificar e segregar os custos a serem mensurados é denominada

a) Gestão.
b) Estruturação.
c) Planejamento.
d) Implantação.
e) Evidenciação.

COMENTÁRIOS

No processo de desenvolvimento de modelos de gerenciamento de custos e definição do objeto, é recomendável a observância de diretrizes que **representam etapas** a serem percorridas pela entidade:

(a) **planejamento**, que deve estar amparado pelo apoio ativo da alta administração da entidade, a fim de dotar formalmente a área que desenvolverá os trabalhos de poder de decisão para definir procedimentos e formar equipe com dedicação exclusiva. Nesse momento, a alta administração, além de definir os centros de responsabilidade, é responsável por explicitar qual é a principal finalidade do sistema, seus propósitos de uso e, como boa prática, realizar benchmarking em outras entidades que desenvolveram modelos próprios com finalidade semelhante;

(b) **estruturação**, que deve priorizar o aprofundamento do conhecimento da estrutura organizacional, estudo dos processos internos que permeiam as atividades, análise dos sistemas estruturantes, com a finalidade de verificar a qualidade dos dados de entrada e a possibilidade de integração e uniformização de procedimentos, com o objetivo de identificar os elementos de custo, mapear e segregar os itens a serem mensurados;

(c) **implantação**, na qual são definidos os objetos de custos e sua viabilidade, construída a modelagem de mensuração, executada a implantação, capacitação interna e outras definições, sendo uma boa prática a utilização de projeto piloto para verificar a conformidade das informações geradas; e

(d) **gestão**, na qual será evidenciado o consumo de recursos, avaliadas e analisadas as informações de custos geradas, utilizando-as para subsidiar a avaliação das políticas públicas, prestação de contas e transparência e contribuir para a governança pública. Importante nessa etapa revisar o fluxo percorrido, primando pela melhoria constante da qualidade da informação gerada.

Gabarito: B

11. DEMONSTRATIVOS FISCAIS

73. (FGV – 2024 – TCE/PA – Auditor de Controle Externo)

Leia o fragmento a seguir.

O Demonstrativo da Disponibilidade de Caixa e dos Restos a Pagar é parte integrante do Relatório de Gestão Fiscal e visa a dar transparência ao equilíbrio entre _____ e a disponibilidade de caixa, bem como ao equilíbrio entre a inscrição em Restos a Pagar Não Processados e _______.

Assinale a opção que completa corretamente as lacunas do fragmento acima, de acordo com o Manual de Demonstrativos Fiscais (MDF).

a) o resultado obtido – a disponibilidade de caixa
b) o resultado obtido – o resultado esperado.
c) a geração de obrigações de despesa – a disponibilidade de caixa
d) a geração de obrigações de despesa – em restos a pagar processados.
e) a geração de origens de receitas – em restos a pagar processados.

COMENTÁRIOS

Seria a geração de obrigações de despesa e a disponibilidade de caixa. Sem comentários adicionais.

Gabarito: C

74. (FGV – 2024 – TCE/GO – Analista de Controle Externo)

O Relatório Resumido da Execução Orçamentária (RREO) é divulgado mensalmente pela União. De acordo com o Manual de Demonstrativos Fiscais, o objetivo dessa periodicidade é

a) oferecer segurança à sociedade, de modo a aumentar a arrecadação.
b) assegurar que as informações são livres de fraude e de erro e que a transparência é valorizada.
c) mostrar à sociedade que o Governo Federal cumpre com as suas responsabilidades perante ela.
d) servir de exemplo e estimular que outras entidades públicas divulguem os seus relatórios com regularidade.
e) permitir que a sociedade conheça, acompanhe e analise o desempenho da execução orçamentária do Governo Federal.

COMENTÁRIOS

Nos demais entes continua bimestral. Assim, ele permite que a sociedade conheça, acompanhe e analise o desempenho da execução orçamentária do Governo Federal.

Gabarito: E

75. (FGV – 2023 – TCE/BA – Auditor de Controle Externo)

O Balanço Orçamentário é uma demonstração obrigatória na prestação anual de contas dos entes públicos e também é um dos anexos do relatório resumido de execução orçamentária, de publicação bimestral.

Na estrutura proposta para essa demonstração no Manual de Contabilidade Aplicada ao Setor Público (MCASP), o cancelamento de uma despesa empenhada e ainda não realizada no final do terceiro bimestre de um exercício financeiro:

a) altera somente o montante da despesa empenhada no período;
b) deve impactar a inscrição de restos a pagar não processados;
c) deve ser considerado somente no fechamento do respectivo exercício financeiro;
d) impacta os montantes da dotação atualizada e da despesa empenhada no período;
e) implica aumento da disponibilidade financeira no período.

COMENTÁRIOS

Ao cancelar uma dotação de uma despesa empenha: (i) se reduz o valor da dotação atualizada; (ii) se reduz o saldo da conta empenhada. Importante, caso fosse apenas o cancelamento do empenho, seria um tipo de estorno e a dotação atualizada não seria afetada.

a) altera somente o montante da despesa empenhada no período: **errado, afeta dotação atualizada e da despesa empenhada no período.**
b) deve impactar a inscrição de restos a pagar não processados: **errado, se o empenho foi cancelado não há que se falar em RP não processados.**
c) deve ser considerado somente no fechamento do respectivo exercício financeiro: **errado, o impacto é imediato, gerando efeito no próximo RREO bimestral.**
d) impacta os montantes da dotação atualizada e da despesa empenhada no período: **gabarito.**
e) implica aumento da disponibilidade financeira no período: **errado, na transação dada não há envolvimento de financeiro, apenas de crédito orçamentário.**

Gabarito: D

76. (FGV – 2023 – TCE/BA – Auditor de Controle Externo)

O quadro a seguir ilustra a estrutura de apresentação do Demonstrativo da Receita Corrente Líquida (RCL), anexo do Relatório Resumido da Execução Orçamentária (RREO), de um Estado da federação para o período de março/2022 a fevereiro/2023.

Especificação	Evolução da receita realizada nos últimos 12 meses					
Receitas Correntes	mar/22	abr/22	...	jan/23	fev/23	Total
Deduções						
RCL						

No quadro ilustrado, foi omitida a apresentação de uma última coluna, que deveria trazer o valor:

a) da apuração no exercício anterior, para fins comparativos;
b) da previsão atualizada de seu desempenho até o final do exercício;
c) da variação entre os valores previstos e realizados no período de apuração;
d) do impacto da RCL na apuração do resultado primário;
e) do saldo a realizar até o final do exercício de referência.

COMENTÁRIOS

a) da apuração no exercício anterior, para fins comparativos: **diferente das demonstrações contábeis, o RREO neste item – Receita Corrente Líquida não exige tal informação.**
b) **Gabarito**.
c) da variação entre os valores previstos e realizados no período de apuração:
d) do impacto da RCL na apuração do resultado primário: **o resultado primário corresponde a um item distinto no RREO não estando incluso na Receita Corrente Líquida.**
e) do saldo a realizar até o final do exercício de referência: **faltou indicar qual a referência do saldo a realizar. Se fosse do caixa, estaria no Relatório de Gestão Fiscal: na disponibilidade financeira utilizada para definir o montante autorizado de Restos a Pagar.**

Gabarito: B

77. (FGV – 2022 – TCE/TO – Analista Técnico)

Um dos anexos do Relatório Resumido da Execução Orçamentária refere-se ao Demonstrativo da Receita Corrente Líquida (RCL).

Na elaboração desse anexo, os entes públicos devem observar que:

a) a apuração da RCL deverá ser apresentada para cada bimestre de referência e de forma cumulativa;
b) a RCL deve ser apurada individualmente para cada poder e órgão sujeitos a controle de limites fiscais;
c) a RCL que servirá de parâmetro para os limites do ente federativo deve ser apresentada pelo valor consolidado;

d) as receitas da compensação financeira entre os regimes de previdência não afetam o cálculo da RCL;

e) as receitas intraorçamentárias deverão ser consideradas no cálculo da RCL.

COMENTÁRIOS

A RCL consta no RREO que é de responsabilidade do Executivo. Não entram o cálculo as receitas intraorçamentária. O Quadro a seguir auxilia.

Quadro 10: Receita Corrente Líquida

União	Estados	Municípios
Somatório das Receitas Correntes da União (-) os valores transferidos aos Estados e Municípios por determinação constitucional ou legal [*Exemplos: Fundo de Participação dos Estados; Fundo de Participação dos Municípios; 29% da CIDE Combustível que é destinado aos Estados; 50% do Imposto Territorial Rural; Receita para formação do FUNDEB*] (-) as contribuições mencionadas na alínea *a* do inciso I[6] (**contribuição previdenciária patronal do RGPS**) e no inciso II[7] do art. 195 (**contribuições dos segurados do RGPS**), e no art. 239[8] da Constituição (**PIS e PASEP**).	**Somatório das Receitas Correntes do Estado** (-) as parcelas entregues aos Municípios por determinação constitucional [*Exemplos: 50% do IPVA pertence aos Municípios*] (-) Contribuições do Regime Próprio dos Servidores (-) Dedução das receitas para formação do FUNDEB[8] * Caso seja DF, AP e RR deduzir os valores recebidos da União para pagar as despesas com pessoal previstas na CF/1988.	**Somatório das Receitas Correntes do Município** (-) Contribuições do Regime Próprio dos Servidores (-) Dedução das receitas para formação do FUNDEB
(-) a contribuição dos servidores para o custeio do seu sistema de previdência e assistência social e as receitas provenientes da compensação financeira citada no § 9º do art. 201 da Constituição [9] (recebem o código quanto à natureza 1.9.9.0.03.1.0).		

a) Errado, pois a apuração da RCL deverá ser publicada até trinta dias após o encerramento de cada bimestre; apresenta a apuração da Receita Corrente Líquida – RCL no mês em referência, sua evolução nos últimos doze meses e a previsão de seu desempenho no exercício.

b) Errado, pois a RCL deve ser apurada pelo Poder Executivo.

c) **Gabarito.**

d) Errado, pois as receitas da compensação financeira entre os regimes de previdência devem ser excluídas durante o cálculo da RCL.

e) Errado, pois as receitas intraorçamentárias deverão ser excluídas no cálculo da RCL.

Gabarito: C

78. (CONSULPAM – 2023 – TCM/PA – Técnico de Controle Externo)

O Relatório Resumido da Execução Orçamentária (RREO) é uma publicação bimestral que apresenta as informações fiscais, consolidadas de cada ente do país. Congrega as informações da execução orçamentária de todos os poderes, Executivo, Legislativo e Judiciário, incluindo também o Ministério Público e a Defensoria Pública, e deve ser publicado pelas esferas Federal, Estadual, Distrital e Municipal.

NÃO deverá constar no RREO:

a) Demonstrativo do Resultado Primário.

b) Demonstrativo da Receita Corrente Líquida.

c) Demonstrativo de Despesa com Pessoal.

d) Demonstrativo dos Restos a Pagar.

COMENTÁRIOS

Demonstrativo de Despesa com Pessoal não consta no RREO, pois consta no Relatório de Gestão Fiscal – RGF.

Gabarito: C

8. As deduções para o FUNDEB não se aplicam à União, pois já constam do item Transferências Constitucionais e Legais.

9. Por exemplo, um cidadão trabalha 20 anos na iniciativa privada e recolhe suas contribuições previdenciárias ao Regime Geral de Previdência Social, depois trabalha 15 anos pelo Regime Próprio dos Servidores Públicos; neste caso o RGPS deve pagar obrigações referentes de 20 anos.

Contabilidade Aplicada ao Setor Público

Prof. Dr. Giovanni Pacelli

✦ DICAS

1 – CAMPO DE APLICAÇÃO (NBCT SP ESTRUTURA CONCEITUAL)

Em 2016 foi introduzida a estrutura conceitual aplicada ao setor público que serve de norma de referência a partir de 2017 para as entidades do setor público.

A estrutura conceitual define que o **objetivo principal da maioria das entidades do setor público é prestar serviços à sociedade**, em vez de obter lucros e gerar retorno financeiro aos investidores.

Assim, o desempenho de tais entidades pode ser **apenas parcialmente avaliado** por meio da análise da situação patrimonial, do desempenho e dos fluxos de caixa.

Os "**Relatórios Contábeis de Propósito Geral das Entidades do Setor Público**" RCPGs fornecem informações aos seus usuários para subsidiar os processos decisórios e a prestação de contas e responsabilização (accountability).

Quadro 1: Objetivos do RCPGs

Fornecer informações aos usuários para subsidiar	Processos decisórios.
	A prestação de contas e responsabilização (accountability).

Quadro 2: Exemplos de RCPGs

Demonstrações Contábeis: Balanço Orçamentário	Por intermédio do Balanço Orçamentário pode-se verificar as receitas arrecadadas e as despesas empenhadas; pode-se verificar o resultado primário e a obediência a regra de ouro.
Demonstrativo Gerencial: Demonstração do Resultado Econômico	Por intermédio do resultado econômico pode-se verificar que determinada ação governamental poder ser mantida ou encerrada.
Demonstrativo Fiscal: Relatório de Gestão Fiscal	Por intermédio da verificação dos limites da despesa com pessoal (alerta, prudencial ou total) o Poder ou Ente está sujeito a restrições e deve adotar medidas de responsabilidade fiscal.

Quadro 3: Exemplos de usuários das informações contábeis no setor público

Usuários primários	– Cidadãos recebem os serviços do governo e de outras entidades do setor público e proveem parte dos recursos para esse fim. – Os membros do poder Legislativo.
Usuários não primários	– Responsáveis pelas estatísticas de finanças públicas, os analistas, a mídia, os consultores financeiros, os grupos de interesse público ou privado. – Agências reguladoras e supervisoras, entidades de auditoria, comissões do poder Legislativo ou de outro órgão do governo, órgãos centrais de orçamento e controle, agências de classificação de risco e, em alguns casos, entidades emprestadoras de recursos e de fomento

Quadro 4: Aplicação da Contabilidade Pública aos diversos tipos de entidades

Campo de Aplicação da Contabilidade Aplicada ao Setor Público: Casos Especiais				Campo de Aplicação da Lei 6.404/1976
Entidade	**Estrutura Conceitual - CFC**	**MCASP - STN**	**Consta na Lei Orçamentária Anual?**	
Administração Direta, Autarquias e Fundações Públicas de Direito Público	Obrigatório	Obrigatório	Sim, no Orçamento Fiscal e Seguridade Social	Não se aplica
Empresas Estatais Dependentes	Obrigatório	Obrigatório	Sim, no Orçamento Fiscal e Seguridade Social	Obrigatório
Fundações Públicas de Direito Privado	Facultativo	Facultativo	Não. Mas possui seu próprio orçamento.	Sim e no que couber, segue a ITG 2002 (R1) – Entidade sem Finalidade de Lucros.
Empresas Estatais Independentes	Facultativo	Facultativo	Sim, no Orçamento de Investimento	Obrigatório
Conselhos Profissionais	Obrigatório	Facultativo	Não. Mas possui seu próprio orçamento.	Não se aplica
Serviços Sociais Autônomos	Obrigatório desde 6 de maio de 2019 (Acórdão Plenário TCU 991/2019).	Obrigatório desde 17 de junho de 2020 (Acórdão Plenário TCU 1.567/2020).	Não. Mas possui seu próprio orçamento.	Sim e no que couber, segue a ITG 2002 (R1) – Entidade sem Finalidade de Lucros.
Entidades que recebam recursos públicos (fornecedores, ONGs)	Facultativo	Facultativo	Não.	Obrigatório. Se for entidade sem fins lucrativos que recebam convênios segue, no que couber, a ITG 2002 (R1) – Entidade sem Finalidade de Lucros.

2. BENS PÚBLICOS

Quadro 5: Tipos de bens imóveis

Tipo	Descrição
Uso Comum	Podem ser entendidos como os de domínio público, construídos ou não por pessoas jurídicas de direito público.
	Exemplos: estradas, ruas, praças, rios e mares;
Especial	Compreendem os bens, tais como edifícios ou terrenos, **destinados a serviço ou estabelecimento da administração federal, estadual ou municipal**, inclusive os de suas autarquias e fundações públicas,
	Exemplos: como imóveis residenciais, terrenos, glebas, aquartelamento, aeroportos, açudes, fazendas, museus, hospitais, hotéis dentre outros.
Dominial	Compreendem **os bens que constituem o patrimônio das pessoas jurídicas de direito público, como objeto de direito pessoal, ou real, de cada uma dessas entidades**. Compreende ainda, não dispondo a lei em contrário, os bens pertencentes às pessoas jurídicas de direito público a que se tenha dado estrutura de direito privado.
	Exemplos: como apartamentos, armazéns, casas, glebas, terrenos, lojas, bens destinados a reforma agrária, bens imóveis a alienar dentre outros

Quadro 6: Diferenças na contabilização dos bens públicos

Tipo de bens	Contabilização no Plano de contas desde 1º de janeiro de 2016	Sistema utilizado no caso da União	Podem ser alienados?
Especiais	Ativo não circulante	SPIU net	Não
Dominiais	Ativo não circulante	SIAPA	Sim
Uso comum: ativos de infraestrutura	Ativo não circulante	-	Não
Uso comum: patrimônio cultural	Ativo não circulante	-	Não
Uso comum: absorveram ou absorvem recursos públicos, ou aqueles eventualmente recebidos em doação	Ativo não circulante	-	Não
Uso comum: demais casos	Não são contabilizados	-	Não

3. RECEITA E DESPESA PÚBLICA. EXECUÇÃO ORÇAMENTÁRIA E FINANCEIRA

Quadro 7: Visão Geral das Classificações das Receitas Orçamentárias

Tipo de Classificação das receitas orçamentárias	Critérios	É uma classificação oficial na LOA na União?	Reconhecida formalmente no MCASP (aplica-se a toda a federação)?	É padronizada em termos de códigos para todos os entes?
Natureza (Econômica)	**Corrente e Capital**	**Sim**	**Sim**	**Sim**
Fonte	**Ordinária e Vinculada**	**Sim**	**Sim**	**Sim**
Resultado Primário	**Primária e Financeira**	**Sim**	Sim, porém apenas obrigatória para União	Não
Esfera Orçamentária	**Fiscal, Seguridade e Investimento**	**Sim**	Não, mas consta na CF/1988	**Parcialmente**
Coercitividade (Acadêmica)	**Originária e Derivada**	Não	Não	Não
Contábil	**Efetiva e Não Efetiva**	Não	Não	Não
Periodicidade (Regularidade)	**Ordinária e Extraordinária**	Não	Não	Não

Figura 1: Segregação dos ingressos no setor público

Fonte: MTO

Figura 2: Segregação dos dispêndios no setor público

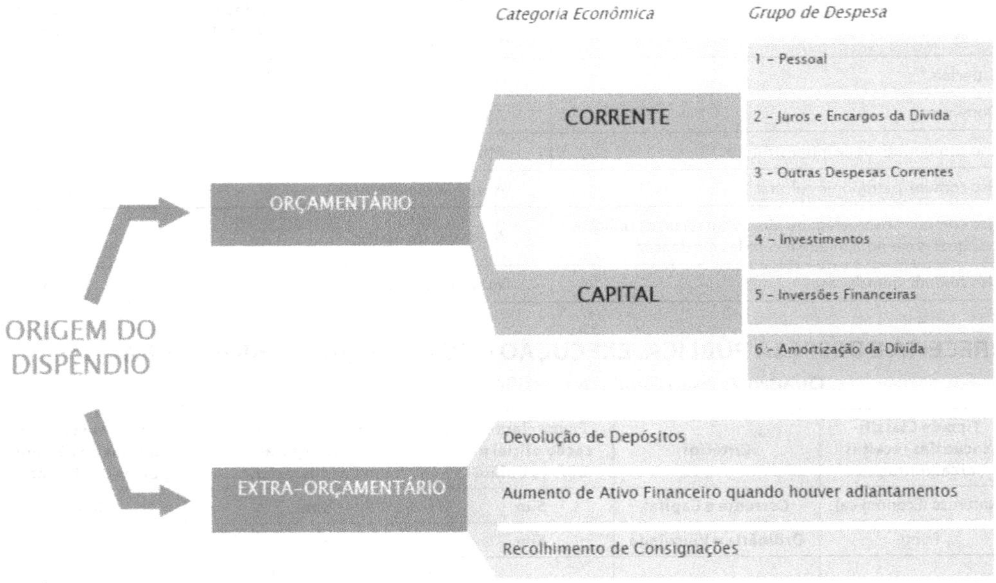

Quadro 8: Dica Prática de receitas e despesa extraorçamentárias

Item Estático da Dívida Flutuante Obrigação do Passivo Financeiro.	Fluxo de aumento do item Receita extraorçamentária.	Fluxo de diminuição do item → Despesa extraorçamentária.
Restos a pagar	Inscrição de Restos a Pagar	Pagamento de Restos a Pagar
Serviço da Dívida a Pagar	Inscrição de Serviço da Dívida a Pagar	Pagamento de Serviço da Dívida a Pagar
Cauções, depósitos, consignações, retenções	Recebimento de cauções e depósitos.	Devolução de cauções e depósitos.
	Registro da consignação, retenção.	Pagamento da consignação, retenção.
Antecipação de Receita Orçamentária	Contratação de ARO.	Pagamento de ARO.
Papel moeda	Emissão de Papel Moeda.	Resgate/Baixa do Papel Moeda.

Figura 3: Classificação quanto à natureza estabelecida pela portaria 163/2001 atualizada

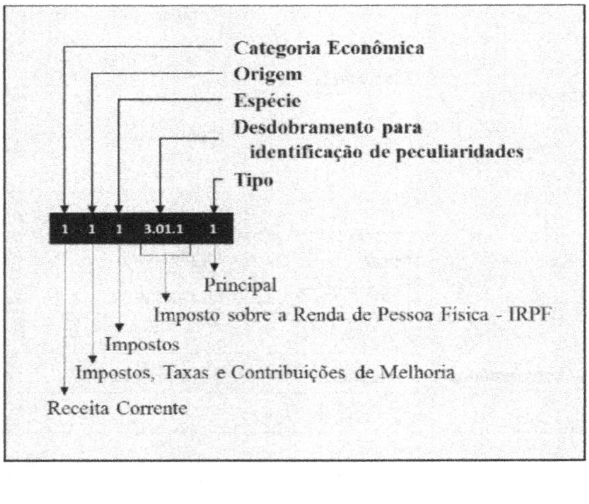

Figura 4: Classificação quanto à origem

Categoria Econômica (1º Dígito)	Origem (2º Dígito)
1. Receitas Correntes 7. Receitas Correntes Intraorçamentárias	1. Impostos, Taxas e Contribuições de Melhoria 2. Contribuições 3. Receita Patrimonial 4. Receita Agropecuária 5. Receita Industrial 6. Receita de Serviços 7. Transferências Correntes 9. Outras Receitas Correntes
2. Receitas de Capital 8. Receitas de Capital Intraorçamentárias	1. Operações de Crédito 2. Alienação de Bens 3. Amortização de Empréstimos 4. Transferências de Capital 9. Outras Receitas de Capital

Figura 5: Principais Espécies da Receita quanto à natureza

1 – RECEITA CORRENTE (Categoria Econômica)	Naturezas de Receita
1 - Impostos, Taxas e Contribuições de Melhoria (Original)	
1 - Impostos (Espécie)	De 1.1.1.0.00.0.0 até 1.1.1.9.01.1.0
2 - Taxas (Espécie)	De 1.1.2.0.00.0.0 até 1.1.2.2.02.1.0
3 - Contribuições de Melhoria (Espécie)	De 1.1.3.0.00.0.0 até 1.1.3.0.00.1.0
2 - Contribuições (Origem)	
1 - Contribuições Sociais (Espécie)	De 1.2.1.0.00.0.0 até 1.2.1.9.99.2.0
2 - Contribuições Econômica (Espécie)	De 1.2.2.0.00.0.0 até 1.2.2.0.99.1.0
3 - Contribuições para Entidades Privadas de Serviço Social e de Formação Profissional (Espécie)	De 1.2.3.0.00.0.0 até 1.2.3.0.01.1.0
3 - Receita Patrimonial (Origem)	
1 - Exploração do Patrimônio Imobiliário do Estado (Espécie)	De 1.3.1.0.00.0.0 até 1.3.1.0.99.1.0
2 - Valores Mobiliários (Espécie)	De 1.3.2.0.00.0.0 até 1.3.2.9.00.1.0
3 - Delegação de Serviços Públicos Mediante Concessão, Permissão, Autorização ou Licença (Espécie)	De 1.3.3.0.00.0.0 até 1.3.3.9.99.1.0
4 - Exploração de Recursos Naturais (Espécie)	De 1.3.4.0.00.0.0 até 1.3.4.9.99.1.0
5 - Exploração do Patrimônio Intangível (Espécie)	De 1.3.5.0.00.0.0 até 1.3.5.0.04.1.0
6 - Cessão de Direitos (Espécie)	De 1.3.6.0.00.0.0 até 1.3.6.0.01.1.0
9 - Demais Receitas Patrimoniais (Espécie)	De 1.3.9.0.00.0.0 até 1.3.9.0.00.1.0
4 - Receita Agropecuária (Origem)	De 1.4.0.0.00.0.0 até 1.4.0.0.00.1.0
5 - Reeita Industrial (Origem)	De 1.5.0.0.00.0.0 até 1.5.0.0.00.1.0
6 - Reeita de Serviços (Origem)	
1 - Serviços Administrativos e Comerciais Gerais (Espécie)	De 1.6.1.0.00.0.0 até 1.6.1.0.04.1.0
2 - Serviços e Atividades Referentes à Navegação e ao Transporte (Espécie)	De 1.6.2.0.00.0.0 até 1.6.2.0.04.3.0
3 - Serviços e Atividades Referentes à Saúde (Espécie)	De 1.6.3.0.00.0.0 até 1.6.3.0.02.2.0
4 - Serviços e Atividades Financeiras (Espécie)	De 1.6.4.0.00.0.0 até 1.6.4.0.03.1.0
9 - Outros Serviços (Espécie)	De 1.6.9.0.00.0.0 até 1.6.9.0.99.1.0
7 - Transferência Correntes (Origem)	De 1.7.0.0.00.0.0 até 1.7.8.0.00.1.0
9 - Outras Receitas Correntes (Origem)	
1 - Multas Administrativas, Contratuais e Judiciais (Espécie)	De 1.9.1.0.00.0.0 até 1.9.1.0.13.2.0
2 - Indenizações, Resptituições e Ressarcimentos (Espécie)	De 1.9.2.0.00.0.0 até 1.9.2.3.99.1.0
3 - Bens, Direitos e Valores Incorporados ao Patrimônio Público (Espécie)	De 1.9.3.0.00.0.0 até 1.9.3.0.05.1.0
4 - Multas e Juros de Mora das Receitas de Capital (espécie)	De 1.9.4.0.00.0.0 até 1.9.4.9.99.0.0
9 - Demais Receitas Correntes (Espécie)	De 1.9.9.0.00.0.0 até 1.9.9.0.99.2.0
2 - RECEITA DE CAPITAL (Categoria Econômica)	**Naturezas de Receita**
1 - Operações de Crédito (Origem)	
1 - Operações de Crédito - Mercado Interno (Espécie)	De 2.1.1.0.00.0.0 até 2.1.1.9.00.1.0
2 - Operaçoes de Crédito - Mercado Externo (Espécie)	De 2.1.2.0.00.0.0 até 2.1.2.9.00.1.0

2 - RECEITA DE CAPITAL (Categoria Econômica)	Naturezas de Receita
2 - Alienação de Bens (Origem)	
1 - Alienação de Bens Móveis (Espécie)	De 2.2.1.0.00.0.0 até 2.2.1.3.00.1.0
2 - Alienação de Bens Imóveis (Espécie)	De 2.2.2.0.00.0.0 até 2.2.2.0.00.2.0
3 - Alienação de Bens Intangíveis (Espécie)	De 2.2.3.0.00.0.0 até 2.2.3.0.00.1.0
3 - Amortização de Empréstimos (Origem)	De 2.3.0.0.00.0.0 até 2.3.0.0.80.1.0
4 - Transferência de Capital (Origem)	De 2.4.0.0.00.0.0 até 2.4.8.0.80.1.0
9 - Outras Reeitas de Capital (Origem)	
1 - Integralização de Capital Social (Espécie)	De 2.9.1.0.00.0.0 até 2.9.1.0.00.1.0
2 - Resultado do Banco Central (Espécie)	De 2.9.2.0.00.0.0 até 2.9.2.0.00.2.0
3 - Remuneração das Disponibilidades do Tesouro (Espécie)	De 2.9.3.0.00.0.0 até 2.9.3.0.00.1.0
4 - Resgate de Títulos do Tesouro (Espécie)	De 2.9.4.0.00.0.0 até 2.9.4.0.00.1.0
9 - Demais Receitas de Capital (Espécie)	De 2.9.9.0.00.0.0 até 2.9.9.0.00.1.0

Quadro 9: Etapas e Estágios da Receita

Etapa	Estágio
Planejamento	Previsão
Execução	Lançamento Arrecadação Recolhimento

Quadro 10: Classificações da Despesa

Programação	Tipo de Classificação	Critérios	É uma classificação oficial na LOA na União pelo MTO?	Reconhecida formalmente no MCASP - Parte 1?	É padronizada para todos os entes?
Qualitativa (De trabalho)	**Esfera Orçamentária**	**Fiscal, Seguridade e Investimento**	**Sim**	**Não**	**Parcialmente**
	Institucional	Órgão e Unidade orçamentária	**Sim**	**Sim**	**Parcialmente**
	Funcional	**Função e Subfunção**	**Sim**	**Sim**	**Sim**
	Programática	**Finalístico; Gestão; Operações Especiais**	**Sim**	**Sim**	**Parcialmente**
Quantitativa (Financeira)	**IDOC (identificador de operação de crédito)**	**Número da Operação de Crédito ou da Doação Internacional**	**Sim**	**Não**	**Não**
	IDUSO (identificador de uso)	**Com contrapartida ou sem contrapartida**	**Sim**	**Não**	**Não**
	Fonte	**Ordinária e Vinculada**	**Sim**	**Sim**	**Sim**
	Natureza	**Corrente e Capital**	**Sim**	**Sim**	**Sim**
	Resultado Primário	**Primária e Financeira**	**Sim**	**Não**	**Não**
Não se aplica	**Contábil (impacto no Patrimônio Líquido)**	**Efetiva e Não Efetiva**	**Não**	**Não**	**Não**

Figura 6: Classificação quanto à natureza estabelecida pela portaria 163/2001

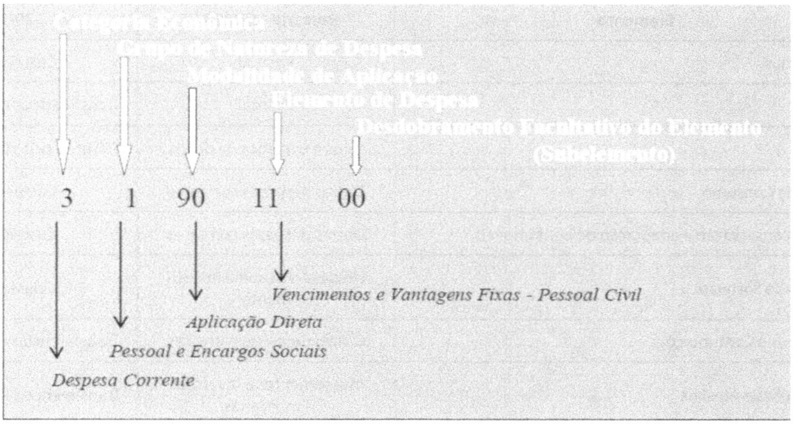

Quadro 11: Despesas do grupo natureza da despesa conforme a portaria 163/2001

Pessoal e Encargos Sociais	Despesas orçamentárias com pessoal ativo, inativo e pensionistas, relativas a mandatos eletivos, cargos, funções ou empregos, civis, militares e de membros de Poder, com quaisquer espécies remuneratórias, tais como vencimentos e vantagens, fixas e variáveis, subsídios, proventos da aposentadoria, reformas e pensões, inclusive adicionais, gratificações, horas extras e vantagens pessoais de qualquer natureza, bem como encargos sociais e contribuições recolhidas pelo ente às entidades de previdência, conforme estabelece o caput do art. 18 da Lei Complementar 101, de 2000.
Juros e Encargos da Dívida	Despesas orçamentárias com o pagamento de juros, comissões e outros encargos de operações de crédito internas e externas contratadas, bem como da dívida pública mobiliária.
Outras Despesas Correntes	Despesas orçamentárias com aquisição de material de consumo, pagamento de diárias, contribuições, subvenções, auxílio-alimentação, auxílio-transporte, além de outras despesas da categoria econômica "Despesas Correntes" não classificáveis nos demais grupos de natureza de despesa.
Investimentos	Despesas orçamentárias com softwares e com o planejamento e a execução de obras, inclusive com a aquisição de imóveis considerados necessários à realização destas últimas, e com a aquisição de instalações, equipamentos e material permanente.
Inversões Financeiras	Despesas orçamentárias com a aquisição de imóveis ou bens de capital já em utilização; aquisição de títulos representativos do capital de empresas ou entidades de qualquer espécie, já constituídas, quando a operação não importe aumento do capital; e com a constituição ou aumento do capital de empresas, além de outras despesas classificáveis neste grupo.
Amortização da Dívida	Despesas orçamentárias com o pagamento e/ou refinanciamento do principal e da atualização monetária ou cambial da dívida pública interna e externa, contratual ou mobiliária.

Quadro 12: Classificação da Despesa conforme a Lei 4.320/1964

Despesa Corrente	**Despesas de Custeio**	Pessoal Civil, Pessoal Militar, Material de Consumo, Serviços de Terceiros, Encargos Diversos.
	Transferências Correntes	Subvenções Sociais, Subvenções Econômicas, Inativos, Pensionistas, Salário Família e Abono Familiar, **Juros da Dívida Pública**, Contribuições de Previdência Social, Diversas Transferências Correntes.
Despesa de Capital	**Investimentos**	Obras Públicas, Serviços em Regime de Programação Especial, Equipamentos e Instalações, Material Permanente, Participação em Constituição ou Aumento de Capital de Empresas ou Entidades Industriais ou Agrícolas.
	Inversões Financeiras	Aquisição de Imóveis, Participação em Constituição ou Aumento de Capital de Empresas ou Entidades Comerciais ou Financeiras, Aquisição de Títulos Representativos de Capital de Empresa em Funcionamento, Constituição de Fundos Rotativos, Concessão de Empréstimos, Diversas Inversões Financeiras.
	Transferências de Capital	Amortização da Dívida Pública, Auxílios para Obras Públicas, Auxílios para Equipamentos e Instalações, Auxílios para Inversões Financeiras, Outras Contribuições.

Quadro 13: Diferenças entre a portaria 163/2001 e a lei 4.320/1964

Elemento	Portaria 163/2001	Lei 4.320/1964
Pessoal Ativo	Pessoal	Custeio
Inativos	Pessoal	Transferências Correntes
Juros	Juros e encargos da dívida	Transferências Correntes
Material de Consumo	Outras despesas correntes	Custeio
Obras de conservação e adaptação de bens imóveis	Outras despesas correntes	Custeio
Aquisição de Software	Despesa de capital investimento	Omissa
Subvenções e Contribuições	Outras despesas correntes	Transferências correntes
Contribuições e Auxílios	Investimentos e Inversões Financeiras	Transferências de capital
Constituição ou Aumento de Capital de Empresas ou Entidades que não visem a objetivos comerciais ou financeiros (Industriais ou Agrícolas)	Inversões Financeiras	Investimentos
Constituição ou aumento do capital de entidades ou empresas que visem a objetivos comerciais ou financeiros		Inversões Financeiras
Amortização da Dívida	Amortização da Dívida	Transferências de capital

Quadro 14: Etapas e Estágios da Despesa

Etapa	Estágio
Planejamento	Fixação Movimentação de Crédito Programação Orçamentária Licitação
Execução	Empenho Liquidação Pagamento

4. RESTOS A PAGAR

Os restos a pagar constituirão item específico da programação financeira, devendo o seu pagamento efetuar-se dentro do limite de saques fixado.[1] Consideram-se Restos a Pagar as despesas empenhadas, mas não pagas até o dia 31 de dezembro distinguindo-se as processadas das não processadas. O registro dos Restos a Pagar far-se-á por exercício e por credor. Os restos a pagar se subdividem:

- Restos a pagar processados: despesas empenhadas e liquidadas e não pagas;
- Restos a pagar não processados: despesas empenhadas, não liquidadas e não pagas.

Quadro 15: Condições para inscrição de restos a pagar não processados

Condição para se inscrever restos a pagar não processados (basta atender uma delas).	Exemplo
1. Vigente o prazo para cumprimento da obrigação assumida pelo credor, nele estabelecida.	A licitação foi concluída em 30/11/2024, e o contrato dispunha que a entrega do material ou prestação de serviço poderia ocorrer até 30/03/2025.
2. Vigente o prazo para cumprimento da obrigação assumida pelo credor, mas esteja em curso a liquidação da despesa.	A nota fiscal foi entregue, mas o gestor público ainda não conseguiu dar o ateste.
3. Vigente o prazo para cumprimento da obrigação assumida pelo credor, mas seja de interesse da Administração exigir o cumprimento da obrigação assumida pelo credor.	Poder discricionário do ordenador de despesas.
4. Se destinar a atender transferências a instituições públicas ou privadas	Despesas relacionadas a transferências constitucionais, legais ou voluntárias (convênios ou contratos de repasse).
5. Corresponder a compromissos assumido no exterior.	Obrigações com organismos estrangeiros: ONU, BID, Banco Mundial.

1. Art. 15º Decreto 93872/1986.

5. ESCRITURAÇÃO CONTÁBIL. VARIAÇÕES PATRIMONIAIS QUALITATIVAS E QUANTITATIVAS

Quadro 16: Evolução – Dos sistemas às Natureza das Contas

Sistemas/ Subsistemas / Natureza das Contas	Utilizados efetivamente pelos operadores da CASP?	Podem ser cobrados para fins teóricos?
Sistemas: patrimonial, financeiro, orçamentário, compensação.	Até 31/12/2008.	Em princípio não.
Fase de Transição de coexistência de sistemas e subsistemas.	De 01/01/2009 até 31/12/2014	Em princípio não.
Subsistemas: patrimonial, orçamentário, compensação e de custos.	De 01/01/2015 até 31/12/2016	Sim, devido aos resquícios de algumas normas (exemplo NBCT 16.11)
Natureza: patrimonial, orçamentária e controle.	Desde 01/01/2017	Sim

Quadro 17: subsistemas e natureza das contas

Subsistema (natureza)	Conceito	Subsidia a Administração Pública com informações sobre
Orçamentário (orçamentária)	Registra, processa e evidencia os **ATOS E OS FATOS** relacionados ao planejamento e à execução orçamentária.	- Orçamento; - Programação e execução orçamentária; - Alterações orçamentárias; - Resultado orçamentário.
Patrimonial (patrimonial)	Registra, processa e evidencia os **FATOS financeiros e não financeiros relacionados** com as variações qualitativas e quantitativas do patrimônio público.	- Alterações nos elementos patrimoniais; - Resultado econômico; - **Resultado nominal**.
Compensação (controle)	Registra, processa e evidencia os **ATOS de gestão** cujos efeitos possam produzir modificações no patrimônio da entidade do setor público, bem como aqueles com funções específicas de controle.	- Alterações potenciais nos elementos patrimoniais; - Acordos, garantias e responsabilidades.
Custos (controle)	**Registra, processa e evidencia os custos dos bens e serviços**, produzidos e ofertados à sociedade pela entidade pública.	- Custos dos programas, dos projetos e das atividades desenvolvidas; - Bom uso dos recursos públicos; - Custos das unidades contábeis

Quadro 18: Subsistemas Contábeis e atos e fatos relacionados

Subsistema	Exemplos
Patrimonial (patrimonial)	Trata das movimentações das **contas caixa, banco conta movimento, aplicações financeiras**.
	Fatos financeiros relacionados a: **arrecadação de receitas**; **recebimento de recursos por cota, repasse ou sub-repasse** (interferências ativas); **concessão de recursos por cota, repasse ou sub-repasse** (interferências passivas); **pagamento de fornecedores; pagamento de restos a pagar; pagamento de pessoal a pagar**; recebimento de depósito de terceiros; devolução de depósitos de terceiros etc.
	Fatos não financeiros relacionados a movimentações das contas: **bens móveis e bens imóveis** (alienações, compras, doações e transferências), **estoques, operações de crédito, inscrição e baixa da dívida ativa, direitos** (não financeiros), obrigações, acréscimos e decréscimos patrimoniais, **transferências de bens e valores**.
	Liquidação efetiva dos restos a pagar não processados; Pagamento dos Restos a Pagar Processados e Não Processados (neste caso se já tiverem sido liquidados efetivamente).

Subsistema	Exemplos
Compensação (controle)	Trata das movimentações das contas **contratos, convênios, avais, fianças, garantias, responsabilidade por suprimento de fundos.**
	Controle da Disponibilidade de Recursos cujos registros contábeis ocorrem: **na arrecadação da receitas**; **no empenho, na liquidação e no pagamento da despesa.**
Custos (controle)	Não há registros disponíveis.
Orçamentário (orçamentária)	Trata da Previsão da Receita, Fixação da Despesa, Abertura de Créditos Adicionais, Movimentação de Crédito (Interna = Provisão; Externa = Destaque) e respectivas anulações, Empenho da Despesa, Liquidação e Pagamento da Despesa e respectivas anulações, Arrecadação da Receita.
	Controle da inscrição e execução dos restos a pagar.

Quadro 19: Natureza das transações no setor público

Natureza	Descrição
Econômico--financeira	Corresponde às transações **ORIGINADAS DE FATOS** que afetam o patrimônio público, **em decorrência, ou não, da execução de orçamento, podendo provocar alterações qualitativas ou quantitativas, efetivas ou potenciais.**
Administrativa	Corresponde às transações que **não afetam o patrimônio público, ORIGINADAS DE ATOS ADMINISTRATIVOS**, com o objetivo de dar cumprimento às metas programadas e manter em funcionamento as atividades da entidade do setor público.

Quadro 20: Tipos de variações patrimoniais

Natureza	Descrição
Variações Quantitativas	Aquelas decorrentes de transações no setor público que **aumentam ou diminuem o patrimônio líquido**.
Variações Qualitativas	Aquelas decorrentes de transações no setor público que **alteram a composição** dos elementos patrimoniais **sem afetar o patrimônio líquido.**

Figura 7: Subdivisão das variações patrimoniais

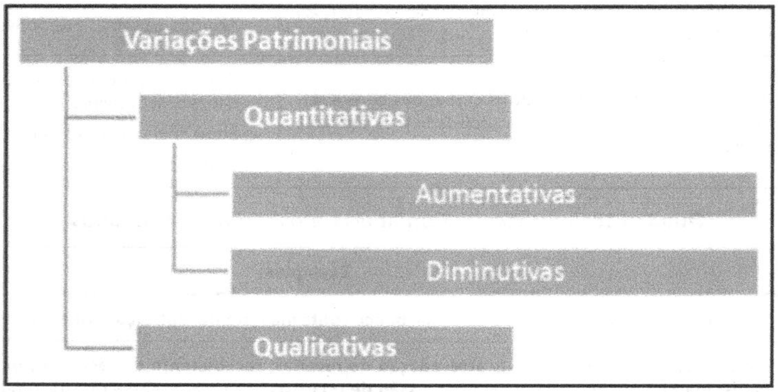

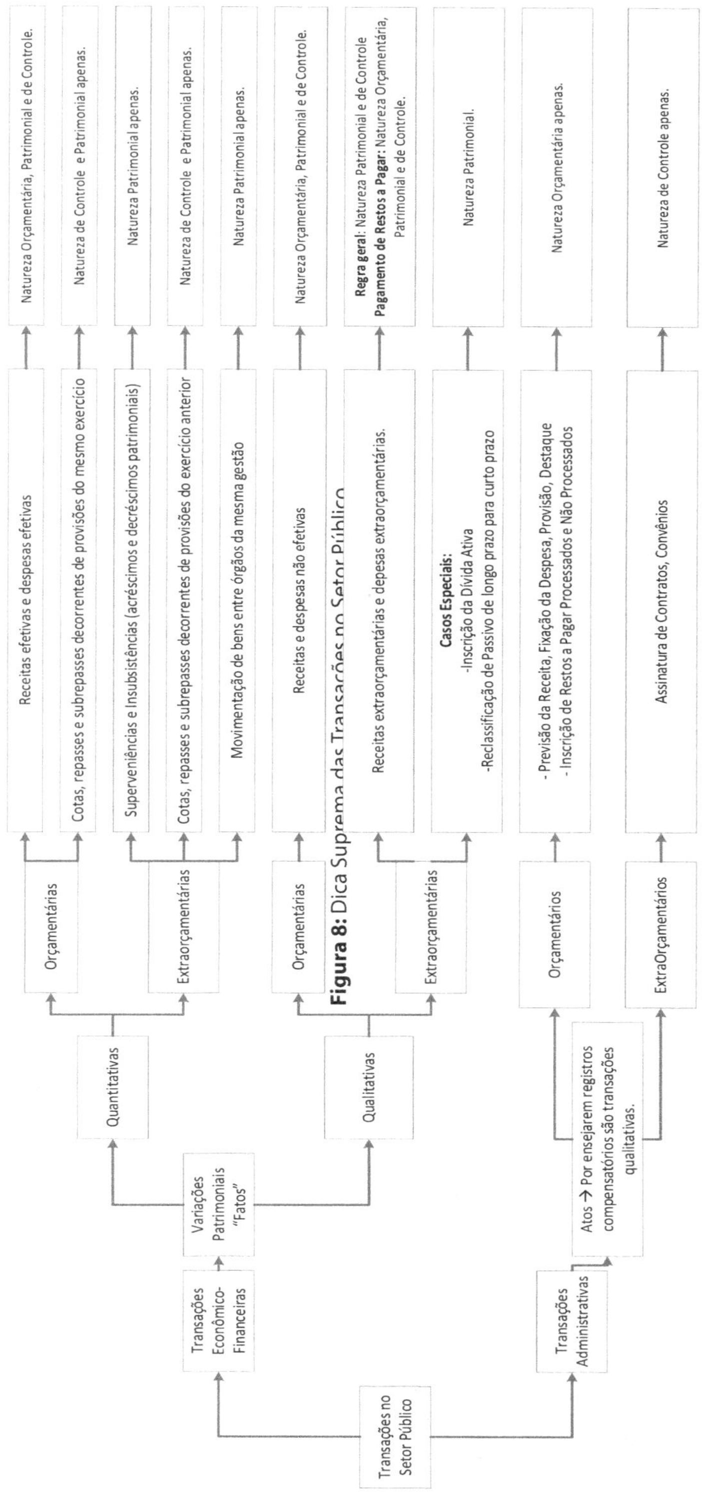

Figura 8: Dica Suprema das Transações no Setor Público

6. PLANO DE CONTAS APLICADO AO SETOR PÚBLICO, REGISTROS CONTÁBEIS DE OPERAÇÕES TÍPICAS DO SETOR PÚBLICO, REGIMES CONTÁBEIS

O plano de contas aplicado ao setor público (PCASP) **é a estrutura básica da escrituração contábil, formada por uma** relação padronizada de contas contábeis, que que permite o registro contábil dos atos e fatos praticados pela entidade de maneira padronizada e sistematizada, bem como a elaboração de relatórios gerenciais e demonstrações contábeis de acordo com as necessidades de informações dos usuários.

Quadro 21: Entidades que devem utilizar o PCASP

Entidades que devem utilizar o PCASP	Todos os Poderes de cada Ente da Federação, seus fundos, órgãos, autarquias, inclusive especiais.
	Fundações instituídas e mantidas pelo Poder Público.
	Empresas estatais dependentes.
	Serviços Sociais Autônomos*.
Entidades que podem utilizar o PCASP	Empresas estatais independentes.
	Conselhos Profissionais**.

* Devem adotar a estrutura conceitual e o MCASP: acórdãos TCU Plenário 991/2019 e 1.567/2020

**Devem adotar a estrutura conceitual.

Em caso de eventuais conflitos com outros normativos, **prevalecem as disposições do MCASP**, aplicando-se subsidiariamente os conceitos descritos nas demais normas, observada a seguinte ordem de observância:

a. Norma Brasileira de Contabilidade (NBC TSP) relativa ao assunto;

b Norma Brasileira de Contabilidade (NBC TSP) – Estrutura Conceitual.

As disposições das normas internacionais de contabilidade, International Public Sector Accounting Standards (IPSAS), editadas pelo International Public Sector Accounting Standards Board (IPSASB), podem ser observadas em caráter **residual e não obrigatório.**

Figura 9: Níveis de desdobramento das contas

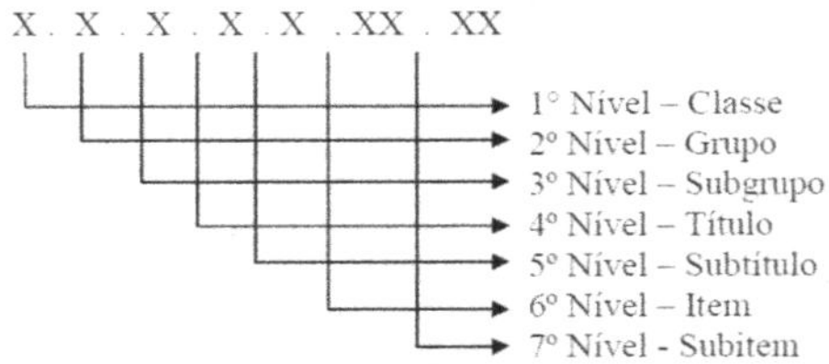

O PCASP está dividido **em 8 classes** (1° nível da conta):

1. Ativo;
2. Passivo e Patrimônio Líquido;
3. Variações Patrimoniais Diminutivas;
4. Variações Patrimoniais Aumentativas;
5. Controles da Aprovação do Planejamento e Orçamento;
6. Controles da Execução do Planejamento e Orçamento;
7. Controles Devedores; e
8. Controles Credores.

Quadro 22: Natureza das informações das contas

Natureza da informação das contas	Finalidade
Patrimonial	São as contas que registram, processam e evidenciam os fatos financeiros e não financeiros relacionados com as variações qualitativas e quantitativas do patrimônio público, representadas pelas contas que integram o Ativo, Passivo, Patrimônio Líquido, Variações Patrimoniais Diminutivas (VPD) e Variações Patrimoniais Aumentativas (VPA).
Orçamentária	São as contas que registram, **processam e evidenciam os atos e os fatos relacionados ao planejamento e à execução orçamentária**, representadas pelas contas que registram aprovação e execução do planejamento e orçamento, **inclusive Restos a Pagar**.
Controle	São as contas que registram, processam e evidenciam os atos de gestão **cujos efeitos possam produzir modificações no patrimônio da entidade do setor público**, bem como outras que **tenham função precípua de controle**, seja para fins de elaboração de informações gerenciais específicas, acompanhamento de rotinas, elaboração de procedimentos de consistência contábil ou para registrar atos que não ensejaram registros nas contas patrimoniais, mas que potencialmente possam vir a afetar o patrimônio.

Figura 10 Relação de classes e naturezas das informações

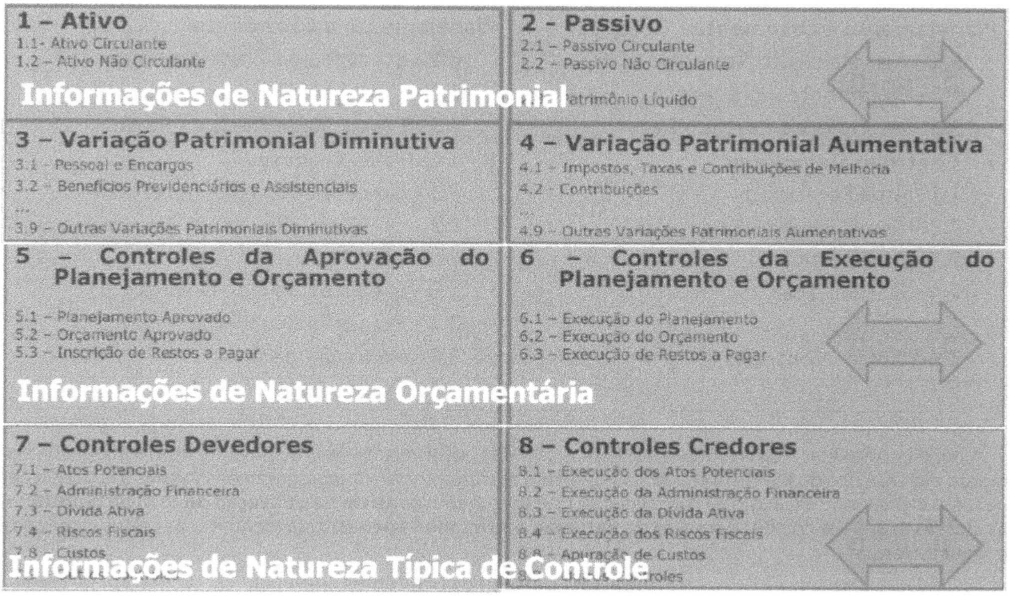

Figura 11: PCASP – 2º nível

1 – Ativo 1.1 - Ativo Circulante 1.2 - Ativo Não Circulante	2 - Passivo 2.1 - Passivo Circulante 2.2 - Passivo Não Circulante 2.3 - Patrimônio Líquido
3 – Variação Patrimonial Diminutiva 3.1 - Pessoal e Encargos 3.2 - Benefícios Previdenciários e Assistenciais 3.3 - Uso De Bens, Serviços e Consumo de Capital Fixo 3.4 - Variações Patrimoniais Diminutivas Financeiras 3.5 - Transferências Concedidas 3.6 - Desvalorização e Perda De Ativos 3.7 - Tributárias 3.9 - Outras Variações Patrimoniais Diminutivas	4 – Variação Patrimonial Aumentativa 4.1 - Impostos, Taxas e Contribuições de Melhoria 4.2 - Contribuições 4.3 - Exploração e venda de bens, serviços e direitos 4.4 - Variações Patrimoniais Aumentativas Financeiras 4.5 - Transferências Recebidas 4.6 - Valorização e Ganhos Com Ativos 4.9 - Outras Variações Patrimoniais Aumentativas

5 – Controles da Aprovação do Planejamento e Orçamento 5.1 - Planejamento Aprovado 5.2 - Orçamento Aprovado 5.3 - Inscrição de Restos a Pagar	6 – Controles da Execução do Planejamento e Orçamento 6.1 - Execução do Planejamento 6.2 - Execução do Orçamento 6.3 - Execução de Restos a Pagar
7 – Controles Devedores 7.1 - Atos Potenciais 7.2 - Administração Financeira 7.3 - Dívida Ativa 7.4 - Riscos Fiscais 7.8 - Custos 7.9 - Outros Controles	8 – Controles Credores 8.1 - Execução dos Atos Potenciais 8.2 - Execução da Administração Financeira 8.3 - Execução da Dívida Ativa 8.4 - Execução dos Riscos Fiscais 8.8 - Apuração de Custos 8.9 - Outros Controles

A fim de possibilitar a consolidação das contas públicas nos diversos níveis de governo, com a adequada elaboração das DCASP e do BSPN, foi criado no PCASP um mecanismo para a segregação dos valores das transações que serão incluídas ou excluídas na consolidação. Este mecanismo **consiste na utilização do 5º nível (Subtítulo) das classes 1, 2, 3 e 4** do PCASP (**contas de natureza patrimonial apenas**) para identificar os saldos recíprocos, da seguinte forma:

Figura 12: Consolidação de contas

5º Nível (Subtítulo) - Consolidação		
x.x.x.x.1.xx.xx	CONSOLIDAÇÃO	Compreende os saldos que não serão excluídos nos demonstrativos consolidados do orçamento fiscal e da seguridade social (OFSS).
x.x.x.x.2.xx.xx	INTRA OFSS	Compreende os saldos que serão excluídos nos demonstrativos consolidados do Orçamento Fiscal e da Seguridade Social (OFSS) do mesmo ente.
x.x.x.x.3.xx.xx	INTER OFSS - UNIÃO	Compreende os saldos que serão excluídos nos demonstrativos consolidados do Orçamento Fiscal e da Seguridade Social (OFSS) de entes públicos distintos, resultantes das transações entre o ente e a União.
x.x.x.x.4.xx.xx	INTER OFSS - ESTADO	Compreende os saldos que serão excluídos nos demonstrativos consolidados do Orçamento Fiscal e da Seguridade Social (OFSS) de entes públicos distintos, resultantes das transações entre o ente e um estado.
x.x.x.x.5.xx.xx	INTER OFSS - MUNICÍPIO	Compreende os saldos que serão excluídos nos demonstrativos consolidados do Orçamento Fiscal e da Seguridade Social (OFSS) de entes públicos distintos, resultantes das transações entre o ente e um município.

As figuras as seguir mostram as possibilidades de se utilizar o subtítulo.

Figura 13: Uma aplicação do subtítulo 2

UG do OF e OSS do Município X (Autarquia) – aliena o bem	UG do OF e OSS do Município X (Fundação Pública) – adquire o bem	Natureza
D 1.x.x.x.2.xx.xx - Caixa C 1.2.x.x.2.xx.xx - Bens imóveis	D 1.2.x.x.2.xx.xx – Bens Imóveis C 1.x.x.x.2.xx.xx – Caixa	Patrimonial

Para se utilizar o código 2 no subtítulo deve ter havia uma operação que envolva recursos do orçamento do mesmo ente (no exemplo União) e que as unidades sejam do Orçamento Fiscal e da Seguridade Social. Se tivesse havido **<u>uma doação de bens</u>** (que não envolve recursos do orçamento) da Autarquia da União para a Empresa Estatal Dependente da União seria utilizado o código 1.

Figura 14: Uma aplicação do subtítulo 3

UG do OF e OSS da União (Autarquia) – aliena o bem	UG do OF e OSS do Estado (Fundação Pública) – adquire o bem	Natureza
D 1.x.x.x.4.xx.xx - Caixa C 1.2.x.x.4.xx.xx - Bens imóveis	D 1.2.x.x.3.xx.xx – Bens Imóveis C 1.x.x.x.3.xx.xx – Caixa	Patrimonial

Para se utilizar o código 3 no subtítulo deve ter havia uma operação que envolva recursos do Orçamento Fiscal e da Seguridade Social da União e unidades do Orçamento Fiscal e da Seguridade Social de outro ente (no exemplo o Estado). Observe que quem usa o código 3 não é a União, mas o ente com quem a União faz a transação, no exemplo o Estado.

Figura 15: Possíveis combinações no 5º nível em operações entre entidades do orçamento fiscal e seguridade social

Combinações
União (4) com Estado (3) e vice-versa
União (5) com Município (3) e vice-versa
Estado (5) com Município (4) e vice-versa
Estado (4) com Estado distinto (4) e vice-versa
Município (5) com Município distinto (5) e vice-versa

Quadro 23: Conceitos das Classes

Classe	Função
1. Ativo	Compreende os **recursos controlados** por uma entidade como consequência de **eventos passados** e dos quais se espera que fluam benefícios econômicos ou potencial de serviços futuros a unidade.
2. Passivo e Patrimônio Líquido	Passivo compreende as **obrigações** existentes da entidade oriundas de **eventos passados** de cuja liquidação se espera que resulte em fluxo de saída de recursos que incorporem benefícios econômicos ou serviços em potencial. **Patrimônio líquido compreende a diferença entre o ativo e o passivo.**
3. Variações Patrimoniais Diminutivas	Compreende o **decréscimo no beneficio econômico** durante o período contábil sob a forma de **saída de recurso ou redução de ativo ou incremento em passivo**, que resulte em decréscimo do patrimônio líquido e que não seja proveniente de distribuição aos proprietários da entidade.
4. Variações Patrimoniais Aumentativa	Compreende o **aumento no beneficio econômico** durante o período contábil sob a forma de **entrada de recurso ou aumento de ativo ou diminuição de passivo**, que resulte em aumento do patrimônio líquido e que não sejam provenientes de aporte dos proprietários.
5. Controles da Aprovação do Planejamento e Orçamento.	Compreende as contas com função de registrar os **atos e fatos ligados PLANEJAMENTO orçamentário**.
6. Controles da Execução do Planejamento e Orçamento.	Compreende as contas com função de registrar os **atos e fatos ligados a EXECUÇÃO orçamentária**.
7. Controle de Devedores	Compreende as contas em que são registrados **atos potenciais e controles específicos**.
8. Controle de Credores	Compreende as contas em que são registradas a **EXECUÇÃO de atos potenciais e controles específicos.**

Figura 16: Visão da STN sobre os 2 regimes

Regimes da Contabilidade Aplicada ao Setor Público					
Regime Orçamentário			Regime Contábil (Patrimonial)		
Receita Orçamentária	Arrecadação	Lei nº 4.320/1964 art. 35	Variação Patrimonial Aumentativa	Competência	NBCT SP 00
Despesa Orçamentária	Empenho	Lei nº 4.320/1964 art. 35	Variação Patrimonial Diminutiva	Competência	NBCT SP 00

Quadro 24: Terminologia aplicada aos regimes

Terminologias	Significado no Plano de Contas
Reconhecimento da Receita = Receita pelo enfoque orçamentário	Receita Arrecadada
Reconhecimento da Despesa = Despesa pelo enfoque orçamentário	Despesa Empenhada
Fato gerador da Receita = Apropriação da Receita = Receita pelo enfoque patrimonial = Receita na Estrutura Conceitual	Variação Patrimonial Aumentativa
Fato gerador da Despesa = Apropriação da Despesa = Despesa pelo enfoque patrimonial = Despesa na Estrutura Conceitual	Variação Patrimonial Diminutiva

Quadro 25: Exemplos de eventos

Momento da "Apropriação da Receita" → Fato Gerador		Momento da "Apropriação da Despesa" → Fato Gerador	
Antes da Arrecadação	Registro do IPTU a receber (lançamento), aplicação de multa.	Antes do empenho	Reconhecimento por competência das despesas do 13º salário em janeiro a ser liquidado e pago em dezembro; precatórios.
Na arrecadação	Receita de serviços	Na Liquidação	Despesas com serviços de limpeza
Após a arrecadação	Venda a termo (similar a receitas a vencer da Contabilidade Geral)	Após o pagamento	Despesas com material de consumo; despesas com aquisição de periódicos; suprimento de fundos.

7. CARACTERÍSTICAS DAS INFORMAÇÕES CONTÁBEIS

Figura 17: Informações Contábeis contidas nos RCPGs

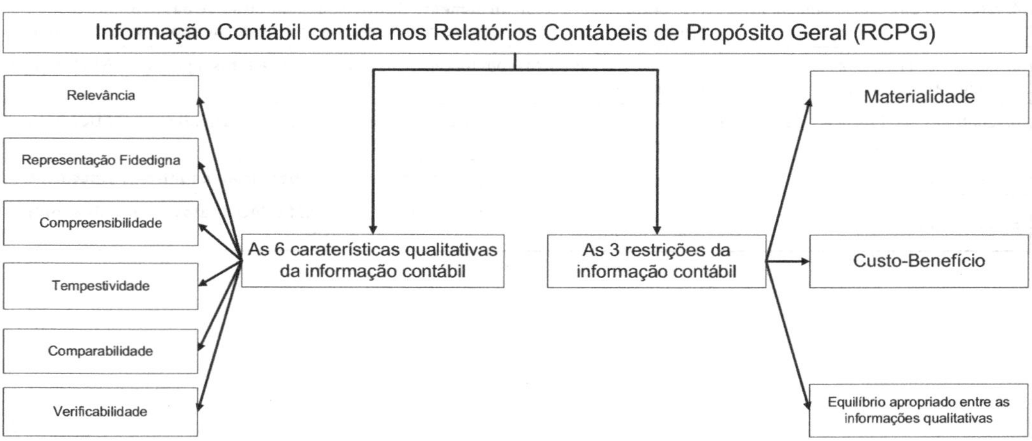

8. DEMONSTRAÇÕES CONTÁBEIS

Quadro 26: Evolução das alterações dos principais demonstrativos contábeis no setor público

Relatórios Contábeis de Propósito Geral	É uma Demonstração Contábil constantes nos anexos da lei 4.320/1964 após a publicação da Portaria 438/2012?	É uma Demonstração Contábil nos termos do MCASP?	Existia originalmente na lei 4320/1964	Enfoque e regime	Aspecto
Balanço Orçamentário	SIM	SIM	SIM	Orçamentário: misto	Orçamentário
Balanço Financeiro	SIM	SIM (não consta na NBCT SP 11)	SIM	Orçamentário: misto	Orçamentário
Balanço Patrimonial	SIM	SIM	SIM	Patrimonial: competência	Patrimonial
Demonstração das Variações Patrimoniais	SIM	SIM	SIM	Patrimonial: competência	Patrimonial
Demonstração dos Fluxos de Caixa	SIM	SIM	NÃO	Caixa	Não se aplica
Demonstração das Mutações do Patrimônio Líquido	SIM. Aplicada apenas para as Empresas Estatais Dependentes e para os entes que as incorporarem no processo de consolidação das contas.	SIM. Aplicada apenas para as Empresas Estatais Dependentes no formato de Sociedade Anônima.	NÃO	Patrimonial: competência	Patrimonial
Notas Explicativas	SIM.	SIM	NÃO	Não se aplica	Não se aplica
Demonstração do Resultado Econômico	NÃO. Apenas é informação gerencial no subsistema de custos.	NÃO. É um demonstrativo gerencial utilizado no subsistema de custos.	Não se aplica	Não se aplica	Não se aplica
Balancete	NÃO.	NÃO. É um demonstrativo gerencial.	Não se aplica	Não se aplica	Não se aplica
Relatório de Gestão Fiscal – RGF	NÃO.	NÃO. É um demonstrativo fiscal.	Não se aplica	Não se aplica	Fiscal
Relatório Resumido de Execução Orçamentária – RREO	NÃO.	NÃO. É um demonstrativo fiscal.	Não se aplica	Não se aplica	Orçamentário e Fiscal

Figura 18: Quadro Principal do Balanço Orçamentário conforme o MCASP

<ENTE DA FEDERAÇÃO>
BALANÇO ORÇAMENTÁRIO
ORÇAMENTOS FISCAL E DA SEGURIDADE SOCIAL

Exercício: 20XX

RECEITAS ORÇAMENTÁRIAS	**Previsão Inicial** (a)	**Previsão Atualizada** (b)	**Receitas Realizadas** (c)	**Saldo** (d) =(c-b)
Receitas Correntes (I)				
Receita Tributária				
Receita de Contribuições				
Receita Patrimonial				
Receita Agropecuária				
Receita Industrial				
Receita de Serviços				
Transferências Correntes				
Outras Receitas Correntes				
Receitas de Capital (II)				
Operações de Crédito				
Alienação de Bens				
Amortizações de Empréstimos				
Transferências de Capital				
Outras Receitas de Capital				
Recursos Arrecadados em Exercícios Anteriores (III)				
SUBTOTAL DAS RECEITAS (IV) = (I + II + III)				
Operações de Crédito / Refinanciamento (V)				
Operações de Crédito Internas				
Mobiliária				
Contratual				
Operações de Crédito Externas				
Mobiliária				
Contratual				
SUBTOTAL COM REFINANCIAMENTO (VI) = (IV+V)				
Déficit (VII)				
TOTAL (VIII) = (VI + VII)				

Saldos de Exercícios Anteriores (Utilizados Para Créditos Adicionais)						
Superávit Financeiro						
Reabertura de Créditos Adicionais						
DESPESAS ORÇAMENTÁRIAS	**Dotação Inicial** (e)	**Dotação Atualizada** (f)	**Despesas Empenhadas** (g)	**Despesas Liquidadas** (h)	**Despesas Pagas** (i)	**Saldo da Dotação** (j) = (f-g)
Despesas Correntes (IX)						
Pessoal e Encargos Sociais						
Juros e Encargos da Dívida						
Outras Despesas Correntes						
Despesas de Capital (X)						
Investimentos						
Inversões Financeiras						
Amortização da Dívida						
Reserva de Contingência (XI)						
Reserva do RPPS (XII)						
SUBTOTAL DAS DESPESAS (XIII) = (IX + X + XI + XII)						
Amortização da Dívida/ Refinanciamento (XIV)						
Amortização da Dívida Interna						
Dívida mobiliária						
Outras Dívidas						
Amortização da Dívida Externa						
Dívida Mobiliária						
Outras Dívidas						
SUBTOTAL COM REFINANCIAMENTO (XV) = (XIII + XIV)						
Superávit (XVI)						
TOTAL (XVII) = (XV + XVI)						

Quadro 27: Índices da execução orçamentária

Fórmula	Análise
Receita Executada – Despesa Executada	Resultado Orçamentário > 0 → superávit orçamentário; Resultado Orçamentário < 0 Déficit → déficit orçamentário.
Receita Corrente Executada – Despesa Corrente Executada	Se > 0 → superávit corrente; Se < 0 → déficit corrente
Receita de Capital Executada – Despesa de Capital Executada	Se > 0 → superávit de capital; Se < 0 → déficit de capital
Receita Executada – Receita Prevista	Se < 0 → insuficiência de arrecadação Se > 0 → **excesso de arrecadação**
Despesa Executada – Despesa Fixada	Se < 0 → economia de despesa Se > 0 → excesso de gastos

Figura 19: Balanço Financeiro conforme MCASP

<ENTE DA FEDERAÇÃO>
BALANÇO FINANCEIRO

EXERCÍCIO: 20XX

INGRESSOS

	Nota	Exercício Atual	Exercício Anterior
Receita Orçamentária (I)			
Recursos Não Vinculados			
Recursos Vinculados (EXCETO AO RPPS)			
Recursos Vinculados à Educação			
Recursos Vinculados à Saúde			
Recursos Vinculados à Assistência Social			
Recursos Vinculados à Previdência Social (EXCETO RPPS)			
Demais Vinculações Decorrentes de Transferências			
Demais Vinculações Legais			
Outras Vinculações			
Recursos Vinculados ao RPPS			
Recursos Vinculados ao RPPS - Fundo em Capitalização (Plano Previdenciário)			
Recursos Vinculados ao RPPS - Fundo em Repartição (Plano Financeiro)			
Recursos Vinculados ao RPPS - Taxa de Administração			
Transferências Financeiras Recebidas (II)			
Transferências Recebidas para a Execução Orçamentária			
Transferências Recebidas Independentes de Execução Orçamentária			
Transferências Recebidas para Aportes de recursos para o RPPS			
Transferências Recebidas para Aportes de recursos para o RGPS			
Transferências Recebidas para o Sistema de Proteção Social dos Militares			
Outras Movimentações Financeiras Recebidas (III)			
Resgate de Investimentos e Aplicações Financeiras			
Desbloqueios de Valores em Caixa			
Recebimentos Extraorçamentários (IV)			
Inscrição de Restos a Pagar Não Processados			
Inscrição de Restos a Pagar Processados			
Depósitos Restituíveis e Valores Vinculados			
Outros Recebimentos Extraorçamentários			
Saldo do Exercício Anterior (V)			
Caixa e Equivalentes de Caixa (exceto RPPS)			
Caixa e Equivalentes de Caixa RPPS			
Depósitos Restituíveis e Valores Vinculados			
TOTAL (VI) = (I + II + III + IV + V)			

DISPÊNDIOS			EXERCÍCIO: 20XX
	Nota	Exercício Atual	Exercício Anterior
Despesa Orçamentária (VII)			
Recursos Não Vinculados			
Recursos Vinculados (EXCETO AO RPPS)			
Recursos Vinculados à Educação			
Recursos Vinculados à Saúde			
Recursos Vinculados à Assistência Social			
Recursos Vinculados à Previdência Social (EXCETO RPPS)			
Demais Vinculações Decorrentes de Transferências			
Demais Vinculações Legais			
Outras Vinculações			
Recursos Vinculados ao RPPS			
Recursos Vinculados ao RPPS - Fundo em Capitalização (Plano Previdenciário)			
Recursos Vinculados ao RPPS - Fundo em Repartição (Plano Financeiro)			
Recursos Vinculados ao RPPS - Taxa de Administração			
Transferências Financeiras Concedidas (VIII)			
Transferências Concedidas para a Execução Orçamentária			
Transferências Concedidas Independentes de Execução Orçamentária			
Transferências Concedidas para Aportes de recursos para o RPPS			
Transferências Concedidas para Aportes de recursos para o RGPS			
Transferências Concedidas para o Sistema de Proteção Social dos Militares			
Outras Movimentações Financeiras Concedidas (IX)			
Transferências para Investimentos e Aplicações Financeiras			
Bloqueios de Valores em Caixa			
Pagamentos Extraorçamentários (X)			
Pagamentos de Restos a Pagar Não Processados			
Pagamentos de Restos a Pagar Processados			
Depósitos Restituíveis e Valores Vinculados			
Outros Pagamentos Extraorçamentários			
Saldo para o Exercício Seguinte (XI)			
Caixa e Equivalentes de Caixa (exceto RPPS)			
Caixa e Equivalentes de Caixa RPPS			
Depósitos Restituíveis e Valores Vinculados			
TOTAL (XII) = (VII + VIII + IX + X + XI)			

Quadro 28: Principais indicadores do Balanço Financeiro para fins de análise

Indicador	Fórmula
Resultado Financeiro do Exercício	Disponibilidades para o exercício seguinte – disponibilidades exercício anterior
	Ingressos - Dispêndios
Valores efetivamente pagos no exercício	(Dispêndios orçamentários + dispêndios extraorçamentários) – (valores inscritos em restos a pagar e em serviço da dívida a pagar)
Valores orçamentários efetivamente pagos no exercício	(Dispêndios orçamentários) – (valores inscritos em restos a pagar e em serviço da dívida a pagar)
Valores que realmente ingressaram no exercício	(Ingressos) – (valores inscritos em restos a pagar e em serviço da dívida a pagar)
Valores extraorçamentários que realmente ingressaram no exercício	(Ingressos Extraorçamentários) – (valores inscritos em restos a pagar e em serviço da dívida a pagar)
Valor do aumento ou da diminuição do saldo da conta restos a pagar [a]	Valores que entraram – Valores que saíram

Figura 20: Formas para obter o resultado financeiro

MODO 1
Saldo para o Exercício Seguinte
(-) Saldo do Exercício Anterior.
= Resultado Financeiro do Exercício

MODO 2
Receitas Orçamentárias
(+) Transferências Financeiras Recebidas
(+) Outras Movimentações Financeiras Recebidas
(+) Recebimentos Extraorçamentários
(-) Despesa Orçamentária
(-) Transferências Financeiras Concedidas
(-) Outras Movimentações Financeiras Concedidas
(-) Pagamentos Extraorçamentários
= Resultado Financeiro do Exercício

Figura 21: Balanço Patrimonial conforme o MCASP

<ENTE DA FEDERAÇÃO>
BALANÇO PATRIMONIAL

Exercício: 20XX

ATIVO	Exercício Atual	Exercício Anterior
Ativo Circulante		
Caixa e Equivalentes de Caixa		
Créditos a Curto Prazo		
Investimentos e Aplicações Temporárias a Curto Prazo		
Estoques		
VPD Pagas Antecipadamente		
Total do Ativo Circulante		
Ativo Não Circulante		
Realizável a Longo Prazo		
Créditos a Longo Prazo		
Investimentos Temporários a Longo Prazo		
Estoques		
VPD pagas antecipadamente		
Investimentos		
Imobilizado		
Intangível		
Diferido		
Total do Ativo Não Circulante		
TOTAL DO ATIVO		
PASSIVO E PATRIMÔNIO LÍQUIDO		
Passivo Circulante		
Obrigações Trab., Prev. e Assistenciais a Pagar a Curto Prazo		
Empréstimos e Financiamentos a Curto Prazo		
Fornecedores e Contas a Pagar a Curto Prazo		
Obrigações Fiscais a Curto Prazo		
Obrigações de Repartições a Outros Entes		
Provisões a Curto Prazo		
Demais Obrigações a Curto Prazo		
Total do Passivo Circulante		
Passivo Não Circulante		
Obrigações Trab., Prev. e Assistenciais a Pagar a Longo Prazo		

Empréstimos e Financiamentos a Longo Prazo		
Fornecedores e Contas a Pagar a Longo Prazo		
Obrigações Fiscais a Longo Prazo		
Provisões a Longo Prazo		
Demais Obrigações a Longo Prazo		
Resultado Diferido		
Total do Passivo Não Circulante		
Patrimônio Líquido		
Patrimônio Social e Capital Social		
Adiantamento Para Futuro Aumento de Capital		
Reservas de Capital		
Ajustes de Avaliação Patrimonial		
Reservas de Lucros		
Demais Reservas		
Resultados Acumulados		
(-) Ações / Cotas em Tesouraria		
Total do Patrimônio Líquido		
TOTAL DO PASSIVO E DO PATRIMÔNIO LÍQUIDO		

Figura 22: Quadro dos Ativos e Passivos Financeiros e Permanentes

<ENTE DA FEDERAÇÃO>

QUADRO DOS ATIVOS E PASSIVOS FINANCEIROS E PERMANENTES

(Lei nº 4.320/1964)

Exercício: 20XX

	Exercício Atual	Exercício Anterior
Ativo (I)		
Ativo Financeiro		
Ativo Permanente		
Total do Ativo		
Passivo (II)		
Passivo Financeiro		
Passivo Permanente		
Total do Passivo		
Saldo Patrimonial (III) = (I - II)		

Quadro 29: Conceitos dos componentes do Balanço Patrimonial visão 4.320/1964

Componente	Conceito
Ativo Financeiro	Compreende os créditos e valores realizáveis **independentemente de autorização orçamentária** e os valores numerários.[2]
Ativo Permanente	Compreende os bens, créditos e valores, cuja mobilização ou alienação **dependa de autorização legislativa**.[3]
Passivo Financeiro	**Compreende as dívidas fundadas** e outros pagamentos que **independam de autorização orçamentária**.[4]

2. §1º do art. 101º da lei 4320/1964.
3. §2º do art. 101º da lei 4320/1964.
4. §3º do art. 101º da lei 4320/1964.

Componente	Conceito
Passivo Permanente	Compreende as dívidas fundadas e outras que **dependam de autorização legislativa para amortização ou resgate.**[5]
Contas de compensação	Destinadas ao registro dos bens, valores, obrigações e das situações não compreendidas itens anteriores que, ***imediata ou indiretamente***, possam vir a afetar o patrimônio.[6]

Figura 23: Estrutura da DVP

<ENTE DA FEDERAÇÃO>
DEMONSTRAÇÃO DAS VARIAÇÕES PATRIMONIAIS

Exercício: 20XX

	Exercício Atual	Exercício Anterior
Variações Patrimoniais Aumentativas		
Impostos, Taxas e Contribuições de Melhoria		
Contribuições		
Exploração e Venda de Bens, Serviços e Direitos		
Variações Patrimoniais Aumentativas Financeiras		
Transferências e Delegações Recebidas		
Valorização e Ganhos com Ativos e Desincorporação de Passivos		
Outras Variações Patrimoniais Aumentativas		
Total das Variações Patrimoniais Aumentativas (I)		
Variações Patrimoniais Diminutivas		
Pessoal e Encargos		
Benefícios Previdenciários e Assistenciais		
Uso de Bens, Serviços e Consumo de Capital Fixo		
Variações Patrimoniais Diminutivas Financeiras		
Transferências e Delegações Concedidas		
Desvalorização e Perdas de Ativos e Incorporação de Passivos		
Tributárias		
Custo das Mercadorias e Produtos Vendidos, e dos Serviços Prestados		
Outras Variações Patrimoniais Diminutivas		
Total das Variações Patrimoniais Diminutivas (II)		
RESULTADO PATRIMONIAL DO PERÍODO (III) = (I - II)		

5. §4º do art. 101º da lei 4320/1964.
6. §5º do art. 101º da lei 4320/1964.

Figura 24: Demonstração dos Fluxos de Caixa **Método Direto**

<ENTE DA FEDERAÇÃO>
DEMONSTRAÇÃO DOS FLUXOS DE CAIXA

Exercício: 20XX

	Nota	Exercício Atual	Exercício Anterior
FLUXOS DE CAIXA DAS ATIVIDADES OPERACIONAIS			
Ingressos			
Receita Tributária			
Receita de Contribuições			
Receita Patrimonial			
Receita Agropecuária			
Receita Industrial			
Receita de Serviços			
Remuneração das Disponibilidades			
Outras Receitas Derivadas e Originárias			
Transferências recebidas			
Desembolsos			
Pessoal e demais despesas			
Juros e encargos da dívida			
Transferências concedidas			
Outros desembolsos operacionais			
Fluxo de caixa líquido das atividades operacionais (I)			
FLUXOS DE CAIXA DAS ATIVIDADES DE INVESTIMENTO			
Ingressos			
Alienação de bens			
Amortização de empréstimos e financiamentos concedidos			
Outros ingressos de investimentos			
Desembolsos			
Aquisição de ativo não circulante			
Concessão de empréstimos e financiamentos			
Outros desembolsos de investimentos			
Fluxo de caixa líquido das atividades de investimento (II)			
FLUXOS DE CAIXA DAS ATIVIDADES DE FINANCIAMENTO			
Ingressos			
Operações de crédito			
Integralização do capital social de empresas dependentes			
Outros ingressos de financiamento			
Desembolsos			
Amortização /Refinanciamento da dívida			
Outros desembolsos de financiamentos			
Fluxo de caixa líquido das atividades de financiamento (III)			
GERAÇÃO LÍQUIDA DE CAIXA E EQUIVALENTE DE CAIXA (I+II+III)			
Caixa e Equivalentes de caixa inicial			
Caixa e Equivalente de caixa final			

9. AVALIAÇÃO PATRIMONIAL

Figura 25: Bases de Mensuração do Ativo

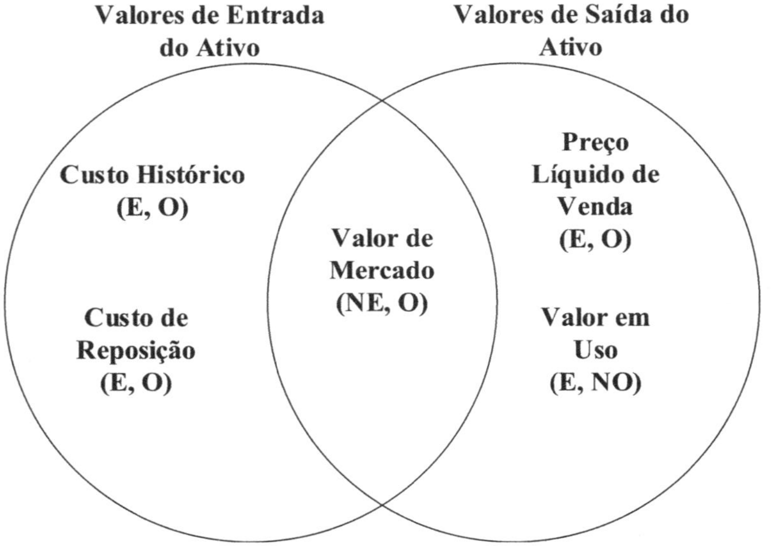

Legenda: E – Específica para entidade, NE – Não específica para entidade, O – observável, NO – Não observável.

Figura 26: Bases de Mensuração do Passivo

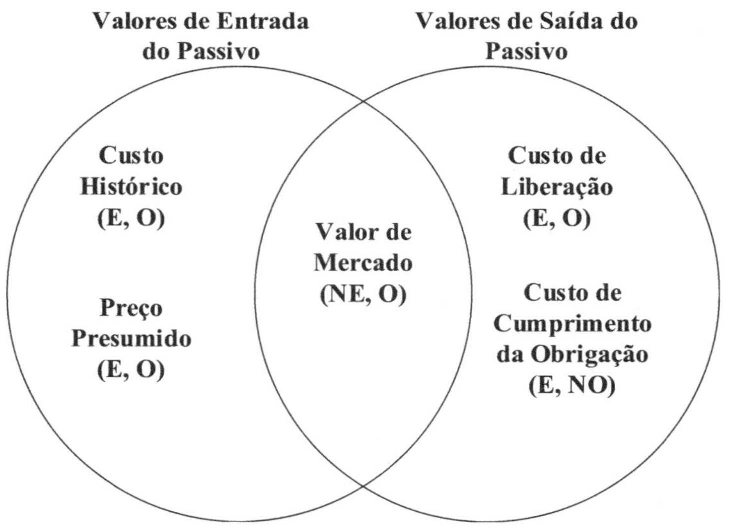

Legenda: E – Específica para entidade, NE – Não específica para entidade, O – observável, NO – Não observável.

Quadro 30: Elementos patrimoniais mais relevantes

Ativo Circulante – Estoques – Estoques: produtos agrícolas – Dívida ativa curto prazo – Participações societárias temporárias – Ativo não circulante mantido para venda	**Passivo Circulante** – Passivos de arrendamento – Passivo não circulante mantido para venda
Ativo Não Circulante – Ativo Realizável a Longo Prazo (participações societárias temporárias) – Ativo Realizável a Longo Prazo (dívida ativa longo prazo) – Investimento (propriedade para investimento) – Investimento (participações societárias permanentes) – Investimento (inclui Goodwill nas Demonstrações Separadas) – Imobilizado (bens em operação) – Imobilizado (ativo qualificável) – Imobilizado (leasing financeiro) – Imobilizado (ativo biológico: rebanhos) – Imobilizado (ativo biológico: planta portadora) – Intangível (inclui Goodwill nas Demonstrações Consolidadas) – Intangível (ativo qualificável) – Intangível (leasing financeiro)	**Passivo Não Circulante**

Figura 27: Mensuração dos Estoques – Regra Geral

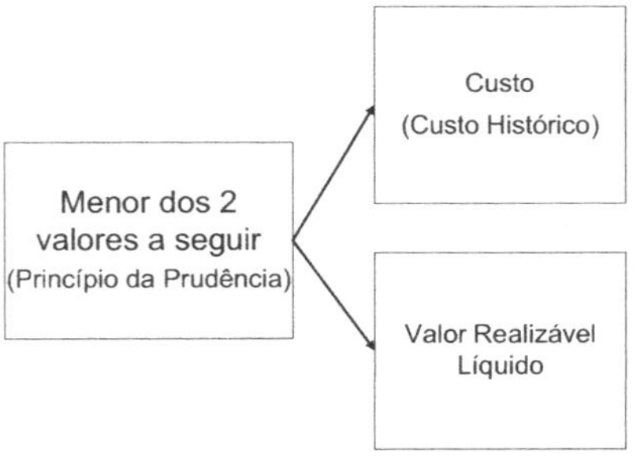

Quadro 31: Formas de mensurar os tipos de Estoques

Tipo de Estoque	Método	Exemplos
Bens de Almoxarifado	Média Ponderada	Material de escritório, material de limpeza.
Obtidos por meio de transação sem contraprestação	Valor justo na data de obtenção	Material de consumo doado ou apreendido de terceiros.
Estoques mantidos para distribuição gratuita ou de valor irrisório ou consumo no processo de produção de bens a serem distribuídos gratuitamente ou por valor irrisório.	Custo histórico ou pelo custo corrente de reposição, dos dois o menor	Vacinas, medicamentos.
Demais casos: regra geral	Custo histórico ou pelo valor realizável líquido, dos dois o menor	Material de construção para obras.

Quadro 32: Composição do custo dos Estoques (aquisição separada e geração interna)

Dentro do Estoque	Fora do Estoque
Exemplos de Custos de Aquisição: a. O preço de compra; b. Os impostos de importação e outros tributos **não recuperáveis**; c. Frete (transporte); d. Seguro; e. Manuseio; e f. Outros diretamente atribuíveis à aquisição de produtos acabados, materiais e suprimentos. **O custo de transformação inclui** aqueles relacionados com as unidades produzidas ou com as linhas de produção, tais como: a. Mão-de-obra direta; b. Alocação sistemática de custos indiretos de produção, variáveis e fixos, que sejam incorridos para transformar os materiais em produtos acabados.	**Exemplos de despesas excluídas do valor do estoque** e reconhecidos como **variações patrimoniais diminutivas** do período em que são incorridos: a. Valor anormal de desperdício de materiais, mão-de-obra ou outros insumos de produção; b. Despesa de armazenamento, a menos que sejam necessárias ao processo produtivo, como entre uma ou outra fase de produção; c. Despesa administrativas que não contribuem para trazer os estoques ao seu local e condição atuais; e d. Despesa de comercialização.

Quadro 33: Critérios excludentes de material permanente[7]

Critério	Parâmetro utilizado	Exemplo
Critério da Durabilidade	Se em uso normal perde ou tem reduzida as suas condições de funcionamento, no prazo máximo de dois anos.	Lápis, caneta
Critério da Perecibilidade	Se está sujeito a modificações (químicas ou físicas) ou se deteriora ou perde sua característica pelo uso normal.	Gêneros alimentícios
Critério da Fragilidade	Se sua estrutura for quebradiça, deformável ou danificável, caracterizando sua irrecuperabilidade e perda de sua identidade ou funcionalidade.	Pendrive
Critério da Transformabilidade	Se for adquirido para fim de transformação.	Aço como matéria-prima para fabricação de armários.
Critério da Incorporabilidade	Se está destinado à incorporação a outro bem, e não pode ser retirado sem prejuízo das características físicas e funcionais do principal. Pode ser utilizado para a constituição de novos bens, melhoria ou adições complementares de bens em utilização (sendo classificado como 4.4.90.30), ou para a reposição de peças para manutenção do seu uso normal que contenham a mesma configuração (sendo classificado como 3.3.90.30).	Peças de veículos

7. Art. 3º da Portaria STN 448/2002.

Figura 28: Tripé conceitual do Ativo Imobilizado

Quadro 34: Tipos de bens

Tipos de Bens	Descrição
Móveis	Compreende o valor da aquisição ou incorporação de bens corpóreos, **que têm existência material e que podem ser transportados por movimento próprio ou removidos por força alheia sem alteração da substância ou da destinação econômico-social**, para a produção de outros bens ou serviços. São exemplos de bens móveis as máquinas, aparelhos, equipamentos, ferramentas, bens de informática (equipamentos de processamento de dados e de tecnologia da informação), móveis e utensílios, materiais culturais, educacionais e de comunicação, veículos, bens móveis em andamento, dentre outros.
Imóveis	**Compreende o valor dos bens vinculados ao terreno que não podem ser retirados sem destruição ou danos**. São exemplos deste tipo de bem os imóveis residenciais, comerciais, edifícios, terrenos, aeroportos, pontes, viadutos, obras em andamento, hospitais, dentre outros.

Quadro 35: Custo do Imobilizado obtido pela aquisição separada ou geração interna (custo de produção ou construção)

Dentro do Imobilizado	Fora do Imobilizado
(a) Custos de pessoal decorrentes diretamente da construção ou aquisição de item do ativo imobilizado; (b) Custos de preparação do local; (c) Custos de frete e de manuseio (para recebimento e instalação); (d) Custos de instalação e montagem; (e) Custos com testes para verificar se o ativo está funcionando corretamente, após dedução das receitas líquidas provenientes da venda de qualquer item produzido enquanto se coloca o ativo nesse local e condição (tais como amostras produzidas quando se testa o equipamento); e (f) Honorários profissionais.	(a) gastos de abertura de nova instalação; (b) gastos incorridos na introdução de novo produto ou serviço (incluindo propaganda e atividades promocionais); (c) gastos de transferência das atividades para novo local ou para nova categoria de clientes (incluindo custos de treinamento); e (d) despesas administrativas e outros gastos indiretos. + Os **gastos incorridos no uso ou na transferência ou reinstalação** de item do ativo imobilizado não são incluídos no seu valor contábil, como, por exemplo: (a) gastos incorridos durante o período em que o ativo, capaz de funcionar nas condições operacionais pretendidas pela administração, ainda não está sendo utilizado ou está sendo operado a uma capacidade inferior à sua capacidade total; (b) perdas operacionais iniciais, tais como as incorridas enquanto a demanda pelos produtos do ativo é estabelecida; e (c) gastos de realocação ou reorganização de parte ou de todas as operações da entidade.

Figura 29: Tripé conceitual da definição de Ativo Intangível

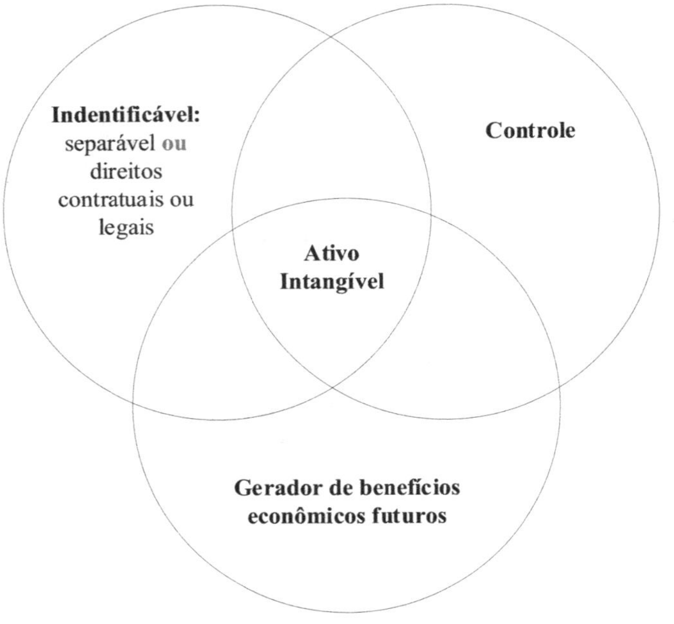

Quadro 36: Condições essenciais para ser identificável

Um ativo intangível satisfaz o critério de identificação quando:	**For separável**, ou seja, puder ser separado da entidade e vendido, transferido, licenciado, alugado ou trocado, individualmente ou junto com um contrato, ativo ou passivo relacionado, independente da intenção de uso pela entidade; ***ou***	**Exemplo:** Licenças de softwares.
	Resultar de compromissos obrigatórios (incluindo direitos contratuais ou outros direitos legais), independentemente de tais direitos serem transferíveis ou separáveis da entidade ou de outros direitos e obrigações.	**Exemplo:** Licenças para operar uma radiofrequência ou uma pista de pouso.

Quadro 37: Composição do custo do Intangível na **aquisição separada** (custo)

Dentro do Intangível – Aquisição Separada	Fora do Intangível– Aquisição Separada
(a) custos de benefícios a empregados incorridos diretamente para que o ativo fique em condições operacionais; (b) honorários profissionais diretamente relacionados para que o ativo fique em condições operacionais; e (c) custos com testes para verificar se o ativo está funcionando corretamente.	(a) gastos incorridos na introdução de novo produto ou serviço (incluindo propaganda e atividades promocionais); (b) gastos na transferência das atividades para novo local ou para nova categoria de clientes (incluindo gastos de treinamento); e (c) despesas administrativas e outros gastos indiretos. + Os gastos incorridos no uso ou na transferência ou reinstalação de ativo intangível não devem ser incluídos no seu valor contábil, como, por exemplo, os seguintes: (a) gastos incorridos durante o período em que o ativo, capaz de funcionar nas condições operacionais pretendidas pela administração, não é utilizado; (b) perdas operacionais iniciais, tais como as incorridas enquanto a demanda pelos produtos do ativo é estabelecida; (c) operações realizadas em conexão com o desenvolvimento de ativo intangível não são necessárias para deixá-lo nas condições operacionais pretendidas pela administração.

Quadro 38: Reconhecimento de Ativos Intangíveis na fase interna de pesquisa e na fase de desenvolvimento

Geração Interna: Fase de pesquisa	**Nenhum ativo intangível resultante de pesquisa deve ser reconhecido.** Os gastos com pesquisa devem ser reconhecidos como variação patrimonial diminutiva quando incorridos.
Geração Interna: Fase de desenvolvimento	Um **ativo intangível resultante de desenvolvimento deve ser reconhecido somente se a entidade puder demonstrar todos os aspectos a seguir:** a) Viabilidade técnica para concluir o ativo intangível de forma que ele seja disponibilizado para uso ou venda; b) Intenção de concluir o ativo intangível e de usá-lo ou vendê-lo; c) Capacidade para usar ou vender o ativo intangível; d) Forma como o ativo intangível deve gerar benefícios econômicos futuros ou serviços potenciais. Entre outros aspectos, a entidade deve demonstrar a existência de mercado para os produtos do ativo intangível ou para o próprio ativo intangível ou, caso este se destine ao uso interno, a sua utilidade; e) Disponibilidade de recursos técnicos, financeiros e outros recursos adequados para concluir seu desenvolvimento e usar ou vender o ativo intangível; e f) capacidade de mensurar com segurança os gastos atribuíveis ao ativo intangível durante seu desenvolvimento.

Quadro 39: Composição do custo do Intangível na **geração interna** (custo)

Dentro do Intangível – Geração Interna	Fora do Intangível – Geração Interna
(a) custos com materiais e serviços consumidos ou utilizados na geração do ativo intangível; (b) custos de benefícios a empregados relacionados à geração do ativo intangível; (c) taxas de registro de direito legal; e (d) amortização de patentes e licenças utilizadas na geração do ativo intangível.	(a) gastos com vendas, administrativos e outros gastos indiretos, exceto se tais gastos puderem ser atribuídos diretamente à preparação do ativo para uso; (b) ineficiências identificadas e perdas operacionais iniciais incorridas antes de o ativo atingir o desempenho planejado; e (c) gastos com o treinamento de pessoal para operar o ativo.

Figura 30: Fluxo do valor recuperável

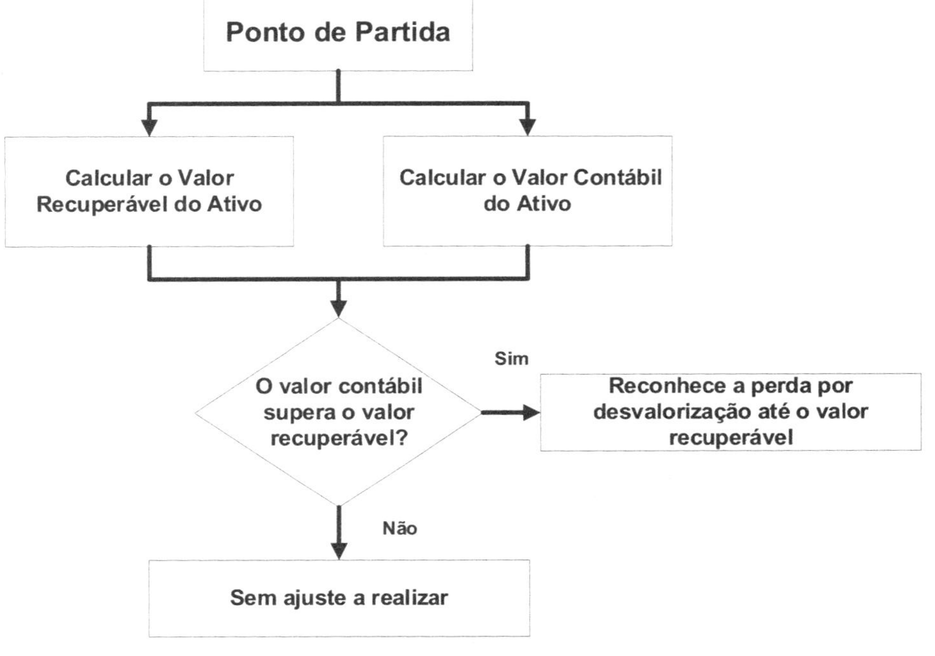

Figura 31: Valor Recuperável

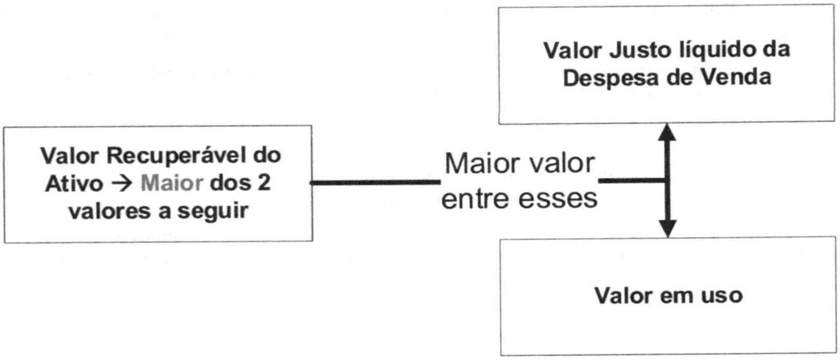

Figura 32: Provisão

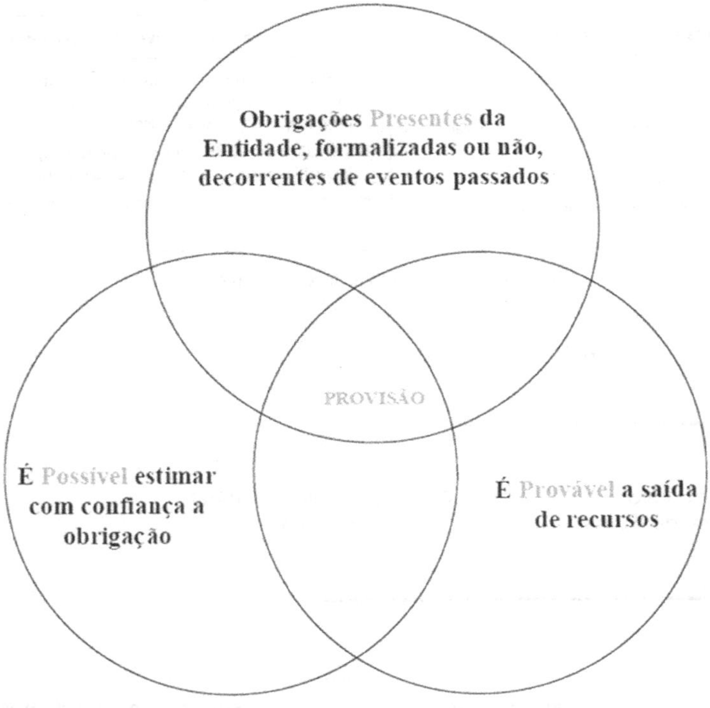

Figura 33: Procedimentos que devem ser adotados conforme o tipo de obrigação.

Quando, em consequência de eventos passados, possa existir uma saída de recursos que incorporam benefícios econômicos ou potencial de serviços seja exigida para a extinção de:

a) Uma obrigação presente; ou

b) Uma obrigação possível cuja existência será confirmada apenas pela ocorrência ou não de um ou mais eventos futuros incertos que não estão totalmente sob o controle da entidade.

Obrigação	Probabilidade de Saída de Recursos	Possibilidade de Estimativa Confiável do Valor	Classificação	Forma de Evidenciação
Presente	Provável	Possível	Provisão	Balanço Patrimonial e Notas Explicativas
Presente	Provável	Não possível	Passivo Contingente	Notas Explicativas
Presente	Pouco provável	Possível ou Não Possível	Passivo Contingente	Notas Explicativas
Presente	Remota	Possível ou Não Possível	Passivo Contingente	Não é divulgado
Possível	Provável	Possível	Passivo Contingente	Notas Explicativas

10. CUSTOS NO SETOR PÚBLICO

Quadro 40: Sistema de Custos do Governo Federal versus Sistema de Informações de Custos

Sistema de Custos do Governo Federal	**Sistema estruturante do Governo Federal** que é **composto pela Secretaria do Tesouro Nacional como órgão Central e os Órgãos Setoriais**.
Sistema de Informações de Custos – SIC	**Sistema informacional do Governo Federal** que tem por objetivo o **acompanhamento, a avaliação e a gestão dos custos dos programas e das unidades da Administração Pública Federal** e o apoio aos Gestores no processo decisório.

Quadro 41: Estrutura do Sistema de Custos do Governo Federal

Órgão Central	A Secretaria do Tesouro Nacional do Ministério da Fazenda.
Órgãos Setoriais	Os órgãos setoriais são as unidades de gestão interna dos Ministérios e da Advocacia-Geral da União, responsáveis pelo acompanhamento de custos no Sistema de Informações de Custos – SIC.
	As unidades de gestão interna do Poder Legislativo, do Poder Judiciário e do Ministério Público da União **poderão** integrar o Sistema de Custos do Governo Federal como órgãos setoriais.

Quadro 42: Tipos de Custos Diretos, Indiretos, Variáveis e Fixos

Classificação dos custos quanto à apropriação direta e objetiva ao produto[a].	**Classificação dos custos quanto à variação do volume das atividades produtivas (volume de produção).**	
	Custos Variáveis (variam em função do volume de produção)	**Custos Fixos** (não variam em função do volume de produção)
Custos Diretos (não utilizam critério de rateio)	- Matéria Prima e respectivos tributos. - Material de Construção e respectivos tributos. - Fretes relacionados especificamente a um produto. - Embalagens. - Parte variável da energia elétrica e água quando se possui medidor individualizado por produto[c]. - Depreciação de equipamentos em unidades produzidas[b].	- Mão-de-obra direta no curto prazo. - Depreciação[b]. - Telefonia área fim (**regra geral**).

Custos Indiretos (precisam de algum critério de rateio) [d]	- Seriam os Custos Gerais Variáveis de Produção. - Fretes relacionados a diversos insumos. - Lubrificantes das máquinas utilizadas na produção. - Outros materiais de consumo que não seja possível alocar diretamente, mas variem em função do aumento ou redução da produção. - Parte variável da energia elétrica e água quando não se possui medidor individualizado[c]: **regra geral**.	- Seriam os Custos Gerais Fixos de Produção. - Aluguel. - Seguro. - Impostos (exceto os que forem em função diretamente da matéria prima ou mão de obra direta). - Depreciação[b] (**regra geral**). - Depreciação do Mobiliário da área Administrativa. - Mão de Obra Indireta. - Custos com supervisão. - Parte fixa da energia elétrica[c]. - Segurança Patrimonial.

Legenda: (a) A classificação dos custos quanto à alocação direta ao produto não é sinônimo de alocação direta a produção como um todo. (b) Depreciação de equipamento baseada em unidades produzidas seria custo variável, demais casos seria custo fixo (regra geral). Se a depreciação incidir sobre equipamento utilizado na fabricação de apenas um produto, será custo direto. Se for usado para vários produtos, será custo indireto. (c) Autores como Eliseu Martins consideram Energia Elétrica como parte variável e parte fixa, não adotando o termo de outros autores: semifixo ou semivariável. (d) Os custos indiretos na prática incluem os custos indiretos e os diretos por natureza (estes que em função da sua irrelevância ou dificuldade de medição serão rateados).

Quadro 43: Diferenças entre os métodos de custeio

Métodos de Custeio	Todos os custos variáveis são apropriados?	Todos os custos fixos são apropriados?	Os custos fixos são custos ou despesas?	As despesas administrativas são custos ou despesas?	É aplicado critério de rateio para os custos indiretos?
Custeio Direto (visão NBCT 16.11*)	**Apenas os custos variáveis diretos.**	**Apenas os fixos diretos.**	**Apenas os fixos diretos.**	São despesas.	**Sem critério de rateio, pois não possui custos indiretos.**
Custeio Variável, Custeio Direto (visão doutrinária*) ou Marginal	**Sim (inclui custos variáveis diretos e custos variáveis indiretos).**	**Não.**	**São despesas.**	São despesas.	**Apenas para os custos variáveis indiretos.**
Custeio por Absorção ou Total**	**Sim.**	**Sim.**	**São custos.**	São despesas.	**Sim, como por exemplo: homens-hora, matéria prima, etc.**
Custeio ABC**	**Sim.**	**Sim.**	**São custos.**	São despesas.	**Sim, as atividades.**
Custeio Pleno, Integral ou RKW	**Sim.**	**Sim.**	**São custos.**	**São custos.**	**Sim, como por exemplo: homens-hora, matéria prima, etc.**

* A NBCT 16.11 define custeio direto como um método diferente do custeio variável. A doutrina entende que custeio variável é sinônimo de custeio direto.

** Métodos de custeio citados de forma explícita no Manual de Custos do Governo Federal/2018.

11. DEMONSTRATIVOS FISCAIS

O Relatório de Gestão Fiscal (RGF) é um dos instrumentos de transparência que está previsto na Lei Complementar nº 101, de 4 de maio de 2000, Lei de Responsabilidade Fiscal – LRF e ao contrário do Relatório Resumido de Execução Orçamentária (RREO) não está previsto na CF/1988.

Quadro 44: Órgãos obrigados a emitir RGF

Esfera federal	Órgãos obrigados a emitir RGF
Esfera federal	Poder Executivo.
	Poder Legislativo representado pelas respectivas Casas do Poder Legislativo Federal e pelo Tribunal de Contas da União.
	Poder Judiciário representado pelos: – Supremo Tribunal Federal; – Conselho Nacional de Justiça; – Superior Tribunal de Justiça; – Tribunais Regionais Federais e Juízes Federais; – Tribunais e Juízes do Trabalho; – Tribunais e Juízes Eleitorais; – Tribunais e Juízes Militares; – Tribunal de Justiça do Distrito Federal e Territórios.
	Ministério Público da União (incluindo o Ministério Público do Distrito Federal).
	Defensoria Pública da União
Distrital	Poder Executivo.
	Poder Legislativo representado pela Câmara Legislativa e pelo Tribunal de Contas do Distrito Federal.
Estadual	Poder Executivo.
	Poder Legislativo representado pela Assembleia Legislativa e pelos Tribunais de Contas do Estado.
	Poder Judiciário representado pelos Tribunais e Juízes dos Estados.
	Ministério Público dos Estados e a Defensoria Pública Estadual.
Municipal	Poder Executivo.
	Poder Legislativo representado pela Câmara de Vereadores do Poder Legislativo Municipal e o Tribunal de Contas do Município, quando houver.

Quadro 45: Estrutura do RGF conforme a LRF

<table>
<tr><td rowspan="4">Comparativo com os limites de que trata a LRF, dos seguintes montantes:</td><td colspan="2">a) despesa total com pessoal, distinguindo a com inativos e pensionistas;</td><td>Todos os Poderes e MPU</td></tr>
<tr><td colspan="2">b) dívidas consolidada e mobiliária;</td><td rowspan="3">Apenas para o Poder Executivo</td></tr>
<tr><td colspan="2">c) concessão de garantias;</td></tr>
<tr><td colspan="2">d) operações de crédito, inclusive por antecipação de receita;</td></tr>
<tr><td colspan="3">Indicação das medidas corretivas adotadas ou a adotar, se ultrapassado qualquer dos limites;</td><td rowspan="5">Todos os Poderes e MPU</td></tr>
<tr><td rowspan="4">Demonstrativos, no ÚLTIMO QUADRIMESTRE:</td><td colspan="2">a) do montante das disponibilidades de caixa em trinta e um de dezembro;</td></tr>
<tr><td rowspan="3">b) da inscrição em Restos a Pagar, das despesas:</td><td>Liquidadas;</td></tr>
<tr><td>Empenhadas e não liquidadas, inscritas até o limite do saldo da disponibilidade de caixa;</td></tr>
<tr><td>Não inscritas por falta de disponibilidade de caixa e cujos empenhos foram cancelados.</td></tr>
</table>

O Relatório Resumido de Execução Orçamentária, ao contrário do Relatório de Gestão Fiscal, está previsto desde a edição da CF/1988 é de responsabilidade exclusiva do Chefe do Executivo:

Quadro 46: Composição RREO

<table>
<tr><td rowspan="2">Balanço Orçamentário, que especificará, por categoria econômica, as[8]:</td><td>Receitas por fonte, informando as realizadas e a realizar, bem como a previsão atualizada.</td></tr>
<tr><td>Despesas por grupo de natureza, discriminando a dotação para o exercício, a despesa liquidada e o saldo.</td></tr>
<tr><td rowspan="3">Demonstrativos da execução das[9]:</td><td>Receitas, por categoria econômica e fonte, especificando a previsão inicial, a previsão atualizada para o exercício, a receita realizada no bimestre, a realizada no exercício e a previsão a realizar.</td></tr>
<tr><td>Despesas, por categoria econômica e grupo de natureza da despesa, discriminando dotação inicial, dotação para o exercício, despesas empenhada e liquidada, no bimestre e no exercício.</td></tr>
<tr><td>Despesas, por função e subfunção.</td></tr>
<tr><td colspan="2">Apuração da RECEITA CORRENTE LÍQUIDA sua evolução, assim como a previsão de seu desempenho até o final do exercício.[10]</td></tr>
<tr><td colspan="2">RECEITAS E DESPESAS PREVIDENCIÁRIAS a que se refere o inciso IV do art. 50 (REGIME GERAL DE PREVIDÊNCIA SOCIAL E REGIME PRÓPRIO DOS SERVIDORES PÚBLICOS).[11]</td></tr>
<tr><td colspan="2">Resultados: NOMINAL E PRIMÁRIO.[12]</td></tr>
<tr><td colspan="2">DESPESAS COM JUROS, na forma do inciso II do art. 4º.[13]</td></tr>
<tr><td colspan="2">RESTOS A PAGAR, detalhando, POR PODER E ÓRGÃO referido no art. 20, os valores inscritos, os pagamentos realizados e o montante a pagar.[14]</td></tr>
<tr><td rowspan="4">Incluído pelo Manual de Demonstrativos Fiscais –</td><td>Demonstrativo das Receitas e Despesas com Manutenção e Desenvolvimento do Ensino</td></tr>
<tr><td>Demonstrativos das Receitas e Despesas com Ações e Serviços Públicos de Saúde</td></tr>
<tr><td>Demonstrativo Simplificado do Relatório Resumido da Execução Orçamentária</td></tr>
<tr><td>Demonstrativo das Parcerias Público-Privadas.</td></tr>
</table>

Quadro 47: Itens que devem ser adicionados ao RREO do último bimestre

Demonstrativo do atendimento do disposto no inciso III do art. 167 da Constituição, conforme o § 3o do art. 32 (Relação entre receitas de Operações de Crédito e Despesas de Capital → "Regra de Ouro")[15].
Demonstrativos das projeções atuariais dos regimes de previdência social, geral e próprio dos servidores públicos[16].
Demonstrativo da variação patrimonial, evidenciando a alienação de ativos e a aplicação dos recursos dela decorrentes[17].

8. Inciso I art. 52º da LRF.
9. Inciso II art. 52º da LRF.
10. Inciso I art. 53º da LRF.
11. Inciso II art. 53º da LRF.
12. Inciso III art. 53º da LRF.
13. Inciso IV art. 53º da LRF.
14. Inciso V art. 53º da LRF.
15. Inciso I do § 1º do Art. 53º da LRF.
16. Inciso II do § 1º do Art. 53º da LRF.
17. Inciso III § 1º do Art. 53º da LRF.

Quadro 48: Receita Corrente Líquida do RREO

União	Estados	Municípios
Somatório das Receitas Correntes da União (-) os valores transferidos aos Estados e Municípios por determinação constitucional ou legal [*Exemplos: Fundo de Participação dos Estados; Fundo de Participação dos Municípios; 29% da CIDE Combustível que é destinado aos Estados; 50% do Imposto Territorial Rural; Receita para formação do FUNDEB*] (-) as contribuições mencionadas na alínea *a* do inciso I[6] (**contribuição previdenciária patronal do RGPS**) e no inciso II[7] do art. 195 (**contribuições dos segurados do RGPS**), e no art. 239[8] da Constituição (**PIS e PASEP**).	**Somatório das Receitas Correntes do Estado** (-) as parcelas entregues aos Municípios por determinação constitucional [*Exemplos: 50% do IPVA pertence aos Municípios*] (-) Contribuições do Regime Próprio dos Servidores (-) Dedução das receitas para formação do FUNDEB[18] * Caso seja DF, AP e RR deduzir os valores recebidos da União para pagar as despesas com pessoal previstas na CF/1988.	**Somatório das Receitas Correntes do Município** (-) Contribuições do Regime Próprio dos Servidores (-)Dedução das receitas para formação do FUNDEB
(-) a contribuição dos servidores para o custeio do seu sistema de previdência e assistência social e as receitas provenientes da compensação financeira citada no § 9º do art. 201 da Constituição [19] (recebem o código quanto à natureza 1.9.9.0.03.1.0).		

18. As deduções para o FUNDEB não se aplicam à União, pois já constam do item Transferências Constitucionais e Legais.

19. Por exemplo, um cidadão trabalha 20 anos na iniciativa privada e recolhe suas contribuições previdenciárias ao Regime Geral de Previdência Social, depois trabalha 15 anos pelo Regime Próprio dos Servidores Públicos; neste caso o RGPS deve pagar obrigações referentes de 20 anos.

EDITORA JusPODIVM
www.editorajuspodivm.com.br

COLOR system

JUS4423